BROCKHAUS · DIE ENZYKLOPÄDIE

1796

Zweihundert Jahre
Brockhaus-Lexika

1996

BROCKHAUS
DIE ENZYKLOPÄDIE

in vierundzwanzig Bänden

Zwanzigste, überarbeitete und
aktualisierte Auflage

Vierzehnter Band
MAE – MOB

F. A. Brockhaus Leipzig · Mannheim

Dieser Band enthält die Schlüsselbegriffe

Management
Manipulation
Marktwirtschaft
Massenkultur
Massenmedien
Meeresverschmutzung
Menschenrechte
Migration
Minderheit
Mobilität

Die Deutsche Bibliothek – CIP-Einheitsaufnahme

Brockhaus – Die Enzyklopädie: in 24 Bänden. –
20., überarb. und aktualisierte Aufl. –
Leipzig; Mannheim: Brockhaus.
 19. Aufl. u. d. T.: Brockhaus-Enzyklopädie
 ISBN 3-7653-3100-7
Bd. 14. MAE–MOB. – 1998
 ISBN 3-7653-3114-7

Namen und Kennzeichen, die als Marken bekannt sind und entsprechenden Schutz genießen, sind beim fett gedruckten Stichwort durch das Zeichen ® gekennzeichnet.
Handelsnamen ohne Markencharakter sind nicht gekennzeichnet. Aus dem Fehlen des Zeichens ® darf im Einzelfall nicht geschlossen werden, dass ein Name oder Zeichen frei ist.
Eine Haftung für ein etwaiges Fehlen des Zeichens ® wird ausgeschlossen.
Das Wort BROCKHAUS ist für den Verlag F. A. Brockhaus GmbH als Marke geschützt.
Das Werk wurde in neuer Rechtschreibung verfasst.

Das Werk einschließlich aller seiner Teile ist urheberrechtlich geschützt. Jede Verwertung außerhalb der Grenzen des Urheberrechtsgesetzes ist ohne Zustimmung des Verlages unzulässig und strafbar. Das gilt insbesondere für Vervielfältigungen, Übersetzungen, Mikroverfilmungen und die Speicherung und Verarbeitung in elektronischen Systemen.

© F. A. Brockhaus GmbH, Leipzig–Mannheim 1998
ISBN für das Gesamtwerk: 3-7653-3100-7
Band 14: 3-7653-3114-7

Typographische Beratung: Hans Peter Willberg, Eppstein, und Friedrich Forssman, Kassel, unter Mitwirkung von Raphaela Mäntele, Heidelberg

Satz: Bibliographisches Institut & F. A. Brockhaus AG (PageOne Siemens Nixdorf) und Mannheimer Morgen Großdruckerei und Verlag GmbH
Druck: ColorDruck, Leimen
Papier: 120 g/m^2 holzfreies, alterungsbeständiges und chlorfrei gebleichtes Offsetpapier der Papeteries de Condat, Paris
Einband: Großbuchbindereien Lachenmaier, Reutlingen, und Sigloch, Künzelsau
Printed in Germany

MAE

Ma|ebashi [-ʃi], Stadt auf Honshū, Japan, im NW der Kantoebene, 285 000 Ew.; Verw.-Sitz der Präfektur Gumma; Univ.; nördlichste Stadt des Industriegebietes Keihin; Seidenverarbeitung, Nahrungsmittel- u. a. Industrie.

Maecenas, Gaius, röm. Ritter aus etrusk. Geschlecht, * 13. 4. um 70 v. Chr., † Rom 8 v. Chr.; war nächst AGRIPPA der vertrauteste Freund und Helfer des AUGUSTUS. Literarisch stark interessiert (er dichtete auch selbst), versammelte er die bedeutendsten Dichter der Zeit (u. a. HORAZ, VERGIL, PROPERZ) um sich. Nach ihm nennt man einen freigebigen Förderer der Künste und Wissenschaften einen **Mäzen**.
    H. BARDON: La littérature Latine inconnue, Bd. 2 (Paris 1956); R. AVALLONE: Mecenate (Neapel 1963); J.-M. ANDRÉ: Mécène, essai de biographie spirituelle (Paris 1967).

Maedi, durch RNA-Viren verursachte meldepflichtige, akut oder chronisch verlaufende Lungenentzündung der Schafe mit hoher Sterblichkeit. M. ist in Island weit verbreitet; in enzootisch verseuchten Gebieten ist eine Immunprophylaxe möglich.

Ma|ekawa, Mayekawa, Kunio, jap. Architekt, * Niigata 14. 5. 1905, † Tokio 26. 6. 1986; studierte in Tokio und Paris, war 1928–30 Mitarbeiter von LE CORBUSIER. M. wirkte richtungweisend auf die moderne Architektur Japans.
    Werke: Konzerthalle und Bibliothek in Yokohama (1953–54); Harumi-Wohnhochhaus in Tokio (1958); Festhalle, ebd. (1961); Städt. Kunstmuseum, ebd. (1975); Museum für Ostasiat. Kunst, Köln (1977).

Mae Klọng [mɛ-], **Mae Nạm M. K., Meklọng,** Fluss in Thailand, entspringt an der birman. Grenze, mündet in die Bucht von Bangkok (Golf von Thailand), 400 km lang; durch Kanäle mit dem Bewässerungssystem des Menam verbunden; Hauptnebenfluss →Khwae Noi.

Maele [ˈmaːlə], Marcel van, fläm. Schriftsteller, * Brügge 10. 4. 1931; bedeutender Vertreter der experimentellen Literatur, dessen Gesellschaftskritik sich in der Suche nach neuen Ausdrucksformen äußert, so z. B. in ›Gebottelde gedichten‹ (1972; Gedichte in Weinflaschen) und ›Vakkundig hermetisch‹ (1973; Gedichte in Polyesterblöcken); Mitarbeiter der avantgardist. Literaturzeitschrift ›Labris‹ (1962–75).

Maẹlla [-ʎa], Mariano Salvador de, span. Maler und Zeichner, * Valencia 21. 8. 1739, † Madrid 10. 5. 1819; war 1760–65 in Rom, wo er mit dem akadem. Klassizismus vertraut wurde. Danach war er in Madrid tätig, wurde 1774 Kammermaler KARLS IV., 1795 Direktor der Akademie und 1799 zum Ersten Maler des Königs ernannt. 1815 fiel er in Ungnade. M. war an der Ausmalung der königl. Schlösser beteiligt, schuf Altarbilder und v. a. Porträts, auch Genre- und Landschaftsbilder sowie Entwürfe für die königl. Teppichmanufaktur und Illustrationen.

Mae Nam Chao Phraya [mɛ nam tʃauˈpraja], Fluss in Thailand, →Menam.

Maerlant [ˈmaːrlənt], Jacob van, niederländ. Dichter, * vermutlich auf der Insel Voorne um 1235, † Damme oder Brügge nach 1291; war wahrscheinlich Küster in Maerlant (bei Brielle); arbeitete auch nach seiner Übersiedlung nach Flandern meist für holländ. und seeländ. adlige Auftraggeber. Er hinterließ ein sehr umfangreiches Dichtwerk: In seinen Romanen ›Alexanders geesten‹, ›Istory van Troyen‹, ›Historie van den grale‹ und ›Boec van Merline‹ behandelte er zunächst typ. Stoffe der höf. Dichtung. Geistige Trägheit sowie soziale und sittl. Missstände der Zeit kritisierte er in den ›Strofische gedichten‹, v. a. in ›Wapene Martijn‹, ›Der kerken claghe‹ und ›Van den lande van overzee‹. Eine Heiligenvita ist das ›Leven van Sinte Franciscus‹. In seinen großen didakt. Schriften behandelt er, u. a. orientiert an Werken von ARISTOTELES, THOMAS VON CANTIMPRÉ und VINZENZ VON BEAUVAIS, die Staatskunst (›Heimelicheit der heimeliheden‹), die Naturwissenschaften (›Der naturen bloeme‹), die bibl. Geschichte (›Scholastica‹) und die weltl. Geschichte (›Spieghel historiael‹).
    A. ARENTS: J. v. M. (Damme 1943); J. VAN MIERLO: J. v. M. Zijn leven, zijn werken, zijn beteekenis (Turnhout 1946); J. TE WINKEL: M.s werken (Gent ²1982).

Kunio Maekawa: Museum für Ostasiatische Kunst in Köln; 1977

Maes [mɑːs], **Maas,** Nicolaes, niederländ. Maler, * Dordrecht Januar 1634, begraben Amsterdam 24. 12. 1693; um 1650 Schüler REMBRANDTS, dessen Helldunkelmalerei für seine Werke bestimmend wurde (bibl. und mytholog. Darstellungen, v. a. Genrebilder, bes. häusl. Szenen). Ab 1660 schuf er zahlr. farblich effektvolle Porträts im Stil A. VAN DYCKS.

Ma|està [ital. ›Majestät‹] *die, -,* bes. in der ital. Kunst des 13. und 14. Jh. die Darstellung der thronenden, von Engeln und Heiligen umgebenen Madonna; berühmt v. a. die M. von DUCCIO DI BUONINSEGNA (1308–11; Siena, Dommuseum, BILD S. 6), SIMONE MARTINI (1315; Siena, Ratssaal des Palazzo Pubblico) und A. LORENZETTI (nach 1136; Massa Marittima, Palazzo Comunale). Im Typus der M. ist auch das Kölner ›Dombild‹ von S. LOCHNER gestaltet (Dreikönigsaltar, um 1442).

ma|estoso [ital.], musikal. Vortrags-Bez.: majestätisch, feierlich, würdevoll; häufig verbunden mit Tempo-Bez. wie **allegro m., lento maestoso.**

Maẹstra, Siẹrra M., Gebirge auf →Kuba.

Maestrazgo, El M. [- maeˈstraðɣo], verarmte, dünn besiedelte Gebirgslandschaft mit rauem Klima

Maestà von Duccio di Buoninsegna; Ausschnitt, 1308–11 (Siena, Dommuseum)

in O-Spanien, erstreckt sich (NO-SW) im Hinterland der nördl. Costa del Azahar zw. Castellón de la Plana und Vinaroz, gegliedert in **Alto M.**, mit großen, einzelnen, tafelbergartigen Kalkfelsklötzen (im Peñagalosa 1 831 m ü. M.), und in die niedrigeren Bruchstaffeln des **Bajo M.** Verbreitet ist degenerierte Matorralvegetation. In höheren Lagen Viehwirtschaft (Schafe, Rinder), in tieferen Trockenfeldbau (Getreide) und Baumkulturen (Mandel-, Oliven-, Johannisbrotbäume). Hauptorte sind →Morella, →Albocácer und San Matéo. Kirchen, Klöster und Burgen des M. zeigen unter dem Einfluss des Montesaordens klare, schmuckarme Romanik und Frühgotik des 14. Jh.

Maestro [ital., von lat. magister, →Magister] *der, -s/-s* und ...*stri*, Meister, Künstler; in Italien inoffizieller Titel für Komponisten, Dirigenten, Lehrer an Konservatorien.

Maeterlinck [frz. mɛtɛrˈlɛ̃k, niederländ. ˈmaːtərlɪŋk], Maurice, belg. Schriftsteller frz. Sprache, * Gent 29. 8. 1862, † Orlamonde (bei Nizza) 6. 5. 1949; siedelte 1886 nach Paris über, lebte ab 1930 in Südfrankreich, 1939–47 in den USA. M. war der wichtigste Vertreter des Symbolismus in der Dramatik. In seinen handlungsarmen, meditativen Bühnenstücken wird eine Wendung ins Innere des Bewusstseins vollzogen, wobei pessimist. Grundhaltung und endzeitl. Perspektive dominieren. Die Figuren sind trag. Schicksalen, Angst und Tod hilflos ausgeliefert; ihre Dialoge spiegeln Kommunikationslosigkeit und Einsamkeit. Die späteren Stücke tragen märchenhafte Züge. Seine bes. unter dem Einfluss von J. VAN RUUSBROEC, E. VON SWEDENBORG und NOVALIS stehenden naturphilosoph. Essays sind von myst. Pantheismus geprägt. 1911 erhielt M. den Nobelpreis für Literatur.

Werke: *Lyrik:* Serres chaudes (1889). – *Dramen:* La princesse Maleine (1889; dt. Prinzessin Maleine); Les aveugles (1890; dt. Die Blinden); L'intruse (1890; dt. Der Eindringling); Pelléas et Mélisande (1892; dt. Pelleas und Melisande); Oper v. C. DEBUSSY); Monna Vanna (1902; dt.); L'oiseau bleu (1909; dt. Der blaue Vogel). – *Essays:* Le trésor des humbles (1896; dt. Der Schatz der Armen); La vie des abeilles (1901; dt. Das Leben der Bienen); L'intelligence des fleurs (1907; dt. Die Intelligenz der Blumen); La vie des termites

Maurice Maeterlinck

(1926; dt. Das Leben der Termiten); La vie des fourmis (1930; dt. Das Leben der Ameisen).

Ausgaben: Théâtre, 3 Bde. (1901–02, Nachdr. 1979); Poésies complètes, hg. v. J. HANSE (1965). – Werke, hg. v. F. VON OPPELN-BRONIKOWSKI, 9 Bde. (1924–25); Prosa u. krit. Schriften, 1886–1896, hg. v. S. GROSS (1983).

M. POSTIC: M. et le symbolisme ... (Paris 1970); S. GROSS: M. M. oder Der symbol. Sadismus des Humors (1985); G. COMPÈRE: M. M. (Paris 1990).

Maetzig, Kurt, Filmregisseur, * Berlin 25. 1. 1911; Mitbegründer der DEFA (1945) sowie der Dt. Hochschule für Filmkunst in Potsdam-Babelsberg (Rektor 1954–64); 1955 Prof. für Filmregie; befasste sich bes. mit Themen des antifaschist. Kampfes und mit zeitgenöss. Stoffen.

Filme: Ehe im Schatten (1947); Die Buntkarierten (1949); Der Rat der Götter (1950); Ernst Thälmann (1954–55, 2 Tle.); Vergeßt mir meine Traudl nicht (1957); Schlösser und Katen (1957); Der schweigende Stern (1960); Das Kaninchen bin ich (1965, UA 1989); Die Fahne von Kriwoj Rog (1967); Mann gegen Mann (1976).

Mäeutik [zu griech. maieutikḕ téchnē, eigtl. ›Hebammenkunst‹] *die, -*, die →sokratische Methode, insofern sie durch Fragen dem Gesprächspartner zu Wissen und klaren Begriffen verhilft.

Maeztu y Whitney [maˈɛθtu i uitˈnɛi], Ramiro de, span. Journalist und Essayist, * Vitoria 4. 4. 1875, † (von Republikanern während des Span. Bürgerkrieges erschossen) Aravaca (bei Madrid) 29. 10. 1936; war baskisch-engl. Abkunft; schrieb außer einem Roman (›La guerra del Transvaal ...‹, 1901) v. a. Zeitungsartikel sowie Kultur- und Literaturessays (›Don Quijote, Don Juan y la Celestina‹, 1926). Als entschiedener Vertreter der →Generation von 98 trat er zunächst für eine an F. NIETZSCHE und dem Sozialismus orientierte Erneuerung Spaniens ein (›Hacia otra España‹, 1899). Nach einer religiösen Wende (1915) wurde er zum politisch aktiven Sprecher der monarchist. Konservativen (›La crisis del humanismo‹, 1919) und zum Wegbereiter der nationalkath. extremen Rechten (›Defensa de la hispanidad‹, 1934).

Ausgabe: Obras completas, hg. v. V. MARRERO, auf 30 Bde. ber. (1957 ff.).

W. HERDA: Die geistige Entwicklung von R. de M. (1960); H. DOROWIN: ›Retter des Abendlands‹. Kulturkritik im Vorfeld des europ. Faschismus (1991).

Mafai, Mario, ital. Maler, * Rom 15. 2. 1902, † ebd. 31. 3. 1965; an der Entwicklung des ital. Expressionismus beteiligt. Gründer der Scuola Romana Via Cavour, die den Monumentalisierungstendenzen ihrer Zeitgenossen fantast., banale und absurde Motive in aufgelockertem Pinselduktus entgegensetzte; mit fratzenerfüllten Bildern reagierte M. auf den Kriegsausbruch. Um 1959 wandte er sich einem abstrakten Expressionismus zu.

Maffay, Peter, eigtl. **P. Alexander Makkay**, Rocksänger und Komponist, * Kronstadt (Rumänien) 30. 8. 1949; lebt seit 1963 in der BRD; zunächst Schlager, dann Rock-'n'-Roll- und Countrysongs, deren Melodien er überwiegend selbst schrieb. Ein Erfolg wurde die Rockoper für Kinder ›Tabaluga und Lilli‹ (1994).

Maffei, 1) Andrea, ital. Schriftsteller, * Molina di Ledro (bei Riva) 19. 4. 1798, † Mailand 27. 11. 1885. Sein Verdienst beruht v. a. auf der ital. Zeitgeschmack angepassten Übersetzungen und Umdichtungen engl. und dt. Literatur (SHAKESPEARE, J. MILTON, S. GESSNER, F. GRILLPARZER, H. HEINE, F. G. KLOPSTOCK, GOETHE und bes. SCHILLER, dessen Bühnenwerke er 1850 in drei Bänden veröffentlichte).

2) Francesco, ital. Maler, * Vicenza um 1600, † Padua 2. 7. 1660; tätig u. a. in Brescia, Vicenza, Padua und Venedig. Nach manierist. Anfängen fand er unter dem Einfluss der venezian. Malerei des 16. Jh. und den Werken B. STROZZIS zu einer lebendigen und großzügig-dekorativen Manier, die wesentlich zur Entwicklung der Barockmalerei in Venedig beitrug.

3) Francesco Scipione, ital. Gelehrter und Dramatiker, * Verona 1. 6. 1675, † ebd. 11. 2. 1755; war universal gebildet; verfasste u. a. kulturhistor. und archäolog. Studien, bes. über seine Vaterstadt Verona (›Verona illustrada‹, 4 Tle., 1732). Er übersetzte Teile der ›Ilias‹ und ›Aeneis‹ und war Mitbegründer der literar. Zeitschrift ›Giornale dei letterati d'Italia‹ (1710) sowie Herausgeber der ›Osservazioni letterarie‹ (1737–40, 6 Bde.). Seine nach den Regeln des klass. frz. Theaters und ›M.‹ Jh. gebaute Tragödie ›Merope‹ (1714; dt.), die ein europ. Erfolg wurde, war wichtig für die Entwicklung des eigenständigen ital. Dramas.

Ausgabe: Opere drammatiche e poesie varie, hg. v. A. AVENA (1928).

G. SILVESTRI: S. M. Un europeo del Settecento (Vicenza 1968); Nuovi studi Maffeiani, bearb. v. D. MODONESI (Verona 1985).

Mafia [ital., eigtl. ›Überheblichkeit‹, ›Anmaßung‹] *die, -/-s*, Eigen-Bez. ›Onorata Società‹, dt. ›Ehrenwerte Gesellschaft‹, kriminelle Macht in Sizilien, ähnlich der kalabr. ›n'drangheta‹ und der neapolitan. ›Camorra‹, Teil der →organisierten Kriminalität. Die M. entstand als Gegengewicht zur staatl. Macht. Um ihren Einfluss zu mehren, bildeten die Träger dieser Gegenmacht, die **Mafiosi**, immer stärker kriminelle Verhaltensweisen aus. Zu Anfang des 19. Jh. sammelten örtl. Grundbesitzer im Nordwesten Siziliens straff organisierte, bewaffnete Gefolgschaften als Instrument zur Behauptung ihres – formell aufgehobenen – feudalen Einflusses; sie trafen auf wenig Widerstand der Regierung in Neapel. Diese unideolog., familienähnlich strukturierten Gruppen dehnten sich im späten 19. Jh. in die Hafen- und Marktstädte und den Osten Siziliens aus. Mit illegaler Gewalt etablierten sie das parasitäre System der Schutzgelderpressung. Nach Gründung des ital. Einheitsstaates (1860) entwickelte sich die M. zu einer kriminellen Subkultur mit eigenen Normen und Werten (z. B. ›Omertà‹, dt. ›Schweigen‹; ›Vendetta‹, dt. ›Rache‹), die von den örtl. Vertretern der Staatsmacht geduldet wurde. – Mit der ital. Einwanderung im 19. Jh. nach den USA gekommen, bildete die M. (hier auch ›Cosa Nostra‹, ›The Syndicate‹) seit etwa 1920 einen Kern der dortigen Verbrecherwelt. Zu ihrem Aufblühen trug die totale Alkoholprohibition seit 1919 bei, Betätigungsfelder der amerikan. M. waren v. a. Alkoholschmuggel, Rauschgifthandel, Prostitution in Callgirlringen, Wett- und Glücksspiel sowie finanzielle Erpressungen aller Art (›racketeering‹). Ihre Mitglieder erlangten zunehmend auch Einfluss in legalen Organisationen. Innerhalb der M. fanden auch blutige Auseinandersetzungen statt (AL CAPONE in Chicago, CHARLES ›LUCKY‹ LUCIANO und VITO GENOVESE in New York). – In Italien schien MUSSOLINI seit 1926 die M. zurückdrängen zu können, seit 1943 förderte aber die amerikan. Besetzung Siziliens wieder die Intensivierung und Modernisierung ihrer Strukturen; seitdem stützt sich die M. verstärkt auf internat. Drogen- und Waffenschmuggel und auf die Korruption bei der Vergabe öffentl. Aufträge; ihre rein gewaschenen Gewinne legt sie in Aktien und Immobilien sowie in gewerbl. Unternehmen an. Sie verlagerte ihre Aktivitäten stärker auf die Großstädte und glich sich den amerikan. Vorbildern an. Aufgrund der Kronzeugenregelung des 1982 verabschiedeten Anti-M.-Gesetzes (entworfen von dem 1982 von der M. ermordeten kommunist. Abg. P. LA TORRE) konnten im M.-Prozess von Palermo 1986/87 erstmals führende Mafiosi verurteilt werden.

Zu Beginn der 90er-Jahre nahmen die Verbrechen mafioser Vereinigungen in Italien (mit Verzweigungen u. a. nach Dtl.) erneut stark zu. Im Mai 1992 wurde der Richter GIOVANNI FALCONE (* 1939), die Symbolfigur im Kampf gegen die M., mit seiner Frau und drei Leibwächtern ermordet. Gestützt auf ein am 6. 8. 1992 verabschiedetes Anti-Mafia-Ges., gelangen den ital. Sicherheitsorganen danach größere Erfolge (u. a. Verurteilung der Mörder FALCONES 1997). In den letzten Jahren galt die Aufmerksamkeit vermehrt der polit. Korruption, die mit den Aktivitäten der M. zusammenhängt (→Italien, Geschichte).

Die gelegentl. Übertragung des Begriffs ›M.‹ auf die neuerdings in Dtl. mit hohem Gewaltpotenzial tätigen Gruppen, die durch gemeinsame Herkunft und meist illegale Zuwanderung zusammengehalten werden, ist ungenau, da es sich hierbei um andere Erscheinungsformen der organisierten Kriminalität handelt.

A. BLOK: Die M. in einem sizilian. Dorf, 1860–1960 (a. d. Engl., 1981); W. RAITH: Die ehrenwerte Firma (1983); L. GALLUZZO: Das gebrochene Schweigen (a. d. Ital., Wien 1985); N. DALLA CHIESA: Der Palazzo u. die M. (a. d. Ital., 1985); P. ARLACCHI: Mafiose Ethik u. der Geist des Kapitalismus. Die unternehmerische M. (a. d. Ital., 1989); H. HESS: M. Ursprung, Macht u. Mythos (Neuausg. 1993); W. RAITH: Das neue M.-Kartell (1994).

Mafia, Koralleninsel vor der Mündung des Rufuji im Ind. Ozean, Tansania, 435 km², 23 000 Ew.; Hauptort: Kilindoni (Flughafen). Kopraerzeugung, Kalkgewinnung, Fischerei. – Reste einer arabisch-pers. Handelsstadt des 12./13. Jh.

Mafikeng ['mæfɪkɪŋ], bis 1980 **Mafeking**, seit 1997, nach Zusammenschluss mit Mmabatho, Hauptstadt der Prov. Nord-West, Rep. Südafrika, 1280 m ü. M., 25 000 Ew.; liegt in einem ausgedehnten Landwirtschaftsgebiet (Rinderzucht, Molkereiwirtschaft, Maisanbau) und ist wichtiger Eisenbahnknotenpunkt nahe der Grenze zu Botswana. – Die Stadt, 1885 als Verw.-Sitz des brit. Protektorats Betschuanaland (bis 1965) gegr., wurde 1899–1900 im Burenkrieg belagert und von General R. S. S. BADEN-POWELL verteidigt.

mafisch [aus Ma(gnesium) und lat. f(errum) ›Eisen‹], bezeichnet die dunklen Minerale (Biotit, Pyroxene, Amphibole, Olivin u. a.) in magmat. Gesteinen sowie diese Gesteine selbst, wenn solche Minerale überwiegen; Ggs.: →felsisch.

Mafra, Marktstadt in Portugal, 45 km nordwestlich von Lissabon, 9 800 Ew. – Die gewaltige Klosteranlage (40 000 m²) mit Palast wurde 1717–30 durch den gebürtigen dt. Baumeister JOÃO FREDERICO LUDOVICE (* 1670, † 1752) für König JOHANN V. in Barockformen errichtet (Erweiterungen bis 1750).

Mafraq [-rak], Stadt in N-Jordanien, 37 000 Ew.; Straßenknotenpunkt in der Abzweigung der Wüstenstraßen Amman–Bagdad, Damaskus–Bagdad und Damaskus–Kuwait.

Maftir [hebr.] *der, -s/...'rim*, im jüd. Gottesdienst der als Letzter zur Thoravorlesung Aufgerufene; dann der von ihm vorgelesene Abschnitt selbst sowie der darauf folgende Prophetenabschnitt (Haftara).

mag [von lat. magnitudo], *Astronomie:* Einheitenzeichen für die Größenklasse bei der Angabe von →Helligkeiten.

Magadan, Gebietshauptstadt in Russland, am Ochotsk. Meer, im N des Fernen Ostens, 142 000 Ew.; Internat. Univ. für Pädagogik, Institute der Russ. Akademie der Wiss.en; Herstellung von Bergbaurüstungen, Fischverarbeitung, Leder-, Bekleidungsindustrie; Seehafen, internat. Flughafen. Von M. führt eine Straße (weitgehend unbefestigt) zu den mehr als 700 km nördlich von M. liegenden Kolymagoldfeldern (Förderung 1995: 22 t, etwa ein Fünftel der russ. Goldproduktion) und dann weiter nach Jakutsk.

Magadha, frühes ind. Reich, umfasste den südl. Teil des heutigen Bundesstaates Bihar. Ursprungsland von Buddhismus und Jainismus; unter König BIMBISARA (um 540–490 v. Chr.) setzte der Aufstieg des ursprüngl. Stammeskönigtums zur Vormacht in Nordindien ein. Später war M. das Kernland der Großreiche der Maurya und der Gupta.

Maga Magadhi – Magalotti

Magadhi [Sanskrit], eine der unter →Prakrit zusammengefassten mittelindoar. Sprachen; dem Ardhamagadhi verwandt. (→Bihari)

Magadi, Lake M. [leɪk-], **Magadisee,** abflussloser Salzsee in SW-Kenia, im Ostafrikan. Graben, 610 m ü. M., 104 km² groß, mit heißen Quellen. Der See verfügt über eine etwa 3 m dicke Schicht von festem und halbfestem Soda, das abgebaut und exportiert wird (Stichbahn von Nairobi).

Magadino|ebene, ital. **Piano di Magadino,** Aufschüttungsebene des Tessins unterhalb von Bellinzona vor seiner Mündung in den Lago Maggiore, Kt. Tessin, Schweiz; etwa 25 km², dank Melioration intensives Landwirtschaftsgebiet; am nördl. Hang Weinbau; im W der Flugplatz von Locarno.

Magadis [griech.] *die, -/-,* ein Musikinstrumentenname, der in der Antike wohl eine Winkelharfe bezeichnete und vielleicht auf die Möglichkeit des Oktavenspiels auf diesem Instrument (durch paarweise Besaitung?) weist; mit ›magadizein‹ wurde in der griech. Musiktheorie das Singen oder Spielen im Oktavabstand benannt. Im MA. war M. eine Bez. für den verschiebbaren Steg des →Monochords.

Magalhães [magaˈʎãiʃ], 1) Domingos José **Gonçalves de M.** [gɔ̃ˈsalviz di -], Visconde **de Araguaia** (seit 1876), brasilian. Schriftsteller, * Rio de Janeiro 13. 8. 1811, † Rom 10. 6. 1882; war Diplomat, u. a. seit 1876 Gesandter beim Vatikan; schrieb mit der Gedichtsammlung ›Suspiros poéticos e saudades‹ (1836) das erste Werk der brasilian. Romantik, ferner das indian. Epos ›A confederação dos Tamoyos‹ (1856), philosoph. Essays und die ersten von einem brasilian. Dichter verfassten Tragödien (›Antônio José‹, 1839; ›Olgiato‹, 1841).

Ausgabe: Obras completas (¹⁻²1864–76);

G. de M., hg. v. J. ADERALDO CASTELO (Rio de Janeiro ²1961); R. S. M. DE BARROS: A significação educativa do romantismo brasileiro: G. de M. (São Paulo 1973).

2) Fernão de, span. **Fernando de Magallanes** [maɣaˈʎa-], auch **Ferdinand Magellan,** port. Seefahrer, * Sabrosa (bei Vila Real) um 1480, † (gefallen) auf der Insel Mactan (bei Cebu) 27. 4. 1521; stand anfangs in port., seit 1517 in span. Diensten. Sein von KARL I. bewilligter Plan, die Molukken auf dem Westweg zu erreichen, führte zu einer Fahrt um die Erde (1519–22). Mit fünf Schiffen verließ M. am 20. 9. 1519 Sanlúcar de Barrameda. Über Teneriffa und Guinea erreichte er am 10. 1. 1520 die Mündung des Río de la Plata und fand am 21. 10. 1520 den Eingang in die nach ihm benannte →Magellanstraße. Mit drei der ihm verbliebenen Schiffe durchfuhr er sie und segelte am 28. 11. in den Stillen Ozean nach NW. Am 6. 3. 1521 erreichte er die Ladronen (Marianen) und am 16. 3. die Lazarusinseln (Philippinen), wo er im Kampf mit der einheim. Bev. fiel. Seinem Nachfolger J. S. EL-CANO gelang die Weiterfahrt zu den Molukken und die Rückreise nach Spanien (über den Ind. Ozean und um das Kap der Guten Hoffnung) und damit die Vollendung der ersten Weltumsegelung, die die Kugelform der Erde endgültig bewies. Das von KOLUMBUS entdeckte Land wurde nun als eigener Kontinent erkannt. Von dem Mitreisenden ANTONIO PIGAFETTA liegt eine Beschreibung der Fahrt vor.

H. PLISCHKE: F. de M. (⁴1964); F. A. PIGAFETTA: Die erste Reise um die Erde. Ein Augenzeugenbericht von der Weltumsegelung Magellans 1519–1522 (a. d. Ital., Neuausg. 1983); P. W. LANGE: Der Sonne gleich ... Das Leben des Fernando de Magallanes u. die 1. Weltumsegelung (Leipzig ²1985); P. BUFE: Die erste Weltumsegelung. Ferdinand Magellan u. Sebastian del Cano (1987);

S. ZWEIG: Magellan. Der Mann u. seine Tat (59.–62. Tsd. 1995).

Magalhães|straße [maɣaˈʎãiʃ-], →Magellanstraße.

Magallanes [-ˈjanes], 1) 1927–37 Name der Stadt →Punta Arenas, Chile.

2) Region in →Chile.

Magaloff, Nikita, schweizer. Pianist russ. Herkunft, * Sankt Petersburg 21. 2. 1912, † Vevey 26. 12. 1992; studierte in Paris bei I. PHILIPP und nahm Kompositionsunterricht bei S. PROKOFJEW; seit 1937 v. a. als Chopin- und Liszt-Interpret internat. erfolgreicher Klaviervirtuose; lehrte 1949–60 am Genfer Konservatorium. M. komponierte eine Klaviersonate, eine Violinsonate und eine Toccata für Klavier.

Magalotti, Lorenzo, ital. Schriftsteller, Naturforscher und Diplomat, * Rom 23. 12. 1637, † Florenz 2. 3. 1712; aus adliger Familie; war früh Sekr. der Accademia del Cimento, deren Tätigkeitsberichte er redigierte (›Saggi di naturali esperienze‹, 1667). M. bereiste viele Länder Europas und war 1675–78 Botschafter in Wien, 1689–91 Staatsrat. Er war Mitgl. der Accademia della Crusca, wandte sich aber gegen deren engen Purismus und verwendete u. a. in seinen na-

Fernão de Magalhães

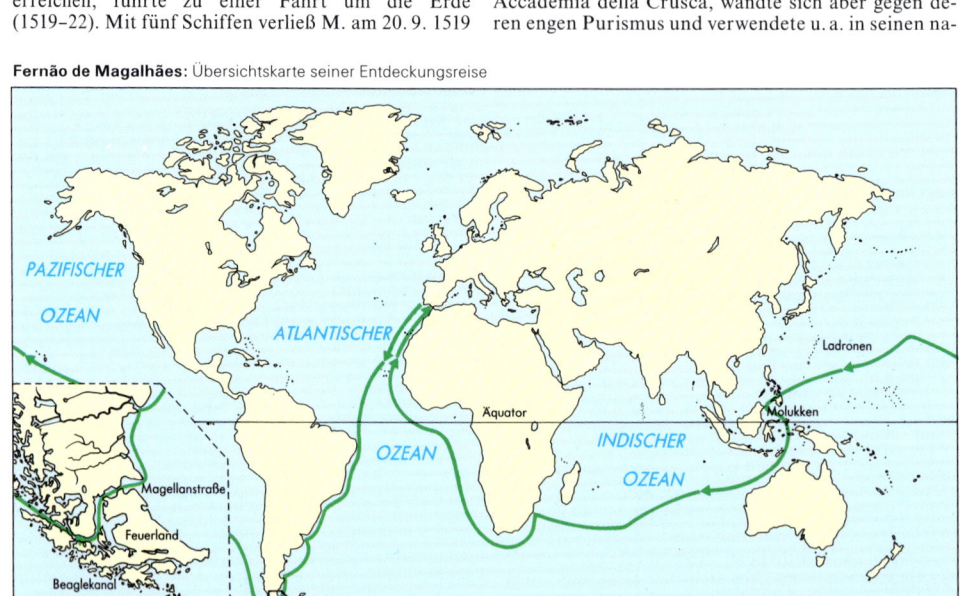

Fernão de Magalhães: Übersichtskarte seiner Entdeckungsreise

turwiss. Schriften Fremdwörter und Wortneuschöpfungen. Er schrieb in gewandtem Stil auch Novellen, Briefe, Reiseberichte und petrarkist. Liebeslyrik. Sein originellstes Werk ist der barocke Dithyrambos auf die Blumen ›La madreselva‹ (hg. 1762). Als einer der wenigen Danteverehrer seiner Zeit kommentierte er die ersten fünf Gesänge des ›Inferno‹ von Dantes ›Divina Commedia‹.

Weitere Werke: *Schriften:* Lettere sopra le terre odorose d'Europa e d'America dette volgarmente buccheri (1695); Lettere familiari contro l'ateismo (hg. 1719); Lettere scientifiche ed erudite (hg. 1721). – *Gedichte:* La donna immaginaria (1690); Canzonette anacreontiche ... (hg. 1723).

G. Güntert: Un poeta scienziato del Seicento, L. M. (Florenz 1966).

Magdalénien:
Tierfigur aus Rengeweih, gefunden in Laugerie-Basse bei Les Eyzies-de-Tayac (um 1200 v. Chr., Höhe 8 cm; Saint-Germain-en-Laye, Musée des Antiquités Nationales)

Magangué, Hafenstadt am unteren Río Magdalena im karib. Küstentiefland, Kolumbien, 87 400 Ew.; agrar. Handelszentrum, Reismühlen.

Magar, Mangar, altnepales. Bergbauernvolk mit tibetobirman. Sprache; verbreitete sich von den W- und S-Flanken des Dhaulagiri in Nepal (rd. 380 000 M.) entlang dem Himalaja bis nach Sikkim (in Indien rd. 30 000 M.). Wirtschaftlich bedeutsam sind Handwerk und Militärdienst (Gurkhasöldner). Kulturell überwiegt hinduist. Einfluss.

Magazin [ital. *magazzino* ›Vorratshaus‹, ›Lagerraum‹, von arab. *maḫāzin*, Pl. von *maḫzan* ›Warenlager‹] *das, -s/-e,* **1)** *allg.:* Lagerraum oder -haus, Speicher. In *Bibliotheken* Räumlichkeiten, in denen die Bücher und Zeitschriften aufbewahrt werden, die nicht in frei zugängl. Zonen den Benutzern zur Verfügung gestellt werden. In *Museen* Raum zur Aufbewahrung von Kunstwerken, die nicht in den ständigen Ausstellungsräumen zugänglich sind. Im *Theater* Raum für Kostüme, Requisiten und Ausstattungsmittel der laufenden Inszenierungen, die nach deren Absetzen in den Fundus gelangen.
2) *Publizistik:* 1) Titel oder Titelbestandteil period. Druckschriften; erstmals Anfang des 18. Jh. in England, von dort in die dt. Presse übernommen. Seit der Einführung des Zeitschriftentyps →Nachrichtenmagazin als Begriff für dt. Wochen- und Monatszeitschriften immer häufiger verwendet; 2) Bez. für polit., wirtschaftl. oder locker unter einem Obertitel zusammengefügte, von einem Moderator betreute Sendungen in Hörfunk und Fernsehen (**M.-Sendungen**).
3) *Waffenwesen:* bei Mehrladewaffen Raum für Patronen (**Patronen-M.**). Bei Gewehren liegt das M. meist unterhalb des Verschlusses (Kasten-M. als Stangen- oder Trommel-M.), es kann sich aber auch in Form einer Röhre (Röhren-M.) unter oder über dem Lauf im Schaft befinden; bei Selbstladepistolen im Griff.

Magdala [hebr. *migdal* ›Turm‹], **1)** arab. El-Medjdel [-mɛdʒ-], Ort bei Tiberias, am See Genezareth, Israel. – Heimatort der Maria Magdalena.
2) Stadt im Landkreis Weimarer Land, Thür., 250 m ü. M., 1 700 Ew. – Neben einer Wasserburg entstand die 874 erstmals erwähnte Siedlung. Sie erhielt zw. 1284 und 1288 Stadtrecht.

Magdalena, Gestalt des N. T., →Maria Magdalena.

Magdalena, 1) Dep. in →Kolumbien.
2) Río M., Magdalenenstrom, Hauptstrom Kolumbiens, 1 550 km lang, Einzugsgebiet etwa 257 000 km², entspringt in der Zentralkordillere, 70 km südlich von Popayán in 3 500 m ü. M., folgt nach N einer tiefen, 1 000 km langen und 30–80 km breiten Grabensenke zw. Zentral- und Ostkordillere, tritt bei Barrancabermeja in das feuchtheiße Tiefland ein, nimmt links den Río Cauca auf und mündet 20 km nördlich von Barranquilla mit einem Delta in das Karib. Meer. Bis in die 1930er-Jahre war der M. der Haupthandelsweg in Kolumbien, jedoch ist seit der Eröffnung der Bahnlinie Santa Marta–Bogotá (1961, mit Abzweigung nach Medellín) sowie v. a. durch den Straßen- und Luftverkehr die (durch schwankende Wasserstände und Sandbänke erschwerte) Schifffahrt stark zurückgegangen. Der M. ist auf 1 450 km (ganzjährig rd. 500 km) schiffbar; regelmäßige Verbindung zw. den Städten Barranquilla und Puerto Berrío; soll ganzjährig befahrbar ausgebaut werden. – Der 1501 von Rodrigo de Bastidas entdeckte Strom wurde erstmals 1536 von G. Jiménez de Quesada erforscht.

Magdalénien [-len'jɛ̃; frz.] *das, -(s),* Kulturstufe der Altsteinzeit, benannt nach der Fundstätte →La Madeleine. Das M. (etwa 15000–10000 v. Chr.) bildet den Abschluss und Höhepunkt der altsteinzeitl. Kulturentwicklung in West- und Mitteleuropa, das Verbreitungsgebiet reichte von Spanien bis nach Böhmen. Siedlungen in Höhlen (z. B. Le Mas-d'Azil, Niaux) und im Freiland (z. B. Pincevent und Gönnersdorf), reich ausgestattete Grabfunde (z. B. La Madeleine, Bonn-Oberkassel), zahlr. Waffen und Geräte aus Knochen, Mammutelfenbein, Rengeweih (Speerspitzen, Harpunen, Lochstäbe) und Stein, Schmuck sowie zahlr. Kunstwerke (Kleinplastiken, Felsbilder, Gravierungen auf Felswänden und Knochengeräten) informieren über diese Jägerkultur, deren wirtschaftl. Grundlage die Pferde- und Rentierjagd war. Berühmt sind die Höhlenheiligtümer des M., z. B. Altamira, Lascaux und Les Combarelles. Bild →Lascaux

Magdalen Islands [ˈmæɡdəlɪn ˈaɪləndz], engl. Name für die Îles de la →Madeleine.

Magdalensberg, Helenenberg, Berg, 1 058 m ü. M., nördlich von Klagenfurt, Kärnten, Österreich, auf dem eine ausgedehnte keltisch-röm. Siedlung lag, deren antiker Name unbekannt ist. Die ersten röm. Bauten stammen aus dem 1. Jh. v. Chr., als Noricum röm. Prov. wurde. M. war v. a. Handels- und Produktionszentrum für das nor. Eisen. Ausgrabungen legten ein Forum, versch. Kult- und Repräsentationsbauten, Lagerhäuser, Werkstätten und Kaufläden frei. Zu den Funden gehört auch die von röm. Kaufleuten gestiftete lebensgroße Bronzestatue des ›Jünglings vom M.‹; an der Stelle eines keltisch-röm. Tempels spätgot. Wallfahrtskirche (2. Hälfte 15. Jh.) mit geschnitztem Flügelaltar (1502).

Magdeburg, 1) Hauptstadt des Landes Sa.-Anh. und des Reg.-Bez. M., kreisfreie Stadt, 50 m ü. M., 257 600 Ew.; erstreckt sich am Ostrand der Magdeburger Börde beiderseits der Elbe. M. ist kath. Bischofssitz, Sitz eines Landgerichts und beherbergt bedeutende wiss. und kulturelle Einrichtungen, bes. die Univ. ›Otto von Guericke‹ (1953 als Hochschule für Schwermaschinenbau gegr., 1961–87 TH, 1987–93 TU), FH, Forschungsinstitute, Landesarchiv, Europ.

Magdeburg 1)
Stadtwappen

Hauptstadt von
Sachsen-Anhalt
·
an der Elbe
·
50 m ü. M.
·
257 600 Ew.
·
Universität
›Otto von Guericke‹
(1953 als Hochschule
gegr.)
·
bedeutender
Binnenhafen
·
Magdeburger Dom
(1209 ff.)
·
805 erstmals erwähnt
·
1188 Magdeburger
Recht
·
1815–1944 Hauptstadt
der Provinz Sachsen

Magdeburg: Stadtplan

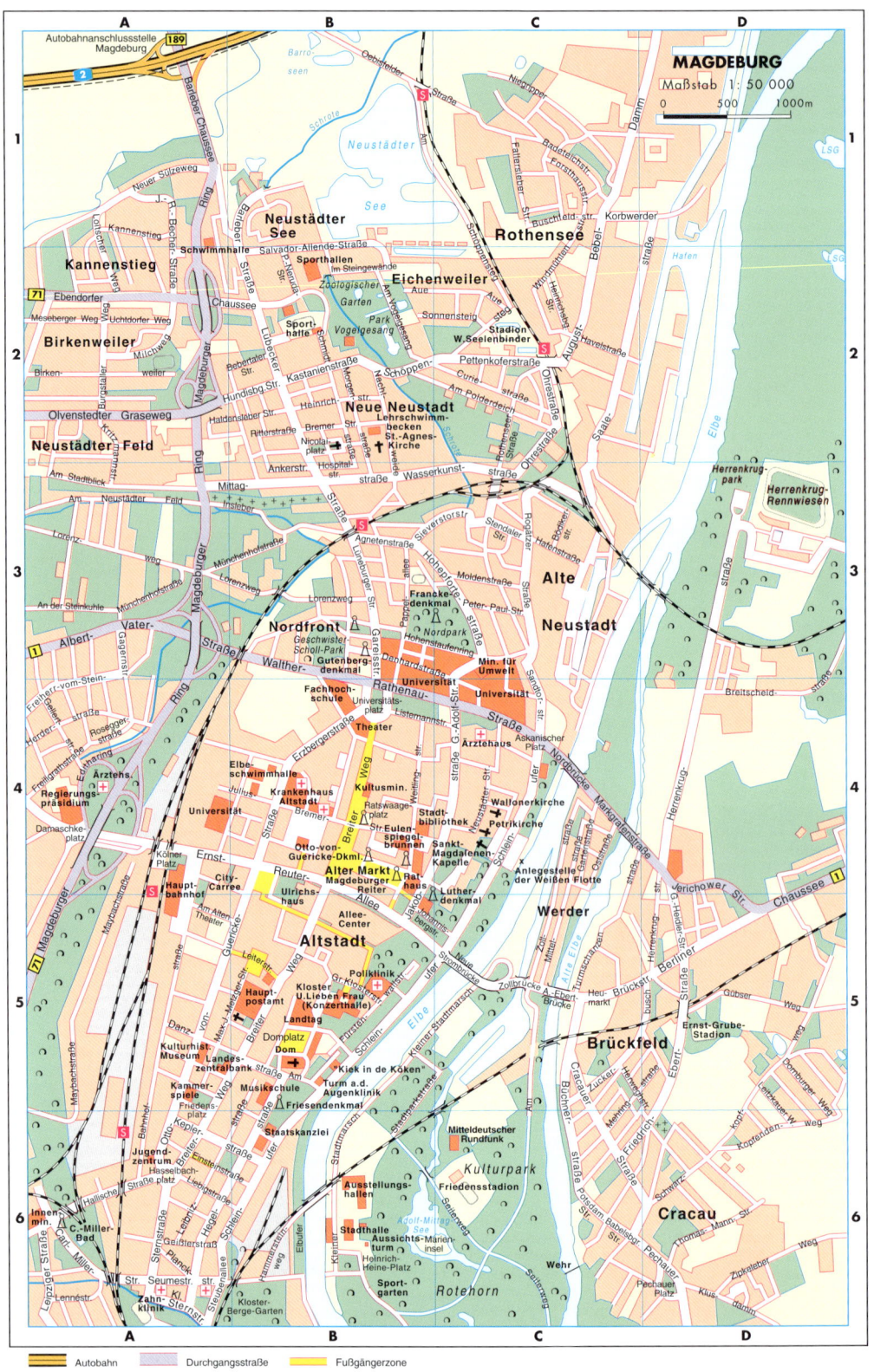

Magdeburg: Stadtplan (Namenregister)

Straßen und Plätze

Agnetenstraße B 3
Albert-Vater-Straße A 3
Alter Markt B 4
Am Alten Theater A 5
Am Dom B 5
Am Neustädter Feld A 3
Am Polderdeich BC 2
Am Schöppensteg B 1 – C 2
Am Stadtblick A 3
Am Vogelgesang B 2
Am Winterhafen C 5
An der Steinkuhle A 3
Ankerstraße B 3
Anna-Ebert-Brücke C 5
Askanischer Platz C 4
Aue BC 2
August-Bebel-Damm C 2 – D 1
Babelsberger Straße C 6
Badeteichstraße C 1
Bahnhofstraße A 6 – 5
Barleber Chaussee A 1
Barleber Straße B 2
Bebertaler Straße B 2
Berliner Chaussee D 5 – 4
Birkenweiler A 2
Bödikerstraße C 3
Breiter Weg A 6 – B 4
Breitscheidstraße D 4
Bremer Straße B 2
Brückstraße CD 5
Büchnerstraße C 5 – 6
Burgstaller Weg A 2
Buschfeldstraße C 1
Carl-Miller-Straße A 6
Cracauer Straße C 5 – 6
Curiestraße C 2
Damaschkeplatz A 4
Danzstraße AB 5
Denhardtstraße BC 3
Domplatz B 5
Dornburger Weg D 5 – 6
Ebendorfer Chaussee AB 2
Editharing A 4
Einsteinstraße AB 6
Ernst-Reuter-Allee A 4 – B 5
Erzbergerstraße B 4
Fallersleber Straße C 1
Forsthausstraße C 1
Freiherr-vom-Stein-Straße A 4 – 3
Freiligrathstraße A 4
Friedensplatz A 5
Friedrich-Ebert-Straße C 6 – D 5
Fürstenwallstraße B 5
Gagernstraße A 3
Gareisstraße B 3
Gartenstraße C 4
Geißlerstraße A 6
Gellertstraße A 4
Georg-Heidler-Straße D 5
Große Klosterstraße B 5
Gübser Weg D 5
Gustav-Adolf-Straße C 4
Hafenstraße C 3
Haldensleber Straße AB 2
Hallische Straße A 6
Hammersteinweg B 6
Hasselbachplatz A 6
Havelstraße C 2
Hegelstraße A 6 – B 5
Heinrich-Heine-Platz B 6
Heinrichsberger Straße C 1 – 2
Heinrichstraße B 2
Herderstraße A 4
Herrenkrugstraße D 5 – 3
Herwegstraße CD 5
Heumarkt C 5
Hohenstaufenring BC 3
Hohepfortestraße BC 3
Hospitalstraße B 3
Hundisburger Straße AB 2
Im Steingewände B 2
Insleber Straße AB 3
Jakobstraße B 5 – C 4
Jerichower Straße D 4 – 5
Johannes-R.-Becher-Straße A 1 – 2
Johannisbergstraße BC 5
Julius-Bremer-Straße AB 4
Kannenstieg A 1
Kastanienstraße B 2
Keplerstraße AB 6
Kleiner Stadtmarsch B 6 – C 5
Kleine Sternstraße A 6
Klusdamm D 6
Kölner Platz A 4
Kopfendenweg D 6
Korbwerder CD 1
Kritzmannstraße A 2 – 3
Leibnizstraße A 6 – B 5
Leipziger Straße A 6
Leiterstraße B 5
Leitzkauer Weg D 5 – 6
Lennéstraße A 6
Liebigstraße A 6
Loitscher Weg A 1 – 2
Lorenzweg AB 3
Lübecker Straße B 2 – 3
Lüneburger Straße B 3
Magdeburger Ring A 5 – 1
Markgrafenstraße C 4
Max-Josef-Metzger-Straße AB 5
Maybachstraße A 6 – 4
Mehringstraße C 6 – D 5
Meseberger Weg A 2
Milchweg A 2
Mittagstraße AB 3
Mittelstraße C 5 – 4
Moldenstraße C 3
Morgenstraße B 2 – 3
Münchenhofstraße AB 3
Nachtweide B 2 – 3
Neuer Sülzeweg A 1
Neue Strombrücke C 5
Neustädter Straße C 4
Nicolaiplatz B 2
Niegripper Straße C 1
Nordbrücke C 4
Oebisfelder Straße BC 1
Ohrestraße C 3 – 2
Olvenstedter Graseweg A 2
Oststraße C 2
Otto-von-Guericke-Straße A 6 – B 4
Pablo-Neruda-Straße B 2
Pappelallee B 3
Pechauer Straße D 6
Peter-Paul-Straße C 3
Pettenkoferstraße C 2
Planckstraße A 6
Potsdamer Straße C 6
Ratswaageplatz B 4
Ritterstraße B 2
Rogätzer Straße C 3
Roseggerstraße A 4
Rothenseer Straße C 2
Saalestraße C 3 – D 1
Salvador-Allende-Straße B 1 – 2
Sandtorstraße C 3 – 4
Schleinufer A 6 – C 4
Schmidtstraße B 2
Schöppensteg BC 2
Schwarzkopfweg D 6 – 5
Seilerweg BC 6
Seumestraße A 6
Sieverstorstraße BC 3
Sonnensteig BC 2
Stadtparkstraße B 6 – C 5
Stendaler Straße C 3
Sternstraße A 6
Steubenallee A 6
Thomas-Mann-Straße D 6
Turmschanzenstraße C 5 – 4
Uchtdorfer Weg A 2
Universitätsplatz B 4
Walther-Rathenau-Straße B 3 – C 4
Wasserkunststraße BC 3
Weitlingstraße B 4
Windmühlenstraße C 2 – 1
Zipkeleber Weg D 6
Zollbrücke C 5
Zollstraße C 5 – 4
Zuckerbusch CD 5

Gebäude, Anlagen u. a.

Adolf-Mittag-See BC 6
Allee-Center B 5
Anlegestelle der Weißen Flotte C 5
Ärztehaus A 4, C 4
Aussichtsturm B 6
Ausstellungshallen B 6
Barroseen B 1
Birkenweiler A 2
Brückfeld CD 5
Carl-Miller-Bad A 6
City-Carree AB 4 – 5
Cracau CD 6
Dom B 5
Elbeschwimmhalle B 4
Eulenspiegelbrunnen B 4
Fachhochschule B 4
Franckedenkmal BC 3
Friesendenkmal B 5
Geschwister-Scholl-Park B 3
Gutenbergdenkmal B 3
Hafen D 1 – 2
Hauptbahnhof A 4 – 5
Hauptpostamt B 5
Herrenkrug-Rennwiesen D 3
Innenministerium A 6
Jugendzentrum A 6
Kammerspiele A 5
Kannenstieg A 2
Kiek in de Köken B 5
Kloster-Berge-Garten AB 6
Kloster Unserer Lieben Frauen B 5
Konzerthalle B 5
Krankenhaus Altstadt B 4
Kulturhistorisches Museum A 5
Kulturpark Rotehorn BC 6
Kultusministerium B 4
Landeszentralbank A 6
Landtag B 5
Lutherdenkmal BC 4 – 5
Magdeburger Reiter B 4
Marieninsel BC 6
Mitteldeutscher Rundfunk C 6
Musikschule B 5
Neustädter Feld A 2 – 3
Neustädter See B 1
Nordfront B 3
Nordpark B 3
Otto-von-Guericke-Denkmal B 4
Petrikirche C 4
Poliklinik B 5
Rathaus B 4
Regierungspräsidium A 4
Rotehorn, Kulturpark BC 6
Rothensee CD 1
Sankt-Agnes-Kirche B 2
Sankt-Magdalenen-Kapelle C 4
Schrote B 1 – C 3
Sportgarten B 6
Staatskanzlei B 6
Stadion C 2, C 6, D 5
Stadtbibliothek B 4
Stadthalle B 6
Theater B 4
Turm an der Augenklinik B 5
Ulrichshaus B 4 – 5
Umweltministerium C 3
Universität AB 4, BC 3 – 4
Vogelgesang, Park B 2
Wallonerkirche C 4
Werder C 4 – 5
Zahnklinik A 6
Zoologischer Garten B 2

Umwelt-Centrum, Magdeburger Museen (mit kulturhistor. Museum) und Kulturpark Rotehorn (mit Stadthalle), mehrere Theater, zoolog. Garten und Galopprennbahn. Die Wirtschaft wird von mittelständ. Betrieben, bes. der Metallverarbeitung, chem., Lebensmittel- und Baustoffindustrie, sowie vom Handwerks-, Dienstleistungs- und Baubereich bestimmt. Der ehem. dominierende Schwermaschinenbau kam nach der Wiedervereinigung fast zum Erliegen. M. ist ein bedeutender Verkehrsknotenpunkt im Schnittpunkt von Eisenbahn, Autobahn und ein wichtiger Hafen am Wasserstraßenkreuz von Elbe, Elbe-Havel- und Mittellandkanal (mit Schiffshebewerk M.-Rothensee). Eine S-Bahn-Verbindung besteht mit Schönebeck (Elbe) im S und Zielitz im N.

Stadtbild: Nach den Zerstörungen im Zweiten Weltkrieg wurden bedeutende histor. Bauten wiederhergestellt. Vom otton. Dom St. Mauritius und St. Katharina (1207 abgebrannt) sind Reste einer Krypta freigelegt. Der Neubau (1209–1520) ist eine im Grund- und Aufriss der frz. Gotik folgende dreischiffige Basilika mit Chorumgang und Kapellenkranz, unvollendeten O-Türmen sowie hoher Doppelturmfassade im W.

Der Dom verfügt über hervorragende Bauplastik (am N-Portal des Querhauses ›Kluge und törichte Jungfrauen‹, um 1240–50) und birgt außerdem zahlr. plast. Bildwerke von hoher künstler. Qualität (u. a. die Figuren der Schutzheiligen Mauritius und Katharina, die in ihrer Deutung umstrittene Sitzgruppe Ottos I., d. Gr., und seiner Frau Editha, die Bronzegrabplatten der Erzbischöfe Friedrich von Wettin und Wichmann sowie die Bronzetumba des Erzbischofs Ernst von Sachsen [*1464, †1513], aus der Werkstatt von P. Vischer d. Ä., das Mahnmal für die Gefallenen des Ersten Weltkriegs von E. Barlach, 1929). Das Kloster Unser Lieben Frauen (gegr. 1015–18) beherbergt heute eine Sammlung mittelalterl. und moderner Kleinplastik; die Klosterkirche (heute als Konzerthalle genutzt) wurde in zwei Bauetappen errichtet: vom Ende des 11. Jh. stammen die O-Teile und das Langhaus (Gewölbe erst um 1220–40), der W-Bau entstand 1129–60. Etwa gleichzeitig mit dem Liebfrauenkloster erfolgte die Gründung der Stiftskirche St. Sebastian; im 14. Jh. wurde der Chor neu errichtet, im 15. Jh. die urspr. roman. Basilika zur Hallenkirche umgebaut. Älteste Pfarrkir-

Magd Magdeburg

che der Stadt ist die Marktkirche St. Johannes (941 erwähnt), von der die Ruine der querschifflosen Halle des 15. Jh. erhalten ist. Die kath. Pfarrkirche St. Peter erweiterte man um 1400 zu einer dreischiffigen Halle, vom roman. Gründungsbau des 12. Jh. ist nur der Turm erhalten; im Chor moderne Glasmalereien von 1970 nach Entwürfen von CARL CRODEL. Die Wallonerkirche (1366 geweiht), ehem. Kirche des Augustinerklosters, ist eine dreischiffige got. Hallenkirche. Vor dem barocken Rathaus (1691–98) auf dem Alten Markt befindet sich die Kopie des ›Magdeburger Reiters‹ (um 1240, Original im Kulturhistor. Museum). Von den Barockbauten auf dem Domplatz sind u. a. die Domdechanei (1728 begonnen) und das ehem. erzbischöfl. Palais (1707 begonnen) erhalten. Zu den wichtigsten Bauten des 19. und 20. Jh. gehören neben dem Hauptbahnhof (1870–82) und der Hauptpost (zw. 1895 und 1899) in historisierenden Stilformen das Kulturhistor. Museum (1906), die Hermann-Gieseler-Sporthalle (1922 als Mehrzweckhalle ›Stadt und Land‹ von B. TAUT und J. GÖDERITZ errichtet) sowie der Klinkerbau der Chirurg. Klinik (1926). Nach der Grundsteinlegung für den Wiederaufbau (1953) erfolgte unter Beibehaltung des ehem. ›Breiten Weges‹ die Neustrukturierung des Zentrums mit wesentl. Ein-

Magdeburg 1): Blick über das linke Elbufer auf den Magdeburger Dom

schnitten in die alte Stadtstruktur. An der Elbuferpromenade entstanden achtgeschossige Wohnbauten und ein 65 m hohes Wohnhochhaus. – In der 1812–24 mit gitterförmigem Grundriss angelegten Neuen Neustadt erbaute man nach Entwürfen von K. F. SCHINKEL 1821–24 die Nikolaikirche. Auf der Elbinsel wurde 1927 der Kulturpark Rotehorn (1872 gegr.) als Kultur- und Ausstellungszentrum gestaltet (Stadthalle und Pferdetor erhalten). Die Gebiete der 1908–12 geschleiften Glacis ermöglichten die Anlage der Gartenstadtsiedlungen ›Hopfengarten‹ (1910/11) u. a. von H. TESSENOW, ›Reform‹ (1912) unter Mitwirkung von TAUT, ›Westerplan‹ (1924 ff.) sowie der ›Hermann-Beims-Siedlung‹ (1924–29). Bemerkenswert sind auch die histor. Parkanlagen ›Herrenkrug‹ (1817/18 als engl. Landschaftsgarten angelegt, 1829/30 nach Entwürfen von P. J. LENNÉ erweitert) und der Kloster-Berge-Garten (ebenfalls nach Plänen LENNÉS

1823–25 umgestaltet), in dem sich das nach Plänen SCHINKELS 1825–29 errichtete Gesellschaftshaus befindet. In den histor. Dorfkernen der heute eingemeindeten Randgebiete der Stadt blieben mittelalterl. Dorfkirchen und Wohntürme (Rothensee um 1200, Großottersleben um 1520) sowie Wohn- und Gehöftanlagen des frühen 19. Jh. erhalten.

Geschichte: An einem Übergang wichtiger Handelsstraßen über die Elbe wurden Burg und Ortschaft M. (slaw. **Mędeburu,** ›Honigheide‹) 805 erstmals erwähnt. Anfang des 10. Jh. zerstört, gehörte M. 929 zur Morgengabe des späteren Kaisers OTTO I., D. GR., für seine erste Frau EDITHA; OTTO erneuerte um 936 die Siedlung, stiftete 937 das Moritzkloster und verlieh M. 965 das Markt-, Münz- und Zollrecht. Es entwickelte sich in der Folge zu einem wichtigen Osthandelsplatz. Außerordentl. Bedeutung erlangten das 1188 durch Erzbischof WICHMANN reformierte, bereits gesprochene →Magdeburger Recht (M. wurde Oberhof dieser Stadtrechtsfamilie) und der Magdeburger Schöffenstuhl. Die im 12. Jh. einsetzenden Lösungsversuche von M. aus ihrem bischöfl. Stadtherrn führten nur teilweise zum Erfolg (um 1240/50 Herausbildung eines Rats, 1294 Erwerb des Schultheißenamtes und damit der vollen Gerichtsbarkeit). Die Gegensätze (u. a. 1325 Ermordung BURCHARDS III.) vertieften sich mit Einführung der Reformation (1524); bereits 1503 hatte Erzbischof ERNST die Residenz auf die Moritzburg nach Halle (bis 1714) verlegt. Im Dreißigjährigen Krieg brannte die Stadt nach der Eroberung durch kaiserl. Truppen unter TILLY (10. 5. 1631) fast völlig nieder. Nach dem Vertrag vom Kloster Berge (1666) fiel M. 1680 an Brandenburg-Preußen und wurde ab 1740 zur stärksten preuß. Festung ausgebaut. 1815–1944 war M. Hauptstadt der preuß. Provinz Sachsen. Am 16. 1. 1945 wurde die Altstadt durch Bombenangriffe schwer zerstört. Vom 23. 7. 1952 bis 3. 10. 1990 Hauptstadt des gleichnamigen DDR-Bezirks, seit Oktober 1990 Landeshauptstadt von Sachsen-Anhalt.

Urkundenbuch der Stadt M., bearb. v. G. HERTEL, 3 Bde. (1892–96, Nachdr. 1975–78); F. A. WOLTER: Gesch. der Stadt M.; von ihrem Ursprung bis auf die Gegenwart (^{3}1901); A. BRACKMANN: M. als Hauptstadt des dt. Ostens im frühen MA. (1937); F. RÖRIG: M.s Entstehung u. die ältere Handelsgesch. (Berlin-Ost 1952); Gesch. der Stadt M., hg. v. H. ASMUS (ebd. ^{2}1977); Der Magdeburger Dom – Otton. Gründung u. stauf. Neubau, hg. v. E. ULLMANN (Leipzig 1989); M. – so wie es war, bearb. v. I. BUCHHOLZ (1991); M., Beitrr. v. J. SCHULZ u. a. (1992); I. BUCHHOLZ: M. Ein histor. Führer (1994).

2) Reg.-Bez. im mittleren und nördl. Teil von Sa.-Anh., mit Ostharz, nördl. Harzvorland, Altmark, Magdeburger Börde und dem westl. Hohen Fläming, 11 738 km^2, 1,256 Mio. Ew.; umfasst die kreisfreie Stadt M. (Verw.-Sitz) sowie die Landkreise Altmarkkreis Salzwedel, Aschersleben-Staßfurt, Bördekreis, Halberstadt, Jerichower Land, Ohrekreis, Stendal, Quedlinburg, Schönebeck und Wernigerode.

3) 1952–90 Bezirk der DDR, ging 1990 im Land Sa.-Anh. auf.

4) kath. Bistum; am 8. 7. 1994 (Errichtungsfeier am 9. 10.) im Zuge der Neugliederung der dt. Bistümer nach der Wiedervereinigung Dtl.s errichtet; umfasst mit einem Bistumsterritorium von 23 208 km^2 das Land Sachsen-Anhalt sowie Gebiete in W- und S-Brandenburg sowie in N-Sachsen. – Auf Veranlassung des späteren Kaisers OTTO I., D. GR., wurde 968 ein **Erzbistum M.** als kirchl. Zentrum für die Gebiete östlich der Elbe gegründet (erster Erzbischof war ADALBERT). Die gleichzeitig gebildete Kirchenprovinz M. umfasste die Bistümer Brandenburg, Havelberg, Meißen (bis 1399), Merseburg, Posen (bis um 1000), Zeitz-Naumburg und ab 1420 auch Lebus. – Das weltl. Territorium umfasste die Magdeburger Börde, die Länder Jerichow und Jüterbog sowie die

Gegend von Halle (späterer Saalkreis). Bes. Erzbischof WICHMANN (1152–92) förderte Besiedlung und Stadtgründungen östlich der Elbe (ducatus Transalbinus). Unter ALBRECHT II. von Mainz (1513–45 Erzbischof von M.) fand ab 1524 die Reformation Eingang in das Erzbistum M. Nach ALBRECHTS Tod kämpften Brandenburg und Kursachsen um die Administration des Erzstifts, das schließlich 1680 mit dem Territorium des säkularisierten Erzbistums an Brandenburg fiel. – 1821 wurde das Gebiet des ehem. Erzbistums M. dem Bistum Paderborn zugewiesen und bildete einen eigenen kirchl. Verwaltungsbereich, der 1973 einem ständigen Apostol. Administrator mit den Vollmachten eines residierenden Bischofs unterstellt wurde. Das 1994 errichtete Bistum M. gehört als Suffraganbistum zur Kirchenprovinz Paderborn. Bischof ist LEOPOLD NOWAK (*1929; seit 1990 Bischof und Apostol. Administrator in Magdeburg). (→katholische Kirche, ÜBERSICHT)

Magdeburger Börde, äußerst fruchtbare Landschaft in Sa.-Anh., westlich der Elbe, zw. Ohre (im N) und Bode (im S), etwa 930 km^2, zw. 90 und 180 m ü. M. Auf der bis 2 m mächtigen Lössdecke entwickelte sich Schwarzerde. Angebaut werden v. a. Weizen, Zuckerrüben und Gerste.

Magdeburger Halbkugeln: Originale mit Luftpumpe im Deutschen Museum (München)

Magdeburger Halbkugeln, zwei hohle, mit Flanschen versehene und durch einen Lederring abgedichtete metallene Halbkugeln mit einem Radius von 42 cm, die von dem Magdeburger Physiker und Bürgermeister O. VON GUERICKE mit der von ihm erfundenen Luftpumpe evakuiert wurden (erstmals vermutlich 1654), um die von der Atmosphäre ausgeübten Kräfte zu demonstrieren: Es wurden auf jeder Seite acht Pferde angespannt, um die M. H. voneinander zu trennen, was den Pferden jedoch nicht gelang.

Magdeburger Recht, das in Magdeburg geschaffene Stadtrecht, das in der Stadt selbst und in anderen Städten galt. Die ältesten erhaltenen stadtherrl. Quellen aus dem Jahre 1188 gehen von der Existenz älteren nicht überlieferten Rechts aus. Überhaupt fehlt es für das ganze MA. an Aufzeichnungen des Stadtrechts für die Stadt Magdeburg. Die Übereinstimmung des M. R. mit dem Landrecht des →Sachsenspiegels war beträchtlich; beide Rechte galten als M. R. bis weit in den Osten, im Gebiet des Dt. Ordens, in Polen und in Russland. Zentrale Bedeutung für die Weiterentwicklung des M. R. kam dem **Magdeburger Schöffenstuhl** zu. Er sandte Rechtsmitteilungen (abstrakte Rechtssätze) und Schöffensprüche (Entscheidungen konkreter Fälle) in die Städte des M. R. Das M. R. galt in der Form des gemeinen Sachsenrechts partiell bis 1899, in Polen bis ins 20. Jh. hinein.

M. R., hg. v. F. EBEL, 2 Bde. in 3 Teilen (1983–95).

Magdeburger Zenturien, Kurz-Bez. für die von Magdeburger Lutheranern bearbeitete erste große Kirchengeschichte (›Ecclesiastica historia ... secundum singulas centurias‹; dt. ›Kirchengeschichte nach einzelnen Jahrhunderten‹). Das umfangreiche Werk (8 Bde., erschienen in Basel 1559–74) war von M. FLACIUS, der sich 1549–57 in Magdeburg aufhielt, geplant und organisiert worden. Jeder Band behandelte, angefangen bei der Geburt JESU CHRISTI, die Ereignisse eines Jahrhunderts. Innerhalb jedes Jahrhunderts gliederte sich der Stoff in Sachgebiete. Ziel der M. Z. war, nachzuweisen, dass die Papstkirche von dem ursprüngl. Christentum abgefallen sei, die Reformation sich hingegen auf eine Kette von Wahrheitszeugen (›testes veritatis‹) in allen Jahrhunderten berufen könne und daher keine Neuerung darstelle. Ungeachtet ihrer z. T. polem. Darstellung beruhten die M. Z. bereits auf Quellenforschung und zeigten Ansätze zu histor. Kritik. Kath. Gegenwerk sind die ›Annales ecclesiastici‹ (1588–1607, 12 Bde.) des CAESAR BARONIUS (*1538, †1607). →Kirchengeschichtsschreibung

Die Anfänge der reformator. Geschichtsschreibung. Melanchthon, Sleidan, Flacius u. die M. Z., hg. v. H. SCHEIBLE (1966).

Mägdefrau, Karl, Botaniker, *Jena 8. 2. 1907; Prof. in Straßburg, München und Tübingen; bedeutende Arbeiten zur Paläobotanik (›Paläobiologie der Pflanzen‹, 1942), zur ›Geschichte der Botanik‹ (1973) und Ökologie.

Mägdesprung, Ortsteil von Harzgerode, 315 m ü. M., im Selketal im Ostharz. Über M. ein Felsvorsprung mit der ›Mägdetrappe‹ (fußspurähnl. Vertiefung), die eine Riesin beim Sprung über das Selketal hinterlassen haben soll.

Mage [ahd. māg] der, -n/-n, westgerman. Begriff für Blutsverwandte. Die Magschaft, die Gesamtheit der Blutsverwandten, zerfiel in Vater-M. und Mutter-M., Verwandte väterlicher- und mütterlicherseits. Davon zu unterscheiden sind Schwert-M. (Ger-, Speer-M.), die männl. Verwandten aus dem Mannesstamm, und Spindel-M. (Kunkel-M.), sämtl. Verwandte weibl. Geschlechts und die von ihnen abstammenden Männer.

Magelang, Stadt auf Java, Indonesien, nordwestlich von Yogyakarta, 380 m ü. M., 123 200 Ew.; Militärakademie; Textilgewerbe, Gerberei. Nahebei liegt →Borobudur.

Magellan [engl. məˈgelən], 1989 gestartete amerikan. Raumsonde (Masse 3,4 t, Länge 6,4 m, Solarzellenausleger 9 m) zur Erforschung des Planeten →Venus. Sie trat 1990 (nach eineinhalb Umläufen um die Sonne) auf eine polare Umlaufbahn in 294 bis 8 472 km Höhe um die Venus ein. Bis 1992 kartierte die NASA-Sonde mittels Seitensichtradars insgesamt rd. 98 % der wolkenverhüllten Planetenoberfläche, wobei (im Äquatorbereich) bis zu 120 m Boden- und 30 m Höhenauflösung erzielt wurden. Die Radarbilder dienen der Erstellung topographisch-morphologischer und geolog. Venuskarten. Durch gezielte Abbremsungen durch die Atmosphäre wurde 1993 die Flughöhe bis auf weniger als 200 km verringert. Anhand der natürl. Bahnveränderungen untersuchte die Sonde anschließend Gravitation und innere Struktur der Venus global, bis sie 1994 in der Atmosphäre verglühte.

Magellan, port. Seefahrer, →Magalhães, Fernão de.
Magellanfuchs, Art der →Kampffüchse.
Magellanrinde, Magellanzimt, →Winterrinde.
Magellansche Wolken [nach F. DE MAGALHÃES], zwei am Südhimmel in den Sternbildern Dorado und Mensa (Große M. W.) und Tucana (Kleine M. W.) mit bloßem Auge als auffallend helle Nebelflecken sicht-

Mage Magellanstraße – Magen

Magellansche Wolken: oben Große Magellansche Wolke; unten Kleine Magellansche Wolke

bare extragalakt. Sternsysteme, die zus. mit dem Milchstraßensystem ein Dreiersystem bilden, das zur →lokalen Gruppe gehört.

Die **Große M. W.**, ein unregelmäßiges Sternsystem (möglicherweise eine kleine Balkenspirale) besteht überwiegend aus Objekten der Population I. Neben ausgedehnten Emissionsnebeln werden weite Gebiete mit dunkler interstellarer Materie beobachtet, aber auch Novae und Kugelhaufen als Vertreter der Scheiben- und Halopopulation. In ihr leuchtete 1987 eine mit bloßem Auge sichtbare →Supernova auf. Die **Kleine M. W.** gehört zu den unregelmäßigen Sternsystemen. In ihr fällt die interstellare Materie weniger auf, die Randgebiete scheinen frei von Dunkelmaterie zu sein. Trotzdem ist das Verhältnis von interstellarer zu stellarer Materie noch außerordentlich groß (rd. 30%), wie aus radioastronom. Beobachtungen zu schließen ist. In der kleinen M. W. sind zwar mehr Objekte der Population II zu beobachten als in der großen, die Objekte der Population I dürften jedoch vorherrschen. Beide Wolken bewegen sich mit einer Geschwindigkeit von etwa 55 km/s aufeinander zu, bilden aber wahrscheinlich kein gravitativ gebundenes Galaxienpaar. Beide Systeme sind in eine gemeinsame Gashülle eingebettet, die wahrscheinlich durch die Gezeitenwirkung des Milchstraßensystems aus den M. W. herausgelöst wurde.

Magellanstraße, Magalhãesstraße [maγaˈʎãiʃ-], span. **Estrecho de Magallanes** [esˈtretʃo ðe maγaˈjanes], Meeresstraße vom Atlantik zum Pazifik zw. dem südamerikan. Festland und Feuerland, 600 km lang, 3–30 km breit; 1520 von F. DE MAGALHÃES entdeckt. Trotz Engen, Untiefen, hoher Gezeiten, sturm- und nebelreichen Klimas war die M. vor dem Bau des Panamakanals wichtige Schifffahrtsstraße; seit 1881 chilen. Hoheitsgebiet (O-Ausgang argentinisch; freie Durchfahrt für Schiffe aller Staaten); 1945 erste Erdölfunde (seit 1976 Förderung) im N von Feuerland an der M., neben Erdöl- auch bedeutende Erdgasvorkommen (zunehmende Erschließung). BILD →Chile

Magelone, Gestalt der provenzal. Sagentradition; die Tochter eines Königs von Neapel wird von ihrem Geliebten getrennt, wartet unerkannt in dessen Heimat und wird nach Jahren wieder mit ihm vereint. Die Forschung nimmt eine aus mehreren Märchenmotiven kombinierte oriental. Urform (Nähe zu einer Erzählung aus ›Tausendundeine Nacht‹) an, deren Derivate im 15. Jh. nach Europa gelangten: In Italien entstand im 15. Jh. das Gedicht ›Istoria di due nobilissimi amanti Ottinello e Giulia‹; seit Mitte des 15. Jh. ist in Frankreich der M.-Stoff nachweisbar, wohl urspr. als Gründungslegende der Kathedrale von Maguelonne erzählt (›Histoire de Pierre de Provence et de la belle Maguelonne‹), die dann zuerst anonym, 1527 von VEIT WARBECK (* 1490, † 1534) unter dem Titel ›Histori von dem Ritter ... und der schönen Magelonna‹ (gedr. 1535) ins Dt. übertragen wurde. Auf letztere Fassung gehen alle weiteren Bearbeitungen zurück, so v. a. im 16. Jh. bei H. SACHS (als Meistersang, Spruchdichtung und Drama) und J. DE TIMONEDA (›El patrañuelo‹, 1567), im 17. Jh. durch LOPE DE VEGAS Dichtung ›Los tres diamantes‹ (1609). Die lyrisch-märchenhafte Wiederbelebung des Stoffes in Dtl. erfolgte in L. TIECKS ›Wundersamer Liebesgeschichte der schönen M. und des Grafen Peter aus der Provence‹ (1797, veröffentlicht in ›Volksmaehrchen‹, hg. 1812 von P. LEBERECHT).

Magen [ahd. mago, wohl urspr. ›Beutel‹], **Ventriculus, Stomachus, Gaster,** erweiterter, meist muskulöser Abschnitt des Verdauungskanals, der auf die Speiseröhre folgt. In ihm wird die aufgenommene Nahrung gespeichert, zerkleinert (z. B. im Muskel-M. Körner fressender Vögel, im Kau-M. vieler Insekten und Krebse) sowie durch Verdauungsenzyme so weit aufbereitet, dass sie als Speisebrei (Chymus) in den Dünndarm weitergeleitet werden kann. Erweiterungen, die vor dem eigentl. M. liegen und Spezialaufgaben haben, werden als **Vor-M.** oder Kropf bezeichnet; Beispiele sind Honig-M. (Bienen), Kau-M. (Käfer), Drüsen-M. (Vögel) sowie die Vormägen der Wiederkäuer. Bei Insekten wird oft der ganze Mitteldarm als M. bezeichnet. Unter den Wirbeltieren haben Neunaugen, Lungenfische und einige andere Knochenfische keinen eigentl. M. Viele Seesterne können ihren M. ausstülpen und die Beute außerhalb des Darmtraktes verdauen.

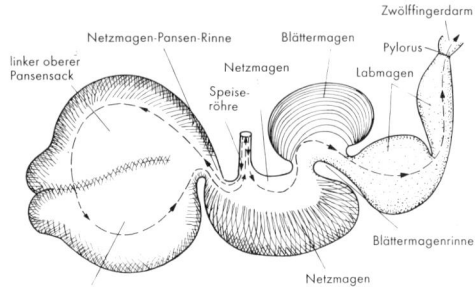

Magen: Schematische Darstellung des Magens der Wiederkäuer

Bes. kompliziert ist der M. der *Wiederkäuer.* Er besteht aus den keine Verdauungsenzyme produzierenden Vormägen Pansen, Netz-M. und Blätter-M. sowie dem Lab-M. als dem eigentl. M. (gesamtes Fassungsvermögen beim Rind rd. 2001). Die Nahrung gelangt zunächst wenig zerkaut in den **Pansen** (Rumen, Zotten-M.), wo sie durch symbiont., Cellulose abbauende Bakterien (etwa 10^{10} je ml Panseninhalt) sowie durch Wimpertierchen (etwa 10^6 je ml Panseninhalt; rd. 30 versch. Arten), die z. T. auch Cellulose oder Cellobiose abbauen, verdaut wird. Wechselseitige Muskelkontraktionen des Pansenvorhofs **(Schleuder-M.)** und des muskulösen **Netz-M.** (**Haube**, Reticulum; mit netzartigen Falten) führen zu einem ständigen Hinundherbewegen der Nahrung zw. Pansen und Netz-M., sodass es zu Durchmischung und Zerkleinerung der Nahrung kommt. Vom Netz-M. aus gelangt dann die Nahrung über die unter Unterdruck stehende Speiseröhre in die Mundhöhle, wo sie durch Zerkauen (Wiederkäuen, Rumination) und Einspeicheln zu einem dünnen Brei verarbeitet, dann wieder geschluckt und über die M.-Rinne (Schlundrinne) bis zum **Blätter-M. (Psalter, Falten-M.,** Omasus) weiterbefördert wird. Dort wird der Brei eingedickt und dann im **Lab-M.** (Abomasus) enzymatisch durch Pepsin und Salzsäure (einschließlich der symbiont. Bakterien und Wimpertierchen, die bis zu 20% des Eiweißbedarfs decken) verdaut. Während der Säugezeit wird dort auch das Labferment produziert.

Der M. des *Menschen* ist (im Stehen) meist hakenförmig, wobei die konvexe Außenkrümmung (**große M.-Krümmung, große Kurvatur;** mit dem großen Netz als Mesenterium) nach unten links gerichtet ist; ihr gegenüber liegt die **kleine M.-Krümmung (kleine Kurvatur),** an der das kleine Netz ansetzt. Er ist ungefähr etwa 20 cm lang und hat beim Erwachsenen ein Fassungsvermögen von 1,6–2,4 l. Den Übergang von der Speiseröhre in den M. bildet der 1–2 cm breite **M.-Mund** (Kardia) mit Schleimdrüsen (Kardiadrüsen); oberhalb der Speiseröhrenmündung wölbt sich blindsackartig der stets luftgefüllte **M.-Grund** (Fundus, Fornix). An Kardia und Fundus schließt sich der **M.-Körper** (Corpus ventriculi) als Hauptteil des M. an, distal folgt das **Antrum**, das zum Zwölffingerdarm hin mit dem **M.-Pförtner** (Pylorus) und dessen starken Ringmuskeln abschließt.

Der M.-Grund liegt unter der linken Zwerchfellkuppel und grenzt hinten an die Milz. Die vordere Fläche des M. wird z. T. vom linken Leberlappen bedeckt. Hinter dem M. liegen Bauchspeicheldrüse, linke Niere und Nebenniere, an der großen Krümmung zieht der quer verlaufende Dickdarm (Colon transversum) entlang. Der tiefste Punkt des M. liegt i. d. R. etwa in Nabelhöhe, v. a. bei gefülltem M. aber auch tiefer. In Fundus und Corpus des M. liegen die **M.-Drüsen** (Hauptdrüsen, Fundusdrüsen), in denen vier Zelltypen zu unterscheiden sind: **Hauptzellen**, die Eiweiß abbauende Enzyme bilden (v. a. die Pepsinvorstufe, das Pepsinogen, beim Säugling Labferment); **Belegzellen**, welche die zur Bildung der M.-Salzsäure notwendigen Wasserstoffionen sowie den →Intrinsic Factor produzieren (dieser ist für die Aufnahme von Vitamin B_{12} erforderlich); **Nebenzellen**, die Schleim bilden, mit dem sich die M.-Schleimhaut vor der Selbstverdauung durch die Säure und das Pepsin schützt; **G-Zellen** (Pylorusdrüsen), die das Hormon Gastrin herstellen. Über die gesamte M.-Schleimhaut verteilt liegen Hormon produzierende Zellen (bisher sind neun versch. Zelltypen bekannt).

Die **M.-Wand** ist 2–3 mm stark und besteht aus drei Hauptschichten und zwei Zwischenschichten (von innen nach außen): 1) **M.-Schleimhaut** (Tunica mucosa; mit groben Längsfalten, von denen zwei bes. große Faltenpaare entlang der kleinen Kurvatur die **M.-Straße** für den schnellen, direkten Flüssigkeitsdurchlauf vom Darm bilden), 2) **dreilagige Muskelschicht** (Tunica muscularis), 3) **Bauchfellüberzug** (Tunica serosa); zw. die drei Hauptschichten sind zwei lockere Verschiebeschichten (1. Unterschleimhaut: zw. Schleimhaut und Muskelwand und 2. Unterbauchfell: zw. Muskelwand und Bauchfellüberzug) eingeschoben. Von Zeit zu Zeit laufen Muskelkontraktionswellen über den M., den M.-Inhalt vorwärts bewegen (**M.-Peristaltik**). Der von der M.-Schleimhaut produzierte **M.-Saft**, der sich durch die Magenwandbewegungen mit der Nahrung vermischt, ist eine wasserklare, saure (pH 0,8–1,5), verdauungsfördernde und keimtötende Flüssigkeit mit einem von den Schleimdrüsen abgesonderten alkal., durch Salzsäure nicht lösl. Schleim, mit Salzsäure (0,3–0,5%) und den Verdauungsenzymen. Dieser M.-Schleim kann die Salzsäure binden, sodass ihm eine wichtige Schutzfunktion gegen die Selbstverdauung der M.-Schleimhaut zukommt. Außerdem schützt er sie vor mechan., enzymat. und therm. Schädigung. Die M.-Salzsäure denaturiert Eiweiß und schafft ein optimales Milieu für die Eiweiß spaltende Wirkung des Pepsins. Ferner tötet sie Bakterien ab und regt schließlich nach Übertritt in den Darm die Bauchspeicheldrüse zur Sekretion an.

Für die Kohlenhydratverdauung werden im M. keine Enzyme gebildet. Das Kohlenhydrat spaltende Enzym des Speichels (Ptyalin) wirkt aber so lange weiter, wie der M.-Inhalt noch nicht durchgehend mit Salzsäure vermengt ist. Die Fett spaltende Lipase wird nur in geringen Mengen gebildet. Fette durchwandern den M. daher i. Allg. unverdaut. Bereits in Ruhe sondert der M. geringe Mengen von M.-Saft ab. Diese Ruhesekretion von rd. 10 ml je Stunde kann nach Nahrungsaufnahme bis auf 1 000 ml ansteigen.

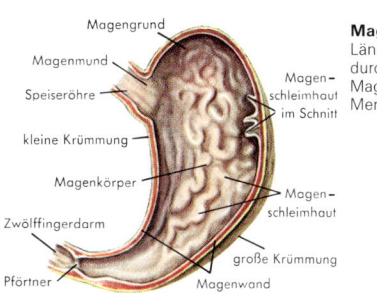

Magen: Längsschnitt durch den Magen des Menschen

Die nervöse Versorgung des M. geschieht einerseits durch den Vagus (Parasympathikus), der Peristaltik und Sekretion beschleunigt, sowie andererseits durch die aus dem Sonnengeflecht stammenden sympath. Nervenfasern, die hemmend auf Peristaltik und Sekretion wirken. Die Magensaftsekretion wird sowohl nervös (v. a. vor der Nahrungsaufnahme) als auch hormonell gesteuert.

Magenatonie, Gastroparese, Magenlähmung, schlaffe Lähmung der Magenmuskulatur mit der Folge einer →Magenerweiterung; Ursache ist eine Schädigung des Vagus bei operativen Eingriffen (Bauchschnitt, Magenresektion) oder durch Infektionen (Bauchfellentzündung, Vergiftungen) oder ein diabet. Koma; oft verbunden mit Darmlähmung (funktioneller Darmverschluss).

Magen|aushebung, ältere Bez. für →Magenspülung.

Magenbitter, verdauungsfördernder Trinkbranntwein, →Bitters.

Magenblutung, Gastrorrhagie, akute oder chron. Blutung in den Magen durch Gefäßschädigung infolge eines Magengeschwürs, eines Tumors (Magenkrebs) oder einer erosiven Magenschleimhautentzündung; äußert sich in Bluterbrechen, Blutstuhl und kann bei größerem Blutaustritt zu Kreislaufschock, bei chron. Blutverlust zu Anämie führen.

Magenbremsen, Magendasseln, Magenfliegen, Gasterophilidae, Familie pelzig behaarter, bienenähnl. Fliegen (Länge 10–15 mm) mit etwa 30 Arten, davon 10 in Europa. Die Mundwerkzeuge der Imagines sind zurückgebildet, da sie keine Nahrung aufnehmen. M. sind gute Flieger. Die Larven (Maden)

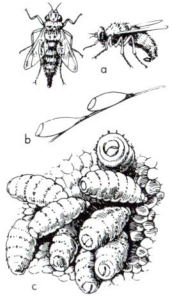

Magenbremsen: Pferdemagenbremse; a Seitenansicht einer weiblichen Bremse; b Pferdehaar mit angeklebten Eiern; c Larven in der Magenwand des Pferdes

leben parasitisch im Magen-Darm-Trakt bes. von Unpaarhufern. Die Eier werden vom Weibchen im Flug an bestimmten Stellen des Fells des Wirtstiers in großer Zahl angeheftet, von wo aus sie durch Belecken in dessen Mund gelangen. Weit verbreitet ist die **Pferde-M.** (Gasterophilus intestinalis), die bei starkem Befall zu Schädigungen des Magen-Darm-Traktes, Anämie sowie bei Hautbefall zu Ekzemen führen kann.

Magen-Darm-Katarrh, Entzündung der Magen- und Dünndarmschleimhaut (Gastroenteritis; →Enteritis).

Magen-Darm-Trakt, Magen-Darm-Kanal, Gastro|intestinaltrakt, der mit dem Magen beginnende, am After mündende Teil des menschl. Verdauungskanals.

Magendasseln, die →Magenbremsen.

Magen David [hebr. ›Davidschild‹], →Davidstern.

Magendie [mãʒẽ'di], François, frz. Physiologe, *Bordeaux 6. 10. 1783, †Sannois (bei Paris) 7. 10. 1855; ab 1835 Prof. am Collège de France; Mitbegründer der modernen Experimentalphysiologie; entdeckte etwa gleichzeitig mit C. BELL den Unterschied zw. den dorsal- und ventralwärts austretenden Rückenmarknerven (→Bell-Magendie-Gesetz).

C. BERNARD: F. M. (Paris 1856); J. M. D. OLMSTED: F. M., pioneer in experimental physiology and scientific medicine in XIX century France (New York 1944).

Magendurchbruch, Magenperforation, meist als Komplikation des →Magengeschwürs auftretender Riss der Magenwand.

Magen|erweiterung, Gastrektasie, über das normale Maß hinausgehende Dehnung des Magens durch Erschlaffung der Magenmuskulatur; Ursache der chron. M. ist eine krankhafte Verengung des Magenausgangs (→Pylorusstenose), die akute M. ist Folge einer →Magenatonie.

Magenfistel, durch eine →Gastrostomie operativ angelegte Öffnung des Magens nach außen (äußere M.); auch die mittels →Gastroenterostomie hergestellte innere M. zw. dem Magen und einem Darmteil.

Magenfliegen, die →Magenbremsen.

Magengeschwür, Ulcus ventriculi, gutartige, entzündl. Erkrankung mit begrenztem Defekt von Magengewebe; dabei können über die Magenschleimhaut hinaus auch die tieferen Schichten der Magenwand betroffen sein. Zus. mit dem →Zwölffingerdarmgeschwür gehört das M. zu den peptisch (durch Andauung von Gewebe) bedingten Geschwüren. M. kommen überwiegend im Vorhofbereich des Magenausgangs (Antrum) und dabei zu 80% an der Krümmung des unteren Magenrandes (kleine Kurvatur), seltener am Übergang zum Zwölffingerdarm vor. Der Durchmesser der Geschwüre reicht von wenigen Millimetern bis zu mehr als drei Zentimetern. Frauen und Männer sind im Unterschied zum Zwölffingerdarmgeschwür, das vorwiegend bei Männern auftritt, etwa gleich häufig betroffen. Die Spontanheilungsrate ist mit etwa 45% (innerhalb von acht Wochen) hoch. Die wichtigsten auslösenden exogenen Faktoren eines M. sind das Stäbchenbakterium Helicobacter pylori sowie bestimmte Rheumamittel, so genannte nichtsteroidale Antirheumatika, z. B. Acetylsalicylsäure. Als endogene Faktoren sind Magenentleerungsstörungen mit Rückfluss von Darminhalt aus dem Zwölffingerdarm in den Magen (duodenogastraler Reflux) sowie die verminderte Bildung von Wachstumsfaktoren, die zur Regeneration der Magenschleimhaut erforderlich sind, zu nennen. Auch intensiver Stress kann ein M. hervorrufen **(Stressulkus).**

Die *Symptome* eines M. bestehen in Druck- und Völlegefühl, Übelkeit, Nüchternschmerz (aber auch teilweise Beschwerden nach Nahrungsaufnahme), Magenkrämpfen, Unverträglichkeit von Fett, Fleisch, Gebratenem, Geräuchertem oder Kaffee. Interessanterweise verlaufen jedoch nicht wenige M. asymptomatisch.

Die *Diagnose* wird v. a. durch Magenspiegelung (Gastroskopie) mit Entnahme von Gewebeproben (Biopsie) gestellt. Röntgenolog. Verfahren haben stark an Bedeutung verloren.

Komplikationen eines M. sind Blutungen und Perforationen (Magendurchbrüche). Beide müssen umgehend behandelt werden. Blutungen lassen sich endoskopisch mit Fibrinkleber stillen, Perforationen werden chirurgisch versorgt. Durch Narbenschrumpfung kann es außerdem zur Einengung des Magenpförtners (Pylorusstenose) kommen.

Bei der *Behandlung* eines (unkomplizierten) M. stehen Arzneimittel im Vordergrund. Bei Nachweis von Helicobacter pylori wird eine vollständige Beseitigung (Eradikation) des Keimes durch die Gabe eines →Protonenpumpenhemmers (zur Unterdrückung der Säuresekretion) und durch Antibiotika (z. B. Clarithromycin, Metronidazol) angestrebt. Gelingt die Eradikation, tritt ein weiteres M. (Rezidivulkus) nur noch sehr selten auf. Weitere Wirkstoffe, die erfolgreich zur Behandlung von M. verwendet werden können, sind →Säure bindende Mittel, →Antihistaminika oder →Sucralfat. Eine spezif. Ulkusdiät gibt es nicht. Rauchern ist das Aufgeben des Rauchens zu empfehlen.

Magenkarzinom, der →Magenkrebs.

Magenkatarrh, Form der →Magenschleimhautentzündung.

Magenkrampf, Gastrospasmus, heftiger, krampfartiger Magenschmerz, meist mit Erbrechen; Symptom bei Geschwüren, Krebstumoren oder Schleimhautentzündung des Magens, auch bei der gastr. Krise (Tabes dorsalis), seltener durch psych. Einflüsse (Magenneurose) verursacht.

Magenkrebs, Magenkarzinom, von der Magenschleimhaut ausgehender bösartiger Tumor (Adenokarzinom). Pathologisch-anatomisch wird das auf Magenschleimhaut angrenzende Schichten (Mukosa und Submukosa) begrenzte, prognostisch günstige **Frühkarzinom** (in Europa etwa 4–7% aller Fälle) und das in die tieferen Magenwandschichten eindringende **fortgeschrittene Magenkarzinom** unterschieden. Der M. tritt häufig im unteren Magenteil und am Magenausgang (Antrum-Pylorus-Bereich) auf, seltener am Mageneingang **(Kardiakarzinom)** oder in der mittleren Magenhöhle (Korpus).

Die *Ursachen* des M. sind unbekannt; ernährungsbedingte Einflüsse (Salz, Nitrate, Nitrosamine) konnten nicht bewiesen werden. Ein erhöhtes Risiko besteht bei familiärer Häufung, perniziöser Anämie, schwerer atroph. Magenschleimhautentzündung, adenomatösen Magenpolypen und nach Magenresektion (Billroth II). Der M. tritt mit zunehmender Häufung jenseits des 45. Lebensjahres auf.

Die *Symptome* sind relativ unspezifisch und bestehen beim Frühkarzinom v. a. in Schmerzen in der Magengrube, beim fortgeschrittenen Karzinom in einer Gewichtsabnahme; daneben kommt es zu Übelkeit und Erbrechen (teils blutig), Appetitlosigkeit, Völlegefühl, Kräfteverfall, beim Kardiakarzinom zu Schluckbeschwerden, beim Pyloruskarzinom zu Magenentleerungsstörungen. Das fortgeschrittene Karzinom kann auf benachbarte Regionen (z. B. Speiseröhre) übergreifen; durch Metastasenbildung kommt es zum Befall von Leber, Lunge, Gehirn, Skelett, auch von Bauchfell und Eierstöcken (Krukenberg-Tumor).

Die *Diagnose* wird durch Gastroskopie und -biopsie, Röntgenkontrastuntersuchung, zusätzlich auch durch Ultraschalluntersuchung und Computertomographie gestellt.

Die *Behandlung* besteht überwiegend in einer vollständigen operativen Entfernung des Magens (Gastrektomie) sowie der dazugehörigen Lymphabflussgebiete. Bei fortgeschrittenem M. mit Fernmetastasen wird eine (palliative) Therapie mit zytostat. Mitteln durchgeführt, bei Behinderung der Magenpassage operativ ein Tubus implantiert oder eine äußere Ernährungsfistel (→Gastrostomie) angelegt. Die Fünfjahresüberlebensrate beträgt nach radikaler chirurg. Entfernung beim Frühkarzinom 70–90 %, beim fortgeschrittenen Magenkarzinom je nach Stadium 10–30 %.

Der M. war in den westl. Ländern in den 1920er-Jahren die häufigste krebsbedingte Todesursache und ging seitdem kontinuierlich zurück; er steht heute in Dtl. hinsichtlich der Häufigkeit der Krebsarten bei Frauen an vierter und bei Männern an fünfter Stelle.

Magenlähmung, die →Magenatonie.

Magenmittel, Stomachika, Arzneimittel, die auf die Magenverdauung und Magensaftabsonderung einen fördernden Einfluss ausüben. Die meisten sind Bittermittel, die den Appetit anregen und die Magensaftabsonderung steigern, wodurch eine verdauungsfördernde Wirkung ausgelöst wird (→appetitanregende Mittel).

Magenneurose, nicht mehr gebräuchl. Bez. für eine nicht organisch bedingte Funktionsstörung des Magens; diese kann sich in Form von Übelkeit, Aufstoßen, Luftschlucken oder Erbrechen äußern. Ursache ist eine vegetative Überempfindlichkeit des Magens in Verbindung mit psych. Stress.

Magen|operationen, chirurg. Eingriffe zur Eröffnung des Magens **(Gastrotomie).** Die M. wird als einfacher Eingriff zur Entfernung von Fremdkörpern oder kleineren Tumoren durchgeführt, auch zur Anlage einer äußeren Magenfistel zwecks künstl. Ernährung **(Gastrostomie).** Die **Magenresektion** als Teilentfernung des unteren Magenabschnitts dient der Behandlung von konservativ unbeeinflussbaren Magen- und Zwölffingerdarmgeschwüren und begrenztem Magenkrebs. Nach den von T. BILLROTH (erste erfolgreiche Resektion 1881) entwickelten Methoden wird zur Wiederherstellung der Magenfunktion der Restmagen entweder mit dem Zwölffingerdarm (Billroth I) oder dem obersten Abschnitt des Dünndarms (Billroth II) verbunden, nach der heute eher verwendeten Technik von C. ROUX mit dem Dünndarm unter Zuführung der Gallen- und Bauchspeicheldrüsensekrete über eine Y-förmig angefügte Dünndarmschleife. Die Totalentfernung **(Gastrektomie)** wird bei fortgeschrittenem Magenkrebs durchgeführt unter Bildung eines Ersatzmagens aus Dünndarm-, seltener Dickdarmschleifen. Der Überbrückung von inoperablen Passagehindernissen dient die →Gastroenterostomie. Mögl. Komplikation einer Magenentfernung ist die →Magenatonie; Folgeerscheinungen sind das →agastrische Syndrom, einschließlich des →Dumpingsyndroms, und eine Neigung zu Geschwüren oder Karzinomen (v. a. bei Billroth II).

Magenpförtnerkrampf, der →Pylorospasmus.

Magenpolyp, gutartiger epithelialer Tumor des Magens mit einem Anteil von etwa 10–20 % an den Tumoren des Magens; M. gehen vom Oberflächenepithel oder vom Drüsengewebe aus. Der seltene adenomatöse Polyp neigt zur krebsigen Entartung.

Magenresektion, →Magenoperationen.

Magenriss, Magenruptur, selten auftretende Zerreißung der Magenwand als Folge stumpfer Verletzungen oder Überdehnung durch Luftfüllung bei fehlerhafter Intubation; aufgrund der Gefahr eines akuten →Abdomens ist eine umgehende chirurg. Behandlung erforderlich.

Magensaft|analyse, Magensekretionsanalyse, diagnost. Verfahren zur Bestimmung der Magensaftsekretion. Hierzu wird mithilfe einer Magensonde Magensaft gewonnen und die Säuresekretion im Nüchternzustand (Basalsekretion) und nach maximaler Anregung mit Pentagastrin bestimmt.

Magenschlauch, dünner, weicher, etwa 75 cm langer Schlauch aus Gummi oder Weichkunststoff mit abgerundeter Spitze und seitl. Öffnung (Schlauchdurchmesser 12–14 mm); dient der Magenspülung (dafür auch doppelläufig ausgebildet) oder als dünne, mit Längenmarkierungen versehene **Magensonde** zur Magensaftanalyse oder als Verweilsonde zur künstl. Ernährung.

Magenschleimhautentzündung, Gastritis, in voneinander unabhängigen Formen auftretende entzündl. Veränderung der Magenschleimhaut.

Die *akute* M. (›Magenkatarrh‹) wird meist durch ein Versagen der Schutzmechanismen des Magens (→Magengeschwür) infolge Einwirkung äußerer Schadeinflüsse hervorgerufen. Zu ihnen gehören Diätfehler (verdorbene, zu heiße oder zu kalte Speisen, Alkoholexzesse u. a.), Nahrungsmittelallergien, starkes Rauchen, schleimhautschädigende Arzneimittel, Vergiftungen durch Säuren oder Laugen, Einwirkung ionisierender Strahlen und bakterielle Infektionen. Die in Verbindung mit einer Dünndarmentzündung auftretende M. wird als Gastroenteritis (→Enteritis) bezeichnet. Weitere Ursachen sind endogene Stressfaktoren, die im Zusammenhang mit schweren Verbrennungen, Verletzungen, Schock, Sepsis, postoperativen Komplikationen und obstruktiven Atemwegerkrankungen wirksam werden.

Die akute M. kann in Form einer diffusen oder einer erosiven Entzündung mit vielfältigen Schleimhautdefekten auftreten, die Anlass zu spontanen Blutungen sein können.

Die *Symptome* bestehen in Völlegefühl, Druck oder z. T. kolikartigen Schmerzen im Oberbauch (verstärkt nach Nahrungsaufnahme), Übelkeit, Erbrechen und Appetitlosigkeit.

Die häufigen (bei etwa der Hälfte aller Fünfzigjährigen), histologisch nachweisbaren **chronischen** M. teilt man heute nach ihren Ursachen in mehrere Typen ein. Bei der chron. M. **Typ A** handelt es sich um eine Autoimmunkrankheit, bei der Antikörper gegen die Salzsäure produzierenden Zellen des Magens gebildet werden. Der Verlust dieser Zellen führt zum Ausfall der Salzsäurebildung und bei einigen Patienten zu perniziöser Anämie. Bei der M. **Typ B** liegt eine v. a. durch Helicobacter pylori hervorgerufene Infektionskrankheit (Magen- oder Zwölffingerdarmgeschwür) vor. Die M. **Typ C** wird durch chem. Schädigung, z. B. durch Alkohol oder Rauchen, hervorgerufen.

Die *Komplikationen* bestehen beim Typ A in einem erhöhten Magenkrebsrisiko, beim Typ B in der Entstehung von Magen- und Zwölffingerdarmgeschwüren. Symptome fehlen bei der chron. M. oder sind uncharakteristisch (u. a. Blähungen, Völlegefühl).

Die *Behandlung* der akuten M. besteht in der Gabe von säurehemmenden Mitteln und bei Blutungen in der Blutstillung. Chron. M. werden nur behandelt, wenn sie Beschwerden bereiten. Bei der M. Typ A gibt es keine Möglichkeit zur ursächl. Therapie, es können nur Symptome gelindert werden. Bei der M. Typ B wird ein Säureblocker zus. mit zwei Antibiotika zur Ausrottung des Keimes Helicobacter pylori gegeben. Bei der M. Typ C muss die weitere Zufuhr von Schadstoffen vermieden werden.

Magenschmerz, Gastralgie, durch funktionelle oder organ. Magenbeschwerden hervorgerufene, teils von der Magengrube ausstrahlende Schmerzempfindung. Magenüberfüllung oder akute Verdauungsstörungen äußern sich in dumpfen oder drückenden M. (›Magendrücken‹), Magen- oder Zwölffingerdarmgeschwüre in bohrenden oder stechenden Beschwerden, auch in Form des Magenkrampfes.

Magenschonkost, Diät bei Magenerkrankung, die der Ernährung des Gesunden möglichst angeglichen, aber nicht zu scharf gewürzt sein sollte. Zu fette

Gerichte, gepökelte oder gebratene Fleisch- und Wurstarten, Kohlarten, Steinobst und Bratkartoffeln sowie Backwaren, Alkohol, Bohnenkaffee, kohlensäurehaltige und kalte Getränke, Nikotin, auch süße Speisen sind zu meiden.

Magensenkung, Gastroptose, Tiefstand des Magens infolge Erschlaffung der Aufhängebänder und der Bauchwandmuskulatur, i. d. R. ohne Krankheitswert; steht häufig in Zusammenhang mit einer allgemeinen →Eingeweidesenkung.

Magensonde, Form des →Magenschlauchs.

Magenspiegelung, die →Gastroskopie.

Magenspülung, Magenaushebung, wiederholtes Ausspülen des Magens mit reichlich Spülflüssigkeit (meist angewärmte physiolog. Kochsalzlösung) mit einem in den Magen eingeführten weitlumigen Schlauch. Die M. ist die wirksamste Maßnahme, um über den Mund (peroral) aufgenommene Giftstoffe wieder aus dem Magen zu entfernen.

Magensteine, *Medizin:* →Gastrolithe, →Bezoar.

Magenstumpfkarzinom, →Anastomosengeschwür.

Magenta [-dʒ-; ital., nach der gleichnamigen Stadt] *das, -(s),* **1)** purpurner Farbton; einer der Grundfarbtöne für den Dreifarbendruck (→Farbendruck).

2) der Farbstoff →Fuchsin.

Magenta [-dʒ-], Stadt in der Lombardei, Prov. Mailand, Italien, 23 400 Ew.; Herstellung von Streichhölzern, Kunstfasern und Schlössern, Maschinenbau. – Im Krieg Sardinien-Piemonts und Frankreichs gegen Österreich entschied am 4. 6. 1859 der frz. General MAC-MAHON (seitdem Herzog von M.) die **Schlacht von M.** zugunsten der frz.-sardin. Truppen; die unterlegenen Österreicher räumten daraufhin die Lombardei.

Mager, K a r l Wilhelm Eduard, Pädagoge, *Gräfrath (heute zu Solingen) 1. 1. 1810, †Wiesbaden 10. 6. 1858; war u. a. Prof. in Genf, 1848–52 Gymnasialdirektor in Eisenach; forderte weltoffene Bildung mit Betonung von Realien und modernen Fremdsprachen, weitgehende Selbstverwaltung des Schulwesens und ein Verzweigungssystem über einer gemeinsamen Elementarstufe, auf der nebeneinander Gymnasium, Volksschuloberstufe und ›Bürgerschule‹ aufbauen.

Ausgabe: Ges. Werke, hg. v. H. KRONEN, auf 10 Bde. ber. (1984ff.).

H. KRONEN: Das Prinzip der Genese u. der genet. Methode ... bei K. W. E. M. (1968); DERS.: Wem gehört die Schule? K. M.s liberale Schultheorie (1981); R. WESSLER: K. M. u. seine Strukturtheorie des Bildungswesens (1969).

Magerfische, Fische mit weniger als 2% Fleischfettgehalt, u. a. Kabeljau, Schellfisch, Hecht; Ggs.: Fettfische.

Magermännchen, urspr. das ¼-Stuiver-Stück der Stadt Groningen. Am Niederrhein ging diese Bez. generell auf die ¼-Stüber-Münzen (4 Heller) über, 1 M. = ½ Fettmännchen.

Magerøy [-rœj], **Magerö,** die nördlichste Insel Norwegens, 288 km², mit dem →Nordkap und dem nördlichsten Punkt Europas (→Knivskjelodden). Die Hochfläche im Innern (300 m ü. M.) ist Weidegebiet für Rentiere.

Magersucht, krankhafte Folge einer unzureichenden Ernährung mit starkem Untergewicht. Störungen der Nahrungsaufnahme sind i. d. R. Appetitstörungen infolge organ. und psych. Erkrankungen (z. B. chron. Infekte, Krebserkrankungen, Depressionen). Das Unterhautfettgewebe ist weitgehend verschwunden.

Am häufigsten ist die **Anorexia nervosa (Anorexia mentalis),** eine durch Angst vor Übergewicht, gestörtem Körperschema und Krankheitsverleugnung gekennzeichnete Essstörung, die zu extremer Gewichtsabnahme führt; tritt v. a. bei Mädchen während der Pubertät **(Pubertäts-M.)** auf. Die Ursachen liegen in soziokulturellen, familiären und genetisch-biolog. Faktoren. Weitere Merkmale der M. sind Erbrechen, Missbrauch von Abführmitteln, Appetitzüglern oder Entwässerungstabletten. Der Wunsch abzumagern wird zwanghaft, auch wenn schwere körperl. Beeinträchtigungen drohen und sogar Todesgefahr besteht. Zu den körperl. Folgeschäden der M. gehören das Absinken des Stoffwechsels, des Pulses, des Blutdrucks und der Körpertemperatur. Im weiteren Verlauf kommen Müdigkeit, Frieren und Verstopfung hinzu. Trockene Haut und brüchige Haare zeigen die hormonellen Veränderungen an, die sich auch im Ausbleiben der Menstruation äußern. Übergänge zur Bulimia nervosa (→Bulimie) sind nicht selten. Die *Behandlung* umfasst die Loslösung vom Elternhaus (stationäre Behandlung), kontrollierte Ernährung (z. T. künstlich), Psychotherapie und Psychopharmakagaben.

M. GERLINGHOFF u. a.: M. Auseinandersetzung mit einer Krankheit (1988); DIES. u. H. BACKMUND: M. Anstöße zur Krankheitsbewältigung (Neuausg. 1994); Therapie der M. u. Bulimie, hg. v. DERS. u. H. BACKMUND (1995); Magersüchtig. Eine Therapeutin u. Betroffene berichten, hg. v. DERS. (³1996); H. BRUCH: Der goldene Käfig. Das Rätsel der M. (a. d. Amerikan., Neuausg. 61.–63. Tsd. 1994); DIES.: Eßstörungen. Zur Psychologie u. Therapie von Übergewicht u. M. (a. d. Amerikan., 11.–12. Tsd 1994); T. HABERMAS: Zur Gesch. der M. Eine medizinpsychol. Rekonstruktion (1994).

Magerungsmittel, Zuschlagstoffe in der Gießerei-, Keramik-, Kokerei- und Baustoffindustrie, z. B. Schamotte zum Entfetten von Formsand oder zum Herabsetzen der Schwindung von Keramik, Koksgrus zum Strecken gut kokender Kohlen, Sand zum ›Magern‹ von Mörtel, um das Austrocknen zu erleichtern und Schrumpfrisse zu vermeiden.

Maggia [ˈmaddʒa] *die,* Fluss im Kt. Tessin, Schweiz, 56 km lang, Einzugsbereich 926 km², entspringt am Naretpass (Passo di Narèt; 2438 m ü. M.), wird im Oberlauf zum Naret- und zum Sambucosee gestaut, Kraftwerke; durchfließt anschließend das Val Lavizzara und im Unterlauf das Valmaggia, mündet (heute kanalisiert) bei Locarno in den Lago Maggiore; Hauptort ist Cevio (mit Talmuseum); das Delta der M. ist dicht besiedelt.

Maggid [hebr. ›Sprecher‹, ›Künder‹] *der, -(s),* volkstüml. jüd. Prediger; im 16.–18. Jh. in kabbalist. und chassid. Kreisen Bez. für eine Art innerer Offenbarungsvermittler bei einzelnen heiligmäßigen Gestalten, teils Beiname bestimmter Personen.

Maggikraut, das →Liebstöckel.

Maggini [madˈdʒiːni], Giovanni Paolo, ital. Geigenbauer, *Botticino Sera (bei Brescia) 25. 8. 1580, †Brescia (?) nach 1630; bedeutendster Vertreter der Brescianer Geigenbauschule; baute Violinen mit warmem, dunklem Ton (Alt-Charakter).

maggiore [madˈdʒoːre; ital. ›größer‹, ›mit der größeren Terz‹], frz. **majeur** [maˈʒœːr], engl. **major** [ˈmeɪdʒə], *Musik:* Bez. für Dur, Durakkord, Durtonart (Ggs. →minore); **Maggiore** zeigt den Durteil (oft das Trio) eines in einer Molltonart stehenden Stückes (z. B. Marsch, Tanz, Rondo) an.

Maggipilz, Bruchreizker, Lactarius helvus, ein v. a. in moorigen Wäldern vorkommender, stark nach Liebstöckel riechender Reizker; ungenießbar.

Magha, ind. Dichter, lebte in der 2. Hälfte des 7. Jh. in Gujarat; bekannt durch sein in Sanskrit verfasstes Epos ›Shishupalavadha‹ (Tötung des Shishupala), in dem er einen Stoff aus dem ›Mahabharata‹, die Tötung des Cedi-Königs Shishupala durch Krishna, in kunstvoller Form (23 versch. Metren) beschreibt. In Indien gilt M. neben seinem Vorgänger BHARAVI († um 600) als einer der bedeutendsten Kunstdichter.

Maghemit [Kw.] *der, -s/-e,* braunes, kub., stark magnet. Mineral der chem. Zusammensetzung γ-Fe_2O_3; Härte nach MOHS 5, Dichte 4,87 g/cm³. M. entsteht durch Oxidation (Verwitterung) aus Magnetit.

Maggipilz
(Hutdurchmesser 5–15 cm)

Magherafelt ['mahrrafelt], Distr. in Nordirland, 572 km², 37 000 Ew.; Verw.-Sitz und Marktzentrum ist Magherafelt.

Maghreb [arab. ›Westen‹] der, -, im Unterschied zu →Maschrek der westlichste Teil der arabisch-muslim. Welt, in der ursprüngl. Bedeutung (seit dem 7. Jh., Beginn der arab. Eroberung) das Land westlich von Ägypten, umfasst heute im Kern die Staaten Marokko, Algerien, Tunesien (die eigentl. **M.-Staaten**), i. w. S. auch Libyen und Mauretanien sowie das Gebiet von Westsahara (**Großer M.**). Die landschaftl. und klimat. Gliederung verläuft weitgehend küstenparallel: Küstenstreifen mit mediterranem Klima (im W atlantisch geprägt), Atlasgebirge mit kontinentalem Gebirgsklima, nördl. Sahara mit extrem aridem Klima. Fast die gesamte Bevölkerung des M. besteht aus Arabern und Berbern, Minderheiten sind Europäer und Juden. Die Islamisierung des M. ist weitgehend vollendet, die Arabisierung dauert noch an. Die heutige Stadtkultur ist durchweg arabisch geprägt. Amts- und Verkehrssprachen sind Arabisch und Französisch (in Libyen nur Arabisch); versch. Berberdialekte werden in den Rückzugsgebieten der Berg- und Wüstenareale gesprochen. Kulturräumlich gehört der M. zum islam. Vorderen Orient, weist jedoch manche Besonderheiten auf, z. B. in Kunst (maur. Stil, Berberkunst), Siedlungsformen (berberische Formen Ksar, Agadir, Tighremt), Religion und Staat (orthodoxe Sunniten, keine ›islam. Theokratie‹; Verehrung lokaler Heiliger [→Marabut]; tribale, gewohnheitsrechtl., soziale Organisationen der Berber, selbstständigere Rolle der Frau). Die traditionelle Oasenwirtschaft des M. unterliegt starken sozioökonom. Wandlungen: Neben landwirtschaftl. Veränderungen (Marktproduktion, Investitionen von Remigranten, technolog. Modernisierung bes. von Bewässerungsprojekten) gewinnen Dienstleistungsfunktionen an Bedeutung (Verwaltung, Tourismus). Der Ausländertourismus spielt bisher nur in Marokko und Tunesien eine große Rolle. Eine bedeutende Landwirtschaft findet man in Marokko und Tunesien; Bergbau prägt insbesondere die Erdölländer Algerien und Libyen. Zudem ist Algerien stark industriell geprägt, allerdings mit auf dem Weltmarkt nicht konkurrenzfähigen Produkten. Zur Koordinierung der Zusammenarbeit gründeten die M.-Staaten 1989 die →Maghreb-Union.

Geschichte: Um 3300–2000 v. Chr. wanderten von O her die u. a. libysche Stämme (→Libyer) in das Gebiet des M. ein, vermischten sich mit den Einheimischen und bildeten so die später Berber genannten Bewohner. Seit etwa 1100 v. Chr. breiteten sich entlang der Küsten des M. von O her die Phöniker aus, gründeten um 814 v. Chr. Karthago und schufen ein blühendes Reich mit Zentrum im tunesisch-ostalger. Raum, das S-Spanien, S-Sardinien und W-Sizilien umfasste und erst 146 v. Chr. im Kampf gegen Rom unterging. Seit der Mitte des 7. Jh. v. Chr. siedelten dorische Griechen in der →Cyrenaika und gründeten Kolonien entlang der Küsten des M. und der span. S- und O-Küste. Im zentralen und westl. M. bestanden vom 4. Jh. v. Chr. bis zum 1. Jh. n. Chr. mehrere bedeutende Berberkönigreiche. Ab 146 v. Chr. breiteten sich die Römer allmählich im M. aus und schufen hier bis 400 n. Chr. sieben Provinzen. Die von ihnen am intensivsten kolonisierten Provinzen Africa proconsularis, Byzacena und Numidia (Raum Tunesien und O-Algerien) dienten im 1. und 2. Jh. als ›Kornkammer Roms‹.

Das Christentum verbreitete sich seit dem 1. Jh. im M.; im 3. Jh. n. Chr. gab es hundert Bischofssitze allein in Tripolitanien und Numidien. 312/313 kam es auf dem Konzil von Karthago zum Schisma; die →Donatisten breiteten sich rasch aus und hatten am Ende des 4. Jh. 400 Bischofssitze. 429 errichteten die arian. →Wandalen ein Königreich (bis 533), in dem Landwirtschaft, Gewerbe und Handel blühten. Die Byzantiner eroberten 533 den östl. und zentralen M., gliederten den westl. M. aber nur administrativ ein auf der Basis einiger isolierter Küstenplätze. Im byzantin. Territorium entfaltete sich rege Bautätigkeit und erneut aufblühende Landwirtschaft. Seit 642 drangen die Araber, von Maschrek kommend, systematisch durch das Küstenhinterland nach W vor und gliederten bis 711 den gesamten M. dem Omaijadenreich ein. Der Gouverneur MUSA IBN NUSAIR veranlasste unmittelbar darauf die Eroberung der Iber. Halbinsel (711–714). Von 750 bis Ende des 8. Jh. war der M. Teil des Abbasidenreichs, danach bildeten sich faktisch unabhängige Regionaldynastien (u. a. Aghlabiden und Fatimiden, Rustamiden, Idrisiden, Siriden und Hammadiden). Einen herben Rückschlag, v. a. für den östl. und mittleren M., brachte die Herrschaft der Beduinenstammesverbände der →Beni Hilal und Beni Soleim (1052–1152), die zur kulturellen Umorientierung auf das islam. Spanien hin führte (Entstehung der eigentl. maurischen Kultur). Seinen polit., wirtschaftl., kulturellen und städtebaul. Höhepunkt erreichte der M. unter den islamisch-berber. Dynastien der Almoraviden (1061–1147), Almohaden (1147–1269), Meriniden (1269–1420/65) und den mit diesen verwandten Wattasiden (1472–1554) mit den Machtzentren im westl. und mittleren M. sowie den Hafsiden (1229–1574) im östl. M. Während Marokko unter den arab. Dynastien der Sadier (1554–1659) und Hasaniden (seit 1666) nat. Identität erreichen konnte, geriet der mittlere und östl. M. im 16. Jh. unter die Oberherrschaft des Osman. Reiches.

Die im 19. Jh. mit der Besetzung Algeriens (1830) durch Frankreich beginnende europ. Kolonialherrschaft, die von Auseinandersetzungen mit berber. Aufständischen begleitet war, führte u. a. zu Veränderungen in der Verwaltungsstruktur (Übergang von tribaler zu bürokratisch-funktionalen Organisationsformen). Im Zuge der Auflösung der europ. Kolonialreiche in Asien und Afrika entstanden nach dem Zweiten Weltkrieg im Bereich des M. die unabhängigen, politisch unterschiedlich strukturierten Staaten Libyen, Tunesien, Algerien (in einem Krieg mit Frankreich 1954–62), Marokko und Mauretanien.

J. DESPOIS u. R. RAYNAL: Géographie de l'Afrique du Nord-Ouest (Paris 1967, Nachdr. ebd. 1975); J. M. ABUN-NASR: A history of the Maghrib (Cambridge ²1975); IBN KHALDUN: Histoire des Berbères et des dynasties musulmanes de l'Afrique septentrionale, 4 Bde. (Neuausg. ebd. 1978); C.-A. JULIEN: Histoire de l'Afrique du Nord. Tunisie, Algérie, Maroc, 2 Bde. (ebd. ²1978); Le M. Hommes et espaces, bearb. v. J. BISSON u. a. (ebd. ²1987); F. BURGAT: L'Islamisme au M.: la voix du Sud (Paris 1988); Nordafrika u. Vorderasien, hg. v. H. MENSCHING u. E. WIRTH (Neuausg. 1989); P. BALTA: Le grand M. (Paris 1990); L'état du M., hg. v. C. u. Y. LACOSTE (Casablanca 1991); C. SPENCER: The M. in the 1990s. Political and economic developments in Algeria, Morocco and Tunisia (London 1993); Oasen im Wandel, mit Beitrr. v. H. POPP u. a. (1997).

maghrebinische Literatur. Die Literatur der drei Kernländer des Maghreb (Algerien, Marokko, Tunesien) ist bis in die Wahl der Sprache hinein – Berberisch, Arabisch oder Französisch – Reflex der bewegten Geschichte dieser Region. Bis in die Gegenwart erhalten hat sich die ausschließlich mündlich überlieferte Literatur der berber. Urbevölkerung: Märchen, Lieder und Sprüche, Rätsel und Anekdoten, die fantast. Züge mit allg. Lebensweisheit verbinden und erst seit kurzem von Ethnologen, Linguisten und Schriftstellern aufgezeichnet werden. Gleiches gilt für die in der arab. Umgangssprache überlieferten literar. Kleinformen: Aus der Fülle des anonym Tradierten heraus ragen die ›Isefra‹ des kabyl. Wanderdichters SI MOHAND (*etwa 1845, †1906) oder die populären Vierzeiler des marokkan. Mystikers MEJDUB (16. Jh.) von nicht immer zweifelsfreiem Ursprung. Da die

Stagnation der im Sakralen erstarrten arab. Hochsprache, die keine dem europ. Roman vergleichbare literar. Tradition der großen Form kennt, durch den Analphabetismus und 130 Jahre frz. Kolonialregime (1830–1962) noch verstärkt wurde, vollzog sich der zeitgenöss. literar. Aufbruch des Maghreb im Medium der frz. Sprache. So entstand – nach vereinzelten frühen Stimmen (JEAN AMROUCHE, *1906, †1962) – in den 1950er-Jahren, als Echo und Korrektiv eines lange Zeit vom Kolonialroman rassist. Prägung (LOUIS BERTRAND, *1866, †1941) usurpierten Diskurses und z. T. initiiert von den in der ›École d'Alger‹ um A. CAMUS und G. AUDISIO versammelten Autoren, in allen drei Maghrebländern gleichzeitig eine äußerst vitale frankophone Literatur als Korrelat der erwachenden polit. Bewusstseinsbildung in der Endphase des Kolonialismus. Sie durchläuft in wenigen Jahrzehnten idealtypisch alle wichtigen stilist. Spielarten vom traditionellen Erzählduktus bis zur Avantgarde: Die ethnographisch-dokumentarisch geprägten Werke der Frühzeit von M. FERAOUN, M. MAMMERI, M. DIB und A. SEFRIOUI stehen neben jenen, die das Trauma der Identitätslosigkeit im kolonialen Kontext thematisieren (A. MEMMI, D. CHRAÏBI) und, bes. in Algerien, zunehmend an polit. Brisanz und Poetizität des Ausdrucks gewinnen (KATEB YACINE; JEAN SÉNAC, *1926, †1973; MALEK HADDAD, *1927, †1978). Auf diese ›Generation von 1952‹, die in meist klass. Französisch die narrativen Modelle des 19. Jh. nachahmt, folgen in den 60er-Jahren Autoren, deren aggressiver, durch lexikal. und syntakt. Kühnheiten schockierender Stil (M. KHAÏR-EDDINE; RACHID BOUDJEDRA, *1941) ihrer Kritik an den Widersprüchen und Atavismen der postkolonialen maghrebin. Gesellschaft (wie Patriarchismus und Misogynie, Arbeitslosigkeit und Probleme der Gastarbeiter im frz. Exil) besondere Schärfe verleiht und zugleich die Schablonen der traditionellen frz. Kultur und Literatur aufbricht. Diese mitunter verkrampften Abgrenzungsversuche werden in den 70er-Jahren – dank der progressiven marokkan. Literaturzeitschrift ›Souffles‹ (1966–72, begründet von ABDELLATIF LAABI, *1942) – zunehmend zugunsten formal-ästhet. Experimente überwunden: Im zwanglosen Rekurs auf die europ. Moderne wie auf älteste arabisch-islam. und berber. Traditionen entsteht eine Literatur von unverwechselbarem Gepräge, die wesentlich durch synkretist. Tendenzen, Gattungsverschmelzung, Intertextualität und Fragmentcharakter geprägt ist (A. KHATIBI; MALEK ALLOULA, *1938; NABILE FARÈS, *1940; H. TENGOUR; A. MEDDEB; MAJID EL-HOUSSI, *1941). Neben der literar. Auseinandersetzung mit der Sprache dominieren in der frankomaghrebin. Literatur der 80er-Jahre die virulent-satir. Gegenwartskritik (R. MIMOUNI; ABDELHAK SERHANE, *1950; F. MELLAH) und die oft mythisch fabulierende Vergangenheitsbewältigung mit aktuellem Bezug (T. BEN JELLOUN, CHRAÏBI, MEMMI, MELLAH, TENGOUR, ASSIA DJEBAR, T. DJAOUT). Daneben kommen zunehmend Schriftstellerinnen zu Wort, die Grenzen und Möglichkeiten weibl. Emanzipation ausloten (ASSIA DJEBAR; HADJIRA MOUHOUB, *1945; HAWA DJABALI, *1949). In Frankreich selbst entsteht mit LEÏLA SEBBAR (*1941), M. CHAREF, FARIDA BELGHOUL (*1958) u. a. die Literatur der ›Beurs‹, die das Leben der maghrebin. Einwanderer der zweiten Generation schildert. Die m. L. frz. Sprache ist mit Autoren wie T. BEN JELLOUN zum festen Bestandteil der frankophonen Literatur geworden. Demgegenüber bewegt sich die arab. Literatur des Maghreb noch vielfach im Rahmen einer traditionell eher didaktisch-diskursiven Prosa und eines überkommenen Kanons erstarrter poet. Formen: In formalen Neuerungen mit Ausnahmen – v. a. in Tunesien (EZZEDINE AL-MADANI, *1938) – eher zurückhaltend, umkreist sie dennoch weitgehend dieselben Probleme wie ihr frankophones Pendant: die Akkulturationsproblematik (ALI AL-DOUAGI, *1909), den gesellschaftl. Wandel im Gefolge der Unabhängigkeit – soziale Spannungen und Stadt-Land-Kontraste (ABDEL KADER BEN CHEIKH, *1929) – sowie Probleme des Befreiungskrieges und der Agrarrevolution (TAHAR OUETTAR, *1936; ABDELHAMID BENHEDOUGA, *1925).

Anthologie des écrivains maghrébins d'expression française, hg. v. A. MEMMI (Paris ²1965); C. LACOSTE-DUJARDIN: Le conte kabyle. Analyse ethnologique (ebd. 1970); J. DÉJEUX: Dictionnaire des auteurs maghrébins de langue française (ebd. 1984); A. AL-R. IBN A. MAĞDŪB: La tradition orale du Mejdoub, bearb. v. A.-L. DE PRÉMARE (Aix-en-Provence 1986); M.-O.-M. AÏT HMADUŠ: Les isefra, übers. v. M. MAMMERI (Paris 1987); Hânin. Prosa aus dem Maghreb, hg. v. R. KEIL (1989); Europas islam. Nachbarn. Studien zur Lit. u. Gesch. des Maghreb, hg. v. E. RUHE, 2 Bde. (1993–95); J. DÉJEUX: Maghreb littératures de langue française. Histoire, sociologie et bibliographie (Paris 1993); DERS.: La littérature féminine de langue française au Maghreb (ebd. 1994); Zw. Fundamentalismus u. Moderne. Lit. aus dem Maghreb, hg. v. H. FOCK u. a. (1994); J. NOIRAY: Littératures francophones, Bd. 1: Le Maghreb (Paris 1996).

Maghreb-Union, Union der Arabischen Maghreb-Staaten, Zusammenschluss unabhängiger arab. Staaten Nordafrikas, gegr. mit dem Vertrag von Marrakesch am 17. 2. 1989 von Algerien, Libyen, Marokko, Mauretanien und Tunesien, soll die Zusammenarbeit auf wirtschaftl., polit. und kulturellem Gebiet fördern und die Wettbewerbssituation der beteiligten Staaten gegenüber dem Europ. Binnenmarkt stärken. 1991 wurde ein langfristiger Stufenplan zur Wirtschaftsintegration und zur Schaffung eines gemeinsamen Marktes beschlossen. Oberstes Organ ist der Präsidialrat der fünf Staatsoberhäupter, der nach dem Einstimmigkeitsprinzip entscheidet; weitere Organe sind das ständige Generalsekretariat (Sitz: Rabat), der Konsultativrat (seit 1994 30 Vertreter je Mitgl.-Land) und ein gemeinsamer Gerichtshof. 1994 wurde die Schaffung weiterer Institutionen – einer maghrebin. Universität (Sitz: Tripolis) und einer maghrebin. Investitions- und Außenhandelsbank (Sitz: Tunis) – beschlossen.

Magie [über spätlat. magia von griech. mageía ›Lehre der Zauberer‹, ›Zauberei‹, aus dem Pers.] *die, -,* Sammel-Bez. für Praktiken (Handlungen, Worte, Umgang mit bestimmten Dingen), durch die der Mensch seinen eigenen Willen auf die Umwelt übertragen und das Tun, Wollen und Schicksal anderer Menschen bestimmen will, wobei er von der kausalen Verknüpfung zw. Handeln und gewünschtem Erfolg ausgeht. Dieses der M. zugrunde liegende mag. Denken vertraut auf eine in mag. Handlungen, Worten und Dingen enthaltene automatisch wirkende Kraft. Der eine mag. Handlung Vollziehende beabsichtigt, die Einwirkung schädl. Mächte fern zu halten und/oder diese auf sich zu übertragen.

Die Meinungen über Ursprung und Bedeutung der M. weichen stark voneinander ab. Teils wird sie von der Religion scharf unterschieden, da M. ein Erzwingen der Wirkung beinhalte, Religion dagegen die Unterwerfung unter übernatürl. Mächte einschließe. Die mag. Handlung, v. a. die mag. Formel, wird dem religiösen Gebet gegenübergestellt. Aber auch Gebete können einen zwingenden Charakter haben, ist doch z. B. das Bewegen von Gebetsmühlen u. Ä. mag. Akten vergleichbar. Eine enge Verbindung von M. und Religion ist auch dann zu erkennen, wenn für den Vollzug mag. Handlungen religiöser Glaube oder religiöse Gebete gefordert werden, ohne die die beabsichtigte Wirkung nicht erreicht werden kann. Wegen dieser unabhängig vom Entwicklungsstand einer Religion zu beobachtenden Vermengung religiöser Anschauungen und religiösen Verhaltens mit mag. Praktiken lässt sich die u. a. von dem brit. Ethnologen JAMES GEORGE FRAZER (* 1854, † 1941) behauptete zeitl. Aufeinanderfolge von M. und Religion nicht aufrechterhalten. Der Volkskundler A. VAN GENNEP (* 1873, † 1957) hat die Unlösbarkeit der Verbindung von M. und Religion hervorgehoben und M. als den prakt., Religion als den theoret. Aspekt bezeichnet.

Hinsichtlich der Zielsetzung ihrer Anwendung wird zw. schwarzer und weißer M. unterschieden: Unter **schwarzer M.** (volksetymologisch abgeleitet von der zu ›Nigromantie‹ verballhornten ›Nekromantie‹; zu lat. niger ›schwarz‹ bzw. griech. nekros ›Leichnam‹) versteht man Handlungen, die auf die Schädigung eines Einzelnen oder einer Gruppe abzielen, während der dazu gebildete Komplementärbegriff **weiße M.** diejenigen Praktiken umfasst, die ohne diese schädigende Intention zur Mehrung von Gütern eingesetzt werden. In der völkerkundl. Literatur wird teilweise ›Zauberei‹ mit ›schwarzer M.‹ gleichgesetzt. Im angelsächs. Bereich wird der Begriff ›white magic‹ u. a. auch für die übernatürl. Wundertaten der Legenden- und Mirakelerzählungen verwendet, um die Kräfte von Heiligen und Hexen gegeneinander abzuheben.

FRAZER hat nach der angebl. Wirkungsweise zw. homöopath. M. oder analog. M. und kontagiöser M. oder Berührungs-M. unterschieden. Die **kontagiöse M.** oder **Berührungs-M.** erstrebt den Besitz machtgeladener Gegenstände. Da im mag. Denken Teile für ein Ganzes (›pars pro toto‹) wirksam werden können, wird in der kontagiösen M. für möglich gehalten, dass z. B. durch den Besitz eines menschl. Haares Macht auf dessen bisherigen Träger ausgeübt wird. – Die **analogische** oder **homöopathische M.** beruht auf dem mag. Grundsatz, dass eine nachahmende Handlung dieselben realen Folgen bewirkt wie ihr Vorbild. Dabei braucht die Nachahmung nur einen speziellen Aspekt des Vorbilds zu erfüllen. Die mim. Vernichtung des Feindes im Verlauf eines Kriegstanzes z. B. soll dessen reale Vernichtung garantieren, pantomim. Jagdszenen werden zur Sicherung realen Jagdglücks aufgeführt. Der Magier vollzieht das Ausgießen von Wasser, wenn er Regen hervorrufen will, er imitiert den Donner, um ein Gewitter heranzuführen. Neben der Nachahmung von Vorgängen können auch nachgemachte Gegenstände denjenigen in analog-mag. Weise vertreten, der zum Objekt einer mag. Handlung werden soll: Die Erdolchung einer Puppe soll den Tod eines von dieser Puppe vertretenen Gegners bewirken.

In der Antike unterschied man drei Arten magischer Praxis: 1) die Goëtia (›Zauberei‹) als unterste Stufe, nämlich Schadenzauber mithilfe niederer Dämonen und Leichen (→Nekromantie), worunter auch alle anderen Zauberpraktiken mit feindl. Absicht gezählt werden können; 2) die Mageia, der Machtzauber mithilfe astraler Geister, die durch rituelle Manipulationen konkretisiert und in Aktion gesetzt werden können, etwa zu Liebeszwängen; 3) die Theurgia (›Götterbannung‹), der Offenbarungszauber, Handlungen, die vollzogen werden, um den Willen der Götter zu ergründen bzw. sich diesen Willen nutzbar zu machen. Die christl. Tradition unterschied Magia naturalis und innaturalis, in der Natur angelegte und verbotene, außerird. Eingriffe.

Im 16. Jh. hat im Deutschen der Begriff des Wunders tatsächlich beides umfasst, im 17. Jh. zugleich aber auch die Wunderwelt und Großtaten (Magnalia) Gottes als Magia naturalis beschreiben können. Die Frühzeit der modernen Naturwiss. im 17. Jh. wurde ebenfalls als Magia naturalis bezeichnet; außerdem verstand man unter M. ein religiös durchdrungenes, pansoph. Weltverständnis, aber auch schon den verabscheuungswürdigen Aberglauben unaufgeklärter Zeitalter. Darum bevorzugte neuer Glaube an meist parapsycholog. Phänomene den z. T. romantisch gefärbten Begriff des →Okkultismus; bei J. J. GÖRRES findet sich manches Magische auch unter dem Namen der christl. Mystik.

Für die Jägervölker aus jungpaläolith. Zeit nimmt man an, dass ein Teil ihrer Felsbilder im Dienste der M. stand; bei jetzt lebenden Jägervölkern ist die mag. Funktion der Felsbilder gesichert. M. wird v. a. dort eingesetzt, wo andere menschl. Handlungen nicht den gewünschten Erfolg garantieren. So ist sie häufig bei der Vorbereitung der Jagd, beim Bootsbau und vor Krieg, Feldbestellung und Ernte. Dabei bilden die mag. Rituale mit den techn. Vorgängen eine Einheit.

Sowohl die symbol. Funktion der M. als auch die expressive Form ihrer Ausübung steigern die Zuversicht in den Erfolg und schaffen damit auch Vertrauen in die eigentl. zweckgerichteten Handlungen. Dies gilt v. a. bei gefährl. Unternehmungen und dort, wo der Mensch der Hilfe des Wetters bedarf. Diese Funktionen sind den Handelnden meist nicht bewusst. Die Frage, ob die Handelnden zw. mag. Akten und techn. Tätigkeiten unterscheiden oder beide auf dasselbe Ziel gerichteten Vorgänge als im Prinzip gleichartig ansehen, lässt sich nicht allgemein beantworten.

Unwirksamkeit von M. wird entweder der unrichtigen Ausführung des mag. Ritus oder überlegener Gegenmagie zugeschrieben. Dementsprechend hat schon E. B. TYLOR darauf hingewiesen, dass Versagen der M. kaum zu beweisen ist.

Heute werden mag. Handlungen entweder verstanden als Nachahmung inzwischen unverstandener Vorgänge und auf die Arbeitsprozesse einstimmende Dramatisierungen (A. E. JENSEN), oder aber der Begriff wird abgelehnt, da die Trennung zw. Wissenschaft und M. verkennt, dass auch die Wissenschaft in ihren Begründungen weitgehend problematisch und provisorisch ist. Viele Handlungen und Entscheidungen in der modernen Welt lassen sich ebenso wenig begründen wie mag. Akte (K. E. ROSENGREN).

E. B. TYLOR: Die Anfänge der Cultur, 2 Bde. (a. d. Engl., 1873); L. THORNDIKE: A history of magic and experimental science, 8 Bde. (New York 1923–58, Nachdr. ebd. 1980); A. E. JENSEN: M., in: Studium generale, Jg. 1 (1947/48); DERS.: Gibt es Zauberhandlungen? in: Ztschr. für Ethnologie, Jg. 75 (1950); H. WEBSTER: Magic, a sociological study (Stanford, Calif., 1948); Witchcraft confessions and accusations, hg. v. M. DOUGLAS (London 1970); R. R. MARETT: Magic. Introductory, in: Encyclopedia of religion and ethics, hg. v. J. HASTINGS u. a., Bd. 8 (Neuausg. Edinburgh 1971); K. E. ROSENGREN: Malinowski's magic: The riddle of the empty cell, in: Current Anthropology, Jg. 17 (Chicago, Ill., 1976); J. G. FRAZER: Der goldene Zweig. Eine Studie über M. u. Religion, 2 Bde. (a. d. Engl., Neuausg. 1977); M. u. Religion. Beitr. zu einer Theorie der M., hg. v. L. PETZOLD (1978); M. MAUSS: Soziologie u. Anthropologie, Bd. 1: Theorie der M., soziale Morphologie (a. d. Frz., 1978); B. MALINOWSKI: Korallengärten u. ihre M. (a. d. Engl., 1980); DERS.: M., Wiss. u. Religion u. andere Schr. (a. d. Engl., Neuausg. 1983); E. E. BOESCH: Das Magische u. das Schöne (1983); H. BIEDERMANN: Handlex. der mag. Künste. Von der Spätantike bis zum 19. Jh., 2 Bde. (Graz ³1986); KLAUS E. MÜLLER: Das mag. Universum der Identität (1987); E. E. EVANS-PRITCHARD: Hexerei, Orakel u. M. bei den Zande (a. d. Engl., 1988); A. GELL: Technology and magic, in: Anthropology today, Jg. 4 (London 1988); E. DURKHEIM: Die elementaren Formen des religiösen Lebens (a. d. Frz., Neuausg. 1994); C. LÉVI-STRAUSS: Das wilde Denken (a. d. Frz., ⁹1994); R. KIECKHEFER: M. im Mittelalter (a. d. Engl., Neuausg. 1995); F. GRAF: Gottesnähe u. Schadenzauber. Die M. in der griechisch-röm. Antike (1996); R. H. LOWIE: Primitive religion (Neuausg. London 1997).

Magi|er der, -s/-, nach HERODOT urspr. ein medischer Volksstamm mit priesterl. Aufgaben in der altiran. Religion, nach anfänglich heftiger Gegnerschaft, auch in der zoroastr. Religion (Parsismus). Als Einzelpersönlichkeit ist der M. GAUMATA bekannt. V. a. die späteren Griechen sahen in den M. Stern- und Traumdeuter, Wahrsager und Magier. In diesem Sinne sind auch die vom Evangelisten MATTHÄUS genannten ›Weisen aus dem Morgenland‹ (Mt. 2, 1–12; die →Drei

Magi Magiljoŭ – magischer Realismus

André Maginot

Könige) zu verstehen. – Religionswissenschaftlich wird der Begriff allg. zur Bez. des Inhabers übernatürl., mag. Fähigkeiten verwendet; heute auch mit Zauberkünstler gleichgesetzt.

Magiljoŭ, Stadt in Weißrussland, →Mogiljow.

Maginot [maʒiˈno], André, frz. Politiker, * Paris 17. 2. 1877, † ebd. 7. 1. 1932; Kolonialbeamter; 1910–32 Abg. der demokrat. Linken, 1913/14 Staatssekr. im Kriegsministerium, 1917 und 1928/29 Kolonial-Min., 1920–24 Pensions-Min. Als Kriegs-Min. (1922–24 und 1929–32) schuf er das Heeres-Ges. (1928) und leitete den Bau der →Maginotlinie ein.

Maginotlinie [maʒiˈno–], nach dem frz. Politiker A. MAGINOT], 1929–36 errichtetes (im Kern bereits 1932 fertig gestelltes) Befestigungssystem an der frz. NO-Grenze und der Grenze gegenüber Italien, das nach dem Zweiten Weltkrieg nicht mehr in seiner eigentl. Funktion genutzt wurde.

Nachdem in Frankreich bereits 1919 erste Überlegungen zur Schaffung einer neuen Verteidigungslinie im N und O des Landes angestellt worden waren, ergriff 1925 P. PAINLEVÉ die Initiative zum Bau einer modernen Grenzbefestigung; die Planungen hierfür erfolgten in seiner Amtszeit als Kriegs-Min. Die eigentl. Arbeiten begannen unter seinem Nachfolger A. MAGINOT. Am stärksten ausgebaut war die in insgesamt 25 ›befestigte Abschnitte‹ eingeteilte M. im Bereich der ›Festungsgebiete‹ Metz und Lauter. Den Kern des Befestigungsgürtels bildeten 45 große ›Artilleriewerke‹ (davon 23 in den Alpen, 20 zw. Longuyon und dem Rhein, z. B. Hochwald südwestlich von Weißenburg und Hackenberg östlich von Thionville) und 62 kleinere ›Infanteriewerke‹; hinzu kamen über 400 schwere Einzelbunker (am Oberrhein nur diese), Hindernisse (v. a. Panzersperren), Verkehrs-, Versorgungs- und Kommunikationsanlagen (BILD →Befestigung). Die Einfahrten zur M. befanden sich außerhalb der Reichweite feindl. Artillerie im rückwärtigen Raum. Die Soldaten hielten sich in gas- und bombensicheren unterird. Unterkünften auf, von denen sie per Aufzug an die Geschütze gelangen konnten.

Der Bau der M. bewirkte in Frankreich ein trüger. Sicherheitsgefühl und förderte ein defensives militär. Denken; das Befestigungs- und Verteidigungssystem band jedoch erhebl. frz. Kräfte (zu Beginn des dt. Angriffs auf Frankreich im Zweiten Weltkrieg etwa 48 frz. Divisionen). Im dt. Westfeldzug (1940) wurde die M. von der Wehrmacht unter Verletzung der belg. und niederländ. Neutralität umgangen; Mitte Juni 1940 durchbrach die dt. Heeresgruppe C den Befestigungsgürtel auch frontal.

R. BRUGE: Faites sauter la ligne Maginot! (Paris 1973); V. WIELAND: Zur Problematik der frz. Militärpolitik u. Militärdoktrin in der Zeit zw. den Weltkriegen (1973); J.-Y. MARY: La ligne Maginot (Paris 1980); A. KEMP: The Maginot-Line. Myth and reality (London 1981); G. GIULIANO: Les soldats du béton. La ligne Maginot dans les Ardennes et en Meuse, 1939–1940 (Charleville-Mézières 1986).

magisch, auf Magie beruhend; geheimnisvoll, zauberisch.

magischer Realismus, 1) *bildende Kunst:* in den 1920er-Jahren entstandene Bez. für eine Darstellungsweise, die durch äußerste Akribie bzw. überscharfe Wiedergabe der Wirklichkeit unter Auslassung von Nebensächlichem, durch einen stat. Bildaufbau und mit perspektiv. Mitteln eine mag. Wirkung erzeugt. Sie entwickelte sich unter dem Einfluss der →Pittura metafisica. Der Begriff wurde zunächst auf Werke der verist. Richtung der →Neuen Sachlichkeit bezogen (G. SCHRIMPF, C. MENSE, A. KANOLDT, F. RADZIWILL u. a.), dann auch auf die Malerei ähnlich vorgehender Künstler, v. a. in den USA (u. a. I. ALBRIGHT, P. BLUME, A. WYETH), schließlich auch auf Werke der →Wiener Schule des phantastischen Realismus und des →Fotorealismus sowie der naiven Malerei.

F. ROH: Nachexpressionismus. M. R. (1925); American realists and magic realists, hg. v. D. C. MILLER u. a., Ausst.-Kat. (Neuausg. New York 1969); WIELAND SCHMIED: Neue Sachlichkeit u. m. R. in Dtl. 1918–1933 (1969); Realismus zw. Revolution u. Reaktion 1919–1939, hg. v. G. METKEN u. a. (1981); M. SCHEFFEL: M. R. Die Gesch. eines Begriffs u. ein Versuch seiner Bestimmung (1990); A. FLUCK: ›M. R.‹ in der Malerei des 20. Jh. (1994).

2) In der *Literatur* wird der Begriff auf verschiedenen Ebenen verwendet. Er tauchte zuerst (etwa zeitgleich wie in der bildenden Kunst) bei dem Italiener M. BONTEMPELLI auf. Sein ästhet. Programm, veröffentlicht in der Zeitschrift ›900‹, fordert die Verbindung von realist. Detailgenauigkeit und mag. Atmosphäre in der Literatur. Etwas später nahm der Niederländer J. DAISNE für seinen Roman ›De trap van steen en wolken‹ (1942), in dem Traum und Wirklichkeit ineinander übergehen, den Begriff in Anspruch. Für die dt. Literatur lässt sich (nach M. SCHEFFEL) m. R. als ein Erzählstil definieren, der etwa zw. 1920 und 1950 in einer Reihe von Romanen praktiziert wurde. Dieser Stil ist gekennzeichnet durch äußerlich realist. Ansatz, gebrochen durch die Integration seltsamer, geheimnisvoller, unerklärbarer Elemente. Beispiele dafür sind: ›Weingott‹ (1921) von W. LEHMANN, ›Am Rande der Nacht‹ (1933) von F. LAMPE, ›Schwarze Weide‹ (1937) und ›Ulanenpatrouille‹ (1940) von H. LANGE, ›Gang durch das Ried‹ (1936) und ›Das unauslöschl. Siegel‹ (1946) von ELISABETH LANGGÄSSER, ›Die Stadt hinter dem Strom‹ (1947) von H. KASACK, ›Die Gesellschaft vom Dachboden‹ (1946) von E. KREUDER.

Die lateinamerikan. Literatur knüpft mit ihrem ›realismo mágico‹ an den m. R. der europ. bildenden Kunst an. Der hier von der Wiss. breit diskutierte Begriff umschreibt vielfältige Phänomene, so das Neben- und Ineinander verschiedener Zeit- und Wirklichkeitsebenen, die Vermischung von realer und fantast. Wirklichkeitssicht, die ihre Wurzeln in der Indiokul-

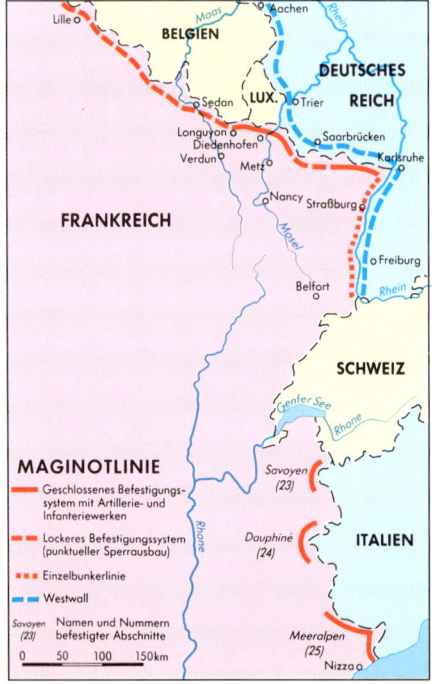

Maginotlinie

tur hat. Bed. Vertreter sind u. a. M. Á. Asturias, A. Carpentier, A. Roa Bastos, J. Cortázar, J. Rulfo und G. García Márquez.

D. Janik: Mag. Wirklichkeitsauffassung im hispanoamerikan. Roman des 20. Jh. (1976); M. Scheffel: M. R. Die Gesch. eines Begriffs u. ein Versuch seiner Bestimmung (1990).

magisches Auge, früher in Rundfunkempfängern und Tonbandgeräten eingesetzte Elektronenröhre mit einem trichter- oder muschelförmigen Leuchtschirm zur Abstimm- und Aussteuerungsanzeige.

magisches Dreieck, *Wirtschaft:* bildl. Ausdruck für die drei konjunkturpolit. Ziele: Stabilität des Preisniveaus (Geldwertstabilität), hoher Beschäftigungsstand (Vollbeschäftigung) und außenwirtschaftl. Gleichgewicht (Zahlungsbilanzausgleich). Das m. D. wird durch die Postulierung weiterer wirtschaftspolit. Ziele zu mag. Vielecken, z. B. mit dem des angemessenen und stetigen wirtschaftl. Wachstums zu einem **magischen Viereck** und zusätzlich mit dem der gerechten Einkommens- und Vermögensverteilung zu einem **magischen Fünfeck**. Die ›Magie‹ solcher Zielsysteme besteht darin, dass die einzelnen Ziele durch die wechselseitige Abhängigkeit gesamtwirtschaftl. Variablen nicht gleichzeitig und vollständig zu erreichen sind (wirtschaftspolit. Zielkonflikte). In der prakt. Wirtschaftspolitik wird demzufolge nicht versucht, jedes Einzelziel vollständig zu erreichen, sondern aufgrund der Formulierung ›realistischer‹ Zielerreichungsgrade das jeweilige Zielsystem zu optimieren.

magisches Quadrat, Zahlenquadrat, quadrat. Zahlenschema, bei dem Zeilen-, Spalten- und Diagonalsummen alle die gleiche Zahl ergeben, wobei i. Allg. gefordert wird, dass die Zahlen paarweise versch. sind. Hat das m. Q. n Zeilen und n Spalten, also n^2 Elemente, so heißt es m. Q. der Ordnung n. Urspr. wurden nur solche Zahlenquadrate magisch genannt, die die Zahlen von 1 bis n^2 enthalten, wenn n ihre Ordnung ist.

Geschichte: M. Q. erschienen zum ersten Mal in China (z. B. das schon vor 2000 v. Chr. bekannte Saturnsiegel), von wo aus sie sich über Indien nach Babylon und Palästina ausbreiteten. Die kabbalist. Juden Spaniens brachten sie dann nach Europa. Ihre mag. Bedeutung erhielten die m. Q. v. a. im MA., indem jedem Planeten sowie der m. Q. zugeordnet wurde (z. B. stellt das m. Q. in A. Dürers ›Melancolia‹ den Jupiter dar; Bild →Kupferstich). Wie den Planeten selbst wurde somit diesen m. Q. eine positive oder negative Wirkung auf den Menschen zugeschrieben, weshalb sie auch in Amuletten getragen wurden. Dem mag. Weltverständnis arab. Gelehrter und der Renaissance waren m. Q. Ausdruck der Harmonie. Losgelöst von der mag. Tradition sowie der Theorie der m. Q. seit dem 17. Jh. von Zahlentheoretikern behandelt, u. a. von C. G. Bachet de Méziriac, Bernard Frénicle de Bessy (* 1605, † 1675), L. Euler und A. Cayley.

magisches T, Hybrid-T-Verzweigung, EH-Verzweigung, symmetrisch aus Leitungsverzweigungen in Form von T-Rechteckhohlleitern (je eine E- und eine H-Verzweigung) zusammengesetztes Hohlleiterviertor mit gegenphasiger Anregung der Seitenarme vom E-Arm bzw. gleichphasiger Anregung der Seitenarme vom H-Arm aus. Durch genaue Symmetrie der Anordnung zur Mittelebene und reflexionsfreie Ausbildung der Hauptarme erreicht man, dass Hochfrequenzenergie, die in einen der vier Arme eintritt, den gegenüberliegenden Arm nicht erreicht, sondern sich gleichmäßig auf die beiden anderen verteilt; das T ist dann ›magisch‹. M. T werden in Mikrowellenbrückenschaltungen sowie als EH-Tuner zur Darstellung beliebiger Hohlleiterabschlusswiderstände verwendet.

magische Zahlen, *Kernphysik:* die Protonen- und Neutronenzahlen 2, 8, 20, 28, 50, 82 und die Neutronenzahl 126 (→superschwere Elemente). Atomkerne mit solchen Nukleonenzahlen (**magische Kerne**) zeigen auffallende Eigenschaften: Sie sind bes. stabil (→Kernbindungsenergie), haben niedrige Protonen- bzw. Neutroneneinfangquerschnitte und hohe Anregungsenergien; von ihnen existieren bes. viele stabile Isotope und Isotone, und bei ihnen treten Maxima der Elementhäufigkeit auf. **Doppelt magische Kerne** haben eine mag. Protonenzahl und eine mag. Neutronenzahl und sind noch stabiler als einfach magische; Beispiele sind $^4_2$He, $^{16}_8$O und $^{208}_{82}$Pb. Die m. Z. finden ihre Erklärung im Rahmen des →Schalenmodells des Atomkerns, in dem sie abgeschlossene Schalen kennzeichnen.

Magister [lat. ›Lehrer‹, ›Leiter‹, zu magis ›mehr‹, ›in höherem Grade‹] *der, -s/-,* **1)** akadem. Grad. Im MA. war der M. artium liberalium der höchste Grad der Artistenfakultät und schloss Lehrbefugnis ein. Später verlieh die Artistenfakultät in Angleichung an andere Fakultäten ebenfalls den Doktorgrad, wobei sie noch lange Zeit den M. teils zugleich, teils nur an lehrberechtigte Inhaber des Dr. phil. vergab.

In *Dtl.* ist der M. Artium (Abk. M. A.) als berufsqualifizierender Univ.-Abschluss geisteswiss. Fächer (nach acht Semestern) seit 1960 wieder eingeführt worden.

In *Österreich* ist der M. als akadem. Grad der Pharmazeuten tradiert und mit dem Hochschulstudien-Ges. von 1966 neben Lizenziat und Diplom allg. eingeführt worden.

2) *Pl. ...stri,* im *antiken Rom* die Vorsteher von Priesterkollegien und von weltl. Vereinen, auch von Pachtgesellschaften, sowie die Leiter der privaten Elementarschulen (**Ludi Magistri**). In der Kaiserzeit war M. der Titel einiger vom Kaiser eingesetzter Beamter. Der **M. Militum** (Heermeister) war seit Konstantin I. höchster militär. Beamter (›Reichsfeldherr‹), ab 416 mit der Patrizierwürde. Jeder Kaiser hatte am Hof zwei Magistri Militum, den →Magister Equitum der Reiterei und den **M. Peditum** der Fußtruppen. Daneben gab es seit Constantius II. mehrere regionale Magistri Militum. Seit der Mitte des 4. Jh. war das Amt oft in der Hand german. Heerführer (Stilicho, Aetius, Ricimer, Theoderich d. Gr. u. a.), die unter schwachen Kaisern praktisch zu eigentl. Regenten wurden. Das Amt bestand bis ins 7. Jh. Der **M. Officiorum** (Ämtermeister), nachweisbar ab 320, war in der Spätantike der höchste Verwaltungsbeamte. Er hatte die Leitung aller Hofämter, der Palastgarden

magischer Realismus 1): Andrew Wyeth, ›Christinas Welt‹; 1948 (Privatbesitz)

4	9	2
3	5	7
8	1	6

magisches Quadrat: So genanntes ›Saturnsiegel‹ aus China mit der Summe 15 für $n^2 = 9$ Elemente

16	3	2	13
5	10	11	8
9	6	7	12
4	15	14	1

magisches Quadrat in Albrecht Dürers Kupferstich ›Melancolia‹ mit der Summe 34 für $n^2 = 16$ Elemente

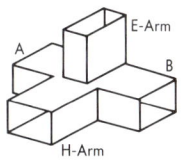

magisches T aus Rechteckhohlleitern

Magi Magister Equitum – Magma

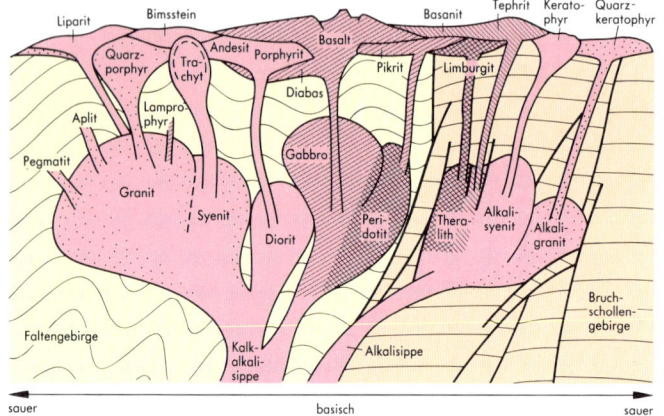

Magma: Stammbaum der magmatischen Gesteine

(›scholae‹) und der Geheimpolizei (›agentes in rebus‹) sowie die Aufsicht über die Waffenfabriken. Ihm unterstanden das Gesandtschaftswesen und im Osten auch die Militärgerichtsbarkeit.

A. DEMANDT: M. militum, in: Pauly-Wissowa, Suppl.-Bd. 12 (1970); M. CLAUSS: Der m. officiorum in der Spätantike, 4.–6. Jh. (1980).

Magister Equitum [lat. ›Reiterführer‹], in der röm. Republik der vom Diktator (urspr. Magister Populi) ernannte Befehlshaber der Reiterei, der als Gehilfe und Stellvertreter des Diktators in Rom und im Feld fungierte und nach sechs Monaten zus. mit dem Diktator sein Amt niederlegen musste. – In der röm. Kaiserzeit einer der Magistri Militum (→Magister).

E. WESTERMAYER: M. e., in: Pauly-Wissowa, Suppl.-Bd. 5 (1931).

Magisterium [lat.] *das, -s,* Begriff der →Alchimie.

Magistrale *die, -/-n,* Hauptverkehrslinie (in einem Land), -straße (in einer Großstadt).

Magistrat [lat., zu Magister] *der, -(e)s/-e,* **1)** allg.: 1) öffentl. Amt, Behörde; 2) *der, -en/-en,* schweizer. für Mitgl. der Reg. bzw. der ausführenden Behörde.
2) lat. **Magistratus,** im *antiken Rom* das durch Volkswahl in den →Komitien verliehene staatl. Ehrenamt (›honos‹) und sein Inhaber. Die **höheren M. (kurulische M.;** Konsul, Prätor, Zensor, kurul. Ädil) wurden durch die Zenturiatkomitien, die **niederen M.** (plebejischer Ädil, Quästor) durch die Tributkomitien oder durch die Volksversammlungen (Concilia Plebis) gewählt. Seit dem 3. Jh. v. Chr. bahnte sich eine Reihenfolge in der Bekleidung der Ämter (→Cursus Honorum) an, die durch die ›Lex Villia Annalis‹ (180 v. Chr.) und durch Sulla (82–79) festgelegt wurde. Das Mindestalter betrug für die Quästur 31, das Volkstribunat oder die Ädilität 37, die Prätur 40 und das Konsulat 43 Jahre. Kennzeichnend für die einzelnen M. war Doppelbesetzung (Kollegialität) mit gegenseitigem Einspruchsrecht (Interzessionsrecht) und einjähriger Amtszeit (Annuität). Für das Sonderamt der →Zensoren entfiel die Annuität, für die Ausnahmeämter des →Interrex, des →Diktators und des →Magister Equitum galten weder Kollegialität noch Annuität. Für besondere Aufgaben (Krieg, Statthalterschaft) konnten, um die Annuität der M. nicht zu verletzen, bisherige M. als Prokonsuln oder Proprätoren ohne Kollegen bestellt werden. Während ihrer Amtszeit waren die M. immun und nicht absetzbar. Die Oberbeamten (Konsul, Prätor, Prokonsul, Proprätor, Diktator, Magister Equitum, Interrex) besaßen das →Imperium 2) und wurden zum Zeichen ihrer Amtsgewalt von →Liktoren begleitet. In der Kaiserzeit wurden die Befugnisse der M. durch das Kaisertum und den Dienstadel eingeengt. Ein Teil wurde vom Kaiser ernannt, während die Wahl im 1. Jh. n. Chr. auf den Senat überging.

J. BLEICKEN: Verfassungs- u. Sozialgesch. des röm. Kaiserreichs, 2 Bde. (1978); DERS.: Die Verf. der Röm. Rep. ([7]1995); T. R. BROUGHTON: The magistrates of the Roman republic, 2 Bde. u. Suppl.-Bd. (New York 1951–86, Nachdr. Chico, Calif., 1984–86, Bd. 1 u. 2).

3) im dt. *Verwaltungsrecht* der städt. Gemeindevorstand bei Magistratsverfassungen (→Gemeinde); in den österr. Städten mit eigenem Statut die unterste Verwaltungsbehörde (Bezirksverwaltungsbehörde).

Maglemosekultur [nach Maglemose, dem ›Großen Moor‹ bei Mullerup an der Westküste von Seeland, Dänemark], Kulturgruppe der Mittelsteinzeit; bildet die Hinterlassenschaft von nacheiszeitl. Jäger- und Fischerstämmen, die in der dän. Festlandsperiode (7./6. Jt. v. Chr.), in der Dänemark mit England und Schweden zusammenhing, die Nord- und Ostseeländer besiedelten. Kennzeichnend für die M. sind u. a. Mikrolithen, Kern- und Scheibenbeile aus Feuerstein, Harpunen und Angelhaken aus Knochen und Geweih, hölzerne Speere, Bogen, Pfeile, Beilfassungen.

Magma [griech. ›geknetete Masse‹, ›Bodensatz‹] *das, -s/...men,* glühend-flüssige, überwiegend silikat. Gesteinsschmelze in der Erdkruste und im oberen Erdmantel, die in erstarrtem Zustand die →magmatischen Gesteine bildet. Nach der stoffl. Zusammensetzung unterscheidet man saure (granit., mit über 66 % SiO_2), intermediäre (52–66 % SiO_2), bas. (basalt., 45–52 % SiO_2) und ultrabas. (unter 45 % SiO_2) M. Im Ggs. zu den Erscheinungen des →Vulkanismus an oder nahe der Erdoberfläche stehen die sich in größerer Erdtiefe abspielenden Vorgänge des →Plutonismus; zw. beiden lässt sich jedoch keine scharfe Grenze ziehen. Die ursprüngl. Zusammensetzung des M. kann man nur aus den Erstarrungsprodukten erschließen. Den Hauptanteil haben die schwer flüchtigen Bestandteile (v. a. Siliciumdioxid, daneben die Oxide von Aluminium, Eisen, Calcium, Natrium und Kalium; meist auch Titan-, Mangan- und Phosphoroxide); sie bleiben größtenteils in den magmat. Gesteinen erhalten. Die leicht flüchtigen Bestandteile (v. a. Wasserstoff und Wasser, das in tiefer liegenden Granitstöcken bis 8 % Anteil am M. haben kann, daneben Kohlenmonoxid und -dioxid, Methan, Stickstoff und Ammoniak, Schwefel, Schwefeldioxid, Schwefelwasserstoff, Kohlenoxidsulfid, Chlor und Chlorwasserstoff, Fluor und Fluorwasserstoff, Siliciumfluorid u. a.) werden bei vulkan. Ausbrüchen von den schwer flüchtigen getrennt; während diese als Lava ausfließen und erstarren, entweichen jene größtenteils als Gase und Dämpfe in die Atmosphäre; im Übrigen werden sie in Gesteinsporen eingeschlossen oder in Minerale eingebaut. Die Temperatur des M. wurde v. a. beim Ausfließen bas. Laven gemessen (an den Ausflussstellen rd. 1 200 °C; bei sauren M. liegen die Werte wohl niedriger). Über die M. im Erdmantel lassen sich nur aus experimentellen Ergebnissen Angaben machen; danach bilden sich granit. Schmelzen bei hohem Druck schon unter 700 °C. Die Fließfähigkeit (Viskosität) ist von der chem. Zusammensetzung und der Temperatur abhängig, sie nimmt bei gleich bleibender Temperatur mit steigendem SiO_2- und Al_2O_3-Gehalt zu; der Druck wird erst in größerer Tiefe wichtig. Entsprechend dem Vorherrschen der Granite und Basalte unter den sauren bzw. bas. Erstarrungsprodukten (Tiefengesteine bzw. Vulkanite) nimmt man ein Überwiegen von granit. und basalt. M. an. Diese verhalten sich bei den tekton. Vorgängen unterschiedlich: Granite sind überwiegend an den geosynklinal-orogenen Magmenzyklus gebunden, Basalte an ganz verschiedene tekton. Ereignisse; Basalte kommen in kontinentalen und ozean. Gebieten vor, Granite nur auf Kontinenten.

Aus dem Auftreten des Magmatismus hat man geschlossen, dass das basalt. M. aus größerer Tiefe (Erdmantel) stammt (**primäres M., Stamm-M.**), von wo es durch tief reichende Spaltenbildung und damit verbundene Druckentlastung aktiviert und zur Erdoberfläche gefördert werden kann. Das granit. Stamm-M. dagegen ist überwiegend durch Wiederaufschmelzen (Assimilation, Anatexis) von Sediment-, aber auch von metamorphen Gesteinen entstanden (→Granit). Bei der Kristallisation wird durch →Differenziation der Stoffbestand des M. verändert. Bei der **Frühkristallisation** (bis 900 °C) und bei der **Hauptkristallisation** (bis etwa 600 °C) kristallisieren zunächst die kieselsäureärmeren Silikate, dann die Hauptmasse der gesteinsbildenden Minerale aus. Die flüchtigen Bestandteile reichern sich in der Restschmelze an. In der **Restkristallisation** folgt auf die pegmatitisch-pneumatolyt. die hydrothermale Phase. Mit der Kristallisation ist die Bildung von →Erzlagerstätten verbunden. Das M. kann auch durch Aufnahme von Nebengestein (Syntexis) stark verändert werden (**syntektisches M.**), ebenso durch Vermischung mit M. anderer Herkunft (**hybrides M.**). →Erde, →Orogenese.

magmatische Gesteine, Magmatite, Erstarrungsgesteine, Eruptivgesteine, Eruptiva, Massengesteine, durch Erstarrung aus Magma entstandene Gesteine. Nach der Entstehung unterscheidet man die als Folge des Vulkanismus auftretenden →Vulkanite, die mit dem Plutonismus verbundenen →Tiefengesteine und die zw. beiden vermittelnde Gruppe der →Ganggesteine. Die Einteilung der m. G. erfolgt aufgrund des Mineralbestandes, des Gefüges und der chem. Zusammensetzung. Das äußere Erscheinungsbild wird v. a. durch die mineral. Zusammensetzung und das Gefüge bestimmt. Eine Gliederung nach dem →Modus erscheint daher sinnvoller als eine rein chem. Klassifikation, ist aber bei feinkristallinen Gesteinen nicht immer durchführbar (bei Gläsern nur nach der →Norm). Unter den wesentl. Mineralen überwiegen die Silikate (Quarz, Feldspäte, Pyroxene, Amphibole, Glimmer). Nach der Farbe unterscheidet man helle (→felsisch) und dunkle Gemengteile (→mafisch) und die ihnen entsprechenden Gesteine (leukokrate und melanokrate sowie die zw. ihnen stehenden mesotypen Gesteine, →Farbzahl). Das →Gefüge kann in vielfältiger Weise differieren, so die Kristallinität (→holokristallin, →hypokristallin, →phanerokristallin, →mikrokristallin, →kryptokristallin, glasig; →Glas), die Verteilung der mineral. Gemengteile (gleich- oder ungleichkörnig, z. B. →porphyrisch) und ihre Ausbildungsform (→idiomorph); man kann außerdem ein mosaikartiges (fehlende oder sehr geringe Verzahnung der Gefügekörner), ein sperriges (sperriges Gerüst von tafeligen oder nadeligen Kristallen mit kleineren Kristallen und glasigen Bestandteilen in den Zwischenräumen; u. a. →Intersertalgefüge), ein →Implikationsgefüge und ein poikilit. Gefüge (→poikilitisch) unterscheiden. Die Gesteinsbestandteile können richtungslos, in einem →Fließgefüge oder →sphärolithisch angeordnet sein. Die Gesteine sind schlackig (Oberfläche von Lavaströmen), schwammig (z. B. Bimsstein), blasig-porös (→Mandelstein, →Miarolen) oder kompakt ausgebildet.

Man kann die m. G. in folgende Gesteinsgruppen (mit den wichtigsten Vertretern) gliedern: 1) **Granitgruppe** (v. a. aus Quarz und Feldspäten) mit den Tiefengesteinen Granit, Granodiorit, Quarzdiorit (Tonalit, Trondhjemit) und den entsprechenden Vulkaniten Rhyolith (einschließlich Quarzporphyr), Dazit; 2) **Syenitgruppe** (v. a. aus Alkalifeldspäten, Hornblende, auch Glimmer oder Augit, wenig oder kein Quarz) mit den Tiefengesteinen Syenit, Monzonit, Larvikit und den Vulkaniten Trachyt, Latit, Keratophyr; 3) **Diorit-Gabbro-Gruppe** (v. a. aus Feldspäten, bes. Plagioklasen, sowie Hornblende) mit den Tiefengesteinen Diorit, Gabbro, Norit, Anorthosit, Troktolith und den Vulkaniten Andesit (einschließlich Porphyrit), Basalt (einschließlich Melaphyr und Tholeyit); 4) **Feldspatvertreter führende m. G.,** untergliedert in die auch Feldspäte aufweisenden Gesteine (Tiefengesteine: Foyait, Shonkinit, Essexit, Theralith; Vulkanite: Phonolith, Tephrit) und die fast nur aus Feldspatvertretern bestehenden Gesteine, die Foidite (Tiefengesteine: Fergusit, Ijolith, Missourit; Vulkanite: Nephelinit, Leucitit, Italit; auch subvulkanisch auftretend); 5) **Peridotitgruppe (Mafitite, Ultrabasite, ultrabas. Gesteine,** fast nur maf. Minerale, v. a. Olivin und Pyroxene) mit den Tiefengesteinen Peridotit, Dunit, Kimberlit, Lherzolith, Pyroxenit, Jacupirangit und dem Vulkanit Pikrit; eine Sonderstellung hat der Karbonatit. Da die räumlich und zeitlich in Verbindung stehenden m. G. im Chemismus und in der mineral. Zusammensetzung gewisse Übereinstimmungen zeigen, fasst man sie zu →Gesteinsprovinzen zusammen. Eine quantitative Darstellung der m. G. nach der mineral. Zusammensetzung (Hauptgemengteile Quarz, Alkalifeldspäte, Plagioklas, Feldspatvertreter) gibt das Streckeisen-Diagramm.

E. NICKEL: Grundwissen in Mineralogie, Tl. 3: Aufbaukursus, Petrographie (Thun ²1983); H. G. SCHARBERT: Einf. in die Petrologie u. Geochemie der Magmatite, auf 2 Bde. ber. (Wien 1984 ff.); L. G. K. PFEIFFER u. a.: Einf. in die Petrologie (Berlin-Ost ²1985); W. WIMMENAUER: Petrographie der magmat. u. metamorphen Gesteine (1985); W. S. MACKENZIE u. a.: Atlas der m. G. in Dünnschliffen (a. d. Engl., 1989); S. MATTHES: Mineralogie (⁵1996).

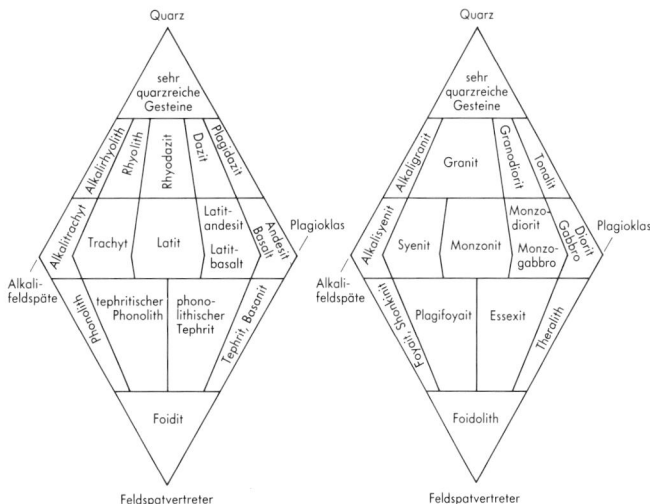

magmatische Gesteine: Gliederung in Dreiecksdarstellung (Streckeisen-Diagramm; vereinfacht); **links** Vulkanite; **rechts** Tiefengesteine

magmatischer Zyklus, Geologie: →Orogenese.
Magmatismus der, -, Petrologie: die das →Magma betreffenden Vorgänge.
Magmatite, Sg. **Magmatit** der, -s, die →magmatischen Gesteine.

Magna Charta [-k-] die, - -, **Magna Carta, M. C. Libertatum** [lat. ›große Urkunde der Freiheiten‹], engl. **Great Charter** ['greɪt 'tʃɑːtə], das engl. Grundgesetz. Die M. C. wurde am 15. 6. 1215 König JOHANN I. OHNE LAND von Adel und Geistlichkeit abgerungen. Vom König zunächst auf der Wiese von Runnymede (bei Staines, Surrey) anerkannt, in der Folgezeit jedoch widerrufen und von Papst INNOZENZ III. für nichtig erklärt, wurde sie in modifizierter

Magn magna cum laude – Magnesia

Anna Magnani

Flavius Magnus Magnentius (Brustbild auf einem dreifachen Solidus; Aquileja, 350 n.Chr.; Durchmesser 3,5 cm)

Form 1216 und mit weiteren Änderungen 1217 vom Regentschaftsrat für den minderjährigen König HEINRICH III. bestätigt und erhielt 1225 ihre endgültige Fassung. Die meisten der 63 Artikel betrafen das Lehnsrecht und wandten sich dabei v.a. gegen die maßlose Fiskalisierung der Lehnspflichten (Schildgeld, Lehnsvormundschaft). Andere Bestimmungen erstreckten sich jedoch auch auf Bereiche, die nicht im unmittelbaren Interesse der Barone lagen (Bauernschutz, Bestimmungen zugunsten der Kaufleute, Rechtsschutzgarantie für Freie), und lassen so das Bestreben erkennen, die Widerstandsbewegung gegen die Krone auf eine möglichst breite Grundlage zu stellen. Zur Sicherung dieser Zugeständnisse war in der M. C. urspr. sogar ein Fehderecht vorgesehen, das ein Ausschuss von 25 gewählten Baronen unter bestimmten Umständen gegen die Krone wahrnehmen konnte. Dieses staatlich institutionalisierte Widerstandsrecht wurde jedoch in die späteren Fassungen nicht übernommen. Zunächst als ein Vertrag zur Beschränkung königl. Willkür und zur Wiederherstellung der feudalen Rechtsordnung gedacht, wurde die M. C. im Lauf der Zeit zum fundamentalen Grundgesetz des engl. Verfassungsrechts aufgewertet.

J. C. HOLT: Magna Carta (Cambridge 1965, Nachdr. ebd. 1976); Engl. Verfassungsgeschichte. MA., bearb. v. K. KLUXEN (1987).

magna cum laude [lat. ›mit großem Lob‹], sehr gut (zweitbestes Prädikat bei der Doktorprüfung).

Magnago [maɲˈɲaːgo], Silvius, Südtiroler Politiker, * Meran 5. 2. 1914; Mitgl. der Südtiroler Volkspartei (SVP), 1957–91 deren Vors., war 1961–88 Landeshauptmann der Prov. Bozen. In Verhandlungen mit der ital. Regierung erreichte M., internat. unterstützt von der österr. Regierung, mit dem ›Südtirolpaket‹ (1969) und dem Autonomiestatut von 1972 eine Verbesserung der Autonomierechte der dt.-sprachigen Bev.-Mehrheit in der Prov. Bozen.

S. M. Eine Biogr. Südtirols, hg. v. G. SOLDERER (Bozen 1996).

Magna Graecia, →Großgriechenland.

Magna Mater [lat. ›große Mutter‹], Mutter- und Vegetationsgöttin, →Kybele.

Magnani [maɲˈɲaːni], Anna, ital. Bühnen- und Filmschauspielerin, * Rom 7. 3. 1908, † Alexandria (Ägypten) 26. 9. 1973; eindrucksvolle Darstellerin des ital. Neoverismo, v.a. in dem Film ›Rom – offene Stadt‹ (1945); verkörperte sehr oft den Typ der ›Frau aus dem Volk‹ und gilt als eine der führenden Charakterdarstellerinnen Italiens (›Amore‹, 1948; ›Die goldene Karosse‹, 1953; ›Die tätowierte Rose‹, 1956; ›Mamma Roma‹, 1962, u. a.).

P. CARRANO: La M. (Mailand 1982).

Magnasco [maɲˈɲasko], Alessandro, gen. **Il Lissandrino,** ital. Maler, * Genua 1667, † ebd. 12. 3. 1749; lernte in Mailand; 1703–11 in Florenz, seit 1735 in Genua; stellte in einer eigentüml., virtuosen Malweise kleinfigurige Genreszenen und Capricci in bühnenhaften Räumen, meist Landschaften.

Werke: Landschaft mit Mönchen (München, Alte Pinakothek); Einschiffung der Galeerensklaven (Bordeaux, Musée des Beaux-Arts); Landschaft mit dem hl. Eremiten Paulus (Berlin, Gemäldegalerie).

Magnat [spätlat. magnatus ›Oberhaupt‹, zu lat. magnus ›groß‹], **1)** *allg.:* Inhaber (branchenbeherrschender) wirtschaftlicher Macht (z. B. Öl-M., Zeitungs-M.).

2) *Polen:* Bez. für die Angehörigen des Senatorenstandes (geistl. und weltl. Würdenträger) und ihre Familien, auch nach den Poln. Teilungen für die Oberschicht des poln. Adels noch gebräuchlich. Einen rechtl. oder gesellschaftl. Unterschied zw. den M. und dem übrigen Adel gab es nicht.

3) *Ungarn:* Bez. für die Häupter der vornehmsten Adelsgeschlechter (Großgrundbesitzer) und die höchsten weltl. und geistl. Würdenträger (der Palatin, der Judex Curiae, der Ban von Kroatien und Slawonien, die Obergespane, die Bischöfe), die zus. die Erste Kammer des ungar. Reichstags bildeten (seit 1608 **M.-Tafel** bzw. Oberer Ständetag gen.; 1918 aufgelöst). →Wesselényische Verschwörung

Magnelli [maɲˈɲɛlli], Alberto, frz. Maler ital. Herkunft, * Florenz 1. 7. 1888, † Meudon 20. 4. 1971; Autodidakt. Bes. beeinflusst von P. PICASSO und F. LÉGER, malte er zunächst abstrakt. 1918 ging er zu stark vereinfachten gegenständl. Darstellungen über. 1931 ließ er sich in Paris nieder, wo er Mitte der 30er-Jahre zur völligen Abstraktion zurückkehrte. Zw. 1936 und 1956 entstand eine Reihe von Kompositionen auf Schiefertafeln (›Ardoises‹).

A. MAISONNIER-LOCHARD: A. M. L'œuvre peint. Catalogue raisonné (Paris 1975); M. L'œuvre gravé, bearb. v. A. MAISONNIER u. a. (ebd. 1980); A. MAISONNIER: A. M. Les ardoises peintes. Catalogue raisonné (Sankt Gallen 1981).

Magnentius, Flavius **Magnus,** röm. Gegenkaiser (seit 350), * wohl Ambianum (heute Amiens), † Lugdunum (heute Lyon) 10. 8. 353; war britisch-fränk. Herkunft; erhob sich als hoher Offizier (Comes) 350 in Gallien (Augustodunum/Autun) gegen Kaiser CONSTANS, den er auf der Flucht töten ließ, besetzte Italien, wurde aber 351 von CONSTANTIUS II. bei Mursa (Osijek) besiegt. Nach einer zweiten Niederlage (353) nahm er sich das Leben.

Magnesia [griech. magnēsía (lithos) ›Magnetstein‹] *die, -,* →Magnesiumverbindungen.

Magnesia, griech. **Magnesía,** Landschafts- und Städtenamen der griech. Antike:

1) Magnesia, neugriech. **Magnissía,** gebirgige Halbinsel an der O-Küste Mittelgriechenlands, umschließt den Pagasäischen Golf im O und S; waldreich ist der Pelion (bis 1 551 m ü. M.) im N; Obst-, Ölbaum- und Rebkulturen; Fremdenverkehr. – Die antike Landschaft M. war Mitgl. der delph. Amphiktyonie, politisch von Thessalien, seit PHILIPP II. von Makedonien abhängig, seit 148 v.Chr. Teil der röm. Prov. Macedonia. Führende Stadt in hellenist. Zeit war →Demetrias.

2) Magnesia am Mäander, griech. Stadt in Karien, an einem kleinen Nebenfluss des Mäander, in der heutigen türk. Provinz Aydın, nördlich von Söke; der Tradition nach von Ansiedlern aus der gleichnamigen thessal. Landschaft gegr.; wohl ab 465 v.Chr. Zufluchtsort des verbannten THEMISTOKLES. Um 400 wurde M. von dem spartan. Feldherrn THIBRON auf

Alberto Magnelli: Opération magique; 1947 (Mailand, Museo d'Arte Contemporanea)

den Vorhöhen des Berges Thorax (heute Gümüş Dağ) neu gegründet und erlebte Blütezeiten unter den Seleukiden und später unter den Römern. – Der neue Tempel an der Stelle eines älteren Heiligtums der Artemis, von HERMOGENES erbaut (um 130 v. Chr., nicht vollendet), ein großer Pseudodipteros mit 8 × 15 fast 12 m hohen, weit gestellten Säulen, galt als klass. Muster ionischen Stils. – Dt. Ausgrabungen deckten 1891–93 das Artemision auf und die inzwischen wieder zugeschwemmte Agora mit dem Tempel des Zeus, wohl ebenfalls von HERMOGENES errichtet, der die Agora auch mit Hallenbauten (Stoen) umgab. Festgestellt wurden außerdem: Theater, röm. Odeion, Gymnasion. Die Bauplastik, v. a. Reliefplatten mit Amazonenkämpfen vom Artemision, gelangte in die Museen von Berlin, Paris und Istanbul. Reste der byzantin. Stadtmauer sowie einer byzantin. Kirche.

A. VON GERKAN: Der Altar des Artemistempels in M. am Mäander (1929); B. WESENBERG: Beiträge zur Rekonstruktion griech. Architektur nach literar. Quellen (1983).

3) Magnesia am Sipylos, Stadt in Lydien, das heutige türk. →Manisa.

Magnesiastäbchen, aus gesintertem Magnesiumoxid bestehende (etwa 10–15 cm lange und 1,7 mm dicke) Stäbchen, die in der qualitativen chem. Analyse bei der Prüfung auf Flammenfärbung verwendet werden; mithilfe der M. wird eine kleine Probe der zu untersuchenden Substanz in die Flamme gebracht.

Magnesiaton|granat, das Mineral →Pyrop.
Magnesiaweiß, →Magnesiumverbindungen.
Magnesiochromit, ein Mineral (→Spinelle).
Magnesit der, -s/-e, **Bitterspat,** trigonales, weißes, auch gelbes, braunes bis schwarzes, meist durchscheinendes, glasglänzendes Mineral der chem. Zusammensetzung $MgCO_3$; Härte nach MOHS 4–4,5, Dichte 2,9–3,1 g/cm³. M. mit zunehmendem Eisengehalt (**Ferro-M.**) sind **Breunnerit, Mesitinspat** und **Pistomesit** (Mg : Fe = 1 : 1). M. kommt oft zus. mit anderen Carbonaten wie Calcit, Dolomit, Siderit vor. Man unterscheidet den körnig-spätigen **Kristall-** oder **Spat-M.** und den feinstkörnigen (mikrokristallin-)dichten **Gel-M.** Kristall-M. ist durch Verdrängung (→Metasomatose) aus Kalk und Dolomit entstanden und kommt Lagerstätten bildend (z. B. in Österreich, Russland [Ural], Korea, China, USA; meist Tagebau) in Talk- und Chloritschiefern sowie in Dolomit (hier **Pinolit**) vor. Gel-M. (meist schneeweiß) wurde durch Umwandlung magnesiumreicher Gesteine (v. a. Serpentinit) über den Gelzustand gebildet (hydrothermale Gänge); Lagerstätten z. B. in Österreich, der Tschech. Republik, Polen, Griechenland, Russland). M. ist Rohstoff für die Gewinnung von Magnesium und Magnesiumverbindungen sowie für die Herstellung feuerfester Steine.

R. GOTTHARDT u. W. KASIG: Karbonatgesteine in Dtl. Rohstoff, Nutzung, Umwelt (1996).

Magnesitbinder, Magnesiabinder, Bindemittel aus Magnesiumoxid (kaust. Magnesia), das unter Zugabe von Salzlösungen zweiwertiger Metalle (v. a. Magnesiumchlorid- oder auch Magnesiumsulfatlösung) steinartig erhärtet und für Estriche und Leichtbauplatten verwendet wird.

Magnesium [zu griech. magnēsíē (líthos) ›Magnetstein‹] das, -s, chem. Symbol **Mg,** ein →chemisches Element aus der zweiten Hauptgruppe des Periodensystems (Erdalkaligruppe). M. ist ein silberweißes, leicht verformbares und gut zu bearbeitendes Leichtmetall. Es ist sehr reaktionsfähig und verbrennt schon oberhalb 500 °C an der Luft mit blendend weißem Licht zu M.-Oxid, MgO. Die Affinität des M. zu Sauerstoff ist sehr hoch; M. reagiert daher mit vielen Verbindungen, die Sauerstoff enthalten. Mit Wasser setzt es sich in der Kälte nur sehr langsam um, in der Hitze reagiert es jedoch explosionsartig (brennendes M. darf nicht mit Wasser gelöscht werden). An feuchter Luft überzieht sich M. mit einer grauen Oxidschicht, die es vor weiterem Angriff schützt. Von Säuren und Lösungen saurer Salze wird es gelöst; gegen Laugen (bes. konzentrierte Laugen) ist es beständig.

Magnesium		
chem. Symbol:	Ordnungszahl	12
	relative Atommasse	24,305
	Häufigkeit in der Erdrinde	1,95 %
Mg	natürliche Isotope (mit Anteil in %)	^{24}Mg (78,99), ^{25}Mg (10,00), ^{26}Mg (11,01)
	insgesamt bekannte Isotope	^{20}Mg bis ^{34}Mg
	längste Halbwertszeit (^{28}Mg)	21 Stunden
	Dichte (bei 20 °C)	1,738 g/cm³
	Schmelzpunkt	650 °C
	Siedepunkt	1090 °C
	spezifische Wärmekapazität (bei 25 °C)	1,023 J/(g · K)
	elektrische Leitfähigkeit (bei 20 °C)	22,47 · 10⁶ S/m
	Wärmeleitfähigkeit (bei 27 °C)	156 W/(m · K)

Vorkommen: M. ist am Aufbau der Erdkruste mit 1,95 % beteiligt und steht damit in der Häufigkeit der chem. Elemente an achter Stelle. Es kommt wegen seiner Reaktionsfähigkeit nicht in Form von Verbindungen vor; wichtig als gesteinsbildende Verbindungen sind v. a. seine Silikate (u. a. in Olivin, Serpentin, Talk, Meerschaum, Asbest) und sein Carbonat (in Magnesit und Dolomit). Als Bestandteile von Salzlagerstätten kommen M.-Sulfat und M.-Chlorid in Form von Doppelsalzen vor (u. a. in den Kalisalzen Kainit, Kieserit, Langbeinit, Carnallit). M.-Salze liegen ferner gelöst im Meerwasser, M.-Sulfat bes. in →Bitterwässern vor.

Gewinnung: Gewonnen wird M. in erster Linie durch Schmelzflusselektrolyse von wasserfreiem M.-Chlorid, $MgCl_2$, bei etwa 700 °C in Eisentrögen mit Stahlkathoden und Graphitanoden. Das bei der Elektrolyse entstehende Chlor wird zur Gewinnung von M.-Chlorid aus M.-Oxid und Koks ($MgO + Cl_2 + C \rightarrow MgCl_2 + CO$) wieder verwendet. Außerdem erhält man M. auch durch therm. Reduktion von (gebranntem) Dolomit mit Ferrosilicium bei 1 150–1 200 °C unter Vakuum; das hierbei dampfförmig entweichende Metall wird anschließend kondensiert. An die Gewinnung schließt sich stets eine Raffination des M. (meist eine raffinierende Schmelze) an. Reinstes M. kann durch Vakuumdestillation gewonnen werden. – M. wird wegen seiner großen Korrosionsanfälligkeit kaum in reiner Form als metall. Werkstoff verwendet, hat aber als Bestandteil von →Magnesiumlegierungen große Bedeutung. Daneben wird es als Reduktionsmittel bei der Herstellung von Metallen aus ihren Oxiden oder Halogeniden (z. B. von Zirkonium, Beryllium, Titan) verwendet. Das Auftreten von sehr hellem Licht beim Verbrennen von M. wird in der Pyrotechnik ausgenutzt. In der organ. Chemie hat M. v. a. für die Herstellung von →Grignard-Verbindungen Bedeutung.

Biologische Bedeutung: M. ist als Spurenelement unentbehrl. Bestandteil des tier. und menschl. Organismus (Tagesbedarf des Menschen 400 mg). Das Blut des Menschen enthält 2–3 mg M. je 100 ml, 0,5 % des Organismus bestehen aus M. Physiologisch ist oft ein Antagonist des Calciums. M. ist auch am Aufbau des Skeletts der Wirbeltiere und der Wirbellosen (Kalkschwämme, Oktokorallen, Stachelhäuter) beteiligt; es findet sich im Gewebe mancher Meeresweichtiere. Bei Pflanzen bildet M. das Zentralatom des Chlorophyllmoleküls; 15 bis 20 % des M.-Gehaltes der Pflanzen sind darin gebunden. Auch in Ribosomen kommt M. vor; es dient ferner als Aktivator vieler Enzyme (z. B. des Kohlenhydratstoffwechsels), wirkt bei Phosphorylierungsvorgängen mit und ermöglicht als

Magnesit: Kristallaggregat

Träger die Aufnahme und den Transport von Phosphaten. M.-Mangel führt, z. B. bei chron. Durchfällen, zu Muskelzittern und Krämpfen, bei Pflanzen, z. B. Obstbäumen, löst er vorzeitigen Blattfall aus und beeinträchtigt die Fruchtbildung.

Wirtschaft: 1993 (1980) wurden weltweit 309 000 (319 200) t Hütten-M. erzeugt (ohne Erzeugung aus Alt- und Abfallmaterial). Die bedeutendsten Produzenten sind die USA mit 132 100 (154 100) t, die ehem. UdSSR 75 000 (75 000) t, Norwegen 27 300 (44 400) t, China 20 000 (7 000) t, Frankreich 10 000 (9 300) t und Japan 7 000 (9 300) t. Von den USA wurden außerdem 57 000 t Sekundär-M. (einschließlich Legierungen), von Japan 17 000 t erzeugt. Hauptverbraucherländer (einschließlich Sekundär-M.) waren 1993 die USA mit 95 000 t, die ehem. UdSSR 60 000 t, Japan 20 900 t und Dtl. 14 900 t. Österreich verbrauchte 3 500 t und die Schweiz 1 800 t.

Geschichte: M. wurde, nachdem es 1808 erstmals von H. DAVY in unreiner Form isoliert worden war, 1828 gleichzeitig von dem frz. Chemiker ANTOINE A. B. BUSSY (* 1794, † 1882) und von J. VON LIEBIG durch Reduktion von M.-Chlorid mit Kalium rein dargestellt. Die elektrolyt. Gewinnung von M. geht auf R. BUNSEN (1852) zurück.

Magnesiumlegierungen, Legierungen, die als Hauptbestandteil Magnesium enthalten; wichtigste Legierungselemente sind Aluminium, Mangan, Zink, Kupfer, Nickel, Cermischmetall u. a. Seltenerdmetalle, Silber, Zirkonium. M. zeichnen sich gegenüber reinem Magnesium durch verbesserte Festigkeitswerte bei geringer Dichte aus; sie lassen sich kalt und warm verformen und gut spanabhebend verarbeiten. M. werden bes. im Flugzeugbau, für Kraftfahrzeuge und im Maschinenbau verwendet.

Magnesiumverbindungen. Als Element der zweiten Hauptgruppe (Erdalkaligruppe) tritt Magnesium ausschließlich in der Wertigkeitsstufe +2 auf. Unter den M. sind bes. das Magnesiumoxid und das Magnesiumchlorid wichtig. Alle wasserlösl. Magnesiumsalze sind stark hygroskopisch.

Magnesiumoxid, gebrannte Magnesia, MgO, früher auch **Bittererde** gen., ist ein weißes, in Wasser unlösl. Pulver, das beim Verbrennen von Magnesium, aber auch beim Erhitzen thermisch zersetzbarer M. entsteht; es wird technisch v. a. durch Brennen von Magnesit, $MgCO_3$, gewonnen, ferner u. a. durch Fällen mit Kalkmilch aus Meerwasser oder Solen (über Magnesiumhydroxid). Magnesiumoxid zeigt je nach den Herstellungsbedingungen unterschiedl. Reaktionsfähigkeit: Ein bei 700–800 °C gebranntes Produkt (**kaustische Magnesia, Magnesia usta**) hydratisiert z. B. bei Einwirkung von Wasser innerhalb weniger Tage zu Magnesiumhydroxid, $Mg(OH)_2$, ein bei Temperaturen oberhalb 1 400 °C gebranntes Produkt (**Sintermagnesia**) kann dagegen nicht mehr hydratisiert werden. Kaust. Magnesia wird u. a. zur Herstellung von →Magnesitbinder verwendet; aus Sintermagnesia werden Magnesiasteine und Magnesiastäbchen hergestellt. – **Magnesiumhydroxid,** $Mg(OH)_2$, entsteht aus Magnesiumsalzlösungen bei Zugabe von Lauge als weißer, wasserunlösl. Niederschlag; es spaltet beim Erhitzen Wasser ab und geht in Magnesiumoxid über. – **Magnesiumcarbonat,** $MgCO_3$, ist ein weißes, in Wasser sehr schwer lösl. Pulver, das aus wässrigen Lösungen von Magnesiumsalzen bei Zugabe von Carbonationen im Überschuss ausfällt. Es kommt in der Natur in großen Mengen in Form der Minerale →Magnesit und →Dolomit vor. In Wasser, das viel Kohlendioxid, CO_2, gelöst enthält, geht Magnesiumcarbonat in das leichter lösl. **Magnesiumhydrogencarbonat,** $Mg(HCO_3)_2$, über, das für die temporäre Härte des Wassers mitverantwortlich ist (→Wasserhärte). Magnesiumcarbonat spaltet leicht Kohlendioxid ab und geht dabei in **basisches Magnesiumcarbonat** mit wechselnder Zusammensetzung, $x MgCO_3 \cdot y Mg(OH)_2$ **(Magnesia alba, Magnesiaweiß),** über; dieses ist ein weißes, lockeres, in Wasser unlösl. Pulver (u. a. Füllmittel für Gummi).

Magnesiumchlorid, $MgCl_2$, ist ein farbloses, stark hygroskopisches, leicht in Wasser lösl. Salz, das aus wässriger Lösung als Hexahydrat, $MgCl_2 \cdot 6 H_2O$, auskristallisiert; es findet sich in der Natur gelöst im Meerwasser (etwa 3,5 g/l) und in Salzseen; kristallisiert kommt es in Kalisalzlagerstätten v. a. als Carnallit vor. In großtechn. Umfang wird es aus diesen Vorkommen nach mehreren Verfahren gewonnen und in kristallwasserfreies Magnesiumchlorid überführt, das zur Gewinnung von Magnesium durch Schmelzflusselektrolyse dient. Daneben wird Magnesiumchlorid u. a. zur Herstellung von Magnesitbinder, zum Imprägnieren von Holz und zur Herstellung weiterer M. verwendet. – **Magnesiumsulfat,** $MgSO_4$, ist eine sehr hygroskop. Verbindung, die vier stabile Hydrate (mit 1, 6, 7 oder 12 Wassermolekülen) bildet. In der Natur kommt Magnesiumsulfat als →Kieserit u. a. →Bittersalz vor. Technisch wichtig ist v. a. das synthetisch hergestellte Heptahydrat, das u. a. als Beiz- und Imprägniermittel verwendet wird. – **Magnesiumphosphate** sind in Phosphoriten und in Knochenasche enthalten. Zur analyt. Bestimmung von Magnesium und Phosphorsäure verwendet man das schwer lösl. Magnesiumammoniumphosphat, das beim Glühen in (die Wägeform) **Magnesiumdiphosphat,** $Mg_2P_2O_7$, übergeht. – **Magnesiumsilikate** sind in der Natur weit verbreitete, z. T. gesteinsbildende Minerale, z. B. →Enstatit, →Olivin, →Serpentin und →Talk. Künstlich werden Magnesiumsilikate durch Fällungsreaktionen hergestellt; man erhält sie als weiße Pulver und verwendet sie v. a. als Füllstoffe für Malerfarben, Kautschuk und Papier. Das **Magnesiumhexafluorosilikat,** $MgSiF_6$ (Salz der Fluorokieselsäure), eine weiße wasserlösl. Substanz, dient als Härtungsmittel für Beton und zur Holzkonservierung. **Magnesiumsilicid,** Mg_2Si, bildet mit Säuren Siliciumwasserstoff (Monosilan).

Bei den **organischen M.** sind bes. die →Grignard-Verbindungen zu nennen, die für viele organ. Synthesen eingesetzt werden.

Magnet [mhd. magnet(e), über lat. magnes, magnetis, von griech. líthos magnḗtēs ›Magnetstein‹, eigtl. ›Stein aus Magnesia‹] *der*, *-en* und *-(e)s/-e* und *-en*, Körper, der Quelle eines M.-Feldes ist (→Magnetismus). Dabei wird allg. unterschieden zw. **Elektromagneten,** deren M.-Feld durch eine oder mehrere stromdurchflossene Spulen erzeugt wird und die i. d. R. Kerne und Joche aus weichmagnet. Werkstoffen (→Magnetwerkstoffe) besitzen, →supraleitenden Magneten zur Erzielung sehr großer Feldstärken und **Dauer-** oder **Permanent-M.** aus hartmagnet. Werkstoffen. Zunehmende Bedeutung gewinnen auch **magnetische Flüssigkeiten** (→Ferroflüssigkeit).

Historisch geht die Beschreibung von M. auf die Nutzung als Kompassnadel zurück, die sich annähernd in Nord(N)-Süd(S)-Richtung einstellt (→erdmagnetisches Feld). Danach wird die Wirkung von Permanent-M. auf **M.-Pole** (i. Allg. zwei Pole verschiedener Polarität, für besondere Anwendungen auch ein Vielfaches davon, →Multipolmagnete) zurückgeführt: den Nord suchenden, magnetisch positiven Ausgangspunkt (Quelle) magnet. Feldlinien **(Nordpol)** und den Süd suchenden, magnetisch negativen **Südpol** als Endpunkt (Senke) magnet. Feldlinien, wobei sich gleichnamige Pole abstoßen, ungleichnamige anziehen. Pole als räumlich getrennte Objekte existieren jedoch nicht: Trennt man einen lang gestreckten Stab-M. zw. N- und S-Pol, so erhält man nicht getrennte Pole, sondern zwei kürzere Magnete. Tatsächlich entsteht das M.-Feld von Permanent-M. als Folge einer →Magnetisierung, d. h. einer durch elektrostat. Kräfte (Austauschkräfte) parallelen Anordnung magnet. Dipolmomente (Elementar-M.), die atomaren Kreisströmen entsprechen. Die Magnetisierung praktisch nutzbarer Permanent-M. darf durch äußere magnet. Felder nur wenig beeinflusst werden; daher muss das Material außer einer großen Remanenz auch eine große →Koerzitivfeldstärke besitzen. Zur Magnetisierung von Permanent-M. verwendet man starke magnet. Felder, die durch Stromstoß mit Spulen erzeugt werden. Die Entmagnetisierung wird durch Einbringen in das Innere einer Spule erreicht, die von Wechselstrom durchflossen ist, dessen Stärke langsam und gleichmäßig auf null abgesenkt wird; alternativ kann die Spule mit gegensinnigen und gleichfalls abnehmenden Strompulsen beaufschlagt werden. Eine andere Methode ist die Erwärmung der M. über die →Curie-Temperatur.

Permanent-M. werden auf vielfältige Weise verwendet, z. B. in Drehspulinstrumenten, Lautsprechern, Mikrofonen, Kopfhörern, in kleinen Generatoren zur Stromerzeugung (z. B. Fahrraddynamo) und kleinen Elektromotoren (Schritt- und Synchronmotoren). Daneben finden sie auch Verwendung zur Übertragung von Drehmomenten (magnet. Kupplung), zur Bremsung von Drehbewegungen (Brems-M. in Elektrizitätszählern) und Schwingungen (Waagendämpfung), zu Zwecken des Haftens und Trennens.

G. SCHNELL: M.e (1974); K. REICHEL u. R. SCHIFFEL: Praktikum der M.-Technik (1980); J. KOCH u. K. RUSCHMEYER: Permanent-M., 2 Bde. (²1982–83).

Magnetband, *Audio- und Videotechnik, Datenverarbeitung:* bandförmiges, dünnes Speichermedium, auf das Audio- und Videosignale (Tonband, Videoband) oder Datensignale aufgezeichnet, gespeichert und von dem sie wiedergegeben und auch gelöscht werden können. Auf einem Kunststoffträger (meist aus Polyester) ist auf einer oder beiden Seiten eine magnetisierbare Schicht (→Magnetschicht) aufgebracht, auf der die entsprechende Information durch Magnetisierung aufgezeichnet wird. Vorteile von M. sind v. a. Wiederverwendbarkeit und Auswechselbarkeit sowie das kostengünstige Medium, nachteilig sind die Empfindlichkeit gegen Staub, Feuchtigkeit, Wärme und magnet. Umwelteinflüsse. Das M. wird heute fast ausschließlich in Form von M.-Kassetten verwendet. (→Magnetbandspeicher)

Magnetbandgerät, Gerät zur Aufzeichnung und Wiedergabe analoger oder digitaler Informationen (Daten, Töne, Bilder) mithilfe eines →Magnetbandes. M. bestehen aus der Transportmechanik, den elektron. Schaltungen und den Magnetköpfen zur Aufnahme und Wiedergabe der Signale sowie Hilfseinrichtungen. In der *Audio- und Videotechnik* werden als M. z. B. →Kassettenrekorder, →Tonbandgeräte, →Videorekorder, in der *Datenverarbeitung* →Magnetbandspeicher eingesetzt.

Magnetbandspeicher, *Datenverarbeitung:* ein Externspeicher zur Speicherung großer Datenmengen (Massenspeicher, Tertiärspeicher) mit sequenziellem Zugriff. Er besteht im Wesentlichen aus drei Funktionseinheiten: dem Magnetband (engl. magnetic tape) als eigentl. Speichermedium, dem Magnetbandgerät und der Magnetbandsteuerung. M. wurden in den 1950er-Jahren als kostengünstige Massenspeicher für Großrechner eingeführt. Mitte der 1980er-Jahre wurde die Magnetbandspule durch die kleinere, besser handhabbare **Magnetbandkassette** (kurz Bandkassette, engl. tape cartridge) ersetzt. Heute liegt die Funktion von M. v. a. in der preiswerten Sicherung und Archivierung umfangreicher Datenmengen.

M. für Großrechner verwenden Magnetbandkassetten mit Halbzollband, auf dem die Daten in längs gerichteten oder schrägen Spuren im Start-Stop-Betrieb oder im Datenstrombetrieb aufgezeichnet werden.

Beim Start-Stop-Verfahren geschieht die Datenaufzeichnung blockweise. Das Band wird vor der Aufzeichnung auf eine bestimmte Geschwindigkeit beschleunigt, es erfolgt die Aufzeichnung eines Datenblocks, und anschließend wird das Band wieder abgebremst. Zunehmend wird dieses Aufzeichnungsverfahren durch das Datenstromverfahren abgelöst. Dabei läuft das Band ohne Unterbrechung und wird kontinuierlich mit Daten beschrieben, wodurch eine höhere Datentransferrate und eine günstigere Kapazitätsausnutzung erreicht wird. Moderne Laufwerke verarbeiten Magnetbänder mit bis zu 50 GB pro Kassette. Durch den Anschluss eines robotergesteuerten Kassettenarchivs oder der Verwendung von Systemen mit Kassettenmagazinen lassen sich Kapazitäten bis in den Terabytebereich erzielen.

Für lokale Netze (Abk. LAN), Workstations (Arbeitsplatzrechner) und PCs werden M. v. a. als so genannte **Streamer** betrieben. Ein Streamer ist ein M., der ausschließlich im Datenstrombetrieb arbeitet. Die dabei verwendeten Magnetbandkassetten unterscheiden sich in der Bandbreite und -länge, der Spurenanzahl und -lage sowie der Aufzeichnungsdichte. Die QIC-Bandkassette (für engl. quarter inch cartridge, 1/4″-Kassette) wird hauptsächlich im LAN- und Workstation-Bereich als Standardkassette mit einer Kapazität von 150 MB–13 GB bzw. im PC-Bereich als so genannte QIC-Minibandkassette mit 120 MB–2 GB eingesetzt. Letztere wird zunehmend durch die 8 mm-Bandkassette (Travan-Minibandkassette) abgelöst, die Speicherkapazitäten von 400 MB–4 GB bietet. In den genannten Magnetbandkassetten erfolgt die Aufzeichnung Spur für Spur in Form einer Serpentine mit entsprechenden Vor- und Rückläufen. Bei der DDS-Bandkassette (für engl. digital data storage) erfolgt die Aufzeichnung hingegen in Schrägspuren. Dabei läuft das Band in einem Winkel am Schreib-/Lesekopf vorbei, wobei gleichzeitig der Kopf rotiert, während er die Daten auf das Band schreibt. Die Bandbreite dieser Kassette beträgt 4 mm, es werden Kapazitäten von 2–12 GB erreicht. Die Anwendung dieser M. liegt v. a. im LAN-Bereich. Alle Kapazitätsangaben beziehen sich auf unkomprimierte Daten. Werden Komprimierungseinrichtungen verwendet, erhöhen sich die Kapazitäten etwa auf das Doppelte.

Das **Magnetbandgerät** (Laufwerk) enthält die gesamte Mechanik und Elektronik zur exakten Bewegung des Magnetbandes sowie einen oder mehrere Magnetköpfe zum Beschreiben und Lesen des Bandes. Zum Schreiben sendet das Laufwerk einen bipolaren Steuerstrom durch die Kopfspulen, wodurch sich der Magnetfluss auf der Oberfläche des Bandes direkt unter dem Magnetkopf verändert. Damit entstehen magnet. Flusswechsel, die beim Lesen in den Kopfspulen elektr. Spannungsimpulse induzieren, die vom Laufwerk in binäre Signale umgewandelt werden. Bei leistungsfähigen Laufwerken werden Schreib- u. Lesekopf getrennt hintereinander angeordnet. Damit kann beim Schreiben sofort überprüft werden, ob die Daten korrekt aufgezeichnet wurden. Im Fehlerfall wird der betroffene Datenblock automatisch noch einmal aufgezeichnet. Die Geschwindigkeit, mit der das Magnetband beim Lesen oder Schreiben über die Magnetköpfe bewegt wird, ist vom Gerätetyp abhängig. Moderne Bandeinheiten für Großrechner erreichen Geschwindigkeiten, bei denen über 10 Mio. Bytes pro Sekunde gelesen oder geschrieben werden können. Bei Bandeinheiten für PCs, Arbeitsplatzrechner und lokale Netze werden Transferraten bis ca. 1,5 MB/s erreicht.

Die **Magnetbandsteuerung** vermittelt den Verkehr zw. der Zentraleinheit des Rechnersystems und dem Magnetbandgerät. Sie enthält die gesamte hierfür benötigte Steuer- und Kontrollelektronik.

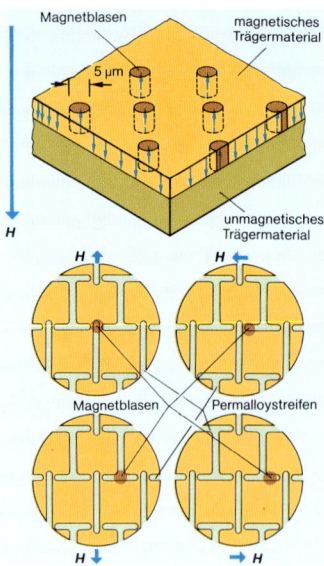

Magnetblasenspeicher: Aufbau in einem vertikalen Magnetfeld H (oben) und Schema des Blasentransports auf Permalloystreifen in einem rotierenden Magnetfeld (unten)

Magnetblasen, Magnetdomänen, kleine Bereiche in ferromagnet. Dünnfilmschichten mit der Form kleiner Zylinder (›Blasen‹, ›Domänen‹, engl. ›bubbles‹; Durchmesser einige μm), die in der Schicht aufrecht stehen, mit einer Magnetisierung, die der des umgebenden Materials entgegengerichtet ist, und die durch inhomogene Magnetfelder in der Schicht bewegt werden können. – Bei dünnen Schichten von Orthoferriten und magnet. Granaten (z. B. Yttrium-Eisen-Granat, YIG, von engl. yttrium iron garnet) verläuft die Richtung der leichten Magnetisierbarkeit und damit die der spontanen Magnetisierung senkrecht zur Schichtebene. Durch Einbringen in ein permanentes Magnetfeld (Stützfeld) verschieben sich diejenigen magnet. Bezirke in der Schicht, deren Feldrichtung mit der des Stützfeldes übereinstimmt. Bei geeigneter Stärke des Stützfeldes verbleiben im Material kleine M. mit einer dem Stützfeld entgegengerichteten Magnetisierungsrichtung.

Magnetblasenspeicher, Magnetdomänenspeicher, engl. **Bubble-Memory** [ˈbʌbl ˈmemərɪ], magnet. Speicher zur Speicherung binärer Informationen. Der M. besteht aus einer Trägerschicht aus nichtmagnet. Granat (z. B. Gadolinium-Gallium-Granat, GGG), auf der eine 1 μm dicke, mit Eisen dotierte Granatschicht durch →Epitaxie abgeschieden wurde. In dieser dünnen Schicht können durch Anlegen eines äußeren Magnetfeldes Magnetblasen gespeichert werden. Die Existenz einer Blase auf einem bestimmten Platz im Speicher wird als binäre ›1‹, das Fehlen als ›0‹ interpretiert. Durch Anlegen inhomogener Magnetfelder können die Blasen bewegt werden. Zu diesem Zweck werden auf die Speicherschicht weichmagnet. Schaltkreise aus Permalloymetall aufgedampft, die durch ein äußeres Steuerfeld magnetisiert werden. Der Weg der Blasen wird durch das Muster der weichmagnet. Schichten und die Richtung des Steuerfeldes bestimmt. Zum Einschreiben der Information dient ein stationärer Blasengenerator, zum Lesen ein Abtastkopf. In Labormodellen sind Speicherdichten von 10^4 bis 10^5 Bit/mm^2 und Zugriffszeiten von 10^{-4} bis 10^{-6} s erreicht worden.

In der Anwendung hat der M. bislang keine Rolle gespielt. Die Vorteile von M. wie hohe Zuverlässigkeit (permanente Informationsspeicherung auch bei Ausfall der Versorgungsspannung) und Verschleißfreiheit (keine mechanisch bewegten Teile) werden ebenfalls durch wesentlich kostengünstiger herzustellende Halbleiterspeicher (z. B. EEPROM) erreicht.

Magnetdiode, aus Germanium hergestellte Halbleiterdiode (→Diode), die zw. der p- und der n-leitenden Zone eine breite, undotierte Zone aufweist (pin-Struktur; i Abk. für engl. intrinsic, ›eigenleitend‹). Durch ein senkrecht zum Stromfluss gerichtetes Magnetfeld wird die Rekombinationshäufigkeit von Elektronen und Löchern in einem Randgebiet der eigenleitenden (Rekombinations-)Zone gesteuert. Eine Verarmung an Ladungsträgern führt dabei zu einer Widerstandserhöhung. Wegen ihrer Temperaturabhängigkeit werden M. meist als Doppeldioden eingesetzt, wobei die beiden in entgegengesetzter Richtung vom Magnetfeld durchsetzt werden. M. eignen sich als Sensoren, z. B. zur kontaktlosen Signalabgabe bei einem Drehzahlmesser.

Magnet|eisenerz, Magnet|eisenstein, das Mineral →Magnetit.

Magnetfalle, Bez. für eine Magnetfeldanordnung, in der Plasmen hoher Temperatur über längere Zeit zusammengehalten werden können. Die Wirkungsweise einer M. beruht darauf, dass ein Magnetfeld nur auf senkrecht zu dem Feldvektor B (magnet. Flussdichte) bewegte elektr. Ladungen eine Kraft ausübt, während die Bewegung parallel zu B kräftefrei ist. Die Grenzflächen zu Plasmen können stabil sein, wenn das Magnetfeld nach außen zunimmt. In der Praxis zeigt sich jedoch, dass bei den meisten Feldanordnungen dennoch Plasma entweicht. Besondere Feldanordnungen zum Zusammenhalten von Plasmen werden als **magnetischer Spiegel** oder **magnetische Flasche** bezeichnet. Bei diesen wird durch eine starke Zunahme der magnet. Flussdichte an den Enden das Entweichen des Plasmas auf ein Minimum reduziert. Fast völlig verlustfrei sind toroidale Feldanordnungen (Toroidfallen), die keine offenen Enden haben. (→Kernfusion)

Magnetfeld, magnetisches Feld, 1) allg. ein Raumgebiet (das auch Materie enthalten kann), in dem jedem Punkt die vektoriellen Feldgrößen →magnetische Feldstärke H und →magnetische Flussdichte B zugeordnet sind. M. sind an das Vorhandensein von Permanentmagneten (→Magnet) oder bewegten elektr. Ladungen gebunden. Sie existieren entweder als **magnetostatische** oder, verknüpft mit zeitlich schnell veränderlichen elektr. Feldern (→Induktion), als **elektromagnetische Felder** (→Feld, →maxwellsche Theorie). M. können wie alle Vektorfelder durch Feldlinien veranschaulicht werden, deren Dichte dem Betrag der Feldgrößen proportional und deren Richtung gleich der Feldgrößen ist. Bei genügend starken statischen M. lassen sich die Feldlinien mithilfe von Eisenpulver sichtbar machen.

Zum Aufbau eines M. muss Energie aufgebracht werden, die als **magnetische (Feld-)Energie** im M. gespeichert wird. Ihre →Energiedichte w ist im allgemeinen Fall durch die Gleichung

$$\omega = \int_0^B H \cdot dB$$

gegeben, im Fall des linearen Zusammenhangs $B = \mu H$ (mit konstanter Permeabilität μ) von B und H durch $w = B \cdot H / 2$.

Die in einem Volumen V enthaltene Energie W ist

$$W = \frac{1}{2} \int_V \omega \, dV.$$

Wenn das M. von einem Strom I erzeugt wird, der durch einen Stromkreis der Induktivität L fließt, z. B. durch eine Spule mit der Windungszahl N, gilt für die Energie dieses M.

$$W = \frac{1}{2} L I^2 = \frac{1}{2} \Phi N I.$$

Dabei ist Φ der vom Strom I erzeugte magnet. Fluss.

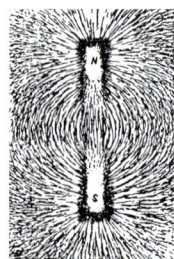
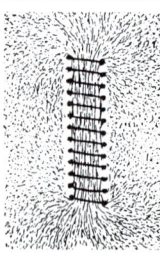

Magnetfeld: Durch Eisenpulver sichtbar gemachter Verlauf der Feldlinien eines Stabmagneten (oben) und einer stromdurchflossenen Spule (unten)

2) *Astronomie:* **kosmische M.,** M., die von einem Körper des Sonnensystems (z. B. Planet) oder einem Stern **(magnetischer Stern)** ausgehen oder durch die Bewegung ionisierter Gase im interplanetaren **(interplanetare M.)** oder im interstellaren Raum **(interstellare M.)** hervorgerufen werden.

Während die Feldstärken an der Oberfläche erdartiger Planeten und des Mondes sehr gering sind (Merkur 1%, Venus 0,02%, Mars 0,2%, Mond 0,01%, jeweils bezogen auf die Feldstärke an der Erdoberfläche, rd. $5 \cdot 10^{-5}$ T), entspricht das M. jupiterartiger Planeten nahezu dem →erdmagnetischen Feld oder übertrifft es beträchtlich (Jupiter etwa 24-mal). Die Sonne besitzt ein globales M. mit einer Feldstärke von $1 \cdot 10^{-4}$ bis $2 \cdot 10^{-4}$ T und einer Umpolung im elfjährigen Wechsel, dem starke groß- und kleinräumige lokale M. mit Feldstärken bis zu etwa 0,15 T überlagert sind. Im von der Sonne abfließenden Sonnenwind sind großräumige interplanetare M. eingeschlossen, deren Stärke in Erdbahnnähe zw. etwa 10^{-8} und 10^{-9} T liegt. Die Feldlinienfußpunkte sind fest in der rotierenden Sonne verankert, sodass die Feldlinien die Form archimed. Spiralen annehmen.

Die M. von Sternen machen sich v. a. durch Aufspaltung oder eine Verbreiterung der Absorptionslinien in den Spektren infolge des →Zeeman-Effekts bemerkbar. Die kleinsten bei magnet. Sternen (außer der Sonne) nachweisbaren M. liegen bei etwa $2 \cdot 10^{-2}$ T, die höchsten bei Hauptreihensternen gemessenen Feldstärken bei etwa 3 T, die z. T. unregelmäßig schwanken. Weiße Zwerge haben M. im Bereich von 10^2 bis $5 \cdot 10^5$ T, die bei Pulsaren gemessenen betragen bis zu 10^8 T.

Interstellare M. lassen sich mithilfe des Zeeman-Effekts oder der durch den Faraday-Effekt verursachten Drehung der Polarisationsebene linear polarisierter Strahlung bestimmen. Die gemessenen Feldstärken liegen zw. etwa $5 \cdot 10^{-11}$ und $5 \cdot 10^{-9}$ T, im galakt. Zentrum bei etwa 10^{-7} T, in den mittleren großräumigen interstellaren Feld bei rd. $3 \cdot 10^{-10}$ T. Die allgemeine Feldrichtung liegt bevorzugt parallel der galakt. Ebene und folgt wahrscheinlich den Spiralarmen. Interstellare M. verursachen eine Ausrichtung interstellarer Staubteilchen, was zur Polarisation des Sternlichts führt.

K. MEETZ u. W. L. ENGL: Elektromagnet. Felder (1980); G. LAUTZ: Elektromagnet. Felder (^{3}1985).

Magnetfeld|orientierung, Magnetotaxis, die Orientierung von Organismen nach dem Magnetfeld der Erde; die M. wurde z. B. bei **Magnetbakterien** nachgewiesen, die sich bei der Fortbewegung aus dem freien Wasser in den Schlamm an den Magnetfeldlinien orientieren; sie werden dazu befähigt durch etwa 50 nm große Magnetitkristalle (Fe_3O_4), die von einer Membran umhüllt sind und als **Magnetosomen** bezeichnet werden. Auch bei Bienen, die sich beim Wabenbau nach dem erdmagnet. Feld richten, sowie u. a. bei Thunfischen, Vögeln, Delphinen wurden Magnetitkristalle gefunden, mit deren Hilfe z. T. noch sehr geringe Feldstärkeunterschiede wahrgenommen werden können. Beim Menschen konnte nachgewiesen werden, dass die Dämmerungssehschärfe durch Magnetfeldänderungen beeinflusst wird.

magnetisch, allg. den Magnetismus, bes. den Ferromagnetismus betreffend oder dazu gehörend.

magnetische Anomalie, erdmagnetische Anomalie, Abweichungen des →erdmagnetischen Feldes vom normalen magnet. Dipolfeld; sie können u. a. auf dem Vorhandensein örtlich begrenzter magnetitreicher Gesteine beruhen und spielen daher eine bedeutende Rolle in der Lagerstättenforschung. (→Kursker Magnetanomalie)

magnetische Aufzeichnung, Sammel-Bez. für Verfahren zum Aufzeichnen und Speichern von Schallereignissen (→Magnettonverfahren), sichtbaren Vorgängen (→magnetische Bildaufzeichnung) oder von Daten (→Magnetspeicher) durch Magnetisierung eines geeigneten Ton-, Bild- oder Datenträgers. – Zum *Recht* →Tonbandprotokolle.

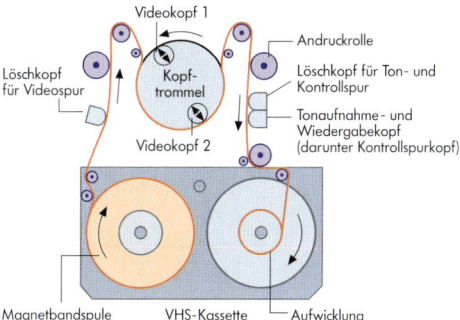

magnetische Bildaufzeichnung: Anordnung von Kassette und Kopftrommel bei einem Schrägspurverfahren (VHS-System)

magnetische Bildaufzeichnung, Abk. **MAZ,** *Fernseh-* und *Videotechnik:* Bez. für die Verfahren der magnet. Aufzeichnung von sichtbaren Vorgängen. Da bei der m. B. von Videosignalen mit dem (z. B. bei Tonbandgeräten übl.) **Längsspurverfahren,** bei dem mit einem fest stehenden Magnetkopf und einer der Aufzeichnungsgeschwindigkeit entsprechenden Bandgeschwindigkeit gearbeitet wird, wegen des großen Frequenzbereichs (bis zu 5 MHz) eine Bandgeschwindigkeit von etwa 6 m/s erforderlich ist, werden stattdessen gewöhnlich Quer- oder Schrägspurverfahren angewendet; insbesondere die **Schrägspurverfahren** konnten sich vielfach bei den Aufzeichnungsanlagen in den Fernsehanstalten und bei fast allen Videorekordern im semiprofessionellen und privaten Bereich (z. B. VHS-System, Video 2000, Betasystem) durchsetzen. Das Magnetband enthält hierbei schräg liegende Spuren (Spurwinkel zw. 3° und 16°) mit den Videosignalen (ein Halbbild pro Schrägspur) und schmale Randspuren mit den Ton- sowie Synchron- oder Kontrollsignalen in Längsschrift. Das Band läuft in unterschiedl. Umschlingung an der sich drehenden, etwas schräg stehenden **Kopftrommel** vorbei. Diese trägt i. d. R. zwei →Videoköpfe (seltener sind Ein-, Drei-, Vier- oder Fünfkopfverfahren), die bei jeder Umdrehung zwei Halbbilder aufzeichnen, d. h. pro Sekunde 50 Halbbilder aufzeichnen. Kopf und Band bewegen sich unterschiedlich schnell, aber in derselben Richtung. Die Aufzeichnungsgeschwindigkeit für Videosignale ist gleich der Relativgeschwindigkeit, d. h. gleich der Differenz zw. Kopf- und Bandgeschwindigkeit. Dagegen werden die Tonsignale im Längsspurverfahren aufgezeichnet; die Tonqualität ist entsprechend begrenzt. Älter als die Schrägspurverfahren ist das **Querspurverfahren,** 1956 von der amerikan. Firma Ampex **(Ampexverfahren)** vorgestellt und seither weltweit in den Aufzeichnungsanlagen der Fernsehanstalten eingesetzt. Bei ihm rotiert ein mit vier jeweils um 90° versetzten Videoköpfen besetztes Kopfrad, dessen Achse in Laufrichtung des Magnetbandes zeigt, mit 250 Umdrehungen pro Sekunde, wobei das Videosignal in nebeneinander liegende Querspuren aufgezeichnet wird (1 000 Spuren pro Sekunde). Neben den Videospuren werden eine Tonsignalspur, eine Cuespur (→Regiespur) sowie eine Steuerspur (Synchronisiersignal) in Längsmagnetisierung aufgezeichnet.

Das Laufwerk einer magnet. Bildaufzeichnungsanlage hat Ähnlichkeit mit einem Magnettonaufnahmegerät: Während der Aufzeichnung wird das Band zu-

Magn magnetische Doppelbrechung – magnetische Pole

nächst zu einem Löschkopf für die Video- und Steuerspur und anschließend zum Kopfradsystem geführt. Dahinter befindet sich der Aufnahme- und Wiedergabeblock für die Steuerspur. Es folgen Löschköpfe sowie Mehrspurköpfe für Ton- und Kontrollspuren.

Die eigentl. Speicherung der Videosignale, d. h. die Magnetisierung des Magnetbandes, erfolgt nach demselben Prinzip wie beim →Magnettonverfahren. Da die Lösung vieler Aufgaben bei der Verarbeitung von Videosignalen jedoch nur mithilfe der Digitaltechnik möglich wurde (z. B. Bildspeicher, elektron. Schnittverfahren, digitale Trickeffekte), durch den gemischten analogen und digitalen Betrieb aber laufende Signalumwandlungen erforderlich sind, bemüht man sich um die digitale Speicherung der Videosignale auf dem Magnetband. 1985 wurde hierfür eine internat. Norm vereinbart, der so genannte 4:2:2-Standard. Nach diesem wird eine getrennte Kodierung des Farbbildsignals (Komponentenkodierung) vorgenommen, die einzelnen Komponenten werden A-D-Wandlern getrennt zugeführt und auf parallelen Wegen verarbeitet oder nacheinander (im Zeitmultiplex) übertragen. Für die Umwandlung in Digitalform werden das Luminanzsignal mit einer Frequenz von 13,5 MHz, die Farbdifferenzsignale mit je 6,75 MHz abgetastet; die Quantisierungsstufenzahl beträgt 256 und damit die Kodewortlänge 8 bit. Der Standard sieht neben den digitalen Videospuren auch die Aufzeichnung von vier digitalen Tonspuren vor, die in der Mitte der Videospuren in vier Segmenten gespeichert werden.

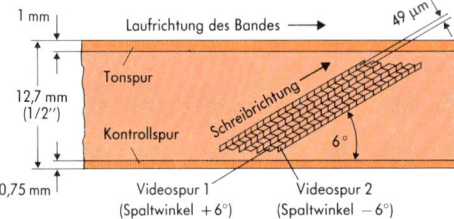

magnetische Bildaufzeichnung: Lage der Video- und Kontrollspuren beim VHS-System

magnetische Doppelbrechung, →Magnetooptik.
magnetische Durchflutung, →Durchflutung.
magnetische Elektronenlinse, →Elektronenoptik.
magnetische Energie, magnetische Feldenergie, →Magnetfeld.
magnetische Erregung, ältere Bez. für die →magnetische Feldstärke.
magnetische Feldkonstante, früher auch **Induktionskonstante, absolute Permeabilität des Vakuums,** Formelzeichen μ_0, die Proportionalitätskonstante zw. der magnet. Feldstärke H und der magnet. Flussdichte B im Vakuum: $B = \mu_0 H$. Sie hat den Wert $\mu_0 = 4\pi \cdot 10^{-7}$ Vs/Am $\approx 1{,}2566 \cdot 10^{-6}$ H/m. (→Naturkonstanten, TABELLE).
magnetische Feldstärke, früher auch **magnetische Erregung,** Formelzeichen H, Feldvektor, der neben der →magnetischen Flussdichte zur Beschreibung des magnet. Feldes dient. Die m. F. wird mithilfe des Durchflutungsgesetzes definiert (→Durchflutung):

$$\Theta = \oint H \cdot ds = \int_A J \cdot dA;$$

dabei ist Θ die elektr. Durchflutung, die die Fläche A mit der Randkurve s durchsetzt, und J die elektr. Stromdichte. Dies gilt unabhängig von den magnet. Eigenschaften der Substanz, in der die Randkurve liegt. Eine andere Möglichkeit der Definition (bzw. der Messung) der m. F. besteht in der Anwendung einer kleinen, sehr dünnen Zylinderspule (Länge l, Stromstärke I, Windungszahl N): Werden Stromstärke und Achse der Spule so eingestellt, dass das Spuleninnere feldfrei wird, dann ist definitionsgemäß der Betrag H der m. F. gleich dem Quotienten aus Amperewindungszahl und Spulenlänge, dem so genannten **Strombelag** NI/l. Die Feldrichtung ist durch die Richtung der Spulenachse bestimmt, wenn diese dem Strombelag rechtsschraubig zugeordnet ist. SI-Einheit der m. F. ist A/m. (→maxwellsche Gleichungen)

magnetische Flasche, →Magnetfalle.
magnetische Flussdichte, magnetische Induktion, Formelzeichen B, Feldvektor, der neben der →magnetischen Feldstärke H zur Beschreibung des magnet. Feldes dient. Die m. F. wird durch die Kraftwirkung auf bewegte elektr. Ladungen bzw. auf elektr. Ströme definiert: Wird ein Träger einer elektr. Ladung Q gegen einen materiellen Träger (Erreger) eines magnet. Feldes mit der Relativgeschwindigkeit v bewegt, so wirkt auf ihn die Kraft $F = Q(v \times B)$ (→Lorentz-Kraft). Auf ein Leitungsstromelement $I\,ds$ (z. B. einen Längenabschnitt ds eines von einem Strom der Stärke I durchflossenen Drahtes) wirkt die Kraft $dF = I(ds \times B)$. Eine sehr kleine, ebene und starre Stromschleife (z. B. ein kleiner stromdurchflossener Drahtring) erfährt in einem magnet. Feld das Drehmoment $M = I(A \times B)$. Dabei ist die Normale A/A der Fläche durch die Stromrichtung im Sinne einer Rechtsschraube bestimmt.

Die Kenntnis von B für jeden Raumpunkt eines Magnetfeldes genügt, um alle Erscheinungen im stationären Magnetfeld im Vakuum beschreiben zu können; für diesen Fall gilt die Beziehung $B = \mu_0 H$ ($\mu_0 =$ magnet. Feldkonstante). Erst das Einbringen von Materie ins Magnetfeld erfordert die Einführung eines zweiten Feldvektors der magnet. Feldstärke (→Permeabilität). – SI-Einheit der m. F. ist das Tesla (T). →maxwellsche Gleichungen

magnetische Flüssigkeit, die →Ferroflüssigkeit.
magnetische Induktion, die →magnetische Flussdichte.
magnetische Kernresonanz, die →Kernspinresonanz.
magnetische Kräfte, die von Magneten vermittels ihrer Magnetfelder auf bewegte elektr. Ladungen oder aufeinander (durch →magnetische Momente) ausgeübten Kräfte. 1) Die Kraft auf eine in einem Magnetfeld bewegte elektr. Ladung ist die →Lorentz-Kraft. 2) Auf magnet. Momente wirkt in homogenen Magnetfeldern ein Drehmoment, in inhomogenen Magnetfeldern zusätzlich eine Kraft, die von der Stärke der Inhomogenität und dem Winkel zw. Magnetfeldrichtung und Richtung des magnet. Moments abhängt. Das häufig angegebene »coulombsche Gesetz des Magnetismus« ist dem coulombschen Gesetz für die Kraftwirkung zw. zwei elektr. Ladungen analog. Da es sich auf die →magnetische Polstärke bezieht, gilt es jedoch nur unter sehr weit gehenden Idealisierungen, die in der Realität nicht erfüllt sind. 3) Eine sehr spezielle Form m. K. ist die Haftkraft, die ein Magnet auf einen weichmagnet. Anker ausübt, der den →magnetischen Kreis völlig schließt: $F = B^2 A / (2\mu_0)$. Dabei ist B die als homogen und an allen Kontaktstellen als gleich groß vorausgesetzte magnet. Flussdichte und μ_0 die magnet. Feldkonstante; der Querschnitt A ist an den Auflagestellen mindestens so groß wie der Magneten.

magnetische Kühlung, →adiabatische Entmagnetisierung.
magnetische Monopole, →Monopole.
magnetische Polarisation, →Magnetisierung.
magnetische Pole, →erdmagnetisches Feld, →Magnet.

magnetische Polstärke, Formelzeichen p, magnetostat. Größe, die der elektr. Ladung in der Elektrostatik entspricht (›magnet. Ladungen‹). Da im Ggs. zu freien positiven und negativen elektr. Ladungen nach der maxwellschen Elektrodynamik keine isolierten Magnetpole existieren (→Monopole), entspricht die Vorstellung räumlich konzentrierter ›magnet. Ladungen‹ nicht den physikal. Gegebenheiten. Deshalb wird die m. P. durch den magnet. Fluss Φ gemessen, der von einem Magnetpol ausgeht. Einheit der m. P. ist das Weber (Wb).

magnetische Randspannung, →magnetische Spannung.

magnetischer Eigenschutz, *Schiffbau:* →Entmagnetisierung.

magnetischer Fluss, (magnetischer) Induktionsfluss, das über eine Fläche A erstreckte Integral Φ der magnet. Flussdichte B:

$$\Phi = \int_A B \cdot dA;$$

dA ist ein Flächenelement mit der vektoriellen Orientierung senkrecht zur Fläche in Richtung der als positiv definierten Flussrichtung. SI-Einheit des m. F. ist das Weber (Wb).

magnetischer Kreis, Magnetkreis, eine geschlossene Anordnung von Körpern und Raumgebieten (z. B. Eisenteile und kurzer Luftspalt), in denen der magnet. Fluss Φ konzentriert ist. Bei realen m. K. tritt neben dem erwünschten Nutzfluss immer auch ein mehr oder weniger großer, nicht durch den Querschnitt des betrachteten m. K. verlaufender Streufluss mit dem entsprechenden Streuverlust auf. Im Idealfall ist der magnet. Fluss ganz in dem m. K. enthalten. Für einen m. K. gilt die hopkinsonsche Formel (ohmsches Gesetz für einen m. K.) $\Phi = V_{12}/R_{12}$, in der V_{12} die →magnetische Spannung zw. zwei Punkten 1 und 2 des m. K. ist und R_{12} der **magnetische Widerstand** (SI-Einheit A/Wb) des entsprechenden Stückes des m. K. Wenn das Magnetfeld zw. den Punkten 1 und 2 homogen ist, gilt für R_{12} die Beziehung $R_{12} = s/(\mu A)$. Die Punkte liegen dabei in zwei parallelen Flächen der Größe A, die auf der magnet. Feldstärke H im Abstand s senkrecht stehen und vom gleichen Fluss Φ durchsetzt werden. $\mu = \mu_0 \mu_r$ ist die Permeabilität des Mediums zw. beiden Flächen (μ_0 magnet. Feldkonstante, μ_r Permeabilitätszahl). Für Magnetkreise gelten den kirchhoffschen Regeln für elektr. Kreise analoge Regeln. Die Berechnung von m. K. ist wichtig für Anwendungen, bei denen es auf die Dimensionierung von Magneten und/oder Erregerspulen für diese ankommt (z. B. elektr. Maschinen und Transformatoren). – Die von Wicklungen umschlossenen weichmagnet. Teile des m. K. heißen bei Transformatoren, elektromagnet. Relais u. a. Kerne, bei elektr. Maschinen mit ausgeprägten Polen Polschenkel. Die weichmagnet. Teile, die Kerne oder Polschenkel magnetisch gut leitend miteinander verbinden, heißen Joche oder, wenn sie nicht immer fest mit den Kernen verbunden sind, Anker (z. B. beim Relais). Der magnetisch gut leitende weichmagnet. Pfad eines m. K. wird bei elektr. Maschinen und bei Drosselspulen mit Kern durch eine oder mehrere Luftspalte unterbrochen.

R. STEIN u. W. T. HUNT: Electric power system components. Transformers and rotating machines (New York 1979); A. E. FITZGERALD u. a.: Basic electrical engineering (ebd. ^{5}1981).

magnetischer Spiegel, →Magnetfalle.

magnetischer Verstärker, der →Transduktor.

magnetischer Widerstand, →magnetischer Kreis.

magnetische Schallaufzeichnung, →Magnettonverfahren.

magnetisches Dipolmoment, →magnetisches Moment.

magnetisches Feld, das →Magnetfeld.

magnetisches Moment, das magnet. Dipolmoment eines Magneten, definiert durch das in einem homogenen Magnetfeld im Vakuum auf den Magneten wirkende Drehmoment M_D. Da zur Angabe des Magnetfeldes im leeren Raum entweder die magnet. Flussdichte B oder die magnet. Feldstärke H verwendet wird, kann das m. M. gemäß 1) $M_D = \mu \times B$ oder 2) $M_D = m \times H$ definiert werden. Das Drehmoment ist maximal, wenn das m. M. senkrecht zum Magnetfeld steht; bei dieser Orientierung gilt für die Beträge 1) $\mu = M_D/B$ (Einheit: A·m^2) und 2) $m = M_D/H$ (Einheit: Wb·m). Nach der ersten Definition ist das m. M. das Volumenintegral der magnet. Polarisation J:

$$\mu = \int_V J \, dV,$$

nach der zweiten Definition das Volumenintegral der →Magnetisierung M:

$$m = \int_V M \, dV.$$

Zur Unterscheidung wird das m. M. im ersten Fall auch als **elektromagnetisches Moment** (oder **amperesches m. M.**) bezeichnet, im zweiten Fall als **magnetisches Dipolmoment** i. e. S. (oder **coulombsches m. M.**). – Urspr. wurde das m. M. in Analogie zum elektr. Dipolmoment als das Produkt aus →magnetischer Polstärke und Abstand der Pole eines magnet. →Dipols definiert. Da aber keine magnet. Ladungen oder →Monopole existieren, verzichtete man auf diese Definition.

Die m. M. der Atome (Atomhülle) rühren vom Bahndrehimpuls und/oder Eigendrehimpuls (Spin) der Elektronen her (**Atommoment**). Die Quantenmechanik zeigt, dass m. M. in atomaren Systemen stets an die Existenz von Drehimpulsen gekoppelt sind (→Bahnmagnetismus, →Landé-Faktor). Atomkerne und Elementarteilchen, die einen von null verschiedenen Spin besitzen, verfügen auch über ein m. M., dessen Achse in der Spinrichtung liegt (→Kernmomente). Die m. M. von Protonen, Neutronen und Atomkernen (→Naturkonstanten, TABELLE) lassen sich z. B. mit der Atomstrahlresonanzmethode oder durch NMR-Spektroskopie bestimmen. Als Einheit des atomaren m. M. wird das bohrsche Magneton verwendet, als Einheit der Kerndipolmomente das Kernmagneton (→Magneton).

magnetische Spannung, Formelzeichen V, V_m, das Linienintegral V_{12} der magnet. Feldstärke H vom Raumpunkt 1 zum Raumpunkt 2 längs einer Bahnkurve s:

$$V_{12} = \int_1^2 H \cdot ds.$$

Fallen End- und Anfangspunkt des Weges zus. (geschlossener Weg oder Randlinie), so nennt man die m. S. entlang dieses Weges **magnetische Umlaufspannung** oder **magnetische Randspannung;** diese ist gleich der durch die berandete Fläche tretenden elektr. →Durchflutung. SI-Einheit der m. S. ist das Ampere.

magnetische Speicher, die →Magnetspeicher.

magnetisches Streuflussverfahren, Verfahren der zerstörungsfreien →Werkstoffprüfung zur Untersuchung ausreichend magnetisierbarer, ferromagnet. Werkstoffe auf Oberflächenrisse. Dabei erfolgt die Magnetisierung des Prüfobjektes durch direkte Stromdurchflutung, mittels eines stromdurchflossenen Leiters oder mittels eines Jochs (Dauer- oder Elektromagnet). Rechtwinklig auf einen Oberflächenriss zulaufende magnet. Feldlinien treten aus der Oberfläche des Prüflings aus und umfließen den Riss. Dieser so genannte magnet. Streufluss kann mit einer Abtastspule oder mit einem Magnetstreifen gemessen oder mit einem Magnetpulver sichtbar gemacht werden (**Magnetpulverprüfung**).

magnetische Sterne, →Magnetfeld.

magnetische Stürme, →erdmagnetische Stürme.

magnetische Umlaufspannung, →magnetische Spannung.

magnetisch Nord, →Nordrichtung.

Magnetisierung, Formelzeichen M, Bez. für eine den magnet. Zustand eines Körpers kennzeichnende Größe sowie für das Herbeiführen eines Zustands, der durch einen größeren Betrag von M charakterisiert wird. Der umgekehrte Vorgang (bzw. eine entsprechende Wirkung) wird als →Entmagnetisierung bezeichnet; bei einem Vorgang, der das Vorzeichen von M umkehrt, spricht man auch von **Ummagnetisierung.** Ein Stoff wird magnetisiert durch das Ausrichten permanenter magnet. Momente (→Paramagnetismus, →Ferromagnetismus) oder durch die Induktion magnet. Momente (→Diamagnetismus) durch ein Magnetfeld. Als **spontane M.** wird die bei Ferro- und Ferrimagnetika ohne Einwirkung eines Magnetfeldes innerhalb der →Weiss-Bezirke vorliegende parallele Ausrichtung der magnet. Momente bezeichnet. – Zw. der M. M ($M = m/V$; m =magnetisches Moment nach AMPÈRE, V Volumen) und der (ebenfalls den magnet. Zustand kennzeichnenden) **magnetischen Polarisation** J ($J = \mu/V$; μ magnet. Moment nach COULOMB) besteht die Beziehung $M = J/\mu_0$ (μ_0 magnet. Feldkonstante). Durch M bzw. J wird der für den magnet. Zustand eines Stoffes charakterist. Zusammenhang zw. der →magnetischen Flussdichte B und der →magnetischen Feldstärke H hergestellt: $B = \mu_0 H + J = \mu_0(H + M)$; entsprechend ist die Einheit von J: Wb/m², von M: A/m.

Die beim Ferromagnetismus (auch beim Ferrimagnetismus und beim Antiferromagnetismus) i. Allg. nicht linearen und von der Vorgeschichte abhängigen Zusammenhänge zw. den magnet. Zustandsgrößen werden häufig als graf. Abhängigkeit (der Beträge) zw. B oder J von H dargestellt (magnet. Zustandskurve). Geht diese Kurve dabei vom unmagnet. Zustand aus ($H = 0$, $B = J = 0$), so wird sie als **Neukurve** (früher auch **jungfräuliche Kurve**) bezeichnet. Die magnet. Sättigung ist erreicht, wenn J sich mit zunehmendem H nicht mehr merklich ändert; die entsprechende Polarisation wird als **Sättigungspolarisation** J_s bezeichnet. Beim zykl. Durchlaufen einer Folge von Feldstärkewerten zw. zwei entgegengesetzt gleich großen Endbeträgen setzt sich die Zustandskurve aus einem absteigenden und einem davon verschiedenen aufsteigenden Kurvenast zusammen. Eine solche Kurve wird als **Hystereseschleife** oder -kurve bezeichnet, die von ihr eingeschlossene Fläche als **Hystereseflächle.** Die bei kleinen Feldstärkewerten auftretenden Hystereseschleifen werden auch Rayleigh-Schleifen genannt, die, bei denen die Gebiete der Sättigung erreicht werden, äußerste Hystereseschleifen oder Grenzschleifen. Besondere Zustandspunkte der Grenzschleife sind der für $H = 0$ vorhandene Wert der magnet. Flussdichte und Polarisation $B_r = J_r$ (**Remanenzflussdichte** oder kurz **Remanenz**), ferner der für $J = 0$ vorhandene Wert der Feldstärke $_JH_c$ und der für $B = 0$ vorhandene Wert $_BH_c$, die als →Koerzitivfeldstärke der magnet. Polarisation bzw. der magnet. Flussdichte bezeichnet werden. Remanenz und Koerzitivfeldstärke der Grenzschleife sind Stoffkonstanten.

Bei jedem Umlauf um eine Hystereseschleife wird der Energiebetrag $Q = \oint H \cdot dM$ in joulesche Wärme umgewandelt. Dieser Verlust hat seine Ursache in irreversiblen Bereichsänderungen während der Ummagnetisierung. Die Vorgänge verlaufen dabei nicht stetig, sondern in Sprüngen (→Barkhausen-Effekt), sodass die Zustandskurve bei mikroskop. Betrachtung eine unregelmäßige Treppengestalt zeigt.

Während B und H in isotropen Stoffen die gleiche Richtung aufweisen, ist dies bei anisotropen Stoffen

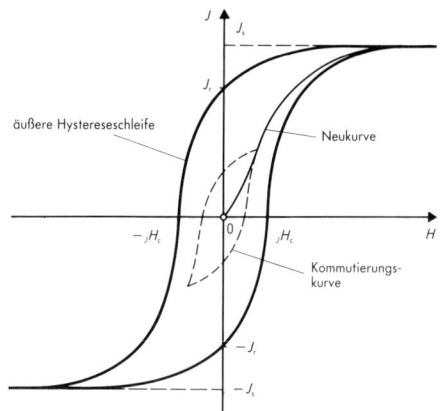

Magnetisierung: Magnetische Zustandskurve

nicht der Fall, sodass ihr Zusammenhang nicht durch eine einzige Zahlenangabe ausgedrückt werden kann, sondern durch einen feldstärkeabhängigen Tensor 2. Stufe beschrieben werden muss (→Permeabilität).

Magnetisierungsstrom, bei Transformatoren und Asynchronmaschinen der Anteil des aufgenommenen Wechsel- oder Drehstromes, der zum Aufbau des magnet. Wechsel- oder Drehfeldes dient. Der M. ist ein →Blindstrom.

Magnetismus der, -. 1) die Lehre vom →Magnetfeld und dem Verhalten der Stoffe und Körper in ihm. Das auffälligste Merkmal des M. sind Kräfte und Drehmomente, die →Magnete oder ferromagnet. Stoffe (bes. Eisen) erfahren, wenn sie in ein Magnetfeld gebracht werden. Am längsten bekannt ist die Ausrichtung einer horizontal frei drehbar gelagerten Magnetnadel (Kompass) im Erdmagnetfeld (→Erdmagnetismus). Quantitativ beschrieben wird der M. durch die Angabe der Magnetfelder (→magnetische Feldstärke, →magnetische Flussdichte) außerhalb magnet. Körper und/oder durch die Angabe der →Magnetisierung in ihrem Inneren. Qualitativ kann das magnet. Feld durch Feldlinien veranschaulicht werden, deren Dichte dem Betrag der Feldgrößen proportional und deren Richtung gleich der der Feldgrößen ist.

Ursache aller magnet. Erscheinungen sind bewegte elektr. Ladungen bzw. bewegte elektr. Felder; dabei handelt es sich beim **Elektro-M.** um makroskop. elektr. Ströme, während der M. der stoffl. Materie (→Antiferromagnetismus, →Diamagnetismus, →Ferrimagnetismus, →Ferromagnetismus, →Paramagnetismus) durch bewegte elektr. Ladungen in den Elektronenhüllen der Atome sowie durch die mit den Eigendrehimpulsen (Spins) der atomaren Bausteine verknüpften →magnetischen Momente verursacht wird.

Die Wirkungen zw. elektr. und magnet. Erscheinungen sind wechselseitig und werden in vollem Umfang durch die →maxwellschen Gleichungen der Elektrodynamik beschrieben: Jeder elektr. Strom, d. h. jede bewegte elektr. Ladung bzw. jede als →Verschiebungsstrom bezeichnete zeitlich veränderliche elektr. Feldes, erzeugt ein Magnetfeld (Durchflutungsgesetz, →Durchflutung); jede zeitl. Änderung eines magnet. Feldes erzeugt ein elektr. Feld (→Induktionsgesetz). Das bedeutet auch, dass sich zeitlich veränderliche elektr. und magnet. Felder gemeinsam als →elektromagnetische Wellen im Raum ausbreiten und damit Licht eine Erscheinungsform des Elektro-M. ist.

Auf bewegte elektr. Ladungen wirkt senkrecht zur Magnetfeldrichtung und zur Bewegungsrichtung die →Lorentz-Kraft. Auf magnet. Momente wirken in homogenen Magnetfeldern Drehmomente, in inhomogenen Magnetfeldern treten zusätzl. Kräfte auf.

Der M. und seine Phänomene sind in den verschiedensten techn. und wiss. Bereichen von grundlegender Bedeutung, z. B. zur Stromerzeugung mit elektr. Generatoren, für elektr. Antriebe (Motoren) und Transformatoren, den Einsatz von Dauermagneten oder als Magnetspeicher in der Datenverarbeitung. Darüber hinaus findet der M. vielfältige Anwendung in der Forschung, so in der Spektroskopie (z. B. beim Zeeman-Effekt), speziell in versch. Verfahren der Hochfrequenzspektroskopie, bei der Neutronenbeugung, in der Plasmaphysik und ihren Anwendungen (z. B. Astrophysik und Kernfusion) sowie in →Beschleunigern zur Fokussierung und Führung von Strahlen elektrisch geladener Teilchen und in Magnetfallen.

Der häufig behauptete Einfluss des Magnetfeldes der Erde sowie in ihrer Stärke vergleichbarer Magnetfelder auf Lebewesen konnte in manchen Fällen wahrscheinlich gemacht und in anderen nachgewiesen werden (→Magnetfeldorientierung). Eine als **Bio-M.** bezeichnete Erscheinung ist die Erzeugung schwacher magnet. Felder durch biolog. Aktivitäten (Transport elektr. Ladungen), z. B. des Herzens oder des Gehirns.

Geschichte: Der M. ist eines der am längsten bekannten physikal. Phänomene. Nach manchen Berichten war der Magnetkompass in China bereits im 26. Jh. v. Chr. in Gebrauch, nach anderen allerdings wurde er erst im 13. Jh. n. Chr. dorthin gebracht; seine früheste mitteleurop. Erwähnung findet sich bei ALEXANDER NEQUAM (* 1157, † 1217). In griech. Schriften wird das Mineral Magnetit bereits etwa 800 v. Chr. erwähnt, THALES VON MILET war bekannt, dass es Eisen anzieht, und G. PLINIUS D. Ä. wusste, dass man mit ihm Eisen magnetisieren kann. Der Name Magnetit wird von LUKREZ auf die thessal. Stadt Magnesia zurückgeführt, wo die Griechen dieses Mineral erstmals gefunden haben sollen, von PLINIUS dagegen auf einen Hirten namens Magnes, der auf dem Berg Ida durch seine eisernen Schuhnägel und die eiserne Spitze seines Stabes festgehalten worden sein soll.

Ausführlichere frühe Beschreibungen des M. und der Magnete stammen von P. PEREGRINUS (1269) und v. a. von W. GILBERT (›De magnete ...‹, 1600), eine im heutigen Sinn wiss. Untersuchung beginnt jedoch erst mit dem von C. A. COULOMB aufgestellten und nach ihm benannten Gesetz über die Kraft zw. zwei Magnetpolen (ab 1785) und der Beschreibung der Magnetostatik in Feldbegriffen (›Fluida‹) durch D. POISSON (um 1820). H. C. ØRSTED entdeckte 1820 die magnet. Wirkung elektr. Ströme. Im selben Jahr stellte A. M. AMPÈRE quantitative Gesetze über die Kraft zw. Strom führenden Leitern auf, und J. B. BIOT und S. SAVART formulierten das nach ihnen benannte Gesetz zur Berechnung magnet. Felder stromdurchflossener Drähte (→Biot-Savart-Gesetz). W. WEBER führte die von AMPÈRE entwickelte Vorstellung von molekularen Kreisströmen als Ursache des M. weiter durch den Gedanken, dass im unmagnet. Zustand diese Elementarmagnete völlig ungeordnet sind und dass sie durch ein äußeres Magnetfeld ausgerichtet werden. M. FARADAY führte den Begriff der elektr. und magnet. Felder ein, entdeckte 1831 die elektromagnet. Induktion und fand mit der Drehung der Polarisationsebene von Licht beim Durchgang durch Materie, die sich in einem Magnetfeld befindet, den ersten Zusammenhang zw. Magnetismus und Licht (Faraday-Effekt). J. C. MAXWELL fasste die Theorie der bis dahin bekannten elektromagnet. Erscheinungen in dem nach ihm benannten Gleichungssystem zusammen (›Treatise on electricity and magnetism‹, 1873). Mit der Entdeckung der elektromagnet. Wellen durch H. HERTZ (1886) fand diese Theorie ihre experimentelle Bestätigung. 1905 zeigte A. EINSTEIN im Rahmen der speziellen Relativitätstheorie, dass Magnetfelder grundsätzlich eine untrennbare Begleiterscheinung bewegter elektr. Ladungen bzw. bewegter elektr. Felder sind. Die Beschreibung der magnet. Eigenschaften der stoffl. Materie beginnt mit P. CURIE, der erstmals zw. Para- und Dia-M. unterschied (1895), die Temperaturabhängigkeit des Para-M. zeigte und feststellte, dass eine ferromagnet. Substanz oberhalb einer bestimmten Temperatur (Curie-Temperatur) sich wie eine paramagnetische verhält, mit P. LANGEVIN, der 1905 eine erste atomare Theorie des Para-M. und des Dia-M. formulierte, und mit P. E. WEISS, der mit dem Postulat der Wechselwirkung der Elementarmagnete und paralleler Ausrichtung innerhalb von Bereichen, die groß gegen die atomaren Abmessungen sind (Weiss-Bezirke), die Grundlage der Theorie des Ferro-M. schuf. W. MEISSNER und R. OCHSENFELD wiesen 1933 mit dem nach ihnen benannten Effekt der vollständigen Verdrängung der magnet. Flussdichte aus einem Supraleiter den engen Zusammenhang zw. M. und Supraleitfähigkeit nach. Die Rückführung des Festkörper-M. auf wechselwirkende magnet. Dipolmomente wurde 1915 mit dem Einstein-de-Haas-Effekt und dem Nachweis der Richtungsquantisierung durch den →Stern-Gerlach-Versuch (O. STERN und W. GERLACH, 1922) begonnen und von den nächsten Physikergeneration weitergeführt, darunter P. A. M. DIRAC, der 1928 das mit dem Elektronenspin verbundene magnet. Moment berechnete, W. HEISENBERG, der im selben Jahr den Ferro-M. auf eine elektrostat. Austauschwechselwirkung zw. Elektronenspins zurückführte und so die Natur der Weiss-Bezirke erklären konnte, F. BLOCH, der die Struktur der Wände zw. den Weiss-Bezirken beschrieb (1930), deren Energie in Verbindung mit der Austauschwechselwirkung für die Größe der Weiss-Bezirke verantwortlich ist, und J. H. VAN VLECK, der 1932 eine Quantentheorie des Dia-M. und des Para-M. lieferte. L. E. F. NÉEL schließlich entwickelte die Theorie des Antiferro-M. (1932) und des Ferri-M. (1947).

D. WAGNER: Einf. in die Theorie des M. 1966); G. HEBER: Einf. in die Theorie des M. (1983); Lb. der Experimentalphysik, begr. v. L. BERGMANN u. a., Bd. 2: H. GOBRECHT: Elektrizität u. Magnetismus (⁷1987); E. M. PURCELL: Elektrizität u. M. (a. d. Engl., ⁴1989); C. KITTEL: Einf. in die Festkörperphysik (a. d. Amerikan., ¹⁰1993, Nachdr. 1996).

2) *Parapsychologie:* →Mesmerismus.

Magnetit *der, -s/-e,* **Magnet|eisenerz, Magneteisenstein,** schwarzes, metallisch glänzendes, undurchsichtiges, kub. Mineral der chem. Zusammensetzung Fe_3O_4 bzw. $FeO \cdot Fe_2O_3$; Härte nach MOHS 5,5, Dichte 5,2 g/cm³. Kristalle werden von Magneten angezogen, derbe Massen wirken selbst wie Magnete (›natürl. Magnete‹). Als Kristallform und in Kombinationen überwiegt das Oktaeder, seltener das Rhombendodekaeder; oktoedr. Berührungszwillinge (›Spinellgesetz‹) sind recht häufig. Derbe Massen von M. sind körnig und dicht.

M. ist ein weithin, weit verbreitetes und mit einem theoret. Eisengehalt von 72,4% das eisenreichste Eisenerz. Bei Verwitterung geht er vorwiegend in →Limonit über, auch finden wechselseitige, oft pseudomorphe Übergänge nach und aus →Hämatit und →Maghemit statt. M. bildet vielfältige Erzlagerstätten und ist fein verteilter Bestandteil vieler Gesteine.

Vorkommen und Entstehung: 1) Magmatisch: a) als Gemengeteil basischer magmat. Gesteine (Gabbro, Diorit, Basalt); b) zu großen Lagern angereichert durch liquide Entmischung oder durch Kristallisationsdifferenziation (als **Titano-M.,** einem titanreichen M.) bei der Frühkristallisation (→Differenziation); c) gesondert intrudiert als eigenes Erzmagma im Zusammenhang mit vulkan. Gesteinen (›Kirunatypus‹ und ›Lahn-Dill-Typus‹); d) vereinzelt in schönen Kris-

Magnetit: Schematische Darstellung der Kristallstruktur

Magnetit: oben metallisch glänzende Kristalle; **unten** derbes Aggregat mit kleinen Kristallen

tallen auf Zinnerzgängen und alpinen Klüften. – 2) Kontaktpneumatolytisch z. B. als Skarnerz (→Skarn). – 3) Kontakt- und v. a. regionalmetamorph aus anderen Eisenmineralen, z. B. Siderit, Hämatit. – 4) Sedimentär: a) sehr selten als primäre Bildung in oolith. Eisenerzen (→Oolith), z. B. Lothringer Minette; b) nach Auswitterung aus dem Muttergestein und transportbedingter Anreicherung als Schwermineralsand (**M.-Sand**) und in Seifen.

Magnetkarte, Kunststoffkarte, meist im Scheckkartenformat, mit einem als Datenträger dienenden Streifen magnetisierbaren Materials (→Magnetschichtspeicher) zur Aufnahme bestimmter Kenndaten, die von einem M.-Leser erfasst und einem Computer zur Weiterverarbeitung zugeführt werden. M. können z. B. als Werksausweise (Zugangskontrolle, Arbeitszeiterfassung) dienen. Im Bankwesen und Einzelhandel wird die M. als **Magnetstreifenkarte** zur Vereinfachung des Zahlungsverkehrs und zur Inanspruchnahme weiterer Dienstleistungen eingesetzt (→Eurocheque, →Kreditkarte, →POS-Systeme). Eine Weiterentwicklung der M. ist die →Chipkarte.

Magnetkernspeicher, der →Ferritkernspeicher.

Magnetkies, Pyrrhotin, bronzefarbenes bis braunes, metallisch glänzendes, undurchsichtiges, ferromagnet., hexagonales Mineral, dessen allgemeine Zusammensetzung FeS nur der ausschließlich in Meteoriten vorkommende →Troilit aufweist. Die ird. Abarten (zugleich Strukturvarianten) haben Fe-Gehalte nur bis zur Zusammensetzung $Fe_{11}S_{12}$, dazu etwas Nickel; Härte nach Mohs 4, Dichte 4,58–4,70 g/cm³; Kristalle selten und meist klein, sechsseitig-tafelig, oft in Rosetten, sonst körnige bis dichte Massen, zuweilen pseudomorphosiert durch Pyrit, Magnetit, Siderit. M. gilt nicht als Eisenerz. M. kommt oft in bas. Tiefengesteinen, v. a. im Gabbro, vor und kann dort Lagerstätten (liquidmagmat. →Erzlagerstätten) bilden, die durch den Gehalt an →Pentlandit Bedeutung haben; ferner in metamorphen Gesteinen (Gneise, Glimmerschiefer), in kontaktmetasomat. Erzen, in hydrothermalen Gängen, selten in Sedimenten. Gelegentlich wird M. auch als Schwefelrohstoff verwendet.

Magnetkopf, aus einem oder mehreren Elektromagneten mit weichmagnet. Kern (→Magnetwerkstoffe) und kleinem Luftspalt bestehendes Bauelement in Geräten zur magnet. Informationsspeicherung. Mit dem M. werden die in elektr. Signale umgewandelten Informationen (Töne, Bilder, Daten) durch Induktion in magnetische umgewandelt und mit entsprechender Magnetisierung auf ein Speichermaterial mit Magnetschicht (z. B. Magnetband) übertragen und umgekehrt durch Umwandlung der Magnetisierung in elektr. Signale gelesen; auch ein Löschen der Information ist möglich. Je nach Funktion unterscheidet man Aufnahmekopf (Schreib-, Sprech-, Aufzeichnungskopf), Wiedergabekopf (Lese-, Hörkopf) und Löschkopf, die auch kombiniert als Verbundköpfe und bei mehreren Spuren als Mehrspurköpfe ausgeführt werden können. – In der *Audio-* und *Videotechnik* unterscheidet man je nach Anwendung zw. →Videokopf und →Tonkopf. Dieser dient bei Videorekordern zum Aufzeichnen und Ablesen der Synchronspur, bei Tonbandgeräten zum Aufsuchen von Bandstellen ohne Toninformation beim schnellen Vor- und Zurückspulen eines Tonbandes (→Suchlauf).

magnetoakustischer Effekt, das Auftreten von Oszillationen der Absorption und der Geschwindigkeit von Ultraschallwellen in Metallen als Funktion eines homogenen Magnetfeldes. Maximale Absorption tritt auf, wenn der Durchmesser der Zyklotronbahn der Metallelektronen (→Zyklotronresonanz) ein halbzahliges Vielfaches der Ultraschallwellenlänge ist. Der m. E. wird in der Festkörperphysik zur Untersuchung von Fermi-Flächen in Metallen benutzt.

Magnetochemie, Teilgebiet der physikal. Chemie, das die dia- oder paramagnet. Stoffeigenschaften zur Lösung von chem. Problemen ausnutzt. So können magnetochem. Messungen zur Klärung von Bindungstyp, Oxidationsstufe, Koordinationszahl oder der sterischen Anordnung der chem. Komponenten dienen. – Durch Magnetfelder lassen sich auch die chem. Wechselwirkung und die Geschwindigkeit chem. Prozesse beeinflussen, was zur Aufklärung der Reaktionsmechanismen sowie der Zusammenhänge zw. magnet. Eigenschaften und dem Charakter der chem. Wechselwirkungen ausgenutzt werden kann.

magneto|elastische Effekte, die →magnetomechanischen Effekte.

Magneto|elektronik, Bereich der Festkörperelektronik, der sich mit der Anwendung und Nutzung aller durch Magnetfelder beeinflussten und verursachten Funktionen in elektron. Bauelementen befasst. Ausgenutzt werden v. a. der Hall-Effekt, magnetoakust. und magnetoelast. Effekte, die Magnetostriktion sowie magnet. Widerstandsänderungen.

Magnetograph *der, -en/-en,* registrierendes Magnetometer; wird z. B. in der Geophysik zur Aufzeichnung der zeitl. Variation des erdmagnet. Feldes in Form eines **Magnetogramms** verwendet.

Magnetohydrodynamik, Abk. **MHD,** Teilgebiet der Physik, das die Wechselwirkung zw. Magnetfeldern und strömenden, elektrisch leitfähigen Flüssigkeiten (M. i. e. S.), Gasen (**Magnetogasdynamik,** Abk. **MGD**) und bes. Plasmen (**Magnetoplasmadynamik,** Abk. **MPD**) untersucht. Dabei wird das jeweils vorliegende Medium als Kontinuum behandelt, seine atomare Struktur wird vernachlässigt. Durch die Bewegung des elektrisch leitfähigen Mediums im Magnetfeld werden Ströme induziert, die ihrerseits vom Magnetfeld beeinflusst werden und die anfängl. Massenströmung modifizieren.

Urspr. betraf das Interesse an der M. v. a. astronom. Phänomene, wie die stets von magnet. Feldern begleiteten Sonnenaktivitäten, die Existenz der Magnetosphäre sowie das Verhalten der Materie in interstellaren Magnetfeldern. Die wichtigsten Anwendungen auf physikalisch-techn. Gebiet sind die Untersuchungen an Magnetfeldkonfigurationen zum Einschluss thermonuklearer Plasmen für die →Kernfusion sowie die direkte Umwandlung der therm. Energie von Brennstoffen in elektr. Energie (→magnetohydrodynamischer Generator).

Treten die Ladungsträger genügend häufig miteinander in Wechselwirkung, kann das Plasma als einheitl. und kontinuierl. Substanz betrachtet und durch hydrodynam. Variable wie Massendichte, Massengeschwindigkeit und Druck beschrieben werden. Es interessiert v. a. das Problem des stabilen Gleichgewichts dieser Plasmen, bei dem der expansive Druck der heißen, ionisierten Gase durch elektromagnet. Kräfte kompensiert wird, die von Magnetfeldern mit geeignetem Feldlinienverlauf ausgeübt werden. Zur Beschreibung magnetohydrodynam. Vorgänge dienen die mit den →maxwellschen Gleichungen der Elektrodynamik gekoppelten Gleichungen der Hydro- bzw. Gasdynamik sowie die thermodynam. und kalor. Zustandsgleichungen des Mediums. – Je größer die elektr. Leitfähigkeit des Mediums ist, umso mehr sind die magnet. Feldlinien gezwungen, sich mit der Materie mitzubewegen, umso stärker sind sie in der Materie ›eingefroren‹. Insbesondere werden die Bewegungen der Materie senkrecht zum Magnetfeld bzw. umgekehrt die entsprechende Diffusion des Magnetfeldes in der Materie stark gebremst, sodass man der Materie eine magnet. Zähigkeit zuordnen und von einer magnet. Steifigkeit der Materie sprechen kann. Diese Wirkung des Magnetfeldes vermindert dann bei geeigneter Feldrichtung auch die Tendenz zum Auftreten der aus der Hydrodynamik bekannten Instabilitäten (z. B. der Übergang einer laminaren in eine turbulente Strömung); andererseits können besondere Typen von Transversalwellen, die →magnetohydrodynamischen Wellen, entstehen.

T. G. COWLING: Magnetohydrodynamics (London ²1976, Nachdr. ebd. 1980); F. CAP: Lb. der Plasmaphysik u. M. (Wien 1994).

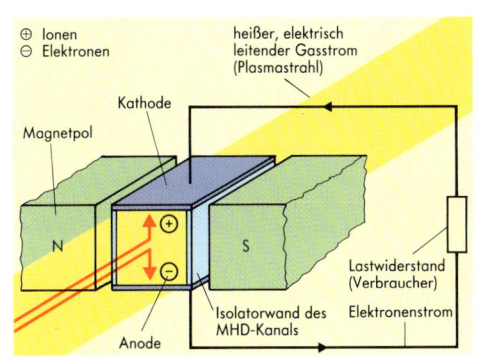

magnetohydrodynamischer Generator: Schematische Darstellung des Prinzips; im Plasmastrahl wird durch das Magnetfeld zwischen den beiden Magnetpolen (N und S) ein elektrischer Strom induziert, der über die Elektroden zum Verbraucher und zurück fließt

magnetohydrodynamischer Generator, Kurz-Bez. **MHD-Generator,** auch **MHD-Wandler,** Energiewandler für die direkte Umwandlung von Wärme in elektr. Energie und umgekehrt. Der m. G. arbeitet nach dem faradayschen →Induktionsgesetz. Der metall. Leiter einer klass. Gleichstrommaschine wird durch einen teilweise ionisierten Gasstrom (Plasma, aus Elektronen, Ionen, ungeladenen Gasmolekülen und -atomen bestehend) ersetzt, der in einer Brennkammer erzeugt und mit hoher Temperatur (über 3000 K) und großer Geschwindigkeit durch den Kanal des m. G. geblasen wird. Senkrecht zur Strömungsrichtung liegt das Magnetfeld und wieder senkrecht zu diesem und zur Strömungsrichtung ein Elektrodenpaar, zw. dem, ähnlich wie beim Hall-Effekt, durch Einwirkung der Lorentz-Kraft auf die geladenen Teilchen im Magnetfeld eine elektr. Spannung entsteht. Werden die Elektroden über einen Lastwiderstand verbunden, wird der Energieverlust des Plasmastroms (hervorgerufen durch Abbremsung durch das mit der induzierten Spannung verbundene elektr. Feld) als elektr. Energie nutzbar. Für den Gasstrom werden Erdgas, Verbrennungsgase und Edelgase mit leicht ionisierbaren Zusätzen wie Kaliumcarbonat verwendet. M. G., mit einer Gasturbine kombiniert (das austretende Gas besitzt noch eine Temperatur von etwa 2000 K), sind für Großkraftwerke (Wirkungsgrad rd. 50–60%) geeignet. Nachteilig ist jedoch der sehr hohe Energieverbrauch zum Betrieb des erforderl. starken Magnetfeldes sowie die enorme Materialbeanspruchung durch die hohe Temperatur der aggressiven Gase; von Vorteil gegenüber konventionellen Generatoren das Fehlen bewegter Bauteile. Erprobt wird auch der Ersatz des heißen Gasstroms durch flüssiges Metall.

magnetohydrodynamische Wellen, hydromagnetische Wellen, durch Kopplung von mechan. und elektromagnet. Kräften gebildete Wellen in einem Plasma, auf das ein Magnetfeld einwirkt. Die Stoffe erhalten eine gewisse Steifigkeit durch die mögl. Kopplung zw. Materieströmungen und Magnetfeldern, sodass neben longitudinalen auch transversale Wellen (→Alfvén-Wellen) auftreten.

magnetokalorischer Effekt, durch Änderung der Magnetisierung bestimmter Stoffe erzeugte Temperaturänderung. M. E. werden bei allen Stoffen mit Ausnahme der rein diamagnetischen beobachtet. Für die Erreichung tiefster Temperaturen ist die →adiabatische Entmagnetisierung paramagnet. Substanzen von Bedeutung. In paramagnet. Stoffen führt die Magnetisierung stets zu einer Temperaturerhöhung, in ferromagnet. Stoffen kann bei der Magnetisierung sowohl Abkühlung als auch Erwärmung auftreten.

magnetomechanische Effekte, 1) die →gyromagnetischen Effekte.
2) **magnetoelastische Effekte,** Beeinflussungen mechan. (elast.) Größen ferromagnet. Stoffe durch Magnetisierungsänderungen infolge mechan. Spannungen. So stellen sich z. B. in einem Ferromagnetikum unter Zug die Magnetisierungsrichtungen der →Weiss-Bezirke so ein, dass die mit dieser Einstellung verbundene Magnetostriktion die vom Zug herrührende Dehnung noch vergrößert.

magnetomechanischer Parallelismus, die Tatsache, dass Elementarteilchen, Atomkerne, Atome und Moleküle ein magnet. Moment haben, das ihrem Drehimpuls proportional ist (→gyromagnetisches Verhältnis, →Landé-Faktor).

Magnetometer das, -s/-, Gerät zur Ausmessung von →Magnetfeldern, zur Messung der Polstärke von Magneten sowie zur Prüfung der magnet. Eigenschaften von Stoffen. M. werden v. a. in der Geophysik zur Erforschung des Erdmagnetismus und der geolog. Struktur des oberflächennahen Untergrundes bei der Lagerstättenforschung verwendet. Zu den klass., einen Magneten enthaltenden M. zählen das **Torsions-M.** mit einem an einem straff gespannten Faden aufgehängten, verspiegelten Magneten, das auf einen Theodoliten montierte **Horizontal-Torsions-M. (Magnettheodolit)** zur Relativmessung der Horizontalintensität des erdmagnet. Feldes, bei dem ein Magnet an einem vertikalen Quarzfaden hängt und das Gerät in definierter Weise gegen die Ausgangslage gedreht wird, sowie die **magnetischen Feldwaagen** zur Relativmessung der Vertikalintensität. Diese bestehen aus einem horizontal liegenden, genau in Ost-West-Richtung ausgerichteten Magneten, der auf einer Schneide gelagert ist **(Schmidt-Schneidenwaage)** oder an einem horizontalen Faden oder Band hängt; das durch die normale Vertikalintensität hervorgerufene Drehmoment wird durch ein Gegengewicht kompensiert; Abweichungen vom Normalwert äußern sich in messbaren Kippungen des Magneten. Zahlreiche M. enthal-

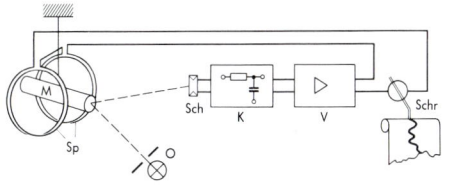

Magnetometer: Schematischer Aufbau eines lichtelektrisch kompensierenden Torsionsmagnetometers mit grafischer Aufzeichnung; M Magnet am Torsionsfaden, Sp Kompensationsspule, O Optik, Sch lichtelektrisches Schaltelement, K Zeitglied zur Frequenzkorrektur, V Verstärker, Schr Schreiber

ten Stromspulen und nutzen die Induktionswirkung (z. B. die →Förster-Sonde). Die Wirkungsweise anderer M. beruht auf der magnet. Ablenkung von Elektronen, auf der Messung der Larmor-Frequenz v. a. von Protonen (→Protonenmagnetometer), auf →galvanomagnetischen Effekten (z. B. Hall-Generator, Wismutspirale), auf dem Zeeman-Effekt (z. B. beim Rubidiumdampf-M.) und auf Effekten der Supraleitung

(Meißner-Ochsenfeld-Effekt, Josephson-Effekt). Auf dem letztgenannten Effekt beruhen die außerordentlich empfindlichen →SQUIDs.

magnetomotorischer Speicher, ein →Magnetspeicher mit bewegtem magnet. Speichermedium.

Magneton [frz.] *das, -s/-(s),* physikal. Konstante, als deren Vielfaches häufig magnet. Momente im atomaren und subatomaren Bereich angegeben werden. 1) Das **bohrsche Magneton** μ_B ist definiert durch $\mu_B = e\hbar/(2m_e) \approx 9{,}274 \cdot 10^{-24}\,\text{A} \cdot \text{m}^2$ (e Elementarladung, $\hbar = h/(2\pi)$, h plancksches Wirkungsquantum, m_e Ruhemasse des Elektrons; →Naturkonstanten, TABELLE). Es ist nach klass. Rechnung genau gleich dem magnet. Moment eines (spinlos gedachten) Elektrons, das mit dem Bahndrehimpuls $\hbar$ auf einer Kreisbahn umläuft. Auch mit dem Spin $\hbar/2$ des Elektrons ist ein magnet. Moment verknüpft (magnet. Moment des Elektrons $\mu_e \approx 9{,}285 \cdot 10^{-24}\,\text{A} \cdot \text{m}^2$), das in guter Näherung mit dem bohrschen M. übereinstimmt. Die atomaren magnet. Momente setzen sich aus Bahn- und Spinbeiträgen zusammen.
2) Das **Kernmagneton** $\mu_N = e\hbar/(2m_p) \approx 5{,}05095 \cdot 10^{-27}\,\text{A} \cdot \text{m}^2$ dient als Einheit der magnet. Momente von Atomkernen. Es unterscheidet sich vom bohrschen M. durch die Verwendung der Protonenmasse m_p im Nenner und ist entsprechend 1 837-mal kleiner. Da die Termaufspaltung proportional zum entsprechenden M. ist, ist die auf dem Kern-M. beruhende Hyperfeinstrukturaufspaltung wesentlich kleiner als die auf dem bohrschen M. beruhende Feinstrukturaufspaltung.

Magnetoptik, Teilbereich der physikal. Optik, behandelt den Einfluss magnet. Felder auf Emission, Absorption (→Zeeman-Effekt) und Ausbreitung elektromagnet. Wellen in Medien.
Bei der Ausbreitung in einem magnet. Feld wird die Schwingungsebene linear polarisierten Lichts, das sich parallel zu den Magnetfeldlinien ausbreitet, in allen (auch normalerweise optisch nicht aktiven) Substanzen gedreht **(Faraday-Effekt, Magnetorotation).** Der Drehwinkel ist der Schichtdicke und der magnet. Feldstärke proportional. Die materialspezif. Proportionalitätskonstante **(Verdet-Konstante)** ist temperatur- und wellenlängenabhängig. Für Wellenlängen in der Nähe von Absorptionslinien wird die Drehung extrem groß (Macaluso-Corbino-Effekt). Bei Ausbreitung senkrecht zu den magnet. Feldlinien pflanzen sich die parallel und senkrecht zur Feldrichtung polarisierten Teilwellen (ähnlich wie im Fall der Ausbreitung in elektr. Feldern beim →Pockels-Effekt oder elektroopt. →Kerr-Effekt) mit unterschiedl. Phasengeschwindigkeit fort. Diese transversale **magnetische Doppelbrechung** ist auf die Ausrichtung von Molekülen (→Cotton-Mouton-Effekt) oder größeren Teilchenaggregaten (→Majorana-Effekt) im Magnetfeld zurückzuführen **(Einsteineffekte).** Sie wird in der Nähe von intensiven Absorptionslinien wegen der Beeinflussung der Elektronenbewegung bes. stark **(Voigt-Effekt).** Bei paramagnet. Substanzen kommt zu der diamagnet. Drehung noch eine (i. d. R. größere) paramagnet. Drehung hinzu. Sehr große Drehungen bewirken dünne ferromagnet. Materialien **(Kundt-Effekt),** bei denen die Orientierung der magnet. Momente sich auch durch die Veränderung der Polarisation bei der Reflexion von Licht an der Oberfläche bemerkbar macht **(magnetooptischer Kerr-Effekt).**

magnetooptische Effekte, →Magnetooptik.

magnetooptische Platte, *Datenverarbeitung:* →magnetooptischer Speicher.

magnetooptischer Speicher, Speicher, bei dem die Vorteile der magnet. Aufzeichnung (Wiederbeschreibbarkeit) mit denen opt. Verfahren (hohe Aufzeichnungsdichte) vereinigt werden. Dies geschieht unter Ausnutzung des magnetopt. Kerr-Effekts (→Magnetooptik), bei dem bestimmte Substanzen unter dem Einfluss hoher Temperaturen (hervorgerufen durch einen fokussierten Laserstrahl) und starker Magnetfelder ihre Polarisationsrichtung ändern. Bei der **magnetooptischen Platte** (engl. **m**agneto-**o**ptical **d**isk, Abk. **MO-Platte**) erzeugt der Schreibkopf beim Aufzeichnen ein Magnetfeld. Durch einen Laserstrahl werden bestimmte Bereiche der Platte erhitzt (auf ca. 200 °C), die daraufhin ihre magnet. Ausrichtung ändern. Beim Lesen tastet ein wesentlich schwächerer Laserstrahl die Platte ab, wobei dieser – je nach Magnetisierungsrichtung der Bereiche – unterschiedlich reflektiert wird. Je nachdem, welche Polarisation der reflektierte Strahl besitzt, wird die Information als ›0‹ oder ›1‹ interpretiert. Einerseits ist der Schreibvorgang aufgrund der magnet. Aufzeichnung reversibel, andererseits wird durch die genaue Fokussierung des Laserstrahls eine hohe Speicherdichte erreicht. Derzeit gibt es MO-Laufwerke für 3,5- und 5,25-Zoll-Platten; die Speicherkapazitäten betragen 650 MB bis etwa 3 GB bei durchschnittl. Zugriffszeiten von 20–50 ms. MO-Platten dienen bes. zur Ablage, zur Datensicherung und zum Austausch großer Informationsbestände. (→optische Speicherplatte)

Magnetopause, →Magnetosphäre.

Magnetoplumbit, grauschwarzes, hexagonales, stark magnet. Mineral der chem. Zusammensetzung $PbO \cdot 6\,Fe_2O_3$; Härte nach MOHS 6, Dichte 5,52 g/cm³.

Magnetorotation, →Magnetooptik.

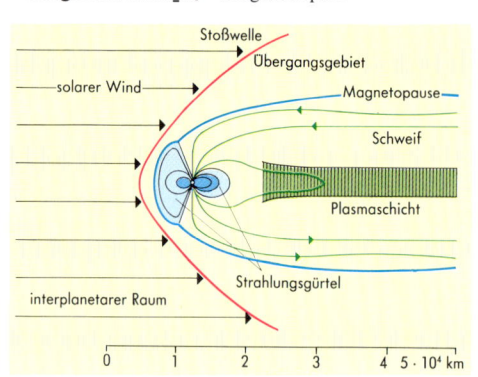

Magnetosphäre: Schematische Darstellung ihres Aufbaus; die Erde wird dargestellt durch den kleinen Kreis inmitten der Strahlungsgürtel, die Sonne steht links

Magnetosphäre [Analogiebildung zu Atmosphäre], i. w. S. der Raum um einen Planeten, in dem dessen Magnetfeld wirkt; i. e. S. ein die Erde umgebender, auf der sonnenabgewandten Seite stromlinienförmiger Bereich, in dem das erdmagnet. Feld die Bewegung der in ihm befindl. Ladungsträger bestimmt. Verantwortlich für die Entstehung der innen von der Ionosphäre, außen von der **Magnetopause** begrenzten M. ist der Sonnenwind. Dieser stetig von der Sonne kommende Teilchenstrom ›komprimiert‹ das erdmagnet. Feld auf der sonnenzugewandten Seite und lässt es auf der sonnenabgewandten Seite schweifförmig auslaufen. In einer Höhe von rund 1 000 km beginnen die Strahlungsgürtel (Van-Allen-Gürtel); sie reichen auf der Sonnenseite bis zur Magnetopause, auf der Schweifseite weniger weit.

Die Magnetopause ist auf der Sonnenseite geschlossen, auf der Nachtseite läuft sie in den Schweif aus. Ihre Dicke beträgt weniger als 100 km, im Abstand vom Erdmittelpunkt in ungestörten Zeiten auf der Sonnenseite 8 bis 12 Erdradien; bei →erdmagnetischen Stürmen wird sie näher an die Erde herangeschoben. An der Magnetopause heben sich der Druck des Sonnenwinds und des erdmagnet. Feldes gerade auf. Magnetfeldmessungen auf der Nachtseite der Erde zeigen, dass das Feld südlich der Ekliptikebene nahezu parallel zur Richtung des Sonnenwindes verläuft, nördlich davon antiparallel. In der Mitte des M.-Schweifs existiert eine neutrale Schicht, ein flaches Gebiet, das durch die unvermittelte Richtungsänderung des Magnetfeldes gekennzeichnet wird. Die Feldstärke sinkt hier auf einen sehr kleinen Wert ab. In der Umgebung der neutralen Schicht beobachtet man eine größere Plasmaansammlung mit einer Dicke von 5 bis 10 Erdradien, in die die neutrale Schicht (500 bis 5 000 km dick) eingebettet ist.

W. KERTZ: Einf. in die Geophysik, 2 Bde. (1969–71, Nachdr. 1989); S. I. AKASOFU u. S. CHAPMAN: Solar-terrestrial physics (Oxford 1972); E. N. PARKER: Cosmical magnetic fields. Their origin and their activity (ebd. 1979).

Magnetostatik, die Lehre von den zeitlich konstanten Magnetfeldern. Sie befasst sich mit den Magnetfeldern in der Umgebung von Dauermagneten (→Magnet) und stationären elektr. Strömen sowie mit den Kraftwirkungen auf Magnete und Ströme im magnet. Feld. Grundlage der M. sind die →maxwellschen Gleichungen für die magnet. Flussdichte *B* und die magnet. Feldstärke *H* ohne zeitabhängige Terme, die Formel für die →Lorentz-Kraft und die Gesetze der Mechanik sowie Materialeigenschaften, wie Permeabilitätszahl und Remanenz.

Magnetostriktion [lat. strictio ›Zusammenziehung‹] *die, -/-en,* Bez. für alle von Magnetisierungsprozessen herrührenden Änderungen der geometr. Abmessungen von Körpern (bes. von Ferro-, Antiferro- und Ferrimagneten). Die Erscheinungen lassen sich in volumeninvariante Gestaltsänderungen (**Joule-Effekt, Gestalts-M.**) und forminvariante Volumenänderungen (**Volumen-M.**) einteilen. Die relative Längenänderung eines bis zur Sättigung magnetisierten ferromagnet. Körpers (**Sättigungs-M.**) in Richtung der Magnetisierung ist von der Größenordnung 10^{-5}. Verkürzt sich die Probe in Magnetisierungsrichtung, so spricht man von negativer, andernfalls von positiver Magnetostriktion.

Magnetotaxis, die →Magnetfeldorientierung.

Magnetotellurik, *Geophysik:* eine Methode, an einem Ort gleichzeitig die zeitl. Schwankungen des elektr. Stroms im Erdboden und die des erdmagnet. Feldes zu messen. Sie dient zur Bestimmung der Tiefenlage (mittels der Frequenz) und Leitfähigkeit von Gesteinsschichten.

W. KERTZ: Einf. in die Geophysik, 2 Bde. (1969–71, Nachdr. 1989).

Magnetplattenspeicher, *Datenverarbeitung:* ein Externspeicher zur Speicherung großer Datenmengen (Massenspeicher) mit direktem Zugriff. Der M. ist ein Magnetschichtspeicher; er besteht im Wesentlichen aus den Funktionseinheiten: Magnetplatte(n), Magnetplattenlaufwerk und -steuerung.

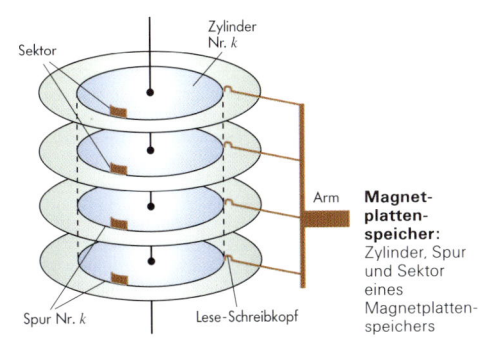

M. besitzen i. d. R. mehrere auf einer Achse übereinander montierte, mit einer →Magnetschicht überzogene (meist aus Aluminium bestehende) runde Platten (**Magnetplatten**), auf die die Information durch Magnetisierung aufgezeichnet wird. Diese Magnetplatten bilden einen **Magnetplattenstapel,** der sich mit konstanter, hoher Geschwindigkeit (mehrere Tausend U/min) dreht. Die Aufzeichnung erfolgt i. d. R. beidseitig, wobei die Information bit- und byteseriell auf konzentr. Spuren (je nach Gerät und Hersteller einige Tausend) abgespeichert wird. Übereinander liegende Spuren eines Plattenstapels heißen **Zylinder.** Jede Seite der Platte wird radial in Abschnitte gleicher Winkel aufgeteilt. Die dadurch auf den Spuren entstehenden Bereiche werden **Sektoren** genannt; ein Sektor (meist 512 Bytes) ist die kleinste adressierbare Einheit. Dateien und Programme werden in untereinander verketteten Sektoren gespeichert. Der Zugriff zu den Daten erfolgt durch Positionieren der Schreib-/Leseköpfe, die in ihrer Gesamtheit den so genannten Zugriffskamm bilden (Zugriffszeiten im Millisekundenbereich, i. Allg. zw. etwa 10 und 30 ms). M. unterscheiden sich im Wesentlichen durch ihre Bauart, d. h. als M., deren Plattenstapel fest in das Laufwerk eingebaut (**Festplattenspeicher**) oder auswechselbar ist (**Wechselplattenspeicher**), die Verwendung verschiedener Plattengrößen (z. B. 5,25", 3,5"), verschiedener Aufzeichnungstechniken und -formate, Kapazitäten sowie durch die unterschiedl. Leistungen bezüglich Zugriffszeit und Datentransferrate.

Die heute bei Rechnern aller Größenklassen vorherrschenden →Festplattenspeicher sind in der Winchestertechnik (→Winchesterspeicher) ausgeführt. Dabei sind die Platten und Zugriffseinrichtungen, v. a. wegen der hohen Reinheitsanforderungen, in hermetisch abgeschlossene, mit Edelgas gefüllte Gehäuse fest eingebaut. – In der Klasse der Großrechner sind die DASD-M. (Abk. für engl. **d**irect **a**ccess **s**torage **d**evice) mit typischerweise acht 10,8"-Platten verbreitet (Kapazität einige GB). Häufig enthält eine Magnetplatteneinheit mehrere Laufwerke. Die damit erreichten Kapazitäten überschreiten 100 GB pro Einheit. Für Minirechner und Server in lokalen Netzen werden aus Gründen der Datensicherheit, aber auch wegen des schnellen Zugriffs und der hohen Speicherkapazität häufig RAID-Speichereinheiten (Abk. für engl. **r**edundant **a**rray of **i**nexpensive **d**isks) verwendet. Dies sind Geräte, die über mehrere, parallel arbeitende Einschübe (Arrays) von preiswerten Standardmagnetplatten verfügen. In derartigen Magnetplatten-Arrays können über 100 Platten eingebaut werden, die sich gegenüber dem Rechner wie eine einzige Platte sehr hoher Speicherkapazität verhalten. Je nach Ausbau werden Kapazitäten von einigen GB bis ca. 100 GB erreicht. Bei Workstations und PCs sind M. i. d. R. fest in das Rechnersystem eingebaut. Die Standardfestplatte besitzt ein 3,5"-Format, ihre Kapazität liegt derzeit bei 500 MB bis ca. 20 GB pro Laufwerk.

Bei den Wechselplattenspeichern können die Magnetplatten entfernt bzw. ausgetauscht oder die Wechselplattengeräte vom Rechner abgetrennt werden. Für PCs und Notebooks werden dabei versch. Typen angeboten. Geräte mit Standardwechselplatten sind als tragbare Laufwerke ausgeführt, oder die Platten sind in einem Gehäuse untergebracht. Des Weiteren gibt es auswechselbare Kassetten (engl. cartridges) mit integrierter Platte bzw. Platten, jedoch ohne Zugriffsmechanismus. Laufwerke für 540-MB- bzw. 1-GB-Cartridges erreichen dabei durchschnittl. Zugriffszeiten von 12 ms. – Ein weiterer Typ sind M. im PCMCIA-Format (Abk. für engl. **p**ersonal **c**omputer **m**emory **c**ard **i**nternational **a**ssociation, so genannte PC-Card-Platten. PC-Cards sind periphere Einheiten, die v. a. die Fähigkeiten von Notebooks erweitern und als

Magnetplattenspeicher: Zylinder, Spur und Sektor eines Magnetplattenspeichers

ideale transportable Speicher für PCs aller Größenklassen gelten können. Die standardisierte PC-Card hat die Größe einer Kreditkarte; sie wird von außen in den Rechner eingesteckt. Für M. werden PC-Cards mit 10,5 mm Stärke verwendet, die auf 1,8''- oder 1,3''-Platten Kapazitäten von ca. 200 bis 500 MB bei Zugriffszeiten von etwa 20 ms haben.

Magnetpole, →erdmagnetisches Feld, →Magnet.

Magnetpulververfahren, ein →magnetisches Streuflussverfahren.

Magnetresonanz, svw. Kernspinresonanz.

Magnetresonanz|tomographie, die →Kernspintomographie.

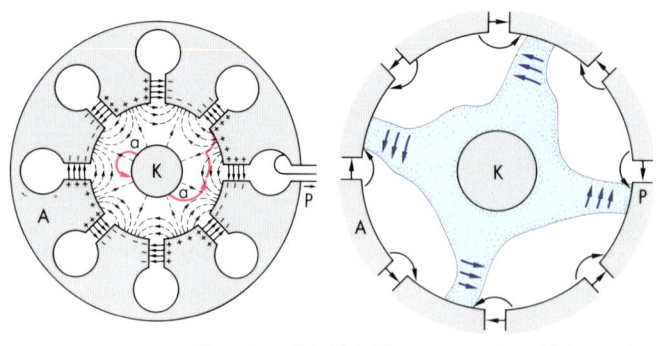

Magnetron: links Vielschlitzmagnetron, Augenblicksverlauf des Wechselfeldes; rechts Konfiguration der Elektronenwolke im Magnetron; A Anodenblock, K Kathode, a Elektronenbahnen, P ausgekoppelte Leistung

Magnetron [zu Magnet und ...tron, dem griech. Suffix zur Bez. eines Gerätes, Werkzeugs] *das, -s/...'trone,* auch *-s,* eine Lauffeldröhre für Mikrowellen im Frequenzbereich 1 bis 30 GHz. Eine zylindr. Kathode ist ringförmig von einem Anodenblock aus Kupfer umgeben, der mit seinen in gleichmäßigem Winkelabstand eingefrästen Schlitzen und Bohrungen eine in sich geschlossene →Verzögerungsleitung aus gekoppelten Hohlraumresonatoren bildet. Die Anordnung befindet sich in einem zur Zylinderachse parallelen homogenen Feld eines Permanentmagneten. Aus der Kathode austretende Elektronen bewegen sich im Wechselwirkungsraum unter dem kombinierten Einfluss von elektr. Kathoden-Anoden-Feld und dem Magnetfeld auf zykloidenähnl. Bahnen um die Kathode. Dabei erfolgt die Verstärkung der an der Anode umlaufenden elektromagnet. Welle durch einen Aussortiervorgang: Die Elektronen, die von der Welle gebremst werden (d. h. Energie an sie abgeben), erfahren eine schwächere ablenkende Kraft durch das Magnetfeld (→Lorentz-Kraft) und landen schließlich, nachdem sie ihre potenzielle Energie an das Wanderfeld abgegeben haben, streifend auf der Anode. Die Elektronen dagegen, die von der Welle beschleunigt werden (d. h. ihr Energie entziehen), werden wegen ihrer höheren Geschwindigkeit durch das Magnetfeld auf die Oberfläche der Kathode zurückgelenkt. Durch kleine Änderungen des Magnetfeldes und der Kathodenhochspannung kann die Ausgangsfrequenz geringfügig geändert werden, in einem weiteren Bereich (10%), jedoch langsamer, durch mechan. Abstimmen des Resonanzraumes. M. werden als gepulste Senderöhren **(Impuls-M.)** hauptsächlich in der Radartechnik, manchmal auch für Linearbeschleuniger verwendet. **Dauerstrich-M.** mit einer Frequenz von 2,45 GHz und Wirkungsgraden von ca. 70% stellen den meistverwendeten Röhrentyp dar, der v. a. in industrielle Mikrowellenerwärmung (bis 6 kW), in Mikrowellengeräten im Haushalt (0,7-1,6 kW) und zur medizin. Diathermie (200 W) verwendet wird. Ein Nachteil des M. ist seine relativ geringe Betriebslebensdauer (ca. 5000 Stunden), bedingt durch die hohe Leistungsdichte und dadurch, dass die Kathode im Wechselwirkungsraum einem ständigen Elektronenbombardement ausgesetzt ist.

Magnetscheidung, magnetische Aufbereitung, magnetische Sortierung, *Aufbereitung:* eines der wichtigsten Verfahren, um lose Stoffgemische (Minerale, gemahlene Schlacken, keram. Massen, Schleifstaub u. a.) mithilfe von Elektro- oder Permanentmagneten zu trennen. Die M. beruht darauf, dass viele Feststoffe (ferromagnet. und paramagnet.) durch Magnete versch. stark und unterschiedlich schnell angezogen werden, während andere (diamagnet.) unbeeinflusst bleiben.

Elektroscheider werden gebaut als Schwachmagnetscheider, z. B. Trommelscheider, für leicht magnetisierbares Gut wie Magnetit; Starkmagnetscheider, z. B. Walzenscheider, für schwach magnetisierbares Haufwerk, z. B. viele arme Eisenerze; Bandscheider, bes. starker Magnetscheider, für schwierigste, feinkörnige Haufwerke wie Zinnerze und manche Seifenerze. Trommel- und Walzenscheidern gemeinsam ist das Festhalten der magnetisierbaren Teilchen im Bereich des Magnetfeldes, nach dessen Verlassen diese abgestreift oder abgeworfen werden. Dagegen erfolgt die Trennung beim Bandscheider mithilfe eines oberhalb des Gutstromes angebrachten Magneten, durch dessen Magnetfeld die magnetisierbaren Teile herausgehoben und über ein weiteres Band ausgetragen werden. Magnetscheider mit Permanentmagneten werden als Walzenscheider, Bandscheider sowie zur Verwendung in geschlossenen Anlagen als magnet. Filter (aus oxidkeram. Magnet- und Weicheisenringen aufgebaute zylindr. Magnetscheider) ausgeführt.

Magnetschicht, aus fein verteilten, hartmagnet. Kristallen (z. B. Eisen(III)-oxid, Chromdioxid, Reineisenpulver), Bindemittel und Lacken zusammengesetzte Beschichtung eines magnet. Speichermediums (z. B. Magnetband, -platte).

Magnetschichtspeicher, *Datenverarbeitung:* Speichertyp, bei dem die Daten in einer dünnen →Magnetschicht enthalten sind, die auf flexiblen oder harten Trägermaterialien unterschiedlichster Art (z. B. Polyesterband, Aluminiumscheibe) aufgebracht sein kann. Die Daten werden in fest vorgesehenen Spuren aufgezeichnet, wobei die gespeicherte Information durch magnet. Flusswechsel repräsentiert wird. Die wichtigsten M. sind der →Magnetplattenspeicher, der →Magnetbandspeicher, die →Diskette und die Magnetstreifenkarte (→Magnetkarte).

Magnetschwebebahn, Magnetbahn, Magnetschnellbahn, innovatives, spurgebundenes Landverkehrsmittel, v. a. für Fernverkehr, mit hoher Geschwindigkeit und Fahrzeugen, die von magnet. Kräften getragen, geführt und bewegt werden.

Beim **elektromagnetischen Schweben (EMS)** halten regelbare Elektromagnete in Verbindung mit einem elektron. Regelsystem gleich bleibenden, von Sensoren gemessenen Abstand zw. Fahrzeug und Fahrweg, indem die Magnetkräfte Gleichgewicht mit allen von Masse und Dynamik verursachten Fahrzeugkräften herstellen. Jede Änderung der rd. 10 mm großen Luftspalts führt zu einer entsprechenden Änderung der Magnetkräfte. Das System ist prinzipiell instabil und nur mit der Regelung funktionsfähig. EMS beruht auf anziehenden Magnetkräften, die einzeln geregelte Elektromagnete des Fahrzeugs auf ferromagnet. Reaktionsschienen (Statorpakete) unter dem Fahrweg ausüben. Dazu greift das Fahrzeug mit seinen Magnetgestellen seitlich unter den Fahrweg. Die Tragmagnete heben das Fahrzeug an, Führmagnete halten es seitlich in der Spur. Im Stillstand setzt das Fahrzeug mit Kufen auf dem Fahrweg auf.

Als Antrieb und Bremse werden →Linearmotoren benutzt, deren aktiver Teil im Fahrzeug (Kurzstator) oder im Fahrweg (Langstator) liegen kann. Bei Langstatortechnik lassen sich Trag- und Vortriebsfunktion in einem Magnetsystem zusammenfassen. Die mit Drehstrom gespeisten Statorwicklungen erzeugen entlang der Trasse ein elektromagnet. Wanderfeld, von dem das Fahrzeug über die Tragmagnete berührungsfrei mitgezogen und durch Umpolen des Magnetfeldes gebremst wird. Zur Regelung von Kraft und Geschwindigkeit sind Amplitude und Frequenz des Drehstroms stufenlos einstellbar. Die Energie zur Versorgung des Trag- und Führsystems sowie der Einrichtungen im Fahrzeug entnehmen Lineargeneratoren in den Tragmagneten berührungsfrei dem Langstator.

Das **elektrodynamische Schweben (EDS)** wurde bis 1977 auch in Dtl. untersucht und seither in Japan weiterentwickelt. Es beruht auf abstoßenden Magnetkräften. Magnetspulen am Fahrzeug erzeugen starke Magnetfelder, die während der Bewegung entsprechend hohe Ströme in Reaktionsspulen der Fahrbahn hervorrufen; die dabei entstehenden magnet. Gegenfelder bewirken abstoßende Kräfte und damit den Luftspalt von rd. 100 mm zw. Fahrbahn und Fahrzeug. Die nötigen Feldstärken werden durch supraleitende, mit flüssigem Helium gekühlte Magnetspulen (unter −200 °C) erreicht. Der Schwebevorgang ist selbststabilisierend, guter Fahrkomfort jedoch nicht ohne zusätzl. Dämpfung möglich. Die magnet. Abstützung setzt eine Mindestgeschwindigkeit voraus, deshalb sind zum Anfahren und Halten Räder nötig. Elektromagnet. Verträglichkeit wird durch aufwendige Abschirmung der Fahrgasträume erreicht.

Permanentmagnetisches Schweben (PMS) nutzt die abstoßenden Kräfte gleichnamiger Pole von Dauermagneten für die Tragfunktion. Die Spurführung kann aus physikal. Gründen nicht ebenfalls permanentmagnetisch ausgeführt werden. Das System hat bisher keine größere Bedeutung erlangt.

In Dtl. konzentrierte sich die Entwicklung ab 1977 auf das EMS-System Transrapid. Als Versuchsanlage steht seit 1983 bei Lathen im Emsland ein aufgeständerter Rundkurs teils in Beton-, teils in Stahlbauweise zur Verfügung. Er besteht aus zwei ringförmigen Schleifen mit 1 690 m und 1 000 m Durchmesser, einer geraden Verbindungsstrecke und drei Stahlbiegeweichen. Der Betrieb wird von einem Leitstand im Versuchszentrum gesteuert und überwacht. Das Versuchsfahrzeug Transrapid (TR) 07 erreichte 1993 als bisher größte Geschwindigkeit auf der Anlage 450 km/h. Mit dem 1997 gebauten TR 08 sind über 500 km/h vorgesehen. Die erste Transrapid soll ab 2005 Hamburg mit Berlin verbinden, die Fahrzeit für die 292 km lange Strecke eine Stunde betragen. Den Fahrweg finanziert der Bund mit 6,1 Mrd. DM, die Dt. Bahn AG übernimmt den Bau und später die Betriebsführung; für das Betriebssystem sind 3,7 Mrd. DM veranschlagt (Preisstand 1996).

In Japan erprobt die Luftverkehrsgesellschaft Japan Airlines (JAL) ein EMS-System zum Anschluss von Flughäfen. Die Bahngesellschaft JR Central und das Eisenbahnforschungsinstitut haben 1997 eine 18 km lange Teststrecke mit trogförmiger Fahrbahn für EDS-Technik in der Präfektur Yamanashi in Betrieb genommen, auf der 550 km/h erreicht werden sollen. Bei erfolgreichem Verlauf der Versuche wird der Abschnitt Teil einer Betriebsstrecke zw. Tokio und Ōsaka.

V. JUNG: Magnet. Schweben (1988); M.en, bearb. v. R. MIEDTANK (^{2}1989); Magnetbahn Transrapid. Die neue Dimension des Reisens, bearb. v. K. HEINRICH u. R. KRETZSCHMAR (1989); Auswirkungen eines neuen Bahnsystems auf Natur u. Landschaft, bearb. v. H. ARENALES u. a. (1996); C. REUBER: Berührungsloses Transportsystem mit Synchron-Linearantrieb (1996).

Magnetspeicher, magnetische Speicher, nichtflüchtige Speichersysteme, bei denen die remanente Magnetisierung ferro- oder ferrimagnet. Stoffe zur Informationsaufzeichnung benutzt wird. Während bei Analogspeichern (z. B. Tonband) eine eindeutige (von der Vorgeschichte unabhängige) Zuordnung zw. Remanenz und Signal durch Ausnutzung der idealen Magnetisierungskurve gewährleistet sein muss, genügen bei Digitalspeichern die beiden remanenten Zustände bistabiler magnet. Elemente für die Darstellung binärer Information. Als solche wurden früher v. a. →Ferritkernspeicher verwendet, heute insbesondere →Magnetschichtspeicher. M. lassen sich in Speicher, z. B. →Magnetbandspeicher, →Magnetplattenspeicher) und Speicher mit räumlich fester Anordnung der Magnetmaterialien (wie die Magnetstreifenkarte, →Magnetkarte) einteilen.

Magnetspektrometer, Gerät zur Messung der Impulsverteilung (Energieverteilung) von Strahlen geladener Teilchen (α-, β-Teilchen, Ionen), das die je nach Impuls (Energie) versch. starke Ablenkbarkeit der Teilchen durch ein Magnetfeld ausnutzt. Beim **Flachbahnspektrometer** liegen Strahlenquelle, Teilchenbahn und Detektor in einer Ebene senkrecht zum homogenen Magnetfeld. Die durch den Eintrittsspalt in das M. eintretenden Teilchen beschreiben unter Einfluss des Magnetfeldes eine kreisförmige Bahn, deren Krümmungsradius umso größer ist, je schneller (energiereicher) das Teilchen ist. Nach Durchlaufen eines Halbkreises werden Teilchen gleicher Geschwindigkeit, die den Spalt in etwas verschiedener Richtung passiert haben, wieder in einem Punkt vereinigt **(Halbkreisspektrometer mit Richtungsfokussierung).** Beim **Linsenspektrometer** liegen Strahlungsquelle und Detektor auf der Symmetrieachse des Magnetfeldes. Teilchen, die unter einem Winkel zur Magnetfeldrichtung eingeschossen werden, beschreiben eine schraubenförmige Bahn und kreuzen wieder die Symmetrieachse in einem Punkt. Dessen Abstand vom Eintrittsspalt hängt von der Teilchenenergie ab.

M. werden in der Kernphysik dazu benutzt, Art, Energie und Anzahl der Produkte von Kernstreuprozessen und Kernreaktionen unter verschiedenen Winkeln mit möglichst hoher Präzision zu bestimmen. Die Experimente liefern Informationen über die Reaktionsmechanismen und die Kernstrukturen.

Magnetstreifenkarte, →Magnetkarte.

Magnet|tonträger, Sammel-Bez. für magnetisierbare Materialien, die in der Hörfunk-, Fernseh- und Filmtechnik zur Aufnahme und Speicherung von Schallereignissen verwendet werden. M. sind vorwiegend bandförmig (→Tonband), werden aber auch in Form von magnetisierbaren Folien und Platten verwendet. Zu den M. zählen ferner die Magnetfilme sowie die Magnetspuren auf kinematograph. Filmen.

Magnet|tonverfahren, Verfahren zur Aufnahme und Wiedergabe von Schallereignissen mithilfe eines überwiegend bandförmigen, magnetisierbaren Zeichenträgers (→Tonband). Zur magnet. Schallaufzeichnung wird dem Aufnahmekopf (→Magnetkopf) das verstärkte Tonsignal zugeführt, wodurch im Kopfkern magnet. Feldlinien entstehen, die entsprechend dem Takt der Schallschwingungen in Stärke und Richtung wechseln. Am Kopfspalt treten die Feldlinien in das vorbeilaufende, zuvor mittels →Löschkopfes entmagnetisierte Magnetband über und bewirken in der Magnetschicht eine dort örtlich unterschiedlich starke Magnetisierung der dort eingelagerten Kristalle. Um auf dem Magnetband den geeigneten Arbeitspunkt zu erzielen, wird dem Aufnahmekopf ein zusätzl. Vormagnetisierungsstrom zugeführt. Bei der Wiedergabe wird das Magnetband am Wiedergabekopf entlanggeführt. Die um die Kristalle herum aufgebauten kleinen Mag-

Magn Magnettrommelspeicher – Magnitogorsk

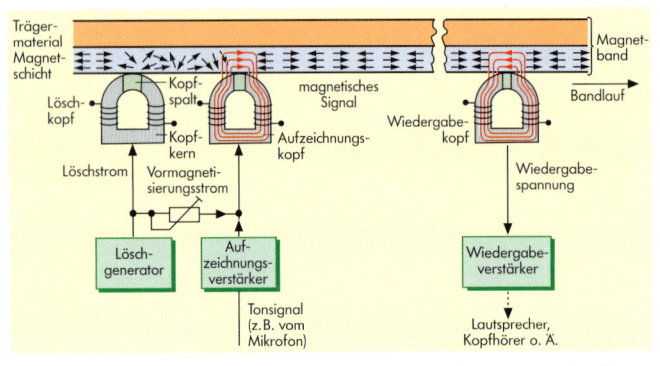

Magnettonverfahren: Prinzipielle Darstellung des Lösch-, Aufzeichnungs- und Wiedergabevorgangs

netfelder durchströmen den Kopfkern und induzieren in der Kopfspule elektr. Schwingungen, die von der wechselnden Magnetisierung abhängig sind. Diese Schwingungen werden verstärkt und mit einem Lautsprecher in Schall zurückverwandelt. Das M. findet umfangreiche Verwendung z. B. beim Rundfunk, Tonfilm, in der Phono- (Tonband, Kassettenrekorder) und Videotechnik.

Magnet|trommelspeicher, ein Magnetschichtspeicher mit zylindr. Oberfläche, der in der Frühzeit der elektron. Datenverarbeitung als Arbeits- bzw. Sekundärspeicher diente. Die Magnetschicht befindet sich auf dem Mantel einer ständig mit hoher Geschwindigkeit rotierenden Trommel, der in Spuren eingeteilt ist. I. d. R. ist jeder Spur ein in seiner Lage nicht veränderl. Magnetkopf zum Schreiben und Lesen zugeordnet. Große Trommeln ermöglichen das Speichern mehrerer Millionen alphanumer. Zeichen.

Magnet|umformung, *Fertigungstechnik:* Form der →Hochgeschwindigkeitsumformung.

Magnetvibrator, *Fördertechnik:* Antrieb eines Schwingförderers; durch die Wirkung elektromagnet. Kräfte wird ein Zweimassen-Schwingungssystem in Schwingung versetzt, das aus einem mit einer Freimasse versehenen Spulenkörper und der Nutzmasse (Rinne und Magnetanker) besteht, die über vorgespannte Druckfedern gekoppelt sind.

Magnetwerkstoffe, Gesamtheit der Werkstoffe mit spezif., von der Temperatur und v. a. von ihrem Aggregatzustand bzw. ihrer Modifikation abhängigen magnet. Eigenschaften. Gase und Flüssigkeiten zeigen i. Allg. nur schwach magnet. Verhalten. Festkör-

Magnetwerkstoffe: Übersichtsdiagramm (Al Aluminium, B Bor, C Kohlenstoff, Co Kobalt, Cr Chrom, Cu Kupfer, Fe Eisen, Nd Neodym, Ni Nickel, Pt Platin, Sm Samarium)

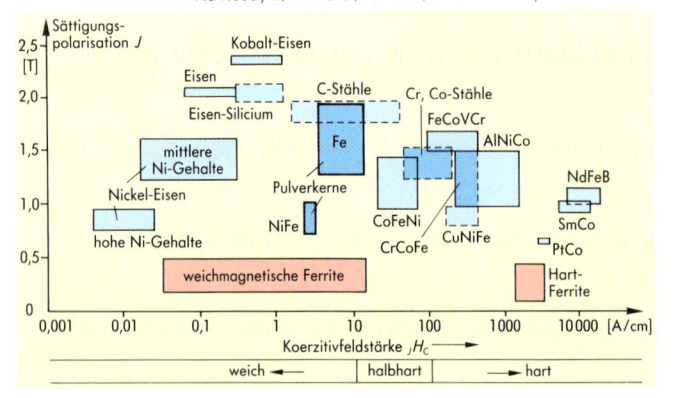

per können aufgrund der kristallinen Fernordnung stark magnetisch sein. Bes. ausgeprägten Paramagnetismus, Antiferromagnetismus oder Ferromagnetismus zeigen die Elemente, deren Atome nicht abgeschlossene innere Elektronenschalen besitzen, z. B. die Übergangselemente (v. a. die Ferromagnetika Eisen, Kobalt und Nickel und die Antiferromagnetika Mangan und Chrom) und die Seltenerdmetalle. Neben den ferromagnet. Werkstoffen stellen die ferrimagnet. (→Ferrite) eine zweite, technisch bedeutsame Gruppe der M. dar. Es handelt sich hierbei um oxid. Substanzen, die mittels keram. Sinterprozesse verarbeitet werden (→oxidkeramische Werkstoffe).

Weichmagnetische Werkstoffe sind ferro- und ferrimagnet. Stoffe, die sich leicht und ohne großen Hystereseverlust ummagnetisieren lassen, d. h. eine geringe Koerzitivfeldstärke (Koerzitivkraft) H_c und eine schmale Hystereseschleife besitzen (→Magnetisierung). Meist handelt es sich dabei um weitgehend homogene, reine und weich geglühte Werkstoffe. Die Hauptgruppen sind: 1) Elektrobleche mit Siliciumgehalten bis 4,4 %, abgesenktem Kohlenstoffgehalt und teilweise Gefügeorientierung; 2) Guss- und Schmiedestücke, z. B. für Polräder aus Eisen, mit niedrigen Gehalten an Fremdstoffen oder legiert mit Kohlenstoff bis 0,4 %, Silicium bis 0,5 % und Mangan bis 1,5 %, auch mit Zusätzen von Chrom, Nickel oder Molybdän; 3) Eisen-Nickel- oder Eisen-Kobalt-Legierungen, auch mit Zusätzen von Molybdän und Kupfer, sowie weichmagnet. Ferrite, wie Mischferrite (Mangan-Zink-, Nickel-Zink- oder Magnesium-Mangan-Ferrit u. a.) oder Ferrite von Seltenerdmetallen (z. B. Yttrium, Gadolinium) für Hochfrequenzanwendungen (z. B. magnet. Verstärker, Spulen- und Übertragungskerne), ferner →Carbonyleisen und Elektrolyteisen.

Hartmagnetische Werkstoffe (Dauer-M.) besitzen eine hohe Koerzitivfeldstärke und eine ausgeprägte Hystereseschleife; sie werden zur Herstellung von Permanentmagneten (→Magnet) mit einer zeitlich konstanten, durch äußere Einflüsse möglichst unveränderl. Magnetisierung verwendet, z. B. in elektr. Maschinen, Lautsprechern, Mikrofonen, Messinstrumenten. Zu ihnen gehören u. a. Legierungen aus Eisen, Aluminium, Nickel und Kobalt (→AlNiCo®), oxid. Bariumferrite sowie intermetall. Verbindungen, z. B. Verbindungen zw. Samarium und Kobalt ($SmCo_5$-Magnete).

E. FELDTKELLER: Dielektr. u. magnet. Materialeigenschaften, 2 Bde. (1973–74); C. HECK: Magnet. Werkstoffe u. ihre techn. Anwendung (²1975); Weichmagnet. Werkstoffe. Einf. in den Magnetismus, bearb. v. R. BOLL (⁴1990).

Magnificat [lat.] *das, -(s)/-s,* **Magnifikat,** neutestamentl. Lobgesang (Canticum), den MARIA, die Mutter JESU, nach Lk. 1,46–55 anlässlich ihres Besuches bei ELISABETH gesprochen hat; benannt nach dem ersten Wort der lat. Übersetzung des Textes (Magnificat anima mea Dominum ›Meine Seele preist den Herrn‹). Literarisch ist das M. von alttestamentl. Vorbildern abhängig (z. B. 1. Sam. 2,1–10). In der lat. Liturgie bildet es den Höhepunkt der Vesper. – In den einstimmigen gregorian. Melodien entspricht das M. den Psalmen. Für die abendländ. Musikgesch. wurden seine mehrstimmigen Vertonungen bedeutsam (G. DUFAY, O. DI LASSO, G. PALESTRINA), manchmal zw. einstimmigem Choral und mehrstimmigem Chorsatz wechselnd (JOSQUIN DESPREZ, ADAM VON FULDA) oder zu Kantaten erweitert (J. S. BACH).

Magnifizenz [lat. magnificentia ›Erhabenheit‹] *die, -,* traditioneller Titel der Universitätsrektoren und der ev. Landesbischöfe; früher auch der regierenden Bürgermeister der Hanse- und Freien Reichsstädte.

Magnissia, die Halbinsel →Magnesia.

Magnitogorsk, Stadt im Gebiet Tscheljabinsk, Russland, am O-Abfall des Südl. Ural, am Fluss Ural,

422 800 Ew.; Hochschule für Bergbau und Metallurgie, PH, Musikhochschule; Zentrum der russ. Stahlerzeugung (großes Hüttenwerk) mit erhebl. ökolog. Problemen; Bau von Bergbau- und Hüttenausrüstungen, Metallwarenfabrik, Baustoff-, Textil-, Schuh-, Nahrungsmittelindustrie; Ausgangspunkt der Südsibir. Eisenbahn, Flughafen. – M. entstand 1929–31 mit dem Bau des Hüttenkombinats.

Magnitude [lat. magnitudo ›Größe‹] die, -, messbare Größe zur physikal. Kennzeichnung der Erdbebenstärke, →Richterskala.

Magnitudo [lat. ›Größe‹] die, -, *Astronomie:* Abk. mag oder ^{m}, die Größenklasse eines Gestirns. (→Helligkeit)

Magnoli|e [nach dem frz. Botaniker PIERRE MAGNOL, * 1638, † 1715] *die, -/-n,* **Magnolia,** Gattung der Magnoliengewächse mit etwa 125 Arten in O-Asien, im Himalaja und in Nord- und Mittelamerika; sommer- oder immergrüne Bäume oder Sträucher mit einfachen, ungeteilten Blättern und einzelnen endständigen, oft sehr großen Blüten. Mehrere Arten sind beliebte Zierbäume und -sträucher, z. B. die in Japan beheimatete **Stern-M.** (Magnolia stellata), ein bis 3 m hoher Strauch mit verkehrt eiförmigen, bis 10 cm langen Blättern und weißen, duftenden Blüten, sowie die **Tulpen-M.** (Magnolia × soulangiana, Kreuzung aus den beiden in temperierten China beheimateten Arten Magnolia denudata und Magnolia liliiflora) mit aufrechten, innen meist weißen, außen rosafarbenen Blüten. – Die Gattung M. gehört zu den typ. Vertretern der im Tertiär über die gesamte gemäßigte N-Halbkugel verbreiteten arktotertiären Flora.

Kulturgeschichte: M. werden in China seit alters in vielen Arten angepflanzt. Urspr. nur dem Kaiser zustehend, verschenkte dieser (seit dem 11. Jh.) gelegentlich M.-Sträucher als besondere Auszeichnung. Blütenknospen, Früchte, Blätter und Holz wurden früher in China auch als Medizin verwendet. MARCO POLO erwähnt die Pflanze in seinen Reiseberichten, doch gelangten die ersten Exemplare erst um 1780 durch die Ostind. Kompanie nach Europa.

Magnoli|engewächse, Magnoliaceae, Pflanzenfamilie mit mehr als 200 Arten in sieben Gattungen, v. a. im gebirgigen S- und O-Asien und vom atlant. Nordamerika bis nach Südamerika; Bäume und Sträucher (häufig alkaloidhaltig) mit oft sehr großen, vielfach einzeln stehenden Blüten; zahlr. Zierpflanzen. Bekannte Gattungen sind →Magnolie und →Tulpenbaum.

Magnon *das, -s/...nonen,* ein →Quasiteilchen zur Beschreibung der Elementaranregung von gekoppelten Elektronenspins in ferro-, antiferro- und ferrimagnet. Festkörpern. (→Spinwellen)

Magnum [lat. ›groß‹] *die, -/...na,* **1)** Wein- oder Schaumweinflasche mit doppeltem Inhalt; i. d. R. 1,5 l, bei Champagner 1,6 l; **Doppel-M.:** 3 l.
2) *Waffenwesen:* Zusatz-Bez. für Spezialpatronen mit verstärkter Ladung (z. B. Kaliber .44 M.).

Magnum, genossenschaftlich organisierte Agentur freischaffender Fotojournalisten, die 1947 R. CAPA, H. CARTIER-BRESSON, D. SEYMOUR u. a. in Paris gründeten. 1948 wurde ein Büro in New York eröffnet. Zu den zahlr. namhaften Mitarbeitern der Agentur gehörten W. BISCHOF, H. LIST, GISÈLE FREUND, E. HAAS, INGE MORATH und M. RIBOUD.

Paris, M. Photographs 1935–1981 (Millerton, N. Y., 1981); Zeitblende. 5 Jahrzehnte M.-Photographie (1989); M. Cinema. Ein halbes Jahrhundert Kino in M.-Photographien, hg. v. C. PAQUOT (a. d. Frz., 1994).

Magnus [lat., eigtl. ›der Große‹], Herrscher:
Norwegen: **1) Magnus I. Olafsson, M. der Gute,** König (seit 1035), * 1024, † 25. 10. 1047; Sohn OLAFS DES HEILIGEN; war mit seinem Vater im Exil, 1042 gewann er mit schwed. Hilfe die Krone Norwegens, 1043 auch die Dänemarks. 1043 schlug er, mit der hamburgisch-brem. Kirche verbündet, einen Slaweneinfall in Schleswig zurück.

2) Magnus VI. Lagabøter [-bø:tər, ›Gesetzesverbesserer‹], König (seit 1263), * Tønsberg 1238, † Bergen 9. 5. 1280; Sohn HÅKONS DES ALTEN; ließ ein einheitl. Landrecht (1274/76) ausarbeiten, musste der Kirche aber 1277 u. a. eine eigene Gerichtsbarkeit zugestehen. Im Vertrag von Perth (1266) trat er die Hebriden und die Isle of Man gegen Tribut an Schottland ab.

Norweg. Königsgeschichten, hg. v. F. NIEDNER, Bd. 2 (Neuausg. 1965).

3) Magnus VII. Eriksson, König von Norwegen (1319–55) und als **Magnus II. Eriksson** von Schweden (1319–63), * 1316, † (ertrunken) im Hardangerfjord 1. 12. 1374; stellte mit dem Landrecht von 1350 die Rechtseinheit in Schweden her. 1355 überließ er seinem Sohn HÅKON (VI. MAGNUSSON), der bereits 1343 zu seinem Nachfolger in Norwegen bestimmt worden war, die Krone dieses Landes. In Schweden wählte der Adel 1364 gegen M. und HÅKON M.' Neffen ALBRECHT von Mecklenburg zum Nachfolger.

Magnus, Sankt Mang, rätoroman. Benediktiner, * um 699, † Füssen 6. 9. 772 (?); war seit 746 Missionar im östl. Allgäu und am oberen Lech. Aus seiner Niederlassung in Füssen entwickelte sich das Benediktinerkloster Sankt Mang. – Heiliger (Tag: 6. 9.).

Magnus, 1) Heinrich Gustav, Chemiker und Physiker, * Berlin 2. 5. 1802, † ebd. 4. 4. 1870; seit 1834 Prof. in Berlin, wo er erstmals in Dtl. physikal. Kolloquien einführte. Seine physikal. Arbeiten galten u. a. der Wärmeausdehnung von Luft und Wasserdampf sowie den Strömungen von Gasen und Flüssigkeiten (1852 entdeckte er den →Magnus-Effekt), seine chem. betrafen v. a. Tellur, Selen und Platin.

2) Kurt, Verwaltungsjurist und Rundfunkpionier, * Kassel 28. 3. 1887, † Wiesbaden 20. 6. 1962; 1923 Mitgründer und Aufsichtsrats-Vorsitzender der ›Funk-Stunde A. G.‹, Berlin, 1925 Direktor, 1930–33 Vorstands-Vors. der ›Reichs-Rundfunk-Gesellschaft mbH‹; ab 1945 im Hess. Ministerium für Wirtschaft und Verkehr; Mitgründer und bis 1962 Vorstands-Mitgl., zuletzt Präs. des Goethe-Inst., München.

3) [ˈmaŋnʊs], Olaus, eigtl. **Olof Månsson** [ˈmo:n-], schwed. Kartograph und Geschichtsschreiber, * Linköping Oktober 1490, † Rom 1. 8. 1557. Seine ›Carta marina et descriptio septentrionalium terrarum ac mirabilium rerum‹ stellt die erste detaillierte Karte von N-Europa dar (neun Holzschnittkarten, 1539 in Venedig erschienen, 1572 in Rom in Kupfer gestochen). In seiner ›Historia de gentibus septentrionalibus‹ (Rom 1555; dt. ›Historien der mittnaechtigen Laender ...‹, Basel ^{4}1567) bietet M. eine Geschichte dieses Raumes.

Magnus-Effekt [nach H. G. MAGNUS], *Strömungslehre:* die Mitnahme der Stromfäden einer Gas- oder Flüssigkeitsströmung durch einen senkrecht zur Strömung stehenden, rotierenden Zylinder. Dabei bilden sich vom vorderen Staupunkt ab auf beiden Seiten des Zylinders versch. starke Grenzschichten aus. Die Ablösungsstellen der in ihnen entstehenden Wirbel sind gegenüber dem ruhenden Zylinder in Drehrichtung verschoben. Durch die ungleichmäßige Verteilung der Gesamtströmung ergibt sich auch eine unsymmetr. Druckverteilung am Zylinderumfang. Der resultierende Quertrieb (Auftrieb) ist von der Seite, auf der Drehung und Strömung entgegengesetzt sind, zu der Seite gerichtet, auf der sie gleichsinnig sind. Der M.-E. verursacht Flugbahnabweichungen von rotierenden Geschossen, Tennis- und Golfbällen. Ein Anwendungsversuch ist der →Flettner-Rotor.

Magnus-Salz [nach H. G. MAGNUS], ein Platinsalz, →Platinverbindungen.

Magnússon, 1) Árni, isländ. Gelehrter, →Árni Magnússon.
2) Gudmundur, isländ. Schriftsteller, →Trausti, Jón.

Magnolie: Tulpenmagnolie (Höhe bis 6 m)

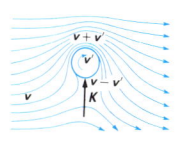

Magnus-Effekt: v Strömungsgeschwindigkeit, v' Rotationsgeschwindigkeit, K resultierende Kraft

Mago, Name bedeutender Karthager:

1) Mago, der Stammvater des nach ihm benannten, im ausgehenden 6. und im 5. Jh. v. Chr. mächtigen Geschlechts der **Magoniden,** dessen Angehörige bes. als Heerführer hervorgetreten sind. M. schuf das karthag. Söldnerheer (2. Hälfte 6. Jh. v. Chr.).

2) Mago, Feldherr, †203 v. Chr.; jüngster Bruder des Hannibal, kämpfte unter ihm während des 2. Pun. Krieges 218–216 v. Chr. in Italien, dann von 215 bis zur Niederlage von Ilipa (206) in Spanien. 205 suchte er, ohne Erfolg, den Krieg in Oberitalien wieder aufzunehmen. Er starb auf der Rückfahrt nach Afrika.

3) Mago, Schriftsteller des 2. Jh. v. Chr., verfasste eine Schrift über die Landwirtschaft in 28 Büchern, die nach der Zerstörung Karthagos (146 v. Chr.) ins Lateinische, 88 v. Chr. ins Griechische übersetzt wurde und die landwirtschaftl. Fachliteratur der Antike stark beeinflusste.

Magog, →Gog und Magog.

Magosa, Stadt in Zypern, →Famagusta.

Magosien [mago'zjɛ̃; frz., nach dem Ort Magosi, Uganda] *das, -(s),* vorgeschichtl. Kultur des subsahar. Afrika, die als Übergangsphase (nach neueren Forschungen zweifelhaft) vom Middle Stone Age zum Late Stone Age betrachtet wird. Ihre Verbreitung in Ost- und Südafrika deckt sich mit der der →Stillbaykultur, aus der das M. hervorgegangen sein soll.

Magot [frz., urspr. ›barbar. Völker‹, aus dem Hebr.] *der, -s/-s,* **Berber|affe, Gibraltar|affe, Macaca sylvana,** in Marokko und Algerien beheimatete Art der →Makaken, als einzige Affenart auch wild lebend in Europa (Gibraltar); unsicher ist, ob diese von urspr. in Europa (Pleistozän) lebenden, den Magot ähnl. Affen abstammen oder vom Menschen aus N-Afrika dorthin gebracht wurden. M. sind bis etwa 75 cm körperlang mit Stummelschwanz und dichtem, gelbbraunem Fell. Sie sind gesellige, bodenlebende Tiere, die gut klettern; sie ernähren sich v. a. von Früchten. Ihre Lebenserwartung beträgt etwa 15 Jahre. Bild →Affen

Magritte [ma'grit], René François Ghislain, belg. Maler, *Lessines (Prov. Hennegau) 21. 11. 1898, †Brüssel 15. 8. 1967; schuf nach dem Studium an der Akad. in Brüssel (1916–18) weitgehend abstrakte Kompositionen, bevor er in Paris (1927–30) mit den Surrealisten in Verbindung trat. Bes. von G. De Chirico beeinflusst, wurde er einer der bedeutendsten Vertreter des verist. Surrealismus, der die banalen Dinge des Alltags, naturalistisch im Detail, durch irrealist. Zusammenfügen verfremdet und in neue Zusammenhänge stellt. M.s Grundproblem war die Dialektik von Abbild und Wirklichkeit, Schein und Sein, die er in präzisen Bildvisionen ineinander verspiegelte. Zu M.s Werk gehören neben Staffeleigemälden auch Wandmalereien, Collagen und Fotografien. In den sechs Wandbildern für das Kasino von Knokke-Het Zoute (1953) fasste er das gesamte themat. Spektrum seiner Ikonographie zusammen.

Weitere Werke: Der bedrohte Mörder (1926; New York, Museum of Modern Art); Die Beschaffenheit des Menschen I (1933; Choisel, Privatsammlung); Die durchbohrte Zeit (1939; Chicago, Ill., Art Institute); Die Erinnerung (1948; Brüssel, Ministerium für nat. Erziehung u. Kultur); Das Reich der Lichter (1954; ebd., Musées Royaux des Beaux-Arts); Der Mann mit der Melone (1964; New York, Privatsammlung); Wandgemälde im Palais des Beaux-Arts in Charleroi (1957) u. im Palais des Congrès in Brüssel (1961). – **Schriften:** Écrits complets, hg. v. A. Blavier (1979); Sämtl. Schriften, hg. v. dems. (Neuausg. 1985).

R. Schiebler: Die Kunsttheorie R. M.s (1981); U. M. Schneede: R. M. Leben u. Werk (⁶1984); C. Schreier: R. M., Sprachbilder 1927–1930 (1985); M., bearb. v. P. Gimferrer (a. d. Span., 1987); R. M., bearb. v. Wieland Schmied u. a., Ausst.-Kat. (1987); R. M. Zeichen u. Bilder, bearb. v. H. Torcyner (a. d. Frz., ²1988); R. M. Catalogue raisonné, hg. v.

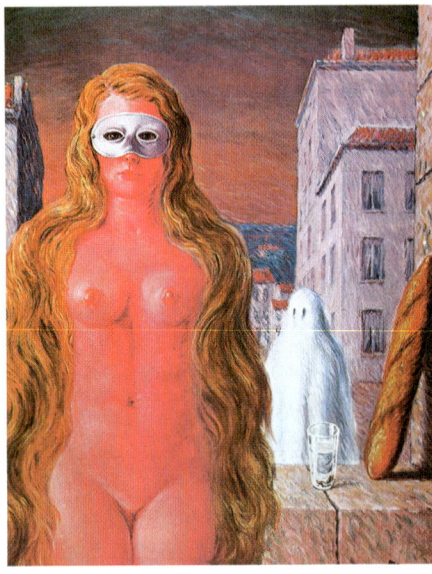

René Magritte: Karneval der Weisen; 1947 (Privatbesitz)

D. Sylvester, 5 Bde. (Basel 1992–97); A. M. Hammacher: R. M. (a. d. Amerikan., 1992); D. Sylvester: M. (a. d. Engl., Basel 1992); R. M., hg. v. J. M. Faerna (a. d. Span., 1995); R. M., Die Kunst der Konversation, bearb. v. D. Ottinger u. a., Ausst.-Kat. Kunstsammlung Nordrhein-Westfalen, Düsseldorf (1996).

Magula [neugriech. ›dicke Backe‹] *die, -/-s,* neugriech. Bez. für einen vorgeschichtl. Hügel aus Siedlungsschutt.

Magwę, Prov.-Hauptstadt in Mittelbirma, am Mittellauf des Irawadi. Nördlich der Stadt liegt das Haupterdölvorkommen des Landes; im Umland Anbau von Öl- und Hülsenfrüchten sowie Reis.

Magyaren [ma'dʒa:rən], **Madjaren,** ungar. **Magyarok** ['mɔdjɔrok; wohl aus Megyer (Name eines Stammes der Magyaren)], die Ungarn, das etwa 13,3 Mio. zählende Volk im mittleren Donautiefland und dessen Randgebieten. Sprachlich der östl. Gruppe der finnougr. Völker zugehörig (→ungarische Sprache), neben den etwa 10,4 Mio. M. in Ungarn leben etwa 1,6 Mio. in Rumänien (zus. mit den →Szeklern; →Rumänienungarn), 0,6 Mio. in der Slowakei, 0,1 Mio. in den GUS-Staaten, 0,5 Mio. in Serbien (Wojwodina) und zum kleineren Teil in Kroatien (Slawonien) sowie etwa 0,3 Mio. in anderen europ. Ländern und in Übersee.

Geschichte: Die im 9. Jh. aus dem Gebiet zw. Ural und Wolga einwandernden und landnehmenden M. assimilierten bald die im Karpatenbecken sesshaft gebliebenen Stammesreste (Germanen, Slawen, Dakoromanen), später auch u. a. die Kumanen. Streif- und Beutezüge führten nomadisierende M. im 9. Jh. ins Großmähr. Reich, im 10. Jh. v. a. in ostfränkisch-dt. Gebiete (›Ungarneinfälle‹). Bis zum Ende des 19. Jh. blieben die M. im alten Ungarn in der Minderheit. Durch die Assimilierung von in Ungarn lebenden Nationalitäten (**Magyarisierung**), bes. nach 1848, vergrößerte sich der Anteil der M. erheblich.

Brauchtum: In ihrem Kulturgut bewahrten die M. nachweislich nicht lange finnougr. Traditionen, die in Relikten an ihre früheren Nachbarn im Wolga- und Kamagebiet erinnern. Für das meist aus gestampftem Lehm erbaute Bauernhaus war Dreiräumigkeit die Regel (Flur und Küche zw. Arbeitsraum und ›guter Stube‹). Die Volkstrachten sind ebenso wie der Tanz (Csárdás) im Aussterben begriffen, an ihre Stelle traten – wie auch im Liedgut – folklorisierte Formen. Als bes. farbenprächtig galten die Trachten von Mezőkövesd, Sánköz, Kalocsa, der Palóc, in den Pusztén wichen sie nach Stand und einzelnem Dorf oft erheblich voneinander ab. Die M. Ungarns, die sich mehrheitlich als ›religiös‹ bezeichnen, sind (1997) zu rd. 64% kath. und rd. 24% prot. (19,7% ref., 4,3% luther.).

T. DÖMÖTÖR: Ungar. Volksbräuche (a.d. Ungar., Budapest ²1977); I. BALASSA u. G. ORTUTAY: Ungar. Volkskunde (a.d. Ungar., 1982).

Mahabalipuram, Mamallapuram, Kleinstadt an der Koromandelküste im südind. Bundesstaat Tamil Nadu, etwa 60 km südlich von Madras, mit kunstschichtlich bedeutenden Denkmälern der Pallavazeit (v.a. 7./8. Jh.); gegr. von dem Pallavakönig NARASIMHARVARMAN I. MAHAMALLA (etwa 630–668) als **Mahamallapuram.** Im 7. Jh. wurden etwa ein Dutzend Höhlentempel (Mandapas), großfigurige Felsreliefs (v.a. ›Die Herabkunft der Ganga‹, 27 × 19 m) und eine Gruppe von frei stehenden Monolithtempeln (›Rathas‹) aus dem anstehenden Granitfels herausgehauen. Aus dem frühen 8. Jh. stammt der aus Sandsteinblöcken erbaute Ufertempel, einer der frühesten Tempelkomplexe des südind. →Dravidastils. Die UNESCO erklärte die Denkmäler von M. zum Weltkulturerbe.

Mahabharata das, -, Sanskritepos; neben dem →Ramayana die bedeutendste ind. Erzählung. Das M. besteht aus 18 Büchern (Parvan) und einem Anhang, dem →Harivamsha, und ist in 107 000 Shlokas (Zweizeiler zu je 32 Silben) gegliedert; bekannt als längstes Gedicht der Welt. Das M. handelt von dem blutigen Bruderkrieg um die Macht zw. den Nachkommen des Bharata, den Kaurava- und den Pandavaprinzen. Am Ende des 18-tägigen Kampfes gewinnen die Letzteren durch die Hilfe des Gottes Krishna. Nach langer harmon. Regentschaft verzichten die Pandavas auf die weltl. Herrschaft, um in das Himmelreich einzutreten. Das M. wurde über einen ausgedehnten Zeitraum (400 v. Chr. bis 300 n. Chr.) verfasst und verarbeitet reichhaltige Komponenten der Geschichte, Mythologie und Religion Indiens. Bes. auffallend ist die Symbiose von Hinduismus und Buddhismus. Viele Episoden, Parabeln und Fabeln, z.B. Dushyanta und Shakuntala, Nala und Damayanti, Satyavan-Savitri sowie v.a. die ›Bhagavadgita, die das spätere ind. Gedankengut stark geprägt haben, sind darin verwoben. Obwohl das M. urspr. an der westl. Gangesseite entstanden ist, zeigen die versch. Regionalrezensionen (z.B. aus Bombay, Kalkutta und Madras) nachhaltige Inhaltsverschiebungen. Deshalb weisen die M.-Übertragungen in die einzelnen Regionalliteraturen lebendige Kontinuität und Wandel derselben Thematik auf.

Ausgaben: The M. of Krishna-Dwaipayana Viasa, hg. v. P. C. ROY, 7 Bde. (Neuausg. ²1955–56); Das M., übers. v. E. RÖMER (³1975).

V. S. SUKTHANKAR: On the meaning of the M. (Bombay 1957); R. K. SHARMA: Elements of poetry in the M. (Berkeley, Calif., 1964); K. MYLIUS: Gesch. der altind. Lit. (1988); A. MANGELS: Zur Erzähltechnik im M. (1994).

Mahadeva [Sanskrit ›der große Gott‹], Beiname des hinduist. Gottes →Shiva.

Mahagoni [wohl karib.] das, -s, urspr. Bez. für das erstmals zu Beginn des 18. Jh. von den Westind. Inseln nach Europa eingeführte rotbräunl., feste Holz des Zedrachgewächses Swietenia mahagoni (Insel-M., Westind. M., Jamaika-M., Kuba-M., Span. M.), das v.a. zur Herstellung von Massivmöbeln verwendet wurde (heute praktisch nicht mehr verfügbar). Im 19. Jh. kam das aus Mittel- und Südamerika stammende hellere, goldglänzende Holz der Art Swietenia macrophylla (Festland-M., Honduras-M., Nicaragua-M., Tabasco-M. u.a.) hinzu, das v.a. im Möbel- und Bootsbau verwendet wird. Insel- und Festland-M. (als Amerikan. M. bezeichnet) gelten als echtes M. Demgegenüber werden häufig auch andere Hölzer als M. bezeichnet, z.B. Sapelli, Khaya (Afrikan. M. oder Acajou) und die Hölzer einiger Eukalyptusarten.

Mahajanga, früher **Majunga** [maʒɶ̃'ga, frz.], Hafenstadt an der NW-Küste Madagaskars, an der Mündung des Betsiboka, 100 800 Ew.; Prov.-Verwaltung, kath. Bischofssitz, Univ.; Zementfabrik, Schlachthof, Textil- und Nahrungsmittelindustrie; Fischfang.

Mahakala [Sanskrit ›der große Schwarze‹ oder ›Tod‹], Personifizierung des hinduist. Gottes →Shiva.

Mahakam der, **Kutai,** größter Fluss auf O-Borneo, Indonesien, 715 km lang, entspringt im zentralen Gebirge der Insel, durchfließt im Unterlauf die Landschaft Kutai, mündet in einem Delta unterhalb von Samarinda in die Makassarstraße. Sammelplatz und Hafen für das am M. geschlagene Holz ist Samarinda; im Mündungsgebiet Erdölförderung (Raffinerie in Balikpapan).

Mahabalipuram: Detail aus einem Felsrelief mit der Darstellung der Askese Arjunas; 7. Jh.

Mahakaruna [Sanskrit ›das große Erbarmen‹], *Buddhismus:* →Karuna.

Mahakuta, ummauerter Tempelkomplex nahe Badami im Dekhan, Indien, mit shivait. Tempeln v. des 7. Jh. (Calukyadynastie), die z.T. im Dravidastil, z.T. im Nagarastil erbaut und um ein heilig gehaltenes Tempelbassin mit einem fünfgesichtigen →Linga (Panchamukhalinga) gruppiert sind.

Mahalla el-Kubra, Stadt in Unterägypten, im Nildelta, 385 000 Ew.; Zentrum der ägypt. Baumwollverarbeitung, ferner Nahrungsmittelindustrie; Bahnknotenpunkt; Produktpipeline von Alexandria/Tanta.

Mahamandapa [Sanskrit], **Sabhamandapa,** die Haupthalle ind. Tempel, als Versammlungsraum der Gläubigen dem Allerheiligsten (Garbhagriha) vorgelagert, über dem sich ein Turmbau (Sikhara) erhebt.

Mahan [məˈhæn], Alfred Thayer, amerikan. Admiral und Marinehistoriker, * West Point (N.Y.) 27. 9. 1840, † Quogue (N.Y.) 1. 12. 1914; 1886–89 und 1892/93 Präs. des Naval War College in Newport (R.I.), diente in der Marine bis 1896; wies in zahlr. Schriften (u.a. ›The influence of sea power upon history, 1660–1783‹, 1890; dt. ›Der Einfluß der Seemacht auf die Geschichte‹; ›The interest of America in sea power, present and future‹, 1897) auf die entscheidende Bedeutung überlegener Seemacht in den weltpolit. Auseinandersetzungen der Neuzeit hin und sprach sich für eine stärkere Seerüstung der USA aus. Er hatte großen Einfluss auf die Außenpolitik und Strategie der USA wie auch Dtl.s, Großbritanniens und Japans.

R. W. Turk: The ambiguous relationship. Theodore Roosevelt and A. T. M. (New York 1987).

Mahanadi [mə'ha:nədɪ] *die*, Fluss in Indien, 900 km lang, entspringt an der W-Flanke der Ostghats, durchbricht die Ostghats und mündet unterhalb von Cuttack in einem 180 km breiten Delta in den Golf von Bengalen. Die M. hat eine jahreszeitlich extrem stark schwankende Wasserführung. Größter Staudamm ist der **Hirakudstaudamm**, ein 4 800 m langer, 49 m hoher Erddamm, mit Kraftwerk (elektr. Leistung 270 MW).

Mahanaim, arab. **Tell ed-Dahab,** Ruinenstätte unweit des Jabbok in Jordanien, in der Bibel Lagerplatz Jakobs und Stätte seines Kampfes mit Gott (1. Mos. 32, 3) sowie Fluchtort Davids vor Absalom (2. Sam. 17, 24).

R. A. Coughanour: A search for M., in: Bulletin of the American Schools of Oriental Research, Bd. 273 (Jerusalem 1989).

Mahapatra, Jayanta, ind. Schriftsteller, *Cuttack 22. 10. 1928; verbindet christliche mit hinduist. Traditionen. Seine Lyrik ist durchdrungen von einem tiefen Gefühl für menschl. Leid (Schmerz, Einsamkeit), schildert aber auch in persönl. und nachdenkl. Weise das Leben in Indien, die Erfahrung von Liebe und Tod; auch Kinderbuchautor und Übersetzer von Werken der Oriyaliteratur.

Werke: *Lyrik:* Close the sky, ten by ten (1971); Svayamvara and other poems (1971); A father's hours (1976); A rain of rites (1976); Waiting (1979); The false start (1980); Relationship (1980); Life signs (1983); Dispossessed nests (1986); Selected poems (1987); Burden of waves and fruit (1988).

Maharadscha [Sanskrit, zu maha ›groß‹ und rāja ›König‹] *der, -s/-s,* **Maharaja** [-dʒa], Großfürst, ind. Herrschertitel (→Raja). – **Maharani** *die, -/-s,* Titel der Frau eines Maharadschas.

Maharashtra [-ʃtra], Bundesstaat in W-Indien, 307 713 km², (1994) 85,57 Mio. Ew. (1968: 47,67 Mio. Ew.); größte Städte sind die Hauptstadt Bombay (Mumbai), Nagpur, Pune, Thana, Nasik, Solapur, Aurangabad, Amravati, Kolhapur und Ulhasnagar. Die Regionalsprache Marathi wird von der Hälfte der Bev. gesprochen. – Hinter der 45–75 km breiten Küstenebene (Konkan) steigen die Westghats steil auf (bis 1 438 m ü. M.), von denen aus sich M. weit über das Hochland von Dekhan erstreckt. Der SW-Monsun bringt den Küstengebieten extrem hohe Niederschläge, im Inneren weist M. Trockengebiete auf. Landwirtschaftl. Produkte sind Reis, Weizen, Hirse, Erdnüsse, Zuckerrohr und Baumwolle. Die Wälder liefern wertvolle Nutzhölzer (v. a. Sandelholz). An Bodenschätzen besitzt M. Steinkohle, Mangan-, Eisenerz und Bauxit. Wichtigste Industriezweige sind Baumwollverarbeitung, Maschinenbau, Erdölraffination, chem. und Zuckerindustrie.

Maharashtri [-ʃtri], mittelind. Sprache, →Prakrit.

Maharishi Mahesh Yogi [-ʃi ma'heʃ -], eigtl. (bürgerl. Namen) **Mahesh Prasad Varma** [ma'heʃ -] und **J. N. Srivastava,** ind. Guru, *Jabalpur 12. 1. 1918. Er soll zunächst Physik studiert haben, wurde dann Schüler (oder Sekretär) des Gurus Svami Brahmananda Sarasvati (*1868, †1953), der ihn in die philosoph. Schule des Advaita-Vedanta einführte, und zog sich mit diesem einige Jahre in den Himalaja zurück. 1953 trat er erstmals als ›Maharishi‹ (›großer Seher‹) auf; 1958 begründete er in Madras die ›Geistige Erneuerungsbewegung‹ (›Spiritual regeneration movement‹) der →Transzendentalen Meditation, die er in den 60er- und 70er-Jahren in Europa einführte. Seit Ende der 80er-Jahre lebt er in Großbritannien.

Mahathir bin Mohammed, Datuk Seri, Politiker in Malaysia, *Alor Star (heute Alor Setar) 20. 12. 1925; Arzt, schloss sich der United Malays National Organization (UMNO) an; 1964–69 sowie seit 1974 Abg., ab 1974 Min., 1976–81 stellv. Min.-Präs.; wurde 1981 Vors. der UMNO und Min.-Präs. (erneut durch die Wahlen 1995 im Amt des Reg.-Chefs bestätigt). In enger Verbindung mit der Modernisierung der Wirtschaft Malaysias suchte er bes. die ökonom. und soziale Position des malaiischen Bev.-Teils zu stärken.

Mahatma [Sanskrit ›große Seele‹ bzw. ›dessen Seele groß ist‹], in Indien Ehrentitel für bedeutende spirituelle Lehrer (z. B. M. Gandhi).

Mahavamsa *die, -,* von dem buddhist. Mönch Mahanama Anfang des 6. Jh. in Pali-Versen verfasste ›Große Chronik‹ der Insel Ceylon (Sri Lanka). Das Epos behandelt die Geschichte der Einführung des Buddhismus und die Genealogie ceylones. Könige (etwa vom 6. Jh. v. Chr. bis 350 n. Chr.). Bis ins 19. Jh. wurden die urspr. 37 Gesänge ergänzt (unter dem Namen ›Culavamsa‹).

Mahavastu [Sanskrit ›Buch der großen Begebenheiten‹] *das, -,* zw. dem 2. Jh. v. Chr. und dem 4. Jh. n. Chr. verfasste bedeutende altind. Legendensammlung; beschreibt das übernatürl. Leben Buddhas und gilt als Fundgrube zur Entstehungsgeschichte der buddhist. Orden. Das in hinduist. Sanskrit (Prakrit) verfasste Werk aus Prosa und Versen ist mit vielen →Jatakas angereichert. Bis zu Beginn des 20. Jh. diente es als Basis für bedeutende literar. Werke.

Ausgaben: Le Mahâvastu, hg. v. E. Senart, 3 Bde. (1882–97); The M., hg. v. J. J. Jones, 3 Bde. (1949–56, Nachdr. 1973–78).

Mahavira [Sanskrit ›großer Held‹], eigtl. **Vardhamana,** ind. Religionsstifter, †Pavapuri (Bihar) 477 oder 467 v. Chr. (westl. Forschung; nach der Jainatradition 527 v. Chr.); war der 24. Tirthankara (›Furtenmacher‹) des Jainismus; reformierte im 6./5. Jh. v. Chr. die Lehre seines Vorgängers Parshva (um 750 v. Chr.) und begründete den Jainismus (→Jaina) in seiner heutigen Form. – Er wird einem Buddha ähnlich dargestellt, jedoch als nackter Asket, sitzend oder stehend, mit einem Löwen als Erkennungszeichen.

Mahaweli *der,* wasserreichster und mit 332 km längster Fluss von Sri Lanka, entspringt östlich von Colombo, mündet an der NO-Küste der Insel Ceylon bei Trincomalee. Das im Flussgebiet in den 1960er-Jahren in Angriff genommene **M.-Projekt,** das größte Entwicklungsvorhaben von Sri Lanka, wurde (beschleunigt) Mitte der 80er-Jahre abgeschlossen. Es umfasste den Bau von 15 Talsperren, 15 Wasserkraftwerken, von Bewässerungsanlagen für 350 000 ha Land und die geplante Ansiedlung von 1 Mio. Menschen, blieb dabei aber deutlich hinter den Vorgaben zurück. Finanzielle Hilfe leisteten Kanada, Großbritannien, Schweden und Deutschland.

Mahayana [Sanskrit ›großes Fahrzeug‹] *das, -,* eine der beiden großen Schulrichtungen des Buddhismus; nach seinem Verbreitungsgebiet auch ›nördl. Buddhismus‹ gen.; entwickelte sich um den Beginn unserer Zeitrechnung in N-Indien neben dem →Hinayana (auch ›südl. Buddhismus‹) und ist durch das Ideal des →Bodhisattva gekennzeichnet. Im M. wurden die buddhist. Meditationspraxis weiterentwickelt und versch. philosoph. Systeme (z. B. →Vijnanavada) hervorgebracht. Das M. gelangte nach Tibet (→Lamaismus), Zentralasien sowie China (Jing-tu-Schule, jap. Amidismus [→Amitabha]; Chan-Schule, jap. →Zen) und von dort nach Annam, Korea und Japan.

Mahayanasutra [Sanskrit] *das, -,* Gruppe von Sanskrittexten, in denen die Lehren des Mahayana autoritativ niedergelegt sind und die z. T. nur noch in chin. und tibet. Übersetzung erhalten sind. Sie entstanden seit dem 1. Jh. v. Chr. An sie knüpfen die histor. Mahayanalehrer (z. B. Nagarjuna [2./3. Jh.], Aryadeva [2./3. Jh.], Maitreyanatha [4./5. Jh.], Asanga [4. Jh.]) an. Wichtige M. sind u. a.: →Prajnaparamita, →Saddharmapundarika, →Samadhiraja, →Suvarnaprabhasa, →Vimalakirtinirdesha.

Mähbalken – Mähdrescher **Mähd**

Mahdia: Der geflügelte Eros aus dem Wrack von Mahdia (Tunis, Musée National du Bardo)

gigen Staates im Landesteil Kordofan an, wurde jedoch von M. in Khartum eingeschlossen und fiel bei der Eroberung der Stadt am 26. 1. 1885. M. war nun unbestrittener Herrscher über den Ostsudan, starb aber bald darauf. Der Staat M.s existierte unter dessen Nachfolger ABD ALLAH IBN SAIJID MOHAMMED bis zur britisch-ägypt. Invasion 1896–98.

P. M. HOLT: The Mahdist State in the Sudan, 1881–1898 (Oxford ²1970, Nachdr. ebd. 1977); Der M.-Aufstand in Augenzeugenberichten, hg. v. H. PLETICHA (Neuausg. 1981).

Mahdia [max-], **Al-Mahdija,** Stadt an der O-Küste Tunesiens auf einer lang gestreckten Halbinsel, 37 400 Ew.; Gouvernoratshauptstadt; archäolog. Museum; Handelszentrum; Nahrungsmittel- (Obst- und Fischkonserven, Ölmühlen) und Textilindustrie (Teppiche), Flechterei, Kunsthandwerk (Brokatweberei), Holz-, Leder-, Metallverarbeitung, Töpferei); Fremdenverkehr; Fischereihafen; Eisenbahnanschluss nach Monastir und Sousse. – Erhalten sind die gewaltige Eingangstorburg zur Medina und Reste zweier Kalifenpaläste. Die Große Moschee in T-förmigem Bauschema (916 begonnen, 1965/66 völlig restauriert, Großquaderwerk) hat ein monumentales Tor. Mächtige Kasba (1595). Die aus dem 100 v. Chr. gesunkenen ›M.-Schiff‹ gehobenen griech. Kunst- und Gebrauchsgegenstände befinden sich im Musée National de Bardo in Tunis. – Die typisch phönik. Hafenanlage (›Kothon‹; rechteckiger befestigter Binnenhafen mit Kanalzufahrt) wird bis heute genutzt. 916 Neugründung als Festungshauptstadt durch die Fatimiden.

Mähdrescher

Ausgabe: The flower ornament scripture, übers. v. T. CLEARY, 2 Bde. (1984–86).
H. NAKAMURA: Indian Buddhism (Hirakata 1980).

Mähbalken, das →Balkenmähwerk.

Mähbinder, Bindemäher, Binder, gezogene Landmaschine zum Mähen und automat. Binden von Getreide zu Garben. M. gewannen ab etwa 1880 in den USA große Bedeutung, in Europa erst nach dem Ersten Weltkrieg. Den für Gespannzug notwendigen ›Bodentrieb‹ ersetzte man später durch den Zapfwellenantrieb des Traktors. Nach dem Zweiten Weltkrieg durch den →Mähdrescher abgelöst.

Mahbub der, -(s)/-, Goldmünze in Tunis, die bis in das 19. Jh. geprägt wurde. Ihr Wert schwankte in Abhängigkeit von der Ausbringung der Münze und dem Wert der silbernen Piaster zw. 4½ und knapp 8 Piaster.

Mahdi [ˈmaxdi, auch ˈmaːdi; arab., eigtl. ›der auf den richtigen Weg Geführte‹] der, -(s)/-s, **al-Mahdi,** von den Muslimen erwarteter Welt- und Glaubenserneuerer, der die Einheit und Ordnung des Islam verwirklichen und die Gerechtigkeit in der Welt wiederherstellen wird. Die Vorstellung vom M. bekam im 8. Jh. eine polit. Dimension in Kreisen, die die Herrschaft der Omaijadenkalifen ablehnten. Sie knüpfte urspr. an die jüd. Messiaserwartung sowie an den Glauben an die Wiederkunft CHRISTI an. – Nach den Lehren der Schiiten wird der verborgene zwölfte Imam am ›Ende der Zeit‹ als M. wiederkehren. Wiederholt beanspruchten religiös-polit. Führer des Islam die M.-Würde.

Mahdi [ˈmaxdi, auch ˈmaːdi], al-M., eigtl. **Mohammed Ahmed Ibn Saijid Abd Allah** [-ˈaxmed-], islam. Reformator und Staatsgründer im Sudan, * Labab (Distr. Dongola, N-Sudan) 12. 8. 1844, † Omdurman 22. 6. 1885; schloss sich 1861 dem Derwischorden der Sammanija an und begann früh, selbst Schüler um sich zu versammeln **(Mahdisten),** mit denen er sich um 1875 auf eine Nilinsel zurückzog. Im März 1881 (öffentlich erst am 29. 6.) erklärte er, der vom Propheten verheißene →Mahdi zu sein, verkündete den heiligen Krieg gegen Ägypten **(M.-Aufstand),** das seit 1830 das ganze Niltal besetzt hielt, und eroberte 1882 Kordofan. Der Anfang 1884 ernannte brit. General-Gouv. C. G. GORDON erkannte M. als Oberhaupt eines unabhän-

Mähdrescher, Kombine, Feldmaschine, die im Prinzip aus der Kombination einer Mähmaschine und einer Dreschmaschine besteht. Die früher meist vom Traktor gezogenen und angetriebenen **Zapfwellen-M.** entwickelten sich zum heute fast ausschließlich benutzten **Selbstfahr-M.** mit eigenem Motor (Nennleistung 40–220 kW). Die vom bis über 7 m breiten Schneidgutmatte kommende Schnittmatte wird durch Querförderschnecken zusammengeführt und durch Schrägförderer zum Dreschwerk gebracht. Der klass. M. lehnt sich bezüglich Dreschwerk, Schüttler und Reinigung eng an die →Dreschmaschine an. Neuere Konzepte verlassen z. T. das Prinzip des **Schlagleistendreschwerks,** um auf den voluminösen Schüttler verzichten zu können: M. mit **Axialdreschwerken** erreichen höhere Leistungsdichten.

Mähdrescher: Schematische Schnittzeichnung

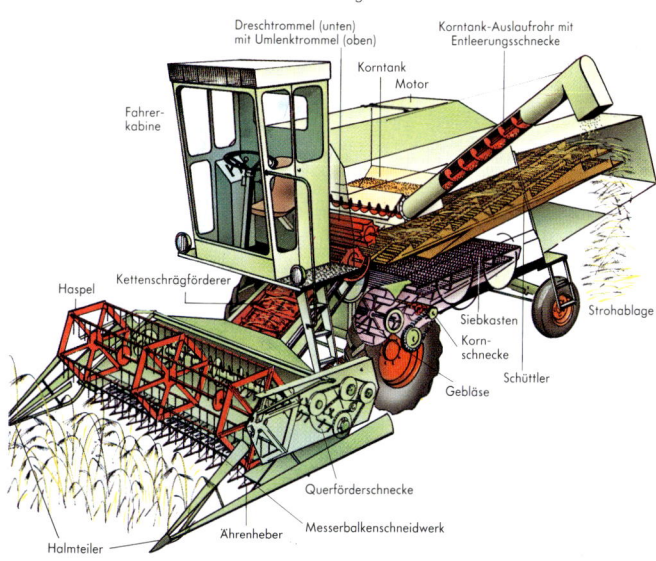

Das Dreschgut wird im Korntank gesammelt (Volumen etwa 1 m³ je m Schnittbreite des Schneidwerks), der mit einem Schneckenförderer entleert wird. Der gesamte Arbeitsprozess wird zunehmend durch elektron. Systeme kontrolliert bzw. automatisiert.

Die ersten M. setzte man Ende des 19. Jh. in den USA ein (1930 74 000 Maschinen). In Europa wurden 1936 die ersten M. von den Landmaschinenherstellern A. CLAAS und W. G. BRENNER vorgestellt; der Durchbruch mit völliger Verdrängung der Mähbinder und Dreschmaschinen erfolgte in den 50er-Jahren.

Mahe [mɑˈeɪ, engl.], frz. **Mahé** [maˈe], Seebad und Fischereihafen in SW-Indien, an der Malabarküste, als Gebietsteil des Unionsterritoriums Pondicherry 9 km² und (1991) 33 400 Ew. – Bis 1954 Teil von →Französisch-Indien.

Mahé [maˈe, frz.], größte Insel der →Seychellen, 154 km², 59 500 Ew., mit der Hauptstadt (Victoria) des Inselstaates.

Mahébourg [maeˈbuːr, frz.], frühere Hauptstadt von Mauritius, an der SO-Küste; Marinemuseum. In der Nähe Seebäder und internat. Flughafen.

Mahen, Jiří, eigtl. **Antonín Vančura** [-tʃ-], tschech. Schriftsteller, *Tschaslau 12. 12. 1882, †(Selbstmord) Brünn 22. 5. 1939; verwendete als Vertreter des tschech. ›Poetismus‹ die impressionist. Methode der freien Aneinanderreihung von Eindrücken und Erlebnissen und wurde wegweisend für den tschech. surrealist. Roman. M. schrieb Lyrik, Balladen, Erzählungen, Romane, Essays und v. a. histor. Dramen.

Werke: *Dramen:* První deště (1910); Mrtvé moře (1917); Chroust (1920). – *Roman:* Kamarádi svobody (1909). – *Essay:* Před oponou (1921). – *Erzählungen:* Rybářska knížka (1921; dt. Anglergeschichten).

Maheshamurti [-ʃa-; Sanskrit ›Bildwerk des großen Gottes‹], Darstellung des hinduist. Gottes Shiva als Allgott. Von seinen fünf unterschiedlich charakterisierten Köpfen sind vier in die Himmelsrichtungen gewendet, der zentrale fünfte wird als äther. Kopf nur selten wiedergegeben. Reliefskulpturen wie in Elephanta zeigen lediglich drei Gesichter, deren mittleres Mahadeva oder Maheshvara genannt wird.

Mahfus, Mahfuz [-z], **Machfus, Machfuz** [-z], Nadjib (Nagib), ägypt. Schriftsteller, *Kairo 11. 12. 1911; behandelt thematisch die intellektuellen und sozialen Probleme des ägypt. Kleinbürgertums und der ägypt. Jugend in ihrem Kampf für die Rechte der Arbeiterschaft mit scharfer psycholog. und kulturkrit. Analyse. Als aufgeklärter Verteidiger eines besonnenen Fortschritts wendet er sich gegen betont traditionelle polit. und religiöse Instanzen, was ihn in Gegensatz zu fundamentalist. Gruppierungen innerhalb der islam. Welt brachte (u. a. Attentat im Oktober 1994). Nach seinen in der Tradition des krit. Realismus stehenden großen Romanen (u. a. in seiner nach Straßen der Kairoer Altstadt benannten Romantrilogie) in den 60er-/70er-Jahren schrieb M. Figurenromane über Gestalten aus dem Bürgertum in krit. Auseinandersetzung mit sozialpolit. Verhältnissen der Nasser-Zeit. Spätere Romane, bes. die episod. Romane ›Das Lied der Bettler‹ (1977; dt.); ›Die Nächte der tausend Nächte‹ (1981) und ›Die Reise des Ibn Fattuma‹ (1983; engl. ›The journey of Ibn Fattouma‹) sowie seine Erzählungen verbinden Elemente der islam. Mystik mit denen des frz. utopischen Sozialismus. Seine letzten Werke sind wieder realist. Schilderungen des Lebens der Kairoer Mittelschicht im 20. Jh. Seit der Verleihung des Literaturnobelpreises an M. (1988) wird sein Werk zunehmend in europ. Sprachen übersetzt; der Roman ›Die Kinder unseres Viertels‹ (1960; dt.) konnte wegen seiner religionskrit. Symbolik bisher (in arab. Sprache) nur in Beirut erscheinen.

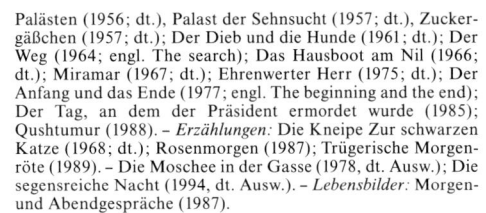

Weitere Werke (arab.): *Romane:* Das neue Kairo (1945); Die Midaq-Gasse (1947; dt.); Kairoer Trilogie: Zwischen den Palästen (1956; dt.), Palast der Sehnsucht (1957; dt.), Zuckergäßchen (1957; dt.); Der Dieb und die Hunde (1961; dt.); Der Weg (1964; engl. The search); Das Hausboot am Nil (1966; dt.); Miramar (1967; dt.); Ehrenwerter Herr (1975; dt.); Der Anfang und das Ende (1977; engl. The beginning and the end); Der Tag, an dem der Präsident ermordet wurde (1985); Qushtumur (1988). – *Erzählungen:* Die Kneipe Zur schwarzen Katze (1968; dt.); Rosenmorgen (1987); Trügerische Morgenröte (1989). – Die Moschee in der Gasse (1978, dt. Ausw.); Die segensreiche Nacht (1994, dt. Ausw.). – *Lebensbilder:* Morgen- und Abendgespräche (1987).

M. PELED: Religion, my own. The literary works of Najib Mahfūz (New Brunswick, N. J., 1983); C. NIJLAND: N. M. and Islam. An analysis of some novels, in: Die Welt des Islams, N. S., Bd. 23/24 (Leiden 1983/84); M. MAHMOUD: The unchanging hero in a changing world ..., in: Journal of Arabic Literature, Jg. 15 (ebd. 1984); E. TUANI: L'histoire d'amour et sa stratégie dans le roman historique de N. M., in: Arabica, Jg. 32 (ebd. 1985); Moderne arab. Lit., hg. v. C. LANGE u. a. (1988); H. FÄHNDRICH: Nagib Machfus (1991); R. EL-ENANY: Naguib Mahfouz The pursuit of meaning (London 1993).

Mahican [məˈhiːkən], nordamerikan. Indianerstamm, verwandt mit den →Mohikanern.

Mahilëu, Stadt in Weißrussland, →Mogiljow.

Mahillon [maiˈjɔ̃], Victor-Charles, belg. Instrumentenbauer und Akustiker, *Brüssel 10. 3. 1841, †Saint-Jean-Cap-Ferrat (Dép. Alpes-Maritimes) 17. 6. 1924; wurde 1865 Teilhaber (1887 Leiter) der väterl. Blasinstrumentenfabrik in Brüssel, ab 1877 auch Konservator des von ihm eingerichteten Instrumentenmuseums des königl. Konservatoriums in Brüssel. M. veröffentlichte den für die Systematik der Musikinstrumente grundlegenden ›Catalogue descriptif et analytique du Musée Instrumental du Conservatoire royal ... de Bruxelles‹ (1880–1922, 5 Bde.).

Mahishasuramardini [mahiʃa-; Sanskrit ›Töterin des Büffeldämons‹], Erscheinungsform der hinduist. Göttin →Durga.

Mah-Jongg® [maˈdʒɔŋ; chin. ›Spatzenspiel‹] *das, -s/-s,* **Ma-Jongg,** aus China stammendes Spiel, das auch in Europa und Amerika (J. P. BABCOCK führte 1925 feste Regeln ein) verbreitet ist. Gespielt wird von den vier nach den Windrichtungen benannten Teilnehmern mit 136 bis 144 Spielsteinen (oder mit Spielkarten). Jeder Spieler erhält 13 Steine. Reihum nimmt jeder von den restl. Steinen einen auf und gibt dafür einen ungeeigneten ab. Wer mindestens zwei Steine desselben Musters hat, darf einen abgelegten aufnehmen und dafür einen anderen abgeben. Ziel ist es, aus den Steinen, die in verschiedene Serien aufgeteilt sind, bestimmte ›Spielbilder‹ zusammenzusetzen.

U. ESCHENBACH: M.-J. (1982); Teufelspiele. 5 höllische Audienzen um Geist, Gewinn u. Glück, bearb. v. R. THIELE u. K. HAASE (³1991).

Mahl [ahd. mahal ›(Gerichts)versammlung‹], german. Gerichtsversammlung, neben →Ding die häufigste Bez. für das Gericht, seine Versammlung und seinen Ort; **Mahlstatt,** Gerichts- und Versammlungsplatz der Germanen, später allg. Gerichtsstätte, in der frühen Neuzeit auch Tagungsort des Reichstages.

Mahlberg, Stadt im Ortenaukreis, Bad.-Württ., in der südl. Ortenau, 170 m ü. M., 4 400 Ew.; Oberrheinisches Tabakmuseum. – Das Schloss (urspr. 12. Jh.) wurde nach teilweiser Zerstörung im Dreißigjährigen Krieg als zweigeschossiger Bau neu errichtet. Die ev. Kirche (ehem. Katharinenkapelle), im 12. Jh. als oktogonaler Bau entstanden, wurde 1687 im Barockstil erneuert. – M., 1218 erstmals urkundlich erwähnt, wurde 1223 Markt und 1241 Reichsstadt.

Mahler, Gustav, österr. Komponist und Dirigent, *Kalischt (Böhmen) 7. 7. 1860, †Wien 18. 5. 1911; studierte in Wien am Konservatorium u. a. bei R. FUCHS und privat bei A. BRUCKNER, kam nach Stationen in Bad Hall, Laibach, Olmütz, Wien und Kassel 1885 als 2. Kapellmeister an das dt. Landestheater in Prag, 1886 in gleicher Position nach Leipzig und leitete (in Vertretung A. NIKISCHS) ein halbes Jahr die dortige

Oper. 1888 wurde er Operndirektor in Budapest und 1891 1. Kapellmeister am Hamburger Stadttheater. Als Gastdirigent wirkte er 1897 u. a. in Polen und Russland. 1897 wurde M. zunächst Kapellmeister, dann Direktor der Wiener Hofoper, die er auf eine bis dahin unerreichte künstler. Höhe führte. 1898–1901 leitete er auch die Philharmon. Konzerte. 1902 heiratete er ALMA MARIA SCHINDLER. Im Herbst 1907 ging M. als Kapellmeister an die Metropolitan Opera in New York und übernahm 1909 zusätzlich die musikal. Direktion der New York Philharmonic Society.

Als Dirigent wirkte M. durch seine Orchesterdisziplin und die strenge Werktreue seiner Interpretationen richtungweisend (auf W. MENGELBERG, B. WALTER, O. KLEMPERER u. a.). In seiner Eigenschaft als Operndirektor leitete er zahlreiche Neuerungen ein, u. a. konzentrierte Probenarbeit mit Sängern und Chor. Auch wurde (v. a. in Zusammenarbeit mit dem Maler und Grafiker A. ROLLER) eine grundlegende Reform der szen. Präsentation und eine neuartige Einheit von Inszenierung, Dekoration und musikal. Ausdeutung erreicht. Im Hinblick auf eine Steigerung ihrer Bühnenwirksamkeit hat M. auch einige Werke (z. B. C. M. VON WEBERS Opern ›Die drei Pintos‹, ›Euryanthe‹ und ›Oberon‹ sowie W. A. MOZARTS Oper ›Die Hochzeit des Figaro‹) neu bearbeitet.

In seinem Liedschaffen knüpft M. musikalisch v. a. an F. SCHUBERT an, als literar. Vorlage verwendete er bis 1899 vorwiegend Texte aus der von A. VON ARNIM und C. BRENTANO herausgegebenen Sammlung ›Des Knaben Wunderhorn‹, anschließend stand F. RÜCKERT im Zentrum seiner Liedkomposition. Die Melodik wird von einer Tendenz zu dramat. Expressivität, die Begleitung durch symbolisch und psychologisch nuancierte Ausdrucksqualität bestimmt. Dabei geht volksliedhafte Schlichtheit eine enge Verbindung mit hoher Differenziertheit ein. Die meisten Lieder liegen in Fassungen für Klavier und für Orchester vor.

Der enge Zusammenhang von Lied und sinfon. Werk bei M. zeigt sich darin, dass er Lieder in seine ersten Sinfonien eingefügt hat (auch in instrumentaler Umformung), so ›Lieder eines fahrenden Gesellen‹ in die 1. Sinfonie und ›Wunderhorn-Lieder‹ in die 2. u. 4. Sinfonie. Während die vom Lied ausgehende instrumentale Technik auf SCHUBERT zurückgeht, verweist die Einbeziehung vokaler Partien in die Sinfonie (außer in den Sinfonien 1–4 auch in der Sinfonie Nr. 8) und in das ›Lied von der Erde‹ auf L. VAN BEETHOVEN (9. Sinfonie). Die Weitung der einzelnen Sinfoniesätze (bei M. findet sich gegenüber den traditionellen vier Sätzen sogar die siebensätzige sinfon. Rahmen). Die Anlage der dynam. Scherzosätze und die affektiven Steigerungen bei Satzschlüssen lassen A. BRUCKNERS Vorbild erkennen. In den programmat. Erläuterungen, die M. seinen Sinfonien z. T. beilegte, griff er eine von H. BERLIOZ' Programmusik ausgehende Entwicklungslinie wieder auf. Wenn M. auch diese Erklärungen später wieder zurückzog, verweisen sie doch auf den gedankenmusikal. und bekenntnishaften Charakter seiner Musik, die durch eine Verbindung sehr unterschiedlicher stilist. Elemente gekennzeichnet ist. Die Melodik reicht von volksliedhaft schlichten, z. T. absichtlich der Banalität nicht scheuenden Phrasen (häufig als Kontraste zu dramatischeren Abschnitten und als solche von einer nur scheinbaren ›Naivität‹) bis zu höchst kunstvollen Gebilden, von lyr. Verhaltenheit bis zu hohem Pathos (das seinerseits ironisierend kommentiert werden kann). In der Harmonik stehen neben traditioneller Diatonik polyphone und fugierte Passagen, Pentatonik und chromat. Stimmführung bis an die Grenzen der Atonalität. Die subtile Instrumentation wird der Monumentalität der Sinfonik (bes. der ›Sinfonie der Tausend‹) ebenso gerecht wie dem Kammerstil des Spätwerks. Viele dieser heterogenen Züge weisen M.s Kompositionen als Werke einer Übergangszeit zw. Romantik und Avantgarde aus. So sehr sie auf die Tradition zurückverweisen, so stark haben sie auf harmonisch-melod. Gestaltungsmittel der Neuen Musik (bes. A. SCHÖNBERG, A. BERG und A. WEBERN) gewirkt.

Werke: *Sinfonien:* Nr. 1 D-Dur (1884–88, 1892 und 1894 als ›Titan‹ nach JEAN PAUL aufgeführt, später wieder ohne Titel und Programm); Nr. 2 c-Moll (1888–94, für Sopran, Alt, gemischten Chor und Orchester); Nr. 3 d-Moll (1893–96, für Alt, Frauenchor, Knabenchor und Orchester); Nr. 4 G-Dur (1899–1901, für Sopran und Orchester); Nr. 5 cis-Moll (1901/02); Nr. 6 a-Moll (1903/04); Nr. 7 e-Moll (1904/05); Nr. 8 Es-Dur (1907, für 3 Sopran, 2 Alt, Tenor, Bariton, Bass, Knabenchor, 2 gemischte Chöre und Orchester, mit den Teilen: Hymnus ›Veni, creator spiritus‹ und Schlussszene aus GOETHES ›Faust II‹, ›Sinfonie der Tausend‹ gen.); Das Lied von der Erde (1908/09, Sinfonie für Tenor, Alt, Bariton und Orchester, nach chin. Gedichten in der Übertragung von H. BETHGE); Nr. 9 D-Dur (1908/09); Nr. 10 Fis-Dur (Fragment: Adagio, 1910, ›Purgatorio‹ als Partiturentwurf und drei weitere Sätze als Particell sowie Skizzen erhalten, Rekonstruktion u. a. von D. COOKE). – *Lieder mit Orchester:* 4 Lieder eines fahrenden Gesellen (1883–85, nach eigenen Texten); Lieder aus Des Knaben Wunderhorn (1888–99); Kindertotenlieder (1901–04, nach F. RÜCKERT); Sieben Lieder aus letzter Zeit (1899–1902). – *Chorwerk:* Das klagende Lied (1878–80, Neufassungen 1892 und 1898, für Sopran, Alt, Tenor, gemischten Chor und Orchester, Text von M. nach Märchen von L. BECHSTEIN und den BRÜDERN GRIMM). – *Lieder mit Klavier:* Lieder und Gesänge aus der Jugendzeit (1880–90).

Ausgaben: Sämtl. Werke, hg. v. der Internat. G. M. Gesellschaft, 10 Bde. (1960–78); Zehnte Sinfonie. Faksimile nach der Handschrift, hg. v. E. RATZ (1967); Briefe, hg. v. H. BLAUKOPF (Neuausg. 1982); G. M. u. Richard Strauss: Briefwechsel, hg. v. DEMS. (Neuausg. 1988).

P. STEFAN: G. M. (⁴1912, Nachdr. 1981); P. BEKKER: G. M.s Sinfonien (1921, Nachdr. 1969); B. WALTER: G. M. (1936, Neuausg. ³1985); A. MAHLER-WERFEL: Erinnerungen an G. M. (a. d. Engl., ³1972); C. FLOROS: G. M., 2 Bde. (1977); G. M. Sinfonie u. Wirklichkeit, hg. v. K. BLAUKOPF u. a. (Graz 1977); V. KARBUSICKY: G. M. u. seine Umwelt (1978); F. WILLNAUER: G. M. u. die Wiener Oper (1979); H.-L. DE LAGRANGE: G. M., 3 Bde. (Paris 1979–83); K. BLAUKOPF: G. M. oder der Zeitgenosse der Zukunft (Neuausg. ²1980); Form u. Idee in G. M.s Instrumentalmusik, hg. v. K. H. STAHMER (1980); T. W. ADORNO: M. (Neuausg. 1981); H. H. EGGEBRECHT: Die Musik G. M.s (²1986); KARL-JOSEF MÜLLER: M. Leben, Werke, Dokumente (1988); W. SCHREIBER: G. M. (67.–70. Tsd. 1989); H. u. K. BLAUKOPF: G. M. Leben u. Werk in Zeugnissen der Zeit (1994); V. KARBUSICKY: M. in Hamburg. Chronik einer Freundschaft (1996).

Mahler-Werfel, Alma Maria, geb. **Schindler,** amerikan. Künstlerin österr. Herkunft, *Wien 31. 8. 1879, †New York 11. 12. 1964; war Schülerin u. a. von A. VON ZEMLINSKY, ab 1902 ∞ mit G. MAHLER, dessen Briefe sie 1924 herausgab. Nach MAHLERS Tod 1911 und kurzer Beziehung zu O. KOKOSCHKA heiratete sie 1915 W. GROPIUS und 1929 F. WERFEL, mit dem sie 1938 nach Frankreich, 1940 nach New York emigrierte. Zeitgeschichtlich interessant sind die von Herausgebern zusammengestellten, stark subjektiv gefärbten Erinnerungen ›Mein Leben‹ (1960); sie komponierte zwei Hefte Lieder.

Kokoschka u. Alma Mahler. Dokumente einer leidenschaftl. Begegnung, hg. v. A. WEIDINGER (1996).

Mahlgang, Einrichtung in den alten Wind- und Wassermühlen. Über einem unteren festen, waagerecht liegenden Bodenstein drehte sich der Läuferstein, der durch ein Stellwerk gehoben und gesenkt werden konnte; später durch Walzenstühle u. a. Mühlen abgelöst.

Mahlmann, Siegfried August, Pseudonyme **Julius Heiter, Bittermann,** Publizist und Schriftsteller, *Leipzig 13. 5. 1771, †ebd. 16. 12. 1826. Nach einem abgebrochenen Jurastudium, Stellungen als Hofmeister und Verlagsbuchhändler sowie Reisen nach Sankt Petersburg und Stockholm leitete er 1805–16 die ›Zeitung für die elegante Welt‹, 1810–18 auch die ›Leipziger Zeitung‹. Von seinen vielfach vertonten ›Gedich-

ten‹ (1825) wurden einige (›Mein Lebenslauf ist Lieb' und Lust‹, ›Weg mit Grillen und Sorgen‹) volkstümlich; er schrieb ferner ›Erzählungen und Märchen‹ (1802, 2 Bde.) und die witzige Kotzebue-Parodie ›Herodes von Bethlehem‹ (1803).
Ausgabe: Sämmtl. Schr., 3 Bde. (Neuausg. 1859).

Mahlsand, feinkörniger Sand, der durch Wellen und Gezeitenstrom in ständiger Bewegung ist, ein gestrandetes Schiff ›einmahlt‹, sodass dieses auch mit Schlepperhilfe nicht mehr freikommt. Ein Beispiel ist der Große Vogelsand an der Elbmündung.

Mahlschatz [verwandt mit ›vermählen‹, ›Gemahl‹], *dt. Rechtsgeschichte:* Gabe des Bräutigams an die Braut bei der Verlobung, oft der Ehering.

Mahlstein, seit der Jungsteinzeit belegte Handmühle aus (unterer) Steinplatte (Reibstein) und (oberem) Läuferstein zum Zerkleinern von Getreide. Der M. musste aus porösem Stein sein. M. aus Eifelbasaltlava wurden bereits in der Jungsteinzeit in großer Zahl hergestellt und gelangten bis England und Skandinavien. Der M. wurde erst in der La-Tène-Zeit von der Drehmühle abgelöst.

Mähmaschine, Mäher, Bez. für Maschinen zum Abschneiden von Halmpflanzen, z. B. Halmfuttererntemaschinen oder Rasenmäher. Bei ihrem **Mähwerk** wendet man zwei grundsätzlich verschiedene Verfahren an: das Schneiden mit Gegenschneide (z. B. beim Mähbalken) oder den ›freien Schnitt‹ (z. B. beim Kreiselmäher und Schlägelmäher).
Schon der von PLINIUS D. Ä. beschriebene ›Gallische Mähwagen‹ zielte auf die Mechanisierung des Getreidemähens. Die ersten im 19. Jh. in den USA entwickelten Getreidemäher wurden von Zugtieren gezogen, wobei man das Schneidwerk über den Bodenantrieb des Einachsfahrwerks betrieb. Während dieses Konzept später als ›Grasmäher‹ fortlebte, führte man für Getreide den Mähbinder ein, der schließlich durch den Mähdrescher abgelöst wurde – ohne dabei das alte Prinzip des Balkenmähwerks zu verlassen. Eigenständige M. gibt es heute nur noch für die Futterernte und zum Rasenmähen.

Mahmud [maxˈmuːt; arab. ›der Gepriesene‹], **Mahmut,** Sultane des Osman. Reiches:
1) Mahmud I., Sultan (seit 1730), * Konstantinopel 2. 8. 1696, † ebd. 13. 12. 1754; führte 1735–39 mit Russland und Österreich Krieg; eroberte Belgrad und die Kleine Walachei zurück, verlor Asow endgültig an Russland.
L. CASSELS: The struggle for the Ottoman Empire, 1717–1740 (London 1966).

2) Mahmud II., Sultan (seit 1808), * Konstantinopel 20. 7. 1784, † ebd. 1. 7. 1839; konnte den Russisch-Türk. Krieg (1806–12) durch den Frieden von Bukarest (1812) beenden; schaltete 1822 den gegen ihn rebellierenden ALI TEPEDELENLI, Pascha von Jannina, aus. 1826 löste er gewaltsam die Janitscharen auf, führte 1828/29 erneut Krieg gegen Russland und musste 1829/30 die Unabhängigkeit Griechenlands anerkennen. Mithilfe von europ. Offizieren (u. a. H. VON MOLTKE) begann M. eine Heeresreform und leitete durch administrative Reformen (1834–38) eine Politik der inneren Konsolidierung ein. Die 1830er-Jahre waren geprägt vom Konflikt mit →MEHMED ALI.
A. LEVY: The military policy of Sultan Mahmud II, 1808–1839, 2 Bde. (Diss. Harvard University 1968); H. VON MOLTKE: Briefe über Zustände u. Begebenheiten in der Türkei aus den Jahren 1835–1839 (Neuausg. 1987).

Mahmud [maxˈmuːt], **M. von Ghazni** [-z-, arab. r-], islam. Herrscher, * 971, † Ghazni 30. 4. 1030, Sohn SEBÜKTIGINS, eines ehem. türk. Sklaven aus Zentralasien und Begründers der Dynastie der →Ghasnawiden. M. gelangte nach dem Tod des Vaters zur Herrschaft und wurde 998 vom Kalifen als Sultan anerkannt. Er eroberte den östl. und mittleren Iran, das heutige Afghanistan sowie den Pandschab. In insgesamt 17 Feldzügen (1001–26) verwüstete er große Teile Nordindiens, wo er erstmals den (sunnit.) Islam verbreitete. M. zog zahlreiche Gelehrte und Dichter (so FIRDAUSI) an seinen Hof in Ghazni, das unter ihm zu einem kulturellen Zentrum wurde. – In der pers. Literatur, bes. im Werk ATTARS, sind zahlreiche Geschichten und Anekdoten um M. verbreitet. Mit seinem Lieblingssklaven AYAZ bildet er eines der klass. Liebespaare der pers. Dichtung.
M. NĀZIM: The life and times of Sultan M. of Ghazna (Cambridge 1931).

Mahmudi [max-] *der, -/-,* pers. Silbermünze des 16.–19. Jh.; 1 M. = Abbasi = ½ Shahi = 100 Dinar.

Mahmudijakanal [max-], Wasserstraße im Nildelta, in Unterägypten, rd. 80 km lang, Anfang des 19. Jh. erbaut; stellt die Verbindung zw. Rosette-Nil und Mittelmeer bei Alexandria her.

Mahnd *der, -/-,* alte oriental. Masseneinheit, die von N- und O-Afrika über den Vorderen Orient bis Indien verbreitet war, auch mit **Maund, Mähn, Muhn, Man** oder **Män** bezeichnet. Aufgrund des ausgedehnten Verbreitungsgebietes variiert der M. örtlich, zeitlich und nach Produkten (zw. etwa 0,8 und 40 kg).

Mähne, bei Säugetieren verstärkter Haarbewuchs an Kopf, Hals bis Schultern und Bauch, bes. bei männl. Tieren (sekundäres Geschlechtsmerkmal, Auslöser im Sexual- oder Sozialverhalten), z. B. bei Löwe und Wisent.

Mahnen, *Jägersprache:* Lock-, Warn- oder Brunftlaut des weibl. Rotwildes.

Mähnenratte, Lophiomys imhausi, in den Wäldern Äthiopiens und O-Afrikas verbreitetes Nagetier (Körperlänge 25–35 cm) mit langem, schwarzweiß gezeichnetem Rückenfell und buschigem Schwanz; guter Kletterer. Der Name bezieht sich auf das lange Haar, das bei Beunruhigung aufgerichtet werden kann, dabei werden dann seitlich auch zwei Hautdrüsenstreifen freigelegt.

Mähnenrobbe, Art der →Ohrenrobben.

Mähnenspringer, Mähnenschaf, Ammotragus lervia, zu den →Böcken gestellte Ziegenart (Schulterhöhe etwa 1 m), in Wüstengebieten N-Afrikas beheimatet; die Männchen besitzen eine Mähne an Halsunterseite und Brust, beide Geschlechter mächtige, sichelartig nach hinten geschwungene Hörner. Gute Springer und Kletterer.

Mahnung, *Recht: im Arbeitsrecht* als **Abmahnung** die einseitige missbilligende Erklärung des Arbeitgebers oder des Arbeitnehmers bei Verstößen des Vertragspartners gegen arbeitsvertragl. Pflichten oder die kollektive Ordnung. Die Abmahnung kann Rechtsfolgen (z. B. die Kündigung des Arbeitsverhältnisses) für die Zukunft androhen, falls das missbilligte Verhalten fortgesetzt wird. Sie unterliegt nicht dem Mitbestimmungsrecht des Betriebsrates. – Im *bürgerl. Recht* rechtsgeschäftsähnl. Handlung, mit der der Gläubiger den Schuldner auffordert, die geschuldete und fällige

Leistung zu erbringen. Die M. ist an keine Form gebunden, üblich ist die Schriftform. Inhaltlich muss sie die Aufforderung zur Leistung bestimmt und eindeutig zum Ausdruck bringen, eine Fristsetzung ist nicht erforderlich. Der M. stehen die Klageerhebung und die Zustellung eines Mahnbescheids im →Mahnverfahren gleich (§ 284 Abs. 1 Satz 2 BGB). Leistet der Schuldner trotz Fälligkeit und M. nicht, kommt er in Verzug (§ 284 Abs. 1 Satz 1 BGB). Nach Treu und Glauben ist eine M. entbehrlich, wenn der Schuldner die Leistung vor oder nach Fälligkeit ernsthaft und endgültig verweigert oder wenn sich die besondere Dringlichkeit der Leistung aus der vertragl. Vereinbarung ergibt. Auf das Erfordernis der M. kann in allgemeinen Geschäftsbedingungen nicht verzichtet werden.

Im *österr.* (§§ 1334, 1417 ABGB) und *schweizer.* (Art. 102 OR) Recht gelten ähnl. Grundsätze.

Mahnverfahren, *Zivilprozessrecht:* vereinfachtes Verfahren zur Geltendmachung von Geldansprüchen, die nicht von einer noch ausstehenden Gegenleistung abhängig sind, geregelt in §§ 688–703 d ZPO. Auf Antrag des Gläubigers, der auf einem amtlich vorgeschriebenen Formular beim Amtsgericht eingereicht werden muss, erlässt das Gericht ohne Prüfung der Begründetheit des Anspruchs und ohne vorherige Anhörung des Schuldners den **Mahnbescheid** (früher: Zahlungsbefehl). Er enthält die Aufforderung, innerhalb von zwei Wochen seit der Zustellung, soweit der Schuldner den Anspruch als begründet ansieht, die behauptete Schuld zu begleichen oder dem Gericht mitzuteilen, ob und in welchem Umfang dem Anspruch widersprochen wird. Ausschließlich zuständig ist das Amtsgericht, bei dem der Antragsteller seinen allgemeinen Gerichtsstand (Sitz, Wohnsitz) hat. Einige Bundesländer haben die Zuständigkeit für bestimmte Amtsgerichte konzentriert. Legt der Antragsgegner nicht rechtzeitig Widerspruch ein, so erlässt das Gericht auf Antrag den **Vollstreckungsbescheid,** aufgrund dessen der Gläubiger die **Zwangsvollstreckung** betreiben kann, gegen den aber noch der Einspruch des Schuldners binnen zwei Wochen seit Zustellung möglich ist. Erfolgt kein Einspruch, wird der Vollstreckungsbescheid rechtskräftig und kann nur noch in Ausnahmefällen angegriffen werden. Der Widerspruch gegen den Mahnbescheid leitet das Verfahren in den normalen Zivilprozess über, sofern eine Partei dessen Durchführung beantragt. Entsprechendes gilt, wenn der Antragsgegner gegen den Vollstreckungsbescheid Einspruch einlegt. Das Mahngericht gibt in diesen Fällen den Rechtsstreit von Amts wegen an das Gericht ab, das in dem Mahngesuch für das streitige Verfahren als zuständig bezeichnet worden ist. Zur Vereinfachung und Beschleunigung des M. kann die automat. Datenverarbeitung (maschinelle Bearbeitung) eingesetzt werden. Das M. ist in vollem Umfang den Rechtspflegern übertragen.

Auch in *Österreich* ist das M. ein verkürztes, ähnlich geregeltes Verfahren zur Erlangung eines vollstreckbaren Titels (§§ 448 ff. ZPO). Das Gericht hat ohne nähere sachl. Prüfung bei Klagen auf eine Geldleistung von nicht mehr als 100 000 öS einen **Zahlungsbefehl** zu erlassen. – Nach *schweizer.* Recht kann der Gläubiger einer Geldforderung beim örtlich zuständigen Betreibungsamt, das keine Gerichtsbehörde darstellt, ein Betreibungsbegehren einreichen. Das Betreibungsamt erstellt ohne Prüfung des geltend gemachten Anspruches einen **Zahlungsbefehl,** der die Aufforderung enthält, die Forderung samt Betreibungskosten binnen 20 Tagen zu erfüllen. Wenn der Betriebene weder bezahlt noch innerhalb von 10 Tagen →Rechtsvorschlag erhebt, kann der Gläubiger die Fortsetzung der Zwangsvollstreckung verlangen. Erhebt der Betriebene (durch einfache mündl. oder schriftl. Erklärung) Rechtsvorschlag, so muss dieser vom Richter entweder auf dem ordentl. Prozessweg oder ggf. im (summar.) Rechtsöffnungsverfahren beseitigt werden, bevor die Zwangsvollstreckung weitergeführt werden kann.

U. Seidel u. W. Brändle: Das automatisierte M. Weiterentwicklung u. Rationalisierungschancen (1989); G. Huber: Das erfolgreiche M. (⁷1996).

Mahón [ma'ɔn], katalan. **Maó,** Hauptstadt der Baleareninsel Menorca, Spanien, an den Steilhängen einer 6 km langen schmalen Bucht, 23 200 Ew.; bester Naturhafen (Handels- und Kriegshafen) des Mittelmeers, geschützt durch die Festungen La Mola und San Felipe y Isabel II; Nahrungsmittel- und Textilindustrie; Flugplatz 5 km im SW; Fähr- und Flugverbindungen mit Barcelona, Valencia und Palma de Mallorca. – Klassizist. Kirche Santa Maria (1748–72, anstelle eines Vorgängerbaus von 1287); Orgel (1810). In der Casa de Cultura (18. Jh.) Museum. – Die phönik. Gründung **Ma-Og** war im Lauf der Geschichte in den Händen der Griechen, Karthager, Römer (**Portus Magonis**), Byzantiner, Wandalen, Mauren (714–1232) und Engländer (1708–56; 1769–82; 1798–1802).

Mahonie [nach dem amerikan. Gärtner Bernard McMahon, *1775, †1816] *die, -/-n,* **Mahonia,** Gattung der Sauerdorngewächse mit rd. 70 Arten in Ostasien, Nord- und Mittelamerika; meist immergrüne Sträucher mit häufig dornig gezähnten Blättern, gelben duftenden Blüten in vielblütigen Trauben oder Rispen sowie meist blauen Früchten. Viele Arten sind Ziersträucher, so die in nordwestl. Nordamerika beheimatete und in Europa stellenweise eingebürgerte Art **Mahonia aquifolium.**

Mahr [ahd. mara], **Mar,** nach dem Volksglauben ein (auch weiblich gedachter) Nachtgeist, der den Alpdruck verursacht (→Alp).

Mahra, Stamm in der Landschaft Mahra, im Landesinnern als Beduinen, an der Küste sesshaft lebend. Die M. sprechen eine semit. Sprache (→Mehri). Verwandte Volksstämme leben in Oman (u. a. im benachbarten Dhofar) und auf der Insel Sokotra.

Mahra, Landschaft östlich von Hadramaut, an der S-Küste der Arab. Halbinsel, bildet mit dem Hinterland die gleichnamige (östlichste) Prov. von Jemen.

Mahraun [ma'raʊn, maːraʊn], Arthur, Politiker, * Kassel 30. 6. 1890, † Gütersloh 27. 3. 1950; urspr. Offizier, später politisch und schriftstellerisch tätig, gründete 1920 den →Jungdeutschen Orden, dessen ›Hochmeister‹ er war. Sozialromantisch in seiner gesellschaftl. Grundeinstellung, suchte er innenpolitisch die Gegensätze der sozialen Gruppen zu überwinden. Im ›Jungdt. Manifest‹ (1927) formulierte er seine staatspolit. Vorstellungen. Außenpolitisch forderte er die deutsch-frz. Verständigung. Grundsätzlich ein Kritiker des Parteiwesens, gründete M. 1930 angesichts des wachsenden Radikalismus in Dtl. die ›Volksnat. Reichsvereinigung‹; den Nationalsozialismus lehnte er entschieden ab.

K. Hornung: Der Jungdt. Orden (1958); Beitr. zur Gesch. des Jungdt. Ordens, bearb. v. H. Wolf u. a., 6 Bde. (1970–80).

Mähren [nach der March], tschech. **Morava,** histor. Gebiet in Mitteleuropa, zw. Böhmen und der Slowakei, heute Landesteil der Tschech. Rep., gegliedert in Nordmähr. Gebiet und Südmähr. Gebiet.

M. liegt zw. Böhmisch-Mähr. Höhe, Ostsudeten und Westkarpaten im Einzugsgebiet der March. Es ist ein Durchgangsland, das sich in der **Mährischen Pforte** (Senke zw. Sudeten und Karpaten, von Bečva und Oder durchflossen) zum Oder- und Weichselgebiet, im S mit dem Marchtal zu den Donauländern öffnet. Die Landesmitte bildet das Marchbecken (180–250 m ü. M.). Im W steigt das Böhm. Massiv über das westmähr. Plateau (400–700 m ü. M.) sanft gegen die Böhmisch-Mähr. Höhe an. Im O liegt das von den Karpaten getrennte Marsgebirge (tschech.

Mahonie:
Mahonia aquifolium (Höhe bis 1 m); Zweig mit Früchten (links) und Blütenrispe (rechts)

Chřiby) und teilt M. in ein nördl. und ein südl. Becken. Das nordmähr. Becken mit dem Hauptort Olmütz umfasst die fruchtbare Hanna, öffnet sich zur Mähr. Pforte und hat bei Ostrau Anteil am oberschles. Steinkohlenrevier. Im südmähr. Becken erstreckt sich nördlich des Hauptortes Brünn der höhlenreiche Mähr. Karst (400 bis 500 m ü. M., bis 8 km breit, 25 km lang) mit der Býčiskála-Höhle.

Die Bev. besteht zum größten Teil aus Tschechen, im SO leben Slowaken. Die Deutschen, die 1931 einen Anteil von 22,9 % an der Gesamtbevölkerung M.s hatten, wohnten in geschlossenen Siedlungsgebieten bes. im N und S, ferner in Sprachinseln um Brünn, Olmütz und Wischau. (→Sudetendeutsche)

Die Bodenschätze, bes. Stein- und Braunkohle, Eisen-, Blei- und Zinkerz, Erdöl und Erdgas, waren die Grundlage für die Entstehung der Eisen erzeugenden und verarbeitenden Industrie. Außerdem sind Nahrungsmittel-, Textil-, chem. und Lederindustrie verbreitet. Die Hanna liefert Weizen, die Böhmisch-Mähr. Höhe Kartoffeln, Süd-M. Gemüse (Konservenherstellung) und Wein (fast nur Weißweine).

Geschichte

Bis in die Mitte des 1. Jh. v. Chr. war das Gebiet an der March von Kelten besiedelt. Danach beherrschten german. Stämme das Land (Quaden, Heruler, Langobarden, Rugier), die im 6. Jh. von Slawen verdrängt wurden. Anfang des 9. Jh. entstand das →Großmährische Reich. Mit seinem Zerfall wurde M. ein Streitobjekt zw. Ungarn und Böhmen. Nach kurzer poln. Herrschaft setzte sich Böhmen 1029 in M. durch, das danach den nachgeborenen böhm. Herzogssöhnen zugedacht wurde. 1182 erhob Kaiser FRIEDRICH I. BARBAROSSA M. zur Markgrafschaft und verlieh dieser die Reichsunmittelbarkeit, ohne dass dadurch die lehnsrechtl. Bindung an Böhmen aufgehoben wurde. Im Zuge der dt. Ostsiedlung wuchs der dt. Bevölkerungsanteil beträchtlich. Die nordmähr. Städte übernahmen das Magdeburger, die südmähr. Städte süddt. Recht. Hauptstadt war bis 1641 Olmütz, danach Brünn. Nach dem Aussterben der markgräfl. Linie machte Kaiser KARL IV. M. zu einer Sekundogenitur der Luxemburger; 1411 kam M. an den König von Böhmen und über diesen an Kaiser SIEGMUND, der es 1423 Herzog ALBRECHT V. von Österreich überließ (ab 1490 Personalunion mit Böhmen). Nach der Schlacht von Mohács (1526) fiel M. mit Böhmen endgültig an die Habsburger; 1849 wurde es Kronland in Österreich (›Österreichisch-Schlesien‹), am 28. 10. 1918 Teil der neu geschaffenen Tschechoslowakei (1918–49 als **Land M.** [ab 1928 **Land M.-Schlesien**] eigene Verwaltungseinheit). (→Mährischer Ausgleich)

Hb. der Gesch. der böhm. Länder, hg. v. K. BOSL u. a., 4 Bde. (1967–74); W. SPERLING: Tschechoslowakei (1981); L. SCHACHERL: M. (³1985); E. SCHWARZ: Volkstumsgesch. der Sudetenländer, Bd. 2 (²1987); F. SEIBT: Dtl. u. die Tschechen (³1997).

Ma**hrenholz,** Christhard, eigtl. **Christian Reinhard** M., ev. Theologe und Musikwissenschaftler, * Adelebsen 11. 8. 1900, † Hannover 15. 3. 1980; wurde 1930 Musikdezernent im Landeskirchenamt Hannover und 1946 auch Prof. für Kirchenmusik in Göttingen; 1960–71 Abt des Klosters Amelungsborn. M. war Mitbegründer der →Orgelbewegung und wesentlich beteiligt an der Fertigstellung des Gesangbuches der EKD sowie Mitherausgeber u. a. des ›Handbuchs der dt. ev. Kirchenmusik‹ (1932 ff.) und des ›Handbuchs zum ev. Kirchengesangbuch‹ (1953 ff.).

Weitere Werke: Die Orgelregister, ihre Gesch. u. ihr Bau (1930); Glockenkunde (1948); Das Ev. Kirchengesangbuch (1950); Die Neuordnung der Trauung (1959).

K. AMELN: in: NDB, Bd. 15 (1987).

Ma**hringer,** Anton, Maler und Grafiker, * Neuhausen auf den Fildern 26. 9. 1902, † Sankt Georgen im Gailtale (Gem. Nötsch im Gailtal, Kärnten) 29. 12. 1974; entwickelte aus expressionistisch-realist. Anfängen eine raumordnende, kristalline Malweise und strenge Bildstruktur (v. a. Gebirgslandschaften).

W. ZETTL: A. M. (Salzburg 1972).

Mährische Brüder, die →Böhmischen Brüder.

Mährischer Ausgleich, der 1905 zw. den Deutschen und Tschechen in Mähren unter maßgebl. Einfluss von J. Freiherr VON CHLUMECKÝ geschlossene Ausgleich aufgrund einer nat. Personalautonomie und auf ihr aufbauender Selbstverwaltungskörperschaften (neue Landes- und Landtagswahlordnung auf Basis eines Nationalkatasters). Der M. A. wurde in den folgenden Jahren Vorbild für ähnl. Regelungen in der Bukowina und in Galizien.

H. GLASSL: Der M. A. (1967).

Mährisch-Ne**ustadt,** tschech. **Uničov** [ˈunjitʃɔf], Stadt im Nordmähr. Gebiet, Tschech. Rep., 12 800 Ew.; Holz-, Nahrungsmittel-, pharmazeut. Industrie. – Renaissancerathaus, im Kern gotisch; got. Pfarrkirche, Reste der Stadtbefestigung (14. Jh.) und eine 22 m hohe Mariensäule. – M.-N., 1223 als königl. Stadt gegründet, im MA. sehr bedeutend, war im 14. Jh. Oberhof der mähr. Städte mit Magdeburger Recht.

Mährisch-O**strau,** ehemals selbstständige Stadt, →Ostrau.

Mährisch-Schle**sien,** histor. Landschaft im NO der Tschech. Rep.; Hauptorte: Jägerndorf, Troppau, Ostrau, Teschen. – Der 1742 (Breslauer Vertrag; Frieden von Berlin) bei Österreich verbliebene Teil Oberschlesiens (**Österreichisch-Schlesien**; →Schlesien) wurde 1782 mit Mähren verbunden, 1849 österr. Kronland (ab 1867 zu Zisleithanien) und kam 1918 zur Tschechoslowakei (mit dem Hultschiner Ländchen bis 1928 **Land Schlesien,** dann bis 1949 mit Mähren zum **Land Mähren-Schlesien** als Verw.-Einheit verbunden), ein kleiner Teil an Polen; beide Teile gehörten 1938/39–45 zum Dt. Reich.

Mährisch-Schönberg, tschechisch **Šumperk** [ˈʃum-], Stadt im Nordmähr. Gebiet, Tschech. Rep., 331 m ü. M., am S-Fuß des Altvatergebirges, 30 700 Ew.; Maschinenbau, Textil- und Holzindustrie. – Schloss (16. Jh.) und got., später barockisierte Kirche. – Das im 13. Jh. gegründete M.-S. war Stapelplatz an der Handelsstraße nach Polen. M.-S. war im 19. Jh. Sitz der mähr. Leinenindustrie.

Mährisch-Weißkirchen, tschechisch **Hranice** [ˈhranjitsɛ], Stadt im Nordmähr. Gebiet, Tschech. Rep., in der Mähr. Pforte, 20 300 Ew.; Maschinenbau, Textil-, Zementindustrie. – Renaissanceschloss (1594) mit Arkadenhof; barockisiertes Rathaus und ehem. Synagoge (heute Museum). – Die um ein Kloster (gegr. 1169) entstandene Siedlung wurde 1251 Stadt.

Mai [ahd. meio, von lat. (mensis) Maius, bei den Italikern urspr. der latin. Göttin Maia, dann dem Wachstumsgott Iuppiter Maius geweihter Monat], der 3. Monat des altröm. und der 5. Monat des julian. Kalenders mit jeweils 31 Tagen. Die späte Umdeutung zu ›Wonnemonat‹ (früher **Wonnemond**) gründet sich darauf, dass in der mittelhochdt. Lyrik die Freude über das Scheiden des Winters mit Spielen und Tänzen im Freien besungen wurde. – Im *Volksglauben* gilt der M. als Beginn der Sommerfreude. Viele Formen des Frühlingsbegrüßens und des kult. Feierns des Vegetationsbeginns in M.-Feiern, M.-Riten gingen vom 1. Mai auf Pfingsten über bzw. verbanden sich mit anderen regionalen M.-Tagen (M.-Baumsetzen, Blütenfeste u. Frühsommerbräuche). →Walpurgisnacht.

Geschichte des M.-Brauchtums: 755 wurde die große fränk. Reichsversammlung vom 1. 3. auf den 1. 5. verlegt. Bereits im 9. und 10. Jh. erscheint der M.-Beginn in Europa mit einer Frau (›Maia‹) verbunden. Von 1200 an und zuerst für Frankreich ist reich bezeugt, dass Gemeinschaften, v. a. der höfisch-ritterl. wie auch der stadtbürgerl. Welt in festl. Aufzug, im M.-Ritt und Maiengang am 1. 5. Zweige und Bäumchen, bes. Birken, aus nahen Wäldern einholten, woraus sich Huldigungs-, Ehrungs-, Schmuck- und Heischebräuche entwickelten (→Maibaum). In England ist erstmals um 1240 eine ›Einführung des Frühlings‹ (›inductio Maii‹) mit einem bekränzten M.-Königspaar überliefert, im 16. Jh. entstanden Maygames mit einem Lord und einer Lady of the May, die dann zu Robin Hood und Maid Marian historisiert wurden. In Italien traten schon im 13. Jh. in Städten am 1. 5. (Calendimaggio) ein Conte und eine Contessa auf. In den Städten der dt. Hanse und ihres skandinav. Einflussbereiches entwickelte sich seit 1400 der Umzug des M.-Grafen. Erst nachmittelalterlich fassbar sind Personifizierungen des M. im ländl. Bereich, das Umführen von Laubgestalten (M.-Jungen) oder eines mit Blumen geschmückten Mädchens (M.-Braut), verbunden mit dem M.-Singen. Unabhängig von diesen Aufzugsformen verbreitete sich im 16. Jh. der Brauch der →Maileihen. – Seit dem 18./19. Jh. werden in der kath. Kirche (abendl.) →Maiandachten gehalten. Im 20. Jh. wurde es üblich, am 2. Sonntag im M. den →Muttertag zu begehen. In der Arbeiterbewegung erhielt der →Erste Mai eine eigene Tradition.

Während seit der Romantik (19. Jh.) das gesamte M.-Brauchtum allgemein auf Verkörperungen des Wachstumsgeistes, auf ein myth. M.-Brautpaar, auf frühe Fruchtbarkeitsmagie hin ausgedeutet wurde, differenziert die heutige Brauchforschung nach Zeit, Raum und Sozialschicht jedes Brauchzeugnisses.

W. MANNHARDT: Wald- u. Feldkulte, 2 Bde. (²1904–05, Nachdr. 1963); G. KORFF: ›Heraus zum 1. Mai‹, in: Volkskultur, hg. v. R. VAN DÜLMEN u. a. (1984); H. MOSER: Maibaum u. Maienbrauch, in: DERS.: Volksbräuche im geschichtl. Wandel (1985).

Mai, 1) Angelo, ital. klass. Philologe, * Schilpario (Prov. Bergamo) 7. 3. 1782, † Castel Gandolfo 8. 9. 1854; trat 1797 in den Jesuitenorden ein, war an der Biblioteca Ambrosiana in Mailand und an der Vatikan. Bibliothek in Rom tätig und wurde 1838 Kardinal. Er fand zahlr. antike Handschriften auf (darunter CICEROS ›De re publica‹ und die älteste Handschrift des PLAUTUS, den ›Codex Ambrosianus A‹).

Hg.: Scriptorum veterum nova collectio, 10 Bde. (1825–38); Classicorum auctorum e vaticanis codicibus, 10 Bde. (1828–38); Spicilegium romanum, 10 Bde. (1839–44); Novae patrum bibliothec, Bd. 1–7 (1844–54).

2) Herbert, Gewerkschafter, * Dalheim-Rödgen (zu Wegberg) 5. 9. 1947; seit Oktober 1971 hauptamtl. Gewerkschafts-Sekr. in der Gewerkschaft ÖTV, Bezirks-Verw. Hessen; 1982–94 Bezirks-Vors. der ÖTV Hessen und seit Februar 1995 Vors. der ÖTV; Mitgl. der SPD seit 1965.

Maia, urspr. Muttergottheit, im griech. Mythos eine Bergnymphe, Tochter des Atlas und durch Zeus Mutter des Hermes, später in das Sternbild der Plejaden versetzt; von den Römern wurde sie der röm. Wachstumsgöttin Maia (Maigöttin) gleichgestellt.

Maiandacht, *kath. Volksfrömmigkeit:* im Mai gehaltene Andachten zur Verehrung MARIAS. Die M. kam im 18. Jh. in Italien auf, ist seit Beginn des 19. Jh. auch in Dtl. üblich und wird vor einer mit Blumen und Kerzen geschmückten Darstellung MARIAS vollzogen.

Maiano, 1) Benedetto da, ital. Baumeister und Bildhauer, →Benedetto, B. da Maiano.

2) Giuliano da, ital. Baumeister und Bildhauer, →Giuliano, G. da Maiano.

Maiaten, lat. **Maeatae,** Stamm der →Pikten.

Maiaufstände, in *Dtl.* die nach dem Scheitern der Frankfurter Nationalversammlung bis Mitte Mai 1849 ausgebrochenen Aufstände in Sachsen (→Dresdner Maiaufstand), →Baden (u. a. J. P. BECKER, L. P. K. BRENTANO) und in der Rheinpfalz (u. a. G. F. KOLB, F. SCHÜLER); von preuß. Truppen niedergeschlagen.

Maibaum, im *Brauchtum* urspr. grüne Zweige und (Birken-)Bäumchen (veraltend **Maien**), die als Grünschmuck bei Frühlings- und Frühsommerbräuchen dienen, nun aber auch zu Pfingsten (Pfingstmaien), zur Kirchweihe sowie bei sonstigen festl. Anlässen – zum Ernteschluss als Erntemai, beim Dachbau als First- oder Richtmai, bei Hochzeiten als Brautmai – Verwendung finden; in spezieller Bedeutung ein dominierendes Element der seit dem 13. Jh. bezeugten Feier des Frühlingsbegrüßens (→Mai) und histor. Vorläufer des eigentl. M., eine zw. Frühling und Frühsommer aufgestellte hohe, entästete und entrindete, mit Kränzen und Bändern geschmückte Fichte oder Tanne.

Geschichte: Das Schlagen und Einholen von M. in bestimmten Wäldern war ein von Grundherrschaften gewährtes Recht, auf das sich das Aufstellen von Ehrenmaien für Obrigkeiten gründet. Schon hochmittelalterlich für einen weiten europ. Raum oft bezeugt ist der Brauch, den heiratsfähigen Mädchen Türen oder Fenster mit M. (Liebesmaien) zu schmücken. Alt ist auch der Brauch, durch Ausstecken von Wirtshausmaien (Tanzmaien) den Beginn des Ausschanks anzuzeigen. Das Aufstellen eines **Orts-M.** (eigentl. M.) bürgerte sich dem 16. Jh. ein. Erst im 18. Jh. bildete sich die bes. für Oberbayern typ. Form des bis zu 40 m hohen M. aus, der auf Querleisten ausgeschnittene und bemalte Bildzeichen der Gewerbe oder der wichtigsten Bauten eines Dorfes zeigt. Im 20. Jh. wurde die Zahl der Orts-M. stark vermehrt durch Förderung seitens des ländl. Vereinswesens und (nach 1933) durch die natsoz. Feiern zum 1. Mai, dem ›Tag der nat. Arbeit‹. – In kath. Gegenden werden zu Fronleichnam die Häuser am Weg der Prozession, die Kirchen und Altäre mit M. geschmückt. Aus der Barockzeit haben sich Nachbildungen z. B. auf Maikrügen erhalten. In ev. Gebieten ist Grünschmuck in der Kirche zum Pfingstfest üblich. – Gelegentlich werden die ›Pfingstmaien‹ als Ursprung des M. gedeutet. Auch der Freiheitsbaum wird auf den M. zurückgeführt.

P. E. RATTELMÜLLER: Der M., in: Schönere Heimat, Jg. 43 (1954); H. MOSER: M. u. Maienbrauch, in: DERS.: Volksbräuche im geschichtl. Wandel (1985).

Maibowle [-boːlə], mit Waldmeister gewürzte Bowle.

Maichishan [maɪdʒɪʃan], →Maiji Shan.

Maidan Mahsan, Erdölfeld, →Maydan Mahzan.

Maidenhead ['meɪdnhed], Stadt in der Cty. Berkshire, S-England, an der Themse, 59 600 Ew.; Wohnstadt von London und Ausflugsziel.

Maidstone ['meɪdstən], Verw.-Sitz der Cty. Kent, SO-England, am Medway, 90 900 Ew.; Gartenbau-Versuchsanstalt; Hopfenhandel, Getreide- und Obstmarkt; Mälzereien, Brauereien, Papier-, Druck-, Möbel-, Süßwarenindustrie, Landmaschinenbau. – Am Fluss einige Wohnhäuser aus dem 14./15. Jh.; die Pfarrkirche All Saints wurde Ende des 14. Jh. im Perpendicular Style erbaut; Chillington Manor House (16. Jh.; heute Museum). – In M. hatten die Erzbischöfe von Canterbury vom 12. Jh. bis zur Reformation eine Residenz.

Maiduguri, Hauptstadt des Bundesstaates Borno, NO-Nigeria, südwestlich des Tschadsees, 289 000 Ew.; kath. Bischofssitz; Univ. (gegr. 1975), Tschadseeforschungs-Inst.; Handelszentrum (Vieh, Soda, Erdnüsse) mit landwirtschaftl. Versuchsstation und einem Kfz-Montagewerk; Eisenbahnendpunkt, Flughafen.

Maidum, Ruine einer Pyramide, →Medum.

Maienfeld, Hauptort des Bez. Unterlandquart, Kt. Graubünden, Schweiz, am rechten Ufer des Rheins (hier Grenze zum Kt. St. Gallen), 518 m ü. M., als Gem. von 32 km² bis ins Rätikon (bis an die liechtenstein. und österr. Grenze; bis 2 570 m ü. M.) reichend, 2000 Ew.; Zentrum des Weinbaugebietes **Bündner**

Herbert Mai

Maibaum in der für Oberbayern typischen Form

Maie Maiensäß – Maiestas Domini

Herrschaft (in den vier Gem. Fläsch, M., Jenins, Malans; 250 ha Rebland), das v. a. qualitätvolle Spätburgunder (›Beerliweine‹) erzeugt; Landwirtschaft und Fremdenverkehr. – Alte, ehem. von einem Mauerring umzogene Stadtanlage; got. Rathaus (1589 umgebaut) mit Treppenturm und Fassadenmalerei (1930); Schloss Brandis (13. Jh.) mit hochgot. profanen Wandmalereien sowie zahlr. Bürgerhäuser des 17. und 18. Jh.; über der Stadt Schloss Salenegg (1604).

Maiensäß, im Rahmen der Almwirtschaft die Zwischenweide, die während des Frühjahrsauftriebs kurzzeitig genutzt wird; danach i. d. R. Heugewinnung.

Maier, 1) Hans, Politikwissenschaftler und Politiker, * Freiburg im Breisgau 18. 6. 1931; seit 1973 Mitgl. der CSU; 1962–87 Prof. für polit. Wissenschaften in München, 1970 einer der Initiatoren des Bundes Freiheit der Wissenschaft e. V.; war 1970–86 bayer. Staats-Min. für Unterricht und Kultus, 1976–88 Präs. des ZK der dt. Katholiken, seit 1988 Prof. für christl. Weltanschauung, Religions- und Kulturtheorie an der Univ. München. Schrieb u. a. ›Revolution und Kirche‹ (1959), ›Die Grundrechte des Menschen im modernen Staat‹ (1973).

2) Heinrich, Philosoph, * Heidenheim an der Brenz 5. 2. 1867, † Berlin 28. 11. 1933; 1900 Prof. in Zürich, dann in Tübingen, Göttingen, Heidelberg und Berlin. M. vertrat einen krit. Realismus. Er betonte die Eigenfunktion von Wille und Gefühl in ihrem Einfluss auf das Denken. Seine ›Philosophie der Wirklichkeit‹ (1926–35, 3 Bde.) begründet eine Metaphysik.

3) Johann, österr. Judaist, * Arriach (bei Villach) 17. 5. 1933; studierte ev. Theologie in Wien und Zürich, Judaistik, Semitistik und Alte Geschichte in Wien und Jerusalem; 1964 Habilitation für Judaistik in Wien, 1966 Prof. für Judaistik an der Univ. Köln.

Werke: Vom Kultus zur Gnosis (1964); Das altisraelit. Ladeheiligtum (1965); Gesch. der jüd. Religion (1972); Das Judentum (1973); Jesus von Nazareth in der talmud. Überlieferung (1978); Die Tempelrolle vom Toten Meer (1978); Kleines Lex. des Judentums (1981; mit P. SCHÄFER); Grundzüge der Gesch. des Judentums im Altertum (1981); Zw. den Testamenten (1990). – **Hg.:** Die Texte vom Toten Meer, 2 Bde. (1960); Die Kabbalah. Einf. – klass. Texte – Erl. (1995); Die Qumran-Essener. Die Texte vom Toten Meer, 3 Bde. (1995–96).

Bibel in jüd. u. christl. Tradition. Festschr. für J. M. zum 60. Geburtstag, hg. v. H. MERKLEIN u. a. (1993).

4) Reinhold, Politiker, * Schorndorf 16. 10. 1889, † Stuttgart 19. 8. 1971; Rechtsanwalt; trat 1918 der Dt. Demokrat. Partei bei. 1930–33 war er Wirtschafts-Min. in Württemberg, 1932–33 MdR. Im Reichstag begründete er die Zustimmung seiner Fraktion zum Ermächtigungsgesetz. Seit 1945 gehörte M. der Demokrat. Volkspartei (dem späteren Landesverband der FDP in Bad.-Württ.) an. Als Min.-Präs. von Württemberg-Baden (September 1945 bis April 1952) setzte er sich für die Schaffung eines ›Südweststaates‹ ein. Nach dessen Verwirklichung (unter dem Namen Baden-Württemberg) war er dort 1952/53 Min.-Präs. Er trat in dieser Amt als entschiedener Gegner einer Konfessionalisierung des Schulwesens hervor. 1957 bis 1959 war er MdB (FDP), 1957–60 Bundes-Vors. der FDP (seit 1963 deren Ehren-Vors.). Schrieb ›Erinnerungen 1948–1953‹ (1966).

Maier-Form [nach dem österr. Schiffbauingenieur FRITZ F. MAIER, * 1844, † 1926], *Schiffbau:* eine Form des Schiffsrumpfes, die durch einen stark ausfallenden Vorsteven und im Unterwasserschiff stark dreieckähnlich geformte Spanten gekennzeichnet ist. Vorteile der M.-F. sind günstigere Lage der Fahrtwellen, gutes Verhalten im Seegang, größere Laderäume über Wasser im Vorschiff und verhältnismäßig große Deckflächen.

Maier-Leibnitz, Heinz, Physiker, * Esslingen am Neckar 28. 3. 1911; ∞ seit 1980 mit ELISABETH NOELLE-NEUMANN. Er arbeitete u. a. über Neutronen- und Gammastrahlen bei Kernumwandlungen am Kaiser-Wilhelm- (heute Max-Planck-)Institut für medizin. Forschung zus. mit W. BOTHE und W. GENTNER (mit denen er auch den ›Atlas typ. Nebelkammerbilder‹ erstellte) und entwickelte eine Zählrohr-Koinzidenzmethode. M.-L. war 1949–52 Prof. in Heidelberg und 1952–79 in München, dort zugleich Leiter des Laboratoriums für Techn. Physik, 1967–72 auch Direktor des Institut Laue-Langevin in Grenoble. Unter seiner Leitung wurde der erste dt. Kernreaktor für Forschungszwecke in Garching in Betrieb genommen (1957). M.-L. vermutete u. a. als Erster die Möglichkeit der Kernresonanzabsorption von Gammastrahlung und trug damit zur Entdeckung des Mößbauer-Effekts bei. Als Präs. der Dt. Forschungsgemeinschaft (1974–79) war er v. a. mit Wissenschaftsorganisation und -politik befasst. Nach ihm ist der →Heinz-Maier-Leibnitz-Preis benannt.

Werke: An der Grenze zum Neuen. Rollenverteilung zw. Forschern u. Politikern in der Gesellschaft (1977); Zw. Wiss. u. Politik. Ausgew. Reden u. Aufsätze (1980); Der geteilte Plato. Ein Atomphysiker zum Streit um den Fortschritt (1981); Lernschock Tschernobyl (1986).

Maier Verlag Ravensburg AG, Otto, →Ravensburger AG.

Maiestas Domini: Fresko aus der Apsis von San Clemente de Tahull; um 1123 (Barcelona, Museo de Arte de Cataluña)

Maiestas Domini [lat. ›Herrlichkeit des Herrn‹], **Majestas Domini,** von den Visionen EZECHIELS, JESAJAS und der Apokalypse des Johannes ausgehende Darstellung des erhöhten CHRISTUS. Nach verschiedenartigen frühchristl. Vorstufen (u. a. Rom, Mosaiken in Santa Prudenzia, 402–417, und San Lorenzo fuori le mura, um 580) bildete sich in karoling. Zeit (830–850 im Skriptorium von Tours) die dann gültige Form der Darstellung heraus: CHRISTUS in der Mandorla thronend, umgeben von den in Apk. 4, 7 genannten vier Lebewesen (Löwe, Mensch, Stier, Adler), die die Evangelisten symbolisieren. Die M. D. ist v. a. ein Motiv der roman. Kunst. Es erscheint in der Buchmalerei (Bibel von Stavelot, 1097; London, Brit. Museum), als Wand- und Deckenmalerei (Fresko aus der Apsis von San Clemente de Tahull, südl. Pyrenäen, um 1123; Barcelona, Museo de Arte de Cataluña), als Re-

Reinhold Maier

lief in Tympana (Chartres, Königsportal der Kathedrale, gegen 1145–55; Arles, W-Portal von Saint-Trophime, um 1170). Seit Ende des 12. Jh. tritt die M. D. nur noch selten auf. (Weiteres BILD →Evangelist)

Maifeld, fränk. Geschichte: →Märzfeld.

Maifeld, Landschaft am Rande der Eifel, Rheinl.-Pf., zw. der unteren Mosel und der Stadt Mayen; ein altbesiedeltes Hügelland (i. Allg. 160 bis 320 m ü. M.) mit günstigen Ackerbaubedingungen aufgrund guter Böden, vielfach auf vulkan. Gestein, und milden Klimas.

Maifisch, eine Heringsart, →Alsen.

Maigelein, napfförmiges Trinkgefäß aus Waldglas mit meist bauchiger Wandung. Die Oberfläche erhielt ihren Dekor (Spiralen, Rippen) durch Einblasen in eine Hohlform. M. wurden im 15. bis 17. Jh. in Dtl. hergestellt.

Maigesetze, →Kulturkampf.

Maigh Eo ['ma:jo], County in der Rep. Irland, →Mayo.

Maiglöckchen, Maiblume, Convallaria, Gattung der Liliengewächse mit drei Arten in den temperierten Gebieten der Nordhalbkugel. In Europa kommt nur die (geschützte) Art **Convallaria majalis** vor, eine bevorzugt in lichten Laubwäldern wachsende, bis 20 cm hohe Staude mit grundständigen, ellipt. Blättern, nickenden, grünlich weißen, wohlriechenden Blüten in Trauben und roten Beeren. Sie enthält giftige Glykoside (Convallatoxin, Convallosid), die früher als Herzmittel verwendet wurden.

Kulturgeschichte: Malern des MA. galt das M. v. a. als Marienpflanze. In diesem Sinn ist es z. B. auf dem Frankfurter ›Paradiesgärtlein‹ (um 1410), dem Genter Altar (vollendet 1432), H. MULTSCHERS ›Marientod‹ (1437), A. DÜRERS ›Maria mit dem Zeisig‹ (1506) und H. BURGKMAIRS ›Madonna mit dem Kind‹ (1509) dargestellt. Auf Verkündigungsdarstellungen (etwa H. HOLBEIN D. Ä., ›Sebastiansaltar‹) vertritt es gelegentlich der Lilie. Der Mainzer ›Hortus sanitatis‹ (1491), OTTO BRUNFELS (* um 1488, † 1534), HIERONYMUS BRUNSCHWIG (* um 1450, † 1533) und andere Botaniker des 16. Jh. hielten das M. für die ›Lilie der Täler‹ (Hohes Lied 2,1; daher der lat. Name) und empfahlen es zur Stärkung von Herz und Gehirn. M. sollten außerdem bei Augen- und Leberleiden sowie gegen ›hinfallende Sucht‹ helfen, auch das Entstehen von Sommersprossen verhindern. Die getrockneten M.-Blüten bildeten den Hauptbestandteil des Niespulvers.

Maigret [mε'grε, frz.], **Kommissar Maigret,** literar. Figur, geschaffen von G. SIMENON, Hauptgestalt einer Vielzahl von Kriminalromanen (beginnend mit ›Pietr-le-Letton‹, 1930; dt. ›M. und die Zwillinge‹).

Maihinger Evangeliar, 159 Blätter umfassende Quarthandschrift mit Miniaturen; bis ins 18. Jh. in Echternach, dann in Maihingen (bei Nördlingen), jetzt auf Schloss Harburg (Fürstlich Oettingen-Wallersteinsche Bibliothek); eines der wertvollsten Dokumente der Echternacher Schreib- und Miniaturkunst, in angelsächs. Majuskel wohl zusammen mit dem ›Calendarium Willibrordi‹ Anfang des 8. Jh. geschrieben. Seine sprachgeschichtl. Bedeutung liegt in den 30 altengl. und ahd. Griffelglossen aus dem 8. und 9. Jahrhundert.

Maihofer, Werner, Jurist und Politiker, * Konstanz 20. 10. 1918; wurde 1955 Prof. u. a. für Straf- und Strafprozessrecht in Saarbrücken, 1970 in Bielefeld. Politisch wirkte er maßgeblich an der Ausarbeitung v. a. der gesellschaftl. Aspekte der ›Freiburger Thesen‹ der FDP mit (1972); 1972–80 war er MdB (FDP), 1974–78 Bundesinnen-Min.; 1981–87 Präs. des Europ. Hochschul-Inst. in Florenz.

Schriften: Vom Sinn menschl. Ordnung (1956); Naturrecht als Existenzrecht (1963); Demokratie im Sozialismus (1968).

Maiji Shan [maɪdʒɪ ʃan], **Maichishan,** Kalkfelsen in der Prov. Gansu, China, etwa 300 km westlich von Xi'an, mit Höhlentempeln, die in verschiedenen Ebenen aus dem Fels gehauen wurden. M. S. liegt südlich der Seidenstraße, die China mit den zentralasiat. Oasenstädten verband. Infolge ihrer abgeschiedenen Lage und aufgrund ihrer teilweisen Unzugänglichkeit (infolge von Erdbeben) fielen die Höhlentempel von M. S. nicht wie Dunhuang, Longmen, Yungang u. a. dem Kunstraub des 20. Jh. zum Opfer. Hier, wie auch in Dunhuang, modellierten die Mönche die Figuren des buddhist. Pantheons aus Lehmstuck an die Felswände. Die Stuckfiguren wurden über einem Strohkern oder einem Gerüst aus in den Felsen verankerten Holzbalken modelliert. Urspr. waren die Figuren, wie auch die dazwischen liegenden Wandflächen, in leuchtenden Farben bemalt, die sich in den Wandgemälden besser erhalten haben. Beginn des Baus der Höhlentempel im 4. Jh. n. Chr., Fortsetzung in der Sui-, Tang-, Song- und schließlich in der Mingzeit.

M. SULLIVAN: The cave temples of Maichishan (Berkeley, Calif., 1969).

Maikäfer, Melolontha, Gattung der Blatthornkäfer (Größe 2–3 cm) mit braunen Flügeldecken und rotbraunem bis schwärzl. Halsschild; die Fühler besitzen lamellenartig verlängerte Endglieder, das letzte Hinterleibssegment ist in eine Spitze verlängert. Die Käfer ernähren sich von Laub (mit Vorliebe Eichenblätter), ihre weißl. Larven (**Engerlinge**) durch Wurzelfraß. Die Engerlinge haben eine Entwicklungszeit von 3–5 Jahren, je nach örtl. Klima; die Larve verpuppt sich im letzten Jahr bereits im Herbst, und der frisch geschlüpfte Käfer überwintert. Bei günstigen Entwicklungsbedingungen kommt es zu Massenvermehrung und damit zu einem ›Maikäferjahr‹; durch intensive Bekämpfung sind M. heute jedoch selten geworden. In Mitteleuropa kommen drei Arten vor: **Feld-M.** (Melolontha melolontha), **Wald-** oder **Rosskastanien-M.** (Melolontha hippocastani) und der vom Aussterben bedrohte **Melolontha pectoralis**.

Kulturgeschichte: In der Volksmedizin wurden M. (z. B. ihre Köpfe) gegen Fieber u. a. Übel verwendet. Bis 1829 (Schweiz) und 1833 (Frankreich) wurden Bannungen der M. vorgenommen wegen des Schadens, den sie und die Engerlinge anrichteten. 1897 schrieb der schweizer. Dichter J. V. WIDMANN seine ›M.-Komödie‹, eine humorvolle Satire auf die Geschichte der Menschheit.

Maikammer, Gem. im Landkreis Südliche Weinstraße, Rheinl.-Pf., 180 m ü. M., am Fuß der Haardt, 3 800 Ew.; Weinbaugemeinde und Erholungsort an der Dt. Weinstraße. – Die kath. Pfarrkirche St. Cosmas und Damian, ein Saalbau von 1756/57, besitzt farbig gefasste Altäre und Beichtstühle aus dem 18. Jh. Die drei Tafeln des got. Flügelaltars (um 1470/80) eines mittelrhein. Meisters, des so genannten ›Maikammerer Meisters‹, befinden sich heute in der Mariä-Schmerzen-Kapelle im Ortsteil Alsterweiler.

Maikop, Majkop, Hauptstadt der Rep. Adygien, Russ. Föderation, am N-Rand des Großen Kaukasus, 163 000 Ew.; Adygeische Univ.; Holz-, Papier-, Zementindustrie, Maschinenbau; in der Umgebung Erdöl- und Erdgasförderung. – Bei M. liegen zahlr. vorgeschichtl. Hügelgräber. Der 1895 ausgegrabene, über 10 m hohe ›Kurgan von M.‹, namengebend für die **M.-Kultur** (früher Kubankultur [→Kuban] gen.), enthielt die Bestattung eines Herrschers und zweier weiterer Personen aus dem späten 3. Jt. v. Chr. In der aus Baumstämmen und Bohlen errichteten dreiteiligen Grabkammer mit Mosaikfußboden aus Kieseln war die Zentralbestattung unter einem Baldachin aufbewahrt und reichhaltig mit kostbaren Waffen und anderen Beigaben versehen, darunter viele Importstücke. Die Datierung der Funde ergibt sich über den

Maiglöckchen:
Convallaria majalis
(Höhe bis 20 cm)

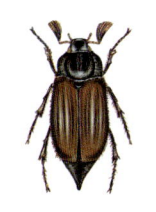

Maikäfer:
oben Feldmaikäfer
(Größe 20–30 mm)
unten Engerling des Feldmaikäfers
(Länge bis 48 mm)

Maik Maikrankheit – Mailand

Mailand 1): Piazza del Duomo mit dem Dom Santa Maria Nascente (rechts) und dem Reiterstandbild König Viktor Emanuels II. in der Mitte; links der Eingang zu der nach diesem König benannten Galleria

Mailand 1) Stadtwappen

- bedeutendste Wirtschaftsmetropole Italiens
- kulturelles Zentrum Norditaliens
- in der Poebene 100–130 m ü. M.
- 1,31 Mio. Ew.
- zwei Universitäten
- internat. Zentrum für Mode und Design
- internat. Messen und Flughäfen
- Dom (14.–19. Jh.)
- Castello Sforzesco (Neubau seit 1450)
- fünfgeschossige Ladenpassage Galleria Vittorio Emanuele II (1867–77)
- in Santa Maria delle Grazie das ›Abendmahl‹ von Leonardo da Vinci
- Teatro alla Scala
- eine der Residenzstädte des Römischen Reiches
- unter den Visconti und Sforza mächtiges Stadtstaat und Herzogtum

Vergleich mit kleinasiat. Formengut (Alaca Hüyük). – M. wurde 1857 als Festung gegründet.

Maikrankheit, Verstopfung des Darmes junger Bienen durch Aufnahme großer Pollenmengen, die wegen Wassermangels nicht verdünnt werden können. Die Bienen vollführen zitternde und hüpfende Bewegungen und fallen matt vor dem Bienenstand zu Boden; Behandlung ist durch rechtzeitige Fütterung einer warmen, dünnen Honig- oder Zuckerlösung möglich.

Maikraut, der Waldmeister (→Labkraut).

Mail ['meɪl; engl. ›Post(sendung)‹], *Informatik:* kurz für **Electronic Mail** [ɪlek'trɔnɪk -], die →elektronische Post.

Mailand, ital. **Milano, 1)** Hauptstadt der Prov. M. und der Region Lombardei, Italien, 100–130 m ü. M., in der nördl. Poebene, mit 1,31 Mio. Ew., zweitgrößte Stadt Italiens. Sitz eines Erzbischofs; staatl. und kath. Univ., Handelshochschule, Polytechnikum, Kunst-, Musikakademie, Fachschulen, wiss. Institute, Museen (Pinacoteca di Brera, Museo Poldi Pezzoli, Pinacoteca Ambrosiana u. a.), Bibliotheken (Brera, Ambrosiana u. a.) und Theater (Teatro alla Scala, Piccolo Teatro u. a.).

M. ist die bedeutendste Wirtschaftsmetropole Italiens (rd. 800 000 Industriebeschäftigte, 500 000 Pendler), erbringt etwa $1/4$ des Gesamteinkommens Italiens. Das Schwergewicht in der Industrie liegt auf den Metall verarbeitenden Betrieben und im Maschinenbau (Kraftfahrzeuge, Flugzeuge, Eisenbahnfahrzeuge, Motoren, Generatoren, Maschinen aller Art), gefolgt von der Textil- und Bekleidungsindustrie, der chem. Industrie (in der Nähe vier Raffinerien), dem Baugewerbe, der Elektro-, Gummi-, Nahrungsmittel-, Papier- und Möbelindustrie; zudem ist M. ital. Druckerei- und Verlagszentrum. Die wirtschaftl. Sonderstellung der Stadt wird durch viele Banken, Versicherungsgesellschaften, Handelshäuser, Stammsitze großer Industriekonzerne, Konsulate und Handelskammern in der City, durch die Börse und durch mehrere bedeutende internat. Messen (Fiera Campionaria) unterstrichen. Die internat. Kunst- und Antiquitätenmesse ›Internazionale dell'Antiquariato‹ findet seit 1995 jährlich statt. M. liegt am Schnittpunkt der wichtigen nordital. Eisenbahnen, Autobahnen, Straßen und Kanäle; zwei internat. Flughäfen (Linate, Malpensa); weiterer Ausbau der U-Bahn.

Stadtbild: Von der röm. Siedlung Mediolanum, deren Forum im Umriss der heutigen Piazza San Sepolcro bewahrt ist, sind nur wenige sichtbare Reste erhalten. Die mittelalterl. Stadtbefestigung (drei von ehem. 18 Toren erhalten) wurde infolge rascher Bevölkerungszunahme im 16./17. Jh. durch eine bastionsartige Mauer ersetzt, beiderseits des Castello Sforzesco beginnend (ehem. Residenzfestung F. Sforzas, Neubau seit 1450; im 19. Jh. restauriert; heute Museo Civico mit umfangreicher Kunstsammlung).

Zentrum von M. ist der got. Stadtkern um die Piazza Mercanti (1228–51 angelegt) mit mehreren Gebäuden des 13.–16. Jh. (u. a. Palazzo della Ragione oder Broletto Nuovo, Casa Panigarola, Loggia degli Osii, Palazzo dei Giureconsulti) und die Piazza del Duomo mit dem Wahrzeichen der Stadt, dem Dom Santa Maria Nascente. Er wurde 1386 begonnen (über mehreren Vorgängerbauten errichtet, deren Reste unterhalb des Domplatzes freigelegt wurden), 1572 geweiht (Fassade im 19. Jh. vollendet; Bild →Gotik) und ist eine der größten Kirchen der Gotik. Die fünfschiffige Basilika mit dreischiffigem Querhaus ist marmorverkleidet; im Innern zahlr. Kunstwerke, u. a. der siebenarmige Trivulzio-Kandelaber (12./13. Jh.; ein 5 m hoher Bronzeleuchter). Am Domplatz der klassizist. Bau (1771–78) des Palazzo Reale (urspr. 12. Jh., mehrfach verändert; mit Palastkapelle San Gottardo und Dommuseum) und Palazzo Arcivescovile (Erzbischöfl. Palais, urspr. 13./14. Jh.). Zu den ältesten Kirchen M.s gehören der Zentralbau von San Lorenzo Maggiore (um 350/370 gegr., im 12. und 16. Jh. erneuert; frühchristl. Baptisterium mit Mosaiken, 5. Jh.), Sant'Ambrogio (4. Jh. gegr., nach Veränderungen im 9. Jh. im 11./12. Jh. neu erbaut), eine dreischiffige Basilika ohne Querhaus mit lang gestrecktem Atrium im W. Zur Ausstattung gehören der Mailänder Goldaltar (Paliotto), ein Meisterwerk karoling. Goldschmiedekunst (um 840; Bild →Goldschmiedekunst); ein Altarbaldachin (frühes 12. Jh.); die Marmorkanzel (12./13. Jh.) sowie in der Grabkapelle San Vittore in Ciel d'Oro (5. Jh.) ein frühchristl. Mosaikzyklus; Sant'Eustorgio (im 4. Jh. gegr., jetziger Bau 12./13. Jh.; hinter der Apsis die Portinari-Kapelle von Michelozzo, 1462–68). Santa Maria delle Grazie (UNESCO-Weltkulturerbe) besteht aus einem got. Langhaus und einem von Bramante 1492–97 angefügten Zentralbau im O (im Refektorium des ehem. Klosters das ›Abendmahl‹ von Leonardo da Vinci, Restaurierung 1977 ff., seit 1995 wieder öffentlich zugänglich).

Unter den zahlreichen Palästen und Profanbauten sind zu erwähnen: Palazzo Belgiojoso (1772–81, von

G. Piermarini), Clerici (seit 1736 ausgebaut), Durini (1645–48), Litta (begonnen 1648, Fassade 1752–63), Poldi Pezzoli (Mitte 18. Jh.; Museum), die Casa Leoni (1573), Villa Reale (1780–96; Galerie für moderne Kunst) und Ospedale Maggiore (Hospitalanlage, 1456 begonnen, seit 1954 Univ.-Gebäude). Die Piazza della Scala mit Teatro alla Scala (1776–78) und Palazzo Marino (Rathaus; 1558 begonnen) ist mit dem Domplatz verbunden durch die fünfgeschossige Ladenpassage Galleria Vittorio Emanuele II (1867–77), einen Höhepunkt der Architektur des späten 19. Jh. Beispielhaft für den Jugendstil ist das Teatro Trianon (an der Piazza Liberty).

Entsprechend seiner Bedeutung als Standort internat. Banken und Wirtschaftsunternehmen ist M. auch das ital. Zentrum der modernen Architektur und des Designs. Zu den wichtigsten Bauten des 20. Jh. gehören Werke von G. Terragni (Casa Rustici, 1934); L. Figini und G. Pollini (Kirche Madonna dei Poveri, 1952–54); I. Gardella (der als Erweiterungsbau der Galerie für moderne Kunst errichtete Pavillon für zeitgenöss. Kunst, 1953/54; 1993 durch Bombenexplosion zerstört, bis 1996 nach seinem neuen Entwurf wieder aufgebaut); L. Belgioso, E. Peressutti, E. Rogers (Ausbau des Castello zum Museum, 1954–63; Hochhaus Torre Velasca, 1957–60); G. Ponti, P. L. Nervi (Torre Pirelli, 1955–59) sowie im südl. Industrievorort Galaratese Wohnbauten (1967–73) von A. Rossi, C. Aymonino und V. Gregotti. Die Galleria della Triennale im Palazzo dell'Arte (1933) wurde durch Gae Aulenti und Umberto Riva modern umgebaut und 1994 wieder eröffnet. Im Rahmen des Urbanisierungsprojektes ›Bicocca‹ entsteht im NO ein modernes Büro- und Wohnviertel. Hier ist auch der Bau eines neuen Opernhauses geplant (Entwurf: V. Gregotti), das u. a. als vorübergehendes Domizil für das Teatro alla Scala (Rekonstruktion voraussichtlich 1999–2001) vorgesehen ist. Der Neubau des →Piccolo Teatro di Milano (Entwurf: Marco Zanuso) soll 1998 fertig gestellt sein. – 7 km südöstlich von M. die Zisterzienserabtei Chiaravalle, 1135 von Clairvaux aus gegründet, die Abteikirche Santa Maria ist urspr. eine roman. Backsteinbasilika (12./13. Jh.) mit hohem Vierungsturm (frühes 14. Jh.). In der got. Kapelle der Abtei wurde 1989 ein Fresko freigelegt, bei dem es sich nach Meinung von Experten um ein Werk von H. Bosch (›Christus vor Pontius Pilatus‹) handeln könnte.

Geschichte: Das antike **Mediolanum**, eine Gründung der kelt. Insubrer, wurde 222 v. Chr. von den Römern erobert. Diokletian machte die Stadt, seit der frühen Kaiserzeit bedeutender Verkehrsknotenpunkt sowie Kultur- und Bildungszentrum, zu einer der Residenzstädte des Reichs. Im →Toleranzedikt von Mailand (313) wurde der christl. Kult den heidn. Religionen gleichgestellt. Die Kirche von M. gewann im 4. Jh., bes. unter Ambrosius, eine gewisse Selbständigkeit gegenüber dem Bischof von Rom, die in der ambrosian. Liturgie fortlebt.

Im Früh-MA. wurde M. nacheinander von Hunnen (452), Ostgoten (539) und Langobarden (569) erobert und kam 774 an das Fränk. Reich. Seit 961 wurde es von kaiserl. Statthaltern, dann von den Erzbischöfen verwaltet. Die Auflehnung der →Valvassoren und die revolutionäre Bewegung der →Pataria um die Mitte des 11. Jh. leiteten das kommunale Zeitalter M.s ein (1097 sind erstmals Konsuln bezeugt). Der im 12. Jh. einsetzenden Expansion M.s fielen zuerst Lodi und Como zum Opfer, die zusammen mit der erbittertsten Rivalin M.s, Pavia, Kaiser Friedrich I. Barbarossa zu Hilfe riefen; trotz der Zerstörung 1162 übernahm M. schon wenige Jahre später die Führung des lombard. Städtebundes (→Lombardenbund). Der Übergang von der Kommune zur Signoria erfolgte nach heftigen Kämpfen bes. zw. →Guelfen und Ghibellinen, schließlich übernahmen die Visconti die Herrschaft (1277); es begann eine neue Expansionswelle (unter dem 1395 zum Herzog erhobenen Giangaleazzo Visconti), die im 15. Jh. zum Konflikt und wechselvollen Krieg mit Venedig führte. Nach dem Aussterben der Hauptlinie Visconti (1447) erlangte 1450 Francesco Sforza die Herrschaft, nachdem ein Versuch der Wiederherstellung alter Freiheit (›Ambrosian. Republik‹) gescheitert war. Unter Ludovico Sforza (il Moro), seit 1480 Herzog, wurde in M. der Höhepunkt der Renaissancekultur erreicht. Gegen seine Nachfolger erhoben die frz. Könige Erbansprüche und brachten das Land 1499–1512, 1515–21 und 1524–25 in ihren Besitz; aber Spanien (Karl V.) zwang sie zum Verzicht. Als 1535 der letzte Sforza starb, kam das Herzogtum M. zunächst an die span., 1714 an die österr. Habsburger; M. war seitdem Hauptstadt der Lombardei, 1797–1815 des napoleon. Italien und 1815–59 des österr. Königreichs Lombardo-Venetien. Während des Risorgimento stand M. im Mittelpunkt der nationalen Bewegung. Der ›Aufstand der fünf Tage‹ (18.–22. 3. 1848), der die Österreicher zeitweise aus M. vertrieb, und der sozialist. Putsch 1898 wirkten auf das ganze Land. In M. gründete B. Mussolini 1919 den ersten ›Fascio di combattimento‹ (→Faschismus). Stadtplan S. 58 ff.

Storia di Milano, hg. v. Fondazione Treccani degli Alfieri, 16 Bde. u. Index-Bd. (Mailand 1953–66); M. Belloncini: Milano viscontea (Turin 1956); P. Verri: Storia di Milano, 3 Bde. (Florenz 1962); H. Keller: Die soziale u. polit. Verf. M.s in den Anfängen des kommunalen Lebens, in: Histor. Ztschr., Bd. 211 (1970); E. Dalmasso: Milan. Capitale économique de l'Italie. Etude géographique (Paris 1971); Milano, megalopoli padona, valli alpine, bearb. v. G. F. Battisti u. a. (Bologna 1977); N. John: M. (1992).

2) Prov. in der Lombardei, N-Italien, 1983 km², 3,721 Mio. Einwohner.

Mailand–San Remo, *Radsport:* ein →Klassiker.

Mailbox ['meɪlbɒks; engl. ›Briefkasten‹], *Datenverarbeitung, Telekommunikation:* ein Speicherbereich (elektron. ›Briefkasten‹), in dem Nachrichten (die →elektronische Post) für Benutzer eines Rechnersystems hinterlegt werden können. M. sind eindeutig adressierbar, der Zugang zu ihnen ist über Kennwörter gesichert. Das Vorliegen einer Nachricht wird dem Benutzer gewöhnlich über einen Bildschirm mitgeteilt. In Telekommunikationsnetzen sind M. eine Dienstleistung zur Hinterlegung von Nachrichten auch bei Abwesenheit des Adressaten (→Telebox).

Mailehen, ein bes. im mittel- und niederdt. Westen beliebter, teils am Sonntag Lätare, teils am 1. Mai geübter Brauch, ein heiratsfähiges Mädchen und einen

Mailand 1): Die fünfgeschossige Ladenpassage Galleria Vittorio Emanuele II; 1867–77

Mailand: Stadtplan

Mailand: Stadtplan

Mailand: Stadtplan (Namenregister)

Straßen und Plätze*)

Abruzzi Viale H 1-2
Adda, Via F 1
Affari, Piazza degli D 4
Agnello, Via E 4
Alberti, Via A 1
Alberto da Giussano, Via B 3-4
Alcuino, Via A 1
Aleardi, Via C 1
Alemagna, Viale C 3
Amendola, Piazza A 2-3
Andrea Doria, Viale GH 1
Anelli, Via E 6
Anfossi, Via GH 5
Annuciata, Via dell' E 3
Anzani, Via H 5
Appiani, Via E 2
Aquileia, Piazzale B 5
Archimede, Via GH 4
Arena, Via D 5-6
Argentina, Piazza H 1
Ariberto, Via C 5
Ariosto, Via B 3
Arona, Via AB 1
Ascoli, Piazzale H 3
Aspromonte, Piazza H 1
Augusto, Largo F 4
Ausonio, Via C 5
Bacone, Piazza H 1
Baiamonti, Piazzale D 1
Bandello, Via BC 4
Bandiera, Piazza G 3
Baracca, Piazzale B 4
Bazzi, Piazza B 5
Beatrice d'Este, Viale EF 6
Belfiore, Via A 4
Belisario, Viale A 3
Bellini, Via G 4
Bellotti, Via G 3
Berengario, Viale A 2
Bergamo, Via G 5-6
Bergognone, Via B 6
Bertani, Via C 2
Bertarelli, Piazza E 5
Bertini, Via C 1
Besana, Via G 5
Bezzecca, Via GH 5
Bianca di Savoia, Via E 6
Biancamano, Piazzale D 2
Bianca Maria, Viale G 4
Bigli, Via EF 3-4
Bixio, Via GH 3
Bligny, Viale EF 6
Boccaccio, Via BC 4
Boezio, Viale B 2
Bolívar, Piazza A 6
Boni, Via A 5
Bordoni, Via F 1
Borgonuovo, Via E 3
Borromeo, Piazza D 4
Boscovich, Via F 1-G 2
Botta, Via G 6
Bramante, Via D 1-2
Brera, Via E 3
Brisa, Via D 4
Broggi, Via GH 2
Broletto, Via DE 3-4
Bronzetti, Via H 4
Bronzino, Via H 2
Bruno, Via C 1
Buenos Aires, Corso GH 1-2
Bugatti, Via B 6
Buonaparte, Foro D 3-4
Buonarroti, Piazza A 3
Buonarroti, Via A 3
Burigozzo, Via DE 6
Caboto, Via A 4-5
Cadore, Via G 6-H 5

---

*) Vornamen bleiben i. Allg. unberücksichtigt

Cadorna, Piazzale CD 3-4
Cagnola, Via C 2
Caiazzo, Piazza G 1
Cairoli, Largo D 3-4
Caldara, Viale FG 5-6
California, Via B 5
Calvi, Via G 4
Caminadella, Via CD 5
Camperio, Via D 4
Canonica, Via C 1-2
Canova, Via C 2
Cantore, Piazzale C 6
Cappelli, Piazza H 5
Cappellini, Via F 1
Capponi, Via A 3
Cappuccini, Via dei FG 3
Cappuccio, Via D 4-5
Caradosso, Via C 4
Caravaggio, Via B 5
Cardinale Andrea Ferrari, Piazza E 6
Carducci, Via C 4
Carlo Magno, Piazzale A 1
Carmine, Piazza del D 3
Carrobbio, Largo D 5
Carroccio, Via C 5
Casati, Via F 1-2
Cassiodoro, Viale B 2-3
Cassolo, Via F 6
Castaldi, Via FG 2
Castelfidardo, Via E 2
Castello, Piazza D 3
Castel Morrone, Via H 3
Castelvetro, Via B 1
Cavour, Piazza F 3
Cecchi, Via A 5
Cellini, Via G 4
Ceradini, Via H 3
Cerano, Via B 6
Ceresio, Via D 1
Cernaia, Via E 2-3
Cerva, Via F 4
Cervantes, Viale C 2-3
Cesare de Sesto, Via C 5
Cherubini, Via AB 4
Chiesa, Piazzale A 1
Chiusa, Via della D 5
Cimarosa, Via A 4
Cimitero Monumentale, Piazzale D 1
Cincinnato, Piazza FG 1-2
Cinque Giornate, Piazza G 4-5
Circo, Via D 5
Cirene, Viale GH 6
Cola di Rienzo, Via AB 6
Col di Lana, Viale D 6
Colleoni, Via A 1
Colombo, Corso C 6
Colonna, Via A 3
Comelico, Via GH 6
Comerio, Via B 2
Commenda, Via della F 5-6
Conca del Naviglio, Via D 6-5
Concordia, Corso G 4
Coni Zugna, Viale B 5-C 6
Conservatorio, Via FG 4
Cordusio, Piazza E 4
Cornaggia, Via dei DE 5
Cornalia, Via F 1
Correggio, Via A 3
Correnti, Via D 5
Corridoni, Via FG 4
Corso XXII Marzo GH 5
Constanza, Via A 5
Crispi, Viale D 1
Crivelli, Via EF 6
Crocefisso, Via DE 5
Curie, Viale C 3

Cusani, Via D 3
Custodi, Via D 6
D'Annunzio, Viale CD 6
Dante, Via D 4
Dateo, Piazzale H 3-4
De Agostini, Piazzale A 5
De Amicis, Via CD 5
De Castillia, Via E 1
De Cristoforis, Via E 1
Del Fante, Via DE 6
De Marchi, Via E 2-3
De Meis, Piazza B 4
De Togni, Via C 4
Dezza, Via B 5
Diaz, Piazza E 4-5
Digione, Via A 5
Disciplini, Via DE 5
Domodossola, Largo AB 1-2
Domodossola, Via B 1
Donatello, Via H 1
Donizetti, Via G 4
Doria, Viale GH 1
Duca d'Aosta, Piazza FG 1
Duilio, Viale A 1
Duomo, Piazza del E 4
Durini, Via F 4
Duse, Piazza G 3
Edison, Piazza D 4
Egadi, Via A 5
Eginardo, Viale A 1-2
Elba, Via A 4
Elvezia, Viale CD 2
Emilia, Piazza H 4-5
Ennio, Via H 6
Erculea, Piazza E 5
Etna, Via A 5
Europa, Corso F 4
Eustachi, Via H 2-3
Ezio, Viale A 3
Fanti, Via F 5
Fara, Via F 1
Faravelli, Via A 1
Farini, Via D 1
Fatebenefratelli, Via E 3
Fauché, Via B 1
Ferrari (Cardinale Andrea), Piazza E 6
Ferrari (Gaudenzio), Via C 6
Ferrari (Giuseppe), Via D 1
Ferrini, Via GH 6
Ferruccio, Via B 1-2
Filangieri, Piazza BC 5
Filippetti, Viale F 6
Filzi, Via F 1
Finocchiaro, Via F 2
Fioravanti, Via CD 1
Fiori Chiari, Via DE 3
Fogazzaro, Via B 6
Fontana, Piazza EF 4
Fontana, Via G 5
Foppa, Via A 6-B 5
Foro Buonaparte D 3-4
Fratelli Bandiera, Piazza G 3
Fratelli Bronzetti, Via H 4
Fratelli Ruffini, Via C 4
Freguglia, Via F 5
Friuli, Via GH 5-6
Gadio, Via CD 3
Galeazzo, Viale DE 6
Galilei, Via F 1-2
Garian, Via A 5
Garibaldi, Corso DE 1-3
Garofalo, Via H 1-2
Gattamelata, Via A 1
Gemelli, Largo C 4
Generale Antonio Cantore, Piazzale C 6
Generale Gustavo Fara, Via F 1
Genova, Corso C 5-6
Gerusalemme, Piazza BC 1
Gessi, Via A 5-6

Gesù, Via F 3
Giambellino, Via A 6
Giardini, Via dei E 3
Gioia, Via EF 1
Giordano Bruno, Via C 1
Giotto, Via A 3-4
Giovanni da Procida, Via A 1-B 2
Giovanni XXIII, Piazza B 2
Giovine Italia, Piazza C 4
Giovio, Via B 4-5
Giulio Cesare, Piazzale A 3
Giusti, Via C 2-D 1
Goldoni, Via GH 3
Gorizia, Viale CD 6
Gramsci, Piazza BC 1
Gran Sasso, Via H 1
Grassi, Via C 4
Grimani, Via A 5-6
Guastalla, Via F 5
Guerrazzi, Via E 2
Guicciardini, Via G 4
Hajech, Via H 4
Illica, Via D 4
Imperatore Tito, Piazza H 6
Indipendenza, Corso GH 4
Industria, Viale dell' A 2
Insubria, Piazza H 6
Irnerio, Piazza A 5
Italia, Corso E 5-6
Jan Giorgio, Via G 2
Juvara, Via H 3
Kramer, Via G 3-4
La Foppa, Largo D 2
Lamarmora, Via F 6-G 5
Lambro, Via G 2-3
Lanzone, Via D 5
Larga, Via E 5
Largo V Alpini B 3
Lattanzio, Via H 6
Lattuada, Via G 6
Lavater, Piazzale G 2
Lazio, Viale G 6
Lazzaretto, Via FG 2
Lecco, Via G 2
Lega Lombarda, Piazza D 2
Legnano, Via D 2-3
Leone XIII, Via B 2-3
Leopardi, Via C 3-4
Liberazione, Viale della EF 1
Liberty, Piazza EF 4
Libia, Piazzale G 6
Lima, Piazza G 1
Lipari, Via B 5
Lomazzo, Via C 1
Londonio, Via B 1-C 2
Loria, Via A 5-B 6
Luini, Via D 4
Macchi, Via G 1
Macchiavelli, Via B 2-C 3
Maestri Campionesi, Via H 5-6
Maffei, Via G 5-6
Magenta, Corso B-D 4
Maggi, Via D 2
Maiocchi, Via H 2
Maj, Via H 6
Majno, Viale G 3
Malta, Viale C 2-D 3
Mameli, Via H 4
Manara, Via F 5
Manin, Via F 2-3
Manuzio, Via F 2
Manzoni, Via E 3-4
Marcello, Via G 1-2
Marcona, Via GH 4
Marco Polo, Via EF 1
Marghera, Via A 4
Maria Adelaide di Savoia, Piazza H 3
Marina, Via F 3
Marinai d'Italia, Largo H 5
Maroncelli, Via D 1

Marsala, Via E 2
Martini, Piazza H 5
Mascagni Via FG 4
Mascheroni, Via B 3-4
Massena, Via B 2
Matteotti, Corso EF 4
Mazzini, Via E 4-5
Meda, Piazza E 4
Medaglie d'Oro, Piazzale F 6
Melloni, Via GH 4
Melzi d'Eril, Via C 2
Melzo, Via G 2-3
Menotti, Via H 3
Mentana, Piazza D 5
Meravigli, Via D 4
Mercadante, Via GH 1
Mercalli, Via E 6
Messina, Via C 1
Michelangelo Buonarroti, Piazza A 3
Michelangelo Buonarroti, Via A 3
Mille, Viale dei H 3
Milton, Viale C 3
Mirabello, Piazza E 2
Missori, Piazza E 5
Misurata, Viale A 5-6
Modena, Via H 3
Modrone, Via F 4
Molino delle Armi, Via D 5-E 6
Monferrato, Via A 4
Monforte, Corso FG 4
Montebello, Via E 2
Monte di Pietà, Via E 3
Monte Grappa, Viale E 1
Montello, Viale D 1-2
Monte Napoleone, Via E 3-F 4
Monte Nero, Viale G 5-6
Monte Rosa, Via A 3
Monte Santo, Viale EF 1
Monteverdi, Via H 1
Montevideo, Via B 5-6
Monti, Via B 2-C 4
Morandi, Piazzale F 3
Morgagni, Via GH 2
Morigi, Via D 4
Morosini, Via G 5-6
Moscati, Via C 3
Moscova, Via D-F 2
Mozart, Via FG 3
Muratori, Via G 6
Mussi, Via B 1
Napoli, Piazza A 6
Necchi, Via D 4-5
Niccolini, Via CD 1-D 2
Nievo, Via B 2-3
Nirone, Via D 4
Novelli, Piazza H 3
Nullo, Via H 3
Numa Pompilio, Via C 5
Oberdan, Piazza G 2
Olivetani, Via degli B 5-C 4
Olmetto, Via DE 5
Olona, Via C 5
Orefici, Via E 4
Orso, Via dell' E 3
Orti, Via F 6
Otto Novembre 1917, Piazza G 2
Ozanam, Via H 1
Pace, Via della FG 5
Pagano, Via BC 3
Paisiello, Via H 1
Palazzi, Via FG 2
Palermo, Via DE 2
Palestro, Via F 3
Pallavicino, Via B 3
Panizza, Via B 4
Pantano, Via E 5
Panzini, Via AB 3
Paolo da Cannobio, Via E 5

Mailand: Stadtplan (Namenregister)

Papiniano, Viale B C 5
Parini, Via E F 2
Pascoli, Via H 2-3
Passione, Via F 4
Pasubio, Viale D 1
Pecchio, Via H 1
Pellegrini, Via dei F 6
Pergolesi, Via G H 1
Perugino, Via H 5
Petrarca, Via B C 3
Petrella, Via G H 1
Piave, Viale G 3
Piazza XXV Aprile E 1
Piazza VI Febbraio B 2
Piazza 5 Giornate G 4-5
Piazza VIII Novembre 1917 G 2
Piazzale XXIV Maggio D 6
Piccinni, Via H 1
Piemonte, Piazza A 4
Pier Lombardo, Via G 6
Piero della Francesca, Via B 1
Pio XI, Piazza E 4
Piolti De Bianchi, Via H 4
Pirandello, Via A 4
Pirelli, Via F 1
Pisacane, Via G 3
Pisani, Via F 1-2
Pistrucci, Via H 6
Plebisciti, Corso H 4
Plinio, Via G H 2
Po, Piazza A 5
Poerio, Via G 3
Poliziano, Via B 1
Poma, Via H 4
Pontaccio, Via D E 3
Porta Nuova, Bastioni di E 1-2
Porta Nuova, Corso di E 2-3
Porta Romana, Corso di E 5-F 6
Porta Ticinese, Corso di D 5-6
Porta Ticinese, Ripa di C 6
Porta Venezia, Bastioni di F G 2
Porta Vercellina, Viale di B 4-5
Porta Vigentina, Corso di F 6
Porta Vittoria, Corso di F G 4-5
Porta Volta, Bastioni di D 1-2
Premuda, Viale G 4
Principessa Clotilde, Piazzale E 2
Procaccini, Via B C 1
Quadrio, Via D 1
Quadronno, Via E F 6
Quinto Alpini, Largo B 3
Raffaello Sanzio, Via A 3-4
Rasori, Via B 4
Redi, Via G H 2
Regina Giovanna, Viale G 2-H 3
Regina Margherita, Viale G 5
Repubblica, Piazza della F 2
Resistenza Partigiana, Piazza D 5
Richini, Largo E 5
Risorgimento, Piazza G 3
Romana, Piazza G 2
Roncaglia, Via A 5
Rosario, Piazza del B 6
Rosmini, Via C 1-2
Rossetti, Via B 3

Ruffini, Via C 4
Rugabella, Via E 5
Sabotino, Viale F 6
Sacco, Via A 4
Saffi, Via B 4-C 3
Salutati, Via A B 4
Sambuco, Via D 6
San Babila, Piazza F 4
San Barnaba, Via F G 5
San Calocero, Via C 5
San Francesco d'Assisi, Via E 6
Sangiorgio (Abbondio), Via B C 2
San Giovanni sul Muro, Via D 4
San Gregorio, Via F 1-G 2
San Luca, Via D E 6
San Marco, Via E 2
San Martino della Battaglia, Via E 6
San Maurilio, Via D 4-5
San Michele del Carso, Viale B 4-5
San Nazaro, Piazza E 5
San Pio V, Via D 5
San Sepolcro Piazza D E 4
San Siro, Via A 3
San Stefano, Piazza E F 4-5
Santa Croce, Via D 5-6
Santa Francesca Romana, Piazza G 2
Sant'Agnese, Via C D 4
Sant'Agostino, Piazza C 5
Santa Margherita, Via E 4
Santa Maria del Suffragio, Piazza G 4
Santa Marta, Via D 5
Sant'Ambrogio, Piazza C 4
Sant'Andrea, Via F 3
Sant'Antonio, Via E 5
Santa Sofia, Via E 5-6
Santa Valeria, Via D 4
Sant'Eufemia, Piazza E 5
Sant'Eustorgio, Piazza D 6
Santissima Trinità, Piazza D 2
Sant'Orsola, Via D 4
Santo Spirito, Via E F 3
San Vincenzo, Via C 5
San Vito, Via D 5
San Vittore, Via B C 4
Sardegna, Via A 4
Sarpi, Via C D 1
Savona, Via A-C 6
Savonarola, Via A B 1
Scala, Piazza della E 4
Scarlatti, Via G 1
Sciesa, Via G 5
Sei Febbraio, Piazza B 2
Sempione, Corso A B 1-C 2
Sempione, Piazza C 2
Senato, Via E 3
Senofonte, Via A 2
Seprio, Via A 4
Settara, Via F 2-G 1
Settembrini, Via G 1
Settimo Severo, Largo B 4
Sforza, Via F 4-5
Sicilia, Piazza A 4
Sigieri, Via G 6
Simone d'Orsenigo, Via H 6
Simonetta, Via C D 5
Sirtori, Via G 2-3
Solari, Via A 6-B 5
Solferino, Via E 1
Sottocorno, Via G H 4
Spallanzani, Via G 2
Spartaco, Via G H 5
Spiga, Via della F 3

Spinola, Via A 2
Spontini, Via H 1
Stampa, Via D 5
Statuto, Via D E 2
Stendhal, Via A 5-B 6
Stoppani, Via G H 2
Strigelli, Via H 6
Stromboli, Via A 5
Sturzo, Viale E 1
Tadino, Via G 1-2
Tartaglia, Via C 1
Tasso, Via B C 3
Telesio, Via B 3
Tenca, Via F 1
Teodorico, Viale A 1
Tiepolo, Via H 3
Tiraboschi, Via G 6
Tito (Imperatore), Piazza H 6
Tito Livio, Via H 6
Tiziano, Via A 3
Tommaseo, Piazza B 3
Torino, Via D E 5
Torriani, Via F G 1
Tortona, Via A-C 6
Treves, Largo E 2
Tricolore, Piazza del G 3-4
Trieste, Via A 4
Troya, Via A 6
Tunisia, Viale F 1-G 2
Turati, Via F 2-3
Uberti, Via H 3
Umanitaria, Piazza F 5
Umbria, Viale H 5-6
Unità, Largo H 2
Valenza, Via C 6
Valparaiso, Via B 5
Vasari, Via G 6
Velasca, Piazza E 5
Venezia, Corso F 4-G 3
Venio, Piazza C 5
Venticinque Aprile, Piazza E 1
Ventidue Marzo, Corso G H 5
Ventiquattro Maggio, Piazzale D 6
Venti Settembre, Via B C 3
Vercelli, Corso A B 4
Verdi, Via E 3-4
Verga, Via B 4-5
Verri, Via E F 4
Verrocchio, Via H 3
Vesuvio, Piazza A B 5
Vetra, Piazza della D 5
Via XX Settembre B C 3
Vico, Via B 4-C 5
Vigevano, Via E 6
Virgilio, Piazzale C 4
Visconti di Modrone, Via F 4
Vitruvio, Via G 1
Vittorio Emanuele II, Corso E F 4
Vittorio Veneto, Viale F G 2
Vivaio, Via G 3-4
Voghera, Via B C 6
Volterra, Via A 4-5
Wagner, Piazza A 3-4
Washington, Via A 4-6
Zandonai, Largo A B 3
Zenale, Via C 4

Gebäude, Anlagen u. a.

Ambrosiana D E 4
Aquarium D 2-3
Archäologisches Museum D 4
Arco della Pace C 2

Arena D 2
Aussichtsturm C 3
Bahnhof Nord C 3-4
Bahnhof Porta Garibaldi E 1
Bahnhof Porta Genova C 6
Bahnhof Porta Vittoria H 5
Basilica di Sant' Ambrogio C 4
Blindenanstalt F G 3
Börse D 4
Castello Sforzesco D 3
Corpus Domini C 2
Dom E 4
Erzbischöfliches Palais E 4
Fiera Campionaria A 2
Finanzamt F 2
Galerie für moderne Kunst F 3
Galleria Vittorio Emanuele II E 4
Gefängnis B 4-5
Giardino Guastalla F 5
Hauptbahnhof G 1
Justizpalast F 5
Katholische Universität C D 4-5
Kinderkrankenhaus B 1
Konservatorium G 4
Museum für Naturwissenschaften und Technik C 4-5
Mustermesse A 2
Naturhistorisches Museum F 3
Ospedale Maggiore E F 5
Palazzo Borromeo E 3
Palazzo Clerici E 4
Palazzo Cusani E 3
Palazzo dell' Arte C 3
Palazzo del Senato F 3
Palazzo di Brera E 3
Palazzo Litta D 4
Palazzo Marino E 4
Palazzo Poldi Pezzoli E 3
Palazzo Reale E 4
Palazzo Serbelloni F 3
Parco delle Basiliche D 5-6
Parco Sempione C D 2-3
Parco Solari B 5
Piccolo Teatro D 4
Pinacoteca Ambrosiana D E 4
Pinacoteca di Brera E 3
Planetarium F G 3
Poldi Pezzoli, Museum E 3
Poliklinik F 5
Polizeipräsidium E 3
Porta Garibaldi E 1
Porta Genova C 6
Porta Lodovica E 6
Porta Magenta B 4
Porta Monforte G 4
Porta Monforte (Stadtteil) G H 3
Porta Nuova E 1-2
Porta Nuova (Stadtteil) E F 1
Porta Romana F 6
Porta Romana (Stadtteil) G 6
Porta Sempione C 2
Porta Ticinese D 6
Porta Ticinese (Stadtteil) C D 6
Porta Venezia G 2
Porta Vigentina F 6
Porta Vittoria G 5
Porta Vittoria (Stadtteil) G H 5
Porta Volta D 1
Post D 4
Präfektur F G 4

Radrennbahn A 1
Rathaus E 4
Rotonda della Besana G 5
Rundfunk R. A. I. B 2
Sacra Famiglia A 3
San Babila F 4
San Bernardino alle Monache D 5
San Calimero E 5-6
San Camillo G 1
San Carlo F 4
San Giorgio D 5
San Gottardo al Corso D 6
San Gregorio G 1-2
San Lorenzo Maggiore D 5
San Marco E 3
San Nazaro Maggiore E 5
San Paolo Converso E 5
San Pietro Celestino F 3
San Pietro dei Pellegrini F 6
San Pietro in Gessate F 4
San Pietro in Sala A 3
San Pio V H 6
San Satiro E 4
San Simpliciano D 3
Sant' Alessandro E 5
Santa Maria dei Miracoli E 6
Santa Maria del Carmine E 3
Santa Maria della Pace F 5
Santa Maria della Passione G 4
Santa Maria delle Grazie C 4
Santa Maria delle Grazie al Naviglio C 6
Santa Maria del Rosario B 6
Santa Maria del Suffragio H 4
Sant' Ambrogio C 4-5
Sant'Angelo E 2
Sant' Eustorgio D 6
Sant' Ildefonso A 1
Santissimo Redentore H 1
San Tomaso D 4
San Vicenzo in Prato C 5
San Vittore al Corpo C 4
Scala E 4
Sempionepark C D 2-3
Solaripark B 5
Staatsarchiv F 3
Stadtbibliothek F 5
Stadtmuseum F 3
Stadtpark F 2-3
Teatro, Piccolo D 4
Teatro alla Scala E 4
Teatro Lirico E 5
Teatro Manzoni E F 3
Teatro Nuovo F 4
Technisches Institut C 4
Terminal Aero E 1
Universität E F 5
Villa Reale (= Galerie für moderne Kunst) F 3
Zoo F 2

jungen Mann (scherzhaft auch ein älteres Paar) für ein Jahr als Partner beim Tanz und sonstiger Festlichkeit lehensweise zu verbinden. Das M. ist erstmals 1538 aus Kreisen des Patriziats der Stadt Köln bezeugt.

Mailer [ˈmeɪlə], Norman, amerikan. Schriftsteller, *Long Branch (N. J.) 31. 1. 1923; nach dem Studium an der Harvard University Soldat im Pazifik (1944–46); diese Erfahrung verarbeitete er in dem zu einer krit. Sicht der amerikan. Gesellschaft ausgeweiteten Kriegsroman ›The naked and the dead‹ (1948; dt. ›Die Nackten und die Toten‹). M.s gesellschaftskrit. Engagement und seine provokante Persönlichkeit machten ihn zu einer umstrittenen öffentl. Figur. Sein umfassendes Werk sprengt bei der Darbietung scharfsinniger, häufig polem. Analysen der amerikan. Gegenwartskultur, die er als totalitär empfindet, oft konventionelle Gattungsgrenzen. Seine polit. und ästhet. Überzeugungen legte er in dem Essay ›The white negro‹ (1957) dar, in dem sich existenzialist. Weltsicht, Kulturkritik, Faszination durch Sexualität und Gewalt sowie die Hoffnung auf individuellen Bewusstseinswandel widerspruchsvoll mischen. In der Abwendung von tradierten Erzählformen entwickelte er u. a. in ›The armies of the night‹ (1968; dt. ›Heere aus der Nacht‹) und ›The executioner's song‹ (1979; dt. ›Gnadenlos‹) die Form des ›Non-fiction novel‹, einer Synthese von Reportage und autobiograph. Roman. M. schrieb auch Dramen und Gedichte und drehte Filme.

Weitere Werke: Romane: Barbary shore (1951; dt. Am Rande der Barbarei); The deer park (1955; dt. Der Hirschpark); An American dream (1965; dt. Der Alptraum); Why are we in Vietnam? (1967; dt. Am Beispiel einer Bärenjagd); Ancient evenings (1983; dt. Frühe Nächte); Tough guys don't dance (1984; dt. Harte Männer tanzen nicht); Harlot's ghost (1991; dt. Das Epos der geheimen Mächte, 2 Bde.). – *Sonstige Prosa:* Advertisements for myself (1959; dt. Reklame für mich selber); The short fiction (1967; dt. Masken des Todes u. andere Stories); Miami and the siege of Chicago (1968; dt. Nixon in Miami u. die Belagerung von Chicago); A fire on the moon (1970; dt. Auf dem Mond ein Feuer); Oswald's tale (1995; dt. Oswalds Geschichte). – *Biographien:* Marilyn, a biography (1973; dt. Marilyn Monroe. Eine Biographie); Portrait of Picasso as a young man (1995; dt. Picasso. Portrait des Künstlers als junger Mann).

Ausgaben: The essential M. (1982). – Die Sprache der Männer. Prosa aus den Jahren 1939–1963 (Neuausg. 1993).

R. POIRIER: N. M. (New York 1972); R. EHRLICH: N. M., the radical as hipster (Metuchen, N. J., 1978); R. MERRILL: N. M. (Boston, Mass., 1978); H. MILLS: M. A biography (Neuausg. New York 1984); P. MANSO: M. His life and times (ebd. 1985); J. M. LENNON: Critical essays on N. M. (Boston, Mass., 1986); N. M., hg. v. H. BLOOM (New York 1986); C. E. ROLLYSON: The lives of N. M. A biography (New York 1991).

Maillard-Reaktion [maˈjaːr-; nach dem frz. Biochemiker LOUIS CAMILLE MAILLARD, *1878, †1936], in proteinhaltigen Lebensmitteln beim Erhitzen, z. T. auch bei längerer Lagerung auftretende Reaktion, die auf einer Umsetzung von Aminosäuren mit reduzierenden Zuckern beruht; sie führt über zahlr. Zwischenstufen zur Bildung von braunen, pigmentartigen Substanzen (›Melanoide‹). Die M.-R. geht häufig mit ernährungsphysiolog. oder geschmackl. Verbesserungen der Lebensmittel, Erhöhung der Verdaulichkeit usw. einher (z. B. beim Backen, Rösten), tritt aber auch bei Vorgängen auf, die zu einer Geschmacksverschlechterung führen (z. B. bei übermäßiger Sterilisation von Fleisch- oder Milchprodukten).

Maillart [maˈjaːr], Aimé, eigtl. **Louis M.,** frz. Komponist, *Montpellier 24. 3. 1817, †Moulins 26. 5. 1871; Schüler u. a. von J. F. F. É. HALÉVY, komponierte sechs Opéras comiques, von denen ›Les dragons de Villars‹ (1856; dt. ›Das Glöckchen des Eremiten‹) auch in Dtl. populär wurde.

Maillet [maˈjɛ], Antonine, kanad. Schriftstellerin frz. Sprache, *Buctouche (Prov. New Brunswick) 10. 5. 1929; repräsentiert die Literatur der frankophonen Sprachinseln →Akadiens, benutzt deren antiquiertes Französisch und die indigenen Erzähltraditionen. Der Erfolg von ›La Sagouine‹ (1971) – 16 Monologe einer 72-jährigen Putz- und Fischersfrau und Exprostituierten – lenkte das Interesse auf ihr Werk.

Weitere Werke: Romane: Pointe-aux-Coques (1958); Maria Agélas (1973); Pélagie-la-Charrette (1979); L'oursiade (1991; dt. Bären leben gefährlich). – *Dramen:* Don l'original (1972); Évangéline Deusse (1975); Margot la folle (1987).

Maillol [maˈjɔl], Aristide, frz. Bildhauer, Maler und Grafiker, *Banyuls-sur-Mer 8. 12. 1861, †ebd. 27. 9. 1944; besuchte die École des Beaux-Arts und die École des Arts Décoratifs und schloss sich nach dem Studium der Malerei bei J. L. GÉRÔME und A. CABANEL den →Nabis an. Angeregt bes. durch P. GAUGUIN, entwickelte er einen flächengebundenen, linienbetonten Stil. Er schuf symbolist. Bilder, Bildteppiche und Keramiken. Wegen eines Augenleidens (ab 1898) konzentrierte er sich zunehmend auf die Bildhauerei, die ab 1900 sein eigentl. künstler. Medium wurde. Zunächst entstanden kleine Holzstatuetten und Terrakotten, 1902 ging er zu Bronze- und Steinplastiken über. In seinen Skulpturen, v. a. weibl. Akte von heiterer Gelassenheit, zielt er auf eine klass. Statuarik unter Vereinfachung der Formen. Dem impressionist. Oberflächenreiz der Figuren A. RODINS wird eine klare, in sich geschlossene Plastizität gegenübergestellt. M. schuf auch Zeichnungen, Lithographien, Radierungen und v. a. Holzschnittfolgen, die sich durch klare, betonte Umrisslinien auszeichnen (Buchillustrationen u. a. zu den ›Eklogen‹ des VERGIL, 1910–12, veröffentlicht 1925). 1995 wurde in Paris ein M.-Museum eröffnet.

Weitere Werke: La nuit (Bronze, 1902–09; New York, Metropolitan Museum of Art); Badende (Bronze, 1909–10; Mannheim, Städt. Kunsthalle); Ruhmesgöttin für das Denkmal für P. CÉZANNE (Stein, 1912–25; Paris, Jardin des Tuileries); Île-de-France (Bronze, 1925; Köln, Museum Ludwig); Kriegerdenkmal (1930; Banyuls-sur-Mer); Les nymphes de la prairie (1937–38; Bern, Kunstmuseum).

W. GEORGE u. D. VIERNY: A. M. (a. d. Frz., 1964); M. GUÉRIN: Catalogue raisonné de l'œuvre gravé et lithographe de A. M., 2 Bde. (Genf 1965–67); M., hg. v. H. A. PETERS, Ausst.-Kat. (1978); W. SLATKIN: A. M. in the 1890s (Ann Arbor, Mich., 1982); A. M., hg. v. U. BERGER u. J. ZUTTER, Ausst.-Kat. Georg-Kolbe-Museum, Berlin (a. d. Frz., 1996).

Maillu, David G., kenian. Schriftsteller, *Ukambani (O-Kenia) 1939; Verf. zahlreicher Romane in Englisch und Suaheli. Seine in O-Afrika populären, gelegentlich pornograph. Elemente einbeziehenden Werke behandeln v. a. das moderne Stadtleben, Probleme des Alltags, die Beziehung zw. den Geschlechtern sowie Alkoholismus und Korruption.

Werke: My dear bottle (1973); Unfit for human consumption (1973); Kadosa (1975); The kommon man, 3 Bde. (1975–76); After 4.30 (1987).

Maimana, Maimene, Oasenstadt in N-Afghanistan, 870 m ü. M., rd. 40 000 Ew. (überwiegend Usbeken und Turkmenen); eines der Zentren des Karakulschaffell- und Teppichhandels.

Maimon, 1) Judah Leib, gen. **J. L. Fishman** [-ʃ-], Rabbiner und Schriftsteller, *Marculeşti (heute Kr. Ialomiţa, Rumänien) 1875, †Tel Aviv 10. 7. 1962; Führer der religiösen Zionisten und Mitbegründer der Mizrachi-Bewegung; lebte seit 1912 in Palästina. M. verfasste zahlr. Werke zur jüd. Religion und war 1948–51 der erste Religions-Min. des Staates Israel.

2) Salomon, eigtl. **S. ben Josua,** jüd. Philosoph, *Nieśwież (heute Neswisch, Weißrussland) um 1753, †Nieder-Siegersdorf (bei Freystadt in Niederschlesien) 22. 11. 1800; Ausbildung zum Rabbiner; von I. KANT anerkannt als bedeutendster Kritiker seiner Werke. Ab 1779 war M. in Dtl. M. setzte sich mit KANTS ›Kritik der reinen Vernunft‹ auseinander und führte sie fort. ›Dinge an sich‹ (→Ding an sich), in ihrer realist. Interpretation (z. B. K. L. REINHOLD) als hinter den ›Erscheinungen‹ stehende und sie verursachende Gegenstände, seien nicht denkbare und nicht

erkennbare ›Un-Dinge‹, denn die Grundunterscheidung der ›Kausalität‹ sei eine vorausgesetzte Leistung des Subjekts. Im krit. Sinn ist ›Ding an sich‹ für M. ein Grenzbegriff (›Differenzial‹) im Bewusstsein und bedeutet die noch nicht aufgeklärten Aspekte von Objekten. M. lehnt die Trennung KANTS von Formen der Sinnlichkeit und dem Verstand (Kategorien) ab, da die Anwendung der Verstandeskategorien auf sinnl. Erfahrung so bedingt werden könne; es bestehe nur ein gradueller Unterschied zw. ihnen.

Hauptwerke: Versuch über die Transcendental-Philosophie (1790); Philosoph. Wb. (1791); Krit. Unters. über den menschl. Geist oder das höhere Erkenntnis- u. Willensvermögen (1797). – Autobiographie: S. M.s Lebensgeschichte, hg. v. K. P. MORITZ, 2 Bde. (1792–93; Neuausg. v. Z. BATSCHA 1984).

Ausgabe: Ges. Werke, hg. v. V. VERRA, 7 Bde. (1790–97, Nachdr. 1965–76).

S. H. BERGMAN: The philosophy of Solomon M. (a. d. Hebräischen, Jerusalem 1967); E. KLAPP: Die Kausalität bei S. M. (1968); A. ENGSTLER: Unterss. zum Idealismus S. M.s (1990); K. PFAFF: S. M. Hiob der Aufklärung (1995).

Maimonides, Moses, eigtl. **M. ben Maimon,** gen. **RaMbaM,** arab. Name **Abu Imran Musa Ibn Maimun Ibn Ubaid Allah,** jüd. Philosoph, Gelehrter und Arzt, *Córdoba 30. 3. 1138, †Fustat (heute Kairo) 13. 12. 1204. Nach der Eroberung Córdobas durch die Almohaden 1148 floh seine Familie 1159 nach Fès (Marokko), 1165 über Palästina nach Ägypten. Hier wirkte M. als Arzt (Hofarzt des Sultans SALADIN) und als Vorsteher (Nagid) der jüd. Gemeinschaft. Sein Leichnam soll in Tiberias bestattet worden sein, wo sein Grab noch heute gezeigt wird. – M. gilt als bedeutendster jüd. Religionsphilosoph des MA. Zugleich genießt er als Kodifikator des jüd. religiösen Gesetzes, der Halacha, höchste Anerkennung. Seine Hauptwerke sind: 1) der Kommentar zur Mischna, der in arab. Sprache geschrieben und später ins Hebräische übersetzt wurde. In der Einleitung zum Traktat ›Sanhedrin Mischna‹ fasste er die jüd. Lehre in 13 Glaubensartikeln zusammen, die später Aufnahme ins jüd. Gebetbuch gefunden haben; 2) ›Mischne thora‹ (Wiederholung des Gesetzes), in dem er in 14 Büchern das religiöse Gesetzes- und Traditionsgut systematisiert; 3) ›Sefer hammizwot‹ (Buch der Gebote), das von den 248 Geboten und 365 Verboten der Thora handelt; 4) ›Dalalat al-Chairin‹, hebr. ›Morenevukim‹ (Führer der Unschlüssigen, Verwirrten). Das urspr. in arab. Sprache geschriebene philosoph. Hauptwerk, an dem M. seit 1176 15 Jahre gearbeitet hat, wurde von SAMUEL IBN TIBBON noch zu Lebzeiten M.' ins Hebräische übertragen. In diesem zentralen Werk der jüd. Religionsphilosophie sucht M. einen Ausgleich zw. Aussagen des Aristotelismus und jüd. Glaubenslehren herbeizuführen, wobei er auch neuplaton. Elemente übernimmt. M. hebt rationalistisch die grundsätzl. Übereinstimmung von Vernunft und Glauben hervor und strebt danach, den Menschen von der Selbstentfremdung (Aberglauben, Irrationalismus) zu befreien. Nach seinem Tod entbrannte um dieses Werk ein heftiger Streit zw. Anhängern und Gegnern des M., bei dem sich die Letzteren gegen die ihrer Ansicht nach zu einseitige philosoph. Interpretation religiöser Grundlehren wandten. M. hat auf die christl. Scholastik stark eingewirkt, v. a. auf THOMAS VON AQUINO und ALBERTUS MAGNUS, später dann auf B. DE SPINOZA und G. W. LEIBNIZ.

Ausgabe: M. M. Führer der Unschlüssigen, übers. u. kommentiert v. A. WEISS, 2 Bde. (Neuausg. 1972).

A. J. HESCHEL: M. Eine Biogr. (1935, Nachdr. 1992); D. J. SILVER: Maimonidean criticism and the Maimonidean controversy: 1180–1240 (Leiden 1965); JOHANN MAIER: Gesch. der jüd. Religion (1972); S. GEHLHAAR: Prophetie u. Gesetz bei Jehudah Hallevi, M. u. Spinoza (1987); F. W. NIEWÖHNER: M. Aufklärung u. Toleranz im MA. (1988); B. W. STRASSBURGER: M. Sein Leben u. sein Werk (1991); G. SCHERER: Philosophie des MA. (1993).

Main, antikes südarab. Reich, →Minäer.

Main der, rechter Nebenfluss des Rheins, 524 km lang, mit einem Stromgebiet von 26 500 km², entsteht bei Kulmbach durch Zusammenfluss der Quellflüsse **Weißer M.** (vom Fichtelgebirge) und **Roter M.** (vom Ostrand der Fränk. Alb). Bis zum Pliozän war der M. südwärts durch die Rednitzfurche mit der Altmühl und dadurch mit der Donau verbunden. Heute wendet er sich bei Bamberg nach NW und durchbricht bei Haßfurt die bewaldete Keuperstufe zw. Steigerwald und Haßbergen, bildet in der Unterfränk. Muschelkalkplatte zw. Schweinfurt und Gemünden das M.-Dreieck und durchbricht anschließend im M.-Viereck den im Tertiär aufgewölbten Mittelgebirgsrand des Oberrhein. Tieflands; das im Buntsandstein eingetiefte enge Tal mit bewaldeten Hängen gilt als Grenze zw. Odenwald und Spessart. Von Aschaffenburg an durchfließt der Unter-M. den N des Oberrhein. Tieflands und mündet bei Mainz. Wichtigste Nebenflüsse sind von links Regnitz und Tauber, von rechts Rodach, Fränk. Saale und Kinzig. Von der Mündung aufwärts bis nach Bamberg ist der M. als Teile des →Rhein-Main-Donau-Großschifffahrtsweges (für Güter- und Tankmotorschiffe bis zu 110 m Länge, 11,4 m Breite und 2 220 t Tragfähigkeit sowie Koppelverbände bis zu 185 m Länge, 11,4 m Breite und 3 930 t Tragfähigkeit) und zur Energieerzeugung ausgebaut; insgesamt 308 km sind schiffbar. 1996 wurden auf dem M. 23,99 Mio. t Güter befördert.

Geschichte: Ein Hinweis auf den M. findet sich zuerst im Namen einer der von PTOLEMÄUS genannten kelt. Burgstädte (Menosgada); die Römer nannten den Fluss **Moenus,** die karoling. Franken **Moin.** Archäolog. Funde lassen auf einen Schiffsverkehr schon vor der röm. Kolonisation schließen. Transporte über lange Strecken gab es jedoch erst unter den Römern. Unter KARL D. GR. wurde 793 versucht, eine Verbindung zur Donau herzustellen (→Fossa Carolina). Dieses Projekt wurde durch König LUDWIG I. von Bayern wieder aufgegriffen und führte 1836–46 zur Anlage des kleinen Ludwigskanals, der aber durch den Eisenbahnbau bedeutungslos wurde.

H. BERNERTH u. W. TOBIAS: Der Untermain. Ein flußökolog. Portrait (1979); J. A. CROPP u. C. GRÄTER: Der M. (1985); E. RUTTE: Rhein, M., Donau. Wie, wann, warum sie wurden (1987).

Mainardi, Enrico, ital. Violoncellist, *Mailand 19. 5. 1897, †München 10. 4. 1976; trat als Duopartner von M. REGER und im Klaviertrio mit E. FISCHER und G. KULENKAMPFF (später W. SCHNEIDERHAN) sowie mit G. AGOSTI und S. GAZZELLONI auf; schrieb Violoncellokonzerte, Kammermusik und Lieder, ferner die Autobiographie ›Bekenntnisse eines Künstlers‹ (1977).

Mainassara, Ibrahim Barré, Offizier und Politiker in Niger, *Maradi 1949, nach militär. Ausbildung u. a. Kommandeur einer Fallschirmjägerkompanie; 1987 Gesundheits-Min., 1988–92 im diplomat. Dienst tätig, 1993–96 Generalstabschef; übernahm am 27. 1. 1996 durch einen Militärputsch die Macht (von den Präsidentschaftswahlen im Juli 1996 im Amt bestätigt).

Mainau die, Insel im Überlinger See, dem nordwestl. Teil des Bodensees, 44 ha groß, durch eine Brücke mit dem Festland verbunden. Ein durch mildes Klima begünstigter üppiger Pflanzenwuchs (z. T. subtrop. Pflanzen) wird in Gartenanlagen und im Schlosspark als Blumen- und Pflanzenschau gezeigt. Reger Fremdenverkehr. – Das dreiflügelige Barockschloss wurde 1739–46 von dem Baumeister des Dt. Ordens GIOVANNI GASPARE BAGNATO († 1757) errichtet. In der Schlosskirche (1734–39) Innenausstattung von FRANCESCO POZZI (*1700, †1784; Stuck), FRANZ JOSEPH SPIEGLER (*1691, †1757; Gemälde) und J. A. FEUCHTMAYER (Altäre). – Die Insel kam 732

Enrico Mainardi

Main Mainauer Gespräche – Maine de Biran

Mainau

als fränk. Krongut an die Abtei Reichenau. 1272–1805 gehörte sie dem Dt. Orden, danach wechselnden Besitzern, bis 1853 Großherzog FRIEDRICH I. von Baden die M. erwarb. 1928 fiel die Insel im Erbgang an das schwed. Königshaus Bernadotte. G. L. BERNADOTTE machte M. 1932 zur internat. Begegnungsstätte.

Mainauer Gespräche, Diskussionsrunden von Fachleuten der Landespflege auf der Mainau zu Themen der natürl. und sozialen Umwelt des Menschen. Von G. L. BERNADOTTE als Präs. der Dt. Gartenbau-Gesellschaft 1957 initiiert (→Grüne Charta von der Mainau), seit 1979 von der Lennart-Bernadotte-Stiftung durchgeführt.

Mainbernheim, Stadt im Landkreis Kitzingen, Unterfranken, Bayern, 233 m ü. M., im Steigerwaldvorland, 2400 Ew.; Lebkuchenfabrik. – Gut erhaltener mittelalterl. Mauerring mit Ober- und Untertor (15. Jh.); ev. Pfarrkirche (18. Jh.); Giebelbau des Rathauses von 1548 und zahlreiche alte Bürgerhäuser. – Das 889 erstmals erwähnte M., 1172 als Reichsdorf genannt, wurde 1382 Stadt.

Mainburg, Stadt im Landkreis Kelheim, Niederbayern, 430 m ü. M. in der Hallertau, 13600 Ew.; Heimatmuseum (mit Hopfenmuseum); Hopfenverarbeitung, Herstellung von elektron. Bauteilen, Klimageräten und Betonwaren, Ziegeleien, Druckereien, Fertighausherstellung, Brauerei. – 825 erstmals als **Schleißbach** urkundlich genannt; 1279 wurde die Burg M. erstmals im Besitz der bayer. Herzöge erwähnt.

Main Defence Forces ['meɪn dɪ'fens 'fɔːsɪs, engl.], →Hauptverteidigungskräfte.

Main de Justice [mɛ̃dʒys'tis; frz. ›Schwurhand‹] *die,* - - -, Zepter mit einer Schwurhand an der Spitze, das zu den frz. Krönungsinsignien gehörte; seit dem 19. Jh. auch an Staatswappen konstitutioneller Monarchien (z. B. Belgien).

Mai-Ndombe-See, früher **Leopold-II.-See,** seichter Schwemmlandsee im W der Demokrat. Rep. Kongo, 2325 km², entwässert zum Kasai.

Main-Donau-Kanal, der →Ludwigskanal. (→Rhein-Main-Donau-Großschifffahrtsweg)

Maine [meɪn], Abk. **Me.,** postamtlich **ME,** Bundesstaat im NO der USA, an der Grenze zu Kanada, 87389 km², (1994) 1,240 Mio. Ew. (1950: 913800 Ew.). Hauptstadt ist Augusta. Verwaltungsmäßig ist M. in 16 Verw.-Bez. (Countys) gegliedert.

Staat und Recht: Verf. von 1820 (mit zahlreichen Änderungen); Senat mit 35, Repräsentantenhaus mit 151 Mitgl. Im Kongress ist M. mit zwei Senatoren und zwei Abg. vertreten.

Landesnatur: M. umfasst große Teile der Rumpfgebirgslandschaft der nördl. Appalachen (Mount Katahdin 1606 m ü. M.), eiszeitlich überformt und seenreich. Der reich gegliederten Atlantikküste sind mehr als 1200 meist bewaldete Inseln vorgelagert. Das Klima ist im Küstenbereich relativ mild und ausgeglichen, im Innern durch starke jahreszeitl. Gegensätze bestimmt; die Niederschlagsmenge liegt bei 1000 mm pro Jahr. 80 % der Staatsfläche sind bewaldet.

Bevölkerung: M. ist der größte der Neuenglandstaaten. 1990 waren 98,4 % der Bev. Weiße, 0,4 % Schwarze, andere 0,8 %. In Städten leben (1990) 44,6 % der Bev.; größte Stadt ist Portland (als Metropolitan Area 246000 Ew.).

Wirtschaft: Die Wälder liefern große Mengen Holz für Papierfabriken und Sägewerke. Wertvollstes Produkt der Fischerei ist der Hummer. An der landwirtschaftl. Produktion haben Geflügel, Kartoffeln und Molkereierzeugnisse den größten Anteil. Außer Papierfabriken gibt es Leder-, Nahrungsmittel- und Textilindustrie. Als Fremdenverkehrsgebiet gewinnt M. wachsende Bedeutung, bes. für die nahen Großstädte.

Geschichte: Die Küstenregion von M. erkundeten 1497 G. und S. CABOTO. Das von Indianern der Algonkin-Sprachfamilie bewohnte Gebiet war lange zw. Frankreich und Großbritannien umstritten (erste frz. Siedler 1604, erste engl. 1607); es wurde, seit 1622 Eigentümerkolonie im Besitz von Sir FERNANDO GORGES (* um 1566, † 1647), seit Ende der 30er-Jahre des 17. Jh. permanent besiedelt. Nach dem Anschluss (1677) an Massachusetts, der 1691 in der neuen Charta für Massachusetts bestätigt wurde, entwickelte sich die Kolonie trotz andauernder Kämpfe mit den von den Franzosen unterstützten Algonkin rasch durch Pelzhandel, Holzeinschlag, Schiffbau und Fischfang. Im Zusammenhang mit dem Missouri-Kompromiss (1820) wurde M. von Massachusetts abgetrennt und am 15. 3. 1820 als 23. Staat in die Union aufgenommen. Der seit Ende des Unabhängigkeitskrieges bestehende Grenzstreit mit Kanada wurde 1842 durch den ›Webster-Ashburton-Vertrag‹ beigelegt. 1851 verabschiedete M. das erste Prohibitionsgesetz (M.-Law) in den USA.

A history of M., hg. v. R. F. BANKS (Dubuque, Ia., 1969); C. E. CLARK: M.: A bicentennial history (New York 1977) M., a bibliography of its history, hg. v. J. D. HASKELL (Boston, Mass., 1977); J. G. REID: Acadia, M., and New Scotland (London 1981).

Maine [mɛn], **1)** *die,* rechter Nebenfluss der unteren Loire, W-Frankreich, entsteht aus dem Zusammenfluss von Sarthe und Mayenne bei Angers.

2) histor. Gebiet in W-Frankreich, zw. der Normandie im N, dem Orléanais im O, der Touraine und Anjou im S sowie der Bretagne im W. – M. war urspr. von kelt. Cenomanen bewohnt (daher **Pagus Cenomanicus**). Die fränk. Grafschaft geriet im 11. Jh. unter den Einfluss vorwiegend der Grafen von Anjou, an die sie dann 1109 durch Heirat fiel. 1204, endgültig 1481 kam M. an die frz. Krone. LUDWIG XIV. gab seinem Sohn aus der Verbindung mit der Marquise DE MONTESPAN, LOUIS AUGUSTE DE BOURBON (* 1670, † 1736), den Titel eines Herzogs von Maine.

Maine de Biran [mɛndəbi'rã], eigtl. **Marie François Pierre Gonthier de B.** [gɔ̃'tje də -], frz. Philosoph und Politiker, * Bergerac 29. 11. 1766, † Paris 16. 7. 1824; 1797 im Rat der 500, 1806 Unterpräfekt von Bergerac, 1809 Mitgl. der gesetzgebenden Kammer, 1814/15 der Restaurationskammer. Wandte sich in Auseinandersetzung mit dem Sensualismus (E. B. DE CONDILLAC), von dem er zunächst beeinflusst war, gegen die einseitig materialist. Psychologie der frz. Ideologen, v. a. gegen einen physiolog. Determinis-

Maine Flagge

Maine de Biran

mus, und verknüpfte einen Voluntarismus mit dem Spiritualismus der frz. Tradition. Im ›überphysischen Willensakt‹ (›effort hyperphysique‹) und dem Widerstand des Nicht-Ich (›Non-Moi‹) des eigenen Körpers und der Welt erfährt und konstituiert sich das bewusste, aktive Ich als frei, unteilbar und autonom.

Werk: Influence de l'habitude sur la faculté de penser (1803).
Ausgaben: Œuvres complètes, hg. v. P. TISSERAND, 14 Bde. (1920–49, Nachdr. 1982). – Journal, hg. v. H. GOUHIER, 3 Bde. (1954–57; dt. Tagebuch).
G. FUNKE: M. de B. (1947); A. CRESSON: M. de B. Sa vie, son œuvre. Avec un exposé de sa philosophie (Paris 1950); P. P. HALLIE: M. de B. Reformer of empiricism, 1766–1824 (Cambridge, Mass., 1959); J. BUOL: Die Anthropologie M. de B. (Winterthur 1961); D. VOUTSINAS: La psychologie de M. de B. 1766–1824 (Neuausg. Paris 1975); B. BAERTSCHI: L'ontologie de M. de B. (Freiburg 1982).

Maine-et-Loire [mɛnɘˈlwaːr], Dép. in W-Frankreich, um die Mündung der Maine in die Loire, 7166 km², 726 000 Ew.; gehört zur Region Pays de la Loire; Verw.-Sitz ist Angers.

Mainelke, rote Nelke als Anstecker, in der Arbeiterbewegung zum Symbol des 1. Mai geworden (→Nelke, Kulturgeschichtliches).

Mainframe [ˈmeɪnfreɪm] der, -(s)/-s, engl. für →Großrechner.

Mainfranken, Landschaftsraum in Bayern, →Franken.

Mainhardter Wald, Landschaft in Bad.-Württ., Teil der Keuperstufe des Schwäbisch-Fränk. Schichtstufenlands, nördlich der Murr und westlich von Schwäbisch Hall, bis 555 m ü. M.; Grünlandwirtschaft mit Viehzucht. Mittelpunkt ist der Luftkurort **Mainhardt** (5 000 Ew.) im Landkreis Schwäbisch Hall.

Mainistir na Búille [ˈmanjəʃdjirj na ˈbuːljə], Stadt in der Rep. Irland, →Boyle.

Main-Kinzig-Kreis, Landkreis im Reg.-Bez. Darmstadt, Hessen, 1 398 km², 402 400 Ew.; Verw.-Sitz ist Hanau. Das Kreisgebiet liegt östlich von Frankfurt am Main zu beiden Seiten der Kinzig, hat Anteil an den Ausläufern des Vogelsbergs, am Spessart und der Vorderen Rhön. Im Bergland findet sich Grünlandwirtschaft in kleinen bis mittleren Betrieben, im Kinzigtal und im Übergang zur Wetterau Getreide- und Zuckerrübenbau. Ausgedehnte Forstgebiete sind der Büdinger Wald und der Spessart.

W. SCHWANZER: Suburbanisierung im M.-K.-K. (1987).

Mainland [ˈmeɪnlənd], 1) Hauptinsel der Orkneyinseln, Schottland, 503 km², 15 100 Ew.; bis 269 m ü. M., von zahlreichen glazial entstandenen Seen bedeckt, stark gegliederte Küste. Hauptort ist Kirkwall, 6 500 Ew.
2) Hauptinsel der Shetlandinseln, Schottland, 970 km², 17 600 Ew., bis 450 m ü. M.; Hauptort ist Lerwick (7 300 Ew.). Erdölterminal in Voe im N der Insel; Kleinlandwirtschaft, Küstenfischerei.

Main-Spessart, Landkreis im Reg.-Bez. Unterfranken, Bayern, 1 323 km², 131 500 Ew.; Kreisstadt ist Karlstadt. Der Kreis umfasst die im W vom ›Maindreieck‹ umschlossene lössbedeckte Muschelkalkplatte Mainfrankens, eine schon im Früh-MA. besiedelte Gäulandschaft, in die der Main 100–120 m tief eingeschnitten ist; neben dem Ackerbau (v. a. Weizen, Braugerste, Luzerne) spielt hier der Weinbau (→Frankenweine) eine wichtige Rolle. Im W erstreckt sich der Kreis in den weitgehend bewaldeten östl. Spessart (v. a. Buchen und Eichen), im Geiersberg bis 585 m ü. M. Die Industrie ist bes. in den Städten Lohr am Main, Karlstadt und Marktheidenfeld vertreten. Die Städte (auch Gemünden am Main, Arnstein, Rieneck und Rothenfels) mit ihren histor. Bauten bilden wichtige Anziehungspunkte für den Fremdenverkehr.

Zw. Wald u. Main. Der Landkreis M.-S., hg. v. G. REINWARTH (1984).

Mainstream [ˈmeɪnstriːm; engl. ›Hauptstrom‹] der, -(s), 1) allg.: oft abwertende Bez. für die vorherrschende gesellschaftspolit., kulturelle o. ä. Richtung.
2) *Musik:* in den 1950er-Jahren von dem engl. Kritiker STANLEY DANCE geprägter Begriff für Gestaltungsprinzipien von Musikern im Jazz, die stilistisch einer einzelnen Richtung nicht eindeutig zugeordnet werden können und die ›zeitlosen‹ Elemente des Jazz (Improvisation) repräsentieren, ohne sich neueren Tendenzen zu verschließen; typ. Vertreter des M. sind z. B. R. ELDRIDGE, S. GETZ, C. BASIE, O. PETERSON.

Maintal, Stadt im Main-Kinzig-Kreis, Hessen, nördlich des Mains zw. Frankfurt am Main und Hanau, 100 m ü. M., 40 000 Ew.; Bundesfachschule für Klima- und Kältetechnik; Maschinenbau, Nahrungsmittel- u. a. Industrie. – M. entstand 1974 im Zuge der Gebietsreform aus der ehemals selbstständigen Stadt Dörnigheim und drei weiteren Gemeinden.

Main-Tauber-Kreis, Landkreis im Reg.-Bez. Stuttgart, Bad.-Württ., 1 305 km², 134 800 Ew.; Verw.-Sitz ist Tauberbischofsheim. Der Kreis umfasst das Tauberland, den Bereich an der mittleren (Taubergrund) und unteren Tauber, den größten Teil des welligen Baulands im W und die Ebenen von Kocher und Jagst im S. Abseits der wirtschaftl. Zentren gelegen, weist der Kreis nur wenig Industrie auf; 42 % der Erwerbstätigen sind im produzierenden Gewerbe (Holzverarbeitung, Glas, Maschinenbau) beschäftigt, 7,5 % in der Land- und Forstwirtschaft (z. T. Weinbau).

Main-Taunus-Kreis, Landkreis im Reg.-Bez. Darmstadt, Hessen, 222 km², 214 300 Ew.; Verw.-Sitz ist Hofheim am Taunus. Der am dichtesten besiedelte Kreis Hessens liegt zw. Frankfurt am Main, Offenbach am Main und Wiesbaden und erstreckt sich vom Main nach N bis in den Hochtaunus (mit dem Feldberg). Die kühlfeuchten Lagen über 500 m ü. M. sind weitgehend bewaldet. Auf den Lössböden der SO-Abdachung werden Sonderkulturen betrieben. Trotz des starken Pendelverkehrs in den nahen Ballungsraum hat sich vielseitige Industrie entwickelt.

Maintenon [mɛ̃tˈnɔ̃], Françoise d'Aubigné [doˈbiɲe], Marquise de (seit 1674), Geliebte und zweite Gemahlin LUDWIGS XIV. von Frankreich, * Niort 27. 11. 1635, † Saint-Cyr (heute Saint-Cyr-l'École) 15. 4. 1719, Enkelin von T. A. D'AUBIGNÉ. Sie verbrachte ihre Kindheit auf Martinique und wurde bis zum 14. Lebensjahr von einer Verwandten kalvinistisch erzogen, später von den Ursulinen in Paris zum Katholizismus bekehrt. 1652 heiratete sie den Dichter P. SCARRON. Seit 1669 erzog sie die Kinder LUDWIGS XIV. und der Marquise DE MONTESPAN. Sie erlangte allmählich die Gunst des Königs, der sich nach dem Tod der Königin (1683) mit ihr heimlich trauen ließ (1684). Ihr Einfluss machte sich überall im Sinne einer konfessionell bestimmten Politik geltend; doch hat man sie zu Unrecht für die Aufhebung des Edikts von Nantes (1685) verantwortlich gemacht. Ihren pädagog. Neigungen folgend, gründete sie 1686 in Saint-Cyr ein Internat für mittellose adelige Töchter.

Ausgabe: Lettres, hg. v. M. LANGLOIS, 4 Bde. (1935–39).
L. HASTIER: Louis XIV et Madame de M. (Paris 1957); J. PRÉVOT: Madame de M. La première institutrice de France (ebd. 1981); J. GUELFI: Madame de M. 1635–1719 (Lyon 1986).

Mainz, 1) Hauptstadt des Landes Rheinl.-Pf., kreisfreie Stadt und Verw.-Sitz des Landkreises Mainz-Bingen, 82 m ü. M., auf dem linken Rheinufer gegenüber der Mainmündung, (1996) 184 400 Ew. (1959: 128 200 Ew.). M. liegt im W des Verdichtungsraumes Rhein-Main. Es ist Sitz von Landesregierung und Landtag, des Landesarbeits- und Landessozialgerichts, der Landeszentralbank Rheinl.-Pf. und der Landesbank Rheinl.-Pf. Girozentrale, kath. Bischofs-

Mainz 1)
Stadtwappen

Hauptstadt von Rheinl.-Pf.

am Rhein gegenüber der Mainmündung

184 400 Ew.

Industrie

Johannes Gutenberg-Universität (eröffnet 1946)

Gutenberg-Museum

Landesmuseum Mainz

Römisch-Germanisches Zentralmuseum (im ehemaligen Kurfürstlichen Schloss)

römischer Name Mogontiacum

seit dem 4. Jh. Bischofssitz

1792/93 Mainzer Republik

Mainz: Stadtplan

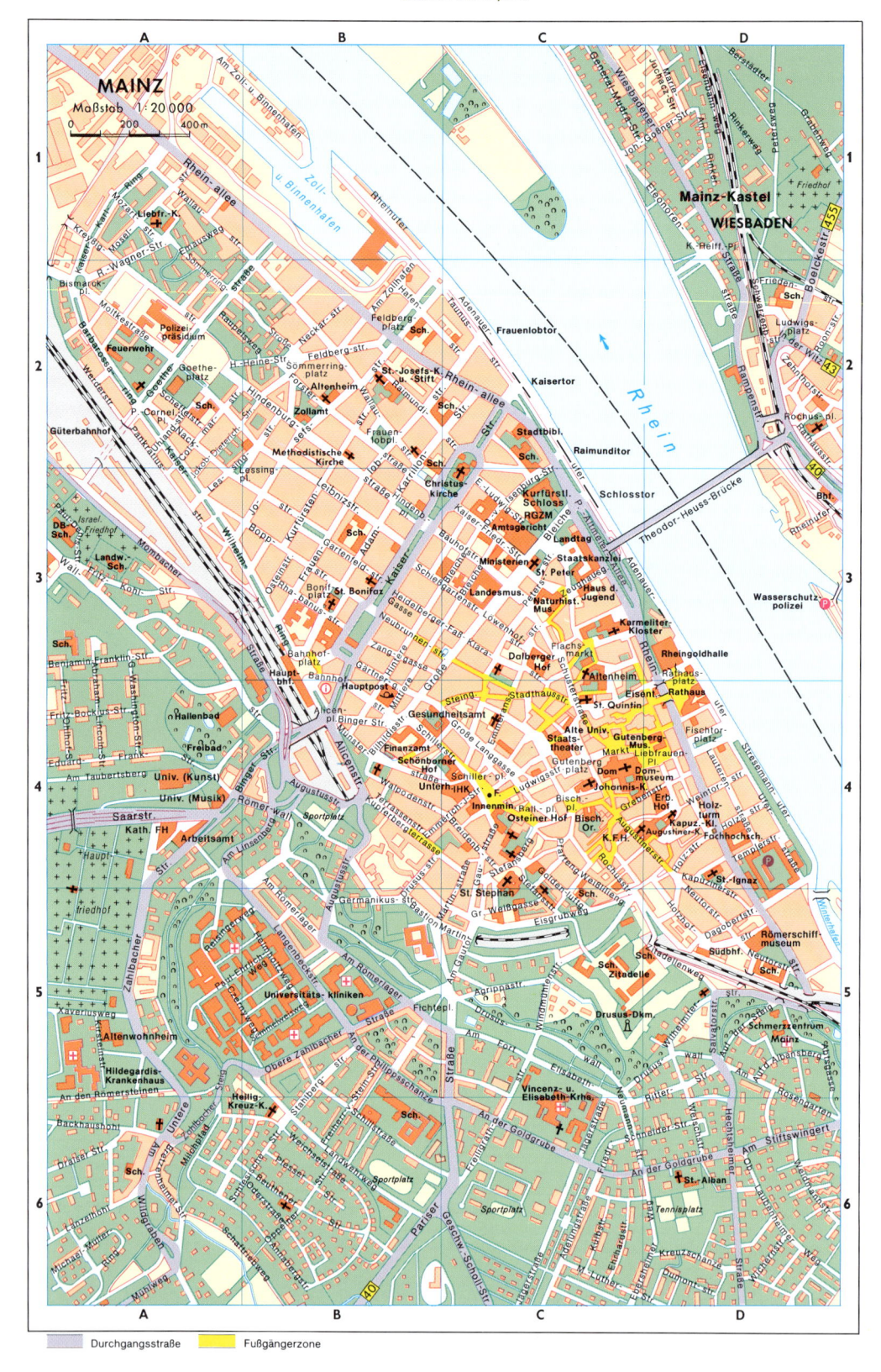

Mainz: Stadtplan (Namenregister)

Straßen und Plätze

Abraham-Lincoln-Straße A 3–4
Abtsgasse D 5
Adam-Karrillon-Straße B 3–C 2
Adelungstraße C 6
Adenauerufer C 2–D 4
Agrippastraße C 5
Alicenplatz B 4
Alicenstraße B 4
Am Fort Elisabeth C 5
Am Gautor C 5
Am Linsenberg AB 4
Am Rinker (Wiesbaden) D 1
Am Römerlager B 4–5
Am Rosengarten D 5–6
Am Stiftswingert D 6
Am Taubertsberg A 4
Am Wildgraben A 6
Am Zollhafen C 5
Am Zoll- und Binnenhafen AB 1
An den Römersteinen A 6–5
An der Goldgrube CD 6
An der Philippsschanze B 5–6
Annabergstraße B 6
Auf dem Albansberg D 5
Auf der Steig D 5
Augustinstraße CD 4
Augustusstraße B 4–5
Backhausstraße A 6
Bahnhofsplatz B 3
Bahnhofstraße B 3–4
Ballplatz C 4
Barbarossaring A 2
Bastion Martin BC 5
Bauhofstraße BC 3
Benjamin-Franklin-Straße A 3
Berstädter Grabenweg (Wiesbaden) D 1
Beuthener Straße B 6
Bilhildisstraße B 4
Binger Straße AB 4
Bischofsplatz C 4
Bismarckplatz A 2
Boelckestraße (Wiesbaden) D 2–1
Bonifaziusplatz B 3
Boppstraße B 3
Breidenbacherstraße C 4
Bretzenheimer Straße A 6
Colmarstraße A 2
Czernyweg AB 5
Dagobertstraße D 5
Diether-von-Isenburg-Straße C 3
Draiser Straße A 6
Drusussstraße B 5–4
Drususwall CD 5
Dumontstraße D 6
Ebersheimer Weg CD 6
Eduard-Frank-Straße A 4
Ehrhardstraße C 6
Eisgrubweg C 5
Eleonorenstraße (Wiesbaden) D 1–2
Emauseweg A 1
Emmeransstraße C 4–3
Emmerich-Josef-Straße BC 4
Ernst-Ludwig-Straße C 3
Feldbergplatz B 2
Feldbergstraße B 2–3
Fichteplatz BC 5
Fischtorplatz D 4
Flachsmarkt C 3
Forsterstraße B 2–3
Frauenlobplatz B 2
Frauenlobstraße B 3–2
Freiherr-vom-Stein-Straße B 6–5
Freiligrathstraße C 6–5
Friedensstraße (Wiesbaden) D 2
Friedrich-Schneider-Straße CD 6
Fritz-Bockius-Straße B 4
Fritz-Kohl-Straße A 3
Fritz-Ohlhof-Straße A 4
Gartenfeldstraße B 3
Gärtnergasse B 3–4
Gaustraße C 4
General-Mudra-Straße (Wiesbaden) C 1
George-Washington-Straße A 3–4
Germanikusstraße B 5
Geschwister-Scholl-Straße C 6
Goetheplatz A 2
Goethestraße AB 2
Goldenluftgasse C 4–5
Grebenstraße CD 4
Große Bleiche B 4–C 3
Große Langgasse C 4
Große Weißgasse C 5
Gutenbergplatz C 4
Hafenstraße BC 2
Hechtsheimer Straße D 6
Heidelberger-Faß-Gasse BC 3
Heinrich-Heine-Straße AB 2
Helmholtzweg B 5
Hindenburgplatz B 3
Hindenburgstraße B 2–3
Hintere Bleiche BC 3
Holzhofstraße D 5
Holzstraße D 4
In der Witz (Wiesbaden) D 2
Jägerstraße C 6
Jakob-Dieterich-Straße AB 2
Johannes-Großner-Straße (Wiesbaden) CD 1
Josefsstraße B 3–2
Kaiser-Friedrich-Straße C 3
Kaiser-Karl-Ring A 2–1
Kaiserstraße B 3–C 2
Kaiser-Wilhelm-Ring A 2–B 3
Kapuzinerstraße D 4–5
Karl-Helfferich-Platz (Wiesbaden) D 1
Kirsteinstraße A 5
Klarastraße C 3
Kreuzschanze D 6
Kreyßigstraße A 1–2
Külbstraße C 6
Kupferbergterrasse B 4
Kurfürstenstraße B 3–2
Landwehrweg B 6
Langenbeckstraße B 5
Lanzelhohl A 6
Lauterenstraße D 4
Leibnizstraße B 2–3
Lessingplatz AB 2–3
Lessingstraße A 3–B 2
Liebfrauenplatz CD 4
Löwenhofstraße C 3
Ludwigsplatz (Wiesbaden) D 2
Ludwigstraße C 4
Marie-Juchacz-Straße (Wiesbaden) D 1
Markt C 4
Martin-Luther-Straße CD 6
Martinstraße C 5–4
Michael-Müller-Ring A 6
Milchplatz C 4
Mittlere Bleiche B 4–C 3
Moltkestraße A 2
Mombacher Straße AB 3
Moselstraße A 1
Mozartstraße A 1
Mühlweg A 6
Münsterstraße B 4
Nackstraße A 2–B 3
Neckarstraße B 2
Neubrunnenstraße B 3
Neumannstraße C 5–6
Neutorstraße B 5
Oberer Laubenheimer Weg D 6
Obere Zahlbacher Straße B 5
Oderstraße B 6
Oppelner Straße B 6
Osteinstraße B 3
Pankratiusstraße A 2–3
Pariser Straße B 6–C 5
Paul-Denis-Straße A 3
Paul-Ehrlich-Weg AB 5
Peter-Altmeier-Allee C 4
Peter-Cornelius-Platz A 2
Petersstraße C 3
Pfaffengasse C 4
Plesser Straße B 6
Raimundistraße BC 2
Rampenstraße (Wiesbaden) D 2
Rathausplatz D 3–4
Rathausstraße (Wiesbaden) D 2
Raupelsweg AB 2
Reisingerweg AB 5
Rhabanusstraße B 3
Rheinallee A 1–C 2
Rheinstraße C 3–D 5
Rheinufer B 1–2
Rheinufer (Wiesbaden) D 3
Richard-Wagner-Straße A 2–1
Rinkerweg (Wiesbaden) D 1
Ritterstraße D 6–5
Rochusplatz (Wiesbaden) D 2
Rochusstraße C 4–5
Römerwall AB 4
Roonstraße (Wiesbaden) D 2
Saarstraße A 4
Salvatorstraße D 5
Schaftriebweg AB 6
Scheffelstraße A 2
Schießgartenstraße BC 3
Schillerplatz C 4
Schillerstraße BC 4
Schillstraße B 6
Schlesische Straße AB 6
Schusterstraße C 3–4
Schwarzenbergstraße (Wiesbaden) D 2
Semmelweisweg B 5
Sömmerringplatz B 2
Sömmerringstraße A 1–B 2
Stadthausstraße C 4
Stahlbergstraße B 6–5
Stefansberg C 4
Stefansstraße C 4–5
Steingasse C 4
Stresemannufer D 4
Templerstraße D 4
Terrassenstraße B 4
Theodor-Heuss-Brücke CD 3
Uferstraße D 4
Uhlandstraße A 2
Untere Zahlbacher Straße A 6–4
Wallaustraße A 1–B 2
Wallstraße A 3–B 4
Walpodenstraße B 4
Weichselstraße B 6
Weidmannstraße D 6
Weintorstraße B 4
Weißliliengasse C 4–5
Welschstraße D 6
Werderstraße A 2
Wichernstraße D 6
Wiesbadener Straße (Wiesbaden) C 1–D 2
Wilhelmiterstraße D 5
Windmühlstraße C 5
Xaveriusweg A 5
Zahlbacher Steig A 6–B 5
Zanggasse B 3
Zehnthofstraße (Wiesbaden) D 2
Zeughausgasse C 3
Zitadellenweg D 5

Gebäude, Anlagen u. a.

Altenheim B 2, C 3–4
Altenwohnheim A 5
Alte Universität C 3
Amtsgericht C 3
Arbeitsamt A 4
Augustinerkirche D 4
Bahnhof Mainz-Kastel D 3
Bischöfliches Ordinariat C 4
Christuskirche C 2–3
Dalberger Hof C 3
Dom CD 4
Dom- und Diözesanmuseum CD 4
Drususdenkmal CD 5
Eisenturm D 4
Erbacher Hof D 4
Fachhochschule D 4
Fastnachtsbrunnen C 4
Feuerwehr A 2
Finanzamt B 4
Frankfurter Hof, Kulturzentrum C 4
Frauenlobtor C 2
Freibad A 4
Gesundheitsamt BC 4
Gutenberg-Museum C 4
Güterbahnhof A 2
Hallenbad A 4
Hauptbahnhof B 3–4
Hauptfriedhof A 4–5
Hauptpost B 4
Haus der Jugend C 3
Heiligkreuzkirche B 6
Hildegardis-Krankenhaus A 5
Holzturm D 4
Industrie- und Handelskammer C 4
Innenministerium C 4
Israelischer Friedhof A 3
Johanniskirche C 4
Kaisertor C 2
Kapuzinerkloster D 4
Karmeliterkloster C 3
Katholische Fachhochschule A 4
Kulturzentrum Frankfurter Hof C 4
Kurfürstliches Schloss C 3
Landesmuseum C 3
Landtag C 3
Landwirtschaftsschule A 3
Liebfrauenkirche A 1
Mainz-Kastel (Wiesbaden) CD 1–3
Methodistische Kirche B 2
Ministerien C 3, C 4
Naturhistorisches Museum C 3
Osteiner Hof C 4
Polizeipräsidium A 2
Raimunditor C 2
Rathaus D 4
Rheingoldhalle D 3
Römerschiffmuseum D 5
Römisch-Germanisches Zentralmuseum (RGZM) C 3
Sankt Alban D 6
Sankt Bonifaz B 3
Sankt Ignaz D 4
Sankt-Josefs-Kirche und -Stift B 2
Sankt Peter C 3
Sankt Quintin C 4
Sankt Stephan C 4–5
Schlosstor C 3
Schmerzzentrum Mainz D 5
Schönborner Hof BC 4
Staatskanzlei C 3
Staatstheater C 4
Stadtbibliothek C 2
Südbahnhof D 5
Tennisplatz D 6
Universitätskliniken AB 5
Universität, Fachbereich Bildende Kunst A 4
– Fachbereich Musik A 4
Unterhaus BC 4
Vincenz-und-Elisabeth-Krankenhaus C 5–6
Wasserschutzpolizei D 3
Winterhafen D 5
Zitadelle CD 5
Zollamt B 2
Zoll- und Binnenhafen AB 1

---

sitz, Sitz des Zweiten Dt. Fernsehens, von SAT 1 und des Landesstudios Rheinl.-Pf. des Südwestfunks. Zu den Einrichtungen von Bildung, Wiss. und Kultur gehören: Johannes Gutenberg-Univ. (wieder gegründet und eröffnet 1946), FH Mainz, Kath. FH für Sozialarbeit, Sozialpädagogik und Prakt. Theologie Mainz, FH des Bundes für öffentl. Verwaltung (Fachbereich Eisenbahnwesen), Priesterseminar, kirchl. Bildungsstätten; Akad. der Wissenschaften und der Literatur, Max-Planck-Institut für Chemie (Otto-Hahn-Institut), Max-Planck-Institut für Polymerforschung; →Gutenberg-Museum der Stadt Mainz, Römisch-German. Zentralmuseum mit Forschungsbereich Antike Schifffahrt, Landesmuseum Mainz, Bischöfl.

Main Mainz

Dom- und Diözesanmuseum, Naturhistor. Museum Mainz, Münzsammlung; Staatstheater, Kleinkunstbühne ›unterhaus‹. Die Industrie umfasst Glaserzeugung, Herstellung von Computern, Maschinenbau, chem., feinmechan., Zementindustrie, Wein- und Sektkellereien, Nahrungsmittelindustrie, Druckereien und Verlage. Rheinhäfen.

Stadtbild: Als Zeugnisse der röm. Zeit wurden Nachbildungen der Jupitersäule (58 n. Chr.?) und des Dativius-Victor-Bogens (3. Jh. n. Chr.) aufgestellt, die Originale befinden sich zus. mit zahlr. Grabmälern aus den Nekropolen von Mogontiacum im Landesmuseum Mainz. Festgestellt wurden u. a. die Lage des (im 4. Jh. n. Chr. aufgelassenen) Legionslagers (auf dem Kästrich), des röm. Theaters, der röm. Brücke (spätestens 27 n. Chr., 357 noch einmal wiederhergestellt) mit Brückenkopf (Castellum Mattiacorum), der Verlauf der Befestigung der Zivilsiedlung unter Einschluss des NO-Teils des Legionslagers nach Mitte des 4. Jh. Am Rheinufer sind dort 1981 und 1982 entdeckte Römerschiffe des 4. Jh. n. Chr. ausgestellt, auch in der Altstadt wurden Schiffsreste gefunden (das Holz des ältesten wurde auf 81 n. Chr. datiert). Im Bereich der 1659–61 erbauten Zitadelle befindet sich der so genannte Eigelstein (Eichelstein), ein ca. 20 m hoher Überrest des Ehrengrabmals für Drusus d. Ä.

Nach den schweren Zerstörungen im Zweiten Weltkrieg wurden zahlr. Bauwerke z. T. stilgetreu wiederhergestellt. Das barocke Stadtbild prägten die Baumeister M. von Welsch (Festungswerke, Zeughaus), Anselm Franz von Grünstein (*um 1694/95, †1765; Deutschhaus, Schloss, Adelshöfe) und J. V. Thoman (St. Peter, Domhäuser, Osteiner Hof). Charakteristisch für die Altstadt sind Leichhof, Kirschgarten und Augustinerstraße. Der Dom St. Martin und Stephan bildet mit denen von Worms und Speyer die Trias der rhein. Kaiserdome: eine doppelchörige roman. Pfeilerbasilika mit zwei hohen Vierungstürmen und vier Chorflankentürmen. Vom 1009–36 errichteten otton. Bau sind die O-Türme und die N-Wand des W-Querschiffs erhalten; um 1100 Neubau von O-Chor und Langhaus unter Kaiser Heinrich IV., 1137 Vollendung der zweigeschossigen Gotthardkapelle, W-Bau und Einwölbung 1190/95, bis 1319 Anbau der got. Seitenkapellen; wertvolle Ausstattung, bes. die Willigis-Bronzetüren (vor 1011) und die über 60 Grabplatten und -denkmäler (13.–18. Jh.; Bild →Grabmal). Im 1410 vollendeten Domkreuzgang und den Kapitelräumen das Bischöfl. Dom- und Diözesanmuseum (v. a. Lettnerfragmente, die dem →Naumburger Meister zugeschrieben werden; Domschatz).

Als ›Alter Dom‹ gilt die Johanniskirche (urspr. um 900, Chor 1320/25). Gotisch sind St. Quintin (13.–15. Jh.), eine quadrat. Hallenkirche, St. Stephan (14. Jh., auf Vorgängerbau um 990), die älteste Hallenkirche am Mittelrhein (spätgot. Kreuzgang, 1499 vollendet; im Chor Glasfenster von M. Chagall, 1977 ff.; Bild →Chagall), und die Karmeliterkirche (um 1360 vollendet). Barocke Sakralbauten sind St. Peter (1752–56), eine Hallenkirche mit Doppelturmfassade, St. Ignaz (1763–74; im Kirchhof Kreuzigungsgruppe von H. Backofen, 1519) und die Augustinerkirche (1768–71).

Aus der Renaissance stammen der Marktbrunnen (1526), die Alte Univ. (1615–18) und das Kurfürstl. Schloss (1628 begonnen, im 17./18. Jh. fortgeführt; heute Römisch-German. Zentralmuseum). Von den Adelspalästen ist jeweils nur der Außenbau erhalten: u. a. Schönborner (1668–70), Dalberger (1715–18), Erthaler (1734–43), Eltzer (1742/43), Osteiner (1747–52) und Bassenheimer Hof (1750–55). An der Rheinfront liegen (außer dem Schloss) Deutschhaus (ehem. Deutschordenskommende, 1730–37; heute rheinland-pfälz. Landtag) und Neues Zeughaus (1738–40; heute Staatskanzlei; dahinter Altes Zeughaus, gen. ›Zum Sautanz‹, Anfang 17. Jh.; heute Südwestfunkgebäude), Eiserner Turm (Anfang 13. Jh.), ehem. spätroman. Heiliggeisthospital und Holzturm (Anfang 15. Jh.), Rheingoldhalle (1968) und Rathaus (1971–74, von A. Jacobsen und O. Weitling). Im Barockpalais ›Zum röm. Kaiser‹ (1653–64) befindet sich das Gutenberg-Museum (Erweiterungsbau von R. Schell 1960–62), im ehem. kurfürstl. Marstall (Golden-Roß-Kaserne, 1766/67) das Landesmuseum Mainz. Die Christuskirche wurde 1897–1903 im Stil der Neurenaissance erbaut. Nach dem Zweiten Weltkrieg entstand u. a. die ev. Lutherkirche (1950), eine der Notkirchen von O. Bartning; beim Bau der kath. Pfarrkirche Hl. Kreuz (1954) griff R. Jörg den Gedanken des Zentralbaus auf. Die Fabrikgebäude (1954) der Schott Glaswerke sind von E. Neufert. Zu den bemerkenswerten Neubauten gehört das Kleine Haus des Staatstheaters (1997 eröffnet) von Klaus Möbius sowie die im Rahmen des sozialen Wohnungsbaus 1990–95 entstandenen Zeilenbauten im Stadtteil Lerchenberg von Otto Steidle.

In Gonsenheim das Alte Rathaus (1615) und die kath. Pfarrkirche St. Stephan (1870/71; Türme 1905/06). Im Stadtteil Marienborn barocke Wallfahrtskirche St. Stephan (1729–38) mit Hochaltar von 1748. Im Stadtteil Zahlbach ehem. Aquädukt (so genannte Römersteine, 70/80 n. Chr.) und der einzige Kirchenbau aus napoleon. Zeit (1809/10).

Geschichte: Am Hang des Linsenberges konnte ein altsteinzeitl. Wohnplatz des Gravettien nachgewiesen werden; an Funden barg man u. a. zwei Frauenstatuetten aus Sandstein. In der Jungsteinzeit, Bronze- und Hallstattzeit waren die Höhen rings um die heutige Mainzer Altstadt und bes. die Gegend von Weisenau besiedelt, während die hochwassergefährdete Niederterrasse als Dauersiedlungsplatz gemieden wurde. Funde aus dem Rhein lassen das Vorhandensein von Furten vermuten. Zahlreich sind die Funde aus der La-Tène-Zeit.

Der röm. Name **Mogontiacum (Moguntiacum)**, 44 n. Chr. erstmals bezeugt, deutet auf eine Kultstätte des kelt. Gottes Mogon oder Mogontius hin, die sich auf eine nicht näher lokalisierbare Ortschaft (›Siedlung des Mogontius‹) bezieht. Älteste Anlage der Römerzeit war ein Lager für zwei Legionen auf der Höhe (›Kästrich‹) gegenüber der Mainmündung in Zusam-

Mainz 1): Eines der 1981/82 entdeckten Römerschiffe am Rheinufer

Mainz 1): Der Dom Sankt Martin und Stephan

menhang mit einer Militärzone am linken Rheinufer (bald nach 15 v. Chr.). In augusteischer Zeit war M. eine Grenzgarnison mit Hafenanlage. Von hier begann 9 v. Chr. DRUSUS D. Ä. seinen Feldzug gegen Germanien. An das Militärlager lehnte sich eine Zivilsiedlung an, die unter TIBERIUS mit dem rechtsrhein. Castellum Mattiacorum (heute Mainz-Kastel) durch eine feste Rheinbrücke verbunden wurde. Etwa 10–86 n. Chr. entstand im Gebiet des heutigen Stadtteils Weisenau ein weiteres Legionslager. Seit Ende des 1. Jh. n. Chr. war M. Hauptstadt der röm. Prov. Germania superior. Die 297 erstmals als Stadt (Civitas) bezeichnete Siedlung wurde zu dieser Zeit mit einer Mauer umgeben. 300 wurde M. Hauptstadt der neu gebildeten röm. Prov. Germania prima. Mitte des 5. Jh. ging die Siedlung in der Völkerwanderung unter. Der frühchristl. Bischofssitz wurde im 8. Jh. unter BONIFATIUS und LULLUS zum Erzbischofssitz (→Mainz 2); es vollzog sich der Wiederaufstieg der Stadt. Im 13./14. Jh. erlebte M. eine Blütezeit; das ›goldene M.‹ sah mehrere Reichstage (u. a. →Mainzer Reichslandfrieden) und war Haupt des 1254 gegründeten Rhein. Städtebunds. Ansätze zur Erringung der Stadtfreiheit (erzbischöfl. Privilegien 1118 und v. a. 1244; deshalb 1244–1462 freie Stadt) scheiterten jedoch in der →Mainzer Stiftsfehde mit der Eroberung der Stadt (1462) durch den Mainzer Erzbischof ADOLF II. VON NASSAU; M. blieb fortan bis 1798 erzbischöfl. kurmainz. Residenzstadt und Landstadt. Um 1450 erfand J. GUTENBERG in M. den Buchdruck mit bewegl. Lettern. 1477 wurde die erste Univ. in M. eröffnet (1561–1773 starker jesuit. Einfluss, 1784 Reformen, 1798 Auflösung; 1946 Neugründung). Unter Kurfürst JOHANN PHILIPP VON SCHÖNBORN (1647–73) und bes. unter dessen Neffen LOTHAR FRANZ VON SCHÖNBORN (1695–1729) setzte ein neuer kultureller Aufschwung ein. Als Festungsstadt, zw. dem 15. und 18. Jh., später verstärkt unter frz. Herrschaft (1798–1814) zur Festung ausgebaut, stand M. immer wieder im Mittelpunkt militär. Auseinandersetzungen. 1792/93 bestand die →Mainzer Republik.

1801–14 war M. Hauptstadt des frz. Dép. Donnersberg, 1816 wurde es Dt. Bundesfestung (bis 1866) und kam zu Hessen-Darmstadt. Der Festungsrayon beschränkte die Ausdehnung der Stadt. Erst nach dem Ersten Weltkrieg konnte sich M., 1918–30 von frz. Truppen besetzt, ungehindert ausdehnen. 1930 wurden Weisenau und Bretzenheim, 1938 Gonsenheim, 1969 Drais, Finthen, Hechtsheim, Laubenheim und Marienborn eingemeindet. 1950 wurde der Reg.-Sitz des Landes Rheinl.-Pf. von Koblenz nach M. verlegt. – Um 1836–38 (Einführung des ›Elferrats‹; Gardenumzug am Fastnachtssonntag) erhielt die ›Mainzer Fassenacht‹ ihr heutiges Gepräge (zeitkrit. Elemente).

F. ARENS: Die Kunstdenkmäler der Stadt M. (1961); DERS.: Der Dom zu M. (1982); H. LEITERMANN: 2000 Jahre M. (1962); Gesch. der Stadt M., hg. v. A. P. BRÜCK u. a., auf mehrere Bde. ber. (1972ff.); H.-D. MAY u. H. J. BÜCHNER: M. im Luftbild (1972); E. STEPHAN: Das Bürgerhaus in M. (1974); D. DEMANDT: Stadtherrschaft u. Stadtfreiheit im Spannungsfeld von Geistlichkeit u. Bürgerschaft in M. (1977); Analyse eines Stadtfestes: ›Die Mainzer Fastnacht‹, hg. v. H. SCHWEDT (1977); M. u. der Rhein-Main-Naheraum, hg. v. M. DOMRÖS u. a. (1977); P.-G. CUSTODIS: M. im Wandel. 1850 u. 1900 (1982); Die Mainzer Römerschiffe, hg. v. G. RUPPRECHT (^{2}1982); M. Porträt einer wiedererstandenen Stadt, hg. v. H. BEICHERT (^{2}1985); H. BAUMANN: Mainzer Daten-Kaleidoskop (1992); D. VON WINTERFELD: Die Kaiserdome Speyer, M. u. Worms u. ihr roman. Umland (1993).

2) **Bistum,** seit dem 4. Jh. bezeugt, entwickelte sich unter den Bischöfen BONIFATIUS (747–754) und LULLUS (754–786) zum Erzbistum. Von ihren Nachfolgern waren HRABANUS MAURUS (847–856), HATTO I. (891–913) und WILLIGIS (975–1011) als Geistliche, Gelehrte und Politiker bes. einflussreich. Der Erzbischof war als ›Primas Germaniae‹ Hofbischof des Kaisers und als Erzkanzler der führende Fürst des Reiches. Seit Ende des 12. Jh. gehörten die Erzbischöfe von M. zu den Kurfürsten.

Bereits unter BONIFATIUS war das Bistum Büraburg (→Büraberg) und unter LULLUS das Bistum Erfurt mit der Diözese M. vereinigt worden; als Kirchenprovinz umfasste M. dann zeitweise bis zu 15 Suffraganbistümer und reichte von Konstanz und Chur bis Brandenburg und Havelberg, von M. und Worms bis Prag und Olmütz (bis 1345). Seit dem 15. Jh. wurde die Machtstellung des Erzstifts v. a. durch die →Mainzer Stiftsfehde (1461–63) und durch die Reformation stark beeinträchtigt. Infolge der Frz. Revolution kamen die linksrhein. Teile von M. 1798 an Frankreich. Das rechtsrhein. Gebiet wurde 1803 säkularisiert. Die frz. Teile wurden 1801 als zum Erzbistum Mecheln gehörendes Bistum errichtet; 1821 wurde dieses auf das Großherzogtum Hessen (Hessen-Darmstadt) ausgedehnt und Suffraganbistum von Freiburg im Breisgau. – Bischof von M. ist seit 1983 K. LEHMANN. (→katholische Kirche, ÜBERSICHT)

Mainz-Bingen, Landkreis im Reg.-Bez. Rheinhessen-Pfalz, Rheinl.-Pf., 606 km², 189 200 Ew.; Verw.-Sitz ist Mainz. Im O und N vom Rhein begrenzt, erstreckt sich der Kreis im fruchtbaren Rheinhess. Hügelland (Lössböden mit Acker- und Weinbau), das im N in die sandige Ingelheimer Rheinebene (Obst-, Gemüse-, Spargelbau) übergeht. Nordwestlich von Bingen am Rhein reicht der Kreis über das unterste Nahetal in das obere Mittelrheintal bis Bacharach (am Rande beider Täler Weinbau). Den Wirtschaftsschwerpunkt bildet die kreisfreie Stadt Mainz. Innerhalb des Kreises liegen die Städte Bingen am Rhein, Ingelheim am Rhein, Gau-Algesheim, Oppenheim und Bacharach. Wichtigster Industriezweig ist die chemisch-pharmazeut. Industrie (Ingelheim, Budenheim, Gau-Algesheim). Fremdenverkehrsziele sind bes. Bingen und das Mittelrheintal.

Mainzer Akzeptation, Erklärung vom 26. 3. 1439, mit der auf dem Mainzer Reichstag unter König ALBRECHT II. die Reformdekrete des Basler Konzils mit einigen Modifizierungen (z. B. ohne die Beschlüsse über die Superiorität des Konzils) angenommen, allerdings nicht als Reichsgesetz verkündet wurden. Durch das Wiener Konkordat (1448) weitgehend entkräftet, wurde die M. A. erst 1762 wieder entdeckt, vom Episkopalismus aufgegriffen und u. a. zur Grundlage der →Emser Punktation (1786).

Mainzer Becken, der nördlichste Teil des Oberrheins. Tieflandes, ein im Tertiär im Anschluss an die Bildung des Oberrheingrabens entstandenes Senkungsfeld, im NW vom Rhein. Schiefergebirge, im SW vom Pfälzer Bergland umrahmt, im S und O ohne scharfe Grenze in den Oberrheingraben übergehend.

Der vortertiäre Untergrund des M. B.s besteht vorwiegend aus Ablagerungen des Rotliegenden (Nahemulde der varisk. Saar-Saale-Senke). Im Verlauf des Unter- und Mitteloligozäns drang das Meer in das M. B. und hinterließ eine Vielfalt von versteinerungsreichen Ablagerungen (Rupelton, Schleichsand). Infolge der Landnähe sind die Schichten weitgehend brackisch-limnisch ausgebildet (oberoligozäne Cyrenenmergel mit Braunkohlenlagern). An der Grenze Oligozän/Miozän wurde das M. B. nach erneuten Meeresvorstößen (Cerithienschichten) endgültig ausgesüßt und im Verlauf des Miozäns landfest (Corbicula- und Hydrobienschichten; obermiozäne Dinotheriensande, Ablagerungen des Urrheins). Im Pliozän und Pleistozän kamen Flussschotter, Flugsande und Löss zur Ablagerung. Das M. B. wurde Hebungsgebiet, während das Rhein-Main-Mündungsgebiet, als Teil des Oberrheingrabens, seine Senkungstendenz bewahrte. Auf dem Löss sind bei trockenwarmem Klima, v. a. im Rheinhess. Hügelland, gute Böden entstanden, bes. für Wein, Obst, Weizen und Zuckerrüben.

K. ROTHAUSEN u. V. SONNE: M. B. (1984).

Mainzer Catholicon, in Mainz 1460 entstandener Erstdruck des ›Catholicon‹, eines von dem Dominikaner JOHANNES BALBUS († 1298) verfassten lat. Lexikons (vollendet in Genua 1286). Von dem M. C., dessen Druck J. GUTENBERG zugeschrieben wird, sind über 70 Exemplare erhalten, die jedoch der neueren Papierforschung zufolge wahrscheinlich aus drei verschiedenen Auflagen (1460, 1469 und 1472) stammen.

G. ZEDLER: Das M. C. (1905); P. NEEDHAM: Johann Gutenberg and the Catholicon Press, in: The papers of the Bibliographical Society of America, Jg. 76 (New York 1982).

Mainzer Käse, →Käse (ÜBERSICHT).

Mainzer Klub, nach dem Vorbild frz. Jakobinerklubs nach der Eroberung von Mainz durch frz. Revolutionstruppen am 23. 10. 1792 von 20 Mainzer Bürgern gegründete revolutionäre ›Gesellschaft der Freunde der Freiheit und Gleichheit‹, ihre Ziele waren Volksaufklärung und Errichtung einer →Mainzer Republik; hatte später etwa 450 Mitgl., überwiegend Studenten und Professoren. Nach Auflösung und Neugründung (März 1793) löste sich der M. K. im Mai 1793 endgültig auf. Seine Mitgl., führend J. G. A. FORSTER und ANDREAS JOSEPH HOFMANN (* 1752, † 1849), wurden nach der Rückeroberung von Mainz durch preuß. und österr. Truppen (Juli 1793) verfolgt. Die ›Klubisten‹ gelten – nicht unumstritten – als Begründer republikan. Tradition in Deutschland.

Mainzer Psalter, Psalterium Moguntinum, im Offizin von J. FUST und P. SCHÖFFER (Mainz) angefertigter, am 14. 8. 1457 vollendeter Dreifarbendruck mit zweifarbigen gedruckten Initialen; er enthält das älteste Impressum der europ. Buchdrucks; zehn Exemplare sind erhalten.

Mainzer Reichslandfrieden, von Kaiser FRIEDRICH II. auf einem Hoftag zu Mainz am 15. 8. 1235 aus eigener Machtvollkommenheit erlassenes Reichsgesetz (erstmals auch in Deutsch), suchte durch Einschränkung der Fürstenprivilegien ›Confoederatio cum principibus ecclesiasticis‹ (1220) und ›Statutum in favorem principum‹ (1231/32) die Reichsgewalt zu straffen und die ihr verbliebenen Hoheitsrechte zu sichern. (→Landfrieden)

Mainzer Republik, Bez. für den während der frz. Besetzung 1792/93 zw. Landau in der Pfalz und Bingen am Rhein ausgerufenen ersten dt. Freistaat. Nach der Eroberung durch frz. Truppen unter A. P. Graf VON CUSTINE sowie der Kapitulation von Mainz (21. 10. 1792) im 1. Koalitionskrieg wurde unter frz. Schutz auf Veranlassung des jakobin. →Mainzer Klubs, bes. seines Präs. J. G. A. FORSTER, der **Rheinisch-Deutsche Nationalkonvent** gewählt, das erste demokrat. Parlament der dt. Geschichte (erstmals aktives Wahlrecht für alle Männer ab 21 Jahren); Präs. wurde der Philosoph und Historiker ANDREAS JOSEPH HOFMANN (* 1752, † 1849). Der Konvent trat am 17. 3. 1793 zusammen, rief am 18. 3. einen ›freien Volksstaat‹ aus und erklärte die Loslösung vom Heiligen Röm. Reich. Am 21. 3. beschloss der Konvent den Anschluss der M. R. an das revolutionäre Frankreich. Während FORSTER darüber in Paris verhandelte, wurde das Gebiet um Mainz im März/April, die Stadt am 23. 7. 1793 von preuß. Truppen erobert.

K. TERVOOREN: Die M. R. 1792/93 (1982); Mainz, ›Centralort des Reiches‹. Politik u. Lit. im Umbruch der Revolutionszeit, hg. v. C. JAMME u. a. (1986); Die M. R. Der Rheinisch-Dt. Nationalkonvent, bearb. v. D. M. PECKHAUS u. M.-P. WERLEIN (1993); F. DUMONT: Die M. R. von 1792/93 (²1993).

Mainzer Stiftsfehde, krieger. Auseinandersetzungen zw. den Erzbischöfen DIETHER VON ISENBURG (→Diether, Herrscher, Mainz) und ADOLF II. VON NASSAU (* um 1422, † 1475) um das Erzstift Mainz (1461–63), endete mit dem Sieg des Nassauers, schwächte aber die territoriale Position von Mainz v. a. im Odenwald und an der Bergstraße.

A. ERLER: Die M. S. 1459–1463 im Spiegel mittelalterl. Rechtsgutachten (1963).

Maio [port. ˈmaju], eine der Kapverd. Inseln (→Kap Verde).

Maiordomus [spätlat. maior domus (regiae) ›königl. Hausverwalter‹] *der, -/-,* der →Hausmeier.

Maiorescu, Titu Liviu, rumän. Literaturkritiker, Philosoph und Politiker, * Craiova 27. 2. 1840, † Bukarest 1. 7. 1917; studierte in Wien, Berlin, Gießen, Paris und wurde 1872 Prof. für Philosophie in Jassy, 1884 in Bukarest; Mitbegründer des Kulturkreises ›Junimea‹ und der Zeitschrift ›Convorbiri literare‹. In der dt. Kultur und Philosophie (J. F. HERBART, A. SCHOPENHAUER) verwurzelt, wurde M. zum geistigen Mentor Rumäniens im letzten Drittel des 19. Jh. Er gilt als der Begründer der rumän. Literaturkritik, als Reformator der rumän. Orthographie und als einer der bedeutendsten Anreger und Förderer der rumän. Literatur. Konservativer Politiker; mehrfach Min., widmete er sich bes. der Reform des Unterrichtswesens. Als Min.-Präs. (1912/13) war M. eine der führenden Persönlichkeiten des Zweiten Balkankrieges.

Werke: Einiges Philosophische in gemeinfaßlicher Form (1861); Poezia română (1867); Critice 1867–1892, 3 Bde. (1892–93); Discursi parlamentare, 5 Bde. (1897–1915). – *Tagebücher:* Insemnari zilnice, 3 Bde. (hg. 1937–43).
Ausgabe: Critice, krit. hg. v. D. FILIMON u. a., 2 Bde. (1973).
E. TODORAN: M. (Bukarest 1977); Z. ORNEA: Viața lui T. M., 2 Bde. (ebd. 1986–88).

Maiorianus, Iulius, weström. Kaiser, →Majorian.

Maiorina *die, -/...nae,* spätröm. Bronzemünze, eingeführt 346 unter Kaiser CONSTANS. Über ihre Wertstufe besteht keine endgültige Klarheit, wahrscheinlich war sie das Doppelstück des Centenionalis.

Maipilz, Mairitterling, Maischönkopf, Calocybe gambosa, Blätterpilz aus der Familie der Ritterlinge; bildet im späten Frühjahr auf Halbtrockenrasen (z. B. Wacholderheiden) →Hexenringe; essbar.

Maipo, Vulkan in den Anden, an der Grenze zw. Argentinien und Chile, 5 290 m ü. M.

Maipilz
(Hutdurchmesser 10–13 cm)

Maiquetía [-ke-], Stadt an der karib. Küste Venezuelas, unmittelbar westlich an den Hafen La Guaira angrenzend, 120 200 Ew.; Textil-, Schuh-, Glas-, chem. u. a. Industrie, Badeort; Hafen, internat. Flughafen für die Landeshauptstadt Caracas, mit der M. durch Autobahn (20 km) verbunden ist. – Gegr. 1673.

Mair [ˈmaɪər], **1)** Charles, kanad. Schriftsteller, *Lanark (Prov. Ontario) 21. 9. 1838, †Victoria 7. 7. 1927; arbeitete in verschiedenen Berufen. Aufgrund seiner nationalist. Gedichte erhielt er den Beinamen ›Kriegsbarde‹. In dem Versdrama ›Tecumseh‹ (1886) kontrastiert er am Beispiel des Krieges im 1812 kanad. Gemeinsinn und US-amerikan. Selbstsucht.
Weitere Werke: Lyrik: Dreamland and other poems (1868). – *Bericht:* Through the Mackenzie Basin (1908).
N. SHRIVE: C. M., literary nationalist (Toronto 1965).

2) Hans, gen. **M. von Landshut**, Maler und Kupferstecher, *um 1450, †Landshut(?) nach 1514; v. a. in Landshut und Freising tätig; malte Tafelbilder mit fantasievollen Architekturen (›Die Darbietung von Votiv- und Weihegaben‹, 1483; Nürnberg, German. Nationalmuseum). Seine z. T. auf getöntem Papier gedruckten und kolorierten Kupferstiche wirkten auf die →Donauschule.

3) Johann Ulrich, auch **J. U. Mayr**, Maler, *Augsburg 1630, begraben ebd. 11. 6. 1704; Schüler von REMBRANDT und J. JORDAENS, weitere Studien in England und Italien; war v. a. als Porträtist an den Höfen von Wien, München und Heidelberg tätig; schuf auch Bildnisse von Augsburger Bürgern sowie religiöse Darstellungen.

Maira *die,* in Italien **Mera**, Fluss in den Südalpen, 42 km lang (davon 21 km in der Schweiz); entspringt am Malojapass, Schweiz, durchfließt das Bergell und anschließend (nach S) die Ebene von Chiavenna, Italien, mündet in den Lago di Mezzola nördlich des Comer Sees.

Maire [mɛːr, frz.] *der, -s/-s,* bes. in Frankreich Bez. für den Bürgermeister. Als Vertreter der Gem. führt er die Beschlüsse des Gemeinderates aus; zugleich ist er Repräsentant der staatl. Gewalt und als solcher verantwortlich für die Befolgung der Gesetze und Vorschriften des öffentl. Rechts, bes. des Polizeirechts.

Mai|renke, Seelaube, Schiedling, Chalcalburnus chalcoides, Art der Karpfenfische (Länge bis 30 cm), Speisefisch, in den Gewässern des Donaubeckens und S-Russlands.

Mairet [mɛˈrɛ], Jean (de), frz. Dramatiker, getauft Besançon 10. 5. 1604, †ebd. 31. 1. 1686; formulierte im Vorwort zu seiner (1625 erstaufgeführten) pastoralen Tragikomödie ›La Silvanire‹ als einer der Ersten die Regeln der drei Einheiten und schuf mit ›Sophonisbe‹ (1635) die erste regelgerechte frz. Tragödie vor P. CORNEILLE.

Maironis, eigtl. **Jonas Mačiulis** [maˈtʃjʊlis], litauischer Schriftsteller, *Pasandravis (bei Raseiniai) 22. 11. 1862, †Kaunas 28. 6. 1932; kath. Priester, ab 1922 Prof. für Moraltheologie in Kaunas; gehörte dem romant. Idealismus um die Zeitschrift ›Aušra‹ (›Die Morgenröte‹; 1883–86) an. Er verhalf dem akzentuierenden Vers (anstelle des in der poln. Tradition stehenden syllab. Verses) zum Durchbruch und eröffnete so der litauischen Verskunst eine den Eigentümlichkeiten der litauischen Sprache entsprechende Entwicklung. Von besonderer Bedeutung für die litauische Dichtung war seine nat. Wiedererweckung gegen Ende des 19. Jh. war sein lyr. Werk, in dem er u. a. Heimat und Vaterland thematisierte.
Werke: Lyrik: Pavasario balsai (1895). – *Epos:* Jaunoji Lietuva (1907). – *Dramen:* Vytautas-Trilogie: Kęstučio mirtis (1921); Vytautas pas kryžiuočius (1925); Vytautas karalius (1930).
Ausgaben: Raštai, 5 Bde. (1926–30); Raštai, 3 Bde. (1987–88).
V. ZABORSKAITĖ: M. (Wilna 1968).

Mais [frz.-span., aus Taino, einer Indianersprache der Karibik], **Kukuruz, Türkischer Weizen, Welschkorn,** in den USA **Corn** [kɔːn], **Zea,** Gattung der Süßgräser mit der einzigen Art **Zea mays**, einem bis 2,5 m hohen Getreide mit markhaltigen Halmen und eingeschlechtigen, einhäusig verteilten Blüten. Die männl. Ährchen stehen in einer endständigen Rispe; die weibl. Blütenstände stellen blattachselständige, kurz gestielte Kolben dar, die von Hüllblättern **(Lieschen)** umgeben sind, aus denen die bis 40 cm langen Griffel als Büschel herausragen. Der M. ist proterandrisch (die männl. Blüten reifen vor den weibl.) und wird daher windbestäubt. Die Früchte **(M.-Körner)** sind weiß, gelb, rot oder blau und stehen in Längsreihen am Kolben. Der M. ist nur als Kulturform bekannt. Seine Abstammung ist nicht endgültig geklärt. Als mögl. ›Vorfahren‹ gelten u. a. die Teosinte (Euchlaena mexicana) und die Art Euchlaena diploperennis. Urspr. in Mittel- und Südamerika beheimatet, wird der M. heute weltweit in den (wärmeren) gemäßigten Gebieten kultiviert. Die zahlr. Varietäten werden in folgende Großgruppen zusammengefasst: Der vielfach in Europa angebaute **Hart-** oder **Horn-M.** (Zea mays convar. vulgaris) besitzt ein größtenteils hornartiges Endosperm. Das Endosperm des bes. in den USA kultivierten **Zahn-M.** (convar. dentiformis) ist an den vier Seiten hornig und in der Mitte weich. Der **Weich-** oder **Stärke-M.** (convar. amylacea) wird meist in Südamerika angebaut (v. a. zur Stärkegewinnung) und hat ein mehliges, weiches Endosperm. Beim **Zucker-M.** (convar. saccharata) wird im oberen Teil des Endosperms Zucker, im unteren Amylodextrin gespeichert; in den USA und in Europa als Gemüse-M. und als Viehfutter verwendet. Der **Puff-, Perl-** oder **Reis-M.** (convar. microsperma) besitzt außen ein horniges, innen ein mehliges Endosperm und platzt daher leicht beim Erhitzen. Das Endosperm des v. a. in den USA angebauten **Wachs-M.** (convar. ceratina) besteht fast nur aus Amylopektin; wegen der besonderen Quellfähigkeit zur Herstellung von Klebstoffen und Puddingpulver genutzt.

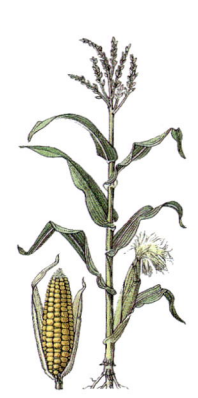

Mais: Pflanze (Höhe bis 2,5 m); Maiskolben (links)

Mais: Anbau und Ernte in ausgewählten Staaten						
Staat	Fläche (1000 ha)		Ertrag je ha (dt)		Erntemenge (1000 t)	
	1979–81[1]	1994	1979–81[1]	1994	1979–81[1]	1994
Argentinien	2895	2500	31,60	43,60	9333	10900
Brasilien	11430	13150	16,80	23,49	19265	35000
China	19986	21161	30,40	49,31	60720	100000
Deutschland	121[2]	345[3]	61,80[2]	71,10[3]	748[2]	2656[3]
Frankreich	1774	1660	54,60	78,00	9641	12954
Indien	5887	6200	11,00	16,50	6486	10200
Jugoslawien	2250	–	43,30	–	9736	–
Mexiko	6836	7000	17,20	23,71	11866	18600
Rumänien	3309	2995	35,70	32,76	11823	9300
Sowjetunion	3063	–	29,90	–	9076	–
USA	29661	29496	64,70	86,99	192084	256600
Welt	126017	132191	33,50	43,03	421880	556300

[1] Dreijahresdurchschnitte. – [2] alte Bundesländer. – [3] Gesamtdeutschland.

Anbau: Der M. benötigt relativ wenig Niederschlag (500–700 mm), sein Temperaturoptimum liegt bei 30 °C, und er ist frostempfindlich. Hauptanbaugebiete sind der M.-Gürtel (Corn Belt) der USA, China und Brasilien. Die Ernte erfolgt häufig noch von Hand, z. T. aber auch schon maschinell (v. a. in den USA). Damit die M.-Körner lagerfähig sind, müssen sie von einem Wassergehalt von etwa 50 % auf etwa 15 % getrocknet werden.

Ernährungsphysiolog. Bedeutung: M.-Eiweiß (Zein; →Getreide, ÜBERSICHT) ist arm an den essenziellen Aminosäuren Lysin und Tryptophan und somit biologisch nicht wertvoll. Daneben liegt das Nicotinsäureamid (gehört zur Vitamin-B-Gruppe) in nicht resorbierbarer Form vor. Dieses führt bei einseitiger M.-Ernährung zur Vitaminmangelerkrankung Pellagra. Durch entsprechende Züchtung versucht man diesem Eiweiß- und Vitaminmangel entgegenzuwirken. M. für die menschl. Ernährung wird als Gemüse verzehrt oder zu Mehl, Grieß, Flocken (›Cornflakes‹) u. a. verarbeitet. Aus den M.-Keimen gewinnt man das Maiskeimöl. Daneben sind die Lieschen Ausgangsmaterial für Zigarettenpapier; das Stroh dient als Streu.

In den Ländern der gemäßigten Zone wird der M. v. a. als *Futtermittel* verwendet. **M.-Körner** sind durch ihren hohen Energiegehalt (Stärke, Fett) v. a. im Mischfutter für Masthähnchen und auch Legehennen (carotinoidreich; positive Auswirkung auf die Dotterfärbung) enthalten. Bei Schweinen führen höhere Körnermaisanteile im Futter zu weichem, gelbem Fett. In einem seit einigen Jahren zur Schweinemast eingesetzten Körner-Spindel-Gemisch des M.-Kolbens (Corn-Cob-Mix) sind alle Körner und unterschiedl. Anteile der M.-Spindel enthalten; weniger energiereich ist das Maiskolbenschrot. Ein gutes, energiereiches Grundfutter für Milchkühe und Mastrinder ist die **M.-Silage**.

Krankheiten und *Schädlinge:* Wegen der Wärmebedürftigkeit sind Frostschäden und Kälteschock bei Jungpflanzen häufig; es bilden sich gelbe, verkrümmte Blätter (Tüten), auch Querrisse (Wuchsrisse). Kümmerwuchs und Verfärbungen sind Anzeichen für Bor-, Magnesium-, Molybdänmangel. Zahlr. Pilze verursachen Wurzel- oder Stängelfäule, Blattflecken, Rost und M.-Beulenbrand. An Nematoden treten Stock-, Zysten- und Wurzelälchen auf. Maden der Fritfliege (M.-Fliege) bewirken Absterben des Herztriebes; Raupen des →Maiszünslers fressen im Halminnern, sodass die Halme umbrechen. Erhebl. Schäden entstehen beim Auflaufen durch Vogelfraß. Die Bekämpfung der pilzl. Auflaufkrankheiten und der Fritfliege erfolgt durch Saatgutbeizung. Zur biolog. Bekämpfung des M.-Zünslers wird eine Schlupfwespe (Trichogramma) als Eiparasit eingesetzt.

Wirtschaft: Bedeutendster und für den Weltmarkt einflussreichster Produzent von M. sind die USA, wichtigstes europ. Anbauland ist Frankreich. Durch eine ständige Steigerung der Flächenerträge – Anfang der 1960er-Jahre wurden rd. 25 Dezitonnen (dt) M. pro ha geerntet, heute sind über 70 dt/ha möglich – und sinkende Nachfrage schrumpft der Importbedarf der EG (Selbstversorgungsgrad: rd. 90%) für M., der insbesondere durch Weizen und preiswerte Gerste verdrängt wird, sowohl bei der Mischfutterindustrie als auch in der Landwirtschaft.

Geschichte: M. wurde zw. 5000 und 3400 v. Chr. im mexikan. Tehuacántal (Bundesstaat Puebla) kultiviert. Sehr rasch gelangte primitiver Kultur-M. über Ecuador in das Andengebiet Südamerikas, wo man ihn ab 3000 v. Chr. züchterisch veredelte. Die Rückkreuzung mit mesoamerikan. Varianten führte um 2500 v. Chr. zu den ersten stabilen Kulturpflanzen. Im indian. Südamerika überwiegend Festtagsspeise, erlangte der M. in Mesoamerika große Bedeutung als Subsistenzgetreide. Die Europäer lernten ihn im 15. Jh. auf den Antillen kennen. In der Alten Welt wird M. erst seit dem 17. Jh. in Feldkulturen angebaut.

I. Grebenscikov: M. als Kulturpflanze (²1959); P. C. Mangelsdorf: Der Ursprung des M. – eine neue Theorie, in: Spektrum der Wiss. (1986), H. 10; N. Lütke Entrup: M. u. Umwelt (1993).

Mais [meɪz], Rog., jamaikan. Schriftsteller, * Kingston 11. 8. 1905, † Saint Andrew 21. 6. 1955; hielt sich 1952–54 in Europa auf. Seine Werke spiegeln sein polit. Engagement für die Unterdrückten und Armen (seit 1938 war er in der sozialist. People's National Party aktiv), verbinden Religiosität mit Protest und zeigen eine trag. Weltsicht. ›Brother man‹ (1954) dt. ›Sie nannten ihn Bruder Mensch‹) befasst sich als erster Roman in der Karibik mit den Rastafariern.

Weitere Werke: *Romane:* The hills were joyful together (1953; dt. Und alle Hügel sollen jubilieren); Black lightning (1955). – *Kurzgeschichten:* Listen, the wind, and other stories (hg. 1986).

Maisbeulenbrand, Maisbrand, durch den Brandpilz Ustilago zeae verursachte Krankheit des Maises, bei der die Maiskörner in ›Brandbutten‹ umgewandelt werden. Der M. kann in feuchten Jahren erhebl. Schäden anrichten.

Maische [mhd. meisch, urspr. wohl ›Brei‹], Zwischenprodukt bei der Herstellung von →Bier, →Branntwein und →Wein.

Maisenberg, Oleg, österr. Pianist russ. Herkunft, * Odessa 29. 4. 1945; war 1971–80 Solist der Moskauer Philharmonie und ließ sich 1981 in Wien nieder. M. verfügt über ein breites Repertoire klass. und moderner Werke und wurde neben seiner solist. Karriere internat. als Duopartner von G. Kremer bekannt.

Maiskäfer, Sitophilus zeamais, Calandra zeamais, 3–5 mm langer, flugunfähiger Rüsselkäfer mit je vier schräg gestellten roten Flecken auf den glänzend braunen Flügeldecken; Vorratsschädling an Getreide.

Maiskeimöl, Maisöl, aus Maiskeimen durch Pressen oder durch Extraktion und anschließende Raffination gewonnenes goldgelbes Speiseöl; enthält um 10% Palmitinsäure, etwa 3% Stearinsäure, 30% Ölsäure und etwa 56% Linolsäure sowie etwa 0,1% Tocopherole. M. wird zur Herstellung von Salatöl, Mayonnaise oder Margarine verwendet.

Maiskleie, bei der Maisverarbeitung anfallendes Futtermittel (3–9% Fett, 7–14% Rohprotein).

Maisky, Mischa (Michael), israel. Violoncellist lett. Herkunft, * Riga 10. 1. 1948; studierte am Moskauer Konservatorium bei M. Rostropowitsch und debütierte 1965 bei den Leningrader Philharmonikern. 1972 emigrierte er nach Israel. 1973 gab M. sein USA-Debüt und wurde Schüler von G. Piatigorsky. Neben seiner solist. Tätigkeit wirkt er auch als Kammermusikspieler, u. a. mit G. Kremer.

Maison [mɛˈzɔ̃], Rudolf, Bildhauer, * Regensburg 29. 7. 1854, † München 12. 2. 1904; Autodidakt; schuf neben großformatigen Werken v.a. Statuetten, die nach 1890 auch farbig gefasst sind. Ferner zeichnete und modellierte er Entwürfe für die serielle Herstellung von Plastiken in Fabriken.

Werke: Pegasusfontäne (Park von Herrenchiemsee); Teichmann-Brunnen in Bremen (1899).

Maisonette [mɛzɔˈnɛt; frz., eigtl. ›kleines Haus‹] *die, -/-s,* **Maisonnette,** zweistöckige Wohnung mit eigener, innerhalb der Wohnung liegender Treppe.

Maisons-Alfort [mɛzɔ̃zalˈfɔːr], Stadt im südöstl. Vorortbereich von Paris, Dép. Val-de-Marne, im Winkel zw. Seine und Marne, 53 400 Ew.; staatl. Veterinärschule, Inst. für Viehzucht und Veterinärmedizin in den Tropen; Herstellung von Kunststoffartikeln, Metall-, Nahrungsmittel-, pharmazeut. Industrie.

Maisons-Laffitte [mɛzɔ̃laˈfit], Stadt im nordwestl. Vorortbereich von Paris, Dép. Yvelines, am linken Seineufer, 22 200 Ew.; Pferderennbahn; Metallverarbeitung. – Das Schloss entstand 1642–51 nach Entwürfen von F. Mansart und ist ein Hauptwerk des frz. Schlossbaus im 17. Jh. vor Versailles. In der strengen, aus Pilastern und Säulen gebildeten Wandgliederung der Fassaden an frz. Traditionen des 16. Jh. anknüpfend, stellt es ein Hauptbeispiel des →Classicisme dar; seit 1905 Nationalmuseum (Skulpturen, Gobelins, Gemälde).

Maistre [mɛstr], **1)** Joseph Marie Comte de, frz. Politiker und Philosoph, * Chambéry 1. 4. 1753, † Turin 25. 2. 1821, Bruder von 2); emigrierte 1793 nach

Lausanne, 1797 nach Turin, war seit 1799 im Dienst des Königreichs Sardinien (1802–17 sardin. Gesandter in Sankt Petersburg), ab 1817 Staatskanzler in Turin. Als scharfer Gegner der Frz. Revolution setzte er sich für die Monarchie in ihrer aristokratisch-feudalen Verfasstheit als bester Reg.-Form ein und betonte die Notwendigkeit einer engen Zusammenarbeit zw. kirchl. und weltl. Autoritäten. V. a. durch sein Werk ›Du pape‹ (1819; dt. ›Vom Papst‹) hatte er wesentl. Einfluss auf den Ultramontanismus in Frankreich. Sein präziser Stil faszinierte u. a. H. DE BALZAC und C. BAUDELAIRE.

Weitere Werke: Considérations sur la France (1797); Essai sur le principe générateur des constitutions politiques (1814); Les soirées de Saint-Pétersbourg, ou Entretiens sur le gouvernement temporel de la providence, 2 Bde. (1821; dt. Abendstunden zu St. Petersburg...); Examen de la philosophie de Bacon (hg. 1836).

Ausgabe: Œuvres complètes, 14 Bde. (1884–86, Nachdr. 1984).

2) Xavier Comte de, frz. Schriftsteller, * Chambéry 8. 11. 1763, † Sankt Petersburg 12. 6. 1852, Bruder von 1); Offizier im sardin., später im russ. Heer; schrieb der Vorromantik zugehörige, teils empfindsam, teils satirisch getönte Prosawerke; bes. bekannt wurde der Roman ›Voyage autour de ma chambre‹ (1795; dt. ›Die Reise rund um mein Zimmer‹).

Weitere Werke: Erzählungen: Le lépreux de la cité d'Aoste (1811; dt. Der Aussätzige von Aosta); Prascovie ou la jeune Sibérienne (1815; dt. Die junge Sibirierin); Les prisonniers du Caucase (1815; dt. Die Gefangenen im Kaukasus). – *Roman:* Expédition nocturne autour de ma chambre (1825; dt. Nachtfahrt um mein Zimmer).

Maistre Pierre Pathelin [mεtrəpjεrpa'tlɛ̃], anonyme frz., um 1465 entstandene Farce über einen Rechtsanwalt, der einen Tuchhändler betrügt, schließlich aber selbst überlistet wird. Das Werk, eine Satire gegen den Advokaten- und Kaufmannsstand, zeigt in seiner prägnanten Charakterzeichnung und treffsicheren Beobachtung realist. Züge (zahlreiche Nachdichtungen, u. a. von J. REUCHLIN und H. SACHS).

Maiszünsler, Hirsezünsler, Ostrinia nubilalis, Pyrausta nubilalis, Art der →Zünsler mit etwa 3 cm Flügelspannweite; fast weltweit verbreiteter Schädling bes. an Mais, Hirse, Baumwolle, Bohne, Hanf, Hopfen. Das sehr fruchtbare Weibchen legt bis zu 1 000 Eier. Die Raupen (›Gliedwürmer‹) bohren in dicken Stängeln der Pflanzen und verursachen dadurch z. B. ein Abknicken der Blütenstände.

Mal**itani,** Lorenzo, ital. Baumeister und Bildhauer, * Siena vor 1275, † Orvieto Juni 1330; 1310 an die Bauhütte des Doms von Orvieto berufen; schuf die beiden oder einen der Entwürfe für die Domfassade und die Reliefs, die Marmorgruppe und die Bronzefiguren ihrer Portalzone. Der ausdrucksstarke Stil seiner Skulpturen zeigt deutl. Zusammenhänge mit der frz. und sienes. Plastik; er verschmolz Antikenrezeption und einen got. Stil von verfeinertem Naturalismus.

Maithuna, *ind. Kunst:* →Mithuna.

Maitland ['meɪtlənd], Stadt im östl. New South Wales, Australien, am Hunter River, 45 200 Ew.; kath. Bischofssitz; Nahrungsmittel-, keram., Textilindustrie, Tabakverarbeitung, Möbelherstellung; Eisenbahnknotenpunkt (mit Eisenbahnwerkstätten); in der Umgebung Kohlenbergbau (seit 1890).

Maître [mεtr; frz., von lat. magister, →Magister] *der, -/-s,* frz. Bez. für Gebieter, Herr, Lehrer, Meister, v. a. Titel vor dem Namen einer jurist. Amtsperson. – **M. de Plaisir** [-də plε'ziːr] *der, - - -/-s - -, veraltet,* noch *scherzhaft* für: jemand, der ein Fest gestaltet und leitet, der für die Unterhaltung der Gäste sorgt. – **M. d'Hôtel** [-do'tεl] *der, - - -/-s - -,* Restaurantdirektor oder Oberkellner in internat. Restaurants gehobenen Niveaus.

Maîtresse [mε'trεs], →Mätresse.

Maitreya [Sanskrit ›der Liebende‹], Pali **Metteyya,** der zukünftige Buddha, der fünfte und letzte, dessen ird. Erscheinen erwartet wird und der bis dahin als Bodhisattva im Tushitahimmel weilt. Im M.-Kult sind chiliast. Heilserwartungen bes. ausgeprägt. Er war v. a. in Zentralasien, China, Korea, Vietnam und Japan verbreitet. M. findet sich in Ikonographie und Plastik sowohl als Buddha wie auch als Bodhisattva dargestellt, häufig sitzend (mit auf dem Boden aufgestellten Füßen). Der M. war auch ein verbreiteter Typ in der ostasiat. Plastik.

M., the future Buddha, hg. v. A. SPONBERG u. a. (Cambridge 1988); Das Zusammentreffen mit M., hg. u. übers. v. G. SHIMIN u. a., 2 Bde. (1988).

Maitri [Sanskrit ›Wohlwollen‹, ›Freundschaft‹], Pali **Metta,** die Forderung einer alle Wesen umfassenden Liebe in der Ethik des Buddhismus.

Mai und Beaflor, mittelhochdt., um 1270/80 entstandener Versroman eines unbekannten bairisch-österr. Dichters. Er berichtet im ersten Teil von den Leiden einer Königstochter, die der eigene Vater zu verführen sucht, im zweiten Teil von ihrer Verstoßung durch den Ehegatten. M. u. B. ist die dt. Version eines oft abgewandelten europ. Erzählstoffes, der zum Motivkreis der unschuldig verfolgten und zuletzt in ihrer Unschuld erkannten Frau gehört (›Vita Offae primi‹, 12. Jh.; PHILIPPE DE BEAUMANOIR, ›La manekine‹, um 1270; ›Historia del rey de Hungaria‹, 14. Jh.; J. GOWER, ›Confessio amantis‹, um 1390; G. CHAUCER, ›The man of law's tale‹, um 1387; HANS VON BÜHEL, ›Königstochter von Frankreich‹, 1401; G. BASILE, ›La Penta Manomozza‹, 1637).

Maiwald, Peter, Schriftsteller, * Grötzingen (heute Aichtal) 8. 11. 1946; schrieb zunächst satir. und zeitkrit. Texte im Geist der 68er-Generation. Mit den ›Balladen von Samstag auf Sonntag‹ (1984), einer Sammlung von Sonetten, Balladen und Moritaten, die sprachlich virtuos den Alltag der kleinen Leute beschreiben, wurde er einem größeren Publikum bekannt. Sein poet. Konzept, das der Beherrschung der metr. Form Priorität einräumt, erläuterte er in dem Band ›Wortkino. Notizen zur Poesie‹ (1993). Die aufklärer. Intentionen der frühen Texte nahm er in dem Prosaband ›Das Gutenbergsche Völkchen. Kalendergeschichten‹ (1990) wieder auf.

Weitere Werke: Lyrik: Geschichten vom Arbeiter B. (1975); Antworten hierzulande (1976); Die Leute von der Annostraße (1979); Guter Dinge (1987); Springinsfeld (1992); Lebenszeichen (1997).

Maiwürmer, Melo|**e,** Gattung der →Ölkäfer; bis 48 mm lange Käfer mit verkürzten Flügeldecken und fehlenden Hinterflügeln; etwa 70 Arten im westl. Eurasien und N-Afrika (in Mitteleuropa 13). Der Name bezieht sich auf den vor der Eiablage wurmförmig verlängerten Hinterleib des Weibchens.

Maíz, Islas del M. ['izlaz ðɛl ma'is], engl. **Corn Islands** ['kɔːn 'aɪləndz], Gruppe zweier Inseln (8,7 bzw. 2,1 km²) im Karib. Meer, Nicaragua, der Küste vorgelagert, etwa 2 500 Ew.; Kokospalmenbestände, Hummer- und Krabbenfang, Fremdenverkehr. – 1914/16 bis 1971 an die USA verpachtet.

Maizière [mɛ'zjɛːr], **1)** Lothar de, Politiker, * Nordhausen 2. 3. 1940, Neffe von 2); zunächst ab 1965 Musiker, ab 1975 Rechtsanwalt; seit 1986 Vize-Präses der Synode der Ev. Kirchen in der DDR, ab 10. 11. 1989 Vors. der CDUD, war in der Koalitions-Reg. unter Min.-Präs. H. MODROW vom 13. 11. 1989 bis 12. 4. 1990 stellv. Min.-Präs. und Min. für Kirchenfragen. Nach dem Wahlsieg der ›Allianz für Deutschland‹ (AfD) am 18. 3. 1990 förderte er als Min.-Präs. der DDR (12. 4.–2. 10. 1990) den Einigungsprozess der beiden dt. Staaten. 1. 10. 1990 stellv. Bundes-Vors. der CDU, war M. ab 3. 10. 1990 Bundes-Min. ohne Geschäftsbereich und MdB. Wegen Vorwürfen

Maiszünsler: Männchen (oben; Spannweite 2,8 cm) und Weibchen (unten; Spannweite 3,2 cm)

Lothar de Maizière

Maja Majakowskij – Majerová

einer angebl. Tätigkeit als ›informeller Mitarbeiter‹ (IM) des Staatssicherheitsdienstes trat er am 17. 12. 1990 als Bundes-Min. und am 6. 9. 1991 als stellv. Bundes-Vors. der CDU und Landes-Vors. der CDU in Brandenburg (ab November 1990) zurück.

2) Ulrich de, General, *Stade 24. 2. 1912, Onkel von 1); Soldat seit 1930; im Zweiten Weltkrieg Generalstabsoffizier; trat 1951 in die Dienststelle Blank ein; beteiligte sich an den Planungsarbeiten zur Aufstellung westdt. Streitkräfte und der Ausarbeitung des Konzeptes der →inneren Führung; wurde 1962 Kommandeur der Führungsakademie der Bundeswehr, 1964 Inspekteur des Heeres und 1966 Generalinspekteur der Bundeswehr; 1972 trat er in den Ruhestand.

Schrift: In der Pflicht. Lebensbericht eines dt. Soldaten im 20. Jh. (1989).

Majakowskij, Wladimir Wladimirowitsch, russ. Schriftsteller, *Bagdadi (bei Kutaissi, Georgien) 19. 7. 1893, †(Selbstmord) Moskau 14. 4. 1930; lebte ab 1906 in Moskau, Kunststudium, ab 1908 Mitgl. der Bolschewiki; Mitbegründer und dichter. Hauptrepräsentant des russ. →Futurismus. M. wendete sich in seinen frühen Werken leidenschaftlich gegen die bürgerl. Gesellschaft, ihre Religion und Kunstkonvention (Poem ›Oblako v štanach‹, 1915; dt. ›Wolke in Hosen‹). Nach der Revolution warb er in der Zeitschrift →LEF, durch Lesungen im In- und Ausland, durch Tausende von Plakatlosungen und Agitationsgedichte für Kommunismus und Sowjetsystem und verherr-

Wladimir Wladimirowitsch Majakowskij: Plakat der Russischen Telegrafenagentur (›ROSTA-Fenster‹); Übersetzung des Textes: 1) Schlagen wir das weiße Pack nicht zu Klump, 2) kommt das weiße Pack neu auf die Beine. 3) Schlagen wir einen Herren und falten die Hände, 4) streckt Wrangel die Hand nach dem Arbeiter aus. 5) Ist das Rotbanner noch nicht ehern gehegt, wird unser Gewehr nicht weggelegt

lichte in Schauspielen (›Misterija buff‹, 1918; dt. ›Mysterium buffo‹) und Poemen die Revolution und ihre Führer (›V. I. Lenin‹, 1925; dt.), geißelte aber auch in zunehmendem Maße in Satiren und utopischsatir. Komödien (›Klop‹, 1928, dt. ›Die Wanze‹; ›Banja‹, 1929, dt. ›Das Schwitzbad‹) die Sowjetbürokratie und das alte Spießertum im neuen sozialist. Gewande. 1919–22 gestaltete er zahlr. Agitationstafeln mit Bildergeschichten zur Volksaufklärung (›ROSTA-Fenster‹) nach dem Vorbild des →Luboks. – M.s Dichtung zeichnet sich durch eigenwillige Wortbehandlung und kühne Metaphorik sowie durch Neigung zum Paradoxen, Auffallenden, Grotesken aus. Sie arbeitet mit der Sprache des Alltags, der Technik, der kommunist. Propaganda, mit Übertreibungen und schockierenden Kontrasten und ist geprägt von der Spannung zw. sensibler ›lyr.‹ Subjektivität und dem Willen zu polit. Agitation. M. revolutionierte die russ. Verskunst durch den Ersatz der syllaboton. durch eine ton. Metrik, das Aufsprengen der Verszeile in treppenförmig angeordnete Segmente und durch neuartige Reime. Er trat auch als Theoretiker hervor (›Kak delat' stichi?‹, 1926; dt. ›Wie macht man Verse?‹).

Weitere Werke: *Poeme:* Ljublju (1922; dt. Ich liebe); Pro éto (1923; dt. Darüber); Chorošo (1927; dt. Gut und schön). – *Gedichte:* 150 000 000 (1920; dt.).

Ausgaben: Polnoe sobranie sočinenij, 13 Bde. (1955–61); Sobranie sočinenij, 12 Bde. (1978). – Werke. Dt. Nachdichtung v. H. HUPPERT, hg. v. L. KOSSUTH, 10 Bde. (1980); Aus vollem Halse (1983, dt. Ausw.).

G. O. VINOKUR: M., novator jazyka (Moskau 1943, Nachdr. München 1967); V. O. PERCOV: M., Žizn' i tvorčestvo, 3 Bde. (Neuausg. Moskau ¹⁻³1972–76); H. HUPPERT: Ungeduld des Jahrhunderts. Erinnerungen an M. (Berlin-Ost 1976); DERS.: Wladimir Majakowski (22.–29. Tsd. 1991); B. JANGFELDT: M. and futurism 1917–1921 (Stockholm 1976); V. TERRAS: Vladimir Mayakovsky (Boston, Mass., 1983); V mire M. Sbornik statej, hg. v. A. MICHAJLOV u. a., 2 Bde. (Moskau 1984); N. THUN: M. Maler u. Dichter (1993).

Majapahit [madʒaˈpahit, indones.], letztes vorislamisches indones. Großreich; entstand 1293 in der Nachfolge des ostjavan. Reiches Singhasari, umfasste zunächst Ost- und Mitteljava sowie Madura und dehnte sich im 14. Jh. auf die Malaiische Halbinsel und den gesamten indones. Archipel aus. Nach 1389, endgültig Ende des 15. Jh. setzte der Zerfall des Reiches ein, v. a. infolge des raschen Aufstiegs der Hafenstadt Malakka (→Melaka) und des Vordringens des Islam; um 1520 hat es aufgehört zu existieren. (→Indonesien, Geschichte)

Majdanek, Stadtteil von Lublin, Polen, in dem sich 1941–44 ein natsoz. Konzentrations- und Vernichtungslager befand; 1941–43 offiziell als ›Kriegsgefangenenlager der Waffen-SS Lublin‹, 1943–44 als ›KL Lublin‹ geführt; besaß mehrere Außenlager. Von den rd. 500 000 Insassen aus 28 Ländern starben zw. 250 000 und 360 000 Menschen an Hunger, Krankheit u. Ä. bzw. wurden in Gaskammern ermordet (v. a. Juden) oder in Massenerschießungen hingerichtet (v. a. sowjet. Kriegsgefangene). M. ist seit Oktober 1944 Gedenkstätte und Museum. – Ein Düsseldorfer Gericht verurteilte im **M.-Prozess** gegen Angehörige des dt. M.-Personals (1975–81) am 30. 6. 1981 eine Angeklagte wegen erwiesener Exzesstaten zu zweimal lebenslängl. Haft, weitere sieben Personen wegen Beihilfe zum Mord zu Freiheitsstrafen.

M. 1941–1944, hg. v. T. MENZEL (Lublin 1991).

Majdanpek [ˈmaːjdampɛk], Stadt in Serbien, Jugoslawien, im Serb. Erzgebirge, 9 500 Ew.; Zentrum eines Bergbaugebietes (Kupfererz, Gold, Pyrit); Kupferschmelze, Düngemittelproduktion; Güterseilbahn zur Donau.

Majerová [-vaː], Marie, eigtl. **M. Bartošová** [-ʃovaː], tschech. Schriftstellerin, *Úvaly (bei Prag) 1. 2. 1882, †Prag 16. 1. 1967; wirkte in der Arbeiterbewegung in Wien, seit 1921 Mitgl. der KP, leitete kommunist. Frauenzeitschriften. M. schilderte in Novellen und Romanen realistisch die Welt der Arbeiter; schrieb auch Reiseberichte und Kinderbücher und übersetzte aus dem Französischen und Deutschen.

Werke: *Romane:* Náměstí republiky (1914; dt. Platz der Republik); Nejkrásnější svět (1923; dt. Die schönste aller Welten); Přehrada (1932; dt. Die Talsperre); Siréna (1935; dt. Die Sirene); Havířská balada (1939; dt. Bergmanns-Ballade). – *Erzählungen:* Cesta blesku (1952; dt. Der entzauberte Garten).

Ausgabe: Spisy, 19 Bde. (1953–61).

J. HÁJEK: M. M. (Prag ³1982).

Majestät [lat. maiestas ›Größe‹, ›Erhabenheit‹] *die, -,* Würde, Hoheit; urspr. als göttl. Eigenschaft gedacht, im alten Rom auch der beim Volk (lat. ›maiestas populi Romani‹) ruhenden Staatsgesamtheit (›maiestas rei publicae‹) zugesprochen, seit der christl. Zeitrechnung dem Imperator (›maiestas principis‹). In Anlehnung daran wurde im MA. im Heiligen Röm. Reich der Titel M. für den Kaiser gebraucht, seit dem 15. Jh. auch für den König von Frankreich (›Allerchristlichste M.‹; zuerst 1469). In der Folge setzte sich der Titel, oft in Verbindung mit besonderen Attributen, auch in anderen Ländern durch, so z. B. in Spanien (›Allerkatholischste M.‹; zuerst 1496) und in Portugal (›Allergläubigste M.‹; zuerst 1748).

Majestätsbrief, →Böhmischer Majestätsbrief.

Majestätsverbrechen, Majestätsbeleidigung, im röm. Recht polit. Verbrechen gegen die ›maiestas populi Romani‹ bzw. ›maiestas principis‹ (→Majestät); im MA. seit der fränk. Zeit jedes gegen den König (seit der Goldenen Bulle auch gegen Kurfürsten) und das Reich (Land) gerichtete Verbrechen (Untreue, Verrat). Im Allgemeinen Landrecht (für die preuß. Staaten) vom Hoch- und Landesverrat durch die Bezugnahme auf die Person des Herrschers unterschieden. – In Dtl. sind die Verunglimpfung des Bundes-Präs. (§ 90 StGB) und die Beleidigung ausländ. Staatsoberhäupter oder diplomat. Vertreter (Gesandtenbeleidigung, § 103 StGB) bes. unter Strafe gestellt. – In *Österreich* wird die Beleidigung des Bundes-Präs. nur als einfache Beleidigung bestraft (§§ 115, 117 StGB); auch ausländ. Diplomaten genießen keinen zusätzl. Strafschutz. – Die *Schweiz* kennt nur die Beleidigung eines ausländ. Staatsoberhauptes oder Diplomaten (Art. 296, 297 StGB) als besonderes Delikt.

majeur [maˈʒœːr, frz.], *Musik:* →maggiore.

Maji-Maji-Aufstand [ˈmadʒi-], Aufstand in Deutsch-Ostafrika, 1905–07 (→Tansania, Geschichte).

Majkop, Stadt in der Russ. Föderation, →Maikop.

Majkow, Apollon Nikolajewitsch, russ. Lyriker, *Moskau 4. 6. 1821, †Sankt Petersburg 20. 3. 1897; Verfechter der ›reinen Kunst‹, dessen formstrenge Gedichte und Dramen am Vorbild der klass. Antike orientiert sind; stand später den Slawophilen nahe; Übersetzer von GOETHE und H. HEINE; Verfasser einer bedeutenden Versübersetzung des ›Igorlieds‹ (1866–70).

Werke: *Dramen:* Tri smerti (1852; dt. Drei Tode); Dva mira (1881). – *Poem:* Dve sud'by (1845).

Ausgaben: Izbrannye proizvedenija (1977). – Gedichte (1901, dt. Ausw.).

Majol, marshalles. Name der →Marshallinseln.

Majolika [ital., nach Majorica, dem spätlat. Namen der Insel Mallorca] *die, -/...ken* und *-s,* Bez. für ital. und span. →Fayencen und deren Nachahmungen oder Wiederbelebungen.

major [ˈmeɪdʒə, engl.], *Musik:* →maggiore.

Major [span., von lat. maior ›größer‹] *der, -s/-e,* urspr. in Dtl. ›Oberstwachtmeister‹, unterster Dienstgrad der Dienstgradgruppe Stabsoffiziere (→Dienstgrad, ÜBERSICHT). – Im 16. und 17. Jh. war der Oberstwachtmeister – aufgrund span. Einflusses auch in Dtl. seit etwa Mitte des 17. Jh. als M. bezeichnet – der für den inneren Dienst und die Aufstellung der Gefechtsordnung eines Regiments verantwortl. Offizier. Seit Anfang des 18. Jh. erhielten die Regimenter einen zweiten und dritten M., denen die Führung der sich inzwischen als takt. Truppenkörper herausbildenden Bataillone übertragen wurde. Diese Dienststellung haben sie bis heute in den meisten Streitkräften inne. In der Bundeswehr werden M. außer in Stabs- und Generalstabsdienststellungen v. a. als stellv. Bataillonskommandeure verwendet.

Major, 1) [ˈmeɪdʒə], Clarence, amerikan. Schriftsteller, *Atlanta (Ga.) 31. 12. 1936; ab 1989 Prof. für Englisch an der University of California; schreibt Erzählungen und Kurzgeschichten, in denen die Sprache die Handlung als Mittel der Aktion abgelöst hat und sexuelle Wunschvorstellungen sowie Bilder einer durch die Medien vermittelten Wirklichkeit mit realist. Details zu einem abstrakten Gesamtbild verbunden werden. M. ist auch Lyriker sowie Verfasser von Studien über die afroamerikan. Kultur.

Werke: *Romane:* All-night visitors (1969; dt. Dämonen); Emergency exit (1979); My amputations (1986); Such was the season (1987); Painted turtle: woman with guitar (1988); Dirty bird blues (1996). – *Lyrik:* Inside diameter. The France poems (1985); Surfaces and masks. A poem (1988); Some observations of a stranger at Zuni in the latter part of the century (1989). – *Kurzgeschichten:* Fun and games. Short fictions (1990). – **Hg.:** Dictionary of Afro-American slang, (1970, 1994 erw. u. d. T. Juba to jive); The garden thrives. Twentieth century African-American poetry (1996).

2) Georg, Reformator, *Nürnberg 25. 4. 1502, †Wittenberg 28. 11. 1574; wurde 1537 Schlossprediger und 1545 Prof. in Wittenberg; Vertreter der Theologie P. MELANCHTHONS. In der Auseinandersetzung mit N. VON AMSDORF, dem **majoristischen Streit** (1551–62), setzte er sich für das Leipziger →Interim ein und behauptete die Notwendigkeit der guten Werke für die Seligkeit des Christen. Ein Kompromiss wurde erst mit der Konkordienformel gefunden.

R. KOLB: G. M. as controversialist, in: Church History, Jg. 45 (Oreland, Pa., 1976).

3) [ˈmeɪdʒə], John, brit. Politiker, *Merton (Greater London) 29. 3. 1943; Sohn eines Zirkusartisten; war 1965–79 Bankangestellter; schloss sich politisch den Konservativen an und wurde 1979 Mitgl. des Unterhauses. 1986–87 war er Sozial-Min., 1987–89 Chief Secretary to the Treasury (Schatzamts-Min.), von Juli bis Oktober 1989 Außen-Min. und 1989–90 Schatzkanzler. Nach dem Rücktritt von MARGARET THATCHER 1990 wurde M. Führer der Konservativen und Premier-Min.; er setzte weitgehend – wenn auch konzessionsbereiter – die Politik seiner Vorgängerin fort; angesichts der anhaltenden Rezession und seines wirtschaftspolit. Kurses (u. a. Privatisierung von Staatsbetrieben, Steuererhöhungen, Einsparungen bei Staatsausgaben) verlor er jedoch zunehmend an Popularität. Auch in der eigenen Partei (so von M. THATCHER) erfuhr M. verstärkt Kritik, bes. wegen seiner Europapolitik, die von innerparteil. ›Euroskeptikern‹ als zu konziliant angegriffen wurde. In der Debatte um die Ratifizierung des Vertrags von Maastricht konnte sich M. im Juli 1993 nur durch die Verbindung der Abstimmung mit der Vertrauensfrage und der Androhung von vorzeitigen Neuwahlen gegen die Kritiker aus der eigenen Partei durchsetzen (am 22. 6. 1995 Rücktritt M.s vom Vorsitz der Partei, die ihn aber am 4. 7. wieder wählte). In der Nordirlandfrage leitete M. mit dem irischen Premier-Min. A. REYNOLDS bzw. J. BRUTON ab Dezember 1993 einen Friedensprozess ein, der jedoch später weitgehend zum Erliegen kam. Nach der verheerenden Niederlage der Konservativen bei den Unterhauswahlen vom 1. 5. 1997 wurde M. durch den Vors. der siegreichen Labour Party T. BLAIR als Premier-Min. abgelöst; M. gab daraufhin auch die Führung der Konservativen Partei ab.

John Major

Majoran:
Echter Majoran
(Höhe 20–50 cm)

Majoran [majo'ra:n, 'ma:joran, mlat.] *der, -s/-e,* **Majorana,** Gattung der Lippenblütler mit sechs v. a. im östl. Mittelmeergebiet beheimateten Arten; behaarte Kräuter oder Halbsträucher mit in köpfchenförmigen Scheinähren stehenden Blüten. Heute wird diese Pflanzengruppe meist zur Gattung Dost (Origanum) gezählt. Am bekanntesten ist der weiß blühende, 20–50 cm hohe **Echte M.** (Majorana hortensis bzw. Origanum majorana). V. a. seine Blätter enthalten in ihren Drüsenhaaren äther. Öle, weshalb der Echte M. zum Würzen verwendet wird. – Zum Wilden M. →Dost.
Kulturgeschichte: M. diente bereits im alten Ägypten als Heilmittel und Gewürz, seit hellenist. Zeit wurde er auch in Gärten angepflanzt. Im Altertum war er Bestandteil duftender Salben und Essenzen (PLINIUS D. Ä.). In dt. Gärten gelangte M. wohl erst gegen Ende des MA. Im Volksglauben besitzt M. antidämon. Wirkung.
Majorana-Effekt [nach dem ital. Physiker QUIRINO MAJORANA, *1871, †1957], Doppelbrechung kolloidaler Lösungen im Magnetfeld, v. a. von Eisenoxidsolen, verursacht durch die Richtwirkung des Magnetfeldes auf die längl., magnetisch anisotropen Kolloidteilchen. Diese Teilchen bewirken eine Doppelbrechung des Lichts, das sich senkrecht zum Magnetfeld ausbreitet. Der M.-E. tritt auch in diamagnet. Solen auf, deren Teilchen sich senkrecht zum Magnetfeld einstellen. (→Magnetooptik)
Majorante [zu lat. maior ›größer‹] *die, -/-n, Mathematik:* 1) Bez. für eine einer gegebenen Reihe $n = \sum_{n=0}^{\infty} a_n$ zugeordnete Vergleichsreihe $n = \sum_{n=0}^{\infty} p_n$ mit positiven Gliedern p_n, für die $|a_n| \leq p_n$ für alle n gilt. Die vorgegebene Reihe selbst bezeichnet man als **Minorante** dieser Vergleichsreihe. Das M.-Kriterium ist ein wichtiges Hilfsmittel zur Überprüfung der Konvergenz von Reihen. Es besagt: Eine Reihe konvergiert, wenn es zu ihr eine konvergente M. gibt; sie divergiert, wenn es zu ihr eine divergente Minorante gibt. 2) Bez. für eine reelle Funktion $g(x)$ mit gleichem Definitionsbereich D wie eine vorgegebene Funktion $f(x)$, für die $f(x) \leq g(x)$ für alle $x \in D$ gilt. Entsprechend nennt man eine Funktion $h(x)$ **Minorante** von $f(x)$, wenn $h(x) \leq f(x)$ für alle $x \in D$ gilt.
Majorat [lat.] *das, -(e)s/-e,* **Ältestenrecht,** landschaftlich geltendes Erbrecht, bei dem bei der Übergabe eines Hofes jeweils das älteste Kind des Eigentümers die Erbfolge antritt; Ggs.: **Minorat,** Erbfolge des jüngsten Kindes in direkter Linie (→Höferecht). Beim **Seniorat** folgt der Älteste des Mannesstammes ohne Rücksicht auf den Verwandtschaftsgrad, beim **Juniorat** entsprechend der Jüngste. M. wird auch das Gut genannt, das nach diesem Recht vererbt wird. (→Fideikommiss, →Primogenitur)
Majordomus, Maiordomus, der →Hausmeier.
Majorettes [majo'rɛt; frz., eigtl. ›weibl. Tambourmajore‹], *Sg.* **Majorette** *die, -,* Gruppe von Mädchen in Fantasieuniformen, die bei Marschmusik tanzend mit kurzen Tambourstöcken jonglieren.
Majorian, lat. **Iulius Maiorianus,** weström. Kaiser (457–461), †7. 8. 461; am 1. 4. 457 bei Ravenna auf Betreiben des Heermeisters RICIMER zum Imperator ausgerufen. Er kämpfte erfolgreich gegen die Westgoten und verbündete sich 459 mit ihnen gegen die Wandalen. 460 wurde seine Flotte in Spanien von den Wandalen vernichtet und M. zu einem ungünstigen Frieden gezwungen. Am 2. 8. 461 wurde M. von RICIMER abgesetzt und bald danach hingerichtet.
Majoristen [zu lat. maior ›größer‹], *Sg.* **Majorist** *der, -en, kath. Kirche:* bis zur Abschaffung der ›niederen Weihen‹ (1972) die Kleriker der drei höheren Weihestufen (→Weihe); Ggs.: Minoristen.
Majorität [mlat.-frz., zu lat. maior ›größer‹] *die, -/-en,* Mehrheit, Mehrzahl; Ggs.: Minorität.

Majoritätsträger, *Festkörperphysik:* →Halbleiter.
Major Leagues ['meɪdʒə liːgz, engl.], *Sport:* zusammenfassende Bez. für die bedeutendsten amerikan. Profiligen →MLB (Baseball), →NBA (Basketball), →NFL (American Football) und →NHL (Eishockey).
Major-Turniere ['meɪdʒə -, englisch] **Majors** ['meɪdʒəz], *Golf:* Bez. für die vier jährlich ausgetragenen Grand-Slam-Turniere im internat. (Profi-)Golfsport. Bedeutendstes Turnier ist das ›US Masters‹, das seit 1934 in Augusta (Ga., USA) ausgetragen wird. Weitere M.-T.: ›British Open‹ (Großbritannien, seit 1860), ›US Open‹ (USA, seit 1895) und ›PGA Championship‹ (USA, seit 1916).
Majunga [maʒœ̃'ga, frz.], Stadt auf Madagaskar, →Mahajanga.
Majuro [mɑːˈdʒʊərəʊ], Atoll in der Ratakgruppe der →Marshallinseln.
Majuskeln [zu lat. maiusculus ›etwas größer‹], *Sg.* **Majuskel** *die, -,* **Versalien,** die gleich hohen Großbuchstaben der Schriften des lat. Alphabets (im Ggs. zu den →Minuskeln). **Majuskelschriften** bestehen nur aus Großbuchstaben, z. B. die röm. Capitalis, die in der Renaissance zur Grundlage der Großbuchstaben der →Antiqua wurde.
makaber [frz.], durch eine bestimmte Beziehung zum Tod unheimlich; mit Tod und Vergänglichkeit Scherz treibend.
Makaken [afrikan.-port.], *Sg.* **Makak** *der, -s* und *-en,* **Macaca,** Gattung der Meerkatzenartigen mit etwa zehn Arten in Süd- und Ostasien, NW-Afrika und auf Gibraltar. Körperlänge etwa 40–75 cm; der Schwanz kann körperlang sein oder ganz fehlen. Die Gestalt ist gedrungen, mit kräftigen Extremitäten und oft deutl. Gesäßschwielen; die Männchen besitzen oft starke Überaugenwülste. Das Fell ist meist gelblich oder olivbraun, oft sind Haarbüschel am Kopf vorhanden; der in SW-Indien beheimatete **Bartaffe** (Macaca silenus) trägt eine auffallend grauen Backenbart. M. sind Allesfresser, meist tagaktiv und Boden- oder Baumbewohner. Sie bilden Gruppen mit meist strenger Rangordnung. Einige Arten spielen als Versuchstiere in der medizin. Forschung eine Rolle. – Zu den M. gehören u. a. →Javaneraffe, →Magot, →Rhesusaffe, →Schweinsaffe.
Makalla, Mukalla, Al-M., Hafenstadt an der S-Küste der Arab. Halbinsel in Jemen, 160 000 Ew.; Fischerei, Fischkonserven- und Fischmehlfabrik, Bootsbau; Ausgangsort einer Straße ins Wadi Hadramaut; Flugplatz.
Makalu ['mækəluː] *der,* Berg im Himalaja, an der Grenze zw. Nepal und China (Tibet), östlich des Mount Everest, 8 463 m ü. M.; 1955 erstmals bestiegen (→Bergsteigen, ÜBERSICHT).
Makam, *Musik:* →Maqam.
Makame [arab. ›Unterhaltung in einer Gesellschaft‹] *die, -/-n,* oriental. (bes. arab.) Dichtungsform in Reimprosa mit eingestreuten Versen. Von HAMADHANI (10./11. Jh.) erstmals verwendet, erlangte die M. bei HARIRI (11./12. Jh.) ihre höchste Form und gelangte durch CHARISMI (10. Jh.) auch in die hebr. Literatur des MA. F. RÜCKERT führte sie durch seine Hariri-Übersetzung in die dt. Literatur ein (›Verwandlungen des Abu Seid von Serug ...‹, 2 Bde., 1826–37). Im Orient wurde die M.-Dichtung bis ins 19. Jh. gepflegt.
Makanin, Wladimir Semjonowitsch, russ. Schriftsteller, *Orsk 13. 3. 1937; zunächst Mathematiker; Vertreter der Stadtprosa, der in Erzählungen und Romanen v. a. das Schicksal junger Menschen beschreibt, die auf der Suche nach ihrem Platz im Leben in die Hauptstadt kommen (›Starye knigi‹, 1976, dt. ›Alte Bücher oder das Porträt einer jungen Frau‹; ›Čelovek 'svity‹, 1982, dt. ›Der Mann aus der 'Suite'‹; ›Predteča‹, 1983, dt. ›Der Wunderheiler‹).

Weitere Werke: *Romane:* Na pervom dychanii (1976; dt. Schönes Mädchen mit den grauen Augen); Portret i vokrug (1978; dt. Der Mann mit den zwei Gesichtern); Golosa (1980; dt. Stimmen. Romancollage); Odin i odna (1988; dt. Zwei Einsamkeiten); Otstavšij (1988; dt. Der Nachzügler); Laz (1991; dt. Das Schlupfloch). – *Erzählungen:* Gde schodilos' nebo s cholmani (1984); Utrata. Povesti i rasskazy (unselbstständig 1987, 1989; dt. Der Verlust). – Moskau 1985 (1985); Menschenbilder (1987).

Z. Stolz-Hladky: Studien zur Poetik Vladimir S. M.s ›Odin i odna‹, ›Otstavšij‹, ›Utrata‹ (Bern 1995).

Makapansgat [-'xat], Fundort des Australopithecus africanus in Transvaal, Rep. Südafrika, bekannt seit 1854; seit 1947 wurden zahlr. Skelettteile (Alter: 2–3 Mio. Jahre) ausgegraben, die denen von Sterkfontein nahe stehen. Begleitfunde waren primitive Werkzeuge (Pebble-Tools) und Gegenstände, die vom Ausgräber R. A. Dart als osteodontokerat. Kultur beschrieben wurden.

Makara [Sanskrit], in der ind. Mythologie mit dem Element Wasser assoziiertes Fabeltier, in der ind. Kunst meist dargestellt als krokodilartiges Wesen mit Elefantenrüssel und Fischschwanz; Symboltier des Gottes Varuna, v. a. aber der Flussgöttin Ganga.

Makaranga, Bantuvölker, →Karanga.

Makarenko, Anton Semjonowitsch, russ. Pädagoge ukrain. Herkunft, *Belopolje (Gebiet Sumy) 13. 3. 1888, †Moskau 1. 4. 1939; zunächst Volksschullehrer; leitete seit 1920 Arbeitskolonien für entwurzelte Jugendliche (→Besprisornyje). M. schuf das Konzept des Jugendkollektivs und entwickelte dabei eine Pädagogik, die vom Bewusstmachen der gesellschaftl. Aufgabe ausging, wobei er seine sozialpädagog. Haltung mit einer sowjetisch-polit. Zielsetzung verband (→Kollektiverziehung).

Werke: Pedagogičeskaja poėma, 2 Bde. (1931–35; dt. Der Weg ins Leben); Kniga dlja roditelej (1937; dt. Ein Buch für Eltern); Flagi na bašnjach (1939; dt. Flaggen auf den Türmen).

Ausgaben: Sobranie sočinenija, 5 Bde. (1971). – Ges. Werke. Marburger Ausg., hg. v. L. Froese u. a., auf 13 Bde. ber. (1976ff.); Pädagog. Werke, hg. v. M. I. Kondakov u. a., auf 8 Bde. ber. (1988ff.).

E. Heimpel: Das Jugendkollektiv A. S. M.s (²1967); H. Furrer: Mut zur Utopie. Zur Pädagogik A. S. M.s (1988); Hundert Jahre A. M. Neue Studien zur Biogr., hg. v. G. Hillig (1988).

Makarij, Metropolit von Moskau (seit 1542), *1481 oder 1482, †31. 12. 1563; war 1526–42 Erzbischof von Nowgorod; krönte Iwan IV. zum Zaren und hatte als dessen Berater Anteil an den Verwaltungsreformen der 40er- und 50er-Jahre des 16. Jh. Zur Verherrlichung des Zarenhauses sollte die auf M.s Initiative angefertigte Darstellung der russ. Geschichte (›Stufenbuch‹, russ. ›Stepennaja kniga‹, entstanden 1560–63) beitragen. Gleichzeitig war er bestrebt, das Selbstbewusstsein der Moskauer Kirche zu stärken. Er ließ das geltende Kirchenrecht kodifizieren, Kirchenverwaltung, Ritus und kirchl. Brauchtum zusammenfassen und von einer Bischofssynode bestätigen.

Makarikari, Makgadikgadi, flache ausgedehnte Salzpfanne in NO-Botswana; mit 900 m ü. M. tiefster Teil des Kalaharibeckens; in der Regenzeit Salzsumpf, in der übrigen Zeit Salzwüste. Bei Hochwasser im Delta des Okawango gelangt Wasser von dort über den Botletle bis in die Pfanne. Im S (Sowa Pan) wird Soda und Steinsalz abgebaut.

Makarios, M. der Ägypter, M. der Große, Mönch, *in Oberägypten um 300, †nach 380 (um 390?); geistiger Vater der Eremiten in der Arab. Wüste, die er in eine Kolonie zusammenschloss. Die ihm zugeschriebenen ›Geistl. Homilien‹ sind für die Erforschung der →Messalianer bedeutsam und gehen wohl auf Symeon von Mesopotamien zurück. Ihnen kommt ein hoher Stellenwert in der asketisch-myst. Literatur des ostkirchl. Mönchtums zu. – Heiliger (Tag: 15. 1.; orth. Kirche: 19. 1.).

Makarios III., früher **Michail Christodulos Muskos,** orth. Theologe und Politiker auf Zypern, *Pano Panagia 13. 8. 1913, †Nikosia 3. 8. 1977; 1948–50 Bischof von Kition, seit 1950 Erzbischof der autokephalen Kirche von Zypern, gewann als Ethnarch die polit. Führung der griech. Zyprioten und der Enosis-Bewegung, die die Vereinigung mit Griechenland anstrebte. 1956 verbannte ihn die brit. Kolonialmacht auf die Seychellen (bis 1957). Nach der Entlassung Zyperns in die Unabhängigkeit wurde M. 1960 Staatspräs.; seine Pläne zur Verf.-Reform lösten 1963/64 blutige Unruhen zw. griech. und türk. Zyprioten aus. Mit der Betonung der staatl. Unabhängigkeit zog er sich die Gegnerschaft griech. Zyprioten zu, die unter Führung von General G. Grivas an der Enosis festhielten. Nach einem Putsch der griechisch-zypriot. Nationalgarde gegen ihn (Juli 1974) floh er ins Ausland, konnte aber in sein Amt zurückkehren (Dezember 1974), jedoch nicht die durch die türk. Besetzung N-Zyperns (Sommer 1974) hervorgerufene Teilung der Insel rückgängig machen.

Makarismen [griech. makarismós ›das Glücklichpreisen‹], *Sg.* **Makarismus** *der, -,* Seligpreisungen, bes. die der Bergpredigt (Mt. 5, 3–11; Lk. 6, 20–22), in einigen westl. Liturgien auch als Canticum gebraucht.

Die M. sind eine bei den alten Griechen wie im A. T. und N. T. häufige Stilform, die das gegenwärtige oder zukünftige Glück bestimmter Menschen preist und aufschlussreich ist für die Lebensanschauung des Kreises, dem der Sprechende angehört.

I. Broer: Die Seligpreisungen der Bergpredigt. Studien zu ihrer Überlieferung u. Interpretation (1986).

Makaronesien, selten verwendete Bez. für biogeographisch nahe stehende Gebiete im Mittelatlantik (Kapverd. Inseln, Kanar. Inseln, Madeiragruppe, Azoren und Teile SW-Europas).

Makarow, Stepan Ossipowitsch, russ. Marineoffizier, Ozeanograph und Polarforscher, *Nikolajew 8. 1. 1849, †(gefallen) bei Port Arthur 13. 4. 1904; führte 1886–89 ozeanograph. Forschungen im nördl. Stillen Ozean durch; sein Bericht darüber (›Le Vitiaz et l'Océan Pacifique, oberservations hydrologiques‹, Sankt Petersburg 1894) gilt als eine der klass. Arbeiten der Meereskunde. M. setzte sich für die Nutzbarmachung der Nordostpassage ein und ließ nach seinen Entwürfen den ersten Eisbrecher der Welt (›Jermak‹) bauen; Erkundungsfahrten mit diesem nach Spitzbergen und Nowaja Semlja (1898–99) scheiterten jedoch. Er fiel während des Russisch-Jap. Krieges als Kommandeur eines russ. Schiffsgeschwaders.

Makarowa, Natalja Romanowna, russ. Tänzerin, *Leningrad 21. 10. 1940; war 1959–70 beim Leningrader Kirow-Ballett, danach bis 1986 mit klass. und zunehmend modernem Repertoire Ballerina beim American Ballet Theatre in New York und beim Londoner Royal Ballet, ohne gänzlich von der Bühne abzutreten; auch Choreographien (u. a. ›La bayadère‹, 1974; ›Schwanensee‹, 1989). Sie schrieb ›A dance autobiography‹ (1979).

Makart, Hans, österr. Maler, *Salzburg 28. 5. 1840, †Wien 3. 10. 1884; wurde nach Studien in Wien und München (K. von Piloty, 1861–65) und Reisen in England, Frankreich und Italien 1869 nach Wien berufen (Atelier auf Staatskosten); dort seit 1879 Prof. an der Akad. Als tonangebender Maler der Gründerzeit malte M. in neubarockem Stil großformatige, effektvolle Bilder histor. und allegor. Inhalts nach dem Vorbild der venezian. Malerei (Paolo Veronese). Seine auf dekorativen Prunk gerichtete Kunst beeinflusste Theater, Mode, Wohnkultur, Ausstellungen und Kunsthandwerk der 70er- und 80er-Jahre des 19. Jh. (M.-Stil). Weiteres Bild →Atelier.

Werke: Venedig huldigt Catarina Cornaro (1873; Wien, Österr. Galerie); Kleopatra (1874/75; Stuttgart, Staatsgalerie);

Anton Semjonowitsch Makarenko

Makarios III.

Maka Makasar – Makedonien

Hans Makart: Kleopatra; 1874/75 (Stuttgart, Staatsgalerie)

Einzug Karls V. in Antwerpen (1878, Hamburg, Kunsthalle; farbige Skizze um 1875, Wien, Österr. Galerie); Die Falknerin (um 1880; München, Neue Pinakothek).

M., bearb. v. K. Gallwitz, Ausst.-Kat. (1972); G. Frodl: H. M. Monographie u. Werkverz. (Salzburg 1974).

Makasar, Makassar, früherer Name der Stadt →Ujung Pandang, Indonesien.

Makasaren, Makassaren, Mankasara, jungindones. Volk im südwestl. Celebes. Die etwa 2,5 Mio. M. sind den Bugi nahe verwandt und seit Anfang des 17. Jh. sunnit. Muslime (vorislam. Reste bei den Patungtung in den Bergen). Sie treiben Landwirtschaft, Schifffahrt und Handel. – Im 16. und 17. Jh. dehnte sich ihr Reich **Makasar (Goa, Gova)** über Flores, Sumba und Sumbava nach S aus. Sie spielten im Gewürzhandel eine wesentl. Rolle, bis die Niederländer ihr Sultanat in den 60er-Jahren des 17. Jh. eroberten.

B. Röttger-Rössler: Rang u. Ansehen bei den Makassar von Gowa Süd-Sulawesi/Indonesien (1989).

Makassarstraße, 140 km breite Meeresstraße zw. Borneo und Celebes, gehört zu der bedeutsamen biolog. Trennungslinie zw. asiat. und austral. Fauna (Wallace-Linie, →Wallacea).

Makatea, die nordwestlichste der Tuamotuinseln, Frz.-Polynesien, 5 km breit, 8 km lang; neben Nauru und Ocean Island eine der drei bedeutsten Phosphatinseln im Pazifik; Abbau 1966 eingestellt.

Makati, Hauptgeschäfts- und Verwaltungszentrum der philippin. Hauptstadt →Manila.

Makavejev, Dušan, serb. Filmregisseur und -kritiker, * Belgrad 13. 10. 1932; drehte kritisch-iron. Filme; verließ 1973 Jugoslawien.

Filme: Der Mensch ist kein Vogel (1965); Ein Liebesfall (1967); Unschuld ohne Schutz (1968); WR – Mysterien des Organismus (1971); Die Ballade der Lucy Jordan (1981); Coca Cola Kid (1985); Manifesto (1988); Gorilla bathes at Noon (1992).

Makeba, Miriam, eigtl. **Zenzile M.,** südafrikan. Sängerin, * Prospect (bei Johannesburg) 4. 3. 1932; wirkte bei dem Antiapartheidfilm ›Come back Africa‹ (1959) mit, ging danach in die USA und wurde, gefördert u. a. von H. Belafonte, in den 60er-Jahren mit Songs wie ›Pata, Pata‹, ›Westwinds‹ und ›The click song‹ internat. die bekannteste Vertreterin des schwarzafrikan. Chansons. M. heiratete 1968 den amerikan. Bürgerrechtler S. Carmichael und war zeitweise Sonderbotschafterin Guineas bei der UNO; Come-back 1987 mit Paul Simon (* 1942; ›Graceland‹-Tournee) und ›Sangoma‹ (1988). 1991 gab sie erstmals wieder ein Konzert in ihrer Heimatstadt Johannesburg.

Makedonen, griech. **Makedones,** nordwestgriech. Stamm im alten Griechenland, →Makedonien 2), nicht identisch mit den heutigen →Makedoniern.

Makedonianer, *Theologiegeschichte:* die →Pneumatomachen.

Makedoni|en, Mazedoni|en, 1) neugriech. **Makedonia,** der griech. Teil der histor. Landschaft M., geograph. Region in N-Griechenland, grenzt im N an Albanien, die Republik M. und Bulgarien, im O an die Region Thrakien, im S an das Ägäische Meer und die Region Thessalien, im W an die Region Epirus. M. umfasst 34 177 km^2 und 2,236 Mio. Ew.; es ist unterteilt in die Verwaltungs- und Planungsregionen West-M. (293 000 Ew.), Zentral-M. (1,71 Mio. Ew.) und Ost-M. mit Thrakien (570 500 Ew.; makedon. Anteil 232 500 Ew.) sowie in 14 Verw.-Bez. (Nomoi). Seit dem Bev.-Austausch von 1923 (→Griechenland, Geschichte) ist M. im Wesentlichen von Griechen bewohnt; 1928 waren 45% der Bev. Flüchtlinge aus Kleinasien. Wichtigste Stadt ist Saloniki.

Landesnatur: Nieder-M., die von Vardar (griech. Axios) und Haliakmon geschaffene Ebene im Hinterland des Thermaischen Golfs (Golf von Saloniki), hat mediterranen Charakter. Zwei Furchen über den Koronia- und Volvisee und über den Dojransee verbinden Nieder-M. mit dem gleichfalls mediterranen **Ost-M.,** das das Gebiet der unteren Struma (griech. Strymon) mit dem Becken von Serrä, die Ebene von Drama und das Bergland bis zum Nestos (bulgar. Mesta) umfasst; im S schließt sich die gebirgige Halbinsel Chalkidike an, vorgelagert ist die Insel Thasos. **West-M. (Ober-M.)** bildet ein stark gekammertes Gebirgsland mit Einbruchsbecken, das zum Nordägäischen Meer entwässert wird. Im N hat West-M. Anteil am Prespasee und um Florina an der Beckenlandschaft Pelagonija; der Kleine Prespasee liegt ganz auf griech. Gebiet.

Wirtschaft: Durch die 1923 eingeleitete Errichtung neuer Dörfer, durch Bodenreform und Landerschließung hat M. einen moderneren Charakter als das übrige Griechenland. In den dicht besiedelten küstennahen Ebenen werden dank umfassender Trockenlegungsarbeiten seit 1930 und 1949 (um Giannitsa, Drama, im Mestatal) Tabak, Baumwolle, Weintrauben, Oliven, zunehmend auch Reis angebaut, in den Becken hauptsächlich Gerste, Mais und Weizen. An Bodenschätzen besitzt M. vor der Insel Thasos Erdöl und Erdgas (Offshoreförderung seit Mai 1981), bei Ptolemais (in der Pelagonija) Braunkohle. Saloniki ist das überragende Wirtschaftszentrum, Kavala ein Industriezentrum, Kastoria ist als Pelzhandelszentrum bekannt.

Zur *Geschichte* →Makedonien 2).

Leonhard Schultze: M. (1927); Joachim H. Schultze: Neugriechenland (1937).

2) Bez. für die histor. Landschaft der südl. Balkanhalbinsel, die den heutigen Staat der Rep. →Makedonien, die griech. Prov. →Makedonien 1) (griech. oder ägäisches M.), Teile des östl. Bulgarien (östl. Rila- und Pirin-Gebirge; Pirin- oder bulgar. M.), einen kleinen

Teil Südserbiens (um die Stadt Novi Pazar) und Albaniens (am Ohrid- und Prespasee) umfasst. Die Landschaftsbezeichnung deckt sich annähernd mit den Grenzen des antiken M. zur Zeit PHILIPPS II., das im O bis zum Nestos, im N zum Quellgebiet des Axios (Vardar), im W, den Prespasee umfassend, bis zur Vjosa und im S bis Thessalien (diese einbeziehend) reichte. Die Kernlande des griech. Stammes der Makedonen lagen um den Thermaischen Golf, der in der Antike noch größere Teile der vom Axios gebildeten Schwemmlandebene umfasste.

Geschichte: In dem seit der Jungsteinzeit kontinuierlich besiedelten M. können als älteste ethn. Gruppe die Makedonen erfasst werden, ein nordwestgriech. Stamm um das Zentrum Edessa, der von den übrigen Griechen nicht zu den Hellenen gerechnet wurde. Seit PERDIKKAS I. (bald nach 700 v. Chr.[?]), unter dem sie in die Ebene am Meer vordrangen, standen sie unter der Königsherrschaft der als griechisch geltenden Dynastie der Argeaden. Die soziale Struktur des Volkes wurde durch ein kraftvolles, freies Bauerntum, einen Reiteradel und ein Königtum (mit häufigen blutigen Thronstreitigkeiten) bestimmt. Unter den Königen M.s vor der Mitte des 4. Jh. ragen ALEXANDER I. (zur Zeit der Perserkriege) und ARCHELAOS (413–399) hervor, der griech. Gelehrte und Künstler an seinen Hof in Pella zog. Zur Großmacht wurde M. unter PHILIPP II. (359–336), der den größten Teil der Balkanhalbinsel in Abhängigkeit brachte. Unter ALEXANDER D. GR. (336–323), der das **Makedonische Reich** bis zum Indus ausdehnte, und nach seinem Tod stand M. 321–319 unter der Verwaltung des Verwesers ANTIPATER, 317–297 unter dessen Sohn KASSANDER. 294 setzte sich DEMETRIOS I. POLIORKETES in M. als König durch, wurde jedoch 287 vertrieben.

Mit ANTIGONOS II. GONATAS begann die Herrschaft der Antigoniden (276–168). Durch die Niederlage PHILIPPS V. (221–179) durch die Römer (Kynoskephalai 197) schrumpfte der Machtbereich auf M. zusammen. Roms Sieg im 3. Makedonischen Krieg (171–168) über PHILIPPS Sohn PERSEUS brachte die Beseitigung des Königtums und die Aufteilung M.s in vier Territorien. Nach einem letzten Aufstand (149) wurde M. 148 v. Chr. röm. Provinz. Das alte M., das nur einen Teil des Provinzialgebietes ausmachte, wurde unter DIOKLETIAN (284–305 n. Chr.) in zwei Verw.-Bez. (Macedonia Prima und Macedonia Secunda) geteilt. Ab 395 war M. Bestandteil des Oström. Reiches (später Byzanz; bis 9. Jh. und 11./12. Jh.).

Seit der Zugehörigkeit zum Röm. Reich wurde M. im N latinisiert (Hauptort Scupi, Skopje), im S gräzisiert (Hauptort Saloniki). Die Goten- und Hunneneinfälle der 4. und 5. Jh. haben die ethn. Struktur kaum beeinflusst, dagegen nachhaltig die Landnahme slaw. Stämme seit dem 6. Jh. (→Makedonier). Im 9. Jh. dehnte der spätere Bulgarenzar SIMEON I., D. GR., sein Reich über M. aus; Zar SAMUIL hatte seine Hauptstadt in Ohrid (›Westbulgar.‹ bzw. ›Makedon. Reich‹; 969–1018). Gegen die 1018 wieder errichtete byzantin. Herrschaft erhoben sich die Makedonier mehrfach (1040/41, 1072/73). Das Zweite Bulgar. Reich hatte sich um 1230 ganz M. einverleibt. 1204–24 bildete der S das lat. Königreich Saloniki, das dann von dem Despotat von Epirus abgelöst wurde. Der serb. Zar STEPHAN IV. DUŠAN UROŠ konnte sein Reich nach M. vorschieben (1345; 1346 in Skopje zum Zar gekrönt). Seit 1371 (Schlacht an der Maritza) bzw. 1389 (Schlacht auf dem Amselfeld; 1392 Besetzung Skopjes) gehörte M. zum Osman. Reich (bis 1912/13). Es kam zur Ansiedlung von Türken in den Flussebenen; sefard. Juden wanderten im 16. Jh. von Spanien ein, 1691 und 1740 zogen zahlr. Serben nach N in den Schutz des Habsburgerreiches ab und von W rückten Albaner nach. Auch traten christl. Makedonier zum Islam über (Torbeši).

Nach dem antitürk. Volksaufstand 1875 und dem Russisch-Türk. Krieg (1877–78) wurde M. (außer Saloniki) im Frieden von San Stefano (3. 3. 1878) dem Fürstentum Bulgarien, aber auf dem Berliner Kongress (13. 6.–13. 7. 1878) wieder dem Osman. Reich zugesprochen (seitdem wieder geograph. Bez. M.). Träger eines neuen slawisch-makedon. Nationalismus wurde die IMRO (gegr. 1893), wirksam unterstützt von dem 1894 in Sofia gegründeten Makedon. Komitee. V. a. bulgar. Geistliche und Lehrer weckten das Nationalgefühl der Makedonier. Im S stießen sie auf den Widerstand griech. Freiwilligen-Gruppen, im N auf den der serb. Četnici. Österreichisch-russ. Interventionen beim Sultan (Wiener Programm, 1903) verhinderten nicht den niedergeschlagenen antitürk. Ilinden-Aufstand (Eliastag-Aufstand; 2. 8. 1903), der zur kurzzeitigen ›Rep. von Kruševo‹ führte (3.–13. 8. 1903; erster neuzeitl. makedon. Staat). Reformvorschläge der europ. Großmächte an die Türkei (Mürzsteger Punktation von 1903) bewirkten keine Lösungen; die seit 1878 virulente **makedonische Frage** verschärfte sich. An der Ohnmacht der osman. Reichsgewalt in M. entzündeten sich 1908 in Saloniki die jungtürk. Revolution und 1912 der Erste →Balkankrieg. Nach dem Zweiten Balkankrieg (1913) wurde das geograph. M. aufgeteilt. Dabei fiel der größte Teil an Serbien (›Vardar-M.‹; seit 1913 auch ›S-Serbien‹ gen.) und Griechenland (›Ägäis-M.‹, um Saloniki; ab 1920/22 Ansiedlung von Griechen); Bulgarien erhielt einen kleinen Teil im O (›Pirin-M.‹). Im Ersten Weltkrieg besetzte Bulgarien 1915–18 ganz M., verlor aber 1919 (Vertrag von Neuilly-sur-Seine) alle Gebiete, v. a. auch den Strumicabogen, bis auf einen kleinen Teil (etwa ein Zehntel M.s). Wieder hatte Serbien den Hauptteil M.s erhalten.

In der Zwischenkriegszeit setzte die sich oft spaltende, neu vereinigende bzw. umorientierende, neue IMRO (1919–34) mit insgesamt ›großbulgar.‹ Intentionen ihre oft blutigen terrorist. Aktivitäten fort (u. a. Mitbeteiligung am Attentat auf König ALEXANDER I. von Jugoslawien und J. L. BARTHOU, Paris 1934); in den 20er-Jahren kam es immer wieder zu z. T. blutigen Aufständen für Erlangung der Unabhängigkeit M.s und gegen eine bulgarisch-jugoslaw. Annäherung. Im Zweiten Weltkrieg konnte Bulgarien ab 1941 nochmals das jugoslaw. und große Teile des griech. M.s besetzen; die Praxis der Besatzungspolitik führte zur Gegnerschaft der urspr. bulgarofreundlich gesinnten slawisch-makedon. Bev. Die jugoslaw. KP wurde nunmehr zum Träger des Nationalgedankens. Bis Ende 1944 hatten die ab 1942 bedeutenden kommunist. jugoslaw. Partisanen Vardar-M. befreit. In Ägäis-M. erfolgte der Anschluss an die kommunist. griech. Partisanenbewegung; die ›Slawisch-Makedon. Befreiungsfront‹ (Abk. SNOF) war allerdings später auch stark jugoslawisch beeinflusst, was Konflikte mit der E. L. A. S. beschwor. Kommunist. Pläne für ein unabhängiges vereintes (Groß-)M. in einer bulgarisch-jugoslaw. Balkanföderation (erstmals in den 20er-Jahren von der KI propagiert) scheiterten an den Gegensätzen der kommunist. Führer; sie wurden von Griechenland als Aggressionsabsichten gedeutet.

Nach 1945 kam es in neuer Weise zu Streitigkeiten zw. Jugoslawien, Griechenland und Bulgarien (seit 1948 beeinflusst von den Krisen in den jugoslawisch-sowjet. Beziehungen); in Pirin-M. ging man entgegen der ab 1944 betriebenen ›Makedonisierung‹ zur ›Rebulgarisierung‹ über. Mit der Forderung nach gemeinsamen Erklärung Bulgariens und Jugoslawiens zur Unverletzlichkeit ihrer gemeinsamen Grenzen suchte Bulgarien 1978 die makedon. Frage als historisch bedingten Störfaktor in den allgemeinen Beziehungen der Balkanstaaten untereinander auszuschalten. Jugoslawien forderte Griechenland weiterhin auf,

Make Makedonien

auf seinem Gebiet eine ›makedon. Sprache‹ anzuerkennen. Nach dem Zerfall Jugoslawiens (1989–92) führte die Errichtung der unabhängigen ›Rep. M.‹ zu schweren Spannungen mit Griechenland, da dieses bei der Verwendung der Bez. ›M.‹ vonseiten des neuen Staates irredentist. Ansprüche auf die gleichnamige griech. Prov. befürchtete. In einem Interimsabkommen (13. 9. 1995) verzichtete die Rep. M. auf die Verwendung des Sterns von Vergina in der Staatsflagge und bekannte sich zu gutnachbarl. Beziehungen gegenüber Griechenland. Dieses erkannte die Rep. M. nunmehr völkerrechtlich an und hob das Handelsembargo (seit 18. 2. 1994) gegen M. auf (14. 10. 1995).

E. BARKER: Macedonia. Its place in Balkan power politics (London 1950, Nachdr. Westport, Conn., 1980); N. G. L. HAMMOND u. G. T. GRIFFITH: A history of Macedonia, 3 Bde. (Oxford 1972–88); A. E. VACALOPOULOS: History of Macedonia, 1354–1833 (a. d. Griech., Thessaloniki 1973); F. ADANIR: Die makedon. Frage. Ihre Entstehung u. Entwicklung bis 1908 (1979); J. DE JONG: Der nat. Kern des makedon. Problems (1982); S. PRIBICHEVICH: Macedonia. Its people and history (University Park, Pa., 1982); S. TROEBST: Die bulgarisch-jugoslaw. Kontroverse um M. 1967–1982 (1983); Gesch. M.s, bearb. v. G. WIRTH u. a., 2 Bde. (1985–86); M. ERRINGTON: Gesch. M.s (1986); N. G. L. HAMMOND: The Macedonian State (Oxford 1989), S. SFETAS: M. u. interbalkan. Beziehungen 1920–1924 (1992); W. LIBAL: Mazedonien zw. den Fronten (Wien 1993); C. FARMAKIS: Die ›makedon. Frage‹ in der dt. Politik (1994); E. HÖSCH: Gesch. der Balkanländer (^{3}1995).

Makedonien: Übersichtskarte

Makedonien
Fläche 25 713 km^2
Einwohner (1994) 2,09 Mio.
Hauptstadt Skopje
Amtssprache Makedonisch
Nationalfeiertag 8. 9.
Währung 1 Denar (Den) = 100 Deni
Zeitzone MEZ

Staatswappen

Staatsflagge

MK
Internationales Kfz-Kennzeichen

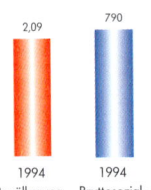

2,09 / 790
1994 Bevölkerung (in Mio.) / 1994 Bruttosozialprodukt je Ew. (in US-$)

☐ Stadt
☐ Land
59% / 41%
Bevölkerungsverteilung 1994

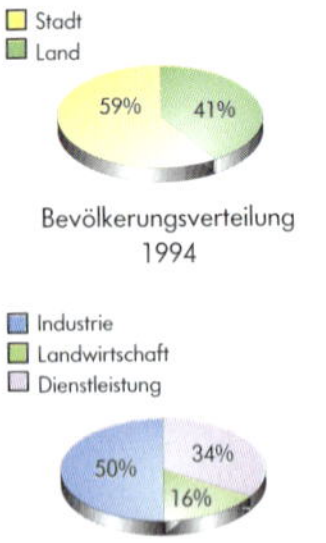

☐ Industrie
☐ Landwirtschaft
☐ Dienstleistung
50% / 34% / 16%
Bruttoinlandsprodukt 1994

Makedoni|en, dt. auch **Mazedoni|en**, amtlich makedonisch **Republika Makedonija**, Binnenstaat in SO-Europa, auf der Balkanhalbinsel, grenzt im N an Jugoslawien (im NW an Kosovo, im NO an Serbien), im O an Bulgarien, im S an Griechenland, im W an Albanien. M. umfasst 25 713 km^2, (1994) 2,09 Mio. Ew.; Hauptstadt ist Skopje, Amtssprache Makedonisch; Währung: 1 Denar (Den) = 100 Deni; Zeitzone: MEZ.

STAAT · RECHT

Verfassung: Nach der am 22. 11. 1991 in Kraft getretenen Verf. ist M. ein souveräner, demokrat. und sozialer Staat; der Staatsform nach ist M. eine Republik. Über die Einhaltung der Grundrechte (starker sozialer Bezug) wacht u. a. ein nach dem Vorbild des Ombudsmannes geschaffener Volksanwalt (auf acht Jahre vom Parlament gewählt). Staatsoberhaupt, Oberbefehlshaber der Streitkräfte und Vors. der Sicherheitsrates ist der für fünf Jahre direkt gewählte Präs. Er kann gegen Gesetzesbeschlüsse ein Veto einlegen, über das sich die Legislative nur mit absoluter Mehrheit hinwegsetzen kann. Der Staatspräs. kann wegen Verfassungs- und Gesetzesverletzungen vom Parlament mit Zweidrittelmehrheit beim Verfassungsgericht verklagt werden. Die gesetzgebende Gewalt liegt beim Einkammerparlament (Sobranje: 120 Abg. für vier Jahre nach dem System der qualifizierten Mehrheitswahl in Einzelwahlkreisen gewählt). Eine vorzeitige Auflösung kann nur das Parlament selbst mit absoluter Mehrheit beschließen. Die vollziehende Gewalt wird schwerpunktmäßig von der Reg. unter Vor-

sitz des Min.-Präs. ausgeübt. Der Präs. ernennt jeweils den Kandidaten der Mehrheitspartei zum Min.-Präs. und beauftragt ihn mit der Kabinettsbildung. Die Reg. ist vom Parlament zu bestätigen und diesem verantwortlich. Eine Misstrauenserklärung des Sobranje löst die automat. Rücktrittsverpflichtung des Kabinetts aus.

Die bereits seit 1964 existierende Verf.-Gerichtsbarkeit wurde grundlegend reformiert (z. B. Einführung der Verf.-Beschwerde). Die neun Richter des Verf.-Gerichts werden vom Parlament für neun Jahre gewählt (Wiederwahl ist zulässig).

Parteien: Einflussreichste Parteien sind der Sozialdemokrat. Bund für M. (SDSM; Nachfolgeorganisation des Bundes der Kommunisten), die Liberale Partei (LP), die Sozialist. Partei für M. (SPM), die alban. Partei für die Demokrat. Prosperität (PDP) und die alban. Demokrat. Nationalpartei (NDP). Daneben spielen die Demokrat. Partei der Türken (DPT), die Partei der Demokrat. Aktion – Islam. Weg und die Partei der Roma-Emanzipation (PCER) als Interessenvertreter nat. Minderheiten eine Rolle. Die nationalistisch ausgerichtete Oppositionspartei Innere Makedon. Revolutionäre Organisation – Demokrat. Partei für die Makedon. Nationale Einheit (IMRO – DPMNE), die eine irredentist. Politik gegenüber Griechenland vertritt, betrieb 1994 Wahlboykott.

Wappen: Das Wappen zeigt eine über einer Gebirgslandschaft aufgehende Sonne, darüber zu einem Bogen zusammenlaufende Getreideähren. Im Bogengipfelpunkt ein fünfzackiger Stern.

Nationalfeiertag: 8. 9., zur Erinnerung an das Votum der Bev. zur Unabhängigkeit 1991.

Verwaltung: M. gliedert sich in 33 Gemeinden und die Hauptstadt Skopje (mit fünf Gem.), der ein Sonderstatus zukommt. Organe der kommunalen Selbstverwaltung sind der Gemeinderat und der Bürgermeister, beide werden jeweils unmittelbar von der Bev. gewählt. Neben Selbstverwaltungsangelegenheiten können ihnen auch staatl. Verwaltungsaufgaben übertragen werden, sofern diese nicht staatl. Verwaltungsbehörden wahrnehmen.

Recht: Die vor der Unabhängigkeit des Landes (1991) getrennt bestehenden ordentl. Gerichte und Wirtschaftsgerichte sind seitdem zu einem einheitl. Gerichtssystem umgestaltet worden. Es gibt 27 erstinstanzl. Gerichte, drei Appellationsgerichte und das Oberste Gericht in Skopje. Alle erstinstanzl. Gerichte sind für Zivil- und Strafsachen zuständig, jedoch bleiben schwere Verbrechen, Handelssachen und Verfahren gegen den Staat und gegen öffentl. Körperschaften 15 von diesen Gerichten vorbehalten. Entscheidungen der erstinstanzl. Gerichte können bei den Appellationsgerichten angefochten werden. Diese sind auch in erster Instanz für besondere Arten von Handelsstreitigkeiten zuständig. In letzter Instanz entscheidet das Oberste Gericht, das zugleich eine erstinstanzl. Zuständigkeit für Verwaltungsstreitigkeiten hat. Neben den ordentl. Gerichten steht ein Verfassungsgericht, dem die Kontrolle der Verfassungsmäßigkeit von Gesetzen obliegt.

In M. gibt es keine größeren Kodifikationen, jedoch sind wichtige Rechtsgebiete neu geregelt worden, so u. a. durch Gesetze über Familienrecht (1992), Erbrecht (1996), Handelsgesellschaften (1996), Förderung von Investitionen (1993), Arbeitsverhältnisse (1993), gewerblichen Rechtsschutz (1993) und Urheberrecht (1996).

Streitkräfte: Die im Aufbau befindl. Wehrpflichtarmee soll nach der ursprüngl. Planung eine Endstärke von etwa 20000 Mann aufweisen. Das Heer (gegenwärtig rd. 13000 Mann) ist in vier leichte sowie drei mechanisierte Infanteriebrigaden gegliedert und überwiegend mit leichten Waffen ausgerüstet. Die Luftwaffe umfasst etwa 1700 Mann. – Das Land trat 1995 der ›Partnerschaft für den Frieden‹ der NATO bei.

LANDESNATUR · BEVÖLKERUNG

M. ist ein im Einzugsbereich des Vardar liegendes Gebirgsland zw. den Gebirgssystemen der Dinariden im W und der Rhodopen im O. Tekton. Bewegungsvorgänge haben immer wieder zu Erdbeben geführt (1963 verheerendes Erdbeben in Skopje). Das Land gliedert sich in eine Vielzahl unterschiedlich großer Einbruchsbecken, die von meist über 2000 m ü. M. aufragenden, z. T. glazial überformten Gebirgsstöcken umrahmt sind. Schluchtartige Täler und verkehrsgünstige Pässe verbinden die einzelnen Becken miteinander. Höchste Erhebungen sind Korab (2764 m ü. M.) und die anschließende Šar planina (bis 2747 m ü. M.) im NW. Größte der eingeschalteten Beckenlandschaften ist die von der Crna Reka durchflossene, im S gelegene fruchtbare Pelagonija, die sich im griech. Makedonien fortsetzt. Landwirtschaftlich gute Bedingungen bieten auch das Becken von Skopje im N und das Strumicabecken im SO. Im SW sind die Einbruchsbecken von Ohrid- und Prespasee erfüllt, die aber nur z. T. zu M. gehören. Im NW des Landes erstreckt sich das 40 km lange Senkungsfeld der Pologeebene, die vom Vardar, dem Hauptfluss M.s, durchflossen wird, der anschließend eine Folge von kleineren Beckenlandschaften miteinander verbindet und somit eine bedeutende Verkehrsleitlinie (Teil der Morava-Vardar-Furche) bildet.

Klima: Das Klima ist stark kontinental geprägt mit sehr heißen, trockenen Sommern und kalten Wintern. Frost kann von Oktober bis April vorkommen. Im S zeigen sich durch das Vardartal eindringende mediterrane Einflüsse. Temperaturen von über 30 °C im Sommer sind in den Beckenlandschaften sehr häufig; im Jahresdurchschnitt erhalten sie weniger als 500 mm Niederschlag im O und 700–900 mm im W. In den seewärts gerichteten Randgebirgen fallen bis 2000 mm pro Jahr.

Vegetation: In den Beckenlandschaften breitet sich als natürl. Vegetation Steppe aus, die aber fast überall von Ackerland oder anderen landwirtschaftlich genutzten Flächen eingenommen wird. Über ein Drittel des Landes ist bewaldet; die Berghänge werden von Sträuchern und Wäldern bedeckt, die größtenteils aus Buchen und Eichen, mitunter auch aus Kiefern bestehen. Nicht mehr genutzte Hochweiden wurden meist mit Nadelhölzern aufgeforstet. Bisher wurden drei Nationalparks eingerichtet, alle in Gebirgsregionen gelegen: im W der Mavrovo-Nationalpark, im SW der zw. Ohrid- und Prespasee liegende Galačia-National-

park und, westlich von Bitola um den Pelister (2600 m ü. M.), der Pelister-Nationalpark.

Bevölkerung: Die Bev.-Verteilung ist sehr ungleichmäßig. Die Bev. konzentriert sich in den fruchtbaren Zonen, den Beckenlandschaften; dort werden Einwohnerdichten von 300 Ew. je km² erreicht. Bes. dicht besiedelt sind das Vardartal und die Pelagonija. Die Gebirgsregionen werden nur noch partiell als Schafweiden genutzt und sind nahezu entvölkert. Ziele der anhaltenden Landflucht sind die meist an den Beckenrändern liegenden Städte, die seit dem Zweiten Weltkrieg ein sprunghaftes Wachstum zu verzeichnen haben. Der Anteil der Stadt-Bev. lag 1994 bei 59 % (1948 bei 26,1 %). Das durchschnittliche jährl. Bev.-Wachstum (1985–94) beträgt 1,1 %. Die größten Städte sind Skopje (1994: 440600 Ew.), Bitola (75400 Ew.), Prilep (67400 Ew.) und Kumanovo (66200 Ew.).

Trotz seiner geringen Größe ist M. ein Vielvölkerstaat. Nach der letzten Volkszählung von 1994 sind 66,5 % der Ew. Makedonier, 22,9 % Albaner, 4 % Türken, 2,3 % Sinti und Roma und 2 % Serben. Die restl. 2,3 % sind Kroaten, Montenegriner, Bulgaren, Aromunen u. a.; insgesamt werden in M. 22 verschiedene ethn. Gruppen gezählt. Neben der Amtssprache Makedonisch werden Albanisch, Türkisch u. a. Sprachen der Minderheiten gesprochen. Die alban. Minderheit, die mehr Rechte fordert und ihren Bev.-Anteil mit etwa 40 % angibt, lebt v. a. im W des Landes, wo sich eine zunehmende Albanisierung vollzieht, noch verstärkt durch anhaltende illegale Zuwanderung. Im Kreis Tetovo stellen die Albaner etwa 60 % der Bev. Die rd. 40000 Serben leben in N-Makedonien, ihr Zentrum ist die Stadt Kumanovo.

Religion: Es besteht Religionsfreiheit. Die ›Makedon. Orth. Kirche‹ nimmt jedoch als Nationalkirche der Makedonier und größte Glaubensgemeinschaft eine herausgehobene Stellung im öffentl. Leben ein. Mit über einer Mio. Mitgl. gehört ihr etwa die Hälfte der Bev. an. 1967 durch einseitige Proklamation der Autokephalie aus dem Jurisdiktionsbereich der →serbisch-orthodoxen Kirche ausgeschieden, versteht sich die ›Makedon. Orth. Kirche‹ ihr gegenüber als die ältere Kirche, was im Titel ihres in Skopje residierenden Oberhauptes (›Erzbischof von Ohrid und M.‹) zum Ausdruck kommt. Die orth. Christen unter den Albanern, Serben, Montenegrinern und Bulgaren gehören ihren orth. Volkskirchen an. Die wenigen kath. Christen gehören zum Bistum Skopje-Prizren (Bischofssitz: Skopje), dessen Territorium zu 37 % auf dem Gebiet der Bundesrepublik Jugoslawien liegt. Der Bischof von Skopje-Prizren ist zugleich Apostol. Administrator für die fünf zum Bistum Križevci (Kreutz) gehörenden griechisch-kath. Gemeinden im Gebiet zw.

Klimadaten von Skopje (245 m ü. M.)					
Monat	Mittleres tägl. Temperatur- maximum in °C	Mittlere Nieder- schlags- menge in mm	Mittlere Anzahl der Tage mit Nieder- schlag	Mittlere tägl. Sonnen- scheindauer in Stunden	Relative Luft- feuchtigkeit nachmittags in %
I	4,7	46	7	2,1	85
II	8,3	41	6	4,1	79
III	11,9	38	8	4,4	73
IV	19,3	34	8	6,6	66
V	23,3	52	11	7,1	69
VI	28,0	49	8	8,8	63
VII	30,8	35	4	10,3	58
VIII	31,1	37	5	9,9	57
IX	26,0	42	4	7,3	67
X	18,5	58	6	4,9	80
XI	11,7	71	6	2,4	85
XII	7,4	43	11	1,9	87
I–XII	18,4	546	86	5,8	72

Strumica und der griech. Grenze. Daneben gibt es kleine prot. Gemeinden (Methodisten, Adventisten, Pfingstler, Baptisten). – 25–30% der Bev. sind Muslime (Albaner, Türken, Pomaken und slaw. Muslime). Sitz des ›Islam. Seniorats‹ für M. ist Skopje, wo auch eine geistl. Hochschule (Medrese) besteht.

Bildungswesen: Das Angebot an Vorschuleinrichtungen ist ausreichend, die Einschulung erfolgt im achten Lebensjahr. Die Schulpflicht beträgt acht Jahre. Während dieser Primarschulzeit besteht Schulgeldfreiheit. Unterrichtssprache ist Makedonisch, ausgenommen an einer serbisch- und einigen albanischsprachigen Schulen. Als weiterführende Schulen schließen die allgemein bildende Sekundarschule (Gymnasium), die mittlere techn. Schule und die Lehrerbildungsanstalt an, deren erfolgreicher Abschluss auch das Abitur einschließt. Techn. und berufl. Schulen bieten nach zwei oder drei Schuljahren Berufsqualifikationen. Je eine Univ. gibt es in Skopje (gegr. 1949) und Bitola (gegr. 1979). Da die Univ. in Priština in Kosovo (Jugoslawien), an der viele makedon. Albaner studierten, zunehmend unter serb. Einfluss geriet, wurde 1994 in Tetovo trotz Diskriminierung durch die makedon. Reg. eine weitere Univ. gegründet, die vornehmlich der Ausbildung der Albaner dient. In Skopje besteht ein Forschungsinstitut für Erdbeben.

Publizistik: Die wichtigsten Tageszeitungen in makedon. Sprache sind ›Nova Makedonija‹ (gegr. 1944, Auflage 35 000) und ›Večer‹ (1963, 20 000), beide in Skopje. Daneben erscheinen eine albanischsprachige (›Flaka e Vellazerimit‹) und eine türkischsprachige Zeitung (›Birlik‹). Die makedon. Nachrichtenagentur ist ›Makfaks‹ in Skopje. Die öffentliche Hörfunk- und Fernsehanstalt ›Makedonska Radio-Televizija‹ (MRT) verbreitet Hörfunk- und Fernsehprogramme in Makedonisch, Albanisch und Türkisch.

WIRTSCHAFT · VERKEHR

Das lang andauernde griech. Handelsembargo gegen das nördl. Nachbarland (Schließung des Hafens Saloniki im Februar 1994; Aufhebung des Embargos Ende Oktober 1995) sowie die Folgen der von der UNO gegen Serbien und Montenegro verhängten Sanktionen gefährdeten das wirtschaftl. Überleben M.s (vor Ausbruch des Bürgerkriegs führten die wichtigsten Handelsrouten für makedon. Waren durch Serbien). Während 1989 in Gesamt-Jugoslawien das Bruttosozialprodukt (BSP) je Ew. noch bei 2 540 US-$ lag, ging dieser Wert in M. bis 1994 auf 790 US-$ zurück. Die Arbeitslosenquote lag 1996 bei 25%. Die Hyperinflation (1992: rd. 1 690%) konnte durch Einführung einer Nationalwährung, des Denars, bis auf fast (1997) null gesenkt werden. M. befindet sich auf dem Weg zur Marktwirtschaft; auch hinsichtlich der Privatisierung der Staatsbetriebe wurden Fortschritte erzielt. Die wichtigsten Wirtschaftszweige sind Landwirtschaft, Bergbau und Industrie.

Landwirtschaft: Ackerland sowie Wiesen und Weiden machen etwa je ein Viertel der Landesfläche aus. Wichtigster Sektor ist die Milchwirtschaft. Die Schafhaltung hat traditionell besondere Bedeutung (1992: 2,25 Mio. Tiere). In den fruchtbaren, dichter bevölkerten Beckenlandschaften und Flussniederungen werden, meist mit künstl. Bewässerung, Weizen, Mais, Tabak, Reis, Kartoffeln, Zuckerrüben, Mohn, Baumwolle sowie zunehmend Gemüse, Wein und Obst angebaut.

Bodenschätze: Das bedeutendste Bergbauprodukt ist Braunkohle (Fördermenge 1992: 6,5 Mio. t), die nordöstlich von Skopje abgebaut wird. Lagerstätten von Eisen-, Zink-, Kupfer-, Chrom-, Mangan-, Blei- und Nickelerz sind noch ungenügend erschlossen.

Energiewirtschaft: Seinen Bedarf an elektr. Energie kann M. fast vollständig selbst decken. Bei einer installierten Gesamtkapazität von 1 430 MW stammt die Erzeugung zu (1993) 89% aus Wärmekraftwerken auf Lignitbasis; Wasserkraftwerke decken lediglich Bedarfsspitzen ab. Völlig abhängig ist M. dagegen von Rohölimporten (Jahresbedarf knapp 1 Mio. t), die über den Freihafen Saloniki erfolgen.

Industrie: Nach dem Zweiten Weltkrieg entwickelten sich neben der traditionellen Tabak-, Textil- und Nahrungsmittelindustrie v. a. die Hütten-, chem. und Eisen verarbeitende Industrie. 1994 lag der Anteil des industriellen Sektors am BIP bei 50%. Metallverarbeitung, chem. und Textilindustrie sind heute die herausragenden Branchen. Das UNO-Embargo gegen ›Rest-Jugoslawien‹ und die ausgesetzten Erdöllieferungen via Griechenland hatten negative Auswirkungen auf das verarbeitende Gewerbe. So ging die Industrieproduktion im Zeitraum von 1991–95 um 46% zurück, v. a. in den Branchen Metallverarbeitung und Maschinenbau. Durch verstärkte Investitionen (auch ausländ. Unternehmen) ist seit 1996 wieder ein leichter Anstieg der Industrieproduktion zu verzeichnen.

Außenwirtschaft: Die notwendig gewordene Neuorientierung der makedon. Außenwirtschaft ist aufgrund fehlender bzw. mangelnder Infrastruktur nur erschwert möglich. Nachdem der Handel mit den vormals wichtigsten Handelspartnern Serbien und Montenegro unterbrochen war, entfällt seit 1993 der Großteil des makedon. Außenhandels auf die EU-Staaten. Aber auch mit Albanien, Bulgarien und der Türkei wurden die Austauschbeziehungen intensiviert. Wichtigste Exportwaren sind v. a. Agrarprodukte (Obst, Tabak, Baumwolle, Fleisch), Schuhe und Bekleidung sowie Eisen, Kupfer und Zink. Das Handelsbilanzdefizit betrug 1996 rd. 300 Mio. US-$; die Auslandsverschuldung (1994) 924 Mio. US-$.

Verkehr: Von eminenter Bedeutung sind die Verkehrsverbindungen durch den Vardar-Korridor. Hier verlaufen Eisenbahnlinie und Schnellstraße (teilweise als Autobahn ausgebaut). Die Streckenlänge des gesamten Eisenbahnnetzes beträgt (1995) 699 km. Da ein Großteil des makedon. Transithandels traditionell per Eisenbahn über serb. Territorium abgewickelt wurde, ist nun der Warenaustausch mit den Ländern Mittel- und Westeuropas erschwert. Nach Albanien im W und Bulgarien im O gibt es keine Eisenbahnlinien. Anfang 1994 sagten Albanien, Bulgarien, Italien und die Türkei auf ihren eigenen Schienennetzen Transportkapazitäten für makedon. Waren zu. Auch die Straßenverbindungen sind noch unzureichend. Das Straßennetz in M. umfasst (1995) rd. 10 000 km, davon sind etwa die Hälfte befestigte Straßen. Einen internat. Flughafen gibt es bei Skopje und Ohrid.

GESCHICHTE

Orientiert am AVNOJ-Programm von Jajce (1943) und hervorgegangen aus dem seit Frühjahr 1943 siegreichen kommunist. Partisanenkampf unter SVETOZAR VUKMANOVIĆ-TEMPO, entstand in ›Vardar-M.‹ 1944–46 eine (sozialist.) jugoslaw. Teilrepublik mit eigener Verf. (1945). Der am 2. 8. 1944 nach dem Vorbild des AVNOJ gebildete Makedon. Volksbefreiungsrat (Abk. ASNOM) strebte laut seinem Gründungsaufruf die Schaffung einer Balkanföderation (unter kommunist. Führung) an. Mit der offiziellen Anerkennung der Makedonier in Vardar-M. (→makedonische Sprache), die sich zuvor lange auch als Teil der bulgar. Nation verstanden hatten, verstärkte sich die Konstituierung einer eigenständigen Nation.

Im Zuge des zunehmenden serb. Nationalismus (v. a. Rede von S. MILOŠEVIĆ auf der Großkundgebung zum 600. Jahrestag der Schlacht auf dem Amselfeld, 28. 6. 1989, in der er Ansprüche auf ›S-Serbien‹ = M. erhob) löste sich M. von seinem bis dahin proserb. Kurs (10. Parteitag des Bundes der Kommunisten M.s, 26.–28. 11. 1989). Vor dem Hintergrund des sich 1989–92 auflösenden Jugoslawien (SFRJ) kam es auch in M. ab 1989 zur Umbenennung und Neubildung von Parteien, u. a. wurde im Juli 1990 die →IMRO wieder gegründet, die fortan für die nat. Einheit des jugoslaw., bulgar. und griech. M.s (in einer Balkanföderation) eintrat. Am 11./25. 11. und 9. 12. 1990 fanden die ersten freien Parlamentswahlen statt, aus denen die IMRO als stärkste Gruppe hervorging, gefolgt vom Bund der Kommunisten M.s – Partei der demokrat. Umgestaltung (Name seit 20. 4. 1991: Sozialdemokrat. Bund für M., Abk. SDSM) und der (alban.) Partei für die Demokrat. Prosperität (PDP; seit Februar 1994 gespalten). Am 27. 1. 1991 wählte das Parlament (das Sobranje) K. GLIGOROV im 2. Wahlgang zum Staatspräs. Am 8. 9. 1991 (Nationalfeiertag) stimmte die Bev. in einem Referendum mit 74% für die staatl. Unabhängigkeit M.s; die alban. und die (an Zahl geringe) serb. Minderheit boykottierten die Wahl. Nach der Erklärung der Unabhängigkeit (15. 9. 1991) konstituierte sich M. mit Wirkung vom 19. 11. 1991 als unabhängiger Staat (zunächst nur von Russland, Bulgarien, Albanien sowie der Türkei anerkannt) und nahm am 20. 11. 1991 eine neue Verf. an. Nach dem Antrag auf völkerrechtl. Anerkennung (20. 12. 1991) blieb diese aufgrund griech. Einspruchs, der sich ab 18. 2. 1994 bis zum Embargo steigerte, bis 8. 4. 1993 (Aufnahme in die UN) bzw. Mitte Dezember 1993 (Anerkennung durch alle EU-Mitgl. außer Griechenland; Anerkennung durch die USA im Februar 1994) internat. versagt. Im Dezember 1992 erteilte der UN-Sicherheitsrat der UNPROFOR das Mandat, ein Kontingent von etwa 700 bis 800 (später von insgesamt 1 000) Blauhelmsoldaten nach M. zu entsenden (Mandat im März 1995 verlängert).

Auf der Grundlage einer am 10./11. 1. 1992 im alban. Siedlungsraum organisierten Volksabstimmung (zu 99% Zustimmung) proklamierte die alban. Minderheit am 5. 4. 1992 die ›Alban. Autonome Republik Illyria‹ in ihrem Siedlungsgebiet. Bei den Parlamentswahlen vom 16./30. 10. 1994 wurde der SDSM stärkste Partei, gefolgt von der Liberalen Partei (LP) und der PDP; die IMRO hatte die Wahl boykottiert. Am 16. 10. 1994 wählte die Bev. GLIGOROV erneut zum Staatspräs. Am 3. 10. 1995 wurde er durch ein Attentat nationalist. Extremisten schwer verletzt. Die wirtschaftl. und polit. Isolation konnte durch die Normalisierung des Verhältnisses zu Griechenland (Abkommen vom 13. 9. 1995 und Beschluss des Parlaments zum ›Stern von Vergina‹, 5. 10.), unterstützt durch die Aussetzung des UN-Embargos (1. 10. 1996) gegen die Bundesrepublik Jugoslawien (SRJ) überwunden werden. M. und die SRJ, von der sich M. als einzige Teilrepublik auf friedl. Weg zu trennen vermochte, erkannten sich gegenseitig an (8. 4. 1996). Wegen der alban. Minderheit entstanden Spannungen mit Albanien. – Am 9. 11. 1995 wurde M. in den Europarat aufgenommen; am 15. 11. 1995 schloss sich M. dem NATO-Programm ›Partnerschaft für den Frieden‹ an. (→Makedonien 2)

Südosteuropa-Hb., hg. v. K.-D. GROTHUSEN, Bd. 1: Jugoslawien (1975); M. PANOV: Geografija na SR Makedonija (Skopje 1976); Räuml. Struktur- u. Prozeßmuster in der SR M., hg. v. K. RUPPERT (1980); H. BÜSCHENFELD: Jugoslawien (1981); W. LIBAL: Mazedonien zw. den Fronten. Junger Staat mit alten Konflikten (Wien 1993); W. OSCHLIES: Rep. M., 3 Bde. (1993–94).

Makedoni|er, Mazedoni|er, den Bulgaren nahe stehende südslaw. Bevölkerungsgruppe mit eigener Sprache (→makedonische Sprache) in SO-Europa, v. a. in der Rep. Makedonien und Jugoslawien, in der angrenzenden griech. Region Makedonien sowie in Bulgarien und Albanien; etwa 1,6 Mio.
Geschichte: In dem in der Antike von den Makedonen besiedelten – und streng erst seit dem 19. Jh. →Makedonien 2) genannten Gebiet kam es nach Einströmen slaw. Stämme (6.–7. Jh.) zur Herausbildung einer multiethn. Bev.; große Teile (slaw. M.) galten und verstanden sich selbst z. T. bis ins 19. Jh. als ›Bulgaren‹. Unter osman. Herrschaft (1371–1878/1912) waren sie als orth. Christen kulturell vom autokephalen griechisch-bulgar. Patriarchat in Ohrid und vom (griech.) Patriarchat von Konstantinopel beeinflusst. Nach dem Berliner Kongress (1878) und der Entstehung der makedon. Frage begann sich eine eigene nat. Identität der M. herauszubilden (u. a. →IMRO). Mit der Aufteilung des Gebiets (1913 bzw. erneut 1918) an Serbien, Griechenland und Bulgarien entstand ein je eigenständiger Nationalismus der M., der bis um 1949 auch vom Gedanken der Vereinigung aller M. (Balkanföderation) geprägt war. Nach 1949 wanderten viele M. aus Griechisch-Makedonien in die jugoslaw. Teilrepublik Makedonien aus, wo die M. 1944 die Anerkennung als Nation erlangt hatten; ihre Anerkennung als Minderheit in Griechenland blieb lange umstritten. Religiöse und kulturelle Traditionen wirken als verbindendes Element.

Makedonische Dynastie, 867–1056 im Byzantin. Reich herrschende Dynastie, begründet von →Basileios I.

makedonische Frage, →Makedonien 2).

Makedonische Kriege, drei von den Römern mit Makedonien geführte Kriege, ausgelöst durch die Hegemonialpolitik PHILIPPS V. von Makedonien und dessen Bündnis mit HANNIBAL.
Der **1. Makedonische Krieg** (215–205 v. Chr.) wurde von Rom zus. mit Ätolern, Elis, Sparta, Messenien und ATTALOS I. von Pergamon geführt und endete mit dem Frieden von Naupaktos 206 zw. Ätolern und PHILIPP und dem Frieden von Phoinike (Epirus) 205 zw. Rom und PHILIPP.
Im **2. Makedonischen Krieg** (200–197 v. Chr.), ausgelöst durch die makedon. Eroberungen ptolemäischer Besitzungen in Thrakien und Kleinasien aufgrund eines Geheimvertrages PHILIPPS V. mit ANTIOCHOS III., verlor PHILIPP, von TITUS QUINCTIUS FLAMININUS in der Schlacht bei Kynoskephalai 197 besiegt, seinen Einfluss und seine Besitzungen in Griechenland und Kleinasien.
Der **3. Makedonische Krieg** (172/171–168 v. Chr.), ein röm. Präventivkrieg gegen PHILIPPS Sohn PERSEUS, besiegelte in der Schlacht bei Pydna (am Thermaischen Golf) das Ende der makedon. Monarchie.

E. S. GRUEN: The Hellenistic world and the coming of Rome, 2 Bde. (Berkeley, Calif., 1984).

makedonische Literatur, die Literatur der Makedonier, sie entfaltete sich nach Anfängen im 19. Jh. (v. a. stark von der Volksliteratur und der Romantik beeinflusste Poesie: K. und D. MILADINOV, R. ŽINZIFOV, G. PRLIČEV) und dem Programm einer eigenen Schriftsprache (1903) von KRSTE P. MISIRKOV (* 1874, † 1926) zu Beginn des 20. Jh. in Gedichten mit nat. und sozialer Thematik, v. a. K. RACIN, KOLE NEDELKOVSKI (* 1912, † 1941) und MITE BOGOEVSKI (* 1919, † 1942), bes. aber nach der Schaffung (1944) einer eigenen Schriftsprache. Nach 1945 war es zunächst die Lyrik, die – ausgehend von der reichen Volksdichtung – Stilmittel der europ. Moderne aufnahm (B. KONESKI, A. ŠOPOV, S. JANEVSKI). Die folgenden Jahre waren dann durch vorwiegend politische Lyrik (GOGO IVANOVSKI, * 1925; SRBO IVANOVSKI, * 1928) und eine neue Sensibilität (GANE TODOROVSKI, * 1929; MATEJA MATEVSKI, * 1921; ANTE POPOVSKI, * 1931) gekennzeichnet. In der Prosa kam es nach avantgardist. Ansätzen bei den Vertretern der zweiten Nachkriegsgeneration zur Konfrontation zw. Realismus und Modernismus (BRANKO PENDOVSKI, * 1927; METO JOVANOVSKI, * 1928; DIMITAR SOLEV, * 1930; SIMON DRAKUL, * 1930; BLAGOJA IVANOV,

*1931; Branko Varosilja, *1934), dargestellt an Themen und Motiven über die Zerrissenheit und Widersprüchlichkeit des Menschen. In den 50er-Jahren entstand auch das makedon. Drama (Kole Časule, *1921; ›Granica na vetru‹, 1957). In den 60er-Jahren fand die makedon. Lyrik den Anschluss an die moderne Weltliteratur (A. Šopov; Radovan Pavlovski, *1937; Bogomil Duzel, *1939; Petre Andrejevski, *1934; Petre Boškovski, *1936; Vlada Urošević, *1934). Herausragendes Anliegen der 2. Hälfte der 60er-Jahre war die Symbolisierung der poet. Sprache (Michail Rendzov, *1926; Čedo Jakimovski, *1940; Atanas Vangelov, *1946). Die Prosa lässt eine modernist. Ausrichtung, neue Sicht des Lebens und des histor. Schicksals des makedon. Volkes erkennen (Tasko Georgievski, *1935). Es entstanden psychologisch fundierte Werke über die Kriegs- und Nachkriegszeit (Živko Čingo, *1936, †1978), Dorfgeschichten (Metodija Fotev, *1932), imaginativ-fantast. Darstellungen des Lebens in der Stadt (V. Urošević). Auch das Drama griff diese Themen auf (Tome Arsovski, *1928).

Neue Tendenzen in den 70er-Jahren entwickelten sich v. a. durch Sprachexperimente (Eftim Kletnikov, *1948; Risto Lazarov, *1949; Katica Čulakova, *1951; Miloš Lindro, *1952). In der neuesten Prosa zeigt sich erneut eine Hinwendung zu den Problemen des Landlebens und zu histor. Themen (Andrejevski), zu einer humoristisch-iron. sowie kritischmoral. Betrachtung der Gesellschaft (Vladimir Kostov, *1932; Božin Pavlovskij, *1942) und zu national-patriot. Themen (Časule; Jovan Strezovski, *1931; Jovan Pavlovski, *1937). Die moderne fiktionale Prosa zeichnet sich zudem durch Groteske und schwarzen Humor aus (Zoran Kovačevski, *1943). Das Drama konzentriert sich auf national-ideolog. und moralisch-psycholog. Grundsituationen des Menschen (Goran Stefanovski, *1952).

B. Koneski: Makedonskata literatura vo 19 vek (Skopje ²1952); A. Spasov: Studije, ogledi i kritike (Belgrad 1978); M. Drugovac: Povoenata makedonska literatura, auf 2 Bde. ber. (Skopje 1979 ff.); R. Ivanović: Portreti na makedonski pisateli (ebd. 1979); ders.: Knjizevne paralele. Studije i ogledi o makedonskoj knjizevnosti (Pula 1985); M. Đurčinov: Nova makedonska knjizevnost (Belgrad 1988); D. Burckhart: Kulturraum Balkan. Studien zur Volkskunde u. Lit. Südosteuropas (1989); Makedonska knjizevnost, bearb. v. T. Sazdov u. a. (Zagreb ²1991); Studies in Macedonian language, literature and culture, hg. v. B. Stolz (Ann Arbor, Mich., 1995).

Makedonische Orthodoxe Kirche, →Makedonien, Religion; →serbisch-orthodoxe Kirche.

makedonische Sprache, die zur südslaw. Gruppe innerhalb der →slawischen Sprachen gehörende Sprache, die mit Beschluss des Makedon. Volksbefreiungsrates vom 2. 8. 1944 zur Sprache der Makedonier erklärt wurde. Die m. S. wird von etwa 1,4 Mio. Menschen in Makedonien (Amtssprache) sowie, in den zugehörigen Dialekten, in Teilen SO-Albaniens, N-Griechenlands und SW-Bulgariens gesprochen.

Die zahlr. Dialekte werden in eine westl. und eine östl. Gruppe unterteilt, wobei die zentralen Dialekte der westl. Gruppe die Grundlage der Literatursprache bilden. In der weitgehend phonet. Rechtschreibung wird ein kyrill. Alphabet verwendet (Ausnahmen: ŕ = palatales g, k = palatales k, s = stimmhafte Affrikate). Der Wortakzent liegt i. d. R. auf der drittletzten Silbe, bei zweisilbigen Wörtern auf der ersten; alle Vokale bzw. Silben sind kurz. Morphologie und Syntax der m. S. haben im Rahmen der →Balkansprachen ihre Prägung erfahren: Ein Infinitiv fehlt (stattdessen Nebensatzkonstruktionen), das Verbalsystem ist jedoch differenziert und reich an Tempora und Modi. Es weist u. a. besondere Formen für Aussagen auf, die auf Hörensagen, nicht auf eigener Teilnahme oder Erfahrung beruhen. Substantiv und Adjektiv unterscheiden drei Genera (Maskulinum, Femininum, Neutrum) und zwei Numeri (Singular, Plural; die Maskulina kennen nach Zahlen noch eine eigene Zählform); die slaw. Deklination ist weitgehend verloren; Kasusrelationen werden i. d. R. präpositional ausgedrückt; ein Vokativ ist in lebendigem Gebrauch. Das Makedonische besitzt wie die bulgar., rumän. und alban. Sprache einen nachgestellten Artikel, der allerdings nur hier in drei Formen erscheint, um allgemeine oder lokalisiert (nah oder fern) Determiniertheit auszudrücken, z. B. dete ›(ein) Kind‹, deteto ›das Kind‹, detevo ›das Kind (hier)‹, deteno ›das Kind (dort)‹. Eine weitere Besonderheit stellt die regelhafte Verdopplung des Objekts (›Pronominalreprise‹) dar, wobei indirekte und determinierte direkte Objekte zur Verdeutlichung der syntakt. Bezüge durch Pronomina beim Verb angekündigt werden, z. B. Ivan *i ja* dava Ana knigata ›Ivan (es ihr) gibt Ana das Buch‹.

H. G. Lunt: A grammar of the Macedonian literary language (Skopje 1952); Pravopis na makedonskiot literaturen jazik (ebd. 1969); V. Bojić u. W. Oschlies: Lb. der m. S. (²1986); T. Dimitrovski u. a.: Rečnik na makedonskiot jazik. So srpskohrvatski tulkovanja (Skopje ²1986); B. Koneski: Istorija na makedonskiot jazik (Neuausg. ebd. 1986); ders.: Gramatika na makedonskiot literaturen jazik (Neuausg. ebd. 1987); R. L. Lenček u. M. Okuka: A bibliography of recent literature on Macedonian, Serbo-Croatian and Slovene languages (München 1990); Studies in Macedonian language, literature and culture, hg. v. B. Stolz (Ann Arbor, Mich., 1995).

Makejewka, Makeevka [-ˈkejef-], ukrain. **Makijiwka, Makiïvka** [-ˈkıjıv-], Stadt im Gebiet Donezk, Ukraine, im Donez-Steinkohlenbecken, 422 000 Ew.; Kohlenbergbau, Hütten-, Röhren-, Zementwerk, Kohlechemie-, Schuh-, Nahrungsmittelindustrie.

Mäkelä, Hannu, finn. Schriftsteller, *Helsinki 18. 8. 1943. Seine Prosa wie seine Lyrik sind gleichermaßen durch einen lyr. Stil gekennzeichnet; bekannt wurde M. durch die beiden 1965 erschienenen Romane ›Ständig auf Reisen‹ (finn.) und ›Genug! oder Zuviel‹ (finn.). Daneben zählt M. zu den bedeutendsten finn. Kinderbuchautoren der Gegenwart.

Weiteres Werk (finn.): *Kinderbuch:* Guten Tag, Herr Schneemann. Wie das kleine Mädchen... (1989; dt.).

Make or buy [ˈmeɪk ɔː ˈbaɪ; engl. ›herstellen oder kaufen‹], Entscheidungsalternative zw. der Eigenfertigung (Eigenproduktion) von Sachgütern, Dienstleistungen oder Produktionsfaktoren (v. a. Roh-, Hilfs- und Betriebsstoffe) und der Beschaffung bei Dritten (Fremdbezug). Kriterien für die Entscheidung sind v. a. Kapazitätsauslastung und Kosteneinsparung (Vergleich der Fertigungskosten bei Eigenproduktion mit den Beschaffungskosten bei Fremdbezug). Darüber hinaus können auch andere Gesichtspunkte eine Rolle spielen, z. B. Qualitätsanforderungen, Geheimhaltungsgründe, Lieferantenabhängigkeit, Terminsituation, Liquiditätsanspannung. Ist die Eigenfertigung nur unter der Voraussetzung von Investitionen in Sachanlage- bzw. Umlaufvermögen möglich, muss die Vorteilhaftigkeit mithilfe der Investitionsrechnung geprüft werden. (→Outsourcing).

Makette [frz.] *die, -/-n,* **Maquette** [mak-], druckfertige Satzvorlage, die zur Vermeidung späterer Korrekturen so geschrieben ist, dass sie hinsichtlich Umfang, Gliederung und Anordnung des Textes und der Abbildungen mit dem danach zu setzenden Druckwerk übereinstimmt (**Manuskript-M.**).

Make-up [meɪk ˈap; engl., eigtl. ›Aufmachung‹] *das, -s/-s,* kosmet. Verschönerung des Gesichts; auch Bez. für bestimmte kosmet. Präparate. Zum Tönen der Haut verwendete Präparate können nach Vorbehandlung mit einer →Hautcreme als Puder oder in einem Arbeitsgang als Pudercreme (Basis z. B. Wasser-Puder-Öl) aufgetragen werden. Einen hohen Anteil an färbenden Pigmenten oder Farblacken haben Rouge- und Lidschattenpräparate; sie sind als Cremes, Puder oder Fettschminken (Basis Fett-Öl-Wachs) im Handel. (→Augenkosmetika, →Kosmetik, →Lippenstift)

Makgadikgadi, Salzpfanne in Botswana, →Makarikari.

Makhluf, Scharbel, eigtl. **Jusuf Machluf,** maronit. Mönch und Priester (seit 1859), * Beka Kafra (Libanon) 8. 5. 1828, † Beirut 24. 12. 1898; wurde 1851 Mönch und lebte im Kloster Mar Maroun in Annaya. 1875 zog sich M. in die Einsiedelei St. Peter und Paul in die Berge zurück. Im Kloster Mar Maroun beigesetzt, wurde sein Grab schon bald nach seinem Tod zur Wallfahrtsstätte. Als ›Abuna Scharbel‹ in Libanon (auch von Muslimen) hoch verehrt, wurde M. 1965 selig und 1977 heilig gesprochen. – (Tag: 24. 12.).

G. HERMES: Licht vom Libanon. S. Machluf, der Mönch von Annaya (1979); E. J. GÖRLICH: Der Wundermönch vom Libanon. Das Leben des Hl. S. Machluf (Stein am Rhein ⁴1991).

Makibären: Schlankbär

Makibären, Bassaricyon, Gattung der Kleinbären mit fünf recht ähnlichen, in Panama und Kolumbien verbreiteten Arten (oder Unterarten). M. sind bis etwa 47 cm körperlang, mit ebenso langem Schwanz. Sie sind nachtaktive Einzelgänger, die sich v. a. von Früchten, Insekten, Eidechsen und kleinen Säugetieren ernähren. Bekannteste Art ist der **Makibär** oder **Schlankbär** (Bassaricyon gabbii).

Maki-e die, -, jap. Streubild, eine Technik in der jap. →Lackkunst.

Makifrösche, Phyllomedusa, Gattung der Laubfrösche mit etwa 30 Arten (Größe 3–12 cm) in Mittel- und Südamerika. M. sind nachtaktive Gebüsch- und Baumbewohner mit großen Augen (senkrechte Pupille) und dünnen Gliedmaßen. Die jeweils ersten (der nicht durch Spannhäute verbundenen) Finger und Zehen sind opponierbar und können dünne Äste umgreifen. Zu Beginn der Regenzeit legen M. 20 bis 100 Eier in tütenförmig gefaltete Blätter. Die beim Schlüpfen weit entwickelten Larven suchen aktiv das Wasser auf.

Makiïvka [-ˈkiːjɪv-], **Makijiwka,** Stadt in der Ukraine, →Makejewka.

Makimono [jap. ›Rollending‹] das, -s/-s, Handrolle; für die ostasiat. Kunst typ. Form der Querrolle, die von rechts nach links aufgerollt wird und in einzelnen Abschnitten betrachtet werden kann. Aus der ursprüngl. Schriftrolle entwickelte sich die erzählende Bildrolle, die bes. in Japan in den M. des Yamato-e ihre spezif. Ausprägung fand.

Makis [madagass.], Sg. **Maki** der, -s, die →Lemuren.

Makk [mɔk], Károly, ungar. Filmregisseur, * Berrettyóújfalu (bei Debrecen) 22. 12. 1925; erlangte mit häufig die Hoffnungslosigkeit darstellenden Spielfilmen (ab 1954) internat. Anerkennung.

Filme: Das verlorene Paradies (1963); Liebe (1970); Deadly Game (1980); Der andere Blick (1982); Lily in Love (1984); Das letzte Manuskript (1987, ungar.); Ungar. Requiem (1990); Eine Mutter kämpft um ihren Sohn (1994).

Makkabäer [wohl von hebr. maqqavay ›hammerartig‹], auch **Hasmonäer,** jüd. Hohepriester- und Königsgeschlecht; sein Name geht auf den Beinamen des JUDAS MAKKABI aus dem Geschlecht der Hasmonäer zurück, der in der Nachfolge seines Vaters MATTATHIAS im Kampf gegen ANTIOCHOS IV. EPIPHANES die Herrschaft der Seleukiden über die Judäer zu brechen vermochte (→Judentum, Geschichte). Seine Brüder JONATAN und SIMON († 134 v. Chr.) vollendeten die Wiederherstellung des jüd. Staates (141 v. Chr.), der unter SIMONS Sohn HYRKANOS I. seinen Höhepunkt erreichte; dessen Sohn ARISTOBULOS I. nahm (104) den Königstitel an. Sein Bruder ALEXANDER JANNAI (103–76) weitete das Herrschaftsgebiet aus und behandelte die pharisäische Partei mit äußerster Strenge. 63 v. Chr. geriet der Staat in Abhängigkeit von den Römern. 37 v. Chr. ließ HERODES D. GR. den Sohn von ARISTOBULOS II., ANTIGONOS II. MATTATHIAS, den letzten männl. M., umbringen.

In der im ersten →Makkabäerbuch genannten Heimat des MATTATHIAS (1. Makk. 2, 1), der heutigen israel. Ortschaft Modiim (rd. 30 km nordwestlich von Jerusalem), wo nach 1. Makk. 2, 23 ff. der Aufstand der M. begann und sich die Familiengrabstätte der M. befand, in der MATTATHIAS (1. Makk. 2, 70), JUDAS MAKKABI (1. Makk. 9, 19) und JONATAN (1. Makk. 13, 25) bestattet worden sind, wurde 1995 eine vornehme Grabanlage mit mehreren Sarkophagen freigelegt, in der israel. Archäologen die Grabstätten der M. vermuten. Ein Sarkophag trägt den griech. Namen ›Hasmoinai‹ (Hasmonäer).

K. BRINGMANN: Hellenist. Reform u. Religionsverfolgung in Judäa. Eine Unters. zur jüdisch-hellenist. Gesch. (1983); D. MENDELS: The land of Israel as a political concept in Hasmonean literature (Tübingen 1987); JOHANN MAIER: Gesch. des Judentums im Altertum (²1989); J. SIEVERS: The Hasmoneans and their supporters (Atlanta, Ga., 1990).

Makkabäerbücher, Abk. **Makk.,** vier zw. dem Ende des 2. Jh. v. Chr. (1. und 2. Makk.) und dem 1. Jh. n. Chr. (3. und 4. Makk.) verfasste Bücher des A. T. Die beiden ersten M. werden zu den →Apokryphen (ev.) bzw. zu den deuterokanon. Büchern (kath.), das dritte und vierte zu den Pseudepigraphen (ev.) bzw. zu den Apokryphen (kath.) gerechnet. Inhalt des ersten und zweiten Buches sind die Kämpfe der Juden unter Führung der →Makkabäer um die Wiederherstellung des jüd. Staates (175–161 v. Chr.). Das dritte erzählt über die Verfolgungen der alexandrin. Juden unter PTOLEMAIOS IV. PHILOPATOR. Das vierte (wahrscheinlich eine alexandrin. Predigt) ermahnt unter Hinweis auf das Beispiel der →Makkabäischen Brüder und unter Einfluss der stoischen Philosophie zu frommem Leben.

Makkabäermünzen, Sammel-Bez. für jüd. Münzen, die unter den hasmonäischen Herrschern (bis 37 v. Chr.) geschlagen wurden. Zu den M. zählt man aber meistens auch die Prägungen der jüd. Aufständischen im 1. und 2. Jh. n. Chr. (z. B. BAR KOCHBA).

Makkabäische Brüder, die in 2. Makk. 7 genannten sieben Brüder, die unter ANTIOCHOS IV. EPIPHANES wegen ihrer Weigerung, Schweinefleisch zu essen, auf grausamste Weise (durch gliedweises Zerstückeln) das Martyrium erlitten. Seit dem 5. Jh. als Heilige verehrt (Zentrum: Antiochia), kamen ihre Gebeine im MA. angeblich z. T. nach Rom und Köln (Reliquienschrein in St. Andreas). – Heilige (Tag: 1. 8.).

Makkabi, Name jüd. Sportvereine, die in vielen Ländern verbreitet und in der ›Maccabi World Union‹ (MWU; gegr. 1921, Sitz: Ramat Gan) zusammengeschlossen sind. Die MWU veranstaltet seit 1932 alle vier Jahre (seit 1969 jeweils ein Jahr nach den Olymp. Spielen) in Israel die **Makkabiade** als Weltspiele des jüd. Sports mit olymp. Programm. Darüber hinaus werden seit 1968 durch die European Maccabi Confederation (EMC; gegr. 1946, Sitz: Antwerpen) in unterschiedl. europ. Städten **Europäische M.-Spiele** veranstaltet (VIII.: 1995). In Dtl. besteht der Jüd. Turn- und Sportverband e. V. (kurz: MAKKABI DEUTSCHLAND e. V.; gegr. 1965, Sitz: Hindelang); er ist im Dt. Sportbund ein Sportverband mit besonderer Aufgabenstellung.

Makkabi, Makkabäus, →Judas, J. Makkabi.

makkaronische Dichtung, maccaronische Dichtung, kom. Dichtung, deren Wirkung auf der spieler. Verschmelzung zweier Sprachen beruht, wobei das grammat. und syntakt. Grundgerüst der einen mit dem Wortmaterial der anderen Sprache verbunden wird. Die m. D. setzt bei Autor und Rezipient Kenntnis der benutzten Sprachen voraus, ist also scherzhafte Gelehrtendichtung, meist Parodie oder Satire. – Nach Vorläufern in der Spätantike hatte die m. D. ihre Blütezeit im Humanismus des 15./16. Jh.; Grundlage war dabei das Lateinische, durchsetzt mit Elementen der westeurop. Volkssprachen. Den muster- und namengebenden Anfang machte die 1490 erschienene unvollendete Satire des Paduaners TIFI ODASI († 1492; eigtl. MICHELE DI BARTOLOMEO ODASI) ›Carmen Macaronicum de Patavinis quibusdam arte magica delusis‹. Hauptvertreter der m. D. war dann T. FOLENGO, Nachfolger sind G. G. ALIONE, CESARE ORSINI († 1638; ›Capriccia macaronica‹) und in gewissem Sinne CAMILLO SCROFA (* um 1526, † 1565; Pseudonym FIDENZIO GLOTTOCRISIO), der kom. Dichtungen in ital. Sprache mit lat. Einsprengseln schrieb (›Poesia fidenziana‹). In Frankreich wurde die m. D. aufgegriffen von ANTOINE ARENA († 1544), R. BELLEAU und MOLIÈRE, in England u. a. von J. SKELTON, W. DRUMMOND, RICHARD BRATHWAITE (* 1588, † 1673). In Deutschland finden sich Ansätze v. a. bei S. BRANT, T. MURNER, H. SACHS und bes. bei J. FISCHART, der in seiner ›Geschichtklitterung‹ den Begriff ›m. D.‹ mit **Nuttelverse** (Nudelverse) eindeutschte und an dessen Moralsatire ›Floeh Haz, Weiber Traz‹ (1573) die erste größere dt. m. D. anknüpft: die anonyme dt.-lat. ›Floia‹ (1593), die VERGILS ›Aeneis‹ parodiert. Später blieb die m. D. meist auf knappe Scherzworte beschränkt: ›Totschlago vos sofortissime nisi vos benehmitis bene!‹ (B. Freiherr VON MÜNCHHAUSEN).

Makler, Mäkler, derjenige, der gegen Entgelt einem Auftraggeber die Gelegenheit zum Abschluss von Verträgen nachweist (Nachweis-M.), d. h. einen bisher unbekannten Interessenten für ein angestrebtes Geschäft unter Angabe von Objekt und Person benennt, oder Abschlüsse vermittelt (Vermittlungs-M.), also die Abschlussbereitschaft des Vertragspartners herbeiführt (§§ 652 ff. BGB). Gegenstand der M.-Tätigkeit ist grundsätzlich jedes Geschäft, sofern nicht gesetzl. Vermittlungsverbote bestehen (z. B. bei der Vermittlung in berufl. Ausbildungsstellen). Einen Anspruch auf Entgelt hat der M. nur dann, wenn infolge seiner Tätigkeit der Vertrag mit einer vom M. verschiedenen Person rechtsgültig zustande gekommen ist; die Höhe des Entgelts richtet sich regelmäßig nach der im vermittelten Vertrag vereinbarten Gegenleistung. Der Anspruch ist ausgeschlossen, wenn der M. auch für den Vertragspartner des Auftraggebers tätig geworden ist, es sei denn, dass ihm die Doppeltätigkeit gestattet wurde (§ 654 BGB). Das Rechtsverhältnis des M. zu seinem Auftraggeber wird durch den M.-Vertrag bestimmt. Danach ist der Auftraggeber nicht verpflichtet, das ihm angebotene Geschäft anzunehmen, er kann auch Dienste weiterer M. in Anspruch nehmen oder sich selbst um einen Abschluss bemühen. Anderes gilt z. T. dann, wenn zw. den Beteiligten ein Alleinauftrag vereinbart wurde, durch den dem M. der Vertragsabschluss für eine bestimmte Zeit fest und ausschließlich an die Hand gegeben wird; in diesem Fall hat die M. eine unbedingte Verpflichtung zum Tätigwerden; der Auftraggeber macht sich schadenersatzpflichtig, wenn es aufgrund der Vermittlung durch einen anderen M. zum Geschäftsabschluss kommt, er bleibt aber zu Eigenabschlüssen berechtigt.

Sonderregeln gelten zum Schutz des Auftraggebers für die Vermittlung von Wohnraum (Ges. zur Regelung der →Wohnungsvermittlung); weitere Schutzvorschriften finden sich in der M.- und Bauträger-VO i. d. F. v. 7. 11. 1990 (Buchführungs- und Informationspflichten, Sicherheitsleistungen u. a.) und in der Arbeitsvermittler-VO vom 11. 3. 1994. Immobilien-M. sowie gewerbsmäßige Bauträger und Baubetreuer (→Baubetreuungsvertrag) bedürfen der Erlaubnis (Gewerbezulassung) nach § 34 c Gewerbeordnung, gewerbl. Arbeitsvermittler benötigen die Erlaubnis der Bundesanstalt für Arbeit.

Neben den Zivil-M., zu denen auch Ehe-M. (→Ehevermittlung) und gewerbl. Arbeitsvermittler gehören, gibt es die →Handelsmakler.

In *Österreich* gilt seit 1. 7. 1996 das M.-Gesetz, das u. a. die bisherigen §§ 93 ff. HGB und § 29 Handelsvertreter-Ges. 1921 außer Kraft setzt. M. ist danach, wer aufgrund einer privatrechtl. Vereinbarung (M.-Vertrag) für einen Auftraggeber Geschäfte mit einem Dritten vermittelt, ohne ständig damit betraut zu sein. Das Gesetz enthält im allgemeinen Teil Bestimmungen über die Rechte und Pflichten der Parteien eines M.-Vertrages und in weiteren Teilen Bestimmungen für einzelne M.-Typen, so für Immobilien-M. (§§ 16 ff.), Handels-M. (§§ 19 ff.) einschließlich Versicherungs-M. (§§ 26 ff.) und Personalkreditvermittler (§§ 33 ff.). Weitere Vorschriften für Verbrauchergeschäfte regelt das Konsumentenschutz-Ges., z. B. das Rücktrittsrecht des Verbrauchers bei Immobiliengeschäften (§ 30a) oder die Aufklärungspflichten des Immobilien-M. (§ 30b). – Die Regelungen des *schweizer.* Rechts stimmen im Wesentlichen mit dem dt. M.-Recht überein (Art. 412–418 OR).

Im *Börsenwesen* ein amtlich bestellter und vereidigter M. (**Kurs-M.,** im angelsächs. Sprachgebrauch **Broker**), der Geschäftsabschlüsse an der Börse in Wertpapieren und Waren vermittelt, die amtl. Börsenpreise (Kurs) feststellt bzw. an der Feststellung mitwirkt. Der Kurs-M. darf während des Präsenzhandels an der Börse nur in den ihm zugewiesenen Waren oder Wertpapieren handeln. Er darf bei Wertpapieren oder Waren, für die nur Einheitskurse festgesetzt werden, oder bei der Feststellung sonstiger gerechneter Kurse Handelsgeschäfte für eigene Rechnung oder in eigenem Namen nur abschließen oder eine Bürgschaft bzw. Garantie für die von ihm vermittelten Geschäfte nur übernehmen (Eigengeschäfte), soweit dies zur Ausführung der ihm erteilten Aufträge nötig ist. Gleiches gilt für Aufgabegeschäfte. Eigen- und Aufgabegeschäfte dürfen keine tendenzverstärkende Wirkung haben. Der Kurs-M. darf i. d. R. kein sonstiges Handelsgewerbe betreiben oder an einem solchen beteiligt sein. Er muss bei allen Börsenversammlungen während der ganzen Dauer anwesend sein. Die **M.-Gebühr** (Courtage, Kurtage) ist einheitlich festgesetzt, meist in Promille des Kurswerts (bei Aktien oder Optionsscheinen) oder des Nennwerts (bei Anleihen). Die Kurs-M. sind in **M.-Kammern** zusammengeschlossen. Diese wirken bei Bestellung von Kurs-M. entsprechend der von der Landes-Reg. erlassenen **M.-Ordnung** mit. Außerdem haben sie die Aufgabe, unbeschadet der Befugnisse der sonstigen Börsenorgane, Aufsicht zu führen, die Verteilung der Geschäfte unter die einzelnen Kurs-M. durch Gruppenbildung (je zwei Kurs-M.) vorzunehmen sowie Streitigkeiten bes. aus dem Auftragsverhältnis zu schlichten. Aufgaben und Tätigkeit der Kurs-M. sind im Börsen-Ges. (§§ 30–34) i. d. F. v. 17. 7. 1996 geregelt.

Mako – Makrelenhaie **Makr**

Freie M. (Frei-M.) können Geschäfte auch durch Selbsteintritt erledigen (Eigengeschäfte), unter dem Vorbehalt der späteren Aufgabe des Kontrahenten (Aufgabe-M.). Kassa-M. vermitteln nur Geschäfte, wenn sie Gegenkontrahenten gefunden haben, andernfalls geben sie die Order dem Kurs-M.; Spekulations-M. schließen auch, ohne sofort einen Kontrahenten zu haben, zu einem festen Preis ab. Freie M. vermitteln Geschäfte in amtlich notierten Werten, aber auch im amtl. Handel. Kurs-M. und freie M., die zur Teilnahme am Börsenhandel zugelassen sind, unterliegen gemäß § 8 Börsen-Ges. der Aufsicht durch die Börsenaufsichtsbehörde (→Börsen).

In *Österreich* ist der von der Börsenkammer angestellte und vereidigte Kurs-M. **(Sensal)** für die Kursnotierung verantwortlich. Wegen der Onlineverbindungen der Banken wird er allerdings zunehmend entbehrlich. Der freie M. ist für die Vermittlung im geregelten Freiverkehr zuständig. – In der *Schweiz* werden die Funktionen der M. von konzessionierten Banken und Effektenhandelsunternehmen (Effektenhändler) ausgeübt nach Kommissionsrecht (Art. 425 ff. OR) und nach den Verhaltensregeln des Börsengesetzes.

Mako [nach dem ägypt. Gouv. MAKO BEI, dem Hauptförderer des ägypt. Baumwollanbaus im 19. Jh.] *die, -/-s,* auch *der* oder *das, -(s)/-s,* Bez. für hochwertige, leicht glänzende, ungebleichte gelbl. ägypt. oder sudanes. Baumwolle. M. bezeichnet auch die daraus bzw. aus **M.-Garn** (Feingarn) hergestellten Waren (Trikotagen, Wäsche).

Mako [Maori] *der, -s/-s,* Art der →Makrelenhaie.

Makó [ˈmɔko:], Stadt im Bez. Csongrád, SO-Ungarn, an der Maros, 26 400 Ew.; Landmaschinenbau; Zentrum des wichtigsten Zwiebel- und Knoblauchanbaugebiets Ungarns.

Makọnde, Bantuvolk in SO-Tansania und in angrenzenden Teilen von Moçambique. Die etwa 1,3 Mio. M. leben vorwiegend als Hackbauern (Mais, Hirse, Maniok). Die relativ selbstständigen Dörfer (Kegeldachhäuser) werden von (erbl.) Oberhäuptern und einem Ältestenrat geleitet.

Die traditionelle Schnitzkunst der M. manifestierte sich bes. in kunstvollen Stülpmasken und Holzstatuetten. Seit den 1950er-Jahren schnitzen die M. auch für den Touristenmarkt. Diese Skulpturen aus Ebenholz zeigen in schwungvoller Abstraktion v.a. Buschgeister, menschen- wie tierähnliche Dämonen (›Shetani‹, von arab. ›Teufel‹) aus der reichen M.-Mythologie wie bis zu 2 m hohe ›Ujamaa‹-Skulpturen (Familienbäume), auf denen sich Gesichter und Körper um einen säulenartigen Stamm gruppieren. Bekannte Schnitzer der neueren M.-Kunst sind: PAJUME ALALE (*1934, †um 1980), YOSEPH FRANCIS (*1930), JOHN FUNDI, SAMUR ALI, ALUESI SAMAKI (*1930), KASHIMIRI MATAYO (*1936).

Makoré [afrikan.] *das, -(s),* witterungsfestes, rotbraunes, fein strukturiertes trop. Hartholz des westafrikan. Baumes Tieghemella heckelii; Verwendung u. a. im Möbelbau, für Parkett und Sperrhölzer.

Makovský [-ki:], Vincenc, tschech. Bildhauer, *Nové Město (Mähren) 3. 6. 1900, †Brünn 28. 12. 1966; ausgebildet an der Akademie der bildenden Künste in Prag und im Atelier von É. A. BOURDELLE in Paris; Hauptvertreter der tschech. Plastik des Surrealismus; nach 1935 realist. Gestaltungsweise.

Makọwskij, Makọvskij, Wladimir Jegorowitsch, russ. Maler und Grafiker, *Moskau 7. 2. 1846, †Petrograd 21. 2. 1920; schloss sich 1872 den →Peredwischniki an. Er malte realist. Genrebilder mit sozialkrit. Tendenz (›Der Bankkrach‹, 1881; Moskau, Tretjakow-Galerie) und schuf zahlr. Buchillustrationen (u. a. zu den Werken N. GOGOLS).

makr..., Wortbildungselement, →makro...

Makramee [ital., zu arab. miqram ›bestickter Schleier‹] *das, -(s)/-s,* **Macramé,** Bez. für eine alte kunsthandwerkl. Knüpftechnik, bei der nebeneinander liegende vertikale Fäden zu dekorativen Mustern und Fransen verknotet werden. M.-Arbeiten sind aus arab. Ländern seit dem 13. Jh. bekannt, seit dem Spät-MA. auch aus Italien. In den 1960er-Jahren Neubelebung der Technik aus dickem Schnurmaterial.

Makrạnküste, Küstenabschnitt am Arab. Meer in Pakistan, zw. der Grenze zu Iran und der Indusmündung; aufgrund extensiver Weidewirtschaft und gering entwickelter Fischerei nur schwach besiedelt.

Makrelen:
Europäische Makrele
(Länge etwa 50 cm)

Makrelen [mhd. macrēl, aus mittelniederländ.-altfrz.], *Sg.* **Makrele** *die, -,* **Scombridae,** Familie der Makrelenfische mit 45 die Hochsee bewohnenden Arten. Körper torpedoförmig mit 4–9 kleinen Flossen hinter der zweiten Rückenflosse und der Afterflosse, einer gegabelten Schwanzflosse und einem großen und stark bezahnten Maul. Sie sind Bewohner trop. und gemäßigter Gewässer und unternehmen oft weite Wanderzüge. Viele M. sind geschätzte Speisefische, insbesondere die →Thunfische, aber auch die **Europäische M.** (Scomber scombrus), etwa 50 cm lang, die im Sommer beiderseits des Atlantiks zum Ablaichen in Küstennähe kommt, u. a. auch in der Nordsee. Die **Mittelmeer-M.** (Scomber japonicus) tritt nur gelegentlich nördlich des Ärmelkanals auf.

Makrelenfische, Makrelenartige Fische, Scombroidei, Unterordnung der Barschartigen Fische mit 94 Arten; Hochseebewohner mit spindelförmigem Körper, schlankem Schwanzstiel und gegabelter Schwanzflosse; u. a. Makrelen, Thunfische, Fächerfische, Schwertfische. Einige M. erreichen Schwimmgeschwindigkeiten von 60–100 km/h und gehören vermutlich zu den am schnellsten schwimmenden Fischen.

Makrelenhaie: Weißhai (Länge bis 9 m, selten bis 12 m)

Makrelenhaie, Lạmnidae, Familie der Haifische mit drei Gattungen: Weißhaie (Carcharodon), Makos (Isurus) und Heringshaie (Lamna). Der Körper ist spindelförmig, mit spitz auslaufender Schnauze, sehr scharfen Zähnen, fast symmetr. Schwanzflosse und je einem seitl. Längskiel am Schwanzstiel; lebend gebärende Hochseebewohner, die gelegentlich auch in Küstennähe gelangen können. M. ernähren sich insbesondere von Fischen, Delphinen und Robben. Fast alle M. können dem Menschen gefährlich werden, so z. B. der **Weißhai** oder **Menschenhai** (Carcharodon carcharias), der alle trop. und subtrop. Meere bewohnt und für den Menschen als bes. gefährlich gilt. Der im trop. und subtrop. Atlantik und im westl. Mittelmeer verbreitete **Mako** oder **Atlantische Makrelenhai** (Isurus oxyrhynchus) ist ein bis zu 3,5 m langer und 500 kg schwerer Speisefisch. Im Atlantik und Mittelmeer (seltener auch in Nord- und Ostsee) lebt der bis 3,5 m lange **Heringshai** (Lamna nasus). Sein Fleisch

Makrelenhaie: Heringshai (Länge bis 3,5 m)

kommt als ›Kalbfisch‹, ›Karbonadenfisch‹ oder ›Seestör‹ in den Handel.

Makrelenhechte, Scomberesocidae, Familie der Flugfische (Exocoetoidei) mit vier Arten, bis 50 cm lang; meist Hochseebewohner, Speisefische. Der **Makrelenhecht** (Scomberesox saurus), bis 40 cm lang, lebt im Atlantik, Mittelmeer, selten in der Nordsee.

Makrelenhecht (Länge bis 40 cm)

Makrisi, Taki ad-Din Abu l-Abbas Ahmed **al-M.,** arab. Geschichtsschreiber, *Kairo 1364, †ebd. 9. 2. 1442. Unter seinen umfangreichen Werken nimmt eine topographisch orientierte Lokalgeschichte von Ägypten (›Chitat‹) einen besonderen Rang ein. Ihre exakten Angaben, z. B. über Viertel, Plätze und Gebäude von Kairo, ihre Bewohner und Besitzer, über Emire, Gelehrte u. a. Persönlichkeiten sowie über die Pyramiden von Giseh, machen sie zu einer einzigartigen Quelle, die bisher nur teilweise erschlossen ist.

makro... [griech. makrós ›lang‹, ›groß‹], vor Vokalen meist verkürzt zu **makr...,** Wortbildungselement mit der Bedeutung: lang, groß, z. B. Makromoleküle, Makropsie; in latinisierter Form **macro..., macr...,** z. B. Macrocephalites.

Makroanalyse, chem. Analyse, bei der Proben von 0,2 bis rd. 10 g verwendet werden. Ggs.: Mikroanalyse.

Makroangiopathie, Gefäßkrankheit der größeren und großen arteriellen Blutgefäße (in den Gliedmaßen sowie der Bauch-, Herz- und Hirngefäße), bes. bei Arteriosklerose, im Ggs. zur Mikroangiopathie.

Makroassembler [-ə'semblər], eine Assemblierersprache oder ein Assemblierer (Übersetzer), welche die Definition und Verwendung eines Makrobefehls bzw. dessen Auflösung in einzelne Anweisungen ermöglichen.

Makrobefehl, Makroaufruf, engl. **Macro Instruction** ['mækroʊ ɪn'strʌkʃən], in einer symbol. Programmiersprache, v. a. einer Assemblierersprache, der Aufruf einer in einer **Makrodefinition** niedergelegten Folge von Anweisungen, der auch →Parameter enthalten kann. Bei den Makrodefinitionen handelt es sich um häufig benötigte Befehlsfolgen, die entweder bereits in einer zur der verwendeten Programmiersprache gehörenden **Makrobibliothek** enthalten sind oder vom Programmierer für Zwecke des jeweiligen Programms formuliert werden. Die Funktion von M. ist ähnlich derjenigen des Aufrufs von Unterprogrammen; ein wesentl. Unterschied ist jedoch, dass Makrodefinitionen vom Übersetzer an jeder Stelle des Programms, an der sie aufgerufen werden, (unter Berücksichtigung der jeweiligen Werte der Parameter) in das Programm eingefügt werden **(Makroexpansion).**

Makrobiotik [zu griech. bíos ›Leben‹] *die, -,* von C. W. HUFELAND geprägter Begriff und Titel seines Hauptwerks ›M. oder Die Kunst, das menschl. Leben zu verlängern‹ (1796), z. B. durch Anwendung verschiedener Arzneimittel, durch Hormone, aber auch durch geeignete Ernährung und Lebensführung; heute Bez. für eine v. a. auf Getreide und Gemüse basierende Ernährungsweise.

Makroevolution, *Biologie:* →Evolution.

Makrofauna, *Bodenbiologie:* Bez. für bodenlebende Tiere von 2–20 mm Länge; hierzu gehören die meisten Insekten und deren Larven, Tausendfüßer, Landasseln, Schnecken und Enchyträen. (→Megafauna, →Mesofauna, →Mikrofauna).

Makrofotografie, allg. Bez. für fotograf. Aufnahmen im Nahbereich; i. e. S. entspricht die M. dem Abbildungsbereich zw. natürl. Größe und etwa dem Maßstab $\beta = 25$, doch kennzeichnet der Vorsatz Makro... heute auch Geräte für verkleinerte Abbildungen **(Nahaufnahmen,** $\beta = 0,2$ bis $\beta = 1$), weil auch hier die erforderl. größeren Bildweiten durch brennweitenverkürzende (Vorsatzlinsen) oder auszugsverlängernde (Zwischentuben, doppelter Balgenauszug) Elemente erreicht werden (→Mikrofotografie).

Makroglobulinämie *die, -/...'mi|en,* vermehrtes Auftreten von hochmolekularen Eiweißmolekülen im Blut. Die **primäre M. (Waldenström-Krankheit)** beruht auf einem malignen Lymphom mit Vermehrung von →B-Lymphozyten. Sie ist mit einer Vermehrung von monoklonalen →Immunglobulinen des Typs IgM und der Zurückdrängung der normalen Blutbildung im Knochenmark verbunden. Es kommt zu Lymphknoten-, Milz- und Lebervergrößerung, Anämie, Blutungsneigung sowie zur Schwächung der →Immunabwehr mit Infektanfälligkeit. Die Krankheit endet nach chronisch-schleichendem Verlauf tödlich.

Eine **sekundäre M.** mit Vermehrung von Immunglobulin M und α_2-Makroglobulin tritt als Begleiterscheinung bei Leberzirrhose und Nephrose auf.

Makrohämaturie, →Hämaturie.

Makrokinetik, →Reaktionskinetik.

Makrokosmos, Weltall, Universum; Gegenbegriff zu →Mikrokosmos.

Makrolidantibiotika, Makrolide, Sammel-Bez. für Antibiotika mit einem vielgliedrigen Lactonring und einem glykosidisch gebundenen Aminozucker, die von mehreren Streptomycesarten gebildet oder halbsynthetisch hergestellt werden. Sie wirken gegen grampositive (z. B. Streptokokken) sowie einige gramnegative Keime (z. B. Legionellen) und zellwandlose Bakterien (z. B. Mykoplasmen; innerhalb der Gruppe besteht Kreuzresistenz). Wichtige M. sind u. B. Azithromycin, Clarithromycin, Erythromycin, Roxithromycin und Spiramycin.

Makrolide [Kw.], *Sg.* **Makrolid** *das, -s,* makrozykl. Lactone (innere Ester) von längerkettigen ω-Hydroxycarbonsäuren. Verbindungen mit einem vielgliedrigen Lactonring (Makrolidring) sind z. B. die Makrolidantibiotika. Weitere M. kommen als Bestandteile natürl. Riechstoffe vor (→Ambrettolid im Moschuskörneröl, mit 16 Ringgliedern) oder werden synthetisch hergestellt (z. B. das →Pentadecanolid, mit 15 Ringgliedern).

Makrolon®, thermoplast. Polycarbonatkunststoff, der 1953 entwickelt wurde.

Makromoleküle, von H. STAUDINGER 1922 eingeführte Bez. für Riesenmoleküle, in denen mehrere Hundert oder Tausend Atome durch kovalente Bindungen verknüpft sind und deren Eigenschaften bei Anlagerung oder Abspaltung einer oder weniger Baueinheiten weitgehend unverändert bleiben. M. können linear (Kettenmoleküle, Fadenmoleküle), verzweigt oder räumlich vernetzt sein. Enthalten sie mehrere Ketten, die sternförmig von einer Verzweigung ausgehen, spricht man von Kugelmolekülen. **Makromolekulare Stoffe** sind Stoffe, die aus M. bestehen. Sind ihre Moleküle nach einem einfachen Prinzip aus ständig wiederkehrenden Struktureinheiten aufgebaut, spricht man von **Polymeren** oder **Hochpolymeren.** Aus

M. bestehen →Kunststoffe, aber auch wichtige Naturstoffe wie Cellulose, Lignin und Proteine.

Makron, spätarchaischer att. Vasenmaler des rotfigurigen Stils, tätig um 500–480 v.Chr. Bemalte v.a. Schalen mit klar komponierten, leicht bewegten Innenbildern mit Gastmählern (Symposion), dionys. und erot. Szenen, Göttinnen, Knaben und Athleten, wobei er v.a. in seinem Frühwerk wenige große Figuren ins Rund setzte.

Makro|nährstoffe, *Biologie:* →Ernährung.

Makro|nukle|us, der →Großkern.

Makro|ökonomik, Makro|ökonomie, Makrotheorie, Teilgebiet der Volkswirtschaftslehre, das sich mit dem Funktionieren einer Volkswirtschaft unter der Berücksichtigung des Verhaltens von zusammengefassten Wirtschaftseinheiten (z.B. alle privaten Haushalte, alle Unternehmen, Staat, Ausland) befasst und aufbauend auf der volkswirtschaftl. Gesamtrechnung mit gesamtwirtschaftl. Größen wie Volkseinkommen, Konsum, Sparen, Investition gesamtwirtschaftl. Zusammenhänge in makroökonom. Modellen zu erklären versucht. Dabei wird das Verhalten des Haushaltssektors als Verhalten des Durchschnittshaushalts, das Verhalten des Unternehmenssektors wie das eines repräsentativen Unternehmens gedeutet (›repräsentative mikroökonom. Fundierung‹, →Aggregation). Die M. beschäftigt sich mit Fragen wie: Von welchen Größen hängt die gesamtwirtschaftl. Nachfrage ab? Wie bestimmen sich Höhe und Verteilung des Volkseinkommens? Unter welchen Bedingungen herrscht Vollbeschäftigung? Wie können Konjunkturschwankungen und Inflation vermieden und wirtschaftl. Wachstum gesichert werden?

Von Kritikern wurde der Vorwurf erhoben, dass die traditionelle M. auf Ad-hoc-Annahmen basiere und ihre Ergebnisse nicht konsistent aus dem mikroökonom. Rationalkalkül ableiten könne. Neuere makroökonom. Lehrmeinungen konzentrieren sich daher v.a. auf mikroökonom. Fragestellungen, wobei verschiedene Richtungen zu unterscheiden sind. Die **neue M.** geht von Preis- und Lohnstarrheiten auf Güter- und Arbeitsmärkten bei hoher Mengenflexibilität aus. Es kommt zur ›Nichträumung‹ von Märkten bei ›falschen‹ Preisen, was zu Übertragungseffekten auf anderen Märkten führt (z.B. entstehende Arbeitslosigkeit auf dem Arbeitsmarkt durch Nachfragedefizit auf dem Gütermarkt). Übersteigt bei einem bestimmten Preis oder Lohn das Angebot die Nachfrage, so entsteht ein Käufermarkt, im umgekehrten Fall ein Verkäufermarkt (→Ungleichgewichtstheorie). Modelle der neuen M. zeigen, wie solche Konstellationen aus dem Kalkül rational handelnder Wirtschaftssubjekte bei kurzfristig konstanten Preisen abzuleiten sind. Die vom Markträumungsansatz ausgehende →neue klassische Makroökonomik bezweifelt dagegen die Existenz von Preisstarrheiten und versucht, Konjunktur sowie Arbeitslosigkeit als Ergebnis individuellen Optimierungsverhaltens zu erklären. Im Ggs. dazu geht der →Neue Keynesianismus davon aus, dass sich Instabilitäten makroökonom. Variablen (Einkommen, Beschäftigung) auch mikroökonom. Unvollkommenheiten (Lohn- und Preisinflexibilitäten) erklären lassen. In seinen Modellen versucht er v.a. zu begründen, dass sich die Existenz von Lohn- und Preisstarrheiten aus rationalem Verhalten auf mikroökonom. Ebene ableiten lässt.

B. FELDERER u. S. HOMBURG: M. u. neue M. (⁶1994); K. RITTENBRUCH: Makroökonomie, 2 Tle. (⁴⁻⁹1995); R. J. BARRO u. V. GRILLI: Makroökonomie – europ. Perspektive (a.d. Amerikan., 1996); N.G. MANKIW: M. (a.d. Engl., ²1996); R. RETTIG u. D. VOGGENREITER: Makroökonom. Theorie (⁶1996).

Makrophagen [zu griech. phageïn ›fressen‹], *Sg.* **Makrophage** *der, -n,* **Monozyten,** Zellen des →Mono-

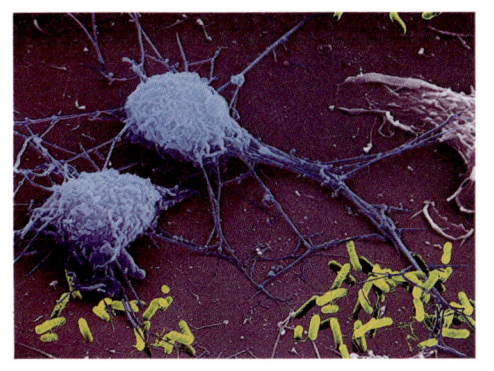

Makrophagen: Die im Vordergrund sichtbaren gelblichen Kolibakterien werden von den Makrophagen, den Fresszellen der Immunabwehr, eingefangen und unschädlich gemacht (Vergrößerung 5 400fach)

zyten-Makrophagen-Systems. M. können Fremdstoffe aufnehmen, präsentieren Antigen an ihrer Oberfläche und regen die Bildung von Antikörpern an. Außerdem können sie fremde Zellen, Tumorzellen und auch manche Parasiten aufnehmen und ggf. speichern oder auflösen.

Makrophysik, die klass. Teilgebiete der Physik, wie Mechanik, Elektrodynamik, Thermodynamik, die die Eigenschaften und Wechselwirkungen der Materie rein phänomenologisch beschreiben, ohne Zuhilfenahme der Konzepte der Quantenphysik. Im Ggs. dazu stellt die **Mikrophysik** die Aufklärung der atomaren und subatomaren Strukturen und Wechselwirkungsprozesse in den Vordergrund ihrer Untersuchungen (Elementarteilchen-, Kern-, Atom-, Molekül-, Festkörperphysik u.a.).

Makropoden: Paradiesfisch (Länge bis 10 cm)

Makropoden [zu griech. poús, podós ›Fuß‹], *Sg.* **Makropode** *der, -n,* **Großflosser, Macropodinae,** Unterfamilie der Labyrinthfische mit mehreren Arten in SO-Asien. Beliebte Warmwasseraquarienfische. Der bunt gefärbte **Großflosser** oder **Paradiesfisch** (Macropodus opercularis), bis 10 cm lang, baut ein Schwimmnest und betreibt Brutpflege.

Makropsie [zu griech. ópsis ›das Sehen‹] *die, -/...sien,* **Megalopsie,** Sehstörung, bei der Gegenstände übergroß gesehen werden; Ursachen sind Akkommodationsstörungen, beginnende Netzhautablösungen oder Netzhautentzündungen, Raum fordernde Gehirnerkrankungen (z.B. Gehirntumor), gelegentlich auch epilept. Anfälle sowie Vergiftungen (einschließlich Rauschmitteleinwirkungen).

Makroseismik, *Geophysik:* →Seismik.

makroskopisch, 1) ohne opt. Hilfsmittel, mit bloßem Auge erkennbar; 2) zur Makrophysik oder zu einem Makrozustand gehörend; Ggs.: mikroskopisch.

Makrosmaten [zu griech. osmḗ ›Geruch‹], *Sg.* **Makrosmat** *der, -en,* Lebewesen mit gut entwickeltem →Geruchssinn.

Makrosoziologie, die Bereiche der Soziologie, die sich mit der Untersuchung übergeordneter, größerer sozialer Gebilde (Organisationen, Institutionen) und Prozesse und deren Wirkung aufeinander im gesamtgesellschaftl. oder interkulturellen Rahmen beschäftigen; Ggs.: →Mikrosoziologie.

Maksura
in der Hagia Sophia in Istanbul

Makrozustand, *statist. Mechanik:* ein durch die Werte makroskop. Größen, der thermodynam. Zustandsgrößen, definierter Zustand eines makroskop., statist. thermodynam. Systems (→Thermodynamik). Jedem M. entspricht eine große Zahl von Mikrozuständen. Die Mikrozustände, durch die ein bestimmter M. realisiert werden kann, haben nach einem fundamentalen Postulat der statist. Physik alle die gleiche A-priori-Wahrscheinlichkeit; der Gleichgewichtszustand ist derjenige M., dem die größte Zahl von Mikrozuständen entspricht. In diesem Sinn ist der Begriff des M. eine statist. (kinet.) Deutung des Begriffs des phänomenolog. thermodynam. Zustands.

Makrozyten [zu griech. kýtos ›Höhlung‹, ›Wölbung‹], *Sg.* **Makrozyt** *der, -en,* rote Blutkörperchen abnormer Größe; gehäuftes Auftreten (**Makrozytose**) kommt bei perniziöser Anämie sowie auch nach Milzentfernung vor.

Maksim Grek, Maximos der Grieche, eigtl. **Michail Triwolis,** altruss. Schriftsteller griech. Herkunft, * Arta um 1475, † in der Troize-Sergijewa-Lawra 1556; seit 1506 Mönch auf dem Athos, wurde 1518 von Großfürst WASSILIJ III. IWANOWITSCH zum Übersetzen griech. theolog. Texte nach Russland gerufen. Als Kritiker der Missstände und Sonderentwicklungen der russ. Kirche verurteilt und bis zum Tod eingekerkert, seit dem 18. Jh. in Russland als Heiliger verehrt.

Maksimović [-vitɕ], Desanka, serb. Schriftstellerin, * Rabrovica (bei Valjevo) 16. 5. 1898, † Belgrad 11. 2. 1993; schrieb emotionell betonte Natur- und Liebeslyrik, die sich durch intensives Erleben und Musikalität auszeichnet (›Zeleni vitez‹, 1930; ›Miris zemlje‹, 1955; ›Nemam više vremena‹, 1973; ›Der Schlangenbräutigam‹, 1982, dt. Ausw.) sowie Erzählungen und Romane (›Buntovan razred‹, 1960) mit sozialer und polit. Thematik.
Ausgabe: Sabrana pesme, 6 Bde. (Neuausg. 1987).

Maksimow, Maximow, Wladimir Jemeljanowitsch, russ. Schriftsteller, * Moskau 27. 11. 1930, † Paris 26. 3. 1995; wuchs in Erziehungsheimen auf, dann Gelegenheits- und Bauarbeiter; schildert in seinen Romanen kritisch den sowjet. Alltag (Darstellung gescheiterter Menschen und gestörter Verhältnisse). Sein erster großer Roman ›Sem' dnej tvorenija‹ (1971; dt. ›Die sieben Tage der Schöpfung‹), die Geschichte einer Arbeiterfamilie, konnte wegen der scharfen Kritik am Kommunismus, getragen von christl. Überzeugung, nur im Samisdat erscheinen. M. verließ 1974 die Sowjetunion (1990 rehabilitiert); lebte in Paris; 1974–91 Leiter der Zeitschrift ›Kontinent‹.

Weitere Werke: *Erzählung:* Živ čelovek (1962; dt. Dennoch lebt der Mensch). – *Romane:* Karantin (1973; dt. Die Quarantäne); Proščanie iz niotkuda (1974; dt. Abschied von Nirgendwo); Ballada o Savve (1975; dt. Ballade von Sawwa); Kovčeg dlja nezvanych (1979; dt. Eine Arche für die Nichtgeladenen); Čaša jarosti (1982; dt. Der Kelch des Zorns); Zagljanut' v bezdnu (1986; dt. Der weiße Admiral). – *Essays:* Sie und wir (1984, dt. Ausw.).
Ausgabe: Sobranie sočinenij, 9 Bde. (1991–93).
V literaturnom zerkale. O tvorčestve V. M. (Paris 1986).

Maksimowa, Maximowa, Jekaterina Sergejewna, russ. Tänzerin und Pädagogin, * Moskau 1. 2. 1939; wurde 1958 Mitgl. des Moskauer Bolschoi-Balletts. Von GALINA S. ULANOWA als ihre Nachfolgerin in der Rolle der ›Giselle‹ eingeführt, entwickelte sich M. rasch zur führenden Bolschoi-Ballerina ihrer Generation. Sie wirkte in Ballettverfilmungen mit (u. a. ›Anjuta‹, ›Fouetté‹) und übernahm eine Lehrtätigkeit am Staatl. Institut für Theaterkunst in Moskau.

Maksura [arab.] *die, -/-s,* **Maqsura,** ein abgesonderter Raum für den islam. Herrscher oder den Imam in Freitagsmoscheen, i. d. R. neben dem Minbar als ebenerdige Schranke, auch auf Säulen gestellt; das älteste erhaltene Beispiel (um 1040) mit reich geschnitzten Gittern (im 17. Jh. erneuert) befindet sich in der Großen Moschee von Kairouan. Auch der überkuppelte Raum vor dem Mihrab, der sich Ende des 11. Jh. in Iran ausbildete, wird als M. bezeichnet.

Maksutow-Teleskop [nach dem sowjet. Optiker DMITRIJ DMITRIJEWITSCH MAKSUTOW, * 1896, † 1964], eine dem Schmidt-Spiegelteleskop ähnl. Bauart eines →Spiegelteleskops mit einer dünnen, stark gewölbten Meniskuslinse, deren beide Oberflächen sphärisch sind, als Korrektionselement. Die Meniskuslinse wird, mit der Wölbung auf der zum Spiegel weisenden Seite, etwa im Brennpunkt des Spiegels montiert, d. h. mit etwa halb so großem Abstand wie die Korrektionsplatte beim Schmidt-Spiegelteleskop. M.-T. sind wegen ihrer kompakten Bauweise (mit einer effektiven Brennweite von etwa 250 cm nur etwa 50 cm lang) und ihrer hervorragenden Abbildungseigenschaften bei Amateurastronomen sehr beliebt.

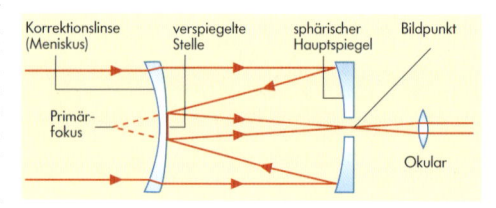

Maksutow-Teleskop: Schematischer Längsschnitt mit Strahlengang

Maktar, Marktstadt in N-Tunesien, 71 km südwestlich von Le Kef, am Rand eines Kalksteinplateaus, 900 m ü. M., 6 500 Ew. – Das röm. Forum mit dem Ehrenbogen des TRAJAN (später in eines der byzantin. Forts einbezogen) ist kleiner als das numidisch-pun. Forum, an dem die Römer einen Tempel für Liber Pater (Bacchus) errichteten. Die Großen Thermen sind in 12–15 m Höhe erhalten, von der im 3. Jh. n. Chr. erneuerten Schola Iuvenum, in der eine paramilitär. Ausbildung für künftige Steuerbeamte erfolgte, sind u. a. der große Versammlungsraum und das Schwimmbad erhalten. Ferner pun. und röm. Grabhäuser und -monumente, pun. Tempelreste, Baptisterium (5. Jh. n. Chr.). Kleines Museum mit Funden am Ortsrand. – M. wurde 1890 bei der Ruinenstätte des antiken **Mactaris** gegründet, einer um 200 v. Chr. von den Numidern angelegten Stadt, die unter MASSINISSA und seinen Nachfolgern eine wirtschaftl. Blüte erlebte, 46 v. Chr. von den Römern erobert und 180 zur röm. Colonia erhoben wurde und im 2./3. Jh. eine der reichsten Städte N-Afrikas war.

Makua, Stammesgruppe der Bantu in Moçambique. Teile von ihnen zogen, durch die →Ngoni verdrängt, ins heutige Tansania und nach Malawi. Die meisten der etwa 7,8 Mio. M. sind Hackbauern mit Kleintierhaltung. Die von ihnen gesprochene Sprache **(Makua)** gehört zu den Bantusprachen.
A. P. PRATA: Gramática de lingua Macua e seus dialectos (Cucujães 1960); DERS.: Dicionário Português-Macua (ebd. 1973).

Makula|degeneration, Netzhautschädigung im Bereich des gelben Flecks (Macula lutea) mit der Folge einer zentralen Sehstörung bei Erhaltung der peripheren Sehfähigkeit. Die Sehschärfe ist stark herabgesetzt, häufig unter die Grenze der Lesefähigkeit. Von einer erbl., unabhängig vom Lebensalter auftretenden Form wird die in höherem Alter entstehende, teils mit Netzhautblutungen und -ablösungen verbundene senile M. als Folge arteriosklerot. Gefäßstörungen unterschieden. Eine wirksame *Behandlung* ist nur selten möglich. In bestimmten Fällen können die krankhaften Gefäßschlingen durch Laserkoagulation verödet werden.

Makulatur [mlat. ›beflecktes, schadhaftes Stück‹, zu lat. maculare ›beflecken‹] *die, -/-en, graf. Technik:* beim Druck verdorbene, fehlerhafte Bogen, Fehldruck; Abfall der Papier verarbeitenden Industrie.

Makung, Hauptort der →Pescadores, Taiwan.

Makurakotoba [jap. ›Kissenwörter‹], konventionelle Schmuckmittel der klass. jap. Poesie, meist fünfsilbige Attribute, z. B. nubatama no yo (wie die Nubafrucht [schwarze] Nacht), deren älteste nicht mehr durchweg deutbar sind.

Makura-no-sōshi [-ʃi; jap. ›Kopfkissenbuch‹], ältestes Denkmal der jap. Miszellenliteratur (→Zuihitsu). Um die Wende vom 10. zum 11. Jh. von der Hofdame SEI SHŌNAGON verfasst, enthält es vermischte, oft krit., iron. und anekdot. Aufzeichnungen einer geistvollen und gebildeten Dame aus alter Gelehrtenfamilie.

Makurdi, Hauptstadt des Bundesstaates Benue in Nigeria, am Benue, 114 200 Ew.; kath. Bischofssitz, Univ. (gegr. 1988); landwirtschaftl. Handelszentrum und Flusshafen, Bahnstation, Flugplatz.

Makuszyński [-ˈʃiiski], Kornel, poln. Schriftsteller, *Stryj 8. 1. 1884, †Zakopane 31. 7. 1953; bevorzugte als Lyriker unter dem Einfluss von L. STAFF die strenge Form; schrieb Kriegsdichtungen, Romane und Erzählungen sowie humorvolle und optimist. Jugendliteratur; einer der beliebtesten poln. Humoristen.

Makuta, *Sg.* **Likuta** *die, -,* **Macuta,** port. Kolonialmünze, geprägt ab 1762; 1 M. = 50 Reis; nach Einführung der Dezimalwährung auch in den port. Kolonien galt 1 M. = 5 Centavos. Benannt nach einem um den Kongo getragenen Schurz, der gleichzeitig als Naturalgeld diente.

Makuxi, Macuxi, Makuschi, Indianergruppe im Hochland von Guayana, gehört sprachlich zu den →Pemon.

MAK-Wert [MAK Abk. für **m**aximale **A**rbeitsplatz**k**onzentration], die höchstzulässige Konzentration eines Arbeitsstoffes als Gas, Dampf oder Schwebstoff in der Luft am Arbeitsplatz, die nach dem gegenwärtigen Kenntnisstand auch bei langfristiger Einwirkung, d. h. täglicher achtstündiger Arbeitszeit (bei Einhaltung einer durchschnittl. Wochenarbeitszeit von 40 Stunden), i. Allg. die Gesundheit des Beschäftigten nicht beeinträchtigt und diese auch nicht unangemessen belästigt. Die MAK-Werte von Gasen, Dämpfen und flüchtigen Schwebstoffen werden in der von den Zustandsgrößen Temperatur und Luftdruck unabhängigen Einheit ml/m³ (ppm) sowie in der von den Zustandsgrößen abhängigen Einheit mg/m³ für eine Temperatur von 20 °C und einen Luftdruck von 1 013 hPa angegeben, die von nichtflüchtigen Schwebstoffen (Staub, Rauch, Nebel) in mg/m³. Lösen Arbeitsstoffe in weit überdurchschnittl. Maße Überempfindlichkeitsreaktionen allerg. Art aus, werden sie durch ein S gekennzeichnet (z. B. Formaldehyd). Substanzen, die nicht nur durch Einatmen, sondern auch durch Hautresorption vom Organismus aufgenommen werden, sind mit einem H gekennzeichnet (z. B. Phenol). In Dtl. werden seit 1969 MAK-Werte von der Senatskommission zur Prüfung gesundheitsschädl. Arbeitsstoffe der Dt. Forschungsgemeinschaft aufgestellt und vom Bundes-Min. für Arbeit und Sozialordnung jährlich in Form einer Stoffliste veröffentlicht (zurzeit für etwa 550 Substanzen). Gewerbeaufsichtsämter und Berufsgenossenschaften überprüfen die Einhaltung der MAK-Werte. Für chem. Stoffe, bei denen eine karzinogene oder mutagene Wirkung nachgewiesen wurde oder vermutet wird, werden keine MAK-Werte, sondern techn. Richtkonzentrationen (→TRK-Wert) angegeben, für höchstzulässige Mengen eines Arbeitsstoffes bzw. seiner Stoffwechselprodukte in Körpermedien, z. B. im Harn, wird der →BAT-Wert verwendet. (→Grenzwert)

MAL, Nationalitätszeichen für Malaysia.

Mala [Sanskrit ›Kranz‹, ›Rose‹], **Japamala,** *Buddhismus, Hinduismus:* Perlenkette (meist mit 108 Perlen), die bei der Rezitation von Gebetsformeln (Mantras) und von BUDDHAS Namen (Nembutsu) zum Zählen der Wiederholungen verwendet wird; im Hinduismus als ein Gebetskranz.

Malabaren, südind. Volk, →Malayali.

Malabarküste, schmaler Küstenstreifen in SW-Indien, in den Bundesstaaten Kerala und Karnataka. Die Küstenebene, in der Reis, Gewürzpflanzen und trop. Früchte angebaut werden, ist von Sanddünen (mit Kokospalmen) und Lagunen gesäumt. In den Dünensanden finden sich Minerale (Rutil, Zirkon). Wichtigster Hafen ist Cochin. – Zw. der M. und dem Westen bestanden schon in röm. und arab. Zeit lebhafte Handelsbeziehungen. 1498 landete V. DA GAMA an der M.; im 16. Jh. entstanden die ersten europ. Faktoreien der Portugiesen, später die der Niederländer und der Briten. Ende des 18. Jh. fiel das Gebiet an die brit. Ostind. Kompanie.

Malabarspinat, Indischer Spinat, Basella alba, in O-Indien beheimatetes, vielgestaltiges Basellgewächs mit fleischigen, ei- oder herzförmigen Blättern und unscheinbaren, weißen, violetten oder roten Blüten in kleinen Ähren; durch Kultur in den Tropen und Subtropen verbreitet, dort als Gemüse und Salat verwendet.

Malabartalg, →Butterbohne.

Malabo, bis 1973 **Santa Isabel,** Hauptstadt von Äquatorialguinea, an der N-Küste der Insel Bioko, (1994) 40 000 Ew.; kath. Erzbischofssitz; guter Hafen (Vulkankrater), internat. Flughafen. – M. wurde 1827 als brit. Marinestützpunkt **Port Clarence** zur Bekämpfung des Sklavenhandels gegründet. 1843 bekräftigte Spanien seine formell seit 1778 bestehende Souveränität (Umbenennung in Santa Isabel).

Mal|absorptionssyndrom [engl. malabsorption, eigtl. ›schlechte Absorption‹], Störung der Aufnahme von verdauten Nahrungsbestandteilen über die Darmschleimhaut (v. a. des Dünndarms) in das Blut- und Lymphgefäßsystem; eng verknüpft mit dem →Maldigestionssyndrom. Zu den Ursachen gehören v. a. Schädigungen des Darmschleimhautepithels durch ausgedehnte chron. Entzündungen, Parasitenbefall (Giardiasis), die operative Entfernung größerer Darmabschnitte, Darmtumoren, Mangelblutung, allerg. Vorgänge mit Unverträglichkeit von Nahrungsstoffen (z. B. bezogen auf Gluten bei Zöliakie). Kennzeichen und Folgen sind Gewichtsabnahme, vo-

Malabarspinat
(windender Spross bis 2 m lang)

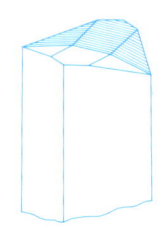

Mala Malacca–Málaga

luminöse, breiige Stühle mit erhöhter Fettausscheidung (Steatorrhö), Muskelschwäche, Anämie, Haut- und Schleimhautveränderungen, z. T. Elektrolytstörungen und Exsikkose.

Malạcca, Gliedstaat und Stadt in Malaysia, →Melaka.

Malachias, Prophet des A. T., →Maleachi.

Malachịas, M. O Morgair [-ˈmoryar], altirisch **Maol m'Aedog** [ˈmeːl ˈmeːdoːg], irischer Theologe, * Armagh 1094/95, † Clairvaux 1./2. 11. 1148; Mönch in Armagh, seit 1119 Priester, 1123–27 Bischof von Connor (bei Belfast), 1129–36 Erzbischof von Armagh; war 1139 päpstl. Legat für Irland. Setzte sich für den Anschluss der irischen Kirche an den röm. Ritus ein. Er war mit BERNHARD VON CLAIRVAUX befreundet und gründete in Mellifont das erste Zisterzienserkloster in Irland. – Heiliger (Tag: 3. 11.).

Zu Unrecht zugeschrieben wird ihm die 1590 entstandene und 1595 veröffentlichte **Weissagung des M.,** eine Sammlung von 112 Sinnsprüchen über die Päpste von CÖLESTIN II. (1143–44) bis zu einem fiktiven ›Petrus II.‹, dem letzten Papst vor dem Ende der Welt.

H. TROLL: Die Papstweissagungen des hl. M. (⁴1982); ANTON MEYER: M. Die Päpste – Weissagung (1995).

Malachịt [von gleichbedeutend griech. molochítēs, zu molóchē, maláchē ›Malve‹ (mit Bezug auf die Farbe der Blätter)] *der, -s/-e,* als schwärzlich grüne, nadelige Kristalle, v. a. aber in derben, nierigen, traubigen, smaragdgrünen, meist seidenglänzenden, achatartig gebänderten Aggregaten (mit glaskopfartiger Oberfläche: **Grüner Glaskopf**), seltener als erdige Anflüge vorkommendes, monoklines Mineral der chem. Zusammensetzung $Cu_2[(OH)_2|CO_3]$; Härte nach MOHS 4, Dichte $4 g/cm^3$. M. entsteht in der Oxidationszone von Kupfererzlagerstätten (z. B. Namibia, Demokrat. Rep. Kongo, Australien); selten als eigenständiges Kupfererz genutzt, aber oft als Schmuckstein.

Malachịtgrün, grüner, wasserlösl. Triphenylmethanfarbstoff, der durch Kondensation von Dimethylanilin und Benzaldehyd und Oxidation der entstehenden Leukoverbindung mit Bleidioxid hergestellt wird; dient u. a. zum Färben von Baumwolle, Seide und Wolle, zur Herstellung von Lackfarben, ferner in der Mikroskopie zur Färbung von Pflanzengeweben.

Malacostraca [zu griech. malakóstrakos ›weichschalig‹], die Höheren →Krebse.

Maladẹta [malaˈðeta] *die,* **Montes Maldịtos,** frz. **Maladettạ,** höchster Gebirgsstock in den Zentralpyrenäen, in der Axialzone westlich von Andorra, besteht aus paläozoischen Gesteinen (Granite, Gneise), variskisch und alpidisch gefaltet, im Pico de Aneto 3404 m ü. M., im Pico de la M. 3308 m ü. M.; Bergsteigerzentrum. Über die N-Abdachung verläuft die spanisch-frz. Grenze.

Maladsẹtschna, Maladzẹčna [-tʃna], Stadt in Weißrussland, →Molodetschno.

Malá Fạtra [ˈmalaː-], Gebirgszug in der Slowak. Rep., →Kleine Fatra.

mala fide [lat. ›in bösem Glauben‹], *Recht:* in böser Absicht, arglistig, trotz besseren Wissens. →guter Glaube (bona fides).

Málaga *der, -s/-s,* span. Likörwein, bereitet und gereift in der gleichnamigen Stadt. Um M. zu erhalten, werden dem Grundwein aus Pedro-Ximénez- und Muskatellertrauben (oder nur aus einer dieser Rebsorten) verschiedene, z. T. aufgespritete Mostkonzentrate zugesetzt. Während der mindestens zweijährigen Reifung im Fass erfolgen Verschnitt und weitere Spritung; höhere Qualitäten reifen länger, und zwar im Solerasystem (ähnlich dem Sherry). Je nach Verschnitt und Reifung erhält man die verschiedenen M.-Typen von süß bis trocken, von hellgelb bis dunkelbraun, von 15 bis 23 Vol.-% Alkohol; die wichtigsten sind Lágrima, Muskateller (Moscatel), Pedro Ximénez und Solera. – Die Rebfläche ging seit dem Reblausbefall (ab 1876) von 113 000 ha bis auf 900 ha (Anfang der 1990er-Jahre) zurück.

Málaga, 1) Prov.-Hauptstadt in Andalusien, S-Spanien, an der Costa del Sol, im Schutz der Betischen Kordillere (Montes de M.), an der Mündung des Guadalmedina, einer der ältesten und wichtigsten Mittelmeerhäfen mit Handels-, Fischerei- und Jachthafen, 528 500 Ew.; kath. Bischofssitz; Univ. (gegr. 1972); Kunstakademie, Hochschule für Musik und für darstellende Kunst; archäolog. Museum, Museum der Schönen Künste, Volkskundemuseum, Diözesanmuseum, Picasso-Museum; Theater; Fremdenverkehrszentrum; Export von Erzeugnissen der Vega im Mündungsgebiet des Guadalhorce (Zitrusfrüchte, Zuckerrohr, Bananen), ferner von Málagawein, Baumwolle, Olivenöl sowie Bergbau- und Industrieprodukten; Import von Erdöl (Pipeline nach Puertollano–Madrid–Saragossa), astur. Kohle, Holz. Erdölraffinerie, Eisenerzverhüttung, Metallverarbeitung, Textil-, Zucker-, Chemie-, Fisch- und Fruchtkonservenfabriken; Schiffbau; internat. Flughafen, Fährverbindungen mit Melilla, Ceuta, Tanger, Genua.

Stadtbild: Auf einer Anhöhe die maur. Alcazaba (8.–13. Jh., heute größtenteils rekonstruiert; archäolog. und Keramikmuseum) mit Gärten und Innenhöfen im Stil der Nasriden, verbunden mit der höher gelegenen Festung Gibralfaro (787 bis ins 14. Jh.). An der W-Seite der Alcazaba wurden Reste eines röm. Theaters aus augusteischer Zeit freigelegt. Die dreischiffige Renaissancekathedrale (1528–1783, über ehem. Hauptmoschee errichtet) blieb unvollendet; sie hat einen Umgangschor und Kapellenkranz. Die Kirchen El Sagrario (1488–1542, 1714 umgebaut) und Santiago el Mayor (1490–1545; der Mudéjarturm war Teil der arab. Stadtmauer) entstanden aus ehem. Moscheen (in Teilen erhalten). Hauptmarkt in neomaur. Stil über der ehem. arab. Werftanlage (›Las Atarazanas‹), erhalten ist ein prunkvolles maur. Hufeisenbogentor (13. Jh.). – An der Plaza de la Merced befindet sich das Geburtshaus P. PICASSOS. 1996 stiftete CHRISTINE RUIZ PICASSO, Schwiegertochter PICASSOS, der Regionalregierung von Andalusien 138 Werke des Künstlers aus allen Epochen, die den Grundstock der Sammlung des Picasso-Museums bilden, das künftig seinen Sitz im modernisierten Buenavista-Palast (um 1520 erbaut) haben wird; die Modernisierung soll bis Ende 1999 abgeschlossen sein. – Zur Zeit der Nasriden hatte M. eine bedeutende Produktion von Lüsterfayence mit Gold- und Blaumalerei.

Geschichte: Auf iber. Siedlungsboden gründeten die Phöniker ihre Handelskolonie **Malaca;** nahebei er-

Malachit:
oben Kristallform;
unten dicht angeschliffen

Málaga 1)
Stadtwappen

Stadt in Andalusien

einer der wichtigsten Mittelmeerhäfen

an der Costa del Sol

528 500 Ew.

Universität (gegr. 1972)

Export von Málagawein

internat. Flughafen

maur. Alcazaba (8.–13. Jh.)

phönik. Handelskolonie Malaca

röm. Kolonie Malacitanum

kulturelle und wirtschaftl. Blüte unter den Arabern

Málaga 1):
Die maurische Alcazaba (8.–13. Jh., größtenteils rekonstruiert) mit einem Teil der Gartenanlagen

richteten die Griechen **Mainake**. Die Karthager befestigten M. Nach 202 n. Chr. wurde es zur röm. Kolonie **Malacitanum**. 571–711 war M. westgotisch. Unter der Araberherrschaft (711–1487) erlebte es seine größte kulturelle und wirtschaftl. Blüte (im 11. Jh. Taifa-Hauptstadt); nach Vertreibung der letzten Mauren (1614) verlor es an Bedeutung bis zum 18./19. Jh.; 1931 zerstörten die Republikaner in M. 43 historisch bedeutende Kirchen und Klöster, weitere Schäden erlitt die Stadt im Span. Bürgerkrieg; danach setzte der Wiederaufbau in weitgehend modernem Stil ein.

2) Prov. in Andalusien, S-Spanien, 7306 km², 1,192 Mio. Ew.; liegt in der Betischen Kordillere, die auf langer Strecke unmittelbar ans Mittelmeer tritt und nur schmale Küstenebenen aufweist. Hauptwirtschaftszweige sind der Fremdenverkehr an der Costa del Sol (mit zunehmender Küstenverbauung) und die Landwirtschaft, die trotz abnehmender Nutzflächen durch moderne Techniken (Gewächshäuser, Untersandkulturen) auf bewässerten Anbaustreifen und Deltas steigende Erträge erzielt bei Zitrusfrüchten, Frühgemüse, Tomaten, Melonen, Zuckerrohr, Bananen, Baumwolle, Kaffeesträuchern; in trockeneren Arealen Anbau von Muskatellertrauben. Die Prov. ist bis auf die Stadt M. industriearm.

Malagassi, die Sprache der Madagassen, →Malagasy.

Malagasy, 1) Eigen-Bez. der →Madagassen.

2) Malagassi, Madagassisch, Malgache [mal'gaʃ, frz.], die Sprache der Madagassen. Sie gehört innerhalb der austrones. Sprachfamilie zu den westmalaiopolynes. Sprachen (→malaiopolynesische Sprachen) und besitzt eine große Anzahl von Dialekten, die sich in eine W- und eine O-Gruppe gliedern lassen. Diese unterscheiden sich bei einheitl. Struktur in ihren phonet. und lexikal. Merkmalen. Der Merina-Dialekt (auch Hova) ist seit 1820 offizielle Schrift- und Literatursprache auf Madagaskar.

J. RICHARDSON: A new M.-English dictionary (Antananarivo 1885, Nachdr. Farnborough 1967); F. ABINAL u. V. MALZAC: Dictionnaire Malgache-Français (Antananarivo 1899, Neuausg. Paris 1970); V. MALZAC: Vocabulaire Français-Malgache (Neuausg. Paris 1955); I. DYEN: Malagasy, in: Current trends in linguistics, hg. v. T. A. SEBEOK, Bd. 8 (Den Haag 1971); W. MAHDI: Morpholog. Besonderheiten u. histor. Phonologie der M. (1988); Madagassisch-dt. Wb., hg. v. H. BERGENHOLTZ u. a. (1991); Dt.-madagassisches Wb., hg. v. DEMS. u. a. (1994).

Malagetta-Pfeffer, Malaguetta-Pfeffer, Paradieskörner, als Gewürz dienende Samen des Ingwergewächses Aframomum melegueta aus dem trop. W-Afrika.

Malaien, 1) Eigen-Bez. **Orang Melayu,** Volk in SO-Asien, v. a. Indonesien (Tiefland von NO-Sumatra, Inseln zw. Sumatra und Borneo), W-Malaysia, S-Thailand und Singapur (insgesamt etwa 20 Mio. Angehörige). Seine indones. Grundkultur (→Indonesier) wurde durch ind., seit dem 13. Jh. islam. Einflüsse stark verändert. Heute sind fast alle M. sunnit. Muslime. Durch Wanderungen und Handel sind Abgrenzungen gegen Nachbarn (z. B. Minangkabau) schwer.

2) früher Bez. für alle →Indonesier.

3) in Malaysia übl. Bez. für die hier lebende, ethnisch zu den Indonesiern zählende Bevölkerung.

Malaienhuhn, Malaienkämpfer, speziell für Hahnenkämpfe gezüchtete Hühnerrasse aus Indien und dem Malaiischen Archipel; schlank, mit fast senkrecht hochgereckter Haltung (Größe 70–80 cm) und greifvogeläugl. Kopf. Die Männchen besitzen starke, scharfe Sporen.

Malaiische Halbinsel, Halbinsel Malakka, Halbinsel in SO-Asien, zw. der Andamanensee und der Malakkastraße im W sowie dem Golf von Thailand und dem Südchin. Meer im O; 1500 km lang, an der schmalsten Stelle (Isthmus von →Kra) 40–50 km breit, etwa 190 000 km². Politisch gehören im N Birma und Thailand, im S Malaysia zur M. H. Die Halbinsel wird von einem Gebirgssystem durchzogen, das im N als geschlossener Gebirgszug (endet auf der Insel Phuket) in Erscheinung tritt und gegen S in kulissenartig versetzte Gebirgszüge (im Tahan bis 2190 m ü. M.) aufgelöst wird. Ihnen sind im S vielfach Hügelländer vorgelagert, die in die weithin versumpften Küstenebenen überleiten; sie werden z. T. von Einzelbergen (Kegelkarst) und Bergzügen überragt. Die Halbinsel liegt in den immerfeuchten (S) und monsunalen Tropen (N), dem monsunalen Rhythmus entsprechend an der W- und O-Seite der Halbinsel unterschiedlich. Die Niederschläge betragen im Tiefland 2000–4000 mm, im Gebirge bis über 6000 mm pro Jahr. Trop. Regenwald bedeckt den größten Teil der Halbinsel, v. a. die zentralen Gebirgsketten. Mangrovewald umsäumt weite Teile der Westküste.

In den Wäldern des Innern leben, z. T. noch als Jäger und Sammler, Reste der ältesten Bev.-Schichten, die negrit. Semang und weddiden Senoi sowie die zu den Altindonesiern zählenden Jakun. Die heute vorherrschenden Jungindonesier (Malaien) haben vom 12. bis 19. Jh. die Halbinsel besiedelt (auch im 20. Jh. noch Einwanderung aus Indonesien) und das Küstentiefland bes. durch Reisanbau (ferner v. a. Kokospalmenkulturen) landwirtschaftlich erschlossen; eine wichtige Ernährungsgrundlage stellt für sie auch die Fischerei dar. Die vom N eingedrungenen Thai, die den N des heutigen W-Malaysia bis Anfang des 20. Jh. beherrschten, bilden hier noch eine Minorität. Die Chinesen, die sich als Händler, daneben auch als Gewürzpflanzer auf der Halbinsel niedergelassen haben, kamen im 19. und 20. Jh. in großer Zahl, v. a. mit der Ausbreitung des Zinnerzbergbaus. Große Veränderungen brachte die Einführung der Kautschukkultur; für die von Europäern angelegten Plantagen wurden als Arbeitskräfte viele Inder (v. a. Tamilen) ins Land geholt. Im W-Teil wurden Ölpalmen-, Ananas-, Gemüse-, Teekulturen angelegt. Das Tiefland an der O-Küste ist weitgehend Siedlungsgebiet der v. a. von Reisanbau und Fischerei lebenden und auf die Flussmündungen konzentrierten Indonesier.

Geschichte: Im 2. oder 3. Jh. n. Chr. kam es auf der M. H. zur Bildung kleiner malaiischer Königreiche, die bald unter ind. Kultureinfluss kamen. Hinduismus und Buddhismus verbanden sich mit einheim. Animismus. Bis zum 13. Jh. standen viele der kleinen, Handel

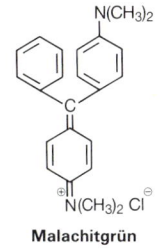

Malaiische Halbinsel: Pulau Tioman, eine Vulkaninsel vor der Südostküste

Malachitgrün

Malaienhuhn (Größe 70–80 cm)

treibenden Staaten unter der losen Oberherrschaft des indones. Großreichs Srivijaya, anschließend unter der des Reiches Majapahit. Gegen 1400 fasste PARAMESVARA, ein aus Sumatra geflüchteter Fürst von Palembang, in dem Fischerdorf Malakka (→Melaka) Fuß. Gestützt auf Freundschafts- und Beistandsbündnisse benachbarter muslim. Herrscher sowie des chin. Mingreiches baute er, dem der chin. Kaiser den Königstitel verlieh, Malakka zum bedeutendsten Umschlagplatz des West-Ost-Handels aus und verhalf dem Islam zur Ausbreitung über die gesamte Halbinsel. Unter seinen Nachfolgern übte das Sultanat Malakka seine Herrschaft bis zur Nordgrenze des heutigen Staates Malaysia aus, nachdem die Thai in blutigen Kriegen aus dem Land vertrieben worden waren. 1511 eroberten die Portugiesen Malakka und bauten in der Folgezeit die Stadt zu einer der mächtigsten Festungen SO-Asiens aus, deren günstige strateg. Lage es ihnen ermöglichte, den gesamten die Malakkastraße passierenden Handelsverkehr zu kontrollieren und hohe Durchgangszölle einzuziehen. 1641 fiel die Stadt nach langen Kämpfen in niederländ. Hand.

Zw. den Herrschern des Malakkareiches, die ihre Residenz nach Johore verlegt hatten, und den Fürsten der angrenzenden Staaten kam es zu ständigen krieger. Auseinandersetzungen um die Vormachtstellung im Malaiischen Archipel. Diese Rivalitätsstreitigkeiten, v. a. aber die Aussicht auf den Gewinn bringenden Zinnhandel, veranlassten die Briten, Stützpunkte auf der Halbinsel zu errichten. 1786 schloss die brit. Ostind. Kompanie mit dem Sultan von Kedah einen Pachtvertrag für die Insel Penang, 1795 besetzte Großbritannien Malakka, das 1824 vertraglich in seinen Besitz überging ebenso wie die Insel Singapur, auf der bereits 1819 eine brit. Handelsniederlassung errichtet worden war. Die zu den **Straits Settlements** zusammengefassten und der Verwaltung der ind. Kolonial-Reg. unterstehenden brit. Besitzungen Singapur, Malakka und Penang wurden 1867 in eine Kronkolonie umgewandelt. Zur Sicherung ihrer Interessensphäre auf der Halbinsel gliederten die Briten zw. 1873 und 1888 die Sultanate Perak, Selangor, Pahang und Negri Sembilan in ein System von Protektoraten ein, die von brit. Residenten überwacht wurden. Entsprechend einer vertragl. Vereinbarung (1895) wurden diese 1896 in die **Federated Malay States** unter der Kontrolle eines von der brit. Reg. ernannten Generalresidenten umgewandelt. Johore, dem mächtigsten malaiischen Staat, wurde größere Autonomie zugestanden (Schutzvertrag 1885). Die Sultanate Perlis, Kedah, Kelantan und Terengganu, bis 1909 unter siames. Oberhoheit, bildeten mit Johore die Gruppe der **Unfederated Malay States**.

Am 8. 12. 1941 landeten jap. Truppen auf der M. H., besetzten sie bis Ende Januar 1942 und zwangen Großbritannien zum Verlassen seiner Kolonie; am 15. 2. 1942 kapitulierte Singapur. In den folgenden Jahren bildete sich eine kommunistisch geführte Widerstandsbewegung gegen die jap. Besatzungsmacht. Nach dem militär. Zusammenbruch Japans im Zweiten Weltkrieg (August/September 1945) nahm Großbritannien die Halbinsel wieder in Besitz. Es löste die Kronkolonie Straits Settlements auf und vereinigte am 1. 4. 1946 Singapur, Malakka und Penang mit den unter brit. Protektorat stehenden Federated sowie Unfederated Malay States zur **Malayan Union (Malaiische Union)**; dabei erhielt Singapur einen eigenen Status. Mit Wirkung vom 1. 2. 1948 wandelte die brit. Reg. die Malayan Union in eine Föderation, die **Federation of Malaya (Malaiischer Bund)**, um. Wenige Monate später löste die malaiische KP einen Aufstand aus, den die brit. Kolonialmacht nach jahrelangen Kämpfen niederschlug (1960 Aufhebung des Ausnahmezustandes). Bei den ersten allgemeinen Wahlen am 25. 7. 1955 gewann eine Allianz aus der ›United Malays National Organization‹ (UMNO), ›Malayan Chinese Association‹ (MCA, dt. ›Vereinigung der Malayachinesen‹) und dem ›Malayan Indian Congress‹ (MIC, dt. ›Kongress der Malayainder‹) die Mehrheit der Mandate und stellte mit TUNKU ABD AR-RAHMAN PUTRA (UMNO) den Min.-Präs. Nach In-Kraft-Treten einer Verf. (1956), die die Vorzugsstellung der Malaien sicherstellte und den Islam zur Staatsreligion erklärte, entließ Großbritannien im Rahmen des Commonwealth of Nations den Malaiischen Bund am 31. 8. 1957 in die Unabhängigkeit. Gegen den Widerstand v. a. Indonesiens schloss er sich am 16. 9. 1963 mit Singapur, Sarawak und Sabah zur Föderation →Malaysia zusammen.
Literatur →Malaysia

Malaiischer Archipel, auch **Australasien** oder **Insulinde,** die zw. SO-Asien und Neuguinea gelegene Inselflur, deckt sich mit Ausnahme von Teilen NW- und N-Borneos sowie der häufig nicht zum M. A. gerechneten Philippinen mit dem Staatsgebiet Indonesiens (ohne W-Neuguinea). Der (mit den Philippinen) rd. 15 Mio. km² große M. A. besteht aus: Großen Sundainseln, Kleinen Sundainseln und Molukken sowie den Philippinen. Im geolog. Bau vereinigt er Schollen von älterer (mesozoischer) Faltung und intrusiven Graniten mit einer jungen (tertiären bis quartären) Faltung, die von intensivem Vulkanismus begleitet wird.

Das *Klima* ist tropisch, mit sehr geringen jährl. Temperaturschwankungen (1–2 °C), hoher Luftfeuchtigkeit und meist reichl. Niederschlägen. Die Temperatur beträgt im Meeresniveau rd. 27 °C, in 1 800 m ü. M. nur 15–16 °C, in 3 000 m ü. M. 8–9 °C. Die Niederschläge (Monsunregen) fallen an den N- und NW-Küsten und Gebirgshängen v. a. im Nordwinter, auf den S-Seiten im Nordsommer; in der Äquatorialzone bis etwa 4° nördl. und südl. Breite fehlt bei vorherrschend westl. Winden eine deutl. Trockenzeit. O-Java, Madura und Bali sind z. T. steppenartig trocken (600–1 000 mm Niederschlag), ähnlich Teile von Celebes; im größten Teil des M. A.s gibt es jedoch reichl. Regenfälle, die von W nach O etwas abnehmen. – Urspr. war der M. A. teils mit immergrünem Regenwald, teils mit laubwerfendem Monsunwald bedeckt, doch wurde auf den dichter besiedelten Inseln die ursprüngl. Vegetation stark zurückgedrängt.

Floristisch bildet der M. A. mit Hinterindien die malaiische Provinz der Paläotropis, *faunistisch* mit der Malaiischen Halbinsel eine Prov. der oriental. Region mit Ausnahme der Molukken.

Malaiischer Bund, engl. **Federation of Malaya** [fedə'reɪʃn ɔf mə'leɪə], ehem. Bundesstaat im S der →Malaiischen Halbinsel mit der Hauptstadt Kuala Lumpur; er erhielt 1957 im Rahmen des Commonwealth of Nations die Unabhängigkeit und wurde 1963 Teil der Föderation →Malaysia.

malaiische Sprache, gehört innerhalb der austrones. Sprachfamilie zu den →malaiopolynesischen Sprachen. Formen der m. S. sind Amtssprachen in Indonesien (Bahasa Indonesia), Malaysia (Bahasa Malaysia), Singapur und Brunei. Die Mehrzahl der Sprecher der m. S. lebt auf der Malaiischen Halbinsel, auf Sumatra, Borneo, Java, Madura und den Molukken. – Das Malaiische war früher die Verkehrssprache des Malaiischen Archipels.

ASMAH BINTI HAJI OMAR: The phonological diversity of the Malay dialects (Kuala Lumpur 1977); DERS.: The Malay peoples of Malaysia and their languages (ebd. 1983); A. W. HAMILTON: Easy Malay vocabulary (Neuausg. Singapur 1985); LIAW YOCK FANG: Standard Malay made simple (ebd. 1988).

Malaika, Nasik al-M., irak. Lyrikerin und Literaturkritikerin, *Bagdad 1923; nimmt eine Schlüsselstellung in der Bewegung der ›freien Poesie‹ ein, die der arab. Dichtkunst durch Befreiung von den starren Regeln der klass. arab. Poetik, jedoch ohne Metrum und Reim völlig aufzugeben, neue Ausdrucksmöglichkeiten erschließt.

Malaiopolynesi|er, die →Austronesier.

malaiopolynesische Sprachen, Bez. für die größte Gruppe der →austronesischen Sprachen. Zu den m. S. gehören die **westmalaiopolynesische Sprachen** (das Malagasy, die Bahasa Indonesia, die malaiische und javanische Sprache, Sundanesisch, Maduresisch, Balinesisch, Cham, Tagalog), die **zentralostmalaiopolynesische Sprachen** (Sprachen der östl. Kleinen Sundainseln und der südl. und zentralen Molukken) und die **ostmalaiopolynesische Sprachen** (Sprachen S-Halmaheras und W-Neuguineas sowie des Pazifik).

Malaita, Mala, eine der Salomoninseln im südwestl. Pazifik, 4071 km², bis 1438 m ü. M., 97 000 Ew. (v. a. Melanesier); Verw.-Gebiet, einschließlich kleiner Nachbarinseln, Hauptort ist Auki; vulkan. Ursprungs, weitgehend bewaldet; Kopragewinnung, Reis- und Kakaoanbau.

Malakal, Stadt in der Rep. Sudan, am Weißen Nil, 386 m ü. M., 35 000 Ew.; Verw.-Sitz der Region Oberer Nil; kath. Bischofssitz; Satellitenempfangsstation; Papierindustrie; Nildampferstation, Flugplatz.

Malakhov, Vladimir, österr. Tänzer ukrain. Herkunft, * Kriwoj Rog 7. 1. 1968; ausgebildet an der Ballettakademie des Bolschoi-Theaters und am Staatl. Theaterinstitut in Moskau. Nach seinem Engagement beim Moskauer Klass. Ballett (1986–92) zunächst v. a. in Stuttgart und Japan als Gast tätig, wurde er 1992 1. Solist beim Wiener Staatsopernballett. Seit 1994 beim National Ballet of Canada, seit 1995 auch beim American Ballet Theatre in New York unter Vertrag.

N. BAIER u. J. HOLWEIN: V. M. Ein Jahrhunderttänzer (1995).

Malakka, 1) Halbinsel M., die →Malaiische Halbinsel.

2) Gliedstaat und Stadt in Malaysia, →Melaka.

Malakkasprachen, in versch. Teilen der Malaiischen Halbinsel von kleineren Ethnien gesprochene Sprachen, die den Mon-Khmer-Sprachen nahe stehen.

Malakkastraße, Meeresstraße zw. Sumatra und der Malaiischen Halbinsel, an der schmalsten Stelle 67 km breit, eine der befahrensten Schifffahrtsstraßen von Indien nach O-Asien und N-Australien.

Malamatija [von arab. malama ›niedrig sein‹, ›schlecht sein‹] *die, -,* eine streng asket. Richtung des Sufismus. Geprägt von einer Frömmigkeit, die jegl. Bindung an die Welt und die Neigungen des ›fleischl. Selbstes‹ ablehnt, strebten die Vertreter der M. eine ausschließl. Zuwendung zu Gott an. Bereits in der Frühzeit des Islam nachweisbar, erlebte die im Iran entstandene M. im 9./10. Jh. ihre Blütezeit und verbreitete sich nach Indien sowie in die Türkei und auf die Balkanhalbinsel.

Malamud [ˈmæləməd], Bernard, amerikan. Schriftsteller, * New York 26. 4. 1914, † ebd. 18. 3. 1986; Prof. für engl. Literatur u. a. an der Oregon State University (1949–61) und am Bennington College in Vermont (ab 1961). Sein Werk verbindet die Traditionen des realist. Romans des 19. Jh. und des fantastisch-realist. jidd. Erzählens mit Erfahrungen der Moderne wie Isolation, Entfremdung und Desorientierung. Stets geht es M. um die Bewahrung moral. Integrität und Humanität in einer gefühlskalten, mitunter feindseligen Umgebung. So findet der Protagonist des Romans ›The assistant‹ (1957; dt. ›Der Gehilfe‹), ein verwahrloster Kleinkrimineller ital. Herkunft, in der von Entbehrung geprägten Welt eines jüdisch-amerikan. Krämers zu moral. Orientierung und aus liebender Selbstlosigkeit gewonnenem Lebenssinn. Das Judentum wird im Werk M.s zum Symbol des Außenseitertums, das dem Einzelnen moral. Reifung im Leid abverlangt.

Weitere Werke: *Romane:* The natural (1952; dt. Der Unbeugsame); A new life (1961; dt. Ein neues Leben); The fixer (1966; dt. Der Fixer); The tenants (1971; dt. Die Mieter); Dubin's lives (1979; dt. Die Leben des William Dubin); God's grace (1982). – *Erzählungen:* The magic barrel (1958; dt. Das Zauberfaß); Idiots first (1963; dt. Schwarz ist meine Lieblingsfarbe); Pictures of Fidelman. An exhibition (1969; dt. Bilder einer Ausstellung); Rembrandt's hat (1973; dt. Rembrandts Hut).

Ausgaben: B. M. A collection of critical essays, hg. v. L. A. u. J. W. FIELD (1975); The stories of B. M. (1983).

S. J. HERSHINOW: B. M. (New York 1980); J. HELTERMAN: Understanding B. M. (Columbia, S. C., 1985); B. M., hg. v. H. BLOOM (New York 1986); J. SALZBERG: Critical essays on B. M. (Boston, Mass., 1987); P. AHOKAS: Forging a new self (Turku 1991).

Malamut [von Mahlemuts, einem Eingeborenenvolk Alaskas] *der, -s/-s,* engl. **Alaskan Malamute** [əˈlæskən ˈmæləmjuːt], aus Alaska stammende Schlittenhundrasse (Widerristhöhe 58–63 cm), seit den 1960er-Jahren auch in Europa gezüchtet. Kraftvoller Hund mit starkem Körperbau, gut geeignet für schwerste Arbeit als Schlittenhund.

Bernard Malamud

Malamut (Widerristhöhe 58–63 cm)

Malan [məˈlaŋ], Daniel François, südafrikan. Politiker, * bei Riebeek-Wes (Kapprovinz) 22. 5. 1874, † Stellenbosch 7. 2. 1959; Geistlicher der Ref. Kirche; war 1924–33 Innen-Min. und 1948–54 Min.-Präs. und Außenminister der Südafrikan. Union.

Schrift: Afrikaner-volkseenheid en my ervarings op die pad daarheen (1959).

Malang, Stadt in O-Java, Indonesien, südwestlich von Surabaya, 450 m ü. M. am Fuß des Semeru, 650 300 Ew.; kath. Bischofssitz; Univ., landwirtschaftl. Forschungsinstitut, botan. Garten; Herstellung von Zigaretten, Tonwaren und Seife, Eisenbahnreparaturwerkstatt; Garnison (seit 1914), nahebei Luftwaffenbasis.

Malangatana, Valente Ngwenya, moçambiquan. Maler, * Marracuene (bei Maputo) 6. 6. 1936; zählt zu den Vätern der zeitgenöss. Kunst Schwarzafrikas. Er stellt in expressiver, farbintensiver Bildersprache die

Valente Ngwenya Malangatana: Für die enthauptete Frau war das Geschenk eine Kaktusblüte; Ausschnitt, 1981 (Maputo, Nationalmuseum)

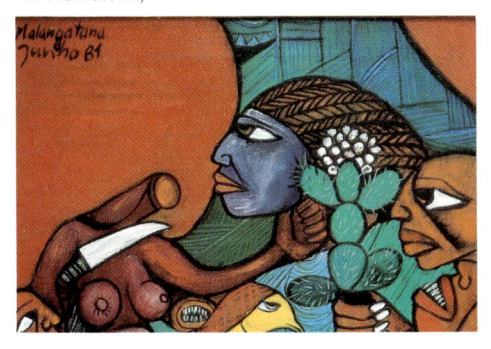

Malanggane [melanes.], geschnitzte Figuren und Friese, die im nördl. und mittleren Teil von New Ireland im Mittelpunkt von ebenfalls M. genannten Totengedenkfeiern stehen. Die meisten M. bestehen aus einem einzigen Stück Holz, sind aber (dreidimensional) durchbrochen gearbeitet. Vollplast. **M.-Figuren** (›Totok‹) verkörpern gerade Verstorbene oder auch unpersönl. Ahnen: Ein relativ gedrungener Körper wird von einer Vielzahl von Fischen, Vögeln, Schlangen oder Pflanzenmotiven umrankt. Köpfe sind eher maskenartig oder direkt auf das Vorbild bezogen dargestellt, häufig mit einem Fisch- oder Vogelmotiv als Aufsatz. Die Figuren sind alle bemalt. **M.-Friese** sind symmetrisch gestaltet, durchbrochen als Flachrelief oder (im Mittelteil) vollplastisch, häufig mit einer Zentralfigur (Mensch oder Vogel), die Seiten mit ausgebreiteten Vogelschwingen. Manche **M.-Masken** (z. B. die Tatanua-Masken) stellen Verstorbene dar.

K. HELFRICH: Malanggan (1973).

Malanje [maˈlãʒi], früher **Malange**, Prov.-Hauptstadt in N-Angola, 1 145 m ü. M., 32 000 Ew.; kath. Bischofssitz; Marktzentrum, Mittelpunkt eines Agrargebietes (Kaffee, Baumwolle u. a.), Zuckerfabrik; Endpunkt der Eisenbahnlinie von Luanda; Flugplatz. Nördlich von M. Eisenerzabbau.

Malanjuk, Jewhen, ukrain. Schriftsteller, * Jelisawetgrad (heute Kirowograd) 2. 2. 1897, † New York 16. 2. 1968; Publizist des nat. voluntarist. Lagers um die Lemberger Zeitschrift ›Wisnyk‹; nahm 1918–20 am ukrain. Befreiungskampf teil, lebte dann in den USA; schrieb patriot. antikommunist. Lyrik, häufig mit Themen aus der ukrain. Geschichte.

Malapane, 1) poln. **Ozimek** [ɔˈzjimɛk], Stadt in der Wwschaft Opole (Oppeln), Polen, an der M., 11 100 Ew. Die Eisenhütte (18. Jh.) von M. wurde nach 1945 zu einer Großgießerei ausgebaut. – M. kam 1945 unter poln. Verwaltung; die Zugehörigkeit zu Polen wurde durch den Deutsch-Poln. Grenzvertrag vom 14. 11. 1990 (in Kraft seit 16. 1.1992) anerkannt.

2) *die*, poln. **Mała Panew** [ˈmaųa-], rechter Nebenfluss der Oder, in Polen, 132 km lang, entspringt südlich von Tschenstochau, mündet nördlich von Oppeln. Der **Turawa-Stausee** (aufgestaut 1936, ausgebaut 1948), der 107 Mio. m^3 Wasser fasst, dient der Wasserstandsregulierung und Energiegewinnung.

Malaparte, Curzio, eigtl. **Kurt Erich Suckert**, ital. Schriftsteller und Journalist, * Prato 9. 6. 1898, † Rom 19. 7. 1957, Sohn einer Italienerin und eines Deutschen; war u. a. 1928–31 Leiter der Tageszeitung ›La Stampa‹; zunächst Anhänger der Faschisten, später jedoch wegen seiner kritischen polit. Haltung verhaftet und auf die Lipar. Inseln verbannt; im Zweiten Weltkrieg Kriegsberichterstatter; nach Kriegsende Verbindungsoffizier zur US-Armee. M. erregte Aufsehen mit seinen dynamisch geschriebenen polem. Kriegs- bzw. Nachkriegsromanen ›Kaputt‹ (1944; dt.), einer desillusionierten Reportage des Kriegsschauplatzes an der Ostfront, und v. a. ›La pelle‹ (1950, frz. 1949 u. d. T. ›La peau‹; dt. ›Die Haut‹), in denen er in expressionist. Bildern schonungslos Szenen menschl. Erniedrigung im Zeichen des Selbsterhaltungstriebes darstellt. Er war auch als Filmregisseur tätig (›Der verbotene Christus‹, 1950).

Weitere Werke: *Erzählungen:* Avventure di un capitano di sventura (1927). – *Romane:* Sodoma e Gomorra (1931); Sangue (1937; dt. Blut); Il sole è cieco (1947). – *Essays:* Technique du coup d'état (frz. 1931, ital. 1948 u. d. T. Tecnica del colpo di stato; dt. Der Staatsstreich, auch u. d. T. Technik des Staatsstreichs); Il Volga nasce in Europa (1943; dt. Die Wolga entspringt in Europa); Maledetti Toscani (1956; dt. Verdammte Toskaner); Io in Russia e in Cina (1958; dt. In Rußland u. in China); Mamma marcia (hg. 1959; dt. Der Zerfall); Benedetti Italiani (hg. 1961; dt. Verflixte Italiener).

Ausgabe: Opere complete, auf mehrere Bde. ber. (1959 ff.).

F. VEGLIANI: M. (a. d. Ital., 1958); G. B. GUERRI: L'arcitaliano. Vita di C. M. (Mailand 1980); Bibliografia Malapartiana, hg. v. V. BARONCELLI u. a. (Prato 1987); M., scrittore d'Europa, hg. v. G. GRANA (ebd. 1992).

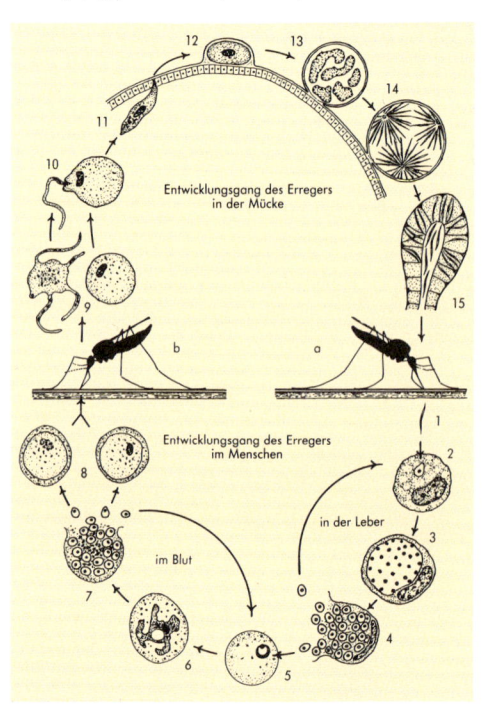

Malanggane: Totok-Figur aus New Ireland, Höhe 115 cm (Stuttgart, Linden-Museum)

Curzio Malaparte

Malaria: Entwicklungsgang des Malariaerregers in schematischer Darstellung (a stechende, b saugende Fiebermücke); 1 Sichelkeim im Blut des Menschen, 2–4 Entwicklung in Zellen der Leber, 5–7 Entwicklung in roten Blutkörperchen, 8 Geschlechtsformen (links männlich, rechts weiblich) in Blutkörperchen, 9 Fortentwicklung der männlichen (links) und weiblichen Gametozyten (rechts) im Darm der Mücke, 10 Befruchtung, 11 Eindringen der befruchteten weiblichen Form in die Darmwand, 12 einkernige Oozyste, 13 vielkernige Oozyste, 14 Bildung der Sichelkeime, 15 in die Speicheldrüse der Mücke eingewanderte Sichelkeime

Malaria [ital., von mala aria ›schlechte Luft‹] *die, -,* **Sumpffieber, Wechselfieber,** weltweit in trop., teils auch subtrop. Regionen verbreitete Infektionskrankheit, die durch Protozoen (Hämosporidia) der Sportierchengattung Plasmodium hervorgerufen wird; Überträger sind weibl. Stechmücken der Gattung Anopheles (→Malariamücken).

Der *Krankheitsverlauf* wird durch den typ. Entwicklungszyklus der Erreger bestimmt. Sie werden in Gestalt einkerniger Sporozoiten (›Sichelkeime‹) übertragen. Das infektiöse Stadium, der lanzenförmige Sporozoit, lebt in der Speicheldrüse der weibl. Stechmücke und wird von dem Insekt bei der Blutmahlzeit in den Blutstrom des Opfers übertragen. Innerhalb von einer Stunde hat jeder Sporozoit den Weg in eine Leberzelle gefunden, wo er eine Folge von Verwandlungen durchmacht. Es entwickelt sich schließlich eine große vielkernige Zelle, der Schizont. Diese Zellen wiederum zerfallen zu einkernigen Teilsprösslingen (Merozoiten), die neue Leberzellen befallen. Nach Ablauf der Inkubationszeit (je nach Erregerart 8–30

Malariamücken   Mala

Tage) folgt auf dieses Stadium der gewebegebundenen Entwicklung eine zweite ungeschlechtl. Vermehrungsperiode infolge des Eindringens von Merozoiten in rote Blutkörperchen. Die hierbei entstehenden neuen Merozoiten verbreiten sich nach Platzen der infizierten Blutkörperchen auf dem Blutweg und dringen in weitere rote Blutkörperchen ein. Dieser Vorgang wiederholt sich, bis er durch körpereigene Abwehr oder therapeut. Maßnahmen zum Erliegen kommt. Einige der (Blut-)Schizonten differenzieren sich zu geschlechtl. Formen (männl. und weibl. Gametozyten). Werden diese beim Saugvorgang von einer Überträgermücke aufgenommen, entwickeln sich in ihr zu infektionstüchtigen Sporozoiten, die wiederum übertragen werden können. Eine direkte zwischenmenschl. Infektion ist deshalb i. d. R. ausgeschlossen (außer durch Bluttransfusion, Transplantation und über die Plazenta auf das ungeborene Kind mit der Gefahr einer Fehl- oder Frühgeburt). Die Entwicklung der Sporozoiten ist an eine Umgebungstemperatur von mindestens 16 °C gebunden und beschleunigt sich bei höheren Temperaturen; hieraus erklärt sich die unterschiedl. geograph. Verbreitung der M. (einschließlich der Begrenzung unterhalb 2 000 m Höhe).

Entsprechend der beteiligten Erregerart tritt die M. beim Menschen in drei Formen auf: **M. tertiana** (Erreger Plasmodium vivax und ovale), **M. quartana** (Plasmodium malariae) und **M. tropica** (Plasmodium falciparum); den schwersten, akut lebensbedrohl. Verlauf weist die M. tropica auf, am seltensten ist heute die M. quartana.

Kennzeichnende *Symptome* der M. sind die in unterschiedl. Abständen auftretenden Fieberschübe, die durch den gleichzeitigen Zerfall von reifen Blutschizonten und der befallenen Blutkörperchen ausgelöst werden. Bei der M. tertiana kommt es nach kurzem Anfangsfieber mit Kopf- und Gliederschmerzen, auch Durchfall, in Intervallen von 46 Stunden **(Dreitagefieber)**, bei der M. quartana von 72 Stunden, zu hohem Fieber (40–41 °C) mit Schüttelfrost, starken Kopfschmerzen, Übelkeit, Verwirrtheitszuständen und auch zu Krämpfen. Hieran schließt sich nach 4–6 Stunden ein krit. Temperaturabfall mit Schweißausbrüchen an. Weitere Krankheitserscheinungen sind Milz- und Leberschwellungen, leichte Gelbsucht, hämolyt. Anämie. Ohne Behandlung klingen die Fieberattacken nach mehreren Wochen von selbst ab.

Bei der Malaria tertiana erlöschen die Krankheitserscheinungen meist nach zwei bis drei Wochen. Durch Hypnozoiten, die sich aus den Sporozoiten entwickeln und in der Leber verbleiben, können auch noch nach längerer Zeit Rezidive ausgelöst werden.

Die M. tropica ist durch heftige Symptome mit unregelmäßigem oder anhaltendem Fieberverlauf gekennzeichnet, manchmal besteht auch gar kein Fieber; infolge einer Verstopfung der Kapillargefäße lebenswichtiger Organe (Gehirn, Nieren, Herz, Lunge, Leber, Darm) kann in wenigen Tagen der Tod eintreten. Rückfälle treten nur bei unzureichender Therapie bzw. bei Vorliegen einer Medikamentenresistenz auf.

Die Diagnose wird durch den mikroskop. Erregernachweis im Blutausstrich gestellt, allerdings stehen für besondere Fragestellungen ein immundiagnost. Antigennachweis im Blut sowie molekularbiolog. Methoden zum Nachweis plasmodienspezif. Desoxyribonukleinsäure zur Verfügung.

Die *Vorbeugung* umfasst v. a. Mückenschutz und Chemoprophylaxe, da eine sicher wirksame Impfung noch nicht zur Verfügung steht. In Gebieten ohne Chloroquinresistenz wird die Vorbeugung mit Chloroquin durchgeführt, in Gebieten mit häufigem Vorkommen einer M. tropica und mit häufigen Resistenzen mit Mefloquin. Daneben wird für Gebiete mit eher seltenem Vorkommen an M. tropica und/oder mit eher selteneren Resistenzen auch Chloroquin und Proguanil zur Vorbeugung empfohlen.

Zur *Behandlung* der M. tertiana und M. quartana dient Chloroquin. Resistenzen gegen Chloroquin bei M. tertiana sind bisher nur in Einzelfällen bekannt geworden. Bei der M. tertiana muss eine Nachbehandlung mit einem anderen Medikament angeschlossen werden, um eventuell vorhandene Hypnozoiten abzutöten. Eine M. tropica wird meist mit Mefloquin behandelt, nur bei Herkunft aus Gebieten ohne Chloroquinresistenz (zurzeit Mittelamerika, Nordafrika, Vorderasien) kann mit Chloroquin behandelt werden. Wenn schon Bewusstlosgigkeit eingetreten ist, muss Chinin als intravenöse Tropfinfusion gegeben werden. Diese Behandlung wird mit Doxycyclin kombiniert.

Trotz weltweiter Bekämpfungsmaßnahmen der Weltgesundheitsorganisation (seit 1955) ist die M. nach anfängl. Zurückdrängung wieder in stetiger Zunahme begriffen (Resistenzentwicklung der Überträgermücken gegen Insektizide und der Erreger gegen die Chemotherapeutika. Zur Ausrottung der M. richten sich die Hoffnungen schon seit Jahrzehnten auf die Entwicklung eines Impfstoffs, der besser als der Parasit selbst in der Lage müsste, gegen Plasmoiden gerichtete Immunreaktionen zu stimulieren. Zurzeit werden verschiedene teils peptidsynthetisch, teils gentechnologisch hergestellte Eiweiße des Parasiten diesbezüglich untersucht. Nach Schätzungen der Weltgesundheitsorganisation sind gegenwärtig 300 bis 500 Mio. Menschen an M. erkrankt, man schätzt, dass zw. 1,5 und 2,7 Mio. Menschen jährlich an einer M. sterben. Durch den Ferntourismus sind zunehmend Reisende betroffen; in Dtl. treten jährlich etwa 1 000 Erkrankungen (meldepflichtig) auf. Die Todesfälle (etwa 15 je Jahr) sind außer auf mangelhafte Vorbeugung v. a. darauf zurückzuführen, dass die M. tropica zunächst als Grippeerkrankung verkannt und dann zu spät behandelt wird. Vor Auslandsreisen sollte sich jeder in einem tropenmedizin. Inst. oder bei einem tropenmedizinisch ausgebildeten Arzt über die Resistenzlage in dem betreffenden Reisegebiet und die entsprechende Prophylaxe informieren.

Geschichte: Die M. war bereits im Altertum bekannt (HIPPOKRATES); zu den Hauptverbreitungsgebieten gehörten Afrika, Palästina, Mesopotamien, aber auch China und Indien. Bis ins 19. Jh. galten ›Miasmen‹ (giftige Ausdünstungen), v. a. in Sumpfgebieten, als Ursache. Die Entdeckung der Erreger gelang 1880 C. L. A. LAVERAN, 1898 erkannte R. ROSS die Überträgerrolle von Stechmücken. Erst durch die Einführung der Chinarinde nach Europa im 17. Jh. und Gewinnung des Chinins Anfang des 19. Jh. standen Behandlungsmittel zur Verfügung, die jedoch nur gegen die Blutschizonten wirksam sind. In der ersten Hälfte des 20. Jh. gelang die vollständige Erforschung der Entwicklungszyklen des Erregers und die Entdeckung gezielt wirksamer Chemotherapeutika.

Malariamücken, Fiebermücken, Gabelmücken, Anopheles, Gattung der →Stechmücken (Culicidae) mit rd. 200 Arten, einige auch in Mitteleuropa (z. B. Anopheles maculipennis). Etwa 50 Arten übertragen die →Malaria, wobei nur die Weibchen Blut saugen und damit die Überträger sind. Die Männchen nehmen nur Wasser oder Blütennektar auf. Die Weibchen sind dämmerungsaktiv und stechen bei Dunkelheit; dabei sitzen sie in charakterist. Schräghaltung, Rüssel und Körper bilden eine gerade Linie. M. überwintern als Imago, v. a. in Viehställen. Die Eigelege werden ins Wasser abgelegt, sie bilden an der Wasseroberfläche oft charakterist. Muster. Larven und Puppen sind Wasserbewohner; die Larven verharren waagerecht unter der Wasseroberfläche, wo sie winzige Partikel als Nahrung herbeistrudeln. – Die Bekämp-

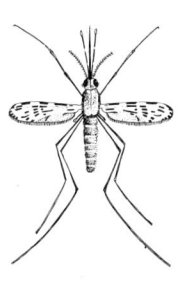

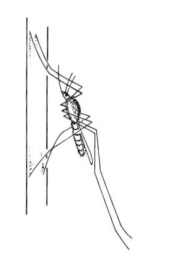

Malariamücken: Anopheles plumbeus (Weibchen; Körperlänge 5 mm; unten in Ruhestellung)

Mäla Mälarsee – Malawi

Malatya
Provinzhauptstadt in der Türkei
·
im Osttaurus
·
1 080 m ü. M.
·
304 800 Ew.
·
Universität (gegr. 1975)
·
Verarbeitung von Tabak, Baumwolle und Obst
·
hethitische und assyrische Ruinen
·
Ruinen des griechischen Melitene

Malawi

Staatswappen

Staatsflagge

MW
Internationales Kfz-Kennzeichen

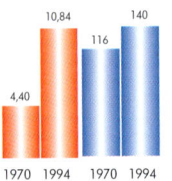

4,40 | 10,84 | 116 | 140
1970 1994 Bevölkerung (in Mio.) | 1970 1994 Bruttosozialprodukt je Ew. (in US-$)

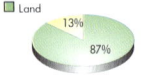

☐ Stadt
☐ Land
13% / 87%
Bevölkerungsverteilung 1994

☐ Industrie
☐ Landwirtschaft
☐ Dienstleistung
21% / 32% / 47%
Bruttoinlandsprodukt 1994

fung erfolgt durch Beseitigen der Brutplätze, Aussetzen sterilisierter Männchen, Einsetzen bestimmter Fische (z. B. Gambusien) in die Brutgewässer, notfalls auch durch Überziehen der Wasseroberfläche mit öligen Substanzen. Ein weiterer Ansatzpunkt zur Malariabekämpfung ist die Freisetzung genetisch manipulierter Mücken, in denen sich die Parasiten (Plasmodien) nicht mehr vermehren können und die die natürl. Mückenpopulation verdrängen.

Mälarsee, schwed. **Mälaren,** inselreicher See in Mittelschweden, erstreckt sich von Stockholm 120 km weit nach W, bis 65 km breit, bis 60 m tief, liegt 0,3–0,6 m ü. M.; 1 140 km² Wasserfläche; die 1 260 Inseln bedecken 410 km². Sein kurzer Ausfluss (Norrström) mündet in Stockholm in die Ostsee; von der Ostsee über den Södertäljekanal für Schiffe bis 5,5 m Tiefgang, in Stockholm für Schiffe bis 6,5 m Tiefgang erreichbar. An den teils fruchtbaren, teils felsigen Ufern und auf den Inseln liegen 200 Schlösser und Herrensitze sowie viele Landhäuser.

Malaspina, ital. Adelsfamilie mit Gütern in der Toskana, in Ligurien und der Lombardei. Die M. beherrschten seit dem 12. Jh. im Apennin wichtige Abschnitte des Straßennetzes, später nur noch Teile Liguriens mit dem Zentrum →Massa.

Malaspinagletscher [nach dem ital. Seefahrer ALESSANDRO MALASPINA, *1754, †1810], Gletscher in SO-Alaska, USA, 113 km lang, 2 200 km², fließt am Fuß des Mount Saint Elias und mündet in den Golf von Alaska. Der M. ist ein so genannter Vorlandgletscher, der sich aus verschiedenen einzelnen Eisströmen zusammensetzt.

Malate [zu lat. malum ›Apfel‹] Pl., Salze und Ester der →Apfelsäure.

Malatesta, im 12. Jh. erstmals bezeugte ital. Adelsfamilie der Romagna, Parteigänger der Guelfen. Die M. waren seit dem späten 13. Jh. bis 1503 Signori von Rimini und beherrschten auch Teile des Kirchenstaates. Um 1275 wurde GIANCIOTTO M. mit FRANCESCA DA RIMINI verheiratet. SIGISMONDO M. (*1417, †1468) trat als Condottiere hervor (Drama von H. DE MONTHERLANT, 1946). 1503 verkaufte PANDOLFO M. (*1475, †1534) Rimini den Venezianern.

Malatya [-tja], Prov.-Hauptstadt im östl. Zentralanatolien, Türkei, 1 080 m ü. M., im Äußeren Osttaurus, in der fruchtbaren Euphratbeckenebene, 304 800 Ew.; Univ. (gegr. 1975); Verarbeitung landwirtschaftl. Erzeugnisse (Tabak, Baumwolle, Obst). – 8 km nördlich von M., auf dem Arslan Tepe, lag die bereits keilschriftlich erwähnte Siedlung **Milid (Meliddu);** im 9./8. Jh. v. Chr. Mittelpunkt eines späthethit. Stadtstaates, nach der Eroberung durch den Assyrerkönig SARGON II. im späten 8. Jh. einer assyr. Provinz. Ausgrabungen legten u. a. die Burgmauer und den Palast SARGONS II. frei. Die hethit. Funde (Orthostatenreliefs) zeigen einen von Assyrien beeinflussten hethit. Provinzstil des 9./8. Jh. Westlich davon, beim heutigen **Eski M. (Alt-M.),** liegen die Ruinen des griech. **Melitene (Melite),** das im 1. Jh. n. Chr. Standquartier der röm. 12. Legion war, von TRAJAN zur Stadt erhoben und von JUSTINIAN I. mit einer Mauer umgeben wurde. 577 brannten die Perser die Stadt nieder, zw. dem 7. und 10. Jh. war sie zw. Byzantinern und Arabern umstritten. Nach byzantin. (934–Anfang 12. Jh.) und anschließender seldschuk. Herrschaft wurde die Stadt 1516 osmanisch (Baureste aus byzantin. und seldschuk. Zeit, v. a. Reste der Stadtmauern, Ruinen einer Moschee des 13. Jh. und einer Karawanserei). Die heutige Stadt entstand, als sich die Bewohner des früheren Ortes 1838/39 12 km weiter südöstlich ansiedelten; nach einem Erdbeben (1893) wurde sie wieder aufgebaut. BILD →hethitische Kunst

Malawi
Fläche 118 484 km²
Einwohner (1994) 10,84 Mio.
Hauptstadt Lilongwe
Amtssprache Englisch
Nationalfeiertag 6. 7.
Währung 1 Malawi-Kwacha (MK) = 100 Tambala (t)
Uhrzeit 13:00 Lilongwe = 12:00 MEZ

Malawi, amtlich englisch **Republic of M.** [rɪˈpʌblɪk əv məˈlɑːwɪ], Chewa **Mfuko la Malaŵi,** Binnenstaat im südl. Ostafrika, grenzt im N und NO an Tansania, im O, S und SW an Moçambique, im W an Sambia, 118 484 km² Staatsfläche, davon 24 405 km² Wasserfläche. M. hat (1994) 10,84 Mio. Ew.; Hauptstadt ist Lilongwe; Amtssprache ist Englisch; Nationalsprache Chewa (seit 1968; →Nyanja). Währung: 1 Malawi-Kwacha (MK) = 100 Tambala (t). Zeitzone: Osteurop. Zeit (13:00 Lilongwe = 12:00 MEZ).

STAAT · RECHT

Verfassung: Nach der am 18. 5. 1994 verkündeten Interims-Verf. ist M. eine präsidiale Rep. im Commonwealth. Staatsoberhaupt und oberster Inhaber der Exekutive (Reg.-Chef) ist der auf fünf Jahre direkt gewählte Präs. Er ernennt die ihm verantwortl. Reg., besitzt ein Vetorecht gegen Gesetzesbeschlüsse und kann das Parlament vertagen bzw. auflösen. Die Legislative liegt bei der Nationalversammlung (177 Abg., für fünf Jahre nach Mehrheitswahlsystem gewählt).

Malawi: Übersichtskarte

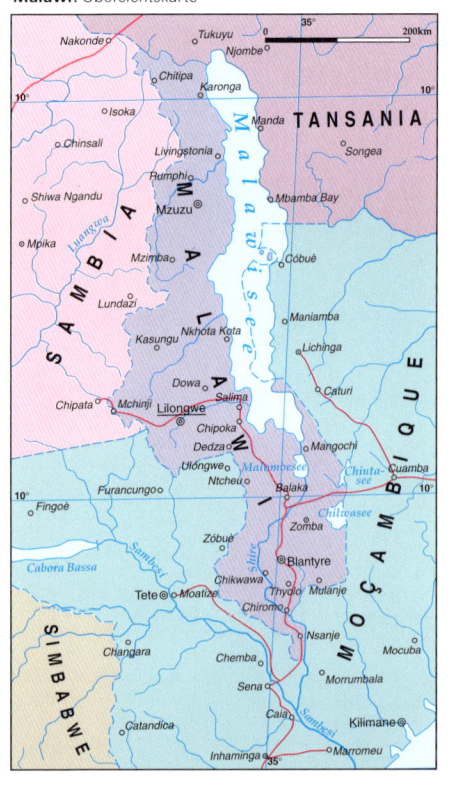

Die Verf.-Änderung vom 30. 3. 1995 sieht die Einrichtung einer zweiten Kammer vor. Der Senat (80 Mitgl., z. T. von regionalen Vertretungen gewählt, z. T. kooptiert) soll seine Arbeit nach den nächsten Wahlen (1999) aufnehmen und die Machtbalance zw. Parlament und Präs. verbessern.

Parteien: 1993 wurde per Referendum ein Mehrparteiensystem etabliert. Einflussreichste Parteien sind die United Democratic Front (UDF), die Alliance for Democracy (AFORD), die Malawi Congress Party (MCP; gegr. 1959; 1966–93 Einheitspartei) und die Malawi National Democratic Party (MNDP).

Wappen: Das Wappen (1964) zeigt im zweimal geteilten Schild unten eine aufgehende Sonne, in der Mitte einen goldenen Löwen (erinnert an die frühere brit. Herrschaft); die blauweißen Wellenlinien im Schildhaupt sind Symbol für den Malawisee. Das Oberwappen bilden ein Helm mit rotgoldenem Wulst und gleichfarbenen Helmdecken, die blauweißen Wellenlinien des Malawisees und vor einer aufgehenden Sonne ein Schreiseeadler als Zeichen des unabhängigen Staates. Als Schildhalter dienen ein Löwe und ein Leopard. Schild und Schildhalter stehen auf einer Darstellung des Gebirgsmassivs Mlanje. Das Schriftband trägt den Wahlspruch ›Unity and Freedom‹ (›Einigkeit und Freiheit‹).

Nationalfeiertag: Nationalfeiertag ist der 6. 7., der an die Erlangung der Unabhängigkeit 1964 erinnert.

Verwaltung: M. ist untergliedert in drei Regionen und 24 Distrikte.

Recht: Das Rechtssystem beruht auf traditionellem Recht sowie auf brit. Kolonialrecht. Das Gerichtswesen besteht aus dem Obersten Berufungsgerichtshof, dem Hochgericht sowie Magistratsgerichten in den Distrikten.

Streitkräfte: Die Gesamtstärke der Freiwilligenarmee (Verpflichtungszeit sieben Jahre) beträgt rd. 9 500 Mann, fast ausschließlich Heerestruppen. Die paramilitär. Polizeikräfte haben eine Stärke von etwa 1 000 Mann.

LANDESNATUR · BEVÖLKERUNG

M. hat eine N-S-Erstreckung von 837 km bei einer Breite zw. 80 und 160 km. Die weiten Hochebenen (1 200–1 400 m ü. M.), die zwei Drittel der Landfläche einnehmen, werden überragt von einzelnen Gebirgsmassiven (das Massiv Mlanje im SO erreicht 3 000 m ü. M.). Durchzogen wird das Land in seiner Gesamtlänge vom Njassagraben (südlichster Teil des →Ostafrikanischen Grabensystems) mit dem Malawisee (von dessen Fläche vier Fünftel zu M. gehören) und seinem Abfluss, dem Shire; ein südöstlich gerichteter Zweig des Grabenbruchs wird vom Chilwasee (600 m ü. M.) eingenommen, der eine wechselnde Ausdehnung hat (rd. 1 600 km²). Der Malawisee (472 m ü. M.) reicht bis 234 m u. M., das benachbarte Nyikaplateau bis 2 606 m ü. M. (nahe dem W-Ufer).

Klima: M. hat trop. Klima mit einer Regenzeit von November bis April; im SO bringen jedoch Steigungsregen der SO-Passats die Niederschläge. Die jährl. Niederschlagsmengen liegen im Hochland bei 800–1 300 mm, im Regenschatten jedoch nur bei 750 mm; die Gebirge sind stärker beregnet (Mlanje: 3 000 mm jährlich). Insgesamt weist der N sieben bis acht humide Monate auf, der äußerste S nur fünf bis sechs. Die trop. Temperaturen werden durch die Höhenlage und die große Wasserfläche beeinflusst. Anfang der 90er-Jahre gab es im S große Dürreperioden.

Vegetation: Vorherrschend ist Trockenwald, v. a. Miombowald mit Kandelaberwolfsmilch, im S übergehend in Mopanewald mit Affenbrotbäumen und Borassuspalmen. Im Mlanje gibt es Zedernbestände. Periodisch überschwemmte Gebiete tragen Grasland.

Malawi: Landschaft am Rand des Gebirgsmassivs Mlanje

Bevölkerung: Mehr als 99 % der Bev. sind Bantu. Zu den schon lange in diesem Gebiet ansässigen Tonga, Nyanja, Chewa (stärkste Volksgruppe) und Tumbuka wanderten seit Mitte des 19. Jh. die Ngoni, Yao u. a. ein. Die etwa 7 000 Europäer (meist brit. Herkunft) sind v. a. in der Verwaltung und als Farmer tätig, die rd. 10 000 Asiaten (meist Inder) bilden als Händler eine Art Mittelstand. M. ist einer der am dichtesten besiedelten Staaten Afrikas, bes. im S (im Shirehochland, östlich des Shire). Der jährl. Bev.-Zuwachs ist mit (1985–95) 3,1 % sehr hoch. Die städt. Bev. beträgt 13 %. Größte Städte sind das Wirtschaftszentrum Blantyre (1994: 446 800 Ew.), die Hauptstadt Lilongwe (395 500 Ew.), Mzuzu und die Univ.-Stadt Zomba (mit je 62 700 Ew.). Etwa 700 000 Malawier arbeiten im Ausland (u. a. in den Goldminen von Südafrika). Seit 1976 strömten ständig Flüchtlinge aus Moçambique in den S-Teil des Landes (bis 1993 insgesamt 1,3 Mio.); ihre Rückführung ist ein wichtiges polit. Ziel.

Religion: Es besteht Religionsfreiheit. Über 75 % der Bev. sind Christen; rd. 35 % gehören prot. Kirchen an (Reformierte, Adventisten, Baptisten, Pfingstler, Lutheraner u. a.), rd. 25 % der kath. Kirche (Erzbistum Blantyre mit sechs Suffraganbistümern), die Übrigen zahlr. unabhängigen Kirchen, die in starkem Maß das Erbe der afrikan. Religionen in die eigene Glaubenspraxis integriert haben. Größte prot. Kirche ist die ›Presbyterian. Kirche von Zentralafrika‹. Für die über 80 000 Anglikaner bestehen drei Bistümer (Bischofssitze: Lilongwe, Mzuzu, Zomba), die zur

Klimadaten von Lilongwe (1 135 m ü. M.)					
Monat	Mittleres tägl. Temperaturmaximum in °C	Mittlere Niederschlagsmenge in mm	Mittlere Anzahl der Tage mit Niederschlag	Mittlere tägl. Sonnenscheindauer in Stunden	Relative Luftfeuchtigkeit nachmittags in %
I	26,5	204	19	4,9	65
II	26,5	210	18	5,0	66
III	26,5	135	14	6,3	62
IV	26,5	37	6	7,9	53
V	25,5	5	2	8,2	44
VI	24	1	1	7,8	41
VII	23	0	1	7,1	39
VIII	25	2	1	8,5	35
IX	27,5	4	1	8,7	33
X	30	5	1	9,4	32
XI	29	75	9	7,0	44
XII	27,5	171	17	4,9	59
I–XII	26,5	849	90	7,1	48

anglikan. Kirche der Prov. Zentralafrika gehören. – Rd. 12 % der Bev. sind (mit Ausnahme einer kleinen Zahl Zwölferschiiten) sunnit. Muslime, überwiegend der schafiit. Rechtsschule. Die islam. Bev.-Gruppe bilden v. a. die Yao, von denen über 90 % Muslime sind. Zahlenmäßig sehr kleine religiöse Minderheiten sind die Hindus (v. a. Inder) und die Bahais.

Bildungswesen: Es besteht keine allgemeine Schulpflicht, der Schulbesuch ist gebührenpflichtig, Lernmittel sind frei. Die achtjährige Primarschule wird von rd. 60 % der Altersstufe besucht; ab dem 4. Schuljahr ist Englisch Unterrichtssprache. Die vierjährige Sekundarstufe besuchen rd. 4 % der Jahrgänge. An sie schließen techn. oder lehrerbildende Anstalt oder Hochschule an. Die Analphabetenquote liegt bei 43,6 %. Die Univ. von M. befindet sich in Zomba (gegr. 1964), in Lilongwe unterhält sie ein landwirtschaftl. College.

Publizistik: Zu den auflagenstärksten Printmedien, die fast ausschließlich in Englisch erscheinen, gehören u. a. ›Monitor‹, ›Daily Times‹, ›Malawi News‹, ›Odini‹ und ›The Mirror‹. Staatl. Nachrichtenagentur ist die ›Malawi News Agency‹ (MANA, gegr. 1966). Die gemischtwirtschaftl. Rundfunkgesellschaft ›Malawi Broadcasting Corporation‹ (MBC, gegr. 1964), Sitz Blantyre, sendet landesweite Hörfunkprogramme in Chewa und Englisch; sie unterhält einen Auslandsdienst in Englisch.

WIRTSCHAFT · VERKEHR

Das Agrarland M. zählt, gemessen am Bruttosozialprodukt je Ew. von (1994) 140 US-$, zu den ärmsten Ländern Afrikas. Das Hauptziel der marktwirtschaftl. Wirtschaftspolitik ist, auf der Grundlage einer exportorientierten Landwirtschaft Devisen für die Entwicklung der Infrastruktur und einer Basisindustrie zu erwirtschaften sowie durch Förderung des Agrarsektors die Landflucht zu verhindern. Infolge der Missernten in den Jahren 1992 und 1994 hat sich die wirtschaftl. Situation M.s erheblich verschlechtert. Der Schuldendienst für die (1995) 2,14 Mrd. US-$ Auslandsschulden beansprucht 25,9 % der Exporterlöse. Die Inflationsrate lag im Zeitraum 1985–95 im Durchschnitt jährlich bei 22 %.

Landwirtschaft: Rd. 72 % der Erwerbstätigen arbeiten im Agrarsektor; sie erwirtschaften (1994) rd. 32 % des Bruttoinlandsprodukts (BIP). Die landwirtschaftl. Nutzfläche setzt sich zus. aus 2,4 Mio. ha Ackerland und Dauerkulturen sowie 1,8 Mio. ha Weideland. 85 % des gesamten Landes gehören den Stämmen (›customary land‹) und werden von den Häuptlingen für eine Nutzungsperiode an die Familien verteilt; eine Familie bewirtschaftet im Durchschnitt weniger als 2 ha Land. Nur 3 % des Landes gehören Unternehmen (›freehold land‹, größtenteils Plantagen). Das in Staatsbesitz befindliche Land (›public land‹, 12 %) umfasst v. a. Waldgebiete und zwei Nationalparks. Das Hauptnahrungsmittel Mais wird von 95 % aller Kleinbauern angebaut. Weitere Anbauprodukte für die Eigenversorgung sind Kartoffeln, Maniok und Gemüse; für den Export v. a. Tabak (1992: 136 000 t), Tee und Zuckerrohr. Viehwirtschaft (Rinder, Schweine, Schafe) wird v. a. im N betrieben.

Forstwirtschaft: Als Wald ausgewiesen sind (1992) 4,3 Mio. ha (36 % der Gesamtfläche). Der Holzeinschlag (1991: 8,5 Mio. m³) dient fast ausschließlich der Gewinnung von Brennholz (95 %). Die Aufforstungen konzentrieren sich v. a. auf wertvolle Nutzhölzer.

Fischerei: Trotz günstiger Voraussetzungen hat der Fischfang nur regionale Bedeutung und wird v. a. in den südl. Buchten des Malawisees, im Chilwa- und Malombesee sowie im Shire betrieben (Fangmenge 1992: 63 000 t).

Industrie: Wegen geringer Rohstoffvorkommen (abgebaut werden Kalkstein, Bauxit und Kohle, nachgewiesen sind u. a. noch Uran, Asbest und Graphit), hoher Transportkosten und einem Mangel an Fachkräften hat das produzierende Gewerbe keine große Bedeutung (Anteil am BIP 1994: 21 %) und konzentriert sich auf die Nahrungs- und Genussmittelindustrie, die Herstellung von Konsumgütern (u. a. Schuhe, Textilien) und die Verarbeitung und Veredelung landwirtschaftl. Produkte für den Export.

Tourismus: Anziehungspunkte des Fremdenverkehrs (1990: 130 000 Auslandsgäste) sind v. a. der Nationalpark Malawisee (UNESCO-Weltnaturerbe), der Kasungu-Nationalpark (207 km²) in Zentral-M. und der Nyika-Nationalpark (930 km²) im N. Als günstigste Reisezeit gelten die Monate Mai bis Oktober.

Außenwirtschaft: Seit Jahren hat M. eine negative Handelsbilanz (1994: Einfuhrwert 639 Mio. US-$, Ausfuhrwert 390 Mio. US-$). Agrarprodukte machen 90 % des Exportwertes aus. Tabak ist mit einem Anteil von (1991) 76 % wichtigstes Exportprodukt vor Tee (8 %) und Zucker (6 %). Haupthandelspartner sind Großbritannien und die Rep. Südafrika mit je 20–25 % vor den USA, Japan und Deutschland.

Verkehr: Das Verkehrsnetz konzentriert sich auf den S des Landes. Die Hauptstrecke des 789 km langen Eisenbahnnetzes verläuft von Nsanje im äußersten S über die beiden Wirtschaftszentren Blantyre und Lilongwe nach Mchinji an der Grenze zu Sambia. Das Binnenland M. ist durch diese Eisenbahnlinie mit Beira und über eine Querverbindung mit Nacala (beides Seehäfen in Moçambique) verbunden. Knapp 25 % des 13 600 km langen Straßennetzes sind befestigt. Es gibt gute Straßenverbindungen von Lilongwe und Blantyre nach Harare (Simbabwe), Lusaka (Sambia) sowie Mbeya und Daressalam (Tansania). Der Schiffsverkehr auf dem Malawisee gewinnt an Bedeutung. Der internat. Flughafen liegt nördlich der Hauptstadt Lilongwe.

GESCHICHTE

Der Name M. geht auf einen oder mehrere Staaten zurück, die im 16./17. Jh. südlich des Malawisees bestanden. Ab 1875 ließen sich schott. prot. Missionare am Malawisee, der 1859 durch D. LIVINGSTONE entdeckt wurde, und in Blantyre im Shirehochland nieder. 1891 errichtete Großbritannien das Protektorat ›British Central Africa‹ (Britisch-Zentralafrika, 1907 in **Njassaland** umbenannt). Im Januar 1915 erhoben sich christl. Afrikaner unter Führung des prot. Geistlichen J. CHELEMBWE zu einem Aufstand, der rasch niedergeschlagen wurde. 1953 verband die brit. Kolonialmacht Njassaland mit Nord- und Südrhodesien (heute Sambia und Simbabwe) zur →Zentralafrikanischen Föderation, in der die Weißen politisch vorherrschten. Ende der 50er-Jahre erhob sich aktiver Widerstand der schwarzen Bev., an dessen Spitze sich H. K. BANDA (* 1906 [?], †1997) setzte. Unter seiner Führung errang die 1959 gegründete ›Malawi Congress Party‹ (MCP) bei den ersten allgemeinen Wahlen 1961 einen hohen Wahlsieg; danach übernahm BANDA 1963 das Amt des Premier-Min. (bis 1966). Nach Auflösung der Föderation zum 31. 12. 1963 wurde Njassaland am 6. 7. 1964 als M. unabhängig, zunächst als Monarchie unter der brit. Krone, seit dem 6. 7. 1966 als Rep. innerhalb des Commonwealth. Die MCP wurde 1966 im Rahmen eines Einparteiensystems die allein zugelassene Partei; Konkurrenten um die polit. Macht wurden unterdrückt und verfolgt.

Unter dem diktatorisch herrschenden Staatspräs. BANDA (1971 auf Lebenszeit gewählt) förderte die Reg. innenpolitisch die bäuerl. Privatwirtschaft und verfolgte außenpolitisch eine prowestliche Linie. Als einziger Mitgliedsstaat der OAU nahm M. 1968 offi-

Malaxis:
Einblattorchis
(Höhe 8–30 cm)

ziell diplomat. Beziehungen zur Rep. Südafrika auf, schloss sich aber auch der Southern African Development Coordination Conference (SADCC) an, die die Apartheidpolitik der Rep. Südafrika bekämpfte.

Unter dem Druck der internat. Kreditgeber und sich allmählich formierenden Opposition sowie nach blutigen Unruhen im Frühjahr 1992 wurde im Juli 1993 durch Referendum ein Mehrparteiensystem eingeführt. Im Mai 1994 fanden Parlaments- und Präsidentschaftswahlen statt, in denen Präs. BANDA und die frühere Einheitspartei MCP unterlagen. Das Amt des Staatspräs. übernahm B. MULUZI, Führer der siegreichen UDF. Ziel der neuen Reg. ist v.a. die Bekämpfung der Korruption und der wirtschaftl. Aufbau des Landes.

<small>J. G. PIKE u. G. T. RIMMINGTON: M. A geographical study (London 1965); C. LIENAU: M. Geographie eines unterentwickelten Landes (1981); H. MEINHARDT: Die Rolle des Parlaments im autoritären M. (1993); A. ERHARD: M. Agrarstruktur u. Unterentwicklung (Innsbruck 1994).</small>

Malawisee, Njassasee, engl. **Lake Nyasa** [leɪk 'njæsə], See im südl. O-Afrika, 472 m ü. M., mit 30 800 km² (550 km lang, bis 80 km breit) der drittgrößte See Afrikas, mit 706 m Tiefe einer der tiefsten Seen der Erde; liegt zw. den steilen, im NO fast 3 000 m hohen Wänden des **Njassagrabens**, einem Teil des →Ostafrikanischen Grabensystems. Ein Großteil des Sees gehört zum Nationalpark M. (UNESCO-Weltnaturerbe). Am N- und S-Ende befinden sich größere Uferflächen mit dichterer Besiedlung. Der M. entwässert nach S durch den Shire zum Sambesi. Er gehört zum größten Teil zu Malawi (einschließlich der Likoma Islands im Zentrum); Fischerei; Schifffahrt auf dem malaw. Teil.

Malaxis [griech. ›das Erweichen‹ (nach der weichen Umgebung der Wurzelknollen)], Orchideengattung mit etwa 300 bes. in SO-Asien stasiat. Raum verbreiteten Arten, meist mit kleinen Blüten, deren Lippe nach oben gerichtet ist. In Dtl. heimisch ist nur die geschützte **Einblattorchis (Kleingriffel)**, M. monophyllos) mit i. d. R. nur grundständigen Blatt und grünlich gelben Blüten; auf moorigen Stellen, in feuchten, lichten Wäldern und auf Bergwiesen.

Malaya, Bez. für W-Malaysia, den auf der Malaiischen Halbinsel gelegenen Landesteil von →Malaysia.

Malayalam, eine der dravid. Sprachen innerhalb der →indischen Sprachen; gesprochen im ind. Bundesstaat Kerala von rd. 30 Mio. (dort offizielle Amtssprache) und auf den Lakkadiven, geschrieben in einer eigenen, im 17. Jh. geschaffenen Schrift (Arya-Eluttu). M. hat sich, wie alte Inschriften zeigen, erst nach 1000 n. Chr. von einem Dialekt des →Tamil aus verselbstständigt; neben laut. Unterschieden (stimmhafte Verschlusslaute als Phoneme) haben zu dieser Eigenständigkeit v. a. die zahlr. Lehnwörter aus dem Sanskrit beigetragen. Die M.-Literatur stand zunächst unter dem Einfluss des Tamil; dann jedoch verstärkt durch das Sanskrit bestimmt, entwickelte sie sich bes. seit dem 15. Jh., seit Teile der großen Sanskritepen in das M. übersetzt wurden. (→indische Literaturen, →indische Schriften)

<small>M. lexicon. A comprehensive M.-M.-English dictionary on historical and philological principles, hg. v. S. K. PILLAI u. a., auf mehrere Bde. ber. (Thiruvananthapuram 1965 ff.); K. M. GEORGE: M. grammar and reader (Kottayam 1971); T. ZACHARIAS: English-M. dictionary (Neuausg. Delhi 1989).</small>

Malayali, Malabaren, Staatsvolk von Kerala, Indien, 30 Mio. Angehörige, mit dravid. Sprache (→Malayalam). Früh westl. Einfluss offen, entstanden bedeutende muslim. (→Mopla) und in zahlr. Fraktionen zersplitterte christl. Minderheiten (Thomaschristen); kleine Gemeinden einheim. Juden (Cochin-Juden). Im Übrigen sind die M. in zahlreiche hinduist. Kasten gegliedert.

Malaysia, amtl. Namen: Bahasa Malaysia **Persekutuan Tanah M.,** engl. **Federation of M.** [fedə'reɪʃn əv mə'leɪzɪə], Staat in SO-Asien, zw. 0° 51′ und 7° 51′ n. Br. sowie 99° 38′ und 119° 15′ ö. L.; West-M. umfasst den S der Malaiischen Halbinsel einschließlich vorgelagerter Inseln (größte: Pinang, Langkawi) und grenzt im N an Thailand, im S an Singapur; Ost-M., bestehend aus Sarawak und Sabah, nimmt den N der Insel Borneo ein; es grenzt hier an Indonesien und Brunei. Fläche: 329 758 km², (1995) 20,1 Mio. Ew.; Hauptstadt ist Kuala Lumpur; Amtssprache: Bahasa Malaysia, in Sarawak auch Englisch; Währung: 1 Malays. Ringgit (RM,$) = 100 Sen (c); Uhrzeit: in West-M. 18³⁰ = 12⁰⁰ MEZ, in Ost-M. 19⁰⁰ = 12⁰⁰ MEZ.

STAAT · RECHT

Verfassung: Nach der Verf. (in Kraft seit 31. 8. 1957, seither mehrfach geändert) ist M. eine föderative Wahlmonarchie im Commonwealth. M. besteht aus 13 Bundesstaaten (darunter neun Sultanate), an deren Spitze erbl. Fürsten bzw. Gouv. stehen und die jeweils über eine eigene Verf. sowie Legislativ- und Exekutivorgane verfügen, und aus zwei Bundesterritorien.

Staatsoberhaupt M.s und Oberbefehlshaber der Streitkräfte ist der König, der jeweils auf fünf Jahre aus dem Kreis der neun erbl. Herrscher (Sultane) gewählt wird. In Ausübung seines Amtes steht der Monarch unter der Prärogative von Parlament und Reg.; er ernennt den Premier-Min. und die übrigen Mitgl. des Kabinetts, die dem Parlament verantwortlich sind. Die Legislative liegt beim Zweikammerparlament, bestehend aus Senat und Repräsentantenhaus. Dem Senat (Dewan Negara) gehören 43 vom Staatsoberhaupt ernannte und 26 von den Parlamenten der Gliedstaaten gewählte Mitgl. an (Amtszeit: sechs Jahre). Das Repräsentantenhaus (Dewan Rakyat) hat 192 Sitze, die in allgemeinen Wahlen für fünf Jahre im Proporz der Landesteile besetzt werden. Alle Bundesgesetze bedürfen der Zustimmung beider Kammern, wobei eine Ablehnung des Senats nur aufschiebende Wirkung hat.

Parteien: Der einflussreichsten polit. Kraft auf Bundesebene, der Barisan Nasional (BN; dt. Nationale Front), gehören derzeit 14 Parteien an. Die bedeutendsten unter ihnen sind die United Malays National Organization (UMNO; dt. Vereinigte Nationalorganisation der Malaien; gegr. 1946, 1987 aufgrund organisator., gegen die Verf. verstoßender Mängel aufgelöst, 1988 wieder gegründet), der Malaysian Indian Congress (MIC; dt. Malaiisch-ind. Kongress; gegr. 1946), die Malaysian Chinese Association (MCA; dt. Malaiisch-chin. Vereinigung; gegr. 1949) und die Parti Gerakon Rakyat Malaysia (GERAKAN; dt. Partei der Volksbewegung M.s, gegr. 1968). Zu den wichtigsten Oppositionsparteien zählen die Democratic Action Party (DAP; dt. Demokrat. Aktionspartei, gegr. 1966), die Parti Islam Semalaysia (PAS; dt. Gesamt-

Malaysia

Fläche 329 758 km²
Einwohner (1995) 20,1 Mio.
Hauptstadt Kuala Lumpur
Amtssprache Bahasa Malaysia
Nationalfeiertag 31.8.
Währung 1 Malays. Ringgit (RM,$) = 100 Sen (c)
Uhrzeit Kuala Lumpur 18³⁰ = 12⁰⁰ MEZ

Malaysia

Staatswappen

Staatsflagge

MAL
Internationales Kfz-Kennzeichen

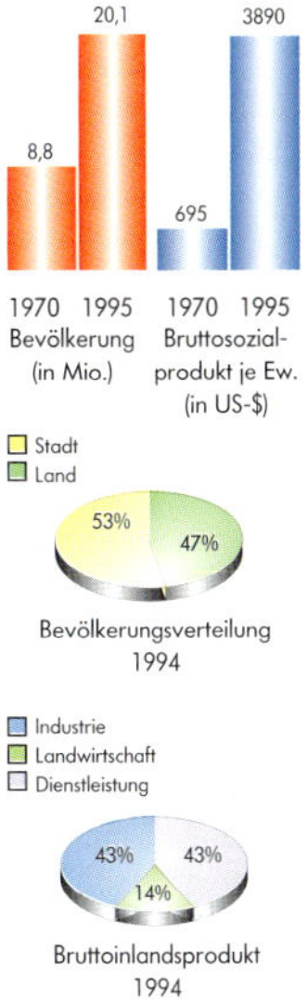

1970: 8,8 — 1995: 20,1
Bevölkerung (in Mio.)

1970: 695 — 1995: 3890
Bruttosozialprodukt je Ew. (in US-$)

Stadt 47% / Land 53%
Bevölkerungsverteilung 1994

Industrie 43%
Landwirtschaft 14%
Dienstleistung 43%
Bruttoinlandsprodukt 1994

Mala Malaysia

Größe und Bevölkerung (1993)

Landesteil Gliedstaat	Hauptstadt	Fläche in km²	Ew. in 1000	Ew. je km²
Westmalaysia				
Johor	Johor Baharu	18986	2106,7	111
Kedah	Alor Setar	9426	1412,0	150
Kelantan	Kota Baharu	14943	1221,7	82
Melaka	Melaka	1650	583,4	354
Negeri Sembilan	Seremban	6643	723,9	109
Pahang	Kuantan	35965	1056,1	29
Pinang	George Town (Pinang)	1031	1141,5	1107
Perak	Ipoh	21005	2222,4	106
Perlis	Kangar	795	187,6	236
Selangor	Shah Alam	7956	1981,2	249
Terengganu	Kuala Terengganu	12955	752,0	58
Kuala Lumpur[1]		243	1231,5	5068
Ostmalaysia				
Labuan[1]	Victoria	91	54,3[2]	597
Sabah	Kota Kinabalu	73620	1736,9[2]	24
Sarawak	Kuching	124449	1648,2[2]	13
Malaysia	Kuala Lumpur	329758	18059,4	55

[1] Bundesterritorium. – [2] 1990.

malays. Islam-Partei, gegr. 1951) und die Parti Bersatu Sabah (PBS).

Gewerkschaften: Wichtigste Dachverbände sind der Congress of Unions of Employers in the Public Administrative and Civil Services (SUEPACS) mit über 50 Einzelgewerkschaften, die Malaysian Labour Organization (MLO) mit 15 Einzelgewerkschaften und der Malaysian Trades Union Congress (MTUC) mit 180 Einzelgewerkschaften.

Wappen: Das Wappen (1963) zeigt einen stark gegliederten Schild. Im Schildhaupt symbolisieren fünf Malaiendolche (›Krise‹) die früheren ›nicht föderierten‹ Sultanate. Unter dem Schildhaupt sind vier einfarbige, gleich große Felder angeordnet, die zusammen die ursprüngl. ›föderierten‹ Malaienstaaten repräsentieren. Die beiden Seitenfelder vertreten Malakka (heraldisch links mit Malakkabaum) und Pinang, die Außenfelder im Schildfuß Sabah und Sarawak. Das Mittelfeld des Schildfußes zeigt eine Hibiskusblüte. Das Oberwappen wird von einem vierzehnstrahligen Stern (Symbol für die 13 Gliedstaaten und die Bundes-Reg.) und einem steigenden Halbmond gebildet, als Schildhalter dienen zwei Tiger. Der Wahlspruch auf dem Schriftband lautet ›Bersekutu Bertambah Mutu‹ (›Einigkeit gibt Stärke‹).

Nationalfeiertag: Nationalfeiertag ist der 31. 8., der an die Erlangung der Unabhängigkeit 1957 erinnert.

Verwaltung: M. ist in 13 Bundesstaaten sowie die Bundesterritorien Kuala Lumpur und Labuan gegliedert.

Recht: Strafrecht sowie wesentl. Elemente des Schuld- und Handelsrechts beruhen auf brit. Recht, das Familien- und Erbrecht richtet sich nach der jeweiligen religiösen bzw. ethn. Zugehörigkeit. An der Spitze des Gerichtswesens steht der Oberste Gerichtshof, der zugleich Verf.-Gericht ist. Im Weiteren gibt es je ein Hochgericht für West- und Ost-M., denen Amtsgerichte untergeordnet sind.

Streitkräfte: Die Gesamtstärke der Freiwilligenarmee beträgt rd. 121000 Mann. An paramilitärischen Kräften stehen v. a. etwa 18000 Mann Feldpolizei und 350000 Angehörige des Freiwilligen-Volkskorps zur Verfügung. Das Heer verfügt über rd. 97000, die Luftwaffe und die Marine jeweils über etwa 12000 Mann.

LANDESNATUR · BEVÖLKERUNG

West- und Ost-M. werden durch einen rd. 600 km breiten Teil des Südchin. Meeres voneinander getrennt. Die →Malaiische Halbinsel wird von im N breit entfalteten Gebirgsketten durchzogen (Hauptkamm bis 2190 m ü.M.), die über parallel verlaufende Berg- und Hügelzonen in sumpfige Küstenebenen übergehen. Weithin versumpfte Schwemmlandebenen begleiten auch die Küsten von →Sarawak und →Sabah auf N-Borneo. Landeinwärts steigt die Oberfläche an, in Sarawak überwiegend zu Rumpfflächen mit einzelnen aufgesetzten Bergzügen, in Sabah zu einem stark gegliederten Gebirgsland (Gipfelflur bei etwa 2000 m ü.M.), das im Kinabalu mit 4101 m ü.M. die höchste Erhebung SO-Asiens besitzt.

Klima: M. hat innertrop., ganzjährig von maritimfeuchtwarmen Luftmassen bestimmtes Klima. Den typ. Niederschlagsgang der Äquatorialzone überlagert der winterl. NO-Monsun, der von November bis April v. a. dem NO der Malaiischen Halbinsel hohe Niederschläge bringt. Die Tiefländer West- und Ost-M.s erhalten mittlere jährl. Niederschlagsmengen von 2000 bis 4000 bzw. 3000 bis 4600 mm, die Gebirge z.T. bis über 6000 mm. Das Monatsmittel der Temperatur liegt in den Tiefländern bei 26,5 °C; in den übrigen Gebieten ergeben sich nur Abweichungen von ± 1,5 °C. Die tägl. und jährl. Temperaturschwankungen sind gering; sie betragen zw. kühlstem und wärmstem Monat etwa 2 °C. Es herrscht eine hohe relative Luftfeuchte; sie liegt bei 98% in den Morgenstunden und über 65% am Nachmittag.

Vegetation: Noch 60% der Gesamtfläche M.s werden von immergrünem trop. Regenwald mit seiner charakterist. Höhenstufung eingenommen. Fast die Hälfte dieses Waldbestandes befindet sich in Sarawak. Die Tiefland- und Submontanwälder haben wertvolle

Klimadaten von Kuala Lumpur (35 m ü.M.)

Monat	Mittleres tägl. Temperaturmaximum in °C	Mittlere Niederschlagsmenge in mm	Mittlere Anzahl der Tage mit Niederschlag	Mittlere tägl. Sonnenscheindauer in Stunden	Relative Luftfeuchtigkeit nachmittags in %
I	31,9	171	16	6,0	60
II	32,9	169	15	6,9	60
III	33,2	237	17	6,8	58
IV	33,0	279	21	6,5	63
V	32,7	216	17	6,3	66
VI	32,7	126	13	6,6	63
VII	32,2	102	11	6,6	63
VIII	32,3	157	14	5,6	62
IX	32,1	188	17	5,7	64
X	31,9	275	21	5,3	65
XI	31,7	259	22	5,2	66
XII	31,8	230	18	5,3	61
I–XII	32,4	2409	202	6,1	63

Klimadaten von Victoria auf Labuan (20 m ü.M.)

Monat	Mittleres tägl. Temperaturmaximum in °C	Mittlere Niederschlagsmenge in mm	Mittlere Anzahl der Tage mit Niederschlag	Mittlere tägl. Sonnenscheindauer in Stunden	Relative Luftfeuchtigkeit nachmittags in %
I	30,0	112	9	7,4	87
II	30,0	117	11	7,6	88
III	30,6	150	10	7,9	87
IV	31,7	297	15	8,6	87
V	31,7	345	19	7,4	87
VI	31,1	351	16	7,1	86
VII	31,1	317	15	7,2	86
VIII	31,1	297	17	6,6	86
IX	30,6	417	18	6,4	86
X	30,6	465	21	7,3	87
XI	30,6	419	21	6,9	87
XII	30,0	284	19	7,1	86
I–XII	30,8	3571	191	7,3	87

Malaysia **Mala**

Nutz- und Edelholzbestände, die aber vielfach schon überbeansprucht sind. In den Randebenen herrschen Küsten- und Sumpfwälder, z. T. mit Mangroven, vor. Problematisch ist, v. a. in Sarawak, der Brandrodungsfeldbau der Inlandvölker. Degradierte Böden werden von Wasserdost-Schwarzmund-Trockenbusch, Alang-Alang-Gras u. a. Unkräutern überwuchert. Zur Erhaltung des florist. und faunist. Bestands sind Nationalreservate eingerichtet worden, u. a. am Tahan und am Kinabalu.

Bevölkerung: M. weist eine starke ethn. Vielfalt auf. Im Ggs. zu den altindones. Dayak u. a. ›Altvölkern‹, die meist in den Landesinnern der Malaiischen Halbinsel und Borneos leben, sind die zu den Jungindonesiern (→Indonesier) zählenden Malaien großenteils erst in den letzten Jahrhunderten aus Indonesien eingewandert und haben sich in den Küstenebenen angesiedelt, wo sie traditionell von Reisanbau und Fischfang leben. Seit der Unabhängigkeit erheben sie als ›Bumiputera‹ (Söhne der Erde) den polit. Führungsanspruch. Durch die Reg. systematisch gefördert und im öffentl. Dienst bevorzugt eingestellt, haben sie sich auch stärker in den Städten niedergelassen. Hier dominieren jedoch noch die Chinesen (›Babas‹ oder ›Peranakan‹). Diese leben zwar schon seit einigen Jahrhunderten hier (v. a. in den Häfen), die überwiegende Mehrzahl wurde aber erst seit Anfang des 19. Jh. als Arbeiter für den Zinnerzbergbau (unter chin. Regie) in dem damals noch weithin unerschlossenen Innern der Malaiischen Halbinsel angeworben. Sie haben hier auch kleine landwirtschaftl. Betriebe gegründet; durch Zwangsumsiedlung während des Bürgerkrieges

Malaysia: Die Al-Hana-Moschee in Kuah auf der Insel Langkawi

(1948–57) wurden sie in ›New Villages‹ konzentriert. Durch die Malaiisierungspolitik der Reg. sind zw. den Malaien und den im Wirtschaftsleben vorherrschenden Chinesen erhebl. Spannungen entstanden. Inder und Pakistaner, v. a. Tamilen, wurden seit etwa 1880 als Arbeiter für die Kautschukplantagen geholt, sind heute jedoch wie auch die Chinesen im tertiären Sektor tätig. Ein Problem stellen vietnames. Flüchtlinge (auf der Malaiischen Halbinsel) und muslim. Filipinos (in Sabah) dar. – Je nach den Volksgruppen und den Funktionen haben sich sehr unterschiedl. Siedlungsstrukturen herausgebildet, so v. a. die ›Chinatowns‹ im Kern der Städte. Das ländl. Siedlungsbild ist traditionell vom malaiischen Kampung geprägt.

Die Bev. wuchs, bei sinkenden Geburten- und Sterberate (1993: 2,9 bzw. 0,5%) im Zeitraum 1985–93 jährlich um 2,4%. Der Anteil der städt. Bev. stieg von (1960) 25% über (1980) 24% auf (1994) 53% (in Sabah und Sarawak unter 5%).

Wichtige Städte	(Ew. 1991)		
Kuala Lumpur	1 231 500[1]	George Town	219 400
Ipoh	382 600	Kota Kinabalu	208 500
Johor Baharu	328 600	Kuantan	198 400
Melaka	296 000	Taiping	183 200
Petaling Jaya	254 800	Seremban	182 600
Kelang	243 700	Kuching	147 700
Kuala Terengganu	228 700	Sibu	126 400
Sandakan	223 400	Butterworth	78 000[2]
Kota Baharu	219 700		

[1] 1993. – [2] 1980.

Malaysia: Übersichtskarte

Mala Malaysia

Religion: Die dominierende Religion ist der Islam, zu dem sich rd. 55% der Bev. bekennen. In der Verf. wird der Islam zur ›offiziellen Religion im Staat‹ (nicht jedoch zur Staatsreligion) erklärt, die Religionsfreiheit wird jedoch ausdrücklich garantiert. Die religiösen Verhältnisse spiegeln im starken Maße die ethn. Struktur M.s wider. Fast alle Malaien sind sunnit. Muslime, überwiegend der schafiit. Rechtsschule; die hanefit. Rechtsschule ist unter den Muslimen ind.

Ethnische und regionale Verteilung der Bevölkerung (in 1000; 1991)

	Westmalaysia	Sabah	Sarawak
Malaien	8 434	1 004	1 209
Chinesen	4 251	218	476
Inder	1 380	9,3	4,6
Sonstige	733	633	29

Abstammung vertreten. Die Chinesen als zweitgrößte Bev.-Gruppe bekennen sich zu traditionellen chin. Religionen und Weltanschauungen (Taoismus, Konfuzianismus) und zum Buddhismus (rd. 17% bzw. 12% der Bev.). Die Inder (rd. 7%) sind in der Mehrheit Hindus, eine Minderheit Sikhs. Traditionelle Stammesreligionen sind unter den Indonesiern verbreitet. Der christl. Minderheit (rd. 6%; v.a. in Sarawak und in Sabah) gehören Mitgl. aller Bev.-Gruppen an. Unter ihnen bilden die Protestanten (Methodisten, Baptisten, Presbyterianer, Adventisten, Brüdergemeine, Lutheraner u.a.) und die Anglikaner die knappe Mehrheit. Die drei anglikan. Bistümer sind kirchlich dem Erzbischof von Canterbury unterstellt. Für die kath. Christen bestehen zwei Erzbistümer (Kuala Lumpur, Kuching) mit fünf Suffraganbistümern.

Malaysia: Reisfelder in Pinang

Bildungswesen: Es besteht Schulpflicht vom 6. bis 14. Lebensjahr bei unentgeltl. Unterricht (bis zum 18. Lebensjahr in staatl. Schulen überhaupt). Das Schulwesen ist v.a. in West-M. gut ausgebaut. Unterrichtssprachen der Primarstufe (sieben Jahre) sind Bahasa Malaysia und als Zweitsprache Englisch, in den privaten Sekundarschulen darüber hinaus Chinesisch und Tamil, ebenso in den staatl. Sekundarschulen, jedoch mit Chinesisch als Wahlfach. Nach der dreijährigen Sekundarstufe I kann die allgemein bildende Schule weiter besucht werden oder der Eintritt in techn. u.a. berufl. Schulen erfolgen. Die Analphabetenquote beträgt 16,5%. Univ. (insgesamt sieben) gibt es u.a. in Kuala Lumpur (gegr. 1962; TU, gegr. 1972) und Petaling Jaya (islam. Univ., gegr. 1983).

Publizistik: Die Herausgabe period. Druckschriften ist genehmigungspflichtig (Lizenzsystem). Tageszeitungen mit relativ hohen Auflagen (150 000–250 000) erscheinen hauptsächlich in Englisch (so u.a. ›New Straits Times‹, ›The Sun‹, ›The Star‹, ›New Sunday Times‹), in Chinesisch (u.a. ›Nanyang Siang Pau‹) und Bahasa Malaysia (u.a. ›Utusan Malaysia‹). Die meisten engl. und malaiischen Zeitungen und Zeitschriften erscheinen in Verlagsgruppen der Parteien. – Die staatl. *Nachrichtenagentur* ›Wisma Bernama – Malaysia National News Agency‹ (Bernama; gegr. 1967), Sitz Kuala Lumpur, verbreitet ihre Wortdienste in Englisch und Bahasa Malaysia. – *Rundfunk:* Mit dem Rundfunkgesetz von 1987 wurde die Verwaltung aller Hörfunk- und Fernsehdienste dem Informationsministerium unterstellt. Die zentrale Rundfunkbehörde ›Radio Television Malaysia‹ (RTM; gegr. 1946), Sitz Kuala Lumpur, sendet Rundfunkprogramme in Bahasa Malaysia, Englisch, Chinesisch und Tamil, ferner einen Auslandsdienst (›Suara Malaysia – Voice of M.‹, gegr. 1963) in acht Sprachen der benachbarten Länder und Fernsehprogramme (›TV Malaysia‹, gegr. 1963). Die Fernsehgesellschaft ›Sistem Televisyen Malaysia Berhad‹ (TVB; gegr. 1983) gehört der Partei UMNO und sendet seit 1984. – Die brit. Kabelfunkgesellschaft ›Rediffusion Malaysia‹ (gegr. 1949), Sitz Kuala Lumpur, verbreitet Hörfunkprogramme im Abonnement über Kabelnetze.

WIRTSCHAFT · VERKEHR

Das Schwellenland M. ist eines der sich am schnellsten entwickelnden Länder Asiens. Die Wachstumsrate des Bruttoinlandsproduktes (BIP) lag im Zeitraum 1980–94 bei durchschnittl. 6,4%. Das Pro-Kopf-Einkommen stieg 1995 auf 3 890 US-$. Die Inflationsrate lag im Zeitraum 1985–95 bei jährlich 3,1%. Verantwortlich hierfür sind wirtschaftspolit. Maßnahmen, die Anfang der 80er-Jahre ergriffen wurden: die Förderung ausländ. Investitionen, die Reform des Steuersystems, die Reduzierung der Handelszölle sowie die Privatisierung von Staatsunternehmen. Ein langfristiges Wirtschaftswachstum wird jedoch zum einen durch die aufstrebenden Nachbarländer China und Vietnam bedroht, zum anderen durch infrastrukturelle Engpässe und durch einen Mangel an ausgebildeten Facharbeitern behindert. Folglich bilden die zwei Hauptziele der aktuellen Wirtschaftspolitik der verstärkte Ausbau der Infrastruktur und die Verbesserung der Ausbildungsmöglichkeiten.

Landwirtschaft: Im Agrarbereich arbeiteten 1994 20% der Erwerbstätigen; sie erwirtschafteten 14% des BIP. Der weitaus größte Teil des Ackerlandes ist Exportkulturen vorbehalten, bes. Kautschukbäumen und Ölpalmen, ferner Kokospalmen, Ananas, Gewürzen und Kakao. M. ist mit einer Erntemenge von (1994) 7,35 Mio.t weltweit der größte Palmölproduzent (50% der Weltproduktion), zudem drittgrößter Kautschuk- (1,07 Mio.t) und fünftgrößter Kakaoproduzent (0,23 Mio.t). Der Pfefferanbau ist zu 95% auf Sarawak konzentriert. Die Reisernte (1992: 2,07 Mio.t) deckt den Inlandbedarf zu 60–90%.

Forstwirtschaft: Noch 60% des Landes sind mit trop. Regenwald bedeckt (1990: 19,6 Mio. ha), der aber seit den 70er-Jahren aus kommerziellen Gründen ständig dezimiert wird. Die Reg. hat deshalb 1980 ein Exportverbot für 16 trop. Holzarten und 1990 Exportabgaben für 20 trop. Holzarten verfügt, um die Reserven zu schonen und die eigene Holz verarbeitende Industrie zu fördern. Zur Erlangung einer ökonomisch und ökologisch optimalen Forstpolitik will M. mithilfe der EU eine Erfassung und kartograph. Aufzeichnung seiner Waldbestände (zunächst in West-M.) vornehmen lassen. 1991 lag der gesamte Holzeinschlag bei 49,3 Mio. m^3 (davon 20% Brennholz).

Fischerei: M. ist mit einer Fangmenge von (1991) 620 000 t (davon 70% Seefische, 15% Krustentiere) eine wichtige Fischfangnation.

Bodenschätze: Die wichtigsten Bodenschätze sind Erdöl, Erdgas und Zinn. Die erst 1970 begonnene Erdölförderung konzentriert sich auf die Schelfgebiete von Sabah und Sarawak. Die Erdölfördermenge lag 1995 bei 32,5 Mio. t, bei Erdgas bei 25 Mrd. m^3. Da die Zinnabbaugebiete nahezu erschöpft sind, liegt M. mit einer Fördermenge von (1994) 6 000 t weltweit nur noch an achter Stelle. Weitere Bergbauprodukte sind Bauxit, Kupfer und Eisenerz.

Industrie: Die Industrie (einschließlich Bergbau) trug 1994 mit 43% zur Entstehung des BIP bei; sie beschäftigte 32% der Erwerbstätigen. Das verarbeitende Gewerbe hat sich erst in den 60er-Jahren über die Aufbereitung von landwirtschaftl. und bergbaul. Ausfuhrprodukten weiterentwickelt. Regionale Schwerpunkte in West-M. sind Kuala Lumpur und Pinang mit Erdölraffinerien, Betrieben der Kraftfahrzeug-, chem., Elektro-, Metallwaren-, Textil-, Nahrungs- und Genussmittelindustrie. Die Errichtung exportorientierter Industriebetriebe ausländ. Unternehmen, wie z. B. der mit jap. Hilfe aufgebauten Kraftfahrzeugmontage, wird bes. gefördert. In den zu diesem Zweck gebildeten freien Produktionszonen (bedeutendste auf Pinang) haben sich zahlr. ausländ. Firmen angesiedelt.

Tourismus: M. bietet durch seine ethnisch-kulturelle und landschaftl. Vielfalt (trop. Regenwald, Naturparks, Badestrände) sehr unterschiedl. Reiseziele. 1994 kamen 7,2 Mio. Auslandsgäste nach M.; die Einnahmen aus dem Tourismussektor beliefen sich auf 3,6 Mrd. US-$.

Außenwirtschaft: M. hatte in den letzten Jahren zumeist eine ausgeglichene Handelsbilanz. Die Exportstruktur wurde zunehmend erweitert, das Exportvolumen nahm im Zeitraum 1980–94 jährlich um mehr als 10% zu. Der Anteil von Gütern des verarbeitenden Gewerbes einschließlich Investitionsgütern stieg 1995 auf über 70%; Erdöl, mineral. Rohstoffe und pflanzl. Öle lagen bei jeweils 7%. Wichtigste Handelspartner sind Singapur, die USA und Japan.

Verkehr: Die verkehrsmäßige Erschließung ist in West-M., v. a. an der Küste, wesentlich besser als in Ost-M. Das Schienennetz ist in West-M. 2 080 km, in Ost-M. 140 km lang. Zwei Eisenbahnlinien durchqueren West-M. von N nach S. Das Straßennetz (1992: 57 500 km) konzentriert sich auf die W-Küste der Malaiischen Halbinsel. Die Küstenschifffahrt spielt eine wichtige Rolle. Die Schiffstonnage der malays. Handelsflotte ist im Zeitraum 1987–95 von 1,7 auf 2,5 Mio. BRT gestiegen. Wichtigste Seehäfen sind Kelang, George Town, Johor Baharu und Kuantan in West-M. sowie Kota Kinabalu, Tawau, Sandakan und Bintulu in Ost-M. Ein Großteil der Außenhandelsgüter nimmt den Weg über Singapur. V. a. in Sarawak sind die größeren Flüsse für den Personen- und Warenverkehr noch von Bedeutung. Internat. Flughäfen sind in Kuala Lumpur (Subang), George Town, Kota Kinabalu, Johor Baharu und Kuching. Luftverkehrsgesellschaft ist die Malaysia Airlines.

GESCHICHTE

Auf der Grundlage einer gemeinsamen Verf. schlossen sich am 16. 9. 1963 der Malaiische Bund (→Malaiische Halbinsel, Geschichte), Singapur, Sarawak und Sabah zur ›Föderation M.‹ zusammen. Die Gründung M.s stieß auf den Widerstand der Philippinen und v. a. Indonesiens, die beide im östl. Bereich der Föderation (Sarawak und Sabah) territoriale Ansprüche erhoben. Darüber hinaus sah der indones. Staatspräs. A. SUKARNO in der Föderation eine Konstruktion des Kolonialismus. Im Zuge einer ›Konfrontation‹ gegen M. kam es 1964/65 zu Kämpfen mit indones. Truppen v. a. an der Grenze zu Sarawak. Nach dem Sturz SUKARNOS beendete die neue Führung Indonesiens die Konfrontationspolitik (offizielle Beilegung des Konfliktes mit dem Vertrag vom 11. 8. 1966).

Polit. Rivalitäten, ethn. Spannungen (1964/65 schwere Zusammenstöße zw. Malaien und Chinesen in Singapur) und ökonom. Interessengegensätze v. a. zw. Malaya (Protektion der einheim. Industrie) und Singapur (offener Welthandel) führten am 9. 8. 1965 zum Austritt Singapurs aus der Föderation. 1967 beteiligte sich M. an der Gründung der ASEAN. Der Abschluss eines Verteidigungsbündnisses zw. M., Singapur, Großbritannien, Australien und Neuseeland (ANZUK-Pakt 1971) sollte die Präsenz Großbritanniens in dieser Region ersetzen.

Die ›Allianz‹, das Parteienbündnis aus UMNO, MCA und MIC, wurde unter Ausdehnung ihres Einflusses auf die östl. Teile M.s die stärkste polit. Kraft (seit 1973 unter dem Namen ›Barisan Nasional‹; Erweiterung durch andere, in ihrem Bestand aber wechselnde Parteien). Die UMNO stellte seit 1963 alle Premierminister: ABD AR-RAHMAN PUTRA (1963–70), T. ABD AR-RAZAK (1970–76), DATUK HUSAIN BIN ONN (1976–81) und DATUK SERI MAHATHIR BIN MOHAMMED (seit 1981, erneut 1995 im Amt bestätigt).

Sozial und ethnisch bedingte Spannungen führten 1969 zu schweren Unruhen und zur Verhängung des Ausnahmezustandes (bis 1971). Die Regierungen M.s bemühten sich in den 70er- und 80er-Jahren, die ethn. Spannungen abzubauen, das Wirtschaftswachstum zu fördern und dabei das Sozialprodukt zugunsten der malaiischen Bev.-Mehrheit umzuverteilen. Neben den ethn. Konflikten, die durch die Ankunft zahlr. vietnames. Boatpeople noch verschärft wurden, bedrohten Guerillaaktionen kommunist. Untergrundbewegungen und Aktivitäten radikalislam. Gruppen die innere Stabilität des Landes. Unter Premier-Min. DATUK SERI MAHATHIR BIN MOHAMMED entwickelte sich M. zu einem der führenden Schwellenländer Asiens; nach dem von ihm 1991 vorgestellten Programm ›National Development Policy 1991–2020‹ soll M. bis zum Jahr 2020 den Status eines Industrielandes erlangen. Er erreichte 1993 im Parlament Verf.-Änderungen, durch die die Sultane einen Teil ihrer traditionellen Privilegien verloren. Am 4. 2. 1994 wurde der Sultan von Negri Sembilan, TUANKU JAAFAR ABDUL RAHMAN (* 1922), zum neuen König der Föderation gewählt (am 22. 9. 1994 als zehnter König inthronisiert).

N. J. RYAN: The making of M. and Singapore. A history from earliest times to 1966 (Kuala Lumpur ^{4}1975); D. KÜHNE: Urbanisation in M. (1976); DERS.: M. (^{2}1984); DERS.: Vielvölkergesellschaft zw. Dorf u. Metropole. Fortentwicklung einer neue Wege der Urbanisation in M. 1970–1980 (1986); J.-B. OOI: Peninsular M. (Neuausg. London 1976); D. KÜHNE: M. Tropenland im Widerspiel von Mensch u. Natur (1980); R. D. HILL: Agriculture in the Malaysian region (Budapest 1982); V. KASCH: Agrarpolitik in M. (1984); R. KELLER: Agrarpolitik im unabhängigen Malaya, 1957–1982 (1984); I. BROWN u. R. AMPALAVANAR: M. Bibliogr. (Oxford 1986); A. ROLF: M. u. Singapur mit Brunei (1988); H. UHLIG: Südostasien (Neuausg. 1988); K. S. JOMO: Growth and structural change in the Malaysian economy (New York 1990); C. M. TURNBALL: A history of M., Singapore and Brunei (Sydney 1990); W. VENNEWALD: Chinesen in M. Polit. Kultur u. strateg. Handeln (1990); Margins and minorities. The peripheral areas and people of M., hg. v. V. T. KING u. M. J. PARNWELL (Hull 1990); Fragmented vision. Culture and politics in contemporary Malaysia, hg. v. J. S. KAHN u. F. L. K. WAH (Sydney 1992); G. CUBITT u. J. PAYNE: M. Tiere u. Pflanzen der Inselwelt (a. d. Engl., 1994); Malaysian development experience, bearb. v. S. A. BAHARUDDIN (Kuala Lumpur 1994); M. RUDNER: Malaysian development (Ottawa 1994).

Malaysia Airlines [məˈleɪzɪə ˈeəlaɪnz, engl.], malays. Luftverkehrsgesellschaft, gegr. 1971 unter der Bez. ›Malaysian Airline System‹, seit 1987 heutiger Name; Sitz ist Kuala Lumpur; seit 1994 privatisiert.

Malcolm X

Hauptverkehrsgebiete: Inland, Nord-, Mittel- und Südamerika, Europa, Mittlerer Osten, Afrika, Asien, Australien und Neuseeland. M. beförderte 1996 mit einem Flugpark von 111 Flugzeugen und mit 19 700 Beschäftigten 16 Mio. Passagiere.

malaysische Literatur. Die m. L. steht in der Tradition der malaiischen Literatur, die sich, als überwiegend höf. Literatur, unter dem Einfluss ind. Kultur (8.–16. Jh.) und des Islam (ab 14. Jh.) entwickelte (→indonesische Literatur) und, ebenso wie die malaiische Sprache, im Zusammenhang mit dem Ende des Kolonialismus eine Modernisierung erlebte. Ein erster Roman im neuen Stil war die auf ein ägypt. Werk zurückgehende ›Hikayat Faridah Hanum‹ (Geschichte der Faridah Hanum, 1925) von SYED SHEIKH AL-HADY (* 1867, † 1934). Zw. den Weltkriegen legten Romanciers wie AHMAD LUTFI (* 1911, † 1969) und ISHAK BIN HAJI MOHAMMAD (* 1910) mit ihren gesellschaftlich oder historisch bestimmten Themen sowie in der Lyrik MASURI S. N. (* 1927) die Grundlagen für die eigentl. m. L., von der man erst nach der Staatsgründung (1963) sprechen kann. Als hervorragendste Autoren des neuen Staates gelten SHAHNON AHMAD (* 1933), bekannt durch realist. Geschichten über das Elend der Landbevölkerung, sowie der Lyriker LATIFF MOHIDIN (* 1941).

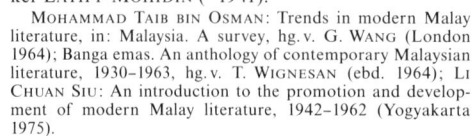

MOHAMMAD TAIB BIN OSMAN: Trends in modern Malay literature, in: Malaysia. A survey, hg. v. G. WANG (London 1964); Banga emas. An anthology of contemporary Malaysian literature, 1930–1963, hg. v. T. WIGNESAN (ebd. 1964); LI CHUAN SIU: An introduction to the promotion and development of modern Malay literature, 1942–1962 (Yogyakarta 1975).

Malazie [zu griech. malakós ›weich‹] *die, -/...'zi̯en, Medizin:* die →Erweichung.

Malbec, Côt [ko:t], **Pressac,** Wärme liebende, früh reifende, kleinbeerige Rotweinrebe; liefert ausgeglichene, säurearme Weine, die meist dem Verschnitt dienen; in Frankreich (1 500 ha) v. a. im Bordelais und um Cahors (hier Auxerrois gen.) vertreten, außerdem in Argentinien (10 000 ha), Chile (über 4 000 ha) und Australien (250 ha).

Malbork, Stadt in Polen, →Marienburg.

Malcantone *der,* Berg- und Hügelland westlich von Lugano im Kt. Tessin, Schweiz, an der Grenze zu Italien; Hauptfluss ist die Magliasina, Grenzfluss im S die Tresa; Wein- und Tabakanbau, Fremdenverkehr, im S v. a. Wohngebiet.

Malchen *der,* Berg im Odenwald, →Melibocus.

Malchin, Stadt im Landkreis Demmin, Meckl.-Vorp.,12 m ü. M., am SO-Rand der Mecklenburg. Schweiz, 9 300 Ew.; an der Ostpeene, zw. Kummerower See und **Malchiner See** (14,3 km^2, bis 16 m tief) gelegen; Fritz-Reuter-Literatur-Museum; Mischfutterwerk, Getreidesilo (48 m hoch), Bootsbau u. a. Handwerksbetriebe, Beton-, Möbel- und Sägewerk. – Reste der Stadtmauer (14. Jh.), Kalensches und Steintor (15. Jh.), Fangel- (um 1500), Wasserturm (1902), Stadtkirche St. Johannes (Backsteinbau des 14./15. Jh.), Bahnhofsgebäude (1862–64); Rathaus (1925–27; 1996 restauriert). – Das bald nach 1200 planmäßig angelegte M. wurde 1236 erstmals als Stadt genannt. Im Zweiten Weltkrieg wurden zwei Drittel der Innenstadt zerstört.

Malchow [-ço], Stadt im Landkreis Müritz, Meckl.-Vorp., 70 m ü. M., auf der Mecklenburg. Seenplatte, am Malchower See (zw. Plauer und Fleesensee), 7 800 Ew.; Handwerks- und Dienstleistungsunternehmen, Holzverarbeitung; Kureinrichtungen; Fremdenverkehr. – Ehem. Nonnenkloster (1298 als Büßerinnenkloster gegr.), neugot. Klosterkirche (1844–49), Klostergebäude (v. a. 18./19. Jh.) und Fachwerkhäuser (18./19. Jh.) prägen das Bild der Altstadt. – Nahe einer seit 1147 mehrfach umkämpften Burg (Werleburg) entstand auf einer Flussinsel das 1235 zur Stadt erhobene M. Im 17. Jh. löste die Tuchindustrie den bis dahin bestimmenden Handel und die Müllerei weitgehend ab.

Malchus, Gestalt des N. T.: ein Diener des Hohen Priesters, dem PETRUS bei der Gefangennahme JESU das rechte Ohr abschlug (Joh. 18, 10).

Malcolm [ˈmælkəm], schott. Könige:
1) **Malcolm III. Canmore** [-ˈkænmɔː, ›großer Kopf‹], König (seit 1058), * um 1031, † (gefallen) bei Alnwick (Cty. Northumberland) 13. 11. 1093; Sohn DUNCANS I.; besiegte MACBETH bei Lumphanan (1057); seit etwa 1070 ∞ mit MARGARETA, der späteren Patronin Schottlands. Er huldigte WILHELM DEM EROBERER und nahm dafür Land in England zu Lehen. Gegen WILHELMS Anspruch auf Oberhoheit in Schottland wehrte er sich; er begünstigte aber das Vordringen des engl. Einflusses.
2) **Malcolm IV.,** König (seit 1153), * 20. 3.(?) 1142, † Jedburgh (Verw.-Distr. Scottish Borders) 9. 12. 1165; Nachfolger seines Großvaters, König DAVID I.; gab 1157 Northumberland und Cumberland an König HEINRICH II. von England zurück.

Malcolm X [ˈmælkəm ˈeks], eigtl. **M. Little** [-lɪtl], amerikan. Bürgerrechtler, * Omaha (Nebr.) 19. 5. 1925, † (ermordet) New York 21. 2. 1965; wurde im Gefängnis (1946–52) für die →Black Muslims gewonnen. Er nahm den Namen M. X an, reiste missionierend durch die USA und erreichte als geschickter Agitator ein starkes Anwachsen der ›Nation of Islam‹. Ende 1963 überwarf er sich mit deren Führer E. MUHAMMAD und gründete die auf unmittelbare polit. Aktion gerichtete ›Organization of Afro-American Unity‹. Nach einer Pilgerreise nach Mekka (1964) änderte er seinen Namen in EL HAJJ MALIK AL-SHABAZZ und wandte sich dem orth. Islam zu. Jenseits des ursprüngl. schwarzen Nationalismus entwickelte er nun Ansätze eines universellen humanist. Revolutionskonzepts. Seine Reden übten großen Einfluss auf die schwarze Bevölkerung aus. Er wurde während einer Zusammenkunft seiner Anhänger in Harlem durch schwarze Fanatiker ermordet. Seine von A. HALEY nach Tonbandaufnahmen erstellten, postum veröffentlichten und schlagartig berühmt gewordenen Erinnerungen ›The autobiography of M. X‹ (1965; dt. ›Der schwarze Tribun‹) gelten als Klassiker afroamerikan. Selbstdarstellung.

Ausgaben: Reden: M. X on Afro-American history (1967); The speeches of M. X, hg. v. A. EPPS (1969); By any means necessary. Speeches, interviews, and a letter by M. X, hg. v. G. BREITMAN (1970); The last speeches (1989). – Schwarze Gewalt (1968, dt. Ausw.).

P. GOLDMAN: The death and life of M. X (Urbana, Ill., ^{2}1979); Black leaders of the 20th century, hg. v. J. H. FRANKLIN u. a. (Urbana, Ill., 1982); K. ENSSLEN: The autobiography of M. X. Schwarzes Bewußtsein in Amerika (München 1983); J. RUMMEL: M. X (New York 1989); B. PERRY: M. X. Ein Mann verändert Amerika (a. d. Amerikan., 1993).

Malcontenten [niederländisch ›die Unzufriedenen‹], frz. **Malcontents,** während des Achtzigjährigen Krieges v. a. 1577/78 in den südl. Gebieten der Niederlande sich gegen den wachsenden Einfluss WILHELMS von Oranien und der Kalvinisten wendende kath. Oppositionsgruppe. Sie schlossen 1579 mit PHILIPP II. von Spanien den Frieden von Arras und unterstützten die Spanier bei ihrem Vorgehen gegen die Kalvinisten.

Malczewski [malˈtʃɛfski], **1)** Antoni, poln. Dichter, * Knjaginin (Wolhynien) 3. 6. 1793, † Warschau 2. 5. 1826; schrieb, an Lord BYRON und W. SCOTT orientiert, mit ›Maria‹ (1825; dt.) die erste poln. romantische Erzählung und begründete damit die romant. ›ukrain. Schule‹, die ihre Thematik der ukrain. Geschichte und Folklore entlehnte.

H. GĄCOWA: ›Maria‹ i A. M. Kompendium źródłowe (Breslau 1974).

2) Jacek, poln. Maler, *Radom 15. 7. 1854, †Krakau 8. 10. 1929; studierte in Krakau und Paris. M. malte zunächst Porträts sowie realist. Historien- und Genrebilder mit nat. (Befreiungskampf) und sozialer Thematik. Als Anhänger der Bewegung ›Junges Polen‹ wurde er in den 1890er-Jahren zum bedeutendsten Maler des poln. Symbolismus.

M., bearb. v. A. ŁAWNICZAKOWA, Ausst.-Kat. (a. d. Poln., 1980).

Jacek Malczewski: Polnischer Hamlet; 1903 (Krakau, Nationalmuseum)

Malden Island [ˈmɔːldən ˈaɪlənd, engl.], unbewohntes Atoll der Linieninseln, Kiribati; 28 km²; im 19. Jh. Guanoabbau.

Maldigestionssyndrom [frz.-lat.], Verdauungsstörungen, die v. a. durch einen Mangel an Enzymen oder an Gallenflüssigkeit mit mangelhafter Spaltung von Nahrungsbestandteilen hervorgerufen werden. Zu den Ursachen gehören Erkrankungen der Bauchspeicheldrüse (chron. Entzündung, Tumoren) oder der Leber und Galle einschließlich der Gallengangsverschlüsse (Gallensteinkrankheit). Eine Maldigestion kann auch an den Ursachen des →Malabsorptionssyndroms beteiligt sein.

Die Symptome bestehen in anhaltenden Durchfällen, die bei Störung der Eiweißverdauung durch faulige Zersetzungsprodukte (Fäulnisdyspepsie), bei Störung der Fettverdauung durch den Gehalt an Fettseifen (Seifendyspepsie) gekennzeichnet sind und dann als Fettstühle bezeichnet werden.

Maldonado, Hauptstadt des Dep. M., Uruguay, 33 500 Ew.; Bischofssitz; Badeort; Rübenzuckerfabrik; Hafen. – Gegr. 1757.

Maldonit [nach der Mine Maldon in Victoria, Australien] *der, -s/-e,* **Wismutgold,** silberweißes, grünlich anlaufendes, kub. Mineral der chem. Zusammensetzung Au_2Bi; Härte nach MOHS 1,5–2, Dichte 15,6 g/cm³.

Male [ˈmɑːleɪ], Hauptstadt der Rep. Malediven, (1995) 63 000 Ew. (1967: 11 500 Ew.); M. liegt auf der gleichnamigen Insel des Kaafu-Atolls, das 125 Inseln umfasst, von denen nur zehn bewohnt sind. M. hat Probleme mit der Trinkwasserversorgung sowie bei der Abwasser- und Abfallbeseitigung. Dtl. fördert daher ein Projekt zum Trinkwasserschutz und zur -erschließung sowie zur Sanierung des Abwassersystems.

Mâle [mɑːl], Émile, frz. Kunsthistoriker, *Commentry (Dép. Allier) 2. 6. 1862, †Château Chaalis (Dép. Oise) 6. 10. 1954; ab 1906 Prof. an der Sorbonne in Paris, 1923–37 Direktor der École Française d'Archéologie in Rom. Seine Interpretationen des christl. Kunstwerks als künstler. und humanist. Zeugnis gaben der ikonograph. Forschung neue Impulse.

Werke: L'art religieux du XIIIᵉ siècle en France (1898; dt. Die kirchl. Kunst des 13. Jh. in Frankreich); L'art religieux de la fin du moyen âge en France (1908); L'art allemand et l'art français du moyen âge (1917; dt. Studien über die dt. Kunst); L'art religieux du XIIᵉ siècle en France (1922); Art et artistes du moyen âge (1927); Rome et ses vieilles églises (1942); L'art religieux du XIIᵉ au XVIIIᵉ siècle (1945); La fin du paganisme en Gaule et les plus anciennes basiliques chrétiennes (1950); Les saints compagnons du Christ (hg. 1958).

Maleachi [hebr. ›mein Bote‹, nach Mal. 3, 1], in der Vulgata **Malachias,** Prophet des A. T. Sein Name ist nicht überliefert, die Benennung als M. eine spätere Einfügung. Das **Buch M.** bildet den Abschluss des →Zwölfprophetenbuches und wurde wohl in der 2. Hälfte des 5. Jh. v. Chr. verfasst. Es enthält eschatolog. Gerichts- und Heilsankündigungen. M. betont die Treue Gottes zu Israel, der auf der Seite Israels in Gottesdienst, Familie (Ehe) und Gesellschaft ein Leben nach dem Gesetz Gottes entsprechen soll.

M. KRIEG: Mutmaßungen über M. (Zürich 1993); T. LESCOW: Das Buch M. Texttheorie – Auslegung – Kanontheorie (1993); H. VON REVENTLOW: Die Propheten Haggai, Sacharja u. M. (⁹1993).

Malebo Pool [-puːl, engl.], **Stanley Pool** [ˈstænlɪ-], seenartige Erweiterung des →Kongo.

Malebranche [malˈbrɑ̃ʃ], Nicole, frz. Philosoph, *Paris 6. 8. 1638, †ebd. 13. 10. 1715; ab 1660 Oratorianer, 1664 Priester; einer der Hauptvertreter des →Okkasionalismus. Auf der Grundlage der Methodik R. DESCARTES' versuchte M. das Problem des cartesischen Dualismus der Substanzen Geist (Res cogitans) und Körper (Res extensa) zu lösen, zwischen denen nach M. keinerlei Kausalzusammenhang besteht und somit auch keine direkte Erkenntnisbeziehung möglich ist. Anknüpfend an Lehren PLATONS und AUGUSTINUS' vertrat er die Teilhabe des menschl. Geistes an den göttl. Ideen, nach denen Gott alles erschaffen hat. ›Wir sehen alle Dinge in Gott‹; Erkenntnis, aber auch Wahrnehmungen und Vorstellungen geschehen allein durch Gott. Der Mensch ist nur ihre ›gelegentliche‹ (›okkasionelle‹) Ursache, deren sich Gott bedient. Die Sinneswahrnehmung hat für M. nur pragmatische Funktion zum Schutz des menschlichen Körpers, ermöglicht jedoch keine wahre Erkenntnis. Alle Körper sind endlich und als solche Limitationen der Ideen.

M. intendierte letztlich einen Ausgleich zwischen Cartesianismus und christl. Lehre, er betonte die Identität des philosoph. und theolog. Wahrheitsprinzips, wobei er der Vernunft vor dem Glauben Priorität einräumte.

Werk: De la recherche de la vérité, où l'on traite de la nature de l'esprit de l'homme ..., 2 Bde. (1674–75; dt. u. a. als Von der Erforschung der Wahrheit).

Ausgaben: Œuvres, hg. v. A. E. DE GENOUDE u. a., 2 Bde. (1837); Œuvres complètes, hg. v. A. ROBINET u. a., 20 Bde. u. 2 Index-Bde. (1958–84).

G. RODIS-LEWIS: N. M. (Paris 1963); A. ROBINET: M., l'homme et l'œuvre (ebd. 1967); M. ECKHOLT: Vernunft in Leiblichkeit bei Nicolas M. (Innsbruck 1994).

Malec [ˈmalɛts], Ivo, frz. Komponist kroat. Herkunft, *Zagreb 30. 3. 1925; studierte an der Musikakademie in Zagreb und ab 1955 in Paris (O. MESSIAEN), trat mit P. SCHAEFFER in Verbindung, beteiligte sich an der Groupe de Musique concrète, arbeitete seit 1960 bei der Groupe de Recherches musicales der ORTF mit und wurde 1972 Prof. für Komposition am Pariser Konservatorium. In seinem kompositor. Schaffen verbindet er traditionelle Techniken mit konkreter und elektroakust. Musik. Er komponierte Orchesterwerke (›Sigma‹, 1963; ›Vocatif‹, 1968; ›Tehrana‹, 1975; ›Ottava bassa‹, 1983, für Kontrabass und Orchester; ›Ottava alta‹, 1986, für Violine und Orchester; ›Exemples‹, 1988), Kammermusik, Vokalwerke, elektroakust. Musik (›Week-End‹, 1982), Ballett-, Schauspiel- und Filmmusik.

Nicole Malebranche (Ausschnitt aus einem Kupferstich)

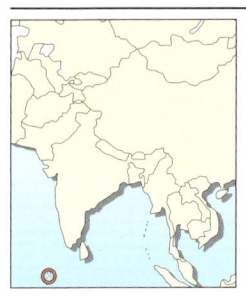

Male Malediven

Malediven
Fläche 298 km²
Einwohner (1995) 253 000
Hauptstadt Male
Amtssprache Divehi
Nationalfeiertage 26. 7. und 11. 11.
Währung 1 Rufiyaa (Rf) = 100 Laari (L)
Uhrzeit 16⁰⁰ Male = 12⁰⁰ MEZ

Malediven

Staatswappen

Staatsflagge

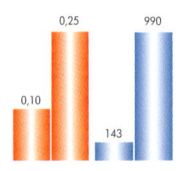

0,25 / 990
0,10
143
1970 1995 / 1970 1994
Bevölkerung / Bruttosozial-
(in Mio.) / produkt je Ew.
(in US-$)

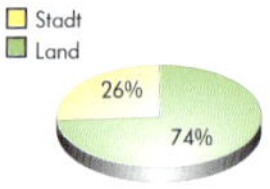

☐ Stadt
☐ Land
26%
74%
Bevölkerungsverteilung 1993

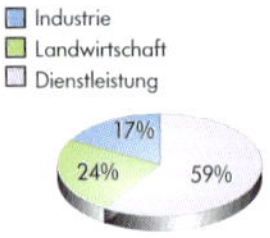

☐ Industrie
☐ Landwirtschaft
☐ Dienstleistung
17%
24% 59%
Bruttoinlandsprodukt 1992

Malediven, amtlich Divehi **Divehi Rajjeyge Jumhuriyya** [-dʒʊm-], dt. **Republik M.,** Inselstaat im Ind. Ozean, südwestlich des ind. Subkontinents, umfasst die gleichnamige Inselgruppe, 298 km², (1995) 253 000 Ew.; Hauptstadt ist Male. Amtssprache ist Divehi (eine indoarische Sprache). Währung: 1 Rufiyaa (Rf) = 100 Laari (L). Uhrzeit: 16⁰⁰ Male = 12⁰⁰ MEZ.

STAAT · RECHT

Verfassung: Nach der am 11. 11. 1968 in Kraft getretenen Verf. (mit Änderungen) sind die M. eine präsidiale Rep. im Commonwealth. Als Staatsoberhaupt und Reg.-Chef fungiert der durch Parlamentsentscheid und Referendum auf fünf Jahre gewählte Präs. Die von ihm ernannten Mitgl. des Kabinetts sind dem Parlament verantwortlich. Das Einkammerparlament (Majilis), die Legislative, mit einer Legislaturperiode von fünf Jahren besteht aus 48 Abg., von denen 40 vom Volk gewählt und acht vom Präs. ernannt werden.
Parteien: Polit. Parteien existieren nicht.
Wappen: Das Wappen zeigt eine Kokospalme, Wahrzeichen der Inselrepublik. Auf dem Palmenstamm liegen die Symbole des Islam, Halbmond und Stern. Flankiert wird diese Darstellung auf beiden Seiten von der Staatsflagge. Das Schriftband am Fuß der Palme trägt in Divehi die Aufschrift ›Al-Daulat al-Mahldibia‹ (›Staat der tausend Inseln‹).
Nationalfeiertag: Nationalfeiertage sind der 26. 7. (Unabhängigkeitstag) und der 11. 11. (Tag der Republik).
Verwaltung: Es bestehen 20 Verwaltungsbezirke, dabei untersteht die Hauptstadt direkt der zentralen Verwaltung.
Recht: Grundlage des Rechts ist die Scharia. Das Gerichtswesen besteht aus dem Obersten Gerichtshof sowie aus acht weiteren Gerichten und 201 Inselgerichten (eines pro bewohnte Insel).
Streitkräfte: Das Land unterhält keine Streitkräfte. Der aus Freiwilligen bestehende ›National Security Service‹ hat eine Stärke von etwa 2 000 Mann.

LANDESNATUR · BEVÖLKERUNG

Zu den M. gehören rd. 2 000 flache Inseln (19 Atollgruppen) im Ind. Ozean, die meisten sind namenlos, 215 sind bewohnt. Zwei Atollgruppen liegen südlich des Äquators. Hauptinsel ist Male. Die Inseln, die dem in nordsüdl. Richtung verlaufenden submarinen M.-Rücken aufsitzen, sind auf einer Fläche von 760 km Länge und 130 km Breite verstreut. Innerhalb der Inseln eingeschlossene Meeresflächen gehören laut Verf. zum Staatsgebiet, das 51 800 km² umfasst.
Klima und Vegetation: Die M. haben trop. Monsunklima mit durchschnittl. Temperaturen um 30 °C und 1 900 mm Niederschlag im Jahr (Hauptstadt Male: 2 055 mm), den v. a. der SW-Monsun bringt. Innerhalb der Inselgruppe nimmt die Jahresniederschlag von N nach S zu. Zwei Monsunjahreszeiten lassen sich unterscheiden: Die SW-Monsunzeit (Ende April bis Mitte September) und die NO-Monsunzeit (Oktober bis April). Regenreichste Monate sind September bis Dezember mit über 300 mm pro Monat. Humusarme Korallensandböden sind für die meisten Inseln charakteristisch. Die nördl. Atolle gelten als fruchtbarer als die im äquatorialen Bereich. Die Vegetation wird durch Kokospalmen, vereinzelte Fruchtbäume (Mangos, Papayas u. a.) sowie Schraubenpalmen geprägt.
Bevölkerung: Die Bev. ist ein Mischvolk arabisch-ind. und malaiischer Abstammung. Sie spricht die dem Altsinghalesischen verwandte Sprache Divehi, das auch Elemente des Tamil, des Malayalam, des Urdu und Arabischen enthält. Auf den Touristeninseln wird Englisch verstanden. Die Bev. wuchs von (1967) 103 800 Ew. auf (1995) 253 000 Ew. Das außergewöhnlich hohe Wachstum in den letzten Jahren (1990–1993: 3,3%) hat zu einer durchschnittl. Bevölkerungsdichte von 849 Ew. pro km² (1995) geführt. Da nur 215 Inseln bewohnt sind, werden lokal sehr viel höhere Dichten erreicht. Die Hauptinsel Male unterscheidet sich geographisch von den restl. Laguneninseln. Mehr als ein Viertel der Ew. leben in der Hauptstadt Male auf der Hauptinsel Male. Zur Entlastung der überbevölkerten Insel Male wurde die Nachbarinsel Vilingilli infrastrukturell ausgebaut, sodass sie einen Teil der Male-Bev. aufnehmen kann.
Religion: Der sunnit. Islam ist Staatsreligion, vertreten in der malikit. Rechtsschule; ihm gehört die gesamte einheim. Bev. an. Die öffentl. Religionsausübung nichtislam. Bekenntnisse ist nicht möglich.
Bildungswesen: Das traditionelle, mit Vorschule dreistufige Koranschulsystem besteht nach wie vor, das weniger gut ausgebaute öffentl. Schulwesen (1978 erste Grundschule außerhalb Males) nach engl. Muster wurde 1984 neu organisiert und ein nat. Lehrplan eingeführt. Unterrichtssprachen sind Englisch und Divehi. Die Primarschule umfasst fünf Jahre (ab dem 7. Lebensjahr), die Sekundarstufe Zyklen von fünf und zwei Jahren; die einzige volle Sekundarschule befindet sich in Male. Obwohl es keine allgemeine Schulpflicht gibt, ist die Analphabetenquote sehr gering (6,8%). In Male befinden sich ein handwerklich-techn. Berufsbildungszentrum (seit 1975), ein Lehrerseminar (seit 1977), ein Ausbildungszentrum für Gesundheitsdienste (seit 1979), ein Erwachsenenbildungszentrum (seit 1980) und ein islam. Bildungszentrum (seit 1987); 1993 Bau eines Institute of Technical Education.
Publizistik: In der Hauptstadt erscheinen die Tageszeitung ›Haveeru‹ (Auflage 25 000) sowie mehrere regierungsamtl. Wochen- und Monatsschriften. Nachrichtenagenturen sind ›Hiyama News Agency‹ (HANA), ›Haveeru News Service‹ (HNS) und ›Maldives News Bureau‹ (MNB), alle Sitz Male. Die staatliche Rundfunkgesellschaft ›Voice of Maldives‹ (gegr. 1962) sendet ein Inlandsprogramm sowie in Englisch einen Auslandsdienst. Seit 1978 strahlt ›Television Maldives‹ Fernsehsendungen aus.

WIRTSCHAFT · VERKEHR

Gemessen am Bruttosozialprodukt (BSP) je Ew. von (1995) 990 US-$ zählen die M. zu den ärmsten Entwicklungsländern Asiens. Die Lebensgrundlage der Bev. ist der Fischfang einschließlich Fischverarbeitung, der mit (1992) 15% des BSP (1978: 33%) seit 1989 allerdings auf Platz zwei hinter dem Tourismus (1992: 18%) rangierte.
Landwirtschaft: Dieser Wirtschaftszweig trägt zu (1992) 24% zum BSP bei. Nur rd. 2 800 ha sind für landwirtschaftl. Zwecke geeignet. Arme Korallenböden, der Mangel an Frischwasser und das Vorherrschen von Brackwasser schränken die Nutzung ein. Nur den Atollen Addu, Huvadu und Haddumathi gibt es landwirtschaftl. Anbau, der vorwiegend wäh-

rend der SW-Monsunzeit betrieben wird. Kultiviert werden Hirse auf den nördl. und zentralen M. und vorwiegend Knollenfrüchte (Yams, Taro, Süßkartoffeln) auf den südl. feuchteren Inseln. Wichtigste Nutzpflanze ist die Kokospalme. Außer Kokosnüssen, Brotfrüchten, Bananen und Papayas gibt es wenig Früchte und so gut wie kein Gemüse. Das Hauptnahrungsmittel Reis wird vollständig importiert.

Fischerei: 1993 exportierten die M. Fischprodukte im Werte von 27 Mio. US-$. Nur noch etwa (1993) 25% der Bev. sind im Fischfang tätig (1978: 44%). Die M. zählen zu den Ländern mit dem höchsten Pro-Kopf-Verbrauch an Fisch in der Welt (rd. 90 kg/Jahr). Gefischt wird traditionell nur im offenen Meer, weil die Fischsorten der Lagunen wenig begehrt sind. Der Fang, v. a. Thunfisch und Bonito, wird zw. Bootsbesitzer (40%) und Mannschaft (60%) aufgeteilt. 1993 gab es eine Fischfangflotte von 12369 Fahrzeugen. Japan, Kuwait, Großbritannien und Norwegen leisten Entwicklungshilfe im Fischereisektor. Ein ernsthaftes Problem ist der illegale Fischfang von den Nachbarländern Sri Lanka und Indien, die in den reichen Fischgründen der M. illegal Thunfischfang betreiben. Die Vermarktung von Fisch ist Staatsmonopol.

Tourismus: Der Badetourismus ist heute der größte Erwerbszweig. Rd. 60% der Einnahmen und (1995) 18% des BSP werden vom Tourismus erbracht. Seit 1984 werden die M. auch durch Langstreckenflugzeuge angeflogen, was zu einer Erhöhung der Besucherzahlen führte (1972: 1100; 1990: 195000). Für Touristen hat die Reg. der M. inzwischen 64 Inseln (mit insgesamt 7800 Betten) reserviert. Sie ist bestrebt, die Touristen (75% aus Europa; 20% aus Asien) möglichst von der einheim. Bev. fern zu halten, um die Tradition des Islam vor schädl. Einflüssen zu bewahren. Anziehungspunkte sind die weißen Sandstrände und die Korallenriffe.

Verkehr: Wichtigstes Verkehrsmittel im interinsularen ist internat. Verkehr ist das Schiff. Die Verkehrsverbindungen zw. den Atollen wurden im Rahmen des ›Inter Atoll Transport Project‹ in den letzten Jahren stark verbessert. Die eigene Fluggesellschaft AIR MALDIVES bedient lokale und regionale Flugstrecken nach Sri Lanka und Indien. Der internat. Flughafen Hulule auf dem Male-Atoll kann auch von Großraumflugzeugen angeflogen werden. Der bis 1977 brit. Militärstützpunkt Gan auf dem Addu-Atoll nahe des Äquators wird gegenwärtig als alternativer Großflughafen für Stop-over-Flüge über den Ind. Ozean von Afrika nach Fernost ausgebaut; er ist aber relativ weit von den Fremdenverkehrszielen entfernt. Im Bau befinden sich weitere Flughäfen auf dem Nord-Miladhunmadulu-Atoll im N und auf dem Hadhdhumathi-Atoll im S.

GESCHICHTE

Die M. scheinen bereits im 4./3. Jt. v. Chr. eine Rolle als ›kultureller Austauschplatz‹ zw. Afrika/Vorderasien und Indien gespielt zu haben. Mit dem Beginn der kontinuierl. Besiedlung von Ceylon und S-Indien aus geriet die Inselgruppe seit dem 5. Jh. v. Chr. unter buddhist. Einfluss, bis die Araber in der Mitte des 12. Jh. den Islam einführten. 1343/44 lebte hier der berühmte arab. Reisende IBN BATTUTA. Im 16. Jh. setzten sich vorübergehend die Portugiesen auf den M. fest, wurden aber 1573 vertrieben. 1645 stellte sich das Sultanat der M. unter den Schutz der Niederländer auf Ceylon. 1796 gerieten die Inseln unter brit. Einfluss. 1887 kamen sie unter brit. Schutzherrschaft und wurden verwaltungsmäßig dem mittlerweile brit. Ceylon angegliedert; nach dessen Entlassung in die Unabhängigkeit (1948) erhielten sie innere Selbstverwaltung. – In einem Vertrag mit den M. hob Großbritannien am 26. 7. 1965 den Protektoratsvertrag auf und

Malediven: Atollinseln

entließ das Sultanat in die Unabhängigkeit. Am 11. 11. 1968 wurden die M. Republik (Präs. seit 1978 MAUMOON ABDUL GAYOOM, Wiederwahl 1983, 1988 und 1993) und 1982 Mitgl. des Commonwealth of Nations. Mit ind. Hilfe konnte die Regierung 1988 einen Umsturzversuch ausländ. Söldner niederschlagen.

C. MALONEY: People of the Maldive Islands (Bombay 1980); T. MALTEN: M. u. Lakkadiven. Materialien zur Bibl. der Atolle im Ind. Ozean (1983); M. DOMRÖS: Tourism resources and their development in Maldive Islands, in: Geojournal, Jg. 9 (Dordrecht 1985); U. PHADNIS u. E. D. LUITHUI: Maldives. Winds of change in an atoll state (Delhi 1985); S. CHAWLA: The new Maldives (Colombo 1986); T. HEYERDAHL: Fua Mulaku. Reise zu den vergessenen Kulturen der M. (a. d. Engl., Neuausg. 1989); I. EIBL-EIBESFELDT: Die M. Paradies im Ind. Ozean (³1987).

Maledivennuss, die →Seychellennuss.

Malegaon [mɔləˈgaʊn], Stadt im Bundesstaat Maharashtra, W-Indien, nordöstlich von Bombay, 342000 Ew.; Handels- und Verarbeitungszentrum für landwirtschaftl. Produkte.

Male|inatharze [lat.], Harze, die aus Naturharzen, bes. Kolophonium, durch Reaktion mit Maleinsäureanhydrid und mehrwertigen Alkoholen gewonnen werden; die mehrfach ungesättigten Harzsäuren (z. B. Abietinsäure) setzen sich dabei mit dem Maleinsäureanhydrid zu einem Addukt um, das mit den mehrwertigen Alkoholen (Glycerin, Pentaerythrit, Glykol u. a.) zu hochmolekularen Produkten weiterreagiert. M. sind wertvolle Lackrohstoffe.

Maleinsäure [lat.], farblose, kristalline, in Wasser leicht lösl. ungesättigte Dicarbonsäure (chemisch die cis-Butendisäure), die bei Erhitzen auf 160 °C unter Abspalten von Wasser in das **M.-Anhydrid** übergeht, aus dem die Säure umgekehrt durch Kochen mit Wasser wieder erhalten werden kann. Bei Erhitzen in wässriger Lösung mit Salzsäure u. a. wird M. zu →Fumarsäure isomerisiert. Technisch wird M. durch katalyt. Oxidation von Benzol in Form ihres Anhydrids hergestellt, das auch in großen Mengen bei der Herstellung von Phthalsäure durch Oxidation von Naphthalin anfällt. M. und M.-Anhydrid werden v. a. zur Herstellung von Kunststoffen (Maleinatharze, Polyester), daneben auch von Farbstoffen, Textilhilfsstoffen, Herbiziden u. a. verwendet.

Malekula [mɑːleɪˈkuːlɑː; engl.], frz. **Mallicolo**, zweitgrößte Insel der Neuen Hebriden, Vanuatu, 2023 km², bis 879 m ü. M., 19300 Ew.; vulkan. Ursprungs; Kopra- und Sandelholzgewinnung, Kaffeeanbau; Hauptorte sind Lamap und Lakatoro.

Malenkow, Georgij Maksimilianowitsch, sowjet. Politiker, * Orenburg 21. 1. 1902, † Moskau 14. 1. 1988;

$$\begin{array}{c} HC-COOH \\ \| \\ HC-COOH \end{array}$$

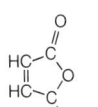

Maleinsäure

Maleinsäureanhydrid

Maleinsäure

Georgij Maksimilianowitsch Malenkow

Ingenieur. 1920 wurde M. Mitgl. der KP. Seit 1938 war er persönl. Sekr. STALINS. M. hatte wesentl. Anteil an der Durchführung der ›Großen Säuberung‹ (→Tschistka). 1939 wurde er Voll-Mitgl. und Sekr. des ZK (zuständig für Kaderarbeit), 1946 Voll-Mitgl. des Politbüros und stellv. Min.-Präs. (Letzteres bis 1953). Nach dem Tod STALINS (5. 3. 1953) übernahm er in dessen Nachfolge das Amt des Gen.-Sekr. der KPdSU und des Min.-Präs., musste jedoch wenig später das Amt des Parteichefs an N. S. CHRUSCHTSCHOW abtreten. Innenpolitisch förderte er unter dem Leitgedanken eines ›neuen Kurses‹ die Konsumgüterindustrie. Im Februar 1955 als Min.-Präs. gestürzt, war er 1955–57 Min. für elektr. Kraftwerke und erneut stellv. Min.-Präs. 1957 wurde er aller Partei- und Staatsämter enthoben; war danach Direktor eines Kraftwerks in Kasachstan.

Malente, Gem. im Kr. Ostholstein, Schlesw.-Holst., in der Holstein. Schweiz, 10 600 Ew.; elektrotechnische Industrie, Gerätebau, Glasbläserei. Der Hauptort Bad M.-Gremsmühlen, zw. Dieksee und Kellersee, ist Kneippheilbad und heilklimatischer Kurort. – M. besitzt zwei mittelalterl. Feldsteinkirchen, eine frühgot. (um 1230 begonnen) und eine spätroman. aus dem späten 12. Jh. mit Rundturm (Bad M., Neukirchen).

Malepartus [nlat. Umbildung von älter frz. malepertuis ›schlimmer Durchgang‹] *der, -,* die Wohnung des Fuchses in der Tierfabel.

Maler, Malerstaffelei, lat. **Pictor**, Abk. **Pic**, *Astronomie:* ein kleines, unauffälliges Sternbild des südl. Himmels in der Nähe der Großen Magellanschen Wolke.

Maler, 1) Hans, Maler, *Ulm um 1490, †Schwaz (Tirol) um 1530; beeinflusst u. a. von B. STRIGEL, ab etwa 1500 in Schwaz tätig. Er malte Altartafeln, v. a. aber Porträts (Brust- und Halbfigurenbilder) in flächenhafter Gestaltung und kühlem Kolorit von Fürsten und Bürgern.

Werke: *Porträts:* Anna von Ungarn (1520; New York, Sammlung Guggenheim); Anton Fugger (1525; Karlsruhe, Kunsthalle); Wolfgang Ronner (1529; München, Alte Pinakothek). – *Altartafeln:* Apostelaltar für die Franziskanerkirche in Schwaz (1525–30; Mittelteil und zwei Flügel in Schloss Tratzberg, zwei Flügel in Nürnberg, German. Nationalmuseum).

2) Wilhelm, Komponist und Musikpädagoge, *Heidelberg 21. 6. 1902, †Hamburg 29. 4. 1976; war 1935–44 Lehrer für Komposition an der Rhein. Musikschule in Köln; 1946 wurde M. mit dem Aufbau der Nordwestdt. Musikakademie in Detmold beauftragt und leitete 1959–69 die Musikhochschule in Hamburg; Kompositionen in polyphonem Stil, z. T. auf der Basis einer erweiterten Tonalität. Mit der Schrift ›Beitrag zur Harmonielehre‹ (1931) entwickelte M. die Funktionstheorie von H. RIEMANN zu einem weit verbreiteten Lehrsystem.

Malerba, Luigi, eigtl. **L. Bonardi,** ital. Schriftsteller, *Berceto (Prov. Parma) 11. 11. 1927; studierte Jura, war u. a. 1949–51 Herausgeber der Filmzeitschrift ›Sequenza‹, seit 1950 freier Schriftsteller. M. begann mit neorealist. Drehbüchern und Erzählungen (›La scoperta dell'alfabeto‹, 1963; dt. ›Die Entdeckung des Alphabets‹). Als Mitbegründer des →Gruppo '63 hatte M. teil an der Erneuerung der ital. Prosa auf der Basis eines neoavantgardist. Konzepts. Mit komisch-satir. und absurd-grotesker Verfremdung sucht er die Realitätserfahrungen des modernen Menschen sinnfällig zu machen, häufig nutzt er dabei eine histor. Kulisse (so in dem Roman ›Il fuoco greco‹, 1990; dt. ›Das griech. Feuer‹, das Byzantin. Reich des 10. Jh.). M. schreibt auch Hör- und Fernsehspiele sowie Kinderbücher.

Werke: *Romane:* Il serpente (1966; dt. Die Schlange); Salto mortale (1968; dt.); Il protagonista (1973; dt. Der Protagonist); Il pataffio (1978; dt. Pataffio); Diario di un sognatore (1981; dt. Tagebuch eines Träumers); C'era una volta la città di Luni (1982); Le pietre volanti (1992; dt. Die fliegenden Steine); Le maschere (1995; dt. Die nackten Masken). – *Erzählungen:* Le galline pensierose (1980; dt. Die nachdenkl. Hühner); Il pianeta azzurro (1986); Testa d'argento (1988; dt. Silberkopf). – *Kinderbücher:* Storie dell'anno mille (1972, mit T. GUERRA u. A. ZANNINO; dt. Auszüge u. d. T. Millemosche und seine Strolche); Mozziconi (1975; dt. Geschichten vom Ufer des Tibers); Pinocchio con gli stivali (1977; dt. Der gestiefelte Pinocchio).

E. RIZAKOWITZ: Der Mensch zw. Widerstand u. Anpassung im Werke L. M.s (Diss. Freie Univ. Berlin 1976); S. SORA: Modalitäten des Komischen. Eine Studie zu L. M. (1988).

Malerbücher, von Malern oder Grafikern gestaltete Bücher, deren Inhalt (z. T. ohne Text) sich mit Typographie, Papierbeschaffenheit und Drucktechnik zu einem bibliophilen Kunstwerk verbindet. M. entstanden v. a. zw. den 1920er- und 1960er-Jahren (H. ANTES, G. BRAQUE, M. CHAGALL, S. DALÍ, H. MATISSE, J. MIRÓ, P. PICASSO u. a.). Sie werden gesammelt in der Herzog-August-Bibliothek in Wolfenbüttel und in der Bayerischen Staatsbibliothek in München.

Das Buch des Künstlers. Die schönsten M. aus der Slg. der Herzog-August-Bibliothek Wolfenbüttel, hg. v. C. HAENLEIN, Ausst.-Kat. (1989).

Malerbuch vom Berge Athos, Handbuch der byzantin. Malerei, zw. 1701 und 1733 auf dem Athos verfasst von dem Mönchsmaler DIONYSIOS VON FURNA (* um 1670, † 1745/46). Der Urtext, der auf alte Überlieferungen zurückgeht, ist nur noch in versch. späteren Abschriften fassbar. Die älteste Abschrift ist die von ADOLPHE DIDRON (* 1806, † 1867) auf dem Athos gefundene und 1845 in frz. Sprache herausgegebene (1855 erschien eine dt. Ausgabe, hg. von G. SCHÄFER, 1909 eine neugriech., hg. von A. PAPADOPULOS-KERAMEUS). Teil I des M. v. B. A. beschäftigt sich mit der Technik der Malerei, Teil II mit der Ikonographie bibl. Szenen, Teil III mit den Heiligendarstellungen und Teil IV mit Verteilung und Anordnung der Bilder in Kirchen. Das M. v. B. A. erlangte bes. in der 2. Hälfte des 18. und 1. Hälfte des 19. Jh. in den orth. Ländern O-Europas große Bedeutung.

Ausgabe: The ›Painter's manual‹ of Dionysius of Fourna, hg. v. P. HETHERINGTON (1974).

Malerei [ahd. malen, malon ›mit Zeichen versehen‹, zu mal(i) ›Zeichen‹], gegenüber den dreidimensionalen Künsten Architektur und Bildhauerei die vorrangig von der Farbe bestimmte Flächengestaltung im Unterschied zur vorwiegend linearen Gestaltung bei Zeichnung oder Grafik. Bei den durch direkten Farbauftrag charakterisierten Verfahren unterscheidet man nach dem Bildträger Wand-, Tafel- und Buch-M., auf dem Gebiet des Kunsthandwerks M. auf Keramik, Porzellan, Lack und Seide. Im weitesten Sinne zählen auch die auf der Umsetzung eines künstler. Entwurfs in ein spezif. Material beruhenden Verfahren wie Email- und Glas-M., Mosaik und Bildwirkerei zur M. Grenzfälle sind das bemalte Relief, die Polychromie in der Architektur, die farbige Fassung eines plast. Bildwerks, die Collage und die farbig gestaltete Grafik. Trotz ihrer Bindung an die Fläche ist die M. gegenüber den anderen Künsten die freieste durch ihre illusionist. Fähigkeit zur Gestaltung jeder existenten Wirklichkeit oder rein gedankl. Vorstellungen. Abbildlichkeit, d. h. das Erfassen der spezif. Eigenschaften von Plastik und Architektur, die Darstellung von Körpern in immer größerer Formenvielfalt, die Entfaltung von Raum zu immer größerer Tiefe, ist ein Charakteristikum der europ. M. zw. etwa 1300 und 1910, Ausdruck geistigen Wandels vom geschlossenen myth. Weltbild zur ästhetisch erlebten Diesseitigkeit. Wie alle Kunst hat die M. ihren Ursprung in Kult und Mythos. Zeugnisse dafür reichen von den Felsbildern der vorgeschichtl. Zeit über die Wand-M. der frühen Hochkulturen bis zur Wand-, Buch- und

Altar-M. des MA. und der Renaissance. Die dem Totenkult dienende ägypt. M. ist flächenbetont; die Vielfalt der Erscheinungswelt ist durch strenge Regeln in eine feste Ordnung gebannt. Hingegen wurde von der griech. M. selbst im linearen Körperumriss noch die raumausgreifende Qualität des Plastischen mitgestaltet (Vasen-M.). Wirklichkeitsnähe erreichte die röm. M. durch körperhaftes Modellieren und perspektiv. Verkürzungen. Beim frühchristl. Mosaik und bei der mittelalterl. Buch-, Wand- und Glas-M. stand hingegen die körperlich-räuml. Realität unter dem Primat der Fläche, der Dimension des Übersinnlichen, Abstrakten: So wie die flache Figur wesentlich nicht Körper, sondern Geste und Ausdruck ist, so ist der indifferente (goldene, blaue) Grund nicht Ort; er ist Vermittler geistiger Beziehungen. Erst seit GIOTTO suchte die M. wieder die Vermittlung plast. und räuml. Werte. Die Renaissance verstärkte diese durch die geradezu tastbare Modellierung der Körper, das harmon. Maß der Dinge und die Anwendung der neu entdeckten Perspektive zur Darstellung eines kontinuierl. Raumes. Das 15. Jh. löste jedoch nicht die Diskrepanz zw. plastisch modellierter Nähe und flächig (Niederlande) oder in Schichtung (Italien) hinterlegter Ferne, die Zentralperspektive erfasste objektiv nur den Innenraum. Erst die maler. Gestaltungsweise LEONARDO DA VINCIS (→sfumato) und der venezian. Maler, im Unterschied zu der die Gegenstände isoliert wiedergebenden der florentin. M., verschmolzen Figur und Raum durch das Medium der Farbe in ein als körperhaft empfundenes, kontinuierlich sich erstreckendes Ganzes, an dem auch die Atmosphäre teilhat. Das Malerische, geeignet zur Integration vielfältigster materieller Phänomene und damit zur fast unbeschränkten Wirklichkeitsaneignung, wurde von gegenläufigen Tendenzen (Klassizismus, Realismus) abgesehen, führend bis zum Impressionismus. Es griff auch auf andere Künste über und ermöglichte z. B. das barocke Gesamtkunstwerk, in dem Baukörper, Säulen und Altäre mit der den architekton. Rahmen überspielenden illusionist. Deckenmalerei eine maler. Einheit bilden. Nachdem bereits im 16. Jh. neben religiösen zunehmend profane Themen (Landschaften und Porträts) dargestellt wurden, kristallisierten sich im 17. Jh. einzelne Bildgattungen heraus (→Gattung). Neben die Atelier-M., für die allenfalls Skizzen in der freien Natur angefertigt wurden, trat seit Beginn des 19. Jh. in zunehmendem Maße die Freilichtmalerei.

Im Verzicht auf die Abbildlichkeit als Reaktion auf eine immer komplexere anonyme Wirklichkeit und eine in atomare Strukturen vordringende Naturwiss. wurde mit der abstrakten M. im 20. Jh. eine reine Kunstwelt aufgebaut, die allenfalls Gleichnis der Welt sein will und in der die Gestaltungsmittel Farbe, Linie, Fläche ebenso autonom sind wie das Objekt und der reine Schöpfungsakt. Mit der Pop-Art wurde die direkte Auseinandersetzung mit der Realität wieder aufgenommen und fand seither in vielfältigen Gestaltungsweisen ihren Niederschlag.

Maltechnik: Farbe, Bindemittel und Grundierung bestimmen in unterschiedl. Maß die Besonderheit einer M.: Wasserlösl. Farbe in dünnem, lasierendem Auftrag, der den Papiergrund durchscheinen lässt, kennzeichnet das Aquarell. Im Unterschied dazu arbeiten die Gouache- und die Tempera-M. mit deckenden Wasserfarben meist über dunklem Malgrund. Für die Tafel-M. ist, abgesehen von der Grundierung, v. a. das Bindemittel entscheidend. Die in Kasein- oder Eiemulsion gebundenen Farben der bis ins 15. Jh. dominierenden Tempera-M. fordern eine dünne, wenig differenzierende Malweise von linearer Prägnanz, die durch Firnis Glanz und Leuchtkraft erhält. Dagegen erlaubt die in Bienenwachs gebundene Farbe der seit dem 4. Jh. v. Chr. bekannten Enkaustik (Mumienporträts) eine in weichen Übergängen gestaltende illusionist. Malweise, die in der europ. M. erst seit der Verwendung trockener Öle als Bindemittel seit dem 15. Jh. möglich ist. Anfangs war die Öl-M. eine Mischtechnik aus magerer und fetter Tempera, aufbauend in komplizierten Unter- und lasierenden Übermalungen, seit dem 17. Jh. ist sie reine Prima-M., bei der die auf der Palette gemischte Ölfarbe in modellierendem Pinselstrich unmittelbar auf die Grundierung aufgesetzt wird. Weniger die Bindemittel als die Beschaffenheit des Malgrundes bestimmen die wichtigsten Techniken der Wand-M.: Das Fresko entsteht auf nassem Kalkgrund, die Seccomalerei auf trockenem Grund. Auch Kombinationen dieser Techniken sind möglich. Das Experimentieren mit neuen Bindemitteln (→Dispersionsfarben) und Techniken in der modernen M. erweitert ständig die Ausdrucksmöglichkeiten.

In der Ikonen-M. und der M. außereurop. Kulturen, in denen es keine Parallelen zur europ. Entwicklung einer zentralperspektivisch-illusionist. räuml. Wirklichkeitserfassung gibt, erlebte die M. ebenfalls große Blütezeiten, sowohl im alten Ägypten wie im Alten Orient (Mari; Assyrien), in den minoischen Kultur Kretas, in den altamerikan. Kulturen wie in der figürl. buddhist. und ostasiat. M., die u. a. auch eine bedeutende Landschafts-M. hervorbrachte, oder in der – abgesehen von der Miniatur-M. – im Wesentlichen aus Kalligraphie und Ornament lebenden islam. Kunst. Fast überall gab es auch polychrome Gefäßmalerei.

⇨ *Andachtsbild · Aquarellmalerei · Architekturbild · Ateliermalerei · Bilderhandschriften · Bildwirkerei · Buchmalerei · Deckenmalerei · Emailkunst · Enkaustik · Felsbilder · Freilichtmalerei · Fresko · Genremalerei · Glasmalerei · Gouachemalerei · Gruppenbild · Historienmalerei · Ikone · Interieur · Keramik · Lackkunst · Landschaftsmalerei · Marinemalerei · Miniaturmalerei · Mosaik · Ölmalerei · Perspektive · Porträt · Porzellan · Seccomalerei · Seidenmalerei · Stillleben · Tafelmalerei · Temperamalerei · Vasen · Vedute · Wandmalerei*

Lexika, Geschichte: Gesch. der M., hg. v. K. FASSMANN u. a. (a. d. Frz., 1965); Die große Enzykl. der M., hg. v. H. BAUER u. a., 8 Bde. (1976–78); Kindlers M.-Lex., hg. v. K. FASSMANN, 15 Bde. (Neudr. 1985); Gesch. der M. von der Renaissance bis heute, hg. v. P. DELIUS (1995).
Allgemeines: R. BERGER: Die Sprache der Bilder (a. d. Frz., 1960); K. BADT: Raumphantasien u. Raumillusionen (1963); M. J. FRIEDLÄNDER: Über die M. (1963); L. GERICKE u. K. SCHÖNE: Das Phänomen Farbe (²1973); E. STRAUSS: Koloritgeschichtl. Unters. zur M. seit Giotto u. a. Studien (²1983); E. H. GOMBRICH: Kunst u. Illusion (a. d. Engl., Neuausg. ²1986); K. NICOLAUS: DuMont's Hb. der Gemäldekunde (³1986); L. DITTMANN: Farbgestaltung u. Farbtheorie in der abendländ. M. (1987); M. IMDAHL: Farbe. Kunsttheoret. Reflexionen in Frankreich (1987); K. BÖHLAU: Die Wahrheit in der M. (1989); W. SCHÖNE: Über das Licht in der M. (⁸1994); J. ITTEN: Kunst der Farbe (²²1995).
Techniken, Werkstoffe: Gesch. der Kunst u. der künstler. Techniken, hg. v. H. H. HOFSTÄTTER, 6 Bde. (Neuausg. 1968); Reclams Hb. der künstler. Techniken, Bd. 1: Bindemittel, Buch-M., Tafel- u. Leinwand-M. (1984); Die Maltechniken der modernen Kunst, bearb. v. J. COLLINS u. a. (a. d. Engl., 1985); H.-P. SCHRAMM: Histor. Malmaterialien u. ihre Identifizierung (Neuausg. 1988); Die Technik der M., bearb. v. L. LOSOS u. a. (a. d. Tschech., 1988); K. WEHLTE: Werkstoffe u. Techniken der M. (⁶1992); M. DOERNER: Malmaterial u. seine Verwendung im Bilde, bearb. v. T. HOPPE (¹⁸1994).

Maler|email [-emaj], Technik der →Emailkunst.

Malerfarben, Malfarben, Künstlerfarben, Bez. für gebrauchsfertige, farbgebende Materialien, die z. B. für die Kunstmalerei hergestellt werden. Sie bestehen wie die für Industrie und Handwerk hergestellten Lacke und Anstrichstoffe v. a. aus Pigmenten und Bindemitteln, unterscheiden sich aber von diesen bes. durch die Wahl ihrer Rohstoffe, da die Ansprüche (z. B. an die Beständigkeit der Bindemittel, an die Brillanz der Farben usw.) höher sind; sie werden in Form

Male Malerfeder – Malfitano

von festen bis pastosen Massen als →Aquarellfarben, →Pastellfarben, →Temperafarben und →Ölfarben hergestellt und entsprechend verwendet.

Malerfeder, kleine M., *Jägersprache:* spitze Vogelfeder vor der ersten Schwungfeder; diente früher zum Malen, gilt heute als Trophäe.

Malergold, das →Muschelgold.

Maler Müller, Schriftsteller und Maler, →Müller, Friedrich.

Malermuschel, Art der →Flussmuscheln.

Malerradierer, der →Peintregraveur.

Malesherbes [malˈzɛrb], Chrétien Guillaume **de Lamoignon de** [də lamwaˈɲɔ̃ də], frz. Minister, * Paris 6. 12. 1721, † (hingerichtet) ebd. 22. 4. 1794; Präs. des Finanzgerichtshofs (1750–71 und 1774–75), begünstigte als ›Directeur de la Librairie‹ (1750–63) durch großzügige Handhabung der Bücherzensur die Verbreitung aufklärer. Schrifttums, u. a. der ›Encyclopédie‹ (→Enzyklopädie). Als Min. (1775/76) unterstützte er die Reformen A. R. J. Turgots. 1787–88 wieder Min., hatte er maßgebenden Anteil am Toleranzedikt Ludwigs XVI. (1787). M. kehrte 1792 aus der Emigration zurück und übernahm die Verteidigung Ludwigs XVI. vor dem Nationalkonvent. Im Dezember 1793 verhaftet, wurde er vom Revolutionstribunal zum Tode verurteilt und hingerichtet.

E. P. Shaw: Problems and policies of M. as Directeur de la Librairie in France, 1750–1763 (Albany, N. Y., 1966); E. Badinter: Les ›Remontrances‹ de M., 1771–1775 (Paris 1985).

Mäleßkircher, Maleskircher, Mächselkircher, Gabriel, Maler, * um 1430, † München 1495. Von seinem von der altniederländ. Kunst bestimmten spätgot. Werk sind v. a. die urspr. für die Tegernseer Klosterkirche St. Quirin gemalten 13 Altartafeln (um 1478; München, Alte Pinakothek, und Madrid, Palacio Villahermosa) zu nennen.

Malet [-ˈlɛ], Léo, frz. Schriftsteller, * Montpellier 7. 3. 1909, † Paris 3. 7. 1996; war Kabarettist und Chansonnier, hatte Verbindung zu den Surrealisten. Berühmt wurde er mit seinen Kriminalromanen um den Privatdetektiv Nestor Burma, in denen er amerikan. Muster persiflierte und damit dem frz. Kriminalroman eine neue Qualität gab. ›120, rue de la gare‹ (1943) folgte die Reihe ›Les nouveaux mystères de Paris‹ (u. a. ›Le soleil naît derrière le Louvre‹, 1954; dt. Bilder bluten nicht; ›Des kilomètres de linceuls‹, 1955; dt. Stoff für viele Leichen); jeder Titel ist an ein anderes, genau beschriebenes Arrondissement der Stadt gebunden.

Maleta, Alfred, österr. Politiker, * Mödling 13. 1. 1906, † Salzburg 17. 1. 1990; Rechtsanwalt, wurde 1951 geschäftsführend, 1953 offiziell Gen.-Sekr. der ÖVP (bis 1960). 1962–70 war er Präs. des Nationalrates, 1970–75 dessen erster Vizepräsident.

Maléter [ˈmɔlɛːtɛr], Pál, ungar. General, * Eperjes 4. 9. 1917, † (hingerichtet) Budapest 16. 6. 1958; 1956 Kommandant der ungar. Militärschule von Budapest, trat im Oktober/November 1956 als einer der Führer des ungar. Volksaufstandes hervor. Er war Verteidigungs-Min. in der Reg. des Min.-Präs. I. Nagy. Anfang November 1956 von den sowjet. Interventionstruppen verhaftet, wurde M. mit Nagy und anderen am 15. 6. 1958 zum Tode verurteilt. Im Zuge der polit. und gesellschaftl. Veränderungen 1989 wurde er rehabilitiert.

Maletto|rinde, die als Gerbmittel verwendete gerbstoffreiche Rinde einer Eukalyptusart.

Malév [ˈmɔlɛːv], Kurz-Bez. für **Magyar Légiközlekedési Vállalat** [ˈmɔdjɔr ˈlɛːɡikøzlɛkɛdɛːʃi ˈvaːlɔlɔt], die nat. staatl. Luftverkehrsgesellschaft Ungarns, gegr. 1946. M. fliegt innerhalb Europas, in den Nahen Osten, nach N-Afrika und N-Amerika. Sie beförderte 1994 mit einem Flugpark von 24 Flugzeugen und mit 3 200 Beschäftigten rd. 1,5 Mio. Passagiere.

Malév

Kasimir Sewerinowitsch Malewitsch: Acht rote Rechtecke; nach 1914 (Amsterdam, Stedelijk Museum)

Malewitsch, Malevič [-tʃ], Kasimir Sewerinowitsch, russ. Maler und Kunsttheoretiker, * Kiew 23. 2. 1878, † Leningrad (heute St. Petersburg) 15. 5. 1935; studierte in Kiew und Moskau und orientierte sich zunächst an den Fauves, Kubisten und Futuristen (v. a. ländl. Szenen). Ab 1912 trat er verstärkt mit avantgardist. Kreisen in Verbindung und gelangte in seinen Werken zur reinen Gegenstandslosigkeit, die er mit dem Begriff →Suprematismus definierte (Manifest ›Vom Kubismus zum Suprematismus‹, 1915; 1920 veröffentlicht). Konsequent formulierte er eine abstrakte Kunstsprache, die auf geometr. Formen und reinen Farben basiert. Nach 1917 forcierte er seine konstruktivist. Kunst als Entsprechung zum revolutionären und techn. Zeitalter. Ab 1918 lehrte er in Moskau, 1919–22 auch in Witebsk, dann in Leningrad (1926 entlassen). 1927 ging er nach Berlin und kehrte 1929, unter Zurücklassung zahlr. Werke, in die UdSSR zurück. Wohl unter polit. Druck nahm er die figurative Malerei wieder auf (Bauernbilder und Porträts). Hinsichtlich seiner abstrakten Bilder war er in der UdSSR bis in die 80er-Jahre als Formalist verfemt. – M. entwarf auch Modelle einer utop. Architektur (›Architektonen‹, ›Planiten‹), Wanddekorationen, Bühnenbilder und -kostüme, Plakate und Porzellan.

Schrift (russ.): Die gegenstandslose Welt (1927).

C. Douglas: Swans of other worlds. Kazimir Malevich and the origins of abstraction in Russia (Ann Arbor, Mich., 1980); J.-H. Martin: Œuvres de Casimir Severinovitch Malévitch (Paris 1980); L. A. Shadowa: M. (a. d. Russ., 1982); K. M., hg. v. W. A. L. Beeren u. a., Ausst.-Kat. (Amsterdam 1988); H. Stachelhaus: K. M. Ein trag. Konflikt (1989); M. Künstler u. Theoretiker, Beitrr. v. C. Douglas, u. a. (a. d. Russ., 1991); G. Steinmüller: Die suprematist. Bilder von K. M. Malerei über Malerei (1991); K. M. Werk u. Wirkung, hg. v. E. Weiss, Ausst.-Kat. Museum Ludwig, Köln (1995).

Malfahren, *Bahnradsport:* frühere Bez. für →Sprinterrennen.

Malfatti, Franco Maria, ital. Politiker, * Rom 13. 6. 1927, † Rom 10. 12. 1991; wurde in der christlichdemokrat. Jugendbewegung politisch aktiv, 1952–64 Mitgl. des Parteivorstandes der ›Democrazia Cristiana‹, seit 1958 Abg., 1970–72 Präs. der EG-Kommission, mehrfach Minister, u. a. 1973–78 Erziehungs-, 1978/79 Finanz- und 1979/80 Außenminister.

Malfitano [ˈmælfɪteɪnəʊ], Catherine, amerikan. Sängerin (Sopran), * New York 18. 4. 1948; studierte an der Manhattan School of Music und debütierte 1972 als Nanetta in G. Verdis ›Falstaff‹ an der New York City Opera, es folgten Auftritte bei den Salzburger Festspielen und an den großen Bühnen Europas und der USA. Zu ihrem Repertoire gehören u. a. die Salome (R. Strauss), Tosca (G. Puccini), Violetta (in ›La Traviata‹ von G. Verdi), Lulu (A. Berg).

Malgache [mal'gaʃ, frz.], die Sprache der Madagassen, →Malagasy.

Malgrund, *Maltechnik:* →Grundierung.

Malherbe, 1) [mə'lɛrbə], Daniël François, südafrikan. Schriftsteller, *Daljosafat (Kapprovinz) 28. 5. 1881, †Bloemfontein 12. 4. 1969; war 1910–41 Prof. für Afrikaans in Bloemfontein. Mit seinem Werk, das v. a. nat. und bibl. Themen gestaltet, ist er Vertreter einer christlich orientierten ländl. Romantik, z. T. auch mit aktueller Botschaft.

Werke: *Lyrik:* Karroo blommetjies (1909); Kloggrassies (1914); Somerdae (1928); Kruis en kraai (1957); Agterland (1965). – *Dramen:* Koringboere (1921); Die mense van Groenkloof (1925); Die siel van Suid-Afrika (1938); Goue appels (1953); Spel van blank en swart (1956); Boeta van Skeurfontein (1959). – *Romane:* Vergeet nie (1913); Die bergstoom ruis (1940); Kind van die sonde (1959). – *Erzählungen u. a.:* Die slagmes en ander nagelate verhale (hg. 1980); Twee nagelate novellas (hg. 1980).

2) [ma'lɛrb], François de, frz. Dichter und Literaturtheoretiker, *in oder vor Caen 1555, †Paris 16. 10. 1628; war 1576–86 Sekr. des Herzogs von Angoulême und wurde 1605 von König Heinrich IV. nach Paris berufen, wo er 1609 den Titel eines Hofdichters erhielt. – Als Lyriker trat er v. a. mit Gelegenheitsdichtungen für hoch gestellte Persönlichkeiten hervor (z. B. ›Ode de bienvenue à Marie de Médicis‹, 1600). Maßgebl. Einfluss auf die Entwicklung der frz. Literatur übte er jedoch mit seinem dichtungstheoret. Programm aus, das v. a. im ›Commentaire sur Desportes‹ (1625) zusammengefasst ist. In kommentierenden Anmerkungen zum dichter. Werk seines Rivalen am Hof, P. Desportes, formulierte M. hier seine Postulate, die die freieren poetolog. Prinzipien der Pléiade ablehnen und die Ästhetik der frz. Klassik vorbereiten. Er forderte eine vom Geist der Ordnung und der Vernunft geleitete Dichtung: Einfachheit und Klarheit des Ausdrucks, Meidung von Archaismen, Dialektismen, Neologismen und Fachterminologie sowie strenge Beachtung von Regeln der Vers- und Reimtechnik.

Ausgaben: Œuvres, hg. v. M.-L. Lalanne, 6 Bde. (1862–69); Œuvres, hg. v. A. Adam (1971).

R. Fromilhague: La vie de M. (Paris 1954); ders.: M. Technique et création poétique (ebd. 1954); F. Brunot: La doctrine de M. d'après son commentaire sur Desportes (Neuausg. ebd. 1969); F. Ponge: Pour un M. (Neuausg. ebd. 1977); G. Henry: F. de M. Gentilhomme et poète (Mondeville 1984).

Mali

Fläche 1 240 192 km²
Einwohner (1994) 9,5 Mio.
Hauptstadt Bamako
Amtssprache Französisch
Nationalfeiertag 22. 9.
Währung 1 CFA-Franc = 100 Centimes (c)
Uhrzeit 11⁰⁰ Bamako = 12⁰⁰ MEZ

Mali, amtlich frz. **République du Mali** [repy'blik dy ma'li], Binnenstaat in Westafrika, zw. Algerien im N, Niger im O, Burkina Faso und Rep. Elfenbeinküste im S, Guinea im SW, Senegal und Mauretanien im W; mit 1 240 192 km² doppelt so groß wie Frankreich, (1994) 9,5 Mio. Ew.; Hauptstadt ist Bamako,

Amtssprache Französisch. Währungseinheit: 1 CFA-Franc = 100 Centimes. Zeitzone: Westeurop. Zeit (11^{00} Bamako = 12^{00} MEZ).

STAAT · RECHT

Verfassung: Nach der am 12. 1. 1992 durch Referendum gebilligten Verf. ist M. eine präsidiale Rep. mit Mehrparteiensystem. Die Verf. bekennt sich zur Gewaltenteilung, fixiert Grundrechte und -freiheiten der Bürger und garantiert die Unabhängigkeit der Richter. Staatsoberhaupt und oberster Inhaber der Exekutive ist der auf fünf Jahre direkt gewählte Präs. (einmalige Wiederwahl zulässig). Der Präs. ernennt den Premier-Min. und dieser wiederum die übrigen Mitgl. des Kabinetts. Oberstes gesetzgebendes Organ ist die Nationalversammlung (Assemblée Nationale), deren 147 Abg. (13 Mandate sind für im Ausland lebende Staatsangehörige reserviert) für fünf Jahre gewählt werden.

Parteien: Seit 1992 bildete sich in M. ein breit gefächertes Parteienspektrum (rd. 45 Parteien) heraus, das von der Alliance pour la Démocratie au Mali – Parti Africain pour la Solidarité et la Justice (ADEMA – PASJ; dt. Allianz für die Demokratie in M. – Afrikan. Partei für Solidarität und Gerechtigkeit; gegr. 1990 als Oppositionsbewegung, seit Mai 1991 polit. Partei) dominiert wird.

Wappen: Das kreisrunde rote, von einem grünen Ring umgebene Wappensymbol zeigt eine über einem Stadttor schwebende weiße Taube, das Ganze über zwei gespannte Bogen mit aufgelegten Pfeilen vor einer aufgehenden Sonne. Auf dem grünen Ring befindet sich oben die Staats-Bez., unten der Wahlspruch ›Un Peuple – Un But – Une Foi‹ (›Ein Volk – ein Ziel – ein Glaube‹).

Nationalfeiertag: Nationalfeiertag ist der 22. 9., zur Erinnerung an die Proklamation der Rep. M. 1960.

Verwaltung: Es bestehen acht Verwaltungsregionen und der Hauptstadtdistrikt von Bamako.

Recht: Nebeneinander stehen modernes Recht, übernommen aus der frz. Kolonialherrschaft, und verschiedene traditionelle, z. T. islamisch beeinflusste Rechte. Nach der Unabhängigkeit 1960 wurden viele Rechtsbereiche neu, zumeist eher anpassend als verändernd, kodifiziert (Strafrecht 1961, Eherecht 1962, Arbeitsrecht 1962, Handelsrecht 1986). Das Handels- und Gesellschaftsrecht soll zw. den frz.-sprachigen Ländern Afrikas harmonisiert werden. – Das Gerichtssystem, einheitlich für modernes und traditionelles Recht, umfasst auf unterster Stufe in Zivil- und Strafsachen Friedensgerichte und Gerichte erster Instanz, außerdem Handels-, Arbeits- und Verwaltungsgerichte, darüber Berufungsgerichte und an der Spitze den Obersten Gerichtshof in Bamako. Durch die Verf. von 1992 wurde ein Verfassungsgerichtshof eingeführt.

Streitkräfte: Die Gesamtstärke der Wehrpflichtarmee (Dienstzeit 30 Monate) beträgt rd. 7 500 Mann, die der paramilitär. Einheiten (Gendarmerie, Miliz u. a. Kräfte) etwa 2 000 Mann. Im Heer dienen rd. 7 000 Soldaten. Marine und Luftwaffe sind Teil des Heeres.

LANDESNATUR · BEVÖLKERUNG

M. ist der flächenmäßig größte Staat Westafrikas; er reicht von der Oberguineaschwelle über das Nigerbecken bis in die zentrale Sahara. Weite Ebenen (Schiefer- und Sandsteintafeln) und flache Becken kennzeichnen das Landschaftsbild. Die höchste Erhebung erreicht das kristalline Bergland Adrar des Iforas (etwa 1 000 m ü. M.) im wüstenhaften NO des Landes. Der mittlere und südl. Landesteil wird von Niger (1 754 km in M.) und Senegal (850 km) gequert. Zwischen Ségou und Timbuktu bildet der Niger ein riesi-

François de Malherbe

Mali

Staatswappen

Staatsflagge

RMM

Internationales Kfz-Kennzeichen

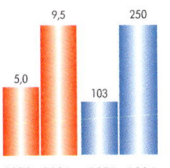

1970 1994 Bevölkerung (in Mio.)

1970 1994 Bruttosozialprodukt je Ew. (in US-$)

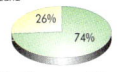

Stadt
Land

Bevölkerungsverteilung 1994

Industrie
Landwirtschaft
Dienstleistung

Bruttoinlandsprodukt 1994

Mali Mali

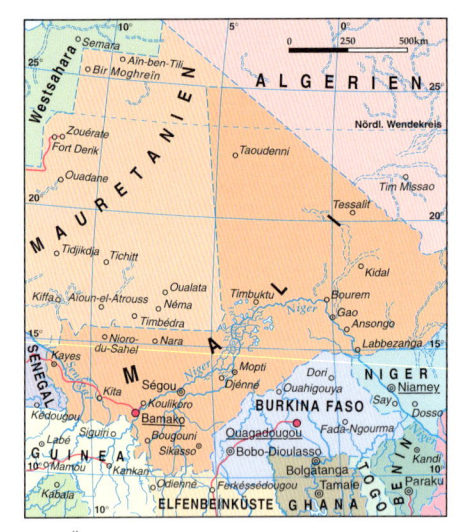

Mali: Übersichtskarte

ges Binnendelta; er überflutet dort drei bis vier Monate im Jahr eine Landfläche von rd. 40 000 km² und hinterlässt ein fruchtbares Schwemmland.

Klima und Vegetation: M. hat Anteil an mehreren Klima- und Vegetationszonen: von der Feuchtsavanne im äußersten S über Trocken- und Dornstrauchsavanne bis zur extrem ariden Wüste im N. Der südl. Landesteil hat drei Jahreszeiten: Regenzeit (Juni–Oktober), kühle Trockenzeit (November–Februar), heiße Trockenzeit (März–Mai); im N regnet es nur im September und Oktober. Die Jahresniederschlagsmenge erreicht im S 1 100 mm, am Saharand 120 mm; es treten jedoch oftmals mehrjährige Dürreperioden auf (bes. zw. 1969 und 1974, zu Beginn der 80er-Jahre und 1992 sowie 1994), in denen keine nennenswerten Niederschläge fallen (→Sahel, →Desertifikation). Landverwüstung und Hungersnot sind jeweils die Folgen dieser katastrophalen Dürrejahre.

Bevölkerung: M. zählt zu den am schwächsten besiedelten Ländern Afrikas. Der wüstenhafte N ist fast menschenleer; die Mehrheit der Bev. lebt im S, v. a. längs des Niger. Die zahlenmäßig stärkste der vielen ethn. Gruppen sind die ihren Traditionen verhafteten Bambara, deren Sprache von rd. 40% der Bev. verstanden wird. Politisch führend sind die Malinke. Weitere Gruppen, ebenfalls sesshafte Ackerbauern, sind Dyula, Soninke, Songhai, Senufo, Dogon. Als Nomaden oder Halbnomaden leben in der Mitte des Landes v. a. Fulbe, Tuareg und Mauren. Die Dürre im Sahel hat viele Nomaden gezwungen, ihren Lebensraum im N des Landes und ihre Lebensweise aufzugeben und nach S auszuweichen, was zu Konflikten mit den dort ansässigen Ackerbauern führte. Viele Malier arbeiten in den Nachbarländern Rep. Elfenbeinküste und Senegal sowie in Frankreich und arab. Ländern (Libyen). Die städt. Bev. macht 26% aus; einzige Großstadt ist Bamako (1992: 745 800 Ew.). Das jährl. Bev.-Wachstum beträgt (1985–94) 2,8%.

Religion: Es besteht Religionsfreiheit. Die dominierende Religion ist der Islam, der stark durch sufit. Bruderschaften geprägt ist. Etwa 80% der Bev. sind sunnit. Muslime der malikit. Rechtsschule, rd. 18% Anhänger traditioneller afrikan. Religionen, rd. 1,8% Christen. Der Islam hat auch Elemente afrikan. Religiosität aufgenommen (z. B. bei den Malinke und den Songhai). Geistl. Hochschulen (Medresen) bestehen in Bamako und Timbuktu. Zu den traditionellen afrikan. Religionen bekennt sich die überwiegende Mehrheit der Bobo, Dogon und Senufo. Die Christen gehören zu etwa zwei Dritteln der kath. Kirche an (Erzbistum Bamako mit fünf Suffraganbistümern). Auf prot. Seite sind zahlr. Missionsgesellschaften aus Nordamerika und Europa tätig.

Bildungswesen: Schulpflicht besteht vom 6. bis 15. Lebensjahr, der Unterricht ist unentgeltlich; die staatl. Primarschule (sechs Jahre) wird nur von etwa einem Viertel der Kinder besucht. Unterrichtssprache ist Französisch. Von den Primarschülern besuchen rd. 20% auch die Sekundarstufe I (drei Jahre). Neben der allgemein bildenden Sekundarstufe II (drei Jahre) bestehen lehrerbildende Anstalten und berufl., v. a. landwirtschaftl. Schulen, die seit dem Entwicklungsplan von 1981 bes. gefördert werden. Neben staatl. Schulen existieren Koranschulen; private Schulen gibt es bes. im Sekundarschulbereich. Die Analphabetenquote beträgt 69%. M. besitzt sieben Hochschuleinrichtungen (sechs davon in Bamako).

Publizistik: Die Verf. von 1992 garantiert Pressefreiheit. Neben dem Regierungsorgan ›L'Essor – La Voix du Peuple‹ (gegr. 1949, Auflage 5 000) erscheinen u. a. die unabhängigen Zeitungen ›Les Échos‹ (gegr. 1989, Auflage 5 000) und ›Le Républicain‹ (gegr. 1992, Auflage 10 000). Die 1961 gegr. staatl. *Nachrichtenagentur* mit Sitz in Bamako trägt seit 1977 den Namen ›Agence Malienne de Presse et Publicité‹ (AMAP). Die staatl. *Rundfunkgesellschaft* ›Radiodiffusion-Télévision Malienne‹ (gegr. 1957) sendet Hörfunkprogramme in Französisch, Englisch, Arabisch und zahlr. Landessprachen und seit 1983 ein Fernsehprogramm.

WIRTSCHAFT · VERKEHR

Gemessen am Bruttosozialprodukt (BSP) je Ew. von (1994) 250 US-$ gehört M. zu den ärmsten Ländern Afrikas. Hemmend für die Entwicklung des meerfernen Binnenstaates sind unzureichende Transportmöglichkeiten, große Entfernungen zu anderen Märkten, die geringe Kaufkraft der Bev. sowie die Tatsache, dass weite Teile des Landes zur Sahelzone zählen. Die Inflationsrate lag 1985–94 bei jährlich 3,4%. Der Schuldendienst für die (1994) 2,8 Mrd. US-$ Auslandsschulden beansprucht 27% der Exporterlöse.

Landwirtschaft: 1993 arbeiteten 79% der Erwerbstätigen im Agrarbereich; sie erwirtschafteten 42% des Bruttoinlandsprodukts (BIP). Da der gesamte N in der Sahara liegt, sind nur 2% der Gesamtfläche agrarisch nutzbar (2,1 Mio. ha Ackerland). Die bewässerten Flächen (rd. 95 000 ha) liegen v. a. im Bereich des Binnendeltas des Niger (Anbau von Reis, Zuckerrohr, Baumwolle); auch mithilfe des von Frankreich erbauten Sonnenkraftwerks in Diré (südwestlich von Timbuktu) wird Wasser für Bewässerungszwecke aus dem

Klimadaten von Bamako (330 m ü. M.)

Monat	Mittleres tägl. Temperaturmaximum in °C	Mittlere Niederschlagsmenge in mm	Mittlere Anzahl der Tage mit Niederschlag	Mittlere tägl. Sonnenscheindauer in Stunden	Relative Luftfeuchtigkeit nachmittags in %
I	33,5	1	0,2	8,4	19
II	36	0,1	0,1	8,8	18
III	38,5	4	1,2	8,8	23
IV	39,5	16	2,6	7,5	36
V	38,5	68	7	7,0	40
VI	34,5	140	12	6,5	49
VII	31,5	231	18	6,1	65
VIII	30	335	20	5,0	68
IX	31,5	210	16	6,5	64
X	34	61	7	7,7	41
XI	34,5	10	1,1	8,2	34
XII	33	0,1	0,2	7,3	40
I–XII	34,5	1076	85	7,4	41

Niger gepumpt. Neue Anbauflächen entstehen am Manantali- und Sélingué-Staudamm. Neben dem Hauptnahrungsmittel Hirse (1992: 1,5 Mio. t) werden für den Eigenbedarf Reis, Mais und Maniok angebaut. In Dürrezeiten müssen erhebl. Mengen an Getreide eingeführt werden (1992/93: 90 000 t). Wichtigste Marktprodukte sind Baumwolle und Erdnüsse. Baumwolle (Ernte 1992: 180 000 t Baumwollsaat, 114 000 t Fasern) wird im S, Erdnüsse (1992: 165 000 t) werden im W angebaut. Nach der großen Dürre zu Anfang der 80er-Jahre hat sich die v. a. von nomadisch oder halbnomadisch lebenden Berber- und Fulbestämmen betriebene Viehwirtschaft wieder merklich erholt, auch die Viehbestände der sesshaften Landwirte haben wieder zugenommen. 1990 lag ihr Anteil am BIP bei 20%. Es dominieren Rinder-, Schaf- und Ziegenhaltung.

Forstwirtschaft: Als Wald werden 8,5 Mio. ha im SW des Landes ausgewiesen (75% dienen als Tierreservate; der Holzeinschlag betrug (1991) 5,8 Mio. m^3, davon über 90% als Brennholz.

Fischerei: Fisch wird im Niger und in seinem Nebenfluss Bani gefangen und z. T. als Trocken- und Räucherfisch in die Nachbarländer exportiert (Fangmenge 1992: 100 000 t).

Bodenschätze: Im Zeitraum 1985–94 ist die Goldgewinnung von 500 kg auf 6 200 kg gestiegen. Außerdem werden Marmor, Salz und Phosphat abgebaut. Die ausgedehnten Steinsalzlager (ausgetrocknete Salzseen) in der Sahara bei Taoudenni werden handwerklich abgebaut (1991: 5 000 t Salz), die gewonnenen Salzblöcke (30–40 kg) einmal jährlich von einer Kamelkarawane zum 600 km entfernten Handelsplatz Timbuktu transportiert. M. verfügt u. a. auch über Manganerz-, Eisenerz- und Diamantvorkommen.

Industrie: Das produzierende Gewerbe hat keine große Bedeutung (Anteil am BIP 1994: 15%). Die meisten Betriebe sind auf die Hauptstadt Bamako konzentriert. Die Weiterverarbeitung landwirtschaftl. Erzeugnisse (Baumwolle, Häute, Zuckerrohr, Reis) sowie das Baugewerbe stehen im Vordergrund.

Außenwirtschaft: Seit den 70er-Jahren hat das Außenhandelsdefizit ständig zugenommen (1992: Einfuhrwert 477 Mio. US-$; Ausfuhrwert 329 Mio. US-$). Schwankungen der Einfuhrwerte werden v. a. durch unterschiedl. hohe Getreideimporte verursacht. Wichtigste Exportgüter sind Baumwolle (1992: 36% der Gesamtausfuhr), Lebendvieh, Häute und Felle sowie Gold. Haupthandelspartner sind Frankreich, die Rep. Elfenbeinküste und Senegal.

Verkehr: Verkehrsmäßig ist M. nur unzureichend erschlossen; Zentrum des sich im S konzentrierenden Straßennetzes (1992: 18 000 km, davon 12% asphaltiert) ist Bamako. Die Straße zw. Bamako und Abidjan (Rep. Elfenbeinküste) ist die wichtigste Verbindung zum Atlant. Ozean. Die einzige Eisenbahnlinie (Länge bis zur Landesgrenze 642 km; Gesamtlänge 1 286 km) verläuft von Koulikoro über Bamako nach Dakar in Senegal. Nicht ganzjährig und nur auf Teilstrecken schiffbar sind die Flüsse Niger, Senegal und Bani. Internat. Flughafen haben Bamako (Sénou) und Mopti.

GESCHICHTE

Seit urgeschichtl. Zeit besiedelt, entfalteten sich auf dem Territorium des heutigen M. die Großreiche Ghana und Songhai sowie das Reich M., eine Gründung der Malinke im 13. Jh. (KARTE →Afrika ›Alte Reiche‹). SUNDJATA KEITA (um 1230–55), der als erster Kaiser von M. gilt, besiegte 1235 den König der Sosso (ein Soninkevolk) und eroberte das westl. Sudan zw. dem Gambia, dem Fouta-Djalon und der Stadt Djenné am Niger. Unter Kaiser KANKAN MUSA (um 1312–37) dehnte M. seine Macht von der Gambiamündung bis Gao am Nigerknie aus. Im 15. Jh. schrumpfte M. unter den Angriffen der Tuareg und Songhai zu einem Kleinstaat. Dafür traten die Songhai, deren Hauptstadt Gao war, unter ALI (um 1465–92) und MOHAMMED (1493–1528) die Hegemonie in Westafrika an, die sie erst 1591 durch einen Einfall der Marokkaner verloren.

Südlich des marokkan. Machtgebiets, das sich bald auf die Umgebung von Timbuktu beschränkte, entstand nach 1660 ein Staat der Bambara um die Stadt Ségou, der seinen Höhepunkt unter BITON KULIBALI (1712–55) erreichte. Die weite Teile Afrikas erfassende islam. Reformbewegung des 19. Jh. löste neue Staatsgründungen aus. 1818 unterwarf AMADU HAMMADI BUBU († 1844) die Bambara und eroberte Timbuktu und Djenné. 1850 rief OMAR SAIDOU TALL (* 1797, † 1864) zur Gründung eines neuen islam. Reiches auf; er eroberte Ségou und Masina, konnte aber weder die Bambara noch die Fulbe endgültig unterwerfen. OMARS Sohn und Erbe AHMADU (* 1833, † 1898) geriet nach 1880 in Konflikt mit Frankreich. Nachdem frz. Truppen 1883 Bamako und 1890 Ségou eingenommen hatten, floh AHMADU nach Sokoto. 1894 schlossen die Franzosen ihre Eroberung des heutigen M. mit der Einnahme von Timbuktu ab. 1904 schufen sie in den ungefähren Grenzen des heutigen M. die Kolonie Soudan (Frz.-Sudan) als Teil von →Französisch-Westafrika. Als in allen frz. Kolonien südlich der Sahara 1957 autonome Reg. gebildet wurden, setzte sich als Führungspartei die ›Union Soudanaise‹ unter M. KEITA durch. 1959 verband sich Frz.-Sudan mit Senegal zur Föderation M., die am 20. 6. 1960 die Unabhängigkeit erhielt, jedoch schon am 20. 8. 1960 auseinander brach. Daraufhin proklamierte sich Frz.-Sudan am 22. 9. 1960 zur unabhängigen Rep. M.; KEITA wurde Staatspräs., die ›Union Soudanaise‹ Einheitspartei mit marxist. Orientierung.

M. verließ 1960 die Franc-Zone. Politisch schlug KEITA einen sozialistisch orientierten Kurs ein und arbeitete eng mit den Präs. von Ghana (K. NKRUMAH) und Guinea (A. S. TOURÉ) sowie mit den kommunist. Reg. in Europa und Asien zusammen. Die wirtschaftl. Kontakte zu W-Europa blieben jedoch bestehen.

Am 19. 11. 1968 wurde KEITA durch einen Militärputsch gestürzt. Innerhalb des ›Comité militaire de libération nationale‹ (CMLN, dt. ›Militärkomitee der nat. Befreiung‹) setzte sich 1969 Leutnant M. TRAORÉ durch. Er vereinigte die Ämter des Staats- und Reg.-Chefs und regierte autoritär. Er kehrte zur Anlehnung an Frankreich (Wiedereintritt in die Franc-Zone) und zu einer an den Weltmarkt angepassten Wirtschaftspolitik (unter Beibehaltung des Staatssektors in der Wirtschaftsorganisation) zurück. Angesichts der Dürrekatastrophe im Sahel 1972–74 gelang es ihm aber nicht, die wirtschaftl. und soziale Situation entscheidend zu verbessern. 1979 konstituierte sich der ›Union Démocratique du Peuple Malien‹ (UDPM, dt. ›Demokrat. Union des malischen Volkes‹) als Einheitspartei des Landes. Bei den Präsidentschaftswahlen von 1979 und 1985 bestätigte die Bev. TRAORÉ, seit 1979 auch Gen.-Sekr. der UDPM, als Staatspräsidenten. Ende 1985 flammte der (bereits 1974 schon einmal ausgebrochene) Grenzstreit mit Burkina Faso wieder auf. In seinem Urteil vom 22. 12. 1987 schlug der Internat. Gerichtshof die (von beiden Staaten später anerkannte) Teilung des Agacherstreifens vor.

Nach einem Militärputsch am 25. 3. 1991 übernahm unter dem Vorsitz von Oberstleutnant AMADOU TOUMANY TOURÉ (* 1948) ein ›Comité de Transition pour le Salut du Peuple‹ (CTSP, dt. ›Übergangskomitee zur Rettung des Volkes‹) die Macht. Nach Einführung eines Mehrparteiensystems errang bei den allgemeinen Wahlen im Februar/März 1992 die ADEMA – PASJ die absolute Mehrheit der Stimmen. Am 8. 6. 1992 trat der im April 1992 erstmals demokratisch gewählte Präs. A. O. KONARÉ (ADEMA – PASJ) sein Amt an.

Mali Malia–Malines

María-Felicia Malibran

Im Vorfeld der Präsidentschaftswahlen schlossen Reg. und Tuareg am 11. 4. 1992 einen Nationalpakt, der die Anfang der 1990er-Jahre ausgebrochene Tuareg-Rebellion im N des Landes und damit ausgelöste Flüchtlingsströme beenden sollte. 1994 kam es jedoch erneut zu blutigen Konflikten zw. der schwarzafrikan. Bev.-Mehrheit und den Tuareg, die schließlich im Frühjahr 1996 unter dt. Vermittlung beigelegt werden konnten.

B. N'DIAYÉ: Groupes ethniques au M. (Bamako 1970); P. DECRAENE: Le M. (Paris 1980); REINHOLD MEYER: M. - Demokratisierung u. ihre gesellschaftspolit. Grundlagen (1980); M., le paysan et l'état, hg. v. P. JACQUEMOT (Paris 1981); R. FISCHER: Gold, Salz u. Sklaven. Die Gesch. der großen Sudanreiche Gana, M., Songhai (1982); H. K. BARTH: M. Eine geograph. Landeskunde (1986); C. O. DIARRAH: Le M. de Modibo Keïta (Paris 1986); S. TAG: Paysans, état et démocratisation au M. Enquête en milieu rural (Hamburg 1994).

Malia, Dorf und Ruinenstätte auf Kreta, →Mallia.

Malibran [-'brã], Maria-Felicia, span. Sängerin (Mezzosopran), * Paris 24. 3. 1808, † Manchester 23. 9. 1836; Tochter von M. DEL POPOLO VICENTE GARCÍA; studierte bei ihrem Vater, debütierte 1825 in London und trat u. a. in New York, Paris und an den großen Bühnen Italiens auf. Sie war eine der führenden Sängerinnen ihrer Zeit (gefeierte Rossini-Interpretin).

Malibu ['mælibu:], Seebad in Kalifornien, USA, am Pazifik, im NW der Metrop. Area von Los Angeles, 4 500 Ew.; Pepperdine University (gegr. 1937 als College, seit 1970 Univ.); J. Paul Getty Museum (gegr. 1953).

Malich [-x], Karel, tschech. Bildhauer, * Holice (Nordböhm. Gebiet) 18. 10. 1924; Vertreter eines an W. J. TATLIN anknüpfenden Konstruktivismus. Grundelemente seiner Plastiken (vorwiegend aus Draht) sind Kreis, Spirale und Stab.

maligne [lat. »bösartig«], **malignus,** *Medizin:* bezeichnet Krankheiten, die in relativ kurzer Zeit einen lebensbedrohenden Verlauf nehmen, v. a. in Form Metastasen bildender Tumoren (Krebs), bei denen entsprechend der Neigung zur Metastasierung unterschiedl. **Malignitätsgrade** unterschieden werden. - Ggs.: benigne.

malignes Ödem, der →Gasbrand.

Malignit *der, -s/-e*, hauptsächlich aus dem Pyroxenmineral Ägirin, Kalifeldspat, Nephelin und Biotit bestehendes dunkles syenit. Tiefengestein.

Malik, Adam, indones. Politiker, * Pematangsiantar (NO-Sumatra) 22. 7. 1917, † Bandung 5. 9. 1984; Journalist; in der Unabhängigkeitsbewegung gegen die niederländ. Kolonialherrschaft aktiv, gründete 1937 die Presseagentur Antara und leitete sie bis 1959. 1956 wurde er Abg., 1959–62 war er Botschafter in Moskau und Warschau sowie 1963–65 Handels-Min. Als Außen-Min. (1966–77) beendete er die Konfrontationspolitik gegenüber Malaysia und vertrat entschieden die Politik der Bündnislosigkeit. 1971–72 war er Präs. der UN-Vollversammlung, 1978–83 Vize-Präs. der Republik Indonesien.

Malik Ibn Anas, islam. Rechtsgelehrter, * Himyar um 710, † Medina 795. In seinem Werk ›al-Muwatta‹ (arab. ›Der geordnete Weg‹) sammelte er die rechtl. und rituellen Normen, die sich nach dem Tod MOHAMMEDS in Medina ausgebildet hatten, und schuf damit das älteste jurist. Werk des Islam. (→Malikiten)

Malikiten, Malekiten, Anhänger der nach MALIK IBN ANAS benannten Schulrichtung der islam. Gesetzeslehre (Madhhab); sie betonen bes. das durch den →Idjma geschaffene Gewohnheitsrecht, lassen aber auch das eigene Urteil zu. Die M. sind in den islam. Gebieten Afrikas und an der Ostküste der Arab. Halbinsel verbreitet und waren auch im islam. Spanien vorherrschend.

Malik-Verlag, revolutionärer Literatur und dem Dadaismus verpflichteter Verlag, gegr. 1917 von W. HERZFELDE und J. HEARTFIELD in Berlin. Er ging aus der von den beiden 1916 übernommenen Zeitschrift ›Neue Jugend‹ hervor, die als Erste Zeichnungen von G. GROSZ veröffentlichte. Der Name nimmt Bezug auf ELSE LASKER-SCHÜLERS Erzählung ›Der Malik‹ (1919) und diente dazu, die Zensur zu täuschen. Die polit. Orientierung trug dem M.-V. zahlr. Prozesse ein; mit HERZFELDES Flucht 1933 verlegte er seinen Sitz zunächst nach Prag, dann nach London und schließlich nach New York. (→Neuer Malik Verlag)

Der M.-V. 1916–1947. Chronik eines Verlages, hg. v. J. HAUBERG u. a. (1986); F. HERMANN: Der M.-V. 1916–1947. Eine Bibliogr. (1989); U. FAURE: Im Knotenpunkt des Weltverkehrs. Herzfelde, Heartfield, Grosz u. der M.-V. 1916–1947 (1992).

Malimo® [Kunstwort aus **Ma**uersberger, **Lim**bach-Oberfrohna und **Mo**lton], Bez. für die von HEINRICH MAUERSBERGER (* 1909, † 1982) 1947 erfundene und 1949 in der DDR patentierte Nähwirktechnik und die damit hergestellten Textilien.

Die Nähwirktechnik M. ist ein hochproduktives und wirtschaftl. Verfahren zur Herstellung textiler Flächengebilde. Beim Nähwirken werden lose übereinander gelegte Strukturen durchstochen und durch flächiges Übernähen oder Vermaschen verbunden bzw. verfestigt. Das können Fadenlagen, Vliese, Folien o. Ä. sein, aber auch ungewöhnl. Materialien wie Glasfasern oder Recyclingprodukte lassen sich nähwirktechnisch verarbeiten. Variable Maschinenfeinheiten und Stichlängen und eine Vielzahl von Bindungsmöglichkeiten mit ein oder zwei Legebarren erlauben eine Vielfalt bei Flächengewicht und Struktur der Nähgewirke.

Unterschieden wird, ob ein Vliesstoff oder Faden verarbeitet werden soll; weiterhin können nach dem Nähwirkverfahren Pol- und Flauscherzeugnisse hergestellt werden. Während in früheren Jahren vorzugsweise Oberbekleidung und Haustextilien auf M.-Nähwirkmaschinen erzeugt wurden, sind es heute v. a. techn. Textilien (Geotextilien, Automobiltextilien, Verbundstoffe usw.), Dekorations-, Reinigungs- und Haustextilien.

Malina, Judith, amerikan. Schauspielerin und Theaterleiterin, * Kiel 4. 6. 1926; studierte bei E. PISCATOR in New York und debütierte 1946; gründete mit J. BECK das →Living Theatre; dynam. Darstellerin von körperl., mim. und stimml. Expressivität.

Malinalco, Ort südwestlich der Stadt Mexiko, im zentralen mexikan. Hochland, 2 500 m ü. M., mit einer aus dem gewachsenen Fels gehauenen aztek. Tempelanlage (um 1500), in wenigen Teilen durch Schichtmauerwerk ergänzt und mit aus dem Fels gehauenen Skulpturen geschmückt. Den Eingang bildet ein Schlangenrachen. Im runden Innern befindet sich eine breite Rundbank, die drei aus dem Fels gehauene Throne trägt: zwei in Form eines Adlers, einen in Form eines Jaguars. In der Mitte des Raums steht eine altarähnl. Adlerskulptur. Hier ist ein aztek. Wandgemälde erhalten, das Krieger oder Jagdgötter darstellt.

J. GARCÍA PAYÓN: Los monumentos arquitectónicos de M. (Mexico 1947, Nachdr. ebd. 1974).

Malindi, Stadt am Ind. Ozean in Kenia, 120 km nördlich von Mombasa, 34 800 Ew.; internat. Badeort; Unterwasser-Nationalpark; Hafen, Flughafen. - Am Hafen das Vasco-da-Gama-Kreuz (1499) mit port. Wappen, eines der ältesten europ. Denkmäler im trop. Afrika. Im S der Altstadt kleine port. Kapelle (vor 1542). Neben der modernen Jamia-Moschee zwei gut erhaltene Säulengräber; das kleinere hat einen Teil des Porzellandekors bewahrt. - Im MA. trieb M. lebhaften Handel mit Arabien und Indien. Davon zeugen südwestlich von M. die Ruinen der bes. im 15. Jh. reichen arab. Handels- und Residenzstadt →Gedi. 1512–92 war M. nördl. Zentrum der Portugiesen an der ostafrikan. Küste.

Malines [ma'lin, frz.] *Pl.,* die →Mechelner Spitzen.

Malines [ma'lin], belg. Stadt, →Mecheln.

Malinke, Mandingo, Volk in Westafrika, insgesamt etwa 4,2 Mio. Angehörige. Ausgehend von einem Zentrum an der heutigen Grenze Mali/Guinea (Manden) gründeten die M. das alte Reich Mali und verbreiteten sich von dort v. a. nach W und SO. Heute leben sie außer in Guinea (1,6 Mio. M.) auch in der Rep. Elfenbeinküste (0,9 Mio.), in Mali (0,6 Mio.), Gambia (460 000), Senegal (370 000), Guinea-Bissau (130 000), Sierra Leone (90 000) und Liberia (15 000); in mehrere, weitgehend zusammenhanglose Gruppen aufgespalten (Konyanka, Manyanka, Maninka u. a.); Anbau von Hirse, Reis, Mais und Viehhaltung. Der Grad der Islamisierung reicht von etwa 90 % in Senegambien bis unter 50 % in Teilen von Guinea und Sierra Leone, im Übrigen besteht ein starker Synkretismus zw. Islam und afrikan. Religionen; nur wenige sind Christen. – Die M. sprechen **Malinke,** einen Dialekt des Mandingo.

Malinowski, 1) Bronislaw, brit. Ethnologe poln. Herkunft, * Krakau 7. 4. 1884, † New Haven (Conn.) 16. 5. 1942; lehrte seit 1910 in London, seit 1938 in den USA. M. war der bedeutendste Vertreter der brit. Social Anthropology und Begründer und Wortführer des Funktionalismus. Er bereicherte die ethnolog. Empirie durch seine richtungweisenden stationären Feldforschungen, u. a. 1914–18 in Neuguinea und auf den Trobriandinseln. Histor. Spekulationen kritisierend, versuchte M., gesellschaftl. Institutionen in Bezug auf bestimmte menschl. Grundbedürfnisse (›basic needs‹) zu analysieren (Kultur als Bedürfnisbefriedigung).

Werke: Argonauts of the western Pacific (1922; dt. Argonauten des westl. Pazifik); Crime and custom in savage society (1926; dt. Sitte u. Verbrechen bei den Naturvölkern); Coral gardens and their magic, 2 Bde. (1935); A scientific theory of culture, and other essays (hg. 1944; dt. Eine wiss. Theorie der Kultur u. a. Aufsätze); Magic, science and religion, and other essays (hg. 1948; dt. Magie, Wiss. u. Religion u. andere Schr.).
Man and culture. An evaluation of the work of B. M., hg. v. R. W. FIRTH (London 1957, Nachdr. ebd. 1980).

2) Rodion Jakowlewitsch, sowjet. Militär und Politiker, Marschall der Sowjetunion (seit 1944), * Odessa 23. 11. 1898, † Moskau 31. 3. 1967; gehörte seit 1919 der Roten Armee an, nahm 1937/38 am Span. Bürgerkrieg teil; befehligte im Zweiten Weltkrieg u. a. 1941/42 und 1943 die Südfront, ab 1943 die Südwestfront (ab Oktober 1943 3. Ukrain. Front gen.) und 1944/45 die 2. Ukrain. Front, deren Truppen Rumänien, Ungarn, Österreich und die Tschechoslowakei eroberten. Als Oberbefehlshaber der Transbaikalfront beteiligte er sich im August 1945 an der Zerschlagung der jap. Kwantungarmee in der Mandschurei. 1956/57 war M. Oberkommandierender der sowjet. Landstreitkräfte, seit 1957 Verteidigungsminister.

Malipiero, 1) Gian Francesco, ital. Komponist, * Venedig 18. 3. 1882, † Treviso 1. 8. 1973, Onkel von 2); studierte u. a. bei M. E. BOSSI, wirkte als Kompositionslehrer am Konservatorium in Parma (1921–24) und ab 1932 am Konservatorium B. Marcello in Venedig (1939–52 dessen Direktor). In seinen Kompositionen verbindet M. stilist. Einflüsse des Barock (bes. C. MONTEVERDIS und der venezian. Schule) und Elemente des gregorian. Chorals mit Stilformen des Expressionismus und z. T. mit der Reihentechnik. Er war Herausgeber der Werke MONTEVERDIS (1926–42), Mitherausgeber der Instrumentalwerke A. VIVALDIS (1947–72) und veröffentlichte Schriften u. a. über MONTEVERDI (1929), I. STRAWINSKY (1945) und VIVALDI (1958).

Werke: Opern: Canossa (1914); Trilogie L'Orfeide (1925); Tre Commedie Goldoniane (1926); La favola del figlio cambiato (1934); Giulio Cesare (1936, nach SHAKESPEARE); Antonio e Cleopatra (1938, nach SHAKESPEARE); Don Giovanni (1963, nach A. PUSCHKIN); Don Tartufo bacchettone (1966); L'Iscariota (1971); Uno dei dieci (1971). – Orchesterwerke: Sinfonia degli eroi (1908); Sinfonia del silenzio e della morte (1911); 11 Sinfonien (1933–69); 2 Violinkonzerte (1932–63); Violoncellokonzert (1937); Flötenkonzert (1969); 6 Klavierkonzerte (1934–64). – Kammermusik: 8 Streichquartette (1920–64). – Vokalwerke: San Francesco d'Assisi (1922, für Soli, Chor und Orchester); La passione (1935, für Soli, Chor und Orchester); Missa pro mortuis (1938, für Bariton, Chor und Orchester); L'Aredodese (1968, für Rezitator, Chor und Orchester).

Ausgabe: L'opera di G. F. M., hg. v. G. M. GATTI (1952).
M. LABROCA: M., musicista veneziano (Venedig 1957); J. C. G. WATERHOUSE: La musica di G. F. M. (a. d. Engl., Turin 1990).

2) Riccardo, ital. Komponist, * Mailand 24. 7. 1914, Neffe von 1); Schüler u. a. seines Onkels, wandte sich nach 1945 der Zwölftontechnik zu, trat auch als Musikschriftsteller (›Debussy‹, 1948; ›Guida alla dodecafonia‹, 1961) hervor. Er komponierte Opern (›Minnie la candida‹, 1942; ›La donna mobile‹, 1957), Orchesterwerke (3 Sinfonien, 1949–59; ›Mirages‹, 1966; ›Preludio e rondò‹, 1979), Instrumentalkonzerte, Kammermusik (Ombre, 1988; Voicequintet, 1994, für Streichquartett und Sopran), Klavierstücke und Vokalwerke.

C. SARTORI: R. M. (Mailand 1957).

Malis, kleine Küstenlandschaft in Mittelgriechenland, am **Malischen Golf;** Zentrum ist Lamia.

Gian Francesco Malipiero

Filipp Andrejewitsch Maljawin: Wirbelwind; 1905 (Moskau, Tretjakow-Galerie)

Maljawin, Filipp Andrejewitsch, russ. Maler, * Kasanka (Gouv. Samara) 22. 10. 1869, † Brüssel 23. 12. 1940; Schüler von I. REPIN in Petersburg; errang mit realist. Darstellungen russ. Bäuerinnen aus dem Rjasaner Gebiet in leuchtenden Farben internat. Erfolg (›Bauernmädchen mit Strickstrumpf‹, 1895; Moskau, Tretjakow-Galerie). Ab 1899 trugen seine Bilder symbolist. Züge (›Wirbelwind‹, 1905; ebd.).

Malkovich ['maːlkɔvɪtʃ], John, amerikan. Schauspieler, * Christopher (Ill.) 9. 12. 1953; Mitglied einer Theatergruppe, in der er auch Regie führte. Im Film (seit 1984) vermag er durch Ausdruckskraft, auch Komik die Zuschauer in seinen Bann zu ziehen.

Filme: Ein Platz im Herzen (1984); Tod eines Handlungsreisenden (1985); Ein Mann à la carte (1987); Gefährl. Liebschaften (1988); Himmel über der Wüste (1989); Von Mäusen und Menschen (1991); In the Line of Fire – Die zweite Chance (1992); O convento (1995); Jenseits der Wolken (1995); Der Unhold (1996).

Mall [niederländ.] das, -(e)s/-e, Schiffbau: Schablone oder Modell für Schiffsteile, bes. für Spanten.
Mallkante, Außenkante; die Breite eines Schiffs wird auf ›Mallkante Spant‹ gemessen.
Mallarmé [malar'me], Stéphane, frz. Dichter, * Paris 18. 3. 1842, † Valvins (Dép. Seine-et-Marne) 10. 9. 1898; war Gymnasiallehrer, zunächst in der Provinz,

John Malkovich

Stéphane Mallarmé

seit 1871 in Paris, gab die Zeitschrift ›La dernière mode‹ (1874/75) heraus und hielt seit 1880 die berühmten Mardis ab, literar. Zirkel, die von der geistigen Elite seiner Zeit besucht wurden (u. a. von P. VALÉRY, A. GIDE, P. VERLAINE, S. GEORGE).

M. ist die zentrale Gestalt des frz. Symbolismus. Unter dem Eindruck der Gedichte C. BAUDELAIRES entstanden das poet. Werk und die Ästhetik, die wegweisend für die Moderne wurden. Für M. war Kunst ein autonom strukturierter, von der Realität in Inhalt und Form losgelöster Bereich. Zentrales Thema der Dichtung wird das Dichten selbst (›L'après-midi d'un faune‹, 1876; dt. ›Der Nachmittag eines Fauns‹) als Daseinsform jenseits einer zufallsbeherrschten Realität, damit zugleich die Suche nach dem Absoluten, das nur als Idee existiert (›Un coup de dés jamais n'abolira le hasard‹, Erstfassung 1897, Zweitfassung hg. 1914; dt. ›Ein Würfelwurf hebt den Zufall nicht auf‹), faktisch aber mit dem Nichts, der Leere, dem Tod konvergiert (›Igitur‹, hg. 1925; dt.: ›Hérodiade‹, hg. 1869, 1913, 1926; dt. ›Herodias‹). Annäherungsweise eingelöst werden kann der Absolutheitsanspruch nur von der Sprache, die im Ideal der ›absoluten Poesie‹ (›Variations sur un sujet‹, 1895/96) die Wörter von ihrer Abbildfunktion befreit und sie, statt Dinge zu bezeichnen, Symbole suggerieren und Gefühle evozieren lässt. So wird dichter. Sprache bei M. zum autonomen Erkenntnisinstrument für seelisch-geistige Zustände; Verfahren sprachl. Verfremdung – freie Syntax, klanggeleitete Wortwahl, Wegfall der Interpunktion – steigern die poet. Mehrdeutigkeit, die in einer Art ›simultaner Optik‹ bis zur Befreiung des Textes aus seiner Linearität und zur Annäherung an eine Partitur führen kann. Auf diese Weise entstehen Konstellationen permutierbarer Teile, die einen aktiven Leser erfordern; erst im Prozess des Nachvollziehens konstituiert sich der ›Sinn‹.

M.s Werk wirkte v. a. auf die moderne Lyrik: unmittelbar u. a. auf VALÉRY, GEORGE, später u. a. auf die konkrete Poesie. Wie er selbst Anregungen aus Malerei und Musik (Gesamtkunstwerk) verarbeitete, wirkte seine Konzeption von Kunst auch nachhaltig auf diese Disziplinen zurück (K. STOCKHAUSEN) und trug zu einer simultanen Präsenz grafischer und bildlicher Elemente in Literatur (G. APOLLINAIRE) und Malerei (P. KLEE, R. MAGRITTE) bei. Als Übersetzer wurde er bes. durch seine Übertragungen der Gedichte E. A. POES bekannt (›Les poèmes d'Edgar Poe‹, 1888), dessen Dichtungstheorie ihn nachhaltig geprägt hat.

Ausgaben: Correspondance, hg. v. J. L. AUSTIN u. a., 11 Bde. (in 12 Tlen. ¹⁻²1959–85); Œuvres complètes, hg. v. H. MONDOR u. a. (Neuausg. 1979); Œuvres complètes, hg. v. C. P. BARBIER u. a., auf mehrere Bde. ber. (1983 ff.). – Sämtl. Gedichte. Frz. u. dt. (⁴1984); Gedichte, übers. v. G. GOEBEL-SCHILLING (1993). P. VALÉRY in: Variété, Bd. 2 (1930, Neuausg. Paris 1978); J. GENGOUX: Le symbolisme de M. (ebd. 1950); H. MONDOR: Vie de M. (ebd. ²1951); K. WAIS: M. (²1952); J.-P. RICHARD: L'univers imaginaire de M. (Paris 1961); E. A. BIRD: L'univers poétique de S. M. (ebd. 1962); D. STELAND: Dialekt. Gedanken in S. M.s Divagations (1965); S. VERDIN: S. M. Le presque contradictoire (Paris 1975); J. KRAVIS: The prose of M. (Cambridge 1976); R. STABEL: Igitur. M.s Erfahrung der Lit. (1976); A. VIAL: M. (Paris 1976); J. SCHERER: Grammaire de M. (ebd. 1977); G. INBODEN: M. u. Gauguin (1978); C. MAURON: M. (Neuausg. Paris 1979); J.-P. SARTRE: M. Engagement (a. d. Frz., 1983); R. LLOYD: M., Poésies (London 1984); M. L. ASSAD: La fiction et la mort dans l'œuvre de S. M. (New York 1987); R. DRAGONETTI: Études sur M. (Gent 1992); J. KRISTEVA: Die Revolution der poet. Sprache (a. d. Frz., Neuausg. 1995).

Mallawi, Stadt in Ägypten, →Mellaui.

Malle [mal], Louis, frz. Filmregisseur, * Thumeries (Dép. Nord) 30. 10. 1932, † Beverly Hills (Calif.) 23. 11. 1995; Mitarbeiter J.-Y. COUSTEAUS. Bereits sein erster Spielfilm (1957) fand internat. Beachtung; führender Regisseur der frz. ›Neuen Welle‹; arbeitete 1977–86 in den USA.

Louis Malle

Werke: *Filme:* Fahrstuhl zum Schafott (1957); Die Liebenden (1958); Zazie (1960); Privatleben (1961); Das Irrlicht (1963); Viva Maria! (1965); Der Dieb von Paris (1966); Kalkutta (1969); Herzflimmern (1971); Lacombe, Lucien (1973); Black Moon (1975); Pretty Baby (1977); Atlantic City, USA (1979); Mein Essen mit André (1981); Die Chaotenclique/Crackers (1983); Alamo Bay (1984); Gottes eigenes Land (1986); Auf Wiedersehen, Kinder (1987); Eine Komödie im Mai (1989); Verhängnis (1992); Vanya – 42. Straße (1994). – *Autobiographie:* Malle on Malle (1993).
L. M., hg. v. P. W. JANSEN u. a. (1985).

Mallea [ma'jea], Eduardo, argentin. Schriftsteller, * Bahía Blanca 14. 8. 1903, † Buenos Aires 12. 11. 1982; war Journalist, Chefredakteur der Literaturbeilage von ›La Nación‹, zeitweise Diplomat; behandelte in seinen psycholog. Romanen die innerhalb der modernen Massengesellschaft Argentiniens zum Scheitern verurteilte Verwirklichung jegl. Art von Sensibilität und Individualität; schrieb auch Essays, Erzählungen und Theaterstücke.

Werke: *Romane:* Fiesta en noviembre (1938); La bahía de silencio (1940; dt. Die Bucht des Schweigens); Todo verdor perecerá (1941; dt. Alles Gras verdorrt); Chaves (1953); Simbad (1957); La penúltima puerta (1969); Triste piel del universo (1971); En la creciente oscuridad (1973). – *Essays:* Conocimiento y expresión de la Argentina (1935); Historia de una pasión argentina (1937); Notas de un novelista (1954). – *Erzählungen:* La ciudad junto al río inmóvil (1936); Posesión (1958).
Ausgaben: Obras completas, hg. v. M. PICÓN-SALAS, 2 Bde. (¹⁻²1965–71). – Beredsame Liebhaber (1966; Erz., dt. Ausw.).
H. GILLESEN: Themen, Bilder u. Motive im Werk E. M.s (Genf 1966); H. E. LEWALD: E. M. (Boston, Mass., 1977).

Mallee-Scrub ['mælɪ skrʌb, austral.] *der, - -s,* offene Gebüschformation (zw. trockenem Eukalyptuswald und Wüste) im südaustral. Winterregengebiet; kennzeichnend sind Eukalyptusarten, deren rd. 2–8 m hohe Zweige einem unterird., knollig verdickten Stamm (Lignotuber) entspringen (als Anpassung gegen Brand und Tierverbiss; gewährt außerdem eine hohe Regenerationsfähigkeit), vergesellschaftet mit anderen Sträuchern, die sich durch Phyllodien oder kleinblättriges Laub auszeichnen.

Mallein [lat.] *das, -s, Tiermedizin:* aus Kulturfiltraten von Rotzbakterien gewonnener Extrakt, der diagnostisch zur Festellung einer Malleusinfektion (→Rotz) dient.

Malleolarfraktur [zu lat. malleolus ›kleiner Hammer‹], der →Knöchelbruch.

Mallersdorf-Pfaffenberg, Markt-Gem. im Landkreis Straubing-Bogen, Niederbayern, im Tertiärhügelland an der Kleinen Laber, 6 600 Ew.; Herstellung von Elektronikbauteilen, Autozubehörteilen und Möbeln; Ziegelei; seit 1869 Sitz des Mutterhauses der **Mallersdorfer Schwestern** (Kongregation der Armen Franziskanerinnen von der Hl. Familie, 1855 in Pirmasens gegr.). – Ehem. Benediktinerkloster (gegr. 1107, 1803 aufgelöst) mit barocker Kirche (1741–92, z. T. 13. Jh.; Hochaltar von 1768–70 von I. GÜNTHER) und barocken Klosterbauten. – M.-P. entstand 1974 durch den Zusammenschluss von Mallersdorf, Pfaffenberg und sieben weiteren Gemeinden.

Mallet-Joris [malɛʒɔ'ris], Françoise, eigtl. **F. Lilar** [li'lar], belg. Schriftstellerin frz. Sprache, * Antwerpen 6. 7. 1930; wurde zunächst mit Gesellschafts- und Familienromanen über schockierende (erot.) Sujets bekannt (›Le rempart des béguines‹, 1951; dt. in: ›Der dunkle Morgen‹). Auch in den folgenden – mehr am Realismus und Naturalismus orientierten – Romanen analysiert sie (in distanzierter Form) menschl. Gefühle und gesellschaftl. Konstellationen (›L'empire céleste‹, 1958; dt. ›Bei Sokrates am Montparnasse‹). In späteren Werke gestaltet sie meist Frauencharaktere und -schicksale (›Le rire de Laura‹, 1985; ›Adriana Sposa‹, 1990).

Françoise Mallet-Joris

Weitere Werke: *Romane:* La chambre rouge (1955; dt. zus. mit Le rempart des béguines u. d. T. Der dunkle Morgen); Les mensonges (1956; dt. Die Verlogenen); Les personnages (1961; dt. Die Favoritin); Les signes et les prodiges (1966); Le jeu du souterrain (1973); Allegra (1976; dt. Die junge Allegra); Dickie-Roi (1979); La tristesse du cerf-volant (1988); Divine (1991); Les larmes (1994; dt. Die Wachsbildnerin). – *Erzählung:* Le clin d'œil de l'ange (1983). – *Familienchronik:* La maison de papier (1970; dt. Mein Haus hat keine Wände. Liebeserklärung an eine ungezähmte Familie). – *Essay:* Lettre à moi-même (1963). – *Biographie:* Jeanne Guyon (1978).

Mallet-Stevens [malɛstə'vɛns], Robert, frz. Architekt und Designer, * Paris 24. 3. 1886, † ebd. 8. 2. 1945; Hauptvertreter der Art-déco-Architektur in Frankreich; beeinflusst zunächst von J. HOFFMANN und C. R. MACKINTOSH, dann auch von den Ideen des Futurismus und der Stijl-Gruppe. M.-S. verfolgte bei seinen Bauten die Ziele des Funktionalismus. Er entwarf auch Inneneinrichtungen und Filmdekorationen. Als Möbeldesigner arbeitete er mit modernen Materialien wie Aluminium und Stahl.

Werke: Entwurf einer ›Cité moderne‹ (1914; 1922 veröffentlicht); Pavillon du Tourisme für die Exposition Internationale des Arts Décoratifs et Industriels Modernes in Paris (1925); Wohnhäuser in der Rue Mallet-Stevens in Paris (1926–27).

R. M.-S., architecte, hg. v. D. DESHOUILLIÈRES u. a. (Brüssel 1980).

Malle|us [lat.], **1)** *Anatomie:* der →Hammer.
2) *Tierheilkunde:* der →Rotz.

Malleus maleficarum, Originaltitel des ›Hexenhammers‹, →Hexe.

Mallia, Malia, Ruinenstätte an der N-Küste Kretas, östlich von Knossos (KARTE →Kreta), benannt nach einem nahe gelegenen Dorf; Reste eines minoischen Palastes des 17. Jh. v. Chr. über einem Vorgängerbau des 19. Jh. v. Chr.; Ausgrabungen seit 1921. Die Anlage bildete das Zentrum einer ausgedehnten Stadtsiedlung mit engen Wohnvierteln und Marktplatz mit einer Art Rathaus. Der jüngere Palast besaß wie der in Knossos einen rechteckigen Zentralhof mit einem sonst nicht vorkommenden Opferstein und

Mallia: Der Opferstein im Zentralhof des jüngeren Palasts

wurde auf der N-Seite von einer Säulen-, auf der O-Seite von einer Säulen-Pfeiler-Reihe begrenzt. Hauptfassade des Hofes war – wie in Knossos – die W-Seite. Die meisten Repräsentationsräume lagen im Obergeschoss. Der Palast wurde um 1450 v. Chr. zerstört, die Stadt fast ganz verlassen, aber im 13. Jh. verstärkt wieder besiedelt. Ein Schwert, ein Dolch und ein Zepter in Leopardengestalt fand man im westl. Obergeschoss des Palastes, die ›Bienen von M.‹ (zwei Wespen an einer Honigwabe in Granulationstechnik, um 1800 v. Chr.; BILD →Goldschmiedekunst) in einem auf mächtigen Mauern errichteten vielräumigen Grabhaus am Meer (›Chrysolakkos‹).

H. VAN EFFENTERRE: Le palais de M. et la cité minoenne, 2 Tle. (Rom 1980).

Mallinckrodt, 1) Hermann von, Politiker, * Minden 5. 2. 1821, † Berlin 26. 5. 1874, Bruder von 2); war einer der Gründer des Zentrums, dessen christlich-polit. Ziele er v. a. während des Kulturkampfs konsequent im preuß. Abgeordnetenhaus (1852–62, 1868–74) und im Reichstag (1867–71) vertrat.
2) Pauline von, kath. Ordensgründerin, * Minden 3. 6. 1817, † Paderborn 30. 4. 1881, Schwester von 1);

Mallorca: Der Strand von Magalluf, südwestlich von Palma de Mallorca

gründete eine Frauenvereinigung zur Krankenpflege, eine Blindenanstalt und 1849 die Kongregation der ›Schwestern der christl. Liebe‹ für pädagog. und sozial-karitative Aufgaben (1996 rd. 1 000 Schwestern in neun Ländern). 1985 wurde M. selig gesprochen.

C. FRENKE: P. v. M. (1984); K. SANDER-WIETFELD: P. v. M. (1985).

Mallnitz, heilklimat. Kur- und Wintersportort in Kärnten, Österreich, im Nationalpark Hohe Tauern, im mittleren Mölltal, 1 190 m ü. M., 1 000 Ew.; Autoverladestation am südl. Ende des Tauerntunnels der Tauernbahn; Seilbahn auf den Ankogel.

Mallophaga [griech.], die →Haarlinge.

Mallorca [ma'jɔrka, span. ma'ʎorka], größte Insel der →Balearen, 3 640 km², 630 000 Ew.; Hauptstadt, kath. Bischofssitz und wichtiger Hafen ist Palma de M. Die Insel gliedert sich in drei von SW nach NO parallel verlaufende Landschaftsräume. Im NW erstreckt sich das Kettengebirge Sierra de M. (auch Sierra de Tramuntana; im Puig Mayor 1 445 m ü. M.) aus überschobenen mesozoischen Ablagerungen (v. a. Jurakalk), stark zerschnitten und z. T. verkarstet, mit Tafelbergen und Steilküste. Jahresniederschläge um 1 200 mm in den Hochlagen ermöglichen in der Bergfußzone Bewässerungsfeldbau (v. a. Zitrusfrüchte, Gemüse) auf Roterdeterrassen (steilere Hänge tragen Palmito-Garigue; für Flechtarbeiten genutzt), bis 650 m ü. M. Ölbaum- und Johannisbrotbaumkulturen, dazwischen Trockenfeldbau (Getreide); in höheren Lagen folgen bis 950 m ü. M. Aleppokiefern, Steineichen und Macchie, darüber dann nur extensiv als Weideland nutzbare Hartgräser und Polsterbüsche. In den breiten Mittelteil der Insel, eine flachwellige, niedrige, mit Roterde bedeckte, von einzelnen Karsthügeln überragte Ebene, greifen im SW die Bucht von Palma, im NO die Buchten von Alcudia und Pollensa (alle mit Sandstränden) ein. Bei 400–500 mm Jahresniederschlag ist hier vielfältiger Anbau möglich (Mandeln, Feigen, Aprikosen, Ölbäume, Reben, Span. Pfeffer, Getreide; auf Bewässerungsland Gemüse, Blumen, Zitrusfrüchte); neben eng gedrängten Dörfern sind Einzelhöfe (›sons‹) auf Großgrundbesitz verbreitet. Im SO erheben sich die Sierras de Levante, ein aufgelöster Höhenzug aus mesozoischen Kalken mit flachen Rumpfflächen (bis 562 m ü. M.) und großen Höhlen (z. B. ›Cueva del Drach‹). In vielen kleinen Hafenorten wird Fischerei und Meersalzgewinnung betrieben. Hauptwirtschaftsfaktor M.s ist der Fremdenverkehr, der sich seit 1900, verstärkt v. a. nach dem Zweiten Weltkrieg, als Badetourismus entwickelt hat,

Mall Mallowan – Malnutrition

Malmö: Das Rathaus (1546, 1864–69 erweitert) am Marktplatz, dem Mittelpunkt der Altstadt

Malmö
Stadtwappen

drittgrößte Stadt in Schweden
·
Hafenstadt an der engsten Stelle des Sundes
·
in Schonen
·
242 700 Ew.
·
Petrikirche (Anfang 14. Jh.)
·
Festung Malmöhus (1537–42 neu gebaut)
·
seit 1353 Stadt
·
im Spät-MA. bedeutende Handels- und Hansestadt
·
seit 1658 schwedisch

was zu zunehmender Landschaftsverbauung, bes. an der SW-, N- und O-Küste, geführt hat.
Zur *Geschichte* →Balearen.
Mallowan [ˈmæləʊən], Sir (seit 1968) Max Edgar Lucien, brit. Archäologe, *London 6. 5. 1904, †ebd. 19. 8. 1978; ∞ mit AGATHA CHRISTIE; ab 1947 Prof. in London und Direktor der British School of Archeology in Iraq (bis 1961); u. a. Ausgräber von Kalach (1949–63).
Werke: 25 years of Mesopotamian discovery, 1932–1956 (1956); Nimrud and its remains, 3 Bde. (1966); M.'s memoirs (1977); The Nimrud ivories (1978).
Mallungen [niederdt., von niederländ. mallen ›Possen treiben‹], seemänn. Bez. für unregelmäßige Winde, v. a. für die äquatorialen →Kalmen, gelegentlich auch für die windschwachen Gebiete im subtrop. Hochdruckgürtel (→Rossbreiten).
Mallwitz, Alfred, Archäologe und Bauforscher, *Berlin 2. 10. 1919, †Vaterstetten 17. 3. 1986; nahm seit 1954 an den Ausgrabungen von Olympia teil, die er 1972–84 leitete.
Werk: Olympia u. seine Bauten (1972). – **Hg.:** Die Funde aus Olympia (1980).
Malm [engl. ›kalkreicher Lehm‹] der, -(e)s, Geologie: Abteilung des →Jura.
Malmaison [malmeˈzɔ̃], Schloss am W-Rand des Pariser Vorortes Rueil-M. (ursprüngl. Bau von 1620–22, nach 1802 im Empirestil durch C. PERCIER und P. F. L. FONTAINE erweitert), Aufenthaltsort NAPOLÉON BONAPARTES als Konsul und seiner Frau JOSÉPHINE, die bis zu ihrem Tod (1814) hier lebte; heute Museum. (BILD →Empire).
Malmberg [-bærj], Bertil, schwed. Schriftsteller, *Härnösand 13. 8. 1889, †Stockholm 11. 2. 1958; lebte 1917–26 in München; in dieser Zeit v. a. beeinflusst von S. GEORGE; die Gedichtsammlung ›Dikter vid gränsen‹ (1935) zeigt in ihren Untergangsvisionen den Einfluss O. SPENGLERS; später v. a. modernist. Lyriker. Daneben entstanden auch Dramen (›Excellensen‹, 1942, dt. ›Die Exzellenz‹; ›Staden i regnet‹, 1949), autobiograph. Werke (›Ett stycke väg‹, 1950; ›Ett författarliv‹, 1952) sowie u. a. das Kinderbuch ›Åke och hans värld‹ (1924; dt. ›Ake und seine Welt‹).
W. ASPENSTRÖM: B. M. (Stockholm 1987).
Malmberget [-bærjət], Bergbauort im Verw.-Bez. Norrbotten, N-Schweden, gehört zur Gem. Gällivare;

Eisenerzgruben (3 Mrd. t Erzvorrat; jährl. Förderung rd. 3 Mio. t), Anreicherungswerke.
Malmedy, amtlich frz. **Malmédy** [malmeˈdi], Stadt in der Prov. Lüttich, Belgien, am Rande des Hohen Venns, 10 500 Ew.; Papierfabrik, Gerbereien, Großmolkerei; Fremdenverkehr. M. gehört zum frz. Sprachgebiet (→Eupen-Malmedy). – An der Place Albert I. Patrizierhäuser des 18. Jh., die nach Kriegszerstörung wieder aufgebaut wurden; im N der Stadt ehem. Abteikirche (18. Jh., heute Museum). – Die Stadt M. ging hervor aus der 648 gegründeten Benediktinerabtei M., die mit der Abtei Stablo eng verbunden war. M. war eines der Zentren der kluniazens. Reformbewegung. Bis 1795 gehörte M. zum Heiligen Röm. Reich, danach bis 1815 zu Frankreich. 1815 an Preußen gefallen, kam M. 1920 an Belgien.
K. L. KAUFMANN: Der Grenzkreis M. (Neuausg. 1961).
Malmignatte [malmınˈjatə; ital. ›böser Blutsauger‹] *die, -/-n,* Unterart der →Schwarzen Witwe.
Malmö, Verw.-Sitz des schwed. Läns Malmöhus und drittgrößte Stadt des Landes, an der engsten Stelle des Sundes im fruchtbaren Schonen, 242 700 Ew.; Musikhochschule, Navigations- u. a. Fachschulen; Werft, Flugzeugbau, Nahrungsmittel-, Textil-, Düngemittelindustrie, Maschinenbau, Kohleverflüssigungsanlage; Reedereien; drittgrößter Hafen Schwedens (Ausfuhr von landwirtschaftl. Erzeugnissen, Zement, Superphosphat); nach Kopenhagen, Lübeck und Travemünde Eisenbahn- und Personenfähren, Schnellverkehr mit Tragflügelbooten; Flughafen; Touristenverkehr. – Mittelpunkt der Altstadt ist der Markt mit Rathaus (1546, 1864–69 erweitert) und ehem. Residenz des Landeshauptmanns (1730), südlich davon das Flensburgska huset (1589), alle in niederländisch geprägtem Renaissancestil. Die Petrikirche (Anfang 14. Jh.) ist eine dreischiffige Basilika mit Chorumgang und Kapellenkranz, mit Kanzel von 1599, Taufbecken von 1601 und Altaraufbau von 1611. Beispiel moderner Architektur ist das Stadttheater (1942–44). – Westlich der Altstadt liegt die Festung **Malmöhus,** 1434 gegr., 1537–42 neu gebaut, im Übergangsstil von der Gotik zur Renaissance, 1870 nach Brand restauriert, heute Museum. – Das im 12. Jh. gegründete und zunächst als ›Malmhauge‹ (›Sandhügel‹) erwähnte M. wurde 1353 Stadt. Die im Spät-MA. bedeutende dän. Handels- und Hansestadt fiel 1658 an Schweden. – Am 26. 8. 1848 schlossen Dänemark und Preußen in M. einen Waffenstillstand.
Malmöhus [-hy:s], 1) Verw.-Gebiet (Län) in Schonen, S-Schweden, 4938 km^2 Landareal und 800 100 Ew.; Hauptstadt ist Malmö.
2) Festung in →Malmö.
Malmsey [ˈmɑːmzɪ; engl., nach der Traubensorte Malvasier], *Weinbereitung:* Typ des →Madeira.
Malmström [-strœm], Johan August, schwed. Maler, *Västra Ny (Verw.-Bez. Östergötland) 14. 10. 1829, †Stockholm 18. 10. 1901; wandte sich nach Studien in Düsseldorf und bei T. COUTURE in Paris der nord. Sagawelt zu, die er in romantisch angelegten Ölbildern sowie auch in Buchillustrationen schilderte (z. B. ›Frithiofs Saga‹ von E. TEGNÉR, 1869). 1887–93 war er Direktor der Kunstakademie in Stockholm.
Malnutrition [zu lat. malus ›schlecht‹ und spätlat. nutritio ›Ernährung‹] *die, -,* Sammelbegriff für eine Fehl- bzw. Mangelernährung, d. h. jede Form der Nahrungszufuhr, bei der die dem Körper zugeführte Menge an Energie oder an einem oder mehreren Nährstoffen für längere Zeit eine negative Bilanz aufweist. Ursachen dafür sind z. B. Hunger, gestörte Verdauungsleistung bei Dickdarmentzündung oder eine einseitige Ernährung. Dabei kann es zu bleibenden Schäden, Veränderungen im Stoffwechsel und schließlich zu einer Beeinträchtigung von Gesundheit und/oder Leistungsfähigkeit kommen.

Die **Unterernährung (Undernutrition)** wird als ein krankhafter Zustand definiert, der aus einer unzureichenden Nahrungsaufnahme (ungenügende Zufuhr von Energie oder von einem oder mehreren Nährstoffen) über eine längere Zeitspanne resultiert und sich in erster Linie in einem verringerten Körpergewicht, aber auch verringerter Körpergröße, einer niedrigeren Leistungsfähigkeit und spezif. Symptomen manifestiert. Die Mangelerscheinungen werden teilweise durch Krankheiten, v. a. Infektionen, verstärkt.

Der Begriff **Mangelernährung** wird manchmal im gleichen Sinn wie Unterernährung verstanden und synonym gebraucht. Häufiger aber beinhaltet er neben dem quantitativen Aspekt auch noch einen qualitativen: Die Nahrung ist nicht ausgewogen und insofern nicht vollwertig.

Die M. zeigt je nach Art, Schwere und Dauer des Nährstoffmangels unterschiedl. Auswirkungen. Ein länger anhaltender großer Energiemangel wirkt sich nachteilig auf den Gesundheitszustand aus, die Krankheitsanfälligkeit steigt. Es kommt zu Einschränkungen der körperl., ggf. auch der geistigen Aktivität. Die im Körper als Fett und Muskeln vorhandenen Energiespeicher werden abgebaut, der Mensch verliert Gewicht, die Arbeitsfähigkeit sinkt. Bei Kindern verlangsamt sich das Wachstum, sie werden körperlich und auch geistig träger. Der Mensch wird immer schwächer, und im Extremfall tritt der Tod ein.

Maloche [jidd.-hebr.] *die, -, umgangssprachlich für*: (schwere) Arbeit.

Maloja, ital. **Maloggia** [-ddʒa], Bez. im Kt. Graubünden, Schweiz, beiderseits des M.-Passes, 974 km², 17 400 Ew.; umfasst das Oberengadin (→Engadin) und das schweizer. →Bergell.

Malojapass, Maloja, ital. **Passo del Maloja, Passo del Maloggia** [-ddʒa], Alpenpass im Kt. Graubünden, Schweiz, 1 815 m ü. M., Geländestufe zw. Engadin (hier Abfall auf 5 km rd. 20 m) und Bergell (hier Abfall auf 5 km rd. 400 m); seit 1839 mit befestigter Straße (zum Comer See, Italien).

Malojawind, über den Malojapass in das Engadin übergreifender Talwind aus dem Bergell (Schweiz).

Maloka [indian.-port.] *die, -/-s,* bis 35 m langes, 25 m breites und über 10 m hohes, giebelständiges Mehrfamilienhaus (bis zu 120 Bewohner) der Indianer des trop. Waldlands in Südamerika.

malolaktische Säureumwandlung, *Weinbereitung:* ungenaue Bez. für den biolog. Säureabbau (also keine Gärung), bei dem Apfelsäure in (mildere) Milchsäure umgewandelt wird, wobei Kohlendioxid frei wird (was den Eindruck einer Gärung hervorruft).

Malolos, Stadt auf den Philippinen, 50 km nördlich von Manila, Verw.-Sitz der Prov. Bulacan, 104 200 Ew. – Hier trat nach Ausrufung der Unabhängigkeit der Philippinen (12. 6. 1898 in Cavite) im September 1898 ein Kongress zur Verabschiedung der demokrat. M.-Verfassung zusammen, auf deren Grundlage am 23. 1. 1899 in M. die Wahl E. AGUINALDOS zum Präs. der kurzlebigen ersten Philippin. Republik erfolgte. Im März 1899 nahmen amerikan. Truppen M. ein.

Malonate [lat.], Ester und Salze der →Malonsäure.

Malone [məˈloʊn], Edmund oder Edmond, irischer Literaturforscher, * Dublin 4. 10. 1741, † London 25. 4. 1812; leistete bahnbrechende Arbeit mit einer krit. Gesamtausgabe der Werke SHAKESPEARES (1790, überarbeitet 1821). Die Malone Society zur Erforschung des frühen engl. Dramas (gegr. 1903) wurde nach ihm benannt.

Malonga, Jean, kongoles. Schriftsteller, Publizist und Politiker, * Yokolo 1907, † Brazzaville 1. 8. 1985; vertrat 1948–57 das Überseeterritorium Moyen-Congo im frz. Senat und war 1958–65 Leiter des kongoles. Rundfunks. M. gilt als Pionier der modernen kongoles. Literatur. In seinem Roman ›Cœur d'Ary-

enne‹ (1954) bezog er Stellung gegen Kolonialismus und Rassismus, in ›La légende de M'Pfoumou Ma Mazono‹ (1959) griff er auf die mündl. Überlieferung zurück.

Malonsäure [zu lat. malum ›Apfel‹], **Propandisäure,** farb- und geruchlose, kristalline, in Wasser und Alkoholen leicht lösl. Dicarbonsäure, die saure und neutrale Ester und Salze **(Malonate)** bildet. Die **M.-Ester** reagieren wegen ihrer aciden Wasserstoffatome an der CH_2-Gruppe mit Natrium zu Natriumderivaten, die sich mit Alkyl- und Arylhalogeniden zu C-mono- und C-disubstituierten Malonestern umsetzen lassen. M. wird durch alkal. Verseifung der aus Monochloressigsäure durch Umsetzen mit Natriumcyanid gewonnenen Cyanessigsäure hergestellt; sie wird v. a. in Form der C-substituierten Ester zur Herstellung von Barbituraten verwendet.

Malonylharnstoff, die →Barbitursäure.

Małopolska [mau̯ɔ-], poln. Bez. für →Kleinpolen.

Malorossija, russ. Bez. für die Ukraine, →Kleinrussland.

Malory [ˈmælərɪ], Sir Thomas, engl. Schriftsteller, * in Warwickshire um 1408, † London 14.(?) 3. 1471. Seine Identität ist nicht eindeutig geklärt. M. vereinte in seiner um 1469/70 entstandenen Bearbeitung der populären Artusstoffe (→Artus) unterschiedlichste Episoden dieser Tradition zu der Vorstellung eines der höf. Ethik verpflichteten, gesellschaftlich vorbildl. Rittertums; König Artus wird (z. Z. der Rosenkriege, 1455–85) zum Idealbild des Herrschers und Symbol nat. Größe. W. CAXTON bearbeitete das Epos 1485 für den Druck und gab ihm den Titel ›Le morte Darthur‹; das ›Winchester-Manuskript‹ wurde erst 1934 wieder entdeckt.

Ausgaben: The works, hg. v. E. VINAVER, 3 Bde. (Neuausg. 1990). – Der Tod Arthurs …, übers. v. H. LACHMANN (1913); Die Geschichten von König Artus u. den Rittern seiner Tafelrunde, dt. Übers. v. H. FINDEISEN, 3 Bde. (Neuausg. 1986).

R. MISCHKE: Launcelots allegor. Reise (1976); M. WHITAKER: Arthur's kingdom of adventure (Cambridge 1984); M. The critical heritage, hg. v. J. PARINS (London 1988); B. GAINES: Sir T. M. An anecdotal bibliography of editions, 1485–1985 (New York 1990); P. J. C. FIELD: The life and times of Sir T. M. (Cambridge 1993).

Malossol [zu russ. malosol'nyj ›wenig gesalzen‹] *der, -s,* schwach gesalzener →Kaviar.

Malouel [malˈwɛl], Jean, eigtl. **Jan Maelwael** [ˈmaːlwaːl], niederländ.-frz. Maler, * Nimwegen vor 1370, † Dijon März 1415; Onkel der BRÜDER VON LIMBURG; in Paris tätig für ISABEAU, Königin von Frankreich, ab 1397 als Hofmaler für die Herzöge von

COOH
|
CH_2
|
COOH

Malonsäure

Jean Malouel: Pietà, genannt ›Große runde Pietà‹; um 1400 (Paris, Louvre)

Burgund in Dijon (Wand- und Tafelbilder für die Chartreuse de Champmol, 1398–1410). In der ihm zugeschriebenen ›Großen runden Pietà‹ (um 1400; Paris, Louvre) verbindet sich die Formensprache des weichen Stils mit niederländisch-realist. Elementen.

Malouf [-'lu:f], David, austral. Schriftsteller libanesisch-engl. Abkunft, * Brisbane 20. 3. 1934; nach dem Studium in Brisbane Lehrtätigkeit u. a. in Sydney sowie Aufenthalte in England und Italien. Wurde zuerst als Lyriker bekannt; seine meditativen, technisch präzisen Gedichte (›Selected poems‹, 1981) überschreiten imaginativ die nat. Identitätssuche sonstiger austral. Dichtung. M. gilt auch als einer der heute prominentesten austral. Erzähler, der in Romanen und Kurzgeschichten oft in komplexer Zeitstruktur am Gegensatz von integrierten und Randfiguren kulturelle und soziale Widersprüche ausdeutet und so - in dem Roman ›Fly away, Peter‹ (1982) und ›The great world‹ (1990; dt. ›Die große Welt‹) - Erfahrungen des Krieges thematisiert.

Weitere Werke: *Lyrik:* Bicycle and other poems (1970); Neighbours in a thicket (1974); The year of the foxes (1979); First things last (1980); Wild lemons (1980). - *Erzählungen:* Child's play (1981); Antipodes (1985). - *Romane:* Johnno (1975); An imaginary life (1978; dt. Das Wolfskind); Harland's half acre (1984; dt. Verspieltes Land); Remembering Babylon (1993; dt. Jenseits von Babylon); The conversations at Curlow Creek (1996; dt. Die Nachtwache am Curlow Creck). - *Drama:* Blood Relations (1988).

Ausgaben: Selected poems (1991); Poems 1959–89 (1992).

P. NEILSEN: Imagined lives. A study of D. M. (St. Lucia 1990).

Malpass ['mælpæs], Eric Lawson, engl. Schriftsteller, * Derby 14. 11. 1910, † Bishops Waltham (östlich von Southampton) 16. 10. 1996; wurde v. a. in Dtl. durch seine humorvollen, lebendig geschriebenen Romane um eine engl. Schriftstellerfamilie populär (›Morning's at seven‹, 1965, dt. ›Morgens um sieben ist die Welt noch in Ordnung‹; ›At the height of the moon‹, 1967, dt. ›Wenn süß das Mondlicht auf den Hügeln schläft‹; verfilmt). Schrieb auch eine Romantrilogie über das Leben SHAKESPEARES (›Sweet Will‹, 1973, dt. ›Liebt ich am Himmel einen hellen Stern‹; ›The Cleopatra boy‹, 1974, dt. ›Unglücklich sind wir nicht allein‹; ›A house of women‹, 1975, dt. ›Hör ich im Glockenschlag der Stunden Gang‹).

Malpelo, Insel im Pazif. Ozean, rd. 500 km westlich von Buenaventura, rd. 5 km², bis 258 m ü. M.; gehört zu Kolumbien.

Malpighi [-gi], Marcello, ital. Anatom, * Crevalcore (bei Bologna) 10. 3. 1628, † Rom 29. 11. 1694; Leibarzt von Papst INNOZENZ XII.; Prof. (ab 1656) in Bologna, Pisa und Messina. M. war einer der Begründer der modernen mikroskop. Anatomie. Er erforschte die allgemeine Gewebestruktur und zog Vergleiche zw. pflanzl. und tier. Gewebe. 1661 beschrieb er erstmals die Feinstruktur des Lungengewebes und bestätigte im gleichen Jahr durch Entdeckung der Kapillaren W. HARVEYS Vorstellung vom großen Blutkreislauf. Darüber hinaus erforschte er die besondere Gewebestruktur versch. Organe.

Ausgaben: De pulmonibus, übers. v. L. BELLONI (1958); Opere scelte, hg. v. DEMS. (1967).

M. CARDINI: La vita e l'opera di M. M. (Rom 1927).

Malpighia [-gja; nach M. MALPIGHI], Gattung der Pflanzenfamilie **Malpighiengewächse** (Malpighiaceae; etwa 1 100 Arten in 68 Gattungen) mit rd. 40 Arten im trop. Amerika, meist in der Karibik; Bäume oder Sträucher mit gegenständigen Blättern und meist achselständigen, weißen bis roten Blüten. Einige Arten werden als Obstbäume angepflanzt und liefern essbare Früchte, z. B. die →Barbadoskirsche.

Malpighi-Gefäße [-gi-; nach M. MALPIGHI], Ausscheidungsorgane der auf dem Land lebenden Gliederfüßer; frei in die Leibeshöhle ragende, meist unverzweigte Blindschläuche (2–150), die am Übergang des Mitteldarms in den Enddarm münden. Die M.-G. dienen v. a. der Exkretion von Abbauprodukten des Eiweißstoffwechsels, die sie überwiegend zu Harnsäure (auch zu Harnstoff), Carbonaten und Oxalaten umbauen und in den Darm ausscheiden. Bei manchen Käfern und Netzflüglerlarven übernehmen die M.-G. die Funktion von Spinndrüsen.

Malpighi-Körperchen [-gi-; nach M. MALPIGHI], das Nierenkörperchen (→Niere).

Malplaquet [-'kɛ], Teil der frz. Gem. Taisnières-sur-Hon, Dép. Nord. – In der Schlacht bei M. (11. 9. 1709), die mit rd. 35 000 Gefallenen zu einer der blutigsten in der frühen Neuzeit zählt, siegten im Span. Erbfolgekrieg alliierte Truppen (Österreicher, Briten, Preußen u. a.) unter Prinz EUGEN VON SAVOYEN und dem Herzog VON MARLBOROUGH über die Franzosen unter Herzog VON VILLARS. Sie öffneten sich damit den Weg zur Belagerung und Eroberung (23. 10. 1709) der Festung Mons.

Malraux [mal'ro], André, frz. Schriftsteller und Politiker, * Paris 3. 11. 1901, † Créteil 23. 11. 1976. M.' bewegte Biographie ist in allen Teilen restlos geklärt, da er selbst Legendenbildungen befördert hat. Nach orienalist. und archäolog. Studien ging er 1923 nach Indochina (Anklage wegen Kunstdiebstahls in Phnom Penh), dort kritisierte er in von ihm selbst gegründeten Zeitungen die frz. Kolonialpolitik. Über seine Teilnahme am chin. Bürgerkrieg gibt es keine Klarheit, sie ist wenig wahrscheinlich. 1926/27 kehrte er nach Frankreich zurück, veröffentlichte in rascher Folge seine großen Romane, engagierte sich in kommunist. Aktivitäten und nahm dann auf republikan. Seite am Span. Bürgerkrieg teil (Kommandant einer Flugzeugstaffel). Unter dem Eindruck des Hitler-Stalin-Pakts distanzierte er sich 1939 vom Kommunismus. 1940 wurde er Mitgl. der Résistance. Als Anhänger DE GAULLES war er 1945–46 Informations-Min., 1947–53 Gen.-Sekr. und Propagandachef des gaullist. ›Rassemblement du Peuple Français‹, 1958 erneut Informations-Min. und 1958–69 Kulturminister.

M.' Frühwerk ist von Symbolismus und Surrealismus geprägt. Die großen Romane kreisen um das für M. zentrale Thema der ›Aktion‹ in Grenzsituationen (›Les conquérants‹, 1928, dt. ›Die Eroberer‹; ›La voie royale‹, 1930, dt. ›Der Königsweg‹; ›La condition humaine‹, 1933, dt. ›Conditio humana‹, auch u. d. T. ›So lebt der Mensch‹); sie verbinden (alle in Ostasien spielend) autobiograph. Züge und zeithistor. Ereignisse mit existenzieller Problematik. Angesichts der Fragwürdigkeit traditioneller Wertvorstellungen und des menschl. Ausgeliefertseins an Schicksal, Einsamkeit und Tod (›condition humaine‹) erscheint die (revolutionäre) selbst bestimmte Tat in Freiheit als einzige, menschl. Würde und eine neue Sinngebung ermöglichende Lebensform. Zunehmend bedeutet dabei ›Aktion‹ statt Selbstverwirklichung die prakt. Ethik eines überindividuellen Humanismus. In ›L'espoir‹ (1937; dt. ›Die Hoffnung‹) verarbeitete er das Spanienerlebnis. Die späteren Werke sind vom Existenzialismus J.-P. SARTRES und A. CAMUS' geprägt. Auch in seiner – von der Fachwelt abgelehnten – Kunstphilosophie reflektiert M. das Problem der ›condition humaine‹. Der künstler. Akt wird zur befreienden Tat und die Kunst zum Symbol für die Überwindung des Todes (›La psychologie de l'art‹, 3 Bde., 1947–50; dt. ›Psychologie der Kunst‹). Bedeutende Zeitzeugnisse sind seine autobiograph. Schriften: u. a. ›Antimémoires‹ (1967; dt. ›Anti-Memoiren‹) und ›Les chênes qu'on abat‹ (1971; dt. ›Eichen, die man fällt‹).

Weitere Werke: *Roman:* Les noyers de l'Altenburg (1945; dt. Der Kampf mit dem Engel; unvollständig). – *Essay:* La tentation de l'occident (1926; dt. Die Lockungen des Okzidents). – *Schriften zur Kunst:* Esquisse d'une psychologie du cinéma

(1946; dt. Skizze für eine Psychologie des Films); La tête d'obsidienne (1947; dt. Das Haupt aus Obsidian); Saturne, essai sur Goya (1950; dt. Goya); Les voix du silence (1950; dt. Stimmen der Stille); Le musée imaginaire de la sculpture mondiale, 3 Bde. (1952–54; dt. Das imaginäre Museum der Weltskulptur); La métamorphose des dieux, 3 Bde. (1957–76); L'homme précaire et la littérature (hg. 1977). – *Autobiographisches:* Lazare (1974; dt. Lazarus); Hôtes de passage (1975; dt. Gäste im Vorübergehen).

Ausgaben: Œuvres, 4 Bde. (1970); Œuvres complètes, hg. v. P. BRUNEL u. a., auf 6 Bde. ber. (1989 ff.).

C. MAURIAC: M. ou le mal du héros (Paris 1946); ROCH SMITH: Le meurtrier et la vision tragique. Essai sur les romans d'A. M. (ebd. 1975); J. LACOUTURE: M. Une vie dans le siècle (Neuausg. ebd. 1976); A. M., hg. v. M. CAZENAVE (ebd. 1982); R. STÉPHANE: A. M. Entretiens et précisions (ebd. 1984); C. TANNERY: A. M. L'agnostique absolu (ebd. 1985); A. BRINCOURT: M. le malentendu (ebd. 1986); C. BIET u. a.: M. – La création d'un destin (Neuausg. ebd. 1995); J.-F. LYOTARD: Signé M. (ebd. 1996).

Malrotation [zu lat. malus ›schlecht‹, ›falsch‹], durch eine Entwicklungsstörung hervorgerufener angeborener Fehlverlauf der Darmwindungen, teils mit Darmverengung (Gefahr des Darmverschlusses).

Mals im Vinschgau, ital. **Malles Venosta**, Gem. in der Prov. Bozen, Südtirol, Italien, am S-Fuß des Reschenpasses, 4600 meist deutschsprachige Ew. – Kirche St. Benedikt (9. Jh., Turm 12. Jh.) mit Resten karoling. Fresken (9. Jh.); Kirche St. Martin (urspr. romanisch); Fröhlichsburg (12. Jh., Ruine).

Malspiele, *Sport:* Gruppe von Spielen, bei denen **Male** (sichtbare Zeichen innerhalb von Spielfeldern, im *Rugby* das von den Malstangen gebildete Tor) umlaufen oder beim Laufen erreicht werden müssen, um Punkte zu erzielen. Zu den M. zählen auch Baseball, Kricket und Softball.

Malß, Karl, Schriftsteller, *Frankfurt am Main 2. 12. 1792, †ebd. 3. 6. 1848; war u. a. Ingenieur, dann Mitdirektor, ab 1827 alleiniger Direktor des Frankfurter Nationaltheaters. M. gilt mit seinem regionalen Dauererfolg ›Die Entführung oder der alte Bürger-Capitain‹ (1820) als Begründer des Frankfurter →Lokalstücks. Er bezeichnete mit der Figur des Händlers Hampelmann in ›Die Landparthie nach Königstein‹ (1833) die Reihe der ›Hampelmanniaden‹, der lokalen Entsprechung der Wiener Staberliaden.

Weitere Werke: Das Stelldichein in Tivoli, oder Schuster u. Schneider als Nebenbuhler (1832); Herr Hampelmann im Eilwagen (1834); Die Jungfern Köchinnen (1836); Hampelmanns Bade- u. Reiseabenteuer (1839).

Ausgabe: Frankfurter Mundartstücke. Neue Gesamtausg., hg. v. V. Klotz u. a. (1988).

Malstrom, →Moskenstraumen.

Malta
Fläche 315,6 km²
Einwohner (1996) 371 000 Ew.
Hauptstadt Valletta
Amtssprachen Maltesisch und Englisch
Nationalfeiertag 31. 3.
Währung 1 Maltes. Lira (LM) = 100 Cents (c) = 1 000 Mils (m)
Zeitzone MEZ

Malta, amtlich **Repubblika ta' Malta**, **Republic of Malta** [rɪˈpʌblɪk əv ˈmɔːltə], Inselstaat im zentralen Mittelmeer, umfasst die Maltes. Inseln, das sind M. (245,7 km²), Gozo (maltes. Ghaudex oder Għawdex; 67 km²), Comino (maltes. Kemmuna; 2,6 km²) sowie die beiden unbewohnten Inseln Cominotto (maltes. Kemmunett) und Filfla (maltes. Filfola; zus. 0,3 km²), zw. 35° 48' und 36° 00' n. Br. sowie 14° 10' und 14° 35' ö. L., zus. 315,6 km², (1996) 371 000 Ew.; Hauptstadt ist Valletta (maltes. il-Belt Valletta); Amtssprachen sind Maltesisch und Englisch; Währung: 1 Maltes. Lira (LM) = 100 Cents (c) = 1 000 Mils (m); Zeitzone: MEZ.

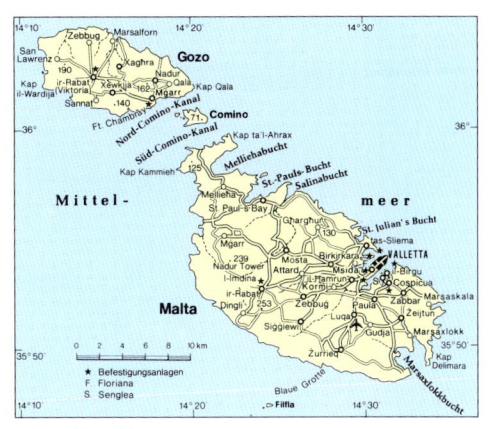

Malta: Übersichtskarte

STAAT · RECHT

Verfassung: Nach der am 13. 12. 1974 durchgreifend geänderten Verf. von 1964 ist M. eine Rep. im Commonwealth. Staatsoberhaupt und formell Inhaber der Exekutivgewalt ist der auf fünf Jahre vom Parlament gewählte Präs.; tatsächlich liegt die vollziehende Gewalt bei der Reg. unter Vorsitz des Premier-Min. (vom Präs. ernannt), die dem Parlament verantwortlich ist. Oberstes gesetzgebendes Organ ist das Repräsentantenhaus, dessen 65 Abg. für fünf Jahre nach dem Verhältniswahlrecht gewählt werden (Wahlrecht ab 18 Jahren). Gemäß Verf.-Zusatz von 1987 erhält eine Partei, wenn sie die absolute Stimmenmehrheit erzielt, so viele Zusatzmandate, wie zur Mehrheit im Parlament erforderlich sind.

Parteien: In M. wechseln sich zwei Parteien in der Reg.-Verantwortung ab: der Partit tal-Haddiema (engl. M. Labour Party; dt. Arbeiterpartei M.s) und der Partit Nazzjonalista (engl. Nationalist Party; dt. Nationalist. Partei).

Wappen: Das Wappen von 1988 zeigt einen rotweiß (silbern) gespaltenen Schild, der von einem Oliven- (heraldisch rechts) und Palmenzweig (heraldisch links) eng umrahmt wird. Über dem Schild schwebt eine fünftürmige Mauerkrone, unter ihm befindet sich ein Schriftband mit dem offiziellen Staatsnamen.

Nationalfeiertag: Nationalfeiertag ist der 31. 3., der an das Abkommen über die Auflösung der brit. Militärstützpunkte 1979 erinnert.

Verwaltung: M. ist in sechs Verw.-Bezirke gegliedert.

Recht: Neben maltes. Recht wirkt brit. Recht fort, das jedoch durch die maltes. Legislative ersetzt werden kann. Im Zivilrecht ist der Einfluss röm. Rechts, im öffentl. Recht derjenige des brit. Rechts vorherrschend. An der Spitze des Gerichtswesens stehen ein Berufungs- und ein Verfassungsgerichtshof.

Streitkräfte: Die Gesamtstärke der Freiwilligenarmee beträgt etwa 1 100 Mann. Die Streitkräfte sind gegliedert in ein Infanterieregiment, eine Marinegruppe mit Küstenwachaufgaben und eine Fliegertruppe. – Das Land war 1995–96 Mitgl. der ›Partnerschaft für den Frieden‹ der NATO.

LANDESNATUR · BEVÖLKERUNG

Die Maltes. Inseln sind Reste einer Landbrücke zw. Sizilien und Nordafrika, die das Mittelmeer im Spät-

---

Malta

Staatswappen

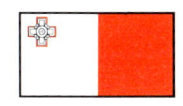

Staatsflagge

M
Internationales Kfz-Kennzeichen

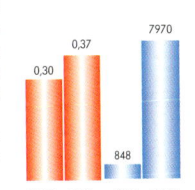

1970 1996   1970 1993
Bevölkerung   Bruttosozial-
(in Mio.)   produkt je Ew.
              (in US-$)
0,30 0,37   7970
              848

☐ Stadt
☐ Land

11%
89%
Bevölkerungsverteilung 1995

☐ Industrie
☐ Landwirtschaft
☐ Dienstleistung

35% 62%
3%
Bruttoinlandsprodukt 1995

Malt Malta

Klimadaten von Valletta (70 m ü. M.)

Monat	Mittleres tägl. Temperaturmaximum in °C	Mittlere Niederschlagsmenge in mm	Mittlere Anzahl der Tage mit Niederschlag	Mittlere tägl. Sonnenscheindauer in Stunden	Relative Luftfeuchtigkeit nachmittags in %
I	14,4	90	12	5,5	67
II	14,7	60	8	6,3	66
III	16,1	39	5	7,3	65
IV	18,3	15	2	8,8	64
V	21,6	12	2	9,9	63
VI	25,9	2	0	11,5	60
VII	28,9	0	0	12,4	59
VIII	29,3	8	1	11,4	62
IX	27,1	29	3	9,4	64
X	23,8	63	6	7,5	65
XI	19,7	91	9	5,8	67
XII	16,1	110	13	5,0	68
I–XII	21,3	519	61	8,4	64

tertiär und zeitweise im Pleistozän in zwei Becken teilte. Im geolog. Aufbau überwiegen leicht schräg gestellte tertiäre Korallen- und Globigerinenkalke. Die Insel M. steigt pultschollenartig über eine im Korallenkalk ausgebildete Schichtstufe von NO nach SW (hier mit 253 m ü. M. die höchste Erhebung) an und fällt steil mit einer Kliffküste zum Meer ab. Verkarstung und Wasserdurchlässigkeit der Böden kennzeichnen den größten Teil der Insel. Der Bewässerungsfeldbau (Pumpenbewässerung, da Flüsse und Seen fehlen) konzentriert sich auf grundwassernahe Senkenzonen im NW. Die Flachlandküste im NO und SO ist durch mehrere Buchten stark gegliedert (Rias). Die Insel Gozo, von der Insel M. durch einen 5 km breiten Meeresarm, in dem die Insel Comino liegt, getrennt, ist eine leicht nach NO gekippte Scholle und erreicht im W, hinter einer 100 m hohen Kliffküste, 176 m ü. M.; sie ist weniger stark verkarstet.

Klima: Die Inseln weisen ein typ. Mittelmeerklima mit trockenheißen Sommern und milden, feuchten Wintern auf. Die mittleren Temperaturen bewegen sich zw. 12 °C im Januar und 25 °C im Juli/August. Die mittlere jährl. Niederschlagsmenge beträgt 520 mm (starke Schwankungen) bei einem frühwinterl. Maximum, durchschnittl. 77 Regentagen und sechs ariden Monaten (April bis September). Oft wehen kräftige Winde, v. a. im Mai und von Mitte September bis Oktober der heiße Schirokko aus der Sahara.

Vegetation: Die aus dem ursprüngl. Hartlaubwald entstandene Vegetation, die Garigue, ein Strauchwerk aus Wolfsmilch, Federgras, Thymian, Lavendel u. a., ist weitgehend verschwunden. Landschaftsbestimmender sind vom Menschen eingeführte Pflanzen, wie Johannisbrotbaum, Aleppokiefer, Feigenkaktus, Agave, Oleander und Ölbaum.

Bevölkerung: Die Malteser sind ein mediterranes Mischvolk, in dem zahlr. Eroberer und Einwanderer (v. a. Normannen, Spanier, Araber, Italiener, Franzosen, Engländer) aufgegangen sind. Der geringe Anteil der nicht in M. geborenen Bewohner (etwa 5%) besteht aus Briten und Italienern. Neben den beiden Amtssprachen ist auch Italienisch als Umgangssprache noch weit verbreitet. Übervölkerung (1996: 1 176 Ew./km²), Arbeitslosigkeit und niedriger Lebensstandard führten zu starker Auswanderung (1911–40: 43 300 Menschen, 1940–87: 152 300). Seit 1988 überwiegt aber wieder die Rückwanderung. Hauptzielgebiete waren früher Nordafrika und Vorderasien, seit der 2. Hälfte des 19. Jh. Großbritannien, Australien, Kanada und die USA. Die jährl. Wachstumsrate der Bev. betrug 1985–94 durchschnittlich 0,6%, die Geburtenrate liegt bei (1991) 14,7‰, die Sterberate (1991) bei 8,0‰.

Neben der traditionellen bäuerl. Lebensweise mit Subsistenzwirtschaft wurde – auch wegen der ärml. Naturausstattung – schon unter dem Malteserorden, v. a. aber durch den brit. Marinestützpunkt die Bereitstellung von Dienstleistungen und die gewerbl. Tätigkeit wichtiger. Zugleich wurden die früher wegen der Seeräubergefahr gemiedenen Küsten besiedelt. Heute leben 89% der Bev. in Städten; die größten sind Birkirkara (Birchircara; 1995: 21 900 Ew.), Qormi (20 100), Sliema (tas-Sliema; 13 800), Mosta (13 800), Hamrun (il-Ħamrun; 13 600). Die Hauptstadt Valletta hat (1995) nur 9 100 Ew.; in der städt. Agglomeration leben über 100 000 Menschen. Auf M. sind drei Siedlungsschichten zu unterscheiden: Binnenorte, die vor Ankunft der Malteserritter entstanden (Sackgassengrundriss), stark befestigte Siedlungen (Schachbrettgrundriss) in Küstennähe aus der Malteserritterzeit und Küstensiedlungen an Buchten aus brit. Zeit.

Religion: Es besteht Religionsfreiheit. Die größte Glaubensgemeinschaft, der rd. 98% der Bev. angehören, und eine der wesentl. Säulen der maltes. Gesellschaft ist die kath. Kirche. M. bildet kirchlich ein Erzbistum (Bischofssitz: Valletta) mit dem Suffraganbistum Gozo (Bischofssitz: Victoria). Die anglikan. Christen gehören als Mitgl. der Kirche von England der Diözese Gibraltar an. Daneben bestehen kleine prot. Gemeinschaften (Baptisten, Pfingstler). Das Christentum fand sehr früh Eingang in M.; eine verbreitete Tradition führt es im Anschluss an Apg. 27f. (historisch durch die moderne Bibelwiss. widerlegt) auf den Apostel PAULUS selbst zurück. – Die Existenz einer jüd. Gemeinde ist durch Gräber bereits für die Römerzeit und durch Dokumente erneut ab 1240 belegt (heute 30–40 jüd. Familien). Zur islam. Gemeinde gehören v. a. in M. lebende Araber an.

Bildungswesen: Es besteht allgemeine Schulpflicht vom 5. bis 16. Lebensjahr, Unterrichtssprachen sind Maltesisch und Englisch. Der Besuch der staatl. Schulen (rd. 75% der Schüler) sowie die Lehrmittel sind kostenlos. Die Primarstufe (sechs Jahre) wird von rd. 90% der Kinder besucht, die Sekundarstufe (fünf Jahre) von rd. 70%. Nach drei Jahren ist der Übertritt in eine Handelsschule (zwei bis vier Jahre) möglich. Zur Hochschulreife führt das New Lyceum (zwei Jahre) mit dem Pupil-Worker-System (mit prakt. Ausbildung). Etwa 25% der Sekundarschulen sind privat (kirchlich), der Unterricht ist ebenfalls kostenlos. Die Univ. von M. in Valletta wurde 1592 gegr. (Univ.-Status seit 1769, 1980 und 1988 restrukturiert).

Publizistik: In der Hauptstadt erscheinen u. a. die Tageszeitungen ›The Times‹ (gegr. 1935) und ›The Sunday Times‹ und die Gewerkschaftszeitung ›L-Orizzont‹. Hörfunk und Fernsehen unterstehen der öffentl. Rundfunkverwaltung ›M. Broadcasting Authority‹ (gegr. 1961). Seit 1991 sind Privatsender zugelassen. Die Rundfunkgesellschaft ›Xandir M.‹ (gegr. 1935 als ›Rediffusion M. Ltd.‹) sendet nat. Hörfunkprogramme, einen Auslandsdienst (›Radio Mediterranean‹) sowie ein Fernsehprogramm (›Xandir Television‹, gegr. 1961); schon seit 1957 können in M. Sendungen des ital. Fernsehens empfangen werden. ›Voice of the Mediterranean‹, ein Gemeinschaftsunternehmen der maltes. und der libyschen Reg., nahm 1957 den Sendebetrieb auf.

WIRTSCHAFT · VERKEHR

Gemessen an der Höhe des Bruttosozialprodukts je Ew. von (1993) 7970 US-$ ist M. eines der ärmsten Länder des westl. Europa. Jedoch erreichte es im Zeitraum 1965–87 mit einem Anstieg von jährlich durchschnittlich 7,6% weltweit eine der höchsten Zuwachsraten.

Landwirtschaft: In der Landwirtschaft arbeiten (1995) 2% der Erwerbstätigen; der Anteil am Bruttoinlandsprodukt (BIP) liegt bei (1995) 3 %. Die Entwicklung der Landwirtschaft wird durch Wasserknappheit begrenzt. Der Nahrungsmittelbedarf muss zu einem großen Teil durch Importe gedeckt werden. Die wichtigsten Anbauprodukte sind Weizen, Gerste, Kartoffeln, Gemüse sowie Weintrauben (1 000 ha Rebland), Zitrusfrüchte, Feigen und etwas Tabak. Neben Frühkartoffeln, Zwiebeln und Wein stellen Produkte der Blumenzucht (Schnittblumen, Blumenknollen und -saaten) wichtige Ausfuhrerzeugnisse dar.

Fischerei: Die Fischerei beschränkt sich weitgehend auf Fänge nahe der Küste (Fangmenge 1993: 556 t).

Industrie: Der Anteil des produzierenden Gewerbes am BIP liegt bei (1995) 35 %; im industriellen Sektor arbeiten (1995) 26 % der Erwerbstätigen. Mit Ausnahme von Salz und Natursteinen verfügt M. über keine Bodenschätze. Westlich und südlich der Insel Gozo hat man mit Erdölprobebohrungen begonnen. Im verarbeitenden Gewerbe dominieren Klein- und Kleinstbetriebe. Das weitaus größte Industrieunternehmen ist die aus der brit. Marinewerft entstandene staatl. Werft ›M. Drydocks‹ in Valletta. Mit dem Bau neuer Anlagen (z. B. neue Trockendocks, Werft in Marsa, Container- und Freihafen in der Marsaxlokkbucht) entwickelt sich M. zu einem Zentrum der Werftindustrie im Mittelmeerraum. Die übrigen Industriezweige zeichnen sich durch eine Vielfalt der Produkte aus; dominierend sind Maschinenbau, Nahrungsmittel-, Textil- und chem. Industrie.

Dienstleistungssektor: Wichtigster Wirtschaftssektor ist seit langem das Dienstleistungsgewerbe, zuerst für den Malteserorden, von 1800 bis 1979 für den brit. Marinestützpunkt. Die Deviseneinnahmen aus dem Reiseverkehr machten 1994 rd. 25 % aller Einnahmen aus Warenexporten aus. Ein ausgeglichenes Mittelmeerklima mit einer Badesaison von Mai bis November sowie histor. Sehenswürdigkeiten aus sechs Jahrtausenden bieten vielfältige Erholungsmöglichkeiten. Die (1995) 1,115 Mio. ausländ. Besucher kommen v. a. aus Großbritannien (41 %), Dtl. und Italien.

Außenwirtschaft: Die Handelsbilanz ist seit 1970 negativ (Einfuhrwert 1995: 2 792 Mio. US-$, Ausfuhrwert: 1 765 Mio. US-$). Haupthandelspartner sind Italien, Dtl., Großbritannien und Frankreich.

Verkehr: Eisenbahnen sind nicht vorhanden. M. verfügt über ein gut ausgebautes Straßennetz (Länge 1994: 1 604 km), das auf der Hauptinsel auf Valletta, auf Gozo auf Victoria ausgerichtet ist. Der Personen- und Handelsverkehr zw. M. und Gozo wird über eine Fähre zw. Marfa und Mġarr abgewickelt. Jede Ortschaft ist an das öffentl. Omnibusnetz angeschlossen. Der Hafen von Valletta kann von Schiffen jeder Größe angelaufen werden. 1995 fuhren 979 Schiffe mit insgesamt 14,88 Mio. BRT unter maltes. Flagge. Der internat. Flughafen Luqa (Ħal-Luqa) liegt südlich von Valletta.

GESCHICHTE

Die Inselgruppe war in der Jungsteinzeit dicht besiedelt. Die vorgeschichtl. kulturelle Blütezeit erlebte M. z. Z. der Megalithkulturen (4. und 3. Jt. v. Chr.), die hier eine eigenständige, in Europa einmalige Ausprägung erfahren haben, gegliedert in Żebbuġ-, Mġarr-, Ġgantija- und Tarxienstufe. In der Ġgantijastufe setzte eine großartige Tempelarchitektur ein (Mġarr-I- und Mġarr-II-Tempel [im NW der Insel M.], Kordin III [südlich von Valletta], Skorba [bei Mġarr], Mnajdra [unweit der S-Küste der Insel M.], Ġgantija Süd und Nord [auf Gozo], Beginn von Ħal Saflieni [südlich von Valletta]; Vorläufer sind nicht auszuschließen) und erreichte mit der Tarxienstufe ihren Höhepunkt (Tempel Ħal Tarxien I–III [südlich von Valletta], Mnajdra, Ħaġar Qim [unweit der S-Küste der Insel M.], Buġibba [ebd. NW-Küste],

Malta: oben Die alte Hauptstadt Mdina; **unten** Megalithische Tempelanlage von Mnajdra; 1. Hälfte des 4. Jt. v. Chr.

Xrobb Il-Għagin [ebd. SO-Küste], Hypogäum von Ħal Saflieni). Das eindrucksvollste Monument ist das Doppelheiligtum von →Ġgantija: zwei dicht nebeneinander liegende Tempel (Apsidenanlage) werden von einer gemeinsamen, aus riesigen Felsplatten bestehenden, pfeilergegliederten Mauer umgeben, die urspr. außen mit einer Lehmschicht verkleidet und mit einem rot bemalten Kalksteinverputz versehen war. Bei den jüngeren Tempeln von Ħaġar Qim und Mnajdra sind die Steinblöcke z. T. mit Punktornamenten und in Tarxien mit Spiralmustern überzogen. Die Tempel von Tarxien wurden teilweise rekonstruiert; sie sind Fundort von Reliefs von Opfertieren, eines 73 cm hohen Opfersteins und einer urspr. wohl 2,5 m hohen weibl. Kultstatue (gefunden wurde nur das Unterteil). Eine dreistöckige unterird. Grabanlage (Hypogäum) befindet sich in Pawla (südöstl. Vorstadt Vallettas): Ħal Saflieni (um 2500 v. Chr.), sie ist mit rotfarbigem Deckenmuster und mit zwei inneren Steinfassaden versehen; unter den Funden die Miniaturstatuette einer ›Schlafenden Frau‹ (›Venus von M.‹). Die Tempelkultur wird mit einem Götterkult in Verbindung gebracht (Altäre, Opferrückstände). Sie fand Ende des 3. Jt. v. Chr. ein jähes Ende. Neuankömmlinge (mit Kupferwaffen) benutzten den Tempel von Tarxien als Friedhof (Brandbestattung). Diese Kultur wurde durch Einwanderer aus S-Italien um 1400 v. Chr. vernichtet.

Die Verbindungen nach Sizilien und Italien bestimmten die Entwicklung bis zur phöniz. Kolonisation im 8./7. Jh. v. Chr. Die Phöniker nannten die Insel **Mlt** (›Zuflucht‹, wohl Malet oder Melet ausgesprochen); daraus entstand der griech. Name **Melite**, lat. **Melita**, und unter arab. Einfluss schließlich Malta. Im 7./6. Jh. kam M. wohl unter die Oberhoheit Karthagos; seit 218 v. Chr. war es römisch. Das nach 395 n. Chr. oström. (byzantin.) M. wurde in der Völkerwanderungszeit von Wandalen, dann von Ostgoten besetzt und 533 für das Byzantin. Reich zurückgewonnen. Die arab. Herrschaft (870–1091) beeinflusste nachhaltig Volkstum und Sprache. Nach 1091 wurde M. normannisch, doch wurden die Araber erst nach 1240 von dem Staufer FRIEDRICH II. von M. vertrieben. In den folgenden Jahrhunderten teilte M. das Schicksal Siziliens unter den Staufern, den Anjou (seit 1266) sowie (seit 1284) den Aragonesen und vereinigten Spaniern; die direkte Herrschaft vor Ort übten zumeist Lehensträger des jeweiligen Königs aus. 1530 gab Kaiser KARL V. die Inseln sowie Tripolis dem →Johanniterorden zu Lehen. Höhepunkt der ständigen Kämpfe des Ordens gegen die Türken war die Abwehr der türk. Belagerung (Mai–September) 1565. 1566 gründete der Großmeister des Ordens, J. P. DE LA VALETTE, die Hauptstadt Valletta. 1798–1800 war M. französisch, danach stand es unter brit. Schutzherrschaft. Der Streit um die im Frieden von Amiens (1802) festgelegte Rückgabe M.s an den Malteserorden verursachte u. a. die Wiederaufnahme des Krieges zw. Großbritannien und Frankreich (1803). Der Pariser Frieden (1814) erkannte M. als brit. Kronkolonie an, die zu einem der wichtigsten brit. Flotten- und später Luftstützpunkte wurde.

Im Zweiten Weltkrieg spielte M. eine strategisch wichtige Rolle im Mittelmeerraum. Da es den Achsenmächten 1941/42 nicht gelungen war, den brit. Flotten- und Luftstützpunkt M. nachhaltig auszuschalten, konnten die brit. See- und Luftstreitkräfte von M. aus den Nachschub für die Truppen der Achsenmächte in Nordafrika empfindlich stören. Im Juni 1942 gaben HITLER und MUSSOLINI das geplante deutsch-ital. Luftlandeunternehmen gegen M. zugunsten eines weiteren Vordringens nach Ägypten auf.

Am 5. 9. 1947 erhielt M. innere Selbstverwaltung, die jedoch 1958 von der brit. Reg. anlässlich eines Verf.-Konfliktes mit dem maltes. Premier-Min. D. MINTOFF (Arbeiterpartei) zugunsten des Kolonialstatus wieder suspendiert wurde. Nach erneuten britisch-maltes. Verhandlungen erhielt M. 1962 Autonomie, 1964 (21. 9.) die staatl. Unabhängigkeit; Premier-Min. war 1962–71 BORG OLIVIER (Nationalist. Partei). Seine Reg. schloss mit der brit. Reg. ein Abkommen, das M. Finanzhilfe gewährte und Großbritannien die Stationierung von Truppen auf M. zugestand. Mit einem Assoziierungsabkommen (1967) suchte M. wirtschaftspolitisch eine stärkere Anlehnung an die EWG. 1971 kam die Arbeiterpartei an die Macht (in den folgenden Wahlen mehrfach bestätigt); sie stellte bis in die 2. Hälfte der 80er-Jahre die Premier-Min. (1971–84 MINTOFF, 1984–87 C. M. BONNICI). Am 13. 12. 1974 wurde die Rep. ausgerufen. Innenpolitisch verfolgten die Reg. der Arbeiterpartei eine konfliktreiche, von laizist. Vorstellungen bestimmte Politik gegenüber der kath. Kirche sowie eine planwirtschaftlich ausgerichtete Wirtschaftspolitik (z. B. Verstaatlichung wichtiger Unternehmen), außenpolitisch eine auf Blockfreiheit M.s gerichtete Politik. MINTOFF erreichte 1971 die Verlegung des NATO-Stabes Europa-Süd (AFSOUTH) von M. nach Neapel sowie (bis 1979) den Abzug der brit. Truppen aus M. In den 70er- und 80er-Jahren nahm der Einfluss Libyens in M. zu, unterbrochen 1979/80 durch den libysch-maltes. Streit über die Aufteilung des erdölreichen Schelfs zw. beiden Staaten. In dieser Zeit suchte M. eine Annäherung an Italien, das 1980 in einem Vertrag die Neutralität M.s garantierte. Nach dem Wahlsieg der Nationalist. Partei übernahm 1987 ihr parlamentar. Führer, E. FENECH ADAMI, die Führung der Reg., die eine den westl. Demokratien stärker zugeneigte Politik vertrat und den Wiederaufbau einer marktwirtschaftl. Ordnung anstrebte. Im Juli 1990 stellte M. einen Antrag auf Aufnahme in die EG. Am 4. 4. 1994 wählte das Parlament UGO MIFSUD BONNICI (*1932) zum Staatspräs. Die Parlamentswahlen 1996 entschied die Arbeiterpartei für sich; Premier-Min. wurde ALFRED SANT (*1948), der die Beitrittsverhandlungen seines Landes zur Europ. Union stoppte.

E. DOBIE: M.'s road to independence (Norman, Okla., 1967); B. BLOUET: The story of M. (Neuausg. London 1972); H. VOSSMERBÄUMER: M. Ein Beitr. zur Geologie u. Geomorphologie des Zentralmediterranen Raumes (1972); M. VASSALLO: From lordship to stewardship. Religion and social change in M. (Den Haag 1979); I. KRETSCHMER: M., in: Mitt. der Österr. Geograph. Gesellschaft, Bd. 122 (Wien 1980); R. PARKER: M.'s ancient temples and ruts (Tunbridge Wells 1988); Die Tempel von M., bearb. v. S. NEUBERT (1988); G. HÖLBL u. K. BECHERER: Ägypt. Kulturgut auf den Inseln M. u. Gozo in phönik. u. pun. Zeit (Wien 1989); I. TETZLAFF: M. u. Gozo. Die goldenen Felseninseln – Urzeittempel u. Malteserburgen ([8]1990); W. BETZ: M. – Spuren in die Vergangenheit. Tempel, Technik, Theorien (1994).

Maltafieber, Mittelmeerfieber, Febris melitensis, zu den →Brucellosen gehörende bakterielle Infektionskrankheit (Erreger: Brucella melitensis), die v. a. durch den Genuss der Milch erkrankter Ziegen übertragen wird; nach einer Inkubationszeit von 8–21 Tagen kommt es zu den für die Brucellosen typ., etwa 2–3 Wochen anhaltenden Symptomen, auch Lungenentzündung oder typhusähnl. Erscheinungen.

Maltase [zu nlat. maltum ›Malz‹] *die, -/-n, Physiologie:* eine →Glucosidase.

Maltatal, Tal in den Hohen Tauern in Kärnten, Österreich, rechtes Seitental des Liesertales; im Talende zw. Ankogel- und Hafnergruppe die Kölnbreinsperre (198 m ü. M.) mit dem Hauptspeichersee (200 Mio. m³ Wasser) der Kraftwerksgruppe Malta. Die Talschaft bildet die Gem. **Malta** (Siedlungen im unteren M.) mit 262 km² und 2 100 Ew.; das mittlere und obere M. ist Naturschutzgebiet; reger Fremdenverkehr.

Malte-Brun [maltə'brœ̃], **Maltebrun,** Konrad, eigtl. **Malte Conrad Bruun,** dän.-frz. Geograph und polit. Schriftsteller, *Thisted (Jütland) 12. 8. 1775, †Paris 14. 12. 1826. Als Verfasser politisch-radikaler Flugschriften 1800 aus Dänemark verbannt, ging er nach Frankreich. 1808 begann er dort mit der Herausgabe des ›Annales des voyages, de la géographie et de l'histoire‹ (24 Bde., bis 1814). 1821 war er einer der Gründer der ›Société de Géographie de Paris‹.

Weiteres Werk: Précis de la géographie universelle, 8 Bde. u. Atlas (1810–29).

Maltene, *Sg.* **Malten** *das, -s,* niedermolekulare Bestandteile des →Bitumens, in denen die Asphaltene dispergiert sind.

Malter [ahd. maltar, urspr. ›auf einmal Gemahlenes‹] *der* oder *das, -s/-,* alte dt. Volumeneinheit von territorial unterschiedl. Größe v. a. für Getreide. In Preußen galt 1 M. = 12 Scheffel = 659,538 l (ab 1816), in Frankfurt am Main 1 M. = 4 Simmer (so auch in Hessen) = 114,745 l (in Hessen-Darmstadt = 128 l), in Hannover 1 M. = 6 Himten = 186,910 l, in Sachsen 1 M. = 192 Metzen = 1 245,96 l (ab 1869).

Maltertalsperre, Wasserspeicher im Weißeritzkreis, Sa., im Osterzgebirge, an der Roten Weißeritz, 0,8 km², maximaler Stauinhalt 8,8 Mio. m³, Staumauer 34,5 m hoch; dient dem Hochwasserschutz, der Brauchwasserversorgung, Elektroenergieerzeugung und als Erholungsgebiet.

Malteser, 1) die Bewohner von →Malta.
2) die Mitgl. des →Malteserordens.
3) Rasse der →Zwerghunde.

Malteser-Hilfsdienst e.V., 1953 von den dt. Zweigen des Malteserordens und dem Dt. Caritasverband e. V. gegründeter Verein, bundesweit mit 29 Diözesangeschäftsstellen (Generalsekretariat in Köln) organisiert. Er finanziert durch Beiträge von über 800 000 Mitgl., Spenden, öffentl. Zuschüsse und vergütete Tätigkeiten (z. B. Rettungsdienste). Zu den Tätigkeitsfeldern gehören Ausbildung in erster Hilfe, Schulung von Schwesternhelferinnen, Krankentransporte, Notfallrettungsdienste, Sanitätseinsätze, Auslandsdienste und Katastrophenschutz. Ein Bedeutungszuwachs erfolgte v. a. bei den sozialen Diensten wie Kranken-, Behinderten- und Altenhilfe, Hausnotruf, Essen auf Rädern.

Malteserkreuz, 1) eine Getriebeart, →Sperrgetriebe.

2) nach dem Malteserorden benanntes achtspitziges Kreuz, dessen Form seit 1578 (Stiftung der frz. Ordens vom Hl. Geist) zum Vorbild vieler, auch nichtgeistl. Ordenszeichen wurde. (BILD →Kreuzformen)

Malteser|orden, eigtl. **Souveräner Malteser-Ritterorden vom Hospital des Hl. Johannes von Jerusalem, gen. von Rhodos, gen. von Malta,** seit seiner Belehnung mit Malta (1530) Kurz-Bez. für den →Johanniterorden (heute Bez. für den 1852 als selbstständigen geistl. Ritterorden wiederhergestellten ev. Zweig). Ordenssitz des M. ist seit 1834 Rom. 1879 stellte Papst Leo XIII. die seit dem Verlust von Malta vakante Großmeisterwürde wieder her. 1953 wurde die kirchl. Anerkennung des M. erneuert.

Der M. hat eine Doppelnatur als Subjekt des internat. Völkerrechts und als kirchl. Orden. Zu (1997) 75 Staaten unterhält der M. diplomat. Beziehungen. Seit 1993 ist er von der UN-Vollversammlung als ständiger Beobachter zugelassen. Der M. hat eine eigene Gerichtsbarkeit und gibt Briefmarken und Münzen heraus. Die Mitgl. des M. gliedern sich in drei Stände. Der Großmeister wird aus dem ersten Stand gewählt, dessen Mitgl. die Gelübde der Ehelosigkeit, Armut und des Gehorsams abgelegt haben. Die Angehörigen des zweiten Standes legen ein bindendes Gehorsamsversprechen ab, die des dritten Standes verpflichten sich ohne kirchenrechtl. Bindung zur Mitarbeit im Orden.

Der M. ist in über 100 Ländern karitiv tätig und Träger von Freiwilligenverbänden in 31 Ländern; in Dtl. des →Malteser-Hilfsdienstes e. V., in Österreich des ›Malteser Hospitaldienstes‹ und in der Schweiz des ›Malteser-Hospitaldienstes-Schweiz‹.

Der M. hat heute rd. 11 000 Mitgl. und gliedert sich in sechs Großpriorate und 42 nat. Assoziationen in 40 Ländern. Der in der Säkularisation aufgelöste dt. Ordenszweig wurde durch die Gründung der ›Genossenschaft der rheinisch-westfäl. Malteser-Devotionsritter‹ (1859) und des ›Vereins Schles. Malteserritter‹ (1867) wieder belebt. 1993 haben sich beide zur ›Dt. Assoziation des Souveränen Malteser-Ritterordens‹ zusammengeschlossen. In *Österreich* ist der M. durch das von der Säkularisation nicht aufgehobene Großpriorat von Österreich und in der *Schweiz* durch die 1961 gegründete Schweizer Assoziation vertreten.

G. T. Lagleder: Die Ordensregel der Johanniter-M. (1983); B. Waldstein-Wartenberg: Die Vasallen Christi. Kulturgesch. des Johanniterordens im MA. (Wien 1988); Der Johanniter-Orden, der M.-Orden. Der ritterl. Orden des hl. Johannes vom Spital zu Jerusalem. Seine Gesch., seine Aufgaben, hg. v. A. Wienand (³1988).

Maltesisch, Mundart des Maghrebinischen, einer Gruppe des →arabischen Sprache; Amtssprache von Malta. M. wird mit lat. Buchstaben (in Anlehnung an die ital. Orthographie) und mit versch. Zusatzzeichen, z. B. ċ [tʃ], ġ [dʒ], ż [z], geschrieben. Lautlich vom Griechischen und Lateinischen beeinflusst, besitzt das M. zahlreiche ital. Fremdwörter.

Enc. Islam, Bd. 6 (Neuausg. 1990).

Malthus [ˈmælθəs], Thomas Robert, engl. Nationalökonom und Sozialphilosoph, *Rookery (bei Guildford) 14. 2. (nach anderen Angaben 17. 2.) 1766, †Bath 23. 12. 1834; zunächst Pfarrer; seit 1805 Prof. für Geschichte und polit. Ökonomie am Kollegium der Ostind. Kompanie zu Haileybury (bei Hertford). M., einer der führenden Theoretiker der klass. Nationalökonomie, wurde v. a. durch seine pessimist. Bevölkerungslehre bekannt. In seiner Streitschrift ›An essay on the principle of population‹ (1798; dt. ›Versuch über das Bevölkerungsgesetz‹) gegen W. Godwin führte er das menschl. Elend seiner Zeit auf das Anwachsen der Bevölkerung zurück, die stets die Tendenz zeige, stärker als der Nahrungsmittelspielraum zu wachsen (→Bevölkerungswissenschaft, →Malthusianismus). Sein Buch, das schon zu seinen Lebzeiten in zahlreichen, z. T. stark erweiterten Auflagen erschien, erregte beträchtl. Aufsehen.

In der Wert- und Preistheorie vertrat er die Ansicht, dass neben dem Produktionswert auch und v. a. der Tauschwert preisbestimmend sei (Angebot und Nachfrage bestimmen den Preis in erster Linie, der Produktionswert beeinflusst dagegen nur das Angebot). Seine Lohntheorie weicht insofern von derjenigen D. Ricardos ab, als er eine Steigerung der Reallöhne annimmt, welche freilich durch die dadurch ausgelöste Bevölkerungsvermehrung wieder aufgezehrt werde. In seiner Wachstumstheorie unterstellt er, dass der Volkswohlstand bei steigendem Angebot nur dann zunehme, wenn auch die (effektive) Nachfrage wachse. Abgehend vom sayschen Theorem hielt er es für möglich, dass die Tendenz der Wirtschaft zum Gleichgewicht – z. B. durch übermäßiges Sparen – dauerhaft gestört und sogar aufgehoben werden kann.

Weitere Werke: Observations on the effects of the corn laws (1814); The grounds of an opinion on the policy of restricting the importation of foreign corn (1815); An inquiry into the nature and progress of rent (1815; dt. zus. mit den beiden vorgenannten Werken u. d. T. Drei Schriften über Getreidezölle); Principles of political economy (1820; dt. Grundsätze der polit. Ökonomie).

H. Buba: Man denkt an T. R. M. (1988); H. Winkler: M. – Krisenökonom u. Moralist (Innsbruck u. a. 1996).

Malthusianismus *der, -,* nach T. R. Malthus benannte Bev.-Theorie, nach der die mögl. Größe der Bev. durch die Menge der verfügbaren Nahrungsmittel begrenzt und bestimmt wird. Zwar gab es bereits vor Malthus eine Reihe von Untersuchungen über den Zusammenhang zw. Nahrungsmittelspielraum und Bev.-Wachstum, z. B. von G. Botero (›Della ragion di stato‹, 1589), weithin bekannt und Gegenstand teilweise heftiger theoret. Kontroversen wurde diese Theorie jedoch erst in der Formulierung von Malthus, der sich ausdrücklich gegen die bis dahin weit verbreitete Auffassung wandte, das Bev.-Wachstum sei sicheres Zeichen der Wohlfahrt eines Volkes. Der zentrale Punkt bei Malthus ist die These, die Bev. wachse in geometr. Progression, also gleich bleibenden Wachstumsraten, die Nahrungsmittel ließen sich dagegen nur in arithmet. Progression, d. h. mit gleich bleibenden absoluten Zuwächsen, also sinkenden Wachstumsraten, vermehren. Zur Begrenzung des Bev.-Wachstums über die ›natürlichen Hemmnisse‹ (höhere Sterblichkeit durch Nahrungsmittelmangel) hinaus fordert Malthus v. a. ›moral. Hemmnisse‹ (sexuelle Enthaltsamkeit, späte Eheschließung).

Unter dem Einfluss des M. kam es frühzeitig, bes. in den USA, zur Propagierung einer Geburtenkontrolle. Unbeschadet der Kritik an den unterstellten Gesetzmäßigkeiten, dass zum einen die Bestimmungsgründe des Bev.-Wachstums weit vielschichtiger sind und eine geometr. Zunahme der Bev. zumindest in den modernen Industriestaaten nicht vorliegt, zum anderen die Annahme einer arithmet. Zunahme der Nahrungsmittel nicht zu beweisen sei, beherrscht der M.

Robert Malthus

bis heute die Debatten über Bev.-Politik und Familienplanung in den Entwicklungsländern.

Maltol [zu nlat. maltum ›Malz‹] *das, -s,* →Aromastoffe.

Maltose [zu nlat. maltum ›Malz‹] *die, -,* **Malzzucker,** ein Disaccharid, das sich aus zwei Molekülen D-Glucose zusammensetzt, die in 1,4-Stellung α-glykosidisch miteinander verknüpft sind (4-α-D-Glucopyranosyl-D-glucose). M. wird beim Abbau von Stärke durch das im Malz enthaltene Enzym β-Amylase gebildet. Sie ist als vergärbarer Zucker in Bier- und Branntweinmaische enthalten. Als Bestandteil von Glucosesirup dient M. zum Süßen von Lebensmitteln. Durch Säuren oder durch Maltase wird sie zu D-Glucose hydrolysiert. Bei Reduktion von M. entsteht der Zuckeraustauschstoff **Maltit** (E 965).

Maltose

malträtieren [frz., zu mal ›schlecht‹, ›übel‹ und traiter ›behandeln‹], misshandeln, übel umgehen.

Maltravieso, Höhle am Rande der span. Stadt Cáceres mit Kulturresten der Altsteinzeit (Malereien, u. a. Tierdarstellungen) und der Bronzezeit.

Maltz [mɔlts], Albert, amerikan. Schriftsteller, *New York 28. 10. 1908, †Los Angeles (Calif.) 26. 4. 1985; wurde bekannt durch sozialkrit. Dramen, in denen er polit. und ökonom. Probleme der Depressionszeit von einem marxist. Standpunkt aus kritisierte (›Merry go round‹, 1932, dt. ›Die Wahl‹; ›Peace on earth‹, 1933; beide zus. mit GEORGE SKLAR, *1908, †1988; ›Black pit‹, 1935, dt. ›Der schwarze Schacht‹); verfasste auch Erzählungen, Romane und Drehbücher. In der McCarthy-Ära wurde er als einer der ›Hollywood Ten‹ zu einer Gefängnisstrafe verurteilt und mit Berufsverbot belegt.
Weitere Werke: Romane: The underground stream (1940; dt. Der unterirdische Strom); The cross and the arrow (1944; dt. Das Kreuz und der Pfeil); The journey of Simon McKeever (1949; dt. Die Reise des Simon McKeever); A long day in a short life (1957; dt. Ein langer Tag in einem kurzen Leben); Geschichte eines Januar (1965; amerikan. A tale of one January, 1966). – *Erzählungen:* The way things are and other stories (1938; dt. So ist das Leben, auch u. d. T. Prost Neujahr, Amerika); Nachmittag im Dschungel (1961; amerikan. Afternoon in the jungle, 1970). – *Essays:* The citizen writer (1950; dt. Mitbürger Schriftsteller).

Maluf, Fausi Isa, libanes. Dichter, *Sahle 21. 6. 1899, †São Paulo 7. 1. 1930; gilt als wichtigster Vertreter der Romantik, bes. durch sein Epos ›Auf dem Teppich des Windes‹ (1929; arab.), das erste der modernen arab. Literatur.

Maluku, indones. Name der →Molukken.

Malula, →aramäische Sprache.

Malus [lat. ›schlecht‹] *der, -* und *-ses/-* und *-se,* **1)** *allg.:* etwas, was jemandem zum Nachteil angerechnet wird; Ggs.: Bonus.
2) *Versicherungswesen:* nachträgl. Prämienzuschlag bei schadenreichem Verlauf von Versicherungen.

Malus [lat.], Gattung der Rosengewächse mit 25 Arten in den nördl. gemäßigten Gebieten; die wirtschaftlich wichtigste Art ist der Kulturapfelbaum (→Apfel).

Malus [maˈlys], Étienne Louis, frz. Physiker, *Paris 23. 6. 1775, †ebd. 24. 2. 1812; Offizier des Ingenieurkorps, Prof. an der École Polytechnique in Paris. M. befasste sich bes. mit der Doppelbrechung des Lichtes in Kristallen; er entdeckte 1808 die Polarisation des Lichtes.

Malve:
Wilde Malve
(Höhe 0,25–1,5 m)

Malvaceae [lat.], wiss. Name der →Malvengewächse.

Malvasier [nach dem ital. Namen Malvasia der griech. Stadt Monemvassia], **Malvasia,** eine der ältesten Rebsorten (wohl aus Kleinasien stammend), in vielen Varietäten weltweit verbreitet; starkwüchsig und ertragreich, bevorzugt trockenes Klima und Hanglagen; ergibt extraktreiche Weine mit starkem Bukett und kräftiger Farbe, oft für Likörweine verwendet. Der M. ist v. a. in Italien vertreten (rd. 50 000 ha). Den größten Anteil hat die weiße Art **M. Bianca** in Latium, Umbrien und der Toskana. Ein bes. sortenreiner trockener M.-Weißwein wird in den DOC-Bereichen Collio und Isonzo produziert. Der rote **M. Nera** wächst in Piemont, er liefert die DOC-Weine M. di Casorzo und M. di Castelnuovo Don Bosco. Auch in Kalifornien (über 800 ha M. Bianca), in Rioja (Spanien), auf Korsika (hier Malvoisie gen.) und Madeira (v. a. für den Malmsey) ist der M. vertreten.

Malve [lat.-ital.] *die, -/-n,* **Malva,** Gattung der Malvengewächse mit rd. 30 Arten in Eurasien und N-Afrika, einige Arten in Amerika eingeschleppt und verwildert; Kräuter oder Halbsträucher mit meist großen, teller- bis trichterförmigen Blüten in versch. Farben; z. T. Zierpflanzen. Eine häufig in Mittel- und Südeuropa verwildert vorkommende Art ist die bis 1 m hohe **Moschus-M.** (Malva moschata) mit rau behaarten Stängeln und Blättern sowie weißen oder rosenroten, nach Moschus duftenden Blüten. In Eurasien und N-Afrika wachsen die **Wilde M.** (Rosspappel, Malva sylvestris), eine 0,25 bis 1,5 m hohe Ruderalpflanze mit großen, purpurroten Blüten, und die bis 50 cm hohe, rau behaarte **Weg-M.** (Käsepappel, Malva neglecta) mit rötl. Blüten. – Blätter und Blüten der Wilden M. und der Weg-M. dienen u. a. für Teemischungen. Grundlage des beliebten M.-Tees sind aber die Kelchblätter der ebenfalls zu den M.-Gewächsen gehörenden Art Hibiscus sabdariffa.

Malvengewächse, Malvaceae, Pflanzenfamilie mit über 1 500 weltweit verbreiteten Arten in etwa 120 Gattungen (Verbreitungsschwerpunkt in den Tropen); Kräuter, Sträucher oder Bäume mit meist großen Blüten, deren zahlreiche Staubfäden fast über ihre gesamte Länge zu einer Röhre verwachsen sind. Die Blüten stehen einzeln oder in Blütenständen. Viele M. sind Zierpflanzen, u. a. Malve und Hibiscus, einige auch Nutzpflanzen, z. B. die Baumwollpflanze.

Malvern [ˈmɔːlvən], heute **Great Malvern** [ˈgreɪt -], Stadt in der Cty. Hereford and Worcester, W-England, 31 500 Ew.; am O-Rand der **Malvern Hills** (Hügelkette zw. Severn und Wye) gelegen; Kurort (Mineralquellen), Schulstadt.

Malvinen, die →Falklandinseln.

Malvoisie [malvwaˈzi; frz.], *Weinbau:* 1) frz. Name der Rebsorte →Malvasier; 2) Synonym für versch. andere Rebsorten, so v. a. im Wallis, im Aostatal und in Savoyen für den Pinot gris (→Ruländer).

Malwaplateau [ˈmɔlvəplato], Plateaulandschaft im nordwestl. Rand des Dekhan, zw. dem Arawalligebirge und der Vindhyakette, etwa 300 m ü. M.; aufgebaut aus einer z. T. in Inselberge aufgelösten, verwitterten Basaltdecke mit fruchtbaren Böden. Anbau von Getreide, Baumwolle, Zuckerrohr, Ölsaaten. – Die Geschichte der histor. Region **Malwa** (Sanskrit **Malava**), im Altertum **Avanti** gen., ist bestimmt durch ihre Lage im Schnittpunkt von Verbindungswegen zw. dem westind. Hochland und der Gangebene. Seit frühgeschichtl. Zeit von wechselvoller polit. Zugehörigkeit, stand das Gebiet seit etwa 800 n. Chr. unter der Herrschaft einer Rajputendynastie, erlebte seit 1235 muslim. Invasionen und wurde 1305 von ALA-UD-DIN KHILJI für das Sultanat von Delhi erobert. 1401–1531 bestand das unabhängige Sultanat Malwa, bis 1435 unter der Ghori-, dann unter der

Khilji- (oder Khalji-)Dynastie; Hauptstadt war →Mandu. 1562 wurde das Gebiet Teil des Mogulreiches, 1818 britisch. Heute gehört der Großteil des M. zum Bundesstaat Madhya Pradesh; darüber hinaus befindet sich auf ihm das südöstl. Territorium des Bundesstaates Rajasthan.

K. C. Jain: Malwa through the ages, from the earliest times to 1305 A. D. (Delhi 1972).

Malyschkin, Malyškin [-ʃ-], Aleksandr Georgijewitsch, russ. Schriftsteller, *Bogorodskoje (bei Mokschansk, Gebiet Pensa) 21. 3. 1892, †Moskau 3. 8. 1938; im Ersten Weltkrieg Offizier der Schwarzmeerflotte, zeitweise Mitgl. der literar. Gruppe ›Perewal‹; behandelt in seinem anfangs von A. Belyj und B. A. Pilnjak beeinflussten Werk v. a. Ereignisse aus der Zeit der Oktoberrevolution, wobei häufig eine namenlose Menge die Rolle des Helden übernimmt.

Werke: *Romane:* Sevastopol' (1931; dt.); Ljudi iz zacholust'ja (1938; dt. Der dreizehnte Winter). – *Erzählungen:* Padenie Daira (1923; dt. Der Fall von Dair); Voždi (1924; dt. Die Führer).

Ausgaben: Izbrannye proizvedenija, 2 Bde. (1978). – Der unsichtbare Zyklon (1969, dt. Ausw.).

Malyschko, Malyško [-ʃ-], Andrij Samuilowytsch, ukrain. Lyriker, *Obuchowo (Gebiet Kiew) 14. 11. 1912, †Kiew 17. 2. 1970; Lehrer und Journalist; behandelt in Gedichten und Verserzählungen v. a. Themen des bäuerl. Lebens, später auch soziale und allgemein menschl. Probleme; im Krieg patriot. Lyrik.

Ausgabe: Tvory, 10 Bde. (1972–74).

Malz [ahd. malz, eigtl. ›weiche Masse‹, ›Aufgeweichtes‹], aus Getreide, v. a. Gerste, durch Einweichen in Wasser und anschließendes Keimen gewonnenes Produkt. Bei dem durch die Keimung (innerhalb von 8–11 Tagen; bei geregelter Temperatur) entstehenden **Grün-M.** wird v. a. die urspr. vorhandene Stärke des Mehlkörpers (durch aktivierte Amylase) zu Maltose und Dextrinen abgebaut; daneben werden auch die Eiweißbestandteile des Getreidekorns durch Enzyme in leicht lösl. Stoffe überführt. **Kurz-M.** (**helles M.**; Blattkeime $\frac{1}{2}$ bis $\frac{2}{3}$ Kornlänge, Wurzelkeime volle Kornlänge) befindet sich im Zustand größten Amylasegehaltes, **Lang-M.** (**dunkles M.**; Blattkeime $\frac{3}{4}$ bis volle, Wurzelkeime 1,5- bis 2,5fache Kornlänge) im Zustand weiter fortgeschrittener Ab- und Umbauprozesse. Durch anschließendes Trocknen wird **Braun-M.** (**Darr-M.**) gewonnen, in dem zusätzl. Farb-, Geschmacks- und Aromastoffe entstanden sind. Es dient nach Entfernung der Wurzelkeime v. a. zur Herstellung von Bier, daneben als Grundstoff für versch. Nährpräparate (z. B. M.-Extrakt) und M.-Kaffee. Als Amylaseträger wird M. auch beim enzymat. Abbau von Stärke zu vergärbaren Zuckern bei der Gewinnung von Branntwein verwendet.

Malzbier, →alkoholfreie Getränke.

Mälzel, Mälzl, Johann Nepomuk, Instrumentenbauer, *Regensburg 15. 8. 1772, †La Guayra (Panama) 21. 7. 1838; war ab 1792 in Wien tätig und baute nach 1800 eines der ersten Orchestrions (›Panharmonikon‹). Zeitweise von L. van Beethoven gefördert, wurde er v. a. bekannt als Konstrukteur der bis heute gebrauchten Form des →Metronoms.

Malz|extrakt, eingedickter, zähflüssiger, hell- bis dunkelbrauner Gerstenmalzauszug mit hohem Malzzucker- und Eiweißgehalt, der als Nähr- und Stärkungsmittel dient.

Malzkaffee, durch Rösten von Gerstenmalz (auch Roggen- oder Weizenmalz) gewonnener Kaffeeersatz.

Malzkeime, in der Mälzerei anfallende Wurzelkeime des Getreides, die als eiweißreiches Futtermittel mit hohem Mineralstoffgehalt verwendet werden.

Malzzucker, die →Maltose.

Mam, indian. Volk aus der Familie der Maya in den Hochländern SW-Guatemalas und dem angrenzenden Chiapas (Mexiko), etwa 200 000 Angehörige.

Mamaia, zu →Konstanza gehörender größter rumän. Schwarzmeerkurort.

Mamallapuram, Ort in Indien, →Mahabalipuram.

Mambas [von Zulu im-amba], Sg. **Mamba** *die*, -, **Dendroaspis,** Gattung schlanker, gewandter, baumoder strauchbewohnender →Giftnattern mit vier Arten im trop. Afrika. M. sind überwiegend tagaktiv. Aufgrund ihres sehr gefährl. Giftes und ihrer Angriffsfreudigkeit werden sie vom Menschen gefürchtet. In W-Afrika lebt die bis 2,5 m lange **Grüne M.** (Dendroaspis viridis). Größte Art, damit auch größte afrikan. Giftschlange, ist die bis 4 m lange oliv- bis schwarzbraun gefärbte **Schwarze M.** (Dendroaspis polylepis) mit Verbreitung von Somalia bis ins südl. und südwestl. Afrika. Die Schwarze M. frisst v. a. kleinere Säugetiere, die übrigen drei Arten ernähren sich v. a. von Vögeln, Eiern, Reptilien und Amphibien.

Mambas: Schwarze Mamba (Länge bis 4 m)

Mamberamo *der,* Fluss auf Neuguinea, in der Prov. Irian Jaya (Indonesien), mündet im Pazifik; er entsteht durch Vereinigung des Taritatu und des Tariku im versumpften Tiefland nördlich des zentralen Gebirgszugs der Insel, in dem beide Quellflüsse entspringen, etwa 800 km lang (mit dem Taritatu), davon sind 240 km schiffbar.

Mambila, kleine Volksgruppe in O-Nigeria (auf dem M.-Plateau) und in angrenzenden Gebieten von Kamerun. – Die Schnitzkunst der M. äußert sich v. a. in skurrilen, meist schwarzweißrot bemalten Tiermasken sowie Figuren (Ahnen, Dorfwächter) mit kleinen Holzpflöcken als Augen.

Mambo [wohl kreol.] *der, -(s)/-s,* auch *die, -/-s,* urspr. Bez. für die Polymetrik der afrokuban. Tanzmusik; danach lateinamerikan. Tanz in mäßig schnellem $^4/_4$-Takt. Der M., um 1940 in Kuba entwickelt, erhielt seine Ausprägung unter dem Einfluss von Swing und Rumba und gelangte nach dem Zweiten Weltkrieg in den afrokuban. Jazz; nach 1950 in Europa Modetanz, dann vom Cha-Cha-Cha abgelöst.

Mamelucken [ital. mammalucco, von arab. mamlūk ›in Besitz genommen‹, ›Sklave‹, zu malaka ›besitzen‹], **Mamluken,** Bez. der Kaufsklaven türkischkaukas. Herkunft, die, nach sorgfältiger Ausbildung und Bekehrung zum Islam freigelassen, unter den →Aijubiden in Ägypten und Syrien Kriegsdienst leisteten, aber auch im Staatsdienst eingesetzt wurden. Die Einrichtung der Militärsklaverei geht bis ins 9. Jh. zurück, zahlenmäßig und politisch bedeutsam wurden die M. jedoch erst gegen Ende der Aijubidenherrschaft. Generäle der M. ergriffen 1250 schließlich selbst die Macht und beherrschten bis zur osman. Eroberung (1516/17) von Kairo aus Ägypten mit Syrien. Die herrschende Schicht der M. gliederte sich in die **Bahriten** (1250–1382/90) und die **Burdjiten** (1382/90–1517), benannt nach ihren urspründl. Garnisonen (bahrija ›die am großen Fluss‹, auf der Nilinsel Roda bei Kairo, sowie burdjija ›die in den Türmen‹, in der Zitadelle von Kairo). Während bei den (türkischkiptschakischen) bahrit. M. die Erbfolge überwog,

Mambila: Ahnenfigur oder Dorfwächter aus bemaltem Holz; Höhe 22,5 cm (Privatbesitz)

wurde sie unter den v. a. tscherkess. Burdjiten zur Ausnahme. Nach dem Tod oder Sturz eines Sultans nahm die Militäroligarchie eine Neuwahl vor; so gab es keine wirkl. tscherkess. ›Dynastie‹.

Nach der Eroberung Bagdads durch die Mongolen (1258) verlagerte sich das polit., religiöse und kulturelle Schwergewicht der arabisch-islam. Welt in das von den M. beherrschte Ägypten, das die Mongolen durch den Sieg am Goliathsquell (Ain Djalut) in Palästina (1260) abwehren konnte. In der Folge wurden die letzten Stützpunkte der Kreuzfahrer in Syrien und Palästina erobert. Als Feldherren und Staatsmänner ragten v. a. die Sultane BAIBARS I. (1260–77) und KALAUN (1279–90) hervor. Die Anwesenheit abbasid. Schattenkalifen (1261–1517; →Kalif) erhöhte die Legitimität und das Prestige der M.-Sultane. Auch nach der osman. Eroberung spielten die M. in Politik und Verwaltung Ägyptens noch jahrhundertelang eine wichtige Rolle, bis 300 ihrer führenden Beis 1811 auf Befehl MEHMED ALIS einem Massaker in der Zitadelle von Kairo zum Opfer fielen.

D. AYALON: Studies on the Mamluks of Egypt (London 1977); DERS.: The Mamluk military society (ebd. 1979).

Mamelucos [von Tupi mamaruca (wohl unter dem Einfluss von arab. mamlūk, →Mamelucken)], Mischbevölkerung aus Verbindungen port. Ansiedler mit Indianerinnen im kolonialen Brasilien, v. a. um São Paulo, daher auch **Paulistaner (Paulistas)** genannt; ihre Nachfahren sind die →Caboclos. Aus den M. rekrutierten sich größtenteils die →Bandeirantes.

Mamertiner, lat. **Mamertini**, nach dem Kriegsgott Mamers (lat. Mars) benannte kampan. Söldner des Tyrannen AGATHOKLES von Syrakus, die sich nach dessen Tod (289 v. Chr.) der Stadt Messina bemächtigten und nach ihrer Niederlage gegen HIERON II. von Syrakus durch ihr Hilfegesuch an Rom und Karthago 264 v. Chr. zum 1. Pun. Krieg boten.

Mamertinischer Kerker, →Carcer Mamertinus.

Mamertus, Bischof von Vienne, † um 477; führte um 470 die drei →Bitttage vor Christi Himmelfahrt ein; einer der Eisheiligen (Tag: 11. 5.).

Mamet [ˈmæmət], David Alan, amerikan. Dramatiker und Regisseur, *Flossmoor (Ill.) 30. 11. 1947; Mitbegründer und Direktor des Saint Nicholas Theatre Company in Chicago (1973–76). Seine aus kurzen Szenen und Momentaufnahmen bestehenden Stücke behandeln die Sinnlosigkeit menschl. Kommunikation und geben konkrete Handlungen zugunsten von Sprechakten auf. Ziele seines Theaters sind u. a. die Entlarvung der Mythen des amerikan. Alltags, z. B. des Machokults (›Sexual perversity in Chicago‹, 1978) und die Aufdeckung skrupelloser Geschäftspraktiken von Konzernen (›American buffalo‹, 1976; ›The water engine‹, 1978); schrieb auch Stücke für Kinder; Drehbuchautor.

Weitere Werke: *Dramen:* Duck variations (1977); A live in the theatre (1978); Mr. Happiness (1978); Lone canoe (UA 1979); Reunion and Dark pony (1979); Shoestime (1979; The woods (1979; dt. Die Wälder); Squirrels (1982); The sanctity of marriage (1982); Edmond (1983); Glengarry Glen Ross (1984; dt. Hanglage verboten); Goldberg Street. Short plays and monologues (1985); Writing in restaurants (1986); Speed-the-plow (1988; dt. Die Gunst der Stunde); Oleanna (1992; dt.); The cryptogram (1995); Passover (1995). – *Roman:* The village (1994; dt. Das Dorf). – Make-believe town. Essays and remembrances (1996).

C. W. BIGSBY: D. M. (London 1985); D. CARROLL: D. M. (Basingstoke 1987); W. HERMAN: Understanding contemporary American drama (Columbia, S. C., 1987); M. ROEDER-ZERNDT: Lesen u. Zuschauen. D. M. u. das amerikan. Drama u. Theater der 70er Jahre (1994).

MAMI [Kw. für **Ma**inzer **Mi**krotron], an der Univ. Mainz entwickelter Elektronenbeschleuniger, der aus einem Linearbeschleuniger als Injektor und einer Kaskade von drei →Mikrotronen besteht. Die größte erreichbare Energie der Elektronen beträgt 855 MeV, bei einer Strahlstromstärke von 100 µA im kontinuierl. Betrieb (Dauerstrichbetrieb). Durch den Verlauf der Rückführungsbahnen in getrennten Rohren ist eine Strahlextraktion bei mehreren Energien möglich, beim dritten Mikrotron zw. 195 und 855 MeV. – Der Dauerstrichbetrieb des MAMI stellt einen wesentl. Fortschritt gegenüber vergleichbaren Elektronenbeschleunigern dar, die nur gepulst, mit einem Tastverhältnis von 0,1 % bis 1 %, betrieben werden können; er erleichtert die Durchführung von Koinzidenzexperimenten wesentlich (→Koinzidenzmethode), bei denen neben den Elektronen auch die Reaktionsprodukte der mit ihnen beschossenen Atomkerne spektroskopiert werden können. Ein Betrieb mit polarisierten Elektronen (d. h. solchen mit einer bevorzugten Spinausrichtung) ist ebenfalls möglich. Das Experimentierprogramm ist auf die Untersuchung von Atomkernen und Nukleonen gerichtet, insbesondere wird der Einfluss der Quarkstruktur der Nukleonen auf die Eigenschaften der Atomkerne untersucht.

Mamilla [lat.] die, -/...lae, die Brustwarze (→Brustdrüsen).

Mamin-Sibirjak, Dmitrij Narkissowitsch, eigtl. D. N. **Mamin**, russ. Schriftsteller, *Wissimo-Schajtanskij (Gebiet Swerdlowsk) 6. 11. 1852, † Sankt Petersburg 15. 11. 1912; schildert in naturalist., gesellschaftskrit. Romanen und Erzählungen, wie das bäuerl. Leben in Sibirien und im Kaukasus durch Industrialisierung in seinen sozialen, ökonom. und religiösen Grundlagen verändert oder zerstört wurde.

Werke: *Romane:* Privalovskie milliony (1883; dt. Die Priwalowschen Millionen); Gornoe gnezdo (1884; dt. Das Bergnest); Zoloto (1892; dt. Gold); Chleb (1895; dt. Korn).

Ausgabe: Sobranie sočinenij, 6 Bde. (1980–81).

I. DERGAČEV: D. N. M.-S. Ličnost'. Tvorčestvo (Swerdlowsk ²1981).

Mamissonpass, Pass im zentralen Hochgebirgskaukasus, auf der Grenze zw. Russland und Georgien, 2 829 m ü. M.; über den M. führt die Osset. Heerstraße.

Mami Wata, weibl. verführerischer Fluss- und Meergeist (halb Mensch, halb Fisch), der in westafrikan. Ländern als Spenderin von plötzl. Reichtum, Ansehen und langem Leben bekannt ist und in verschiedenen Kulten verehrt wird. (BILD ›Chéri Samba‹).

Mamlejew, Mamleev [-ˈlejɛf], Jurij Vitaljewitsch, russ. Schriftsteller, *Moskau 11. 12. 1931; Sohn eines Psychiaters, war Mathematiklehrer; befasste sich mit Philosophie und Esoterik und versammelte Ende der 50er-Jahre gleich gesinnte Schriftsteller und Künstler um sich. Seine von der russ. literar. Avantgarde geprägten Erzählungen kursierten nur im Samisdat; 1974 Ausreise in die USA; lebt seit 1983 in Paris. In dem Roman ›Šatuny‹ (1988; dt. ›Der Mörder aus dem Nichts‹) entfaltet M., der sich selbst als ›fantast. Realisten‹ bezeichnet, ein Horrorszenarium; es geht um den Mord als Mittel, in fremdes Leben und damit eine andere, jenseitige Welt einzudringen.

Weitere Werke: *Erzählung:* Utopi moju golovu (1990). – *Roman:* Die letzte Komödie (dt. 1994).

Mamluken, die →Mamelucken.

Mammakarzinom, das →Brustkrebs.

Mammalia, die →Säugetiere.

Mammalogie die, -, die Säugetierkunde.

Mammaplastik, Verfahren der plast. Chirurgie zur Wiederherstellung der natürl. Brustform nach einer Mastektomie im Rahmen der Krebsbehandlung oder zur kosmet. Korrektur. Gewebedefekte werden durch Gewebelappen (körpereigenes Fettgewebe, muskulokutane Lappen) oder auch durch Einpflanzen von Implantaten (Silikonprothesen), v. a. bei vorausgegangener Mammaamputation, ausgeglichen. Hierbei ist eine schrittweise Hautdehnung zur Schaffung der erforderlichen Prothesentasche notwendig (Expandertechnik). Entsprechende Maßnahmen dienen auch zur Brustvergrößerung (**Augmentationsplastik**) oder zur Verkleinerung einer zu großen Brust (**Reduktionsplastik**) oder der Anhebung (**Mastopexie**) einer Hängebrust.

Mammatuswolke [lat. mammatus ›mit Brüsten versehen‹], Wolkenform mit an der Unterseite abwärts gerichteten beutelförmigen Quellungen; v. a. bei Cumulonimbus (→Wolken).

Mammeibaum [engl.-span., aus einer südamerikan. Indianersprache], **Echter M., Mammibaum, Mammey, Mammea americana,** in Westindien heim. und in den Tropen (v. a. im trop. Amerika) kultiviertes Johanniskrautgewächs mit rötlich gelben Früchten (**Mammeiäpfel, Aprikosen von Santo Domingo**), deren goldgelbes Fruchtfleisch aprikosenähnlich schmeckt.

Mammen, Gem. in Mitteljütland, Dänemark, mit großem Grabhügel namens Bjerringhøj, der Grabbeigaben einer ungewöhnlich reichen Häuptlingsbestattung der Zeit um 1000 n. Chr. enthielt. Auf einer Prunkaxt ist in Silbertauschierung ein stilisiertes Tier wiedergegeben, nach der M.-Stil der jüngeren Wikingerzeit benannt wurde.

Jeanne Mammen: Revuegirls; 1928/29 (Berlin, Berlinische Galerie)

Mammen, Jeanne, Malerin, * Berlin 21. 11. 1890, † ebd. 22. 4. 1976. M. gehört zu den eigenwilligsten Künstlerinnen im Umfeld der Neuen Sachlichkeit. Ausgebildet an der Pariser Académie Julian (1906–07), beschäftigte sie sich mit der symbolist. Malerschule Belgiens. Ab Mitte der 20er-Jahre entwickelte sie parallel zu R. SCHLICHTER, K. HUBBUCH und G. GROSZ einen verist. Stil. Während des natsoz. Regimes knüpfte sie (Mitgl. der KPD) demonstrativ an den frz. Kubismus an. Ab 1937 löste sie die Formzusammenhänge des Dargestellten fast völlig auf und entwickelte ab 1950 abbildhafte Chiffren, die man als Symbole für seel. Zustände lesen kann. M. arbeitete auch als Illustratorin.

J. M. Köpfe u. Szenen, Berlin 1920 bis 1933, bearb. v. M. DÖPPING u. a., Ausst.-Kat. Kunsthalle Emden (1991); A. LÜTGENS: ›Nur ein Paar Augen sein ...‹. J. M. – eine Künstlerin in ihrer Zeit (1991).

Mammeri, Mouloud, alger. Anthropologe und Schriftsteller frz. Sprache, * Taourirt-Mimoun (Große Kabylei) 28. 12. 1917, † Aïn-Defla 25. 2. 1989; gehört zu den Begründern der maghrebin. Literatur frz. Sprache. Mit seiner Romantrilogie ›La colline oubliée‹ (1952; dt. ›Der verlorene Hügel‹), ›Le sommeil du juste‹ (1955) und ›L'opium et le bâton‹ (1965) thematisiert er die von Kolonialismus und Unabhängigkeitskampf geprägte alger. Zeitgeschichte aus der Sicht der kabyl. Bergbewohner. Als Wissenschaftler setzte er sich mit Grammatiken sowie Sammlungen alter Gedichte (›Les Isefra, poèmes de Si Mohand ou M'hand‹, 1978) und Legenden für die Erhaltung berber. Sprache und Kultur ein.

Weiteres Werk: *Roman:* La traversée (1982).

Mammillaria [lat.], wiss. Name der Gattung →Warzenkaktus.

Mammisi [aus koptisch, etwa ›Ort der Geburt‹] *das, -/-(s),* moderne Bez. für das altägypt. Geburtshaus, das zum ägypt. Tempel, bes. zum Hathor- bzw. Isistempel oder Horustempel der griechisch-röm. Zeit gehörte. Sein Reliefschmuck bezieht sich auf den kult. Nachvollzug von Geburt und Kindheit des Götterkindes, v. a. von Horus (Harpokrates, Ihi), in dessen Geburt zugleich die Geburt des Pharao gefeiert wurde. M. haben meist die Form eines kleinen mehrräumigen Tempels mit Umgang (Dendera, Idfu, Philae).

Mammographie [zu lat. mamma ›weibl. Brust‹] *die, -/...'phien,* Röntgenaufnahme der weibl. Brust; sie wird i. Allg. in zwei Ebenen (eine davon schräg) und stets beidseitig durchgeführt, um feinste Veränderungen im Seitenvergleich besser erkennen zu können. Die M. dient der näheren Bestimmung tastbarer Knoten, der Früherkennung noch nicht tastbarer, z. T. nur wenige Millimeter großer bösartiger Tumoren (die zunehmend bei immer jüngeren Frauen vorkommen) sowie der Lokalisation und Markierung kleiner Tumoren bei organerhaltenden Operationen. Die ergänzende Kontrastmitteldarstellung der Milchgänge heißt →Galaktographie. Die M. wird durch die →Ultraschalldiagnostik bei harmlosen Zysten und z. T. auch durch die →Kernspintomographie ergänzt.

Mammon [griech. mamōnãs, von aramäisch mamōnā ›Besitz‹, ›Habe‹] *der, -s,* in der Mischna, im Talmud und im N. T. (Lk. 16, 9–13) abschätzige Bez. für Geld und Reichtum.

Mammoth Cave ['mæməθ keɪv], **Mammuthöhle,** Höhlensystem in Kentucky, USA, südlich des Green River, mit fünf Stockwerken, bis über 100 m Tiefe; innerhalb einer mächtigen karbon. Kalksteinschicht; die bislang bekannten Gänge haben eine Gesamtlänge von 560 km; 1941 wurde der **M. C. National Park** eingerichtet (212 km^2). – 1799 entdeckt.

Mammotropin [lat.-griech.] *das, -s,* das →Prolaktin.

Mammutbaum, Wellingtonie, Sequoiadendron, Gattung der Sumpfzypressengewächse mit der einzigen Art **Sequoiadendron giganteum,** beheimatet im westl. Nordamerika in 1 500–2 500 m ü. M. Am natürl. Standort werden sie bis 135 m hoch, in Europa als Parkbaum selten höher als 50 m. Der Stamm ist säulenförmig (Durchmesser bis 12 m), die Borke rissig und hellrotbraun, die Krone pyramidenförmig; die Blätter sind schuppenförmig. Die ältesten bekannten M. sind zw. 3 000 und 4 000 Jahre alt und gehören da-

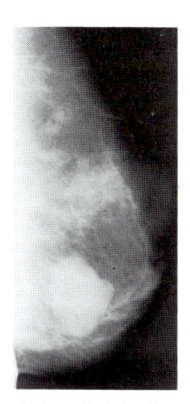

Mammographie: Röntgenaufnahme einer weiblichen Brust mit einem Krebsherd, der durch Verdichtung der Gewebestrukturen und kleinste Kalkeinlagerungen sichtbar wird

Mammutbaum (Höhe bis 135 m, in Kultur bis 50 m)

mit zu den ältesten lebenden Bäumen. (→Küstenmammutbaum)

Mammute [frz. mammouth, von gleichbedeutend russ. mamot, vielleicht aus dem Jakutischen], Sg. **Mammut** *das, -s,* **Mammuthus, Mammonte|us,** Gattung seit dem obersten Pliozän (Mammuthus meridionalis) bekannter und gegen Ende des Pleistozäns (vor rd. 10 000 Jahren) ausgestorbener, bis 4 m hoher Elefanten in den Steppen und Tundren Eurasiens und Nordamerikas. Am bekanntesten ist das **Kältesteppen-M.** (**Mammut** i. e. S., Mammuthus primigenius); es lebte nur in den Kälteregionen, fraß Gräser und Kräuter; mit dichter, langer Behaarung und bis 5 m langen, nach außen und oben gebogenen oder eingerollten Stoßzähnen. Im sibir. Dauerfrostboden wurden vollständig erhaltene Exemplare gefunden. – I. w. S. werden alle großen, jedoch südlichere Regionen bevorzugende Steppenelefanten des Pleistozäns als M. bezeichnet, z. B. **Mammuthus trogontherii** (Europa), **Mammuthus columbi** (Nordamerika) und aus der Gattung **Archidiskodon** (bis unteres Pleistozän) die insularen, bis 2 m hohen **Zwerg-M.** (Celebes; Santa Rosa Island, Calif.) sowie der **Südelefant** (Archidiskodon meridionalis) als Stammform aller Mammute. – Das M. war in der Altsteinzeit ein bevorzugtes Jagdwild. Seine Knochen und die geschwungenen Stoßzähne (bis 5 m lang) dienten als Werk- (Elfenbeinschnitzereien) und Baustoff. Viele Behausungen der jüngeren Altsteinzeit waren unter Verwendung von M.-Knochen errichtet (→Osteuropa, Vorgeschichte). Die Häufigkeit der bildl. Darstellung des M. in der jungpaläolith. Wand- und Kleinkunst belegt, dass es in der Vorstellungswelt des Eiszeitmenschen eine wichtige Rolle gespielt hat.

V. E. GARUTT: Das M. (a. d. Russ., Wittenberg 1964); W. VON KOENIGSWALD u. J. HAHN: Jagdtiere u. Jäger der Eiszeit (1981).

Mammuthöhle, →Mammoth Cave.

Mammutpumpe, der →Mischlufttheber.

Mamonowo, Stadt im ehem. Ostpreußen, heute im Gebiet Kaliningrad (Königsberg), Russland, →Heiligenbeil.

Mamoré, Río M., rechter Quellfluss des Rio Madeira in N-Bolivien, entsteht 130 km südlich von Trinidad durch Zusammenfluss des Río Chaparé und des Río Ichilo; vereinigt sich 100 km nordöstlich von Riberalta mit dem Río Beni zum Rio Madeira, rd. 1 500 km lang, und ist einschließlich des Hauptnebenflusses Rio Grande (auch Río Guapay gen.), der oft als Hauptquellfluss angesehen wird, 1 800 km lang; umfließt im Unterlauf (Grenze gegen Brasilien) das Brasilian. Bergland.

Mamoulian [məˈmuːlıən], Rouben, amerikan. Theater- und Filmregisseur armen. Herkunft, *Tiflis 8. 10. 1897, † Los Angeles (Calif.) 4. 12. 1987; seit 1923 in den USA, wo er Opern, Operetten und Musicals inszenierte, u. a. ›Porgy and Bess‹ (1935) und ›Oklahoma‹ (1943). Seit 1931 in Hollywood; wurde bes. bekannt durch seine Musikfilme (u. a. ›Schönste, liebe mich‹, 1932; ›Seidenstrümpfe‹, 1957).

Weitere Filme: Straßen der Großstadt (1931); Dr. Jekyll und Mr. Hyde (1932); Königin Christine (1934).

T. MILNE: R. M. (London 1969).

Mampua, Insel und Volk von Sierra Leone, →Sherbro.

Mamre, in der Vulgata **Mambre,** altisraelit. Heiligtum, 4 km nördlich von Hebron, heute Ramet el-Chalil. Nach 1 Mos. 13, 18 zeltete ABRAHAM bei den Eichen, am Brunnen von M., und baute einen Altar. Bei Ausgrabungen (1926–28) wurden die Umfassungsmauer eines hl. Bezirks aus herodian. Zeit und die Reste einer unter KONSTANTIN I. gebauten Basilika freigelegt.

A. E. MADER: Mambre. Die Ergebnisse der Ausgrabungen ..., 2 Bde. (1957).

Mamry, Jezioro M. [jɛˈzjɔrɔ ˈmɔmri], See im ehem. Ostpreußen, heute zu Polen, →Mauersee.

Mamun, Ma'mun, Abd Allah **al-M.,** abbasid. Kalif (813–833), *Bagdad 14. 9. 786, † bei Tarsus August 833; Sohn HARUN AR-RASCHIDS; residierte zunächst als Statthalter der östl. Prov. in Merw und stürzte seinen Halbruder AL-AMIN mithilfe seiner khorasan. Truppen unter TAHIR IBN AL-HOSAIN, dem Stammvater der →Tahiriden, unter denen 821 die polit. Loslösung Irans vom Kalifat begann. 827 erklärte M. das Dogma der →Mutasiliten vom Erschaffensein des Korans zum Staatsdogma. Er gründete 830 in Bagdad das ›Haus der Weisheit‹, um wiss. Werke aus dem Griechischen ins Arabische übersetzen zu lassen.

H. KENNEDY: The early Abbasid caliphate (London 1980).

Man, Volk in Hinterindien, →Yao.

Mammute: Kältesteppenmammut (Höhe bis 4 m)

Man, in der frühen chin. Kaiserzeit Bez. für die südl. Nachbarvölker Chinas, →Di 2).

Man, 1) [man, frz. mã], Stadt im bergigen W der Rep. Elfenbeinküste, 59 000 Ew.; kath. Bischofssitz; Handel mit Kaffee, Kakao, Bananen, Kolanüssen;

Fremdenverkehr, Flughafen. Südwestlich von M. am Mont Klahoyo Eisenerzlager (bisher nicht abgebaut).

2) [mæn], **Isle of M.** [ˈaɪl əv -], Insel in der Irischen See, untersteht direkt der brit. Krone, 572 km², (1996) 71 700 Ew.; Hauptstadt ist Douglas (23 500 Ew.), andere Städte sind Peel, Ramsey und Castletown. Die Bewohner der Insel heißen Manx, die Sprache →Manx 2) ist praktisch ausgestorben. Das Berg- und Hügelland in der Mitte (Snaefell 620 m ü. M.) und im SW der Insel ist von Tiefland umgeben. Die paläozoischen Gesteine sind größtenteils von eiszeitl. (pleistozänen) Ablagerungen überdeckt. M. besitzt ein mildes, ozeanisch bestimmtes, sehr nebelreiches Klima (mittlere Temperatur im Januar + 5°C, im Juli 15°C). Hauptwirtschaftszweige sind Fremdenverkehr, Rinder- und Schafhaltung. Durch die günstige Steuerpolitik der Inselverwaltung haben sich zahlr. Finanzdienstleistungsunternehmen angesiedelt, die mehr als ein Viertel der Haushaltseinnahmen erbringen und zahlr. hochwertige Arbeitsplätze geschaffen haben. Seit 1907 wird jährlich die Tourist Trophy, ein internat. Motorradrennen, ausgetragen. Fährverbindungen bestehen nach Stranaer (Schottland), Belfast (N-Irland), Heysham, Liverpool und Fleetwood (England), daneben Flugverbindungen mit zahlr. Städten Großbritanniens. Eine einspurige Schmalspurbahn verbindet seit 1873 die Inselstädte Douglas, Castletown und Erin.

Verfassung: Die Isle of M. ist – ähnlich den Kanalinseln – kein konstitutiver Bestandteil des Vereinigten Königreiches, sondern steht als ›Crown Dependency‹ in direkter Abhängigkeit von der brit. Krone. M. verfügt über eine gesetzgebende Versammlung (Tynwald), bestehend aus dem Legislative Council und dem House of Keys, deren Beschlüsse der formalen Sanktion durch eine königl. ›Order in Council‹ bedürfen, sowie ein eigenes Verwaltungssystem mit dem Executive Council an der Spitze. Durch den Isle of M. Act von 1958 erlangte die Insel in einigen Bereichen Finanzautonomie; Landesverteidigung und auswärtige Vertretung obliegen der brit. Regierung.

Geschichte: Die Insel ist reich an jungsteinzeitl. Denkmälern, aus der Zeit von etwa 2000 bis 1500 v. Chr. In der Antike **Mona** oder **Monapia** und im MA. **Eubonia** gen., wurde sie im 5./6. Jh. von irischen Mönchen christianisiert. Die seit etwa 800 von Normannen besetzte Insel bildete im 12./13. Jh. ein selbstständiges Königreich, das 1266 in schott., seit 1405 in engl. Abhängigkeit geriet. 1765 verkauften die Herzöge von Atholl ihre Souveränitätsrechte an die brit. Krone, in deren Besitz die Insel 1828 überging.

Man, 1) [mæn], Felix H., eigtl. **Hans F. Sigismund Baumann,** brit. Fotojournalist dt. Herkunft, * Freiburg im Breisgau 30. 11. 1893, † London 30. 1. 1985; einer der Pioniere des Fotojournalismus; emigrierte 1934 nach England, wo er die Zeitschrift ›Weekly Illustrated‹ mitbegründete. Ab 1935 war er für den ›Daily Mirror‹, 1938–50 für die ›Picture Post‹ tätig.

2) [man], Hendrik de, belg. Politiker und Sozialpsychologe, * Antwerpen 17. 11. 1885, † Murten (Schweiz) 20. 6. 1953; in der Arbeiterbewegung aktiv, Mitgl. des Parti Ouvrier Belge (POB); lehrte nach dem Ersten Weltkrieg an der Akademie der Arbeit in Frankfurt am Main, 1929–33 an der Frankfurter Univ. 1933–41 war er Prof. in Brüssel. Aufgrund seiner sozialpsycholog. Studien löste sich M. vom Marxismus und betrachtete die konkreten Bedürfnisse der Arbeiter als Antriebskraft der Arbeiterbewegung. Unter seiner Leitung entstand der 1934 veröffentlichte ›Plan der Arbeit‹, der den Fortbestand des privatwirtschaftl. Sektors mit der Verstaatlichung des Kreditwesens und der Basisindustrien verband; dieses Programm zielte v. a. auf Arbeitsbeschaffung, Förderung des Mittelstandes und Einflussnahme des Staates auf die in den Händen der Großbanken liegende Finanzpolitik ab.

1935–36 war er Arbeits-, 1936–40 Finanz-Min., 1939–40 auch Vors. des POB. Nachdem im Zweiten Weltkrieg seine Bemühungen gescheitert waren, mit der dt. Besatzungsmacht zusammenzuarbeiten, ging er in die Schweiz ins Exil. 1946 verurteilte ihn (in Abwesenheit) ein Gericht wegen ›Förderung der Absichten des Feindes‹ zu 20 Jahren Haft.

Werke: Die sozialist. Idee (1933); Le plan du travail (1934); Vermassung u. Kulturverfall (1951). – Gegen den Strom (1953, Memoiren).

3) [man], Herman de, eigtl. **Salomon H. Hamburger,** seit 1943 **Salomon H. de M.,** niederländ. Schriftsteller, * Woerden 11. 7. 1898, † (Flugzeugunglück) Schiphol 14. 11. 1946; befasste sich in seinen realist. Romanen mit den religiösen Problemen der kalvinist. Bauern in Südholland. Sehr erfolgreich war der Heimatroman ›Het wassende water‹ (1925; dt. ›Die steigende Flut‹). In ›Maria en haar timmerman‹ (1932) kommt seine Konversion zum Katholizismus zum Ausdruck.

MAN [Abk. für engl. **m**etropolitan **a**rea **n**etwork], *Datenverarbeitung:* ein →Rechnernetz, das sich über ein Stadtgebiet erstreckt.

Mana [melanes. ›das außerordentlich Wirkungsvolle‹] *das, -,* urspr. polynes. Wort für eine dem mag. Denken zahlreicher früher Kulturen vertraute übernatürl. Kraft, die in Naturerscheinungen, Dingen (→Fetisch), in Tieren, aber auch im Menschen wirksam sein kann; sie wird als numinose Macht erfahren, die zum Guten oder Bösen wirken kann. Ihr Besitz bzw. ihre Kontrolle wird als größter Vorteil angesehen und gilt teilweise als übertragbar (z. B. im Kannibalismus, ›Segen‹ u. a.). Der Besitz von M. wird v. a. dem Häuptling, Medizinmann, König zugeschrieben, ist aber auch bei anderen Menschen unter bestimmten Zuständen, z. B. bei der Jagd, oder bei einer besonderen Begabung vorhanden. M.- und Tabuvorstellungen, d. h. die ehrfurchtsvolle Scheu vor ›mächtigen‹ Dingen, regulieren frühe Formen gesellschaftl. Lebens (z. B. sind die Frauen ›tabu‹, die am ›M.‹ ihres Mannes oder ihrer Eltern partizipieren). Das M. heißt bei den Algonkin →Manitu, bei den Batak (Sumatra) ›toudi‹, bei den Bambuti (Kongo) ›megbe‹, bei den Yao (Ostafrika) ›mulungu‹. In der Religionswissenschaft wurde lange Zeit der Ursprung der Religion aus dem numinosen Machterlebnis abgeleitet.

Manabí, Küstenprovinz in →Ecuador. – In M. wurden Reste einer vorkolumb. Megalithkultur gefunden (→Manteñokultur).

Manacor, Stadt im O von Mallorca, 24 200 Ew.; archäolog. Museum; Nahrungsmittelindustrie, Töpfereien, Herstellung von Schmuck, v. a. aus künstl. Perlen (›perlas majorica‹); Tourismus (Seebäder Portocristo, Cala Moreia). – Dominikanerkonvent (16. Jh.).

Mänaden [griech. ›die Rasenden‹], **Bacchantinnen,** *griech. Mythos:* die ekstat. Frauen im Gefolge des →Dionysos, ihr orgiast. Treiben wird von EURIPIDES in der Tragödie ›Die Bakchen‹ gestaltet. M. werden auf zahlreichen meist rotfigurigen griech. Vasen tanzend dargestellt, einzeln oder in Gruppen, im Dionysosgefolge, Wein aus Kratern schöpfend, von Satyrn bedrängt usw. Sie sind in lange, weite Gewänder gekleidet, über denen sie ein Panther- oder Rehfell tragen können, das Haar ist mit Efeu oder einer Schlange bekränzt, in den Händen halten sie z. B. einen Thyrsosstab, ein junges Tier (für das Opfer bestimmt) oder Musikinstrumente (v. a. Tympanon und Krotalon). Auch Skulpturenfragmente sind überliefert (antike Kopie einer M. von SKOPAS; etrusk. Kopf; einige Reliefs) sowie pompejan. Wandmalereien. Seit der Renaissance werden einzelne Motive aufgegriffen, z. B. der Tod des Orpheus durch die M. (A. DÜRER, G. MOREAU). (BILD S. 134). Weiteres BILD →Eretriamaler.

Manado, Menado, Stadt auf der nordöstl. Halbinsel von Celebes, Indonesien, 275 400 Ew.; Verw.-Sitz

Man 2)

Wappen

Flagge

GBM
Internationales Kfz-Kennzeichen

MAN AG — Management

Mänaden: Darstellung einer Mänade auf dem Innenbild einer attischen Trinkschale des Brygosmalers (München, Staatliche Antikensammlungen)

der Prov. Sulawesi Utara; kath. Bischofssitz; Univ., Zweig der islam. Univ. von Yogyakarta; Zentrum des Agrar- und Holzwirtschaftsgebietes von Minahassa; Hafen (Ausfuhr von Kaffee, Holz, Zucker, Muskatnuss), Flugplatz.

MAN AG [MAN Abk. von Maschinenfabrik Augsburg-Nürnberg], konzernleitende Obergesellschaft des MAN Konzerns (Nutzfahrzeug-, Maschinen- und Anlagenbau, Handel), entstanden 1986 durch Verschmelzung der M.A.N. Maschinenfabrik Augsburg-Nürnberg AG, Augsburg, auf die Gutehoffnungshütte Aktienverein AG (GHH), Oberhausen, die ihren Namen bei gleichzeitiger Sitzverlegung nach München in MAN AG änderte. Die 1873 als AG gegründete GHH geht zurück bis auf die 1758 in Betrieb genommene Hütte St. Antony in Oberhausen-Osterfeld, das erste schwerindustrielle Unternehmen im Ruhrgebiet. Ursprung der alten M.A.N. ist die 1840 gegründete Sander'sche Maschinen-Fabrik in Augsburg. Den Kernbereich des Konzerns bilden folgende Unternehmen (einschließlich in- und ausländ. Beteiligungsgesellschaften): MAN Nutzfahrzeuge AG, München (Lkw, Busse, Motoren); Ferrostaal AG, Essen (Stahl- und Maschinenhandel, Industrieprojekte); MAN Roland Druckmaschinen AG, Offenbach (Bogen- und Rollenoffset-Druckmaschinen); MAN Gutehoffnungshütte AG, Oberhausen (Industrietechnik, Maschinen, Kompressoren); MAN B&W Diesel AG, Augsburg (Dieselmotoren für Schiffe und Kraftwerke); MAN Technologie AG, Augsburg (Raumfahrtkomponenten); RENK AG, Augsburg (Antriebstechnik); Deggendorfer Werft und Eisenbau GmbH, Deggendorf (Schiff- und Anlagenbau). Wesentliche in- und ausländ. Beteiligungsgesellschaften: SMS AG, Düsseldorf, Schwäb. Hüttenwerke GmbH, Aalen-Wasseralfingen, ÖAF-Gräf & Stift AG (Österreich), Steyr Nutzfahrzeuge AG (Österreich), MAN Roland Inc. (USA), S.E.M.T. Pielstick (Frankreich). Großaktionär ist der Allianz-Konzern (indirekt); Konzernumsatz (1996/97): 22,7 Mrd. DM, Beschäftigte: rd. 62 600.

Schlüsselbegriff

Management ['mænɪdʒmənt; engl., zu to manage ›handhaben‹, ›leiten‹, von ital. maneggiare ›handhaben‹, zu mano, lat. manus ›Hand‹] *das, -s,* Bez. einerseits für die Führung von Institutionen jedweder Art, andererseits für die Gesamtheit der Personen, die diese Funktion ausüben. Insofern ist M. ein Phänomen, das viele gesellschaftl. Bereiche, Probleme und Entwicklungen berührt, obwohl es im ökonom. Bereich verwurzelt ist und durch die Beschäftigung der Betriebswirtschaftslehre mit Problemen der Unternehmensführung die weiteste Verbreitung gefunden hat. Die internat. M.-Forschung hat der Vielschichtigkeit des M. insofern Rechnung getragen, als sie die enge ökonom. Betrachtung überwunden hat. Die M.-Wissenschaft wird nunmehr durch die Einbeziehung von Soziologie, Rechtswiss., Mathematik, Informatik, Kommunikationswiss. sowie Philosophie (Unternehmensethik), Biologie und Ökologie interdisziplinär betrieben. Zwei Auffassungen von M., das handlungs- und das personenorientierte Konzept, stehen in der wiss. Diskussion im Vordergrund, während der handhabungsorientierte M.-Begriff verstärkt im Bereich der Praxis (Innovations-M., Qualitäts-M., Umwelt-M.) und der Umgangssprache (Zeit-M.) Verwendung findet und stark technikorientiert ist.

Das handlungsorientierte Managementkonzept

In diesem Konzept wird M. als Gesamtheit aller Handlungen aufgefasst, die auf die bestmögl. Erreichung der Ziele einer Institution und der an ihr beteiligten Interessengruppen gerichtet sind. Dabei geht es auch darum, die internen Strukturen und Prozesse zu gestalten und mit der Umwelt der Institution abzustimmen (Koordination). Der klassischen betriebswirtschaftl. Funktionendifferenzierung folgend können diese Handlungen inhaltlich als Grundsatz- und Zielbildung, Planung, Organisation und Kontrolle beschrieben werden. Formal stellen sie Prozesse der Entscheidungsfindung und -durchsetzung und somit Informationsverarbeitungsprozesse dar.

Durch die Formulierung von Grundsätzen verfügt eine Institution über eine Basis von fundamentalen Werten und Zwecken, die ihren Mitgl., aber auch externen Interessenten als Leitlinie des Verhaltens in oder gegenüber der Institution dienen (Organisationskultur). Sie stellen Rahmenbedingungen für die Fixierung von Zielen dar, welche als Standards der Handlungen und der Leistungsbemessung der Institution und ihrer Mitgl. fungieren (Unternehmenspolitik). Die Umsetzung der häufig in Systemen oder Hierarchien geordneten Ziele in konkrete Handlungsprogramme erfolgt über die Planung, die langfristig (fünf Jahre), mittelfristig (zwei bis drei Jahre) oder kurzfristig (ein Jahr) ausgelegt sein kann. Den Ordnungsrahmen für die von den Mitgl. einer Institution zum Zweck der Zielerreichung und Planerfüllung eingesetzten Handlungen bildet die Organisation. Diese strukturiert die Verhaltenserwartungen (Rollenstruktur), die Aufgabenerfüllung (Aufgabenstruktur), die Macht- und Einflussbeziehungen (hierarch. Struktur) sowie die Informationsbeziehungen (Kommunikationsstruktur). Die Überprüfung des Erfüllungsgrades der Ziele und Pläne und ggf. deren Anpassung geschieht durch Kontrolle und Steuerung über Abweichungsanalysen und andere Instrumente des Controllings. Das strateg. M. ist eine Führungsphilosophie, welche anstrebt, die langfristige Entwicklung einer Institution über strateg. Ziele, Pläne und Kontrolle (Risiko-M., Krisen-M.) auf der Basis der Idee der Fortschrittsfähigkeit zu steuern.

Das personenorientierte Managementkonzept

Hier wird M. als die Gruppe von Personen (Manager, Geschäftsführung) aufgefasst, die Träger der M.-Handlungen sind und die durch Gesetz, Satzung oder Auftrag mit den Rechten, Pflichten und der Verantwortung zur Erfüllung der Handlungen ausgestattet sind. Allgemein umfasst das M. diejenigen Führungskräfte, die Weisungsbefugnis gegenüber anderen Personen haben. An der hierarch. Einstufung gemessen hat sich die Unterscheidung in oberstes bzw. oberes M. **(Top-M.),** mittleres M. **(Middle M.)** und unteres M. **(Lower M.)** eingebürgert. Bei Großunternehmen wird das Top-M. üblicherweise durch die Unternehmensleitung (Vorstand einer AG oder Geschäftsführung einer GmbH) und die Direktorenebene gebildet, das Middle M. durch die Hauptabteilungs- und Abteilungsleiterebene und das Lower M. durch die Gruppenleiter- sowie die Meisterebene. Nach Betriebsverfassungs-Ges. werden in Dtl. die →leitenden Angestellten anhand bestimmter Merkmale abgegrenzt; sie sind der Gruppe des oberen und mittleren M. zuzurechnen. Die Mitgl. der Unternehmensleitung, welche als die ›Manager‹ im ursprüngl. Sinn gelten, handeln im Auftrag und Interesse der Eigentümer, verfolgen aber auch eigene Interessen. Diese Trennung von Eigentum und Leitung als Verfügungsgewalt über die Produktionsfaktoren ist durch zunehmende Unternehmensgröße und Komplexität der unternehmer. Leistungserstellung und -verwertung erforderlich geworden. Die Delegation der Unternehmerfunktion des Eigentümers an ein professionalisiertes M. bedingt aber angesichts abweichender Interessen auch Kontrolle. Welche Interessen das M.-Handeln bestimmen und welche institutionellen Vorkehrungen dieses kontrollieren, normiert die Unternehmens-Verf. Die in den meisten westl. Industrienationen vorherrschende interessenmonist. kapitalorientierte Unternehmens-Verf. ist in der dt. Gesetzgebung zu einem interessendualist. Modell erweitert worden, in welchem über die Arbeitnehmervertretung im Aufsichtsrat von Kapitalgesellschaften eine zweite Kontrollebene neben der Kontrolle durch die Kapitaleignervertreter eingerichtet wurde. Die Kontrolle durch die Hauptversammlung kommt jedoch angesichts der Konzentration von Kapitalanteilen bei einzelnen Kapitaleignern und/oder der breiten Streuung des Kapitals sowie mangelnder Kompetenz der Kleinaktionäre heute immer weniger zur Wirkung, sodass faktisch von einer Managerherrschaft auszugehen ist. Dies birgt die Gefahr der Entkopplung von erwerbswirtschaftl. Motivation und unternehmer. Handeln, wodurch das Prinzip der Einheit von Risiko, Kontrolle und Gewinn als Legitimationsbasis der kapitalist. Unternehmens-Verf. fraglich wird. Die umgekehrte Entwicklung vom Manager zum Unternehmer findet ihre stärkste Ausprägung beim →Management-Buy-out.

Die erhebl. Machtkonzentration beim M. von Großunternehmen auf der einen und die insbesondere seit den 1970er-Jahren aufgekommene Gesellschaftskritik am M. auf der anderen Seite haben zu öffentl. Bekundungen der Selbstbeschränkung vonseiten des M. geführt (›Davoser Manifest‹). Darin wird die dienende Funktion des M. gegenüber Kunden, Mitarbeitern, Geldgebern und Gesellschaft hervorgehoben und erklärt, dass der Gewinn kein Endziel sei, sondern lediglich ein notwendiges Mittel zur langfristigen Existenzsicherung (→Wirtschaftsethik). Derartige unverbindl. Deklarationen werden auf zwischenstaatl. Ebene durch im Einzelnen näher bezeichnete Verhaltenskodizes für das M. multinationaler Unternehmen ergänzt.

Die Aufgaben des Managers

Um sein Handeln erfolgreich zu gestalten, benötigt der Manager spezielle Fähigkeiten techn. und konzeptioneller Art, die ihm nicht angeboren sein müssen (M. durch Charisma), sondern die durch spezielle Aus- und Weiterbildung erlernbar sind. Besonders gefragt ist heute, neben analyt. Kommunikations- und Kooperationsfähigkeiten, Fertigkeiten im Instrumenteneinsatz sowie der Fähigkeit, ganzheitl. und übergeordnete Zusammenhänge zu begreifen und wechselseitige Abhängigkeitsbeziehungen zw. ökonom., polit. und gesellschaftl. Phänomenen wahrzunehmen, die Fähigkeit, Menschen zu führen (›management of human resources‹, Personalführung) und interkulturelle Sensitivität zu entwickeln. Letzteres gewinnt wegen zunehmender Internationalisierung immer stärker an Bedeutung. Neuere Erkenntnisse der M.-Forschung verweisen darauf, dass künftig neben den ›harten‹ vermehrt auch ›sanfte‹ Fähigkeiten (›soft skills‹, symbol. M., wertorientiertes M.) den Erfolg eines M. beeinflussen. Diese ›Feminisierung‹ des M. führt jedoch nicht zwangsläufig zu einem höheren Anteil der Frauen im M. (→Frauenarbeit). Die hohen berufl. Anforderungen an den Manager sowie die dafür erforderl. Kenntnisse, Fähigkeiten und Fertigkeiten begründen das heute vorherrschende Bild vom M. als wirtschaftl., polit. und gesellschaftl. →Elite. Das hohe Ausbildungsniveau sowie die angesichts des raschen Wandels der relevanten Wissensbereiche erforderliche Weiterbildung gewährleisten neben der Hochschulausbildung Aufbaustudiengänge, die mit dem ›Master of Business Administration‹ (MBA) abschließen. Die Erlangung des MBA-Diploms ist wegen des dt. Gesetzes zur Führung akadem. Grade nur im Ausland möglich. Bekannte Ausbildungseinrichtungen mit MBA-Abschluss sind neben den führenden nordamerikan. Business-Schools (Harvard, Stanford, Berkeley, Massachusetts Institute of Technology) in Europa v. a. die Rotterdam School of M. (RSM), das Institut Européen d'Administration des Affaires (INSEAD, Fontainebleau), die London Business School (LBS), das International M. Institute (IMI, Genf), das International M. Development Institute (IMEDE, Lausanne), das Instituto des Estudios Superiores de la Empresa (IESE, Barcelona).

Das handhabungsorientierte Managementkonzept

Dem M. stehen in der Praxis eine Vielzahl M.-Techniken quantitativer und qualitativer Art zur Verfügung, die größtenteils von Unternehmensberatungen entwickelt wurden. Bei Ersteren haben sich v. a. Prognose-, Planungs- und Entscheidungstechniken durchgesetzt. An qualitativen Techniken sind die unterschiedlichsten so genannten M.-by-Konzepte vorgeschlagen worden, unter denen das **M. by Objectives (MbO)** in der Praxis die größte Bedeutung erlangt hat. Hierbei handelt es sich um ein umfassendes Zielführungskonzept, bei dem das M. Ziele vorgibt bzw. gemeinsam mit den Mitarbeitern festlegt, wobei alle Entscheidungen, die zur Erreichung des Ziels beitragen, in der Verantwortlichkeit des jeweiligen Mitarbeiters liegen. Die Arbeitsergebnisse werden regelmäßig einem Soll-Ist-Vergleich durch den Vorgesetzten unterzogen, ansonsten wird dieser nur bei unvorhergesehenen, vom Mitarbeiter nicht selbstständig zu bewältigenden Problemen eingeschaltet. MbO setzt ein kooperatives Führungsverhalten der Vorgesetzten sowie ausreichende Kompetenz und Motivation der Mitarbeiter voraus. Weitere, weniger spezif. M.-by-Ansätze, die als Teilkonzepte des MbO aufgefasst werden können, sind: **M. by Delegation (MbD)**, bei dem Kompetenzen, Entscheidungsbefugnisse und Ergebnisverantwortung im beschränkten Umfang auf Mitarbeiter übertragen werden (→Harzburger Modell); **M. by Exception (MbE)**, bei dem Vorgesetzte nur im Fall außergewöhnl. Abweichungen von vereinbarten Plänen und Vorgaben eingeschaltet werden; **M. by Participation (MbP)**, bei dem die Mitarbeiter aus Gründen der Leistungsmotivation an den sie betreffenden Entscheidungen beteiligt werden; sowie **M. by Systems (MbS)**, bei dem ressortspezif. Einzeltätigkeiten durch Systemsteuerung zu strukturierten Ganzheiten verbunden werden (→Kybernetik).

Neben diesen Standardisierungstechniken kann das M. auf Innovationstechniken wie die Delphi-Technik, die Szenariotechnik, die Analogiebildung (Synektik) und das Brainstorming zurückgreifen. Mischformen aus quantitativen und qualitativen Elementen beinhalten v. a. Techniken, die im strateg. M. und im M. des operativen Bereichs entwickelt worden sind. Häufig angewendet werden bei strateg. Analysen Varianten der Portfolio-Matrix-Technik zur Entwicklung von Produkt- sowie Marktstrategien für strateg. Geschäftseinheiten, Techniken zur Senkung der →Gemeinkosten (Zero-Base-Budgeting, Gemeinkostenwertanalyse) sowie Qualitätssteigerungstechniken. In den 1990er-Jahren sind zahlr. neuartige Führungskonzepte entwickelt worden, die das M. sowohl in seiner handlungsorientierten, seiner personenorientierten als auch in seiner handhabungsorientierten Dimension grundlegend verändern dürften. Bes. nachhaltig wirkt sich die sowohl in der Unternehmenspraxis als auch in der Wiss. geführte Diskussion um Formen der Selbstorganisation aus, die auf eine weitgehende Dezentralisation von Entscheidungsbefugnissen und Selbstkontrolle der einzelnen Mitarbeiter zielt. Ein weiterer Entwicklungsschub geht vom →Qualitätsmanagement aus, das u. a. vom jap. Unternehmensführungskonzept →Kaizen befruchtet worden ist. Auch das in den USA entstandene →Reengineering empfiehlt eine unternehmensweite Neuausrichtung der Führungprozesse.

Die Entwicklung der Managementwissenschaft

Die Entwicklung der M.-Wissenschaft lässt sich in vier Phasen unterteilen, die jeweils durch die Dominanz einer zentralen Leitidee gekennzeichnet sind. Ihren Anfang nahm sie zu Beginn des 20. Jh. mit den klass. Arbeiten F. W. TAYLORs, der sich mit der ingenieurmäßig-ökonom. Optimierung industrieller Arbeitsabläufe beschäftigte, M. WEBERs, der die Funktionsweise moderner Großorganisationen in Staat und Wirtschaft untersuchte (→Bürokratie), und H. FAYOLs, der sich dem M. des Verwaltungsbereichs widmete. FAYOLs funktionales M.-Konzept ist grundlegend für eine Vielzahl von Folgearbeiten, die ihren Schwerpunkt auf die Binnenführung des Unternehmens legen; seine Überlegungen sind wesentlich für den Prozessansatz, der auf die Standardfunktionen des M. abstellt. Diese sind in vielerlei Varianten und wohl am umfassendsten in der Formel ›POSDCORB‹ (Abk. für engl. planning, organizing, staffing, directing, coordinating, budgeting) beschrieben worden. In den 1930er-Jahren wurde der klass. Ansatz ergänzt durch die verhaltensorientierte M.-Wissenschaft, die das personale und soziale Element der Unternehmensführung in den Mittelpunkt rückt (Human-Relations-Bewegung) und stark durch sozial- und organisationspsycholog. Erkenntnisse geprägt ist. Im Vordergrund steht das Bemühen um die Erarbeitung von Führungsmodellen, die durch stärkere Berücksichtigung der Interessen der am Arbeitsprozess beteiligten Individuen zu einer Steigerung der Arbeitsleistung führen. Hieraus wurden Empfehlungen zum →Führungsstil und zu einer menschengerechteren Gestaltung des Arbeitsprozesses (Humanisierung der Arbeit) abgeleitet. Auch ist die Betrachtung der klass. M.-Funktionen auf eine empir. Rollenbetrachtung ausgeweitet worden, welche die Interaktions-, Kommunikations- und Entscheidungsrolle als realtyp. M.-Handlungsmuster unterscheidet. Die Quellen des in den 1950er-Jahren aufgekommenen quantitativen Ansatzes sind in den Methoden des Operationsresearch und der M.-Wissenschaft verankert. Über die Entwicklung von mathemat. Modellen wird die Lösung von Entscheidungsproblemen angestrebt (Decision Theory School) oder das M.-Handeln als System mathemat. Gleichungen modelliert (Mathematical School). Die Vorzüge des quantitativen Ansatzes liegen in seiner Strukturierungs- und Ordnungsleistung in Bezug auf die Entscheidungssituation, wobei jedoch der Einsatz mathemat. Methoden in der Praxis wegen der nicht hinreichend modellierbaren Komplexität realer Planungsprobleme häufig an seine Grenzen stößt. Seit Anfang der 1980er-Jahre wird eine Reökonomisierung der M.-Wissenschaft mit informationsökonom. Ansatz sichtbar, der den Einfluss rechtl. und anderer institutioneller Regelungen wirtschaftl. Handelns aus den Kosten für das Aushandeln und Überwachen vertragl. Arrangements zu erklären versucht. Drei z. T. miteinander verflochtene Kernvarianten sind zu unterscheiden: der Verfügungsrechtsansatz, der die Ausgestaltung von Verfügungsrechten und ihren Einfluss auf die Verteilung und Nutzung wirtschaftl. Güter in den Mittelpunkt rückt; der Transaktionskostenansatz, der die Kosten für die Anbahnung, Formulierung, Durchsetzung und Kontrolle vertragl. Regelungen als Kriterium zur Beurteilung der Vorteilhaftigkeit von Kontrakten nutzt; und der Principal-Agent-Ansatz, der die ökonom. Kontrolle des M. (Agent) durch den Auftraggeber (Principal) unter Berücksichtigung der Kosten für die Beschaffung der Informationen problematisiert. Allen drei Ansätzen wird jedoch ein zu hoher Abstraktionsgrad vorgeworfen, der eine empir. Bestätigung aufgrund der damit zusammenhängenden Operationalisierungsprobleme kaum möglich macht. Parallel zur informationsökonom. Betrachtungsweise hat sich in der modernen M.-Wissenschaft ein systemtheoret. Ansatz etabliert, der Unternehmen als offene soziotechn. Systeme versteht, die über materielle, soziale und kulturelle Wechselbeziehungen mit ihrer Umwelt in Interaktion stehen. Das M. stellt hier ein Subsystem des Unternehmens dar, dem die Koordination innerhalb des Systems sowie zw. System und Umwelt obliegt. Die Umsetzung dieser Betrachtungsweise hat sich v. a. in der Kybernetik und der Systemanalyse niedergeschlagen. Während die Kybernetik das Verhalten in Unternehmen als Regelkreisphänomen erklärt, untersucht die Systemanalyse Führungstatbestände in Form einer Handlungsfolge bestehend aus Istanalyse, Formulierung eines Sollkonzepts und dessen Implementierung.

Eine neuere, an die Systemtheorie anschließende Entwicklung ist der evolutionstheoret. Ansatz, der auf eine Parallelität zw. biolog. und sozialen Systemstrukturen verweist. Hier werden Unternehmen als sich selbst steuernde und organisierende Systeme aufgefasst, wobei die Aufgabe des M. primär darin besteht, möglichst günstige Rahmenbedingungen für diesen Evolutionsprozess zu schaffen. Den für die Ableitung prakt. Empfehlungen i. d. R. zu hohen Allgemeinheitsgrad dieser Betrachtungsweise relativiert der Situationsansatz. Er geht davon aus, dass die Vielgestaltigkeit interner und externer Unternehmensbeziehungen es nicht gestattet, die Unternehmenführung auf universelle Prinzipien zu gründen. Vielmehr wird das M. als Kerngruppe einer Institution begriffen, deren Entscheidungen und Handlungen durch Interpretation von Umweltinformationen zustande kommen. Informationszugang und Analysierbarkeit der Umwelt bestimmen über Informationssuche, Informationsverarbeitung und Lernen letztlich das erfolgreiche Handeln des M. als hoch entwickeltes menschl. System.

⇨ *Controlling · Innovation · Lobbyismus · Macht · Motivation · multinationale Unternehmen · Organisation · Planung · Unternehmensführung*

H. ULRICH: Unternehmenspolitik (Bern ³1990); W. HILL u. a.: Organisationslehre, 2 Bde. (Bern ⁴⁻⁵1992–94); H. H. HINTERHUBER: Strateg. Unternehmensführung, 2 Bde. (⁵⁻⁶1992–96); J. SYDOW: Strateg. Netzwerke. Evolution u. Organisation (1992, Nachdr. 1994); G. GERKEN: M. by love. Mehr Erfolg durch Menschlichkeit (Neuausg. 1993); H. STEINMANN u. G. SCHREYÖGG: M. Grundlagen der Unternehmensführung (³1993); H. WITTLAGE: Unternehmensorganisation (⁵1993); E. BRAUCHLIN u. H.-P. WEHRLI: Strateg. M. (²1994); Neue Entwicklungen im M., hg. v. M. HOFMANN u. A. AL-ANI (1994); Betriebswirtschaftslehre als M.- u. Führungslehre, hg. v. R. WUNDERER (³1995); R. M. HAMMER: Unternehmensplanung (⁶1995); K. MACHARZINA: Unternehmensführung (²1995); Organisationstheorien, hg. v. A. KIESER (²1995); Kostenorientiertes Geschäftsprozeß-M., hg. v. C. BERKAU u. P. HIRSCHMANN (1996); Neue Organisationsformen im Unternehmen. Ein Hb. für das moderne M., hg. v. H.-J. BULLINGER u. H.-J. WARNECKE (1996); Hb. der Nonprofit-Organisationen. Strukturen u. M., hg. v. C. BADELT (1997).

Management-Buy-out [ˈmænɪdʒmənt baɪˈaʊt, engl.] *das, - -(s)*, Abk. **MBO**, Übernahme eines Unternehmens durch in ihm tätige (angestellte) Führungskräfte, die damit an die Stelle der bisherigen Eigentümer und/oder Gesellschafter treten. Erfolgt der Unternehmenserwerb durch externe Manager, spricht man von einem **Management-Buy-in (MBI)**; wird die Belegschaft in die Unternehmensübernahme einbezogen (z. B. durch den Erwerb von Gesellschaftsanteilen), von einem **Belegschafts-Buy-out**. Formal kann das MBO durch Erwerb der Mehrheit der Geschäftsanteile (›Share-Deal‹), durch Erwerb der wesentl. Vermögensobjekte (›Asset-Deal‹) oder durch eine Kombination beider Varianten (›Roll over‹) erfolgen. Wird die Transaktion vorwiegend durch Fremdkapital finanziert, wird sie auch als →Leveraged Buy-out bezeichnet. Mitunter erstreckt sich der Erwerb nicht auf das gesamte Unternehmen, sondern lediglich auf einen Teilbetrieb (›Spin-off‹), was strategisch z. B. in einer Unternehmensbereinigung oder in der Rettung überlebensfähiger Betriebsteile im Rahmen eines Konkursverfahrens begründet sein kann.

Insgesamt sind diese Aktivitäten dem →Mergers & Acquisitions-Geschäft zuzuordnen, das sowohl international als auch in Dtl. seit der 2. Hälfte der 80er-Jahre beachtl. Zuwachsraten zu verzeichnen hatte. Dabei standen im früheren Bundesgebiet die Regelung der Unternehmens- bzw. Unternehmernachfolge und in den neuen Bundesländern ab Anfang der 90er-Jahre die Privatisierung ehem. volkseigener Betriebe im Vordergrund.

Management by Objectives [ˈmænɪdʒmənt baɪ ɔbˈdʒɛktɪvs; engl.] *das, - - -(s)*, Abk. **MbO**, qualitatives Personalführungskonzept (→Management).

Managementinformationssystem [ˈmænɪdʒmənt-], Abk. **MIS**, automatisiertes System, das Manager bei schlecht strukturierten Entscheidungsproblemen strateg. Art und bei operativen Routineentscheidungen durch intern und extern aufbereitete Informationen unterstützt. Ein solches Informationssystem gestattet einen selektiven Zugriff auf bestehende Datenbanken, ferner erstellt es automat. Berichte, bietet kommunikationsunterstützende Funktionen (wie elektron. Post), beinhaltet Dokumentationsmöglichkeiten und Darstellungs- und Präsentationstechniken.

Manager [ˈmænɪdʒə, engl.] *der, -s/-*, **1)** *allg.*: mit weitgehender Verfügungs- und Entscheidungsbefugnis ausgestattete Führungskraft in einem (Groß-)Unternehmen (→Management); auch Bez. für den geschäftl. Betreuer von Berufssportlern und Künstlern.

2) *Recht*: **City Manager** [ˈsɪtɪ -], im amerikan. Local Government ein vom Gemeinderat (City Council) gewählter (Berufs-)Beamter als Leiter der Verwaltung.

Managerkrankheit [ˈmænɪdʒə-], Bez. für eine Erkrankung v. a. des Herz-Kreislauf-Systems infolge dauernder körperl. und psych. Überbeanspruchung und dadurch verursachter vegetativer Störungen.

Managua, Hauptstadt von Nicaragua und des Dep. M., am S-Ufer des M.-Sees, 50 m ü. M., (1993) 1,188 Mio. Ew.; kath. Erzbischofssitz; Nationale Univ., Zentralamerikan. Univ. (Sektion Nicaragua), TU, Fachhochschulen, Akademien, Nationalbibliothek, -archiv, -museum. M. ist nicht nur das kulturelle Zentrum des Landes, sondern auch der wichtigste Industriestandort: Erdölraffinerie, Nahrungsmittel-, Textil-, Bekleidungs-, Möbel-, Metall-, chem. Industrie; am Pan American Highway, durch Bahnlinie und Straße mit dem Pazifikhafen Corinto verbunden; internat. Flughafen. – Erdbeben verwüsteten die Stadt immer wieder. Nach dem Beben von 1931 wieder aufgebaut, wurde M. am 23. 12. 1972 erneut zerstört; erhalten blieb die Kathedrale (18./19. Jh.). Danach verlegte man den Stadtkern 6 km weiter nach SW. – Während der span. Kolonialzeit war M. nur eine unbedeutende Siedlung, gewann aber seit den 40er-Jahren des 19. Jh. an Bedeutung. Um die erbitterte Rivalität der Städte Granada und León um die Vorherrschaft zu beenden, wurde M. 1858 Hauptstadt.

G. SANDNER: Die Hauptstädte Zentralamerikas (1969).

Managuasee, span. **Lago de Managua,** indian. **Xolotlán,** See in W-Nicaragua, bis 58 km lang und 26 km breit, rd. 1040 km², bis 20 m tief, Seespiegel 37 m ü. M.; wird durch den Río Tipitapa zum Nicaraguasee entwässert; Fischerei.

Manaismus [zu Mana] *der, -, Religionswissenschaft:* in der Frage nach dem Ursprung und dem Wesen von Religion andere Bez. für die Theorie des Dynamismus oder Präanimismus (→Animismus).

Manama, Al-M., Hauptstadt von Bahrain, →Menama.

Manantali, Staudamm in W-Mali, am Bafing (Quellfluss des Senegal), 1982–89 erbaut, Stausee 500 km², Stauvolumen 11,3 Mrd. m³. M. gehört zum ›Erschließungsprojekt Senegal‹ und dient zunächst der Wasserregulierung, damit der Senegal von Kayes (Mali) bis zur Mündung schiffbar wird (948 km); ein Kraftwerk (60–70 MW) ist in Vorbereitung.

Manão, Oré Manaw, Oré Manhão, früher mächtiges Indianervolk am mittleren Rio Negro, das ausgedehnte Handelsreisen bis nach Kolumbien und Holländisch-Guayana (Surinam) unternahm. Nach dem Aufstand 1727/28 unter dem noch heute in Brasilien populären Anführer AJURICABA wurden die M. von der port. Kolonialmacht in Missionen eingewiesen oder an den Amazonas (Manaus) umgesiedelt, wo sie allmählich in der Bev. der Caboclos aufgingen.

Manaós, früher Name der Stadt →Manaus.

Manapouri, Lake M. [leɪk mænəˈpʊrɪ], See auf der Südinsel Neuseelands, im Fjordland National Park, 179 m ü. M., 142 km², bis 444 m tief; Speicher für das größte Wasserkraftwerk Neuseelands (600 MW).

Manas [Sanskrit ›Geist‹, ›Verstand‹] *das, -, indische Philosophie:* die aus feiner Materie bestehende Denksubstanz.

Manasarowar [altind.], tibet. **Tsomawang,** See in Tibet (China), in der südtibet. Längstalfurche, am S-Fuß des Kailas, 4602 m ü. M., hat unterird. Abfluss nach dem See Rakas-tal. Beide Seen sind den Tibetern und Hindus heilig.

Manas-Epos, dreiteiliges kirgis. Epos, das umfangreichste Werk der turksprachigen Volksdichtung (etwa 1 Mio. Verse). Es beschreibt die Heldentaten der

---

Managua

Hauptstadt von Nicaragua

·

am S-Ufer des Managuasees

·

50 m ü. M.

·

1,188 Mio. Ew.

·

kulturelles Zentrum des Landes mit mehreren Universitäten

·

wichtigster Industriestandort des Landes

·

internat. Flughafen

·

Kathedrale 18./19. Jh.

legendären kirgis. Stammesführer Manas (1. Teil), Semetey (Sohn des Manas, 2. Teil) und Seytek (Sohn des Semetey, 3. Teil). – Die erste schriftl. Teilaufzeichnung datiert aus dem 19. Jh. Vorgetragen wird das Werk bis in die Gegenwart von eigens dafür ausgebildeten Volkssängern wie SAJAQBAI QARALAJEW (* 1894, † 1971), der 500 000 Verse beherrschte und dessen Variante (seit 1931 aufgezeichnet) den Textausgaben der kirgis. Akademie zugrunde liegt.

Ausgabe: M.-E., hg. v. S. LIPKIN u. a. (1960); Manas der Hochherzige, bearb. v. DEMS., übers. v. L. HORNUNG u. a. (1974).

Manaslu *der,* Berg im Himalaja, im nördl. Zentralnepal, 8163 m ü. M.; 1956 erstmals bestiegen (→Bergsteigen, ÜBERSICHT).

Manasse, König von Juda, →Menasse.

Manasse Ben Israel, jüd. Schriftsteller, Rabbiner und Drucker, * auf Madeira 1604, † Middelburg 20. 11. 1657; stammte von Marranen ab, lebte die meiste Zeit in Amsterdam, wo er 1626 die erste hebr. Druckerei gründete. Mit seinen (z. T. span. und port.) Werken über die jüd. Religion und Literatur übte er auf christl. Kreise großen Einfluss aus. Er stand mit REMBRANDT, H. GROTIUS und Königin CHRISTINE von Schweden in Verbindung. Mit seinem Buch ›Miqweh Jiśra'el‹ (1650; Hoffnung Israels), dessen lat. Übersetzung er dem engl. Parlament widmete, und mit ›Vindiciae Judaeorum‹ (1656; Rettung der Juden) setzte er sich für die Rückkehr der seit 1290 aus England vertriebenen Juden ein.

Menasseh ben Israel and his world, hg. v. Y. KAPLAN u. a. (Leiden 1989).

Manas-Wildschutzgebiet, Reservat im Bundesstaat Assam, NO-Indien, südlich von Bhutan am linken Ufer des Manas (Nebenfluss des Brahmaputra), 272 km²; Wälder, im SO-Teil Grasland; zum Tierbestand gehören Ind. Panzernashorn, Ind. Elefant, Axishirsch, Tiger, Lippenbär, Ind. Sambar.

Manat *der, -,* Währungseinheit in Aserbaidschan (→Aserbaidschan-Manat) und Turkmenistan (→Turkmenistan-Manat).

Manatis [karib.-span.], *Sg.* **Manati** *der, -s,* Familie der →Seekühe.

Manaus, Hauptstadt des Bundesstaates Amazonas, Brasilien, am Rio Negro, 18 km oberhalb seiner Mündung in den Amazonas, 1,078 Mio. Ew.; Erzbischofssitz; Univ. (gegr. 1965), wiss. Akademie, nat. Forschungsinstitut für Amazonien; zoolog. und botan. Garten; Opernhaus, Indianermuseum (Museu do Indio), ethnograph. Museum des Nordens (Museu do Homen do Norte). M., in der Zeit des Kautschukbooms (1890–1915) nach schachbrettförmigem Grundriss mit eindrucksvollen öffentl. und privaten Gebäuden ausgebaut, erhielt nach dem Niedergang zw. den Weltkriegen in der modernen brasilian. Regionalplanung als Entwicklungspol für Amazonien wieder einen besonderen Stellenwert. Die Stadt ist weiterhin der wichtigste Umschlagplatz für die Ausfuhr (Kautschuk, Edelhölzer, Jute, Paranüsse u. a.) und Versorgung des nordbrasilian. Binnenlandes, aber auch ein bedeutender Industriestandort (Industriepark), mit Erdölraffinerie, elektron., feinmechan., Metall-, Holz-, chemischer, Textil-, Nahrungsmittelindustrie, Schiffbau. Der Hafen (Freihafen), rd. 1400 km von der Atlantikküste entfernt, kann von Seeschiffen angelaufen werden; er besitzt wegen der Pegelschwankungen (bis 14 m) schwimmende Kais und Docks; internat. Flughafen. – In den Armenvierteln der von zahlr. Nebenarmen (Igarapés) des Amazonas durchzogenen Randbezirke sind viele Gebäude wegen des schwankenden Wasserspiegels auf Pfählen errichtet. – Von dem durch den Kautschukboom erworbenen Reichtum zeugen nur noch wenige Prachtbauten aus der Zeit der Jahrhundertwende. Bemerkenswert v. a. das ›Teatro Amazonas‹ (1896), das im Stil der Pariser Oper erbaut wurde (1988–90 restauriert). Die Kathedrale errichtete man 1875, die Kirche São Sebastião 1859. Der Palácio Rio Negro, früher Residenz eines dt. Kautschukhändlers, ist heute Sitz der Reg. von Amazonas. Das Zollamt, ein engl. Fertigbau, wurde 1902 in M. montiert. Die Herstellung der gusseisernen Konstruktionen der Markthallen erfolgte in Paris bei G. EIFFEL. – Als erste europ. Niederlassung entstand 1669 das von Portugiesen gegründete Fort **São José do Rio Negrinho;** die spätere Missionsstation und Siedlung trug den Namen **Villa da Barra** oder **Barra do Rio Negro.** Die Stadt wurde 1809 Hauptstadt des Generalkapitanats Rio Negro, 1850 der Prov. (des späteren Staates) Amazonas, nun unter dem Namen **Manáos** (nach dem Indianervolk Manao), der seit 1939 in der heutigen Form geschrieben wird.

mancando [ita.], **mancante,** musikal. Vortrags-Bez.: abnehmend, hinschwindend; wie →calando.

Mancha, La M. [la'mantʃa; arab. ›trockenes Hochland‹], Landschaft in Spanien auf der südöstl. Meseta, Neukastilien, zw. Sierra Morena, Sierra de Cuenca, Tajo und Montes de Toledo, umfasst die Prov. Ciudad Real, Albacete sowie große Teile von Toledo und Cuenca. Die M. ist eine flachwellige Hochebene (650–700 m ü. M.) mit extremem mediterranem Kontinentalklima: kalte Winter, heiße Sommer mit Staubnebeln (›Calina‹), 4–5 aride Monate, 320–350 mm Jahresniederschlag im Zentrum, verbreitet Wassermangel; Hauptkornkammer Spaniens und größtes Weinbaugebiet der Iber. Halbinsel (Schwerpunkt im Raum Valdepeñas–Manzanares–Villarobledo), häufig als Oliven-Wein-Mischkulturen; im W auch Mandelbaumkulturen; ferner Schafhaltung (Manchego-Käse), im ehem. Sumpfgebiet um Damiel Anbau von Baumwolle, Reis, Tabak; vielseitiges Gewerbe, u. a. Wein- und Spirituosenzubereitung, Spitzenklöppelei, Töpferei, Keramik (Azulejos), Kleineisengewerbe, Espartoflechterei. Die M. ist dünn besiedelt; die Siedlungen, meist Riesendörfer (10 000–20 000 Ew.), liegen weit auseinander; siedlungsferner Großgrundbesitz. Bergbau (Magnesit, Gips) und Industrie haben geringe Bedeutung.

Manche, 1) La M. [lɑ̃'maʃ], der →Ärmelkanal.
2) Dép. in NW-Frankreich, 5938 km², 486 000 Ew.; gehört zur Region Basse-Normandie; Verw.-Sitz Saint-Lô.

Mancheng [mantʃɛŋ], Ort in der Prov. Hebei, China, etwa 150 km südwestlich von Peking, mit in den Fels gehauenen Grabkammern des Prinzen LIU SHENG († 113 v. Chr.) und seiner Gemahlin DOU WAN († vor 104 v. Chr.), durch Namenssiegel im Grabgut identifiziert. Die Toten waren jeweils in einem aus Jadeplättchen bestehenden Anzug bestattet.

Manchester ['mæntʃɪstə], ein breit gerippter Cordsamt (→Cord).

Manaus
Hauptstadt des Bundesstaates Amazonas, Brasilien
·
am unteren Rio Negro
·
1,078 Mio. Ew.
·
wichtiger Binnenhafen und Industriestandort
·
internat. Flughafen
·
Opernhaus ›Teatro Amazonas‹ (1896)
·
port. Fort (1669) und Missionsstation
·
z. Z. des Kautschukbooms ausgebaut

Manaus: Teatro Amazonas; 1896

Manchester – Manching **Manc**

Manchester ['mæntʃɪstə], 1) größte Stadt und Verw.-Sitz der Metrop. Cty. →Greater Manchester, England, zw. Merseyniederung und Penninischem Gebirge, (1994) 431 000 Ew. (1961: 661 000 Ew.). Die seit 1961 zu verzeichnenden hohen Bev.-Verluste, v. a. im Innenstadtbereich, resultieren aus der Slumsanierung, verbunden mit Umsiedlung und Abwanderung in das Umland. Seit den 80er-Jahren umfangreiche Erneuerungsmaßnahmen im Stadtzentrum, Revitalisierung des alten Kanalsystems. M. ist anglikan. Bischofssitz. An die Univ. (gegr. 1851 als College, seit 1903 Univ.) ist die Manchester Business School angeschlossen. Andere Einrichtungen von Bildung und Kultur in M. sind: Manchester Polytechnic (gegr. 1970, seit 1992 Univ.), Royal Northern College of Music, nat. Computerzentrum; Bibliotheken (u. a. Chatham's Library, gegr. 1653); Kunstgalerien und Museen (u. a. Greater Manchester Museum of Science and Industry, gegr. 1983; City Art Gallery); Sinfonieorchester (Hallé Orchestra), Theater; Rundfunk- und Fernsehstudios. – Nach London ist M. das bedeutendste brit. Finanz- und Handelszentrum. Die Industrialisierung begann in M. sehr früh (Zentrum der Baumwollindustrie). 1898 entstand am →Manchester Ship Canal der erste Industriepark Großbritanniens, der Trafford Park (ca. 12 km²). Nach 1945 waren die dort angesiedelten Betriebe, bes. die des Maschinenbaus mit Rüstungsproduktion, stark vom Niedergang betroffen. Die Zahl der Arbeitskräfte im Trafford Park belief sich 1945 auf 75 000, in den 70er-Jahren auf 50 000, 1987 nur noch auf 24 000. Mithilfe einer staatlich getragenen Entwicklungsgesellschaft (seit 1987) erfolgten zahlr. Neuansiedlungen, sodass die Zahl der Arbeitsplätze 1995 wieder 43 013 erreichte, davon nur noch 34 % im industriellen Sektor. Neben Maschinenbau hat M. elektrotechn. und elektron., chem. und pharmazeut., Textil-, Bekleidungs-, Nahrungs- und Genussmittelindustrie, Druckereien. M. ist Knotenpunkt im brit. Eisenbahn- und Autobahnnetz mit Stadtautobahn; internat. Flughafen.

Stadtbild: Die Kirche Saint Mary wurde 1421 zur Stiftskirche erhoben (seit 1847 Kathedrale), anschließend im Perpendicular Style erneuert und bis Ende des 19. Jh. erweitert; nördlich der Kirche Chetham's Hospital (1422–61, heute Schule). Nach ersten klassizist. Bauten des frühen 19. Jh. wurde die Stadt v. a. von Bauten des viktorian. Stils geprägt, dessen erstes Denkmal das Albert Memorial (1862–67) ist. 1859 errichtete man die Assize Courts, 1868–77 die Town Hall, ab 1869 Owens College (heute Universitätsgebäude) und 1899 John Rylans Library. 1976 bauten L. BERNSTEIN und R. NEGRI das Royal Theatre. Bemerkenswert ist auch das moderne Great M. Exhibition and Event Centre (G-Mex), das im ehem. Gebäude des viktorian. Hauptbahnhofs eingerichtet wurde. In den 80er-Jahren wurden innerstädt. Bereiche saniert, darunter das Projekt Castlefield mit einem Museumskomplex an der Liverpool Road.

Geschichte: M. entstand im MA. in der Nähe eines ehem. röm. Kastells (**Mamucium**, auch als **Mancunium** überliefert), das, obwohl seit Jahrhunderten verlassen, für die Stadt namengebend wurde. Die Entwicklung zur Stadt setzte im 13. Jh. ein; ihr Aufstieg wurde durch fläm. Einwanderer gefördert, die 1330 das Textilgewerbe nach M. brachten, später durch die Einführung der Baumwollindustrie (1789 Aufstellung der ersten Dampfmaschine für die Baumwollspinnerei). 1762 wurde der erste Kanal (zu den Kohlefeldern von Worsley) fertig, 1830 die Eisenbahnlinie nach Liverpool eröffnet. M. erhielt 1838 Stadtrecht, seit 1853 ist es City, seit 1888 Stadtgrafschaft. Der Aufstieg der Stadt seit der industriellen Revolution spiegelt sich in den Einwohnerzahlen: um 1650: etwa 5000; 1760: etwa 17 000; 1801: über 70 000; 1851:

Manchester 1): Town Hall; 1868–77

218 000 und 1901: 544 000. – M., Symbol des brit. Kapitalismus und Wirtschaftsliberalismus, gab um die Mitte des 19. Jh. dem →Manchestertum, seinen Namen.

Rich inheritance. A guide to the history of M., hg. v. N. J. FRANGOPULO (Manchester 1962).

2) Stadt in New Hampshire, USA, 99 500 Ew.; kath. Bischofssitz; größtes Handels- und Industriezentrum des Bundesstaates; Maschinenbau, Textil-, Schuh- u. a. Industrie.

Manchester Ship Canal ['mæntʃɪstə 'ʃɪp kə'næl], Wasserstraße in England, 58 km lang, verbindet Manchester mit der Irischen See (Merseyästuar). Der 1894 eröffnete M. S. C., der Manchester zu einer bedeutenden Hafenstadt machte, ist für heutige Großschiffe nicht mehr befahrbar; große Landflächen beiderseits des Kanals sind ungenutzt.

Manchestertum ['mæntʃɪstə-], Bez. für den extremen wirtschaftl. Liberalismus des frühen 19. Jh. Im M. wird das freie Spiel der wirtschaftl. Kräfte ohne staatl. Eingriffe als Grundprinzip der außenwirtschaftl. (Freihandelslehre) wie v. a. auch der binnenwirtschaftl. Ordnung postuliert. Das engl. M. vertrat darüber hinaus den Grundsatz der Freiheit der Meere, kämpfte gegen die herkömml. ausbeuterische Kolonialherrschaft und warb für den Pazifismus als Grundlage wirtschaftl. Wohlfahrt, weil anders keine weltweite Arbeitsteilung zu begründen sei. Die Bez. M. ist abgeleitet von der Stadt Manchester, deren Handelskammer zus. mit der von R. COBDEN und J. BRIGHT geleiteten **Manchesterpartei** 1838–46 erfolgreich gegen die Getreidezölle kämpfte und sich dabei auf die →Anti-Corn-Law-League stützte. Während in Großbritannien die Gegenbewegung zum M. vom Chartismus, vom Konservatismus und vom polit. Liberalismus selbst ausging, wurde in Dtl. die Ausprägung des Liberalismus zum M. durch das aus der Tradition des Kameralismus herrührende wirtschaftl. Übergewicht des Staates, später auch durch die soziale Frage verhindert. – Im Allgemeinen nennt man M. – meist abwertend – die Lehre, die als treibende Kraft in Wirtschaft und Gesellschaft nur den Egoismus des Einzelnen kennt (**Manchesterdoktrin**).

Manching, Markt-Gem. im Landkreis Pfaffenhofen a. d. Ilm, Oberbayern, 364 m ü. M., in der Donauniederung 8 km südlich von Ingolstadt, 11 200 Ew.; Keltenmuseum; Werk der Luftfahrtindustrie (Dasa); Militärflugplatz. – Östlich von M., das erstmals 844 urkundlich erwähnt wurde, lag ein kelt. Oppidum, wahrscheinlich Haupton der Vindeliker (Funde aus

Manchester 1)
Stadtwappen

Stadt in England

zwischen Merseyniederung und Penninischem Gebirge

431 000 Ew.

frühe Industrialisierung

bedeutendes Finanz- und Handelszentrum

Universität (seit 1903)

Hallé Orchestra

römisches Kastell Mamucium

ab 1789 Einsatz von Dampfmaschinen in der Baumwollindustrie

im 19. Jh. Zentrum des Manchestertums

der mittleren und späten La-Tène-Zeit). Nahezu die Hälfte der urspr. kreisrunden Stadtmauer (7,5 km) ist erhalten. Ausgrabungen von 1938 ergaben, dass diese erst als ›Murus Gallicus‹ errichtet, später als Pfostenschlitzmauer mit breiter Erdrampe restauriert wurde. Umfangreiche Grabungen seit 1955 brachten den Nachweis einer großflächigen (mindestens 380 ha) Besiedlung im Innenraum während des 2. und 1. Jh. v. Chr. mit groß angelegter, auf Baulinien beruhender Planung (Rechteckhäuser). Goldmünzenherstellung, Eisenverhüttung, Bronzeguss, Glasverarbeitung (Schmuck, Armringe) und Fernhandelserzeugnisse (Weinamphoren, Bronzefibeln) sind nachweisbar. Im N und W des Stadtgebiets lagen im 4. und 3. Jh. v. Chr. zwei Friedhöfe. Die Zerstörung der wirtschaftlich und kulturell bedeutenden Stadtanlage um die Mitte des 1. Jh. v. Chr. dürfte im Zusammenhang mit innerkelt. Wirren oder einem frühen Vorstoß der Germanen stehen. Im Bereich des Oppidums bestand vermutlich im 2. Jh. n. Chr. die röm. Straßenstation Vallatum und in spätkaiserl. Zeit ein Kastell gleichen Namens.

Die Ausgrabungen in M., hg. v. W. KRÄMER, auf 20 Bde. ber. (1969 ff.); H. LORENZ: Rundgang durch eine kelt. ›Stadt‹ (1986).

Manchouli [-dʒɔuli], Stadt in China, →Manzhouli.

Manchu [-dʒ-], ostasiat. Volk, →Mandschu.

Mancini [mænˈtʃiːni], Henry, amerikan. Komponist, *Cleveland (Oh.) 16. 4. 1924, † Beverly Hills (Calif.) 14. 6. 1994; studierte u. a. bei M. CASTELNUOVO-TEDESCO und E. KRENEK in Los Angeles; ab 1945 Pianist und Arrangeur beim von TEX BENEKE neu formierten Glenn-Miller-Orchester; 1951–57 als Komponist für die Filmstudios der Universal-International tätig; schrieb zahlr. Filmmusiken (u. a. zu ›Frühstück bei Tiffany‹, 1961; ›Der rosarote Panther‹, 1964; ›Die Glasmenagerie‹, 1987); auch Fernsehmusik.

Manching: Funde aus dem keltischen Oppidum; oben Bronzener Jochaufsatz; der mit doppelten Vogel- und Stierköpfen gestaltete Aufsatz diente der Zügelführung am Pferdegeschirr; unten Eiserner Achsnagel mit gegossenem bronzenem Vogelkopf

Manco Capac, legendärer Stammvater und Kulturheros der Inkas, Sohn des Schöpfergottes Huiracocha, begründete um 1200 n. Chr. die Inkadynastie und brachte den Inkas den Sonnenkult; unterstützt wurde er von seiner Schwester Mama Ocllo. Die Schwesternheirat wurde als göttl. Gebot von den Inkaherrschern praktiziert. Der Überlieferung nach ließ sich M. C. in Colcampata nieder, dem an die später entstandene Festung Sacsayhuaman angrenzenden Teil Cuzcos.

Manco Capac II., Inkaherrscher, *1515, †1545; Halbbruder von ATAHUALPA; wurde von F. PIZARRO als ›Schatteninka‹ eingesetzt. Er einte die bis dahin getrennt operierenden Reste des Inkaheeres zu einem Aufstand gegen die Spanier (Angriff auf Cuzco am 18. 4. 1536) und errichtete in den Bergen von Vilcabamba ein Schattenkönigreich.

Manda, Insel im Lamu-Archipel, Kenia, mit der Ruinenstadt →Takwa.

Mandäer [zu aramäisch manda ›Einsicht‹], früher **Johanneschristen,** dem Gnostizismus und Manichäismus verwandte Religionsgemeinschaft, die schon im 1. Jh. nachweisbar ist. Urspr. wohl aus Palästina gekommen, ist die Zahl heute etwa 30 000 Anhänger (nach Eigenangaben weit über 40 000) in Iran und Irak.

Die Religion der M. stützt sich auf drei im 7./8. Jh. kanonisierte Hauptschriften: →Ginza, das ›Johannesbuch‹, in dem JOHANNES DEM TÄUFER als Heilsmittler besondere Bedeutung zukommt, und ›Qolasta‹ (Lobpreisung), eine Sammlung von Ritualen, Gebeten und Hymnen. Charakteristisch ist für sie ein kosmolog. Dualismus von Licht und Finsternis. Das höchste, absolute und formlose Prinzip stellt der ›Lichtkönig‹ dar; das Heil des Menschen liegt in der Befreiung der Seele vom materiellen Leib und ihrer Rückkehr in die himml. Lichtheimat durch Wissensoffenbarung. Der Kult der M. wird von zwei Grundsakramenten geprägt: der möglichst häufig wiederholten Taufe (als Mittel zur Befreiung der Seele) und einer unter Ausschluss der Öffentlichkeit vollzogenen Toten- oder Seelenmesse, die unmittelbar der Wiedergeburt dienen soll. Das Christentum, insbesondere die Person JESU CHRISTI, wird explizit abgelehnt.

K. RUDOLPH: Die M., 2 Bde. (1960–61); DERS.: Theogonie, Kosmogonie u. Anthropogonie in den mandäischen Schriften (1965); Der Mandäismus, hg. v. G. WIDENGREN (1982).

Mandäisch, →semitische Sprachen.

Mandala [Sanskrit ›Kreis‹, ›Ring‹] *das, -(s)/-s,* in den Religionen des ind. Kulturkreises ein myst. Diagramm, welches in konzentr. Anordnung – meist aus einer Verbindung von Quadraten und Kreisen – den gesamten Kosmos, die Götterwelt oder auch psych. Aspekte versinnbildlicht und als Meditationsbild dient. M. stellen symbolhaft eine religiöse Erfahrung dar; sie sollen bestimmte geistige Zusammenhänge (die von einem Zentrum ausstrahlenden göttl. Kräfte im Universum) verdeutlichen und den Menschen in ihrer Visualisierung und Meditation zur Einheit mit dem Göttlichen führen. Bes. ausgeprägt ist der Kult des M. im Lamaismus (außer gemalten M. auf →Thangkas auch aus Farbstaub kunstvoll hergestellte M.), wo auch Klöster vielfach nach dem Grundriss eines M. gebaut sind. Komposition, Gestaltung der Figuren und Farbgebung unterliegen einer religiös festgelegten Symbolik. Das M. entspricht dem hinduist. →Yantra. – In der Tiefenpsychologie C. G. JUNGS werden dem M. ähnl. bildhafte Gestaltungen und Trauminhalte als Symbole der →Individuation interpretiert.

M. ELIADE: Ewige Bilder u. Sinnbilder (a. d. Frz., 1958); G. TUCCI: The theory and practice of the M. (a. d. Ital., London ⁴1974); M. BRAUEN: Das M. Der hl. Kreis im tantrischen Buddhismus (1992); C. G. JUNG: M. Bilder aus dem Unbewußten (Olten ¹⁰1993); JOSÉ u. MIRIAM ARGÜELLES: Das große M.-Buch. M. in Aktion (a. d. Amerikan., ⁴1996).

Mandala mit verschiedenen Schutzgottheiten des tibetischen Lamaismus (Hamburg, Museum für Völkerkunde)

Mandalay [mændəˈleɪ], Stadt in Birma, 76 m ü. M. am Mittellauf des Irawadi, 662 500 Ew.; Verw.-Sitz der Prov. M.; geistiges Zentrum des birman. Buddhismus mit vielen Tempeln, Pagoden, Klöstern; kath. Erzbischofssitz; Univ. (gegr. 1925, seit 1958 autonom), Lehrerbildungsanstalt, Fachschulen, Colleges für Kunst, Musik und Drama; Kunstgalerie, -mu-

---

Mandalay

Stadt in Birma

im zentralen Tiefland am Mittellauf des Irawadi

76 m ü. M.

662 500 Ew.

Univ. (1925 gegr.)

geistiges Zentrum des birmanischen Buddhismus

Shwe-Nandaw-Kloster (Ende des 19. Jh.)

1857 von König Mindon Min gegründet

letzte Hauptstadt des Königreichs

seum. M. ist die größte Stadt des trockenen zentralen Tieflandes; Fabrik für landwirtschaftl. Geräte, Metall-, Textilindustrie (v. a. Seidenweberei), Kupfererzverhüttung, Teeaufbereitung und -verpackung, Brauerei; nahebei Eisen- und Stahlwerk; Eisenbahnknotenpunkt (Eisenbahnbrücke über den Irawadi), internat. Flughafen im Bau. – Der Königspalast im NO der Stadt (1856/57 gegr.) wurde im Zweiten Weltkrieg weitgehend zerstört. Im Shwe-Nandaw-Kloster (Ende 19. Jh.) finden sich Teile des alten Palastes mit urspr. polychromen, vergoldeten Holzschnitzarbeiten. Weitere buddhist. Bauwerke: Kyauk-Taw-Gyi-Pagode (1853), die eine 4 m hohe, aus einem Marmorblock gearbeitete Sitzfigur des Buddha beherbergt; Kutho-Daw-Pagode (1857), um die sich 729 kleinere Pagoden gruppieren, die jeweils eine Marmorplatte mit dem fortlaufenden Text des buddhist. ›Pali-Kanons‹ (Tipitaka) enthalten und auch als ›Größtes Buch der Welt‹ bezeichnet werden; Sanda-Muni-Pagode (19. Jh.); Maha-Muni-Pagode (urspr. 1784, 1884 nach einem Brand neu errichtet); Shwe-Kyi-Myint-Pagode (1167); Eindawya-Pagode (1847); Set-Kya-Thiha-Pagode (im Zweiten Weltkrieg zerstört, danach wieder aufgebaut). Nördlich der schachbrettartigen Stadtanlage liegt der M. Hill, an dessen Hängen sich ebenfalls zahlr. Pagoden und Klöster befinden. – M., als Nachfolgerin von →Amarapura letzte Hauptstadt des Königreichs Birma, wurde 1857 von König MINDON MIN (1853–78) gegründet und im November 1885 von brit. Truppen eingenommen, wobei es zu großen Zerstörungen kam. Unter brit. Herrschaft war M. Verwaltungszentrum von Oberbirma. 1942 von jap. Truppen besetzt, wurde die Stadt im März 1945 von den Briten zurückgewonnen und dabei erneut stark zerstört.

Mandan [ˈmændæn], nordamerikanischer Indianerstamm aus der Sprachfamilie der Sioux, am oberen Missouri, USA. Die letzten M. (etwa 350) leben auf der Fort Berthold Reservation in North Dakota.

Mandant [lat., zu mandare ›übergeben‹, ›anvertrauen‹] *der, -en/-en,* Auftraggeber, Klient, v. a. eines Rechtsanwalts.

Mandapa, Säulenhalle ind. Kultbauten, meist als Bauglied der Tempel: Vorhalle (Ardhamandapa); Haupt- oder Versammlungshalle (Mahamandapa oder Sabhamandapa); auch frei stehende Pavillons vor Tempeln (Natyamandapa) und in Palästen.

Mandara, Stamm nördlich und östlich des Berglandes Mandara, im nördl. Grenzgebiet von Nigeria und Kamerun, etwa 50 000 Angehörige. Ihre Sprache, das **Mandara,** gehört zu den →tschadischen Sprachen; bes. in älteren Klassifikationen tschad. Sprachen wird M. auch als Bez. für eine Sprachgruppe verwendet.

J. LUKAS: Die Gliederung der Sprachenwelt des Tschadsee-Gebietes in Zentralafrika, in: Forschung u. Fortschritte, Jg. 10 (1934); H. MIRT: Einige Bemerkungen zum Vokalsystem des M., in: Ztschr. der Dt. Morgenländ. Gesellschaft, Suppl. 1 (1969); H. JUNGRAITHMAYR u. K. SHIMIZU: Chadic lexical roots, Bd. 2 (Berlin 1981).

Mandara, Bergland an der Grenze zw. N-Kamerun und N-Nigeria, bis 1 350 m ü. M.; ein von Vulkanen durchsetztes Granitplateau.

Mandarin [port. mandarim (in Anlehnung an mandar ›befehlen‹), über malaiisch mantari und Hindi mantri von Sanskrit mantri(n) ›Ratgeber‹, ›Minister‹] *der, -s/-e,* europ. Bez. für die chin. Staatsbeamten, die die polit. und soziale Führungsschicht des traditionellen China bildeten. Die M. stammten fast ausschließlich aus den führenden lokalen Familien. In ihr Amt gelangten sie v. a. durch Ablegung von Staatsprüfungen oder z. B. auch durch Ämterkauf. Mit der Abschaffung des Prüfungssystems 1905 und mit der Revolution von 1911/12 brach der traditionelle chin. Beamtenstaat und damit der Stand der M. zusammen. (→chinesische Sprache und Schrift)

Mandalay: Kutho-Daw-Pagode; 1857

Mandarine [frz., von span. (naranja) mandarina, eigtl. ›Mandarinorange‹] *die, -/-n,* im Durchmesser 5–6 cm große, gelbl. bis orangefarbene Frucht des in SO-Asien beheimateten, heute v. a. in Japan, China, den USA, in Südamerika und im Mittelmeergebiet kultivierten **Mandarinenbaums** (Citrus reticulata): Strauch oder kleiner Baum mit lanzettl. Blättern und duftenden, weißen Blüten in Büscheln. Die Schale der M. lässt sich i. Allg. leicht ablösen. Das Fruchtfleisch ist süß und sehr aromatisch. Während die Früchte der Wildform reich an Samen (Kernen) sind, sind die 1912 bei Oran in Algerien entdeckten **Klementinen (Clementinen;** gelten als intraspezif. M.-Bastard) samenlos. Sie schmecken süßer und reifen etwas früher als die eigentl. M. Auch die nach der jap. Prov. Satsuma benannten und dort sowie in den USA und im Mittelmeergebiet kultivierten **Satsumas** sind meist samenlos. – Während die M. im englischsprachigen Raum als ›tangerine‹ bezeichnet werden, sind die **Tangerinen** im botan. Sinne die Früchte der Art Citrus deliciosa. Sie ähneln stark den M. (deshalb im allg. Sprachgebrauch auch als M. bezeichnet), sind aber kleiner, kernlos und kommen häufig als Dosenobst (›Mandarinen-Orangen‹) in den Handel. – **Tangelos** sind die kernlosen, zartschaligen, apfelsinengroßen Früchte einer in Florida gezüchteten Kreuzung zw. Grapefruit- und Mandarinenbaum. **Tangors** sind mandarinenähnlich und aus einer Kreuzung zw. Tangerinen und Orangen entstanden.

Mandarinen|öl, aus den Fruchtschalen von Mandarinen gewonnenes, fruchtig riechendes äther. Öl, das in der Parfüm- und Fruchtessenzindustrie verwendet wird; enthält v. a. D-Limonen sowie 1 % Methylanthranilsäuremethylester.

Mandarin|ente, Art der →Glanzenten.

Mandat [lat. mandatum ›Auftrag‹, ›Weisung‹] *das, -(e)s/-e,* **1)** *röm. Recht:* der dem heutigen Auftrag entsprechende Vertrag, aufgrund dessen der Beauftragte (**Mandatar**) es übernahm, ein ihm vom Auftraggeber (**Mandant**) übertragenes Geschäft für diesen unentgeltlich zu besorgen.

2) *Staatsrecht:* i. w. S. die Vollmacht zur Ausübung von Kompetenzen, die der Substanz nach dem Vollmachtgeber verbleiben, im Unterschied zur Delegation, bei der die Kompetenz übertragen wird. I. e. S. ist M. das durch Volkswahl begründete öffentl. Amt des →Abgeordneten (**parlamentarisches M.**). Beim **freien M.** ist der Abg. Repräsentant des gesamten Volkes und nicht an Aufträge und Weisungen (etwa der polit. Parteien, der Wähler, einer Interessengruppe) gebun-

Mandarine: Fruchtender Zweig des Mandarinenbaums

den; das freie M. ist in Art. 38 Abs. 1 GG, für Österreich in Art. 56 Bundes-Verf.-Ges., für die Schweiz in Art. 91 der Bundes-Verf. festgelegt. Diese Freiheit des M. schließt nicht die in der parlamentar. Praxis übliche tatsächl. Bindung des Abg. an seine Fraktion und Partei aus, die notfalls durch polit. Sanktionen (Abberufung aus einem Ausschuss, keine Nominierung bei der nächsten Wahl) durchgesetzt wird. Der Abg. kann aber nicht verpflichtet werden, bei Fraktionswechsel sein M. niederzulegen. Beim **imperativen M.** ist der Abg. Vertreter seiner Wähler oder seiner Partei, an deren Weisungen gebunden und abberufbar. Ist der Abg. nur auf eine bestimmte polit. Grundhaltung festgelegt, spricht man vom generell-imperativen oder ›rahmengebundenen‹ M. Beim **ruhenden M.** (früher in Hessen und Rheinl.-Pf.) ruht das Abg.-M. eines Reg.-Mitgl. während seiner Amtszeit und wird von einem nachrückenden Ersatzbewerber ausgeübt, kann vom Min. nach Ende seiner Amtszeit aber wieder beansprucht werden; die Vereinbarkeit mit dem Grundsatz der Unmittelbarkeit der Wahl ist problematisch. Von **politischen M.** spricht man, wenn öffentlich-rechtl. Zwangsverbände (z. B. berufsständ. Kammern) zu polit. Themen Stellung nehmen; soweit dies den Bereich der gesetzlich zugewiesenen Kompetenzen überschreitet, ist das polit. M. unzulässig.
3) *Völkerrecht:* →Mandatsgebiete.
4) *Zivil-* und *Strafrecht:* Beauftragung eines Rechtsanwalts zur Wahrnehmung der Interessen des Mandanten; i. d. R. handelt es sich um einen Geschäftsbesorgungsvertrag außerhalb oder innerhalb eines Prozesses. Der Mandant schuldet eine Vergütung nach Maßgabe der Gebührenordnung.

Mandatsgebiete, die seit 1919 im Namen des Völkerbundes treuhänderisch (kraft Mandats) von einzelnen Staaten **(Mandataren)** verwalteten ehemaligen dt. Kolonien und die ehemaligen türk. Gebiete Vorderasiens. Entsprechend den Entwicklungsstand der Gebiete und der Zielsetzung der Mandatsverwaltung gab es: **A-Mandate** mit einer durch den Mandatar beaufsichtigten Selbstverwaltung: Irak, Palästina, Transjordanien (Mandatar jeweils Großbritannien), Syrien, Libanon (Frankreich). Die A-Mandate erloschen mit dem Entstehen unabhängiger Staaten; das Mandat über →Palästina endete am 15. 5. 1948. **B-Mandate** mit einer besonderen Verwaltung des Mandatars: Kamerun (zu ⅚ Frankreich, der W Großbritannien), Togo (der O Frankreich, der W Großbritannien), Dt.-Ostafrika (Tanganjika an Großbritannien, Ruanda-Urundi an Belgien). **C-Mandate,** die der Mandatar als Teil seines Hoheitsgebiets verwaltete: Dt.-Südwestafrika (Südafrikan. Union, →Namibia), Westsamoa (Neuseeland), Karolinen, Marianen, Palau- und Marshallinseln (Japan), Neuguinea mit den übrigen dt. Inseln im Pazifik südl. des Äquators (Australien), Nauru (Großbritannien, Australien).

Das Mandatssystem des Völkerbundes endete am 18. 4. 1946. Die noch vorhandenen M. wurden durch neue Vereinbarungen zu **Treuhandgebieten** der Vereinten Nationen (Art. 75–96 der UN-Charta), für die der UN-Treuhandschaftsrat verantwortlich war. Nachdem Palau als letztes Treuhandgebiet am 1. 10. 1994 unabhängig geworden war, löste sich der Treuhandschaftsrat am 1. 11. 1994 formell auf.

D. F. W. VAN REES: Les mandats internationaux, 2 Bde. (1927–28); Q. WRIGHT: Mandates under the League of Nations (Chicago, Ill., 1930, Nachdr. New York 1968); R. N. CHOWDHURI: International mandates and trusteeship systems (Den Haag 1955); W. SCHÜMPERLI: Die Vereinten Nationen u. die Dekolonisation (Bern 1970); M. SILAGI: Von Dt.-Südwest zu Namibia (1977); Die Palästina-Frage 1917–1948, hg. v. H. MEJCHER (²1993).

Mandatsverfahren, Mandats|prozess, ein vereinfachtes Strafverfahren in Österreich (§§ 460 ff. StPO und §§ 47 ff. Verwaltungsstraf-Ges., ›Strafverfügung‹) sowie (z. T.) in der Schweiz, entspricht dem dt. Verfahren bei →Strafbefehlen; in Österreich ferner ein dem dt. Urkunden- und Wechselprozess vergleichbares (Zivil-)Verfahren.

Mandatum [lat. ›Auftrag‹, ›Weisung‹] *das, -s/...ta, kath. Liturgie:* die am Gründonnerstag übl. Zeremonie der →Fußwaschung. Die Bez. ist abgeleitet von dem Liebesgebot JESU CHRISTI (Joh. 13, 34; im lat. Bibeltext ›mandatum novum‹ [in der Bibelübersetzung M. LUTHERS ›neues Gebot‹]), das bei der Fußwaschung zum Ausdruck kommen soll.

Mandaue, Mandawe, Industriestadt auf den Philippinen, östlich an Cebu angrenzend, 180 000 Ew.

Mandel, *Botanik:* Samen des →Mandelbaums.

Mandel [von mlat. mandala ›Bündel‹, ›Garbe‹, eigtl. wohl ›Handvoll‹, zu lat. manus ›Hand‹] *die, -/-(n),* Abk. **Mdl.,** alte norddt. Zähleinheit; 1 M. = 15 Stück, 4 M. = 1 Schock; die große oder Bauern-M. galt 16 Stück.

Mandel [mãˈdɛl] **1)** Ernest, belg. Wirtschafts- und Politikwissenschaftler, *Frankfurt am Main 4. 4. 1923, †Brüssel 20. 7. 1995; lebte seit seiner Jugendzeit in Belgien, wurde im Zweiten Weltkrieg von den dt. Besatzungsbehörden verfolgt, nach Dtl. deportiert und dort bis 1945 in Lagern und Zuchthäusern gefangen gehalten; danach zunächst Journalist, arbeitete 1954–63 für den belg. Gewerkschaftsbund. M. lehrte ab 1971 als Dozent in Brüssel und war ab 1982 Univ.-Prof. Berufungen an Univ. der Bundesrep. Dtl. wurden aus polit. Gründen abgelehnt. Als Sekr. der Vierten Internationale vertrat er eine polit. Ökonomie trotzkist. Prägung; er befürwortete den revolutionären Sturz der internat. Bourgeoisie und ein Rätesystem mit Mehrparteienspektrum. 1977 wurde M. Mitgl. im P.E.N.-Zentrum Bundesrep. Deutschland.

Werke: Traité d'économie marxiste (1962; dt. Marxist. Wirtschaftstheorie); Der Spätkapitalismus. Versuch einer marxist. Erklärung (1972; Diss.); Kritik des Eurokommunismus (1978); Einf. in den Marxismus (1979); Trotsky. A study in the dynamics of his thought (1979; dt. Leo Trotzki. Eine Einf. in sein Denken); Où va l'URSS de Gorbatchev? (1988; dt. Das Gorbatschow-Experiment); Trotzki als Alternative (1992).

2) Georges, frz. Politiker, *Chatou (bei Paris) 5. 6. 1885, †Fontainebleau 15. 7. 1944; Berater von G. CLEMENCEAU, zw. 1934 und 1940 mehrfach Min., setzte sich als Innen-Min. (Mai–Juni 1940) für die Weiterführung des Krieges ein; wurde von der Miliz des Vichy-Regimes (J. DARNAND) ermordet.

Mandela, 1) Nelson Rolihlahla, südafrikan. Politiker, *Qunu (Transkei) 18. 7. 1918, 1958–96 ∞ mit 2); aus der Herrscherfamilie der Tembu, Anwalt, seit 1944 Mitgl. des African National Congress (ANC) und Mitbegründer der Jugendliga des ANC, seit 1949 Mitgl. des ANC-Exekutivausschusses, organisierte 1952 die ›Defiance-Campaign‹ (Missachtungskampagne), mit der der ANC durch gewaltfreie Übertretung von Rassengesetzen gegen die 1948 eingeleitete Apartheid protestierte. M., seit 1952 ANC-Vizepräsident, wurde deswegen zu neun Monaten Haft (auf Bewährung) verurteilt und anschließend unter einen ›Bannbefehl‹ gestellt, der mit Hausarrest und dem Verbot jeglicher polit. Tätigkeit verbunden war. Er blieb jedoch im Untergrund aktiv und formulierte die 1955 proklamierte ›Freiheits-Charta‹ des ANC maßgeblich mit. Zusammen mit vielen anderen Oppositionellen wurde er im Dezember 1956 des Hochverrats angeklagt, jedoch 1961 freigesprochen. Nach dem Verbot des ANC formierte M. 1961 die zum Sabotageunternehmen ausgerichtete Militärorganisation ›Umkonto we Sizwe‹ (›Speer der Nation‹) und wurde deren Befehlshaber. 1962 nach Rückkehr von einer illegalen Auslandsreise zu fünf Jahren Haft wegen Beteiligung an versch. Protestaktionen verurteilt, wurde M. im Oktober 1963 im so genannten ›Rivonia-Prozess‹ des

Georges Mandel

Nelson Mandela

Hochverrats, der Sabotage und Verschwörung angeklagt und im Juni 1964 zu lebensläng. Haft verurteilt. Bis April 1982 auf der Felseninsel ›Robben Island‹ vor Kapstadt, danach im Hochsicherheitsgefängnis Pollsmoor (bei Kapstadt) und schließlich ab Dezember 1988 im Victor-Verster-Gefängnis bei Paarl inhaftiert, lehnte er im Februar 1985 seine Entlassung unter der von der Reg. gestellten Bedingung, auf Gewalt künftig zu verzichten, ab und forderte stattdessen die Legalisierung des ANC und die Abschaffung der Apartheid.

Unter dem Druck der schwarzafrikan. Bev. und der Weltöffentlichkeit wurde M. am 11. 2. 1990 aus der Haft entlassen. Im März 1990 wählte ihn der wieder zugelassene ANC zu seinem Vizepräsidenten, im Juli 1991 zu seinem Präsidenten. Auf der Seite des ANC leitete M. die Verhandlungen mit der weißen Minderheits-Reg. unter F. W. DE KLERK, die schließlich zum Ende der Apartheid und zum friedl. Übergang Südafrikas zu einer gemischtrass. Demokratie führten. Dafür erhielt er zus. mit DE KLERK 1993 den Friedensnobelpreis. Am 10. 5. 1994 wurde M., nach dem Sieg des ANC in den Wahlen vom April, als erster schwarzer Staatspräs. der Rep. Südafrika vereidigt. Im Dezember 1997 trat M. als ANC-Präs. zurück.

Werk: Long walk to freedom (1994; dt. Der lange Weg zur Freiheit. Autobiographie).

Ausgaben: No easy walk to freedom. Articles, speeches, and trial addresses, hg. v. R. FIRST (1965). – Der Kampf ist mein Leben. Ges. Reden u. Schrr., übers. v. A. SCHULZE-ALLEN (1986).

R. FALK: N. M. Biograph. Porträt mit Selbstzeugnissen (1986); Für N. M., Beitrr. v. J. DERRIDA u.a. (a.d. Frz., 1987); H. JOSEPH: Allein u. doch nicht einsam. Ein Leben gegen die Apartheid (a.d. Engl., 1987); F. MEER: N. M. Stimme der Hoffnung (a.d. Engl., Neuausg. 1990); M. BENSON: N. M. – die Hoffnung Südafrikas (a.d. Engl., Neuausg. 1993); A. HAGEMANN: N. M. (1995).

2) Winnie Nomzamo, geb. **Madikizela**, südafrikan. Politikerin, * Bizana (Transkei) 1934, 1958–96 ⚭ mit 1), Sozialarbeiterin, seit 1958 Mitgl. des African National Congress (ANC); nach der Verhaftung ihres Mannes (1962) verfolgt und 1969–70 inhaftiert, trat sie als entschiedene Kämpferin gegen die Apartheid hervor; lebte 1977–85 als ›gebannte Person‹. Ihre polit. Alleingänge und Äußerungen lösten massive Kritik, auch innerhalb des ANC, aus. 1990 wurde M. Leiterin des ANC-Sozialbüros und Mitgl. des ANC-Exekutivkomitees. 1991 wurde sie wegen Mittäterschaft bei der Entführung und Misshandlung von vier schwarzen Jugendlichen 1988, bei der eine Person starb, verurteilt, die Berufung 1993 sprach sie vom Vorwurf der Misshandlung frei. 1992 trat M. von ihren Funktionen im ANC zurück, wurde jedoch 1993 zur Präsidentin der ANC-Frauenliga gewählt (Wiederwahl 1997). Ihre Rolle bei Menschenrechtsverletzungen (Mord, Entführung, Folterung) in den 80er-Jahren führte zu ihrer Anhörung vor der Wahrheitskommission Ende 1997.

Ausgabe: Ein Stück von meiner Seele ging mit ihm, hg. v. A. BENJAMIN (265.–269. Tsd. 1990).

J. HASKINS: W. M. Life of struggle (New York 1988); E. GILBEY: The lady. The life and times of W. M. (London 1994).

Mandelate [nlat.], →Mandelsäure.

Mandelbaum, Prunus dulcis, ein Rosengewächs, verbreitet vom westl. Mittelasien bis Iran und Syrien, kultiviert und z. T. verwildert in Ostasien, im Mittelmeergebiet und in den wärmeren Gebieten Europas und Amerikas; kleiner Baum oder Strauch mit weißen, im Frühjahr (oft schon im Februar) vor den Blättern erscheinenden Blüten. Die Frucht ist eine abgeflacht-eiförmige, samtig behaarte, trockene Steinfrucht mit glattem, mit Gruben versehenem Steinkern (im Handel als **Krachmandel** bezeichnet; der jeweils nur einen einzigen Samen, die **Mandel**, enthält. Die wichtigsten Sortengruppen sind: **Süß-M.** (Prunus dulcis var. dulcis), angebaut zur Gewinnung der süßen Mandeln; **Bitter-M.** (var. amara) zur Gewinnung der bitteren Mandeln und damit des Bittermandelöls; **Krach-M. (Knack-M.;** var. fragilis) mit zerbrechl. Schale des Steinkerns, ohne wirtschaftl. Bedeutung.

Mandeln enthalten über 50% fettes Öl und rd. 20% Eiweiß. Die bitteren Mandeln enthalten bis zu 8% des Blausäureglykosids Amygdalin; der Genuss größerer Mengen (bei Kindern 5–12 Stück) kann daher tödlich wirken. Die süßen Mandeln enthalten etwa 10% Zucker. Sie werden bei der Süßwarenherstellung (u. a. für Marzipan) verwendet oder roh gegessen. Durch Pressen gewinnt man →Mandelöl, die Pressrückstände ergeben die →Mandelkleie. – Hauptanbaugebiete sind der Mittelmeerraum, der Vordere Orient, die südl. GUS-Republiken und Kalifornien.

Kulturgeschichte: Die Römer lernten die Pflanze durch südital. Griechen kennen, CATO bezeichnete sie als ›griech. Nuss‹ (in Griechenland wurde der M. wohl seit dem 5. Jh. v. Chr. kultiviert). Im 1. Jh. n. Chr. wurden von den Römern bittere und süße Mandeln unterschieden, beide verwendete man in Altertum und MA. als Arznei- und Hautpflegemittel.

Mandelbäumchen, Prunus triloba, bis 2 m hohe, strauchige Kulturform der chin. Wildart Prunus simplex. Die zahlr. rosafarbenen, gefüllten Blüten erscheinen im März/April. Häufig werden die M. als auf Stämmchen veredelte Kronenbäumchen angeboten.

Mandelbrot, Benoit B., amerikan.-frz. Mathematiker poln. Herkunft, * Warschau 20. 11. 1924; wirkte u. a. am Institute for Advanced Study, Princton, an den Universitäten in Genf und Lille sowie an der École Polytechnique, Paris und arbeitete (ab 1958) am IBM-Forschungszentrum in Yorktown Heights (N. Y.); 1974–93 IBM-Fellow. Bekannt geworden ist M. durch die Entwicklung der →Fraktalgeometrie und deren Anwendung v. a. auf Probleme der Physik.

Mandelbrot-Menge [nach B. B. MANDELBROT], Teilmenge der komplexen Ebene, erzeugt durch die Iteration $z \leftarrow z^2 + c$, wobei z und c komplexe Zahlen sind. Die M.-M., wegen ihrer kugeligen Struktur auch ›Apfelmännchen‹ genannt, ist bes. im Zusammenhang mit der →Fraktalgeometrie (BILD) von Bedeutung.

Mandel|entzündung, Tonsillitis, meist akut im Zusammenhang einer allgemeinen Entzündung im Bereich des lymphat. Rachenrings (Angina, Halsentzündung) auftretende entzündl. Erkrankung v. a. der Gaumenmandeln. Die M. wird am häufigsten durch Streptokokken, seltener durch Staphylo- und Pneumokokken oder Viren verursacht. Sie beginnt meist mit Frösteln, hohem Fieber und Halsschmerzen (Schluckbeschwerden). Die geröteten und geschwollenen Mandeln können gelblich weiße Flecken (›Stippchen‹) oder Beläge aus Leukozyten und mit Bakterien durchsetzten, abgestoßenen Epithelzellen tragen und auch über diese hinausreichen (Pneumokokkenangina). Häufig sind die Lymphknoten des Halses mitbetroffen (Druckschmerz und Schwellung). Komplikationen treten in Form eines Übergreifens der M. mit Abszessbildung zw. Mandeln und Rachenmuskulatur (Peritonsillarabszess) oder einer lebensbedrohl. tonsillogenen Sepsis mit Beteiligung der großen Halsvenen (sept. Thrombose) und Erregerausschwemmung in den ganzen Körper auf. Eine M. tritt auch häufig bei Scharlach, Diphtherie und Mononukleose auf; eine Sonderform ist die →Plaut-Vincent-Angina.

Die oft unbemerkte chron. M. kann als gefährl. Herdinfektion Erreger und Toxine ausströmen und zu einer Schädigung von Herz, Nieren und Gelenken sowie zu Hauterkrankungen führen.

Die *Behandlung* der akuten M. besteht in der Einhaltung von Bettruhe, lokaler Anwendung von schmerzstillenden und desinfizierenden Mitteln und der Gabe von Antibiotika (systemisch); bei akut eitriger M. und chron. Herdinfektion wird eine operative

Mandelbaum: Zweig mit Blüten (oben) und mit Früchten (unten)

Mand Mandelkleie – Manderscheid

Mandelentfernung (**Tonsillektomie**) unter örtl. Betäubung oder Inhalationsnarkose vorgenommen.

Mandelkleie, bei der Gewinnung von Mandelöl anfallendes Mandelmehl; enthält noch etwa 10% Mandelöl sowie das Enzym Emulsin. M. wird in der Kosmetik als mildes Hautreinigungsmittel verwendet.

Mandelkrähe, anderer Name der Blauracke (→Racken).

Mandeln, Tonsillae, ringförmig angeordnete lymphat. Organe im Bereich des Übergangs von Mund- und Nasenräumen in den Rachen (lymphat. Rachenring); M. sind gekennzeichnet durch enge räumliche Beziehungen des zerklüfteten Oberflächenepithels (Krypten) zum unmittelbar darunter liegenden lymphat. Gewebe; die Krypten bedingen eine enorme Oberflächenvergrößerung der M.

Im Einzelnen werden unterschieden: die paarigen **Gaumen-M.,** die beiderseits zw. den Gaumenbögen liegen; die am Dach des Nasen-Rachen-Raums hinter dem Zäpfchen liegende unpaare **Rachen-Mandel** sowie die am Zungengrund liegenden paarigen **Zungen-M.** Ferner befindet sich tonsilläres Gewebe im Bereich der seitl. Rachenwand (›Seitenstränge‹); es kann sich im Bereich der Mündung der Eustachi-Röhre zu einer unpaaren M. verdichten. Gegen die Umgebung sind die M. durch straffes, kapselähnl. Bindegewebe abgegrenzt. – Die M. stehen im Dienst der Abwehr; sie enthalten Lymphozyten – teilweise in Form von Knötchen (Lymphfollikel), teilweise regellos verstreut –, die Antigene aufnehmen und dagegen Antikörper bilden. Durch ihre Lage können die M. bes. früh auf über Nase und Mund eindringende Krankheitserreger reagieren.

Mandelöl, hellgelbes, geruchloses, fettes Öl, das durch kaltes Pressen aus Samen des Mandelbaums gewonnen wird; enthält bis 2% Stearinsäure, zw. 65–85% Ölsäure und 7–25% Linolsäure; Verwendung als Salbengrundlage.

Mandelsäure, Phenylglykolsäure, farblose, kristalline, in Wasser lösl., optisch aktive Carbonsäure. Die linksdrehende D(−)-M. entsteht aus Amygdalin, die rechtsdrehende L(+)-M. aus Sambunigrin. Inaktive racem. M. erhält man durch Verseifen des aus Benzaldehyd und Blausäure hergestellten **M.-Nitrils.** Salze und Ester der M. (**Mandelate**) werden u. a. zur Synthese von Arzneimitteln verwendet.

Mandelschildlaus, Maulbeerschildlaus, Pseudaulacaspis pentagona [griech.-lat.], urspr. aus Ostasien stammende, in andere warme Gebiete verschleppte Art der Austernschildläuse. Weibchen mit 2–3 mm großem, rötlich gelbem Rückenschild. Die M. lebt auf Maulbeer-, Walnuss- und versch. Obstbäumen.

Mandelstam, Mandelschtam, Mandelštam [-ʃt-], **1)** Nadeschda Jakowlewna, russ. Schriftstellerin, *Saratow 31. 10. 1899, †Moskau 29. 12. 1980, seit 1922 ∞ mit 2); begleitete ihren Mann in die Verbannung. Ihre im Ausland veröffentlichten Memoirenbände ›Vospominanija‹ (New York 1970; dt. ›Das Jahrhundert der Wölfe‹) und ›Vtoraja kniga‹ (Paris 1972; dt. ›Generation ohne Tränen‹) geben Einblick in das Leben der russ. Intelligenzija zur Stalinzeit.

2) Ossip Emiljanowitsch, russ. Dichter, *Warschau 15. 1. 1891, †in einem Lager in der Nähe von Wladiwostok 27. 12. 1938; ∞ mit 1); stand zunächst dem frz. und russ. Symbolismus nahe, schloss sich dann den →Akmeisten an, wahrte jedoch ihnen wie auch den nachrevolutionären Gruppierungen gegenüber eine eigene Position. Dies führte unter der Sowjetherrschaft zu seiner zunehmenden Isolierung und schließl. Verfemung: Er lebte 1934–37 in der Verbannung und wurde 1938 zu fünf Jahren Zwangsarbeit verurteilt; 1956 rehabilitiert. – M.s Lyrik schöpft aus der alten europ. Tradition, nutzt poetisch die historisch-etymolog. Möglichkeiten des Wortmaterials und ist durch die Fülle von Assoziationen nicht immer leicht verständlich, obwohl formal klar und streng. Seine vielschichtige, keiner der herkömml. Gattungen zuzuordnende Prosa folgt der Lyrik.

Werke: *Gedichte:* Kamenʼ (1916); Tristia (1922). – *Prosa:* Šum vremeni (1925; dt. Das Rauschen der Zeit; 1928 erw. als: Egipetskaja marka; dt. Die ägypt. Briefmarke); Putešestvie v Armeniju (1933; dt. Die Reise nach Armenien). – *Essays:* O poèzii (1928); Razgovor o Dante (entst. 1933, hg. 1967; dt. Gespräch über Dante). – *Aufsatz:* Utro akmeizma (1919).

Ausgabe: Sobranie sočinenij, hg. v. G. P. STRUVE, 4 Bde. (¹⁻²1967–81); Stichotvorenija, hg. v. N. A. STRUVE (Neuausg. 1983). – Gedichte, übers. v. P. CELAN (1959); Werkausg., hg. v. R. DUTLI, auf mehrere Bde. ber. (6.–9. Tsd. 1991 ff.); Hufeisenfinder, Gedichte, hg. v. F. MIERAU (⁶1993); ›Armenien, Armenien!‹ Prosa, Notizbuch, Gedichte 1930–1933, hg. v. R. DUTLI (1994); Die ›Woronescher Hefte‹. Letzte Gedichte 1935–1937, hg. v. R. DUTLI (1996).

N. Å. NILSSON: O. M. Five poems (Stockholm 1974); S. BROYDE: O. M. and his age (Cambridge, Mass., 1975); J. BAINES: M. The later poetry (ebd. 1976); R. DUTLI: O. M. ›Als riefe man mich bei meinem Namen‹ (Zürich 1985); R. DUTLI: Europas zarte Hände. Essays über O. M. (Zürich 1995).

Mandelstein, vulkan. oder subvulkan. Gestein mit zahlr. Blasenhohlräumen (Mandeln, Geoden), die ganz oder teilweise mit mineral. Stoffen (v. a. Achat, Quarz, Kalkspat, Zeolith, Chlorit) ausgefüllt wurden. M.-Ausbildung findet sich v. a. bei Melaphyr, Porphyrit und Basalt.

Mandement [mãdˈma], größtes Weinbaugebiet im Kt. Genf, Schweiz, westlich von Genf, über 600 ha Rebland (v. a. mit Gutedel und Gamay bestanden), davon über 400 ha in Satigny, der größten schweizer. Weinbaugemeinde.

Mander, 1) Carel (Karel) van, niederländ. Maler und Schriftsteller, *Meulebeke (bei Kortrijk) Mai 1548, †Amsterdam 2. 9. 1606; war 1573–77 in Florenz und Rom. 1583 ließ er sich in Haarlem nieder, wo er 1584 mit H. GOLTZIUS und C. CORNELISZ. die ›Haarlemer Akademie‹ gründete. Ab 1604 war er in Amsterdam tätig. Er malte religiöse, mytholog. und allegor. Darstellungen in manierist. Stil. Seine Bedeutung als Schriftsteller beruht auf ›Het schilder-boeck‹ (1604; Nachdr. 1969), das ein kunsttheoret. Lehrgedicht und drei Bücher mit Künstlerbiographien enthält. Die ersten beiden basieren auf PLINIUS D. Ä. und G. VASARI, das dritte ist niederländ. und dt. Malern gewidmet und besitzt größten Quellenwert. – M. war u. a. Lehrer von F. HALS.

H. MIEDEMA: K. v. M., 1548–1606 (Amsterdam 1972); DERS.: Kunst, kunstenaar en kunstwerk bij K. v. M. (Alphen 1981); JÜRGEN MÜLLER: Concordia Pragensis. Karel van M.s Kunsttheorie im Schilder-Boeck (1993).

2) Matthias, eigtl. **Harald Mandl,** österr. Schriftsteller, *Graz 2. 8. 1933; erregte 1979 Aufsehen mit seinem Roman ›Der Kasuar‹, in dem der Autor eine umfassende Zeitkritik gibt.

Weitere Werke: *Erzählungen:* Summa Bachzelt u. a. Erzählungen (1966); Das Tuch der Geiger (1980). – *Romane:* Wüstungen (1985); Der Sog (1989); Cilia oder der Irrgast (1993).

Manderscheid, Roger, luxemburg. Schriftsteller, *Itzig (Luxemburg) 1. 3. 1933; 1977–93 Beamter im Kultusministerium; Präs. des luxemburg. Schriftstellerverbandes, schreibt in dt. und luxemburg. Sprache v. a. Gedichte, Erzählungen, Romane und Hörspiele. Die Texte zeugen von einer engen Bindung an die Heimat, suchen aber durch Sprach- und Formexperimente einen Ausweg aus der Provinzialität.

Werke: *Lyrik:* Ikarus (1983); Mam velo bei dˈgëlle fra. Gedichter a prosastécker (1986). – *Erzählungen:* Der taube Johan-

Mandelsäure (* asymmetr. Kohlenstoffatom)

Mandelsäurenitril

Mandelsäure

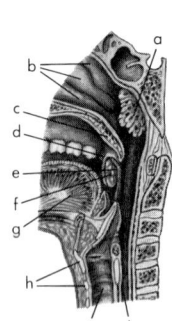

Mandeln: Lage der Gaumenmandeln (oben) und der Rachenmandel (unten); a vergrößerte Rachenmandel, b Nasenmuscheln, c Gaumenmandel, d vorderer Gaumenbogen, e hinterer Gaumenbogen, f Gaumenmandel, g Zunge, h Kehlkopfknorpel, i Luftröhre, k Speiseröhre

nes (1963); De papagei um käschtebam. Zeenen aus der nokrichszäit (1991); Mein Name ist Nase (1993). – *Romane:* Die Dromedare. Stilleben für Johann den Blinden (1973); Schacko Klak (1988). – *Hörspiele:* Die Glaswand (1966); Schrott (1978).

Mandesprachen, westafrikan. Sprachfamilie mit etwa 14 Mio. Sprechern. Die rd. 30, z. T. äußerst unterschiedl. M. werden v. a. in Mali, außerdem in Guinea, Elfenbeinküste, Sierra Leone, Liberia und Burkina Faso sowie in Gambia, Senegal, Guinea-Bissau und Mauretanien, ferner in Benin, Togo, Niger, Nigeria und Ghana gesprochen. Die M. gelten als Zweig der Niger-Kongo-Sprachen, werden in der Forschung aber auch als selbstständige genealog. Einheit aufgefasst; sie sind Tonsprachen ohne Klassensysteme (→Klassensprachen) und ohne grammat. Geschlecht. Urspr. gliederte man die M. in eine tan- und eine fu-Gruppe, entsprechend der Verteilung der beiden Wortstämme für das Zahlwort zehn. Heute unterscheidet man eine Nordwestgruppe (dazu u. a. Dyula, Khassonke, Malinke, Soninke, Susu, Vai sowie die Sprache der Bambara), eine Südwestgruppe (dazu u. a. Kpelle, Toma, Mende) und eine Südostgruppe (dazu u. a. Dan).

M. DELAFOSSE: Essai de manuel pratique de la langue mandé ou mandingue (Paris 1901); W. E. WELMERS: The Mande languages, in: Monograph series on languages and linguistics, Jg. 11 (Washington, D.C., 1958); D. WESTERMANN u. M. A. BRYAN: The languages of West Africa (Neuausg. Folkestone 1970); W. E. WELMERS: African language structures (Berkeley, Calif., 1973); O. KÖHLER: Gesch. u. Probleme der Gliederung der Sprachen Afrikas ..., in: Die Völker Afrikas u. ihre traditionellen Kulturen, hg. v. H. BAUMANN, Tl. 1 (1975); G. BÖHM: Elemente des Satzbaus in den M. u. ihre Verbreitung im Sudan (Wien 1984); R. KASTENHOLZ: Mande languages and linguistics (Hamburg 1988).

Mandeville [ˈmændəvɪl], **1)** Bernard de, engl. Schriftsteller und Philosoph niederländ. Herkunft, getauft Rotterdam 20. 11. 1670, †Hackney (heute zu London) 21. 1. 1733; war Arzt; verfasste 1705 anonym die Satire ›The grumbling hive, or knaves turned honest‹, die mehrfach ergänzt 1714 u. d. T. ›The fable of the bees, or private vices, public benefits‹ (dt. u. a. als ›Fabel von den Bienen‹) erschien. M. radikalisierte T. HOBBES' Philosophie des Eigennutzes, indem er den menschl. Egoismus als Grundlage wirtschaftl. Prosperität ansah. Seine These, dass durch Zusammenspiel egoist. Einzelinteressen ein höchster Gesamtnutzen erzielbar sei, wurde beispielhaft für die klass. Schule der Nationalökonomie.

R. I. COOK: B. M. (Boston, Mass., 1974); H. MONRO: The ambivalence of B. M. (London 1975); W. H. SCHRADER: Ethik u. Anthropologie in der engl. Aufklärung (1984).

2) Sir John, engl. Schriftsteller, *angeblich Saint Albans um 1300, †Lüttich November 1372; stellte aus zahlr. Quellen ein anglonormann. Sprache geschriebenes Reisebuch (›Voyages d'outre mer‹, entstanden zw. 1357 und 1371; ins Dt. übertragen von dem Domherrn OTTO VON DIEMERINGEN um 1400) zusammen, das als Führer für Pilger ins Heilige Land gedacht war, aber auch historisch-geograph. Informationen über entferntere Länder wie Indien und China enthält; er selbst hatte nur Ägypten bereist.

Ausgaben: M.'s travels, hg. v. P. HAMELIUS, 2 Bde. (1916, Nachdr. 1973); The travels of Sir J. M., hg. v. C. W. MOSELEY (1983). – Die Reisen des Ritters J. M. durch das Gelobte Land, Indien u. China, bearb. v. T. STEMMLER (1966); Das Reisebuch des Ritters J. M., übers. v. G. E. SOLLBACH (1989).

J. W. BENNETT: The rediscovery of Sir J. M. (New York 1954); K. RIDDER: Jean de M.s ›Reisen‹. Studien zur Überlieferungsgeschichte ... (1991).

Mandibeln, →Mundgliedmaßen der Insekten.

Mandibula [lat. ›Kinn(lade)‹] *die, -/...lae, Anatomie:* der Unterkiefer (→Kiefer).

Mandibulata, artenreichste Abteilung der →Gliederfüßer: umfasst Krebse, Tausendfüßer und Insekten.

Mandingo, 1) Volk in Westafrika, →Malinke.

2) eine westafrikan. Sprache, die v. a. in Mali, Elfenbeinküste, Gambia sowie in Teilen von Burkina Faso, Guinea und Senegal gesprochen wird. Dialekte des M. sind u. a. Malinke und Bamakan, die Sprache der Bambara.

Mandingvölker, Mandingo, Bez. für eine Gruppe von Völkern in Westafrika (zw. Senegal, mittlerem Niger und der Rep. Elfenbeinküste), deren Mundarten innerhalb der →Mandesprachen die Nordwestgruppe bilden. Zu ihnen gehören: die Malinke, die Bambara und die Dyula, ferner die Koranko, Ligbi, Kono, Vai u. a. Zum Kulturkreis der M. werden auch die Soninke gezählt. Die ursprüngl. Religion der heute weitgehend islamisierten M., Ahnenkult, Geister- und Zauberglauben, hat sich mit Masken und Geheimbundwesen, Initiationen und Altersklassenorganisation z. T. erhalten.

M. DELAFOSSE: La langue mandingue et ses dialectes, 2 Bde. (Paris 1929–55); H. LABOURET: Les Manding et leur langue (ebd. 1934); D. WESTERMANN u. M. A. BRYAN: The languages of West Africa (Neuausg. Folkestone 1970).

Mandl, Mändl, Michael Bernhard, Bildhauer, *Prag (?) 1660, †Salzburg 23. 4. 1711; war in Salzburg tätig, wo er an Bauten J. B. FISCHER VON ERLACHs beteiligt war. Er schuf u. a. die Gruppe der Rossebändiger (1695) für die Hofmarstallschwemme und Skulpturen für die Fassaden der Kollegien- und der Dreifaltigkeitskirche. Seine Hauptwerke, die Figuren der Apostel PETRUS und PAULUS (1697–98) an der Fassade des Doms, bilden den Höhepunkt der Steinplastik des Salzburger Barock.

Mandola [ital.] *die, -/...len,* ein Lauteninstrument des 12.–17. Jh. (→Mandora); auch Bez. für die →Mandoline in Tenorlage.

Mandoline [ital., Verkleinerung von Mandola] *die, -/-n,* ein Zupfinstrument des Lautentyps mit einem bauchigen, halb birnenförmigen und aus schmalen Spänen zusammengesetzten Schallkörper, einem kurzen Hals mit Bünden sowie einer nach hinten schwach abgeknickten Wirbelplatte mit hinterständigen Schraubwirbeln. Die Decke hat ein offenes, meist mit Intarsien verziertes Schallloch. Die vier Doppelsaiten aus Metall in der Stimmung g-d^1-a^1-e^2 sind am unteren Rand des Schallkörpers befestigt und werden mit einem Plektron gespielt. Durch schnelles Hin- und Herbewegen des Plektrons über die Saiten entsteht der charakteristisch helle, rauschende Tremoloklang. Die M. ist wahrscheinlich aus der →Mandora hervorgegangen. Als **neapolitanische M.** kam sie um die Mitte des 17. Jh. in Italien auf, entwickelte sich in zahlr. lokalen Varianten zum ital. Nationalinstrument und verbreitete sich später in Europa. Neben der traditionellen M. in Sopranlage wurden seit dem ausgehenden 18. Jh. speziell für M.-Orchester auch Piccolo-, Tenor- (›Mandola‹) und Bass-M. (›Mandolone‹) gebaut.

In der Kunstmusik dient die M., abgesehen von vereinzelten Solowerken (A. VIVALDI, J. N. HUMMEL, L. VAN BEETHOVEN), v. a. im Opernorchester zur Schilderung südländ. Kolorits (z. B. W. A. MOZART, ›Don Giovanni‹, 1787; H. W. HENZE, ›König Hirsch‹, 1956), in der neueren Musik auch klangfarbl. Gestaltung (u. a. G. MAHLER, 7. und 8. Sinfonie, 1905 und 1907; A. SCHÖNBERG, Serenade op. 24, 1923; P. BOULEZ, ›Don‹, 1960; W. RIHM, 3. Sinfonie, 1977).

K. WÖLKI: Die Gesch. der M. (1940); F. JAHNEL: Die Gitarre u. ihr Bau. Technologie von Gitarre, Laute, M. ... (⁶1996).

Mandora [vielleicht umgestaltet aus pandora, über lat. pandura von griech. pandoúra ›ein dreisaitiges Musikinstrument‹] *die, -/...ren,* **Mandola,** mittelalterl. Bez. für ein Zupfinstrument der Lautenfamilie, speziell für ein Instrument mit meist 4–5 einzelnen oder doppelten Darmsaiten, das sich von der eigentl. Laute durch den wesentlich kleineren und flacheren ovalen oder keulenförmigen Resonanzkasten sowie einen si-

Michael Mandl: Figur des Apostels Petrus (1697–98) an der Fassade des Doms in Salzburg

Mandoline

chelförmig gebogenen Wirbelkasten mit seitenständigen Wirbeln unterscheidet. Die M. ist arab. Herkunft und verbreitete sich im 12.–14. Jh. schnell in W-Europa. In Spanien wurde sie ›guitarra morisca‹ genannt, später begegnet sie auch unter der Bez. ›Quinterne‹. Ab dem 16. Jh. wurde der Korpus der M. zur Klangverstärkung der größeren Laute angeglichen. M. PRAETORIUS (1619) nennt sie auch ›Pandurina‹ oder ›Mandürichen‹. In Frankreich wurde die M. bes. zum virtuosen Vortrag von Tänzen eingesetzt. Ein Abkömmling der M., der sich bis ins 19. Jh. in N-Italien hielt, war die **Mailänder Mandoline** mit 6 oder seltener 5 doppelchörigen, später einfachen Darmsaiten (Stimmung: g-h-e¹-a¹-d²-e² [oder -g²] bzw. g -c¹-a¹-d²-e²), die ohne Plektron gespielt wurde.

Mandorla [ital. ›Mandel‹] *die, -/...'dorlen,* Form des →Heiligenscheins.

Mandragora [lat.-griech.] *die, -/...'goren,* Gattung der Nachtschattengewächse mit sechs vom Mittelmeerraum bis zum Himalaja verbreiteten Arten; Stauden mit stark verkürzten Stängeln, dicken, rübenförmigen Wurzeln, großen ungeteilten Blättern, glockigen Blüten und Beerenfrüchten. Die M. i. e. S. ist die **Alraunwurzel** (Mandragora officinarum) mit grünlich gelben Blüten und gelben, runden Beeren. Die stark giftige, früher in der Volksmedizin als Narkotikum verwendete Wurzel enthält als Alkaloide (0,3–0,5%) u. a. Hyoscyamin, Atropin und Scopolamin und ist oft in zwei Teilwurzeln gespalten, wodurch sie, in Verbindung mit dem Blattschopf, an eine menschl. Gestalt erinnern kann (→Alraun).

Mandragora: Alraunwurzel

Mandrill (Körperlänge etwa 1 m)

Mandrill [engl.] *der, -s/-e,* **Mandrillus sphinx,** gedrungene Art der Hundsaffen in den Regenwäldern W-Afrikas; Körperlänge bis fast 1 m (Weibchen wesentlich kleiner), Gewicht bis über 50 kg; mit stummelförmigem Schwanz und auffallender Färbung von Gesicht und Gesäßschwielen. Die M. bewegen sich truppweise meist am Boden fort. Sie ernähren sich vorwiegend von Knollen, Wurzeln und Früchten. Eng verwandt mit der M. ist der **Drill** (Mandrillus leucophaeus), der ein einfarbig schwarzes Gesicht besitzt, mit einer roten Kinnpartie bei den Männchen.

Mandrin [mã'drẽ, frz.] *der, -s/-s,* zur Einführung weicher Katheter, Sonden oder Tuben verwendeter Leitstab oder -draht; auch Einlage zum Schutz von Kanülen vor Verstopfung.

Mandschu, Manchu, Mandschuren, Volk aus der Sprachgruppe der Tungusen, rd. 9,8 Mio. Angehörige, davon leben über 70% in ihrem Kernland, der Prov. Liaoning in NO-China. Die Übrigen sind über ganz China verstreut, v. a. in den Provinzen und autonomen Gebieten Heilongjiang, Jilin, Hebei, Innere Mongolei, Ningxia Hui, Gansu, Sinkiang, und Shandong sowie in den Städten Peking, Chengdu, Xi'an und Guangzhou. Die Sozialordnung war früher der vaterrechtlich ausgerichtete Klan. Ausgeprägter Ahnenkult (Ahnentempel, Hausaltäre) und Schamanismus bestimmten die geistige Vorstellungswelt. Die M. in der Mandschurei wurden erst seit dem zweiten Drittel des 20. Jh. stark sinisiert, die im übrigen China bereits seit dem 18. Jh. Die den M. nahe verwandten **Xibe (Sibe)** in der Mandschurei, v. a. aber eine in das Ili-Gebiet der Prov. Sinkiang verpflanzte Gruppe, haben ihr Volkstum bes. bewahrt (rd. 175000).

Die M., tungus. Herkunft, Nachfahren der →Dschurdschen, traten als Nation erst unter NURHACHI (* 1559, † 1626) in Erscheinung; dieser einigte die Stämme, verlieh ihnen ihre militär. Bannerverfassung (Organisation der ›Acht Banner‹), nahm 1616 den Titel Khan an und errichtete das Reich der ›Späteren Jin‹ (Hauptstadt seit 1621 Liaoyang). Sein Sohn ABAHAI (* 1592, † 1643) proklamierte 1636 die Dynastie Qing (eigtl. Da Qing ›Große Reine‹), die 1644 bis 1911/12 in China herrschte (→China, Geschichte).

Die Sprache der M. gehört zum tungus. Zweig der altaischen Sprachen. Sie ist durch Agglutination und Vokalharmonie gekennzeichnet, war während der Qing-Dynastie in China offizielle Hofsprache mit eigener Schrift und wird heute nur noch in einzelnen Gebieten, v. a. in Sinkiang und Heilongjiang, von rd. 20 000 Menschen gesprochen. Die M.-Schrift wurde 1599 durch NURHACHI eingeführt. Sie besteht aus Elementen des alten uigur. und mongol. Alphabets und wurde in senkrechten Zeilen von links nach rechts laufend geschrieben. – Die Literatur umfasst neben Verwaltungsakten und volkstüml. Werken v. a. Übersetzungen aus dem Chinesischen.

J. KLAPPROTH: Chrestomathie mandchou, ou recueil de textes mandchou (Paris 1828, Nachdr. Osnabrück 1985); C. DE HARLEZ: Manuel de la langue Mandchou (Paris 1884, Nachdr. Osnabrück 1985); E. HAUER: Hwb. der M.-Sprache, 3 Bde. (1952–55); W. FUCHS: Die mandschur. Lit., in: Hb. der Orientalistik, hg. v. B. SPULER, Abt. 1, Bd. 5,3: Tungusologie (Leiden 1968); E. HAENISCH: M.-Gramm. (Leipzig ²1986); Miszellen zur mandschur. Sprache, Lit. u. Gesch. im 17. u. 20. Jh., hg. v. M. WEIERS u. a. (1987); Histor. u. bibliograph. Studien zur M.-Forschung, hg. v. M. GRIMM u. a. (1992).

Mandschukuo, 1932–45 Name des unter dem Protektorat Japans stehenden Satellitenstaates in der →Mandschurei.

Mandschurei [nach den Mandschu] *die,* der nordöstl. Teil Chinas, zw. Amur im N und Gelbem Meer im S; umfasst die Prov. Heilongjiang, Jilin und Liaoning sowie Teile der Inneren Mongolei. Kernland der M. ist die mandschur. Ebene, im zentralen, flachwelligen Tiefland, das von den Flüssen Sungari und Liao He entwässert wird und allseits von Bergländern umschlossen ist: im NW der Große Chingan, im NO der Kleine Chingan, im SO und S das ostmandschur. Bergland, das von der Niederung an Sungari, Amur und Ussuri bis an die S-Küste der Halbinsel Liaodong reicht (bis 2 744 m ü. M.), im SW das tief zerschnittene südwestmandschur. Bergland (Bergland von Jehol).

Das Klima ist gekennzeichnet durch lange, kalte Winter und kurze, subtropisch heiße Sommer; die nördl. M. weist Dauerfrostböden auf. Die Niederschläge nehmen von SO (etwa 1 000 mm pro Jahr) nach NW (250 mm pro Jahr) ab; Schnee fällt während sechs bis sieben Monaten im Jahr.

Das Ackerland wird überwiegend für den Anbau von Sojabohnen (etwa 40% der Gesamterzeugung Chinas), Kauliang (35%) und Hirse, ferner von Sommerweizen, Gerste, Hafer, Zuckerrüben, Reis und Mais, von Ölfrüchten (Sonnenblumen, Erdnüsse), Baumwolle, Flachs und Tabak genutzt. In den westl. Steppengebieten hat dagegen die Weidewirtschaft Vorrang. Die riesigen Waldbestände im Großen und Kleinen Chingan sowie im ostmandschur. Bergland bilden die Grundlage einer bedeutenden Holzwirtschaft. Basis der Industrie sind die reichen Bodenschätze: Steinkohle (Fushun, Fuxin, Benxi u. a.), Eisenerze (Anshan u. a.), Erdöl (Daqing). Der Aufbau

Mandschu: Mandschuschrift

der Eisen- und Stahlindustrie (heutige Zentren Anshan, Benxi und Fushun) unter den Japanern in den 1930er-Jahren machte die M. lange Zeit zum Mittelpunkt der chin. Schwerindustrie; Weiterverarbeitung (v. a. Maschinenbau) in Shenyang, Dalian, Harbin und Changchun. Außerdem Aluminium-, chem., Zement-, Glas-, Papier- und Nahrungsmittelindustrie.

Geschichte: Die südl. M., seit etwa dem 3. Jh. v. Chr. unter chin. Einfluss, gehörte vom 5. bis zum 7. Jh. zum Macht- und Einflussbereich des korean. Reiches Koguryŏ, das 668 von dem mit dem chin. Tang-Reich verbündeten Königreich →Silla unterworfen wurde. Mongol. und tungus. Stämme, die hauptsächlich das Gebiet der M. bewohnten, gründeten in der Folge versch. Reiche (u. a. die Kitan und die Dschurdschen), bis die tungus. Mandschu im 16. und 17. Jh. das Gebiet einigten und 1644, von der regierenden Mingdynastie zur Niederschlagung eines Aufstandes ins Land geholt, die Regierungsmacht in China übernahmen. 1689 wurde die Nordgrenze der M. gegen russ. Angriffe im Vertrag von Nertschinsk dem östl. Jablonowyjgebirge entlang festgelegt, 1858 aber das Amurgebiet, 1860 die Küstenprovinz an Russland abgetreten. 1896 erhielt Russland die Erlaubnis zum Bau der Ostchin. Eisenbahn und besetzte im Boxeraufstand 1900 das ganze Land. Die Aufrechterhaltung der Besetzung war einer der Gründe für den Russisch-Jap. Krieg (1904–05). Im Frieden von Portsmouth (5. 9. 1905) wurden zwar die chin. Hoheitsrechte anerkannt, de facto kam es jedoch zu einer Aufteilung der M. in ein russ. und ein jap. Einflussgebiet.

Nach dem Zerfall der chin. Zentral-Reg. war die M. seit etwa 1919 unter ZHANG ZUOLIN und ZHANG XUELIANG faktisch unabhängig. Auf dem ›Nordfeldzug‹ (→China, Geschichte) unterstellte CHIANG KAI-SHEK die M. 1929 formell wieder der chin. Zentralgewalt. Seine Bestrebungen, die Einheit Chinas wiederherzustellen, kollidierten in der M. mit den Plänen nationalistisch-expansionist. Militärkreise Japans, den jap. Herrschaftsraum auf Kosten Chinas zu erweitern.

Nach dem von jap. Offizieren am 18. 9. 1931 inszenierten Anschlag auf die in jap. Hand befindl. südmandschur. Eisenbahn bei Mukden (Shenyang; ›Zwischenfall von Mukden‹) marschierten jap. Truppen (die ›Kwantungarmee‹) in die M. ein. Am 18. 2. 1932 erklärte Japan die M. zum unabhängigen Staat **Mandschukuo**; die tatsächl. Macht blieb jedoch in jap. Hand. Am 9. 3. 1932 setzten die Japaner PU YI, den letzten chin. Kaiser aus der Dynastie der Mandschu, als Regenten ein. Mit dessen Ernennung zum Kaiser am 1. 3. 1934 wurde Mandschukuo zum Kaiserreich. Der Protest Chinas und der Völkerbundes gegen die jap. Aggression in der M. blieb wirkungslos. Der von einer Kommission des Völkerbundes erarbeitete Lytton-Bericht (September 1932) stellte zwar den überfallartigen Angriff der Japaner fest, suchte aber zugleich politisch zw. Japan und China zu vermitteln.

Die mandschur. Kohlen- und Eisengruben waren die Hauptstützen der jap. Rüstung. Trotz des Verkaufs der in sowjet. Besitz befindl. Ostchin. Eisenbahn an Mandschukuo (1935) ließen die sowjetisch-jap. Spannungen nicht nach; 1938/39 kam es zu zahlr. Grenzzwischenfällen; 1939 trat Mandschukuo dem Antikominternpakt bei. Die Konferenzen von Kairo (1943) und Jalta (1945) beschlossen die Rückgabe der M. an China. Für ihre Zusicherung, in den Krieg gegen Japan einzutreten, erhielt die UdSSR Vorrechte in den (heute zur Stadt Dalian zusammengefassten) Hafenstädten Dairen und Port Arthur. Mit der jap. Niederlage (August 1945) löste sich das Kaiserreich Mandschukuo auf.

Nach dem Abzug der sowjet. Truppen (1946) war die M. Schauplatz heftiger Kämpfe zw. nationalchin. und kommunist. Truppen (Oberbefehlshaber: LIN BIAO), die mit dem Sieg der Kommunisten (1948) endeten. 1949 wurde das Gebiet der M. Bestandteil der VR China. Die sowjet. Vorrechte konnten erst allmählich abgebaut werden (1955 Ende der sowjet. Besetzung von Port Arthur).

Mandschuria, Stadt in China, →Manzhouli.

Mandu, Ruinenstätte 90 km südwestlich von Indore, Indien; ehem. stark befestigte Hauptstadt des Sultanats Malwa (→Malwaplateau). – Mausoleum des HOSHANG SHAH (um 1440), die Freitagsmoschee (um 1440) mit 58 Kuppeln, die Koranschule Ashrafi Mahal mit dem Grabmal des MAHMUD KHILJI (KHALJI), der Hindola Mahal (15. Jh.) und der Jahas Mahal (15. Jh., ›Schiffspalast‹). – M. war im 15./16. Jh. Zentrum der jainist. Miniatur- und der Sultanatsmalerei.

Mandubiler, lat. **Mandubili,** gallische Völkerschaft zur Zeit CAESARS in der heutigen burgund. Landschaft Auxois, Hauptort →Alesia.

Manduria, Stadt in Apulien, Prov. Tarent, Italien, 79 m ü. M. auf der Penisola Salentina, 31 700 Ew.; bedeutende Bibliothek; wichtiger Agrarmarkt. – Mauerreste und Nekropole aus röm. Zeit; roman. Dom (im 16. Jh. umgestaltet); Schloss (Palazzo Imperiale, 1719 ff.). – M., das auf die Antike zurückgeht, entstand nach Zerstörungen am Ende des 11. Jh. als **Casalnuovo** neu. Seit 1789 trägt es wieder den alten Namen.

Mándy [-di], Iván, ungar. Schriftsteller, * Budapest 23. 12. 1918, † ebd. 6. 10. 1995; schildert in seinen knapp und konzentriert, in kühl-distanzierter Stilhaltung verfassten Erzählungen und Hörspielen unsichere, gefährdete und gescheiterte Existenzen, Bohemiens, Halb- und Unterweltgestalten in Budapest.

Werke (ungar.): *Romane:* Stoppel u. das graue Pferd (1959); Die Frauen der Fabulya (1959; dt.); Am Rande des Spielfeldes (1963; dt.); Die zweiundzwanzigste Straße (1985); Schraubenschlüssel (1985). – *Novellen:* Ohne Atemzug (1984). – Lebenslauf. Novellen, Hörspiele (1989). – Erzählungen (1966, dt. Ausw.).

Mandyn [ˈmandɛjn], **Mandijn,** Jan, niederländ. Maler, * Haarlem um 1500, † Antwerpen um 1560; ließ sich vor 1530 in Antwerpen nieder. Er malte Bilder mit fantast. Motiven in der Art von H. BOSCH. Die Grundlage für Zuschreibungen bildet das einzige von ihm signierte Werk (›Die Versuchung des hl. Antonius‹, um 1530; Haarlem, Frans-Hals-Museum). M. war Lehrer von B. SPRANGER.

...mane, Wortbildungselement, → ...manie.

Manege [maˈneːʒə; frz., von ital. maneggio ›Schulreiten‹, ›Reitbahn‹] *die,* -/-n, meist runde Fläche für Reit- oder Zirkusvorführungen.

Manegiren, ostasiat. Volk, Gruppe der südl. →Ewenken.

Manegold, M. von Lautenbach, Augustinerchorherr, † nach 1103; war Mönch in den Klöstern Lautenbach (Elsass) und Rottenbuch (Oberbayern), 1094 erster Propst im elsäss. Stift Marbach. Der fanat. Anhänger Papst GREGORS VII. im Investiturstreit führte in seiner Schrift ›Ad Gebehardum liber‹ als einer der ersten mittelalterl. Autoren die Erwählung und Absetzung des Königs auf die Idee der Volkssouveränität zurück. In einer weiteren Schrift (›Liber contra Wolfhelmum‹) stellte er sich gegen die von ihm als heilsfeindlich angesehene Wissenschaft.

G. KOCH: M. v. L. u. die Lehre von der Volkssouveränität unter Heinrich IV. (1902, Nachdr. Vaduz 1965).

Manen [lat., zu älter manus ›gut‹, wohl eigtl. ›gute Geister‹] *Pl.,* lat. **Di Manes,** in der altröm. Religion die Gesamtheit der abgeschiedenen Seelen, die man als in der Unterwelt waltende Gottheiten auffasste. Zu ihrer Verehrung und Versöhnung wurde das Fest der Parentalia gefeiert. Auf röm. Grabsteinen findet sich häufig die Formel D(is) M(anibus), ›den M. (geweiht)‹.

Manen [-nə], Hans van, niederländ. Choreograph und Ballettdirektor, * Nieuwer Amstel (heute Amstel-

Máne   Mánes – Manessische Handschrift

Josef Mánes: Dorfkirche; um 1855 (Prag, Národní Galerie)

veen) 11. 7. 1932; war 1961–70 künstler. Kodirektor des Nederlands Dans Theater in Den Haag und 1973–87 Ballettmeister und Choreograph bei Het Nationale Ballet in Amsterdam, seit 1988 ist er Hauschoreograph beim Nederlands Dans Theater; arbeitete auch für andere Ensembles, v. a. für das Stuttgarter Ballett. Sein umfangreiches Œuvre weist ihn als einen der großen, formbewussten Choreographen des 20. Jh. aus, der dem Tanz neue Ausdruckshorizonte erschlossen hat. Auch als Fotograf machte sich M. einen Namen.

Choreographien: Metaforen (1965); Squares (1969); Große Fuge (1971); Twilight (1972); Adagio Hammerklavier (1973); Four Schumann pieces (1975); Fünf Tangos (1977); Grand trio (1978); Five short stories (1982); Corps (1985); Shaker loops (1987); Visions fugitives (1990); Short hand (1993); Polish pieces (1995); Kleines Requiem (1996); Solo (1997).

JOCHEN SCHMIDT: Der Zeitgenosse als Klassiker (1987).

Mánes ['ma:nɛs], Josef, tschech. Maler und Grafiker, * Prag 12. 5. 1820, † ebd. 9. 12. 1871; schuf nach Studien in Prag und München (P. CORNELIUS, M. VON SCHWIND) romant. Darstellungen aus Geschichte und Volksleben Böhmens, ferner realist. Landschaften, Porträts und Illustrationen (u. a. zur Königinhofer Handschrift, 1857–60) und gestaltete die Kalenderplatte der astronom. Uhr des Altstädter Rathauses in Prag (1865–66; Original ebd., Muzeum hlavního města Prahy). Als Begründer einer nat. tschech. Malerei war er richtungweisend für die nachfolgenden Künstlergenerationen.

Mănescu [mə-], Manea, rumän. Politiker, * Brăila 9. 8. 1916; Mitgl. der KP; baute mit N. CEAUŞESCU den kommunist. Jugendverband auf und trat als Fachmann in wirtschaftswiss. Fragen hervor; war Mitgl. des ZK der KP (1960–79, 1982–89) sowie Mitgl. des Präsidiums, später des Exekutivbüros der KP (1968–79, 1982–89); war u. a. stellv. Vors. des Staatsrates (1969–72, 1982–89) und Min.-Präs. (1974–79).

Manesse-Verlag, seit 1983 zur →Deutschen Verlags-Anstalt GmbH gehörender Verlag; gegr. 1944 in Zürich.

Manessier [manɛ'sje], Alfred, frz. Maler und Grafiker, * Saint-Ouen (Dép. Somme) 5. 12. 1911, † Orléans 1. 8. 1993; gelangte nach der Auseinandersetzung mit Kubismus und Surrealismus in den 40er-Jahren zu einer lyr. Abstraktion, der er v. a. eine religiöse Thematik zugrunde legte. Seine wesentl. Gestaltungsmittel sind Farben von hoher Leuchtkraft. M. entwarf auch Glasmalereien (Allerheiligenkirche in Basel, 1952; Liebfrauenkirche in Bremen, 1966–79) und Wandteppiche.

J. P. HODIN: M. (Neuenburg 1972); A. M., Ausst.-Kat. (Wien 1974); M., Ausst.-Kat. (Lyon 1988); A. M. Les vitraux – die Glasmalereien 1948–1993, bearb. v. A. LANGLOIS (Bern 1993).

Manẹssische Handschrift, Große Heidelberger Liederhandschrift, größte und schönste der mittelhochdt. Liederhandschriften. Sie enthält auf 425 großformatigen Pergamentblättern in 38 Lagen 140 Gedichtsammlungen, die von der Mitte des 12. Jh. bis etwa 1300 zu datieren sind. Eröffnet wird die M. H. mit Gedichten Kaiser HEINRICHS VI., es folgen Sammlungen mehrerer Könige, Markgrafen, Herzöge, Grafen usw. Während die Dichter am Anfang der Handschrift hierarchisch geordnet sind, spielen danach auch landschaftl. und chronolog. Kriterien für die Reihung eine Rolle. Die umfangreichsten Einzelsammlungen gehören WALTHER VON DER VOGELWEIDE (etwa 450 Strophen), ULRICH VON LICHTENSTEIN (etwa 310 Strophen), REINMAR DEM ALTEN (etwa 260 Strophen), NEIDHART VON REUENTAL (etwa 290 Strophen) und J. HADLOUB (etwa 240 Strophen). Ein beträchtl. Teil der Strophen ist nur hier überliefert. Die 137 ganzseitigen, jeder Gedichtsammlung vorangestellten Miniaturen, an denen mindestens vier Illuminatoren gearbeitet haben, bieten zeittyp. Idealbildnisse der Dichter, meist mit Wappen. – Entstanden ist die M. H. in der 1. Hälfte des 14. Jh., wohl in Zürich, mutmaßlich auf Grundlage einer Sammlung von Liederbüchern, die der Züricher Patrizier RÜDIGER MANESSE († 1304) anlegen ließ. 1607 kam die Handschrift nach Heidelberg in den Besitz Kurfürst FRIEDRICHS IV. von der Pfalz, spätestens 1656 nach Paris, von wo sie 1888 im Tausch gegen frz. Handschriften und gegen eine hohe Geldsumme nach Heidelberg zurückkehrte. Nach ihrem Aufenthaltsort in Paris wird die M. H. auch **Pariser Handschrift** genannt. In der Minnesangphilologie wurde die M. H. (Sigle C) textkritisch meist geringer gewertet als die

Alfred Manessier: Farblithographie aus der siebenteiligen Folge ›Ostern‹; 1949

→Kleine Heidelberger Liederhandschrift. Erst in neuerer Zeit wird ihr Wert für eine historisch fundierte Erfassung der Geschichte des Minnesangs gesehen. (BILDER →Falken, →Gottfried von Neifen, →Friedrich von Hausen)

Ausgaben: Die M. H., bearb. v. R. SILLIB u. a., 2 Bde. (1927–29); Die Große Heidelberger Maness. Liederhandschrift, hg. v. ULRICH MÜLLER (1971); Die Große Heidelberger Liederhandschrift Codex Manesse in getreuem Textabdruck, hg. v. F. PFAFF (²1984).

E. JAMMERS: Das Königl. Buch des dt. Minnesangs (1965); H.-E. RENK: Der Manessekreis, seine Dichter u. die M. H. (1974); H. KUHN: Die Voraussetzungen für die Entstehung der Großen Heidelberger Liederhandschrift u. ihre überlieferungsgeschichtl. Bedeutung, in: DERS.: Liebe u. Gesellschaft (1980); K. CLAUSBERG: Die Maness. Liederhandschrift (²1988); Codex Manesse, hg. v. E. MITTLER u. a., Ausst.-Kat. (1988); Codex Manesse. Die Miniaturen der Großen Heidelberger Liederhandschrift, hg. v. I. F. WALTHER (1988).

Manet [ma'nɛ], Édouard, frz. Maler und Grafiker, * Paris 23. 1. 1832, † ebd. 30. 4. 1883; arbeitete 1850–56 im Atelier von T. COUTURE. Im Louvre und auf Reisen (u. a. Italien, Niederlande, Spanien) kopierte er Bilder von TIZIAN, TINTORETTO, E. DELACROIX, F. HALS, D. VELÁZQUEZ, F. DE GOYA Y LUCIENTES u. a. bzw. bezog aus ihnen Anregungen für eigene Werke. Bereits seine ersten Bilder wie ›Der Absinthtrinker‹ (1859; Kopenhagen, Ny Carlsberg Glyptotek) wurden vom Salon zurückgewiesen. Trotz wiederholter Schwierigkeiten blieb M. dem offiziellen Salon treu und stellte niemals gemeinsam mit den Impressionisten aus, obwohl er ihnen freundschaftlich verbunden war, sie entscheidend beeinflusste und selbst Anregungen von ihnen empfing. Seine Bilder der 1860er-Jahre stehen unter dem Einfluss der span. Malerei (nach GOYAS Kompositionsschema ›Die Erschießung Kaiser Maximilians von Mexiko‹, 1867; Mannheim, Städt. Kunsthalle). 1863 rief sein ›Frühstück im Freien‹ (Paris, Musée d'Orsay; BILD →Genremalerei), das vom Salon abgewiesen worden war und im ›Salon des Refusés‹ (Salon der Zurückgewiesenen) ausgestellt wurde, einen Sturm der Entrüstung hervor, der sich angesichts der im Salon gezeigten ›Olympia‹ (1863; Paris, Musée d'Orsay) noch steigerte. Die Bilder stießen nicht nur wegen ihrer Thematik auf Ablehnung, sondern auch wegen der revolutionären Flächigkeit der Darstellung, die betont wurde durch die Absetzung heller und dunkler Partien voneinander. Dies gab 1866 erneut den Ausschlag für die Zurückweisung des Bildes ›Der Pfeifer‹ (Paris, Musée d'Orsay), für das sich dann É. ZOLA einsetzte. Mit dem Bestreben, ein Bild in große Farbflächen zu gliedern, es von der perspektiv. Illusion in die Zweidimensionalität zurückzuholen, wurde M. richtungsweisend für die moderne Kunst. In den 70er-Jahren löste er sich von den Motiven alter Meister und machte sich die Errungenschaften der Freilichtmalerei zunutze. Sein Themenkatalog umfasst neben zeitgenöss. Ereignissen Porträts, Szenen aus dem Alltag, Stillleben und Landschaften. Er schuf neben Ölbildern auch Pastelle, Radierungen und Lithographien.

Musik in den Tuilerien (1860–62; London, National Gallery); Porträt Émile Zola (1867–68; Paris, Musée d'Orsay); Bahnhof Saint-Lazare, Paris (1873; Washington, D.C., National Gallery of Art); Die Barke (1874; München, Neue Pinakothek); Nana (1877; Hamburg, Kunsthalle); Blondes Mädchen mit entblößter Brust (1878; Paris, Musée d'Orsay); Spargelbündel (1880; Köln, Wallraf-Richartz-Museum); Bar in den Folies-Bergère (1881–82; London, Courtauld Institute Galleries).

A. C. HANSON: M. and the modern tradition (New Haven, Conn., 1977); P. COURTHION: É. M. (Paris 1978); A. HENZE: E. M. Leben u. Werk (1982); M. 1832–1883, übers. v. M. FIENBORK u. a., Ausst.-Kat. (1984); G. H. HAMILTON: M. and his critics (New Haven, Conn., 1986); W. HOFMANN: Nana. Mythos u. Wirklichkeit (Neuausg. 1987); H. KELLER: E. M. (1989); E. M., Augenblicke der Gesch., hg. v. M. FATH u. S. GERMER, Ausst.-Kat. Städt. Kunsthalle Mannheim (1992); O. FRIEDRICH: E. M. u. das Paris seiner Zeit (a. d. Amerikan., 1994); P. WRIGHT: M. (a. d. Engl. 1994); H. DÜCHTING: M. Pariser Leben (1995); M., bearb. v. R. PICKVANCE, Ausst.-Kat. Fondation Pierre Gianadda, Martigny (Martigny 1996).

Édouard Manet: Nana; 1877 (Hamburg, Kunsthalle)

Manetho, griech. **Manethon,** ägypt. Geschichtsschreiber des 3. Jh. v. Chr.; Priester in Heliopolis, urspr. aus Sebennytos (heute Samannud) im Nildelta; verfasste eine ägypt. Geschichte (bis ans Ende der 30. Dynastie, die 31. Dynastie ist ein späterer Zusatz) in griech. Sprache (um 280 v. Chr.), die in Auszügen erhalten ist.

Manfaluti, Mustafa Lutfi **al-M.,** ägypt. Schriftsteller, * Manfalut (bei Assiut) 30. 12. 1876, † Kairo 25. 7. 1924; schrieb Novellen, Erzählungen und Untersuchungen zu verschiedenen gesellschaftl. und literar. Problemen und trat auch als Übersetzer aus dem Französischen hervor (u. a. Werke von E. ROSTAND, F. COPPÉE und B. DE SAINT-PIERRE). Als Stilist trug er wesentlich zur Modernisierung der arab. Prosa bei.

Manfred, König von Sizilien (seit 1258), * 1232, † (gefallen) Benevent 26. 2. 1266; natürl. Sohn Kaiser FRIEDRICHS II. (von BIANCA LANCIA), erbte von seinem Vater 1250 das Fürstentum Tarent und die Statthalterschaft in Italien für seinen Halbbruder KONRAD IV., für dessen Sohn KONRADIN er 1254 die Regentschaft übernahm. 1258 zum König von Sizilien gekrönt, erweiterte er seine Macht auch auf Kosten des Kirchenstaates, sodass Papst URBAN IV. KARL I. VON ANJOU zu Hilfe rief und sein Nachfolger KLEMENS IV. diesen 1265 mit Sizilien belehnte. M. fiel im Kampf mit KARL I. in der Schlacht von Benevent.

Manfredi, Bartolomeo, ital. Maler, * Ostiano (bei Cremona) 1587, † Rom 1620/21; wandte sich v. a. dem halbfigurigen Genrebild zu. Als Nachfolger CARAVAGGIOS war er bes. einflussreich auf die romanist. Schule von Utrecht (G. H. VAN HONTHORST, H. TERBRUGGEN u. a.).

Manfredini, 1) F r a n c e s c o   M a r i a, ital. Komponist, getauft Pistoia 22. 6. 1684, † ebd. 6. 10. 1762, Vater von 2); studierte Violine bei G. TORELLI und wurde um 1715 Kapellmeister in München, seit 1727 am Dom zu Pistoia. M. komponierte Oratorien, Concerti grossi in der Nachfolge von A. CORELLI, Kammerkonzerte für Violine und Violoncello (1704), zwölf Triosonaten (1709). Sein Doppelkonzert für zwei Violinen und Basso continuo (op. 3, 1718) enthält eine Weihnachtspastorale.

2) **Vincenzo,** ital. Komponist, * Pistoia 22. 10. 1737, † Sankt Petersburg 16. 8. 1799, Sohn von 1); Schüler seines Vaters, reiste 1758 nach Russland und war 1762–69 Hofkapellmeister in Sankt Petersburg, lebte danach in Bologna und wurde 1798 von Zar PAUL I. (seinem ehem. Schüler) wieder nach Petersburg berufen. M. schrieb Bühnenwerke, Kirchen- und Kammermusik, Cembalosonaten sowie eine Gesangs- und Generalbassmethode (›Regole armoniche‹, 1775).

Manfredonia, Stadt und Hafen in Apulien, Prov. Foggia, Italien, am Golf von M., am Fuß des Monte Gargano, 58 500 Ew.; Erzbischofssitz; Handelszentrum, chem. und petrochem. Industrie; Fischfang. – Erhalten sind Reste des Kastells und die Kirchen Santa Maria di Siponto (grundlegende Erneuerung eines älteren Baus Ende des 12. Jh.), San Leonardo (11./12. Jh., einziger Überrest einer ehem. Komturei des Dt. Ordens) sowie San Domenico (13. Jh.). – M. wurde von MANFRED, dem späteren König von Sizilien, 1256 in der Nähe der 1223 durch ein Erdbeben zerstörten Stadt Siponto (in der Antike Sipontum) gegründet und planmäßig angelegt.

Mangabeirabaum [indian.-port.], **Hancornia speciosa,** einzige Art der Hundsgiftgewächsgattung Hancornia; von Venezuela bis S-Brasilien und Paraguay verbreiteter kleiner Baum mit langröhrigen Blüten. Die kugeligen Früchte (**Mangabas**) werden als Obst gegessen. Der Milchsaft liefert **Mangabeirakautschuk** (Cembabeiragummi, Pernambucokautschuk).

Mangaben [nach der Landschaft Mangaby auf Madagaskar], *Sg.* **Mangabe** *die, -,* **Cercocebus,** mit den Meerkatzen eng verwandte Gattung schlanker, bis 85 cm körperlanger Affen in den Regenwäldern Afrikas; mit meist dunkler Körperoberseite, hellerer Unterseite, nahezu körperlangem Schwanz und hellen Augenlidern, die Signalfunktion bei der Verständigung haben; in kleinen Gruppen lebende Baumbewohner; vier Arten, u. a. die glänzend schwarze **Schopfmangabe** (Cercocebus aterrimus) mit schopfartig verlängerten Kopfhaaren und bräunlichem Backenbart.

Mangaben: oben Halsbandmangabe (Kopf-Rumpf-Länge bis 67 cm); unten Schopfmangabe (Kopf-Rumpf-Länge bis 62 cm)

Mangan		
chem. Symbol: **Mn**	Ordnungszahl	25
	relative Atommasse	54,9380
	Häufigkeit in der Erdrinde	0,085 %
	natürliche Isotope (stabil)	nur ^{55}Mn
	radioaktive Isotope	^{46}Mn bis ^{54}Mn, ^{56}Mn bis ^{65}Mn
	längste Halbwertszeit (^{52}Mn)	$3{,}7 \cdot 10^6$ Jahre
	Dichte (α-Mn)	7,44 g/cm^3
	Schmelzpunkt	1246±3 °C
	Siedepunkt	2061 °C
	spezifische Wärmekapazität (bei 25 °C)	0,479 J/(g · K)
	elektrische Leitfähigkeit (bei 25 °C)	$5{,}4 \cdot 10^6$ S/m
	Wärmeleitfähigkeit (bei 27 °C)	7,82 W/(m · K)

Mangaia, eine der Südl. Cookinseln, im südl. Pazifik, 52 km^2, 1 200 Ew. (polynes. Bevölkerung). M. ist vulkan. Ursprungs, von Korallenriff umgeben.

Mangala [Sanskrit ›Glück‹, ›gutes Omen‹] *das, -(s)/-s,* im alten Indien Bez. für günstige Omina sowie Handlungen und Ereignisse, die eine günstige Beeinflussung des Schicksals zur Folge haben.

Mangalia, Stadt im Kr. Konstanza (Constanța), im SO Rumäniens, zw. einem Strandsee und dem Schwarzen Meer, 44 400 Ew.; Bade- und Kurort (schwefelhaltige Quellen); archäolog. Museum; Werft, Seehafen (seit 1985). – Reste röm. Befestigungsanlagen des 4. Jh. n. Chr. und von der frühchristl. Basilika (5. Jh.), deren seitl. Atrium zugleich Peristyl des bischöfl. Palastes war (hervorragende zoomorphe Kapitelle). Aus einem Grab wurde (1959) eine Papyrusrolle in griech. Sprache (4. Jh. v. Chr.) geborgen. – M. liegt an der Stelle des griech. **Kallatis,** das im 6. Jh. v. Chr. gegründet wurde und 72 v. Chr. unter röm. Herrschaft kam; im 6. Jh. n. Chr. von den Awaren zerstört. Im 13. Jh. errichteten genues. Kaufleute hier einen Hafen (Nennung 1230 als **Pangalia**).

Mangalore [ˈmæŋgəlɔː], Hafenstadt an der W-Küste Indiens, im Bundesstaat Karnataka, 273 000 Ew.; kath. Bischofssitz; Univ. (gegr. 1980); Exporthafen (bes. für Kaffee und Kardamom); elektrotechn. Industrie, Maschinenbau. – M. war schon im 14. Jh. ein bedeutender Handelsplatz mit Beziehungen zum Pers. Golf und wurde in der Mitte des 16. Jh. von den Portugiesen besetzt. Unter den Sultanen von Mysore (2. Hälfte 18. Jh., →Haidar Ali) war M. wichtiger Hafen und Schiffbauzentrum; 1781–84 und wiederum ab 1799 britisch.

Mangan [gekürzt aus älter Manganesium, von mlat. magnesia, vgl. Magnesium] *das, -s,* chem. Symbol **Mn,** ein →chemisches Element aus der siebenten Nebengruppe des Periodensystems. M. ist ein silbergraues (an der Luft meist bunt anlaufendes), hartes und sehr sprödes Schwermetall; es löst sich leicht in verdünnten Säuren und verbindet sich bei höheren Temperaturen mit den meisten Nichtmetallen. An der Luft verbrennt es zu Mangan(II,III)-oxid, Mn_3O_4 (→Manganverbindungen). M. ist nach Eisen das zweithäufigste Schwermetall der festen Erdkruste und steht in der Häufigkeit der chem. Elemente an 14. Stelle. Es kommt v. a. in den oxid. Mineralen (›Braunsteine‹) →Braunit, →Manganit, →Psilomelan, →Pyrolusit und →Hausmannit sowie (als Carbonat) im →Rhodochrosit vor und findet sich ferner als Nebenbestandteil in Eisenerzen. Auf dem Boden der Ozeane lagern große Mengen von →Manganknollen.

M. wird aus den oxid. Ausgangsmaterialien zum großen Teil in Form von Eisen-M.-Legierungen gewonnen, die sich aus Gemischen von Eisen- und M.-Erzen mit Koks im Hochofen oder im elektr. Schmelzofen herstellen lassen; man unterscheidet u. a. die Legierungen Ferromangan und Spiegeleisen (→Manganlegierungen). Reines M. lässt sich z. B. durch Reduktion von hochwertigem M.-Dioxid mit Aluminium oder durch Elektrolyse von M.-Sulfatlösung gewinnen. Die manganhaltigen Legierungen werden v. a. zur Desoxidation und zur Entschwefelung von Eisen sowie zum Legieren von Stählen verwendet. Auch bei anderen Metallen verbessert M. als Legierungskomponente die mechan. Eigenschaften. M. wird deshalb auch zur Herstellung von Kupfer-, Nickel-, Aluminium-, Magnesiumlegierungen u. a. verwendet (z. B. Heusler-Legierungen, Manganin).

M. ist ein wichtiges Spurenelement. Es kommt in den Geweben zahlr. Tierarten vor. Hautflügler z. B. speichern M. zus. mit anderen Metallverbindungen in Mitteldarmzellen. Die biolog. Bedeutung von M. liegt v. a. in der Aktivierung von Enzymen. Der tägl. Bedarf des Menschen beträgt etwa 5 mg je Tag. Die Inhalation von M.-Dämpfen oder M.-Dioxidstaub kann zu schweren Störungen des Zentralnervensystems (→Manganvergiftung) führen. Bei Pflanzen ist M. (in Form von Mn^{2+}-Ionen) an der Sauerstofffreisetzung im Rahmen der Photosynthese beteiligt. Mangel an M. löst bei Pflanzen nekrot. Flecken auf den Blättern aus. z. B. die →Dörrfleckenkrankheit des Hafers).

Wirtschaft: M. gilt als strategisch überaus wichtiger Rohstoff, etwa 95 % des weltweit gewonnenen M. werden zur Stahlherstellung verwendet. Nach Angaben der UNO wurden 1995 weltweit 22,7 Mio. t M.-Erz gefördert, davon entfielen auf die westl. Welt 11,7 Mio. t, auf die ehemals planwirtschaftl. Staaten sowie China

11,0 Mio. t. Die wichtigsten Förderländer sind Russland (1995: 6,2 Mio. t), China (4,7 Mio. t), die Rep. Südafrika (3,2 Mio. t), Brasilien (2,3 Mio. t) und Australien (2,2 Mio. t). Die wirtschaftlich verwertbaren M.-Reserven werden auf 680 Mio. t geschätzt; sie konzentrieren sich auf die Rep. Südafrika (ca. 54% der Reserven) und die Ukraine (20%).

Geschichtliches: M.-Erze wurden schon im Altertum zum Entfärben von Glas (als ›Glasmacherseife‹) verwendet; später stellte man aus oxid. M.-Erzen braune Glasuren auf Tonwaren her. Elementares M. wurde 1774 von J. G. Gahn entdeckt und isoliert. Bedeutung als Stahlveredler erhielt M. erst mit Beginn des 20. Jh.

Geology and geochemistry of Manganese, hg. v. I. M. Varentsov u. a., 3 Bde. (Stuttgart 1980); H. Gebert: Schichtgebundene M.-Lagerstätten (1989); Manganese mineralization, hg. v. K. Nicholson u. a. (London 1997).

Manganate, Sg. **Manganat** *das, -s,* →Manganverbindungen.

Manganblau, →Manganpigmente.

Manganblende, das Mineral →Alabandin.

Manganbraun, →Manganpigmente.

Manganelli, Giorgio, ital. Schriftsteller und Literaturwissenschaftler, * Mailand 22. 11. 1922, † Rom 28. 5. 1990; lehrte in Rom Anglistik und Amerikanistik; Übersetzer; Mitarbeiter von Zeitungen und Zeitschriften; führendes Mitgl. des avantgardist. ›Gruppo '63‹; ab 1968 Verlagslektor in Rom. Sein den Spielformen des literar. Manierismus verbundenes Werk bricht mit traditionellen Erzählformen und entzieht sich oft jeder Gattungszuordnung.

Werke: Prosa: Hilarotragoedia (1964; dt. Niederauffahrt); Nuovo commento (1969; dt. Omegabet); Pinocchio. Un libro parallelo (1977); Centuria (1979; dt. Irrläufe. Hundert Romane in Pillenform); Dall'inferno (1985; dt. Aus der Hölle); Rumori o voci (1987; dt. Geräusche oder Stimmen); Encomio del tiranno (1990). – *Erzählungen:* Agli dei ulteriori (1972; dt. An künftige Götter. Sechs Geschichten); Sconclusione (1976; dt. Unschluß); Tutti gli errori (1986; dt. Brautpaare und ähnl. Irrtümer). – *Essays:* La letteratura come menzogna (1967; daraus dt. Die Lit. als Lüge, in: Akzente, Jg. 16, 1969); Laboriose inezie (1986). – *Drama:* Cassio governa a Cipro (1977; nach Shakespeare). – *Lyrik:* Amore (1981; dt.). – *Textsammlungen:* Antologia privata (1989); Improvvisi per macchina da scrivere (1989). – M. furioso. Ein Hb. für unnütze Leidenschaften (1985, dt. Ausw.); G. M.s Lügenbuch (1987, dt. Ausw.).

I. Quandt: G. M., in: Italien. Lit. der Gegenwart, hg. v. J. Hösle u. a. (1974); M. L. Vecchi: G. M., in: Belfagor, Jg. 37 (Florenz 1982).

Mangan|epidot, Mineral, ein Piemontit, bei dem das Calcium durch Mangan ersetzt ist.

Mangangrün, →Manganpigmente.

Manganin® *das, -s,* Legierung aus 82–84% Kupfer, 12–14% Mangan und 3–5% Nickel mit nahezu temperaturunabhängigem elektr. Widerstand; für Meßwiderstände verwendet.

Manganit *der, -s/-e,* braunschwarzes, monoklines Mineral der chem. Zusammensetzung γ-MnOOH; Härte nach Mohs 4, Dichte 4,3 g/cm^3; strahlig-büschelige Aggregate oder prismat. Kristalle, oft kreuzförmige Zwillinge. M. kommt in hydrothermalen Gängen, aber auch sedimentär vor; geht bei der Verwitterung in Pyrolusit über.

Manganknollen, auf den Tiefseeböden der Ozeane, in den kontinentfernsten Bereichen mit geringer Sedimentation vorkommende, rundl., konzentrisch-schalig aufgebaute Konkretionen von durchschnittlich bis 8 cm Durchmesser. Neben Mangan (durchschnittlich 20–30%, z. T. bis über 40%) enthalten sie Eisen (5–15%) sowie – durchschnittlich je 1–2% – Nickel, Kobalt und Kupfer, ferner auch gelegentlich Zink u. a. Metalle (in oxid. und hydroxid. Verbindungen). Sie bilden sich, wahrscheinlich unter Beteiligung von Organismen (Bakterien, Foraminiferen u. a.), aus den kolloidal im Meerwasser gelösten Eisen-, Mangan- u. a. Verbindungen; diese wurden wohl, wenigstens teilweise, durch Flüsse oder den Wind vom Festland angeliefert (im Übrigen vulkan. Herkunft) und an Kristallisationskerne (Gesteinsbruchstücke, Hartteile von Organismen) angelagert; sie wachsen in 1 Mio. Jahren nur um wenige Millimeter. Von ähnl. Zusammensetzung, Herkunft und Verbreitung sind plattenförmige Gebilde und Krustenüberzüge. Dagegen entstanden die innerhalb der lockeren, wasserreichen bodennahen Sedimentschicht vorkommenden porösen M. mit 0,5–25 cm Durchmesser und mit hohem Kupfer- und Nickelgehalt offensichtlich während der Verfestigung des Sediments (Diagenese) durch Zirkulation (Aufwärtswandern) metallhaltiger Lösungen (Porenwasser), die letztlich wohl überwiegend vulkan. Herkunft sind. Der Pazif. Ozean enthält die größten Vorkommen, nach ersten Schätzungen über 10 Mrd. t (in allen Ozeanen zus. vielleicht 25–30 Mrd. t), von denen derzeit aber nur 5–10% wirtschaftlich verwertbar sind. Bei der Gewinnung der M. sind mögl. Auswirkungen auf die marine Umwelt zu bedenken (→Meeresbergbau).

The manganese nodule belt of the Pacific Ocean, hg. v. P. Halbach u. a. (Stuttgart 1988).

Manganknollen aus dem Pazifischen Ozean

Manganlegierungen, Legierungen, die Mangan als Hauptbestandteil enthalten; als Werkstoffe bisher ohne größere techn. Bedeutung. Hingegen werden Ferromangan (mit 25–80% Mn) oder Spiegeleisen (5–20% Mn) als Desoxidationsmittel bei der Stahlerzeugung verwendet. Legierungen mit geringen Mangangehalten (meist zur Erhöhung der Festigkeit) sind sehr zahlreich. Am wichtigsten ist die Verwendung von Mangan in Stahl (→Manganstähle) und Gusseisen sowie für einige ferromagnet. Legierungen (→Magnetwerkstoffe); Manganbronzen (12–14% Mn) werden als Widerstandswerkstoffe verwendet.

Mangano ['maŋgano], Silvana, ital. Filmschauspielerin, * Rom 21. 4. 1930, † Madrid 16. 12. 1989; ∞ mit D. De Laurentiis; ab 1946 beim Film, entwickelte sie sich zu einem weltweit anerkannten Star, u. a. in Werken L. Viscontis.

Filme: Bitterer Reis (1949); Anna (1951); Edipo Re ... (1967); Teorema ... (1968); Tod in Venedig (1970); Gewalt und Leidenschaft (Gruppo di famiglia in un interno, 1974); Schwarze Augen (1986).

Manganocalcit, Mineral, ein calciumreicher Rhodochrosit.

Manganomelane [zu griech. mélas ›schwarz‹], Sg. **Manganomelan** *der, -s,* Sammel-Bez. für die meist dunkelbraunen, traubig-nierigen oder auch feinerdigen, kryptokristallinen, aus kolloidalen Lösungen ausgeschiedenen Mangandioxidminerale, die nur röntgenographisch genau unterscheidbar sind. Alle M. gehen in weiche, als **Wad** bezeichnete Massen über, die aus feinsten Lockergerüsten aufgebaut sind. Zu den M. zählen der →Kryptomelan sowie der →Psilomelan. M. kommen in der Oxidationszone manganreicher Erzlagerstätten vor; auch die Manganknollen der Tiefsee gehören dazu.

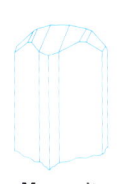

Manganit: Kristallform

Manganometrie *die, -,* maßanalyt. Verfahren der →Oxidimetrie mit Kaliumpermanganat als oxidierend wirkender Maßflüssigkeit. Die Eigenfarbe des Kaliumpermanganats dient als Indikator.

Manganophyllit, zur Biotitgruppe gehörendes, rotbraunes, manganreiches Glimmermineral; Magnesium und Aluminium können ganz durch Mangan ersetzt sein.

Manganosit *der, -s/-e,* smaragdgrünes, an der Luft schwarz werdendes, kub. Mineral der chem. Zusammensetzung MnO; Härte nach MOHS 5–6, Dichte 5,36 g/cm^3; metasomatisch in kontaktmetamorphem Marmor gebildet.

Manganpigmente, anorgan. Pigmente, die Mangan chemisch gebunden enthalten. Dazu gehören u. a.: **Manganblau,** licht-, zement-, kalk- und wasserglasechtes Mischkristall-M. aus Bariumsulfat und Bariummanganat; schwarzbraunes **Manganbraun** (Bister, Mangan- oder Mineralbister), ein Mangan(III)-oxidhydrat, für Leim-, Kalk- und Ölmalerei; dunkelgrünes **Mangangrün** (Bariummanganat, Kasseler Grün), giftig, wird durch Säuren zersetzt; **Manganschwarz** (Zementschwarz) aus vermahlenen Manganerzen; **Manganviolett** (Nürnberger Violett, Mineralviolett) aus Manganphosphat.

Manganschwarz, →Manganpigmente.

Manganspat, das Mineral →Rhodochrosit.

Manganstähle, Stähle mit Mangangehalten von über 0,8%. Die sich durch besondere Festigkeit und Härte auszeichnenden **perlitischen M.** (bis 1,0% C, bis 2,0% Mn) werden z. B. für Federn und Achsen verwendet; **austenitische M.** (Manganhartstähle, mit bis 1,3% C und bis 14% Mn) sind im abgeschreckten Zustand extrem zäh; ihre Oberflächenhärte erhalten sie durch die bei der plast. Verformung eintretende Kaltverfestigung; Verwendung u. a. für Baggerzähne.

Mangan|ton|granat, das Mineral →Spessartin.

Manganverbindungen. Mangan tritt in seinen Verbindungen in allen Wertigkeitsstufen von −3 bis +7 auf. Am wichtigsten sind die M. mit den Oxidationszahlen +2, +3, +4 und +7. Mit den Wertigkeitsstufen −3 bis +1 liegt Mangan in Komplexverbindungen.

Mangan(II)-oxid, MnO, kommt in der Natur als →Manganosit vor. Es wird als ein graugrünes Pulver durch Reduktion von Mangandioxid gewonnen; beim Erhitzen an der Luft auf 250–300 °C geht es in das braune **Mangan(III)-oxid,** Mn_2O_3, über. Beim Erhitzen an der Luft auf 1000 °C entsteht aus allen Manganoxiden das rotbraune, bes. beständige **Mangan(II,III)-oxid,** Mn_3O_4, das auch das Mineral →Hausmannit bildet. Das wichtigste Manganoxid ist das braunschwarze **Mangan(IV)-oxid, Mangandioxid,** MnO_2; es tritt in mehreren kristallinen Modifikationen auf und findet sich natürlich in Form der Minerale →Pyrolusit und Polianit. Es wird nach unterschiedl. Verfahren künstlich hergestellt (z. B. durch Erhitzen von Mangannitrat nach der Gleichung $Mn(NO_3)_2 \rightarrow MnO_2 + 2NO_2$). Mangandioxid ist Ausgangsmaterial für viele andere M. und wirkt stark oxidierend; mit Salzsäure bildet es Chlor und lösl. Manganchloride. Mangandioxid dient als Depolarisator in Trockenbatterien, als Glasmacherseife zum Entfärben von Glasschmelzen, als Sauerstoffträger und Katalysator in Zündmischungen oder für Firniserzeugnisse. **Mangan(VII)-oxid, Manganheptoxid,** Mn_2O_7, entsteht aus Kaliumpermanganat und konzentrierter Schwefelsäure als dunkle, metallisch schimmernde, ölige Flüssigkeit, die heftig explodieren kann, bes. bei Berührung mit organ. Stoffen. Es löst sich in kaltem Wasser mit violetter Farbe zu einer verdünnten Lösung der unbeständigen Mangansäure(VII), Permangansäure. – Die Basizität der Manganoxide nimmt mit steigender Wertigkeit ab. Mangan(II)-oxid bildet mit Säuren beständige Salze mit dem rosafarbenen Manganhexaaquaion $[Mn(H_2O)_6]^{2+}$. Mangandioxid ist amphoter; seine mit Säuren gebildeten Salze der Form MnX_4 (X = Säurereste) sind jedoch sehr unbeständig. Mit stark bas. Oxiden bildet Mangandioxid die Manganate(IV), z. B. mit Calciumoxid das Calciummanganat(IV), $CaMnO_3$. Bei den M. mit höheren Wertigkeitsstufen liegt das Mangan in Lösungen ausschließlich anionisch in Form der **Mangansäuren** bzw. ihrer Salze, der **Manganate,** vor. In alkal. oxidierenden Schmelzen bildet Mangandioxid tiefblaue Manganate(V) oder tiefgrüne Manganate(VI), z. B. mit Natriumoxid das Natriummanganat(V), Na_3MnO_4, mit Ätzkali an der Luft das Kaliummanganat(VI), K_2MnO_4. Technisch wichtig sind v. a. die Salze der Mangansäure(VII), **Permangansäure,** $HMnO_4$, die Manganate(VII) oder **Permanganate,** M^IMnO_4, die durch elektrochem. Oxidation der Manganate(V) oder -(VI) gewonnen werden. Sie sind metallisch schimmernde, kristalline Verbindungen, die sich in Wasser mit violetter Farbe lösen und ein sehr starkes Oxidationsvermögen zeigen. Man verwendet Permanganate, v. a. das **Kaliumpermanganat,** $KMnO_4$, für techn. Oxidationsreaktionen sowie als Reagenz in der Manganometrie, als Bleichmittel und z. T. noch als Desinfektionsmittel.

Weißes **Mangan(II)-hydroxid,** $Mn(OH)_2$, bildet sich aus Mangan(II)-salzlösungen mit Laugen als unlösl. Niederschlag. An der Luft geht es sofort in ein Gemisch von braunem **Mangan(III)-oxidhydrat,** $Mn_2O_3 \cdot xH_2O$, und braunem **Mangan(IV)-oxidhydrat,** $MnO_2 \cdot xH_2O$, über. Beim Trocknen bei 100 °C entsteht daraus überwiegend **Mangan(III)-oxidhydroxid,** $MnO(OH)$, ein Bestandteil der Malerfarbe Umbra.

Mangan(II)-chlorid kristallisiert aus Lösungen als blassrosa gefärbtes Tetrahydrat, $MnCl_2 \cdot 4H_2O$, aus. **Mangan(III)-chlorid,** $MnCl_3$, und **Mangan(IV)-chlorid,** $MnCl_4$, sind dagegen dunkel gefärbte, sehr unbeständige Verbindungen. **Mangan(II)-sulfat,** $MnSO_4$, kommt wasserfrei und in Form versch. Hydrate (mit 1, 4, 6 oder 7 Molekülen Kristallwasser) vor. **Mangan(II)-sulfid,** MnS, fällt aus Mangan(II)-salzlösungen bei Zugabe von Ammoniumsulfid als schwer lösl., hellrosa gefärbter Niederschlag aus (es existiert auch in einer orangefarbenen und einer grünen Modifikation). – **Mangan(II)-carbonat,** $MnCO_3$, ist eine weiße, in reinem Wasser unlösl. Substanz, die in der Natur als Mineral Manganspat (→Rhodochrosit) vorkommt. Bei Zusatz von Kohlensäure geht es in etwas besser lösl. **Manganhydrogencarbonat,** $Mn(HCO_3)_2$, über. Die **Manganphosphate** sind in Wasser schwer löslich. Man unterscheidet z. B. Mangan(II)-orthophosphat, $Mn_3(PO_4)_2 \cdot 3H_2O$, das das seltene Mineral Reddingit bildet, Mangan(II)-dihydrogenorthophosphat, $Mn(H_2PO_4)_2 \cdot 2H_2O$, das zur Phosphatierung von Eisen und Stahl verwendet wird, und Mangan(III)-orthophosphat, $MnPO_4 \cdot H_2O$, das unter Violettfärbung beim Nachweis mit der Phosphorsalzperle entsteht. **Mangancarbide** versch. Zusammensetzung, z. B. Mn_3C, Mn_4C, Mn_7C_3, bilden sich als metallähnl. kristalline Stoffe beim Zusammenschmelzen von Mangan und Kohlenstoff. – Mangansalze organ. Säuren, z. B. Manganstearat, werden als Trockenstoffe verwendet.

Manganvergiftung, durch Mangan oder Manganverbindungen hervorgerufene Gesundheitsstörungen. **Akute M.,** insbesondere solche in suizidaler Absicht, werden nach Einnahme von Kaliumpermanganat oder Manganodioxid (Braunstein) beobachtet. Kaliumpermanganat ruft starke Verätzungen im Magen-Darm-Kanal hervor. Bei der akuten Schädigung durch Braunstein kommt es zu einer schweren, nicht selten tödlich verlaufenden Lungenentzündung (Manganpneumonie). Die seltene **chronische M. (Manganismus)** durch Einatmen von Mangandämpfen oder

-dioxidstaub äußert sich in einer bleibenden Schädigung des Zentralnervensystems (Ganglienzelldegeneration) mit Symptomen wie Müdigkeit, Schwindel, psychot. Erscheinungen und Bewegungsstörungen wie bei der Parkinson-Krankheit. Chron. M. treten überwiegend bei der Ausübung entsprechender Berufe (Elektroschweißer, Arbeiter in der Mangangewinnung und -verarbeitung) auf und sind dann entschädigungspflichtige Berufskrankheiten.

Manganviolett, →Manganpigmente.

Mangar, Volk in Nepal, →Magar.

Mangareva [mãgare'va, frz.], die Hauptinsel der →Gambierinseln, Französisch-Polynesien.

Mangbetu, Volksgruppe im NO der Demokrat. Rep. Kongo, im trop. Regenwald und in der Feuchtsavanne zw. den Oberläufen von Uele und Ituri. M. war urspr. der Name eines Herrschergeschlechts, das unter Stämmen mit nilosaharan. Sprachen (Medje, Malele, Popoi, Makere u. a.) einige bedeutende Reiche errichtete. Die etwa 1 Mio. M. betreiben Feldbau auf Rodungsinseln (Jams, Maniok, Bananen, Mais, Hirse). Ein Teil der pygmiden Mbuti leben mit ihnen im Austausch. Die M. zeichnen sich durch ein reich entwickeltes Schmiedehandwerk aus (die Schmiede bilden eine eigene Kaste). Sie praktizieren Schädeldeformierung. Künstler. Erzeugnisse der M. sind die (oft mit anthropomorphen Attributen versehenen) Musikinstrumente und Palmweinkrüge aus Keramik.

J. LAROCHETTE: Grammaire des dialectes M. et Medje. Suivie d'un manuel de conversation et d'un lexique (Tervuren 1958).

Mangelernährung, →Malnutrition.

Mangelfolgeschaden, Begleitschaden, *bürgerl. Recht:* bei Lieferung einer mangelhaften Sache ein Schaden, der nicht unmittelbar an der Sache selbst, sondern als Folge des Mangels mittelbar an anderen Rechtsgütern des Geschädigten, z. B. seiner Gesundheit oder seinem Eigentum, entsteht (z. B. Wasserschaden am Gebäude durch eine undichte Waschmaschine). M. werden grundsätzlich nicht nach der →Mängelhaftung, sondern nach den Regeln der →positiven Vertragsverletzung ersetzt. Ein Ersatz nach Gewährleistungsregeln (→Gewährleistung) findet (nach umstrittener Ansicht) im Kaufrecht bei Zusicherung einer Eigenschaft bzw. bei arglistigem Verschweigen eines Fehlers statt (§ 463 BGB), im Werkvertragsrecht bei Vorliegen eines ›engen Mangelfolgeschadens‹.

Der Anspruch auf Ersatz des M. aus positiver Vertragsverletzung verjährt regelmäßig nach 30 Jahren; allerdings gilt im Kaufrecht die kurze Verjährung des § 477 BGB (sechs Monate) auch für M. Ansprüche auf Ersatz für M. gibt es auch bei der →Produkthaftung.

Mängelhaftung, *bürgerl. Recht:* die Verpflichtung eines Vertragsteils, dem anderen für Fehler (Sach- oder Rechtsmängel) der geschuldeten Leistung einzustehen (→Gewährleistung). Die M. ist bei einzelnen Vertragsarten verschieden geregelt; wichtig ist sie beim Kauf, bes. beim Viehkauf (→Hauptmängel), beim Reisevertrag und beim Werkvertrag. Die M. wird durch **Mängelrüge** geltend gemacht.

Mangelkrankheiten, Krankheitszustände, die bei *Menschen* und *Tieren* durch unzureichende oder einseitige Ernährung (Malnutrition) oder durch mangelhafte Nahrungsverwertung (Malabsorption, Maldigestion) hervorgerufen werden mit der Folge von Dystrophie, Hungerkrankheiten, ggf. Vitaminmangelkrankheiten.

Bei *Pflanzen* Bez. für Wachstumsdepressionen und Krankheiten, die auf dem Fehlen oder der mangelnden Zufuhr von einem oder mehreren Nährstoffen oder Spurenelementen beruhen. Dabei besteht Abhängigkeit von dem im Boden vorhandenen Vorrat und somit von der Bodenart und der Vorfrucht. Die Mangelsymptome können bei den einzelnen Kulturpflanzen sehr unterschiedlich sein, es gibt jedoch seit langem bekannte, gemeinsame Merkmale.

So fällt Kalkmangel, der gleichzusetzen ist mit Säureschäden, durch dünnen Wuchs der Pflanzen und weißlich aufgehellte Blattflächen auf. Stickstoffmangel verursacht ebenfalls vermindertes Wachstum und eine Gelbfärbung der Blätter, während bei Mangel an Kalium die Blätter vom Rand her eintrocknen und Mangel an Phosphor die Bildung verbräunter Zonen zw. den Blattadern hervorruft. Der Mangel an Spurenelementen tritt oft an bestimmte Bodenarten gebunden auf. Häufig sind Bormangelschäden, z. B. die Herzfäule bei Rüben oder Sellerie, Glasigkeit bei Steckrüben. Auf moorigen Böden treten häufig durch Manganmangel hervorgerufene Krankheiten auf, z. B. die Dörrfleckenkrankheit des Hafers. Der Mangel an Kupfer, bes. auf zu früh in Kultur genommenen Böden, verursacht Heidemoorkrankheiten bei Hafer u. a. Getreidesorten mit Weißfärbung und Zusammenrollen der Blätter. Magnesiummangel führt zu Chlorosen, bei Obstbäumen zu vorzeitigem Blattfall und beeinträchtigt die Fruchtbildung.

M. haben in früheren Zeiten schwerwiegende Ernteverluste verursacht; seit Einführung der Mineraldüngung können Hauptnährstoffe und Spurenelemente nach Bedarf den Böden zugeführt werden.

Mangelmutante, Organismus, der durch Mutation und einen dadurch verursachten Defekt in der Synthesekette (genet. Blockierung) für das Wachstum unentbehrl. Stoffwechselsubstanz (z. B. einer Aminosäure) die Fähigkeit zu deren Bildung verloren hat (auxotrophe Mutante). Eine M. ist daher nur durch Zufuhr dieser Substanz oder ggf. einer ihrer Vorläufer lebensfähig. M. von Mikroorganismen sind wichtig für die Aufklärung biochem. Synthesewege. So hat die Isolierung von M., z. B. des Brotschimmels Neurospora crassa durch G. W. BEADLE und E. L. TATUM, zu bahnbrechenden Erkenntnissen in der biochem. Genetik geführt.

Mängelrüge, →Mängelhaftung.

Mangelsdorff, 1) *Albert,* Jazzposaunist, * Frankfurt am Main 5. 9. 1928, Bruder von 2); spielte u. a. bei HANS KOLLER und 1955–57 beim Tanzorchester des Hess. Rundfunks, wo er u. a. mit seinem Bruder 1958 ein Jazzensemble gründete; unternahm mit eigenem Quintett in den 60er-Jahren weltweit Konzertreisen und ist seit 1975 Mitgl. des United Jazz & Rock Ensemble. Ausgehend vom Cooljazz der Lennie-Tristano-Schule (v. a. LEE KONITZ) wandte sich M. später dem Hardbop und Freejazz zu; entwickelte eine ›multiphone‹ Posaunenspielweise, bei der durch gleichzeitiges Übersingen des gespielten Tones quasi akkord. Klangstrukturen entstehen. M. bevorzugt seit den 80er-Jahren zunehmend Auftritte allein oder im Duo (u. a. mit W. DAUNER) mit ausgedehnten Soloimprovisationen; schrieb ›Anleitung zur Improvisation auf der Posaune‹ (1965).

2) *Emil,* Jazzmusiker (Altsaxophon, Klarinette, Flöte, Orchesterleiter), *Frankfurt am Main 11. 4. 1925, Bruder von 1); gehörte in den 50er-Jahren zu den Initiatoren der Frankfurter Jazzszene und leitet seither eigene, stilistisch dem Swing und Modernjazz verpflichtete Mainstream-Formationen; in den 80er-Jahren auch Einspielungen im Bereich von Literatur & Jazz; schrieb ›Anleitung zur Improvisation für Saxophon‹ (1965).

Manger, 1) *Itzik,* jidd. Schriftsteller, * Czernowitz 30. 5. 1901, † Gedera (Israel) 21. 2. 1969; floh 1939 aus Rumänien nach London, lebte seit 1951 in New York und ging 1967 nach Israel. Als Lyriker verband er vielfältige Stoff- und Formenelemente (jüd. Folklore, altjidd. Literatur, dt. Balladentradition). Sein erzähler. Hauptwerk ›Dos buch fun gan ejdn‹ (1939; dt. ›Das

Albert Mangelsdorff

Buch vom Paradies‹) konfrontiert satirisch-ironisch traditionelle jüd. Jenseitsvorstellungen mit der bedrückenden Lebenswirklichkeit.

Ausgabe: Ges. Schriften (1951; jidd.).

2) Jürgen von, Schauspieler und Kabarettist, * Koblenz 6. 3. 1923, † Herne 15. 3. 1994; spielte 1947–50 am Schauspielhaus in Bochum, gehörte 1950–63 (u. a. als Charakterkomiker) dem Theaterensemble in Gelsenkirchen an. Als Kabarettist wurde er durch die von ihm geschaffene und dargestellte Figur ›Adolf Tegtmeier‹ (der Kumpel aus dem Ruhrpott) bekannt.

Mangfall die, linker Nebenfluss des Inn in Oberbayern, etwa 60 km lang, Abfluss des Tegernsees, mündet bei Rosenheim. Die urspr. in die Münchner Ebene fließende M. wurde durch Anzapfung bei Grub (›M.-Knie‹) in scharfem Knick nach O abgelenkt.

Manggarai, die Bewohner der gleichnamigen Landschaft von W-Flores, Indonesien, mit indones. Grundkultur. Etwa 50% der ca. 400000 M. bekennen sich zum sunnit. Islam, die übrigen sind Anhänger der kath. Kirche oder des Animismus.

Mangifera, wiss. Name der Gattung →Mangobaum.

Mangistau, Halbinsel in Kasachstan, →Mangyschlak.

Mangit, türk. Dynastie in →Buchara (1785–1920), die 1785 die Djaniden verdrängte; seit 1868 unter russ. Oberhoheit.

Mangladamm, Staudamm im →Jhelum, Pakistan.

Mangle [span.-indian.], Art der Gattung →Mangrovebaum.

Mangobaum [port. manga, von tamil. mānkāy ›Frucht des Mangobaums‹], **Mangifera indica,** in den Anbaugebieten wirtschaftlich wichtigste Art der zu den Sumachgewächsen gehörenden, 40 Arten im trop. Asien umfassenden Gattung **Mangifera**; bis 30 m hoher Baum mit sehr dichter, kugeliger, breiter Krone, länglich zugespitzten Blättern und kleinen gelblich grünen, in Rispen stehenden Blüten. Pro Blütenstand findet man bis zu 3000 Blüten, von denen nur ein Bruchteil (etwa 0,1%) zur Fruchtentwicklung kommt. Die nieren- bis birnenförmigen, gelben, roten oder grünen Steinfrüchte **(Mangos, Mangofrüchte, -pflaumen)** können bis 2 kg schwer werden. Die nicht essbare, ledrige Schale bedeckt ein gelb- bis orangerotes, saftiges Fruchtfleisch mit einem großen Steinkern, der sich nur schwer herauslösen lässt. Mangos werden frisch verzehrt oder zu Getränken, Soßen (z. B. Mangochutney) u. a. verarbeitet. – Der M. ist in Indien bereits seit über 4000 Jahren in Kultur. Urspr. nur in den Tropen kultiviert, wird er heute auch in den Subtropen angebaut (z. B. Ägypten, Israel).

Mangold, Zuchtform der Wilden Rübe, →Runkelrübe.

Mangold ['mæŋgəʊld], R o b e r t P e t e r, amerikan. Maler, * North Tonawanda (N. Y.) 12. 10. 1937; konstruiert seine Bilder aus geometr. Formen und verhaltenen Farben unter Verzicht auf plastisch-räuml. Wirkungen. Wesentl. Spannungselemente sind Linie und Fläche, die er in den 80er-Jahren durch ungleichmäßigen Farbauftrag auflockerte.

Mangopflaume, Frucht des →Mangobaums.

Mangostane [malaiisch], **Mangostanbaum, Garcinia mangostana,** wahrscheinlich in Malakka beheimatete, heute in den Monsungebieten sowie bes. in den neuweltl. Tropen angebaute Art der zu den Johanniskrautgewächsen zählenden Gattung **Garcinia** (umfasst etwa 220 in den Tropen der Alten Welt, bes. Asiens, beheimatete Arten); 10–15 m hoher Baum mit dicken, ledrigen Blättern und kugeligen, bis 9 cm großen Früchten. Die Samen besitzen einen fleischigen, weißen, wohlschmeckenden Samenmantel (Arillus).

Mangrove [engl., zu mangle ›eine Mangrovenart‹ und grove ›Gehölz‹] die, -/-n, eine von halophilen Gehölzen gebildete trop. Strauch- oder Waldformation (Gezeitenwald) an ruhigen und flachen Meeresküsten und Flussmündungen. M. sind pantropisch verbreitet und erlangen ihre üppigste Entfaltung in den feuchten Tropen und ihren größten Formenreichtum mit rd. 50 versch. Gehölzarten im südostasiat. Raum. Die Standorte der M. werden unter dem Einfluss der Gezeiten periodisch überflutet oder doch zumindest beeinflusst. Bei Flut ragen nur die Kronen aus dem Wasser heraus, bei Ebbe werden Stammbasen und Atemwurzeln (›Pneumatophoren‹) sichtbar. Letztere sind mit feinen Poren ausgestattet und dienen der zusätzl. Sauerstoffversorgung. Sie sind von sehr unterschiedl. Bau (z. B. bogenförmige Stelzwurzeln bei Rhizophora, kurvig verlaufende Kniewurzeln bei Bruguiera, aufrechte Luftwurzeln bei Sonneratia und Avicennia, abgeflachte und geschlängelte Brettwurzeln bei Xylocarpus).

M.-Biotope dienen heranwachsenden Fischen als schützender Lebensraum und sind für den Küstenschutz notwendig, da sie die Kraft trop. Stürme abfangen. Leider werden sie in jüngster Zeit vielerorts gerodet, um Platz für Aquakultur, insbesondere für die Garnelenzucht zu schaffen. (BILD →Atemwurzeln)

Mangrovebaum, Rhizophora, Gattung der Mangrovengewächse mit 8–9 an trop. Küsten verbreiteten Arten; kleine Bäume der →Mangrove mit kurzem Stamm, gerbstoffreicher Rinde, abstehenden, dicken Ästen und bogenförmigen Stelzwurzeln. Die Samen keimen bereits auf der Mutterpflanze (Viviparie) und entwickeln eine massive, lange Keimwurzel, bevor sie herabfallen. Hauptbestandteil der amerikan. und westafrikan. Mangroveformation ist der **Manglebaum (Mangle,** Rhizophora mangle), der ein dauerhaftes Holz liefert.

Mangrovengewächse, Rhizophoraceae, Pflanzenfamilie mit rd. 130 Arten in 16 Gattungen, die über die gesamten Tropen verbreitet sind (mit Schwerpunkt in den altweltl. Tropen); Bäume oder Sträucher mit oft lederartigen Blättern und kleinen oder mittelgroßen Blüten. Genutzt werden M. als Bauholz sowie zur Holzkohlenherstellung und zur Gerbstoffgewinnung.

Manguin [mã'gɛ̃], H e n r i C h a r l e s, frz. Maler, * Paris 23. 3. 1874, † Saint Tropez 25. 9. 1949; Vertreter des Fauvismus. Seine Figurenbilder, Landschaften und Stillleben sind auf kräftigen Farbkontrasten aufgebaut, reflektieren in besonderem Maße Licht und Helligkeit und zeigen einen ausgeprägten Sinn für reine Farbtöne. (BILD →Fauvismus)

M.-C. SAINSAULIEU: H. M. Catalogue raisonné de l'œuvre peint (Neuenburg 1980).

Mangunen, früherer Name für die →Oltscha.

Mangobaum
(Höhe bis 30 m); unten
Reife Frucht

Mangostane:
Fruchtender Zweig

Mangrovebaum:
Manglebaum
(Höhe bis 20 m)

Robert P. Mangold: Unregelmäßige kalte Fläche mit aufgehender Ellipse; 1986 (Privatbesitz)

Mangusten:
oben Ichneumon (Kopf-Rumpf-Länge 65 cm);
unten Fuchsmanguste (Kopf-Rumpf-Länge 40 cm)

Mangusten [frz., über port. mangu(s), älter manguço, aus Marathi], *Sg.* **Manguste** *die, -,* **Mungos, Ichneumons, Herpestinae,** Unterfamilie vorwiegend tagaktiver Schleichkatzen mit 35 Arten, v. a. in Wäldern, offenen Landschaften und Sümpfen S-Eurasiens und Afrikas; vorwiegend schlanke, kurzbeinige, sich äußerst gewandt bewegende, räuberisch (von Wirbellosen und kleinen Wirbeltieren, aber auch von Früchten) lebende Bodentiere.

Zu den M. gehören u. a. der bis 65 cm körperlange **Ichneumon (Heiliger Ichneumon,** Herpestes ichneumon) mit Verbreitung in den Steppen und Flussniederungen Spaniens und großer Teile Afrikas; der Körper ist lang behaart, grünlich grau, mit etwa 45 cm langem Schwanz. Die fuchsähnl. **Fuchs-M.** (Cynictis penicillata; Körperlänge bis 40 cm, Schwanzlänge bis 30 cm) ist v. a. in sandigen Gebieten S-Afrikas beheimatet, wo sie meist in größeren Kolonien in Erdbauten lebt; ihr Fell ist orangebraun bis gelbgrau, mit weißer Schwanzspitze. Die bis 50 cm (mit Schwanz bis 75 cm lange) **Zebra-M.** (Mungos mungo) ist am Rücken hell und dunkel quer gestreift; sie lebt in Trockengebieten südlich der Sahara. Zur Gattung **Kusimansen** (Crossarchus) gehören vier bis 40 cm körperlange, dunkelbraun bis gelblich grau gefärbte Arten in Zentral- und W-Afrika. Die drei Arten der in O- und S-Afrika beheimateten **Zwerg-M.** (**Zwergmungos,** Helogale) sind bis 25 cm körperlang und überwiegend graubraun gefärbt. V. a. als Schlangenvertilger und durch Schlangenkämpfe berühmt sind einige Vertreter der Gattung **Echte Mungos** (Herpestes; bis 45 cm körperlang), die in Saudi-Arabien, Indien und auf Ceylon beheimatet sind. Sie sind außerordentlich gewandt und vertragen Schlangengift in höheren Mengen als andere Tiere.

Mangyan, die altindones. Bewohner im gebirgigen, unerschlossenen Inneren der Insel Mindoro, Philippinen (etwa 60 000). Die kleinwüchsigen M., urspr. Jäger und Sammler, treiben heute überwiegend Landwechselwirtschaft. Ihre animist. Glaubensvorstellungen haben sie bewahrt.

Mangyschlak, kasach. **Mangistau,** Halbinsel am O-Ufer des Kasp. Meeres, in Kasachstan, von Halbwüste und Wüste eingenommen. Der SW ist flach und wird von mehreren tiefen Senken (→Karagijesenke) durchsetzt. Im SO liegt das **M.-Plateau** (bis 268 m ü. M.). Den N durchziehen drei Bergrücken (bis 556 m ü. M.). Auf M. Erdöl- und Erdgasgewinnung. Bedeutendste Stadt ist Aktau (Hochseehafen).

Manhardsrebe, Rebsorte, →Grüner Veltliner.

Manhartsberg, Höhenrücken im nördl. Niederösterreich östlich des Kamptales, bis 537 m ü. M.; der Rücken bildet den O-Rand des österr. Granit- und Gneisplateaus (Böhm. Massiv; Waldviertel), das mit 60–100 m hoher Randstufe zum Weinviertel abfällt.

Manhattan [mæn'hætn], Stadtbezirk von →New York, USA, größtenteils auf der von Hudson River, Harlem River und East River begrenzten Insel M. (73,5 km^2) gelegen, 1,49 Mio. Ew. M. ist der Kern der Stadt mit vielen Hochhäusern (Verwaltungszentren von Handel und Industrie), einem der wichtigsten Finanzplätze der Erde (Wall Street) und dem Wohn- und Künstlerviertel Greenwich Village. Sitz der UNO und vielfältiger kultureller Einrichtungen (Metropolitan Opera, Lincoln Center for the Performing Arts, Museen, Bibliotheken, Universitäten, →Broadway); Central Park. (BILD →Empire State Building)

Manhattan transfer [mæn'hætn 'trænsfə:], Roman von J. DOS PASSOS; engl. 1925, dt. Titel identisch.

Mani *die,* **Mane,** im MA. **Maina,** mittlere der drei südl. Halbinseln der Peloponnes, Griechenland, von den Ausläufern des hier bis 1 215 m hohen, vorwiegend aus Marmor aufgebauten Taygetos gebildet. Karg und schwer zugänglich; das altertüml. Siedlungsbild ist durch Wohntürme gekennzeichnet. Tropfsteinhöhlen bei Pirgos Diru.

P. GREENHALGH u. E. ELIOPOULUS: M. (a. d. Engl., 1988); Die Kultur Griechenlands in MA. u. Neuzeit, hg. v. R. LAUER u. P. SCHREINER (1996).

Mani, Religionsstifter, Begründer des Manichäismus, * Mardinu (Babylonien) 14. 4. 216, † Gundeshapur 26. 2. 277; vornehmer Herkunft. Von seinem Vater in der Lehre der Elkesaiten erzogen, nahm M. im Alter von 24 Jahren aufgrund zweier Offenbarungen eine eigene Lehr- und Missionstätigkeit auf. Dabei verstand er sich als Letzter der großen Propheten (nach ZARATHUSTRA, BUDDHA und JESUS), predigte zunächst in Persien, dann auch in Indien. Nach seiner Rückkehr nach Persien erlangte er unter SCHAPUR I. (242–272), der seine Lehre als mögl. ›Reichsideologie‹ betrachtete, beträchtl. Einfluss am pers. Königshof, wurde jedoch unter BAHRAM I. (273–276), der die Renaissance des Zoroastrismus unterstützte, angeklagt und ins Gefängnis gebracht, wo er starb.

C. E. RÖMER: M.s frühe Missionsreisen nach der Kölner Manibiographie. Textkrit. Komm. u. Erll. zu p. 121–p. 192 des Kölner Mani-Kodex (1994).

Manichäismus *der, -,* von MANI begründete dualistisch-gnost. Religion der Spätantike und des frühen Mittelalters.

Ausgangspunkt des M. bildet ein radikaler Dualismus von Licht und Finsternis, von Gut und Böse, Geist und Materie, die unabhängig voneinander existieren, bis der ›Fürst der Finsternis‹ (Ahriman, Teufel) in das Reich des ›Königs des Lichtparadieses‹ (Zervan, Gott-Vater) einbricht. In dem folgenden Kampf geraten Lichtteilchen in das Reich der Finsternis, wobei die entstehende Vermischung der beiden Prinzipien zur Grundlage der Weltentstehung wird. Eine pessimist. Sicht von Mensch und Welt ist die Folge: Menschl. Existenz und Leben überhaupt sind nur möglich durch eine göttl. Niederlage. Welt und Mensch bestehen aus dämon. Substanz, der materielle Körper dient nur als Gefängnis für die Lichtseelen, und seine Fortpflanzung behindert den kosm. Prozess, der die Rückkehr der Lichtteilchen in ihre Lichtheimat bewirken soll. Eine Erlösung des Menschen aus der Welt der Finsternis setzt voraus, dass er die Zusammenhänge der dualist. Weltordnung erkennt. MANI verstand sich dabei als der in der Nachfolge ZARATHUSTRAS, BUDDHAS und JESU stehende Offenbarungsbringer (Paraklet). Organisatorisch bildete der M. eine strenge Hierarchie aus, an deren Spitze der Archegos (›Erzlenker‹) als Nachfolger MANIS stand. Grundsätzlich unterteilten sich die **Manichäer** in mönchisch lebende, vier hierarch. Stufen (Lehrer, Bischöfe, Presbyter, Diakone) umfassende *Electi* (›Auserwählte‹) und in *Auditores* (›Hörer‹). Die Electi waren zu strenger Askese (Fasten, Verzicht auf Ehe und Fortpflanzung, auf Fleisch- und Weingenuss und auf persönl. Eigentum) verpflichtet. Den Auditores (als den Laien) waren Ehe und Eigentum gestattet. Das kult. Leben des M. bestimmten regelmäßige Feste (jeden Montag), Fasten am Sonntag, Gebete und die Beichte. Hauptfest war das jährl. Bema-Fest ›Fest des Lehrstuhls‹) zur Erinnerung an den Leidensweg und den als seine unmittelbare Himmelfahrt verstandenen Tod MANIS, in dessen Mittelpunkt eine sakramentale Mahlzeit stand.

Auf der Grundlage einer christl. Gnosis nahm der M. bewusst Elemente des Christentums, des Parsismus wie des Buddhismus auf. Dieser Synkretismus erleichterte seine Ausbreitung und erklärt seine Missionserfolge. Bald nach dem Tod MANIS breitete sich der M. trotz ständiger Verfolgungen über Mesopotamien, Syrien, Ägypten bis nach Spanien, Gallien und Dalmatien aus und erreichte den Höhepunkt seiner Verbreitung im 4. Jh. (u. a. auch Einfluss auf AUGUSTINUS). Während er ab dem 6. Jh. im Westen nur in wenigen Zentren bestehen konnte (8. Jh. in Afrika, Staatsreligion im Uigurenreich), kam es ab dem 7. Jh. zu einer neuen Blüte des M. in China, wo er bis ins 14. Jh. überlebte. – Dem M. verwandte Vorstellungen finden sich bei den Paulikianern, Bogomilen und Katharern. Sein Dualismus wirkt bis in religiöse und philosoph. Systeme der Neuzeit fort.

G. WIDENGREN: Mani u. der M. (1961); F. DECRET: Mani et la tradition manichéenne (Paris 1974); DERS.: L'Afrique manichéenne. IVᵉ-Vᵉ siècles, 2 Tle. (ebd. 1978); Der M., hg. v. G. WIDENGREN (1977); Mani. Auf der Spur einer verschollenen Religion, hg. v. L. KOENEN u. C. E. RÖMER (1993); A. BÖHLIG u. C. MARKSCHIES: Gnosis u. M. (1994).

Maniera greca: Meister von San Martino, ›Geburt der Maria‹ aus der Tafel ›Madonna von Legenden umgeben‹, ursprünglich in der Kirche San Martino; um 1260
(Pisa, Museo Nazionale di San Matteo)

Manicouagan [mænɪˈkwɑːgən] *der,* linker Nebenfluss des Sankt-Lorenz-Stroms, in der Prov. Quebec, Kanada, 560 km lang, mündet bei Baie-Comeau; vier Wasserkraftwerke (errichtet zw. 1967 und 1976); am Oberlauf Eisenerzvorkommen.

Manie [griech. ›Raserei‹, ›Wahnsinn‹] *die,* -/...ˈniˌen, urspr. allgemeine Bez. für alles Außer-sich-Sein (Affektivität, Besessenheit, Ekstase, Entrückung, Raserei, Verrücktheit); heute v. a. psycholog. und psychiatr. Terminus für den abnorm heiter-erregten affektiven Zustand einer Psychose, die bes. durch Enthemmung bzw. Antriebssteigerung und Selbstüberschätzung (Extremform Megalomanie, →Größenwahn) gekennzeichnet ist und oft in (unterschiedlich andauernden) Phasen auftritt bzw. mit dem psychot. Zustand der →Depression wechselt (→manisch-depressive Erkrankung). Wichtige Bestandteile der Behandlung sind Psycho- und Soziotherapie.

...manie [griech. manía ›Raserei‹, ›Wahnsinn‹], Wortbildungselement mit der Bedeutung: Besessenheit, Sucht, krankhafte Neigung, z. B. Dipsomanie; in adjektiv. Bildungen **...man**, mit der Bedeutung: besessen, z. B. monoman; substantiviert **...mane**, mit der Bedeutung: Besessene(r), z. B. Kleptomane.

Manier [mhd. maniere, von (alt)frz. manière ›Art und Weise‹, zu lat. manus ›Hand‹] *die, -/-en,* **1)** *allg.: (meist Pl.)* Benehmen, Umgangsform(en).
2) *graf. Technik:* frühere Bez. für Kreidelithographie (→Lithographie).
3) in die *kunstwiss.* Terminologie von G. VASARI eingeführter Begriff für die einem Künstler oder einer Zeit eigentüml. Gestaltungsweise (z. B. →Maniera greca, →Manierismus). Mit **Maniera tedesca** wurde die Gotik bezeichnet, die nach Auffassung VASARIS für den angebl. Verfall der Kunst im MA. verantwortlich war. Seitdem wird M. auch in abschätzigem Sinn verwendet: routinierte, gesuchte, gekünstelte, gezierte Art der Gestaltung.
4) *Pl., Musik:* seit dem ausgehenden 17. Jh. Bez. für die →Verzierungen in der Instrumentalmusik.

Maniera greca [ital. ›griech. Manier‹], Bez. für den Stileinfluss der byzantin. Kunst in Italien im 13. Jh. bis Anfang des 14. Jh. (in Venedig bis Mitte des 14. Jh.). Wahrscheinlich kamen nach der Eroberung Konstantinopels während des 4. Kreuzzuges (1204) byzantin. Künstler und Kunstwerke nach Italien. Die byzantin. Stilelemente setzten sich am stärksten in der Malerei durch (weicher melod. Rhythmus in der Linienführung, blühende Farbgebung); an erster Stelle ist Pisa zu nennen mit GIUNTA PISANO; er fand Nachfolge in Umbrien (FRANZISKUSMEISTER in Assisi), in der Emilia-Romagna (gemalte Kruzifixe) und bei und in Pisa selbst (ENRICO DI TEDICI; MEISTER VON SAN MARTINO). Ein früher Vertreter der M. g. in S-Italien ist der MEISTER VON ANAGNI (Fresken in der Krypta des Doms in Anagni, um 1231–55). In anderen Kunstzentren wurden die byzantin. Einflüsse in den spätroman. Stil integriert (Venedig: San Marco; Florenz: Baptisterium, in der Tafelmalerei z. B. der MAGDALENENMEISTER; Lucca: B. BERLINGHIERI). In Siena erlebte die M. g. seit etwa 1270 eine Blütezeit mit GUIDO DA SIENA und dem MEISTER DER PETRUSRETABEL (um 1285; aus der zerstörten Kirche San Pietro in Banchi), gleichzeitig wirkte DUCCIO DI BUONINSEGNA in Siena, der am byzantin. Vorbild festhielt, jedoch auch künftige Stilelemente vorwegnahm. In Rom waren P. CAVALLINI (der auch Elemente der frühchristl. Malerei übernahm) und I. TORRITI tätig, die die M. g. mit feiner Psychologisierung verbanden. In Florenz gelangten COPPO DI MARCOVALDO durch Plastizität und CIMABUE durch Monumentalität und Pathos an die Grenzen der M. g., die GIOTTO dann endgültig überschritt.

manieriert [frz. maniéré ›geschraubt‹, ›geziert‹, von (alt)frz. manière, →Manier], *bildungssprachlich abwertend* für: gekünstelt, unnatürlich, in einer bestimmten Manier erstarrt (v. a. in Mimik, Gestik).

Manierismus *der, -,* von der jüngeren *Kunstwissenschaft* geprägter Stilbegriff für die Phase des Übergangs von der Renaissance zum Barock, auch gleichgesetzt mit Spätrenaissance. Erstmals benutzte die Bez. M. L. LANZI, der sie in seiner ›Storia pittorica d'Italia‹ (1795/96) abwertend auf die ital. Malerei nach

RAFFAEL bezog. Im 20. Jh. wurde der M. aufgewertet und v. a. von dt. Kunsthistorikern im Sinne eines übergreifenden Stilbegriffs für die europ. Kunst in der Zeit von etwa 1520 bis 1600 eingesetzt. Eine andere Forschungsrichtung engt den Begriff M. auf bestimmte Schulen und Tendenzen des 16. Jh. ein und betont die fließenden Übergänge und das Nebeneinander von M., Spätrenaissance und Frühbarock. Die Auseinandersetzung mit den Nachwirkungen des M. führte dazu, den M.-Begriff zu erweitern, indem man ihn nicht nur auf eine zeitlich begrenzte Periode des 16. Jh. bezieht, sondern auf die Endphase jeder Epoche.

Die Ursache für die Entstehung des M. wird in der gesellschaftl., religiösen und geistigen Krisenstimmung der Zeit gesehen, in der das anthropozentr. Weltbild der Renaissance zerfiel. Die widersprüchl. Erscheinungsformen des M. erklärt man mit dem Ästhetizismus an den Höfen des frühen Absolutismus (Medici), den Akademiegründungen, aber auch mit dem Antiklassizismus der Gegenreformation mit ihrem subjektivist. Schönheitsbegriff, ihrer Mystik und Irrationalität. An die Stelle der humanist. Bildung trat spekulative Gelehrsamkeit, die durch Emblematik und Ikonologien Bildinhalte bestimmte.

Ausgangspunkt des M. sind Bildkompositionen RAFFAELS (Stanzen des Vatikans) und v. a. MICHELANGELOS (Sixtin. Kapelle), die florentin. und röm. Malerschulen nach 1520 beeinflußten (ROSSO FIORENTINO, J. DA PONTORMO, A. BRONZINO, GIULIO ROMANO, F. SALVIATI, G. VASARI). Charakteristisch für diese ›Maniera‹ sind überlängte, in sich gedrehte Figuren mit verhältnismäßig kleinen Köpfen und gezierten Bewegungen, die in unklaren räuml. Beziehungen zum Hintergrund stehen. Gesuchte Kontraste von Hell und Dunkel verbinden sich mit einer emailartig leuchtenden Lokalfarbigkeit der Gewänder. Das Porträt des M. läßt die individuellen Züge zugunsten einer kühl-distanzierten aristokrat. Norm (Ideal des ›cortigiano‹, des Höflings) zurücktreten. Die natürl. Sinnlichkeit der Renaissancedarstellung weicht erot. Anspielungen in kompositor. Künstlichkeit. In Oberitalien und Venedig verband sich der M. mit einem myst. Sensualismus (L. LOTTO, P. BORDONE, J. BASSANO, TINTORETTO). In der Plastik (GIAMBOLOGNA, B. BANDINELLI, B. AMMANATI) setzte sich die Allansichtigkeit der Figurenauffassung durch, verbunden mit einer künstlich schraubenförmigen Komposition (→Figura serpentinata) und polierter Oberfläche. Techn. Verbesserungen ließen zahlr. Werkstattausführungen des maßstabgerechten Entwurfs zu (B. CELLINI, L. LEONI). Neben Brunnen, Epitaphien und Porträts spielte die an den Fürstenhöfen gesammelte Kleinplastik eine wichtige Rolle.

In der ital. Architektur unterschied sich der M. v. a. in gestreckteren Proportionen, Oberflächenstrukturen, Dekorelementen und Bauaufgaben von der Hochrenaissance (Palazzo del Tè von GIULIO ROMANO in Mantua, Palazzo Massimo alle Colonne von B. PERUZZI in Rom, Palazzo Farnese von VIGNOLA in Caprarola). Perspektivisch angelegte Bühnenhaftigkeit demonstrieren die städtebaulich wirksamen Uffizien in Florenz (VASARI) und die Neugestaltung der Piazza di San Marco in Venedig (J. SANSOVINO). Manierist. Gartenanlagen verbinden labyrinth. Verschachtelung mit Realitätsverfremdung (Boboli-Gärten in Rom, Villa d'Este in Tivoli, Park in Bomarzo). – Wichtige Traktate zur Kunstauffassung des M. verfaßten G. P. LOMAZZO und F. ZUCCARI.

Von Italien aus verbreitete sich der M. über die Höfe Europas. Am frühesten erreichte er Frankreich (Schule von →Fontainebleau mit ROSSO FIORENTINO, F. PRIMATICCIO, N. DELL'ABATE, ferner F. CLOUET, J. COUSIN D. Ä. und D. J., A. CARON, J. GOUJON, P. LESCOT), gegen Ende des Jahrhunderts den Hof

Manierismus: Giulio Romano, ›Palazzo del Tè‹ in Mantua; 1525–34

Kaiser RUDOLFS II. in Prag (G. ARCIMBOLDO, B. SPRANGER, H. VON AACHEN, J. HEINTZ D. Ä., H. ROTTENHAMMER, A. DE VRIES) und den Münchener Hof (F. SUSTRIS, P. DE WITTE, H. SCHWARZ, H. GERHARD). In den Niederlanden bildete der M. in der 2. Hälfte des 16. Jh. eine eigene Kunstsprache aus, die durch die bürgerl. Gesellschaftsordnung und die Maltradition (LUCAS VAN LEYDEN) geprägt ist (M. VAN HEEMSKERCK, P. AERTSEN, F. FLORIS, A. MOR, P. BRUEGEL D. Ä., C. CORNELISZ.). In der Architektur fand er Ausdruck v. a. im Rathaus von Antwerpen von C. FLORIS und in dem nach ihm benannten →Florisstil in Brügge und Leiden. Von den Niederlanden und Dtl. ging auch jener volkstüml. Ornamentstil mit Roll- und Beschlagwerk aus, zu dessen Verbreitung H. VREDEMAN DE VRIES und W. DIETTERLIN wesentlich beitrugen. In Spanien entwickelte der in Venedig geschulte Maler EL GRECO eine visionäre Mystik im religiösen Figurenbild und im Porträt.

Manierismus: El Greco, Die Heilige Familie; 1594–1604

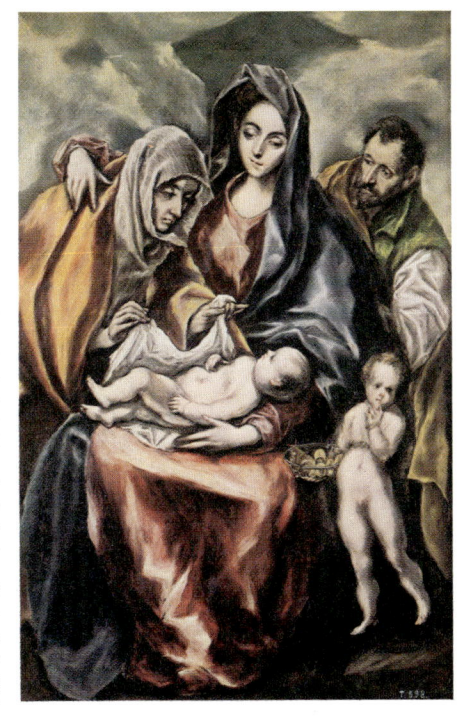

Mani Manifa–Manila

Dem Kunsthandwerk kam im M. besondere Bedeutung zu. Kupferstecher wie die SADELER, H. GOLTZIUS und J. BELLANGE übermittelten Bildvorlagen an Tapisserien, Goldschmiede und Elfenbeinschnitzer (W. und C. JAMNITZER, P. VAN VIANEN). Bevorzugt wurden ausgefallene Naturformen, in der Keramik stellte man auch Abgüsse nach der Natur her (B. PALISSY).

Aus der Kunstwissenschaft wurde der Begriff in die *Literaturwissenschaft* zur Bez. der Übergangsphase von der Renaissance zum Barock übernommen. M. wird bisweilen als Epochenbegriff, bisweilen als Bez. eines Kunststils verwendet, so bes. von E. R. CURTIUS, der den M. als Stilbegriff dem ›Klassischen‹ entgegensetzte und unter M. die durch subjektive Auswahl, Abwandlung, Übertreibung und spieler. Handhabung vollzogene Veränderung einer vorgegebenen Form verstand. In der dt. Literatur wird z. B. der barocke Stil, etwa bei G. P. HARSDÖRFFER, D. C. VON LOHENSTEIN und C. HOFMANN VON HOFMANNSWALDAU, als Stil des M. gekennzeichnet durch dunkle Sprache und durch reiche Verwendung von Tropen, Metaphern, Concetti sowie gelehrten mytholog. Anspielungen. An der Wirklichkeit interessierte nicht das Naturhafte, sondern das Problematische, Bizarre, Monströse, das grotesk und fantastisch Verzerrte. Die wichtigsten Varianten des M. sind ferner der →Marinismus in Italien, der →Euphuismus in England, der →Culteranismo in Spanien, die frz. →preziöse Literatur. – Außer an der Barockliteratur dominierte der M. als Stilform (nach CURTIUS und G. R. HOCKE) in ganz versch. Epochen, z. B. im Hellenismus, im späten MA., in der Romantik und in der Moderne (→Hermetismus). In der neueren Literaturwissenschaft wird M. wertneutral auch als Schreibweise definiert, mit der der Autor formale Kunstfertigkeit vorführt.

K.-P. LANGE: Theoretiker des literar. M. (1968); W. DROST: Strukturen des M. in Lit. u. bildender Kunst (1977); E. BATTISTI: Hochrenaissance u. M. (a. d. Ital., Neuausg. 1979); A. HAUSER: Der Ursprung der modernen Kunst u. Lit. Die Entwicklung des M. seit der Krise der Renaissance (Neuausg. 1979); F. WÜRTENBERGER: Der M. (Neuausg. Wien 1979); Da Tiziano a El Greco, Ausst.-Kat. (Mailand 1981); J. BOUSQUET: Malerei des M. (³1985); G. R. HOCKE: Die Welt als Labyrinth. Manier u. Manie in der europ. Kunst (Neuausg. 1987); Zauber der Medusa, Ausst.-Kat. (Wien 1987); M. in der Architektur, bearb. v. K. STOKLAS (1988); M. PRAZ: Der Garten der Sinne, Ansichten des M. u. des Barock (a. d. Ital., 1988); C. SMYTH: Mannerism and maniera (Neuausg. Wien 1992); E. R. CURTIUS: Europ. Lit. u. lat. MA. (¹¹1993); The history of decorative arts, hg. v. A. GRUBER, auf 3 Bde. ber. (a. d. Frz., New York 1994ff.); J. SHEARMAN: M. (a. d. Engl., Neuausg. 1994); R. ZYMNER: M. Zur poet. Artistik bei Johann Fischart, Jean Paul u. Arno Schmidt (1995).

Manifa, Manifah, Erdölfeld im Pers. Golf vor der Küste Saudi-Arabiens. 1957 entdeckt; geschätzte Reserven 1,5 Mrd. t; Rohölverladung über Ras Tanura.

Manifest *das, -(e)s/-e,* Grundsatzerklärung, öffentlich dargelegtes Programm einer Kunst- oder Literaturrichtung, einer polit. Partei, Gruppe o. Ä.

Manifest Destiny ['mænɪfest 'destɪnɪ, engl.], Schlagwort, 1845 im ›United States Magazine and Democratic Review‹ von dessen Herausgeber JOHN LOUIS O'SULLIVAN geprägt: die nach amerikan. Verständnis ›offenbare Bestimmung‹ der Nordamerikaner, sich über den ganzen Kontinent auszubreiten. Es wurde mit dem Mexikan. Krieg (1846–48) und dem Erwerb von Oregon rasch populär und leitete nach 1890 zum nordamerikan. Imperialismus über.

C. H. BROWN: Agents of manifest destiny (Chapel Hill, N. C., 1980); F. u. L. B. MERK: M. d. and mission in American history (Neuausg. Westport, Conn., 1983); A. STEPHANSON: Manifest destiny (New York 1995).

Manifold ['mænɪfəʊld], John Streeter, austral. Schriftsteller und Musikhistoriker, * Melbourne 21. 4. 1915, † Brisbane 19. 4. 1985; verfasste v. a. satir., aber auch romant. Verse sowie Lyrik über den Krieg. Bekannt wurde er auch als Interpret und Sammler von Buschmusik und Balladen.

Manihiki [mænɪˈhiki], eine der Nördl. Cookinseln im SW-Pazifik, etwa 5 km², 500 Ew.; Atoll mit 39 kleinen Koralleninseln; Perlmuttergewinnung, Taroanbau, Kokospalmenbestände.

Manihot [frz.-indian., zu Maniok] *der, -/-s/-s,* Gattung der Wolfsmilchgewächse mit rd. 100 Arten im warmen und trop. Amerika. Milchsaft führende Bäume, Sträucher oder Kräuter mit großen, eingeschlechtigen und einhäusig verteilten Blüten in Trauben oder Rispen; z. T. Nutzpflanzen, u. a. →Maniok. Der 8–18 m hohe, in NO-Brasilien heim. **Ceará-Kautschukbaum** (M. glaziovii) wird zur Gewinnung von Ceará-Kautschuk angebaut.

Manihotstärke, die Tapioka (→Maniok).

Maniitsoq, dän. **Sukkertoppen** ['sɔɡərtɔbən], Stadt in W-Grönland, 65° 25′ n. Br., 4000 Ew.; wichtiger Fischereihafen. – Gegr. 1755.

Maniküre [frz., zu lat. manus ›Hand‹ und cura ›Sorge‹, ›Pflege‹] *die, -/-n,* 1) ohne *Pl.,* Pflege der Hände, v. a. der Fingernägel; 2) Kosmetikerin, Friseuse mit Zusatzausbildung in Maniküre; 3) Necessaire für die Geräte zur Nagelpflege.

Manila, Hauptstadt der Philippinen, auf Luzon, an der O-Küste der M.-Bucht und beiderseits des Pasig gelegen, (1995) 1,655 Mio. Ew.; Sitz eines kath. Erzbischofs; Akademie der Philippinen, mehrere Univ.; Bibliotheken, Museen (u. a. Nationalmuseum); Goethe-Institut. – M. ist der wichtigste Hafen der Philippinen; über ihn werden über 30 % des Außenhandels abgewickelt. Die City birgt neben dem Präs.-Palast (Malacañang, 1863 erbaut) die wichtigsten Verwaltungs-, Bildungs- und Fremdenverkehrseinrichtungen der Hauptstadtregion. Unmittelbar nördlich des Pasig liegen die Geschäftsviertel Quiapo, Binondo (gleichzeitig ›Chinesenstadt‹), San Nicolas und das Hafenviertel; weiter nach N und NO schließen sich die von den unteren Einkommensschichten dicht besiedelten (60000 Ew. je km²) Stadtteile Tondo (mit etwa 75 % Slumwohnern) und Sampaloc (mit der 1611 von Dominikanern gegründeten Santo-Tomás-Univ.) an. Südlich des Pasig, im Stadtteil Ermita, liegen zahlr. zumeist im neoklassizist. Stil zu Beginn des 20. Jh. erbaute Ministerien, der Rizal-Park (Luneta), Luxushotels und die amerikan. Botschaft. Weiter im S befinden sich am Meer das Kulturzentrum (1969) und das internat. Kongresszentrum (1976) sowie weiter landeinwärts das Geschäftszentrum Makati.

M. ist Zentrum des Ballungsraumes M., der 1975 verwaltungsmäßig zur Hauptstadtregion **Metropolitan M.** oder **Metro M.** zusammengefasst wurde, 636 km², (1995) 9,454 Mio. Ew. (einschließlich nicht registrierter Einwanderer und Studenten wahrscheinlich über 10 Mio. Ew.). Metro M. umfasst 13 Städte (z. B. Makati, Navotas und Pasig) sowie die Großstädte M., Quezon, Caloocan und Pasay. An insgesamt 16 Univ. studieren hier 60 % der Studenten des Landes. Metro M. erbringt fast die Hälfte des Bruttoinlandsproduktes (BIP) der Philippinen. Bestimmend sind u. a. Eisen- und Stahlindustrie, daneben Zement-, Gummi-, Düngemittel-, Elektro-, Papier-, Textil- sowie Nahrungsmittelindustrie. M. ist wichtigster Verkehrsknotenpunkt der Philippinen und besitzt den größten internat. Flughafen des Landes.

Stadtbild: Die altspan. ummauerte Kernstadt Intramuros mit der mehrfach umgebauten Kathedrale wurde 1863 (Erdbeben) und 1945 weitgehend zerstört (nur die Kathedrale und zwei Stadttore erneuert). Erhalten ist die Klosterkirche San Agustín (1599–1605). Der philippin. Architekt L. V. LOSCIN schuf u. a. Bauten in internat. Formensprache (Cultural Center of the Philippines, 1969; Flughafengebäude, 1978 ff.) so-

Manila
Stadtwappen

Hauptstadt der Philippinen

auf Luzon an der Manilabucht

1,655 Mio. Ew.

in Metro Manila 9,454 Mio. Ew.

wichtigster Hafen des Landes

internat. Flughafen

in der Kernstadt Intramuros die Kathedrale

1571 von den Spaniern zur Hauptstadt erhoben

Manila: Parkanlage des Fort Santiago und Kathedrale in der Kernstadt Intramuros

wie in Makati das Ayala-Museum (1974) und das Landwirtschaftsministerium (1975).

Geschichte: Die erst um 1550 muslimisch gewordene, vom Volksstamm der Tagalen bewohnte Doppelsiedlung **Maynila-Tondo** wurde nach ihrer Eroberung durch die Spanier unter MIGUEL LÓPEZ DE LEGAZPI († 1572) von diesem am 24. 6. 1571 anstelle von Cebu zur Hauptstadt erhoben. Südlich des Pasig entstand die stark befestigte span. Stadt Intramuros, die allen Eroberungsversuchen seitens der Niederländer (1646), Engländer (1762/63) und Portugiesen widerstand. M. wurde zum bevorzugten Aktionszentrum der sich hier ansiedelnden Chinesen und, im 20. Jh., zum Hauptimmigrationszentrum des Landes. M. erreichte so eine in SO-Asien neben Bangkok einzigartige wirtschaftl., kulturelle und demograph. Dominanz. 1898 wurde M. von den Amerikanern erobert, 1942–45 war es von jap. Truppen besetzt. 1946–48 und erneut seit 1976 Hauptstadt der Rep. der Philippinen.

A. KOLB: Groß-M. Die Individualität einer trop. Millionenstadt (1978); J. RÜLAND: Politik u. Verw. in Metro M. (1981); D. BRONGER: Metropolisierung: Ursachen u. Folgewirkungen eines Entwicklungsprozesses in den Ländern der Dritten Welt. Das Beispiel Metro M., in: Die Erde, Jg. 117 (1986); R. DAUS: M. Essay über die Karriere einer Weltstadt (1987).

Manilabucht, Bucht des Südchin. Meeres an der W-Küste der Insel Luzon mit dem wichtigsten Industrie- und Ballungsgebiet der Philippinen. In der 20 km breiten Öffnung der M. zum Südchin. Meer liegt die befestigte, im Zweiten Weltkrieg heftig umkämpfte Insel **Corregidor.**

Manilafaser, Spinnfaser der Faserbanane (→Banane), fälschlich auch Manilahanf genannt.

Manilius, Marcus, röm. Dichter der 1. Hälfte des 1. Jh. n. Chr.; verfasste zw. 9 und 22 n. Chr. ein dem Kaiser TIBERIUS gewidmetes astronom. Lehrgedicht (›Astronomica‹), in dem – auf der Grundlage der determinist. Weltsicht der Stoa – ein spröder Stoff mit großer Dichter. Kraft gestaltet ist.

Ausgaben: Astronomicon, hg. v. A. E. HOUSMAN, 2 Bde. (1903–16, Nachdr. 1972); Astronomica, hg. v. G. P. GOOLD (Neuausg. 1985).

Manilla *die, -/...len,* europ. Bez. für eine besondere Form von Geld, das in W-Afrika als Zahlungsmittel verwendet wurde. Die M. waren offene Kupfer- oder Messingringe, die vielfältig verziert und an den Enden häufig verdickt waren. Die schwersten Exemplare wogen über 14 kg. Im 19. Jh. wurden M. in großer Zahl in England (Birmingham) gegossen und nach Afrika verschifft. In Nigeria wurden die M. erst 1948 demonetisiert, eingezogen (etwa 32 Mio. Exemplare) und teilweise eingeschmolzen.

Manin, Daniele, ital. Freiheitskämpfer, * Venedig 13. 5. 1804, † Paris 22. 9. 1857; erneuerte im März 1848 nach dem Sturz der österr. Herrschaft mit N. TOMMASEO die Rep. Venedig, die er bis zur Kapitulation vor österr. Truppen im August 1849 als Diktator regierte; 1857 begründete er die Società Nazionale, die zur innenpolit. Stütze C. CAVOURS wurde.

Maniok [frz., über span. mandioka, aus Tupi] *der, -s/-s,* **Maniokstrauch, Mandiokastrauch, Cassave, Cassavestrauch, Kassave, Kassavestrauch, Manihot esculenta,** aus Südamerika stammendes, mehrjähriges Wolfsmilchgewächs der Gattung →Manihot, heute weltweit in den Tropen mit mehreren Sorten als Kulturpflanze angebaut. Der bis über 3 m hohe Strauch besitzt handförmig geteilte Blätter und in endständigen Rispen stehende Blütenstände. Alle Pflanzenteile enthalten Milchsaft, der durch das Blausäureglykosid Linamarin giftig ist. Geerntet werden die rötlich braunen, stärkereichen, bis 5 kg schweren Wurzelknollen. Durch Auswaschen, Auspressen, Trocknen oder Kochen werden die Giftstoffe entfernt bzw. zerstört. Die Verwendung ist ähnlich der der Kartoffel. Die aus M.-Knollen gewonnenen Stärkeprodukte (v. a. für Brei, Fladen, Suppen) kommen als **Tapioka** (Manioka, Mandioka, Cassavestärke, Manihotstärke), die **Perltapioka** (verkleisterte, kleine Stärkeklümpchen) als **Sago** in den Handel. M. dient auch als Grundlage für alkohol. Getränke.

M. wird in Afrika, Asien und Lateinamerika angebaut. 1994 (1989) betrug die weltweite Ernte 152,5 (159,1) Mio. t; größte Einzelproduzenten waren Brasilien mit 24,0 (23,7) Mio. t, Nigeria 21,0 (25,0) Mio. t, Zaire 19,6 (17,4) Mio. t, Thailand 19,1 (24,3) Mio. t und Indonesien 15,0 (17,1) Mio. t. Da M. insbesondere in Afrika und Asien als ›Brot des armen Mannes‹ ein Hauptnahrungsmittel ist, wird nur etwa ein knappes Sechstel der Welterntemenge exportiert. Größter M.-Importeur ist die EG, deren Einfuhrquoten allerdings festgeschrieben sind. Der größte Teil wird aus Thailand importiert (v. a. als Futtermittel).

Manipel *der, -s/-,* **1)** [lat. manipulus, eigtl. ›eine Handvoll‹], Unterabteilung der röm. Legion (der dreißigste Teil), gebildet aus zwei Zenturien zu etwa 80 Mann; im 3. und 2. Jh. v. Chr. takt. Einheit innerhalb der röm. Schlachtordnung (Manipulartaktik).

2) [mlat. manipulus ›Handtuch‹, ›Schweißtuch‹], auch *die, -/-n, liturg. Kleidungsstück:* ein am linken Unterarm getragenes Band, Amtsinsignie des kath. Geistlichen vom Subdiakon an; seit der Liturgiereform 1969 nicht mehr üblich.

Maniok: Wurzelknollen

Manilla: Westafrikanische Manilla aus dem 19. Jh.

Mani Manipulation

Schlüsselbegriff

Manipulation [frz., zu lat. manipulus, eigtl. ›eine Hand voll‹, von manus ›Hand‹ und plere ›füllen‹] *die, -/-en,* die Beeinflussung bzw. Lenkung eines Menschen, eines Sachverhalts oder eines sozialen Phänomens (z. B. der öffentl. Meinung) durch gezielte, aber für den Adressaten undurchschaubare Steuerungsimpulse bzw. Informationseingaben. Für den Vorgang der M. ist der Wahrheitsgehalt der Informationseingaben unerheblich, und zwar sowohl aus der Perspektive der Objekte der M. als auch von den Intentionen des manipulativ Handelnden aus; für die Kritik der M. dagegen spielt diese Frage eine entscheidende Rolle.

Im 18. Jh. – etwa in der ›Encyclopédie‹ D. DIDEROTS und J. LE ROND D'ALEMBERTS – diente der Begriff M. zur Bez. prakt. Handlungen (im Ggs. zu ›Theorie‹); ferner konnten alle Tätigkeiten damit bezeichnet werden, die mit der Hand ausgeführt wurden. Dabei spezialisierte sich der Begriff bes. auf geschickte Handhabung und Kunstgriffe, etwa im Bereich der Medizin, der Handwerke, auch der künstler. Produktion und der Jurisprudenz. Eine gewisse schillernde Tönung erhielt der Begriff schon im 18. Jh. dadurch, dass damit auch die Geschicklichkeit im Handauflegen bei damals viel beachteten und umstrittenen Heilverfahren wie Magnetismus (Mesmerismus) bezeichnet wurde. Seit dem 19. Jh. fand der Begriff auch Verwendung, um die verdeckte Beeinflussung von Menschen in polit. und gesellschaftl. Zusammenhängen zu kritisieren; 1864 sprach etwa T. CARLYLE von M., um eine Wahlbeeinflussung anzuprangern. Nachhaltige Bedeutung erlangte der Begriff im Rahmen der US-amerikanisch geprägten Massenkommunikationsforschung seit den 1920er-Jahren (EDWARD L. BERNAYS, * 1891, † 1995), zu deren Aufschwung (P. F. LAZARSFELD, H. D. LASSWELL, T. VEBLEN) nicht zuletzt die Erfahrungen der massenwirksamen Propaganda im Nationalsozialismus und Kommunismus der 30er- und 40er-Jahre beitrug. Seitdem ist die Begriffsgeschichte gespalten in einen kleineren, auf die Philosophie (G. H. MEAD), die Robotertechnik und die Medizin sowie einige empirisch arbeitende Wissenschaftsgebiete beschränkten Verwendungsbereich, in dem M. neutral als gezielte Beeinflussung von Verhaltens- und Wahrnehmungsmustern sowie von deren Rahmenbedingungen definiert wird, und in eine breitere, Politik, Gesellschaft, Öffentlichkeit und Alltagswissen umfassende Bedeutungslinie, in der M. negativ als Machenschaft, Trick oder Täuschung angesehen und der Hinweis auf sie zur Kritik bzw. Entlarvung entsprechender Vorhaben und Verfahren herangezogen wird.

Manipulation in den Verhaltens- und Sozialwissenschaften

In nahezu allen erfahrungsorientierten Wissenschaften werden Versuchsanordnungen hergestellt und modifiziert, im Wesentlichen mit der Absicht, Verhaltensänderungen u. a. Reaktionen der Untersuchungsobjekte (Menschen, Gruppen, Tiere) zu erforschen bzw. in Abhängigkeit von den Vorgaben zu erklären. Eine solche Einflussnahme wird seit den 1920er-Jahren, im Anschluss an die Entwicklungspsychologen J. B. WATSON und HARRY F. HARLOW (* 1905), die mit M. zunächst die Verselbstständigung von Greifreflexen bezeichneten, v. a. aber seit den lerntheoret. Arbeiten von B. F. SKINNER als M. bezeichnet und in einem durchaus positiven Sinn konnotiert (M. als Kulturmerkmal). M.-Ansätze aus dieser Perspektive gehen davon aus, dass der Mensch ein offenes und unfertiges Wesen ist, eine in ihrer Struktur zunächst ungeformte Anlage besitzt, die modifizierbar, formbar und damit nahezu grenzenlos lernfähig sei. WATSONS behaviorist. Ansatz wurde von SKINNER dahingehend ausgeweitet, dass das menschl. Verhalten nicht nur in den äußeren Reaktionen des Organismus durch M. der äußeren Bedingungen veränderbar sei, sondern auch die grundlegenden Lern-, Erkenntnis- und Wertungsprozesse durch M. der äußeren Bedingungen gestaltet werden könnten. Wenn man in der Lage sei, die Ursachen menschl. Verhaltens ausfindig zu machen, dann könne man es auch prognostizieren und in dem Maße verändern bzw. steuern, wie die erkundeten Ursachen manipuliert werden können. Menschl. Verhalten erscheint so als eine Kette von Konditionierungen.

Auch in Forschungen zur Kleingruppensoziologie, zu sozialpsycholog. Fragen (Konformismus, Vorurteile, Ichstärke, Angst) und zur Gruppendynamik wird dem Phänomen und der Technik der M. große Aufmerksamkeit gewidmet. Die Frage, wie weit experimentelle Täuschungsmanöver gehen dürfen, ist insbesondere seit den Konformitätsexperimenten von STANLEY MILGRAM (* 1933) gestellt worden (→Milgram-Experiment).

Extreme Fälle der M. in Gruppen stellen jene M.-Techniken dar, die eine massive Veränderung seel. oder geistiger Zustände zu erzielen versuchen. Beispiele dafür, dass manipulative Einwirkungen auf Menschen deren Entscheidungsfreiheit und Autonomie einschränken und sie ihrer Persönlichkeit berauben können, finden sich auch im religiösen Bereich. Typ. Kennzeichen solcher religiösen Gemeinschaften sind Führerpersönlichkeiten mit charismat. Autorität, deren Heilslehren im Gruppenverband unter ständigen phys. und psych. Belastungen rezipiert werden, was allmählich zu einem Verlust von Kritikfähigkeit führt und schließlich in völliger Hingabe an die entsprechende Organisation und Führerfigur endet. Im Extremfall wird jemand zu einem Zweck missbraucht, den er nicht kennt. Dramat. Fälle solcher Umerziehungen (z. B. auch polit. Gegner) werden Gehirnwäsche genannt.

Biologische und medizinische Manipulation

Wenn durch gezielte Eingriffe Einfluss auf Gehirnfunktionen des Menschen genommen wird, spricht man von Gehirn-M. oder Psychochirurgie. Diese zunächst neutrale Handhabung des Begriffs erlangt eine neue Dimension, wenn damit Verhaltenskontrollen verbunden sind, die Ausmaßes verbunden sind, die von der medikamentösen Behandlung psychisch Kranker bis zu einer ›Pazifizierung des Gehirns‹ (S. L. CHOROVER), z. B. durch Zerstörung bestimmter Gehirnpartien, reichen können.

In den experimentellen Naturwissenschaften ist die M. im engen Wortsinn als Handhabung sowie gezielte oder gerichtete Veränderung von Objekten weit verbreitet. Oftmals sind dafür spezielle Apparaturen (→Manipulator) im Gebrauch. Sie erlauben den Umgang mit gefährl., beispielsweise giftigen oder radioaktiven Stoffen, sowie die M. von Objekten an unzugängl. Stellen oder in lebensfeindl. Umgebung (Vakuum, Tiefsee).

In der Biologie reichen die Möglichkeiten der M. bei Zellen und Lebewesen von künstl. Auslese sowie Zuchtwahl und Erzeugung von →Mutationen über die künstl. Besamung (beim Menschen →Insemination und →In-vitro-Fertilisation) bis zur M. von Erbgut. In den letzten Jahren sind dazu Techniken der Mikro-M. entwickelt worden, die die Handhabung von Mikrostrukturen (Zellen und Zellorganellen) sowie gezielte Eingriffe in diese ermöglichen. So können Substanzen in einzelne Zellen mithilfe dünnster Glaskapillaren injiziert werden, eine Technik, die z. B. in der Genetik zur genet. M. (→Gentechnologie) des Erbgutes tier. und pflanzl. Zellen Verwendung findet. Analog können Zellorganellen, z. B. Zellkerne, aus Zellen entnommen werden. Selbst die Mikrosezierung einzelner Chromosomen ist als eine Form der Mikro-M. zur Zerlegung eines einzelnen DNA-Moleküls möglich. Als ein vorläufiger Höhepunkt dieser Entwicklung wurde Anfang 1997 über das →Klonen eines Schafes berichtet. Seit Anfang der 70er-Jahre die Isolierung und gezielte Veränderung, v. a. die Fragmentierung und Verknüpfung, von DNA-Molekülen beliebigen Ursprungs möglich wurde, ist die genet. M. (Gentechnik, Gentechnologie) in den Blickpunkt der Öffentlichkeit gerückt. Sie erlaubt neben der Analyse des Erbgutes und genet. Mechanismen (Genomanalyse) auch weitgehende gezielte Veränderungen des Ablaufs natürl. Prozesse. Ihre äußerste Anwendung ist in der genet. M. des Menschen zu sehen. Diese steht in Form der →Gentherapie bereits vor einer breiten Anwendung, indem der Ersatz oder die Ergänzung defekter Gene durch aktive Gene bei einer Vielzahl von v. a. monogenisch bedingten Erkrankungen angestrebt wird. Bereits 1990 wurde dieses neue therapeut. Verfahren erstmals zur Behandlung einer angeborenen Immunschwäche eingesetzt. Im Ggs. zur somat. Gentherapie ist die genet. M. von Keimbahnzellen noch ein Tabuthema, prinzipiell unmöglich sind Gentherapien jedoch auch hier nicht, zumal in Kombination mit den erwähnten Möglichkeiten der M. von einzelnen Zellen. Akrib. Genehmigungsverfahren sollen den Missbrauch dieser genet. M.-Möglichkeiten verhindern. Neben der Furcht vor einem genetisch ›gläsernen Menschen‹ und einer Vereinnahmung genet. Erkenntnisse für eine moderne ›Rassenhygiene‹ oder zur Erziehung modischer menschl. Phänotypen (z. B. hinsichtlich Körpergröße oder Haarfarbe) ist es die Unüberschaubarkeit genet. Wechselwirkungen, die besondere Bedenken hervorruft.

Medien, Wahrnehmung und Alltag

Alltagssprachlich hat sich im Begriff der M. die sozialwiss. und krit. Dimension durchgesetzt, wie sie in den USA im Zusammenhang mit den Forschungen zur öffentl. Meinung und zur Massenkommunikation seit den 1940er-Jahren formuliert wurde und wie sie im Anschluss an die Medien- und Kulturtheorie der krit. Theorie (Frankfurter Schule) von der Studentenbewegung in die Nachkriegsgesellschaften der 60er- und 70er-Jahre getragen wurde. Dabei ist M. eng mit gezielter Täuschung und Betrug verbunden und teilt in dieser Hinsicht mit den beiden genannten Theorietraditionen den Rückbezug auf die in der Aufklärungstradition bereits ausformulierten Vorstellungen des ›Priestertrugs‹ und der Sinnestäuschung, wobei diese nun mit den (industriegesellschaftlich) ausgeformten Möglichkeiten, M. gesellschaftlich herzustellen, verbunden werden. Seine besondere Attraktivität erhält der Begriff M. nun nicht nur dadurch, dass er geeignet ist, verdeckte Steuerung und ›Geheimstrategien‹ auf der Ebene des Alltags, in gesellschaftl. Prozessen, in medialen Vermittlungen und nicht zuletzt in Bezug auf Fragen der öffentl. Meinung, der polit. Bildung und Partizipation anzusprechen, sondern auch dadurch, dass sich Thema und Ansatz im Besonderen dazu eignen, Unzufriedenheit, Unbehagen, Ängste und Veränderungswünsche (insbesondere dann, wenn sie sich nicht durchsetzen können) zu thematisieren bzw. zu erklären. Verdacht und Tatsache der M. reflektieren damit zum einen die Möglichkeiten, im Rahmen öffentl. Meinung Positionen zu beziehen (und zu verdecken), und stellen damit ein Instrument der Gestaltung von Öffentlichkeit dar; zum anderen reflektieren Thema und Attraktivität des Modells der M. grundlegende Informationsdefizite, Herrschaftsstrukturen und Verunsicherungserfahrungen, wie sie mit der weltweiten Durchsetzung arbeitsteiliger, hierarchisch und funktional differenzierter Marktgesellschaften in Erscheinung getreten sind. Diese doppelte Codierung des M.-Begriffs – kritisch und analytisch entworfen und aus der Sicht der Einflussnehmenden sowie aus der Sicht der M.-Objekte entwickelt werden zu können, Verdächtigungsstrategie und Tatsachenbehauptung in einem zu sein und darüber hinaus dem Entwurf von ›Aufklärung‹ durch Kritik der M. dienen zu wollen – begründet sowohl die Konjunktur des Begriffs als auch seine Vieldeutigkeit und Unbestimmtheit in Alltagszusammenhängen (Ratgeberliteratur; Kommunikationsschulungen; Anleitungen zur Kritikfähigkeit, die u. a. in Bildungseinrichtungen geboten werden).

V. a. in den Bereichen der Werbung und der Massenkommunikation ist die theoret. Perspektive der M. auf fruchtbaren Boden gefallen. Die Verwendung tiefenpsycholog. Erkenntnisse in der Werbung hat bereits in den 50er-Jahren V. PACKARD (›The hidden persuaders‹, 1957; dt. ›Die geheimen Verführer‹) einer breiten Öffentlichkeit vor Augen geführt. Die Vorstellung, dass etwas, das wir kaum wahrnehmen können, unser Verhalten nachhaltig beeinflusst, ist allerdings umstritten.

In dem Maße, wie in den gesellschaftl. Umbruchprozessen der späten 1960er-Jahre nicht nur die Massenmedien als soziale Institution unabsehbaren Ausmaßes anerkannt wurden, sondern in ihrer suggestiven, die Wirklichkeit verändernden, ja ›entrealisierenden‹ (G. ANDERS) Wirkung einer z. T. scharfen Kritik unterzogen wurden, rückte das Problem der M. durch Medien in den Vordergrund. Dabei erfuhr der M.-Verdacht mitunter eine solche Ausweitung, dass eines der grundlegenden Bestimmungsmerkmale von M., nämlich die *gezielte* Einflussnahme, angesichts der Tendenz des Mediums, sich zu verselbstständigen (M. MCLUHAN), selber zu verwischen drohte.

Nicht unbeeinflusst von der marxist. Philosophie wurde M. als eine Herrschaftstechnik bezeichnet, die das Bewusstsein der Menschen präformiere und eine geistige Uniformierung zur Folge habe. Die Anhänger dieser ›M.-Theorie‹ vertraten die Auffassung, dass die Öffentlichkeit gegen ihre Überzeugung manipuliert werden kann, und nahmen wenig Notiz von anderen (sozial-)psycholog. und soziolog. Erkenntnissen: etwa Selektionsmechanismen des Publikums (z. B. selektive Wahrnehmung) oder persönlichkeitspsycholog. Experimenten der Hovland-Schule, die Widerstandskräfte des Menschen aufdeckten und auf allgemeine Dispositionen hinwiesen, die den Grad der Beeinflussbarkeit bestimmen. Je höher die Selbsteinschätzung einer Person und je stärker sich ihr Handeln nach eigenen Überzeugungen richtet (Innenlenkung), desto schwieriger wird es, diese Person zu etwas zu bewegen, das nicht ihren eigenen Intentionen entspricht.

Andererseits haben die Studien zur →kognitiven Dissonanz Einblicke in die subjektiven Voraussetzungen, ja in die Bereitschaft von Individuen und Gruppen gegeben, sich durch M. von allzu drückenden bzw. widerständigen Realitätserfahrungen zu befreien oder die Verführung zur M. herauszufordern, wenn nicht gar zu genießen. Gingen die entsprechenden Untersuchungen zu den Funktionen der Massenunterhaltung und der Massenkultur seit den 1970er-Jahren in den vergangenen Jahrzehnten noch davon aus, dass es sich bei den Opfern der M. eindeutig um Benachteiligte, Ausgeschlossene oder ›Beherrschte‹ handele, in deren Interesse M. abzulehnen sei – eine These, die lediglich aufseiten konservativer Elitetheoretiker bestritten wurde –, so haben sich Untersuchungen im Rahmen postmoderner Gesellschaftskonzepte und Medientheorien eher auf die Beschreibung unterschiedl. Konsumhaltungen angesichts der massenmedial verbreiteten M.-Angebote zurückgezogen (J. BAUDRILLARD, H. M. ENZENSBERGER). Zugleich mit den Möglichkeiten der M. und der Bereitschaft, sich auf manipulierte bzw. manipulative Botschaften einzulassen, sind freilich auch die Einsichten in die polit. und interessengeleiteten Zusammenhänge von M. gewachsen. Denn neben den unterhaltenden, experimentellen und verhaltenspsycholog. Funktionen von M. (etwa im Training von Verkäufern oder Managern) treten immer wieder spektakuläre Fälle polit. und medialer M. auf, die wie etwa der Streit um die Bildberichterstattung während des 2. Golfkriegs von 1991 (J. R. MACARTHUR) oder der Skandal um die gefälschten Hitlertagebücher an die Grundlagen eines nach wie vor an der Aufklärungsöffentlichkeit orientierten Modells polit. Partizipation und Repräsentation rühren. Eine neue Dimension für M., ebenso aber auch möglicherweise für deren krit. Aufklärung bietet sich mit den international vernetzten Computerinformationssystemen (Internet) an. Durch die damit gegebenen Möglichkeiten der Erzeugung virtueller Welten und des Lebens im Cyberspace eröffnen sich auch Chancen für neue, reflexive Formen des Informationsaustausches, die damit trotz (oder wegen) ihrer teilweisen Durchsetzung mit fiktionalen Elementen auch eine Art Widerlager zu fortschreitenden und ständig umfassenderen M.-Möglichkeiten bieten können.

Politische Funktion der Manipulation

Die Unterscheidung der Rhetorik zw. Überredung, die manipulativ, und Überzeugung, die argumentativ operiere, kann nur aufrechterhalten werden, wenn die Zielsetzung des Kommunikators bekannt ist. Dort, wo ein hohes Maß an Information ›aus zweiter Hand‹ notwendig ist, wächst die Möglichkeit, durch gezielte Entstellungen oder Verzerrungen Nachrichten – und als Konsequenz dessen – Meinungen zu manipulieren, bes. dann, wenn Informationen mit Wertungen vermischt werden. Wenn Informationsmonopole (z. B. Medienkonzerne) entstehen, können diese ihre Macht dazu verwenden, Wirklichkeit zu konstruieren. Da in modernen Industriegesellschaften zunehmend größere Teilbereiche der sozialen Realität und auch die Grundlagen und Funktionszusammenhänge des sozialen, ökonom. und polit. Systems außerhalb der Einsichts- und der Gestaltungsmöglichkeiten der beteiligten oder betroffenen Individuen liegen, stellt sich das Problem der Wissensvermittlung und damit auch der Informationserzeugung, -verteilung und -verzerrung durch selbst wieder interessengeleitete Medien (Vermittler). Als krit., auf Unterscheidung und Differenzierung zielender Begriff vermag M. auf die Gefahren der Interessenleitung und Wahrnehmungsverzerrung durch Gruppendruck und auf die beabsichtigte, aber verdeckte Falschsteuerung von Verhalten aufmerksam zu machen. Wie sehr dies eine soziale (und ökonom.) Rolle spielt, zeigen neben den aus der Geschichte bekannten Versuchen zur Erzeugung von Stimmungen und Einstellungen durch polit. Falschmeldungen, Kriegspropaganda und manipulierte Informationen (Pressefotos, zensierte Schulbücher usw.) die heute von der Soziologie untersuchten Erscheinungen wie die Erzeugung ›unechten‹ sozialen Aufstiegs durch die gelenkte Schaffung von Rangunterschieden, die vielfältigen Public-Relations-Aktivitäten und, gerade bei den Erzeugern von ›Gefahrentechnologien‹ (z. B. Kernkraftwerke, Gentechnik, chem. Industrien, Waffenproduktion), der Einsatz von Werbeeffekten bei der ›Verbraucheraufklärung‹ über in Misskredit geratene Produkte sowie nicht zuletzt das Bemühen von Parteien und Politikern um die ›semant. Besetzung‹ (K. BIEDENKOPF) von Begriffen wie Solidarität, Gerechtigkeit oder Frieden.

Auch der Begriff der M. selbst kann so als ›Waffe‹ im polit. Streit um sozialen Einfluss genutzt werden; andererseits vermag er z. B. im Rahmen schul. Medien- und Konsumentenerziehung und in Zusammenhängen polit. Bildung zur Aufklärung und zur Aufmerksamkeit gegenüber den Wirkungen polit. Sprache, den Täuschungsmöglichkeiten bei Massenmedien (B. WEMBER), den Verkaufs- und Ansprachetechniken in der Werbung und in sozialen Strategien gegenüber der verschleierten Durchsetzung bestimmter Interessen beizutragen und so als ›Gegengift‹ (U. BECK) zu wirken.

⇨ *Biotechnologie · Fernsehen · Gentechnologie · Journalismus · Massenmedien · Medienpädagogik · öffentliche Meinung · Presse · Werbung*

K. ARENS: M. (²1973); Grundfragen der Kommunikationsforschung, hg. v. W. SCHRAMM (a. d. Amerikan., ⁵1973); L. MACKENSEN: Verführung zur Macht. M. als Versuchung (1973); F. ZÖCHBAUER: M. u. Macht (1975); M. der Meinungsbildung. Zum Problem hergestellter Öffentlichkeit, hg. v. R. ZOLL (⁴1976); H. W. BRAND: Die Legende von den ›geheimen Verführern‹ (1978); H. BENESCH u. W. SCHMANDT: M. u. wie man ihr entkommt (Neuausg. 1982); D. RIESMAN: Die einsame Masse (a. d. Amerikan., Neuausg. 1982); B. WEMBER: Wie informiert das Fernsehen? Ein Indizienbeweis (³1983); T. LÖBSACK: Die manipulierte Seele (Neuausg. 1984); S. L. CHOROVER: Die Zurichtung des Menschen (a. d. Amerikan., Neuausg. 1985); R. HAUTH: Die nach der Seele greifen. Psychokult u. Jugendsekten (²1985); P. NOACK: Korruption – die andere Seite der Macht (Neuausg. 1987); Das manipulierte Leben. Pflanze – Tier – Mensch: die Gentechnik entläßt ihre Kinder, hg. v. W. FREHMUTH (1988); U. BECK: Gegengifte. Die organisierte Unverantwortlichkeit (³1990); E. GOFFMAN: Wir alle spielen Theater. Die Selbstdarstellung im Alltag (a. d. Amerikan., Neuausg. ⁴1991); S. SCHWARTZ: Wie Pawlow auf den Hund kam... Die 15 klass. Experimente der Psychologie (a. d. Engl., Neuausg. ²1991); V. PACKARD: Die geheimen Verführer. Der Griff nach dem Unbewußten in Jedermann (a. d. Amerikan., Neuausg. 1992); J. R. MACARTHUR: Die Schlacht der Lügen. Wie die USA den Golfkrieg verkauften (a. d. Amerikan., 1993); P. L. BERGER u. T. LUCKMANN: Die gesellschaftl. Konstruktion der Wirklichkeit (a. d. Amerikan., Neuausg. 34.–35. Tsd. 1994); R. LAY: M. durch die Sprache (Neuausg. ⁴1995); W. NAGL: Gentechnologie u. Grenzen der Biologie (Neuausg. 1995); E. HELLER: Wie Werbung wirkt. Theorien u. Tatsachen (27.–28. Tsd. 1996); H. BUDDEMEIER: Illusion u. M. Die Wirkung von Film u. Fernsehen auf Individuum u. Gesellschaft (²1996); P. HAHNE: Die Macht der M. Über Menschen, Medien u. Meinungsmacher (⁹1996).

Manipulator *der, -s/...'toren,* manuell gesteuertes Handhabungsgerät, das den Menschen von schwerer körperl. Arbeit oder von Tätigkeiten unter gesundheitsgefährdenden Arbeitsbedingungen entlastet. Der M. besitzt im Ggs. zum →Industrieroboter keine Programmsteuerung, sodass er nicht selbsttätig arbeiten kann; er wird immer vom Menschen direkt gesteuert und führt vom Menschen initiierte Bewegungen aus. Arm- und Handbewegungen der Bedienungsperson werden auf das Greifsystem des M. übertragen. Entsprechend der konstruktiven Auslegung des Systems kann die Reichweite und Leistung des Menschen weit übertroffen werden. M. werden z. B. im industriellen Bereich eingesetzt, um Lasten zu heben, schwere Teile

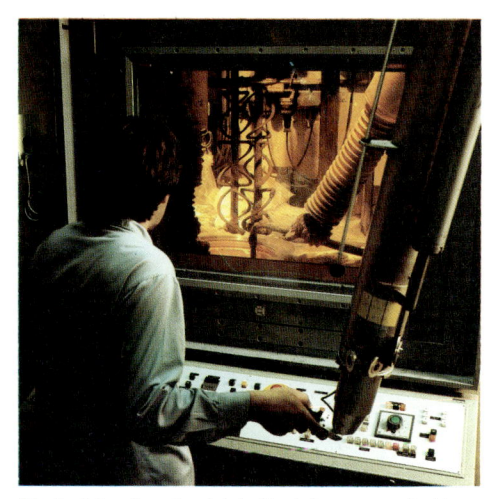

Manipulator: Operateur bei der Bearbeitung von radioaktiven Abfällen in heißen Zellen mithilfe eines Manipulators

auf Maschinen zu laden oder Motoren in Fahrzeuge einzubauen. Indem die Bewegung des menschl. Armes durch eine geeignete Hebelbewegung verkleinert wird, können mit einem M. sehr kleine und präzise Bewegungen ausgeführt werden, sodass man z. B. unter dem Mikroskop feinfühlige Arbeitsschritte ausführen kann. Diese **Mikro-M.** werden u. a. in medizin. Labors oder bei der Entwicklung und Herstellung von Halbleiterbauelementen verwendet.

manipulierte Währung, Währungssystem, das nicht nach einem selbsttätigen Automatismus (z. B. wie bei der Goldwährung) funktioniert, sondern bei dem die Notenbank die Geldversorgung der Wirtschaft nach bestimmten Maßstäben (z. B. Indexwährung) oder nach wirtschafts-, bes. konjunkturpolit. Erfordernissen reguliert. (→Währung)

Manipur [ˈmaːnɪpʊə], Bundesstaat in NO-Indien, an der Grenze zu Birma, 22 327 km², (1994) 2,01 Mio. Ew. (1968: 1,04 Mio. Ew.); Hauptstadt ist Imphal. Die Bev. besteht aus etwa 40 Stämmen, die zu den Kuki-Chin-Völkern und den Naga gehören. Amtssprachen sind Manipuri (Sprache der Meithei) und Englisch. – M. wird von meridional verlaufenden Gebirgen (bis 2 995 m ü. M.) eingenommen. Im Zentrum des waldreichen Gebirgslandes befindet sich ein fast 2 000 km² großes intramontanes Becken (etwa 800 m ü. M.) mit der Hauptstadt und dem Logtaksee. Hauptanbauprodukt ist Reis. – Der ehem. Fürstenstaat M., über den Birma lange die Oberhoheit beanspruchte, wurde am 15. 10. 1949 der Ind. Union eingegliedert und hat seit dem 1. 1. 1972 den Status eines Bundesstaates.

Manipuri, Volk und Sprache in Indien, →Meithei.

Manisa [ˈmaniːsa, maˈnisa], Prov.-Hauptstadt im W der Türkei, 50 m ü. M., im fruchtbaren Gedizgraben (→Gediz), am N-Fuß des Manisa Dağı, 158 300 Ew.; Marktort mit Industrie im Hauptgebiet der türk. Rosinenerzeugung (Sultaninen). – Vom antiken und byzantin. Magnesia zeugen am Berghang die z. T. erhaltene byzantin. Stadtmauer sowie die in den islam. Moscheen wieder verwendeten Säulen. Ein bedeutender Bau aus seldschuk. Zeit ist die Große Moschee (Ulu Camii) von 1374 mit zwei großen Bethallen, die hintere mit (wenig höherem) Kuppelraum auf acht Pfeilern (sechs sichtbar), die vordere mit kleinem Innenhof; aus osman. Zeit stammen die Çesnigir-Moschee (1474), die Hatuniye-Moschee (1485), die Sultansmoschee (1522) und die Muradiye Külliye (heute mit dem M.-Museum) und Moschee (1583–86; vielleicht nach

Plänen von SINAN von seinem Schüler ALI AĞA erbaut). Der Bedestan (gewölbte Ladenstraße) ist eine Stiftung aus der 2. Hälfte des 15. Jh. – Bei M., der antiken lyd. Stadt **Magnesia am Sipylos,** 334 v. Chr. von ALEXANDER D. GR. erobert, wurde 190 v. Chr. der Seleukidenherrscher ANTIOCHOS III., D. GR., von den Römern geschlagen. In späterer röm. Zeit war es freie Stadt, Teil der Prov. Asia. Die byzantin. Stadt wurde 1313 von den Seldschuken, 1398 von den Osmanen erobert, unter denen M. zeitweilig neben Bursa Residenz war.

manisch [griech. manikós ›zur Manie gehörend‹], auf einer Manie beruhend, krankhaft übersteigert.

manisch-depressive Erkrankung, manisch-melancholische Krankheit, bipolare affektive Störung, von E. KRAEPELIN eingeführte Bez. für endogene Psychose; gilt als körperlich nicht begründbare psych. Störung und ist weniger durch den Wechsel als vielmehr durch (in unterschiedl. Weise vorherrschende) Phasen von →Depression oder →Manie charakterisiert.

Manises [maˈniθəs], Ort in SO-Spanien, am Túria, in der Huerta von Valencia, 25 200 Ew.; ist seit der Araberzeit (mit dem benachbarten Paterna) Zentrum der Keramikkunst (v. a. Lüsterfayence und Azulejos), bes. vom 14. bis 17. Jh., und hatte starken Einfluss auf die ital. und niederländ. Majolika. Westlich von M. liegt der Flughafen von Valencia.

Manitoba [engl. mænɪˈtəʊbə], die östlichste der Prärieprovinzen Kanadas, 649 950 km² (davon 101 590 km² Seen). Von den (1994) 1,13 Mio. Ew. leben fast 60 % im Ballungsraum der Hauptstadt Winnipeg. Der größere Teil der Prov., v. a. der N, gehört zum Kanad. Schild; der S mit dem Winnipeg-, Winnipegosis- und Manitobasee ist als Boden eines ehem. Eisstausees (Lake →Agassiz) eben, nur im W steigt eine Schichtstufe bis 831 m ü. M. an. Das Klima ist kontinental mit starken jährl. Temperaturschwankungen und 535 mm Niederschlag pro Jahr. – M. hat eine ertragreiche Landwirtschaft (fruchtbare Böden im S) mit Anbau von Weizen, Gerste, Raps, ferner Flachs, Gemüse, Sonnenblumen und intensiver Viehzucht, Binnenfischerei, Holzwirtschaft (Herstellung von Zellstoff). Erzbergbau wird v. a. im N bei Flin Flon und Thompson betrieben (Nickel-, Kupfer-, Zinkerz, Gold), im SW Erdölförderung. Erst in jüngerer Zeit wurden große Wasserkraftwerke im N am Nelson River und am Saskatchewan errichtet. Die Industrie, bes. Nahrungsmittelerzeugung, Herstellung von Bekleidung und Druckerzeugnissen sowie Maschinenbau, ist im Ballungsraum Winnipeg konzentriert. An der Hudsonbai liegt die Siedlung →Churchill.

Geschichte: Im südl. Teil des heutigen M. siedelten vor der Ankunft der Europäer versch. Indianerstämme (Blackfoot, Sarcee, Assiniboin, Ojibwa), weiter im N am Ufer der Hudsonbai Eskimo. Die ersten Europäer drangen im frühen 17. Jh. von der Hudsonbai aus in das Gebiet ein (1612 der Engländer T. BUTTON). Nach der Gründung der Hudson's Bay Company (1670) entstanden an den Flussmündungen Handelsforts, von denen aus die Gesellschaft nach S vordrang. Im 18. Jh. wurde das Gebiet zum Schauplatz der britisch-frz. Rivalität in Nordamerika. Nach der brit. Eroberung Kanadas (1763) wurde 1812 (u. a. durch den schott. Philanthropen Lord T. SELKIRK) gegründete Siedlung am Red River of the North zur Keimzelle des heutigen M. Sie wuchs durch die Ansiedlung europ. Einwanderer, aber auch einer großen Anzahl von Frankokanadiern. 1869 kaufte die kanad. Reg. die Territorien der Hudson's Bay Company, wodurch ein Aufstand der Métis (indianisch-europ. Mischbevölkerung) unter LOUIS RIEL ausgelöst wurde (1869/70). 1870 als fünfte kanad. Prov. mit zunächst 36 000 km² errichtet, wurde M. 1881 im W,

1884 im O und dann 1912 im N auf seine heutige Größe erweitert.

W. L. MORTON: M., a history (Toronto ²1967). The geography of M. Its land and its people, hg. v. J. WELSTED u. a. (Winnipeg 1996).

Manitobasee, engl. **Lake Manitoba** ['leɪk mænɪ'təʊbə], flacher glazialer Eisstausee im S der Prov. Manitoba, Kanada, 200 km lang, 4 659 km²; von mehreren Flüssen und dem Abfluss des Winnipegosissees gespeist; Abfluss zum Winnipegsee; Fischfang.

Manitoulin Island [mænɪ'tuːlɪn 'aɪlənd], Insel im Huronsee, Kanada, mit 2 756 km² größte Insel eines Binnensees auf der Erde; v. a. Erholungsgebiet.

Manitu [aus Algonkin, urspr. ›geheimnisvoll‹, ›heilig‹] *der, -s,* zentraler Begriff in den Glaubensvorstellungen der Algonkin-Indianer im östl. Nordamerika; urspr. als eine unpersönl. Eigenschaft, eine Kraft, aufgefasst, die nur in Verbindung mit einer Wirklichkeit (Lebewesen, Objekten, Naturerscheinungen) aufzutreten vermochte, wenn diese in sakralem Kontext standen. M. war also kein ›Geist‹, d. h. etwas Raum- und Ortloses. Die Gleichsetzung mit einem höchsten Wesen (›Gott‹ oder ›Großer Geist‹) in der populären Literatur und Umgangssprache ist christl. Ursprungs.

Maniu, Iuliu, rumän. Politiker, * Şimleul Silvaniei 8. 1. 1873, †(in Haft) Sighet (Kr. Maramureş) 5. 2. 1953. Seit 1896 im Präsidium der Rumän. Nationalpartei in Ungarn, 1906–10 Abg. im ungar. Reichsrat, konnte M. 1918 beim Zusammenbruch Österreich-Ungarns den Anschluss Siebenbürgens an Rumänien sichern. Als Abg. im rumän. Parlament (1919–38) gelang ihm die Vereinigung der siebenbürgisch-rumän. Nationalpartei und der Bauernpartei zur Nat. Bauernpartei (Partidul National-Ţărănesc, PNT). Als Min.-Präs. (1928–30 und 1932–33) und mehrmaliges Reg.-Mitgl. intensivierte er die Zusammenarbeit in der Kleinen Entente. Obwohl er im Zweiten Weltkrieg mit CONSTANTIN I. C. BRĂTIANU (* 1866, † 1950 [?]) die Opposition gegen die Diktatur Marschall I. ANTONESCUS anführte, wurde er nach dem Verbot der PNT, die ab 1944 wichtigster Gegner der kommunist. Umwandlung Rumäniens war, im November 1947 wegen angebl. Hochverrats in einem Schauprozess zu lebenslanger Haft verurteilt. Sein Berater war C. COPOSU.

I. SCURTU: I. M. (Bukarest 1995).

Manizales [mani'θales], Hauptstadt des Dep. Caldas, Kolumbien, 2 150 m ü. M., in der Zentralkordillere, 341 000 Ew.; Erzbischofssitz; Univ., archäolog. Museum; Handelszentrum der bedeutendsten Kaffeeanbauregion des Landes; Kaffeeaufbereitung, Zementfabrik, Herstellung von Landmaschinen, Textilien u. a.; Flugplatz.

Manjushri [-ʃ-], einer der acht großen →Bodhisattvas des Mahayana-Buddhismus; als Verkörperung von Wissen und Beredsamkeit neben Avalokiteshvara von herausragender Bedeutung; ikonographisch häufig mit seinen Hauptattributen Schwert und Buch des Prajnaparamita-Manuskriptes dargestellt.

Mankiewicz ['mæŋkjəvɪtʃ], Joseph L. (Leo), amerikan. Drehbuchautor, Filmproduzent und -regisseur, * Wilkes-Barre (Pa.) 11. 2. 1909, † Bedford (N. Y.) 5. 2. 1993; drehte u. a. ›Weißer Oleander‹ (1946), ›Ein Brief an drei Frauen‹ (1949), ›Alles über Eva‹ (1950), ›Der Fall Cicero‹ (1951), ›Julius Caesar‹ (1953), ›Die barfüßige Gräfin‹ (1954), ›Plötzlich im letzten Sommer‹ (1959), ›Mord mit kleinen Fehlern‹ (›Sleuth‹, 1972).

K. L. GEIST: Pictures will talk. The life and films of J. L. M. (Neuausg. New York 1983).

Manko [ital., zu lat. mancus ›unvollständig‹] *das, -s/-s,* **1)** *allg.:* Mangel, Unvollständigkeit, Fehler. **2)** *Recht* und *Wirtschaft:* Fehlbetrag bzw. Fehlmenge, d. h. Differenz zw. dem Soll- und dem Istbetrag von Geld und/oder Waren (z. B. Kassen-M.). Für ein M. kann der Arbeitnehmer haften (**M.-Haftung),** a) aufgrund einer rechtlich grundsätzlich zulässigen, zw. Arbeitgeber und Arbeitnehmer getroffenen besonderen M.-Abrede, in der sich der Arbeitnehmer verpflichtet, ein entstandenes M. zu ersetzen, b) bei schuldhafter Verletzung des Arbeitsvertrages (Haftung nach den Grundsätzen der →positiven Vertragsverletzung oder – wenn zur Tätigkeit des Arbeitnehmers wirtschaftl. Überlegungen gehören und er bei der Erfüllung seiner Aufgaben selbstständig handelt – auch nach den Bestimmungen über Verwahrung, § 688 BGB, und Auftrag, §§ 672–675, 663, 665–670 BGB), sowie c) wenn eine →unerlaubte Handlung vorliegt. Eine M.-Abrede, die eine verschuldensunabhängige Haftung des Arbeitnehmers vorsieht, ist nur zulässig, wenn dem Arbeitnehmer hierfür ein angemessener wirtschaftl. Ausgleich (**M.-Geld**) gewährt wird. In den Fällen der positiven Vertragsverletzung ist die Haftung des Arbeitnehmers nach den Grundsätzen der Haftungsbeschränkung bei →Arbeitnehmerhaftung begrenzt.

Manley ['mænli], Gordon, brit. Geograph und Meteorologe, * Douglas (Isle of Man) 3. 1. 1902; 1948–64 Prof. der Geographie an der Univ. London (Bedford College), bis 1968 Prof. of Environmental Sciences an der neuen Univ. Lancaster; veröffentlichte v. a. Arbeiten zur histor. Klimatologie Großbritanniens. Die mit Instrumenten gemessenen meteorolog. Beobachtungen in London von 1670 bis 1969 (die längste geschlossene Beobachtungsreihe der Welt) wurden von ihm zusammengestellt und bearbeitet.

Werk: Climate and the British scene (1952).

Manlius, Name eines röm. Patriziergeschlechts. – Bedeutende Vertreter:

1) Marcus **M. Capitolinus,** Konsul (392 v. Chr.), † 384 v. Chr.; soll 390 v. Chr. das Kapitol vor einem nächtl. Überfall der Gallier gerettet haben; wurde angeblich 385 v. Chr. wegen Strebens nach der Königsgewalt angeklagt und 384 getötet.

2) Titus **M. Imperiosus Torquatus,** Konsul (347, 344 und 340 v. Chr.); soll um 360 v. Chr. einen riesigen Gallier im Zweikampf besiegt und nach der erbeuteten Halskette (torques) seinen Beinamen erhalten haben. 340 besiegte er die Latiner bei Trifanum (wohl bei Sinuessa in Latium). Seinen gleichnamigen Sohn, der befehlswidrig gegen den Feind gekämpft hatte, soll er zum Tode verurteilt und hingerichtet haben.

Mann [german., zurückgehend auf indogerman. manu/monu ›Mann‹, ›Mensch‹], erwachsener männl. Mensch. Zu unterscheiden ist grundsätzlich zw. dem M. als Individuum und der männl. Geschlechtsrolle, durch die in der jeweiligen Gesellschaft bestimmten Eigenschaften, Verhaltensweisen und Einstellungen als typisch männlich festgelegt und tradiert werden. Als Individuum unterscheidet sich der M. von der Frau genetisch durch das geschlechtsdeterminierende Y-Chromosom, das zur Ausbildung der im Dienst der Fortpflanzung stehenden geschlechtsspezifischen körperl. Merkmale führt.

Vorstellungen über Männlichkeit

Im dialekt. Verhältnis mit Vorstellungen über Weiblichkeit haben sich unterschiedl. Männerbilder, Auffassungen über Wesen und Selbstverständnis des M. entwickelt. Sie sind in den meisten Kulturen durch die Vorstellung geprägt, dass M. die höchste Verwirklichungsform menschl. Seins darstellen, während die Frauen als ›die Anderen‹ ihnen seins- und entwicklungsmäßig nach- und untergeordnet sind. Sprachlich zeigt sich diese Vorrangstellung in der begriffl. Gleichsetzung von M. und Mensch in den meisten indogerman. Sprachen. Da Weltdeutung wie Welterkenntnis und Sinngebung i. d. R. dem männl. Geschlecht vorbehalten waren, lässt sich die allgemeine Geistesgeschichte als eine Bildungsgeschichte des männl. Bewusstseins bestimmen, das sich zugleich als allgemein menschlich verstanden hat.

Während M. sich als Motor geschichtl. Veränderung und Schöpfer von Kultur begriffen, wurde das Weibliche primär der instinkt- und emotionsbetonten Natur zugeordnet und als ›Nur-Natur‹ gewertet. Die Gegenüberstellung von Mann/Kultur und Frau/Natur entspricht der universell verbreiteten kosmolog. und anthropolog. Vorstellung, der zufolge das Männliche mit dem Prinzip des Geistigen und Schöpferisch-Aktiven (Logos), das Weibliche hingegen mit dem Prinzip des Stofflich-Leiblichen (Materie) und Empfangend-Passiven gleichzusetzen ist, der Himmel männlich und die Erde weiblich gedacht werden und die Menschen diesem kosmolog. Dualitätsprinzip von oben und unten, von Licht und Dunkel entsprechen.

Die Vorstellung, dass der M. Ursprung und Anfang der Menschheitsgeschichte darstellt, hat in vielen Schöpfungsmythen Gestalt gewonnen (z. B. 1. Mos. 2). In den streng monotheist. Religionen Judentum, Christentum und Islam wird Gott traditionell männlich gedacht. Bestimmend für die Ausbildung abendländ. Männerbilder war und ist die Tatsache, dass das Bild Gottes als das des allmächtigen Vaters, Weltenlenkers, Königs, Richters, Hirten und Herrn in Theologie und Frömmigkeitsbewusstsein prägend geworden ist. Trotz gegenläufiger, auf die Gleichheit von M. und Frau zielender Tendenzen in der Urkirche wurde auch im Christentum die phys. und sittl. Superiorität des M. zunehmend betont.

Selbst- und Idealbild des M. haben sich in den jeweiligen kulturtyp. männl. Leitgestalten niedergeschlagen, die einer Gesellschaft als Muster und Orientierung vollendeten Menschentums dienten. So gehört die Idee des Heros ähnlich wie die des Königs zu den elementaren Vorstellungsinhalten menschl. Selbst- und Weltverstehens. Myth. Helden begegnen als Gründerväter von Sippe, Stadt und Staat (Gilgamesch, Äneas, Romulus und Remus, König Artus), als Wohltäter der Menschheit und Zivilisationsstifter (Herakles, Prometheus); Heroen der Realgeschichte begegnen als Schlachtenlenker, Feldherren und Staatsmänner. Im christlich-abendländ. Kulturkreis wurde das Ideal männl. Tugend und Stärke (lat. virtus) wie gesellschaftl. Gesittung in der Figur des Ritters, des Hofmanns, des ›honnête homme‹ und Gentleman tradiert, während der Typus des Don Juan die erotisch-verführer., der des Dandy die ästhetisch-narzisst. Seite des M. verkörperte.

Im Zuge des Rationalismus bestimmte die Vorstellung vom M. als ›Herrn und Besitzer der Natur‹ (R. DESCARTES) die männl. Identität und das männl. Selbstbewusstsein. Das Ideal des M. implizierte bes. mit Beginn des bürgerl. Zeitalters die Abgrenzung von Antitypen, z. B. homosexuellen M., die offenbar die so genannten weibl. (›weibischen‹) Eigenschaften verkörperten. Der Nationalismus übernahm das maskuline Stereotyp als ein Mittel seiner Selbstdarstellung (GEORGE L. MOSSE [* 1918]) ganz. Als ›homo faber‹ und ›homo oeconomicus‹ repräsentierte der M. das dynam. Prinzip ökonom., kulturellen und techn. Fortschritts. Erst in den letzten Jahrzehnten ist das männl. Ideal des autonomen, vernunftbetonten Subjekts um den Preis der Unterdrückung von Sinnlichkeit und Emotionalität problematisiert worden.

Zur gesellschaftlichen Rolle des Mannes

Die soziale Rollenverteilung zw. M. und Frau ist in den meisten Gesellschaften und Kulturen mit einer hierarch. Status- und Prestigedifferenzierung zugunsten des M. sowie einer allgemeinen Dominanz des M. im öffentl. Bereich verbunden. Versch. Ansätze zur Erforschung der Strukturen von Patriarchat und Matriarchat führten zu unterschiedl. Begründungstheorien. Unbestritten ist, dass die Entstehung umfassender Bilder von Männlichkeit (wie Weiblichkeit) und der darauf aufbauenden Geschlechterrollen in engem Zusammenhang mit der Gestaltung und Aufteilung geschlechtsspezif. Arbeit steht. Schon in der frühen Geschichte der Menschheit finden sich grundlegende Tätigkeitsdifferenzierungen: für Männer die Bereiche Jagd, Krieg und Kult, für Frauen zwar in vielen Kulturen auch der Kult, vor allem aber dominierend Kinderaufzucht und Tätigkeiten im Haus und haus- oder lagernahen Bereich. Damit verbunden war die Aufteilung der Lebenswelt in eine weibl. Innen- und eine männl. Außensphäre. Durch ihre Zuständigkeit für Außentätigkeiten konnten M. die Grenzen ihrer vertrauten Kultur- und Lebenswelt überschreiten, neue Erfahrungen und Erkenntnisse sammeln und komplexere soziale Verhaltensweisen erlernen. Aus der einfachen räuml. Scheidung zw. Binnen- und Außenwelt, zw. häusl. und öffentl. Produktion erwuchs in der Folge ein Dualismus, der den der Frau zugewiesenen Binnenbereich abwertete, wie er den dem M. zugewiesenen Außenbereich aufwertete. Zugleich schufen exklusive männl. Zusammenschlüsse (M.-Bünde) wie Altersklassen, Kultgenossenschaften, Geheimbünde, Kriegerbünde, Bruderschaften die idealen Bedingungen für die Entstehung stabiler männl. Solidargruppen und die Stärkung des generellen Suprematieanspruchs der M.-Gemeinschaft. Umstritten ist, in welcher Phase der vorgeschichtl. Entwicklung dieser ›evolutionäre Machtvorsprung‹ des M. (MICHAEL RAISCH) einsetzte. Häufig wird der Ursprung männl. Hegemonie mit der Entstehung der Ackerbaukulturen in Zusammenhang gebracht, wobei sich zugleich die patrilinearen Abstammungssysteme konstituierten. Kulturell wurde die männl. Vormachtstellung im Sinne des jeweils geltenden Rechts-, Norm- und Moralsystems festgelegt. Die patriarchal. Herrschaft erschien bis in die Neuzeit hinein weitgehend als natürl. Modell menschl. Ordnungsgefüges; matrilineare Strukturen haben sich nur als Ausnahmen erhalten.

Die Entstehung der bürgerl. Gesellschaft führte langfristig zu einem Wandel der traditionellen M.-Rolle. Einerseits wurde die patriarchal. Ideologie durch den mit der Frz. Revolution aufkommenden Gleichheitsgedanken infrage gestellt. Andererseits verbanden sich mit der Ablösung des ›ganzen Hauses‹ durch die moderne Kleinfamilie die Auflösung der Hausvaterordnung und die erste historisch eindeutig fassbare Krise der ›väterl. Gesellschaft‹ im christl. Abendland (HUBERTUS TELLENBACH).

Die Differenzierung von Erwerbs- und Familienleben zu Beginn des industriellen Zeitalters und das Auseinandertreten von öffentl. und privater Sphäre waren strukturell gekoppelt mit einer neuartigen Figuration geschlechtl. Arbeitsteilung: Im Ggs. zur häusl. Familienarbeit der Frau stellte die außerhäusl. Berufsarbeit faktisch und normativ das Zentrum und Strukturmerkmal männl. Biographie dar. Die polare Aufgabendifferenzierung zw. M. und Frau ging mit der Herausbildung spezif. männl. (wie weibl.) Grundhaltungen und Verhaltensweisen einher. Wurden der männl. Geschlechterrolle instrumentelle Züge wie Dominanz, Maßgeblichkeit, Unabhängigkeit, Affektkontrolle zugeschrieben, so der weiblichen sozial-emotionale Attribute wie Mütterlichkeit, Geselligkeit, Sensitivität und Expressivität (T. PARSONS).

Nachdem sich in der Frühphase der Industrialisierung die Rollen der Geschlechter eher polarisiert hatten, begann in ihrem weiteren Verlauf ein Prozess, der zu einer Annäherung der Geschlechterrollen führte. Einerseits wurde im Zuge der neuzeitl. Modernisierungs- und Rationalisierungsprozesse personale männl. Herrschaft in wachsendem Maße in depersonalisierte und anonyme Institutionen transformiert.

Erika Mann
(Zeichnung von Thomas Theodor Heine; 1936)

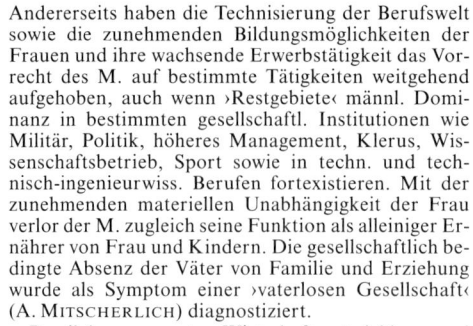

Golo Mann

Heinrich Mann

Andererseits haben die Technisierung der Berufswelt sowie die zunehmenden Bildungsmöglichkeiten der Frauen und ihre wachsende Erwerbstätigkeit das Vorrecht des M. auf bestimmte Tätigkeiten weitgehend aufgehoben, auch wenn ›Restgebiete‹ männl. Dominanz in bestimmten gesellschaftl. Institutionen wie Militär, Politik, höheres Management, Klerus, Wissenschaftsbetrieb, Sport sowie in techn. und technisch-ingenieurwiss. Berufen fortexistieren. Mit der zunehmenden materiellen Unabhängigkeit der Frau verlor der M. zugleich seine Funktion als alleiniger Ernährer von Frau und Kindern. Die gesellschaftlich bedingte Absenz der Väter von Familie und Erziehung wurde als Symptom einer ›vaterlosen Gesellschaft‹ (A. MITSCHERLICH) diagnostiziert.

Parallel zur rasanten Wirtschaftsentwicklung und damit wachsendem Wohlstand für weite Teile der Bev. in den westl. Ländern rückt seit den 50er-Jahren zunehmende die Kehrseite dieser Entwicklung in das öffentl. Bewusstsein. Die Zerstörung der Natur, die Bürokratisierung des Alltags und die daraus erwachsende Entfremdung, Anonymisierung und Kontaktarmut der Menschen untereinander, der zunehmende Leistungsdruck in der Arbeitswelt, die wachsende Kluft zw. armen und reichen Ländern – diese u. a. sind die wichtigsten Auslöser einer Neubewertung auch der Rolle des M. in der Gesellschaft, mit der sich die meisten Männer zunächst nur passiv konfrontiert sahen. Eine eigenständige Männerbewegung entstand, z. T. als Antwort auf die moderne →Frauenbewegung, in den 60er-Jahren in den USA und Anfang der 70er-Jahre in Dtl. (v. a. innerhalb der Studenten- und der Homosexuellenbewegung [Männergruppen]).

Rollen- und Statusveränderung des M. haben einerseits zu einer nachhaltigen Verunsicherung männl. Identität (WALTER HOLLSTEIN [* 1939]) geführt, andererseits wurden Chancen zur Umorientierung männl. Lebensführung freigesetzt und eine wenn auch vorsichtige Annäherung an Werte und Orientierungen ermöglicht, die traditionell Frauen zugeschrieben werden. Obwohl die Berufstätigkeit weiter zum Kern der männl. Normalbiographie gehört, wird gerade in der jüngeren Generation die einseitige Zuweisung von Hausarbeit und Kindererziehung an Frauen und außerhäusl. Berufsarbeit an Männer nicht mehr nur von Frauen, sondern zunehmend auch von Männern infrage gestellt. Patriarchal. Strukturen in der Familie sind vielfach partnerschaftlich orientierten Beziehungsformen gewichen, trotz weiter bestehender ungleicher Verteilung der häusl. Aufgaben. Gegenüber dem Phänomen autoritärer bzw. distanzierter Vaterschaft ist heute ein wachsender Trend zu partizipativer Vaterschaft zu erkennen. Die gegenwärtigen Veränderungen sprechen für eine weiter fortschreitende Pluralisierung der gesellschaftlich gültigen Rollenkonzepte, wobei im Zuge der modernen Individualisierungsdynamik davon auszugehen ist, dass neben den in die Familie eingebundenen Elternbiographien von M. und Frauen innerhalb und außerhalb der Familie eigenständige männl. wie weibl. Einzelbiographien entstehen (U. BECK/E. BECK-GERNSHEIM).

⇨ *Emanzipation · Familie · Frau · Geschlechtsmerkmale · Gleichberechtigung · Homosexualität · Leistungsgesellschaft · Männerbünde · Matriarchat · Mensch · Patriarchat · Rolle · Sexismus · Wertewandel*

Das Vaterbild im Abendland, hg. v. H. TELLENBACH, 2 Bde. (1978); M.-Sein. Identitätskrise u. Rollenfindung des M. in der heutigen Zeit, hg. v. R. JOKISCH (Neuausg. 1984); C. BENARD u. E. SCHLAFFER: Viel erlebt u. nichts begriffen. Die Männer u. die Frauenbewegung (1985); Traditionalismus, Verunsicherung, Veränderung – Männerrolle im Wandel?, hg. v. J. POSTLER u. a. (1985); S. METZ-GÖCKEL u. URSULA MÜLLER: Der M. (1986); M. RAISCH: Veränderungen des Rollenverhaltens des M. (1986); H. PROSS: Die Männer. Eine repräsentative Unters. über die Selbstbilder von Männern u. ihre Bilder von der Frau (Neuausg. 1987); W. HOLLSTEIN: Nicht Herrscher, aber kräftig. Die Zukunft der Männer (1988); Aufgaben, Rollen u. Räume von Frau u. M., hg. v. J. MARTIN u. a., 2 Bde. (1989); U. BECK u. E. BECK-GERNSHEIM: Das ganz normale Chaos der Liebe (1990); A. MITSCHERLICH: Auf dem Weg zur vaterlosen Gesellschaft (¹⁸1992); A. SCHWARZER: Der ›kleine Unterschied‹ u. seine großen Folgen (Neuausg. 130.–136. Tsd. 1992); W. WIECK: Männer lassen lieben (Neuausg. 1992); G. L. MOSSE: Das Bild des M. (1997).

Mann, 1) Dieter, Schauspieler, * Berlin 20. 6. 1941; seit 1964 am Dt. Theater Berlin, wo er 1984–91 als Intendant wirkte; auch beliebter Film- und Fernsehdarsteller sowie Bühnenregisseur.

2) Erika, Schriftstellerin, * München 9. 11. 1905, † Zürich 27. 8. 1969, Tochter von 9); Ausbildung als Schauspielerin; 1925–28 ⚭ mit G. GRÜNDGENS; emigrierte 1933 in die Schweiz; Gründung des antifaschist. Kabaretts ›Die Pfeffermühle‹, mit dem sie durch Europa reiste; heiratete 1935 W. H. AUDEN; ab 1936 in den USA als Journalistin; zuletzt in Kilchberg bei Zürich; verwaltete die Hinterlassenschaft ihres Vaters; schrieb Jugendbücher, Erzählungen, Essays und Biographien.

Werke: Das Buch von der Riviera (1931, mit K. MANN); Stoffel fliegt übers Meer (1932); Muck, der Zauberonkel (1934); Zehn Millionen Kinder. Die Erziehung der Jugend im Dritten Reich (1938); Das letzte Jahr. Bericht über meinen Vater (1956); Die Zugvögel (1959).

Ausgabe: Briefe u. Antworten, hg. v. A. ZANCO PRESTEL, 2 Bde. (1984–85); Mein Vater, der Zauberer, hg. v. I. VON DER LÜHE u. U. NAUMANN (1996).

I. VON DER LÜHE: E. M. Eine Biogr. (²1994).

3) Fritz Karl, amerikan. Finanzwissenschaftler dt. Herkunft, * Berlin 10. 12. 1883, † Washington (D. C.) 14. 9. 1979; seit 1920 Prof. in Kiel, Königsberg (heute Kaliningrad) und Köln; 1935 erzwungene Emeritierung; lehrte nach seiner Emigration (1936) in den USA 1936–56 an der American University, Washington. M. gilt als einer der Begründer der Finanzsoziologie.

Werke: Die Staatswirtschaft unserer Zeit (1930); Steuerpolit. Ideale (1937); Finanztheorie u. Finanzsoziologie (1959); Der Sinn der Finanzwirtschaft (1978).

4) Golo, eigtl. **Gottfried Angelus M.**, Historiker und Publizist, * München 27. 3. 1909, † Leverkusen 7. 4. 1994; Sohn von 9); studierte Philosophie in München, Berlin und Heidelberg, wo er 1932 bei K. JASPERS über HEGEL promovierte. 1933 folgte er seinem Vater in die Emigration, zunächst nach Frankreich, dann in die Schweiz, wo er 1937–40 in Zürich die Zeitschrift ›Maß und Wert‹ redigierte, und anschließend in die USA, wo er 1942–43 als Prof. für Gesch. am Olivet College (Mich.) und 1947–57 an Claremont Men's College (Calif.) lehrte. 1960 Prof. für Politikwiss. an der TH Stuttgart (bis 1964). M., der als literarisch orientierter Historiker hervortrat und dessen Werke sich durch das Erzählen von Geschichte auszeichneten, war Herausgeber und Mitarbeiter der ›Propyläen-Weltgeschichte‹ (1960–65, 10 Bde.).

Werke: Friedrich von Gentz (1947); Dt. Gesch. des 19. u. 20. Jh. (1958); Wallenstein (1971); Erinnerungen u. Gedanken. Eine Jugend in Dtl. (1986; Autobiographie); Wir alle sind, was wir gelesen. Aufsätze u. Reden zur Lit. (1989); Wissen u. Trauer. Histor. Portraits u. Skizzen (1991).

J. FEST: Wege zur Gesch. Über Theodor Mommsen, Jacob Burckhardt u. G. M. (Zürich ²1993).

5) Heinrich, Schriftsteller, * Lübeck 27. 3. 1871, † Santa Monica (Calif.) 12. 3. 1950, Bruder von 9). Nach einer Buchhändlerlehre in Dresden 1889 war M. 1890–92 Volontär im S. Fischer Verlag in Berlin; Studium in Berlin und München. Bis 1898 hielt sich M. aus gesundheitl. Gründen u. a. in Italien auf, lebte auch danach meist auf Reisen im Süden, erst 1918 ließ er sich in Berlin nieder. 1930 wurde er zum Präs. der Sektion ›Dichtkunst‹ der Preuß. Akademie der Künste gewählt (1933 ausgeschlossen). Er emigrierte kurz nach der Machtübernahme der Nationalsozialisten nach Frankreich. Als einer der aktivsten dt. Exilschriftsteller betrieb er die Zusammenarbeit der unterschiedlichen polit. Lager der Emigranten. 1940 floh M. über Spanien in die USA (Kalifornien). Kurz vor seiner geplanten Rückkehr nach Dtl., wo man ihm seitens der DDR die Präsidentschaft der Dt. Akademie der Künste angeboten und ihm den ersten ›Nationalpreis für Literatur‹ verliehen hatte, starb er.

Im Unterschied zu seinem Bruder THOMAS sah sich M. schon sehr bald bewusst als demokratisch-sozialist. Schriftsteller. Das erzähler. Werk greift die großen Traditionen des 19. Jh. auf (v. a. BALZAC, STENDHAL, FLAUBERT). In den frühen Romanen und Novellen finden sich auch neuromant. Züge (Roman ›Die kleine Stadt‹, 1909) und Einflüsse D'ANNUNZIOS (Trilogie ›Die Göttinnen oder die drei Romane der Herzogin von Assy‹, 1902–03). Doch zeigte sich gleichzeitig die z. T. ins Satirische überhöhte Zeitkritik, die der wilhelmin. Gesellschaft gilt (Roman ›Im Schlaraffenland‹, 1900). Der Sozialkritiker M. erreichte seinen erzähler. Höhepunkt in den Romanen ›Professor Unrat oder Das Ende eines Tyrannen‹ (1905; verfilmt u. d. T. ›Der blaue Engel‹, 1930) und ›Der Untertan‹ (teilweise in Zeitschriften 1911–14, Buchveröffentlichung erst 1918 möglich; verfilmt 1951). Letzterer bildet mit seinen – künstlerisch schwächeren – Nachfolgern ›Die Armen‹ (1917) und ›Der Kopf‹ (1925) die Trilogie ›Das Kaiserreich‹.

Der polit. Schriftsteller M. äußerte sich v. a. in Essays, die immer wieder die Verantwortung des Intellektuellen reklamieren. Er trat mitten im Ersten Weltkrieg für Völkerverständigung ein (›Zola‹, erschienen 1915 in R. SCHICKELES Zeitschrift ›Die weißen Blätter‹) und warnte während der Weimarer Republik vor einer Niederlage der Demokratie (Sammlungen u. a. ›Macht und Mensch‹, 1920; ›Sieben Jahre. Chronik der Gedanken und Vorgänge 1921–28‹, 1929; ›Geist und Tat. Franzosen 1780–1930‹, 1931; ›Der Haß. Dt. Zeitgeschichte‹, 1933). Im frz. Exil entstand sein wichtigstes Werk, der zweibändige Roman über den frz. König HEINRICH IV.: ›Die Jugend des Königs Henri Quatre‹ (1935) und ›Die Vollendung des Königs Henri Quatre‹ (1938). Er gestaltet den Stoff nach den histor. Ereignissen, doch gibt er gleichzeitig in der Hauptfigur ein humanist., poetisch überhöhtes Gegenbild zur dt. Wirklichkeit. Im amerikan. Exil, wo er unter schwierigen persönl. Verhältnissen lebte, entstanden die Memoiren ›Ein Zeitalter wird besichtigt‹ (1945).

M.s sozialist. Grundposition trug dazu bei, dass er in der BRD lange Zeit nicht beachtet und in der DDR zum Repräsentanten einer ›sozialistischen dt. Nationalliteratur‹ stilisiert wurde. So steht die umfassende Würdigung noch aus, bes. das essayist. Werk ist editorisch nur unzureichend erschlossen.

Weitere Werke: *Romane:* In einer Familie (1894); Die Jagd nach Liebe (1903); Zw. den Rassen (1907); Mutter Marie (1927); Eugenie oder die Bürgerzeit (1928); Ein ernstes Leben (1932); Der Atem (1949); Empfang bei der Welt (hg. 1956); Die traurige Geschichte von Friedrich dem Großen (1960; Fragment). – *Novellen:* Das Wunderbare u. a. Novellen (1897); Flöten und Dolche (1905); Die Rückkehr vom Hades (1911); Kobes (1925). – *Dramen:* Schauspielerin (1911); Madame Legros (1913); Brabach (1917). – *Essays und Reden:* Diktatur u. Vernunft (1923); Es kommt der Tag (1936). – Lidice (1943; Dialog).

Ausgaben: Ausgew. Werke in Einzelausg., hg. v. A. KANTOROWICZ u. a., 13 Bde. (1951–62); Ges. Werke, hg. v. der Akad. der Künste der DDR, 18 Bde. (1965–88); Werkausw., 10 Bde. (1976); Thomas M. u. H. M.: Briefwechsel 1900–1949, hg. v. H. WYSLING (Neuausg. 1984); Ges. Werke in Einzelbänden, hg. v. P.-P. SCHNEIDER, auf zahlr. Bde. ber. (1994 ff.).

H. IHERING: H. M. (Berlin-Ost ³1952); A. KANTOROWICZ: H. u. Thomas M. Die persönl., literar. u. weltanschaul. Beziehungen der Brüder (ebd. 1956); E. ZENKER: H.-M.-Bibliogr. (ebd. 1967); A. BANULS: H. M. (a. d. Frz., 1970); K. LEMKE: H. M. (1970); K. SCHRÖTER: H. M. Untertan, Zeitalter, Wirkung (1971); H. KÖNIG: H. M. Dichter u. Moralist (1972); H. DITTBERNER: H. M. Eine krit. Einf. in die Forsch. (1974);

H. M. Texte zu einer Wirkungsgesch. in Dtl., hg. v. R. WERNER (1977); W. BERLE: H. M. u. die Weimarer Rep. (1983); H. M. Werk u. Wirkung, hg. v. R. WOLFF (1984); H. M. Das Werk im Exil, hg. v. DEMS. (1985); H. M., hg. v. H. L. ARNOLD (⁴1986); J. FEST: Die unwissenden Magier. Über Thomas u. H. M. (Neuausg. 1993); W. JASPER: Der Bruder. H. M. (Neuausg. 1994); K. SCHRÖTER: H. M. (77.–78. Tsd. 1996).

6) [engl. mæn], Herbie, eigtl. **Herbert Jay Solomon** ['sɔləmən], amerikan. Jazzflötist, * New York 16. 4. 1930; gründete 1959 sein Afrojazzsextett; begann als Vertreter des Modernjazz und bezog seit 1960 zunehmend Elemente von Samba und Bossa Nova, später auch Reggae und Rock (›Family of man‹) ein. Sein perkussiver Flötenstil hat viel zur Emanzipation der Flöte als Jazzinstrument beigetragen.

7) Klaus Heinrich Thomas, Schriftsteller, * München 18. 11. 1906, †(Selbstmord) Cannes 21. 5. 1949, Sohn von 9); lebte von 1925 an als Theaterkritiker in Berlin. Dort gründete er zus. mit seiner Verlobten PAMELA WEDEKIND (* 1906, † 1986), seiner Schwester ERIKA M. und deren Ehemann G. GRÜNDGENS ein Theaterensemble, das seine Dramen ›Anja und Esther‹ (1925) und ›Revue zu Vieren‹ (1926) aufführte. 1932 erschien ›Kind dieser Zeit‹, die Autobiographie seiner Jugend, die vom Lebensgefühl der Zugehörigkeit zu einer ›Lostgeneration‹ getragen ist. 1933 emigrierte er zunächst nach Paris, dann nach Amsterdam; 1933–35 Mitherausgeber der Emigrantenzeitschrift ›Die Sammlung‹. Von 1936 an lebte M. (ab 1943 als amerikan. Staatsbürger) in den USA, war 1938 Berichterstatter im Span. Bürgerkrieg und redigierte 1941/42 die avantgardist. Zeitschrift ›Decision‹, trat 1942 der US-Army bei (1944/45 Teilnahme an den Kämpfen in Italien). In dem Versuch, aus dem Schatten des Vaters herauszutreten, betonte M. die Gegensätzlichkeiten zu ihm, v. a. in der Absage an bürgerl. Ideale und Normen, die sich gleichermaßen in der Unruhe und Zerrissenheit von Autor und Werk spiegeln, wie sie auch die Suche nach einer sinnhaften Aufgabe zeigt, die M. erst in seinem antifaschist. Engagement im Exil zuwuchs. In dieser Zeit entstanden seine bedeutendsten Romane (u. a. ›Symphonie pathétique‹, 1935; ›Der Vulkan‹, 1939). In ›Mephisto. Roman einer Karriere‹ (1936, verfilmt von I. SZABÓ 1980), einem Schlüsselroman, zeichnete M. den Typus eines skrupellosen Karrieremachers als ›Symbol eines durchaus komödiant., zutiefst unwahren ... Regimes‹. 1966 wurde die Verbreitung des Werkes in der BRD wegen Beleidigung von GRÜNDGENS verboten (dennoch Neudruck 1981). M.s letztes Werk, ›The turning Point‹ (engl. 1942; dt. überarbeitet ›Der Wendepunkt‹, hg. 1952), verbindet Autobiographisches mit geschichtl. und philosoph. Betrachtungen.

Weitere Werke: *Romane:* Der fromme Tanz (1926); Alexander (1929); Treffpunkt im Unendlichen (1932); Flucht in den Norden (1934). – *Novelle:* Kindernovelle (1926). – *Essays:* Heute und Morgen (1927).

Ausgaben: Prüfungen. Schriften zur Lit., hg. v. M. GREGOR-DELLIN (1968); Heute u. morgen. Schriften zur Zeit, hg. v. DEMS. (1969); Das innere Vaterland. Literar. Essays aus dem Exil, hg. v. DEMS. (1986); Briefe u. Antworten. 1922–1949, hg. v. DEMS. (Neuausg. 1987); Mit dem Blick nach Dtl., hg. v. M. GRUNEWALD (1985); Briefe, hg. v. F. ALBRECHT (1988); Das Wunder von Madrid. Aufsätze, Reden, Kritiken, 1936–1938, hg. v. U. NAUMANN u. M. TÖTEBERG (1993); Tagebücher, hg. v. J. HEIMANNSBERG u. a., 6 Bde. (Neuausg. 1995).

K.-M.-Schriftenreihe, hg. v. F. KROLL, auf 6 Bde. ber. (1976 ff.); M. GRUNEWALD: K. M. 1906–1949. Eine Bibliogr. (1984); K. M. Werk u. Wirkung, hg. v. R. WOLFF (1984); E. SPANGENBERG: Karriere eines Romans. Mephisto, K. M. u. G. Gründgens (Neuausg. 1986); U. NAUMANN: K. M. (29.–31. Tsd. 1994).

8) Manfred, eigtl. **M. Lubowitz**, südafrikan. Rockmusiker (Keyboards, Gesang), * Johannesburg 21. 10. 1940; kam 1961 nach London und arbeitete u. a. als Jazzpianist; gründete 1971 die Jazzrockgruppe ›M. M.'s Earth Band‹, deren Arrangements und per-

Klaus Mann

fekte Soli wesentlich auf das musikal. Niveau der Rockmusik der 70er-Jahre einwirkten; wandte sich in den 80er-Jahren auch sozialkrit. Themen zu (u. a. Antiapartheidalbum ›Somewhere in Africa‹, 1983).

9) **Thomas**, Schriftsteller, * Lübeck 6. 6. 1875, † Zürich 12. 8. 1955, Vater von 2), 4) und 7), Bruder von 5). Sein Vater, der Lübecker Senator und Konsul THOMAS JOHANN HEINRICH M. (* 1840, † 1891), entstammte einer Patrizier- und Kaufmannsfamilie und leitete eine Getreidegroßhandlung. Seine Mutter JULIA, geborene DA SILVA-BRUHNS (* 1851, † 1923), war brasilianisch-dt. Herkunft. Nach dem Tod des Vaters übersiedelte die Familie nach München, wo M. 1894 als Volontär in eine Versicherungsgesellschaft eintrat. 1896-98 hielt er sich mit seinem Bruder HEINRICH in Italien auf, 1898/99 war er Redakteur der satir. Zeitschrift ›Simplicissimus‹, 1905 heiratete er KATIA PRINGSHEIM (* 1883, † 1980) und lebte dann bis 1933

Thomas Mann (Ausschnitt aus einem Gemälde von W. Ritz; 1955, Privatbesitz)

in München. 1929 erhielt er den Nobelpreis für Literatur. Von einer Vortragsreise kehrte er 1933 nicht mehr nach Dtl. zurück, lebte zunächst in S-Frankreich, dann in Küsnacht (ZH). In der Folgezeit unternahm er zahlr. Reisen, u.a. in die USA (Begegnung mit F. D. ROOSEVELT, 1935). 1936 erwarb er nach seiner offiziellen Ausbürgerung und der Aberkennung der Ehrendoktorwürde der Univ. Bonn durch das natsoz. Regime die tschechoslowak. Staatsbürgerschaft, blieb aber zunächst in der Schweiz, wo er mit K. FALKE die Zeitschrift ›Maß und Wert‹ herausgab; 1939 ging M. als Gast-Prof. in die USA (Princeton, N. J.), von 1942 an lebte er dann (ab 1944 als amerikan. Staatsbürger) bis 1952 im kaliforn. Pacific Palisades. Nach einem Besuch 1949 in Dtl. (Verleihung der Goethe-Preise der Städte Frankfurt am Main und Weimar) kehrte M. 1952 auf Dauer nach Europa zurück und lebte zunächst in Erlenbach (Kt. Zürich), seit 1954 in Kilchberg bei Zürich.

M. zählt zu den bedeutendsten Erzählern dt. Sprache im 20. Jh. Er knüpft an die Erzähltechniken des 19. Jh. an, v. a. an den weit ausholenden Gestus L. TOLSTOJS. Charakteristisch für das gesamte Werk ist die iron. Haltung des Autors, die sich im Stil vielfältig niederschlägt: hypotakt. Syntax, sinnträchtige Verwendung von Allegorien, Symbolen und Leitmotiven kennzeichnen die Prosa, deren hohe formale Kunst immer dem jeweiligen Thema angeglichen ist. M.s Romane, Erzählungen und Novellen spiegeln die vielschichtigen geistigen, kulturellen und gesellschaftl. Befindlichkeiten des 20. Jh. in ihrem Wandel, z. T. in direktem zeitgeschichtl. Bezug, z. T. historisch eingekleidet. In seinem ersten Roman ›Buddenbrooks. Verfall einer Familie‹ (1901, 2 Bde.), der ihn sofort weltberühmt machte, beschreibt M., z. T. autobiographisch, die Geschichte einer Lübecker Kaufmannsfamilie, deren Niedergang v. a. durch neue gesellschaftl. Wirklichkeiten, gewandelte moral. Vorstellungen und die Lebensuntüchtigkeit des künstlerisch veranlagten jüngsten Sprosses herbeigeführt wird. Die Polarität Bürger-Künstler, Leben-Geist wurde, beeinflusst von der Philosophie F. NIETZSCHES, früh zum beherrschenden Thema, so in der Novellensammlung ›Tristan‹ (1903; darin u. a. auch ›Tonio Kröger‹) und in ›Tod in Venedig‹, 1912). Sie spielt auch in dem mit märchenhaften Zügen ausgestatteten Roman ›Königl. Hoheit‹ (1909) eine Rolle. Eine Enzyklopädie des zeitgenöss. geistigen Lebens ist der große Roman ›Der Zauberberg‹ (1924, 2 Bde.), der die Tradition des dt. Bildungsromans fortsetzt. In der abgeschlossenen Welt des schweizer. Sanatoriums erlebt Hans Castorp, begleitet von den Auseinandersetzungen zw. dem Jesuitenschüler Naphta und dem liberal-humanen Freigeist Settembrini über alle großen Themen und Probleme der Zeit, seinen menschl. Reifeprozess, der allerdings in die Schützengräben des Weltkriegs führt.

Bereits seit 1926 hatte M. an seinem umfangreichsten Romanwerk, der Tetralogie ›Joseph und seine Brüder‹ (›Die Geschichte Jaakobs‹, 1933; ›Der junge Joseph‹, 1934; ›Joseph in Ägypten‹, 1936; ›Joseph, der Ernährer‹, 1943; erste Gesamtausg. 1948) gearbeitet. Dieses Werk ist weit mehr als nur der Versuch, einen zentralen Stoff des A. T. in ein großes Prosaepos von einem der rhythm. Kunstprosa angenäherten, oft breiten und archaisierenden Stil zu kleiden. M. sah darin vielmehr eine die grundsätzl. und mögl. Dimensionen des Menschseins absteckende Dichtung, eine Umdeutung des Mythos ›ins Psychologische und Humane‹. Parallel zum ›Joseph‹ arbeitete M. an dem äußerlich handlungsarmen Roman ›Lotte in Weimar‹ (1939), in dem ihm ein psychologisch überzeugendes Bild des alternden GOETHE und seiner Umgebung gelingt.

Mit dem wichtigsten Alterswerk, dem Künstlerroman ›Doktor Faustus. Das Leben des dt. Tonsetzers Adrian Leverkühn erzählt von einem Freunde‹ (1947), nimmt M. wieder ein zeitbezogenes Thema auf: Er setzt die im Teufelspakt bewältigte Situation der modernen Musik mit dem Schicksal Dtl.s in Beziehung. Den Kommentar zum Roman lieferte der Autor selbst in ›Die Entstehung des Doktor Faustus. Roman eines Romans‹ (1949), in engem Zusammenhang mit seinem geistigen Gehalt steht die Rede ›Dtl. und die Deutschen‹ (1945, gedruckt 1947). Zum Spätwerk gehören ferner der Roman ›Der Erwählte‹ (1951, nach dem ›Gregorius‹ von HARTMANN VON AUE) sowie ›Bekenntnisse des Hochstaplers Felix Krull‹ (Teildruck 1922, erweitert 1937, endgültige Ausg. 1954), ein Fragment gebliebener moderner Schelmenroman.

In zahlr. Essays hat M. zu literar., philosoph. und polit. Fragen Stellung genommen. Er sah sich zunächst als national gesinnten Bürger des Kaiserreichs, der sich nicht unmittelbar in das polit. Leben mischt (›Betrachtungen eines Unpolitischen‹, 1918), im Gegensatz zu seinem Bruder HEINRICH, zu dem er längere Zeit in einem konfliktbeladenen Verhältnis stand. In der Weimarer Rep. änderte sich seine Einstellung. Er engagierte sich gegen den Nationalsozialismus, wobei er von einer bürgerlich-humanist. Position aus argumentierte (u. a. in dem offenen Brief an den Dekan der Philosoph. Fakultät der Univ. Bonn [1937]). Mit zahlr. Rundfunkansprachen (ausgestrahlt vom dt. Programm der BBC 1940-45) suchte er seine Heimat zu erreichen, um die Wahrheit über den Nationalsozialismus zu verbreiten (gesammelt in ›Deutsche

Hörer‹, 1945). Auch nach dem Krieg trat er als Mahner zur Humanität auf (u. a. in den Reden zu den Goethe-Feiern 1949 und den Schiller-Feiern 1955).

Von den zahlr. Filmadaptionen der Romane und Erzählungen sind hervorzuheben: ›Buddenbrooks‹ (1959 von A. WEIDEMANN; 1979 von F. P. WIRTH [* 1919]), ›Tod in Venedig‹ (1970 von L. VISCONTI), ›Lotte in Weimar‹ (1975 von E. GÜNTHER) und ›Mario und der Zauberer‹ (1995 von K. M. BRANDAUER).

Weitere Werke: *Novellen, Erzählungen:* Der kleine Herr Friedemann (1898); Wälsungenblut (1921); Unordnung u. frühes Leid (1926); Mario u. der Zauberer (1930); Die vertauschten Köpfe (1940); Das Gesetz (1944); Die Betrogene (1953). – *Idyllen:* Herr u. Hund. Gesang vom Kindchen (1919). – *Drama:* Fiorenza (1906). – *Essays:* Friedrich u. die große Koalition (1915); Adel des Geistes (1945). – *Reden u. Aufsätze:* Rede u. Antwort. Ges. Abhh. u. kleine Aufs. (1922); Von dt. Republik (1923); Die Forderung des Tages. Reden u. Aufsätze aus den Jahren 1925–1929 (1929); Achtung, Europa! Aufsätze zur Zeit (1938).
Ausgaben: Das essayist. Werk, hg. v. H. BÜRGIN, 8 Bde. (1968); Ges. Werke, 13 Bde. u. Suppl.-Bd. ($^{1-2}$1974–75); H. BÜRGIN u. HANS-O. MAYER: Die Briefe T. M.s Regesten u. Register, 3 Bde. (1977–82); Tagebücher, hg. v. P. DE MENDELSSOHN u. I. JENS, 10 Bde. (1977–95); Ges. Werke in Einzelbänden (Frankfurter Ausg.), hg. v. DEMS., 17 Bde. (1980–86); Briefe, hg. v. E. MANN, 3 Bde. (Neuausg. 1979); Aufsätze, Reden, Essays, hg. v. H. MATTER, auf mehrere Bde. ber. (1983 ff.).
G. LUKÁCS: T. M. (Berlin-Ost ⁵1957); Blätter der T.-M.-Gesellschaft (Zürich 1958 ff.); H. BÜRGIN: Das Werk T. M.s. Eine Bibliogr. (1959, Nachdr. 1984); P. SCHERRER u. H. WYSLING: Quellenkrit. Studien zum Werk T. M.s (Bern 1967); T. M.-Studien, hg. v. T.-M.-Archiv Zürich, 8 Bde. (Bern 1967–88); A. BANULS: T. M. u. sein Bruder Heinrich (a.d. Frz., 1968); E. HELLERT: T. M. Fiktion, Mythos, Religion (²1968); K. HAMBURGER: Der Humor bei T. M. (²1969); H. MATTER: Die Lit. über T. M. Eine Bibliogr. 1898–1969, 2 Bde. (1972); K. W. JONAS: Die T.-M.-Lit. Bibliogr. der Kritik 1896–1975, 2 Bde. (1972–79); T. M. Eine Chronik seines Lebens, hg. v. H. BÜRGIN u. a. (Neuausg. 1974); E. HELLER: T. M. Der iron. Deutsche (Neuausg. ²1976); H. KURZKE: T.-M.-Forschung 1969–1976. Ein krit. Bericht (1977); DERS.: T. M. Epoche, Werk, Wirkung (1985); V. HANSEN: T. M. (1984); HANS MAYER: T. M. (Neuausg. 1984); H. R. VAGET: T.-M.-Komm. zu sämtl. Erzählungen (1984); Stationen der T.-M.-Forschung. Aufsätze seit 1970, hg. v. H. KURZKE (1985); H. RIDLEY: T. M. Buddenbrooks (Cambridge 1987); Buddenbrooks-Hb., hg. v. K. MOULDEN u.a. (1988); T. SPRECHER: T. M. in Zürich (Zürich 1992); G. POTEMPA: T.-M.-Bibliogr. Das Werk (1992); M. REICH-RANICKI: T. M. u. die Seinen (Neuausg. 18.–21. Tsd. 1994); T. M. Ein Leben in Bildern, hg. v. H. WYSLING u. Y. SCHMIDLIN (Zürich ²1994); K. SCHRÖTER: T. M. (214.–218. Tsd. 1995); K. HARPPRECHT: T. M. Eine Biogr., 2 Bde. (Neuausg. 1996); P. DE MENDELSSOHN: Der Zauberer. Das Leben des dt. Schriftstellers T. M., 3 Bde. (Neuausg. 1996). – T.-M.-Jb. (1988 ff.); T.-M.-Hb., hg. v. H. KOOPMANN (²1995).

Manna [hebr.] *das, -(s),* auch *die, -,* **1)** *Biologie:* essbare, zuckerreiche pflanzl. oder tier. Absonderungen, z. B. der M.-Esche (→Esche), der M.-Flechte, der M.-Schildläuse.
2) *Theologie:* **Man** *das, -(s),* die Speise, die Gott nach 2. Mos. 16, 4–35 und 4. Mos. 11, 6–9 vom Himmel fallen ließ, um den Israeliten auf ihrem Zug durch die Wüste zu speisen; im N. T. in Anknüpfung daran als ›Brot des Lebens‹ auf JESUS CHRISTUS bezogen (Joh. 6, 48–58); später auch symbolisch jede in Notzeiten auf wundersame Weise erlangte Nahrung. Die bibl. Berichte sind vermutlich als Ausschmückung natürl. Gegebenheiten zu verstehen (z. B. M.-Flechte).
P. MAIBERGER: Das M., 2 Tle. (1983).

Mannaflechte, Lecanora esculenta, Aspicilia esculenta, in den Steppen und Wüstensteppen N-Afrikas sowie des Vorderen Orients vorkommende, graue bis graubraune Krustenflechte; wird vom Wind häufig zu großen Ansammlungen zusammengeweht. Sie diente früher auch zur Herstellung von Brot, heute als Viehfutter.

Mannane [zu Manna], v. a. in Pflanzensamen und im Holz von Nadelbäumen vorkommende, zu den Hemicellulosen zählende Polysaccharide; aufgebaut v. a. aus Mannoseeinheiten in glykosid. Bindung.

Mannaschildläuse, Schildlausarten, bes. **Trabutina mannipara** und **Naiococcus serpentinus,** die im östl. Mittelmeergebiet und in Vorderasien auf Tamarisken saugen. Die von ihnen ausgeschiedenen zuckerhaltigen Exkremente dicken im trockenen Wüstenklima ein und werden als Manna eingesammelt.

Mannazikade, Art der →Singzikaden.

Manne [mæn], Shelly, eigtl. **Sheldon M.,** amerikan. Jazzmusiker (Schlagzeug, Komposition), * New York 11. 6. 1920, † Los Angeles (Calif.) 26. 9. 1984; spielte u. a. bei STAN KENTON und WOODY HERMAN, seit 1956 mit eigenem Quintett; wurde mit seinem melodiösen, zurückhaltenden Schlagzeugstil einer der Initiatoren des Westcoastjazz; auch Kompositionen für Film und Fernsehen (›Daktari‹-Serie).

Männedorf, Gem. im Kt. Zürich, Schweiz, am N-Ufer des Zürichsees, 419 m ü. M., 7 600 Ew.; ev. Tagungs- und Studienzentrum Boldern der Zürcher Landeskirche; Orgelbau, Maschinen- und Apparatebau, Kunststoff- und Elektroindustrie.

Manneken-Pis, in der Nähe der Grand' Place in Brüssel aufgestellte Brunnenfigur eines urinierenden Knaben, ausgeführt nach einer 1619 von JÉRÔME DUQUESNOY D. Ä. (* vor 1570, † 1641 oder 1642) gegossenen, aber verlorenen Statuette. Bei besonderen Anlässen ließen Monarchen, Zünfte oder Politiker den Knaben festlich kleiden.

Mannen, Bez. für die Lehnsmannen (→Lehnswesen), auch für die Dienstmannen (→Ministerialen).

Mannequin ['manəkɛ̃; frz., eigtl. ›Modellpuppe‹, von mittelniederländ. mannekijn ›Männchen‹] *das,* selten *der, -s/-s,* zunächst Bez. für die hölzerne Gliederpuppe der Maler und Schneider, in der 2. Hälfte des 19. Jh. übertragen auf weibl. Personen, die die neuesten Modeschöpfungen präsentieren. Schon im 17. Jh. dienten kleine, im 18. Jh. bis lebensgroße Modellpuppen (→Pandora) der Verbreitung mod. Kleidungsformen. Um 1860 führte C. F. WORTH junge Frauen zur Vorstellung seiner Kreationen in die Haute Couture ein. (→Dressman)
M., hg. v. N. PARROT (a.d. Frz., Bern 1982); W. HEGENER: Das M. Vom sexuellen Subjekt zum geschlechtslosen Selbst (1992); G. LEHNERT: Mode, Models, Superstars (1996).

Manner, Eeva-Liisa, Pseud. **Anna September,** finn. Schriftstellerin, * Helsinki 5. 12. 1921, † Tampere 7. 7. 1995; eine der bedeutendsten Vertreterinnen der finn. Lyrik nach dem Zweiten Weltkrieg (›Die Reise‹, 1956, finn.; ›Fahrenheit 121‹, 1968, finn.). Ihr Werk, von fernöstl. Denken geprägt, hat die Einsamkeit des Menschen zum Inhalt. Daneben entstanden auch Romane, Novellen, Dramen und Übersetzungen.
Weitere Werke (finn.): Eros u. Psyche (1959; dt.); Die Orphischen Gesänge (1960; dt.); Ein geschriebener Stein (1966); Der Othello von Santakuja (1988).

Männerbünde, Zusammenschlüsse von männl. Personen, mit dem (bewussten oder unbewussten) Ziel, die gesellschaftl. und soziale Kontrolle auszuüben. M. kommen weltweit vor. Der Beitritt kann freiwillig und bewusst erfolgen wie im abendländ. Kulturkreis (student. Verbindungen, Freimaurer u. a.), er kann aber auch von der Gesellschaft zwingend vorgeschrieben sein wie bei manchen Staatsarmeen, bei den Altersklassen-M. in Melanesien und bei den Initiationsbünden in Westafrika. In vielen außereurop. Gesellschaften gehören alle erwachsenen Männer einer Stammes- oder Dorfgemeinschaft einem solchen M. an. Die Funktion der M. erstreckt sich dort v. a. auf die Wahrung der Sitten und des religiösen Brauchtums. Die Aufnahme geschieht nach festgelegten Unterweisungen und strengen Prüfungen (→Initiation).

Die meisten M. sind gekennzeichnet durch hierarch. Strukturen. Die Riten sind vielfach mit Geheimhaltung verbunden (→Geheimbund); emotionale Bindung spielt eine große Rolle. Mit der Mitglied-

Manneken-Pis:
Die Brunnenfigur in der Nähe der Grand' Place in Brüssel; Höhe etwa 45 cm

Carl Gustaf von Mannerheim

schaft ist i. Allg. Prestige und Einfluss sowie die Möglichkeit zu gesellschaftl. Aufstieg verbunden. Auch kriminelle M. gibt es (Mafia, Ku-Klux-Klan u. a.).

H. SCHURTZ: Altersklassen u. M. (1902); E. SCHLESIER: M. u. Geheimbund in Melanesien, in: Von fremden Völkern u. Kulturen, hg. v. W. LANG u. a. (1955); W. LINDIG: Geheimbünde u. M. der Prärie- u. Waldlandindianer Nordamerikas (1970); Männerbande – Männerbünde, hg. v. G. VÖLGER u. a., 2 Bde., Ausst.-Kat. (1990).

Männerchor, Chor aus nicht solistisch singenden Männern, in Dtl. seit dem 19. Jh. sehr verbreitet. Die Standardbesetzung ist vierstimmig: 1./2. Tenor, 1./2. Bass; auch Bez. für eine Komposition für Männerstimmen allein. Die geistl. Mehrstimmigkeit des MA. wurde ausschließlich von Männerstimmen ausgeführt. In der Vokalpolyphonie des 15. und 16. Jh. übernahmen Knaben die hohen Stimmen. Doch auch aus dieser Zeit gibt es bereits eine Reihe von mit ›Voces aequales‹ bezeichneten Kompositionen für M. allein (G. FORSTER, C. OTHMAYR). Seit dem 17. Jh. hat der die Handlung kommentierende M. in der Oper seinen festen Platz (Gefangenen-, Jäger-, Soldaten- oder Matrosenchor). Nach den engl. Catch- und Gleeclubs (→Catch, →Glee) fanden M. auch Eingang in die dt. Männerbünde (Freimaurer, Studenten) des ausgehenden 18. Jh. (z. B. M. HAYDN, ›Gesänge für vier Männerstimmen‹, 1788). Doch erst im 19. Jh. beginnt die Entwicklung und rasche Ausbreitung des M.-Wesens heutiger Prägung, angeregt v. a. durch die Berliner ›Liedertafel‹ C. F. ZELTERS (1809) sowie die sich daran anschließenden südwestdt. ›Liederkränze‹ nach dem Züricher Vorbild H. G. NÄGELIS (1810). Kompositionen für M. dieser Art schrieben u. a. F. SCHUBERT, C. M. VON WEBER, C. LOEWE, R. SCHUMANN, F. MENDELSSOHN BARTHOLDY, J. BRAHMS, im 20. Jh. M. REGER, H. PFITZNER, A. SCHÖNBERG, E. KRENEK und H. EISLER. Bekannt sind die zahlr. Liedsätze und Bearbeitungen F. SILCHERS. Die dt. M. sind als ›Männergesangvereine‹ im ›Dt. Sängerbund‹ (gegr. 1862 in Coburg, heutiger Sitz in Köln) zusammengeschlossen.

A. ECKHARDT: M. Organisation u. Chorwesen nach 1945 (1977); Wem Gesang gegeben. Ein Männerchor in Köln, bearb. v. H. JENSEN u. K. ZÖLLNER (1991).

Männerhaus, bei vielen Naturvölkern, bei denen eine geistige und räuml. Trennung der Geschlechter üblich ist, der Mittelpunkt des Gemeinschaftslebens der Männer, das ihnen als Gemeinschaftshaus dient und von Frauen und Kindern normalerweise nicht betreten werden darf. M. kommen oder kamen in nahezu allen Erdteilen vor, nicht aber in Nord- und Zentralasien sowie in Teilen Nord- und Südamerikas. Die größte Bedeutung haben M. in Ozeanien. Sie sind oft künstlerisch ausgestattet und bilden zus. mit dem Kult- und Festplatz das Zentrum der Siedlung. M. sind soziale und polit. Zentren der Männer, sie sind Gästehäuser, gelegentlich auch →Kulthäuser, und dienen der Aufbewahrung von Kultgegenständen (Masken u. a.) und Waffen. Nur unverheirateten Männern vorbehalten ist das Junggesellenhaus; ist das M. Sitz eines Geheimbundes, nennt man es Klubhaus. Wesentlich seltener als das M. ist das →Frauenhaus.

Männerheim, Carl Gustaf Freiherr von, finn. Marschall (seit 1942) und Politiker, * Gut Louhisaari (bei Villnäs, Prov. Turku-Pori) 4. 6. 1867, † Lausanne 27. 1. 1951; gehörte 1887–1917 der russ. Armee an (seit 1889 Kavallerieoffizier); nahm am Ersten Weltkrieg teil, in dem er zuletzt als Generalleutnant ein Armeekorps befehligte; kehrte 1917 nach der Proklamation der finn. Unabhängigkeit nach Finnland zurück und organisierte dort während des Bürgerkriegs die militär. Verbände der bürgerl. Gruppen, die ›Weißen‹, die er zum Erfolg über die ›Roten‹ führte. Nach diplomat. Missionen in Paris und London war M. von Dezember 1918 bis Juli 1919 Reichsverweser und erreichte die internat. Anerkennung der finn. Souveränität. Als Vors. des Obersten Kriegsrats (1931–39) ließ er die karel. Landenge mit einem Befestigungssystem versehen **(M.-Linie).** Im Finnisch-Sowjet. Winterkrieg (1939/40) und im ›Fortsetzungskrieg‹ (an der Seite des natsoz. Dtl., 1941–44) behaupteten sich unter seinem Oberbefehl (seit 1939) die finn. Truppen gegen überlegene sowjet. Verbände. Nach dem Zusammenbruch der Ostfront sah er sich zum Abschluss eines Waffenstillstands mit der UdSSR gezwungen (September 1944; →Finnland, Geschichte). Seit August 1944 Staatspräs., trat im März 1946 zurück und lebte danach in Lausanne.

Männerkindbett, Couvade [kuˈvaːdə], ein Sittenkomplex, bei dem der Vater während und nach der Geburt eines Kindes die Rolle der Wöchnerin spielt. Er ahmt die Geburt in oft dramatisch übersteigerter Weise nach, lässt sich im Wochenbett pflegen und beachtet weibl. Speise- und Verhaltenstabus. Das M. ist oder war weltweit verbreitet (in vorindogerman. Zeit im Mittelmeerraum, noch im 19. Jh. bei den Basken), bes. in S-Indien, S-China, Ozeanien, im nordöstl. Süd- sowie in Mittelamerika. Durch das M. soll wohl auf magische Weise eine besondere Beziehung zw. Vater und Neugeborenem hergestellt werden. J. J. BACHOFEN sah im M. eine Übergangserscheinung zw. Mutter- und Vaterrecht. Nach anderer Deutung sollen böse Geister von der Wöchnerin abgelenkt werden. Es gibt auch psychoanalyt. Erklärungsversuche.

W. R. DAWSON: The custom of couvade (Manchester 1929); WILHELM SCHMIDT: Gebräuche des Ehemanns bei Schwangerschaft u. Geburt (Wien 1955); P. G. RIVIERE: The couvade, a problem reborn, in: Man, N. S., Jg. 9 (London 1974); J. J. BACHOFEN: Das Mutterrecht (⁸1993).

Männertreu, Art der Pflanzengattung →Lobelie.

Männerzeitschriften, illustrierte period. Druckschriften, deren auf ein männl. Publikum abgestimmten Beiträge (Wort und Bild) Erotik und Sexualität, in neuerer Zeit aber u. a. auch Lebensweise, Fitness und Mode als Hauptthema haben, so z. B. ›Playboy‹, ›Penthouse‹, ›High Society‹, ›Hustler‹, ›Männer Vogue‹ oder ›Men's Health‹. – Vorläufer der M. waren im England des 18./19. Jh. erot. Literaturzeitschriften, u. a. ›The Covent Garden Magazine‹ (1772–74), ›The Rambler's Magazine‹ (1783–84, 1822, 1827–29), ›The Exquisite‹ (1842–44), ›The Pearl‹ (1879–80). F. BLEI gab in Wien den ›Amethyst‹ (1906), in Leipzig die ›Opale‹ (1907) heraus, H. BETTAUER ›Er und Sie. Wochenschrift für Lebenskultur und Erotik‹ (1924). Die Blätter erschienen als Privatdrucke für einen kleinen

Männerhaus von den Palauinseln (Berlin, Museum für Völkerkunde)

Subskribentenkreis oder für geschlossene Sammlergesellschaften, meist in wenigen Ausgaben bis zur Beschlagnahme und zum Verbot. Seit der Jahrhundertwende waren daneben populärwiss. M. verbreitet, deren kultur- und sittengeschichtliche oder volks- und völkerkundl. Thematik sie vor dem Zugriff der Justiz schützen konnte. – In neuerer Zeit gibt es, einem veränderten Rollenverständnis Rechnung tragend, auch alternative Versuche, M. zu etablieren. Diese greifen v. a. Themen wie die Beziehung zw. Mann und Frau oder zw. Männern auf.

Mannesmann, Reinhard, Techniker und Industrieller, * Remscheid 13. 5. 1856, † ebd. 20. 2. 1922; erfand mit seinem Bruder MAX (* 1857, † 1915) ab 1884 das Schrägwalzverfahren sowie die Pilgerschrittwalzung zur Herstellung nahtloser Röhren; gründete 1890 mit seinen Brüdern die Dt.-Österr. Mannesmannröhren-Werke AG.

Mannesmann AG, Investitionsgüterkonzern, gegr. 1890 als Dt.-Österr. Mannesmannröhren-Werke AG, Berlin, seit 1893 Sitz in Düsseldorf. Unternehmensschwerpunkte sind heute Maschinen- und Anlagenbau (43 %), Automobiltechnik (22 %) und Telekommunikation (8 %); die früher dominierende Röhrenfertigung trägt einschließlich Handel nur noch 21 % zum Umsatz bei. Zu den wesentl. Beteiligungen zählen Mannesmann Demag AG (Duisburg), Mannesmann Demag Fördertechnik AG (Wetter), Mannesmann Rexroth GmbH (Lohr a. Main), Krauss-Maffei AG (München), Mannesmann Anlagenbau AG (Düsseldorf), VDO Adolf Schindling AG (Villingen-Schwenningen), Fichtel & Sachs AG (Schweinfurth), Mannesmann Mobilfunk GmbH (Düsseldorf), Mannesmann Eurokom GmbH (Stuttgart), Mannesmannröhren-Werke AG und Mannesmann Handel AG (beide Düsseldorf). Der Konzern verfügt insgesamt über 500 Tochtergesellschaften im In- und Ausland; das Grundkapital in Höhe von 1,835 Mrd. DM wird von rd. 200 000 Aktionären gehalten. Umsatz (1996): 34,68 Mrd. DM; Beschäftigte: rd. 120 000.

Mannheim, Stadt in Bad.-Württ., Stadtkreis im Reg.-Bez. Karlsruhe, mit 311 700 Ew. zweitgrößte Stadt von Bad.-Württ., liegt in der Oberrheinebene an der Mündung des kanalisierten Neckars in den Rhein, 97 m ü. M., bildet mit dem auf der anderen Rheinseite gelegenen Ludwigshafen (zwei Brücken) das Zentrum des Ballungsraumes Rhein-Neckar. M. hat Univ. (seit 1967, 1946 als Wirtschaftshochschule gegr.), Staatl. Hochschule für Musik und Darstellende Kunst Heidelberg-M. (Sitz M.), Fachhochschulen (für Technik; Sozialwesen und Gestaltung; des Bundes für öffentl. Verwaltung [Bereiche Arbeitsverwaltung und Bundeswehrverwaltung]), Institut für dt. Sprache, Fakultät für klin. Medizin M. der Univ. Heidelberg, Psychiatr. Forschungsinstitut (Zentralinstitut für Seel. Gesundheit), Berufsakademie (Wirtschaft), Zentralstelle für gewerbl. Berufsförderung der Dt. Stiftung für internat. Entwicklung, Schweißtechn. Lehr- und Versuchsanstalt, Westeuropa-Datenarchiv, zahlr. Fach- und Berufsfachschulen; Verwaltungsgerichtshof Bad.-Württ., Bundesanstalt für landwirtschaftl. Marktordnung; Nationaltheater (seit 1778), Landesmuseum für Technik und Arbeit mit Museumsschiff, Städt. Reiß-Museum, Städt. Kunsthalle; Planetarium. Mit dem Prozess der Industrialisierung nahm M. seit 1880 einen stetigen Aufschwung. Mehr als die Hälfte aller Beschäftigten im verarbeitenden Gewerbe sind in den Maschinen- und Fahrzeugbau (Daimler-Benz AG, John Deere & Co.) sowie in der Eisen verarbeitenden, elektrotechn. (Asea Brown Boveri), feinmechan. und opt. Industrie tätig. M. hat ferner chem. Industrie, Kabelwerke, Holz-, Baustoff-, Steingut-, Nahrungs- und Genussmittelindustrie, Brauerei, Druckereien, Papierindustrie und Verlage,

Mannheim: Blick auf den Friedrichsplatz am Wasserturm (links, 1885–89), in der Mitte des Vordergrunds die Städtische Kunsthalle (1905–07, Erweiterungsbau 1980–83), gegenüber am oberen Bildrand die Festhalle ›Rosengarten‹ (1899–1903, Erweiterungsbau 1972–74)

ferner ein Großkraftwerk (1 650 MW); größte Regionalmesse Dtl.s (Maimarkt); Sitz von Banken, von Versicherungsunternehmen und Reedereien. M. ist Eisenbahnknotenpunkt (ICE, IC und EC) und hat einen bedeutenden Binnenhafen: (1996) 7,96 Mio. t Umschlag. Der Güterbahnhof gehört zu den größten in Dtl. (bedeutender Containerumschlag; großer Rangierbahnhof). Flugplatz im Stadtteil Neuostheim. – Jährlich im Oktober findet die Internat. Filmwoche M.–Heidelberg statt.

Stadtbild: Von der Planung als →Idealstadt zeugt noch der Stadtgrundriss der Innenstadt (144 ›Quadrate‹ genannte Baublöcke um ein Achsenkreuz, dessen Hauptachse auf das Schloss ausgerichtet ist). Von der im Zweiten Weltkrieg schwer zerstörten Barockstadt wurden u. a. wieder aufgebaut: das Schloss (1720–60 von A. GALLI DA BIBIENA, N. DE PIGAGE u. a.; heute z. T. Univ.), eine der ausgedehntesten Schlossanlagen Europas, mit Schlosskirche (Fresken von C. D. ASAM, Stuck von P. EGELL); Untere Pfarrkirche (1706–23) und Altes Rathaus (1700–11), eine durch einen Turm miteinander verbundene Baugruppe; ehem. Jesuitenkirche St. Ignaz und Franz Xaver (jetzt Pfarrkirche, 1733–60 von BIBIENA u. a.; Hochaltar von P. A. VERSCHAFFELT, 1997 rekonstruiert); Konkordienkirche (18. und 19. Jh.); ehem. Palais Bretzenheim (1782–88). Mit der Anlage des Friedrichsplatzes am Wasserturm (1885–89, Wahrzeichen von M.) z. T. mit umlaufenden Arkadenhäusern besitzt die Stadt ein hervorragendes Jugendstilensemble, das die Festhalle ›Rosengarten‹ (1899–1903 von B. SCHMITZ, Erweiterungsbau 1972 bis 1974) und die Kunsthalle (1905–07 von H. BILLING, Erweiterungsbau zum Platz im Stil 1980–83; Kunst v. a. des 19. und 20. Jh., bes. Plastik) einbezieht. Das Reiß-Museum (im barocken Zeughaus; 1777–79 von P. A. VERSCHAFFELT) erhielt für Archäologie und Völkerkundesammlungen 1988 ein zweites Gebäude von C. MUTSCHLER, mit interessanter Fassadengestaltung von E. BECHTHOLD. Der Neubau der ev. Trinitatiskirche (1957–59) ist ein Beton-Glas-Bau von H. STRIFFLER, der auch die Kapelle im Stadtteil Blumenau (1961) errichtete. Weitere moderne Sakralbauten sind das Gemeindezentrum Pfingstberg (1960–63)

Mannheim
Stadtwappen

zweitgrößte Stadt von
Bad.-Württ.
.
an der Mündung des
Neckars in den Rhein
.
97 m ü. M.
.
311 700 Ew.
.
Industriehafen
.
in der ausgedehnten
Barockschlossanlage
die Universität
.
Nationaltheater
(seit 1778)
.
am Wasserturm
(1885–89) Platzanlage
im Jugendstil
.
766 erste Erwähnung
.
1607 Anlage der
›Quadratestadt‹
.
im 18. Jh.
Residenzstadt

171

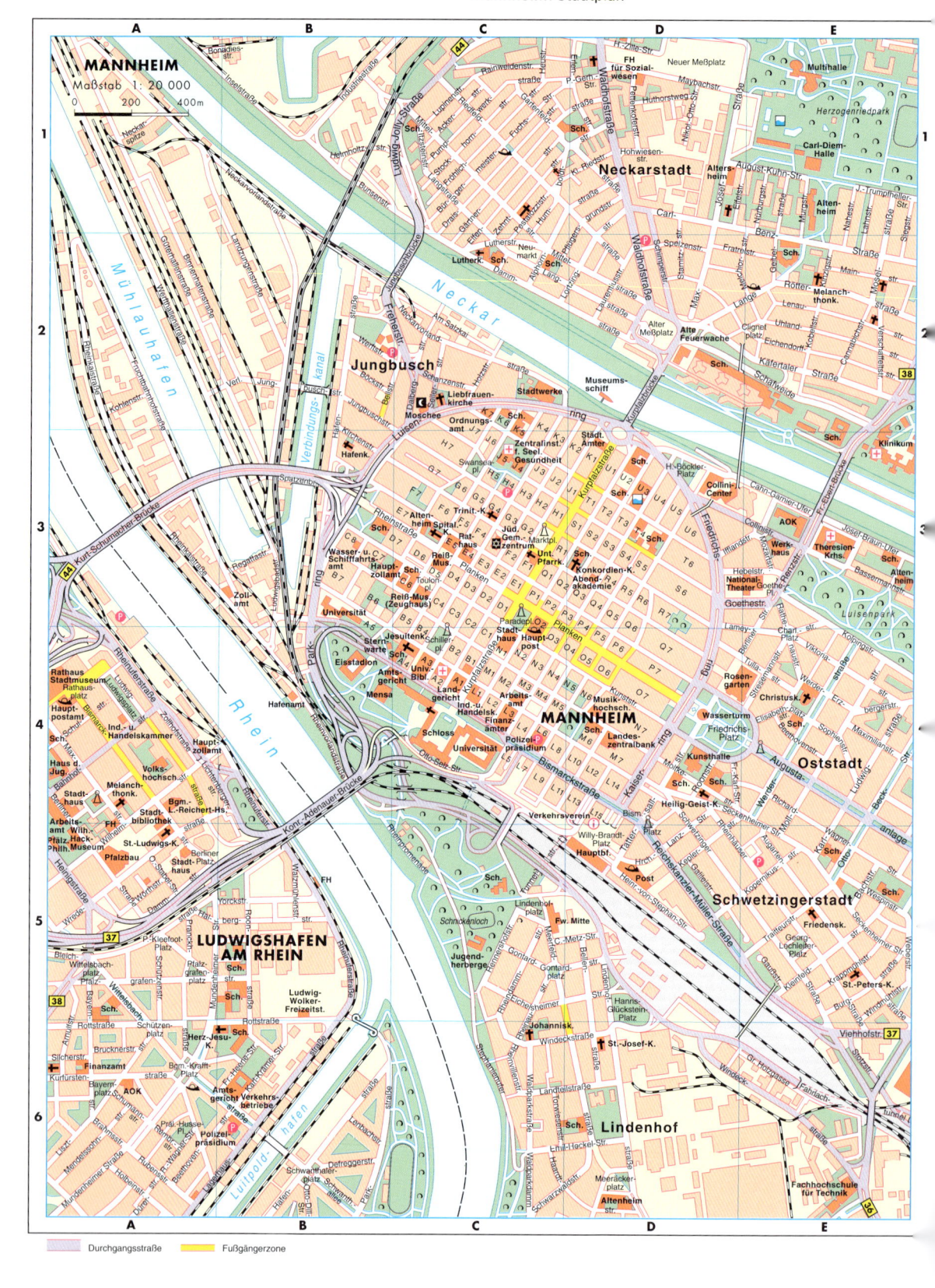

Mannheim: Stadtplan

und die Lukaskirche (1967; beide von MUTSCHLER), das neue jüdische Gemeindezentrum (1987 von K. SCHMUCKER, mit Bleiglasfenstern von K.-H. TRAUT) sowie die Yavuz-Sultan-Selim-Moschee mit 32 m hohem Minarett (1995 eingeweiht), größte Moschee Dtl.s, die auf 1 209 m² 2 500 Betenden Raum bietet; weitere Profanbauten das Nationaltheater (1957) von G. WEBER, die Multihalle (1975 von MUTSCHLER) im Herzogenriedpark mit der Überdeckung durch eine Holzgitterschale (Durchmesser 85 m) von F. OTTO, die Hauptverwaltung der ÖVA (1977) und der Anbau der Bad. Kommunalen Landesbank (1985) von STRIFFLER, der Ergänzungsbau für die Univ.-Bibliothek (1988) von G. BÖHM, das Landesmuseum für Technik und Arbeit (1990) mit SDR-Studio von INGEBORG KUHLER, der Neubau der Mannheimer Versicherung (1990/91) von H. JAHN. Von dem mit ›EuroCity-Center‹ (›ECC‹) bezeichneten Großbauvorhaben am Hauptbahnhof wurde bisher das Handels- und Dienstleistungszentrum ›ECC Nord‹ (1992–96) realisiert; ein Service- und Wissenschaftszentrum (›ECC Süd‹) ist geplant. – M. hat eine lange Tradition im Siedlungsbau, bereits um 1840 entstanden interessante Lösungen für Arbeiterhäuser, 1960–70 wurde die Wohnsiedlung Vogelstang nach Plänen u. a. von STRIFFLER errichtet. – Ein techn. Kulturdenkmal ist die 1927 nach Plänen von P. BONATZ gebaute Hubschleuse am Neckarkanal. – In den ausgedehnten Parkanlagen (Luisenpark, Herzogenriedpark) fand 1975 die Bundesgartenschau statt.

Mannheim: Stadtplan (Namenregister)

Straßen und Plätze[*]

Ackerstraße C 1
Alphornstraße C 2–D 1
Alter Meßplatz D 2
Am Salzkai C 2
Augartenstraße E 5
Augusta-Anlage E 4–5
August-Kuhn-Straße DE 1
Bachstraße E 5
Bassermannstraße E 3
Beethovenstraße E 4
Beilstraße BC 2
Bellenstraße D 5–6
Berliner Straße D 4–E 3
Binnenhafenstraße A 1–B 2
Bismarckplatz D 4–5
Bismarckstraße B–D 4
Böckstraße B 2
Bonadiesstraße AB 1
Breite Straße = Kurpfalzstraße C 4–D 3
Bunsenstraße BC 1
Bürgermeister-Fuchs-Straße C 1
Burgstraße E 5
Cahn-Garnier-Ufer DE 3
Cannabichstraße E 2
Carl-Benz-Straße D 1–E 2
Carl-Metz-Straße CD 5
Charlottenstraße E 4
Clignetplatz E 2
Collinistraße DE 3
Dalbergstraße E 5
Dammstraße CD 2
Draisstraße C 1
Eichelsheimer Straße CD 5
Eichendorffstraße E 2
Eifelstraße D 1
Elfenstraße CD 1
Elisabethstraße E 4
Emil-Heckel-Straße CD 6
Erlenstraße D 1
Erzbergerstraße E 4
Fraterstraße E 3
Freherstraße BC 2
Friedrich-Karl-Straße D 4
Friedrichsplatz DE 4
Friedrichsring D 3–4
Fröhlichstraße C 1
Fruchtbahnhofstraße A 2–B 3
Galileistraße D 5
Gartenfeldstraße CD 1
Gärtnerstraße C 1
Gaußstraße E 5
Geibelstraße E 2–1
Georg-Lechleiter-Platz E 5
Goetheplatz E 3
Goethestraße DE 3

Gontardplatz C 5
Gontardstraße CD 5
Große Holzgasse E 6
Güterhallenstraße A 1–B 3
Haardtstraße CD 6
Hafenstraße B 3–2
Hanns-Glückstein-Platz D 5–6
Hans-Böckler-Platz D 3
Hebelstraße E 3
Heinrich-Lanz-Straße D 5–4
Heinrich-von-Stephan-Straße D 5
Heinrich-Zille-Straße D 1
Helmholtzstraße B 1
Heustraße C 1
Hohwiesenstraße D 1
Holzstraße C 2
Humboldtstraße CD 1
Huthorstweg D 1
Ifflandstraße DE 3
Industriestraße B 1
Inselstraße B 1
Itzsteinstraße C 1
Jakob-Trumpfheller-Straße E 1
Josef-Braun-Ufer E 3
Jungbuschstraße B 2
Käfertaler Straße DE 2
Kaiserring D 4
Karl-Ludwig-Straße E 5–4
Keplerstraße D 5–4
Kinzigstraße C 1
Kirchenstraße B 2–3
Kleine Riedstraße CD 1
Kleinfeldstraße E 5
Kobellstraße E 2
Kohlenstraße A 2
Kolpingstraße E 3–4
Kopernikusstraße DE 5
Krappmühlstraße E 5
Kunststraße D 4
Kurpfalzstraße C 4–D 3
Lahnstraße E 2–1
Lameystraße DE 3–4
Landteilstraße CD 6
Lange Rötterstraße DE 2
Langstraße C 1–D 2
Laurentiusstraße D 2
Lindenhofplatz C 5
Lindenhofstraße D 5–6
Lortzingstraße C 2–D 1
Ludwig-Jolly-Straße BC 1
Ludwigsbadstraße B 3
Luisenring B 3–D 2
Lupinenstraße C 1
Lutherstraße CD 2
Mainstraße E 2
Marktplatz C 3

Maximilianstraße E 4
Max-Joseph-Straße D 2–DE 1
Maybachstraße D 1
Meeräckerplatz D 6
Meerfeldstraße C 5–D 6
Melchiorstraße DE 2
Mittelstraße C 1–D 2
Mollstraße E 4
Moltkestraße D 4
Moselstraße E 2–1
Mozartstraße E 3
Murgstraße E 1
Nahestraße E 2–1
Neckarspitze A 1
Neckarvorlandstraße C 2
Neuer Meßplatz D 1
Neumarkt C 2
Nikolaus-Otto-Straße D 1
Nürburgstraße E 1
Otto-Beck-Straße E 5–4
Paradeplatz C 3–4
Parkring B 3–4
Paul-Gerhardt-Straße D 1
Pestalozzistraße C 2–1
Pettenkoferstraße D 1
Pflügersgrundstraße CD 2–D 1
Planken C 3–D 4
Pumpwerkstraße C 1
Rainweidenstraße C 1
Rathenaustraße E 3–4
Regattastraße B 3
Reichskanzler-Müller-Straße D 5–E 6
Rennershofstraße C 5
Renzstraße E 3
Rheinaustraße C 6–5
Rheindammstraße C 5
Rheinhäuser Straße D 4–E 6
Rheinkaistraße A 2–B 4
Rheinpromenade C 5
Rheinstraße BC 3
Rheinvillenstraße C 6
Rheinvorlandstraße B 4
Richard-Wagner-Straße E 4–5
Riedfeldstraße C 1–D 2
Roonstraße E 3
Schafweide DE 2
Schanzenstraße C 2
Schillerplatz C 4
Schimperstraße D 1–2
Schwarzwaldstraße CD 6
Schwetzinger Straße D 4–E 5
Seckenheimer Straße D 4–E 5
Seilerstraße C 2
Siegstraße E 2–1
Sophienstraße E 4

Spelzenstraße D 2
Stamitzstraße D 2–1
Stephanieufer C 5–6
Stockhornstraße C 1
Stotzstraße E 6
Stresemannstraße E 4
Swanseaplatz C 3
Tattersallstraße D 5–4
Torwiesenstraße C 6
Toulonplatz C 3
Traitteurstraße E 5
Tullastraße DE 4
Tunnelstraße C 5–D 4
Uhlandstraße E 2
Verlängerte Jungbuschstraße B 2
Verschaffeltstraße E 2
Viehhofstraße E 6
Viktoriastraße E 1
Waldhofstraße D 2–1
Waldparkdamm C 6
Waldparkstraße C 6
Weberstraße E 5
Werderplatz E 4
Werderstraße E 4
Werfthallenstraße A 1–B 3
Werftstraße B 2
Wespinstraße E 5
Willy-Brandt-Platz D 5
Windeckstraße DE 6
Windmühlstraße E 5
Zehntstraße C 1

Gebäude, Anlagen u. a.

Alte Feuerwache D 2
Altenheim C 3, E 1, E 3, D 6
Amtsgericht BC 4
Carl-Diem-Halle E 1
Christuskirche E 4
Collini-Center D 3
Eisstadion B 4
Fachhochschule für Technik und Gestaltung E 6
Fachhochschule für Sozialwesen D 1
Fahrlachtunnel DE 6
Feuerwache Mitte C 5
Finanzämter C 4
Friedenskirche E 5
Friedrich-Ebert-Brücke E 3
Hafenamt B 4
Hafenkirche B 3
Hauptbahnhof D 5
Hauptpost C 3–4
Hauptzollamt BC 3
Heilig-Geist-Kirche D 4
Herschelstraße (U 3) D 1
Herzogenriedpark E 1
Industrie- und Handelskammer C 4

Jesuitenkirche C 4
Johanniskirche C 6
Jüdisches Gemeindezentrum C 3
Jugendherberge C 5
Jungbusch BC 2
Jungbuschbrücke BC 2
Klinikum Mannheim der Universität Heidelberg E 2–3
Konkordienkirche C 3
Konrad-Adenauer-Brücke B 5–C 4
Kunsthalle D 4
Kurpfalzbrücke D 2
Kurt-Schumacher-Brücke AB 3
Landesbank D 4
Landgericht C 4
Liebfrauenkirche C 2
Lindenhof CD 5–6
Luisenpark E 3–4
Lutherkirche C 2
Melanchthonkirche E 2
Mensa B 4
Moschee C 2
Mühlauhafen A 1–B 3
Multihalle E 1
Museum für Archäologie, Völker- und Naturkunde (D 5) C 3
Museumsschiff D 2
Musikhochschule D 4
Nationaltheater DE 3
Neckarstadt CD 1–2
Ordnungsamt C 2
Oststadt E 4
Paul-Gerhardt-Kirche D 1
Polizeipräsidium C 4
Rathaus C 3
Reiß-Museum C 3
Rosengarten DE 4
Sankt-Hedwig-Klinik C 4
Sankt-Josef-Kirche D 6
Sankt-Peters-Kirche E 5
Schloss C 4
Schneckenloch C 5
Schwetzingerstadt DE 5
Spatzenbrücke B 3
Spitalkirche C 3
Stadthaus C 4
Stadtwerke C 2
Sternwarte, ehemalige B 4
Theresien-Krankenhaus E 3
Trinitatiskirche C 3
Universität C 4, B 3
Universitätsbibliothek (Zeitschriften) C 4
Untere Pfarrkirche C 3
Verkehrsverein D 4–5
Wasserturm D 4
Werkhaus E 3
Zentralinstitut für Seelische Gesundheit C 3
Zeughaus C 3

[*] die die Häuserblocks der Innenstadt bezeichnenden Buchstaben und Zahlen sind im Plan eingetragen, bleiben in diesem Verzeichnis aber unberücksichtigt.

Geschichte: Das Fischerdorf M., 766 in der Überlieferung des Klosters Lorsch als Mannenheim erstmals urkundlich erwähnt (heutige Namensform seit 1262 belegt), kam um 1250 an die Pfalzgrafen bei Rhein, gewann als Zollstelle an Bedeutung. 1247 bestand die landeinwärts gelegene Tiefburg Rheinhausen als Zollstelle, Mitte des 13. Jh. wurde die unmittelbar am Rhein gelegene Zollburg Eichelsheim erbaut (1622 zerstört). 1606 gründete Kurfürst FRIEDRICH IV. von der Pfalz die Feste Friedrichsburg und legte M., das 1607 Stadtrecht erhielt, als Schachbrettanlage auf kreisförmigem Grundriss mit acht Bastionen an. Als eine der bedeutendsten Städte der prot. Union wurde M. 1622 von kaiserl. Truppen unter TILLY zerstört, dann wiederum 1689 von frz. Truppen während des Pfälz. Erbfolgekrieges; 1698 wurde die Stadt samt Festung wieder aufgebaut. 1720 wurde die Residenz der Kurfürsten von der Pfalz von Heidelberg nach M. verlegt, wo sie bis zum Wechsel nach München (1778) verblieb. 1799–1801 wurden die Festungsanlagen abgebrochen, und 1802/03 kam M. an Baden. Die Stadt war 1848/49 das Zentrum der revolutionären Bewegung in der alten Kurpfalz.

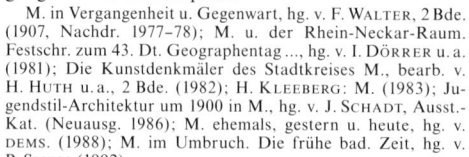

M. in Vergangenheit u. Gegenwart, hg. v. F. WALTER, 2 Bde. (1907, Nachdr. 1977–78); M. u. der Rhein-Neckar-Raum. Festschr. zum 43. Dt. Geographentag..., hg. v. I. DÖRRER u. a. (1981); Die Kunstdenkmäler des Stadtkreises M., bearb. v. H. HUTH u. a., 2 Bde. (1982); H. KLEEBERG: M. (1983); Jugendstil-Architektur um 1900 in M., hg. v. J. SCHADT, Ausst.-Kat. (Neuausg. 1986); M. ehemals, gestern u. heute, hg. v. DEMS. (1988); M. im Umbruch. Die frühe bad. Zeit, hg. v. P. SPIESS (1992).

Mannheim, 1) Karl, Soziologe, *Budapest 27. 3. 1893, †London 9. 1. 1947; studierte Philosophie und Soziologie, zunächst in Budapest, dort von G. LUKÁCS stark beeinflusst, dann in Berlin, Paris, Freiburg im Breisgau und Heidelberg; Schüler M. WEBERS; 1930–33 Prof. für Soziologie in Frankfurt am Main. 1933 emigrierte er nach Großbritannien, wo er zunächst an der London School of Economics und ab 1942 an der Univ. London tätig war. Wesentl. Aussagen seines Denkens formulierte M. in seinem 1929 erschienenen Buch ›Ideologie und Utopie‹, dessen Mittelpunkt die Frage nach den Ursprüngen des modernen Denkens bildet. Das Buch fand eine große öffentl. Resonanz, stieß jedoch zugleich auf heftige Kritik.

M. entwickelte eine →Wissenssoziologie, die von einem ›totalen Ideologiebegriff‹ ausgeht, d. h. von der ›sozialen Seinsverbundenheit‹ des Denkens und seiner Strukturen; die Abhängigkeit des Bewusstseins und Denkens der Menschen von ihrem jeweiligen sozialen Standort ist unaufhebbar. Angesichts des Nationalsozialismus in Dtl. und des Schicksals der Weimarer Republik forderte M. die Entwicklung einer ›geplanten Demokratie‹, die durch Beherrschung irrationaler Kräfte den Umschlag der Demokratie in den Totalitarismus verhindern könne; dafür müsse bereits in der Erziehung und durch die Ausbildung von Eliten die Grundlage gelegt werden.

Weitere Werke: Man and society in an age of reconstruction (1935; dt. Mensch u. Gesellschaft im Zeitalter des Umbaus); Diagnosis of our time (1943; dt. Diagnose unserer Zeit); Freedom, power, and democratic planning (hg. 1950; dt. Freiheit u. geplante Demokratie); Essays on sociology and social psychology (hg. 1953); Systematic sociology (hg. 1957).

Ausgabe: Konservatismus. Ein Beitr. zur Soziologie des Wissens, hg. v. D. KETTLER u. a. (1984).

R. K. MERTON: Social theory and social structure (New York [11]1967); A. NEUSÜSS: Utop. Bewußtsein u. freischwebende Intelligenz. Zur Wissenssoziologie K. M.s (1968); G. W. REMMLING: Wissenssoziologie u. Gesellschaftsplanung. Das Werk K. M.s (1968); D. BORIS: Krise u. Planung. Die polit. Soziologie im Spätwerk K. M.s (1971); Ideologiekritik u. Wissenssoziologie, hg. v. K. LENK (1976); Georg Lukács, K. M. u. der Sonntagskreis, hg. v. É. KARÁDI u. a. (a. d. Ungar., 1985); D. KETTLER u. a.: Polit. Wissen. Studien zu K. M. (1989); W. HOFMANN: K. M. zur Einführung (1996).

2) Lucie, Schauspielerin, *Berlin 30. 4. 1899, †Braunlage 18. 7. 1976; spielte 1918–33 und 1949–58 an Berliner Bühnen trag. und kom. Rollen; bes. bekannt als ›Göttl. Jette‹ (1931); emigrierte 1933 nach Großbritannien.

R. LEHNHARDT: Die L.-M.-Story (1973).

Mannheimer Akte, Kurz-Bez. für die ›Revidierte Rheinschiffahrtsakte vom 17. 10. 1868‹, die den internat. Verkehr auf dem Rhein regelt.

Mannheimer Filmwoche, →Internationale Filmwoche Mannheim-Heidelberg.

Mannheimer Schule, Bez. für die am Hof des pfälz. Kurfürsten KARL THEODOR wirkende Musiker- und Komponistengruppe, die entscheidend zur Ausbildung des Instrumentalstils der →Wiener Klassik beitrug. Ihre wichtigsten Vertreter waren J., C. und A. STAMITZ, I. HOLZBAUER, F. X. RICHTER, J. A. FILTZ, C. G. TOESCHI, J. C. CANNABICH und F. I. DANZI. Bei der Übersiedlung des Kurfürsten nach München (1778) zog der größte Teil der Kapelle mit. Zu den kompositionstechn. Errungenschaften der M. S. gehören die endgültige Abkehr von der Vorherrschaft des Generalbasses zugunsten der melodieführenden Stimme, die Gliederung des melodisch-harmon. Verlaufs in symmetr. Gruppen zu zwei, vier oder acht Takten und damit die Gestaltung dynam. und klangl. Gegensätze auf engem Raum sowie der Ausbau des themat. Dualismus (→Sonatensatzform). Neu in der Orchesterbehandlung waren die selbstständige Verwendung der Blasinstrumente und die Vorliebe für effektvolle Motivfiguren und dynamisch kontrastierende Übergänge (›Mannheimer Crescendo‹) sowie eine bis dahin nicht gekannte Orchesterdisziplin.

F. WALTER: Gesch. des Theaters u. der Musik am Kurpfälz. Hofe (1898, Nachdr. 1968); F. WALDKIRCH: Die konzertanten Sinfonien der Mannheimer im 18. Jh. (Diss. Heidelberg 1934); R. WÜRTZ: Verz. u. Ikonographie der kurpfälz. Hofmusiker zu Mannheim nebst darstellendem Theaterpersonal (1975); K. HEINZ u. H. SCHÖNFELDT: 200 Jahre Nationaltheater Mannheim (1980); Die Mannheimer Hofkapelle im Zeitalter Carl Theodors, hg. v. L. FISCHER (1992).

Mannheimer Schulsystem, Konzept einer Volksschulreform des Mannheimer Stadtschulrats J. A. SICKINGER, der um 1895 neben den Hauptzügen ein System von Förderklassen für nicht versetzte Schüler und Klassenzügen für bes. Begabte, schwach Begabte und Behinderte sowie Schulkindergärten einrichtete. Grundgedanken wurden zeitweise auch in Österreich und der Schweiz verwirklicht.

Mannich-Reaktion [nach dem Chemiker CARL ULRICH FRANZ MANNICH, *1877, †1947], chem. Reaktion zur Darstellung tertiärer Amine, bes. substituierter β-Aminoketone; Verbindungen mit aciden Wasserstoffatomen (z. B. Keton- und Nitroverbindungen) reagieren mit Formaldehyd, CH_2O, und Ammoniak, NH_3, primären oder sekundären Aminen, RNH_2 bzw. R_2NH, wobei z. B. folgende Kondensationsreaktion abläuft:

$$C_6H_5-CO-CH_3 + CH_2O + R_2NH \cdot HCl \rightarrow$$
$$C_6H_5-CO-CH_2-CH_2-NR_2 \cdot HCl + H_2O$$

Die M.-R. spielt u. a. bei der Synthese von Alkaloiden und Arzneimitteln eine wichtige Rolle.

Mannigfaltigkeit, *Mathematik:* die Verallgemeinerung des Flächenbegriffs: Ein topolog. Raum T wird als eine **M. der Dimension n** oder als **n-dimensionale M.** bezeichnet, wenn jeder seiner Punkte eine Umgebung besitzt, die homöomorph (→Homöomorphismus) zum Innern der n-dimensionalen Einheitskugel, d. h. zur Menge aller Punkte $(x_1, x_2, ..., x_n)$ des reellen euklid. Raumes mit $x_1^2 + x_2^2 + ... + x_n^2 < 1$ ist. Flächen sind in diesem Sinne zweidimensionale M. (→algebraische Geometrie, riemannscher Raum)

Mannigfaltigkeitszentren, *Biologie:* →Genzentren.

Mann im Mond, volkstüml. Deutung der Mondflecken als Gestalt eines Menschen, der zur Strafe für Diebstahl, Fluchen oder Sonntagsfrevel auf den Mond verbannt worden sei. Zahlreiche ätiolog. Sagen thematisieren die Entrückung des Menschen (meist vorgestellt als Mann, doch auch als Frau, Mann und Frau oder zwei Kinder) in den Mond.

Manninen, Otto, finn. Schriftsteller, *Kangasniemi (Prov. Mikkeli) 13.8.1872, †Helsinki 6.4.1950; Sohn eines Bauern; nach Studium der Philosophie in Helsinki Reisen durch ganz Europa; 1925–37 Prof. der finn. Sprache in Helsinki. Neben dem mit ihm befreundeten E. Leino einer der bedeutendsten finn. Lyriker seiner Zeit; schrieb sensible Naturlyrik (›Strophen‹, finn., 2 Tle., 1905–10) und distanziert-iron., altersweise Gedankenlyrik, sprachlich dicht und genau, virtuos in Reim und Metrum.
Ausgabe: Ausgew. Gedichte (1958; finn.).

Manning ['mænɪŋ], 1) Henry Edward, engl. kath. Theologe, *Totteridge (Cty. Hertfordshire) 15. 7. 1808, †London 14. 1. 1892; war seit 1832 anglikan. Geistlicher und Anhänger der Oxfordbewegung, konvertierte 1851, u. a. unter dem Einfluss J. H. Newmans, zur kath. Kirche; wurde 1865 Erzbischof von Westminster, 1875 Kardinal. Als Vertreter des Ultramontanismus erwirkte M. auf dem 1. Vatikan. Konzil die Dogmatisierung der päpstl. Unfehlbarkeit und geriet damit in Ggs. zu Newman. Er setzte sich mit den gesellschaftl. Problemen der industriellen Revolution auseinander (›The catholic church and modern society‹, 1880; ›Leo XIII. on the condition of labour‹, 1891) und trat, u. a. im Dockarbeiterstreik (1889), für die Rechte der Arbeiter ein.
Weitere Werke: Sermons on ecclesiastical subjects, 3 Bde. (1863–72); Miscellanies, 3 Bde. (1877–88).
E. S. Purcell: Life of Cardinal M., Archbishop of Westminster, 2 Bde. (London 1896, Nachdr. New York 1973).
2) Robert, engl. Dichter, →Mannyng, Robert.

Mannit [zu Manna] der, -s/-e, **Mannitol,** einer der wichtigsten Vertreter der sechswertigen Zuckeralkohole (Hexite). Der D-M., eine süß schmeckende, kristalline Substanz (mit etwa der halben Süßkraft des Rohrzuckers), ist in der Natur weit verbreitet; er findet sich in zahlr. Pflanzensäften, v. a. im Saft der Mannaesche, ferner u. a. in Algen und Pilzen. M. kann künstlich durch Reduktion von Glucose, Fructose und Mannose hergestellt werden; er wird u. a. für Bakteriennährböden, als Abführmittel sowie als Zuckeraustauschstoff für Diabetiker verwendet.

Mannlich, Johann Christian von, Architekt, Maler und Lithograph, *Straßburg 2. 10. 1741, †München 3. 1. 1822; war im Dienst des Herzogtums Pfalz-Zweibrücken 1772–75 Hofmaler, ab 1776 Generalbaudirektor von Schloss Karlsberg bei Homburg (1785 vollendet). Als Direktor der Gemäldegalerie des Schlosses brachte er 1793 die 2 000 Werke umfassende Sammlung vor den Zerstörungen der Frz. Revolution nach München in Sicherheit. 1799 wurde er dort Hofmaler und Generaldirektor aller kurfürstl. Sammlungen. Seine Pläne für einen monumentalen Galeriebau bildeten die Grundlage für die von L. von Klenze errichtete Alte Pinakothek. Von kulturhistor. Bedeutung sind seine 1813–18 niedergeschriebenen Lebenserinnerungen.
Ausgabe: Histoire de ma vie. Mémoires de J. C. v. M. (1741–1822), hg. v. K. H. Bender u. H. Kleber, 2 Bde. (1989–93).
W. Weber: Schloß Karlsberg (1987).

männlich, 1) *Biologie:* dem Spermien oder Pollen bildenden Geschlecht angehörig.
2) *Sprachwissenschaft:* grammat. Geschlecht, →Genus.

Männlicher, Ferdinand Ritter von, österr. Ingenieur, *Brüx 30. 1. 1848, †Wien 20. 1. 1904; konstru-

ierte versch. Repetiergewehre und Selbstladepistolen, so u. a. das in der österr.-ungar. Armee, später auch in anderen Heeren eingeführte **M.-Gewehr,** ein Repetiergewehr mit Geradezugverschluss.

Mann ohne Eigenschaften, Der, Roman von R. Musil, 3 Tle., 1930–43.

Mannose [zu Manna] *die, -,* zu den Aldohexosen (→Hexosen) gehörendes Monosaccharid, ein zur Glucose epimerer Zucker. Die rechtsdrehende D-M. kommt in der Natur z. T. in freiem Zustand, häufiger jedoch gebunden vor (v. a. als Baustein der Mannane), z. B. in der Steinnuss und im Johannisbrotsamen. Mit Hefe ist M. vergärbar; für Bienen ist M. giftig.

Mannozzi, Giovanni, ital. Maler, →Giovanni, G. da San Giovanni.

Mannschaft, 1) *allg.:* zusammengehörige Gruppe, z. B. von Sportlern, einer Schiffsbesatzung o. Ä.
2) *Militärwesen:* alle Soldaten einer Einheit (ohne Offiziere); die **Mannschaften** bilden die unterste Dienstgradgruppe (›Dienstgrad, Übersicht).

Mannshand, die →Meerhand, eine Art der Lederkorallen.

Mannsschild, Androsace, Gattung der Primelgewächse mit etwa 100 Arten auf der N-Halbkugel; meist Rasen oder Polster bildende Rosettenpflanzen der Gebirge mit weißen oder roten Blüten. Einige Arten sind beliebte Steingartenpflanzen. Geschützt sind u. a. der auf feuchtem, kalkarmem Feinschutt der Zentralalpen bis 4 200 ü. M. wachsende, bis 5 cm hohe **Alpen-M. (Gletscher-M.,** Androsace alpina) mit rosaroten bis weißen Blüten mit gelbem Schlund sowie der in Felsspalten der Kalkalpen vorkommende, bis 5 cm hohe **Schweizer M.** (Androsace helvetica), eine dicht graufilzig behaarte Pflanze mit weißen Blüten.

Manns|treu, Edeldistel, Eryngium, Gattung der Doldenblütler mit etwa 230 weltweit verbreiteten Arten; Kräuter mit dornig gezähnten, gelappten oder zerschlitzten, meist gräul. oder blaugrünen Blättern. Die Blüten sind klein und stehen in auffälligen, basal mit einem Kranz von Hochblättern versehenen Köpfchen oder kolbenähnl. Blütenständen. Eine bekannte Art ist die auf Strandhaferdünen (wichtig als Dünenbefestiger) vorkommende, geschützte **Stranddistel (Seemannstreu,** Eryngium maritimum), eine 15–50 cm hohe, blaugrüne, weißlich bereifte Pflanze mit blauen Blütenständen. Eine beliebte Gartenzierpflanze ist die bis 1 m hohe, weißlich grüne **Elfenbeindistel** (Eryngium giganteum) mit graugrünen Blüten. – M. symbolisierte im Volksglauben Treue und Heimweh (in diesem Sinn z. B. auf A. Dürers Selbstbildnis von 1493).

Manntau, *seemännisch:* an Deck gespannte oder zw. dem Bootsdavits herabhängende Leine zum Festhalten bei schwerem Wetter.

Mannus, *altgerman. Mythologie:* nach Tacitus (›Germania‹, Kap. 2) der Sohn des erdgeborenen Zwittergottes Tuisto und Vater dreier Söhne, nach denen die drei Stammes- oder Kultverbände der Ingwäonen, Herminonen und Istwäonen benannt sind.

Mannyng ['mænɪŋ], **Manning,** Robert, gen. **R. of Brunne** [brʌn], engl. Dichter, *Brunne (heute Bourne, Cty. Lincolnshire) 1283 (?), †1338 (?); Mönch; übertrug ein anglonormann. Moraltraktat, das Verserzählungen um die sieben Todsünden enthält und das er mit Anekdoten und Legenden ausschmückte, in einfaches Englisch (›Handlyng synne‹, entstanden um 1303) und kompilierte die Reimchronik ›The story of England‹ (vollendet 1338).
Ausgaben: Handlyng synne, hg. v. J. Furnivall (1862, erw. Neuausg. 1901–03); The story of England, hg. v. L. Palace u. a., 2 Tle. (1887); Handlyng synne, hg. v. I. Sullens (1983).

Mano, Volk im zentralen N-Liberia und in SO-Guinea. Die etwa 200 000 M. (170 000 in Liberia) betreiben Feldbau auf Rodungsinseln im Regenwald

D-Mannit
Mannit

α-D-Mannose

β-D-Mannose
Mannose

Mannsschild:
Alpenmannsschild
(Höhe bis 5 cm)

Mannstreu:
Stranddistel
(Höhe 15–50 cm)

(Reis) und wohnen in Kegeldachhäusern. Sie sind patrilinear organisiert und sprechen eine Mandesprache.

Mano *der,* Zufluss des Atlantiks in W-Liberia, rd. 300 km lang. Am Unterlauf (hier Grenzfluss zu Sierra Leone) auf liberian. Seite Eisenerztagebau.

mano destra, *Musik:* →colla destra.

Manolo, eigtl. **Manuel Martínez i Hugué** [uˈɣe], katalan. Bildhauer, Maler und Grafiker, * Barcelona 30. 4. 1872, † Caldas de Montbuy (bei Barcelona) 17. 11. 1945; Autodidakt, beeinflusst von der präkolumb. Plastik. 1900 kam er nach Paris und ließ sich 1913 in Céret (Dép. Pyrénées-Orientales) nieder, wo er mit G. Braque und P. Picasso Kontakt pflegte. Seit 1927 lebte er in Caldas de Montbuy. Seine Werke blieben stets dem Gegenständlichen verhaftet.

M. Blanch: M. (Barcelona 1972).

Manometer [frz., zu griech. manós ›dünn‹, ›locker‹] *das, -s/-,* Gerät zur Messung des Druckes in Flüssigkeiten und Gasen; über die Messung des Luftdruckes →Barometer. M. messen stets einen Differenzdruck, meist den Über- oder Unterdruck gegenüber dem Atmosphärendruck.

Bei **Flüssigkeits-M.** wird der zu messende Druck mit dem genau bestimmbaren Druck einer Flüssigkeitssäule verglichen. Dabei wirken die unterschiedl. Drücke p_1 und p_2 an zwei voneinander getrennten Stellen auf die Oberfläche einer zusammenhängenden Flüssigkeit (z. B. Quecksilber, Wasser, synthet. Öle) mit der Dichte ϱ ein. Der anliegende Differenzdruck bewirkt einen versch. hohen Stand der Flüssigkeitssäulen (Höhendifferenz h), wobei für die Druckdifferenz $\Delta p = p_1 - p_2 = \varrho \cdot h$ gilt. Einfachste Form des Flüssigkeits-M. ist das **U-Rohr-M.** mit zwei senkrecht stehenden Schenkeln, in denen sich die Messflüssigkeit befindet. Der eine Rohrschenkel wird mit dem Messraum verbunden, der andere bleibt dem äußeren Luftdruck ausgesetzt. In der **Ringwaage** dient die Flüssigkeit als bewegl. Trennung zweier Druckräume. Die Druckdifferenz wirkt sich als Kraft auf die feste Trennfläche aus und ruft ein Moment um den Drehpunkt hervor; der Drehwinkel ist proportional der Druckdifferenz Δp. – Wesentl. Bestandteil des **Deformations-M.** (auch **Feder-M.** gen.) ist ein elast. Messglied (z. B. Bourdon-Feder, Kapselfeder), das sich proportional der einwirkenden Kraft verformt; die geringe Verformung wird durch geeignete mechan. oder elektr. Einrichtungen verstärkt angezeigt. – **Kolben-M.** sind Druckwaagen, in denen die auf den Kolben ausgeübte Kraft mithilfe einer Waage gemessen wird.

Für die Messung hoher Drücke wird bes. die Änderung des elektr. Widerstandes druckempfindl. Stoffe (**Widerstands-M.**) oder der piezoelektr. Effekt bei Quarzkristallen (**Kristall-M.**) ausgenutzt. Für die Messung kleiner Druckunterschiede (< 10 kPa) kommen **Mikro-M.** zum Einsatz. Mikro-M. mit einem elast. Messglied sind z. B. das **Membran-Mikro-M.,** bei dem die Kapazitätsänderung zw. einer Membran und einer Gegenelektrode das Maß für die Druckänderung darstellt, oder das **Quarzwendel-M.** mit einer flachen Wendel aus Glas- oder Quarzrohr.

Manon [maˈnɔ̃], Oper von J. Massenet, Text nach A.-F. Prévost d'Exiles (frz. 1731, ›Histoire du chevalier Des Grieux et de Manon Lescaut‹) von H. Meilhac und Philippe Gille; Uraufführung 19. 1. 1884 in Paris. Dieselbe Romanvorlage in der librettist. Bearbeitung u. a. von M. Praga und G. Giacosa wurde u. d. T. **Manon Lescaut** von G. Puccini vertont; Uraufführung 1. 2. 1893 in Turin. Weitere Opern über diesen Stoff u. a. von D. F. E. Auber (1856) und H. W. Henze (›Boulevard Solitude‹, 1952).

Manometer: oben U-Rohr-Manometer, die einfachste Form des Flüssigkeitsmanometers; p_1, p_2 verschiedene Drücke, h Höhendifferenz; unten Plattenfedermanometer, ein Deformationsmanometer

Manono, eine der Samoainseln, gehört zu →Westsamoa.

ma non troppo, ma non tanto [ital. ›aber nicht zu sehr‹], musikal. Vortrags- bzw. Tempo-Bez.: die angegebene Anweisung abschwächen, z. B. bei der Bez. **allegro, ma n. t.:** schnell, aber nicht zu schnell.

Manor [ˈmænə; engl. ›Rittergut‹, ›Landgut‹], engl. Grundherrschaft, deren Herr, der **Lord of the M.,** im MA. ausgedehnte Rechte (Gericht, Polizei, Recht auf Abgaben und Dienste) innehatte. Bereits gegen Ende des MA. wurden die Befugnisse des Lord of the M. stark eingeschränkt, und 1853 leitete die Reg. die Ablösung der noch verbliebenen Rechte ein, die 1922–25 mit den ›Law of Property Acts‹ abgeschlossen wurde.

M. Bloch: Seigneurie française et manoir anglais (Paris ²1967); H. E. Hallam: Rural England 1066–1348 (Brighton 1981); P. D. Harvey u. S. Thomas: Medieval manorial records (Leeds 1983).

mano sinistra, *Musik:* →colla sinistra.

Manöver [frz. manœuvre, eigtl. ›Handhabung‹, ›Kunstgriff‹, von lat. manu operare ›mit der Hand bewerkstelligen‹] *das, -s/-,* **1)** *allg.:* 1) geschickt ausgeführte Wendung, takt. Bewegung (eines Truppenteils, Schiffes, Flugzeugs, Autos o. Ä.); 2) abwertend für Winkelzug, Scheinmaßnahme; Täuschungsversuch.

2) *Militärwesen:* größere Gefechtsübung der Streitkräfte in freiem Gelände bzw. in der Luft oder auf See, bei der Kampfhandlungen mit einem Gegner simuliert werden. Ab einer bestimmten Größenordnung sind M. internat. anzukündigen und Beobachter einzuladen bzw. zugelassen.

Manöverschäden, die anlässlich großer Übungen militär. Verbände bei nichtmilitärpflichtigen Personen entstandenen und im Rahmen des →Bundesleistungsgesetzes erstattungspflichtigen Schäden. Die Erstattungspflicht der innerhalb bestimmter Fristen anzumeldenden Schäden erstreckt sich bei Zerstörungen auf den Ersatz des gemeinen Wertes, bei Beschädigungen auf die Instandsetzungskosten, erstattungsfähig sind ferner Nutzungsausfall und Ertragsminderung (z. B. bei Ernteschäden).

manque [mãk; frz., eigtl. ›Mangel‹], *Roulett:* die Ziffern 1–18 betreffend; Ggs.: passe.

Manresa, Industriestadt in Spanien, Prov. Barcelona, am Cardoner (Nebenfluss des Llobregat), vor dessen Durchbruch durch das Katalan. Randgebirge, 238 m ü. M., 66 200 Ew.; Textil-, Elektro-, Düngemittel-, Reifenindustrie, Maschinenbau, Gerberei, Lederverarbeitung. – Got. Kollegiatskirche Santa Maria La Seu (937 gegr., Neubau 1328–1592) mit Kreuzgang, Museum. – M., die keltiber. Gründung **Analagia** (röm. **Minorisa**), war nach der Reconquista (um 1090) kurze Zeit unabhängiger Grafschaftssitz. 1892 wurden in der Stadt die ›Bases de M.‹ verabschiedet, eine Plattform des konservativen katalan. Regionalismus.

Manrique [manˈrrike], Gómez, span. Dichter, * Amusco (Prov. Palencia) um 1412, † Toledo um 1490; nahm an den Aufständen gegen Johann II. von Aragonien und Heinrich IV. von Kastilien teil; starb als Corregidor von Toledo. Seine Lyrik ist wenig originell; seine vier (Kurz-)Dramen dagegen gehören zu den frühesten bedeutenden Denkmälern des span. Theaters, bes. das Weihnachtsspiel ›Representación del nacimiento de Nuestro Señor‹ (verfasst nach 1467) und die dramatisierte Marienklage ›Lamentaciones hechas para la Semana Santa‹.

Ausgabe: Teatro medieval castellano, hg. v. R. E. Surtz (1983).

Mansalasee, Strandsee in Ägypten, →Mensalesee.

Mansarde [nach F. Mansart, der zu Unrecht als ihr Erfinder galt] *die, -/-n,* Architektur: urspr. svw. Mansarddach (→Dach); heute Zimmer oder Wohnung in einem für Wohnzwecke ausgebauten Dachgeschoss.

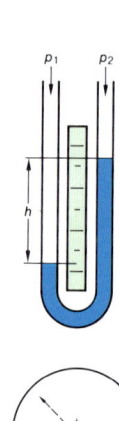

Mansart [mã'sa:r], **1)** François, frz. Architekt, *Paris 23. 1. 1598, †ebd. 23. 9. 1666; Vertreter des →Classicisme, beeinflusst von S. DE BROSSE. Seine erste überragende Leistung war der für GASTON D'ORLÉANS errichtete Flügel von Schloss Blois (1635–38). Den Höhepunkt seines Schaffens bildet Schloss Maisons-Lafitte (1642–51), das sich bes. durch einheitl. Gliederung, ausgewogene Proportionen und zurückhaltende Dekoration auszeichnet.

Weitere Werke: Schloss Berny (1623–44); Schloss Balleroy (1626); Kloster u. Kirche der Filles de la Visitation in Paris (1632–34); Hôtel de la Vrillière, ebd. (1635–38, heute Banque de France); Hôtel Mazarin, ebd. (1643–46, heute Teil der Bibliothèque Nationale); Kirche Val-de-Grâce, ebd. (1645 begonnen, von J. LEMERCIER vollendet).

A. BRAHAM u. P. SMITH: F. M., 2 Bde. (London 1973).

Jules Mansart: Königliche Kapelle im Schloss von Versailles; begonnen 1699

2) Jules, eigtl. **J. Hardouin** [ar'dwɛ̃], ab 1668 **J. Hardouin-M.**, frz. Architekt, *Paris 16. 4. 1646, †Marly-le-Roi (bei Paris) 11. 5. 1708, Großneffe und Schüler von 1); Hauptvertreter des →Classicisme. 1674 wurde er Hofarchitekt LUDWIGS XIV., 1699 ›Surintendant des Bâtiments du Roi‹, beherrschte seitdem bis zu seinem Tod das gesamte offizielle Bauwesen in Frankreich. 1678 übernahm er als Nachfolger von L. LE VAU und F. D'ORBAY die Bauleitung des Schlosses von Versailles. Sein Werk umfasst die Erweiterung des Schlosses (Nord- und Südflügel, 1678–89), Parkfassade und Spiegelgalerie (1678–84), die Schlosskapelle (1699 begonnen), das Parkschloss Grand Trianon (1687–88) sowie die Stadtplanung von Versailles. In Paris baute er Hôtels, entwarf Pläne für die Place-des-Victoires (1684) und die Place Vendôme (1685 entworfen, ab 1699 nur z. T. ausgeführt) und errichtete den Invalidendom (1677–1706; BILD →französische Kunst). In der Prov. entstanden Schlösser nach seinen Entwürfen wie Clagny (1674–80, abgebrochen), Luynes bei Dampierre (1675–83) und Marly-le-Roi (1679–86; zerstört). In seinem Bestreben, seinen Bauten Würde und Größe zu verleihen, vereinfachte er die Formen zu einem klassisch-gemäßigten Barockstil, der sich durch harmon. Proportionierung und elegante, zur Régence überleitende Dekoration auszeichnet.

P. BOURGET u. G. CATTAUÍ: J. Hardouin-M. (Paris 1960); A. u. J. MARIE: M. à Versailles, 2 Bde. (ebd. 1972).

Manschętte [frz., eigtl. ›Ärmelchen‹, zu manche, lat. manica ›Ärmel‹] *die, -/-n,* **1)** *Kleidung:* versteifte, an Hemd- und Blusenärmeln angearbeitetes Abschlussbündchen, rund geknöpft oder bei aufeinander liegenden Enden mit **M.-Knopf** geschlossen. Die M. wurde aus dem um 1600 dekorativer werdenden, zunächst separaten Ärmelabschluss des Männerhemdes (Handkrause, Überschlag) entwickelt. Separate, über den Ärmelabschluss geschobene steife M. (Röllchen) kamen im 19. Jh. auf.

2) *Maschinenbau:* eine Dichtung aus Gummi, Leder, Kunststoff für hin- und herbewegte Maschinenteile; meist so geformt, dass der abzudichtende Druck die Dichtwirkung verstärkt.

Mansen, Wogulen, Volk am unteren Ob, Russland, v. a. im westl. Teil des Autonomen Kreises der Chanten und M. sowie im nördl. Teil des Gebietes Swerdlowsk. Die 8 500 M. sind kulturell und sprachlich sehr nahe mit den benachbarten →Chanten verwandt und leben als Fischer, Jäger und Renzüchter; sie sprechen eine finnougr. Sprache (Wogulisch). Die M. sind seit dem 17. Jh. orth. Christen, haben aber vorchristliche Elemente (Ahnenkult, Schamanen) bewahrt.

Mansfeld, Stadt im Landkreis Mansfelder Land, Sa.-Anh., 210 m ü. M., am O-Rand des Harzes an der Wipper, 3 900 Ew.; kleine Unternehmen der Kabelherstellung und der Bauwirtschaft, Backwarenbetrieb; in der Umgebung zahlr. Halden des ehem. Kupferschieferbergbaus (bis 1969). – Spätgot. Stadt- und Talkirche St. Georg (15. Jh.), LUTHERS Elternhaus (1530; Luthermuseum) und so genannte Lutherschule (Portal datiert von 1610; 1910 restauriert). Von der umfangreichen Anlage aus urspr. drei Schlössern (mittelalterl. Kern, im Wesentlichen 16. Jh.) sind große Teile Ruine, erhalten Schloss ›Vorderort‹ (1509–18, neugotisch ausgebaut 1860–62), die got. Schlosskirche (Anfang 15. Jh.) mit Flügelaltar (um 1520). – Bei dem 973 erstmals als Rodungssiedlung genannten Ort entstand um 1075 die Burg der um 1060 ersterwähnten Grafen von M. Um die nach 1400 als Stadt bezeichnete Siedlung (bis ins 18. Jh. auch Tal-M. gen.) blühte vom 12. bis ins 17. Jh. der Bergbau auf Kupfer und Silber.

Mansfeld, altes mitteldt. Grafengeschlecht, 1060 erstmals urkundlich genannt, Herren der Grafschaft M. am Ostrand des Harzes (Gebiete um Eisleben, Hettstedt, Querfurt und Sangerhausen). Nach dem Erlöschen des Geschlechts (1229) kam die Grafschaft bis 1264 an die Herren von Querfurt, die sich nun nach M. benannten und durch den seit 1199 betriebenen Silber- und Kupferbergbau sehr begütert wurden. Nach mehreren Teilungen (1420, 1475, 1511), starker Verschuldung und Verlust der Reichsunmittelbarkeit (im 15. Jh.) erlosch der Mannesstamm der seit 1710 allein bestehenden kath. Linie **M.-Bornstädt** (seit 1600 reichsfürstlich) 1780; die Grafschaft wurde zw. Kursachsen und Preußen geteilt. Der sächs. Teil fiel 1815 ebenfalls an Preußen, der böhm. Teil und die böhm. Allodialgüter fielen an das Haus Colloredo.

Bedeutende Vertreter:

1) Albrecht III., →Albrecht (Herrscher, Mansfeld).

2) Ernst II., Graf von, Söldnerführer, *Luxemburg 1580, †Rakowiza (bei Sarajevo) 29. 11. 1626; gehörte zu den zeittypisch gewinnorientierten Kriegsunternehmern. Er kämpfte als Söldnerführer im Dreißigjährigen Krieg auf prot. Seite und wurde am 25. 4. 1626 an der Dessauer Brücke von WALLENSTEIN besiegt. Mit frz. Mitteln stellte er ein neues Heer auf, das er von Venedig aus als Gegner Habsburgs anbieten wollte. Er starb auf dem Weg nach Italien.

Mansfelder Land, Landkreis im Reg.-Bez. Halle, im S von Sa.-Anh., 758 km², 113 200 Ew.; Kreisstadt ist Lutherstadt Eisleben. Das Kreisgebiet erstreckt sich vom bewaldeten Unterharz (bis 413 m ü. M.; Erholungsgebiet) im W über die durch Abtragung des Buntsandsteins entstandene Mansfelder Mulde bis zur Saale im O. Jahrhundertelang geprägt durch den bis

Ernst II., Graf von Mansfeld

Mans Mansfield – Manstein

1969 betriebenen Kupferschieferbergbau (zahlr. Halden), ist der Kreis ein bedeutender Standort für die Kupfer und Aluminium verarbeitende Industrie im mittleren Teil Dtl.s. Im N ist Industrie bestimmend (Teil des Ballungsraumes Halle–Leipzig), während im S die Landwirtschaft mit dem Anbau von Weizen, Zuckerrüben und Braugerste dominiert. Dank des wärmebegünstigten Klimas am Süßen See gedeihen dort Aprikosen, Kirschen, Pflaumen, Birnen, Äpfel und Wein. Neben der Kreisstadt sind Mansfeld, Hettstedt, Gerbstedt und Sandersleben weitere Städte. – Der Kreis wurde am 1. 7. 1994 aus den früheren Kreisen Eisleben und Hettstedt (mit Ausnahme von fünf Gemeinden) gebildet; eingegliedert wurden drei Gemeinden des früheren Kreises Querfurt.

Mansfield [ˈmænsfiːld], Industriestadt in der Cty. Nottinghamshire, England, 71 900 Ew.; Museum mit Kunstgalerie; Leichtindustrie.

Mansfield [ˈmænsfiːld], **1)** Katherine, eigtl. **Kathleen M. Beauchamp** [-ˈbiːtʃəm], neuseeländ. Schriftstellerin, * Wellington 14. 10. 1888, † Fontainebleau 9. 1. 1923; Tochter eines Bankiers, in England erzogen, wohin sie 1908 zurückkehrte, um ihren schriftsteller. Neigungen zu folgen. Ihre meisterhaften, sorgfältig strukturierten Shortstorys, die mit großer Einfühlungskraft, z. T. aber auch mit bitterer Schärfe anhand von Augenblicksimpressionen Einblicke in das alltägl. Leben u. a. des wilhelmin. Deutschland und der neuseeländ. Gesellschaft ihrer Jugend vermitteln, sind stark von persönl. schicksalhaften Erlebnissen (gescheiterte erste Ehe, Totgeburt ihres Kindes, Tod des Bruders, unheilbares Lungenleiden) bestimmt. Wie D. H. LAWRENCE und VIRGINIA WOOLF, mit denen sie eine widersprüchl. Freundschaft pflegte, zählt M. zu den bedeutendsten Vertretern der modernen angelsächs. Erzählliteratur. Ihr Werk wurde von ihrem zweiten Mann J. M. MURRY postum herausgegeben.

Werke: Kurzgeschichten: In a German pension (1911; dt. In einer dt. Pension); Prelude (1918); Bliss and other stories (1920; dt. Für 6 Pence Erziehung, auch u. d. T. Seligkeit); The garden party, and other stories (1922; dt. Das Gartenfest u. a. Geschichten); The doves' nest and other stories (hg. 1923; dt. Das Taubennest); Something childish, and other stories (hg. 1924; dt. Etwas Kindliches, aber sehr Natürliches).

Ausgaben: Journal of K. M., hg. v. J. M. MURRY (1927, Nachdr. 1983); The letters, hg. v. DEMS., 2 Bde. (1928); The aloe, hg. v. V. O'SULLIVAN (1982); The short stories, hg. v. C. TOMALIN (¹³1983); The critical writings, hg. v. C. HANSON (1987); Poems, hg. v. V. O'SULLIVAN (1988). – Ein Mädchen in Neuseeland, hg. v. E. SCHNACK (1983, dt. Ausw.); Sämtl. Erzählungen, hg. v. DERS., 5 Bde. (1988); Eine Ehe in Briefen, hg. v. M. SCHWENDIMANN (Neuausg. 1988); Briefe, hg. v. V. O'SULLIVAN (1992).

V. O'SULLIVAN: K. M.'s New Zealand (London 1975); A. ALPERS: The life of K. M. (Neuausg. ebd. 1980; Nachdr. ebd. 1983); P. CITATI: K. M. Beschreibung eines Lebens (a. d. Ital., 1982); B. J. KIRKPATRICK: A bibliography of K. M. (Oxford 1989); C. TOMALIN: K. M. Eine Lebensgeschichte (a. d. Engl., Neuausg. 1992); M. DADA-BÜCHEL: K. M's dual vision (Tübingen 1995); I. BAKER: Ein Leben für K. M. (a. d. Engl., 1996).

2) Michael (Mike) Joseph, amerikan. Politiker, * New York 16. 3. 1903; war 1953–77 Senator für Montana, 1961–77 Führer der Demokraten im Senat. Als Mitgl. des außenpolit. Ausschusses legte er zw. 1959 und 1961 Pläne zur Lösung des Dtl.-Problems vor und trat bes. seit 1966 für eine Reduzierung der amerikan. Truppen in Europa ein. Als einer der Ersten kritisierte M. das Eingreifen der USA in den Vietnamkrieg. 1977–88 war er amerikan. Botschafter in Japan.

Manship [ˈmænʃɪp], Paul, amerikan. Bildhauer, * Saint Paul (Minn.) 25. 12. 1885, † New York 31. 1. 1966; Vertreter des Neoklassizismus; Studienreisen nach Rom und Griechenland. Er schuf neben architekturbezogenen Arbeiten Figuren (Jäger, Tänzerinnen) und zahlr. Porträts in Marmor. Zu seinen bedeutendsten Werken gehört der ›Prometheus‹ (1932–33; New York, Rockefeller Center Plaza).

P. M., Ausst.-Kat. (Saint Paul, Minn., 1985).

Mansholt, Sicco Leendert, niederländ. Politiker, * Ulrum (Prov. Groningen) 13. 9. 1908, † Wapserveen (Prov. Drente) 29. 6. 1995; schloss sich der ›Sozial-Demokrat. Arbeiterpartei‹ an (seit 1946 ›Partei der Arbeit‹); war 1945–58 Min. für Landwirtschaft und Fischerei, 1958–67 Vize-Präs. der EWG-Kommission, 1967–72 der Kommission der EG und 1972 deren Interims-Präs. M. trieb die Schaffung des gemeinsamen Agrarmarktes in der EWG entscheidend voran. Das auf seine Initiative 1968 von der Kommission vorgelegte ›Memorandum zur Reform der Landwirtschaft in der EWG‹ (M.-Plan) sah eine tief greifende Umstrukturierung der Landwirtschaft vor.

Mansi, Giovanni Domenico, ital. kath. Theologe, * Lucca 16. 2. 1692, † ebd. 27. 9. 1769; lehrte Moraltheologie in Neapel, wurde 1764 Erzbischof von Lucca, wo er eine Akad. für Kirchen- und Liturgiegeschichte gründete; war v. a. als Herausgeber und Übersetzer theologie- und kirchengeschichtl. Autoren tätig. Sein Hauptwerk ist die 31-bändige ›Sacrorum conciliorum nova et amplissima collectio‹ (1759–98), eine Sammlung von Konzilsakten bis zum Konzil von Florenz (Neudruck und Erweiterung bis zum 1. Vatikan. Konzil, hg. von L. PETIT und J. B. MARTIN, Lyon 1899–1927; Nachdruck 1960–62).

Mansio [lat. ›Aufenthalt‹, ›Herberge‹, zu manere ›bleiben‹] *die, -/...siʹones,* Bez. für die Stationen der röm. Staatspost, feste Gebäude für den Aufenthalt und die Übernachtung von Reisenden. Zw. den M. (in Abständen von einer Tagesreise) lagen die ›Mutationes‹ zum Wechsel der Reit- und Zugtiere.

Mansion House [ˈmænʃən haʊs, engl.], der Amtssitz des Bürgermeisters (Lord Mayor) von London; 1739–53 erbaut von GEORGE DANCE D. Ä., später wiederholt umgestaltet.

Mansoura [-ˈzuː-], Ruinenstadt der Merinidendynastie in NW-Algerien, 3 km südlich von Tlemcen. 1302 als befestigtes Militärlager gegr., Ende 14. Jh. zerstört. Gut erhalten sind Teile der Stadtmauer aus Stampflehm (quadrat. Türme, gerade Zinnen). Im O auf einem Hügel die Ruine der prachtvollen Moschee (1303–48 erbaut; 85 m × 60 m, 13 Längsschiffe). Das quadrat. Minarett (40 m hoch, 1,5 m dicke Hausteinmauern, S-Wand eingestürzt) führt in Aufbau und allseitigem Wanddekor die Tradition der almohad. Minarett-Türme von Marrakesch (Kutubija), Rabat (Hasan-Moschee) und Sevilla (Giralda) weiter; im Innern Rampe (für Reiter) bis zur Terrasse. Ausgrabungsfunde in den Museen von Tlemcen und Algier.

Månsson [ˈmoːnsɔn], Karl Fabian, schwed. Schriftsteller, * Hasslö (bei Karlskrona) 20. 1. 1872, † Stockholm 4. 1. 1938. M., urspr. Gruben- und Eisenbahnarbeiter, war sozialdemokrat. Politiker (Reichstagsabgeordneter ab 1912) und Geschichtsforscher. Als sein wichtigstes literar. Werk gilt der Roman ›Rättfärdiggörelsen genom tron‹ (1916), der die Bedeutung freikirchl. Strömungen für die schwed. Gesellschaft zum Thema hat.

Ausgabe: Skrifter, 7 Bde. (1938–48).

Manstein, Erich von Lewinski gen. von M., Generalfeldmarschall (seit 1942), * Berlin 24. 11. 1887, † Irschenhausen (heute zu Icking, Kr. Bad Tölz-Wolfratshausen) 10. 6. 1973; entwarf im Zweiten Weltkrieg als Stabschef der Heeresgruppe A (G. von RUNDSTEDT) den Operationsplan für den Westfeldzug (›Sichelschnitt‹); eroberte mit der 11. Armee im Russlandzug die Krim (Herbst 1941) und die Festung Sewastopol (Sommer 1942). Im November 1942 wurde M. Oberbefehlshaber der Heeresgruppe ›Don‹ (später ›Süd‹). In dieser Funktion bewahrte er durch seine Operationsführung u. a. im Winter 1942/43 den Süd-

Katherine Mansfield

Sicco Leendert Mansholt

Mansoura: Das 40 m hohe Minarett mit eingestürzter Südwand

Mantarochen: Teufelsrochen (Spannweite etwa 5 m)

flügel des dt. Ostheeres vor der Vernichtung. Im März 1944 wurde ihm wegen Meinungsverschiedenheiten von HITLER das Kommando entzogen. 1949 verurteilte ihn ein Militärgericht in Hamburg zu 18 Jahren Haft. 1953 vorzeitig entlassen, wirkte er später als Berater beim Aufbau der Bundeswehr.

Schriften: Verlorene Siege (1955); Aus einem Soldatenleben, 1887–1939 (1958).

R. VON MANSTEIN u. T. FUCHS: M. Soldat im 20. Jh. Militärisch-polit. Nachlese (1981); H. BREITHAUPT: Zw. Front u. Widerstand. Ein Beitrag zur Diskussion um den Feldmarschall von M. (1994).

Mansur, Al-M., Almạnsor [arab. ›der Siegreiche‹], Ehrenname islam. Herrscher. Bekannt v. a.:

1) Abu Djafar Abdallah Ibn Mohammed al-M., Kalif (seit 754), * um 712, † Bir Maimun (bei Mekka) 7. 10. 775; Sohn einer Berbersklavin, Bruder des ersten abbasid. Kalifen ABU L-ABBAS; schaltete 754 zunächst seinen mit ihm um die Kalifenwürde konkurrierenden Onkel ABD ALLAH IBN ALI mithilfe des Statthalters von Khorasan, ABU MUSLIM, aus; 755 ließ er dann ABU MUSLIM ermorden. M., der zahlr. Aufstände unterdrückte, machte das von ihm neu gegründete Bagdad zur Residenz (762) und festigte die Macht der Abbasiden. Unter ihm setzte der Aufstieg der Beamtenfamilie der →Barmakiden ein; es begann die Blütezeit der arab. Literatur und Philologie.

2) Mohammed Ibn Abi Amir al-M., bei den Christen **Almạnsor,** span. **Almanzor** [alman'θɔr] gen., erster Minister des Omaijadenreiches von Córdoba, *938, † Medinaceli (Prov. Soria) 10. 8. 1002. Vom Harem begünstigt, übte er seit 978 im Namen des Kalifen HISCHAM II., den er völlig entmachtete, die Herrschaft aus und erweiterte die omaijad. Machtstellung in Spanien; er unternahm über 50 Feldzüge gegen die christl. Reiche der Halbinsel. 981 verlegte er den Reg.-Sitz von Córdoba in die neu gegründete nahe gelegene Palaststadt Medina Azahara.

Mansụra, El-M. [arab. ›die Siegreiche‹], Stadt in Unterägypten, im Nildelta am Damiette-Arm, 371 000 Ew.; Verw.-Sitz des Governorats Dakahlija; Univ. (1972 gegr.), TH; Baumwollstapelplatz, Textilindustrie, Maschinenbau; Bahnknotenpunkt. – M. wurde 1219 gegründet. – Bei M. scheiterte am 6. 4. 1250 der Kreuzzug gegen Ägypten unter LUDWIG IX., DEM HEILIGEN, von Frankreich, der gefangen genommen wurde.

Mansụr Ibn Irạk, Abu Nạsr M. I. I., arab. Astronom und Mathematiker im ausgehenden 10. Jh.; Lehrer von AL-BIRUNI und Herausgeber einer verbesserten Ausgabe der ›Sphairika‹ des MENELAOS. Er soll den Sinussatz der sphär. Trigonometrie bewiesen haben (neben ABU L-WAFA).

Mạnta, Hafenstadt in der Prov. Manabí, Ecuador, 125 500 Ew.; Handelszentrum; Fischfang und -verarbeitung, chem. Industrie.

Mantạro, Río M., linker Nebenfluss des Río Apurímac in Zentralperu, entspringt nahe Cerro de Pasco, rd. 600 km lang, mündet 300 km östlich von Lima; im Mittelteil zwei Wasserkraftwerke: M. 1 mit 228 MW (seit 1973) und M. 2 mit 342 MW (seit 1981) zur Versorgung Limas und der Zentralregion.

Mạnta|rochen, Mạntas, Teufelsrochen, Mobulidae, Familie der Rochen mit 10 Arten; M. besitzen einen abgeplatteten Körper, der breiter als lang ist, an der Schnauze ein Paar löffelartige, drehbare Fortsätze zur Nahrungsaufnahme. Sägestacheln können auf der Schwanzoberseite vorhanden sein. Der **Teufelsrochen** (Mobula mobular), im O-Atlantik und Mittelmeer, ist etwa 5 m breit, der **Riesenmanta** (Manta birostris) der trop. Meere bis 6 m, mit einem Gewicht von bis zu 2 t. Alle M. sind lebend gebärend.

Manteau [mã'to:, frz.] der, -s/-s, Obergewand (oberer Rock und Mieder) der Frauentracht im 17./18. Jh.; der vorn geschlitzte, zur Seite geraffte, häufig in einer Schleppe auslaufende Rock ließ den unteren Rock sichtbar werden; im 18. Jh. auch mit →Watteaufalte.

Mantegna [man'tεɲɲa], Andrea, ital. Maler und Kupferstecher, * Isola di Carturo (heute zu Piazzola sul Brenta, Prov. Padua) 1431, † Mantua 13. 9. 1506; neben seinem Schwager G. BELLINI der bedeutendste Meister der oberital. Frührenaissance. Als Schüler von F. SQUARCIONE in Padua erhielt er durch das Antikenstudium und die Werke von DONATELLO und P. UCCELLO entscheidende Anregungen, wodurch er zu seinem statuar., kraftvoll und prägnant modellierten Figurenstil von großem Pathos gelangte. Nach 1451 machte sich im Verhältnis von Figur und Bildraum der Einfluss des Werkes von PIERO DELLA FRANCESCA geltend. Die illusionist. Möglichkeiten der Perspektive erweiterte M. durch extreme Aufsicht oder Untersicht (›di sotto in su‹) mit radikalen Verkürzungen, auch als Mittel der Ausdruckssteigerung. Neben kirchl. Aufträgen gab ihm seine in der Zeit einzigartige Stellung als Hofmaler der Gonzaga in Mantua (ab 1460) Gelegenheit, seine humanist. Bildung (antike Mythologie und Gesch.) in zahlr. profanen Werken zu thematisieren. Einigen späten Grisaillen gab er den Charakter antiker Marmorreliefs. Sein Stil fand v. a. durch seine Kupferstiche weite Verbreitung.

Werke: Fresken in der Eremitanikirche in Padua (1448–57; 1944 z. T. zerstört); Pala di San Zeno, Verona (1456–59); Fresken der Camera degli Sposi, Mantua, Palazzo Ducale (1474 vollendet); Triumphzug Cäsars, neunteilig (1486–92; Schloss Hampton Court); Beweinung Christi (wohl um 1490; Mailand, Brera); Madonna della Vittoria (1496; Paris, Louvre).

E. TIETZE-CONRAT: M. Gemälde, Zeichnungen, Kupferstiche (1956); L'opera completa del M., hg. v. M. BELLONCI u. a. (1967); R. LIGHTBOWN: M. (Oxford 1986); F. THÜRLEMANN:

Andrea Mantegna: Markgraf Ludovico II. Gonzaga empfängt Gesandte; Ausschnitt aus einem Fresko in der Camera degli Sposi im Palazzo Ducale in Mantua; vollendet 1474

M.s Mailänder Beweinung (1989); E. CAMESASCA: M. (a.d. Ital., 1992).

Mantel [ahd. mantal, von lat. mantellum ›Hülle‹, ›Decke‹], **1)** das gegen Witterungseinflüsse schützende Übergewand, als Obergewand auch Abzeichen der Würde (Herrscherornat, kirchl. Ornat, Ordens-M.) und Sinnbild des Schutzes (Schutzmantelmadonna). Der M. war von vorgeschichtl. Zeit bis ins 18. Jh. ein rechteckiger, trapez- oder halbkreis- bis kreisförmiger, halblanger oder langer und für beide Geschlechter oft gleichartiger Umhang, der vorn oder auf einer Schulter von einer Spange, einer Schnur oder von Knöpfen zusammengehalten wurde (z. B. Himation, Chlamys, Heuke, Kappe). Ein anderer, ebenfalls bis ins Altertum zurückreichender Typ war der glockenförmige Umhang mit Kopfloch. Aus dem engen Leibrock des späten 17. Jh. (→Justaucorps) entwickelte sich der Ärmel-M. von ähnl. Schnitt (→Redingote), verschiedener Länge und wechselnder Kragengestaltung (→Carrick). In der 2. Hälfte des 19. Jh. kamen der zuletzt nur noch zum Abendanzug getragene, erneut ärmellose M. mit halblanger Pelerine (Havelock), gerade geschnittene Mäntel (Paletot, Gehpelz) sowie lockere, ein- oder zweireihige und je nach Schnitt oder Material benannte Hänger auf (→Raglan, Ulster, Slipon, →Trenchcoat).
2) *Börsenwesen:* bei Effekten die Urkunde, die das Anteilsrecht oder die Forderung verbrieft. Zum Wertpapier gehört neben dem M. der Kuponbogen (→Kupon), nur beide zus. sind verkäuflich (aus Sicherheitsgründen im Depot meist getrennt aufbewahrt).
3) *Handelsrecht:* **Gesellschafts-M., Firmen-M.,** die äußere Rechtsform, das ›Kleid‹, in der eine Handelsgesellschaft in Erscheinung tritt, auch Bez. für die Gesamtheit der Anteilsrechte (Aktien, Kuxe, GmbH-Anteile) an einer Kapitalgesellschaft, die ohne den Geschäftsbetrieb ge- und verkauft werden können. **M.-Kauf** ist der Erwerb der bei Stilllegung eines Unternehmens übrig bleibenden Rechtsform, um diese für ein neues Unternehmen zur Einsparung von Gründungskosten und Zeit zu verwenden. Die **M.-Gründung** einer AG oder GmbH soll nicht der Errichtung eines Geschäftsbetriebs, sondern der Schaffung eines M. zwecks späterer Veräußerung dienen (gemäß § 134 BGB rechtlich unzulässig).
4) *Mathematik:* **M.-Fläche,** Teil der Oberfläche eines Körpers, der nicht zur Grund- oder Deckfläche gehört; z. B. Zylinder-M., Kegel-M. Entsteht die M. eines Körpers durch Rotation einer Kurve, so wird diese **M.-Linie** genannt. Die M.-Linien von →Torsen sind somit Geraden. Ein M. ist →abwickelbar.
5) *Presse:* bei Tageszeitungen mit versch. lokalen Ausgaben der allgemeine Teil mit den aktuellen polit. Nachrichten und Kommentaren, der die je nach Ausgabe (Kopftitel) unterschiedl. Regional-, Lokal- und Anzeigenseiten umschließt. Der M. als pressestatist. Bestimmungsmerkmal dient der Ermittlung der Zahl der Vollredaktionen als ›publizist. Einheiten‹.
6) *Zoologie:* bei Manteltieren die **Tunica,** bei Weichtieren das **Pallium,** eine Hautduplikatur, die nach außen meist eine Schale abscheidet. Zw. Fuß und M. liegt die **M.-Höhle,** in der die Kiemen (Kiemenhöhle; bei Wassertieren) bzw. in der Wandung ein Blutgefäßnetz (Lungenhöhle; bei Landlungenschnecken) sowie die Ausmündung der Ausführgänge für Darm, Nieren und Geschlechtsorgane liegen.

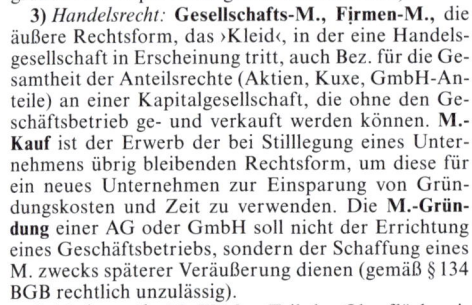

Manteldiapir, Mantel-Plume [ˈmæntl pluːm, engl.], **Plume, Convection-Plume** [kənˈvekʃn-, engl.], zylindrisch-schlotartig (etwa 100–150 km Durchmesser) vom tieferen Erdmantel zur Lithosphäre aufsteigendes (etwa 2 m im Jahr), heißes, schmelzflüssiges Magma; von lokalen Aufschmelzungszonen (geringeres spezif. Gewicht bewirkt Konvektionsströmungen) im tieferen Erdmantel gespeist; kann bei langer ortsfester Aktivität zur Bildung von →Hot Spots führen. (→Plattentektonik)

Mantelgesetz, *Staatsrecht:* 1) Berliner Gesetz, durch das im geteilten Dtl. ein Bundesgesetz in Berlin (West) übernommen wurde (Art. 87 Abs. 2 Verf. von Berlin vom 1. 9. 1950). 2) Gesetz, in dem mehrere selbstständige Gesetzesentwürfe für das Gesetzgebungsverfahren zu einer formellen Einheit zusammengefasst sind.

Mantelkinder, Gürtelkinder, *Rechtsgeschichte:* vorehelich geborene Kinder, die durch die Eheschließung ihrer Eltern, verbunden mit einem bestimmten Ritual (unter dem Mantel oder Gürtel), die rechtl. Stellung von ehel. Kindern erlangten. Im Lehnsrecht galten teils Einschränkungen. – Im geltenden Recht ist § 1719 BGB einschlägig (→Legitimation).

Mantelkrone, *Zahnmedizin:* →Zahnersatz.
Mantel|linie, *Mathematik:* →Mantel.
Mantelmöwe, Larus marinus, mit maximal 1,70 m Flügelspannweite größte heute lebende Möwenart; vorwiegend an den Küsten und Flussmündungen, auch auf Mooren N-Eurasiens und Nordamerikas; Rücken und Flügeloberseite schwarz, sonst weiß; Beine fleischfarben.

Manteltarifvertrag, Rahmentarifvertrag, Tarifvertrag, der die allgemeinen Arbeitsbedingungen eines Industrie- oder Gewerbezweigs regional oder bundesweit regelt. Der M. enthält Vorschriften über Einstellung, Kündigung, Arbeitszeit, Urlaub, Mehrarbeit u. a.; er regelt nicht die Lohn- und Gehaltshöhen sowie Eingruppierungen.

Manteltiere, Tunicata, in allen Meeren verbreitete Gruppe der Chordatiere mit rd. 2 000 z. T. koloniebildenden Arten. Die Haut des 0,5 mm–33 cm langen, sack-, tonnen- oder kaulquappenartigen Körpers scheidet einen gallertigen oder ledrigen Mantel **(Tunica)** aus dem (im Tierreich einzigartigen) celluloseähnl. **Tunicin** ab. Der u-förmige Darm ist von zwei bis mehreren Hundert Kiemenspalten durchbrochen und dient neben der Aufnahme von Plankton zur Ernährung auch der Atmung. Das auf der Bauchseite liegende, röhrenförmige Herz treibt das Blut mit wechselnder Schlagrichtung in die Gewebslücken. Die zwittrigen M. entwickeln sich über kaulquappenähnl. Larven, deren Schwanzabschnitt eine Rückensaite (Chorda dorsalis) enthält. Häufig kommt ein Generationswechsel mit einer sich ungeschlechtlich durch Sprossung fortpflanzenden Generation vor. – Die M. umfassen die frei schwimmenden →Appendikularien und →Salpen und die fest sitzenden →Seescheiden.

Mantel-und-Degen-Film, Genre des histor. Abenteuerfilms, das dem Piraten- und dem Ritterfilm nahe steht; bekannter Darsteller u. a. D. FAIRBANKS.

Mantelmöwe
(Spannweite bis 1,70 m)

Manteltiere: Schemazeichnung einer Seescheidenlarve (links) sowie einer fest sitzenden erwachsenen Seescheide mit Knospe (rechts)

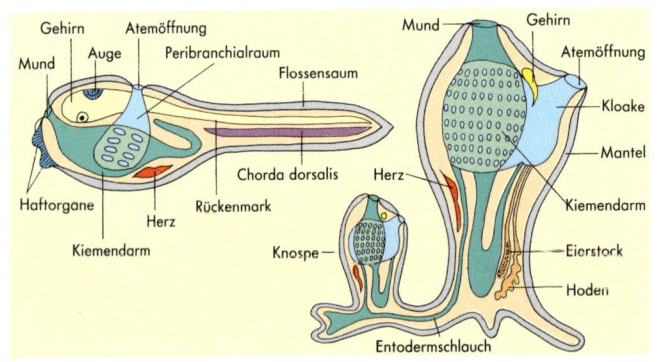

Mantel-und-Degen-Stücke, Comedias de capa y espada, Bez. für eine der Hauptgattungen des span. Theaters im 17. Jh. (neben histor., religiösen und Ehrendramen), span. Variante des europ. Sittenstücks; benannt nach der typ. (Alltags-)Kleidung der Protagonisten; Ort ist das zeitgenöss. Spanien. Die Stücke sind voll überraschender Handlung, die Helden gehören der oberen Gesellschaftsschicht an (Caballeros und Damas), Hauptthema ist die Liebe, die i. Allg. zu einem glückl. Ende kommt. In der heiter-witzigen Atmosphäre wird der ironisierenden Gestalt des →Gracioso breiter Raum gewährt. Die M.-u.-D.-S. haben häufig überzeugende Frauenrollen, so ›La dama boba‹ (1617; dt. ›Die kluge Närrin‹) von L. F. DE VEGA CARPIO, ›La dama duende‹ (entst. um 1629, gedr. 1636; dt. ›Dame Kobold‹) von P. CALDERÓN DE LA BARCA und ›Don Gil de las calzas verdes‹ (1635; dt. ›Don Gil von den grünen Hosen‹) von TIRSO DE MOLINA.

Mantelzession, als Instrument der Kreditsicherung ein Rechtsgeschäft, bei dem sich der Kreditnehmer (nur schuldrechtlich) verpflichtet, künftige Forderungen aus seinem Geschäftsbetrieb nach ihrer Entstehung an den Kreditgeber abzutreten. Die Abtretung selbst erfolgt durch Übersendung von Listen mit Forderungsaufstellungen o. Ä. an den Kreditgeber, mindestens in Höhe des Kreditbetrags.

Manteñokultur [man'teɲo-], vorkolumb. Kultur im Gebiet der heutigen Prov. Manabí, Ecuador. Die bedeutendsten Fundorte, Cerro Jaboncillo und Cerro de Hojas, waren auf Anhöhen gelegene Zeremonialzentren. Wichtige Zeugnisse der M., die ab etwa 1500 mit dem Inkareich verbunden war, sind Hügelgräber von etwa 20 m Durchmesser, steinerne Statuen in Menschen- und Tierform, aus einem Stück gearbeitete, u-förmige Steinsitze oder Throne, von hockenden oder kauernden menschl. Figuren (z. T. mit skelettiertem Schädel) oder von Jaguaren auf dem Rücken getragen werden, sowie schwarz polierte Keramik.

E. ESTRADA: Prehistoria de Manabí (Guayaquil 1957).

Mantes-la-Jolie [mɑ̃tlaʒɔ'li], Stadt an der Seine, Dép. Yvelines, Frankreich, im erweiterten Agglomerationsgebiet von Paris, 45 100 Ew.; Gießerei und Kesselwerk, Herstellung von Matratzen und Zigarettenpapier, Bau von Musikinstrumenten, Zement- und Elektroindustrie. – Got. Stiftskirche Notre-Dame (12.–14. Jh.) mit skulpturengeschmückten Portalen. – Kelt. Gründung; im MA. Hauptort einer Grafschaft; im 14. Jh. im Besitz des Königs von Navarra.

Manteuffel, pommersches Adelsgeschlecht, 1287 erstmals urkundlich erwähnt, seit dem 14. Jh. mit Zweigen in Schweden und Sachsen. Bedeutende Vertreter waren:
1) Edwin Freiherr von, preuß. Generalfeldmarschall (seit 1873), *Dresden 24. 2. 1809, †Karlsbad 17. 6. 1885, Vetter von 3); wurde 1857 Chef des Militärkabinetts, unterstützte die Heeresreform König WILHELMS I. von 1860. Am Dt. Krieg von 1866 und am Dt.-Frz. Krieg von 1870/71 nahm er als Kommandierender General teil; seit 1879 Reichsstatthalter in Elsass-Lothringen.
2) Ernst Christoph Reichsgraf (seit 1719), kursächs. Staatsmann, *in Pommern 22. 7. 1676, †Leipzig 30. 1. 1749; trat 1699 in kurbrandenburg., 1701 in kursächs. Dienste, wurde 1716 Kabinetts-Min. AUGUSTS II., DES STARKEN, und leitete 1728–30 die Außenpolitik. 1733 siedelte er (hoch verschuldet) nach Berlin über, wo er sich als Agent für die Höfe in Dresden und Wien bis zu seiner Ausweisung durch König FRIEDRICH II., D. GR., von Preußen betätigte. M. war Mitgl. der Berliner und der Londoner Akad. der Wissenschaften.
3) Otto Theodor Freiherr von, preuß. Politiker, *Lübben/Spreewald 3. 2. 1805, †Crossen (Oder) 26. 11. 1882, Vetter von 1); leitete 1848–50 das Innenministerium, setzte sich für die Einführung des Drei-

klassenwahlrechts (1849) und die Umgestaltung der Verf. (1850) ein. Er schloss 1850 die Olmützer Punktation ab. Als Min.-Präs. und Außen-Min. verfolgte er seit Dezember 1850 einen streng konservativen Kurs. Im Rahmen der Politik der ›Neuen Ära‹ wurde M. 1858 von König WILHELM I. entlassen.

Manthey, Axel, Bühnenbildner und Regisseur, *Güntersberge 10. 4. 1945, †Tübingen 29. 10. 1995; arbeitete ab 1970 als Bühnen- und Kostümbildner für Regisseure und Choreographen wie A. KIRCHNER, W. FORSYTHE, J.-P. PONNELLE und RUTH BERGHAUS (u. a. in R. WAGNERS ›Der Ring des Nibelungen‹ 1985–87 in Frankfurt am Main). M. trat ab 1984 auch als Regisseur hervor (u. a. in Stuttgart C. MONTEVERDIS ›Il ritorno d'Ulisse in patria‹; 1992); Uraufführung von H. ZENDERS ›Don Quijote‹ (1993).

Mantik [griech. mantikḗ (téchnē) ›Kunst des Sehens‹, zu mainesthai ›rasen‹, ›verzückt sein‹] *die, -,* eine Form des Wahrsagens, des Erwerbs und der Vermittlung von Wissen über das menschl. Leben (zukünftiges Schicksal) und die Geschichte; das Ergebnis überschreitet die gewöhnliche menschl. Erkenntnisfähigkeit; zugrunde liegt die Überzeugung von einer Übereinstimmung der Welt des Numinosen (der Götter oder Gottes) mit unserer Welt und des ganzen Kosmos mit der Geschichte des Menschen. Von M. wird gesprochen, wenn sich eine Prophezeiung weniger auf Beobachtung und Deutung von Objekten als Vorzeichen stützt (z. B. →Haruspex, →Auspizien, →Astrologie), sondern auf eine subjektive ekstat. Erfahrung des Einsseins mit dem Numinosen (Divination); sie äußert sich in Traum oder Vision (es gibt auch Chiromantie, die Handlesekunst, die aber nur selten der eigentl. M. zuzurechnen ist). In der M. spricht nicht mehr der Seher selbst, sondern göttl. Kräfte, Geister, Götter, eine fremde Macht bedienen sich seiner Stimme. Die Ekstase wird meist manipulativ herbeigeführt durch Tänze, Musik, Rauschmittel, heiße Dämpfe (Orakel in Delphi), aber auch durch Fasten, Meditation u. a., sodass am Ende ein Zustand rasender Besessenheit, tranceartiger Verzückung, ›göttl.‹ Erleuchtung oder Inspiration erreicht wird. Die Ursprünge der M. gehen weit zurück in prähistor. Zeit, aus der sie in die Hochreligionen übernommen wurde. Dort bildeten sich – je nach Religion – verschiedene mantisch-ekstat. Traditionen: Der in fast allen Kulturen zu findende Prophetismus ist lange Zeit mit M. identisch. M. ist ein wesentl. Ausdrucksmittel des →Schamanen; sie wurde in zahlr. ekstat. Praktiken der Priestertümer betrieben. Innerhalb der Weltreligionen leben mantische Vorstellungen und Praktiken in unterschiedl. Formen in der Volksfrömmigkeit fort.

B. MEISSNER: Babylonien u. Assyrien, Bd. 2 (1925); T. HOPFNER: M., in: Pauly-Wissowa, Bd. 14, 1 (1928, Nachdr. 1965); P. AMANDRY: La mantique apollinienne à Delphes. Essai sur le fonctionnement de l'Oracle (Paris 1950, Nachdr. New York 1975); E. HOLM: Tier u. Gott, Mythik, M. u. Magie der südafrikan. Urjäger (Basel 1965); J. HILLE: Die Strafbarkeit der M. von der Antike bis zum frühen MA. (Diss. Frankfurt am Main 1979); H. M. SEIWERT: Orakelwesen u. Zukunftsdeutung im chin. Altertum. Eine religionsgeschichtl. Unters. zur Entwicklung des Welt- u. Menschenbildes während der Zhou-Dynastie (Diss. Bonn 1979); M. DIETRICH u. a., in: Texte aus der Umwelt des A. T., Bd. 2, 1: Deutungen der Zukunft in Briefen, Orakeln u. Omina (1986).

Mantilla [man'tiʎa; span., zu lat. mantellum ›Hülle‹, ›Decke‹], *Mode:* 1) *die, -/-s,* Schleier- oder Spitzentuch der Spanierin, das Kopf und Schultern bedeckt. Die M. wird seit dem Ende des 16. Jh. getragen, seit dem 18. Jh. über hohem Zierkamm; 2) *die, -/...len,* **Mantille,** ein variantenreich getragenes Umschlagtuch der Frauenkleidung des 18. Jh. Im 19. Jh. ging die Bez. auf halblange Mantelumhänge über.

Mantineia, Mantinea, antike Stadt auf der ostarkad. Hochebene (Peloponnes), gegr. im 6. Jh. v. Chr.

Mantilla: Spanierin mit dem über einem hohen Einsteckkamm getragenen Spitzentuch

Mant Mantiqueira – Mantua

oder um 460 v. Chr. durch Synoikismos; von Sparta 385 v. Chr. zerstört, 370 neu gegr. 362 v. Chr. fand bei M. die Schlacht zw. Sparta, dem sich M. angeschlossen hatte, und Theben statt, in deren Verlauf der theban. Feldherr EPAMEINONDAS fiel. Nach erneuter Zerstörung 223 v. Chr. durch den Makedonenkönig ANTIGONOS III. wurde M. 222 unter dem Namen **Antigoneia** neu besiedelt. 125 n. Chr. erhielt sie durch Kaiser HADRIAN den alten Namen zurück. Bei den Slaweneinfällen des 6. Jh. floh ein großer Teil der Bev., eine letzte Siedlung an der Stelle der antiken Stadt wurde im 17. Jh. endgültig verlassen. – Nach archäolog. Befund seit der geometr. Epoche besiedelt. Baureste stammen aus der Zeit der Neugründung (nach 370 v. Chr.). Der elliptisch (Hauptachse rd. 4 km) angelegte Mauerring (Mauerdicke 4,25 m) besaß über 120 Türme und 10 Tore; innerhalb Überreste von Agora, Buleuterion (Rathaus) und Theater. M. ist Fundort der spätklass. ›Musenbasis‹ mit Reliefdarstellungen von Apoll, Marsyas und den Musen (um 340/330 v. Chr.; Athen, Archäolog. Nationalmuseum).

Griechenland. Lex. der histor. Stätten, hg. v. S. LAUFFER (1989).

Mantua 1)
Stadtwappen

Mantineia: Drei Musen; Reliefplatte von der ›Musenbasis‹; um 340/330 v. Chr. (Athen, Archäologisches Nationalmuseum)

Mantiqueira [-'kɛira], **Serra da M.,** etwa 300 km langer Gebirgszug in SO-Brasilien, zw. Rio de Janeiro und São Paulo, bis 2890 m ü. M., fällt nach SO steil zum Tal des Paraíba ab.

Mantispidae [griech.], *Zoologie:* die →Fanghafte.

Mantisse [lat. manti(s)sa ›Zugabe‹] *die, -/-n,* die Ziffern nach dem Komma eines →Logarithmus.

Mantle-Plume ['mæntl plu:m], *Geologie:* engl. Bez. für →Manteldiapir.

Mantler [mæntlə], Mike, eigtl. **Michael M.,** österr. Jazzmusiker (Trompete, Komposition), *Wien 10. 8. 1943; seit 1962 in den USA einer der konsequentesten Vertreter des Freejazz, gründete mit C. BLEY das ›Jazz Composer's Orchestra‹ (1964); bevorzugt seit den 70er-Jahren die Arbeit mit großen Besetzungen.

Manto, Sadat Hasan, pakistan. Erzähler, *Sumbrala 11. 5. 1912, †Lahore 18. 1. 1955; schrieb in Urdu. Seine zahlr. Kurzgeschichten schildern die Schicksale von sozialen Außenseitern und trugen zur Entlarvung der Doppelmoral des ind. Mittelstandes bei.

Mantodea [griech.], *Zoologie:* die →Fangschrecken.

Mantra [Sanskrit ›Spruch‹] *das, -(s)/-s,* urspr. Hymnen und Opfersprüche aus den Sammlungen (Samhitas) des Veda; später im Buddhismus, Jainismus und Hinduismus verschiedene hl. oder mag. Formeln, die (bei Riten und Meditationen) nach strengen Regeln rezitiert werden. Sie können aus einer Silbe (z. B. om) oder mehreren Silben (z. B. om nama shivaya; →Om mani padme hum) bestehen oder einen Gott oder eine Wesenheit, etwa den Namen der bevorzugten Gottheit (→Ishtadevata), bezeichnen, als deren sprachl. Vergegenwärtigung das M. verstanden wird. M. dienen dem Gebet, sie sollen auch schützen und v. a. in der wiederholten (gesprochenen oder lautlosen) Rezitation und der Meditation der Läuterung des Geistes, der Erlösung und der Vereinigung mit dem Göttlichen dienen. (→Nembutsu)

Mantrayana [Sanskrit ›Mantrafahrzeug‹], um 500 n. Chr. entstandene Schulrichtung des Buddhismus; →Vajrayana.

Mantua, ital. **Mantova, 1)** Hauptstadt der Prov. M., in der Lombardei, Italien, 20 m ü. M. am Mincio in der Poebene, 50 600 Ew.; Bischofssitz; Accademia Virgiliana, Fachschulen, Bibliotheken, Staatsarchiv; Maschinenbau, Möbelindustrie, photochem. Werke, Erdölraffinerie.

Stadtbild: An der Piazza Sordello liegen der Palazzo Ducale (um 1300 begonnen, von den Gonzaga seit 1328 als Residenz mehrfach erweitert; heute Museum), der aus dem eigentl. Palast (mit Spiegelsaal, 16. und 18. Jh.), Innenhöfen, Gärten, einer Kirche und dem Castello San Giorgio (1395–1406; in der ›Camera degli Sposi‹ Fresken von A. MANTEGNA, 1474 vollendet) besteht, der Dom (fünfschiffige Basilika, ab 1545 nach Entwurf von GIULIO ROMANO erneuert, barocke Fassade 1756–61; roman. Campanile, um 1140), der Palazzo Bonacolsi-Castiglioni (13. Jh.), der Palazzo Bianchi (auch Vescovado, 18. Jh.; heute Bischofspalast) und der 55 m hohe Geschlechterturm der Bonacolsi, Torre della Gabbia (um 1300). Zu der Piazza Broletto mit dem gleichnamigen Stadtpalast (12./13./15. Jh.) leitet der Voltone San Pietro, ein im Kern roman. Torturm, über; an der Piazza delle Erbe der Palazzo della Ragione (13./14. Jh.; mit Uhrturm, 1462 begonnen), Casa Boniforte (1455) und die Kirchen San Lorenzo (roman. Kuppelrotunde, Ende 11. Jh.) und Sant'Andrea (Neubau 1472 begonnen, nach Plänen von L. B. ALBERTI mit bedeutender Frührenaissancefassade; Kuppel von F. JUVARRA, 1733–63). Südlich des Stadtzentrums liegt der Palazzo del Tè, ehem. Sommerresidenz für FEDERICO II. GONZAGA, nach Entwürfen ROMANOS 1525–34 erbaut (BILD →Manierismus) und ausgestattet (Freskenschmuck, v. a. in der Sala di Psiche und Sala dei Giganti). Weitere Kirchen, u. a. San Francesco (13./14. Jh.) und San Sebastiano (Zentralbau nach Entwurf von ALBERTI, 1460 begonnen), und Profanbauten, u. a. die Wohnhäuser von MANTEGNA (1476–1502) und ROMANO (1538–44), sowie der Palazzo dell'Accademia Virgiliana mit spätbarockem Theater von A. BIBIENA (1767–69). Ein architektonisch bedeutender Bau der Moderne ist die Papiermühle Burgo (1962) von P. L. NERVI.

Geschichte: M., in der Antike eine Kleinstadt, war seit dem 10. Jh. im Besitz der Herren von Canossa und Markgrafen von Tuszien. Nach dem Tod der Markgräfin MATHILDE (1115) gab sich die Bürgerschaft eine kommunale Verf. und schloss sich dem Lombard. Städtebund an. 1276 erlangten zunächst die Bonacolsi, 1328 die Gonzaga die Herrschaft. 1329 wurde LUIGI (LUDOVICO) I. GONZAGA von Kaiser LUDWIG IV., DEM BAYERN, mit M. belehnt. GIANFRANCO GONZAGA erhielt 1433 durch Kaiser SIEGMUND den Titel Markgraf, FEDERICO II. wurde 1530 Herzog von M. und erhielt 1536 auch die Markgrafschaft Monferrato. Das stark befestigte M. war einer der wichtigsten Plätze für die Beherrschung Norditaliens. Nach dem →Mantuanischen Erbfolgekrieg fielen M. und Monferrato an die Nebenlinie Nevers-Gonzaga, die 1708 ausstarb. M. ging nun in österr. Besitz über (1745 mit dem Herzogtum Mailand vereinigt). 1771 wurde die Univ. (›Accademia‹; gegr. 1637) geschlossen. M. gehörte 1805–14 zum napoleon. Königreich Italien (1810 wurde in M. Andreas Hofer hingerichtet), war 1814–66 wieder österreichisch und bildete mit Verona, Peschiera und Legnago das Festungsviereck der militär. Hauptstütze Österreichs in Oberitalien.

2) Prov. in der Lombardei, Italien, 2 339 km^2, 368 500 Einwohner.

Mantuanischer Erbfolgekrieg, Konflikt um die Erbfolge im Herzogtum Mantua 1628–31, ausgelöst durch das Aussterben der Hauptlinie der Gonzaga 1627. Frankreich unterstützte die Nachfolge der Seitenlinie Nevers-Gonzaga, die Habsburger und Savoyen, dessen Herzog Karl Emanuel I. nach der Markgrafschaft Monferrato strebte, die Ansprüche der (spanisch gesinnten) Guastalla-Gonzaga. Trotz des Eingreifens frz. Heere konnten kaiserl. Truppen 1630 die Stadt Mantua erobern, doch wurde infolge des schwed. Eintritts in den Dreißigjährigen Krieg Karl von Nevers im Frieden von Cherasco (6. 4. 1631) von Kaiser Ferdinand II. mit Mantua (und Monferrato) belehnt. Savoyen erhielt Teile von Monferrato, musste jedoch die Festung Pinerolo einer frz. Besatzung ausliefern.

Mantzikert, Manzikert, heute **Malazgirt** [-z-], Stadt im Ararathochland, nordwestlich des Vansees, Prov. Muş, Türkei. Hier besiegte am 19. 8. 1071 der Seldschukensultan Alp Arslan den byzantin. Kaiser Romanos IV. Diogenes und nahm ihn gefangen. Danach fiel Ostanatolien unter seldschuk. Herrschaft.

Manu [Sanskrit ›Mensch‹, zu man ›denken‹], in der ind. Mythologie der Stammvater der Menschheit und ihr Gesetzgeber. Danach ist von 14 aufeinander folgenden M. der siebente, Vaivasvata, der M. unseres Zeitalters, der nach der Sintflut, aus der ihn ein Fisch rettet, mit seiner Tochter das Menschengeschlecht zeugt. M. zugeschrieben wird die in den ersten Jahren nach Christi Geburt entstandene ›Manusmriti‹ (auch ›Manusamhita‹ oder ›Manavadharmashastra‹), das Gesetzbuch des M., das als maßgebl. Fundament der Hindugesellschaft gilt.

Ausgaben: Mānava – Dharma Sāstra, hg. v. J. Jolly (London 1887); The laws of M., übers. v. G. Bühler (Neuausg. 1984).

Manua Islands [maːˈnuːɑː ˈaɪləndz], Gruppe der Samoainseln, zu Amerikanisch-Samoa, bestehend aus Ofu (8 km^2), Olosega (3 km^2) und Tau (39 km^2, mit dem Hauptort Luma), zus. 1 730 Einwohner.

Manual [zu lat. manualis ›zur Hand gehörend‹], 1) *das, -s/-e,* Abk. **M.,** die mit den Händen zu spielende Tastenreihe bei der Orgel (2–4, selten 5 oder mehr M.), dem Cembalo (1 oder 2, selten 3) und dem Harmonium, im Unterschied zum Pedal, das mit den Füßen gespielt wird. Moderne Orgel-M. haben heute gewöhnlich einen Umfang von C–g^3. Im 18. Jh. (J. A. Silbermann) war M. auch Bez. für das Hauptwerk der Orgel.

2) [ˈmænjʊəl, engl.] *das, -s/-s,* allg. Bez. für beschreibende Unterlagen techn. Erzeugnisse; bes. in der *Datenverarbeitung* Bez. für Dokumentationen zur Anleitung der Anwender von Softwareprodukten (Programmier- und Benutzerhandbücher) und Geräten eines Rechnersystems (Bedienungshandbücher).

Manubrium [lat. ›Handhabe‹, ›Griff‹] *das, -s/...bria,* 1) *Anatomie:* Teil des →Brustbeins.

2) *Zoologie:* der Magenstiel der Medusen; bei Springschwänzen Teil der Sprunggabel.

Manuel [griech. -ˈɛl], Herrscher:

Byzantinisches Reich: 1) **Manuel I. Komnenos,** Kaiser (seit 1143), *1120, †Konstantinopel 24. 9. 1180, Sohn und Nachfolger Johannes' II. Komnenos; suchte das Universalreich wieder herzustellen, v. a. durch den Rückgewinn Italiens im Kampf gegen die Normannen. Kilikien, die lat. Kreuzfahrerreiche, Ungarn und Serbien erkannten M.s Lehnshoheit an. Venedigs Handelsprimat in Byzanz war aber auch durch Verträge mit Genua und Pisa nicht zu brechen. Die Politik Friedrichs I. Barbarossa isolierte M.; 1176 vernichtete der Seldschukensultan Kilidsch-Arslan II. bei Myriokephalon M.s Heer und brach die Machtstellung von Byzanz.

2) **Manuel II. Palaiologos,** Kaiser (seit 1391), *1350, †Konstantinopel 21. 7. 1425; wurde 1373 Mitregent seines Vaters Johannes V. Palaiologos; sein Reich bestand nur noch aus Konstantinopel und Teilen von Morea. 1399 trat er eine dreijährige Reise in den Westen an, durch die er vergeblich Hilfe gegen Sultan Bajasid I. zu gewinnen erhoffte; dieser belagerte Konstantinopel, wurde aber 1402 bei Ankara von Timur besiegt. 1403 schloss M. einen Friedensvertrag mit Sultan Mehmed I., dessen Nachfolger Murad II. jedoch 1422 erneut Konstantinopel belagerte; 1424 geriet Byzanz wieder in Abhängigkeit vom Osman. Reich.

Portugal: 3) **Manuel I.,** König, →Emanuel (Herrscher, Portugal).

4) **Manuel II.,** König, →Emanuel (Herrscher, Portugal).

Manuel [maˈnuɛl], Infante Don Juan, spanischer Schriftsteller, →Juan (span. Fürsten).

Manuel, 1) Hans Rudolf, schweizer. Maler und Dichter, *Erlach 1525, †Morges 23. 4. 1571, Sohn von 2); war Landvogt; sein ›...holdsaelig Faßnachtspil darin der edel wyn von der Trunckenen rott beklagt ...‹ (1548) bekämpft in derben Szenen die Trinksunsitten und war im 16. Jh. sehr beliebt.

2) Niklaus, urspr. **N. A. Alleman** (bis 1503), schweizer. Maler, Schriftsteller und Staatsmann, *Bern um 1484, †ebd. 28. 4. 1530, Vater von 1); nahm nach seiner Heirat (1503) den väterl. Taufnamen M. an, nach der Künstlersignatur ›NMD‹ irrtümlich N. M. Deutsch genannt. Nach neueren Forschungen wird das D als (Schweizer-)Degen erklärt. M. war seit 1512 Mitgl. des Großen Rates von Bern, 1522 im frz. Kriegsdienst in Italien, 1523 Landvogt von Erlach, 1528 Mitgl. des Kleinen Rates. Er förderte die Reformation durch satir. Schriften und drastisch-volkstüml. Fastnachtsspiele, u. a. ›Vom Pabst, und siner Priesterschaft‹ (gedruckt 1524), ›Underscheid zw. dem Papst und Jesum Christum‹ (gedruckt 1524). M., der manche seiner Werke selbst illustrierte, steht als Maler in der Tradition der oberrhein. Renaissance, jedoch mit eigenem, eidgenössisch geprägtem Bildprogramm. Er war nachweislich Schüler von H. Fries und nahm Ein-

Mantua 1): Blick von der Kirche Sant'Andrea auf die Piazza Sordello mit dem Palazzo Ducale

Niklaus Manuel: Der Tod als Kriegsknecht umarmt ein Mädchen; 1517 (Basel, Kunstmuseum)

flüsse von A. DÜRER, H. BALDUNG, M. GRÜNEWALD und H. BURGKMAIR auf. Ab etwa 1513 entstanden Bilder, die sowohl farblich als auch kompositionell auf dramat. Effekte angelegt sind und ihn als einen der bedeutendsten Maler der schweizer. Renaissance ausweisen. M.s vielseitiges Werk (Altartafeln, mytholog. Darstellungen, Porträts, Holzschnitte, Zeichnungen) zeigt z. T. auch Elemente der Donauschule und nähert sich dem Manierismus. Der 1517–19 für das Berner Dominikanerkloster gemalte Totentanz ist nur aus späteren Kopien bekannt.

N. M. Deutsch, Maler, Dichter, Staatsmann, hg. v. C. MENZ, Ausst.-Kat. (Bern 1979); H. C. VON TAVEL: N. M. Zur Kunst eines Eidgenossen der Dürerzeit (ebd. 1979); E. DREIFUSS: N. M. Zeichner, Maler, Dichter, Erneuerer u. Staatsmann, in: Berner Jb. (ebd. 1980); P. PFRUNDER: Pfaffen, Ketzer, Totenfresser. Fastnachtskultur der Reformationszeit. Die Berner Spiele von N. M. (Zürich 1989); Der Berner Totentanz, Beitr. v. B. HITZ u. a. (Bern 1991).

manuelle Therapie, andere Bez. für Chirotherapie (→Chiropraktik).

Manuel Philes, byzantin. Dichter der 1. Hälfte des 14. Jh.; nach den Klagen in seinen Dichtungen lebte er in schlechten Verhältnissen und flehte um die Gunst und Unterstützung des Hofes und großer Gönner. Das Bild des gelehrten und mittellosen Poeten (›Ptochoprodromos‹) taucht durch die Jahrhunderte hindurch in der byzantin. Literatur und Gesellschaft auf (→Theodoros, Theodoros Prodromos).

Ausgaben: Carmina, hg. v. E. MILLER, 2 Bde. (1855–57); Peri zoon idiotetos u. a. naturwiss. Gedichte, in: Poetae bucolici et didactici, hg. v. K. F. AMEIS u. a. (1862); Carmina inedita, hg. v. A. MARTINI u. a. (1900).

Manuelstil, port. Baustil, der →Emanuelstil.

Manufacturing Belt [mænjʊˈfæktʃərɪŋ ˈbelt], stark industrialisierte Zone im NO der USA, südlich der Großen Seen. Dieses Gebiet entwickelte sich zum größten Industrieballungsraum Nordamerikas. Die Entwicklung ging von der Atlantikküste aus, wo unter Ausnutzung der Wasserkräfte im Vorland der Appalachen kleine Industriebetriebe, v. a. Webereien und Spinnereien, entstanden; daneben entwickelten sich auch Eisen verarbeitende Betriebe (Pittsburgh), die für die Kohlevorkommen in den Appalachen wichtig waren. Die Eröffnung des Eriekanals und die Erschließung neuer Eisenerzlagerstätten am Oberen See ermöglichten im 19. Jh. eine rasche Ausdehnung des Industriegebietes nach W. Chicago, Detroit, Cleveland u. a. Städte wurden Zentren ausgedehnter Industrieansiedlungen, die sehr verkehrsgünstig zu den Rohstoffen und für den Handel liegen. In der Region konnten um 1900 fast 80% der industriellen Wertschöpfung der USA erzielt werden, durch eine stärkere Verteilung der Industrie sank der Anteil auf (1990) rd. 43%; absolut bleibt der M. B. jedoch dominierende Industrieregion der USA.

Manufaktur [engl. manufacture, eigtl. ›Handarbeit‹, zu lat. manus ›Hand‹ und factura ›das Machen‹] *die, -/-en,* Frühform des kapitalist. industriellen Betriebes, die, zunächst von Großkaufleuten zur Befriedigung des Massenbedarfs bei bestimmten Gütern organisiert, später eine den Merkantilismus wesentlich mitprägende Erscheinung wurde und ihre Blütezeit im 17./18. Jh. hatte. Die Handwerkstechnik blieb im Wesentlichen erhalten, die M. wurden jedoch von rechtl. und ständ. Bindungen freigestellt. Der Produktionsprozess in der M. ist gekennzeichnet durch Spezialisierung, Arbeitsteilung, Serienfertigung für überlokale Märkte und Vorherrschen von Handarbeit bei (im Ggs. zur Fabrik) geringem Einsatz von Maschinen. Charakteristisch ist ferner die innerbetriebl. Trennung von Leitung und ausführender Arbeit. Im Ggs. zum Verlagssystem wurde die Erzeugung bei der M. in größeren Betriebsstätten zusammengefasst. In Dtl. im 18. Jh. weit verbreitet und gefördert, insbesondere durch fürstl. Geldgeber und Abnehmer, dienten M. der kapitalintensiven, rationellen und oft aufwendigen Produktion von Waren, die technisch, sozial oder künstlerisch von den in Zünften organisierten Handwerkern nicht hergestellt werden konnten (v. a. Luxusgüter wie Gobelins, Fayencen, Porzellan, Konsumgüter wie Nähnadeln, Glaswaren, Stoffe, Lederwaren). Sozial erfasste die M. überwiegend die außerzünftige städt. Bevölkerung. Der Übergang zur Industrie ist v. a. in der 1. Hälfte des 19. Jh. fließend.

Manukau Harbour [mænəˈkau haːbə], die westl. Hafenbucht von Auckland, Neuseeland, an deren Küste bevorzugte Wohngebiete der Stadt liegen; am östl. Ende Industrieanlagen.

Manul [mongol.] *der, -s/-s,* **Pallaskatze, Otocolobus manul,** in Steppen Zentralasiens heim. Art der Kleinkatzen (Körperlänge bis 65 cm), mit kleinem, rundl. Kopf, langhaarigem, silbrig bis ocker gefärbtem Fell und langem, dunkel geringeltem Schwanz.

Manul (Kopf-Rumpf-Länge bis 65 cm)

Manuldruck [in Anlehnung an den Erfinder MAX ULLMANN, *1865, †1941], Verfahren zur direkten fotograf. Übertragung eines schon vorhandenen Druckes (Strichzeichnung oder Schriftdruck) auf eine Druckplatte auf dem Wege des **Reflexkopierverfahrens**; auch der nach diesem Verfahren hergestellte Druck.

Manumissio [lat.] *die, -/...si̯ones,* bei den Römern die Freilassung eines Sklaven (→Freigelassene).

manu propria [lat. ›mit eigener Hand‹], Abk. **m. p.,** eigenhändig.

Manus [lat.] *die, -/-,* die →Hand.

Manus [ˈmænəs], die größte der →Admiralitätsinseln; im Zweiten Weltkrieg bedeutende Basis der Alliierten.

Manuskript [mlat. ›eigenhändig Geschriebenes‹, zu lat. manus ›Hand‹ und scribere ›schreiben‹] *das, -(e)s/-e,* Abk. **Ms.,** *Pl.* **Mss.,** i. w. S. jeder hand- bzw. maschinenschriftl. Text, der zur Vervielfältigung (Druck), Aufführung (Theater), Sendung (Rundfunk) oder persönl. Verbreitung (z. B. Rede, Referat) bestimmt ist, i. e. S. ein hand- bzw. maschinenschriftl. Originaldokument eines bekannten Verfassers (Autograph). – Buchgeschichtlich bezeichnet man als M. ein handgeschriebenes Buch der Antike und des MA. (→Kodex, →Handschrift).

Urheberrechtlich ist ein M. die erste schriftl. Festlegung eines Sprachwerkes, gleichgültig, ob hand- oder maschinenschriftlich. M. ist auch jede sonstige Vorlage für den Setzer im Unterschied zum Vervielfältigungsstück oder Werkexemplar. Der Aufdruck ›Als M. gedruckt‹ bedeutet, dass das vorliegende Werk nicht als veröffentlicht oder erschienen gelten soll (es ist damit vom Vertrieb durch den Buchhandel ausgeschlossen). Der Vermerk ist wirkungslos, wenn die Exemplare des ›M.‹ einem größeren unbegrenzten Personenkreis zugänglich gemacht werden. Dann treten die an die Veröffentlichung geknüpften Folgen (z. B. Zitierfreiheit) gleichwohl ein. Nach § 10 Verlags-Ges. ist der Verfasser verpflichtet, dem Verleger das Werk in einem für die Vervielfältigung geeigneten Zustand abzuliefern. Vorzulegen ist also ein druckfertiges M., das leserlich und inhaltlich abgeschlossen sein muss.

Manutius, Aldus, d. Ä., eigtl. **Aldo Manuzio,** ital. Humanist und Drucker, * Bassiano (bei Velletri) 1449, † Venedig 6. 2. 1515; kam nach humanist. Studien in Rom und Ferrara 1490 nach Venedig und gründete eine Druckerei, in der er textlich einwandfreie und sorgfältig gedruckte Ausgaben lat. und griech. Klassiker (31 Erstausgaben) herausbrachte, u. a. 1495–98 die erste gedruckte griech. Ausgabe des ARISTOTELES (5 Bde.). Seit 1501 erschienen seine Drucke **(Aldinen)** im kleinen Oktavformat, meist mit einer von FRANCESCO GRIFFO (†1518) entworfenen zierl. Antiquakursivschrift. Das berühmteste bibliophile Werk seiner Presse ist der Roman ›Hypnerotomachia Poliphili‹ des F. COLONNA (1499; BILD →Buchkunst). – Nach M.s Tod wurde seine Offizin zunächst von der Familie seines Schwiegervaters ANDREA TORRESANI (* 1451, † 1529), ab 1533 von seinem Sohn PAULUS (* 1512, † 1574) und ab 1561 von seinem Enkel ALDUS M. D. J. (* 1547, † 1597) weitergeführt.

M. LOWRY: The world of A. M. Business and scholarship in Renaissance Venice (Oxford 1979).

Manx [mæŋks], 1) die Bewohner der Insel →Man.
2) M.-Gälisch, einheim. Bez. **Gaelk** [ˈgilk], die heute ausgestorbene kelt. Sprache der Insel Man. Aus dem Gemeingälischen (→Gälisch) gliederte sich im 10.–13. Jh. das Ostgemeingälische aus, aus diesem dann bis zum 15./16. Jh. das M., das bis ins 19. Jh. von den Bewohnern der Insel Man gesprochen und allmählich vom Englischen verdrängt wurde. Das früheste Sprachdenkmal (von Personen- und Ortsnamen abgesehen) ist Bischof PHILLIPS Übersetzung des engl. Gebetbuchs (um 1610, gedruckt 1895); 1775 erschienen die vollständige Bibelübersetzung der Bischöfe WILSON und HILDESLEY. Ferner gibt es Balladen (die früheste ist eine ossianische aus einer Handschrift von 1789) und Übersetzungen von J. MILTONS ›Paradise lost‹ (1794) sowie der äsop. Fabeln (1901).

J. J. KNEEN: A grammar of the M. language (Oxford 1931); DERS.: English-Manx pronouncing dictionary (Neuausg. Douglas 1953); G. BRODERICK: A handbook of late spoken M., 3 Bde. (Tübingen 1984–86); DERS.: The decline and death of M., in: Language contact in the British Isles, hg. v. P. S. URELAND u. a. (Tübingen 1991).

Manxkatze

Manxkatze [ˈmæŋks-], **Mankatze** [ˈmæn-], erstmals auf der brit. Insel Man beobachtete Katzenrasse; schwanzlos oder mit Stummelschwanz. Als Folge der (erwünschten) überhöhten Hinterhand können M. sich nur hoppelnd fortbewegen. Die M. stellt eine durch Inzucht entstandene erbl. Monstrosität dar, die häufig auch innere Fehlbildungen aufweist.

Manyōshū [-ʃu; jap. ›Zehntausend-Blätter-Sammlung‹], älteste jap. Lyrikanthologie (um 760 vollendet, 20 Bde.) mit rd. 4 500 Gedichten (meist Tanka). Hofpoesie, Natur- und Liebeslyrik herrschen vor. Genannt werden 561 Verfasser (darunter KAKINOMOTO NO HITOMARO); viele Gedichte sind anonym. Das M. enthält Lyrik aus rd. vier Jahrhunderten.

Ausgaben: The Manyôsû. Engl. Übers. hg. v. J. L. PIERSON, 21 in 19 Bden. (1929–64); Lyrik des Ostens, hg. v. W. GUNDERT u. a. (1952).

Manytschniederung, Kuma-Manytsch-Niederung, tekton. Senke zw. Asowschem und Kasp. Meer, Russland, rd. 680 km lang, 20–30 km, im mittleren Teil 1–2 km breit. Die M. bildet die N-Grenze Kaukasiens und die konventionelle geograph. Grenze zw. Europa und Asien. Sie wird vom **Westlichen Manytsch** (219 km) zum Don entwässert, der **Östliche Manytsch** (rd. 200 km) endet in der Kasp. Senke, die untere Kuma (im O) erreicht nur zeitweise das Kasp. Meer; mehrere Salzseen. Über die M. bestand im Pleistozän zeitweilig eine Verbindung zw. Schwarzem und Kasp. Meer.

Manz, 1) Felix, schweizer. Täufer, *Zürich um 1498, †(hingerichtet) ebd. 5. 1. 1527; Sohn eines Züricher Geistlichen; humanistisch gebildet; war zunächst Anhänger U. ZWINGLIS, geriet jedoch später über die Frage der Kindertaufe in Gegensatz zu ihm und wurde, neben C. GREBEL, zum Führer der Täufer in der Schweiz. Seit der ersten Erwachsenentaufe 1525 verfolgt, warb er für das Anliegen der Täuferbewegung und wurde durch den Zürcher Rat als erster Täufer zum Tode verurteilt und in der Limmat ertränkt.

E. KRAJEWSKI: Leben u. Sterben des Zürcher Täuferführers F. M. (³1962).

2) Hans, schweizer. Schriftsteller, * Wila (Kt. Zürich) 16. 7. 1931; Lehrer, seit 1987 freischaffender Schriftsteller und Journalist. M. schreibt v. a. Gedichte und Geschichten für Kinder, die ihren Reiz aus dem Spiel mit der Sprache, aus der Auflehnung gegen

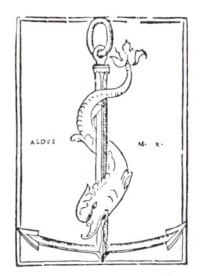

Aldus Manutius d. Ä.: Drucker- und Verlegermarke

Manz Manzanares – Manzoni

Manzanares 3): Burg; 1435 begonnen, 1473 zur Schlossburg umgestaltet

Alessandro Manzoni

konventionelle Haltungen gewinnen (›Konrad‹, 1969; ›Worte kann man drehen‹, 1974; ›Kopfstehn macht stark. Neues Sprachbuch für Kinder‹, 1978). Auch sein Roman ›Grund zur Freude‹ (1981), der sich an den erwachsenen Leser richtet, lebt von spieler. Elementen. M. schreibt außerdem Mundartgedichte sowie vielfältige journalist. Texte.

Weitere Werke: *Kinderbücher:* Lieber heute als morgen (1988); Die Welt der Wörter. Sprachbuch für Kinder u. Neugierige (1991); Vom Maulaufreißen u. Um-die-Ecken-gucken. Ein Wunsch-Lesebuch (1993). – *Lyrik:* Überall u. niene. E Reis dur d'Schwyz uf Värsfüess (1983); Die Wachsamkeit des Schläfers (1994).

Manzanares [manθaˈnares], Name geographischer Objekte:
1) Manzanares, Stadt in Spanien, Prov. Ciudad Real, in der Mancha, 661 m ü. M., 18 200 Ew.; industrieller Entlastungsstandort für Madrid, chem. und Baustoffindustrie; Weinbauzentrum; 22 km südöstlich das erste Solarkraftwerk (Aufwindkraftwerk) der Erde (50–100 kW), in dt.-span. Zusammenarbeit errichtet, seit 1982 in Betrieb.
2) Manzanares *der,* Nebenfluss des Jarama in Neukastilien, Spanien, 83 km lang, meist wasserarm; entspringt in der Sierra de Guadarrama, durchfließt Madrid. Im Oberlauf große Stauseen (Santillana, El Pardo) und Abzweigkanal zur Wasserversorgung Madrids.
3) Manzanares el Real, Stadt in Neukastilien, Spanien, am S-Fuß der Sierra de Guadarrama, 908 m ü. M., gehört zur Comunidad de Madrid, 2 600 Ew. – Die Burg ist ein Prototyp der kastil. Adelsburg, 1435 vom Grafen von Santillana begonnen, 1473 vom ersten Herzog del Infantado in eine Schlossburg (restauriert) umgewandelt: quadrat. Grundriss, Doppelmauerring, vier runde Ecktürme, quadrat. Bergfried, oktogonaler Huldigungsturm, prachtvolle gotisch-platereske Galerie von J. GUAS, die als schönste Spaniens gilt. Die Burg umschließt eine Einsiedelei aus dem 13. Jh. und beherbergt das Museo Español de los Castillos. – 1247 von Bürgern Segovias gegründet; beherrscht von der gleichnamigen Burg.

Manzanilla [manθaˈniʎa]; span., eigtl. ›Kamille‹ (nach der Ähnlichkeit der Knospen des Weinstocks mit denen der Kamille]) *der, -s,* Typ des →Sherry, der nur in Sanlúcar de Barrameda reift; oft als eigenständiger Wein angesehen, da nur die Bereitung wie beim Sherry erfolgt. Die Trauben für den M. werden früher gelesen und nicht an der Sonne nachgetrocknet; sie enthalten daher weniger Zucker; der Alkoholgehalt des M. liegt bei 15,5 Vol.-%. Der M. ist bes. leicht,

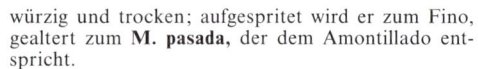

würzig und trocken; aufgespritet wird er zum Fino, gealtert zum **M. pasada,** der dem Amontillado entspricht.

Manzanillo [mansaˈnijo], Hafenstadt in SO-Kuba, am Golf von Guacanayabo des Karib. Meeres, 107 700 Ew.; Zentrum eines Agrargebietes; Leder-, Textil-, Düngemittelindustrie.

Manzhouli [-dʒəʊ-], **Manchouli, Mandschuria** [-dʒ-], früher **Lupin,** Stadt in der Inneren Mongolei, China, nördlich des Hulun Nur an der chin.-russ. Grenze, 120 000 Ew.; Eisenbahngrenzstation; Fleischverarbeitung, Häute- und Wollhandel.

Manzikert, Stadt in der Türkei, →Mantzikert.

Manzini [maːnˈziːniː], früher **Bremersdorp,** größte Stadt von Swasiland, südöstlich von Mbabane, 100 000 Ew.; kath. Bischofssitz; Handelszentrum eines Agrargebiets; seit 1960 Ansiedlung von Industrie (Baumwollspinnerei, Fleischverarbeitung, Brauerei, Elektroindustrie); internat. Flughafen M./Matsapha. – 1886 von dem dt. Kaufmann ALBERT BREMER als Handelsposten gegründet.

Manzini, Raimondo, ital. Publizist und Politiker, * Lodi 8. 2. 1901, † Rom 14. 1. 1988; war 1927–60 Chefredakteur der kath. Zeitung ›L'Avvenire d'Italia‹ in Bologna, 1960–77 des vatikan. ›Osservatore Romano‹, 1948–60 Abg. (Democrazia Cristiana), 1960–68 Präs. der ›Union Catholique Internationale de la Presse‹ (UCIP).

Manzoni, 1) Alessandro, ital. Dichter, * Mailand 7. 3. 1785, † ebd. 22. 5. 1873; aus aristokrat. Familie, streng religiös erzogen (u. a. Klosterschule in Mailand), lebte 1805–10 bei seiner Mutter in Paris, wo er intensive Anregungen aus dem Erbe der Aufklärung erhielt und durch den Historiker und Kritiker C.-C. FAURIEL mit dem Werk SHAKESPEARES bekannt gemacht wurde. 1808 heiratete M. die Genfer Kalvinistin HENRIETTE BLONDEL (* 1792, † 1833), die 1810 konvertierte und auch seine Rückwendung zum kath. Glauben mitbeeinflusste. Die damit einsetzende religiöse Bindung bestimmte von nun an sein Leben und Werk. Seit 1810 lebte er wieder in Italien (meist in Mailand); 1860 wurde er zum Senator ernannt.

M. begann als Verehrer V. MONTIS mit klassizist. Gedichten; 1812 wandte er sich ganz der romant. Richtung zu, deren Hauptvertreter er in Italien wurde. Seine tiefe Religiosität zeigt sich in den ›Inni sacri‹ (1815–22; dt. ›Heilige Hymnen‹), fünf Hymnen auf die wichtigsten Feste des christl. Jahres, die Teilnahme am Zeitgeschehen in der großen Ode auf den Tod NAPOLEONS (›Il cinque maggio‹, 1822; dt. ›Der fünfte Mai‹, von GOETHE übersetzt). Mit den lyr. Trauerspielen ›Il conte di Carmagnola‹ (1820; dt. ›Der Graf von Carmagnola‹ und ›Adelchi‹ (1822; dt. ›Adelgis‹) durchbrach er das klassizist. Konzept frz. Prägung und gab der romant. Dramentheorie poet. Gestalt.

Durch W. SCOTT wurde M. zu seinem Meisterwerk angeregt, dem Roman ›I promessi sposi‹ (begonnen 1821, vollendet 1823 u. d. T. ›Fermo e Lucia‹, Neufassung abgeschlossen 1825, veröffentlicht 1827 in 3 Bden.; dt. ›Die Verlobten‹), einem der Höhepunkte der ital. Literatur überhaupt. Er schildert die äußeren und inneren Hindernisse, die das junge lombard. Bauernpaar Lucia und Renzo vor seiner Heirat überwinden muss. Den Hintergrund bildet die span. Fremdherrschaft im 17. Jh. Der Roman, der GOETHE begeisterte und die europ. Prosafiktion der Folgezeit wesentlich beeinflusste, gewinnt seinen Reiz und seine Spannung aus der engen Verflechtung der Einzelschicksale mit dem histor. Geschehen: Willkür der Mächtigen, Hungerrevolten und schließlich die Pest in Mailand. Die aus christl. Weltverständnis entwickelte Handlung ist reich an realist. Detailszenen, die Schauplätze sind topographisch genau beschrieben. Der versöhnl. Schluss weist nicht in eine Idylle, sondern in den Alltag menschl. Zusammenlebens. 1840–42 erschien die von Lombardismen und Gallizismen befreite rein toskan. Fassung des Textes in 54 Faszikeln. Die Entscheidung für das gesprochene Florentinisch als gemeinital. Schriftsprache (→Questione della Lingua) ist über das Ästhetische hinaus Ausdruck von M.s polit. Eintreten für die ital. Einigungsbewegung.

Ausgaben: Opere. Edizione nazionale, 5 Tle. (1942–61); Tutte le opere, hg. v. A. Chiari u.a., auf mehrere Bde. ber. ($^{1-5}$1957ff.); Tutte le lettere, hg. v. C. Arieti, 3 Bde. (1986). – Werke, hg. v. H. Bahr u.a., 4 Bde. (1923).

Bibliografia manzoniana. 1949–1973, hg. v. S. Brusamolino Isella u. S. Usuelli Castellani (Mailand 1974); A. Cottignoli: M. fra i critici dell'Ottocento (Bologna 1978); G. Barberi Squarotti: Il romanzo contro la storia. Studi su ›Promessi sposi‹ (Mailand 1980); L. Bottoni: Drammaturgia romantica, Bd. 2: Il sistema letterario manzoniano (Pisa 1984); B. S. Chandler u.a.: A. M. Rassegna bibliografica essenziale 1980–1985, in: Rivista di Studi Italiani, Jg. 3, H. 2 (Toronto 1985); M. Sansone: L'opera poetica di A. M. (Neuausg. Mailand 1986); M. vivo, hg. v. S. Blasucci (Bari 1987); A. Marchese: Guida alla lettura di M. (Mailand 1987); N. Ginzburg: Die Familie M. (a. d. Ital., 1988); H. Blank: Goethe u. M. Weimar u. Mailand (1988); ders.: M.s Napoleon-Ode in dt. Übersetzungen (1995); A. Stefenelli: Der Wortschatz von A. M. in den ›Promessi sposi‹ (1996).

2) Giacomo, ital. Komponist, * Mailand 26. 9. 1932; war 1958–66 Musikkritiker der Tageszeitung ›L'Unità‹, 1962–64 und erneut ab 1975 Dozent am Konservatorium in Mailand, 1965–74 in Bologna und übernahm 1988 eine Meisterklasse für Komposition an der Scuola di Musica in Fiesole. Von freier Atonalität ausgehend, bezog er seit 1954 Zwölftontechnik ein. Sein kompositor. Schaffen ist geprägt von der Auseinandersetzung mit den musikästhet. Schriften T. W. Adornos; komponierte die Opern ›La sentenza‹ (1960), ›Atomtod‹ (1965), ›Per Massimiliano Robespierre‹ (1975), ›Dr. Faustus‹ (1989, nach T. Mann) sowie Orchester- und Kammermusik, Vokalwerke und elektron. Musik.

3) Piero, ital. Maler und bildender Künstler, * Soncino (Prov. Cremona) 13. 7. 1933, † Mailand 6. 2. 1963; wurde nach informellen Anfängen seit 1957 durch seine ›Achromes‹ (farblose Bilder; mit Kaolin geschlämmte, auch rohe Leinwand, später weißes Material wie Watte, Glaswolle), ›Linien‹ (ab 1960) auf bis über 7 000 m langen Papierrollen, Luftkörper (ab 1961) u. a. bekannt, in denen er die Unendlichkeit des Raumes ansprach. 1962 initiierte er das ›Podest der Welt‹ im Park von Herning. Er sah in seinen Kunstwerken die Freiheit der Kunst gespiegelt; was Kunst sei, werde vom Künstler gesetzt.

P. M. Catalogo generale, bearb. v. G. Celant (Mailand 1975); P. M. Arbeiten von 1957–1961, Ausst.-Kat. (1981).

Manzsche Verlags- und Universitätsbuchhandlung, österr. Verlag, gegr. 1849 in Wien, Sitz: Wien. Herausgegeben werden u. a. Titel aus Recht (Gesetze, Kommentare), Wirtschaft und Sozialwiss.en sowie Zeitschriften.

Manzù, Giacomo, ital. Bildhauer, Grafiker und Zeichner, * Bergamo 22. 12. 1908, † Rom 17. 1. 1991. Angeregt von A. Rodin, E. Degas und der Plastik des florentin. Quattrocento, gestaltete er, anfangs mit impressionist. Oberflächenbehandlung, figürl. Bronzeplastik (Kardinäle, Tänzerinnen, Akte, Paare u. a.); schuf auch Reliefs und Bronzetüren (v. a. Portaltüren für die Peterskirche in Rom, 1964 geweiht; mittlere Portaltür für den Dom zu Salzburg, 1955–58). In seinem Werk verbinden sich religiöse und zeitkrit. Thematik. Bild →italienische Kunst

Mao, katalan. Form für die Stadt →Mahón.

Mao Dun, Mao Tun, Pseud. des chin. Schriftstellers **Shen Yanping** [ʃɛn -], **Shen Yen-p'ing,** * Dongxiang (Prov. Zhejiang) 1896, † Peking 27. 3. 1981; wandte sich früh der gesellschaftskritisch engagierten Schriftstellerei zu. 1921 trat er (kurz nach deren Gründung) der Kommunist. Partei Chinas bei und arbeitete zeitweise als Sekretär Mao Zedongs. Zw. 1928 und 1935, als er sich völlig aus der Politik zurückgezogen hatte, wurde er literarisch v. a. mit seiner Trilogie ›Verfall‹ (1928, chin.) und dem Roman ›Schanghai im Zwielicht‹ (1932; dt.) bekannt, eindrucksvollen Zeitdokumenten des Übergangs vom alten zum neuen China. Nach der Gründung der VR China 1949 übernahm er zahlreiche polit. Ämter (1949–64 Kultur-Min.). Aufgrund seiner Freundschaft zu Mao Zedong war er während der ›Kulturrevolution‹ keinen direkten Angriffen ausgesetzt.

Weiteres Werk: *Erzählung:* Seidenraupen im Frühling (1932; dt.).

Maoismus der, -, die von →Mao Zedong auf der Grundlage des Marxismus-Leninismus entwickelte Strategie der sozialen Revolution, v. a. unter den gesellschaftl. Bedingungen der Dritten Welt, z. B. Chinas. Der M. entwickelte eine eigene Theorie der Revolution und eine sich gegen die sowjet. Praxis wendende Perspektive bei der Entfaltung einer sozialist. Gesellschaft.

Theorie der Revolution: Träger der proletar. Revolution in den unterentwickelten Gesellschaften der Dritten Welt ist nicht so sehr die (faktisch fehlende) Arbeiterschaft, sondern vielmehr die unterdrückte Landbevölkerung. Unter Führung der Kommunist. Partei (KP) bekämpft das ländl. Proletariat in langwierigen militär. und polit. Auseinandersetzungen die herrschende Klasse. Im Zuge der Solidarisierung der Roten Armee mit den Bauern weitet sich unter Anleitung der KP der Guerillakrieg zu einem ›Volkskrieg‹ aus, der letztlich den Sturz der herrschenden Klasse und die Errichtung der Diktatur des Proletariats herbeiführt. International gesehen, geht – nach Mao Zedong – die Weltrevolution von den unterentwickelten Agrarländern der Dritten Welt aus.

Die sozialist. Gesellschaft: Im Ggs. zum Marxismus-Leninismus sowjet. Prägung nimmt der M. an, dass nach Errichtung der Diktatur des Proletariats in der sich entfaltenden sozialist. Gesellschaft der Klassenkampf zeitweilig noch verschärft werden müsse, bis nicht nur die Produktionsverhältnisse, sondern auch das Bewusstsein der Menschen im kommunist. Sinn verändert seien. In ständiger revolutionärer Bereitschaft (permanente Revolution) sollen die Volksmassen die Bildung neuer Klassen und Klassengegensätze (z. B. zw. hohen und niederen Parteifunktionären, zw. Stadt- und Land-Bev., zw. geistig und körperlich Arbeitenden) unter Führung der Partei verhindern. In der Großen Proletar. →Kulturrevolution suchte Mao Zedong dieses revolutionäre Prinzip v. a. mithilfe der Roten Garden gegen die Partei- und Staatsbürokratie selbst zu richten, die sich – gemäß seiner Einschätzung – politisch und sozial verselbstständigt hatte.

Der M. übte große Anziehungskraft aus auf die kommunist. Parteien und die Befreiungsbewegungen der Dritten Welt, aber auch auf revolutionäre Bewegungen in den Industriestaaten (→K-Gruppen). Von sowjet. Seite wurde dem M. u. a. eine Neigung zu ›anarchist.‹ und ›trotzkist.‹ Ansichten vorgeworfen.

K. Mehnert: Kampf um Maos Erbe (Neuausg. 1978); K.-H. Janssen: Das Zeitalter Maos (Neuausg. 1979); E. Snow: Roter Stern über China. Mao Tse-tung u. die chin. Revolution (a. d. Engl., Neuausg. 1986); B. Dressler: Zur ›Sinisierung des Marxismus‹. Eine Unters. programmat. Theorien über die Bauernrevolution in China (1990); J. Domes: Politik in China. Beitrr. zur Analyse chin. Politik (1992).

Maoka, Stadt auf Sachalin, →Cholmsk.

Maori, die einheimische polynes. Bevölkerung von →Neuseeland, etwa 435 600 Menschen. Die M. haben, vermutlich aus Zentral- und O-Polynesien kommend, um 900–1000 n. Chr. Neuseeland besiedelt. Ihre soziale Organisation war der Stamm, der sich aus mehreren vaterrechtlich ausgerichteten Großfamilien zu-

Maori: ›Hei-Tiki‹-Gehänge aus Jade mit eingelegtem Perlmutt; 19. Jh. (München, Staatliches Museum für Völkerkunde)

sammensetzte. Ihre rechteckigen Giebeldachhäuser gruppierten sich um den heiligen Dorfplatz (Marae). Sie lebten v. a. vom Pflanzbau. Ihre Kunst, die ihre Blüte im 17. und 18. Jh. (bei Ankunft der Europäer) hatte, zeigt eine eigenständige Entwicklung auf polynes. Grundlage. Aufgrund des Holzreichtums konnte sich eine bedeutende Schnitzkunst entwickeln. In den Gemeinschaftsräumen waren tragende Teile, Fenster- und Türumrandungen sowie Giebelaufsätze mit Gestalten der myth. und histor. Überlieferung beschnitzt; die Zwischenräume wurden in unterschiedl. Maße mit Malereien, Flechtwerk und Schnitzerei gestaltet, die Kurven-, Spiral- oder Mäander- oder Rautenmotive und die traditionellen ›manaia‹-Wesen (menschl. Körper, vogel- oder reptilienartiger Kopf im Profil) zeigen. Die von den M. entwickelten Muster der Gesichts- und Körpertatauierung hervorragender Männer und Frauen sind reich an Spiralornamenten; sie wurden z. T. durch konservierte Ahnenschädel überliefert und von der klass. Zeit an auch auf Schnitzwerken wiedergegeben. Die beschnitzten Holzteile von Häusern und Kanus wurden in stumpfroter Farbe gefasst. Am schönsten und aufwendigsten verziert waren Steven und Heck der Kriegskanus sowie das zeremonielle Vorratshaus des Dorfes. Von den für hoch gestellte Frauen aus Nephrit geschliffenen Halsanhängern (›hei-Tiki‹, kleine Menschenfigur) bestehen zahlr. Nachahmungen.

Die traditionelle Religion der M. war gekennzeichnet durch die Verehrung polynes. Gottheiten und eines höchsten Wesens (Io); heute sind etwa 80 % der M. Christen. Neben ihrer Muttersprache (**Maori**, eine polynes. Sprache) sprechen die meisten M. Englisch.

Durch den 1840 abgeschlossenen Vertrag von Waitangi wird die M. den Weißen gleichgestellt. Seine Gültigkeit vor allen anderen Gesetzen, bes. in Fragen des Bodenrechts, wurde 1987 per Gerichtsentscheid von der Interessenvertretung der M. noch einmal deutlich gemacht (→Neuseeland, Geschichte). Der neuseeländ. Staat unterstützt alle Bemühungen der M. um die Bewahrung ihrer Kultur und Sprache. Allerdings verstehen sich nur noch knapp 10 % der Ew. Neuseelands als Maori. 1995 konnten von ihnen nur noch weniger als 5 % die Maori-Sprache fließend.

H. TISCHNER: Rauru. Ein Versammlungshaus von Neuseeland in der alten Kultur der M. (1971); S. M. MEAD: The origins of M. art: Polynesian or Chinese?, in: Oceania 45 (Juny 1975); D. I. POOL: The M. population of New Zealand 1769–1971 (Oxford 1977); H. J. GRESCHAT: Mana u. Papu. Die Religion der M. auf Neuseeland (1980).

Mao Tun, chin. Schriftsteller, →Mao Dun.

Mao Zedong, Mao Tse-tung, chin. Politiker, * Shaoshan (Prov. Hunan) 26. 12. 1893, † Peking 9. 9. 1976; Sohn eines Bauern; im Sinn der chin. Kulturtraditionen erzogen, geriet er in Konflikt mit seinem Vater. 1913–18 besuchte er ein Lehrerseminar in Changsha, ging dann nach Peking und arbeitete dort als Hilfsbibliothekar. Unter dem Einfluss von CHEN DUXIU und LI DAZHAO wandte er sich in diesen Jahren von den überlieferten Denktraditionen ab und bekannte sich zum Marxismus. 1919 nahm er an der ›Vierten-Mai-Bewegung‹ teil, die sich eine Erneuerung Chinas zum Ziel gesetzt hatte.

1921 beteiligte sich M. Z. in Schanghai an der Gründung der Kommunist. Partei Chinas (KPC). 1923 wurde er Mitgl. des ZK und des Politbüros der KPC. Als sich diese 1922 zum Zusammenschluss mit der Kuo-min-tang (Guomindang) entschloss, übernahm er auch in dieser Partei führende Funktionen. In den folgenden Jahren organisierte M. Z. auf dem Land revolutionäre Bauernbewegungen. Mit seinem Bericht ›Über die Lage der Bauern in Hunan‹ (1927) stellte er sich im Tenor gegen die v. a. von CHEN DUXIU, 1921–27 Gen.-Sekr. der KPC, vertretene offizielle Parteilinie. Während diese im städt. Proletariat den Motor der Revolution sah, betrachtete M. Z. das ländl. Proletariat als deren Träger.

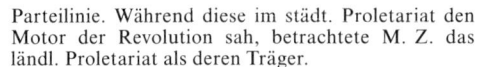

Nach dem Bruch zw. der Kuo-min-tang und der KPC (1927) und der blutigen Unterdrückung der Kommunisten durch die von CHIANG KAI-SHEK geführten Kuo-min-tang-Truppen führten Auseinandersetzungen zw. M. Z. und seinen innerparteil. Gegnern um LI LISAN über den politisch-militär. Kurs der KPC zu einem (vorübergehenden) Ausschluss M. Z.s aus ZK und Politbüro. Mit ZHU DE, der aus kommunist. Guerillaverbänden eine chin. Rote Armee schuf, baute er nach sowjet. Vorbild und nach Durchführung einer Agrarrevolution in der Prov. Jiangxi (SO-China) eine chin. Räterepublik auf. Unter dem Druck der ›Vernichtungsfeldzüge‹ der Kuo-min-tang-Reg. gegen das kommunist. Herrschaftsgebiet in Jiangxi entschloss sich M. Z., mit seinen Truppen und Parteikadern nach Norden auszuweichen. Auf dem →Langen Marsch (1934–35), der von Jiangxi nach Yanan in der Prov. Shaanxi (NW-China) führte, gewann er endgültig die polit. Führung der KPC.

Als CHIANG KAI-SHEK von einem Teil seiner eigenen Truppen gefangen genommen worden war (›Zwischenfall von Xi'an‹, Dezember 1936), zwang M. Z. ihn zum Waffenstillstand mit den Kommunisten und zu einer ›Einheitsfront‹ gegen Japan, dessen Truppen 1931 in die Mandschurei eingedrungen waren. Im Chinesisch-Jap. Krieg (1937–45) hielt M. Z. die chin. Rote Armee jedoch weitgehend aus der direkten Konfrontation mit der jap. Truppen heraus und konzentrierte sich in seinem Machtbereich auf dessen militär. und polit. Sicherung. 1940 erschien sein Buch ›Die neue Demokratie‹, in dem er seine Grundanschauungen über den Aufbau einer revolutionären Staatsordnung darlegte. Nach der militär. Niederlage Japans (August/September 1945) bemühte er sich in Verhandlungen mit CHIANG KAI-SHEK (Chongqing, Dezember 1945) um die Bildung einer Koalitions-Reg. von KPC und Kuo-min-tang. Als diese Gespräche scheiterten, brach der Bürgerkrieg wenige Monate später erneut aus.

Angesichts der Eroberung ganz Chinas durch die Rote Armee rief M. Z. am 1. 10. 1949 in Peking die VR China aus; er selbst trat als Vors. der ›Zentralen Volksregierung‹ an die Spitze des Staates und übernahm zugleich den Vorsitz der ›Revolutionären Militärkommission‹. Nach der Verabschiedung einer neuen Verf. wurde er 1954 Staatspräsident. Unter Ausschaltung der alten Führungselite leitete M. Z. gemäß seiner Deutung des Marxismus-Leninismus (→Maoismus) eine radikale Umgestaltung der chin. Gesellschaft ein (v. a. Bodenreform, Gleichstellung der Frau, Verstaatlichung von Schwerindustrie und Außenhandel). Im Zuge einer von ihm unbedingt für notwendig gehaltenen verschärften ideolog. Auseinandersetzung mit dem zwar besiegten, aber immer noch gefährl. ›Klassenfeind‹ ließ er versch. Kampagnen durchführen: 1951/52 zur Stärkung der ›revolutionären Wachsamkeit‹, 1956/57 zur Aktivierung und Aufdeckung des krit. Meinungspotenzials (die →Hundert-Blumen-Bewegung) und 1958–60/61 zur endgültigen Durchsetzung der Industrialisierung und Agrarrevolution in China (→Großer Sprung nach vorn). Außenpolitisch herrschte zunächst Einvernehmen zw. M. Z. und der kommunist. Führung in der UdSSR. Nach dem Tod STALINS (1953) und der von seinem Nachfolger N. S. CHRUSCHTSCHOW 1956 eingeleiteten Entstalinisierung in der UdSSR entwickelten sich erhebl. Meinungsverschiedenheiten zw. M. Z. und der sowjet. Partei- und Staatsführung. Der Konflikt, der um 1960 zu einem über den Tod M. Z.s hinausführenden langfristigen sowjetisch-chin. Bruch führte, entzündete sich bes. an den unterschiedl. Auffassungen

Mao Zedong

über die Entwicklung der Weltrevolution, das Prinzip der ›friedl. Koexistenz‹ und den Entwicklungsstand der chin. Gesellschaft.

Als sich jedoch das Scheitern der Politik des ›Großen Sprungs nach vorn‹ abzeichnete und M. Z. sich innerparteilich einer starken Gruppe von Kritikern (Liu Shaoqi, Peng Zhen, Deng Xiaoping u. a.) gegenübergestellt sah, trat er im April 1959 zugunsten von Liu Shaoqi als Staatspräs. zurück, behielt jedoch den Parteivorsitz. Er zog sich auf die Position der führenden Ideologen der KPC zurück. Im Machtkampf mit seinen innerparteil. Gegnern, die einen stärker pragmatischen, mehr am volkswirtschaftl. Wachstum orientierten Entwicklungskurs vertraten, hielt M. Z. an seiner Auffassung fest, dass allein die ›revolutionären Massen‹ Motor des gesellschaftl. Fortschritts sein können. Angesichts eines von ihm (auf dem ZK-Plenum von 1962) beklagten Schwundes ideolog. Festigkeit in der Bev., leitete er mithilfe der Armee eine ›sozialist. Erziehungskampagne‹ ein. Um einer ›spontanen Tendenz zum Kapitalismus‹ entgegenzuwirken und das ›bürgerlich-reaktionäre Denken‹, das in der Partei Platz gegriffen habe, zu bekämpfen, setzte M. Z. 1965/66 die Große Proletar. →Kulturrevolution in Gang, mit der er seine innerparteil. Gegner ausschaltete, den Partei- und Staatsapparat zerschlug und ihn durch Revolutionskomitees ersetzen ließ. Er baute in dieser Zeit einen Führerkult um seine Person als ›großer Vorsitzender und Steuermann‹ auf, gefördert von seiner Frau →Jiang Qing. Seine Schriften wurden als Ausdruck der größten Erkenntnis der Epoche erklärt. Eine Auswahl seiner Gedanken und Aussprüche wurde als das ›Rote Buch‹ (›Mao-Bibel‹, ›Worte des Vorsitzenden M. Z.‹) verbreitet und in viele Sprachen übersetzt.

In seinen letzten Lebensjahren trat M. Z. in der Öffentlichkeit immer weniger hervor, galt aber weiterhin als höchste Autorität im kommunist. China. Nach seinem Tod wurden seine engsten Mitarbeiter politisch ausgeschaltet, seine Parteifeinde (u. a. Deng Xiaoping) rehabilitiert und die von ihm verfolgte Politik einer grundsätzl. Revision unterzogen; erst in den 1980er-Jahren wurden die ›M.-Z.-Ideen‹ wieder offizieller Bestandteil der kommunist. Ideologie in der VR China. – Der Leichnam von M. Z. wurde 1977 in einem Mausoleum am ›Platz des Himml. Friedens‹ in Peking aufgebahrt.

Die umfangreichen (größtenteils auf Reden basierenden) Schriften M. Z.s zeichnen sich trotz der immer gegenwärtigen polit. Zielrichtung auch durch literar. Originalität aus, die durch bewusste Verbindung einer z. T. derben, volkstüml. Diktion und einer assoziationsreichen, häufig auf klass. Themen anspielenden Gedankenführung entsteht. Formal streng tradierten Gesetzen verpflichtet sind M. Z.s viel beachtete Gedichte, die auf Vorbilder der Tang- und Songzeit (7.–13. Jh.) zurückgreifen, den traditionellen Bildern aus Natur und Geschichte aber einen neuen, unerwarteten gesellschaftl. Bezug verleihen.

Ausgaben: Mao Tse-tung: 37 Gedichte, hg. v. J. Schickel (1965); Worte des Vors. Mao Tse-Tung, hg. v. Lin Biao (1967); Ausgew. Werke, 5 Bde. (1968–78); Über die Revolution. Ausgew. Schriften, hg. v. T. Grimm (1971); Mao intern. Unveröffentlichte Schriften, Reden u. Gespräche Mao Tse-tungs 1949–71, hg. v. H. Martin (a. d. Chin., 1974).

W. Kupsch: Marx, Mao, Marcuse (1974); Theorie des Guerilla-Krieges oder Strategie der Dritten Welt, hg. v. S. Haffner (100.–104. Tsd. 1974); H.-Y. Kuo: Maos Weg zur Macht u. die Komintern (1975); C. P. Fitzgerald: Mao Tsetung und China (New York 1976); T. Grimm: Mao Tse-Tung. In Selbstzeugnissen u. Bilddokumenten (64.–68. Tsd. 1976); Mao-Chronik, hg. v. R. Scharping (1976); E. Guikovaty: Das neue China des Mao Tse-Tung (a. d. Frz., 1977); J. Schäfer: Grundzüge des dialekt. Denkens in den Schriften von Li Tachau u. Mao Tse-tung (1977); ders.: Mao Tse-tung. Eine Einf. in sein Denken (1978); ders.: Populäre Sprachformen u. polit. Argumentation. Zur Funktion der Idiomatik in den Schriften M. Z.s (1983); R. Terrill: M. Z. Eine Biogr. (a. d. Engl., 1981); H. E. Salisbury: Der lange Marsch (a. d. Amerikan., Neuausg. 1987); M. Z. – der unsterbl. Revolutionär? Versuch einer krit. Neubewertung anläßlich des 100. Geburtstages, hg. v. T. Heberer (1995).

Map [mæp], Walter, mittellat. Autor, *Grafschaft Herefordshire um 1135, †Oxford(?) 1. 4. 1209/10; Kleriker aus walis. Adel, diente seit 1173 am engl. Königshof als Richter und Diplomat (u. a. beim 3. Laterankonzil in Rom 1179) und zog sich nach Heinrichs II. Tod 1189 in seine kirchl. Ämter (seit 1197 auch Archidiakon von Oxford) in England zurück. Seine Begabung für unterhaltsames, ironisch-witziges Erzählen zeigt sich im einzig authent., kulturgeschichtlich wertvollen Werk ›De nugis curialium‹ (›Hofgeschwätz‹), in dem er im Auftrag Heinrichs II. 1181–83 (ändernde Zusätze bis 1192) anekdot., galante und zeitkrit. Geschichten (bes. über Zisterzienser) aufschrieb; weite Verbreitung fand die ›Dissuasio Valerii‹, eine satir. Warnung vor der Heirat.

MAP [mæp, Abk. für engl. **m**anufacturing **a**utomation **p**rotocol, ›Übertragungsprotokoll zur Produktionsautomatisierung‹], auf dem →OSI-Schichtenmodell basierendes Protokoll zur echtzeitfähigen Datenübertragung über ein →lokales Netz, das in der integrierten Fertigung als einheitl. Kommunikationsschnittstelle für Automatisierungseinrichtungen, z. B. bei der Vernetzung von Robotern und CNC-Maschinen, eingesetzt wird. Wichtigstes Ziel bei der Normung von MAP ist die Herstellerunabhängigkeit der Kommunikationsschnittstellen. – MAP wird im Backbone-Netz zur Verbindung der versch. Fertigungszellen untereinander und zum zentralen Leitrechner eingesetzt. Innerhalb der Fertigungszellen selbst wird ein etwas einfacheres und damit schnelleres Protokoll, das Mini-MAP, verwendet. Im Entwicklungs- und Bürobereich findet das ›**t**echnical and **o**ffice **p**rotocol‹ (TOP) Verwendung.

Mapai [hebr.], Kw. für **Mifleg̱eth Poalę Ęrez Jisraęl** [dt. ›Israel. Arbeiterpartei‹], Partei in Israel, gegr. 1930 auf Initiative D. Ben Gurions und I. Ben Zwis, vertrat ein sozialist. Programm nach dem Vorbild der brit. Labour Party; Vors. waren Ben Gurion (1930–65) und L. Eschkol (1965–68). Sie stand in enger Verbindung mit der Gewerkschaft Histadrut. Nach Gründung des Staates Israel (1948) war die M. dort die führende Partei. 1948 spaltete sich ihr linker Flügel ab und bildete die →Mapam. Innerparteil. Differenzen führten 1965 zum Austritt Ben Gurions, der die Reschimat Poalei Israel (Rafi, dt. ›Arbeiterliste Israel‹) gründete. Um die Zersplitterung der demokrat. Linken zu überwinden, schloss sich die M. 1968 mit der **Ahdut Haavoda** (dt. ›Einheit der Arbeit‹) und der Rafi zur →Israelischen Arbeitspartei zusammen.

Mapam [hebr.], Kw. für **Mifleget Happoalim Hammeuchedet** [dt. ›Vereinigte Arbeiterpartei‹], Partei in Israel, wurzelt in der Kibbuzbewegung, spaltete sich 1948 unter der →Mapai ab. Sie fordert u. a. die Sozialisierung bes. der Schlüsselindustrien. 1969–84 bildete sie mit der Israel. Arbeitspartei unter dem Namen **Maarach** (dt. ›Arbeiterblock‹) ein Wahlbündnis.

Mapimí, Bolsón de M., abflusslose Beckenlandschaft in N-Mexiko, umfasst einen großen Teil des nördl. Hochlandes zw. der Sierra Madre Occidental und der Sierra Madre Oriental, im S durch die bei Saltillo von dieser abzweigenden Sierra de Parras abgeschlossen, in den Bundesstaaten Chihuahua, Coahuila und Durango. Die einzelnen Becken sind z. T. von Salzseen eingenommen. Dem ariden, winterkalten Klima entspricht die Vegetation aus Zwergstrauch- oder Strauchsteppe. Feldbau (Baumwolle, Weizen, Luzerne u. a.) ist nur mit Bewässerung möglich; extensive Weidewirtschaft.

MAPI-Verfahren, Verfahren der Investitionsrechnung, das am Machinery and Allied Products Institute (Abk. MAPI) in Washington (D. C.) von GEORGE WILLARD TERBORGH (* 1897, † 1989) bes. für Ersatzinvestitionen entwickelt wurde. Das MAPI-V. versucht, die wiss. Genauigkeit der dynamischen mit der Einfachheit der stat. Investitionsrechenverfahren zu verbinden. Alle komplexeren Größen werden dabei mit wenigen Eingabedaten über Diagramme ermittelt, welche auf vereinfachten Annahmen über Kalkulationszins, Verschuldung, Abschreibungs- und Gewinnverlauf beruhen. Kriterium für die Investitionsentscheidung ist die relative Rentabilität, die durch einen Vergleich der Entwicklung des Unternehmens mit und ohne die geplante Investition ermittelt wird.

Mappa [lat., eigtl. ›Leintuch‹] *die, -,* mittelalterl. Bez. für Karte (Landkarte), **M. Mundi** für Weltkarte.

Mappila, Volksgruppe in Indien, →Mopla.

Mapplethorpe [ˈmæplθɔːp], Robert, amerikan. Fotograf, * New York 4. 11. 1946, † ebd. 9. 3. 1989; trat bes. hervor mit Aktaufnahmen, Porträts, Stilleben und Aufnahmen von Blumen, die sich durch hohe techn. und ästhet. Perfektion auszeichnen. BILD →erotische Kunst

R. M. Ten by ten, hg. v. E. BARENTS (a. d. Niederländ., 1988); M., hg. v. G. CELANT, Ausst.-Kat. Museum für Kunst u. Gewerbe Hamburg (1992); P. MORRISROE: M. Eine Biogr. (a. d. Amerikan., 1996).

Mapu, Abraham, hebr. Dichter, *bei Kaunas 30. 12. 1808, † Königsberg (heute Kaliningrad) 10. 10. 1867; schrieb als Erster Romane in hebr. Sprache, machte das zeitgenöss. Leben zum Gegenstand seiner Dichtung und schilderte realistisch die Zustände im Getto.

Werke (hebr.): *Romane:* Thamar (1853; dt.); Die Sünde Samarias (1865); Der gesprenkelte Raubvogel (hg. 1869).

Mapuche [-tʃe], Eigen-Bez. der →Araukaner, in der Literatur meist Bez. für eine Untergruppe der Araukaner.

Mapungubwe, 1832 entdeckte archäolog. Stätte in der Nord-Provinz, Rep. Südafrika; Zentrum ist ein Hügel unweit des Limpopo, 75 km westlich von Messina. Die hier gemachten Funde, darunter eindrucksvolle Goldarbeiten (u. a. mit Goldblech bedeckte holzgeschnitzte Gegenstände) aus der Zeit zw. 1050 und 1200 n. Chr. gehören zur eisenzeitl. Kulturtradition der Shona von Simbabwe. Funde von Glasperlen und chin. Porzellan bezeugen Handel mit den Häfen Ostafrikas.

Maputo, früher **Lourenço Marques** [loˈrẽsu ˈmarkiʃ], Hauptstadt von Moçambique, an der Delagoa-Bai des Ind. Ozeans, (1991) 931 600 Ew.; Sitz eines kath. Erzbischofs und eines anglikan. Bischofs; Univ. (gegr. 1962), naturhistor. und geolog. Museum, astronom. und meteorolog. Observatorium, botan. und zoolog. Garten. M. hat vielseitige Industrie (Walzwerk u. a.); im westl. Vorort **Matola** Erdölraffinerie, Kfz-Montagewerk sowie Zement-, Düngemittel-, Seifen-, Textil- und Nahrungsmittelindustrie. M. ist Ausgangspunkt von Eisenbahnlinien nach Südafrika, Simbabwe und Swasiland. Im Hafen, durch seine Verkehrsverbindungen ins Hinterland von Bedeutung, werden hauptsächlich Massengüter umgeschlagen. Die Umschlagskapazität (1996: 3 Mio. t) soll nach Modernisierung und Ausbau des Hafens wieder 12 Mio. t jährlich erreichen; internat. Flughafen in Mavalane. – 1544/45 erkundete der Portugiese LOURENÇO MARQUES die Baía da Lagoa; bald darauf gründeten die Portugiesen dort den für ihre Indienfahrten wichtigen Stützpunkt Lourenço Marques. 1752, als die port. Niederlassungen in Ostafrika von Goa (Indien) unabhängig wurden, erhielt dieser die Funktion der Hauptstadt von Moçambique; er bekam 1782 eine Garnison und 1789 eine Festung; 1796 von den Franzosen zerstört, Wiederaufbau ab 1799. In der 2. Hälfte des 19. Jh. erhob Großbritannien Anspruch auf die Stadt, in den Grenzverträgen der 1890er-Jahre wurde sie jedoch endgültig Portugal zugesprochen. Nach der Unabhängigkeit von Moçambique 1975 wurde die Stadt in M. umbenannt.

Maqam [mak-; arab. ›Ort‹, ›Standort‹] *der, -/-en* oder *...quaˈmat,* **Makam,** urspr. arab. Bez. für eine Versammlung, in der literar. Werke (→Makame) oder Musik vorgetragen werden, später in der arab. Musik ein melod. Gestalttypus, ein Melodiemodell bzw. eine Gruppe zueinander passender Skalentöne, die einer Melodie und der über sie erfolgenden Improvisation zugrunde liegen. Ob M. bereits bei dem Theoretiker AS-SAFADI († 1363) in diesem Sinn erstmals erwähnt wird, ist ungewiss. Bestimmend für die mündlich überlieferten M. (über 100 in Irak, Syrien und Ägypten, etwa 20 in Tunesien und Marokko) sind u. a.: die intervall. Struktur der M.-Skala, ihr Umfang, ihre Aufteilung in Quart- oder Quintausschnitte, die Hierarchie unter den Skalentönen, der Ausgangston (›mabda‹) und die Finalis (›qarar‹) des Melodiezuges sowie die Haltetöne im Verlauf der melod. Improvisation. All diese Merkmale des M. werden in komponierter Musik sowie bei den allmählich sich entfaltenden Improvisationen (›taqsim‹, ›taksim‹) auf immer neue Art herausgestellt, wobei der je spezif. Affektgehalt des M. (Liebe, Lebenskraft, Freude, Trauer usw.) zum Ausdruck kommt, der einem arab. Zuhörer schon nach kurzer Zeit der Darbietung bewusst wird.

J. ELSNER: Der Begriff des maqām in Aegypten in neuerer Zeit (Leipzig 1973); H. OESCH: Außereurop. Musik, Bd. 2 (1987).

Maqsura [mak-], Herrscherloge, →Maksura.

Maquette [maˈkɛtə; ital.-frz., eigtl. ›kleiner Fleck‹] *die, -/-n, Bildhauerei:* kleinformatige Skizze, Entwurf (in Wachs, Ton oder Gips) für eine Skulptur.

Maquibeere [ˈmaki-, span.], die Frucht von **Aristotelia maqui,** einer 3–4 m hohen chilen. Zierpflanze; mit den schwarzen, wohlschmeckenden Beeren werden häufig mit denen der Kermesbeere verwechselt und wie diese zum Färben von Wein verwendet.

Maquina [-ˈkiːna, span.] *die, -/-s,* die →Macuquina.

Maquiritare, Eigen-Bez. **Soˈto,** Indianervolk in S-Venezuela, die Yecuana-Untergruppe auch am Rio Auaris in Brasilien. Die etwa 3 200 M., die sich in vier Untergruppen aufteilen, sind Maniokpflanzer, berühmte Kanubauer und Fernhändler. Die Jagd ist in einen eigenständigen Ritualkomplex eingebettet.

Maquis [maˈkiː] *der, -,* frz. Name für die Buschwaldgebiete im Mittelmeerraum (→Macchie), die von alters her politisch Verfolgten und Straftätern als Versteck dienten.

Nach 1940 nannten sich in Frankreich Partisanengruppen M., ihre Mitgl. **Maquisards;** die Gruppen des M., die sich v. a. im Jura, Limousin und Morvan sowie in Savoyen, der Auvergne und der Dauphiné sammelten, führten einen Guerillakrieg gegen die dt. Besatzungsmacht in Frankreich und die mit ihr zusammenarbeitenden Organe des État Français. Sie wurden von der Luft aus von den westl. Gegnern Dtl.s mit Waffen und militärtechn. Geräten versorgt. Der M. ging im weiteren Verlauf des Krieges in der Résistance auf.

Mar, Serra do M. [- du -; port. ›Seegebirge‹], Randgebirge des Brasilian. Berglands in SO-Brasilien, von Santa Catarina bis zum Rio Paraíba, etwa 1 000 km lang, in der Serra dos Orgãos bis 2 263 m ü. M.; steil zur Küste abfallend; am NO-Abhang bis 1 200 m ü. M. trop. Regenwald, bis in die Kammlagen Nebelwald, an der NW-Abdachung Regen- und Halbtrockenwald, der im Tal des Rio Paraíba bereits vernichtet ist.

Marabus [frz., vgl. Marabut], *Sg.* **Marabu** *der, -s,* **Kropfstörche, Leptoptilus,** Gattung Aas fressender Störche mit drei Arten in Afrika, Indien und SO-

---

Maputo

Hauptstadt von Moçambique

Hafen- und Industriestadt am Indischen Ozean

931 600 Ew.

Universität (1962 gegründet)

internat. Flughafen

im 16. Jh. port. Stützpunkt am Seeweg nach Indien

seit 1752 Hauptstadt

Marabus:
Afrikanischer Marabu
(Größe 1,2 m)

Asien. Ähnlich wie bei den Geiern sind bei den M. in Anpassung an ihre Lebensweise Kopf und Hals weitgehend kahl. Der am Hals befindl. nackte Hautsack spielt eine Rolle bei der Balz. M. brüten in großen Kolonien auf Bäumen. Größte der drei Arten ist die **Indische Marabu** (Marabu dubius); Größe etwa 1,4 m, Spannweite etwa 3 m.

Marabut [-'bu; frz., über port. von arab. murābiṭ ›Einsiedler‹, ›Asket‹] *der -(s)/-(s),* **Marabout** [-'bu], urspr. Angehöriger einer islam. Gruppe in NW-Afrika, aus der im MA. die Almoraviden hervorgingen; dann, bes. in N-Afrika, ein islam. Heiliger, auch Bez. für das Grab, an dem dieser Mann oder diese Frau verehrt wird. Zu den M. zählen sowohl überregional bekannte Stadtpatrone als auch zahlr. Lokalpersönlichkeiten. – Der weiße Grabbau für einen M. hat quadrat. oder sechs- bis achteckigen Grundriss und Kuppel- oder Zeltdach; er ist von der seldschuk. Türbe abzuleiten, kann geschlossen mit nur einem Eingangstor oder offen mit allseitigen Bogengalerien sein und ist meist abseits gelegen.

H. LANG: Der Heiligenkult in Marokko (1992).

Maracaibo [mara'kaiβo], Hauptstadt des Bundesstaates Zulia, Venezuela, am W-Ufer der Meerenge, die den Golf von Venezuela mit dem Maracaibosee verbindet, mit 1,208 Mio. Ew. (als Groß-M. 1,4 Mio. Ew.) die zweitgrößte Stadt des Landes. M., eine der heißesten Städte Südamerikas, ist das wirtschaftl. Zentrum des Maracaibobeckens; Erzbischofssitz; zwei Univ., Kunstakademie, Konservatorium, Museen; Industriezentrum, v. a. mit Erdölraffinerie, Nahrungsmittel-, Metall-, Textil-, pharmazeut. Industrie, Schiffbau u. a. Betrieben; Ausfuhrhafen für Kaffee, Häute und Felle und bes. für Erdöl. Eine rd. 9 km lange Brücke führt über die See-Einfahrt zu den Erdölförderzentren am O-Ufer des Sees. – Nach der Entdeckung des M.-Sees durch A. DE HOJEDA (1499) gründete 1529 der Deutsche A. DALFINGER als Vertreter des Augsburger Handelshauses der Welser die Stadt. Sie verfiel jedoch und wurde 1571 als **Nueva Zamora** neu gegründet, im 17. Jh. mehrfach zerstört, bes. 1669 durch die Flibustier. Durch die Erdölfunde seit 1917 erlebte die Stadt einen neuen Aufschwung.

Maracaibosee [mara'kaiβo-], flache Lagune in NW-Venezuela (im Bundesstaat Zulia), Rest einer in Verlandung begriffenen Meeresbucht, 13 000 km², bis etwa 50 m tief, Salzgehalt durchschnittlich 16,5‰ (im S Süßwasser), verbunden mit dem Golf von Venezuela durch einen 75 km langen und 8–12 km breiten Durchlass; durch Ausbaggerung einer Fahrrinne (1956) zw. den meerwärts vorgelagerten Sandinseln heute für Tanker bis 65 000 t zugänglich. Der See liegt im Zentrum des **Maracaibobeckens,** eines von Andenausläufern (Sierra de Perijá im W, Cordillera de Mérida im O) und dem Mittelgebirgsland der venezolan. Bundesstaaten Lara und Falcón umgebenen Senkungsfeldes. Im SW des Maracaibobeckens wird von den wasserreichen Andenflüssen ein amphib. Schwemmland deltaartig gegen den M. vorgeschüttet. Der äußerste SW-Rand des Beckens gehört zu Kolumbien. Das Maracaibobecken ist eines der heißesten Gebiete Südamerikas. Entsprechend den von N nach S zunehmenden Niederschlägen finden sich im N Bewässerungsfeldbau und Ziegen-, im mittleren Teil Rinderhaltung, im S Anbau von Zuckerrohr, Bananen, Maniok, Reis, Kakao. Die Erdölvorkommen in den mächtigen Kreide- und Tertiärsedimenten des Beckens werden seit 1917 genutzt (auch Offshoreförderung) und liefern etwa ³/₄ der venezolan. Erdölproduktion.

Maracas [port.], *Sg.* **Maraca** *die, -,* **Rumbakugeln,** lateinamerikan. Gefäßrasseln indian. Ursprungs, bestehend aus zwei hohlen Kalebassen, die mit Stiel versehen und mit Samenkörnern, Steinchen oder Schrot gefüllt sind; in versch. Größen (auch aus Holz, Metall oder Kunststoff) geläufig. Durch Schütteln der M. entsteht ein kurzes, zischendes Rasselgeräusch. M. werden v. a. zur Begleitung lateinamerikan. Tänze, bisweilen auch in der Konzertmusik (z. B. E. VARÈSE, ›Ionisation‹, 1929–31) verwendet.

Maracay [-'kaj], Hauptstadt des Bundesstaates Aragua, Venezuela, 445 m ü. M. in einem Becken der Küstenkordillere, am Lago de Valencia, 354 400 Ew., als Groß-M. 956 700 Ew.; Bischofssitz; landwirtschaftl. und tierärztl. Forschungsinstitut; Textil-, Nahrungs- und Genussmittel-, chemisch-pharmazeut., Baustoff-, Papier-, Tabak-, Lederwarenindustrie, Automontage; Flugplatz.

Maracuja [port.-indian.] *die, -/-s,* Bez. für den Saft aus →Passionsfrüchten, v. a. aus den Früchten der Purpurgrenadilla (Passiflora edulis), die auch als M. bezeichnet wird.

Marae [-'raɪ, polynes.], **Heiau,** der Kultplatz der Polynesier, ein gepflasterter, von einer Steinmauer umgebener, meist rechteckiger Platz. Das durch strenge Tabuvorschriften geschützte Allerheiligste im M. ist die an einer Schmalseite des Kultplatzes aus Steinen errichtete Plattform für Kultbilder.

Maragall i Gorina [mərə'ɣaʎ i ɣu'rinə], Joan, katalan. Dichter, * Barcelona 10. 10. 1860, † ebd. 20. 12. 1911; Jurist; trat für die Autonomie Kataloniens ein; Themen seines dichter. Werks (›Poesies‹, 1895; ›Visions i cants‹, 1900; ›Les disperses‹, 1904; ›Seqüències‹, 1911) sind Schönheit, Liebe, Natur und der Stolz auf das Vaterland Katalonien.

Ausgabe: Obres completes, hg. v. J. ESTELRICH u. a., 25 Bde. (1929–55).

A. TERRY: La poesia de J. M. (Barcelona 1963).

Maragheh [mærɑ'ɣe], Stadt in N-Iran, 1 485 m ü. M., rd. 65 000 Ew.; Handelszentrum für Obst und Wein. - Vom Observatorium des HÜLÄGÜ sind einige Trümmer erhalten; ferner fünf Türben, darunter das ›rote Grabmal‹ aus seldschuk. Zeit, der Gumbad-e Sorkh (1147/48), ein quadrat. Ziegelbau mit achteckigem Tambour (die Kuppel über Trompen ist eingestürzt), nach dessen Vorbild im frühen 14. Jh. das Grab eines mameluck. Statthalters mit schwarzweißblauem Fliesenmosaik errichtet wurde (Gumbad-e Ghaffarije). Das nach seinen Fliesen benannte ›blaue Grabmal‹ (Gumbad-e Kabud, 1196) ist ein oktogonaler Bau mit Pyramidendach. – 1256–65 Hauptstadt des ersten Ilchan HÜLÄGÜ.

Marahrens, August, ev. Theologe, * Hannover 11. 10. 1875, † Loccum 3. 5. 1950; 1925–47 Landesbischof der Ev.-luther. Landeskirche Hannovers, 1928–50 auch Abt von Loccum, 1935–45 Präs. des Luther. Weltkonvents; wegen zeitweiliger Konzessionen an den Nationalsozialismus im →Kirchenkampf an der Neuordnung der ev. Kirche nach 1945 nicht beteiligt.

E. KLÜGEL: Die luther. Landeskirche Hannovers u. ihr Bischof 1933–45, 2 Bde. (1964–65); G. BESIER: ›Selbstreinigung‹ unter brit. Besatzungsherrschaft. Die ev.-luther. Landeskirche Hannovers u. ihr Landesbischof M. 1945–1947 (1986).

Márai ['maːrɔi], Sándor, ungar. Schriftsteller, * Kaschau 11. 4. 1900, † San Diego (Calif.) 21. 2. 1989; schilderte in Dramen und Romanen die problemat. Lage des Budapester Spätbürgertums, nach seiner Emigration (1948) das psych. Elend des Intellektuellendaseins im Exil.

Werke (ungar.): *Romane:* Doch blieb er ein Fremder (1930; dt.); Achtung, bissiger Hund (1932; dt.); Die Geständnisse eines Bürgers (1934; dt.); Die Nacht vor der Scheidung (1935; dt.); Die Eifersüchtigen, 2 Bde. (1937; dt.); Begegnung in Bolzano (1940; dt.); Wandlungen der Ehe (1941; dt.); Die Kerzen brennen ab (1942; dt.); Die Möwe (1943; dt.); Verzauberung in Ithaka (1952; dt.); Das Wunder des San Gennaro (1957; dt.); Das Werk der Garren, 2 Bde. (1988).

Maraini, Dacia, ital. Schriftstellerin und Journalistin, * Florenz 13. 11. 1936; schreibt Romane, Erzählungen, Theaterstücke, Essays und Gedichte, in denen

---

Maracaibo

Hauptstadt des Bundesstaates Zulia, Venezuela

am Ausgang des Maracaibosees

eine der heißesten Städte Südamerikas

zweitgrößte Stadt Venezuelas

1,208 Mio. Ew.

Zentrum der Erdölförderung

zwei Universitäten

1529 gegründet

Mara Marais – Marañón

sie kritisch und engagiert v. a. Situation und Probleme der Frau in der zeitgenöss. Gesellschaft darstellt, in einigen Romanen vor histor. Kulisse. Auch Drehbuchautorin (u. a. zu ›Geschichte der Piera‹, 1983, und ›Fürchten und Lieben‹, 1988, mit MARGARETHE VON TROTTA) und Filmregisseurin.

Weitere Werke: Romane: Le vacanze (1962; dt. Tage im August); L'età del malessere (1963; dt. Zeit des Unbehagens); Memorie di una ladra (1972; dt. Memoiren einer Diebin); Il treno per Helsinki (1984; dt. Zug nach Helsinki); Isolina (1985; dt.); La bionda, la bruna e l'asino (1987); La lunga vita di Marianna Ucria (1990; dt. Die stumme Herzogin); Voci (1994; dt. Stimmen). – *Erzählung:* Mio marito (1968; dt. Winterschlaf). – *Stücke:* Il ricatto a teatro e altre commedie (1970); Don Juan (1976); I sogni di Clitennestra e altre commedie (1981); Stravaganza (1987). – *Essay:* Fare teatro (1974). – *Lyrik:* Crudeltà all'aria aperta (1966); Donne mie (1974); Mangiami pure (1978); Dimenticato di dimenticare (1982). – *Erinnerungen:* Bagheria (1993; dt. Bagheria. Eine Kindheit auf Sizilien). – Il bambino Alberto (1986; dt. Der junge Alberto. Gespräche mit Alberto Moravia).

Marais [maˈrɛ; frz. ›Sumpf‹, ›Marsch‹], **1)** Alluviallandschaften an der atlant. Küste Frankreichs: **M. breton** an der Bucht von Bourgneuf, **M. poitevin** an der Bucht von L'Aiguillon nördlich von La Rochelle. Durch Entwässerung und günstiges Lokalklima sind Spezialkulturen (Frühgemüse) möglich.

2) Stadtviertel von Paris, im Bett eines alten Seinemäanders.

Marais [maˈrɛ], **1) Eugène Nielen**, südafrikan. Schriftsteller, *Les Marais (bei Pretoria) 9. 1. 1871, †(Selbstmord) Pelindaba 29. 3. 1936. Charakteristisch für M.' Werk sind seine pessimist. Lebensanschauung, die Verarbeitung europ. Literaturtraditionen (v. a. engl. Romantik und G. DE MAUPASSANT) sowie ein tiefes Interesse an authent. afrikan. Themen.

Werke: Lyrik: Versamelde gedigte (1933). – *Erzählungen:* Dwaalstories en ander vertellings (1927); Die Leeus van Magoeba (1934); Die huis van die vier winde (hg. 1940). – *Studien:* Natuurkundige en wetenskaplike studies (1928); Sketse uit die lewe van mens en dier (1928); Die siel van die mier (1934; dt. Die Seele der weißen Ameise); 'n Paradys van weleer (hg. 1965); The soul of the ape (hg. 1969); The road to Waterberg and other essays (hg. 1972).

M. NIENABER-LUITINGH: E. M. (Kapstadt 1962); E. LINDENBERG: Onsydige toets (ebd. 1965); L. ROUSSEAU: Die groot verlange. Die verhaal van E. N. M. (ebd. 1974).

2) Jean, eigtl. **J. Villain-M.** [viˈlɛ̃-], frz. Schauspieler, *Cherbourg 11. 12. 1913; ab Ende der 30er-Jahre Freundschaft mit J. COCTEAU, der seine Theater- und Filmkarriere wesentlich förderte; M. spielte bes. auch in COCTEAUS Bühnen- und Filmwerken; ab den 40er-Jahren einer der populärsten frz. Filmstars; wandte sich Ende der 60er-Jahre wieder mehr dem Theater zu, auch als Regisseur und Choreograph; 1983 trat er mit der Textmontage ›Cocteau-M.‹ hervor; Memoiren: ›Histoires de ma vie‹ (1975; dt. ›Spiegel meiner Erinnerung‹); auch Maler und Bildhauer.

Filme: Es war einmal (La belle et la bête, 1946); Der Doppeladler (1948); Die schreckl. Eltern (1948); Orphée (1949); Der Graf von Monte Christo (1953); Fantomas (1964); Lien de parenté (1986); Les misérables du XXe siècle (1996); Gefühl u. Verführung (1996).

J. COCTEAU: J. M. (Neuausg. Paris 1975).

Marajó, Ilha de M. [ˈiʎa di maraˈʒɔ], die größte Insel im Mündungsgebiet des Amazonas, Brasilien, etwa 48 000 km², im W hinter Mangroven trop. Überschwemmungswald (Kautschukgewinnung), im O baumlose Grasfluren (extensive Rinderzucht). – Zw. 1000 und 1400 n. Chr. blühte auf M. die indian. Marajoara-Kultur, deren Nachlass (künstl. Wohnhügel, Grabplattformen, reich verzierte und polychrom bemalte Graburnen) auf eine künstlerisch hoch begabte Bev. mit gesellschaftl. Arbeitsteilung, geschichteter Sozialordnung und straffer polit. Führung schließen lässt. Ob sich die Kultur aus einfacheren Vorformen in Zentralamazonien entwickelt hat oder von aruaki-

schen Zuwanderern aus dem Andenvorland getragen wurde, ist bisher ungeklärt.

Marale [pers.], *Sg.* **Maral** *der, -s,* zwei asiat. Unterarten des →Rothirsches.

Máramaros [ˈmaːrɔmɔrɔʃ; ungar.], Landschaft in Rumänien, →Marmarosch.

Máramarossziget [ˈmaːrɔmɔrɔʃsigɛt; ungar.], Stadt in Rumänien, →Sighetu Marmaţiei.

Maramba, Stadt in Sambia, →Livingstone.

Maramureş [-ʃ], Landschaft in Rumänien, →Marmarosch.

Maran [maˈrã], René, karib. Schriftsteller aus Martinique, *Fort-de-France (Martinique) 5. 11. 1887, †Paris 9. 5. 1960; 1910–23 Kolonialbeamter in Zentralafrika. In ›Batouala‹ (1921; dt. ›Batuala‹) schildert M. realistisch das Leben unter der Kolonialherrschaft; gilt als Vater der Négritude-Bewegung.

Weitere Werke: Romane u. Erzählungen: Djouma, chien de brousse (1927; dt. Dschuma, ein Negerhund); Le livre de la brousse (1934); M'bala l'éléphant (1943); Bacouya, le cynocéphale (1953). – *Biographie:* Les pionniers de l'empire, 3 Bde. (1943–55). – *Lyrik:* La maison du bonheur (1909); Les belles images (1935); Le livre du souvenir (1958). – *Autobiographie:* Un homme pareil aux autres (1947).

L.-G. DAMAS: Pour saluer R. M., in: Les lettres françaises, Nr. 825 (1960); Hommage à R. M. (Sonder-H. der Ztschr. ›Présence africaine‹, Paris 1965).

Maranatha [aramäisch], eine der ältesten christl. Gebetsformeln, die auch im griech. Sprachgebiet in der aramäischen Urfassung gebraucht wurde (1. Kor. 16, 22; Didache 10, 6). Die Bedeutung ist unklar, möglich ist ›Unser Herr, komm!‹ oder ›Unser Herr ist gekommen‹. Wahrscheinlicher ist, wie der Vergleich mit Apk. 22, 20 nahe legt, die Bitte um baldige Wiederkunft des Herrn (möglicherweise eine griech. Übersetzung von M.).

Maranen, die →Marranen.

Maränen, die →Felchen.

Maranhão [maraˈɲɐ̃u], Bundesstaat in N-Brasilien, 333 366 km², (1993) 5,088 Mio. Ew., Hauptstadt São Luís. M. liegt auf der N-Abdachung des Brasilian. Berglandes, die Küste wird von einem flachen Hügelland begleitet. Wirtschaftl. Bedeutung haben die Babassupalmenwälder (die Babassunüsse liefern Öl für Seifen- und Margarineherstellung; im N herrscht trop. Regenwald vor. Die v. a. in den Flusstälern und an der Küste siedelnde Bev. betreibt hauptsächlich Landwirtschaft mit Baumwoll-, Reis-, Obst-, Tabak-, Bohnen-, Maniok-, Mais-, Zuckerrohranbau und Viehzucht; die Industrie ist auf die Verarbeitung der Agrarprodukte beschränkt.

Geschichte: Die Küste des heutigen Staates M. wurde 1500 von Spaniern entdeckt. Portugal errichtete 1534 ein Kapitanat M. In der Folge kämpften europ. Mächte um Einfluss in der Region: Franzosen gründeten seit 1594 erste Siedlungen, 1612 errichteten sie an Fort auf der Insel São Luís; 1615 folgten die Portugiesen, 1641–44 hielten die Niederländer die Insel besetzt. 1621–1774 bildeten die nördl. Territorien des port. Brasilien die selbstständige Verwaltungseinheit ›Estado do M.‹. Danach wurde M. der brasilian. Kolonialverwaltung unterstellt. Während der Kolonialzeit unterhielten die Jesuiten Missionsgebiete, in denen sie die einheim. Tupinambá in der Landwirtschaft unterwiesen. 1823 schloss sich der Bev. M.s dem neu geschaffenen brasilian. Kaiserreich an. Heute zählt M. zu den bes. armen Bundesstaaten Brasiliens.

J. F. LISBOA: Crônica do Brasil colonial. Apontamentos para a história do M. (Petrópolis 1976).

Marañón [maraˈɲɔn], **Río M.,** einer der Hauptquellflüsse des Amazonas, 1 414 km lang, entspringt in 4 920 m ü. M. nördlich des Nudo (›Knoten‹) von Cerro de Pasco, Zentralperu, in der zur Westkordillere zählenden Kordillere von Huayhuash, fließt zw. Zentral- und Ostkordillere rd. 800 km nach NNW, durchbricht

Jean Marais

Letztere dann nach O und ist in der Regenzeit auf rd. 550 km schiffbar.

Marañón y Posadillo [maraˈɲɔn i posaˈðiʎo], Gregorio, span. Endokrinologe und Schriftsteller, *Madrid 19. 5. 1887, †ebd. 27. 3. 1960; war Prof. für Medizin in Madrid; verfasste neben medizin. Fachpublikationen histor. und literarhistor. Essays und Biographien, u. a. ›El conde-duque de Olivares. La pasión de mandar‹ (1936; dt. ›Olivares. Der Niedergang Spaniens als Weltmacht‹), ›Tiberio. Historia de un resentimiento‹ (1939; dt. ›Tiberius. Geschichte eines Ressentiments‹), ›Don Juan. Ensayo sobre el origen de su leyenda‹ (1940; dt. ›Don Juan. Legende und Wirklichkeit‹), ›Antonio Pérez. El hombre, el drama, la época‹ (1947; dt. ›Antonio Pérez. Der Staatssekretär Philipps II.‹).
P. LAÍN ENTRALGO: G. M. Vida, obra y persona (Madrid 1969).

Maranta [nach dem venezian. Botaniker BARTOLOMEO MARANTA, *1500, †1571] *die, -/...ten,* Gattung der Marantengewächse mit etwa 20 Arten in den wärmeren Gebieten Amerikas; Stauden mit knolligen Wurzeln und endständigen Blütenständen. Eine in den Tropen angebaute Art ist die →Pfeilwurz.

Marantengewächse, Pfeilwurzgewächse, Marantaceae, Familie der einkeimblättrigen Pflanzen mit etwa 550 Arten in 31 Gattungen, verbreitet in den gesamten Tropen mit Schwerpunkt Amerika. Charakterist. Merkmale sind: ausdauernde Kräuter mit Wurzelstöcken; zweizeilig angeordnete Blätter mit auffallender basaler Scheide sowie einem Gelenk zw. dem Stiel und der fiedernervigen Blattspreite; Blüten mit nur einem fruchtbaren Staubblatt, wobei die übrigen meist zu kronblattartigen Staminodien umgewandelt sind. Bekannte Gattungen sind →Maranta und →Korbmarante.

Maras, die →Pampashasen.

Maraş [-ʃ], Stadt in der Türkei, →Kahramanmaraş.

Maras|chino [-ˈkiː-; ital., zu (a)marasca ›Sauerkirsche‹] *der, -s/-s,* Fruchtaromalikör aus Kirschwasser, dem Zucker, Rindenauszüge, Vanille u. a. Gewürze beigegeben werden. Das Kirschwasser wurde urspr. nur aus der dalmatin. Maraskakirsche, einer bes. aromat. Sauerkirschenart (um Zadar), destilliert.

Marasmus [griech., zu maraínein ›verzehren‹] *der, -/...men,* **Protein-Energie-Mangelsyndrom,** körperl. Entkräftungszustand infolge Unterernährung, schwerer Erkrankungen oder Altersabbaus.

Marat [maˈra], Jean Paul, frz. Revolutionär, *Boudry (Schweiz) 24. 5. 1743, †(ermordet) Paris 13. 7. 1793; Sprachlehrer, Publizist und Arzt; wurde in der Revolution von 1789 einer der radikalsten Volksführer, gab seit September 1789 den ›Publiciste Parisien‹ heraus, den er bald in den ›Ami du Peuple‹ umwandelte. Nach dem Sturz des Königtums (10. 8. 1792) schloss er sich G. J. DANTON an, hatte an den Septembermorden entscheidenden Anteil und wurde Mitgl. des Konvents. Im Frühjahr 1793 begann er als Präs. des Jakobinerklubs einen fanat. Kampf zur Vernichtung der Girondisten. Kurz darauf wurde er von CHARLOTTE CORDAY erstochen. Von den Sansculotten fast kultisch verehrt, galt er Gegnern als polit. Symbolfigur revolutionärer Ausschreitungen. – Drama von P. WEISS (›Die Verfolgung und Ermordung J. P. M.s ...‹, 1964).
Ausgaben: Œuvres, hg. v. A. VERMOREL (1869, Nachdr. 1989). – Ich bin das Auge des Volkes. Ein Portrait in Reden u. Schriften, hg. v. A. I. HARTIG (1987).
La mort de M., hg. v. J.-C. BONNET (Paris 1986); E. KRIVANEC: J. P. M. Fremd unter Fremden (Wien 1986); I. GERMANI: J.-P. M., hero and anti-hero of the French Revolution (Lewiston, N. Y., 1992); O. COQUARD: J.-P. M. (Paris 1993).

Marathen, in Indien amtl. **Maratha,** engl. **Maharashtrians** [mɑːhəˈraʃtrɪənz], Volk im nordwestl. Dekhan, Indien; i. w. S. alle Marathi sprechenden Menschen (58,5 Mio.), davon sind 9 % die zu den Unberührbaren zählenden **Mahars,** die sich unter Führung von B. R. AMBEDKAR zu 80 % dem Buddhismus zugewandt haben. I. e. S. sind die M. eine Kaste von Bauern und Kriegern (rd. 40 Mio.), die sich als Vaishyas von den M.-Brahmanen und von den niedrigeren →Kasten unterscheiden. Die meisten M. sind Hindus (9 % Muslime, 2 % Christen, 2 % Jaina). – Die polit. Einigung der M. gegen die Oberherrschaft der muslim. Moguldynastie wurde durch SHIVAJI (*1627, †1680, 1674 zum König gekrönt) eingeleitet und unter seinen Nachfolgern fortgesetzt. Kerngebiet des M.-Königreichs, das nach kurzer Zeit der Unabhängigkeit wieder von den Großmoguln abhängig wurde und sich im 18. Jh. zu einer Konföderation einzelner Fürstentümer wandelte, war das Gebiet des heutigen Staates Maharashtra. Von hier aus schoben die M. ihren Herrschaftsbereich über Zentralindien weit nach N vor; um die Mitte des 18. Jh. waren sie zur Vormacht Indiens aufgestiegen. Die eigentl. Herrschaft lag zu dieser Zeit in den Händen der Peshwas, der leitenden Minister, deren Amt in einer bestimmten Brahmanenfamilie erblich geworden war. Hauptstadt der Peshwadynastie war seit 1749 Pune (Poona). 1761 erlitten die M. bei Panipat eine schwere Niederlage durch die Afghanen unter AHMED SCHAH DURRANI. In drei Kriegen (1775–82, 1803–05 und 1817–18) wurde die Herrschaft der M. von Großbritannien gebrochen, ihr Gebiet 1849 von den Briten annektiert.
The history and culture of the Indian people, hg. v. R.-C. MAJUMDĀR u. a., Bd. 8: The Maratha supremacy (London 1977); G. S. SARDESAI: New history of the Marathas, 3 Bde. (Delhi ²1986).

Marathi, eine der 15 ind. Hauptsprachen mit schätzungsweise bis zu 50 Mio. Sprechern, v. a. im Bundesstaat Maharashtra. Die indoar. Sprache M. hat drei Dialektgruppen: Deshi, Konkani, die östl. Dialekte Warhadi und Nagpuri. Die M.-Literatur gehört zu den am weitesten entwickelten Literaturen Indiens und erreichte ihre Blütezeit im 17./18. Jh. (→indische Literaturen). Für M. wird die Devanagarischrift (→indische Schriften) verwendet.

Marathon, griech. **Marathṓn,** antiker Ort in Attika, Griechenland, lag nordöstlich von Athen beim heutigen Dorf Vrana, südlich des heutigen im Randbereich der Agglomeration Athen liegenden Ortes M., 5 500 Ew.; bekannt durch die **Schlacht von M.** 490 v. Chr., in der die Athener unter MILTIADES über die Perser unter DATIS und ARTAPHERNES siegten. Der Grabhügel (Soros) in der Ebene für die gefallenen Athener ist erhalten. Ein Läufer soll die Siegesnachricht nach Athen gebracht haben, wo er tot zusammengebrochen sei (Geschichtlichkeit ist umstritten).
W. K. PRITCHETT: Studies in ancient Greek topography, Bd. 1 (Berkeley, Calif., 1965).

Marathonlauf, kurz **Marathon,** auf die Legende des Läufers von Marathon zurückgehender, längster olympischer leichtathlet. Laufwettbewerb für Männer und Frauen über 42 195 m (Streckenlänge erstmals 1908 zw. Windsor und London, seit 1924 verbindlich). Wegen unterschiedl. Streckenführung und Oberflächenbeschaffenheit werden keine offiziellen Rekorde, sondern nur ›Bestleistungen‹ geführt. Die internat. bekanntesten M. (mit Preisgeld) finden jährlich in London, Rotterdam, Boston, Hamburg, Berlin, Chicago, New York und Honolulu statt. M. ist olympische (seit 1896, für Frauen seit 1984), EM- (seit 1934, für Frauen seit 1982) und WM-Disziplin (seit 1983). – Als **Halb-M.** bezeichnet man einen Lauf über die halbe Marathondistanz. (→Ultramarathon)

Mařatka [ˈmarʒatka], Josef, tschech. Bildhauer, *Prag 21. 5. 1874, †ebd. 20. 4. 1937; ausgebildet an der Kunstgewerbeschule und an der Akad. der bildenden Künste in Prag sowie 1901–04 in Paris im Atelier

Jean Paul Marat

Mara Maratta – Marburg

A. RODINS, dessen Einfluss bis in die 20er-Jahre für das Werk M.s (figürl. Plastik, Porträts, Denkmäler) bestimmend blieb.

Maratta, Maratti, Carlo, ital. Maler, *Camerano (Prov. Ancona) 15. 5. 1625, †Rom 15. 12. 1713; Schüler von A. SACCHI, dessen Neigung zu klassizist. Ausgewogenheit er übernahm, obwohl er auch Einflüsse der bewegteren Kompositionen von G. LANFRANCO verarbeitete. Er wurde einer der meistbeschäftigten Maler des röm. Spätbarock (Altar- und Andachtsbilder, Fresken, Mosaiken, vorzügliche Bildnisse).

Marattiales [nach dem ital. Botaniker GIOVANNI FRANCESCO MARATTI, †1777], zu den euporangiaten Farnen gehörende Farne mit zwei- bis dreifach gefiederten Blattwedeln; die ovalen, an den Adern in Blattrandnähe gelegenen, untereinander verwachsenen Sporangien klappen bei der Reife in der Mittellinie auseinander; Hauptentwicklung im Oberkarbon und im Rotliegenden.

Maravedi [span.], urspr. kastil. Nachahmungen des almoravid. →Morabitino, schon im 13. Jh. zur Silber-, im 15. Jh. zur Kupfermünze abgesunken. Die kastil. Münzreform unter ALFONS X. (1252–84) legte ein Verhältnis von 60 silbernen M. für einen goldenen Morabitino fest. Ab 1497 entfielen 34 M. in Kupfer auf 1 Real de plata. Kupferne M.-Münzen wurden bis zur Einführung der Dezimalwährung geprägt (ein 8-M.-Stück letztmalig 1858).

Marawi, Stadt auf den Philippinen, im NW von Mindanao, am N-Ufer des Lanaosees, knapp 1 000 m ü. M., 58 500 fast ausschließlich muslim. Ew.; Verw.-Sitz der Prov. Lanao del Sur; Univ. (gegr. 1961). M. ist kulturelles Zentrum des Islam auf den Philippinen.

Marbach am Neckar, Stadt im Landkreis Ludwigsburg, Bad.-Württ., über dem rechten Steilufer des Neckars, oberhalb der Mündung der Murr, 229 m ü. M., 13 700 Ew.; Geburtshaus von SCHILLER, Schiller-Nationalmuseum und Dt. Literaturarchiv, Sitz der Dt. Schillergesellschaft; Möbel-, Leder-, Waschmaschinen- u. a. Fabriken, Wärmekraftwerk (580 MW); Weinbau. – Gut erhaltene befestigte Altstadt mit Oberem Torturm (15. Jh.); ev. spätgot. Alexanderkirche (15. Jh.). – M., 972 erstmals urkundlich erwähnt, erhielt 1009 Markt- und Münzrecht; 1282 erstmals als Stadt bezeichnet, fiel 1302 an Württemberg.

Marbacher Annalen, knappe Darstellung der Reichsgeschichte 631–1238 mit wertvollen Hinweisen zur Reichspolitik 1187–1200; Ort und Verf. sind strittig; vermutlich entstanden die M. A. durch einen Hofkaplan der Staufer, als ein mögl. Verf. gilt der Straßburger Propst und Hofkaplan HEINRICHS VI., FRIEDRICH von St. Thomas. Für die Zeit 1200–38 wurden die Annalen im elsäss. Kloster Marbach fortgesetzt.

Ausgabe: Annales Marbacenses qui dicuntur, hg. v. H. BLOCH (1907, Nachdr. 1979).

Marbacher Bund, 1405 in Marbach am Neckar zw. Erzbischof JOHANN II. von Mainz (*um 1360, †1419), Markgraf BERNHARD I. von Baden, Graf EBERHARD DEM MILDEN von Württemberg und 17 schwäb. Reichsstädten geschlossener Bund zum ›Schutz ihrer Rechte und Freiheiten‹. Der Bund war gegen die Reichs- und Territorialpolitik König RUPRECHTS VON DER PFALZ gerichtet, dem der Bund die Anerkennung verweigerte und auf seiner Friedenshoheit bestand. Durch Sondervereinbarungen gelang ihm 1407/08 eine Aushöhlung des Marbacher Bundes.

H. ANGERMEIER: Königtum u. Landfriede im dt. Spät-MA (1966).

Marbel, die Pflanzengattung →Hainsimse.

Marbella [span. -ˈβeʎa], Stadt und Seebadeort an der Costa del Sol, S-Spanien, Prov. Málaga, im Schutz der Sierra Blanca, am O-Rand einer fruchtbaren Vega, 84 100 Ew.; Fischereihafen, Jachthäfen. – In **San Pedro de Alcántara,** dem ehem. röm. Silniana, röm. Mosaike, Thermalbäder ›Las Bóvedas‹, Reste der frühchristl. Basilika Vega del Mar (4. Jh.). – Auf iber. und phönik. Boden entstand das röm. **Barbesula,** das in der Araberzeit (711–1485) als **Barbella** aufblühte. Die moderne Entwicklung begann 1953 mit der Gründung des ›M.-Clubs‹; die baul. Expansion hat mittlerweile das 10 km im W gelegene, inzwischen eingemeindete San Pedro de Alcántara erreicht.

Marbod, lat. **Marobodu|us,** König der Markomannen, †Ravenna um 37 n. Chr.; stammte aus einem markomann. Fürstengeschlecht, trat als junger Mann zeitweilig in röm. Kriegsdienste. Um 9 v. Chr. führte er sein Volk aus dem Maingebiet nach Böhmen und gründete hier eine Herrschaft, um die sich zahlr. andere Stämme gruppierten. Er unterstützte den Cherusker ARMINIUS nicht in dessen Kampf gegen Rom; dieser griff ihn daraufhin 17 n. Chr. selbst an. Nachdem ihm Kaiser TIBERIUS Hilfe verweigert und der abtrünnige got. Adlige CATUALDA seine Residenz erobert hatte (19 n. Chr.), brach M.s Reich zusammen. Er floh zu den Römern, die ihm Ravenna als Wohnsitz zuwiesen.

Marbod, M. von Rennes [-ˈrɛn], mittellat. Schriftsteller, *in Anjou um 1035, †Angers 11. 9. 1123; war in Angers Lehrer, Archidiakon und Scholasticus und wurde 1096 Bischof von Rennes. Er verfasste vier Heiligenleben in Prosa, trat aber v. a. durch seine vielfältigen, meist metr. Dichtungen hervor (neben Gelegenheitsgedichten u. a. religiöse Poesie). Weite Verbreitung fand sein ›Liber lapidum‹ (734 Hexameter), in dem M. die mag. Kräfte von 60 Edelsteinen beschreibt. Als sein wichtigstes Werk gilt heute der ›Liber decem capitulorum‹. Hierin entwickelt er seine Anschauungen zu zehn versch., u. a. popularphilosoph. Themen wie Alter und Todesfurcht.

Ausgaben: De lapidibus, hg. v. J. M. RIDDLE (1977); Liber decem capitulorum, hg. v. R. LEOTTA (1984).

Marburg, 1) Univ.-Stadt in Hessen, Kreisstadt des Landkreises Marburg-Biedenkopf, auf beiden Seiten der Lahn, am Fuß und an den Hängen der Lahnberge (im O) und des Marburger Rückens (im W), 176 m ü. M., 76 800 Ew. M. ist zentraler Ort für das nordwestl. Hessen. Dt. Blindenstudienanstalt (mit Fachschulen und Blindenhörbücherei), FH für Archivwesen; Johann-Gottfried-Herder-Inst., Inst. für mitteleurop. Volksforschung, Forschungs-Inst. für dt. Sprache – Dt. Sprachatlas, Landesamt für geschichtl. Landeskunde; Dt. Adelsarchiv, Staatsarchiv, Museen; botan. Garten. Die wirtschaftl. Struktur wird von der

---

Maravedi:
16-Maravedi-Stück (Madrid, 1664; Durchmesser 25 mm)

Vorderseite

Rückseite

Marburg 1) Stadtwappen

Universitätsstadt in Hessen

beiderseits der Lahn

176 m ü. M.

76 800 Ew.

got. Elisabethkirche (1235–83)

Philipps-Universität (erste prot. Univ. 1527 gegründet)

Landgrafenschloss (seit 1260 ausgebaut)

vor 1150 entstanden

seit dem 13. Jh. Residenzstadt

1529 Marburger Religionsgespräch

Marbach am Neckar: Geburtshaus Friedrich von Schillers

Univ. bestimmt; ferner chemisch-pharmazeut. Ind., Herstellung von Blech- und Metallwaren sowie Fernsprechgeräten.

Stadtbild: Die Elisabethkirche (1235–83) ist einer der ersten hochgot. Sakralbauten in Dtl.; in der Doppelturmfassade das W-Portal (um 1270) mit Rosen- und Weinlaubfüllung des Tympanons; die got. Glasmalereien (BILD →Elisabeth von Ungarn) im Dreikonchenchor und der goldene Elisabethschrein (beides Mitte 13. Jh.) zählen zu den besten Leistungen der Zeit; Hochaltar 1290 geweiht; in der Mitte des Lettners (vor 1343 vollendet) Bronzekruzifix von E. BARLACH (1931). Westlich der Elisabethkirche die got. Michaelskapelle (1270 geweiht), südlich die Ruine der Elisabeth-Hospital-Kapelle (Mitte 13. Jh.). Ebenfalls gotisch sind Marienkirche (13.–15. Jh.), Klosterkirche der Kugelherren (1485 vollendet) und Univ.- (ehem. Dominikaner-)Kirche (1300/20, asymmetr. zweischiffige Halle mit steilem Polygonalchor, das Innere 1927 expressionistisch neu gestaltet). Die Alte Univ. wurde 1872–91 im neugot. Stil an der Stelle des Dominikanerklosters erbaut. In der 1971–91 sanierten Altstadt das der Spätgotik zugehörige Rathaus (1512–16), dessen Treppenturm mit einer Kunstuhr (Gockel) im Giebelaufsatz (1581/82) geschmückt ist. In erhöhter Lage das Landgrafenschloss (Museum), seit 1260 ausgebaut; zu den ältesten Teilen gehören die doppelgeschossige Kapelle (1288 geweiht) und der zweischiffige Rittersaal mit Renaissanceportalen; weitere Trakte entstammen dem 15./16. Jh. Die Erweiterung des Univ.-Betriebes seit dem späten 19. Jh. führte zu zahlr. Neubauten, architektonisch bedeutend sind v. a. die in historisierender Formensprache errichtete Univ.-Bibliothek (1897–1900) und das Physikal. Inst. (1917); der ›Jubiläumsbau‹ (1927) ist ein Werk des Spätexpressionismus. Seit Mitte der 1960er-Jahre entstanden östlich der Stadt auf den Lahnbergen ein neuer Univ.-Campus und ein neues Klinikum.

Geschichte: Im Schutz der an einem Lahnübergang angelegten Burg (nach 1122, das spätere Schloss; Reste eines Vorgängerbaus aus dem 9./10. Jh.) der Ludowinger Landgrafen von Thüringen, seit 1122 Herren von Hessen, entstand vor 1150 die Siedlung M. (Stadtrecht 1311/57 bezeugt). Seit dem 13. Jh. war die Stadt Verwaltungs- und Gerichtsmittelpunkt des ›Oberfürstentums Hessen‹, als dessen Residenz die Burg ausgebaut wurde; 1228–31 waren Burg und Stadt die Wirkungsstätte der vertriebenen thüring. Landgräfin ELISABETH VON UNGARN, beraten von ihrem Beichtvater KONRAD VON M., der ihre Heiligsprechung betrieb. Mit der Reformation stieg die Bedeutung von M.: 1529 wurde das →Marburger Religionsgespräch mit den Marburger Artikeln beendet. 1458–1500 sowie 1567–1604 (unter Landgraf LUDWIG IV., * 1537, † 1604) war M. Sitz der Linie **Hessen-M.** (→Hessen, Geschichte), deren Güter 1605 bzw. 1650 zw. Hessen-Darmstadt (der S) und Hessen-Kassel (der N mit M.) aufgeteilt wurden. Mit Letzterem fiel M. 1866 an Preußen, 1945 wurde es dem Land (Groß-)Hessen eingegliedert.

Die **Philipps-Univ.** wurde 1527 von Landgraf PHILIPP I., DEM GROSSMÜTIGEN, als erste prot. Univ. gegründet. In M. lehrten u. a. D. PAPIN, C. WOLFF, J. H. JUNG-STILLING, F. C. VON SAVIGNY, H. VON SYBEL, A. F. C. VILMAR, R. BUNSEN, W. HERRMANN, E. SCHRÖDER, H. COHEN, P. NATORP und R. K. BULTMANN.

Die Philipps-Univ. zu M. 1527–1927 (1927, Nachdr. 1977); M. u. Umgebung, hg. v. W. LAUER (²1967); E. LEPPIN: Die Elisabethkirche in M. (²1980); St. Elisabeth. Fürstin, Dienerin, Heilige, Ausst.-Kat. Landgrafenschloss u. Elisabethkirche, Marburg (1981); Marburger Gesch., hg. v. E. DETTMERING u. a. (²1982); Elisabeth, der Dt. Orden u. ihre Kirche, hg. v. U. ARNOLD u. a. (1983); M. Entwicklungen, Strukturen, Funktionen, Vergleiche, hg. v. A. PLETSCH (1990); Marburg-Bilder. Eine Ansichtssache. Zeugnisse aus fünf Jahrhunderten, hg. v. J. J. BERNS, 2 Bde. (1995–96).

2) Stadt in Slowenien, →Maribor.

Marburg-Biedenkopf, Landkreis in Hessen, Reg.-Bez. Gießen, 1 263 km², 251 700 Ew.; Verw.-Sitz: Marburg. Das Kreisgebiet liegt im Übergangsgebiet vom Rhein. Schiefergebirge zum Hess. Bergland. Es umfasst im W Ausläufer des Hochsauerlands (Sackpfeife 674 m ü. M.), das Biedenkopfer Lahntal und Teile des Lahn-Dill-Berglands. Östlich des Marburger Lahntals (mit Marburger Rücken und Lahnbergen) schließt sich das Amöneburger Becken an. Im N bildet der Burgwald das größte zusammenhängende Waldareal Hessens. In dem v. a. ländlich geprägten Raum ist die Landwirtschaft bis heute bedeutend, bes. im Amöneburger Becken mit intensivem Weizen- und Hackfruchtbau. Nach W nimmt das Grünland zu. In der Industrie dominieren mittelständ. Betriebe der Eisen-, Stahl-, Nahrungsmittel- und Kunststoffindustrie.

Marburger Artikel, →Marburger Religionsgespräch.

Marburger Bund, 1947 in Marburg gegründeter Verband der angestellten und beamteten Ärzte in Dtl. zur Wahrung der berufl., wirtschaftl. (Abschluss von Tarifverträgen) und sonstigen Standesinteressen (1996 rd. 60 000 Mitgl.).

Marburger Religionsgespräch, von Landgraf PHILIPP I. von Hessen veranlasste Zusammenkunft reformator. Theologen (u. a. M. LUTHER, P. MELANCHTHON, U. ZWINGLI, J. OEKOLAMPAD, M. BUCER) vom 1. bis 4. 10. 1529 in Marburg. Das M. R. sollte sowohl theolog. Streitfragen (v. a. über das Verständnis des Abendmahls) klären als auch den polit. Zusammenhalt der ev. Stände stärken. Die Ergebnisse wurden in den 15 **Marburger Artikeln** zusammengefasst, von denen die ersten 14 (u. a. über Trinität, Person CHRISTI, Glaube, Taufe) Übereinstimmungen, der entscheidende 15. Artikel über das Abendmahl allerdings die Differenzen in den Auffassungen der Teilnehmer feststellte. (→Abendmahlsstreit)

U. GÄBLER: Luthers Beziehungen zu den Schweizern u. Oberdeutschen, in: Leben u. Werk Martin Luthers von 1526 bis 1546, hg. v. H. JUNGHANS, 2 Bde. (1983).

Marburg 1): Häuser in der Altstadt an der Nordseite des Marktplatzes, darüber das Landgrafenschloss

Franz Marc: Die kleinen gelben Pferde; 1912 (Stuttgart, Staatsgalerie)

Félicien Marceau

Marcel Marceau

Marburger Schule, *Philosophie:* Ende des 19. Jh. von H. COHEN und P. NATORP begründete Richtung des →Neukantianismus.

Marburg-Virus, zu den Filioviren gehörendes, längl. RNA-Virus mit einzelsträngiger Nukleinsäure als genet. Material; die Virionen haben einen Durchmesser von 80 nm und eine durchschnittl. Länge von 665 nm. Erreger einer erstmals 1967 in Marburg beobachteten Erkrankung (ein epidemisch-hämorrhag. Fieber), die nach Kontakt mit dem Gewebe Grüner Meerkatzen auftrat (›Marburger Affenkrankheit‹). M.-V. haben eine sehr hohe Ansteckungsfähigkeit, eine Infektion verläuft beim Menschen in etwa 30% der Fälle tödlich. Die Symptome ähneln denen der →Ebola-Viruskrankheit. Das natürl. Reservoir des M.-V. ist noch nicht bekannt.

Marc [ma:r; frz., zu marcher ›mit den Füßen treten‹] *der, -s,* frz. Bez. für Tresterbranntwein (→Trester).

Marc *der, -/-(s),* alte frz. Masseneinheit (poids de marc), dem dt. Markgewicht (→Mark) entsprechend. Der Pariser M. betrug ½ Livre = 244,753 g; daneben gab es bis zur Abschaffung der nichtdezimalen Maße zum 1. 1. 1840 noch eine große Zahl regionaler Markgewichte.

Marc, Franz, Maler und Grafiker, * München 8. 2. 1880, † (gefallen) vor Verdun 4. 3. 1916; studierte ab 1900 an der Münchner Akademie, reiste wiederholt nach Paris (1907 Begegnung mit Werken V. VAN GOGHS, 1912 mit denen R. DELAUNAYS). Ab 1904 lebte er meist in Oberbayern. 1911 gründete er mit W. KANDINSKY die Redaktion des →Blauen Reiters und gab mit ihm 1912 den gleichnamigen Almanach heraus. Nachdem M. zunächst impressionistisch gemalt und v. a. Tierstudien gezeichnet hatte, fand er im Umgang mit A. MACKE (seit 1910) und KANDINSKY, später auch unter dem Eindruck von Kubismus, Futurismus und Orphismus, seinen eigenen expressiv-abstrahierenden Stil mit reinen, symbolkräftigen Farben und kristallinen Formen, mit denen er die in Einklang mit der Natur lebende, zum Symbol stilisierte Kreatur darstellte. In seinen letzten Arbeiten, v. a. in Zeichnungen und Aquarellen aus der Zeit des Ersten Weltkrieges, erreichte er einen Abstraktionsgrad, bei dem sich Farben und Formen des Tieres immer mehr mit denen seiner Umwelt durchdrangen. Neben Ölbildern, Aquarellen und Zeichnungen schuf M. auch Holzschnitte und Lithographien.

Werke: Weidende Pferde II (1910; München, Städt. Galerie im Lenbachhaus); Die großen blauen Pferde (1911; Minneapolis, Walker Art Center); Tiger (1912; München, Städt. Galerie im Lenbachhaus); Rehe im Wald II (1912; Karlsruhe, Staatl. Kunsthalle); Tierschicksale (1913; Basel, Kunstmuseum); Tirol (1913–14; München, Staatsgalerie moderner Kunst).

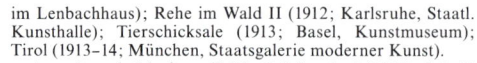

Ausgaben: A. Macke u. F. M.: Briefwechsel (1964); Schriften, hg. v. K. LANKHEIT (1978); Briefe aus dem Felde, hg. v. K. LANKHEIT u. U. STEFFEN (³1993).

K. LANKHEIT: F. M., Kat. der Werke (1970); F. M., Else Lasker-Schüler. Der blaue Reiter präsentiert Eurer Hoheit sein blaues Pferd, hg. v. K.-P. SCHUSTER, Ausst.-Kat. (²1988); F. M. Zeichnungen u. Aquarelle, hg. v. M. MOELLER, Ausst.-Kat. (1989); C. PESE: F. M. Leben u. Werk (1989); H. DÜCHTING: F. M. (1991); F. M., bearb. v. M. ROSENTHAL u. a. (a. d. Engl., 1992); F. M. Kräfte der Natur – Werke 1912–1915, hg. v. E. FRANZ, Ausst.-Kat. Staatsgalerie Moderner Kunst, München, u. a. (1993); F. M. u. Fritz Winter. Bilder zum Krieg, bearb. v. C. KLINGSÖHR-LEROY, Ausst.-Kat. Staatsgalerie Moderner Kunst, München (1996).

Marcabru [marka'bry], **Marcabrun** [marka'brœ̃], einer der ältesten bekannten provenzal. Troubadours; lebte in der 1. Hälfte des 12. Jh., war Schüler von CERCAMON und hielt sich an versch. frz. und span. Höfen auf. In den rd. 50 erhaltenen (z. T. mit musikal. Notierung versehenen) Texten (Pastourellen, Sirventes, Kreuzzugsdichtung u. a.) übte er z. T. scharfe, moralisch-satir. Kritik an höf. Dichtung und höf. Liebe.

Ausgabe: Poésies complètes, hg. v. J. M. L. DEJEANNE (1909, Nachdr. 1971).

Marçais [mar'sɛ], William, frz. Orientalist, * Rennes 6. 11. 1872, † Paris 1. 10. 1956; wurde 1898 Prof. in Tlemcen, 1904 in Algier, 1913 in Tunis und 1916 in Paris; wirkte auf dem Gebiet der arab. Dialektologie bahnbrechend mit seiner grundlegenden Darstellung der Mundart von Tlemcen (1902).

Werke: Articles et conférences (1961). – **Hg. u. Übers.:** EL BOKHÂRÎ: Les traditions islamiques, 4 Bde. (1903–14, mit O. HOUDAS); Textes arabes de Tanger (1911).

Marcapomacocha [markapoma'kotʃa], Stausee auf der wasserreichen O-Seite der peruan. Anden, von dem Wasser durch einen 10 km langen Tunnel auf deren trockene W-Seite geleitet wird; dient der Elektrizitätsgewinnung, der Trinkwasserversorgung von Lima und der Bewässerung.

marcato, Abk. **marc.,** musikal. Vortrags-Bez.: markiert, hervorgehoben, betont.

Marceau [mar'so], **1)** Félicien, eigtl. **Louis Carette** [ka'rɛt], frz. Schriftsteller belg. Herkunft, * Kortenberg (bei Brüssel) 16. 9. 1913; war Rundfunkredakteur und lebte wegen des Vorwurfs der Kollaboration 1945–52 im Exil, dann in Paris. Zentrales Thema seiner iron. Romane und scharf parodist. (Techniken des Boulevardtheaters verwendenden) Stücke ist die – häufig an Außenseiterfiguren exemplifizierte – psychologisch-krit. Darstellung menschl. Verhaltensmuster und sozialer Beziehungen.

Werke: *Romane:* Chair et cuir (1951); Capri, petite île (1951; dt. Kleine Insel Capri; Bergère légère (1953; dt. Vielgeliebte Gespielin); Les élans du cœur (1955; dt. Denise oder Die Qual des Verliebtseins); Creezy (1969; dt.); Appelez-moi Mademoiselle (1984); Les passions partagées (1987); Un oiseau dans le ciel (1989). – *Dramen:* L'œuf (1957; dt. Das Ei); La bonne soupe (1958; dt. Der Nerz); L'étouffe-chrétien (1960; dt. Nero); Les cailloux (1962); L'homme en question (1974); À nous de jouer (1979). – *Essays:* Le roman en liberté (1978); Une insolente liberté. Les aventures de Casanova (1983; dt. Casanova. Sein Leben, seine Abenteuer).

2) Marcel, eigtl. **M. Mangel,** frz. Pantomime, * Straßburg 22. 3. 1923; gilt als Schöpfer und bedeutendster Repräsentant der modernen Pantomime; erster künstler. Erfolg als Pantomime in der Renaud-Barrault-Truppe in dem Film ›Les enfants du paradis‹ (1945); trat 1947 erstmals als ›Monsieur Bip‹, in seiner nach dem Vorbild C. CHAPLINS geschaffenen Figur des Vagabunden, auf; gründete 1947/48 eine eigene Pantomimengruppe. Zu seinen erfolgreichsten Nummern zählen ›Mort avant l'aube‹ (1947), ›Duel dans les ténèbres‹ (1947), ›Jardin public‹ (1949), ›Le manteau‹ (1951, nach N. W. GOGOL). Nach Auflösung der

Gruppe Anfang der 60er-Jahre arbeitete M. erfolgreich als Solopantomime (internat. ›Abschiedstourneen‹ 1988 und 1989). 1978 eröffnete er in Paris seine ›École Internationale du Mimodrame M. M.‹, mit deren Absolventen er ab 1990 die pantomim. Umsetzung ganzer Theaterstücke anstrebte; 1993 gründete er die ›Nouvelle Compagnie de Mimodrame‹ in Paris.

Marcel [marˈsɛl], **1)** Étienne, Vorsteher der Kaufmannschaft von Paris, * um 1316, † (erschlagen) Paris 31. 7. 1358; versuchte vergebl., die frz. Königsmacht durch Mitregierung der Stände einzuschränken. Um Paris gegen die Angriffe des Dauphin, des späteren Königs KARL V., behaupten zu können, trat er mit der →Jacquerie und KARL DEM BÖSEN von Navarra in Verbindung. Bei einem Volksauflauf wurde er von einem Parteigänger des Dauphin erschlagen.

2) Gabriel, frz. Philosoph und Dramatiker, * Paris 7. 12. 1889, † ebd. 8. 10. 1973; ab 1922 im Verlagswesen; 1929 Konversion vom Judentum zum Katholizismus; 1939/40 Prof. in Paris, 1941 in Montpellier; erhielt 1964 den Friedenspreis des Dt. Buchhandels. Hauptvertreter einer christl. Existenzphilosophie. Weil er seine Philosophie nicht als ein System verstand, nannte er sich einen ›Neosokratiker‹. Zentrale Tatsache seines metaphys. Denkens ist die Leibgebundenheit des menschl. Bewusstseins, die aus jedem Bezug zur Welt eine persönl. Erfahrung macht, der die Grunderfahrung einer ›zerbrochenen Welt‹ gegenübersteht, die v. a. durch Entfremdung und Isolation gekennzeichnet ist (so in einem seiner Theaterstücke: ›Le monde cassé‹, 1933; dt. ›Die zerbrochene Welt‹). Die Ursache hierfür sieht M. im vergegenständlichenden Denken der Neuzeit, im Absolutsetzen autonomer Subjektivität, im Haben- und Verfügenwollen, die den Menschen des Bezuges zum Anderen berauben (z. B. in dem philosoph. Werk ›Être et avoir‹, 1935; dt. ›Sein und Haben‹). Dementgegen sucht M. in seiner ›konkreten Ontologie‹ den Bezug zur Wahrheit, zum Sein wiederherzustellen. Im Überschreiten des gegenständl. Bewusstseins wird das Sein als Mysterium offenbar, an dem der Mensch wesentlich teilhat. Diese ›Teilhabe‹ am Sein realisiert sich in der Teilhabe am personalen Du des Mitmenschen (→Dialog) und im Glauben an Gott als das ›absolute Du‹.

Weitere Werke: Journal métaphysique (1927; dt. Metaphys. Tagebuch); ›Homo viator‹. Prolégomènes à une métaphysique de l'espérance (1944; dt. ›Homo viator‹. Philosophie der Hoffnung); Les hommes contre l'humain (1951; dt. Die Erniedrigung des Menschen); Le mystère de l'être (1951; dt. Geheimnis des Seins); L'homme problématique (1955; dt. Der Mensch als Problem); The existential background of human dignity (1963); dt. Die Menschenwürde u. ihr existentieller Grund).

V. BERNING: Das Wagnis der Treue. G. M.s Weg zu einer konkreten Philosophie des Schöpferischen (1973); S. FOELZ: Gewißheit im Suchen. G. M.s konkretes Philosophieren auf der Schwelle zw. Philosophie u. Theologie (Neuausg. 1980); J. KONICKAL: Being and my being. G. M.'s metaphysics of incarnation (Frankfurt am Main 1992).

Marcelin [marsˈlɛ̃], gemeinsamer Name der haitian. Schriftsteller PHILIPPE THOBY-M. (* 1904, † 1975) und PIERRE M. (* 1908). In ihren Romanen ›Canapé vert‹ (1944), ›La bête de Musseau‹ (1946) und ›Le crayon de Dieu‹ (1952) schildern sie das hoffnungslose Leben der haitian. Bauern, ihren Aberglauben, ihre Uneinigkeit.

Marcella, röm. Christin, * Rom 325/335 (?), † ebd. 410; aus vornehmer Familie; sammelte in Rom einen Kreis von Frauen um sich, die ein christlich-asket. Leben führten, sich dem Studium der Hl. Schrift widmeten und am geistigen, kulturellen und religiösen Leben ihrer Zeit regen Anteil nahmen. M. hatte enge Beziehungen zu HIERONYMUS, mit dem sie sich in exeget. und katechet. Fragen austauschte. Bei der Plünderung Roms durch die Goten (24. 8. 410) wurde sie misshandelt und starb bald danach. – Heilige (Tag: 31. 1.).

Marcellinus, Papst (296–304), wurde seitens der Donatisten postum des Weihrauchopfers und der Auslieferung hl. Bücher während der diokletian. Verfolgung beschuldigt. Seine Identität mit MARCELLUS I. ist umstritten. – Heiliger (Tag: 14. 1.).

Marcellinus, Ammianus, röm. Geschichtsschreiber, →Ammianus Marcellinus.

Marcello [marˈtʃɛllo], Benedetto, ital. Komponist und Dichter, * Venedig 24. 7. 1686, † Brescia 24. oder 25. 7. 1739; Schüler von FRANCESCO GASPARINI, war Advokat und stand seit 1716 in Diensten der Rep. Venedig. Er schrieb u. a. die Opernsatire ›Il teatro alla moda‹ (1720) und komponierte ein- bis vierstimmige Paraphrasen zu Psalmen des ital. Schriftstellers GIROLAMO ASCANIO GIUSTINIANI (* 1697, † 1749), ›Estro poetico-armonico‹ (1724–26), ferner das Intermedium ›L'Arianna‹ (1727), Oratorien, Messen, etwa 170 Kantaten, Kanzonen, Arien sowie Concerti grossi und 12 Flöten- und 6 Violoncellosonaten. Das Oboenkonzert d-Moll seines Bruders ALESSANDRO (* 1669, † 1747) arbeitete J. S. BACH zum Cembalokonzert BWV 974 um.

Marcellus, Beiname des plebej. Zweiges der Claudier (→Claudius). – Bekannt:
Marcus Claudius M., röm. Feldherr im 2. Pun. Krieg, * um 268 v. Chr., † (gefallen) Petelia (bei Venosa) 208 v. Chr.; besiegte 222 die Kelten bei Clastidium (heute Casteggio) und eroberte 212 Syrakus, das dadurch zur röm. Prov. Sizilien kam.

Marcellus, Päpste:
1) Marcellus I. (307–308), † 16. 1. 308 (?); reorganisierte Kirchenordnung und Seelsorge der führerlosen und durch die Bußstreitigkeiten zerrütteten röm. Gemeinde, wurde aber bald von Kaiser MAXENTIUS in die Verbannung geschickt. Möglicherweise identisch mit MARCELLINUS. – Heiliger (Tag: 16. 1.).
2) Marcellus II. (1555), früher **Marcello Cervini** [tʃerˈviːni], * Montefano (bei Macerata) 6. 5. 1501, † Rom 1. 5. 1555; Kardinal (seit 1540), Bibliothekar der Vaticana, am 9. 4. 1555 zum Papst gewählt; maßgebl. Vertreter der →katholischen Reform in Rom und einer der Präs. des Konzils von Trient, seit 1552 mit Reformen der röm. Kurie befasst. – Nach ihm ist die ›Missa papae Marcelli‹ von G. PALESTRINA benannt.

Marcellus, Bischof von Ankyra, † um 374; entschiedener Gegner des Arianismus; lehrte eine ›Ökonomie‹ in der Trinitätslehre: Der absolut eine Gott bringt bei der Schöpfung den Logos hervor, von dem nach der Menschwerdung der Hl. Geist ausgeht; mit der Rückkehr in den Vater endet auch das Reich CHRISTI. Des Modalismus und Ebionitismus beschuldigt, wurde er auf den Synoden von Konstantinopel (336) und Antiochia (341) verurteilt und schließlich vom Kaiser verbannt. Lehrer des PHOTEINOS.

G. FEIGE: Die Lehre des Markells von Ankyra in der Darstellung seiner Gegner (1991); K. SEIBT: Die Theologie des Markell von Ankyra (1994).

Marcgravia [nach dem Botaniker GEORG MARCGRAF, * 1610, † 1644], Gattung der **M.-Gewächse** (Marcgraviaceae; 110 Arten in fünf Gattungen) mit etwa 45, meist klimmenden Arten im trop. Amerika. Die Blütenstände sind lüsterähnlich. Die seitlich abstehenden fertilen Blüten bilden eine als Ganzes abfallende Kappe; die Tragblätter der in der Mitte stehenden sterilen Blüten sind mit den Blütenstielen verwachsen und entwickeln bei manchen Arten kannenförmige Nektarien. Meist gibt es nicht zwei verschieden gestaltete Blattformen. Als Bestäuber treten Bienen, Fledermäuse, Vögel und Eidechsen auf.

March, **1)** *die,* tschech. und slowak. **Morava**, linker Nebenfluss der Donau, entspringt in 1 275 m ü. M. am Großen Schneeberg, Tschech. Rep., bildet die Grenze zur Slowak. Rep., nach der Mündung der Thaya (von rechts) auf etwa 80 km die Grenze gegen

Gabriel Marcel

Österreich und mündet so in der Hainburger Pforte, westlich von Preßburg, 358 km lang; am Unterlauf Schotterterrassen, z. T. lössbedeckt (u. a. Marchfeld); am rechten Ufer nördlich von Marchegg das **Naturreservat Marchauen** (seit 1970).

2) Bez. im Kt. Schwyz, Schweiz, 187 km², 30 800 Ew.; Hauptort ist Lachen; umfasst den NO des Kantons südlich des Obersees des Zürichsees.

March, 1) [mark], Ausiàs, katalan. Dichter, * Gandia (Prov. Valencia) um 1397, † Valencia 3. 3. 1459; Schwager von J. MARTORELL; gilt als der bedeutendste katalan. Lyriker des MA. Seine 128 überlieferten Gedichte (hg. 1543) behandeln unter dem Einfluss der provenzal. Troubadours (ARNAUT DANIEL), DANTES und F. PETRARCAS in einer häufig schwer zugängl. Sprache v. a. das Thema der höf. Liebe, deren Konventionalität er jedoch durch das Bekenntnis zu sündhafter Sinnlichkeit (›foll'amor‹) durchbricht. Ein Teil seiner Gedichte ist moral. Fragen (im Sinne des Thomismus) und dem Todesgedanken gewidmet. M.s Einfluss in der span. Lyrik (erste Übersetzung ins Kastilische 1539) reicht bis zum Ende des 16. Jh. (GARCILASO DE LA VEGA, G. DE CETINA, J. DE MONTEMAYOR, F. DE HERRERA).

Ausgaben: Les obres (1543); Poesies, hg. v. P. BOHIGAS BALAGUER, 5 Bde. (1952–59).

S. SATTEL: A. M. Katalan. Lyrik im 15. Jh. (1993).

2) [maːtʃ], Fredric, eigtl. **Frederick McIntyre Bickel,** amerikan. Schauspieler, * Racine (Wis.) 31. 8. 1897, † Los Angeles (Calif.) 14. 4. 1975; bedeutender Charakterdarsteller der Bühne und des Films.

Filme: Die besten Jahre unseres Lebens (1946); Tod eines Handlungsreisenden (1951); Der Mann im grauen Flanell (1956); Die Eingeschlossenen von Altona (1962); Man nannte ihn Hombre (1966).

L. J. QUIRK: The films of F. M. (New York 1971).

3) Otto, Architekt, * Charlottenburg (heute zu Berlin) 7. 10. 1845, † Berlin 2. 4. 1913, Vater von 4); 1872–74 Mitarbeiter von H. FERSTEL in Wien. In seinen Wohnbauten wurde er von H. MUTHESIUS beeinflusst. M. erbaute u. a. das Rennbahngebäude (1906–09) und das Dt. Stadion (1913) im Berliner Grunewald sowie Sportanlagen in Breslau, Hamburg und Köln.

O. M. 1845–1912, hg. v. W. MARCH (1972).

4) Werner, Architekt, * Berlin 17. 1. 1894, † Berlin (West) 11. 1. 1976, Sohn von 3); errichtete 1934–36 für die Olymp. Spiele in Berlin die Bauten des Reichssportfelds und das Stadion. 1953 wurde er Prof. für Städtebau an der TU Berlin. 1958–66 erbaute er ein Großstadion in Kairo.

THOMAS SCHMIDT: W. M. Architekt des Olympia-Stadions. 1894–1976 (Basel 1992).

Marchais [marˈʃɛ], Georges, frz. Politiker, * La Hoguette (Dép. Calvados) 7. 6. 1920, † Paris 16. 11. 1997; Flugzeugmechaniker; seit 1947 Mitgl. der frz. KP, zunächst in der Gewerkschaftsbewegung tätig, gehörte seit 1956 dem ZK, seit 1959 auch dem Politbüro der KP an. 1972 wurde er Gen.-Sekr. der Partei (Nachfolger von WALDECK É. ROCHET). Im gleichen Jahr beteiligte sich M. maßgeblich an der Gründung der ›Union de la Gauche‹ (›Linksunion‹), v. a. mit den von F. MITTERRAND geführten Sozialisten. 1973 wurde er Mitgl. der Nationalversammlung. Nach einer Annäherung an eurokommunist. Ideen verfocht M. seit den 80er-Jahren eine orthodox-kommunist. Ideologie, die der KP viel Einfluss kostete. 1994 trat er von seinem Amt als Gen.-Sekr. zurück.

Marchand [marˈʃɑ̃], Louis, frz. Organist und Komponist, * Lyon 2. 2. 1669, † Paris 17. 2. 1732; war 1708–14 Hoforganist in Paris, später als Lehrer tätig; traf 1717 in Dresden mit J. S. BACH zusammen und soll sich einem geplanten Wettspiel am Cembalo durch verfrühte Abreise entzogen haben.

Marchantia [nach dem frz. Botaniker NICOLAS MARCHANT, † 1678], über die ganze Erde verbreitete Gattung der Lebermoosordnung **Marchantiales** mit rd. 450 Arten. Bekannt ist das an feuchten Orten wachsende →Brunnenlebermoos.

Marche, 1) [marʃ] die, histor. Gebiet in Mittelfrankreich, entspricht etwa dem heutigen Dép. Creuse und dem Nordteil von Haute-Vienne, umfasst die Nordabdachung des Limousin und des Plateau de Millevaches, wird fast ausschließlich für Viehzucht genutzt. Hauptorte sind Guéret und Aubusson (**Haute-M.**) sowie Bellac (**Basse-M.**). – Die im 10. Jh. gebildete Grafschaft M., seit 1199 im Besitz des Hauses Lusignan, fiel 1308, endgültig 1527 an die frz. Krone.

2) [ˈmarke], Region in Italien, →Marken.

Marchegg, Stadt im Bez. Gänserndorf, Niederösterreich, an der March, die hier die Grenze zur Slowak. Rep. bildet, 167 m ü. M., 3 500 Ew.; Bezirksgericht; Heimatmuseum und Jagdmuseum im restaurierten Schloss M. Nördlich von M. das Naturreservat Marchauen. – Ehem. Stadtbefestigung mit Resten des Mauerrings, des Wiener und des Ungartors; Pfarrkirche St. Margareta (13. Jh.). Das Schloss, eine mittelterl. Anlage, wurde im 17. und 18. Jh. stark verändert.

Märchen [zu Märe], eine fantast. Erzählung, die an Ort und Zeit nicht gebunden ist; entweder von Mund zu Mund (→Oral Poetry) oder (auch zeitweilig schriftlich niedergelegtes) von Volk zu Volk wanderndes, gelegentlich an (ältere) Mythen anknüpfendes Erzählgut der Volkspoesie (Volks-M.), oder die Dichtung eines einzelnen Verfassers (Kunst-M.). Das Kunst-M. ist dabei im Unterschied zum Volks-M. nicht an traditionelle Erzähltypen und -motive gebunden; es unterliegt in der Wahl der Requisiten und Handlungselemente dem schöpfer. Gestaltungswillen des Autors, orientiert sich aber häufig an den Strukturen des Volks-M. Das M. zielt, im Gegensatz zum auch formal und inhaltlich unterscheidbaren →Naturvölkermärchen, gemeinhin auf die glückl. Lösung von Konflikten, wie sie dem Wunschdenken von Erzählern und Zuhörern entspricht. Bezeichnend für das M. ist die scharfe Konturierung der Protagonisten, die nicht als Individuen, sondern als Typen ›flächenhaft‹ (M. LÜTHI) gestaltet sind. Die Bezeichnung M. hat sich seit den Arbeiten der BRÜDER GRIMM, die die Sage begrifflich vom M. abgrenzten, sowie deren ›Kinder- und Hausmärchen‹ als Sammelbegriff für im Rahmen verschiedenartiger Gattungen (Tier- und Lügengeschichte, Fabel, Schwank, Legende u. a.) dargebotene traditionelle fantast. Erzählstoffe eingebürgert. Das M. ist wichtiger Bestandteil der →Kinder- und Jugendliteratur.

Geschichte

Die Verbreitung mündlich vorgetragener M.-Stoffe ist bei vielen Völkern belegt. Märchenartige Erzählungen, M.-Fragmente und M.-Motive sind bereits in den Schriftzeugnissen der frühen Hochkulturen überliefert, im Gilgameschepos ebenso wie auf ägypt. Papyri, dort am ausgeprägtesten wohl in der Erzählung von Anubis und Beta (13. Jh. v. Chr.), einer frühen Form des →Brüdermärchens. Auch das A. T. enthält eine Reihe märchenhafter Motive. Die wesentl. Züge eines verbreiteten Diebes-M. zeigen sich in der von HERODOT überlieferten Episode um das ›Schatzhaus des Rhampsinit‹. Die Literaturen Griechenlands und Roms enthalten M.-Motive und märchenhafte Handlungen z. B. in den homer. Epen und den Erzählungen um Herakles, Perseus, Theseus und die Argonauten sowie in den Werken einzelner Dichter (APULEIUS, OVID, PETRONIUS). Eine vermittelnde Rolle zw. den älteren Erzähltraditionen des Fernen Ostens und des Vorderen Orients wird Indien zugeschrieben. Als wichtige Quellen gelten das ›Pancatantra‹ (vor 500

n. Chr.) und das im 11. Jh. n. Chr. von SOMADEVA aus älteren Überlieferungen geschaffene ›Kathasaritsagara‹. Reich an M.-Elementen sind auch die jüd. und die arabisch-islam. Literatur. Über Byzanz und Nordafrika sowie das maur. Spanien beeinflusste das oriental. M.-Tradition, u. a. durch Kreuzfahrer, Pilger, Händler und Wissenschaftskontakte vermittelt, die Entwicklung des europ. M. im MA. Literar. Spuren des M. finden sich in den frz. Lais, dem höf. Roman (v. a. in der Artusepik), in der Spielmannsdichtung sowie in Sammelwerken wie den →Gesta Romanorum. Am Beginn der neuzeitl. Entwicklung des M. stehen im 16. und 17. Jh. Werke der ital. Literatur: die M.-Zyklen ›Le piacevoli notti‹ (1550–53) von G. STRAPAROLA, ›Pentamerone‹ (1634–36) von G. BASILE und ›Posillecheata‹ (1674) von P. SARNELLI bezogen vielleicht auch mündl. Quellen ein. In den ›Histoires ou Contes du temps passé‹ (1697) gab C. PERRAULT vielen europ. M.-Motiven, die bereits bei BASILE auftauchen, ihre geläufige Gestalt (Aschenputtel, Dornröschen u. a.). Auf PERRAULT geht auch die Gattung des Feen-M. zurück, die im 18. Jh. beeinflusst wurde durch A. GALLANDS frz. Übersetzung der oriental. Sammlung →Tausendundeine Nacht. Wichtige Autoren dieser allegorisch-erzieher. Variante des Kunst-M. waren MARIE-CATHERINE D'AULNOY, GABRIELLE SUZANNE DE VILLENEUVE (*1696, †1755) und JEANNE MARIE LEPRINCE DE BEAUMONT (*1711, †1780), parodist. Varianten stammen von A. HAMILTON, J. CAZOTTE sowie C. M. WIELAND. Als Gegenmodell zu den Feengeschichten entwickelte J. K. A. MUSÄUS seine frei nach Überlieferungen gestalteten ›Volksmärchen der Deutschen‹ (1782–89, 6 Bde.). – Im Sturm und Drang (J. G. HERDER), v. a. aber in der Romantik wurde dem M., das als authent. Zeugnis der Volkspoesie galt, größte Aufmerksamkeit gewidmet. Viele der Romantiker sammelten M. (u. a. A. VON ARNIM, C. BRENTANO, VON DROSTE-HÜLSHOFF, A. VON HAXTHAUSEN); wegweisend, auch in method. Hinsicht (›Circularbrief‹, 1815), waren die Arbeiten der Brüder J. und W. GRIMM (›Kinder- und Hausmärchen‹, 1812–15, die Anmerkungen als Bd. 3, 1822). In Stil und Editionsprinzipien den BRÜDERN GRIMM folgend, erschloss eine große Zahl landschaftlich oder national orientierter Sammlungen im Verlauf des 19. Jh. die europ. Volksmärchenüberlieferung (u. a. P. C. ASBJØRNSEN und J. MOE, ›Norske Folkeeventyr‹, 2 Bde., 1842–44; I. VON ZINGERLE, ›Kinder- und Hausmärchen aus Tirol‹, 1852; A. N. AFANASJEW, ›Narodnye russkie skazki‹, 3 Bde., 1855–63; JOHANN GEORG VON HAHN [*1811, †1869], ›Griech. und albanes. Volksmärchen‹, 1864; PAUL SÉBILLOT [*1843, †1918], ›Contes des provinces de France‹, 1884; JOSEPH JACOBS [*1854, †1916], ›English fairy tales‹, 1890).

Das romant. Kunst-M. kultivierte anstelle der lehrhaften oder geistvoll-unterhaltenden Züge seiner Vorläufer die Poesie des Naiven und sah im Wunderbaren oft den Abstand der zeitgenöss. gesellschaftl. Realität zu vorgestellten ursprüngl. Verhältnissen markiert. Wichtige Vertreter in Dtl. sind A. VON CHAMISSO, C. BRENTANO, F. DE LA MOTTE FOUQUÉ, E. T. A. HOFFMANN und L. TIECK. Hatte GOETHE in ›Das Märchen‹ (1795) der Gattung die Aufgabe des allegorisch-symbol. Diskurses über die Veränderung der Weltumstände zugewiesen, so erlangte sie bei NOVALIS visionären Charakter mit Blick auf eine die Geschichte erfüllendes ›Goldenes Zeitalter‹ (›Märchen von Atlantis‹, 1802). Die fantast. Welt E. T. A. HOFFMANNS wirkte in Frankreich auf die Kunst-M. von C. NODIER und G. DE NERVAL, die M. von W. HAUFF nehmen oriental. Motive auf, die von E. MÖRIKE und T. STORM verbinden romant. Tradition mit realist. Erzählkunst (ähnlich C. DICKENS, W. M. THACKERAY,

G. KELLER und C. COLLODI). Weltliterar. Rang erreichten die M. des Dänen H. C. ANDERSEN (›Eventyr, fortalte for børn‹, 2 Bde., 1835–48), in denen vielfach leblose Dinge (›Der standhafte Zinnsoldat‹) oder Tiere (›Das häßl. Entlein‹) Sprache gewinnen und Einsichten in ihre Umwelt offenbaren. Ihr Einfluss ist u. a. bei O. WILDE (›The happy prince‹, 1888) sichtbar. Kennzeichnend für die weitere Entwicklung war auch eine Ausweitung bzw. Überschreitung der traditionellen Gattungskonventionen und inhaltl. Muster (H. VON HOFMANNSTHAL, F. KAFKA, H. HESSE, E. WIECHERT, L. F. BAUM, J. M. BARRIE, K. ČAPEK).

Die Literatur der Gegenwart ist in vielfältiger Weise mit dem M. verbunden. Seine Motive und Erzählweisen tauchen in modernen Romanen auf (so bei I. CALVINO, G. GARCÍA MÁRQUEZ, G. GRASS, IRMTRAUD MORGNER); die gesamte Richtung der →Fantasy ist ohne die M.-Traditionen undenkbar. Ihre wichtigsten Vertreter, J. R. R. TOLKIEN und M. ENDE, sind zugleich auch Schöpfer moderner Kunstmärchen.

Forschungsgeschichte

Mit der systemat. Sammeltätigkeit begann in der 1. Hälfte des 19. Jh. auch die Theoriebildung, v. a. zunächst von den Arbeiten der BRÜDER GRIMM getragen. Deren Auffassung vom Ursprung und kollektiven Charakter des Volks-M. widersprachen FRIEDRICH M. MÜLLER (›Beiträge zu einer wiss. Mythologie‹, 2 Bde., 1898–99), ADALBERT KUHN (›Die Herabkunft des Feuers und des Göttertranks‹, 1859, Nachdr. 1968), ANGELO DE GUBERNATIS (›Zoological mythology‹, 2 Bde., 1872) und GEORGE WILLIAM COX (›Introduction to the science of comparative mythology and folklore‹, 1881, Nachdr. 1968) insoweit, als sie im M. weniger die Reste archaischer Heldenerzählungen als naturmyth. Allegorien zu erkennen glaubten. Mit T. BENFEYS Studien zur altind. Literatur wurden die Grundlagen der vergleichenden M.-Forschung gelegt. Seine Annahme, Indien sei der Ort der Entstehung aller M., wie die ihm nachfolgenden Versuche, eine konkrete Region als Geburtsstätte des M. zu bestimmen, riefen Einwände hervor. Bes. ANDREW LANG (›Customs and myth‹, 1885) und J. BÉDIER vertraten die Auffassung von einer polygenet. Herkunft.

Im 20. Jh. richtete sich das Interesse vermehrt auf internat. M.-Stoffe sowohl in der Forschung als auch in umfangreichen Editionen (›Die Märchen der Weltliteratur‹, 1912–40; Neue Folge 1956 ff.). Mit historisch-geograph. Methodik suchten Vertreter der ›Finn. Schule‹, v. a. KAARLE LEOPOLD KROHN (›Die folklorist. Arbeitsmethode‹, 1926), A. AARNE und WALTER ANDERSON (›Novelline popolari sammarinesi‹, 3 Bde., 1927–33), die ›Urgestalt‹ eines jeweiligen M., die Wege seiner Verbreitung und M.-Motive und Typenbildungen (z. B. Ketten-, Lügen-, Schwank-, Tier-, Wunder-, Zauber-M.) zu rekonstruieren. Entscheidend und die gesamte weitere M.- und Erzählforschung nachhaltig prägend war dabei die Erstellung umfangreicher Typen- und Motivindizes durch AARNE und S. THOMPSON. Ein fünfbändiges Kommentarwerk ›Anmerkungen zu den Kinder- und Hausmärchen der Brüder Grimm‹ gaben J. BOLTE und G. POLIVKA 1913–32 heraus (Nachdr. 1982). Auf literar. Gattungseigenschaften (›Schriftlichkeit‹ gegen ›Mündlichkeit‹) waren die Arbeiten von A. JOLLES und A. WESSELSKI gerichtet. Die in Anlehnung an S. FREUD und C. G. JUNG in den 20er-Jahren beginnenden und bis heute fortgesetzten psycholog. und psychoanalyt. Forschungen zum M., bes. auch zu dessen Bedeutung und Aufgabe innerhalb der Kinder- und Jugendliteratur (u. a. ERWIN MÜLLER, ›Psychologie des M. dt. Volkstums‹, 1928; HEDWIG VON BEIT, ›Symbolik des Märchens‹, 3 Bde., 1952–57; B. BETTELHEIM, ›The use of enchantment‹, 1976), haben v. a.

auch über die mögl. therapeut. Funktionen Auskunft zu geben versucht. – Konzentrierte sich die Forschung lange Zeit auf das schriftlich fixierte M., so sind seit MARK KONSTANTINOWITSCH ASADOWSKIJS (*1888, †1954) Studie ›Eine sibir. Märchenerzählerin‹ (1926) die mündl. Überlieferung, der Erzähler und die Erzählgemeinschaft stärker ins Blickfeld gerückt. Mit dem Interesse an den Veränderungen eines M. im Überlieferungsprozess (›Biologie des M.‹) wie auch an dessen gesellschaftlich-kommunikativem Umfeld sind z. T. durch intensive Feldforschungen gekennzeichnete Teildisziplinen der M.-Forschung entstanden, deren herausragende Vertreter in Europa GYULA ORTUTAY, OVIDIU BÎRLEA, LINDA DÉGH, FELIX KARLINGER, K. RANKE, L. RÖHRICH und HANS-JÖRG UTHER, in Amerika RICHARD M. DORSON und ALAN DUNDES sind. Wesentl. Anregungen zu Aspekten des Erzählens hat H. BAUSINGER gegeben. Während die Frage nach der narrativen Struktur des M. von den Vertretern der ›Finn. Schule‹ eher pragmatisch behandelt wurde, stellte der russ. Formalismus der 20er-Jahre die Frage nach Strukturmodellen (bedeutend die morpholog. Methode W. J. PROPPS). LÜTHI erarbeitete Grundkategorien einer phänomenolog. Gattungsanalyse des europ. Volks-M., die Figuren und Erzählstil in den Vordergrund stellt, RÖHRICH untersuchte den Realitätsbezug.

Mit den Untersuchungen von JENS TISMAR, FRIEDMAR APEL und VOLKER KLOTZ wurden die wiss. Bemühungen um Theorie und Geschichte des europ. Kunst-M. intensiviert. Als Grundlagenwerk der internat. M.-Forschung versteht sich die seit 1977 von RANKE (seit Bd. 5, 1987, von ROLF W. BREDNICH) herausgegebene ›Enzyklopädie des Märchens‹.

Aus pädagog. Sicht werden trotz der z. T. grausamen Elemente der M. dem Vorlesen und Lesen von M. wegen ihrer Nähe zur kindl., durch animist. Denken bestimmten Weltauffassung positive Wirkungen zugeschrieben, nicht nur im ›Märchenalter‹ (4.–8. Lebensjahr), sondern auch im Jugendalter. Sie liegen v. a. in der Anregung der Fantasie und Sprache, der Entwicklung des sittl. Empfindens, in der Vermittlung grundlegender Einsichten über den Menschen und eines ursprüngl. Vertrauens in einen sinnvollen Weltzusammenhang. Die mag. Welt der M. hilft dem Kind, seine Erlebniswelt mit ihren Ängsten zu bewältigen, indem es Ängste und Wünsche auf die M.-Figuren und -geschehnisse projiziert.

A. WESSELSKI: Versuch einer Theorie des M. (1931, Nachdr. 1974); F. VON DER LEYEN: Das M. (⁴1958); L. DÉGH: M., Erzähler u. Erzählgemeinschaft (a. d. Ungar., Berlin-Ost 1962); M. THALMANN: Das M. u. die Moderne (²1966); D. RICHTER u. J. MERKEL: M., Phantasie u. soziales Lernen (1974); S. THOMPSON: Motif-index of folk-literature, 6 Bde. (Neuausg. Bloomington, Ind., 1975–76); DERS.: The types of folktale (Helsinki ⁴1981); F. APEL: Die Zaubergärten der Phantasie. Zur Theorie u. Gesch. des Kunst-M. (1978); K. RANKE: Die Welt der einfachen Formen (1978); L. RÖHRICH: M. u. Wirklichkeit (⁴1979); F. HETMANN: Traumgesicht u. Zauberspur. M.-Forschung, M.-Kunde, M.-Diskussion (1982); A. JOLLES: Einfache Formen (⁶1982); V. PROPP: Morphologie des M. (a. d. Russ., ²1982); DERS.: Die histor. Wurzeln des Zauber-M. (1987); ›Und wenn sie nicht gestorben sind...‹, Perspektiven auf das M., hg. v. H. BRACKERT (²1982); J. TISMAR: Kunst-M. (²1983); Über M. für Kinder von heute, hg. v. K. DODERER (1983); C.-H. MALLET: Kopf ab! Gewalt im M. (1985); H. RÖLLEKE: Wo das Wünschen noch geholfen hat (1985); Wege der M.-Forschung, hg. v. F. KARLINGER (²1985); M.-Forschung u. Tiefenpsychologie, hg. v. W. LAIBLIN (³1986); V. KLOTZ: Das europ. Kunst-M. (Neuausg. 1987); W. SCHERF: Die Herausforderung des Dämons. Zur Funktion grausiger Kinder-M. (1987); M. GRÄTZ: Das M. in der dt. Aufklärung (1988); F. KARLINGER: Gesch. des M. im dt. Sprachraum (²1988); M. in unserer Zeit, hg. v. H.-J. UTHER (1990); S. FRITSCH: M. u. Sagen. Versuch einer Deutung (1992); M. u. M.-Forschung in Europa. Ein Hb., hg. v. D. RÖTH u. a. (1993); G. SZONN: Die Weisheit unserer M. (1993); Die Volks-M. in unserer Kultur, hg. v. W. KAHN (1993); B. BETTELHEIM: Kinder brauchen M. (a. d. Engl., Neuausg. 1995); W. SCHERF: Das Märchenlex., 2 Bde. (1995); M. LÜTHI: M. (⁹1996).

Märchenschach, eigenständige Kunstgattung des →Problemschachs, bei dem die im Wettkampfschach geltenden Regeln in definierter Weise ergänzt, geändert oder erweitert werden, um der Schachkomposition unbegrenzte neue Entwicklungsmöglichkeiten zu eröffnen. So wurden zahlr. neue Schachfiguren eingeführt. Statt der flachen Schachbretts stehen auch andere, z. B. dreidimensionale ›Schachbretter‹ **(Stereoschach),** zur Verfügung.

Marcheschwan, zweiter Monat des jüd. Kalenders, →Cheschwan.

Marchese [mar'ke:se] *der, -,* ital. Adelstitel (→Adel); die weibl. Form lautet **Marchesa.**

Marchfeld, Schotterebene östlich von Wien, zw. unterer March und Donau, etwa 150–180 m ü. M., rd. 900 km², eines der wichtigsten Landwirtschaftsgebiete Österreichs (v. a. Feldgemüse-, Weizen- und Zuckerrübenanbau) mit verarbeitender Industrie. Im M. liegen auch die größten Erdöl- (bei Matzen) und Erdgasfelder (bei Auersthal) Österreichs. – Das M. war oft Schlachtfeld, so während der Markomannenkriege (166–180) der Römer. König OTTOKAR II. PŘEMYSL von Böhmen schlug hier 1260 König BÉLA IV. von Ungarn, unterlag aber im Ringen um die Vorherrschaft in diesem Raum am 25. 8. 1278 König RUDOLF I. VON HABSBURG bei Dürnkrut. 1809 fanden auf dem M. die Schlacht bei →Aspern und Eßling und bei →Deutsch-Wagram die Schlacht von Wagram statt (Erzherzog KARL von Österreich gegen NAPOLEON I.).

Marchi, Otto, schweizer. Schriftsteller, *Luzern 13. 4. 1942; zunächst Journalist, dann Lektor; seit 1982 freier Schriftsteller. M. zeigt sich in seinem Werk als krit. Chronist der Schweiz (›Schweizer Geschichte für Ketzer‹, 1971) und ihrer Alltagswelt. Diese spiegelt sich auch in seinen Romanen, die um gescheiterte menschl. Beziehungen kreisen.

Weitere Werke: Romane: Rückfälle (1978); Sehschule (1983); Landolts Rezept (1989); Soviel ihr wollt (1994).

Marchingbands ['mɑ:tʃɪŋbændz]; engl., zu to march ›marschieren‹], **Streetbands** ['stri:t-], nach dem Ende des amerikan. Bürgerkrieges und der Auflösung der Musikkorps v. a. in New Orleans entstandene kleinere Brassbands farbiger Musiker (Blechbläser, Trommler), die zu Hochzeiten, Karnevalsumzügen, Beerdigungen oder zum Tanz Mazurken, Quadrillen oder Märsche spielten, die sie mit den afroamerikan. Rhythmen des Blues und Ragtime überlagerten; Formationen wie die ›Excelsior Brass-Band‹ oder die ›Eureka Brass-Band‹ hatten mit Musikern wie BUDDY BOLDEN oder LORENZO TIO JUNIOR entscheidenden Einfluss auf die Entwicklung des Jazz (New-Orleans-Jazz, Dixielandjazz). Eine Wiederbelebung der Tradition stellt heute u. a. die ›Dirty Dozen Brass Band‹ (New Orleans) dar.

V. SCURO: Presenting the Marching Bands (New York 1974).

Mar Chiquita [-tʃi'kita], **Laguna M. C.,** abflussloser Salzsee in Argentinien, in der Prov. Córdoba, 70 m ü. M., 1 850 km²; Hauptzuflüsse Río Dulce und Río Segundo; am S-Ufer der Badeort Miramar.

Marchtrenk, Markt-Gem. nordöstlich von Wels, Oberösterreich, 305 m ü. M., 11 200 Ew.; Textil-, Papier- und Kartonagenindustrie.

Marchwitza [març'vitsa, 'marçvitsa], Hans, Schriftsteller, *Scharley (bei Beuthen O. S.) 25. 6. 1890, †Potsdam 17. 1. 1965; Bergarbeiter, 1920 KPD-Mitgl.; emigrierte 1933 (Schweiz, Frankreich, Spanien), nahm auf republikan. Seite am Span. Bürgerkrieg teil, ging 1938 nach Frankreich, floh 1941 in die USA, kehrte 1946 nach Dtl. zurück, lebte zunächst in Stuttgart, dann in der DDR. M. ist ein Repräsentant der kommunistisch orientierten proletar. Literatur; v. a. die frühen Romane (›Sturm auf Essen‹, 1930;

›Die Kumiaks‹, 1934) sowie die Autobiographie ›Meine Jugend‹ (1947) geben authent. Zeitbilder. Schrieb auch Erzählungen und Reportagen.

Weitere Werke: *Romane:* Die Heimkehr der Kumiaks (1952); Die Kumiaks und ihre Kinder (1959).

Marcia ['martʃa; ital.] *die, -/-s, Musik:* →Marsch; **M. funebre,** Trauermarsch; →alla marcia; **marciale** [-tʃ-], marschartig.

Marciana [mar'tʃaːna], **1) Markusbibliothek,** Bibliothek von San Marco in Venedig, heute **Biblioteca Nazionale M. di Venezia.** Sie geht zurück auf Kardinal BESSARION, der 1468 der Rep. Venedig rd. 1 000 wertvolle griech. und lat. Handschriften mit der Bedingung schenkte, die Bibliothek der Öffentlichkeit zugänglich zu machen. 1536–53 wurde für die Münze (Zecca) ein Neubau von I. SANSOVINO errichtet, in dem die M. seit 1905 untergebracht ist. Heute eine der kostbarsten ital. Bibliotheken, umfasst sie (1994) einen Bestand von 900 000 Bänden und 13 000 Handschriften (humanist. Literatur, griech. Klassiker).

2) Bibliothek des Dominikanerklosters San Marco in Florenz. Ihren Grundstock bildete die Privatbibliothek des ital. bibliophilen Humanisten N. NICCOLI, der seine Sammlung 1437 testamentarisch für den Gebrauch der gelehrten florentin. Öffentlichkeit stiftete. COSIMO DE' MEDICI sorgte für die Unterbringung der Bücher, indem er im gerade begonnenen Neubau des Klosters San Marco 1441 einen Bibliothekssaal von MICHELOZZO einrichten ließ. 1444 eröffnet, gilt sie als erste wirklich öffentl. Bibliothek der Neuzeit. Die M. wurde später mit der →Biblioteca Medicea Laurenziana vereinigt.

Marcianus, oström. Kaiser, →Markian.

Marcillat [marsi'ja], Guillaume de, auch **Guglielmo di Pietro de M.,** frz. Glasmaler, * La Châtre (Dép. Indre) 1467, † Arezzo 13. 4. 1529; war zunächst in Rom tätig (Glasmalereien im Vatikan, um 1505, nicht erhalten, und in Santa Maria del Popolo, 1509–10). 1515–18 arbeitete er in Cortona (u. a. ›Anbetung der Könige‹ für ein Fenster des Doms, heute London, South Kensington Museum). 1516–25 schuf er in Arezzo seine Hauptwerke (Rundfenster der Fassade und Fenster im südl. Seitenschiff des Doms). M. verband die frz. got. Tradition mit Einflüssen der ital. Renaissance.

Marcinkevičius [martsɪŋ'kæːvitʃʊs], Justinas, litauischer Schriftsteller, * Važatkiemis 10. 3. 1930; setzte die von E. MIEŽELAITIS während der Tauwetterperiode eingeleitete Befreiung der Literatur von der Parteidoktrin fort; schreibt modernist. Lyrik, Erzählungen, Poeme, bes. das Poem über die Zeit der dt. Besatzung im Zweiten Weltkrieg (›Kraujas ir pelenai‹, 1961). In seiner Versdramen-Trilogie ›Mindaugas‹ (1968), ›Katedra‹ (1971) und ›Mažvydas‹ (1976) lebt ein bis dahin tabuisiertes Nationalgefühl wieder auf. M. wurde zum Wegbereiter der litauischen Selbstständigkeitsbestrebungen gegen Ende der 80er-Jahre.

Weitere Werke: *Lyrik:* Duona raikancios rankos (1963). – Auf der Erde geht ein Vogel (1969, dt. Ausw.). – *Poem:* Donelaitis (1964; dt.). – *Erzählung:* Pušis, kuri juokėsi (1961; dt. Die Fichte, die gelacht hat).

Marcion, Markion, frühchristl. Theologe, * Sinope um 85, † um 160; Sohn des Bischofs von Sinope. Als Irrlehrer aus seiner Heimatkirche ausgeschlossen, ging M. nach Rom (vor 140). Dort entwickelte er als gelehrter theolog. Autodidakt seine Lehren und wurde in der Folge 144 ebenfalls wegen Häresie exkommuniziert. Die Grundaussagen seiner Lehren sind antithetisch aufgebaut. Dem Ggs. zw. A. T. und N. T. entsprechend meinte M. auf zwei Offenbarungsgottheiten schließen zu können, die er als unversöhnlich gegenüberstellte: den ›bekannten‹ Gott der alttestamentl. Schriften, der die Welt geschaffen habe und als strafender Gott (ohne Liebe) durch Gesetz und Vergeltung regiere, und den ›fremden‹ Gott der Liebe und des Erbarmens, der JESUS CHRISTUS zur Erlösung der Menschen aus der von dem alttestamentl. Schöpfergott (Demiurgen) geschaffenen unvollkommenen Welt gesandt hat. M. verwarf das gesamte A. T. und die ›judaistisch verfälschten‹ Teile des N. T. und gab eine ›gereinigte Fassung‹ der Paulusbriefe und des Lukasevangeliums heraus. In der Christologie vertrat M. einen modalistisch gefärbten Doketismus. Strenge Askese, Presbyterialverfassung und Taufe auf den Namen JESU waren kennzeichnende Elemente der **markionitischen (Gegen-)Kirche.** Sie bestand ab 150, war im 2. und 3. Jh. von der Rhône bis zum Euphrat verbreitet, bestand v. a. im Osten bis ins 6. Jh., verschmolz später vielfach mit dem Manichäismus und wirkte bei den Paulikianern fort.

A. VON HARNACK: M. Das Evangelium vom fremden Gott (²1924, Nachdr. 1985).

Marcks, 1) Erich, Historiker, * Magdeburg 17. 11. 1861, † Berlin 22. 11. 1938, Vetter von 2); seit 1893 Prof., zunächst in Freiburg im Breisgau, dann in Leipzig, Heidelberg, Hamburg, München und (1922–28) Berlin. M. wurde 1923 Präs. der Histor. Kommission bei der Bayr. Akad. der Wiss.en, 1928 Gründungs-Mitgl. der Histor. Reichskommission. Er war ein Meister des psycholog. Charakteristik, der formvollendeten Biographie und des Essays. M., der seine Prägung durch die Reichsgründung unter BISMARCK erhalten hatte und zus. mit anderen Historikern an das objektiv-universalhistor. Denken eines L. VON RANKE wieder anzuknüpfen suchte, trat nach der dt. Niederlage im Ersten Weltkrieg als Vertreter eines nat. Revisionismus und als konservativer Gegner der Weimarer Rep. auf. Im Zusammenhang mit seinen überhöhten Vorstellungen von der geschichtl. Rolle der ›großen Männer‹, bes. seiner Apotheose BISMARCKS, sowie seinem Glauben an die Vorrangigkeit der Außenpolitik und seiner dt. Reichsmystik ließ er sich 1935 als Ehren-Mitgl. für das natsoz. ›Reichsinstitut für Gesch. des neuen Dtl.s‹ gewinnen.

Werke: Gaspard de Coligny (1892); Kaiser Wilhelm I. (1897); Königin Elisabeth von England u. ihre Zeit (1897); Bismarck, 2 Bde. (1909–39); Männer u. Zeiten, 2 Bde. (1911); Otto von Bismarck. Ein Lebensbild (1915); Der Aufstieg des Reiches. Dt. Gesch. von 1807 bis 1871/78, 2 Bde. (1936).

2) Gerhard, Bildhauer und Grafiker, * Berlin 18. 2. 1889, † Burgbrohl (Landkreis Ahrweiler) 13. 11. 1981, Vetter von 1), Onkel von 3); ausgebildet 1907–12 bei R. SCHEIBE in Berlin, lehrte ab 1919 am Bauhaus in Weimar, ab 1925 an der Kunstgewerbeschule in Halle/Saale (1933 entlassen); 1946 wurde er Prof. an der

Gerhard Marcks: Gefesselter Prometheus II; 1948 (Köln, Museum Ludwig)

Gerhard Marcks (Selbstbildnis; 1954)

Marc Marco–Marcoule

Landeskunstschule in Hamburg, 1950 an den Werkkunstschulen in Köln. M. gelangte in den 20er-Jahren nach anfangs expressionist. Werken unter dem Einfluss griechisch-archaischer Kunst zu einer streng vereinfachenden Formgebung. Sein Werk umfasst figürl. Plastik (v. a. Jünglinge und Mädchen), Tierdarstellungen, Totenmale (›Trauernde‹, 1949, Köln, St. Maria im Kapitol; ›Totenengel‹, 1952, Mannheim, Jesuitenkirche), Kleinplastiken, Zeichnungen und Holzschnitte. Den Nachlass des Künstlers mit umfangreicher Sammlung seiner Werke bewahrt die Gerhard-Marcks-Stiftung (Gerhard-Marcks-Haus) in Bremen.

Ausgabe: Durchs dunkle Dtl. G. M. – Briefwechsel 1933 bis 1980, hg. v. J. SEMRAU (1995).

Das plast. Werk, hg. v. G. BUSCH (1977); G. M. u. Griechenland, hg. v. J. J. KELLER (1979); G. M., hg. v. M. RUDLOFF, Ausst.-Kat. (1989); K. LAMMEK: G. M., das druckgraph. Werk (1990); G. M. u. die Antike, Beitrr. v. R. BLAUM u. a. (1993).

Marie Marcks: Karikatur aus dem Buch ›Krümm dich beizeiten!‹; 1977

3) **Marie,** Karikaturistin, * Berlin 25. 8. 1922, Nichte von 2); arbeitete zunächst als Grafikerin, entwarf Plakate und gestaltete Ausstellungen (z. B. für den Dt. Pavillon der Weltausstellung in Brüssel 1958). Seit 1965 ist M. als Karikaturistin für Zeitungen und Zeitschriften (u. a. ›Süddeutsche Zeitung‹, ›Die Zeit‹, ›Titanic‹) tätig. M. wählt für ihre Karikaturen und Cartoons Themen aus nahezu allen Bereichen der Politik und Gesellschaft. Weiteres BILD →Cartoon.

Werke: Weißt du, daß du schön bist? (1974); Ich habe meine Bezugsperson verloren! (1974); Klipp u. klar 100 × Bürgerrecht (1979, mit R. LAMPRECHT); Wer hat dich du schöner Wald ... (1983); O glücklich, wer noch hoffen kann, aus diesem Meer des Irrtums aufzutauchen! Karikaturen (1985). – *Autobiograph. Aufzeichnungen:* Marie, es brennt! (1984); Schwarzweiß und bunt (1989).

Marco, Tomás, span. Komponist, * Madrid 12. 9. 1942; wirkte 1967 bei K. STOCKHAUSENS Kollektivkomposition ›Ensemble‹ in Köln mit, gründete im selben Jahr die Zeitschrift ›Sonda‹ für zeitgenöss. Musik und wurde 1969 Leiter der Musikabteilung im span. Rundfunk; komponiert zunehmend mit Klangflächen, u. a. ›Jabberwocky‹ (1967, für Schauspielerin, vier Schlagzeuger, Klavier, Saxophon, Tonband und Lichtbilder), ›Los caprichos‹ (1967, für Orchester), ›Les mécanismes de la mémoire‹ (1973, für Violine und Orchester), ›Escorial‹ (1974, für Orchester), ›Espacio sagrado‹ (1984, für Klavier, zwei gemischte Chöre und Orchester), 3. Sinfonie (1986), ›Espejo de viento‹ (1988, für 12 Saxophone).

Marcona, Stadt in S-Peru, 18 600 Ew.; größte Eisenerzmine (Fe-Gehalt 60–65%; Tagebau) des Landes; Erztransport über ein 20 km langes Förderband zum Hafen San Juan.

Marconi, Guglielmo Marchese (seit 1929), ital. Ingenieur und Physiker, * Bologna 25. 4. 1874, † Rom 20. 7. 1937. Ab 1896 in England tätig, widmete sich M. als Geschäftsmann vorwiegend der Leitung seines 1897 gegründeten Unternehmens M.'s Wireless Telegraph Co. Ltd. Etwa um 1895 begann er mit seinen Versuchen zur drahtlosen Übermittlung von Radiowellen. Von den zahlreichen dabei gemachten Erfindungen erwiesen sich die Erdung der Sende- und Empfangsantenne (→Marconi-Antenne) und die Trennung der geschlossenen Schwingkreise von Funkenstrecke (Sender) bzw. Kohärer (Empfänger) von den Antennenkreisen (Patent 1900) als bes. wichtig. Mit seinen Anordnungen gelang M. die drahtlose Überbrückung ständig größerer Entfernungen (1899 über den Ärmelkanal, 1901 über den Nordatlantik). Später befasste sich M. auch mit der Anwendung von Kurzwellen und entdeckte 1931 die Möglichkeit des Empfangs von Dezimeterwellen jenseits des opt. Horizonts. Für seine Pionierleistungen auf dem Gebiet der drahtlosen Nachrichtenübermittlung erhielt M. (zus. mit K. F. BRAUN) 1909 den Nobelpreis für Physik.

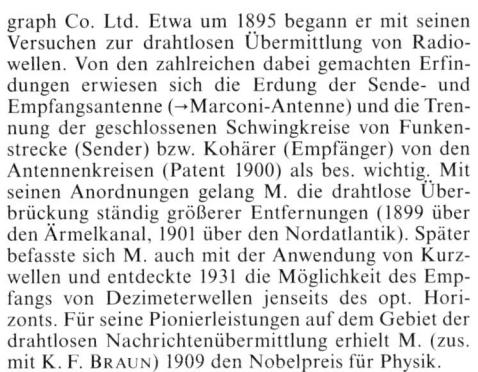

Marconi-Antenne [nach G. MARCONI], eine geerdete Vertikalantenne, deren Baulänge ein Viertel der Betriebswellenlänge beträgt. In Verbindung mit ihrem Spiegelbild im Erdboden entspricht die Richtcharakteristik einer Halbwellendipolantenne.

Marconi-Franklin-Antenne [-ˈfræŋklɪn-; nach G. MARCONI und B. FRANKLIN], aus mehreren Linearantennen, deren Baulängen der Hälfte der Betriebswellenlänge entsprechen, zusammengesetzte vertikale Langdrahtantenne. Die einzelnen Halbwellen sind so über Spulen oder Schleifen miteinander verbunden, dass sie gleichphasig erregt werden, wodurch eine starke Bündelung in der Vertikalebene erreicht wird.

Marco Polo, venezian. Asienreisender, →Polo, Marco.

Marcos, Ferdinand Edralin, philippin. Politiker, * Sarrat (Prov. Ilocos Norte, Luzon) 11. 9. 1917, † Honolulu (Hawaii) 28. 9. 1989; Rechtsanwalt, 1949–59 Abg., 1959–66 Senator, war 1963–65 Präs. des Senats; 1960–64 Vors. der Liberalen Partei, 1964–72 der Nationalist. Partei. 1965 wurde er zum Staatspräs. gewählt (wieder gewählt 1969). Er unterstützte die Politik der USA in SO-Asien, bes. in Vietnam, und ermöglichte ihnen die Errichtung von Militärstützpunkten auf den Philippinen. Konfrontiert im Inneren mit sich verschärfenden sozialen Spannungen, bes. jedoch mit den Aktivitäten kommunist. und islam. Guerillagruppen, schlug M. einen diktator. Kurs ein und verhängte 1972 das Kriegsrecht. In mehreren (umstrittenen) Abstimmungen (Vorwurf der Manipulation) ließ er sich 1973, 1975, 1976 und 1977 in seinem Amt bestätigen. Nach Aufhebung des Kriegsrechts (1981) erreichte er im Juni 1981 erneut seine Wahl zum Präs. (mit großen Vollmachten). Nach dem Tod seines innenpolit. Gegners B. AQUINO, der kurz nach seiner Rückkehr aus dem amerikan. Exil (August 1983) ermordet wurde, und aufgrund der massiven Wahlfälschungen bei den Präsidentschaftswahlen von 1986 zu seinen Gunsten musste M. unter starkem polit. Druck der Bev. und der USA auf die Präsidentschaft verzichten und sie CORAZON AQUINO überlassen. Er ging mit seiner Familie nach Hawaii ins Exil und wurde in den USA unter Anklage gestellt. – Seine Frau IMELDA ROMUALDEZ M. (* um 1930), die an seiner Seite starken polit. Einfluss auf den Philippinen gewann, kehrte 1991 aus dem Exil zurück. Nachdem sie 1988 in den USA wegen Veruntreuung von Staatsgeldern angeklagt, jedoch 1990 freigesprochen worden war, wurde sie 1993 auf den Philippinen deswegen verurteilt; 1995 wurden weitere Korruptionsanklagen erhoben.

Marcoule [marˈkul], Kernforschungszentrum in S-Frankreich am rechten Ufer der unteren Rhône, bei Avignon, in der Gem. Chusclan (Dép. Gard); Standort u. a. des ersten frz. Kernkraftwerks (G1; Inbetriebnahme 1956, stillgelegt) und des ersten frz. schnellen Brüters (›Phénix‹, 250 MW; Inbetriebnahme 1973).

Guglielmo Marconi

Ferdinand Edralin Marcos

Marcoussis [marku'si], Louis, eigtl. **Ludwig Markus,** frz. Maler und Grafiker poln. Herkunft, *Warschau 14. 11. 1883, †Cusset 22. 10. 1941. Sein Werk (v. a. Städtebilder, Stillleben, Landschaften) wurde entscheidend vom Kubismus geprägt, dessen Strenge er jedoch zum Dekorativen und Heiter-Beschwingten hin abwandelte.

Marcus, irischer Mönch, der um 1150 in Regensburg die ›Visio Tnugdali‹ verfasste, die visionäre Jenseitsreise und Bekehrung des sündigen irischen Ritters Tnugdal. Bes. eindrucksvoll ist die Anschaulichkeit der Jenseitsschilderung. Das Werk war weit verbreitet und wurde in zahlr. Volkssprachen übersetzt. Sein Einfluss auf H. BOSCH ist umstritten.

Marcus, 1) ['mɑːkəs], Rudolph Arthur, amerikan. Chemiker kanad. Herkunft, *Montreal 21. 7. 1923; nach Tätigkeit (seit 1958 als ordentl. Prof.) am Polytechnic Institute of Brooklyn in New York ab 1964 Prof. für physikal. Chemie an der University of Illinois in Urbana und ab 1978 Prof. für Chemie am California Institute of Technology in Pasadena. M. arbeitete u. a. über die Mechanismen unimolekular ablaufender Reaktionen sowie über die Theorie von reaktiven und inelast. Stoßprozessen; schon in den 50er- und 60er-Jahren untersuchte er dabei bes. den Übergang von Elektronen und entwickelte die theoret. Grundlagen für die mit dem Elektronenübergang verbundenen Änderungen der Energiezustände. Für diese Arbeiten erhielt M. 1992 den Nobelpreis für Chemie.

2) Siegfried, Mechaniker, *Malchin 18. 9. 1831, †Wien 30. 6. 1898; kam 1852 nach Wien und begründete dort 1860 eine mechan. Werkstätte. M. baute um 1868 einen 1870 dokumentierten primitiven Kraftwagen mit atmosphär. Benzinmotor und später einen 1898 in Wien vorgestellten Wagen mit Viertakt-Benzinmotor und elektr. Zündung.

Marcus Antonius, Name einiger Angehöriger des röm. plebejischen Geschlechts der Antonier, →Antonius.

Marcus Aurelius Antoninus, röm. Kaiser, →Mark Aurel.

Marcuse, 1) Herbert, amerikan. Philosoph dt. Herkunft, *Berlin 19. 7. 1898, †Starnberg 29. 7. 1979; 1919–23 Studium der Philosophie und Nationalökonomie in Berlin und Freiburg im Breisgau; 1928–32 Schüler von E. HUSSERL und M. HEIDEGGER in Freiburg; seit 1933 Mitarbeit am Inst. für Sozialforschung T. W. ADORNOS und M. HORKHEIMERS; emigrierte 1933 auch wegen seiner jüd. Abstammung nach Genf und 1934 nach New York. 1942–50 Tätigkeit für die US-Reg. in Washington, zunächst im ›Office of Strategic Services‹, dann in der ›Division of Research and Intelligence‹ des State Departement; 1951–54 am ›Russian Research Center‹ der Harvard University wiss. Arbeit über den Sowjetmarxismus; 1954–69 Prof. der Politikwiss., bis 1965 in Boston (Mass.), dann in San Diego (Calif.); mehrmonatige Aufenthalte mit Gastvorträgen in Europa. M. zählt zu den bedeutendsten Vertretern der krit. Theorie und lieferte mit seinen Arbeiten zur spätkapitalist. Wohlstandsgesellschaft die theoret. Basis für die Studentenbewegung der 60er-Jahre und die neue Linke. M.s Philosophie ist geprägt durch die Dialektik HEGELS und die Philosophie von MARX, die er mit einer dialekt. Geschichtstheorie zu verbinden sucht. In seinen Werken setzt sich M. mit dem Zusammenhang der progressiven (Entwicklung von Wiss. und Technik) und regressiven (Faschismus, Entmenschlichung, destruktive Auswirkungen der Technik) Tendenzen in der zeithistor. Entwicklung auseinander. Auf diesem Hintergrund entwirft er als polit. Projekt das Leitbild einer befreiten Gesellschaft, für die der philosophisch-aufklärer. Begriff der Vernunft und damit die Orientierung an individueller Selbstverwirklichung, Glück, Autonomie und Freiheit bestimmend ist und die M. auf einem hohen Niveau der Produktivkräfte für realisierbar hält. Kennzeichnend für dieses utop. Modell sind die Vermittlung von materieller und geistiger Kultur. Eine solche Kulturtheorie entwirft M. in ›Eros and civilization‹ (1955; dt. u. a. als ›Triebstruktur und Gesellschaft‹) unter Rückgriff auf S. FREUDS Triebtheorie und die ›Dialektik der Aufklärung‹. In seinem zweiten Hauptwerk, ›One-dimensional man‹ (1964; dt. ›Der eindimensionale Mensch‹), beschäftigt er sich unter Rückgriff auf MARX kritisch mit der modernen Industriegesellschaft als einer ›verwalteten Welt‹, die er durch das Vorherrschen eines partikularist. – ›eindimensionalen‹ – Vernunftbegriffs (technolog. Rationalität in allen Lebensbereichen) bestimmt sieht, die gleichwohl in den Randgruppen auch revolutionäre Kräfte auszuprägen vermag. In seinem Spätwerk wendet sich M. dem Feminismus und bes. der Ästhetik (›Die Permanenz der Kunst. Wider eine bestimmte marxist. Ästhetik‹, 1977) zu.

Weitere Werke: Hegels Ontologie u. die Theorie der Geschichtlichkeit (1932); Reason and revolution. Hegel and the rise of social theory (1941; dt. Vernunft u. Revolution. Hegel u. die Entstehung der Gesellschaftstheorie); Soviet marxism. A critical analysis (1958; dt. Die Gesellschaftslehre des sowjet. Marxismus; Kultur u. Gesellschaft, 2 Bde. (1965); Negations. Essays in critical theory (1968); Psychoanalyse u. Politik (1968); An essay on liberation (1969; dt. Versuch über die Befreiung); Ideen zu einer krit. Theorie der Gesellschaft (1969); Counterrevolution and revolt (1972; dt. Konterrevolution u. Revolte). – Das Ende der Utopie. H. M. diskutiert mit Studenten u. Professoren an der Freien Univ. West-Berlins (1967).

Antworten auf H. M., hg. v. J. HABERMAS (⁵1978); Gespräche mit H. M. (1978); M. JAY: Marxism and totality (Cambridge 1984); H. BRUNKHORST u. G. KOCH: H. M. zur Einf. (²1990); Befreiung denken. Ein polit. Imperativ. Ein Materialienband zu einer Polit. Arbeitstagung über H. M., hg. v. P.-E. JANSEN (²1990); B. GÖRLICH: Die Wette mit Freud. Drei Studien zu H. M. (1991).

2) Ludwig, Pseud. **Heinz Raabe,** Literaturkritiker, Philosoph und Journalist, *Berlin 8. 2. 1894, †München 2. 8. 1971; emigrierte 1933 nach Frankreich, 1938 in die USA, war 1946–62 Prof. für Philosophie, Kultur und Geistesgesch. in Los Angeles (Calif.); kehrte 1962 nach Dtl. zurück. M. schrieb zahlr. Bücher über Schriftsteller, Philosophen und Musiker. Berühmtheit erlangte er v. a. mit seinem provokativen Buch ›Obszön. Geschichte einer Entrüstung‹ (1962).

Weitere Werke: Nachruf auf L. M. (1969, Autobiographie); Mein 20. Jh. Auf dem Weg zu einer Autobiographie (hg. 1975).

L. M. Werk u. Wirkung, hg. v. D. LAMPING (1987).

Mar del Plata, Hafenstadt und wichtigstes Seebad in Argentinien, 350 km südöstlich von Buenos Aires, 519 700 Ew.; Bischofssitz; staatl. Univ., kath. Univ., meeresbiolog. Institut; Marine-, Handels-, Fischereihafen; Fischkonservenindustrie, Papier-, Zigaretten-, Schuh-, Gefrierfleischfabriken, Molkereien, Mühlen; Spielkasino; Flughafen.

Marder, Mustelidae, erstmals im Paläozän (vor rd. 65 Mio. Jahren) nachweisbare, heute mit rd. 70 Arten in fünf Unterfamilien (Wieselartige, Honigdachse, Dachse, Skunks, Otter) weltweit verbreitete Familie etwa 15–150 cm körperlanger Raubtiere. Baum- und Bodenbewohner (die Otter ausgenommen) mit schlankem Körper und kurzen Beinen (die meisten Arten) oder gedrungenem Körper (z. B. Dachs, Vielfraß). – Viele M. sind schnelle, gewandte Tiere, die ihr Revier mit einem oft streng riechenden Sekret markieren, das von Afterdrüsen abgesondert wird und (bes. bei Skunks) auch der Verteidigung dienen kann.

Die acht Arten der **Echten M.** (Gattung Martes) sind außerordentlich schnelle und gewandte Kletterer. In Eurasien weit verbreitet sind der →Edelmarder und der →Steinmarder; der →Zobel lebt v. a. in den Nadel-

Rudolph A. Marcus

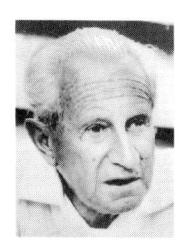

Herbert Marcuse

Mard Marderhaie – Marechera

Marder:
Buntmarder
(Kopf-Rumpf-Länge 50–70 cm;
Schwanzlänge
45 cm)

Marduk
auf einem
Lapislazulisiegel

wäldern der Taiga. Die nordamerikan. Nadelwälder bewohnen der →Fichtenmarder und der **Fisch-M. (Pekan,** Martes pennanti), der mit einer Körperlänge von 70–107 cm die größte Art der Gattung ist. Der in SO-Asien verbreitete **Charsa-** oder **Bunt-M.** (Martes flavigula), der v. a. in gebirgigen Nadel- und Mischwaldzonen lebt, ist mit einer Körperlänge von 50–70 cm ebenfalls größer als die restl. Arten der Gattung Martes und zudem auch lebhafter gefärbt.

Marderhaie, die →Glatthaie.

Marderhund, Enok, Waschbärhund, Nyctereutes procyonoides, zu den Echten Hunden gestelltes, bis 60 cm körperlanges, waschbärähnl., nachtaktives Raubtier, das in den Gebirgswäldern O-Asiens beheimatet und heute bis Mitteleuropa vorgedrungen ist; stellt vorwiegend Nagetieren, Fischen und Bodenvögeln nach; hält Winterruhe in verlassenen Fuchsbauen. Wegen seines sehr begehrten Fells wird der M. in Russland in Farmen gezüchtet. Das Fell kommt in den Handel als **Japanfuchs (Seefuchs, Tanuki;** fälschlich auch als Ussur., Chin. oder Russ. Waschbär bezeichnet).

Mardersteig, Giovanni (Hans), ital. Drucker und Buchkünstler dt. Herkunft, *Weimar 8. 1. 1892, †Verona 27. 12. 1977; gründete 1922 in Montagnola (bei Lugano) die →Officina Bodoni (seit 1927 in Verona), in der er mit Originallettern G. BODONIS sowie mit eigenen Schriften gedruckte Werke herausgab.

Mardin, Prov.-Hauptstadt in SO-Anatolien, Türkei, 1 325 m ü. M., am S-Hang des →Tur-Abdin, 25 km nördlich der Grenze zu Syrien, 53 000 Ew.; archäolog. Museum; Marktort für landwirtschaftl. Produkte, Zementfabrik; Standort einer amerikan. Radarstation. – Die große Moschee von Damaskus war Vorbild für die Uli Camii (12. Jh.; der Betsaal wurde im 14./15. Jh. nach W erweitert, die Kuppel mit Rippen verziert). Unter der turkmen. Dynastie der Ortokiden (1108–1475) entstand die Zitadelle. Gut erhalten ist der Komplex einer Koranschule (1385 gestiftet) mit Kuppelmoschee, Mausoleum und zwei Innenhöfen (heute z. T. Museum); Stiftungskomplex einer theolog. Hochschule mit Medrese und Kuppelmoschee (15. Jh.); Latifiye Camii (1371) mit Minarett (1845).

Mardj [mardʒ], Stadt in Libyen, →Al-Mardj.

Mardochai, Mordechai [hebr. ›zu Maduk gehörend‹], bibl. Person; nach Est. 2, 5–7 der Pflegevater der →ESTHER.

Mardonios, altpers. **Mardunija,** pers. Feldherr, †bei Plataiai (Plätää) 479 v. Chr.; Neffe und Schwiegersohn des Perserkönigs DAREIOS I.; unterwarf 492 Thrakien, Thasos und Makedonien. Auf der Rückfahrt erlitt seine Flotte am Athos Schiffbruch. M. war entscheidend am Griechenlandzug des XERXES beteiligt. 480 übernahm er nach der Schlacht bei Salamis das Oberkommando über das pers. Landheer und fiel 479 in der Schlacht bei Plataiai.

Marduk [sumer. samar-utuk ›Jungstier des Sonnengottes‹], hebr. **Merodach,** urspr. Stadtgott von Babylon, stieg nach der Befestigung der Vormachtstellung Babylons durch HAMMURAPI allmählich zum Reichsgott auf (um 1700 v. Chr.). Diesen Aufstieg versucht das Lehrgedicht von der Schöpfung ›Enuma Elisch‹ (1124–1103 v. Chr.) aus seinem Kampf mit Tiamat zu begründen, in dessen Folge ihm von Enlil die Herrschaft zuerkannt wird. M. galt als Sohn des Ea und ist unter dem Namen Asariluchi wie dieser ein Gott der Weisheit und der Beschwörungskunst. Seine Gemahlin war Sarpanitu, sein Sohn Nabu, der Gott der Schreibkunst und Weisheit. M.s Gestirne waren die Planeten Jupiter und Merkur, sein Heiligtum in Babylon der Tempel Esagila mit dem Stufenturm Etemenanki (→Babylonischer Turm). Hier vollzog sich auch der Kult der hl. Hochzeit, ferner am Neujahrstag die kult. Rezitation des Lehrgedichts von der Schöpfung. Als ›Götterherr‹ (daher der Name Bel in der Spätzeit) wurde M. auch nach Assyrien übernommen, im Zuge des polit. Aufstiegs Assyriens aber durch Assur ersetzt.

Mare [lat. ›Meer‹] *das, -/-* oder *...ria,* dunkle, tief liegende Gebiete auf der Oberfläche des →Mondes, die mit bloßem Auge sichtbar sind und weniger hell scheinen als ihre als Terrae (*Sg.* Terra) bezeichneten Nachbargebiete.

Mare [ˈmeə], Walter John de la, engl. Schriftsteller, →De la Mare, Walter John.

Märe [ahd. mārī, zu mären ›verkünden‹, ›rühmen‹] *das, -/n,* im MA. Begriff, der Heldenepos, höf. Roman sowie deren Stoffe bzw. Überlieferungen umfasste, auch Bez. für andere Formen des epischen Erzählens. In der neueren Forschung ist M. Gattungs-Bez. für kurze mhd. Verserzählungen (etwa 100–2 000 Verse) ab etwa 1250 (vom STRICKER bis zu H. FOLZ) in vierhebigen Reimpaaren weltlichen, v. a. schwankhaften, höf. oder moralisierenden Inhalts.

G. KÖPF: Märendichtung (1978); Das M., hg. v. K.-H. SCHIRMER (1983); Novellistik des MA. Märendichtung, hg. v. K. GRUBMÜLLER (1996).

Marechal [mareˈtʃal], Leopoldo, argentin. Schriftsteller, *Buenos Aires 11. 6. 1900, †ebd. 27. 6. 1970; gehörte zur Lyrikergruppe um die ultraist. Zeitschriften ›Martín Fierro‹ und ›Proa‹; wandte sich später einer religiös-humanitären Dichtung zu. Sein autobiographisch beeinflusster erster Roman ›Adán Buenosayres‹ (1948), in dem sich Realität und Mythologie, philosoph. Spekulation und humorist. Burleske mischen, gilt als eines der bedeutendsten Werke der modernen argentin. Literatur.

Weitere Werke: Lyrik: Los aguiluchos (1922); Odas para el hombre y la mujer (1929); Laberinto de amor (1936). – *Romane:* El banquete de Severo Arcángelo (1965); Megafón, o, La guerra (1970).

D. BARROS: L. M., poeta argentina (Buenos Aires 1971).

Maréchal de Saxe [mareˈʃal də ˈsaks], Feldherr, →Sachsen, Moritz Graf von.

Marechera [-tʃ-], Dambudzo, simbabw. Schriftsteller, *Vengere (bei Rusape) 4. 6. 1952, †Harare 18. 8. 1987; Studium u. a. der engl. Literatur u. a. in Oxford, lebte ab 1976 als freier Schriftsteller in Großbritannien, ab 1982 in Simbabwe. Seine u. a. von T. S. ELIOT inspirierten Gedichte (›Mindblast‹, 1984; dt. ›Die Haut der Zeit‹) sind ebenso einfühlsame wie zornige Prosa sind von der Gewalt im kolonialen Rhodesien geprägt, aber auch von Zweifeln am Idealismus der Befreiungsbewegungen und einem kompromisslosen Eintreten für die Freiheit des Individuums. Nach seinem Tod wurde er zur Kultfigur junger simbabw. Intellektueller, auch internat. wuchs sein literar. Einfluss seit der Veröffentlichung seines Nachlasses.

Weitere Werke: Roman: The black insider (hg. 1990; dt. Black Insider). – *Prosasammlung:* Scrapiron blues (hg. 1994).

Ausgabe: Cemetery of mind. Collected poems, hg. v. F. VEIT-WILD (1992).

D. M. 1952–1987, hg. v. F. VEIT-WILD u. a. (Harare 1988).

Marecs [engl. ˈmæreks; Abk. für engl. **Mar**itime **E**uropean **C**ommunication **S**atellite ›maritimer europ. Nachrichtensatellit‹], neuer Name für die früher als **Marots** bezeichneten europ. Nachrichtensatelliten für die Schifffahrt, die seit etwa 1982 mit weiterentwickelten Marisat-Satelliten eine globale Abdeckung der Kommunikation zw. Land und See sicherstellen. Seit der Verfügbarkeit maritimer Nachrichtensatelliten ist es möglich, von jedem Telefon-, Telex- und Faksimilegerät jedes entsprechend ausgerüstete Schiff anzuwählen. M. 1 wurde 1981 in Umlauf gebracht, M. B 2 (nach dem Scheitern von M. 2) im November 1984.

Marées [maˈre], **1)** George de, schwed. Maler frz. Abkunft, →Desmarées, George.
2) Hans von, eigtl. **Johann Reinhard von M.**, Maler, * Elberfeld (heute zu Wuppertal) 24. 12. 1837, † Rom 5. 6. 1887; lebte nach Studien in Berlin (1853–55, bei C. STEFFECK) ab 1857 in München, wo er sich in Anlehnung an A. LIER und F. VON LENBACH autodidaktisch weiterbildete. Er malte Landschaften mit Pferden und Reitern in dunkeltonigem Kolorit, auch mit mytholog. Figuren, sowie Porträts mit stark individueller Prägung. 1864 ging er zus. mit LENBACH im Auftrag des Grafen A. F. VON SCHACK als Kopist nach Rom und Florenz, wo er u. a. Werke von TIZIAN, VELÁZQUEZ und RAFFAEL kopierte und antike griech. Statuen und deren Kopien studierte. 1866 wurde er in Rom mit C. FIEDLER bekannt, der ihn fortan förderte und mit dem er 1869 nach Spanien, Frankreich, Belgien und den Niederlanden reiste. Nach Aufenthalten in Berlin und Dresden (1871–72) schuf er 1873 sein Hauptwerk, die Fresken in der Bibliothek der zoolog. Station in Neapel (BILD →Fresko). 1875 ließ er sich in Rom nieder. M. entwickelte eine idealist., von formaler Klarheit bestimmte Malerei, in deren Mittelpunkt der Mensch, insbesondere die nackte männl. Gestalt steht, in einer vereinfachenden und monumentalen Auffassung.

Hans von Marées: Goldenes Zeitalter I; 1879–85 (München, Neue Pinakothek)

Mardin: Blick auf die Stadt mit der Zitadelle; rechts oben die amerikanische Radarstation, darunter die Uli Camii (12. Jh.)

Weitere Werke: Selbstbildnis (um 1862; München, Neue Pinakothek); Doppelbildnis Marées/Lenbach (1863; ebd.); Diana im Bade (1863; ebd.); Drei Jünglinge unter Orangenbäumen (1874–80; ebd.); Lob der Bescheidenheit (1879–85; ebd.); Goldenes Zeitalter I (1879–85; ebd.); Pferdeführer und Nymphe (1882–83; ebd.); Die Hesperiden (Triptychon, 1884–85; ebd.); Die Werbung (Triptychon, 1884/85–87; ebd.); Die Entführung des Ganymed (1887; ebd.). – **Schriften:** Briefe, hg. v. A.-S. DOMM (hg. 1987).

K. LIEBMANN: H. v. M. (Dresden 1972); U. GERLACH-LAXNER: H. v. M. Kat. seiner Gemälde (1980); H. v. M., hg. v. C. LENZ, Ausst.-Kat. (1987); Bilder des Friedens. Paradiese – Utopien – Glückszustände, hg. v. K. ERMERT u. D. HOFFMANN (1988); A.-S. DOMM-MAURER: Der ›klass.‹ H. v. M. u. die Existenzmalerei Anfang des 20. Jh. (1989).

Marek, Kurt W., Schriftsteller, →Ceram, C. W.

Marek-Krankheit [nach dem ungar. Tierarzt JÓZSEF MAREK (* 1868, † 1952)], →Geflügelkrankheiten.

Maremmen, ital. **Maremma,** die Küstenebenen und -höfe an der W-Küste Italiens zw. La Spezia im N und Salerno im S, durch vorspringende Gebirge und Steilküsten voneinander getrennt; sie sind in einen küstennahen Strandwall mit Kiefernforsten und Macchien, eine mittlere, einst versumpfte und heute entwässerte Lagunenzone und einen trockenen Übergangsstreifen zu den anschließenden Bergländern gegliedert. Die im Altertum (Etrusker, Römer) besiedelten und landwirtschaftlich genutzten M. versumpften in der röm. Kaiserzeit (Anstieg des Meeres- und Grundwasserspiegels) und waren gefürchtete Malariaherde. Im 19. Jh. begannen umfassende Entwässerungs- und Meliorationsarbeiten, die nach der Agrarreform von 1950 zu einer intensiv genutzten Ackerbaulandschaft (Feldgemüsebau) mit dichter Streusiedlung geführt haben. In den toskan. M. im N liegen größere Werke der Stein- und Schwerindustrie, in den neapolitan. M. im S zahlreiche Nahrungsmittel verarbeitende Betriebe. Auf den Strandwällen entstanden v. a. nach 1945 viele Badeorte.

H. DONGUS: Die M. der ital. Westküste, in: Beitr. zur Kulturgeographie der Mittelmeerländer, hg. v. C. SCHOTT, Bd. 1 (1970).

Marengo [maˈrɛŋgo; nach dem Stadtteil von Alessandria] *der, -s,* Garn aus einer Fasermischung von 95 % schwarzen und 5 % weißen Wollfasern. M.-Garne werden zu Streich- oder Kammgarngewebe in Leinwand- oder Köperbindung verarbeitet; Verwendung der Stoffe v. a. für Herrenoberbekleidung.

Marengo [maˈrɛŋgo], Stadtteil von Alessandria, Italien. – In der **Schlacht bei M.** (14. 6. 1800) besiegten

Marenholtz-Bülow [-lo], Bertha von, Kindergartenpädagogin, *Küblingen (heute zu Schöppenstedt) 5. 3. 1816, †Dresden 9. 1. 1893; Mitarbeiterin von F. Fröbel, verbreitete seine Gedanken durch viele Schriften und Reisen in Dtl. und auch im Ausland; gründete Kindergärten und Seminare für die Ausbildung von Kindergärtnerinnen.
Werk: Theoret. u. prakt. Hb. der Fröbelschen Erziehungslehre, 2 Tle. (1886).
H. Heiland: Fröbel u. die Nachwelt (1982).

Marennes [maˈrɛn], Gem. im Dép. Charente-Maritime, W-Frankreich, 4600 Ew.; ein Zentrum der Austernkultur und des Austernhandels.

Mare nostro [ital. ›unser Meer‹], in der lat. Form **Mare nostrum** seit Caesar oft gebraucht für das Mittelmeer. Der Begriff kam im Italien des Risorgimento für die Adria wieder auf und war gegen Österreich gerichtet. Zur Zeit des ital. Imperialismus und Faschismus unterstrich der Begriff den ital. Anspruch auf die Herrschaft im Mittelmeer.

Marenzio, Luca, ital. Komponist, *Coccaglio (bei Brescia) 1553 oder 1554, †Rom 22. 8. 1599; stand in Rom im Dienst der Kardinäle Cristoforo Madruzzo und Luigi d'Este, war 1588 am Hof in Florenz, wo er auch in Verbindung mit der →Camerata trat, kehrte dann nach Rom zurück und war ab 1596 am Hof König Sigismunds I. von Polen in Warschau. 1598 ist er in Venedig, 1599 wieder in Rom bezeugt. M. ist neben C. Gesualdo und C. Monteverdi einer der bedeutendsten Meister des Madrigals. Er schrieb 18 Bücher Madrigale (1580–99), fünf Bücher Villanellen (1584–87), Motetten (1585) und ›Sacrae cantiones‹ (hg. 1616). Die in den späteren weltl. Werken ganz in den Dienst des Sprachgestus gestellte Melodieführung mit ihren affektisch stark gegensätzl. Partien ist im Rahmen der Bemühungen um ein musikal. Theater um 1600 zu sehen.
Ausgabe: Opera omnia, hg. v. Bernhard Meier u. a., 6 Bde. (1976–83).
D. Arnold: M. (London 1965); J. Chater: L. M. and the Italian madrigal, 2 Bde. (Neuausg. Boston, Mass., 1987).

Marfan-Syndrom [marˈfã-; nach dem frz. Pädiater Jean-Bernard-Antoine Marfan, *1858, †1942], autosomal-dominant erbl. Störung des Bindegewebsaufbaus unbekannter Ursache; die Symptome bestehen v. a. in einem gesteigerten Längenwachstum bes. der Beine und Arme mit schmalen, langen Fingern (**Arachnodaktylie,** ›Spinnenfingrigkeit‹), in Deformierungen der Wirbelsäule (Kyphose, Skoliose, Trichter- oder Hühnerbrust) und des Gesichtsschädels (›Vogelgesicht‹ mit hohem Gaumen, Zahnstellungsanomalien), in Kurzsichtigkeit u. a. Sehfehlern aufgrund von Linsenektopie, Linsenschlottern und in einer allgemeinen Bindegewebsschwäche. Die stark verminderte Lebenserwartung geht auf die Gefäßwandschwächen der großen Arterien (Aneurysmen) und Herzklappenfehler zurück.

Marga [Sanskrit ›Weg‹] der, -, Hinduismus: Bez. für den Weg der versch. Arten des Yoga, insofern er zur spirituellen Entwicklung und zur Erlösung des Menschen führt.

Margao, Marmagao, Stadt im Bundesstaat Goa an der W-Küste Indiens, als Agglomeration 90 400 Ew.; Hafen für den Export von Eisenerz (v. a. nach Japan), ferner von Manganerz, Bauxit und Ölkuchen.

Margareta, frühchristl. Märtyrerin aus Antiochia in Pisidien; soll unter Diokletian enthauptet worden sein; Patronin der Schwangeren; gehört zu den vierzehn Nothelfern. – Heilige (Tag: 20. 7.).
In der *bildenden Kunst* wird M. im O seit dem 10. Jh. dargestellt (Göreme), im W seit dem 12. Jh. in Szenen ihrer Legende (Kathedrale von Tournai, W-Seite des nördl. Querhauses, Anfang des 13. Jh.). Seit sie zu den vierzehn Nothelfern gezählt wird, erscheint sie häufiger als Einzelfigur mit einem Drachen (als Symbol für den Teufel, den sie im Kampf überwunden haben soll; Gnadenaltar der Wallfahrtskirche Vierzehnheiligen, 1767–68). Darstellungen der hl. M. schufen u. a. H. van der Goes (Portinari-Altar, um 1475; Florenz, Uffizien), Raffael (1518; Paris, Louvre) und Tizian (1550–52; El Escorial, San Lorenzo el Real).

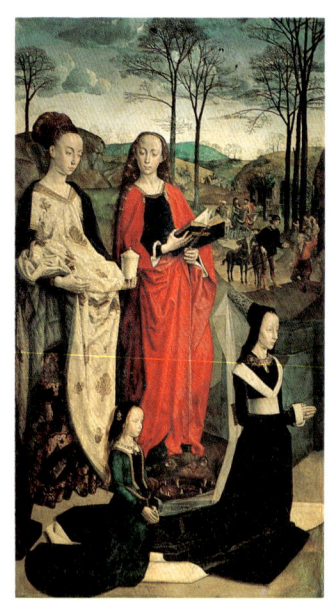

Margareta: Hugo van der Goes, ›Die Heiligen Margareta und Maria Magdalena mit Maria Portinari und ihrer Tochter‹; rechter Innenflügel des Portinari-Altars; um 1475 (Florenz, Uffizien)

Margareta, Margarete, schott. Königin und Schutzpatronin Schottlands, *Reska (bei Nádasd, Ungarn) um 1046, †Edinburgh 16. 11. 1093; seit etwa 1070 ∞ mit Malcolm III. Canmore von Schottland. – Heilige (Tag: 16. 11.).

Margarete, engl. **Margaret** [ˈmɑːɡərɪt], frz. **Marguerite** [margəˈrit], Herrscherinnen:
Dänemark: **1) Margarete I.,** dän. **Margrethe I.,** Königin von Dänemark und Norwegen (seit 1387) sowie Schweden (seit 1389), *Søborg (Seeland) März 1353, †Flensburg 28. 10. 1412. Die Tochter des dän. Königs Waldemar IV. Atterdag heiratete 1363 König Håkon VI. Magnusson von Norwegen und Schweden. Für ihren minderjährigen Sohn Olaf Håkonsson, seit 1376 König von Dänemark, führte sie die Regierung und nach Håkons Tod (1380) auch die von Norwegen. Nach dem Tod ihres Sohnes (1387) wurde sie in Dänemark und Norwegen zur Herrscherin gewählt. In Schweden setzte sie sich 1389 gegen König Albrecht von Mecklenburg, den ihr Heer bei Falköping am 24. 2. 1389 besiegt hatte, durch. Mit Schaffung der Kalmarer Union sicherte sie 1397 die Einheit der drei Reiche. Gleichzeitig setzte sie den ihr verwandten Erich VII. von Pommern zu ihrem Nachfolger ein, wahrte aber ihren Einfluss.

2) Margarete II., dän. **Margrethe II.,** Königin (seit 1972), *Kopenhagen 16. 4. 1940; Tochter von König Friedrich IX. und Ingrid von Schweden. Nachdem 1953 durch Verf.-Änderung die weibl. Thronfolge in direkter Linie ermöglicht worden war, wurde M. 1958 Kronprinzessin und bestieg nach dem Tod ihres Vaters (14. 1. 1972) den Thron. Am 10. 6. 1967 heiratete sie den frz. Diplomaten Henri Graf de Laborde de Monpezat (*1934; seitdem Henrik Prinz von Dänemark), mit dem sie zwei Söhne hat, den Thronerben

Margarete II., Königin von Dänemark

England: **3) Margarete von Anjou** [-ã'ʒu], Königin, * Pont-à-Mousson (bei Nancy) 23. 3. 1430, † Dampierre-sur-Loire (bei Saumur) 25. 8. 1482; Tochter von RENÉ I., Herzog von Anjou; wurde 1445 mit HEINRICH VI. von England vermählt; sie beherrschte mit ihren Günstlingen (bes. EDMUND BEAUFORT, Herzog VON SOMERSET) den regierungsunfähigen König und war während der Rosenkriege die eigentl. Führerin der Lancasterpartei. In der Schlacht bei Tewkesbury (4. 5. 1471) fiel ihr Sohn EDUARD (* 1453); sie selbst geriet in Gefangenschaft und wurde erst 1475 durch Vermittlung LUDWIGS XI. nach Frankreich freigelassen.

J. J. BAGLEY: Margaret of Anjou, Queen of England (London 1948).

Frankreich: **4) Margarete von Valois** [-va'lwa], gen. **La Reine Margot** [la 'rɛːn mar'go], Königin von Navarra und Frankreich, * Saint-Germain-en-Laye 14. 5. 1553, † Paris 27. 3. 1615; Tochter HEINRICHS II. von Frankreich und der KATHARINA VON MEDICI, ∞ seit 1572 mit HEINRICH III. von Navarra, dem späteren HEINRICH IV. von Frankreich; ihre Hochzeit war als Zeichen der Verständigung zw. Katholiken und Hugenotten gedacht, wurde aber der Auftakt zur →Bartholomäusnacht. Die Ehe wurde 1599 wegen Kinderlosigkeit für ungültig erklärt. M. war während und sammelte nach der Scheidung einen Kreis von Schriftstellern und Gelehrten um sich. Sie schrieb selbst Gedichte, ihre Memoiren sind zeitgeschichtlich interessant. Sie war letzter legitimer Spross der Valois.

Ausgaben: Memoiren, Briefe u. sonstige Dokumente, hg. v. W. FRED, 2 Bde. (1912); Gesch. der Margaretha von Valois, Gemahlin Heinrichs IV. Von ihr selbst beschrieben, hg. v. M. ANDERMATT (1996).

F. PEDRON: La reine Margot (Paris 1985).

Navarra: **5) Margarete von Navarra**, M. von Angoulême [-ãgu'lɛːm], Herzogin von Alençon, Königin von Navarra, * Angoulême 11. 4. 1492, † Odos (bei Tarbes) 21. 12. 1549; Schwester FRANZ' I. von Frankreich, seit 1509 ∞ mit Herzog KARL IV. VON ALENÇON († 1525), seit 1527 mit HEINRICH VON ALBRET († 1555), König von Navarra. Ihr Enkel HEINRICH IV. wurde als erster Bourbone König von Frankreich. Von hoher Bildung, zog M. Gelehrte an ihren Hof und regte die Übersetzung vieler Werke der ital. Literatur an, bes. die des ›Decamerone‹ von G. BOCCACCIO, aber auch die der florentin. Neuplatoniker. Tief religiös, vertrat sie einen an der Rechtfertigungslehre orientierten Evangelismus, gewährte verfolgten Protestanten Zuflucht an ihrem Hof in Nérac, bekannte sich jedoch nicht zum reformierten Glauben, sondern brach 1545 alle Beziehungen zu CALVIN ab. – M. ist Autorin des ›Heptaméron‹ (hg. 1559, erstmals 1558 u. d. T. ›Histoire des amants fortunés‹ erschienen), eine durch eine Rahmenhandlung verbundene Novellensammlung; diese folgt formal dem Vorbild von BOCCACCIOS ›Decamerone‹, ist aber inhaltlich von einer platonisch-idealist. Liebesauffassung geprägt und verweist in der differenzierten Analyse von Gefühlen und Handlungen bereits auf die Anfänge des psycholog. Romans im 17. Jh. M.s Gedichte sind von neuplaton. und myst. Ideen inspiriert (›Le miroir de l'âme pécheresse‹, 1531; ›Les marguerites de la Marguerite des princesses‹, 1547).

Ausgaben: Das Heptameron, hg. v. P. AMELUNG (1960); Y. Briconnet u. M. v. N.: Correspondance, hg. v. C. MARTINEAU u. a., 2 Bde. (1975–79); L'Heptaméron, hg. v. M. FRANÇOIS (Neuausg. 1981).

N. CAZAURAN: L'Heptaméron de Marguerite de Navarre (Paris 1977); J. L. DEJEAN: Marguerite de Navarre (ebd. 1987).

Niederlande: **6) Margarete von Österreich**, Statthalterin (1507–15 und 1518/19–30), * Brüssel 10. 1. 1480, † Mecheln 1. 12. 1530; Tochter Kaiser MAXIMILIANS I. und der MARIA VON BURGUND; vermählt 1497 mit dem Infanten JUAN von Kastilien, nach seinem Tod 1501 mit Herzog PHILIBERT II. von Savoyen, der 1504 starb. 1507 ernannte ihr Vater sie zur Statthalterin in den Niederlanden; von Mecheln aus leitete sie die Reg. der Niederlande, Burgunds und Savoyens im Sinn des habsburg. Hausinteresses. M. war maßgeblich an der Liga von Cambrai (1508) und am Damenfrieden von Cambrai (1529) beteiligt.

J. DE IONGH: Margaretha van Oostenrijk (Neuausg. Amsterdam 1947); E. WINKER: M. v. Ö. (1966); W. BLOCKMANS in: Die Habsburger, hg. v. B. HAMANN (Wien 1988).

7) Margarete von Parma, Statthalterin (1559–67), * Pamel (heute zu Oudenaarde) Ende Juli 1522, † Ortona 18. 1. 1586; illegitime Tochter von Kaiser KARL V. und der JOHANNA VAN DER GHEYNST; heiratete 1536 ALESSANDRO DE' MEDICI, Herzog in Florenz, der 1537 ermordet wurde, und war in zweiter Ehe (ab 1538) mit OTTAVIO FARNESE verheiratet. 1559 von PHILIPP II. von Spanien zur Statthalterin der Niederlande bestimmt, stützte sie sich zunächst auf Kardinal A. DE GRANVELLE als Ratgeber, ließ diesen jedoch unter dem wachsenden Druck der politisch und religiös motivierten niederländ. Adelsopposition 1564 abberufen. Um einen Ausgleich bemühte M. war den Problemen des kurz vor dem Aufstand stehenden Landes nicht gewachsen. Die Entsendung des Herzogs VON ALBA, der sie als Generalkapitän mit seinem Heer stützen sollte, veranlasste 1567 zum Rücktritt.

J. DE IONGH: Madama Margaretha van Oostenrijk, hertogin van Parma en Piacenza, 1522–1586 (Amsterdam ³1981); G. JANSSENS in: Die Habsburger, hg. v. B. HAMANN (Wien 1988).

Schottland: **8) Margarete**, Königin und Schutzpatronin von Schottland, →Margareta.

Tirol: **9) Margarete Maultasch**, Gräfin (1335–63), * wohl Schloss Maultasch (bei Terlan) 1318, † Wien 3. 10. 1369; Erbtochter des Meinhardiner Herzogs HEINRICH VI. von Kärnten; erhielt nach dem Tod ihres Vaters 1335 Tirol, war seit 1330 mit JOHANN HEINRICH (* 1322, † 1375), Sohn König JOHANNS DES BLINDEN von Böhmen, verheiratet. Die Ehe scheiterte, und JOHANN wurde 1341 aus Tirol vertrieben. M. heiratete 1342 ohne kirchl. Trennung ihrer ersten Ehe aufgrund einer weltlichen, auf theolog. Gutachten von MARSILIUS VON PADUA und WILHELM VON OCKHAM beruhenden Nichtigkeitserklärung den Markgrafen LUDWIG D. Ä. von Brandenburg, einen Sohn Kaiser LUDWIGS IV., DES BAYERN. Nach dem Tod ihres einzigen Sohnes MEINHARD III. überließ sie 1363 Tirol Herzog RUDOLF IV. von Österreich.

Margareten, der V. Gemeindebezirk von →Wien.

Margarethe, dt. Titel der Oper ›FAUST‹ von C. GOUNOD (Uraufführung 19. 3. 1859 Paris), Text von JULES BARBIER (* 1822, † 1901) und MICHEL CARRÉ (* 1819, † 1872); u. d. T. ›M.‹ erstmals Dresden 1861.

Margarine [frz., zu acide margarique ›perlfarbige Säure‹, zu lat. acidus ›sauer‹ und griech. márgaron ›Perle‹] *die, -,* streichbares Speisefett, das aus Ölen oder Fetten und Milch oder Wasser hergestellt wird und wie Butter aus einer erstarrten Wasser-in-Öl-Emulsion besteht. In Dtl. wird M., die nach dem M.-Gesetz mindestens 80 % Öl oder Fett (Halbfett-M. 39–41 %) enthalten muss, heute überwiegend (etwa zu 90 %) aus pflanzl. Rohstoffen wie Soja-, Sonnenblumen-, Rüb- und Palmöl sowie Kokos- und Palmkernfett hergestellt. In geringerem Umfang werden auch tier. Rohstoffe wie Rindertalg oder Fischöl (v. a. für Spezialerzeugnisse wie Back-M.) sowie durch Hydrieren gehärtete feste oder halbfeste Fette verwendet, daneben auch durch Umesterung abgewandelte Fette, die aus festen Fetten und flüssigen Ölen erzeugt werden und besondere Schmelzeigenschaften zeigen.

Margarete, Königin von Navarra

Marg Margarinsäure – Marge

Allg. setzt sich die Fettphase zus. aus etwa 20% hochschmelzenden Fetten, die ein festes Gefüge feiner Kristalle bilden, und aus 80% flüssigen Bestandteilen, die in den Kristallen so gebunden sind, dass sie nicht ›ausölen‹ können. Durch Mischen von Fetten und Ölen werden M.-Sorten mit Eigenschaften wie bestimmtem Schmelzverhalten, Streichfähigkeit, Plastizität und hohem Gehalt an essenziellen (mehrfach ungesättigten) Fettsäuren erzeugt. Neben Ölen und Fetten kann M. bis zu 20% entrahmte Milch, die zuvor zur Bildung von Aromastoffen gesäuert wird, sowie Aromastoffe, Kochsalz, Wasser und weitere Zutaten wie Vitamin A und D enthalten; Vitamin E ist bereits als Bestandteil der pflanzl. Öle enthalten. Lecithin wird als Emulgator für die innige Mischung von Fett/Öl- und Wasserphase verwendet; mit Carotin (Provitamin A) wird die Gelbfärbung erreicht. Zur Unterscheidung von Butter ist ein Zusatz von Stärke oder Sesamöl als nachweisbare Substanz vorgeschrieben. Zur Konservierung ist Sorbinsäure zugelassen.

Die wichtigsten Schritte bei der *techn. Herstellung* der M. sind die Emulgierung der wässrigen Phase in der Fettphase, das Kühlen (Kristallisieren) und die mechan. Bearbeitung (Kneten). Früher wurden die getrennt hergestellten Phasen zusammengeführt und chargenweise in der ›Kirne‹ emulgiert; dann wurde die Emulsion über Kühltrommeln zum Erstarren gebracht, abgeschabt und in Mischmaschinen oder Walzstühlen geknetet. Heute erfolgt die Herstellung vollautomatisch in einem Arbeitsgang, hygienisch und unter Luftabschluss im Kratzkühler. Anschließend wird die M. maschinell dosiert, geformt und verpackt.

Der *ernährungsphysiolog.* Wert der M. liegt darin, dass durch die Möglichkeit der freien Wahl der verwendeten Fette hochwertige M. mit hohem Anteil an essenziellen (ungesättigten) Fettsäuren, wie z. B. Linolsäure und Linolensäure, hergestellt werden können; diese ungesättigten Fettsäuren können bei manchen Menschen blutfettsenkend wirken. Außerdem ist zumindest reine Pflanzen-M. cholesterinfrei. Nachteilig im Vergleich zur Butter ist, dass die M. mehr chem. Zusätze enthält und durch den geringeren Gehalt an kurzkettigen Fettsäuren schwerer verdaulich ist.

Recht: Das M.-Gesetz vom 15. 6. 1897 wurde durch das Milch- und M.-Gesetz vom 25. 7. 1990 abgelöst. Im Unterschied zu jenem beschränkt sich das Gesetz vom 25. 7. 1990 auf grundlegende Bestimmungen und ermächtigt die Bundes-Reg., Einzelheiten über Herstellung, Behandlung, Kennzeichnung u. a. durch VO zu regeln (Margarine- und Mischfett-VO vom 31. 8. 1990).

Wirtschaft: 1994 wurden in den USA 3,9 Mio. t, in Dtl. 648 000 t, in Großbritannien und Nordirland 626 000 t, in den Niederlanden 360 000 t, in Belgien sowie Luxemburg 320 000 t M. erzeugt. – Der Pro-Kopf-Verbrauch an M. betrug in Dtl. 1994 7,2 kg/Jahr (Butter: 6,9 kg/Jahr).

Geschichtliches: Das erste M.-Produkt wurde 1866–69 von dem frz. Lebensmittelchemiker HIPPOLYTE MÈGE-MOURIÉS (* 1817, † 1880) aufgrund eines Preisausschreibens NAPOLEONS III., der einen billigen Butterersatz suchte, entwickelt. Er erkannte, dass der niedrigschmelzende Anteil des Rindertalgs, das Oleomargarin (das sich vom Oleostearin abtrennen lässt), eine Ähnlichkeit mit dem Butterfett aufweist. Durch Emulgieren des Oleomargarins mit Magermilch gelang es ihm, ein butterähnl. Produkt herzustellen, das er M. nannte. Die Verarbeitung von Pflanzenölen und von Waltran zu M. setzte erst nach 1900 ein, nachdem die Erfindung der ›Fetthärtung‹ durch W. NORMANN die Umwandlung der flüssigen Öle in feste Fette ermöglicht hatte.

Margarinsäure, Heptadecansäure, höhere Carbonsäure, die als Fettsäure mit ungerader Anzahl von Kohlenstoffatomen nur sehr selten in natürl. Fetten vorkommt (wurde z. B. in Hammeltalg nachgewiesen). Nach Untersuchungen von M. E. CHEVREUL nahm man zunächst an, M. läge als Triglycerid gebunden im Oleomargarin (→Margarine) vor; später wurde festgestellt, dass es sich um ein Gemisch der Palmitin- und der Stearinsäure handelt.

Margarịt [zu griech. margarítēs ›Perle‹] *der, -s/-e,* **Perlglimmer,** in dünnen Tafeln und v. a. in körnigblättrigen bis schuppigen Aggregaten auftretendes, weißes bis rötl., gelbes oder perlgraues, perlmutterglänzendes, monoklines Mineral aus der Gruppe der Sprödglimmer. Zusammensetzung $CaAl_2[(OH)_2|Al_2Si_2O_{10}]$; Härte nach MOHS 3,5–5,5, Dichte 2,99–3,08 g/cm^3; durch Regionalmetamorphose entstanden, Vorkommen in Phylliten und Kalkglimmerschiefern, ferner in hydrothermalen Klüften.

Margarịta, span. **Ịsla M.,** Insel der Kleinen Antillen, vor der N-Küste Südamerikas, NO-Venezuela, 1 085 km^2, 236 000 Ew.; die größte der rd. 70 Inseln, die den Bundesstaat Nueva Esparta bilden; Hauptstadt ist La Asunción, wichtigste Stadt Porlamar; in den Niederungen Sukkulenten- und Dornstrauchsavanne, im stärker beregneten Gebirge (bis 952 m ü. M.) regengrüner Bergwald. Im Bewässerungsfeldbau werden Mais, Maniok, Bataten, Bananen, Zuckerrohr und Bohnen erzeugt; Kokospalmenkulturen; Viehzucht (Rinder, Ziegen); Fischerei (mit Fischkonservenherstellung) und stark angewachsener Fremdenverkehr.

Margate [ˈmɑːgɪt], Stadt und Seebad in der Cty. Kent, SO-England, 56 700 Ew.; das Seebad wird bes. von Londonern besucht; kleiner Hafen; Fischerei; Industriepark mit vielseitiger Leichtindustrie im S der Stadt. – Seit 1750 Badeort, seit 1857 Stadtrecht.

Margaux [marˈgo], bedeutendes Weinbaugebiet (A. C.) nördlich von Bordeaux (1 300 ha), liefert ein Drittel aller klassifizierten Weine des →Médoc.

Margay (Kopf-Rumpf-Länge 45–70 cm)

Margay [marˈgɛ, frz.-indian.] *der, -(s)/-s,* **Langschwanzkatze, Baum|ozelot,** *Leopardus wiedi,* etwa 45–70 cm körperlange, langschwänzige Kleinkatze in den Wäldern von Süd-, Mittel- und des südl. Nordamerika; Baumbewohner mit rundl. Kopf und ozelotähnl. Zeichnung auf meist bräunlich gelbem Fell; Bestände wegen des begehrten Fells (Handels-Bez. **Peludo**) stark bedroht; der M. steht heute unter Naturschutz.

Marge [ˈmarʒə; frz. ›Rand‹, ›Spielraum‹, von lat. margo ›Rand‹] *die, -/-n,* **1)** *allg.:* Spanne, Spielraum.
2) *Wirtschaft:* die Differenz zw. An- und Verkaufspreisen im Sinne der Handelsspanne, des Bruttogewinns oder Deckungsbeitrags, zw. vorgegebenen Ober- und Untergrenzen (z. B. Bandbreite), zw. Preisen der gleichen Ware an versch. Orten, zw. Soll- und Habenzinsen; im Bankwesen auch Bez. für den Aufschlag auf einen Referenzzinssatz; im Börsenwe-

COOH
|
(CH₂)₁₅
|
CH₃

Margarinsäure

sen die Spanne zw. den Kursen desselben Wertpapiers an verschiedenen Börsenplätzen (→Arbitrage), an einigen Börsenplätzen der Einschuss (Margin) bei →Termingeschäften. So ist das Margin-Trading (Margin-Buying, Buying on Margin, Margin-Business) eine bes. in den USA verbreitete Methode des Aktienkaufs, bei der der Käufer an den Makler nur eine Anzahlung (Einschuss) leistet und den Rest der Kaufsumme durch einen Kredit des Maklers finanziert, für den die gekauften Wertpapiere als Sicherheit dienen bzw. an den sie verpfändet werden.

Margelan, Stadt in Usbekistan, →Margilan.

Margetarif ['marʒən-], Tarifform im Güterkraftverkehr und in der Binnenschifffahrt; von amtl. Stelle wird eine obere und eine untere Grenze für den M. festgesetzt, innerhalb dieser Grenzen darf der Tarif festgelegt werden.

Margeride, Monts de la M. [mɔ̃ də la mar'ʒrid], granitisches, waldreiches Kuppengebirge im Zentrum des frz. Zentralmassivs, im Randon 1 551 m ü. M.

Margerite [frz., zu griech. margarítēs ›Perle‹] *die, -/-n,* franz. margarítēs ›Perle‹, **Chrysanthemum leucanthemum,** eine in Europa, Sibirien und in den Kaukasusländern heim. Art der Korbblütlergattung Wucherblume, in Nordamerika und Australien eingeschleppt; bis 60 cm hohe Staude, Blütenkörbchen mit weißen Zungen- und gelben Röhrenblüten; in mehreren Unterarten und Formen auf Wiesen, auch in lichten Wäldern und an Hängen. Die M. wird in mehreren Sorten als Zierpflanze kultiviert, v. a. die gefüllte **Edelweißmargerite.**

Marggrabowa, bis 1928 Name der Stadt →Treuburg in Polen.

Marggraf, Andreas Sigismund, Chemiker, *Berlin 3. 3. 1709, †ebd. 7. 8. 1782; seit 1738 Mitgl. der Preuß. Akademie der Wissenschaften; M. gewann 1747 Zucker aus dem Saft der Runkelrübe (durch F. C. ACHARD industriell verwertet). Er untersuchte Phosphor und dessen Verbindungen und entdeckte u. a. die Unterscheidbarkeit der Elemente Natrium und Kalium an ihrer Flammenfärbung.

Marghera [mar'gera], Industriehafen und -vorort von Venedig auf dem italienischen Festland (im Ausbau seit 1919), bildet eine Siedlungseinheit mit Mestre. Die Hafenanlage (**Porto M.,** 20 km²) ist mit Venedig durch einen 10 m tiefen Kanal verbunden. Als Handels-, Industrie- und Ölhafen (Leitung für Erdölprodukte nach Mantua, Erdölraffinerie) hat M. vielseitige Industrie: Stahlwerk, Aluminium-, Kupfer-, Zinkhütte, Werften, Düngemittel-, Kunstharz-, Glas- und Malzfabriken.

Margherita di Savoia [marge'rita-], Seebad und Gem. in Apulien, Prov. Foggia, Italien, an der adriat. Küste, 12 800 Ew.; Meersalzsalinen (4 000 ha). Aus dem Salinenwasser wird Brom und Bromid gewonnen; Gemüsebau. – M. di S. hieß bis 1879 **Saline di Barletta.**

Margilan, usbek. **Marghilon,** früher **Margelan,** Stadt im Gebiet Fergana, Usbekistan, im südl. Ferganabecken, 128 000 Ew.; Islam. Hochschule; Seidenwerk.

marginal [zu lat. margo, marginis ›Rand‹], 1) *allg.:* am Rande liegend; nebensächlich.

2) *Botanik:* **randständig,** bezeichnet Samenanlagen, die am Fruchtblattrand angeordnet sind; Ggs.: laminal (flächenständig).

Marginalanalyse, Methode der Wirtschaftstheorie, bei der untersucht wird, welche Auswirkungen eine (infinitesimal kleine) Änderung einer (oder mehrerer) ökonom. Größe auf eine andere ökonom. Größe hat, wobei die betrachteten Größen in funktionalen Beziehungen stehen und vereinfachend von der Konstanz der anderen Einflussvariablen ausgegangen wird (Ceteris-paribus-Klausel). Es wird mithilfe von Grenzgrößen (z. B. Grenzerlös, Grenzkosten, Grenznutzen, Grenzproduktivität) argumentiert. Mathemat. Hilfsmittel ist die Differenzialrechnung. Die M. wird am häufigsten als Verlaufs- oder Wirkungsanalyse angestellt, je nachdem, ob eine Veränderung im Zeitablauf berechnet werden soll (→dynamische Analyse) oder ob Veränderungen gegenüber einer Ausgangssituation Gegenstand der Analyse sind.

Marginalie [mlat., zu marginal] *die, -/-n, meist Pl.,* Randbemerkung, krit. Anmerkung (in Büchern, Handschriften, Akten o. Ä.); bes. die in einer kleineren Schrift auf den äußeren, seltener inneren Rand einer (Buch-)Seite (›marginal‹) gedruckte Anmerkung (mit Quellen, Zahlen, Erläuterungen zum Text).

Marginter, Peter, österr. Schriftsteller und Diplomat, *Wien 26. 10. 1934; war Kulturattaché in Ankara und London, lebt in Wien. Schreibt in der Tradition von F. VON HERZMANOVSKY-ORLANDO Romane und Erzählungen, die seine Vorliebe für fantastisch-skurrile und surrealist. Stoffe zeigen (›Der tote Onkel‹, 1967); auch Jugendbücher (›Wolkenreiter & Sohn‹, 1977) und Hörspiele.

Weitere Werke: *Romane:* Königrufen (1973); Das Rettungslos (1983); Der Kopfstand der Antipoden (1985).

Margites, fragmentarisch erhaltene Parodie auf die Odyssee, bis ins 3. Jh. v. Chr. HOMER, später PIGRES VON HALIKARNASSOS (1. Hälfte des 5. Jh. v. Chr.) zugeschrieben; die Tölpelgeschichte entstand wohl im 6. Jh. v. Chr. ARISTOTELES sah im M. den ersten Ansatz zur Komödie.

Margul-Sperber, Alfred, rumäniendt. Schriftsteller, Publizist und Übersetzer, *Storoschinez (bei Tschernowzy) 23. 9. 1898, †Bukarest 4. 1. 1967; begann als expressionist. Dichter, v. a. mit Großstadtlyrik, die seine Jahre der Wanderschaft in Wien, Paris und New York beschreibt; sein Thema wurde die mythisch gesehene Landschaft der Bukowina. Er setzte sich seit den 30er-Jahren auch als Förderer und Mentor zahlr. Schriftsteller (u. a. P. CELAN) für die rumäniendt. Literatur ein.

Werke: *Lyrik:* Gleichnisse der Landschaft (1934); Geheimnis u. Verzicht (1939); Zeuge der Zeit (1951); Mit offenen Augen (1956); Sternstunden der Liebe (1963); Aus der Vorgeschichte (1964).

Ausgaben: Das verzauberte Wort. Der poet. Nachlaß 1914–1965 (1969); Geheimnis u. Verzicht. Das lyr. Werk in Auswahl, hg. v. A. KITTNER (1975).

Marheineke, Marheinecke, Philipp Konrad, ev. Theologe, *Hildesheim 23. 4. 1780, †Berlin 31. 5. 1846; war seit 1805 Prof. für systemat. Theologie in Erlangen, seit 1807 in Heidelberg, seit 1811 in Berlin; dort von 1820 an auch Prediger an der Dreifaltigkeitskirche. M. war überzeugt von der absoluten Gültigkeit der Philosophie G. W. F. HEGELS und versuchte in seinem eigenen System, Glauben und Wissen in Einklang zu bringen.

Werke: Christl. Symbolik, 3 Bde. (1810–13); Grundlehren der christl. Dogmatik (1819); Einl. in die öffentl. Vorlesungen über die Bedeutung der Hegelschen Philosophie in der christl. Theologie (1842); Zur Kritik der Schellingschen Offenbarungsphilosophie (1843); Theolog. Vorlesungen, 4 Bde. (hg. 1847–49).

E.-M. RUPPRECHT: Kritikvergessene Spekulation (1993).

Mari, Tscheremissen, finnougr. Volk in der Russ. Föderation, 1989 zu 52 % in der Rep. Mari El, sonst in den Rep. Tatarstan, Tschuwaschien und Baschkirien sowie in den Gebieten Perm und Swerdlowsk, insgesamt etwa 670 000. Sprache: Tscheremissisch (→finnougrische Sprachen). Unterschieden werden drei Gruppen: Berg-M. oder Hochland-M. (v. a. am rechten Wolgaufer) und Wiesen-M. oder Tiefland-M. (am linken Wolgaufer), denen sich die Ost-M. anschließen. Die im 16. Jh. einsetzende Christianisierung konnte, v. a. unter den Tiefland- und Ost-M., die alten animistisch-schamanist. Vorstellungen (Kugu-Sorta-Sekte) nicht restlos überwinden. Einige M. (v. a. Ost-M.) traten zum sunnit. Islam über.

Mari, altoriental. Stadt am mittleren Euphrat, heute **Tell Hariri,** 11 km nordnordwestlich von Abu Kemal in Ostsyrien. M. ist die älteste bekannte Stadt in diesem Gebiet und war eine wichtige Station auf der Handelsstraße von Babylonien zum Mittelmeer. Die Gründung der Stadt reicht in die 1. Hälfte des 3. Jt. v. Chr. zurück, die große Palastanlage mit dem Archiv der Könige von M. stammt aus der altbabylon. Zeit (1950–1700 v. Chr.). Von den etwa 25 000 aufgefundenen Tontafeln enthalten 5 000 die polit. und administrative Korrespondenz, die wichtige Einblicke in die geschichtl. Entwicklung des ganzen Vorderen Orients im ausgehenden 18. Jh. v. Chr. gewährt. Aufschlussreich sind die Nachrichten über die Rolle der westsemit. Nomaden und Halbnomaden und ihr Brauchtum. Unter den religiösen Texten sind einige in hurrit. Sprache; mehrfach wird von Propheten berichtet. M. wurde 1696 v. Chr. von HAMMURAPI zerstört. – Die frz. Ausgrabungen unter ANDRÉ PARROT (* 1901, † 1980) begannen 1933 (1950 wieder aufgenommen) und legten große Teile des 1 000 × 600 m umfassenden Stadtgebiets frei. Aus dem 3. Jt. v. Chr. stammen Baureste mehrerer kleiner frühdynast. Tempel (etwa 2800–2400). Der Tempel für den Gott Dagon stand nahe einer Hochterrasse (Vorform der Zikkurat). Im Tempel für Ninnizaza fand sich eine Kultsäule aus Basalt; aus dem angebauten Ischtartempel stammen berühmte Bildwerke der sumer. – in anderer Betrachtung der altsyr. – Kunst (Sitzbilder u. a. der Sängerin UR-NANSCHE und über 100 stehende Beterstatuetten oder Weihefigürchen, Einlegearbeiten, Schmuck, Waffen und Steatitgefäße). Unter späteren Überbauungen wurde in einem als älteres Palastheiligtum zu deutenden Komplex (vermutlich drei aufeinander folgende Tempel) ein Depotfund gemacht, traditionell ›Schatz von Ur‹ genannt, jedoch sind die meisten Stücke wohl in M. selbst gefertigt. Der seinerzeit berühmte Palast von M. (u. a. in Ebla erwähnt) bedeckte mit Wohn- und Wirtschaftstrakten über 2,5 ha, war wohl in großen Teilen zweistöckig und hatte über 300 Räume. Im O- und im W-Teil lag je ein großer Hof, der östl. war von einer Reihe von Handelskontoren umgeben und hatte nach S einen kleinen Audienzsaal, an dem zweiten westl. Hof lag nach S ein als Thronsaal identifizierter Breitraum mit Podest und dahinter ein ebenso breiter Kultraum mit erhöhter Cella an einer Schmalseite. Im W-Hof sind Wandmalereien (BILD →babylonische Kultur) erhalten, v. a. ein Opferzug und ein gemalter Teppich mit der Investitur des Königs ZIMRI-LIM (etwa 1710–1696 v. Chr.), der vor der Göttin Ischtar steht. In der unteren Hälfte ist eine Wasser spendende Göttin, von der auch eine Statue wohl derselben Zeit gefunden wurde, zweimal dargestellt.

A. PARROT: Mission archéologique de M., 4 Bde. (Paris 1956–68); DERS.: M., capitale fabuleuse (ebd. 1974); Land des Baal. Syrien-Forum der Völker u. Kulturen, bearb. v. K. KOHLMEYER u. a., Ausst.-Kat. (1982); J.-G. HEINTZ: Bibliographie de M. Archéologie et textes. 1933–1988 (Wiesbaden 1990). – *Zeitschriften:* Archives royales de M. (Paris 1950 ff.); M. Annales de recherches interdisciplinaires (ebd. 1982 ff.).

Maria, Stämme in Zentralindien, wahrscheinlich Nachkommen der Ureinwohner; →Gond.

Maria [griech. und lat. Form von hebr. Mirjam, Bedeutung unklar], die Mutter JESU CHRISTI, im kirchl. Sprachgebrauch auch ›Mutter Gottes‹, ›Unsere Liebe Frau‹, frz. ›Notre Dame‹, engl. ›Our Lady‹, ital. ›Madonna‹, griech. ›Panhagia‹, die wenigen histor. Angaben über M. im N. T. (z. B. Frau des JOSEPH aus Nazareth, Lk. 2, 4 f.) werden von der theolog. Deutung ihrer Gestalt überlagert. Am ausführlichsten berichten über sie die →Kindheitsgeschichten. Das Matthäusevangelium erzählt von M.s Empfängnis JESU ›durch das Wirken des Heiligen Geistes‹ sowie von ihrer Jungfräulichkeit (→Jungfrauengeburt) bis zur Geburt JESU und deutet dies als Hinweis auf dessen Gottessohnschaft (ähnlich Lk. 1,34 f.). Im Lukasevangelium finden sich weitere Einzelheiten wie der Besuch M.s bei ELISABETH, der Mutter JOHANNES' DES TÄUFERS, und das Magnificat (→Heimsuchung Mariä) oder die Reinigung M.s im Tempel (→Lichtmess). Im Johannesevangelium ist nur von der Mutter JESU ohne Nennung ihres Namens die Rede (z. B. Joh. 2, 1 ff.). Den neutestamentl. Zeugnissen zufolge hatte M. zunächst nur wenig Verständnis für das öffentl. Auftreten JESU (Mk. 3,31–35); sie war bei der Kreuzigung dabei (Joh. 19, 25 ff.) und gehörte nach seinem Tod zur christl. Gemeinde (Apg. 1, 14). Die legendar. Ausgestaltung ihres Lebens erfolgte v. a. in den Apokryphen des N. T. So erzählt das →Jakobusevangelium u. a., M. sei im Alter von drei Jahren in den Jerusalemer Tempel gebracht und dort als ›Tempeljungfrau‹ erzogen worden (davon abgeleitet wurde das Fest ›Unsere Liebe Frau in Jerusalem‹, früher: ›Darstellung Mariä‹). Nach einer Legende soll M. in Jerusalem, nach einer anderen Überlieferung in Ephesos gestorben sein. Seit dem 5. Jh. wurde des ›Heimgangs Mariä‹ gedacht (→Himmelfahrt Marias). Im MA. entwickelte sich die Auffassung von der →Unbefleckten Empfängnis.

Im *Koran* wird M. (arab. MARJAM) mehrfach erwähnt. Die dritte Sure betont M.s Zugehörigkeit zum (von MOSE abstammenden) ›Haus Imran‹ und beschreibt ihre göttl. Erwählung (Sure 3, 42 ff.), wodurch sie in die Reihe der großen von Allah auserwählten Menschen gestellt (Sure 21, 91) und Beispiel für die Gläubigen (Sure 66, 12) wird. Die neunzehnte Sure trägt die Überschrift M. (›Marjam‹) und schildert ebenfalls die Erwählung M.s (Verkündigung MARIÄ), wobei die Mutter JESU wiederum ausdrücklich als Jungfrau gekennzeichnet wird. Der Widerspruch der jungfräul. Geburt wird dabei als Ausdruck des souveränen Willens Allahs konstatiert (Sure 19, 20 ff.), jedoch nicht im Sinne einer (im islam. Denken unmögl.) ›Gottessohnschaft‹ interpretiert. (→Marienbild, →Mariendichtung, →Marienverehrung, →Mariologie)

Maria, Marie, engl. **Mary** [ˈmɛərɪ], Herrscherinnen: *Böhmen:* 1) **Maria Theresia,** Königin (seit 1740), →Maria 13).

Burgund: 2) **Maria von Burgund,** Herzogin (seit 1477), * Brüssel 13. 2. 1457, † Brügge 27. 3. 1482; Erbtochter KARLS DES KÜHNEN, seit 1477 ∞ mit dem späteren Kaiser MAXIMILIAN I. Sie bestimmte diesen zum Vormund und Regenten für ihre Kinder, PHILIPP I. DEN SCHÖNEN, von Kastilien und MARGARETE VON ÖSTERREICH. M.s früher Tod ließ ihr burgund. Erbe an das Haus Österreich fallen.

England: 3) **Maria I., die Katholische** oder **die Blutige,** engl. **Bloody Mary** [ˈblʌdɪ ˈmɛərɪ], auch **M. Tudor**

Mari: Sitzbild der Sängerin Ur-nansche aus dem Ischtartempel; Höhe 26 cm, etwa 2500 v. Chr. (Damaskus, Nationalmuseum)

[-'tju:dǝ], Königin (seit 1553), *Greenwich (heute zu London) 18. 2. 1516, †London 17. 11. 1558; Tochter HEINRICHS VIII. und der KATHARINA VON ARAGONIEN, folgte ihrem Halbbruder EDUARD VI. auf den Thron; seit 1554 in kinderloser Ehe mit PHILIPP II. von Spanien verheiratet. Ihr Versuch, England zum Katholizismus zurückzuführen, war mit zahlr. Hinrichtungen führender Protestanten (darunter der Erzbischof von Canterbury, T. CRANMER) verbunden. Im Krieg mit Frankreich ging 1558 Calais verloren.

H. F. M. PRESCOTT: Mary Tudor (a. d. Engl., 1966); D. M. LOADES: M. Tudor. 1516-1558 (a. d. Engl., 1982).

4) **Maria II. Stuart** [-'stjʊǝt], Königin (seit 1689), *London 30. 4. 1662, †Kensington (zu London) 28. 12. 1694; älteste Tochter JAKOBS II., Protestantin; seit 1677 ∞ mit WILHELM (III.) VON ORANIEN; erhielt nach dem Sturz ihres Vaters zus. mit ihrem Mann 1689 die Krone (→Glorreiche Revolution).

H. u. B. VAN DER ZEE: William and Mary (London 1973); A. FRASER: M. S. (a. d. Engl., Neuausg. 1996).

Frankreich: 5) **Maria von Medici** [-'me:ditʃi], Königin, *Florenz 26. 4. 1573, †Köln 3. 7. 1642; Tochter von FRANCESCO DE' MEDICI, Großherzog der Toskana; seit 1600 ∞ mit König HEINRICH IV. von Frankreich (nach seiner Trennung von MARGARETE VON VALOIS), übernahm nach dessen Ermordung (1610) die Regentschaft für ihren Sohn LUDWIG XIII. M. betrieb eine Politik der Annäherung an Spanien und der Konzessionen gegenüber dem Adel. Ihr Günstling, der Marquis D'ANCRE, fiel 1617 einer Verschwörung zum Opfer; LUDWIG XIII. verwies sie nach Blois. Nach ihrer Rückkehr an den Hof (1622) führte sie – erfolglos – die Opposition des Hochadels gegen RICHELIEU (›Tag der Geprellten‹, 10. 11. 1630). Aus der Haft in Compiègne (1631) entfloh sie ins Ausland. M. ließ in Paris das Palais du Luxembourg errichten und durch P. P. RUBENS ihr Leben in 21 allegor. Kolossalgemälden darstellen (Paris, Louvre).

M. CARMONA: Marie de Médicis (Paris 1981).

6) **Maria Theresia von Österreich**, Königin, *Madrid 10. 9. 1638, †Versailles 30. 7. 1683; Tochter PHILIPPS IV. von Spanien; seit 1660 ∞ mit LUDWIG XIV., nachdem sie im Pyrenäenfrieden (1659) allen Erbansprüchen auf Spanien entsagt hatte; Mutter des ›Grand Dauphin‹ LUDWIG (*1661, †1711).

7) **Maria Leszczyńska** [-lɛʃˈtʃiĩska], Königin, *Breslau 23. 6. 1703, †Versailles 24. 6. 1768; Tochter des poln. Königs STANISLAUS LESZCZYŃSKI; wurde 1725 mit dem um sieben Jahre jüngeren LUDWIG XV. verheiratet, dem sie zehn Kinder gebar, darunter den Dauphin LUDWIG (*1729, †1765).

8) **Marie Antoinette** [-ātwaˈnɛt], Königin, *Wien 2. 11. 1755, †(hingerichtet) Paris 16. 10. 1793; Tochter von Kaiser FRANZ I. und von 13); wurde 1770 zur Festigung des Bündnisses mit Frankreich mit dem Dauphin, dem späteren LUDWIG XVI., vermählt. Die hochgebildete, lebensfrohe, oft leichtsinnige Königin war ihrer polit. Aufgabe nicht gewachsen, geriet in offenen Konflikt mit der Reg. und wurde allmählich unbeliebt; einer entschlossenen Reformpolitik stellte sie sich entgegen, dazu untergrub - →Halsbandaffäre - wenn auch zu Unrecht - ihren Ruf. Über den österr. Botschafter F. Graf MERCY-ARGENTEAU, der sie im Auftrag ihrer Mutter beaufsichtigte, gehörte sie zu den wichtigsten Informanten der Wiener Außenpolitik. Seit 1789 richtete sich der Volkshass gegen die ›Autrichienne‹ (›Österreicherin‹), die es nicht verstand, die Sympathien gemäßigter Revolutionäre wie des Grafen von MIRABEAU und von A.-P.-J.-M. BARNAVE zu nutzen, und die sogar an den Vorverhandlungen zum preußisch-österr. Feldzug von 1792 mitwirkte. Nach dem Sturm auf die Tuilerien (10. 8. 1792) mit LUDWIG XVI. (hingerichtet am 21. 1. 1793) im Temple inhaftiert, ertrug sie als ›Witwe Capet‹ bezeichnete M. A. den Prozess, das Todesurteil (14. 10. 1793) und den Weg zur Guillotine in fester Haltung. Weiteres BILD →Janinet, Jean-François. - Die schillernde Gestalt der M. A. begegnet oft in der *Literatur;* bes. bekannt wurde die romanhafte Biographie S. ZWEIGS (1932) sowie die abenteuerl. Romane von A. DUMAS PÈRE (u. a. ›Le collier de la reine‹, 1849).

Ausgaben: Lettres. Recueil de lettres authentiques de la reine, hg. v. M. DE LA ROCHETERIE u. a., 2 Bde. (1895-96); Maria Theresia. Geheimer Briefwechsel mit M. A., hg. v. P. CHRISTOPH (Neuausg. 1980).

J. E. N. HEARSEY: M. A. (London 1972); J. HASLIP: M. A. (a. d. Engl., 1988); A. CASTELOT: M. A. Von Versailles zur Guillotine (a. d. Frz., Neuausg. 1989).

9) **Marie Amali|e, Marie Amélie**, Königin, *Caserta 26. 4. 1782, †Claremont (bei London) 24. 3. 1866; Tochter FERDINANDS IV. von Neapel, seit 1809 ∞ mit LOUIS PHILIPPE. Sie starb im Exil.

10) **Marie Louise** [-luˈiːz], Kaiserin, *Wien 12. 12. 1791, †Parma 17. 12. 1847; Tochter Kaiser FRANZ' II.; wurde von NAPOLEON I. zur Gemahlin gewählt und gegen ihren Willen 1810 mit ihm getraut. 1811 gebar sie ihm einen Sohn, den ›König von Rom‹, den späteren Herzog VON REICHSTADT. Nach NAPOLEONS Abdankung lebte sie in Schönbrunn bei Wien; seinem Schicksal gegenüber verhielt sie sich gleichgültig. Ein Beschluss des Wiener Kongresses übertrug ihr die Herzogtümer Parma, Piacenza und Guastalla, die sie seit 1816 nach METTERNICHS Plan regierte. 1821 heiratete sie in morganatischer Ehe ihren Oberhofmeister A. Graf NEIPPERG, nach dessen Tod (1829) KARL Graf BOMBELLES (1834).

Ausgabe: M. L. u. Napoleon, 1813-1815. Die unveröffentlichten Briefe ..., hg. v. C.-F. PALMSTIERNA (a. d. Frz., 1960).

M. OBLIN: Le vrai visage de M.-L., impératrice des Français, duchesse de Parme, Plaisance et Guastalla (Paris 1974); G. MARTINEAU: M. L., impératrice des Français (ebd. 1985); I. SCHIEL: M. L. Eine Habsburgerin für Napoleon (Neuausg. 1986).

Luxemburg: 11) **Marie Adelheid**, Großherzogin (1912-19), *Schloss Berg (bei Mersch) 14. 6. 1894, †Schloss Hohenburg (heute zu Lenggries) 24. 1. 1924; Tochter von Großherzog WILHELM IV.; bestieg aufgrund die weibl. Erbfolge gestattenden Familienstatuts den luxemburg. Thron. M. galt als bes. deutschfreundlich, was ihr während der dt. Besetzung Luxemburgs im Ersten Weltkrieg einen Ansehensverlust in der Bev. einbrachte und die luxemburg. Politik gegenüber den Alliierten erschwerte; sie dankte nach einem fehlgeschlagenen Volksaufstand (9./10. 1. 1919) ab und verließ ihr Land.

Neapel-Sizilien: 12) **Maria Carolina, Karoline M.**, Königin, *Schönbrunn (heute zu Wien) 13. 8. 1752, †Hetzendorf (heute zu Wien) 8. 9. 1814; Tochter von Kaiser FRANZ I. und von 13); seit 1768 ∞ mit FERDINAND IV. von Neapel (später FERDINAND I. beider Sizilien). Energischer als dieser, gewann sie großen polit. Einfluss. Sie unterstützte Sir J. F. E. ACTONS antifrz. Politik und musste deshalb 1798 und 1806 vor den Franzosen nach Sizilien fliehen.

Österreich: 13) **Maria Theresia**, Erzherzogin (seit 1740), Königin von Böhmen und Ungarn (seit 1740), *Wien 13. 5. 1717, †ebd. 29. 11. 1780; Erbtochter Kaiser KARLS VI.; seit 1736 ∞ mit Herzog FRANZ STEPHAN von Lothringen (als FRANZ I. seit 1745 Kaiser; seitdem wurde M. T. als Kaiserin bezeichnet) und Stammmutter des Hauses Habsburg-Lothringen; Mutter u. a. der späteren Kaiser JOSEPH II. und LEOPOLD II., von Kurfürst MAXIMILIAN FRANZ von Köln sowie von 8) und 12).

Nach dem Tod ihres Vaters übernahm M. T. aufgrund der Pragmat. Sanktion 1740 die Reg. der habsburg. Gesamtlande, sah sich aber zahlreichen Erbansprüchen anderer europ. Herrscher ausgesetzt. König FRIEDRICH II., D. GR., von Preußen löste mit seinem

Mari Maria

Angriff auf Schlesien (→Schlesische Kriege) den →Österreichischen Erbfolgekrieg (1740–48) aus, in dem die Königin von Ungarn (ungar. **Mária Terézia**; 1741 durch die Stände gekrönt) ihre Länder – ausgenommen Schlesien sowie Parma und Piacenza – mithilfe Großbritanniens behauptete.

Nach dem Frieden von Dresden (1745) wurde das österr. Heer durch L. VON DAUN und F. M. VON LACY reformiert (Dienstreglement von 1749, ›Generalstab‹, Militärschulen 1752). Die Außenpolitik, zunächst unter J. C. BARTENSTEIN, seit 1753 unter der Leitung von W. A. VON KAUNITZ, richtete sich auf die Wiedergewinnung Schlesiens und war infolge der Allianz mit Frankreich (1756) gegen das jetzt mit Großbritannien verbündete Preußen durch die Umkehr der Bündnisse geprägt. Im →Siebenjährigen Krieg (1756–63) musste M. T. endgültig auf Schlesien verzichten. Nach dem Tod FRANZ' I. (1765), der auch als Kaiser ihr Mitregent in den habsburg. Erblanden geblieben war, setzte sie ihren ältesten Sohn JOSEPH als Mitregenten ein und hielt während des Dualismus mit Preußen am Status quo fest. In der ersten Teilung Polens 1772 erhielt sie Galizien und festigte 1775 mit dem Erwerb der Bukowina Österreichs Stellung in Ostmitteleuropa; mit JOSEPH förderte sie dort die planmäßige Neubesiedlung und Kolonisation, bes. in der Batschka und im Banat (u. a. Donauschwaben; Volkszählung 1771/72). Durch den →Bayerischen Erbfolgekrieg kam 1779 das Innviertel zu Österreich.

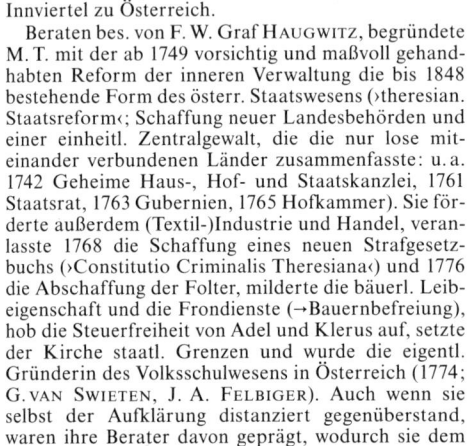

Beraten bes. von F. W. Graf HAUGWITZ, begründete M. T. mit der ab 1749 vorsichtig und maßvoll gehandhabten Reform der inneren Verwaltung die bis 1848 bestehende Form des österr. Staatswesens (›theresian. Staatsreform‹; Schaffung neuer Landesbehörden und einer einheitl. Zentralgewalt, die die nur lose miteinander verbundenen Länder zusammenfasste: u. a. 1742 Geheime Haus-, Hof- und Staatskanzlei, 1761 Staatsrat, 1763 Gubernien, 1765 Hofkammer). Sie förderte außerdem (Textil-)Industrie und Handel, veranlasste 1768 die Schaffung eines neuen Strafgesetzbuchs (›Constitutio Criminalis Theresiana‹) und 1776 die Abschaffung der Folter, milderte die bäuerl. Leibeigenschaft und die Frondienste (→Bauernbefreiung), hob die Steuerfreiheit von Adel und Klerus auf, setzte der Kirche staatl. Grenzen und wurde die eigentl. Gründerin des Volksschulwesens in Österreich (1774; G. VAN SWIETEN, J. A. FELBIGER). Auch wenn sie selbst der Aufklärung distanziert gegenüberstand, waren ihre Berater davon geprägt, wodurch sie dem späteren Josephinismus den Weg ebneten.

M. T.s Persönlichkeit, ihre tiefe Frömmigkeit sowie ihre Mütterlichkeit - aus der Ehe mit FRANZ I. stammten 16 Kinder - ließen sie zu einer volkstüml. Herrscherin werden; in der →Kapuzinergruft beigesetzt.

Ausgaben: M. T. u. Joseph II.: Correspondenz sammt Briefen Josephs an seinen Bruder Leopold, hg. v. A. VON ARNETH, 3 Bde. (1867–68); M. T. Geheimer Briefwechsel mit Marie Antoinette, hg. v. P. CHRISTOPH (Neuausg. 1980); Briefe u. Aktenstücke in Ausw., hg. v. F. WALTER (²1982).

A. VON ARNETH: Gesch. M. T.s, 10 Bde. (Wien 1863–79, Nachdr. 1971); P. REINHOLD: M. T. (1977); M. T. u. ihre Zeit, hg. v. W. KOSCHATZKY (Salzburg 1979); M. T. Ihr Leben u. ihre Zeit in Dokumenten u. Bildern, hg. v. G. u. G. MRAZ (1979); A. WANDRUSZKA: M. T. Die große Kaiserin (1980); V. L. TAPIE: M. T. Die Kaiserin u. ihr Reich (a.d.Frz., Graz ²1989); F. HERRE: M. T. Die große Habsburgerin (1994).

Portugal: **14) Maria I.**, Königin (seit 1777), * Lissabon 17. 12. 1734, † Rio de Janeiro 20. 3. 1816; Tochter und Nachfolgerin JOSEPHS I.; seit 1760 ∞ mit ihrem Onkel PETER III († 1786). Sie entließ den Min. S. J. DE →POMBAL und hob dessen aufklär. Gesetzgebung auf. Seit 1792 war M. geisteskrank; 1799 wurde ihr zweiter Sohn JOHANN (VI.) Regent.

15) Maria II. da Glória, Königin (seit 1826/34), * Rio de Janeiro 4. 4. 1819, † Lissabon 15. 11. 1853; älteste Tochter von König PETER IV. (Kaiser PETER I. von Brasilien). Ihr Vater bestimmte sie 1826 zur Nachfolgerin JOHANNS VI., musste ihr aber den Thron gegen seinen Bruder MICHAEL erkämpfen (1834). Unter ihrer Herrschaft verschärften sich die Parteikämpfe und inneren Gegensätze. M. war seit 1836 ∞ mit FERDINAND (II.) aus dem Haus Sachsen-Coburg-Saalfeld.

Preußen: **16) Marie Eleonore**, Herzogin, * Kleve 18. 6. 1550, † Königsberg (heute Kaliningrad) 23. 5. 1608; Tochter WILHELMS (V.), DES REICHEN (* 1516, † 1592), Herzog von Jülich-Kleve-Berg (1539–92); ∞ seit 1573 mit dem geisteskranken Herzog ALBRECHT FRIEDRICH von Preußen (* 1553, † 1618), festigte durch geschickte Heiratspolitik die weiteren dynast. Verbindungen zw. Brandenburg und Preußen; bereitete den Abfall von Kleve, Mark und Ravensberg an Brandenburg vor.

Schottland: **17) Maria von Guise** [-gi:z, auch gɥi:z], Regentin (seit 1554), * Bar-le-Duc 22. 11. 1515, † Edinburgh 11. 6. 1560, Mutter von 18), Tochter von CLAUDE I. DE LORRAINE, Herzog VON GUISE; seit 1538 in zweiter Ehe ∞ mit JAKOB V. von Schottland. Aus Gründen der Thronsicherung für ihre Tochter MARIA STUART zunächst um prot. Unterstützung bemüht, gab sie unter frz. Einfluss nach dem Regierungsantritt ELISABETHS I. von England ihre tolerante religionspolit. Haltung auf.

18) Maria Stuart [-'stjuət], Königin (1542–68), * Linlithgow 7. oder 8. 12. 1542, † (hingerichtet) Fotheringhay Castle (Cty. Northamptonshire) 8. 2. 1587, Tochter JAKOBS V. von Schottland und von 17); in Frankreich erzogen, seit 1558 in erster Ehe ∞ mit FRANZ II. von Frankreich (seit 1559 König); nach dessen Tod (1560) kehrte sie 1561 nach Schottland zurück. Zu ELISABETH I. von England stand sie politisch in Gegensatz, da sie sich der schottisch-frz. Verbindung verpflichtet fühlte; auch galt sie als Urenkelin HEINRICHS VII. den Katholiken als rechtmäßige Erbin des engl. Throns. 1565 heiratete sie ihren Vetter Lord DARNLEY, mit dem sie sich noch vor der Geburt ihres Sohnes (JAKOB VI., als engl. König ab 1603 JAKOB I.) überwarf. Ihren katholisierenden Bestrebungen trat in offener Empörung die Mehrzahl der prot. Lords und v. a. der Reformator J. KNOX entgegen. DARNLEY, der 1566 ihren Sekretär, den Italiener DAVID RIZZIO (auch RICCIO), aus Hass und Eifersucht hatte umbringen lassen, wurde 1567 durch J. H. BOTHWELL ermordet; M. S.s Mitwisserschaft ist umstritten. 1567 heiratete sie BOTHWELL, doch die prot. Lords erhoben sich, brachten sie zeitweilig in ihre Gewalt und zwangen sie zur Abdankung zugunsten ihres Sohnes JAKOB, für den der Earl of MURRAY als Regent eingesetzt wurde. M. S. zog nach einer Niederlage ihrer Truppen (13. 5. 1568 bei Langside [heute zu Glasgow]) die Flucht nach England vor, offenbar in der Hoffnung, ELISABETH I. würde ihr als monarch. Gemeinschaftsgefühl helfen. Diese ließ sie jedoch (für die folgenden mehr als 18 Jahre) gefangen setzen. Mit dem Vorwurf der Teilnahme an der Verschwörung A. BABINGTONS setzte Lord BURGHLEY ihre Verurteilung und Hinrichtung durch.

Von ihren kath. Zeitgenossen wurde M. S. als Märtyrerin empfunden und als solche im Drama seit T. CAMPANELLAS ›Maria Stuarda‹ (1598) dargestellt, u. a. bei J. VAN DEN VONDEL (›M. S.‹, 1646). Seit A. DE MONTCHRÉTIENS Drama ›L'Écossaise ou le désastre‹ (1601) traten persönl. Motive stärker hervor (u. a. J. BANKS, ›The island queens ...‹, 1684); SCHILLERS Trauerspiel ›M. S.‹ (1801) steht in dieser Tradition. Seit Ende des 18. Jh. kam es zu einer Ausweitung des stoffl. Interesses und damit zu einer Hinwendung der Dichtung zu der von amourösen Abenteuern erfüllten Zeit der Königin in Schottland (V. ALFIERI, ›M. Stuarda‹, 1789; B. BJØRNSON, ›M. S. i Skotland‹, 1864;

Maria Stuart, Königin von Schottland

J. Drinkwater, ›Mary Stuart‹, 1921) oder zur literar. Ausgestaltung ihrer Biographie (A. C. Swinburne, ›Mary Stuart trilogy‹, 1865–81; Maurice Baring, ›In my end is my beginning‹, 1931; M. Anderson, ›Mary of Scotland‹, 1933; S. Zweig, ›M. S.‹, 1935; W. Hildesheimer, ›Mary Stuart‹, 1971). Auch in der Lyrik finden sich Bearbeitungen ihres Schicksals, so bei R. Burns, P. J. de Béranger, T. Fontane und Agnes Miegel.

Ausgabe: Lettres, instructions et mémoires de M. S., reine d'Écosse, hg. v. Fürst A. Labanoff, 7 Bde. (1844).

G. Donaldson: Mary, Queen of Scots (London 1974); A. Fraser: M., Königin der Schotten (a. d. Engl., Neuausg. 1974); M. Duchein: M. S. Eine Biographie (a. d. Frz., 1992); J. Wormald: M. S. (a. d. Engl., 1992).

Spanien: **19) Marie Luise, Maria Luisa**, Königin, *Parma 9. 12. 1751, †Rom 2. 1. 1819; aus dem Haus Bourbon-Parma (Tochter Herzog Philipps von Parma); seit 1765 ∞ mit dem späteren König Karl IV. von Spanien. M. L. nahm bestimmenden Einfluss auf die span. Politik, u. a. durch ihr Verhältnis zu Min. M. de Godoy. Ab 1808 lebte sie im Exil.

20) Maria Christina, Maria Cristina, Königin, *Neapel 27. 4. 1806, †Sainte-Adresse (bei Le Havre) 23. 8. 1878; Tochter Franz' I. beider Sizilien; vierte Gemahlin König Ferdinands VII. von Spanien (1829), 1832/33–40 Regentin (von B. Espartero verdrängt) für ihre Tochter Isabella II., deren Thronfolgerecht sie gegen die →Karlisten verteidigte. Nach der Revolution von 1851 musste sie ins Exil gehen.

Ungarn: **21) Maria**, Königin (seit 1382), *1370, †Ofen (heute zu Budapest) 17. 5. 1395; übernahm 1382 die Nachfolge ihres Vaters Ludwig I., d. Gr.; seit 1385 ∞ mit dem späteren Kaiser Siegmund, der 1387 zum König von Ungarn gekrönt wurde und ihre Reg. wiederholt gegen Adelsrevolten verteidigen musste.

22) Maria, Königin von Ungarn und Böhmen (seit 1522), Statthalterin der Niederlande (seit 1530), *Brüssel 17. 9. 1505, †Cigales (bei Valladolid) 18. 10. 1558; Habsburgerin, Tochter von Philipp I., dem Schönen, und der Königin Johanna der Wahnsinnigen von Kastilien, Enkelin von 2); wurde 1522 mit König Ludwig II. von Ungarn und Böhmen verheiratet, nach dessen Tod von ihrem Bruder, Kaiser Karl V., 1530 mit der Statthalterschaft der Niederlande (in der Nachfolge ihrer Tante Margarete von Österreich) betraut, die sie bis 1556 führte.

G. Heiss: Königin M. von Ungarn u. Böhmen, 2 Tle. (Diss. Wien 1971).

23) Maria Theresia, ungar. **Mária Terézia** [ˈmaːriɔ ˈtereːziɔ], Königin (seit 1740), →Maria 13).

Maria, M. von Ägypten, ägypt. Eremitin, †im 4. Jh.; stammte aus Alexandria, war nach der Legende eine Prostituierte, die sich anlässlich einer Wallfahrt nach Jerusalem bekehrte und anschließend 47 Jahre als Einsiedlerin in der Wüste östlich des Jordans lebte. – Heilige (Tag: 2. 4.; orth. Kirche 1. 4.). – In der *bildenden Kunst* wird sie u. a. als Büßerin dargestellt (Tintoretto, Champaigne), mit den eigenen Haaren bekleidet. Ihr Attribut waren drei Brote, von denen sie sich in der Einsiedelei ernährte. Szenen aus ihrem Leben stellte u. a. E. Nolde dar (Triptychon, 1912; Hamburg, Kunsthalle).

Maria, M. von Bethanien, Frauengestalt des N.T.: Schwester des Lazarus und der Martha (Lk. 10, 39–42; Joh. 11, 1–45); salbte nach Joh. 12, 3 Jesus mit kostbarer Nardensalbe die Füße; wird in der Tradition meist mit Maria Magdalena gleichgesetzt. – Heilige (Tag: 22. 7.).

Maria, M. von Oigniès [-wanˈjɛs], Begine und Mystikerin, *Nijvel (Prov. Brabant) 1177, †Oigniès (heute zu Aiseau, Prov. Hennegau) 23. 6. 1213; lebte seit 1207 in einer ›Zelle‹ beim Augustinerkloster von Aiseau als ›pia mater‹ (fromme Mutter) einer Gruppe gleich gesinnter Frauen; hatte u. a. wesentl. Einfluss auf Jakob von Vitry, der 1215 ihre Vita verfasste. – Heilige (Tag: 23. 6.).

Maria Birnbaum, barocke Wallfahrtskirche bei Sielenbach, Landkreis Aichach-Friedberg, Oberbayern; überkuppelter Zentralbau (1661–68) mit Stuckdekorationen (1664/65) von M. Schmuzer und hervorragender Ausstattung (schwarzgoldener Hochaltar, 1674/75). – Die Wallfahrt geht zurück auf ein 1632 von den Schweden verstümmeltes Vesperbild, das später in einem hohlen Birnbaum verehrt wurde.

Mariachi [maˈri̯atʃi, span.] *Pl.*, volkstüml. mexikan. Straßenmusik. M.-Bands sind i. d. R. mit zwei Trompeten, zwei Violinen, Mandoline, mehreren Gitarren und Bassgitarre besetzt.

Maria Enzersdorf am Gebirge, Markt-Gem. in Niederösterreich, südlich von Wien, am Rand des Wienerwalds, 10 800 Ew. Zur Gem. gehört auch die Wiener Satellitenstadt ›Südstadt‹ mit Verw.-Sitzen niederösterr. Landesgesellschaften sowie dem Bundessportzentrum Süd mit dem Österr. Olympia- und Sportmuseum; Missionshaus St. Gabriel (Steyler Missionare); Druckmaschinenbau, Pharmaindustrie.

S. Petrin: Gesch. von M. E. (Maria Enzersdorf 1979).

Mariage [mariˈaʒə, frz.] *die, -/-n,* **1)** *veraltet* für: Ehe, Heirat.
2) *Kartenspiel:* das Zusammentreffen von König und Dame einer Farbe in der Hand eines Spielers.

Mariagerfjord [ˈmaːriaˌjɔrfjoːr], 35 km lange, bis 24 m tiefe Förde an der O-Küste N-Jütlands, Dänemark. Am inneren Ende des M.s liegt Hobro, am S-Ufer die kleine ›Rosenstadt‹ Mariager.

Mariahilf, der VI. Gemeindebezirk von →Wien.

Maria Laach: Portal der Paradiesvorhalle

Maria Laach, Benediktinerabtei (1093 gegr.) in der Gem. Glees, Landkreis Ahrweiler, Rheinl.-Pf., am Laacher See; die sechstürmige, doppelchörige, kreuzgewölbte Klosterkirche (1093–1220/30; Bild →deutsche Kunst), eine dreischiffige Pfeilerbasilika, ist eines der hervorragendsten Zeugnisse roman. Baukunst. Im O-Chor Altarziborium (nach 1256); got. Stiftertumba (um 1270); Mosaiken der Beuroner Kunstschule. In der Paradiesvorhalle (um 1225) reicher plast. Bauschmuck u. a. des Samsonmeisters.

Mariä Lichtmess, →Lichtmess.

Maria-Limbach, barocke Wallfahrtskirche (1751 bis 1755) bei Eltmann, Bayern, ein Spätwerk B. Neumanns; zurückhaltende Stuckatur und prunkvolle

Mari Maria Lionza – Marianen

Baldachinanlage des Hochaltars (1761) von J. P. WAGNER.

Maria Lionza, afroamerikan. Religion; v. a. in ihrem Entstehungsland Venezuela mit wachsender Anhängerschaft verbreitet. Die einzelnen Kultzentren wurden seit 1968 unter der Bez. ›culto aborigen‹ zusammengeschlossen. Benannt ist M. L. nach einer myth. einheim. Prinzessin, deren Verehrung als Naturgöttin und ›Mutter‹ im Mittelpunkt des Kultes steht. Ihr Heiligtum befindet sich in Sorte (Yaracuy). Ziel des Kulthandelns ist die Kommunikation der Gläubigen mit den Geistern Verstorbener, die durch die von ihnen besessenen Medien Ratschläge erteilen, Kranke heilen oder mag. Wirkungen verursachen. Wie in den afrobrasilian. Religionen Candomblé und Umbanda vermischen sich in M. L. afrikan. Einflüsse (Verehrung westafrikan. Gottheiten) und indian. (Verehrung verstorbener indian. Würdenträger) mit Elementen des europ. Spiritismus (Kardecismus) sowie des populären Katholizismus (Identifizierung mit MARIA).

A. POLLAK-ELTZ: Cultos Afroamericanos (Caracas 1977); H. FICHTE: Lazarus u. die Waschmaschine (1985); R. MAHLKE: Die Geister steigen herab. Die M.-L.-Religion in Venezuela (1992); A. POLLAK-ELTZ: Trommel u. Trance. Die afroamerikan. Religionen (1995).

Maria Magdalena: Gemälde von Jan van Scorel; um 1528 (Amsterdam, Rijksmuseum)

Maria Magdalena, Maria von Magdala, Frauengestalt des N.T.; nach Lk. 8,2 eine der galiläischen Frauen, die JESUS und seine Jünger begleiteten. Nach Mk. 16,9 hatte JESUS aus ihr ›sieben Dämonen ausgetrieben‹. Sie war bei der Kreuzigung und dem Begräbnis JESU anwesend (Mt. 27,56 ff.; Mk. 15,40 ff.; Joh. 19,25) und nach dem Bericht Joh. 20,11–18 die erste Zeugin seiner Auferstehung. Die Wertschätzung, die ihr als Vermittlerin der authent. Lehre JESU beigemessen wurde, hat sich u. a. in Apokryphen des N.T. (z.B. ›Pistis Sophia‹, ›Evangelium der Maria‹) niedergeschlagen. Seit GREGOR I. wurde M. M. mit der ›Sünderin‹, die JESUS salbte (Lk. 7,37–50), und MARIA VON BETHANIEN gleichgesetzt. Nach der seit dem 11. Jh. entstandenen Legende soll sie mit LAZARUS und MARTHA nach Marseille gelangt sein und in S-Frankreich das Evangelium verkündet haben. Sie habe eine Zeit lang als Einsiedlerin in einer Höhle bei Saint-Maximin-la-Sainte-Baume (Dép. Var) gelebt und sei dort oder in Aix-en-Provence begraben worden. Seit Mitte des 11. Jh. wurde das Kloster in Vézelay, in das ihre Gebeine angeblich im 9. Jh. gebracht worden waren, zu einem Zentrum ihrer Verehrung. – Heilige (Tag: 22. 7.).

In der *bildenden Kunst* erscheint M. M. in szen. Darstellungen, z. B. bei der Kreuzigung, der Beweinung CHRISTI und der Grablegung CHRISTI sowie beim →Nolimetangere. Einzeldarstellungen zeigen sie mit einem Salbgefäß (JACOBELLO DI BONOMO, zw. 1370 und 1380, Krakau, Muzeum Narodowe; R. VAN DER WEYDEN, Braque-Triptychon, um 1450, Paris, Louvre; J. VAN SCOREL, um 1528, Amsterdam, Rijksmuseum), seit dem 15. Jh. als Büßerin, von ihren Haaren bekleidet (DONATELLO), mit einem Buch (TIZIAN, 1565; Sankt Petersburg, Eremitage), mit Kruzifix und Totenkopf (P. FARINATI, um 1581, Prag, Národní Galerie; P. BATONI, um 1750, ehem. Dresden, Gemäldegalerie, verbrannt; P. CÉZANNE, 1866, Paris, Musée d'Orsay). Zyklen mit Szenen aus dem Leben der hl. M. M. schufen u. a. L. MOSER (Tiefenbronner Altar, 1432) und T. RIEMENSCHNEIDER (Münnerstädter Altar, 1490–92; Teile in Münnerstadt, Stadtpfarrkirche, Berlin, Skulpturensammlung, München, Bayer. Nationalmuseum).

Literarisch fand die Gestalt M. M.s v. a. in der geistl. Lyrik und im geistl. Spiel des MA. Eingang. Die Dichtung des 19. und 20. Jh. machte sie zur Zentralfigur von Prosawerken (J. SCHLAFS Erzählung ›Jesus und Mirjam‹, 1901) und Dramen (P. VON HEYSES ›Maria von Magdala‹, 1899). F. HEBBEL verwendete in seinem bürgerl. Trauerspiel ›Maria Magdalene‹ (1844) den Namen der reuigen Sünderin symbolhaft. Dagegen zeichnete in neuester Zeit LUISE RINSER M. M. in ihrem Roman ›Mirjam‹ (1983) als selbstbewusste Frau vor dem Hintergrund der bibl. Geschichte.

M. INGENHOFF-DANHÄUSER: M. M. Heilige u. Sünderin in der ital. Renaissance (1984); I. MAISCH: M. M. Zw. Verachtung u. Verehrung. Das Bild einer Frau im Spiegel der Jahrhunderte (1996).

Mariamne, Tochter des Makkabäers ALEXANDER II. († 49 v.Chr.), von ihrem Gatten, HERODES D. GR., unter falscher Anklage (29 v.Chr.) hingerichtet.

Mariana, Stadt in Minas Gerais, Brasilien, 700 m ü. M., 35 000 Ew.; Erzbischofssitz; in der Nähe Goldbergbau und die nach Amapá zweitwichtigsten Manganerzlagerstätten Brasiliens. – M. hat sein kolonialzeitl. Gepräge weitgehend erhalten, steht heute unter Denkmalschutz und besitzt mit seinen Kirchen Hauptwerke des Minasbarock: Kathedrale (1709–60) mit zweistöckiger Doppelturmfassade; São Francisco de Assis (1763 bis ins 19. Jh.) mit Portalrelief aus Speckstein; die Kirche São Pedro dos Clérigos (1752) ist heute Museum (Barockkunst); Kapelle Nossa Senhora da Boa Morte (18. Jh.). – M., gegründet um 1700, ist die älteste Stadt in Minas Gerais. Ihre Entstehung verdankt sie der Entdeckung noch heute genutzter Goldlagerstätten.

Marianen, engl. **Mariana Islands** [meərɪˈænə ˈaɪləndz], früher **Ladronen,** Inselgruppe Mikronesiens im westl. Pazifik, am W-Rand des M.-Grabens. Die 16 Inseln bilden – mit Ausnahme von →Guam – den Inselstaat →Nordmarianen. Die 560 km lange Inselkette ist teils vulkan. Ursprungs (aktiver Vulkanismus auf Farallon de Pajaros und Papan), teils aus Korallenkalk aufgebaut; trop. Seeklima (2 000–4 000 mm Jahresniederschlag, 24–28 °C), auf den hohen Inseln trop. Regenwald, sonst Kokospalmen-, Brotfruchtbaum- und Schraubenbaumbestände. Nur sechs Inseln sind bewohnt mit insgesamt 52 900 Ew.: **Saipan** (120 km²), **Tinian** (102 km²), **Rota** (85 km²), **Pagan** (48 km²), **Anatahan** (32 km²), **Agrihan** (30 km², bis 965 m ü. M.).

Die ursprüngl., in der Mitte des 2. Jt. v. Chr. eingewanderte Bev., die eine austrones. Sprache (noch heute neben Englisch verwendet) sprechenden Chamorros, schwand während der span. Kolonialzeit weitgehend (teilweise nach Guam verschleppt). Ihre Reste vermischten sich mit zugewanderten Tagalen (Jungindonesier von den Philippinen) und Bewohnern der Karolinen (Mikronesier). Diese Mischlings-Bev. ist überwiegend römisch-katholisch.

Die Inseln wurden seit 1920 von den Japanern besiedelt und wirtschaftlich erschlossen. Die von ihnen angelegten Zuckerrohrpflanzungen wurden im Krieg zerstört. Die Landwirtschaft (Anbau von Mais, Bataten, Gemüse und Obst, Kopragewinnung, Rinder- und Schweinehaltung) dient v. a. der Selbstversorgung. Bedeutung hat der Fremdenverkehr.

Geschichte: 1521 wurden die M. von F. DE MAGALHÃES entdeckt. 1565 nahm Spanien diese Inseln in Besitz, die 1668 zu Ehren von MARIANA DE AUSTRIA, der Witwe des span. Königs PHILIPPS IV., den Namen ›Islas Marianas‹ erhielten. Spanien trat 1898 Guam an die USA ab und verkaufte 1899 die übrigen Inseln an das Dt. Reich. Im Ersten Weltkrieg besetzten die Japaner 1914 die M.; 1920 fielen die früher unter dt. Herrschaft stehenden Inseln als Mandat des Völkerbundes an Japan, nach der 1944 erfolgten amerikan. Eroberung 1947 als Treuhandgebiet der UNO an die USA. Nach einer von der UNO beaufsichtigten Abstimmung (17. 6. 1975) schlossen sich die M. (außer Guam) im Januar 1978 zu dem mit den USA assoziierten Staat Commonwealth of the Northern Mariana Islands zusammen; im November 1986 wurde der Bev. die Staatsbürgerschaft der USA verliehen. Am 22. 12. 1990 hob der Weltsicherheitsrat die UN-Treuhandschaft über die Nord-M. auf.

Marianengraben, Tiefseegraben im westl. Pazifik, verläuft östlich und südlich der Marianen; mit 11 034 m in der Witjastiefe I (im S) die bisher größte gemessene Meerestiefe.

Marianische Antiphonen, *lat. Liturgie:* Lobgesänge zu Ehren der Jungfrau MARIA am Schluss der Komplet. Versch. M. A. wechseln nach der Zeit des Kirchenjahrs (z. B. Alma Redemptoris Mater, Ave regina caelorum, Regina Coeli, Salve Regina).

Marianische Kongregationen, bis 1967 Name der →Gemeinschaft Christlichen Lebens.

Marianisten, eigtl. **Gesellschaft Mariä,** lat. **Societas Mariae,** Abk. **SM,** kath. Ordenskongregation von Priestern und Laien; 1817 von dem Priester WILHELM-JOSEPH CHAMINADE (* 1761, † 1850) v. a. für die Glaubensverbreitung und Jugenderziehung gegründet. M. wirken in (1997) 29 Ländern; rd. 1 700 Mitgl. Sitz des Generaloberen ist Rom. Die rd. 40 Ordens-Mitgl. in Dtl. (Niederlassung in Fulda) und in Österreich (Freistadt, Linz, Wien) bilden die Ordensprovinz Österreich-Dtl. (Sitz: Tragwein [Oberösterreich]).

Marianne [frz. mariˈan], urspr. republikan. Geheimgesellschaft in Frankreich während der Restauration und des Bürgerkönigtums (1815–48), dann identisch mit der Freiheitsgestalt. Heute Personifikation der frz. Rep., meist mit der Jakobinermütze dargestellt.

Mariano, 1) [ˈmærɪænəʊ], Charlie, eigtl. **Charles Hugo M.,** amerikan. Jazzmusiker (Sopran-, Altsaxophon, Flöte, Nagaswaram [südind. Oboe]) ital. Herkunft, * Boston (Mass.) 12. 11. 1923; in der Nachfolge von CHARLIE PARKER stehend, spielte M. u. a. bei CHARLES MINGUS, lebte mehrere Jahre im Fernen Osten und seit 1971 meist in Europa, wo er bes. durch seine von asiat. Musik geprägte Spielweise in der Jazzrockgruppe ›Pork pie‹ (1973) u. a. mit JASPER VAN'T HOF und PHILIP CATHERINE bekannt wurde; seit 1975 Mitgl. des United Jazz & Rock Ensemble.

2) Jacopo, gen. **Taccola,** ital. Ingenieur, * Siena 4. 2. 1381, † vor 1458. Von M. sind mehrere Bildhandschriften techn. Inhaltes erhalten, die spätmittelalterl. Maschinen schildern (Göpel, Gezeitenmühle, Pumpe mit Ventil im Kolben, Seilbahn u. a.).

Mariánské Lázně [ˈmarjaːnskɛ ˈlaːznjɛ], Heilbad (Stadt) in der Tschech. Rep. →Marienbad.

Mariapfarr, Wallfahrtsort im Lungau, Salzburg, Österreich, 1 120 m ü. M., 2 300 Ew.; Fremdenverkehr. – Die Pfarrkirche (923 gen.; älteste Pfarre des Lungaus), im Kern romanisch (Fresken um 1220), hat einen frühgot. Chor und ein spätgot. basilikales Langhaus (1446); in der Georgskapelle Fresken der Meister FRIEDRICH und JOHANN VON VILLACH (um 1430).

Maria Plain, Wallfahrtskirche in der Gem. Bergheim bei Salzburg, Österreich; 1671–74 erbaut, doppeltürmige, zweigeschossige Fassade, reiche Ausstattung u. a. mit Werken von MARTIN JOHANN SCHMIDT.

Marías [maˈrias], Javier, span. Schriftsteller, * Madrid 20. 9. 1951; war 1983–85 Lektor in Oxford; gehört zu der Generation span. Autoren, die in der Ära nach FRANCO die span. Prosa erneuerten. In delikaten psycholog. Skizzen lotet er die Empfindungen seiner Protagonisten aus, die er in subtile Beziehung zu der genau beschriebenen äußeren Umwelt setzt. Vielfältig ist in M.' Werken der Bezug zur engl. Literatur, die er auch übersetzt (u. a. SHAKESPEARE, L. STERNE).

Werke: *Romane:* Los dominios del lobo (1971); El monarca del tiempo (1978); El siglo (1983); El hombre sentimental (1986; dt. Der Gefühlsmensch); Todas las almas (1989; dt. Alle Seelen oder die Irren von Oxford); Corazón tan blanco (1992; dt. Mein Herz so weiß); Mañana en la batalla piensa en mi (1994). – *Essays:* Pasiones pasadas (1991); Literatura y fantasma (1993).

Maria Saal, Markt-Gem. nördlich von Klagenfurt, Kärnten, Österreich, 505 m ü. M., 3 800 Ew.; Kärntner Freilichtmuseum (Bauernhäuser) mit Bauernmöbelmuseum in der ehem. Propstei. – Die spätgot. Wallfahrtskirche Mariä Himmelfahrt (1. Hälfte 15. Jh.) ist Teil einer Wehrkirchenanlage; in den doppeltürmigen Bau sind zahlreiche röm. Spolien (u. a. Relief eines Reisewagens) und Grabsteine seit der frühen Neuzeit eingemauert; im Inneren Fresken (15. Jh.) und zwei spätgot. Flügelaltäre (Arndorfer Altar, um 1515/20, und Georgsaltar, 1526) sowie ein Barockaltar mit geschnitzter spätgot. Kreuzigungsgruppe; im Hof Karner, ein in die Wehranlage einbezogener Rundbau (urspr. roman. oder vorroman. Taufkapelle), 1416 geweiht, um 1500 mit doppelgeschossigem neunseitigem Arkadenumgang versehen. – M. S. entstand neben der um 765 geweihten Pfarrkirche.

Maria Taferl, Markt-Gem. im Bez. Melk, Niederösterreich, im Nibelungengau der Donau, 443 m ü. M., 810 Ew. – Wallfahrtskirche der Schmerzhaften Mutter Gottes, ein barocker Kuppelbau (1660–1711), von J. PRANDTAUER vollendet; mit Deckengemälde von 1715–17, reichen Stuckaturen und Hochaltar von 1734; vor der Kirche Opfertisch (Taferlstein), wohl aus vorchristl. Zeit.

Mariátegui [maˈriateɣi], José Carlos, peruan. Schriftsteller und Sozialtheoretiker, * Moquegua 14. 6. 1894, † Lima 16. 4. 1930. Von journalist. Tätigkeit verließ er 1919, z. Z. der Diktatur von A. B. LEGUÍA, Peru und reiste durch West- und Mitteleuropa, wo er u. a. von H. BARBUSSE, A. GRAMSCI und M. GORKIJ beeinflusst wurde. 1923 nach Peru zurückgekehrt, unterstützte er zunächst die Alianza Popular Revolucionaria Americana (APRA). M. gründete 1928 die Sozialist. Partei Perus, die sich später in Kommunist. Partei Perus umbenannte. Von den Arbeitern und v. a. der bäuerl. (indian.) Bev. erhoffte er sich die Verwirklichung der peruan. Nation. – In der Essaysammlung ›Siete ensayos de interpretación de la realidad peruana‹ (1928; dt. ›Sieben Versuche über die peruan. Wirklichkeit‹) wendete er die marxist. Theorie auf die peruan. Gesellschaft an, betonte aber zugleich die Bedeutung der indian. Religion und Mythen.

Ausgabe: Obras completas, 20 Bde. (1980–86).

G. MAIHOLD: J. C. M. Nat. Projekt u. Indio-Problem (1988).

Maria Theresia, Erzherzogin von Österreich, Königin von Böhmen und Ungarn, →Maria (Herrscherinnen, Österreich).

Maria-Theresi|en-Orden, höchster österr. und ungar. Militärverdienstorden, von MARIA THERESIA

Mari Mariatheresientaler – Marie

Mariazell mit der Wallfahrtskirche Mariä Geburt (um 1200, im 17. Jh. stark verändert) und dem ›Geistlichen Haus‹ (links; 1704–09)

Mariatheresientaler (Günzburg, 1780; Durchmesser 40 mm)

Vorderseite

Rückseite

nach dem Sieg L. J. VON DAUNS bei Kolin 1757 gestiftet, aufgehoben 1918, in Ungarn 1931 und 1938 erneuert; drei Klassen.

Mariatheresi|entaler, österr. Konventionstaler (→Konventionsfuß) von 1780 aus der Münzstätte Günzburg, der als Handelsmünze (→Levantetaler) schon bald nach der Ausgabe v. a. im Osman. Reich und in O-Afrika sehr beliebt und deshalb mit unveränderter Jahreszahl weitergeprägt wurde; man achtete deshalb in den Umlaufgebieten sehr genau auf Abweichungen im Münzbild. In Österreich wurde der M. auch dann noch geprägt, nachdem er im eigenen Land 1854 demonetisiert worden war. Auch in anderen Staaten wurde nach 1918 der M. für den Orienthandel geprägt, z. B. in Belgien, Frankreich, Großbritannien, Indien, Italien, den Niederlanden; insgesamt sollen etwa 350 bis 400 Mio. Stück hergestellt worden sein. In Äthiopien, dem Hauptumlaufgebiet im 20. Jh., wurde der M. 1945 außer Kurs gesetzt.

J. HANS: Maria-Theresien-Thaler (Leiden ²1961); Der Maria-Theresien-Taler, in: Vom Taler zum Dollar, hg. v. W. HESS u. a., Ausst.-Kat. (1986).

Maria-Theresiopel, Stadt in Serbien, →Subotica.

Mariawiten [von lat. Mariae vitam imitantes ›das Leben Marias Nachahmende‹], **Mariaviten,** unabhängige altkath. Kirchen in Polen; hervorgegangen aus einer von FELICJA KOZŁOWSKA (* 1862, † 1921) 1888 in Płock gegründeten Schwesternvereinigung und einer von dem Vikar JAN KOWALSKI 1893 gegründeten Priestergemeinschaft. Nach dem Verbot durch Rom (1904) wurden die M. 1909 Mitgl. der Utrechter Union. Nationalist. und mystizist. Auffassungen unter den M. führten schon 1924 wieder zu ihrem Ausschluss und 1935 zur Spaltung in die **Altkatholische Kirche der M.** (rd. 25 000 Mitgl.), die auch dem Ökumen. Rat der Kirchen in Polen angehört, und in die **Felicjanów-M.** (rd. 4 000 Mitgl.). – Im Zentrum des Glaubenslebens der M. stehen die besondere Verehrung MARIAS und der hl. Eucharistie. Die Kommunion wird unter beiden Gestalten (Brot und Wein) gespendet, die persönl. und geheime Beichte abgelehnt.

Maria Wörth, Gem. im Bez. Klagenfurt-Land, Kärnten, Österreich, erstreckt sich über 17 km² am S-Ufer des Wörther Sees, 450 m ü. M., 1 200 Ew.; Fremdenverkehr. – Auf dem höchsten Punkt einer felsigen Halbinsel liegt die spätgot. Pfarr- und ehem. Stiftskirche St. Primus und Felician mit roman. Krypta und Hochaltar (1658) mit thronender Muttergottes (um 1460); neben ihr der zweigeschossige roman. Karner sowie die roman. Winter- oder Rosenkranzkirche (1155 geweiht?) mit einem bedeutenden roman. Freskenzyklus. – M. W. geht auf eine bischöflich-freisingische Gründung zurück; 1146–1528 bestand hier ein Kollegiatstift; 1598–1772 gehörte der Ort den Jesuiten.

Mariazell, Stadt in den Nördl. Kalkalpen, im Bez. Bruck an der Mur, Steiermark, Österreich, 870 m ü. M., 2 000 Ew.; Bezirksgericht; meistbesuchter Wallfahrtsort Österreichs, Fremdenverkehrszentrum; Seilbahn auf die Bürgeralpe (1 266 m ü. M.). – Roman. Pfarr- und Wallfahrtskirche Mariä Geburt (›Magna Mater Austriae‹, um 1200, v. a. im 17. Jh. durchgreifend verändert) mit Hochaltar (1700–04) und Gnadenaltar (1727) nach Entwürfen von J. B. FISCHER VON ERLACH; ›Geistl. Haus‹ (Pfarrhof, 1704–09, ein mächtiger dreigeschossiger Flügelbau), St.-Michael-Kapelle, im spätgot. Karner (15. Jh.). – M. wurde 1157 durch Benediktiner gegründet.

Marib, Ort im NO von Jemen, am Rand der Wüste; neuer Staudamm mit Bewässerungskulturen. Östlich Erdölförderung und Pipeline (seit 1987) zur Hafenstadt Hodeida; Erdölraffinerie. – M. war die alte Hauptstadt der Sabäer, die bis zum 6. Jh. n. Chr. bestand; erhalten sind Reste einst mächtiger Bauwerke, v. a. des Mondtempels (→altarabische Kunst) und des alten Staudamms. Die differenzierte Wasserwirtschaft geht ins 3. Jt. v. Chr. zurück.

U. BRUNNER: Die Erforschung der antiken Oase von Mārib... (1983); R. STUCKY: Eine Reise nach M., in die Stadt der Königin von Saba, in: Antike Welt, Jg. 14, H. 1 (Küßnacht 1983); Antike Technologie. Die sabäische Wasserwirtschaft von M., hg. v. JÜRGEN SCHMIDT, 3 Bde. (1991–95).

Maribo, Stadt auf der Insel Lolland, Dänemark, am Søndersee, 11 400 Ew.; Heimat-, Freilichtmuseum; Zucker-, Kunststofffabrik. Hafen von M. ist Bandholm (8 km nördlich, mit Safaripark; durch Museumsbahn mit M. verbunden). – Der got. Dom (ehem. Klosterkirche, 15. Jh.) ist eine dreischiffige Hallenkirche mit Triumphkreuz (Ende 15. Jh.). – Die Stadt M. ist eine Gründung des 1416 gestifteten und mit reichem Grundbesitz ausgestatteten Birgittenklosters (seit 1556 adliges Damenstift; 1621 aufgehoben); seit 1560 Selbstverwaltung.

Maribor, früher dt. **Marburg,** zweitgrößte Stadt in Slowenien, 274 m ü. M., an der Drau, 103 100 Ew.; kath. Bischofssitz; Univ. (gegr. 1975), Kunstgalerie. Omnibus-, Lkw- und Maschinenbau, Textil-, chem., Leder-, Nahrungsmittelindustrie; internat. Flughafen. – In der Altstadt Reste der Stadtmauern mit Wasserturm (14. Jh.) und Gerichtsturm (16. Jh.). Die Burg (15. Jh., im 17. Jh. barockisiert) ist heute Museum. Der Dom, im 12. Jh. als dreischiffige roman. Pfeilerbasilika errichtet, wurde mehrmals umgebaut; im Innern spätgot. Chorschranke. Am Marktplatz das Rathaus (16. Jh., Renaissancefassade), vor dem sich eine Mariensäule befindet, die an die Pest von 1680 erinnert, und die barocke Aloysiuskapelle (1769) mit klassizist. Portal. – M., bei einem ehem. Sitz der Markgrafen der Pettauer Mark (Markburg) entstanden, 1147 erstmals erwähnt, wurde 1209 Markt und 1254 Stadt. Dank landesfürstl. Unterstützung überflügelte es bald das im MA. bedeutendere Pettau (Ptuj) und war bis 1945 Mittelpunkt des Deutschtums in der Untersteiermark.

Marica [-tsa] *die,* Fluss auf der Balkanhalbinsel, →Maritza.

Maricourt [-'ku:r], Pierre de, meist **Petrus Peregrinus** gen., frz. Gelehrter Mitte des 13. Jh.; verfasste in Briefform die erste Abhandlung über den Magnetismus.

Marie, M. de France [ma'ri də 'frɑ̃s], frz. Dichterin der 2. Hälfte des 12. Jh., älteste namentlich bekannte frz. Dichterin überhaupt. Einzelheiten über ihre Biographie und die Datierung ihrer Werke sind jedoch hypothetisch. Wahrscheinlich stammte sie aus Frankreich und lebte am Hof HEINRICHS II. von England, dem sie ihre (zw. 1160 und 1189 entstandenen) ›Lais‹ (Versnovellen, u. a. ›Chievrefueil‹, ›Eliduc‹, ›Fraisne‹, ›Guigemar‹, ›Lanval‹, ›Bisclavret‹) widmete. In Form und Inhalt der zeitgenöss. höf. Dichtung verpflichtet, verbinden sie mündlich überlieferte Stoffe aus dem breton. Sagenkreis mit der Darstellung des Abenteuers als Form ritterl. Lebens und der differenzierten Schilderung von Gefühlskonflikten. Ferner wird M. die erste frz. (wohl zw. 1170 und 1190 entstandene) Fabelsammlung ›Esope‹ zugeschrieben; sie geht auf eine (nicht erhaltene) engl. Sammlung zurück (der eine anglolat. Fassung des ›Romulus Nilantii‹, 11. Jh., zugrunde lag) und gestaltet höfisch-ritterl. Wertvorstellungen am Beispiel antiker Fabeln. M. gilt auch als Verfasserin der (um 1190 entstandenen) Verslegende ›L'espurgatoire Seint Patriz‹ (nach dem ›Tractatus de Purgatorio Sancti Patricii‹ des engl. Mönchs HENRY OF SALTREY, um 1160), in der die Legende des hl. Patrick den Rahmen für die Beschreibung einer theologisch-moralisch ausgedeuteten Jenseitsreise bildet.

Ausgaben: Das Buch vom Espurgatoire Saint Patrice u. seine Quelle, hg. v. K. WARNKE (1938, Nachdr. 1976); Äsop, hg. v. H. U. GUMBRECHT (1973); Novellen u. Fabeln. Dt. Übers. v. R. SCHIRMER (1977); Die Lais. Dt. Übers. v. D. RIEGER u. a. (1980).

K. RINGGER: Die ›Lais‹ (1973); E. SIENAERT: Les lais de M. de F. (Paris 1978); P. CLIFFORD: M. de F. Lais (London 1982).

Marie Amalie, Königin, →Maria (Herrscherinnen, Frankreich).

Marie Antoinette [-ãtwaˈnɛt], Königin, →Maria (Herrscherinnen, Frankreich).

Marie-Byrd-Land [məˈriːˈbəːd-], Teil der Westantarktis, zw. Ellsworthhochland und Ross-Schelfeis; im N überragen mehrere Gebirge die bis 4 000 m mächtige Inlandeisdecke. Von R. E. BYRD erforscht und nach seiner Frau benannt.

Marie-Galante [marigaˈlãt], Insel der Kleinen Antillen, →Guadeloupe.

Mariehamn [mariəˈhamn], finn. **Maarianhamina** [ˈmɑːriɑnhɑminɑ], Hauptstadt der Ålandinseln, Finnland, an der S-Küste der Hauptinsel, 10 400 Ew. (schwedischsprachig); Seefahrtschule, Seefahrt-, Åland-, Kunstmuseum; Reederei. – Nach Plan (1860) schachbrettartig angelegte Stadt; an den beiden sich kreuzenden Esplanaden die Kirche (1927) von LARS SONCK, der auch das Stadthaus (1939) und die Seefahrtschule (1942) baute.

Mạri El, amtlich **Republịk Mạri El**, bis 1992 **Mạri**, Teilrepublik der Russ. Föderation, fast ausschließlich am linken Ufer der mittleren Wolga, 23 200 km², (1995) 766 200 Ew.; Hauptstadt ist Joschkar-Ola. – Der Ostteil der Republik wird von einem flachwelligen, von zahlr. Flüssen und Owrags zertalten Hügelland (Wjatkahöhen, bis 275 m ü. M.) gebildet, im W dehnt sich die z. T. stark versumpfte und vermoorte Mariniederung (bis 100 m ü. M.) aus. Das Klima ist gemäßigt kontinental. Etwa die Hälfte der Landesfläche bedecken Wälder (Holzeinschlag). – Nach der Volkszählung von 1989 waren von den Bewohnern 47,5% Russen, 43,3% Mari, 5,9% Tataren, 1,2% Tschuwaschen sowie 2,1% Angehörige anderer Nationalitäten. – Die Landwirtschaft nutzt ein Drittel der Fläche; durch den Tscheboksaryer Stausee an der →Wolga ging wertvolles Ackerland verloren. Charakteristisch sind Roggen-, Flachs-, Kartoffel-, Futterpflanzen- und Gemüseanbau, die Rinderzucht und Geflügel- und Bienenhaltung; Forstwirtschaft. Hauptindustriezweige sind Maschinen- und Gerätebau und Metallverarbeitung, Möbel-, Papier-, Textil- und Nahrungsmittelindustrie sowie Glaserzeugung. Hauptindustriezentren sind Joschkar-Ola und Wolschsk.

Maribor: Marktplatz mit Mariensäule

Geschichte: Das Territorium der Mari stand vom 10. bis 12. Jh. unter dem Einfluss der Wolgabulgaren, geriet in den 30er-Jahren des 13. Jh. unter mongol. Herrschaft und wurde im 15. Jh. Teil des Khanats Kasan. Nach dessen Eroberung durch IWAN IV. (1551–52) fiel das Gebiet an Russland (Beginn der Christianisierung durch die russisch-orth. Kirche, gegen die sich die Bev. jahrhundertelang wehrte). Die Mari nahmen an den großen russ. Kosaken- und Bauernaufständen unter I. I. BOLOTNIKOW (1606–07), S. T. RASIN (1670–71) und J. I. PUGATSCHOW (1773–74) teil. Nach der Errichtung der Sowjetmacht (1918) wurde am 4. 11. 1920 das Autonome Gebiet der M. gebildet, das am 5. 12. 1936 in die ASSR der M. umgewandelt wurde. Im Oktober 1990 proklamierte die ASSR ihre Souveränität und erklärte sich zur Sozialist. Sowjetrepublik (SSR) Mari. Unter diesem Namen unterzeichnete sie im März 1992 den Föderationsvertrag mit Russland. Im Juli 1992 erfolgte die Umbenennung in Rep. Mari El.

Marie Louise [-luˈiːz], Kaiserin, →Maria (Herrscherinnen, Frankreich).

Marie Luise, Königin, →Maria (Herrscherinnen, Spanien).

Marịenbad, tschech. **Mariánské Lázně** [ˈmarjaːnskɛː ˈlaːznjɛ], Heilbad (Stadt) im Westböhm. Gebiet, Tschech. Rep., 628 m ü. M., am S-Fuß des Kaiserwaldes, 15 500 Ew.; Museum (im Goethehaus). Die 40 Heilquellen umfassen Glaubersalzquellen (8–12°C) und Eisensäuerlinge (8–9°C). Bade- und Trinkkuren sowie eisensulfathaltige Moorbäder dienen der Behandlung von Erkrankungen der Nieren und Harnwege, der Bewegungsorgane, der Atmungsorgane, ferner von Nervenkrankheiten und von Berufskrankheiten. – Klassizist. Brunnentempel; kath. Kirche Mariä Himmelfahrt (1844–48). – M. wurde 1797 auf Betreiben des Abtes von Tepl gegründet und 1812 als Gemeinde konstituiert. Nach der Erklärung zum öffentl. Kurort (1818) folgte der planmäßige Ausbau zur Stadt (1865). Von den (1923) 6 910 Ew. waren 6 130 Deutsche.

Marịenberg, Name von geographischen Objekten: **1) Marienberg**, Kreisstadt des Mittleren Erzgebirgskreises, Sa., 600 m ü. M., auf einer Hochfläche im Westerzgebirge, 11 500 Ew.; Heimatmuseum; Werkzeugmaschinenbau, Industriefedernherstellung, Autozulieferbetriebe, Holzverarbeitung. – Das Bild der an der Sächs. Silberstraße gelegenen Stadt wird von einem regelmäßigen quadrat. Stadtgrundriss bestimmt. Durch einen Brand im Jahr 1852 blieben nur wenige

Mari Marienbild

Häuser des 16. Jh. erhalten. Spätgot. Kirche St. Marien (1558–64), Rathaus (1537–39), Lindenhäusel (ältestes erhaltenes Bergarbeiterhaus, 16. Jh.) und Teile der Stadtbefestigung mit Zschopauer Tor (Heimatmuseum) und Rotem Tor. Auf dem Markt das Bronzedenkmal (1900) des Stadtgründers, Herzog HEINRICHS DES FROMMEN von Sachsen. – M. wurde 1521 vom sächs. Herzog HEINRICH DEM FROMMEN (*um 1473, †1541) aufgrund viel versprechender Silberfunde angelegt und erhielt 1523 Stadtrecht. Der Bergbau, nach 1648 zurückgegangen, erlebte eine neue Blüte 1767–79. In der 2. Hälfte des 19. Jh. entwickelte sich eine vielseitige Holzwarenindustrie; 1945–54 wurde durch die SAG Wismut Uranerz abgebaut.

2) Bad Marienberg (Westerwald), Stadt im Westerwaldkreis, Rheinl.-Pf., 550 m ü. M., im Hohen Westerwald, 6 300 Ew.; der europ. Jugendbewegung dient das Europahaus, im Basaltpark wird der Westerwälder Basaltabbau dokumentiert. Die Stadt ist Kneippheilbad und hat Betriebe des Maschinen- und Fahrzeugbaus, der Textil-, Bekleidungs- und elektrotechn. Industrie. – M. erhielt 1939 Stadtrecht.

Marienbild: Thorner Madonna, eine der ›Schönen Madonnen‹; um 1390/95 (verschollen)

Marienbild, die Darstellung MARIAS, der Mutter JESU, in Bild (→Ikone, →Gnadenbild) und Plastik, neben dem →Christusbild das häufigste Thema der christl. Kunst. Unterschieden werden Szenen des Marienlebens, seit dem 12. Jh. von Byzanz ausgehend, in Zyklen und, seit der Gotik, in einzelnen Szenen (→Andachtsbild, →Beweinung Christi, →Darstellung Christi im Tempel, →Flucht nach Ägypten, →Geburt Christi, →Heilige Familie, →Heimsuchung Mariä, →Himmelfahrt Marias, →Kreuzabnahme Christi, →Kreuzigung, →Krönung Marias, →Mater dolorosa, →Schutzmantelmadonna, →Tempelgang Marias, →Verkündigung Mariä) und die selbstständige Darstellung der Gestalt MARIAS, in der frühchristl. Kunst (seit dem 2. Jh.) wie in der byzantin. Kunst (seit dem 6. Jh.). Nach Herkunft oder Bestimmung des Urbildes begegnen hier versch. Typen der M., v. a. die **Blacherniotissa** (das Urbild wohl aus der Blachernenkirche in Konstantinopel): Sie zeigt MARIA ohne Kind in Orantenstellung, meist in der Apsis (als Hinweis ihrer vermittelnden Stellung zu dem in der Kuppel dargestellten Pantokrator). Beim Typus **Platytera** erscheint MARIA in der gleichen Stellung mit dem Kind als Halbfigur in einer Rundscheibe auf der Brust. Die **Hodegetria** (das Urbild aus dem Hodegon-Kloster in Konstantinopel) zeigt MARIA mit dem Kind auf dem linken Arm, die **Glykophilusa** (dt. ›die Süß-Küssende‹) MARIA, das Kind im Arm liebkosend. Das Urbild der **Nikopoia** (Konstantinopel, Hagia Sophia, Empore, um 1118; Venedig, San Marco, 10. Jh.) soll, wie ihr Name ›die Siegbringende‹ besagt, den byzantin. Kaiser auf seinen Feldzügen begleitet haben; sie zeigt MARIA thronend, das Kind vor sich auf dem Schoß haltend. Bes. dieser Typus nahm Anregungen der vorchristl. Antike auf und war im Westen (in eigenständiger Darstellung) bis zur Romanik vorherrschend. Als ›Thron‹ des Gottessohnes erscheint MARIA in einer dem Diesseits entrückten Strenge in dem ersten vollplast. M. des Westens, der ›Goldenen Madonna‹ (um 980; Essen, Münsterschatz), und der Madonna des Bischofs Imad (zw. 1051 und 1076; Paderborn, Diözesanmuseum; BILD →deutsche Kunst). Die thronende Hodegetria zeigen Altartafeln des 13./14. Jh. in Italien (GUIDO DA SIENA, CIMABUE, DUCCIO, GIOTTO), MARIA zw. Heiligen in breitformatigem Altarbild (P. LORENZETTI, 1320; Arezzo, Santa Maria). Von den Altartafeln der Giotto-Schule des 14. Jh. werden beide Typen in einem einheitl. Raum zusammengefasst (Vorstufe der späteren →Sacra Conversazione). – Mit dem →weichen Stil der Gotik wandelte sich die Darstellung MARIAS: sie wendet sich stärker dem Kind zu, das sich spielend in ihrem Arm bewegt. Doch bleibt die Würde der Madonna selbst als stillende Mutter (**Galaktotrophusa,** lat. **Maria lactans**) erhalten (J. VAN EYCK, ›Madonna von Lucca‹, um 1435; Frankfurt am Main, Städelsches Kunstinstitut). Während die Gotik die stehende Madonna bevorzugt (Kathedralplastik des 13. Jh.: Marienstatuen am Mittelpfosten der Portale; ›Schöne Madonnen‹, um 1400), wendet sich die Renaissance wieder dem Andachtsbild der auch auf den Wolken (RAFFAEL, ›Sixtin. Madonna‹, 1513/14; Dresden, Staatl. Kunstsammlungen) oder in der Landschaft thronenden Gottesmutter (GIOVANNI BELLINI) oder ihrer Darstellung im Garten (→Paradiesgärtlein) zu. Im Barock wird die Verherrlichung MARIAS thematisch variiert (›Assunta‹, ›Immaculata‹); sie wird in eine mit Wolken und Engelscharen erfüllte Sphäre erhoben (B. E. MURILLO, ›Immaculata‹, um 1678, Madrid, Prado; E. Q. ASAM, ›Himmelfahrt Mariä‹, 1718–22, Rohr, Klosterkirche), erscheint als ›Maria vom Siege‹ (I. GÜNTHER, 1764; Weyarn, Holzskulptur) über der Mondsichel oder auf der Erdkugel, die Schlange des Bösen niedertretend, zuweilen umgeben von den Symbolen ihrer Jungfräulichkeit (Turm, geschlossener Garten, blühender Stab Aarons, ›rosa mystica‹). Verbreitet sind bes. in dieser Zeit die Ordens- und Bruderschaftsbilder (CARAVAGGIO, ›Rosenkranzmadonna‹, um 1606/07; Wien, Kunsthistor. Museum; P. P. RUBENS, Ildefonso-Altar, 1630–32, ebd.), Hausmadonnen (H. KRUMPPER, ›Patrona Bavariae‹, 1614–16) und Mariensäulen (u. a. auf dem Marienplatz in München mit der Statue von H. GERHARD, 1598–1613).

Das 19. Jh. (E. DELACROIX, J. A. D. INGRES; Nazarener, Beuroner Kunstschule) folgte im M. v. a. dem Vorbild der Renaissance, das 20. Jh. eher dem des MA. Der Übernahme einer Gestalt aus der Südsee (P. GAUGUIN, ›La Orana Maria‹, 1891; New York, Metropolitan Museum) stehen die ikonenhafte MARIA von G. ROUAULT (in ›Misere‹, 1927) und die archetyp. Auffassung von H. MOORE (1944; Northampton, Saint Matthew) gegenüber.

E. G. GRIMME: Unsere liebe Frau. Das Bild Mariens in der Malerei des MA. u. der Frührenaissance (1968); R. LANGE: Das M. der frühen Jh. (1969); E. G. GRIMME: Dt. Madonnen (1976); G. SCHILLER: Ikonographie der christl. Kunst, Bd. 4, 2: Maria (1980); P. BLOCH: Madonnenbilder (²1984); Maria – mater fidelium, hg. v. W. SCHMITT-LIEB, Ausst.-Kat. (1987);

Marienbild: Pietro Lorenzetti, ›Madonna mit Kind, Johannes dem Täufer, dem heiligen Franziskus und dem Stifter‹; Fresko in der Kirche San Francesco in Assisi; um 1325/30

Marienblume – Mariendichtung **Mari**

R. G. KECKS: Madonna u. Kind. Das häusl. Andachtsbild im Florenz des 15. Jh. (1988); Romanische Madonnen, bearb. v. R. OURSEL u. a. (a. d. Frz., 1989); H. HOERNI-JUNG: Maria. Bild des Weiblichen. Ikonen der Gottesgebärerin (1991); G. KOPP-SCHMIDT: Maria. Das Bild der Gottesmutter in der Buchmalerei (1992); I. B. SIROTA: Die Ikonographie der Gottesmutter in der Russisch-Orth. Kirche (1992).

Marienblume, volkstüml. Name für das Gänseblümchen. – In Literatur und Malerei des MA. waren Levkojen, Malven, Lilien, Schwertlilien, Rosen, Pfingstrosen, Veilchen, Schneeglöckchen, Goldlack, Maiglöckchen, Akelei und andere Blumen MARIA zugeordnet. Sie galten oft als bes. heil- oder zauberkräftig. Die meisten M. sind auf dem Frankfurter ›Paradiesgärtlein‹ (um 1410) dargestellt.

Mari|enborn, Gem. im Bördekreis, Sa.-Anh., am Lappwald, 460 Ew. – Augustinerinnenkloster (Ende 12. Jh. gegr.) mit teilweise erhaltenem Kreuzgang (15. Jh.), Marienkapelle (12. Jh., Wiederaufbau 1990), Orangerie (1830). – M. war 1945–89 die größte Grenzübergangsstelle im innerdt. Verkehr (seit dem 13. 8. 1996 ›Gedenkstätte Dt. Teilung‹). →Hötensleben

Marienburg, poln. **Malbork,** Stadt in der Wwschaft Elbląg (Elbing), Polen, an der Nogat, 40 400 Ew.; Nahrungsmittel-, Textil- und Bekleidungsindustrie, Maschinenbau; Flusshafen. – M. wurde neben der Marienburg (Ordensburg) planmäßig angelegt, mit breiter Marktstraße und dem got. Rathaus (1365–80; um 1457–60 umgebaut) im Mittelpunkt. Nach schwerer Zerstörung im Zweiten Weltkrieg wurde M. wieder aufgebaut. Außerhalb der Burg sind Teile der Stadtmauern mit Töpfer- und Marientor (1352–83) und die spätgot. Johanniskirche (1468 bis 1523; Gewölbe 1538) bedeutsam. – Die **Marienburg,** 1276 gegr., war seit 1280 Konventssitz des Dt. Ordens, 1309–1457 Residenz des Hochmeisters. Der älteste Teil der Anlage ist das Hochschloss, 1276–80 auf quadrat. Grundriss gebaut, 1334–44 ausgebaut mit doppelgeschossigem Kreuzgang zum Hof, Kapitelsaal, Marien- und Annakapelle mit Sterngewölbe sowie mächtigem Wehrturm. Die ehem. Vorburg wurde zum Mittelschloss ausgebaut, 1318–24 entstand der Große Remter mit Sterngewölbe, 1383–99 an der W-Seite der wehrhafte Hochmeisterpalast. Die neue Vorburg im N mit Zeughaus, Laurentiuskirche u. a. Bauten entstand 1309. Die Burganlage war von Wehrmauern mit Basteien (13./14. Jh.) umgeben. Im 19./20. Jh. wurde die z. T. verfallene Burg restauriert und nach Zerstörung (1945; 1959 Brand) wiederhergestellt (heute z. T. Museum). BILD →Deutschordensburgen. – Die Siedlung M. entstand im Schutz der Burg des Dt. Ordens und erhielt 1276 Stadtrecht. 1945 kam die Stadt, bis dahin amtlich **Marienburg (Westpr.)** genannt, unter poln. Verwaltung; die Zugehörigkeit zu Polen wurde durch den Dt.-Poln. Grenzvertrag vom 14. 11. 1990 anerkannt.

H. BOOCKMANN: Die Marienburg im 19. Jh. (1982); H. KNAPP: Das Schloss M. in Preußen. Quellen u. Materialien zur Baugesch. nach 1456 (1990).

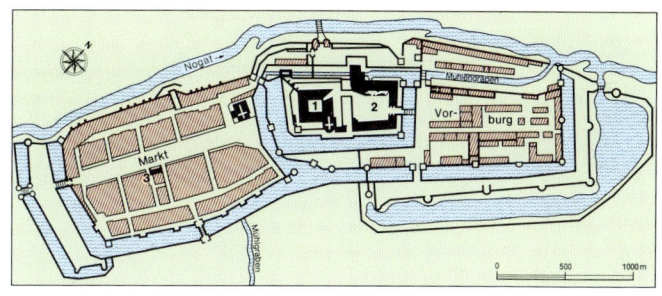

Marienburg: Historischer Plan; 1 Hochschloss, 2 Mittelschloss, 3 Rathaus

Marienburger Niederung, der südl. Teil der Schwemmlandebene im Mündungsdelta von Weichsel und Nogat, Polen. Als **Großer** oder **Marienburger Werder** wird das Gebiet zw. Weichsel und Nogat bezeichnet. Das ehem. Sumpfland wurde im späten MA. durch niederdt. Kolonisten und seit dem 16. Jh. durch holländ. Mennoniten besiedelt; Viehzucht, Geflügelwirtschaft, Weizen- und Zuckerrübenanbau.

Mariendichtung, poet. Darstellung um MARIA, die Mutter JESU, in allen ep., lyr. und dramat. Gattungen, Stilen und Tendenzen. Die Stoffe entstammen hauptsächlich den Apokryphen des N. T., die Bilder und Symbole der mariolog. Dogmenauslegung (AUGUSTINUS, 5. Jh.), der Marienpredigt und -mystik (insbesondere seit dem 12. Jh.). – Früheste M. ist aus dem byzantin. Raum bezeugt; im Abendland setzt sie nach Vorläufern (SEDULIUS, ENNODIUS, 5. Jh.) mit der Einrichtung der Marienfeste (7. Jh.) ein, zunächst mit lat. Hymnen (HRABANUS MAURUS) und Sequenzen (NOTKER BALBULUS, HERMANN VON REICHENAU), von denen einige bis heute lebendig geblieben sind, z. B. ›Ave maris stella‹, ›Salve Regina‹ oder ›Stabat Mater‹, auch mit lat. ep. Marienviten (HROTSVITH VON GANDERSHEIM). Die Voraussetzung für eine volkssprachl. M. schuf im 12. Jh. die kluniazens. Reform durch die Erweiterung der Marienverehrung. Zur **epischen M.** zählen neben den zahlreichen Marienwundern und -legenden in Reim und Prosa seit dem Anfang des 13. Jh. v. a. die Marienleben (WALTER VON RHEINAU, KONRAD VON HEIMESFURT u. a.), die unter dem Einfluss lat. Quellen (z. B. ›Vita beate virginis Marie et Salvatoris rhythmica‹; Anfang des 13. Jh.) von Leben, Tod und Himmelfahrt Marias berichten.

Auch die **Marienlyrik** ist eng an lat. Vorbildern orientiert, von den zahlreichen Sequenzen, Leiche und Hymnen des 12. Jh. sind das ›Melker Marienlied‹, die Mariensequenzen aus Muri und WALTHER VON DER VOGELWEIDES Marienleich hervorzuheben. Seit dem 13. Jh. entstanden im Gefolge religiöser Bewegungen (Marienbruderschaften, Geißler) volkstüml. Marienlieder, oft Eindeutschungen lat. Hymnen oder Kontrafakturen; daneben vom späthöf. Minnesang beeinflusste, spekulative mariolog. Spruchlyrik (REINMAR VON ZWETER, der MARNER, FRIEDRICH VON SONNENBURG, Ende 13. Jh.) vielfach im geblümten Stil (FRAUENLOB, HEINRICH VON MÜGELN); sie wird im Meistersang allegorisch bis ins 16. Jh. weitergepflegt (MUSKATPLÜT, H. FOLZ, H. SACHS). Kunstvolle Reihungen des mariolog., insbesondere myst. Formel- und Bilderschatzes, wie z. B. die ›Goldene Schmiede‹ (1275) KONRADS VON WÜRZBURG, oder die aus den Ave-Maria-Gebeten (Marienpsalter, Rosarien) entwickelten Mariengrüße wurden noch von den Humanisten in antiken Strophen gepflegt. – Eine Sonderform zw. den Gattungsgrenzen ist die **Marienklage.** Die bedeutendsten lat. Vorbilder für die seit dem frühen 13. Jh. deutschsprachigen Marienklagen sind GOTTFRIED VON BRETEUILS (* 1198) ›Planctus ante nescia‹ und der ›Bernhardtraktat‹ des OGLERIUS VON TRINO (* 1214); sie fanden Eingang in das geistl. Drama, wie auch die mittelalterl. Legenden- und Mirakelspiele Wundertaten MARIAS dramatisch gestalteten, eine Tradition, die bis ins Barock (Jesuitentheater) lebendig blieb. – Mit dem Ausklang des MA. endet zugleich die Blütezeit der M., deren Entwicklung in den anderen mitteleurop. Kulturen ähnlich verlief: In Frankreich ragen u. a. die ep. Marienviten des Anglonormannen R. WACE, die Legendensammlungen GAUTIERS DE COINCI (›Les miracles de la sainte Vierge‹, um 1220), die Mirakelspiele RUTEBEUFS sowie die Marienlyrik der Troubadours (PEIRE CARDENAL) und der Trouvères heraus, in Spanien die bedeutenden, von König ALFONS X. von Kastilien u. a. verfassten

Mari Mariendistel – Marienstatt

›Cantigas de Santa María‹ (um 1250) und die Legendensammlung G. DE BERCEOS ›Milagros de Nuestra Señora‹ (13. Jh.); in den Niederlanden entstanden im 13. Jh. die schönsten Gestaltungen der weit verbreiteten Marienlegenden ›Theophilus‹ und ›Beatrijs‹. Nach der Reformation wurde die M., abgesehen von volkstüml. Überlieferungen (Volksbücher), vorwiegend als Marienlyrik im Kirchenlied und in den barocken Kunstliedformen der Jesuiten F. VON SPEE, ANGELUS SILESIUS sowie (neulat.) von J. BALDE und N. AVANCINI fortgeführt. Erst seit dem Ende des 18. Jh. erfuhr die M. eine auch von Protestanten getragene Neubelebung durch die frühromant. Rückwendung zum MA. (J. G. HERDER, F. und A. W. SCHLEGEL, NOVALIS, C. BRENTANO, J. VON EICHENDORFF). Bei ANNETTE VON DROSTE-HÜLSHOFF, R. M. RILKE, R. A. SCHRÖDER, R. J. SORGE, RUTH SCHAUMANN, GERTRUD VON LE FORT, R. SCHNEIDER, F. WERFEL und im Rahmen des Renouveau catholique bei P. CLAUDEL erscheint M. als Ausdruck individueller Glaubenserfahrung.

H. FROMM: M., in: Reallex. der dt. Literaturgesch., begr. v. P. MERKER u. a., hg. v. W. KOHLSCHMIDT u. a., Bd. 2 (^{2}1965); G. M. SCHÄFER: Unters. zur deutschsprachigen Marienlyrik des 12. u. 13. Jh. (1971); A. EDELMANN-GINKEL: Das Loblied auf Maria im Meistersang (1978).

Mariendistel, *Silybum marianum,* Korbblütler im Mittelmeergebiet, in den Kaukasusländern und in Persien; in Mitteleuropa selten kultiviert, z. T. verwildert; bis 1,5 m hohe, ein- bis zweijährige Pflanze mit fiederspaltigen, stechend dornigen Blättern; Blütenköpfchen nur mit Röhrenblüten, purpurrot; in der Volksmedizin als Heilpflanze verwendet.

Mariendorf, Ortsteil des Verw.-Bez. Tempelhof von Berlin; Trabrennbahn. – Im 13. Jh. gegründet.

Marienerscheinungen, das gegenüber einzelnen Menschen hörbare und/oder sichtbare ›Erscheinen‹ der Gottesmutter MARIA. Die Kirchengeschichte kennt über 500 M.; frömmigkeitsgeschichtlich sind sie v. a. in der kath. Kirche von Bedeutung. Ihre kirchl. Prüfung erfolgt durch den für den Erscheinungsort zuständigen Ortsbischof, in besonderen Fällen auch durch den Papst. Zu den bekanntesten M. zählen die M. von →La Salette-Fallavaux (1846); →Lourdes (1858), →Fátima (1917) und →Banneux (1933). Guadalupe in Mexiko, wo 1531 eine M. stattfand, ist mit jährlich etwa 20 Mio. Wallfahrern der meistbesuchte Marienwallfahrtsort der Welt.

R. ERNST: Lexikon der M. (^{5}1989); G. HIERZENBERGER u. O. NEDOMANSKY: Erscheinungen u. Botschaften der Gottesmutter Maria. Vollständige Dokumentation durch zwei Jahrtausende (1993).

Marienfeld, Zisterzienserkloster, →Harsewinkel.
Marienfelde, Ortsteil des Verw.-Bez. Tempelhof von Berlin. – Die Feldsteinkirche (um 1220) ist eine der ältesten Kirchen der Mark Brandenburg, mit breitem W-Turm. – M., eine Gründung der Templer, 1435 von Berlin als Grundbesitz erworben, wurde 1920 Bestandteil Berlins.

Marienfeste, →Marienverehrung.
Marienglas, Bez. für ebenflächige, durchsichtige, perlmuttglänzende, plastisch biegsame Spalttafeln von Gips (oder auch Glimmer); früher als Schutz für Marienbildchen verwendet (daher der Name).

Mariengras, Hierochloe, Gattung der Süßgräser mit etwa 30 Arten (Verbreitungsschwerpunkt in den gemäßigten und kalten Gebieten der Nordhalbkugel); ausdauernde, nach Cumarin duftende Gräser, die Rasen oder lockere Horste bilden. In Mitteleuropa sind in Flachmooren und Bruchwäldern das **Wohlriechende M.** (Hierochloe odorata) und in Wäldern das **Südliche M.** (Hierochloe australis) verbreitet.

Mariengroschen, erstmalig von Goslar 1505 ausgebrachte niedersächs. Groschenmünze mit dem Marienbild auf der Rückseite, die sehr bald auch von anderen niedersächs. Städten (Hannover, Hildesheim, Göttingen, Hameln u. a.) nachgeprägt wurde. Urspr. galt der M. = 2 Matthier = 3 Körtlinge = $6\frac{1}{2}$ schwere Pfennige = 12 Gosler = 36 kleine Pfennige. Nach Verschlechterung des inneren Wertes sank der M. noch im 16. Jh. auf 8 Pfennige ab und wurde nach der Kipper-und-Wipper-Zeit auch ohne Mariendarstellung geprägt. Auf den Taler entfielen dann 36 M., 20 M. galten 1 Mariengulden.

Marienheide, Gem. im Oberberg. Kreis, NRW, Luftkurort, nahe der Wupperquelle, 360 m ü. M., 13000 Ew.; Klinik M.; Metall-, Maschinen-, Elektroindustrie, Herstellung von Brems- und Kupplungsbelägen sowie von Werkzeugen, Lager- und Büroeinrichtungen; Brucher- und Lingesetalsperre. – Die Kirche Mariä Heimsuchung, eine Hallenkirche (Ende 15. Jh.), besitzt einen barocken Hochaltar (um 1700) und reiches Chorgestühl; Schloss Gimborn mit Schlosskirche (14. Jh.), heute Bildungszentrum der Polizei.

Marienkäfer, Glückskäfer, Herrgottskäfer, Coccinellidae, Familie der Käfer mit 4300 Arten (in Mitteleuropa 90), etwa 1,2 mm bis 13 mm groß, oberseits fast halbkugelig, unterseits flach, kurzbeinig, gute Flieger; Körper selten behaart, meist glatt, oft mit bunter Fleckenzeichnung. Bei Störung tritt aus Poren der Gelenkhäute der Beine gelbe Körperflüssigkeit aus, die giftige Alkaloide enthält. Die Larven sind weichhäutig, schlank und sehr beweglich; sie haben oft dornige Fortsätze oder haarige Warzen. Käfer und Larven ernähren sich von kleinen Gliedertieren wie Milben, Blatt- und Schildläusen, Fransenflüglern und sind dadurch sehr nützlich (z. B. der Siebenpunkt). Einige M. werden zur biolog. Schädlingsbekämpfung eingesetzt, in Kalifornien ist die aus Australien eingeführte Art Rodolia cardinalis zur Kontrolle des aus Australien eingeschleppten Orangenschädlings Icerya purchasi. Manche M. leben vegetarisch und können an Kulturpflanzen schädlich werden, andere M. fressen Mehltau- und Schimmelpilze.

Bekannte einheim. Arten sind der **Siebenpunkt** (Coccinella septempunctata; Länge 6–8 mm) mit roten Flügeldecken und meist sieben schwarzen Punkten, der **Vierzehnpunkt** (Propylaea quatuordecimpunctata; Länge bis 4,5 mm), gelb mit schwarzen Flecken, sowie der **Zweipunkt** (Adalia bipunctata; Länge etwa 3–5 mm), Flügeldecken schwarz mit je einem roten Punkt oder umgekehrt, der schwarze Halsschild besitzt einen hellen Rand.

Marienkanalsystem, Binnenwasserstraße, Vorläufer des →Wolga-Ostsee-Wasserweges.

Marienkapelle, die dem Chor von Kathedralen und größeren Kirchen im O angefügte, der Jungfrau MARIA geweihte Kapelle; sie kommt bes. in N-Frankreich und den Niederlanden vor (Kathedralen von Évreux, Anfang 14. Jh., und Coutances, um 1380). In England heißt die M. →Lady Chapel.

Marienkind, ein von den BRÜDERN GRIMM in Hessen aufgezeichnetes, über ganz Europa verbreitetes, moralisierendes Märchen: Ein Mädchen wird von seiner Patin, der Muttergottes, verstoßen und mit Stummheit bestraft, weil es leugnet, eine verbotene Himmelstür geöffnet zu haben. Dreimal raubt die Patin die Kinder der zur Königin gewordenen jungen Frau, die erst in Todesnot ihre Schuld eingesteht.

Marienmantel, der Gemeine →Frauenmantel.
Marienmünster, Stadt im Kr. Höxter, NRW, 230 m ü. M., 5200 Ew. Der Ortsteil Vörden ist Erholungsort. – Kath. Pfarrkirche (ehem. Klosterkirche; nach 1150 erbaut, ab 1661 barock umgebaut, Orgel 18. Jh.). – Namengebend für die 1970 durch Zusammenschluss mehrerer Städte und Gemeinden entstandene Stadt war das 1128 geweihte Benediktinerkloster.

Marienstatt, Zisterzienserabtei im Nistertal bei Hachenburg, Rheinl.-Pf., 1212 gegr. (seit 1222 an heutiger Stelle), 1802 aufgehoben, 1888 neu besiedelt; frühgot. Kirche (13. und 14./15. Jh.); Klostergebäude v. a. aus dem 18. Jahrhundert.

Mariensteiner, spät reifende, ertragssichere Weißweinrebe, Neuzüchtung; Kreuzung Silvaner × Rieslaner, Sortenschutz seit 1971; Sortenmerkmale sind geringe Mostgewichte und mittlerer Mostsäuregehalt; Klassifizierung und Zulassung nur noch für Franken.

Mariental, Gem. im Landkreis Helmstedt, Ndsachs., am W-Rand des Lappwalds, 1400 Ew. – Ehemalige Zisterzienserabtei (1138 gegr., 1569 aufgehoben), fast vollständig erhaltene Anlage mit roman. Pfeilerbasilika (Mitte des 12. Jh.).

Marientrompete, ein Streichinstrument des MA., →Trumscheit.

Marienverehrung, Sammel-Bez. für alle Formen der privaten oder öffentl. Verehrung MARIAS, v. a. in der kath. Kirche und in den Ostkirchen. Theologisch begründet und eingegrenzt wird die M. von der →Mariologie. In der kath. Theologie kommt MARIA eine von der Heiligenverehrung (Dulie) deutlich abgesetzte gesteigerte Verehrung (Hyperdulie) zu, die ihrerseits von der Anbetung Gottes (Latrie) unterschieden wird. In der (Volks-)Frömmigkeit verschwimmen jedoch diese Grenzen vielfach.

Ältestes Zeugnis (um 300) der Anrufung MARIAS ist das Gebet ›Unter Deinen Schutz‹. Eine eigentl. M. entwickelte sich erst seit dem Konzil von Ephesos (431). Die ersten **Marienfeste** entstanden im 5. Jh. im Osten. In der westl. Kirche wurden im 7. Jh. Verkündigung, Entschlafung, Geburt und Reinigung MARIAS gefeiert. Seit dem 11. Jh. war das Ave Maria das neben dem Vaterunser am weitesten verbreitete Gebet. Seit dem Hoch-MA. weitete sich die M. aus, z. T. in Wechselwirkung mit der Entfaltung des Ideals der höf. Minne (→Mariendichtung) und in enger Verbindung mit der Mystik. Im Mittelpunkt standen die Heilsmittlerschaft MARIAS als Mutter JESU CHRISTI (›Mediatrix‹), die den bittenden Menschen Hilfe und Schutz in allen Lebensnöten gewährt, wie auch das myst. Nachempfinden der Freuden und Schmerzen, die MARIA um ihres Sohnes willen erfahren hat. Als Formen der M. entwickelten sich ein ausgedehntes Wallfahrtswesen sowie bestimmte Gebetsformen wie der →Rosenkranz und die Verehrung von Marienreliquien. Nach der Reformation wurde die M. in der kath. Kirche zu einem Unterscheidungsmerkmal gegenüber den anderen Konfessionen und gewann v. a. in der Barockfrömmigkeit große Bedeutung. Im 19. Jh. wurde das nach →Marienerscheinungen wie in Lourdes oder Fátima entstandene Pilgerwesen sichtbarer Beweis für die Lebendigkeit der M. Ihren theolog. Ausdruck fand sie in den beiden marian. Dogmen von 1854 (Erbsündenfreiheit/Unbefleckte Empfängnis) und 1950 (Aufnahme MARIAS in den Himmel). Anlässlich des 100-jährigen Jubiläums des ersten marian. Dogmas erklärte Papst PIUS XII. das Jahr 1954 zum ›Marian. Jahr‹. Wichtige päpstl. Stellungnahmen zur M. bildeten das apostol. Mahnschreiben PAUL VI. ›Marialis cultus‹ (›Über die Verehrung Marias‹; 1974), das gegen einen z. T. verselbstständigten Marienkult die Bindung der M. an CHRISTUS betont, und die anlässlich des ›Marian. Jahres‹ 1987/88 veröffentlichte Enzyklika JOHANNES' PAUL II. ›Redemptoris mater‹ (›Über Maria‹; 1987), in der MARIA als Vermittlerin des Glaubens hervorgehoben wird – Die ev. Kirchen betonen die alleinige Heilsmittlerschaft JESU CHRISTI und standen der M. bis in die jüngste Zeit distanziert bis ablehnend gegenüber. Seit einigen Jahren ist jedoch ein wachsendes Interesse an der Person MARIAS festzustellen, das an M. LUTHERS Marienverständnis (als Vorbild des christl. Glaubens) anknüpft. – Die M. in den Ostkirchen drückt sich v. a. in zahlr. Muttergottesdarstellungen und Hymnen aus. Die marian. Dogmen der kath. Kirche werden jedoch abgelehnt.

Das *Brauchtum* kennt im Zusammenhang mit der M. Reliquien, Medaillen, Bildchen, Votivtafeln und Devotionalien der verschiedensten Art, die MARIA als bes. volkstüml. Heilige bezeugen. Eine Reihe von Tieren und Pflanzen wird namentlich mit MARIA in Verbindung gebracht (z. B. Marienkäfer, Mariendistel). Manche Erklärungssagen über die Natur bestimmter Tiere und Pflanzen knüpfen an Episoden aus dem Marienleben an. Die Marienfeste galten als bäuerl. Arbeitstermine und Lostage, und manche Bräuche (z. B. die Kräuterweihe) schließen an sie an.

S. BEISSEL: Gesch. der Verehrung Marias in Dtl. während des MA. (1909, Nachdr. 1972); Lex. der Marienkunde, hg. v. K. ALGERMISSEN u. a. (1967); A. FRIES: M. heute (1979); H. SPERBER: Unsere Liebe Frau. 800 Jahre Madonnenbild u. M. (1980); F. BREMS: Marienwallfahrtsorte in Europa (1994); Maria in der Welt. M. im Kontext der Sozialgeschichte. 10.–18. Jh., hg. v. C. OPITZ u. a. (Zürich 1993); K. SCHREINER: Maria. Jungfrau, Mutter, Herrscherin (Neuausg. 1996).

Mari|enwerder, poln. **Kwidzyn** [ˈkfidzɨn], Stadt in der Wwschaft Elbląg (Elbing), Polen, 38 km östlich der Weichsel an der Liebe (Alte Nogat), 38 500 Ew.; Zellulose-, Papier-, elektrotechn., Konservenindustrie, Möbelbau. – Der heutige got. Backsteinbau der Burg (mit →Dansker; teilweise Museum) ist größtenteils aus dem 14. Jh. und bildet eine baul. Einheit mit der Kathedrale (zw. 1320 und 1330–55, Umbau 1862–64), in der Mosaiken und Wandmalereien (14. Jh.) erhalten sind. – Die bei der 1233 vom Dt. Orden angelegten Burg entstandene Siedlung M. erhielt 1236 Stadtrecht. Von 1284 bis zur Reformation war M. Sitz des Domkapitels von Pomesanien. 1722 wurde die Stadt Sitz der Reg. des Reg.-Bez. Westpreußen. 1945 kam M. unter poln. Verwaltung. Die Zugehörigkeit zu Polen wurde durch den Dt.-Poln. Grenzvertrag vom 14. 11. 1990 (in Kraft seit dem 16. 1. 1992) anerkannt.

Mari|enwerder, Johannes, Theologe und Biograph, *Marienwerder 1343, †ebd. 19. 9. 1417; studierte seit 1365 an der Univ. Prag, lehrte dort ab 1369 als Magister Artium, ab 1380 als Prof. für Theologie

Marienverehrung: Die wichtigsten Marienfeste nach dem Römischen Kalender

Hochfest der Gottesmutter Maria	1. 1.
Heimsuchung Mariä*)	31. 5.
Himmelfahrt Marias	15. 8.
Maria Königin	22. 8.
Mariä Geburt	8. 9.
Mariä Namen	12. 9.
Gedächtnis der Schmerzen Mariä	15. 9.
Unsere Liebe Frau vom Rosenkranz	7. 10.
Unsere Liebe Frau in Jerusalem	21. 11.
Hochfest der unbefleckt empfangenen Gottesmutter Maria	8. 12.

*) in den deutschsprachigen Diözesen 2. 7.

Mariengroschen: 2-Mariengroschen-Stück (Braunschweig, Wolfenbüttel, 1634; Durchmesser 18 mm)

Vorderseite

Rückseite

Marienwerder: Die Burg, ein gotischer Backsteinbau; zum großen Teil 14. Jh.

Marienkäfer: von **oben** Siebenpunkt (Länge 6–8 mm); Vierzehnpunkt (Länge bis 4,5 mm); Larve des Siebenpunkts

und ging Ende 1386 wegen des Zwistes zw. Deutschen und Tschechen nach M. zurück, wo er 1388 Domdechant wurde. Seit 1391 Beichtvater der Klausnerin DOROTHEA VON MONTAU, schrieb er deren myst. Offenbarungen und Gebete auf und verarbeitete sie 1397–1404 zu vier Schriften (darunter ›Vita latina‹, gedruckt 1492; dt. ›Leben der zeligen vrouwen Dorothea‹), durch deren Verbreitung DOROTHEA Patronin des Dt. Ordens und Preußens wurde.

Marieschi [mariˈɛski], Michele, ital. Maler, * Venedig 1. 12. 1710, † ebd. 18. 1. 1743; schuf Landschaften, Capricci und v. a. venezian. Veduten, die stilistisch zw. CANALETTO und F. GUARDI vermitteln. Gefragt waren auch seine Radierungen mit Ansichten von Venedig.

Mariesminde, Fundort der jüngeren Nordischen Bronzezeit auf Fünen, Dänemark. 1862 fand man beim Torfstechen ein 34 cm hohes, doppelkon. Bronzeblechgefäß (um 1000 v. Chr.) mit Vogelbarkenmotiv in Treibtechnik. In der Bronzevase standen elf goldene tassenartige Schöpfgefäße, die Hebelgriffe in stilisierten Pferdeköpfen endend.

Mariestad [mariəˈstɑːd], Hauptstadt des Län Skaraborg, Schweden, am O-Ufer des Vänersees, 24 800 Ew.; Müllereifachschule; Papier-, Holzindustrie, Möbelfabriken, Kühlmaschinenbau, Metall und Kunststoff verarbeitende Industrie; Hafen.

Mariette [maˈrjɛt], Auguste (seit 1879 Pascha), frz. Ägyptologe, * Boulogne-sur-Mer 11. 2. 1821, † Kairo 18. 1. 1881; entdeckte während einer Reise nach Ägypten 1851 das Serapeum und legte 1860 und später zahlr. Gräber des Alten Reichs in Sakkara frei. Auch in Giseh und Medum tätig (1871). Für seine Grabungsfunde richtete er 1856 das Museum von Bulak ein (1890 kam die Sammlung in einen Palast von Giseh, 1902 Eröffnung des Ägypt. Museums Kairo).

Marignac [mariˈɲak], Jean Charles Galissard de, schweizer. Chemiker, * Genf 24. 4. 1817, † ebd. 15. 4. 1894; war 1841–78 Prof. in Genf; führte sehr genaue Atomgewichtsbestimmungen durch und entdeckte bei seinen Untersuchungen über Seltenerdmetalle die Elemente Ytterbium (1878) und Gadolinium (1880).

Marignane [mariˈɲan], Gem. im Dép. Bouches-du-Rhône, S-Frankreich, nordwestlich von Marseille am Étang de Berre, 32 300 Ew.; Flugzeugindustrie; internat. Flughafen von Marseille.

Marignano [mariˈɲaːno], früherer Name der ital. Stadt →Melegnano.

Marihuana [span., wohl von dem Vornamen María Juana als Deckname] *das, -s,* das tabakartige Gemisch der getrockneten Blüten und Blätter der weibl. Pflanze des Indischen →Hanfs. 1 g M. entspricht in seiner Wirkung etwa 200 mg →Haschisch.

Mariken von Nimwegen [mɑˈriːkə-], **M. van Nieumeghen** [-van ˈniməxə], mittelniederländ., der Literatur der →Rederijkers zuzurechnendes Mirakelspiel; entstanden wohl zu Anfang des 16. Jh., ältester bekannter Druck um 1515; danach mehrfach bearbeitet und übersetzt. M. v. N., vom Teufel durch das Versprechen der Vermittlung der sieben freien Künste verführt, lebt sieben Jahre mit diesem in einem Gasthof in Antwerpen zusammen, wird dann durch ein geistl. Spiel bekehrt, pilgert nach Rom, wo sie Absolution vom Papst erhält, und tut schließlich Buße in einem Kloster.
Ausgaben: Mariechen von Nymwegen, übers. v. F. M. HÜBNER (1919); M. v. N., hg. v. D. COIGNEAU (1982).

Marília, Stadt im Bundesstaat São Paulo, Brasilien, 652 m ü. M., nordwestlich von São Paulo, 103 900 Ew.; Nahrungsmittel-, chem., pharmazeut. Industrie, Holzverarbeitung; Flugplatz. – 1611 gegr., seit 1928 Stadt.

Marillac [mariˈjak], Louise de, verh. **Le Gras** [ləˈɡra], kath. Ordensgründerin, * Paris 12. 8. 1591, † ebd. 15. 3. 1660; seit 1625 verwitwet; beeinflusst von FRANZ VON SALES und J.-P. CAMUS, gründete sie 1634 mit VINZENZ VON PAUL die ›Filles de la Charité‹ (Vinzentinerinnen), die sich seither v. a. der Kranken- und Altenpflege widmen. – Heilige; seit 1960 Patronin der in der Sozialarbeit tätigen Menschen (Tag: 15. 3.).

Marille [wohl nach ital. armellino, von lat. armeniacum (pomum) ›Aprikose‹] *die, -/-n,* österr. für: Aprikose.

Marimba [afrikan.-span.] *die, -/-s, Musik:* 1) **Malimba,** in Ost- und Südostafrika ein Zupfinstrument vom Typ des Lamellophons, bei dem acht oder mehr metallene, auf einem Resonanzkasten befestigte Zungen am frei schwebenden Ende mit dem Daumen gezupft werden. Zur Schallverstärkung wird die M. beim Spiel in eine offene Kalebasse gehalten; 2) ein mit Resonanzröhren (urspr. Kalebassen, heute Metallröhren) versehenes, klaviaturmäßig angeordnetes Holzstabspiel nach Art des Xylophons, jedoch mit größeren Stabmensuren und weiterem Tonumfang (c–c^4 oder c^5). Der Anschlag erfolgt mit weichen Schlägeln. Die M. ist afrikan. Ursprungs und kam mit den Sklaven über Mittelamerika in die USA, wo sie nach 1910 unter der Bez. **Marimbaphon** zum Orchesterinstrument (auch als Bassinstrument) ausgebaut wurde. Sie wird v. a. in der Tanz- und Unterhaltungsmusik, seltener im Jazz, gelegentlich auch in der neuen Musik (u. a. D. MILHAUD, Konzert für Marimbaphon, Vibraphon und Orchester, 1947; K. A. HARTMANN, 8. Sinfonie, 1963; KYOKO ABE, Wind in the Bamboo-Grove, 1984) eingesetzt. (BILD →afrikanische Musik)

marin [lat., zu mare ›Meer‹], das Meer betreffend; im Meer lebend, aus dem Meer stammend. Der marine Lebensbereich umfasst alle von Organismen besiedelten Ozeane und Nebenmeere einschließlich der Brackgewässer.

Marin, 1) [ˈmɑːrɪn], John, amerikanischer Maler, * Rutherford (N. J.) 23. 12. 1870, † Cape Split (Me.) 1. 10. 1953; hielt sich 1905–11 in Europa auf. Er war mit seinen Großstadtansichten und Landschaftsbildern mit vereinfachten Formen in transparentem Farbauftrag ein Wegbereiter der abstrakten Malerei in den USA.
S. REICH: J. M., 2 Bde. (Tucson, Ariz., 1970).

2) [maˈrɛ̃], Maguy, eigtl. **Marguerite France M.,** frz. Tänzerin, Choreographin und Ballettchefin, * Toulouse 2. 6. 1951; studierte an der Brüsseler Mudraschule und war 1974–77 eine der profiliertesten Solistinnen im Ballet du XXᵉ Siècle von M. BÉJART. 1977 gründete sie mit DANIEL AMBASH das Ballet-Théâtre de l'Arche (heute als ›Compagnie M. M.‹ in Créteil) und schuf eine Reihe kompromissloser Tanztheaterstücke, die z. T. heftige Diskussionen auslösten.
Choreographien: May B (1981); Babel Babel (1982); Cendrillon (1986); Coups d'états (1988); Groosland (1989); Waterzooï (1993); Ram-Dam (1996).

Marina [ital., zu lat. mare ›Meer‹] *die, -/-s,* durch Fremdenverkehr und Freizeitaktivitäten entstandener Siedlungstyp an Küsten, mit Hotels, Klubhäusern, Restaurants, Swimmingpools, Boots- und Jachthäfen.

Marina, Île M. [ilmaˈrina, frz.], früherer Name der Insel →Espiritu Santo, Vanuatu.

Marinade [frz., eigtl. ›in Meerwasser (Salzwasser) Eingelegtes‹] *die, -/-n,* **Beize,** mit Gewürzen und Kräutern versehene saure Flüssigkeit auf Basis von Essig, Sauermilch, Buttermilch oder Zitronensaft, mit der Fleisch oder Fisch (begrenzt) haltbar oder würziger und zarter gemacht wird. – Auch Salatsoßen werden als M. bezeichnet.

Marinatos, Spyridon, griech. Archäologe, * Lixuri (auf Kephallenia) 4. 11. 1901, † (Unfall) Thera 1. 10. 1974; Direktor des Archäolog. Museums in Heraklion, 1939 Prof. in Athen, 1956 Direktor des griech. Antikendienstes und 1967 Generalinspektor im archäolog. Dienst. Grub u. a. in Pylos und seit 1967 auf

→Thera, dessen zur minoischen Kultur gehörende, in einer Erdbebenkatastrophe untergegangene Stadtkultur er in Beziehung zu der Sage von Atlantis setzte.

Werke: Kreta u. das myken. Hellas (1959); Excavations at Thera, 7 Bde. (1968–76); Die Ausgrabungen auf Thera u. ihre Probleme (1973).

Marind-anim, Stammesgruppe mit Papuasprache in W-Neuguinea (Irian Jaya), westlich von Merauke entlang der S-Küste bis auf die Insel Yos Sudarsa. Die M.-a. verehren Schöpferwesen der Urzeit (Dema), die durch ihren Tod heutiges Leben begründet haben sollen. Bei den M.-a. gibt es ein ausgeprägtes Geheimbundwesen; Tanzaufsätze und Kostümierungen (oft in Tier- und Pflanzenform) aus Palmmaterialien werden durch Auflegemuster mit versch. schwarzen, roten und weißen Samen, durch Aufstecken von Federn und durch Bemalen verziert. Früher waren die M.-a. Kopfjäger; die Schädel Verstorbener wurden möglichst realistisch mit dem traditionellen Haarschmuck aus Schraubenpalmenblättern konserviert.

P. WIRZ: Die M.-a. von Holländisch-Süd-Neu-Guinea, 4 Bde. (1922–25).

Marinduque [marin'duke], bergige Insel 150 km südöstlich von Manila, Philippinen, 898 km²; Anbau von Reis (in den Küstenebenen), daneben Mais und Maniok. Nahe der Prov.-Hauptstadt Boac Abbau von Eisenerzen; Tropfsteinhöhlen.

Marine [frz., eigtl. ›die zum Meer Gehörende‹, zu lat. mare ›Meer‹] *die, -/-n*, Gesamtheit der dem Seehandel und der Seekriegführung eines Staates dienenden Schiffe und Einrichtungen. Die M. besteht aus der Handels-M. (→Handelsflotte) und der →Kriegsmarine. I.e.S. verwendet man ›M.‹ auch als Kurz-Bez. für Kriegsmarine.

Marine|akademie, →Militärschulen.

Marinemalerei: Oskar Kokoschka, ›Elblandschaft bei Dresden‹; 1923 (Essen, Museum Folkwang)

Marine|amt, 1) Reichsmarineamt, Abk. **RMA,** 1889 als eine der Nachfolgebehörden der Admiralität der kaiserl. Marine eingerichtete ›oberste Reichsbehörde‹, die bis zur Auflösung des ›Oberkommandos der Marine‹ 1899 nur für die Verw. der Marine zuständig war, danach jedoch unter A. VON TIRPITZ zum eigentl. Führungsinstrument der Marine wurde. 1919 erhielt das RMA die Bez. ›Admiralität der Reichsmarine‹; 1920 in →Marineleitung umbenannt.
2) Kommandobehörde der →Bundeswehr, die für die Ausbildung des Marinepersonals und für den Sanitäts- und Gesundheitsdienst in der Marine zuständig ist und der u. a. die Schulen der Marine und das Segelschulschiff ›Gorch Fock‹ unterstehen.

Marineflagge, Dienstflagge der Boote, Schiffe und Einheiten der Seestreitkräfte eines Staates.

Marineflieger, in Dtl. übliche Bez. für die →Seeluftstreitkräfte.

Marine|infanterie, für die Durchführung v. a. amphibischer Operationen ausgebildete und mit entsprechendem Gerät (Landungsschiffe und -boote, Amphi-

Marinemalerei: Willem van de Velde d. J., ›Der Hafen von Amsterdam‹, 1686 (Amsterdam, Rijksmuseum)

bienfahrzeuge) ausgerüstete Truppe, i. d. R. Teil der Kriegsmarine eines Staates. M.-Verbände gelten meist als Elitetruppen, bes. bekannt sind die brit. Royal Marines (gegr. 1664) und das amerikan., eine selbstständige Teilstreitkraft bildende Marine Corps (›Marines‹, auch ›Ledernacken‹ gen.). – Die Bundeswehr verfügt über keine M. im eigentl. Sinn.

Marinekabinett, 1889 als eine der Nachfolgebehörden der Admiralität der kaiserlichen Marine eingerichtete Behörde für Personalangelegenheiten der Marineoffiziere; war dem Kaiser als Immediatstelle unmittelbar unterstellt.

Marineleitung, 1920 aus dem Reichsmarineamt (→Marineamt 1) hervorgegangene oberste Kommando- und Verwaltungsbehörde der dt. Seestreitkräfte; 1935 in ›Oberkommando der Kriegsmarine‹ (OKM) umbenannt.

Marinemalerei, Gattung von Bildern, die See, Meer und Flüsse, Küsten und Häfen darstellen, auch als **Marinen** oder **Seestücke** bezeichnet. Die M. ist der Landschaftsmalerei verwandt, bei Motiven wie Seeschlachten und Flottenparaden auch der Historienmalerei. Zu einer selbstständigen Gattung entwickelte sie sich in der 2. Hälfte des 16. Jh. in den Niederlanden, wo sie im 17. Jh. ihre Blüte erreichte (H. C. VROOM, J. PORCELLIS, S. DE VLIEGER, W. VAN DE VELDE, J. VAN DE CAPPELLE, L. BACKHUYSEN u. a.). Abgesehen von einigen Ausnahmen wie CLAUDE LORRAIN, C. J. VERNET und F. GUARDI fand sie ihre bedeutendsten Anhänger unter den nord. Künstlern. Neue Impulse erhielt sie durch die Freilichtmalerei (J. CONSTABLE, W. TURNER). Weitere Höhepunkte der M. im 19. Jh. bilden die romant. See- und Küstenbilder C. D. FRIEDRICHS sowie Werke der Impressionisten bzw. Neoimpressionisten (C. MONET, A. SISLEY, G. SEURAT, P. SIGNAC). Im 20. Jh. finden sich Motive der M. z. B. bei R. DUFY, A. MARQUET, E. NOLDE, O. KOKOSCHKA und L. FEININGER.

K. J. MÜLLENMEISTER: Meer u. Land im Licht des 17. Jh., 3 Bde. (1973–81); Dt. M., hg. v. H. J. HANSEN (1977); Maler der See, hg. v. J. BRACKER u. a. (1980); M. RUSSELL: Visions of the sea. H. C. Vroom and the origins of Dutch marine painting (Leiden 1983); A. CORBIN: Meereslust. Das Abendland u. die Entdeckung der Küste (a. d. Frz., Neuausg. 1994).

Mariner [ˈmærɪnə, engl.], Name einer Serie amerikan. Raumsonden der NASA zur Erforschung der Planeten →Merkur, →Venus und →Mars.

mariner Erzbergbau, →Meeresbergbau.

Marineschulen, →Schulen der Bundeswehr.

Marinetti, Emilio Filippo Tommaso, ital. Schriftsteller, *Alexandria 22. 12. 1876, †Bellagio 2. 12. 1944; wuchs in Frankreich auf, studierte in Paris, Pavia und Genua, lebte dann in Mailand, wo er

Marind-anim: Dema aus Palmblättern, Holz, Bast, Samen und Federn; Höhe 3,1 m (Basel, Museum für Völkerkunde)

Filippo Tommaso Marinetti

die literar. Zeitschrift ›Poesia‹ (1905–09) gründete, in der er sich für die Dichter der Décadence und die →Crepuscolari einsetzte. Am 20. 2. 1909 veröffentlichte er im ›Figaro‹ sein erstes futurist. Manifest (›Manifeste du futurisme‹), mit dem er zum Begründer des →Futurismus wurde. M., der in ital. und frz. Sprache schrieb, forderte den Bruch mit allen Stil- und Denkformen der Vergangenheit, zumal mit dem literar. Ästhetizismus. Er suchte, aggressiv gegen alle traditionellen Sprachbindungen, eine neue Syntax und ein der Entwicklung von Technik und Zivilisation angemessenes Vokabular zu schaffen. Während der Zeit des Faschismus wurde er von B. MUSSOLINI gefördert und hatte wichtige öffentl. Ämter inne.

Weitere Werke: *Lyrik:* La conquête des étoiles (1902); Destruction (1904); Poemi simultanei futuristi (1933). – *Roman:* Mafarka le futuriste (1910). – *Schriften:* Manifesti del futurismo, 4 Bde. (1909–15); Le futurisme (1911); Futurismo e fascismo (1924); Il fascino dell'Egitto (1933). – *Drama:* Tamburo di fuoco (1922).

Ausgaben: Opere, hg. v. L. DE MARIA, 4 Bde. (1968–69). – Futurist. Dichtungen, hg. v. J. BLEICHER (1985).

G. MARIANI: Il primo M. (Florenz 1970); M. et le futurisme, hg. v. G. LISTA (Lausanne 1977); A. SACCONE: M. e il futurismo (Neapel 1984); H. SCHMIDT-BERGMANN: Futurismus. Geschichte, Ästhetik, Dokumente (1993).

Marine|unterstützungskommando, Kommandobehörde der →Bundeswehr, die u. a. für die Rüstung und Ausrüstung, den Betrieb und die Versorgung der Marineeinheiten zuständig ist.

Maringá [marĩŋˈga], Stadt im Bundesstaat Paraná, Brasilien, 555 m ü. M., 158 000 Ew.; Erzbischofssitz; Univ.; Kaffeeaufbereitung, Pflanzenölgewinnung; Flugplatz. – 1948 als Ausgangspunkt für die agrar. Erschließung NW-Paranás (v. a. Kaffeeanbau; viele jap. Siedler) gegründet.

Marini, Marino, ital. Bildhauer und Grafiker, * Pistoia 27. 2. 1901, † Viareggio 6. 8. 1980; reiste nach Studien in Florenz durch ganz Europa und die USA. Seit 1929 unterrichtete er an einer Kunstschule in Monza, seit 1940 war er Prof. an der Brera in Mailand. Großen Einfluss auf seine künstler. Entwicklung hatte ein Parisaufenthalt (1928) und die Auseinandersetzung mit Werken archaischer etrusk. Kunst. Seine Hauptthemen waren der weibl. Akt und der nackte Reiter (aus Holz oder Bronze). Er modellierte und bearbeitete die Oberfläche seiner Bildwerke mit dem Meißel (starke Unebenheiten und Bearbeitungsspuren) und bemalte die Plastiken meistens. Sie zeigen eine geschlossene, konzentrierte Formgebung, Reiter und Pferd verschmelzen zu einer einzigen Formfigur von dramat. Kraft. Seine bevorzugte weibl. Gestalt ist neben der Tänzerin die mütterlich-rundplastisch gestaltete ›Pomona‹. Ferner schuf M. Gauklerfiguren und Porträts; sein graf. Werk umfasst neben Zeichnungen u. a. Radierungen, Aquatintablätter und Lithographien. Ein M.-Museum wurde 1988 in der ehem. Kirche San Pancrazio in Florenz (umgebaut von L. PAPI und B. SACCHI) eingerichtet. (BILD →Bronzekunst)

M. M., l'œuvre complet, hg. v. P. WALDBERG (Paris 1970); DERS. u. G. DI SAN LAZZARO: M. Werk (1971); M. M., Druckgraphik. Werkkatalog, hg. v. C. SCHULZ-HOFFMANN (1976); M. M. L'œuvre gravé complet, 1914–1977 (Paris 1978); M. M., 1901–1980. Plastiken, Bilder, Zeichnungen, hg. v. G. HABARTA, Ausst.-Kat. (Wien 1984); M. M. Zeichnungen aus dem Nachlaß, hg. v. E. STEINGRÄBER, Ausst.-Kat. (1987); M. M. – Werkverz. der Graphik, Beitr. v. DEMS. (1991); M. M. hg. v. DEMS., Ausst.-Kat. Kunsthaus Wien (1995); M. M. Malerei, Einl. v. L. PAPI u. K. CRÜWELL-DOERTENBACH (1987); G. u. G. GUASTALLA: M. M. Werkverz. der Graphik, übers. v. A. NOCETI (1991).

Marinismus *der,* -, nach G. MARINO benannte Stilrichtung der Barockdichtung, literar. Variante des →Manierismus in Italien, gekennzeichnet bes. durch gesuchte sprachl. Wendungen (→Concetti), dunkle, metaphorisch überladene Ausdrucksweise sowie größte formale Virtuosität. Die Auswüchse dieses Stils wurden später als ›Schwulst‹ kritisiert. Ähnl. Erscheinungen werden in der span. Literatur →Culteranismo oder Gongorismus, in der engl. →Euphuismus genannt. In Italien selbst wird diese Stilrichtung meist als Secentismo (→Secentismus) bezeichnet.

Marino, Marini, Giambattista, ital. Dichter, * Neapel 18. 10. 1569, † ebd. 25. 3. 1625; war im Dienst des Kardinals P. ALDOBRANDINI in Rom, Ravenna und Turin; seit 1608 am Hof des Herzogs von Savoyen in Turin; ging 1615 auf Einladung der Königin MARIA VON MEDICI nach Paris an den Hof LUDWIGS XIII. Ab 1623 lebte er, geehrt und gefeiert, wieder in Italien. M.s dichter. Werk führt das Streben seiner Zeit, die Glattheit des Stils zu verlassen und überraschende Ausdruckselemente zu suchen, zum Höhepunkt. Sein Hauptwerk, das Epos ›L'Adone‹ (1623), schildert in 20 Gesängen (45 000 Verse) mit vielen Abschweifungen die Geschichte von Venus und Adonis. Das Werk beeindruckte durch das virtuose Spiel mit Antithesen, Assonanzen, reichen Metaphern, mit der Bevorzugung des Dunklen, Schockierenden, Preziösen und Allegorischen. Es fand in ganz Europa zahlr. Nachahmer (→Marinismus).

Weitere Werke: *Gedichte:* La lira, 3 Tle. (1608–14); La galleria (1620). – *Epos:* La strage degl'innocenti (hg. 1632; dt. Der bethlehemit. Kindermord).

Ausgaben: M. e i marinisti. Opere, hg. v. G. G. FERRERO (1954). – Sonette u. Madrigale, hg. v. E. JAIME (1964, ital. u. dt.).

M. GUGLIELMINETTI: Tecnica e invenzione nell'opera di G. M. (Messina 1964); M. PIERI: Per M. (Padua 1976).

Marinos, M. von Tyrus, griech. Geograph, lebte um 100 n. Chr., wirkte wahrscheinlich in Alexandria, zeitweise vielleicht in Tyrus. Sein Werk ist durch PTOLEMÄUS überliefert, für den es eine wesentl. Grundlage bildete; eine beigefügte Weltkarte (Plattkarte, Zylinderprojektion mit längentreuen Meridianen) besaß erstmals ein Gradnetz, bei dem Meridian und Breitenkreis von Rhodos als Orientierungskreuz dienten.

Marinus [lat., wohl ›der am Meer Lebende‹], Päpste:

1) Marinus I. (882–884), später irrtümlich **Martin II.** gen., * Gallese (Latium), † Rom 15. 5. 884; war Legat HADRIANS II. auf dem 4. Konzil zu Konstantinopel (869–870). Als Papst begnadigte er den abgesetzten Bischof FORMOSUS und dessen Anhänger, wurde von Kaiser KARL III. anerkannt und stand in Beziehungen zu König ALFRED D. GR. von England.

2) Marinus II. (942–946), später irrtümlich **Martin III.** gen., Römer, † Rom Mai 946; wurde von ALBERICH II. von Spoleto erhoben und blieb von diesem abhängig.

Marinus, M. von Sichem, griech. Philosoph der 2. Hälfte des 5. Jh.; wurde 485 Nachfolger von PROKLOS als Oberhaupt der Akademie; verfasste in neuplaton. Tradition stehende Kommentare zu PLATON sowie eine biograph. Würdigung des Werkes von PROKLOS. Oft zitiert wird M. mit dem Ausspruch ›Wäre doch alles Mathematik‹.

Mario, Monte M., Hügel nordwestlich von Rom, 139 m ü. M.; Großfunkstation, Sternwarte. Sein Meridian war Ausgangspunkt der ital. Meridianzählung.

Mariologie *die,* -, die theolog. Reflexion über die Bedeutung MARIAS, der Mutter JESU, für den christl. Glauben. Die Entwicklung einer M. setzte erst im 5. Jh. ein und erlebte ihre Höhepunkte im Hoch-MA, in der Zeit der Gegenreformation und in der kath. Restauration des 19. Jahrhunderts.

Im Frühchristentum war MARIA als ›neue Eva‹ Symbol für den Neuanfang des Christentums. Von der Ekklesiologie her wurde sie als Urbild der Kirche, als Typos der jungfräul. ›Mutter Kirche‹ wie auch der ein-

Giambattista Marino

zelnen Gläubigen verstanden. Im Zusammenhang mit der Christologie wurde ihre Bedeutung für die wahre Menschheit des ›Gottessohnes‹ JESUS CHRISTUS betont. Seit dem Konzil von Ephesos (431) bildete sich eine theologisch-systemat. Lehre über MARIA heraus, die in der Scholastik weiter entfaltet wurde.

Zu den wichtigsten theolog. Aussagen über MARIA gehören ihre in Ephesos bestätigte Bez. als ›Gottesgebärerin‹ (→Theotokos) und (davon abgeleitet) ›Gottesmutter‹, die die Einheit von göttl. und menschl. Natur JESU CHRISTI zum Ausdruck bringen sollte (→Gottesmutterschaft), sowie die Behauptung ihrer immer währenden Jungfräulichkeit (→Jungfrauengeburt), die seit dem 7. Jh. theologisch formuliert wurde und heute als Glaubenssatz, der ›kein biologisches, sondern ein ontolog. Faktum‹ konstatiert (J. RATZINGER), eine der Grundaussagen der kath. und der ostkirchl. M. ist. Erst relativ spät (seit dem 12. Jh.) setzte sich die Auffassung durch, MARIA selbst sei ›unbefleckt empfangen‹ worden (1854 dogmatisiert [→Unbefleckte Empfängnis]). Als bislang letztes Mariendogma verkündete PIUS XII. 1950 die leibl. und seel. ›Aufnahme MARIAS in die himml. Herrlichkeit‹. Das 2. Vatikan. Konzil hat hervorgehoben, dass alle Aussagen über MARIA von der Christologie her zu verstehen sind und in diese eingebunden sein müssen, und hat ›jede falsche Übertreibung‹ in der →Marienverehrung abgelehnt. Bislang nicht dogmatisierte Aussagen über MARIA, etwa als ›Mutter der Kirche‹, ›Miterlöserin‹ oder ›Mittlerin der Gnade‹ (›Mediatrix‹) wurden ausdrücklich nicht bestätigt.

Problematisch ist die Tatsache, dass nur wenige theolog. Aussagen über MARIA einen Anhalt im N. T. haben. Von daher wird von der ev. Theologie die M. als eigene theolog. Disziplin i. Allg. abgelehnt.

J. RATZINGER u. H. U. VON BALTHASAR: Maria – Kirche im Ursprung (1980); R. RADFORD RUETHER: M., Kirche in weibl. Gestalt (a.d.Amerikan., 1980); L. HEISER: M. in der Christus-Verkündigung des orth. Kirchenjahres (1981); M. WARNER: M. (a.d. Engl., 1982); Hb. der Marienkunde, hg. v. W. BEINERT u.a. (1984); M. – eine ökumen. Herausforderung, bearb. v. DEMS. u.a. (1984); F. COURTH in: Lex. der kath. Dogmatik, hg. v. W. BEINERT (1987); JOHANNES PAULUS: Maria – Gottes Ja zum Menschen (a.d. Lat., 1987); W. BEINERT: Maria in der feminist. Theologie (1988); Divergenzen in der M. Zur ökumen. Diskussion um die Mutter Jesu, hg. v. H. PETRI (1989); H. GRASS: Traktat über M. (1991); M. HEYMEL: Maria entdecken. Die ev. Marienpredigt (1991); C. MULACK: M. – die geheime Göttin im Christentum (⁴1991).

Marionette [frz., eigtl. ›Mariechen‹] *die, -/-n,*
1) *übertragen:* unselbstständiger, willenloser Mensch, der anderen als Werkzeug dient.
2) in Frankreich gebräuchlicher Begriff für alle Theaterpuppen, im dt. Sprachgebiet nur für Spielfiguren, die von oben an Fäden, Drähten oder Stangen geführt werden und einen untergliederten Körper besitzen. Die einfachsten Figuren haben einen Führungsfaden im Rücken (zur Verbeugung), zwei an den Kopfseiten und je einen an Hand- und Kniegelenken. Komplizierte M. besitzen mehr als 30 Fäden und mehr aufweisen. Der Spieler führt die M. mithilfe des Spiel- oder Führungskreuzes oder Rahmens, an dem die Fäden befestigt sind. Die traditionelle M. hat meist ein senkrechtes Spielkreuz, selten ein waagerechtes. Die moderne M. wird meist mit einem schrägen Spielkreuz (Bross-Kreuz) gespielt. Die M. erhält ihre Bewegungscharakteristik (schwebend, tänzerisch) durch diese mittelbare Führung des Spielers (im Ggs. zur Handpuppe) sowie durch den Bau der Gelenke und der Verteilung der Gewichte. Die Kunst des M.-Spielers zeigt sich in der Spannung zw. gesteuertem, fadenziehendem Bewegungsimpuls, der die M. aus dem Ruhepunkt wirft, und dem Loslassen des Fadens, bei dem sie in ihrer eigenen Charakteristik zu ihrem Schwerpunkt, ihrem Gleichgewicht zurückpendelt.

Marionette 2): Marionetten der ›Augsburger Puppenkiste‹, Szenenbilder: **links** ›Bill Bo und seine Kumpane‹, **rechts** ›Apollo und Hyacinth‹

Die traditionelle europ. M. war vornehmlich aus Holz und Textilien gebaut und nicht selten über 1 m groß. Heute ist sie meist wesentlich kleiner und besteht aus den unterschiedlichsten plast. Materialien (Spiel der Gewichte).

Das M.-Theater fand in Europa Verbreitung im Zusammenhang mit der Entwicklung barocker Bühnentechnik (illusionist. Kastenbühne). Ab der 2. Hälfte des 17. Jh. war es das bevorzugte Medium der ärmeren Wanderkomödiantentruppen. Gespielt wurden Haupt- und Staatsaktionen sowie ältere Stoffe (Faust). Mit Entwicklung des bürgerl. Nationaltheaters (Mitte des 18. Jh.) verlor es an Bedeutung und erlebte im 19. Jh. eine erneute Blüte v.a. in Süd-Dtl. und Sachsen. Neue Stoffe kamen aus der ›Schauerromantik‹ hinzu, Räuber-, Rühr- und Heimatstücke, aber auch Stücke mit aktuellem Bezug (Bergbauunglück, Auswanderungsproblem). Eine Sonderstellung nahm das M.-Theater am Hof des Fürsten ESTERHÁZY ein, für das J. HAYDN Singspiele komponierte (u.a. ›Philemon und Baucis‹, 1773). Besondere Beachtung fand die M. im ästhet. Programm der Romantik (H. VON KLEIST, ›Über das M.-Theater‹, 1810). Erneuerer des M.-Theaters waren ab der Mitte des 19. Jh. JOSEPH LEONHARD SCHMID (*1822, †1912) und F. VON POCCI, die in München das erste feststehende M.-Theater gründeten (1858). Im Zuge der Neuromantik begann um 1900 die Entwicklung des künstler. M.-Theaters (PAUL BRANN, *1873, †1955, mit seinem ›M.-Theater Münchner Künstler‹; IVO PUHONNY, *1876, †1940, in Baden-Baden). Theaterreformer zu Beginn des 20. Jh. beziehen sich teils theoretisch auf die M. (G. CRAIG: der ideale Schauspieler als ›Über-M.‹), teils praktisch (O. SCHLEMMER und die ›Bauhausbühne‹). Zu den führenden M.-Spielern zählt A. ROSER mit ›Gustaf und sein Ensemble‹ (Stuttgart). Feststehende deutschsprachige M.-Theater befinden sich in München, Augsburg (›Augsburger Puppenkiste‹, Leitung W. OEHMICHEN), Bad Tölz, Düsseldorf, Steinau und Salzburg (v.a. Mozartopern; künstler. Leitung GRETL AICHER, *1928).

Neben der M.-Tradition in den mittel- und ostasiat. Ländern, in denen die M. schon vor ihrem Auftreten in Europa bekannt war, besitzen viele europ. Länder eine eigene M.-Theatertradition (v.a. Frankreich, Italien, Tschech. Rep.). →Puppentheater.

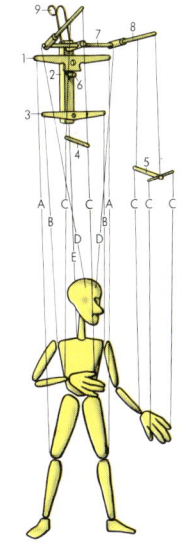

Marionette 2): Führungskreuz mit daran hängender Figur; 1 Laufschwinge, 2 Hauptholz, 3 Schulterschwinge, 4 Handholz für zwei und für drei Fäden (5), 6 Haltebolzen, 7 Kopfholz, 8 verstellbare Handholzhalter, 9 Haken zum Aufhängen; A Lauf-, B Schulter-, C Hand-, D Kopffäden, E Komplimentfaden

P. L. Mignon u. J. Mohr: M.-Theater (a. d. Frz., Lausanne 1963); G. Baty u. R. Chavance: Histoire des marionettes (Paris ²1972); R. Simmen: M. aus aller Welt (1978); O. Batek: M. Stab-, Draht- u. Fadenpuppen (1980); G. Kraus: Das Kleine Welttheater. Die Salzburger M. (Salzburg 1988); O. Laksberg: ›M., che passione‹ – Die Puppe im Werk von Gordon Craig. Beitrr. zur Gesch. des Figurentheaters (1993); Sächs. Wandermarionettentheater, bearb. v. O. Bernstengel (1995).

Marion Island [ˈmærɪən ˈaɪlənd], die größere der zur Rep. Südafrika gehörenden →Prince Edward Islands, 255 km²; meteorolog. Station.

Mariotte [maˈrjɔt], Edme, Seigneur **de Chazeuil** [-ʃaˈzœj], frz. Physiker, * vermutlich Dijon um 1620, † Paris 12. 5. 1684; zunächst Prior des Klosters Saint-Martin sous Beaune bei Dijon, seit 1666 Mitgl. der Académie des sciences, arbeitete u. a. über Hydro- und Aerostatik, die Strömung von Flüssigkeiten, den Wasserkreislauf der Erde und entdeckte bei opt. Untersuchungen den blinden Fleck des Auges (M.-Fleck, 1668 veröffentlicht). Besondere Aufmerksamkeit verwandte M. auf die Untersuchung der Stoßprozesse, für die er eigens eine Maschine entwickelte. Seine Erkenntnisse teilte er in seinem Werk ›Traité de la percussion ou choc des corps‹ (1673) mit. Das nach R. Boyle und ihm benannte Gasgesetz wurde nicht von M. entdeckt, wohl aber bestätigt; mithilfe dieses Gesetzes stellte M. die barometr. Höhenformel auf.

Maris, 1) **Jacob Hendricus**, eigtl. **Jacobus H. M.**, niederländ. Maler, * Den Haag 25. 8. 1837, † Karlsbad 7. 8. 1899, Bruder von 2) und 3); einflussreicher Vertreter der Haager Schule. Ein Parisaufenthalt (1865–71) vermittelte ihm Einflüsse von C. Corot und der Schule von Barbizon. Nach seiner Rückkehr nach Den Haag malte er neben Figurenbildern bevorzugt Stadtansichten und Landschaften.

2) **Matthijs**, niederländ. Maler, * Den Haag 17. 8. 1839, † London 22. 8. 1917, Bruder von 1) und 3); Vertreter der Haager Schule, übersiedelte 1869 nach Paris, 1877 nach London. Beeinflusst von den dt. Malern der Romantik und den Präraffaeliten entfernte M. sich zunehmend von den Tendenzen der Haager Schule und schuf zum Sentimentalen neigende Figuren- und Genrebilder.

3) **Willem**, niederländ. Maler, * Den Haag 18. 2. 1844, † ebd. 10. 10. 1910, Bruder von 1) und 2); Vertreter der Haager Schule, Schüler seiner Brüder. Kühe auf der Weide und Enten sind die bevorzugten Motive seiner Ölbilder und Aquarelle, die sich bes. durch die differenzierte Wiedergabe des Wechselspiels von Licht und Schatten auszeichnen.

Jacques Maritain

Marisat [ˈmærɪsæt; Abk. für engl. **Mari**time communication **sat**ellite ›maritimer Nachrichtensatellit‹], seit 1976 aus drei Satelliten bestehendes System geostationärer Nachrichtensatelliten für die amerikan. Marine und den kommerziellen Schiffsverkehr, positioniert über dem Atlant., Pazif. und Ind. Ozean. Seit 1982 laufen die kommerziellen und maritimen Satellitendienste über die internat. Organisation INMARSAT, der fast alle Seefahrt treibenden Nationen als Mitgl. beigetreten sind. Nachfolger der M.-Kette sind die europ. Marecs und INTELSAT.

Marismas, Las M. [span. ›Marschland‹] Pl., das Tiefland um die Mündungsarme des Guadalquivir in SW-Spanien, etwa 1 400 km² groß. Das ehemalige Marschland wird seit 1926 planmäßig trockengelegt und agrarkolonisatorisch erschlossen, zunächst durch britisch-schweizer. Kapitalgesellschaften, mit Flussregulierungen, Eindeichungen und Absenkung des salzhaltigen Grundwassers; während des Span. Bürgerkriegs (unter den Francisten) Ausbau zum heute größten Reisanbaugebiet Spaniens; ab 1950 richteten span. Kapitalgesellschaften auf dem linken Flussufer moderne Großgüter ein; ab 1962 staatl. Kolonisation von 85 000 ha Marschland westlich von Lebrija, das durch Kanäle Süßwasser für Bewässerungsfeldbau erhält; bedeutend ist die Kampfstierzucht. Im südwestl. Teil befindet sich der Naturpark Coto de →Doñana.

Marisol, eigtl. **M. Escobar,** amerikan. Bildhauerin venezolan. Herkunft, * Paris 22. 5. 1930; gestaltet unter Verwendung realer Gegenstände des Alltags z. T. bemalte Skulpturen aus Holz, Gips und Sandstein, in denen sie sich in satir. Weise mit zeitgenöss. Idolen und Ritualen auseinander setzt (›Der Besuch‹, 1964; Köln, Museum Ludwig).

Marisol: Der Besuch; 1964 (Köln, Museum Ludwig)

Maristan [pers. ›Krankenhaus‹] der, -s/-e, **Muristan,** im islam. Kulturbereich eine Anlage, die ein Hospital sowie eine Moschee, eine Medrese und das Grab des Stifters umschließt, z. B. Stiftungskomplex des Sultans al-Mansur Kalaun in Kairo (13. Jh.).

Maristen, eigtl. **Gesellschaft Mariens,** lat. **Societas Mariae,** Abk. **SM,** kath. Priester- und Laienkongregation; 1816 in Belley von dem Priester Jean-Claude-Marie Colin (*1790, † 1875) gegründete Gemeinschaft, die sich bes. der Seelsorge unter der Land-Bev. und der Jugend widmen wollte. Nach der päpstl. Anerkennung der M. (1836) kam als Aufgabe die Mission hinzu. Die M. wirken in (1996) 27 Ländern in Afrika, Amerika, Asien und Europa, haben über 1 600 Mitgl., davon rd. 1 400 Priester. Der dt. Ordensprovinz (Sitz: Fürstenzell) gehören 68 M. an. Sitz des Generaloberen ist Rom.

Maritain [mariˈtɛ̃], Jacques, frz. Philosoph, * Paris 18. 11. 1882, † Toulouse 28. 4. 1973; war 1914–40 Prof. am Institut Catholique in Paris, 1945–48 frz. Botschafter beim Vatikan, danach Prof. in Princeton (N. J.); zu seiner Zeit der bedeutendste frz. Thomist. M. suchte die thomist. Metaphysik zu erneuern und eine zeitnahe, der kirchl. Lehre entsprechende Kultur-, Sozial- und polit. Philosophie zu begründen.

Werke: Religion et culture (1930; dt. Religion u. Kultur); De la philosophie chrétienne (1933; dt. Von der christl. Philosophie); Humanisme intégral. Problèmes temporels et spirituels d'une nouvelle chrétienté (1936; dt. Die Zukunft der Christenheit. Christl. Humanismus. Polit. u. geistige Fragen einer neuen Christenheit); De Bergson à Thomas d'Aquin: Essais de métaphysique et de morale (1945; dt. Von Bergson zu Thomas von Aquin. Acht Abh. über Metaphysik u. Moral).

maritim [lat., zu mare ›Meer‹], 1) das Meer betreffend, vom Meer geprägt, beeinflusst; 2) die Schifffahrt betreffend.

maritime Provinzen, engl. **Maritimes** [ˈmærɪtaɪmz], Bez. für die am Atlantik gelegenen Provinzen Kanadas: Nova Scotia, New Brunswick, Prince Edward Island und (seit 1949) Newfoundland.

maritimes Klima, ozeanisches Klima, Seeklima, vom Meer beeinflusstes Klima, das dort zu finden ist, wo durch landwärts gerichtete Luftströmungen relativ feuchte Luftmassen vom Meer auf das

Festland transportiert werden, also nicht nur im unmittelbaren Küstenbereich. Das m. K. zeichnet sich aus durch hohe Luftfeuchtigkeit, ergiebige, überwiegend im Herbst und Winter fallende Niederschläge, die landeinwärts abnehmen, durch verhältnismäßig starke Bewölkung zu allen Jahreszeiten, einen ausgeglichenen Tages- und Jahresgang der Lufttemperatur mit milden Wintern, langen und kühlen Sommern sowie durch starke Winde (v. a. im Küstengebiet). Den Grad der Meeresbeeinflussung bezeichnet man als **Maritimität.** – Ggs.: Kontinentalklima.

Maritza *die*, bulgar. **Mariza, Marica** [-tsa], griech. **Evros**, türk. **Meriç** [-tʃ], im Altertum **Hebros**, Fluss auf der Balkanhalbinsel, 525 km lang, davon 322 km in Bulgarien (Hauptfluss S-Bulgariens). Die M. entspringt an der Mussala im Rilagebirge und durchfließt die M.-Ebene in Bulgarien, bildet dann für einige Kilometer die bulgarisch-griech. Grenze und nach wenigen Kilometern auf türk. Staatsgebiet schließlich die türkisch-griech. Grenze bis zur Mündung ins Ägäische Meer. Ab Edirne schiffbar.

Mariupol, 1948–88 **Schdanow, Ždanov** [ʒd-], Stadt im Gebiet Donezk, Ukraine, an der Bucht von Taganrog (Asowsches Meer), 521 000 Ew.; Hochschule für Metallurgie; Eisenhüttenwerke, Schwermaschinenbau, Schiffsreparatur, chem. Industrie; Seehafen.

Marius, Gaius, röm. Feldherr und Politiker, *Cereatae bei Arpinum (heute Arpino) 156 v. Chr., † Rom 13. 1. 86 v. Chr.; entstammte dem volskischen Landadel; Konsul 107, 104–100 und 86; führte 107 den Krieg gegen JUGURTHA, den er mithilfe SULLAS 105 erfolgreich beendete. Angesichts der von den Germanen drohenden Gefahr wurde er anschließend fünfmal hintereinander zum Konsul gewählt. M. besiegte 102 die Teutonen bei Aquae Sextiae (Aix-en-Provence) und 101 mit LUTATIUS CATULUS die Kimbern bei Vercellae (Vercelli, Piemont). Er leitete die Umwandlung des Milizheeres in ein Berufsheer ein und verstärkte dessen Schlagkraft, indem er an die Stelle der Manipel die Kohorten als takt. Einheit setzte. Am Bundesgenossenkrieg (91–88) nahm er als Heerführer teil; als aber 88 seine Anhänger ihn anstelle SULLAS mit dem Oberbefehl im Krieg gegen MITHRIDATES betrauen wollten, kam es zum Bürgerkrieg, in dessen Verlauf M. geächtet nach Afrika floh. Nach SULLAS Aufbruch zum Krieg gegen MITHRIDATES eroberte er mit CINNA Rom zurück und ließ sich für 86 zum siebenten Mal zum Konsul wählen.

T. F. CARNEY: A biography of G. M. (Chicago, Ill., ²1970); E. GABBA: Mario e Silla, in: Aufstieg u. Niedergang der Röm. Welt, hg. v. H. TEMPORINI u. a., Tl. 1, Bd. 1 (1972).

Marius, Simon, eigtl. **Mayr**, Astronom, *Gunzenhausen 10. 1. 1573, † Ansbach 26. oder 27. 12. 1624; Hofastronom in Ansbach und Verfasser von Kalendern sowie Prognostika; Entdecker des Andromedanebels und (unabhängig von G. GALILEI) der ersten vier Jupitermonde sowie der Sonnenflecken.

Marius Mercator, lat. Kirchenschriftsteller und Übersetzer, † nach 431; verfasste Schriften gegen PELAGIUS und NESTORIUS; als Theologe wenig originell, verbreitete M. die Position des AUGUSTINUS zum Pelagianismus im Osten und die KYRILLS VON ALEXANDRIA zum Nestorianismus im Westen.

Marivaux [mari'vo], Pierre Carlet **Chamblain de** [ʃɑ̃'blɛ̃ də -], frz. Schriftsteller, *Paris 4. 2. 1688, † ebd. 12. 2. 1763; war als Herausgeber mehrerer moral. Wochenschriften nach engl. Vorbild (z. B. ›Le spectateur français‹) auch journalistisch tätig. Mit seinen Komödien (›Le jeu de l'amour et du hasard‹, 1730, dt. ›Das Spiel von Liebe und Zufall‹; ›Les fausses confidences‹, 1738, dt. ›Die falschen Vertraulichkeiten‹) löste er ebenso von der Commedia dell'Arte wie von der Charakter- und Sittenkomödie MOLIÈRES und wurde zum Begründer des psycholog. Lustspiels; zentrales Thema sind Entstehung und Entwicklung der Liebe, wobei die Gestalten – nach ursprüngl. Verwirrung der Gefühle und entgegen allen Strategien der Verstellung – zur Erkenntnis ihrer selbst und ihrer Partner geführt werden. Die alle emotionalen Schwingungen nuanciert registrierende Sprache wird zu einem subtilen Instrument der Analyse entwickelt. Der halb spieler., halb ernste Ton indirekter Anspielung (›Marivaudage‹) ist charakteristisch für das Raffinement marivauxscher Dialogkunst. M.' Romane (›La vie de Marianne‹, 11 Tle., 1731–42, dt. ›Das Leben der Marianne‹; ›Le paysan parvenu‹, 5 Tle., 1734–35, dt. ›Der emporgekommene Landmann‹) zeigen Einflüsse des Roman comique (A. FURETIÈRE, P. SCARRON, A.-R. LESAGE), der Memoirenliteratur und der frz. Moralistik; sie verbinden prägnante Charakterstudien mit der realist. Schilderung unterschiedl. gesellschaftlicher Schichten.

Weitere Werke: *Komödien:* La double inconstance (1723; dt. Unbeständigkeit auf beiden Seiten); La surprise de l'amour (1723; dt. Der Betrug der Liebe); L'île des esclaves (1725; dt. Die Sklaveninsel); La seconde surprise de l'amour (1728; dt. Der andere Betrug der Liebe); L'école des mères (1732; dt. Die Mütter-Schule); L'épreuve (1740; dt. Die Versuchung).

Ausgaben: Romans, suivis de récits, contes et nouvelles, hg. v. M. ARLAND (Neuausg. 1979); Théâtre complet, hg. v. DEMS. (Neuausg. 1984); Théâtre complet, hg. v. F. DELOFFRE, 2 Bde. (1980–81).

M. Leben u. Werk, hg. v. G. SCHRICKE u.a. (1968); C. MIETHING: M. (1979); P. PAVIS: M. à l'épreuve de la scène (Paris 1986); G. POE: The rococo and eighteenth-century French literature. A study through M.'s theater (New York 1987); F. DELOFFRE: M. et le marivaudage (Genf ³1993).

Mariveles, Stadt auf den Philippinen, an der S-Spitze der Manila gegenüberliegenden Halbinsel Bataan, 62 000 Ew.; bedeutendste Industriefreihandelszone des Landes.

Mariza *die,* Fluss auf der Balkanhalbinsel, →Maritza.

Marjoram [ˈmɑːdʒərəm], J., Pseud. des engl. Schriftstellers Ralph Hale →Mottram.

Mark [ahd. marcha ›Grenze‹, verwandt mit lat. margo ›Rand‹] *die, -/-en,* **1)** urspr. Waldwildnis, in german. Zeit zwecke gerodete Wildnis. Im Ggs. zur kleineren Dorf-M. gilt der M. im 8./9. Jh., bes. in Ausbaulandschaften östlich des Rheins, als ein größerer Bezirk mit weitgehend unerschlossenen, zum Roden freigegebenen Waldungen (z. B. M. Michelstadt im Odenwald). I. w. S. bezeichnet der Begriff M. seit karoling. Zeit die unter verstärktem militär. Schutz stehenden Grenzterritorien, die im Vorland des Fränk. bzw. (werdenden) Heiligen Röm. Reiches der Sicherung des Reichsgebietes dienten (**Grenz-M.**). Zunächst in mehrere Grafschaften unterteilt, unterstanden sie i. d. R. einem →Markgrafen, die zu herzogähnl. Stellung aufsteigen konnten. Unter den ersten Karolingern, bes. unter KARL D. GR., entstanden im W die Breton. M., im SW die (erst später so genannte) Span. M., im SO die M. Friaul und die Pannon. (Awar.) M. Die Einfälle der Slawen und Ungarn ab dem Ende des 9. Jh. veranlassten OTTO I., D. GR., das System der M. (Markgrafschaften) zu erneuern und auszubauen. Im N wurde die Elb-M. gebildet, die dann in die Nord-M., die sächs. Ost-M. (später M. Lausitz) und die M. Meißen geteilt wurde. Aus der Nord-M. entstand die M. Brandenburg (häufig nur M. gen.), aus der bayer. Ost-M. die Markgrafschaft (ab 1156 Herzogtum) Österreich.

2) Dorfmark, Feldmark, in germanisch-frühmittelalterl. Zeit gemeinschaftlich (→Markgenossenschaft) genutzter Grund und Boden (gemeine M., Allmende).

3) chem. Grafschaft in Westfalen. 1160/61 spaltete sich von den Grafen von Berg eine mit Besitz im westl. Sauerland und an der mittleren Ruhr versehene Linie ab, die sich zunächst nach der Burg Altena benannte,

Mark 2):
4-Mark-Klippe aus Schweden (1569, Diagonale 31 mm)
Vorderseite
Rückseite

Mark 2):
½ Mark aus Riga (1565, Durchmesser 29 mm)
Vorderseite
Rückseite

sich 1202 aber in Unterscheidung zur um 1175 abgespaltenen Linie Isenberg-Limburg die Burg Mark als namengebend wählte. Diese Grafen von M. erlangten ein geschlossenes Herrschaftsgebiet, das von Lippe und Emscher bis zum Egge- und Rothaargebiet reichte (Residenz bis 1809: Hamm); nach Erwerb des Herzogtums Kleve (1368) sowie der Herzogtümer Jülich und Berg (1511/21) mit diesen in Personalunion verbunden, fiel Kleve-M. im →Jülich-Kleveschen Erbfolgestreit 1614 an Brandenburg. Die Grafschaft M., 1807–13 an Frankreich (ab 1808 beim Großherzogtum Berg) abgetreten, ab 1813 wieder preußisch, kam 1815 zur preuß. Prov. Westfalen und 1945 zu NRW.

U. VAHRENHOLD-HULAND: Grundl. u. Entstehung des Territoriums der Grafschaft M. (1968); E. DOSSMANN: Auf den Spuren der Grafen von der M. (³1992).

4) Kurz-Bez. für →Brandenburg.

Mark [nhd. marc, marke ›Silber- oder Goldbarren mit amtl. Zeichen‹] *die, -/-,* 1) *Messwesen:* **Gewichtsmark**, urspr. nordgerman. Masseneinheit, die seit dem 11. Jh. das Pfund als Edelmetall- und Münzgewicht verdrängte. Das Verhältnis der M. zum Pfund betrug 1 : 2 (1 Pfund = 2 M.), 1 M. = 8 Unzen = 16 Lot = 64 Quäntchen (für Silber; für Gold wurde die M. in 24 Karat = 288 Grän unterteilt). Es bildete sich noch im MA. eine große Zahl lokaler und regionaler M.-Gewichte heraus, die teilweise erheblich differierten, z. B. die Wiener M. zu 280,668 g (ab 1764), die Nürnberger M. zu 237,52 g, die Erfurter M. zu 235,4 g, die Pariser M. zu 244,753 g (→Marc) u. a. Besondere Bedeutung erlangte die Kölner M. (233,85 g), die in den Reichsmünzordnungen des 16. Jh. als Münzgrundgewicht des Heiligen Röm. Reiches Dt. Nation festgelegt wurde und diese Funktion bis 1857 (Wiener Münzvertrag) behauptete. In den Reichsmünzordnungen war festgelegt, wie viel Stück eines Münznominals aus einer M. geprägt werden mussten (→Konventionsfuß, →Leipziger Fuß). Die **raue M.** war die M. des legierten Münzmetalls, mit dem auch geprägt wurde. Die **feine M. (lötige M.)** entsprach der M. reinen Edelmetalls (in damals technisch mögl. Feinheit).

Im 10./11. Jh. stimmte die aus einer M. ausgebrachte Anzahl an Pfennigen (160 Stück) mit der feinen M. überein. Durch Münzverschlechterung (der Kupferanteil der Silberlegierung wurde erhöht) stieg die Anzahl der Pfennige, die aus der feinen Gewichts-M. geprägt wurden, ständig an, sodass Gewichts- und Zähl-M. nicht mehr übereinstimmten; die **Zähl-M.** wurde zur Rechnungsgröße für 160 Stück (Pfennige), unabhängig von ihrem Feingehalt.

2) *Münzwesen:* Im Gebiet des →Wendischen Münzvereins wurden ab 1502 Silbermünzen zu ⅔ M. und ⅓ M. (**Lübische M.**) ausgegeben (1 Lüb. M. = 16 Schillinge = 192 Pfennige), ab 1506 auch Münzen zu 1 M. geprägt; Mecklenburg, Holstein, Schweden und der Schwertbrüderorden schlossen sich diesen M.-Prägungen an. Die Silbermünzen zu 16 Schilling (in Dänemark 16 Skilling) hießen in Nord-Dtl. bis ins 19. Jh. M., die 32-Schilling-Stücke Doppel-M. In Oldenburg und Bremen galt die M. 32 Groot, in Jever 23 Stüber, in Schweden 1536–1776 8 Öre.

Die Hamburger **Banco-M.** war nur eine Rechnungsmünze, die von der Hamburger Bank seit 1770 mit 27¾ Banco-M. auf eine feine Kölner M. (bei Auszahlungen) bewertet wurde. Bei Einzahlungen wurden für die feine M. 27⅝ Banco-M. angerechnet. Die Differenz von 2 Schilling war die Verwaltungsgebühr.

Die **Aachener M.** hatte mit der norddt. M. nur den Namen gemeinsam; urspr. war sie eine Rechnungsmünze zu 6 Groschen (Albus), ausgeprägt als Münze erstmalig 1615, 1 Aachener M. = 24 Aachener Heller; im 18. Jh. galt der Reichstaler 54 Aachener Mark.

Im Dt. Reich wurde mit dem Münzgesetz vom 9. 7. 1873 die Goldwährung und als Währungsnominal die M. zu 100 Pfennigen eingeführt. Die Silbermünzen (bis zum 5-M.-Stück) waren Scheidemünzen, die Goldstücke zu 5 M. (nur 1877/78), 10 M. (Krone) und 20 M. (Doppelkrone; BILD →Krone) gesetzl. Zahlungsmittel. Auch die Taler der dt. Bundesstaaten im 14-Taler-Fuß und die →Vereinstaler blieben bis 1907 gesetzl. Zahlungsmittel, obwohl sie Silbermünzen waren. Zu Beginn des Ersten Weltkrieges wurde die Goldeinlösepflicht aufgehoben, die M. (Papier-M.) verfiel allmählich (in der Inflation rapide) und 1923 von der →Rentenmark abgelöst, der 1924 die →Reichsmark folgte. Die Goldmünzen des Kaiserreiches blieben bis 1938 gesetzl. Zahlungsmittel (waren aber im Geldumlauf überhaupt nicht vertreten). Mit der Währungsreform vom 21. 6. 1948 wurde die Reichs-M. abgeschafft und die →Deutsche Mark eingeführt, in der Sowjet. Besatzungszone am 26. 6. 1948 (→Mark der Deutschen Demokratischen Republik).

Mark [ahd. mar(a)g, urspr. ›Gehirn‹] *das, -(e)s,* 1) *Anatomie:* **Medulla**, zentraler Teil bestimmter Organe, der sich histologisch und funktionell vom peripheren (oft Rinde genannten) Organteil unterscheidet; z. B. Nebennieren-, Knochen- oder Rückenmark.

2) *Botanik:* Grundgewebsstrang (Parenchym) im Innersten von Spross und Wurzel; dient als Reservestoff- und Wasserspeicher. Sekundär kann durch Auseinanderrücken oder Zerreißen der Zellen eine M.-Höhle entstehen (z. B. bei Gräsern). – Die Verbindung zw. M. und Rinde stellen die **M.-Strahlen** her, schmale Grundgewebsstränge **(Markstrahlparenchym)**, die den Stofftransport in radialer Richtung übernehmen. Im Holz der Nacktsamer (Gymnospermen) sind die M.-Strahlen häufig von horizontal liegenden Tracheiden (**Markstrahltracheiden**; dienen dem radialen Transport von Wasser) umgeben.

3) *Lebensmittel:* Konzentrat ohne Schale und Kerne aus passierten Früchten (Frucht-M.) oder Gemüsen (z. B. Tomaten-M.), das durch Zusatz von Konservierungsmitteln oder durch Gefrieren begrenzt haltbar gemacht wird.

Mark, eigtl. **Michael Arndt**, russisch-orth. Theologe, *Chemnitz 29. 1. 1941; Studium in Heidelberg, Preßburg, Zagreb und an der Theolog. Hochschule Belgrad; wurde 1975 zum Priestermönch der russisch-orth. Auslandskirche (ROKA) geweiht und war bis zu seiner Bischofsweihe (1980) Archimandrit in Wiesbaden; 1980–82 Bischof von München und Süd-Dtl. Seit 1982 ist M. Bischof von Berlin und Dtl. (seit 1990 im Rang eines Erzbischofs) und Administrator der ROKA in Großbritannien und in Dänemark.

Marka, Hafenstadt in Somalia, →Merca.

Markab [arab. ›Sattel‹], der Stern α im Sternbild Pegasus, ein Stern zweiter Größe.

Markandaya [mɑːkənˈdaɪə], Kamala, eigtl. **K. Purnaiya Taylor** [pəˈnaɪə ˈteɪlə], ind. Schriftstellerin engl. Sprache, *in S-Indien 1924; lebt in England; bekannt wurden ihre sozialrealist. Romane über das Leben der Armen und Bauern auf dem Land (›Nectar in a sieve‹, 1954, dt. ›Nektar in einem Sieb‹; ›A handful of rice‹, 1966, dt. ›Eine Handvoll Reis‹).

Weitere Werke: Romane: Some inner fury (1955); A silence of desire (1960); Possession (1963); The nowhere man (1972); The golden honeycomb (1977); K. M. (Delhi 1980); Pleasure city (1982).

M. P. JOSEPH: Perspectives on K. M., hg. v. M. PRASAD (Ghaziabad 1984).

markant [frz.], stark ausgeprägt, auffallend.

Mark Anton, röm. Staatsmann, →Antonius.

Markarian-Galaxien [nach dem sowjet. Astronomen B. E. MARKARIAN, *1913, †1985], Galaxien mit außergewöhnlich starker Strahlung im blauen und ultravioletten Spektralbereich und mit z. T. sehr hellen, nahezu sternförmig erscheinenden Kernen. Viele M.-G. gehören zum Typ der →Seyfert-Galaxien, sind also aktive Galaxien. Leuchtkraftschwache M.-G. ohne auffälligen Kern werden gelegentlich als intergalakt. H II-Gebiete bezeichnet.

Markasit [mlat.-arab.] *der, -s/-e,* gelbes, oft grünlich anlaufendes, metallisch glänzendes Mineral mit chem. Zusammensetzung FeS$_2$, die rhomb. Modifikation des →Pyrits (geht bei über 400 °C in diesen über); Härte nach Mohs 6–6,5, Dichte 4,8–4,9 g/cm^3. M. bildet neben tafeligen oder flachprismat. Kristallen speerspitzenähnl. Zwillinge und Vierlinge **(Speerkies)** und kammähnl. Gruppen **(Kammkies),** ferner grobstrahlige bis feinfaserige Aggregate **(Strahlkies)** und dichte Massen **(Leberkies).** M. entsteht hydrothermal (auf Erzgängen sowie in hydrothermal-sedimentären oder metasomat. Lagerstätten in Kalken und Dolomiten) und sedimentär (Konkretionen und knollige Lagen in Tonen, Kreidekalken und Kohlen).

Mark Aurel, Marcus Aurelius Antoninus, urspr. **Marcus Annius Verus** (bis 138), röm. Kaiser (seit 161), * Rom 26. 4. 121, † Vindobona (heute Wien) 17. 3. 180. Aus vornehmer Senatorenfamilie stammend, wurde er auf Anregung Hadrians von seinem Onkel Antoninus Pius adoptiert (138), dessen Tochter Faustina (d. J.) er 145 heiratete. Nach dem Tod des Antoninus Pius (7. 3. 161) übernahm M. A. die Herrschaft, die er mit seinem Adoptivbruder Lucius Verus, seit 177 mit seinem Sohn Commodus teilte. M. A. musste in dauernden Kriegen das Reich vor dem Zusammenbruch bewahren. Eine parth. Offensive wurde unter der nominellen Leitung des Verus abgewehrt (162–166); es gelang sogar, W-Mesopotamien und Osroene zu gewinnen. Eine von den zurückkehrenden Truppen eingeschleppte Pestepidemie verursachte in der Bev. schwere Verluste. Trotzdem gelang es M. A. nach dem Tod des Verus (169), die Einfälle der Markomannen abzuwehren und die Donaulinie zu behaupten. Der (angebliche?) Plan, zwei neue Prov., Marcomannia und Sarmatia jenseits der Donau, zu errichten, wurde durch den Tod des M. A. vereitelt.

Von dem hochgebildeten, von der stoischen Philosophie geprägten M. A. existieren noch Briefe an seinen Lehrer Fronto in lat. Sprache und ›Selbstbetrachtungen‹ (Fragmente und Aphorismen, in denen eth. und religiöse Themen behandelt werden) in griech. Sprache. Seine urspr. vergoldete Bronzestatue in Rom ist das einzige vollständig erhaltene Reiterstandbild der Antike (1537 auf dem Kapitolsplatz aufgestellt, seit 1990, nach jahrelanger Restaurierung, im Kapitolin. Museum; Bild →Denkmal).

G. R. Stanton in: Aufstieg u. Niedergang der Röm. Welt, hg. v. H. Temporini u. a., Tl. 2, Bd. 2 (1975); A. Birley: M. A. (a. d. Engl., ^{2}1977); G. Schindler-Horstkotte: Der ›Markomannenkrieg‹ M. A.s u. die kaiserl. Reichsprägung (Diss. Köln 1985); U. Schall: Marc Aurel. Der Philosoph auf dem Cäsarenthron (Neuausg. 1995); K. Rosen: Marc Aurel (1997).

Mark-Aurel-Säule, die für Kaiser Mark Aurel nach seinem Tod zw. 180 und 193 errichtete, jetzt 42 m hohe Säule auf der Piazza Colonna in Rom; nach dem Vorbild der Trajanssäule läuft ein Reliefband spiralförmig um den Schaft; es schildert die Kriegszüge des Kaisers 172–175 gegen Quaden, Markomannen und andere Stämme. Auf der Säule steht seit der Erneuerung von 1589 ein Standbild des Apostels Paulus.

Mark der Deutschen Demokratischen Republik, Kurz-Bez. **Mark,** Abk. **M,** vom 1. 1. 1968 bis 30. 6. 1990 Währungseinheit der DDR gemäß dem Ges. über die Staatsbank der DDR vom 1. 12. 1967; 1 M = 100 Pfennig (Pf). Mit der Währungsreform in der SBZ und Berlin (Ost) am 26. 6. 1948 wurde die Währungseinheit **Deutsche Mark der Deutschen Notenbank** geschaffen, die auch DM-Ost oder Ostmark genannt wurde. Am 1. 8. 1964 wurde die Bez. in **Mark der Deutschen Notenbank** (MDN) geändert. Die M. d. DDR war nicht konvertierbar, konnte nicht als Zahlungsmittel im internat. Zahlungsverkehr genutzt werden und wurde auf den Devisenmärkten nicht offiziell gehandelt (Binnenwährung). Ihre Ein- und Ausfuhr war verboten; Ausnahmen galten z. B. für den Reiseverkehr zw. den Mitgliedsländern des RGW.

Mit dem In-Kraft-Treten der Währungs-, Wirtschafts- und Sozialunion zw. der BRD und der DDR am 1. 7. 1990 wurde die →Deutsche Mark gemeinsame Währung des nunmehr geschaffenen einheitl. Währungsgebiets. Die Umstellung der auf M. d. DDR lautenden Forderungen und Verbindlichkeiten wurde ausschließlich über Konten bei Banken durchgeführt; ein direkter Bargeldumtausch fand nicht statt. Während Banknoten und höherwertige Münzen nach der Umstellung an die Staatsbank der DDR zur Vernichtung bzw. Endlagerung abgeführt wurden, blieben Münzen in der Stückelung 1, 5, 10, 20 und 50 Pfennig bis zum 30. 6. 1991 gesetzl. Zahlungsmittel.

Markdorf, Stadt im Bodenseekreis, Bad.-Württ., nördlich des Bodensees, 453 m ü. M., 11 500 Ew.; Maschinen-, Werkzeug- und Geräteb., Softwareentwicklung. - Spätgot. kath. Pfarrkirche St. Nikolaus (14. Jh.), in der Marienkapelle Stuckaturen von Johann und Joseph Schmuzer; Altes Schloss, um 1510 von Konstanzer Bischof erbaut. In Ittendorf Pfarrkirche St. Martin (im 18. Jh. barockisiert) und Schloss (spätes 17. Jh.). – Das 817 erstmals urkundlich erwähnte M., seit dem 13. Jh. Stadt, kam 1414 in den Besitz des Bischofs von Konstanz.

Marke [von frz. marque ›(Kenn)zeichen‹], 1) *allg.:* Merkmal zum Erkennen (z. B. Polizei-M.), Wiedererkennen und Unterscheiden, zur Orientierung (→Landmarke); auch eingeprägtes, aufgestempeltes oder auf sonstige Weise an einer Sache angebrachtes Zeichen von rechtl. Beweiswert (→Marke 4), das Eigentumsverhältnisse, Herkunft und/oder Güte der Sache bezeugt (z. B. →Grenzzeichen, →Hausmarke, →Handelsmarke).

Im *Kunsthandwerk* urspr. Garantie-M. bei den Goldschmieden und den Zinngießern, Zeichen für den Feingehalt der Metalllegierung (→Beschauzeichen). Sie erlauben heute fast immer, die Herkunft, den Meister und – bei Jahresstempeln – auch die Entstehungszeit anzugeben. Schlechter erforscht sind die M. der Waffen-, Klingen-, Zirkel- und Rotschmiede. Weniger ergiebig sind M. von Gobelinmanufakturen und M. in der Keramik, die (falls es keine Press-M. sind) aufgemalt sind. Eingebrannte M. finden sich auf Möbeln.

2) *Datenverarbeitung:* **Label** [leɪbl, engl.], symbol. Adresse in einem Programm, auf die mit Anweisungen Bezug genommen werden kann, z. B. bei Sprüngen und Verzweigungen.

3) *münzartige Zeichen:* seit dem Altertum verwendete Zeichen (→Symbolon, →Tessera), urspr. aus Metall (Blei, Kupfer, Zinn, Eisen oder Elfenbein), in jüngerer Zeit auch aus anderen Materialien (Holz, Pappe, Kunststoff). Der Verwendungszweck der M. war und ist sehr vielfältig: 1) als Quittung für geleistete Zahlungen, z. B. die Brau-, Tor-, Einlass-, Bier-, Tanz-M., russ. ›Bartkopeken‹; moderne Formen sind Automaten-, Müll- oder Steuer-M.; 2) Anweisung auf Bezahlung, z. B. Bergwerks- oder Förder-M., Robot-M., Präsenzzeichen für Geistliche und Ratsmitgl.; 3) Berechtigungs-M., z. B. für Brot (Brot-M., Armen-M.), Getreide, Öl, zum Holzsammeln u. a.; 4) Kleingeldersatz, z. B. die westfäl. Bursarienzeichen der Domherrenkassen, die als Vorläufer der späteren Kupfermünzen gelten, die schwed. Polletter im Bergbau, v. a. jedoch die brit. und amerikan. →Token.

4) *Recht:* im Geschäftsverkehr benutzte Mittel zur Kennzeichnung und Unterscheidung von Waren oder Dienstleistungen eines bestimmten Unternehmens von denen anderer Unternehmen (früherer Begriff

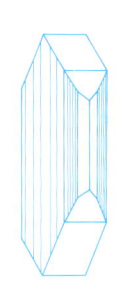

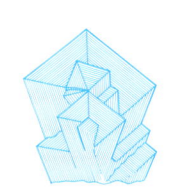

Markasit: Kristallstrukturen; von **oben** Flachprismatischer Kristall; Kammkies; Speerkies

Markasit: Radialstrahlige Knolle

Mark Aurel, römischer Kaiser (Marmorkopf, um 165; Tripolis, Archäologisches Museum)

Mark Marke – Markenartikel

→Warenzeichen). Voraussetzungen und Umfang des M.-Schutzes sind in Dtl. nunmehr durch das M.-Gesetz vom 25. 10. 1994 geregelt, welches Vorgaben der EG in nat. Recht umgesetzt und das frühere Warenzeichen-Ges. ersetzt hat. Hiernach werden neben M. auch →geschäftliche Bezeichnungen und geograph. Herkunftsangaben (→Herkunftsbezeichnung) geschützt. Als M. können alle Zeichen, insbesondere Wörter einschließlich Personennamen, Abbildungen, Buchstaben, Zahlen, Hörzeichen, dreidimensionale Gestaltungen einschließlich der Form einer Ware oder ihrer Verpackung sowie sonstige Aufmachungen einschließlich Farben und Farbzusammenstellungen geschützt werden, die geeignet sind, Waren oder Dienstleistungen eines Unternehmens von denjenigen anderer Unternehmen zu unterscheiden. Zeichenrechtlich bedeutungslos ist die Unterscheidung zw. Fabrikmarken, die vom Fertigungsbetrieb stammen, und →Handelsmarken, die auf den Vertreiber der Waren hindeuten. Der Schutzumfang ist in beiden Fällen gleich. Der M.-Schutz entsteht grundsätzlich durch die Eintragung des Zeichens in das beim Patentamt geführte →Markenregister. Unabhängig von der Registrierung sind M. mit Verkehrsgeltung und notorisch bekannte M. geschützt (§ 4 M.-Gesetz). Nicht schutzfähig und von der Eintragung als M. ausgeschlossen sind z. B. Zeichen, die sich nicht grafisch darstellen lassen, denen jegl. Unterscheidungskraft fehlt, für die ein Freihaltebedürfnis besteht, die irreführend sind, die gegen die öffentl. Ordnung oder die guten Sitten verstoßen oder staatl. Hoheitszeichen enthalten (§ 8 M.-Gesetz). Zeichen, die als M. eingetragen werden sollen, sind beim →Patentamt anzumelden. Regelungen hierzu finden sich im M.-Gesetz und der ergänzend erlassenen M.-Verordnung vom 30. 11. 1994. Mit der Anmeldung entsteht bei späterer Eintragung bereits der Prioritätsschutz gegenüber ident. oder verwechslungsfähigen Zeichen. Das Patentamt prüft die formellen Eintragungsvoraussetzungen sowie das eventuelle Vorliegen absoluter Schutzhindernisse und verfügt dann gegebenenfalls die Registereintragung und die entsprechende Veröffentlichung. Hiergegen kann der Inhaber einer prioritätsälteren M. innerhalb einer Frist von drei Monaten Widerspruch erheben. Der Inhaber einer eingetragenen oder sonst geschützten M. hat das ausschließl. Recht, die M. im geschäftl. Verkehr zu nutzen. Benutzt ein Dritter ident. oder ähnl. Zeichen im geschäftl. Verkehr für ident. oder ähnl. Waren oder Dienstleistungen, so steht dem M.-Inhaber ein Unterlassungsanspruch, bei vorsätzl. oder fahrlässiger Begehung der Verletzungshandlung auch Anspruch auf Schadenersatz zu. Die Schutzdauer einer eingetragenen Marke beträgt zehn Jahre und kann jeweils um weitere zehn Jahre verlängert werden. Eine M. kann beliebig ge- und verkauft werden (§ 27 M.-Gesetz); sie kann einzeln, jedoch auch zusammen mit dem Betrieb oder dem Produkt übertragen werden. Der Inhaber der M. kann auch das Recht zu deren Benutzung Dritten einräumen (→Lizenz).

Dem zwischenstaatl. Verkehr sind internat. Registrierungen von M. dienlich. Angehörige der Mitgliedsstaaten des Madrider M.-Abkommens (→Madrider Abkommen) können den Schutz einer eingetragenen M. durch Registrierung beim Internat. Büro für geistiges Eigentum in Genf auch auf andere Mitgliedsstaaten ausdehnen. In Dtl. ist der Antrag auf internat. Registrierung nach dem Madrider M.-Abkommen beim Patentamt zu stellen. Die Eintragung führt zu einem Bündel nat. M., also zum M.-Schutz in allen Mitgliedsstaaten entsprechend dem jeweiligen nat. Recht. Auf europ. Ebene ist durch die EG eine →Gemeinschaftsmarke geschaffen worden, also eine einheitl. M. für Waren und Dienstleistungen im Rahmen der EG, die zentral beim Europ. M.-Amt in Alicante (Spanien) angemeldet werden kann (→Europäisches Markenrecht).

In *Österreich* sind das M.-Schutzgesetz 1970, mit zahlreichen Änderungen, die Patent-, M.- und Musterverordnung 1985 i. d. F. v. 1992 und die Patentamtsverordnung 1990 i. d. F. v. 1994 maßgebend. Die Eintragung der M. erfolgt in das M.-Register beim Patentamt. Die Schutzdauer beträgt zehn Jahre mit der Möglichkeit der Verlängerung. Seit der Novelle des M.-Schutzgesetzes von 1977 ist eine getrennte Übertragung von M. und Unternehmen möglich.

In der *Schweiz* gelten ähnl. Grundsätze wie in Dtl. Gemäß Bundes-Ges. (BG) über den Schutz von M. und Herkunftsangaben vom 28. 8. 1992, das das alte BG aus dem Jahre 1890 ablöste, sind neben Fabrik- und Handels-M. nunmehr auch Dienstleistungs-, Garantie- und Kollektiv-M. hinterlegungsfähig. Einen besonderen Schutz genießen berühmte M. Das M.-Register wird vom Eidgenöss. Institut für geistiges Eigentum in Bern (frühere Bez. Bundesamt für geistiges Eigentum) geführt. Ergänzende Bestimmungen, bes. zum Eintragungsverfahren, enthält die M.-Schutz-Verordnung vom 23. 12. 1992.

Österreich und die Schweiz sind ebenfalls Vertragsstaaten des Madrider Abkommens über die internat. Registrierung von Marken.

W. HEFERMEHL: Warenzeichenrecht u. Internat. Wettbewerbs- u. Zeichenrecht, begr. v. A. BAUMBACH (^{12}1985); U. SCHWENDEMANN: Markenrecht in der Praxis (1988); R. BUSSE: Warenzeichengesetz (^{6}1990); H. E. MEISTER: Leistungsschutz u. Produktpiraterie (1990); Von Ajax bis Xerox. Ein Lex. der Produktnamen, bearb. v. A. LÖTSCHER (Zürich ^{2}1992); H.-W. GIEFERS: Markenschutz (^{4}1995); W. BERLIT: Das neue Markenrecht (^{2}1997).

Marke, in der Sage von Tristan und Isolde der König von Cornwall, Tristans Onkel. M. wird von seiner Frau Isolde durch ihr Liebesverhältnis zu Tristan betrogen.

Markelius, Sven Gottfrid, schwed. Architekt, * Stockholm 25. 10. 1889, † ebd. 27. 2. 1972; ausgebildet in Stockholm, maßgeblich beeinflusst von LE CORBUSIER. M. führte den →internationalen Stil in Schweden ein. 1944–54 war er Stadtbaudirektor in Stockholm. Sein Entwurf des Stadtteils Vällingby (1953–59) gilt als vorbildlich.

Weitere Werke: Konzerthaus in Helsingborg (1925–32); schwed. Pavillon der Weltausstellung in New York (1939).

Marken, ital. **Marche** ['marke], Landschaft in Italien zw. Apennin und Adriat. Meer, umfasst die östl. Abdachung des mittleren Apennin (bis zur Ausgleichsküste an der Adria) und als Region die Prov. Ancona, Ascoli Piceno, Macerata, Pesaro e Urbino, 9 694 km², 1,441 Mio. Ew.; Hauptstadt ist Ancona. Die ertragreichen Ton- und Mergelböden des weitgehend entwaldeten Tertiärhügellandes werden landwirtschaftlich genutzt (Weizen, Wein, Obst u. a.), in höheren Lagen Weidewirtschaft; vor der Küste Erdgasvorkommen. Industrie gibt es nur in den Küstensiedlungen; dort auch Fremdenverkehr. – PIPPIN und KARL D. GR. schenkten 754 und 774 das Gebiet dem Papst. Seit karoling. Zeit bildeten sich hier, im Grenzbereich kaiserl. Einflusses, einzelne M. (Camerino, Fermo, schließlich die Mark Ancona); seit dem 13. Jh. entstanden viele Signorien. Im 16. Jh. kam das Gebiet unter die direkte Herrschaft des Kirchenstaats.

R. WILLEMSEN: Die M. (1987).

Marken ['markə, niederländ.], Insel im →Markerwaard.

Marken|artikel, Markenware, standardisierbares Erzeugnis für den differenzierten Massenbedarf, das unter einer →Marke (Firmen-, Wort- oder Bildzeichen) vertrieben wird, um seine Herkunft aus einem bestimmten Herstellerbetrieb (Fabrikmarke, Herstellermarke) oder einem Handelsbetrieb (Handelsmarke) zu kennzeichnen und dadurch dem Käufer gegenüber für gleich bleibende sowie hohe Produktqualität zu bürgen. Auch im Dienstleistungsbereich werden zunehmend standardisierte, komplette Leistungspakete als M. angeboten (Dienstleistungsmarke). Intensive Werbung soll erreichen, dass die Käufer sich die Marke einprägen und bei späteren Käufen wieder erkennen und verlangen (Markenpräferenzen, Markentreue). Hierzu muss der M. mittels einer **Markenpolitik** ein eigenständiges Produktprofil erhalten und in weitgehend einheitl. und gleich bleibender Aufmachung (Verpackung) und Menge auf einem größeren Absatzmarkt zu einem möglichst einheitl. Preis (unverbindl. Preisempfehlung, keine Preisbindung) angeboten werden. Für entsprechende überregionale Versorgung mit dem M. sorgt i. d. R. ein produktadäquates Absatzsystem, häufig mit zugehörigen Serviceleistungen. M.-Werbung und Verkaufsförderung wenden sich sowohl an den Handel als auch an den Endverbraucher. Sie sollen erreichen, dass sich der M. dauerhaft gegenüber anonymer Ware (›weiße Ware‹, →No-Name-Produkte) hervorhebt und schließlich über Generationen hinweg eine eigene ›Markenpersönlichkeit‹ erhält. Häufig werden mit M. Innovationskraft und Produktkompetenz des Herstellers assoziiert und M. als Maßstab für wirtschaftl. und techn. Fortschritt angesehen. M. prägen in hohem und wachsendem Maße den Konsum und die Konsumgütermärkte.

Markenpiraterie, →Produktpiraterie.

Markenregister, beim Patentamt geführtes Register für →Marken und sonstige nach dem Marken-Ges. geschützte Zeichen. Nähere Angaben zum Anmelde- und Registrierungsverfahren sind in der Marken-VO vom 30. 11. 1994 enthalten.

Markenschutz, rechtl. Schutz von →Marken und sonstigen Kennzeichen (geschäftl. Bezeichnungen, Herkunftsangaben) nach dem Markengesetz.

Markenverband e. V., Vereinigung von Unternehmen, die alle mit der Herstellung und dem Vertrieb von →Markenartikeln verbundenen gesellschaftl., rechtl., wirtschaftl. und techn. Fragen wahrnimmt, gegr. 1902 als ›Verband der Fabrikanten von Markenartikeln‹ in Berlin; Sitz: Wiesbaden. Übernational ist die ›Association Européenne des Industries de Produits de Marque‹ (A.I.M.), Brüssel, tätig.

Markenwein, i. d. R. ein Cuvée mehrerer Grundweine (Verschnitt) mit stets annähernd gleichen Geschmacksmerkmalen und Inhaltsstoffen sowie gleich bleibender Qualität. Ausstattung und Etikettierung, einschließlich Markenbezeichnung, sind langfristig festgelegt. M. werden überwiegend im unteren und mittleren Qualitätsbereich (Tafelwein und Qualitätswein bestimmter Anbaugebiete) angeboten.

Markenweltmeisterschaft, *Automobil-, Motorradsport:* die Weltmeisterschaft der Hersteller oder Werksmannschaften von Rennfahrzeugen. Im *Automobilsport* gibt es v. a. die M. der Formel 1 (seit 1958) und der Rallyes (seit 1968), wobei innerhalb der **Konstrukteurswertung** (Platzierungen der Fahrzeuge eines Teams, der Punkte) jeweils ein ›Konstrukteursweltmeister‹ ermittelt wird. Bei den *Motorrädern* wird eine M. im Rahmen der Straßenweltmeisterschaft durchgeführt; ab 1990 in den Soloklassen bis 125 cm^3, bis 250 cm^3, bis 500 cm^3 und in den Seitenwagenklassen bis 500 cm^3 (Zweitaktmotoren) bzw. 1 000 cm^3 (Viertaktmotoren).

Marker [engl., eigtl. ›Kennzeichen‹, ›Merkzeichen‹] *der, -s/-(s),* **1)** *allg.:* Gegenstand oder Stoff zum Markieren.
2) *Biochemie, Chemie:* Bez. für Moleküle, Ionen oder Atome, die mit den eigtl. nachzuweisenden, meist hochmolekularen Verbindungen (z. B. Eiweiß) chemisch oder koordinativ verbunden oder insbesondere durch radioaktive oder fluoreszierende Strahlung quantitativ mit hoher Genauigkeit nachweisbar sind (→markierte Verbindungen). In entsprechenden Mikroskopen können die mit M. gekennzeichneten Verbindungen innerhalb biolog. Strukturen (z. B. Zellen) auch räumlich aufgelöst werden. – Als M. werden auch chem. Verbindungen bezeichnet, deren Position in Trennsystemen (z. B. Chromatographie, Elektrophorese) genau bekannt ist und die daher als Bezugssubstanz dienen.
3) *Genetik:* Bez. für ein Gen (Gen-M.), das durch Mutation zu einem phänotypisch gut erkennbaren Allel geworden ist und als Bezugsgen dient, z. B. bei der Erstellung von Genkarten. (→Markergene)
4) *Luftfahrt:* →Einflugzeichen.
5) *Medizin:* Markierungssubstanz, z. B. Enzym, Hormon, deren (vermehrtes) Vorkommen im Blut oder im Gewebe einen Hinweis auf krankhafte Prozesse im Organismus gibt (z. B. →Tumormarker, →Chromosomenmarker).
6) [engl. ˈmɑːkə], *Sprachwissenschaft:* →Merkmal.

Märker, die Bewohner der Mark Brandenburg, eine Mischung aus nordniedersächs., ostfäl., mitteldt. und niederländ. Siedlern. Die M. sprechen teilweise eine niederdt. Mundart (→deutsche Mundarten).

Markergene, Markierungsgene, Gene, deren Funktion und Lage auf den Chromosomen bekannt sind und mit deren Hilfe die Lage und Verteilung anderer Gene festgelegt werden können oder das entsprechende Chromosom nachgewiesen werden kann. Mit der Entwicklung der Gentechnologie ist es möglich geworden, die Lage genet. Loci (Orte) auch unabhängig von einer phänotyp. Ausprägung der M. in Relation zu kurzen Nukleotidsequenzen zu bestimmen. Dazu dienen physikal. Karten eines Genoms.

Markersbach, Gem. im Landkreis Aue-Schwarzenberg, Sa., 550 m ü. M., im oberen Westerzgebirge an der Großen Mittweida, 2 200 Ew.; Ferienort an der Sächs. Silberstraße; Holzverarbeitung. In der Nähe Pumpspeicherwerk (1 050 MW) mit einem oberen (847 m ü. M.) und unteren Speicherbecken (561 m ü. M.), die unterirdisch durch zwei Röhren miteinander verbunden sind und einen Stauinhalt von 6,5 Mio. und 7,7 Mio. m^3 haben.

Markerwaard, ein in den Niederlanden geplanter Polder (560 km^2) des IJsselmeeres, in der Prov. Nordholland, der bereits umdeicht ist (Eindeichung von 1963 bis Anfang der 80er-Jahre), aber aus Umweltschutzgründen nicht mehr fertig gestellt wird. Die verbleibenden Wasserflächen (**Markermeer**) dienen als Süßwasserreservoir und Fischbecken sowie dem Wassersport. Die im M. liegende Insel **Marken** (2 100 Ew.), die seit 1957 durch einen Damm mit dem Festland verbunden ist, hat bedeutenden Fremdenverkehr.

Marker-X-Syndrom, das →fragile X-Syndrom.

Marketender [ital. mercatante ›Händler‹] *der, -s/-,* Händler (häufig Frauen), die den Truppen im Krieg und Manöver folgten und Lebensmittel und Bedarfsgegenstände verkauften. M. gab es schon im Altertum und MA. Im dt. Heer wurden seit 1909 Kauf und Verwaltung der M.-Waren in die Hände der Truppenteile gelegt, die sie auf dem Nachschubweg erhalten.

Marketerie [frz., zu marqueter ›mit Intarsien versehen‹, eigtl. ›besprenkeln‹] *die, -/...'rien,* Furniertechnik, bei der figürl. Darstellungen oder Ornamente aus Furnierblättern zusammengesetzt und auf eine Grundfläche aufgeleimt werden. (→Intarsien)

Marketing [engl. ˈmɑːkɪtɪŋ; zu engl. to market ›Handel treiben‹, zu market ›Markt‹] *das, -(s),* in der klass. Definition Bez. für die Planung, Koordination und Kontrolle aller auf die Märkte ausgerichteten Unternehmensaktivitäten (insofern gleichbedeutend mit Absatzwirtschaft). Der in den USA entstandene und seit den 1950er-Jahren in Europa verwendete Begriff hat versch. Entwicklungsstufen durchlaufen. Beim M. im Sinne von Absatzvorbereitung handelt es sich um

Mark Marketing

die Vorbereitung der Übertragung von Gütern und Dienstleistungen von einem Unternehmen auf externe Personen. Vorbereitende Tätigkeiten sind v. a. Marktforschung sowie Preis- und Werbeplanung. Bei dieser Sicht wird davon ausgegangen, dass über das Leistungsprogramm des Unternehmens bereits an anderer Stelle entschieden worden ist, dass dem Vertrieb die Aufgabe zukommt, die Güter abzusetzen, und das M. diesen Absatzprozess zu unterstützen hat. Bei einem weiteren Verständnis von M. im Sinne von Absatzpolitik werden Absatzvorbereitung und Vertrieb vereinigt. M. umfasst hierbei alle Maßnahmen, die zu ergreifen sind, um Güter und Leistungen den Abnehmern zuzuleiten; dazu zählen →Produktpolitik, Preis- und Konditionenpolitik, Absatzwegeentscheidungen (→Distributionspolitik), →Kommunikationspolitik, aber auch Aktivitäten anderer Unternehmensbereiche (z. B. Mahnwesen, Reparaturservice). Die Ausgestaltung der Beziehungen zu den Kunden wird auch als Planung der absatzpolit. Instrumente bezeichnet. Voraussetzung für einen effektiven Einsatz der absatzpolit. Instrumente und ihrer Kombination (**M.-Mix**) sind M.-(Absatz-) und →Marktforschung. M. lässt sich auch kennzeichnen als marktorientierter Führungsstil eines Unternehmens (M. als Maxime für alle Funktionsbereiche), der dazu dient, die absatzpolit. Instrumente so einzusetzen, dass Präferenzen und Wettbewerbsvorteile entstehen (M. als Mittel). Dies geschieht im Rahmen einer systemat. Entscheidungsfindung (**M.-Management**), bei der Reaktionen bzw. Be-

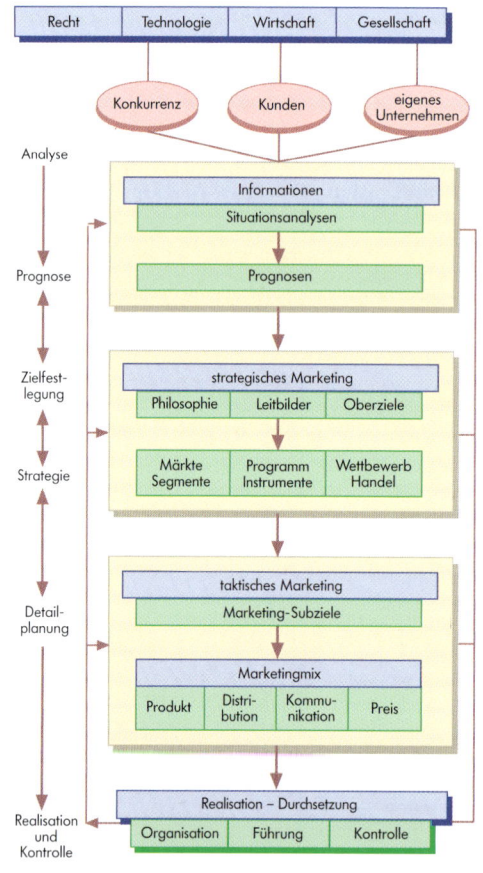

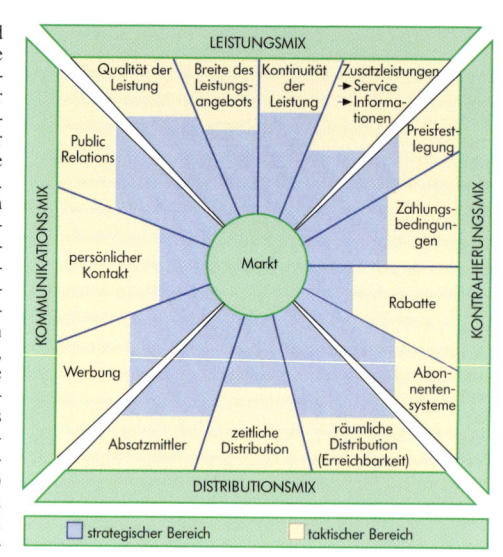

Marketing: Systematik der absatzpolitischen Instrumente nach Heribert Meffert

dürfnisse der potenziellen Abnehmer zu beachten sind. Aufgaben des M.-Managements sind Analyse, Prognose, Zielfestlegung, Strategie- und Detailplanung sowie Realisation und Kontrolle aller absatzmarktbezogenen Maßnahmen (Erstellung eines **M.-Konzepts**). Die Analyse der Ausgangssituation und die Prognose ihrer Entwicklung hat sich auf externe (Kunden, Konkurrenz) wie auf interne Sachverhalte zu erstrecken. Eine **M.-Strategie** besteht aus der Vorgabe genereller Ziele und aus der Fixierung der zu ergreifenden Maßnahmen. In dem durch die strateg. Planung erstellten Rahmen sind die laufenden Entscheidungen über den Einsatz der absatzpolit. Instrumente zu treffen (**taktisches M.**). Die Realisation des M.-Konzepts setzt auch die organisator. Verankerung des M.-Gedankens voraus, z. B. in Form eines Produkt- oder Kundengruppenmanagements, einer Matrix- oder Teamorganisation.

In erweiterter Form wird M. als Dienst des Unternehmens an seinen Kunden aufgefasst (**generisches M.**), wobei es v. a. darum geht, die Bedürfnisse des Zielmarktes zu ermitteln und diese durch Austauschprozesse wirksamer und effektiver zu befriedigen als die Wettbewerber. Um die Kundenzufriedenheit durch M.-Aktivitäten zu verbessern, ist es notwendig, bestimmte Zielgruppen durch Marktsegmentierung klar zu definieren und das Leistungsprogramm unter Berücksichtigung der eigenen Wettbewerbssituation an die Bedürfnisse dieser Nachfragergruppe optimal anzupassen. Darüber hinaus muss durch organisator. Schritte sichergestellt werden, dass dieses Ziel von allen Unternehmensbereichen verfolgt wird (**integriertes M.**). M. bedeutet damit Übergang von rein produktions- und verkaufsorientierter zu konsequent kundenorientierter Unternehmenspolitik.

Anfänglich war der Anwendungsbereich des M. auf erwerbswirtschaftl. Institutionen beschränkt (**kommerzielles M.**), die sich dadurch auszeichnen, dass in ihren Zielsystemen das Gewinn- bzw. Rentabilitätsziel dominiert. Zunächst wurde das M. von Markenartikelherstellern im Konsumgütersektor geprägt (**Konsumgüter-M.**), dann zunehmend auch für Investitionsgüter (**Investitionsgüter-M.**) und Dienstleistungen (v. a. in Handel, Banken, Versicherungen; **Dienstleistungs-M.**) angewendet. Neben das Absatz-M. ist das **Beschaffungs-M.** für die Austauschprozesse auf den

Marketing: Der Marketing-Managementprozess nach Heribert Meffert

Beschaffungsmärkten für Roh-, Hilfs- und Betriebsstoffe, Anlagen und Finanzmittel einschließlich des Arbeitsmarktes **(Personal-M.)** getreten. Die Berücksichtigung der internat. Wettbewerbsfähigkeit erfordert neben den auf nat. Märkte gerichteten M.-Strategien ein **internationales M. (multinationales M.)**, das über die reine Organisation des Exports hinausgeht und z. B. auch die Erschließung und Bearbeitung der Auslandsmärkte durch umfangreiche Servicesysteme und Direktinvestitionen umfasst. Typisch für das internat. M. ist, dass einheitl. Elemente (z. B. im Hinblick auf Produktqualität und -image) für mehrere Länder und soziokulturell selbstständige Marktgebiete eingesetzt werden. Als **globales M.** wird eine Unternehmensphilosophie bezeichnet, die alle Entscheidungen und Aktivitäten konsequent an den Erfordernissen des Weltmarktes orientiert. Dies bedeutet, dass weltweit einheitl. Produkte (Weltmarken) mit einer weitgehend einheitl. Strategie vermarktet werden. Für regionale Teilmärkte werden nur noch unwesentl. Differenzierungen (z. B. in Werbung, Verpackung, Beratung und Service) zugelassen.

Seit den 1990er-Jahren werden Begriff und Konzept des M. auf alle Austauschbeziehungen zw. einzelnen Menschen und/oder Gruppen übertragen. Mit der Erweiterung des Anwendungsspektrums findet eine Erweiterung der Inhalte des M. um nichtkommerzielle Ziele statt **(Non-Profit-M.)**. So werden M.-Techniken verstärkt auch für immaterielle und öffentl. Güter sowie soziale Einrichtungen (z. B. Wohlfahrtsverbände, öffentl. Einrichtungen), aber auch Parteien und Organisationen (z. B. Gewerkschaften, Umweltschutz- und Verbraucherverbände, Jugend- und Frauenverbände) eingesetzt **(Social M., Sozio-M.)**.

⇨ *Absatz · Beschaffung · Konsum · Unternehmensplanung · Verbraucherpolitik*

H. MEFFERT: M. (^{7}1986, Nachdr. 1990); DERS.: M.-Management. Analyse - Strategie - Implementierung (1994); J. BECKER: M.-Konzeption. Grundlagen des strateg. M.-Managements (^{5}1993); L. MÜLLER-HAGEDORN: Handels-M. (^{2}1993); DERS.: Einf. in das M. (^{2}1996); P. KOTLER u. F. BLIEMEL: M.-Management (^{8}1995); Hwb. des M., hg. v. B. TIETZ u. a. (^{2}1995); F. SCHEUCH: M. (^{5}1996); W. J. KOSCHNIK: Lex. M., 2 Bde. (^{2}1997); R. NIESCHLAG u. a.: M. (^{18}1997).

Marketmaker ['mɑːkɪtmeɪkə, engl.] *der*, *-(s)/-(s)*, Börsenhändler, der sich verpflichtet hat, für einen oder mehrere Börsenwerte (z. B. Optionen, Aktien) verbindl. Ankauf- (Geldkurse) und Verkaufskurse (Briefkurse) zu stellen und auf dieser Basis Geschäftsabschlüsse für eigene Rechnung zu tätigen. Die Tätigkeit der M. (auch als Sofortfertigkeitsservice bezeichnet) gewährleistet eine kontinuierl. Preisbildung und eine ständige Marktliquidität durch die Gewissheit, dass Marktteilnehmer stets einen Partner für einen Geschäftsabschluss zu einem i. d. R. marktgerechten Kurs finden. Das Entgelt für seine Tätigkeit erzielt der M. aus dem Spread (Differenz zw. Geld- und Briefkurs). Ein Hauptproblem für den M. ist, in Konkurrenz zu anderen M. jeweils marktgerechte Geld- und Briefkurse für die betreuten Wertpapiere zu stellen. M. sind u. a. am Euromarkt sowie an nach dem M.-Prinzip organisierten Börsen anzutreffen.

Markevitch [-vɪtʃ], Igor, ital. Dirigent und Komponist russ. Herkunft, * Kiew 27. 7. 1912, † Antibes 7. 3. 1983; studierte bei A. CORTOT und NADIA BOULANGER und leitete nach Stationen in Stockholm, Havanna, Paris, Madrid und Monte Carlo 1973–75 Chor und Orchester der Accademia Nazionale di S. Cecilia in Rom. Als Dirigent von Weltruf setzte er sich bes. für zeitgenöss. Musik (u. a. I. STRAWINSKY) ein. M. komponierte Orchesterwerke, Ballette (›L'envol d'Icare‹, 1933, Choreographie S. LIFAR) und Vokalwerke, darunter das Oratorium ›Le Paradis perdu‹ (1935); schrieb u. a. ›Être et avoir été‹ (1980).

I. M., hg. v. J. HEINZELMANN (1982).

Markgenossenschaft, *Rechtsgeschichte*: landschaftlich geschlossener Verband (z. B. Dörfer in einem Tal) mit gemeinsamer Wirtschafts- und Rechtsordnung. Die M. stand unter der Herrschaft der Gesamtheit der Genossen; wichtigstes Organ war die Märkerversammlung, die zugleich das Märkergericht bildete. Sonder- und Gemeineigentum der Genossen unterlagen strengen Gemeinschaftsrücksichten. In der Neuzeit verfiel die M. in unterschiedl. Geschwindigkeit. Entstehungszeit und Eigentumsverhältnisse sind in der Literatur heftig umstritten; die neuere Lehre sieht in der M. eine german. Organisationsform, die früh Gemeineigentum kannte.

Markgraf [mhd. markgrave, von mlat. marchio], im Fränk. Reich seit KARL D. GR. ein mit gräfl. Befugnissen ausgestatteter militär. Befehlshaber in einer Grenzmark (→Mark 1). Als königl. Beamte besaßen M. mehr Selbstständigkeit und Gewalt als andere Grafen, in größeren Marken hatten sie fast Herzogsgewalt. Die **Markgrafschaften** der Karolingerzeit verschmolzen z. T. mit dem Stammesherzogtum, z. T. gingen sie unter. In den im (werdenden) Heiligen Röm. Reich unter den Liudolfingern (919–1024) neu gegründeten Markgrafschaften (z. B. im N dän. Mark, im O Marken Meißen und Lausitz, im SO Steiermark und bayer. Ostmark, aus der das Herzogtum Österreich hervorging) wuchs mit der Feudalisierung der Ämter die Selbstständigkeit der M. gegenüber dem König, sie errangen Landesherrschaft. Seit dem 12. Jh. stiegen die M. von Brandenburg, Meißen, der Lausitz, Mähren, Namur zu Reichsfürsten (die von Brandenburg und die Wettiner in Meißen später zugleich zu Kurfürsten) auf. Die M. von Baden leiteten ihren Titel von der Mark Verona ab. Im 19. Jh. war keiner der dt. Territorialstaaten noch Markgrafschaft.

Markgräflerkriege, Bez. für zwei Kriege der fränk. Hohenzollern, die die Errichtung eines Herzogtums in Franken zum Ziel hatten. Im **ersten M.** (1449–52) suchte Markgraf ALBRECHT III. ACHILLES von Brandenburg ein Herzogtum Franken zu errichten, scheiterte jedoch an der Vormachtstellung Nürnbergs. Im **zweiten M.** (1552–54) griff Markgraf ALBRECHT ALCIBIADES von Brandenburg-Kulmbach diese Politik wieder auf, konnte sich aber gegen Nürnberg und die fränk. Kreisstände nicht durchsetzen (v. a. Niederlage bei Sievershausen, 1553).

Markgräfler Land, Teil des südl. Oberrhein. Tieflandes, Bad.-Württ.; erstreckt sich südlich des Breisgaus bis zum Rheinknie bei Basel und umfasst im SO auch den Dinkelberg. In der Rheinebene Anbau von Weizen, Luzerne und Kartoffeln; in der Vorbergzone des Südschwarzwaldes bedeutender Weinbau (Bereich innerhalb des Anbaugebietes Baden); Ertragsrebfläche (1996) 3003 ha, davon 1260 ha (42 %) Gutedel, 689 ha (22,9 %) Müller-Thurgau, 554 ha (18,4 %) Spätburgunder, 146 ha (4,9 %) Weißburgunder, 100 ha (3,3 %) Nobling, 97 ha (3,2 %) Grauburgunder; im Tal der Wiese Textilgewerbe. Zentrale Orte sind Lörrach, Schopfheim und Müllheim. – Zur Verbesserung des Weinbaus ließ 1780 Markgraf KARL FRIEDRICH von Baden Gutedelreben (Chasselas) aus Vevey am Genfer See einführen.

Markgröningen, Stadt im Landkreis Ludwigsburg, Bad.-Württ., an der Glems, am Rand des Strohgäus, 280 m ü. M., 14 100 Ew.; Heimatmuseum; Metallverarbeitung, Textilveredelung. – Am Marktplatz das mächtige dreistöckige Rathaus (15. Jh.); doppeltürmige Stadtkirche St. Bartholomäus, eine hochgot. Gewölbebasilika (13./14. Jh.) mit spätgot. Chor (1472) und 1956 freigelegten Wand- und Deckenmalereien (14.–16. Jh.); Kirche des ehem. Heiligengeistspitals (15./16. Jh. und 20. Jh.) mit got. Chor (um 1300). – Die 779 erstmals erwähnte Siedlung wurde Mitte des

Igor Markevitch

Markgröningen: Rathaus; 15. Jh.

13. Jh. Reichsstadt und kam 1336 an Württemberg. Bis ins 18. Jh. war M. Oberamtsstadt.

Markham, Mount M. [maʊnt ˈmɑːkəm], Plateauberg in der Antarktis, 4351 m ü. M., bei 81° 52′ s. Br. und 161°21′ ö. L. im Transantarkt. Gebirge, westlich des Ross-Schelfeises.

Markhor [pers. ›Schlangenfresser‹] *der, -s/-e,* die Schraubenziege (→Ziegen).

Markian, griech. **Markianos,** lat. **Marcianus,** oström. (byzantin.) Kaiser (seit 450), *in Thrakien 396, †Konstantinopel 26. 1. 457. Als Offizier im Gefolge des bei Hof einflussreichen Alanen Aspar (*400, †471) aufgestiegen, wurde M. durch die Heirat mit Pulcheria, der Schwester Theodosios' II., Kaiser. 451 berief er das vierte ökumen. Konzil von →Chalkedon ein; er bekämpfte Monophysitismus und Heidentum. Durch Steuererleichterungen gewann seine Reg. Ansehen beim Volk.

markieren [frz., von ital. marcare ›kennzeichnen‹], 1) *allg.:* durch ein Zeichen kenntlich machen.
2) *Theater:* (eine Rolle im Theater, eine Stimme o. Ä.) nur andeuten, (bei der Probe) nicht ausspielen.

markierte Verbindungen, chem. Verbindungen, die z. T. (oder vollständig) aus markierten Molekülen bestehen, d. h. bei denen bestimmte Atome derart gekennzeichnet sind, dass sie sich deutlich durch Masse oder andere physikal. Eigenschaften herausheben, sich chemisch aber gleichartig verhalten. Häufig sind **isotopenmarkierte Verbindungen,** bei denen bestimmte Atome durch radioaktive oder schwere Isotope ersetzt sind **(Isotopenmarkierung),** sodass sie z. B. durch ihre Zerfallsstrahlung oder aufgrund ihrer größeren Masse durch Massenspektrometrie nachgewiesen werden können (→Tracer). Solche chem. Elemente und Verbindungen, in denen ein stabiles oder radioaktives Isotop **(Leitisotop)** stärker angereichert ist, als es dem natürl. Mischungsverhältnis der Isotope entspricht, werden als **Isotopenindikatoren** oder **Radioisotopenindikatoren (Radioindikatoren)** bezeichnet.

M. V. sind insbesondere bei der Aufklärung von Reaktionsabläufen in Chemie und Biochemie (→Marker), bei der Isotopenverdünnungsanalyse, der Bestimmung der Löslichkeit schwer lösl. Verbindungen und bei der Untersuchung techn. Prozesse (z. B. bei Mischvorgängen) von Bedeutung. In organ. Moleküle werden häufig die Atome der Betastrahler Tritium (^3H) und Kohlenstoff-14 (^{14}C) oder die nicht radioaktiven Isotope Sauerstoff-18 (^{18}O) und schwerer Wasserstoff (^2H; Deuterierung) eingeführt. – M. V. wurden erstmals 1913 von G. von Hevesy angewandt.

Markierung, 1) *Biologie:* die Kennzeichnung von einzelnen Tieren, um diese wieder erkennen zu können; v. a. angewendet zur Aufklärung von Wanderungszügen oder zur Feststellung des Lebensalters. Typ. M. sind z. B.: leichte, am Thorax festgeklebte Papiermarken bei Schmetterlingen; Plastikmarken am Rücken oder am Kiemendeckel von Fischen; Beringung bei Vögeln; Ohrkerben bei Kleinsäugern. – In der *Nutztierzucht* werden M. zur ordnungsgemäßen Zuchtbuchführung und Leistungskontrolle (z. B. Brandzeichen) angebracht.

2) *Medizin:* die Kennzeichnung einer Substanz zur Sichtbarmachung z. B. von immunolog. oder Stoffwechselprozessen, v. a. im Rahmen der Krankheitsdiagnostik. Als Markierungsstoffe **(Tracer)** dienen Fluoreszenzfarbstoffe (→Immunfluoreszenz), Radionuklide (→Autoradiographie, →Szintigraphie, →Radioimmunassay) oder Enzyme (→Enzymimmunassay).

3) *Verhaltensforschung:* →Markierverhalten.

4) *Verkehrswesen:* **Fahrbahn-M.,** der Verkehrslenkung dienendes Zeichen auf der →Fahrbahn, z. B. Leitlinien, Halte- und Wartelinien, Zebrastreifen.

5) *Wirtschaft:* Kennzeichnung eines Produkts als Marke oder Markenartikel.

Markierungsbeleg, *Datenverarbeitung:* ein Beleg mit Strichmarkierungen in dafür vorgesehenen Feldern, der auf photoelektr. Wege direkt in einen Rechner eingelesen werden kann. Hierzu müssen dem Rechner die Markierungspositionen und die Belegformate bekannt sein. Beispiele für die Benutzung von M. finden sich in der Marktforschung (Fragebogen) oder bei Fahrzeuguntersuchungen (TÜV-Formulare).

Markierungsgene, die →Markergene.

Markierverhalten, Markierungsverhalten, *Verhaltensforschung:* Verhaltensweisen zur Kennzeichnung und Abgrenzung eines Territoriums **(Reviermarkierung),** bei Säugetieren vielfach auch zur Kennzeichnung von Artgenossen (bes. Jungtiere und Geschlechtspartner). Zu unterscheiden ist zw. **Markierungen** opt. (z. B. auffälliges Sich-zur-Schau-Stellen im eigenen Revier), akust. (Gesang u. a. Lautäußerungen) und olfaktor. Art (Absetzen von Duftmarken).

Markion, frühchristl. Theologe, →Marcion.

Markirch, Stadt im Oberelsass, →Sainte-Marie-aux-Mines.

Märkisch Buchholz, Stadt im Landkreis Dahme-Spreewald, Bbg., 45 m ü. M., südöstlich von Berlin an der Dahme, 830 Ew.; Erholungsort. – Als dörfl. Siedlung an einer Burg entstanden, die ab 1301 urkundlich genannt ist. 1449 wird M. B. erstmals als ›Städtlein‹ erwähnt. Bis 1937 hieß die Stadt **Wendisch Buchholz**.

Märkischer Kreis, Kreis in NRW, Reg.-Bez. Arnsberg, 1 059 km², 458 200 Ew.; Verw.-Sitz: Lüdenscheid. Das Kreisgebiet liegt im nördl. Sauerland an Ruhr, Lenne und Vollme. Die hohen Niederschläge begünstigen Wasser-, Wald- und Weidewirtschaft. 55,2 % der Erwerbstätigen sind in den produzierenden Gewerbe (Eisen- und Nichteisenmetallwaren-, Feindraht-, elektrotechn., Kunststoffindustrie und Maschinenbau) tätig. Reger Naherholungsverkehr.

Märkische Schweiz, seen- und waldreiche Jungmoränenlandschaft (mit sandigen Endmoränen) in Bbg., östlich von Berlin, im O des Barnim, bis 130 m ü. M.; größter See ist der Schermützelsee (1,46 km², bis 43 m tief); 205 km² großer Naturpark; Erholungs- und Ausflugsgebiet; Mittelpunkt ist Buckow.

Märkisches Viertel, Wohnsiedlung im Verw.-Bez. Reinickendorf von Berlin, 17 000 Wohneinheiten mit rd. 40 000 Ew., ab 1963 auf einem 385 ha großen Gelände errichtet.

Märkisch-Oderland, Landkreis im mittleren und östl. Teil von Bbg., erstreckt sich vom östl. Stadtrand

Berlins im W bis an die mittlere Oder (Grenze zu Polen) im O, 2 128 km², 173 200 Ew.; Kreisstadt ist Seelow. Das Kreisgebiet umfasst im W die östl. Ausläufer des Barnim (im Semmelberg bis 157 m ü. M.) mit der Märk. Schweiz (205 km² großer Naturpark), eine reizvolle Seen- und Waldlandschaft. Der O-Teil wird vom Oderbruch eingenommen. Im S schließt sich mit markanter Landstufe, die von Sander- und Kiesflächen begleitet ist, das Grund- und Endmoränengebiet des Landes Lebus an (vom Barnim durch die feuchte Niederung Rotes Luch getrennt). Das Oderbruch ist ein wichtiges Anbaugebiet für Gemüse, Weizen und Zuckerrüben. Die landwirtschaftl. Nutzfläche umfasst 64 %, die Waldfläche 23 % des Kreisgebiets. Im Barnim und im Land Lebus wird überwiegend Kartoffel- und Roggenanbau betrieben. Die gewerbl. Produktion ist in der Stadtrandzone zu Berlin (bes. Strausberg) sowie in Seelow, Wriezen, Rüdersdorf b. Bln. und Müncheberg angesiedelt und dient v. a. der Verarbeitung landwirtschaftl. Güter; daneben gibt es Betriebe des Maschinenbaus, der Düngemittel-, Textilindustrie, Kunststoff-, Holzverarbeitung sowie der Baustoff- und elektrotechn. Industrie. Bad Freienwalde (Oder) ist Moorbad, die Märk. Schweiz mit dem Zentrum Buckow am Schermützelsee ein viel besuchtes Erholungs- und Ausflugsgebiet. In Dahlwitz-Hoppegarten befindet sich die Galopprennbahn Hoppegarten. – Der Landkreis M.-O. wurde am 6. 12. 1993 aus den Landkreisen Bad Freienwalde (ohne die Gem. Tiefensee und Hohensaaten), Seelow und Strausberg gebildet.

Markise [frz. marquise, eigtl. Adelstitel; scherzhafte Bez. für das zusätzl. Zeltdach über dem Zelt eines Offiziers] *die, -/-n,* aufrollbares oder faltbares Sonnenschutzdach aus **M.-Drell,** einem dichten Köpergewebe aus Leinen, Baumwolle oder Chemiefaser.

Markka *die, -/-(a),* Abk. **Fmk,** Währungseinheit Finnlands seit 1860, 1 M. = 100 Penniä (p).

Mark|kleeberg, Stadt im Landkreis Leipziger Land, Sa., am südl. Stadtrand von Leipzig, an der Pleiße, 22 000 Ew.; ›agra-Park‹ Leipzig-M. (seit 1950 jährl. Ausstellungen zu landwirtschaftl. Themen; Dt. Landwirtschaftsmuseum), ein engl. Garten (19. Jh.), Wildpark. Kleine und mittelständ. Unternehmen (Gewerbegebiete), bes. des Bau-, Kfz- und Fuhrgewerbes; bis zum Jahr 2010 Sanierung und Flutung der stillgelegten Braunkohletagebaue Cospuden und Espenhain (Entstehung des 420 ha großen Cospudener und 350 ha großen Markkleeberger Sees). – Von Grünanlagen geprägte Stadt, Auen- (1617–27) und Martin-Luther-Kirche (1717/18). – Auf dem südöstl. Stadtgebiet fanden 1813 entscheidende Kämpfe der Völkerschlacht bei Leipzig statt (heute Flächendenkmal). M. entstand 1934 durch den Zusammenschluss mehrerer Landgemeinden. – Bei M. wurden rd. 250 000 Jahre alte Steinwerkzeuge der Altsteinzeit gefunden.

Markl, Hubert, Zoologe, * Regensburg 17. 8. 1938; war 1968–74 Prof. und Direktor des zoolog. Inst. an der TH Darmstadt; seit 1974 Prof. an der Univ. Konstanz. In seinen zoolog. Arbeiten beschäftigt er sich bes. mit Sinnesphysiologie und dem Sozialverhalten von Tieren sowie mit Evolutionsbiologie. 1986–91 war M. Präs. der Dt. Forschungsgemeinschaft und Vize-Präs. der Alexander-von-Humbold-Stiftung; 1993–95 Präs. der Berlin-Brandenburg. Akad. der Wissenschaften. 1995 wurde M. mit Wirkung zum 21. 6. 1996 zum Präs. der Max-Planck-Gesellschaft gewählt.

Marklo [›Grenzwald‹], Ort, an dem jährlich die Stammesversammlung der Abg. aus allen sächs. Gauen (Allthing) stattfand, der um 770 erstmals erwähnt und im frühen 9. Jh. von den Franken beseitigt wurde. Die Lage von M. ist nicht geklärt, sodass die 1934 erfolgte Umbenennung des Ortes Lohe, der als Sitz eines Archidiakons ein frühes kirchl. Zentrum

darstellt, in **Marklohe** – Landkreis Nienburg (Weser) – nicht unproblematisch ist.

Marknagelung, von G. KÜNTSCHER entwickeltes Verfahren der operativen Behandlung (Osteosynthese) von Brüchen der langen Röhrenknochen (v. a. Schienbein und Oberschenkel) durch vorübergehende Einführung eines korrosionsfreien Spezialnagels über eine Bohrung in die Markhöhle (innere Schienung).

Mark|neukirchen, Stadt im Vogtlandkreis, Sa., 500 m ü. M., im oberen Vogtland, 7 500 Ew.; Musikinstrumentenmuseum (gegr. 1883) im spätbarocken Paulusschlössel (1784); Zentrum des Musikinstrumentenbaus; Herstellung von Catgut, Abzeichen, Plaketten und Medaillen. – Ev. Stadtkirche St. Nikolai (1842–48). Im nahen Landwüst befindet sich seit 1968 ein vogtländ. Bauernmuseum mit mehreren Blockhäusern des 18./19. Jh. und typ. Drillingshof. – Das gegen 1200 gegründete M. erhielt 1360 Stadtrecht. Zw. 1600 und 1650 siedelten sich böhm. Exulanten an, unter ihnen zahlr. Geigenbauer, die M.s führende Stellung im dt. Instrumentenbau des 18. Jh. begründeten.

Markneukirchen: Spätbarockes Paulusschlössel (1784) mit Musikinstrumentenmuseum

Marko Kraljević [-vitɕ], serb. Fürst, →Kraljević Marko.

Markolsheim, frz. **Marckolsheim** [makɔlˈsɛm], Stadt im Unterelsass, im Dép. Bas-Rhin, Frankreich, in der Rheinebene nordöstlich von Colmar, 3 300 Ew.; Staustufe am Rheinseitenkanal mit Schifffahrtsschleuse und Großkraftwerk (168 MW).

Markomannen, lat. **Marcomanni** [›Bewohner einer Mark‹], elbgerman. Stamm, erstmals 58 v. Chr. im Heer des ARIOVIST genannt, siedelte zunächst im Maingebiet. Nach einer Niederlage gegen die Römer unter DRUSUS (9 v. Chr.) und der Besetzung ihres Landes (→Marktbreit) wurden die M. von König MARBOD nach Böhmen geführt, wo sie den Mittelpunkt eines mächtigen Völkerbundes bildeten. Viele Grabfunde (u. a. Fürstengräber) belegen ihr hoch stehendes Kunsthandwerk, das weit nach N wirkte. Bereits im 1. Jh. sind wohl markomann. Stammesteile nach Mähren abgewandert. Mit den verwandten →Quaden fielen die zw. oberer Elbe und Donau wohnenden M. 170 tief ins Röm. Reich ein und verwickelten die Römer in den →Markomannenkriegen (166–180) in schwere Kämpfe. Nach dem 4. Jh. wurden sie kaum noch genannt und gingen in den german. Stämmen Böhmens auf, die eventuell den Kern der →Baiern bildeten. Andere Stammesteile siedelten sich – nach archäolog. Zeugnissen – im 5. Jh. im Rhein-Main-Gebiet an.

H. W. BÖHME in: Jb. des Röm.-German. Zentralmuseums Mainz, Bd. 22 (1975).

Markomannenkriege, die Kämpfe zw. meist german. Stämmen nördlich der mittleren Donau und dem Röm. Reich in den Jahren 166–180, die vermutlich durch soziale und wirtschaftl. Veränderungen bei den Germanen ausgelöst wurden. Nach einem abgewehrten Einfall von Langobarden und Obiern nach Pannonien (166–167) erfolgte 170 ein verheerender Vorstoß der Markomannen und Quaden bis Oberitalien. Die seit 172 massiv einsetzende röm. Offensive unter Kaiser MARK AUREL richtete sich zuerst gegen diese grenznahen Stämme, dann auch gegen benachbarte Burer und Sarmaten. Die wichtigsten Episoden der verlustreichen Kämpfe, die von MARK AURELS Sohn und Nachfolger COMMODUS beendet wurden, sind auf der Mark-Aurel-Säule in Rom dargestellt. Als Folge der M. erhielten Regensburg und Albing (später Enns-Lorch) je ein Legionslager.

Markos Eugenikos, Metropolit von Ephesos, *Konstantinopel 1391/92, †ebd. 23. 6. 1444/45; nahm als Vertreter des Patriarchen von Antiochia am Konzil von Ferrara-Florenz teil (1438/39), wo er als Haupt der Unionsgegner die Unterschrift unter die Unionsurkunde zw. der lat. und der orth. Kirche verweigerte. Auch in der Heimat widersetzte er sich der Union und wurde deshalb 1440–42 gefangen gesetzt. Die orth. Kirche ehrt ihn dafür als Bekenner (Tag: 19. 1.).

Markov, Walter, Historiker, *Graz 5. 10. 1909, †Summt (zu Mühlenbeck, Landkreis Oberhavel, Bbg.) 3. 7. 1993; Sohn eines kaufmänn. Angestellten slowen. Nationalität; wuchs in Jugoslawien auf und studierte in Dtl., wurde 1934 Mitgl. der KPD und 1935 wegen Gründung einer Widerstandsgruppe an der Univ. Bonn verhaftet, 1936–45 im Zuchthaus Siegburg; ab 1947 Prof. in Halle (Saale), 1949–74 in Leipzig, 1961–69 Präs. der Dt.-Afrikan. Gesellschaft. 1951 unter dem Vorwurf des ›Titoismus‹ aus der SED ausgeschlossen. Bedeutender Revolutionsforscher (Schwerpunkt Frz. Revolution und vergleichende Revolutionsgesch.); befasste sich auch mit der Gesch. Ost- und Südosteuropas, Afrikas und Lateinamerikas.

Werke: Jacques Roux oder Vom Elend der Biographie (1966); 1789, die Große Revolution der Franzosen (1973, mit A. SOBOUL); Gesch. der Türken von den Anfängen bis zur Gegenwart (1978, mit E. WERNER); Zwiesprache mit dem Jahrhundert (1989).

Harry M. Markowitz

Markova, Dame (seit 1963) Alicia, eigtl. **Lilian Alicia Marks** [mɑːks], brit. Tänzerin, *London 1. 12. 1910; war 1924–29 Mitgl. des Ballets Russes, 1950 Mitbegründerin des London Festival Ballet und 1963–70 Ballettdirektorin der Metropolitan Opera in New York; tanzte v. a. klass. Rollen (Giselle); schrieb ›Giselle and I‹ (1960).

Marković [ˈmaːrkɔvitɕ], 1) Franjo, kroat. Schriftsteller, *Križevci (bei Zagreb) 26. 7. 1845, †Zagreb 15. 9. 1914; Vertreter der Romantik, schrieb neben Lyrik v. a. Epen in Anlehnung an Lord BYRON und A. MICKIEWICZ (›Kohan i Vlasta‹, 1868) und histor. Dramen (›Karlo Drački‹, 1872; ›Zvonimir‹, 1877). Als einflussreicher Ästhetiker und Literaturtheoretiker von J. F. HERBART und R. ZIMMERMANN beeinflusst, forderte er eine Vervollkommnung der Form und das Streben nach dem ewigen Idealen der Schönheit, die für ihn zugleich die Ideale der Liebe sind.

2) Svetozar, serb. Politiker und Publizist, *Jagodina (heute Svetozarevo, Rep. Serbien/Jugoslawien) 1. 9. 1846, †Triest 10. 3. 1875; studierte in Russland und schloss sich, von N. G. TSCHERNYSCHEWSKIJ beeinflusst, in Zürich der russ. Sektion der Internationale an. Seit seiner Rückkehr nach Serbien (1870) vertrat er die Ideale der großserb. Omladina-Bewegung, wobei er dem materialist. und sozialist. Denken seiner Zeit verpflichtet blieb (1871/72 Hg. der ersten sozialist. Zeitung Serbiens). – Als Kritiker bewirkte er mit seiner Abhandlung ›Realni pravac u nauci i životu‹ (1871/72) in der serb. Literatur die Hinwendung zum Realismus. Sein Hauptwerk ›Srbija na istoku‹ (1872) behandelt die polit. und wirtschaftl. Lage Serbiens.

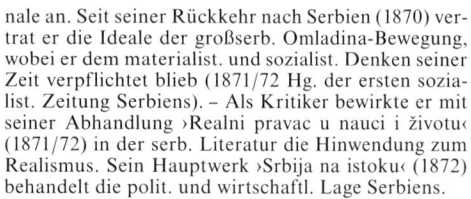

Ausgabe: Sabrani spisi, auf 5 Bde. ber. (1960ff.).

W. D. MCCLELLAN: S. M. and the origins of Balkan socialism (Princeton, N. J., 1964); J. SKERLIĆ: S. M. Njego život, rad i ideje (Belgrad 1966); D. NEDELJKOVIĆ: S. M. i razvoju socijalističke misli na delu (ebd. 1975).

Markow, 1) Andrej Andrejewitsch, russ. Mathematiker, *Rjasan 14. 6. 1856, †Petrograd 20. 7. 1922; Schüler P. L. TSCHEBYSCHOWS, Prof. und Mitgl. der Akad. der Wiss.en in Sankt Petersburg. M. befasste sich mit Zahlentheorie und versch. Gebieten der Analysis. Seine wichtigsten Beiträge bezogen sich auf die Wahrscheinlichkeitsrechnung (u. a. Beweis der klass. Grenzwertsätze, Untersuchung der Folgen von Zufallsvariablen; →Markow-Prozess). – M.s Sohn ANDREJ ANDREJEWITSCH M. (*1903, †1979) trat mit Arbeiten zur Topologie und zur Theorie dynam. Systeme hervor. Er war Prof. in Leningrad und Moskau.

2) Georgij Mokejewitsch, russ. Schriftsteller, *Nowokuskowo (Gebiet Tomsk) 19. 4. 1911; Frontkorrespondent im Zweiten Weltkrieg. War ab 1971 1. Sekr., ab 1986 Vors. des sowjet. Schriftstellerverbandes. In seinen breit angelegten, konservativ gestalteten Romanen schildert er, meist über Generationen hinweg, Familienschicksale in Sibirien in der Zeit während und nach der Revolution. M. wirkte auch als Publizist und Literaturkritiker.

Werke: Romane: Strogovy, 2 Tle. (1939–46; dt. Die Strogows); Sol' zemli, 2 Tle. (1954–60; dt. Salz der Erde); Otec i syn, 2 Tle. (1963–64; dt. Vater u. Sohn); Sibir', 2 Tle. (1969–73; dt. Sibirien).

S. V. SMOLJANICKIJ: Na zemle otcov. Očerk tvorčestva G. M.a (Moskau ²1978).

Markow-Grammatik, eine auf Untersuchungen (1907, 1913) A. A. MARKOWS zurückgehende statist. Methode, die Auftreten und Abfolge sprachl. Einheiten im Rahmen des Systems einer natürl. Sprache aufgrund der Wahrscheinlichkeit feststellt. Das Vorkommen nachfolgender Einheiten ist dabei abhängig vom Auftreten jeweils vorhergehender Einheiten. Die M.-G. kann für die Textanalyse und die automat. Sprachverarbeitung ausgewertet werden.

Markowitz [ˈmaːkəʊ-], Harry M., amerikan. Betriebswirtschaftler, *Chicago (Ill.) 24. 8. 1927; nach Forschungstätigkeit bei versch. Unternehmen Prof. an der City University of New York (1982–93). M., der Begründer der Portfoliotheorie (→Portfolio-Selection), erhielt 1990 mit M. H. MILLER und W. F. SHARPE für richtungweisende Arbeiten zur betriebl. Finanzierungstheorie und zur Theorie der Finanzmärkte den Nobelpreis für Wirtschaftswiss.en.

Werke: Portfolio selection (1959); Mean-variance analysis in portfolio choice and capital markets (1987).

Markow-Kette [nach A. A. MARKOW], →Markow-Prozess.

Markow-Modelle [nach A. A. MARKOW], für die mathemat. Beschreibung bestimmter wirtschaftl. Systeme geeignete Spezialisierungen von Markow-Prozessen; insoweit werden M.-M. als Teilgebiet des Operations-Research angesehen. Typisch für M.-M. ist die Strukturierung der betreffenden Systeme mittels diskreter Zustände und die Verwendung von Wahrscheinlichkeiten, gemäß denen ein System während einer Zeitperiode Δt von jedem seiner Zustände in jeden anderen übergehen kann. Solche Übergangswahrscheinlichkeiten hängen ausschließlich von dem jeweils unmittelbar vor Beginn von Δt erreichten Zustand ab; mit ihrer Hilfe kann das längerfristige Systemverhalten prognostiziert werden. M.-M. werden z. B. zur Ermittlung des Personalbedarfs bei industrieller Mehrstellenarbeit und des Bedarfs an Abfertigungseinrichtungen bei Bediensystemen wie Supermärkten, Krankenhäusern u. Ä. verwendet (→Warteschlangentheorie) oder dienen u. a. auch zur Kostenminimierung bei plötzlich versagenden techn. Systemen (→Ersatzmodelle).

Markownikow, Wladimir Wassiljewitsch, russ. Chemiker, *Knjaginin (Gebiet Gorkij) 25. 12. 1838, †Moskau 11. 2. 1904; Prof. in Kasan (1869–71), Odessa und Moskau (seit 1873); erforschte die Isomerie und den gegenseitigen Einfluss der Atome in den Molekülen organ. Verbindungen (stellte 1869 die M.-Regel auf); entdeckte im kaukas. Erdöl die Naphthene.

Markownikow-Regel [nach W. W. MARKOWNIKOW], Regel, wonach bei der über eine ion. Reaktion verlaufenden Addition von organ. und anorgan. Säuren, Wasser, Alkoholen u. a. Verbindungen an die Doppelbindung ungesättigter Kohlenwasserstoffe das Wasserstoffatom an das wasserstoffreichere Kohlenstoffatom der Doppelbindung angelagert wird **(Markownikow-Addition).** Bei radikalisch verlaufenden Additionen (z. B. unter dem Einfluss von Katalysatoren) erfolgt die Anlagerung umgekehrt **(Anti-Markownikow-Addition).**

Markow-Prozess [nach A. A. MARKOW], *Wahrscheinlichkeitstheorie:* spezieller →stochastischer Prozess, für dessen Verhalten in der Zukunft lediglich die Werte in der Gegenwart, nicht aber in der Vergangenheit eine Rolle spielen. Nimmt der M.-P. nur endlich viele oder abzählbar unendlich viele Werte an, so spricht man von einer **Markow-Kette.** Bei ihr ist die bedingte Wahrscheinlichkeit eines bestimmten Zustandes zum Zeitpunkt $t > t_m$, wenn die Zustände zu den Zeitpunkten $t_0 < t_1 < ... < t_m$ bekannt sind, gleich der bedingten Wahrscheinlichkeit des Zustandes zum Zeitpunkt $t > t_m$, wenn nur der Zustand zum Zeitpunkt t_m bekannt ist. Die Markow-Kette heißt **stationär**, falls die bedingte Wahrscheinlichkeit p_{ij} dafür, dass die Kette zur Zeit $t + 1$ im Zustand j ist (unter der Bedingung, dass sie zur Zeit t im Zustand i war), von t unabhängig ist ($t \in \mathbb{N}$). Alle Eigenschaften dieser bes. wichtigen Markow-Ketten sind durch die so genannte Übergangsmatrix mit den Elementen p_{ij} bestimmt. Bei M.-P. mit Werten in $\mathbb{R}^n$ spielt die Verteilung des Zustandes zur Zeit t, unter der Bedingung, dass sich der Prozess zur Zeit $s < t$ im Zustand x befand, eine zentrale Rolle. Hat diese Verteilung eine Dichte, so heißt sie **Übergangsdichte** des M.-P. In der Theorie der **markowschen Entscheidungsprozesse** werden M.-P. so gesteuert, dass gewisse durch den Prozessverlauf bestimmte Kosten im Mittel minimal werden. (→Markow-Modelle).

L. FAHRMEIR u. a.: Stochast. Prozesse (1981).

Markowytsch, Marija Oleksandriwna, ukrain. Schriftstellerin, →Wowtschok, Marko.

Markranstädt, Stadt im Landkreis Leipziger Land, Sa., 130 m ü. M., südwestlich von Leipzig, 10 000 Ew.; mittelständ. Betriebe verschiedener Branchen, u. a. Schaumstoffbearbeitung und Bau von hydraul. Anlagen, Aggregaten und Zylindern; haustechn. Großhandelsbetrieb; Naherholungsgebiet (300 ha) im 1,5 km² großen **Kulkwitzer See,** der großenteils zu M. gehört. – M., um 1200 entstanden, 1289 als Gerichtsstuhl, 1287 als Markt und 1354 als Städtchen bezeichnet, entwickelte sich nach dem Eisenbahnanschluss 1856 zu einem Industriestandort.

Marksburg, Burg über der Stadt →Braubach.

Markscheide, *Bergbau:* Grenze eines Grubenfeldes über und unter Tage. Das **M.-Wesen** befasst sich mit den für bergbaul. Zwecke notwendigen Vermessungen, Berechnungen und graf. Darstellungen. Bes. wichtig sind die messtechn. Erfassung der durch den Abbau von Lagerstätten entstehenden Tagebaue und untertägigen Grubenräume sowie deren Dokumentation im Bergbau-Kartenwerk als Grundlage und Nachweis für eine den berg- und umweltrechtl. Vorschriften entsprechende Planung und Führung von Bergbaubetrieben.

Markscheide, Myelinscheide, Schwann-Scheide, *Anatomie:* Umhüllung von peripheren Nervenfasern durch konzentrisch dicht um die Faser gelagerte Membranen einer Hüllzelle. Die M. ist an den →Ranvier-Schnürringen unterbrochen, die Umhüllung zw. zwei Schnürringen wird jeweils von einer Zelle gebildet. (→Nervengewebe)

Markstammkohl, Markkohl, Baumkohl, Winterkohl, *Brassica oleracea* convar. *acephala* var. *medullosa,* Kulturform des Gemüsekohls mit bes. kräftiger, stammartiger Sprossachse (bis 10 cm dick und bis 2 m hoch). Der M. wird als eiweißhaltige Futterpflanze, selten als Gemüse, vorwiegend im Zwischenfruchtanbau auf frischen, kalkhaltigen Böden des gemäßigten Klimaraumes kultiviert; geerntet wird die gesamte Pflanze bis in den Winter.

Markstrahlen, *Botanik:* →Mark.

Markstrang, strangartige Anordnung von Nervenzellen und ihren Fortsätzen. (→Nervensystem)

Markt [von lat. mercatus ›Handel‹, ›(Jahr)markt‹], **1)** *allg.:* **M.-Platz,** als topograph. Begriff der Ort einer Siedlung, an dem sich das öffentl. Leben abspielte, bes. der für den Tausch und Verkauf von Waren vorgesehene Platz. In frühester Zeit konzentrierte sich der Handel an Schnittpunkten wichtiger Verkehrswege, an Flussübergängen, in der Nähe von religiösen und polit. Zentren. In der Antike (→Forum) und im MA. spielte der M.-Platz eine wesentl. Rolle bei der Entwicklung des Städtewesens. Die M.-Plätze liegen meist in der Mitte der Stadt; im MA. standen hier oft die wichtigsten städt. Verwaltungs- und Wirtschaftsgebäude sowie Patrizierhäuser, oft auch die Kirche. Größere Städte verfügten häufig über mehrere M.-Plätze oder M.-Straßen für die versch. Erzeugnisse (Vieh-, Gemüse-, Fisch-M. u. a.). – Als **M.-Flecken** wurden Siedlungen bezeichnet, die sich von Dörfern durch besondere Leistungen als M. mit M.-Gerichtsbarkeit unterschieden, ohne jedoch Merkmale einer Stadt zu besitzen.

Anknüpfend an frühere landesherrl. Privilegien erlauben einzelne Gemeindeordnungen (GO), bestimmten größeren Gemeinden den Titel **M.-Gemeinde** beizufügen, heute oft verkürzt zu ›M.‹ (Art. 3 bayer. GO). In *Österreich* kann bei entsprechender wirtschaftl., kultureller oder histor. Bedeutung eine Gemeinde zum ›M.‹ erhoben werden und sich ›M.-Gemeinde‹ nennen. In beiden Fällen ohne rechtl. Bedeutung.

2) *Gewerberecht:* der An- und Verkauf (z. T. auch die Ausstellung) von Waren auf Messen und M. (M.-Verkehr); bildet mit stehendem Gewerbe und Reisegewerbe die drei Formen der Gewerbeausübung (→Gewerberecht) und ist v. a. in den §§ 64–71 b Gewerbeordnung i. d. F. v. 1. 1. 1987 geregelt. Man unterscheidet Messen, Ausstellungen, Groß-, Wochen- und Jahr-M. sowie Spezialmärkte. Zahl, Zeit, Dauer und Ort (Platz) der Messen und M. bestimmt die zuständige Verw.-Behörde. Einzelheiten enthalten die von den Gemeindebehörden erlassenen **M.-Ordnungen,** für deren Überwachung sie als **M.-Polizei** zuständig sind. Jeder ist zur Teilnahme am M. berechtigt; der Veranstalter kann die Veranstaltung jedoch unter bestimmten Voraussetzungen auf bestimmte Aussteller-, Anbieter- und Besuchergruppen beschränken und Einzelne von der Teilnahme ausschließen. Nach den M.-Ordnungen ist i. d. R. ein **Standgeld** zu entrichten.

3) *Wirtschaft:* allg. der ökonom. Ort des Tausches (Kauf, Verkauf), z. B. durch den tatsächl. Kontakt von

Markstammkohl
(Höhe bis 2 m)

Mark Marktanteil

Anbietern und Nachfragern auf dem M.-Platz, aber auch beim Börsenmakler oder durch Kommunikationstechniken vermittelt; i. e. S. wird jede Veranstaltung für den Absatz wirtschaftl. Güter als M. bezeichnet. So gibt es lokale, nat. und internat. M. für einzelne oder mehrere Güter (z. B. Waren-, Dienstleistungs-, Kapital- und Geld-M.). Die M.-Veranstaltungen können regelmäßig oder bei Bedarf abgehalten werden. In funktioneller Hinsicht Bez. für das Zusammentreffen von →Angebot und →Nachfrage, das in marktwirtschaftl. Systemen dem Ausgleich von Angebot und Nachfrage dient. Dieser Ausgleich vollzieht sich über den M.-Preis (→Preis). Märkte sind in sachl., räuml. und zeitl. Hinsicht abzugrenzen. Bei der sachl. M.-Abgrenzung geht es darum, eine Gruppe von Anbietern bzw. Nachfragern so abzugrenzen, dass von den nicht zur Gruppe gehörenden Anbietern bzw. Nachfragern keine oder nur zu vernachlässigende Einflüsse auf das wettbewerbl. Verhalten innerhalb der Gruppe ausgehen. Die Abgrenzung des **relevanten M.** wird aus der Sicht der M.-Gegenseite vorgenommen, d. h., zu einem relevanten M. rechnen alle Güter, die aus der Sicht der Abnehmer im Hinblick auf Preis und Qualität gleiche Bedürfnisse befriedigen und damit enge Substitute sind (Bedarfsmarktkonzept). In der Industriestatistik werden Branchen mithilfe eines physikalisch-techn. Güterbegriffs abgegrenzt. Für die Erklärung von M.- und Wettbewerbsprozessen kommt es dagegen nicht auf die technisch-physikalische, sondern die wirtschaftl. Homogenität bzw. den Grad der Substituierbarkeit von Gütern an.

und -Vorgänge) besitzen und infolgedessen sehr rasch auf M.-Veränderungen reagieren. Aufgrund dieser Prämissen herrscht auf einem solchen M. das Gesetz der Unterschiedslosigkeit der Preise im Sinne von W. S. JEVONS, d. h., es existiert nur ein einheitl. Preis. Wenn eine dieser Voraussetzungen fehlt, spricht man von einem **unvollkommenen Markt.**

Weitere Unterscheidungen von M. beziehen sich auf den Organisationsgrad oder Freiheit der Preisbildung. Nach dem Organisationsgrad wird zw. **organisierten M.** mit festen Regeln für das M.-Geschehen (z. B. Wochen-M., Börsen, Messen) und **nicht organisierten M.** unterschieden. Nach dem M.-Zugang ist zw. **geschlossenen M.**, bei denen ein M.-Zutritt nicht (z. B. aufgrund staatl. Konzessionen) oder vorübergehend nicht möglich (z. B. wegen Patentschutzes) ist, und **offenen M.** zu unterscheiden, bei denen keine M.-Schranken existieren, die den M.-Zutritt beschränken. Letztere sind Voraussetzung für freie Konkurrenz. **Freie M.** sind durch freie Preisbildung charakterisiert, **regulierte M.** durch behördl. Eingriffe (z. B. Fest-, Höchst- oder Mindestpreise) in die Freiheit der Preisbildung. Auch staatl. Interventionen in Gestalt von Subventionen und Kontingenten oder eine durch Kartelle abgesprochene Preisbildung stellen eine Form von Regulierung dar und schränken die freie Preisbildung ein.

Alle Merkmale, die die Zusammensetzung und das Gefüge eines M. beschreiben (z. B. Zahl der Anbieter und Nachfrager sowie ihrer M.-Anteile, Produktdifferenzierung, Kostenstrukturen, M.-Transparenz, M.-Schranken, M.-Phasen), und das Verhalten der M.-Teilnehmer beeinflussen, werden als **M.-Struktur** bezeichnet. In der Wettbewerbstheorie (→Wettbewerb) werden Zusammenhänge zw. M.-Struktur, M.-Verhalten (z. B. Preis-, Mengen- und Qualitätsveränderungen, Werbeaktionen, Forschung und Entwicklung, Investitionstätigkeit) und M.-Ergebnissen (z. B. Preisentwicklung, Innovationen, Gewinnrate) untersucht.

M.-Zutrittsschranken (Abk. MZS) sind Hindernisse, die den Eintritt neuer Konkurrenten in einen M. erschweren. Sie stellen aus der Sicht der potenziellen Konkurrenten (von den etablierten Unternehmen bereits investierte) Kosten dar, die ihre Gewinnerwartung im Hinblick auf einen möglichen M.-Zutritt schmälern (G. J. STIGLER). MZS können struktureller oder strateg. Natur sein; sie können privat oder vom Staat veranlasst werden sein. Zu den privaten strukturellen MZS zählen z. B. Betriebsgrößenvorteile. Private strateg. MZS, die nach Art der eingesetzten Aktionsparameter unterschieden werden, sind z. B. in einer Produktdifferenzierungsstrategie, die M.-Nischen im Hinblick auf den Zutritt neuer Konkurrenten verschließt, oder in einer Limitpreisstrategie (potenzielle Konkurrenten werden mit extrem niedrigen Preisen vom M.-Eintritt abgehalten) zu sehen. Staatl. MZS sind z. B. in der Konzessionierung bestimmter Unternehmen zu erblicken. Hohe MZS sind wettbewerbspolitisch insofern problematisch, als sie die Stellung →marktbeherrschender Unternehmen verstärken; umgekehrt zwingen niedrige MZS sogar einen Monopolisten, sich wie im Wettbewerb zu verhalten (potenzielle Konkurrenz – Contestable Markets). Potenzielle Konkurrenten können auch durch **M.-Austrittsschranken** (Abk. MAS) vom M.-Zugang abgehalten werden. Auch hier kann zw. strukturellen und strateg. MAS unterschieden – privat oder staatlich veranlasst – werden. Die folgende Synopsis gibt einen Überblick über die verschiedenen M.-Schranken:

Markt: Synopsis der privaten und staatlichen Marktzutritts- bzw. Marktaustrittsschranken

	private Marktschranken	staatliche Marktschranken
Marktzutrittsschranken:		
strukturelle	Betriebsgrößenvorteile, Learning-by-Doing-Economies, absolute Kostenvorteile oder Produktdifferenzierungsvorteile	Industriepolitik, z. B. - Handels- und Gesellschaftsrecht, - Patent- und Lizenzsystem, - Fusionskontrolle (z. B. Verbot des Marktzutrittes für ein marktbeherrschendes Unternehmen)
strategische	z. B. Limitpreisstrategie, Überkapazitätsstrategie, Produktdifferenzierungsstrategie, Gesamtumsatzrabatte, vertikale Bindungen	spezielle Industriepolitiken, z. B. - Subventionen für einzelne Unternehmen, - Regulierung des Marktzutritts (im Verkehr) - Verbot unerwünschter Fusionen im Einzelfall (z. B. zwecks Abwehr ausländischer Unternehmen)
Marktaustrittsschranken:		
strukturelle	z. B. Sunk Costs im Falle dauerhafter und hochspezialisierter Anlagenwerte oder von Vertragsstrafen bei Produktionseinstellung	z. B. Vorschriften über Sozialpläne für die Beschäftigten eines Unternehmens im Falle des Konkurses
strategische	Verbleiben am Markt z. B. aus Gründen der Imagepflege, der Vermarktungsmöglichkeiten oder des Zugangs zu Finanzmärkten	z. B. Moral Suasion im Falle eines drohenden Konkurses und daraus resultierender Entlassung von Arbeitnehmern

Unterscheidungskriterien für M.: Im Hinblick auf die Legalität gibt es neben legalen M. auch schwarze und graue M. Wenn auf einem M. das Angebot die Nachfrage übersteigt, spricht man von Käufer-M., im umgekehrten Fall von Verkäufer-M. Nach den zugrunde gelegten theoret. Prämissen wird zw. vollkommenen und unvollkommenen M. unterschieden. Der **vollkommene M.** ist dadurch charakterisiert, dass die M.-Teilnehmer ausschließlich nach wirtschaftl. Gesichtspunkten handeln, dass die Güter wirtschaftlich homogen sind, d. h. die M.-Teilnehmer weder sachl., noch persönl., räuml. oder zeitl. Präferenzen für die Güter haben, dass die M.-Teilnehmer vollständige M.-Transparenz (Kenntnisse über die M.-Konditionen

Markt|anteil, Begriff zur Beschreibung der Bedeutung eines Unternehmens auf Beschaffungs- und Absatzmärkten; bezogen auf den Absatzmarkt z. B. die auf ein einzelnes Unternehmen entfallende Menge abgesetzter Güter sowie deren Wert im Verhältnis zum gesamten Umsatz der Branche oder der gesamten

Volkswirtschaft. Der M. ist eine wichtige absatzpolit. und wettbewerbspolit. Kennzahl, setzt allerdings die Bestimmung des relevanten →Marktes voraus.

marktbeherrschendes Unternehmen, *Wettbewerbsrecht:* Marktbeherrschung im Sinne des Ges. gegen Wettbewerbsbeschränkungen (GWB) i.d.F. v. 20. 2. 1990 liegt vor, wenn ein Unternehmen als Anbieter oder Nachfrager einer bestimmten Art von Waren oder gewerbl. Leistungen ohne Wettbewerber ist (Monopolfall) oder keinem wesentl. Wettbewerb ausgesetzt ist (Teilmonopol) bzw. über eine im Verhältnis zu seinen Wettbewerbern überragende Marktstellung verfügt (marktstarkes oder dominierendes Unternehmen). Von der Einzelmacht eines dominierenden Unternehmens im Sinne des § 22 Abs. 1 GWB ist die kollektive Macht einer Unternehmensgruppe im Sinne von § 22 Abs. 2 GWB zu unterscheiden. Unternehmensgruppen sind marktbeherrschend, soweit innerhalb der Gruppe kein wesentl. Wettbewerb besteht (enges Oligopol) und die Oligopolgruppe gegenüber anderen Unternehmen eine überragende Marktstellung hat (enges Teiloligopol mit Mitläufern).

Im Interesse der Justiziabilität dieser Vorschrift sind in § 22 Abs. 3 GWB eine Reihe von Legalvermutungen eingeführt worden. Danach wird vermutet, dass ein einzelnes Unternehmen marktbeherrschend ist, wenn es für eine bestimmte Art von Waren oder gewerbl. Leistungen einen Marktanteil von mindestens einem Drittel und Umsatzerlöse von 250 Mio. DM oder mehr hat (Bagatellklausel). Marktbeherrschung wird ferner vermutet, wenn drei oder weniger Unternehmen zusammen einen Marktanteil von 50% oder mehr haben oder fünf oder weniger Unternehmen zusammen einen Marktanteil von zwei Dritteln oder mehr haben, sofern die Unternehmen Umsatzerlöse von 100 Mio. DM oder mehr hatten (Bagatellklausel). Bei der Feststellung der überragenden Marktstellung im Sinne des § 22 Abs. 1 GWB sind neben dem Marktanteil die Finanzkraft, der Zugang zu den Beschaffungs- oder Absatzmärkten, die Verflechtung mit anderen Unternehmen, Marktschranken sowie die Alternativen der Marktgegenseite zu berücksichtigen. Missbrauchen m. U. ihre Marktmacht, so können die Kartellbehörden Behinderungen von Mitbewerbern oder Ausbeutung vor- oder nachgelagerter Wirtschaftsstufen untersagen und Verträge für unwirksam erklären (→Missbrauchsaufsicht).

Das Europarecht (Art. 86 EG-Vertrag) verbietet die missbräuchl. Ausnutzung einer beherrschenden Stellung auf dem gemeinsamen Markt oder einem wesentl. Teil desselben, durch ein oder mehrere Unternehmen (Erfassung von Einzelmacht und kollektiver Macht), soweit dies dazu führen kann, dass der Handel zw. den Mitgliedstaaten beeinträchtigt wird. Anders als in § 22 GWB wird der Marktbeherrschungsbegriff nicht näher erläutert, es bestehen auch keine Legalvermutungen. Nach der ständigen Rechtsprechung des Europ. Gerichtshofes gilt ein Unternehmen auf einem Bedarfsmarkt als beherrschend, wenn es über einen vom Wettbewerb nicht mehr hinreichend kontrollierten Verhaltensspielraum verfügt. Der Missbrauch einer marktbeherrschenden Stellung ist in Art. 86 Satz 2 Buchstabe a–d beispielhaft konkretisiert.

Das *österr.* Kartell-Ges. vom 19. 10. 1988 (mit späteren Änderungen) definiert in § 34 die Marktbeherrschung in Analogie zu § 22 GWB; Missbrauchstatbestände sind in enger Anlehnung an Art. 86 EG-Vertrag konkretisiert worden (§ 35 Satz 2 Ziffer 1–4). Das Kartellgericht hat den Missbrauch einer marktbeherrschenden Stellung auf Antrag zu untersagen (§ 35 Kartell-Ges.). – Das *schweizer.* Bundes-Ges. über Kartelle und andere Wettbewerbsbeschränkungen vom 6. 10. 1995 erklärt in Art. 7 den Behinderungs- und Ausbeutungsmissbrauch m. U. für unzulässig. Missbrauchstatbestände werden (Art. 7 Abs. 2 Buchstabe a–f) in enger Anlehnung an die entsprechenden Passagen im EG-Vertrag konkretisiert.

INGO SCHMIDT: Wettbewerbspolitik u. Kartellrecht (^{5}1996).

Marktbreit, Stadt im Landkreis Kitzingen, Unterfranken, Bayern, 209 m ü. M., an der Mündung des Breitbachs in den Main, 3800 Ew.; Herstellung von Armaturen und Betonwaren, Steinwerk. – Maler. Stadtbild mit spätgotischer Kirche St. Nikolaus (15./16. Jh.), Rathaus (1579 ff.), Maintor (um 1600), ehem. Seinsheimschem Schloss (1580), Fachwerkhäusern (16. und 17. Jh.), repräsentativen Steinbauten des 18. Jh. sowie gut erhaltener Stadtbefestigung (16. Jh.). – Auf dem Kapellenberg bei M. wurde 1985 ein röm. Zweilegionslager von 750 m × 500 m Größe nachgewiesen (1986–92 untersucht und z. T. ausgegraben), das vermutlich um 9 v. Chr. im von →Markomannen besiedelten Mainfranken angelegt worden war. Seine Kontrollfunktion endete wohl schon bald nach der kurz darauf erfolgten Abwanderung der Markomannen unter MARBOD nach Böhmen. – Das 1258 erstmals genannte M. erhielt 1557 Marktrecht. Seit 1643 im Besitz der Schwarzenberger, war es deren Handelsplatz am Main. 1819 erhielt das mittlerweile zu Bayern gehörende M. Stadtrecht.

L. WAMSER in: Unterfränk. Gesch., hg. v. P. KOLB u.a., Bd. 1 (1989).

Markt Eisenstein, tschech. **Železná Ruda** [ˈʒɛlɛzna: ˈruda], Stadt im Westböhm. Gebiet, Tschech. Rep., 774 m ü. M., im Böhmerwald, 1500 Ew.; Holz- und opt. Industrie; Erholungs- und Wintersportort; Pfarrkirche (1732); Grenzübergang nach Bayern (→Bayerisch Eisenstein).

Marktflecken, →Markt 1.

Marktformen, Klassifikation der Märkte nach der Anzahl der Marktteilnehmer auf der Angebots- und Nachfrageseite und deren relativem Gewicht (›Marktmorphologie‹). Durch Kombination von einem, wenigen und vielen Anbietern sowie Nachfragern ergibt sich folgendes M.-Schema:

Anbieter \ Nachfrager	einer	wenige	viele
einer	bilaterales Monopol	beschränktes Monopol	Monopol
wenige	beschränktes Monopson	bilaterales Oligopol	Oligopol
viele	Monopson (Nachfragemonopol)	Oligopson (Nachfrageoligopol)	(bilaterales) Polypol

Wenn auf beiden Marktseiten sehr viele Wirtschaftssubjekte vorhanden sind, spricht man auch von atomist. oder vollständiger Konkurrenz (bilaterales Polypol). Das obige M.-Schema zeigt nur die Anzahl, nicht dagegen das Gewicht der einzelnen Akteure. Aber auch Letzteres kann in die Analyse einbezogen werden. So hat z. B. W. EUCKEN ein tiefer gegliedertes M.-Schema entwickelt, in welchem auch die asymmetr. M. (Teilmonopol – ein marktbeherrschender Anbieter neben kleinen Anbietern – und Teiloligopol – ein Nachfrager beherrscht marktanteilsmäßig die übrigen) berücksichtigt werden. Bei fünf Anbieter- und fünf Nachfragerformen ergeben sich 25 mögl. M. Ein weiterer Spezialfall ist das Dyopol mit zwei Anbietern bzw. das Dyopson mit zwei Nachfragern. Nach R. TRIFFIN lassen sich M. auch mittels Preis- und Mengenelastizitäten abgrenzen.

In der Preistheorie werden aus den M. bestimmte Verhaltensweisen abgeleitet, die für die Preisbildung ausschlaggebend sein sollen. Dieser Ansatz hat sich jedoch als zu kurzschlüssig erwiesen, weil das Marktverhalten der Wirtschaftssubjekte nicht nur von der M. i. e. S., sondern auch von anderen Marktstrukturfaktoren abhängt (→Wettbewerb).

Marktforschung, Marketresearch [ˈmɑːkɪt-rɪˈsɔːtʃ, engl.], die systemat. Beschaffung und Auswertung unternehmensexterner Informationen über sämtl. Märkte (z. B. Absatz-, Beschaffungs-, Finanz- und Arbeitsmärkte; die Informationen können regelmäßig (z. B. Panel, Wiederholungserhebung) oder projektbezogen (z. B. Standort- oder Werbeanalyse) erhoben werden. M. unterstützt die Entscheidungsvorbereitung eines Unternehmens. Je nach Untersuchungsgegenstand wird zw. demoskop. und ökoskop. M. unterschieden. Die **demoskopische M.** (subjektbezogene M.) konzentriert sich auf den einzelnen Nachfrager und erfasst dabei v. a. demograph. (z. B. Geschlecht, Alter) und soziograph. (z. B. Beruf, Einkommen) Daten sowie Einstellungen und Verhaltensweisen. Die **ökoskopische M.** (objekt-, sachbezogene M.) stellt neben Branchen- und Wirtschaftsstrukturen die spezif. Strukturen der Beschaffungs- und Absatzmärkte eines Unternehmens (Bedarfsforschung) in den Mittelpunkt. Bezogen auf einen Absatzmarkt sind dies die mithilfe von Kaufkraftindizes, Bev.-Zahlen, Verbrauchsquoten u. a. hypothetisch errechnete Aufnahmefähigkeit eines Marktes (Marktpotenzial), der maximal mögl. Anteil des Unternehmens am Marktpotenzial (Absatzpotenzial), der von allen Anbietern tatsächlich realisierte Umsatz einer Branche oder eines Produktes (Marktvolumen), der tatsächlich realisierte Umsatz des Unternehmens (Absatzvolumen), der Marktanteil des Unternehmens und seiner Konkurrenten als Verhältnis von Absatz- zu Marktvolumen. Bei der ökoskop. M. werden also die objektiven Sachverhalte losgelöst von einzelnen Personen in quantitative Größen übertragen. Nach der räuml. Ausdehnung des Marktes kann zw. Binnen- und Auslands-M. unterschieden werden; nach der Art der gehandelten Güter kann eine Fein- (z. B. Pharma-M., Automobil-M.) oder eine Grobdifferenzierung (z. B. Konsumgüter-M., Investitionsgüter-M.) vorgenommen werden.

Von der M. ist die **Marketingforschung** (Marketingresearch, Absatzforschung) abzugrenzen, bei der sowohl unternehmensinterne als auch unternehmensexterne Informationen zur Planung, Gestaltung und Kontrolle von Marketingentscheidungen systematisch beschafft und ausgewertet werden. Die Marketingforschung erstreckt sich damit nicht nur auf die Märkte, sondern auch auf die Analyse der Wirkung von Marketingaktivitäten (z. B. Werbung, Preise, Konkurrenten) und die Erforschung unternehmensinterner marketingrelevanter Sachverhalte (z. B. Vertriebskosten).

Der Prozess der M. kann unterschiedlich fein in idealtyp. Stufen gegliedert werden. Nach der Definition des Informationsbedarfs sind die Informationsquellen festzulegen. Bei der **Primärforschung** werden durch Befragung und Beobachtung neue Daten für den Untersuchungszweck erhoben, während bei der **Sekundärforschung** auf bereits vorhandene Daten (z. B. aus Statistiken, Fachzeitschriften) zurückgegriffen wird. Für das M.-Design ist zu entscheiden, mit welcher Methode (Befragung, Beobachtung) die Informationen gewonnen werden sollen. Sodann muss die Zielgruppe bestimmt werden. Während bei einer **Totalerhebung** alle Untersuchungseinheiten einer Grundgesamtheit erfasst werden, wird bei einer **Teilerhebung** eine Zufalls- oder eine bewusste Auswahl (Quotenstichprobe) aus einer Grundgesamtheit vorgenommen. Bei einer auf Repräsentanz ausgelegten Teilerhebung handelt es sich um Stichproben. Aufbau des Fragebogens bzw. Ablauf der Beobachtung werden im Rahmen der Gestaltung des Erhebungsrahmens geklärt. Die Datenerhebung wird häufig von spezialisierten M.-Instituten durchgeführt, bei Großunternehmen auch von innerbetriebl. M.-Abteilungen. Zur Aufbereitung und Auswertung der Daten stehen verschiedene statist. Analyseverfahren (z. B. Regression, Clusteranalyse) zur Verfügung. Mit der Präsentation und dem Vergleich der gewonnenen Ergebnisse mit dem ursprüngl. Informationsbedarf endet der M.-Prozess.

H. BÖHLER: M. (^{2}1992); R. KÖHLER: Beitrr. zum Marketing-Management (^{3}1993); P. HAMMANN u. B. ERICHSON: M. (^{3}1994); F. JASPERT: Marketing (^{7}1994); W. J. KOSCHNICK: Standard-Lex. für Markt- u. Konsumforschung, 2 Bde. (1995); L. BEREKOVEN u. a.: M. (^{7}1996); F. SCHEUCH: Marketing (^{5}1996).

Marktfrieden, *Rechtsgeschichte:* königl. Friede für die Dauer des jährlich abgehaltenen Marktes; als sein Symbol wurde häufig ein Kreuz errichtet. (→Marktrecht)

Marktgemeinde, →Markt 1).

Markthalle, überdachte Handelsstätte für Nahrungs- und Genussmittel (bes. Fleisch, Fisch, Obst und Gemüse). Man unterscheidet M. für den Kleinverkauf an Konsumenten und **Groß-M.** für den Großhandel und Wiederverkäufer. Die erste große M. (Halles Centrales) wurde 1852–59 von V. BALTARD und F. E. CALLET in Paris gebaut (1971 abgerissen).

Marktheidenfeld, Stadt im Landkreis Main-Spessart, Unterfranken, 154 m ü. M., an der Mündung des Mühlbachs in den Main, 11 000 Ew.; Metall- und Kunststoffverarbeitung, Herstellung von elektron. und Elektrogeräten, Druckereien. – M., vom 14. Jh. bis Anfang des 17. Jh. unter Herrschaft der Grafen von Wertheim, wurde seit 1397 als Stadt bezeichnet. 1612 fiel M. an das Hochstift Würzburg, 1815 an Bayern. 1948 wurde M. Stadt.

Marktleuthen, Stadt im Landkreis Wunsiedel im Fichtelgebirge, Bayern, 520–560 m ü. M., an der Eger, 4000 Ew.; Granitwerk, Farben-, Porzellanfabrik, Zinngießerei. – M. erhielt 1411 Marktrecht und wurde 1954 Stadt.

Marktmacht, die potenzielle oder tatsächl. Möglichkeit eines Anbieters oder Nachfragers zur wesentl. Beeinflussung der Marktbedingungen; in der Wettbewerbstheorie mit einem Mangel an funktionsfähigem Wettbewerb gleichgesetzt. M. in diesem Sinne haben insbesondere →marktbeherrschende Unternehmen. (→Missbrauchsaufsicht)

Markt|oberdorf, Kreisstadt des Landkreises Ostallgäu, Bayern, 727–790 m ü. M., im Allgäuer Alpenvorland, 18 100 Ew.; Stadt-, Heimat-, Riesengebirgsmuseum, Städt. Galerie, Paul-Röder-Museum; Herstellung von Gablonzer Schmuckwaren, Maschinen-, Traktorenbau, Textilindustrie. – Kath. Pfarrkirche Hl. Kreuz und St. Martin (1732–38) mit Stuckaturen des frühen Rokoko, am Chorscheitel eine Gedächtniskapelle für den Trierer Kurfürsten KLEMENS WENZESLAUS (1823). – Das bereits im frühen MA. erwähnte M. wurde 1453 befestigter Markt. 1803 fiel es an Bayern. 1954 wurde M. Stadt.

Markt|ordnung, alle staatlich festgelegten oder allg. akzeptierten Regelungen in arbeitsteiligen Volkswirtschaften, die funktionsfähige Tauschprozesse auf Märkten ermöglichen. M. sind notwendiger Bestandteil jeder umfassenden Wirtschaftsordnung, ihnen kommt jedoch je nach der zugrunde liegenden Planungsordnung eine jeweils andere Bedeutung zu. In Zentralverwaltungswirtschaften wird unter M. die umfassende staatl. Regulierung von Angebot, Nachfrage und Preisen verstanden. In Marktwirtschaften mit dezentraler Planung umfasst die M. sowohl die Organisation (Schaffung von hinreichenden Rahmenbedingungen für einen funktionsfähigen Wettbewerb, Ordnungspolitik) als auch die staatl. Beeinflussung des Marktgeschehens (z. B. durch Festsetzung von Höchst- und Mindestpreisen, Kontingentierung, Kapazitätsbeschränkung, Schaffung wettbewerbl. Ausnahmebereiche). Die staatl. Maßnahmen zur Markt-

Übersicht über typische Zusammenhänge zwischen Marktphase und Unternehmertypus, Marktform und Marktzutrittsschranken, Aktionsparametern, Gewinnraten und wettbewerbspolitischen Maßnahmen

Marktphase und Unternehmertypus	Marktform und Marktzutrittsschranken	Aktionsparameter	Gewinnraten	wettbewerbspolitische Maßnahmen
Experimentierphase und Pionierunternehmer	Monopol eines Innovators mit hohen Marktzutrittsschranken	Produkt und informative Werbung, Errichten von Marktschranken und Limitpreisstrategie, Service	steigende Gewinnrate	Offenhaltung der Märkte
Expansionsphase und (spontan) imitierender Unternehmer	weites Oligopol oder Polypol mit relativ niedrigen Marktzutrittsschranken	Preis, Produktqualität und informative Werbung, Service	steigende Gewinnrate: Höhepunkt der Gewinnrate	Offenhaltung der Märkte, Fusionskontrolle
Ausreifungsphase und (unter Druck) reagierender Unternehmer	Oligopol mit hohen Marktzutrittsschranken	Preis, (negative) Produktqualität (Obsoleszenz), Service und Werbung	abnehmende Gewinnrate	Kontrolle der Konzentrations- und Behinderungsstrategie
Stagnations- oder Rückbildungsphase und immobiler Unternehmer	enges Oligopol oder Monopol mit hohen Marktzutrittsschranken	Service, Werbung und (negative) Produktqualität (Obsoleszenz)	abnehmende Gewinnrate, evtl. Verluste	Kontrolle der Konzentrations-, Behinderungs- und Verhandlungsstrategie, Preismissbrauchsaufsicht

beeinflussen im letzteren Sinn werden auch als Marktregulation oder Marktintervention bezeichnet und der sektoralen Strukturpolitik zugerechnet. Ein Beispiel für M. sind die →Agrarmarktordnungen der EG.

Marktphasen, Entwicklungsstufen eines Marktes, die seine Struktur und das Verhalten der Marktteilnehmer beeinflussen und die die langfristige Dynamik von Märkten beschreiben und erklären. Nach ERNST HEUSS (* 1922) durchläuft ein Markt von seiner Entstehung bis zu seinem Endzustand vier M. (Experimentier-, Expansions-, Ausreifungs- und Stagnations- oder Rückbildungsphase), denen jeweils ein unterschiedl. Unternehmertypus entspricht. Als mögl. Einteilungskriterium der vier M. dient die Einkommenselastizität der Nachfrage.

In der **Experimentierphase** entscheidet sich, ob ein neuer Markt entsteht. Gelingt dem Pionierunternehmer eine Produktinnovation und findet das neue Angebot erste Nachfrager, spricht man von der Einführungsphase. Der Markteinführung folgt die Marktausweitung. Die **Expansionsphase** ist mit einer starken Ausdehnung von Nachfrage, Produktion und Kapazitäten verbunden. Spontan imitierende Unternehmer (Imitatoren) treten in den Markt ein, sofern keine hohen Marktzutrittsschranken (→Markt 3) bestehen. In der **Ausreifungsphase** werden von unter Druck reagierenden Unternehmer neue Absatzmöglichkeiten erschließen, z. B. durch Produktdifferenzierung, Erkennen neuer Absatzwege und Käufergruppen. Wenn diese Möglichkeiten der Marktdurchdringung ausgeschöpft sind, erreicht der Markt die **Stagnations-** oder **Rückbildungsphase,** die mit einem Rückgang der Nachfrage und ersten Marktaustritten beginnt.

Kenntnisse über die M. sind sowohl für einzelne Unternehmen im Hinblick auf die richtige Marketingstrategie als auch für die Wettbewerbspolitik wichtig, die in der Einführungs- und Expansionsphase den Marktzutritt ermöglichen, in der Stagnations- oder Rückbildungsphase abgestimmte Verhaltensweisen und Marktbeherrschung verhindern sowie Marktaustritte im Sinne einer Strukturanpassung erleichtern müssen. Die Typisierung von HEUSS erlaubt interessante wettbewerbstheoret. Rückschlüsse, da die M. nicht nur mit dem Unternehmertypus, sondern auch mit der Marktform und den Marktzutrittsschranken sowie mit den im Wettbewerb eingesetzten Aktionsparametern (Preise, Rabatte, Konditionen, Qualität, Service und Werbung) und Gewinnraten korrelieren. (→Produktlebenszyklus, →Wettbewerb)

Marktpreis, 1) betriebl. Rechnungswesen: **Marktwert,** bei der Bewertung von Wirtschaftsgütern derjenige Preis, der auf einem Markt für Waren einer bestimmten Gattung von durchschnittl. Art und Güte zu einem bestimmten Zeitpunkt im Durchschnitt bezahlt wurde; i. d. R. die Wiederbeschaffungskosten bei Roh-, Hilfs- und Betriebsstoffen bzw. die Veräußerungserlöse für Fertigprodukte.

2) *Volkswirtschaftslehre:* in der klass. Nationalökonomie der sich kurzfristig aus Angebot und Nachfrage ergebende Preis im Ggs. zum **natürlichen Preis,** der als langfristiger Gleichgewichtspreis bei vollständiger Konkurrenz gerade der Produktionskosten deckt.

Markt|recht, *Rechtsgeschichte:* im MA. zum einen das Marktregal, d. h. das Recht, Märkte zu schaffen. Dieses gehörte erst seit dem 9. Jh. zu den Hoheitsrechten des Königs, beschränkte sich aber zunächst generell auf die Verleihung des →Marktfriedens. Schon im 13. Jh. ging das M. mit anderen Regalien auf die Territorialherren über. Zum anderen war das M. das Recht, das für Marktbesucher untereinander galt; erwuchs mit örtl. Unterschieden aus einem allgemeinen Kaufmannsrecht. Es bildete vielfach den Ausgangspunkt für die Entwicklung von Stadtrecht. Seit dem ausgehenden 10. Jh. wurde häufig einer Neugründung das M. eines bestehenden Marktes (z. B. Mainz, Köln, Magdeburg) verliehen. Besondere, im Marktprivileg festgelegte Bestimmungen betrafen den Marktzoll, der dem Stadtherrn oder dem König zukam, die Gewährung des Stapelrechts, das Handelsverbot außerhalb des Marktbezirkes (Marktzwang) und die Erhebung des Marktgeldes.

Markt|redwitz, Große Kreisstadt im Landkreis Wunsiedel i. Fichtelgebirge, Oberfranken, Bayern, 539 m ü. M., an der Kösseine, 19 000 Ew.; Egerland-Museum, Schnapsmuseum-M.; Maschinenbau, Herstellung von Schleifmitteln, techn. Federn, techn. Keramik, Mikroelektronik und Likörfabrikation. – Ev. Pfarrkirche (14. und 16. Jh.); kath. Kirche St. Theresia (1776/77), ein von Kaiserin MARIA THERESIA für die böhm. Garnison gestifteter Saalbau. – M., um 1140 erstmals urkundlich genannt, kam im 13. Jh. als Reichspfand an das Kloster Waldsassen. 1341–1816 Eigentum der Stadt Eger, die es gegen die Stadt Vils in Tirol mit Bayern tauschte. 1907 wurde M. Stadt.

Markt Sankt Florian, früherer amtl. Name von →Sankt Florian in Oberösterreich.

Marktsegment, Teil eines Gesamtmarktes, wobei der Markt in untereinander möglichst heterogene und in sich möglichst homogene Abnehmergruppen aufgeteilt wird. Dies ermöglicht die konzentrierte bzw. die differenzierte Marktbearbeitung einer bzw. mehrerer dieser Gruppen. Abgrenzungskriterien sind z. B. regionale Gesichtspunkte (geograph. Gebiete, Stadt- und Land-Bev.), demograph. (Alter, Geschlecht, Haushaltsgröße) und sozioökonom. Merkmale (Schulbildung, Beruf, Einkommen,) sowie verbrauchertyp. Verhaltensweisen (Einstellungen, Erwartungen, Präferenzen, Motive, Kaufgewohnheiten). Die Marktsegmentierung steht im Ggs. zum undifferenzierten Massenmarketing, dessen Kostenvorteile z. T. bewusst zugunsten einer zielgruppenspezif. Marketingpolitik aufgegeben werden; z. T. können aber auch wegen geringerer Streuverluste bei Werbung und Distribution Marketingkosten eingespart werden.

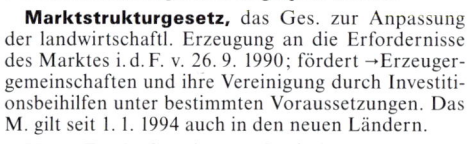

Schlüsselbegriff

Marktstrukturgesetz, das Ges. zur Anpassung der landwirtschaftl. Erzeugung an die Erfordernisse des Marktes i. d. F. v. 26. 9. 1990; fördert →Erzeugergemeinschaften und ihre Vereinigung durch Investitionsbeihilfen unter bestimmten Voraussetzungen. Das M. gilt seit 1. 1. 1994 auch in den neuen Ländern.

Mark Twain [ˈmɑːk ˈtweɪn], eigtl. **Samuel Langhorne Clemens** [ˈklemənz], amerikan. Schriftsteller, * Florida (Mo.) 30. 11. 1835, † Redding (Conn.) 21. 4. 1910; wuchs in Hannibal (Mo.) am Mississippi auf, arbeitete früh als Setzerlehrling, Lotse auf dem Mississippi und Journalist. Nach kurzer Teilnahme am Sezessionskrieg war er Goldgräber in Nevada und Journalist in San Francisco. Sein erstes Buch, die Sammlung ›The celebrated jumping frog of Calaveras County‹ (1867; dt. ›Der berühmte Springfrosch der Provinz Calaveras‹), stand in der derb-humorist. Erzähltradition des Westens, die M. T. in seinen späteren Werken mit der literar. Tradition des amerikan. Ostens und Europas verband. Er entwickelte sich zu einem der bedeutendsten Vertreter des amerikan. Realismus, der durch Humor, Lokalkolorit, Neigung zu skurriler Übertreibung und genaue Beobachtung sozialen Verhaltens die überlieferten Erzähltraditionen außer Kraft setzte und die amerikan. Gesellschaft mit zunehmender Schärfe kritisierte. Seine langen Reisen v. a. durch Europa schlugen sich in anekdotisch strukturierten, humorvollen Reisebüchern nieder (›A tramp abroad‹, 1879; dt. ›Bummel durch Europa‹). Sein bekanntestes Werk, der anfangs als Jugendbuch verstandene Initiationsroman ›Adventures of Huckleberry Finn‹ (1884; dt. ›Die Abenteuer Huckleberry Finns‹), die Fortsetzung des Romans ›The adventures of Tom Sawyer‹ (1876; dt. ›Die Abenteuer Tom Sawyers‹), beleuchtet ironisch Grundfragen der amerikan. Kultur wie Zivilisation und Freiheit, Sklaverei und Mitmenschlichkeit, Heuchelei und moral. Integrität; es markiert den Abschied von der Frontiererfahrung der Vorkriegszeit und diente als eines der wichtigsten Werke der amerikan. Literatur des späten 19. Jh. vielen Autoren der Moderne als Vorbild. In den späten Werken, etwa dem Band ›The man that corrupted Hadleyburg‹ (1900; dt. ›Der Mann, der Hadleyburg korrumpierte‹), treten bittere Kritik am Gewinnstreben und an den Zwängen der ungehemmt expandierenden Industriegesellschaft sowie sein nunmehr tief pessimist. Menschenbild in den Vordergrund.

Weitere Werke: *Romane:* The gilded age (1873; dt. Das vergoldete Zeitalter; mit C. D. WARNER); A Connecticut Yankee in King Arthur's court (1889; dt. Ein Yankee am Hofe des Königs Artus); The tragedy of Pudd'nhead Wilson (1894; dt. Der Querkopf Wilson). – *Reise- u. autobiograph. Berichte:* The innocents abroad (1869; dt. Die Arglosen auf Reisen); Roughing it (1871; dt. Im Gold- u. Silberlande. Lehr- u. Wanderjahre, auch u. d. T. Durch dick u. dünn), Life on the Mississippi (1883; dt Leben auf dem Mississippi).

Ausgaben: Writings, hg. v. A. B. PAINE, 37 Bde. (1929); The autobiography, hg. v. C. NEIDER (Neuausg. 1975); Letters, hg. v. E. M. BRANCH, auf 20 Bde. ber. (1988 ff.). – Ges. Werke, hg. v. K. J. POPP, 5 Bde. (²⁻³1985); Ges. Werke, 10 Bde. (1985).

H. N. SMITH: M. T. (Cambridge, Mass., 1962); H. L. HILL: M. T.: God's fool (New York 1973); D. E. SLOANE: M. T. as a literary comedian (Baton Rouge, La., 1979); Critical essays on M. T., hg. v. L. J. BUDD, 2 Bde. (Boston, Mass., 1982–83); H. BREINIG: M. T. Eine Einf. (1985); T. JENS: M. T. (1985); E. H. LONG u. J. R. LE MASTER: The new M. T. handbook (New York 1985); M. T., hg. v. H. BLOOM (New York 1986); J. C. GERBER: M. T. (Boston, Mass., 1988); T. AYCK: M. T. (23.–25. Tsd. 1993).

Marktwirtschaft, eine Wirtschaftsordnung, in der tauschwirtschaftl. (im Ggs. zur Haus- und Subsistenzwirtschaft) Handeln der Wirtschaftssubjekte (Haushalte, Unternehmen), die prinzipiell miteinander konkurrieren (sollen), Produktion, Zirkulation und Verteilung bestimmt. Begrifflich leitet sich M. vom →Markt her. In der M. sind alle Märkte (Güter-, Geld-, Kapital-, Arbeitsmärkte) miteinander verflochten. Ihre Verknüpfung muss nicht nur im phys. Sinn durch Transport- und Informationswege gewährleistet sein, sondern setzt einen Tauschwert- bzw. Preisvergleich der auf den jeweiligen Märkten gehandelten Waren oder Aktiva und somit →Geld voraus. M. kann daher auch als eine Wirtschaftsordnung definiert werden, in der die Ware-Geld-Beziehungen das sozialökonom. System bestimmen und die wirtschaftl. Entscheidungen koordinieren.

Als Koordinationsmechanismus ist die M. mit unterschiedlichen polit. Systemen vereinbar. M. schließt totalitäre polit. Systeme wie z. B. den Nationalsozialismus nicht aus. Umgekehrt können demokrat. Staaten sich planwirtschaftl. Koordination bedienen, müssen dann allerdings Wirtschaftsfreiheit im Sinne des klass. Wirtschaftsliberalismus erheblich beschränken. Ob die M. mit versch. Eigentumsformen (Privateigentum an Produktionsmitteln, genossenschaftl. Eigentum, Staatseigentum) dauerhaft vereinbar ist, lässt sich nicht eindeutig beurteilen. Historisch ist die M. unter kapitalist. Verhältnissen (→Kapitalismus) entstanden. Daher setzte sich M. als politökonom. Schlüsselbegriff erst in der 2. Hälfte des 20. Jh. durch und wird gegenüber der Bez. Kapitalismus erst von da an regelmäßig lexikalisch verzeichnet.

Wesensmerkmale der Marktwirtschaft

Charakteristisch für eine M. ist die Vielzahl dezentraler, relativ frei und unabhängig getroffener autonomer Entscheidungen der Wirtschaftssubjekte, die Möglichkeit, das Selbstinteresse in individuellem wirtschaftl. Handeln zur Geltung zu bringen, sowie die Orientierung an den durch Angebots- und Nachfrageentscheidungen gebildeten Marktpreisen (→Preis). Die tauschwirtschaftlich bestimmten Sozialbeziehungen stimulieren zu leistungsgerichtetem Verhalten (Leistungswettbewerb) im Sinne eines größtmöglichen Nutzens bzw. Gewinns aus der marktbezogenen Aktivität, und es ergeben sich Knappheitspreise, bei denen allerdings →externe Effekte (z. B. Umweltzerstörung) nicht berücksichtigt werden. Leistung bemisst sich vielfach am Markterfolg, und die unterschiedl. Marktergebnisse der Wirtschaftssubjekte gelten als Ausfluss von Leistungsfähigkeit und Leistungsbereitschaft.

Die M. bietet dem einzelnen Wirtschaftssubjekt Gewinnchancen, setzt es aber zugleich Verlustrisiken aus. Wirtschaftl. Handeln ist in der M. daher für das Individuum mit Unsicherheit verbunden. Versuche, die Unsicherheit zu vermindern, v. a. aber sozialethisch inakzeptable Folgen aus dem Verlustrisiko (z. B. Arbeitslosigkeit, Krankheit, Invalidität) zu unterbinden, haben in allen M. soziale

Sicherungssysteme unterschiedl. Ausmaßes hervorgebracht (→Sozialversicherung).

Die Koordination der arbeitsteilig aufeinander bezogenen Wirtschaftssubjekte erfolgt in der M. über Märkte durch frei vereinbarte Verträge. Vertragsfreiheit und Rechtsstaatlichkeit bilden notwendige Voraussetzungen der M.; die Vertragsfreiheit muss jedoch von der Rechtsordnung beschränkt werden, um Missbrauch von Marktmacht, z. B. durch Preiskartelle, zu unterbinden. Der unbeschränkte Wettbewerb bleibt nur erhalten, wenn er durch eine entsprechende Wettbewerbspolitik gesichert wird, da die Konkurrenzwirtschaft zur Selbstzerstörung durch →Unternehmenskonzentration, Monopolbildung und Kartellierung tendiert. Den Ggs. zur M. bildet die Planwirtschaft, in der die Koordination auf Planvorgaben (Direktiven) und zentraler Preisfestlegung durch die hierarchisch strukturierte Planungsbürokratie beruht.

M. ist der Planwirtschaft insofern überlegen, als sie eher Knappheitspreise gewährleisten kann, die die Nachfragepräferenzen und das prinzipiell begrenzte Angebot an Gütern bzw. Produktionsfaktoren zu einer Informationsgröße verdichten, die zur Selbststeuerung des Wirtschaftsprozesses in Richtung einer effizienten Ressourcenverwendung (Allokation), d. h. zur bestmögl. Realisierung des Wirtschaftlichkeitsprinzips erforderlich ist (stat. Effizienz). Wichtiger noch ist die dynam. Effizienz der M., d. h. die Förderung von wachstums- und wohlstandswirksamen Innovationen; denn ein Unternehmer, der Innovationen durchsetzt, erzielt vorübergehend Monopolgewinne, während er die sozialen Kosten des ausgelösten Strukturwandels nicht zu zahlen braucht.

Wichtige Theorien der Marktwirtschaft

Die empirische und theoret. Analyse wesentlicher Elemente der M. findet sich bereits vor Beginn unserer Zeitrechnung, und zwar nicht nur in der antiken Philosophie (ARISTOTELES), sondern auch in außereurop. Kulturen, so etwa in der altchinesischen Schrift ›Guanzi‹ aus dem 7. Jh. v. Chr. Im Mittelpunkt stand die Frage nach dem angemessenen Preis als einkommensbestimmender Größe und den polit. Voraussetzungen, die ihn gewährleisten. Diese normative Sichtweise kehrt in der Erörterung des gerechten Preises (›justum pretium‹ bei THOMAS VON AQUINO) wieder und bleibt seitdem eine unlösbare sozialeth. Frage.

Der Wirtschaftsliberalismus (→Liberalismus) ersetzte die Frage nach dem gerechten Preis durch die Theorie des freien Wettbewerbs und der Konkurrenzpreisbildung (A. SMITH, D. RICARDO, Preistheorie), die bereits zuvor u. a. von den Kameralisten J. J. BECHER und J. H. G. VON JUSTI rudimentär erörtert worden war. JUSTI bestimmte den ›richtigen‹ Marktpreis als jenen, der sich in einem störungsfreien, d. h. von monopolist. und wettbewerbswidrigen staatl. Regulierungen freien Marktprozess von selbst bildet.

Eine systemat. Theorie der M. entstand seit dem letzten Drittel des 18. Jh. mit der →klassischen Nationalökonomie. Auf der Grundlage des Naturrechts und metaphysisch am Deismus orientiert, interpretierte SMITH die M. als ein ›System der natürl. Freiheit‹, in dem – unbeschränkte Konkurrenz vorausgesetzt – das vom Selbstinteresse geleitete Handeln der Individuen wie durch eine ›unsichtbare Hand‹ zu einem sozialökonom. Optimalzustand gelenkt wird. In dem nach J. B. SAY benannten sayschen Theorem wird ein log. Konstrukt der krisenfreien, zum Vollbeschäftigungsgleichgewicht strebenden M. vorgestellt, das in der →Neoklassik u. a. durch L. WALRAS mathematisch formuliert wird und die Grundlage der insbesondere durch K. J. ARROW und G. DEBREU weiterentwickelten allgemeinen Gleichgewichtstheorie bildet.

Die radikalen Verfechter der M. (u. a. L. VON MISES, F. A. VON HAYEK, M. FRIEDMAN) und die von ihnen vertretenen Denkrichtungen (→Chicago-Schule, →Monetarismus) verwerfen jede staatl. Intervention (→Interventionismus) als Krisen erzeugende und die marktwirtschaftl. Effizienz vernichtende Störung und fordern demgegenüber, die freie Spontaneität der Wirtschaftssubjekte im ›Wettbewerb als Entdeckungsverfahren‹ (HAYEK) sich unbehindert entfalten zu lassen. Staatl. Handeln beschränkt sich dann auf den Rechtsschutz (J. M. BUCHANAN) in der vom Privatinteresse beherrschten Gesellschaft. Die histor. Erfahrung der Selbstzerstörung des Wettbewerbs durch konkurrenzwirtschaftl. Laisser-faire führt in dem von W. EUCKEN und W. RÖPKE begründeten Ordoliberalismus (→Neoliberalismus) zu einer dualist. Ordnungstheorie, in der die durch sieben konstituierende und vier regulierende Prinzipien (EUCKEN) definierte (freie) Verkehrswirtschaft der Zentralverwaltungswirtschaft gegenübergestellt wird.

Die ordoliberale Ordnungstheorie bildet zwar eine Vorgabe des von A. MÜLLER-ARMACK vorgelegten theoret. Entwurfs und der von L. ERHARD wirtschaftspolitisch anvisierten Verwirklichung der **sozialen M.**, diese stellt aber doch eine selbstständige Ordnungskonzeption dar, die als dritter Weg zw. kapitalist. M. und sozialist. Planwirtschaft gemeint war. Sowohl durch die normative Gleichbewertung von M. und Sozialstaatlichkeit als auch durch den gegenüber histor. Veränderungen offenen wirtschaftspolit. Pragmatismus der Theorie der →sozialen Marktwirtschaft erweist sich dieses Ordnungskonzept breitem gesellschaftl. Konsens zugänglich und zielt auf eine Frieden stiftende Funktion, indem das Prinzip der Freiheit auf dem Markt mit dem des sozialen Ausgleichs verbunden werden soll (irenische Formel nach MÜLLER-ARMACK).

Die pragmat. Offenheit des Ordnungsentwurfs der sozialen M. erlaubt es, krisentheoret. Kritik am Gleichgewichtsdogma der M. aufzunehmen und wirtschaftspolitisch zu integrieren. Ein Beispiel dafür ist die →Globalsteuerung und das ihr zugrunde liegende Stabilitäts-Ges. von 1967. Wegen seiner ideolog. Anziehungskraft auf breite Wählerschichten besteht aber auch die Tendenz, die Bez. soziale M. für jedwede Wirtschaftspolitik zu benutzen.

Andererseits wurde theoretisch u. a. von O. R. LANGE und FREDERICK MANVILLE TAYLOR (* 1855, † 1932) mit dem Konzept des Konkurrenzsozialismus sowie empirisch (u. a. in den **sozialistischen M.** (z. B. Jugoslawien, Ungarn) der Versuch unternommen, die Verträglichkeit der M. als Koordinationsmechanismus, der dezentrale Entscheidungen und autonome Disposition der Marktteilnehmer über die verfügbaren →Eigentumsrechte zulässt, mit sozialist. Eigentumsverhältnissen zu belegen.

Geschichtliche Entwicklung

Die moderne M. entstand im histor. Zusammenhang mit dem neuzeitl. Kapitalismus in Europa. Aus dieser geschichtl. Symbiose resultierte die industrielle Revolution und der bisher einmalige Wachstumsprozess seit Mitte des 18. Jh. Der Kapitalismus bezog nach und nach mehr und mehr Lebensbereiche in den tausch- bzw. marktwirtschaftl. Mechanismus ein und prägte die gesellschaftl. Denk- und Verhaltensmuster gemäß tauschwirtschaftl. Rationalität (z. B. Kommerzialisierung des Freizeit- und Mußeverhaltens, Kulturgüter als Spekulationsobjekte, Verwertungsorientierung im Bildungs- und Wissenschaftssystem). Die Wirtschaft, die traditionell als gesellschaftl. Teilsystem dem sozialen Gesamtsystem untergeordnet war, erhielt mit der kapitalist. Expansion die dominierende Stellung. Damit gewannen die Prinzipien und Gesetzmäßigkeiten der M. die Bedeutung von Orientierungsmustern auch für außerwirtschaftl. Sozialbeziehungen. Beispielsweise wird von A. DOWNS mit Rückgriff auf die Demokratietheorie von J. A. SCHUMPETER der polit. Prozess demokratischer Systeme als Stimmenmaximierungsverhalten in Analogie zur wirtschaftl. Gewinnmaximierung interpretiert. In der Soziologie finden sich neoklassisch inspirierte Deutungen der zwischenmenschl. Beziehungen als Ausdruck tauschwirtschaftl. Kalküls. Die gleichzeitige Entwicklung von Kapitalismus und M. förderte die Tendenz, den soziokulturellen Gesamtzusammenhang den für die M. charakterist. Prinzipien zu unterwerfen. Geographisch und sozialökonomisch ausgreifende Dynamik wird der M. gerade auch von ihren Kritikern – etwa K. MARX – als herausragende histor. Eigenart zugesprochen. Der europ. Kolonialismus seit dem 16. Jh. und der Imperialismus des 19. Jh. gelten in den ökonom. Imperialismustheorien (→Imperialismus) als Folge einer immanenten Ausbreitungstendenz kapitalist. Konkurrenz. Der revolutionäre Übergang von der traditionellen europ. Gesellschaft zur kapitalist. Marktgesellschaft (KARL POLANYIS [* 1886, † 1964] ›große Transformation‹) bildet die Voraussetzung des auf Effizienzsteigerung gegründeten modernen Fortschrittsbegriffs. Im technisch-wirtschaftl. Fortschritt wird so auch die herausragende Leistung und die Legitimität der M. gesehen.

Marktwirtschaft als gemischte Wirtschaftsordnung

In der Praxis existierten und existieren verschiedene konkrete Ausprägungen der M., die sich unterscheiden durch die Ausprägung der Eigentumsverhältnisse, das Ausmaß und die Formen staatl. Intervention, die jeweils vorrangig verfolgten wirtschafts-, sozial- und gesellschaftspolit. Zielsetzungen sowie durch die Kombination aus Marktsteuerung auf der Mikroebene und längerfristig ausgelegten (strukturellen) Planungen auf der Makroebene. Die frz. Planification mit indikativer Makroplanung, das ›schwed. Modell‹ mit der Betonung des Vollbeschäftigungsziels und der sozialen Sicherheit, der ›Austrokeynesianismus‹ mit der Sozialpartnerschaft als einkommenspolit. Institution, der ›kapitalist. Entwicklungsstaat‹ Japans, das durch ein hohes Maß an Deregulierung gekennzeichnete ›amerikan. Modell‹ und die soziale Marktwirtschaft in Dtl. sind Beispiele für die Bandbreite der konkreten Formen von M. In allen diesen Wirtschaftssystemen mit vorherrschend kapitalist. Eigentumsverhältnissen finden sich große Bereiche, in denen Staatseigentum, genossenschaftl. Eigentum oder auch Mischformen vorherrschen.

Gemischte Ordnungen widerspiegeln Ergebnisse histor. Entwicklungen und die sie bestimmenden polit. Auseinandersetzungen. Zwei miteinander verbundene geschichtl. Entwicklungen sind v. a. für die Entstehung der Mischsysteme bestimmend: die sozialen Bewegungen und die Durchsetzung der Massendemokratie mit allgemeinem und gleichem Wahlrecht. Die relativ erfolgreichen Aktionen der →Arbeiterbewegung und der Gewerkschaften, die sich im 19. Jh. gegen die Macht der Kapitaleigner das Koalitionsrecht und damit den Ausschluss des Preiswettbewerbs untereinander sowie das Streikrecht erkämpften, sowie die Wirtschafts- und Sozialpolitik der auf Wählermehrheiten angewiesenen demokrat. Regierungen modifizierten die M. Erst dadurch wurde das wirtschaftlich-techn. Leistungspotenzial einer auf Privateigentum an den Produktionsmitteln basierenden M. in gesellschaftl. Fortschritt und breiten Wohlstand umgesetzt sowie die von der klass. Nationalökonomie und MARX abgeleitete Tendenz des Lohnniveaus, sich am Existenzminimum zu orientieren, aufgehoben. Auch andere wesentliche gesellschaftl. Probleme (z. B. Umweltschutz, sozial gerechtere Verteilung, Berücksichtigung der Interessen der Dritten Welt und künftiger Generationen) lassen sich nicht lösen, ohne dass der Staat – auch gegen die (kurzfristigen) Interessen der Produzenten – in die Marktsteuerung eingreift.

In dem Maße, in dem das technisch-wirtschaftl. Wachstum an naturbedingte Grenzen stößt (Club of Rome, J. FOURASTIÉ) und die mit der Güterproduktion verbundenen negativen externen Effekte die wachstumsabhängigen Wohlstandsgewinne aufzehren oder gar übersteigen, kann die M. als effizienter Koordinationsmechanismus nur überdauern, wenn es der Wirtschaftspolitik gelingt, einen Rahmen zu setzen, in dem die externen Kosten internalisiert, d. h. in die einzelwirtschaftl. Kosten- und Preisrechnung einbezogen werden. Die Bedeutung dieser ökolog. Aspekte kommt auch in der Forderung nach einer **ökosozialen M.** zum Ausdruck.

Ein weiteres zentrales Problem, das in vielen M. trotz der Möglichkeiten staatl. Wirtschaftspolitik nicht gelöst ist, stellt die anhaltend hohe Arbeitslosigkeit dar. Kontrovers wird gegenwärtig die Frage diskutiert, in welchem Maße v. a. die globale Verflechtung und Vernetzung der Wirtschaft, die von einer weltweiten Liberalisierung der Güter- und Finanzmärkte begleitet ist, für die Friktionen auf den Arbeitsmärkten verantwortlich ist. Unstrittig ist, dass die nat. Volkswirtschaften durch die →Globalisierung unter einen erhebl. Anpassungsdruck geraten und dass ein weitgehender Strukturwandel sowie eine erhöhte Flexibilität der M. erforderlich sind. Die Vorstellung der neoklass. Wirtschaftstheorie, dass eine deregulierte, freie M. quasinaturgesetzlich einen Optimalzustand herbeiführt, in dem u. a. die Ziele des ›magischen Dreiecks‹ automatisch, durch Selbststeuerung der M., erreicht werden, ist mit der empir. Erfahrung schwer vereinbar und von Nationalökonomen anderer Denkrichtung (T. R. MALTHUS, S. DE SISMONDI, MARX, J. M. KEYNES) stets bestritten worden.

⇨ *Arbeitslosigkeit · Armut · Eigentum · Gewerkschaften · Individualismus · Inflation · Konjunktur · Lebensqualität · Leistungsgesellschaft · Manchestertum · Planwirtschaft · politische Ökonomie · Sozialpolitik · Wachstum · Wettbewerb · Wirtschaftsordnung · Wirtschaftspolitik · Wirtschaftssystem · Wohlstand*

O. LANGE u. F. M. TAYLOR: On the economic theory of socialism (Minneapolis, Minn., 1939, Nachdr. New York 1970); F. A. VON HAYEK: Der Wettbewerb als Entdeckungsverfahren (1968); DERS.: Individualismus u. wirtschaftl. Ordnung (a. d. Engl., Salzburg ²1976); W. RÖPKE: Jenseits von Angebot u. Nachfrage (Bern ⁵1979); A. MÜLLER-ARMACK: Genealogie der sozialen M. (Bern ²1981); B. CSIKÓS-NAGY: Sozialist. M. (a. d. Ungar., Wien 1988); Gesellschaftl. Folgekosten. Was kostet unser Wirtschaftssystem?, hg. v. F. BECKENBACH u. M. SCHREYER (1988); H. LEIPOLD: Wirtschafts- u. Gesellschaftssysteme im Vergleich (⁵1988); Soziale M. – sozialist. Planwirtschaft, hg. v. H. HAMEL (⁵1989); Öko-soziale M. für Ost u. West, Beitrr. v. L. WICKE u. a. (1990); J. HEUBES: M. Eine problemorientierte u. systemat. Einf. in die Volkswirtschaftslehre (1992); Ökonomie u. Ökologie. Aufsätze zu einer ökologisch verpflichteten M., hg. v. M. VON HAUFF u. UWE SCHMID (1992); K. G. ZINN: Soziale M. (1992); Hb. M., hg. v. R. VAUBEL u. H. D. BARBIER (²1993); Gesch. der Wirtschaftspolitik. Vom Merkantilismus zur sozialen M., hg. v. R. H. TILLY u. a. (1993); Planwirtschaft am Ende – M. in der Krise?, hg. v. W. GERKE (1994); H. LAMPERT: Die Wirtschafts- u. Sozialordnung der Bundesrep. Dtl. (¹²1995).

Markus, griech. **Markos,** Evangelist, als **Johannes** M. aus Apg. 12,12; 25 Mitgl. der Jerusalemer Urgemeinde, nach Kol. 4,10 ein Vetter des BARNABAS. Nach Apg. 12,25 Begleiter des PAULUS und BARNABAS auf der 1. Missionsreise, anschließend Begleiter des BARNABAS auf der Reise nach Zypern (Apg. 15,37ff.). Nach Phlm. 24 sowie Kol. 4,10 und 2. Tim. 4,11 gehörte M. später erneut zum Mitarbeiterkreis des PAULUS. Historisch fragwürdig ist die Notiz in 1. Petr. 5,13, die M. zu einem Begleiter des PETRUS in Rom macht. Hierauf basiert die altkirchl. Tradition, wie sie zuerst PAPIAS (2. Jh.) darstellt, nach der M. von PETRUS das Material für das Markusevangelium erhalten habe. Die legendar. Überlieferung sieht in M. den Begründer der Kirche von Alexandria, wo er als Märtyrerbischof gestorben sein soll. Seine angebl. Gebeine wurden dort 828 von venezian. Kaufleuten gefunden und nach Venedig gebracht. – Heiliger; Schutzpatron von Venedig (Tag: 25. 4.).

Markus, Papst (336), Römer, † Rom 7. 10. 336; bestimmte den Erzbischof von Ostia zum Konsekrator der röm. Bischöfe; Erbauer der Basiliken San Marco und Santa Balbina in Rom. – Heiliger (Tag: 7. 10.).

Markus|evangelium, Abk. **Mk.,** Schrift des N.T.; das älteste und kürzeste der vier kanon. →Evangelien, unter ihnen im neutestamentl. Kanon an zweiter Stelle stehend; Quelle des Matthäus- und Lukasevangeliums (→Zweiquellentheorie); um 70 n. Chr. in einer schlichten Sprache verfasst und an heidenchristl. Gemeinden adressiert. Der anonyme Autor wird erst seit PAPIAS mit →Markus gleichgesetzt. Einer kurzen Einleitung (Mk. 1,1–13) folgt die Darstellung von JESU öffentl. Wirken in Galiläa (Mk. 1–5), seine Wanderungen inner- und außerhalb Galiläas (Mk. 6–9), sein Weg nach Jerusalem (Mk. 10), Aufenthalt in Jerusalem, Passion und Auferstehung (Mk. 11–16). Im Mittelpunkt steht die Reich-Gottes-Verkündigung in der Person JESU. Der Verfasser greift auf vorgegebenes Traditionsgut (Streitgespräche, Gleichnisse, Wundererzählungen und die Passionsgeschichte) zurück, das er in einen theologisch qualifizierten geograph. Rahmen (den Weg von Galiläa nach Jerusalem) einbindet. Dabei bleibt das Geheimnis JESU (er ist der wahre Messias) verborgen und wird erst von seinem Kreuzestod und seiner Auferstehung her erschlossen. Da Mk. 16,8 ein abruptes Ende darstellt, gelten Mk. 16,9–20 (der so genannte ›Markusschluss‹) als im 2. Jh. angefügt.

Im Zusammenhang mit Veröffentlichungen des Paderborner Papyrologen CARSTEN PETER THIEDE (*1952) ist 1995 erneut die Diskussion um die Datierung des M. in Gang gekommen. Die Befürworter einer weit vor dem Jahr 70 anzusetzenden Abfassungszeit stützen sich dabei auf das 1955 in Qumran gefundene Schriftrollenfragment 7Q5 mit Teilen der Verse 52 und 53 aus dem 6. Kap. des M.

W. WREDE: Das Messiasgeheimnis in den Evangelien (⁴1969); W. SCHMITHALS: Das Evangelium nach Markus, 2 Bde. (²1986); D. LÜHRMANN: M. (1987); L. SCHENKE: Das M. (1988); J. ERNST: Markus. Ein theolog. Portrait (Neuausg. 1989); R. PESCH: Das M., 2 Tle. (⁴⁻⁵1989–91); E. SCHWEIZER: Das Evangelium nach Markus (¹⁷1989); F. FENDLER: Studien zum M. Zur Gattung, Chronologie, Messiasgeheimnistheorie u. Überlieferung des zweiten Evangeliums (1991); J. GNILKA: Das Evangelium nach Markus, 2 Bde. (⁴1994); C. P. THIEDE: Die älteste Evangelien-Handschrift? Ein Qumran-Fragment wird entschlüsselt (⁴1994); C. P. THIEDE u. M. D'ANCONA: Der Jesus-Papyrus. Die Entdeckung einer Evangelien-Handschrift aus der Zeit der Augenzeugen (a.d. Engl., 1996).

Markuslöwe, geflügelter Löwe, meist mit Heiligenschein, das Emblem des Evangelisten MARKUS, des Schutzpatrons von Venedig (seit Anfang des

Marl: Rathaus von Johannes Hendrik van den Broek und Jacob Berend Bakema; 1960–67

9. Jh.). Der venezian. M., der im Herrschaftsgebiet Venedigs als Hoheitszeichen angebracht wurde und oft an Befestigungsanlagen erhalten ist, stützt eine Pranke auf ein offenes Buch mit der Inschrift ›Pax Tibi Marce Evangelista Meus‹ (›Friede mit dir Markus, mein Evangelist‹); bei auf den Krieg bezogenen Darstellungen ist das Buch geschlossen. (BILD →Löwe)

Markussäule, eine (die östl.) von zwei am Molo (Kai) von Venedig stehenden Granitsäulen; trägt einen →Markuslöwen (ein Bronzebildwerk vielleicht chin. Ursprungs). Die Säulen wurden der Überlieferung nach 1172 aufgestellt.

Markus Sittikus, Graf **von Hohenems,** Erzbischof von Salzburg, *24. 6. 1574, †Salzburg 9. 10. 1619; folgte 1612 seinem abgesetzten Vetter WOLF DIETRICH VON RAITENAU als Erzbischof von Salzburg. M. S. bemühte sich um die zwangsweise Rekatholisierung seiner prot. Untertanen. Zur Heranbildung eines qualifizierten Klerus stiftete er 1617 ein Gymnasium, das die Keimzelle der späteren Univ. wurde. Er ließ die Residenz ausbauen, errichtete die Emsburg und das Lustschloss Hellbrunn (1613–19) mit seinen Wasserspielen und dem Steintheater.

Markwart, Josef, bis 1923 **J. Marquart,** Orientalist, *Reichenbach (Württ.) 9. 12. 1864, †Berlin 4. 2. 1930; war Prof. für iran. und armen. Philologie in Berlin. Seine umfassenden Kenntnisse der älteren Gesch. Asiens legte er in z. T. umstrittenen Werken nieder.

Werke: Die Chronologie der alttürk. Inschriften (1898); Ērānšahr nach der Geographie des Psalmisten Moses Xoranec'i (1901); Osteurop. u. ostasiat. Streifzüge (1903); Südarmenien u. die Tigrisquellen ... (1930); Wehrot u. Arang (hg. 1938).

Marl, Stadt im Kr. Recklinghausen, NRW, 50 m ü. M., südlich von Lippe und Wesel-Datteln-Kanal, 92 900 Ew.; Bergamt, Adolf-Grimme-Inst.; Skulpturenmuseum Glaskasten, Sinfonieorchester ›Philharmonia Hungarica‹; Steinkohlenbergbau (seit 1898), Großchemie (seit 1938, Hüls AG), Kanalhäfen. – Die kath. Pfarrkirche Herz Jesu (1958/59) ist eine kub. Anlage mit frei stehendem Glockenturm, das Rathaus (1960–67) ein Komplex aus zwei Hochhäusern von J. H. VAN DEN BROEK und J. B. BAKEMA. In M.-Drewer errichtete H. SCHAROUN 1966-68 die Hauptschule. Die Städt. Paracelsusklinik in M.-Hüls ist ein Bau von W. HEBEBRAND (1952–57). – Das 890 erstmals bezeugte M. gehörte bis 1801 zu Kurköln. 1815 fiel es an Preußen. 1936 erhielt M. Stadtrecht.

Marl Marlborough – Marlspieker

John Churchill, 1. Herzog von Marlborough

Marlborough ['mɔ:lbərə], John **Churchill** ['tʃɔ:tʃil], 1. Herzog von M. (seit 1702; seit 1689 Earl of M.), Reichsfürst **von Mindelheim** (seit 1710), brit. Feldherr und Staatsmann, *Ashe (Cty. Devonshire) 26. 5. 1650, †auf Cranbourn Lodge in Windsor 16. 6. 1722; begann 1667 seine militär. Laufbahn und wurde, inzwischen geadelt (1682 Baron Churchill of Aymouth, 1685 Baron Churchill of Sandridge), 1685 zum General ernannt. 1688 wirkte er am Übertritt der Armee zu WILHELM VON ORANIEN entscheidend mit. 1701 wurde M. mit der Führung der brit. Truppen in Flandern beauftragt; gegen Frankreich handelte er im September 1701 die Haager Allianz (→Große Allianz) aus. Mit seiner Gattin SARAH JENNINGS (*1660, †1744), die großen Einfluss auf Königin ANNA ausübte, und seinem Freund S. GODOLPHIN bestimmte M. seit 1702 maßgebend die brit. Politik; als Oberbefehlshaber der britisch-niederländ. Armee im Span. Erbfolgekrieg gegen LUDWIG XIV. siegte er zusammen mit dem Prinzen EUGEN u. a. bei Höchstädt a. d. Donau (engl. ›Battle of Blenheim‹, 1704), Oudenaarde (1708) sowie Malplaquet (1709) und war erfolgreich bei Ramillies (1706). Mit Geschick hielt er die Koalition gegen Frankreich zusammen. Innenpolitisch geriet er und GODOLPHIN jedoch in wachsende Abhängigkeit von den Whigs, die den Krieg befürworteten. 1710 erreichten die für einen Frieden eintretenden Tories die Abberufung GODOLPHINS und 1711 auch M.s Entlassung.

M. P. ASHLEY: M. (Neuausg. New York 1956); A. L. ROWSE: The early Churchills (Neuausg. Harmondsworth 1969); W. S. CHURCHILL: M., 2 Bde. (a. d. Engl., Neuausg. Zürich 1990).

Marlborough Sounds ['mɔ:lbərə saʊndz], stark gegliederte Buchten an der N-Seite der Südinsel Neuseelands, darunter der Queen Charlotte Sound (56 km lang) und der Pelorus Sound (über 40 km lang); Fährverbindung zw. Picton und Wellington.

Bob Marley

Marley ['ma:li], Bob, eigtl. **Robert Nesta M.**, jamaikan. Rockmusiker (Gitarre, Gesang), *Saint Ann (Jamaika) 5. 2. 1945, †Miami (Fla.) 11. 5. 1981; gründete 1964 in Kingston die Gruppe ›The Wailers‹ und wurde in den 70er-Jahren internat. zur Kultfigur des Reggae und der Rastafari-Bewegung; schrieb politisch engagierte Songs (›I shot the sheriff‹, ›Them belly full‹, ›No woman, no cry‹), u. a. gegen Rassendiskriminierung.

Marlik Tepe, südwestlich des Kasp. Meeres gelegener Fundort einer Nekropole (um 1250–1000 v. Chr. oder 1. Jt. v. Chr.), die Bestattungen reicher Krieger enthielt. Zu den Grabbeigaben gehörten Waffen, Gold- und Silberbecher mit reliefierten Darstellungen mythischer Szenen sowie Edelmetall- und Tonstatuetten. Die Tierfiguren (Tongefäße) stehen denen von →Amlasch nahe. Einflüsse der Steppenvölker S-Russlands und aus Loristan sind erkennbar.

Marline, Sg. **Marlin** der, -s, Name zweier Gattungen der →Segelträger.

Marlitt, Eugenie, eigtl. **E. John**, Schriftstellerin, *Arnstadt 5. 12. 1825, †ebd. 22. 6. 1887; war Opernsängerin, u. a. in Leipzig, Linz, Graz, Krakau und Lemberg. Nachdem sie ihre Bühnenlaufbahn wegen eines Gehörleidens aufgeben musste, war sie 1853–63 Gesellschafterin und Vorleserin der Fürstin MATHILDE VON SCHWARZBURG-SONDERSHAUSEN, ab 1863 freie Schriftstellerin in Arnstadt. Mit ihren zahlr. Unterhaltungsromanen (erschienen meist zuerst in der ›Gartenlaube‹) war sie eine der erfolgreichsten Autorinnen ihrer Zeit. Die sentimental-naiven Romane, die auch soziale Probleme aufgreifen und oft mit M.s Thüringer Heimat verbunden sind, lieferten die Handlungsmuster für die dt. Trivialliteratur.

Eugenie Marlitt

Werke: *Romane:* Goldelse (1867); Das Geheimnis der alten Mamsell, 2 Bde. (1868); Das Haideprinzeßchen (1872); Die zweite Frau, 2 Bde. (1874); Im Hause des Commerzienrathes,

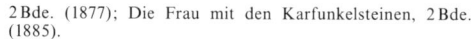

2 Bde. (1877); Die Frau mit den Karfunkelsteinen, 2 Bde. (1885).

Ausgabe: Ges. Romane u. Novellen, 10 Bde. (²1891–94).

H. SCHENK: Die Rache der alten Mamsell. E. M.s Lebensroman (1986); J. SCHÖNBERG: Frauenrolle u. Roman. Studien zu den Romanen der E. M. (1986); H. ARENS: E. M. Eine krit. Würdigung (1994).

Marlow [-lo], Stadt im Landkreis Nordvorpommern, Meckl.-Vorp., 35 m ü. M., am W-Rand der Recknitzniederung, 2 000 Ew.; Vogelpark; Baugewerbe. – M., 1210 als Marktsiedlung bezeugt, entwickelte sich zu einem 1298 als städt. Siedlung bezeichneten Ort, 1652 wiederum als Flecken genannt.

Marlowe ['ma:ləʊ], Christopher, engl. Dramatiker, *Canterbury 6. 2. 1564, †Deptford (heute zu London) 30. 5. 1593; wahrscheinlich während des Studiums in Cambridge (Magister 1587) Agent im Dienste der Krone; stand wegen Totschlags und Geldfälscherei vor Gericht und wurde der Gotteslästerung bezichtigt; wurde bei einem Wirtshausstreit erstochen. – M. gilt als bedeutendster engl. Dramatiker vor SHAKESPEARE, den er mit seinem Historiendrama ›Tamburlaine the great‹ (Uraufführung 1587, Erstausgabe 1590, 2 Tle.; dt. ›Tamburlan der Große‹) beeinflusste. In seinen in Blankversen geschriebenen Tragödien bezeugen titanenhafte Charaktere das Individualitätsstreben des Renaissancemenschen. ›The tragical history of Doctor Faustus‹ (Uraufführung 1592 [?], hg. in zwei Fassungen 1604 und 1616; dt. ›Doktor Faustus‹)

Christopher Marlowe: Holzschnitt aus der ersten Fassung des ›Doctor Faustus‹ von 1604

gestaltet nach der Vorlage der dt. ›Historia von D. Johann Fausten ...‹ (1587; →Faust, Johannes) den Helden zu einem nach unbeschränkter Macht strebenden Intellektuellen um. Auch in ›The jew of Malta‹ (Uraufführung 1590, Erstausgabe 1633; dt. ›Der Jude von Malta‹) und ›King Edward II‹ (Uraufführung um 1592, Erstausgabe 1594; dt. ›Eduard II.‹; Bearbeitung von B. BRECHT: ›Leben Eduards II. von England‹, 1924) geht es um totales Herrschaftsstreben. M. verfasste auch Lyrik und das witzige Kleinepos ›Hero and Leander‹ (1593, Erstausgabe 1598 mit Ergänzungen von G. CHAPMAN), dessen Hintergrund eine von Gewalt und Leidenschaft geprägte Götterwelt ist, und übersetzte Werke von OVID und LUKAN.

Ausgaben: Works and life, hg. v. R. H. CASE, 6 Bde. (1930–33, Nachdr. 1966); Poems, hg. v. M. MACLURE (1968); The complete works, hg. v. F. BOWERS, 2 Bde. (1973); The complete works, hg. v. R. GILL, 4 Bde. (1987–95).

A. L. ROWSE: M. (Neuausg. London 1981); C. LEECH: C. M. (New York 1986); R. SALES: C. M. (Basingstoke 1991); N. BROUGH: New perspectives of Faust. Studies in the origins and philosophy of the Faust theme in the dramas of M. and Goethe (Frankfurt am Main 1994).

Marlspieker [zu marlen], etwa 30 cm langer, dornartiger stählerner Pfriem zum Spleißen von Tauwerk,

Simon Marmion: Linker Hügel des Hochaltars für Saint-Bertin in Saint-Omer mit Szenen aus dem Leben des heiligen Bertin; 1455–59 (Berlin, Gemäldegalerie)

Bohren von Löchern in Segeltuch und Öffnen festgefressener Schäkelbolzen. Ein hölzerner M. heißt **Fitt**.

Marmagao, Stadt in Indien, →Margao.

Marmara Adası [-ada'sə], im Altertum **Prokonnesos,** Insel im Marmarameer, Türkei, 117 km², bis 607 m ü. M.; Reb- und Olivenkulturen; im N ehem. bedeutende Marmorbrüche (bereits im 4. Jh. v. Chr. genutzt).

Marmarameer, im Altertum **Propontis,** Teil des Mittelmeeres, in der Türkei, trennt Europa (Türkisch-Thrakien) von Asien (Westanatolien), umfasst 11 500 km², bis 1 355 m tief; verbunden über die →Dardanellen mit dem Ägäischen Meer, über den →Bosporus mit dem Schwarzen Meer. Das M. entstand durch frühquartären tekton. Einbruch; Gebiet zahlr. Erdbeben. Zu den Inseln im M. gehören Marmara Adası und die Prinzeninseln.

Marmarasee, See im W der Türkei, am N-Rand des Gedizgrabens, 71 m ü. M., 34 km².

Marmarika, arab. **Barka al-Bahrija** [bax-], aus der Antike übernommener Name für die Küstenlandschaft am östl. Mittelmeer, in der libysch-ägypt. Grenzzone (→Cyrenaika).

Marmarosch die, rumän. **Maramureș** [-ʃ], ungar. **Máramaros** [ˈmaːrɔmɔroʃ], Beckenlandschaft im N Rumäniens, zw. Waldkarpaten und Rodnaer Gebirge, 600–800 m ü. M., umfasst rd. 1 350 km²; Holz- und Landwirtschaft, Erzbergbau; wichtigste Stadt ist Sighetu Marmației an der oberen Theiß. Die Landschaft gehört zum Kr. Maramureș (6 304 km²). – Die M. wurde 1386 als Komitat Ungarn angeschlossen, fiel nach der Schlacht von Mohács 1526 an das Haus Habsburg und wurde 1553 von Kaiser FERDINAND I. mit Siebenbürgen vereinigt; seit 1918 Teil Rumäniens.

Marmatit [nach dem Ort Marmato, Italien] der, -s/-e, Mineral, eisenreiche →Zinkblende.

Marmelade [port., eigtl. ›Quittenmus‹, zu marmelo ›Quitte‹] die, -/-n, nach der Konfitüren-VO vom 26. 10. 1982 nur zulässige Bez. für eine streichfähige Zubereitung aus Pulpe, Mark und Saft sowie aus wässrigen Auszügen oder Schalen von Zitrusfrüchten und Zucker unter Verwendung von mindestens 200 g Zitrusfrüchten pro 1 000 g Erzeugnis. (→Konfitüre)

Mar Menor [span. ›kleines Meer‹], größtes Haff der Iber. Halbinsel, an der span. O-Küste, Prov. Murcia, durch die Landzunge von La Manga vom Mittelmeer getrennt, 180 km² groß, bis 7 m tief; im S-Teil sechs kleinere Inseln, im N Anlagen zur Meersalzgewinnung und Langustenzucht (einzige Europas). Das stark salz- und jodhaltige Lagunenwasser hat Heilqualität (Arthrose, Rheuma) und wird seit der Araberzeit (kalifale Gründung Los Alcázares) genutzt. Die Küstenzone hat sich zu einem der größten ganzjährigen Badetourismuszentren des Mittelmeeres entwickelt; Jacht- und Sporthäfen, internat. Flughafen San Javier.

Marmion [marˈmjɔ̃], Simon, frz. Maler, * Amiens (?) um 1425, † Valenciennes 15. oder 24. 12. 1489; galt schon zu Lebzeiten als einer der bedeutendsten Miniaturisten. Er verband fläm. Realismus mit Eleganz und Klarheit der frz. Tradition. Sicher zugeschrieben werden ihm der Hochaltar für Saint-Bertin in Saint-Omer (1455–59; Berlin, Gemäldegalerie, und London, National Gallery) sowie Miniaturen der ›Grandes chroniques de France‹ (1454–59; Sankt Petersburg, Staatsbibliothek). Um diese Werke, herausragend wegen ihrer frühen Interieur- und Landschaftsszenen und farbl. Klarheit, gruppieren sich mehrere Tafelbilder und zahlr. Miniaturen für Gebetbücher und Chroniken (u. a. ›La fleur des histoires de Jean Mansel‹, 1459–63; Brüssel, Bibliothèque Royale de Belgique).

Mármol [ˈmarmɔl], José, argentin. Schriftsteller, * Buenos Aires 2. 12. 1817, † ebd. 9. 8. 1871; musste als Gegner des Diktators J. M. DE ROSAS emigrieren; war nach dessen Sturz (1852) Abg. und ab 1858 Direktor der Nationalbibliothek; schrieb u. a. romant. Dichtung ›Cantos del peregrino‹ (Tle. 1846, 1847 und 1857, vollständig hg. 1889) und den erfolgreichen Roman ›Amalia‹ (1. Tl. 1851, vollständig in 2 Bden. 1855; dt.), in dem er im Rahmen einer romant., tragisch endenden Liebesgeschichte ein z. T. dokumentarisch belegtes Bild des Terrors der Rosaszeit entwirft.

Marmolada die, höchster Gebirgsstock der Dolomiten, Italien, in der Marmoladagruppe, zw. Fassa- und Cordevoletal, 3 342 m ü. M., mit den größten Gletscher (3,5 km²) der Südl. Kalkalpen; Sommerskigebiet.

Marmont [marˈmɔ̃], Auguste **Viesse de** [viˈɛs də], Herzog **von Ragusa** (seit 1808), frz. Marschall (seit 1809), * Châtillon-sur-Seine 20. 7. 1774, † Venedig 2. 3. 1852; wurde 1796 Adjutant NAPOLÉON BONAPARTES und stieg in den Napoleon. Kriegen zum Korpsführer auf. Am 30. 4. 1814 lieferte er mit Marschall MORTIER vor Paris die letzte Schlacht gegen die Verbündeten. Seine Verhandlungsbereitschaft beschleunigte NAPOLEONS Abdankung; LUDWIG XVIII. ernannte ihn zum Pair. Vergebens versuchte M. 1830 die Revolution niederzuschlagen; er begleitete KARL X. ins Ausland.

R. CHRISTOPHE: Le Maréchal M., duc de Raguse (Paris 1968).

Marmontel [marmɔ̃ˈtɛl], **1)** Antoine François, frz. Pianist und Komponist, * Clermont-Ferrand 16. 7. 1816, † Paris 17. 1. 1898; studierte u. a. bei F. HALÉVY

Marm Marmor – Marne

und J.-F. LE SUEUR und war 1848–87 Prof. für Klavier am Pariser Konservatorium (Schüler waren u. a. J. WIENIAWSKI, G. BIZET und C. DEBUSSY).

2) **Jean François**, frz. Schriftsteller, * Bort-les-Orgues 11. 7. 1723, † bei Saint-Aubin-sur-Gaillon (Dép. Eure) 31. 12. 1799; verfasste literaturkrit. Artikel für die ›Encyclopédie‹ (gesammelt in ›Éléments de littérature‹, 6 Bde., 1787; dt. ›Dichtkunst‹, 3 Tle.), wurde 1771 königl. Historiograph. Neben Tragödien und Operntexten schrieb er Erzählungen (›Contes moraux‹, 2 Bde., 1761; dt. ›Moral. Erzählungen‹) sowie die philosoph. Romane ›Bélisaire‹ (1767; dt. ›Belisar‹) und ›Les Incas, ou La destruction de l'empire du Pérou‹ (1777; dt. ›Die Inkas‹), die von aufklär. Ideen getragen sind. Seine Erinnerungen ›Mémoires d'un père pour servir à l'instruction de ses enfants‹ (hg. 1800–06, 2 Bde.; dt. ›Leben und Denkwürdigkeiten‹) sind ein bedeutendes kulturgeschichtl. Dokument.

Ausgabe: Œuvres complètes, 19 Bde. (1818–20).

Marmor [lat., von griech. mármaros, eigtl. ›Felsblock‹, ›gebrochener Stein‹] *der, -s/-e,* kristallines, mehr oder weniger grobkörniges, überwiegend (über 50 %) aus Calcit, seltener auch Dolomit bestehendes Gestein, das bei der Metamorphose (Regional- oder Kontaktmetamorphose) durch Sammelkristallisation aus feinkörnigem sedimentärem Kalkstein oder Dolomit entstanden ist. Das Gefüge ist massig, richtungslos-körnig. Reiner M. ist weiß, Färbung kann durch Metalloxide (braun, gelb, rötlich), Graphit, Kohle und Bitumen (grau, schwarz) oder Chlorit (grünlich) eintreten, z. T. flecken- oder aderförmig (**Marmorierung**). M. wird v. a. zur Herstellung von Baumaterialien (Fassadenverkleidung) und Bildhauerarbeiten verwendet. Bereits in der Antike wurde in Carrara M. gewonnen. Italien ist heute noch der wichtigste Produzent (1993: rd. 7,0 Mio. t, davon 1,8 Mio. t aus dem Raum Carrara) und Exporteur (1992 im Wert von 2340 Mrd. Lire). Hochwertiger M. wird auch in Brasilien, Spanien, Portugal, Griechenland, der Türkei, Indien, Russland und in Süd-Korea gewonnen. Dtl. verfügt über kleinere Vorkommen bes. in Hessen, Bayern, Württemberg und Westfalen.

Im antiken Griechenland wurde der M. nach seinem Vorkommen auf den Inseln (der beste weiße M.) und auf dem Festland als **parischer** (Insel Paros), **naxischer** (Insel Naxos) oder als **pentelischer** (Pentelikon, Attika) M. bezeichnet. Der att. M. enthält Eisen und wird an der Luft gelblich. Lokal wurde auch M. anderer Herkunft verwendet, z. B. in Arkadien der bläulich graue M. (Tempel von Bassai). Andere wichtige M.-Brüche lagen in Kleinasien (Aphrodisias, Kyzikos) und Syrien (Sidon, Tyros). →Kunstmarmor

Marmorbilder, röm. Bildertafeln der frühen Kaiserzeit, in enkaust. Technik auf Marmorplatten gemalt. Die in Pompeji und Herculaneum gefundenen Tafeln waren einst in die Wände eingelassen; sie gelten als Kopien griech. Gemälde des 5.–3. Jh. v. Chr. (›Knöchelspielerinnen‹, ›Kentaurenkämpfe‹; Neapel, Museo Archeologico Nazionale).

Marmorchronik, Parische Chronik [nach dem Herkunftsort, der Insel Paros], lat. **Marmor Parium,** Marmortafel mit dem Fragment einer hellenist. Chronik, zu dem 1897 auf Paros ein zweites gefunden wurde; enthielt urspr. die griech. Geschichte bis 264/263 v. Chr.; erhalten sind die Angaben bis 355/354 und von 336/335 bis 299/298. Die Fragmente befinden sich heute im Ashmolean Museum in Oxford und im Museum auf Paros.

Ausgabe: Marmor Parium, Text u. Komm., in: Fragmente der griech. Historiker, hg. v. F. JACOBY, Tl. 2 B, 2 Tle. (1927, Nachdr. 1962).

marmorieren, *Buchbinderei:* Buchschnitte (**Marmorschnitt**) sowie Vorsatz- und Überzugpapiere mit marmorähnl. oder Fantasiemustern versehen.

Marmorkatzen, Pardofelis, Gattung der Kleinkatzen mit zwei Arten. Die **Marmorkatze** (Pardofelis marmorata; Körperlänge 45–60 cm) mit Verbreitung in den Wäldern N-Indiens, Hinterindiens sowie der Großen Sundainseln hat eine ähnl. Fellzeichnung wie der Nebelparder. Das Fell der auf Borneo lebenden **Rotkatze** (**Borneokatze;** Pardofelis badia) ist hingegen leuchtend rotbraun.

Marmorknochenkrankheit, Albers-Schönberg-Krankheit [nach H. E. ALBERS-SCHÖNBERG], **Osteopetrose,** erblich bedingte Knochenbildungsstörung, die sich durch ausgedehnte marmorartige Verdichtungen des Skeletts auszeichnet; dabei ist auch ein Befall von Wirbelsäule und Gesichtsknochen möglich. Die befallenen Knochen sind unelastisch und spröde. Sie neigen zu Spontanbrüchen. Die M. tritt oft kombiniert mit Leber- und Milzveränderungen sowie Seh- und Hörstörungen auf. Neben der Form im Säuglingsalter mit häufig tödl. Ausgang existiert eine harmlosere Form ohne schwerere Begleiterscheinungen.

Marmormolch, Triturus marmoratus, bis 14 cm langer, grünschwarz marmorierter Molch in stehenden Gewässern SW-Europas. Die Männchen bilden während der Paarungszeit einen schwarzgrün geränderten Hautkamm, die Weibchen in der Rückenmitte eine orangerote Längslinie. Der M. kann mit dem Kammmolch Bastarde bilden.

Marmosetten: Weißbüschelaffe (Körperlänge 18–22 cm)

Marmosetten [frz.], zusammenfassende Bez. für zwei Gattungen der Krallenaffen: 1) **Cebuella** mit der einzigen Art **Zwergseidenaffe** (Cebuella pygmaea; Körperlänge 12–16 cm) in den Regenwäldern Perus; er ist ein ausgesprochener Nahrungsspezialist, der sich v. a. von Pflanzensäften ernährt; 2) **Callithrix** mit insgesamt sieben Arten, u. a. die in Zentralbrasilien beheimateten Arten **Silberaffe** (Callithrix argentata; Körperlänge 18–28 cm) und **Weißschulterseidenaffe** (Callithrix humeralifer; Körperlänge 20–30 cm); im südostbrasilian. Küstengebiet leben der **Weißbüschelaffe** (Callithrix jacchus; Körperlänge 18–22 cm) und **Schwarzpinselaffe** (Callithrix penicillata; Körperlänge 19–22 cm) und drei weitere Arten. Sie sind in Verhalten und Ernährungsweise den Zwergseidenaffen sehr ähnlich. Die M. leben gesellig in Gruppen, in denen sich nur das jeweils ranghöchste Weibchen fortpflanzt. Etwa 140–190 Tage nach der Paarung werden die 20–35 g schweren Jungen geboren (i. d. R. Zwillinge); sie sind mit etwa 50 Tagen entwöhnt.

Marmota [frz.], die →Murmeltiere.

Marne, 1) Stadt im Kr. Dithmarschen, Schlesw.-Holst., 2 m ü. M., in der Marschlandschaft, 6000 Ew.;

Marmor: 1 Arabescato (Carraramarmor, Trias), bei Carrara; **2** Rouge belge (devonischer Kalkstein), bei Philippeville, Belgien; **3** Jura-Gelb (Jura-Kalkstein), Franken; **4** Hartenstein, Niederösterreich, Dünnschliffaufnahme in polarisiertem Licht; **5** Hartenstein mit gekreuzten Nicols (6fache Vergrößerung); Calcitkörner mit Zwillingslamellierung

Heimatmuseum; Fischkonserven- und Spirituosenherstellung. – Das seit 1281 als Siedlung bezeugte M. wurde 1891 Stadt.

2) [marn], Dép. in N-Frankreich, in der Champagne, um die mittlere M., 8162 km², 566000 Ew.; Verw.-Sitz ist Châlons-sur-Marne.

3) [marn] *die,* Fluss in Frankreich, 525 km lang, entspringt auf dem Plateau von Langres, fließt zunächst nach N, wendet sich in der Champagne in weitem Bogen nach W, mündet südöstlich von Paris in die Seine; von Saint-Dizier ab teilweise schiffbar, der Unterlauf ist ab Épernay kanalisiert (180 km; 2,20 m Tiefgang). Vor Épernay schließt sich der **M.-Seitenkanal** (Canal latéral à la M., 67 km) an, der sich in Vitry-le-François in den →Rhein-Marne-Kanal (nach Straßburg) und den **M.-Saône-Kanal** (224 km, zweigt oberhalb von Auxonne von der Saône ab) gabelt. Das Kanalsystem der M. verbindet Maas, Rhein und Saône.

Marnegrotten, in Kreidefelsen eingetiefte künstl. Höhlen (Hypogäen) des Marnegebietes, die den Trägern der jungsteinzeitl. Seine-Oise-Marne-Kultur als Grabstätten dienten. Viele dieser Grüfte, bes. im Gebiet um Épernay, sind mit stilisierten weibl. Figuren verziert, die als Todesgöttinnen gedeutet werden.

Marnekultur, Marnien [mar'njẽ], nach Fundgruppen im Flussgebiet der Marne benannte, v. a. in der Champagne verbreitete Regionalgruppe der frühen und mittleren La-Tène-Kultur (5.–3. Jh. v. Chr.). Charakteristisch für die aus dem →Jogassien hervorgegangene M. sind Wagengräber und scharf profilierte, mit Ritzmustern und Bemalung verzierte Keramik.

Marne-la-Vallée [marnlava'le], eine der ›Neuen Städte‹ (→Villes nouvelles) in der Region Île-de-France, östlich von Paris, erstreckt sich über die Dép. Val-de-Marne, Seine-Saint-Denis und Seine-et-Marne, Frankreich, umfasst 26 Gem. mit 210 800 Ew.; darunter Noisy-le-Grand (54000 Ew.). – Die Wohnsiedlung ›La Noiseraie‹ errichtete 1975–80 H.-É. CIRIANI. Der mächtige Komplex ›Le Palacio d'Abraxas‹ mit ›Théâtre‹ und ›L'Arc‹ (1978–83) ist ein Werk im Stil der Postmoderne von R. BOFILL, ebenso ›Les Arènes de Picasso‹ (gen. Camembert, 1982–84) von M. NUÑEZ. In M.-l.-V. wurde 1992 →Euro Disney S. C. A., der größte Vergnügungspark Europas, eröffnet, an dessen Gestaltung führende Architekten (F. O. GEHRY, M. GRAVES, R. STERN) beteiligt waren. – M.-l.-V. wurde 1972 gegründet.

Marner, Der M., fahrender mhd. Spruch- und Liederdichter, stammte vermutlich aus Schwaben, besaß gelehrte Bildung, nachweisbar zw. 1230/31 und 1266/67; wurde als blinder alter Mann ermordet. Der M. verfasste neben vielen Sprüchen mit breit gefächerter Thematik auch Minnelieder und lat. Gedichte. Bes. aufschlussreich sind seine beiden ›Programmstrophen‹, die das Repertoire eines wandernden Sängers der Zeit nennen (Lied, lehrhafte Dichtung, Heldendichtung). Die Meistersinger zählten ihn zu den vier ›gekrönten Meistern‹.

Ausgabe: Werke, hg. v. P. STRAUCH (1876, Nachdr. 1965).

Marneschlacht, Bez. für die Kampfhandlungen zu Beginn des Ersten Weltkriegs zw. dt. und alliierten Truppen in N-Frankreich vom 5. bis 9. 9. 1914. Anfang September hatte der rechte Flügel des dt. Westheeres (1.–5. Armee) etwa den Raum zw. Paris und Verdun erreicht, die 1.–3. Armee überschritten die Marne Richtung Süden. Da die dt. Führung auf die im Schlieffenplan urspr. vorgesehene Westumfassung von Paris aus Kräftemangel kurzfristig verzichten musste, bot sich die Möglichkeit, aus dem Festungsbereich Paris heraus in die nur schwach gedeckte rechte Flanke der dt. 1. Armee vorzustoßen.

Der von J. GALLIENI veranlasste, die M. einleitende frz. Angriff östlich von Paris zwang die dt. 1. Armee zum Abzug Richtung Norden an den Ourcq. So entstand zw. ihr und der 2. Armee eine Lücke, in die ab dem 8. 9. im Zuge der am 6. 9. eingeleiteten allgemeinen Gegenoffensive brit. und frz. Kräfte eindrangen und die dt. Truppen zum Rückzug hinter die Marne zwangen (›Wunder an der Marne‹). Die Absetzbewegung, der sich zwangsläufig alle Nachbararmeen anschlossen, kam erst am 13./14. 9. hinter der Aisne und der Vesle zum Stehen.

Mit dem Ausgang der M. war die Absicht der Obersten Heeresleitung gescheitert, die alliierten Truppen entscheidend zu besiegen, um so einem langen Zweifrontenkrieg zu entgehen.

Marnix, Philips van, Heer **van Sint Aldegonde,** niederländ. Staatsmann und Schriftsteller, *Brüssel Juli 1540, †Leiden 15. 12. 1598; Kalvinist; trat v. a. mit der gegen die kath. Kirche gerichteten Satire ›De byencorf der H. Roomsche Kercke‹ (1569) hervor, die – seit 1605 überarbeitet u. d. T. ›Le tableau des différends de la religion‹ – bis ins 18. Jh. Verbreitung fand. Daneben entstanden auch Übersetzungen von Teilen der Bibel, v. a. der Psalmen. Die niederländ. Nationalhymne ›Wilhelmus van Nassouwe‹ stammt vermutlich nicht von ihm.

Ausgaben: Œuvres, hg. v. A. LACROIX u. a., 6 Bde. (1857–60, Nachdr. 1971); Den byencorf der H. Roomsche Kercke, hg. v. W. A. ORNÉE u. a. (1975).

Marocain [marɔ'kẽ; frz., eigtl. ›marokkan. (Stoff)‹] *der* oder *das, -s/-s,* fein geripptes (Kunst-)Seidengewebe in Taftbindung.

Marochetti [marɔ'ketti], Carlo Baron, ital.-frz. Bildhauer, *Turin 14. 1. 1805, †Paris 29. 12. 1867 (oder London 3. 1. 1868); flüchtete 1848 im Gefolge von König LOUIS PHILIPPE nach London. Er schuf Denkmäler, Altarstatuen und Bildnisbüsten.

Werke: Reiterstandbild des Herzogs Emanuel Philibert von Savoyen (Turin, 1833); Magdalena von Engeln getragen (Paris, Sainte-Madeleine, 1841); Reiterstatuen der Königin Victoria und des Herzogs A. W. von Wellington (Glasgow).

marode [in der Soldatensprache des Dreißigjährigen Krieges ›marschunfähig und während des Nachziehens plündernd‹, zu frz. maraud ›Lump‹, ›Vagabund‹], *veraltend* für: erschöpft, ermattet; moralisch verdorben. – **Marodeur** [-'dør] *der, -s/-e,* plündernder Nachzügler einer Truppe. – **marodieren,** als Nachzügler einer Truppe plündern.

marokkanische Literatur, →maghrebinische Literatur.

Marne-la-Vallée: Gebäudekomplex ›Festival Disney‹ von Frank O. Gehry auf dem Gelände des Vergnügungsparks Disneyland Paris in Marne-la-Vallée; 1992

Jean François Marmontel

Maro Marokko

Marokko
Fläche 458 730 km²
Einwohner (1994) 26,5 Mio.
Hauptstadt Rabat
Amtssprache Arabisch
Nationalfeiertage 3.3., 14.8.
Währung 1 Dirham (DH) = 100 Centimes (C)
Uhrzeit 12⁰⁰ Rabat = 13⁰⁰ MEZ

Marokko

Staatswappen

Staatsflagge

MA
internationales Kfz-Kennzeichen

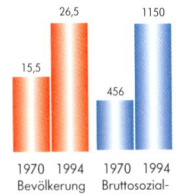

1970 1994 Bevölkerung (in Mio.)
1970 1994 Bruttosozialprodukt je Ew. (in US-$)

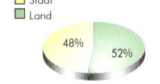

□ Stadt
□ Land

Bevölkerungsverteilung 1994

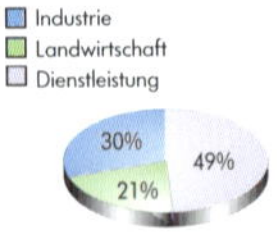

□ Industrie
□ Landwirtschaft
□ Dienstleistung

Bruttoinlandsprodukt 1994

Marokko, frz. **Le Maroc** [ləmaˈrɔk], amtlich arab. **Al-Mamlaka al-Maghribijja** [ˈWestreich], dt. **Königreich M.,** Staat in NW-Afrika, grenzt im W an den Atlant. Ozean, im N an das Mittelmeer, im O und SO an Algerien, im S mit Westsahara an Mauretanien, 458 730 km² (ohne die besetzte →Westsahara mit 252 120 km²). Die Städte Ceuta und Melilla sowie einige kleinere Inseln an der N-Küste sind span. Hoheitsgebiet. M. hat (1994) 26,5 Mio. Ew.; Hauptstadt ist Rabat. Amtssprache ist Arabisch; als Verkehrssprachen dienen Französisch, im N auch Spanisch. Währungseinheit: 1 Dirham (DH) = 100 Centimes (C). Zeitzone: Westeurop. Zeit (12⁰⁰ Rabat = 13⁰⁰ MEZ).

STAAT · RECHT

Verfassung: Nach der Verf. vom 10. 3. 1972 (mit Änderungen vom 4. 9. 1992 und 15. 9. 1996) ist M. eine konstitutionelle Monarchie. M. ist ein islam. Staat, dessen Oberhaupt, der König, mit weit reichenden exekutiven Befugnissen ausgestattet ist. Er ernennt den Min.-Präs., der ihm und dem Parlament verantwortlich ist, sowie auf dessen Vorschlag die übrigen Mitgl. des Kabinetts, ist Oberbefehlshaber der Streitkräfte, bestimmt die Richtlinien der Außenpolitik, kann das Parlament auflösen und per Dekret den Ausnahmezustand verhängen. Thronfolger ist, soweit der Monarch keinen anderen seiner Söhne benennt, der älteste Sohn. Die Legislative liegt bei der Repräsentantenkammer, deren 333 Abg. für sechs Jahre gewählt werden (je zwei Drittel direkt und ein Drittel durch ein Wahlgremium, dem Vertreter der Kommunen sowie Repräsentanten von Arbeitnehmerorganisationen und Arbeitgeberverbänden angehören). Im Zuge der Verfassungsänderungen wurden ein Verf.-Rat (neun Mitgl., davon fünf vom König ernannt) sowie ein Wirtschafts- und Sozialrat gebildet.

Parteien: Der König stützt sich v. a. auf fünf Parteien: die Union Constitutionnelle (UC, dt. Verfassungsbund; gegr. 1983), den Rassemblement National des Indépendants (RNI, dt. Nat. Sammlung der Unabhängigen; 1978), den Parti National Démocrate (PND, dt. Nat. Partei der Demokraten, 1981), den Mouvement Populaire (MP, dt. Volksbewegung, 1959) und den Mouvement National Populaire (MNP, dt. Nat. Volksbewegung). Einflussreichste Oppositionsparteien sind die Union Socialiste des Forces Populaires (USFP, dt. Sozialist. Bund der Volkskräfte; 1972 hervorgegangen aus der Union Nationale des Forces Populaires, UNFP, dt. Nat. Union der Volkskräfte, 1959) und die Istiklal (1944).

Gewerkschaften: Zu den größten Gewerkschaftsorganisationen gehören die Confédération Démocratique du Travail (CDT; rd. 300 000 Mitgl.), die Union Marocaine du Travail (UMT; rd. 700 000 Mitgl.) und die Union Général des Travailleurs Marocains (UGTM; rd. 500 000 Mitgl.).

Wappen: Das Wappen (von 1957) zeigt im Schild den grünen Stern des Salomonsiegels vor einem unten roten und oben durch die über dem Atlasgebirge aufgehende Sonne ausgefüllten Grund. Über dem von zwei Berberlöwen gehaltenen Schild schwebt die marokkan. Königskrone. Das Spruchband trägt als Devise in arab. Schrift den leicht gekürzten Vers 7 der 47. Sure des Korans ›In tansurun Allah yansurukum‹ (›Wenn ihr Allah beisteht, wird Er euch beistehen‹).

Nationalfeiertag: Nationalfeiertage sind der 3. 3. (Tag der Thronbesteigung König HASANS II. 1961) und der 14. 8., an der an die ›Wiedervereinigung des Vaterlandes‹ (die Annexion des Südteils des Gebietes Westsahara 1979) erinnert.

Verwaltung: M. ist in 16 Wirtschaftsregionen gegliedert, diese sind in 43 Prov. und 22 städt. Präfekturen, darunter vier in der Westsahara, untergliedert. An der Spitze der Prov. steht jeweils ein Gouverneur.

Recht: Die Rechtsprechung folgt frz. Vorbild. Für Muslime (in modifizierter Form auch für Christen) gilt im Familien- und Erbrecht islam. Recht, für Juden das talmud. Recht. An der Spitze des Gerichtswesens steht der Oberste Gerichtshof (›Al-Madjlis al-Aala‹) in Rabat. Auf den unteren Stufen sind Appellationsgerichte sowie Gerichtshöfe erster Instanz und regionale Gerichte neben Arbeitsgerichten eingerichtet; ferner existieren Spezialgerichte für Korruptionsfälle in der öffentl. Verwaltung und Militärtribunale.

Streitkräfte: Die Gesamtstärke der Wehrpflichtarmee (Dienstzeit 18 Monate), die jedoch fast ausschließlich aus länger dienenden Freiwilligen besteht, beträgt 145 000 Mann. Die paramilitär. Kräfte (Gendarmerie Royale und Force Auxiliaire) umfassen 35 000 Mann. Das Heer (125 000 Soldaten) wird von drei regionalen Hauptquartieren geführt und ist in eine mechanisierte Brigade mit fünf Infanterieregimentern, zwei motorisierte Infanteriebrigaden mit 14 Regimentern, eine leichte Infanteriebrigade für Sicherungsaufgaben, zwei Fallschirmjägerbrigaden, neun selbstständige Panzerbataillone, 35 selbstständige Infanteriebataillone, zwei Bataillone königl. Garde und fünf Bataillone Kamelreiter gegliedert. Die Luftwaffe hat 13 000, die Marine 7 000 Mann. Die Ausrüstung besteht im Wesentlichen aus 270 Kampfpanzern (180 M-48 und 90 M-60), 100 Jagdpanzern ›Kürassier‹, 90 Kampfflugzeugen (darunter 28 Mirage F-1, 24 Alpha Jet, 13 F-5), drei Fregatten und rd. 20 Kleinen Kampfschiffen. – Das Königreich M. verwendet etwa 15 % der Staatsausgaben für die Verteidigung.

LANDESNATUR · BEVÖLKERUNG

M. reicht von der Straße von Gibraltar im N bis südlich des Wadi Draa. Morpholog. Rückgrat ist der 700 km lange →Hohe Atlas mit der höchsten Erhebung des Landes (Toubkal, 4 165 m ü. M.); im SW ist ihm der Antiatlas vorgelagert (mit 1 100–2 000 m ü. M. gelegenen Hochplateaus und Kämmen). Nach NO zweigt vom Hohen Atlas der Mittlere Atlas (3 340 m ü. M.) ab; zur Mittelmeerküste ist das Rif (bis 2 456 m ü. M.) mit seinen mediterran-humiden Küstenketten vorgelagert. Dieser halbmondförmige Gebirgsgürtel (Klimascheide) umschließt das nach W offene, etwa 200 km breite zentralmarokkan. Tafelland (›Meseta‹), das von 600–700 m ü. M. in mehreren Stufen zu den Küstenebenen (Rharb u. a.) abfällt. Im S und SO hat M. Anteil an der Sahara; dort leiten weite Hochflächen und niedrige Tafelländer in die alger. und mauretan. Wüsten über. – Die Flüsse, im O Moulouya, im NW und W Loukkos, Sebou, Bou Regreg und Oum er-Rbia, sind die wasserreichsten der Maghrebländer, episod. Abfluss haben Tensift und Sous im W. Die südöstl. Atlasflüsse (Draa, Ziz u. a.) enden meist am Rand der Sahara.

Klima: M. hat überwiegend mediterranes Klima, vom großen Gebirgsbogen unterteilt in atlantisch-mediterranes Gebiet im W (von 600 mm Jahresniederschlag im N-Teil auf 300 mm im S-Teil absinkend; 5–8 aride Sommermonate) und kontinental-mediterranes Gebiet im NO (100–400 mm; 7–9 aride Monate); der O wird durch ein winterkaltes Steppengebiet (100–400 mm, 7–11 aride Monate), die ostmarokkan. Hochplateaus, geprägt; im SO und S herrscht Wüstenklima (unter 100 mm; 9–12 aride Monate). Die Gipfellagen von Atlas und Rif empfangen 1 200–2 000 mm Jahresniederschlag, im Hohen Atlas fällt im Winter regelmäßig Schnee, der 4–5 Monate liegen bleibt. An der Atlantikküste wirkt der Kanarenstrom (häufig Küstennebel) ausgleichend auf den Temperaturgang. Das Jahresmittel beträgt bei Casablanca 17 °C, im (kontinentalen) Figuig 21 °C.

Vegetation: Im beregneten Gebiet herrschen – außerhalb des Kulturlands – mediterrane Strauchvegetation, bei über 600 mm Jahresniederschlag Wälder (mit Steineiche, Kermeseiche, Korkeiche, Zeder, Wacholder, Aleppokiefer), oberhalb der Waldgrenze (bei 3 150 m ü. M.) Dornpolsterpflanzen vor. Im südl. Küstenbereich gibt es Bestände von Argania spinosa (Marokkan. Eisenholzbaum), Berberthuja und Jujube. Jenseits des Gebirgssystems ist der Pflanzenwuchs nur spärlich (lichte Wacholdergehölze; lockere Trockensteppengesellschaften); im O sind weite Flächen mit Alfagras bestanden.

Bevölkerung: Etwa 36 % der Bewohner sind Berber, die ihre Sprache und Sitte sowie ihre traditionelle Stammesgliederung weitgehend bewahrt haben; sie leben bes. im Hohen und Mittleren Atlas und seinem Vorland, im Gebiet des Sous sowie im zentralen und östl. Rif; die randl. Gebirgsbereiche werden von arabisierten Berbern (40 %) bewohnt. Araber (20 %) leben bes. in den Städten, in den Ebenen der Vorlands östlich und südlich des Atlasgebirges sowie im Küstengebiet. Negride Nachkommen von Sklaven oder Soldaten aus der Sudanzone leben im S. In den Städten ist die Bev. stark gemischt; der ehem. hohe Anteil von Juden (1952: 218 000) ging seit 1956 auf nur noch 16 000 zurück. Von den Europäern (bes. Franzosen, Spanier, Italiener; 1955: 540 000) haben seit 1956 die meisten das Land verlassen; 1994 lebten in M. noch 50 000 Europäer. Viele Marokkaner sind als Gastarbeiter im Ausland (1990: 1,5 Mio.; davon 80 000 in Dtl.).

Klimadaten von Rabat (65 m ü. M.)

Monat	Mittleres tägl. Temperaturmaximum in °C	Mittlere Niederschlagsmenge in mm	Mittlere Anzahl der Tage mit Niederschlag	Mittlere tägl. Sonnenscheindauer in Stunden	Relative Luftfeuchtigkeit nachmittags in %
I	17,5	62	8	5,4	72
II	18	62	8	6,6	67
III	20	65	10	7,1	65
IV	21,5	44	7	8,8	60
V	23,5	30	6	9,6	61
VI	25,5	9	2	10,0	60
VII	28	0,2	0,1	10,8	59
VIII	28,5	1	1	10,3	61
IX	27	9	2	8,9	62
X	25	54	7	7,5	65
XI	21	94	9	6,1	67
XII	18,5	93	11	5,5	68
I–XII	23	523	71	8,1	64

Größte Städte (Ew. 1994)

Casablanca*)	2 556 300	Mohammedia*)	449 600
Rabat*)	799 400	Oujda	365 600
Fès*)	774 700	Kénitra	292 600
Marrakesch*)	680 200	Tétouan	277 500
Salé	579 800	Safi	262 300
Tanger*)	497 100	Agadir	155 200
Meknès*)	465 100	Khouribga	152 100

*) aus mehreren Präfekturen bestehende Großgemeinde

Die Bev.-Dichte ist am höchsten in den atlant. Küstengebieten und niederschlagsreichen Hochebenen (1995: in den städt. Präfekturen Casablanca 1 831, Rabat-Salé 1 202, Tanger 535, Fès 219, Meknès 199, in den Prov. Kénitra 209, El-Jadida 163, Tétouan 163, Sidi Kacem 160 Ew. je km²), am geringsten östlich und südlich des Atlasgebirges (Figuig 2, Tan-Tan 3 Ew. je km²). Die Bev.-Zunahme beträgt jährlich (1985–95) 2 %. 48 % der Bev. leben in Städten; die Landflucht ist weiterhin stark. Die Städte bestehen meist aus der ummauerten histor. Stadt (Medina), z. T. mit Judenviertel (Mellah), und oft mit anschließendem Burgbereich (Kasba). Hieran angelehnt oder auch getrennt haben sich in der Kolonialzeit planmäßig die Europäerviertel (›Ville nouvelle‹) entwickelt, um die kunsthistorisch wertvolle Bausubstanz zu erhalten. Infolge des starken Zuzugs der Land-Bev. waren am Rand der großen Städte Elendsviertel (Bidonvilles) entstanden, die seit den 80er-Jahren aufgrund staatl. Initiativen zurückgegangen sind. Die Land-Bev. setzt sich zusammen aus sesshaften Ackerbauern (in den fruchtbaren, regenreicheren Landesteilen) sowie aus Halb- und nur noch wenigen Vollnomaden (im östl. Atlasvorland mit den Hochsteppen und in der Wüste).

Religion: Der sunnit. Islam (überwiegend durch die malikit. Rechtsschule vertreten) ist Staatsreligion. Ihm gehören über 99 % der Bev. an. Seine traditionelle Stellung in der marokkan. Gesellschaft wird durch den König garantiert, der dem Rat der Religionsgelehrten (Ulemas) vorsteht. In den Volksislam sind bes. Elemente der vorislamisch-berber. Tradition eingeflossen; eine wichtige Rolle spielt auch die Verehrung lokaler und regionaler Heiliger (→Marabut). Die Religionsausübung der nichtislam. Bekenntnisse ist gewährleistet. Die etwa 30 000 Christen (Katholiken, Anglikaner, Protestanten, Orthodoxe) sind nahezu ausschließlich Ausländer. Für die rd. 25 000 Katholiken bestehen die exemten Erzbistümer Rabat und Tanger. Die anglikan. Gemeinden in Casablanca und Tanger gehören der Diözese Gibraltar an. Die ref. ev. Kirche ›Église Évangélique au Maroc‹ hat rd. 1 000 Mitgl. Die jüd. Gemeinde ist heute mit rd. 6 000–7 000 Mitgl. die größte in der arab. Welt. Sitz des Großrabbi ist Casablanca, wo bis 1967 rd. 80 000 Juden lebten.

Bildungswesen: 1963 wurde die allgemeine Schulpflicht für alle Sieben- bis Dreizehnjährigen eingeführt; die Einschulungsrate dieser Altersgruppe beträgt etwa 60 %; Unterrichtssprache ist Arabisch. Auf die fünfjährige Primarschule baut die z. T. beruflich orientierte vierjährige Sekundarschule auf, gefolgt von einer dreijährigen Oberstufe mit techn., kommerziellen und – bevorzugt gewählten – allgemein bildenden Zweigen, auch ist der Eintritt in eine lehrerbildende Anstalt möglich. Sekundarschulen gibt es nur in den größeren Städten. M. hat zwölf Univ., die bedeutendste ist die Université Mohammed V in Rabat (gegr. 1957). Daneben bestehen 25 fachlich spezialisierte Hochschulen sowie ein span. Institut (in Tanger). Die Analphabetenquote beträgt rd. 56 %. In Anbetracht der wachsenden Schülerzahlen verbessern sich Quantität und Qualität im Bildungswesen trotz hoher Aufwendungen nur langsam.

Publizistik: Veröffentlichungen bedürfen einer Genehmigung durch das Ministerium für Inneres und Information (Lizenzsystem). In Rabat erscheinen als Organe der Istiklal-Partei ›Al-Alam‹ (Die Fahne, Auflage 100 000) in Arabisch, ›L'Opinion‹ (Auflage 60 000) in Frz., in Casablanca ›Le Matin du Sahara et du Maghreb‹ (Auflage 100 000) in Frz., mit dem Abendblatt ›Maroc Soir‹ (Auflage 50 000); in beiden Städten ferner kleinere parteigebundene Blätter. – Die

Maro Marokko

Marokko: Der Ort Boumalne im Tal des Dadés, am Südfuß des Hohen Atlas

staatl. *Nachrichtenagentur* ›Wikalat al-Maghreb al-Arabi – Maghreb Arabe Presse‹ (WMA – MAP), Sitz Rabat (gegr. 1959), verbreitet Dienste in arab., frz., engl. und span. Sprache. – *Rundfunk:* Die staatl. Rundfunkgesellschaft ›Radiodiffusion Télévision Marocaine‹ (RTM, gegr. 1928 als ›Radio Maroc‹) verbreitet drei landesweite Hörfunkprogramme: Network A (arab.), B (frz., engl., span.), C (Berbersprachen und arab.) sowie einen Auslandsdienst in Arab., Frz., Englisch. Das staatl. marokkanisch-frz. Gemeinschaftsunternehmen ›Radio Méditerranée Internationale/Médi 1‹, Sitz Tanger (gegr. 1980), sendet seit 1982 arab. und frz. Hörfunkprogramme mit Werbung für M. und Nachbarländer. Die privaten Rundfunkgesellschaften in der span. Enklave ›Radio Ceuta‹, ›Radio Melilla‹ und ›Antena 3‹ gehören der span. Rundfunkgesellschaft ›Sociedad Española de Radiodifusión‹ (SER) und ›Antena 3 de Radio S. A.‹ und übernehmen deren Programme. RTM verbreitet seit 1962 ein arabisch-frz. Fernsehprogramm. Seit 1989 strahlt der private Fernsehsender ›2 M International‹ frz. und arab. Programme aus.

WIRTSCHAFT · VERKEHR

Die Grundlagen der marokkan. Wirtschaft sind Landwirtschaft und Tourismus; großen Anteil haben auch Überweisungen im Ausland tätiger Marokkaner. Gemessen am Bruttosozialprodukt (BSP) je Ew. von (1994) 1 150 US-$ ist M. nach Mauretanien das ärmste der Maghrebländer. Seit 1983 werden die staatlich beherrschten Wirtschaftszweige z. T. reprivatisiert. Eine stärkere Entwicklung des ländl. Raumes wird angestrebt, um die Landflucht einzudämmen.
Landwirtschaft: Im Agrarsektor arbeiten (1991) rd. 40% der Erwerbsbevölkerung; sie erwirtschaften 21% des Bruttoinlandsprodukts (BIP) und 28% der Exporterlöse. Nur rd. 20% der Fläche M.s (ohne Westsahara) sind Ackerland und Dauerkulturen (8,5 Mio. ha); 20,9 Mio. ha werden als Weideland ausgewiesen. Auf 830 000 ha wird moderne Bewässerungswirtschaft betrieben; das Ziel ist, bis zum Jahr 2000 rd. 1 Mio. ha Bewässerungsfläche zu erschließen. Für den Binnenmarkt werden v. a. Weizen und Gerste (Erntemengen 1994: 5,5 bzw. 3,7 Mio. t) sowie Oliven (500 000 t) angebaut und Obstbau betrieben (541 000 t). Exportprodukte sind Zitrusfrüchte (Ernteertrag 1,3 Mio. t; Export 0,6 Mio. t) sowie Frühgemüse, v. a. Tomaten (648 000 t). Obwohl die landwirtschaftl. Produktion in den letzten Jahren kontinuierlich gesteigert wurde, ist M. bes. bei Getreide, Zucker, Fleisch und Milchprodukten nach wie vor auf Importe angewiesen (bis 1962 war M. Getreideexporteur).
Forstwirtschaft: Mit Wald sind (1994) 3,7 Mio. ha bestanden; weitere 5,3 Mio. ha mit Steppenvegetation werden zur Forstwirtschaft dazugerechnet (v. a. Flächen mit Alfagras). Alfagras hat für die Papierfabrikation Bedeutung. Für Kork ist M. der drittwichtigste Lieferant am Weltmarkt.
Fischerei: Die Fischerei konzentriert sich sehr stark auf die Atlantikküste, wo kühle Auftriebswasser des Kanarenstroms mit seinem Planktonreichtum günstige Voraussetzungen bieten. Anfang 1981 dehnte M. seine Hoheitsgewässer auf 200 Seemeilen vor der Küste aus (bis in den Bereich der Kanar. Inseln). Über die Hälfte der Fangmenge von (1994) 749 000 t sind Sardinen (448 000 t). M. ist weltweit zweitgrößter Exporteur von Sardinenkonserven.
Bodenschätze: Der Phosphatabbau hat nach wie vor eine große, wenn auch abnehmende Bedeutung. Mit einer Fördermenge von (1994) 18,4 Mio. t liegt M. hinter den USA und Russland weltweit an 3. Stelle. Über zwei Drittel der bekannten Weltreserven liegen in M. Die Hälfte des Rohphosphats wird im Land selbst weiterverarbeitet. Die wichtigsten Abbauorte sind Khouribga und Youssoufia. Manganerz wird bei Imini gefördert, Kobalterz bei Ouarzazate, silberhaltiges Blei-Zink-Erz v. a. am N-Abhang des östl. Hohen Atlas, Eisenerz bei Nador, Flussspat in El-Hammam bei Meknès, Steinkohle in Jerada, Erdöl in der Küstenebene Rharb, Erdgas und Erdöl bei Essaouira. Die Erschließung der Erdölschiefervorkommen im Mittleren Atlas und an der südl. Atlantikküste ist geplant.
Energiewirtschaft: Grundlage der Energiegewinnung sind zu 80% Erdöl und Erdgas, das überwiegend importiert werden muss, da M. keine nennenswerten Vorkommen besitzt; 17% werden aus einheim. Steinkohle gewonnen, nur 3% aus Wasserkraft mittels mehrerer Wasserkraftwerke an Staudämmen. Die Anwendung der Solarenergie findet sich in Kleinanlagen v. a. in Dörfern des Hohen Atlas und südlich davon.
Industrie: Im produzierenden Gewerbe (einschließlich Bergbau) werden (1994) 30% des BIP erwirtschaftet. Regionaler Schwerpunkt ist das Küstengebiet zw. Casablanca und Rabat. Neben der chem. Industrie sind die Textil-, Leder- und Nahrungsmittelindustrie Branchen mit hohen Zuwachsraten, während das traditionelle Handwerk, z. B. die Teppichherstellung, rückläufig ist. Klein- und Mittelbetriebe sind vorherrschend; Großbetriebe sind die Chemiekomplexe von Safi und Jorf Lasfar (v. a. Phosphatverarbeitung), die Erdölraffinerien von Mohammedia und Sidi Kacem, die Zellstofffabrik von Sidi-Yahya-du-Rharb.
Tourismus: M. ist das beliebteste Reiseland Nordafrikas. Reiseziele sind u. a. antike Ruinenstätten aus phönik., pun. und röm. Zeit, die vier Königsstädte Rabat, Fès, Marrakesch und Meknès mit ihren architekton. Sehenswürdigkeiten und dem oriental. Flair, ausgedehnte Sandstrände, die Dünen der Sahara mit den Oasen im S und schneebedeckte Gebirge. Wintersportorte sind Ifrane im Mittleren und Oukaïmedene im Hohen Atlas. Die Mehrzahl der (1994) 2,3 Mio. ausländ. Besucher kommt aus Frankreich, Dtl. und Spanien.
Außenwirtschaft: Die Handelsbilanz ist seit 1970 durchweg negativ (Einfuhrwert 1994: 7,8 Mrd. US-$, Ausfuhrwert: 4,3 Mrd. US-$). Ausgeführt werden v. a. Phosphorsäure und Rohphosphat, Düngemittel, Fischprodukte (Frischfisch und Konserven), Textilien und Zitrusfrüchte. Wichtigste Handelspartner sind Frankreich (23%), Spanien, die USA und Dtl. Zum Ausgleich der Zahlungsbilanz tragen die Devisenein-

nahmen aus dem Tourismus (1994: 1,3 Mrd. US-$) sowie die Überweisungen marokkan. Arbeitsmigranten (1994: 2,3 Mrd. US-$) bei. Die Auslandsverschuldung belief sich 1992 auf 21,5 Mrd. US-$. Seit den 70er-Jahren belastet auch der Westsahara-Konflikt die marokkan. Wirtschaft. Für den Schuldendienst müssen (1994) 33 % der Exporterlöse aufgewendet werden.

Verkehr: Das Verkehrsnetz ist v. a. im N und NW gut entwickelt. Wichtigster Verkehrsträger für den Gütertransport ist nach dem Lkw-Verkehr die Eisenbahn (Streckenlänge 1991: 1 893 km). Die Eisenbahnlinie von Marrakesch über Casablanca nach Tanger (mit Freihafenzone) hat Anschluss nach Safi (Phosphatexporthafen) und nach Fès-Oujda (Bahnverbindung nach Algier und Tunis, zurzeit nicht in Funktion). Die Hälfte des (1994) 60 450 km langen Straßennetzes ist befestigt. Die Hauptstadt Rabat und Casablanca sind durch eine Autobahn verbunden, die bis Larache fertig gestellt ist und weiter nach Tanger führt (im Bau). Südlich des Hohen Atlas gibt es mehrere befestigte Hauptverbindungsstraßen, aber auch zahlr. Pisten. Der Schiffsverkehr spielt eine wichtige Rolle. Die größten Seehäfen (Casablanca, Tanger, Agadir, Safi, Jorf Lasfar, Mohammedia) liegen am Atlantik. Casablanca ist mit einem Umschlag von (1994) 39,6 Mio. t zweitgrößter Handelshafen Afrikas (ohne Erdölhäfen). Wichtigster Mittelmeerhafen ist Nador unmittelbar südlich der span. Enklave Melilla. Mit Abstand wichtigster der neun internat. Flughäfen ist Casablanca, während Agadir, Marrakesch und Tanger v. a. für den Tourismus von Bedeutung sind. Die nat. Luftverkehrsgesellschaft heißt Royal Air Maroc.

GESCHICHTE

In dem von selbstständigen Berberstämmen bewohnten Land haben phönik., später karthag. Einflüsse nur an wenigen Küstenplätzen Bedeutung gehabt (um 1100–146 v. Chr.). 42 n. Chr. wurde es mit Teilen des späteren Algeriens zur röm. Prov. Mauretania Tingitana (→Mauretania) zusammengefasst. Im 5. Jh. kam es unter wandal., im 6. Jh. unter byzantin. Herrschaft. Um 700 drangen erstmals muslim. Araber in das Land ein, die von hier aus Züge nach SW-Europa unternahmen. IDRIS I., ein Nachkomme MOHAMMEDS, gründete 789 im westl. N-Afrika die Dynastie der →Idrisiden (Hauptstadt Fès), die 974 den span. Omaijaden erlag. Unter den aus religiösen Bewegungen der Berber hervorgegangenen Dynastien der →Almoraviden (1061–1147), die als neue Hauptstadt Marrakesch gründeten, und der →Almohaden (1147–1269) wurde M. Kernland eines selbstständigen nordwestafrikan., auch den S der Iber. Halbinsel umfassenden Reichs auf der Grundlage sunnit. Orthodoxie. Den Almohaden folgten die berber. →Meriniden (1269–1420/65), die wieder Fès als Hauptstadt bevorzugten, den →Wattasiden (1472–1554) die scherif. Dynastien der →Sadier (1554–1603, in Seitenlinien bis 1626 und 1659), die durch die Sahara bis Timbuktu, Gao und Bornu vorstießen, und der Hasaniden (Alawiden, seit 1666). MULAI ISMAIL (1672–1727) schuf nach dem Vorbild der Türkei eine zentralist. Reg. (›Machsen‹; Residenz Meknès). Seitdem unterschied das marokkan. Recht zw. dem ›Bled el-Machsen‹, den unterworfenen, steuerlich erfassten Gebieten, und dem ›Bled es-Siba‹, dem größeren Teil des Landes mit den Berberstämmen, die nur lose Fühlungnahme zur Reg. des Sultans hatten oder diese faktisch nicht anerkannten.

Seit dem Anfang des 15. Jh. versuchten die Portugiesen, in M. einzudringen (1415 Einnahme Ceutas), doch gingen ihre Besitzungen nach 1578 wieder verloren. Den Spaniern gelang es, 1496 zuerst in Melilla Fuß zu fassen. Die frz. Aktivität in M. hatte sich bis zum Ende des 19. Jh. auf den Abschluss eines Handelsvertrages im Jahr 1892 beschränkt; ähnl. Verträge

hatten zuvor Großbritannien (1856), Spanien (1861) und das Dt. Reich (1890) abgeschlossen. Erst als im brit.-frz. Abkommen vom 8. 4. 1904 Frankreich von Großbritannien die Vormachtstellung in M. unter Verletzung der internat. Abmachungen von Madrid (1880) eingeräumt wurde, begann Frankreich in das Land vorzudringen. Im November 1904 grenzten Frankreich und Spanien ihre Interessensphären ab. Der Einspruch des v. a. wirtschaftlich vertretenen Dt. Reiches gegen das Vordringen des frz. Einflusses führte zur 1. Marokkokrise (1905; →Marokkokrisen). Die 2. Marokkokrise (1911), ausgelöst durch die Entsendung des dt. Kanonenboots ›Panther‹ nach Agadir, führte letztlich zur Anerkennung der frz. Schutzherrschaft über M. durch das Dt. Reich. In einem span.-frz. Vertrag (März/November 1912) wurden die Grenzen zw. dem frz. (Hauptstadt Rabat) und dem span. (Hauptstadt Tétouan) Protektoratsgebiet abgesteckt; Tanger wurde internat. Gebiet. Unter Marschall L. H. G. LYAUTEY (Generalresident 1912–16 und 1917–25) und seinen Nachfolgern wurde das Landesinnere erschlossen.

1920 erhoben sich die Berberstämme des Rifgebirges (›Rifkabylen‹) unter ABD EL-KRIM gegen die frz. und span. Kolonialherrschaft (Ausrufung einer ›Rep. der vereinigten Stämme des Rif‹), unterlagen jedoch den von Marschall P. PÉTAIN befehligten frz. und den von General M. PRIMO DE RIVERA geführten span. Streitkräften. Am 26. 5. 1926 kapitulierte ABD EL-KRIM vor den frz. Truppen. Die Kämpfe im Hohen Atlas dauerten bis 1933/34.

Vor dem Hintergrund einer starken Einwanderung europ. Siedler (bis 1939 etwa 100 000) formierte sich unter den jungen Intellektuellen M.s eine moderne Nationalbewegung, die sich 1934 mit dem ›Comité d'Action Marocaine‹ (›Marokkan. Aktionskomitee‹) erstmals organisierte. Frankreich suchte seine Herrschaft zunächst auf die traditionelle Feudalaristokratie des Landes zu stützen, scheiterte damit jedoch letztlich, da sich Sultan MOHAMMED V. (seit 1927) den Zielen der Nationalbewegung zuwandte. 1937 verbannten die frz. Kolonialbehörden MOHAMMED AL-LAL AL-FASSI (*1919, †1974), den führenden Repräsentanten der antikolonialen Bewegung in M., nach Gabun, 1938 wurden in der frz. Zone die aus dem Aktionskomitee hervorgegangenen Parteien verboten.

Die Niederlage Frankreichs (Juni 1940) im Zweiten Weltkrieg schwächte die frz. Position in Nordafrika; Spanien nahm diese Entwicklung zum Anlass, 1940 die internat. Zone von Tanger zu besetzen (bis 1945). Nach der Landung amerikan.-brit. Truppen in M. (November 1942) suchte MOHAMMED V. Anlehnung bei den USA (Treffen mit dem amerikan. Präs. F. D. ROOSEVELT, 1943). Im Zuge dieser Entwicklung erhielt die arab. Nationalbewegung starken Auftrieb. Der aus der Verbannung zurückgekehrte ALLAL AL-FASSI gründete 1944 die ›Istiklal-Partei‹, die zum Motor des marokkan. Widerstandes gegen die frz. Kolonialherrschaft wurde. 1947 forderte Sultan MOHAMMED V. die Unabhängigkeit seines Landes. Frankreich suchte zunächst diese Bemühungen zu unterdrücken und deportierte 1953 den Sultan nach Madagaskar. Unterdessen sammelte sich im Gebirge eine ›Befreiungsarmee‹. Angesichts des im November 1954 in Algerien gegen die frz. Herrschaft ausgebrochenen Aufstandes ließ Frankreich im Oktober 1955 MOHAMMED V. nach M. zurückkehren und entließ Frz.-M. am 2.3. 1956 in die Unabhängigkeit. Nachdem auch Spanien auf sein Herrschaftsgebiet in M. verzichtet hatte (2. 4. 1956), wurde dieses mit dem früheren frz. Teil vereinigt. Im Oktober 1956 wurde auch Tanger wieder in das marokkan. Staatsgebiet eingegliedert; die Küstenstädte Ceuta und Melilla blieben spanisch. Am 14. 8. 1957 wurde das Königreich M. proklamiert. Die span. Enklave Ifni fiel erst am 1. 1. 1969 an M. zurück.

Nach dem Tod MOHAMMEDS V., der 1957 den Königstitel angenommen hatte, bestieg 1961 sein Sohn HASAN II. den Thron. Seit der staatl. Unabhängigkeit wuchsen im Innern die Spannungen zw. den konservativen Kräften am Königshof, in der Gebirgs-Bev. und im wohlhabenden Bürgertum auf der einen Seite sowie der bürgerl. Linken und den Gewerkschaften (›Union Marocaine du Travail‹, Abk. UMT) auf der anderen Seite. Bereits 1958/59 hatte unter Führung von AL-MEHDI BEN BARKA die linksorientierte ›Union Nationale des Forces Populaires‹ (UNFP, dt. ›Nat. Union der Volkskräfte‹) von der Istiklal abgespalten. Die Istiklal selbst ging in den folgenden Jahren immer stärker auf krit. Distanz zu HASAN II. Gestützt auf ihm ergebene Kräfte (›Front pour la Défense des Institutions Constitutionnelles‹, FDIC, dt. ›Front zur Verteidigung der Verfassungseinrichtungen‹) verfolgte dieser (in den 60er-Jahren selbst mehrfach Min.-Präs.) einen autoritären Kurs. 1963 ließ er führende Politiker der UNFP verhaften und verurteilen. Nach Unruhen (März 1965) rief die Reg. im Juni 1965 den Ausnahmezustand aus und übernahm zugleich die gesetzgebende Gewalt; das 1963 gewählte Parlament wurde aufgelöst. Die Verf.-Reform von 1972 stärkte die Macht des Königs. Durch eine Bodenreform und die Verstaatlichung ausländischen Eigentums (1973/74) sollten die sozialen Spannungen abgebaut werden. 1971 scheiterte ein Putschversuch, 1972 ein Attentat auf den König.

In der Außenpolitik verfolgte M. (Mitgl. der Arab. Liga) seit dem Gewinn der Unabhängigkeit im Grundsatz eine Politik der Blockfreiheit. Es unterstützte die Entkolonialisierung Afrikas und beteiligte sich 1963 an der Gründung der ›Organization of African Unity‹ (OAU). Im Nahostkonflikt vertrat M. eine gemäßigte Linie gegenüber Israel. Die engen wirtschaftl. Bindungen an Frankreich konnten Spannungen im Verhältnis beider Staaten nicht verhindern, so im Oktober 1965 bei der Entführung von BEN BARKAS aus seinem Pariser Exil. 1969 wurde M. assoziiertes Mitgl. der EG.

Mitte der 70er-Jahre leitete HASAN II. eine expansionist. Außenpolitik ein. Nachdem unter starker propagandist. Förderung der Reg. Hunderttausende von Marokkanern mit einem ›grünen Marsch‹ (6. 11. 1975) den marokkan. Anspruch auf das von Spanien beherrschte Gebiet Westsahara bekundet hatten, verzichtete Spanien in einem Vertrag zugunsten von M. und Mauretanien (14. 11. 1975) auf dieses Gebiet; den Mauretanien zuerkannten Teil gewann M. 1979 zusätzlich. Mit dieser Politik geriet M. in Konflikt mit der Frente Polisario, die, gestützt v. a. von Algerien, im Gebiet von Westsahara die unabhängige ›République Arabe Saharaouie Démocratique‹ (›Demokratische Arab. Republik Sahara‹, DARS) ausrief. Es kam zu einem lang dauernden militär. Konflikt, der v. a. die marokkan. Beziehungen zu Algerien und Libyen belastete. 1984 trat M. aus der OAU aus, da diese die DARS als eigenständiges Mitgl. anerkannt hatte. Sosehr die Westsaharafrage die Außenpolitik M.s belastete, so stark gewann HASAN II. mit seiner Außenpolitik einen Anhang im Innern, bes. unter jenen Nationalisten, die den einst von ALLAL AL-FASSI verfochtenen Ideen eines Groß-M. (einschließlich Mauretanien, Teilen von Algerien und Mali) anhängen.

Nach Verhandlungen mit der Frente Polisario stimmte HASAN II. 1988 einer von den Vereinten Nationen kontrollierten Volksabstimmung über die staatl. Zukunft der Westsahara zu, zog jedoch die marokkan. Truppen nicht ab und setzte seine Politik der Ansiedlung marokkan. Bauern bei gleichzeitiger Verschleppung des Referendums, das nun am 7. 12. 1998 stattfinden soll, fort. 1987 trat M. dem →GATT bei und beteiligte sich 1988 an der Gründung der →Maghreb-Union. – Im Gefolge von Menschenrechtsdiskussionen wurde 1990 ein Konsultativrat für Menschenrechte eingesetzt. Die 1994 gewährte größere Presse- und Demonstrationsfreiheit konnte die angespannte soziale Lage vorerst nicht entschärfen.

J. CARCOPINO: Le Maroc antique (Paris [13]1948); H. TERRASSE: L'histoire du Maroc des origines à l'établissement du protectorat français, 2 Bde. (Casablanca 1949–50, Nachdr. New York 1975); Histoire du Maroc, bearb. v. J. BRIGNON u. a. (Casablanca 1967); D. S. WOOLMAN: Rebels in the Rif. Abd el Krim and the Rif Rebellion (Stanford, Calif., 1968); A. LAROUI: Les origines sociales et culturelles du nationalisme marocain, 1830–1912 (Paris 1977); A. PACCARD: Le Maroc et l'artisanat traditionnel islamique dans l'architecture, 2 Bde. (Paris [4]1983); H. POPP: Moderne Bewässerungslandwirtschaft in M., 2 Bde. (1983); A. M. FINDLAY u. a.: Morocco (Oxford 1984); A. ESCHER: Studien zum traditionellen Handwerk der oriental. Stadt (1986); M. FOUGEROUSE: Le Maroc. Vocations et réalités (Paris 1987); The political economy of Morocco, hg. v. I. W. ZARTMAN (New York 1987); J.-L. MIÈGE: Le Maroc et l'Europe. 1830–1894, 4 Bde. (Neuausg. Rabat 1989); DERS.: Le Maroc (Paris [8]1994); K. MÜLLER-HOHENSTEIN u. H. POPP: M. Ein islam. Entwicklungsland mit kolonialer Vergangenheit (1990); R. WIDMER-MÜNCH: Der Tourismus in Fès u. Marrakech. Strukturen u. Prozesse in bipolaren Urbanräumen des islam. Orients (Basel 1990); Reisen in den Mittelmeerraum. Eine Vortragsreihe im Wintersemester 1990/91, hg. v. H. H. WETZEL (1991); H. MUNSON: Religion and power in Morocco (New Haven, Conn., 1993); M. AÏT HAMZA: Auswirkungen der Arbeitsmigration auf die Oasen in Süd-M., in: Geograph. Rundschau, Jg. 49 (1997).

Marokkokrisen, Bez. zweier internat. Krisen um Marokko, jeweils ausgelöst durch das Bestreben des Dt. Reichs und Frankreichs, den eigenen Einfluss in Marokko zu verstärken.

Der Versuch der dt. Reg., mit dem Besuch von Kaiser WILHELM II. beim Sultan von Tanger 1905 die seit 1904 verstärkt einsetzende frz. Expansion in Marokko zu verhindern und ein dt. Mitspracherecht in den dieses Land betreffenden Fragen zu sichern, führte zur 1. M. Mit der →Algeciras-Konferenz 1906 wurde die Krise beigelegt.

Als Frankreich nach dt. Auffassung gegen den 1909 geschlossenen, die dt. Handelsinteressen regelnden

Marokkovertrag wirtschaftl. Sanktionen gegen das Land verhängte und zudem Rabat und Fès besetzte, löste die symbol. Zurschaustellung militär. Macht seitens der dt. Reg. durch die Entsendung des Kanonenboots ›Panther‹ nach Agadir (›Panthersprung nach Agadir‹) 1911 die 2. M. aus. Das Dt. Reich konnte im folgenden Marokko-Kongo-Vertrag (4. 11. 1911) unter Anerkennung der frz. Schutzherrschaft über Marokko zwar Kompensationen für die frz. Besetzung dieses Landes erlangen (Vergrößerung Kameruns), geriet auf diplomat. Ebene jedoch zusehends in Isolation.

A. MORITZ: Das Problem des Präventivkrieges in der dt. Politik während der ersten M. (Bern 1974); H. RAULFF: Zw. Machtpolitik u. Imperialismus. Die dt. Frankreichpolitik 1904–06 (1976); E. ONCKEN: Panthersprung nach Agadir (1981); G. BARRACLOUGH: From Agadir to Armageddon (London 1982).

Maromokotro der, höchste Erhebung von Madagaskar, im Tsaratananagebirge, 2876 m ü. M.

Maron [maˈrɔ̃, frz.] der, **Buschneger**, Bez. für Nachkommen entflohener Sklaven im Innern Guayanas, v. a. in Surinam (dort etwa 35 500 Menschen). Sie leben in den Wäldern von Subsistenzwirtschaft und sprechen afrikanisierte Formen von Englisch, Niederländisch oder Französisch; ihre Gesellschaft zeigt Anklänge an die alte afrikan. Ordnung.

P. NEUMANN: Wirtschaft u. materielle Kultur der Buschneger Surinams (Berlin-Ost 1967).

Maron, Monika, Schriftstellerin, * Berlin 3. 6. 1941; lebte von 1976 bis zu ihrer Übersiedlung in die BRD 1988 als freie Schriftstellerin in Berlin (Ost), dann in Hamburg, seit 1992 wieder in Berlin. Mit ›Flugasche‹ (1981) schrieb sie den ersten Roman über die Umweltverschmutzung in der DDR. Dieser wie auch die folgenden Werke (u. a. der Roman ›Die Überläuferin‹, 1986) durften in der DDR nicht erscheinen. M. schöpft ihre Themen aus den Problemen und Befindlichkeiten, die mit der dt. Teilung und der Abgeschlossenheit der DDR zusammenhängen. 1992 erhielt sie den Kleist-Preis.

Weitere Werke: *Erzählungen:* Das Mißverständnis (1982). – *Romane:* Stille Zeile sechs (1991); Animal triste (1996). – Nach Maßgabe meiner Begreifungskraft. Artikel und Essays (1993).

Marone [frz.] *die, -/-n,* Frucht der →Edelkastanie.

Maronenröhrling, Maronenpilz, Xerocomus badius, in Nadelwäldern verbreiteter Röhrling mit dunkelbraunem Hut und gelben Röhren. Das Hutfleisch und die Röhren verfärben sich bei Verletzung intensiv blau; schmackhafter Speisepilz.

Maroni *der,* niederländ. **Marowijne** [-ˈwɛjnə], Grenzfluss zw. Surinam und Französisch-Guayana, entspringt in der Serra Tumucumaque, nahe der brasilian. Grenze, mündet mit breitem Trichter in den Atlantik, 724 km lang; im Oberlauf frz. **Itany** und niederländ. **Litani** gen.; im Unterlauf (etwa 100 km) schiffbar; am Mittellauf Goldwäscherei.

Maroniten, die Angehörigen der ›Syrisch-maronit. Kirche‹, einer mit der römisch-kath. Kirche unierten Ostkirche. Ihre Anfänge gehen zurück auf das syr. Kloster des hl. MARO (Priestermönch und Einsiedler, † vor 423), das nach dessen Tod gegründet und zu einem Zentrum des Widerstandes gegen den Monophysitismus wurde. Während der Vakanz des Patriarchenstuhls von Antiochia (702–742) wählten die M. mit einigen Bischöfen aus der Umgebung einen Patriarchen aus ihren Reihen. Als eigene Gemeinschaft wurden sie erstmals durch den Kalifen MARWAN (744–748) anerkannt. In Konflikt gerieten sie mit Jakobiten und Melchiten. In der 1. Hälfte des 9. Jh. drängten Verfolgungen durch die Araber die M. in den Libanon ab. Zur Zeit der Kreuzzüge nahmen sie die Gemeinschaft mit der lat. Kirche auf; 1216 wurde das Oberhaupt der M. vom Papst formell als Patriarch von Antiochia anerkannt. Heute (1997) umfasst die **Syrisch-maronitische Kirche** neben der Patriarchaldiözese und den acht Bistümern im Libanon Bistümer in Syrien (3), Ägypten (1), Südamerika (2), Nordamerika (2) und Australien (1); das Bistum auf Zypern (heute rd. 5000 M.) wurde 1507 als erstes maronit. Bistum außerhalb des syrischlibanes. Raumes gegründet; für die in Europa lebenden M. besteht seit 1993 ein eigenes Bistum. Von den etwa 2,2 Mio. M. leben über 600 000 im Libanon und rd. 40 000 in Syrien. Sitz des Patriarchen der M. ist Bkerké im Libanon; Patriarch ist seit 1986 NASRALLA PIERRE SFEIR (* 1920; seit 1994 Kardinal). Die traditionellen liturg. Sprachen des syrisch-maronit. Ritus sind Arabisch und Altsyrisch; innerhalb des Mönchtums ist auch noch Aramäisch in Gebrauch. Für Priester und Diakone ist die Ehe möglich, wenn sie bereits vor der Weihe bestand.

Die hl. Messe nach dem Ritus der syrisch-maronit. Kirche, hg. v. A. HEINZ (1996).

Maroquin [maroˈkɛ̃; frz. ›marokkanisch‹] *der,* auch *das, -s,* ein →Leder.

Maros [ˈmɔrɔʃ, ungar.] *die,* dt. **Marosch, Mieresch,** rumän. **Mureș** [-ʃ], linker Nebenfluss der Theiß, in Rumänien (Hauptfluss Siebenbürgens) und Ungarn, 803 km lang, davon 761 km in Rumänien. Die M. entspringt in den Ostkarpaten, in Siebenbürgen nimmt sie die Kokel auf, zw. dem Westsiebenbürg. Gebirge und der Poiana Ruscăi bricht sie zum Großen Ungar. Tiefland durch, sie mündet bei Szeged; nur im Unterlauf schiffbar.

Marosvásárhely [ˈmɔrɔʃvaːʃarhɛj], ungar. Name der Stadt →Neumarkt in Rumänien.

Marot [maˈro], **1)** Clément, frz. Dichter, * Cahors 23. 11. 1496, † Turin 10. (12.?) 9. 1544; Sohn des Hofpoeten JEAN M. (* um 1450, † 1527), der ihn in der Verskunst der →Rhétoriqueurs unterwies. 1519 trat er in den Dienst der MARGARETE VON NAVARRA, floh jedoch – nach wiederholter Haft (1526/27) aufgrund seiner Sympathie für die Reformation – wegen seiner antipäpstl. Haltung 1534 zunächst nach Nérac, dann nach Italien, wo er sich u. a. am Hof der RENATA in Ferrara aufhielt. 1536 durfte er nach Frankreich zurückkehren, setzte sich aber wegen seiner freien Psalmenübersetzung (›Trente pseaulmes de David‹, 1541, erweiterte Ausgabe 1543), die auch in den reformierten Psalter aufgenommen wurde, erneut dem Häresieverdacht aus und ging 1542 (von Genf über Savoyen nach Turin) wieder ins Exil.

M. pflegte noch die mittelalterl. poet. Formen (u. a. Rondeau und Ballade) und gab (1532) auch die Ge-

Monika Maron

Maronenröhrling
(Hutdurchmesser 5–15 cm)

Jean Marot: Entwurf für ein kurfürstliches Schloss in Mannheim (nicht ausgeführt); Kupferstich, um 1670

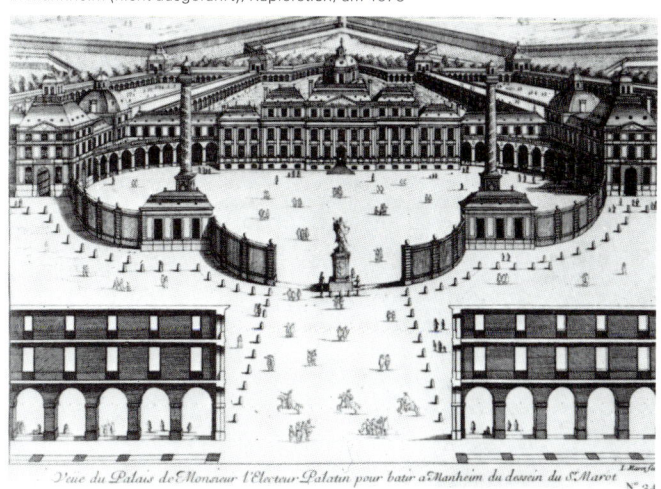

Clément Marot

dichte F. VILLONS heraus. Daneben entwickelte er die in der ital. Renaissance wieder auflebenden antiken Formen der Versepistel, der Elegie, der Ekloge und bes. des Epigramms (nach MARTIAL) und übersetzte antike Autoren (u. a. Werke von LUKIAN, OVID und VERGIL). Ebenfalls unter ital. Einfluss führte er das Sonett in die frz. Poesie ein. M. war einer der Wegbereiter der Pléiade.

Ausgaben: Œuvres complètes, hg. v. CLAUDE A. MAYER, 6 Bde. (1958–80). – Ausgew. Werke, hg. v. E. P. HEIBEL (1950); Epigramme, übers. v. M. BEUTLER (1967).

PAULINE M. SMITH: C. M., poet of the French Renaissance (London 1970); CLAUDE A. MAYER: C. M. (Paris 1972); G. JOSEPH: C. M. (Boston, Mass., 1985).

2) Daniel, d. Ä., frz. Baumeister und Kupferstecher, * Paris um 1663, † Den Haag 4. 6. 1752, Sohn von 3); entwarf im Dienst WILHELMS III. VON ORANIEN in den Niederlanden und England Schlösser und Wohnhäuser im Stil Louis-quatorze, auch Gärten (Hampton Court, London). Er schuf ferner Innenausstattungen und Dekorationsentwürfe sowie Ornamentstiche, die weite Verbreitung fanden.

3) Jean, frz. Baumeister und Kupferstecher, * Paris (?) 1619, † ebd. 15. 12. 1679, Vater von 2); überlieferte in seinen Stichen Bauten der Zeit LUDWIGS XIV. (z. B. Schloss Richelieu von J. LEMERCIER). Er schuf Pläne für die Ostfassade des Louvre und für das Mannheimer Schloss (nicht ausgeführt). (BILD S. 255)

Marotte [frz. ›Narrenkappe‹, ›Narrheit‹, urspr. ›kleine Heiligenfigur (der Maria)‹, ›Puppe‹, dann ›Narrenzepter mit Puppenkopf‹] die, -/-n, schrullige, seltsame Angewohnheit, Eigenart.

Maroua [ma'rwa], **Marua,** Stadt in N-Kamerun, am O-Fuß der Mandaraberge, 400 m ü. M., 140 000 Ew. (meist Muslime); kath. Bischofssitz; Baumwollforschungsinstitut, Museum (traditionelle einheim. Kunst); Baumwollentkernung, Textilindustrie, Fleischkonserven- und Wurstfabrik, Fremdenverkehr; Flugplatz.

Marouzeau [maru'zo], Jules, frz. Latinist und Linguist, * Fleurat (Dép. Creuse) 20. 3. 1878, † Iteuil (Dép. Vienne) 27. 9. 1964; war 1925–51 Prof. an der Sorbonne in Paris, seit 1920 Direktor der École des Hautes Études, Organisator der zentralen Bibliographie der klass. Altertumswissenschaft (›L'année philologique‹, 1928–63).

Werke: La prononciation du latin (1931); Traité de stylistique appliquée au latin (1935); Introduction au latin (1941; dt. Das Latein. Gestalt u. Gesch. einer Weltsprache); Quelques aspects de la formation du latin littéraire (1949); L'ordre des mots dans la phrase latine, 3 Bde. (1922–49; Erg.-Bd. u. d. T. L'ordre des mots en latin, 1953). – **Hg.:** Publius Terentius Afer: Comédies, Bd. 1 (1942).

Marowijne [-'wɛjnə], Fluss in Südamerika, →Maroni.

Marozia, röm. Patrizierin, * um 892, † nach 932; Tochter des röm. Stadtherrn THEOPHYLAKT und der THEODORA, heiratete um 905 Herzog ALBERICH I. von Spoleto, 925 Markgraf GUIDO († 929/930) von Tuszien, 932 König HUGO von Italien. Als ›Senatrix‹ und ›Patricia‹ beherrschte sie Rom und das Papsttum, u. a. durch mehrere Papsternennungen, wurde 932 mit ihrem von ihr zum Papst erhobenen Sohn JOHANNES XI. von ALBERICH II., ihrem Sohn aus erster Ehe, entmachtet. Ihr weiteres Schicksal ist unbekannt.

Marpa, tibet. Yogi und Lehrer, * in S-Tibet 1012, † 1097; lebte 17 Jahre in N-Indien, wo er u. a. bei dem bedeutenden Lehrer (Mahasiddha) des Vajrayana NAROPA (* 1016, † 1100) studierte. Mit seinen Übersetzungen ind. Texte führte er den tantr. Buddhismus in Tibet ein und begründete die Kagyüpa Schule des tibet. Buddhismus (→Lamaismus), die durch seinen Schüler MILAREPA große Bedeutung erlangte.

Marpurg, Friedrich Wilhelm, Musiktheoretiker und Komponist, * Gut Seehof (bei Seehausen/Altmark) 21. 11. 1718, † Berlin 22. 5. 1795. Ausgehend von den musiktheoret. Anschauungen J.-P. RAMEAUS war M. um eine rationale Grundlegung der Musikwiss. und ihrer Terminologie sowie eine einheitl. Gestaltung der Affektenlehre bemüht; gab Liedersammlungen und Klavieranthologien (mit eigenen Werken) heraus und steht mit seinem theoret. Hauptwerk ›Abhandlung von der Fuge‹ (1753–54, 2 Tle.) in der Berliner Bachtradition. Veröffentlichte u. a. ›Historisch-krit. Beyträge zur Aufnahme der Musik‹ (1754–78, 5 Bde.) und ›Krit. Briefe über die Tonkunst‹ (1760–64, 2 Bde., Nachdr. 1974).

Marquand ['mɑ:kwənd], J. P. (John Phillips), amerikan. Schriftsteller, * Wilmington (Del.) 10. 11. 1893, † Newburyport (Mass.) 16. 7. 1960; schrieb populäre Unterhaltungsliteratur und Detektivromane; bekannt v. a. durch ironisch-satir. Darstellungen der Oberschicht Neuenglands, z. B. in dem Roman ›The late George Apley‹ (1937; dt. ›Der selige Mr. Apley‹).

Weitere Werke: Romane: Wickford point (1939; dt. Haus Wickford); H. M. Pulham, Esquire (1941; dt. H. M. Pulham); Point of no return (1949; dt. Es gibt kein Zurück); Sincerely, Willis Wayde (1955; dt. Ergebenst Ihr Willis Wayde); Stopover: Tokyo (1957; dt. Zwischenspiel in Tokio).

M. BELL: M. An American life (Boston, Mass., 1979).

Marquard, Odo, Philosoph, * Stolp 26. 2. 1928; Schüler von J. RITTER; seit 1965 Prof. in Gießen. M. vertritt eine Wende zur Skepsis, d. h. auch den Abschied von jedem absoluten Anspruch der Philosophie, zur Hermeneutik der menschl. Endlichkeit und ihrer Kompensationen.

Werke: Skept. Methode im Blick auf Kant (1958); Schwierigkeiten mit der Geschichtsphilosophie (1973); Abschied vom Prinzipiellen (1981); Apologie des Zufälligen (1986); Transzendentaler Idealismus, romant. Naturphilosophie, Psychoanalyse (1987); Aesthetica u. anaesthetica (1989); Skepsis u. Zustimmung (1994).

Marqués [-'kɛs] der, -, span. Adelstitel (→Adel); die weibl. Form ist **Marquesa** [-'keːsa].

Marquesas|inseln [marˈkeːzas-], frz. **Îles Marquises** [il marˈkiːz], zu →Französisch-Polynesien gehörende Inselgruppe im zentralen Pazifik, 1 274 km², 7 500 Ew. Sie bestehen aus der Nordwest-(Washington-)Gruppe mit Hatutaa (Hatutu), Eiao, Motu Iti, Motu One, Nuku Hiva (482 km², mit dem Verw.-Sitz der M., Taiohae), Ua Huka, Ua Pou sowie der Südost-(Mendana-)Gruppe mit Fatu Huku, Hiva Oa, Tahuata, Mohotani (Motane), Fatu Hiva. Die Inseln sind vulkan. Ursprungs, steil aufragend (auf Hiva Oa bis 1 259 m ü. M.), mit hohen Kliffs; Korallenriffe fehlen. Entsprechend ihrer Lage im SO-Passat sind die SO-Seiten regenreich und bewaldet, die Leeseiten trocken und tragen Grasflächen. Die Bev. (Polynesier, meist kath.) wurde in der Kolonialzeit durch Krankheiten dezimiert (um 1600: 100 000–200 000, um 1930: 2 200 Ew.); heute nimmt sie, trotz starker Abwanderung, wieder zu. Mangels Küstenebenen ist die landwirtschaftl. Nutzung sehr begrenzt (Kokospalmen, Taro, Brotfrucht, Kaffee, Vanille); Ausfuhr von Kopra, Vanille, Kaffee und Schnitzereien.

Die M. wurden vermutlich um 200 v. Chr. von Samoa und Tonga aus besiedelt. Die klass. Periode der M.-Kultur lag zw. 1400 und dem ersten Kontakt mit Europäern (1595). Figürl. Plastiken aus Holz (Bootsaufsätze, Stelzentritte) oder Stein (Netzsenker, Ahnen auf Kultplätzen, Marae), seltener aus Elfenbein (Ohrschmuck, Fächergriffe) zeigen auf gedrungenem, gelegentlich sitzend dargestelltem Körper einen gerundeten Kopf mit großen, runden Augen sowie gerader Mundlinie. Keulenköpfe sind in Form eines Januskopfes, häufig mit kleinen Schädeln (Seelendarstellungen?) anstelle von Augen und Mund, gearbeitet. Die steinernen →Tiki haben auf den M. mehrdeutigen Charakter, u. a. als Darstellungen von vergöttlichten Ahnen. Eine besondere Blüte erreichte auf den M. die

Kunst der Tatauierung. – Der Spanier ÁLVARO DE MENDAÑA DE NEIRA (* 1549, † 1595) landete 1595 auf den M. Später wurden sie von Walfängern als Stützpunkt benutzt und kamen 1842 an Frankreich.

K. VON DEN STEINEN: Die Marquesaner u. ihre Kunst, 3 Bde. (1925–28).

Marquess [ˈmɑːkwɪs, engl.] *der, -,* **Marquis** [ˈmɑːkwɪs], die zweite Stufe des engl. Hochadels (→Adel). Der M. gehört zu den Peers, Anrede: ›Lord‹; schriftl. Anrede ›My Lord M.‹; die weibl. Form ist **Marchioness** [ˈmɑːʃənɪs], Anrede: ›Lady‹; in Briefen: ›My Lady Marchioness‹.

Marquet [marˈkɛ], Albert, frz. Maler, * Bordeaux 27. 3. 1875, † Paris 14. 6. 1947; Schüler von G. MOREAU, wandte sich unter dem Einfluss seines Mitschülers H. MATISSE dem Fauvismus zu. Um 1906 gelangte er jedoch zu einer Bildauffassung, die genaue Naturbeobachtung auf einfache maler. Formen zu bringen suchte. Er schuf v. a. Hafen- und Stadtansichten, häufig in einer farblich zart nuancierten, nebeligen Atmosphäre, neben Ölbildern auch Pastelle, Aquarelle und Zeichnungen sowie Keramiken.

A. M., Ausst.-Kat. (Genf 1974); A. M., 1875–1947, Ausst.-Kat. (Lausanne 1988).

Marquette [marˈkɛt], Jacques, frz. Jesuit, * Laon 10. 6. 1637, † Ludington (Mich.) 18. 5. 1675; ging 1666 als Missionar nach Kanada, bereiste 1673 zum ersten Mal den Mississippi von Wisconsin bis zum Arkansas. Er missionierte hier unter den Illinois- und Miami-Indianern und erforschte die indian. Sprachen. Nach ihm wurde die ›M. University‹ in Milwaukee benannt.

Márquez [ˈmarkes], Gabriel García, kolumbian. Schriftsteller, →García Márquez, Gabriel.

Marquina [marˈkina], Eduardo, span. Schriftsteller, * Barcelona 21. 1. 1879, † New York 21. 11. 1946; begann als Lyriker im Stil des Modernismus (›Odas‹, 1900; ›Las vendimias‹, 1901) und verfasste weniger erfolgreiche Romane. Bedeutung erlangte v. a. sein dramat. Werk; M. gilt als Hauptvertreter des ›teatro poético‹ der Jahrhundertwende. Seine frühen Theaterstücke (›Las hijas del Cid‹, 1908; ›En Flandes se ha puesto el sol‹, 1911) verherrlichen nostalgisch das ritterl. Spanien, die späteren histor. Stücke (›Teresa de Jesús‹, 1933) Religion und Frömmigkeit. Ein krit. Bild Spaniens zeigen dagegen seine ›ländl. Dramen‹ (›Fuente escondida‹, 1931; ›Los Julianes‹, 1932), die das Theater F. GARCÍA LORCAS vorwegnehmen.

Ausgabe: Obras completas, 7 Bde. (1944).

J. MONTERO ALONSO: Vida de E. M. (Madrid 1965).

Marquis [marˈki]; frz., von altfrz. marchis ›Markgraf‹, zu marche ›Grenze‹, ›Grenzland‹] *der, -,* frz. Adelstitel (→Adel), steht im Rang zw. Fürst und Graf, geht auf das Amt des Markgrafen zurück; weibl. Form **Marquise** [-ˈkiːz].

Marquisette [-kiˈzɛta; frz.] *die, -,* auch *der, -s,* Textilien: 1) feinfädiges Drehergewebe mit gleichmäßig verteilten Dreherschnüren für Scheibengardinen und glatte oder jacquardgemusterte feine Gardinenstoffe; 2) feinmaschiger, durchsichtiger, glatter oder jacquardgemusterter Kettenwirkstoff für Gardinen.

Marquise von O..., Die, [-ˈkiːzə -], Novelle von H. VON KLEIST, entstanden 1806/07; Erstdruck in ›Phöbus‹ 1808, Erstausgabe 1810 (in ›Erzählungen‹, Bd. 1).

Marr, Nikolaj Jakowlewitsch, russ. Sprachwissenschaftler, * Kutaissi 6. 1. 1865, † Leningrad 20. 12. 1934; seit 1900 Prof. in Sankt Petersburg, befasste sich v. a. mit der Erforschung der kaukas. und oriental. Sprachen. Er entwickelte die ›japhetit. Theorie‹ (nach Japhet, dem Bruder Hams und Sems), in der er das Kaukasische (Japhetitische) als die im Vergleich zum Hamitosemitischen und zum Indogermanischen ältere und als Ursprache Europas auffasste. Mit seiner heftig diskutierten ›stadialen Theorie‹ interpretierte er Sprache als unmittelbaren Ausdruck der sozioökonom. Entwicklung.

J.-L. HOUDEBINE: Langage et marxisme (Paris 1977).

Marra, Djebel M. [dʒ-], Basaltgebirge im W der Rep. Sudan, in Darfur, bis 3 088 m ü. M.

Marrakesch, frz. **Marrakech** [maraˈkɛʃ], viertgrößte Stadt von Marokko, in der Ebene Haouz am N-Fuß des Hohen Atlas, 465 m ü. M., 680 200 Ew. M. liegt in einer 135 km² großen ehem. Dattelpalmenoase, ist Handelszentrum eines landwirtschaftl. Einzugsbereiches bis weit in den Hohen Atlas hinein und eine der Residenzstädte (›Königsstädte‹) der marokkan. Sultane, in der auch der heutige König zeitweise residiert; Univ. (gegr. 1978); Obst- und Gemüsekonservenindustrie, Milchhof, Ölmühle, Zementfabrik, Herstellung von Teppichen und Saffianlederarbeiten, vielfältiges Kunsthandwerk, große Basare. Nach Agadir wichtigstes Zentrum des Fremdenverkehrs, Kongressstadt und berber. Metropole des Südens; Bahnendpunkt, internat. Flughafen.

Stadtbild: M. ist gegliedert in die traditionelle ummauerte Medina (Altstadt) mit dem Platz Djemaa el-Fna, an die sich die jeweils ummauerten Komplexe Kasba, Dar el-Makhzen (Königspalast), Mechouar (Empfangshöfe) und Agdal (Sultansgärten) anschließen, räumlich davon getrennt die kolonialzeitl. Europäerstadt (›Gueliz‹) und die Außenzone mit modernen Wohn-, Industrie- und Gewerbevierteln. Die Medina ist von einer 12 km langen Stampflehmmauer (bis 9 m hoch) mit auskragenden Türmen umgeben, davon 9 km 1126/27 erbaut. Die gegen 1158 vollendete 17-schiffige Kutubija-Moschee, eine der größten des westl. Islam, gilt als Meisterwerk maur. Baukunst: Mihrab mit prachtvollem Rahmenwerk (Alfiz); monumentaler Minbar (Anfang 13. Jh. in Córdoba gefertigt) mit Elfenbein- und Edelholzschnitzwerk. Das quadrat. Hausteinminarett (vor 1158–96) mit bereitbarer Rampe um sechs übereinander liegende prächtige Innenräume hat reichen Baudekor und ist Vorbild der Minarette von Rabat und Sevilla. In der weitläufigen dreiteiligen Almohaden-Kasba (1185–90) liegen der Königspalast und die Kasba-Moschee (nach 1569 erneuert) mit 80 m langer Zinnenfassade. Die in der Medina aus der Mitte des 14. Jh. von den Meriniden gegründete Ben-Jusuf-Medrese wurde 1564/65 zur größten des Maghreb ausgebaut (reicher Stuck-, Marmor- und Edelholzdekor, marmornes Reinigungsbecken aus Córdoba). Die Saditen-Mausoleen (1578–1603 ausgebaut, seit 1917 restauriert) sind Meisterwerke maur. Innendekors (Stalaktitkuppeln, Lambrequin- und Mukarnasbögen, gebauchte Marmorsäulen,

Marrakesch: Der etwa 200 m × 200 m große Platz Djemaa el-Fna

Marrakesch

eine der Königsstädte Marokkos

viertgrößte Stadt des Landes

am N-Fuß des Hohen Atlas

465 m ü. M.

680 200 Ew.

Universität (1978 gegründet)

ummauerte Medina mit reich gestalteten Monumentaltoren

17-schiffige Kutubija-Moschee (12. Jh.)

im 11. Jh. als Hauptstadt der Almoraviden gegründet

Marr Marranen – Mars

Mars 1): Mars mit Valles Marineris (Mitte), Mosaik aus 102 Viking-Orbiter-Aufnahmen (1976)

Neville Marriner

Stuckarabesken, bemalte vergoldete Zedernholzdecken). Viele Wohnpaläste im maurisch-andalus. Stil mit Innengärten, u. a. Dar Si Said (Ende 19. Jh.), heute Museum für marokkan. Kunst, und das Luxushotel Mamounia (1922/23 erbaut, 1978 und 1986 renoviert und erweitert). Die schönsten Beispiele maghrebin. Gartenbaukunst sind die von den Almohaden angelegten Königsgärten Agdal (3,5 km × 1,5 km), Inan Roudan und der Menaragarten. Von den zahlr. Monumentaltoren sind die almohad. Schmucktore Bab Agnaou (zw. 1185 und 1190) und Bab er-Robb (zw. 1184 und 1199) bes. reich gestaltet. Der stets belebte Platz Djemaa el-Fna, etwa 200 m × 200 m, dient u. a. als Marktplatz. Die UNESCO erklärte die Altstadt von M. zum Weltkulturerbe.

Geschichte: M. (ältere Form Marrukuš, daraus über port. Marocos, span. Marruecos der Staatsname Marokko) wurde nach traditioneller Überlieferung 1062, tatsächlich wohl erst 1070 als Hauptstadt des entstehenden Reichs der Almoraviden gegründet.

Marranen [wohl von span. marrano ›Schwein‹, ›Gauner‹], **Maranen,** vulgärspan. Schimpfwort, dann übl. Bez. für die in der →Judenverfolgung des 15. Jh. zwangsgetauften span. und port. Juden, die insgeheim ihrem jüd. Glauben treu geblieben waren. M. waren nach kirchl. Kriterien Häretiker und wurden Opfer der 1478 in Spanien eingeführten Inquisition und der Vertreibungen aus Spanien (1492) und Portugal (1497). Viele M., die zunächst der Vertreibung entgangen waren, wanderten später aus, zuerst nach Portugal und in die Kolonien, dann nach N-Afrika, Italien, S-Frankreich und in die Türkei, und schlossen sich wieder jüd. (sefard.) Gemeinden an. Von den absoluten Wahrheitsansprüchen der christl. und der jüd. Seite bedrängt, entwickelten M. früh modern anmutende Vorstellungen über Staat und Toleranz.

C. ROTH: A history of the Marranos (New York [4]1974); L. POLIAKOV: Gesch. des Antisemitismus, Bd. 4: Die M. im Schatten der Inquisition (a. d. Frz., 1981); Jews and conversos, hg. v. Y. KAPLAN (Jerusalem 1985); J. KAMEN: Inquisition and society in Spain in the 16th and 17th centuries (London 1985).

Marriner [ˈmærɪnə], Sir (seit 1985) Neville, brit. Dirigent und Violinist, *Lincoln 15. 4. 1924; gründete 1959 die Academy of Saint Martin-in-the-Fields, deren große Besetzung er heute noch leitet und die sich bes. in der Interpretation der Musik des 17. und 18. Jh. einen internat. Ruf erwarb; war 1969–78 musikal. Leiter des Los Angeles Chamber Orchestra und 1983–89 Chefdirigent des Radio-Sinfonieorchesters Stuttgart.

Marrobbio [sizilian.] *der, -/-s,* **Marrubbio,** heftige, selten und plötzlich auftretende, durch Böen hervorgerufene Welle an der W-Küste Siziliens. Ihr entspricht der bis 2 m hohe **Seebär** der Ost- und Nordsee, der **Boar** von Plymouth, die **Resaca** N-Spaniens und der Bucht von Rio de Janeiro und die **Yota** in Japan.

Mars [nach dem röm. Gott], 1) *Astronomie:* astronom. Zeichen ♂, der ›Rote Planet‹, der erdnächste der oberen Planeten, d. h. derjenigen, deren Bahnen die Erdbahn einschließt; von allen Planeten der erdähnlichste. Der M. ist etwa halb so groß wie die Erde, besitzt aber wegen etwas geringerer Dichte nur etwa $1/10$ von deren Masse. Wegen seiner wenig dichten Atmosphäre ist es möglich, auch von der Erde aus seine Oberfläche zu betrachten, was ihn frühzeitig zu einem bevorzugten Objekt der Planetenbeobachter machte.

Der M.-Tag ist nur wenig länger als ein Erdtag. Aufgrund des Neigungswinkels der Rotationsachse des M. gegen seine Bahnebene, der fast mit demjenigen der Erdachse übereinstimmt, läuft auf ihm auch ein Wechsel von Jahreszeiten ab. Wegen der gegenüber der Erdbahn etwa sechsmal größeren Exzentrizität sind die Unterschiede in der Dauer seiner Jahreszeiten aber größer als auf der Erde. Auf seiner Nordhalbkugel ist 199 (Erd-)Tage Frühling, 183 Tage Sommer, 147 Tage Herbst und 158 Tage Winter.

Die Entfernung des M. von der Erde schwankt, je nach der Stellung der beiden Planeten in ihren Bahnen, zw. 55,8 und 399,9 Mio. km. Sie wird bes. klein, wenn M. während seiner Opposition in der Nähe des Perihels seiner Bahn steht, und beträgt dann nur etwa das 150fache der Entfernung Erde–Mond. Solche Perihelpositionen ereignen sich etwa alle 15 bis 17 Jahre (zuletzt 1988). Die Distanzänderungen des M. zur Erde bewirken Änderungen seiner scheinbaren Größe zw. etwa 3″ und 25″. Damit verbunden ist eine Änderung seiner scheinbaren Helligkeit um fünf Größenklassen; zur Zeit seiner größten Helligkeit ist M. beträchtlich heller als Sirius, der hellste Stern.

M.-Oberfläche: Bei visueller Beobachtung sind weiße Polkappen die auffälligste Erscheinung auf der Oberfläche des M. Die Größe dieser Kappen schwankt periodisch mit den M. Jahreszeiten und erreicht gegen Ende des Winters der jeweiligen Hemisphäre ihr Maximum. Die Südkappe kann dabei bis auf 50° südl. Breite, die Nordkappe bis auf 60° nördl. Breite vordringen. Im jeweiligen Frühjahr werden sie schnell kleiner, verschwinden aber auch im Sommer

Astronomische und physikalische Daten des Mars
(gerundete Vielfache der entsprechenden Erdgrößen in Klammern)

Bahn
größte Entfernung von der Sonne	$249{,}2 \cdot 10^6$ km (1,6)
kleinste Entfernung von der Sonne	$206{,}6 \cdot 10^6$ km (1,4)
Umfang der Bahn	$1{,}43 \cdot 10^9$ km (1,5)
numerische Exzentrizität	0,0934 (5,8)
Bahnneigung gegen die Ekliptik	1° 51′
siderische Periode	687,02 d (1,9)
synodische Periode	779,94 d

Planet
Äquatorradius	$a = 3397$ km (0,53)
Polradius	$b = 3377$ km (0,53)
Abplattung	$f = (a-b)/a = 0{,}0058$ (1,7)
Masse	$6{,}416 \cdot 10^{23}$ kg (0,11)
mittlere Dichte	3,94 g/cm³ (0,72)
Schwerebeschleunigung an der Oberfläche	3,71 m/s² (0,38)
Entweichgeschwindigkeit	5,03 km/s (0,45)
Rotationsperiode	24 h 37 m 23 s (1,03)
Äquatorneigung	25° 12′ (1,07)
scheinbare Größe	3″ bis 25″
scheinbare Helligkeit	etwa $+2^m$ bis -3^m
bei mittlerer Opposition	$-2^m{\cdot}01$

Mars

Marssonden (Stand: 15.3.1997)

Name	Staat	Masse in kg (gerundet)	Start	Ankunft bei Mars	Ergebnis
–	UdSSR	?	10.10.60	–	Fehlstart (nicht offiziell bekannt gegeben)
–	UdSSR	?	14.10.60	–	Explosion am Boden
–	UdSSR	?	24.10.62	–	im Erdorbit verblieben, Absturz 29.10.62
Mars 1	UdSSR	900	1.11.62	20. 6.63	Passage in 193 000 km (kein Funkkontakt mehr)
–	UdSSR	900?	4.11.62	–	im Schwerefeld der Erde verblieben, Absturz 5.11.62
Mariner 3	USA	260	5.11.64	?	Passage? (Funkkontakt nach 9 Stunden verloren)
Mariner 4	USA	260	28.11.64	15. 7.65	Passage in 9 844 km; 22 Bilder übertragen, die Krater zeigten
Sonde 2	UdSSR	1 145	30.11.64	6. 8.65	Passage in 15 000 km (kein Funkkontakt mehr)
Mariner 6	USA	410	24. 2.69	31. 7.69	Passage in 3 412 km; Daten über Oberflächentemperatur, Druck und Zusammensetzung der Planetenatmosphäre sowie 75 Bilder der Äquatorregion übertragen; Vermessung des Marsdurchmessers
–	UdSSR	4500	27. 2.69?	–	Fehlstart (nicht offiziell bekannt gegeben)
–	UdSSR	4500	3. 3.69?	–	Fehlstart (nicht offiziell bekannt gegeben)
Mariner 7	USA	410	27. 3.69	5. 8.69	Passage in 3 424 km; Daten wie Mariner 6 sowie 126 Bilder der südlichen Hemisphäre
Mariner 8	USA	1000	8. 5.71	–	Fehlstart
Kosmos 419	UdSSR	?	10. 5.71	–	im Schwerefeld der Erde verblieben, Absturz 12.5.71
Mars 2	UdSSR	4650	19. 5.71	27.11.71	Marsumlaufbahn; Daten über Oberfläche und Atmosphäre übermittelt; Landekapsel hart aufgeschlagen
Mars 3	UdSSR	4650	28. 5.71	2.12.71	Marsumlaufbahn; Messungen wie Mars 2; Landekapsel ausgesetzt, jedoch keine verwertbaren Daten
Mariner 9	USA	1000	30. 5.71	13.11.71	Marsumlaufbahn 1 397 × 17 916 km, nach Korrektur 1 653 × 16 915 km; Kartographierung der Planetenoberfläche; Atmosphärenmessungen; Übermittlung von 7 329 Bildern der Marsoberfläche sowie der Marsmonde Phobos und Deimos
Mars 4	UdSSR	4650	21. 7.73	10. 2.74	nur Passage in 2 200 km (geplante Marsumlaufbahn nicht erreicht)
Mars 5	UdSSR	4650	25. 7.73	12. 2.74	Umlaufbahn 1 760 × 32 500 km; Atmosphärenmessungen, 30 Fotos der Planetenoberfläche
Mars 6	UdSSR	4650	5. 8.73	12. 3.74	Passage in 48 000 km; Absetzen einer Landekapsel, doch Verlust des Funkkontakts zu dieser
Mars 7	UdSSR	4650	9. 8.73	9. 3.74	Passage in 30 000 km; Landekapsel verfehlte den Planeten um 1 200 km
Viking 1	USA	3700	20. 8.75	19. 6.76	Umlaufbahn; Absetzen eines Landers (600 kg), am 20.7.76, der Bodenproben entnahm und analysierte sowie Fotos anfertigte und zur Erde übertrug; der Orbiter übermittelte Fotos von Phobos zur Erde
Viking 2	USA	3700	9. 9.75	7. 8.76	Absetzen des Landers am 3.9.76; Aufgaben und Ergebnisse wie Viking 1
Phobos 1	UdSSR	6200	7. 7.88	23. 1.89	geplante Aufgabe: Untersuchung des Mars und seines Mondes Phobos, doch Abbruch des Funkkontakts am 2.9.88
Phobos 2	UdSSR	6200	12. 7.88	29. 1.89	Umlaufbahn 900 × 81 000 km; Aufgaben wie Phobos 1; Fotos von Mars und Phobos sowie Meßwerte übertragen, doch Funkkontakt vor Annäherung an Phobos am 27.3.89 verloren
Mars Observer	USA	2500	25. 9.92	?	geplant: Fotos und Meßwerte der Marsoberfläche und -atmosphäre; Kontaktverlust am 20.8.93
Mars Global Surveyor	USA	1030	7.11.96	(12. 9.97)	Aufnahmen der Marsoberfläche, zahlreiche Messungen
Mars 96 (Mars 8)	GUS	6600	16.11.96	–	geplant: geologische Untersuchungen des Mars, astrophysikalische Forschungen, Aussetzen von Landern; Sonde verblieb jedoch im Erdorbit, Absturz nach dem dritten Erdumlauf
Pathfinder	USA	870	4.12.96	4. 7.97	Landung, Aussetzen eines automatischen Fahrzeugs, Nahaufnahmen von Marsgestein

nicht ganz. Die Temperaturen an den Polkappen variieren je nach Jahreszeit zw. etwa $-140\,°C$ und $-15\,°C$. Beide Kappen werden von einer permanenten Wasserschnee- oder -eisdecke gebildet. Während des M.-Winters sinken die Temperaturen so weit ab, daß Kohlendioxid zu Trockeneis kondensieren kann. Die Nordkappe besteht im Sommer, zur Zeit ihrer geringsten Ausdehnung, nur oder ganz überwiegend aus Wassereis, die Südkappe während des kalten Südsommers dagegen mit großer Wahrscheinlichkeit auch aus Trockeneis. Eine Erklärung für diesen Unterschied wurde bislang nicht gefunden. – Zu den von der Erde aus deutlich erkennbaren Details der M.-Oberfläche gehören helle und dunkle Gebiete. Die hellen Gebiete erstrecken sich über etwa $3/4$ der M.-Oberfläche. Sie sind orange bis rötlich gefärbt – hervorgerufen durch rötl. (eisenhaltigen) Staub, der durch unregelmäßig auftretende, gewaltige Stürme transportiert wird – und geben dem M. seine rötl. Gesamtfärbung.

Die Oberflächenstrukturen des M. sind auf der nördl. Halbkugel deutlich anders als auf der südlichen. Während die dunkler scheinende Südhalbkugel merklich über dem Normalniveau liegt und (ähnlich wie die Hochländer des Mondes) mit Einschlagkratern übersät ist, deren Anzahldichte auf ein Alter der Oberflächenstrukturen von etwa 3,5 Mrd. Jahren schließen läßt, zeigt die hellere Nordhalbkugel ausgedehnte, von Lava überflutete Ebenen (morphologisch den Maria des Mondes verwandt), die durchschnittlich unter Normalniveau liegen, eine geringere Kraterdichte haben und wesentlich jünger sind. Die eindrucksvollsten Gebilde der Nordhalbkugel sind die großen Schildvulkane der Tharsisregion und ein ausgedehntes Netz von Tälern, die nach der Raumsonde Mariner 9 benannten Valles Marineris. Zu den Vulkanen gehört der **Olympus Mons,** mit einem Basisdurchmesser von 600 km und einer Höhe von fast 27 km der bislang größte bekannte Vulkan des Sonnensystems, etwa doppelt so hoch wie der Mauna Loa auf Hawaii über dem Meeresboden; der Calderakomplex auf seinem Gipfel hat einen Durchmesser von rd. 80 km. Die **Valles Marineris** sind riesige, canyonähnl. Gebilde, die sich in O-W-Richtung über 4000 km und in N-S-Richtung über 150 bis 700 km erstrecken. Sie sind

Mars Mars

mit einer Weite von bis zu 700 km und einer Tiefe bis zu 7 km wesentlich größer als die ird. Canyons. Wahrscheinlich sind sie das Resultat von Faltungsbrüchen der M.-Oberfläche. Die Äquatorregion zeigt kleinere Täler, die möglicherweise durch gewaltige Wasserströme geformt wurden. An den Landestellen der Viking-Raumsonden besteht der Boden aus einem feinkörnigen Material (Regolith) und ist mit zahlr., vielfach scharfkantigen Gesteinsbrocken bedeckt. In den Bodenproben wurden Silicium mit rd. 20 Masse-% und Eisen mit ca. 13% als häufigste Elemente nachgewiesen sowie Magnesium, Calcium, Aluminium, Schwefel, Titan und Kalium in geringen Anteilen.

Ein früher viel diskutiertes und zu mancherlei Spekulationen Anlass gebendes Phänomen der M.-Oberfläche, die ›**M.-Kanäle**‹, die erstmals von G. V. SCHIAPARELLI 1877 beschrieben und als ›canali‹ (ital. ›Rinne‹, ›Furche‹) bezeichnet wurden, wird heute als Täuschung des menschl. Auges angesehen, das dazu neigt, nicht vollständig auflösbare Strukturen zu geometr. Gebilden zu ergänzen. Diese ›Kanäle‹ konnten nie auf fotograf. Aufnahmen des M. nachgewiesen werden und treten auch bei visueller Beobachtung mit großen Teleskopen nicht auf.

Die Satelliten (Monde) des Mars

	Deimos	Phobos
Entdecker (Jahr)	A. Hall, 1877	A. Hall, 1877
mittlerer Bahnradius	23 459 km	9378 km
siderische Periode	1,2624 d	0,3190 d
Bahnneigung zum Marsäquator	1,02°	1,82°
numerische Exzentrität der Bahn	0,001	0,015
Größe (in km)	15 × 12 × 11	27 × 21 × 19
Masse	$2 \cdot 10^{15}$ kg	$1{,}08 \cdot 10^{17}$ kg

Seit der Entsendung von Raumsonden zum M. (ÜBERSICHT), mit deren Hilfe nicht nur eine Kartographierung der gesamten Planetenoberfläche gelang, sondern auch Messungen von Oberflächentemperatur, Druck und Zusammensetzung der Atmosphäre möglich waren und Landegeräte erfolgreich abgesetzt werden konnten (Viking 1 und 2, 1976), ist die Bedeutung erdgestützter Beobachtungen des M. in den Hintergrund getreten. Neue Erkenntnisse bei der Erkundung der M.-Oberfläche und der Untersuchung ihrer mineral. und chem. Beschaffenheit erwartet man von der Pathfinder-Mission (1997), bei der erstmals ein geländegängiges Bodenfahrzeug, das M.-Mobil

Mars 1): Das Bodenfahrzeug ›Sojourner‹ nach der Landung (4. 7. 1997) der Marssonde Pathfinder

Mars 1): Umgebung der Landestelle der Marssonde Viking 1, aufgenommen am 21. 7. 1976

Sojourner (Länge 63 cm, Breite 48 cm, Höhe 28 cm, Masse 11,5 kg, max. Geschwindigkeit rd. 60 cm/s; ausgestattet mit zwei 15 cm voneinander entfernten Kameras zur Ermöglichung stereoskop. Bilder sowie einem Spektrometer) auf dem M. eingesetzt wurde.

M.-Atmosphäre: M. hat eine dünne Atmosphäre, mit einem Druck von 5–10 hPa an der Oberfläche (rd. 0,6% des Drucks der Erdatmosphäre in Meereshöhe). Die untere M.-Atmosphäre besteht v. a. aus Kohlendioxid (95 Vol.-%), weiterhin aus Stickstoff (2,7%), Argon (1,6%), geringen Mengen von Sauerstoff, Wasserdampf und Kohlenmonoxid sowie Spuren von Krypton und Xenon. Die Dynamik in der M.-Atmosphäre, zu der auch gewaltige Sandstürme gehören, wird wegen der geringen Dichte der Atmosphäre und dem Fehlen von Meeren und größeren Bergketten weitgehend durch die solare Wärmestrahlung bestimmt.

Der M. besitzt wahrscheinlich ein nur sehr schwaches *Magnetfeld* (an der Oberfläche etwa $1/_{500}$ der Feldstärke des Erdmagnetfeldes an der Erdoberfläche). Die Grenze der M.-Magnetosphäre liegt an der sonnenzugewandten Seite im Mittel nur etwa 0,4 M.-Radien über der Oberfläche, wobei große zeitl. Variationen auftreten dürften.

Der *innere Aufbau* des M. ist noch weitgehend unbekannt. Man rechnet mit einem ähnl. Schalenaufbau wie bei der Erde. Die Krustendicke dürfte aber wesentlich größer als die irdische sein, der nur zu einem geringen Teil aus Eisen bestehende Kern hingegen kleiner als der Erdkern.

Untersuchungen des M.-Bodens hinsichtlich der Existenz biolog. Substanzen oder Mikroorganismen, die wie ird. Organismen Stoffwechselprozessen unterliegen, brachten keinerlei Hinweise darauf. Auf der Erde gibt es einige SNC-Meteoriten, deren Ursprung vermutlich der M. ist, von dem sie beim Einschlag eines großen Himmelskörpers weggeschleudert wurden. In dem aller Wahrscheinlichkeit nach vom M. stammenden Meteoriten ALH 84001 wurden in kleinen Karbonatkügelchen Gebilde gefunden, die Ähnlichkeiten mit mikroskopischen terrestr. Fossilien aufweisen, aber nur etwa $1/_{100}$ ihrer Größe haben. Ob es sich tatsächlich um Fossilien handelt, wird bezweifelt. Endgültige Beweise für die (frühere) Existenz oder Nichtexistenz von Leben auf dem M. fehlen noch.

M. besitzt zwei *Satelliten* (Monde), **Deimos** und **Phobos,** vermutlich eingefangene ehem. Planetoiden mit einer jetzt synchronen Rotation, d. h., ihre Längsachse zeigt immer zum Mars. Beide sind wahrscheinlich im Wesentlichen Gesteinssatelliten.

Aufbruch zum M. Die Erkundung des roten Planeten, hg. v. F. MILES u. N. BOOTH (a. d. Engl., Neuausg. 1990); J. N. WILFORD: M. Unser geheimnisvoller Nachbar. Vom antiken Mythos zur bemannten Mission (a. d. Amerikan., Basel 1992); A. BÄRWOLF: Die Marsfabrik. Aufbruch zum roten Planeten (1995).

2) *Raumfahrt:* Name sowjet. bzw. russ. Marssonden.

Mars [mnd., von mittelniederländ. me(e)rse, eigtl. ›Waren(korb)‹] *der, -/-e,* Mastplattform als Abschluss des Untermastes von großen Segelschiffen.

Mars, auch **Mavors, Marmar, Marspiter, Mamers,** ein Hauptgott der Italiker und bes. der Römer, der Gott des Krieges, aber auch Schützer der Fluren und ihres Wachstums, dem in besonderer Not ein ›heiliger Frühling‹ (→Ver sacrum) geweiht wurde. Ihm galten in Rom die im März, dem ihm geheiligten Monat (Martius), von den Saliern vorgenommenen Kulthandlungen. Sein alter Altar lag auf dem Marsfeld (Campus Martius). AUGUSTUS weihte 2 v. Chr. auf seinem Forum den Tempel des M. Ultor (des ›rächenden M.‹), neben dem kapitolin. Jupiterheiligtum die wichtigste Stätte des röm. Staatskultes. Sinnbilder des M. waren Lanze und Stier. Die Berührung der Italiker mit dem Griechentum brachte bei Angleichung seiner Gestalt an Ares auch für ihn die Erscheinung als gerüsteter Krieger. Berühmt ist der ›M.‹ von Todi, die etrusk. Bronzestatue eines Kriegers des frühen 4. Jh. v. Chr. (Rom, Vatikan. Sammlungen), der Helm (verloren) und Rüstung trägt (in einem Sarkophag in den Ruinen eines Tempels von Todi gefunden), in den Händen eine Omphalosschale und eine Lanze (verloren). In der röm. Kaiserzeit entstanden neben Kopien griech. Statuen des Ares auch zahlreiche röm. Statuetten des M. Die neuzeitl. Malerei bevorzugte die Themen M. und Venus (S. BOTTICELLI, P. VERONESE, P. P. RUBENS, N. POUSSIN) sowie M. und Vulcanus (TINTORETTO, F. BOUCHER, L. CORINTH).

K. LATTE: Röm. Religionsgesch. (²1967, Nachdr. 1976); G. RADKE: Die Götter Altitaliens (²1979).

MARS, Abk. für →**M**ittleres **A**rtillerie-**R**aketen-**S**ystem.

Marsabit, vulkan. Bergland in N-Kenia, bis 1825 m ü. M.; dichte Wälder; Naturreservat (2078 km²), v. a. für Elefanten.

Marsa el-Brega [arab. marsa ›Hafen‹], **Marsa al-Buraika,** Stadt an der Küste der Cyrenaika, Libyen, 5 100 Ew.; Hochschule für Erdölwiss. und -technik; Endpunkt der Erdgas- und Erdölleitungen aus dem Syrtebecken mit Erdgasverflüssigungsanlage, Erdölraffinerie, chem. Industrie und Erdölexporthafen; Meerwasserentsalzungsanlage; Flugplatz.

Marsa el-Hamra, ägypt. Erdölhafen am Mittelmeer, Endpunkt der Pipelines aus dem Erdölfeld von Abu Gharadig.

Marsala [nach der gleichnamigen Stadt] *der, -s/-s,* gold-, bernsteinfarbener oder roter Likörwein (DOC seit 1969) aus Sizilien, Italien; urspr. trocken, durch Zusatz von Traubenmostkonzentrat jedoch meist süß. Drei Anreicherungssysteme sind erlaubt: M. Fine mit 17 Vol.-% Alkohol, M. Superiore mit und M. Vergine mit 18 Vol.-% Alkohol. Der gespritete M. wurde ab 1773 in England bekannt.

Marsala, Hafenstadt an der W-Küste Siziliens in der Prov. Trapani, Italien, 12 m ü. M., auf den Hügeln des Kap Boeo, 80 400 Ew.; Theater, Museum; Zentrum des westsizilian. Weinbaus mit Weinbauschule und zahlr. Weinkellereien; Fischfang, Fischkonservenfabrik, Ölmühlen. – Röm. Thermenanlagen (3. Jh. v. Chr.); Reste der antiken Stadtmauer; Dom (urspr. normannisch, im 18. Jh. barock umgestaltet). – M. liegt an der Stelle des antiken **Lilybaion** (lat. **Lilybacum**), das von den Karthagern nach der Zerstörung ihres Stützpunktes →Motya (397 v. Chr.) gegründet wurde und im 1. Pun. Krieg ihr letztes Bollwerk auf Sizilien war. Seit 241 v. Chr. römisch, verfiel die starke Seefestung nach dem Ende des Weströms. Reiches und wurde als **Marsa Ali** (›Hafen Alis‹) von den Sarazenen wieder aufgebaut. – Am 11. 5. 1860 landete hier G. GARIBALDI mit seinen 1 000 Freiwilligen.

Marsalis [mɑˈsɑːlis], Wynton, amerikan. Jazzmusiker (Trompete), * New Orleans (La.) 18. 10. 1961; erhielt seine Ausbildung im Jazz- sowie im klass. Trompetenspiel. 1980 spielte er in New York bei A. BLAKEY, später u. a. bei H. HANCOCK und D. GILLESPIE. M. zählt mit seiner perfekten Spieltechnik zu den herausragenden Vertretern des Neoklassizismus im Jazz der 1980er-Jahre; auch Einspielungen klass. Trompetenkonzerte, u. a. von J. HAYDN, L. MOZART und J. N. HUMMEL. Zus. mit seinem Bruder BRANFORD M. (* 1960; Tenorsaxophon) bildete er ein eigenes Quintett.

Marsa Matruh [-x], Hafenstadt und Badeort am Mittelmeer, in Ägypten, zw. Alexandria und der libyschen Grenze, 43 200 Ew.; Verw.-Sitz des Distr. ›Westl. Wüste‹; Schwammfischerei; Meerwasserentsalzungsanlage; Küstenstraße und Bahnlinie von Alexandria; Piste zur Oase Siwa; Flugplatz. In der Nähe Rommel-Museum (ehem. Hauptquartier).

Marsa Susa, Ort an der ostlibyschen Küste. – M. S. ist das im 7./6. Jh. v. Chr. von Griechen gegründete **Apollonia,** die Hafenstadt von Kyrene; in der späteren Kaiserzeit **Sozusa** genannt.

Marsberg, Stadt im Hochsauerlandkreis, NRW, an der Diemel, 240 m ü. M., 23 100 Ew.; Psychiatr. Kliniken; Glasindustrie und Papierverarbeitung. – Die kath. Pfarrkirche St. Peter und Paul (13./14. Jh.) in Obermarsberg, eine ehem. Benediktinerstiftskirche, wurde bald nach ihrer Zerstörung im Jahre 1646 wieder aufgebaut; frühgot. Nikolaikapelle (um 1247 begonnen) mit spätroman. S-Portal. – Die heutige Stadt entstand aus dem Zusammenwachsen der im frühen MA. im Schutz der Eresburg entstandenen Siedlungen Niedermarsberg (900 Markt- und Zollrechte, vermutlich im 11. Jh. Stadtrechte) und Obermarsberg (nach 1220 als Stadt gegründet).

Marsch [von frz. marche, zu marcher ›marschieren‹], 1) *Militärwesen:* Bewegung von Truppen in geschlossenen Abteilungen. M.-Formationen motorisierter Truppen sind ›M.-Kolonne‹ oder ›M. in Einzelgruppen‹.

2) *Musik:* ital. **Marcia** [ˈmartʃa], Musikstück, das durch gleichmäßige metr. Akzente im geraden (²/₄-, ²/₂-, ⁴/₄-)Takt das Gehen bzw. Marschieren im Gleichschritt unterstützt. Der M. besteht i. d. R. aus zwei Teilen von je 8–16 Takten, seit Mitte des 18. Jh. ergänzt durch ein ebenso gebautes Trio als Mittelteil in verwandter Tonart und von wärmerem Charakter.

Bereits der Chor der griech. Tragödie trug beim Auf- und Abtreten vom Aulos begleitete feierlich gemessene Bewegungen im anapäst. Rhythmus vor. Die wichtigste Form des M. ist der **Militär-M. (Armee-M.).** Zu der ins MA. zurückreichenden Trommler- und Pfeifermusik (›Kleines Spiel‹) der Landsknechtsfähnlein traten im 17. Jh. mit der Einführung des reglementierten Gleichschritts neue Instrumente (›Großes Spiel‹ mit Blasinstrumenten, Schlagzeug und Schellenbaum) hinzu. Seine Hochblüte erlebte der Militär-M. als Parade-, Präsentier-, Sturm-, Reiter- oder Regiments-M. zur Zeit FRIEDRICHS II. und der Befreiungskriege. Bekannte M. waren z. B. der Dessauer, Hohenfriedberger, Torgauer, Yorkscher M., Finn. Reiter-M., Rákóczi- und Radetzki-M.; nach 1871 ›Preußens Gloria‹, ›Alte Kameraden‹, ›In Treue fest‹. Eine Sonderform mit punktierter Rhythmik war der frz. Revolutions-M. (z. B. ›Marseillaise‹, 1792). Daneben diente der M. auch der Gestaltung von Festen und Feierlichkeiten beim Adel und Bürgertum (Ein- und Auszugs-, Triumph-, Huldigungs-, Hochzeits- und Trauer-M.) und wurde in zahlr. Operetten, Revuen, Varietés eine der beliebtesten Musizierformen des 19. Jh. In der Kunstmusik fand der M. über die venezian. Oper (C. MONTEVERDI, F. CAVALLI) Eingang in das frz. Opernballett (J.-B. LULLY) und von dort in

Mars von Todi; frühes 4. Jh. v. Chr. (Rom, Vatikanische Sammlungen)

die Orchester- und Klaviersuite (J. P. Krieger, F. Couperin) und in die österr. Serenadenmusik (Kassation, Divertimenti). Im 19. Jh. spielten M. aller Art (auch als M.-Lieder) in der Oper (L. van Beethoven, G. Meyerbeer, G. Verdi, R. Wagner), der Bühnenmusik (F. Mendelssohn Bartholdy), der Konzertmusik (H. Berlioz, G. Mahler) und in der Klaviermusik (F. Schubert, F. Chopin) eine bedeutende Rolle, bes. der Trauer-M. (ital. Marcia funebre, frz. Marche funèbre), der sich zur Trauermusik (R. Wagner, P. Hindemith) entwickelte. Neben seiner weiterhin repräsentativen Funktion (E. Elgar) erscheint der M. im 20. Jh. auch als Symbol der Bedrohung (A. Berg) oder als Mittel der Parodie (D. Schostakowitsch, B. A. Zimmermann). Eine eigene Tradition entstand mit den amerikan. Parade-M.; weltbekannt J. P. Sousas M. ›The Washington post‹ (1889), ›The stars and stripes‹ (1897). Daneben war die M.-Musik bes. von Bedeutung für die Entwicklung des Jazz (→Marchingbands). →Militärmusik.

K. Strom: Beitr. zur Entwicklungsgesch. des M. in der Kunstmusik bis Beethoven (Diss. München 1926); Hermann Schmidt: Verz. der Präsentier- u. Parade-M. ... (1940); J. Toeche-Mittler: Armee-M., 3 Bde. ($^{1-3}$1975–80); A. Hofer: Studien zur Gesch. des Militär-M., 2 Bde. (1988).

Marsch: Küstenmarsch bei Manslagt, Ortsteil der Gemeinde Krummhörn, Niedersachsen

Marsch [niederdt., verwandt mit lat. mare ›Meer‹] *die, -/-en*, niederländ. **Maar,** engl. **Marsh** [mɑːʃ], **Marais** [maˈrɛ], an Flachmeerküsten mit starker Gezeitenwirkung sich bildende Niederung (**Küsten-** oder **See-M.**), die an den Trichtermündungen der Flüsse weit ins Land hineinreicht (**Fluss-M.**); sie ist der zw. Watt und Geest etwa in Höhe des Meeresspiegels (z. T. auch tiefer) gelegene Teil der Küstenebene. Die M. sind in den letzten 7 500 Jahren (Holozän) durch natürl. Verlandung des →Watts entstanden, in histor. Zeit z. T. auch künstlich durch Eindeichung. Sie werden aus den von organ. Material durchsetzten sandigen oder tonigen schlammigen Ablagerungen (→Schlick) aufgebaut, die durch das Meer an die Küste transportiert oder durch die Flüsse (Flusstrübe) herangeführt und dort durch die Flut abgelagert werden (monatlich bis zu 3 mm). Der erhöhte Boden wird dann von Pflanzen besiedelt und wächst durch Sinkstoffzufuhr bei Sturmfluten auch über die Höhe des mittleren Tidenhochwassers hinaus. Zuerst werden die schweren, meist sandigen Schlicke abgelagert; dabei entsteht das **Hochland,** das großenteils für den Ackerbau geeignet ist. Aus dem weiter binnenwärts transportierten feineren, tonigen Material bildet sich das i. Allg. 1–2 m tiefer gelegene niedrige **Sietland** (die tiefste Stelle am Geestrand ist oft versumpft oder vermoort), das nur als Grünland genutzt werden kann. Mit der natürlich einsetzenden, v. a. aber durch die künstl. Landgewinnungsmaßnahmen bewirkten Absenkung des Grundwasserspiegels und der Auswaschung der Salze durch die Niederschläge beginnt die große Fruchtbarkeit der M. wirksam zu werden. Die dem →Gley nahe stehenden, zu den Grundwasserböden zählenden, kalk- (bis 20 %, meist aber unter 10 % Calciumcarbonat, v. a. aus Muschel- und Schneckenschalen), nährstoff- und humusreichen, meist leicht anmoorigen Böden (**M.-, Klei-, Koog-** oder **Polderboden**) verlieren im Laufe der Geestrand erst durch Entkalkung, Verdichtung u. a. Vorgänge an Wert; man unterscheidet **Jung-M.** und **Alt-M.** Die im Brackwasserbereich entstandenen M. (**Brack-M.**) haben von vornherein einen geringeren Kalkgehalt; v. a. in ihren Böden bildet sich oft an der Obergrenze des Grundwassers infolge Auswaschung des Oberbodens ein stark verdichteter Bodenhorizont (**Knick**); hier spricht man von **Knick-M.** – Die Küsten- und Fluss-M. an der dt. Nordseeküste umfassen rd. 5 500 km².

Die großflächige Besiedlung der höher gelegenen M. der dt. Nordseeküste begann in der ausgehenden Bronzezeit, unterbrochen von Zeiten stärkerer Überflutung (bes. 4./3. Jh. v. Chr.). Wegen des im 1. Jh. n. Chr. erneut einsetzenden Meeresspiegelanstiegs (Dünkirchener Transgression) erhöhten die Bewohner ihre Siedlungsplätze durch Anlegen von Wurten, in den Niederlanden bereits seit etwa 500 v. Chr. Im 4./5. Jh. wurden die Wurten verlassen (Auswanderung), um 700 die M. neu besiedelt, seit etwa 800 mit erneutem Wurtenbau. Seit dem 11. Jh. begann man, das Land durch einzelne Deiche zu schützen. In der hochmittelalterl. Ausbauperiode wurde das bis dahin unerschlossene Sietland durch M.-Hufenkolonien planmäßig erschlossen (ab 1100). Nachdem im Spät-MA durch mehrere katastrophale Meereseinbrüche große Landgebiete verloren gegangen waren, führte man seit dem 16. Jh. eine großräumige, geschlossene Eindeichung durch, durch die zunehmend auch Neuland gewonnen wurde. Die M. wird durch Kanäle zum freien Watt hin entwässert, an deren Enden Schleusen (Siele) das Eindringen der Flut verhindern. Das eingedeichte M.-Land heißt nördlich der Elbe Koog, in Ostfriesland und den Niederlanden Polder, das außerhalb der Deiche liegende, bei normalem Hochwasser nicht mehr überflutete Heller.

H. Kuntze: Die Marschen – schwere Böden in der landwirtschaftl. Evolution (1965); G. Brümmer: Unterss. zur Genese der M. (Diss. Kiel 1968); H.-J. Nitz: Die mittelalterl. u. frühneuzeitl. Besiedlung von M. u. Moor zw. Ems u. Weser, in: Siedlungsforschung, Bd. 2 (1984); H. Müller-Wille: Mittelalterl. u. frühneuzeitl. Siedlungsentwicklung in Moor- u. M.-Gebieten, in: ebd. (1984); Studien zur Küstenarchäologie Schleswig-Holsteins, Serie C, zur zahlr. Bde. ber. (1988 ff.).

Marschak, Maršak [-ʃ-], Samuil Jakowlewitsch, russ. Schriftsteller, * Woronesch 3. 11. 1887, † Moskau 4. 7. 1964; mit M. Gorkij befreundet, bei dem er 1904–06 in Jalta lebte; einer der bedeutendsten sowjetruss. Autoren von Kinderliteratur (Versdichtungen, Erzählungen, Theaterstücke); schrieb auch formstrenge Gedankenlyrik und Epigramme, satir. Werke sowie literaturkrit. Essays.

Werke: *Kinderliteratur:* Bagaž (1926; dt. Das Gepäck); Mister Tvister (1933; dt.); Dvenadcatʼ mesjacev (1943; dt. Die zwölf Monate); Umnye vešči (hg. 1966; dt. Die klugen Dinge).

Ausgabe: Sobranie sočinenij, 8 Bde. (1968–72).

Marschall [ahd. marahscalc ›Pferdeknecht‹, zu marah ›Pferd‹ und scalc, urspr. ›Knecht‹], früher auch **Marschalk,** Inhaber eines der vier german. Hausämter, zuständig für die Stallungen und die Versorgung der Pferde bei den wechselnden Aufenthalten des Hofes; später mit der Quartierbeschaffung für den gesamten Hofstaat (**Hof-M.**) und (mit dem Aufkommen der Ritterheere) mit dem Oberbefehl im Krieg betraut (später →Feldmarschall). Das M.-Amt folgt der Entwicklung der Hausämter zu →Erzämtern, ministerial. →Hofämtern und kaiserl. Haushofämtern. Als **Erz-M.** erscheint seit dem Ende des 12. Jh. der Herzog von Sachsen (seit 1356 von Sachsen-Wittenberg). Unter den Reichserbämtern (→Erbämter) hat das des **Erb-M.** die größte Bedeutung erlangt; bis zum Ende des Heiligen Röm. Reiches (1806) lag es in den Händen der Familie von Pappenheim. – Der **Land-M.** (Landerbmarschall) war Führer der Ritterschaft bei den Ständetagungen. – Bei den geistl. Ritterorden war der **Ordens-M.** Befehlshaber des Ordensheeres. – Im MA. gehörte es zu den Riten der Kaiserkrönung durch den Papst, dass der Kaiser ihm Strator- und M.-Dienst tat, indem er dem Papst das Pferd am Zügel führte und ihm die Steigbügel hielt.

Marschallstab, Zeichen eines hohen Truppenführers (Marschall, Feldmarschall, Generalfeldmarschall, Großadmiral), in Preußen Mitte des 19. Jh. eingeführt. Die preuß.-dt. M. trugen auf blauem Samt goldene Kronen und herald. Adler, an den Endflächen schwarze Adler auf weißem Grund. Der M. geht urspr. zurück auf den im Spät-MA. aufgekommenen Kommandostab, der sowohl Würdezeichen der Inhaber sein konnte. Kommandostellen als auch hoher Justiz- und Hofbeamter war.

Marschall von Bieberstein, Adolf Freiherr, Politiker, *Karlsruhe 12. 10. 1842, †Badenweiler 24. 9. 1912; leitete 1890–97 als Staats-Sekr. das Auswärtige Amt, war 1897–1912 Botschafter in Konstantinopel; setzte sich für einen Ausgleich mit Großbritannien ein und förderte, bes. in seiner Botschafterzeit, den dt. Einfluss im Orient.

Marschall Vorwärts, volkstüml. Name des preuß. Feldmarschalls G. L. Fürst BLÜCHER VON WAHLSTATT.

Marsch auf Rom, ital. **Marcia su Roma** [ˈmartʃa-], faschist. Demonstration in Italien vom 27. bis 31. 10. 1922, trugen zur Zerstörung der liberalen Demokratie in Italien bei. Am 24. 10. hatte B. MUSSOLINI in Neapel angekündigt, er werde – notfalls auch mit Gewalt – in die Regierung eintreten. In der Nacht vom 27./28. 10. besetzten in N-Italien faschist. Gruppen Telefonzentralen und Bahnhöfe und rückten dann in Sammelpunkte etwa 50 km vor Rom (Hauptquartier Perugia) vor, wo sie von regierungstreuer Polizei und Truppen aufgehalten wurden. König VIKTOR EMANUEL III. weigerte sich jedoch am Morgen des 28. 10., den von der Regierung Facta beschlossenen Ausnahmezustand zu verkünden; stattdessen beauftragte er am 29. 10. MUSSOLINI mit der Neubildung der Regierung. Am Abend des 30. 10. kamen etwa 30 000 Faschisten mit Sonderzügen nach Rom und paradierten am 31. 10. vor dem König und MUSSOLINI.
G. VENÉ: Cronaca e storia della marcia su Roma (Venedig 1982).

Marschflugkörper, das →Cruisemissile.

Marschfraktur, Deutschländer-Fraktur [nach dem Orthopäden CARL E. DEUTSCHLÄNDER, *1872, †1942], durch anhaltende starke Überbelastung (lange Märsche, große Traglasten) hervorgerufener, sich allmählich ausbildender Ermüdungsbruch eines (bes. des zweiten) Mittelfußknochens; aufgrund der gleichzeitigen Verdickung der umgebenden Knochenhaut (**Marschgeschwulst**) tritt meist keine Bruchverschiebung auf. Begünstigend wirken Fußdeformitäten (v. a. Platt- und Spreizfuß). Die *Behandlung* erfolgt durch Ruhigstellung im Gipsverband und anschließenden Gebrauch von Einlagen.

Marschhufendorf Krummendeich, Landkreis Stade, Niedersachsen

Marschhufendorf, ein Reihendorf in Marschgebieten längs eines Entwässerungskanals. Der Landbesitz schließt in gereihten Langstreifen an die Hofanlagen an. M. gibt es bes. in den Niederlanden und etwa seit dem 10. Jh. in Nord-Dtl. in Gebieten, wo Niederländer an der Entwässerung mitwirkten. (→Dorf)

Marschmusik, →Marsch.

Marschner, Heinrich August, Komponist, *Zittau 16. 8. 1795, †Hannover 14. 12. 1861; wurde 1824 Musikdirektor der Oper in Dresden, war 1827–31 Leiter des Orchesters am Stadttheater in Leipzig und 1831–59 Hofkapellmeister in Hannover. Als Repräsentant der romant. Oper steht er in der Nachfolge C. M. VON WEBERS. Während aber bei WEBER psycholog. Gegensätze noch auf mehrere Gestalten verteilt werden, sind sie bei M. in einer einzigen, seelisch gespaltenen Figur (z. B. Hans Heiling) dargestellt. Dieser Zug weist – ebenso wie eine Hinwendung zur durchkomponierten Oper mit Leit- und Erinnerungsmotiven – bereits auf R. WAGNER (z. B. ›Der fliegende Holländer‹) voraus. Neben 13 Opern (u. a. ›Der Vampyr‹, 1828; ›Der Templer und die Jüdin‹, 1829; ›Hans Heiling‹, 1833), zwei Singspielen und sechs Schauspielmusiken schrieb M. Kammermusik, Klavierwerke, mehr als 420 Klavierlieder, eine Messe und über 120 Männerchöre.
G. HAUSSWALD: H. M. (1938); S. GOSLICH: Die dt. romant. Oper (1975); A. D. PALMER: H. A. M., 1795–1861. His life and stage works (Ann Arbor, Mich., 1980); H. M., Königl. Hofkapellmeister in Hannover, bearb. v. B. WEBER (1995).

Marschtriebwerk, Schubtriebwerk, ein Turbinenluftstrahltriebwerk, das Senkrechtstartflugzeugen die Schubkraft für den Horizontalflug liefert.

Marsé Carbo [marˈse ˈkarβo], Juan, katalan. Schriftsteller, *Barcelona 8. 1. 1933, Autodidakt; 1972–77 Chefredakteur der satir. Zeitschrift ›Por favor‹. Sein in span. Sprache geschriebenes Erzählwerk demaskiert die span. Gesellschaft seit dem Bürgerkrieg. Die Klassengegensätze v. a. in Katalonien, die allgemeine Orientierungslosigkeit, Dekadenz, religiöse und soziale Heuchelei des Bürgertums, Sexualität und Gewalt sind die Hauptthemen seiner Romane.
Werke: *Romane:* Encerrado con un solo juguete (1960); Últimas tardes con Teresa (1966; dt. Letzte Tage mit Teresa); La oscura historia de la prima Montse (1970; dt. Die obskure Liebe der Montserrat Claramunt); Si te dicen que caí (1973; dt. Wenn man dir sagt, ich sei gefallen …); La muchacha de las bragas de oro (1978); Un día volveré (1982); Ronda del Guinardó (1984; dt.); El amante bilingüe (1990; dt. Der zweisprachige Liebhaber); El embrujo de Shanghai (1993; dt. Der Zauber von Shanghai). – *Kritik:* Señoras y señores (1978).

Heinrich August Marschner (Holzstich, um 1850)

Mars Marseillaise–Marseille

Marseille: Blick über den Alten Hafen auf die auf einem 150 m hohen Kalksteinfelsen gelegene Wallfahrtskirche Notre-Dame-de-la-Garde

Marseille
Stadtwappen

- größte Hafenstadt Frankreichs
- am Mittelmeer östlich des Rhônedeltas
- 1,23 Mio. Ew. in der Agglomeration
- zwei Univ. Aix-Marseille
- Alter Hafen ›Vieux Port‹
- internat. Flughafen
- Wahrzeichen ist die Wallfahrtskirche Notre-Dame-de-la-Garde
- griechische Gründung (um 600 v. Chr.)
- seit antiker Zeit bedeutendste Handelsstadt im westl. Mittelmeer
- im 12./13. Jh. Stadtrepublik
- seit 1669 Freihafen
- starker Aufschwung zur Kolonialzeit

S. AMELL: La narrativa de J. M., contador de aventis (Madrid 1984).

Marseillaise [marsɛˈjɛːz] *die, -,* frz. Nationalhymne. Urspr. als ›Kriegslied der Rheinarmee‹ 1792 von C. J. ROUGET DE LISLE verfasst (die Urheberschaft der Vertonung nach zeitgenöss. Melodien ist strittig), wurde sie am 30. 7. 1792 beim Einzug eines Marseiller Freiwilligenbataillons in Paris erstmals gesungen. Die M. wurde per Dekret 1795 (endgültig 1879) frz. Nationalhymne. Die 7. Strophe (›Strophe der Kinder‹) wurde nachträglich von F.-J. GOSSEC hinzugefügt.

H. HUDDE: Un air et mille couplets. La M. et ›les Marseillaises‹ pendant la Révolution, in: La chanson française et son histoire, hg. v. D. RIEGER (Tübingen 1988); H. LUXARDO: Histoire de la M. (Paris 1989).

Marseille [marˈsɛj], bedeutendste Hafenstadt Frankreichs, mit 800 000 Ew. im Stadtgebiet zweitgrößte Stadt des Landes (der Ballungsraum M. liegt mit 1,23 Mio. Ew. nach Paris und Lyon an dritter Stelle). M. liegt am Mittelmeer östlich des Rhônedeltas in einer vor Versandung und dem Mistral geschützten Bucht des Golfe du Lion und erstreckt sich bis in die umgebenden Kalkhügel; ist Verw.-Sitz des Dép. Bouches-du-Rhône und Hauptstadt der Region Provence-Alpes-Côte-d'Azur, Sitz eines kath. Erzbischofs. M. hat zwei Univ. (Aix-M.; gegr. 1970 bzw. 1973), eine höhere Ingenieur- und höhere Chemieschule, Observatorium; zahlr. Kunstmuseen, archäolog. Museum, Musée des Docks Romains (röm. Funde aus Unterwassergrabungen im Alten Hafen), Bibliotheken; Theater, Oper; Börse, mehrere Handelskammern, Messe. Westlich von M. liegt die Motorsport-Rennstrecke Circuit Paul Ricard (5,8 km lang). Der Hafen ist mit einem Umschlag von (1996) 92 Mio. t drittgrößter Europas (nach Rotterdam und Antwerpen) und größter des europ. Mittelmeerraumes. Er bewältigt rd. ein Drittel des frz. Seeverkehrs. Der Umschlag von Rohöl und Mineralölprodukten hat mit (1996) 62,3 Mio. t den Hauptanteil am Gesamtumschlag. Der autonome Hafen M. umfasst die städt. Hafenbecken, den Erdölhafen →Lavéra am Golf von →Fos, die Hafenanlagen am Étang de Berre und den Vorhafen Port-Saint-Louis-du-Rhône in der Rhônemündung. Der Alte Hafen dient als Fischerei-, Jacht- und Fährhafen. Die alte Schiffsverbindung **M.-Rhône-Kanal** (M.–Rove-Tunnel–Étang de Berre–Port-de-Bouc–Port-Saint-Louis-du-Rhône) ist im ersten Teil (Rove-Tunnel) außer Funktion (→Berre). M. ist der Ausgangspunkt der Südeurop. Pipeline und einer Pipeline nach Genf. Eine bedeutende Rolle spielt M. auch als Passagier- und Fischereihafen. Zu den wichtigsten Industriezweigen gehören außer der Erdöl- und petrochem. Industrie Hüttenwerke, Zement- und chem. Industrie, Schiffbau u. a. Metall verarbeitende Betriebe sowie eine bedeutende Nahrungsmittelindustrie (importorientiert). Der internat. Flughafen Marignane steht unter den frz. Flughäfen an vierter Stelle. Die Anbindung von M. an das frz. Hochgeschwindigkeitsnetz der Eisenbahn (TGV) ist als Verlängerung der Strecke Paris–Lyon im Bau.

Stadtbild: Aus dem 3./2. Jh. v. Chr. wurden Teile der griech. Befestigungs- und Hafenanlagen freigelegt (heute Freilichtmuseum). 1992/93 entdeckten frz. Forscher bei Ausgrabungsarbeiten in der Nähe des Alten Hafens u. a. ein phöniz. Schiffswrack des 6./5. Jh. Die Kirche Saint-Victor, im 5. Jh. gegr. (die alte Basilika mit Atrium und Katakombe dient als Krypta), wurde im 13. Jh. an der Stelle eines frühroman. Baus neu errichtet, im 14. Jh. erweitert; Alte Kathedrale (im 12. Jh. erneuerter früherer Bau, spätere Veränderungen; mit Chapelle Saint-Lazare, 1481). Das Rathaus, das Hôtel-Dieu und die Forts Saint-Jean und Saint-Nicolas am Eingang des Alten Hafens stammen aus dem 17. Jh.; der ehem. Justizpalast wurde 1743–47 erbaut; seit Mitte des 19. Jh. entstanden u. a. die Börse, die Neue Kathedrale und Notre-Dame-de-la-Garde auf einem 150 m hohen Kalksteinfelsen; im Palais Longchamps (1862–70) ist heute eine Gemäldegalerie untergebracht. Das ehem. Armenhospiz Vieille Charité (17. Jh., von P. PUGET) wurde restauriert und modernisiert und beherbergt die Museen für mediterrane Archäologie sowie für afrikan., ozean. und lateinamerikan. Kunst. Für die zeitgenöss. Kunst entstand das Museum für Gegenwartskunst (1994 eröffnet), während sich die Sammlung frz. Kunst von 1880 bis 1960 im Musée Cantini befindet. Im S der Stadt schuf LE CORBUSIER 1947–52 ein auf 7,5 m hohen Betonpfeilern (Piloten) ruhendes Wohnhochhaus (›Unité d'Habitation‹) mit 350 Wohnungen und einem Ladengeschoss (BILD →Le Corbusier). Im Rahmen des städtebaul. Großprojektes ›Euro-Meditérranée‹ werden u. a. die ehem. Docks zu einem modernen Dienstleistungszentrum umgebaut (Architekt: ERIC CASTALDI) sowie große Teile der nördl. Innenstadt neu gestaltet.

Geschichte: M., griech. **Massalia**, lat. **Massilia**, wurde um 600 v. Chr. von Griechen aus Phokaia (Kleinasien) gegründet und entwickelte sich schnell zur bedeutendsten Handelsstadt im westl. Mittelmeer (Verbindungen bis zum Rheinland und der Ägäis) mit großem kulturellem Einfluss bes. auf Ligurer und Gallier. M. gründete selbst mehrere Kolonien an der südfrz. und span. Küste, so Monoikos (Monaco), Nikaia (Nizza) und Emporion (Ampurias) und schuf sich ein Herrschaftsgebiet bis weit ins Binnenland. Im Jahr 49 v. Chr. wurde M. Teil der röm. Prov. Gallia Narbonensis. Im 5. und 6. Jh. n. Chr. stand M. unter got., dann unter fränk. Herrschaft. Stadtherren waren der Bischof (Bistum seit 314) und, in Teilen der Unterstadt, der Abt des Klosters Saint-Victor. Nach dem Aussterben der von den Karolingern eingesetzten Vizgrafen (1192) wurde M. Stadtrepublik. Durch die Kreuzzüge erlebte es eine neue wirtschaftl. Blüte, die mit der Unterwerfung durch den Grafen der Provence, KARL I. VON ANJOU (1252), endete. 1481 fiel M. mit der Provence an die frz. Krone. Der Handel entwickelte sich wieder seit dem Ende des 16. Jh. (1599 Gründung der Handelskammer, 1669 Freihafen). Einen Niedergang bewirkte die Pest von 1720 (40 000 Tote) und die napoleon. Kontinentalsperre (1806–14). Dann folgte ein ständiger Aufschwung, begünstigt durch die frz. Erwerbungen in N-Afrika (seit 1830). Der Hafen wurde ab 1844 ausgebaut. Die Bev. stieg von (1816) 107 000 Ew. auf (1851) 195 000, (1866) 300 000 und (1891) 404 000 Ew. 1800 löste M. Aix-en-Provence als Dép.-Hauptstadt ab.

P. GUIRAL u. P. AMARGIER: Histoire de M. (Paris 1983); Histoire de M., hg. v. É. BARATIER (Neuausg. Toulouse 1990).

Marsen, german. Volk, das zw. Ruhr und Lippe siedelte, 9 n. Chr. an der →Varusschlacht gegen die Römer teilnahm und 14 n. Chr. von GERMANICUS überfallen wurde. 41 n. Chr. fanden die M. letztmals Erwähnung.

Marser, lat. **Marsi,** altitalisches, zu den Sabellern gehörendes Hirtenvolk mit dem Hauptort Marruvium am Fuciner See. 308 v. Chr. erstmals mit Rom verbündet, erhoben sich die M. 91 v. Chr. gegen dieses (**Marsischer Krieg,** →Bundesgenossenkriege).

Marsfeld, 1) lat. **Campus Martius,** im antiken Rom die Ebene zw. dem Tiberbogen, der Via Flaminia und dem Kapitol, die als Exerzierplatz für die röm. Miliz und als Versammlungsplatz für die Zenturiatkomitien (→Komitien) diente; auch Austragungsort von Pferde- und Wagenrennen sowie Ausgangspunkt der Triumphzüge. Das M. lag außerhalb Roms und wurde erst durch die Aurelian. Mauer (→Aurelian) in das Stadtgebiet einbezogen. Seit dem 1. Jh. v. Chr. wurde es mit öffentl. Gebäuden, Tempeln (u. a. Pantheon), Thermen, Theatern u. a. ausgestaltet (z. B. Ara Pacis Augustae und Sonnenuhr des AUGUSTUS). Seit dem MA. war das M. eine bevorzugte Wohngegend Roms. **2)** frz. **Champ de Mars** [ʃãdˈmars], urspr. militär. Übungsplatz in Paris; seit 1867 Ausstellungsgelände; zur Weltausstellung 1889 wurde auf dem M. der Eiffelturm errichtet. – Am 17. 7. 1791 kam es zum **Blutbad auf dem M.,** als die Nationalgarde hier eine antiroyalist. Massenkundgebung auseinander trieb.

Marsgebirge, tschech. **Chřiby** [xrʃibi], waldreiches Sandsteinbergland in S-Mähren, Tschech. Rep., bis 587 m ü. M., von der March durchbrochen.

Marsh [mɑːʃ], Dame (seit 1966) Edith Ngaio, neuseeländ. Schriftstellerin, *Christchurch 23. 4. 1899, †ebd. 18. 2. 1982. Nach dem Kunststudium in Canterbury arbeitete sie als Theaterregisseurin in London, später in Christchurch (zahlr. Shakespeare-Inszenierungen). Viele ihrer Kriminalromane (z. T. von ihr selbst dramatisiert) spielen im Theatermilieu, andere in ländl. Gegenden Englands und Neuseelands. Ihre bekannteste Gestalt ist Inspektor Roderick Alleyn von Scotland Yard.

Werke: *Romane:* A man lay dead (1934; dt. Das Todesspiel); Death in ecstasy (1936; dt. Tod in der Ekstase); Colour scheme (1943; dt. Bei Gefahr Rot); Hand in glove (1962; dt. Der Handschuh); When in Rome (1970; dt. Im Preis ist sterben inbegriffen); Tied up tinsel (1972; dt. Der Tod eines Schneemanns). – *Autobiographie:* Black beech and honeydew (1965).

K. S. MACDORMAN: N. M. (Boston, Mass., 1991).

Marshall [mɑːʃl], **1)** Alfred, brit. Volkswirtschaftler, *Clapham (heute zu London) 26. 7. 1842, †Cambridge 13. 7. 1924; Prof. in Cambridge (1885–1908), gilt als Mitbegründer der Neoklassik; systematisierte u. a. die Lehren von D. RICARDO, J. S. MILL, A. A. COURNOT, J. H. VON THÜNEN sowie der dt. histor. Schule und formalisierte sie durch mathemat. Formulierung, z. B. durch den Begriff der →Elastizität und der geometr. Darstellung. M. bereicherte auch die Wertlehre (Einführung der lang- und kurzfristigen Betrachtung), die Geld- und Außenwirtschaftstheorie sowie die Wirtschaftsgeschichte.

Werke: The principles of economics (1890; dt. Hb. der Volkswirtschaftslehre); Industry and trade (1919); Money, credit and commerce (1923); Memorials (hg. 1925); The official papers (hg. 1926).

2) Bruce, schott. Schriftsteller, *Edinburgh 24. 6. 1899, †Cap d'Antibes (Dép. Alpes-Maritimes) 18. 6. 1987; konvertierte zum Katholizismus; lebte ab 1926 in Frankreich; 1945 Mitgl. der alliierten Kontrollkommission in Wien. Seine von undogmatisch-kath. Weltsicht geprägten Romane behandeln humorvoll-ironisch v. a. Existenzprobleme der kath. Kirche in der modernen Welt und kritisieren Zeiterscheinungen (›Father Malachy's miracle‹, 1931; dt. ›Das Wunder des Malachias‹). M. schrieb auch polit. Romane (›The red Danube‹, 1947, dt. ›Die rote Donau‹; ›The fair bride‹, 1953, dt. ›Du bist schön, meine Freundin‹).

Weitere Werke: *Romane:* All glorious within (1944; dt. Die Welt, das Glück u. Father Smith, auch u. d. T. Alle Herrlichkeit ist innerlich); The divided lady (1960; dt. Die Dame Mila); Father Hilary's holiday (1965; dt. Pater Hilarys Urlaub); Flutter in the dovecote (1986).

3) George Catlett, amerikan. General und Politiker, *Uniontown (Pa.) 31. 12. 1880, †Washington (D. C.) 16. 10. 1959; organisierte als Generalstabschef (1939–45) den Aufbau der Armee auf der Grundlage der allgemeinen Wehrpflicht, nahm als oberster militär. Berater von Präs. F. D. ROOSEVELT an den Gipfelkonferenzen der Alliierten teil und hatte starken Einfluss auf deren strateg. Planung. 1945/46 Sonderbotschafter in China, suchte er erfolglos zw. CHIANG KAI-SHEK und den Kommunisten zu vermitteln. Als Außen-Min. (1947–49) leitete er mit G. F. KENNAN und D. G. ACHESON die Politik des →Containment durch Stabilisierung und Stärkung der wirtschaftl. und polit. Widerstandskraft der westeurop. Staaten ein (Marshallplan, →ERP). 1950/51 war M. Verteidigungs-Min. Er erhielt 1953 den Friedensnobelpreis und 1959 den Internat. Karlspreis der Stadt Aachen.

L. MOSLEY: M. (New York 1982); F. C. POGUE: G. C. M., 4 Bde. (Neudr. New York 1986–89).

George C. Marshall

4) John, amerikan. Jurist und Politiker, *bei Germantown (heute Midland, Va.) 24. 9. 1755, †Philadelphia 6. 7. 1835; Rechtsanwalt und Abg. in Virginia, 1797/98 in diplomatischer Mission in Frankreich, 1799–1800 Föderalist im Repräsentantenhaus, 1800/01 Außen-Min. unter Präs. J. ADAMS und seit 1801 Chief Justice des Supreme Court (Oberster Bundesrichter). M. verschaffte dem Normenkontrollrecht des Gerichts (›judicial review‹) dauernde Geltung und machte damit die richterl. Gewalt der Legislative und der Exekutive ebenbürtig. In wichtigen Entscheidungen festigte er den Vorrang des Bundesrechts vor dem einzelstaatl. Recht. Das hohe Ansehen und polit. Gewicht des Supreme Court gehen bes. auf M. zurück.

Ausgabe: The papers of J. M., hg. v. H. A. JOHNSON u. a., 5 Bde. (1974–87).

A. J. BEVERIDGE: The life of J. M., 2 Bde. (Neuausg. Boston, Mass., 1944–47); F. N. STITES: J. M., defender of the Constitution (ebd. 1981).

5) Paule, amerikan. Schriftstellerin barbad. Herkunft, *New York 19. 4. 1929. In ihrem stark autobiograph. Werk schildert sie Einflüsse der karibisch-afrikan. Kultur ihrer aus Barbados eingewanderten Eltern (›The chosen place, the timeless people‹, 1969) und betont die schwierige Identitätsfindung einer afroamerikan. Frau (›Brown girl, brownstones‹, 1959). M. greift auf die mündl. Erzähltradition der Schwarzen zurück, bindet Einzelschicksale in gesellschaftl. Entwicklungen ein und lässt so die Präsenz Afrikas in der Neuen Welt spürbar werden.

Weitere Werke: *Romane:* Praisesong for the widow (1983; dt. Ein Loblied für die Witwe); Daughters (1991). – *Kurzgeschichten:* Soul clap hands and sing (1961); Reena and other stories (1983).

Marshall Center [ˈmɑːʃ ˈsentə], das nach dem amerikan. General und Politiker G. C. MARSHALL benannte Zentrum für Sicherheitsstudien in Garmisch-

Mars Marshallinseln

Partenkirchen, das dem Kommando der US-Streitkräfte in Europa (Hauptquartier Stuttgart) untersteht. Am 5. 6. 1993 offiziell eröffnet, dient das M. C. als akadem. Einrichtung der Förderung der Grundsätze und Abläufe der Verteidigung in einer Demokratie und wendet sich besonders an Offiziere, Diplomaten und zivile Verteidigungsbedienstete. Neben einem ›College für strateg. Studien und Verteidigungsökonomie‹ gehört zum M. C. das ›Institut für Eurasische Studien‹ sowie das ›Forschungs- und Kongresszentrum‹.

Marshallinseln

Fläche 181 km^2
Einwohner (1995) 54 700
Hauptstadt Dalap-Uliga-Darrit (auf Majuro)
Amtssprachen Marshallesisch und Englisch
Nationalfeiertage 1.5., 17.9.
Währung 1 US-Dollar (US-$) = 100 Cents (c, ¢)
Uhrzeit 23^{00} auf Majuro = 12^{00} MEZ

Marshallinseln [ˈmɑːʃl-], amtliche Namen: marshallesisch **Majōl**, englisch **Republic of the Marshall Islands** [rɪˈpʌblɪk ɒv ðə ˈmɑːʃl ˈaɪləndz], Staat im westl. Pazifik, umfasst die gleichnamige, zum östl. Mikronesien zählende Inselgruppe, zw. 5° und 15° n. Br. sowie 162° und 173° ö. L., gegliedert in zwei über rd. 1 200 km Länge gestreckte Atollreihen mit zus. über 1 200 Inseln mit einer Landfläche von 181 km^2 und einem Seegebiet von über 1,3 Mio. km^2, (1995) 54 700 Ew.; Hauptstadt ist Dalap-Uliga-Darrit (auf dem Hauptatoll Majuro), Amtssprachen sind Marshallesisch (eine mikrones. Sprache) und Englisch. Währung: 1 US-Dollar (US-$) = 100 Cents (c, ¢). Uhrzeit: 23^{00} auf Majuro = 12^{00} MEZ.

STAAT · RECHT

Verfassung: Seit der Aufhebung der Treuhandschaft der UNO am 22. 12. 1990 sind die M. eine unabhängige Rep.; die Verantwortung für die äußere Sicherheit verblieb jedoch im Rahmen des 1983 durch Referendum gebilligten ›Compact of Free Association‹ bei den USA. Die bereits am 1. 5. 1979 in Kraft getretene Verf. gilt fort. Danach fungiert der vom Parlament aus seinen Reihen auf vier Jahre gewählte Präs. als Staatsoberhaupt und Reg.-Chef. Die gesetzgebende Gewalt liegt beim Parlament (Nitijela; 33 Abg. für vier Jahre gewählt), dem ein 12-köpfiger Rat der Stammesführer (Iroij) beratend zur Seite steht.

Wappen: Die M. besitzen noch kein Staatswappen, jedoch ein Staatssiegel. Die darauf abgebildete Figur mit ausgebreiteten Flügeln auf blauem Grund symbolisiert den Geist des Friedens über dem Pazifik, über der Figur befindet sich der bereits in der Staatsflagge vorhandene Stern. Um die Figur sind alte Werkzeuge, Fischernetz, Kanu sowie eine Insel mit Kokospalmen gruppiert. Auf dem Schriftband um die obere Siegelhälfte ist der amtl. Staatsname in engl. Sprache angegeben, um die untere in Marshallesisch ›Jepilpilin ke Ejukaan‹ (›Lang lebe die Nation‹).

Nationalfeiertag: 1. 5. (In-Kraft-Treten der Verfassung 1979) und 17. 9. (UNO-Beitritt 1991).

Verwaltung: Es gibt 24 Bez., die in Gemeinden (Municipalities) mit gewählten Administrationen und Räten sowie Dörfer mit weitgehend traditionellen Verwaltungsstrukturen untergliedert sind.

LANDESNATUR · BEVÖLKERUNG

Die Inselgruppe besteht aus zwei sich über rd. 1 200 km Länge etwa parallel erstreckenden Atollreihen mit zus. über 1 200 Inseln. Die Ratakgruppe im O umfasst 16 Atolle und Einzelinseln (Hauptatoll Majuro: 30 km^2, 23 000 Ew.), die Ralikgruppe im W 18 Atolle, darunter →Jaluit (17 km^2), →Kwajalein (29 km^2), →Bikini (6 km^2) und →Eniwetok (27 km^2). Die höchste Erhebung liegt 10 m ü. M. (auf Likjeb).

Klima: Die Temperaturen des trop. Klimas (durchschnittlich 28°C, mit sehr geringen Schwankungen) werden durch die Passatwinde gemildert. Die Niederschläge (Minimum Januar bis März) nehmen von 500–800 mm/Jahr im N auf bis über 4 000 mm im S zu. Zw. Dezember und März durchziehende Wirbelstürme (Taifune) richten oft große Schäden an.

Vegetation und Tierwelt: Die Vegetation besteht überwiegend aus Kokospalmen, Schrauben- und Brotfruchtbäumen. Zahlr. Vogelarten sind heimisch.

Bevölkerung: 97% der Bewohner sind Mikronesier (außerdem Polynesier und US-Amerikaner). Die letzten Jahrzehnte waren durch ein schnelles Bev.-Wachstum gekennzeichnet (1958: 14 200, 1980: 30 900 Ew.), das durchschnittlich jährlich (1985–94) 3,0% beträgt. Mehr als zwei Drittel der Bev. leben auf Majuro (in der Hauptstadt Dalap-Uliga-Darrit 20 000 Ew.) und Kwajalein. Sie sind weitgehend an die amerikan. Lebensweise angepasst und arbeiten v. a. im Dienstleistungsbereich. Auf kleineren Inseln lebt die Bev. dagegen weiterhin von der Subsistenzlandwirtschaft.

Religion: Es besteht Religionsfreiheit. Die dominierende Religion ist das Christentum. Rd. 86% der Bev. gehören prot. Kirchen (›United Church of Christ‹, Pfingstler, Kongregationalisten) an, rd. 8% der kath. Kirche (Apostol. Präfektur M.).

Bildungswesen: Schulpflicht besteht im Alter von 6 bis 14 Jahren. Es gibt 70 staatl. und 16 private (kirchl.) Grundschulen sowie zwei staatl. und sechs private weiterführende Schulen. Die Analphabetenquote beträgt 9%. Auf Majuro besteht das College of the Marshall Islands. Die M. gehören zu den Trägern der University of the South Pacific, die 1995 eine Hochschuleinrichtung in Dalap-Uliga-Darrit eröffnete.

Publizistik: Presse: ›Marshall Islands Gazette‹ (gegr. 1982; regierungsamtlich), ›Kwajalein Hourglass‹ (gegr. 1954; zweimal wöchentlich) und ›Marshall Islands Journal‹ (gegr. 1970; wöchentlich). – *Rundfunk:* Der der Reg. unterstehende, aber kommerziell arbeitende Hörfunksender ›Radio Marshalls V7AB‹ strahlt Programme in Englisch und Marshallesisch aus, ein weiteres Programm wird von der privaten Hörfunkanstalt ›Marshall Broadcasting Co.‹ verbreitet, das US-Verteidigungsministerium betreibt je einen Hörfunk- und einen Fernsehkanal für den Militärstützpunkt Kwajalein Island.

Klimadaten von Jaluit (2 m ü. M.)

Monat	Mittleres tägl. Temperaturmaximum in °C	Mittlere Niederschlagsmenge in mm	Mittlere Anzahl der Tage mit Niederschlag	Mittlere tägl. Sonnenscheindauer in Stunden	Relative Luftfeuchtigkeit nachmittags in %
I	30,0	259	17	7,2	78
II	30,6	216	13	6,8	77
III	31,1	361	18	7,3	77
IV	30,6	401	20	6,8	79
V	30,6	422	23	7,2	80
VI	30,6	389	22	6,5	79
VII	31,1	391	22	6,7	77
VIII	31,1	305	20	7,5	75
IX	31,1	333	20	7,0	75
X	32,2	310	20	6,5	73
XI	31,1	302	20	5,9	77
XII	30,6	345	20	6,2	78
I–XII	30,9	4 034	235	6,8	77

WIRTSCHAFT · VERKEHR

Landwirtschaft und Dienstleistungen sind die wichtigsten Wirtschaftsbereiche. Das Bruttosozialprodukt (BSP) je Ew. beträgt (1994) 1680 US-$. Ein Großteil des Staatshaushalts wird durch regelmäßige Wirtschaftshilfen aus den USA gedeckt. Taiwan, Australien und Japan stellen ebenfalls Finanzmittel zur Verfügung. 1992 machten 60% des Bruttoinlandsprodukts USA-Entwicklungshilfe aus; hinzu kamen Entschädigungszahlungen an die wegen der Kernwaffenversuche in den 40er- und 50er-Jahren umgesiedelten Bewohner der Atolle Eniwetok, Bikini, Rongelap und Utirik. Zur Entwicklung einheimischer Wirtschaftsbereiche wurde 1992 in einem Fünfjahresplan die Förderung v. a. der Fischerei und des Tourismus festgeschrieben. Wichtigste Arbeitgeber sind die öffentl. Verwaltung auf Majuro sowie der US-Militärstützpunkt auf Kwajalein (etwa 1000 einheim. Beschäftigte). Eine weitere Einnahmequelle besteht seit 1988 in der Registrierung von Schiffen anderer Länder (›billige Flaggen‹); 1995 waren 92 Schiffe verzeichnet.

Landwirtschaft: Die Landwirtschaft dient hauptsächlich der Selbstversorgung. Trotz ungünstiger natürl. Voraussetzungen (Boden, Wasserhaushalt) werden v. a. Kokospalmen (Kopraproduktion 1995: 7200 t), Brotfrucht-, Schraubenbäume, Papayas, Bananen, Maniok, Taro u. a. angebaut; ferner werden Schweine, Rinder und Geflügel gehalten.

Bodenschätze: Nur die Phosphatvorkommen auf dem Ailinglaplap-Atoll sind von Bedeutung.

Industrie: Das verarbeitende Gewerbe beschränkt sich auf die Kopraproduktion und eine Thunfischfabrik auf Majuro.

Tourismus: Der Fremdenverkehr ist noch unbedeutend; 1993 besuchten lediglich 5100 ausländ. Gäste die Marshallinseln.

Außenwirtschaft: Die M. weisen ein extrem hohes Außenhandelsdefizit aus (Einfuhrwert 1992: 62 Mio. US-$, Ausfuhrwert: 3 Mio. US-$). Haupteinfuhrgüter sind Fertigwaren, Maschinen, Brenn- und Treibstoffe; 25% der Einfuhren entfallen auf Nahrungsmittel und Lebendvieh. Wichtigste Exportgüter sind Kokosnussprodukte (Kopra, Kokosnussöl) mit 49% Exportanteil. Die wichtigsten Handelspartner sind die USA, Japan, Puerto Rico und die Nordmarianen.

Verkehr: Schotter- und Betonstraßen gibt es nur auf den größeren Inseln. Die Schiffverbindungen zw. den Inseln und nach Übersee spielen eine große Rolle. Der internat. Flughafen liegt auf Majuro.

GESCHICHTE

Die M. wurden im 2. Jt. v. Chr. von den Neuen Hebriden aus besiedelt. Mit der traditionell stark entwickelten Schifffahrt war die Herstellung von →Stabkarten verbunden. – 1529 von dem Spanier Á. SAAVEDRA CERÓN entdeckt und 1788 von dem (namengebenden) brit. Seefahrer J. MARSHALL erkundet, wurden die M. Anfang des 19. Jh. von russ. Expeditionen, später von amerikan. Walfängern und Missionaren aus Hawaii aufgesucht. Seit 1885 waren die M. dt. Schutzgebiet (einschließlich des 1888 hinzugekommenen →Nauru); sie wurden 1914 von Japan besetzt, das die Inseln 1920 als Völkerbundmandatsgebiet erhielt. Während des Zweiten Weltkriegs eroberten die Amerikaner im Februar 1944 die von starken jap. Kräften verteidigten M. 1947 kamen die M. als Treuhandgebiet der UNO an die USA, die auf Eniwetok und Bikini Kernwaffenversuche durchführten (1946–58). Nach Entseuchungsmaßnahmen auf Eniwetok kehrten die Bewohner ab 1980 wieder dorthin zurück. Bikini blieb unbewohnbar. 1986 erklärte die M. Selbstverwaltung im Rahmen einer freien Assoziierung mit den USA (In-Kraft-Setzung des 1983 per Referendum gebilligten ›Compact of Free Association‹ am 21. 10. 1986); am 3. 11. 1986 erklärten die USA ihre Verw. formal für beendet. Die seit der Aufhebung der Treuhand-Verw. durch den UNO-Sicherheitsrat am 22. 12. 1990 offiziell unabhängigen M. wurden am 17. 9. 1991 Mitgl. der UNO. Der seit 1980 amtierende Präs. AMATA KABUA (zugleich Reg.-Chef) wurde im November 1995 wieder gewählt.

F. X. HEZEL: The first taint of civilization. A history of the Caroline and Marshall Islands in pre-colonial days, 1521–1885 (Honolulu, Ha., 1983).

Marshallplan [ˈmɑːʃl-], Bez. für das auf Initiative des US-Außenministers G. C. MARSHALL geschaffene Hilfsprogramm zum Wiederaufbau Europas nach dem Zweiten Weltkrieg (→ERP).

Marshit [-ˈʃit; nach dem austral. Geologen CHARLES W. MARSH, 19. Jh.] *der, -s/-e,* ölbraunes bis farbloses, an der Luft rot werdendes kub. Mineral der chem. Zusammensetzung CuJ; Härte nach MOHS 2,5, Dichte 5,68 g/cm^3.

Marsh-Probe [ˈmɑːʃ-; nach dem brit. Chemiker JAMES MARSH, *1794, †1846], in der Rechtsmedizin klass. Verfahren zum Nachweis geringster Mengen von Arsen. Die arsenhaltige Probe wird mit naszierendem Wasserstoff (Zink/Säure) behandelt, wobei die Arsenverbindungen zu Arsenwasserstoff, AsH_3 (→Arsenverbindungen), reduziert werden; dieser zerfällt beim Erhitzen und gibt auf einer in die Flamme gehaltenen Porzellanschale bzw. in einem erhitzten Glasrohr einen schwarzbraunen, glänzenden Fleck (›Arsenspiegel‹).

Marsilius, M. von Inghen, scholast. Philosoph und Theologe, *um 1330, †Heidelberg 20. 8. 1396; 1367 und 1371 Rektor der Univ. Paris, 1386 der erste Rektor der Univ. Heidelberg. M. schrieb Kommentare zu ARISTOTELES und als theolog. Hauptwerk einen Sentenzenkommentar. Er hat zur Verbreitung der Philosophie WILHELMS VON OCKHAM in Dtl. beigetragen. In der Physik nahm er gegen die ARISTOTELES' Lehre von der Bewegung in Anlehnung an seinen Lehrer J. BURIDAN einen eigenen Impetus im Objekt als Ursache für dessen Bewegung an.

Marsilius, M. von Padua, eigtl. **Marsilio dei Mainardini,** ital. Staatstheoretiker, *Padua um 1275, †München 1342 oder 1343; 1313 Rektor der Univ. Paris. In der Schrift ›Defensor pacis‹ (1324) wandte er sich gegen den weltl. Herrschaftsanspruch des Papstes und entwickelte eine auf die Volkssouveränität gegründete Staatslehre, verbunden mit Forderungen nach Unabhängigkeit der staatl. Gewalt von der kirchl. und nach einem allgemeinen Konzil. Nach Bekanntwerden der Verfasserschaft (1326) floh M. nach Nürnberg zu LUDWIG IV., DEM BAYERN, dessen Berater er wurde. 1327 wurden fünf Thesen des ›Defensor pacis‹ für häretisch erklärt und M. als Ketzer verurteilt. In seinem ›Tractatus de iurisdictione imperatoris‹ (1342) unterstellt er das Eherecht dem weltl. Herrscher und billigt ihm das Scheidungsrecht zu. – M., theoretisch von der aristotel. Staatslehre und dem Averroismus beeinflusst, galt später einerseits als gläubiger kirchl. Reformator, andererseits als irreligiöser Vorgänger N. MACHIAVELLIS und hat die moderne weltl. Staatstheorie mitgeprägt.

H. SEGALL: Der ›Defensor Pacis‹ des M. v. P. Grundfragen der Interpretation (1959); A. GEWIRTH: M. of P. and medieval political philosophy (Neuausg. New York 1979); M. LÖFFELBERGER: M. v. P. Das Verhältnis zw. Kirche u. Staat im ›Defensor pacis‹ (1992).

Marsischer Krieg, →Bundesgenossenkriege 3). (→Marser)

Mars-la-Tour [-ˈtuːr], Schlachtfeld im Dt.-Frz. Krieg 1870/71, →Vionville und Mars-la-Tour.

Marsman, Hendrik, niederländ. Schriftsteller, *Zeist 30. 9. 1899, †auf See 21. 6. 1940; Rechtsanwalt;

kam auf der Flucht von Frankreich nach Großbritannien ums Leben. – M.s frühe Lyrik (›Verzen‹, 1923) wurde vom frz. (B. CENDRARS) und dt. Expressionismus (G. HEYM, G. TRAKL) geprägt und markiert den Durchbruch des Modernismus in der niederländ. Literatur. Herausragende Themen sind der Tod und der Hunger nach Leben. In seiner späten Lyrik vollzog sich unter dem Einfluss des Werks F. NIETZSCHES, dessen ›Zarathustra‹ er ins Niederländische übersetzte, eine Synthese zw. heidn. und christl. Kulturelementen (›Tempel en kruis‹, 1940). Daneben entstanden Essays, Romane (›De dood van Angèle Degroux‹, 1933) und Übersetzungen.

Ausgaben: Verzameld werk (⁴1979); Achter de vuurlijn van de horizon. Verspreid gepubliceerde gedichten 1917–1940, hg. v. H. T. M. VAN VLIET (1990).

R. VERBEECK: De dichter H. M. (Hasselt ²1960).

Mars|segel, das zweite Segel von unten an einem rahgetakelten Mast. Vollschiffe führen Unter-M. und Ober-M. als zweites und drittes Segel von unten.

Mars|sonden, unbemannte Raumflugkörper zur Erforschung des Planeten →Mars (ÜBERSICHT).

Marssoniakrankheiten, von Pilzen aus der Gattung Marssonia verursachte Pflanzenkrankheiten. Charakteristisch sind ineinander fließende, nekrot. Blattflecke und frühzeitiger Blattabwurf (u. a. bei Pappel, Platane, Walnuss).

Mars|stenge, Mittelteil eines dreiteiligen rahgetakelten Mastes bei Segelschiffen.

Marstall [ahd. marstall ›Pferdestall‹, zu marah ›Pferd‹], Gebäude, Stallungen für Pferde und Wagen eines Fürsten. Bedeutend sind der Große und Kleine M. in Versailles (1679–82, von J. HARDOUIN-MANSART), der M. in Dresden (1586–91), Kassel (1591/92) und Heidelberg (1590 ff.), in Wien (für 600 Pferde, 1725, nach Plänen von J. B. FISCHER VON ERLACH) und von Schloss Pommersfelden (1717/18, von M. VON WELSCH).

Marston [ˈmɑːstən], John, engl. Dramatiker, getauft Wardington (Cty. Oxfordshire) 7. 10. 1576, † London 25. 6. 1634; schrieb geißelnde Verssatiren (u. a. ›The scourge of villanie‹, 1598; 1599 als unmoralisch öffentlich verbrannt) und satirisch-humorist. Bühnenstücke (›The malcontent‹, 1604) sowie Rachetragödien (›The history of Antonio and Mellida‹, Uraufführung 1599, gedr. 1602). M. war zeitweise literar. Gegner B. JONSONS, der ihn in der Komödie ›The poetaster‹ (1601) verspottete; später verfassten beide zus. mit G. CHAPMAN das satir. Drama ›Eastward hoe‹ (1605). M. wurde 1609 Geistlicher.

Ausgaben: Plays, hg. v. H. H. WOOD, 3 Bde. (1934–39); Poems, hg. v. A. DAVENPORT (1961).

R. W. INGRAM: J. M. (Boston, Mass., 1978); K. TUCKER: J. M., a reference guide (Boston, Mass., 1985).

Marstrand [ˈmarstrand], Bade- und Fischerort auf zwei Inseln vor der klippenreichen W-Küste Schwedens, gehört zur Stadt Kungälv, 30 km nordwestlich von Göteborg, 1 200 Ew.; internat. Segelregatta. – Über M. liegt die Inselfestung Karlsten (17. Jh.).

Marstrand [ˈmarsdran], Nicolai Wilhelm, dän. Maler, *Kopenhagen 24. 12. 1810, †ebd. 25. 3. 1873; Schüler von C. W. ECKERSBERG, tätig in Italien, München, Paris und Kopenhagen, wo er 1848 Prof. der Akademie wurde. M. schuf Wandbilder in der Kapelle CHRISTIANS IV. im Dom zu Roskilde, Porträts, Genrebilder, ital. Straßen- und Volksszenen sowie Zeichnungen (u. a. zu L. von HOLBERGS Komödien).

Marsubani, Abu Ubaidallah Mohammed al-M., arab. Literat und Biograph, *Bagdad um 910, †ebd. 9. 11. 994. Von seinem umfangreichen Schrifttum (das nach seinem Schriftenverzeichnis über 90 000 Seiten umfasste) sind nur Teile erhalten, z. B. seine aufschlussreichen Dichter- und Gelehrtenbiographien mit Versen u. a. Zeugnissen der Biographierten.

Marsupialia [griech.-lat.], die →Beuteltiere.

Marsupilami, Comic-Fantasietier des belg. Zeichners ANDRÉ FRANQUIN (*1924, †1997), das dieser 1952 für das Abenteuer ›Spirou et les héritiers‹ (dt. ›Eine aufregende Erbschaft‹) seines Comic-Helden ›Spirou‹ erfand. Das Wort M. entstand aus der Kombination von griech.-lat. marsupialia (›Beuteltier‹), dem Namen einer Tierfigur (›Pilou-Pilou‹) in der frz. Ausgabe von E. C. SEGARS Comic-Serie ›Popeye‹ sowie dem frz. ami (›Freund‹).

Marsupites [griech.], Gattung ausgestorbener, nur aus der Kreidezeit (oberstes Santon) bekannter, stielloser Haarsterne mit kugeliger Theka; Leitfossilien der **Marsupitenschichten**.

Marsupium [lat. ›Beutel‹] *das, -/...pi\en*, 1) *Botanik:* beutelartige Umhüllung unter dem befruchteten Archegon mancher Lebermoose, in dem sich der junge Sporophyt (Sporogon) geschützt entwickelt.
2) *Zoologie:* Bez. für den Brutbeutel der →Beuteltiere sowie den an der Unterseite des Abdomens von Flohkrebsen befindl. Brutraum oder auch für Bruttaschen bei Fischen (z. B. Büschelkiemer) oder Fröschen (z. B. Beutelfrösche).

Marsyas: Jusepe de Ribera, ›Apoll und Marsyas‹, 1637 (Neapel, Museo Nazionale di San Martino)

Marsyas, *griech. Mythos:* Satyr, ursprüngl. als Quelldämon Schutzgott des phryg. Kelainai, später mit Kybele verbunden; M. hob die Flöte auf, die Athene erfunden, aber weggeworfen hatte, da sie beim Musizieren die Gesichtszüge entstellte; dann forderte er Apoll zum musikal. Wettkampf auf (Flöte gegen Kithara), wobei der Unterlegene dem Sieger ausgeliefert sein sollte. M. wurde besiegt, aufgehängt und enthäutet. – Motiv griech. Vasenmalerei; die ›Musenbasis‹ aus Mantineia zeigt Apoll sitzend mit einer großen Kithara, M. die Doppelflöte blasend und eine Figur mit Messer sowie Musen; die Bronzegruppe Athene und M. von Myron, die auf der Akropolis in Athen stand, ist aus röm. Marmorkopien (M. in Rom, Vatikan. Sammlungen; Athene in Frankfurt am Main, Liebieghaus) rekonstruierbar. M.-Statuen auf den Foren in Rom u. a. röm. Städten Italiens wurden als Zeichen für deren Rechtsstatus aufgestellt. Auch neuzeitl. Künstler gestalteten den Mythos (TINTORETTO, J. DE RIBERA, P. P. RUBENS), u. a. als Sinnbild der Überwindung ird. Lebens (TIZIAN).

Martell, Karl, fränk. Hausmeier, →Karl (Herrscher, Fränkisches Reich).

martellato [ital. ›gehämmert‹], **martelé** [frz.], **martellando** [ital. ›hämmernd‹], musikal. Vortragsbez., kurz, energisch und hart betont, ähnlich ›staccato‹.

Martens, 1) Adolf, Ingenieur, *Bakendorf (bei Hagenow) 6. 3. 1850, †Berlin 24. 7. 1914; seit 1892 Prof. in Berlin. M. begründete die wiss. Metallprüfung und die Gefügemikroskopie in Dtl.; er konstruierte viele Werkstoffprüfmaschinen.

2) Gaston, fläm. Schriftsteller, *Zulte (Prov. Ostflandern) 24. 4. 1883, †Deinze (Prov. Ostflandern) 10. 5. 1967; stellte in seinen Stücken eindrucksvoll pittoresk-volkstüml. Typen dar. Zu seinen populärsten Werken zählt neben ›Prochievrijers‹ (1921), ›De groote neuzen‹ (1925) und ›Het dorp der mirakelen‹ (1948) v. a. ›Paradijsvogels‹ (1934; dt. ›Schelme im Paradies‹; 1945 verfilmt u. d. T. ›Les gueux au paradis‹).

3) Kurt, Schriftsteller, *Leipzig 21. 7. 1870, †Dresden 16. 2. 1945; schilderte mit scharfer Beobachtung und Ironie das Leben der modernen Gesellschaft; ein Bild seiner Zeit vermittelt seine Autobiographie ›Schonungslose Lebenschronik‹ (1921–24, 2 Bde.).

4) Valérie von, eigtl. **V. Pajér Edle von Mayersperg,** Bühnen- und Filmschauspielerin, *Lienz 4. 11. 1894, †Riehen 7. 4. 1986; Engagements ab 1916; heiratete 1923 C. GOETZ, mit dem sie in dessen Stücken (auch in den Verfilmungen) auftrat; während des Krieges Emigration (USA); vollendete die Memoiren von C. GOETZ; auch Bühneninszenierungen.

5) Wilfried, belg. Politiker, *Sleidinge (bei Gent) 19. 4. 1936; trat schon früh für die Gleichberechtigung des Flämischen mit dem Französischen ein und war 1960–64 Mitgl. des Leitungsgremiums der ›Fläm. Volksbewegung‹. 1962 trat er der ›Christelijke Volkspartij‹ (CVP) bei (1972–79 ihr Präs.). Von 1979 bis April 1981 und von Dezember 1981 bis 1992 war er Min.-Präs. Er wurde 1990 zum Vors. der Europ. Volkspartei (EVP) und 1994 zum Fraktions-Vors. der EVP im Europ. Parlament gewählt.

Martensen [ˈmardənsən], Hans Lassen, dän. luther. Theologe, *Flensburg 19. 8. 1808, †Kopenhagen 3. 2. 1884; seit 1840 Prof. für systemat. Theologie in Kopenhagen, seit 1854 Bischof von Seeland. M. entwarf ein spekulativ-theolog. System, das er als Synthese des christl. Offenbarungsglaubens mit den seine Zeit prägenden wiss. Erkenntnissen verstand, was für S. KIERKEGAARD Ausgangspunkt seiner Kritik an der dän. Amtskirche war.

Werke: Mester Eckart (1840; dt. Meister Eckart); Den christelige Dogmatik (1849; dt. Die christl. Dogmatik); Den christelige Ethik, 3 Bde. (1871–78; dt. Die christl. Ethik); Af mit levnet, 3 Bde. (1882–83; dt. Aus meinem Leben).

Martensit [nach A. MARTENS] *der, -s/-e,* beim Härten von Stählen durch Wärmebehandlung und anschließende rasche Abkühlung infolge diffusionsloser Umwandlung des Austenits entstehendes tetragonal verzerrtes kubisch-raumzentriertes Gefüge von Eisen und Kohlenstoff.

martensit|aushärtende Stähle, Maraging-Stähle [məˈreɪdʒɪŋ-], **martensit|aushärtbare Stähle,** zur Gruppe der höchstfesten Stähle gehörende kohlenstoffreie Legierungen mit über 12 % Nickel (typ. Beispiel: 0,003 % C, 18 % Ni, 8 % Co, 5 % Mo, 1 % Ti), die bei Abkühlung aus dem Austenitgebiet ein martensit. Gefüge (Nickelmartensit) ergeben. Diese Martensitart ist relativ weich; die Festigkeitssteigerung erfolgt durch Ausscheidungsbehandlung mit einer Bildung intermetall. Phasen wie FeTi, Ni_3Mo, Fe_2Mo, die zu einer Verspannung und damit Härtesteigerung (Ausscheidungshärtung) führen. M. S. weisen bei erhöhter Festigkeit bis rd. 3 000 N/mm² vergleichsweise gute Zähigkeit bei günstigen Verarbeitungs- und Schweißeigenschaften auf, sie zählen jedoch nicht zu den korrosionsbeständigen Werkstoffen. M. S. werden als Baustähle für die Luft- und Raumfahrt, im Schiffbau und chem. Apparatebau sowie als Werkzeugstähle eingesetzt.

Marterl [zu veraltet Marter ›Darstellung des gegeißelten Christus‹] *das, -s/-n,* →Bildstock.

Martersäule, Passions|säule, eine zum Gedenken an die Passion CHRISTI aufgestellte Säule mit Darstellungen des Kreuzes und der Marterwerkzeuge, bekrönt von einem Hahn.

Martersteig, Max, Regisseur, Theaterleiter und Theaterhistoriker, *Weimar 11. 2. 1853, †Köln 3. 11. 1926; zunächst Charakterdarsteller, dann Intendant in Mannheim (1885–90), Köln (1905–11) und Leipzig (1912–18). Bedeutend ist sein Werk ›Das dt. Theater im 19. Jh.‹ (1904).

Martha, Frauengestalt des N. T.; Schwester der MARIA VON BETHANIEN (Lk. 10, 38–42) sowie des LAZARUS (Joh. 11, 1–45); war mit JESUS befreundet und nahm ihn häufig in ihrem Haus auf; gilt als Vorbild des tätigen Lebens (›vita activa‹). Nach der Legende soll sie mit ihren Geschwistern nach S-Frankreich gelangt sein, dort missioniert haben und in Tarascon begraben worden sein. – Heilige (Tag: 29. 7.).

Marthaler, Christoph, schweizer. Komponist und Regisseur, *Erlenbach (Kt. Zürich) 17. 10. 1951; ab Mitte der 70er-Jahre Theatermusiker am Züricher Theater am Neumarkt; komponierte Bühnenmusiken für versch. Theater; 1988–93 am Basler Theater tätig, seit 1993 am Dt. Schauspielhaus Hamburg. In M.s freien musikalisch inspirierten Aufführungen dient die Dekonstruktion von Text und Themen dem Neuaufbau und Ausbau des Bühnenwerkes: Rhythmus und Stille, Liedgesang und Slapstick sind wesentl. Elemente seiner Regieführung.

Martha oder Der Markt zu Richmond [-ˈrɪtʃmənd], Oper von F. VON FLOTOW, Text von FRIEDRICH WILHELM RIESE (*um 1805, †1879, Pseud. W. FRIEDRICH); Uraufführung 25. 11. 1847 in Wien.

Martí, 1) Hugo, Pseud. **Bepp,** schweizer. Schriftsteller, *Basel 23. 12. 1893, †Davos 20. 4. 1937; studierte Jura, war Hauslehrer eines rumän. Fürsten, lebte während des Ersten Weltkrieges mit seinen Zöglingen bis 1917 in Norwegen; als Feuilletonredakteur der Berner Zeitung ›Der Bund‹ (ab 1922) Förderer literar. Talente (u. a. F. GLAUSER). Seine Erzählungen und Romane verarbeiten meist eigenes Erleben (›Das Haus am Haff‹, 1922; ›Ein Jahresring‹, 1925). M. schrieb auch Gedichte, Dramen, Essays und das autobiograph. ›Davoser Stundenbuch‹ (1935).

2) Kurt, schweizer. reformierter Theologe, Pfarrer und Schriftsteller, *Bern 31. 1. 1921; erregte bereits 1959 mit seiner ersten Sammlung, den ›republikan. gedichten‹, Aufmerksamkeit. Hier und in den folgenden Bänden (u. a. ›gedichte am rand‹, 1963; veränderte Neuausg. 1984 u. d. T. ›geduld und revolte‹; ›leichenreden‹, 1970) verbinden sich Sprachexperiment im Sinne der konkreten Poesie mit Gesellschaftskritik aus christl. Sicht. Wichtige Anregungen von der modernen schweizer. Mundartlyrik und Kurzprosa gingen von dem Gedichtband ›rosa loui‹ (1967) und den ›Dorfgeschichten‹ (1960) aus. Christlich-soziales Engagement bezeugen auch seine Tagebücher (›Zum Beispiel: Bern 1972‹, 1973; ›Ruhe und Ordnung. Aufzeichnungen, Abschweifungen 1980–1983‹, 1984).

Weitere Werke: *Lyrik:* undereinisch (1973); meergedichte alpengedichte (1975); abendland (1980); Mein barfüßig Lob (1987); da geht dasein (1993). – *Erzählungen, Kurzprosa:* Bürgerl. Geschichten (1981); Nachtgeschichten (1987); Högerland. Ein Fußgängerbuch (1990); Im Sternzeichen des Esels. Sätze, Sprünge, Spiralen (1995). – *Theolog. Werke, Essays:* Bundesgenosse Gott. Versuche zu 2. Mose 1–14 (1972); Gottesbefragung. Der 1. Johannesbrief heute (1982); O Gott! Essays u. Meditationen (1986); Der Gottesplanet. Predigten u. Aufsätze (1988).

Martí [marˈti], José Julian, kuban. Unabhängigkeitskämpfer, Journalist und Schriftsteller, *Havanna 28. 1. 1853, †(gefallen) Boca de Dos Ríos 19. 5. 1895. M. wurde 1869, weil er sich mit der Zeitschrift ›Patria libre‹ für die Unabhängigkeit Kubas einsetzte, zu Zwangsarbeit verurteilt und 1871 nach Spanien deportiert, wo er in Madrid sein Jura- und Philosophiestu-

Wilfried Martens

Martersäule im Dom in Braunschweig

dium abschloss. Nach Reisen nach Mexiko, Guatemala und Venezuela (1874) kehrte er 1878 nach Kuba zurück, 1879 erneut wegen polit. Aktivitäten nach Spanien exiliert; lebte ab 1881 in New York. Seine in der argentin. Zeitschrift ›La nación‹ erscheinenden Artikel machten ihn in ganz Lateinamerika bekannt. Zw. 1878 und 1882 entstanden die metaphorisch und rhythmisch nuancierten Gedichtsammlungen ›Versos libres‹ (hg. 1913) und ›Ismaelillo‹ (erschienen 1882), die den Modernismus ankündigten, 1891 erschienen die autobiographisch ausgerichteten ›Versos sencillos‹.

Ab 1884 widmete sich M. der Vorbereitung der Invasion auf Kuba und nahm mit Kämpfern des Unabhängigkeitskrieges, u. a. M. GÓMEZ und ANTONIO MACEO (*1848, †1896), Kontakt auf. V. a. in diesen Briefen sowie in den zahlr. Essays (u. a. ›Nuestra América‹, 1891; dt. ›Unser Amerika‹) spiegelt sich sein polit. Denken (u. a. Kampf gegen Ungleichheit und Ungerechtigkeit, Befreiung Kubas von der span. Vorherrschaft, Ablehnung einer Annexion Kubas durch die USA), das er auch mit dem 1892 gegründeten ›Partido Revolucionario Cubano‹ (dessen Präs. er war) umsetzen wollte. U. a. begleitet von GÓMEZ traf M. am 11. 4. 1895 auf Kuba ein und fiel kurz darauf an der Spitze der Befreiungsarmee. Auf ein Gedicht M.s geht der Text des Liedes ›Guantanamera‹ zurück, das in den 1960er-Jahren von P. SEEGER übernommen wurde und seitdem weltweit populär ist.

Ausgabe: Obras completas, 27 Bde. (1975).

K. SCHNELLE: J. M. Apostel des freien Amerika (1981); P. TURTON: J. M., architect of Cuba's freedom (London 1986); M. MALDONADO-DENIS: Ensayos sobre J. M. (Rio Piedras 1987); O. ETTE: J. M., Tl. 1: Apostel – Dichter – Revolutionär. Eine Gesch. seiner Rezeption (1991).

Martial, eigtl. **Marcus Valerius Martialis,** röm. Dichter, *Bilbilis (bei Calatayud, Spanien) um 40, †bald nach 100; lebte etwa 64–98 in Rom als Literat. Erhalten sind von ihm zwölf Bücher ›Epigrammata‹, meist in Distichen, dazu eine Auswahl kleiner Gedichte auf die Einweihungsspiele des Kolosseums (›Liber spectaculorum‹) sowie zwei Bücher Begleitgedichte zu Geschenken am Saturnalienfest (›Xenia‹ und ›Apophoreta‹). M., der Klassiker des lat. Epigramms, zeigt scharfe Beobachtungsgabe, Witz und treffsicheren Ausdruck. Seine sittengeschichtlich bedeutsamen Gedichte hatten große Wirkung u. a. auf die epigrammat. Dichtung Europas im MA., die neulat. Dichtung, auf die dt. Epigrammatiker wie A. GRYPHIUS, F. LOGAU, F. von HAGEDORN und G. E. LESSING. Auch in den ›Xenien‹ von GOETHE und SCHILLER ist sein Einfluss bemerkbar.

Ausgaben: Epigrammaton libri, hg. v. L. FRIEDLÄNDER, 2 Bde. (1886, Nachdr. 1967); Epigramme, übers. v. R. HELM (1957); Epigrammata, hg. v. W. HERAEUS (u. a. ³1982); Epigrammata, hg. v. W. M. LINDSAY (Neuausg. 1985).

N. HOLZBERG: M. (1988).

Martial, M. d'Auvergne [marsjaldoˈvɛrɲ], frz. Dichter, *Paris um 1430, †ebd. 13. 5. 1508; war Jurist in Paris und verfasste die allegor. Mariendichtung ›Dévote louange de Notre Dame‹ (1492), das panegyr. Gedicht auf König KARL VII. ›Les vigiles et la mort de Charles VII‹ (1494) sowie die Sammlung ›Les arrêts d'amour‹ (etwa 1465), worin er in allegorischjurist. Form die höf. Liebeskasuistik abhandelt.

martialisch [lat. martialis ›zum Kriegsgott Mars gehörend‹], *bildungssprachlich* für: kriegerisch, Furcht einflößend, grimmig.

Martianus Capella, röm. Schriftsteller um 400 n. Chr. aus Karthago; verfasste eine Enzyklopädie (neun Bücher) der sieben freien Künste (Artes liberales), der er den allegor. Rahmen einer Hochzeitsfeier des Merkur mit der Philologie (›De nuptiis Mercurii et Philologiae‹) gab. Das Werk wurde im MA viel für den Unterricht benutzt.

Ausgabe: M. C., hg. v. J. WILLIS (1983).

Martigny [-tiˈɲi], **1)** früher dt. **Martinach,** Bezirksstadt im Kt. Wallis, Schweiz, am Rhôneknie, an der Drance, 467 m ü. M., 14 100 Ew.; Museum der Stiftung Pierre Gianadda (Archäologie mit Resten eines galloröm. Tempels, Skulpturenpark, alte Automobile; bedeutende Wechselausstellungen); Aluminiumindustrie, Holzverarbeitung, Düngemittelfabrik; Weinbau; Fremdenverkehrsort, Ausgangspunkt u. a. der Straße (über Col de la Forclaz und Col des Montets) und Bahn (Tunnel unter Letzterem) nach Chamonix-Mont-Blanc und der Straße über den Großen Sankt Bernhard ins Aostatal. – Vom röm. **Octodurum** wurden Reste des Amphitheaters und der Ringmauer freigelegt. Die barocke Pfarrkirche Notre-Dame-des-Champs (17. Jh.) steht vermutlich auf Fundamenten der spätantiken Kathedrale. – M., hervorgegangen aus einer röm. Siedlung, war bis Ende des 6. Jh. Bischofssitz. Die heutige Stadt reicht auf die Gründung der Bischöfe von Sitten (um 1260) zurück.

2) Bez. im Kt. Wallis, Schweiz, 264 km², 32 900 Einwohner.

Martin, Stadt in der Slowak. Rep., →Sankt Martin.

Martin, Päpste:

1) Martin I. (649–653), *Todi (Italien), †Cherson (Krim) 16. 9. 655; war vor seiner Papstwahl →Apokrisiar von Konstantinopel. Er verurteilte auf der Lateransynode 649 den Monotheletismus und setzte sich damit in Ggs. zu der Kirchenpolitik Kaiser KONSTANS' II. Am 17. 6. 653 wurde er in der Lateranbasilika verhaftet, in Konstantinopel wegen Hochverrats (Vorwurf der Beteiligung am Aufstand des Exarchen OLYMPIOS) zum Tode verurteilt, dann aber begnadigt und nach Cherson verbannt. Auf kaiserl. Druck hin wurde noch zu seinen Lebzeiten EUGEN I. zum Nachfolger gewählt. M. wird in der kath. Kirche (Tag: 13. 4.) und in der orth. Kirche (Tag: 14. 4.) als Heiliger verehrt.

2) Martin II., →Marinus I.

3) Martin III., →Marinus II.

4) Martin IV. (1281–85), früher **Simon de Brion** [-briˈɔ̃], *Brion (bei Angers), †Perugia 28. 3. 1285; seit 1260 Kanzler LUDWIGS IX. von Frankreich und 1261 Kardinal; hatte wesentl. Anteil an der Ausweitung der ital. Herrschaft KARLS I. VON ANJOU, von dem er völlig abhängig war. Er ernannte KARL zum röm. Senator und überließ ihm die Verwaltung des Kirchenstaates. Den Angriffsplan KARLS auf das Byzantin. Reich unterstützte er durch die Bannung des byzantin. Kaisers MICHAEL VIII. PALAIOLOGOS und zerstörte damit die Union des 2. Konzils von Lyon (1274). Mit dem sizilian. Aufstand (→Sizilianische Vesper) am 30. 3. 1282 endete die frz. Herrschaft in Sizilien, obwohl M. als Oberlehnsherr auch hier KARL zu unterstützen suchte.

5) Martin V. (1417–31), früher **Oddo Colonna,** *Genazzano (bei Rom) 1368, †Rom 20. 2. 1431; seit 1405 Kardinal. M. wurde während des Konzils von Konstanz 1417 als Kompromisskandidat gewählt; damit wurde das Abendländ. Schisma beendet. Er bemühte sich in Rom um den Wiederaufbau der Kurie und, z. T. mit militär. Gewalt, um die Festigung des Kirchenstaates. Innerkirchlich verhielt er sich restaurativ. Gemäß dem auf dem Konzil von Konstanz beschlossenen Dekret ›Frequens‹ berief er 1423 eine Synode nach Pavia ein (Eröffnung am 23. 3. 1423), die er erst nach Siena verlegte und dann aus Besorgnis vor einer möglichen antipäpstl. (konziliarist.) Zielrichtung vorzeitig wieder auflöste. Kurz vor seinem Tode berief er noch das Konzil nach Basel.

Martin, M. von Braga, M. von Bracara, Bischof und Missionar, *Pannonien um 515, †Braga 580; gründete das Kloster Dumnium, wo er zunächst Bischof, dann als Erzbischof die arian. Sueben zum kath. Glauben bekehrte. Seine Schrift ›De correctione

Papst Martin V.
(Ausschnitt aus der Grabplatte in der Kirche San Giovanni in Laterano in Rom; 1432)

rusticorum‹ spiegelt den bäuerl. Volksglauben seiner Zeit und ist für die Kultur- und Missionsgeschichte Spaniens bedeutsam. – Heiliger (Tag: 20. 3.).

Martin, M. von Cochem, M. Linius, Kapuziner, *Cochem 13. 12. 1634, †Waghäusel 10. 9. 1712; war 1664–68 Lektor im Kapuzinerkloster in Mainz, dann dort (1682–85) und später in Trier (1698–1700) Visitator, wirkte 1689–96 als Volksmissionar in Baden, Österreich und Böhmen; einer der beliebtesten Prediger und Volksschriftsteller Dtl.s. Von seinen fast 70 Schriften wurden die ›Meßerklärung‹ (dt. 1702) und das ›Leben und Leiden Jesu Christi‹ (1677–92) bis ins 20. Jh. immer wieder aufgelegt.

Weiteres Werk: Legende der Heiligen (1708).

Martin, M. von Tours [- tu:r], Bischof und Asket, Apostel Galliens, *Savaria (heute Szombathely, Ungarn) 316/317, †Candes (heute Candes-Saint-Martin, Dép. Indre-et-Loire) 8. 11. 397; Sohn eines röm. Tribuns, kaiserl. Gardist in Gallien; mit 18 Jahren getauft, schied er aus der röm. Armee aus und wurde Schüler des HILARIUS VON POITIERS. Nach kurzer Missionstätigkeit in Pannonien lebte er eine Zeit lang als Einsiedler und gründete in Ligugé (bei Poitiers) das erste Kloster Galliens. 371 wurde er Bischof von Tours. M. setzte sich für eine planmäßige Mission unter dem nur wenig romanisierten kelt. Land-Bev. ein. Sein Eintreten für die gerechte Behandlung der Priscillianer am Kaiserhof in Trier und seine asket. Grundeinstellung hatten wachsende Spannungen mit seinem eigenen Klerus zur Folge.

Durch seine Verbindung von Mönchsideal und Apostolat wurde M. zum Vorbild des abendländ. Mönchtums. Zahlr. Wunderberichte machten ihn zum populärsten Heiligen Frankreichs. Als Beispiel für seine Wohltätigkeit erzählt die Legende, M. habe als Soldat am Stadttor von Amiens seinen Mantel mit einem frierenden Bettler geteilt. Im Fränk. Reich wurde der Mantel des hl. M. im Krieg als siegsbringendes Reichskleinod mitgeführt. Sein Grab in Tours war fränk. Nationalheiligtum. Noch in seinem Todesjahr verfasste SULPICIUS SEVERUS seine Biographie. – Heiliger (Tag: 11. 11. [Martinstag]).

In der *bildenden Kunst* wird oft die Szene der Teilung des Mantels mit einem Bettler dargestellt; der hl. M. sitzt dabei meist auf einem Pferd, so in plast. Gruppen des 13. und 14. Jh. (Lucca, Dom San Martino; →Bassenheimer Reiter) und in Wand- und Glasmalereien. M. erscheint auch als Bischof (rechtes Südportal der Kathedrale von Chartres, um 1230), seit dem 15. Jh. auch mit der Martinsgans im Arm oder zu Füßen. Zyklen mit Szenen aus seinem Leben finden sich u. a. in Glasmalereien der Kathedralen von Chartres und Tours (2. Hälfte des 13. Jh.) und als Fresken von SIMONE MARTINI in der Cappella di San Martino in der Unterkirche von San Francesco in Assisi (1322–26; BILD →Martini, Simone).

Zur *Volkskunde* →Martini, →Martinsgans, →Martinslieder.

I. DANAI: Die Darst. des Kranken auf den spätgot. Bildnissen des Heiligen M. von Tours 1280–1520 (1987); F. PRINZ: Frühes Mönchtum im Frankenreich (²1988).

Martin, M. von Troppau, Martinus Polonus, Chronist, *Troppau, †Bologna 12. 6. 1278; war Dominikaner in Prag, päpstl. Kaplan und Pönitentiar, 1278 zum Erzbischof von Gnesen geweiht, verstarb auf dem Weg dorthin. – M. verfasste eine Chronik (bis 1277) für Juristen und Theologen, in der er Kaiser und Päpste tabellarisch nebeneinander stellte. Wegen der formalen Qualitäten wurde sein Werk zu einem der beliebtesten Geschichtshand- und -lehrbücher des MA., oft fortgesetzt und nachgeahmt.

Ausgabe: M. von Troppau, in: Monumenta Germaniae Historica. Scriptores, Bd. 22 (1872, Nachdr. 1976).

A. D. VON DEN BRINCKEN, in: Geschichtsschreibung u. Geschichtsbewußtsein im späten MA., hg. v. H. PATZE (1987).

Martin, 1) [ˈmɑːtɪn], Agnes, amerikan. Malerin kanad. Herkunft, *Macklin (Prov. Saskatchewan, Kanada) 22. 3. 1912; lebt seit 1932 in den USA; gestaltete hellfarbige Bilder mit abstrakten Formelementen, die sie schließlich bis auf ein Raster aus horizontalen und vertikalen Linien reduzierte. Sie beeinflusste die Minimalart und die analyt. Malerei.

U. RITTER: A. M. (1988); A. M. Writings, hg. v. D. SCHWARZ, Ausst.-Kat. Kunstmuseum Winterthur (Winterthur 1991).

2) [ˈmɑːtɪn], Archer John Porter, brit. Biochemiker, *London 1. 3. 1910; Mitgl. des National Institute for Medical Research in London. M. entwickelte seit 1939 die Verteilungs-, seit 1944 die Papierchromatographie als analyt. Hilfsmittel und erhielt dafür mit R. L. M. SYNGE 1952 den Nobelpreis für Chemie.

3) Eduard Arnold, Gynäkologe, *Heidelberg 22. 4. 1809, †Berlin 5. 12. 1875; ab 1837 Prof. in Jena, ab 1858 in Berlin, wo er die gynäkolog. Abteilung der Charité begründete. M. erweiterte die Kenntnisse der Physiologie und Pathologie des weibl. Beckens, entwickelte neue geburtshilfl. Instrumente und benutzte als erster Deutscher Chloroform bei der Geburtshilfe. Er verfasste u. a. ein ›Lehrbuch der Geburtshülfe für Hebammen‹ (1854) und stellte einen ›Hand-Atlas der Gynäkologie und Geburtshülfe‹ (1862) zusammen.

4) Elias, schwed. Maler, *Stockholm 8. 3. 1739, †ebd. 25. 1. 1818; studierte in Paris, lebte 1768–80 in London, wo er v. a. Einflüsse von T. GAINSBOROUGH und R. WILSON aufnahm. M. wurde der erste bedeutende Naturschilderer Schwedens. Er malte zunehmend Fantasielandschaften, daneben auch Porträts und religiöse Themen.

5) [marˈte], Étienne, frz. Bildhauer, →Étienne-Martin.

6) [marˈtɛ̃], Frank Théodore, schweizer. Komponist, *Eaux-Vives (heute zu Genf) 15. 9. 1890, †Naarden 21. 11. 1974; wirkte in Genf in der von ihm gegründeten und geleiteten Société de Musique de Chambre als Pianist, lehrte u. a. 1928–38 am Institut Jaques-Dalcroze und 1950–57 an der Musikhochschule in Köln. In seinen frühen Kompositionen wurde M. von der frz. Spätromantik (C. FRANCK) und dem Impressionismus (C. DEBUSSY) beeinflusst. Nach 1930 fand er in der Verbindung von Zwölftontechnik mit tonalen Elementen zu seinem eigenen Klangidiom, in dem auch rhythm. Momente (darunter Polyrhythmik fernöstl. Musik) eine wichtige Rolle spielen.

Werke: *Opern:* Der Sturm (1956, nach SHAKESPEARE); Monsieur de Pourceaugnac (1963, nach MOLIÈRE). – *Oratorien:* Le vin herbé (1938–41, szenisch 1948); In terra pax (1944); Golgatha (1945–48); Le mystère de la nativité (1959, szenisch 1960). – *Orchesterwerke:* Zwei Klavierkonzerte (1934, 1969); Sinfonie (1937); Petite symphonie concertante (1945, für Harfe, Cembalo, Klavier u. zwei Streichorchester); Konzert (1949, für sieben Bläser, Pauken u. Streichorchester); Violinkonzert (1951); Cembalokonzert (1952); Concerto des éléments (1964); Violoncellokonzert (1966); Erasmi monumentum (1969, für Orgel u. Orchester). – *Kammermusik:* Streichtrio (1936); zwei Streichquartette (1936, 1967). – *Vokalwerke:* Der Cornet (1943, für Alt u. Kammerensemble nach R. M. RILKE); sechs Monologe aus Jedermann (1943, für Bariton u. Klavier, Orchesterfassung 1949, nach H. VON HOFMANNSTHAL); Requiem (1972); Et la vie l'emporta (1974, Kammerkantate).

B. BILLETER: F. M. (Frauenfeld 1970); DERS.: Die Harmonik bei F. M. (Bern 1971); F. M., das kompositor. Werk, hg. v. D. KÄMPER (1993).

7) Gottfried, Philosoph, *Gera 19. 6. 1901, †Bonn 20. 10. 1972; seit 1943 Prof. in Jena, seit 1948 in Köln, ab 1953 in Mainz, ab 1958 in Bonn; bedeutende Arbeiten zu I. KANT und G. W. LEIBNIZ. 1953–69 Herausgeber der Kant-Studien.

8) Hansjörg, Schriftsteller, *Leipzig 1. 11. 1920; seit 1962 freier Schriftsteller, schreibt v. a. Kriminalromane (›Gefährl. Neugier‹, 1965; ›Kein Schnaps für

Tamara‹, 1966; ›Gegen den Wind‹, 1984; ›Der Rest ist Sterben‹, 1988), die z. T. auch für die Fernsehserie ›Tatort‹ verfilmt wurden. Daneben entstanden auch Kinder- und Jugendbücher (u. a. ›Hell und Dunkel‹, 1992) sowie Hör- und Fernsehspiele.

9) Helmut, Hämatologe, * Heide 14. 8. 1918; ab 1969 Prof. in Frankfurt am Main. M. gelang der Nachweis von Heparin in den Mastzellen des menschl. Blutes; befasste sich u. a. auch mit der paroxysmalen Hämoglobinurie und der Chemotherapie bösartiger Erkrankungen, bes. den Hämoblastosen.

10) [ˈmɑːtɪn], Homer Dodge, amerikan. Maler, * Albany (N. Y.) 28. 10. 1836, † Saint Paul (Minn.) 12. 2. 1897; gehörte in seiner Frühzeit zu den Vertretern der Hudson River School. Er unternahm mehrere Europareisen und nahm die Anregungen des frz. Impressionismus auf (›The harp of the winds‹, 1895; New York, Metropolitan Museum of Art).

11) Johann, österr. Dichter, Schauspieler und Komponist, →Laurentius, L. von Schnüffis.

12) [ˈmɑːtɪn], John, brit. Maler und Grafiker, * Haydon Bridge (Cty. Northumberland) 19. 7. 1789, † Douglas 17. 12. 1854; schuf Historienbilder mit winzigen Figuren, fantast. Landschaften, ausgefallenen Bauwerken und unwirkl. Lichteffekten; er bevorzugte visionäre Stoffe, Themen aus dem A. T. und der Apokalypse (›Die gestürzten Engel in der Hölle‹, um 1841; London, Tate Gallery).

W. Feaver: The art of J. M. (Oxford 1975); J. D. Wees: Darkness visible. The prints of J. M. (Williamstown, Mass., 1986).

13) [ˈmɑːtɪn], Sir (seit 1957) John Leslie, brit. Architekt, * Manchester 17. 8. 1908; gehört mit seinen Bauten wie auch als Lehrer (1956–72 Prof. in Cambridge) zu den führenden brit. Architekten nach dem Zweiten Weltkrieg. Er war (u. a. als Architekt des London County Council, 1953–56) beteiligt an der Gestaltung Londoner Wohnsiedlungen (z. B. Roehampton, 1952–59) und öffentl. Gebäude (Royal Festival Hall, 1951). Er entwarf Univ.-Bauten in Cambridge, Leicester, Oxford (Bibliotheksgebäude, 1959–64, mit C. Saint John Wilson; Gebäude der Fachbereiche Zoologie und Psychologie, 1964–70) und Hull sowie das Kulturzentrum in Glasgow (1972–78, mit C. Lumley).

14) Karl Heinz, Regisseur und Theaterleiter, * Freiburg im Breisgau 6. 5. 1888, † Berlin 13. 1. 1949; 1919 Mitbegründer der ›Tribüne‹ in Berlin, wo er die Uraufführung von E. Tollers ›Wandlung‹ (1919) inszenierte; u. a. Regisseur am Dt. Theater in Berlin und in Wien; einer der führenden Regisseure des Expressionismus. 1929 wurde er Direktor der Berliner Volksbühne. 1933–43 war er Regisseur v. a. in Wien und Berlin (unterbrochen durch Filmregie 1934–39). Ab 1945 leitete er das Berliner Hebbel-Theater.

15) [ˈmɑːtɪn], Kenneth, brit. Bildhauer und Maler, * Sheffield 13. 4. 1905, † London 18. 11. 1984; kam 1948 zur abstrakten Malerei auf der Grundlage mathematisch strenger Formabläufe. Ab 1951 konstruierte er mobile Drahtplastiken. Seit Mitte der 60er-Jahre weiteten sich seine kinet. Versuche (auch mit ultravioletten Lichteffekten) zu Environments aus, daneben entstanden auch wieder konstruktivist. Bilder und Zeichnungen.

K. M., Ausst.-Kat. (London 1975); K. M., bearb. v. A. Forge, Ausst.-Kat. (New Haven, Conn., 1979).

16) [marˈtɛ̃], Pierre Émile, frz. Hüttentechniker, * Bourges 18. 8. 1824, † Fourchambault (Dép. Nièvre) 25. 5. 1915; erfand mit seinem Vater Émile 1864 das saure Herdfrischverfahren zur Herstellung von Stahl; sie benutzten dabei die von A. F. und C. W. Siemens erfundene Regenerativfeuerung. (→Siemens-Martin-Verfahren)

Martina Franca, Stadt in Apulien, Prov. Tarent, Italien, 431 m ü. M., auf der Murge, im Trullogebiet, 46 200 Ew.; bedeutender Weinbau (Weißwein, Wermut, Sekt), Esel- und Pferdezucht mit Viehmarkt, Sommerfrische.

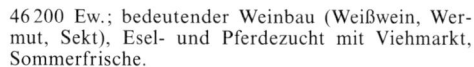

Martin du Gard [martɛ̃dyˈgaːr], Roger, frz. Schriftsteller, * Neuilly-sur-Seine 23. 3. 1881, † Bellême (Dép. Orne) 22. 8. 1958; war mit A. Gide befreundet und gehörte zum Kreis um die ›Nouvelle Revue Française‹. Sein literar. Werk steht in der Tradition des Realismus des 19. Jh. (v. a. von L. N. Tolstoj) sowie des psycholog. Romans und stellt – auf der Grundlage eines skept. Humanismus – Individuen im Spannungsfeld unterschiedl. geistiger Strömungen vor dem Hintergrund der Geschichte dar. Sein erster bedeutender, die Zeit um die Jahrhundertwende schildernder und die Diskussionen um die Dreyfusaffäre einbeziehender Roman ›Jean Barois‹ (1913; dt.) thematisiert die Auseinandersetzung mit dem Katholizismus auf der Basis von Freidenkertum und Materialismus. Sein Hauptwerk ›Les Thibault‹ (1922–40, 11 Bde.; dt. ›Die Thibaults‹, 7 Bde.) spiegelt den Verfall des frz. Großbürgertums; die Form des Familienromans liefert dabei die Folie für die Gegenüberstellung verschiedenartiger geistiger Haltungen (u. a. Konformismus und z. T. revolutionäres Aufbegehren gegen die Tradition) und ideeller Orientierungen (Konservativismus, Liberalismus, Sozialismus; traditionelle Gläubigkeit und naturwiss.-positivist. Denken). Mit den erst 1936 und 1940 entstandenen Bänden ›L'été‹ (dt. ›Sommer 1914‹) und ›L'épilogue‹ (dt. ›Epilog‹) wird eine Historisierung des Romans und seine Ausweitung auf die gesamte mit dem Ausbruch des Ersten Weltkriegs beginnende Epoche vollzogen. 1937 erhielt M. du G. den Nobelpreis für Literatur.

Weitere Werke: *Romane:* Devenir (1908); Vieille France (1933; dt. Kleine Welt); Le Lieutenant-Colonel de Maumort (unvollendet hg. 1983). – *Farce:* La gonfle (1928). – *Novelle:* La confidence africaine (1931; dt. Afrikan. Geständnis).

Ausgaben: Correspondance, 2 Bde. (1968); Œuvres complètes, hg. v. A. Camus, 2 Bde. (Neuausg. 1981–83).

G. Neumes: Religiosität, Agnostizismus, Objektivität. Studien zu Werk u. Ästhetik R. M. du G.s (1981); H. Emeis: L'âme prisonnière. Analyses de l'œuvre de R. M. du G. (Albi 1984).

Martinelli, Domenico, ital. Baumeister, * Lucca 30. 11. 1650, † ebd. 11. 9. 1718; war seit 1678 in Rom, seit 1690 in Wien, am Rhein und in den Niederlanden tätig; seit 1716 in Lucca. M. gab durch die Einführung des blockförmigen, klar gegliederten röm. Palasttyps der Wiener Baukunst um 1690 entscheidende Anregungen.

Werke: Stadtpalais Harrach in Wien (1690); Palais Liechtenstein in der Roßau, ebd. (Bauleitung ab 1691 mit Eingriffen in die Frontgestaltung); Stadtpalais Liechtenstein, ebd. (Bauleitung ab 1694 mit geringfügigen Änderungen des Entwurfs von E. Zuccali von 1689/90). – Entwürfe zu einer kurpfälz. Residenz (um 1698).

G. Brucher: Barockarchitektur in Österreich (1983); H. Lorenz: D. M. u. die österr. Barockarchitektur (Wien 1991).

Martinet [martiˈnɛ], André, frz. Sprachwissenschaftler, * Saint-Alban-des-Villards (Dép. Savoie) 12. 4. 1908; Lehrer in Paris, 1946–55 Prof. an der Columbia University in New York und ab 1960 an der Sorbonne; Vertreter der Prager Schule und des frz. Strukturalismus; beschäftigte sich besonders mit der Phonologie von Trubezkoj.

Werke: Économie des changements phonétiques (1955; dt. Sprachökonomie u. Lautwandel); Éléments de linguistique générale (1960; dt. Grundzüge der allg. Sprachwiss.); La linguistique synchronique (1965; dt. Synchron. Sprachwiss.); Studies in functional syntax (1975); Évolution des langues et reconstruction (1975); Syntaxe générale (1985). **Hg.:** Grammaire fonctionnelle du français (1979).

Martinez de Campos [marˈtineθ -], Arsenio, span. General und Politiker, * Segovia 14. 12. 1831, † Zarauz (Prov. Guipúzcoa) 23. 9. 1900; kämpfte 1869–72, 1876–78 und 1895/96 gegen die Aufständischen in

Roger Martin du Gard

Arsenio Martínez de Campos (Holzstich, 1895)

Kuba. 1874 rief er ALFONS XII. zum König aus, beendete 1876 die Karlistenkriege und wurde zum Generalkapitän ernannt. 1879 war er Min.-Präs., 1881–83 Kriegsminister.

Martínez de Irala [marˈtineð -], Domingo, span. Eroberer, *Vergara (Prov. Guipúzcoa) um 1509, †Asunción 3. 10. 1556; nahm 1536 an der ersten Gründung von Buenos Aires teil, ließ es aber 1541 räumen und führte die Bev. nach Asunción. Er war entscheidend an der Erforschung und militär. Sicherung des Flusssystems des Paraná beteiligt.

Martínez de la Rosa [marˈtineð ðe laˈrrɔsa], Francisco, span. Politiker und Schriftsteller, *Granada 10. 3. 1787, †Madrid 7. 2. 1862; wegen seiner liberalen polit. Anschauungen 1814–20 in der Verbannung in Afrika, 1822 leitender Min., 1823–31 im Exil in Frankreich. Als Führer der Liberalen bekleidete er seit 1834 viele hohe Ämter (u. a. 1834/35 Min.-Präs., 1852 Cortes-Präs., 1858 Staatsrats-Präs.). Sein literar. Werk begann M. de la R. als neoklassizist. Dramatiker (›La viuda de Padilla‹, 1812; Schrift ›Arte poética‹, 1827, gegen die span. →Comedia). Während seines Pariser Exils wurde er unter dem Einfluss V. HUGOS zum Begründer des span. romant. Dramas (›Aben Humeya‹, Uraufführung in Paris 1830, gedruckt frz. und span. 1830; ›La conjuración de Venecia‹, 1830). Daneben schrieb er Komödien im Geiste MORATÍNS, Lyrik (›Poesías‹, 1833) und in der Nachfolge W. SCOTTS einen histor. Roman (›Doña Isabel de Solís, reina de Granada‹, 3 Bde., 1837–46).

Ausgabe: Obras, hg. v. C. SECO SERRANO, 8 Bde. (1962).

Martínez del Mazo [marˈtineð ðɛl ˈmaθo], Juan Bautista, span. Maler, →Mazo, Juan Bautista Martínez del.

Martínez de Toledo [marˈtineð ðɛ toˈleðo], Alfonso, gen. **Arcipreste de Talavera** [arθiˈpreste -], span. Theologe und Schriftsteller, *Toledo (?) 1398 (?), †ebd. 1470 (?); war seit 1436 Erzpriester von Talavera, dann Erzdechant von Toledo und Kaplan von JOHANN II. von Aragonien; verfasste Heiligenviten und ein histor. Werk (›Atalaya de las crónicas‹, 1443–55). Sein Hauptwerk ist der Moraltraktat ›El corbacho o Reprobación del amor mundano‹ (entstanden 1438, gedruckt 1498; der Titel – im Anschluss an G. BOCCACCIOS ›Il corbaccio‹ – stammt nicht von M. de T.), eine bissige Diatribe gegen die Frauen. Der lebendige Stil folgt der volkstüml. Predigt mit der Verwendung von zahlr. Anekdoten und populärem Erzählgut.

Ausgabe: Corbacho, hg. v. J. GONZÁLEZ MUELA (Neuausg. 1981).

Martínez Estrada [marˈtines esˈtraða], Ezequiel, argentin. Schriftsteller, *San José de La Esquina (Prov. Santa Fe) 14. 9. 1895, †Bahía Blanca 3. 11. 1964; schrieb neben sprachvirtuoser, z. T. neobarocker Lyrik, Erzählungen und Theaterstücken v. a. kultur-, gesellschafts- und literaturkrit. Essays. Seine Hauptwerke ›Radiografía de la pampa‹ (1933) und ›La cabeza de Goliath‹ (1940) analysieren die ungelösten soziokulturellen Probleme Argentiniens.

Weitere Werke: Lyrik: Oro y piedra (1918); Poesía (1947); Coplas de ciego (1959). – Essays: Panorama de las literaturas (1946); Sarmiento (1946); En Cuba y al servicio de la revolución cubana (1963); Martí. El héroe y su acción revolucionaria (hg. 1966). – Erzählungen: Tres cuentos sin amor (1956). – Cuentos completos (hg. 1975).

Martínez Montañés [marˈtineð monˈtaɲes], Juan, span. Bildhauer, getauft Alcalá la Real (Prov. Jaén) 16. 3. 1568, †Sevilla 18. 6. 1649. Seine farbig gefassten, an die ital. Renaissance anknüpfenden Holzfiguren und Retabel bilden einen Höhepunkt der →Estofadoskulptur.

Werke: Kruzifix ›Cristo de la Clemencia‹ in der Kathedrale von Sevilla (1603–04); Hochaltar des Konvents Santa Clara in Sevilla (1623); Immaculata in der Kathedrale von Sevilla (1628–31).

Martínez Ruiz [marˈtineð ˈrruiθ], José, span. Schriftsteller, *Monóvar (Prov. Alicante) 11. 6. 1874, †Madrid 2. 3. 1967; nach Jurastudium Journalist; schrieb seit 1903 unter dem Pseud. **Azorín**. Sein frühes Werk steht unter dem Einfluss von M. A. BAKUNIN, P. A. KROPOTKIN, P. J. PROUDHON (›Anarquistas literarios‹, 1895; ›Notas sociales‹, 1895). M. R. bekämpfte u. a. in der republikan. Zeitung ›El País‹ Bürgertum, Kapital, Kirche, Familie und Staat und feierte die Idee des Fortschritts, der Freiheit und der Wissenschaft. Ab 1897 ging dieser Fortschrittsglaube in skept. Pessimismus unter; er bekannte sich zu Katholizismus und polit. Konservatismus, verherrlichte in Essays, Dramen und Romanen die span. Tradition als geschichts- und zeitlosen Zustand. Die meisterhaften Landschafts- und Reisebeschreibungen (v. a. ›La ruta de Don Quijote‹, 1905; dt. ›Auf den Spuren Don Quijotes‹) prägten wesentlich das Selbstverständnis Spaniens. Auf ihn geht die Bezeichnung →Generation von 98 zurück, zu deren wichtigsten Vertretern er gehörte.

Weitere Werke: Essays: El alma castellana, 1600–1800 (1900); Los pueblos (1905); Castilla (1912); Clásicos y modernos (1913). – Romane: La voluntad (1902); Antonio Azorín (1903); Las confesiones de un pequeño filósofo (1904; dt. Bekenntnisse eines kleinen Philosophen); Don Juan (1922); Doña Inés (1925).

Ausgabe: Obras completas, hg. v. A. CRUZ RUEDA, 9 Bde. (1947–54).

L. LIVINGSTONE: Tema y forma en las novelas de Azorín (Madrid 1970); J. M. VALVERDE: Azorín (Barcelona 1971); A. RISCO: Azorín y la ruptura con la novela tradicional (Madrid 1980).

Martínez Sierra [marˈtineθ ˈsjɛrra], Gregorio, span. Schriftsteller, *Madrid 6. 5. 1881, †ebd. 1. 10. 1947; Lyriker, Romancier, Journalist, Dramatiker und Theaterdirektor (seit 1915); lebte von 1931 bis kurz vor seinem Tod in Hollywood. Als Übersetzer (u. a. von Dramen M. MAETERLINCKS) und Regisseur leistete er Bedeutendes zur Modernisierung der span. Bühne. Seine eigenen, stark lyr. Theaterstücke (etwa 50; u. a. ›Canción de cuna‹, 1911; ›Don Juan de España‹, 1921) propagieren eine idealistisch-optimist. Weltsicht und einen unverbindl. Feminismus.

Ausgabe: Obras completas, 32 Bde. (1920–33).

Martínez Somalo [marˈtineθ -], Eduardo, span. kath. Theologe, *Baños de Rió Tobía (Region La Rioja) 31. 3. 1927; wurde 1950 zum Priester, 1975 zum Bischof geweiht; wurde 1988 zum Kardinal ernannt und ist seit 1992 Präfekt der Kurienkongregation für die Ordensleute und Säkularinstitute.

Martínez Zuviría [marˈtines suβiˈria], Gustavo, argentin. Schriftsteller, →Wast, Hugo.

Martín Gaite [marˈtin ˈgaite], Carmen, span. Schriftstellerin, *Salamanca 8. 12. 1925; heiratete 1953 den Schriftsteller R. SÁNCHEZ FERLOSIO. Ihre frühen Romane (u. a. ›Entre visillos‹, 1957; ›Las ataduras‹, 1960; ›Ritmo lento‹, 1963) sind dem ›Realismo social‹ verpflichtet. In den 70er-Jahren verfasste sie histor. Arbeiten zur span. Aufklärung (›El proceso de Macanaz‹, 1970; ›Usos amorosos del dieciocho en España‹, 1972; ›El conde de Guadalhorce, su época y su labor‹, 1977), danach kehrte sie zu eher psychologisierenden Romanen zurück (›Retahílas‹, 1974; ›El cuarto de atrás‹, 1978).

Weitere Werke: Romane: Fragmentos de interior (1976); Caperucita en Manhattan (1990; dt. Rotkäppchen in Manhattan); Nubosidad variable (1992).

Martingal [frz.] das, -s/-e, Reitsport: ein beim Spring- und Geländereiten verwendeter Hilfszügel (→Zaumzeug), der vom Sattelgurt zw. den Vorderbeinen des Pferdes hindurchgeführt wird und sich weiter oben in zwei Enden gabelt, durch deren Ringe die Trensenzügel gezogen werden; verhindert das Hochstrecken des Pferdekopfes.

José Martínez Ruiz

Martini, Martinstag, als Abschluss des bäuerl. Wirtschaftsjahrs früher wichtiger Brauch-, Rechts- und Wirtschaftstermin. – Am Tag des hl. MARTIN VON TOURS (11. 11.) begann seit dem 6. Jh. das bis Weihnachten andauernde Adventsfasten (daher ›alter Advent‹); er galt auch als Winteranfang. Regional unterschiedl. Bräuche unterstrichen die Bedeutung des Tages: Umzüge, Feuer, Auftritt von Maskengestalten, Festspeisen (→Martinsgans, Martinsgebäck), Bescherungen, Lieder und Spiele (→Martinslieder). In prot. Gebieten waren die Bräuche später oft auf M. LUTHER bezogen. – M. war ein Termin für den Wechsel der ländl. Dienstboten und für Bestätigung oder Ablösung von Stadtbesoldeten; es wurden u. a. die Entlohnung des Gesindes, Abgabe des Zehnten, Zinslieferungen, die Regelung der Pacht sowie traditionelle und herrschaftl. Gegenleistungen fällig. M. galt auch als Festtag der Hirten, die den Heiligen als Schützer der Herden verehrten. An M. warteten sie ihrem Dienstherrn auf und wurden dafür belohnt. – Die Erinnerung an die Legende des MARTIN VON TOURS spielte zumindest mit, wenn an M. eine Maskengestalt, der **Martinsmann,** den Kindern Geschenke brachte; die szen. Darstellung des Motivs der Mantelteilung knüpft ebenso an die Legende des Heiligen an. Im Rheinland wurde der Martinsbrauch schon im 19. Jh. nach Maßstäben bürgerl. Ästhetik umgestaltet, setzte sich in dieser Form mit Laternenumzug **(Martinslampen), Martinsfeuer** sowie Bescherung in seinen alten Verbreitungsgebieten (Rheinland, Belgien, Niederlande) als Volksfeiertag durch und bürgerte sich auch in Ober-Dtl. u. a. Regionen ein.

D. SAUERMANN: Neuzeitl. Formen des Martinsbrauches in Westfalen, in: Rheinisch-Westfäl. Ztschr. für Volkskunde, Jg. 14 (1967); E. GRABNER: M.-Segen u. M.-Gerte in Österreich (Eisenstadt 1968); I. WEBER-KELLERMANN: Saure Wochen, frohe Feste (1985); H. SCHWEDT: St. Martin vorwärtsreitend, in: Sichtweisen der Volkskunde, hg. v. A. LEHMANN u.a. (1988); H. u. E. SCHWEDT: Jahresfeuer, Kirchweih u. Schützenfest (2 Karten), in: Geschichtl. Atlas der Rheinlande, Lfg. 3, Faszikel XI. 3 u. XI. 4 (1989).

Martini, 1) Arturo, ital. Bildhauer, *Treviso 11. 8. 1889, †Mailand 22. 3. 1947. Sein Schaffen hat die menschl. Gestalt zum Thema. Er verwendete zeitgenöss. Anregungen (1911 in Paris), schloss sich nach einer expressiven Phase in Rom 1921 der Gruppe →Valori Plastici an und bezog zunehmend auch die neoklassizist. Formensprache ein.

Werk: Livius Patavinus (1941–42; Padua, Philosoph. Fakultät der Univ.).

2) Carlo Maria, ital. kath. Theologe, *Turin 15. 2. 1927; Jesuit; wurde 1952 zum Priester geweiht; war 1969–78 Rektor des Päpstl. Bibelinstituts, anschließend der Gregoriana in Rom. Seit 1980 ist M. Erzbischof von Mailand, seit 1983 Kardinal. 1987–93 war er Präs. des Rates der Europ. Bischofskonferenzen. M. ist einer der einflussreichsten Förderer des ökumen. Dialogs in der kath. Kirche Italiens und wurde durch seine publizist. Tätigkeit über Italien hinaus bekannt.

Werke: Il sogno di Giacobbe (1989; dt. Dem Leben Richtung geben. Perspektiven für junge Leute); Il lembo del mantello (1991; dt. Einschaltung. Ein Kardinal im Gespräch mit den Medien); Nel cuore della Chiesa e del mondo (1991; dt. Perspektiven für Kirche u. Welt); La Chiesa. Una, santa, cattolica, apostolica (1994; dt. Die Kirche. Anregungen zu einem tieferen Verständnis).

3) Ferdinando, ital. Politiker und Schriftsteller, *Florenz 30. 7. 1841, †Monsummano Terme (Prov. Pistoia) 24. 4. 1928; war seit 1875 linksliberaler Abg., 1892/93 Unterrichts-Min., 1897–1900 Statthalter von Eritrea, 1915–19 Kolonial-Min. und seit 1923 Senator. Trat mit Komödien nach Art der frz. ›Proverbes‹ hervor (u.a. ›Chi sa il giuoco non l'insegni‹, 1872), schrieb Romane, Erzählungen (›La marchesa‹, 1877), Essays und Erinnerungen (›Confessioni e ricordi‹, 2 Bde., 1922–28), war einflussreicher Theaterkritiker.

4) Francesco di Giorgio, eigtl. **F. di Giorgio di Martino Pollaiuolo,** ital. Baumeister, Bildhauer, Maler und Kunsttheoretiker, *Siena 23. 9. 1439, †ebd. 1501; kommt in seiner Vielseitigkeit dem Ideal der Renaissance vom universal tätigen Menschen nahe. M. war v. a. als Festungsbaumeister und Militäringenieur an ital. Höfen sehr gefragt und u. a. für FEDERIGO DA MONTEFELTRE (*1422, †1482) in Urbino tätig; er interessierte sich auch für röm. Baukunst (Skizzenbuch). Sein Erfindungsreichtum war eine Quelle für LEONARDO DA VINCI, mit dem er in Mailand zusammentraf und der sein Architekturtraktat mit Notizen versah. 1485 ff. errichtete er den Kuppelbau Santa Maria del Calcinaio bei Cortona, 1498 wurde er Dombaumeister in Siena. Während er auf dem Gebiet der Architektur Ideen der Florentiner Frührenaissance weiterführte und in seinen Bronzearbeiten der Einfluss DONATELLOS wirksam wurde, blieb er als Maler dem sienes. Stil seines Lehrers VECCHIETTA nahe.

Weitere Werke: Zwei Bronzeleuchterengel (Siena, Dom); Bronzerelief mit Beweinung Christi (Venedig, Chiesa del Carmine); Tafelbild Verkündigung (um 1475; Siena, Pinacoteca).

Ausgaben: Trattati di architettura, ingegneria e arte militare, hg. v. C. MALTESE, 2 Bde. (1967). – Das Skizzenbuch des F. di G. M., entstanden um 1470, 2 Bde. (1989).

C. MALTESE: F. di Giorgio (Mailand 1966); B. B. FREDERICKSEN: The cassone paintings of F. di Giorgio (Los Angeles, Calif., 1969).

5) Fritz, Literaturhistoriker, *Magdeburg 5. 9. 1909, †Stuttgart 5. 7. 1991; wurde 1943 Prof. in Stuttgart. Bekannt v.a. durch seine ›Dt. Literaturgeschichte von den Anfängen bis zur Gegenwart‹ (1949); daneben wichtige Arbeiten als Herausgeber (u.a. ab 1957 des ›Jahrbuchs der Dt. Schillergesellschaft‹).

6) Giovanni Battista, gen. **Padre M.,** ital. Musiktheoretiker und Komponist, *Bologna 24. 4. 1706, †ebd. 3. 8. 1784; trat 1721 in den Franziskanerorden ein (Priesterweihe 1729) und wurde 1725 Kapellmeister an San Francesco in Bologna; galt in musikal. Fragen zeitweise als die höchste Instanz nicht nur in Italien. Er hielt an dem Grundsatz fest, dass die Musik mathematisch begründet sei. Seine didakt. Tätigkeit war dem Studium klass. polyphoner Werke gewidmet. So enthält seine Schrift ›Esemplare ossia Saggio fondamentale pratico di contrappunto sopra il canto fermo‹ (1774–76, 2 Bde.) viele Kompositionen des 16.–18. Jh., die als Vorbild für den Palestrina-Stil gelten können und die er mit krit. Anmerkungen versah. Seine umfangreiche Bibliothek befindet sich heute in Bologna (Konservatorium). Zu seinen Schülern gehörten u. a. W. A. MOZART und J. C. BACH. M. schrieb ferner ›Storia della musica‹ (1757–81, 3 Bde., Bd. 4 unvollendet) und komponierte Messen, Oratorien, Konzerte, Orgelsonaten, Kammerduette und Kanons.

B. WIECHENS: Die Kompositionstheorie u. das kirchenmusikal. Schaffen Padre M.s (1968).

7) Simone, eigtl. **Simone di Martino,** ital. Maler, *Siena 1284, †Avignon Juli 1344. Nach vermutlich in Siena verbrachten Lehrjahren wird er 1315 durch eine Signatur und dokumentarisch um 1317 in Neapel fassbar; seit 1320 war er meist in Siena, ferner in Pisa, Orvieto und Assisi tätig, wo er mit der Freskoausstattung der Cappella di San Martino in der Unterkirche von San Francesco sein Hauptwerk schuf (1322–26; Szenen aus dem Leben des hl. MARTIN VON TOURS); um 1340 ging er an den päpstl. Hof nach Avignon. M. ist neben GIOTTO, von dessen Werk er beeinflusst war (Raum, Licht, Bewegung), der bedeutendste ital. Maler des Trecento. Er führte die Maltradition der Schule von Siena zu höchster Blüte. Der Zauber seiner Werke beruht auf der Verbindung des got. Elements sanft schwingender Linien und zarter Farben mit der Wiedergabe der Stofflichkeit und lyr., eindringl. Gebärdensprache. Sein Spätwerk in Avignon, v. a. die Fresken in der Vorhalle der

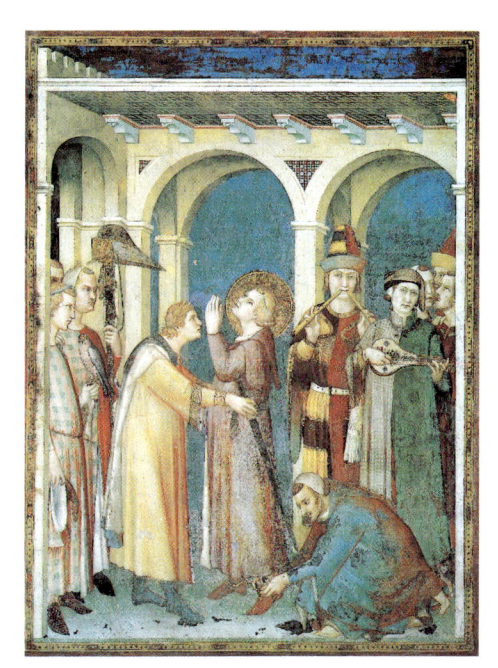

Simone Martini: Der heilige Martin wird zum Ritter geschlagen; Fresko in der Unterkirche von San Francesco in Assisi; 1322–26

Kathedrale (Sinopien z. T. erhalten) und das kleinformatige Tafelbild ›Der zwölfjährige Jesus im Tempel‹ (1342; Liverpool, Walker Art Gallery), war für die weitere Entwicklung der Malerei in Frankreich von Bedeutung (u. a. für die Schule von Avignon und die frz. Buchmalerei des 14./15. Jh.).

Weitere Werke: Fresken: Maestà (1315, 1321 überarbeitet; Siena, Palazzo Pubblico); Reiterbildnis des Guidoriccio da Fogliano (1328; ebd.). – *Tafelbilder:* Hl. Ludwig von Toulouse (1317; Neapel, Museo Nazionale di Capodimonte); Altarbild für Santa Caterina in Pisa (1313; Hauptteile: Pisa, Museo Nazionale di San Matteo); Verkündigung (1333; Florenz, Uffizien; zus. mit L. MEMMI; BILD →Gotik); Orsini-Polyptychon (um 1333) mit Kreuztragung (Paris, Louvre), Kreuzigung (Antwerpen, Koninklijk Museum), Kreuzabnahme (ebd.) u. Grablegung (Berlin, Gemäldegalerie).

L'opera completa, hg. v. M. C. GOZZOLI (1970); R. BRANDL: Die Tafelbilder des S. M. (1985); A. B. RAVE: Fronleichnam in Siena. Die Maesta von S. M. in der Sala del Mappamondo (1986); C. JANNELLA: S. M. (a. d. Ital., 1991).

Martinique [marti'nik], frz. Übersee-Dép. im Bereich der Westind. Inseln, umfasst die zu den Kleinen Antillen gehörende gleichnamige Insel, 1 128 km², (1995) 388 000 Ew.; Hauptstadt ist Fort-de-France, Amtssprache Französisch. Währung: 1 Frz. Franc (FF) = 100 Centimes. Zeitzone: Atlantic Standard Time (7⁰⁰ Fort-de-France = 12⁰⁰ MEZ).

Landesnatur: M. ist eine gebirgige, durch Vulkanismus geprägte Insel. Das nördl. Gebirge mit der 1 397 m hohen Montagne Pelée als höchster Erhebung der Insel wird durch die Ebene des Lezarde- und Galion-Flusses vom südl. Bergland (Mt. du Vauclin; 505 m ü. M.) getrennt. Der Ausbruch (Glutwolke) des im NW gelegenen aktiven Vulkans Montagne Pelée von 1902 vernichtete die damalige Hauptstadt Saint-Pierre (40 000 Tote).

Das wechselfeuchte trop. Klima steht unter dem Einfluss des NO-Passats (Hauptniederschlagszeit Juli bis November, mit dem Auftreten von Hurrikans verbunden). Die Jahresniederschläge liegen zw. 1 000 mm im Lee und bis über 5 000 mm an den Luvseiten der Gebirge. Die Temperaturen schwanken zw. 24 und 31 °C, je nach Jahreszeit und Höhenlage. Die Vegetation reicht vom immergrünen Regenwald bis zur Dornstrauch- und Sukkulentensavanne. (KARTE →Inseln über dem Winde)

Bevölkerung: Die indian. Bev. (Kariben) war bald nach der Kolonisierung ausgestorben oder ausgerottet. Heute besteht die Bev. zu 94 % aus Mulatten, Nachfahren der schwarzen afrikan. Sklaven (1736: 60 000), die als Plantagenarbeiter eingeführt wurden, und der weißen frz. Oberschicht. Nach Aufhebung der Sklaverei (1848) wurden anfangs Kontraktarbeiter aus Afrika (1859 verboten), dann Inder (1853–84: 25 000 Arbeiter, von denen viele wieder abwanderten) und wenige Chinesen angeworben. Die Weißen, heute noch wirtschaftlich führend, waren durch die Vernichtung von Saint-Pierre 1902 bes. betroffen.

Als Umgangssprache dient meist ein frz. Kreolisch. Etwa 85 % der Bev. bekennen sich zum kath. Glauben; daneben gibt es wenige Methodisten, Adventisten, Zeugen Jehovas und Hinduisten. 30 % der Bev. sind unter 20 Jahre alt. Nachdem sich die Bev. von 1920 bis 1965 verdoppelt hat, stagniert heute ihre Zahl. Der begrenzte Arbeitsmarkt ist für eine hohe Migration v. a. nach Frankreich verantwortlich. Rd. ein Drittel der Bev. lebt in der Agglomeration der Hauptstadt Fort-de-France an der W-Küste.

Wirtschaft: Die Wirtschaft M.s wird vom Tourismus beherrscht und ist in erhebl. Umfang von Frankreich abhängig. Die Landwirtschaft trägt zu 6 % (1991) zum Bruttoinlandsprodukt (BIP) bei und beschäftigt 6 % der Erwerbstätigen. Etwa 150 landwirtschaftl. Betriebe mit mehr als 100 ha, in der Regel im Besitz der alteingesessenen Weißen (Békés), produzieren in den flacheren Gebieten Exportprodukte wie Bananen (1994: 228 000 t, etwa ein Drittel der Ausfuhr), Zuckerrohr (zur Rumproduktion), Zitrusfrüchte, Melonen und Ananas. Der Export von Bananen, Zucker und Rum wird durch EU-Abkommen geregelt. Auch die Blumenproduktion hat Bedeutung. Rd. 7 000 Klein- und Mittelbauern, meist im bergigen Hinterland, bauen für den Eigenbedarf an und versorgen den lokalen Markt mit Gemüse und Knollenfrüchten. Die Fleischproduktion (1994: 110 000 Schafe, 49 000 Schweine, 36 000 Rinder) reicht etwa zur Hälfte, die Fischanlandungen zu einem Drittel (1993: 4 600 t) für die Versorgung des einheim. Marktes aus. Etwa 15 % (1991) des BIP stammen aus Industrieproduktion, Bauwesen und Energiewirtschaft. Wichtigste Verarbeitungsstätten sind dabei eine Erdölraffinerie sowie Rumdestillerien; daneben werden Lebensmittelkonserven, Kunststoffe, Leder- und Textilwaren, Zement, Elektronikbauteile, Möbel u. Ä. produziert. Mit Abstand wichtigster Erwerbszweig ist der Tourismus, der erheblich gefördert wird (1991: 225 000 Hotelankünfte; 417 000 Kreuzfahrtpassagiere; Gesamteinkünfte 1993: 332 Mio. US-$). Die Touristen kommen v. a. aus Frankreich und den USA. Das Handelsbilanzdefizit M.s beträgt 1 424 Mio. US-$ (1994) bei Exporten von 202 Mio. US-$, wobei Frankreich mit Abstand der größte Handelspartner ist. Aufgrund der hohen Zuschüsse Frankreichs (jährlich rd. 4,5 Mio. FF) und der EU (1994–2000: 1,5 Mrd. ECU) ist der Lebensstandard auf der Insel hoch.

Geschichte: Urspr. von Aruakindianern, später von Kariben bewohnt, wurde M. 1502 von C. KOLUMBUS entdeckt. 1635 nahm die frz. Compagnie des Îles d'Amérique die Insel in Besitz und siedelte Pflanzer an. 1674 wurde M. frz. Kronkolonie. Im 17. und 18. Jh. kämpften Briten und Niederländer mit den Franzosen um M., das erst 1816 endgültig frz. wurde. 1848 wurde die Sklaverei abgeschafft; 1854 gab Frankreich M. eine gewisse innere Autonomie. Seit 1946 besitzt M. den Status eines frz. Übersee-Dép., das vier Abg. in die frz. Nationalversammlung entsendet und einen Generalrat wählt. 1982/83 wurden unter Präs. F. MITTERRAND die Selbstverwaltungsbefugnisse M.s durch die Schaffung des Regionalrats (41 Mitgl.) erweitert. Bei den Wahlen zum General- und Regionalrat 1992 erreichten die linken Parteien, die mehr Autonomie anstreben, die Mehrheit (dazu gehört der von AIMÉ CÉSAIRE geführte Parti Progressiste Martiniquais).

Atlas des départements français d'outre-mer, hg. v. G. LASSERRE, Bd. 2: La M. (Paris 1977); Questions sur l'administration des DOM, hg. v. J.-C. FORTIER (ebd. 1989); F. DOUMENGE u. Y. MONNIER: Les Antilles françaises (Paris ²1993); French and West Indian. M., Guadeloupe and French Guiana today, hg. v. R. E. BURTON u. a. (London 1995).

Martin-Luther-Bund, Zusammenschluss der seit 1853 in versch. Teilen Dtl.s gegründeten ›Gotteskastenvereine‹ zur Betreuung ev.-luther. Christen in der Diaspora; heute v. a. in Mittel- und Osteuropa sowie in Lateinamerika tätig. Gefördert werden u. a. Gemeindeaufbau, Diakonie und die Verbreitung christl. Schrifttums. Präs. ist seit 1997 CLAUS-JÜRGEN ROEPKE (* 1937; Oberkirchenrat in München). – *Publikationen:* ›Luther. Kirche in der Welt‹ (Jahrbuch des M.-L.-B.; 1946 ff.); ›Luther. Dienst‹ (Zeitschrift für kirchl. Leben und Diasporahilfe; 1965 ff.).

Martin-Luther-Universität Halle-Wittenberg, die Univ. in Halle (Saale), hervorgegangen aus der 1817 vollzogenen Vereinigung der Univ. Wittenberg (›Leucorea‹, gegr. 1502 durch Kurfürst FRIEDRICH III. von Sachsen) mit der Univ. von Halle (Saale) (gegr. 1694 durch Kurfürst FRIEDRICH III. von Brandenburg als Ablösung einer Ritterakademie). In Wittenberg lehrten u. a. M. LUTHER (ab 1512) und P. MELANCHTHON (ab 1518). In Halle (Saale) wirkten u. a. C. THOMASIUS, A. H. FRANCKE, C. WOLFF, F. SCHLEIERMACHER, der Agrarwissenschaftler JULIUS KÜHN (* 1825, † 1910) und E. ABDERHALDEN. 1754 erwarb D. C. ERXLEBEN hier als erste Frau in Dtl. den (medizin.) Doktorgrad. Ihren jetzigen Namen erhielt die Univ. 1933 anlässlich des 400. Geburtstages M. LUTHERS. 1993 wurden die ehem. PH Halle-Köthen und Teile der aufgelösten TH Merseburg in die Univ. integriert. 1996 wurde in Wittenberg in der Trägerschaft der Stiftung ›Leucorea‹ das ›Collegium Fridericianum‹ (der ehem. Univ.) wieder errichtet, das seither als akadem. Standort der M.-L.-U. H.-W. einbezogen ist. – Heute (1997) bestehen sieben Fakultäten mit vierzehn Fachbereichen. Dem Lehrkörper gehören 416 Professoren und über 1 700 wiss. Mitarbeiter an. Studierende: rd. 12 000.

Martino lo Spagnuolo [-spaɲˈɲ-, ital.], span. Komponist, →Martín y Soler, Vicente.

Martinon [martiˈnɔ̃], Jean, frz. Dirigent und Komponist, * Lyon 10. 1. 1910, † Paris 1. 3. 1976; studierte u. a. bei C. MÜNCH und A. ROUSSEL; war 1951–58 Chefdirigent der Association des Concerts Lamoureux, 1958–60 des Israel Philharmonic Orchestra, 1960–66 der Düsseldorfer Symphoniker, 1963–68 des Chicago Symphony Orchestra, 1968–74 des Orchestre National de France und 1974–76 des Residentie-Orkest Den Haag. Sein kompositor. Schaffen (Oper ›Hécube‹, 1949, nach EURIPIDES; 4 Sinfonien; 2 Violinkonzerte sowie Violoncello- und Flötenkonzert; Kammermusik; Chorwerke) ist dem Neoklassizismus verpflichtet.

Martín Recuerda [marˈtin rreˈkuerda], José, span. Dramatiker, * Granada 23. 6. 1923; Lehrer für span. Sprache und Literatur, Theaterleiter und Prof. in Granada, Repräsentant des »neuen span. Theaters«, das formal, sprachlich und inhaltlich in scharfem Gegensatz zum Salontheater der ›alta comedia‹ steht. M. R.s Stücke setzen die während des Francoregimes unterbrochene Tradition des Theaters von R. M. DEL VALLE-INCLÁN und F. GARCÍA LORCA fort. Sie thematisieren die allgegenwärtige repressive Gewalt der span.

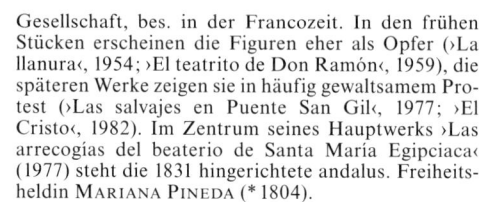

Gesellschaft, bes. in der Francozeit. In den frühen Stücken erscheinen die Figuren eher als Opfer (›La llanura‹, 1954; ›El teatrito de Don Ramón‹, 1959), die späteren Werke zeigen sie in häufig gewaltsamem Protest (›Las salvajes en Puente San Gil‹, 1977; ›El Cristo‹, 1982). Im Zentrum seines Hauptwerks ›Las arrecogías del beaterio de Santa María Egipciaca‹ (1977) steht die 1831 hingerichtete andalus. Freiheitsheldin MARIANA PINEDA (* 1804).

Martins, Peter, dän. Tänzer, Choreograph und Ballettdirektor, * Kopenhagen 27. 10. 1946; kam 1969 vom Königl. Dän. Ballett zum New York City Ballet, zu dessen führenden Solisten er bald zählte und dessen Leitung er nach dem Tod von G. BALANCHINE 1983 zus. mit J. ROBBINS übernahm; 1989 wurde er alleiniger Chefballettmeister des Ensembles. Zu seinen neueren Choreographien gehören ›Fearful symmetries‹ (1990); ›Jazz‹ (1993), ›Symphonic dances‹ (1994).

Martin Salander, Roman von G. KELLER, 1886.

Martín-Santos, Luís, span. Schriftsteller und Psychiater, * Larache (Marokko) 1924, † (Autounfall) Vitoria 21. 1. 1964; war seit 1957 Direktor der psychiatr. Klinik in San Sebastián. Sein Roman ›Tiempo de silencio‹ (1962; dt. ›Schweigen über Madrid‹), der in desillusionierender Weise Elend und Stagnation im Nachkriegsspanien thematisiert, bricht inhaltlich, formal und sprachlich radikal mit der damaligen ›Novela social‹. Der Roman ist der erste Versuch, moderne Erzähltechniken in Spanien zu verwenden.

A. REY: Construcción y sentido de ›Tiempo de silencio‹ (Madrid 1977).

Martinsberg, Benediktinerabtei in Ungarn, →Pannonhalma.

Martinsgans, die Festspeise an Martini. Einer legendären Brauchherleitung nach habe sich der hl. MARTIN VON TOURS, um der Wahl zum Bischof zu entgehen, versteckt, sei aber durch das Geschnatter von Gänsen verraten worden, weshalb diese dafür büßen müssten. Die oft zitierte früheste Nachricht über die M. in Dtl., die Schenkung einer silbernen Gans an das Kloster Corvey (1171), geht auf eine Fälschung des 17. Jh. zurück. Seit dem 13. Jh. sind Gänse als bäuerl. Naturalabgabe an Grundherrschaften zu Martini nachzuweisen. Von der Gans als Festessen im Herbst spricht um 1270 der Lyriker STEINMAR. Seit dem 14. Jh. ist in Dichtungen und Liedern von der M. die Rede, später findet sie sich in Ausgabenregistern vieler Klöster und Städte.

Martinshorn, eigtl. **Martin-Horn®,** Signalinstrument der Firma Martin, das eintönige Signale oder mehrtönige Tonfolgesignale erklingen lässt und sowohl in Kfz als auch stationär eingesetzt wird. Bekannt wurde die Bez. M. durch das 1932 entwickelte Einsatzhorn für Sonderfahrzeuge (Polizei-, Feuerwehr-, Krankenfahrzeuge), dessen Gebrauch gesetzlich vorgeschrieben wurde (→Blaulicht). Seit 1950 werden Sondersignalgeräte auch von anderen Firmen hergestellt.

Martinskirch, Stadt in Rumänien, →Tîrnăveni.

Martinslieder, Lieder zum Fest des hl. MARTIN VON TOURS (11. 11.), die entweder eine Episode aus der Legende des Heiligen zum Inhalt haben oder sich auf die seit dem Hoch-MA. am Martinstag oder an dessen Vorabend gebräuchl. Feste, Umzüge und Heischegänge der Schuljugend beziehen. Viele sind im Verlauf der Reform des Brauches um 1900 im Rheinland entstanden. Verbreitet sind M. v. a. in Nord- und West-Dtl., in den Niederlanden und in Flandern; prot. Gebieten oft auf M. LUTHER bezogen.

H. SIUTS: Die Ansingelieder zu den Kalenderfesten (1968); D. SAUERMANN in: Hb. des Volksliedes, hg. v. R. W. BREDENICH u. a., Bd. 1 (1973).

Martinson, 1) Harry Edmund, schwed. Schriftsteller, * Jämshög (Län Blekinge) 6. 5. 1904, † Stockholm 11. 2. 1978; ging nach einer schweren Kindheit und Jugend 16-jährig zur See und kehrte nach vielen Reisen, u. a. nach Südamerika und Indien, lungenkrank nach Schweden zurück; schloss sich 1929 der expressionist. Dichtergruppe ›Fem unga‹ an; war 1929–40 ∞ mit 2); ab 1949 Mitgl. der Schwed. Akademie. M. erhielt 1974 den Nobelpreis für Literatur (zus. mit EYVIND JOHNSON). – M., sprachlich virtuoser Lyriker und Prosaist und Schöpfer ausdrucksvoller sprachl. Neubildungen, gilt als einer der originellsten Stilisten in der schwed. Lit. des 20. Jh.; schrieb stark autobiographisch gefärbte Naturlyrik und philosophisch geprägte sowie naturwiss. orientierte Lyrik. Er vertrat in seinen ersten Werken einen vitalen Primitivismus. Neben modernem Romantizismus steht eine tiefe Skepsis, die der richtigen Nutzung der Technik durch den Menschen gilt, in dem Epos um das Raumschiff ›Aniara‹ (1956; dt.). Hauptthemen seines Werkes sind Humanismus, Toleranz, Wahrheit, Liebe zur Natur, zum Einfachen, Alltäglichen sowie die Ablehnung von Gewalt, Lüge und Umweltzerstörung.

Weitere Werke: *Lyrik:* Spökskepp (1929); Nomad (1931); Natur (1934); Passad (1945); Cikada (1953); Gräsen i Thule (1958); Vagnen (1960); Tuvor (1973). – *Romane:* Nässlorna blomma (1935; dt. Die Nesseln blühen); Vägen ut (1936; dt. Der Weg hinaus); Den förlorade jaguaren (1941); Vägen till Klockrike (1948; dt. Der Weg nach Glockenreich). – *Erzählung:* Bollesagor (hg. 1983). – *Drama:* Tre knivar från Wei (1964). – *Essays:* Svärmare och harkrank (1937); Midsommardalen (1938); Det enkla och det svåra (1939); Verklighet till döds (1940); Utsikt från en grästuva (1963). – *Reisebericht:* Resor utan mål (1932; dt. Reisen ohne Ziel).

Ausgaben: Gedichte (1962); Die Henker des Lebenstraumes, Nachdichtung v. B. JENTZSCH (1973).

2) Moa, eigtl. **Helga Maria M.**, geb. Swartz, schwed. Schriftstellerin, * Vårdnäs (Län Östergötland) 2. 11. 1890, † Södertälje 5. 8. 1964; Autodidaktin; 1929–40 in zweiter Ehe ∞ mit 1). Ein wichtiges Thema ihres erzähler. Werkes, das z. T. autobiograph. Züge trägt, ist die Situation der Frau. Daneben entstanden u. a. auch histor. Romane.

Werke: *Romane:* Sallys söner (1934); Mor gifter sig (1936; dt. Mutter heiratet); Drottning Grågyllen (1937; dt. Die Frauen von Kolmården); Kyrkbröllop (1938; dt. Kirchl. Trauung); Kungens rosor (1939; dt. Die Rosen des Königs); Vägen under stjärnorna (1940; dt. Weg unter Sternen); Brandliljor (1941); Den osynlige älskaren (1943; dt. Der unsichtbare Liebhaber); Livets fest (1949); Du är den enda (1952); Kvinnorna på Kummelsjö (1955); Klockor vid sidenvägen (1957); Hemligheten (1959).

E. WITT-BRATTSTRÖM: M. M. Skrift och drift i trettiotalet (Stockholm 1988).

Martins|sommer, um Martini (11. 11.) in Mitteleuropa vorkommende Schönwetterperiode; verursacht durch ein Hochdruckgebiet mit Zufuhr von Warmluft aus S; gehört zu den →Singularitäten.

Martinstag, Tag des hl. MARTIN VON TOURS; →Martini.

Martin-Stahl [nach P. É. und É. MARTIN], früher in Siemens-Martin-Öfen hergestellter →Stahl.

Martinswand, Felswand am linken Innufer östlich von Zirl, Tirol, Österreich; Maximiliansgrotte; Tunnel (1,8 km) der Mittenwaldbahn. Die Engstelle an der M. trennt das Ober- vom Unterinntal.

Martinů, Bohuslav, tschech. Komponist, * Polička (Ostböhm. Gebiet) 8. 12. 1890, † Liestal (Schweiz) 28. 8. 1959; war 1918–23 Violinist der Tschech. Philharmonie, trieb Kompositionsstudien 1922 bei J. SUK in Prag und 1923 bei A. ROUSSEL in Paris, war aber im Wesentlichen Autodidakt. 1941 emigrierte er in die USA, wo er u. a. an der Princeton University lehrte. 1953 kehrte er nach Europa zurück. Seine polyphone, farbenreiche Tonsprache steht bei aller Modernität in der musizierfreudigen Tradition A. DVOŘÁKS und zeigt auch Einflüsse des Jazz.

Werke: *Opern:* Der Soldat u. die Tänzerin (1928); Das Vorstadttheater (1936); Juliette (1938); Mirandolina (1959); Griech. Passion (hg. 1961); Ariane (uraufgeführt in Gelsenkirchen als Ariadne, 1961). – *Ballett:* Istar (1924). – *Orchesterwerke:* Rondo Half-Time (1924); Doppelkonzert (1938, für 2 Streichorchester, Klavier u. Pauken); 6 Sinfonien (1942–53). – *Instrumentalkonzerte:* 5 für Klavier (1924–58); 2 für Violoncello (1930, 1945); für Cembalo (1935); Sinfonietta giocosa (1940, für Klavier u. Kammerorchester); für 1 u. 2 Violinen (1943, 1950); für Oboe (1955). – *Kammermusik:* 7 Streichquartette (1918–47); 2 Nonette (1925, 1959). – *Oratorium:* Gilgamesch-Epos (1957).

H. HALBREICH: B. M. Werkverz., Dokumentation u. Biogr. (Zürich 1968); C. MARTINŮ: Mein Leben mit B. M. (a.d. Tschech., Prag 1978). G. ERISMANN: M. Un musicien à l'éveil des sources (Arles 1990).

Martinuzzi, Georg, eigtl. **György Utiešenović** [utje'ʃenɔvitɕ], ungar. Kirchenfürst, * Kamičac (Kroatien) 1482, †(ermordet) Schloss Alvinc (bei Hunedoara) 17. 12. 1551; wurde als Mönch (**Bruder Georg**; ungar. **Fráter György**) Ratgeber von König J. ZÁPOLYA (JÁNOS I.), der ihn 1534 zum Bischof von Großwardein und 1539 zum Landesbischof von Siebenbürgen machte. M. verteidigte lange die Interessen seines Herrn und dessen Familie gegen FERDINAND (I.). Nach dem Tod von ZÁPOLYA (1540) erhob M. dessen Sohn, sein Mündel JOHANN SIGISMUND (JÁNOS ZSIGMOND; * 1540, † 1571), als JÁNOS II. zum Gegenkönig; 1551 wechselte M. die Seite und übergab das von ihm 1541 geschaffene Fürstentum Siebenbürgen an den Habsburger. Obgleich M. zum Wojewoden sowie zum Erzbischof erhoben wurde und die Kardinalswürde erhielt, ließ ihn FERDINANDS Heerführer CASTALDO wegen des Verdachts verräter. Beziehungen zu den Türken ermorden.

Martín y Soler [mar'tin i so'lɛr], Vicente (Vincent), in Italien **Martino lo Spagnuolo** [-spaɲ'n-], span. Komponist, * Valencia 2. 5. 1754, † Sankt Petersburg 11. 2. 1806; trat zunächst in Spanien und Italien, später in Wien und 1788–94 und ab 1796 in Petersburg als Opernkomponist hervor. Den Schlusssatz des 1. Finales seiner Opera buffa ›Una cosa rara‹ (1786) hat W. A. MOZART in der Tafelmusik (Finale 2. Akt) des ›Don Giovanni‹ zitiert. Als Opera-buffa-Komponist wird M. y S. gleichwertig D. CIMAROSA und G. PAISIELLO zur Seite gestellt.

Martit der, -s/-e, Mineral, →Hämatit.

Martius, Karl Alexander von, Chemiker und Industrieller, * München 19. 1. 1838, † Staufenhof (bei Bad Reichenhall) 26. 2. 1920; Pionier der dt. Farbenindustrie; gründete 1867 die ›Actien-Gesellschaft für Anilin-Fabrikation‹ in Rummelsburg (später Agfa AG) und war maßgeblich an der Gründung der Dt. Chem. Gesellschaft beteiligt (heute Gesellschaft Dt. Chemiker e. V.).

Martiusgelb, →Nitrofarbstoffe.

Martorell [mərtu'reʎ], 1) Bernat, auch **Bernardo M.**, katalan. Maler, * Sant Celoni um 1400, † Barcelona 1452; einer der Hauptvertreter des weichen Stils in Katalonien. Er gilt u. a. als Schöpfer des ›Georgsaltars‹ (1425–37; Paris, Louvre, und Chicago, Ill., Art Institute) und des ›Altars der Verklärung Christi‹ (um 1447; Barcelona, Kathedrale). Die Präzision der Zeichnung wird in klaren, ausgewogenen Kompositionen durch leuchtendes Kolorit betont. (BILD S. 278)

2) Joanot, katalan. Schriftsteller, * Gandía (?) (Prov. Valencia) 1413/14(?), † 1468(?); Schwager von A. MARCH; lebte u. a. am port. und wohl auch am engl. Hof. Er schrieb die ersten drei Teile des bedeutendsten katalan. Ritterromans ›Tirant lo blanc‹ (entstanden um 1455, veröffentlicht 1490), dessen vierter und letzter Teil von MARTÍ JOAN DE GALBA († 1490) stammt. Das in viele Sprachen übersetzte Werk vereinigt Historisches (Kämpfe der Katalanen in Griechenland), literar. Vorlagen (Artussage; engl. Quelle für Tl. 1) und selbst Erlebtes. Seine realist. Schilderung der Alltagswelt und sein Bekenntnis zur Diessei-

Bohuslav Martinů

Mart Martos – Märtyrerdrama

Bernat Martorell: Das Martyrium der heiligen Eulalia; um 1440, Ausschnitt
(Vich, Museu Arqueològic-Artistic Episcopal)

tigkeit rücken den Roman in die Nähe der Renaissance.
Ausgaben: Tirant lo blanc, hg. v. M. DE RIQUER (²1982). – Der Roman vom weißen Ritter Tirant lo Blanc, übers. v. F. VOGELGSANG, auf 3 Bde. ber. (1990 ff.).

Martos, Stadt in Andalusien, Prov. Jaén, Zentrum des span. Olivenanbaus, 21 900 Ew.; kath. Bischofssitz; Speiseölindustrie; Eisenerzgruben. – Die maurisch geprägte Stadt wird von einem kegelförmigen Berg mit turmbewehrter arab. Burg überragt.

Martos, Iwan Petrowitsch, russ. Bildhauer, *Itschnja (Gebiet Tschernigow) 1754, †Sankt Petersburg 17. 4. 1835; einer der führenden russ. Bildhauer der Zeit ALEXANDERS I., ausgebildet in Rom, wo er Kontakt zu B. THORVALDSEN, P. BATONI und A. R. MENGS hatte. Er schuf klassizist. Denk- und Grabmäler. Sein Hauptwerk ist das Denkmal für K. MININ und D. POSCHARSKIJ auf dem Roten Platz in Moskau (1804–18).

Martow, L., eigtl. **Julij Ossipowitsch Zederbaum, J. O. Cederbaum,** russ. Politiker, *Konstantinopel 24. 11. 1873, †Schömberg (Landkreis Calw) 4. 4. 1923; Menschewik, Mitbegründer (1895) des Sankt Petersburger ›Kampfbundes zur Befreiung der Arbeit‹; 1896 verhaftet und 1897–1900 nach Turuchansk (bei Jenissejsk) verbannt, emigrierte 1901; Mitbegründer (1900) und Mitarbeiter (bis 1905) des Parteiorgans ›Iskra‹. In der Revolution von 1905 war er einer der Führer des Arbeiterrats in Sankt Petersburg; seit 1907 wieder in der Emigration. 1915/16 gehörte er zu den einflussreichsten Teilnehmern an den Kongressen der sozialist. Internationale in Zimmerwald und Kiental. 1917 kehrte M. nach Russland zurück, war 1918 Mitgl. der Konstituierenden Versammlung und 1919/20 Deputierter des Moskauer Sowjets. Als überzeugter Gegner LENINS verließ er Russland jedoch im September 1920 erneut und ging ins Exil nach Berlin.

Werk: Istorija rossijskoj social'demokratii (1923; dt. Gesch. der russ. Sozialdemokratie).

Marty, 1) [marˈti], André, frz. Politiker (Kommunist), *Perpignan 6. 11. 1886, †Toulouse 23. 11. 1956; 1934–35 Chefredakteur der ›L'Humanité‹; 1935–43 Sekr. der Komintern, war im Span. Bürgerkrieg (1936–39) Generalinspekteur der Internat. Brigaden. 1943 schloss er sich in Algier der frz. Widerstandsbewegung an. Er kritisierte die Nachkriegspolitik der frz. KP (1953 Parteiausschluss).

2) [ˈmarti], Anton, schweizer. Philosoph, *Schwyz 18. 10. 1847, †Prag 1. 10. 1914; zeitweise Priester, 1880–1913 Prof. in Prag; Schüler F. BRENTANOS. M. vertrat einen an der naturwiss. Methode orientierten Objektivismus. Er beschäftigte sich bes. mit Fragen der Sprache und Sprachphilosophie, so in seinem Hauptwerk ›Untersuchungen zur Grundlegung der allgemeinen Grammatik und Sprachphilosophie‹ (1908).

Martynow, Leonid Nikolajewitsch, russ. Schriftsteller, *Omsk 22. 5. 1905, †Moskau 21. 6. 1980; zunächst Dichter Sibiriens, seiner Landschaft und Geschichte (›Tobol'skij letopisec‹, 1937); seine myth. Dichtungen (›Lukomor'e‹, 1945) wurden als unpolitisch verurteilt. Nach 1955 hatte er mit Gedankenlyrik große Wirkung (›Pervorodstvo‹, 1965).
Ausgaben: Sobranie sočinenij, 3 Bde. (1976–77). – Der siebente Sinn (1965, Gedichte; dt. u. russ.).

Märtyrer [griech.-lat., eigtl. ›Zeuge‹] der, -s/-, meist im christl. Sinne ein wegen seines Glaubens Verfolgter, der mit dem Tod für seine Überzeugung einsteht (Blutzeuge). Während in der Antike mit M. der Zeuge vor Gericht gemeint ist, bezeichnet das N. T. die Jünger und Apostel – die Zeugen von Tod und Auferstehung JESU CHRISTI – als M. Im heutigen Sprachgebrauch kann M. jeden wegen seiner Überzeugung Verfolgten bezeichnen.
Seit Beginn des 2. Jh. wird der Begriff fast ausnahmslos für Christen verwendet, die um ihres Glaubens willen leiden mussten (→Confessor) oder getötet wurden. Nach altchristl. Vorstellung gehen sie unmittelbar ins himml. Paradies ein. Ihre Gräber wurden bald lokale Kultstätten, an denen am Todestag des M. jährl. Gedächtnisfeiern abgehalten wurden (Anniversarien). Ab dem 3. Jh. wurden sie als Heilige und Fürsprecher verehrt. Seit Ende des 4. Jh. ließ man – zunächst im Osten – die Gebeine der M. in die Kirchen überführen und dort beisetzen. Die entstehende Reliquienverehrung begünstigte einen überregionalen M.-Kult, wurde aber durch ihre Auswüchse während des MA. zu einem der Anstöße für die Reformation.
Im Verständnis des *Islam* gilt als M., wer im Bemühen um dessen Verbreitung (→Djihad) den Tod findet. Ein solcher Muslim geht unmittelbar ins Paradies ein (z. B. Sure 3, 169; 22, 58 f.; 47, 5 f.; 61, 11 f.).

T. BAUMEISTER: Die Anfänge der Theologie des Martyriums (1980).

Märtyrer|akten, die altkirchl. Aufzeichnungen über Prozesse und Tod der christl. Märtyrer, die vielfach an den Todestagen der Märtyrer verlesen wurden. Zu den M. zählen neben den amtl. Prozessprotokollen (›acta‹) christlich bearbeitete Erzählungen (›passiones‹, ›martyria‹) und Märtyrerlegenden.

Märtyrerdrama, Form des geistl. Dramas, die das Leben, Leiden und Sterben christl. Märtyrer zum Inhalt hat. Nachdem das M. seine Stoffe zunächst v. a. aus mittelalterl. lat. und volkssprachigen Legenden schöpfte, erfolgte seit der Reformationszeit eine Ausdehnung auch auf nicht kanonisierte Blutzeugen. In der Tragödie des Barock ist das M. eine zentrale Form der →Haupt- und Staatsaktionen, wobei, z. T. in bühnenmäßig sehr drast. Weise, das Schicksal auch höchster Standespersonen vorgeführt wird, so z. B. bei A. GRYPHIUS (›Catharina von Georgien‹, 1657; ›Carolus Stuardus‹, 1657). Daneben sind in Dtl. v. a. J. C. HALLMANN und AUGUST ADOLF VON HAUGWITZ (* 1645, † 1707), in Spanien L. DE VEGA und P. CALDERÓN DE LA BARCA, in England P. MASSINGER und in Frankreich P. CORNEILLE zu nennen.

Martyrium [kirchenlat., von griech. martýrion ›(Blut)zeugnis‹] *das, -s/...ri\en,* 1) schweres Leiden (um des Glaubens oder der Überzeugung willen); 2) Grab oder Grabkirche eines christl. Märtyrers.

Martyrologium [mlat.] *das, -s/...gi\en,* lat. Kirche: das nach den Kalendertagen gegliederte Verzeichnis der Märtyrer, später auch der anderen Heiligen, mit Angabe des Ortes ihres Kultes (meist der Grabstätte), zunehmend auch mit charakterist. Begebenheiten ihres Lebens und Nachwirkens. Das bedeutendste M. der alten Kirche ist das **M. Hieronymianum** (Endgestalt in Gallien um 600). Eine Blütezeit erlebte diese Lit. im 8. Jh. in England (z. B. das **M. Bedas**). Martyrologien wurden auch im Chorgebet verlesen. Das **M. Romanum,** offiziell 1584 veröffentlicht, will alle in der kath. Kirche anerkannten Heiligen an ihren Festtagen aufführen. Es wurde zuletzt 1922 herausgegeben und bis 1956 ergänzt. – Die in Arbeit befindliche, den Wünschen des 2. Vatikan. Konzils entsprechende Neuausgabe wird viele Streichungen aufweisen.

In den *Ostkirchen* sind Angaben zu den Heiligen im ›Synaxarion‹ (griech. ›Sammlung‹) gesammelt. Diese ist Bestandteil der **Menäen** (›men‹, griech. ›Monat‹), 12 nach Monaten aufgeteilter Bücher, die die liturg. Eigentexte der unveränderl. Festtage enthalten. Die ausführl. Fassungen der Heiligenviten finden sich im **Menologion.** Für den privaten Gebrauch haben sich daraus die **Lesemenäen** entwickelt.

J. DUBOIS: Introduction à la révision du Martyrologe Romain, in: Notitiae, Jg. 21 (Rom 1985); J. TORSY: Der große Namenstagskalender (¹³1989).

Marua, Stadt in N-Kamerun, →Maroua.

Marulić [-litɕ], Marko, latinisiert **Marcus Marulus,** kroat. Dichter, * Split 18. 8. 1450, † ebd. 5. 1. 1524; Begründer der kroat. Renaissanceliteratur; verfasste neben lat. moralphilosoph. Schriften (›De institutione bene vivendi ...‹, 1506) auch volkssprachl. Werke. In ›Judita‹ (1521), dem ersten kroat. Epos, verbindet er christl. Gesinnung mit humanist. Formstreben; das lat. Epos ›Davidias‹ (entst. um 1500) wurde erst 1954 wieder entdeckt.

Marullo, Michele, ital. Humanist, * (auf der Flucht der Eltern aus Konstantinopel) 1453, † (ertrunken im Fluss Cecina, Toskana) 11. 4. 1500; aus griech. Adel, wuchs in Ragusa (Dalmatien) und Ancona auf; leistete mehrfach Kriegsdienst, u. a. gegen die Türken (ab 1470 in Bessarabien), den König von Neapel (1494) und C. BORGIA (Anfang 1500); begann um 1485 in Neapel auf Anregung G. PONTANOS zu dichten, wurde ab 1489 in Florenz von den Medici gefördert und hier 1497 sesshaft. Sein lyr. Werk im Stil von CATULL, OVID, HORAZ und LUKREZ, bes. je vier Bücher ›Epigrammata‹ mit Liebesgedichten, Elegien auf die griech. Heimat, Satiren und ›Hymni naturales‹ zum Preis der antiken Götter (gedruckt Florenz 1492), zeichnet sich durch Gefühlsechtheit und Gedankenfülle aus und beeinflusste trotz Kritik, u. a. von ERASMUS VON ROTTERDAM und J. C. SCALIGER, nachhaltig die neulat. und frz. Dichtung des 15. Jahrhunderts.

Ausgabe: Carmina, hg. v. A. PEROSA (1951).

Marun, eines der wichtigsten Erdölfelder Irans, in Khusistan, mit hohem Förderanteil an Erdgas; große Gasreinigungsanlage (1969 erbaut).

Maruyamaschule, →japanische Kunst (Edozeit).

MARV, →Mehrfachgefechtskopf.

Marvell [ˈmɑːvəl], Andrew, engl. Dichter, * Winestead (bei Kingston upon Hull) 31. 3. 1621, † London 16. 8. 1678; entstammte einer puritan. Familie, stand O. CROMWELL nahe und war ab 1657 Mitarbeiter J. MILTONS im Staatsrat; 1659–78 Parlaments-Mitgl. für Hull (in der Restaurationszeit gehörte er der Opposition an und trat für religiöse Freiheit und gegen höf. Tyrannei ein). – Sein frühes lyr. Schaffen, im Stil der Metaphysical Poets, an HORAZ geschult und von J. DONNE beeinflusst, umfasst Liebesgedichte (›To his coy mistress‹), reflektierende Naturlyrik (›The garden‹, ›Upon Appleton House‹) sowie panegyrische polit. Dichtung (›Horatian ode upon Cromwell's return from Ireland‹) und bedient sich einer eigenwilligen Metaphorik. – In seiner eigenen Zeit wirkte M. v. a. als polit. Dichter und Satiriker; seine ›Miscellaneous poems‹ erschienen 1681 postum, sein lyr. Werk hat erst im 20. Jh. breite Beachtung gefunden.

Ausgaben: The poems and letters, hg. v. N. M. MARGOLIOUTH, 2 Bde. (³1971); Complete poetry, hg. v. G. DE F. LORD (1984). – Gedichte, hg. v. W. VORDTRIEDE (Neuausg. 1982).

R. WILCHER: A. M. (Cambridge 1985); M. STOCKER: Apocalyptic M. The second coming in 17ᵗʰ century poetry (Brighton 1986); L. ABRAHAM: M. and alchemy (Aldershot 1990).

Marville [marˈvil], Charles, frz. Lithograph und Fotograf, * Paris 18. 7. 1816, † ebd. 1878 oder 1879; dokumentierte mit zahlr. Fotografien Paris zur Zeit des Zweiten Kaiserreichs.

Marx, russ. **Marks,** 1765–1928 dt. **Katharinenstadt,** russ. **Jekaterinschtadt, Ekaterinštadt** [jekateri-nɛnʃ-], 1928–42 in der **Marxstadt,** russ. **Marxschtadt, Marksštadt** [-ˈʃtat], Stadt im Gebiet Saratow, Russland, am linken Wolgaufer, am N-Ende des Wolgograder Stausees, 32 800 Ew.; Dieselmotorenbau. – 1765 als Kolonie der Wolgadeutschen gegr. und zu Ehren KATHARINAS II., die die Kolonisten ins Land rief, benannt.

Marx, 1) Adolf Bernhard, Musiktheoretiker und Komponist, * Halle (Saale) 15. 5. (28. 11. ?) 1795, † Berlin 17. 5. 1866; studierte u. a. in Berlin bei C. F. ZELTER, gründete 1824 die ›Berliner Allgemeine Musikalische Zeitung‹, wurde 1830 Prof. an der Berliner Univ. und gründete 1850 mit J. STERN und T. KULLAK das Stern'sche Konservatorium; vertrat in seiner Kompositionstheorie die Lehre von der Einheit der themat. Form. Von seinen Kompositionen wurde bes. das Oratorium ›Mose‹ (1841) bekannt.

Schriften: Die Lehre von der musikal. Komposition, 4 Bde. (1837–47); L. van Beethoven, 2 Bde. (1859); Anleitung zum Vortrag Beethovenscher Klavierwerke (1863); Gluck u. die Oper, 2 Bde. (1863).

2) Joseph Rupert Rudolf, österr. Komponist, * Graz 11. 5. 1882, † ebd. 3. 9. 1964; war 1914–52 Kompositionslehrer an der Wiener Musikakademie und 1947–57 Prof. an der Univ. Graz, daneben auch als Musikkritiker tätig. Er komponierte in nachromantisch-impressionist. Stil Orchester- und Kammermusik und stilistisch von H. WOLF beeinflusste Lieder, z. T. auch mit Streichquartett- oder Orchesterbegleitung; schrieb u. a. ›Weltsprache Musik‹ (1964).

3) Karl, Komponist, * München 12. 11. 1897, † Stuttgart 8. 5. 1985; studierte in München u. a. bei C. ORFF und war Dozent an der Grazer und 1946–66 an der Stuttgarter Musikhochschule. Er gehörte zu den Hauptvertretern der Jugendmusikbewegung und zielte in seinen Kompositionen auf strenge Einfachheit des (meist polyphonen) Satzes, darunter dem Volkslied nahe Vertonungen nach Texten von R. M. RILKE, H. CLAUDIUS, F. HÖLDERLIN, H. CAROSSA und W. BUSCH sowie Orchestermusik und zahlr. Kammermusikwerke.

4) Karl, Maler, * Köln 21. 1. 1929; lehrt seit 1959 an den Kölner Werkschulen bzw. der FH Köln (bis 1993). Nach Anfängen als naturalist. Maler entwickelte M. einen gestisch-expressiven Realismus, in den teilweise auch Bilder aus der menschl. Vorstellungswelt einbezogen werden. Zentrale Motive und Themen seiner Gemälde sind sowohl Aktfiguren, Porträts und Gruppenbilder als auch die Darstellung von Dingen und

Marx

Karl Marx: Tanzende Knaben II; 1981 (Bonn, Städtisches Kunstmuseum)

Karl Marx (1818–1883)

Situationen, die unmittelbar das bedrohte menschl. Leben symbolisieren.

K. M., Gemälde, hg. v. K. HONNEF u. H. A. PETERS, Ausst.-Kat. Kunstmuseum Düsseldorf im Ehrenhof (1994).

5) Karl Heinrich, Philosoph, Historiker und Journalist, mit F.→ENGELS der Begründer des Marxismus, *Trier 5. 5. 1818, †London 14. 3. 1883; Sohn des Justizrates HEINRICH M. (*1782, †1838), der aus einer Rabbinerfamilie stammte, sich jedoch der Aufklärung verpflichtet fühlte und mit seiner Familie zum Protestantismus übertrat.

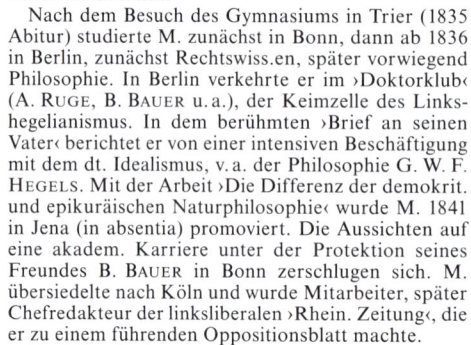

Nach dem Besuch des Gymnasiums in Trier (1835 Abitur) studierte M. zunächst in Bonn, dann ab 1836 in Berlin, zunächst Rechtswiss., später vorwiegend Philosophie. In Berlin verkehrte er im ›Doktorklub‹ (A. RUGE, B. BAUER u. a.), der Keimzelle des Linkshegelianismus. In dem berühmten ›Brief an seinen Vater‹ berichtet er von einer intensiven Beschäftigung mit dem dt. Idealismus, v. a. der Philosophie G. W. F. HEGELS. Mit der Arbeit ›Die Differenz der demokrit. und epikuräischen Naturphilosophie‹ wurde M. 1841 in Jena (in absentia) promoviert. Die Aussichten auf eine akadem. Karriere unter der Protektion seines Freundes B. BAUER in Bonn zerschlugen sich. M. übersiedelte nach Köln und wurde Mitarbeiter, später Chefredakteur der linksliberalen ›Rhein. Zeitung‹, die er zu einem führenden Oppositionsblatt machte.

Nach dem Verbot der Zeitung durch die preuß. Zensur ging M. im Herbst 1843 nach Paris, hier gab er zus. mit A. RUGE die ›Dt.-Frz. Jahrbücher‹ heraus. Zuvor hatte er seine langjährige Verlobte JENNY VON WESTPHALEN (*1814, †1881) geheiratet. In Paris lernte M. Lehren und Anhänger der wichtigsten Vertreter des frz. Sozialismus kennen (v. a. SAINT-SIMON, C. FOURIER, P. J. PROUDHON und É. CABET) und machte die Bekanntschaft von H. HEINE und G. HERWEGH. Erstes Resultat seiner zunehmenden Beschäftigung mit der polit. Ökonomie waren die (erst 1932 veröffentlichten) ›Ökonomisch-philosoph. (auch Pariser) Manuskripte‹. Auch die lebenslange Freundschaft und Zusammenarbeit mit ENGELS nahm in Paris ihren Anfang. In seinen Beiträgen für die ›Jahrbücher‹ entwickelte M. eine Vorstellung, in der er für die Verwirklichung des Sozialismus im Unterschied zu den frz. Frühsozialisten zunehmend mit der welthistor. Rolle des Proletariats in Zusammenhang brachte.

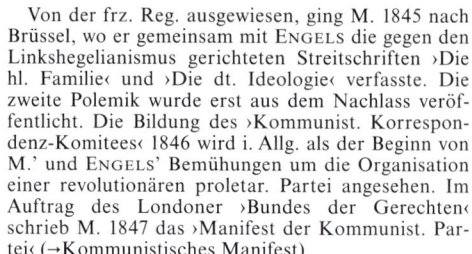

Von der frz. Reg. ausgewiesen, ging M. 1845 nach Brüssel, wo er gemeinsam mit ENGELS die gegen den Linkshegelianismus gerichteten Streitschriften ›Die hl. Familie‹ und ›Die dt. Ideologie‹ verfasste. Die zweite Polemik wurde erst aus dem Nachlass veröffentlicht. Die Bildung des ›Kommunist. Korrespondenz-Komitees‹ 1846 wird i. Allg. als der Beginn von M.' und ENGELS' Bemühungen um die Organisation einer revolutionären proletar. Partei angesehen. Im Auftrag des Londoner ›Bundes der Gerechten‹ schrieb M. 1847 das ›Manifest der Kommunist. Partei‹ (→Kommunistisches Manifest).

Wegen seiner polit. Aktivitäten wurde M. 1848 in Brüssel verhaftet und musste Belgien verlassen. Von der provisor. Revolutions-Reg. zunächst nach Paris eingeladen, reiste er bald nach Dtl. zurück und übernahm in Köln die Herausgabe der ›Neuen Rhein. Zeitung‹, die ein Bündnis der demokrat. Kräfte gegen die alten Mächte propagierte. Nach dem Sieg der konservativen Kräfte wurde M. im Mai 1849 von der preuß. Reg. als Ruhestörer ausgewiesen. Über Paris ging er nach London ins Exil, wo er bis zu seinem Tod lebte und arbeitete. Wegen seines bürgerl. Lebensstils oft in finanzieller Not, war er auf den Ertrag journalist. Arbeiten für versch. Zeitungen und die Unterstützung seines Freundes ENGELS angewiesen.

Zw. 1848 und 1852 entstanden die Schriften ›Die Klassenkämpfe in Frankreich 1848–1850‹ und ›Der achtzehnte Brumaire des Louis Bonaparte‹, in denen M. die Revolution von 1848 und den Aufstieg NAPOLEONS III. in Frankreich analysierte und das Scheitern der revolutionären Naherwartung erklärte. Bereits in den 1850er-Jahren schrieb M. umfangreiche Entwürfe zur Kritik der polit. Ökonomie, einem Themenkreis, der ihn lebenslang beschäftigte. Diese Entwürfe wurden 1938 aus dem Nachlass unter dem Titel ›Grundrisse der Kritik der polit. Ökonomie‹ publiziert. 1859 erschien eine erste Fassung im Druck (›Zur Kritik der polit. Oekonomie‹), 1867 folgte der 1. Band seines Hauptwerkes ›Das Kapital‹. An den weiteren Bänden hat M. bis zu seinem Tod gearbeitet, sie jedoch aufgrund inhaltlicher wie konzeptioneller Probleme nicht abgeschlossen und veröffentlicht. Als 2. und 3. Band wurden sie nach seinem Tod von ENGELS redigiert und ediert (1885, 1894).

Seit den 1860er-Jahren suchte M. auf die Organisation der Arbeiterbewegung Einfluss zu nehmen. Unter seiner Mitwirkung wurde 1864 in London die Erste Internationale (Internationaler Arbeiter Association, IAA) gegründet, deren ›Inauguraladresse‹ er verfasste. Bald kam es jedoch zu heftigen Konflikten zw. der durch M. und ENGELS vertretenen Richtung und anarchist. Strömungen (PROUDHON, M. BAKUNIN), die auf dem Kongress der Internationale in Den Haag 1872 zum Ausbruch kamen und 1876 deren Auseinanderbrechen zur Folge hatten. M. zog sich seitdem von derartigen politisch-organisator. Aktivitäten zurück. In der noch für die Internationale verfassten Schrift über den ›Bürgerkrieg in Frankreich‹ feierte M. zwar die Pariser Kommune von 1871 als erste kommunist. Revolution, ging aber im Weiteren davon aus, dass sich der Schwerpunkt der revolutionären Entwicklung von Frankreich nunmehr nach Dtl. verlagert habe. Zur dt. Arbeiterbewegung, die stark von den Vorstellungen F. LASSALLES über die bedeutsame Rolle des Staates bei der Veränderung der sozialen Verhältnisse beeinflusst war, hatte M. jedoch ein krit. Verhältnis. Davon zeugt seine scharfe ›Kritik des Gothaer Programms‹ der Sozialdemokratie von 1875, die erst 1891 veröffentlicht wurde.

In einer frühen Phase seiner theoret. Entwicklung hatte M. die **Aufhebung der Philosophie** gefordert, d. h. ihre Umsetzung in die Wirklichkeit. In diesem Sinne heißt es in seiner 11. Feuerbachthese: ›Die Philosophen haben die Welt nur verschieden *interpretiert;* es kömmt drauf an, sie zu *verändern.*‹ M. ging von einer Kritik der Philosophie HEGELS aus, die er in der Pariser Zeit zum ersten Mal formulierte. Er übernahm HEGELS dialekt. Denkfigur von der Entfremdung des Menschen und ihrer Aufhebung als Resultat des Arbeitsprozesses, kritisierte aber, dass HEGEL den Menschen nur als Selbstbewusstsein, nicht als ein in der gegenständl. Welt tätiges Gattungswesen aufgefasst habe. Auch L. FEUERBACH, an dessen Begrifflichkeit M. hier anknüpft und dessen Religionskritik er übernimmt, wird dafür kritisiert, dass er den Menschen zwar als sinnl., nicht aber als tätiges, prakt. Wesen verstehe. Diese und ähnl. Überlegungen wurden von ENGELS u. a. zur materialist. Geschichtsauffassung – seit G. W. PLECHANOW meist als dialekt. Materialismus (→Marxismus) bezeichnet – ausgearbeitet.

Ihr gemäß ist es das gesellschaftl. Sein der Menschen – ihr materieller Lebensprozess –, das ihr Bewusstsein bestimmt. Die Leugnung dieses Zusammenhangs ist nach M. charakteristisch für Ideologien; sie spiegeln Klasseninteressen wider, sind gesellschaftlich notwendiger Schein. Da für die materialist. Geschichtsauffassung die Formen entscheidend sind, in denen sich die Produktion und Reproduktion des gesellschaftl. Lebens vollziehen, mündet sie in eine Kritik der polit. Ökonomie. Diese Kritik sollte den Nachweis erbringen, dass die Gesetze der kapitalist. Warenproduktion nur für eine historisch begrenzte Phase Geltung haben und gerade durch ihre Entfaltung auf ihre eigene Aufhebung und damit auf eine sozialist. Gesellschaftsordnung hinwirken. M. war überzeugt, in der ökonom. Theorie das ›Bewegungsgesetz der modernen Gesellschaft‹ aufgedeckt zu haben.

Ausgaben: K. M. u. F. Engels: Werke, 42 Bde. (¹⁻⁴1958–83); K. M. u. F. Engels: Gesamtausg. MEGA, auf zahlr. Bde. ber. (1975ff.); Werke. Schriften, 6 Bde. u. Suppl., hg. v. H.-J. LIEBER u. a. (¹⁻⁵1975–89).

A. KÜNZLI: K. M. Eine Psychographie (1966); W. POST: Kritik der Religion bei K. M. (1969); K. HARTMANN: Die Marxsche Theorie. Eine philosoph. Unters. zu den Hauptschriften (1970); W. EUCHNER: K. M. (1983); R. FRIEDENTHAL: K. M. (Neuausg. 1983); F. J. RADDATZ: K. M. (Neuausg. ⁴1983); I. FETSCHER: K. M. u. der Marxismus (Neuausg. 1985); F. MEHRING: K. M. (Neuausg. Berlin-Ost ⁶1985); W. BLUMENBERG: K. M. Mit Selbstzeugnissen u. Bilddokumenten (161.-164. Tsd. 1986); M.-Lex., hg. v. H.-J. LIEBER u. a. (1988); W. SCHIEDER: K. M. als Politiker (1991).

6) Werner, Philosoph, * Mülheim a. d. Ruhr 19. 9. 1910, † Bollschweil (Landkreis Breisgau-Hochschwarzwald) 22. 11. 1994; zunächst Jurist; Emigration nach Palästina (1934), dann in die USA (1938); Prof. an der Graduate Faculty der New School for Social Research in New York (1953-64), seit 1964 Prof. für Philosophie in Freiburg im Breisgau, Direktor des Husserl-Archivs ebd.; beschäftigte sich mit Philosophiegesch. (ARISTOTELES, dt. Idealismus) sowie, ausgehend von E. HUSSERL und der Existenzphilosophie M. HEIDEGGERS, mit der Frage nach der Wesensbestimmung des Menschen und prakt. Philosophie.

7) Wilhelm, Politiker, * Köln 15. 1. 1863, † Bonn 5. 8. 1946; Richter, zuletzt (ab 1921) Senats-Präs. beim Kammergericht in Berlin; schloss sich politisch der Zentrumspartei an, 1899–1918 war er Mitgl. des preuß. Abgeordnetenhauses und 1918–22 MdL, 1910–18 und 1920–32 MdR sowie 1919/20 Mitgl. der Nationalversammlung; 1922–28 war er Vors. des Zentrums. Als Reichskanzler führte M. vom 30. 11. 1923 bis 15. 12. 1924 und vom 17. 5. 1926 bis 29. 6. 1928 bürgerl. Koalitionsregierungen. In seiner ersten Amtszeit suchte er, durch Ausgabensenkung und Steuererhöhungen den Staatshaushalt auszugleichen. Durch Ges. vom 30. 8. 1924 führte seine Reg. die ›Reichsmark‹ als Währungseinheit ein (Bekämpfung der Inflation). In seiner zweiten Amtszeit verabschiedete der Reichstag am 16. 7. 1927 das Ges. über die Arbeitslosenversicherung. Von Januar bis April 1925 war M. preuß. Min.-Präs. Bei den Reichspräsidentenwahlen 1925 stellten ihn die Parteien der Weimarer Koalition (SPD, Zentrumspartei, DDP) im 2. Wahlgang im Rahmen eines ›Volksblocks‹ als Kandidaten für das Amt des Reichs-Präs. auf; er unterlag jedoch knapp P. VON HINDENBURG. Vom 26. 1. bis 17. 5. 1926 war M. Justiz-Min. in der Reg. Luther.

U. VON HEHL: W. M. 1863-1946. Eine polit. Biogr. (1987).

Marx Brothers: Von links Groucho, Chico, Harpo

Marx Brothers [ˈmɑːks ˈbrʌðəz], Gruppe amerikan. (Film-)Komiker. Mit dem festen Kern der Gruppe, GROUCHO (eigtl. JULIUS HENRY MARX, * 1890, † 1977), CHICO (eigtl. LEONARD MARX, * 1886, † 1961) und HARPO (eigtl. ADOLPH ARTHUR MARX, * 1888, † 1964), traten zeitweilig die beiden Brüder ZEPPO (eigtl. HERBERT MARX, * 1901, † 1979) und GUMMO (eigtl. MILTON MARX, * 1893, † 1977) auf. Die M. B. hatten große Bühnenerfolge, ab 1924 am Broadway. Ihre Filme zeichnen sich durch surreale, groteske Slapstick-Komik aus. 1949 löste sich die Gruppe auf.

Filme: Cocoanuts (1929); Animal crackers (1930); Die M. B. auf See (Monkey business, 1931); Die M. B. im Krieg (Duck soup, 1933); Die M. B. in der Oper (1935); Ein Tag beim Rennen (1937); Zimmerdienst (1938).

J. ADAMSON: Groucho, Harpo, Chico, and sometimes Zeppo (New York 1974); W. WOLF: The M. B. (ebd. 1975).

Marx-Generator [nach dem Elektrotechniker ERWIN MARX, * 1893, † 1980], →Stoßspannungsgenerator.

Marxismus *der,* -. Zunächst Bez. für die von K. MARX in Zusammenarbeit mit F. ENGELS entwickelte ökonom., soziale und polit. Theorie, wurde der Begriff des M. bald auch auf jene Theorien ausgeweitet, die sich unter Berufung auf MARX als eine Weiterentwicklung seines Systems verstanden. Mit dem Beginn dieser ›Schulbildung‹ entstanden auch die ersten innermarxist. Kontroversen um die Frage, was als der eigentl. Gehalt der marxschen Theorie anzusehen sei. Die Geschichte des M. wurde so sehr bald auch zu einer Geschichte ›offizieller‹ und abweichender Lehrmeinungen, wobei die ›offizielle‹ Lehre i. d. R. von den Führungsgremien der zur Macht gelangten kommunist. Parteien festgelegt wurde. Der folgenreichste Versuch bei der Ausbildung einer marxist. Orthodoxie war die bereits mit ENGELS' Popularisierung des M. beginnende und dann von K. KAUTSKY, G. W. PLECHANOW und LENIN weitergeführte Entwicklung einer marxist. Weltanschauung, die als dialekt. Materialismus bezeichnet wurde. Die Geschichte des M. nach MARX bestimmen somit zwei Entwicklungsstränge: seine Weiterführung und Ausweitung durch die sich

Marx Marxismus

auf MARX berufenden Theoretiker und seine Einengung zur Restform des dialekt. Materialismus.

Die Bedeutung des M. liegt v. a. auf polit. Gebiet: Soziale Bewegungen und Parteien haben sich auf den M. berufen oder tun dies noch. Die russ. Oktoberrevolution, die chin., kuban. oder vietnames. Revolution wurden mit den Lehren des M. legitimiert. Seine Anwendung im polit. Kampf hat zur Ausbildung versch. Richtungen geführt (Sowjetmarxismus, Trotzkismus, Maoismus, Titoismus, linke Sozialdemokratie).

Quellen

Einer berühmten Formulierung LENINS zufolge entspringt die marxsche Theorie aus drei Quellen: der dt. idealist. Philosophie, der engl. Nationalökonomie und dem frz. Sozialismus. Insbesondere in seinen Frühschriften wurde MARX' Denken durch die hegelsche Philosophie geprägt, deren zentraler Gedanke der dialekt. Bewegung der Geschichte, des Aufhebens (in der dreifachen Bedeutung von ›überwinden‹, ›bewahren‹ und ›auf eine höhere Stufe heben‹) der Gegensätze von These und Antithese in der Synthese, für MARX entscheidend war. Im Ggs. zu HEGEL, der das Bestehende in seiner Vernünftigkeit erklären wollte, ging es MARX jedoch um den Entwurf einer in den Bestand der Welt verändernd-emanzipatorisch eingreifenden Philosophie. War für HEGEL die Geschichte eine Projektion des Geistes, in deren dialekt. Bewegung der Geist zur Anschauung seiner selbst gelangte, so wurde sie von MARX als die ›Selbstentfaltung des Menschen‹ in der tätigen Auseinandersetzung mit der ihn umgebenden Natur begriffen. Mit dem Begriff der ›Entfremdung‹ suchte MARX den Kontrast zw. den geschichtl. Möglichkeiten des Menschen als eines autonomen Wesens und seiner verkrüppelten Realität in der zeitgenöss. Gesellschaft zu bezeichnen. V. a. die wachsende Arbeitsteilung im Zeitalter des Kapitalismus wurde für MARX zum Inbegriff der Entfremdung: Sowohl das Produkt als auch der Produktionsprozess traten dem Produzierenden immer stärker als ein Fremdes, für ihn Unüberschaubares und sich seinem Wollen Entziehendes gegenüber.

Im Zentrum der marxschen Frühschriften steht seine Religionskritik. HEGEL versteht die Religion als ›Selbstbewusstsein des absoluten Geistes‹, wovon das subjektive, endl. Bewusstsein nur ein Moment ist. Andererseits ist der absolute Geist auf das endl. Bewusstsein angewiesen, wenn er zum Bewusstsein seiner selbst gelangen will. Unter Betonung des subjektiven Moments kann in diesem dialekt. Zusammenhang die Religion auch als Produkt des um Selbstbewusstsein ringenden endlichen Menschen begriffen werden (B. BAUER). Nach L. FEUERBACH drücken die Menschen in Gottesidee und Religion das von Vernunft, Wille und Liebe geprägte Wesen ihrer Gattung aus. M. STIRNER negierte alle Erscheinungen der hegelschen objektiven und absoluten Geistes (Moral, Staat, Religion) und ließ nur noch den ›Einzelnen‹ und seine Bedürfnisse gelten. MARX folgte dieser materialist. Reduktion der idealist. Gedanken HEGELS auf die Vorstellungen und Bedürfnisse sinnlich-konkreter Menschen, hielt jedoch in den Polemiken der Jahre 1844–46 mit den Junghegelianern gegenüber an HEGELS dialekt. Konzeption des Zusammenhangs zw. Arbeit, Tausch, Gesellschaft und polit. Institutionen fest. Die Junghegelianer verkannten nach seiner Ansicht, dass die von ihnen kritisierten Formen des entfremdeten Geistes Produkte des ›verkehrten‹ gesellschaftl. Lebens in der bürgerl. Gesellschaft seien. In diesem Sinne ist die Religion für MARX – im Ggs. zu der Auffassung der frz. Materialisten des 18. Jh., die sie als einen ›Priestertrug‹ ansahen – zugleich der Ausdruck der menschl. Sehnsucht nach vollständiger Entfaltung seiner Wesensmöglichkeiten und der Protest gegen die gesellschaftl. Wirklichkeit. So bezeichnet er sie als Opium des Volkes, nicht aber, wie es fälschlich oft heißt, als Opium für das Volk. Kritik der Religion ist für MARX der Auftakt zur Kritik all der Verhältnisse, die die religiöse Vertröstung des Menschen erforderlich machen. Die Kritik der Religion leitet über zur Kritik des Kapitalismus. Für die Verelendung des Proletariats machte er das Privateigentum an Produktionsmitteln und die darauf beruhende kapitalist. Wirtschaftsweise verantwortlich. Sein künftiges Hauptinteresse galt der Analyse von deren Gesetzmäßigkeiten, vorab durch Studium der klass. engl. Nationalökonomie (A. SMITH, D. RICARDO), bes. deren Arbeitswertlehre, der zufolge sich der Wert eines Gutes nach der zu seiner Reproduktion erforderl. Arbeit bemisst. Erste Anregungen hierzu erhielt er von ENGELS.

Anthropologie

MARX' anthropolog. Aussagen knüpfen an FEUERBACHS Konzeption vom Menschen als konkret-sinnl. Gattungswesen an; durch Übernahme der hegelschen Lehre vom tätigen, sich in den Formen seiner Entfremdung entfaltenden Geist hat MARX diese Konzeption dynamisiert. Der Mensch ist Gattungswesen in dem Sinn, dass er sein eigenes Wesen und damit auch das der Gattung in freier, bewusster Tätigkeit hervorbringt. Indem er sein Wesen in der Arbeit entäußert, vergegenständlicht er es in seinem Produkt und schaut sich in ihm an. Die Wiederaneignung des vergegenständlichten Wesens durch den Menschen ist bisher jedoch an den gesellschaftl. Verhältnissen gescheitert. Die Entäußerung des Arbeiters in seinem Produkt führt unter den Bedingungen des Kapitalismus zu einer vierfachen Entfremdung: 1) zur Entfremdung des Arbeiters von seinem Produkt; 2) zur Entfremdung von seiner Arbeit, die zur ›Zwangsarbeit‹ wird; 3) zur Entfremdung von seiner Natur und damit von seinem Gattungswesen und 4) zur Entfremdung der Menschen untereinander. Geld und Kapital verkörpern die ›verkehrte‹ soziale Welt. Die menschl. Bedürfnisse werden unter der ›Geldherrschaft‹ zum bloßen Mittel herabgesetzt, andere in ökonom. Abhängigkeit zu bringen. Die Arbeit, von MARX als die Selbsterzeugung des Menschen gefasst, hat sich unter den Bedingungen des Kapitalismus in das Gegenteil dessen verkehrt: Sie ist zur Entäußerung und Entwirklichung des Menschen geworden. Je mehr Werte der Arbeiter produziert, desto wertloser wird er selbst, da die von ihm hervorgebrachten Produkte sich zu einer ihm entgegentretenden Macht (Kapital) verdichten. Das Los der Arbeiter, die den Reichtum zur Befriedigung der menschl. Bedürfnisse produzieren, sind Armut und abstumpfende Tätigkeit. Eine Rückkehr des Menschen zu sich und damit eine Auflösung des Widerstreits zw. Mensch und Natur setzt eine Aufhebung des Privateigentums an den Produktionsmitteln voraus. – In der ›Dt. Ideologie‹ (1845–46) versuchten MARX und ENGELS, ihre anthropolog. Aussagen ›materialistisch‹ zu fundieren. Die Konzeption des Menschen als ›Gattungswesen‹ wurde wegen ihrer Missverständlichkeit aufgegeben. Die Menschen wurden nunmehr als ›wirkliche Individuen‹ bezeichnet, deren erste Voraussetzung die Produktion und Reproduktion von Lebensmitteln und der Gattung sind. Dieser Lebensprozess bestimmt das menschl. Bewusstsein. Die Weise der Auseinandersetzung mit der Natur, die wiederum vom Stand der Produktivkräfte bedingt wird, bewirkt, dass die Menschen bestimmte Formen des zwischenmenschl. Verkehrs hervorbringen, die ihrerseits auf das Bewusstsein zurückwirken. So konnte MARX sagen, dass das menschl. Wesen das ›Ensemble der gesellschaftl. Verhältnisse‹ sei (6. Feuerbachthese).

Geschichtsauffassung

Die von MARX und ENGELS in der ›Dt. Ideologie‹ entwickelte Geschichtsauffassung knüpft unmittelbar an den anthropolog. Befund an. Der histor. Prozess wird vom Widerspruch zw. Produktivkräften und den Produktionsverhältnissen vorangetrieben, die die Menschen zwecks ihrer phys. Reproduktion miteinander eingehen. Zu diesem Widerspruch kommt es, weil die Menschen die Produktivkräfte ständig fortentwickeln, um ihre immer neu und erweitert entstehenden Bedürfnisse befriedigen zu können. In diesem Prozess werden mit fortschreitender Arbeitsteilung auch die Produktivkräfte weiter entfaltet. Arbeitsteilung und die spezif. Struktur der mit bestimmten Eigentumsformen verknüpften Produktionsverhältnisse bewirken, dass Erzeugung und Genuss des gesellschaftl. Reichtums qualitativ und quantitativ ungleich an die Menschen verteilt werden. So entstehen unterschiedl. soziale Interessen, die die unterschiedl. sozialen →Klassen durchzusetzen versuchen. Deshalb ist die ›Geschichte aller bisherigen Gesellschaft die Geschichte von Klassenkämpfen‹ (Kommunistisches Manifest). Archaisches Stammeseigentum, antikes Gemeinde- und Staatseigentum, feudales und ständ. Eigentum und das in der bürgerl. Gesellschaft vorherrschende Privateigentum charakterisieren jeweils bestimmte Produktionsverhältnisse oder Produktionsweisen. Ihnen entsprechen als subjektives Moment des histor. Prozesses kämpfende Klassen, die sich in einem antagonist. Widerspruch (→Antagonismus) gegenüberstehen: Freie und Sklaven in der Antike, Feudalherren und Leibeigene im MA., Bourgeoisie und Proletariat als die Hauptklassen der kapitalist. Gesellschaft. In seinen ökonom. Schriften begründete MARX die globale These, dass in der Entwicklung der Produktivkräfte eine Stufe eintritt, auf der diese unter den bestehenden Verhältnissen in Destruktivkräfte umschlagen: Wie sich die feudalen Strukturen aufgelöst hätten, weil sie Schranken für eine ungehinderte Kapitalverwertung bildeten, so werde auch die kapitalist. Wirtschaftsweise untergehen, weil Ausbeutung und das daraus resultierende Gesetz vom tendenziellen Fall der Profitrate keine Verstetigung einer zureichenden Kapitalverwertung zuließen. In den daraus entstehenden ökonom. und polit. Krisen werde das organisierte Proletariat die Strukturen der bürgerl. Gesellschaft zerstören und damit deren Entfremdungszusammenhang beseitigen. Parallel hierzu führt die kapitalist. Konkurrenz zur Konzentration und Zentralisation des Kapitals in den Händen einer immer kleiner werdenden Gruppe von Produktionsmittelbesitzern und zur Proletarisierung der traditionellen Mittelschichten. Diese Polarisierung der Gesellschaft ist für MARX die Voraussetzung der proletar. Revolution. In ihr wird das Proletariat zum Träger einer geschichtl. Zukunft ohne Unterdrückung und Not, da seine Emanzipation nicht an die Unterdrückung und Ausbeutung einer anderen Klasse geknüpft ist. Insofern begreift MARX die Emanzipation des Proletariats als die Emanzipation der gesamten Menschheit.

MARX und ENGELS stellten ihre Geschichtsauffassung auf versch. Abstraktionsstufen dar. Das Vorwort zur ›Kritik der polit. Ökonomie‹ enthält die abstrakte Formulierung, dass sich mit der Veränderung der ökonom. Grundlage u. a. der jurist. und polit. Überbau, in bestimmten Epochen revolutionär, umwälzt. Im ›Kommunist. Manifest‹, in den ›Grundrissen der Kritik der polit. Ökonomie‹ und im ›Kapital‹ werden solche Umwälzungsprozesse detailliert analysiert.

Kritik der politischen Ökonomie

Die klass. Nationalökonomie (A. SMITH, D. RICARDO, J. B. SAY) meinte, die Wirtschaftsordnung bilde bei ungestörter Entfaltung ein relativ harmon. und stabiles System; MARX dagegen wollte nachweisen, dass die kapitalist. Wirtschaft immanent widersprüchlich sei und sich deshalb in Krisenzyklen entwickle. Der klass. Nationalökonomie sei diese Einsicht verwehrt, weil sie dem ›Schein der Oberfläche‹ (z. B. der Annahme, Kapital erzeuge Zins und Boden bringe Grundrente hervor) aufsitze und nicht erkenne, dass allein die lebendige Arbeit Werte schafft.

Die Darstellung der ökonom. Lehren beginnt im ›Kapital‹ mit einer Analyse der Ware, die MARX als Elementarform des Reichtums in kapitalist. Gesellschaften begreift. Waren besitzen als nützl. Dinge Gebrauchswert und zugleich, als weitere Voraussetzung, Tauschwert, der auf ein ihnen inhärierendes (›innewohnendes‹) Gleiches, ihren Wert, verweist. Der Tauschwert bemisst sich nach der zur Herstellung des Gutes durchschnittlich notwendigen Arbeitszeit. Jeder Warenwert ist darstellbar im allgemeinen Warenäquivalent Geld; das Geld ist dabei die ›Materiatur des Tauschwertes‹, ein Mittel des Warenumlaufes. Im Ggs. zur einfachen Warenzirkulation (Ware – Geld – Ware; verkaufen, um zu kaufen) vollzieht sich bei der einfachen Handelsoperation (Geld – Ware – Geld; kaufen, um zu verkaufen) eine Verwandlung des Geldes in Kapital, ›Geld heckendes Geld‹.

Im nächsten Schritt will MARX zeigen, dass der Profit als Ziel des Wirtschaftens nicht allein der Zirkulationssphäre entspringen kann, denn bedeutet der Gewinn des einen Waren- oder Geldbesitzers zugleich den Verlust des anderen. Mehrwert entsteht in der Produktionssphäre und wird in der Zirkulationssphäre realisiert; Voraussetzung der Mehrwertproduktion ist, dass auf dem Markt eine Ware angeboten wird, deren Gebrauchswert darin besteht, Werte zu produzieren, die größer sind als das, was zur Reproduktion dieser Ware vonnöten ist: Diese Ware ist die Arbeitskraft. Sie wird von den Proletariern angeboten, die dadurch definiert sind, dass sie an Produktionsmitteln nichts besitzen als ihre Arbeitskraft. Der Tauschwert der Arbeitskraft, zu dem sie auf dem Markt angeboten wird, bemisst sich, wie der einer Ware, nach der zu ihrer Produktion und Reproduktion notwendigen Arbeitszeit und entspricht somit dem Tauschwert der Lebensmittel, die im weitesten Sinn zur Erhaltung des Arbeiters und seiner Familie benötigt werden. Allein die ›lebendige Arbeit‹ produziert den Reichtum der Gesamtgesellschaft: a) Reproduktion der Produktionsmittel, b) Produktion der eigenen Lebensmittel, c) der Lebensmittel für die Kapitalistenklasse und d) u. U. zusätzl. Produktions- und Lebensmittel zur Erweiterung der Produktion. Die Arbeiter erhalten aber nur einen Teil dieses Produkts (nämlich: b), während der Mehrwert den Kapitalisten zukommt; so liegt ein Ausbeutungsverhältnis vor.

Der Begriff Kapital kennzeichnet nach MARX ein historisch-gesellschaftl. Verhältnis zw. Eigentümern der Produktionsmittel, Produktionsbedingungen und Arbeiterklasse. Es ist im Prozess der ›ursprüngl. Akkumulation‹ entstanden, der in England im 16. Jh. einsetzte und die urspr. selbstständigen Produzenten ihrer Produktionsmittel beraubte. Damit war die Voraussetzung der ›Selbstverwertung des Kapitals‹ geschaffen. Die Arbeiter produzierten und reproduzierten beständig das Kapital der Kapitalisten auf zunehmend ›erweiterter Stufenleiter‹ (Akkumulation des Kapitals). Die im Kapital akkumulierte vergangene ›tote Arbeit‹ herrscht so über die ›lebendige Arbeit‹; von MARX zugleich als soziales Herrschaftsverhältnis (Unterwerfung der Arbeiter unter die von ihnen selbst geschaffenen Produkte: Betrieb und Organisation, Maschinerie und Technologie) begriffen.

Der Profit besteht in dem Überschuss des Warenwerts über den Wert des von Kapitalisten vorgeschossenen Gesamtkapitals (C). Die Größe C setzt sich aus konstantem Kapital (Wert der Arbeitsmittel, = c) und variablem Kapital (Wert der Arbeitslöhne, = v) zusammen, also aus c + v. Die Profitrate bemisst sich nach dem Verhältnis von Mehrwert (m) zum vorgeschossenen Gesamtkapital; $\frac{m}{C} = \frac{m}{c+v}$ (im Unterschied zur Mehrwertrate $\frac{m}{v}$, die den Grad der Ausbeutung misst). Je nach Ausnutzung von c (Verbesserung von Technologie und Arbeitsorganisation) und v (Verlängerung des Arbeitstages oder Intensivierung der Arbeit) wird die Profitrate beeinflusst: Sie steigt mit steigender Mehrwertrate, sinkt jedoch bei zunehmendem Anteil des konstanten Kapitals (Wertzusammensetzung). In den Produktionszweigen ist die organ. Zusammensetzung des Kapitals (Verhältnis c:v) verschieden. Dies führt zu unterschiedl. Profitraten, die sich jedoch ausgleichen, weil die Konkurrenz der anlagesuchenden Kapitale eine Durchschnittsprofitrate entstehen lässt. Dies bewirkt zugleich, dass der eigentlich in Geld ausgedrückte Preis, zu dem Waren ausgetauscht werden, der Produktionspreis (Kostenpreis der Ware + Durchschnittsprofitrate) ist. Durch die Produktion des relativen Mehrwerts müssen immer mehr Produktionsmittel eingesetzt werden, um eine bestimmte Menge von Arbeitskraft zu beschäftigen. Dies verändert die organ. Zusammensetzung des Kapitals zugunsten von c und bewirkt durch Beeinflussung von Mehrwertrate und Wertzusammensetzung den Fall der Profitrate. Trotz Gegentendenzen (z. B. Erhöhung des Ausbeutungsgrads der Arbeit) setzt sich das Gesetz des tendenziellen Falls der Profitrate durch. Es verstärkt die Tendenz zur Konzentration und Zentralisation des Kapitals, verhindert so dessen kontinuierl. Verwertung und ist damit entscheidende Ursache von Massenarbeitslosigkeit (Entstehen einer industriellen Reservearmee), Verelendung des Proletariats und zyklisch auftretenden Wirtschaftskrisen. Das Kapitalmonopol wird zur (schließlich gesprengten) Fessel der kapitalist. Produktionsweise.

Soziologie und politische Theorie

MARX begreift die Ökonomie als einen objektiven, krisenhaften Strukturzusammenhang; das subjektive Moment, das die kapitalist. Produktionsweise beseitigen wird, ist das Proletariat. Mit der Bourgeoisie (industrielle Kapitalisten und Grundeigentümer) bildet es die Klassen der modernen bürgerl. Klassengesellschaft. In ihr besteht die soziale Differenz darin, dass die Bourgeoisie die Produktionsmittel, das Proletariat nur seine Arbeitskraft besitzt.

Zw. Bourgeoisie und Proletariat stehen nach MARX und ENGELS die Mittelstände (Handwerker, kleine Industrielle, Kaufleute, Rentiers, kurz: Kleinbürger) und die Bauern. Im ›Kommunist. Manifest‹ nehmen sie an, dass diese Gruppen über kurz oder lang im Proletariat absinken und sich z. T. dessen polit. Zielen anschließen würden. MARX rechnet jedoch auch mit dem politisch korrumpierbaren Lumpenproletariat und mit Zwischenschichten ohne Klasseninteresse (z. B. die frz. Parzellenbauern). Beide Gruppen können in den Dienst reaktionärer Politik gestellt werden.

Im Polarisierungsprozess, im Klassenkampf zw. Proletariat und Bourgeoisie, werden die Mittelstände auf lange Sicht zerrieben. Exakt an diesem Punkt setzt die so genannte revisionist. Kritik an. So wandte E. BERNSTEIN, einer der engsten Mitarbeiter von ENGELS nach dem Tode von MARX, aufgrund empir. Untersuchungen gegen die marxsche Theorie ein, dass die von MARX prognostizierte Polarisierung der Gesellschaft nicht eingetreten sei, sondern immer neue Mittelschichten nachwuchsen und auch die Löhne der Arbeiter entgegen den marxschen Prognosen (BERNSTEIN verstand die von MARX vorausgesagte Verelendung des Proletariats als absolute und nicht als rela-

tive, d. h. auf den gesamtgesellschaftl. Reichtum bezogene Verelendung) angestiegen seien. MARX dagegen ging davon aus, dass sich das Proletariat über lokale Zwischenstufen als Klasse zur polit. Partei organisieren werde. Sein Kampf um die ›polit. Herrschaft‹ sei am besten in einer ›demokrat. Republik‹ zu führen (›Erkämpfung der Demokratie‹ als erstes Nahziel). Habe es die Staatsgewalt ergriffen, so verwandele es die Produktionsmittel zunächst in Staatseigentum. Damit hebe es aber sich selbst als Proletariat, alle Klassenunterschiede und damit auch den Staat auf (mit der Tendenz zur klassenlosen Gesellschaft): ›An die Stelle der Regierung über Personen tritt die Verwaltung von Sachen und die Leitung von Produktionsprozessen. Der Staat wird nicht ‚abgeschafft', er stirbt ab‹ (ENGELS). Im ›Kommunist. Manifest‹ wird die so entstehende Gesellschaft auch als Assoziation gesehen, ›in der die freie Entwicklung eines jeden die Bedingung für die freie Entwicklung aller ist‹.

Über die Form des revolutionären Kampfes haben sich MARX und ENGELS unterschiedlich geäußert. MARX sprach in der Kommuneschrift (1871) davon, dass die ›Staatsmaschinerie vernichtet‹ werden muss, in anderen Zusammenhängen hielten er und ENGELS es für möglich, dass die Arbeiterklasse sich der überkommenen parlamental. Institutionen bedienen könnte. Nicht einheitlich sind ferner die Aussagen zur Funktion des bürgerl. Staates. Das Diktum, ›die moderne Staatsgewalt ist nur ein Ausschuss, der die gemeinschaftl. Geschäfte der ganzen Bourgeoisie verwalte‹, lässt darauf schließen, dass sie nur im Interesse des Kapitals tätig werden könne; gewisse Passagen im ›Kapital‹ zeigen aber, dass MARX auch sozialreformer. Aktivitäten des Staates für möglich hielt.

MARX und ENGELS haben, um den Anschein utop. Denkens zu vermeiden, bewusst auf eine ausführl. Beschreibung der künftigen Gesellschaftsordnung verzichtet. In der ›Kritik des Gothaer Programms‹ (1875) spricht MARX davon, dass zw. kapitalist. und der kommunist. Gesellschaft eine Übergangsperiode der Diktatur des Proletariats liege. Erst in der kommunist. Gesellschaft verschwinde Arbeitsteilung und Ggs. von geistiger und körperl. Arbeit, die Springquellen des gesellschaftl. Reichtums flössen voller, sodass das Prinzip ›Jeder nach seinen Fähigkeiten, jedem nach seinen Bedürfnissen‹ verwirklicht werden könne.

Systematisierung und Ausdeutung des Marxismus durch Engels

Bei MARX fehlt eine feststehende Bezeichnung seiner Lehre. ENGELS spricht von der materialist. Auffassung der Natur und der Geschichte sowie vom histor. Materialismus. Zur Abgrenzung vom utop. Sozialismus benutzten beide auch die Bez. wiss. Sozialismus.

Als Materialisten waren MARX und ENGELS von der Existenz einer realen Welt vor und außerhalb des menschl. Bewusstseins überzeugt. MARX befasste sich jedoch ausschließlich mit den Implikationen, die sich daraus für die Tätigkeit des Menschen und der von ihm erzeugte materielle (= wirkl.) gesellschaftl. Welt ergaben. Sie stellen sich ihm als widerspruchsvolle, deshalb dialektisch zu begreifende Bewegung dar. ENGELS hingegen betrieb systematisiert naturwiss. Studien. Er meinte, dass auch die Ergebnisse der modernen Naturwiss. dialektisch aufgefasst werden müssen: Dialektik in Form allgemeiner Bewegungsgesetze wirkt – nach ENGELS – in Natur und Geschichte wie im Denken als Reflex der dialekt. Bewegung der wirkl. Welt (Widerspiegelungstheorie). Diese umfassende Philosophie unterbreitete er im ›Anti-Dühring‹ (1878) bes. dem dt. sozialdemokrat. Publikum. Sie wurde als Grundlage des **dialektischen Materialismus** (DIAMAT) und des **historischen Materialismus** (HISTOMAT) zur marxist. Weltanschauung. Ersterer stellt dabei die Entwicklung ›aller materiellen, natürl. und geistigen Dinge, d.h. ... des gesamten konkreten Inhalts der Welt und ihrer Erkenntnis‹ (LENIN) dar. Demgegenüber umfasst der histor. Materialismus das entscheidende Lehrstück der marxist. Gesellschafts- und Geschichtstheorie. Im Zentrum steht die Erklärung der Zweckgerichtetheit histor. Sachverhalte (histor. Prinzip) und das Postulat, dass die Geschichte nicht von Ideen oder Begriffen, sondern von ›wirkl.‹ Menschen gestaltet wird (materialist. Prinzip). Damit war der Übergang von der marxschen Theorie zur proletar. Weltanschauung vollzogen.

Rezeption in der deutschen Sozialdemokratie

Nach dem Tod von ENGELS (1895) galt K. KAUTSKY als führender Theoretiker des M. Er interpretierte ihn im Licht der damaligen materialist. und darwinist. Zeitströmung. Er übernahm die marxsche Ökonomie und Klassenkampftheorie (Schöpfer des →Erfurter Programms), gab ihnen aber einen evolutionist. Akzent. Überzeugt von der Richtigkeit der marxschen Prognosen hinsichtlich der Zukunft des Kapitalismus, interpretierte er den von MARX beschriebenen Niedergang aber als einen quasinaturgesetzl. Prozess, an dessen Ende dem Proletariat und seiner Partei ganz von selbst die Macht zufallen werde. Revolutionäre Anstrengungen seien bei der Erreichung dieses Ziels nicht erforderlich. Nach dem Ersten Weltkrieg plädierte er in heftigen Kontroversen mit anderen Marxisten, denen er ›Terrorismus‹ vorwarf (bes. mit LENIN), für die demokrat. Republik als die zur Verwirklichung des Sozialismus geeignete Herrschaftsform.

E. BERNSTEIN wurde mit der Frage nach der Richtigkeit der materialist. Geschichtsauffassung zum Begründer des marxist. Revisionismus. In Anlehnung an I. KANT bestritt er, dass der Sozialismus selbst ›wissenschaftlich‹ sein könne; freilich müsse er auf erfahrungswiss. Erkenntnissen aufbauen. Außerdem wollte er die soziale Revolution durch eine Politik sozialer Reformen ersetzen, bei der dem Staat, der von ihm nicht mehr als ›Ausschuss der herrschenden Klassen‹ (ENGELS) begriffen wurde, über die Einführung des allgemeinen und gleichen Wahlrechts eine entscheidende Rolle zugewiesen wurde.

ROSA LUXEMBURG lehnte die Schlussfolgerung BERNSTEINS, man könne ohne Revolution zu einer sozialist. Gesellschaftsordnung gelangen, als Reformismus ab; sie vertrat also die These vom notwendigen Zusammenbruch des Kapitalismus. Nach ihren Erfahrungen in der russ. Revolution von 1905 glaubte sie, dass das eigentl. revolutionäre Kampfmittel des Proletariats der spontane (nicht von der Partei organisierte) Massenstreik sei, der Lernprozesse auslöse und verstärkt Klassenbewusstsein erzeuge. ROSA LUXEMBURGS Vertrauen auf die revolutionäre Spontaneität des Proletariats, die durch keinerlei Führungsgruppe ›geleithammelt‹ werden dürfe, war v.a. eine Kritik an der leninschen Parteitheorie.

Wie LENIN wies auch ROSA LUXEMBURG die Einwände BERNSTEINS gegen die marxschen Prognosen durch die Entwicklung einer Imperialismustheorie zurück, der zufolge es dem Kapitalismus in seiner imperialist. Phase gelungen sei, die ihm eigenen Tendenzen zur Proletarisierung der Mittelschichten und Polarisierung der Gesellschaft durch imperialist. Extraprofite zu dämpfen (ROSA LUXEMBURG) bzw. Teile des Proletariats zu bestechen und in eine ›Arbeiteraristokratie‹ zu verwandeln (LENIN). Da jedoch auch der Imperialismus in absehbarer Zeit an seine Grenzen stoßen werde, würden die marxschen Prognosen nach dem Zusammenbruch des Imperialismus im Ersten Weltkrieg wieder voll zur Geltung kommen. Mit der Verhärtung der marxist. Orthodoxie nach dem Sieg der Oktoberrevolution in Russland ließ die theoret. Fruchtbarkeit innermarxist. Kontroversen nach, zumal theoret. Diskussionen sehr bald zum Kampf zweier polit. ›Linien‹ wurden und die jeweilige Parteiführung mit dem Beginn des →Stalinismus krit. Köpfe immer häufiger zum Schweigen brachte.

Erst nach dem Ende des Zweiten Weltkriegs wurde mit dem →Neomarxismus, der sich außerhalb der an der marxist. Orthodoxie zunächst festhaltenden kommunist. Parteien in Westeuropa ansiedelte, die marxist. Diskussion wieder belebt.

⇨ *Austromarxismus · Bourgeoisie · Dialektik · Klassenkampf · Kommunismus · Materialismus · Proletariat · Revisionismus · Sozialismus*

L. D. TROTZKIJ: Die Grundfragen der Revolution (a.d. Russ., 1923); DERS.: Die permanente Revolution (a.d.Russ., Neuausg. 1993); G. A. WETTER: Der dialekt. Materialismus (⁵1960); DERS.: Dialekt. u. histor. Materialismus (188.–192. Tsd. 1979); R. ROSDOLSKY: Zur Entstehungsgesch. des Marx'schen Kapitals, 3 Bde. (¹⁻²1968–69, Nachdr 1973–74); B. D. WOLFE: Marx u. die Marxisten (a.d. Engl., 1968); K. HARTMANN: Die Marxsche Theorie (1970); R. LUXEMBURG: Schriften zur Theorie der Spontaneität, hg. v. S. HILLMANN (14.–18. Tsd. 1970); W. BECKER: Kritik der Marxschen Wertlehre (1972); Beitr. zur marxist. Erkenntnistheorie, hg. v. ALFRED SCHMIDT (⁴1972); K. KÜHNE: Ökonomie u. M., 2 Bde. u. Register-Bd. (1972–74); R.C. TUCKER: Philosophy and myth in Karl Marx (Neuausg. Cambridge ²1972); G. HERRE: Verelendung u. Proletariat bei Karl Marx (1973); G. W. PLECHANOW: Die Grundprobleme des M. (a.d. Russ., Neuausg. Berlin-Ost 1973); H. FLEISCHER: Marx u. Engels (²1974); C. HELBERGER: M. als Methode (1974); G. SCHWAN: Die Gesellschaftskritik von Karl Marx (²1975); Der M., hg. v. I. FETSCHER, 3 Bde. (³1976–77); H. GREBING: Der Revisionismus (1977); L. KOLAKOWSKI: Die Hauptströmungen des M., 3 Bde. (a.d. Poln., 1977–79); M. MAUKE: Die Klassentheorie von Marx u. Engels (⁵1977); W. STEITZ: Einf. in die polit. Ökonomie des M. (1977); P. ANDERSON: Über den westl. M. (a.d. Engl., 1978); E. FROMM: Das Menschenbild bei Marx (a.d. Engl., Neuausg. 1982); G. LUKÁCS: Gesch. u. Klassenbewußtsein (Neuausg. ⁸1983); E. NOLTE: M. u. industrielle Revolution (1983); Marx-Engels-Begriffslex., hg. v. K. LOTTER (1984); I. FETSCHER: Karl Marx u. der M. (Neuausg. 1985); K. KAUTSKY: Die materialist. Geschichtsauffassung, 2 Bde. (Neuausg. 1988); E. BERNSTEIN: Die Voraussetzungen des Sozialismus u. die Aufgaben der Sozialdemokratie (Neuausg. 1991); A. GRAMSCI: M. u. Kultur. Ideologie, Alltag, Lit. (a.d.Ital., ³1991); ALFRED SCHMIDT: Der Begriff der Natur in der Lehre von Marx (Neuausg. ⁴1993); Der M. in seinem Zeitalter, hg. v. H. FLEISCHER (1994); E. MANDEL: Einf. in den M. (a.d. Frz., ⁵1994).

Marxismus-Leninismus, inoffizielle Abk. **ML,** seit Anfang des 20. Jh. eine der Hauptströmungen des →Marxismus; im Ggs. zum so genannten ›westl. Marxismus‹, der von Intellektuellen ohne polit. Macht getragen und entwickelt wird, ist der M.-L. von seinen Anfängen an mit den Deutungs- und Orientierungsfragen der prakt. Politik verbunden. So gründet sich der M.-L. auf die von W. I. LENIN vorgenommene Anpassung der Lehren von K. MARX und F. ENGELS an die sozialen und polit. Verhältnisse Russlands im frühen 20. Jh., die er mit einer Erklärung für das Ausbleiben der Revolution in den fortgeschrittenen kapitalist. Gesellschaften und einer Kritik an der Politik der dort agierenden sozialist. Parteien verknüpft. Der **Leninismus** begründet die Weiterentwicklung und teilweise Revision der marxschen Theorie mit dem Eintritt des Kapitalismus in das Stadium des →Imperialismus, durch den eine tief greifende Veränderung der politisch-strateg. Konstellationen erfolgt. Der M.-L. vertritt die Auffassung von einer ›ungleichmäßigen Entwicklung‹ der versch. Gesellschaften, worauf die Vorstellung fußt, die revolutionäre Veränderung müsse nicht in den sozioökonomisch fortgeschrittensten, sondern könne auch in zurückgebliebenen Gesellschaften der kapitalist. Entwicklung (›schwächstes Glied‹, LENIN) beginnen. Die Nachfolger LENINS, v.a. STALIN, bauten den M.-L. zu einer Weltanschauungslehre mit dogmat. Zügen und dem Anspruch auf Universalität und Wissenschaftlichkeit aus.

Sowjetmarxismus

Der **Sowjetmarxismus** geht auf LENINS Interpretation und Weiterentwicklung des Marxismus der 1890er-Jahre zurück. In seiner Schrift ›Materialismus und Empiriokritizismus‹ (1908) vertritt er einen erkenntnistheoret. Realismus; er nimmt in partiellem Anschluss an die frz. Materialisten des 18. Jh. (C. A. HELVÉTIUS, P. H. T. D'HOLBACH, J. O. DE LA METTRIE) an, dass die Außenwelt unabhängig von menschl. Bewusstsein und Empfindung bestehe, sich jedoch darin ›widerspiegele‹ (Widerspiegelungstheorie). Das menschl. Denken könne sich der absoluten Wahrheit nähern, weshalb die kantische Annahme eines ›Dings an sich‹ sinnlos sei. LENINS Parteitheorie trug den zurückgebliebenen Verhältnissen in Russland wie der ausbleibenden Revolution in Westeuropa Rechnung. Die Arbeiterklasse kann – nach LENIN – aus eigenen Kräften nur ein ›gewerkschaftl.‹ Bewusstsein entwickeln. Infolge des versch. Entwicklungsgrades unterschiedl. Gesellschaften können in fortgeschrittenen Gesellschaften Extraprofite entstehen, die unter dem Druck gewerkschaftl. Organisation teilweise an das Proletariat weitergegeben werden, wodurch dieses an die kapitalist. Gesellschaftsordnung gebunden wird (›Arbeiteraristokratie‹) und sein Interesse an deren revolutionärer Überwindung verliert. Wissenschaftlich begründetes Klassenbewusstsein vermögen danach allein die Intellektuellen ins Proletariat hineinzutragen. Die Partei soll von Berufsrevolutionären geführte straffe, z. T. konspirativ arbeitende Organisation, eine revolutionäre ›Avantgarde‹ des Proletariats sein. Nach LENINS Imperialismustheorie ist der moderne Kapitalismus durch die Entstehung von Monopolen, durch die in Politik und Wirtschaft führende Rolle von Großbanken sowie durch internat. Kartelle und koloniale Ausbeutung (Imperialismus) gekennzeichnet. Der Kampf der Großmächte um Anlagemöglichkeiten für Kapital und um Rohstoffquellen führt zu einer verschärften Konkurrenz und schließlich zu Kriegen; dies und die für den modernen Kapitalismus typ. Ungleichmäßigkeit der weltwirtschaftl. Entwicklung ermöglicht es, dass auch in rückständigen Ländern wie in Russland Revolutionen ausbrechen können. Bis Anfang der 20er-Jahre war LENIN jedoch davon überzeugt, dass die Revolution in rückständigen Ländern nur erfolgreich sein können, wenn sie zur Initialzündung der Weltrevolution werde, d. h. die Revolution in die kapitalist. Zentren überspringe. – Der Sowjetmarxismus hat diese teilweise takt. Überlegungen LENINS zur Theorie des staatsmonopolist. Kapitalismus (→Stamokap) weiterentwickelt.

LENIN verabsolutierte die bei MARX verschiedentlich anzutreffende Aussage, dass der bürgerl. Staatsapparat zerschlagen und eine revolutionäre Diktatur des Proletariats (unter der Führung der Partei) errichtet werden müsse. In seiner polemisch geführten Auseinandersetzung mit K. KAUTSKY betonte er die Gewaltsamkeit dieses Vorgangs und wies den bereits von ENGELS vertretenen Gedanken zurück, der Sozialismus könne auch mit parlamentar. Methoden errichtet werden. LENIN unterschied eine niedere und eine höhere Phase des Kommunismus. In der Letzteren würden die Menschen in der Lage sein, selbstständig die gesellschaftl. Produktion zu leiten, sodass es staatl. Lenkung und Kontrolle nicht mehr bedürfe.

In seiner Analyse der sozialrevolutionären Entwicklung in Russland entwickelte 1905 L. D. TROTZKIJ eigene Vorstellungen bes. über den Fortgang der proletar. Revolution (→Trotzismus), die jedoch infolge TROTZKIJS Niederlage im Machtkampf mit STALIN – der auch ein Kampf um die richtige Weiterführung des M.-L. war – für die Weiterentwicklung des M.-L. ohne Folgen blieben.

In der Schrift ›Über dialekt. und histor. Materialismus‹ (1938) vollendete STALIN die Dogmatisierung der Lehren von MARX und ENGELS zur ›Weltanschauung der marxistisch-leninist. Partei‹. STALIN stellte die Lehre von der Möglichkeit des Aufbaus des Sozialismus in einem Land auf, weil die von MARX, ENGELS und LENIN erwartete Weltrevolution ausgeblieben war. Voraussetzung des Absterbens des Staates sei die höchste Steigerung der staatl. Macht (→Stalinismus). Unter N. S. CHRUSCHTSCHOW und L. I. BRESCHNEW setzten neue Versuche ein, den Sowjetmarxismus verbindlich zu fassen. Er umfasse 1) dialekt. und histor. Materialismus als Philosophie und theoret. Grundlage des M.-L.; 2) die polit. Ökonomie des Kapitalismus und des Sozialismus, die die Entwicklung der Produktionsverhältnisse erforsche; 3) den wiss. Sozialismus und Kommunismus, d. h. Theorie und Taktik der kommunist. Bewegung und die Lehre vom Aufbau des Sozialismus und Kommunismus.

Ideologische Kontroversen im Marxismus-Leninismus

Mit der Entstalinisierung (1956) traten in der kommunist. Staatenwelt zunehmend Systemkritiker hervor, die eine Liberalisierung des Sowjetsystems forderten. TITO und seine Kampfgefährten E. KARDELJ und M. DJILAS versuchten, unter Berufung auf die ursprüngl. marxsche Lehre einen Kommunismus aufzubauen, in dem die gesellschaftl. Produktion von den Produzenten selbst (d. h. von Arbeiterräten) und nicht von staatl. Bürokratien geleitet wird (→Titoismus).

In der Auseinandersetzung mit dem M.-L. sowjet. Prägung entwickelte MAO ZEDONG eine neue Perspektive der proletar. Revolution, wobei er entsprechend den sozioökonom. Verhältnissen der Dritten Welt und den chin. Erfahrungen v. a. die bäuerl. Bev. als Träger der Revolution ansieht (→Maoismus).

Der poln. Philosoph L. KOŁAKOWSKI kritisierte den doktrinären M.-L. als ›institutionellen Marxismus‹. Er wies auf Strukturbeziehungen zw. Marxismus und prot. Christentum hin und lehnte Gedanken einer ›Erlösung durch die Negation‹ ab. – Der tschechoslowak. Ökonom und Wirtschaftsreformer O. ŠIK stellte der überkommenen zentralist. Planwirtschaft eine Theorie der sozialist. Marktverhältnisse entgegen. In Ungarn kritisierte die ›Budapester Schule‹ (AGNES HELLER, ANDRÁS HEGEDÜS, *1922) im Anschluss an G. LUKÁCS, dass es den Gesellschaften sowjet. Typs nicht gelungen sei, zu einer wirkl. Humanisierung der gesellschaftl. Strukturen zu gelangen. In der DDR kritisierte bes. R. HAVEMANN die bürokrat. Strukturen des ›realen Sozialismus‹ als einen Verstoß gegen das marxist. Prinzip einer ›sozialist. Demokratie‹.

In seiner dogmat. Erstarrung war der offizielle M.-L. nicht in der Lage, sich mit diesen Kritiken auseinander zu setzen, sondern reagierte darauf mit administrativer Unterdrückung oder Ausgrenzung. Mit dem Zusammenbruch der sozialist. Staaten verschwand auch der Marxismus-Leninismus.

F. MAREK: Philosophie der Weltrevolution (1966); Der Marxismus, hg. v. I. FETSCHER, 3 Bde. (³1976–77); DERS.: Von Marx zur Sowjetideologie (²²1987); L. KOŁAKOWSKI: Die Hauptströmungen des Marxismus, 3 Bde. (a. d. Poln., 1977–79); K. LENK: Theorien der Revolution (²1981); P. KOSLOWSKI: Nachruf auf den M.-L. (1991); L. D. TROTZKIJ: Die permanente Revolution (a. d. Russ., Neuausg. 1993); Lenin. Theorie u. Praxis in histor. Perspektive, hg. v. T. BERGMANN u. a. (1994).

Marxistischer Studentenbund Spartakus, Abk. **MSB Spartakus,** in den 1970er- und 1980er-Jahren einflussreicher Studentenverband an den westdt. Univ., 1971 auf Bundesebene gegr., Mitte 1990 aufgelöst, orientierte sich in Ideologie und Zielsetzung an der DKP.

Marxsen, Willi, ev. Theologe, *Kiel 1. 9. 1919, †Münster 18. 2. 1993; lehrte als Prof. für neutestamentl. Theologie ab 1956 an der Kirchl. Hochschule in Bethel und von 1961–84 an der Univ. Münster. M. vertrat die historisch-krit. Exegese und war einer der Hauptvertreter der redaktionsgeschichtl. Schule.

Werke: Der Evangelist Markus (1954; Habil.); Einl. in das N. T. (1963); Die Sache Jesu geht weiter (1976); Der erste Brief an die Thessalonicher (1979); Der zweite Thessalonicherbrief (1982).

Mary, bis 1937 **Merw, Merv,** Gebietshauptstadt in Turkmenistan, in der Wüste Karakum am Murgab und Karakumkanal, 94 400 Ew.; mehrere Museen; Oasenstadt mit Baumwollentkernung, Bekleidungs-, Nahrungsmittel-, Lederindustrie und Phosphatfabrik; in der Umgebung Erdgas; Bahnknotenpunkt an der Transkasp. Eisenbahn. – 30 km östlich von M. liegen die Ruinen der alten Stadt →Merw. – M. wurde 1884 als Verwaltungszentrum und Militärlager der Oase Merw gegründet.

Maryland ['meərılənd] *der, -(s),* hellbrauner, sehr leichter Rauchtabak, gut glimmfähig, mild im Aroma.

Maryland ['meərılənd], Abk. **Md.,** postamtlich **MD,** Bundesstaat im O der USA, 31 849 km², (1994) 5,0 Mio. Ew. (1960: 3,101 Mio., 1980: 4,217 Mio. Ew.). Hauptstadt ist Annapolis. M. ist in 23 Verw.-Bez. (Countys) sowie den Stadt-Bez. Baltimore gegliedert.

Staat und Recht: Verf. von 1867 (seither zahlreiche Änderungen); Senat mit 47, Repräsentantenhaus mit 141 Mitgl. – Im Kongress ist M. durch zwei Senatoren und acht Abg. vertreten.

Landesnatur: Der größte Teil von M. liegt in der atlant. Küstenebene beiderseits der →Chesapeakebai. Der NW erstreckt sich vom Piedmontplateau in einem schmalen Landstreifen über die Appalachen (Backbone Mountain 1 024 m ü. M.). M. hat mildes, ausgeglichenes Klima. In den natürl. Hartholzwäldern wachsen Hickory, Kastanie und Eiche.

Bevölkerung: Der Anteil der Weißen belief sich 1990 auf 71,0%, der der Schwarzen auf 24,9%, andere 4,1%. In Städten leben (1990) 81,3% der Bevölkerung, größte Stadt ist Baltimore, das als Metropolitan Area (1994) 2,5 Mio. Ew. hat. An der W-Grenze von M. liegt Washington (D. C.).

Wirtschaft: Die Landwirtschaft liefert Tabak, Mais, Sojabohnen, ferner Kartoffeln, Gemüse und Obst, Geflügel und Molkereierzeugnisse. Wichtigster Zweig der Fischwirtschaft ist die Austernzucht. Die bedeutende Industrie mit Stahlproduktion, Metall-, Nahrungsmittel-, Schiffbau-, elektrotechn. und chem. Industrie ist stark auf Baltimore konzentriert. Eine wichtige Einnahmequelle ist der Fremdenverkehr.

Geschichte: Das von versch. Gruppen der Algonkin und dem krieger. Indianerstamm der Susquehannock besiedelte Gebiet wurde 1608 von dem engl. Kapitän J. Smith aufgesucht. 1631 enstand der erste engl. Handelsposten auf Kent Island. 1632 erhielt Cecil(ius) Calvert Lord Baltimore (* um 1605, † 1675) von engl. König Karl I. einen Freibrief für eine Kolonie am Potomac, die zu Ehren der engl. Königin den Namen M. erhielt. Unter der Führung von Leonard Calvert, dem jüngeren Bruder von C. Calvert und erstem Gouv. (1634–47) von M., kamen am 25. 3. 1634 die ersten rd. 200 Siedler hier an und gründeten St. Mary's City (erste Hauptstadt). Als römisch-kath. Eigentümer mit Patent eines anglikan. Königs war die Familie Calvert zur Gewährung weitgehender Religionsfreiheit gezwungen, die 1649 in der Toleranzakte (›Act Concerning Religion‹) gesetzlich fixiert wurde. Streitigkeiten ergaben sich immer wieder mit den Nachbarkolonien Virginia und Pennsylvania. 1692 wurde M. Kronkolonie (seit 1694 Hauptstadt Annapolis) mit anglikan. Staatskirche, 1715 erhielt die Familie Calvert nach Übertritt zum Anglikanismus ihre Rechte zurück. 1729 wurde Baltimore gegründet. Im November 1776 gab sich M. seine erste Verf. (Erlö-

schen der Rechte der Familie Calvert). Im Unabhängigkeitskrieg aufseiten der Patrioten, nahm M. erst 1781 die Articles of Confederation an und trat am 28. 4. 1788 als 7. Staat der Union bei. Im Sezessionskrieg stand es, zunächst ohne die Sklaverei abzuschaffen (was erst mit der dritten Verf. 1864 geschah), zur Union.

A. C. Land: Colonial M. (Milwood, N. Y., 1981); J. E. Dilisio: M. (Boulder, Colo., 1983).

März [lat. Martius (mensis) ›Marsmonat‹], der dritte Monat des julian. bzw. gregorian. Kalenders mit 31 Tagen. Er entspricht dem nach dem Kriegsgott Mars benannten ersten Monat des altröm. Kalenders. – Der M. war reich an Bräuchen zur Feier des wiederkehrenden Frühlings, z. T. noch heute (›Frühlingsfeste‹, z. B. an →Lätare). – Alter dt. Name: **Lenzmond.**

Marzabotto, Stadt in der Prov. Bologna, Italien, in der Emilia-Romagna, südlich von Bologna, 5 800 Ew. – Durch Ausgrabungen wurde die etrusk. Stadt **Misa** (lat. **Misanum**) weitgehend erforscht; sie wurde gegen Ende des 6. Jh. v. Chr. gegründet und besaß ein nach den vier Himmelsrichtungen ausgerichtetes rechtwinkliges Straßennetz mit bis zu 15 m breiten Hauptstraßen sowie Kanalisation. Um 400 v. Chr. von Kelten besetzt; die Entdeckung ihres Friedhofs mit Waffenbeigaben machte die Kelten in Italien archäologisch identifizierbar, wobei die schon vorliegenden Waffenfunde von →Alesia herangezogen wurden. – Im unwegsamen Bergland um den Monte Sole (Hauptort: M.) wurde am 29./30. 9. 1944 in einer Vergeltungsaktion von der dt. Wehrmacht und der SS die Partisanengruppe ›Stella Rossa‹ vernichtet.

R. Battaglia: Storia della Resistenza italiana (Neuausg. Turin 1967); J. Olsen: Silence on Monte Sole (Neuausg. London 1969); R. Giorgi: Marzabotto parla (Neuausg. Venedig 1985).

Marzahn, Stadtbezirk von Berlin, 31,5 km², 159 700 Ew.; die Großwohnsiedlung um das Dorf M. wurde ab 1977 errichtet, der Stadtbezirk 1979 gebildet.

Marzell, Heinrich Oscar, Botaniker, * München 23. 1. 1885, † Erlangen 20. 11. 1970; erforschte die Geschichte der in Dtl. vorkommenden Pflanzen und ihre Bedeutung für die Volkskunde; Mitherausgeber des ›Wörterbuchs der dt. Pflanzennamen‹ (1943; bis 1979 4 Bde.).

Märzenbecher, die Frühlingsknotenblume (→Knotenblume).

Märzenbier, starkes Bier, das urspr. im März gebraut wurde; mittlerer Stammwürzegehalt: 13,5%.

Märzfeld, lat. **Campus Martius,** seit Beginn der Merowingerzeit die jährl. Versammlung der Großen des Fränk. Reiches im März, auf der Heerschau gehalten und über Krieg, Frieden und Gesetze beraten wurde. Pippin d. J. verlegte 755 die Versammlung in den Mai (seitdem **Maifeld,** lat. **Campus Maius** oder **Magiscampus**). Die Einrichtung verfiel unter Ludwig dem Frommen.

Märzfisch, der →Hasel.

Märzfliegen, die →Haarmücken.

Märzgefallene, Bez. für die zu Beginn der Märzrevolution in Berlin am 18./19. 3. 1848 bei Barrikadenkämpfen mit preuß. Truppen ums Leben gekommenen 254 Demonstranten. Sie wurden am 22. 3. 1848 im Park Friedrichshain feierlich beigesetzt, nachdem König Friedrich Wilhelm IV. am 19. 3. die im Berliner Schlosshof Aufgebahrten geehrt hatte (Gemälde von A. Menzel, 1848, unvollendet).

Marzipan [auch 'mar-; von ital. marzapane (weitere Herkunft unsicher)] *das,* auch *der, -s/-e,* Zuckerware aus Mandeln, Puderzucker und Aromastoffen. Gebrühte, geschälte süße Mandeln werden mit 35% Zucker verarbeitet; aus der so entstandenen **M.-Rohmasse** wird durch Verkneten mit höchstens der glei-

Maryland Flagge

März Märzrevolution

chen Menge Zucker M. hergestellt. M. darf unter Kenntlichmachung mit Sorbinsäure, Benzoesäure und PHB-Estern konserviert werden. – M. stammt aus dem Orient, vermutlich aus Persien, wo es in den im 10. Jh. verfassten Schriften der ›Treuen Brüder‹, eines Geheimbundes, als Zubereitung aus Mandeln, Zucker und Öl genannt wird. Tatsächlich wurde es aber wohl schon vor Jahrtausenden aus Mandeln und Honig hergestellt, wobei an die Stelle der Mandeln auch Nüsse, Pistazien oder Pinienkerne treten konnten. Nach Europa kam M. durch die Kreuzzüge und fand seit etwa 1300 rasche Verbreitung. In den bekanntesten Herstellungsorten Lübeck und Königsberg (heute Kaliningrad) wird es jedoch nicht vor dem 19. Jh. erwähnt. Die Verarbeitung von Aprikosen- und Pfirsichkernen (›Persipan‹) anstelle von Mandeln kam erst im 18. Jh. auf.

Märzrevolution, Revolution 1848/49, die durch die frz. Februarrevolution im März 1848 ausgelöste revolutionäre Bewegung in den Staaten des Dt. Bundes (auch **deutsche Revolution** gen.). Sie war v. a. eine bürgerl. Revolution, in der sich die Forderung nach liberalen Reformen mit der Frage nach nat. Einheit verband, wodurch v. a. in Schleswig (Dt.-Dän. Kriege) und in den nicht deutsch besiedelten Gebieten Österreichs Nationalitätenprobleme aufbrachen. Die auf Volksversammlungen und Straßendemonstrationen erhobenen liberalen Forderungen (Beginn: Offenburg in Baden, 27. 2.) wurden in Bayern, Württemberg, Baden, Hessen-Darmstadt, Sachsen, Hannover und einigen dt. Kleinstaaten fast widerstandslos erfüllt oder es wurde ihre Verwirklichung versprochen: konstitutionelle Verf., Reformministerien, Pressefreiheit, Schwurgerichte, Volksbewaffnung und schließlich die Wahl eines gesamtdt. Parlaments (→Frankfurter Nationalversammlung; eröffnet am 18. 5.). Ein radikalrepublikan. Aufstand in Baden (12. 4. 1848 Ausrufung der Rep. in Konstanz durch F. HECKER) wurde niedergeschlagen.

In *Preußen,* wo nach Straßen- und Barrikadenkämpfen (18./19. 3.; →Märzgefallene) am 29. 3. von König FRIEDRICH WILHELM IV. ein liberales Kabinett unter L. VON CAMPHAUSEN berufen worden war (bis 30. 6.), hatte sich am 22. 5. noch eine verfassunggebende Versammlung konstituiert und eine Verf. beraten (aufgelöst am 5. 12.). Doch bereits im Frühsommer vereinigte das später so genannte ›Junkerparlament‹ die schärfsten Gegner der M. und besiegte sie schließlich mithilfe der preuß. Armee (ab 9. 11.).

In *Österreich* ließen nach dem Sturz des Staatskanzlers K. W. Fürst METTERNICH (13. 3. 1848) die Unruhen bis hin zu den bürgerkriegsähnl. Maiaufständen in Wien (15.–25. 5.) Kaiser FERDINAND I. mit seiner Familie nach Innsbruck fliehen (17. 5.), von wo aus er die Gegenrevolution einleitete. Militärisch niedergeschlagen wurden die Aufstände in Oberitalien (17. 3. Venedig, 18. 3. Mailand; Niederlage bei Custoza, 25. 7.) und Böhmen (Prager ›Pfingstaufstand‹, 12.–17. 6.). In Ungarn gingen nach der M. (15. 3., Pest) in der zweiten Phase, der ›Septemberrevolution‹ (Organisation der Honvéd durch L. KOSSUTH), Truppen gegen das Reformministerium unter L. Graf BATTHYÁNY vor. Der ab 6. 10. 1848 in Wien wegen der Ereignisse in Ungarn ausbrechende Aufstand wurde blutig niedergeschlagen. – Der konstituierende (österr.) Reichstag (Wien; 22. 7.) scheiterte an der Nationalitätenfrage, die mit den Konzeptionen zur Lösung der »deutschen Frage« nicht in Übereinstimmung zu bringen war. Die Autonomiebestrebungen der einzelnen Länder gaben zudem den antirevolutionären, konservativen Kräften Auftrieb, sodass der Reichstag nach →Kremsier ausweichen musste (22. 10.) und die erarbeitete Reform-

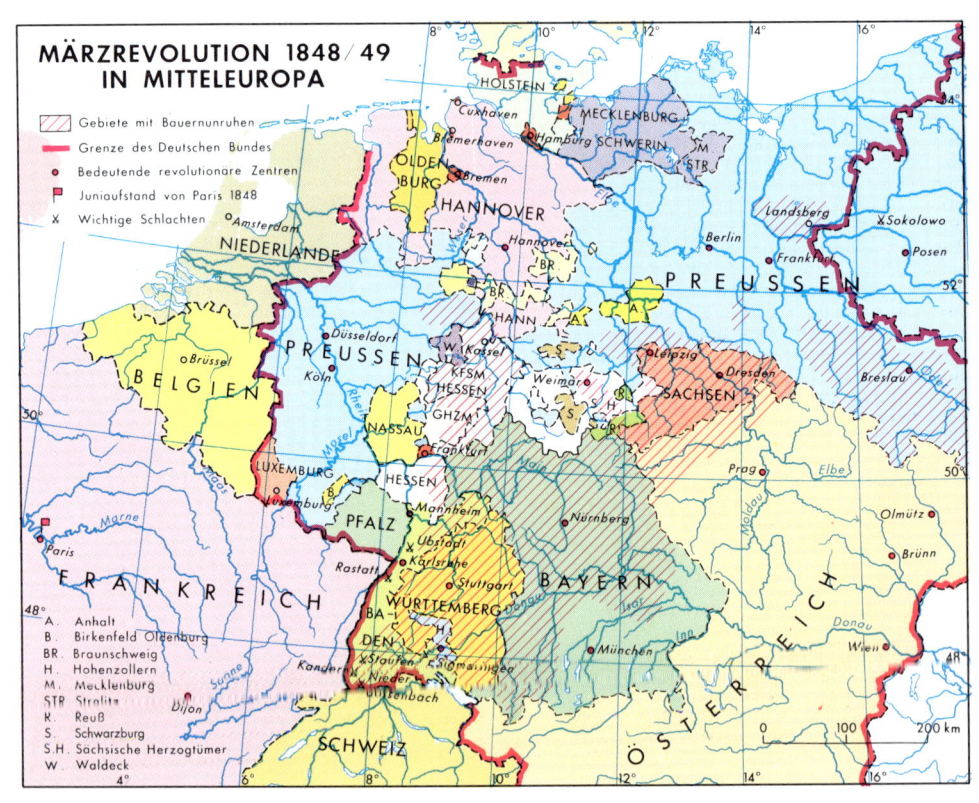

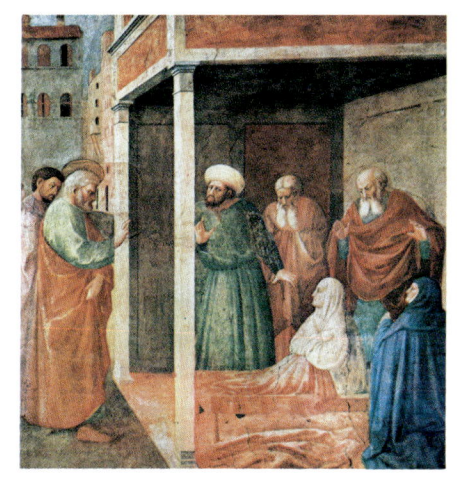

Masaccio: Auferweckung der Tabita (zusammen mit Masolino); Ausschnitt aus einem Fresko in der Brancaccikapelle von Santa Maria del Carmine in Florenz; wohl ab 1426

Verf., die eine föderalist. Umstrukturierung Österreichs vorsah, nicht umsetzen konnte. Mit der →oktroyierten Verfassung vom 4. 3. 1849 (›März-Verf.‹) wurde die M. in Österreich endgültig beendet und der Antagonismus zw. Österreich und Preußen verstärkt.

Durch die Ereignisse in den beiden größten dt. Staaten scheiterte die Frankfurter Nationalversammlung in ihrem Verfassungswerk. Die Ablehnung der Reichs-Verf. vom 27. 3. 1849 durch die beiden dt. Großmächte und die größten Mittelstaaten sowie das Erstarken der antirevolutionären Kräfte, die die Maiaufstände 1849 niederschlugen, führte zur Niederlage der revolutionären Bewegung.

Märzverfassung, in Österreich die →oktroyierte Verfassung vom 4. 3. 1849.

Masaccio [maˈzattʃo], eigtl. **Tommaso di Giovanni di Simone Guidi,** ital. Maler, * San Giovanni Valdarno (bei Arezzo) 21. 12. 1401, † Rom vor dem 20. 12. 1429. Seit 1422 in Florenz nachweisbar, gilt M. als der Begründer der Renaissancemalerei. Laut G. VASARI Schüler von MASOLINO, doch setzte die gemeinsame Tätigkeit vermutlich erst 1424 ein; die Stilunterschiede ihrer Beiträge, deren Zuschreibung in der Forschung lange umstritten war, lassen die Neuerungen M.s gegenüber der schönlinigen Eleganz MASOLINIS revolutionär hervortreten. In direktem Rückgriff auf GIOTTO und angeregt von den neuartigen Gestaltungsprinzipien F. BRUNELLESCHIS und DONATELLOS, mit denen er befreundet war, entwickelte er für seine religiösen Inhalte eine kraftvoll-monumentale Bildsprache, die die traditionelle got. Malerei überwand. Er gelangte durch Anwendung der Zentralperspektive und einheitlich von einer Lichtquelle ausgehenden Lichtführung zu einer klaren Erfassung des Raumes, dem er Weite und Tiefe gab. Seinen Gestalten verlieh er durch Licht und Schatten plast., wuchtige Körperlichkeit und durch ausdrucksstarke Gestik Lebensnähe, Würde und menschl. Größe. Das Dreifaltigkeitsfresko in Santa Maria Novella (um 1426–28; BILD →Florentiner Malerschule) stellt die Hl. Dreifaltigkeit, MARIA und JOHANNES in der Golgathakapelle dar, davor auf einer Stufe die Stifter und als Unterbau die Krypta mit dem Skelett Adams; es verbindet durch diesen Stufenaufbau und die Anwendung einer diesen gesamten Aufbau umfassenden Zentralperspektive den Bildraum mit dem realen Raum des Betrachters in illusionist. Weise und war von bahnbrechender Bedeu-tung sowohl für die nachfolgende Wandmalerei als auch für die Entwicklung des Altars.

Weitere Werke: Hl. Anna selbdritt (mit MASOLINO, um 1424/25; Florenz, Uffizien); Altarwerk aus Santa Maria del Carmine in Pisa (1426; Tafeln u. a. in Museen in London, Neapel, Berlin); Fresken mit Szenen aus dem Leben Petri und der Genesis in der Brancaccikapelle in Santa Maria del Carmine, Florenz (mit MASOLINO, wohl ab 1426; vollendet von FILIPPINO LIPPI; weiteres BILD →italienische Kunst).

J. H. BECK: M., the documents (Locust Valley, N. Y., 1978); L. BERTI u. M. BALDINI: M. (a.d. Ital., 1988); O. CASAZZA: M. u. die Brancacci-Kapelle (a.d. Ital., Florenz 1990); F. HUBER: Das Trinitätsfresko von M. u. Filippo Brunelleschi in Santa Maria Novella zu Florenz (1990); T. KRÄMER: Florenz u. die Geburt der Individualität. Ghiberti, Brunelleschi, Donatello, M. (1992); R. LONGHI: Masolino u. M. Zwei Maler zw. Spätgotik u. Renaissance (a.d. Ital., 1992); U. BALDINI u. O. CASAZZA: Die Brancacci-Kapelle. Fresken von M., Masolino, Filippino Lippi in Florenz (a.d. Ital., 1994).

Masada, Massada, arab. **Ḳaṣr es-Sebbe,** ein Felsplateau auf der Westseite des Toten Meeres, 441 m über dessen Spiegel gelegen, 15 km nördlich von Arad, Israel. Von HERODES D. GR. 36–30 v. Chr. ausgebaut, war M. der letzte Stützpunkt der Juden im Krieg gegen Rom. M. ist in der Bibel nicht erwähnt, wird aber von JOSEPHUS FLAVIUS ausführlich beschrieben. Die Festung leistete nach dem Fall von Jerusalem 70 n. Chr. den Römern erbitterten Widerstand, wurde von der Legio X Fretensis eingeschlossen, belagert und 73 n. Chr. eingenommen. Nach dem Bericht des JOSEPHUS fanden die Eroberer nur sieben Überlebende (Frauen und Kinder) vor, die Übrigen hatten sich den Tod gegeben. – Nach Abschluss der Ausgrabungen wurde M. als ein symbolträchtiger Ort der jüd. Geschichte zum bevorzugten Ort für militär. Zeremonien, v. a. von Vereidigungsfeiern.

Masada: Blick auf die freigelegte Festungsanlage

Die Ausgrabungen wurden nach verschiedenen älteren Ansätzen (1932; 1955/56) systematisch in den Jahren 1963–65 unter der Leitung von Y. YADIN vorgenommen. Dabei wurde ein großer Teil der Gebäude freigelegt und die Überlieferung durch viele Funde bestätigt. Am Rande des Plateaus zieht sich eine Kasemattenmauer entlang, in die an drei Stellen Durchgänge eingelassen sind und die auch für Unterkünfte benutzt wurde. Die bedeutendsten Bauten sind die beiden Paläste des HERODES mit ihren Nebengebäuden am Nordrand und an der Westseite des Berges. Der Nordpalast war über drei Terrassen mit jeweils 20 m bzw. 15 m Höhenunterschied gebaut. Die oberste Terrasse umfasste die Wohnräume und eine halbrunde

Plattform, die mittlere ein rundes Treppenhaus und die unterste einen Säulensaal. Die Wände waren mehrfarbig bemalt, die Säulen und Halbsäulen in Stuck mit korinth. Kapitellen ausgeführt. Zu dem Palast gehörten ein Badehaus und umfangreiche Komplexe von Vorratshäusern. An der nordwestl. Kasemattenmauer wurde ein bereits bestehendes Gebäude in eine Synagoge umgewandelt. Sie umfasste einen Säulensaal mit Bänken an den Wänden sowie einen abgeteilten kleinen Raum für die Schriftrollen. Am Südende der Festung befand sich ein Ritualbad. Die Wasserversorgung war durch große Zisternen sichergestellt. Unter den Ausgrabungsfunden befanden sich neben Münzen zahlr. Inschriften und Fragmente bibl. und apokrypher Bücher. Aus der Zeit des jüd. Krieges stammen die röm. Lager, der Belagerungswall und die für den Sturm auf die Festung aufgeschüttete Belagerungsrampe. Der Burgberg wurde in byzantin. Zeit von einem Kloster letztmalig besiedelt.

Y. YADIN: M. Der letzte Kampf um die Festung des Herodes (a. d. Engl., ⁷1979).

Más Afuera, Isla M. A., früherer Name der Isla Alejandro Selkirk, Chile (→Juan-Fernández-Inseln).

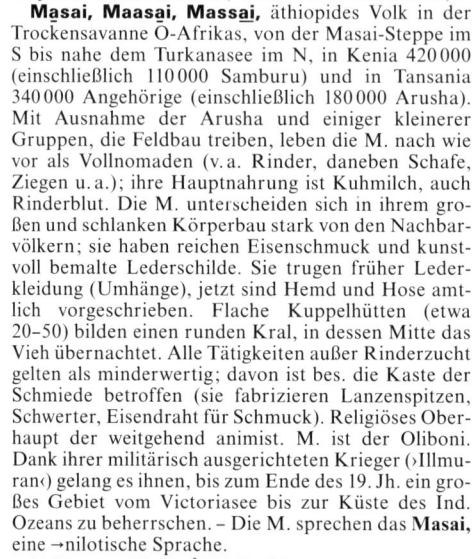

Masai, Maasai, Massai, äthiopides Volk in der Trockensavanne O-Afrikas, der Masai-Steppe im S bis nahe dem Turkanasee im N, in Kenia 420 000 (einschließlich 110 000 Samburu) und in Tansania 340 000 Angehörige (einschließlich 180 000 Arusha). Mit Ausnahme der Arusha und einiger kleinerer Gruppen, die Feldbau treiben, leben die M. nach wie vor als Vollnomaden (v. a. Rinder, daneben Schafe, Ziegen u. a.); ihre Hauptnahrung ist Kuhmilch, auch Rinderblut. Die M. unterscheiden sich in ihrem großen und schlanken Körperbau stark von den Nachbarvölkern; sie haben reichen Eisenschmuck und kunstvoll bemalte Lederschilde. Sie trugen früher Lederkleidung (Umhänge), jetzt sind Hemd und Hose amtlich vorgeschrieben. Flache Kuppelhütten (etwa 20-50) bilden einen runden Kral, in dessen Mitte das Vieh übernachtet. Alle Tätigkeiten außer Rinderzucht gelten als minderwertig; davon ist bes. die Kaste der Schmiede betroffen (sie fabrizieren Lanzenspitzen, Schwerter, Eisendraht für Schmuck). Religiöses Oberhaupt der weitgehend animist. M. ist der Oliboni. Dank ihrer militärisch ausgerichteten Krieger (›Illmuran‹) gelang es ihnen, bis rund Ende des 19. Jh. ein großes Gebiet vom Victoriasee bis zur Küste des Ind. Ozeans zu beherrschen. – Die M. sprechen das **Masai,** eine →nilotische Sprache.

M. MERKER: Die M. (²1910, Nachdr. New York 1968); A. N. TUCKER u. J. TOMPO OLE MPAAYEI: A Maasai grammar (London 1955); G. W. HUNTINGFORD: The southern Nilo-Hamites (Neuausg. ebd. 1969); J. KALTER: Die materielle Kultur der Massai u. ihr Wandel (Diss. Heidelberg 1973); F. MOL: Maa. A dictionary of the Maasai language and folklore, English-Maasai (Nairobi 1978).

Masai-Mara-Wildreservat, Wildschutzgebiet in SW-Kenia (nördl. Fortsetzung der Serengeti), 1 671 km², 1 500–1 700 m ü. M.; leicht hügelige Trockensavanne mit fast allen Wildtierarten Ostafrikas.

Masai-Steppe, wasserarme Dornbusch- und Grassavanne in Tansania, zw. Kilimandscharo und Ostafrikan. Bruchstufe, 1 100–1 500 m ü. M., mit reichem Wildbestand; im N von Masai bewohnt.

Masan, Hafenstadt an der S-Küste Süd-Koreas, 496 600 Ew.; Verw.-Sitz der Prov. Kyŏngsangnam-do; Fischverarbeitung, Metall-, keram., Elektro-, Textil-, chem. u. a. Industrie. – Der Hafen wurde 1899 auf jap. Druck dem internat. Handel geöffnet.

Masaniello, eigtl. **Tommaso Aniello,** neapolitan. Volksführer, * Positano (bei Salerno) 1623(?), † Neapel 16. 7. 1647; Fischer; kämpfte an der Spitze der Volkserhebung Neapels im Juli 1647 gegen die Steuerbedrückung durch die Vizekönige. M. wurde wegen des Schreckensregiments, das er in offenbar ausbre-

chendem Wahnsinn ausübte, vermutlich von früheren Anhängern ermordet. – Um M.s Gestalt rankten sich schon früh Legenden. Er wurde Held zahlr. Dramen (u. a. von C. WEISE, J. F. E. ALBRECHT, B. S. INGEMANN, im 20. Jh. von E. DE FILIPPO) und Opern (am bekanntesten D. F. E. AUBERS ›Stumme von Portici‹).

Masanobu, jap. Maler der Familie →Kanō.

Masaoka, Shiki, eigtl. **M. Tsuneori,** jap. Lyriker, Kritiker und Essayist, * Matsuyama 17. 9. 1867, † Tokio 19. 9. 1902; gründete 1897 die Haikuzeitschrift ›Hototogisu‹ (Der Kuckuck) und bemühte sich um eine Erneuerung der traditionellen jap. Lyrik (bes. Haiku und Tanka) durch eine realist. Darstellung des Alltagslebens.

Masar-e Scherif, Stadt in Afghanistan, →Mazar-e Sharif.

Masaryk [-rik], 1) Jan, tschech. Politiker, * Prag 14. 9. 1886, † ebd. (Selbstmord?) 10. 3. 1948, Sohn von 2); 1925–39 Gesandter in London, war 1940–45 Außen-Min. der tschechoslowak. Exil-Reg. in London, von 1945 bis zu seinem Tod Außen-Min. der tschechoslowak. Republik.

2) Tomáš Garrigue, tschech. Philosoph, Soziologe und Politiker, * Göding 7. 3. 1850, † Schloss Lány (bei Prag) 14. 9. 1937, Vater von 1); studierte in Wien und Leipzig; in Wien wurde er stark beeinflusst von F. BRENTANO. 1882 wurde er Prof. für Philosophie in Prag. Als ›krit. Realist‹ verband er dt. Idealismus und westeurop. Positivismus, setzte sich kritisch mit dem Erbe der tschech. polit. Romantik auseinander und lehnte dabei jede Mystifizierung der Geschichte ab. Er bewies die Unechtheit der →Königinhofer Handschrift, kämpfte publizistisch gegen die Legende vom jüd. Ritualmord und befasste sich kritisch mit dem Papsttum. Politisch nahm er Stellung gegen das Haus Habsburg und die Vorherrschaft der Deutschen und Ungarn im Bereich der Donaumonarchie. 1891–93 vertrat er die Jungtschechen, 1907–14 die von ihm gegründete Realistenpartei im österr. Reichsrat.

Die in seiner Philosophie gründende demokrat. Staatsauffassung, die zugleich die Humanität zum Programm erhob, führte ihn 1914 auf die Seite der Ententemächte. Von London aus forderte er im Ersten Weltkrieg die tschechoslowak. Eigenstaatlichkeit. Mit E. BENEŠ gründete er 1916 den ›Tschechoslowak. Nationalrat‹ und organisierte die Tschech. Legion in Russland. Mit slowak. Organisationen in den USA schloss M. 1918 den Pittsburgher Vertrag über den staatl. Zusammenschluss von Tschechen und Slowaken. Nach Gründung der Tschechoslowakei wurde M. 1918 Staatspräs. (1920, 1927 und 1934 wieder gewählt), 1935 trat er zurück. Den Widerspruch zw. idealistischdemokrat. Humanismus einerseits und den Forderungen des Selbstbestimmungsrechts von Sudetendeutschen, Ungarn und autonomistisch gesinnten Slowaken andererseits konnte er nicht lösen. Seine persönl. Integrität verschaffte ihm hohes Ansehen.

Werke: Otazka socialni (1881; dt. Die philosoph. u. sociolog. Grundl. des Marxismus); Der Selbstmord als sociale Massenerscheinung der modernen Civilisation (1881, Nachdr. 1982); Zakladove konkretni logiky (1887; dt. Versuch einer concreten Logik); Ideály humanitní (1901; dt. Ideale der Humanität); Zur russ. Geschichts- u. Religionsphilosophie, 2 Bde. (1913, Nachdr. 1965; tschech. 1921 u. d. T. Rusko a Europa); Nova Evropa (1918; dt. Das neue Europa). – Svetova revoluce za valky v ve valce 1914–1918 (1925; dt. Die Weltrevolution. Erinnerungen u. Betrachtungen 1914–1918).

Ausgabe: Weg von Österreich! Das Weltkriegsexil von M. u. Beneš im Spiegel ihrer Briefe u. Aufzeichnungen aus den Jahren 1914 bis 1918. Eine Quellensammlung, hg. v. F. HADLER (1995).

E. LUDWIG: Gespräche mit M. (Amsterdam 1935); Z. NEJEDLÝ: T. G. M., 2 Bde. (Prag ²1949–50); K. ČAPEK: Gespräche mit T. G. M. (a. d. Tschech., Neuausg. 1969); M. MACHOVEC: T. G. M. (a. d. Tschech., Graz 1969); A. VAN DEN BELD: Humanity. The political and social philosophy of T. G. M.

Tomáš Garrigue Masaryk

(a. d. Niederländ., Den Haag 1976); E. SCHMIDT-HARTMANN: T. G. M.'s realism ... (München 1984); D. TRUHLAR: T. G. M. Philosophie der Demokratie (1994).

Más a Tierra, Isla M. a. T., früherer Name der Isla Robinsón Crusoe, Chile (→Juan-Fernández-Inseln).

Masaya [ma'saja], Stadt in Nicaragua, zw. Nicaragua- und Managuasee, am Fuß des Vulkans M. (934 m ü. M.; letzter Ausbruch 1946–59), 101 900 Ew.; Verw.-Sitz der Prov. M.; Zentrum eines Agrargebietes.

Masbate [maz'βate], Inselgruppe der Philippinen, zw. der SO-Spitze von Luzon und Panay, 4048 km², 654000 Ew.; Hauptinseln sind M. (3269 km²), Burias (424 km²) und Ticao (334 km²). Hauptwirtschaftszweige sind Mais- und Reisanbau, Fleischrinderhaltung, Fischerei.

Mascagni [mas'kaɲɲi], Pietro, ital. Komponist, *Livorno 7. 12. 1863, †Rom 2. 8. 1945; studierte in Mailand bei A. PONCHIELLI, war Dirigent einer Operettentruppe und 1895–1902 Direktor des Liceo Musicale in Pesaro, dann der Scuola Nazionale di Musica in Rom. 1929 kam er an die Mailänder Scala und avancierte zum führenden Komponisten des faschist. Regimes. An den Welterfolg seiner Oper ›Cavalleria rusticana‹ (1890), ein Hauptwerk des Verismo, konnten seine weiteren 15 Bühnenwerke nicht anknüpfen.

Ausgabe: M. An autobiography, hg. v. D. STIVENDER (1988).
R. IOVINO: M. L'avventuroso dell'opera (Mailand 1987).

Mascagnit [-kan'jit; nach dem ital. Arzt PAOLO MASCAGNI, *1752, †1815] der, -s/-e, **Mascagnin,** farbloses oder weißes rhomb. Mineral der chem. Zusammensetzung (NH$_4$)$_2$(SO$_4$); isotyp zum →Thenardit; Härte nach MOHS 2, Dichte 1,77 g/cm³; bildet mehlige Krusten auf Laven und Geysiren, kommt auch im Guano vor.

Mascara [engl., zu Maske] das, -/-s, →Augenkosmetika.

Mascara, arab. **Muaskar,** Stadt in NW-Algerien, im Hochland des Tellatlas, 580 m ü. M., 70 900 Ew.; Zentrum eines bedeutenden Weinbau- und Landwirtschaftsgebiets in der bewässerten Eghris-Ebene; Fachschulen für Kunsthandwerk, Olivenölgewinnung, Herstellung von landwirtschaftl. Geräten und Lederwaren (Schuhe); Eisenbahnendpunkt.

Mascarenhas Monteiro [maska'reɲas mɔn'teiru], António Manuel, Politiker in Kap Verde, *Santa Catarina (auf São Tiago) 16. 2. 1944; Jurist; arbeitete nach dem Studium in Portugal und Belgien an der Univ. Löwen; kehrte 1977 in seine Heimat zurück; 1980–90 Präs. des Obersten Gerichts von Kap Verde; schloss sich 1990 der Partei ›Movimento para Democracia‹ (MPD; dt. ›Bewegung für Demokratie‹) an. Als deren Kandidat wurde er 1991 zum Staatspräs. gewählt (1996 im Amt bestätigt). – M. M. ist ein internat. angesehener Jurist, der u. a. die ›Afrikan. Charta der Rechte der Menschen und Völker‹ mit ausarbeitete.

Mascaret [-'re] die, -/-s, frz. Bez. für →Bore.

maschallah! [arab. ›was Gott will‹], in islam. Ländern üblicher Ausruf der Bewunderung, Verwunderung o. Ä.

Masche [ahd. masca, urspr. ›Geknüpftes‹], 1) *allg.:* Schlinge (innerhalb eines größeren Gefüges), z. B. aus Garn oder Draht.
2) *Elektrotechnik:* eine in sich geschlossene Verbindung von Zweigen eines Netzwerks, die keine Stromverzweigungen enthält.

Maschenregel, *Elektrotechnik:* →kirchhoffsche Regeln.

Maschenware, Bez. für alle Textilwaren, die durch Stricken, Häkeln oder Wirken hergestellt werden und aus ineinander verschlungenen Fadenschleifen bestehen, die die für M. typ. Elastizität bewirken. Auf der rechten Warenseite dominieren die schräg nach unten zusammenlaufenden Maschenschenkel, auf der linken die Maschenköpfe. Zu den M. zählen einerseits Gestricke und Kulierwaren, andererseits die weniger elast. Kettenwaren (→Wirkerei).

Mascheroni [maske'roːni], Lorenzo, ital. Mathematiker und Politiker, *Castagneta (bei Bergamo) 13. 5. 1750, †Paris 14. 7. 1800; seit 1786 Prof. in Pavia. M. wurde bekannt durch seine Berechnung der heute nach ihm und L. EULER benannten Konstanten auf 32 Stellen (→eulersche Konstante) sowie durch seine Arbeiten zur Elementargeometrie: Er zeigte, dass man jede mit Zirkel und Lineal lösbare Konstruktionsaufgabe allein mit dem Zirkel lösen und wie man den Mittelpunkt eines Kreises nur mithilfe eines Zirkels finden kann. – Als Abg. der Zisalpin. Republik (seit 1797) setzte er sich für die nat. Rechte der Italiener ein.

Maschikulis [frz. mâchecoulis ›Pechnase‹, von provenzal. macar ›schlagen‹ und col ›Hals‹] *der, -/-,* Wurfschachtreihe zw. den Konsolen der Wehrgänge mittelalterl. Burgen; diente zum Herabgießen von heißem Pech u. Ä.; seit dem 15. Jh. auch als dekoratives Bauelement verwendet. (→Pechnase)

Maschine [frz., von lat. machina ›(Kriegs-, Belagerungs-)Maschine‹, von griech. (dorisch) machanā für mēchanē ›Hilfsmittel‹, ›Werkzeug‹], jede Vorrichtung zur Erzeugung oder Übertragung von Kräften, die eine nutzbare Arbeit leistet **(Arbeits-M.)** oder eine Energieart in eine andere umsetzt **(Kraft-M.).** In der Physik versteht man unter →einfachen Maschinen Vorrichtungen wie Hebel, Rolle und geneigte Ebene. Die Bestandteile der M. sind →Maschinenelemente.

Geschichte: Die altsteinzeitl. Tierfalle mit Auslösemechanismus ist die wohl älteste M. der Menschheit. Einen wesentl. Fortschritt bedeutete die Entwicklung einer M. zur Ausführung hin- und hergehender Drehbewegungen mithilfe des Fiedelbogenantriebs (z. B. jungsteinzeitl. Bohrer oder bronzezeitl. Drehbank) sowie das Aufkommen der Töpferscheibe. In der griech. und röm. Antike spielten Kraft- und Arbeits-M. eine untergeordnete Rolle; zwar bediente man sich bereits der einfachen M. für eine Reihe techn. Erfindungen und komplizierter Konstruktionen und kannte die Wirkung von Wasser-, Wind- und Wärmeenergie; diese Kenntnisse wurden jedoch nicht oder nur zu einem sehr geringen Teil zur Arbeitserleichterung eingesetzt. Größere M. wurden lediglich für Kriegszwecke, im Bauwesen und im Bergbau entwickelt. Im MA. wurde die menschl. Muskelkraft in stärkerem Maße durch tierische (z. B. →Göpel) ersetzt; zum Antrieb einfacher Arbeits-M. (z. B. von Schmiedehämmern und Sägen) wurde nun auch die Wasser- (Wasserräder, etwa 11. Jh.) und später die Windkraft (Windräder, etwa 13. Jh.) verwendet. Erste Schritte zur Mechanisierung einfacher Arbeitsvorgänge waren Spinnrad, Trittwebstuhl und Wippendrehbank mit periodisch wechselnder Drehbewegung. Erst mit dem Ende des MA. erschien die Arbeits-M. mit kontinuierl. Drehbewegung (bes. die Drehbank).

Das eigentl. M.-Wesen setzte gegen Ende des 18. Jh. ein, als es gelang, die bereits theoretisch gelösten techn. Probleme (z. B. Wärme in mechan. Arbeit umzuwandeln) auch fertigungstechnisch umzusetzen. Mit der →Dampfmaschine erschienen zu Beginn des 19. Jh. zahlr. neue Arbeits-M. (Spinn-M., Web-M.), v. a. aber bes. genau arbeitende Werkzeug-M. Diese wiederum trugen zur Weiterentwicklung der Dampf-M. entscheidend bei, da sie die dafür notwendigen Präzisionsbauelemente liefern konnten. Diese gegenseitige Befruchtung führte zu einem rasanten techn. Fortschritt und trug schließlich zur Herstellung genau austauschbarer M.-Elemente bei, die später zusammen mit Normung und verbesserter Messtechnik eine der Grundlagen für den Aufbau von Serien- und Massenproduktion bildeten. Gegen Ende des 19. Jh. traten elektr. M. und Verbrennungskraft-M. an die

Pietro Mascagni

Seite der Dampf-M. Bes. der Elektromotor war dabei von großer Bedeutung, da er den Einzelantrieb einer Arbeits-M. ermöglichte und den bis dahin notwendigen Antrieb über eine Transmissionswelle ablöste. Elektro- und Verbrennungsmotor gewannen aber auch im Verkehrswesen an Bedeutung, wie sie um 1900 die Dampf-M. (v. a. Dampfschiff, Dampflokomotive) zu verdrängen begannen.

Die allgemeine Einführung des Prinzips der Austauschbarkeit von M.-Elementen, Massenproduktion und die zunehmende Automatisierung kennzeichnen die Entwicklung des M.-Baus seit 1900. Der →Maschinenbau ist zum Kernfach der Technik geworden, aus dem sich viele größtenteils eigenständige techn. Disziplinen (z. B. Fertigungstechnik, Feinwerktechnik, Fahrzeugtechnik, Mess- und Regeltechnik, Fördertechnik) entwickelt haben.

⇨ *Automatisierung · Fortschritt · Industrialisierung*

Maschinenbauindustrie, Maschinen- und Anlagenbau, innerhalb des verarbeitenden Gewerbes zum Investitionsgüter produzierenden Gewerbe zählender Wirtschaftszweig. Besondere Merkmale des M. sind seine Spartenvielfalt (z. B. Armaturen, Bau-, Druck-, Land-, Textilmaschinen, Kunststoff verarbeitende Maschinen, Förderanlagen, Verdichter), eine breite Produktpalette (rd. 20 000 versch. Erzeugnisse), ein hoher Anteil der Einzel- und Kleinserienfertigung sowie die überdurchschnittl. Arbeitsintensität, die sich in einem hohen Bedarf an Facharbeitskräften niederschlägt. Führend sind neben den USA und Japan in Europa Dtl., Großbritannien und Frankreich, Italien und die Schweiz. Der M. ist einer der größten Industriezweige Europas.

In Dtl. gehört er zu den bedeutendsten Branchen der Industrie. Mit einem Anteil von 15% aller Beschäftigten der gesamten Industrie ist der M. der größte industrielle Arbeitgeber. Der Umsatz betrug (1996) 235 Mrd. DM, das sind 13% des gesamten industriellen Umsatzes. Der M. gehört zu den Branchen, die einen hohen Anteil ihres Umsatzes in Ausgaben für Forschung und Entwicklung investieren. Er ist einer der innovativsten Industriezweige, der alle wesentlichen techn. Entwicklungen (z. B. Mikroelektronik, Laser- und Fluidtechnik, Sensorik, Entwicklung und Einsatz neuer Werkstoffe) in die eigene Produktion und in die von ihm hergestellten Produkte integriert. Als Ausrüster der Wirtschaft mit modernen Produktionsmitteln zur Herstellung von Erzeugnissen aller Art in bester Qualität zu wettbewerbsfähigen Preisen stellt der M. eine wichtige Schlüsselindustrie dar.

Der M. ist ausgesprochen mittelständisch strukturiert: Über 80% der Unternehmen haben weniger als 200 und nur rd. 5% mehr als 500 Beschäftigte. Die kleinen und mittleren Unternehmen sind hoch spezialisiert und v. a. in der Einzel- und Kleinserienfertigung tätig, während in der Serienproduktion und im Großanlagenbau die Großunternehmen dominieren. Der M. ist überdurchschnittlich exportorientiert; rd. 65% seiner Produktion gehen ins Ausland. Damit entfallen auf den M. 18% der gesamten Industrieexporte. Das Exportgeschäft ist seit Jahren die wesentl. Stütze des dt. M., wobei seit Beginn der 1990er-Jahre die stärksten Impulse aus Asien, Nord- und Südamerika sowie aus den Reformstaaten Osteuropas kommen. Im Zuge der →Globalisierung haben immer mehr Unternehmen des M. zur Marktserschließung und -absicherung ihre Vertriebs- und Servicenetze in Übersee ausgebaut, sind verstärkt Jointventures eingegangen und haben eigene (Teile-)Fertigungsstätten errichtet. Traditioneller Hauptabsatzmarkt sind die westeurop. Industriestaaten. Der dt. M. hält seit vielen Jahren den Spitzenplatz als weltgrößter Maschinenexporteur. Der Verband Dt. Maschinen- und Anlagenbau e. V. (VDMA) mit Sitz in Frankfurt am Main repräsentiert etwa 90% des Branchenumsatzes und vertritt die Interessen des dt. Maschinenbaus.

Zu den weltweit größten Unternehmen des M. zählen Mannesmann AG, Thyssen-Gruppe, Mitsubishi Heavy Industries Ltd. und Rockwell International Corp. Bedeutend sind u. a. in Dtl. außerdem MAN AG, Krupp, Linde AG, Dt. Babcock AG, Liebherr-Holding GmbH, Voith, in Großbritannien Hawker Siddeley Group Ltd., in den USA Deere und in der Schweiz Sulzer AG. – Wirtschaftsverband in *Österreich* ist der Fachverband der Maschinen- und Stahlbau-Industrie Österreichs, Sitz: Wien. – In der *Schweiz* ist die dem dt. Wirtschaftszweig M. vergleichbare Branche die Maschinenindustrie. Sie ist definitorisch weiter gefasst und beinhaltet auch den Bereich der Elektroindustrie. Die Maschinenindustrie ist nach Beschäftigtenzahl und Exportanteil der bedeutendste Industriezweig in der Schweiz. Der Verein Schweizer Maschinen-Industrieller (VSM, Sitz: Zürich) ist der zentrale Wirtschaftsverband.

Statist. Hb. für den M., hg. vom Verband Dt. Maschinen- u. Anlagenbau VDMA (1952ff.; früher u. a. Titeln).

Maschinenbeitrag, Maschinensteuer, nach der Wertschöpfung des Unternehmens bemessener Arbeitgeberbeitrag zur Sozialversicherung (bes. zur Rentenversicherung). Die Ersetzung der herkömml., nach dem Arbeitsentgelt bemessenen Arbeitgeberbeiträge durch einen auch vom Umfang des eingesetzten Kapitals (›Maschinen‹) abhängigen M. wurde v. a. in den 1960er-Jahren und dann erneut seit 1979 diskutiert. Die Befürworter erwarten von einer derartigen Ausweitung der Bemessungsgrundlage eine gleichmäßigere Belastung von arbeitsintensiv und kapitalintensiv produzierenden Unternehmen und v. a. einen positiven Beschäftigungseffekt, da durch die Senkung der Lohnnebenkosten der Anreiz zur Rationalisierung und Ersetzung von Arbeit durch Kapital abgeschwächt werde. Kritiker entgegnen, dass die gleichzeitige Erhöhung der Kapitalkosten den induzierten techn. Fortschritt verringern und die internat. Wettbewerbsfähigkeit beeinträchtigen könne.

Maschinen-Betriebsunterbrechungsversicherung, zu den techn. Versicherungen zählende Form der Betriebsunterbrechungsversicherung, die, anknüpfend an den Versicherungsfall der Maschinenversicherung, nicht den Sachschaden an der Maschine ersetzt, sondern den durch die dadurch hervorgerufene Unterbrechung des Betriebsablaufs entstandenen Folgeschaden. Ersetzt werden die fortlaufenden Kosten und entgangener Gewinn.

Maschinencode [-ko:t], *Informatik:* der Code für die maschineninterne Darstellung von Ziffern, Buchstaben und Sonderzeichen. Da Maschinenprogramme im M. geschrieben sind, wird auch für sie häufig die Bez. M. (oder Objektcode) verwendet.

Maschinenelemente, allg. die kleinsten, nicht mehr sinnvoll zerlegbaren und in gleicher oder ähnl. Form immer wieder verwendeten Grundbestandteile einer Maschine oder Anlage. **Primäre Elemente** sind Einzelbauteile (z. B. Träger, Rohre, Buchsen, Achsen, Wellen, Räder sowie die meist genormten Verbindungselemente Niete, Schrauben, Keile, Federn, Bolzen, Stifte, Ketten, Riemen u. Ä.). **Sekundäre Elemente** bauen sich daraus auf, werden aber hinsichtlich ihrer Verwendung als einheitl. M. betrachtet (z. B. Lager, Getriebe, Kupplungen, Bremsen, Gestänge, Rohrleitungen, Absperrorgane).

Maschinengewehr, →Maschinenwaffen.

maschinenglattes Papier, Qualitäts-Bez. für Papier, das im Anschluss an die Papiermaschine nur durch ein Maschinenglättwerk geführt wurde und deshalb noch eine relativ raue Oberfläche hat.

Maschinenhammer, *Umformtechnik:* Werkzeugmaschine zur spanlosen Umformung von Werkstücken, v. a. zum Freiform- und Gesenkschmieden. Bei den **Schabottehämmern** befindet sich das Werkstück auf der fest stehenden Schabotte (›Amboss‹); am Gestell des M. befindet sich eine Führung für den Hammer, der hier **Hammerbär** oder kurz **Bär** heißt. Bei den Schabottehämmern unterscheidet man **Fallhämmer,** bei denen das Eigengewicht des Bären im freien Fall genutzt wird, und **Oberdruckhämmer,** bei denen das Arbeitsvermögen des fallenden Bären zusätzlich durch Druckluft, Dampf (Dampfhammer) oder Hydraulik gesteigert wird. Bei den **Gegenschlaghämmern** werden die durch den Schlag entstehenden, auf das Fundament einwirkenden Massenkräfte dadurch weitgehend aufgehoben, dass an die Stelle der fest stehenden Schabotte ein **Unterbär** tritt, der sich gegenläufig zu dem oberen Bären **(Oberbär)** bewegt. Dadurch ist bei Gegenschlaghämmern nur ein Teil der Baumasse von Schabottehämmern erforderlich. Der Antrieb der Gegenschlaghämmer erfolgt mechanisch, hydraulisch oder mithilfe von hoch komprimiertem Gas (→Hochgeschwindigkeitsumformung).

Maschinenkanone, →Maschinenwaffen.

Maschinenkurzschrift, eine Abkürzungsschrift, die im Ggs. zur →Stenografie die Buchstaben der ›Langschrift‹ beibehält, jedoch durch die Verwendung von Buchstabenzusätzen und bestimmten Verkürzungsregeln eine relative Schriftkürze erhält. Zur M. gehören die bes. in den USA verbreiteten Varianten (engl. ›stenotypy‹), deren Resultat mithilfe von Computern in ›Langschrift‹ umgewandelt und wiedergegeben werden kann (auch simultan möglich).

Maschinenpistole, →Maschinenwaffen.

Maschinenprogramm, Objektprogramm, *Informatik:* ein in →Maschinensprache vorliegendes Programm. Ein M. kann direkt geschrieben werden oder entsteht durch Übersetzen (→Compiler, →Assembler) eines in einer anderen Programmiersprache geschriebenen Quellprogramms und ist, ggf. nach Binden (→Binder) mit anderen M., ablauffähig (→Lader) und vom Prozessor direkt ausführbar.

Maschinensprache, *Informatik:* eine maschineninterne, den Maschinencode und den Vorrat an Maschinenbefehlen (→Befehl) des jeweiligen Prozessors verwendende Programmiersprache. Die Bedeutung der Befehle einer M. sind mit denen der entsprechenden Assemblierersprache identisch. Da sowohl der Maschinencode, der bdem je nach Anlage Ziffern zu versch. Basen verwendet werden können (z. B. Hexadezimalsystem, Dualsystem), als auch der Befehlsvorrat für einen Prozessor oder eine Prozessorfamilie spezifisch sind, sind Programme in M. (Maschinenprogramme) i. Allg. nicht portierbar, d. h. nicht auf versch. Computern lauffähig. Aus diesem Grund und weil Programme in M. schwer lesbar sind (Befehle, Daten und Adressen sind nicht ohne weiteres als solche erkennbar), werden M. heute nur noch selten zum Schreiben von Programmen verwendet. Für maschinenorientiertes Programmieren werden Assemblierer- oder Assemblersprachen bevorzugt. Ein Programm in M. ist daher i. d. R. das Resultat einer Übersetzung (→Compiler) bzw. Assemblierung eines in einer anderen Programmiersprache geschriebenen Programms. Kenntnisse in M. sind aber für das Testen von Programmen oder die Fehlersuche nützlich.

Maschinensteuer, der →Maschinenbeitrag.

Maschinenstraße, eine Fertigungslinie (→Fließfertigung).

Maschinenstürmer, Bez. für Arbeiter und Handwerker, die in der Frühzeit der Industrialisierung Spinnmaschinen und Maschinenwebstühle zerstörten, um gegen ihre durch die Einführung der Maschinen entstandene Arbeitslosigkeit zu protestieren. Erste vereinzelte Protestaktionen sind bereits Ende des 18. Jh. in Großbritannien zu verzeichnen, dann 1811/12 und 1816 bes. der Aufstand der →Ludditen, in Frankreich z. B. die Aufstände der Seidenweber in Lyon 1831 und 1834. In Dtl. verband sich die Bewegung mit allgemeinen, durch Agrar- und Wirtschaftskrisen hervorgerufenen Protestaktionen wie z. B. 1830–32 und 1846/47, als Missernten Teuerungen nach sich zogen. Als eine Verbindung von Maschinensturm und sozialer Verelendung stellt sich der schles. Weberaufstand von 1844 dar.

Maschinentelegraf, aus Geber und Empfänger bestehende Anlage auf Schiffen zur Befehlsübermittlung zw. Brücke und Maschine. Auf modernen Schiffen kann die Maschine hinsichtlich Drehrichtung und Drehzahl meist direkt von der Kommandobrücke ferngesteuert werden.

Maschinenversicherung, Zweig der techn. Versicherungen, der dem Maschinenbetreiber als dem Versicherungsnehmer Versicherungsschutz gegen unvorhergesehene und plötzlich an Maschinen und maschinellen Anlagen eintretende Schäden bietet, z. B. solche durch Bedienungsfehler, Konstruktions- oder Materialfehler, Über- oder Unterdruck, Kurzschluss, Überspannung, Versagen von Mess- und Sicherheitseinrichtungen.

Maschinenwaffen, automatische Schusswaffen (Rohrwaffen), mit denen durch einmaliges Betätigen des Abzuges Dauerfeuer abgegeben werden kann, bis der Abzug wieder losgelassen wird oder der Munitionsvorrat im Magazin oder Gurt erschöpft ist. Die zum fortgesetzten Schießen erforderl. Bewegungsvorgänge, wie das Entriegeln des Verschlusses, das Ausziehen und Auswerfen der leeren Patronenhülsen, das Nachladen einer neuen Patrone aus dem Magazin oder dem Gurt in den Lauf, das Verriegeln des Verschlusses und das Zünden, geschehen automatisch. Die notwendige Antriebsenergie für die Bewegungsvorgänge wird bei Waffen mit einem Kaliber unter 25 mm mittels verschiedener Konstruktionsprinzipien dem Druck der Pulvergase entnommen (Eigenantrieb). Beim **Rückstoßlader** z. B. wird der Stoß nach hinten zu den Lade- und Entladevorgängen genutzt, beim **Gasdrucklader** wird die Antriebsenergie durch Pulvergase geliefert, die aus einer Bohrung aus dem Rohr abgezapft werden. Bei Waffen mit einem Kaliber ab 25 mm wird die benötigte Energie von außen über einen Elektromotor zugeführt (Fremdantrieb). Die wichtigste Kenngröße der M. ist die Kadenz oder Schussfolge, d. h. die theoret. Anzahl von Schüssen, die in einer gegebenen Zeiteinheit verfeuert werden kann (Schuss pro Minute oder Schuss pro Sekunde).

Die ersten M. waren mehrläufige Waffen, bei denen ein Bündel von Rohren – angetrieben durch eine Handkurbel – um eine Achse rotierte und jedes Rohr, sobald es in die Schussposition kam, einzeln abgefeuert wurde (z. B. Mitrailleuse, Gatling-Kanone).

Zu den M. gehören Maschinenpistolen, -gewehre und -kanonen sowie automat. →Gewehre.

Die **Maschinenpistole** (Abk. **MP** oder **MPi**) erschien gegen Ende des Ersten Weltkriegs, ihre Entstehung resultierte aus der Forderung nach einer für den Grabenkampf geeigneten kurzen Waffe mit hoher Feuergeschwindigkeit. In Dtl. wurde im März 1918 der von dem Waffenkonstrukteur HUGO SCHMEISSER (* 1890, † 1953) in Zusammenarbeit mit der Waffenfabrik Theodor Bergmann in Suhl entwickelte Typ MP 18/1 eingeführt; die Waffe hatte ein seitlich angesetztes Trommelmagazin für 32 Patronen, das Kaliber betrug – wie bis heute bei fast allen MP – 9 mm. Im Zweiten Weltkrieg waren MP in allen Armeen in großer Stückzahl vorhanden, die dt. Wehrmacht verwendete die Typen MP 38 und MP 40. MP verfeuern Pistolenmunition mit einer Kadenz zw. 400 und 900 Schuss pro Minute. Die Bundeswehr ist mit der israel. MP 2 (UZI) ausgestattet.

Masc Maschinenzeitalter – Masdak

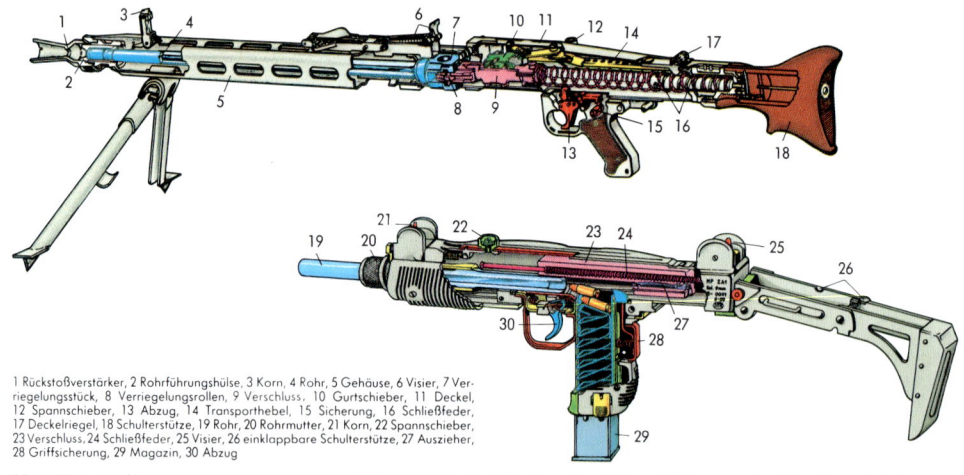

1 Rückstoßverstärker, 2 Rohrführungshülse, 3 Korn, 4 Rohr, 5 Gehäuse, 6 Visier, 7 Verriegelungsstück, 8 Verriegelungsrollen, 9 Verschluss, 10 Gurtschieber, 11 Deckel, 12 Spannschieber, 13 Abzug, 14 Transporthebel, 15 Sicherung, 16 Schließfeder, 17 Deckelriegel, 18 Schulterstütze, 19 Rohr, 20 Rohrmutter, 21 Korn, 22 Spannschieber, 23 Verschluss, 24 Schließfeder, 25 Visier, 26 einklappbare Schulterstütze, 27 Auszieher, 28 Griffsicherung, 29 Magazin, 30 Abzug

Maschinenwaffen: oben Maschinengewehr MG 3 der deutschen Bundeswehr, Kaliber 7,62 mm; unten Maschinenpistole vom Typ UZI, Kaliber 9 mm, ein Rückstoßlader mit Masseverschluss, wahlweise einstellbar auf Einzel- oder Dauerfeuer

Das **Maschinengewehr** (Abk. **MG**) geht auf die ›Maxim-Gewehr-Kugelspritze‹ des Amerikaners HIRAM STEVENS MAXIM (* 1840, † 1916) zurück; die 1880–84 konstruierte Waffe wurde auf zweirädrige Karren, auf Schlitten oder Dreibeine montiert eingesetzt. Neben den schweren MG wurden bereits im Ersten Weltkrieg leichte Maschinengewehre mit Zweibein verwendet. Später folgten überschwere Maschinengewehre (Kaliber von 12,7 bis 15 mm). Die ursprüngl. Wasserkühlung (so noch beim dt. Modell 08/15) wurde in der Folge durch die Luftkühlung abgelöst. Die dt. Truppen verwendeten im Zweiten Weltkrieg neben dem MG 34 das MG 42, das später mit geringen Veränderungen (Umstellung auf NATO-Kaliber 7,62) in die Bundeswehr eingeführt wurde. Als Einbauwaffe, starr oder beweglich, werden Maschinengewehre in Panzerfahrzeuge und Flugzeuge eingebaut. Außer den überschweren Waffen verfeuern alle MG Gewehrmunition mit einer Kadenz zw. 550 und 1 500 Schuss/min.

Die **Maschinenkanone** (Abk. **MK**) arbeitet nach dem Prinzip des Maschinengewehrs, nur mit größerem Kaliber. Die ersten derartigen Waffen wurden bereits kurz nach 1900 auf Kriegsschiffen eingeführt, so in der dt. Flotte die 3,7 cm MK. Später wurden die MK v. a. als Fliegerabwehrwaffe weiterentwickelt. Ihr Kaliber liegt i. Allg. zw. 20 und 40 mm. Eine Sonderentwicklung stellen die Flugzeugbordwaffen dar. Sie erreichen heute eine Kadenz bis 1 700 Schuss pro Minute (27 mm Mauser) oder bis 7 200 Schuss pro Minute (amerikan. 20 mm Vulcan). Auch in Panzerfahrzeugen finden MK Verwendung. Während Maschinengewehre Mantelgeschosse verfeuern, handelt es sich bei der Kanonenmunition um Geschosse mit Führungsringen.

F. W. A. HOBART: Das Maschinengewehr (a. d. Engl., 1973); D. HEINRICH: Die techn. Entwicklung der Handfeuerwaffen, Bd. 2: Die Selbstlade- u. automat. Handfeuerwaffen (1986); R. WIRTGEN: Gesch. u. Technik der automat. Waffen in Dtl. Von den Anfängen bis 1871 (1987); D. MUSGRAVE: Dt. Maschinengewehre. Entwicklung, Technik, Typen (a. d. Engl., 1995).

Maschinenzeitalter, Ende des 18. Jh. geprägter, kulturkrit. Begriff für die Epoche der Industrialisierung. Sie wurde z. T. als Versklavung des Menschen durch die Maschine und als Entseelung des Daseins und der zwischenmenschl. Beziehungen aufgefasst.

Maschinerie *die, -/...rien,* 1) *allg.:* (komplizierte) maschinelle Einrichtung; 2) *bildungssprachlich abwertend* für: System automatisch ablaufender Vorgänge, in die man nicht oder nur schwer eingreifen kann.

Maschkow, Maškov [-ʃ-], Ilja Iwanowitsch, russ. Maler, * Staniza Michajlowskaja (Gebiet Wolgograd) 29. 7. 1881, † Moskau 20. 3. 1944; Mitgl. der Gruppen Mir Iskusstwa und Karo-Bube, beeinflusst von H. MATISSE. Er malte v. a. Stillleben, aber auch Porträts und Landschaften.

Maschonaland, engl. **Mashonaland** [məˈʃɒnəlænd], nach den Maschona (→Shona) benannter Teil des Hochlands von Simbabwe, im NO des Landes 1 000–1 600 m ü. M.; gliedert in die Prov. West-M. (Verw.-Sitz: Chinhoyi), Mittel-M. (Bindura) und Ost-M. (Marondera); v. a. Rinderzucht, Mais- und Tabakanbau; Goldbergbau. – M. wurde nach Fertigstellung der M.-Bahn (1899) Farmgebiet der Europäer.

Maschrabijja, in der islam. Architektur reich geschnitzte Holzgitter an Fenstern, Balkonen, Erkern.

Maschrek [arab. ›Osten‹] *der, -,* **Mashrik,** der östl. Teil der arabisch-muslim. Welt, der die Länder Syrien, Jordanien, Libanon, Irak, Ägypten und die Arab. Halbinsel (Saudi-Arabien, Jemen, Oman, Vereinigte Arab. Emirate, Bahrain, Kuwait und Katar) umfasst, im Unterschied zum westlich anschließenden Block des nordafrikan. →Maghreb.

Maschtotz, armen. Mönch und Missionar, →Mesrop.

Mascons [ˈmæskɒnz; gekürzt aus engl. **mass** concentrations ›Massenkonzentrationen‹], *Sg.* **Mascon** *das, -s,* Gebiete mit Schwereanomalien auf dem →Mond. Sie sind die Folge der die Maria (*Sg.* Mare) bedeckenden Lavamassen, die aus tieferen Mondschichten stammen und eine höhere spezif. Dichte als das umgebende Krustengestein aufweisen. Die M. wurden durch Unregelmäßigkeiten in der Bahn der Mondsonde Lunar Orbiter 5 beim Überfliegen verschiedener Maria entdeckt.

Masdak, Mazdak [maz-], pers. Sektenstifter und sozialer Reformer, † 528/529 n. Chr.; trat um 500 im Reich der Sassaniden mit einer an manichäische Lehren erinnernden radikalen Forderung nach Güter- und Frauengemeinschaft auf, mit der er beim Volk und zunächst auch beim Herrscher KAWADH I. Erfolg hatte, vom Großadel und der zoroastr. Priesterschaft aber bekämpft wurde. Im Gefolge seiner Hinrichtung (nachdem er unter dem Vorwand eines religiösen Streitgespräches an den Hof geladen worden war) fanden auch die meisten seiner Anhänger den Tod, was den endgültigen Sieg des Zoroastrismus im Sassanidenreich bedeutete.

O. KLÍMA: Mazdak (Prag 1957, Nachdr. New York 1979).

Masdasnan [zu mittelpers. Pehlevi mazdah (›Gedanke‹; ›konzentriertes Denken‹)], **Mazdaznan** [masdas'na:n], religiöse Bewegung mit dem Ziel, die Weisheit des Propheten ZARATHUSTRA zu erneuern. Nach ihrem Gründer OTOMAN ZAR-ADUSHT HANISH (eigtl. OTTO HANISCH *1844, †1936) ist dies die arische Urlehre, die vor 9000 Jahren der Stammmutter Ainavahita geoffenbart, später von ZARATHUSTRA verkündet, in der Folge jedoch verfälscht und entstellt worden ist, sodass immer wieder neu Propheten erscheinen mussten (u. a. JESUS), und von HANISH wieder entdeckt wurde. Träger der weltweit verbreiteten M.-Bewegung ist die 1917 gegründete ›Reorganized M. Temple Association‹ in Los Angeles (Calif.), die autoritär von einem ›Elektor‹ geleitet wird. In Dtl., Österreich und in der Schweiz gibt es einige wenige M.-Gruppen. M. lehrt universales Heil durch planmäßig betriebene Evolution. Die arische Rasse, der auch die Semiten angehörten, habe als die höchstentwickelte das Friedensreich auf Erden zu errichten. Der Einzelne könne durch planmäßige Selbstentfaltung und Reinkarnationen zu hohen und höchsten Stufen aufsteigen. Mittel dazu seien Selbsterkenntnis und -beherrschung, vorgeburtl. Erziehung, vegetar. Ernährung, allseitige Körperpflege und bes. eine ›rhythm. Atemkultur‹; durch bewusstes Atmen werde ›Galama‹ (der Odem Gottes) aufgenommen.

Masdevallia [nach dem span. Arzt und Botaniker JOSÉ MASDEVALL, †1801] *die, -/...lilen,* Orchideengattung mit etwa 300 v. a. in den Anden von Venezuela bis Peru verbreiteten Arten; Aufsitzer (Epiphyten) mit nur einem, am Gipfel der kurzen Achse stehenden Laubblatt. Der ein- bis mehrblütige Blütenstand besteht meis aus großen, auffälligen Blüten, deren ›Schauapparat‹ überwiegend durch die teilweise miteinander verwachsenen Kelchblätter gebildet wird. Zahlreiche der häufig nur kleinräumig verbreiteten Arten sind in ihrem Bestand bedroht.

Masdjid ['mazdʒɪd, eigtl. ›Haus, wo man sich niederwirft‹], die, →Moschee.

Masefield ['meɪsfiːld], John, engl. Dichter, *Ledbury (Cty. Hereford and Worcester) 1. 6. 1878, †nahe Abingdon (Cty. Berkshire) 12. 5. 1967. Unter seinen Lyrikbänden ragen die in der Nachfolge R. KIPLINGS stehenden ›Salt-water ballads‹ (1902; dt. ›Salzwasserballaden‹) und die Erzählgedichte (›The everlasting mercy‹, 1909; ›Dauber‹, 1913) hervor, in denen er eindrucksvoll das Leben auf See beschreibt und in volksnaher Sprache für die sozial Benachteiligten eintritt, aber auch das engl. Landleben preist (›Reynard the fox‹, 1919). M. wurde 1930 ›Poet laureate‹. Er schrieb auch realist. Abenteuerromane (›Sard Harker‹, 1924; dt. ›Traum von Juanita‹), Versdramen, Kindergeschichten und literaturkrit. Studien.

Ausgaben: Collected works, 5 Bde. (1935–37); Selected poems, hg. v. D. E. STANFORD (1984).

M. SPARK: J. M. (London 1953, Nachdr. Norwood 1976); C. BABINGTON-SMITH: J. M. (New York 1978); J. DWYER: J. M. (New York 1987).

Masegne [ma'zeɲɲe], **Massegne,** ital. Bildhauer- und Baumeisterfamilie des 14. und 15. Jh. mit großem Werkstattbetrieb. Die Brüder JACOBELLO DALLE M. († um 1409) und PIERPAOLO DALLE M. († 1403 ?) sind wohl in Venedig ausgebildet; ausgehend von ANDREA und NINO PISANO leiteten sie mit spätgot., realist. Bildwerken zum weichen Stil über. Außerdem ist PAOLO DALLE M. fassbar, Sohn von JACOBELLO, der in der venezian. Kirche Santi Giovanni e Paolo das Wandgrab für JACOPO CAVALLI († 1384) schuf.

Werke: Marmoraltar in San Francesco, Bologna (1388–92); Ikonostasis mit Maria, dem hl. Markus und den 12 Aposteln in San Marco, Venedig (1394–1404; zwei der Apostel sowie Kruzifix von anderer Hand); kniender Doge (vor 1400; Venedig, Museo Correr); Domfassade von Mantua (um 1400; JACOBELLO).

Masenderan, Mazandaran [maz-], 1) mittlerer und östl. Teil des nordiran. Küstentieflands zw. Kasp. Meer und Elburs, eine dicht besiedelte Landschaft mit intensivem Anbau (Zitrusfrüchte, Reis); an der Küste viele Feriensiedlungen; Hauptort ist Babol.
2) Prov. in N-Iran, am Kasp. Meer, 46 645 km², 3,79 Mio. Ew.; umfasst u. a. die Landschaft M.; Verw.-Sitz ist Sari.

Masepa, Mazepa [-z-], Iwan Stepanowitsch, Hetman der ukrain. Kosaken (1687–1708), *Belaja Zerkow um 1644, †Bendery (heute Tighina) 8. 9. 1709; entstammte dem ukrain. Adel und diente zeitweilig im poln. Königshof. Zunächst mit PETER I., D. GR., verbündet, begleitete er diesen im Feldzug gegen Asow (1695/96). Zur Verteidigung der ukrain. Kosakenautonomie gegen die Moskauer Oberherrschaft ging er während des Großen Nord. Krieges im Oktober 1708 zu KARL XII. von Schweden über, mit dem er nach der Niederlage von Poltawa (1709) auf osman. Gebiet flüchtete. – Das Leben M.s wurde u. a. durch A. S. PUSCHKINS Poem ›Poltava‹ (1829; danach Oper ›M.‹, 1884, von P. I. TSCHAIKOWSKIJ) gestaltet; sinfon. Dichtung von F. LISZT (1854).

Maser ['ma:zər, meist engl. 'meɪzə; Kw. für engl. **m**icrowave **a**mplification by **s**timulated **e**mission of **r**adiation ›Mikrowellenverstärkung durch induzierte (oder stimulierte) Emission von Strahlung‹] *der, -s/-,* Mikrowellengenerator und -verstärker, der nach dem gleichen Prinzip arbeitet wie der →Laser. Im Unterschied zu diesem ist der Resonator des M. ein metall. Hohlraumresonator, von dessen →Moden i. Allg. nur eine in die Emissionsbandbreite des M.-Materials fällt (Einmodenbetrieb). M. werden als äußerst rauscharme Verstärker und als sehr schmalbandige Oszillatoren (Generatoren) eingesetzt. Wichtige Anwendungen finden sie als rauscharme Verstärker zur Vorverstärkung schwacher Signale in der Radioastronomie, für Radarsysteme großer Reichweite, für Satellitenverbindungen sowie für →Atomuhren.

Als M.-Materialien dienen Festkörper und Gase. Bei Festkörper-M. benützt man gewöhnlich Kristalle wie Rubin (zur Unterdrückung der spontanen Emission und damit des Rauschens bei Temperaturen von etwa 4 K), deren M.-Niveaus durch Magnetfelder verschoben werden können, sodass diese M. auf die gewünschte Frequenz abstimmbar sind. Die Kristalle werden entweder in Resonatoren eingebaut oder im Betrieb mit Wanderwellen in Wellenleitern, die so strukturiert sind, dass die Wellen verhältnismäßig langsam durch den Kristall laufen. Zu den Gas-M. gehören u. a. der Ammoniak-M., der erste überhaupt, sowie Wasserstoffatom- und Rubidiumatom-M. in Atomuhren.

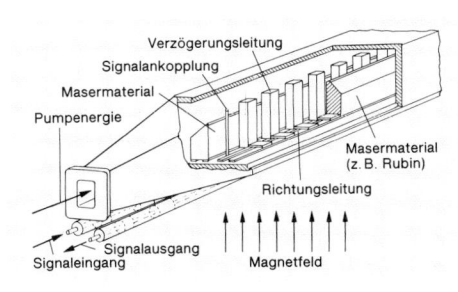

John Masefield (Kreidezeichnung von William Rothenstein; 1920)

Maser: Aufbau eines Wanderwellenmasers

Durch die Radioastronomie konnten **kosmische M.-Quellen** nachgewiesen werden, die auf Übergängen im Hydroxyl- (OH) und im Cyanradikal (CN), im Wasser- (H_2O), Siliciummonoxid- (SiO), Siliciummonsulfid- (SiS), Blausäure- (HCN), Kohlenstoffmonosul-

Werner Maser

fid- (CS), Schwefelwasserstoff- (H_2S), Ammoniak- (NH_3) sowie Methylalkoholmolekül (CH_3OH) beruhen. Interstellare M.-Quellen finden sich u. a. in Sternentstehungsgebieten in der Nähe kompakter HII-Gebiete, zirkumstellare M.-Quellen werden u. a. bei Mira-Sternen beobachtet.

Maser, Gem. in der Prov. Treviso, Venetien, Italien, 4 800 Ew. – Die **Villa Barbaro** wurde 1549–58 von A. PALLADIO für die venezian. Patrizierfamilie Barbaro erbaut; plast. Ausschmückung von A. VITTORIA; PAOLO VERONESE schuf nach 1561 die illusionist. Fresken in den Innenräumen. Ebenfalls von PALLADIO der 1580 erbaute ›Tempel‹ für MARC ANTONIO BARBARO (* 1518, † 1595), ein kuppelbekrönter Rundbau mit Portikus.

Maser, Werner, Historiker und Publizist, * Paradeningken (Ostpreußen) 12. 7. 1922; war 1955–57 Lexikonredakteur, 1957–60 Journalist; lehrte bis 1975 Geschichte und Völkerrecht an der Hochschule für Politik in München, 1991–94 an der Martin-Luther-Univ. Halle-Wittenberg. M., der das einstige Hauptarchiv der NSDAP in den USA entdeckt und als Erster ausgewertet hat, trat bes. mit Veröffentlichungen über HITLER, den Nationalsozialismus und den Kriegsverbrecherprozess in Nürnberg hervor.

Werke: Die Frühgesch. der NSDAP. Hitlers Weg bis 1924 (1965); Hitlers Mein Kampf (1966); Adolf Hitler. Legende, Mythos, Wirklichkeit (1971); Nürnberg. Tribunal der Sieger (1977); Adolf Hitler. Das Ende der Führerlegende (1980); Das Regime. Alltag in Dtl. 1933–1945 (1983); Friedrich Ebert, der erste dt. Reichspräsident (1987); Hindenburg (1989); Zw. Kaiserreich u. NS-Regime. Die erste dt. Rep. 1918 bis 1933 (1992); Der Wortbruch. Hitler, Stalin u. der Zweite Weltkrieg (1994). – **Hg.:** Hitlers Briefe u. Notizen. Sein Weltbild in handschriftl. Dokumenten (1973).

Frans Masereel: Holzschnitt aus dem Zyklus ›Die Sonne‹; 1919

Masereel, Frans, belg. Grafiker und Maler, * Blankenberge 30. 7. 1889, † Avignon 3. 1. 1972; arbeitete nach einem kurzen Studium in Gent ab 1911 als Zeichner in Paris. 1916 ließ er sich in Genf nieder, wo er als Zeichner und Illustrator tätig war und Anschluss an den Kreis um R. ROLLAND fand. Von diesem Jahr an entstanden seine großen Holzschnittzyklen, die teilweise zuerst in Zeitschriften veröffentlicht wurden. 1921 übersiedelte er wieder nach Paris, 1941 nach Avignon, 1943 nach Laussou (Dép. Lot-et-Garonne), 1949 nach Nizza. – M. verfolgte in seinen expressionist., von scharfen Schwarzweißkontrasten geprägten Holzschnitten humanist., sozialkrit., pazifist., z.T. auch satir. Tendenzen, die er mit einem simul. Lebensgefühl verband. Seine Gemälde umfassen Großstadt- und Hafenszenerien sowie Porträts. Weiteres BILD →Arbeiterbewegung

Werke: Holzschnittzyklen: Die Passion eines Menschen (1918); Mein Stundenbuch (1919); Die Sonne (1919); Geschichte ohne Worte (1920); Die Stadt (1925); Totentanz (1940).

P. VORMS: M. Catalogue raisonné (Antwerpen 1976); DERS.: M. (Dresden 1976); F. M. Buchkunst u. Exlibris, bearb. v. K. TILL u. B. OEHME, Ausst.-Kat. Staatl. Museum Schloss Burgk (1989); F. M. Eine annotierte Bibliogr. des druckgraph. Werkes, hg. v. P. RITTER (1992).

Masern, Morbilli, durch das Masernvirus hervorgerufene, weltweit verbreitete akute Infektionskrankheit, die aufgrund ihrer hohen Ansteckungsfähigkeit meist als Kinderkrankheit auftritt (Häufigkeitsgipfel 5.–7. Lebensjahr). Die Übertragung vollzieht sich durch Tröpfcheninfektion mit Befall der Atemwege und der Bindehaut der Augen. Die Inkubationszeit beträgt 10–14 Tage. Das Prodromalstadium beginnt etwa am 10. Tag mit Schnupfen, Husten, Bindehautentzündung (Lichtscheu), Kopfschmerzen, Übelkeit und Fieber, am 12.–13. Tag treten in Höhe der oberen und unteren Backenzähne unter der Mundschleimhaut kleine weiße Flecken (**Koplik-Flecken**) auf, an die sich eine fleckige Rötung der gesamten Mundschleimhaut anschließt (Masernenanthem). Am 14.–15. Tag bricht unter erneutem Fieberanstieg (bis 40°C) der hinter den Ohren beginnende, sich über den ganzen Körper ausbreitende, klein- bis grobfleckige dunkelrote Ausschlag (Masernexanthem) aus, der nach 3–4 Tagen unter Abschuppung abklingt.

Die Erkrankung hinterlässt lebenslange Immunität. Zu den relativ seltenen Komplikationen (etwa 7%) gehören Pseudokrupp, Lungenentzündung (Masernpneumonie), die Ursache der hohen Letalität (bis 25%) in Entwicklungsländern (v. a. Sahelzone) ist, sowie Mittelohrentzündung, tox. Kreislaufversagen und die gefährl. Masernenzephalitis (meist am 3.–10. Tag nach Exanthembeginn, Letalität etwa 20%, häufig bleibende Hirnschäden). Aufgrund der partiellen zellulären Immunschwäche in der akuten Phase können bakterielle Sekundärinfekte auftreten oder chron. Erkrankungen (z. B. Tuberkulose) aufflammen. Erwachsene erkranken oft schwerer als Kinder.

Die *Behandlung* erfolgt nur mit symptomat. Maßnahmen (z. B. Bettruhe in abgedunkeltem Zimmer, verstärkte Flüssigkeitsaufnahme), bei bakteriellen Sekundärinfekten mit Antibiotika. Der Vorbeugung dient die Impfung mit abgeschwächten Erregern (nach dem 15. Lebensmonat); ein vorübergehender Schutz kann durch Immunglobuline erreicht werden.

Maseru, Hauptstadt von Lesotho, im NW des Landes, 1 506 m ü. M., am Caledon River, (1995) 180 000 Ew. (Agglomeration); kath. Erzbischofs- und anglikan. Bischofssitz; landwirtschaftl. College. Endpunkt der Eisenbahn (Stichbahn der Linie Bloemfontein–Johannesburg, Rep. Südafrika), internat. Flughafen. – M. wurde 1869 von König MOSHOESHOE I. gegründet.

Maserung, Masertextur, lebhafte Zeichnung des Holzes, die bei europ. Hölzern i. d. R. nur bei Schälfurnieren oder tangential zu den Jahrringen geführtem Schnitt in Erscheinung tritt. M. entsteht durch starke Verkrümmungen des Faser- und Jahrringverlaufs (**Maserwuchs**), u. a. als Folge wiederholter Behinderung des Austreibens der Knospen bei gleichzeitigem Umwachsen der verbleibenden kleinen Stiftästchen. – Furniere mit M. (**Maserfurniere**) werden im Möbelbau geschätzt. Durch die Technik der Schnittführung können schlichte, gefladerte, geflammte, blumige M. und Moiré entstehen.

MASFET [Abk. für engl. **m**etal **a**lumina **s**ilicon **FET**], ein Oberflächen-FET (→Feldeffekttransistor) mit Aluminiumoxid (Al_2O_3, alumina) als Isolator zw. Gate-Elektrode und Kanal. In der Al_2O_3-Schicht kann Ladung gespeichert werden, wodurch die Schwellenspannung verändert wird. Die gespeicherte Ladung kann nur mit UV-Licht gelöscht werden. M. eignen sich daher als Speicherzellen, die ihre Information stromlos lange beibehalten und die gelöscht und danach neu beschrieben werden können.

Mạshhad [-ʃ-], Stadt in Iran, →Meschhed.

Mạshrik [arab. ›Osten‹], der →Maschrek.

Masina, Macina, Massina, Landschaft in Mali, Westafrika, eine Niederung mit Seen und Sümpfen im Zentrum des Niger-Binnendeltas, während der Regenzeit weitgehend überflutet; Anbau von Reis, Mais, Erdnüssen, Tabak und Baumwolle; Rinderhaltung der Fulbe. Handelszentrum ist Mopti. – Auf dem Gebiet von M. wurde 1810 von HAMADOU SÉKOU ein theokrat. islam. Staat mit der Hauptstadt Hamdallahi gegründet. Diese wurde 1862 von OMAR SAIDOU TALL erobert, der jedoch den Widerstand der Bevölkerung nicht brechen konnte; Ziel von Wallfahrten der Fulbe.

Masina, Giulietta, eigtl. **Giulia Anna M.,** ital. Schauspielerin, *San Giorgio di Piano (Prov. Bologna) 22. 2. 1921, †Rom 23. 3. 1994; eine der führenden ital. Charakterdarstellerinnen; berühmt als Hauptdarstellerin in Filmen ihres Mannes F. FELLINI (∞ seit 1943), z. B. ›La Strada‹ (1954), ›Die Nächte der Cabiria‹ (1956), ›Julia und die Geister‹ (1965), ›Ginger und Fred‹ (1986).

Weiterer Film: Frau Holle (1985).

Masini, Ibrahim Abd al-Kadir, ägypt. Schriftsteller, *Kairo 19. 8. 1890, †ebd. 10. 8. 1949; verfasste Romane (›Ibrahim der Schriftsteller‹, 1931; arab.), Lyrik (›Diwan‹, 2 Bde., 1913–17; arab.), literaturkrit. Arbeiten und Abhandlungen über polit. und gesellschaftl. Themen. Mit A. M. AL-AKKAD verhalf er der Poesie zum Durchbruch vom Klassizismus zur Romantik.

Masinịssa, numid. König, →Massinissa.

Masịp, 1) Vicente Juan, d. Ä., span. Maler, *Valencia um 1475, †ebd. zw. 1545 und 1550, Vater von 2). Vermutlich in Venetien ausgebildet, schuf M. von der ital. Malerei (v. a. SEBASTIANO DEL PIOMBO) beeinflusste religiöse Gemälde (u. a. Marienaltar, 1530; Segorbe, Kathedrale), z. T. zusammen mit seinem Sohn (›Taufe Christi‹, 1535; Valencia, Kathedrale).

2) Vicente Juan, d. J., gen. **Juan de Juanes** [xu̯an ðe ˈxu̯anes], span. Maler, *Fuente la Higuera (bei Valencia) 1523 (?), †Bocairente 21. 12. 1579, Sohn von 1); Schüler seines Vaters, der ihm seine Kenntnis der ital. Malerei vermittelte und mit dem er bis um 1550 in Werkstattgemeinschaft arbeitete. Er malte v. a. religiöse Darstellungen (u. a. ›Das letzte Abendmahl‹, Madrid, Prado) sowie einige hervorragende Porträts (›Don Luis de Castella de Vilanova‹, ebd.).

Masire, Quett Ketumile Joni, Politiker in Botswana, *Kanye 23. 7. 1925; zunächst als Lehrer, seit 1958 als Journalist tätig, gehörte M. verschiedenen polit. Gremien des damaligen brit. Protektorats Betschuanaland an und war 1962 Mitbegründer der ›Botswana Democratic Party‹ (BDP). Als enger Vertrauter des Staatsgründers Sir SERETSE KHAMA (*1921, †1980) wurde M. bei der Unabhängigkeit Botswanas 1966 Vize-Präs.; daneben leitete er verschiedene Ministerien (v. a. das Finanzministerium, 1966–80). Seit dem Tod KHAMAS ist M. Staatspräsident.

Mạsjed-e Suleiman [-dʒid-], **Masjid-i Suleimạn, Mạsjed Soleymạn,** Stadt in Khusistan, Iran, 107 500 Ew.; Erdöl- und Industriestandort, Pipelines nach Abadan. – Platz eines alten Feuertempels, bei dem 1908 die erste Erdöllagerstätte Persiens entdeckt wurde. Aus einem in der Nähe errichteten Erdölcamp entwickelte sich die Stadt M., die zum Verw.-Zentrum des südiran. Erdölgebiets wurde.

Maskarẹnen [nach dem Portugiesen PEDRO DE MASCARENHAS, *1483, †1555, der die Inseln um 1510 besuchte], Inselgruppe im Ind. Ozean östlich von Madagaskar, besteht aus →Réunion, →Mauritius und →Rodriguez sowie deren Nebeninseln, etwa 4500 km² Landfläche, im Piton des Neiges (Réunion) bis 3069 m ü. M. Die M. sind vulkan. Ursprungs; auf Réunion ist der Vulkanismus noch tätig. Der urspr. trop. Regenwald wurde verdrängt durch Plantagenwirtschaft. Die Bev. ging aus Europäern, Arabern, Indern, Madagassen und Chinesen hervor.

Maskarịll [span., eigtl. ›kleine Maske‹] *der, -(s)/-e,* im span. Lustspiel die typisierte Figur des als Marquis verkleideten Dieners.

Maskarọn [frz., von ital. mascherone, eigtl. ›große Maske‹] *der, -s/-e,* in der Baukunst, v. a. des Barock, Menschengesicht oder Fratze als Ornament.

Mạskat, Muscat [ˈmʌskət], Hauptstadt und Hafenplatz des Sultanats Oman im O der Arab. Halbinsel, an der S-Küste des Golfs von Oman zw. steilen Felsen gelegen, (1993) 40 900 Ew.; bildet mit der Hafenstadt Matrah, dem Erdölhafen Mina al-Fahal (Raffinerie) und Seeb (internat. Flughafen) eine Agglomeration; Nationalmuseum, Naturhistor. Museum; Meerwasserentsalzungsanlage. – Im 16. Jh. von den Portugiesen besetzt, war M. im 17. und 18. Jh. wichtiger Umschlagplatz im arabisch-afrikan. Handel.

F. SCHOLZ: Muscat, 2 Tle. (1990).

Mạskat und Omạn, bis 1970 Name des Sultanats →Oman.

Maske [frz. masque, von ital. maschera, älter: mascara, wohl zu arab. masharaʰ ›Verspottung‹; ›Possenreißer‹; ›drollig‹], **1)** *allg.:* Larve, Verhüllung des Gesichts; auch die gesamtkörperl. Verkleidung. Die M. gehört zu den frühesten Zeugnissen der Kultur und kommt mit eigenen Formen zu allen Zeiten und in allen Erdteilen vor.

Seit frühester Zeit werden M. bei kult. Tänzen verwendet, darüber hinaus sind sie als **Toten-M.** (die der Bewahrung der Gestalt, v. a. des Gesichts der Verstorbenen dienen) sowie als Miniatur-M. (Grabbeigabe, Amulett) nachweisbar und treten auch als Theater-M. und Fastnachtsattribut auf.

Nach den Formen der M. werden unterschieden: **Gesichts-M.,** die vor dem Gesicht mit Schnüren u. a. befestigt werden (v. a. als plast. M.) oder mittels Schminke das Gesicht verändern (Schmink-M.); **Vorhalte-M.,** die (weil zu groß oder zu schwer) nur mithilfe eines Griffes vor dem Gesicht gehalten werden; **Stülp-M.,** die wie ein Helm über den Kopf gestülpt den ganzen Kopf des Trägers verhüllen; **Aufsatz-M.,** die mithilfe eines Korbgeflechts o. Ä. auf dem Kopf oder auf dem Rücken befestigt werden, mit hoch aufragendem Aufbau (Tier- oder Menschendarstellungen, z. T. mit Pflanzenmotiven); **Schulter-M.,** große, auf den Schultern des Trägers ruhende Gerüste, auf denen meist ein abstrakt gestalteter Kopf mit langem Hals sitzt.

In der altsteinzeitl. Kunst gibt es mehrere Darstellungen von Menschen mit Tier-M. und in Tierverkleidungen (La Madeleine u. a.). Es kann sich dabei um Wiedergaben von Maskierten (z. B. Schamanen), aber auch um Bilder von Mischwesen (Tierahnen) handeln. Auch die profane Verwendung von M., etwa als Jagd-M. zur Erleichterung des Anschleichens an das Wild, kann nach ethnolog. Parallelen für vorgeschichtl. M.-Bilder in Betracht kommen (Star Carr). Aus den metallzeitl. Epochen des vorgeschichtl. Europa stammen Toten-M. aus Gold oder Bronze, so aus den bronzezeitl. Schachtgräbern von Mykene, aus hallstattzeitl. Hügelgräbern der Steiermark (Kleinklein) und von Trebeništa am Ohridsee oder aus Etrurien (Chiusi). Die Kelten gaben ihren Toten im 5./4. Jh. M.-Fibeln mit ins Grab. In N-Europa (Helgö) wurde eine 3,5 cm hohe vergoldete Bronze-M. aus frühgeschichtl. Zeit geborgen. Toten-M. aus Gips- oder Kaolinmasse sind zahlreich in Gräbern der frühgeschichtl. sibir. Taschtykkultur. Die Ägypter umhüllten Kopf und Nacken vornehmer Toter mit Mu-

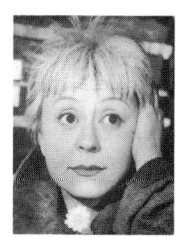

Giulietta Masina

Quett Ketumile Joni Masire

Mask Maske

Maske 1): Blattmaske in der Elisabethkirche in Marburg; 1280–90

Maske 1): Eine der ›Masken sterbender Krieger‹ von Andreas Schlüter am Berliner Zeughaus; um 1696

Maske 1): links Klausenkostüm (Nikolaus) aus Oberschan, St. Gallen (Basel, Schweizerisches Museum für Volkskunde); rechts Alemannische Fastnachtsmaske (Villinger ›Narro‹)

mien-M. aus Leinwand und Papyrusmaschee, die z. T. stuckiert und bemalt wurden (→Mumie).

Die in der griech. Kunst auf z. B. Schilden angebrachten Gorgonen (→Gorgo) sind auf Abwehrzauber zurückzuführen. Die Augen auf den Augenschalen sind ebenfalls als apotropäische M. zu verstehen. Zahlr. M. des Dionysos sind u. a. auf griech. Vasen dargestellt (meist Bocks-M.). In Sparta ist eine Maskette aus Ton erhalten, die ringsum Löcher besitzt; über solche Masketten wurden vermutlich gesäuberte nasse Ziegenfelle gezogen und daran befestigt (sie erstarrten beim Trocknen schnell). Bocks-M. wurden wahrscheinlich bei Initiationsriten von den Epheben hergestellt und getragen, um sich dadurch in ›tragoi‹ (Bockswesen) oder →Satyrn (zur Erlangung von Zeugungskraft) zu verwandeln. Vornehme röm. Familien bewahrten wächserne M. ihrer Ahnen auf (→Imagines maiorum). Bei militär. Paraden war es üblich, bronzene Gesichts-M. einschließende Prunkhelme (Visier-M.) bzw. -rüstungen zu tragen.

Im MA. begegnen M. zuerst in der Buchmalerei, die sie aus der Antike übernahm, dann als Bauplastik v. a. der Kirchen, an Taufsteinen, Chorgestühlen u. a. In der Gotik ist der M.-Kopf oft von einem Blütenkranz umgeben. – Die M. des MA. kann reines Fantasiegebilde, doch zugleich Ausdruck des mittelalterl. Dämonismus sein. Von besonderer Ausdruckskraft sind die M. der Kathedralplastik.

Seit der Renaissance werden Toten-M. von Bildhauern abgenommen und weitergestaltet für Grabmäler und Büsten. Bes. häufig v. a. als Dekoration erscheint die Fauns-M. Dem Manierismus wie dem Barock entsprach die groteske M. (Masken der sterbenden Krieger von A. SCHLÜTER am Berliner Zeughaus). Im 20. Jh. wurden die M. der ›Naturvölker‹ und der Volkskunst durch den Expressionismus aufgewertet.

Geschnitzte Holz-M. werden in der winterl. Brauchzeit im oberdt. Alpenraum und in der (schwäb.-alemann.) *Fastnacht* getragen. Die Gesichts-M. ist oft eine groteske Gesichtsform aus Baumrinde, Leder, Wachs, Holz, Bast, Metall, Stoff oder Pappe. Unter den Gesamtmaskierungen spielen vegetabil. Umhüllungen (Grün-, Laub-, Stroh-M.) eine wichtige Rolle; weit verbreitet sind auch Fell- oder Pelzmaskierungen sowie Lumpengewänder. Aus vielfarbigen Flicken (Fleckerl-M.) oder Zotteln zusammengenähte, zuweilen mit Glitzerschmuck besetzte (Flinserl-M.), mit Glöckchen und Schellen behangene Kostüme sowie bemalte Leinengewänder er-

Maske 1): Goldmaske eines Fürsten aus einem Schachtgrab in Mykene; 16. Jh. v. Chr. (Athen, Archäologisches Nationalmuseum)

geben Narrenmasken verschiedenster Art, die heute zumeist auf ortsweise einheitl. Typen ausgerichtet sind. Regionale Bez. sind z. B. ›Scheme‹, ›Schembart‹, ›Butzenantlitz‹. – Die Brauchliteratur glaubte lange im überlieferten M.-Wesen Reste ältester agrar. Vegetationskulte oder auch german. Totenkults feststellen zu können und deutete es demnach als Fruchtbarkeitsmagie, Dämonenabwehr oder Erbe männerbünd. Riten. Die heutige Forschung betont hingegen v. a. die Lust, sich in anders- und außermenschl. Gestalten zu verwandeln, unerkannt und ungehemmt, mit Fantasie und Humor andere necken, schrecken und rügen zu können. – In der Gegenwart erstarren die M. vielfach zum folklorist. Repräsentationsstück; andererseits nehmen die karikierenden, satir. Individual-M. zu.

Das *Theater* unterscheidet die **Schmink-M.,** d. h. die Veränderung des Gesichts mittels Schminke, Bart, Perücke, deren Tradition zurückgeht bis zu den kult. Ursprüngen des Dramas, und die abnehmbare, **plastische M.** unterschiedl. Materials, die v. a. Kennzeichen der att. Tragödie und Komödie ist. Die plast. M. bestand aus stuckierter, helmartig geformter, bemalter Leinwand (Kork, Holz[?] mit Augen- und Mundöffnungen und fest angefügter Perücke; in klass. Zeit gab es wenige Typen mit gleichförmigen Zügen für die Tragödie, mit asymmetrisch verzerrten für die Komödie und tierähnl. für das Satyrspiel. Seit dem Hellenismus und bes. im röm. Theater wurden die Typen vermehrt und die Formen ins Pathetisch-Groteske übersteigert, jedoch war eine M. in Rom erst seit dem 1. Jh. v. Chr. allg. üblich; zuvor war den Schauspielern, als Unfreien, das Tragen von M. verboten; nur in der von freien Bürgern aufgeführten Atellane waren M. zugelassen. Ihre vier festen Typen tauchten, mit dunklen Lederhalbmasken, in der ital. Commedia dell'Arte wieder auf. Sonst wurde, abgesehen von ausdrückl. Maskenspielen, Balletten und Pantomimen an Renaissance- und Barockhöfen, seit dem MA. die plast. M. durch die Schmink-M. vom Theater verdrängt.

Besonders in *außereurop. Kulturen* spielen M. bis heute eine große Rolle. In zahlr. (Stammes-)Kulturen stellen sie oft Geister oder Gottheiten dar und werden bei Kultfeiern getragen (Rückbindung an die myth. Wurzeln der Gesellschaft). Vielfach haben nur Mitglieder von Geheimbunden das Recht, M. zu tragen. Bes. ausgeprägt ist das M.-Wesen in Melanesien, im NW Nordamerikas, im Amazonasgebiet und v. a. in Afrika.

In *Afrika* ist das M.-Wesen bes. im W verbreitet. Wesentl. Bestandteil der M. ist neben dem meist aus Holz geschnitzten Gesichts- oder Kopfteil das dazugehörige Bast- oder Stoffgewand. Hervorragende Beispiele sind die Aufsatz-M. der Bambara in Mali: Zu Fruchtbarkeitsritualen werden kunstvoll geschnitzte Antilopenfiguren auf dem Kopf befestigt, das Gesicht mit Stoff, der Körper mit einem geflochtenen Kostüm verhüllt. (BILDER →afrikanische Kunst, Bobo, Dan)

In *Ozeanien* verkörpert die bekannteste Form der M., die Tatanua von New Ireland, Verstorbene. Bei den relativ kleinen Gesichtslarven mit vorspringender Kinnpartie und prominenter, oft gebogener Nase und hoch aufragender Frisur aus Kalk, Bastmaterial, Federrippen und Stoff sind die Augen fast immer aus den Verschlussdeckeln von Schneckenhäusern. M. aus Baumbaststoff oder Fasermaterialien stellen – ebenso wie die beim Tanz getragenen Tanzmundstücke – Bezüge zur myth. Geschichte her, die im Tanz verkörpert wird. Zu fast allen bei Zeremonien verwendeten M. verhüllt der Träger seinen Körper, oft in M.-Kostümen, z. B. die Dukduk- und Tumbuan-M. der Tolai auf New Britain: aus schwarz und weiß bemaltem Maschenstoff, Baumbaststoff oder (später) Sackleinwand über ein Rotanggestell gearbeitet; die Wassergeist-M. auf Neukaledonien: Holzlarve mit federverkleidetem, geflochtenem Zylinder; oder die Abwan- und Mai-M. der Iatmül in Neuguinea: entweder ein bis zwei breite Gesichter darstellend, meist aus Ton modelliert und bemalt, auf einem leibähnl. Wulsthalbgeflecht, oder eine schmale hölzerne M. auf einem konischen, mit Palmblattmalereien o. Ä. verkleideten Traggestell. Als größte M. der Erde gelten die bis zu 40 m hohen Hareicha-M. der Baining auf New Britain.

In *Amerika* finden sich M. bei den Indianern Südamerikas v. a. im Amazonasgebiet (aus Holz, Kalebassen, Bastgeflecht, Palmfasern), in Nordamerika v. a. bei den Irokesen (holzgeschnitzte M. des Falschgesichter-Bundes mit verzerrten Gesichtern, langem Pferdehaar, roter und schwarzer Gesichtsbemalung; M. aus geflochtenem Maisstroh), bei den Pueblo-Völkern und bei den Nordwestküstenindianern, die die künstlerisch großartigsten M. in Amerika herstellten (meist holzgeschnitzt, streng stilisiert oder realistisch; eine Besonderheit sind die Verwandlungs-M., die z. B. ein Tier darstellen, aufgeklappt aber ein menschl. Gesicht freigeben). Das M.-Wesen verbreitete sich von der NW-Küste bis zu den in Alaska lebenden Eskimo (große Schamanen-M. aus vielfältigem Material).

Aus den Hochkulturen des vorkolumb. Amerika sind u. a. Toten-M. bekannt. Gefunden wurden im andinen Bereich M. aus gehämmertem Gold oder Silber, geschnitztem Holz oder aus bemaltem Stoff; sie waren meist den Mumienbündeln als Kopfaufsatz beigegeben. In Mesoamerika gab es Mosaik-M. (mit Türkis und Muscheln), im Mayagebiet Jade-M. Darstellungen von Göttern und anderen myth. Wesen wurden in Mesoamerika bei religiös-zeremoniellen Anlässen als M. von Menschen getragen; das zeigen Reliefdarstellungen, Steinskulpturen, Gefäßmalereien und Bilderhandschriften, auf denen auch Götter mit M. dargestellt sind. Götterdarstellungen als M. finden sich auch in der Fassadendekoration, z. B. bei den Maya (→Kabah). Noch heute gehören hier Holz-, Ton- oder Hirschleder-M. zum Repertoire bestimmter Feiern.

In *Asien* spielen M. eine wichtige Rolle v. a. in Indien (Gesichts-M. bei Kulttänzen; maskenähnl. Flachbronzen Shivas und der Devi als Bildwerke) und Thailand (Kopf-M. bei Kulttänzen), auf Java und Bali (Voll- oder Halb-M. aus Holz beim Theater) sowie in Japan (Prozessions-M. und Teufels-M. bei religiösen Zeremonien; Nō-M.). Im asiat. Theater sind Schmink- und plast. M. noch heute wichtiges, an rituellen, magisch-kult. Wurzeln tradiertes Requisit.

Maske 1): links Kolam-Maske aus Sri Lanka; rechts Nō-Maske aus Japan

K. MEULI: in: Hwb. des dt. Aberglaubens, hg. v. H. BÄCHTOLD-STÄUBLI, Bd. 5 (1933, Nachdr. 1987); G. KRIEN: Der Ausdruck der antiken Theater-M., 2 Tle. (Diss. Wien 1955); H. LUCAS: Ceylon-M. (Eisenach 1958); DERS.: Java-M. (1973); G. GABBERT: Die M. des Bugaku, 2 Bde. (1972); H. u. E. SCHWEDT: Malerei auf Narrenkleidern (1975); DIES. u. a.: M. u. M.-Schnitzer der schwäbisch-alemann. Fasnacht (1984); W. MEZGER: Narretei u. Tradition (1984); G. KUBIK: Makisi, nyau, mapiko. Maskentraditionen im bantu-sprachigen Afrika (1992); V. DE BLUË: Mensch u. M. Betrachtungen über Jahrhunderte (Aarau 1993); U. RÖSCHENTHALER: Die Kunst der Frauen (1993); A. BÄRTSCH: Holzmasken. Fasnachts- u. Maskenbrauchtum in der Schweiz, in Süddtl. u. Österreich (Aarau 1993); G. HARTMANN: Masken u. Körperschmuck im Alto Xingu, Zentral-Brasilien (1995); G. WYATT: Spirit faces. Contemporary native American masks from the Northwest (San Francisco, Calif., 1995).

2) *Datenverarbeitung:* 1) Hilfsmittel zum Auswählen bestimmter Stellen aus einem Datenfeld, einer Zeichenkette (engl. string) oder Bitfolge. Die M. ist eine Bit- oder Zeichenfolge, die ebenso lang sein muss wie das Datenfeld (bzw. die Zeichenkette oder Bitfolge), auf das sie angewendet wird. Die Stellen des Datenfelds, die ausgewählt werden sollen, enthalten in der M. je nach Anlage eine binäre Null oder Eins. Die Auswahl erfolgt durch Verknüpfen der entsprechenden Stellen (Bits) im Datenfeld und in der M. durch eine log. Operation (z. B. AND). M. können zum Auslösen oder Verhindern bestimmter Funktionen dienen, z. B. zur Verhinderung eines Interrupts (→Unterbrechungsmaskenregister). – 2) **Bildschirm-M.,** graf. Mittel zur Bedienerführung, bes. zur Erleichterung der Dateneingabe, bei Anwenderprogrammen (z. B. Datenerfassung, Bedienungsdaten für Programme oder Geräte, Programmentwicklung mithilfe eines Editors). Eine Bildschirm-M. enthält meist zwei versch. Arten von Datenfeldern, nämlich unveränderliche (z. B. Hinweise, Erläuterungen) als feste Bestandteile und veränderliche, deren Inhalt durch die Dateneingabe festgelegt wird; aus der Lage dieser Felder in der M. erkennt das Programm, um welche Datenart es sich handelt (z. B. Menge, Preis, Nummer). – 3) **Druck-M.,** Mittel zum Formatieren oder Gestalten zu druckender Daten, bes. Zahlen (z. B. mit oder ohne führende Nullen, Dezimalpunkt oder -komma). Druck-M. werden durch bestimmte Druckmaskenbefehle erzeugt, die sowohl zur Programmiersprache des das Drucken veranlassenden Programms gehören als auch Teil der Druckersteuerung sein können. Ein Programm, das die Erstellung von Bildschirm- oder Druck-M. unterstützt, heißt **Maskengenerator.**

3) *Fotografie:* 1) ausschnittbegrenzendes Element (Kasch) bei der Aufnahme (z. B. Torbogen-, Schlüsselloch-M.) oder bei der Positivanfertigung (z. B. Abdeck-M. beim Vergrößern, Diapositiv-M.); 2) Kom-

Mask

Maske – maskulin

pensativ, d. h., ein passgenaues Duplikat eines Negativs mit gegenüber diesem veränderten Gradations- oder Farbeigenschaften zur Bildkorrektur (z. B. unscharfe M. zur Kontrastreduzierung, Kopier-M. zur Farbkorrektur). Kompensative werden vielfach in der Reprotechnik eingesetzt (z. B. Licht-, Spitzlicht-, Schatten-M.), wobei die Maskierung v. a. durch Scanner vorgenommen wird. Bei Negativfarbfilmen bilden spezielle Maskenfarbstoffe und -kuppler bei der Entwicklung M. aus, die die unerwünschten Nebenfarbdichten der Schichtfarbstoffe Purpur und Blaugrün zu einheitl., in der Kopie ausfilterbaren Farbstichen kompensieren (Farbkorrektur-M.), als rötl. Anfärbung des entwickelten ›Maskfilms‹ sichtbar.

4) *Halbleitertechnik:* in gewissen Verfahren der →Lithographie ein Träger von – durch Transparenzunterschiede dargestellte – geometr. Strukturen, die mittels eines Belichtungsverfahrens auf das Halbleitermaterial (Wafer) übertragen werden, in oder auf dem die entsprechende Schaltung erzeugt werden soll. In der Photolithographie z. B. besteht eine solche M. aus Glas als Substrat mit einer etwa 100 nm dicken Schicht aus Chrom oder Chromoxid, die durch Nass- oder Trockenätzen an bestimmten Stellen entfernt wird, um das gewünschte Muster zu erzeugen. Die Übertragung der Struktur auf das Halbleitermaterial wird bei allen verwendeten Strahlungsarten einheitlich als **Belichtung** bezeichnet.

Je nach dem später zu verwendenden Belichtungsverfahren enthält eine M. die zu übertragende Struktur nur einmal (Chip-M.) oder so viele Male, wie ein Chip auf einem Wafer Platz findet (Wafer-M.). Außer bei dem Step-and-Repeat-Verfahren, das sowohl für die Herstellung von Wafer-M. als auch für die aller Chips eines Wafers Verwendung findet und bei der die als Vorlage verwendete Chip-M. auch in größerem Maßstab vorliegen kann (etwa 4 : 1 bis 10 : 1), enthalten die bei M.-Lithographieverfahren verwendeten M. die Strukturen im Maßstab 1 : 1. Beim Step-and-Repeat-Verfahren erfolgt die Belichtung schrittweise, Chip für Chip, so viele Male, wie Chips auf einen Wafer gehen. Das hierbei verwendete Belichtungsverfahren ist notwendigerweise ein Projektionsverfahren. Daneben gibt es die Kontaktbelichtung, bei der die M. mit der Musterseite auf den Wafer gepresst wird, und die Proximitybelichtung mit einem Abstand von etwa 10 bis 20 μm zwischen M. und Wafer.

Die wichtigsten Anforderungen an die Verwendung von M. sind hohe Auflösung, d. h. die Fähigkeit, möglichst kleine Strukturen auf dem Halbleitermaterial zu erzeugen, gutes Aufeinanderpassen der Muster bei aufeinander folgenden Belichtungen (gutes ›Overlay‹) und das Einhalten sehr enger Dimensionstoleranzen bei den einzelnen Elementen eines Musters.

Maske, Henry, Boxer, * Treuenbrietzen 6. 1. 1964; war Amateurboxer in der DDR (Olympiasieger im Mittelgewicht 1988, Weltmeister im Halbschwergewicht 1989, Europameister im Mittelgewicht 1985, 1987 und 1989); seit 1990 Berufsboxer; gewann am 20. 3. 1993 den Weltmeistertitel im (IBF-)Halbschwergewicht, den er bis zum 23. 11. 1996 (Niederlage gegen den Amerikaner VIRGIL HILL) zehnmal erfolgreich verteidigte. Beendete danach seine aktive Laufbahn. – M. verhalf dem dt. Berufsboxen durch sein Auftreten und seine Erfolge zu neuem Ansehen.

Maske in Blau, Operettenrevue von F. RAYMOND, Text von H. HENTSCHKE und G. SCHWENN; Uraufführung 27. 9. 1937 in Berlin.

Maskelyne [ˈmæskɪlɪn], Nevil, brit. Astronom, * London 6. 10. 1732, † Greenwich (heute zu London) 9. 2. 1811; seit 1765 Direktor der Sternwarte in Greenwich, ermittelte die mittlere Erddichte aus Lotabweichungen und begründete 1766 den ›Nautical Almanac‹ (für naut. Zwecke bestimmte Ephemeriden).

Henry Maske

Maskelynit [nach dem brit. Mineralogen NEVIL STORY-MASKELYN, * 1823, † 1911] *der, -s/-e,* Mineral, zu Glas geschmolzener Bytownit (→Feldspäte) in Meteoriten.

Maskenball, Ein, ital. ›Un ballo in maschera‹, Oper von G. VERDI, Text nach E. SCRIBE von ANTONIO SOMMA (* 1809, † 1864); Uraufführung 17. 2. 1859 in Rom.

Maskenbienen, Gattung der →Seidenbienen.

Maskenbuntbarsch, der →Feuermaulbuntbarsch.

Maskenfische, Zanclinae, Unterfamilie der Doktorfische mit zwei bis 20 cm langen Arten, v. a. in den Korallenriffen des Indopazifiks; Körper hochrückig, seitlich stark zusammengepresst, mit kontrastreicher, schwarzer, weißer und gelber Querbänderung; Schnauze röhrenförmig ausgezogen, weiße Rückenflosse extrem verlängert, bandförmig; Seewasseraquarienfische.

Maskenformverfahren, →Gießerei.

Maskentechnik, *Halbleitertechnik:* ein Verfahren der →Lithographie, bei dem, im Ggs. zu direkt schreibenden Methoden, Masken zur Übertragung der Strukturen auf das Halbleitersubstrat (Halbleiterscheiben oder Wafer) verwendet werden. Zunächst wird die benötigte Anzahl an →Masken hergestellt. Die Muster der Masken werden dann der Reihe nach auf das jeweils zuvor durch Beschichtung mit Fotolack sensibilisierte Substrat übertragen. Nach jeder Belichtung wird das Substrat, nach der Entfernung des Fotolacks an den belichteten bzw. unbelichteten Stellen (je nach Verfahren), den Prozessen unterworfen, durch die es die im Entwurf konzipierten elektron. Eigenschaften erhält.

Maskenzüge, Maskenspiele, eine in der Renaissance in ganz Europa verbreitete theatral. Unterhaltung, die v. a. in Italien zu hoher Blüte gelangte. Aus ihren Ursprüngen in alten Karnevalsbräuchen entfalteten sich in der ital. Frührenaissance prunkvolle Umzüge maskierter Gestalten.

Maskerade [frz.-span., zu Maske] *die, -/-n,* Verkleidung, Kostümierung; Kostüm-, Maskenfest (→Masque); *übertragen:* Heuchelei, Verstellung.

Maskierung, 1) *Akustik:* das gegenseitige Beeinflussen der Hörschwelle zweier gleichzeitig erklingender Töne. Beim andauernden Hören eines festen Tons werden Töne anderer Frequenzen erst bei erheblich höheren Lautstärkepegeln hörbar, als wenn sie allein erklingen. Bei einem festen Ton mit einer Frequenz von 500 Hz und einem Lautstärkepegel von 800 dB SPL wird ein 1 000 Hz-Ton erst bei einem um 40 dB SPL höheren Pegel hörbar, als wenn er allein erklingt. Im tägl. Leben werden häufig wichtige akust. Informationen, z. B. Gespräche, durch Hintergrundgeräusche maskiert, d. h. unverständlich.

2) *Biologie:* Form der →Schutzanpassung.

3) *Chemie:* bei der chem. Analyse die Ausschaltung von störenden Fremdionen durch Überführung in einen stabilen lösl. Komplex.

4) *Druckformherstellung:* Abdecken von Teilen einer Kopiervorlage beim Kopieren auf die Druckplatte durch lichtundurchlässige Schablonen.

5) *Informatik:* Verfahren zur Unterdrückung einer Aufforderung zur Programmunterbrechung mithilfe einer Maske (→Unterbrechungsmaskenregister).

Maskoki, nordamerikan. Indianer, →Muskogee.

Maskotte [frz. mascotte, von provenzal. mascoto ›Zauberei‹, zu masco ›Zauberin‹, ›Hexe‹] *die, -/-n,* **Maskottchen,** meist kleine Figur (z. B. Tier), die Glück bringen soll; oft als Anhänger getragen.

maskulin [lat., zu masculus ›männlichen Geschlechts‹, Verkleinerung von mas ›männlich‹], 1) *bildungssprachlich:* männlich; für den Mann charakteristisch; das Männliche betonend.

2) *Sprachwissenschaft:* mit männl. Genus.

Maso di Banco: Das Wunder des heiligen Silvester im Forum Romanum; Fresko in der Cappella Bardi di Vernio in Santa Croce in Florenz; um 1330

Maskulinisierung, die →Virilisierung.

Maskulinum [lat.] *das, -s/...na, Sprachwissenschaft:* ein →Genus.

Maslow ['mæzləʊ], Abraham Harold, amerikan. Psychologe, * New York 1. 4. 1908, † Palo Alto (Calif.) 8. 6. 1970; lehrte 1937–51 am Brooklyn College in New York, dann an der Univ. in Waltham (Mass.); Mitbegründer der →humanistischen Psychologie. M. ging von einer ganzheitl., durch →Bedürfnisse bestimmten und nach Selbstverwirklichung, d. h. persönl. Wachstum strebenden Natur des Menschen aus. Er wandte sich gegen die Verabsolutierung quantifizierender Modelle und Methoden in der Psychologie.
Werke: Motivation and personality (1954; dt. Motivation u. Persönlichkeit); Toward a psychology of being (1962; dt. Psychologie des Seins).
Ausgabe: The journals, hg. v. R. J. LOWRY, 2 Bde. (1979).
H. HOCHGRÄFE: Das Erziehungskonzept in der Humanist. Psychologie A. H. M.s (1988).

Masochismus [nach L. Ritter VON SACHER-MASOCH] *der, -,* von R. VON KRAFFT-EBING eingeführte Bez. für die psychosexuelle Disposition, bei der eine geschlechtl. Erregung und Befriedigung nur durch Erleiden von Misshandlungen, die vom Geschlechtspartner zugefügt werden und die v. a. mit körperl. Schmerzen verbunden sind, erreicht wird. M. ist nicht selten mit sadist. Neigungen (→Sadismus) verbunden.

Maso di Banco, ital. Maler, tätig in Florenz und Neapel etwa 1330–50; einer der bedeutendsten Schüler GIOTTOS, arbeitete wahrscheinlich mit diesem 1329–32 im Castel Nuovo in Neapel und schuf in Florenz den Freskenzyklus mit der Silvesterlegende in der Cappella Bardi di Vernio der Kirche Santa Croce und das Grabmal mit dem Fresko des Jüngsten Gerichts. In der Monumentalität seiner Figuren und der Öffnung großer Räume bildet M. di B. das wichtigste Glied zw. GIOTTO und MASACCIO.
D. G. WILKINS: M. di B. (New York 1985).

Masolino, eigtl. **Tommaso di Cristoforo Fini,** ital. Maler, * Panicale (bei San Giovanni Valdarno, Prov. Arezzo) 1383, † Florenz vor 1447; Gehilfe L. GHIBERTIS, beeinflusst von GENTILE DA FABRIANO, LORENZO MONACO und DOMENICO VENEZIANO, Vertreter des weichen Stils in Italien; stand in den Jahren gemeinsamer Tätigkeit mit MASACCIO (wahrscheinlich ab 1424) vorübergehend unter dessen Einfluss.
Werke: Fresken in der Brancaccikapelle von Santa Maria del Carmine, Florenz (zus. mit MASACCIO wohl ab 1426; BILD →MASACCIO); Fresken der Passionskapelle von San Clemente in Rom (1429); Fresken im Chor der Kollegiatkirche in Castiglione d'Olona (1432 signiert) und im Baptisterium (1435).

Mason [meɪsn], James, brit. Bühnen- und Filmschauspieler, * Huddersfield 15. 5. 1909, † Lausanne 27. 7. 1984; profilierter Charakterdarsteller; international bekannt v. a. durch Filmrollen.
Filme: Der Herr in Grau (1943); Ausgestoßen (1947); Rommel der Wüstenfuchs (1951); Julius Caesar (1953); Ein neuer Stern am Himmel (1955); Lolita (1961); Der Himmel soll warten (1977); The verdict ... (1982); Die letzte Jagd (1984).
C. HIRSCHHORN: The films of J. M. (London 1975).

Mason and Dixon Line ['meɪsn ænd 'dɪksn 'laɪn], die im Auftrag des brit. Kronrates 1763–67 von den brit. Landmessern CHARLES MASON und JEREMIAH DIXON auf ca. 39° 43' n. Br. festgelegte Grenze zw. den Kolonien Maryland und Pennsylvania. Die 1769 von der brit. Krone bestätigte Linie wurde 1784 nach W als Grenze zu Virginia hin verlängert. Sie galt vor dem Sezessionskrieg als Demarkation zw. den Staaten mit und denen ohne Sklaverei und wird bis heute als Grenze zw. den nördl. und südl. Staaten des amerikan. Ostens angesehen.

Masora [hebr. ›Überlieferung‹] *die, -,* **Massora,** die Gesamtheit der zunächst mündlich, später auch schriftlich überlieferten textkrit. Bemerkungen und Ausspracheregeln zum hebr. Bibeltext. In der nachtalmud. Periode begannen jüd. Gelehrte (**Masoreten**), die in Konsonantenschrift (→hebräische Schrift) verfassten Texte durch Punktationen zu vokalisieren und mit Akzenten sowie einer Abschnitts- und Verseinteilung für die synagogale Schriftlesung zu versehen. Man unterscheidet zw. den ›älteren‹, in Babylonien (v. a. durch →Karäer) und Palästina entwickelten Systemen (Punktation meist ›supralinear‹ über den Konsonanten) und der ›jüngeren‹ (meist ›infralinear‹ unter den Konsonanten) Schule von Tiberias (Galiläa). Das Tiberiensische System, im 10. Jh. u. a. vertreten durch die Masoreten A. BEN ASCHER und M. BEN NAFTALI, setzte sich durch und liegt im Wesentlichen auch dem heute übl. Text der hebr. Bibel zugrunde. – Bei den textkrit. Anmerkungen lassen sich zwei Kategorien unterscheiden: Die von dem Ketib (›Geschriebenes‹) abweichende und von den Masoreten für besser gehaltene Lesart wurde entweder als Qere (›lies‹) an den Seitenrand geschrieben (›M. marginalis‹), wo auch, in Aramäisch, Angaben über die Bedeutung einzelner Wörter, die Häufigkeit ihres Vorkommens, Hinweise auf Abweichungen u. a. ihren Platz fanden, oder das Material wurde am Schluss des Textes alphabetisch geordnet zusammengestellt (›M. finalis‹).
Massorah gedolah, hg. v. G. E. WEIL (Rom 1971).

Masowien, poln. **Mazowsze** [maˈzɔfʃɛ], histor. Landschaft in Polen, beiderseits der mittleren Weichsel um Warschau. M. kam im 10. Jh. unter die Herrschaft der Piasten und wurde bei der Reichsteilung 1138 Teilherzogtum. 1313 in drei Teilgebiete (Rawa, Płock, Czersk-Warschau) geteilt, blieb M. bei der Bildung des Königreichs Polen unabhängig; 1351–70 und seit 1388 war M. poln. Lehnsfürstentum. Mit dem Aussterben der drei Linien zw. 1462 und 1526 kamen die Teilgebiete unmittelbar an Polen, jedoch behielt M. eine soziale und rechtl. Sonderstellung (überwiegend Kleinadel, Herrschaft der kath. Kirche).

Masowier, ethn. Gruppe der →Polen.

Maspéro [maspeˈro], 1) Sir (seit 1909) **Gaston Camille Charles,** frz. Ägyptologe, * Paris 23. 6. 1846, † ebd. 30. 6. 1916, Vater von 2); wurde 1874 Prof. am Collège de France, gründete 1880 in Kairo ein archäolog. Institut und war 1881–87 und 1899–1914 Generaldirektor der staatl. ägypt. Altertümerverwaltung. Er gab als Erster die →Pyramidentexte heraus.
Werke: Trois années de fouilles dans les tombeaux de Thèbes et de Memphis (1885); L'archéologie égyptienne (1887; dt. Ägypt. Kunstgesch.); Études de mythologie et d'archéologie égyptiennes, 8 Bde. (1892–1916); Les inscriptions des pyramides de Saqqarah (1894); Histoire ancienne des peuples de l'orient classique, 3 Bde. (1895–99); Histoire générale de l'Égypte (1912; dt. Gesch. der Kunst in Ägypten). – **Übers.:** Les contes populaires de l'Égypte ancienne (1880).

2) Henri, frz. Sinologe, * Paris 15. 12. 1883, † KZ Buchenwald 17. 3. 1945, Sohn von 1); wirkte seit 1908 an der École Française d'Extrême-Orient in Hanoi und wurde 1920 Prof. am Collège de France; er wies

James Mason

neue Wege im Rahmen der Sprach-, Kultur- und Religionsgesch. Chinas und seiner südl. Nachbarländer.
Werk: La Chine antique (1927).
Ausgabe: Mélanges posthumes sur les religions et l'histoire de la Chine, 3 Bde. (hg. 1950).

Masque [mɑːsk; engl.-frz., eigtl. ›Maske‹] *die, -/-s,* aus Volksmaskeraden des MA. entstandene, von Hoffesten der ital. Renaissance beeinflusste, zw. 1580 und 1640 am engl. Königshof beliebte theatral. Mischform, die dramat. Handlung, Tanz, Musik, Bühnentechnik und prunkvolle Ausstattung zu effektvollen Spektakeln verband, bei denen Mitgl. des Hofes mitspielten. Die allegorisch-mytholog. Texte stammten z. T. von B. JONSON, G. CHAPMAN, T. MIDDLETON und J. MILTON, die Ausstattungen entwarf v. a. I. JONES. – Seit 1609 führte JONSON die **Anti-M.** als vorangestelltes groteskes Gegenbild des eleganten Spiels ein. Die M. beeinflusste das zeitgenöss. Drama (SHAKESPEARE, ›The tempest‹) und wirkte auf die Entwicklung von Oper und Ballett in England.
E. WELSFORD: The court masque (Cambridge, Mass., 1927, Nachdr. New York 1962); S. ORGEL: The Jonsonian masque (Cambridge, Mass., ²1967, Nachdr. New York 1981).

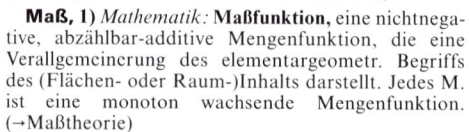

Maß, 1) *Mathematik:* **Maßfunktion,** eine nichtnegative, abzählbar-additive Mengenfunktion, die eine Verallgemeinerung des elementargeometr. Begriffs des (Flächen- oder Raum-)Inhalts darstellt. Jedes M. ist eine monoton wachsende Mengenfunktion. (→Maßtheorie)
2) *Metrologie:* 1) alte dt. Volumeneinheit für Flüssigkeiten und trockene Güter, in Baden und der Schweiz = 1,5 l, in Bayern (auch M.-Kanne) = 1,069 l, in Württemberg als Helleich-M. = 1,837 l, als Trübeich-M. = 1,917 l, als Schenk-M. = 1,670 l, in Österreich (Wiener M.) = 1,415 l. – In Bayern bedeutet die M. Bier heute ein Liter Bier. 2) **Maßverkörperung,** die körperl. Darstellung physikal. Größen oder Einheiten, die zum Vergleich oder zum Messen von Größen gleicher Art dienen, z. B. Liter-M., Grammwägestück, Parallelend-M. (→Endmaße)
3) *Philosophie* und *Kunst:* die bewusste, gesetzhafte und übersichtl. Gliederung und Ordnung, die auf einem auf quantitative Maßverhältnisse gegründeten Begriff der Schönheit, in enger Verbindung mit ›Harmonie‹ beruht, so im Kanon der Antike, in der got. Fensterglierung des Maßwerks, in der Proportionenlehre der Renaissance, in der Lehre vom →goldenen Schnitt und im architekton. Grundelement des →Moduls.
Neben dem formalen ästhet. Sinn als Grundbegriff der klass. Kunst hat M. einen regulativen eth. Sinn in der Individualethik wie auch der polit. Ethik: als Norm der Lebensgestaltung, die sich in der Mäßigung, der Bindung und Selbstbeschränkung ausdrückt. M., die ritterl. Tugend der mittelhochdt. ›mâze‹, ist der Ggs. aller Maßlosigkeit, die rechte Mitte zw. dem Zuviel und dem Zuwenig, die schon in der griech. Philosophie bei ARISTOTELES als sittl. Ziel erscheint (→Mesotes), als Besonnenheit (Sophrosyne) bezeichnet bei PLATON. Das ›meden agan‹ (›Nichts im Übermaß!‹) der sieben griech. Weisen ist hier wieder aufgenommen, das den Menschen vor der einseitigen Bestimmung durch seine Leidenschaften bewahren soll. Verfehltes M. kann in Vermessenheit, die Hybris der griech. Ethik, umschlagen.
4) *Physik:* in Wortzusammensetzungen Bez. für ein logarithmiertes Verhältnis zweier Leistungs- oder Feldgrößen, das zur Kennzeichnung der Eigenschaften eines Objekts (z. B. eines Übertragungsglieds) dient. Ein Beispiel ist das Leistungsdämpfungs-M. (in der Akustik auch als Schalldämm-M. bezeichnet) $a_p = 10 \lg(P_E/P_A)$ dB oder $a_p = 0,5 \ln(P_E/P_A)$ Np; dabei sind P_E bzw. P_A die Eingangs- bzw. Ausgangsleistung, dB Dezibel, Np Neper.

Mass., Abk. für den Staat **Mass**achusetts, USA.
Massa, Hauptstadt der Prov. Massa-Carrara, in der Toskana, Italien, 65 m ü. M., am Fuß der Apuan. Alpen, 66 900 Ew.; Bischofssitz; Bibliothek, Staatsarchiv; Bergingenieurschule; Marmorverarbeitung und -ausfuhr, chem., Zementindustrie, Maschinenbau. Zu M. gehört der Hafen- und Badeort **Marina di Massa.** – Dom (15. Jh., im 19. Jh. klassizistisch erweitert), Palazzo Cybo-Malaspina (1557–90) über einer älteren Villa errichtet, heute Präfektur; Kastell (15./16. Jh.). – M. wurde erstmals 882 erwähnt, seit dem 11. Jh. befestigte Siedlung auf einer Anhöhe **(Massa Vecchia);** wurde 1442 Signorie der Malaspina, die sie 1473 mit Carrara vereinigten; 1553 kam es an den Zweig der Cybo-Malaspina, die ab 1557 **Massa Nuova** (oder **Massa Cybea**) planmäßig in der Ebene anlegten. 1568 wurden sie Fürsten, 1664 Herzöge von M. Als die Linie 1731 im Mannesstamm erlosch, ging das Herzogtum M. und Carrara 1741 an das Haus Modena-Este über.

Massa-Carrara, Prov. in Italien, in der Toskana, 1 157 km², 200 300 Ew.; Verw.-Sitz ist Massa.

Massachusetts [mæsəˈtʃuːsets], Abk. **Mass.,** postamtlich **MA,** Bundesstaat im NO der USA, einer der Neuenglandstaaten, 23 934 km², (1994) 6,041 Mio. Ew. (1790: 378 800, 1850: 994 500, 1900: 2,805 Mio., 1950: 4,691 Mio., 1980: 5,737 Mio. Ew.). Hauptstadt ist Boston. Verw.-Gliederung in 14 Verw.-Bez. (Countys).
Staat und Recht: Verf. von 1780 (seither zahlreiche Änderungen); Senat mit 40, Repräsentantenhaus mit 160 Mitgl. – Im Kongress ist M. mit 2 Senatoren und 10 Abg. vertreten
Landesnatur: Im W erheben sich die Berkshire Hills (bis 1 064 m ü. M.) über die Rumpfflächen der nördl. Appalachen. Nach O schließt sich hügeliges Vorland an. Die reich gegliederte, im S sandige Flachküste springt in der →Cape Cod Peninsula weit in den Atlantik vor, im S vorgelagert die Inseln Martha's Vineyard und Nantucket. Das eiszeitlich überformte, von Seen durchsetzte Land ist von einem dichten Flussnetz durchzogen (u. a. Merrimack River im NO, Connecticut River im W). Das Klima ist gemäßigt, im W stärker kontinental. Zwei Drittel der Fläche sind bewaldet.
Bevölkerung: Der Anteil der Weißen belief sich 1990 auf 89,8 %, der der Schwarzen auf 5,0 %, andere 5,2 %. In Städten leben (1990) 84,3 % der Bev., bes. in den Ballungsräumen der Hauptstadt Boston, von Worcester und Springfield.
Wirtschaft: In der Landwirtschaft bestreiten Milchwirtschaft und Geflügelhaltung den größten Teil des Produktionswertes; daneben Anbau von Tabak, Gemüse, Obst, im Küstenland Preiselbeeren. M. ist an der Atlantikküste der USA führend in der Fischerei, bes. Fang von Hummern und Muscheln. Der weitaus wichtigste Wirtschaftszweig ist die Industrie. Elektrotechnik und Elektronik, ferner Maschinenbau, Nahrungsmittel-, Metall-, Textil-, Druckindustrie, Verlage. Wichtigster Standort ist →Boston. Eine starke Bindung des Hightechbereichs besteht an das Massachusetts Institute of Technology, die Universitäten (Harvard) u. a. Forschungsinstitute. Wirtschaftl. Bedeutung hat auch der Fremdenverkehr.
Geschichte: Das urspr. wohl wie ganz Neuengland von Indianern der Algonkin-Sprachfamilie bewohnte Gebiet von M., das möglicherweise bereits Wikinger unter LEIF ERIKSSON gesichtet hatten, wurde 1602 von dem engl. Seemann BARTHOLOMEW GOSNOLD aufgesucht, der Cape Cod seinen Namen gab. 1614 erforschte Kapitän J. SMITH die Küste. 1620 gründeten hier die Pilgerväter Plymouth (→Mayflower); kurz darauf entstanden Gloucester (1623) und Salem (1626). Unter einem 1629 der ›M. Bay Company‹ gewährten

königl. Freibrief erfolgte im Zuge der hauptsächlich religiös motivierten Massenauswanderung aus England die weitere Besiedlung der M. Bay Colony; das 1630 gegründete Boston wurde 1632 Hauptstadt. Es entstand ein theokrat. Gemeinwesen puritanisch-kongregationalist. Prägung. Schon 1636 wurde das Harvard College gegründet. Die Auseinandersetzungen mit den Indianern kulminierten im ›King Philip's War‹ (1675–76). Konflikte mit dem Mutterland führten 1684 zur Annullierung des Freibriefs von M. und 1686 zur Vereinigung mit den Nachbarkolonien zum ›Dominion of New England‹. Nach einer Revolte in Boston 1689 erhielt M. 1691 mit einem neuen Freibrief, der die Theokratie beseitigte, unter einem königl. Gouv. seine Selbstständigkeit unter Einbeziehung von Plymouth und Maine zurück. Im 18. Jh. durch Handel aufblühend, empfand es die merkantilist. und ab 1763 straffere Politik Englands bes. drückend, setzte sich dagegen zur Wehr (u. a. Boston Tea Party 1773, Gefecht bei Concord 1775) und wurde zum Vorkämpfer der Unabhängigkeitsbewegung. 1780 gab sich M. eine republikan. Verf. und nahm am 6. 2. 1788 als sechster Staat die Bundes-Verf. an. Im 19. Jh. erlebte es durch Industrialisierung eine wirtschaftl. Blüte und wurde zum Ausgangspunkt der Antisklavereibewegung. Um die Mitte des 19. Jh. verlor M. durch starke irische, später auch ital. Einwanderung seinen ausgeprägt angelsächs. Charakter. Während des Sezessionskrieges (1861 – 65) unterstützte es den Norden.

R. D. BROWN: M. A bicentennial history (New York 1978).

Massachusetts Institute of Technology [mæsəˈtʃuːsets ˈɪnstɪtjuːt əf tekˈnɒlədʒɪ], Abk. **MIT,** 1861 in Cambridge (Mass.) gegründete private wiss. Hochschule für Ingenieurwissenschaften. Das MIT gehört zu den bedeutendsten techn. Universitäten bzw. Einrichtungen mit Universitätsrang. Als Erste bezog sie auch die Wirtschafts-, Sozial- und Geisteswissenschaften in das Ingenieurstudium ein. – *Publikationen:* ›MIT Bulletin‹; ›Technology Review‹.

Massada, →Masada.

Massage [maˈsaːʒə; frz., wohl zu arab. mass ›berühren‹, ›betasten‹] *die, -/-n, Physiotherapie:* mechan. Einwirkung auf die Haut und die unter ihr liegenden Gewebe (Muskeln, Bindegewebe, Weichteile) unter Anwendung verschiedener Handgriffe wie Streichung, Reibung (bes. Friktion oder Frottieren, wobei eine eg-kreisförmig reibende Bewegung mit den Fingerspitzen oder einer Bürste ausgeführt wird), Knetung, Klopfung, Hackung, Klatschung, Schüttelung usw., zuweilen unter Zuhilfenahme von M.-Geräten oder von Gleitmitteln (→Massagemittel). Neben der Steigerung der Durchblutung und der örtl. Freisetzung von körpereigenen Wirkstoffen (z. B. Histamin, Acetylcholin) wird zusätzlich eine Tonisierung des Gefäßsystems und der inneren Organe erreicht.

M. werden bei Leistungssportlern (Lockerungs- und Kräftigungs-M.) oder im Rahmen einer körperl. Ertüchtigung angewendet (›Fitnesstraining‹), v. a. aber als **Teil-** oder **Ganzkörper-M.** bei Erkrankungen des Bewegungsapparates (z. B. Verletzungen, Nerven- oder Muskelschäden) und des Kreislaufs (z. B. Durchblutungsstörungen). Sonderformen der M. stellen die Anwendung von elektr. Strömen (→Elektrotherapie), Druckwasserstrahlen (z. B. **Unterwasser-M.**) oder Unterdruck dar **(Saug-M.).** Eine Spezialform der →Reflexzonenmassage ist die →Bindegewebsmassage.

Massagemittel [maˈsaːʒə-], flüssige oder cremige kosmet. Mittel, die beim Massieren das Gleiten verbessern und die Hautquellung vermindern sollen. M. enthalten Schmiermittel wie Mineralöle, Siliconöle oder Pflanzenöle sowie Wollwachs oder Cetylalkohol zur Verbesserung des Haftvermögens.

Massageten, antikes Nomadenvolk iran. Herkunft, die ›spitzmützigen Saken‹ der Dareiosinschrift von Bisutun; siedelten zw. Kasp. Meer und Aralsee. KYROS II., D. GR., fiel nach HERODOT im Kampf gegen die massaget. Königin TOMYRIS (530 v. Chr.); DAREIOS I., D. GR., besiegte 520 v. Chr. den M.-König SKUNCHA. Die M. gingen später in anderen Steppenvölkern auf.

K. JETTMAR: Die frühen Steppenvölker (Neuausg. 1980).

Massai, afrikan. Volk, →Masai.

Massaker [frz.] *das, -s/-,* die Ermordung einer großen Anzahl von (unschuldigen, wehrlosen) Menschen.

Massa Marittima, Stadt in der Prov. Grosseto, Italien, am SW-Hang des Toskan. Erzgebirges, 380 m ü. M., 9 300 Ew.; Bischofssitz; Bergbautechnikum, archäolog., mineralog. Museum. – Mittelalterl. Stadtbild mit Bauten v. a. des 13. und 14. Jh. (Palazzo Pretorio, Palazzo Comunale, Festung); Dom (1304 vollendet). – Altes Zentrum des Bergbaus (Kupfer-, Silber- u. a. Erze); seit dem 16. Jh. durch Malaria entvölkert, erholte sich die Stadt erst nach Trockenlegung der Maremmen (19./20. Jh.).

Maß|analyse, Titrimetrie, Volumetrie, Bestimmungsverfahren der chem. Analyse, bei dem die zu bestimmende gelöste Substanz **(Titrand)** mit einer weiteren, ebenfalls meist in Lösung befindl. Substanz bekannter Konzentration **(Titrans, Titrierflüssigkeit, Maßlösung)** bis zu einem durch ein Indikatorsystem angezeigten Endpunkt **(Äquivalenzpunkt)** umgesetzt wird. Zur Abmessung der Maßlösung dient die →Bürette. Der Bestimmungsvorgang heißt **Titration.** Je nach dem Reaktionstyp der maßanalyt. Bestimmung gibt es Redoxtitrationen (→Oxidimetrie), Säure-Base-Titrationen (→Alkalimetrie, →Acidimetrie), Komplexbildungstitrationen (→Komplexometrie) und →Fällungstitrationen. Meist wird der Endpunkt der Titration durch die Farbänderung eines zugesetzten Indikators oder auf elektrochem. Weg erkannt (Amperometrie, Konduktometrie, Potenziometrie, Dead-Stop-Titration). Für Serienanalysen werden heute Titrierautomaten eingesetzt.

Massary [-ri], Fritzi, eigtl. **Friederike Massaryk,** österr. Sängerin und Schauspielerin, *Wien 21. 3. 1882, †Beverly Hills (Calif.) 30. 1. 1969; seit 1918 ∞ mit M. PALLENBERG; feierte als Revue- und Operettenstar ab 1904 v. a. in Berlin Triumphe; war auch als Schauspielerin in Konversationsstücken erfolgreich; emigrierte 1933 nach London, später in die USA.

O. SCHNEIDEREIT: F. M. (Berlin-Ost 1970).

Massaua, Massawa, Meseuwa, Hafenstadt in Eritrea, an der Küste des Roten Meeres auf mehreren Inseln und Halbinseln, 40 000 Ew.; Zementfabrik, Salzgewinnung; Bahnendpunkt, Flugplatz. – M. ist einer der heißesten Orte der Erde (Jahresmittel 30 °C) bei hoher Luftfeuchtigkeit.

Massa und Meriba, Quellorte bei der Wüstenwanderung der Israeliten, an denen MOSE nach den bibl. Berichten Wasser aus dem Felsen schlug (2. Mos. 17, 7; 5. Mos. 33, 8 u. a.); vermutlich im heutigen Grenzbereich von Israel und Ägypten gelegen.

Masse [spätahd. massa, über lat. von griech. mâza ›Teig aus Gerstenmehl‹, ›Fladen‹, ›Klumpen (aus Metall)‹], **1)** *allg.:* 1) ungeformter, meist breiiger Stoff; unstrukturierte, meist weiche Materie; 2) große Anzahl, Menge.

2) *Elektrotechnik:* Gesamtheit aller leitfähigen Bauteile von Anlagen und Betriebsmitteln, im Normalfall von den Spannung führenden Teilen getrennt.

3) *Physik:* Formelzeichen m, physikal. Grundeigenschaft aller Körper, die sich in der Trägheit und Gravitation der Materie äußert. Die M. ist eine der Basisgrößen des Internat. Einheitensystems; SI-Einheit ist das →Kilogramm (→Masseneinheit).

Der Begriff der M. eines Körpers umfasst im strengen Sinn zwei im Erscheinungsbild unterschiedl. Eigenschaften: Jeder Körper setzt einer Änderung sei-

Mass Masse

nes Bewegungszustandes einen Widerstand (Trägheit) entgegen, dessen Ursache seine **träge M.** (m_t) ist. Sie ist in der klass. Mechanik nach dem 2. newtonschen Axiom der Proportionalitätsfaktor, welcher die durch eine äußere →Kraft F hervorgerufene Beschleunigung a mit F verknüpft: $F = m_t a$. Die **schwere M.** (m_s) ergibt sich aus dem newtonschen Gravitationsgesetz: $F = G m_{1s} m_{2s}/r^2$ (→Gravitation) und ist die Ursache der Anziehung, die die Körper aufeinander ausüben, z. B. der Gewichtskraft der Körper im Schwerefeld der Erde. Die Erfahrung zeigt, dass träge und schwere M. einander streng proportional sind. Dies äußert sich z. B. darin, dass bei Abwesenheit des Luftwiderstands alle Körper im Gravitationsfeld der Erde die gleiche Beschleunigung erfahren, d. h. der freie Fall nicht von der M. des fallenden Körpers abhängt; dies ist durch zahlr. Präzisionsmessungen (z. B. Eötvös-Versuch) bestätigt worden. Schwere und träge M. können daher als gleich behandelt werden und es kann $m_s = m_t = m$ gesetzt werden. Diese Äquivalenz bildet eine der Grundlagen der allgemeinen →Relativitätstheorie.

Für die M. gilt in der klass. (nichtrelativist.) Physik ein Erhaltungssatz, wonach M. nicht entstehen oder vergehen kann. Die aus der speziellen Relativitätstheorie folgende →Masse-Energie-Äquivalenz zeigt aber, dass die M. selbst eine besondere Form der Energie ist. Der klass. Satz von der Erhaltung der M. verliert so seine Gültigkeit, und an seine Stelle tritt der universell gültige Satz von der Erhaltung der Energie.

Aus der speziellen Relativitätstheorie folgt auch, dass die M. vom Bewegungszustand des Körpers abhängt (**relativistische Massenveränderlichkeit**). Sie nimmt mit wachsender Geschwindigkeit v zu: Die Aussage des 2. newtonschen Axioms behält in der speziellen Relativitätstheorie ihre Gültigkeit, wenn das Produkt aus M. und Beschleunigung des betrachteten Körpers durch die Ableitung seines Impulses $p = mv$ nach der Zeit t ersetzt wird: $F = dp/dt$. Nach den Gesetzen der speziellen Relativitätstheorie ist dies gleichbedeutend mit dem Ausdruck $F = d(m_0 v/\sqrt{1-v^2/c^2})/dt$, in dem v der Betrag von v und c die Lichtgeschwindigkeit im Vakuum ist; m_0 ist die →Ruhemasse des Körpers, d. h. die M., die er in dem Inertialsystem hat, in dem er ruht, $m = m_0/\sqrt{1-v^2/c^2}$ ist seine **relativistische M.** im Inertialsystem, relativ zu dem er sich mit der Geschwindigkeit v bewegt. Für F ergeben sich zwei bes. einfache Ausdrücke, wenn die Beschleunigung $a = dv/dt$ der Geschwindigkeit gleichgerichtet ist oder auf ihr senkrecht steht: Im ersten Fall ergibt sich die Beziehung $F = m_0 a/(1-v^2/c^2)^{3/2}$, im zweiten Fall $F = m_0 a/(1-v^2/c^2)^{1/2}$. Die zugehörigen M. $m_L = m_0/(1-v^2/c^2)^{3/2}$ und $m_T = m_0/(1-v^2/c^2)^{1/2}$ werden als **longitudinale M.** bzw. als **transversale M.** bezeichnet. Die relativist. M., und folglich auch die longitudinale und die transversale M., geht im Falle von Geschwindigkeiten, die klein gegen die Lichtgeschwindigkeit sind, in die Ruhemasse über, d. h. in die konstante M. der klass. Physik.

Für Teilchen in einem Festkörper (z. B. Elektronen im Potenzial eines Kristallgitters) wird häufig eine →effektive Masse eingeführt, die von der M. der freien Teilchen aufgrund der gegenüber dem Vakuum veränderten Umgebung abweicht.

4) *Politik und Sozialwissenschaften:* In der Zeit der Frz. Revolution bezeichnete M. die damals neuartige Erfahrung, dass größere, ungeordnete und auch sozial unstrukturierte Bev.-Gruppen in polit. und sozialer Hinsicht als Akteure in der Öffentlichkeit auftraten, ja diese zu bestimmen trachteten (Masse du Peuple, Levée en masse). Bereits in der konservativen Kritik der Revolution wurde dem Begriff eine abschätzige Bedeutung beigemischt, die sich im 19. Jh. angesichts der durch die industrielle Revolution noch gesteigerten Umbruchserfahrungen (›M.-Elend‹) verstärkte und in der Zeit vor dem Zweiten Weltkrieg in den negativ besetzten Begriff der **M.-Gesellschaft** mündete. Dieser diente weniger der gesellschaftstheoret. Analyse als vielmehr der Thematisierung eines Unbehagens an der Moderne, das sich, sei es aus individualist. Sicht gegen die Herrschaft von Großorganisationen, Bürokratie und M.-Konsum, sei es aus konservativer Sicht gegen Traditionsverfall, Vereinzelung und Entfremdung wandte. Während so dem Führungsanspruch von Eliten und Individuen das Wort geredet und diesen eine strukturlose Vielzahl (M.) anonym lebender Menschen gegenübergestellt wurde, die allenfalls in autoritär geführten Großorganisationen ein freilich entfremdetes und konsumorientiertes Leben fristen könnten, gewann der Begriff der M. in der sozialistisch-kommunist. Tradition eine positive Färbung, da hiermit zeitweise auch die revolutionär aktive Gesellschaft (›M.-Organisationen‹) angesprochen wurde.

Als Thema sozialwiss., v. a. sozialpsycholog. Erörterung trat M. bereits in den 1920er-Jahren in Erscheinung, etwa bei S. Freud, der zunächst an die M.-Psychologie G. Le Bons anknüpfte, zugleich aber die Voraussetzungen dafür schuf, von einer medizin. zu einer sozialpsycholog. Deutung der M.-Phänomene zu gelangen. Nach dem Zweiten Weltkrieg wurde M. im Rahmen von Forschungen zum Kommunikationsverhalten, zur Gruppensoziologie, zu polit. Organisationsformen und aus kulturanthropolog. Perspektive (E. Canetti) bearbeitet. Im Vordergrund standen zum einen Fragen nach den psych. und sozialen Auswirkungen und Funktionsweisen von M., zum anderen die psych. und kulturellen Voraussetzungen, die Individuen dazu bringen, sich in M. zu organisieren bzw. sich ihnen zu überlassen (→kollektives Verhalten). Diese Fragen wurden in der älteren Forschung auch im Rückgriff auf medizin. Termini (›M.-Hysterie‹) behandelt; neuere Untersuchungen weisen dagegen auf die soziostrukturellen (Entfremdung, Desintegration, Gewaltbereitschaft) und individualpsychol. Voraussetzungen (Angst, Konformismus, Aggressionsbereitschaft) hin und suchen nach zugrunde liegenden Interaktions- bzw. Sozialisationsmustern. Im Zentrum empir. Untersuchungen stehen heute u. a. Arbeiten zu M.-Medien, M.-Kommunikation und M.-Konsum (→Massenkultur).

T. Geiger: Die M. u. ihre Aktion. Ein Beitr. zur Soziologie der Revolutionen (1926, Nachdr. 1987); H. de Man: Vermassung u. Kulturverfall (Bern ³1970); A. Mitscherlich: Massenpsychologie ohne Ressentiment (1972); Konformismus, Nonkonformismus. Kulturstile, soziale Mechanismen u. Handlungsalternativen, hg. v. Lipp (1975); G. LeBon: Psychologie der Massen (a. d. Frz., ¹⁵1982); D. Riesman u. a.: Die einsame M. Eine Unters. der Wandlungen des amerikan. Charakters (a. d. Amerikan., 124.–126. Tsd. 1982); Soziologie der M., hg. v. H. Pross u. a. (1984); S. Moscovici: Das Zeitalter der Massen. Eine histor. Abh. über die Massenpsychologie (a. d. Frz., Neuausg. 1986); B. Bettelheim: Aufstand gegen die M. (a. d. Amerikan., Neuausg. 1989); H. König: Zivilisation u. Leidenschaften. Die M. im bürgerl. Zeitalter (1992); J. Ortega y Gasset: Aufstand der Massen (a. d. Span., Neuausg. 426.–428. Tsd. 1993); P. R. Hofstätter: Gruppendynamik. Kritik der Gruppenpsychologie (Neuausg. ³1993); A. Schade: Vorstudien für eine neue Soziologie der M. (1993); Die Gruppe. Identität in der M., hg. vom Internat. Forum für Gestaltung Ulm (1994); H. Marcuse: Der eindimensionale Mensch (a. d. Amerikan., Neuausg. 1994); S. Freud: Massenpsychologie u. Ich-Analyse (Neuausg. 7.–8. Tsd. 1995); E. Fromm: Die Furcht vor der Freiheit (a. d. Amerikan., Neuausg. ⁵1995); R. Gries u. a.: Ins Gehirn der M. kriechen! (1995); E. Canetti: M. u. Macht (Neuausg. 1996).

5) *Recht:* das Vermögen eines Erblassers (Erb-M.) oder eines Gemeinschuldners im Zeitpunkt der Konkurseröffnung (Konkurs-M.). Die ab 1. 1. 1999 geltende →Insolvenzordnung verwendet die Bez. **Insol-**

venz-M.; zur Insolvenz-M. (§ 35) gehört auch das während des Insolvenzverfahrens erworbene Vermögen des Schuldners.

6) *Statistik:* die →Grundgesamtheit.

Massé [frz.] *der, -(s)/-s, Billard:* Stoß, der einen kräftigen Vorwärtseffet vermittelt, weil der Spielball genau zentral getroffen wird; Ggs.: →Piqué.

Masseben [hebr.], *Sg.* **Massebe** *die, -,* kult. Steinpfeiler (Stelen) als Wohnsitz oder Repräsentation der männl. Fruchtbarkeitsgottheit in den altsemit. Religionen, im A.T. teils für Jahwe in Anspruch genommen (1. Mos. 28, 10 ff.), teils bekämpft (5. Mos. 16, 22); auch als Grab-, Grenz- und Erinnerungssteine in urspr. kult. Funktion. (→Steinkult)

Masse-Energie-Äquivalenz, die aus der speziellen →Relativitätstheorie folgende Relation zw. Energie und Masse, nach der jeder Form von Energie ein Masseäquivalent entspricht und jeder Masse ein Energieäquivalent. Der Zusammenhang zw. Energie E und relativist. Masse m wird durch die Einstein-Gleichung $E = mc^2$ (c Lichtgeschwindigkeit) gegeben. Die M.-E.-Ä. hat durch die Möglichkeit der Umwandlung von Masse in Energie bei Elementarteilchenprozessen große prakt. Bedeutung erlangt. Beispiele hierfür sind die Paarbildung und die Paarvernichtung und bes. der Massendefekt der Kerne, auf dessen Abhängigkeit von der Nukleonenzahl die Möglichkeit der Freisetzung von Kernenergie durch Kernspaltung oder Kernfusion beruht.

Maßeinheiten, frühere Bez. für →Einheiten.

Maßel, Mühlmaßel, frühere österr. Volumeneinheit für Getreide, 1 M. = 3,844 l.

Massel [ital., eigtl. ›kleine Masse‹] *die, -/-n,* massiver, durch Gießen im →Masselbett oder in einer Kokille hergestellter Barren aus Roheisen oder einer Umschmelzlegierung.

Masselbett, offene Sandformen, in denen Roheisenmassen unmittelbar aus dem Hochofen gegossen werden.

Masse-Leuchtkraft-Beziehung, *Astronomie:* Beziehung zw. Masse M und →Leuchtkraft L bei Hauptreihensternen, nach der die Leuchtkraft (bzw. die absolute bolometr. Helligkeit M_{bol}) mit der Masse zunimmt (1924 von A. S. EDDINGTON postuliert); im Mittel gilt die Beziehung $L \sim M^{3,5}$. Daneben besteht für Hauptreihensterne auch eine **Masse-Radius-Beziehung,** nach der mit wachsender Masse auch der Radius wächst. Beide Beziehungen sind von großer Bedeutung für die Theorie des Sternaufbaus.

Masséna, André, Herzog **von Rivoli** (seit 1808), Fürst **von Essling** (seit 1810), frz. Marschall, * Levens (bei Nizza) 6. 5. 1758, † Paris 4. 4. 1817; zeichnete sich in den Frz. Revolutionskriegen und den Napoleon. Kriegen 1797 bei Rivoli, 1799 bei Zürich und 1809 bei Aspern und Eßling aus. 1810–12 war er Oberbefehlshaber in Portugal, schloss er sich 1814 LUDWIG XVIII. an.

Massenanteil, *Chemie:* →Konzentration.

Massenanziehung, die →Gravitation.

Massenausgleich, *Maschinenbau:* der Ausgleich der →Massenkräfte.

Massenbedarfsgüter, →Massengüter.

Massenbelegung, Flächenmasse, Flächengewicht, Quotient aus der Masse und der Fläche z. B. eines dünnschichtigen Werkstoffs oder einer flächenartigen Konstruktion. SI-Einheit ist kg/m².

Massenbewegung, *Geomorphologie:* alle Prozesse der →Denudation, die vorwiegend ohne oder seltener mithilfe eines Transportmediums unter dem Einfluss der Schwerkraft an Hängen und Felswänden ablaufen. Zur **trockenen M.** gehören Steinschlag, Fels- und Bergsturz, zur **feuchten M.,** die durch starke Durchfeuchtung von Lockermaterial ausgelöst wird, Rutschungen, Bodenfließen, Gekriech und Solifluk-

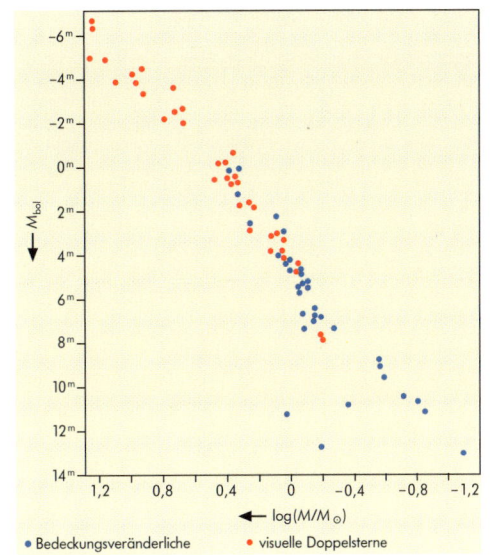

Masse-Leuchtkraft-Beziehung (empirisch): Eingezeichnet ist die absolute bolometrische Helligkeit M_{bol} gegen den Logarithmus des Verhältnisses der Sternmasse M zur Sonnenmasse $M_\odot$; die drei herausfallenden Punkte gehören zu den Weißen Zwergen

tion (Letztere unter Mitwirkung von lateralem Bodeneisdruck).

Massendefekt, *Kernphysik:* der →Kernbindungsenergie E_B eines →Kerns mit der Kernladungszahl Z und der Neutronenzahl N entsprechende Differenz Δm zw. der Summe von Z-facher Protonenmasse m_P und N-facher Neutronenmasse m_N und der tatsächl. Masse m des Kerns: $\Delta m = Zm_P + Nm_N - m$. Dabei gilt $E_B = \Delta mc^2$, mit c als Vakuumlichtgeschwindigkeit. Wegen dieses Zusammenhangs wird neben der atomaren Masseneinheit als Einheit des M. häufig MeV/c^2 (oder einfach MeV) verwendet.

Massendrucksache, frühere postal. Sendungsart im Briefdienst (→Infopost).

Massen|einheit, zur quantitativen Festlegung (Messung) einer Masse verwendete Vergleichsgröße (Einheit). Die in Wiss. und Technik internat. verwendete, in Dtl. gesetzl. M. ist das →Kilogramm einschließlich seiner dezimalen Vielfachen und Teile (Gramm, Milligramm usw.). Daneben sind in Dtl. im amtl. und geschäftl. Verkehr gesetzlich zugelassen: das metr. →Karat (nur bei der Angabe der Masse von Edelsteinen) und die →atomare Masseneinheit (Einheitenzeichen: u). In der Kernphysik wird häufig die Einheit Megaelektronenvolt durch Quadrat der Lichtgeschwindigkeit (MeV/c^2) verwendet, die den Vergleich mit den entsprechenden Energien zulässt.

Massen|entlassung, anzeigepflichtige Entlassung, *Arbeitsrecht:* anzeigepflichtige einmalige oder etappenweise Entlassung von Arbeitnehmern durch eine vom Arbeitgeber veranlasste Kündigung; eine M. liegt nach §17 Kündigungsschutz-Ges. vor, wenn in Betrieben mit 20 bis 59 Arbeitnehmern mehr als 5, bei 60 bis 499 Arbeitnehmern 10% oder mehr als 25, bei 500 und mehr Arbeitnehmern mindestens 30 Arbeitnehmer innerhalb von 30 Kalendertagen entlassen werden. In die für M. maßgebl. Zahl von Entlassungen sind grundsätzlich alle Auflösungen von Arbeitsverträgen einzubeziehen, soweit sie vom Arbeitgeber veranlasst wurden (z. B. Aufhebungsverträge, Eigenkündigungen des Arbeitnehmers), nicht jedoch fristlose Entlassungen.

André Masséna

Vor einer beabsichtigten M. muss der Arbeitgeber den Betriebsrat umfassend und rechtzeitig informieren (insbesondere schriftlich über die Entlassungsgründe, die Zahl und die Berufsgruppen der zu entlassenden Arbeitnehmer sowie der i. d. R. beschäftigten Arbeitnehmer, den Entlassungszeitraum, die vorgesehenen Kriterien für die Auswahl der zu entlassenden Arbeitnehmer und für die Berechnung etwaiger Abfindungen) und anhören. Des Weiteren muss er die M. dem zuständigen Arbeitsamt schriftlich mit der Stellungnahme des Betriebsrats anzeigen. Auskunfts-, Beratungs- und Anzeigepflichten gelten auch dann, wenn die Entscheidung über die M. von einem den Arbeitgeber beherrschenden Unternehmen getroffen wird (Konzernregelung). Nach Erstattung der Anzeige setzt eine einmonatige Entlassungssperre ein. Entlassungen innerhalb der Sperrfrist werden nur wirksam, wenn das Landesarbeitsamt zugestimmt hat. Entlassungen ohne die erforderl. Anzeige sind nur unwirksam, soweit sich der Arbeitnehmer auf den Mangel beruft. – Auch erkennbare Veränderungen des Betriebes, die innerhalb der nächsten zwölf Monate voraussichtlich zu M. führen, hat der Arbeitgeber dem Präs. des Landesarbeitsamts mitzuteilen (§ 8 AFG).

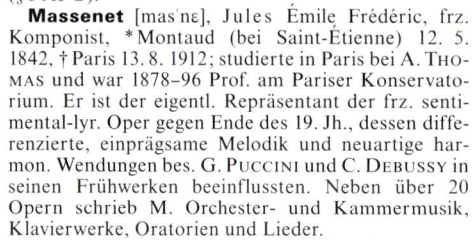

Massenet [mas'nɛ], Jules Émile Frédéric, frz. Komponist, *Montaud (bei Saint-Étienne) 12. 5. 1842, † Paris 13. 8. 1912; studierte in Paris bei A. Thomas und war 1878–96 Prof. am Pariser Konservatorium. Er ist der bedeutendste Repräsentant der frz. sentimental-lyr. Oper gegen Ende des 19. Jh., dessen differenzierte, einprägsame Melodik und neuartige harmon. Wendungen G. Puccini und C. Debussy in seinen Frühwerken beeinflussten. Neben über 20 Opern schrieb M. Orchester- und Kammermusik, Klavierwerke, Oratorien und Lieder.

Werke: *Opern:* Manon (1884, nach A. F. Prévost d'Exiles); Werther (1892, nach Goethe); Thaïs (1894, mit einer populär gewordenen ›Méditation‹); Esclarmonde (1889); Le jongleur de Notre-Dame (1902); Thérèse (1907); Don Quichotte (1910).

J. Harding: M. (London 1970); P. Bessand-Massenet: M. (Paris 1979); G. R. Marschall: M. et la fixation de la forme mélodique française (Saarbrücken 1988).

Massenfertigung, Massenproduktion, die Herstellung gleicher Erzeugnisse in sehr großen Stückzahlen im Unterschied zur Einzel- oder Serienfertigung. Unter Verzicht auf Flexibilität der Herstellungsmöglichkeiten können die Fertigungseinrichtungen für eine M. sehr stark spezialisiert und im Hinblick auf die stets wiederkehrenden Arbeitsgänge automatisiert werden. Der Kapitalaufwand hierfür verteilt sich auf eine so große Anzahl von Werkstücken, dass die Wirtschaftlichkeit der Investitionen gewährleistet ist. Die Arbeitskosten für das häufige Ein- und Umrüsten von Fertigungseinrichtungen entfallen. Das Gesamtergebnis besteht daher in der Herabsetzung der Stückkosten bei gleicher Qualität **(Gesetz der Massenproduktion),** da sich bei zunehmender Stückzahl die fixen Kosten auf eine immer größere Produktmenge verteilen (Degression der fixen Kosten). Die hohen Bereitschaftskosten führen zu einer relativ geringen Anpassungsfähigkeit an Änderungen des Beschäftigungsgrades und zu einer erhöhten Krisenanfälligkeit des Betriebes. Aus den techn. Bedingungen der M. erwachsen durch das Überwiegen monotoner, unkreativer Tätigkeiten Belastungen für die Arbeitnehmer (→Fließfertigung). Unter kulturkrit. Aspekt wird auf die Probleme des mit der M. zusammenhängenden Massenkonsums hingewiesen. (→Produktion)

Massenfilter, *Physik:* →Quadrupolmassenfilter.

Massengesellschaft, *Politik* und *Sozialwissenschaften:* im 20. Jh. in der sozialwiss. Diskussion geprägter Begriff zur Charakterisierung moderner Gesellschaften, die wesentlich durch die Verhaltensweisen großer Bev.-Gruppen bestimmt werden; im allgemeinen Sprachgebrauch jedoch fast ausschließlich negativ besetzt (→Masse).

Massengesteine, die →magmatischen Gesteine; auch Bez. für alle kompakten Gesteine von großer Mächtigkeit, im Ggs. zu gut geschichteten oder stark klüftigen Gesteinen.

Massengüter, Güter, die in großen Mengen für viele Nachfrager (Konsumenten und Produzenten) über einen i. d. R. langen Zeitraum hergestellt werden. M. sind zum einen Industrieerzeugnisse (Produktionsgüter), die meist bei hohem Gewicht nur einen relativ geringen Wert darstellen, sodass Transport- und Standortfragen eine große Rolle spielen (›transportempfindl. Güter‹ wie Kies, Kohle, Erze, Getreide). Zum anderen werden als M. **(Massenprodukte, Massenbedarfsgüter, Massenwaren)** Konsumgüter bezeichnet, die als Gebrauchs- oder Verbrauchsgüter in Massenfertigung und für anonyme Märkte in ident. Aufmachung und Ausstattung hergestellt und i. d. R. über Großbetriebsformen des Einzelhandels abgesetzt werden.

Massengutfrachter, der →Bulkcarrier.

Massenkalk, ungeschichteter, kompakter Kalkstein von großer Mächtigkeit, v. a. aus Korallenriffstöcken hervorgegangen.

Massenkommunikation, umfassender Begriff für die Voraussetzungen, Institutionen, Formen und Folgen der gesellschaftl. Kommunikation in einer u. a. durch Technik, Wissenschaft und Wirtschaft entwickelten und funktional differenzierten Gesellschaft. Im Unterschied zu einem direkten, von Einzelpersonen oder sozialen Gruppen getragenen Austausch von Informationen hebt M. darauf ab, dass Informationen mithilfe techn. Mittel zentral bzw. öffentlich an ein breites, ja unübersichtl., anonymes (Massen-)Publikum weitergegeben werden (→Massenmedien). Die Entstehung der M. ist so einerseits an die Fortentwicklung techn. Möglichkeiten der Informationsübertragung gebunden, andererseits nimmt sie Bezug auf den sich seit dem 19. Jh. vollziehenden →sozialen Wandel, in dessen Verlauf immer weitere Kreise der Bev. zu Adressaten von M.-Angeboten wurden. Neben der Werbung und der Attraktivität des Hörfunks weckten in der Zwischenkriegszeit v. a. die Erfahrungen mit den polit. Möglichkeiten der M. (kommunist. und faschist. Massenmobilisierung in Europa unter Einsatz der M.-Mittel) in den USA das Forschungsinteresse an M. Nach einer 1948 von H. D. Lasswell geprägten Formel lässt sich die Untersuchung der M. in die Bereiche Kommunikator (Sender, Vermittler), Inhalt, Empfänger, Medien, Formen des Kommunikationsprozesses und Wirkungen der M. einteilen; besondere Aufmerksamkeit finden dabei neben der polit. Einflussnahme auf und durch M. und den wirtschaftl. Verflechtungen der Akteure die inhaltlich vermittelten Botschaften und Konsequenzen der M. sowie die Fragen der Gruppenabhängigkeit und Netzwerkbezogenheit öffentl. Kommunikation. In systemtheoret. Perspektive spielt M. bes. als Möglichkeit der Reduktion von Komplexität und als Vorstrukturierung von Entscheidungen eine wichtige Rolle (N. Luhmann).

Hatte M. in demokratietheoret. Hinsicht (Öffentlichkeit als ›vierte Gewalt‹) immer schon große Bedeutung, so nimmt sie auch in der Entwicklungsländerforschung einen wichtigen Stellenwert ein und findet als Indikator für polit., wirtschaftl. und soziale Strukturen im Rahmen der Umbruchprozesse in Europa seit 1989/90 Beachtung. Unter einer postmodernen Perspektive (›Entdinglichung des Sozialen‹, B. Giesen) wird bes. der gesellschaftlich organisierte ›Markt der Meinungen‹ und die massenmediale Konstruktion

Jules Massenet

von Realitäten thematisiert. (→Kommunikationswissenschaft, →Medienforschung)

M. Eine Langzeitstudie zur Mediennutzung u. Medienbewertung, hg. v. K. BERG u. M.-L. KIEFER, auf mehrere Bde. ber. (1978ff.); G. MALETZKE: Psychologie der M. (³1979); A. SILBERMANN: Hwb. der M. u. Medienforschung, 2 Bde. (1982); H. GIBAS: Pädagogik der M. Grundlagen – Anregungen – Forderungen (1985); D. McQUAIL: Mass communication theory (London ²1987); M. Theorien, Methoden, Befunde, hg. v. M. KAASE u.a. (1989); B. GIESEN: Die Entdinglichung des Sozialen. Eine evolutionstheoret. Perspektive auf die Postmoderne (1991); P. HUNZIKER: Medien, Kommunikation u. Gesellschaft. Einf. in die Soziologie der M. (²1996); M. JÄCKEL: Wahlfreiheit in der Fernsehnutzung. Eine soziolog. Analyse zur Individualisierung der M. (1996); Publizistik, M., hg. v. E. NOELLE-NEUMANN u.a. (Neuausg. 10.–13. Tsd. 1996).

Massenkonsum, der von den Bedingungen der →Massenfertigung bestimmte Konsum von Waren. Kennzeichnend sind der Erwerb und rasche Verbrauch (›Wegwerfgesellschaft‹) einer großen Zahl seriell gefertigter, z. T. auf begrenzte Haltbarkeit berechneter, vom Preis her erschwinglicher, standardisierter, in Ausstattung und Form der Mode unterworfener Güter durch eine hohe Zahl von Konsumenten, für die sie zugleich Mittel eines Statuswettbewerbs sind. M. ist typisch für die hoch entwickelte Industriegesellschaft (›Konsumgesellschaft‹).

Massenkräfte, *Maschinenbau:* von rotierenden Maschinenteilen, die sich nicht um ihren Schwerpunkt drehen, erzeugte Kräfte (Fliehkräfte); sie wachsen quadratisch mit der Drehzahl. Durch Anbringen von Gegengewichten, die entgegengesetzt gerichtete M. erzeugen, oder besondere Anordnung der rotierenden Teile lassen sich solche Fliehkräfte ›ausgleichen‹, sodass sie nach außen nicht in Erscheinung treten **(Massenausgleich).** Hin- und hergehende (oszillierende) Maschinenteile erzeugen oszillierende M., die sich proportional zur Beschleunigung der Teile verhalten. Da ihr Ausgleich oft mit einem hohen Bauaufwand verbunden ist, wird häufig auf einen vollständigen Ausgleich verzichtet.

Massenkultur, Begriff der sozial- und kulturwissenschaftl. Sphäre, der sich einerseits auf die Tradition der Kulturkritik (›Massengesellschaft‹), andererseits auf die sozialen Konsequenzen und Begleiterscheinungen des techn. Fortschritts der Kommunikationsmöglichkeiten (›Massenmedien‹, ›Massenkommunikation‹) bezieht. Wie diese Bedeutungsfelder war der Begriff selbst starken Schwankungen in Bewertung und Bedeutungsbereich unterworfen. ›Konjunkturen‹ hatte er in der Zwischenkriegszeit, in den 1950er-Jahren, in den Jahren nach 1968 und in den 1990er-Jahren, wobei er in den jeweils aktuellen Diskussionen mit unterschiedl. Akzenten benutzt wurde. Der Häufigkeit des Gebrauchs entspricht eine inhaltl. Unschärfe, die nicht zuletzt dadurch zustande kommt, dass die beiden Wortbestandteile unterschiedl. Traditionen entstammen und unterschiedl. Bewertungen erfahren haben. ›Kultur‹ gehört gerade in der dt. Tradition zu den hoch bewerteten Begriffen für die Selbstdefinition eines Menschen bzw. einer Gruppe oder Gesellschaft; ›Masse‹ verweist – mit Ausnahme der sozialistisch-kommunistisch geprägten Idee von den ›revolutionären Massen‹ und ihren entsprechenden kulturellen Bedürfnissen – auf die gesellschafts- und modernitätskrit. Tradition der dt. Kulturkritik seit dem 19. Jh. In der Folge wurde M. vornehmlich mit dem ›Gesamt der westl. Industrienationen als massengesellschaftlich organisierte Trivialkultur‹ (H.-G. SOEFFNER) verstanden und abgewertet.

In einem weiten Sinn dient der Begriff zunächst zur Bez. der von den modernen Industriegesellschaften hervorgebrachten bzw. geprägten Kultur auf der Ebene des Alltags. Sie ist gebunden an deren Marktmechanismen und egalitäre, partizipator. Tendenzen, die technisch verbesserten bzw. innovatorisch erweiterten Kommunikationsmöglichkeiten und an die Konsumangebote. In einem engen Sinn bezeichnet M. die durch das Massenmedien und die Werbung geprägte bzw. geschaffene Kultur, wobei Kultur hier enger als Bez. für die durch Medien und Konsumindustrie hergestellten Kulturprodukte gefasst werden kann oder auch die mit diesen Kulturgütern verbundenen Verhaltensorientierungen (Freizeitmuster, Mode, Sprachcodes) ansprechen soll. Auf einer mittleren Ebene wird M. schließlich als Ausdruck einer durch die Industriegesellschaften hervorgebrachten bzw. geförderten Angleichung der Lebensverhältnisse und Wertorientierungen breiter Bevölkerungsteile verstanden.

Deutungsmuster

Konservative Kritiker der M. wiesen im Anschluss an F. NIETZSCHE, der als Erster seine Kritik der Moderne auf der Basis einer Kritik der M. begründet hatte, zunächst v. a. auf die in ihr zum Ausdruck kommenden Nivellierungen hin (H. DE MAN, E. MORIN), während marxistisch beeinflusste Kritiker M. als Ausdruck gesellschaftl. Entfremdungs- und Ausbeutungsabsichten deuteten (W. F. HAUG). Liberale Kritiker (E. SHILS) und im Besonderen semiotisch bzw. poststrukturalistisch orientierte Beobachter (R. BARTHES, U. ECO) haben dagegen schon früh auf die innovatorischen, unterhaltenden und spielerischen, ja partizipator. Elemente der M. sowie auf das darin zum Ausdruck kommende Orientierungs- und Artikulationsinteresse von Individuen, Gruppen und Bevölkerungsmehrheiten hingewiesen. Eine eigenständige Theorie der M. hat ihren Ursprung im Umfeld der Frankfurter Schule bzw. der kritischen Theorie; diese stellte einerseits den entfremdeten, instrumentalisierten und auf die Steigerung von Konsum angelegten Charakter der M. heraus (M. HORKHEIMER, T. W. ADORNO, H. MARCUSE), sprach zugleich aber die ihr zugrunde liegenden, mit der Industriegesellschaft verbundenen, wenn auch in ihr nicht realisierten Freiheits- und Selbstverwirklichungspotenziale an (E. BLOCH, L. LÖWENTHAL).

Solche, analytische und krit. Perspektiven verbindenden Zugänge erlangten in dem Maße mehr Bedeutung, in dem im Laufe des 20. Jh. ehemals niedrig bewertete bzw. nicht anerkannte Medien und Künstler. Bereiche wie Fotografie, Werbekunst und Design, Comics und Karikaturen, Radio, Film und Fernsehen, Jazz und Popmusik ernsthaft beobachtete Objekte der Kunstkritik und der politisch-gesellschaftl. Reflexion (S. KRACAUER, P. F. BOURDIEU) wurden; der Wandel kultureller Selbstverständlichkeiten in den Jahren nach 1968 trug dazu erheblich bei.

Postmoderne Ansätze der Gesellschaftsanalyse bzw. Kulturtheorie sehen in der M. den Präzedenzfall einer medial erzeugten Wirklichkeit, in der sich die bisher getrennten Sphären ›hoher‹, ›niedriger‹ und auf einer mittleren Ebene angesiedelter ›Unterhaltungs‹-Kultur mischen, relativieren und damit zur Neugruppierung Anlass und Raum geben. Soziologisch wird M. entweder als Ebene und Ausdruck der Alltagsorientierung von Menschen in fortgeschrittenen Industriegesellschaften und/oder als Resultat und Symbol gesellschaftl. Differenzierungs- und neu einsetzender Integrations- bzw. Stereotypisierungsprozesse verstanden.

Schlüsselbegriff

Mass Massenkultur

Geschichte

LÖWENTHAL sieht M. als Erscheinungsform der bürgerl. Kultur selbst, da sie in ihrer individualist. Orientierung ebenso wie in ihrer Ausrichtung auf Konsum und in ihrer egalisierenden Tendenz deren Grundlagen teile; er setzt daher ihren Beginn ebenso wie den Beginn einer reflexiven Bezugnahme mit den Anfängen bürgerl. Gesellschaftsordnung und Sozialtheorie bzw. Kulturanthropologie bei M. DE MONTAIGNE und B. PASCAL gleich. Spätestens mit den Beobachtungen A. DE TOCQUEVILLES über die amerikan. Demokratie zu Anfang des 19. Jh. seien die Existenz und die Funktionen einer ›Kultur der Zerstreuung‹ bereits augenfällig geworden; diese habe dann im Zuge der Entwicklung moderner Industriegesellschaften seit dem 19. Jh. und der besonderen Entwicklung der Massenmedien im 20. Jh. ihren unaufhaltsamen Siegeszug angetreten. Tatsächlich lassen sich in der Geschichte der M. zwei Entwicklungsstränge isolieren: Der erste betrifft die Entwicklung der Medien zu Massenkommunikationsmitteln, womit die Formierung der Gesellschaft zu einem zwar weiterhin aus Einzelnen (G. ANDERS: ›Masseneremiten‹) bestehenden, nun aber zentral ansprechbaren, ja manipulierbaren Publikum verbunden ist; mit diesem Zug zur Uniformierung der Gesellschaft korrespondieren gesellschaftl. Entwicklungen wie Urbanisierung, Massenkonsum und polit. Partizipation, die Auflösung traditioneller Bindungen und Rollenmuster sowie nicht zuletzt die Ausweitung von Bildungschancen und ein Abschleifen entsprechender Bildungsgefälle. Der zweite Entwicklungsstrang umfasst die Herausbildung der modernen Industriegesellschaften, die mit dem Modell gesellschaftl. Integration über den Arbeitsmarkt, der zeitweisen Herstellung von Massenwohlstand, über neue Rollen- und Familienmuster, über erweiterte Freizeit- und Bildungsmöglichkeiten und wachsende Mobilität die Voraussetzung zur Individualisierung von Lebenssituationen und zur Auflösung traditioneller Kulturvorstellungen schufen. Erste Ansätze zur theoret. Erschließung des Phänomens der M. finden sich außer bei NIETZSCHE so schon in den Anfängen der Sozialforschung, etwa in T. B. VEBLENS Theorie der ›leisure class‹ (1899) oder in G. SIMMELS ›Reflexionen über die Bedeutung der Großstädte für das Geistesleben‹ (1903). Sie beziehen sich darauf, dass in den fortgeschrittenen Industriegesellschaften bereits vor dem Ersten Weltkrieg neue soziale Gruppierungen, neue Vergesellschaftungsformen (z. B. Großstädte) mit neuartigen Verhaltensstilen und kulturellen Orientierungen in Erscheinung traten.

Diese Umstrukturierung der Lebensformen und gesellschaftl. Gruppen, bedingt durch die Entstehung neuer Schichten mit einer eigenen, weitgehend traditionslosen Kultur, setzte sich in der Zwischenkriegszeit fort und trat v. a. mit dem Phänomen der ›Angestellten‹ und ihren kulturellen Orientierungen (Freizeit, Sport, Automobile, Film und Radio) zutage (KRACAUER, 1930). Aus der Sicht des konservativen (Kultur-)Bürgertums ebenso wie aus der Sicht der traditionsorientierten Arbeiter(klasse) und ihrer Theoretiker wurde M. dabei mit Misstrauen bzw. Abwehr bedacht; es blieb einzelnen Schriftstellern und Künstlern vorbehalten, sich mit den Orientierungen des neuen Publikums und den innovator. Möglichkeiten des techn. Fortschritts zu beschäftigen (W. BENJAMINS ›Hörmodelle‹, B. BRECHTS ›Radiotheorie‹). Entsprechend verarbeitete der Roman (z. B. A. DÖBLIN: ›Berlin. Alexanderplatz‹, 1929) die Erfahrungen der Werbesprache, während sich die europ. Avantgarde nicht nur mit Fotografie und Film beschäftigte, sondern auch theoretisch daran ging, die Vorrangstellung der bürgerl. Kultur und ihres ›klassisch‹ orientierten Kanons zu zerstören.

Die Erfahrung des Faschismus und seine bewusst auf die Beeinflussung der ›Massen‹ ausgerichtete Indienstnahme kultureller Muster und des techn. Fortschritts (›Volksempfänger‹, ›Volkswagen‹, ›Wochenschau‹) führte zunächst zu einem Schock, der die Vorbehalte gegenüber der M. sowohl aus konservativ elitärer als auch aus marxistischer und liberaler Sicht zu bestätigen schien. In Reaktion auf diese Entwicklung und vergleichbare Erscheinungen im stalinist. Machtbereich erwuchsen in den USA eigenständige Ansätze zur Massenkommunikationsforschung und die Analyse der M. aus dem Umfeld der kritischen Theorie. Dabei gingen hier Faschismusanalyse und Kritik der bürgerlich-kapitalist. Gesellschaft eine Verbindung ein, die auch noch die Kritik der M. nach 1945 und erneut nach 1968 bestimmen sollte. M. wurde hier v. a. als Medium der Manipulation, der Erzeugung und Befriedigung von Scheinbedürfnissen und als Regressionsmöglichkeit derjenigen Bevölkerungsschichten gesehen, denen die Ausbildung von Selbstbewusstsein und Individualität gesellschaftlich verwehrt bzw. vorenthalten werde. Entsprechend schwer tat sich auch die liberale Kritik nach 1945, namentlich als sich weltweit der Siegeszug des Fernsehens und die Attraktivität des Tonfilms abzeichneten. Gerade durch diese beiden Medien sowie in den 1960er-Jahren durch die Popmusik wurde M. zu einem globalen Phänomen, an dem nicht nur konservative, sondern auch linksliberale und kommunist. Kritiker Anstoß nahmen. Traten in der US-amerikan. Kritik der M. der 1950er-Jahre v. a. rückwärts gewandte Idealisierungen in Erscheinung, so trug die Kritik der M. in Europa vielfach deutlich antiamerikan. Züge, die sich erst im Laufe der (›postmodernen‹) 1980er-Jahre und der programmatisch verkündeten Einebnung des Unterschieds von M. und Hochkultur auflösten.

Perspektiven

Für die gegenwärtige Konjunktur der M. sind zwei gegensätzl. Tendenzen verantwortlich: Zum einen hat die globale Vernetzung der Medien, die partiell mit einer Angleichung von Lebensstilen einhergeht, zu einer fakt. Universalität der M. geführt (›Soapoperas‹; TV- und Musikstars), zum anderen sind ehemals niedrig bewertete Teilgebiete der M. (Jazz, Comics, Werbung, Design) deutlich aufgewertet worden, sodass ihre Kenntnis und das Interesse an ihnen selbst als Bestandteil kulturellen Kapitals (BOURDIEU) angesehen werden können. Hinzu kommen Hinweise darauf, dass sich M. und Hochkultur keineswegs ausschließen, dass in der ›Erlebnisgesellschaft‹ (G. SCHULZE) vielmehr ein selektiver Umgang in beiden Bereichen – noch diversifiziert durch unterschiedl. Generations- und Rollenmuster sowie Milieus – den Entwicklungen einer zunehmenden Individualisierung und Pluralisierung von Lebenslagen und Lebensläufen Rechnung trägt. So scheint M. vom Gegenstand krit. Auseinandersetzung zu einem Feld geworden zu sein, auf dem – wie vormals im Bereich der Hochkultur – die grundlegenden gesellschaftlichen und kulturellen Auseinandersetzungen stattfinden, gerade auch dann, wenn erneut antimoderne (nationalistische, fundamentalistische) Positionen gegen eine M. westl. Provenienz politisch formuliert bzw. formiert werden.

↪ *Erlebnisgesellschaft · Kultur · Manipulation · Masse · Massenmedien · Postmoderne*

Mass culture. The popular arts in America, hg. v. B. ROSENBERG u. D. MANNING WHITE (Neuausg. New York 1964); E. MORIN: Der Geist der Zeit. Versuch über die M. (a. d. Frz., 1965); Culture for the millions? Mass media in modern society, hg. v. N. JACOBS (Neuausg. Boston, Mass., 1971); Visuelle Kommunikation. Beitrr. zur Kritik der Bewußtseinsindustrie, hg. v. H. K. EHMER (⁶1975); M. HORKHEIMER: Kritische Theorie. Eine Dokumentation (Neuausg. 1977); A. SWINGEWOOD: The myth of mass culture (Atlantic Highlands, N. J., 1977); Literary taste, culture and mass communication, hg. v. P. DAVISON u. a., Bd. 1 (Cambridge 1978); W.-F. HAUG: Warenästhetik kapitalist. M., Bd. 1 (1980, m. n. e.); D. RIESMAN u. a.: Die einsame Masse (a. d. Amerikan., 124.–126. Tsd. 1982); R. RIDLESS: Ideology and art. Theories of mass culture from Walter Benjamin to Umberto Eco (1984); G. ANDERS: Die Antiquiertheit des Menschen, 2 Bde. (⁴⁻⁷1985–86, Nachdr. 1994–95); B. HENLEIN: ›M.‹ in der Kritischen Theorie (1985); S. MOSCOVICI: Das Zeitalter der Massen (a. d. Frz., Neuausg. 1986); L. MAY: Screening out the past. The birth of mass culture and the motion picture industry (Neudr. Chicago, Ill., 1987); DANIEL MILLER: Material culture and mass consumption (Oxford 1987, Nachdr. ebd. 1994); Kultur u. Alltag, hg. v. H.-G. SOEFFNER (1988); L. LÖWENTHAL: Schriften, Bd. 1: Lit. u. M. (1990); M. FEATHERSTONE: Consumer culture and postmodernism (London 1991, Nachdr. ebd. 1996); Öffentlichkeit, Kultur, Massenkommunikation, hg. v. S. MÜLLER-DOOHM u. K. NEUMANN-BRAUN (1991); Kulturinszenierungen, hg. v. DENS. (1995); Modernity and mass culture, hg. v. J. NAREMORE u. P. BRANTLINGER (Bloomington, Ind., 1991); P. WILLIS: Jugend-Stile. Zur Ästhetik der gemeinsamen Kultur (a. d. Engl., 1991); Zw. Angstmetapher u. Terminus. Theorien der M. seit Nietzsche, hg. v. N. KRENZLIN (1992); Transkulturelle Kommunikation u. Weltgesellschaft, hg. v. H. REIMANN (1992); T. VEBLEN: Theorie der feinen Leute (a. d. Amerikan., Neuausg. 8.–9. Tsd. 1993); U. ECO: Apokalyptiker u. Integrierte. Zur krit. Kritik der M. (a. d. Ital., Neuausg. 14.–15. Tsd. 1994); M. HORKHEIMER u. T. W. ADORNO: Dialektik der Aufklärung (Neuausg. 32.–36. Tsd. 1994); S. KRACAUER: Das Ornament der Masse (⁶1994); M. MCLUHAN: Die mag. Kanäle. Understanding Media (a. d. Engl., Neuausg. 1994); F. DRÖGE u. MICHAEL MÜLLER: Die Macht der Schönheit. Avantgarde u. Faschismus oder die Geburt der M. (1995); R. BARTHES: Mythen des Alltags (a. d. Frz., Neuausg. 1996); W. BENJAMIN: Das Kunstwerk im Zeitalter seiner techn. Reproduzierbarkeit (²²1996); P. BOURDIEU: Die feinen Unterschiede. Kritik der gesellschaftl. Urteilskraft (a. d. Frz., ⁸1996); R. HEINZE-PRAUSE u. T. HEINZE: Kulturwiss. Hermeneutik. Fallrekonstruktionen der Kunst-, Medien- u. M. (1996); G. MARCUS: Lipstick traces. Von Dada bis Punk – eine geheime Kulturgesch. des 20. Jh. (a. d. Amerikan., 1996); GERHARD SCHULZE: Die Erlebnisgesellschaft. Kultursoziologie der Gegenwart (⁶1996).

Massenkundgebung, von einer großen Anzahl von Menschen besuchte Veranstaltung polit. Charakters, auch als Äußerung von Protest möglich (dann **Protestkundgebung** gen.), z. B. in Revolutionen; bes. in totalitären Diktaturen zu propagandist. Inszenierungen, öffentl. Feiern mit politisch-rituellerSymbolik, polit. Manifestationen und/oder zur Manipulierung einer Großzahl vom ›Massenrausch‹ emotional überwältigter Menschen benutzt (›Großdemonstration‹). – In besonderer Weise verstand er das natsoz. Dtl. (1933–45), M. und Massenveranstaltungen zur kult. Selbstdarstellung des Regimes (z. B. Nürnberger Parteitage; ›Führerkundgebungen‹) oder zur massiven Beeinflussung der Bev. einzusetzen. Im Kommunismus dienten M., den eigenen Traditionen und Ritualen verpflichtet, ebenfalls kult. und legitimator. Absichten, insbesondere der öffentl. Zurschaustellung der errungenen polit. Macht sowie der Dokumentation angeblich enger Verbundenheit von Partei und Volk (z. B. →Erster Mai, M. mit Militärparaden an Gedenk- oder Nationalfeiertagen; in der DDR auch M. im Rahmen der ›Pfingsttreffen‹ der FDJ).

Massenleistung, die Gesamterzeugung an Holzmasse in einem Baumbestand, meist in Festmetern Derbholz angegeben.

Massenmedien [zu engl. mass media], seit der 2. Hälfte des 19. Jh. verwendeter Begriff zur Bez. der schriftl., bildl. und/oder akust. Träger und Vermittler von Informationen sowie sozialer Organisationen und Institutionen, die mithilfe von Vervielfältigungs- oder Übertragungstechniken bestimmte Botschaften an unspezifisch große Gruppen übermitteln können. Im Alltag gilt M. als Oberbegriff für Presseerzeugnisse (Tages-, Wochenzeitungen, Zeitschriften), Hörfunk, Film, Fernsehen, Videos, Compactdiscs und andere prinzipiell allen Mitgl. der Gesellschaft zugängl. Informations- und Unterhaltungsangebote; auch Bücher, Schallplatten u. a. Bild- und Tonträger werden hinzugerechnet. Überschneidungen gibt es zum Begriff →neue Medien, bei dem der Akzent stärker auf individueller Nutzung und interaktivem Zugriff und damit auch persönlicher oder situationsbezogener Gestaltung liegt.

Der aus dem angloamerikan. Sprachgebrauch übernommene Terminus M. hat sich – in Konkurrenz zu dem präziser bestimmbaren Begriff →Massenkommunikation, der im Bereich von Kommunikationswiss., Medienforschung und Publizistik vorherrscht – im Alltagsgebrauch und in der Sprache der Öffentlichkeit durchgesetzt. Er stellt die techn. Seite der massenhaften Vermittlung von Informationen in den Vordergrund, während die älteren Bezüge zu kultur- oder sozialkrit. Auseinandersetzungen mit Massen und ›Vermassungseffekten‹ in den Hintergrund getreten sind, mitunter aber (etwa in der Kritik der Massenkultur) noch mitschwingen. In seinen Grundzügen knüpft das Begriffsverständnis eher an die in den USA begründete sozialwiss. Massenkommunikationsforschung an als an die (dt.) Kulturkritik.

M. sind ein Teil der öffentl. Kommunikation und richten sich an ein weit verstreutes Publikum; die verbreiteten Inhalte sind allg. zugänglich; der Adressatenkreis ist unbestimmt und offen, allerdings durch gesellschaftl. Regelungen (z. B. Jugendschutzgesetze) beschränkt und nach soziostrukturellen Merkmalen (Alter, Zeitbudget, Bildung usw.) gegliedert; der Kommunikationsprozess verläuft (im Ggs. zu den Möglichkeiten neuer Medien wie dem Internet) indirekt und einseitig, eine Rückkopplung vom Empfänger zum Sender findet kaum statt. Zentrale Bedingungen des am personalen Gespräch gewonnenen Kommunikationsmodells (Anwesenheit, personenbezogene Konnotationen und Reaktionen, situationsbezogenes Handeln und Bewerten) entfallen dadurch für die Kommunikation mit M. fast vollständig. Das verweist auf die Frage, ob das aus dem personenbezogenen Austausch der ›zum Publikum versammelten Privatleute‹ (J. HABERMAS) entwickelte Modell einer bürgerlich-liberalen Öffentlichkeit als Grundlage und Maßstab der Kritik der durch M. geschaffenen Kommunikation ausreicht. Andererseits schaffen erst die M. mit ihrer Reichweite, Komplexität und Geschwindigkeit, ihren Differenzierungs- und Selektionsmöglichkeiten die Voraussetzung dafür, dass ›Kommunikation als die spezif. Leistung gesellschaftl. Systeme‹ (N. LUHMANN) überhaupt stattfinden kann.

Geschichte

Die Geschichte der M. spiegelt den Wechselbezug von techn. Innovationen, gesellschaftl. Entwicklungen und sozialem Wandel wider. Im weitesten Sinne gehören zur Vorgeschichte der M. die Erfindung der Schrift (als einer der Organisationsleistungen, die die Entstehung gesellschaftl. Großorganisationen bedingen) und des Buchdrucks sowie die

Schlüssel-
begriff

Durchsetzung einer literalen Bildung für breitere Schichten seit der Aufklärung (allgemeine Schulpflicht). Verstädterung und Umstrukturierungen in der sozialen Schichtung (aufkommende Arbeitermilieus, Mittelschichten) spielten ebenfalls eine bedeutende Rolle. Die Verbesserung von Verkehrswegen und Transporttechnik ermöglichte die Beschleunigung und Intensivierung der Nachrichtenübermittlung und des Informationsaustausches.

Im eigentl. Sinne beginnt die Geschichte der M. mit der Erfindung der Massenpresse in Großbritannien und den USA (›Penny Press‹, 1833/35). Der Aufstieg der M. war gekoppelt an die Entwicklung urbaner Zentren mit entsprechender Wissenskultur und Geselligkeitsformen. Nicht zuletzt diese Tendenzen zur Durchdringung und Durchorganisation der Gesellschaft unter dem Einfluss entsprechend entwickelter und verbreiteter Informations- und Unterhaltungsangebote weisen deren Bedeutung als Faktoren einer Kultur der Moderne aus. Dies wird durch die Entwicklung des Films (seit Ende des 19. Jh.), des Hörfunks (seit den 1920er-Jahren) und des Fernsehens (in den 1930er-Jahren) zunächst noch verstärkt, indem sich sowohl die Geselligkeitskultur (Familiennachmittage vor dem Radio) als auch neue soziale Schichten und Milieus (Bedeutung des Films in der Angestelltenkultur; S. KRACAUER) deutlich unter dem Einfluss der M. ausprägen. Neben den Auswirkungen der polit. Propaganda, die bereits im Umfeld des Ersten Weltkriegs zu beobachten waren und dann v. a. in den faschistisch bzw. staatskommunistisch geführten Gesellschaften ein bis dahin nicht gekanntes Ausmaß erreichten, wurde die Bedeutung der M. durch die Entwicklung der Werbung und bes. durch den Aufschwung der Massenkultur (Sportveranstaltungen, Unterhaltungsmusik, Freizeitprogramme) gesteigert. Als Übermittler von Nachrichten und anderen Informationen spielten die M. zumal in Zeiten der Diktatur und der polit. Konfrontation, der Emigration und des Krieges eine wichtige Rolle und verstanden sich in diesem Sinn z. B. als Akteure einer bürgerlich-liberalen Öffentlichkeit oder als Träger antifaschist. Programme (Rundfunk, Film).

Der Aufschwung der M. und die mit ihm in Erscheinung tretenden gesellschaftl. Veränderungen waren Gegenstand kontroverser Stellungnahmen. Neben frühen positiven Einschätzungen, die vor und nach dem Ersten Weltkrieg teils aus sozialrevolutionärer Begeisterung, teils aus avantgardist. Umbruchsorientierung getroffen wurden, dominierte im bürgerl. Europa und Amerika der 1930er- und 40er-Jahre eine Skepsis, die – im Wesentlichen kulturkritisch, z. T. aber auch antitotalitär ausgerichtet – die Nivellierung von Bildungs- und Kulturstandards, den Verlust unmittelbarer Erfahrungen, eine Informations- und Reizüberflutung sowie aufseiten der Rezipienten eine zunehmende Passivität, Zeitverschwendung und Verführung zur Nachahmung der in den M. vermittelten massenkulturellen Vorstellungen und Werte thematisierte. Diese Position erfuhr bes. im Zusammenhang mit medientechn. Innovationen (Experimentalfilme, Fernsehen, Videoclips, Kabelfernsehen, Satellitentechnik, Computersoftware, neuerdings interaktives Fernsehen, Internet) immer neue Wertschätzung. Dagegen galten M. in der Sicht der in den USA in den 1930er- und 40er-Jahren aufkommenden Modernisierungstheorie, die ihrerseits auf die Rahmenbedingungen und Wertvorstellungen liberaler Demokratien zurückgriff, als Grundlage einer sich entwickelnden modernen Gesellschaft, in der die durch M. ermöglichten breiten und kontroversen Informationsangebote ebenso die Partizipationschancen der Bürger erhöhen sollten wie qualifizierte Bildungs-, Arbeits- und Freizeitangebote. Darüber hinaus galt die Existenz eines ausgebauten und differenzierten Systems der M. selbst als Indikator einer pluralist. Gesellschaft. Den M. wurde die Rolle einer ›vierten Gewalt‹ neben den drei klass. Gewalten Legislative, Exekutive und Judikative zugeschrieben. In dieser Perspektive besteht ihre Aufgabe im Wesentlichen darin, die Meinungen der Gesellschaft zu artikulieren und zu bündeln sowie die Träger sozialer Macht und polit. Entscheidungen zu kontrollieren und zu kritisieren, indem sie eine ›für freiheitlich-demokrat. Systeme konstitutive publizist. Öffentlichkeit‹ herstellen (F. RONNEBERGER). Inzwischen dient dieses Modell, das noch heute die Medienpolitik und die polit. Bildung in Dtl. wie in anderen demokrat. Staaten nachhaltig bestimmt, auch zur Kritik weiter gehender Innovationen im Bereich der M., da diesen vorgeworfen wird, ihre Informations- und Bildungsaufgaben zu vernachlässigen und durch Unterhaltung, Werbung und Kommerz zu ersetzen.

Tatsächlich hat sich der M.-Gebrauch (und die entsprechende Ausstattung mit Geräten und Anschlüssen) in den Industriestaaten seit den 1960er-Jahren gesellschaftlich durchgesetzt. Dabei sind weder die Befürchtungen noch die Hoffnungen der in den 50er- und 60er-Jahren geführten Debatten im großen Stil Wirklichkeit geworden; in diesem Sinne hat H. M. ENZENSBERGER vom Fernsehen als einem ›Nullmedium‹ gesprochen. Allerdings ist die Funktion der M. als Orientierungsgröße unbestreitbar, nicht zuletzt angesichts der fortdauernden kontroversen Einschätzungen der Bedeutung der M. im Wechselprozess und in Konkurrenz zu anderen Entwicklungsfaktoren.

Forschungsansätze

Schon die im Zusammenhang der Geschichte der M. skizzierten Kontroversen beziehen sich auch auf Forschungsergebnisse, denn bereits zum ökonom. Erfolg der M. ist die Kenntnis optimaler Präsentationsformen ebenso nötig wie die Beschäftigung mit Wirkungsmöglichkeiten und Adressaten. Etwas überspitzt lässt sich sagen, dass die Medien als Paradebeispiel für die mit der modernen, technischwiss. geprägten Gesellschaft gesteigerte und erforderte Selbstreferenzialität und Selbstreflexivität gelten können. Da diese Begriffe jeweils in einem doppelten Sinn gelesen werden können – Selbstreflexivität im Sinne von Selbstbestimmung und Selbstkritik, Selbstreferenzialität im Sinne von Selbstdarstellung und Selbstbezüglichkeit –, sind damit bereits vier globale Zugangsmöglichkeiten zur Theorie und Erforschung der M. angesprochen: In einem ersten Zugang stellen M. die Möglichkeiten der Meinungsäußerung, der Kontrolle und Kritik in den jeweiligen gesellschaftl. und polit. Verhältnissen bereit; unter dieser Perspektive werden M. in der Politikwiss., im Bereich der Demokratietheorie, der polit. Bildung und der polit. Kulturforschung betrachtet (J. W. und M. W. RILEY, D. MCQUAIL, K. RENCKSTORF, R. MÜNCH, H. REIMANN). In einem emphatischeren Sinn können sie als Agenturen der Aufklärung aufgefasst werden (HABERMAS), wobei aber auch die Gefahr eines Umschlagens von Aufklärung in Ideologie in Betracht gezogen werden muss, wie dies in der M.-Analyse vornehmlich der krit. Theorie (M. HORKHEIMER, T. W. ADORNO) geschieht, aber auch bei M. FOUCAULT oder R. BARTHES in Erwägung gezogen wird. Auch die marxistisch fundierte Kritik der M. stand in diesem Sinne in der Tradition der Aufklärung, wenn sie auch die Möglichkeiten der Kritik

v. a. in Abhängigkeit von dem jeweiligen Gesellschaftssystem und seiner ökonom. Verfassung sah.

Dagegen verweist der Begriff der Selbstreferenzialität auf Ansätze, die von einer mögl. Gleichförmigkeit von M. und Gesellschaft ausgehen, sei dies in funktionaler (T. PARSONS, R. K. MERTON) oder systemtheoret. bzw. konstruktivist. Weise (LUHMANN, SIEGFRIED J. SCHMIDT), in der auf die gesellschaftlich, ja anthropologisch notwendig mediale Herstellung gesellschaftl. Wirklichkeit hingewiesen wird, oder in der Perspektive mancher postmoderner Konzeptionen, in denen wie bei J. BAUDRILLART die Existenz einer außerhalb der M. bestehenden Wirklichkeit geleugnet wird, um dem spieler. bzw. unterhaltenden Möglichkeiten der M. den Vorzug zu geben.

Der Ertrag einer umfangreichen, seit den 1920er-Jahren bestehenden M.-Forschung besteht jedoch weniger in der Formulierung solcher globalen Wertungen als vielmehr in einer Fülle von Einzelbefunden und theoret. Modellen, die v. a. die Notwendigkeit der Differenzierung belegen. Diese Forschungen lassen sich nach der Formel von H. D. LASSWELL ›Who says what in which channel to whom with what effect?‹ (Wer sagt was auf welchem Wege zu wem mit welcher Wirkung?) unterteilen in die Teilgebiete der Kommunikator- und Institutionenforschung (Journalisten und Medienbetriebe), der Analyse von Informationen (Inhalte sowie deren Aufbereitung, Präsentation und Verhältnis zu anderen Realitätserfahrungen) und von einzelnen Medien sowie der Beschäftigung mit den Fragen des Publikums und der Wirkung von M. Der Wirkungs- und Publikumsforschung wurde unter dem Eindruck des rapiden sozialen Wandels im 20. Jh. und der damit verbundenen Veränderungen in den Wertorientierungen, v. a. aber aufgrund der Erfahrung der Instrumentalisierung von Medien in den totalitären Systemen und unter dem Aspekt der Gegensteuerung besondere Aufmerksamkeit gewidmet.

Standen die ersten Forschungen noch deutlich unter dem Einfluss des in den 1930er-Jahren in den USA vorherrschenden Behaviorismus und seines ›Reiz-Reaktions-Lernens‹, in dessen Zusammenhang von einer nahezu unbegrenzten Manipulationsmöglichkeit von Menschen und Gesellschaften durch M. ausgegangen wurde, so haben die Arbeiten von LASSWELL und P. F. LAZARSFELD sowie L. FESTINGERS Theorie der →kognitiven Dissonanz Ende der 40er- und in den 50er-Jahren deutl. Differenzierungen erbracht. Demnach spielen die persönl. Einstellungen und Bedürfnisse der Individuen, z. B. für die Auswahl der wahrgenommenen Informationen und Programme, und auch deren Bemühen, Dissonanzen etwa zw. vorhandenen Einstellungen und kognitivem Wissen gering zu halten bzw. zu verwischen, eine wichtige Rolle für die Wirkungsmöglichkeiten der M., ebenso das soziale Umfeld (›Meinungsführer‹, ›Two-step-flow‹; ELIHU KATZ). Nachdem unter dem Einfluss der Studentenbewegung noch einmal v. a. die manipulativen Möglichkeiten der M. in die Diskussion gekommen waren, stehen seit den 1980er-Jahren eher die langfristigen Wirkungen der M. hinsichtlich des Zustandekommens und der Veränderungen von Einstellungen sowie die Rolle der M. für die Konstruktion bzw. Simulation von Wirklichkeit (BAUDRILLART) im Vordergrund. M. erscheinen dann als Ebenen, auf denen bestimmte Themen und innovator. Ansätze Aufmerksamkeit gewinnen können, sodass sich soziales Handeln in der Orientierung an ihnen verändern kann bzw. durch die in den M. stattfindende Bündelung und Präsentation von Themen von anderen entlastet wird, ohne dass diese damit ganz zum Verschwinden gebracht würden (›Kommunikationslatenz‹; LUHMANN).

Perspektiven der Medienentwicklung: Politische Funktionen und soziale Dimensionen

In polit. Hinsicht stehen in der gegenwärtigen Diskussion die Medienkonzentration und die Globalisierung der M.-Angebote im Vordergrund, wobei die Befürchtung einer weiter gehenden Abhängigkeit des polit. Systems und der einzelnen Bürger von großen Medienkonzernen (›Berlusconi-Effekt‹) überwiegt. In diesem Zusammenhang werden polit. Strukturen gefordert, z. B. auf der Ebene der EU, die die Konzentrationsmöglichkeiten begrenzen und Kontrolle und Partizipation institutionalisieren sollen. Im Bereich der polit. Bildung werden die Frage einer angemessenen →Medienpädagogik sowie die Frage des Verbots oder der Zugangsbeschränkung zu Sendungen und medial vermittelten Angeboten, die die Menschenwürde verletzen (Gewalt, Pornographie, polit. Extremismus), diskutiert. Auch die Anteile an unterhaltenden bzw. an Informations- und Bildungsprogrammen und deren Finanzierung (Sponsoring) und Auswirkungen spielen in der polit. Diskussion, aber auch hinsichtlich der damit verbundenen sozialen Entwicklung eine Rolle (Produktwerbung, ›Infotainment‹ u. a.).

In sozialer Hinsicht sind nicht nur Einschaltquoten, sondern auch Budgets und Konsumausgaben sowie die Bedeutung des Zugangs zu einzelnen M. als Indikator der sozialen Lage und der damit verbundenen Orientierungen (›Erlebnisgesellschaft‹) wichtig geworden. Der Gebrauch von M. und die Einstellung zu ihnen können so als aussagekräftige Indikatoren hinsichtlich der Entwicklung und der Bewertung des fortschreitenden sozialen Wandels und der Möglichkeiten polit. Partizipation gesehen werden und werden selbst wieder durch und von den M. erzeugt bzw. beeinflusst und (kritisch) reflektiert. Durch die neuen Medien (z. B. Internet) und durch die Verbreitung und Verbesserung anderer techn. Möglichkeiten (z. B. PC-Ausstattungen) haben sich zugleich aber auch neue Ansätze lokaler, regionaler, polit. und sozialer Differenzierung ergeben, sodass neben den genannten zentralist. Tendenzen auch neue Formen der Individualisierung von Mediennutzung entstehen. Damit verbunden lassen sich auch neue Chancen zur Ausbildung von ›Gegenöffentlichkeiten‹ (Umweltbewusstsein, Menschenrechte) beobachten, die ihrerseits wieder neue (oder alte) Konfliktmuster hervorbringen, aber auch manipulativ verwendet werden können.

⇒ *Informationsgesellschaft · Journalismus · Medienforschung · Medienkonzentration · Medienpolitik*

M. MCLUHAN: Die mag. Kanäle (a. d. Amerikan., 1970); F. RONNEBERGER: Kommunikationspolitik, Bd. 1: Institutionen, Prozesse, Ziele (1978); N. LUHMANN: Die Unwahrscheinlichkeit der Kommunikation, in: DERS.: Soziolog. Aufklärung, Bd. 3 (1981); DERS.: Die Realität der M. (²1996); DERS.: Die Gesellschaft der Gesellschaft, 2 Tle. (1997); M. KUNCZIK: M. u. Entwicklungsländer (1985); DERS.: Gewalt u. Medien (³1996); Polit. Kommunikation. Grundl., Strukturen, Prozesse, hg. v. W. R. LANGENBUCHER (Wien 1986); M. SCHENK: Medienwirkungsforschung (1987); DERS.: Soziale Netzwerke u. M. (1995); H. BURGER: Sprache der M. (²1990); W. FAULSTICH: Medientheorien. Einf. u. Überblick (1991); Medienkultur – Kulturkonflikt. M. in der interkulturellen u. internat. Kommunikation, hg. v. E. W. B. HESS-LÜTTICH (1992); H. BONFADELLI: Die Wissenskluftperspektive. M. u. gesellschaftl. Information (1994); P. FLICHY: Tele. Gesch. der modernen Kommunikation (a. d. Frz., 1994); W. FRÜH: Realitätsvermittlung durch M. (1994); Gestern begann die Zukunft. Entwicklung u. gesellschaftl. Bedeutung der Medienvielfalt, hg. v. H. HOFFMANN (1994); H. HOLZER: Medienkommunikation (1994); Die Wirklichkeit der Medien. Eine Einf. in die Kommunikationswiss., hg. v. K. MERTEN u.a. (1994); E. SCHWINGE: Machtmißbrauch der M. (^{3}1994); Umweltbewußtsein u. M. Perspektiven ökolog. Kommunikation, hg. v. G. DE HAAN (1995); H. W. OPASCHOWSKI: Medienkonsum. Analyse u. Prognosen (1995); J. HABERMAS: Der Strukturwandel der Öffentlichkeit (^{5}1996); L. MAASSEN: M. Fakten – Formen – Funktionen in der Bundesrep. Dtl. (^{2}1996); H. MEYN: M. in der Bundesrep. Dtl. (Neuausg. 1996).

Massenmittelpunkt, der →Schwerpunkt.

Massenorganisation, 1) *allg.:* im allgemeinen Sprachgebrauch eine Organisation, die weite Bev.-Kreise vertritt (z. B. Gewerkschaften).

2) in kommunistisch regierten Staaten Bez. für bestimmte mitgliederstarke gesellschaftl. Organisationen, die Instrumente der herrschenden kommunist. Staatspartei sind. In der UdSSR waren M. dieser Art v. a. die Gewerkschaften und der Komsomol. In der DDR entsandten M. (z. B. FDGB, FDJ, Demokrat. Frauenbund Deutschlands, Kulturbund der DDR) bis 1990 eigene Abgeordnete in die Volkskammer.

Massenprodukte, Art der →Massengüter.

Massenproduktion, die →Massenfertigung.

Massenpunkt, Punktmasse, *Mechanik:* physikal. Abstraktion der Masseverteilung eines Körpers, bei der dessen Gesamtmasse als in seinem →Schwerpunkt konzentriert gedacht wird. Der M. ist eine Idealisierung in der Mechanik (Punktmechanik), die immer dann anwendbar ist, wenn die Dimensionen eines realen Körpers für die angestellte Untersuchung belanglos sind, insbesondere wenn sie klein sind gegen sonstige relevante Abmessungen.

Massenresonanzen, Teilchenresonanzen, Resonanzen, äußerst kurzlebige →Elementarteilchen, die beim Zusammenstoß sehr energiereicher schwerer Teilchen (Hadronen) entstehen und die als angeregte Mesonen- oder Baryonenzustände mit größerer Ruhemasse und i. Allg. auch höherem Spin interpretiert werden. Sie unterliegen der starken Wechselwirkung und zerfallen unter Emission von Mesonen, seltener Leptonen oder Photonen, in stabilere Elementarteilchen; ihre Lebensdauer ist von der Größenordnung 10^{-22} s. Sie lassen sich daher nicht direkt in Blasen-, Funken- oder Streamerkammern sichtbar machen; man findet dort nur die Spuren ihrer Zerfallsprodukte. Die Wahrscheinlichkeit für das Auftreten derartiger Ereignisse wird für bestimmte Energien der Stoßpartner sehr groß (→Resonanz).

Massenspeicher, *Datenverarbeitung:* Bez. für externe Speicher mit sehr hoher Speicherkapazität (im Vergleich zum Hauptspeicher eines Rechners). M. dienen i. Allg. der Speicherung von Massendaten, d. h. einer großen Anzahl gleichartiger und/oder zusammengehöriger Daten. Entscheidend für die Nutzung von M. ist es, ob sie als Direktzugriffsspeicher (→Magnetplattenspeicher, →optischer Speicher, →magnetooptischer Speicher) den wahlfreien →Zugriff oder als Datenspeicher mit sequenziellem Zugriff (→Magnetbandspeicher) einen fortlaufenden Zugriff auf die Daten ermöglichen. Je nach Speichermedium bzw. techn. Ausstattung werden Kapazitäten von 150 MB (z. B. Streamer-Kassetten bei Magnetbandspeichern) bis in den Terabytebereich (z. B. RAID-Speichereinheiten bei Magnetplattenspeichern) erzielt.

Massenspektrograph, Gerät zur Massenbestimmung von Atomen und Molekülen sowie zur Registrierung der Massenspektren von Teilchengemischen, insbesondere von Isotopen eines Elements, unter Verwendung elektr. und magnet. Felder; dabei wird die Impulsselektivität von Magnetfeldern und die Energieselektivität von elektr. Feldern ausgenutzt. Je nachdem ob gleichzeitig mehrere verschiedene Massen (bzw. Quotienten aus Ladung Q und Masse m) nachgewiesen werden können oder nur eine einzige, spricht man von M. i. e. S. oder von **Massenspektrometern;** sofern es auf diesen Unterschied nicht ankommt, werden hier beide Arten von Geräten als M. bezeichnet (allg. meist als Massenspektrometer).

Zur Analyse wird die Probe verdampft (sofern sie nicht in der Gasphase vorliegt), ihre Atome oder Moleküle werden in einer Ionenquelle ionisiert und durch elektrostat. Felder auf Energien von einigen keV beschleunigt. Mit einer Anordnung mit mehreren Spalten wird ein gebündelter Ionenstrahl ausgeblendet, der ein zur Flugrichtung senkrechtes homogenes Magnetfeld durchläuft, von dem die Ionen je nach ihrer spezif. Ladung Q/m auf Kreisbahnen mit versch. Radien abgelenkt werden, sodass der Ionenstrahl in Teilstrahlen unterschiedl. Masse zerlegt wird, wenn alle Ionen die gleiche Ladung tragen. Die mit einem im Strahlengang des M. befindlichen Detektor (z. B. Fotoplatte, Zählrohr, Sekundärelektronen-Vervielfacher) registrierten Signale entsprechen den Teilchen verschiedener Masse; aus den Abständen der Linien kann auf die Massen, aus den Intensitäten auf die relativen Anteile der Komponenten geschlossen werden. Durch eine geeignete Ionenoptik und eine spezielle Form des Magnetfeldes sowie durch zusätzliche elektr. Felder, die der Ionenstrahl vor Eintritt in das Magnetfeld passiert, kann erreicht werden, dass Ionen gleicher Masse, aber verschiedener Anfangsrichtung und Geschwindigkeit auf den gleichen Ort des Detektors fokussiert werden (**Doppelfokussierung**). Der erste von F. W. ASTON 1919 entwickelte M. besaß nur eine **Geschwindigkeitsfokussierung,** bei der ein gutes Auflösungsvermögen nur mit sehr kleiner Bündelöffnung erzielbar war (geringe Intensität und Nachweisempfindlichkeit). Erst bei Anordnungen mit Doppelfokussierung (Geschwindigkeit und Richtung) wird die für hohe Genauigkeit erforderl. Intensität erreicht. Bei Anwendung von Differenzialmethoden lassen sich relative Massen mit einem Fehler $\Delta m/m < 10^{-7}$ und Isotopenhäufigkeiten mit einem mittleren Fehler von 0,005 % bestimmen.

M. werden wegen ihrer hohen Sensitivität sowohl in der Forschung als auch in der Industrie, v. a. in der chem. Analytik, vielfältig eingesetzt. Das Funktionsprinzip des M. kann auch zur →Isotopentrennung ausgenutzt werden. Außer mit magnet. Feldern können auch mit gepulsten Ionenquellen arbeitende Flugzeitspektrometer oder elektr. →Quadrupolmassenfilter zur Massentrennung verwendet werden. Neuerdings werden auch Teilchenbeschleuniger zur Massenspektrometrie eingesetzt; sie erlauben den Nachweis geringster Isotopenkonzentrationen bis herab zu relativen Häufigkeiten von weniger als 10^{-15}. Ihre Anwendung hat insbesondere neue Möglichkeiten in der Altersbestimmung und der Spurenanalyse mittels Radioisotopen eröffnet.

Massenspektrometer, →Massenspektrograph.

Massenspektrometrie, Massenspektroskopie, analyt. Verfahren zur Gewinnung von Aussagen über Massenspektren, absolute Massen und relative

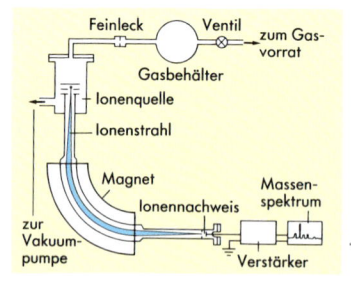

Massenspektrograph nach Josef Mattauch und Richard Herzog (Schema)

Massenspektrograph: Magnetisches Massenspektrometer; der Krümmungsradius der Ionenbahn liegt typischerweise bei 5 bis 30 cm

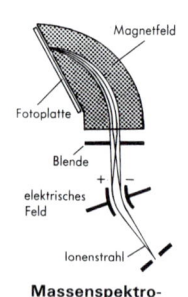

Häufigkeiten von Teilchen, v. a. von Isotopen sowie von Molekülen bzw. deren Fragmenten. Die M. beruht auf der Eigenschaft elektr. und magnet. Felder, Ionen nach ihrem Verhältnis aus Ladung und Masse, ihrer kinet. Energie und ihrem Impuls zu trennen. Die verwendeten Analysegeräte bezeichnet man je nach Einsatzmethode als Massenseparatoren, Massenspektrometer oder →Massenspektrographen. Außer den Feldkonfigurationen, die zur Massentrennung benutzt werden, enthalten alle M. eine Ionenquelle zur Erzeugung des Ionenstrahls und eine Ionennachweiseinrichtung. Die Registrierung der getrennten Ionen kann elektrisch als Ionenstrom, auf einer Fotoplatte oder mittels anderer Detektoren erfolgen. – Die M. ist als Mikro- und Spurenmethode u. a. für quantitative Analysen von Gasen und Flüssigkeiten, zur Gruppenanalyse von Kohlenwasserstoffgemischen, für verschiedene Methoden der Altersbestimmung und zur qualitativen Analyse von chem. Verbindungen von großer Bedeutung.

Massenspektrum, 1) die Häufigkeitsverteilung von Massen in einem Teilchengemisch in Abhängigkeit von der Massenzahl, z. B. die relative Häufigkeit der Isotope eines Elements, die mit einem Massenspektrometer (→Massenspektrograph) gemessen werden kann. Bei fotograf. Registrierung eines M. entsprechen die Maxima einer solchen Verteilung den Stellen (Linien) größter Schwärzung. 2) In der Elementarteilchenphysik wird die Gesamtheit der nach ihren Massenwerten geordneten verschiedenen Elementarteilchen und Resonanzen, d. h. eine spezielle Darstellung des Teilchenspektrums, als M. bezeichnet. Da nach der →Masse-Energie-Äquivalenz jedem Massewert ein Energiewert zugeordnet werden kann, spricht man in diesem Zusammenhang auch vom **Energiespektrum.**

Massentierhaltung, Intensivhaltung, Bez. für die Haltung landwirtschaftl. Nutztiere gleicher Art und Altersgruppe in großen Beständen auf begrenztem Raum, wird heute im landwirtschaftl. Sprachgebrauch nicht mehr verwendet. Kennzeichnend für die M. ist der geringstmögl. Einsatz von Arbeitskräften zur Versorgung und Fütterung sowie die Verwendung mechan. Einrichtungen für die Unterbringung und Haltung der Tiere. In den letzten Jahrzehnten nahmen in der gesamten Nutztierhaltung Technik und Rationalisierung eine vorrangige Stellung ein; dies erforderte zunehmendes Fachwissen im Bereich der Produktionstechnik (z. B. über gezielte Stallklimaführung, Hygienemaßnahmen). In den Hintergrund traten dagegen individuelle Betreuung und die Berücksichtigung der arteigenen Bedürfnisse der Nutztiere. Die M. wirft in ethischer, tierschutzrechtl., lebensmittelrechtl. und ökolog. Hinsicht viele Probleme auf. Große Bestände und technisierte Haltungsformen haben sich zunächst v. a. bei Geflügel durchgesetzt, dann auch bei Kälbern, Rindern und Schweinen.

Die Umstellung der Tierhaltung auf M. erfolgte unter dem Druck, kostengünstig produzieren zu müssen, um wettbewerbsfähig zu bleiben. Zu diesem Zweck musste die ›Tierproduktion‹ möglichst zeit-, arbeits- und raumsparend gestaltet werden, was mit einer völligen Umstellung der Lebensweise der Tiere einhergeht. Der Lebensraum ist auf ein Minimum eingeschränkt. Durch eine EG-Verordnung von 1987 wurden bestimmte Mindestgrößen festgelegt, so z. B. bei Batteriehaltung von Hühnern eine Fläche von 450 cm^2 (etwa $^3/_4$ Schreibmaschinenseite) pro Henne. Um das arbeitsintensive Einstreuen und Entmisten zu sparen, werden die Tiere in Käfigen gehalten oder auf teilperforierten Böden oder Ganzspaltenböden. Um Futter zu sparen und Kannibalismus zu verhindern, werden v. a. Masttiere in Dunkel- und Dämmerlichtställen, bei ständig kontrolliertem, gleich bleibendem Stallklima gehalten, sodass der normale Tagesrhythmus wegfällt. Tiere aus M. zeigen eine Vielzahl von Beeinträchtigungen, so massive Verhaltensstörungen (z. B. Kannibalismus), Lecksucht, mangelhafte Ausbildung des Verdauungssystems (v. a. bei Kälbern), Atembeschwerden, Blutarmut; hauptsächlich infolge der engen, bewegungsarmen Haltung, des einseitigen Nahrungsangebots sowie stets gleich bleibender Temperatur und Luftfeuchtigkeit sind die Tiere insgesamt sehr viel krankheitsanfälliger. Zur Kompensation dieser negativen Folgen werden neben der Dunkelhaltung die verschiedensten Maßnahmen ergriffen; Verabreichung von Medikamenten (v. a. Antibiotika), Kupieren der Schwänze bei Lämmern und Ferkeln, Kürzen von Krallen und Hornteilen des Schnabels.

Diesen Haltungsbedingungen stehen die Forderungen des Tierschutzes gegenüber: Die Tiere müssen sich in ihren Ställen frei bewegen können, auf festem Boden mit Stroheinstreu stehen, Fenster für Frischluft und Tageslicht in den Ställen haben und artgerecht gefüttert werden; außerdem wird das Verbot der Kastration von Jungtieren ohne Betäubung gefordert.

Abgesehen von Antibiotikarückständen sind die Produkte der M. oft von minderer Qualität. Das Fleisch hat zwar – entsprechend den geänderten Verbraucherwünschen – einen niedrigeren Fettgehalt, dafür ist der Wassergehalt sehr hoch und es enthält weniger Vitamine. In ›Batterieeiern‹ wurden bis zu 50% weniger Vitamine als in Eiern von Freilandhühnern nachgewiesen.

Problematisch ist auch die Frage der Futtermittelproduktion für die M. Es werden i. d. R. gekaufte Futtermittel verwendet, wobei rd. ein Viertel der Gesamtmenge aus dem Ausland stammt, v. a. Getreide und Sojaeiweiß. Die im Rahmen der M. produzierten Überschüsse werden wiederum verfüttert oder unter erhebl. Kostenaufwand gelagert.

Zu einem ernsten Problem wird, v. a. in bestimmten Regionen, die Beseitigung der in der M. anfallenden Kot- und Harnmengen; größte Schwierigkeiten bereitet die bei der einstreulosen Haltung anfallende Gülle. Große Mastbetriebe sind, um die Güllemengen ausbringen zu können, auf landwirtschaftl. Nutzflächen angewiesen. In vielen Bereichen ist die Selbstreinigungskraft der überdüngten Böden aber bereits erreicht oder überschritten. (→Mast, →Tierhaltung)

Verhalten landwirtschaftl. Nutztiere, hg. v. H. BOGNER u. a. (1984); G. M. TEUTSCH: Lex. der Tierschutzethik (1987); N. KLEINSCHMIDT u. W.-M. EIMLER: M. (1991).

Massenverfahren, im Prozess- und Verwaltungsrecht Verfahren, an denen eine Vielzahl von Personen beteiligt ist; auch Verfahren einer großen Zahl von Personen, deren Interessen in die gleiche Richtung gehen und das gleiche Ziel verfolgen, an sich aber unabhängig voneinander wahrzunehmen sind, z. B. Kündigungsschutzklagen vieler Arbeitnehmer gegen denselben Arbeitgeber im Zuge von Massenentlassungen, Eingaben im Planfeststellungsverfahren. Während § 17 Verwaltungsverfahrens-Ges. die Möglichkeit eröffnet, bei M. (Eingaben u. Ä. von mehr als 50 Personen) die Bestellung eines gemeinsamen Vertreters anzuordnen, muss vor Gericht jeder Antrag prozessual gesondert behandelt werden. Es gilt als zulässig, die Belastung der Gerichte dadurch zu entschärfen, dass einzelne Verfahren vorgezogen und entschieden werden, da zu erwarten steht, dass die übrigen Anträge mit erheblich geringerem Aufwand ähnlich oder gleich abgewickelt werden können.

Massenvermehrung, *Biologie:* →Gradation.

Massenvernichtungsmittel, Bez. für militär. Waffen oder Kampfstoffe, deren Einsatz entweder vorsätzlich oder unvermeidlich zur massenhaften und unterschiedslosen Tötung von Menschen und zur Vernichtung ihrer Lebensgrundlagen führen würde, einschließlich der dazu benötigten Einrichtungen und Anlagen. Zu den M. werden heute i. d. R. →Kernwaffen, →biologische Waffen und →chemische Waffen (ABC-Waffen) gezählt, wenngleich sich die Unterschiede in den Folgewirkungen einer Anwendung zumindest von chem. und biolog. Waffen einerseits und moderner flächendeckender konventioneller Munition andererseits infolge der technolog. Entwicklung nivellieren. So kann auch der Einsatz von konventionellen Waffen (z. B. Bomben) zur unterschiedslosen und massenhaften Tötung von Menschen führen. Die Bemühungen zur Miniaturisierung von Kernwaffen und die Entwicklung von chem. Waffen mit begrenzter Schadenswirkung haben in der Tendenz die Möglichkeit erhöht, M. bei Minimierung der Schäden des zivilen Umfelds zur Bekämpfung militär. Ziele örtlich und zeitlich begrenzt (›selektiv‹) anzuwenden. Unabhängig von der ursprüngl. Intention wird mit dem Einsatz von ABC-Waffen jedoch eine Eskalation des Krieges mit der Konsequenz der massenhaften Vernichtung von Leben wahrscheinlich.

Massenwanderung, Massenmigration, Wanderung größerer Teile der Populationen von Organismen über weite Entfernungen und i. d. R. ohne Rückkehr. M. treten bes. bei Wanderheuschrecken und Lemmingen auf, ausgelöst meist durch örtl. Dichtesteigerung der Population infolge starker Vermehrung.

Massenwechsel, *Ökologie:* jahreszeitlich oder in mehrjährigen Abständen auftretende Schwankungen der Individuenzahl von Populationen einer Organismenart. M. werden hervorgerufen durch das Zusammenwirken innerer (genet.) und äußerer Einflüsse (z. B. Klimaschwankungen). Als ›eiserner Bestand‹ wird die im Latenzzustand befindliche Restpopulation zw. zwei Übervermehrungen bezeichnet.

Massenwirkungsgesetz, Abk. **MWG,** von C. M. GULDBERG und P. WAAGE experimentell ermitteltes und 1864 erstmals veröffentlichtes Gesetz über den Verlauf chem. Reaktionen: Im chem. Gleichgewicht ist der Quotient aus dem Produkt der Konzentrationen der Ausgangsstoffe und dem Produkt der Konzentrationen der entstehenden Reaktionsprodukte in einem homogenen System bei einer bestimmten Temperatur konstant. Für eine Umsetzung zw. den Stoffen A, B, C,..., die unter Bildung der Stoffe M, N, O,... umkehrbar nach folgender Gleichung reagieren ($a, b, c, ...$ und $m, n, o, ...$ sind die jeweiligen Stoffmengen [Molzahlen])

$$aA + bB + cC + ... \rightleftharpoons mM + nN + oO + ...,$$

gilt für den Fall des Gleichgewichts

$$\frac{[M]^m \times [N]^n \times [O]^o \times ...}{[A]^a \times [B]^b \times [C]^c \times ...} = K_c.$$

Dabei bedeuten die in eckige Klammern gesetzten Symbole die molaren Konzentrationen der Stoffe (Mol pro Liter), wenn es sich um Reaktionen handelt, die in Lösung ablaufen; bei Reaktionen in der Gasphase wählt man statt der Konzentrationen die Drücke (p) der Reaktionsteilnehmer. Die Reaktionskonstante K_c bzw. K_p (**Gleichgewichtskonstante,** früher **Massenwirkungskonstante** gen.) ist bei konstanten Konzentrationen bzw. Partialdrücken der Ausgangsstoffe abhängig von der Temperatur, wobei nach dem Prinzip des kleinsten Zwanges (Le-Chatelier-Braun-Prinzip) eine Temperaturerhöhung einen endothermen (Energie verbrauchenden) Reaktionsverlauf begünstigt. Während man bei Reaktionen zw. festen oder flüssigen Stoffen den Druck praktisch vernachlässigen kann, beeinflusst der Druck Reaktionen zw. Gasen oder Reaktionen, bei denen gasförmige Stoffe entstehen, in starkem Maße; v. a. Reaktionen, die unter Volumenverminderung ablaufen, werden durch eine Druckerhöhung begünstigt. – Das M. spielt eine bedeutende Rolle bei der theoret. Berechnung von Reaktionsgleichgewichten und von Löslichkeitsprodukten sowie bei der Bestimmung von pH-Werten.

Massenzahl, Nukleonenzahl, Formelzeichen A, Zahl der Nukleonen eines Atomkerns (Nuklids), $A = Z + N$ (Z Protonenzahl, N Neutronenzahl). Die M. wird zur Kennzeichnung eines Nuklids als linker oberer Index an das Elementsymbol gesetzt, bisweilen auch einfach nachgestellt; Beispiele: ^{4}He, ^{16}O, ^{235}U oder He 4, O 16, U 235. (→Kern)

Masserberg, Gemeinde im Landkreis Hildburghausen, Thür., 830 m ü. M., im Thüringer Schiefergebirge, am Rennsteig, 870 Ew.; Erholungs-, Luftkur- und Wintersport, Heilkliniken.

Masseter [griech. ›der Kauende‹] *der, -s/-,* **Musculus masseter,** paariger Kaumuskel bei Säugetieren (einschließlich Mensch), der vom Jochbogen zum Unterkieferwinkel zieht und den Unterkiefer hebt.

Masseverwalter, in Österreich der Konkursverwalter (→Konkurs).

Maß für Maß, engl. ›Measure for measure‹, Komödie von SHAKESPEARE; erste bezeugte Aufführung 26. 12. 1604 in Whitehall (heute zu London), engl. Erstausgabe in der Folioausgabe von 1623.

Maßgeblichkeitsprinzip, *Steuerrecht:* →Steuerbilanz.

Massif Central [ma'sif sã'tral], →Zentralmassiv.

Massignon [masi'nɔ̃], Louis, frz. Orientalist, * Nogent-sur-Marne (bei Paris) 25. 7. 1883, † Paris 31. 10. 1962; Prof. am Collège de France; bedeutender Kenner der islam. Mystik.

Werke: Essai sur les origines du lexique technique de la mystique musulmane (1922); La passion d'al-Hosayn-ibn-Mansour al-Hallaj, martyr mystique de l'Islam, 2 Bde. (1922). – Hg.: Recueil de textes inédits concernant l'histoire de la mystique en pays d'Islam (1929).

Massillon [masi'jɔ̃], Jean Baptiste, frz. Oratorianer, * Hyères 24. 6. 1663, † Beauregard 18. 9. 1742; seit 1704 in Paris Hofprediger LUDWIGS XIV., einer der bekanntesten Kanzelredner seiner Zeit. Berühmt sind seine Advent- und Fastenpredigten sowie die Leichenpredigt auf LUDWIG XIV. Seit 1717 war M. Bischof von Clermont.

Ausgaben: Œuvres complètes, hg. v. E. A. BLAMPIGNON, 3 Bde. (1865–67). – Sämmtl. Predigten, 15 Bde. (1756–59).

Massim, Sammel-Bez. für die v. a. austrones. Sprachen sprechenden melanes. Bev.-Gruppen im äußersten SO von Neuguinea und den nördlich und östlich vorgelagerten Archipelen (Trobriand-, D'Entrecasteauxinseln, Louisiade-Archipel). Die Kulturen der M. sind durch ein System von zeremoniellem Tausch (›Kula-Handel‹) geprägt. Künstlerisch herausragend betätigen sich die Bewohner der →Trobriandinseln.

D. NEWTON: M. Art of the M. area (New York 1975).

Massina, Landschaft in Mali, →Masina.

Massine [ma'sin], Léonide, russ. **Leonid Fjodorowitsch Mjassin,** russ. Tänzer und Choreograph, * Moskau 9. 8. 1896, † Weseke (heute zu Borken) 15. 3. 1979; war u. a. 1914–21 und 1925–28 Solotänzer und Choreograph bei den Ballets Russes in Paris. Er förderte die Entwicklung der tänzer. Charakterkomödie, des sinfon. Balletts und des Tanzfilms; er veröffentlichte ›M. on choreography‹ (1976).

Choreographien: Parade (1917); Der Dreispitz (1919); Pulcinella (1920); Le sacre du printemps (1921); Symphonie fantastique (1936); Nobilissima visione (1938). – *Tanzfilme:* The red shoes (1946); The tales of Hoffmann (1951).

Massinger ['mæsɪndʒə], Philip, engl. Dramatiker, getauft Salisbury 24. 11. 1583, † London 16. 3. 1640; schrieb zahlreiche seiner Bühnenstücke in Zusammenarbeit mit J. FLETCHER. In seinen Komödien ›A new way to pay old debts‹ (1633; dt. ›Ein neuer Weg, alte Schulden zu bezahlen‹) und ›The city madam‹ (entstanden 1632, Erstausgabe 1659; dt. ›Die Bürgersfrau als Dame‹) macht sich M. über die aufstrebende Mittelklasse lustig. Zu seinen in prosanahem Blankvers abgefassten, kritisch zu Zeitfragen Stellung nehmenden Ideendramen gehört auch die Tragödie ›The Roman actor‹ (1629; dt. ›Der röm. Mime‹).

Ausgabe: Plays and poems, hg. v. P. EDWARDS u. a., 5 Bde. (1976).

D. S. LAWLESS: P. M. and his associates (Muncie, Ind., 1967); P. M. A critical reassessment, hg. v. D. HOWARD (Cambridge 1985).

Massinissa, Masinissa, griech. **Massanasses,** König von Numidien, *um 240 v.Chr., †149/148 v.Chr.; trat gegen Ende des 2. Pun. Krieges zu Rom über, das ihn mit dem Gebiet seines ehem. Gegners SYPHAX belohnte. Es gelang ihm, in ständiger Reibung mit dem geschwächten Karthago, das einst in Teilgebiete zerfallene Numidien zu einem großen Reich zusammenzufügen und wirtschaftlich zu erschließen. Sein Konflikt mit Karthago gab 149 v.Chr. den Anlass für den 3. Pun. Krieg. Als M. im Alter von 90 Jahren starb, teilten sich seine Söhne MICIPSA, GULUSSA und MASTANABAL die Herrschaft.

Massis [maˈsis], Henri, frz. Schriftsteller, *Paris 21. 3. 1886, †ebd. 17. 4. 1970; war u. a. Schüler von ALAIN und H. BERGSON. M. verband das nationalist. Gedankengut von M. BARRÈS und C. MAURRAS mit dem des ›Renouveau catholique‹. 1920–44 leitete er die ideell von der ›Action française‹ beeinflusste ›Revue Universelle‹. Seine literaturkrit. (u. a. gegen A. FRANCE, A. GIDE und R. ROLLAND gerichteten) ›Jugements‹ (1923–29, 3 Bde.) und seine kulturphilosoph. Schriften (›Défense de l'occident‹, 1927, dt. ›Die Verteidigung des Abendlandes‹; ›L'occident et son destin‹, 1956) weisen ihn als antisozialist. und antipazifist. Konservativisten aus.

Massiv [frz.] *das, -s/-e,* Geographie: größere, herausgehobene und durch Abtragung freigelegte Gesteinsmasse aus Tiefen- und/oder metamorphen Gesteinen (Brocken-M., Gotthard-M.) oder – bei anderem Gesteinsaufbau – Gebirge von gedrungenem Umriss (Harz, Vogelsberg, frz. Zentralmassiv).

Massivbau, *Bautechnik:* Bauweise, bei der als Hauptbaustoffe Beton, Stahl- und Spannbeton, Natur- und Mauersteine verwendet werden.

Massivholzplatte, plattenförmiger →Holzwerkstoff, der aus mehreren brettförmigen Holzlagen gleicher Dicke je Lage besteht. Die Lagen sind an den Schmalflächen miteinander verleimt. Unterschieden werden einschichtige M., auch als **Leimholz** bezeichnet, und mehrschichtige M., meist drei- oder fünfschichtig, deren Lagen je nach Einsatzgebiet mit unterschiedl. Bindemitteln verleimt sind. Mehrschichtige M. bestehen aus zwei in Faserrichtung parallel zueinander verlaufenden Decklagen und mindestens einer zur Faserrichtung der Decklagen um 90° versetzten Mittellage. M. werden aus Nadelholz und Laubholz (z. B. Buche, Erle oder Eiche) hergestellt. Sie weisen im Ggs. zu anderen Holzwerkstoffen ein vollholzähnl. Aussehen auf und werden im Dickebereich von 12–60 mm gefertigt. Einsatzgebiete für M. sind der Möbelbau, der gehobene Innenausbau und das Bauwesen.

Maßkanne, in Bayern alte Bez. für die →Maß zu 2 Seidel = 1,0691; 60 M. = 1 Schenkeimer.

Maßliebchen, die Gattung →Gänseblümchen.

Maßlösung, →Maßanalyse.

Maßnahmegesetz, nicht deutlich umrissener Begriff zur Bez. maßnahmeähnlicher, auf eine einzelne Situation bezogener Gesetze, im Ggs. zum Idealtyp des abstrakt-generellen, situationsunabhängigen, für alle geltenden Gesetzes. Der Erlass von M. ist durch die Gestaltungsaufgaben des modernen Staates bedingt und nicht mit einem verfassungsrechtl. Makel behaftet; allerdings bedarf die Beachtung des Gleichheitsgebotes bei M. besonderer Aufmerksamkeit.

André Masson: La nuit fertile; 1960 (Privatbesitz)

Masson [maˈsɔ̃], 1) André, frz. Maler und Grafiker, *Balagny-sur-Thérain (Dép. Oise) 4. 1. 1896, †Paris 28. 10. 1987; studierte in Brüssel und Paris. Er nahm formale Anregungen des Kubismus auf und schloss sich 1924 der surrealist. Bewegung an, der er auch nach einem vorübergehenden Bruch (1929) verbunden blieb. Seine fantast., lyrisch-spontane Malerei wechselt zw. emblemat. Darstellung und graf. Arabeske (Sandbilder, Mappenwerke). In den USA übte er großen Einfluss auf den entstehenden abstrakten Expressionismus aus. Nach 1945 kehrte er für einige Zeit zur impressionist. Naturauffassung zurück. M. schuf auch Skulpturen, entwarf Bühnenbilder und -kostüme und hinterließ neben zahlreichen Zeichnungen auch ein umfangreiches druckgraf. Werk.

Ausgabe: Ges. Schriften, hg. v. A. MATTHES u.a., auf mehrere Bde. ber. (1990 ff.).

W. RUBIN u. C. LANCHNER: A. M. (New York 1976); A. M., line unleashed, Ausst.-Kat. (London 1987); R. PASSERON: A. M. Catalogo generale delle sculture (Turin 1987); M. LEIRIS: Bacon, Picasso, M. (a.d.Frz., Neuausg. 1989); A. M. illustrierte Bücher, Grafikmappen, Zeichnungen, bearb. v. B. NOËL, Ausst.-Kat. Klingspor-Museum Offenbach (1989); D. ADES: A. M. (New York 1994).

2) Antoine, frz. Kupferstecher, *Loury (bei Orléans) 1636, †Paris 30. 5. 1700; schuf v. a. Porträts, die sich durch virtuose Technik und lebensnahe Erfassung des Individuellen auszeichnen. Er arbeitete häufig nach Werken von C. LE BRUN, N. MIGNARD und P. P. RUBENS.

massonsche Scheibe [maˈsɔ̃-; nach dem frz. Physiker A. P. MASSON, *1806, †1858], eine runde weiße Scheibe mit einer radialen, mehrfach unterbrochenen schwarzen Linie. Bei schneller Umdrehung der m. S. sind mehrere graue Ringe mit nach außen abnehmendem Schwärzungsgrad zu sehen. Die Zahl der unterscheidbaren Ringe ist ein Maß für das Unterscheidungsvermögen auch in Helligkeitswerten.

Massora, die →Masora.

Maßregeln der Besserung und Sicherung, *Strafrecht:* die neben oder anstelle der Strafe vorgesehenen Maßregeln zur Besserung der Rechtsbrecher und zum Schutz der Allgemeinheit vor ihnen. Neben den →Erziehungsmaßregeln des Jugendstrafrechts kennt das StGB sechs Maßregeln: die Unterbringung in einem psychiatr. Krankenhaus (§ 63) oder in einer Entziehungsanstalt (§ 64), die →Sicherungsverwahrung (§ 66 StGB, Art. 1a Einführungs-Ges. zum StGB), die →Führungsaufsicht (§§ 68 ff.), die →Entziehung der Fahrerlaubnis (§§ 69 ff.) und das →Berufsverbot (§§ 70 ff.). Die mit dem 2. Strafrechtsreform-Ges. (1969) vorgesehene Unterbringung in einer sozialtherapeut. Anstalt ist entfallen; nunmehr ist die Verle-

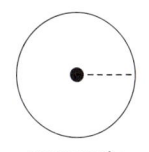

massonsche Scheibe

gung in eine solche Einrichtung als Maßnahme innerhalb des Strafvollzugs nach dem Strafvollzugs-Ges. (§ 9) möglich.

Der Unterschied zw. Strafen und Maßregeln besteht darin, dass die Strafe eine Schuld des Täters voraussetzt und in ihrer Schwere durch das Maß der Schuld begrenzt wird, während die Maßregeln auch gegen schuldlose (z. B. psychisch kranke oder völlig betrunkene) Täter angeordnet werden können und sich an der Gefährlichkeit des Täters für die Allgemeinheit orientieren. Nach dem Grundsatz der Verhältnismäßigkeit darf eine Maßregel nicht angeordnet werden, wenn sie zur Bedeutung der vom Täter begangenen und zu erwartenden Taten sowie zu dem Grad der von ihm ausgehenden Gefahr außer Verhältnis steht.

Die Unterbringung in einer Entziehungsanstalt darf zwei, die erste Unterbringung in der Sicherungsverwahrung darf vier Jahre nicht übersteigen. Das Gericht kann jederzeit überprüfen, ob die weitere Vollstreckung der Unterbringung zur Bewährung auszusetzen ist; innerhalb bestimmter Fristen ist es zu einer solchen Überprüfung verpflichtet (§§ 67 d, e).

Vergleichbare Maßnahmen kennen das *österr.* (§§ 21 ff. StGB, ›vorbeugende Maßnahmen‹) und das *schweizer.* Strafrecht (Art. 42 ff. StGB, ›sichernde Maßnahmen‹).

Maßstab, 1) *Kartographie, techn. Zeichnen, Modellbau:* das Verhältnis zw. einer Strecke auf einer Karte, einer Zeichnung bzw. einem Modell und der tatsächl. Länge dieser Strecke in der Natur. Der M. wird auf Karten durch eine M.-Leiste mit Zentimeter- (zuweilen auch Millimeter-)Strichteilung wiedergegeben, an der die natürl. Längen eingetragen sind. So entsprechen bei einem M. von 1:10 000 (großer M.) 1 cm auf der Karte 10 000 cm (= 100 m) in der Natur oder bei einem M. von 1:5 000 000 (kleiner M.) 1 cm auf der Karte 5 000 000 cm (= 50 km) in der Natur. Bei Plänen und Karten mit großem M. werden die abgebildeten Sachverhalte - dem Verkleinerungsverhältnis entsprechend - genau wiedergegeben (**M.-Treue**), bei Karten kleiner Maßstäbe ist dies nicht mehr möglich (bedingt durch Generalisierung und projektionsbedingte Abbildungsverzerrung). - Bei Profildarstellungen (z. B. im Verkehrsbau) erscheinen Längsprofile meist in überhöhter Wiedergabe; z. B. ist bei einem Längen-M. 1:2000 der Höhen-M. 1:200. Querprofile weisen dagegen einen in Grundriss und Höhe gleichen M. auf. - Unter **M.-Folge (M.-Reihe)** wird die Folge aller Maßstäbe verstanden, in denen amtliche topograph. Kartenwerke herausgegeben werden. - Im Modellbau und techn. Zeichnen sind neben Verkleinerungen, z. B. im M. 1:5, 1:10, 1:20 usw. auch Vergrößerungen (z. B. von Details), z. B. im M. 2:1, 5:1 üblich.

2) *Messtechnik:* einfaches Längenmessgerät, z. B. Lineal, Glieder-M., Bandmaß; als **Strich-M. (Strichmaß)** ein prismat. Stab aus Metall, Holz oder Kunststoff mit (mehrfach) aufgebrachter Strichteilung.

Maßsystem, ältere Bez. für →Einheitensystem, auch als übergeordnete Bez. für →Größensystem und Einheitensystem benutzt.

In der *Mechanik* unterschied man das **physikalische, absolute CGS-System** mit den Basisgrößen Länge, Masse, Zeit und den Basiseinheiten Zentimeter (**cm**), Gramm, Sekunde und das **technische Maßsystem** mit den Basisgrößen Länge, Kraft, Zeit und den Basiseinheiten Meter, Kilopond (früher Kraftkilogramm), Sekunde. Durch Hinzunahme einer elektr. und einer magnet. Basisgröße zu den drei mechan. Basisgrößen erhält man ein Fünfersystem.

In der *Elektromagnetik* gab es auf dem CGS-System (mit nur drei Basiseinheiten) beruhend drei M., je nachdem, welche willkürl. Annahme getroffen wurde: das **elektrostatische CGS-System** mit der Annahme, dass die →elektrische Feldkonstante $\varepsilon_0 = 1$ ist, das **elektromagnetische CGS-System** mit der Annahme, dass die →magnetische Feldkonstante $\mu_0 = 1$ ist, und das **gaußsche CGS-System** mit $\varepsilon_0 = 1$ und $\mu_0 = 1$. Diese willkürl. Annahmen konnten nach einem von GIOVANNI GIORGI (*1871, †1950) 1901 gemachten Vorschlag vermieden werden, nämlich durch Hinzufügung einer vierten, elektr. Basiseinheit zu einem absoluten, mechan. **MKS-System** mit den Basiseinheiten Meter, Kilogramm, Sekunde. Aus messtechn. Gründen einigte man sich auf das Ampere und gelangte so zum **MKSA-** oder **Giorgi-System** (1935 von der IEC angenommen). Von der 10. Generalkonferenz für Maß und Gewicht ist es 1954 zunächst auf sechs, durch die 14. Generalkonferenz 1971 auf sieben Basiseinheiten erweitert worden. Es ist nun als →Internationales Einheitensystem weltweit eingeführt.

Maßtheorie, Verallgemeinerung der elementargeometr. Theorie des Flächen- und Rauminhalts. In der M. wird versucht, möglichst vielen Punktmengen so eine Zahl als Maß für den Inhalt zuzuordnen, dass gewisse Eigenschaften des elementaren Falls erhalten bleiben. Z. B. wird Punktmengen, die durch vertikale Geraden und durch Graphen stetiger Funktionen begrenzt sind, durch das riemannsche Integral (→Integralrechnung) eine Maßzahl als Flächeninhalt zugeordnet. Die maßtheoret. Grundlage dafür ist der **jordansche Inhalt:** Beschränkte Punktmengen M des $\mathbb{R}^n$ unterdeckt man mit Elementarmengen E. Diese sind als endl. Vereinigungen von verallgemeinerten Quadern mit höheren Dimensionen definiert. Entsprechend überdeckt man M mit Elementarmengen $\bar{E}$. Durch die Wahl kleinerer Quader kann M besser von innen und von außen durch Elementarmengen angenähert werden. Für Elementarmengen definiert man als Maß $m(E)$ die Summe der Volumina der verallgemeinerten Quader, wenn diese paarweise nur Randpunkte gemeinsam haben. M heißt **Jordan-messbar,** wenn gilt: $\sup(m(E)|E \subseteq M) = \inf(m(\bar{E})|\bar{E} \supseteq M)$. Das jordansche Maß ist damit eine Abbildung m der Jordan-messbaren Mengen in die nichtnegativen reellen Zahlen $\mathbb{R}_0^+$ mit den Eigenschaften: $m(M) \geqq 0$, $m(\emptyset) = 0$ (wobei $\emptyset$ die leere Menge ist) und $m(M_1 \cup M_2) = m(M_1) + m(M_2)$, wenn $M_1 \cap M_2 = \emptyset$ ist.

Der jordansche Maßbegriff hat sich für die Mathematik als zu eng erwiesen, weil ›zu wenige‹ Mengen messbar sind. H. L. LEBESGUE führte einen allgemeineren Maßbegriff – das so genannte **Lebesgue-Maß** – ein, gemäß dem wesentlich allgemeinere Mengen messbar sind als beim jordanschen Maß. Das Lebesgue-Maß beruht darauf, dass Mengen mithilfe von Überdeckungen mit halboffenen Quadern nur von außen und von innen approximiert werden, wobei der Fall abzählbarer Überdeckungen zugelassen wird. Alle Jordan-messbaren Mengen sind auch Lebesgue-messbar. Darüber hinaus sind auch im Unterschied zum jordanschen Maß alle beschränkten und alle kompakten Teilmengen des $\mathbb{R}^n$ Lebesgue-messbar.

Allgemein bezeichnet man eine Abbildung $\mu : \mathfrak{A} \to \mathbb{R}_0^+ \cup \{\infty\}$ auf einer σ-Algebra $\mathfrak{A}$ von Mengen als eine **Maßfunktion (Maß)** auf $\mathfrak{A}$, wenn gilt:
1) $\mu(\emptyset) = 0$ und $\mu(A) \geq 0$ für alle $A \in \mathfrak{A}$;
2) Sind A_i paarweise disjunkte Mengen aus $\mathfrak{A}$, so ist

$$\mu\left(\bigcup_{i=1}^{\infty} A_i\right) = \sum_{i=0}^{\infty} \mu(A_i).$$

Dabei heißt eine nichtleere Teilmenge $\mathfrak{A}$ der Potenzmenge $P(\Omega)$ einer Menge Ω eine **σ-Algebra,** wenn $\mathfrak{A}$ die leere Menge und zu jeder Menge auch ihr Komplement enthält. Darüber hinaus muss die Vereinigung einer abzählbaren Menge von Elementen von $\mathfrak{A}$ zu $\mathfrak{A}$ gehören. Mithilfe der M. können allgemeinere Integrationstheorien begründet werden, wie umgekehrt aus Integrationstheorien M. aufgebaut werden können.

Eine der wichtigen Anwendung der M. ist die Wahrscheinlichkeitstheorie. Ist $\mu(\Omega) = 1$, dann heißt μ ein **Wahrscheinlichkeitsmaß** auf $\mathfrak{A}$. Dieser allgemeine maßtheoretische Wahrscheinlichkeitsbegriff ist die Grundlage der Wahrscheinlichkeitstheorie.

T. Hawkins: Lebesgue's theory of integration (New York ²1979).

Massu [ma'sy], Jacques, frz. General, *Châlons-sur-Marne 5. 5. 1908; schloss sich 1940 General C. de Gaulle an. Während des Suezkrieges leitete er im November 1956 als Befehlshaber die Landung in Port Said, befehligte danach militär. Operationen gegen die alger. Aufständischen in Algier. Am 13. 5. 1958 war er führend am Aufstand gegen die Vierte Republik beteiligt. 1966–69 war er Oberbefehlshaber der frz. Truppen in Deutschland.

Maßverkörperung, *Metrologie:* →Maß.

Maßwerk, das geometr. Bauornament der Gotik, das mit dem Zirkel konstruiert (›gemessen‹) wurde. Das M. ist Ausdruck der konstruktiv-geometr. Möglichkeiten der mittelalterl. Bauhütte. In der Spätromanik ergab sich die Notwendigkeit, große Fensteröffnungen für die Aufnahme bleiverglaster Fenster zu unterteilen und diese statisch auszusteifen. Vorformen des M. sind die gleichsam aus der massiven Wand ausgeschnittenen Lochfenster und Rosen des 12. Jh. (Chartres, Limburg a. d. Lahn). Diese Form wurde entmaterialisiert in den ersten echten M.-Fenstern (Reims 1211 ff.; Marburg, Elisabethkirche, 1235 ff.). Diese Fenster bestehen aus zwei Lanzetten, die eine von einem großen Spitzbogen gerahmte Rose tragen. Im Lauf der Entwicklung des M. wurden die Motive und Figurationen bis zum 14. Jh. immer reicher (Amiens 1220 ff.; Oppenheim, Katharinenkirche, 1262 ff.). Neben dem Pass, der aus Kreisformen besteht (Dreipass, Vierpass usw.), kennt man das Blatt aus sphär. Dreiecken und Quadraten mit einbeschriebenen Blättern (Dreiblatt, Vierblatt usw.). Der Schneuß oder die →Fischblase ist eine M.-Form der Spätgotik. Sonderformen kennzeichnen den →Flamboyantstil in Frankreich, den →Perpendicular Style in England und den →Emanuelstil in Portugal. M. findet sich außer an Fenstern und in den großen Fensterrosen auch als applizierte Ornamentform an Giebeln, Fassaden, Brüstungen, Wimpergen und Portalen. In der Spätgotik wurde das M. oft ins Ornamental-Groteske übersteigert (u. a. an Gehäusen von Schnitzaltären). Das M. erscheint auch in vegetabilen Formen in

Quentin Massys: Der Geldwechsler und seine Frau; 1514 (Paris, Louvre)

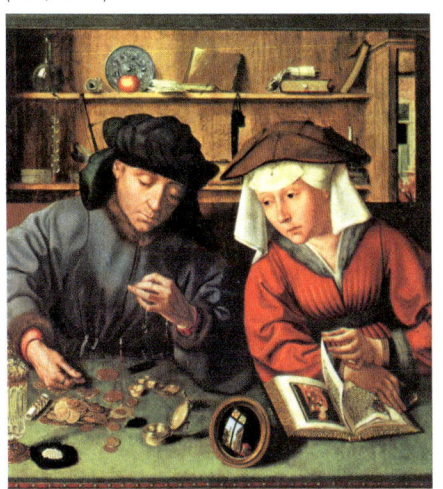

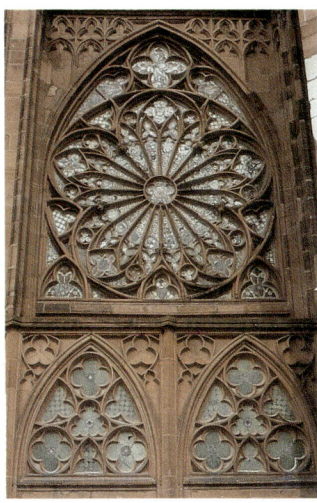

Maßwerk: links Südliches Querhaus der Kathedrale Notre Dame in Amiens; **rechts** Fenster am südlichen Seitenschiff der Katharinenkirche in Oppenheim

der Art von Ast- und Laubwerk. Nach einer kurzen Wiederaufnahme in der Architektur der Zeit der Gegenreformation (Jesuitengotik: Köln, Maria Himmelfahrt; Molsheim, Pfarrkirche) gewann das M. erst in der Neugotik des 19. Jh. wieder an Bedeutung.

L. Behling: Gestalt u. Gesch. des M. (²1978); G. Binding: M. (1989); M., bearb. v. K. Kaiser (²1993).

Massys [ˈmasɛis], **Matsys** [ˈmatsɛis], **Metsys** [ˈmɛtsɛis], 1) Cornelis, fläm. Maler und Kupferstecher, *Antwerpen um 1510/11, †ebd. um 1556/57, Sohn von 3) und Bruder von 2); malte Landschaften mit abwechslungsreichem Panorama und kleinfiguriger Staffage in der Art J. Patinirs. Er hinterließ ein umfangreiches Kupferstichwerk mit religiösen, mytholog. u. a. Themen sowie Ornamentstiche und Landschaftszeichnungen.

C. Matsys. 1510/11–1556/57, hg. v. Jan van der Stock, Ausst.-Kat. (Brüssel 1985).

2) Jan, fläm. Maler, *Antwerpen um 1509, †ebd. vor dem 8. 10. 1575, Sohn von 3) und Bruder von 1). Die Frühwerke sind von seinem Vater beeinflusst, später orientierte er sich an den Romanisten. 1544–58 war er als Ketzer verbannt und hielt sich v. a. in Italien auf. Er schuf satirisch-moralisierende Darstellungen, z. T. als Profanisierung bibl. Themen (u. a. ›Loth und seine Töchter‹, um 1565; Brüssel, Musées Royaux des Beaux-Arts).

3) Quentin, auch **Quinten M.,** fläm. Maler, *Löwen 10. 9. 1466, †Antwerpen zw. 13. 7. und 13. 10. 1530, Vater von 1) und 2); wurde 1491 in die Antwerpener Malergilde aufgenommen. Er knüpfte an R. van der Weyden, D. Bouts und H. van der Goes an und nahm hinsichtlich der Form- und Farbgebung auch Anregungen der ital. Kunst auf, bes. von Leonardo da Vinci, auf dessen Einfluss wohl auch die karikaturhaft gezeichneten Physiognomien einiger seiner Porträts und Genrebilder zurückgehen (›Porträt eines bartlosen Greises‹, 1514; Paris, Musée Jacquemart-André). Vermutlich waren M. auch Werke A. Dürers und H. Holbeins d. Ä. vertraut. Neben psychologisch akzentuierten Bildnissen und Genrebildern behandelte er v. a. religiöse Themen. Zu ihnen gehören festlich-heitere Madonnenbilder nach altniederländ. Vorbild und zwei monumentale Flügelaltäre (›Annenaltar‹, 1507–09, Brüssel, Musées Royaux des Beaux-Arts; ›Johannesaltar‹, 1508–11, Antwerpen, Koninklijk

Museum voor Schone Kunsten). Bei einigen Bildern arbeitete M. mit J. PATINIR zusammen, der die Landschaften ausführte (›Versuchung des hl. Antonius‹, 1515–24; Madrid, Prado).

Weitere Werke: Der Geldwechsler und seine Frau (1514; Paris, Louvre); Porträt einer häßl. Frau (1515; London, National Gallery); Erasmus und Ägidius (1517; geteilt: Rom, Galleria Nazionale d'Arte Antica, und Longford Castle, Wiltshire); Ecce Homo (1518–20; Madrid, Prado); Maria mit Kind (um 1520; Berlin, Gemäldegalerie); Männl. Bildnis (1530; Frankfurt am Main, Städelsches Kunstinstitut).

A. DE BOSQUE: Q. Metsys (Brüssel 1975); L. SILVER: The paintings of Q. M. (Oxford 1984).

Maßzahl, 1) *Physik:* veraltet für Zahlenwert (→Größe).

2) *Stochastik:* **Kenngröße,** eine Zahl oder eine vektorielle Größe, die eine bestimmte Eigenschaft (z. B. Lage, Streuung, Abhängigkeit) einer Verteilung charakterisiert. Die wichtigsten M. bei eindimensionalen Verteilungen sind →Erwartungswert, Zentralwert (→Median) und →Varianz, bei mehrdimensionalen Verteilungen Erwartungsvektor und Kovarianzmatrix (→Kovarianz). – Die in der Praxis verwendeten Verteilungen hängen häufig von einem →Parameter (bzw. von mehreren Parametern) ab. Die M. sind dann Funktionen des Parameters und werden mitunter auch als solche bezeichnet, obgleich sie nur in Sonderfällen Parameter im eigentl. Sinne darstellen.

mast..., Wortbildungselement, →masto...

Mast [ahd. mast] *der, -(e)s/-en,* auch *-e,* **1)** *Schiffbau:* aufrecht aus dem Schiffsdeck ragendes Stahl- oder Leichtmetallrohr oder Rundholz (›Baum‹), auf Segelschiffen für die Besegelung und Takelung. Der M. besteht auf größeren Segelschiffen aus mehreren Teilen (Unter-M., Mars-, Bramstenge), gestützt durch Stage und Wanten, von vorn nach achtern bezeichnet als Fock-, Groß-, Mittel-, Haupt- oder Kreuz- und Besan-M. Die Anzahl der M. und ihre Takelung bestimmen den Typ der Segelschiffe. Auf maschinengetriebenen Schiffen wandelte sich der M. zum Ein-, Zwei-, Dreibein- und Gitter-M. Er dient heute als **Signal-M.** (Signalmittel- und Antennenträger mit Podesten und Anbauten) und **Lade-M.** (mit Ladegeschirr, Ladebäumen), oftmals auch als Lüfter oder als Abgasposten.

2) *Technik:* Stahl-, Stahlbeton- oder Holzkonstruktion zum Tragen einer →Freileitung.

Mast [ahd. mast, urspr. ›von Feuchtigkeit (oder Fett) Triefendes‹, verwandt mit maz ›Speise‹] *die, -/-en,* **1)** *Forstwirtschaft:* Bezeichnung für einen reichen Fruchtertrag bei Eichen (Eichel-M.) und Buchen (Buchel-M.).

2) *Tierzucht:* spezielle Fütterung von landwirtschaftl. Nutztieren zur Erzeugung von Fleisch; die meisten modernen M.-Verfahren beziehen sich auf die Zeit des intensiven Wachstums, also auf Jungtiere, mit dem Ziel, das genetisch angelegte Wachstumspotenzial so weit wie möglich auszuschöpfen.

Bei den Rindern lassen sich die M.-Methoden in zwei Arten unterteilen: **Intensiv-M.,** die durch eine stete, intensive Fütterung und den Einsatz größerer Mengen an ergänzendem Kraftfutter gekennzeichnet ist (dadurch steigert sich die Gewichtszunahme bes. in den ersten Wochen), und **Wirtschafts-M.,** die unter Verwendung betriebseigener Grundfuttermittel durchgeführt wird und aus einer extensiven Vormastperiode und einer intensiven Endmastperiode besteht. Eine intensive Kälber-M. erfolgt stets mit Milchaustauschern (wobei nach dem Tierschutz-Ges. seit 1. 1. 1987 auch Raufutter ab dem 15. Tag zugefüttert werden muss) bis zum Erreichen eines Lebendgewichts von rd. 180 kg (bei Mastendphase mit Kraftfutterzugabe auch bis 220 kg) in etwa 10–16 Wochen; die Färsen-M. und Bullen-M. mit Silagen und Kraftfutter erfolgt bis zum Erreichen eines Lebendgewichts von 380–450 kg (Färsen) bzw. 500–600 kg (Bullen). Ochsen-M. ist nur auf großen Weideflächen (z. B. in England) rentabel (550–580 kg Lebendgewicht).

Bei Schweinen untergliedert sich die M. in eine Vormastphase (etwa vier Wochen) in einem besonderen Ferkelaufnahmestall (höhere Stalltemperaturen, eigene Futterprogramme) und die anschließende Hauptmastphase bis zum Verkauf der Schweine nach etwa 12–15 Wochen (bei 100–120 kg Lebendgewicht).

Die Junggeflügel-M. erfolgt i. d. R. unter Verwendung von besonderen Mischfuttermitteln; gemästet werden gewöhnlich M.-Hybriden, die etwa dreimal so schnell wachsen wie Legehybriden. Bei Puten wird eine 12- bis 15-wöchige M. durchgeführt, nach der die Tiere als Ganzes (›mittlere Pute‹) abgegeben werden. Bis zu 26 Wochen gemästete Puten (›schwere Puten‹) dienen zur Lieferung bes. begehrter Teilstücke.

Um schädl. Rückstände in Lebensmitteln zu vermeiden, bleibt in der EG die Verabreichung von Sexualhormonen (v. a. Östrogenen) als Masthilfsmittel und Betablockern als Tierarznei verboten (Hormonverbots-Richtlinie vom 29. 4. 1996). Östrogene wurden bei der Kälber- und Rinder-M. sowie bei der Schweine- und Hühner-M. eingesetzt. Kälber setzen z. B. 10–20 % mehr Fleisch an, wenn Östrogene gespritzt werden. Betablocker beugen v. a. bei Schweinen, die aufgrund von Züchtung und Haltungsbedingungen äußerst anfällig für Herz- und Kreislaufkrankheiten sind, auf dem Weg zum Schlachthof gegeben, einem vorzeitigen Tod durch Herzversagen vor. Das Überwachen der Einhaltung dieser Verbote ist kompliziert.

Die von einem Nutztier erbrachte **M.-Leistung** wird durch die je Zeiteinheit (meist je Tag) erreichte Gewichtszunahme ausgedrückt, wobei jedoch auch die Futterverwertung, d. h. die je kg Gewichtszunahme notwendige Futteraufnahme, berücksichtigt werden muss. Die Grenzen einer ständigen Steigerung der Fleischproduktion infolge noch rationellerer und effektiverer M.-Verfahren liegen u. a. in deren zunehmend kritisch betrachteten Begleitumständen und Folgen, wie nicht artgerechte Haltung und daraus folgende gesundheitl. Anfälligkeit und Degenerationserscheinungen der Tiere. (→Massentierhaltung).

Mastaba [arab., eigtl. ›Bank‹] *die, -/-s* und *...'taben,* frei stehender, flacher ägypt. Grabbau seit der 1. Dynastie, mit rechteckigem Grundriss und schräg ansteigenden Seiten; in der Frühzeit aus Ziegeln (und mit Nischengliederung versehen, die eine Palastfassade nachahmt), später aus Steinquadern gebaut. Zu der unterird. Grabkammer führte ein senkrechter Schacht. Die Opferstelle befand sich im oberird. Bau, i. d. R. vor einer Scheintür im O; die Anzahl der Räume einer M. erweiterte sich mit der Zeit. Berühmte M. der 5. Dynastie sind die des hohen Beamten TI und die des obersten Priesters RANOFER, der 4. Dynastie die des Priesters KAAPER, alle in Sakkara. Die M. blieb die Grabform der hohen Beamten, bis sie von Felsgräbern abgelöst wurde.

Mastdarm, der hinterste Teil des →Darms.

Mastdarmentzündung, die →Proktitis.

Mastdarmfissur, Analfissur, Afterschrunde, stark schmerzender Einriss der Afterschleimhaut an ihrem Übergang zur äußeren Haut, meist am hinteren Rand, mit nachfolgender Entzündung und Geschwürbildung, die auch zur Ausbildung einer Mastdarmfistel führen kann. Zu den Ursachen gehören chron. Stuhlträgheit sowie Hämorrhoiden.

Die *Behandlung* besteht in einer Verschorfung durch Elektrokoagulation, ggf. in einer Ausschneidung des Granulationsgewebes und einer Schließmuskeldehnung sowie in Stuhlregulierung.

Mastdarmfistel, Analfistel, Afterfistel, in der Aftergegend gelegene →Fistel; die komplette M. besteht als abnorme Verbindung zw. der äußeren Haut und dem Darminnern, die inkomplette oder blinde M. kann entsprechend ihrem Beginn als innere oder äußere M. auftreten, ohne jeweils durchgängig zu sein. Ursache ist meist ein Abszess einer Analdrüse (periproktit. Abszess), seltener eine Mastdarmfissur oder entzündl. Darmerkrankung (Dickdarmentzündung, Crohn-Krankheit), bei Frauen auch ein Geburtsschaden mit Gewebezerreißungen. Durch eitrige Absonderung kann ein Analekzem hervorgerufen werden. Die Symptome bestehen in Juckreiz und Schmerzen beim Stuhlgang. Die *Behandlung* erfolgt durch operative Ausschneidung.

Mastdarmkrebs, Rektumkarzinom, bösartiger Tumor des untersten Dickdarmteils; es handelt sich um Adenokarzinome, die häufig aus einem Schleimhautadenom (›Polyp‹) als Präkanzerose hervorgehen und 50–60% aller bösartigen →Darmtumoren ausmachen. Etwa 30% aller M. sind durch einfache rektale Tastuntersuchung diagnostizierbar. Die Metastasierung über die Lymphwege setzt relativ spät ein; der Anteil der M.-Erkrankungen lag 1994 bei 53% aller Dickdarmkrebserkrankungen. Der Durchbruch in benachbarte Organe (Blase, Scheide) ist oft mit Fistelbildung verbunden. Bei M. wird zur *Behandlung* eine kontinenzerhaltende Rektumresektion durchgeführt. Eine Rektumamputation mit Anlegung eines →Kunstafters ist nur noch bei sehr tief sitzendem, eventuell den Schließmuskel betreffendem M. notwendig.

Mastdarmspiegelung, die →Rektoskopie.

Mastdarmvorfall, Darmvorfall, Rektumprolaps, Heraustreten des untersten Mastdarmabschnitts mit allen Wandschichten aus dem After, v.a. bei der Stuhlentleerung, im fortgeschrittenen Stadium als Dauerzustand. Im Unterschied zum **Aftervorfall (Analprolaps),** einer Ausstülpung der Afterhaut, ist beim M. meist auch die Schließmuskelfunktion gestört und damit die Stuhlkontrolle beeinträchtigt. Hauptursache ist eine Bindegewebsschwäche mit ausgeprägten begleitenden Hämorrhoiden; begünstigend wirkt chron. Verstopfung. Die *Behandlung* besteht in der Entfernung der Hämorrhoiden, ggf. mit zusätzl. operativer Befestigung des Mastdarms im kleinen Becken.

Mast|ektomie [zu masto... und griech. ektémnein ›herausschneiden‹] *die, -/...'mi|en,* operative Entfernung des Drüsengewebes der weibl. Brust, ohne der Brustmuskeln und der regionalen Lymphknoten, im Unterschied zur radikalen Mammaamputation. Die M. wird v.a. im Rahmen der Behandlung des Brustkrebses, auch als kosmet. Maßnahme in Form einer Reduktionsplastik (→Mammaplastik) durchgeführt.

Master [engl. ›Herr‹, über altfrz. von lat. magister] *der, -s/-,* **1)** engl. Anrede für: junger Herr.
2) *Hochschulwesen:* angloamerikan. akadem. Grad, berufsbezogener Studienabschluss, häufig mit weiteren spezifizierenden Zusätzen.
3) *Technik:* 1) Teil einer techn. Anlage, der die Arbeitsweise eines oder mehrerer anderer Anlagenteile (›slaves‹) bzw. der Gesamtanlage bestimmend beeinflusst; 2) bei Vervielfältigungsverfahren (z.B. von Tonaufnahmen, integrierten Schaltungen) eine Kopie des Originals, die zur Herstellung weiterer Kopien verwendet wird (dt. ›Mutter‹).

Masterband, *Audio-Video-Technik:* das →Mutterband.

Masters, *Sport:* im Golfsport Kurz-Bez. für das ›US-M.‹ (→Major-Turniere); im Tennissport Kurz-Bez. für das ›M. of Champions‹ (→Tennis).

Masters ['mɑːstəz], **1)** Edgar Lee, amerikan. Schriftsteller, * Garnett (Kans.) 23. 8. 1868(?), † Philadelphia (Pa.) 5. 3. 1950; Rechtsanwalt in Chicago (Ill.); schrieb zunächst wenig beachtete Gedichte und Theaterstücke. Seine Lyriksammlung ›Spoon River anthology‹ (1915; dt. ›Die Toten von Spoon River‹) enthüllte in kurzen, epigrammat. Gedichten die Verlogenheit der Grabinschriften auf einem amerikan. Kleinstadtfriedhof. Mit diesem Band wurde M. zum wichtigen Vorläufer der desillusionierenden Dichtung der Moderne. Er veröffentlichte neben weiteren Gedichtbänden auch Romane und Biographien, z.B. über A. LINCOLN (1931) und MARK TWAIN (1938).

Ausgabe: Poems, hg. v. D. THOMPSON (1972).

J. T. FLANAGAN: E. L. M. (Metuchen, N. J., 1974); R. PRIMEAU: Beyond ›Spoon River‹. The legacy of E. L. M. (Austin, Tex., 1981); J. H. WRENN: E. L. M. (Boston, Mass., 1983).

2) William Howell, amerikan. Gynäkologe und Sexologe, * Cleveland (Oh.) 27. 12. 1915; seit 1949 Prof. in Saint Louis (Mo.); seit 1970 ⚭ mit VIRGINIA ESHELMAN JOHNSON (* 1925); gilt mit ihr als einer der Begründer der experimentellen Sexualforschung (reizphysiolog. Abläufe, sexuelles Verhalten, Genese funktionaler Störungen).

Werke: Human sexual response (1966; dt. Die sexuelle Reaktion, mit V. E. JOHNSON); Human sexual inadequacy (1970; dt. Impotenz u. Anorgasmie, mit DERS.); The pleasure bond (1975; dt. Spaß an der Ehe); Human sexuality (1982); Heterosexuality (1995; dt. Heterosexualität).

Master-Slave-Flipflop ['mɑːstə 'sleɪv-; engl. slave ›Sklave‹], *Elektronik:* ein taktgesteuertes Flipflop, das durch Zusammenschalten zweier einfacher Flipflops (z.B. D-, JK- oder RS-Flipflop), dem Master- und dem Slave-Flipflop, entsteht. Die wichtigste Eigenschaft von M.-S.-F. ist die Entkopplung der an den Ausgängen liegenden Information von der an den Eingängen anliegenden, d.h. eine Speicherfunktion. Das häufig anzutreffende JK-M.-S.-F. ist i.d.R. zweiflankengesteuert, wobei bei aufsteigender Flanke des Taktimpulses das Slave-Flipflop vom Master-Flipflop entkoppelt und die an den Eingängen liegende Information von diesem übernommen wird; bei absteigender Flanke wird das Master-Flipflop von den Eingängen entkoppelt und die Information an das Slave-Flipflop übergeben.

Master-Slave-System ['mɑːstə 'sleɪv-], *Robotik:* aus zwei Manipulatoren bestehendes System, bei dem die durch eine Bedienperson am Steuermanipulator vorgegebenen Handlungen von einem Arbeitsmanipulator synchron ausgeführt werden.

Master-Slice-Technik ['mɑːstə 'slaɪs-; engl. slice ›Scheibe‹, ›Schnitte‹], *Halbleitertechnik:* eine →Monochiptechnik.

Masterson ['mɑːstəsn], James Francis, amerikan. Psychiater, * Philadelphia (Pa.) 25. 3. 1926; lehrte an der Cornell University und leitet seit 1977 eine von ihm gegründete Gruppe zur Erforschung und Behandlung von Persönlichkeitsstörungen. M. spezialisierte sich früh auf die Erforschung und Behandlung des Borderlinesyndroms bei Jugendlichen und Erwachsenen. Sein Ansatz der ›entwicklungsbezogenen Objektbeziehungstheorie‹ wird in der psychoanalytisch orientierten Psychiatrie viel diskutiert.

...mastie, Wortbildungselement, →masto...

Mastiff ['mɑːstɪf; engl., eigtl. ›gezähmt‹, zu lat. mansuetus ›zahm‹] *der, -s/-s,* schwere engl. Hunderasse, deren Herkunft über Tibetdogge und Molosser hergeleitet wird; guter Wach- und Verteidigungshund

Mastiff
(Schulterhöhe rund 75 cm)

Mast Mastikation – Mastretta

mit breiter, schwarzer Nase, kurzer Schnauze, fast quadratisch; die kurzen, dichten Haare sind aprikot, gelb, silbergrau, rot und hell und dunkel gestromt; Schulterhöhe rd. 75 cm.

Mastikation [zu spätlat. masticare ›kauen‹] *die, -/-en,* Arbeitsgang bei der Verarbeitung von Naturkautschuk (z. T. auch von Synthesekautschuk); besteht in einem auf Walzwerken oder in Knetern, meist unter Zusatz von M.-Chemikalien (aromat. Schwefelverbindungen) durchgeführten mechan. Zerreißen der Kautschukmoleküle. Durch die M. wird die Zähigkeit der Kautschukmasse erniedrigt und die Verarbeitbarkeit des Kautschuks verbessert.

Mastino Napoletano *der, - -/...ni ...ni,* **Italienische Dogge,** von den Molossern abstammende, seit 1949 wieder gezüchtete Hunderasse; muskulöse, starkknochige Tiere mit einer Widerristhöhe von 68–75 cm, kurzem, glänzendem Fell, meist grau, auch schwarz, gelb oder mahagoni (italienisch = mogano), und alle diese Farben in sich gestromt. Charakteristisch ist der muskulöse Hals mit der doppelten, geteilten Kehlwamme; Schutz-, Wach- und Begleithund.

Mastitis [griech.] *die, -/...'tiden,* die →Brustdrüsenentzündung.

Mastix [lat., von griech. mastichē ›Mastix (als Harz)‹] *der, -(es)*, aus der Rinde des Mastixstrauchs gewonnenes grünl. oder gelbl. Harz, das v. a. freie Harzsäuren und Resene, äther. Öle und Bitterstoffe enthält. M. findet als Bindemittel in Firnis, in Porzellankitten und als Klebstoff Verwendung.

Mastixioideenflora, ausgestorbene, trop. bis subtrop. Flora aus dem Tertiär Mitteleuropas; überwiegend immergrüne, lorbeerblättrige Pflanzen, deren Blätter Träufelspitzen besaßen. Die namengebende Gattung **Mastixia** bestand aus bis 70 m hohen Bäumen.

Mastixstrauch, 1) Pistacia lentiscus, im Mittelmeergebiet und auf den Kanar. Inseln vorkommender Strauch (seltener kleiner Baum) aus der Familie der Sumachgewächse; mit immergrünen, unpaar gefiederten Blättern, deren Spindel breit geflügelt ist. Die Blüten sind zweihäusig verteilt und stehen in kurzen, dichten Blütenständen. Durch kreuzförmige Rindeneinschnitte wird das Harz (→Mastix) gewonnen. **2) Amerikanischer Mastixbaum,** →Pfefferstrauch.

Mastkraut, Sagina, Gattung der Nelkengewächse mit etwa 30 Arten in den temperierten Gebieten der N-Halbkugel und in den trop. Gebieten; dichtrasig bis polsterförmig wachsende Kräuter. In Dtl. heimisch ist u. a. das häufig auf Äckern vorkommende, 2–5 cm hohe **Niederliegende M.** (*Sagina procumbens*) mit kleinen, weißen Blüten.

Mästlin, Michael, Astronom, * Göppingen 30. 9. 1550, † Tübingen 20. 10. 1631; Assistent bei P. Apianus in Tübingen, 1576 Pastor in Backnang, 1580 Prof. der Mathematik in Heidelberg, 1584 in Tübingen. M. erklärte als Erster das aschgraue Mondlicht (→Erdlicht) korrekt und erkannte, dass Kometen keine sublunaren Erscheinungen sind. M. war Lehrer von J. Kepler und einer der ersten Förderer des kopernikan. Weltbildes.

masto... [griech. mastós ›Brust‹], vor Vokalen meist verkürzt zu **mast...,** Wortbildungselement mit der Bedeutung: Brust, Mutterbrust, z. B. Mastopathie, Mastektomie; in gleicher Bedeutung auch als letzter Wortbestandteil **...mastie,** z. B. Gynäkomastie.

Mastodonsaurus [zu griech. odoús, odóntos ›Zahn‹], **Riesenpanzerlurch,** zu den →Labyrinthodontia zählende, ausgestorbene Gattung riesiger Lurche aus der Trias; mit 2–3 m langem Körper und bis zu 1,50 m langem Schädel (neben mehreren großen, bis 7 cm langen Zähnen über 200 kleine) der größte Lurch der Erdgeschichte. Der M. lebte in Sümpfen, Süß- und Brackgewässern und ernährte sich von Fischen und kleinen Sauriern.

Mastodonten [zu griech. odoús, odóntos ›Zahn‹ (wegen der brustwarzenähnl. Höcker an den Backenzähnen)], *Sg.* **Mastodon,** *-s,* zu den →Rüsseltieren gestellte, ausgestorbene Unterordnung bis etwa elefantengroßer Säugetiere. Die seit dem Oligozän aus Afrika bekannten M. (Gattung **Palaeomastodon,** noch ohne ausgeprägten Rüssel) breiteten sich im Jungtertiär nach Asien und im Pleistozän über die Beringstraße nach Amerika aus, wo sie gegen Ende der letzten Eiszeit ausstarben (Gattung **Gomphotherium,** bereits mit ausgeprägtem Rüssel). Die Schneidezähne des Oberkiefers, z. T. zu Beginn der Entwicklung auch die des Unterkiefers, waren zu langen, geraden oder gekrümmten Stoßzähnen verlängert.

Mastodonten: Skelett eines Gomphotherium (Frankfurt am Main, Senckenberg-Museum)

Mastodynie [zu griech. odýne ›Schmerz‹] *die, -/...ni|en,* **Mastalgie,** schmerzhaftes Spannungs- oder Schwellungsgefühl in der weibl. Brust ohne weitere krankhafte Veränderung, häufig vor Eintreten der Menstruation, bei Östrogenbehandlung und in den Wechseljahren.

Mastoiditis [griech.] *die, -/...'tiden,* →Ohrenkrankheiten.

Mastopathie [zu griech. páthos ›Leiden‹] *die, -/...'thi|en,* bei Frauen i. d. R. zw. dem 35.–50. Lebensjahr auftretende Umbauprozesse der Brustdrüse mit verschiedenen histolog. Erscheinungsbildern, wie Bindegewebevermehrung, zyst. Erweiterung und Wucherung des Epithels der Milchgänge mit Umbau des Läppchensystems. Je nach Ausprägung der Epithelwucherung werden 3 Grade unterschieden, wobei bei Grad I (**Mastopathia chronica cystica**) keine Epithelwucherung, bei Grad II solche ohne Zellveränderungen und bei Grad III mit Zellveränderungen auftreten. Während bei Grad II nur ein gering erhöhtes Brustkrebsrisiko besteht, steigt es bei Grad III auf das 4fache an. Als Ursache wird eine Störung des Östrogen-Progesteron-Gleichgewichts zugunsten der Östrogene angenommen. Symptome sind prämenstruell sich verstärkende knotige Verhärtungen und Schmerzen, selten auch eine patholog. Sekretion (milchartig, blutig). Zur Früherkennung dienen Sonographie und Mammographie, ggf. mit Feinnadelbiopsie oder Probeexzision. Die *Behandlung* besteht in der Zurückdrängung der Östrogendominanz durch gestagenbetonte Hormonpräparate oder Antiöstrogene.

Mastotermitidae [griech.-lat.], die →Riesentermiten.

Mastozyten [zu griech. kýtos ›Höhlung‹], *Sg.* **Mastozyt** *der, -en,* die →Mastzellen.

Mastretta, Ángeles, mexikan. Schriftstellerin, * Puebla 9. 10. 1949; Journalistin; ihr Erstlingsroman ›Arráncame la vida‹ (1985; dt. ›Mexikan. Tango‹) wurde ein internat. Bestseller. In der fiktiven Autobiographie wird humorvoll, doch dezidiert sozialkritisch der Emanzipationsprozess einer Frau innerhalb der

Mastixstrauch 1) (Höhe 2–4 m)

Mastkraut: Niederliegendes Mastkraut

vom Machismo geprägten mexikan. Gesellschaft der 1940er-Jahre beschrieben. Die Situation der Frauen in Lateinamerika ist auch das zentrale Thema des Erzählbandes ›Mujeres de ojos grandes‹ (1990; dt. ›Frauen mit großen Augen‹).

Mastroianni, 1) Marcello, ital. Filmschauspieler, * Fontana Liri (Prov. Frosinone) 28. 9. 1924, † Paris 19. 12. 1996, Neffe von 2); seit 1947 beim Film; internat. Star; als Charakterdarsteller und in kom. Rollen erfolgreich.

Filme: Das süße Leben (La dolce vita, 1960); Die Nacht (1961); Scheidung auf italienisch (1961); 8½ (1963); Privatleben (1962); Das große Fressen (1973); Die Stadt der Frauen (1979); Flucht nach Varennes (1982); Die Geschichte der Piera (1983); Macaroni (1985); Ginger und Fred (1986); Der Bienenzüchter (1986); Schwarze Augen (1987); Wie spät ist es? (1989); Allen geht es gut (1990); Der schwebende Schritt des Storches (1992); Die Herbstzeitlosen (1992); 101 Nacht – Die Träume des M. Cinéma (1994); Prêt-à-Porter (1995); Trois vies et une seule mort (1995/96); Wie weit ist die Nacht (1996, Fernsehfilm, 2 Tle.).

M. HOCHKOFLER: M. M. Das süße Leben (a. d. Ital., 1993).

2) Umberto, ital. Bildhauer, * Fontana Liri (Prov. Frosinone) 21. 9. 1910, Onkel von 1). Beeinflusst vom Futurismus (U. BOCCIONI), gelangte M. zu expressiven abstrakten Bronzewerken in splitternden, explosiven Formen.

Werke: Partisanendenkmal in Turin (1945); Widerstandsdenkmal in Cuneo (1964–69); Gefallenendenkmal in Frosinone (1970–76).

U. M., hg. v. F. MOSCHINI, Ausst.-Kat., 2 Bde. (Florenz 1981).

Masturbation [zu lat. masturbari ›onanieren‹] *die, -/-en,* sexuelle Handlung, bei der durch manuelle Selbstreizung **(Selbstbefriedigung, Onanie, Ipsation, Ipsismus)** oder gegenseitige Reizung der Geschlechtsorgane sexuelle Befriedigung erlangt wird. M. kann bei Menschen in allen Altersphasen vorkommen, wird jedoch am häufigsten von Jugendlichen praktiziert. Eine nicht geringe Rolle spielt die gegenseitige M. bei der Homosexualität.

Entgegen landläufigen Vorurteilen kommt M. nicht als Ursache körperl. oder seel. Schäden infrage. Positive Geschlechtserziehung verzichtet völlig auf ein M.-Verbot. Sexologisch wird bes. auf die Ventil- und Erprobungsfunktion der M. hingewiesen.

Mastzellen, Mastozyten, etwa 10–15 μm große, zu den weißen Blutkörperchen (Leukozyten) gehörende Zellen, die in allen Geweben, v. a. in der Umgebung von Blutgefäßen der Säugetiere (einschließlich Mensch) und der meisten Wirbeltiere vorkommen. M. enthalten eine große Zahl von mit bas. Farbstoffen anfärbbaren (so genannte basophile) Granula, die Histamin, Heparin, Kinine und mehrere, v. a. abbauende Enzyme enthalten. Bei Aktivierung können diese in die Umgebung freigesetzt sowie weitere Wirkstoffe, z. B. Leukotriene, Zytokine, gebildet werden. M. besitzen Rezeptoren, an die Immunglobulin E (IgE) fest gebunden wird. Die Bindung eines spezif. Antigens an das zellgebundene IgE löst eine Aktivierung aus. Die IgE-abhängige Freisetzung von Mediatoren ist die Grundlage allerg. Reaktionen, z. B. Heuschnupfen, Bronchialasthma oder die Bildung juckender Quaddeln in der Haut.

Masuccio Salernitano [maˈzuttʃo -], eigtl. **Tommaso Guardati,** ital. Schriftsteller, * Salerno um 1420, † ebd. vor 1476 (?); lebte am Hofe von Neapel; verdankt seinen Ruhm der Novellensammlung ›Il novellino‹, einer vermutlich erst postum erschienenen Sammlung von 50 Novellen (entstanden gegen 1450, gedruckt 1476; dt. ›Novellen‹, auch u. d. T. ›Der Novellino‹), die meisterhafte Satiren in der Nachfolge G. BOCCACCIOS enthalten.

Ausgaben: Il novellino, hg. v. G. PETROCCHI (1957). – Novellino, hg. v. M. PFLUG u. a., 2 Bde. (1988).

Masuren: Kleiner Selmentsee (Jezioro Selmęt Maly)

E. SPINELLI: M. S. Scrittura della crisi e poetica del diverso (Salerno 1980); S. S. NIGRO: La brache di San Griffone (Bari 1983).

Masudi, Abu l-Hasan Ali **al-M.,** arab. Schriftsteller, * Bagdad um 895, † Kairo 956 (oder 957); reiste nach Indien, Ceylon, ins Chin. Meer und nach Sansibar; seine Schriften sind wichtige Quellen für Geographie, Kultur und Geschichte des Orients.

Masur, Kurt, Dirigent, * Brieg 18. 7. 1927; war nach Stationen in Halle (Saale), Erfurt, Leipzig und Schwerin 1960–64 Chefdirigent der Kom. Oper Berlin sowie 1967–72 der Dresdner Philharmonie. Internat. Anerkennung erlangte er als Gewandhauskapellmeister der Stadt Leipzig (1970–96) sowie als musikal. Leiter der New Yorker Philharmoniker (seit 1991). M. trug als Mitinitiator eines Aufrufs vom 9. 10. 1989 wesentlich zum friedl. Verlauf dieser entscheidenden Leipziger Montagsdemonstration bei.

K. M. Gewandhauskapellmeister in Leipzig, hg. v. K. ZUMPE (Neuausg. 1990).

Masuren, poln. **Mazury** [maˈzuri], Landschaft in Polen, im S des ehem. Ostpreußens, umfasst, ohne geographisch oder historisch abgrenzbar zu sein, die Endmoränen-, Grundmoränen- und Seenlandschaft zw. der Kernsdorfer Höhe (312 m ü. M.) im SW und den Seesker Höhen (309 m ü. M.) im NO, die den Hauptteil des Preuß. (Masur.) Landrückens bildet. Das an Seen (→Masurische Seen) und vorwiegend Kiefernwäldern (u. a. Johannisburger Heide) reiche M. wird überwiegend landwirtschaftlich genutzt; im Sommer bedeutender Fremdenverkehr, der inzwischen, u. a. durch das ungelöste Problem einer umweltgerechten Abwasserversorgung, zu einer ökolog. Gefahr für diese Gegend wird. – Die einstige Bev. (Masuren) entstand aus einer Mischung von altpreuß., masow. und dt. Kolonisten, wobei die masow. Komponente überwog, sie sprach eine poln., mit vielen dt. Lehnwörtern durchsetzte Mundart, ging aber im 19. und 20. Jh. immer mehr zur dt. Sprache über. Die Siedlungen sind Straßendörfer, die fast immer an einem Gewässer liegen.

Geschichte: Das bis ins 13. Jh. von den baltisch-pruß. Stämmen der Sudauer und Galinder schwach besiedelte Gebiet wurde vom Dt. Orden erobert. Die 1278–83 unterworfenen Sudauer wurden nach dem Samland umgesiedelt. In der Schlacht bei Tannenberg wurde am 15. 7. 1410 der Dt. Orden vernichtend geschlagen, konnte aber im 1. Thorner Frieden sein Gebiet weitgehend behaupten. Im 15./16. Jh. riefen neben dem Dt. Orden die preuß. Herzöge im Zuge ihrer Kolonisierungsbemühungen v. a. masow. Siedler ins Land. Die Kolonisation wurde erst im 18. Jh. abgeschlossen.

Im Ersten Weltkrieg fanden in M. die Schlachten bei Tannenberg (26.–31. 8. 1914), an den Masur. Seen

Marcello Mastroianni

Kurt Masur

(6.–14. 9. 1914) und die Winterschlacht (7.–27. 2. 1915) statt. In der Volksabstimmung aufgrund der Vertragsbestimmungen von Versailles erklärte sich am 11. 7. 1920 die Mehrheit (97,5%) für den Verbleib beim Dt. Reich. Nach dem Zweiten Weltkrieg fiel M. 1945 unter poln. Verwaltung; die Zugehörigkeit zu Polen wurde durch den Deutsch-Poln. Grenzvertrag vom 14. 11. 1990 (in Kraft seit 16. 1. 1992) anerkannt.
R. Weber: M. Gesch., Land u. Leute (1983); A. Stachurski: Naturparadies M. (a. d. Poln., 1995).

Masurische Seen, die zahlreichen End- und Grundmoränenseen in Masuren, Polen, im Bereich des zum Balt. Landrücken gehörenden Preuß. (Masur.) Landrückens; die größten sind Spirding- (113,8 km²), Mauer- (105 km²) und Löwentinsee (26 km²). Die Seen stehen miteinander in natürl. oder Kanalverbindung; seit 1977 gehören sie teilweise zu einem 700 km² großen Naturpark. Bauarbeiten an dem geplanten **Masurischen Kanal**, der den Mauersee mit der Alle bei Allenburg verbinden sollte, wurden 1939 eingestellt und nach 1945 nicht wieder aufgenommen.

Masuri S. N., eigtl. **M. bin Salikun,** indones. Dichter, * Singapur 11. 6. 1927; bedeutendster malaiischer Dichter der Gegenwart und führendes Mitgl. der ›Angkatan Sasterawan 50‹ (Literar. Gruppe 1950). M. S. N., dessen poet. Werk anfangs nachhaltig von der indones. Bewegung ›Pudjangga Baru‹ (Neuer Dichter) beeinflusst wurde, entwickelte in bewusster Ablehnung klass. literar. Traditionen einen neuen gegenwartsbezogenen Stil.
Werke (indones.): *Lyrik:* Rote Wolken (1958); Mannigfache Stimmungen (1962;) Bittere Blüten (1967). – Moderne Dichtung, Vorträge u. Aufsätze (1968);
M. Y. Wan Shamsuddi: Sejarah sastera Malayu modern, sesudah tahun 1800 (Kuala Lumpur ²1976).

Masurka, poln. Nationaltanz, →Mazurka.

Masut [russ.] *das, -(e)s,* hochsiedender Destillationsrückstand des Erdöls sowie Produkt der Hochtemperaturpyrolyse; wird für Heizöl oder als Schmiermittel verwendet.

Masvingo, früher **Fort Victoria** [fɔːt vɪkˈtɔːrɪə], Industrie- und Marktstadt in S-Simbabwe, 1 068 m ü. M., 51 700 Ew.; Verw.-Sitz der Prov. M.; Landmaschinenbau, Textil- und Metallwarenindustrie; Straßenknotenpunkt, Endpunkt einer Stichbahn von Gweru. In der Umgebung Milchwirtschaft und Kaffeeanbau, Abbau von Gold- und Chromerzen sowie von Asbest. Fremdenverkehr (in der Nähe Großwildreservat; Kyle-Stausee; 28 km südöstlich die Ruinen von Simbabwe).

Masyr, Stadt in Weißrussland, →Mosyr.

Matabei, Iwasa, eigtl. **Iwasa Katsumochi M.,** jap. Maler, * Itami 1578, † Edo (heute Tokio) 20. 7. 1650; verband Stilelemente der Kanō- und Tosa-Schulen in Themen der klass. jap. Malerei, eröffnete aber auch der Genremalerei (Ukiyo-e) neue Aspekte. In der Miniaturmalerei (Fuzokuga) auf Stellschirmen zeichnet er sich durch seine sarkast. Figurendarstellungen aus. M. schuf auch die Porträtfolge der ›36 Dichter‹.

Matabeleland, Teil des Hochlands von Simbabwe, nimmt den SW des Landes ein, 1 000 bis 1 500 m ü. M., eine flachwellige und baumarme Trockensavanne. Das M. ist Wohngebiet der Matabele (→Ndebele) und heute in die Prov. M.-Nord (Verw.-Sitz: Hwange) und M.-Süd (Verw.-Sitz: Bulawayo) gegliedert; Rinderfarmen, Bergbau (Hwange u. a.).

Matačić [ˈmatatʃitɕ], Lovro von, kroat. Dirigent, * Sušak (heute zu Rijeka) 14. 2. 1899, † Zagreb 4. 1. 1985; war nach Stationen u. a. in Belgrad, Zagreb und Wien 1956–58 Chefdirigent der Dresdner Staatskapelle, 1961–66 Generalmusikdirektor in Frankfurt am Main sowie 1970–80 Chefdirigent der Zagreber Philharmonie, 1973–79 auch des Orchestre National de l'Opéra de Monte Carlo; auch Opernregisseur.

Mátaco, südamerikan. Indianer, →Wikyé.

Matadi, Prov.-Hauptstadt in der Demokrat. Rep. Kongo, am linken Ufer des unteren Kongo, unterhalb der Livingstonefälle (→Inga), an der Grenze zu Angola, 172 900 Ew.; kath. Bischofssitz; Fischverarbeitung, Arzneimittelherstellung, Druckereien. M. ist der wichtigste Hafen des Landes (Endpunkt der Hochseeschifffahrt); Güterumschlag auf die Eisenbahn nach Kinshasa; neue Brücke über den Kongo (Teil der im Bau befindlichen Bahn nach Banana am Atlantik). – M. wurde 1879 von H. M. Stanley als Handelsniederlassung gegründet. 1890–1908 wurde die erste Eisenbahn Belgisch-Kongos von M. nach Léopoldville (heute Kinshasa) gebaut.

Matador [span., zu matar ›töten‹, von lat. matare ›schlachten‹] *der, -s/-e auch -en/-en,* Stierkämpfer, der dem Stier den Todesstoß gibt; *übertragen:* wichtiger Mann, Anführer, Hauptperson.

Matagalpa, Stadt in NW-Nicaragua, 700 m ü. M., 37 000 Ew.; Verw.-Sitz der Prov. M.; Bischofssitz; Zentrum eines Kaffeeanbaugebietes; Nahrungsmittelindustrie.

Mata Hari, Künstlername von **Margaretha Geertruida MacLeod** [məˈklaʊd], geb. **Zelle,** niederländ. Tänzerin, * Leeuwarden 7. 8. 1876, † (hingerichtet) Vincennes 15. 10. 1917; heiratete einen Offizier der niederländ. Kolonialarmee und ging mit ihm 1897 nach Java; trat nach der Trennung von ihrem Mann seit 1903 in Paris und später auch in anderen europ. Staaten als umschwärmte Tänzerin auf und ging zahlr. Liebschaften v. a. mit Offizieren ein. Im Ersten Weltkrieg sowohl vom dt. als auch frz. Geheimdienst angeworben, wurde sie von den frz. Behörden der Spionage für Dtl. beschuldigt, nach ihrer Verhaftung zum Tode verurteilt und erschossen.

Matamata [indian.-port.] *die, -/-s,* **Fransenschildkröte, Chelus fimbriatus,** Art der →Schlangenhalsschildkröten, die in Urwaldgewässern im nördl. und mittleren Südamerika lebt. Der flache, höckerige Panzer (Länge bis 40 cm) trägt drei Längskiele, Kopf und Hals tragen Hautfransen, die Schnauze endet in einen Rüssel. M. lauern auf dicht vorbeischwimmende Fische, die durch blitzschnelles Saugschnappen erbeutet werden.

Matamoros, Stadt im Bundesstaat Tamaulipas, Mexiko, am S-Ufer des unteren Rio Grande, 40 km westlich der Mündung in den Golf von Mexiko, 303 300 Ew.; Bischofssitz; Handels- und Verarbeitungszentrum eines Baumwoll- und Zuckerrohranbaugebiets; Lederverarbeitung; Endpunkt einer Bahnlinie von Monterrey, internat. Brücke zum gegenüberliegenden Brownsville (Tex.), Flugplatz.

Matanuska Valley [mætəˈnuːskə ˈvæli], Tal in Alaska, USA, nordöstlich von Anchorage; geschützt

Iwasa Matabei: Miniaturmalerei auf einem Stellschirm (Ausschnitt; Privatbesitz)

durch hohe Bergketten, ist das M. V. das wichtigste Agrargebiet Alaskas (Vegetationsperiode von etwa 120 Tagen); Anbau von Futterpflanzen und Milchviehhaltung, ferner Gemüse- und Kartoffelanbau.

Matanza [-sa], Stadt im SW von Groß-Buenos-Aires, Argentinien, 1,1 Mio. Ew.; v. a. Wohnort, wenig Industrie (Metall, Gummi, Papier).

Matanzas [-sas], Stadt in Kuba, an der N-Küste, 123 800 Ew.; Verw.-Sitz der Prov. M.; Bischofssitz; Zweig der Univ. von Camagüey, Museum; Zuckerfabriken, Schiffbau, Textil-, Leder-, chem. Industrie; Hafen. – Ältestes Bauwerk ist die Festung San Severino (17. Jh.). Die Kathedrale (gegr. 1693, heutiger Bau von 1878) besitzt Decken- und Wandmalereien. Das Teatro Sauto (1863) gilt als der bedeutendste neoklassizist. Bau Kubas (mit Fresken, Holzschnitzereien). – 1693 gegr.; um die Mitte des 19. Jh. zweitwichtigste Stadt Kubas (1860: 30 000 Ew.).

Matapan, Kap in Griechenland, →Tänaron.

Mataram, 1) Hauptort der Insel Lombok, Indonesien, 141 400 Ew.; Verw.-Sitz der Prov. Nusa Tenggara Barat; Univ.; Marktort; Hafen im Nachbarort Ampenan, Flugplatz. – M. war im 19. Jh. Hauptstadt des vereinigten Reiches →Lombok.

2) histor. Gebiet in Zentraljava (heute in Indonesien); war im 8. und 9. Jh. Herrschaftszentrum der Dynastie der Shailendra, gehörte später zum Reich Majapahit. 1586 wurde das Sultanat M. gegründet, das seine größte Machtentfaltung unter Sultan AGUNG (1613–45) erlebte und nach Auseinandersetzungen mit der niederländ. Vereinigten Ostind. Kompanie 1755 in die Fürstentümer Yogyakarta und Surakarta geteilt wurde.

Matarani, Hafen in S-Peru, →Mollendo.

Ewald Mataré: Kleine liegende Kuh; 1946 (Mannheim, Städtische Kunsthalle)

Mataré, Ewald, Bildhauer und Grafiker, * Aachen 25. 2. 1887, † Büderich (heute zu Meerbusch) 29. 3. 1965; wurde 1932 Prof. an der Kunstakademie in Düsseldorf, 1933 entlassen, 1945 wieder eingestellt. Seine frühen Holzschnitte sind vom Expressionismus geprägt. Als Bildhauer, bes. als Schöpfer von Kleinplastiken (v. a. Tierfiguren) aus fein polierten Hölzern oder aus Bronze, gelangte er zu stark abstrahierten, bis zum Symbol verdichteten Formen. Im Spätwerk befasste er sich verstärkt mit religiöser Thematik (bronzene Türflügel mit Mosaikeinlagen für den Kölner Dom, 1948–54; Kupfertüren für die Weltfriedenskirche in Hiroshima, 1954). M. hinterließ etwa 200 Aquarelle (meist Landschaften). Er war auch ein bedeutender Lehrer; zu seinen Schülern gehörten G. MEISTERMANN, E. HEERICH und J. BEUYS. – 1973 wurden seine ›Tagebücher‹ veröffentlicht.

Aquarelle 1920–1956, hg. v. A. KLAPHECK (1983); R. MEYER-PETZOLD: E. M.s Kunst der Lehre (1989); E. M., Holzschnitte, Beitrr. v. S. MATARÉ u. a., Ausst.-Kat. Städt. Museum Haus Koekkoek, Kleve (1990); E. M., Zeichnungen, Beitrr. v. S. MATARÉ u. a., Ausst.-Kat. Städt. Museum Haus Koekkoek, Kleve (1992); S. M. SCHILLING: E. M., das plast. Werk. Werkverz. (²1994); E. M. Christl. Themen im Werk des Künstlers, hg. v. C. STIEGEMANN, Ausst.-Kat. Diözesanmuseum Paderborn (1995).

Mataro, die Rotweinrebe →Mourvèdre.

Mataró, Industrie- und Hafenstadt in der Prov. Barcelona, Spanien, in Katalonien, an der Mittelmeerküste, 30 km nordöstlich von Barcelona, 101 900 Ew.; Textil-, Metall-, Chemie-, Glas-, Papierindustrie; Fischerei; Vermarktungszentrum für Frühgemüse, Blumen und Frühkartoffeln. – Kirche Santa Maria (17. Jh.). – M., die röm. Gründung Iluro, im 12. Jh. als **Castell de Mata** erwähnt, war Endpunkt der ersten span. Eisenbahnlinie Barcelona–M. (1848 eröffnet).

Matavulj, Simo, serb. Schriftsteller, * Šibenik 14. 9. 1852, † Belgrad 20. 2. 1908; Lehrer in Dalmatien, Montenegro und Serbien, der sich in seinen Erzählungen als ausgezeichneter Kenner dieser Regionen und als Meister treffender Menschenschilderung erweist; von G. DE MAUPASSANT und É. ZOLA beeinflusster Vertreter eines konsequenten Realismus; Meisterwerk ist der humorist. Roman ›Bakonja fra Brne‹ (1892), der das Klosterleben und den Werdegang eines Bauernjungen zum Mönch schildert.

Ausgabe: Sabrana dela, 8 Bde. (1953–56).

Matchball [ˈmɛtʃ-; engl.], *Sport:* bei Rückschlagspielen (z. B. Tennis) der das Spiel (engl. match) entscheidende Ball.

Matchstrafe [ˈmɛtʃ-; engl.], Zeitausschluss beim →Eishockey.

Mate [span., von Quechua mati, eigtl. ›Korb‹, ›Gefäß (zum Aufbewahren von Tee)‹] *der, -,* **Matetee, Paraguaytee,** teeähnl. Getränk aus den gerösteten und geschnittenen Blättern der Matepflanze. Wegen des Koffeingehalts (getrocknete Blätter enthalten etwa 1–1,5%) wird M. ähnlich wie Kaffee und Tee als anregendes Genussmittel v. a. in Südamerika getrunken.

Matei Basarab, Fürst der Walachei, →Basarab.

Matějček [ˈmatjɛjtʃɛk], Antonín, tschech. Kunsthistoriker, * Budapest 31. 1. 1889, † Rataje nad Sázavou (Mittelböhm. Gebiet) 17. 8. 1950; studierte in Prag und in Wien bei M. DVOŘÁK. 1918 wurde er Prof. an der Kunstgewerbeschule, 1927 an der Karls-Univ. in Prag. M. hatte wesentl. Anteil an der Vermittlung frz. Kunstströmungen an die tschech. Kunstszene; verfasste u. a. Arbeiten über roman. Buchmalerei, über REMBRANDT und GIORGIONE; würdigte als einer der Ersten die moderne tschech. Architektur sowie bedeutende Vertreter der modernen tschech. Kunst.

Matejko, Jan, poln. Maler, * Krakau 24. 6. 1838, † ebd. 1. 11. 1893; war nach Studien in München und Wien seit 1860 in Krakau tätig (seit 1873 Leiter der Schule für Schöne Künste). Seine großformatigen Historienbilder zeigen eine Steigerung von romant. Stimmung zu neubarockem Pathos; er schuf auch Bildnisse und Genrebilder. In der Spätzeit widmete sich M. auch der Wandmalerei.

J. M. 1838–1893, Ausst.-Kat. (1982).

Matelassé [matəlaˈse; frz. ›gepolstert‹] *der, -(s)/-s,* ein Doppelgewebe in Stepptechnik mit einer dem Piqué ähnlichen, reliefartigen Musterung. Durch Einlegen von weichen Füll- oder Polsterschüssen wird die plast. Wirkung gesteigert. M. besteht im Obergewebe aus Seide, Chemiefaser oder Wolle, im Untergewebe aus Baumwolle oder Chemiefaser; Verwendung für Damenmäntel und Möbelbezüge.

Matelot [matəˈloː; frz. ›Matrose‹] *der, -s/-s,* engl. und niederländ. Matrosentanz im schnellen ²/₄- oder ²/₂-Takt, bei dem die Arme auf dem Rücken gekreuzt werden.

Matepflanze, Matestrauch, Jerbabaum, Ilex paraguariensis, 6–14 m hoher, in Kultur jedoch nicht höher als 5 m gezogener Baum der Gattung Stechpalme in Südamerika. Die immergrünen, länglich ovalen und am Rand schwach gekerbten Blätter werden bis 15 cm lang. Die weißen bis gelbl. Blüten sind unscheinbar, die Frucht ist eine mehrsamige Beere. Die M. wird zur Gewinnung der Blätter für →Mate kultiviert.

Matepflanze (Höhe 6–14 m)

Mater [lat. ›Mutter‹], **1)** im *antiken Rom* **M. Familias,** die Frau des Hausvaters (Pater Familias). –

Magna M. (›große Mutter‹), kleinasiat. Göttin, →Kybele. – **M. matuta**, altitalische Göttin des Frühlichts, die sich zur Geburts- und Frauengottheit entwickelte. Am 11. 6. wurde ihr zu Ehren von röm. Ehefrauen das Fest der **Matralia** begangen. (→Alma Mater)
2) *die, -/-n, Drucktechnik:* die →Matrize.

Matera, 1) Hauptstadt der Prov. M., Region Basilicata, S-Italien, auf der SW-Seite einer Hochfläche (Murge), 401 m ü. M., 55 900 Ew.; Erzbischofssitz; archäologisch-ethnolog. Museum, Bibliothek, Staatsarchiv, Fachschulen. Am Rand eines tiefen Engtals (Gravina) befindet sich das Gebiet der Felsabhänge (›Sassi‹) mit rd. 3 300 Höhlenwohnungen, die terrassenförmig in den Kalktuff der Felsschlucht eingeschnitten sind. – Roman. Dom (zweite Hälfte 13. Jh.; barockisiert), San Giovanni Battista (13. Jh.) u. a. Kirchen aus Renaissance und Barock (San Francesco d'Assisi, San Pietro Caveoso).
2) Prov. in der Region Basilicata, Italien, 3 447 km², 204 100 Einwohner.

Mater dolorosa [lat. ›Schmerzensmutter‹], MARIA, die Mutter JESU, im Schmerz um das Leiden ihres Sohnes; in der *bildenden Kunst* seit dem 14. Jh. dargestellt, bes. im Barock, wo MARIA auch mit einem der sieben Schwerter in der Brust erscheint. Oft wurde auch nur ihre Kopfpartie in bes. ausdrucksbetonter Form wiedergegeben (G. RENI, SASSOFERRATO).

Mater et Magistra [lat. ›Mutter und Lehrerin‹], Enzyklika JOHANNES' XXIII. vom 15. 5. 1961 über die kath. Soziallehre. Anknüpfend an die →Sozialenzykliken LEOS XIII. und PIUS' XI. fordert sie u. a. die Angleichung von wirtschaftl. und sozialem Fortschritt (Mitbestimmung, Arbeitnehmerbeteiligung am Produktivvermögen) sowie soziale Gerechtigkeit und wirtschaftl. Ausgleich für die Entwicklungsländer.
Die Sozialenzyklika Papst Johannes' XXIII., hg. v. E. WELTY (⁶1965).

Material [mlat., zu lat. materia, →Materie] *das, -s/...li|en,* Stoff, Rohstoff, Werkstoff; auch: Gesamtheit von Hilfsmitteln, Gegenständen, Unterlagen, die man zur Herstellung von etwas, für eine Arbeit, als Ausrüstung o. Ä. braucht. In der Betriebswirtschaftslehre die Ausgangsstoffe der Produktion; dazu zählen Roh-, Hilfs- und Betriebsstoffe, wieder verwertbare Reststoffe sowie Halb- und Fertigfabrikate, die in den betriebl. Produktionsprozess einfließen.

Materialbedarf, die für die Erfüllung des Produktionsprogramms in einer bestimmten Periode benötigten Werkstoffe, spezifiziert nach Art, Menge, Qualität und termingerechter Struktur. Dabei unterscheidet man: 1) **Primärbedarf,** der Bedarf des Absatzmarktes an Fertigerzeugnissen, verkaufsfähigen Baugruppen, Ersatzteilen, Handelswaren; 2) **Sekundärbedarf,** der Bedarf an Rohstoffen, Einzelteilen, Baugruppen zur Fertigung des Primärbedarfs unter Einbeziehung von Stücklisten bzw. Rezepturen; 3) **Tertiärbedarf,** der Bedarf an Hilfs- und Betriebsstoffen sowie Verschleißwerkzeugen für die Produktion. Der Tertiärbedarf kann mithilfe techn. Kennziffern, durch Schätzung oder aufgrund mathematisch-statist. Methoden ermittelt werden. Diese auf Verbrauchswerten der Vergangenheit beruhende Bedarfsermittlung nennt man stochast. (wahrscheinlichkeitstheoret.) Bedarfsermittlung im Unterschied zur determinist. Ermittlung des Primär- und Sekundärbedarfs. Ziel der M.-Planung ist eine kostenoptimale Versorgung, d. h., es gilt zu vermeiden, dass der Materialverbrauch den Materialbestand unterschreitet (Folge: hohe Kapitalbindungs- und Lagerkosten) bzw. überschreitet (Folge: Stillstandszeiten). (→Materialwirtschaft)

Materialbild, in der modernen Kunst Bez. für Bilder, die aus urspr. bildfremden Materialien hergestellt sind, z. B. aus Holz, Glas, Sand, Kies, Sackleinen, auch aus Abfallprodukten. M. finden sich u. a. bei A. TAPIES, A. BURRI, J. DUBUFFET, W. BAUMEISTER, M. MILLARES SALL, A. KIEFER. Die Abgrenzung des M. zu Assemblage, Combinepainting, Collage und Montage ist nicht immer eindeutig.

Materialforschung, fachübergreifende technisch-wiss. Disziplin, die auf den Erkenntnissen der Kristallographie, Mineralogie, Chemie, physikal. Chemie, Festkörperphysik, Kontinuums- und Bruchmechanik sowie der Ingenieurwissenschaft beruht; befasst sich v. a. mit der Erforschung metall. und nichtmetall. Struktur- und Funktionsmaterialien sowie der zugehörigen Verfahrensentwicklung.

Materialgleichungen, *Elektrodynamik:* →maxwellsche Gleichungen.

Materialisation *die, -/-en,* 1) *Parapsychologie:* Bez. für die vom Okkultismus behauptete Hervorbringung stoffl. Erscheinungen (bestimmte Gebilde, auch menschl. Gestalten) durch ›physikal. Medien‹. Die M. soll sich aus einer Substanz bilden, die aus dem Körper des Mediums austritt (Teleplasma) und wieder verschwindet (Dematerialisation).
2) *Physik:* die Entstehung von Elementarteilchen endl. Ruhemasse aus Elementarteilchen ohne Ruhemasse (z. B. bei der →Paarbildung).

Materialismus *der, -,* jedes philosoph. Gedankengebäude, welches alles Ideelle (Geistiges, Seelisches, Denken, Psychisches, Bewusstsein) seiner Genese, Existenz, Geschichte sowie seinem Inhalt und Zweck nach als etwas ausgibt, das *letztlich* von Materiellem (also Nichtideellem) verursacht bzw. bestimmt sei. Unter Voraussetzung dieser Grundthese betont eine Reihe von materialist. Konzepten zugleich die große kulturelle und prakt. Rolle des Ideellen.
Im Lauf der menschl. Geschichte wurden materialist. Systeme mit unterschiedl. Problembewusstsein, unterschiedl. Beachtung der Wirklichkeit, mit verschiedenartiger Konsequenz, Konsistenz und Begründung vorgetragen. Insbesondere enthalten diese auch sehr differenzierte Aussagen darüber, was als Grundlage alles Wirklichen, als Materie also, zu gelten habe.
Materialist. Gedankengebäude befinden sich im Ggs. zu idealist. Auffassungen. Für Letztere gibt es stets etwas Ideelles (Empfindungen, Seele, angeborene Ideen, Weltgeist, Gott usw.), das gegenüber der sonstigen Realität als autonom angesehen wird. Wichtige Gegenstände des Streites zw. materialist. und idealist. Denkern waren bzw. sind: die Entstehung des Menschen und seines Bewusstseins, das Verhältnis von Körper (Gehirn) und Bewusstsein, die Herkunft menschl. Erkenntnisinhalte, der Zweck und die histor. Bewegung menschl. Erkennens, die für die Geschichte der Menschheit letztlich entscheidende Triebkraft u. a. Konsequent materialist. Denken ist stets auch atheistisch. Es kann jedoch spätestens seit dem 19. Jh. nicht mehr auf diesen Aspekt allein reduziert werden. Der atheist. Charakter materialist. Denkens trat bes. dann hervor, wenn die religiöse Legitimation weltl. Institutionen oder polit. Ziele fragwürdig wurde.
Materialist. Denkansätze begleiteten im antiken Griechenland bereits die Entstehungsphase der europ. Philosophie. So ist für die Zeit des 7. bis 6. Jh. v. Chr. von der ion. Naturphilosophie (THALES VON MILET, ANAXIMENES u. a.) die Suche nach einem ›Urstoff‹ überliefert, der als Wasser, Luft, Feuer usw. gedeutet wurde. In späteren vorchristl. Jahrhunderten haben DEMOKRIT, EPIKUR oder der röm. Dichter LUKREZ solche Ansätze weitergeführt und zu systematisieren versucht. Dabei wurden als Grundbausteine der gesamten Wirklichkeit (materielle) Atome behauptet – eine philosoph. Hypothese, die auch weit später lebende Denker immer neu angeregt hat.
Im MA. war materialist. Denken insbesondere mit dem Nominalismus (z. B. im 14. Jh. WILHELM VON OCKHAM) verbunden, der sich gegen eine unabhän-

Mater dolorosa
von Egid Quirin Asam im Mittelschiff des Doms in Freising; 1724

gige Daseinsweise von Allgemeinbegriffen (›Universalien‹) wandte, d. h. gegen die Behauptung, solche Begriffe könnten vor den Dingen und Zusammenhängen existieren, auf die sie sich inhaltlich beziehen. Zu Beginn der Neuzeit wurden philosoph. Konzepte vorgetragen, die materialistischem wie idealist. Denken gleichermaßen gerecht werden wollten. R. DESCARTES ging im 17. Jh. von zwei voneinander unabhängigen Substanzen aus, der materiellen und der geistigen. Theoretischen Schwierigkeiten seines Dualismus begegnete er u. a. damit, dass er die Existenz angeborener Ideen (etwa der Gottesidee) behauptete. Schüler DESCARTES' (z. B. N. MALEBRANCHE) bildeten seine Position u. a. zum ›psychophys. Parallelismus‹ fort. (→Leib-Seele-Problem)

Konsequenter bekannten sich dagegen im 18. Jh. viele bedeutende frz. Denker zu materialist. Positionen (J. O. DE LA METTRIE, D. DIDEROT, C. A. HELVÉTIUS, P. H. T. D'HOLBACH, P. J. G. CABANIS u. a.). Angeregt insbesondere durch J. LOCKE, B. DE SPINOZA u. a. suchten sie auch in philosoph. Teilbereichen wie der Erkenntnistheorie oder der Ethik materialist. Prinzipien detailliert nachzugehen. Auch ist die berühmte, u. a. von DIDEROT initiierte und geleitete ›Encyclopédie‹ (1751–80) spürbar durch einen materialist. Geist mitgeprägt worden. Dabei wuchs auch das Bestreben, materialist. und naturwiss. Denken eng miteinander zu verknüpfen, wobei bes. von der Physik I. NEWTONS ausgegangen wurde.

Mit dem Aufschwung der biolog. Wissenschaften im 19. Jh. wurden diese zur bevorzugten Begründungsbasis materialist. Denkens. Das trifft seit der Mitte des 19. Jh. bes. für die Biologen oder Mediziner C. VOGT, J. MOLESCHOTT, L. BÜCHNER und später auch für E. HAECKEL zu. VOGT, damals Zoologe an der Univ. Gießen, erklärte 1847 in seinen ›Physiolog. Briefen für Gebildete aller Stände‹, dass, ›um mich einigermaßen grob hier auszudrücken, ... die Gedanken in demselben Verhältnis etwa zu dem Gehirne stehen wie die Galle zu der Leber oder der Urin zu den Nieren‹. Äußerungen solcher Art lösten unter Gelehrten einen regelrechten ›M.-Streit‹ aus, der bes. heftig 1854 auf der Göttinger Versammlung dt. Naturforscher und Ärzte ausgetragen wurde. Seit der Veröffentlichung der darwinschen Evolutionstheorie 1859 dominierte diese als Grundlage materialist. Denkens. Das fand v. a. in zahlr. Schriften HAECKELS Ausdruck. Philosophisch beriefen sich diese materialistisch gesinnten Wissenschaftler bes. auf L. FEUERBACH.

Von FEUERBACH beeinflusst war auch der von K. MARX und F. ENGELS begründete histor. und dialekt. M. (→Marxismus). Stärker noch knüpfte dieser aber ideengeschichtlich an das dialekt. Denken im Idealismus G. W. F. HEGELS an. Der marxist. M. stellt in der Geschichte des materialist. Denkens theoretisch wie praktisch einen deutl. Einschnitt dar. Praktisch will er der proletar. Bewegung eine gedankl. Basis bieten, theoretisch unternimmt er es, ganze Gesellschaftssysteme und den Verlauf der Menschheitsgeschichte überhaupt materialistisch zu begreifen. Mit der Arbeit (Praxis) als überlegter, zielbewusster materieller Tätigkeit sei auch die Menschheit entstanden und mit ihr historisch fortgeschritten. Die ›materialist. Geschichtsauffassung‹ sucht so die Gesamtheit der in einer Gesellschaft lebendigen Ideen, das ›gesellschaftl. Bewusstsein‹, aus dem praktisch-materiellen Leben menschl. Sozietäten zu begreifen. Die Ursachen für Erfolge und Fortschritte, aber auch für Missstände und Verirrungen menschl. Bewusstseins seien letztlich dort zu suchen.

Die materialist. Geschichtsauffassung hat bes. nach der Wende zum 20. Jh. viele Theoretiker stark dann beeinflusst und angeregt, wenn diese sie insgesamt ablehnten (z. B. M. SCHELER, M. WEBER, K. MANNHEIM, R. K. MERTON, T. S. KUHN). Erst recht wurde sie mit dem Wirken von Wissenschaftlern und Künstlern deutlich, die sich als Marxisten bekannten (z. B. E. BLOCH, G. LUKÁCS, A. GRAMSCI, B. BRECHT).

Bereits W. I. LENIN suchte den marxist. M. politisch zu instrumentalisieren, indem er dessen jeweilige Auslegung eng mit aktuellen Polemiken innerhalb seiner Partei verband (›M. und Empiriokritizismus‹, 1909). Solche Indienstnahme materialist. Denkens als Legitimationsbasis polit. Handelns führte zur theoret. und method. Verkümmerung und damit zur Vulgarisierung des materialist. Denkens im Sowjetmarxismus.

Außerhalb des Sowjetmarxismus sind materialist. Konzepte v. a. auf naturwiss. Gebiet als philosoph. Interpretationsmuster vorgetragen worden. So vertrat der argentin. Physiker und Philosoph MARIO BUNGE (* 1919) – in Polemik u. a. mit dem Neurophysiologen J. C. ECCLES – ein materialist. Verständnis des Leib-Seele-Verhältnisses. Für die Psychologie erlangte die von KLAUS HOLZKAMP (* 1927) um 1970 begründete geschichtsmaterialist. Schule (›krit. Psychologie‹) Einfluss.

F. A. LANGE: Gesch. des M. u. Kritik seiner Bedeutung in der Gegenwart, 2 Bde. (Neuausg. 1974); W. POST u. ALFRED SCHMIDT: Was ist M.? (1975); F. GREGORY: Scientific materialism in 19th century Germany (Dordrecht u. a. 1977); F. ENGELS: Ludwig Feuerbach u. der Ausgang der klass. dt. Philosophie (Berlin-Ost [17]1981); E. BLOCH: Das M.-Problem, seine Gesch. u. Substanz (Neuausg. 1985); O. BLOCH: Le matérialisme (Paris 1985); M. OVERMANN: Der Ursprung des frz. M. Die Kontinuität materialist. Denkens von der Antike bis zur Aufklärung (1993); R. STEIGERWALD: Abschied vom M.? M. u. moderne Wiss. (1994).

Materialkonstanten, die →Stoffkonstanten.

Materialkosten, Werkstoffkosten, Stoffkosten, der bewertete, durch die betriebl. Leistungserstellung verursachte mengenmäßige Verbrauch von Roh-, Hilfs- und Betriebsstoffen. Die Materialverbrauchsmengen einer Periode können direkt (fortlaufende Aufzeichnung des Einzelverbrauchs, z. B. mithilfe von Materialentnahmescheinen, →Skontration) oder indirekt mithilfe der Inventurmethode (Verbrauch = Anfangsbestand + Zugang − Endbestand) oder der retrograden Methode (Verbrauch = produzierte Stückzahlen × Sollverbrauchsmenge pro Stück) erfasst werden. Sie werden je nach Rechnungsziel unterschiedlich bewertet, z. B. mit Einzelanschaffungskosten, Durchschnittswerten oder Verrechnungspreisen. M. können nach ihrer direkten Zurechenbarkeit auf Bezugsbasen (z. B. Kostenträger, Kostenstellen) in Materialeinzelkosten und Materialgemeinkosten (z. B. Kosten für Beschaffung, Prüfung, Lagerung und Abnahme des Materials) unterteilt werden und sind Teil der Herstellkosten. In der **Materialbuchhaltung** als Teil des betriebl. Rechnungswesens werden der Zu- und Abgang (Verbrauch) sowie der Bestand an Materialien (Roh-, Hilfs- und Betriebsstoffe) art-, mengen- und wertmäßig zu Dispositions-, Dokumentations- und Kontrollzwecken erfasst.

Materialprüfreaktor, Abk. **MTR** [von engl. **m**aterials **t**esting **r**eactor], ein Kernreaktor (Forschungsreaktor) mit bes. hoher Neutronenflussdichte (mindestens $3 \cdot 10^{13}$ Neutronen pro cm^2 und Sekunde) und großräumigen Untersuchungseinrichtungen; dient als Strahlungsquelle (Neutronen- und Gammastrahlung) für Materialuntersuchungen (Werkstoffe, Reaktorteile u. Ä.). Hierbei prüft man die Beständigkeit gegen die in Kernreaktoren herrschende Strahlung und untersucht die durch diese hervorgerufenen Materialveränderungen und Strahlenschäden.

Materialprüfung, die →Werkstoffprüfung.

Materialprüfungsanstalten, staatl. und private Einrichtungen zur Durchführung von physikal. und chem. Werkstoffuntersuchungen und -prüfungen, insbesondere bei der Güteüberwachung von Gebrauchsgütern und bei der Aufklärung von Schadensfällen; einige sind außerdem mit Materialforschung und Aufgaben zur Regelsetzung (Gesetze, Normen, Richtlinien) befasst, z. B. die Bundesanstalt für Materialforschung und -prüfung, Berlin-Steglitz.

Materialschlacht, mehrtägige bis mehrmonatige Kampfhandlung, deren Charakteristikum v. a. der intensive und umfassende Einsatz schwerer Waffen (bes. der Artillerie) ist; wird allgemein als Attribut für die größeren Schlachten des Ersten Weltkriegs (z. B. Verdun, Somme-, Flandernschlacht) verwendet.

Materialwirtschaft, urspr. die Bewirtschaftung und Bereitstellung der in den Produktionsprozess eines Unternehmens eingehenden Materialien (bewegl. Sachgüter wie Roh-, Hilfs- und Betriebsstoffe; unbewegl. Sachgüter wie Maschinen und Gebäude zählen zur Anlagenwirtschaft). Die Erkenntnis, dass sich eine ganzheitl. Planung, Steuerung und Durchführung des Materialflusses für Industrieunternehmen als vorteilhaft erweist, hat zum Konzept einer integrierten M. geführt. Die **integrierte M.** vereinigt die marktgerichtete Aufgabe des Einkaufs mit den versorgungs- und entsorgungsgerichteten Aufgaben der Logistik und umfasst im Einzelnen: Materialplanung, Ermittlung des Materialbedarfs, Materialbeschaffung, Kontrolle des Materialeingangs (Warenannahme) und Materialprüfung (Qualitätsprüfungen), innerbetriebl. Transport und Warenverteilung, Bevorratung auf allen Lagerstufen im Sinne der Materialbereitstellung, Materialentsorgung und Verwertung von Abfallstoffen. Zur techn. Aufgabe (Versorgung der Produktion mit den benötigten Materialien in der erforderl. Menge und Güte zur rechten Zeit am rechten Ort) kommt die ökonom. Aufgabe möglichst kostengünstiger Materialbeschaffung und -bereitstellung im Sinne einer Optimierung der materialwirtschaftl. Kosten (→Materialkosten).

⇨ *Beschaffung · Einkauf · Lager · Logistik*
R. MELZER-RIDINGER: M. (1989); R. WEBER: Zeitgemäße M. mit Lagerhaltung (1989); N. HARLANDER u. F. BLOM: Beschaffungsmarketing (⁶1996).

Materi|e [mhd. materje, von lat. materia ›Stoff‹; ›Thema‹] *die, -/-n,* **1)** *allg.:* 1) rein Stoffliches als Grundlage von dinglich Vorhandenem; stoffl. Substanz; 2) Gegenstand, Thema (eines Gesprächs, einer Untersuchung).

2) *Philosophie:* Die vorsokrat. Naturphilosophen suchten nach einem Urstoff, aus dem alles entstanden ist und noch immer entsteht. In der atomist. Philosophie wurde die Korpuskulartheorie der M. entwickelt, die sich der Wirklichkeit aus kleinsten körperl. Teilchen zusammengesetzt denkt. Mit Bezug auf den vorsokrat. Urstoff prägte ARISTOTELES den Begriff der M., den er in das Begriffspaar Form und M. aufnahm. M. ist in diesem Verständnis, das für die gesamte abendländ. Tradition prägend wurde, Substrat der Körperwelt, Material, das von der Form geprägt werden muss. Wirkliches ist immer ein aus M. und Form zusammengesetztes Ganzes (Hylemorphismus). In der Scholastik wurde später die Unterscheidung zw. einer ›materia prima‹, dem gemeinsamen Urstoff aller Körper, und einer ›materia secunda‹, dem Stoff des konkreten Einzeldinges, bedeutsam. Die M. fungierte dabei als Individuationsprinzip. Unter christl. Einfluss verschmolz der Gegensatz von M. und Form zunehmend mit dem zw. M. und Geist, wobei die M. meist abgewertet wurde. Eine andere Richtung schlugen arab. Aristoteliker (IBN RUSCHD) ein, die die M. als ›Schoß der Formen‹ begriffen.

Zu Beginn der Neuzeit etablierte R. DESCARTES einen ontolog. Dualismus, in dem die M. als ausgedehnte (raumerfüllende) Substanz (Res extensa) mit den Bestimmungen der Undurchdringlichkeit und unendl. Teilbarkeit der geistigen Substanz (Res cogitans) entgegengesetzt wurde. M. konnte damit als quantifizierbare, mathemat. Struktur aufgefasst, ihre Veränderung als kausal determiniert begriffen werden. Gleichzeitig erneuerte P. GASSENDI den antiken Gedanken des Atomismus. Das Konzept einer ausgedehnten Substanz, in der die Körper nur durch Druck und Stoß, also mechanisch aufeinander wirken, wurde in der Folge, bes. im frz. Materialismus des 18. Jh., zu einem mechanist. Weltbild ausgebaut, wobei der cartesian. Dualismus von Geist und M. einem Monismus der M. weichen musste. Ein Grundzug der neueren Entwicklung ist die Dynamisierung der M. Sie soll nicht mehr nur passives Substrat sein, sondern Wirkfähigkeit und Kraft besitzen. Im naturwiss. Materialismus des ausgehenden 19. Jh. erscheint M. (›Stoff‹) als Komplementärbegriff zur ›Kraft‹ (L. BÜCHNER), während sie bei W. OSTWALD in einem monist. ›Energetismus‹ aufgelöst wird. In Polemik mit diesen Auslegungen hat W. I. LENIN die M. nicht mehr mit bestimmten physikal. Einheiten, Kräften oder Strukturen identifiziert, sondern sie als Wirklichkeit außerhalb des menschl. Bewusstseins verstanden. Die philosoph. Deutung der M. ist im 20. Jh. stark von den Forschungsergebnissen der modernen Physik bestimmt worden, die das determinist. Weltbild der klass. Mechanik aufgelöst haben.

F. LIEBEN: Vorstellungen vom Aufbau der M. im Wandel der Zeiten (Wien 1953); W. BÜCHEL: Philosoph. Probleme der Physik (1965); E. BLOCH: Das Materialismusproblem, seine Gesch. u. Substanz (1972); W. HEISENBERG: Physik u. Philosophie (a. d. Engl., ⁵1990).

3) *Physik:* Im physikal. M.-Begriff geht es nicht um ontolog. Bestimmungen, sondern um die mathematisch fassbare Struktur der Materie. Bereits im 19. Jh. wurde versucht, den Begriff der Masse rein operational zu definieren und ihn so von den Resten philosoph. Begrifflichkeit (Stofflichkeit) zu reinigen. Auch nach der Akzeptierung der Atomtheorie durch J. DALTON im 19. Jh. wurde die Mikrophysik zunächst als Weiterführung der klass. Mechanik verstanden.

Erst die Physik des 20. Jh. hat den klass. M.-Begriff aufgelöst. Die Leitfunktion der sinnl. Anschauung und des ihr entsprechenden euklid. Raums musste aufgegeben werden. An ihre Stelle traten *makrophysikalisch* der relativitätstheoret. Begriff einer Wechselwirkung zw. der M. als (klass.) Materiefeld und der durch sie gekrümmten vierdimensionalen Raumzeit und *mikrophysikalisch* die Wechselwirkung von M.- und Eichfeldern der Elementarteilchen, denen Wahrscheinlichkeitsamplituden im Zustandsraum (Hilbert-Raum) der Quantenmechanik bzw. Quantentheorie zugeordnet sind. Die eigentl. Träger der M. (die Teilchen) sind dynam. Zentren, die nur einen verschwindend geringen Raum einnehmen. Der räuml. Hauptanteil der makrophysikalisch repräsentierten M. ist ›leer‹ im Sinne einer naiven Anschauung, jedoch erfüllt von intensiven Kraftwirkungen, die man sich als äußerst rasch fluktuierend ausgetauschte Teilchen (virtuelle Teilchen) vorstellen kann (→Wechselwirkung). Sie bilden das Feld, das die eigentl. M.-Träger umgibt und als dessen Erzeugnis man umgekehrt auch diese eigentl. M. zu verstehen bemüht ist, da seit Entdeckung des Dualismus (→Welle-Teilchen-Dualismus) eine scharfe Trennung zw. den Begriffen Teilchen und Feld nicht möglich ist. Vielmehr können Teilchen mit Ruhemasse in solche ohne Ruhemasse umgewandelt werden und umgekehrt (→Paarbildung). Beide können als zwei versch. Erscheinungsformen von Energie aufgefasst werden (→Masse-Energie-Äquivalenz). Eine der Grundeigenschaften der M., oft fälschlich mit ihr gleichgesetzt, ist die Masse. – Die →Antimaterie ist im obigen Sinn als eine andere Form von M. aufzufassen, nicht aber als etwas von ›normaler‹ M. Wesensverschiedenes. Durch die Wechselwirkungen der M. werden die Elementarprozesse der Mikrophysik, der Kern- und Atomaufbau, die chem. Bindungsverhältnisse in Molekülen und Festkörpern, die Eigenschaften der makroskop. M. unserer Umgebung wie auch Aufbau, Struktur und Geometrie des Kosmos beschrieben.

E. SCHRÖDINGER: Geist u. M. (a.d. Amerikan., Neuausg. Zürich 1989); W. HEISENBERG: Physik u. Philosophie (a.d. Engl., ⁵1990); R. P. FEYNMAN: QED. Die seltsame Theorie des Lichts u. der M. (a.d. Amerikan., Neuausg. ⁵1992); Elementare M., Vakuum u. Felder, hg. v. W. GREINER u. G. WOLSCHIN (²1994).

Materi|efeld, zur Beschreibung (unbelebter) Materie, insbesondere aber der mit Ruhemasse behafteten Elementarteilchen, eingeführter physikal. Begriff. In den klass. Feldtheorien werden der Materie Felder zugeordnet, wenn sie oder ihre Attribute, wie z. B. Masse und Ladung, als stetig im Raum verteilt angesehen werden können. In den Quantenfeldtheorien werden die M. quantisiert. Den Elementaranregungen dieser Felder werden die betrachteten Teilchen zugeordnet; deren Wechselwirkung wird als Austausch von Feldquanten i. e. S. beschrieben.

Materi|ekosmos, →Kosmologie.

materiell, 1) die Materie betreffend, auf Materie beruhend, stofflich; Ggs.: immateriell; 2) das Material, den Materialwert betreffend; 3) wirtschaftlich, finanziell; 4) auf Besitz und Gewinn bedacht, unempfänglich für geistige, ideelle Werte.

Materi|ewellen, De-Broglie-Wellen [dəˈbrɔj-], Erscheinungsform der Materie, die erstmals von L. DE BROGLIE vermutet wurde (1924). Danach kommen der Materie im Sinne von Dualismus (→Welle-Teilchen-Dualismus) und →Komplementarität neben Teilchenaspekten wie lokalisierte Masse, Impuls und Energie auch Wellenaspekte zu, die sich insbesondere in Phänomenen äußern, die als Erscheinungen von Beugung und Interferenz erklärt werden können (z. B. Elektronenwellen). Die Wellenlänge λ der M. (De-Broglie-Wellenlänge) ist $\lambda = h/p$, wobei p der Impuls der entsprechenden Teilchen ist und h das plancksche Wirkungsquantum. Diese Vorstellung führte zur Entwicklung der schrödingerschen Wellenmechanik, einer speziellen Formulierung der →Quantenmechanik. In der heutigen, weitgehend als endgültig angesehenen Interpretation der Quantenmechanik verwendet man anstelle des irreführenden und nicht eindeutig verifizierbaren Begriffs der M. den Begriff der Wahrscheinlichkeitswellen oder Wahrscheinlichkeitsamplituden, deren Manifestierung sich mithilfe des Begriffs der Aufenthaltswahrscheinlichkeit bzw. deren Dichte eindeutig beschreiben lässt.

Matern, Hermann, Politiker, *Burg 17. 6. 1893, †Berlin (Ost) 24. 1. 1971; Gerber; seit 1919 Mitgl. und 1928–33 Bezirks-Sekr. der KPD, 1933 von den Nationalsozialisten verhaftet, floh 1934 ins Ausland. In der UdSSR wurde er 1943 führendes Mitgl. des ›Nationalkomitees Freies Deutschland‹. Seit Mai 1945 in der SBZ (›Gruppe Ackermann‹ in Sachsen), war er 1946 maßgeblich an der Bildung der SED beteiligt und gehörte ihrem Zentralsekretariat, ab 1950 (bis 1971) ihrem Politbüro an. Als Vors. der Zentralen Parteikontrollkommission (1949–71) hatte M. Anteil am Ausbau der SED zur schlagkräftigen Kaderpartei (u. a. durch Parteisäuberungen).

Maternus, erster nachweisbarer Bischof von Köln; 313 und 314 als Teilnehmer der Synoden von Rom und Arles bezeugt. Er soll nacheinander der erste Bischof von Trier, Köln und Tongern gewesen sein. – Heiliger (Tag: 14. 9.).

Mathematik [lat. (ars) mathematica, von griech. mathēmatikē (téchnē), zu máthēma ›Gelerntes‹] *die, -,* eine der ältesten Wiss.en, hervorgegangen aus den Aufgaben des Zählens, Rechnens und Messens, der prakt. (v. a. naturwiss. und techn.) Fragestellungen zugrunde lagen, zu deren Behandlung urspr. Zahlen und geometr. Figuren sowie ihre wechselseitigen Verknüpfungen herangezogen wurden. Dabei entwickelten sich der Zahlbegriff und die elementargeometr. Begriffe. Bis heute erhält die M. starke Impulse aus dem Versuch, mit mathemat. Mitteln zur Beschreibung naturwiss., ökonom. u.a. Vorgänge beizutragen. Der Aufgabenbereich der M. wurde mit der Abstrahierung von der ursprüngl. Bedeutung der untersuchten Objekte wesentlich erweitert und führte zu einer ›Wiss. von den formalen Systemen‹ (D. HILBERT). Danach versteht man unter der **modernen M.** die Wiss. von den abstrakten Strukturen und log. Folgerungen, die durch Festlegung von wenigen Grundannahmen über Relationen und Verknüpfungen zw. Elementen einer Menge beliebiger Größen bestimmt werden. Zu ihren wesentl. Aufgaben gehört das Aufstellen allgemeiner, widerspruchsfreier Beziehungen zw. diesen Größen, aus denen sich auf rein log. Weg Folgerungen in Form von Aussagen (Sätzen) ergeben (→Axiom). Die M. ist gekennzeichnet durch eine hohe Präzision ihres Begriffssystems, Strenge ihrer Beweismethoden und einen stark deduktiven Charakter ihrer Darlegung.

Entsprechend der Vielfalt ihrer Anwendungsgebiete unterteilt man die M. in eine große Zahl von Zweigen, deren klare Abgrenzung voneinander schwierig ist. Nach traditioneller Einteilung gliederte sich die M. in die **reine M.,** wie →Arithmetik, →Geometrie, →Algebra und →Analysis und in die **angewandte M.** Die moderne M. durchbricht diese Gliederungen und überbrückt deren Grenzen mit zahlr. anwendungsorientierten Spezialgebieten, wie →Funktionalanalysis, →Kombinatorik, →Mengenlehre, →Topologie, →Optimierung, →Stochastik oder →Komplexitätstheorie und →Algorithmentheorie. – Seit den 1980er-Jahren entwickelt sich zunehmend auch eine **experimentelle M.,** in der einer theoret. Lösung (noch) nicht zugängl. Probleme berechnet und daraus allgemeine Hypothesen abgeleitet werden. – Viele Probleme können heute nur durch das Zusammenwirken versch. Gebiete gelöst werden. So lassen sich z. B. durch die Verwendung von Computern Probleme behandeln, die früher wegen des zeitl. Aufwandes oder wegen ihrer Komplexität nicht zugänglich waren (z. B. die Berechnung von Raketenbahnen und Strömungsprofilen). Der Einsatz von Rechnern hat die Entwicklung neuer Gebiete (wie →Fraktalgeometrie, →Chaostheorie) ermöglicht und zu neuartigen Beweismethoden geführt (→Vierfarbenproblem). Im Zusammenhang mit der Informatik haben auch die →mathematische Logik und ihre Methoden verstärkt Beachtung gefunden.

Bei der Entwicklung der M. als Wiss. wurden zuerst gewisse Eigenschaften von Zahlen und geometr. Figuren als grundlegend angenommen und danach Gesetzmäßigkeiten erarbeitet, wie Rechenregeln (z. B. Addition und Multiplikation), Verfahren zur Lösung von linearen und quadrat. Gleichungen oder Gleichungssystemen (z. B. zur Bestimmung astronom. Größen), Gesetze für einfache geometr. Figuren wie Dreiecke und reguläre Vielecke (z. B. →pythagoreischer Lehrsatz) und Ähnlichkeitssätze. Dies war in Babylonien im 4. Jh. v. Chr. bereits bekannt. Für die Arithmetik war bes. wichtig, dass die Zahlen in einem System zur Basis 60 dargestellt wurden. EUKLID stellte um 325 v. Chr. die damals bekannten mathemat. Ergebnisse der Griechen in seinem Werk ›Die Elemente‹ zus., das er mit zugehörigen Sätzen und Beweisen bereicherte. Dieses Werk lieferte für Jahrhunderte das herausragende Beispiel für eine systemat. und lückenlose Darstellung der M. als axiomatisch-deduktiv strukturierte Wiss. Offene mathemat. Fragen werden dagegen i. Allg. folgendermaßen behandelt: Ausgehend von bekannten Methoden und Ergebnissen werden neue Begriffe und

Math Mathematik

Methoden entwickelt, um damit Sätze zu gewinnen, die das vorgegebene Problem lösen oder besser verstehen lehren. Die Vorgehensweise der M. wird mit formalen Mitteln in der mathemat. Logik untersucht, während Philosophie und Geschichte sich der M. unter begriffl. und histor. Aspekt widmen.

Beispiele von Entwicklungen in der Algebra und Analysis sollen method. Grundtendenzen der heutigen M. verdeutlichen:

In Babylonien war um 400 v. Chr. ein Lösungsverfahren für quadrat. Gleichungen bekannt. G. CARDANO (1545) u. a. lösten Gleichungen 3. und 4. Grades mithilfe von Wurzeln. C. F. GAUSS bewies Ende des 18. Jh., dass jede algebraische Gleichung mit reellen Koeffizienten eine Lösung durch komplexe Zahlen besitzt. N. H. ABEL zeigte Anfang des 19. Jh., dass nicht jede Gleichung 5. Grades mithilfe von Wurzeln gelöst werden kann. É. GALOIS betrachtete statt der Gleichung eine Körpererweiterung des Grundkörpers, aus dem die Koeffizienten stammen. Dieser Körpererweiterung entspricht eine Gruppe (Galois-Gruppe), deren Eigenschaften angeben, wann die ursprüngl. Gleichung durch Wurzeln lösbar ist und wann nicht. – In dieser Behandlungsweise sind zwei wesentliche method. Gesichtspunkte heutiger M. enthalten: 1) Zur Behandlung einer konkreten Frage wird ein abstraktes Objekt (hier ein Körper) herangezogen; 2) dem zu untersuchenden Objekt (die Körpererweiterung) wird ein anderes mathemat. Objekt (die Galois-Gruppe) mit dem Ziel zugeordnet, dass dieses besser zu untersuchen ist. Resultate über das zugeordnete Objekt versucht man auf das Ausgangsobjekt zu übertragen. – Im weiteren Verlauf stieß man auf Bereiche, deren algebraische Gesetzmäßigkeiten als Verallgemeinerungen von denen der rationalen oder reellen Zahlen angesehen werden können. Daraus abstrahierte man den allgemeinen Begriff des Körpers (R. DEDEKIND, 1871). Neben der Verwendung in der Galois-Theorie traten immer wieder Strukturen auf, die eine assoziative Verknüpfung, ein neutrales Element und für jedes Element ein inverses besitzen, Gesetzmäßigkeiten, die man zum Begriff der →Gruppe zusammenfasste. Die Bildung solcher übersichtlicher mathemat. Strukturen als Abstraktion vieler konkreter Situationen zielt darauf ab, die wesentl. Gesetzmäßigkeiten und Beziehungen besser verstehen und neue Methoden und Begriffe entwickeln zu können.

Schon in antiker Zeit wurden spezielle Kurven (→Kegelschnitte, →Quadratrix) betrachtet. Allg. konnten Fragen nach Gestalt und Verlauf von Kurven jedoch erst mithilfe der analyt. Geometrie R. DESCARTES' behandelt werden. Entscheidend beeinflusst wurde die M. durch die von I. NEWTON und G. W. LEIBNIZ unabhängig voneinander im 17. Jh. geschaffene Differenzial- und Integralrechnung, die heute meist als Analysis bezeichnet wird. Einerseits ermöglichten die Begriffe der Analysis die Behandlung vieler Funktionen, andererseits stellten die Differenziations- und Integrationsregeln Verfahren im Umgang mit diesen bereit. Damals waren die heute zentralen Begriffe Funktion und Grenzwert noch nicht präzisiert. Ihre exakte Bedeutung wurde bes. durch Anstöße, die sich im Verlauf der Weiterentwicklung der Analysis ergaben, herausgearbeitet. Ähnlich wie in der Algebra werden heute in der Analysis viele Untersuchungen mithilfe abstrakter Strukturen (→Funktionalanalysis) zusammengefasst, deren Grundlagen die Vektorraumstruktur (→Vektorraum) und der Begriff der →Norm sind.

Geschichte

Höhepunkte der griech. M. sind die ›Elemente‹ EUKLIDS und die Untersuchungen von ARCHIMEDES, des APOLLONIOS VON PERGE sowie die Arithmetik des DIOPHANTOS VON ALEXANDRIA. Ägypter und Römer haben wenig zur Entwicklung der M. als Wissenschaft beigetragen. Die von den Indern frühzeitig benutzte Dezimaldarstellung der Zahlen, insbesondere die Ziffer Null, wurde erst spät in Europa, vermittelt durch die Araber, bekannt und aufgegriffen. Im MA. haben v. a. die Araber die M. durch die Weiterentwicklung von Rechentechniken sowie durch den Ausbau des euklid. Erbes gefördert. Außerdem wurden durch sie viele Ergebnisse der babylon. und griech. M. in Europa bekannt. Von der Renaissance bis zum Ende des 19. Jh. hat sich die M. v. a. in Europa entwickelt, seitdem in fast allen Teilen der Welt. In der Renaissance entwickelte sich v. a. die Algebra weiter; REGIOMONTANUS stellte die Trigonometrie dar. Um die Wende des 16. zum 17. Jh. schuf G. GALILEI die heutige naturwiss. Methode mit der Verwendung der M., im 17. Jh. entwickelten DESCARTES und P. DE FERMAT die analyt. Geometrie. Die Arbeiten von NEWTON und LEIBNIZ führten zu einer prinzipiell neuen Methode in der M., die auch bei der Bearbeitung außermathemat. – überwiegend physikal. – Fragestellungen mit Erfolg herangezogen wurde. Im 18. Jh. entwickelte sich neben der Algebra, Zahlentheorie und Geometrie v. a. die Analysis, bes. durch L. EULER und J. L. DE LAGRANGE. Im 19. Jh. legte GAUSS die Grundlagen der heutigen Algebra, Differenzialgeometrie und Zahlentheorie. A. L. CAUCHY fasste den Grenzwertbegriff und förderte die Funktionentheorie. Die Entdeckung der nichteuklid. Geometrie durch N. I. LOBATSCHEWSKIJ und J. BOLYAI zeigte, dass das Parallelenaxiom von den anderen Axiomen der euklid. Geometrie unabhängig ist, wodurch die Beschäftigung mit methodolog. Fragen der Axiomatik stark angeregt wurde. Diese fand einen ersten Abschluss in D. HILBERTS ›Grundlagen der Geometrie‹ (1899). Für viele Gebiete wurden im 19. Jh. die Fundamente der heutigen M. gelegt: z. B. durch B. RIEMANN zur Geometrie, durch ihn und K. WEIERSTRASS zur Funktionentheorie, durch GALOIS zur Algebra, durch ABEL und C. G. J. JACOBI zur Theorie der algebraischen Funktionen, durch A. F. MÖBIUS, C. VON STAUDT, J. PLÜCKER zur synthet. (projektiven) Geometrie, durch A. CAYLEY, J. J. SYLVESTER zur algebraischen Geometrie. Ende des 19. Jh. legte H. POINCARÉ den Grundstein für die algebraische Topologie und die qualitative Behandlung von Differenzialgleichungen. Die Entwicklung der Mengenlehre durch G. CANTOR hat nicht nur Analysis und (mengentheoret.) Topologie beeinflusst, sondern zu krit. Untersuchungen der Grundlagen der M. geführt. Die Weiterentwicklung über das 19. Jh. hinaus ist v. a. durch das Zusammenwirken versch. Disziplinen bei der Erarbeitung neuer Gebiete und Behandlung konkreter Probleme charakterisiert. Die Topologie entwickelte sich zu einer ›Mutterstruktur‹. Die Analysis wurde stark durch die Einführung von Methoden der Maßtheorie (H. LEBESGUE) beeinflusst, die auch eine wichtige Grundlage für die (von A. N. KOLMOGOROW axiomatisch fundierte) Wahrscheinlichkeitstheorie geworden sind. In der mathemat. Grundlagenforschung des 20. Jh. sind die Ergebnisse der mathemat. Logik (v. a. der gödelsche Unvollständigkeitssatz) von großer Wichtigkeit. Daneben spielt, motiviert durch die Kritik des →Intuitionismus, die Suche nach sicheren Fundamenten der M. (→Formalismus, →Logizismus) eine wichtige Rolle. Sehr einflussreich wurde der Versuch (ab 1939) der Gruppe Bourbaki, der M. eine einheitl., mengentheoretisch orientierte Sprache auf strukturalist. Hintergrund zu geben. Eine Auswirkung war die →neue Mathematik. Seit den 1980er-Jahren vollzieht sich auch wieder – nicht zuletzt wegen der durch den Computer eröffneten Möglichkeiten – eine Rückwendung zu eher konkreten Fragestellungen.

⇨ ägyptische Kultur · babylonische Kultur · byzantinische Kultur · chinesische Mathematik · griechische Mathematik · indische Mathematik · Maya
J. TROPFKE: Gesch. der Elementar-M. in systemat. Darstellung, mit besonderer Berücksichtigung der Fachwörter, 7 Bde. ($^{2-4}$1923–80); H. L. RESNIKOFF u. R. O. WELLS: M. im Wandel der Kulturen (a. d. Engl., 1983); A source book in mathematics. 1200–1800, hg. v. D. J. STRUIK (Neuausg. Princeton, N. J., 1986); N. BOURBAKI: Elements of mathematics, auf zahlr. Bde. ber. (a. d. Frz., Neuausg. Berlin 1987 ff.); K. VOLKERT: Gesch. der Analysis (1988); Höhere M. Einf. für Studierende u. zum Selbststudium, bearb. v. H. VON MANGOLDT u. K. KNOPP, 4 Bde. ($^{4-17}$1990); Lex. bedeutender Mathematiker, hg. v. S. GOTTWALD u. a. (Neuausg. Thun 1991); H. GERICKE: M. in Antike u. Orient (Neuausg. 1992); Zahlen, bearb. v. H.-D. EBBINGHAUS u. a. (^{3}1992); B. L. VAN DER WAERDEN: Algebra, 2 Bde. ($^{6-9}$1993); G. HÄMMERLIN u. K.-H. HOFFMANN: Numerische M. (^{4}1994); F. REINHARDT u. H. SOEDER: dtv-Atlas zur M., 2 Bde. ($^{9-10}$1994).

mathematische Geräte, mechan. und elektr. Hilfsmittel für rechner. Auswertungen. Man unterscheidet die stetig arbeitenden mathemat. Instrumente und die ziffernweise rechnenden mathemat. Maschinen. **Analogmaschinen** (oder **Stetigrechner**) – die bei der Rechnung auftretenden Zahlen werden durch kontinuierlich veränderliche physikal. Größen (z. B. Kurven, Winkel, Spannungen) dargestellt – sind z. B. Differenzier- und Integriergeräte, Planimeter, Kurvenmesser, harmon. Analysatoren, Schwingungsüberlagerer. Zu den **digitalen** (oder **ziffernmäßigen**) **Rechengeräten** – jede Ziffer wird einzeln durch ein Bauteil dargestellt, das für Dezimalzahlen 10, für Dualzahlen 2 und für Hexadezimalzahlen 16 versch. Zustände einnehmen kann – zählen mechan. Rechenmaschinen und programmgesteuerte Rechenautomaten.

Mathematische Gesellschaft in Hamburg, die älteste noch bestehende mathemat. Gesellschaft, gegründet 1690 als ›Kunst-Rechnungs-liebende Societät‹ von den Hamburger Rechenmeistern HINRICH MEISSNER (* 1644, † 1716) und VALENTIN HEINS (* 1637, † 1704), die als Lehrer an der Kirchenschule von St. Jacobi und St. Michaelis wirkten. Anfangs zw. Zunft und wiss. Gesellschaft stehend, hieß sie seit 1790 ›Gesellschaft zur Verbreitung der mathemat. Wissenschaften‹, seit 1877 ›M. G. in H.‹ und pflegt seit der Gründung der Hamburger Univ. (1919) die Beziehungen zw. Schule und Hochschule.

mathematische Linguistik, linguist. Teildisziplin, die Methoden der Mathematik (z. B. Gruppentheorie, Automatentheorie) und der formalen Logik zur expliziten Darstellung einer natürl. Sprache und aller in ihr mögl. Kombinationen sprachl. Einheiten (von der phonet. bis zur syntakt. Ebene) mit dem Ziel einsetzt, die abstrakte Struktur der zulässigen Äußerungen dieser Sprache zu beschreiben. Die **algebraische Linguistik** bedient sich mathemat. Methoden zur Analyse und Konzeption von Grammatiken, die sie als Kalküle oder algebraische Systeme interpretiert. Ihre Methoden wurden bei der Formalisation versch. Grammatikmodelle, z. B. der →Dependenzgrammatik, der →Kategorialgrammatik und der generativen Transformationsgrammatik (→generative Grammatik), verwendet. Die **statistische Linguistik (quantitative Linguistik)** analysiert die Häufigkeitsverteilung sprachl. Elemente und versucht, auf dieser Grundlage sprachl. Regularitäten zu ermitteln. Ihre Ergebnisse werden u. a. in der →Lexikostatistik (z. B. bei der Erstellung von Häufigkeitswörterbüchern) ausgewertet. Auch die **linguistische Datenverarbeitung** (→Computerlinguistik) wird z. T. als Teilbereich der m. L. gefasst. – Problematisch erscheint die Einbeziehung der semant. Komponente in die Analyseverfahren der m. L., da die mathematisch-log. und die bedeutungsmäßigen Strukturen von Sprache überhaupt sowie unterschiedl. Sprachen im Verhältnis zueinander nicht deckungsgleich sind.

B. H. PARTEE: Fundamentals of mathematics for linguistics (Dordrecht 1978); DERS. u. a.: Mathematical methods in linguistics (ebd. ^{2}1993); Beitr. zur quantitativen Linguistik, hg. v. H. BLUHME (1988).

mathematische Logik, i. w. S. die formale →Logik, wobei unterstellt wird, dass formales Operieren immer mathematischer Natur sei; i. e. S. diejenigen Teilgebiete der formalen Logik, die sich mit für die Mathematik methodologisch wichtigen Fragen, insbesondere mit dem Beweisbegriff, beschäftigen. Hierzu zählen die Beweistheorie (die auch Metamathematik genannt wird), die Mengenlehre, die Modelltheorie sowie die Rekursionstheorie. Die m. L. baut auf der Aussagen- und der Prädikatenlogik erster Stufe auf, erweitert aber den Bereich der Letzteren durch Zulassung von Quantifizierungen über Prädikate oder, dazu gleichwertig, über Mengen. Dies ist für die Mathematik unbedingt grundlegend, wie man schon am Induktionsaxiom für die natürl. Zahlen erkennt:

$$\bigwedge_P \left(P(1) \wedge \bigwedge_{n \in \mathbb{N}} (P(n) \to P(n+1)) \right) \to \bigwedge_{m \in \mathbb{N}} P(m).$$

Dabei kann P als Prädikat über natürl. Zahlen oder aber als Teilmenge derselben gelesen werden. In letzterer Lesart besagt das Axiom: Für alle Teilmengen P von $\mathbb{N}$ gilt: Ist $1 \in P$ und ist mit jedem $n \in P$ auch $n + 1 \in P$, so ist P gleich $\mathbb{N}$. Die Frage, welchen Status und welche Berechtigung dem Induktionsaxiom zukommen, insbesondere wie weit man sich mit ihm von dem sicheren Boden der reinen Logik entfernt, ist ein wichtiges Thema der Philosophie der Mathematik.

Die Beweistheorie untersucht mathemat. Beweise auf ihre Gültigkeit hin. Hierzu überführt sie diese in einen Kalkül (›Kalkülisierung‹). Die Modelltheorie führt, gestützt auf die Konstruktion von Modellen, z. B. relative Widerspruchsfreiheitsbeweise. Beweis- und Modelltheorie erlauben es, Fragen nach der Vollständigkeit (Lässt sich jede wahre Aussage im Kalkül beweisen?) und nach der Unabhängigkeit (Lässt ein Axiom aus den restlichen ableiten?) zu beantworten. Die moderne Mengenlehre untersucht in erster Linie Axiomensysteme, die das Bilden von und das Operieren mit Mengen beschreiben können. Die Rekursionstheorie schließlich beschäftigt sich mit Fragen der Berechenbarkeit.

Geschichte

Das erste umfassende System der Logik schuf ARISTOTELES. In seinen Schriften zur Logik, dem ›Organon‹, finden sich eine ausführl. Behandlung des →Syllogismus, der für die Neuzeit Inbegriff der Logik blieb, zahlr. Untersuchungen zur →Modallogik sowie zur Definitionslehre und verwandten Problemen. Aussagenlog. Schlüsse, insbesondere die Implikationsbeziehungen, wurden in der Stoa (z. B. PHILON VON MEGARA) untersucht. Für die Tradierung der antiken Logik, die in den sieben freien Künsten ihren festen Platz fand, spielte das Werk von BOETHIUS eine wichtige Rolle. Die log. Forschung des MA konzentrierte sich hauptsächlich darauf, die Syllogistik als Argumentationslehre und zu Zwecken der Sprachanalyse auszubauen.

In der Neuzeit erlebte die Logik durch die Idee der Mechanisierung menschl. Denkens (R. LULLUS, G. W. LEIBNIZ) neue Anregungen. Insbesondere unternahm LEIBNIZ erste Versuche, die Logik zu kalkülisieren. L. EULER – später in ähnl. Weise J. VENN – und J. H. LAMBERT entwickelten Methoden zur Veranschaulichung des abstrakten syllogist. Denkens. Im 19. Jh. entstand, ausgehend von mathemat. Fragestellungen, die Algebra der Logik. Zu ihr leisteten Mitte des Jahrhunderts G. BOOLE und A. DE MORGAN wichtige Beiträge; gegen Ende des Jahrhunderts sind u. a. L. COUTURAT, C. S. PEIRCE, E. SCHRÖDER und A. N. WHITE-

HEAD zu nennen. Der wohl wichtigste Beitrag des 19. Jh. war die Entwicklung der Prädikatenlogik durch G. FREGE und deren Anwendung auf mathemat. Fragestellungen. Die Ansätze FREGES wurden von B. RUSSELL und WHITEHEAD in ihren ›Principia Mathematica‹ (1910–13, 3 Bde.) weitergeführt, in denen eine Reduktion der Mathematik auf die Logik versucht wurde (→Logizismus). Die von RUSSELL entdeckte Antinomie im System FREGES löste eine Reihe von Versuchen aus, diese auszuschalten. Neben der von RUSSELL und WHITEHEAD entwickelten Typentheorie sind hier auch das Hilbert-Programm und die Bemühungen um eine Axiomatik für die Mengenlehre (E. ZERMELO, A. FRAENKEL, J. VON NEUMANN) zu nennen. Eine radikale Gegenposition zu den genannten Richtungen bezog der →Intuitionismus (L. E. J. BROUWER, A. HEYTING), der ein eigenes Logiksystem (die effektive oder intuitionist. Logik) entwickelte. Herausragende Ereignisse in der m. L. waren K. GÖDELS Beweise des Vollständigkeits- und des Unvollständigkeitssatzes (1930–31), die negative Antwort von A. CHURCH auf das Entscheidungsproblem (1936), A. TURINGS Arbeiten zum Halteproblem (1938), die erstmals Maschinen in die log. Modellbildung einführten, A. TARSKIS Untersuchungen über den Wahrheitsbegriff in formalisierten Sprachen (1938) und der oft als Paradoxie bezeichnete Löwenheim-Skolem-Satz. 1963/64 erfolgte die vollständige Klärung der Kontinuumshypothese durch P. COHEN nach Vorarbeiten von GÖDEL. Neue Aktualität gewann die m. L. durch die Weiterentwicklung der Computertechnik, die es zunehmend erlaubt, Denken, v. a. log. Denken, elektronisch zu simulieren. Moderne Ansätze versuchen z. B., die klass. Überlegungen der m. L. (etwa den gödelschen Unvollständigkeitssatz) informationstheoretisch zu interpretieren (J. BENNET, G. CHAITIN) und so zu neuen Einsichten über die Möglichkeiten des Denkens, aufgefasst als Prozess der Informationsverarbeitung, zu gelangen.

From Frege to Gödel. A source book in mathematical logic, hg. v. J. VAN HEIJENOORT u. a. (Neuausg. Cambridge, Mass., 1977); W. FELSCHER: Naive Mengen u. abstrakte Zahlen, 3 Bde. (1978–79); H. HERMES: Aufzählbarkeit, Entscheidbarkeit, Berechenbarkeit (^{3}1978); J. M. BOCHEŃSKI: Formale Logik (^{5}1996); H.-D. EBBINGHAUS u. a.: Einf. in die m. L. (^{4}1996).

mathematische Papiere, Zeichenpapiere mit je nach Anwendung versch. aufgedruckten Koordinatensystemen; zu den m. P. zählen u. a. Millimeter-, Polarkoordinaten- und Logarithmenpapier.

mathematische Programmierung [von engl. programming, ›planen‹], **mathematische Optimierung,** auch **mathematische Planungsrechnung,** *Operations-Research:* Sammelbegriff für solche Modelle, die aus einer Zielfunktion und einem System von Nebenbedingungen (Gleichungen und Ungleichungen) mit Variablen beliebiger Potenz und Verknüpfung bestehen, sowie für Lösungsverfahren, die der Ermittlung der Werte dieser Unbekannten dienen.

Sind Zielfunktion und Nebenbedingungen eines Modells der m. P. linear, spricht man von **linearer Programmierung (linearer Optimierung).** In der Standardform hat ein Modell der linearen Programmierung (LP-Modell) folgendes Aussehen:

Zielfunktion: $\sum_{j=1}^{n} c_j x_j \to \max!$

Nebenbedingungen: $\sum_{j=1}^{n} a_{ij} x_j \leq b_i \quad \text{mit } i = 1, 2, \ldots m$

$x_j \geq 0 \quad \text{mit } j = 1, 2, \ldots n$

mit a_{ij}, b_i und c_j als Konstanten sowie x_j als Variablen. Für die Bestimmung derjenigen Werte der x_j, die die Zielfunktion maximieren, können das von G. B. DANTZIG entwickelte **Simplexverfahren** oder eine Reihe davon abgeleiteter Verfahrensversionen eingesetzt werden. Dies sind numer. Verfahren, die iterativ in einer endl. Zahl von Schritten die optimalen Werte für x_j liefern. Sie sind auch anwendbar, wenn die Zielfunktion zu minimieren ist und/oder Größer-gleich-Relationen bzw. Ist-gleich-Relationen in den Nebenbedingungen gelten.

Eine Sondersituation liegt vor, wenn für ein Modell, das im Aussehen einem LP-Modell gleicht, Lösungswerte für einige oder alle Variablen x_j gefordert werden, die ganzzahlig sind. Solche Modelle und entsprechende Lösungsverfahren werden dem Gebiet der **ganzzahligen Programmierung (ganzzahlige Optimierung)** zugerechnet. Hier ist der Lösungsvorgang zweistufig. Er beginnt mit dem Einsatz eines Lösungsverfahrens der linearen Programmierung, das unter Umständen bereits ganzzahlige Lösungswerte für die betreffenden x_j liefert (natürl. Ganzzahligkeit der optimalen x_j). Anderenfalls wird, ausgehend von der erhaltenen nichtganzzahligen (d. h. unzulässigen) Lösung, der Einsatz spezieller Lösungsverfahren erforderlich. Bewährt haben sich dabei insbesondere die zu den →Entscheidungsbaumverfahren gehörenden Branch-and-bound-Verfahren. – Die lineare und die ganzzahlige Programmierung werden in der betriebl. Praxis häufig für die optimale Lösung von Problemen der Produktionsprogramm-, Transport-, Finanz- und Personaleinsatzplanung verwendet, insbesondere, da entsprechende Software benutzerfreundl. in großer Vielfalt für Computer aller Größenklassen verfügbar ist. So können im Bereich der linearen Programmierung Modelle mit bis zu einigen Mio. Nebenbedingungen und ebenso vielen Variablen verarbeitet werden, im Bereich der ganzzahligen Programmierung i. d. R. Modelle mit einigen 100 Nebenbedingungen und Variablen (bzw. einer größeren Anzahl, wenn man auf Näherungslösungen zurückgreift).

Sind die Zielfunktion und das zugehörige System von Nebenbedingungen eines Modells der m. P. nichtlinear, spricht man auch von **nichtlinearer Programmierung (nichtlinearer Optimierung).** Prakt. Bedeutung hat die nichtlineare Programmierung insbesondere bei der Optimierung chem. Prozesse. Die verfügbaren Lösungsverfahren sind weniger leistungsfähig als die der linearen Programmierung.

K. NEUMANN u. M. MORLOCK: Operations Research (Neuausg. 1993); MANFRED MEYER u. K. HANSEN: Planungsverfahren des Operations-Research (^{4}1996); G. B. DANTZIG u. M. N. THAPA: Linear programming, auf mehrer Bde. ber. (New York 1997 ff.).

mathematische Tafeln, Sammlungen häufig verwendeter Konstanten und Wertetafeln von Funktionen (z. B. Logarithmusfunktionen, Kreisfunktionen, Hyperbelfunktionen).

mathematische Zeichen, zur kurzen, übersichtl. Darstellung mathemat. Aussagen verwendete symbol. Zeichen, u. a. für bestimmte Größen (z. B. Konstante, Variable), Mengen, mathemat. Relationen und Operationen.

Mather [ˈmæðə], Cotton, amerikan. Theologe und Schriftsteller, * Dorchester (heute zu Boston, Mass.) 12. 2. 1663, † Boston (Mass.) 13. 2. 1728; stammte von puritan. Geistlichen ab (sein Vater war die Theologe und Schriftsteller INCREASE M., * 1639, † 1723). Er gab in seinen mehr als 450 biograph., histor., theolog., literar. und naturwiss. Werken ein umfassendes Bild der puritan. Kultur Neuenglands, deren religiöse Basis zunehmend durch weltl. Einflüsse erschüttert wurde. Die wichtigsten Dokumente dieser Umbruchzeit sind M.s Protokolle der Hexenprozesse von Salem im Jahre 1692, ›The wonders of the invisible world‹ (1693; dt. ›Die Wunder der unsichtbaren Welt‹), seine monumentale Kirchengeschichte Neuenglands ›Mag-

mathematische Zeichen (Auswahl)

Elementares Rechnen		Algebra und analytische Geometrie	
$=$	gleich	$a\|b$	a teilt b
$:=$	nach Definition gleich	$a\!\!\not\|b$	a teilt nicht b
$\approx$	ungefähr gleich	$\cong$	isomorph
$\equiv$	identisch	$\mathbf{A}, \mathbf{a}, \vec{A}, \vec{a}$	Vektoren
$+$	plus	$\mathbf{A} \cdot \mathbf{B}, \mathbf{AB}\,(\mathbf{A},\mathbf{B})$	Skalarprodukt von $\mathbf{A}$ und $\mathbf{B}$
$-$	minus	$\mathbf{A} \times \mathbf{B}, [\mathbf{A} \times \mathbf{B}]$	Vektorprodukt von $\mathbf{A}$ und $\mathbf{B}$
$\pm$	plus oder minus	$\det(a_{ik}), \|a_{ik}\|$	Determinante
$\cdot, \times$	mal		
$:, \div, /$	geteilt durch	**Mathematische Logik**	
$\ne$	ungleich	$\wedge$	und (Konjunktion)
$>$	größer als	$\vee$	oder (Disjunktion)
$\geq, \geqq$	größer oder gleich	$\neg$	nicht (Negation)
$\gg$	(sehr) groß gegen	$\Rightarrow, \rightarrow$	wenn ..., dann (Subjunktion)
$\sim$	proportional	$\Leftrightarrow, \leftrightarrow$	genau dann, wenn (Äquivalenz)
$\hat{=}$	entspricht	$:\leftrightarrow$	nach Definition genau dann, wenn
$<$	kleiner als	$\wedge, \forall$	für alle
$\leq, \leqq$	kleiner oder gleich	$\vee, \exists$	es gibt
$\ll$	(sehr) klein gegen		
Σ	Summe	**Mengenlehre**	
Π	Produkt	$\in$	Element von
$\sqrt{\ }$	Wurzel aus (Quadratwurzel)	$\notin$	kein Element von
$\sqrt[n]{\ }$	n-te Wurzel aus	$\emptyset$	leere Menge
a^n	n-te Potenz von a	$\{x\|A(x)\}$	Menge aller x mit der Eigenschaft $A(x)$
$\%$	Prozent, vom Hundert	$\cup$	vereinigt
$\permil$	Promille, vom Tausend	$\cap$	geschnitten
$\|x\|$	Betrag von x	$\subseteq, \subset$	enthalten in, Teilmenge von
$\|\|x\|\|$	Norm von x	$\not\subseteq, \not\subset$	nicht enthalten in, nicht Teilmenge von
$n!$	n Fakultät	$\subsetneq$	echt enthalten in, echte Teilmenge von
$\binom{n}{k}$	n über k (Binomialkoeffizient)	$\complement A, \bar{A}$	Komplement von A
Elementare Geometrie		$\setminus, -$	ohne, minus
$\parallel$	parallel	$\mathfrak{P}(A)$	Potenzmenge von A
$\not\parallel$	nicht parallel	$A \times B$	Produktmenge von A und B
$\uparrow\uparrow$	gleichsinnig parallel	$\triangle$	symmetrische Differenz
$\uparrow\downarrow$	gegensinnig parallel	$(a,b), \langle a,b \rangle$	geordnetes Paar
$\perp$	rechtwinklig zu	$\circ$	verknüpft mit
$\cong$	kongruent, deckungsgleich	$\|A\|, \text{card}\,A$	Kardinalzahl vom A
$\sim$	ähnlich	$\aleph$	Aleph
$\measuredangle$	Winkel	$\sim$	Äquivalent
$\overline{AB}$	Strecke AB		
$\llcorner, \lrcorner$	rechter Winkel	**Analysis**	
$\emptyset$	Durchmesser	∞	unendlich
$°$	Grad	$df(x)$	Differenzial der Funktion $f(x)$
$'$	Minute	$\dfrac{df(x)}{dx}, f'(x)$	Differenzialquotient, Ableitung
$''$	Sekunde	$\dfrac{\partial f(x,y)}{\partial x}, f_x$	partieller Differenzialquotient
Zahlensysteme		$\int$	Integralzeichen
$\mathbb{N}, N$	Menge der natürlichen Zahlen	$\oint$	Randintegral
$\mathbb{Z}, Z$	Menge der ganzen Zahlen	∇	Nablaoperator
$\mathbb{Q}, Q$	Menge der rationalen Zahlen	Δ	Deltaoperator (Laplace-Operator)
$\mathbb{R}, R$	Menge der reellen Zahlen	$]a, b[$	offenes Intervall $a < x < b$
$\mathbb{C}, C$	Menge der komplexen Zahlen	$[a, b]$	abgeschlossenes Intervall $a \leq x \leq b$
i	imaginäre Einheit ($i = \sqrt{-1}$)	$[a, b[$	halboffenes Intervall $a \leq x < b$
$z = a + ib$	komplexe Zahlen	$]a, b]$	halboffenes Intervall $a < x \leq b$
$\bar{z}, z^*$	konjugiert komplexe Zahl zu z	$\lim$	Grenzwert
e	eulersche Zahl ($= 2{,}718281...$)		
π	Pi ($= 3{,}1415926...$)		

nalia Christi Americana‹ (1702) im Stil eines christl. Epos sowie die den pragmat. Aspekt des Christentums andeutende Schrift ›Bonifacius‹ (1710).
Ausgaben: Selections, hg. v. K. B. MURDOCK (⁴1973); Paterna (1976, Autobiogr.).
M. R. BREITWIESER: C. M. and Benjamin Franklin (Cambridge 1984); K. SILVERMAN: The life and times of C. M. (New York 1984).

Mathesius, Johannes, Reformator, * Rochlitz 1504, † Joachimsthal (heute Jáchymov) 17. 10. 1565; war 1540/41 M. LUTHERS Tischgenosse in Wittenberg (Nachschriften von LUTHERS Tischreden). Von seinen 1 500 gedruckten Predigten enthalten die 17 ›Lutherhistorien‹ (1562–65) die erste Lebensbeschreibung des Reformators.

Mathews [ˈmæθjuːz], Charles, engl. Schauspieler, * London 28. 6. 1776, † Plymouth 28. 6. 1835; bekannter Komödienschauspieler (ab 1794 in Dublin, ab 1803 in London); veranstaltete in seinem Heim Einmannshows, wobei er sich als glänzender Parodist und Imitator erwies.

Mathey [maˈtɛ], **Mathieu** [maˈtjø], Jean-Baptiste, latinisiert **Mathaeus Burgundus,** frz. Architekt und Maler, * Dijon um 1630, † Paris Dezember 1696; folgte 1668 einem Ruf des Prager Erzbischofs nach Königgrätz, 1675 nach Prag, wo er bis 1695 tätig war. M. verdrängte den böhm. Spätmanierismus und Frühbarock zugunsten eines Stils, der Anregungen röm. Vorbilder (v. a. G. L. BERNINI) mit Elementen des frz. maßvoll-verhaltenen Frühklassizismus F. MANSARTS

Math Mathieu–Mathura

Jean-Baptiste Mathey: Schloss Troja in Prag; 1679–96

verbindet und sich bes. durch klare Proportionen und verfeinerte Fassadenstruktur unter Ausgleich vertikaler und horizontaler Gliederungen auszeichnet.
Werke: (alle in Prag): Erzbischöfl. Palais (1675–79); Kreuzherrenkirche (1679–88); Schloss Troja (1679–96); Palais Toscana (1689–91).

Mathieu [ma'tjø], **1)** Georges, frz. Maler, * Boulogne-sur-Mer 27. 1. 1921; prägte 1947 (seitdem in Paris) den Begriff ›abstraction lyrique‹ (→lyrische Abstraktion); fand um 1948 seinen eigenen Stil. Er ist gekennzeichnet von der schwungvollen Geste, mit der er die Farbe unmittelbar auf die Leinwand presst oder schleudert. Schnelligkeit und Zufall sind für ihn Garanten der emotionalen Direktheit.
Schriften: Au delà du Tachisme (1963); La réponse de l'abstraction lyrique (1975); L'abstraction prophétique (1984).
M., hg. v. D. QUIGNON-FLEURET (Paris 1973); G.M., Ausst.-Kat. (1980).
2) Noël, frz. Schriftsteller, →Emmanuel, Pierre.

Mathilde, Herrscherinnen:
England: **1) Mathilde,** Thronerbin, * London 1102, † bei Rouen 10. 9. 1167; Tochter HEINRICHS I. von England, seit 1114 mit Kaiser HEINRICH V. kinderlos verheiratet. Nach dessen Tod (1125) kehrte M. nach England zurück, konnte aber, seit 1128 mit Graf GOTTFRIED V. von Anjou verheiratet, nach dem Tod ihres Vaters (1135) ihren Thronanspruch gegen ihren Vetter STEPHAN I. VON BLOIS nicht behaupten. Nach langen Kämpfen musste M. sich in die Normandie zurückziehen. Ein Vertrag mit STEPHAN (1153) sicherte ihrem Sohn HEINRICH (II.) die Thronfolge. Damit wurde M. zur Stammmutter der Dynastie Plantagenet.
N. PAIN: Empress Matilda (London 1978).

Ostfränkisches Reich: **2) Mathilde die Heilige,** Königin, * um 895, † Quedlinburg 14. 3. 968; wurde 909 mit Herzog HEINRICH von Sachsen, dem späteren König HEINRICH I., verheiratet, Mutter OTTOS I., D. GR., und Großmutter von 3). In der Thronkandidatur von 936 unterstützte sie OTTOS Bruder HEINRICH.
G. ALTHOFF u. H. KELLER: Heinrich I. u. Otto d. Gr., 2 Bde. (1985).

Quedlinburg: **3) Mathilde,** Äbtissin, * 955, † Quedlinburg 7. 2. 999, Tochter von Kaiser OTTO I., D. GR., Enkelin von 2); wurde 966 Äbtissin von Quedlinburg, führte in den Jahren 997–999 die Regentschaft für ihren unmündigen Neffen OTTO III., der ihr 993 Potsdam vermachte. – WIDUKIND VON CORVEY widmete ihr seine ›Sachsengeschichte‹.
H. BEUMANN: Die Ottonen (^{4}1997).

Tuszien: **4) Mathilde,** Markgräfin, * 1046, † Bondeno (bei Ferrara) 24. 7. 1115; Tochter von Markgraf BONIFAZ von Tuszien (* um 985, † 1052) und BEATRIX von Lothringen (* um 1015, † 1076), heiratete nach dem Tod ihres Stiefvaters GOTTFRIED II., DES BÄRTIGEN, dessen Sohn GOTTFRIED III., DEN BUCKLIGEN (1070?), und übernahm nach dessen Tod (1076) als Alleinerbin des Hauses Canossa die Reg. in Tuszien. Im Verlauf ihrer langen Herrschaft war sie während des Investiturstreits die verlässlichste Bundesgenossin der Päpste, die sie finanziell, militärisch und diplomatisch unterstützte. Auf ihrer Burg Canossa leistete Kaiser HEINRICH IV. 1077 Kirchenbuße (BILD →Canossa). Wohl 1079 vermachte M. dem Hl. Stuhl ihre weitläufigen Besitzungen (**Mathildische Güter**) in Mittelitalien, erhielt sie aber vom Papst als Lehen zur freien Verfügung zurück. 1111 setzte sie Kaiser HEINRICH V. zum Erben ein. Der Streit zw. Kaiser und Papst um diese Güter dauerte, bis Kaiser FRIEDRICH II. 1213 formell auf sie verzichtete. Mit dem Tod M.s, die auch in der sechsjährigen zweiten Ehe mit dem jungen WELF V. (1095 geschieden) kinderlos blieb, erlosch das Haus Canossa.

Mathis, Edith, schweizer. Sängerin (Sopran), * Luzern 11. 2. 1938, ∞ mit dem Dirigenten B. KLEE; debütierte 1956 in Luzern, sang u. a. an der Dt. Oper Berlin, den Staatsopern in Hamburg und München sowie der Metropolitan Opera in New York und trat auch bei Festspielen (Salzburg, Glyndebourne) auf; sie wurde bes. als Mozart-Interpretin bekannt, wirkte aber auch bei Uraufführungen zeitgenöss. Werke mit (z. B. in ›Der junge Lord‹ von H. W. HENZE); auch als Oratorien- und Liedsängerin geschätzt.

Mathis der Maler, Oper von P. HINDEMITH, Text vom Komponisten, komponiert 1934/35; Uraufführung 28. 5. 1938 in Zürich; daraus auch gleichnamige Sinfonie (1934).

Mathnawi [pers.], **Masnawi, Mesnewi,** bei den islam. Völkern Vorderasiens (außer bei den Arabern) verbreitete Gedichtform in Reimpaaren, bes. für heroische und romant. Epik sowie für Lehrgedichte. Von herausragender Bedeutung sind in der Epik das iran. Königsbuch (›Schah-Name‹) des FIRDAUSI und die fünf Epen (pers. ›Chamse‹) des NISAMI; als das myst. Lehrgedicht schlechthin gilt DJALAL OD-DIN RUMIS ›Mesnewi‹.

Mathura ['mæθʊrɑː], früher **Muttra** ['mʌtrə], Stadt im Bundesstaat Uttar Pradesh, N-Indien, an der Yamuna nordwestlich von Agra, 226 700 Ew.; archäolog. Museum; Baumwoll-, chem. Industrie, Erdölraffinerie, Landmaschinenbau. – Hinduist. Kultzentren sind heute die Ghats und Pavillons aus dem 18. Jh. mit ständig erneuerten Wandmalereien der Krishnalegende. – In den ersten nachchristl. Jahrhunderten

Edith Mathis

Georges Mathieu: Herzog von Sachsen; 1960 (Privatbesitz)

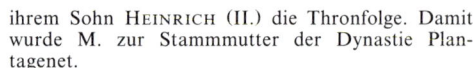

war M. die südlichere der beiden Hauptstädte des Kushanareiches. Sie gilt als Geburts- und Wirkungsstätte des im Hinduismus als göttlich verehrten Krishna; als eine der sieben hl. Städte Indiens ist sie zus. mit den Nachbarorten Vrindaban und Govardhan eine v. a. vishnuit. Pilgerstätte.

Mathurakunst ['mæθʊrɑ:-], die v. a. in der Kushana- und Guptaperiode geschaffenen Skulpturen und Terrakotten versch. religiöser Bestimmung, deren traditionsbildende Ikonographie und Stilistik wesentlich die frühe →indische Kunst prägten. Seit dem 4./3. Jh. v. Chr. entstanden Terrakotten und seit dem 2./1. Jh. v. Chr. buddhist. und jainist. Architektur (Bauten nicht erhalten) und Bauplastik in dem für die M. typischen rötl. Sikrisandstein. Die Schaffung der ältesten vollplastischen hinduist. Götterbilder (Balarama, um 100 v. Chr.) und Yakshafiguren (Parkham-Yaksha) sowie v. a. der menschl. Buddhadarstellung (1. Jh., wohl parallel zur Gandharakunst) leitete die Bilderverehrung in Indien ein. Unter der Dynastie der Kushana gelangte die M. zu größter Produktivität und ikonograph. Vielfalt.

G. KREISEL: Die Śiva-Bildwerke der M. (1986); H. MODE u. K. G. BEYER: Mathurā. Metropole altind. Steinskulptur (Leipzig 1986).

Mathy [-ti], Karl, Politiker, * Mannheim 17. 3. 1806, † Karlsruhe 3. 2. 1868; war seit 1842 Führer der Liberalen in der bad. Zweiten Kammer, gehörte 1848/49 in der Frankfurter Nationalversammlung zu den Erbkaiserlichen, setzte sich danach für die preuß. Unionspolitik ein. Seit 1864 bad. Handels-Min., bat er am 30. 6. 1866 nach dem Eintritt Badens in den Dt. Krieg (an der Seite Österreichs) um seine Entlassung und wurde nach dem Krieg am 28. 8. 1866 an die Spitze der Reg. berufen. Er bereitete Badens Beitritt zum Norddt. Bund vor.

Matjasek, Hellmuth, österr. Opernregisseur und Intendant, * Wien 15. 5. 1931; wurde nach Stationen als Intendant in Salzburg, Braunschweig und Wuppertal sowie als Direktor der Schauspielschule der Münchner Kammerspiele (Otto-Falckenberg-Schule) 1983 Intendant des Bayer. Staatstheaters am Gärtnerplatz in München, daneben 1986 Prof. für Operndarstellung an der Hochschule für Musik in München. Er trat auch als Operetten- und Musicalregisseur hervor, u. a. 1990 in Düsseldorf mit F. LOEWES ›My fair lady‹ und 1992 in Hannover mit C. PORTERS ›Kiss me Kate‹.

Matica [-tsa; serbokroat. ›Bienenkönigin‹], Name slaw. Stiftungsgesellschaften zur Förderung nat. Interessen, v. a. der Volkssprache, Literatur und Kultur, im Zuge der nat. Erneuerungsbewegungen, z. B. **M. srpska** (serb. M.), 1826 in Pest gegr., **Matice česká** (tschech. M.), 1831 in Prag gegr., **M. hrvatska** (kroat. M.), 1842 in Zagreb gegr., **M. slovenská** (slowak. M.), 1863 in Martin gegründet.

Matisse [ma'tis], Henri Émile Benoît, frz. Maler, Zeichner und Bildhauer, * Le Cateau-Cambrésis 31. 12. 1869, † Cimiez (heute zu Nizza) 3. 11. 1954; wandte sich 1890 der Malerei zu und wurde 1893 Schüler von G. MOREAU, lebte seit 1917 meist in Nizza. Angeregt bes. von P. CÉZANNE, überwand M. den Impressionismus seiner Frühzeit und entwickelte unter dem Einfluss der Neoimpressionisten (P. SIGNAC) um 1905 die Grundlagen seines Stils, indem er leuchtende reine Farbflächen in scharfer Abgrenzung gegeneinander stellte (›Luxe, calme et volupté‹, 1904; Paris, Privatsammlung). Damit stand die Farbe nicht mehr im Dienst stoffl. Oberflächencharakteristik, sondern machte die Gegenstände zu Farbträgern. Zugleich gewann das flächig-dekorative, arabeskenhafte Element an Bedeutung (›Der Tanz‹, 1909/10; Sankt Petersburg, Eremitage). Die Steigerung der Lokalfarben führte wohl dazu, dass M. und die sich um ihn gruppierenden Maler Fauves (Wilde) genannt wurden. Das Stillleben, das M.s Vorliebe für flächig-ornamentale Aufteilung entgegenkam, durchzieht das gesamte Werk. Seine Figurenkompositionen stellen v. a. nackte oder bekleidete Frauengestalten (häufig Odalisken) dar, daneben auch Landschaften und Porträts. Im Gegensatz zu P. PICASSO und den Kubisten war für ihn nicht in erster Linie der Bildaufbau Konzept, sondern die Farbe. Alles Körperliche und Räumliche setzte er in Farbflächen um, mit denen er rhythmisch ausgewogene Kompositionen von dekorativer Wirkung schuf. Er blieb dabei gegenständlich und abstrahierte nur zugunsten des Ausdrucks.

Henri Matisse: Harmonie in Rot; 1908 (Sankt Petersburg, Eremitage)

In den 1920er-Jahren steigerte M. seine Malweise durch weitere Reduktion des Körperlichen bis zu ornamentalen Strukturprinzipien, Verwendung nur weniger Farben und rhythmisch-linearer Abgrenzung der Farbfelder. In den Zeichnungen wurde eine immer konsequentere Vereinfachung der die Form erfassenden Linienführung erreicht.

Der flächig-farbige Stil führte M. zur Wandmalerei, 1930–34 entstand die dreiteilige große Dekoration ›Der Tanz‹ (Merion, Pa., Barnes Foundation) aus einfarbigen Flächen, die aus Papier ausgeschnitten und aneinander geklebt wurden. Seit 1941 entstanden auch reine Scherenschnittcollagen (›Papiers découpés‹; Zyklus ›Jazz‹, 1947). – 1948–50 widmete er sich der Ausgestaltung (Wandbilder, Glasfenster, liturg. Gefäße und Gewänder) der Klosterkapelle Notre-Dame du Rosaire in Vence bei Nizza. M.s maler. und zeichner. Schaffen, das zu den Epoche machenden künstler. Leistungen des 20. Jh. gehört, wird durch Skulpturen (Figuren- und Porträtplastiken) abgerundet. Für den dt. Expressionismus war sein Werk von großer Bedeutung. (Weiteres BILD →Fauvismus)

Weitere Werke: Luxus I (1907; Paris, Musée National d'Art Moderne im Centre Pompidou); Luxus II (1907; Kopenhagen, Statens Museum for Kunst); Harmonie in Rot (1908; Sankt Petersburg, Eremitage); Das rote Atelier (1911; New York, Museum of Modern Art); Akt in Rosa (1935; Baltimore, Museum of Art); Die rumän. Bluse (1940; Paris, Musée National d'Art Moderne im Centre Pompidou).

J. u. M. GUILLAUD: M., Rhythmus u. Linie (a. d. Frz., 1987); M. HAHNLOSER: M. (Zürich 1988); M. u. seine dt. Schüler, Ausst.-Kat. (1988); J. JACOBUS: H. M. (a. d. Amerikan., 1989); H. M. Zeichnungen u. Skulpturen, hg. v. E.-G. GÜSE, Ausst.-Kat. Saarland Museum, Saarbrücken (1991); H. M. 1904–1917, hg. v. D. FOURCADE, Ausst.-Kat. Centre Pompidou, Paris (Neuausg. Paris 1993); S. LIESSEGANG: H. M. Gegenstand u. Bildrealität. Dargestellt an Beispielen der Ma-

Henri Matisse (Selbstbildnis, 1937)

lerei zw. 1908 u. 1918 (1994); H. M., hg. v. J. FLAM u. a. (1994); M., hg. v. J. FAERNA (a. d. Span., 1995); O. SCHÜTZ: H. M., die blauen Akte. Eine Kunstmonographie (1996).

Matjeshering [niederländ. maatjesharing, eigtl. ›Mädchenhering‹], mild gesalzener junger Hering (ohne Milch und Rogen).

Matl, Josef, österr. Südosteuropaforscher und Slawist, *Machersdorf (Steiermark) 10. 3. 1897, †Rottenmann 12. 6. 1974; seit 1948 Prof. in Graz; untersuchte v. a. die slawisch-westl. Kulturbeziehungen und lieferte bedeutende Arbeiten zur vergleichenden slawisch-europ. Literaturgeschichte sowie zur südslaw. Geistes- und Kulturgeschichte.

Werke: Europa u. die Slawen (1964); Südslaw. Studien (1965).

Matlock [ˈmætlɔk], Verw.-Sitz der Cty. Derbyshire, Mittelengland, am Derwent, 14 700 Ew.; Fremdenverkehrsort am O-Rand des Peak District National Park.

Matmata, Ort im tunes. Sahel, südlich von Gabès, etwa 3 000 Ew. (Berber), die heute in M. Nouvelle leben; die ursprüngl. Höhlenwohnungen sind nicht mehr bewohnt; Fremdenverkehr.

Mato Grosso [ˈmatu ˈgrosu], Binnenstaat Brasiliens, grenzt im SW an Bolivien, 906 807 km², (1993) 2,178 Mio. Ew.; Hauptstadt ist Cuiabá. M. G. liegt im Brasilian. Bergland, im Bereich der Wasserscheide zw. Amazonas und Paraguay (Planalto do M. G., bis rd. 900 m ü. M.); im O bildet die Serra do Roncador die Wasserscheide zw. Xingu und Araguaia; im S hat M. G. Anteil an der Niederung des →Pantanal. Die Temperaturen betragen durchschnittlich 24–26 °C im Sommer und 17–24 °C im Winter, die Niederschläge nehmen von jährlich 2 500 mm im N bis auf unter 1 500 mm im S ab (Trockenzeit Mai bis September). Der trop. Regenwald Amazoniens (Sammelwirtschaft) wird nach S von den Feuchtsavannen (mit Galeriewäldern) der Campos cerrados abgelöst. Der ersten Kolonisation durch Goldsucher aus São Paulo und Minas Gerais zu Beginn des 18. Jh., verbunden mit der Gründung von Städten (u. a. Cuiabá, 1719), folgte die landwirtschaftl. Erschließung seit Ende des 18. Jh. (neben Anbau zur Selbstversorgung große Viehzuchtbetriebe zur Erzeugung von Rindfleisch und Häuten). Bedingt durch Straßenbau (Verbindung mit São Paulo nach O sowie Pôrto Velho/Manaus und Santarém nach N, v. a. seit den 1960er- und 1970er-Jahren) und Bev.-Zuwanderung, bes. nach dem Zweiten Weltkrieg, wurde der Anbau immer mehr in die Campos cerrados (v. a. Großbetriebe) und in das Waldland (v. a. Kleinbauern) ausgedehnt (Reis, Zuckerrohr, Bohnen, Mais, Maniok, Sojabohnen, Kaffee, Kakao, Kautschuk), ebenso die Viehzucht; im Waldland Gold- und Holzgewinnung; starke Verstädterung. Die Industrie ist im Wesentlichen auf die Verarbeitung von Agrarprodukten beschränkt.

Geschichte: Die Gold- und Diamantenfunde (seit 1719) und die Rivalität mit dem span. Nachbarn veranlassten 1748 Portugal zur Errichtung eines selbstständigen Generalkapitanats M. G. mit Sitz in Cuiabá. Seit der Unabhängigkeit Brasiliens (1822) bildet M. G. die drittgrößte Provinz des Landes. Durch den Eisenbahnbau seit 1914 wurde die wirtschaftl. Erschließung dieser ziemlich dünn besiedelten Binnenprovinz vorangetrieben. 1979 wurde aus dem südl. Teil von M. G. der neue Bundesstaat M. G. do Sul geschaffen.

Mato Grosso do Sul [ˈmatu ˈgrosu du ˈsul], Binnenstaat Brasiliens an der Grenze zu Bolivien und Paraguay, 358 159 km², (1993) 1,15 Mio. Ew.; Hauptstadt ist Campo Grande. Die östl. Hälfte des Staates gehört zum Brasilian. Bergland, dessen Randhöhen (u. a. Serra de Maracajú, bis 558 m ü. M.), eine Landstufe in devon. Sandsteinen, steil nach W zum Tiefland des →Pantanal abfallen. Die Niederschläge liegen unter 1 500 mm/Jahr. Wie in Mato Grosso folgte auch hier der Goldgewinnung im 18. Jh. (Gründung von Campo Grande und Corumbá) die landwirtschaftl. Erschließung, die aber erst im 20. Jh. größeres Ausmaß annahm: neben dem Anbau (Baumwolle, Erdnüsse, Reis, Bohnen, Mais, Sojabohnen), der urspr. nur der Selbstversorgung diente, große Viehzuchtbetriebe. Wichtige Bodenschätze sind die Mangan- und Eisenerze des →Urucúm. Corumbá (am Paraguay) dient als Exporthafen. Die erste Eisenbahnlinie wurde 1914 eröffnet. – Bis 1979 bildete M. G. do S. den S-Teil des Bundesstaates Mato Grosso.

Matopo Hills [engl. məˈtəʊpəʊ hɪlz], **Matopos,** Bergland südlich von Bulawayo, SW-Simbabwe, bis 1 550 m ü. M., ein Granitmassiv mit großen Höhlen, engen und z. T. fruchtbaren Tälern. Der südl. Teil bildet den **Matopos-Nationalpark** (1 000 km², gegr. 1953) mit der Grabstätte von C. RHODES am Aussichtspunkt ›World's View‹. – Neben Bodenfunden aus der Stein- und Eisenzeit wurden unter Felsüberhängen zahlr. Felsmalereien gefunden, die neben Wildtieren v. a. Menschen bei unterschiedl. Tätigkeiten zeigen, auch Elemente von Landschaftsdarstellungen treten auf.

Rock paintings from Zimbabwe, hg. v. K. H. STRIEDTER u. a. (Wiesbaden 1983).

Matoš [-tɔʃ], Antun Gustav, kroat. Schriftsteller, *Tovarnik (Rep. Kroatien) 13. 6. 1873, †Zagreb 17. 3. 1914; desertierte aus dem österr. Heer und lebte bis zur Amnestie (1908) im Ausland (u. a. Genf, Paris), war als westeuropäisch orientierter Kritiker von großem Einfluss auf die literar. Leben in Kroatien. M. schrieb formvollendete, von Dekadenz und dem frz. Symbolismus (v. a. C. BAUDELAIRE) beeinflusste Lyrik, die von Melancholie und intellektuellem Pessimismus geprägt ist. Seine suggestiven Skizzen und Novellen (›Iverje‹, 1899; ›Novo iverje‹, 1900), in denen er Zufälligkeit und Sinnlosigkeit des Geschehens darstellt, reichen von der Schilderung realist. Situationen bis zu bizarren und fantast. Motiven (Einfluss von E. T. A. HOFFMANN und E. A. POE).

Ausgabe: Sabrana djela, 20 Bde. (1973).

Matosinhos [matuˈziɲuʃ], **Matozinhos,** Stadt im Distr. Porto, Portugal, an der Mündung des Rio Leça in den Atlantik, 29 700 Ew. Zu M. gehört **Porto de Leixões** [- leiˈʃõiʃ], der zweitgrößte Überseehafen und wichtigste Fischereihafen Portugals, gleichzeitig größter Standort der Fisch- (bes. Sardinen), Fleisch-, Obst- und Gemüsekonservenindustrie. – In der Kirche Bom Jésus de Bonças (16. Jh.) befindet sich das Kruzifix des Jesus von M., Ziel einer jährl. Wallfahrt.

Matragebirge, ungar. **Mátra** [ˈmaːtrɔ] *die,* Teil des Nordungar. Mittelgebirges, mit den höchsten Berg Ungarns (Kékes, 1 015 m ü. M.); aufgebaut aus Andesit; Erholungsorte, um Gyöngyös am S-Fuß bedeutender Wein- und Obstbau.

Matrah [ˈmatrax], **Mutrah,** Hafenstadt in Oman, unmittelbar westlich von →Maskat; Fischfang und -handel, Schiffbau.

Matratze [von älter ital. materazzo, von arab. maṭraḥ ›Bodenkissen‹] *die, -/-n,* mit einer Drellhülle umgebenes Polster, das auf den Sprungfederrahmen oder den Lattenrost des Bettes gelegt wird. **Füll-M.** sind mit tier. (Rosshaar, Federn) oder pflanzl. (Palmfaser, Kokosfaser, Seegras, Kapok) Füllstoffen gefüllt. **Federkern-M.** haben zusätzlich eine Sprungfedereinlage aus zusammenhängenden Stahlfedern, bei punktelast. M. sind die zahlr. Federn voneinander unabhängig. **Schaum-M.** bestehen aus Schaumgummi (Latex) oder anderen elast. Kunststoffen (v. a. Polyurethan).

Matrei in Osttirol, Markt-Gem. im Bez. Lienz, Osttirol, Österreich, 977 m ü. M. an der Mündung des Tauernbaches in die Isel, 4 900 Ew.; Bezirksgericht; Heimatmuseum und gotische Kunststätten (u. a. Felber-Tauern-Straße, erstreckt sich über 277 km² bis auf den Kamm der Hohen Tauern; Seilbahn zum Matreier

Goldried. – Frühklassizist. Pfarrkirche St. Alban (1777–83) mit Stuck- und Freskenschmuck, in die W-Fassade ist der got. Turm des Vorgängerbaus einbezogen; Nikolauskirche (Ende 12. Jh., um 1470 gotisiert), im mächtigen Turm zwei Chöre übereinander, beide mit Fresken des 13. Jh.; über dem Ort Schloss Weißenstein (12. Jh., im 19. Jh. umgebaut).

Mätresse [frz., eigtl. ›Herrin‹] *die, -/-n,* frz. **Maîtresse** [mɛˈtrɛs], früher die anerkannte, oft einflussreiche Geliebte eines Fürsten **(M. en titre);** heute, meist *abwertend:* Geliebte (eines verheirateten Mannes).

Matria, Ort in NW-Tunesien, 22 km nördlich von Téboursouk. – Auf einem Hügel bei M. liegen die Ruinen des antiken **Numuli** (röm. Stadt und frühchristl. Bischofssitz): Thermen, Zisternen, Monumentaltor, Forum, Jupitertempel (170 n. Chr.) in korinth. Ordnung mit Marabut im Innern, zwei christl. Basiliken.

Matriarchat [zu lat. mater, matris ›Mutter‹ und griech. archḗ ›Herrschaft‹] *das, -(e)s/-e,* Bez. für eine Gesellschaftsordnung, in der die Frau i. Allg. (→Gynäkokratie) oder die Mutter im Besonderen (→Mutterrecht) die Vorherrschaft innehat. Idealtypisch umfasst das M. 1) Matrilinearität (die Geltung der weibl. Linie in der Blutsverwandtschaft und in den Besitz- und Erbregelungen), 2) Matrilokalität (Residenz des Ehemannes in der Verwandtschaftsgruppe der Frau), 3) das Fehlen fester Eheformen und die Vertretung der sozialen Vaterrolle durch den Bruder der Mutter (→Avunkulat), 4) eine hervorragende Stellung der Frau in Kult und Religion. Die Annahme einer dem Patriarchat vorausgehenden matriarchalen Epoche gehört wissenschaftshistorisch zur Evolutionstheorie des 19. Jh. Allgemein bekannt wurde die Theorie des M. durch J. J. BACHOFEN und sein 1861 erschienenes Buch ›Das Mutterrecht‹. BACHOFEN schloss aus dem Vorhandensein mutterrechtl. Züge bei Hoch- und Randkulturen des Alten Orients, dass dem späteren Vaterrecht eine frühere mutterrechtl. Familienform vorausgegangen sein müsse. Seine Theorie vom gynäkokrat. Weltzeitalter fußte im Wesentlichen auf der Deutung antiker Mythen und Dichtungen, die er als zuverlässige Geschichtsquellen ansah. Den Übergang vom M. zum Patriarchat interpretierte BACHOFEN als kulturelle Höherentwicklung menschl. Daseinsform. BACHOFENS evolutionist. Mutterrechtstheorie wurde von dem amerikan. Ethnologen LEWIS H. MORGAN in seinem Werk ›Ancient society‹ (1877) aufgegriffen und weitergeführt. MORGAN verknüpfte die matriarchale Familienform mit der Existenz einer herrschaftsfreien und egalitären Gentilgesellschaft, die durch eine auf Privateigentum gegründete patriarchale Klassengesellschaft abgelöst worden sei. F. ENGELS hat die Resultate der Anthropologie seiner Zeit als Belege für einen mutterrechtl. Urkommunismus am Beginn der menschl. Gesellschaft gedeutet.

Die M.-Forschung wurde v. a. von B. MALINOWSKI, dem Ethnologen WILHELM SCHMIDT, E. RANKE-GRAVES, der amerikan. Ethnologin ELIZABETH JEAN THOMSON, E. FROMM, dem Sprachwissenschaftler EDUARD BORNEMANN (* 1894, † 1976) und HEIDE GÖTTNER-ABENDROTH weitergeführt. Eine Neubelebung erfuhr sie durch die ›Neue Frauenbewegung‹ und feminist. Kulturkritik, die die Rückbesinnung auf matriarchale Traditionen mit der Kritik am patriarchalen Gesellschaftsmodell und mit dem Entwurf einer herrschaftsfreien Sozialordnung verband. Nach dem gegenwärtigen Stand der Forschung lässt sich die Annahme eines M. als generelles Stadium der menschl. Familienentwicklung wie als universelle Kulturstufe empirisch nicht nachweisen.

L. H. MORGAN: Ancient society (New York 1877, Nachdr. Tucson, Ariz., 1985); Matrilineal kinship, hg. v. D. M. SCHNEIDER u. a. (Berkeley, Calif., ²1962); H. GÖTTNER-ABENDROTH:

Das M., auf mehrere Bde. ber. (¹⁻³1991 ff.); DIES.: Die Göttin u. ihr Heros (¹⁰1993); Matriarchatstheorien der Altertumswiss., hg. v. B. WAGNER-HASEL (1992); U. WESEL: Der Mythos vom M. (⁷1994); H. LAUGSCH: Der Matriarchats-Diskurs (in) der zweiten dt. Frauenbewegung (1995).

Matricaria [lat., zu Matrix], wiss. Name der Pflanzengattung →Kamille.

matrifokal [zu lat. mater, matris ›Mutter‹ und focus ›Herd‹, ›Feuerstätte‹], *Ethnosoziologie:* bezeichnet die Kombination von matrilinearer Abstammungsrechnung und matrilokaler Heiratswohnfolge; dadurch wurde der Status der Frau aufgewertet.

Matrika [Sanskrit ›Mütterchen‹], **Matara, Matri,** im Hinduismus Bez. für eine kanon. Gruppe von untergeordneten weibl. Schutzgottheiten, den göttl. Müttern, von denen jede als Shakti (weibl. Energie) eines anderen großen Hindugottes aufgefasst wurde.

Matrikel [spätlat. matricula ›öffentl. Verzeichnis‹ (Verkleinerung von Matrix)] *die, -/-n,* 1) amtl. Personenverzeichnis, v. a. Liste der an einer Hochschule Studierenden; 2) österr. für: Personenstandsverzeichnis (z. B. Tauf-M.).

Matrikularbeiträge, nicht zweckgebundene und aus allgemeinen Haushaltsmitteln bestrittene Überweisungen nachgeordneter an übergeordnete öffentl. Verbände, bes. im Bundesstaat Zahlungen der Gliedstaaten an den Zentralstaat.

Die Bez. entstand im Heiligen Röm. Reich, als die 1422 in einem Verzeichnis (Reichsmatrikel) erfassten Truppenkontingente, die von den heerfolgepflichtigen Reichsständen für das im Bedarfsfall zu bildende Reichsheer zu stellen waren, umgerechnet wurden in Geldleistungspflichten, die von nunmehr ein Söldnerheer finanziert werden sollte, seit 1522 durch Umrechnung einer urspr. für den Romzug des Kaisers aufgestellten Truppenmatrikel mithilfe eines Monatssoldes (Römermonat).

Im Norddt. Bund von 1867 und im Dt. Reich von 1871 bildeten nach der Einwohnerzahl bemessene M. der Bundesstaaten gemäß der Verf. neben Verbrauchsteuern und Zöllen eine wesentl., wenn auch zunächst nur als Ergänzung gedachte Einnahmequelle des Reiches. Versuche O. VON BISMARCKS, das Reich aus der Rolle des ›Kostgängers der Bundesstaaten‹ zu befreien, blieben erfolglos. Vielmehr musste seit 1879 (›franckensteinsche Klausel‹, nach G. A. →FRANCKENSTEIN) ein Teil der Einnahmen aus Zöllen und Tabaksteuer, später auch aus den Stempelabgaben (1881–1904) und der Branntweinsteuer (1887–1904) an die Bundesstaaten überwiesen werden. Diese Überweisungen übertrafen 1884–98 und ab 1912 die Bezüge aus den M.; 1904 wurden die M. zur ständigen Einrichtung, zugleich aber beträchtlich reduziert. Den Wegfall der M. brachten jedoch erst die Weimarer Reichs-Verf. von 1919 und die ›erzbergersche Finanzreform‹ (nach M. →ERZBERGER).

matrilinear, 1) *Ethnosoziologie:* bezeichnet eine Abstammungsrechnung (→Abstammung); sie findet sich v. a. in Pflanzergesellschaften.

2) *Genealogie:* unkorrekte Bezeichnung für nur über die Mütter führende Abstammungslinien (→Mütterlinie).

matrilokal, *Ethnosoziologie:* bezeichnet eine →Wohnfolgeordnung, nach der der Ehemann mit der Heirat an den Wohnort seiner Frau übersiedelt.

Matrix [lat. ›öffentl. Verzeichnis‹, ›Stammrolle‹, eigtl. ›Gebärmutter‹] *die, -/...ˈtrizes und ...ˈtrizen,* 1) *Genetik:* Proteingerüst des Zellkerns mit Funktionen bei der Organisation des →Chromatins.

2) *Histologie:* 1) amorphe Zwischenzellschicht, z. B. des Bindegewebes; 2) Mutterschicht, Keimschicht, aus der etwas besteht, z. B. die M. des Fingernagels.

3) *Mathematik:* ein System von $n \cdot m$ Zahlen a_{ij} ($i \in \{1, ..., n\}, j \in \{1, ..., m\}$), die in einem Schema aus n

Zeilen und m Spalten folgendermaßen angeordnet sind:

$$A = \begin{pmatrix} a_{11} & a_{12} & \ldots & a_{1j} & \ldots & a_{1m} & \ldots \\ a_{21} & a_{22} & \ldots & a_{2j} & \ldots & a_{2m} & \ldots \\ \vdots & \vdots & & \vdots & & \vdots & \\ a_{i1} & a_{i2} & \ldots & a_{ij} & \ldots & a_{im} & \ldots \\ \vdots & \vdots & & \vdots & & \vdots & \\ a_{n1} & a_{n1} & \ldots & a_{nj} & \ldots & a_{nm} & \ldots \end{pmatrix} \leftarrow i\text{-te Zeile}$$

$\uparrow$ j-te Spalte

Abkürzend schreibt man für die M. A auch (a_{ij}). Die Zahlen a_{ij} heißen Elemente oder Komponenten der M. Die Anzahl n der Zeilen und die Anzahl m der Spalten definiert den Typ einer M.; man sagt, sie ist von der Ordnung $n \times m$ (gesprochen: n-Kreuz-m) oder eine $(n \times m)$-M. oder eine (n, m)-Matrix. Eine M., bei der die Anzahl der Zeilen und Spalten gleich ist, nennt man **quadratisch**. Die Elemente $a_{11}, a_{22}, \ldots, a_{nn}$ bilden die **Hauptdiagonale** einer quadrat. M.; deren Summe $a_{11} + a_{22} + \ldots + a_{nn}$ bezeichnet man als **Spur** der M. Sind alle Elemente unterhalb (oberhalb) der Hauptdiagonalen nur Nullen, so spricht man von einer **oberen (unteren) Dreiecks-M.** Bei der **Diagonal-M.** sind alle Elemente außerhalb der Hauptdiagonalen null; sind außerdem sämtl. Hauptdiagonalelemente eins, so liegt eine **Einheits-M.** vor. Die **Null-M.** ist diejenige M., bei der alle Elemente null sind. Eine quadrat. M. heißt **symmetrische M.**, falls $a_{ij} = a_{ji}$ für alle i,j gilt, und **schiefsymmetrische M.**, wenn $a_{ij} = -a_{ji}$ für alle i,j ist. Schreibt man die Zeilen von A als Spalten, d. h., wird jedes Element a_{ij} zu a_{ji}, so erhält man die zu A **transponierte M.** A^T. Bei einer symmetr. M. gilt somit $A = A^T$, bei einer schiefsymmetr. $A = -A^T$. Ein Sonderfall bei komplexen Zahlen als Komponenten ist die →hermitesche Matrix. Jeder quadrat. M. (a_{ij}) kann man ihre →Determinante $\det(a_{ij})$ zuordnen. Ist $\det(a_{ij}) \neq 0$, so heißt die M. **reguläre M.**, bei $\det(a_{ij}) = 0$ **singuläre M.** Als **Rang einer M.** bezeichnet man die Reihenanzahl der größten Unterdeterminante, die nicht null wird. Jedes (kleinere) Teilschema der Ordnung $k \times l$ einer $(m \times n)$-M. A mit $k < m$ und/oder $l < n$ nennt man eine **Unter-M.** von A; insbesondere heißt die Unter-M. $(a_{i1}, \ldots, a_{im})$ der i-te **Zeilenvektor** und

$$\begin{pmatrix} a_{1k} \\ \vdots \\ a_{nk} \end{pmatrix}$$

der k-te **Spaltenvektor** von A. Eine M., die aus einer einzigen Zeile bzw. Spalte besteht, wird **Zeilen-M.** bzw. **Spalten-M.** genannt; derartige M. werden zur Darstellung von Vektoren verwendet. Der bereits erwähnte Rang einer M. entspricht der maximalen Anzahl linear unabhängiger Zeilen- oder Spaltenvektoren. Für das Rechnen mit M. gelten folgende Regeln:

1. Sind $A = (a_{ij})$ und $B = (b_{ij})$ M. der gleichen Ordnung, so ist die Summe $C = (c_{ij}) = A + B$ ›elementweise‹ definiert durch $c_{ij} = a_{ij} + b_{ij}$; z. B.

$$\begin{pmatrix} 2 & 0 & -1 \\ 3 & 1 & 3 \end{pmatrix} + \begin{pmatrix} 1 & -2 & 0 \\ 0 & -1 & 4 \end{pmatrix} = \begin{pmatrix} 3 & -2 & -1 \\ 3 & 0 & 7 \end{pmatrix}.$$

Die so definierte M.-Addition ist kommutativ und assoziativ. Das neutrale Element bezüglich der Addition ist die Null-M. Insgesamt bilden alle (n, m)-M. bezüglich der Addition eine kommutative Gruppe.

2. Die Skalarmultiplikation einer M. mit einer reellen Zahl k ist so definiert, dass jedes Element der M. mit k zu multiplizieren ist; z. B.

$$4 \begin{pmatrix} 3 & 2 \\ 0 & -1 \end{pmatrix} = \begin{pmatrix} 12 & 2 \\ 0 & -4 \end{pmatrix}.$$

Die (n, m)-M. bilden bezüglich Addition und Skalarmultiplikation einen $n \cdot m$-dimensionalen Vektorraum.

3. Das Produkt $C = A \cdot B$ ist für alle M. $A = (a_{ij})$ und $B = (b_{ij})$ genau dann definiert, wenn die Spaltenanzahl von A gleich der Zeilenanzahl von B ist. Die Elemente c_{ij} berechnet man gemäß der Vorschrift: z. B.

$$c_{ij} := \sum_{k=1}^{n} a_{ik} \cdot b_{kj};$$

z. B. $\begin{pmatrix} 1 & 2 & 0 \\ -1 & 3 & 2 \end{pmatrix} \cdot \begin{pmatrix} 0 & 2 \\ 4 & 1 \\ -1 & 3 \end{pmatrix} = \begin{pmatrix} 8 & 4 \\ 10 & 7 \end{pmatrix},$

d. h. c_{ij} ist das Skalarprodukt des i-ten Zeilenvektors von A mit dem j-ten Spaltenvektor von B. Die M.-Multiplikation ist nicht kommutativ, jedoch assoziativ. Außerdem ist sie distributiv bezüglich der Addition von M., sodass alle (n, m)-M. einen Ring bilden.

In der Menge der quadrat. M. ist die Einheits-M. E das neutrale Element bezüglich der Multiplikation. Zu der M. A existiert nur dann ein inverses Element A^{-1}, die →inverse Matrix zu A mit der Eigenschaft $A \cdot A^{-1} = A^{-1} \cdot A = E$, wenn A regulär ist. Insgesamt bildet somit die Menge aller regulären M. eine Gruppe. Ist $A^{-1} = A^T$, so heißen die M. **orthogonale M.** Sie bilden bezüglich der Multiplikation die **orthogonale Gruppe**. Ein Sonderfall bei komplexen Zahlen als Komponenten ist die →unitäre Matrix.

Die große Bedeutung der M.-Rechnung liegt in ihrer Anwendbarkeit sowohl zur Beschreibung von linearen Abbildungen bzw. Vektorräumen als auch bei der Lösung linearer Gleichungs- und Differenzialgleichungssysteme, aus der sich ihre Eignung zur vereinfachten Behandlung der unterschiedlichsten Probleme in den Naturwissenschaften, in der Ökonomie und in der Technik ergibt.

C. C. MACDUFFEE: The theory of matrices (Berlin 1933, Nachdr. New York 1965); J. TROPFKE: Gesch. der Elementarmathematik, Bd. 1 (⁴1980); P. LANCASTER u. M. TISMENETSKY: The theory of matrices (Neudr. San Diego, Calif., 1995).

4) *Petrologie:* die Grundmasse in magmat. Gesteinen und das →Bindemittel in Sedimentgesteinen.

5) *Sprachwissenschaft:* die schemat. Darstellung von sprachl. Einheiten nach phonet., phonolog., morpholog., semant. u. a. Merkmalen. Der folgende Ausschnitt aus dem Wortfeld ›Hund‹ zeigt z. B. die Verteilung der semant. Merkmale der jeweiligen Lexeme nach den Kriterien positiv (+), negativ (−) und unspezifiziert (±):

	tierisch	männlich	weiblich
Hund	+	+	−
Hündin	+	−	+
Welpe	+	±	±

Matrixdrucker, *Datenverarbeitung:* →Drucker.

Matrix|organisation, *betriebl. Organisationslehre:* Strukturform, bei der sich eine nach Fachabteilungen gegliederte und eine nach Objekten (Produkte) bzw. Projekten gegliederte Organisation überlappen. Dabei kommt es zur Aufteilung der Entscheidungs- und Weisungsbefugnisse sowie zu Mehrfachunterstellungen (Mehrliniensystem). Während die jeweiligen Produkt- bzw. Projektmanager über ein objektbezogenes Anordnungsrecht quer durch die Fachabteilungen verfügen, haben die Fachabteilungsleiter, die für alle Projekte Koordinierungsaufgaben wahrnehmen, ein verrichtungsgebundenes (funktionsbezogenes) Weisungsrecht. Vorteile der M.: bessere Nutzung der personellen Ressourcen (Motivationspotenzial), Verflachung der Hierarchie und damit raschere Lösung von Problemen. Nachteile: Einsatz einer größeren Zahl von qualifizierten Führungskräften und damit zunächst höhere Kosten, Zurechnungsprobleme bei Erträgen und Kosten, hohe Anforderungen an die Konfliktfähigkeit der Mitarbeiter.

Matrixsatz, *Sprachwissenschaft:* ein Satz, in den ein Teilsatz (Konstituentensatz) eingebettet ist, z. B. ›der Mann verließ das Haus‹ in dem Satzgefüge ›der Mann, der im Nachbarhaus wohnt, verließ das Haus‹.

Matrixschaltung, *Elektronik:* eine integrierte Schaltung (IC), bei der untereinander gleiche Elemente oder Elementgruppen wie die Elemente einer Matrix in Zeilen und Spalten angeordnet sind, mit entsprechenden Zuleitungen. Bei der **Diodenmatrix** werden die Kreuzungspunkte der Leitungen von Dioden überbrückt. Diodenmatrizen dienen häufig zur Codierung bzw. Decodierung von Informationen mit festen Anzahlen von Variablen, z. B. zur Codierung der Dezimalziffern im BCD-Code. Weitere Beispiele sind Halbleiterspeicher und PLA. M. werden häufig unverdrahtet oder teilverdrahtet hergestellt, sodass die Verdrahtung nach den Wünschen des Kunden erfolgen kann (durch diesen selbst oder den Hersteller).

Matrixverfahren, *Elektroakustik:* ein Verfahren der →Quadrophonie.

Matrize [frz., zu Matrix] *die, -/-n,* **1)** *graf. Technik:* 1) durch Bohren, Prägen oder auf galvan. Wege gewonnene Form für den Guss der Drucktypen, die im Handsatz verwendet werden; 2) in den Setzmaschinen ein aus Messing bestehender Körper, in den ein Schriftzeichen eingraviert ist; 3) in der Galvanoplastik eine durch Prägen gewonnene Abformung von Satz oder einer Originaldruckplatte; 4) in der Stereotypie eine Abformung von Satz oder einer Originaldruckplatte, die zum Gießen des Blei- oder zum Prägen des Kunststoff- oder Gummistereos verwendet wird; 5) in der buchbinder. Verarbeitung ein Ausgangsstück, meist eine Gravur, von der die Patrize für das Prägen (z. B. von Buchdecken) abgeformt wird.

2) *Umformtechnik:* der Teil des Werkzeugs, in dessen Hohlform der Stempel (**Patrize**) eindringt.

Matrizenmechanik, eine von W. Heisenberg, M. Born und P. Jordan 1925 geschaffene Form der →Quantenmechanik. In ihr werden Observable, also physikal. Größen wie Ort, Impuls, Energie atomarer Teilchen (z. B. Elektronen), jeweils durch ein meist unendliches quadrat. Schema komplexer Zahlen (eine →hermitesche Matrix) dargestellt. Diese Matrizen erfüllen →Vertauschungsrelationen, die ihrerseits zu →Unschärferelationen und, bei gebundenen Systemen wie Atomen, zu diskreten Energiewerten Anlass geben. Unbeobachtbare Größen wie die Elektronenbahnen der älteren Quantentheorie kommen in der Quantenmechanik und damit in der M. nicht vor. Die M. ist der kurze Zeit später formulierten →Wellenmechanik physikalisch gleichwertig und wie diese in der endgültigen Form der Quantenmechanik enthalten.

Matrone [lat. ›verheiratete Frau‹, zu mater ›Mutter‹] *die, -/-n,* ältere, Gesetztheit und Würde ausstrahlende Frau (heute meist spöttisch gebraucht).

Brigitte Matschinsky-Denninghoff und **Martin Matschinsky:**
Stahlskulptur in der Tauentzienstraße in Berlin; 1987

Matronen, lat. **Matronae, Matres,** in der Dreizahl verehrte, Segen spendende keltisch-german. Muttergottheiten. Ihr Kult war unter den auf kelt. und german. Boden stationierten röm. Truppen weit verbreitet (zahlr. Weihgeschenke mit bildl. Darstellungen und Inschriften). In Dtl. sind Reste von M.-Heiligtümern u. a. in der N-Eifel bei Pesch und bei Nettersheim (Kr. Euskirchen) erhalten. Zu der Kultstätte mit rd. 70 Tempeln im Altbachtal am Stadtrand von Trier (1.–4. Jh. n. Chr.) gehört auch ein den M. geweihter Tempel.

M. u. verwandte Gottheiten, hg. v. G. Bauchhenss u. a. (1987).

Matrose [niederländ. matroos, umgebildet aus frz. matelot, altfrz. matenot, wohl von mittelniederländ. mattenoot, eigtl. ›Mattengenosse‹, ›Schlafgenosse‹], 1) Seemann der Handelsschifffahrt mit mehrjähriger Ausbildung; 2) unterster Mannschaftsdienstgrad bei der dt. Bundesmarine.

Matrossowo, Fluss in Russland, →Gilge.

Matschinsky-Denninghoff, Brigitte, geb. **Meier-Denninghoff,** Bildhauerin, * Berlin 2. 6. 1923; war 1948 Assistentin von H. Moore, 1949/50 von A. Pevsner. Seit 1955 arbeitet sie mit ihrem Mann Martin Matschinsky (* 1921) zusammen, seit 1970 signieren sie mit M.-D. Es entstanden Plastiken aus geschweißten Messingstäben; bes. traten sie mit Großplastiken aus Chromnickelstahl hervor (›Landmarken‹ am Sipplinger Berg, Bodensee, 1972–73, und vor dem ZDF-Zentrum in Mainz-Lerchenberg, 1973–75; ›Golgatha‹, im Garten des German. Nationalmuseums in Nürnberg, 1983).

M.-D., Ausst.-Kat., bearb. v. E. Busche u. a. (1985); M.-D. Monographie u. Werkverz. der Skulpturen, hg. v. G. W. Költzsch (1992).

Matsudo, Satellitenstadt nordöstlich von Tokio, Japan, Präfektur Ibaraki, 455 000 Ew.; Pendlerwohngemeinde.

Matsue, alte Burg- und Hauptstadt der Präfektur Shimane, Japan, auf Honshū, zw. dem Shinjisee und der Nakaumi-Lagune, 144 700 Ew.; Univ., Museen; Konsumgüterindustrie; Meeres- und Binnenfischerei. – Burg (1607–11, restauriert) mit dreigeschossigem Festungsturm (1642 wiederhergestellt). Im W der Stadt liegt der Gesshōji-Tempel (17. Jh.). – Aus einem seit etwa dem 9. Jh. bestehenden Fischerdorf entwickelte sich die Stadt M. nach Anlage der Burg (1611).

Matronen: Terrakottagruppe von drei Matronen, gefunden in Bonn (Bonn, Rheinisches Landesmuseum)

Matsuinseln, chin. **Ma-Tsu Tao,** Gruppe von 19 Inseln vor der Küste SO-Chinas, 27 km², rd. 11 000 zivile Ew. auf der Hauptinsel Ma-Tsu (19,4 km²); eine der beiden noch von Taiwan militärisch kontrollierten Inselgruppen vor dem chin. Festland. Sie liegen 200 km von Taiwan entfernt; Fischerei.

Matsumoto, Burgstadt in der Präfektur Nagano, Japan, auf Honshū, 203 700 Ew.; Univ., volkskundl. Museum; Nahrungsmittel-, Textilindustrie (u. a. Seidenverarbeitung), Maschinenbau; von Bedeutung für den Fremdenverkehr als Tor zu den Jap. Alpen. – Das sechsstöckige Turmgebäude der Burganlage gehört zu den elegantesten Donjons in Japan; SHINOHARA KAZUO errichtete 1982 das Ukiyo-e-Museum. – M. entwickelte sich mit Erbauung der Burganlage (16./17. Jh.; Vorläuferburg 1504) zu einer Festungsstadt.

Matta: Taumel des Eros; 1944
(New York, Museum of Modern Art)

Matsumoto, Seichō, eigtl. **M. Kiyoharu,** jap. Schriftsteller, * Kokura (heute zu Kitakyūshū) 21. 12. 1909, † Tokio 4. 8. 1992; im Mittelpunkt seiner äußerst erfolgreichen Kriminalromane (von denen viele auch verfilmt wurden) stehen die zu einem Verbrechen führenden Tatmotive und sozialen Probleme.
Ausgabe: Mord am Amagi-Paß. Kriminalerzählungen (1986, dt. Ausw.).

Matsuo, Bashō, jap. Dichter und Zen-Mönch, * Ueno (Präfektur Mie) 1644, † Ōsaka 12. 10. 1694; bedeutendster Vertreter der klass. Haiku-Dichtung. Sein Haiku kennt keine themat. Festlegung und vermittelt in prägnanter sprachl. Skizzierung ein Erlebnisbild, worin er bei sich wandelndem Stil (›ryūkō‹) das Unwandelbare (›fueki‹) aufzeigt. Taoistisch und zen-buddhistisch beeinflusst, sucht er im Alltäglichen die Geheimnisse des Alls. Seine Auffassungen sind in Poetikschriften (›hairon‹) seiner Schüler erhalten; seine Gedichtsammlungen und Reisetagebücher (→Oku-no-hosomichi) sind überliefert.

Matsushima [-ʃi-], ein Archipel aus 249 mit Kiefern bewachsenen Inseln (meist aus Tuff und weißem Sandstein) in der gleichnamigen Bucht vor der nördl. O-Küste von Honshū, Japan; gehört zu den von den Japanern am meisten gerühmten Landschaften.

Matsushita Electric Industrial Co., Ltd. [mætsuˈʃiːtə ɪˈlektrɪk ɪnˈdʌstrɪəl ˈkʌmpəni ˈlɪmɪtɪd, engl.], Abk. **MEI,** jap. Elektronikkonzern, weltweit führender Hersteller von Haushaltsgeräten, Unterhaltungselektronik und Kommunikationstechnik, gegr. 1918 von MATSUSHITA KONŌSUKE; jetziger Name seit 1935; Sitz: Ōsaka. Der Konzern verfügt außerhalb Japans über 183 Tochterunternehmen in 42 Ländern; Markennamen sind u. a. Panasonic, Technics, Ramsa, Quasar, National und JVC von der Tochtergesellschaft Victor Co. of Japan; Umsatz (1996): 68,15 Mrd. US-$, Beschäftigte: 270 700.

Matsuyama, Hauptstadt der Präfektur Ehime an der NW-Küste von Shikoku, Japan, 454 400 Ew.; Univ., Hochschulen; Hafen; Erdölraffinerie, Maschinenbau, Metallverarbeitung, Textil-, chem. u. a. Industrie; Heilbad (Dōgo onsen); Hafen, Flugplatz. – Die Burg (1602–27 errichtet) mit dreigeschossigem Turmbau (Regionalmuseum) ist von den originalen Mauer- und Wallanlagen mit vier gut erhaltenen Torbauten umgeben; ›Ehime Civic Hall‹ (1953) von TANGE KENZŌ. – 1 km östlich liegt Ishiteji, eine buddhist. Tempelanlage (1318). – Die Burgstadt M. entstand als Sitz eines Lehnsherrn.

Matsys [ˈmɑtsɛis], fläm. Malerfamilie, →Massys.

Matt [mhd. mat ›schwach‹, durch roman. Vermittlung von arab. māta ›(ist) gestorben‹, ›tot‹], **Schachmatt,** nach den Regeln des →Schachspiels diejenige Position einer Schachpartie, in der der angegriffene König weder durch Flucht noch durch Schlagen des Angreifers oder Dazwischenziehen einer Figur in die Schachlinie vor dem Geschlagenwerden bewahrt werden kann. Mit dem M. ist die Schachpartie beendet.

Matta, eigtl. **Roberto Sebastian Antonio M. Echaurren** [ɛtʃ-], chilen. Maler, * Santiago 11. 11. 1911; arbeitete 1935–37 im Atelier von LE CORBUSIER in Paris, wo er sich den Surrealisten anschloss. 1939–48 hielt er sich in den USA auf und ließ sich nach einem längeren Romaufenthalt und mehreren Reisen 1954 in Paris nieder. M.s Bilder spiegeln mit ihren Symbolen kosm. und menschl. Zerstörung seine engagierte Auseinandersetzung mit den Missständen der Gegenwart. 1956 schuf er für das UNESCO-Gebäude in New York das Wandbild ›Die Zweifel der drei Welten‹. 1983 entstanden erste keram. Arbeiten.

R. SABATIER: M. Catalogue raisonné de l'œuvre gravé, 1943–1974 (Stockholm 1975); M., Ausst.-Kat. (Paris 1985); M., bearb. v. W. SCHMIED, Ausst.-Kat. Kunsthalle der Hypo-Kulturstiftung München (1991).

Mattathias, jüd. Priester aus Modin, † 166 v. Chr.; Stammvater der →Makkabäer; begann 167 den Freiheitskampf der Juden gegen die Seleukiden.

Mattauch, Joseph, Physiker, * Mährisch-Ostrau 21. 11. 1895, † Weidling (Gem. Klosterneuburg) 10. 8. 1976; Prof. u. a. in Wien, Berlin, Bern und Mainz; entwickelte einen doppelt fokussierenden Massenspektrographen; stellte 1934 die nach ihm benannten Isobarenregeln (M.-Regeln, →Isobare) auf.

Matten [ahd. matta ›Wiese‹], oberhalb der Baumgrenze gelegene, artenreiche Hochgebirgsrasen mit ausdauernden Stauden, Zwergsträuchern und Gräsern.

Matteo, M. di Giovanni [-dʒoˈvanni], **M. da Siena,** ital. Maler, * Sansepolcro (bei Arezzo) um 1433, † Siena Juni 1495; seit 1452 in Siena nachweisbar. Er schuf realist. Altar- und Andachtsbilder im Stil des späten Quattrocento, u. a. mehrere Fassungen des bethlehemit. Kindermordes.

Matteotti, Giacomo, ital. Politiker, * Fratta Polesine (Prov. Rovigo) 22. 5. 1885, † (ermordet) Rom 10. 6. 1924; Jurist; 1924 Gen.-Sekr. des Partito Socialista Italiano. Als kompromissloser Gegner B. MUSSOLINIS hielt er in der neu gewählten Abgeordnetenkammer am 30. 5. 1924 eine Aufsehen erregende Rede, in der er den Faschisten Wahlfälschung vorwarf und die Gültigkeit der Wahl bestritt. Seine Entführung und Ermordung wenige Tage später durch einen faschist. Stoßtrupp aus der engsten Umgebung MUSSOLINIS veranlasste die antifaschist. Abg. (→Aventinianer), aus der Kammer auszuziehen.

Matterhorn

Ausgabe: G. M. 1885–1985. Reformismo e antifascismo. Scritti e discorsi. Testimonianze, contributi, hg. v. C. MODENA (1985).

E. DE BONO: Il delitto M. tra il Viminale e l'Aventino, hg. v. G. ROSSINI (Bologna 1966); G. M. a sessant'anni dalla morte, hg. v. F. PASQUALONE (Neapel 1985).

Matterhorn [aus ›Zermatter Horn‹], ital. **Monte Cervino** [- tʃer-], frz. **Mont Cervin** [mɔ̃sɛr'vɛ̃], Gipfel der Walliser Alpen, über den die schweizerisch-ital. Grenze verläuft, 4 478 m ü. M., eine steile vierkantige Pyramide, die die umgebenden Gletscher (Tiefmattgletscher im W, M.-Gletscher im N, Furggletscher im O und Ghiacciaio im S) um mehr als 1 000 m überragt; durch allseitige Karbildung entstanden (Karling, →Kar). Auf den Furggrat an der SO-Flanke führt eine Seilbahn von ital. Seite aus; von Zermatt Seilbahn zum Schwarzsee (2 583 m ü. M.).

Am 14. 7. 1865 wurde das M. erstmals bestiegen. Von Zermatt aus gelangte eine Seilschaft unter E. WHYMPER über den Nordostgrat auf den Gipfel (beim Abstieg verunglückten vier Bergsteiger tödlich). Für die erste Durchsteigung der Nordwand 1931 erhielten die Brüder T. und F. SCHMID 1932 die olymp. Goldmedaille. WALTER BONATTI (*1930) gelang im Februar 1965 im Alleingang die Winter-Erstbesteigung der Nordwand in der Direttissima. Die Nordflanke über die Zmuttnase wurde erstmals im Sommer 1969 (A. GROGNA und L. CERRUTI) und im Winter 1974 (E. AUBERSON und T. KROSS) bezwungen. – Das M. wird jährlich von rd. 3 600 Menschen bestiegen.

Mattersburg, 1) bis 1921 **Mattersdorf,** Bezirkshauptstadt im nördl. Burgenland, Österreich, 210 m ü. M., am Fuße des Rosaliengebirges (dort die Burg →Forchtenstein), 6 200 Ew.; Handelsakademie, Priesterseminar; Stadtmuseum; Gemüsekonservenfabrik. – Der 1202 erstmals als **Martinsdorf** urkundlich erwähnte Ort war Sitz der Grafen von Mattersdorf-Forchtenstein, nach denen er dann benannt wurde. 1926 wurde M. Stadt.

2) Bezirk im nördl. Burgenland, Österreich, 238 km², 36 700 Einwohner.

Mattes, Eva, Schauspielerin, *Tegernsee 14. 12. 1954; spielte 1972–92 am Dt. Schauspielhaus Hamburg, dann auch in München, am Wiener Burgtheater und in Berlin, gehörte 1994–95 zeitweilig dem Direktorium des Berliner Ensembles an; bekannt durch kraftvolle Bühnen- (u. a. in ›Stallerhof‹ von F. X. KROETZ) und (seit 1970) Filmrollen.

Filme: Wildwechsel (1972); Woyzeck (1979); Deutschland, bleiche Mutter (1980); Celeste (1981); Ein Mann wie Eva (1984); Auf immer und ewig (1985); Motzki (1993; Fernsehserie, 13 Tle.); Der Kinoerzähler (1993); Das Versprechen (1995); Schlafes Bruder (1995).

Mattglas, Glas mit aufgerauter, Licht streuender Oberfläche, die durch Ätzen oder Sandstrahlen erzeugt wird. M. dient z. B. in der Optik als Mattscheibe.

Matthau [engl. ˈmæθɔː], Walter, amerikan. Bühnen- und Filmschauspieler, *New York 1. 10. 1920; überzeugend in kom. Rollen.

Filme: Der Glückspilz (1966); Ein seltsames Paar (1967); Hello, Dolly (1969); Die Kaktusblüte (1969); Extrablatt (1974); Buddy Buddy (1981); Piraten (1986); Der Couch Trip (1987); Ein verrücktes Paar (1993); I. Q. (1995); Der dritte Frühling (1995).

Matthäus, hebr. **Mattanja,** Evangelist, einer der zwölf Apostel (Mk. 3, 18; Mt. 10, 3; Lk. 6, 15; Apg. 1, 13); nach Mt. 9, 9 ein Zöllner (in kirchl. Tradition mit LEVI aus Mk. 2, 14 identifiziert). Darüber hinaus finden sich keine Notizen zu M. im N. T.; gilt seit PAPIAS als Verfasser des →Matthäusevangeliums. Legendär sind Nachrichten über sein weiteres Schicksal in Äthiopien, Parthien oder Persien, bes. über sein Martyrium. – Heiliger; Patron der Finanz-, Steuer- und Zollbeamten (Tag: 21. 9.; in der orth. Kirche 16. 11).

In der *bildenden Kunst* wird M. als Evangelist mit einem Buch, einem Schwert oder den Attributen des Zöllners (Hellebarde, Winkelmaß, Zählbrett, Waage) dargestellt. Seine Berufung wurde u. a. von CARAVAGGIO gemalt (1599; Contarellikapelle in San Luigi dei Francesi in Rom), das Gastmahl, das er als Zöllner LEVI für JESUS gab, von PAOLO VERONESE (1573; Venedig, Gallerie dell' Accademia), sein Martyrium z. B. von C. VIGNON (1617; Arras, Musée Municipal), weitere Szenen aus seinem Leben von A. ORCAGNA (1368; Florenz, Uffizien; vollendet von JACOPO DI CIONE). Einzelfiguren des hl. M. schufen u. a. L. GHIBERTI (1419–22; Florenz, Or San Michele) und C. RUSCONI (1715–18; Rom, San Giovanni in Laterano). BILDER →Adahandschrift, →Hemessen, Jan Sanders van.

Matthäus, M. Parisiensis, engl. **Matthew Paris** [ˈmæθjuː ˈpærɪs], Chronist des engl. MA., *um 1200, †1259; Benediktinermönch in Saint Albans; setzte mit seiner ›Chronica maior‹ die ›Flores historiarum‹ des ROGER VON WENDOVER († 1236) für die Zeit von 1235 bis 1259 fort. Aus diesem z. T. antipäpstl. Werk hat M. selbst mehrere Auszüge angefertigt, etwa die ›Historia Anglorum‹. Er ist auch Autor von Biographien (EDUARDS DES BEKENNERS, THOMAS BECKETS, STEPHEN LANGTONS) und kunstvoller Illustrator seiner eigenen Handschriften, die mit mehr als 100 Wappenschilden die früheste engl. Quelle für die Heraldik darstellen.

Ausgaben: Historia Anglorum, hg. v. F. MADDEN, 3 Bde. (1866–69, Nachdr. 1964–71); Chronica majora, hg. v. H. R. LUARD, 7 Bde. (1872–83, Nachdr. 1964).

K. SCHNITH: England in einer sich wandelnden Welt, 1189–1259. Studien zu Roger Wendower u. M. Paris (1974); R. VAUGHAN: Matthew Paris (Neuausg. Cambridge 1979); H.-E. HILPERT: Kaiser- u. Papstbriefe in den Chronica majora des Matthaeus Paris (1981).

Matthäus, M. von Acquasparta, ital. Franziskaner, scholast. Theologe und Philosoph der Pariser Schule, *Acquasparta (bei Terni) um 1237, †Rom 29. 10. 1302; Schüler BONAVENTURAS in Paris; 1287–89 Ordensgeneral, seit 1288 Kardinal. Als päpstl. Legat übte er großen polit. und kirchl. Einfluss aus. Er soll der eigentl. Redaktor der Bulle ›Unam sanctam‹ sein, die 1302 von BONIFATIUS VIII. veröffentlicht wurde.

Matthäus, M. von Krakau, Reformtheologe, *Krakau um 1335, †Worms 5. 3. 1410; war Prof. in Prag, 1391–94 beteiligt an der Reorganisation der Univ. Krakau, seit 1394 an der Univ. Heidelberg. 1405 wurde er Bischof von Worms. Die ihm 1408 von GREGOR XII. angebotene Kardinalswürde lehnte er ab.

Eva Mattes

Walter Matthau

Matt Matthäusevangelium – Mattheus

1409 war er Gesandter König RUPRECHTS VON DER PFALZ auf dem Konzil von Pisa. Seine um 1404 entstandene Schrift ›De squaloribus curiae Romanae‹, in der er sich kritisch mit den Zuständen innerhalb der Kurie auseinander setzte, gehörte zu den auf dem Konzil von Konstanz verlesenen Reformschriften.

Matthäus|evangelium, Abk. **Mt.,** Schrift des N.T.; das umfangreichste der vier kanon. →Evangelien, unter ihnen im neutestamentl. Kanon an erster Stelle stehend. Das M. wurde wahrscheinlich zw. 80 und 90 n.Chr. verfasst (Mt. 22, 7 setzt wohl die Zerstörung Jerusalems im Jahre 70 n.Chr. voraus) und war an judenchristl. Gemeinden im syr. Raum adressiert. Der anonyme Autor wird erst seit PAPIAS (2. Jh.) als der Apostel MATTHÄUS gedeutet. Als Vorlagen dienten ihm nach der →Zweiquellentheorie das Markusevangelium sowie die Logienquelle (→Logia Jesu), die er durch Sondergutтрадитионen (Worte, Gleichnisse und legendar. Stoff) ergänzt hat. Dem vorgegebenen Rahmen des Markusevangeliums stellt der Verfasser die Vorgeschichte Mt. 1–2 (Legitimation JESU CHRISTI als Messias) voran und fügt Redeblöcke (Mt. 5–7 Bergpredigt, Mt. 10 Jüngeraussendungsrede) ein, die JESUS als Lehrer hervorheben. Die Botschaft JESU wird durch das Motiv der Gerechtigkeit ethisiert und der bleibende Wert des alttestamentl. Gesetzes betont. Dessen Erfüllung wird im Doppelgebot der Gottes- und Nächstenliebe als dem größten Gebot zusammengefasst (Mt. 22, 35–40). Besondere Aufmerksamkeit widmet das M. dem Thema Kirche. Jüngerschaft und Nachfolge sind wesentl. Merkmale der Kirche, denen die Vorstellung von JESUS als dem Vorbild der Jünger und der Glaube an die Gegenwart des erhöhten Herrn in der Gemeinde entsprechen. Die Auseinandersetzung mit dem zeitgenöss. Judentum schlägt sich nieder in der Bestimmung der Kirche als des ›wahren Israel‹, das aber konkrete ethn. Grenzen überwindet (universalist. Missionsauftrag in Mt. 28, 16–20). In diesem Kontext steht auch der Gebrauch alttestamentl. Reflexionszitate, die JESU Dasein als Erfüllung der Verheißung beleuchten.

Der Papyrologe CARSTEN PETER THIEDE (* 1952) löste 1995 eine Diskussion um die Datierung des M. aus. Zugrunde liegt der in Oxford aufbewahrte Kodexpapyrus P64, der Verse aus dem 26. Kap. des M. enthält und von THIEDE, entgegen der bisherigen Datierung (2. Jh.), der Zeit vor dem Jahr 70 zugeordnet wird.

A. SAND: Das Evangelium nach Matthäus (1986); E. SCHWEIZER: Das Evangelium nach Matthäus (Neuausg. ⁴1986); J. ERNST: Matthäus. Ein theolog. Portrait (1989); R. SCHNACKENBURG: M., 2 Bde. (²1991–94); J. GNILKA: Das M., 2 Bde. (²⁻³1992–93); U. LUZ: Das Evangelium nach Matthäus, auf 3 Bde. ber. (Zürich ¹⁻³1992 ff.); H. KLEIN: Bewährung im Glauben. Studien zum Sondergut des Evangeliums Matthäus (1996); C. P. THIEDE u. M. D'ANCONA: Der Jesus-Papyrus. Die Entdeckung einer Evangelien-Handschrift aus der Zeit der Augenzeugen (a.d.Engl., Neuausg. 1997).

Matthäuspassion, Darstellung der Passion nach der Schilderung des Evangelisten MATTHÄUS, vertont u.a. von H. SCHÜTZ a cappella (um 1666) und von J. S. BACH für zwei Chöre, Soli und Orchester (BWV 244; Text von C. F. HENRICI; Erstaufführung 1729 oder bereits 1727 in Leipzig). Die Wiederaufführung in Berlin 1829 durch F. MENDELSSOHN BARTHOLDY war ausschlaggebend für die neue Bachpflege im 19. Jahrhundert.

Matthee [maˈtiə], Dalene, südafrikan. Schriftstellerin, * Riversdale (West-Kap) 1938; lebte viele Jahre in der Nähe des Knysna-Urwaldes (West-Kap), der zum Schauplatz ihrer (z.T. verfilmten) Romane wurde; sie verbinden eine realist., bewegende Erzählweise mit Engagement für Menschlichkeit und gegen die Zerstörung der Natur.

Werke: *Romane:* 'n Huis vir Nadia (1982); Petronella van Aarde (1983); Kringe in 'n bos (1984; dt. Unter dem Kalanderbaum); Fiela se kind (1985; dt. Fielas Kind); Moerbeibos (1987; engl. Mulberry wood).

Matthäusevangelium: Der Oxforder Kodexpapyrus P 64

Johann Mattheson

Mattheson, Johann, Pseud. **Aristoxenos junior,** Musiktheoretiker und Komponist, * Hamburg 28. 9. 1681, † ebd. 17. 4. 1764; wirkte als Sänger an der Hamburger Oper, wo er 1699 mit der Oper ›Die Pleiaden‹ erfolgreich war; stand 1706–55 im Dienst des brit. Gesandten, war 1718–28 Musikdirektor an St. Michaelis (ab 1728 zunehmende Taubheit) sowie seit 1719 auch Kapellmeister am holstein. Hof (1744 Legationsrat). M. genoss als umfassend gebildeter Musiktheoretiker großes Ansehen und war der maßgebende Repräsentant der neuen Affektenlehre. Er machte das Oratorium in Hamburg heimisch und brachte dort erstmals 1715 für die Altpartie eine Sängerin statt eines Sängers auf die Bühne. Zu seinen Schriften zählen: ›Große General-Baß-Schule‹ (1719, ²1731); ›Critica musica‹ (1722–25, 2 Bde.); erste Musikzeitschrift auf dt. Boden); ›Kern melod. Wissenschafft‹ (1737); ›Der Vollkommene Capellmeister‹ (1739, eine Enzyklopädie der Musikpraxis und -ästhetik seiner Zeit); ›Grundlage einer Ehrenpforte‹ (1740, wichtige Quelle für Musikerbiographien). M. komponierte Opern, Oratorien, Kantaten und Kammermusik.

HEINRICH SCHMIDT: J. M., ein Förderer der dt. Tonkunst, im Lichte seiner Werke (1897, Nachdr. 1973); J. M. 1681–1764. Lebensbeschreibung..., hg. v. H. J. MARX (1982); K. FEES: Die Incisionslehre bis zu J. M. Zur Tradition eines didakt. Modells (1991).

Wolfgang Mattheuer: Alptraum; 1982 (Privatbesitz)

Mattheuer, Wolfgang, Maler und Grafiker, * Reichenbach/Vogtl. 7. 4. 1927; lehrte 1956–74 an der Hochschule für Grafik und Buchkunst in Leipzig (seit 1965 Prof.). M. wurde einer der profiliertesten Vertreter des krit. Realismus in der DDR. Beeindruckt von der romant. Landschaftsmalerei eines C. D. FRIEDRICH und geprägt von der Malerei der Neuen Sachlichkeit entwickelte er formpräzise Darstellungen, deren zeitkrit. Gehalt in einer von Metaphern und Symbolen geprägten Bildsprache zum Ausdruck kommt (›Der übermütige Sisyphos und die Seinen‹, 1975; BILD →deutsche Kunst). Seinem maler. Werk stellt er ein umfangreiches graf. Werk zur Seite. M. entdeckte für sich auch die Plastik als Ausdrucksmittel (›Jahrhundertschritt‹, 1987).

Ausgabe: Äußerungen (1990).

W. M. – Zeichnungen (Leipzig 1987); H. SCHÖNEMANN: W. M. (ebd. 1988); W. M., hg. v. M. TSCHIRNER, Ausst.-Kat. (Berlin-Ost 1988); W. M., Ausst.-Kat. Galerie Schwind, Frankfurt am Main (1994); W. M., hg. v. R. BEHRENDS, Ausst.-Kat. Ausstellungszentrum im Krochhaus Leipzig (1995); U. MATTHEUER-NEUSTÄDT: Bilder als Botschaft – die Botschaft der Bilder. Am Beispiel W. M. (1997).

Mattheus, M. von Boulogne [-buˈlɔnjə], **Matthäus von Boulogne,** mittellat. Dichter des 13. Jh.;

wurde Kleriker im Domkapitel von Thérouanne (bei Saint-Omer), heiratete nach 1274 eine Witwe, weshalb er aus Amt und Stadt vertrieben wurde. Mit den ›Lamentationes Matheoluli‹ (›Klagen des M.‹, 4 Bücher, 5 614 gereimte Hexameter), worin er vor der Ehe warnt, bat er um 1290–92 Klerus und Bischof von Thérouanne um Gnade. Diese frauenfeindl. lat. Dichtung des MA. wurde durch die frz. Übersetzung (um 1370) des Pariser Anwalts JEHAN LE FÈVRE († 1390) berühmt und bis ins 16. Jh. zitiert.

Ausgabe: Les lamentations, hg. v. A. G. VAN HAMEL, 2 Bde. (1892–1905, lat.-frz.).

Mattheus, M. von Vendôme [-vã'do:m], **Matthäus von Vendôme**, mittellat. Dichter, * Vendôme um 1130, † Tours Ende 12. Jh.; war in Orléans Lehrer der Grammatik und verfasste die Komödie ›Milo‹ nach griech. Motiven, eine ›Pyramus‹-Dichtung nach OVID, v. a. das Schule machende Lehrbuch der Dichtkunst ›Ars versificatoria‹. Angefeindet von seinem Kollegen ARNULF VON ORLÉANS, zog er um 1175 nach Paris, wo der poet. Briefsteller (21 ›Epistule‹) entstand, zehn Jahre später nach Tours zu Erzbischof BARTHOLOMEUS II., dem er nach 1187 das sehr erfolgreiche Bibelepos ›Tobias‹ widmete.

Ausgaben: Opera, hg. v. F. MUNARI, 3 Bde. (1977–88). – The art of versification, übers. v. A. E. GALYON (1980).

Matthew [ˈmæθju:], Sir (seit 1962) R o b e r t Hogg, brit. Architekt, * Edinburgh 12. 12. 1906, † ebd. 21. 6. 1975; war 1946–53 Architekt des London County Council, dessen Wohn- und Schulbauprogramm er mitgestaltete. 1953–74 lehrte er in Edinburgh. In London baute seine Firma ›M., Johnson-Marshall & Partners‹ das New Zealand House (1958–63) und das Commonwealth Institute (1959–62).

Matthews [ˈmæθju:z], 1) James Brander, amerikan. Schriftsteller und Theaterwissenschaftler, * New Orleans (La.) 21. 2. 1852, † New York 31. 3. 1929; schrieb Theaterstücke, Essays zum Theater und Theaterkritiken u. a. für die ›New York Times‹. Er hatte ab 1900 die erste Professur für Theaterwissenschaft in den USA an der Columbia University in New York inne und war im Theaterleben sehr einflussreich.

Werke: The development of the drama (1903); Shakespeare as a playwright (1913); Principles of playmaking (1919). – These many years (1917, Autobiographie).

2) J a m e s David, südafrikan. Schriftsteller, * Kapstadt 1929; schreibt in schlichter Sprache, jedoch zornig und anklagend v. a. über die Folgen von Apartheid und Justizwillkür; ›Cry rage‹ (1972; dt. ›Schrei deinen Zorn hinaus, Kind der Freiheit‹, mit GLADYS THOMAS, * 1935) war der erste engl. Lyrikband, der in der Rep. Südafrika verboten wurde.

Weitere Werke: Lyrik: Pass me a meatball, Jones (1977; dt. Flügel kann man stutzen. Gedanken im Gefängnis, September–Dezember 1976); No time for dreams (1981). – Vergiftete Brunnen u. andere Freuden (1988, dt. Ausw.). – Kurzgeschichten: The park and other stories (1974; dt. So ist das nun mal, Baby!). – Romane (a. d. Manuskript übers.): Schattentage (dt. 1985); Die Träume des David Patterson (dt. 1986).

3) Sir (seit 1965) Stanley, gen. **Stan M.**, brit. Fußballspieler, * Hanley (zu Stoke-on-Trent) 1. 2. 1915; 1932–65 aktiver Spieler in der brit. Liga; 54 Länderspiele (11 Tore); galt als einer der besten Flügelspieler (Rechtsaußen) und Dribbelkünstler seiner Zeit.

Matthias (hebr., eigtl. ›Geschenk Gottes‹), als Ersatz für JUDAS ISCHARIOT in den Kreis der zwölf Apostel gewählter Jünger (Apg. 1, 21–26; nur hier erwähnt). Ein apokryphes M.-Evangelium war in gnost. Kreisen verbreitet. Nach der Legende erlitt M. das Martyrium in Äthiopien durch Enthauptung (Beil als Attribut). Angebl. Reliquien werden in Trier (Abtei St. Matthias) verehrt, wohin sie über Rom durch die Kaiserin HELENA und den Trierer Bischof AGRITIUS im 4. Jh. gelangten. – Heiliger (Tag: 14. 5.; im dt. Sprachraum 24. 2.; in der orth. Kirche 9. 8.).

Der M.-Tag (24. 2.) war als Frühjahrsbeginn Termin für den Dienstbotenwechsel. Er zählte zu den Lostagen und war durch Wetterregeln und Orakelhandlungen gekennzeichnet. Die seit dem 14. Jh. in Hamburg abgehaltene ›Matthiae-Mahlzeit‹ (der Senat bewirtet die der Stadt freundlich gesonnenen polit. Mächte) gilt als das älteste noch bestehende Festmahl.

LAMBERTUS DE LEGIA: De vita, translatione, inventione ac miraculis sancti Matthiae apostoli libri quinque, hg. v. R. M. KLOOS (1958).

Matthias, ungar. **Mátyás** [ˈmaːtjaːʃ], Herrscher: Heiliges Röm. Reich: 1) **Matthias**, Kaiser (seit 1612), * Wien 24. 2. 1557, † ebd. 20. 3. 1619; Habsburger, dritter Sohn Kaiser MAXIMILIANS II.; war zunächst als Statthalter in den Niederlanden (1578–81) und im Erzherzogtum Österreich ob und unter der Enns (ab 1594) ohne großen polit. Erfolg. Gegen seinen Bruder, Kaiser RUDOLF II., im April 1606 in einem Geheimvertrag als Haupt des Hauses Habsburg anerkannt (Beginn des ›Bruderzwists‹), übernahm M. als Erzherzog die Reg. in Österreich sowie die Führung des Krieges gegen die Türken und die aufständ. Ungarn um I. BOCSKAY (Friedensschlüsse ohne kaiserl. Zustimmung, Zsitvatorok und Wien 1606). Im Vertrag von Lieben bei Prag vom 25. 6. 1608 musste RUDOLF die Reg. in Ungarn abtreten, ebenso in Mähren und Ungarn (dort war M. als **Mátyás II**. König bis Juli 1618). Nach der erzwungenen Abdankung RUDOLFS am 23. 5. 1611 wählten ihn auch Böhm. Stände zum König (tschech. **Matěj**, gekrönt 11. 8.; bis 1617). Nach RUDOLFS Tod wurde M. am 13. 6. 1612 zum Röm. König und Kaiser gewählt. Gestützt auf seinen Hauptratgeber Kardinal M. KLESL, suchte M. vergebens zw. Protestanten und Katholiken zu vermitteln; der Prager Fenstersturz (23. 5. 1618) führte zum Ausbruch des →Dreißigjährigen Krieges. – 1615 sah er sich aufgrund versagter Reichsmittel zu einem ungünstigen Friedensschluss mit den Türken gezwungen (→Türkenkriege). – Am 20. 3. 1617 willigte der kinderlose Kaiser in die Nachfolge Erzherzog FERDINANDS (steir. Linie der Habsburger) ein, der seither die Politik prägte (als FERDINAND II. ab 1619 Kaiser). →Habsburger

Ungarn: 2) **Matthias I. Corvinus** [lat. ›Rabe‹], ungar. eigtl. **Mátyás Hunyadi** [ˈmaːtjaːʃ ˈhunjɔdi], König von Ungarn (seit 1458) und von Böhmen (seit 1469), * Klausenburg 23. 2. 1443, † Wien 6. 4. 1490; Sohn von J. HUNYADI, in 2. Ehe seit 1476 ⚭ mit BEATRIX von Neapel und Aragón. In Böhmen (1457 Geisel von LADISLAUS V. POSTUMUS) aufgewachsen, von JOHANNES (JÁNOS) VITÉZ (* um 1408, † 1472) im humanist. Sinn erzogen, wurde M. am 24. 1. 1458 vom ungar. Adel zum König gewählt und konnte sich bis 1463 auch gegen seinen Rivalen (seit 1459), Kaiser FRIEDRICH III. (am 17. 2. 1459 von einer Gegenpartei erhoben), durchsetzen sowie die königl. Macht stärken; am 29. 3. 1464 wurde M. in Stuhlweißenburg gekrönt. Der böhm. König GEORG VON PODIEBRAD UND KUNŠTÁT, sein damaliger Schwiegervater, musste ihm im 2. Hussitenkrieg (1468–71) 1469 Schlesien, die beiden Lausitzen und Mähren überlassen, deren Besitz ihm auch dessen Nachfolger WLADISLAW II. zugestehen musste (1479); am 3. 5. 1469 hatte die kath. Minderheit der böhm. Stände M. in Olmütz zum König von Böhmen gewählt. M. versuchte vergeblich, die röm. Königskrone zu gewinnen. Mit dem Ziel, ein mitteleurop. Großungar. Reich aufzubauen, eroberte er bis 1485 Niederösterreich, Steiermark sowie Kärnten und vertrieb Kaiser FRIEDRICH III. aus Wien (1485–90 von M. besetzt und dessen Residenz). Auch die Türkengefahr in Bosnien und Serbien konnte er 1479–83 noch einmal mit seinen Söldnerheeren (›Schwarze Schar‹) bannen. Unter dem hochgebildeten M. stieg Ungarn zur polit. Großmacht und zu ei-

Brander Matthews

Matthias, Römischer Kaiser

Matthiasgroschen
(Goslar; Durchmesser 26 mm)

Vorderseite

Rückseite

Matthiasgroschen:
Matthier von Braunschweig-Lüneburg (Hannover, 1675; Durchmesser 15,6 mm)

Vorderseite

Rückseite

Friedrich von Matthisson

nem Zentrum der Renaissancekultur sowie des Humanismus auf. Beeinflusst von ital. Gelehrten und Künstlern an seinem prunkvollen Hof (großzügige Bauten in Buda, Lustschloss in Visegrád), richtete er in Ofen die →Bibliotheca Corviniana ein und gründete die Univ. Preßburg. – M. ist legendärer Held vieler ungar. Sagen und Volksmärchen.
Bibliotheca Corviniana, bearb. v. C. CSAPODI (a.d. Ungar., Budapest ³1982); I. ACKERL: König M. C. Ein Ungar, der in Wien regierte (Wien 1985); K. NEHRING: M. Corvinus, Kaiser Friedrich III. u. das Reich (²1989).

Matthias, M. von Arras, frz. Baumeister, * Arras, † Prag 1352; stand im Dienst des päpstl. Hofs in Avignon, bevor ihn 1344 der Markgraf von Böhmen (später Kaiser KARL IV.) nach Prag berief. Nach dem Vorbild südfrz. Kathedralen (Narbonne, Rodez) entwarf in Prag den St.-Veits-Dom. Er erbaute das Chorhaupt mit Umgang und den Ostteil des Langchores. Sein Nachfolger war P. PARLER.

Matthias, M. von Neuenburg, Chronist, † zw. 1364 und 1370; aus der gleichnamigen oberrhein. Stadt, studierte 1315–16 in Bologna kanon. Recht und wurde 1327 in Basel, 1329 in Straßburg Anwalt des geistl. Gerichts. Seine Chronik ist eine der zuverlässigsten Quellen der Reichsgeschichte von 1273 bis 1350/55; sie wurde von anderen Autoren fortgesetzt.
Ausgabe: Die Chronik des M. v. N., hg. v. A. HOFMEISTER (²1955).
R. FELLER u. E. BONJOUR: Geschichtsschreibung der Schweiz, 2 Bde. (Basel ²1979).

Matthiasgroschen, ab 1496 geprägte Groschenmünze der Stadt Goslar mit dem hl. MATTHIAS auf der Rückseite, 1 M. = 6 Gosler. Nach Einführung des →Mariengroschens wurde der M. dessen Halbstück und in dieser Relation als **Matthier** oder **Mattier** bis in das 19. Jh. v. a. in Braunschweig, Lippe, Ravensburg, Corvey und Minden beibehalten.

Matthias-Regeln [nach dem schweizer. Physiker BERND TEO MATTHIAS, * 1918], empir. Regeln, nach denen die mittlere Valenzelektronenzahl n_V eines Stoffes entscheidend für das Auftreten von Supraleitung und die Höhe der →kritischen Übergangstemperatur T_c ist: 1) Nur Metalle mit $2 < n_V < 8$ sind supraleitend. 2) Ferromagnet. Substanzen werden wegen des starken Magnetismus nicht supraleitend. 3) Ausgeprägte Maxima von T_c sind für die Stoffe mit n_V zw. 4 und 8, ein kleines Maximum ist für $n_V = 3$ zu erwarten. 4) Die krit. Übergangstemperatur T_c kann durch magnet. Verunreinigungen stark abgesenkt werden, während Fremdatome einen relativ geringen Einfluss auf T_c haben.

Matthier, Münznominal, →Matthiasgroschen.

Matthijs [mɑˈtɛis], Marcel, fläm. Schriftsteller, * Oedelem (bei Brügge) 11. 1. 1899, † Brügge 30. 8. 1964; Autodidakt; schrieb temperamentvolle dramat. Erzählungen (›Doppen‹, 1936; ›Spiegel van leven en dood‹, 1954, dt. ›Spiegel von Leben und Tod‹) und Romane (›Het grauwvuur‹, 1929; ›Filomene‹, 1938, dt.; ›Onder de toren‹, 1959), die v. a. sein soziales Engagement zeigen. In dem Roman ›De ruitentikker‹ (1933; dt. ›Der enttäuschte Sozialist‹) verknüpft er wirkungsvoll die psycholog. Analyse der Charaktere mit der Darstellung gesellschaftl. Missstände.
F. BONNEURE: M. M. (Brügge 1965).

Matthiola [nach dem ital. Arzt und Botaniker PIETRO ANDREA MATTIOLI, * 1500, † 1577], wiss. Name der →Levkoje.

Matthisson, Friedrich von (seit 1809), Schriftsteller, * Hohendodeleben (bei Magdeburg) 23. 1. 1761, † Wörlitz (bei Dessau) 12. 3. 1831; war 1781–84 Lehrer am Philanthropinum in Dessau; Bekanntschaft u. a. mit F. G. KLOPSTOCK, J. H. VOSS und M. CLAUDIUS. Nach 1794 war M. Vorleser und Reisebegleiter der Fürstin LUISE VON ANHALT-DESSAU (* 1750, † 1811);

später Intendant und Bibliothekar in Stuttgart. M. zählte zu den beliebtesten Lyrikern seiner Zeit, von seinen Gedichten wurden zahlreiche vertont; von den Romantikern wurde M. abgelehnt.
Ausgaben: Schriften, 8 Bde. (1825–29); Gedichte, hg. v. G. BÖLSING, 2 Bde. (1912–13).
A. HEERS: Das Leben F. v. M.s (1913).

Matthus, Siegfried, Komponist, * Mallenuppen (Ostpreußen) 13. 4. 1934; studierte bei R. WAGNER-RÉGENY und H. EISLER; 1960–64 als freischaffender Komponist tätig, 1964–91 Dramaturg (Berater für zeitgenöss. Musik) an der Kom. Oper Berlin. Im Mittelpunkt seines Schaffens stehen Opern sowie konzertante und sinfon. Musik. Seine musikal. Sprache ist geprägt von musikant. Freizügigkeit und dem Bemühen um Unmittelbarkeit des Ausdrucks; komponierte ferner Kammermusik, Kantaten, Chorwerke, Lieder, Film-, Bühnen- und Hörspielmusiken. Seit 1991 ist er künstler. Leiter der ›Kammeroper Schloss Rheinsberg‹, einem Projekt mit jungen Künstlern.
Werke: Opern: Lazarillo von Tormes (UA als Span. Tugenden, 1964); Der letzte Schuß (1967; daraus Vokalsinfonie, 1972); Noch einen Löffel Gift, Liebling? (1972); Omphale (1976, nach P. HACKS, rev. 1979); Judith (1985, nach F. HEBBEL und Texten aus dem A. T.); Die Weise von Liebe und Tod des Cornets C. Rilke (1985, nach R. M. RILKE); Graf Mirabeau (1989); Desdemona und ihre Schwestern (1992). – Orchesterwerke: Konzerte für Violine (1969), für Klavier (1971), für Violoncello (1976), für Flöte (1979), für Oboe (1985), für Pauken (Der Wald, 1985), für Horn (1995), für Orgel (Blow out, 1996); Dresdner Sinfonie (1969); 2. Sinfonie (1976); Die Windsbraut (1986); Tief ist der Brunnen der Vergangenheit (1992); Manhattan Concerto (1994).

Mattiaker, lat. **Mattiaci,** von den Chatten abgespaltener german. Stamm, benannt nach dem von TACITUS erwähnten (bis heute nicht genau lokalisierten) chatt. Hauptort →Mattium. Die am rechten Rheinufer zw. Mainmündung und Taunus in der Umgebung von Wiesbaden (Aquae Mattiacae) siedelnden M. kamen 11 v. Chr. unter die Oberhoheit der Römer, in der der romfreundl. Stamm auch nach dem Fall des Limes (um 260) verblieb.

Mattielli, Matielli, Lorenzo, ital. Bildhauer, * Vicenza um 1685, † Dresden 28. 4. 1748; seit 1712 in Wien nachweisbar. Seit 1738 in Dresden, wurde er 1744 zum Hofinspektor der antiken und modernen Statuen ernannt. Seine 78 Kolossalfiguren aus Stein für das Äußere der Dresdner Hofkirche beeinflussten die spätbarocke Bauplastik seiner Zeit.

Mattier, Münznominal, →Matthiasgroschen.

Mattieren, Beseitigen des spiegelnden Glanzes von Oberflächen aus Holz, Glas (→Mattglas) oder Metall durch Auftragen eines besonderen Lacküberzuges, durch Beizen oder mechan. Aufrauen.

Mattighofen, Stadt im Bez. Braunau am Inn, Oberösterreich, an der Mattig (Nebenfluss des Inn), am W-Rand des Kobernaußer Waldes, 454 m ü. M., 5 100 Ew.; Bezirksgericht; Motoren- und Fahrzeugbau, Lederfabrik, Herstellung von Herden und Kochgeräten sowie Kunststoffartikeln. – Kath. Pfarrkirche Mariä Himmelfahrt (18. Jh.) mit got. Chor und Fresken von 1780; auf dem Friedhof Pestsäule von 1645; Schloss Artenburg (16. Jh.). – M. entstand um 757 bei einer Agilolfingerpfalz, 1007 kam es an das Bistum Bamberg, im 16. Jh. unter den Ortenbergern war es ein Zentrum des Protestantismus; ab 1600 im Besitz der bayer. Herzöge, kam es 1779 an Österreich; seit 1986 ist M. Stadt.

Mattis-Teutsch, Hans, rumäniendt. Maler, Grafiker und Bildhauer, * Kronstadt 13. 8. 1884, † ebd. 17. 3. 1960; studierte in Budapest, München, Paris; schloss sich unter dem Einfluss W. KANDINSKYS avantgardist. Strömungen an und vermittelte zw. der dt., ungar. und rumän. Avantgarde (Beteiligung an der Ausstellung des ›Sturm‹ in Berlin, 1913; Kontakt zum Budapester ›MA-Kreis‹, ab 1917). Seine Überlegungen zur Kunst formulierte er 1931 in dem Buch ›Kunstideologie, Stabilität und Aktivität im Kunstwerk‹.

Mattium, Hauptort der in N-Hessen wohnenden german. Chatten, der bei einer Strafexpedition des röm. Feldherrn GERMANICUS 15 n. Chr. verwüstet wurde. Die Gleichsetzung von M. mit der →Altenburg 3) ist nicht haltbar und mithilfe archäolog. Funde nicht zu beweisen.

Mattkohle, Durain, schwarze bis graue, matte bis fettglänzende Kohlenlagen mit rauer Oberfläche; aus exinit- oder inertinitreichen Mikrolithotypen bestehend.

Mattmalerei, im Griechenland der mittelhellad. Zeit verbreitete Maltechnik für Keramik. Die schwarzen bis dunkel rötlich braunen Farben entstanden vermutlich infolge des unterschiedlich dicken Auftrags des eisenhaltigen Tonschlickers beim Brand bei hohen Temperaturen. Die auf die Keramik der →helladischen Kultur folgende myken. Keramik zeigt dann ›Glanztontechnik‹ durch sehr fein geschlämmten Ton und Brand bei mäßigen Temperaturen (um 850°C).

Mattoir [ma'toa:r, frz.] *das, -s/-s,* Arbeitsgerät des Radierers bei den graf. Techniken der →Crayonmanier und der →Punktiermanier. Die keulenförmige Verdickung am unteren Ende dieses Stahlstabs ist mit feinsten Stacheln besetzt. Durch das Eindrücken in die Metallplatte entsteht eine feine Körnung, die im Abdruck einem Kreidestrich ähnelt. (→Roulette)

Mattscheibe, durchscheinende Platte mit einseitig fein mattierter Oberfläche zum Sichtbarmachen reeller opt. Bilder u. a. in der fotograf. Kamera oder in Mikrofilmgeräten. Bei den **Sucherscheiben** der Kleinbildspiegelreflexkameras tritt zugunsten hellerer Bilder und präziserer Scharfeinstellung vielfach eine Mikrowabenstruktur über die gesamte Bildfläche an die Stelle der Mattierung.

Mattsee, Markt-Gem. im Flachgau, Bundesland Salzburg, Österreich, 2 800 Ew.; am S-Ufer des **Mattsees** (einer der drei Trumer Seen, 4,2 km lang, bis 40 m tief) gelegen; Heimat- (im ehem. Schloss) und Stiftsmuseum; Schuhfabrik, Bootswerft; Fremdenverkehr.

Matun, Stadt in Afghanistan, →Khost.

Matura [zu lat. *maturus* ›reif‹, ›tauglich‹] *die, -,* österr. und *schweizer.* für: Abitur (→Maturität). – **Maturand** *der, -en/-en, schweizer.* für: Abiturient. – **Maturant** *der, -en/-en, österr.* für: Abiturient.

Maturaldiamant, Bez. für farblose →Zirkone.

Maturidi, al-M., Abu Mansur Muhammad, islam. Theologe, †Samarkand 944; wirkte in Transoxanien; nach ihm wurde die maturid. Schule der Theologie benannt, welche – ebenso wie die Schule AL-ASCHARIS – mit rationalist. Argumenten der →Mutasiliten den orthodoxen sunnit. Islam vertrat.

Maturin ['mætjʊrɪn], Charles Robert, irischer Schriftsteller, *Dublin 25. 9. 1782 (1780?), †ebd. 30. 10. 1824; kath. Geistlicher; schrieb Tragödien (›Bertram‹, 1816) und Schauerromane (→Gothic Novel). Sein Hauptwerk ›Melmoth the wanderer‹ (1820, 4 Bde.; dt. ›Melmoth der Wanderer‹) verbindet in kunstvoll verschachtelten Erzählepisoden Motive des Fauststoffes und des Ewigen Juden. Der Roman hatte große Wirkung auf andere Autoren, z. B. H. DE BALZAC, V. HUGO, E. A. POE, O. WILDE.

R. E. LOUGY: C. R. M. (Lewisburg, Pa., 1975).

Maturín, Hauptstadt des Bundesstaates Monagas, O-Venezuela, 207 400 Ew.; Bischofssitz; Mittelpunkt eines Agrargebiets in den Llanos (Rinder; Baumwolle, Maniok, Mais); rasche Entwicklung seit Beginn (1936) der Erdölförderung westlich und nördlich der Stadt; Erdölraffinerie. – 1710 von Kapuzinermissionaren gegründet.

Maturitas praecox [lat.] *die, - -, Anthropologie:* die →Frühreife.

Maturität, in der Schweiz Bez. für Hochschulreife, Reifeprüfung (Abitur, Matura); sie beinhaltet einerseits die Fähigkeit zum Studium und zu wiss. Arbeit, andererseits die auf die Anforderungen der Univ. ausgerichtete, abgeschlossene Gymnasialbildung. **M.-Schulen** ist die offizielle Bez. in der eidgenöss. **M.-Anerkennungsverordnung** für die zur Hochschule führenden Gymnasialtypen.

Matuszewski [-'ʃefski], Ignacy, poln. Literaturkritiker und -wissenschaftler, *Wilanów 2. 6. 1858, †Warschau 10. 7. 1919; zunächst Anhänger des Positivismus, dann Verfechter der modernist. Literatur, deren schöpfer. Aneignung der poln. Romantik er in ›Słowacki i nowa sztuka‹ (1902) darlegte.

Matute, Ana María, span. Schriftstellerin, *Barcelona 26. 7. 1926; im Stil des Neorealismus schildert M. in einfühlsamen und fantasiereichen Romanen und Erzählungen die Welt der Kindheit, Frauenschicksale und – aus krit. Sicht – das Spanien des Bürgerkriegs und der frühen Franco-Zeit. Im Mittelpunkt steht die Romantrilogie über die Kriegsprofiteure ›Los mercaderes‹ (Bd. 1: ›Primera memoria‹, 1960, dt. ›Erste Erinnerung‹; Bd. 2: ›Los soldados lloran de noche‹, 1964, dt. ›Nachts weinen die Soldaten‹; Bd. 3: ›La trampa‹, 1967, dt. ›Die Zeit verlieren‹, auch u.d.T. ›Die Falle‹). Ihre Proteste gegen die Franco-Diktatur zogen ein Ausreiseverbot nach sich. Der Roman ›Luciérnagas‹ konnte erst 1993 vollständig erscheinen. M., die 1996 in die Span. Akademie aufgenommen wurde, schreibt auch Kinder- und Jugendbücher.

Weitere Werke: *Romane:* Fiesta al noroeste (1953); Los hijos muertos (1958); La torre vigía (1971); La oveja negra (1994). – *Erzählungen:* Los niños tontos (1956; dt. Seltsame Kinder); Historias de la Artámila (1962); Algunos muchachos (1968). – *Kinderbücher:* El saltamontes verde (1960; dt. Yungo); El polizón del ›Ulises‹ (1965; dt. Juju u. die fernen Inseln); Sólo un pie descalzo (1983).

J. W. DÍAZ: A. M. M. (New York 1971).

Matutin [zu lat. *matutinus* ›morgendlich‹] *die, -/-e(n),* dt. **Mette,** urspr. die Morgenhore des →Stundengebets, dann das vorausgehende mitternächtl. Gebet. Seit dem 2. Vatikan. Konzil außerhalb des Chorgebets umgeändert in eine zeitlich frei wählbare ›Hora Lectionis‹, eine geistl. Lesung. Der ursprüngl. Charakter der asket. Nachtwache hat sich in den Metten erhalten. Die Gründonnerstags-, Karfreitags- und Karsamstagsmetten wurden jeweils am Vorabend gefeiert. Sie heißen volkstümlich auch Finster- oder Trauermetten (→Pumpermette).

Matwejewna, Matveevna [-'vejef-], Nowella Nikolajewna, russ. Lyrikerin, *Puschkin 7. 10. 1934; schreibt, unter Verwendung von Metaphern und Paradoxa, Ironie und Lautspielerei, klangvolle Gedichte, auch Lieder, die sie selbst zur Gitarre vorträgt.

Werke: Korablik (1963); Duša veščej (1966); Reka (1978); Zakon pesen (1983); Krolič'ja derevnja (1984); Nerastoržimyj krug (1991).

Ausgaben: Izbrannoe (1986). – Gedichte (1968).

Mátyás ['ma:tjɑːʃ], ungar. Könige, →Matthias.

Matz, Friedrich, Archäologe, *Lübeck 15. 8. 1890, †Marburg 3. 8. 1974; Prof. in Münster und seit 1942 in Marburg. Er erforschte die ägäische und antike Kunst und Kultur, bes. unter dem Blickwinkel der Strukturanalyse; Begründer des ›Corpus der minoischen und myken. Siegel‹ (seit 1964 mit HAGEN BIESANTZ, seit 1972 mit INGO PINI) und der Schriftenreihe ›Archaeologia Homerica‹ (seit 1967); gab die Reihe ›Die antiken Sarkophagreliefs‹ heraus (seit 1952). Zu seinen Hauptwerken gehören ›Kreta, Mykene, Troja‹ (1956), ›Kreta und frühes Griechenland‹ (1964).

Verz. der Schriften v. F. M. Zu seinem 80. Geburtstag ... (1970).

Matzen *der, -s/-,* ungesäuertes Brot, →Mazza.

Maubeuge [mo'bø:ʒ], Stadt im Dép. Nord, Frankreich, an der Sambre nahe der belg. Grenze, 133 m

Friedrich Matz

Mauerbienen:
Osmia rufa
(Männchen, Größe etwa 1 cm)

Mauergecko
(Länge bis 15 cm)

Mauerlattich:
Zarter Mauerlattich
(Höhe 60–80 cm)

ü. M., 35 000 Ew.; als Eisenbahnknotenpunkt ist M. wichtiger Umschlagplatz für belg. Steinkohle sowie Mittelpunkt eines Eisen- und Stahlindustriegebiets, das sich zw. Jeumont und Aulnoye-Aymeries erstreckt; Stahl- und Walzwerke, Gießereien, Herstellung von Werkzeugmaschinen und Eisenbahnmaterial, Kfz- (Renault) und keram. Industrie. – Von der ehem. Befestigung ist im N die Porte de Mons (1685) erhalten. Am Wiederaufbau der Stadt nach 1945 war A. LURÇAT beteiligt (Rekonstruktionsplan; u. a. Rathaus, Kirche Saint-Pierre, Kindergarten, zahlr. Wohnbauten). – M. entstand um ein im 7. Jh. gegründetes Kloster und gehörte im MA. zum Hennegau. Durch den Vertrag von Nimwegen (1678) kam es an Frankreich und wurde von VAUBAN befestigt.

Mauch, 1) Daniel, Bildhauer, * Ulm 1477, † Lüttich 16. 11. 1540; war in Ulm, Geislingen und Tübingen tätig, bevor er 1529 wegen der bilderfeindl. Auffassung der Reformation nach Lüttich übersiedelte. Seine Schnitzaltäre und Marienfiguren gehören dem Übergangsstil zw. Spätgotik und Renaissance an. Von M. sind zwei signierte Werke bekannt: der Sippenaltar der Kapelle in Bieselbach bei Augsburg (um 1520) und eine Madonna in Saint-Pancrace in Dalhem, Prov. Lüttich (gegen 1535).

2) Karl, Geologe und Geograph, * Stetten im Remstal (heute zu Kernen im Remstal) 7. 5. 1837, † Stuttgart 4. 4. 1875; führte 1865–72 ausgedehnte Forschungsreisen im südl. Afrika durch, entdeckte Goldfelder im Maschonaland und am Tati, versuchte als Erster eine Deutung der Ruinenstadt Simbabwe.

Mauche, eine Viruserkrankung des →Tabaks.

Maucherit [nach dem Mineralienhändler WILHELM MAUCHER, * 1879, † 1930] *der, -s/-e,* silbergraues bis rötl., metallisch glänzendes, tetragonales Mineral der chem. Zusammensetzung Ni_4As_3; Härte nach MOHS 5, Dichte 7,8–8,0 g/cm³; meist derbe, radialstrahlige oder körnige Aggregate; Vorkommen v. a. auf hydrothermalen Gängen, häufig im Mansfelder Kupferschiefer.

Mauer, 1) *Bauwesen:* meist lang gestreckter Baukörper als Mauerwerk, i. w. S. auch aus Stampfmassen, aus Lehm, Beton u. a. Baustoffen hergestellte Wände. Die untere Abgrenzung einer M. wird **M.-Sohle,** die obere **M.-Krone** genannt; die äußere, sauber ausgeführte Flucht wird als **M.-Haupt** bezeichnet. Bei Gebäuden unterscheidet man **Grund-** oder **Fundament-M.** (in der Erde liegende, aus festen Steinen oder heute meist aus Beton bestehende M., die die Last des darauf errichteten Bauwerks auf den Baugrund übertragen), **Umfassungs-** oder **Außen-M., Innen-** oder **Trenn-M.** (Längs- oder Querscheide-M.), Sockel-, Keller-, Geschoss-, Giebel-M. sowie Brandmauern.

Blend-M. bilden die Außenseiten von Mauerwerken, sie werden meist zur Erhöhung der Wetterbeständigkeit aus hochwertigen Baustoffen (Klinker, Natursteine) errichtet oder mit Blendsteinen verkleidet. **Trag-M.** sind M., die Balkenlagen oder andere lotrecht wirkende Lasten zu tragen haben; sind sie seitl. Belastungen bzw. Drücken ausgesetzt, heißen sie **Stütz-** oder **Widerlager-M.. Füll-M.** sind nicht tragende M. zum Ausfachen von Skelettbauten.

Geschichtliches: Im Vorderen Orient bestanden die M. in ältester Zeit aus Lehm, später aus luftgetrockneten Lehmziegeln; der Sockel wurde möglichst aus Steinen errichtet, auch Stadt-M. hatten nur ein Fundament aus Steinbrocken. In Ägypten dienten schon in früher Zeit behauene Blöcke von gebrochenem Felsgestein (meist Kalkstein) als Baumaterial, unbehauene oder grob behauene im ägäischen Raum und in Vorderasien für Befestigungen (→kyklopische Mauern). In China dienten Erde u. Stein für die Errichtung der →Chinesischen Mauer. Gebrannte Ziegel wurden in der Harappakultur für M. verwendet, in Vorderasien v. a. zur Verkleidung. Bei Etruskern und Römern waren M. aus gebrannten Ziegeln sehr verbreitet, Haussteine dienten der Verkleidung. Die Römer erfanden den Beton. Im Hausbau blieb vielfach Lehm (Stampflehm oder Ziegel) üblich, Holz, soweit es vorhanden war.

In der mittel-, west- und osteurop. Vorzeit herrschten im Befestigungswesen neben einfachem Trockenmauerwerk die Holz-Erde- und die Holz-Steine-Erde-Konstruktion vor. Vertikal oder horizontal verlegte, gelegentlich auch kastenförmig verarbeitete Holzbalken stabilisierten die Baumaterialien Erde und Stein. Bes. charakteristisch für die Eisenzeit sind die ›Pfostenschlitz-M.‹ vom Typ Altkönig-Preist mit senkrecht stehenden Frontpfosten und horizontal verlaufenden Querbalken sowie die in ›Murus-Gallicus-Technik‹ errichteten spätkelt. M. mit einem vernagelten Holzrahmenwerk. M. aus ungebrannten Lehmziegeln sind nördlich der Alpen aus der Hallstattzeit nachgewiesen (→Heuneburg), aus gebrannten Ziegeln bzw. als Mörtelmauerwerk hingegen erst aus röm. Zeit. Im Hausbau wurde Trockenmauerwerk seit der Bronzezeit gelegentlich als Fundament für Holzkonstruktionen genutzt. (→Mauerwerk)

2) *Politik:* umgangssprachl. Bez. für die ehem. →innerdeutsche Grenze.

3) *Sport:* im *Fußball, Handball* Spielerkette zur Sicherung des eigenen Tores bei Freistößen (Fußball) bzw. Freiwürfen (Handball) des Gegners; im *Pferdesport* Hindernis bei Springprüfungen, bestehend aus aufeinander gelegten Holzkästen.

Mauer, Gem. im Rhein-Neckar-Kr., Bad.-Württ., 3 500 Ew.; Fundort des →Heidelbergmenschen.

Mauer bei Melk, Dorf östlich von Melk (gehört zur Markt-Gem. Dunkelsteinerwald), Niederösterreich. – Got. Pfarrkirche mit geschnitztem Flügelaltar (um 1520), dem bedeutendsten seiner Art in Niederösterreich.

Mauer|assel, oft mit der Kellerassel vergesellschaftete Art der →Asseln.

Mauerbienen, Osmia, sehr artenreiche Gattung der Familie Megachilidae (Größe 6–16 mm), Bauchsammler; M. bauen ihre Nester oft in hohlen Stängeln, leeren Schneckenhäusern, kleinen Hohlräumen im Boden oder Fels und kleiden die Wände mit Pflanzenteilen oder ausgespieltem Sand aus.

Mauerbrecher, histor. →Kriegsmaschinen.

Mauer|eidechsen, Podarcis, Gattung der Eidechsen mit etwa 15 vorwiegend mediterran verbreiteten Arten, die vormals systematisch zu den Halsbandeidechsen (Gattung Lacerta) gestellt wurden. Die Art **Mauereidechse** (Podarcis muralis, früher Lacerta muralis) ist bis 20 cm lang, überwiegend braun gefärbt und bewohnt steinige Gebiete und Mauern in S- und Mitteleuropa.

Mauerfraß, Mauersalpeter, *Bautechnik:* Bez. für die heute selteneren →Ausblühungen in Mauerwerk, die v. a. bei ständiger Zufuhr von Nitrat- u. a. Stickstoffverbindungen (z. B. Jauche, Harn, Kunstdünger) entstehen, da diese den Mörtelkalk in Calciumnitrat umwandeln. Folgen sind die Lockerung des Mörtels und die Zermürbung von Mörtel und Stein und dadurch die mögl. Zerstörung des gesamten Bauwerks. – Die Bez. Mauersalpeter wird unkorrekterweise auch für Ausblühungen verwendet, die durch Carbonat-, Sulfat- oder auch Chloridverbindungen entstehen.

Mauerfuchs, Dira megera, Lasiommata megera, bis 5 cm spannender Augenfalter, verbreitet in Europa, N-Afrika und W-Asien. Der M. fliegt von April bis Oktober an sonnigen Plätzen. Seine grünen Raupen (mit weißer Seitenlinie) leben an Gräsern.

Mauergecko, Tarentola mauritanica, bis 15 cm langer, im Mittelmeerraum verbreiteter Gecko mit kräftigem, abgeflachtem Körper und breitem Kopf;

Mauerkrone – Mauerwerk **Maue**

M. sind dämmerungs- und nachtaktiv, man sieht sie häufig an Hauswänden.

Mauerkrone, *Heraldik:* Krone, deren meist gemauert erscheinender Stirnreif mit Zinnen und fast immer auch mit Zinnentürmen besetzt ist. Die M. diente im 17. Jh. bes. in der Medaillenkunst zur Kennzeichnung der Personifikationen von Städten, dann zur Bekrönung der Wappen eroberter Städte; seit Beginn des 18. Jh., von den Reichsstädten Nürnberg, Augsburg und Frankfurt am Main ausgehend, als Bekrönung der Stadtwappen, z. B. Berlin, selten auch von Staatswappen, z. B. Österreich, Spanien 1868–70, 1873, 1931–39.

Mauerlattich, Mycelis, Gattung der Korbblütler mit etwa 30 Arten; in Europa kommt nur der **Zarte M.** (Mycelis muralis) vor, mit meist aus fünf Zungenblüten gebildeten Köpfchen in Rispen und mit dünnen, fiederspaltigen Blättern; auf Mauern, Schuttplätzen und in feuchten Wäldern.

Mauerläufer, Tichodroma muraria, etwa 16 cm langer, zu den →Kleibern gehörender Singvogel, der in felsigen Hochgebirgen Eurasiens lebt. Er ist hauptsächlich grau gefärbt, hat aber auffällig schwarz, rot und weiß gemusterte großflächige Flügel. Mit dem langen, gebogenen Schnabel holt er Insekten u. a. Wirbellose aus Spalten. Vorwiegend Standvogel, der im Winter aber oft in tiefer liegende Regionen ausweicht.

Mauerfuchs (Spannweite bis 5 cm)

Mauerpfeffer, Art der Pflanzengattung →Fetthenne.

Mauerquadrant, historisches astronom. Instrument; ein großer →Quadrant, der an einer Mauer befestigt wurde. Auf den Meridian eingestellt, war er Vorläufer des späteren →Meridiankreises.

Mauerraute, Asplenium ruta-muraria, Tüpfelfarn in Eurasien im östl. Nordamerika; mit derben, doppelt bis dreifach gefiederten, lang gestielten Blättern; Licht und Kalk liebende Pflanze in trockenen Fels- und Mauerspaltengesellschaften.

Mauersalpeter, *Bautechnik:* der →Mauerfraß, →Calciumverbindungen.

Mauersberger, 1) Erhard, Dirigent, *Mauersberg (bei Marienberg in Sa.) 29. 12. 1903, †Leipzig 11. 12. 1982, Bruder von 2); wirkte seit 1925 als Organist und Chorleiter in Aachen, seit 1928 in Mainz, 1930–61 als Thüring. Landeskirchenmusikdirektor in Eisenach und als Dozent (1946 Prof.) an der Franz-Liszt-Hochschule in Weimar, 1961–72 Thomaskantor in Leipzig.

2) Rudolf, Chordirigent und Komponist, *Mauersberg (bei Marienberg in Sa.) 29. 1. 1889, †Dresden 22. 2. 1971, Bruder von 1); studierte u. a. bei K. STRAUBE (Orgel) und wurde 1930 Kantor der Dresdner Kreuzkirche. Unter seiner Leitung entwickelte sich der Kreuzchor zu einem international bekannten Knabenchor. Neben der Pflege der Chorwerke von H. SCHÜTZ und J. S. BACH setzte sich M. bes. für die zeitgenöss. Chormusik, darunter auch viele eigene Werke, ein.

M. GRÜN: R. M. Studien zu Leben u. Werk (1986).

Mauerschau, *Theater:* →Teichoskopie.

Mauerschützenprozesse, umgangssprachl. Bez. für Strafprozesse wegen der Tötung von Flüchtlingen an der →innerdeutschen Grenze (→Regierungskriminalität, →Schießbefehl).

Mauersee, poln. **Jezioro Mamry** [jɛˈzjɔrɔ ˈmɔmrɨ], Endmoränensee in Polen, im S des ehem. Ostpreußens, zweitgrößter der →Masurischen Seen, 105 km² (mit Inseln), 116 m ü. M., bis 43,8 m tief; Quellsee der Angerapp, durch Kanäle mit dem Löwentin- und Spirdingsee verbunden. Die Inseln des M. sind Schutzreservate zahlr. Wasser- und Sumpfvögel.

Mauersegler, Art der →Segler.

Mauer- und Grenzgrundstücke, nach dem Ges. über den Verkauf von M.- u. G. vom 15. 7. 1996 (Kurz-Bez. Mauergrundstücks-Ges.) Grundstücke, die in den §8 des Ges. über die Staatsgrenze der DDR vom 25. 3. 1982 bezeichneten Grenzgebieten liegen und für die Zwecke der Errichtung oder des Ausbaus von Sperranlagen an der ehemaligen Grenze zw. der Bundesrepublik einschließlich Berlin (West) und der DDR einschließlich Berlin (Ost) in Volkseigentum überführt (enteignet) wurden. Ehemalige Eigentümer oder deren Rechtsnachfolger (Berechtigte) können ihre früheren, jetzt bundeseigenen M.- u. G. zu 25% des Verkehrswertes zum Zeitpunkt des Vertragsabschlusses erwerben, sofern der Bund sie nicht für dringende eigene öffentl. Zwecke verwenden oder im öffentl. Interesse an Dritte veräußern will. Bei Ablehnung des Erwerbsantrags hat der Berechtigte einen Anspruch auf Zahlung von 75% des Verkehrswertes zum Zeitpunkt des Erlasses des ablehnenden Bescheides. Das Mauergrundstücks-Ges. gilt nicht für Grundstücke, an denen Rückübertragungs- oder Entschädigungsansprüche nach dem Vermögens-Ges. bestehen. (→innerdeutsche Grenze)

Mauerwerk, Sammel-Bez. für die aus natürl. oder künstl. Bausteinen (Mauersteine) mit Mörtel als Bindemittel (mit oder ohne Mörtel (Trocken-M.) errichteten Baukörper. Die Art und Weise, in der die Bausteine zu einem M. zusammengefügt werden, ist der **M.-Verband (Mauersteinverband).** Dieser gewährleistet den Zusammenhalt des in Schichten aus **Läufersteinen** (parallel zur Mauerflucht) und **Bindersteinen** (senkrecht dazu) aufgebauten M.-Körpers. Im M. sind alle Steine bzw. die vertikalen Fugen zw. den nebeneinander liegenden Steinen **(Stoßfugen)** schichtweise gegeneinander versetzt. Bei Trocken-M. werden Steinunebenheiten häufig durch Steinstücke ausgeglichen.

M.-Verbände aus künstlich hergestellten Bausteinen sind: der nur aus Läufersteinen zusammengefügte **Läufer-** oder **Schornsteinverband** für Mauern von der Dicke eines Halbsteins; der nur aus Bindersteinen zusammengefügte **Binder-** oder **Streckerverband** für Mauern von der Dicke eines Steins (die Schichten sind um $1/4$ Stein verschoben; alle Steine liegen mit der Kopfseite in der Mauerflucht); der **Blockverband** mit

Mauerläufer (Männchen im Brautkleid; Größe 16 cm)

Mauerraute (Höhe 5–10 cm)

Mauerwerk: Verschiedene Mauersteinverbände; 1 Läuferverband, 2 Binderverband, 3 Blockverband, 4 Kreuzverband, 5 Eckverband (a Läuferschicht, b Binderschicht); 6–9 Zierverbände; 6 englischer Verband, 7 gotischer Verband, 8 märkischer Verband, 9 holländischer Verband

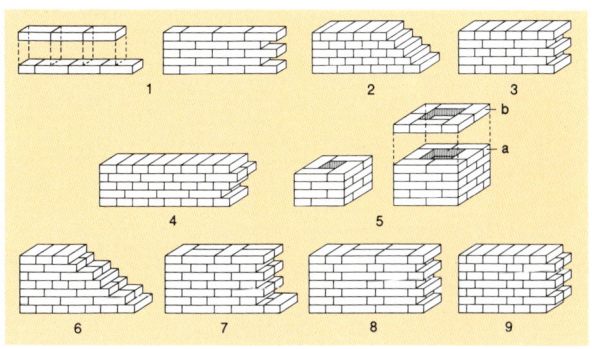

345

Maue Mauerwespen – Maulbeerbaum

Franz Anton Maulbertsch: Sieg des Apostels Jakobus d. Ä.; Skizze für ein Deckenfresko, 1762 (Wien, Österreichische Galerie)

abwechselnden Läufer- und Bindersteinschichten für Mauern, die einen oder mehrere Steine dick sind (der Fugenversatz beträgt $\frac{1}{4}$ Stein, die Stoßfugen der gleichartigen Schichten liegen senkrecht übereinander); der am häufigsten verwendete **Kreuzverband,** bei dem ebenfalls Läufer- und Bindersteinschichten abwechseln (die Stoßfugen zweier aufeinander folgender Läuferschichten sind um einen halben Stein versetzt); der **Eckverband** an Mauerecken (die Läuferschicht der einen Mauer entspringt der Binderschicht der anderen). – **Blend(er)-** oder **Zierverbände** verbessern durch reiche Fugenvariation bei unverputztem Mauerwerk die Sicht- und Flächenwirkung des M. Hierzu zählen: der engl. Verband (auf eine Binderschicht folgen zwei oder drei Läuferschichten); der got. Verband (in jeder Schicht liegen abwechselnd Binder- und Läufersteine); der märk. Verband (in einer Schicht folgen auf einen Binderstein zwei Läufersteine, in der nachfolgenden wechseln Läufer- und Bindersteine ab); der holländ. Verband (auf eine durchgehende Binderschicht folgt eine Schicht, in der Läufer- und Bindersteine abwechseln).

Bei **Naturstein-M.** unterscheidet man: Kyklopen-M. aus unregelmäßigen, nicht lagerhaften Bruchsteinen, Feld- oder Findlingssteinen (Findlings-M.); Bruchstein-M. aus lagerhaften, d. h. annähernd ebene und parallele Bruchflächen aufweisenden Bruchsteinen versch. Größe mit unregelmäßigen Fugen; hammerrechtes Schichten-M. aus Steinen, die in den Lager- und Stoßfugen senkrecht zur Sichtfläche bearbeitet sind; regelmäßiges Schichten-M. aus gleich hohen Steinen in einer Schicht; Quader- oder Werkstein-M. aus ganz bearbeiteten Werksteinen (Quadern). Bei **Misch-M.** besteht die Sichtfläche aus Natursteinen, die Hintermauerung aus Beton, Ziegelmauerwerk oder auch aus Bruchsteinen. **Zweihäuptiges M.** hat auf beiden Seiten Sichtfläche. Bei **zweischaligem M.** nimmt die innere Schale die Lasten auf; die äußere Schale bewirkt den Wetterschutz.

Mauerwespen, Gattung der →Lehmwespen.

Maugham [mɔːm], W. (William) Somerset, engl. Schriftsteller, *Paris 25. 1. 1874, †Saint-Jean-Cap-Ferrat (Dép. Alpes-Maritimes) 16. 12. 1965; verbrachte seine ersten Jahre in Paris und blieb zeitlebens der frz. Kultur verbunden; Medizinstudium in London und Heidelberg. Der frühe sozialrealist. Roman ›Liza of Lambeth‹ (1897; dt. ›Lisa von Lambeth‹) beruht auf Erfahrungen als Arzt in den Londoner Slums.

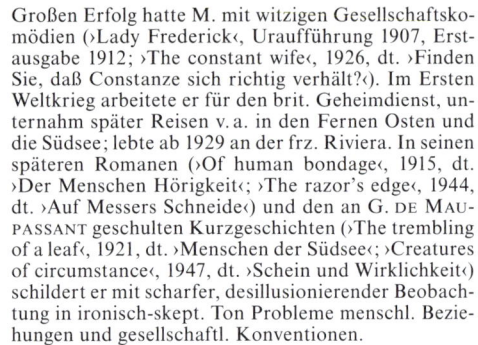

W. Somerset Maugham

Maulbeerbaum: Schwarzer Maulbeerbaum

Großen Erfolg hatte M. mit witzigen Gesellschaftskomödien (›Lady Frederick‹, Uraufführung 1907, Erstausgabe 1912; ›The constant wife‹, 1926, dt. ›Finden Sie, daß Constanze sich richtig verhält?‹). Im Ersten Weltkrieg arbeitete er für den brit. Geheimdienst, unternahm später Reisen v. a. in den Fernen Osten und die Südsee; lebte ab 1929 an der frz. Riviera. In seinen späteren Romanen (›Of human bondage‹, 1915, dt. ›Der Menschen Hörigkeit‹; ›The razor's edge‹, 1944, dt. ›Auf Messers Schneide‹) und den an G. DE MAUPASSANT geschulten Kurzgeschichten (›The trembling of a leaf‹, 1921, dt. ›Menschen der Südsee‹; ›Creatures of circumstance‹, 1947, dt. ›Schein und Wirklichkeit‹) schildert er mit scharfer, desillusionierender Beobachtung in ironisch-skept. Ton Probleme menschl. Beziehungen und gesellschaftl. Konventionen.

Weitere Werke: *Romane:* The moon and sixpence (1919; dt. Der Besessene, auch u. d. T. Silbermond u. Kupfermünze); Ashenden (1928; dt. auch u. d. T. Ein Abstecher nach Paris); Cakes and ale (1930; dt. Derbe Kost, auch u. d. T. Rosie u. der Ruhm oder Die Familienschande); The narrow corner (1932; dt. Ein Stück Weges); Theatre (1937; dt. Theater, auch u. d. T. Julia, du bist zauberhaft). – *Kurzgeschichten:* Cosmopolitans (1936; dt. Weltbürger). – *Theaterstück:* For services rendered (1932; dt. Für geleistete Dienste). – *Autobiographien:* The summing up (1938; dt. Rückblick auf mein Leben); A writer's notebook (1949; dt. Aus meinem Notizbuch); Points of view (1958).

Ausgaben: Collected plays, 3 Bde. (1952); The collected edition of the works, 25 Bde. (Neuausg. 1967–80); Complete short stories, 3 Bde. (Neuausg. 1971–78). – Ges. Erzn., 10 Bde. (1976); Meistererzählungen (1989).

M. K. NAIK: W. S. M. (Norman, Okla., 1966); T. MORGAN: S. M. (London 1980); J. W. WHITEHEAD: M. (London 1987); R. CALDER: Willie. The life of W. S. M. (Neuausg. New York 1992).

Maui, die zweitgrößte Insel von Hawaii, USA, 1 888 km², 91 400 Ew.; Hauptort ist Wailuku (10 300 Ew.). Auf M. liegt der Vulkan →Haleakala.

Mauke [niederdt.], **1)** *Biologie:* **Grind,** schwammige Wucherungen am Wurzelhals der Weinrebe infolge Befalls durch das Bakterium Agrobacterium tumefaciens.

2) *Tiermedizin:* Sammel-Bez. für Hauterkrankungen der Fesselbeuge und deren Umgebung bei Pferd und Rind; häufig Folge mangelhafter Pflege, aber auch parasitär (→Fußräude).

Maulbeerbaum, Morus, Gattung der Maulbeerbaumgewächse mit sieben Arten in der nördl. gemä-

Maulbronn: Stockbrunnen in der Brunnenkapelle am Kreuzgang des Klosters; um 1350

bigten und in der subtrop. Zone; sommergrüne Bäume oder Sträucher mit Kätzchen und brombeerartigen, wohlschmeckenden Fruchtständen aus zahlr. Nüsschen, die von der jeweiligen fleischig gewordenen Blütenhülle umschlossen sind **(Maulbeeren)**; u. a. **Weißer M.** (Morus alba, mit weißl. Fruchtständen), heimisch in China, die Blätter dienen als Nahrung für Seidenraupen, und **Schwarzer M.** (Morus nigra, mit schwarzen Fruchtständen), heimisch in Westasien.

Maulbeerbaumgewächse, Maulbeergewächse, Moraceae, Pflanzenfamilie, v. a. in den trop. und wärmeren Zonen; Milchsaft führende Bäume, Sträucher und Lianen mit kleinen Blüten in sehr verschieden gebauten Blütenständen, z. B. der Blütenstand der krugförmigen Feigenfrucht (Sykonium), bei der sich die Blüten an der Innenwand der krugartig aufgewölbten Blütenstandsachse befinden. Viele Arten sind Nutzpflanzen, u. a. →Brotfruchtbaum, →Feigenbaum, Weißer und Schwarzer →Maulbeerbaum.

Maulbeerfeigenbaum, →Sykomore.

Maulbeerschildlaus, die →Mandelschildlaus.

Maulbertsch, Maulpertsch, Franz Anton, Maler, getauft Langenargen 7. 6. 1724, † Wien 8. 8. 1796; kam 1739 nach Wien und studierte dort an der Akademie, deren Mitgl. er 1754 wurde. In seinen Stil flossen Anregungen ein, die er aus Werken REMBRANDTS, P. P. RUBENS' und der venezian. Malerei schöpfte. Seine erzähler. Dramatik ist oft ins Visionäre und Expressive gesteigert. Zw. 1756 und 1765 entstanden in Österreich, Ungarn, Böhmen und Mähren seine wichtigsten Fresken und Altarbilder. Sie bilden den glänzenden Abschluss der österr. Barockmalerei. Nach der Mitte der 1760er-Jahre näherte sich M. dem Klassizismus. Bedeutend sind auch seine Ölskizzen, Zeichnungen und Radierungen.

Werke: *Fresken:* Fresken in der Piaristenkirche in Wien (1752–53), in der Wallfahrtskirche Heiligenkreuz-Gutenbrunn (1757–58), in der Pfarrkirche in Sümeg (Bez. Veszprim, Ungarn, 1757–58), in der Hofburg in Innsbruck (1775/76; BILD →deutsche Kunst). – *Gemälde:* Martyrium des hl. Judas Thaddäus (um 1760; Wien, Österr. Galerie); Selbstbildnis (um 1767; ebd.); Glorifikation Kaiser Josephs II. (vor 1777; ebd.).

K. GARAS: F. A. M., Leben u. Werk. Mit Œuvre-Kat.... (Salzburg 1974); F. M. HABERDIZL: F. A. M. (Wien 1977); F. A. M. u. sein Kreis in Ungarn, Ausst.-Kat., hg. v. E. HINDELANG u. a. (1984); K. MÖSENEDER: F. A. M. Aufklärung in der barocken Deckenmalerei (Wien 1993); F. A. M. u. sein schwäb. Umkreis, hg. v. E. HINDELANG (1996).

Maulbronn, Stadt im Enzkreis, Bad.-Württ., im südwestl. Kraichgau am W-Rand des Stromberges, 253 m ü. M., 6400 Ew.; Maschinen- und Werkzeugfabrikation, Leichtgusswerke, Elektro- und Autozubehörindustrie. – Die heutige Stadt entstand 1809 als Siedlung neben dem Kloster M., erhielt 1838 Gemeinde- und 1886 Stadtrecht.

Die ehem. Zisterzienserabtei ist die besterhaltene Klosteranlage in Dtl. aus dem MA. und wurde von der UNESCO zum Weltkulturerbe erklärt. Klosterkirche, eine roman. dreischiffige Pfeilerbasilika (1178 geweiht) mit Paradies (um 1210–15), bemaltem Netzgewölbe (1424) und spätgot. Chorgestühl; got. Kreuzgang mit Brunnenkapelle (um 1350); zweischiffiges Herrenrefektorium mit Rippengewölben (um 1220/1225), sterngewölbter Kapitelsaal (Mitte 14. Jh.) und Parlatorium (1493).

Das 1147 gegründete Kloster M. fiel 1504 an Württemberg, das zw. 1534 und 1537 die Reformation einführte und 1556 das Kloster in eine (noch bestehende) ev. Klosterschule umwandelte.

M. HÜBL: M. Ein Zisterzienserkloster als Weltkulturdenkmal (1995); U. KNAPP: Das Kloster M. (1997).

Maulbrüter, Fische, die **Maulbrutpflege** betreiben: Die befruchteten Eier werden bis zum Schlüpfen der Larven in der Mundhöhle aufbewahrt. Auch Jungfische finden Zuflucht im Maul des Elterntieres; in dieser Zeit nimmt das Elterntier keine Nahrung auf. M. sind viele Arten der Buntbarsche, manche Welse, Labyrinthfische, Kardinalfische, Zahnkarpfen, Heringsfische und Kieferfische.

Maule, 1) Verw.-Region in →Chile.
2) Río M., Fluss in Mittelchile, entspringt 2235 m ü. M. in den Anden, mündet bei Constitución in den Pazifik, etwa 280 km lang; zur Energieerzeugung und Bewässerung genutzt. – Der M. bildete die Südgrenze des Inkareichs (in seiner größten Ausdehnung).

Maul|esel, Bastard aus Eselstute und Pferdehengst, fast durchweg unfruchtbar. Die aufgrund der plasmat. Vererbung eselähnl. M. werden mittlerweile fast nur noch in SW-Europa und N-Afrika gehalten, v. a. als Lasttiere. (→Maultier)

Maulbronn: oben Gesamtansicht der zwischen dem 12. und dem 15. Jh. errichteten Klosteranlage mit Abteikirche und verschiedenen Klostergebäuden; unten Grundriss der Klosteranlage

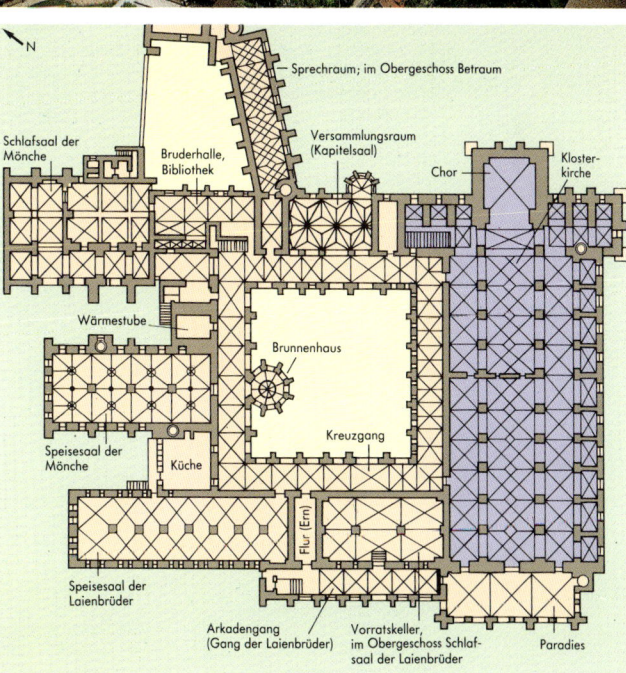

Maul Maulfüßer – Mau-Mau

Maulfüßer, Fangschreckenkrebse, Stomatopoda, Ordnung der Höheren Krebse (350 Arten; 1–3 cm lang) mit lang gestrecktem Körper, kräftigem Hinterleib und klappmesserartigen Fangbeinen; z. B. der bis 20 cm lange **Heuschreckenkrebs** (Squilla mantis) an den Küsten des Mittelmeers, der auch wirtschaftl. Bedeutung als Speisekrebs besitzt.

Maulkäfer, die →Breitrüssler.

Maull, Otto, Geograph, * Frankfurt am Main 8. 5. 1887, †München 16. 12. 1957; Prof. in Frankfurt am Main, Graz (1929–45) und München (1953); Arbeiten zur Geomorphologie und zur Länderkunde.
Werke (Auswahl): Polit. Geographie (1925); Länderkunde von Südeuropa (1929); Vom Itatiaya zum Paraguay (1930); Deutschland (1933); Geomorphologie (1938).

Maulnier [moˈnje], Thierry, eigtl. **Jacques Louis Talagrand** [talaˈgrã], frz. Schriftsteller, Journalist und Literaturkritiker, *Alès 1. 10. 1909, †Marnes-la-Coquette (Dép. Hauts-de-Seine) 9. 1. 1988; gehörte der Action française an, ohne ihr nationalist. Konzept zu vertreten. In seinen der klass. Tradition verpflichteten Werken (u. a. Essays und Dramen) zeigt er sich – ausgehend von humanist. und individualist. Positionen – als Kritiker der bürgerl. Demokratie wie des Marxismus.
Werke: *Essays:* Les vaches sacrées, 3 Bde. (1977–85). – *Dramen:* La course des rois (1947); Jeanne et les juges (1950); La maison de la nuit (1953); La défaite d'Annibal (1968). – *Sonstige Prosa:* Introduction à la poésie française (1939).

Maulpertsch, Franz Anton, Maler, →Maulbertsch, Franz Anton.

Maulschimmel, Columnaris-Krankheit, durch das Myxobakterium Chondrococcus columnaris verursachte Fischkrankheit, häufig bei verletzten Warmwasserfischen in Aquarien; grauweiße, watteähnl. Bakterienkolonien bes. im Maulbereich; Kiemen und Haut werden schwer geschädigt.

Maultasch, Margarete, →Margarete, Herrscherinnen, Tirol.

Maultier, Muli, Bastard aus Pferdestute und Eselhengst. M. sind untereinander unfruchtbar, jedoch bringen die Stuten von einem Pferde- oder Eselhengst Fohlen. Da durch die plasmat. Vererbung vermehrt mütterl. Eigenschaften vererbt werden, ist das M. pferdeähnlich. M. sind ausdauernde Reit- und Lasttiere, sie werden in Südamerika, S-Europa und N-Afrika gezüchtet. (→Maulesel)

Maultrommel, Brumm|eisen, in Europa, ganz Asien und Ozeanien als Hirteninstrument verbreitetes Zupfidiophon. Die europ. M. besteht aus einem ovalen oder hufeisenförmigen Stahlrahmen mit spitz zulaufenden Enden, zw. denen eine im Scheitel des Rahmens eingelassene schmale, durchschlagende Zunge aus Metall frei schwingen kann. Wird der Rahmen an die Lippen angelegt oder zw. die Zähne genommen und die Metallzunge am abgebogenen Ende angezupft, verstärkt die als Resonator dienende Mundhöhle den Schall. Durch Veränderung der Mundstellung können begrenzt versch. Obertöne der Zungenschwingung einzeln hörbar und melodisch verfügbar gemacht werden.
Die M. stammt wohl aus Asien und ist in Europa seit dem 14. Jh. nachweisbar; heute ist sie v. a. in der alpenländ. Volksmusik beheimatet.

Maul- und Klauenseuche, Aphthenseuche, Abk. **MKS,** weit verbreitete, hochansteckende, fieberhafte Erkrankung der Klauentiere (bes. Rinder; mit milderem Verlauf bei Schafen, Ziegen, Schweinen, seltener bei Schalenwild. Der Erreger ist das zu den Picornaviren gehörende MKS-Virus (mehrere Typen und Subtypen). Die Übertragung erfolgt u. a. durch Kontakt mit kranken Tieren oder infizierten Gegenständen, Futter, Personen. Erkrankte Rinder zeigen Fieber, Futterverweigerung, Speichelfluss und die charakterist. Blasen **(Aphthen)** im Bereich von Mundhöhle, Zitzen und Klauen. Bei Schweinen steht die mit Lahmheit verbundene Blasenbildung im Bereich der Klauen im Vordergrund. In Dtl. (seit 1987 MKS-frei) ist die Erkrankung anzeigepflichtig.
Bei Übertragung auf den Menschen (Viehpflege, Genuss infizierter Milch) kann es in seltenen Fällen nach einer Inkubationszeit von etwa sechs Tagen zur Ausbildung oberflächl., schmerzhafter Geschwüre an der Mundschleimhaut (Aphthen) mit Fieber, auch zu Blasenbildung an Fingerspitzen, Zwischenfingerräumen und Füßen kommen.

Maulwürfe, Talpidae, Familie etwa 6–20 cm körperlanger Insektenfresser mit 27 Arten in vier Unterfamilien, die nur auf der Nordhalbkugel verbreitet ist. M. besitzen ein dichtes, meist kurzhaariges Fell, eine rüsselförmig verlängerte, sehr tastempfindl. Schnauze und kleine bis völlig reduzierte Augen und Ohrmuscheln. Geruchs- und Erschütterungssinn sind sehr hoch entwickelt. Mit Ausnahme einiger im Wasser vorkommender Arten (z. B. →Desmane) sind M. meist unterirdisch lebende, fast ausschließlich Wirbellose fressende Grabtiere, deren Vorderextremitäten zu großen Grabschaufeln entwickelt sind.
Zur einzigen Gattung (Talpa) der **Eigentlichen M.** (Unterfamilie Talpinae) gehören 13 Arten, u. a. der in Europa bis Mittelasien verbreitete einheim. **Europäische Maulwurf** (Talpa europaea; Körperlänge 12–16 cm) mit dunkelgrauem bis schwarzem Fell und bis 3 cm langem Schwanz; er gräbt bei der Nahrungssuche (bes. Insektenlarven, Regenwürmer) umfangreiche unterird. Gangsysteme mit bis zu zehn blind endenden ›Vorratskammern‹. Die Gangsysteme sind im Sommer bis 40 cm, im Winter bis über 1 m tief. Ein Teil der gelockerten Erde wird von Zeit zu Zeit rückwärts laufend aus dem Röhrenausgang befördert **(Maulwurfshügel).** M. sind außerhalb der Paarungszeit Einzelgänger. Das Weibchen wirft nach einer Tragzeit von drei bis vier Wochen im Sommer vier bis fünf zunächst nackte Junge, die nach etwa fünf Wochen ihr Nest verlassen. – M. können ein Alter von vier Jahren erreichen. Sie sind einerseits durch das Vertilgen von Schadinsekten sehr nützlich, andererseits schadet ihre Wühltätigkeit den Pflanzen. – M. gehören nach der Bundesartenschutzverordnung zu den bes. geschützten Arten.

Maulwurfsgrillen, Gryllotalpidae, Familie der Grillen mit fast 60 bis 5 cm langen Arten. M. sind walzenförmig, samtartig behaart, die Vorderbeine sind zu mächtigen Grabschaufeln umgebildet, mit denen unterird. Gangsysteme angelegt werden. Die Ernährung ist v. a. räuberisch. Einzige Art in Mitteleuropa ist die bis 5 cm lange, braun gefärbte **M. (Werre,** Gryllotalpa gryllotalpa). Der Gesang des Männchens einer verwandten, in Frankreich verbreiteten Art ist bei Windstille rd. 500 m weit hörbar.

Maulwurfnatter, Pseudaspis cana, bis 1,3 m lange, wühlende Natter mit vorspringender Schnauze und massigem Körperbau; häufige Schlange in den Trockengebieten des südl. Afrikas. Die M. besitzt keinen Giftzahn.

Maulwurfsratten, Bez. für zwei in Asien beheimatete Arten der Echten Mäuse, die **Indische M.** oder Pestratte (Bandicota bengalensis) und die **Kurzschwanz-M.** (Nesokia indica). M. leben in unterird., bis 60 cm tiefen Gangsystemen und ernähren sich rein pflanzlich, wodurch sie in Getreidefeldern großen Schaden anrichten können; beide Arten können die Pest übertragen.

Mau-Mau, von der brit. Kolonial-Reg. verwendete Bez. für Geheimbünde unter den Kikuyu in Kenia, die seit etwa 1950 entstanden. Ihr Ziel war, die Vorherrschaft der Europäer gewaltsam zu beseitigen und das von ihnen angeeignete Land unter die landlosen Ki-

Maultrommel

Maulwürfe:
Europäischer Maulwurf
(Körperlänge 12–16 cm)

Maulwurfsgrille
(bis 5 cm lang)

kuyu aufzuteilen; sie überfielen Weiße und mit der Reg. zusammenarbeitende Afrikaner. Geheimrituale sicherten den Bünden breite Gefolgschaft. Im Oktober 1952 verhängte die Kolonial-Reg. den Ausnahmezustand und schlug bis Ende 1956 die Revolte nieder, in deren Verlauf zahlr. Europäer und Inder sowie etwa 1 000 Afrikaner und mindestens 115 000 M.-M.-Kämpfer getötet wurden. – Die Bez. M.-M. (ohne Sinn) entstand angeblich als Warnrufen, die Kinder bei Razzien der Polizei ausstießen. Eine Organisation, die sich selbst so nannte, gab es nie.

C. G. ROSBERG u. J. NOTTINGHAM: The myth of ›M.-M.‹. Nationalism in Kenya (Stanford, Calif., 1966); D. W. THROUP: Economic and social origins of M.-M. 1945–53 (London 1987).

Mauna Kea [engl. ˈmaʊnə ˈkeɪə], ruhender Vulkan (Schildvulkan) im N der Insel Hawaii, USA, 4 205 m ü. M.; seit Beginn der polynes. Besiedlung (um 800 n. Chr.) nicht mehr aktiv. Die winterl. Schneekappe ermöglicht Skisport. – Auf dem Gipfel befindet sich das höchstgelegene astronom. Observatorium (**M. K.-Observatorium**) der Erde. Die durch die Klarheit der Luft in dieser Höhe gegebene Qualität der Beobachtungsbedingungen (Sterne bis zur 7. Größenklasse sind mit bloßem Auge erkennbar) wird von keiner anderen Sternwarte erreicht. Da sich in dieser Höhe nur wenig Wasserdampf in der Atmosphäre befindet, bietet das Observatorium hervorragende Bedingungen für die Infrarotastronomie. Neben Reflektoren mit Öffnungen von 2,24 m bis 3,8 m sowie zwei Radioteleskopen mit 10 m bzw. 15 m Durchmesser befinden sich auf dem M. K. die nach ihrem Mäzen benannten **Keck-Teleskope**. Keck I und II sind Großteleskope mit je 10 m Öffnung, deren reflektierende Optik aus je 36 kleineren, annähernd sechseckigen Spiegeln zusammengesetzt ist (Segmented-Mirror-Technik).

Mauna Loa [engl. ˈmaʊnə ˈloʊə], aktiver Vulkan im südl. Teil der Insel Hawaii, USA, 4 170 m ü. M. Der M. L. ist ein Schildvulkan, der am Meeresboden in etwa 4 000–5 000 m Tiefe einen Durchmesser von 150 km hat. Vom Meeresboden aus gerechnet ist der M. L. einer der höchsten Einzelberge der Erde. Die letzten größeren Ausbrüche des Vulkans fanden 1984 und 1987 statt. Der M. L. befindet sich wie der etwa 40 km weiter südöstlich liegende →Kilauea im Hawaii Volcanoes National Park (927 km²; UNESCO-Weltnaturerbe). – In der Klimastation am Hang des M. L. wird seit 1958 der Kohlendioxidgehalt der Luft gemessen. (→Klimaänderung)

Maundy-Money [ˈmɔːndi ˈmʌni; engl., von Maundy Thursday ›Gründonnerstag‹] *das*, -*(s)*, seit dem 17. Jh. engl. Silbermünzen mit 1, 2, 3 und 4 Pence, die für den alten Brauch des Almosengebens durch den König am Gründonnerstag geprägt werden. Die Höhe der Almosen hängt vom Alter des jeweiligen Monarchen ab. M.-M. wird noch heute jährlich neu geprägt und verteilt.

Maunz, Theodor, Staatsrechtslehrer, * Dachau 1. 9. 1901, † München 10. 9. 1993; Prof. in Freiburg im Breisgau (1937–45) und München (1952–71). 1957–64 bayer. Staats-Min. für Unterricht und Kultus. Nach seinem Tod wurde bekannt, dass M., der 1964 wegen seiner Veröffentlichungen in der NS-Zeit als bayer. Kultus-Min. zurückgetreten war, bis zu seinem Tod über mehr als 20 Jahre für die rechtsextreme Gedankengut verbreitende Dt. National-Zeitung Berater und anonymer Autor gewesen war. (→Kieler Schule)

Werke: Dt. Staatsrecht (1951). – **Hg.:** Grundgesetz. Komm., Losebl. (1959 ff.; mit G. DÜRIG u. a.).

Maupassant [mopaˈsã], Guy de, frz. Schriftsteller, * Schloss Miromesnil (bei Dieppe) 5. 8. 1850, † Paris 7. 7. 1893; war nach abgebrochenem Jurastudium Beamter im Marine-, dann im Unterrichtsministerium, suchte Ablenkung durch literar. Versuche. Er gehörte zum Kreis um G. FLAUBERT, lernte dort u. a. É. ZOLA, E. DE GONCOURT und S. MALLARMÉ kennen. Nach dem großen Erfolg der Novelle ›Boule de suif‹ (1880; dt. ›Fettklößchen‹) in dem von ZOLA angeregten Sammelband ›Les soirées de Médan‹ widmete er sich ganz der Literatur. 1891 fiel er in geistige Umnachtung, 1892 wurde er nach einem Selbstmordversuch in eine psychiatr. Anstalt eingewiesen, wo er starb. Sein erzähler. Werk (mehr als 250 Romane und Novellen) schuf er in einem Jahrzehnt. Schon zu Lebzeiten berühmt, gehört er bis in die Gegenwart zu den am meisten gelesenen Autoren der frz. Literatur.

In seinen ästhet. Konzeptionen (dargelegt im Vorwort zu seinem Roman ›Pierre et Jean‹, 1888) unterscheidet sich M. – trotz deutl. inhaltlicher Zuwendung zur Lebensrealität – von den Naturalisten. Er zielt nicht auf fotograf. Abbildung der Wirklichkeit, sondern – durch entsprechende Auswahl und Kombination genau beobachteter und vielschichtig aufeinander abgestimmter Details – auf Wahrheit im Sinne von Wahrscheinlichkeit. Bei weitgehendem Verzicht auf moralisierende und psychologisierende Darstellung ist seine Erzählhaltung – nach FLAUBERTS Vorbild – von äußerster Distanziertheit und Objektivität gekennzeichnet. Wie FLAUBERT setzt M. seine (durch die Lektüre der Werke A. SCHOPENHAUERS mitgeprägte) pessimist. Weltsicht in der künstler. Analyse der Banalität des Daseins um: Hinter einem Panorama unterschiedl. Lebensformen und sozialer Schichten (Fischer und Bauern der Normandie, Provinzbürgertum, kleine Pariser Beamte, Halbwelt, niedere Aristokratie) und der Darstellung der (korrupten) Gesellschaft der Dritten Republik in ihrem Macht- und Erfolgsstreben, ihrer Unaufrichtigkeit und ihrer fragwürdigen Moral (Roman ›Bel ami‹, 1885; dt.) erscheint immer wieder das Bild menschl. Dummheit und Durchschnittlichkeit, Triebhaftigkeit und Grausamkeit, Desillusionierung und Langeweile. Bes. charakteristisch für M.s von reflektierenden und kommentierenden Elementen (außer in den späten Romanen) freien Erzählstil ist die Pointierung des Gewöhnlichen auf ungewöhnl. Art und ein den Grundton von Illusionslosigkeit und Melancholie virtuos kontrastierender, abgründiger Sinn für Komik mit z. T. sarkast. und grotesken Zügen.

Weitere Werke: *Novellen:* La maison Tellier (1881; dt. Das Haus Tellier); Mademoiselle Fifi (1882; dt. Fräulein Fifi); Miss Harriet (1884; dt.); Yvette (1884; dt.). – *Romane:* Une vie (1883; dt. Ein Leben); Mont-Oriol (1884; dt. Oriols-Höh); Fort comme la mort (1889; dt. Stark wie der Tod); Notre cœur (1890; dt. Unser Herz).

Ausgaben: Œuvres complètes, 29 Bde. (1908–10); Contes et nouvelles, hg. v. L. FORESTIER, 2 Bde. (Neuausg. 1979–80); Œuvres complètes, hg. v. P. PIA, 17 Bde. (Neuausg. 1979). – Gesamtausg. der Novellen u. Romane, hg. v. E. SANDER, 10 Bde. (1963–64, Nachdr. 1986–87).

H. KESSLER: M.s Novellen. Typen u. Themen (1966); A. VIAL: G. de M. et l'art du roman (Neuausg. Paris 1971); C. CASTELLA: Structures romanesques et vision sociale chez M. (Lausanne 1972); A. LANOUX: M. le bel-ami (Neuausg. Paris 1979); R. W. u. A. ARTINIAN: M. criticism. A centennial bibliography 1880–1979 (Jefferson, N. C., 1982); G. DELAISEMENT: G. d. M. Le témoin, l'homme, le critique, 2 Bde. (Orléans 1984); M. MACNAMARA: Style and vision in M.s nouvelles (Bern 1986); C. GIACCHETTI: M. Espaces du roman (Genf 1993).

Maupeou [moˈpu], René Nicolas Charles Augustin de, frz. Staatsmann, * Montpellier 21. 2. 1714, † Le Thuit (Dép. Eure) 29. 7. 1792; 1763–68 Präs. des Pariser Parlaments (des Obersten Gerichtshofs). Von LUDWIG XV. 1768 zum Kanzler ernannt, leitete M. 1771 eine groß angelegte Justizreform ein. Ihr Hauptziel war die polit. Entmachtung der Parlamente, die durch neue, vom Ernennungsrecht der Krone abhängige Obergerichte ersetzt wurden. Damit wirkte er der Käuflichkeit der Ämter und der Korruption entgegen und erschütterte die Privilegien des Amtsadels. LUD-

Guy de Maupassant

Pierre Louis Moreau de Maupertuis

WIG XVI. nahm unter dem Druck des Adels die weithin erfolgreichen Reformen M.s zurück.

L. LAUGIER: Un ministre réformateur sous Louis XV. Le Triumvirat, 1770–1774 (Paris 1975); D. ECHEVERRIA: The M. revolution. A study in the history of libertarianism. France 1770–1774 (Baton Rouge, La., 1985).

Maupertuis [moperˈtɥi], Pierre Louis Moreau de, frz. Philosoph, Biologe und Mathematiker, *Saint-Malo 28. 9. 1698, †Basel 27. 7. 1759; war seit 1723 Mitgl. der Académie des sciences, in deren Auftrag er 1736/37 eine Lapplandexpedition unternahm, auf der er durch Gradmessung längs des Meridians der Abplattung der Erde an den Polen nachwies und damit I. NEWTONS diesbezügl. Hypothese bestätigte. Von FRIEDRICH II. nach Berlin berufen, wurde er 1746 zum Präs. der Preuß. Akademie der Wiss.en ernannt. 1744 stellte er (nicht zuletzt aus teleologisch-theolog. Motiven) ein →Prinzip der kleinsten Wirkung auf, das er als eine Art Weltformel ansah (›Essai de cosmologie‹, 1750). Dies führte zu Streitigkeiten mit dem Leibnizianer SAMUEL KÖNIG (*1712, †1757) und VOLTAIRE; 1756 zog er sich aus der Akademie zurück. M. leistete außerdem wichtige Beiträge zur Embryologie.

Maupertuis, Schlacht von [-moperˈtɥi], anderer Name der Schlacht von →Poitiers.

Maupin [ˈmɔːpɪn], Armistead, amerikan. Schriftsteller, *Washington (D. C.) 13. 5. 1944; wurde mit seinen zunächst im ›San Francisco Chronicle‹ veröffentlichten Geschichten bekannt, mit denen er zum Kultautor avancierte. Die aus sechs Teilen bestehende Serie schildert witzig und z. T. bizarr das Leben der 1970er- und 80er-Jahre im von Jugendkultur und homosexueller Szene sowie freien Lebensformen geprägten San Francisco, aber auch v. a. im letzten Teil negative Aspekte wie die durch Aids bedrohten homosexuellen Beziehungen und die menschl. Entfremdung.

Werke: *Romanreihe:* Tales of the city (1978; dt. Geschichten aus Frisco, auch u. d. T. Stadtgeschichten); More tales of the city (1980; dt. Neue Geschichten aus Frisco, auch u. d. T. Mehr Stadtgeschichten); Further tales of the city (1982; dt. Noch mehr Stadtgeschichten); Babycakes (1984; dt. Tollivers Reisen); Significant others (1987; dt. Am Busen der Natur); Sure of you (1989; dt. Schluß mit lustig).

Maura, Carmen, span. Filmschauspielerin, eigtl. C. García M. [garˈθia-], *Madrid 15. 9. 1946; gab ihr Filmdebüt in Kurzfilmen. Ihren internat. Durchbruch erlangte sie in Filmen von P. ALMODÓVAR.

Filme: Mit verbundenen Augen (1978); Womit habe ich das verdient? (1984); Matador (1986); Frauen am Rande des Nervenzusammenbruchs (1988); Ay, Carmela! (1990); Perfekte Frauen haben's schwer (1991); Verschwörung der Kinder (1992); Der König des Flusses (1994).

Maurach, Reinhart, Rechtslehrer, *Simferopol 25. 3. 1902, †Gardone Riviera II. 7. 1976; 1941 Prof. für Straf- und Ostrecht in Königsberg (heute Kaliningrad), seit 1948 in München. M. war nach H. WELZEL der einflussreichste Vertreter der finalen Handlungslehre (→Handlung) im Strafrecht.

Werke: Schuld u. Verantwortung im Strafrecht (1948); Dt. Strafrecht. Besonderer Tl. (1952); Dt. Strafrecht. Allg. Tl. (1954); Hb. der Sowjet-Verf. (1955).

Maura y Montaner, Antonio, span. Politiker, *Palma de Mallorca 2. 5. 1853, †Torrelodones (bei Madrid) 13. 2. 1925; Rechtsanwalt; wurde 1881 liberaler Abg., trat 1901 zu den Konservativen über, deren Führer er wurde; in den Jahren 1892–1903 mehrfach Minister, danach bis 1922 fünfmal Min.-Präs.; schloss 1904 den Marokkovertrag mit Frankreich.

Mauren, 1) span. **Moros**, Bez. für die Muslime arab. und berber. Herkunft, die 711–1492 in weiten Teilen der Iber. Halbinsel und NW-Afrikas herrschten und die maur. Kultur und Kunst (→maurischer Stil) schufen. – **Mauri** nannten im Altertum die Römer einen z. Z. PLINIUS' D. Ä. fast ausgestorbenen Berberstamm, zuweilen auch zusammenfassend andere Berberstämme.

2) arabisch-berber. Misch-Bev. mit negridem Einschlag in NW-Afrika, vom S Marokkos bis in den N Senegals (hier etwa 100 000 M.), im O bis zum Nigerknie (in Mali etwa 230 000 M.), also v. a. in Westsahara (→Sahraoui) und in Mauretanien (hier etwa 1,5 Mio.). Die vielfach noch in Stämmen organisierten M. (Brakna, Kunta, Trarza, Berabisch, Reguibat) sprechen Hassania, einen arab. Dialekt; daneben finden sich berber. Sprachinseln. Die ursprüngl. berber. Bev. dieses Raums wurde ab dem 11. Jh. arabisiert und islamisiert; es entstand die heute noch bestehende Klassenstruktur mit dem in Krieger (etwa ein Drittel, meist arab. Herkunft) und Marabuts (etwa zwei Drittel, berber. Herkunft) gegliederten Adel und ihren ebenfalls weißen Vasallen (Zenaga). Am unteren Ende finden sich die negriden Harratin, deren bis zur Sklaverei reichende Tributpflicht bis heute nicht restlos überwunden ist. Etwas außerhalb der sozialen Hierarchie stehen die Kaste der Handwerker (Schmiede) und Barden sowie die kleinen Gruppen der Fischer (Imraguen) und Jäger (Nemadi), die wohl auf die Urbevölkerung zurückgehen. Die M., traditionell Nomaden, sind infolge großer Dürrekatastrophen heute weitgehend ihrer Existenzgrundlage beraubt und werden zunehmend sesshaft.

M. BRETT u. W. FORMAN: Die M. Islam. Kultur in Nordafrika u. Spanien (a. d. Engl., 1981).

3) Mauretani|er, die Bev. von →Mauretanien.

Maurenbergland, Gebirge in Frankreich, →Maures.

Maurer, 1) Dora, ungar. Malerin, Grafikerin und Filmemacherin, *Budapest 11. 6. 1937; fasst ihre Druckgrafiken als Spuren von Aktionen auf. Ab 1972 entwickelte sie, ausgehend vom Prinzip der Verschiebung, eine systematisch-geometr. Malerei (Raumgestaltung Schloss Buchberg am Kamp, Niederösterreich, 1982–83) sowie strukturelle Experimentalfilme. Als Mitgl. der ungar. Avantgarde der 70er-Jahre übte sie eine wichtige Organisations- und Lehrtätigkeit aus.

2) Friedrich, Germanist, *Lindenfels 5. 1. 1898, †Merzhausen (Landkreis Breisgau-Hochschwarzwald) 7. 11. 1984; 1929 Prof. in Gießen, 1931 in Erlangen, 1937 in Freiburg im Breisgau; veröffentlichte zahlreiche bedeutende Arbeiten zur Literatur des MA., v. a. zu WALTHER VON DER VOGELWEIDE und zur religiösen Dichtung des 11. und 12. Jh., sowie zur dt. Sprachgeschichte und Mundartenkunde. Mitherausgeber u. a. der ›Dt. Wortgeschichte‹ (1943, 3 Bde.); begründete 1965 das ›Südhess. Wörterbuch‹.

Dt. Sprache. Gesch. u. Gegenwart. Festschr. für F. M. zum 80. Geburtstag, hg. v. H. MOSER u. a. (Bern 1978).

3) Georg, Schriftsteller und Journalist, *Reghin (Siebenbürgen) 11. 3. 1907, †Potsdam 4. 8. 1971; hatte als Dozent, ab 1961 als Prof. am Institut für Literatur ›J. R. Becher‹ in Leipzig großen Einfluss auf die Anfang der 60er-Jahre an die Öffentlichkeit tretende Lyriker-Generation der DDR (u. a. A. ENDLER, SARAH KIRSCH). Sein eigenes lyr. Werk reicht vom strengen Sonett bis zu freirhythmischen, hymn. Gesängen. Die marxist. Überzeugung mündete in metaphernreiche, schmerzhafte Sinnsuche, die v. a. in den späten Gedichten Zweifel erkennen lässt. Auch Essayist und Übersetzer aus dem Rumänischen.

Werke: *Lyrik:* Die Elemente (1955); Lob der Venus (1957); Dreistrophenkalender (1961); Gespräche (1967); Erfahrene Welt (hg. 1973).

Ausgaben: Unterm Maulbeerbaum. Ausgew. Gedichte (1977); Was vermag Lyrik? Essays, Reden, Briefe, hg. v. H. CZECHOWSKI (1982).

4) Ion Gheorghe, rumän. Politiker, *Bukarest 23. 9. 1902; Rechtsanwalt, verteidigte in den 30er-Jahren bei polit. Prozessen Mitglieder der KP, wurde 1936 Mitgl. der KP und nach 1945 einer ihrer führenden Politiker: 1945–74 Mitgl. des ZK, 1960–65 des Politbüros und

1965–74 des ständigen Präsidiums. M. war 1957–58 Außen-Min., 1958–61 Vors. des Präsidiums der Nationalversammlung (Staatsoberhaupt) und 1961–74 Ministerpräsident.

Maures, Massif des M. [-dɛˈmɔːr], dt. **Maurenbergland,** stark bewaldetes Küstengebirge in der Provence, im Dép. Var, Frankreich, zw. Hyères und Fréjus. Die in einer Höhe von 200 bis 400 m ü. M. gelegene Verebnungsfläche aus kristallinen Gesteinen wird von einzelnen Härtlingen überragt (bis 779 m ü. M.)

Mauréske [frz. mauresque, von span. morisco ›maurisch‹] *die, -/-n,* aus hellenist. Formen entwickeltes Ornament der islam. Kunst, das aus sich überschneidenden Pflanzenranken mit stilisierten Blättern und Blüten besteht. Es wurde in der Renaissance auch vom christl. Europa übernommen.

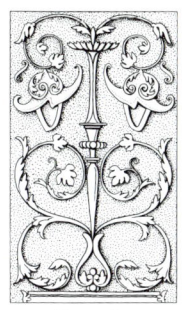

Mauretania [lat.], Name NW-Afrikas im Altertum, benannt nach den berber. Mauri (→Mauren), umfasste urspr. das heutige Marokko sowie Teile Algeriens und grenzte im O an Numidien. Unter König BOCCHUS I. trat es während des jugurthin. Krieges mit Rom in Berührung und erhielt die westl. Gebiete Numidiens. Zur Zeit des AUGUSTUS war M. ein röm. Klientelfürstentum (mit zunehmenden hellenist. Einflüssen) unter JUBA II. Als dessen Sohn und Nachfolger PTOLEMAIOS ermordet wurde (40 n. Chr.), kam es zu einer Erhebung der Mauren, die durch den röm. Legaten SUETONIUS PAULLINUS niedergeworfen wurde. M. wurde 42 in zwei kaiserl. Provinzen mit dem Grenzfluss Mulucha (Moulouya) eingeteilt: **M. Caesariensis** (Westalgerien) mit der Hauptstadt Caesarea (heute Cherchell) und **M. Tingitana** mit Tingis (Tanger). In der Spätzeit schob sich zw. Numidien und M. Caesariensis noch die Prov. **M. Sitifensis** (Hauptstadt war das heutige Sétif).

G. CHARLES-PICARD: Nordafrika u. die Römer (a. d. Frz., 1962); J.-M. LASSÈRE: Ubique populus. Peuplement et mouvements de population dans l'Afrique romaine ... (Paris 1977).

Mauretanien
Fläche 1 030 700 km²
Einwohner (1995) 2,3 Mio.
Hauptstadt Nouakchott
Amtssprache Arabisch
Nationalfeiertag 28. 11.
Währung 1 Ouguiya (UM) = 5 Khoums (KH)
Uhrzeit 11⁰⁰ Nouakchott = 12⁰⁰ MEZ

Mauretanien, frz. **Mauritanie** [mɔritaˈni], amtlich arab. **Al-Djumhurijja al-Islamijja al-Muritanijja** [-dʒʊm-], dt. **Islamische Republik M.,** Staat in Westafrika, grenzt im W an den Atlant. Ozean, im NW an Marokko (Westsahara), im N an Algerien, im O und S an Mali sowie im S an Senegal, mit 1 030 700 km² und (1995) 2,3 Mio. Ew.; Hauptstadt ist Nouakchott. Amtssprache: Arabisch; Nationalsprachen sind Pular, Wolof und Soninke; Handels- und Geschäftssprache ist weitgehend Französisch. Währung: 1 Ouguiya (UM) = 5 Khoums (KH). Zeitzone: Westeurop. Zeit (11⁰⁰ Nouakchott = 12⁰⁰ MEZ).

STAAT · RECHT

Verfassung: Nach der durch Referendum vom 12. 7. 1991 angenommenen Verf. ist M. eine präsidiale Republik. In der Verf., die M. zum islam., unteilbaren, demokrat. und sozialen Staat erklärt, sind Gewaltenteilung und Parteienpluralismus festgeschrieben. Der Islam ist Staatsreligion und die Scharia Grundlage der Rechtsprechung. Als Staatsoberhaupt fungiert der auf sechs Jahre direkt gewählte Präs.; er ist mit umfangreichen Machtbefugnissen ausgestattet, ernennt den Premier-Min. und kann das Parlament auflösen sowie den Ausnahmezustand verhängen. Die Legislative liegt beim Zweikammerparlament, bestehend aus der Nationalversammlung (79 Abg., für fünf Jahre durch das Volk gewählt) und dem Senat (56 Mitgl., für sechs Jahre von den Gemeindevertretungen gewählt). Senatswahlen finden alle zwei Jahre für einen Teil der Mitgl. statt.

Parteien: Das verfassungsmäßig garantierte Mehrparteiensystem wird von dem Parti Républicain Démocrate et Social (PRDS) dominiert. Zu den wichtigsten legalen Oppositionsparteien zählen die Union der Forces Démocratiques – Ère Nouvelle (UFD – EN) und die Union pour la Démocratie et le Progrès (UDP). Daneben existieren eine Reihe illegaler Organisationen (die Verf. untersagt Parteien auf religiöser Grundlage), z. B. die islam. Ummah-Partei und die Forces de Libération Africaine de Mauritanie (FLAM; Organisation der schwarzafrikan. Bev.).

Gewerkschaften: Neben der staatlich kontrollierten Union des Travailleurs de Mauritanie (UTM) existiert seit 1994 die unabhängige Conféderation Générale des Travailleurs de Mauritanie (CGTM).

Wappen: M. besitzt kein Staatswappen, lediglich ein Staatssiegel. Es zeigt auf grünem Grund einen gelben, fünfzackigen Stern sowie darunter einen gleichfarbigen, liegenden Halbmond, der weitgehend von einer Palme und zwei Hirsestecklingen verdeckt ist. Auf dem silbernen Rand befindet sich in frz. und arab. Sprache die offizielle Staatsbezeichnung.

Nationalfeiertag: 28. 11., erinnert an die Erlangung der Unabhängigkeit 1960.

Verwaltung: M. ist in 12 Regionen und den Hauptstadtdistrikt gegliedert.

Recht: Das 1961 nach frz. Vorbild kodifizierte Recht wurde 1980 durch islam. Recht (Scharia) abgelöst. Neben dem Islam. Gerichtshof existieren ein Oberster Gerichtshof, ein Sondergerichtshof für Fragen der Staatssicherheit sowie ein Verf.-Gerichtshof. Die Gerichte erster Instanz bestehen aus einem Hohen Gericht, islam. Richtern auf lokaler Ebene und dem Arbeitsgericht.

Streitkräfte: Die Gesamtstärke der Wehrpflichtarmee (Dienstzeit 24 Monate) beträgt etwa 15 500, die der paramilitär. Kräfte (Gendarmerie, Nationalgarde u. a.) rd. 4 500 Mann. Das Heer (15 000 Mann) ist hauptsächlich gegliedert in sieben Infanterie- und zwei Fallschirmjägerbataillone sowie zwei Kamelreiterkorps. Die Luftwaffe verfügt über rd. 150, die Marine über etwa 400 Mann. Seit Beginn der 1990er-Jahre wird schrittweise die Personalstärke vergrößert und die Ausrüstung modernisiert.

LANDESNATUR · BEVÖLKERUNG

Der weitaus größte Teil des Landes gehört zur westl. Sahara, der S (etwa südlich des 18. Breitengrades) zur Dornsavanne der Sahelzone. An die 700 m lange, flache, hafenarme Atlantikküste schließt sich eine ausgedehnte, z. T. von Dünen bedeckte Ebene an. Nach O erheben sich mit Steilstufen Plateaus (um 500 m ü. M.), größtenteils mit Geröll bedeckt (Reg) und von einzelnen Inselbergen (bis 915 m ü. M.) überragt. Sie senken sich nach NO zu dem Dünengebiet von El-Djouf, einem weiten, abflusslosen Becken, das nach Mali hineinreicht.

Klima: M. hat weitgehend trockenes, subtrop. Wüstenklima mit gelegentl. Niederschlägen im Winter. Nur ein kleines Gebiet an der SW-Grenze im Überschwemmungsgebiet des Senegals (Grenzfluss), der eigentl. Lebensraum des Landes, und ein südl. W-O-Saum im Hodh erhalten im Sommer dank Winden aus dem Golf von Guinea etwa 200–500 mm Nie-

Mauréske

Mauretanien

Staatssiegel

Staatsflagge

RIM
Internationales Kfz-Kennzeichen

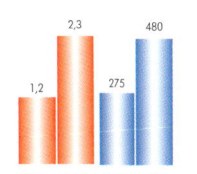

1970 1995 Bevölkerung (in Mio.)
1970 1994 Bruttosozialprodukt je Ew. (in US-$)

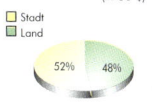

□ Stadt
□ Land

Bevölkerungsverteilung 1994

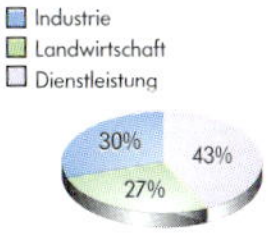

■ Industrie
■ Landwirtschaft
■ Dienstleistung

Bruttoinlandsprodukt 1994

Maur Mauretanien

Klimadaten von Nouakchott (5 m ü. M.)

Monat	Mittleres tägl. Temperaturmaximum in °C	Mittlere Niederschlagsmenge in mm	Mittlere Anzahl der Tage mit Niederschlag	Mittlere tägl. Sonnenscheindauer in Stunden	Relative Luftfeuchtigkeit nachmittags in %
I	29	1	0,3	9,0	30
II	30,5	2	0,4	8,8	28
III	32,5	1	0,2	9,7	26
IV	33	1	0,2	10,7	29
V	34	1	0,2	9,9	36
VI	33,5	1	0,3	10,1	46
VII	31,5	13	1,5	8,7	60
VIII	32	62	4,9	8,4	62
IX	34	40	3,9	8,1	55
X	35	10	1,1	8,3	39
XI	32,5	1	0,4	7,7	29
XII	29	7	0,7	7,9	30
I–XII	32,2	142	14,1	8,9	39

derschlag und gehören somit bereits zu den Randtropen. Im Winter ist der →Harmattan gefürchtet. An der Küste liegen die Temperaturen infolge Abkühlung durch den Kanarenstrom niedriger; oft Taubildung.
Vegetation: Am Senegal herrscht Überschwemmungssavanne (mit Dumpalmen, Weinpalmen, Affenbrotbäumen) vor, nördlich anschließend Dornstrauchsavanne (mit Akazien); noch weiter nördlich beginnt die Wüste; in den Oasen dominieren Kulturpflanzen (Dattelpalmen).
Bevölkerung: M. gehört zu den am dünnsten besiedelten Ländern der Erde. Über 80 % der Mauretanier leben entlang der S-Grenze. Kennzeichnend für M. ist der Ggs. zw. den →Mauren 2), die nach offiziellen Angaben 81 % der Gesamt-Bev. ausmachen (zwei Drittel sind weiße Bidani, ein Drittel negride Harratin), und im S als Feldbauern lebenden schwarzafrikan. Stämmen (Wolof, Tukulor, Soninke, Bambara u. a.). Infolge der Dürreperioden im Sahel, bes. 1969–74 und 1982–84, sank der Anteil der Nomaden an der Gesamt-Bev. von (1967) 85 % auf (1988) 17 %; seither erfolgt zunehmend eine Sesshaftwerdung der meist maur. Nomaden im W und S des Landes. Ein großer Teil der ihrer Lebensgrundlage beraubten Nomaden lebt jedoch in Hütten und Zelten am Rande der Städte (v. a. von Nouakchott), wo sie von Hilfsorganisationen betreut werden. Der Bev.-Druck der infolge Dürre ins Senegaltal drängenden Mauren und Landspekulationen maur. Händler im Bewässerungsgebiet entlang des Senegal haben 1989–92 zu blutigen ethn. Konflikten zw. Mauren und Schwarzafrikanern geführt. Das durchschnittl. jährl. Bev.-Wachstum beträgt (1990–94) 2,9 %, die städt. Bev. 52 %. Die wichtigsten Städte sind Nouakchott (1992: 480 400 Ew.), Nouadhibou (72 300 Ew.) und Kaédi (35 200 Ew.).
Religion: Staatsreligion ist der Islam, zu dem sich 99,7 % der Bev. bekennen. Die Mauretanier sind Sunniten der malikit. Rechtsschule und Anhänger versch. Sufi-Bruderschaften (Tidjaniten, Quadiriten). Die Religionsausübung nichtislam. Bekenntnisse (in M. nur das Christentum) ist gewährleistet, de facto aber auf die in M. lebenden Ausländer beschränkt. Für die rd. 4 500 kath. Christen unter den in M. lebenden Ausländern (Europäern und Schwarzafrikanern) besteht das exemte Bistum Nouakchott mit (1996) sechs Pfarreien; prot. Christen gibt es nur vereinzelt.
Bildungswesen: Von der Weltbank unterstützt, läuft seit 1988 ein Förderprogramm für das Schulwesen M.s. Jedoch beträgt – trotz offizieller Schulpflicht – die Einschulungsquote an den sechsjährigen Primarschulen nur 70 % für Jungen und 55 % für Mädchen, an den ebenfalls sechsjährigen Sekundarschulen 20 bzw. 10 %. In den ländl. Gebieten ist der Schulbesuch deutlich niedriger als in den Städten. Neben staatl. Schulen existieren Koranschulen. Seit 1988 ist Arabisch erste Unterrichtssprache (vorher: Französisch). Die Analphabetenquote beträgt rd. 62 %. In Nouakchott gibt es nat. Schulen für Verw. und Technik sowie eine Univ. (gegr. 1981).
Publizistik: Presse: Die staatseigene ›Société Mauritanienne de Presse et d'Impression‹ (SMPI), gegr. 1978, gibt die Tageszeitung ›Al-Shab‹ (›Das Volk‹) heraus. Seit 1991 erscheint außerdem ›Al-Bayane‹ in Arabisch und Französisch. – Die staatl. *Nachrichtenagentur* ›Agence Mauritanienne de l'Information‹ (AMI), gegr. 1975, jetziger Name seit 1990, gehört zur SMPI und verbreitet Dienste in arab. und frz. Sprache. – *Rundfunk:* Die staatl. Rundfunkgesellschaft ›Office de Radiodiffusion et Télévision de Mauritanie‹ (ORTM), gegr. 1958, Sitz: Nouakchott, sendet ein Hörfunk- sowie ein Fernsehprogramm (seit 1984) in arab. und frz. Sprache.

WIRTSCHAFT · VERKEHR

Die Wirtschaft des Landes basiert auf Bergbau und Fischerei. Mit einem Bruttosozialprodukt je Ew. von (1994) 480 US-$ zählt M. zu den Ländern mit niedrigem Einkommen.
Landwirtschaft: In der Landwirtschaft, die überwiegend der Selbstversorgung dient, arbeiten (1994) 63 % der Erwerbstätigen; sie erwirtschaften 27 % des Bruttoinlandsprodukts (BIP). Träger des Ackerbaus sind die Schwarzafrikaner im Tal des Senegal; hier wurden u. a. von chin. Entwicklungshelfern Reisfelder angelegt. Andere Agrarprodukte sind Hirse, Mais, Kartoffeln, Bataten, Hülsenfrüchte, Erdnüsse; wichtigstes Produkt der Oasen sind Datteln. Ein Großteil des Getreidebedarfs kann nur durch Importe gedeckt werden (1992: 290 000 t). Insgesamt entfallen nur 0,2 % der Staatsfläche auf Ackerland und Dauerkulturen; 38 % werden als Weideland genutzt. Die Viehzucht, v. a. von Nomaden betrieben, hat sich wieder stabilisiert und weist einen höheren Bestand (1994: 1 Mio. Kamele, 1 Mio. Rinder, 4,8 Mio. Schafe, 3,1 Mio. Ziegen) auf als vor den Dürreperioden. Dies trägt zu weiterer Übernutzung der Weidegebiete bei. Außerdem sind in den letzten 30 Jahren weite Teile des mauretan. Sahel von der Desertifikation betroffen.

Mauretanien: Übersichtskarte

Forstwirtschaft: Der Waldbestand, 1988 noch 15 Mio. ha, hat durch starken Brennholzeinschlag (80% des Energiebedarfs werden mit Brennholz und Holzkohle gedeckt), der achtmal höher ist als die natürl. Regeneration der Wälder, auf 4,4 Mio. ha abgenommen. Ferner wird Gummiarabikum gewonnen.

Fischerei: Die Gewässer vor M. zählen zu den ertragreichsten Fischgründen Afrikas. 1982 hat M. seine Hoheitsgewässer bis auf 200 Seemeilen vor der Küste ausgedehnt. An mehrere Staaten sind Fischereirechte vergeben; seit 1993 besteht ein Fischereiabkommen mit der EU. Die Fangmenge von M. beträgt (1993) 92 800 t Fische u. a. Meerestiere.

Bodenschätze: M. ist nach der Rep. Südafrika und Liberia mit einer Fördermenge von (1994) 11,4 Mio. t Eisenerz (Eisengehalt: 5,4 Mio. t) drittgrößter Eisenerzproduzent Afrikas. Die Eisenerzvorräte werden auf 60 Mio. t mit einem Fe-Gehalt von 65% und auf 400 Mio. t mit einem Fe-Gehalt von 37% geschätzt. Eisenerz wird seit 1963 im Raum Zouérate, seit 1984 in der Guelb-Region 40 km nordöstlich von Zouérate und seit 1992 in M'Haoudat und Dikheila abgebaut. Wieder aufgenommen werden soll die 1978 unterbrochene Kupfererzförderung in Akjoujt. Gips wird nördlich von Nouakchott abgebaut. Weitere Bodenschätze sind bekannt (u. a. Phosphat, Chrom, Titan, Wolfram, Uran), werden jedoch nicht genutzt.

Industrie: In Industrie und Bergbau arbeiten rd. 10% der Erwerbstätigen; sie erwirtschaften 30% des BIP. Wirtschaftszentrum ist Nouakchott. Das verarbeitende Gewerbe beschränkt sich v. a. auf die Verarbeitung landwirtschaftl. Produkte (u. a. Gerberei in Kaédi), auf Trocknen, Salzen und Gefrieren von Fisch sowie auf die Herstellung von Fischmehl und Thunfischkonserven. Die meisten Unternehmen sind staatlich oder halbstaatlich, seit 1979 werden auch private Klein- und Mittelbetriebe gefördert.

Außenwirtschaft: Aufgrund des Aufschwungs der Fischereiwirtschaft gewann der Außenhandel an Bedeutung (Einfuhrwert 1994: 568 Mio. US-$, Ausfuhrwert: 427 Mio. US-$). Fischereiprodukte (1993: 56% Exportanteil) und Eisenerz (49%) sind die Hauptdevisenbringer. Wichtigste Handelspartner sind Frankreich, Italien, Japan und Spanien. Der Schuldendienst für die (1994) 2,3 Mrd. US-$ öffentl. Auslandsschulden beansprucht 23% der Exporterlöse. M. ist stark von Entwicklungshilfezahlungen, v. a. aus arab. Staaten, abhängig.

Verkehr: Nur das Gebiet um Nouakchott sowie die landwirtschaftl. Anbauzone am Senegal sind verkehrsmäßig relativ gut erschlossen. Eine 670 km lange Eisenbahnlinie verbindet das Erzabbaugebiet um Zouérate mit dem Erzexporthafen Point-Central 10 km südlich von Nouadhibou an der Grenze zu Westsahara. Nur 1700 km des (1992) 7500 km langen Straßennetzes sind asphaltiert, darunter die ›Straße der Hoffnung‹ zw. Nouakchott und Nema. Die Binnenschiffahrt auf dem Senegal ist nur im Unterlauf ganzjährig möglich. Wichtigste Häfen sind Nouadhibou (v. a. Fischereihafen), Point-Central sowie Nouakchott mit dem Tiefwasserhafen Port de l'Amitié, seit dessen Fertigstellung 1986 M. von Transitimporten unabhängig ist. Internat. Flughäfen besitzen Nouakchott und Nouadhibou.

GESCHICHTE

Seit dem 4. Jh. n. Chr. wanderten in das heutige M. von N her Berber ein, die im 11. Jh. islamisiert wurden. Nach dem Zusammenbruch des Reiches der Almoraviden (1147) blieb der Nordteil des Landes in loser Abhängigkeit von Marokko, der Südteil gehörte zum Reich Mali. 1448/49 errichteten die Portugiesen an der Baie du Lévrier das Fort Arguin. Es folgten span., holländ. und brit. Niederlassungen an der mauretan.

Mauretanien: Nomadenwirtschaft in der Dornsavanne (Sahelzone)

Küste. Frankreich eroberte nach 1900 das heutige M. zur Abrundung seines Kolonialbesitzes in N- und W-Afrika und gliederte es 1920 →Französisch-Westafrika ein. 1946 erhielt M. den Status eines Überseeterritoriums innerhalb der →Französischen Gemeinschaft. Am 28. 11. 1960 wurde M. unabhängig.

MOKHTAR OULD DADDAH verschmolz 1961 alle polit. Gruppen zur Einheitspartei ›Parti du Peuple Mauritanien‹ (PPM, dt. ›Mauretan. Volkspartei‹). 1966 kam es zu blutigen Zusammenstößen zw. Mauren und Angehörigen negrider Stämme im S. Zu Beginn der 70er-Jahre suchte M. seine engen Bindungen an Frankreich zu lösen (z. B. Einführung einer eigenen Währung, 1973); 1974 verstaatlichte die Reg. den Eisenerz-, 1975 den Kupfererzbergbau. In den Außenbeziehungen seines Landes suchte MOKHTAR OULD DADDAH ein Gleichgewicht zu wahren zw. nördl. und südl. Nachbarstaaten, zw. pro- und antiwestl. Strömungen in der Politik der afrikan. Staaten. Nachdem Marokko auf die Einverleibung des mauretan. Staatsgebietes 1970 verzichtet hatte, trat M. 1973 der Arab. Liga bei. Mit der Aufteilung des bis 1975/76 von Spanien beherrschten Gebietes von →Westsahara zw. Marokko und M. sah sich M. in krieger. Aktionen mit der Frente Polisario verwickelt.

Am 10. 7. 1978 stürzte die Armeeführung Präs. MOKHTAR OULD DADDAH, berief ein Militärkomitee als neue Reg., setzte die Verf. außer Kraft und verbot die Einheitspartei PPM. M. verzichtete auf den ihm zugesprochenen Teil des Gebietes von Westsahara und schloss am 5. 8. 1979 einen Friedensvertrag mit der Frente Polisario. 1980 wurde offiziell die Sklaverei abgeschafft. Nach versch. strukturellen und personellen Veränderungen des Militärkomitees übernahm 1984 Oberst MAAOUYA OULD SI AHMED TAYA als Präs. die Führung des Staates. In der zweiten Hälfte der 1980er-Jahre eskalierte der Konflikt zw. den arabisch-berber. Mauren und der unterprivilegierten schwarzafrikan. Bevölkerung. Anfang 1989 kam es zu Spannungen mit Senegal, in deren Verlauf 500 000 Schwarzafrikaner aus M. vertrieben wurden. Ab 1991 führten die Annahme einer neuen Verf., die Zulassung polit. Parteien und die Gewährung von Pressefreiheit zu einer vorsichtigen Demokratisierung.

A. G. GERTEINY: Mauretania (London 1967); DERS.: Historical dictionary of Mauritania (Metuchen, N. J., 1981); J. ARNAUD: La Mauritanie (Paris 1972); Atlas de la République Islamique de Mauritanie, hg. v. C. TOUPET u. a. (ebd. 1977); C. TOUPET u. J.-R. PITTE: La Mauritanie (ebd. 1977); F. DE CHASSEY: Mauritanie. 1900–1975 (ebd. 1978); DERS.: Mauritanie. Facteurs économiques, politiques, idéologiques ... (ebd. 1984); F. LEFORT u. C. BADER: Mauritanie, la vie réconciliée (ebd. 1990); U. CLAUSEN: Demokratisierung in M. Einf. u. Dokumente. (1993); M. Eine Einf., hg. v. DERS. (1994).

Mauriac [mori'ak], **1)** Claude, frz. Schriftsteller, *Paris 25. 4. 1914, †ebd. 22. 3. 1996; Sohn von 2);

François Mauriac

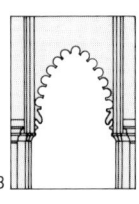

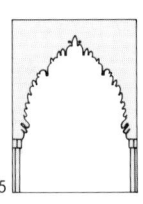

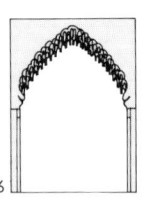

1944–49 Privat-Sekr. C. DE GAULLES; Film- und Literaturkritiker; einer der Theoretiker des Nouveau Roman (›L'alittérature contemporaine‹, 1958). Seine, durch Verschränkung der zeitl. Ebenen und häufige Verwendung des inneren Monologs gekennzeichneten Romane stehen dem Nouveau Roman nahe.

Weitere Werke: *Romane:* Zyklus: Le dialogue intérieur: Toutes les femmes sont fatales (1957; dt. Keine Liebe ließ ich aus); Le dîner en ville (1959; dt. Ein Abendessen in der Stadt); La marquise sortit à cinq heures (1961; dt. Die Marquise ging um fünf Uhr aus), L'agrandissement (1963); Radio nuit (1982); Zabé (1984); Trans-amour-étoiles (1989). – *Essay:* Petite littérature du cinéma (1957). – *Erinnerungen:* Le temps immobile, 10 Bde. (1970–88); Le temps accompli, 4 Bde. (1991–96). – Marcel Proust par lui-même (1953; dt. Marcel Proust).

2) François, frz. Schriftsteller, Pseud. **Forez** [fɔˈrɛ], * Bordeaux 11. 10. 1885, † Paris 1. 9. 1970, Vater von 1); zunächst von F. JAMMES und M. BARRÈS beeinflusst (Gedichte ›Les mains jointes‹, 1909), gründete 1912 die kath. Zeitschrift ›Cahiers‹. Mit seinen Romanen (u. a. ›Le baiser au lépreux‹, 1922, dt. ›Der Aussätzige und die Heilige‹; ›Thérèse Desqueyroux‹, 1927, dt. ›Die Tat der Therese Desqueyroux‹; ›Le nœud de vipères‹, 1932, dt. ›Natterngezücht‹) und Dramen (u. a. ›Asmodée‹, 1938, dt. ›Asmodi‹) war er neben G. BERNANOS der bedeutendste kath. Schriftsteller seiner Zeit; wie dieser wandte er sich gegen alle Formen eines nichtauthent. Christentums. Während des Span. Bürgerkriegs bezog er als Publizist Position gegen General FRANCO, während der dt. Besetzung Frankreichs arbeitete er für die Résistance. 1948 gründete er die Zeitschrift ›La Table ronde‹, in seinen (in ›Le Figaro‹ und ›L'Express‹ erschienenen) ›Blocnotes‹ (1958–70, 5 Bde.) nahm er zu aktuellen Fragen Stellung. 1952 erhielt er den Nobelpreis für Literatur. M.s Werk ist von starker religiöser Unruhe getragen. Die Romane schildern ein von provinzieller Enge, von Macht- und Besitzstreben, von den Gesetzen der Tradition und starren (familiären) Strukturen geprägtes Leben, deren Bindungen die Selbstverwirklichung des Einzelnen verhindern. Diese – häufig Frauengestalten – geraten als Gefangene ihrer Leidenschaften in Isolation und sündhafte Verstrickung, werden aber durch ihre religiösen Konflikte zur Erforschung des eigenen Gewissens getrieben und in das Spannungsfeld von Sünde und Gnade gerückt. In der Darstellung dieser existenziellen Problematik lassen sich Einflüsse des Jansenismus und der Romane F. M. DOSTOJEWSKIJS erkennen; in der differenzierten Analyse von Figuren und Handlungen (u. a. in Form des Ichromans und unter Verwendung von innerem Monolog, Brief und Tagebuch) setzt M. die Tradition des psycholog. Romans fort. – Das schriftsteller. Werk i. e. S. begleiten literarisch-krit. Essays (›Proust‹, 1926; ›La rencontre avec Pascal‹, 1926; ›La vie de Jean Racine‹, 1928), religiöse Studien (›La vie de Jésus‹, 1936; dt. ›Das Leben Jesu‹) sowie autobiograph. Schriften und Tagebuchaufzeichnungen. (BILD S. 353)

Weitere Werke: *Romane:* La chair et le sang (1920; dt. Fleisch u. Blut); Génitrix (1923); Le désert de l'amour (1925; dt. Die Einöde der Liebe); La fin de la nuit (1935; dt. Das Ende der Nacht); Les anges noirs (1936; dt. Die schwarzen Engel); La pharisienne (1941; dt. Die Pharisäerin); L'agneau (1954; dt. Das Lamm); Un adolescent d'autrefois (1969; dt. Der Jüngling Alain). – *Essays:* Dieu et mammon (1929); Du côté de chez Proust (1947). – *Schrift:* Ce que je crois (1962; dt. Was ich glaube). – *Biographie:* De Gaulle (1964; dt.). – *Tagebücher:* Journal, 3 Bde. (1934–40; dt. Von Tag u. Ewigkeit). – *Autobiographien:* Mémoires intérieurs (1959; dt. Bild meines Ich); Nouveaux mémoires intérieurs (1965; dt. Die verborgenen Quellen); Mémoires politiques (1967; dt. Die düsteren Jahre); Souvenirs retrouvés (hg. 1981).

Ausgaben: Œuvres complètes, 12 Bde. (Paris 1950–56); Œuvres romanesques et théâtrales complètes, hg. v. J. PETIT, 4 Bde. (1978–85).

N. CORMEAU: L'art de F. M. (Paris 1951); F. M., hg. v. M. ALYN (ebd. 1960); É. GLÉNISSON: L'amour dans les romans de F. M. (ebd. 1970); C. MAURIAC: F. M. Sa vie, son œuvre (ebd. 1985).

Maurice [ˈmɔrɪs], **1)** Furnley, Pseud. des austral. Schriftstellers Frank Leslie Thompson →Wilmot.

2) John Frederick Denison, brit. anglikan. Theologe und Sozialreformer, * Normanston (Cty. Suffolk) 29. 8. 1805, † Cambridge 1. 4. 1872; war ab 1840 Prof. für Geschichte und Literatur, ab 1846 auch für Theologie in London. Wegen seiner Auffassungen zur Eschatologie musste M. 1853 sein theolog. Lehramt aufgeben; 1866 wurde er Prof. für Moralphilosophie in Cambridge. – M. war der geistige Führer der christl. Sozialisten in der Kirche von England und gehörte der ›Broad Church Party‹ an. 1854 gründete er eine Arbeitervolkshochschule (›Working Men's College‹).

H. G. WOOD: F. D. M. (Cambridge 1950).

Maurienne [moˈrjɛn], rd. 125 km lange Talschaft in den frz. Alpen, in Savoyen, vom Arc durchflossen, dessen Wasserkraft für große Betriebe der elektrometallurg. und elektrochem. Industrie genutzt wird. Seit dem MA. ist die M. ein wichtiger Verkehrsweg zw. Frankreich und Italien (über den Mont Cenis).

Maurina, lett. **Mauriņa** [ˈmauriṇja], Zenta, lett. Schriftstellerin, * Lejasciems 15. 12. 1897, † Bad Krozingen 25. 4. 1978; emigrierte 1944 nach Dtl. und schrieb dann überwiegend in dt. Sprache. Ihr Werk (Biographien, psycholog. Erzählungen und Romane, Essays über Probleme der Zeit. Literatur und der Weltliteratur) ist durch die subtile Deutung von geistigen Werten sowie einen überkonfessionellen christl. Glauben und die Mahnung zum Humanismus geprägt.

Werke: *Roman:* Dzīves vilcienā (1941; dt. Im Zuge des Lebens). – *Erzählung:* Septiņi viesi (1957; dt. Sieben Gäste). – *Essays:* Dostojevskis (1932; dt.); Sirds mozaīka (1947; dt. Mosaik des Herzens); Welteinheit u. die Aufgabe des Einzelnen (1963); Die Aufgabe des Dichters in unserer Zeit (1965); Porträts russ. Schriftsteller (1968); Kleines Orchester der Hoffnung (1974). Buch der Freundschaft. Z. M. zum 70. Geburtstag (1967).

Mauriner, frz. Benediktiner-Reformkongregation, gegr. 1618 durch Zusammenschluss mehrerer Klöster; benannt nach dem hl. MAURUS († 6. Jh.), einem Schüler BENEDIKTS VON NURSIA; Zentrum der Kongregation war die Abtei Saint-Germain-des-Prés (Paris). 1675 gehörten ihr rd. 3000 Mönche in 178 Klöstern an. Bekannt wurden die M. v. a. durch Arbeiten zur histor. Methode, zu den geschichtl. Hilfswissenschaften und durch krit. Ausgaben der Kirchenväterliteratur. Bedeutender Vertreter der M. war J. MABILLON. Im Gefolge der Französischen Revolution ging die Kongregation der M. unter. Der letzte Generalsuperior (seit 1783), AMBROISE-AUGUSTE CHEVREUX (* 1728; 1926 selig gesprochen), wurde am 3. 9. 1792 als Gegner der Revolution in Paris hingerichtet.

M. WEITLAUFF: Die M. u. ihr histor.-krit. Werk, in: Histor. Kritik in der Theologie, hg. v. G. SCHWAIGER (1980).

Maurische Netzwühle, Art der →Doppelschleichen.

maurischer Stil, westislam. Kunstform im Maghreb, N-Afrika, und auf der Iber. Halbinsel. Sie wurzelt in der Kunst der span. Omaijaden (711 ff.) und späterer Teilreiche (Emirat und Kalifat von Córdoba, 756 bzw. 929–1031), die i. w. S. auch zum m. S. gezählt wird, und assimilierte z. T. ostislam. Formen und Techniken. Im 11.–15. Jh. wurde der m. S. von den maghrebin. Berberdynastien der Siriden, Almoraviden, Almohaden, Meriniden und den spanisch-arab. Nasriden getragen. Über den →Mudéjarstil strahlte er bis in den europ. Barock und nach Lateinamerika aus. Zu seinen Wesenszügen gehören das Ineinanderfließen von Bau- und Dekorformen und die dadurch be-

maurischer Stil: Typische Bogenformen; 1 ›Echter‹ Hufeisenbogen (Überhalbkreisbogen); 2 Gekielter Hufeisenbogen (im Scheitelpunkt gebrochener Hufeisenbogen); 3 Polylober Bogen (Vielpassbogen); 4 Kreuzpolylober Bogen (Zackenbogen); 5 Lambrequinbogen; 6 Mukarnasbogen (Stalaktitbogen); 7 gestelzter Rundbogen

Mauritia – Mauritius **Maur**

maurischer Stil: links Detail vom Löwenhof der Alhambra in Granada; 14. Jh.; **rechts** Einer der beiden Pavillons im Hof der Karawijin-Moschee in Fès; 1613–24

wirkte Entmaterialisierung, die mehrfache Lesbarkeit aller Formen, die Kombination von Monumentalität mit feinster Detailgestaltung und mathematisierender Abstrahierung mit stets sichtbarer Individualform.

Bestimmende Einzelelemente der Baukunst sind v. a. die oft reich verzierten typ. maurischen Bogenformen in Kuppeln, Wölbungen und Nischen, die achtelementigen Mukarnas oder die siebenelementige Stalaktittrompe, Zwillingsfenster (→Ajimez), überkragende Schnitzvordächer (Aleros) zum Schutz reich geschmückter Stuckfassaden und Portale, ferner v. a. in Innenräumen kassettierte Holzdecken (→Artesonado) und, v. a. seit dem 14. Jh., das geometr. Fayencemosaik in den Sockelzonen, während die im oberen Teil befindlichen Wandzonen (Galerien, Treppen, geschlossene und durchbrochene Wände und Bögen) und Decken von Stuck bestimmt werden.

Im Moscheebau wurde der Typ der Hofmoschee beibehalten (Fès, Karawijin-Moschee, 1135 ff.; Marrakesch, Kutubija, 1146 ff.), dabei dominiert die vielschiffige Hallenmoschee in T-Konzeption: Querschiff vor der Kiblawand, Betonung des Mittelschiffs durch größere Breite (und Höhe); üblich wird die Kuppel über dem Schnittpunkt vor dem →Mihrab. Zu jeder Moschee gehört ein hohes, reich gegliedertes quadrat. Minarett. Durch Reihung der Pfeiler mit z. T. wechselnden Bogenformen wurden verschiedenartige Perspektiven geschaffen; die arab. Stützenmoschee erzeugt primär den Eindruck der horizontalen Ausdehnung; ihr Licht bezieht sie vom Hof. In Córdoba wurde die Omaijadenmoschee im 9. und 10. Jh. dreimal erweitert. Bei der Moschee von Tinmal (Marokko) steht das Minarett über dem Mihrab (vollendet 1154).

Im Palastbau wurde der Palast der Siriden in →Asir grundlegend; er zeigt viele Züge des Omaijadenpalasts von Mschatta und des abbasidischen von Uchaidir. Dazu kamen in →Kalat Beni Hammad, wo die Prinzipien der rechteckigen Höfe, der transversalen Hallen, des auskragenden Empfangssaals und der asymmetr. Gruppierung symmetr. Gebäudeteile weiterentwickelt wurden, dekorative Neuerungen, die in der →Alhambra sowie in den Medresen von Fès Vollendung erfuhren. Der Dekor merinidischer und nasrid. Bauten bildet Höhepunkte atektonischer geometr. Ornamentik (Arabesken) in Verbindung mit Schriftfriesen. Eine große Rolle spielte der Festungsbau (→Kasba). – Zentren maur. Baukunst sind: Fès, Marrakesch, Rabat, Meknès, Tinmal, Taza; Tlemcen, Algier; Tunis; Granada, Málaga, Almería, Sevilla.

In der Kleinkunst ragen die großen Alhambravasen in Fayencetechnik mit Lüsterdekor heraus. Die Lüsterfayence (Zentrum Málaga), die Alicatados und die →Azulejos, Filigrandurchbruchtechnik von Metallflächen, Waffenschmiedekunst (damaszierte Toledoklingen, Boabdilschwerter, Ohrendolche), Lederstickerei, Seidentücher und Goldbrokate waren berühmt. Koranhandschriften wurden mit der geschwungenen Maghrebischrift versehen. Auch Plastik, bes. Bronzegüsse (Löwenbrunnen in der Alhambra), sowie Knüpfteppiche sind bezeugt. (→islamische Kunst)

C. EWERT: Spanisch-islam. Systeme sich kreuzender Bögen, 5 Tle. (1968–80); DERS.: Islam. Funde in Balaguer u. die Aljaferia in Zaragoza (1971); D. HILL u. L. GOLVIN: Islamic architecture in North Africa. A photographical survey (London 1976); M. BRETT u. W. FORMAN: Die Mauren (a. d. Engl., 1981); I. u. A. VON DER ROPP: Andalusien. Spaniens maur. Süden (1985).

Mauritia [nach Prinz MORITZ von Oranien, * 1567, † 1625], Palmengattung mit drei Arten in den feuchteren Gebieten des nördl. Südamerika und Trinidads; schlanke Fächerpalmen, die in ihrer Heimat vielfältig als Lieferanten von Öl, Holz, Stärke, Palmwein, Palmherzen und Fasern genutzt werden.

Mauritius, die ersten kol. Kolonialpostwertzeichen von 1847. Sie zeigen Königin VIKTORIA und in 1. Auflage irrtümlich die Inschrift ›Post Office‹ statt ›Post Paid‹ wie in der 2. Auflage. Die Fehldrucke der 1. Auflage sind die **orange M.** (One Penny) und die **dunkelblaue M.** (Two Pence); sie gehören zu den seltensten Postwertzeichen. Von je 500 gedruckten Stücken sind nur noch 14 Stück von Nr. 1 (sieben auf einem Briefumschlag aufgeklebt, fünf gebraucht, zwei ungebraucht) und 12 Stück von Nr. 2 (drei auf einem Briefumschlag aufgeklebt, drei gebraucht, sechs ungebraucht) nachzuweisen.

Mauritius
Fläche 2 040 km²
Einwohner (1994) 1,1 Mio.
Hauptstadt Port Louis
Amtssprache Englisch
Nationalfeiertag 12. 3.
Währung 1 Mauritius-Rupie (MR) = 100 Cents (c)
Uhrzeit 14:00 Port Louis = 12:00 MEZ

Mauritius, amtlich englisch **Republic of Mauritius** [rɪˈpʌblɪk ɔf məˈrɪʃəs], Inselstaat im Ind. Ozean, östlich von Madagaskar, 2040 km² Landfläche, mit (1994) 1,1 Mio. Ew. M. umfasst die zu den Maskarenen gehörenden Inseln M. (1865 km²) und →Rodri-

Mauritius

Staatswappen

Staatsflagge

MS
Internationales Kfz-Kennzeichen

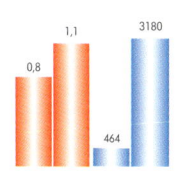

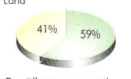

0,8   1,1   3180
                    464

1970 1994   1970 1994
Bevölkerung   Bruttosozial-
(in Mio.)   produkt je Ew.
             (in US-$)

☐ Stadt
☐ Land

41%   59%

Bevölkerungsverteilung 1994

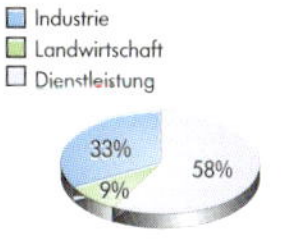

☐ Industrie
☐ Landwirtschaft
☐ Dienstleistung

33%   58%
9%

Bruttoinlandsprodukt 1994

355

Maur Mauritius

guez (550 km weiter östlich, 104 km²) sowie entfernter gelegene kleine Koralleninseln (71 km²): die Cargados-Carajos-Inseln (400 km nordöstlich von M.) und die Agalegainseln (950 km nördlich von M.). Hauptstadt ist Port Louis, Amtssprache Englisch. Währung: 1 Mauritius-Rupie (MR) = 100 Cents (c). Uhrzeit: 14^{00} Port Louis = 12^{00} MEZ.

STAAT · RECHT

Verfassung: Seit 12. 3. 1992 ist M. eine Rep. innerhalb des Commonwealth of Nations. Es gilt die durch den Unabhängigkeitsbeschluss vom 12. 3. 1968 (›Mauritius Independence Order‹) ergänzte Verf. vom 12. 8. 1967, die seither mehrfach (zuletzt 1992) revidiert wurde. Staatsoberhaupt mit nur geringen Kompetenzen ist der vom Parlament auf Vorschlag des Reg.-Chefs für fünf Jahre gewählte Präs. der Republik. Das Kabinett unter Vorsitz des Premier-Min. ist dem Parlament verantwortlich. Die Legislative liegt bei der Nationalversammlung mit einer Legislaturperiode von fünf Jahren. Ihr gehören neben dem Sprecher (Speaker) und dem Generalstaatsanwalt 62 direkt gewählte Abg. an sowie maximal acht zusätzl. Mitglieder (ernannt aus den Reihen erfolgloser Kandidaten unter Berücksichtigung ethn. Minderheiten).

Parteien: M. besitzt ein Mehrparteiensystem, in dem derzeit der Mouvement Militant Mauricien (MMM, dt. Kämpfende Bewegung von M.; gegr. 1969), der Parti Travailliste Mauricien (PTM, dt. Arbeiterpartei von M., auch unter Mauritian Labour Party [MLP] bekannt; gegr. um 1936) und die Organisation du Peuple Rodriguais (OPR, dt. Volksorganisation von Rodriguez, gegr. als Regionalpartei) die wichtigste Rolle spielen. Zu den einflussreichsten Oppositionsparteien zählen der Mouvement Socialiste Mauricien (MSM, dt. Sozialist. Bewegung von M.; gegr. 1983) und der Parti Mauricien Social-Démocrate (PMSD, dt. Sozialdemokrat. Partei von M.; gegr. 1955).

Wappen: Es zeigt einen geteilten und gespaltenen Schild, der von einer Dronte und einem Hirsch gehalten wird; eingerahmt ist er von zwei Zuckerrohrstängeln. Im ersten Schildfeld ist eine goldene Galeere mit gerefften Segeln zu sehen, Symbol für die überseeische Herkunft der Bewohner. Das zweite Feld zeigt drei grüne Palmen, das dritte Feld einen roten Schlüssel, der auf die strateg. Lage der Insel hinweist. Im vierten Feld ist eine von einem silbernen Stern überhöhte silberne Spitze zu sehen. Unter dem Schild befindet sich ein Schriftband mit dem Spruch ›Stella clavisque maris Indici‹ (›Stern und Schlüssel des Ind. Meeres‹).

Nationalfeiertag: 12. 3., erinnert an die Erlangung der Unabhängigkeit 1968.

Verwaltung: M. ist in neun Distrikte gegliedert.

Recht: Die Gerichtsbarkeit wird von den Bezirksgerichten, einem Mittelgericht und dem Obersten Gerichtshof (Supreme Court) ausgeübt. Der Oberste Gerichtshof mit umfassender erst- und zweitinstanzl. Gerichtsbarkeit entscheidet auch über die Auslegung der Verf. und die Nichtigkeit von verfassungswidrigen Gesetzen. Gegen seine Entscheidungen kann der Kronrat in London angerufen werden. Seit 1992 ergehen die Entscheidungen des Kronrates als Urteile eines Appellationsgerichtes.

Das Zivilrecht, das auf dem napoleon. Gesetzbuch beruht, sowie das Handelsgesetzbuch, das auf dem frz. ›Code de Commerce‹ beruht, sind oft geändert und ergänzt worden. Das Prozessrecht beruht weitgehend auf der engl. Rechtstradition.

Streitkräfte: Die Verteidigung des Inselstaates übernimmt im Konfliktfall Großbritannien.

LANDESNATUR · BEVÖLKERUNG

Die Insel M. liegt 800 km östlich von Madagaskar. Sie ist vulkan. Ursprungs und besteht aus etwa 600 m ü. M. gelegenen Plateaus, die nach N allmählich, nach S und W steil zur Küste abfallen. Überragt werden die Hochflächen von drei Gebirgen mit dem Piton de la Rivière Noire (826 m ü. M.) als höchstem Gipfel. Die vielen kleinen Flüsse haben z. T. starkes Gefälle. Die steile Felsküste ist stark zerklüftet und reich an Naturhäfen.

Klima und Vegetation: Das Klima ist tropisch. Der ganzjährig wehende SO-Passat bringt auf der luvseitigen SO-Seite und in den Bergen jährlich 1 500–4 000 mm Niederschlag, auf der W-Seite um 800 mm. In der Regenzeit (November/Dezember–April/Mai) treten häufig trop. Wirbelstürme (M.-Orkane) auf. Die mittlere Jahrestemperatur beträgt im Sommer 19 °C, im Küstenbereich 23 °C bei hoher Luftfeuchtigkeit. Der trop. Regenwald ist weitgehend zerstört; in den höheren Gebirgslagen ist die ursprüngl. Bambus- und Buschvegetation erhalten; sonst herrscht Kulturland vor.

Bevölkerung: Die Bev. ist durch ethn., kulturelle und religiöse Vielfalt gekennzeichnet. 68 % der Ew. sind Nachkommen der im 19. Jh. eingewanderten ind. Plantagenarbeiter (Indomauritier), 27 % gemischter Abstammung, 3 % Chinesen, 2 % Weiße (Frankomauritier). Die Chinesen und die Frankomauritier sind führend in Industrie und Handel. Als Umgangssprache wird von der Mehrzahl der Bev. eine auf Französisch basierende kreol. Sprache gesprochen. Mit 541 Ew. je km² ist M. das am dichtesten besiedelte Land Afrikas. Die durchschnittliche jährl. Wachstumsrate der Bev. beträgt (1990–94) 1,3 %, die städt. Bev. (1994) 41 %. Größte Stadt ist Port Louis mit 145 600 Einwohnern.

Religion: Die Religionsfreiheit ist durch die Verf. garantiert. Dominierende Religion ist der Hinduismus, zu dem sich rd. 51 % der Bev. bekennen. 31 % sind Christen, rd. 25 % gehören der kath. Kirche an (exemtes Bistum Port Louis), etwa 6 % prot. Kirchen und Gemeinschaften (v. a. Pfingstler und Presbyterianer) und der anglikan. Kirche (Prov. Ind. Ozean). Die muslim. Bevölkerungsgruppe (rd. 17 %) umfasst Sunniten der hanefit. Rechtsschule und Schiiten (Imamiten). Daneben gibt es Anhänger der Ahmadija-Bewegung. Unter den Chinesen sind der Buddhismus und traditionelle chin. Religionen vertreten. Eine weitere religiöse Minderheit bilden die Bahais.

Bildungswesen: Das Primar- und Sekundarschulwesen ist, bis auf die verbreiteten privaten Sekundarschulen, kostenfrei. Die sechsjährige Primarschule beginnt ab dem 6. Lebensjahr, es folgt die siebenjährige Sekundarschule oder der Übertritt in beruflich-technisch orientierte Schulen. Die Analphabetenquote beträgt 17 %. M. hat zwei Industrie- und Handelshochschulen, ein Polytechnikum und eine Univ. (gegr. 1965).

Publizistik: In der Hauptstadt erscheinen vier Tageszeitungen zweisprachig (Englisch/Französisch) und zwei Tageszeitungen in chin. Sprache. Die ›M. Broadcasting Corporation‹ (MBC), gegr. 1964, Sitz Forest Side, sendet zwei Hörfunkprogramme in Englisch, Französisch, Chinesisch und sechs ind. Sprachen sowie seit 1965 ein Fernsehprogramm.

WIRTSCHAFT · VERKEHR

Gemessen am Bruttosozialprodukt je Ew. von (1994) 3 180 US-$ ist M. eines der reichsten Länder Afrikas. Der Anbau und die Verarbeitung von Zuckerrohr, das Textilgewerbe und der Tourismus sind die wichtigsten Wirtschaftszweige.

Landwirtschaft: Im Agrarsektor arbeiten (1993) 15 % der Erwerbstätigen. Über die Hälfte der Landesfläche wird als Acker- und Dauergrünland genutzt. Da fast 70 % des Ackerlandes dem Zuckerrohranbau dienen, muss der Großteil der Nahrungsmittel importiert werden. M. ist mit einer Erntemenge von (1994) 5 Mio. t Zuckerrohr drittgrößter Zuckerproduzent Afrikas. Ein weiteres Anbauprodukt für den Export ist Tee (1993: 5 930 t). Für den Eigenbedarf werden v. a. Reis, Mais, Kartoffeln und Bananen angebaut.

Fischerei: Die Fangmenge lag 1993 bei 21 000 t.

Industrie: Trotz der Enge des Binnenmarktes, der peripheren geograph. Lage und des Fehlens mineral. Rohstoffe hat die Industrialisierung große Fortschritte gemacht. Im industriellen Sektor arbeiten (1994) fast 36 % der Erwerbstätigen. Mehr als 50 % der Exporterlöse werden in der freien Produktionszone in Port Louis erzielt. Dominierend ist das Textilgewerbe (v. a. Strickwaren) neben der Leder-, Druck-, Nahrungsmittel-, Edelstein- und Elektronikindustrie.

Tourismus: Tourist. Anziehungspunkte sind die weißen Sandstrände und die Korallenriffe. Die Auslandsgäste (1994: 400 500) kommen v. a. von der Nachbarinsel Réunion sowie aus Frankreich, der Rep. Südafrika und Deutschland.

Außenwirtschaft: Die Handelsbilanz ist seit Mitte der 70er-Jahre defizitär (Einfuhrwert 1994: 1,9 Mrd. US-$, Ausfuhrwert: 1,3 Mrd. US-$). Ausgeführt werden v. a. Textilien (Anteil am Export 1994: 53 %, 1980: 15 %) und Zucker (1994: 24 %, 1980: 68 %). Wichtigste Handelspartner sind Großbritannien, Frankreich und die USA. Für den Schuldendienst müssen (1994) 7,3 % der Exporterlöse aufgewendet werden.

Verkehr: M. ist verkehrsmäßig gut erschlossen. Das Straßennetz ist (1993) 1 880 km lang. Der gesamte Seeverkehr wird über Port Louis abgewickelt, das seit 1991 einen Freihafen hat. Der internat. Flughafen liegt bei Plaisance im SO des Landes.

GESCHICHTE

Die schon den Arabern und Malaien bekannte Insel wurde um 1510 von dem Portugiesen PEDRO DE MASCARENHAS entdeckt. Diese war 1598 bis 1710 in niederländ. Besitz und erhielt in dieser Zeit ihren Namen nach MORITZ (Maurits), Prinz von Oranien. Seit 1715 war M. als Île de France französisch, seit 1810 brit. Kolonie. Bei den allgemeinen Wahlen von 1948 trat die ›Mauritian Labour Party‹ (MLP) erstmals als polit. Kraft der überwiegend ind. Unterschicht auf, wogegen die frz.-sprechende Oberschicht 1955 den ›Parti Mauricien Social-Démocrate‹ (PMSD) gründete. 1958 erhielt M. Autonomie, am 12. 3. 1968 die Unabhängigkeit, blieb aber Dominion. Danach bildeten MLP und PMSD eine Koalition.

1982 errang ein Bündnis von Linksparteien um den 1969 gegründeten ›Mouvement Militant Mauricien‹ (MMM) einen hohen Wahlsieg und stellte die Reg. unter Premier-Min. ANEEROOD JUGNAUTH (* 1930). Nach der Spaltung des MMM 1983 übernahm eine Reg.-Koalition die Macht, die bei den Wahlen 1987 bestätigt wurde, aber 1988 zerfiel; Premier-Min. blieb jedoch JUGNAUTH. Aus den Wahlen von 1991 ging er, getragen von einer Allianz v. a. zw. seiner eigenen Partei (›Mouvement Socialiste Mauricien‹, MSM) und dem MMM, abermals als Sieger hervor. Am 12. 3. 1992 wurde die Rep. M. proklamiert, die aber Mitgl. des Commonwealth of Nations blieb. Bei vorgezogenen Parlamentswahlen im Dezember 1995 siegte ein Bündnis aus MMM und MLP. Neuer Premier-Min. der Koalitions-Reg. wurde der bisherige Oppositionsführer NAVIN RAMGOOLAM.

A. TOUSSAINT: Histoire de l'Île Maurice (Paris ²1974); J.-P. u. J. DURAND: L'Île Maurice et ses populations (Brüssel 1978); A. S. SIMMONS: Modern M. The politics of decolonisation (Bloomington, Ind., 1982); L. MONTAGGIONI u. P. NATIVEL: La Réunion, Île Maurice (Paris 1988); S. SELVON: Historical dictionary of M. (Metuchen, N. J., 1991); Population - development - environment. Understanding their interactions in M., hg. v. W. LATZ (Berlin 1994).

Mauritius, Anführer der →Thebäischen Legion, die nach der Überlieferung bei Agaunum (heute Saint-Maurice, Kt. Wallis) um 300 ihr Martyrium erlitt. In karoling. Zeit Patron des Langobardenreichs; seitdem wird auf ihn die →Heilige Lanze zurückgeführt. Unter den Ottonen erstreckte sich seine polit. Bedeutung wie seine religiöse Verehrung über das ganze Reich. – 1434 wurde in Savoyen der Ritterorden vom hl. Mauritius gegründet, der 1572 mit den ›Hospitalitern von hl. Lazarus‹ zum ›M.-und-Lazarus-Orden‹ vereinigt wurde. – Heiliger (Tag 22. 9.).

M. wird in der *bildenden Kunst* als Ritter zu Fuß oder zu Pferd, oft auch als Schwarzer dargestellt (Statue im Magdeburger Dom, um 1240; ›Die Begegnung der Hl. Erasmus und M.‹ von M. GRÜNEWALD, zw. 1520 und 1524; München, Alte Pinakothek; BILD →Grünewald, Matthias). Das Martyrium des hl. M. und der Thebäischen Legion schilderten u. a. J. DA PONTORMO (um 1530; Florenz, Palazzo Pitti) und EL GRECO (1580–82; Escorial, San Lorenzo el Real).

G. SUCKALE-REDLEFSEN: M. Der hl. Mohr (1987).

Mauritiushanf [nach der Insel Mauritius], **Cajum,** Faser aus den Blättern des im trop. Amerika beheimateten, u. a. auf Mauritius und Réunion kultivierten Agavengewächses Fourcroya gigantea; Aufbereitung der Blätter ähnlich wie beim Sisal. Die bis 3,5 m langen, weißen, weichen, elast. Faserbündel finden Verwendung in der Sackfabrikation sowie für Pferdedecken und Netze.

Mauritshuis ['mɔuritshœys], barockes Stadthaus in Den Haag (Niederlande), 1633–44 für Prinz MORITZ von Nassau-Siegen (* 1604, † 1679) erbaut. 1822 wurde das M. als Museum mit Gemälden von P. P. RUBENS, A. VAN DYCK, J. STEEN, A. VON OSTADE u. a. eröffnet; später weitere Kunstwerke u. a. von J. VERMEER VAN DELFT, R. VAN DER WEYDEN und REMBRANDT. Seit Ende des 19. Jh. Ausbau der Sammlungen, die heute zu den bedeutendsten der niederländ. Malerei und Skulptur des 14.–18. Jh. zählen.

Mauro, mittelalterl. Kartograph, →Fra Mauro.

Maurois [mɔ'rwa], André, eigtl. **Émile Herzog,** frz. Schriftsteller, * Elbeuf (Dép. Seine-Maritime) 26. 7. 1885, † Paris 9. 10. 1967; war im Ersten Weltkrieg Dolmetscher und Verbindungsoffizier in der brit. Armee (die Begegnung mit engl. Kultur und Tradition spiegeln u. a. die Erzählungen ›Les silences du colonel Bramble‹, 1918; dt. ›Das Schweigen des Obersten Bramble‹, und ›Les discours du docteur Grady‹, 1922; dt. ›Die Gespräche des Doktors Grady‹). Seit 1926 freier Schriftsteller; emigrierte 1940 nach der dt. Besetzung Frankreichs in die USA und kehrte 1946 nach Frankreich zurück. In seinem Werk verbinden sich Einflüsse der frz. Rationalisten und Moralisten. Seine psychologisch differenzierten Romane behandeln Ehe- und Familienprobleme des Großbürgertums (z. B. ›Bernard Quesnay‹, 1926, dt.; ›Climats‹, 1928, dt. ›Wandlungen der Liebe‹; ›Le cercle de famille‹, 1932; dt. ›Im Kreis der Familie‹). Die Gattung der ›biographie romancée‹, der auf dokumentar. Material beruhenden Biographie in Romanform, wurde von ihm begründet (u. a. ›Byron‹, 1930, 2 Bde.; dt.). Ferner verfasste er u. a. Darstellungen zur Geschichte Frankreichs, Englands und der USA und literar. Studien.

Weitere Werke: *Biographie romancée:* Ariel. Ou, La vie de Shelley (1923; dt. Ariel oder das Leben Shelleys); À la recherche de Marcel Proust (1949; dt. Auf den Spuren von Marcel Proust); Lélia ou la vie de George Sand (1952; dt. Dunkle Sehnsucht. Das Leben der George Sand); Olympio. Ou, La vie de Victor Hugo (1954; dt. Olympio oder Victor Hugo); Les trois Dumas (1957; dt. Die drei Dumas); Prométhée. Ou, La vie de Balzac (1965; dt. Prometheus oder das Leben Balzacs).

Ausgabe: Œuvres complètes, hg. v. L. JOU, 16 Bde. (1950–56).

Maurolico, Francesco, ital. Mathematiker, * Messina 16. 9. 1494, † bei Messina 21. (22.) 7. 1575; Benediktiner, wirkte v. a. in Sizilien. M. trat als Bearbeiter und Herausgeber antiker Mathematiker (u. a. ARCHIMEDES, APOLLONIOS VON PERGE) hervor.

André Maurois

Pierre Mauroy

Maurowlachen, die →Morlaken.

Mauroy [mɔˈrwa], Pierre, frz. Politiker, * Cartignies (Dép. Nord) 5. 7. 1928; Berufsschullehrer, in der Gewerkschaft tätig, zunächst Mitgl. der (sozialist.) SFIO, später führend am Aufbau des Parti Socialiste beteiligt; seit 1973 Bürgermeister von Lille und Abg. in der Nationalversammlung, 1981–84 Premier-Min.; 1988–92 Vors. des Parti Socialiste; seit September 1992 Präs. der Sozialist. Internationale.

Maurras [moˈrɑːs], Charles, frz. Politiker und Schriftsteller, * Martigues (Dép. Bouches-du-Rhône) 20. 4. 1868, † Tours 16. 11. 1952; Mitbegründer der →Action française, trat in den 30er-Jahren als führender Kopf der frz. Rechten hervor, Repräsentant antisemitischer, antidemokrat. Positionen, war führender Vertreter des frz. ›Neoroyalismus‹. Wegen einer Morddrohung, die er 1935 an die Abg. der Deputiertenkammer gerichtet hatte, war er 1936/37 inhaftiert. Nach der Niederlage Frankreichs lehnte er sich seit 1940 eng an den ›État Français‹ an. 1945 wurde er wegen Kollaboration zu lebenslängl. Haft verurteilt, 1948 begnadigt. Als Literat war M. Mitgl. der ›École romane‹, die die frz. Dichtung aus dem Geist der Antike und der nat. Vergangenheit erneuern wollte, und gründete als Mitgl. der →Félibres 1892 mit F. AMOURETTI (* 1863, † 1903) die ›Escolo parisenco dou Félibrige‹. Neben politisch-philosoph. Schriften im Geiste der Action française schrieb er (u. a. gegen die Romantik gerichtete) literaturkrit. Essays sowie Gedichte und Erzählungen in klassizist. Stil.

Werke: *Essay:* Un débat sur le romantisme (1928); Mistral (1941). – *Lyrik:* La musique intérieure (1925); La balance intérieure (1952). – *Briefe:* Lettres de prison, 8 septembre 1944 – 16 novembre 1952 (hg. 1958). – *Erinnerungen:* Soliloque du prisonnier (hg. 1963). – *Polit. Schriften:* L'Action française et la religion catholique (1913); Mes idées politiques (1937); L'Allemagne et nous (1945).

M. GARÇON: Le procès de C. M. (Paris 1946); M. MOURRE: C. M. (ebd. ²1958); J. McCEARNEY: M. et son temps (ebd. 1977); P. BOUTANG: M. La destinée et l'œuvre (Paris 1984).

Maursmünster: Westbau der Klosterkirche Saint-Étienne; um 1140 begonnen

Maursmünster, frz. **Marmoutier** [marmuˈtje], Gem. im Unterelsass, Dép. Bas-Rhin, Frankreich, am Vogesenrand bei Zabern, 210 m ü. M., 2200 Ew. – Ehem. Benediktinerabtei (wohl Mitte des 7. Jh. gegr.); der roman. Westbau der Kirche Saint-Étienne (um 1140 begonnen) öffnet sich in drei Arkaden; Narthex (12. Jh.); Rokoko-Chorgestühl (um 1770); Silbermann-Orgel (1710).

Maurus, Frater M., mittelalterl. Kartograph, →Fra Mauro.

Maurya, Maurja, altind. Herrschergeschlecht. Um 322 v. Chr. von CANDRAGUPTA begründet, entfalteten die M. von Magadha aus ihre Macht und beherrschten unter CANDRAGUPTAS Enkel →ASHOKA den größten Teil Indiens. Die Hauptstadt der M.-Dynastie war Pataliputra (heute Patna). Nach ASHOKAS Tod (232 v. Chr.) setzte der Niedergang des M.-Reiches ein; der letzte Angehörige der Dynastie wurde um 185 v. Chr. getötet. (→Indien, Geschichte)

Maus, *Datenverarbeitung:* Zeige- und Eingabegerät, das mit einer Hand auf einer Unterlage verschoben werden kann und durch diese Bewegung den →Cursor oder ein anderes Markierungssymbol (**M.-Zeiger**) über die Fläche eines grafikfähigen Bildschirms steuert. An der M. sind meist zwei (selten drei) Tasten angebracht, mit denen angefahrene Positionen durch Drücken (›Anklicken‹) bzw. Gedrückthalten markiert werden können (z. B. zum Aktivieren bestimmter Funktionen). Eine **mechanische** M. enthält eine von außen zugängl. Rollkugel, die auf dem Arbeitstisch oder einem **M.-Pad** (pad, engl. ›Unterlage‹) aufliegt. Die Bewegungen der Kugel werden über Abgreifzylinder übertragen, an deren Enden Schlitzscheiben als Impulsgeber dienen. Photodetektoren erfassen die Abfolge der Lichtwechsel durch die Scheiben, wandeln die Impulse in elektron. Signale um und übertragen sie an den Computer. Eine **optische** M. enthält einen Infrarotsensor zur opt. Positionierung. Dabei senden in der M. Leuchtdioden infrarotes Licht aus, das von den Gitterlinien eines speziellen M.-Pads reflektiert und über Photodetektoren in elektron. Signale umgewandelt wird.

Mäuse, Echte Mäuse, Echtmäuse, Langschwanzmäuse, Muridae, Familie der Nagetiere mit rd. 460 Arten in etwa 120 Gattungen. M. sind in der Alten Welt beheimatet, drei Arten (Hausmaus, Hausratte, Wanderratte) wurden in geschichtl. Zeit durch den Menschen weltweit verbreitet. Die meisten Arten der M. leben in trop. Gebieten (meist in Wäldern), v. a. in Australien, auf den südostasiat. Inseln und in Afrika. In den gemäßigten Breiten leben die Gattungen: Rattus (→Ratten), Apodemus (→Waldmäuse), Micromys (→Zwergmäuse) und Mus (mit der →Hausmaus als bekanntester Art, die anderen in vier Untergattungen zusammengefassten Vertreter dieser Gattung leben v. a. in Afrika, Süd- und Südostasien).

Die M. sind die artenreichste, fruchtbarste und anpassungsfähigste Familie der Säugetiere. Ihre Vertreter sind etwa 5–40 cm körperlang mit bis körperlangem Schwanz, sie halten sich hauptsächlich am Boden auf. Die Ernährung ist überwiegend pflanzlich; die meisten Arten sind nachtaktiv. M. halten keinen Winterschlaf. Ihre Fortpflanzung ist i. d. R. an bestimmte Jahreszeiten gebunden und wird u. a. durch Klima und Nahrungsangebot beeinflusst. Einige Arten sind Überträger gefährl. Krankheiten.

Kulturgeschichte: M. sollen das Land der Philister verwüstet haben, als diese die Bundeslade der Israeliten geraubt hatten. Die Philister mussten bei der Rückgabe fünf goldene M. stiften (1. Sam. 6, 4–5). Auf karthag. Votivsteinen mit pun. Schrift sind wiederholt zwei M. dargestellt, vielleicht Dienerinnen des Gottes Baal. In der eurasiat. Steppenkunst der 1. Jt. v. Chr. kommen gelegentlich M.-Darstellungen vor. In äsop. und anderen Fabeln treten M. auf. Weiße M. galten im alten Rom als gutes Vorzeichen. Aus der klass. Zeit sind reiche Bronzemäuschen bekannt.

Im MA. meinte man, v. a. Hexen nähmen gerne M.-Gestalt an. Allgemein findet sich der Glaube, die M. verkörpere als ›Seelentier‹ die Seelen Verstorbener oder Ungeheuer; in den Ratten- oder Mäusefängersagen werden die Seelen ins Jenseits gelockt. Auch als Orakeltier, Krankheitsdämon oder Alb. Oft galt eine M.-Plage als Strafe Gottes. Schutzheilige gegen M. ist GERTRUD VON NIVELLES. Nach dem Volksmund beißt am Gertrudentag die M. den Faden ab, d. h., die Feldarbeit löst das winterl. Spinnen ab.

Mäusedarm, das Nelkengewächs →Vogelmiere.

Mausohrfledermäuse: Mausohr (Kopf-Rumpf-Länge 8 cm; Flügelspannweite etwa 35 cm)

Mäusedorn, Ruscus, Gattung der Liliengewächse mit sechs Arten von Makaronesien über W-Europa und das Mittelmeergebiet bis Iran. Niedrige, zweihäusige Sträucher mit stachelspitzigen, ledrigen Flachsprossen (Blätter zu häutigen Schuppen reduziert); grünlich weiße unscheinbare Blüten auf den Flachsprossen in den Achseln eines Schuppenblattes; rote, zweisamige Beerenfrüchte; Zierpflanze im Weinbauklima ist der **Zungen-M.** (Ruscus hypoglossum).

Mausefalle, Die, engl. ›The mousetrap‹, gleichnamiges Stück nach der Kriminalerzählung von Dame AGATHA CHRISTIE, Uraufführung 1952.

Mäuseln, *Jägersprache:* das Pfeifen der Maus nachahmen, z. B. mit dem **Mauspfeifchen,** um Raubwild, v. a. Füchse, anzulocken.

Mauser, Federwechsel, Gefiederwechsel, das Ausfallen und Erneuern des Gefieders der Vögel, meist nach einjähriger Tragedauer im Anschluss an die Fortpflanzungszeit (**Jahres-M.**), bei einigen Großvögeln nur alle zwei Jahre, v. a. bei Arten mit auffälligem Brutkleid zweimal im Jahr, wobei das ›Sommerkleid‹ (Prachtkleid) dann anders gefärbt ist als das ›Winterkleid‹ (Ruhe-, Schlichtkleid). Bei der M. wird die alte Feder durch die neue aus dem Balg geschoben. Meist erstreckt sich die M. über einen längeren Zeitraum und setzt die Flugfähigkeit nicht herab. Sie kann das ganze Gefieder umfassen (**Voll-M.**) oder auch nur einen Teil davon (**Teil-M.**). Einige Arten (Taucher, Schwäne, Gänse, Enten, Kraniche, Rallen) werfen alle Schwungfedern gleichzeitig ab und werden dadurch flugunfähig. Sie verbergen sich für die Zeit der M. im Sumpfdickicht. Die M. wird u. a. durch Hormone der Schilddrüse gesteuert. Bei einigen Arten wurde eine endogene Jahresperiodik nachgewiesen.

Mauser, Paul von (seit 1912), Waffenkonstrukteur, *Oberndorf am Neckar 27. 6. 1838, †ebd. 29. 5. 1914; entwickelte – zunächst mit seinem Bruder WILHELM (*1834, †1882) – versch. Gewehre (z. B. die Modelle M 71, M 84, M 98), Revolver und Pistolen, darunter 1896 eine der ersten Selbstladepistolen (C 96).

Mäuseschwänzchen, Myosurus, Gattung der Hahnenfußgewächse mit 15 Arten in den temperierten Gebieten der Erde; in Dtl. nur das 5–11 cm hohe, unscheinbar grünlich blühende **Zwerg-M.** (Myosurus minimus); mit grasartigen Blättern in grundständiger Rosette und mäuseschwanzartig verlängerter Fruchtstandsachse; auf feuchten, sandigen und lehmigen Äckern; Kalk meidend.

Mäuseturm [zu Maut], Turm auf einer Rheininsel bei →Bingen am Rhein.

Mäuseverwandte, Unterordnung der Nagetiere mit acht Familien, in drei Überfamilien zusammengefasst: **Taschennager** (Geomyoidea) mit den Familien →Taschenratten und →Taschenmäuse, die **Springmausartigen** (Dipodoidea), zu denen die →Hüpfmäuse und die →Springmäuse gehören, und die **Mäuseartigen** (Muroidea) mit den →Blindmäusen, den →Wurzelratten, den Echten →Mäusen und den →Wühlern.

Mäusezwiebel, die →Meerzwiebel.
Mausmaki, Art der →Lemuren.
Maus|ohr, das Kleine →Habichtskraut.
Maus|ohrfledermäuse, Myotis, Gattung der Glattnasen mit rd. 60 Arten, die vorwiegend in gemäßigten Zonen, bevorzugt in Höhlen leben. M. fliegen abends erst spät aus, ihre Nahrung besteht v. a. aus Insekten. Die Weibchen bilden nach dem Winterschlaf große Ansammlungen (bis zum Selbstständigwerden der Jungen). Die größte der sieben mitteleurop. Arten ist das **Mausohr** (Myotis myotis; Kopf-Rumpf-Länge 8 cm, Flügelspannweite etwa 35 cm).

Mausoleum [griech.-lat.] *das, -s/...'le|en,* monumentaler Grabbau. Der Name stammt von dem für König MAUSOLOS bestimmten Grabbau in →Halikarnassos. Dieses etwa 50 m hohe M. ist bei PLINIUS D. Ä. beschrieben und durch Ausgrabungen bekannt: Über einem Sockelunterbau erhob sich der Grabtempel mit 36 Säulen, nach oben schloss er mit einer Stufenpyramide und einer Quadriga ab. Baumeister war PYTHEOS; die Bildhauer BRYAXIS, LEOCHARES, SKOPAS und TIMOTHEOS arbeiteten um 360–340 v. Chr. am plast. Schmuck des Baus (Teile vom Sockelfries und Statuen des MAUSOLOS und der ARTEMISIA, seiner Gemahlin, heute London, British Museum). Bekannte M. der Antike in Rom sind das →Augustusmausoleum, das Grabmal der CAECILIA METELLA und die →Engelsburg sowie in Ravenna das Theoderichgrab (BILD →Grabmal). In der frühchristl. Kunst entstand das Martyrium, abgesehen von der Grabeskirche v. a. die alte Peterskirche in Rom sowie kirchl. Memorialbauten für weitere Apostel und Heilige im alten Europa (Rom, Mailand, Köln), Nordafrika (Tébessa, Karthago) und Kleinasien (Seleukeia). Eine besondere Blüte erlebte das M. in der islam. Kunst (→Grabmal). Weiteres BILD →Galla Placidia

Mausoleum: Rekonstruktion des Grabbaus von König Mausolos in Halikarnassos

Mausolos, Maussolos, Mausollos, pers. Satrap in Karien (seit 377 v. Chr.), †353 v. Chr.; regierte als unabhängiger Herrscher (auch Dynast oder König gen.). Seine Residenz verlegte er von Mylasa nach →Halikarnassos, das er durch Bauten schmückte. M. ist bekannt durch sein Grabmal, das →Mausoleum.

Mauss [mo:s], Marcel, frz. Soziologe, *Épinal 10. 5. 1872, †Paris 10. 2. 1950; Neffe É. DURKHEIMs; seit 1903 Prof. für Religionsgesch. in Paris. Als engster Mitarbeiter von DURKHEIM hat M. die Entwicklung der Ethnologie in Frankreich und Großbritannien nach dem Ersten Weltkrieg maßgeblich beeinflusst. M. hebt hervor, dass jede soziale Tatsache ökonom., rechtl., religiöse, eth. und ästhet. Aspekte zeigt, die nicht isoliert betrachtet werden dürfen.

Mäusedorn: Zungenmäusedorn (Höhe 30–70 cm)

Mäuseschwänzchen: Zwergmäuseschwänzchen (Höhe 5–11 cm)

Maus Mausvögel – Max

Werke: Essai sur le don (1923; dt. Die Gabe. Form u. Funktion des Austauschs in archaischen Gesellschaften); Sociologie et anthropologie (1950; dt. Soziologie u. Anthropologie, 2 Bde.).
Ausgabe: Œuvres, hg. v. V. KARADY, 3 Bde. (Neuausg. 1981–85).

Mausvögel, Coli|ifọrmes, Ordnung finkengroßer, vorwiegend mausartig grauer oder brauner, langschwänziger Vögel mit sechs Arten in Afrika; gesellige Gebüsch- und Baumkletterer.

Maut [ahd. muta, wohl von got. mōta ›Zoll‹] die, -/-en, in Bayern und Österreich Bez. für die Gebühr für Straßen- und Brückenbenutzung. (→Straßenverkehrsabgaben)

Mautern an der Donau, Stadt am rechten Ufer der Donau, gegenüber von Krems an der Donau, Niederösterreich, 200 m ü. M., 2 900 Ew.; Römermuseum (in der ehem. Margarethenkapelle mit got. Fresken); Donaubrücke. Nahebei die Abtei →Göttweig. – Die heutige Stadt liegt an der Stelle einer röm. Siedlung des 1. Jh. n. Chr., der im 5. Jh. ein Kloster folgte. In seiner Nachbarschaft entwickelte sich die im 13. Jh. Stadtrechte erlangende Siedlung.

Mauthausen, Markt-Gem. im Bez. Perg, Oberösterreich, am linken Donauufer gegenüber der Ennsmündung, 265 m ü. M., 4 500 Ew.; Bezirksgericht; Museum für Stahlschnittkunst und für Steinmetzarbeit; Granitsteinbrüche. – Bei M. wurde das bisher größte frühbronzezeitl. Depot gefunden, bestehend aus ca. 600 Bronzebarren im Gesamtgewicht von 150 kg. – Kath. Pfarrkirche St. Nikolaus (nach 1550); Karner (Ende 13. Jh.) mit Wandmalereien. Im Schloss Pragstein Heimatmuseum. Beim ehem. Konzentrationslager Denkmal von F. CREMER, Museum und Gedenkstätte. – M. wurde 1189 erstmals erwähnt, als Kaiser FRIEDRICH I. BARBAROSSA den Ort wegen unberechtigter Mautforderungen von Kreuzfahrern niederreißen ließ. 1335 erhielt M. Marktrechte. – Im August 1938 errichtete die SS im Bereich von M. ein Außenkommando des KZ Dachau, das seit März 1939 zum selbstständigen Lager (mit versch. Nebenlagern) ausgebaut wurde. Bis Mai 1945 waren etwa 335 000 Menschen, auch zahlr. Kinder und Jugendliche, dort inhaftiert; 120 000 starben bzw. wurden ermordet.

Mauthe, Jörg, österr. Schriftsteller und Journalist, * Wien 11. 5. 1924, † ebd. 29. 1. 1986; Gründer und Herausgeber der Zeitschrift ›Wiener Journal‹ (1980 ff.). M. schrieb neben Hörspiel- und Fernsehserien humorist. Bücher über Wien sowie Erzählungen und Romane (›Die große Hitze oder Die Errettung Österreichs durch den Legationsrat Dr. Tuzzi‹, 1974; ›Die Bürger von Schmeggs. Tagebuch eines Ortsunkundigen‹, hg. 1989).

Mauthner, Fritz, österr. Schriftsteller und Sprachphilosoph, * Hořice (Ostböhm. Gebiet) 22. 11. 1849, † Meersburg 29. 6. 1923; arbeitete als Feuilletonist und Theaterkritiker bei den ›Prager dt. Blättern‹, ab 1876 bei Berliner Zeitungen; dem Naturalismus nahe stehend, war er Mitbegründer der ›Freien Bühne‹ (1889). Bekannt wurde M. als Schriftsteller bes. durch seine literar. Parodien (›Nach berühmten Mustern‹, 2 Tle., 1879), weniger als Dramatiker und Erzähler. Als Philosoph vertrat M. eine agnostiz., nominalist. Position, die das Vermögen der Sprache als Mittel der Wirklichkeitserkenntnis infrage stellt; er sah in der Sprachkritik die Aufgabe der Philosophie. Mit seinen ›Beiträgen zu einer Kritik der Sprache‹ (1901–02, 3 Bde.) stand er lange Zeit im Schatten L. WITTGENSTEINS, beeinflusste jedoch mit seiner radikaleren Position in den 1950er-Jahren in der Literatur Mitgl. der avantgardist. ›Wiener Gruppe‹ (O. WIENER, K. BAYER) und später im ›Grazer Gruppe‹ (B. FRISCHMUTH, P. HANDKE, G. ROTH) in ihrem Bemühen um neue experimentelle Schreibweisen, bis heute v. a. das Romanschaffen H. EISENDLES.

Weitere Werke: Der neue Ahasver, 2 Bde. (1882); Berlin W, 3 Bde. (1886–90); Wb. der Philosophie, 2 Bde. (1910–11); Erinnerungen (1918); Der Atheismus u. seine Gesch. im Abendlande, 4 Bde. (1920–23).
Ausgabe: Sprache u. Leben. Ausgew. Texte aus dem philosoph. Werk, hg. v. G. WEILER (1986).
J. KÜHN: Gescheiterte Sprachkritik. F. M.s Leben u. Werk (1975); K. ARENS: Functionalism and fin de siècle. F. M.'s critique of language (New York 1984); M. KURZREITER: Sprachkritik als Ideologiekritik bei F. M. (1993).

Mauve [ˈmoʊvə], Anton, niederländ. Maler, * Zaandam 18. 9. 1838, † Arnheim 5. 2. 1888; Vertreter der Haager Schule, v. a. beeinflusst von J.-F. MILLET. Er malte niederländ. Dünen- und Weidelandschaften in silbrig-hellem Licht und schuf bes. geschätzte Aquarelle und Zeichnungen. (BILD →Haager Schule)
E. P. ENGEL: A. M., 1838–1888 (Utrecht 1967).

Mauvein

Mauvein [moveˈiːn; zu frz. mauve ›malvenfarbig‹] das, -s, **Perkinviolett** [ˈpəːkɪn-], ältester künstlich hergestellter organ. Farbstoff (1856 von W. H. PERKIN gefunden); ein durch Oxidation von toluidinhaltigem Anilin gewonnener Azinfarbstoff. M. ergibt auf Seide schöne violette Färbungen, wird aber wegen unzureichender Farbechtheit nicht mehr verwendet.

Mavignier [maviˈjeː], Almir da Silva, Maler brasilian. Herkunft, * Rio de Janeiro 1. 5. 1925; seit 1951 in Europa, ab 1965 Prof. an der Akad. in Hamburg; seine Bilder stehen der Op-Art nahe. Sie zeigen leicht reliefierte Punktfelder, deren Elemente sich in Größe und Farbe nach strengen Regeln verändern, wodurch eine subtile räuml. Vibration suggeriert wird.
A. M. (Serielle Farbprogressionen), Ausst.-Kat. (Zürich 1974); A. da S. M. Druckgraphik u. Plakate, hg. v. C. VOGEL, Ausst.-Kat. (1978).

Mavor [ˈmeɪvə], Osborne Henry, eigentl. Name des engl. Schriftstellers James →Bridie.

Mavrokordatos, rumän. **Mavrocordat,** Phanariotenfamilie aus Chios, stellte im 18. Jh. acht Hospodare der Moldau und Walachei. Bekannt:
Alexandros Fürst M., griech. Politiker, * Konstantinopel 11. 2. 1791, † Ägina 18. 8. 1865; veröffentlichte als Präs. der ersten griech. Nationalversammlung (1822) das Manifest der griech. Unabhängigkeit; bald darauf wurde er Reg.-Chef, 1825 Außen-Min. Er galt als der bedeutendste Führer der bürgerl. Oberschicht und als Freund Großbritanniens. Unter König OTTO war M. Gesandter in München, Berlin, London, Paris und Konstantinopel, dazwischen (1833/34, 1841, 1843/44, 1854/55) Ministerpräsident.

Mawẹnsi, einer der Gipfel des →Kilimandscharo.

Max, Prinz von Baden, eigtl. **Maximịlian Alexạnder Friedrich Wịlhelm,** Reichskanzler (1918), * Baden-Baden 10. 7. 1867, † Salem 6. 11. 1929. Der in der liberalen Atmosphäre des bad. Hofes aufgewachsene M. wurde aufgrund der Kinderlosigkeit des Großherzogs FRIEDRICH I. 1907 zum bad. Thronfolger (als Nachfolger seines Vetters FRIEDRICH II.) designiert. Er schied 1911 als Generalmajor aus dem aktiven preuß. Militärdienst aus und widmete sich während des Ersten Weltkriegs der Kriegsgefangenenfürsorge. In der durch die sofortige Waffenstillstandsforderung des Generals E. LUDENDORFF am 29. 9. 1918 ausgelösten inneren Krise berief Kaiser WILHELM II. den Prinzen zum Reichskanzler (3. 10.). An der Spitze einer Mehrparteienkoalition von SPD, Fortschrittl. Volkspartei

Fritz Mauthner

Max, Prinz von Baden

und Zentrum richtete er am 3./4. 10. 1918 ein Friedensangebot und ein Waffenstillstandsersuchen an den amerikan. Präs. W. WILSON, das dessen Vierzehn Punkten folgte. Er beendete mit sofortiger Wirkung den U-Boot-Krieg und setzte die Entlassung LUDENDORFFS durch (26. 10.). Im Innern stimmte er der Einführung des parlamentar. Reg.-Systems zu (Oktober-Verf. vom 26. 10.), konnte aber den Ausbruch der Novemberrevolution nicht verhindern. Am 9. 11. 1918 verkündete er, ohne die Abdankungserklärung abzuwarten, eigenmächtig die Absetzung des Kaisers und trat das Amt des Reichskanzlers an F. EBERT ab. Nach Kriegsende gründete er mit seinem ehem. Berater (ab 1917) K. HAHN die Schule ›Schloß Salem‹.

Ausgabe: Erinnerungen u. Dokumente, hg. v. G. MANN u. A. BURCKHARDT (1968).
Die Reg. des Prinzen M. von Baden, bearb. v. E. MATTHIAS u. R. MORSEY (1962).

Max, Gabriel Ritter von (seit 1900), Maler, *Prag 23. 8. 1840, †München 24. 11. 1915; Schüler von K. VON PILOTY in München, wo er 1879–83 als Prof. an der Akad. lehrte. M. betrieb naturwiss. und parapsycholog. Studien, die prägenden Einfluss auf sein Werk nahmen. Seine sich dem Symbolismus nähernde Malerei umfasst weibl. Porträts und Akte von eigentüml. sinnl. Reiz, Bilder von kranken Menschen sowie Darstellungen von Affen. Er schuf auch fantast. Buchillustrationen, u. a. zu C. M. WIELANDS ›Oberon‹, zu Volksliedern und Märchen.

Max-Beckmann-Preis der Stadt Frankfurt am Main, 1976 gestiftet, seit 1978 alle drei Jahre verliehen zur Förderung hervorragender Leistungen auf dem Gebiet der bildenden Kunst; mit 50 000 DM dotiert.

Max-Delbrück-Centrum für Molekulare Medizin Berlin-Buch, Abk. **MDC,** im Januar 1992 als Stiftung des öffentl. Rechts gegründete Forschungseinrichtung; Nachfolgeeinrichtung von drei Zentralinstituten der Akad. der Wiss.en der DDR, heute eine von 16 Einrichtungen der →Hermann von Helmholtz-Gemeinschaft Deutscher Forschungszentren (HGF). Das MDC verbindet molekularbiolog. Grundlagenforschung mit klin. Forschung und Technologietransfer. Zusammenarbeit besteht v. a. mit den benachbarten Robert-Rössle-Klinik und der Franz-Volhard-Klinik des Virchow-Klinikums in Berlin. Die Forschungsschwerpunkte des MDC umfassen Hypertonie, Kardiologie, Krebsforschung, Neurowiss.en, Zellbiologie und medizin. Genetik. Mit Methoden der Molekularbiologie und Gentechnologie sollen die Ursachen von Tumor-, Herz-Kreislauf- und Nervenerkrankungen ermittelt werden. Ziel der Forschung ist auch die Entwicklung verbesserter Verfahren in Diagnostik, Therapie und Prävention. Im MDC waren 1997 669 Mitarbeiter beschäftigt. Der Etat des MDC betrug 1996 rd. 98 Mio. DM. Die MDC-Tochtergesellschaft BBB (Biomedizin. Forschungscampus Berlin-Buch GmbH) ist seit 1995 für den Ausbau des Technologieparks zuständig. Derzeit arbeiten dort 15 biotechnolog. Firmen.

Maxentius, Marcus Aurelius Valerius, röm. Kaiser (seit 306), *um 279, †Rom 28. 10. 312, Sohn des MAXIMIAN, Schwiegersohn des GALERIUS seit 293; zunächst von seinem Vater als Nachfolger ausersehen, aber 305 mit dessen Zustimmung übergangen. M. wurde 306 in Rom von den Prätorianern zum Kaiser ausgerufen, aber von den regierenden Augusti nicht anerkannt. Er behauptete im Kampf gegen SEVERUS, GALERIUS und den Usurpator ALEXANDER († 310) die Herrschaft über Italien und Afrika, bis er mit seinem Heer von seinem Schwager KONSTANTIN D. GR. an der Milvischen Brücke (Rom) geschlagen wurde und dort im Tiber ertrank.

Maxentiusbasilika, Konstantinsbasilika, großer dreischiffiger Hallenbau für profane Zwecke an

Maxentiusbasilika in Rom

der Via Sacra des Forum Romanum in Rom; unter dem röm. Kaiser MAXENTIUS um 310 begonnen, unter KONSTANTIN D. GR. nach 313 vollendet. Der mittlere Längssaal war 80 m lang und von drei 35 m hohen Kreuzgewölben überspannt, die Seitenschiffe bestanden aus jeweils drei zum Längssaal quer gestellten Räumen mit Kassettentonnen (N-Schiff erhalten). Der urspr. längs gerichtete Bau (Eingang an der östl. Schmalseite mit gegenüberliegender Apsis im W) bekam unter KONSTANTIN eine neue Querachse durch Verlegung des Eingangs an die südl. Breitseite mit entsprechender N-Apsis. Architekturgeschichtlich ist die M. eine Weiterentwicklung von Thermenanlagen.

Maxhütte-Haidhof, Stadt im Landkreis Schwandorf, in der Oberpfalz, Bayern, 422 m ü. M., 10 000 Ew.; Herstellung von grobkeram. und feuerfesten Produkten. – Die 1938 nach dem 1853 im Gebiet von Ibentham gegründeten Eisen- und Stahlwerk Maxhütte (1990 geschlossen) benannte Siedlung wurde 1953 Stadt; heutiger Name seit 1956.

Maxilla [lat. ›Kinnlade‹] *die, -/...lae,* der Oberkiefer (→Kiefer).

Maxillardrüse, Kieferdrüse, an der Basis der Maxillen von Krebsen (auch **Schalen-, Maxillendrüse**) und bei manchen Insekten ausmündende Drüse; M. fungieren bei Krebsen als Ausscheidungsorgan und bei Insekten als Speicheldrüsen.

Maxillare *die, -/-n,* **Os maxillare,** paariger Oberkieferknochen der Wirbeltiere, beim Menschen und bei einigen Säugetieren mit dem Zwischenkieferknochen der Oberkiefer (Maxilla) verschmolzen.

Maxillen *Pl.,* →Mundgliedmaßen.

Maxima [lat. ›größte (Note)‹] *die, -/...mae,* Musik: Notenwert der →Mensuralnotation mit der längsten Zeitdauer, im 13. Jh. als Duplex Longa (doppelte Longa) bezeichnet; bis zum 15. Jh. ◻, danach ◻ geschrieben.

maximal [zu lat. maximus ›größter‹, ›bedeutendster‹], größt-, höchstmöglich; im Höchstfall, höchstens eintretend.

Maximaldosis, Abk. **MD,** die im Dt. Arzneibuch festgelegte Höchstmenge eines Arzneimittels. – **Einzel-M.,** Abk. **EMD,** die höchste Einzelgabe eines Arzneimittels. – **Tages-M.,** Abk. **TMD,** die höchste innerhalb 24 Stunden zu nehmende Arzneimittelmenge.

maximale Arbeitsplatzkonzentration, →MAK-Wert.

maximale Immissionskonzentration, →MIK-Wert.

maximales Drehmoment, das höchste Drehmoment, das eine Kraftmaschine abgibt oder eine Arbeitsmaschine aufnimmt, um eine bestimmte Drehzahl oder Leistung zu erzielen. Bei Verbrennungsmotoren wird das m. D. üblicherweise im Bereich zw.

Marcus Aurelius Valerius Maxentius, römischer Kaiser (Porträt auf einem Aureus, geprägt um 310 n. Chr. in Ostia; (Durchmesser 22 mm)

Maxi Maxime – Maximilian

50% und 90% der Höchstdrehzahl erreicht. Ein bei niedriger Drehzahl liegendes m. D. ergibt einen ›elast.‹ Motor, mit dem in einem Kfz weniger Schaltvorgänge erforderlich sind. Bei welcher Drehzahl das m. D. liegt, wird v. a. durch die Steuerzeiten der Ventile beeinflusst. Bei Elektromotoren wird das m. D. als →Kippmoment bezeichnet.

Maxime [frz., von mlat. maxima (regula) ›höchste Regel‹] *die, -/-n,* Leitsatz, Grundsatz, Lebensregel. – In der *Philosophie* bezeichnete M. zunächst in der Logik – von BOETHIUS ausgehend – (im Sinne von →Axiom) einen obersten Grundsatz oder eine Regel, die weder beweispflichtig noch beweiszugänglich ist und von der andere Sätze hergeleitet werden können; bereits im MA. – z. B. in den ›Dicta Catonis‹ – auch eine Lebensregel. M. DE MONTAIGNE u. a. verwendeten M. im praktisch-moral. Sinne als Handlungsgrundsatz. B. GRACIÁN Y MORALES orientierte seine philosoph. Handlungsempfehlungen am Ideal des aristokrat. Hofmannes (›Hand-Orakel und Kunst der Weltklugheit‹). Philosoph. Aussagekraft und literar. Kunstform verbanden sich im 17. Jh. bei den frz. Moralisten (z. B. F. LA ROCHEFOUCAULD, ›Reflexionen oder moral. Sentenzen und M.‹; VAUVENARGUES, ›Betrachtungen und M.‹), deren ›M.‹ eine meist iron. Kritik an herkömml. Meinungen, Gebräuchen und Umgangsformen formulieren. Bei GOETHE (›M. und Reflexionen‹, hg. 1840) und A. SCHOPENHAUER (›Aphorismen zur Lebensweisheit‹, 1851) wird die Tradition in gewisser Weise fortgeführt. In der Ethik I. KANTS ist die M. ein ›subjektiver Grundsatz‹, eine handlungsleitende Regel, die sich der einzelne Mensch selbst gesetzt hat, im Unterschied zum ›Imperativ‹, einem ›objektiven Grundsatz‹ oder ›prakt. Gesetz‹, nach dem jedes vernünftige Wesen handeln soll. – Als literar. Fassung allgemeiner Erfahrungen und Lebensregeln ähnelt die M. u. a. den →Gnomen.

Maximian, lat. **Marcus Aurelius Valerius Maximianus,** Beiname **Herculius,** röm. Kaiser (286–305, Usurpation 307/308 und 310), Mitregent DIOKLETIANS, * bei Sirmium (heute Sremska Mitrovica) in Pannonien um 240, † in Gallien 310; Freund und Landsmann DIOKLETIANS, der ihn 285 zum Caesar, 286 zum Augustus mit Zuständigkeit für den W ernannte. Nach der Begründung der Tetrarchie (293) herrschte er dort mit seinem Schwiegersohn, dem Caesar CONSTANTIUS CHLORUS, und legte 305 zugleich mit DIOKLETIAN sein Amt nieder. Er griff aber 306 zugunsten seines Sohnes MAXENTIUS wieder in die Politik ein, usurpierte im Februar 307 die Herrschaft und nahm auch Verbindung zu KONSTANTIN I. auf, dem er seine Tochter FAUSTA vermählte. 308 erneut zur Abdankung gezwungen, wurde er, als er in Südgallien wieder die Herrschaft erlangen wollte, von KONSTANTIN gefangen genommen und zum Selbstmord veranlasst.
A. PASQUALINI: Massimiano Herculius (Rom 1979); F. KOLB: Diocletian u. die Erste Tetrarchie (1987).

Maximianus, lat. Dichter des 6. Jh., verfasste Elegien, die sich in Metrik und Stil an OVID anlehnen. Die sechs erhaltenen Gedichte besingen Altersverfall und erot. Erlebnisse.
Ausgabe: Elegies, hg. v. R. WEBSTER (1900).

Maximierung, *Operations-Research:* →Optimierung.

Maximilian, Herrscher:
Heiliges Röm. Reich: **1) Maximilian I.,** Röm. König (seit 1486) und Kaiser (seit 1508), * Wiener Neustadt 22. 3. 1459, † Wels 12. 1. 1519, Habsburger, Sohn Kaiser FRIEDRICHS III., Vater von PHILIPP I., DEM SCHÖNEN, von Spanien, Großvater der Kaiser KARL V. und FERDINAND I.; wurde am 16. 2. 1486 zum Röm. König gewählt (Krönung in Aachen am 9. 4.) und trat am 19. 8. 1493 die Nachfolge im Reich an, wo er sich streng von der Reichsidee leiten ließ. Nach dem frühen Tod seiner (seit 1477) Frau MARIA VON BURGUND (1482) konnte er sich gegen den frz. König LUDWIG XI. als auch gegen die niederländ. Stände im Vertrag von Senlis 1493 die Grafschaften Charolais, Nevers und Artois sowie die Freigrafschaft Burgund sichern, während das Herzogtum Burgund und die Picardie faktisch bei Frankreich blieben. Nach dem Tod von MATTHIAS I. CORVINUS (6. 4. 1490) gelang ihm die Rückeroberung der habsburg. Erblande, deren Verw. er reformierte. Nach dem Tod seines Vaters (1493) und seines Vetters, Erzherzogs SIGMUND von Tirol (1496), den er am 16. 3. 1490 zur Abtretung Tirols und der Vorlande bewogen hatte, beherrschte M. alle habsburg. Länder; 1491 hatte er im Frieden von Preßburg die habsburg. Erbfolge in Ungarn gefestigt (seitdem Titularkönig von Ungarn).

Maximilian I., Römischer König und Kaiser (Ausschnitt aus einem Gemälde von Albrecht Dürer, 1519; Wien, Kunsthistorisches Museum)

Während seiner etwa 30 Kriege strebte M. durch stets wechselnde Bündnisse (→Liga) vergeblich, die Reste seiner burgund. Erbschaft zu gewinnen und Eroberungen in Oberitalien zu machen. Seine erfolgsvolle ital. Politik stand im Zusammenhang mit seiner Vermählung (1493) mit BIANCA MARIA SFORZA von Mailand (* 1472, † 1510), blieb aber erfolglos, denn 1516 fiel Mailand an Frankreich und Verona an Venedig. Der ›Schwaben-‹ bzw. ›Schweizerkrieg‹ (1499) hatte die fakt. Loslösung der Schweiz vom Heiligen Röm. Reich zur Folge; dagegen gewann M. durch Heiratspolitik 1506/16 auch die span. Krone, 1515 die Anwartschaft auf Böhmen und Ungarn für das Haus Habsburg.

Die Reichsstände unterstützten M. in seiner dynast. Politik nicht, brachten aber unter Führung des Mainzer Kurfürsten BERTHOLD VON HENNEBERG zusammen mit dem König auf dem Wormser Reichstag 1495 den Ewigen Landfrieden, ein vom Kaiser unabhängiges Reichskammergericht und eine ›Handhabung Friedens und Rechts‹ zustande; mit dem Gemeinen Pfennig sollte das Reichssteuerproblem gelöst werden. Das Reichsregiment, ein ständiger Ausschuss von Reichsständen zur Überwachung und Beschränkung des Königs, konnte erst 1500 eingerichtet werden und bestand nur zwei Jahre. Dem Reichskammergericht stellte M. 1497 den Reichshofrat entgegen, mit gleichen Befugnissen und nur von ihm abhängig. Die Einteilung des Reichs in zehn Reichskreise 1512 bildete die Grundlage für die Landfriedenssicherung.

M., der am 4. 2. 1508 ohne päpstl. Krönung, aber mit der nachträgl. Billigung JULIUS' II. den Kaisertitel (›Erwählter Röm. Kaiser‹) im Dom zu Trient annahm, war ein vielseitig gebildeter Fürst, der jedoch auch die Zwiespältigkeit seiner Epoche verkörperte. Er beherrschte die ritterl. Künste und Fertigkeiten nach

Maximian, römischer Kaiser (Brustbild auf einem Aureus, geprägt in Rom um 280 n. Chr.; Durchmesser 23 mm)

dem burgund. Vorbild überlegen (›der letzte Ritter‹), vervollkommnete zugleich das Geschützwesen und führte geschickt von ihm ausgebildete Landsknechtheere (›Vater der Landsknechte‹). Durch seinen Finanzier J. FUGGER wurde er von der frühkapitalist. Wirtschaft abhängig. Als Anhänger des Humanismus förderte M. Kunst (u. a. A. DÜRER, B. STRIGEL) und Wissenschaften (v. a. dt. Humanisten).

M.s literar. und künstler. Bestrebungen sind aufs Engste mit seiner polit. Biographie verknüpft. Von den literar. Werken, groß angelegten Gemeinschaftsarbeiten, bei denen M.s Anteil im Einzelnen nur schwer bestimmbar ist, wurde nur der →Teuerdank (1517, Faksimile hg. 1968; benannt nach seiner jugendl. Selbst-Bez.) vollendet; der ›Weißkunig‹, der die Geschichte von M.s Eltern, seine Jugend und seine Regierungszeit darstellt (1514 vom Geheimschreiber MARX TREITZSAURWEIN zu einer fortlaufenden Erzählung geordnet, 1775 erstmals gedruckt, Neudruck 1985), der ›Freydal (b)‹, von dem nur Notizen, Einzelblätter und Bildentwürfe überkommen sind (hg. 1880–82), und die monumentalen Bildprogramme ›Triumphzug‹ und ›Ehrenpforte‹, an denen A. DÜRER mitwirkte, blieben unvollendet. Gemeinsames Motiv allen literar. Engagements, so auch des Auftrags zur Anlage des Ambraser Heldenbuches (→Ambras), war für M. die programmat. Idee des ›Gedächtnus‹, die v. a. drei Aspekte umfasst: religiös-liturg. ›memoria‹, Stilisierung der eigenen Biographie und histor. Dokumentation. (→Maximiliansgrab)

Literarische Behandlung: M.s poet. Selbststilisierung förderte die Verklärung seiner Gestalt in der Dichtung; außerdem lieferte J. VON HORMAYRS ›Österr. Plutarch‹ (1807–14) Material für die zahlr. M.-Balladen, M.-Romane und M.-Dramen (u. a. A. VON ARNIM, Roman ›Die Kronenwächter‹, 1817; A. GRÜN, Romanzenkranz ›Der letzte Ritter‹, 1827–29; G. FREYTAG, Lustspiel ›Die Brautfahrt‹, 1843; G. HAUPTMANN, Verserzählung ›Kaiser Maxens Brautfahrt‹, 1923).

H. FICHTENAU: Der junge M. (1959); H. WIESFLECKER: Kaiser M. I., 5 Bde. (Wien 1971–86); JAN-D. MÜLLER: Gedechtnus. Lit. u. Hofgesellschaft um M. I. (1982); G. KURZMANN: M. I. u. das Kriegswesen der österr. Länder u. des Reiches (1985); H. WIESFLECKER: M. I. Die Fundamente des habsburg. Weltreiches (Wien 1991).

2) Maximilian II., Kaiser (seit 1564), *Wien 31. 7. 1527, †Regensburg 12. 10. 1576, Habsburger, Sohn Kaiser FERDINANDS I., Urenkel von 1), Vater von Kaiser RUDOLF II. und MATTHIAS. Der früh der luther. Lehre zuneigende M. wurde 1548 mit seiner entschieden kath. Cousine MARIA (*1528, †1603), Tochter seines Onkels KARL V., verheiratet und war 1548–50 Statthalter in Spanien. Nach seiner Rückkehr blieb er um einen Ausgleich der Konfessionen bemüht, fand aber keinen Rückhalt bei den luther. Fürsten, schwor deshalb vor seiner Wahl zum Röm. König und Kaiser (30. 11. 1562), stets katholisch zu bleiben, und folgte seinem Vater am 7. 2. 1564 (Huldigung vor dem Papst) als Kaiser. Mit der Sicherung des Augsburger Religionsfriedens von 1555 sorgte er für eine lang anhaltende Zeit der Ruhe. Gegen die Türken kämpfte M. unglücklich; die ihm 1573 und 1575 angetragene poln. Krone vermochte er nicht in Besitz zu nehmen. In seinen österr. Ländern (seit 1552; seit 1562 König von Böhmen, seit 1563 als **Miksa I.** König von Ungarn) stärkte er Luthertum und Ständewesen. Auf Reichsebene konnte er sich in den ständig schärfer werdenden Gegensätzen nicht durchsetzen.

Ausgabe: Die Korrespondenz M.s II., hg. v. V. BIBL, 2 Bde. (1916–21, Nachdr. 1970).

V. BIBL: M. II., der rätselhafte Kaiser (1929); Kaiser M. II. Kultur u. Politik im 16. Jh., hg. v. F. EDELMAYER u. A. KOHLER (Wien 1992); M. LANZINNER: Friedenssicherung u. polit. Einheit des Reiches unter Kaiser M. II. 1564–1576 (1993).

Baden: **3) Maximilian Alexander Friedrich Wilhelm**, Prinz von Baden, →Max, Prinz von Baden.

Bayern: **4) Maximilian I.**, Herzog (seit 1597), Kurfürst (seit 1623), *München 17. 4. 1573, †Ingolstadt 27. 9. 1651, bayr. Wittelsbacher, Großvater von 5), Onkel von 9), Enkel von Herzog ALBRECHT V.; wurde mit seinem Vetter, dem späteren Kaiser FERDINAND II., von Jesuiten in Ingolstadt erzogen und übernahm die Reg. 1598, nachdem sein Vater, Herzog WILHELM V. (*1548, †1626), abgedankt hatte. 1607 brachte M. Donauwörth in seinen Besitz. Als Gegengewicht zur prot. Union gründete er 1609 die kath. Liga, mit der er (Münchener Vertrag, 1619) FERDINAND im Böhm. Aufstand unterstützte; 1635 vermählte er sich in 2. Ehe mit dessen Tochter MARIA ANNA. Am 25. 2. 1623 erlangte M. die FRIEDRICH V. (›Winterkönig‹) aberkannte pfälz. Kurstimme und erhielt 1628 die Oberpfalz. Im Dreißigjährigen Krieg war M. einer der Hauptführer der kath. Partei, ohne ein unbedingter Anhänger der Habsburger zu sein, deren zentralist. Bestrebungen er ablehnte. M. hatte Anteil am Restitutionsedikt (1629) und an der Entlassung WALLENSTEINS (1630). Die Not seines Landes veranlasste ihn ab 1639 zur Annäherung an Frankreich; bei den Friedensverhandlungen zu Münster (1645–48) führten ihn kath. Interessen auf dessen Seite, wodurch er die Kurwürde und die Oberpfalz behielt. In seinem Territorium brach M. die Macht der Landstände, schuf eine ausgezeichnete Landesverwaltung, ein schlagkräftiges Heer unter J. T. VON TILLY, eine für seine Zeit fortschrittl. Gesetzessammlung (›Codex Maximilianeus‹) sowie eine solide Finanzgrundlage; er förderte die bildenden Künste und erbaute in München die Residenz (v. a. ab 1606). (Weiteres BILD →Krumpper)

D. ALBRECHT: Die auswärtige Politik M.s von Bayern 1618–1635 (1962); H. DOLLINGER: Studien zur Finanzreform M.s I. von Bayern in den Jahren 1598–1618 (1968); Um Glauben u. Reich. Kurfürst M. I., hg. v. H. GLASER, 2 Bde. (1980).

5) Maximilian II. Emanuel, Kurfürst (seit 1679), *München 11. 7. 1662, †ebd. 26. 2. 1726, bayr. Wittelsbacher, Sohn von Kurfürst FERDINAND MARIA, Enkel von 4), Großvater von 6); Vater von Kaiser KARL VII.; löste Bayern seit 1680 aus frz. Gefolgschaft und zeichnete sich in den Türkenkriegen (1686–88) als Verbündeter Kaiser LEOPOLDS I. aus, dessen Tochter MARIA ANTONIA er 1685 geheiratet hatte. 1689/90 sicherte er in der Pfalz. Erbfolgekrieg (1688–97) die Rheingrenze und wurde 1691 zum Statthalter der Span. Niederlande ernannt (bis 1699/1714). Der frühe Tod seines zum Erben der span. Krone bestimmten Sohnes JOSEPH FERDINAND führte im Span. Erbfolgekrieg (1701–13/14) und M. in der Hoffnung, die Span. Niederlande als Königtum zu gewinnen, an die Seite Frankreichs; er wurde aber 1704 bei Höchstädt a. d. Donau geschlagen, geächtet und vertrieben, Bayern von Österreich besetzt. Auch die Niederlande verlor er in der Schlacht bei Ramillies (1706). Durch die Friedensschlüsse von Rastatt und Baden 1714/15 erhielt er Bayern zurück. In der Wittelsbach. Hausunion suchte er 1724 die Macht der Wittelsbacher in Bayern, in der Pfalz, in Pfalz-Sulzbach, Köln, Trier und Münster zusammenzufassen. M. ließ u. a. die Schlösser Lustheim, Schleißheim und Nymphenburg ausbauen.

L. HÜTTL: Max Emanuel. Der Blaue Kurfürst 1679–1726 (1976); R. DE SCHRYVER: Max II. Emanuel von Bayern u. das span. Erbe (1996).

6) Maximilian III. Joseph, Kurfürst (seit 1745), *München 28. 3. 1727, †ebd. 30. 12. 1777, Sohn Kaiser KARLS VII., Enkel von 5); schloss mit MARIA THERESIA den Frieden von Füssen (22. 4. 1745), worin er allen Ansprüchen auf österr. Gebiet entsagte und seine Erblande zurückerhielt. Um außenpolit. Neutralität bemüht, war er im Siebenjährigen Krieg (1756–63) an die Seite Österreichs und Frankreichs

Maximilian II., Römischer Kaiser (Ausschnitt aus einem Wachsmedaillon von Antonio Abondio, 1575; Wien, Kunsthistorisches Museum)

Maximilian I., Kurfürst von Bayern (Ausschnitt aus einem zeitgenössischen Kupferstich)

Maximilian II. Emanuel, Kurfürst von Bayern (Ausschnitt aus einem zeitgenössischen Kupferstich)

Maxi Maximilian – Maximinus

Maximilian IV. Joseph,
Kurfürst von Bayern
(Kupferstich, 1804)

Maximilian II. Joseph,
König von Bayern
(Ausschnitt aus einem Holzstich, 1864)

Maximilian,
Kaiser von Mexiko

Gaius Iulius Verus Maximinus,
römischer Kaiser
(Kopfbild auf einem Denar, geprägt in Rom 237 n. Chr.; Durchmesser 19 mm)

gezwungen. Er gründete 1759 die Akad. der Wiss.en in München und führte wichtige Verwaltungs- und Gesetzesreformen durch. Mit ihm erlosch die jüngere bayer. Hauptlinie des Hauses Wittelsbach.
ALOIS SCHMID: M.III. Joseph u. die europ. Mächte. Die Außenpolitik des Kurfürstentums Bayern 1745–1765 (1987).

7) Maximilian IV. Joseph, Kurfürst (1799–1806), als König (seit 1806) **Maximilian I. Joseph,** * Mannheim 27. 5. 1756, † München 13. 10. 1825, pfälz. Wittelsbacher, Vater von König LUDWIG I., Großvater von 8); regierte seit 1795 in Pfalz-Zweibrücken, folgte 1799 KARL THEODOR als Kurfürst von Bayern. Er trat an die Seite NAPOLEONS I., wurde 1806 Mitgl. des Rheinbunds und erlangte die Königswürde für Bayern. In der napoleon. Zeit wurde Bayern unter M. J. um fränk. und schwäb. Gebiet erheblich vergrößert. Beraten von Min. M. VON MONTGELAS, leitete er nach frz. Vorbild wegweisende Reformen ein (u. a. frühliberale Verf. mit Zweikammersystem, 26. 5. 1818), und förderte so den Ausbau zum modernen Staat.
ADALBERT PRINZ VON BAYERN: Max I. Joseph von Bayern. Pfalzgraf, Kurfürst u. König (1957); Krone u. Verfassung. König Max I. Joseph u. der neue Staat, hg. v. H. GLASER (Neuausg. 1992).

8) Maximilian II. Joseph, König (seit 1848), * München 28. 11. 1811, † ebd. 10. 3. 1864, Enkel von 7), Vater von König LUDWIG II.; bestieg nach der Abdankung seines Vaters LUDWIG I. den Thron (20. 3. 1848). Seine Regierungszeit war bes. geprägt von der dt. Frage, wobei 1849–59 L. Freiherr VON DER PFORDTEN als leitender Min. nachdrücklich für die Triaspolitik eintrat. Im Innern wurde die Trennung von Justiz und Verwaltung vollzogen und die Ministerverantwortlichkeit durchgesetzt. In besonderem Maß förderte M. J. das wiss. und künstler. Leben in München, wo er u. a. 1858 die Histor. Kommission der Akad. der Wiss.en gründete; 1853 stiftete er den →Maximiliansorden für Wissenschaft und Kunst.
GÜNTHER MÜLLER: König Max II. u. die soziale Frage (1964); M. HANISCH: ›Für Fürst u. Vaterland‹. Legitimitätsstiftung in Bayern zw. Revolution 1848 u. dt. Einheit (1991).

Köln: **9) Maximilian Heinrich,** Erzbischof und Kurfürst (seit 1650), * München 8. 10. 1621, † Bonn 3. 6. 1688, bayer. Wittelsbacher, Neffe von 4); 1650 auch Bischof von Lüttich und Hildesheim, 1683 von Münster (ohne päpstl. Bestätigung). Politisch unentschlossen, verhinderte er nicht, dass Kurköln unter seinem Minister WILHELM EGON VON FÜRSTENBERG zum Brückenkopf der frz. Unternehmungen im Heiligen Röm. Reich und den Niederlanden wurde.

10) Maximilian Franz, Erzbischof und Kurfürst (seit 1784), * Wien 8. 12. 1756, † Hetzendorf (heute zu Wien) 27. 7. 1801, Habsburger, jüngstes Kind MARIA THERESIAS; Erzherzog von Österreich, wurde 1780 zum Koadjutor in Köln und Münster gewählt sowie Nachfolger seines Onkels KARL ALEXANDER von Lothringen als Hoch- und Deutschmeister. M. F. verfolgte im Nuntiaturstreit und der Emser Punktation 1786 eine reformkath., antikuriale Linie, schuf im Geist des aufgeklärten Absolutismus eine vorbildl. Staatsverwaltung und eröffnete mit der Reform der Lehrerbildung auch die allgemeine Schulpflicht ein. Die von ihm 1784 zur Univ. erhobene Bonner Hochschule wurde 1786 geweiht.
M. BRAUBACH: Maria Theresias jüngster Sohn M. F. (1961); K. OLDENHAGE: Kurfürst Erzherzog M. F. als Hoch- u. Deutschmeister (1780–1801) (1969).

Mexiko: **11) Maximilian,** eigtl. **Ferdinand M.,** Erzherzog von Österreich, Kaiser von Mexiko, * Wien 6. 7. 1832, † (erschossen) Querétaro 19. 6. 1867, jüngerer Bruder von Kaiser FRANZ JOSEPH I.; wurde 1854 Kommandant der österr. Marine und 1857 General-Gouv. des lombard.-venezian. Königreiches; seit 1857 ∞ mit der belg. Prinzessin CHARLOTTE. Im April 1864 nahm er die ihm auf Betreiben NAPOLEONS III. angetragene mexikan. Kaiserkrone an in dem Glauben, das mexikan. Volk selbst habe ihn gerufen. M. konnte aber in Mexiko nicht Fuß fassen. Er entfremdete sich durch seine liberale, auf Ausgleich und Mäßigung bedachte Politik die ihn stützenden Konservativen und die Kirche. Der liberale Präs. B. JUÁREZ GARCÍA bekämpfte M.s Intervention, und das Land spaltete sich in einem Bürgerkrieg. M. überwarf sich mit F. A. BAZAINE, dem Befehlshaber des frz. Hilfskorps. Als die USA unter Berufung auf die Monroedoktrin den Abzug der frz. Truppen erzwangen (1866), weigerte sich M., Mexiko mit ihnen zu verlassen. Durch Verrat geriet er am 15. 5. 1867 in die Hände von JUÁREZ GARCÍA. Von einem Kriegsgericht wurde er zum Tode verurteilt und zusammen mit seinen Generälen MIRAMÓN und MEJÍA erschossen (Gemälde von É. MANET, ›Erschießung Kaiser M.s von Mexiko‹, 1867; Mannheim, Städt. Kunsthalle). – Drama von F. WERFEL ›Juárez und M.‹ (1925).
J. HASLIP: M., Kaiser von Mexiko (a.d.Engl., Neuausg. 1983).

Maximilian, nach der Legende Bischof von Lorch (Oberösterreich), der 284 den Märtyrertod erlitten haben soll. Historisch ist die Errichtung einer Kapelle über seinem angebl. Grab in Bischofshofen zu Beginn des 8. Jh. Seine Reliquien gelangten 878 nach Altötting, vor 985 nach Passau; 1662 wurden sie jedoch nicht mehr vorgefunden. – Heiliger (Tag: 12. 10.).

Maximiliansgrab, Bronzegrabmal Kaiser MAXIMILIANS I. in der Hofkirche in Innsbruck; 1508 nach Plänen des Humanisten K. PEUTINGER in Auftrag gegeben. An diesem größten Grabmonument der dt. Kunst (Statuen seiner Ahnen sollten den Sarkophag umgeben) arbeiteten zunächst unter der Leitung GILG SESSELSCHREIBERS (* um 1460, † nach 1520), später unter dem Erzgießer S. GODL zahlreiche Künstler. Von den geplanten 40 Statuen, 34 Büsten und 100 Heiligenstatuetten wurde nur ein Teil ausgeführt. Von den 28 aufgestellten überlebensgroßen Bronzestatuen sind die König ARTUS' und König THEODERICHS D. GR. nach Visierungen A. DÜRERS, gegossen in der Werkstatt P. VISCHERS D. Ä., hervorzuheben.

Maximiliansorden für Wissenschaft und Kunst, Bayerischer M. f. W. u. K., 1) von König MAXIMILIAN II. von Bayern 1853 gestifteter Orden, der – nach 1945 nicht wieder erneuert – 1968 mit dem Tod des letzten Ordensmitgliedes erlosch.
2) mit Gesetz vom 18. 3. 1980 als Erneuerung des älteren gleichnamigen Ordens gestifteter bayer. Orden. Im Abzeichen ist an die Stelle des Königsporträts der bayer. Löwe getreten. Die Zahl der in zwei Abteilungen (für Wissenschaft, für Kunst) gegliederten Ordensinhaber soll 100 nicht überschreiten. Der Orden wird vom bayer. Ministerpräsidenten verliehen.

Maximin, Bischof von Trier, † Silly (heute Mouterre-Silly, Dép. Vienne) 12. 9. 346; entschiedener Gegner des Arianismus; nahm 336–338 den verbannten ATHANASIOS auf. – Heiliger (Tag: 12. 9.; in Trier 29. 5.).

Maximinus, röm. Kaiser:
1) Gaius Iulius Verus Maximinus, gen. **M. Thrax** (›der Thraker‹), Kaiser (seit 235), * in Thrakien 173 (?), † bei Aquileja 10. 5. 238; diente sich zum Offizier hoch und wurde im März 235 als erster ›Soldatenkaiser‹ in Moguntiacum (Mainz) zum Kaiser ausgerufen. Er kämpfte 236/237 erfolgreich gegen Germanen, Sarmaten und Daker. Seine nur dem Heer dienende Politik (M. erhöhte die Abgaben, um die maßlosen Forderungen der Soldaten zu erfüllen) führte zur Erhebung des vom Senat anerkannten Gegenkaisers GORDIAN I. und dessen Sohnes GORDIAN II. in Afrika; nach ihrer Niederlage ernannte der röm. Senat seine Mitglieder PUPIENUS und BALBINUS zu Kaisern. Im Kampf gegen PUPIENUS wurde M. von eigenen meuternden Soldaten erschlagen.

K. DIETZ: Senatus contra principem (1980); M. ALRAM: Die Münzprägung des Kaisers M. I. Thrax (Wien 1989).

2) Gaius **Galerius Valerius Maximinus,** gen. **M. Daia,** Kaiser (seit 310), † Tarsus Sommer 313, Neffe des Kaisers GALERIUS, der ihn adoptierte. 305 von DIOKLETIAN zum Caesar ernannt, ließ er sich 310 von seinen Soldaten zum Augustus erheben und beherrschte seit GALERIUS' Tod (311) alle asiat. Reichsteile. Er veranlasste rigorose Christenverfolgungen und war nach dem Toleranzedikt des GALERIUS (311) um organisierte Festigung des Heidentums und antichristl. Agitation bemüht. Durch die Verständigung KONSTANTINS D. GR. mit LICINIUS beunruhigt, begann er 313 gegen LICINIUS den Krieg, wurde am 30. 4. 313 bei Adrianopel geschlagen und starb auf dem Rückzug an einer Krankheit.

T. CHRISTENSEN: C. Valerius M. (Kopenhagen 1974).

Maximos, M. Planudes, Manuel Planudes, byzantin. Gelehrter und Dichter, *Nikomedia 1260, †Konstantinopel um 1310. In jungen Jahren Mönch geworden, pflegte er die humanist. Studien und beherrschte als einer unter wenigen im Byzanz jener Zeit die lat. Sprache. Er übersetzte Schriften von OVID, CICERO, AUGUSTINUS u.a. Seine Werke umfassen Arbeiten zur klass. Philologie (Grammatik, Syntax, Kommentare zu THEOKRIT), zur Gesch. (Exzerptensammlung) und Mathematik. Er schrieb Kanones und andere Gedichte und hinterließ eine Sammlung von Sprichwörtern sowie zahlr. Briefe; ferner stellte er die ›Anthologia Planudea‹ (Sammlung griech. Epigramme) zusammen. (→Anthologia Palatina)

Ausgaben: Anecdota graeca, hg. v. J. F. BOISSONADE, 6 Bde. (1829–44, Nachdr. 1962); Patrologiae cursus completus. Series graeca, hg. v. J.-P. MIGNE, Bd. 147 (1865); Epistolae, hg. v. M. TREU (1890, Nachdr. 1960).

S. KUGEAS: Analecta, in: Byzantin. Ztschr., Jg. 18 (1909).

Maximow, Wladimir Jemeljanowitsch, russ. Schriftsteller, →Maksimow, Wladimir Jemeljanowitsch.

Maximowa, Jekaterina Sergejewna, russ. Tänzerin und Pädagogin, →Maksimowa, Jekaterina Sergejewna.

Maximum [lat. ›das Größte‹] *das, -s/...ma,* **1)** *allg.:* größtes Maß, Höchstmaß; Ggs.: Minimum.
2) *Mathematik:* 1) allg. in einer geordneten Menge deren größtes Element. Endliche Mengen besitzen stets ein M., unendliche dagegen oft nicht. – 2) Bes. wichtig sind Maxima reeller Funktionen. Ist $f: \mathbb{R} \to \mathbb{R}$ eine Funktion, so heißt $f(x_0)$ **relatives** oder **lokales M.,** falls es eine Umgebung von x_0 gibt, sodass für alle x aus dieser Umgebung gilt: $f(x) \leqq f(x_0)$. Gilt sogar die echte Kleinerbeziehung, so spricht man auch von einem **strengen lokalen M.** Gilt $f(x) \leqq f(x_0)$ für alle $x \in \mathbb{R}$, so heißt x_0 **absolutes** oder **globales M.** der Funktion f. Bei differenzierbaren Funktionen lassen sich Maxima (bzw. allg. →Extrema) mithilfe der Nullstellen der Ableitungsfunktion ermitteln. Zentrale Bedeutung für die Analysis besitzt der **Satz über die M.-Annahme:** Eine stetige Funktion nimmt auf jedem abgeschlossenen Intervall ihr M. an.

Maximum-Likelihood-Methode [ˈmæksɪməm ˈlaɪklɪhʊd-; likelihood, engl. ›Wahrscheinlichkeit‹], *mathemat. Statistik:* Verfahren, das die Ermittlung von Schätzfunktionen der Parameter $\Theta_1, \Theta_2, ..., \Theta_p$ eines Merkmals mit p-parametr. Dichte (oder diskreter Dichte) $f(x; \Theta_1, \Theta_2, ..., \Theta_p)$ mit $-\infty < x < \infty$ aufgrund einer Stichprobe $x_1, x_2, ..., x_n$ erlaubt. Dabei wählt man als Schätzfunktionen für die Parameter Θ_i ($i = 1, 2, ..., p$) solche Funktionen $T_i(x_1, ..., x_n)$ der Stichprobenwerte, für die die **Stichprobenwahrscheinlichkeit** (Likelihood-Funktion)

$$L(x_1, ..., x_n; \theta_1, ..., \theta_p) = \prod_{k=i}^{n} f(x_k; \theta_1, ..., \theta_p)$$

maximal wird. Die so gewonnenen Maximum-Likelihood-Schätzfunktionen sind asymptotisch normalverteilt (→Normalverteilung).

Maximus, Magnus, röm. Kaiser (seit 383), † 28. 8. 388; wurde im Frühjahr 383 in Britannien zum Kaiser ausgerufen, setzte nach Gallien über und wurde nach der Ermordung GRATIANS als Augustus über Gallien, Spanien und Britannien anerkannt (Residenz Trier). Durch die Verfolgung der Priscillianistensekte (→Priscillianismus) erregte er den Widerspruch des Bischofs AMBROSIUS von Mailand. Er verjagte 387 VALENTINIAN II. aus Italien, wurde aber von THEODOSIUS I. 388 bei Siscia (heute Sisak) und Poetovio (Ptuj) geschlagen und von den Soldaten umgebracht. Sein 384 zum Augustus erhobener Sohn FLAVIUS VICTOR wurde wenig später in Gallien getötet.

Maximus, M. Confessor [›der Bekenner‹], byzantin. Theologe; Kirchenvater, *Konstantinopel 580, †Lazike (Georgien) 13. 8. 662; zunächst kaiserl. Sekretär, seit 613/614 Mönch; wandte sich energisch gegen den Monophysitismus und den Monotheletismus, an dessen Verurteilung er maßgeblich beteiligt war. Da er dem Edikt Kaiser KONSTANS' II., das die Diskussion über den Monotheletismus verbot, nicht zustimmte, wurde er verbannt und verstümmelt. Unter dem Einfluss der Schriften des DIONYSIUS AREOPAGITA und des EUAGRIOS PONTIKOS wurde er zum bedeutendsten Vertreter der Christusmystik im byzantin. Bereich. Von seinen zahlreichen Schriften sind neben der ›Ambigua‹, einer Widerlegung des Origenismus, die exeget. ›Quaestiones ad Thalassium‹ von besonderer Bedeutung. – Heiliger (Tag: 13. 8.).

H. U. VON BALTHASAR: Kosm. Liturgie. Das Weltbild M.' des Bekenners (Einsiedeln 1988); G. BAUSENHART: ›In allem uns gleich außer der Sünde‹. Studien zum Beitrag Maximos' des Bekenners zur altkirchl. Christologie (1992).

Maxixe [maˈʃiʃi], brasilian. Volkstanz, →Machiche.

Max Kade Foundation [mæks ˈkeɪd faʊnˈdeɪʃn], von dem deutsch-amerikan. Industriellen & Mäzen MAX KADE (*1882, †1967) 1944 in New York errichtete humanitäre Stiftung, aus der dt. Schulen und Krankenhäusern nach 1945 große Beträge in Form von CARE-Paketen zuflossen; auch Studentenheime, Mensen, Hochschulbibliotheken und der Wiederaufbau von Kirchen wurden finanziert und unterstützt.

Max-Planck-Gesellschaft zur Förderung der Wissenschaften e.V., Abk. **MPG,** gegr. 26. 2. 1948 als Nachfolgerin der »Kaiser-Wilhelm-Gesellschaft zur Förderung der Wissenschaften e.V.«; Sitz der Generalverwaltung ist München. Die MPG unterhält (1999) 78 wiss. Institute (**Max-Planck-Institute,** Abk. **MPI**) und Forschungsstellen mit rd. 10750 Mitarbeitern (davon rd. 2750 Wissenschaftler), die v. a. Grundlagenforschung betreiben, sowie befristete Forschungsgruppen und weitere Einrichtungen.

Organe: An der Spitze der MPG steht der auf sechs Jahre vom Senat gewählte Präs. (einmalige Wiederwahl möglich; seit 1996 H. MARKL). Der Präs. ist Vors. des Verwaltungsrates, dem eine Vize-Präs., der Schatzmeister und zwei Vertreter der Wirtschaft angehören. Vors. und Mitgl. des Verwaltungsrates bilden mit dem Gen.-Sekr. den Vorstand; der Gen.-Sekr. der MPG ist Leiter der Generalverwaltung. Gremium ist wesentl. Befugnissen ist der Senat, der sich aus Vertretern von Wiss., Wirtschaft, Bund, Ländern und versch. Institutionen zusammensetzt. Wissenschaftspolit. Entscheidungen bereitet der Senatsausschuss für Forschungspolitik und -planung vor. Für die Beratung von wiss. Angelegenheiten im Einzelnen ist der in drei Sektionen gegliederte Wiss. Rat zuständig. Ihm gehören vom Senat berufene Wiss. Mitgl. (i. d. R. Direktoren an Instituten) sowie jeweils ein von den Mitarbeitern eines Instituts gewählter Mitarbeiter an. Jeder Sektion sind Schlichtungsberater zugeordnet.

Gaius Galerius Valerius Maximinus, römischer Kaiser (Kopfbild auf einem Follis, geprägt in Alexandria 312 n. Chr.; Durchmesser 23 mm)

Max-Planck-Institute und Forschungsstellen sowie befristete selbstständige Forschungsgruppen der Max-Planck-Gesellschaft
(1.7.1997; in alphabetischer Anordnung)

Biologisch-Medizinische-Sektion:
Arbeitsgruppe Ribosomenstruktur der
   Max-Planck-Gesellschaft am DESY .... Hamburg
Forschungsstelle Enzymologie der Proteinfaltung .... Halle (Saale)
Friedrich-Miescher-Laboratorium in der
   Max-Planck-Gesellschaft .... Tübingen
Max-Delbrück-Laboratorium in der Max-Planck-Gesellschaft Köln
Max-Planck-Institut für Biochemie .... Martinsried (Gem. Planegg, bei München)
Max-Planck-Institut für Biologie .... Tübingen
Max-Planck-Institut für biologische Kybernetik .... Tübingen
Max-Planck-Institut für Biophysik .... Frankfurt am Main
Max-Planck-Institut für Entwicklungsbiologie .... Tübingen
Max-Planck-Institut für experimentelle Endokrinologie .... Hannover
Max-Planck-Institut für experimentelle Medizin .... Göttingen
Max-Planck-Institut für Hirnforschung .... Frankfurt am Main
Max-Planck-Institut für Immunbiologie .... Freiburg im Breisgau
Max-Planck-Institut für Infektionsbiologie .... Berlin
Max-Planck-Institut für Limnologie .... Plön
Max-Planck-Institut für marine Mikrobiologie .... Bremen
Max-Planck-Institut für medizinische Forschung .... Heidelberg
Max-Planck-Institut für molekulare Genetik .... Berlin-Dahlem
Max-Planck-Institut für molekulare Pflanzenphysiologie ... Golm bei Potsdam
Max-Planck-Institut für molekulare Physiologie .... Dortmund
Max-Planck-Institut für neurologische Forschung ...... Köln
Max-Planck-Institut für neuropsychologische Forschung .... Leipzig
Max-Planck-Institut für physiologische und klinische
   Forschung, W. G. Kerckhoff-Institut .... Bad Nauheim
Max-Planck-Institut für Psychiatrie (Deutsche Forschungs-
   anstalt für Psychiatrie) .... München
Max-Planck-Institut für Psycholinguistik .... Nimwegen (Niederlande)
Max-Planck-Institut für terrestrische Mikrobiologie ... Marburg
Max-Planck-Institut für Verhaltensphysiologie .... Seewiesen
Max-Planck-Institut für Zellbiologie .... Ladenburg
Max-Planck-Institut für Züchtungsforschung
   (Erwin-Baur-Institut) .... Köln

in Gründung:
Max-Planck-Institut für chemische Ökologie .... Jena
Max-Planck-Institut für die Erforschung globaler
   biogeochemischer Kreisläufe .... Jena
Max-Planck-Institut für molekulare Zellbiologie und Genetik Dresden
Max-Planck-Institut für evolutionäre Anthropologie .... Leipzig

Chemisch-Physikalisch-Technische Sektion:
Fritz-Haber-Institut der Max-Planck-Gesellschaft ..... Berlin-Dahlem
Gmelin-Institut für Anorganische Chemie und Grenzgebiete
   der Max-Planck-Gesellschaft .... Frankfurt am Main
Max-Planck-Institut für Aeronomie .... Katlenburg-Lindau (bei Northeim)
Max-Planck-Institut für Astronomie .... Heidelberg
Max-Planck-Institut für Astrophysik .... Garching b. München
Max-Planck-Institut für biophysikalische Chemie
   (Karl-Friedrich-Bonhoeffer-Institut) .... Göttingen
Max-Planck-Institut für Chemie (Otto-Hahn-Institut) ... Mainz
Max-Planck-Institut für Eisenforschung GmbH .... Düsseldorf
Max-Planck-Institut für extraterrestrische Physik .... Garching b. München
Max-Planck-Institut für Festkörperforschung .... Stuttgart
Max-Planck-Institut für Gravitationsphysik .... Potsdam
Max-Planck-Institut für Informatik .... Saarbrücken
Max-Planck-Institut für Kernphysik .... Heidelberg
Max-Planck-Institut für Kohlenforschung .... Mülheim an der Ruhr

Finanzen: Grundlage für die Finanzierung der MPG ist die zw. Bund und Ländern am 28. 11. 1975 geschlossene Rahmenvereinbarung über die gemeinsame Förderung der Forschung nach Art. 91 b GG und die ergänzend dazu getroffene Ausführungsvereinbarung über die Förderung der MPG. Danach werden die Zuschüsse zum Haushalt der MPG von Bund und Ländern grundsätzlich je zur Hälfte getragen. Die Finanzierung des →Max-Planck-Instituts für Plasmaphysik erfolgt nach einem besonderen Modell. Insgesamt beliefen sich die Einnahmen der institutionellen Förderung der MPG (1996) auf rd. 1,73 Mrd. DM (1995 rd. 1,57 Mrd. DM).

In den neuen Bundesländern betreute die MPG bis Ende 1996 27 Arbeitsgruppen an Univ., die diese anschließend integriert haben. Neu eingerichtet wurden seit dem 1. 3. 1990 (Stand 1. 4. 1997): Max-Planck-Institut (Abk. MPI) für Infektionsbiologie (Berlin), MPI für marine Mikrobiologie (Bremen), MPI für terrestr. Mikrobiologie (Marburg), MPI für molekulare Physiologie (Dortmund; löst das MPI für Systemphysiologie ab, auch das Dortmunder MPI für Ernährungsphysiologie wurde aufgelöst), MPI für Astrophysik (Garching b. München, vorher beim MPI für Physik in München), MPI für Kolloid- und Grenzflächenforschung (Teltow), MPI für Informatik (Saarbrücken), MPI für Mikrostrukturphysik (Halle [Saale]), MPI für extraterrestr. Physik (Garching b. München, früher beim MPI für Physik in München), MPI für Physik komplexer Systeme (Dresden), MPI zur Erforschung von Wirtschaftssystemen (Jena), MPI für molekulare Pflanzenphysiologie (Golm bei Potsdam), MPI für Wissenschaftsgesch. (Berlin), MPI für neuropsycholog. Forschung (Leipzig), MPI für Gravitationsphysik (Potsdam), MPI für Mathematik in den Naturwiss.en (Leipzig), MPI für demograph. Forschung (Rostock), Forschungsstelle Enzymologie der Proteinfaltung (Halle). In Gründung befinden sich (1997) sechs MPI und ein Teilinstitut in den neuen Ländern sowie die Projektgruppe Recht der Gemeinschaftsgüter (Bonn). Es entfielen die Klin. Arbeitsgruppen Erlangen, Göttingen und Gießen, die Projektgruppe kognitive Anthropologie Berlin und die Forschungsstelle Humanethologie in Erling (Gem. Andechs). Umbenannt wurde die Garching Instrumente mbH (jetzt Garching Innovation). – *Publikationen:* ›Jahrbuch der MPG‹ (1951 ff.), ›Berichte und Mitteilungen‹ (1952 ff.), ›MPG Spiegel‹ (1972 ff.).

P. HAUKE: Bibliogr. zur Gesch. der Kaiser-Wilhelm-/M.-P.-G..., 3 Tle. (1994); Die Kaiser-Wilhelm-, M.-P.-G. u. ihre Institute, hg. v. B. VOMBROCKE u. H. LAITKO, auf mehrere Bde. ber. (1996 ff.).

Max-Planck-Institut für Plasmaphysik, Abk. **IPP**, gegr. 1960 als ›Institut für Plasmaphysik GmbH‹, seit 1971 in der MPG fortgeführt; Standort: Garching b. München, rd. 1 000 Mitarbeiter (1996). Aufgabe des IPP ist die Kernfusionsforschung, insbesondere die Erforschung des plasmaphysikal. und techn. Grundlagen für die Entwicklung eines Fusionsreaktors (z. B. Experimente ASDEX Upgrade, Wendelstein 7-X). Die Forschungsarbeit des IPP konzentriert sich auf die Entwicklung des Tokamakreaktors (u. a. auch Beteiligung am europ. Fusionsprojekt JET) sowie die Untersuchung alternativer Stellaratorkonzepte. Das IPP ist Mitgl. der Hermann von Helmholtz-Gemeinschaft Deutscher Forschungszentren. Finanzierungsträger sind der Bund (64,1 %), die Europ. Atomgemeinschaft (28,6 %) und die Länder Bayern (6,5 %), Berlin (0,6 %) und Meckl.-Vorp. (0,2 %).

Max-Planck-Medaille [-medaljə], 1928 zum 70. Geburtstag von M. PLANCK gestiftete Auszeichnung, seit 1929 von der Dt. Physikal. Gesellschaft und Nachfolgegesellschaften (→Deutsche Physikalische Gesellschaft e. V.) für Verdienste um die theoret. Physik verliehen (erster Preisträger: M. PLANCK).

Max und Moritz, eine Bubengeschichte in sieben Streichen, illustrierte Verserzählung von W. BUSCH, 1865.

Maxwell [ˈmækswəl; nach J. C. MAXWELL], Einheitenzeichen **M,** (nichtgesetzliche) Einheit des magnetischen Flusses im elektromagnetischen CGS-System: $1 M = 10^{-8} V \cdot s = 10^{-8}$ Wb.

Maxwell [ˈmækswəl], **1)** Ian Robert, eigtl. **Jan Ludvík Hoch,** brit. Medienunternehmer tschech. Herkunft, * Selo Slatina (Karpato-Ukraine) 10. 6. 1923, † (aufgefunden vor Gran Canaria) 5. 11. 1991; emigrierte 1939 nach Frankreich, wo er sich der Widerstandsgruppe ›Tschech. Legion‹ anschloss. 1940 geriet er in dt. Gefangenschaft, aus der er jedoch fliehen konnte; anschließend war er an der deutsch-nieder-

Ian Robert Maxwell

länd. Grenze im Widerstand aktiv; 1945–47 Beauftragter der brit. Militärregierung in Berlin für das dt. Verlagswesen. 1949 gründete er den Verlag Pergamon Press Ltd., die Basis der →Maxwell Communication Corporation plc. Der als offensiver Medienunternehmer geltende M. betätigte sich auch als Filmproduzent, war Mitgl. des Club of Rome (seit 1979) und 1964–70 Abg. der Labour Party im Unterhaus.

J. HAINES: M. Macht u. Medien. Eine Biogr. (a.d. Engl., 1988).

2) **James Clerk**, brit. Physiker, *Edinburgh 13. 6. 1831, †Cambridge 5. 11. 1879; Studium in Edinburgh und Cambridge, 1856–60 Prof. für Physik in Aberdeen, dann am King's College in London. 1871 folgte M. dem Ruf nach Cambridge, wo er das ›Cavendish Laboratory‹ gründete. Seine Beiträge zur Physik beziehen sich v.a. auf drei Gebiete: die Theorie des Elektromagnetismus, die kinet. Gastheorie und die physiolog. Farbenlehre. Ausgehend von der durch M. FARADAY eingeführten Idee des elektr. Feldes formulierte M. die vier Grundgleichungen der Elektrodynamik (→maxwellsche Gleichungen, →maxwellsche Theorie), aus denen sich die Existenz elektromagnet. Wellen, die sich mit Lichtgeschwindigkeit ausbreiten, ergibt. Hieraus schloss M., dass Licht eine elektromagnet. Strahlung darstelle. Diese Ideen regten zahlr. Forscher (u.a. H. HERTZ) zu eigenen Untersuchungen an. In der physiolog. Farbenlehre entwickelte M. die von T. YOUNG stammende Dreifarbenlehre weiter. Die heute übl. Vorstellungen der kinet. Gastheorie, insbesondere die Auffassung, Gase seien Ansammlungen von sich bewegenden Molekülen, wurde entscheidend von M. gefördert. Angeregt durch die Arbeiten von R. CLAUSIUS, begann er ab 1860, statist. Verfahren in die Gastheorie einzuführen. Das bekannteste Ergebnis dieser Bemühungen ist die →maxwellsche Geschwindigkeitsverteilung. – M. wird in seiner Bedeutung für die Physik häufig mit I. NEWTON und A. EINSTEIN auf eine Stufe gestellt.

Ausgabe: The scientific letters and papers, hg. v. P. M. HARMAN, auf 3 Bde. ber. (1990 ff.).

L. CAMPBELL u. W. GARNETT: The life of J. C. M. (London 1882, Nachdr. New York 1969); C. M. and modern science, hg. v. C. DOMB (London 1963); R. A. TRICKER: Die Beitrr. von Faraday u. M. zur Elektrodynamik (a.d. Engl., Berlin-Ost 1974).

Maxwell-Beziehung [ˈmækswəl-; nach J. C. MAXWELL], **Maxwell-Relation,** die Verknüpfung der (absoluten) Brechzahl $n = c_0/c$ mit der relativen Dielektrizitätskonstanten ε_r und der relativen Permeabilität μ_r eines isotropen brechenden Mediums: $n^2 = \varepsilon_r \mu_r$ (dabei sind c_0 und c die Lichtgeschwindigkeiten im Vakuum bzw. im brechenden Medium).

Die M.-B. ergibt sich aus der allgemeinen Beziehung $c^2 = 1/\varepsilon\mu$ zw. der Ausbreitungsgeschwindigkeit des Lichts sowie der Dielektrizitätskonstanten $\varepsilon = \varepsilon_0 \varepsilon_r$ und der Permeabilität $\mu = \mu_0 \mu_r$ des jeweiligen Mediums (im Vakuum gilt wegen $\varepsilon_r = \mu_r = 1$ entsprechend: $c_0^2 = 1/\varepsilon_0 \mu_0$; ε_0 ist die elektr., μ_0 die magnct. Feldkonstante).

Maxwell-Brücke [ˈmækswəl-; nach J. C. MAXWELL], eine →Brückenschaltung zur Messung von Induktivitäten. Der Diagonalzweig ist stromlos, wenn

$$R_x = R_1 \cdot R_4/R_2 \quad \text{und} \quad L_x = R_1 \cdot R_4 \cdot C_2$$

gilt. Aus diesen Beziehungen lässt sich bei bekannter Kapazität C_2 die Induktivität L_x bestimmen (R_1, R_2, R_3, R_4 Widerstände). (BILD S. 368)

Maxwell Communication Corporation plc [ˈmækswəl kəmjuːˈniˈkeɪʃn kɔːpəˈreɪʃn piːelˈsiː], Abk. **MCC** [emsiˈsiː], brit. Medienkonzern, gegr. 1949 als Pergamon Press Ltd. von I. R. MAXWELL, seit 1987 MCC. Der Konzern musste wegen Überschuldung 1992 Konkurs anmelden. Das Unternehmen wurde unter Zwangsverwaltung gestellt und in der Folgezeit liquidiert. Inzwischen sind die meisten der rd. 400 Tochter- und Beteiligungsgesellschaften verkauft worden, u.a. Verlage (Dtl.: zus. mit Gruner + Jahr der Berliner Verlag, Großbritannien: E. J. Arnold, Cornwall Books, Fleetway Publications, Sphere Books u.a., USA: →Macmillan Inc.), Zeitungen (Tageszeitungen: Daily Mirror, The People, Scottish Daily Record) und Zeitschriften (rd. 150 Publikums-, rd. 100 Fach- und rd. 400 wiss. Zeitschriften); Fernsehen, wozu eine Betriebsgesellschaft für Satelliten und für Kabelnetze (British Cable Services) und Beteiligungen an Fernsehgesellschaften, Music Television Europe, Premiere Pay-TV, TF 1 (Paris) gehörten; Datenbanken (Pergamon Infotech), Beteiligung an der

---

Max-Planck-Institute und Forschungsstellen sowie befristete selbstständige Forschungsgruppen der Max-Planck-Gesellschaft
(1.7.1997; in alphabetischer Anordnung; Fortsetzung)

Max-Planck-Institut für Kolloid- und Grenzflächenforschung	Teltow
Max-Planck-Institut für Mathematik	Bonn
Max-Planck-Institut für Mathematik in den Naturwissenschaften	Leipzig
Max-Planck-Institut für Metallforschung	Stuttgart
Max-Planck-Institut für Meteorologie	Hamburg
Max-Planck-Institut für Mikrostrukturphysik	Halle (Saale)
Max-Planck-Institut für Physik (Werner-Heisenberg-Institut)	München
Max-Planck-Institut für Physik komplexer Systeme	Dresden
Max-Planck-Institut für Plasmaphysik	Garching b. München
Max-Planck-Institut für Polymerforschung	Mainz
Max-Planck-Institut für Quantenoptik	Garching b. München
Max-Planck-Institut für Radioastronomie	Bonn
Max-Planck-Institut für Strahlenchemie	Mülheim an der Ruhr
Max-Planck-Institut für Strömungsforschung	Göttingen

in Gründung:

Max-Planck-Institut für chemische Physik fester Stoffe	Dresden
Max-Planck-Institut für Dynamik komplexer technischer Systeme	Magdeburg

Geisteswissenschaftliche Sektion:

Bibliotheca Hertziana – Max-Planck-Institut	Rom
Max-Planck-Institut für ausländisches öffentliches Recht und Völkerrecht	Heidelberg
Max-Planck-Institut für ausländisches und internationales Patent-, Urheber- und Wettbewerbsrecht	München
Max-Planck-Institut für ausländisches und internationales Privatrecht	Hamburg
Max-Planck-Institut für ausländisches und internationales Sozialrecht	München
Max-Planck-Institut für ausländisches und internationales Strafrecht	Freiburg im Breisgau
Max-Planck-Institut für Bildungsforschung	Berlin-Dahlem
Max-Planck-Institut für demografische Forschung	Rostock
Max-Planck-Institut für europäische Rechtsgeschichte	Frankfurt am Main
Max-Planck-Institut für Geschichte	Göttingen
Max-Planck-Institut für Gesellschaftsforschung	Köln
Max-Planck-Institut für psychologische Forschung	München
Max-Planck-Institut zur Erforschung von Wirtschaftssystemen	Jena
Max-Planck-Institut für Wissenschaftsgeschichte	Berlin

in Gründung:

Projektgruppe Recht der Gemeinschaftsgüter	Bonn

Weitere der Max-Planck-Gesellschaft angehörende, von ihr betreute oder gemeinsam mit ihr betriebene Einrichtungen

Archiv zur Geschichte der Max-Planck-Gesellschaft	Berlin-Dahlem
Berliner Elektronenspeicherring - Gesellschaft für Synchrotronstrahlung mbH (BESSY)	Berlin-Dahlem
Deutsches Klimarechenzentrum GmbH	Hamburg
EISCAT Scientific Association (European Incoherent Scatter Scientific Association)	Kiruna (Schweden)
Harnack-Haus	Berlin
Garching Innovation	München
Gesellschaft für wissenschaftliche Datenverarbeitung mbH Göttingen	Göttingen
IRAM (Institut für Radioastronomie im Millimeterbereich)	Grenoble (Frankreich)
Minerva Gesellschaft für die Forschung mbH	München
Kerckhoff-Klinik	Bad Nauheim
Tagungsstätte Max-Planck-Haus Heidelberg	Heidelberg
Tagungsstätte Schloss Ringberg	Rottach-Egern

James Clerk Maxwell

Maxw Maxwell Montes – maxwellscher Dämon

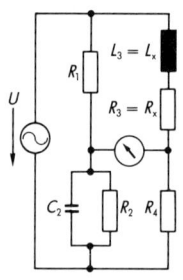

Maxwell-Brücke:
U Quellenspannung, R_1, R_2, R_3, R_4 Widerstände, L_3 Induktivität, C_2 Kapazität

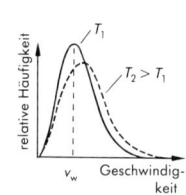

maxwellsche Geschwindigkeitsverteilung: Verteilung für den Geschwindigkeitsbetrag bei zwei verschiedenen Temperaturen T_1 und T_2; v_w wahrscheinlichste Geschwindigkeit

Sprachschule und Übersetzungsgesellschaft Berlitz International.

Maxwell Montes ['mækswəl -], das höchste Gebirge des Planeten →Venus.

maxwellsche Geschwindigkeitsverteilung ['mækswəl-], **Maxwell-Verteilung,** von J. C. MAXWELL 1860 theoretisch abgeleitete statist. Funktion, die den Geschwindigkeiten der Atome bzw. Moleküle eines idealen Gases im Gleichgewicht ihre relativen Häufigkeiten zuordnet. Für die Wahrscheinlichkeit, dass der Betrag der Geschwindigkeit der Gaspartikel $v = (v_x^2 + v_y^2 + v_z^2)^{1/2}$ im Intervall zw. v und $v + dv$ liegt, gilt:
$$f(v)\,dv = \frac{4}{\sqrt{\pi}}\left(\frac{m}{2kT}\right)^{3/2} v^2 e^{-\frac{mv^2}{2kT}}\,dv,$$
wobei m die Teilchenmasse, k die Boltzmann-Konstante und T die absolute Temperatur ist. Werden sehr viele Teilchen betrachtet, kann die Wahrscheinlichkeitsdichte $f(v)$ auch als Teilchendichte $F(v)$ im Geschwindigkeitsintervall dv interpretiert werden: $F(v) = Nf(v)dv$ (N Teilchenanzahl). Die m. G. ist unsymmetrisch und wird mit zunehmender Temperatur breiter und niedriger. Ihr Maximum, d. h. die wahrscheinlichste Geschwindigkeit, liegt bei $v_w = \sqrt{2kT/m}$, verschiebt sich also mit zunehmender Temperatur zu höheren Geschwindigkeiten. Die mittlere Geschwindigkeit beträgt $\bar{v} = \sqrt{8kT/\pi m}$, es gilt also $\bar{v} = 1{,}13\,v_w$. – Die m. G. ergibt sich als Spezialfall der boltzmannschen Energieverteilung (→Boltzmann-Statistik), wenn die betrachteten Teilchen nur kinet. Energie besitzen.

maxwellsche Gleichungen ['mækswəl-; nach J. C. MAXWELL], die für die klass. Elektrodynamik grundlegenden Gleichungen der →maxwellschen Theorie der elektromagnet. Erscheinungen im Vakuum und in ruhenden Medien. Sie verknüpfen die elektr. Feldgrößen (E elektr. Feldstärke, D elektr. Fluss- oder Verschiebungsdichte) und die magnet. Feldgrößen (H magnet. Feldstärke, B magnet. Flussdichte) miteinander sowie mit der elektr. Ladungsdichte ϱ und der elektr. Stromdichte j. Sie lauten in Differenzialform (in SI-Einheiten)

1) $\text{div}\,D = \varrho$, 3) $\text{rot}\,E = -\dot{B}$,
2) $\text{rot}\,H = j + \dot{D}$, 4) $\text{div}\,B = 0$.

Der Punkt über den Größen bedeutet die partielle Ableitung $\partial/\partial t$ nach der Zeit. Durch Integration über ein von der Fläche F eingeschlossenes Volumen V (Gleichungen 1 und 4) bzw. über eine von der Kurve Γ berandete Fläche F (Gleichungen 2 und 3) und Anwendung des gaußschen bzw. des stokesschen Integralsatzes erhält man die m. G. in Integralform:

1a) $\int_V \text{div}\,D\,dV = \int_F D\cdot dF = Q$,

2a) $\int_F \text{rot}\,H\cdot dF = \oint_\Gamma H\cdot ds = \theta + \int_F \dot{D}\cdot dF$,

3a) $\int_F \text{rot}\,E\cdot dF = \oint_\Gamma E\cdot ds = -\int_F \dot{B}\cdot dF$,

4a) $\int_V \text{div}\,B\,dV = \int_F B\cdot dF = 0$.

Dabei ist $\theta = \int_F j\cdot dF$ der die Fläche F durchsetzende elektr. Strom, $\int_F \dot{D}\cdot dF$ der Verschiebungsstrom und $Q = \int_V V\cdot d\varrho$ die elektr. Ladung.

Während im Vakuum wegen der Beziehungen $D = \varepsilon_0 E$ und $B = \mu_0 H$ (ε_0, μ_0 elektr. und magnet. Feldkonstante) für die Beschreibung der elektromagnet. Felder die Angabe je einer elektr. und magnet. Feld-

größe ausreicht, müssen bei Einbeziehung materieller Körper in die Beschreibung alle vier Feldgrößen angegeben werden. Diese werden durch die **Materialgleichungen** miteinander verknüpft:

5) $D = \varepsilon_0 E + P$, 6) $B = \mu_0 H + J$.

Dabei ist P die elektr. und J die magnet. Polarisation. Für den Fall homogener, isotroper und in den eingeprägten Feldern E und H elektromagnetisch linearer Medien ergeben sich die einfacheren Beziehungen
$$D = \varepsilon_0\varepsilon_r E \text{ und } B = \mu_0\mu_r H,$$
aus denen in Verbindung mit den zuvor genannten
$$P = \varepsilon_0(\varepsilon_r - 1)\,E \equiv \varepsilon_0\chi_e E$$
und $J = \mu_0(\mu_r - 1)\,H \equiv \mu_0\chi_m E$

folgt. Dabei ist ε_r die Permittivitätszahl, μ_r die Permeabilitätszahl, χ_e die elektr. und χ_m die magnet. Suszeptibilität des betreffenden Mediums. Wenn dieses Medium elektrisch leitend ist, gilt außerdem das ohmsche Gesetz $j = \sigma E$ mit σ als elektr. Leitfähigkeit, dessen Integration über das Volumen des Leiters die bekannte Form $I = U/R$ ergibt (U elektr. Spannung, R elektr. Widerstand).

Aus den in den Feldgrößen homogenen m. G. 3 und 4 folgt, dass man B und E durch Potenziale, das elektr. Potenzial φ und das Vektorpotenzial A, darstellen kann:
$$B = \text{rot}\,A \text{ und } E = -\dot{A} - \text{grad}\,\varphi.$$
Diese Potenziale erfüllen die inhomogenen Wellengleichungen
$$c^{-2}(\partial^2\varphi/\partial t^2) - \text{div grad}\,\varphi = \varrho/\varepsilon_0,$$
$$c^{-2}(\partial^2 A/\partial t^2) - \text{div grad}\,A = \mu_0 j,$$
in denen die Ausbreitungsgeschwindigkeit c die Lichtgeschwindigkeit im Vakuum ist.

Aus den m. G. 1 und 2 folgt die Kontinuitätsgleichung $\dot{\varrho} + \text{div}\,j = 0$ für die elektr. Ladung. Die Gleichungen 1 und 1a sind dem →coulombschen Gesetz äquivalent, die Gleichungen 2 und 2a umfassen das →ampèresche Gesetz und das ampèresche Verkettungsgesetz (→Durchflutung), die Gleichungen 3 und 3a ergeben sich aus dem faradayschen →Induktionsgesetz, und die Gleichungen 4 und 4a bringen zum Ausdruck, dass die magnet. Flussdichte quellenfrei ist, dass es also keine magnet. Ladungen (Monopole) gibt.

Die m. G. der *Elektrostatik* sind die Gleichungen 1 und 3 oder 1a und 3a, mit $\dot{B} = 0$; die der *Magnetostatik* die Gleichungen 2 und 4 oder 2a und 4a, mit $\dot{D} = 0$. Das Gleichungssystem des elektromagnet. Feldes im Vakuum erhält man durch Nullsetzen der Ladungsdichte ϱ und der Stromdichte j; aus ihm ergeben sich die homogenen Wellengleichungen $\text{div grad}\,E - \varepsilon_r\mu_0\ddot{E} = 0$ und $\text{div grad}\,H - \varepsilon_0\mu_0\ddot{H} = 0$, aus denen folgt, dass $(\varepsilon_0\mu_0)^{-1/2}$ die Ausbreitungsgeschwindigkeit der Wellen ist, also c.

Aufgrund der Gleichungen für die →Lorentz-Kraft und der ihr entsprechenden Gleichung für die Kraftdichte, $f = \varrho E + j \times B$, lassen sich die Feldgrößen E und B durch die Kräfte bestimmen, die sie auf elektr. Ladungen bzw. Ströme ausüben. E und B werden daher häufig als die eigentl. Feldgrößen angesehen, von denen D und H abgeleitet sind.

maxwellsche Korkenzieherregel ['mækswəl-; nach J. C. MAXWELL], die →Rechtefaustregel.

maxwellscher Dämon ['mækswəl-], von J. C. MAXWELL 1871 zur Veranschaulichung einer Möglichkeit der Verletzung des 2. Hauptsatzes der →Thermodynamik im Zusammenhang gaskinet. Gedankenexperimente erdachtes Wesen (oder ein entsprechender Apparat), das in molekulare Vorgänge eingreifen und dadurch dem Zufall entgegenwirken kann, z. B. indem es Moleküle, deren Geschwindigkeit größer als

Ernst May: Wohn- und Geschäftshaus in der Siedlung Römerstadt in Frankfurt am Main; 1927/28

die Durchschnittsgeschwindigkeit aller Moleküle ist, nur in einer Richtung durch eine Öffnung einer Trennwand zw. zwei Behältern passieren lässt, wodurch sich ohne anderweitige Änderung der eine Behälter erwärmt und der andere abkühlt. Durch Einbeziehung der Entropieänderung bei den ständig nötigen Messprozessen in die Entropiebilanz kann gezeigt werden, dass der m. D. den 2. Hauptsatz nicht wirklich verletzt (u. a. L. SZILARD, L. BRILLOUIN, D. GABOR).

maxwellsche Theorie [ˈmækswəl-], von J. C. MAXWELL im Wesentlichen in den Jahren 1861–64 formulierte und 1873 in seinem ›Treatise on electricity and magnetism‹ zusammengefasste Theorie des elektromagnet. Feldes in ruhenden Medien. Sie findet ihren prägnanten Ausdruck in den vier →maxwellschen Gleichungen und den zugehörigen Materialgleichungen sowie deren Interpretation, die den elektromagnet. Feldern eine eigene Realität zuspricht. Nach ihr wirken elektr. Ladungen und Ströme vermittels dieser Felder aufeinander, die sich mit endl. Geschwindigkeit ausbreiten und Träger von Energie, Impuls und Drehimpuls sind. Die m. T. ist damit eine Nahewirkungstheorie, im Ggs. zu den älteren Fernwirkungstheorien, nach denen Ladungen und Ströme unvermittelt aufeinander wirken. MAXWELL baute seine Theorie auf den früheren Entdeckungen u. a. von C. A. DE COULOMB, A. M. AMPÈRE und M. FARADAY, dessen Feldbegriff er übernahm, auf. Ein charakterist. Merkmal der m. T. ist die gegenseitige Verknüpfung zeitlich veränderlicher elektr. und magnet. Felder. Auf sie gründete MAXWELL die Vorhersage elektromagnet. Wellen, deren Existenz 1887 von H. HERTZ experimentell nachgewiesen wurde. MAXWELL vertrat auch bereits die Ansicht, dass es sich beim Licht um eine elektromagnet. Wellenstrahlung handele.

Die m. T. ist die älteste physikal. Feldtheorie. Ihr Gleichungssystem ist die axiomat. Grundlage der klass. Elektrodynamik, ähnlich wie die newtonschen Axiome für die klass. Mechanik.

May, 1) Angelica, Violoncellistin, *Reutlingen 17. 9. 1938; studierte u. a. bei L. HOELSCHER und P. CASALS und wurde 1975 Prof. an der Musikhochschule in Düsseldorf; bildete mit dem Pianisten LEONARD HOKANSON (*1931) ein Duo und mit diesem und dem Violinisten KURT GUNTNER (*1939) das **Odeon-Trio**.

2) Ernst, Architekt, *Frankfurt am Main 27. 7. 1886, †Hamburg 11. 9. 1970; studierte in München (bei F. VON THIERSCH und T. FISCHER) und London (bei R. UNWIN); Vertreter des Funktionalismus. M. führte die Montagebauweise in Dtl. ein und trat bes. auf den Gebieten des Siedlungs-, Wohnungs- und Städtebaus hervor: 1925–30 Stadtbaurat in Frankfurt am Main (Trabantensiedlungen, u. a. Römerstadt, 1927/28), 1930–33 in der UdSSR (Planung neuer Industriestädte, Generalstadtplan für Moskau), 1934 bis 1954 in Afrika (Kampala, Daressalam); ab 1954 als Stadtplaner mit dem Wiederaufbau bzw. Ausbau dt. Städte befasst (Mainz, Wiesbaden, Bremerhaven). 1954–61 Leiter der Planungsabteilung der Neuen Heimat (u. a. Großsiedlung Neue Vahr in Bremen, 1956–61). Ab 1957 Prof. an der TH in Darmstadt.

J. BUEKSCHMITT: E. M. (1963); E. M. u. das Neue Frankfurt: 1925–1930, hg. vom Dt. Architekturmuseum Frankfurt, Ausst.-Kat. (1986); D. W. DREYSSE: M.-Siedlungen (1987); Das Obere M.-Haus in Bern, hg. v. B. FURRER (Bern 1990); Architekten – E. M., bearb. v. H. FRITSCH (³1995; Bibliogr.).

3) Gisela, Schauspielerin und Chansonsängerin, *Wetzlar 31. 5. 1924; wurde 1962 Mitgl. des Berliner Ensembles, außer als Brecht-Darstellerin (u. a. ›Mutter Courage‹, 1978) wurde sie v. a. bekannt als Interpretin von Liedern mit Texten von B. BRECHT, K. TUCHOLSKY und E. KÄSTNER sowie Chansons von J. BREL; auch Darstellerin bei Film und Fernsehen sowohl in trag. wie in kom. Rollen.

4) Karl, Pseudonym **Karl Hohenthal** u. a., Schriftsteller, *Ernstthal (heute zu Hohenstein-Ernstthal) 25. 2. 1842, †Radebeul 30. 3. 1912; wuchs als fünftes von 14 Kindern eines erzgebirg. Webers in ärmlichsten Verhältnissen auf, war bis zum fünften Lebensjahr blind; wurde Lehrer, musste jedoch wegen verschiedener, teils aus finanzieller Not, teils aus Geltungsdrang begangener Delikte zw. 1862 und 1874 mehrere Freiheitsstrafen (insgesamt sieben Jahre) verbüßen. 1875–77 war er Redakteur in Dresden, dann freier Schriftsteller. Schrieb zunächst v. a. erzgebirg. Dorfgeschichten, Humoresken und (pseudonym) fünf Kolportageromane (u. a. ›Das Waldröschen‹, 1882–84; ›Der verlorene Sohn‹, 1884–86), dann zunehmend abenteuerl. Reiseerzählungen, deren Buchausgaben (in größerem Umfang ab 1892) ihn bald zu einem der bis heute meistgelesenen dt. Schriftsteller machten (Gesamtauflage über 80 Mio. Bände). Schauplätze dieser durch das exot. Kolorit, die glänzende Erzählbegabung und die Fantasie des Autors fesselnden Romane, die immer mit dem Sieg des Guten enden, sind v. a. der Wilde Westen Nordamerikas und der Vordere Orient; an die Schauplätze sind die handelnden Personen gebunden: im Wilden Westen Old Shatterhand als Erzähler und der edle Indianerhäuptling Winnetou, im Orient Kara Ben Nemsi als Erzähler und sein Diener Hadschi Halef Omar.

Die erzieher. Moral dieser v. a. dem jugendl. Bedürfnis nach Freiheit und ›großem Leben‹ entgegen-

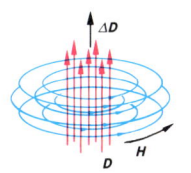

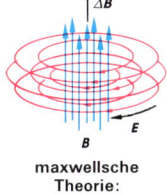

Karl May als Old Shatterhand

maxwellsche Theorie: Verkettung der elektrischen Feldgrößen **D** bzw. **E** mit den magnetischen Feldgrößen **H** bzw. **B**

Maya Maya

Maya: Einkleidung eines Maya-Priesterfürsten mit den Insignien seiner Würde; Wandgemälde aus Bonampak, Mexiko; um 700 n. Chr.

kommenden Romane bewegt sich auf dem Boden einer christl. Weltanschauung, die sowohl durch ihre gründerzeitl. Prägung wie auch durch M.s Eintreten für unterdrückte Völker (bes. die Indianer) gekennzeichnet ist. Erst nach der Veröffentlichung dieser Werke (bis 1899 mehr als 30 Bde.) hat M. den Orient (1899/1900) und Amerika (1908) besucht; frühere außereurop. Reisen, die lange Zeit vermutet wurden, gelten heute als ausgeschlossen. Das Spätwerk M.s (›Im Reiche des silbernen Löwen‹, Bd. 3 und 4, 1902–03; ›Und Friede auf Erden!‹, 1904; ›Ardistan und Dschinnistan‹, 2 Bde., 1909) fand in den letzten Jahren zunehmende Beachtung; es handelt sich dabei um vielschichtige, auch formal wesentlich ausgereiftere, dem Surrealismus nahe stehende Symbolromane von pazifist. Tendenz. M. schrieb neben einem Drama (›Babel und Bibel‹, 1906) auch geistl. Gedichte (›Himmelsgedanken‹, 1900); autobiographisch ist ›Mein Leben und Streben‹ (1910). – Die außergewöhnl. Breitenwirkung und Faszinationskraft der in über 25 Sprachen übersetzten Werke M.s sind auch in der Gegenwart ungebrochen; zahlreiche Romane wurden verfilmt oder sind Gegenstand von K.-M.-Festspielen.

Weitere Werke: Durch die Wüste (1892; mit fünf Folge-Bden.: Durchs wilde Kurdistan, Von Bagdad nach Stambul, In den Schluchten des Balkan, Durch das Land der Skipetaren, Der Schut; alle 1892); Winnetou, 4 Bde. (1893–1910); Der Schatz im Silbersee (1894); Old Surehand, 3 Bde. (1894–96); Im Lande des Mahdi, 3 Bde. (1896); Satan u. Ischariot, 3 Bde. (1897); Am Jenseits (1899).

Ausgaben: Mein Leben u. Streben (1910; Nachdr. bearb. v. H. Plaul 1975); Ges. Werke, hg. v. Euchar A. Schmid, 65 Bde. (1913–39); Ges. Werke, hg. v. dems. u. a., 74 Bde. (1961–85); K. M.s Werke. Historisch-krit. Ausg., hg. v. H. Wollschläger u. a., auf 99 Bde. ber. (1987 ff.).

Jb. der K.-M.-Gesellschaft, hg. v. C. Roxin u. a. (1970 ff.); K. M. Biogr. in Dokumenten u. Bildern, hg. v. G. Klussmeier u. a. (1978); K. M., hg. v. H. L. Arnold (1987); K. M. der sächs. Phantast. Studien zu Leben u. Werk, hg. v. H. Eggebrecht (1987); K.-M.-Hb., hg. v. G. Ueding (1987); M. Lowsky: K. M. (1987); H. Stolte: Der schwierige K. M. (1989); H. Plaul: Illustrierte K.-M.-Bibliogr. (1989); H. Wollschläger: K. M., Grundr. eines gebrochenen Lebens (Neuausg. 1990); Helmut Schmiedt: K. M. Leben, Werk u. Wirkung (³1992); Arno Schmidt: Sitara u. der Weg dorthin. Eine Studie über Wesen, Werk u. Wirkung K. M.s (Neuausg. 1993); H. Wohlgschaft: Große K.-M.-Biogr. (1994).

Maya [Sanskrit ›Illusion‹, ›Täuschung‹], *Religionsgeschichte* und *Philosophie:* Begriff in der Philosophie des ind. Advaita-Vedanta, nach dessen illusionist. Monismus nur das all-eine Brahman im eigentl. Sinn existiert, während die vergängl. empirische Vielheit durch M., die schöpfer. Kraft Brahmans, bedingt ist, die somit Brahman einerseits offenbart, andererseits aber verbirgt. M. wird mit Vidya (Erkenntnis) und Avidya (Unwissenheit) zusammen gedacht. – Im Buddhismus bezeichnet M. die sich ständig verändernde Welt der Erscheinungen, im Ggs. zum unwandelbaren Absoluten, der eigentl. Wirklichkeit.

Maya, indian. Völker- und Sprachfamilie im südl. Mesoamerika, in S- und NO-Mexiko, Guatemala, Honduras und Belize, mit mehr als 2 Mio. Sprechern. Nach räumlich-kulturellen Kriterien unterscheidet man zw. den in Streusiedlungen lebenden Waldlandbauern des trop. Tieflandes (**Maya** i. e. S. oder **Yucateken,** in den mexikan. Staaten Yucatán, Quintana Roo und Campeche, etwa 715 000; ferner Lakandonen, Chortí u. a.) und den stärker kolonialspanisch geprägten Dorfgemeinschaften des kühlgemäßigten Hochlandes (Quiché, Cakchiquel, Tzutuhil). Der polit. Ämterhierarchie und den Kultbruderschaften der Höhenregion steht im Tiefland eine Organisationsform in Verwandtschaftsgruppen gegenüber, dem intensiven Brandrodungsbau (Mais, Kürbis, Bohnen) der Berg-M. die extensive Gartenkultur der Waldbewohner. Der indian. Katholizismus ist von Elementen der traditionellen Religion durchsetzt. Alte Götter erscheinen im Gewand christl. Heiliger, das Wirken der Menschen wird von Geistmächten bestimmt. Orakel- und Aussaatkalender sowie die schamanist. Rituale der Krankenheilung sind noch anzutreffen.

Sozialrebellionen (z. B. ›guerra de castas‹ von 1847) und messian. Heilsbewegungen (wie die Tzotzil-Aufstand 1867–70) gehören ebenso zur neueren Geschichte der M. wie der blutige Konflikt zw. indian. Kleinbauern und dem Militärregime während des Bürgerkriegs in Guatemala und der Aufstand der Zapatisten im mexikan. Chiapas. Mitte des 19. Jh. gründeten aufständische M. (›Macehuales‹) in Yucatán und Quintana Roo freie Kleinstaaten, in denen traditionelle Formen indian. Zusammenlebens als ›konkrete Utopie‹ wieder erstanden; sie konnten sich teilweise bis 1915 gegen die mexikan. Armee behaupten. Im Übrigen sind die M. schon lange in die Entwicklungen ihrer jeweiligen Staaten eingebunden.

Die vorkolumbische Mayakultur

Über die Geschiche und Kultur der M. vor der Conquista geben nicht nur archäolog. Quellen Auskunft. Aus der Zeit der span. Eroberung und der Kolonialzeit sind Quellen überliefert, die zwar in lat. Schrift aufgezeichnet sind, deren Inhalte aber auf vorspan. M.-Traditionen zurückgehen. Dazu gehört z. B. das ›Popol Vuh‹ der Quiché-M. In vorkolumb. Zeit waren die M. Träger einer hoch entwickelten Kultur, deren Blütezeit um 300 n. Chr. begann und die mit der span. Eroberung endete. In dieser Zeit ist eine räuml. Ver-

Maya

schiebung der kulturellen Hochblüte von S nach N festzustellen (die Aufgabe der Zentren im S bedeutete das Ende der klass. M.-Kultur), deren Ursachen noch nicht eindeutig geklärt werden konnten (Kriege, Epidemien, Natur- oder Umweltkatastrophen).

Älteste Zeugnisse der M.-Kultur sind Keramiken aus der Mitte des 3. Jt. v. Chr. (N-Belize). Für die Zeit um 650 v. Chr. sind im gesamten Kulturgebiet Hunderte von Siedlungen nachzuweisen. Wichtigste Zentren dieser vorklass. Periode (bis 300 n. Chr.) waren Izapa und Kaminaljuyú im Hochland, in klass. Zeit (300–900) Tikal, El Mirador, Palenque, Yaxchilán, Copán, Piedras Negras, Quiriguá und Uaxactún im südlichen Tiefland, in der Nachklassik (900–1540) Chichén Itzá, Uxmal, Mayapán und Tulum im nördl. Tiefland und Iximché und Zaculeu im Hochland. Diese Städte und Stadtstaaten wurden von Königen oder Statthaltern regiert. Sie und der Klerus entstammten der Adelsschicht (ein Bild vom höf. Leben geben die polychromen Wandmalereien von Bonampak). Die Mittelschicht bildeten die Angehörigen der weltlichen und religiösen Verwaltung (Tempeldiener, Wahrsagepriester, Steuereinnehmer u. a.). Basis der Gesellschaft waren als unterste Schicht die die Nahrungsmittel erzeugenden Bauern. Brandrodungsfeldbau war die gebräuchlichste Agrarform für den Anbau von Mais und Bohnen, hinzu kamen verschiedene andere Anbauverfahren (so in Sumpf- und Überschwemmungsgebieten Entwässerung und Schlammdüngung), mit denen Süßkartoffeln, Yucca, Kakao, Avocados, Tomaten u. a. kultiviert wurden.

Kunst und *Architektur* der M. stellen unter den altamerikan. Hochkulturen einen Höhepunkt dar. Verschiedene regional begrenzte Stilregionen lassen sich feststellen: im S das Hochland von Guatemala, die SO-Region, die Usumacinta-Region, die W-Region, der Petén und im N der Puuc-, Chenes- und Río-Bec-

Maya: Darstellung eines rituellen Blutopfers auf einem Türsturz aus Yaxchilán; der König Schild-Jaguar hält eine brennende Fackel, vor ihm kniet seine Frau Xoc, die das Blutopfer vollzieht, indem sie ein mit Dornen besetztes Seil durch ihre Zunge zieht; 725 n. Chr. (London, Britisches Museum)

Maya: Südfassade des dreistöckigen Palastes in Sayil, Mexiko; 8.–10. Jh.

Stil. Trotz regionaler Unterschiede drückt sich die Homogenität des Kulturraumes in vielen Merkmalen aus. In der Architektur sind es das ›falsche Gewölbe‹, die auf den Pyramiden errichteten Tempel (z. T. mit Dachkämmen), die niedrigen, lang gestreckten Paläste und die Ballspielplätze (BILD →Copán). Dazu gehört auch die von den M. entwickelte Hieroglyphenschrift (→mesoamerikanische Hochkulturen); sie wurde auf Stelen, Altären, Türstürzen, Wandtafeln und Treppenstufen eingemeißelt.

Die Inschriften dieser Steinmonumente geben Auskunft über die dynast. Geschichte der jeweiligen Städte. In den Texten werden Geburt, Inthronisation, Heirat, geführte Kriege, errungene Titel und Tod der Herrscher angegeben. Diese Informationen sind eingebunden in ein hoch entwickeltes Kalendersystem und werden oft durch bildl. Herrscherdarstellungen ergänzt. Die vier überlieferten →Bilderhandschriften der M. enthalten auch kalendar., astronom. und astrolog. Berechnungen u. a. Auf der Keramik sind in Schrift und Bild Nachrichten über die Unterwelt und die Mythen der M. festgehalten.

Die *Sprachen* der M. sind leicht polysynthetisch (→polysynthetische Sprachen) und leicht fusionierend (→flektierende Sprachen). Das Verb steht jeweils am Anfang des Satzes. Es werden sowohl Präfixe als auch Suffixe verwendet. Die M.-Sprachen gehören zu den Sprachen mit ergativ. Struktur (→Ergativ), jedoch ist die Ergativmarkierung nicht durchgängig; unter bestimmten Bedingungen wird sie durch ein Nominativ-Akkusativ-System ersetzt. Morphosyntakt. Differenzierungen der Wortarten Substantiv, Verb und Adjektiv sind gut ausgeprägt; in vielen M.-Sprachen besteht eine besondere Klasse von ›Positionalen‹ (so zur Markierung von ›sitzen‹, ›stehen‹, ›liegen‹ u. a.).

Religion: Ihre zahlreichen Götter teilten die M. in eine gute und eine schlechte Klasse. Oberster der Götter war wohl Itzamná, der Himmelsgott; in Yucatán hatte der Regengott Chac große Bedeutung. Die Götter konnten auch jeweils in mehreren Gestalten erscheinen. In immer neuen Zusammenstellungen waren sie für die M. im Zusammenhang mit ihrem Wahrsagekalender von Bedeutung. Die Wahrsagepriester befragten mithilfe von Orakeln den Einfluss der Götter auf das Schicksal des einzelnen Menschen. Die Priester waren auch zuständig für die Beobachtung der Gestirne, für Astrologie sowie für Berechnungen für den →Kalender, denn die Beschäftigung mit der Zeit nahm im Denken der M. eine zentrale Stelle ein.

Die *Mathematik* der M. basiert auf einer auf der Zahl 20 (mit besonderen Namen für die Rangschwellen 20, $20^2 = 400$, $20^3 = 8\,000$, $20^4 = 160\,000$) fußenden Zählreihe (→Vigesimalsystem), die für Kalenderrechnungen aufgebaut worden war. Auf diese beziehen

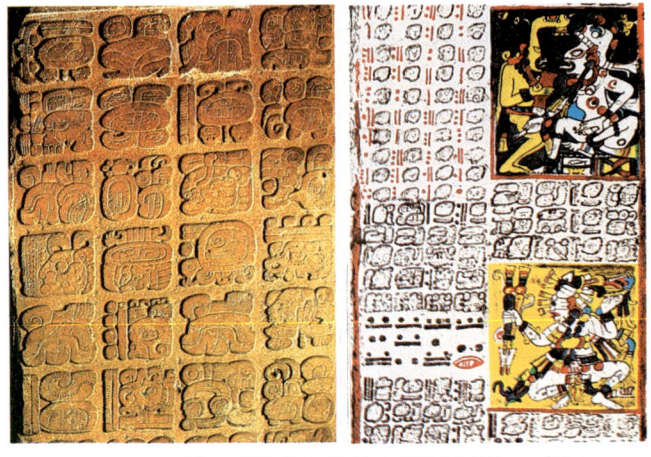

Maya Maya – Mayen

Maya: links Eingeschnittene Kalenderglyphen auf einem Türsturz in Yaxchilán, Mexiko; rechts Bilderschrift der Maya auf einer Seite des Codex Dresdensis; vermutlich 14. Jh. (Dresden, Sächsische Landesbibliothek – Staats- und Universitätsbibliothek)

sich auch die von Denkmälern und Handschriften her bekannten Rechnungen in einer Bilderschrift, in der eigenartig geformte Köpfe die Rangschwellen symbolisieren, während Punkte und Striche die ›Einer‹ (von 1 bis 19) darstellen.

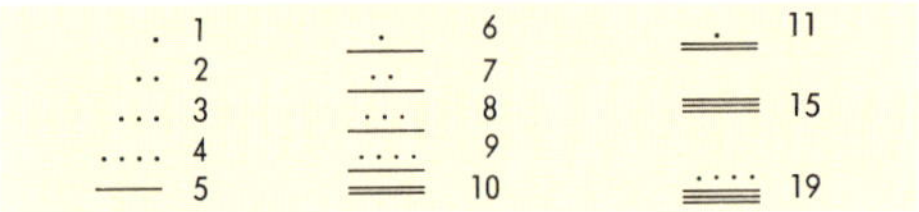

```
.     1         .     6         .     11
..    2         ..    7
...   3         ...   8         ===   15
....  4         ....  9
===   5         ===   10        ====  19
```

Dabei tritt in den Handschriften unter Wegfall der Kennzeichnung der Rangschwellen auch ein Zeichen für die Null auf; es liegt also ein Positionssystem mit Nullzeichen vor. Aus astronom. Gründen (Jahreseinteilung in 18 Monate zu 20 Tagen, zusätzlich fünf Schalttage) sind die Rangschwellen im geschriebenen Zahlsystem 20, $18 \cdot 20$, $18 \cdot 20^2$ usw. Die Rechenverfahren sind noch nicht völlig aufgeklärt; sie treten hauptsächlich auf bei der Abstimmung verschiedener astronom. Perioden und bei der Kalenderrechnung.

E. Z. VOGT: Zinacantan (Cambridge, Mass., 1969); K. HELFRICH: Menschenopfer u. Tötungsrituale im Kult der M. (1973); R. M. CARMACK: The Quiché M.s of Utatlán (Norman, Okla., 1981); H. STIERLIN: Die Kunst der M. (a. d. Frz., 1981); S. G. MORLEY u. G. W. BRAINERD: The ancient M. (Stanford, Calif., ⁴1983); N. M. FARRISS: M. society under colonial rule (Princeton, N. J., 1984); Chactun – Die Götter der M., hg. v. C. RÄTSCH (1986); H. WILHELMY: Welt u. Umwelt der M. (Neuausg. 1989); Auf den Spuren der M. Eine Fotodokumentation von Teobert Maler (1842–1917), hg. v. R. SPRINGHORN (Graz 1992); Die Welt der M. Archäolog. Schätze aus drei Jahrtausenden, hg. v. E. u. A. EGGEBRECHT, Ausst.-Kat. Rautenstrauch-Joest-Museum für Völkerkunde der Stadt Köln (⁴1994); B. RIESE: Die M. Gesch. – Kultur – Religion (1995).

Maya, Mutter des BUDDHA SHAKYAMUNI, nach der Überlieferung † um 560 v. Chr.; in der indi. Mythologie der Glücksgöttin Lakshmi gleichgesetzt und als Lotos symbolisiert. In Reliefs der Gandhara- und Mathurakunst sowie in Amaravati wurde M. seit dem 2. Jh. in der Empfängnisszene als Liegende und in der Geburtsszene als Stehende dargestellt, die in das Geäst eines Baumes greift, während eine kleine Figur SHAKYAMUNIS aus ihrer Taille tritt.

Mayagüez [maja'gues], Stadt an der W-Küste von Puerto Rico, 100 400 Ew.; kath. Bischofssitz; Zweig der Univ. von Puerto Rico, landwirtschaftl. Versuchsstation; Zuckerraffinerie, Herstellung von Spirituosen, Tabakwaren, Fischkonserven und Möbeln, Bekleidungsindustrie, Montagewerke (u. a. elektron. Teile); Freihafen, Flugplatz.

Mayall ['meɪɔːl], John, brit. Bluesmusiker (Gitarre, Mundharmonika) und -sänger, * Macclesfield 29. 11. 1933; beeinflusste mit seiner 1962 gegründeten Band ›Bluesbreakers‹ nachhaltig die Rockmusik.

Mayáns y Siscar [ma'jans i sis'kar], Gregorio, span. Aufklärer, * Oliva (Prov. Valencia) 9. 5. 1699, † Valencia 21. 12. 1781; Prof. für röm. Recht; Hauptrepräsentant der Valencianer Aufklärer, die eine Reform des Landes durch eine Rückkehr zum Spanien des 16. Jh. erreichen wollten. M. bemühte sich v. a. um eine krit. Sichtung der span. Literatur (u. a. ›Orígenes de la lengua española‹, 1737; ›Vida de Miguel de Cervantes‹, 1737; ›Rhetórica‹, 1757) und der span. Geschichte. Durch seine umfangreiche lat. Korrespondenz vermittelte er aktuelle Kenntnisse über Spanien ins Europa der Aufklärung.

A. MESTRE: El mundo intelectual de M. (Valencia 1978).

Mayapán [maja'pan], Stadt der nachklass. Mayakultur in Mexiko, im heutigen Bundesstaat Yucatán. 1200–1450 bedeutender Stadtstaat, 12 000 Ew. Die Bebauung des 4 km² großen, von einer 1,5–2,5 m hohen Mauer umgebenen Gebietes war unregelmäßig. Die Architektur, auch der 20 Tempelpyramiden, zeigt Verfallserscheinungen (unregelmäßige Bruchsteinmauern, dicke Mörtelschichten u. a.), auch die Keramik. Um 1450 wurde M. nach einer Revolte verlassen.

Maybach, Wilhelm, Konstrukteur und Unternehmer, * Heilbronn 9. 2. 1846, † Stuttgart 29. 12. 1929; engster Mitarbeiter G. W. DAIMLERS; ab 1895 techn. Direktor der Daimler-Motoren-Gesellschaft; war an der Konstruktion der ersten schnell laufenden Benzinmotors, für den er den Vergaser erfunden hatte, sowie später maßgeblich am Bau der ersten Mercedesmodelle beteiligt. Er entwickelte wichtige Aggregate wie Wechselgetriebe, Lamellenkühler und Spritzdüsenvergaser. 1909 gründete er mit seinem Sohn KARL (* 1879, † 1960) und mit F. Graf VON ZEPPELIN in Friedrichshafen eine Fabrik zur Herstellung von Motoren für Luftschiffe.

Wilhelm Maybach

Maydan Mahzan [-zan], **Maidan Mahsan,** Erdölfeld im Pers. Golf, 100 km östlich von Katar.

Mayday ['meɪdeɪ; engl., anglisiert aus frz. m'aidez! ›helft mir!‹], internat. Notruf im Funksprechverkehr (entspricht dem im Morsealphabet getasteten SOS).

Mayekawa, Kunio, jap. Architekt, →Maekawa, Kunio.

Mayen, Stadt im Landkreis Mayen-Koblenz, Rheinl.-Pf., 240 m ü. M., in der Osteifel, 20 600 Ew.; Fachhochschule für öffentliche Verwaltung (zentrale Verw.-Schule Rheinl.-Pf.); Eifeler Landschaftsmuseum (in der Genovevaburg; mit Abteilung Schiefer-, Bimsstein- und Basaltabbau); Papier- und Kartonfabriken, Maschinenbau, Natur- und Betonsteinindustrie, Aluminium- und Kunststoffverarbeitung. – Bereits in der Jungsteinzeit wurde die Basaltlava zur Herstellung von Getreidereiben benutzt. Von der Hallstattzeit an, vornehmlich aber in spätröm. Zeit wurde das Material in großen Brüchen abgebaut und weit gehandelt; im Früh-MA. bis Skandinavien. Auch bedeutende spätantike bis mittelalterl. Töpfereien. 1 km östlich der Stadt die ›Michelsberger Anlage‹, ein Erdwerk der Michelsberger Kultur. – Die ehem. kurtrier. Genovevaburg mit vier Rundtürmen (13./14. Jh.) wurde im 18. Jh. schlossartig erweitert (Museum). Die Clemenskirche (14. Jh. auf roman. Vorgängerbau; nach 1945 wieder aufgebaut und nach W verlängert) ist eine got. Rundpfeilerhalle mit Doppelturmfassade; der Helm des höheren Nordturms ist durch jahrhundertelange Windeinwirkung spiralförmig gedreht. Die moderne St.-Veit-Kirche (1953–55 von D. und G. BÖHM) wurde durch einen Zwischenbau mit der ba-

Mayen: Genovevaburg; 13./14. Jh., im 18. Jh. erweitert

rocken St.-Veit-Kapelle (18. Jh.) verbunden. Teile der mittelalterl. Stadtbefestigung sind noch erhalten. – In fränk. Zeit war M. Mittelpunkt des Mayengaus. Erste urkundl. Erwähnung fand der Ort 1041. Im 13. Jh. kam M., 1291 durch RUDOLF I. von Habsburg zur Stadt erhoben, an die Kurfürsten von Trier.

Mayen-Koblenz, Landkreis im Reg.-Bez. Koblenz, Rheinl.-Pf., 817 km^2, 204 500 Ew.; Verw.-Sitz ist die kreisfreie Stadt Koblenz. Der Landkreis liegt an Mittelrhein und Mosel. Neben Teilen der Eifel (die Kreisgrenze verläuft über die höchste Erhebung der Eifel, die Hohe Acht, und am Ufer des außerhalb liegenden Laacher Sees) umfasst der Kreis das Maifeld, die Pellenz und Teile des Neuwieder Beckens, südlich der Mosel reicht er in den Hunsrück, östlich des Rheins in Ausläufer des Westerwaldes. Getreide und Hackfrüchte dominieren, im Moseltal gibt es Weinbau. Die Natursteinindustrie ist auf wenige Betriebe geschrumpft. Der Tagebau auf vulkan. Schlacken (›Mayener Grubenfeld‹) und auf Bimsstein (in den ersten Jahrzehnten nach dem Zweiten Weltkrieg in der Pellenz stark ausgeweitet; heute im Neuwieder Becken bei Weißenthurm) hat große nicht rekultivierte Flächen hinterlassen. Standorte vielseitiger Industrie (bes. Maschinenbau) sind die Städte Andernach, Bendorf und Mayen, weitere Städte des Kreises sind Mendig, Münstermaifeld, Polch, Rhens, Vallendar und Weißenthurm. Bekannt ist die Burg Eltz.

Mayenne [ma'jɛn], **1)** Stadt im Dép. M., W-Frankreich, an der Mayenne, 13 500 Ew.; Nahrungsmittel-, opt. Industrie, Druckereien, Herstellung von Kühlschränken. – Frühgot. Basilika Notre-Dame (12. Jh.); Rathaus (17. Jh.). – M. war im MA. Hauptort des gleichnamigen Herrschaftsbereiches, der 1544 zur Markgrafschaft, 1573 zum Herzogtum erhoben wurde.
2) Dép. in W-Frankreich, Region Pays de la Loire, im Flussgebiet der Mayenne, 5 175 km^2, 281 000 Ew.; Verw.-Sitz ist Laval.
3) die, Fluss in W-Frankreich, 195 km lang, entspringt am Mont des Avaloirs westlich von Alençon (Dép. Orne), vereinigt sich nördlich von Angers mit der Sarthe zur Maine.

Mayer, 1) Carl, österr. Dramaturg und Drehbuchautor, * Graz 20. 2. 1894, † London 1. 7. 1944; prägte den dt. expressionist. Film wesentlich mit, schrieb u. a. die Drehbücher zu den Filmen ›Das Cabinett des Dr. Caligari‹ (1919, mit HANS JANOWITZ, * 1890, † 1954), ›Scherben‹ (1921, mit LUPU PICK, * 1886, † 1931), ›Die Hintertreppe‹ (1921), ›Sylvester‹ (1923), ›Der letzte Mann‹ (1924), ›Ariane‹ (1931, mit P. CZINNER). M. emigrierte 1932 nach Großbritannien.

R. HEMPEL: C. M. (Berlin-Ost 1968); J. KASTEN: C. M.: Filmpoet. Ein Drehbuchautor schreibt Filmgeschichte (1994).

2) Christian, Astronom, * Mödritz (bei Brünn) 20. 8. 1719, † Mannheim 16. 4. 1783; Jesuit, erbaute die Sternwarte in Mannheim, deren Direktor er wurde. M. suchte als Erster systematisch nach Doppelsternen und machte auf ihre Bedeutung aufmerksam.

3) Christian Anton, Schriftsteller, → Amery, Carl.

4) Hans, Literaturwissenschaftler und Schriftsteller, * Köln 19. 3. 1907; Studium der Rechtswiss.en und Philosophie in Köln, Berlin und Bonn; 1933 Emigration nach Frankreich, später in die Schweiz; 1945 Rückkehr nach Dtl. 1948–63 Prof. für Lit.-Gesch. an der Univ. Leipzig, nach erhebl. Behinderungen seiner wiss. Arbeit ging er in die BRD, 1965–73 in Hannover; seit 1969 auch Lehrtätigkeiten in den USA, der Sowjetunion, Frankreich und Israel; ab 1975 Honorar-Prof. in Tübingen. Er veröffentlichte zahlr. Untersuchungen zur allgemeinen und vergleichenden Literaturwiss. v. a. unter soziologisch-histor. Aspekten (›Georg Büchner und seine Zeit‹, 1947; ›Von Lessing bis Thomas Mann‹, 1959; ›Bertolt Brecht und die Tradition‹, 1961; ›Thomas Mann‹, 1980). Seine autobiograph. Werke sind bedeutende Zeitdokumente, insbesondere ›Ein Deutscher auf Widerruf. Erinnerungen‹ (2 Bde., 1982–84) und ›Der Turm von Babel. Erinnerung an eine Dt. Demokrat. Rep.‹ (1991).

Weitere Werke: Nach Jahr u. Tag. Reden 1945–1977 (1978); Aufklärung heute. Reden u. Vorträge 1978–1984 (1985); Gelebte Lit. Frankfurter Vorlesungen (1987); Die umerzogene Lit. Dt. Schriftsteller u. Bücher, 2 Bde. (1988–89); Reden über Ernst Bloch (1989); Weltlit. Studien u. Versuche (1989); Dt. Literatur nach zwei Weltkriegen (1992); Wendezeiten (1993); Der Widerruf. Über Deutsche u. Juden (1994); Das Wiedersehen mit China. Erfahrungen 1954–1994 (1995); Reisen nach Jerusalem. Erfahrungen 1968 bis 1995 (1997). – Hg.: Dt. Lit.-Kritik der Gegenwart. Vorkrieg, 2. Weltkrieg u. 2. Nachkriegszeit (1933–1968), 2 Bde. (1971–72).

A. KLEIN: Unästhet. Feldzüge. Der siebenjährige Krieg gegen H. M. 1956–1963 (1997).

5) Johann Tobias, Mathematiker und Astronom, * Marbach am Neckar 17. 2. 1723, † Göttingen 20. 2. 1762; Autodidakt; erfand u. a. den Spiegelkreis (eine Verbesserung des Spiegelsextanten), entwarf eine Mondkarte, wies das Fehlen einer Mondatmosphäre nach und stellte 1760 die Eigenbewegungen einiger Sterne fest. Für seine Theorie der Mondbewegung erhielt seine Witwe den von der brit. Admiralität ausgesetzten Preis von 60 000 Shilling.

6) Julius Robert von (seit 1867), Arzt und Physiker, * Heilbronn 25. 11. 1814, † ebd. 20. 3. 1878; nach Studium in Tübingen Schiffsarzt, danach Arzt in Heilbronn. M. begründete in seinem 1842 erschienenen Aufsatz ›Bemerkungen über die Kräfte der unbelebten Natur‹ und ausführlicher in seiner 1845 erschienenen Schrift ›Die organ. Bewegung in ihrem Zusammenhange mit dem Stoffwechsel‹ das Gesetz von der Erhaltung der Energie. M.s Prioritätsansprüche, u. a. gegenüber J. P. JOULE (1843) und H. VON HELMHOLTZ (1847) hinsichtlich der Entdeckung des Energieprinzips, wurden erst seit 1862 anerkannt.

H. SCHMOLZ u. H. WECKBACH: R. M. Sein Leben u. Werk in Dokumenten (1964).

7) Karl Friedrich Hartmann, Schriftsteller, * Neckarbischofsheim (bei Sinsheim) 22. 3. 1786, † Tübingen 25. 2. 1870; zählte zum schwäb. Dichterbund, war eng mit J. KERNER und L. UHLAND, dessen Biographie er schrieb, befreundet; verfasste v. a. vom Bild der Landschaft bestimmte Naturlyrik.

Werke: Lieder (1833); Ludwig Uhland, seine Freunde u. Zeitgenossen, 2 Bde. (1867).

8) ['meɪə], Louis B. (Burt), eigtl. **Eliezer M.,** amerikan. Filmproduzent, * Minsk 4. 7. 1885, † Los Angeles (Calif.) 29. 10. 1957; betrieb zunächst eine Verleihfirma; gründete 1917 seine eigene Produktionsgesell-

Hans Mayer

Robert von Mayer

schaft; 1924–51 Generaldirektor der 1924 entstandenen Gesellschaft Metro-Goldwyn-Mayer.

S. MARX: M. and Thalberg (London 1976).

9) Otto, Rechtsgelehrter, * Fürth 29. 3. 1846, † Heidelberg 8. 8. 1924; ab 1882 Prof. in Straßburg, ab 1903 in Leipzig. M. wurde, vom frz. Verwaltungsrecht ausgehend, zum Wegbereiter der dt. Verwaltungsrechtswissenschaft.

Werk: Dt. Verwaltungsrecht, 2 Bde. (1895–96).

10) Paul Augustin, kath. Theologe, Benediktiner, * Altötting 23. 5. 1911; wurde 1935 zum Priester, 1972 zum Bischof geweiht (mit dem persönl. Titel Erzbischof); seit 1985 Kardinal; 1985–88 Präfekt der Kurienkongregation für den Gottesdienst und die Sakramente, 1988–91 Vors. der Päpstl. Kommission ›Ecclesia Dei‹ und ist seit 1996 Kardinalpriester.

11) Rupert, Jesuit (seit 1900), * Stuttgart 23. 1. 1876, † München 1. 11. 1945; wurde 1899 zum Priester geweiht und wirkte in der Volksmission und in München als Seelsorger. 1914 begründete M. die ›Schwestern von der Hl. Familie‹ mit, eine Gemeinschaft zur Familien-, Frauen- und Kinderfürsorge. Als Gegner des Nationalsozialismus erhielt er 1937 Rede- und Predigtverbot, wurde zweimal verhaftet, 1939 in das KZ Sachsenhausen-Oranienburg eingeliefert und ab 1940 wegen seines schlechten Gesundheitszustandes im Kloster Ettal interniert. – 1987 selig gesprochen.

Ausgabe: ›Mein Kreuz will ich tragen‹. Texte eines Predigers von St. Michael (1978).

A. KOERBLING: Pater R. M. (⁶1991); R. BLEISTEIN: R. M. Der verstummte Prophet (1993).

Mayerling, Ortsteil von Alland, Niederösterreich, mit dem ehem. Jagdschloss des österr. Kronprinzen RUDOLF, der hier am 30. 1. 1889 mit der Baronesse MARY VETSERA (* 1871) den Freitod starb.

Mayer-Vorfelder, Gerhard, Politiker und Sportfunktionär, * Mannheim 3. 3. 1933; seit 1976 Mitgl. der Landes-Reg. von Bad.-Württ.; Staats-Sekr. im Staatsministerium (1976–78) und Finanzministerium (1978–80), Min. für Kultus und Sport (1980–91), Finanz-Min. (seit 1991); seit 1975 Präs. des VfB Stuttgart 1893 e. V., seit 1986 Vors. des Ligaausschusses des Dt. Fußball-Bundes (DFB), seit 1992 DFB-Vizepräsident und Mitgl. des FIFA-Exekutivkomitees.

Mayfair ['meɪfeə], Wohnviertel in London, England, im Stadtbezirk (London Borough) City of Westminster, östlich vom Hydepark; Grundriss mit geradlinigen Straßen und quadrat. Plätzen aus der georgian. Periode (18. Jh.); zahlr. moderne Bürobauten.

Mayflower ['meɪflaʊə], Name des Segelschiffs (Dreimaster, 180 t), mit dem die →Pilgerväter am 16. 9. 1620 von Plymouth (England) nach Neuengland aufbrachen. Vor der Landung am 21. 11. 1620 bei Cape Cod (heute Provincetown, Mass.) schlossen 41 Männer den **M.-Compact,** in dem sie sich zur Aufrichtung einer gesetzl. Ordnung in der zu gründenden Siedlung Plymouth verpflichteten. Das Übereinkommen, bedingt durch das Fehlen eines gültigen Freibriefes, ist eine Nachbildung des puritan. Gemeindebundes (Covenant) und war Vorläufer ähnl. für Gemeinde- und Kirchenverwaltung grundlegender Verträge.

Maynard [mɛˈnaːr], **Mainard,** François, frz. Dichter, * Toulouse 1582, † Saint-Céré (Dép. Lot) 28. 12. 1646; mit seiner Lyrik (u. a. Epigramme, Sonette, Chansons) steht er in der Nachfolge F. DE MALHERBES, überragt ihn jedoch an poet. Kraft.

Ausgabe: Œuvres poétiques, hg. v. G. GARRISSON, 3 Bde. (1885–88, Nachdr. 1970).

Mayno, Maino, Fray JUAN BAUTISTA, span. Maler, * Pastrana (Prov. Guadalajara) 1581, † Madrid 1. 2. 1649; ausgebildet in Italien. 1613 trat er im Kloster San Pedro Mártir in Toledo in den Dominikanerorden ein. Um 1620 war er Zeichenlehrer des Infanten PHILIPP (der spätere PHILIPP IV.). M. gehört zu den bedeutendsten Vertretern des span. Naturalismus im 1. Drittel des 17. Jh.; wichtige Anregungen empfing er von der Malerei des Caravaggisten O. GENTILESCHI, von Werken ANNIBALE CARRACCIS und G. RENIS.

Werke: Anbetung der Könige (1612; Madrid, Prado); Bildnis eines Mannes (zw. 1613 und 1615; ebd.); Die Eroberung von Bahia in Brasilien 1625 (1634–35; ebd.).

Mayntz, Renate, Sozialwissenschaftlerin, * Berlin 28. 4. 1929; Prof. für Soziologie, 1965–71 in Berlin, 1971–73 in Speyer, ab 1973 in Köln; seit 1985 Direktorin des Max-Planck-Inst. für Gesellschaftsforschung und Honorar-Prof. in Köln. M. hat wesentl. Anteil an der Vermittlung der in den USA entwickelten Standards der empir. Sozialforschung in Dtl. Sie beeinflusste v. a. die Entwicklung der Organisationssoziologie in Dtl.

Werke: Die moderne Familie (1955); Soziologie der Organisation (1963); Soziologie der öffentl. Verwaltung (1968). – **Hg.:** Formalisierte Modelle in der Soziologie (1967); Bürokrat. Organisation (1968); Implementation polit. Programme. Empir. Forschungsber., 2 Bde. (1980–83); Forschungsmanagement (1985); Dt. Forschung im Einigungsprozeß. Die Transformation der Akad. der Wiss.en der DDR 1989 bis 1992 (1994).

Mayo, utoaztek. Indianerstamm in Sonora und Sinaloa, Mexiko, etwa 30 000; weitgehend akkulturiert; sie leben hauptsächlich von der Landwirtschaft.

Mayo ['meɪəʊ], irisch **Maigh Eo** ['maːjo], County in der Prov. Connacht, im NW der Rep. Irland, 5 398 km², 111 400 Ew.; Verw.-Sitz ist Castlebar. M. hat Anteil an kaledon. Bergland (mit dem →Croagh Patrick), weite Flächen werden von Deckenmooren eingenommen; nur ein geringer Teil des Landes ist agrarisch intensiv nutzbar; erhebliche Bev.-Abwanderung. Kleinfarmen mit Rinder- und Schafwirtschaft bestimmen die Landwirtschaft. Eine stark gegliederte, reizvolle Küste, Möglichkeiten zum Hochseeangeln und zahlr. Fischerorte ziehen Fremdenverkehr an. Jüngere Industrieentwicklung durch staatl. Förderung; Metall-, Elektronik-, Textil-, Nahrungsmittelindustrie.

Mayo ['meɪəʊ], Elton, amerikan. Sozialwissenschaftler austral. Herkunft, * Adelaide 26. 12. 1880, † Polesden Lacey (bei Dorking, Cty. Surrey) 7. 9. 1949; Prof. für Industrieforschung an der Graduate School of Business Administration der Harvard University, war einer der Begründer der amerikan. Betriebssoziologie. In seinem Hauptwerk ›The human problems of an industrial civilization‹ (1933) sucht er, die schwierige Lebenslage des modernen Arbeiters zu erklären (→Hawthorne-Studien).

Mayo-Diät ['maɪo-, engl. 'meɪəʊ-], erstmals in der Mayo-Klinik angewandte kalorienarme Abmagerungskur (viel Fleisch, wenig Fett und Kohlenhydrate) über max. 14 Tage.

Mayo-Klinik ['maɪo-, engl. 'meɪəʊ-], 1889 als St. Mary's Hospital in Rochester (Minn.) von dem Mediziner WILLIAM WORRAL MAYO (* 1819, † 1911) und seinen Söhnen WILLIAM JAMES (* 1861, † 1939) und CHARLES HORACE (* 1865, † 1939) gegründetes Krankenhaus (Schwerpunkt urspr. Chirurgie), seit 1915 als gemeinnützige Stiftung geführt; besitzt heute Weltgeltung als Zentrum einer hochspezialisierten medizin. Diagnostik. Nach dem Muster der M.-K. wurde in Dtl. die →Deutsche Klinik für Diagnostik errichtet.

Mayon [maˈjɔn] *der,* aktiver Vulkan im südöstl. Teil der Insel Luzon, Philippinen, mit gleichmäßiger Kegelform, 2 416 m ü. M. Beim bisher größten Ausbruch 1814 fanden 1 200 Menschen den Tod, mehrere Städte und Dörfer wurden vernichtet; weitere Eruptionen 1943, 1947, 1968 und 1984.

Mayor [engl. 'meə, amerikan. 'meɪə; von lat. maior, ›der Größere‹] *der, -s/-s,* in Großbritannien Bürgermeister, Gemeindevorsitzender, mit v. a. repräsentativen Aufgaben. In den USA können ihm auch laufende Verwaltungsaufgaben obliegen, wenn diese nicht von einem **City Manager** wahrgenommen werden.

Mayor, Puig M., Berg auf →Mallorca.

Mayotte [ma'jɔt], **Mahoré** [mao're], östlichste Insel der Komoren, nordwestlich von Madagaskar im Ind. Ozean, gehört (als Collectivité territoriale) zu Frankreich, 374 km², 109 600 Ew.; Verw.-Sitz ist Dzaoudzi (8 200 Ew.) auf der Nebeninsel Pamanzi Be. – M. ist vulkan. Ursprungs (im Zentrum bis 660 m ü. M. ansteigend) und fast vollständig von einem Korallenriff umgeben. Es herrscht trop. Regenklima (Regenzeit November–April). Nur an Teilen der Ostküste gibt es noch trop. Regenwald. Der größte Teil der Inselfläche ist Kulturland; gewonnen werden Vanille, Kaffee, Zuckerrohr, Kopra, Ylang-Ylang-Öl, auch Pfeffer und Kakao. – Die meisten Ew. sind Nachkommen frz. Einwanderer und deren Sklaven aus Ostafrika und Madagaskar (Kreolen); ferner leben auf M. Araber und Madagassen. (→Komoren, Geschichte)

Mayr ['maɪər], **1) Ernst,** amerikan. Zoologe und Evolutionsbiologe dt. Herkunft, * Kempten (Allgäu) 5. 7. 1904; ab 1926 am Museum für Naturkunde in Berlin, 1932–53 Kustos am American Museum of Natural History in New York, 1953–75 Prof. an der Harvard University in Cambridge (Mass.); Arbeiten über den Artbegriff und zur Systematik (entwickelte die evolutionäre Klassifikation, in der auch so genannte paraphylet. Gruppen zugelassen sind); unterstützte wesentlich die Synthese der zoolog. Systematik mit der modernen Evolutionstheorie (Mitbegründer der Synthet. Evolutionstheorie).
Werke: Systematics and the origin of species (1942); Animal species and evolution (1966; dt. Artbegriff u. Evolution); Principles of systematic zoology (1969; dt. Grundlagen der zoolog. Systematik); The growth of biological thought (1982; dt. Die Entwicklung der biolog. Gedankenwelt); Toward a new philosophy of biology (1988; dt. Eine neue Philosophie der Biologie).

2) Johann(es) Simon, eigtl. **Giovanni Simone M.,** ital. Komponist dt. Herkunft, * Mendorf (heute zu Altmannstein, Landkreis Eichstätt) 14. 6. 1763, † Bergamo 2. 12. 1845; wurde 1802 Domkapellmeister in Bergamo, 1805 auch Lehrer (u. a. G. DONIZETTIS) am dortigen Musikinstitut. Sein von W. A. MOZART und C. W. GLUCK beeinflusstes Opernschaffen (über 70 Werke, darunter ›Saffo‹, 1794; ›Ifigenia in Tauride‹, 1817) zeichnet sich durch neue Klangeffekte (bes. bei den Bläsern) aus.

3) Michael, österr. Politiker, * Adlwang (Oberösterreich) 10. 4. 1864, † Waldneukirchen (Oberösterreich) 22. 5. 1922; seit 1900 Prof. für Staatsrecht in Innsbruck, Mitgl. der Christlichsozialen Partei; 1919–20 Staats-Sekr. für Verf.- und Verwaltungsreform sowie 1920–21 Bundeskanzler und Außenminister.

4) Peter, Tiroler Freiheitskämpfer, * Riffian (Prov. Bozen) 15. 8. 1767, † (hingerichtet) Bozen 20. 2. 1810; der ›Wirt an der Mahr‹ (nach dem von ihm 1804 erworbenen Gasthof an der Brennerstraße südlich von Brixen; heute dort Denkmal) kämpfte ab Mai 1809 mit A. HOFER im Tiroler Aufstand und setzte auch nach dem Waffenstillstand von Znaim (12. 7. 1809) den Widerstand fort (u. a. im Eisacktal, ›Sachsenklemme‹ gen., sowie weitere Gefechte am Bergisel). Wegen Friedensbruchs nach Verrat verhaftet und von einem frz. Kriegsgericht zum Tode verurteilt, wurde M. standrechtlich erschossen.

Mayreder, Rosa, geb. **Obermayer,** Pseud. **Franz Arnold,** österr. Schriftstellerin, * Wien 30. 11. 1858, † ebd. 19. 1. 1938; in ihren Essays und Prosawerken kritisierte sie u. a. die Rollenfixierung von Männern und Frauen, Doppelmoral und die Degradierung der Frau zum Sexualobjekt (›Zur Kritik der Weiblichkeit‹, 1905; ›Geschlecht und Kultur‹, 1923). Als Frauenrechtlerin wirkte sie im Allgemeinen Österr. Frauenverein, dessen Mitbegründerin (1893) und Vizepräsidentin (bis 1903) sie war, als Pazifistin wurde sie 1919 Vors. der Internat. Frauenliga für Frieden und Freiheit.

Ausgaben: R. M. oder Wider die Tyrannei der Norm, hg. v. H. BUBENIČEK (1986); Mein Pantheon. Lebenserinnerungen, Beitr. v. S. KERKOVIUS 1988); Tagebücher. 1873–1937, hg. v. H. ANDERSON (1988).
H. DWORSCHAK: R. Obermayer-M. (Diss. Wien 1949).

Mayrhofen ['maɪər-], Markt-Gem. in Tirol, Österreich, im Zillertal, 630 m ü. M., 3 700 Ew.; einer der bedeutendsten Sommer- und Winterurlaubsorte Tirols; Gondelbahnen auf Penken (2 095 m ü. M.), Filzenalm (1 955 m ü. M.; Ahornbahn) und Hoarbergalm (2 278 m ü. M.); Endpunkt der Zillertalbahn.

Mayröcker, Friederike, österr. Schriftstellerin, * Wien 20. 12. 1924; bis 1969 Englischlehrerin, erste Publikation 1946, lebt in Wien. M. nimmt eine eigenständige und eigenwillige Position in der experimentellen Literatur der 1960er-Jahre ein. Nach bildreicher Erlebnislyrik und Prosa (›Larifari‹, 1956; ›Tod durch Musen‹, 1966) bevorzugte sie eine Schreibweise in der Tradition der Écriture automatique des Surrealismus (›Minimonsters Traumlexikon‹, 1968; ›Fantom Fan‹, 1971). In ihren späteren Erzählungen (›Die Abschiede‹, 1980) erreichte sie eine Annäherung von traditioneller und experimenteller Schreibweise. Einen Einblick in M.s Schaffensprozess gewähren die in dem Band ›Magische Blätter‹ (1983) vereinten Prosatexte, während ›Im Nervensaal‹ (1983) in der Kombination von Grafiken, Collagen und poet. Arbeiten ihr bildner. Ausdrucksvermögen zeigt. Das Prosawerk ›Reise durch die Nacht‹ (1984), ein in vierzigjähriger Kontinuität geformtes dichter. Gebilde aus Traummaterial, Schreibarbeit und Erinnerungsresten, bezeichnet eine Reise in die vergehende Zeit mit der vagen Hoffnung auf Geborgenheit im Tode. M. schrieb auch Kinderbücher und, z. T. zus. mit E. JANDL, zahlreiche Hörspiele. 1982 erhielt sie den Großen Österr. Staatspreis.
Weitere Werke: *Prosa:* Je ein umwölkter Gipfel (1973); Das Licht in der Landschaft (1975); Fast ein Frühling des Markus M. (1976); Heiligenanstalt (1978); Das Herzzerreißende der Dinge (1985); Stillebden (1991); Lection (1994). – *Lyrik:* Gute Nacht, guten Morgen (1982); Winterglück (1986); Mein Herz, mein Zimmer, mein Name (1988); Das besessene Alter (1992); Notizen auf einem Kamel (1996).
F. M., hg. v. H. L. ARNOLD (1984); F. M., hg. v. SIEGFRIED J. SCHMIDT (1984); M. BEYER: F. M. Eine Bibliogr. 1946–1990 (1992).

Friederike Mayröcker

Ma Yuan, Ma Yüan, chin. Maler, * Hechong (Prov. Shaanxi), tätig zw. 1190 und 1225; ab etwa 1190 Mitgl. der Kaiserl. Akademie in Hangzhou. Mit XIA GUI Hauptmeister des lyr. Landschaftsstils zur Zeit der Südl. Songdynastie (Ma-Xia-Schule). Zeitgenossen nannten seinen Stil Ma-Eineck (Eineckstil; BILD →chinesische Kunst). Von den Werken seines Sohnes MA LIN (in der 1. Hälfte des 13. Jh. tätig) sind mehrere Originale erhalten.

Mayuzumi [-zu-], **Toshirō,** jap. Komponist, * Yokohama 20. 2. 1929, † Kawasaki (bei Tokio) 10. 4. 1997; arbeitete in Tokio im Studio für elektron. Musik des jap. Rundfunks und seit 1964 beim Fernsehen. M., der auch Elemente der traditionellen Musik Japans in sein Schaffen einbezog, komponierte Opern (›Kinkakuyi‹, 1976; dt. ›Der goldene Schrein‹), Ballette (›Bugaku‹, 1963), Orchesterwerke (›Mandala-Symphony‹, 1960; ›Incantation‹, 1967; ›Perpetuum mobile‹, 1989), Kammermusik, Vokalwerke (Kantate ›Pratidesana‹, 1963), elektron. Musik sowie Filmmusik.

MAZ, *Fernseh-* und *Videotechnik:* Abk. für die →**m**agnetische **A**ufzeichnung.

Mazagan [maθa'gan, span.], port. **Mazagão** [-'gãu], früherer Name der marokkan. Stadt →Jadida.

Mazahua [ma'sawa], **Hñyathó,** Gruppe mexikan. Indianer in den Bundesstaaten Mexiko (México) und Michoacán; sprachlich gehören sie zu den Otomangue. Die etwa 130 000 M. leben als Bauern und Viehzüchter.

Mazamahirsche [indian.], die →Spießhirsche.

Maza Mazar-e Sharif – Mazon

Jules Mazarin

Mazar-e Sharif [maˈzaːreʃaˈriːf], **Masar-e Scherif,** Stadt in N-Afghanistan, am N-Fuß der Ausläufer des Hindukusch, 360 m ü. M., 130 000 Ew.; bedeutender schiit. Wallfahrtsort (Grab des 4. Kalifen ALI; BILD →afghanische Kunst); Museum. Die Stadt liegt in einer Gebirgsfußoase mit intensiver Bewässerung; Düngemittelfabrik, Herstellung von Teppichen, Baumwoll- und Seidenwaren; Handelszentrum. – Der erste, 1136 erbaute Schrein wurde 1221 von DSCHINGIS KHAN zerstört. Der Bau der heutigen Moschee begann 1481, die ursprüngl. Dekorationen wurden im 19. Jh. erneuert (bunt glasierter Fayencedekor), und neben der eigentl. Wallfahrtsmoschee wurde eine weitere Moschee errichtet.

Mazarin [mazaˈrɛ̃], Jules, eigtl. Giulio **Mazarini,** auch G. **Mazzarini,** Mazzarino, Herzog **von Nevers** [-nəˈvεːr] (seit 1659), frz. Staatsmann und Kardinal, * Pescina (Prov. L'Aquila) 14. 7. 1602, † Vincennes 9. 3. 1661; trat nach zweijährigem Rechtsstudium in Spanien 1624 in die päpstl. Armee ein, dann in den diplomat. Dienst der Kurie. Als päpstl. Diplomat begegnete er RICHELIEU 1630 in Lyon und wirkte seitdem an der Kurie für dessen Politik (Vermittlung des Friedens von Cherasco 1631). 1634–36 war M. Sondernuntius in Paris. Er trat 1640 in frz. Dienste und erhielt 1641 auf Betreiben der frz. Krone die Kardinalswürde. Nach RICHELIEUS Tod (1642) nahm LUDWIG XIII. ihn in den Kronrat auf. ANNA VON ÖSTERREICH, die für den minderjährigen LUDWIG XIV. die Regentschaft führte, machte ihn 1643 zum leitenden Minister. In dieser Stellung konzentrierte sich M. ganz auf seine außenpolit. Hauptaufgabe: den für Frankreich günstigen Abschluss der Verhandlungen in Münster, die zum Westfäl. Frieden (1648) führten. Dagegen beachtete er die krit. innerfrz. Lage nicht genügend, sodass ihn der Ausbruch der →Fronde (1648–53) unvorbereitet traf. Er wurde persönlich in den ›Mazarinaden‹ verunglimpft und zweimal zur Flucht ins Ausland gezwungen (1651, 1653). Nach der Niederwerfung der Fronde blieb M. als Vertrauter LUDWIGS XIV. bis zu seinem Tod der unbestrittene Herr Frankreichs. Er schloss 1659 den →Pyrenäenfrieden mit Spanien und vermittelte 1660 den Frieden von Oliva; auf diesen Friedensschlüssen, zus. mit dem Westfäl. Frieden, beruhte die europ. Vormachtstellung Frankreichs in der 2. Hälfte des 17. Jh. – M.s Privatbibliothek bildet den Grundstock der ›Bibliothèque Mazarine‹ im ›Institut de France‹.

Ausgabe: Lettres du cardinal M., pendant son ministère, hg. v. A. CHÉRUEL u. a., 9 Bde. (1872–1906).

R. BONNEY: Political change in France under Richelieu and M. 1624-1661 (Oxford 1978); G. DETHAN: M. Un homme de paix à l'âge baroque (Paris 1981).

Mazarrón [mazaθ-], Stadt in der Prov. Murcia, Spanien, 15 100 Ew.; 6 km landeinwärts vom Hafen **Puerto de M.** am Golf von M. gelegen; Fischerei-, Handels- und Jachthafen, Tourismuszentrum mit Badestränden. In der Umgebung Bergbau (silberreicher Bleiglanz, Zink, Alaun, Gips; Bleihütte) seit der Maurenzeit, Höhepunkt Ende 19. Jh., heute z. T. stillgelegt.

Mazateken [-s-], Gruppe der mexikan. Indianer im N des Bundesstaates Oaxaca. Von den 170 000 M. leben v. a. als Bergbauern. Staudammbauten in ihrem Gebiet führten zu einigen Zwangsumsiedlungen.

Mazatenango [masateˈnaŋgo], Stadt in SW-Guatemala, am Fuß des Küstengebirges, 38 300 Ew.; Marktort.

Mazatlán [-s-], Stadt im Bundesstaat Sinaloa, Mexiko, 314 300 Ew.; Bischofssitz; größter Pazifikhafen und wichtigstes Handels- und Industriezentrum im W des Landes; Zuckerraffinerie, Brauerei, Brennereien, Tabak-, Lederverarbeitung, Textil-, Papierindustrie; Fischfang und -verarbeitung; viel besuchtes Seebad; Autofähren zur Halbinsel Niederkaliforniens, Flugplatz. – Die Stadt entwickelte sich aus einer indian. Siedlung. Starken Auftrieb gab eine von Deutschen Mitte des 19. Jh. angelegte landwirtschaftl. Kolonie.

Mazdaismus [mas-] der, -, Bez. für den älteren Parsismus.

Mazedonien, →Makedonien.

Mazedonier, südslaw. Bevölkerungsgruppe, →Makedonier.

Mäzen [nach GAIUS MAECENAS] der, -s/-e, bildungssprachlich für: vermögender Privatmann, der mit finanziellen Mitteln Künstler oder Sportler bzw. Kunst, Kultur oder Sport fördert; begrifflich abgesetzt gegenüber dem Sponsor, der seine Förderung mit der Vermarktung eines Produkts verbindet.

Mazepa [-z-], Iwan Stepanowitsch, Hetman der ukrain. Kosaken, →Masepa, Iwan Stepanowitsch.

Mazerale [zu lat. macerare ›aufweichen‹, ›einweichen‹], Sg. **Mazeral** das, -s, **Macerale,** Bez. für die kleinsten im Lichtmikroskop unterscheidbaren oder durch Mazeration (Extraktion mit Lösungsmitteln) als Einzelsubstanzen gewinnbaren Gefügebestandteile der Kohle. Nach chem. Aufbau und opt. Eigenschaften unterscheidet man drei Gruppen. Werden die v. a. aus Zellulose und Lignin bestehenden humosen Pflanzenteile (Holz, Rinde) nach dem Absterben sofort von Wasser bedeckt, entsteht **Huminit** (bei Braunkohle), durch Inkohlung **Vitrinit** (bei Steinkohle). M. der Huminite sind u. a. Textinit und Ulminit, die wie die entsprechenden M. der Vitrinite (Telinit und Collinit) aus den Zellwänden oder aus isolierten Zellen hervorgegangen sind, sowie Gelinit (Humusgele). Wenn die Pflanzenreste zeitweilig der Verwitterung und dadurch einer teilweisen Zersetzung ausgesetzt werden, bildet sich **Inertinit;** als M. treten u. a. Fusinit und Semifusinit (aus Zellwänden entstanden), Macrinit (amorphe Substanz) und Sclerotinit (Pilzreste) auf. Die Harz- und Wachsbestandteile sind gegen kurzfristige Einwirkung des Luftsauerstoffs meist resistent, sie werden fast immer zu **Liptinit** (früher Exinit gen.); die zugehörigen M. sind u. a. Sporinit (Außenhäute der Sporen und Pollen), Cutinit (aus der Kutikula), Resinit (Harz), Alginit, Chlorophyllit, Bituminit.

Mazerat das, -s/-e, Auszug aus (schleimhaltigen) Pflanzenteilen durch Ansetzen mit zimmerwarmem Wasser und stundenlangem Stehenlassen; dadurch werden die pflanzl. Wirkstoffe in Lösung gebracht.

Mazeration [lat. ›das Aufweichen‹, ›Einweichen‹] die, -/-en, **1)** *Biologie:* mikroskop. Präparationsverfahren zur Isolierung von Gewebsanteilen unter Erhalt der Zellstruktur. Zur M. verwendet werden u. a. (kochendes) Wasser, Salzsäure, Kalilauge.

2) *Medizin:* Aufquellung und Erweichung von Gewebe durch Wasser unter Luftabschluss (bei Abwesenheit von Fäulnisbakterien), z.B. der Haut unter luftdicht abschließenden Verbänden oder des abgestorbenen Fetus im Fruchtwasser; ausgeprägt v. a. bei längerer Zeit in Wasser liegenden Leichen.

Mazis [frz., von lat. macir ›als Gewürz verwendete rote Baumrinde von Indien‹] der, -, **Macis,** Samenmantel der Muskatnuss (→Muskatnussbaum).

Mazo [ˈmaθo], Juan Bautista **Martínez del M.** [marˈtineθ -], span. Maler, * Prov. Cuenca zw. 1610 und 1615, † Madrid 10. 2. 1667; Schüler seines späteren Schwiegervaters D. VELÁZQUEZ, dessen Nachfolger als Hofmaler PHILIPPS IV. er 1661 wurde. Zu den wenigen erhaltenen Werken gehören Landschaften (›Ansicht von Saragossa‹, 1647 [?]; Madrid, Prado, mit Figurenstaffage von VELÁZQUEZ), Jagdstücke (›Hirschjagd in Aranjuez‹, vor 1666; ebd.) und Porträts (›Königin Maria Anna von Österreich‹, 1666; London, National Gallery).

Mazon [maˈzɔ̃], André, frz. Slawist, * Paris 7. 9. 1881, † ebd. 13. 7. 1967; war 1924–52 Prof. am Collège de France in Paris; Begründer (1921) der ›Revue des études slaves‹; verfasste eine tschech. (1922) und eine russ. (1943) Grammatik; ferner zahlr. Arbeiten zur russ. Literatur und zur slaw. Volksliteratur.

Mazowiecki [mazɔˈvjɛtski], Tadeusz, poln. Politiker, * Płock 18. 4. 1927; 1961–71 Abg. des Sejm (als Mitgl. der katholisch orientierten Fraktion der ›Znak‹); hielt in den 70er-Jahren als einer der Lektoren der ›fliegenden Universität‹ der oppositionellen ›Gesellschaft für akadem. Kurse‹ im Untergrund Vorlesungen. Seit der Streikbewegung von 1980 war er enger Berater L. WAŁĘSAS und der Solidarność. Nach Verhängung des Kriegsrechts und dem Verbot der Solidarność wurde er 1981–82 interniert; danach war er publizistisch im Untergrund aktiv. Im Frühjahr 1989 nahm er als Vertreter der wieder zugelassenen Solidarność an den Gesprächen am ›Runden Tisch‹ teil. Im August 1989 wählte ihn der Sejm zum Min.-Präs. (dem ersten nichtkommunist. nach dem Zweiten Weltkrieg). Nach seinem Scheitern bei den Präsidentschaftswahlen vom 25. 11. 1990 trat er als Reg.-Chef zurück. 1990–95 war er Vors. der ›Demokrat. Union‹ bzw. der (1994 gegründeten) ›Union der Freiheit‹. 1992–95 wirkte er als Sonderberichterstatter der UNO in Bosnien und Herzegowina.

Mazowsze [maˈzɔfʃɛ], histor. Landschaft in Polen, →Masowien.

Mazrui [-z-], Ali A., kenian. Politologe und Schriftsteller, * Mombasa 24. 2. 1933; Prof. für Politikwiss. an zahlreichen afrikan., amerikan. und europ. Univ.; lebt heute in den USA. M. gilt als Hauptvertreter eines spezifisch afrikan. Liberalismus.

Werke: Violence and thought (1969); Cultural engineering and nation-building in East Africa (1972); Africa's international relations (1977); Political values and the educated class in Africa (1978); The African condition (1980); The Africans. A triple heritage (1986); Cultural forces in world politics (1990).

Mažuranić [maˈʒuranitɕ], Ivan, kroat. Lyriker, * Novi Vindolski 11. 8. 1814, † Zagreb 4. 8. 1890; Rechtsanwalt und Politiker (u. a. 1873–80 Ban von Kroatien); bedeutender Vertreter des Illyrismus; sein Hauptwerk, das Heldenepos ›Smrt Smail-age Čengijića‹ (1846; dt. ›Čengić Aga's Tod‹), behandelt den Kampf der Montenegriner gegen die Türken.

Ausgabe: Sabrana dela, hg. v. I. FRANGEŠ, 4 Bde. (1979).

Mazurka [maˈzurka], poln., eigtl. ›masurischer Tanz‹] *die, -/...ken* und *-s,* **Mazur** [ˈmazur], **Mazurek** [-ˈzu-], **Masurka,** poln. Nationaltanz, ein Spring- und Drehtanz im lebhaften ¾- oder ⅜-Takt; typisch sind punktierte Rhythmen, wechselnde Akzente auf der 2. oder 3. Zählzeit sowie der Abschluss durch Fersenschlag und Aufstampfen mit den Füßen.

Der Volkstanz M. stammt aus dem Weichselgebiet (Masowien) und fand nach 1600 Eingang in das höf. Tanzrepertoire. Später auch vom Bürgertum übernommen, erlebte er seine Blütezeit im 19. Jh in Russland, Dtl., England und v. a. Frankreich. Im Zuge seiner Stilisierung verschmolz die M. mit dem Kujawiak, →Oberek und der Polka (langsamere ›Polka-M.‹). Durch F. CHOPIN wurde die M. weltweit bekannt.

Mazurkiewicz [mazurˈkjɛvitʃ], Stefan, poln. Mathematiker, * Warschau 25. 9. 1888, † Grodzisk Mazowiecki 19. 6. 1945; Prof. in Lemberg (1913) und Warschau (ab 1915); arbeitete bes. über Mengenlehre, Topologie, insbesondere über Dimensionstheorie, und mathemat. Grundlagenfragen; begründete die ›Warschauer Schule‹. Für die Wahrscheinlichkeitsrechnung fand er eine axiomat. Grundlegung.

Mazury [maˈzuri], Landschaft in Polen, →Masuren.
Mazyr [-z-], Stadt in Weißrussland, →Mosyr.

Mạzza [hebr.] *die, -/...zot,* **Matzen,** Bez. für Brotfladen aus ungesäuertem Teig. Im Judentum für das Passahfest vorgeschrieben (2. Mos. 12, 14–20), sollen die Mazzot an den in großer Eile erfolgten Auszug der Israeliten aus Ägypten erinnern (2. Mos. 12, 39).

Mazzini, Giuseppe, ital. Freiheitskämpfer, * Genua 22. 6. 1805, † Pisa 10. 3. 1872; geistiger Führer der radikalrepublikan., laizist. und unitar. Richtung des Risorgimento, schloss sich 1828/29 der →Carboneria an und wurde 1830 verhaftet. Im Exil in Marseille gründete er 1831 die →Giovine Italia und forderte KARL ALBERT, König von Savoyen-Piemont, vergeblich auf, die Einigung Italiens anzuführen; 1833/34 scheiterten seine republikan. Umsturzversuche in Savoyen. Die von ihm 1834 betriebene Vereinigung der ital. Organisation mit ähnlichen dt. und poln. zum ›Jungen Europa‹ hatte nur kurzen Bestand. 1836 auf österr. Druck ausgewiesen, organisierte er in London die ital. Arbeiter und agitierte gegen die Fremdherrschaft in Italien; seine Anhänger formierten sich im ›Partito d'Azione‹. In der Revolution 1848 scheiterte er mit seinen Ideen in Mailand, leitete dann aber 1849 als einer der Triumvirn die kurzlebige Röm. Republik. Wieder im Exil in London, gründete M. mit L. KOSSUTH, A. A. LEDRU-ROLLIN und A. RUGE ein europ. Zentralkomitee der Demokraten; kehrte kurz vor seinem Tod unter falschem Namen nach Italien zurück.

Die von C. CAVOUR geführte, auf die Zusammenarbeit von Krone und Nationalbewegung gestützte Einigung Italiens ab 1859 lehnte er ab. Die Ablehnung der Klassenkampftheorie führte ihn zu scharfer Kritik an Anarchismus und marxist. Sozialismus. Obwohl M. politisch erfolglos blieb, trugen seine Ideen wesentlich zur Einigung der ital. Nation bei.

Ausgaben: Scritti editi e inediti, 9 Bde. (1906–43), Nachtr. u. Reg., 8 Bde. (1938–86). – Polit. Schr., hg. v. S. FLESCH (1911).

The unification of Italy, 1859–1861. Cavour, M., or Garibaldi, hg. v. C. F. DELZELL (New York 1965, Nachdr. Huntington, N. Y., 1976); F. DELLA PERUTA: M. e i rivoluzionari italiani. Il ›partito d'azione‹, 1830–45 (Mailand 1974); G. SPADOLINI: I republicani dopo l'unità (Florenz ⁴1980); E. DICKMANN: Die Rezeption M.s im ital. Faschismus (1982); E. MORELLI: M. Quasi una biografia (Rom 1984); D. MACK SMITH: M. (Neuausg. New Haven, Conn., 1994).

Mazzolino, Mazzuoli, Ludovico, ital. Maler, * Ferrara um 1480, † ebd. um 1530; führte die Tradition der Malerschule von Ferrara fort, schuf v. a. kleinformatige Andachts- und Altarbilder in kräftigen Farben, auf denen sich zahlr. derb typisierte Figuren drängen.

Mazzoni, Guido, ital. Bildhauer, * Modena um 1450, † ebd. 12. 9. 1518; schuf dramatisch bewegte naturalist. Terrakottagruppen aus lebensgroßen bemalten Figuren, vielleicht im Zusammenhang mit dem geistl. Theater; seit 1495 v. a. in Frankreich tätig.

Werke: Beweinungen (u. a. Modena, San Giovanni, 1477–80; Neapel, Sant'Anna dei Lombardi, 1492); Grabmal Karls VIII. in Saint-Denis (1498, 1793 zerstört).

Tadeusz Mazowiecki

Giuseppe Mazzini

Guido Mazzoni: Beweinung Christi; bemalte Terrakotta, 1477–80 (Modena, San Giovanni)

M. B., Abk. für lat. **M**edicinae **B**accalaureus (engl. Bachelor of Medicine), berufsqualifizierender Studienabschluss der medizin. Fakultät in englischsprachigen Ländern.

Mbabane, Hauptstadt von Swasiland, im gebirgigen W des Landes, 1 143 m ü. M., (1992) 52 000 Ew.; Nahrungsmittelindustrie. – Das in der Nähe des Krals des Swasikönigs gelegene M. war 1902–68 Verw.-Sitz des brit. Protektorats Swasiland.

Mbale, Stadt in O-Uganda, am Westfuß des Elgon, 1 112 m ü. M., 53 600 Ew.; Verw.-Sitz des Distrikts M. in der Ost-Region; Zentrum eines Kaffeeanbaugebiets.

Mbandaka, bis 1966 **Coquilhatville** [kɔkija'vil], Hauptstadt der Region Équateur, im NW der Demokrat. Rep. Kongo, am Kongo, 165 600 Ew.; Sitz eines kath. Erzbischofs; botan. Garten; Brauerei, Druckerei; Binnenschifffahrts- und Umschlaghafen; Flughafen. – Die Stadt wurde 1886 gegründet.

Mbanza-Ngungu [mbanzaŋguŋ'gu], früher **Thysville** [tis'vil], Stadt im W der Demokrat. Rep. Kongo, an der Eisenbahnlinie Kinshasa – Matadi, etwa 60 000 Ew.; Zuckerfabrik.

Mbarara, Stadt in SW-Uganda, 1 473 m ü. M., 40 400 Ew.; Verw.-Sitz des gleichnamigen Distrikts; kath. Bischofssitz; Handelszentrum eines Landwirtschaftsgebiets, Holzverarbeitung. – Früher Sitz der Könige von →Ankole.

Mbari-Häuser, Schreine mit Lehmskulpturen (Götter, Menschen, Tiere, Geister, Autos, Schiffe), bis 1945 im Land der Ibo, Ostnigeria, weit verbreitet. Sie waren versch. Gottheiten geweiht und wurden in dörfl. Gemeinschaftsarbeit im Wald errichtet, wenn ein Opfer an die Götter notwendig erschien.

Mbasogo, Teodoro Obiang Nguema, Offizier und Politiker in Äquatorialguinea, *Distr. Mongomo Juni 1942; kehrte nach militär. Ausbildung in Spanien 1965 in sein Heimatland zurück und stieg als Neffe des ersten Präs., F. MACÍAS NGUEMA, bis Mitte der 70er-Jahre zum Oberstleutnant und stellv. Verteidigungs-Min. auf. Seit einem Militärputsch 1979 Staats-Präs. (1989 und 1996 durch Wahlen im Amt bestätigt).

Mbatha, Azaria, südafrikan. Künstler, *in Zululand (Rep. Südafrika) 1941; studierte 1961–66 an der Kunstschule Rorke's Drift (südöstlich von Dundee). In erster Linie Grafiker, stellt er Motive aus der Tradition und der Folklore der Zulu sowie aus der Bibel dar; weltweite Ausstellungen. Er gilt als einer der wichtigsten schwarzen Künstler des südl. Afrika.

Mbeki, Thabo Mvuyelwa, südafrikan. Politiker, *Idutywa (Ost-Kap) 18. 6. 1942; ging 1962 ins Exil, studierte in Großbritannien Volkswirtschaftslehre und war, seit 1971 Mitgl. von ANC-Führungsgremien, Vertreter des ANC in mehreren Ländern. Seit 1984 u. a. Informations-Sekr., später außenpolit. Sprecher des ANC im Exil, war M. maßgeblich an den Gesprächen zw. ANC und weißer Minderheits-Reg. beteiligt. 1993 zum Nationalen Präs. des ANC gewählt, wurde er im Mai 1994 Erster Vize-Präs. der Rep. Südafrika; im Dezember 1997 zum Präs. des ANC gewählt.

Mbere, der Oberlauf des westl. →Logone.

Mbeya, Mbeja, Stadt in SW-Tansania, 1 760 m ü. M., 194 000 Ew.; Verw.-Sitz der gleichnamigen Region; kath. Bischofssitz und Zentrum eines landwirtschaftl. Anbaugebiets (Kaffee, Tee); Zementfabrik; Flugplatz.

MBFR [engl. embi:ef'ɑ:], Abk. für **Mutual Balanced Forces Reductions** ['mju:tjʊəl 'bælənst 'fɔ:sɪz rɪ'dʌkʃnz; engl. ›beidseitige und ausgewogene Truppenreduzierungen‹], Bez. und Verhandlungsgegenstand einer vom 30. 12. 1973 bis zum 2. 2. 1989 in Wien abgehaltenen Konferenz, deren offizieller Titel (aufgrund des von der UdSSR abgelehnten Begriffes ›balanced‹) **Mutual Reductions of Forces and Armaments and Associated Measures in Central Europe** (Abk. MURFAAMCE) war. An der Konferenz beteiligten sich zwölf NATO-Staaten (Belgien, BRD, Dänemark, Griechenland, Großbritannien, Italien, Kanada, Luxemburg, Niederlande, Norwegen, Türkei, USA) und sieben Staaten des Warschauer Paktes (Bulgarien, ČSSR, DDR, Polen, Rumänien, UdSSR, Ungarn). Frankreich hatte eine Teilnahme abgelehnt. Der Raum, in dem die dort stationierten Truppen reduziert werden sollten, umfasste vonseiten der NATO die BRD und die Beneluxstaaten, vonseiten des Warschauer Paktes die DDR, die ČSSR und Polen.

Ziele: Die westl. Staaten wollten v. a. die konventionelle Überlegenheit des Warschauer Paktes in Mitteleuropa beseitigen und einseitige Truppenverminderungen der USA in Europa verhindern. Der Osten wollte dagegen die Militärpotenziale beider Seiten in gleichem Maße verringern und dabei die Anwesenheit sowjet. Truppen in der DDR, der ČSSR und Polen indirekt legitimieren lassen. – Es gelang den Teilnehmern nicht, zu einer verifizierbaren Einigung zu kommen. Nach 46 Gesprächsrunden wurde die Konferenz am 2. 2. 1989 mit einem gemeinsamen Kommuniqué, aber ohne ein Ergebnis beendet, nachdem feststand, dass am 9. 3. 1989 Verhandlungen über konventionelle Streitkräfte in Europa beginnen würden (→VKSE).

Für das Scheitern waren u. a. maßgeblich: 1) die Unfähigkeit beider Seiten, sich über ihre Ausgangsdaten (die Truppenbestände vor der Reduzierung) zu einigen; 2) die Konzentration der Debatte auf Soldaten, anstatt auf Hauptwaffensysteme; 3) bis 1986 die fehlende Bereitschaft der UdSSR, Vor-Ort-Inspektionen zuzulassen; 4) der Fortbestand einer offensiven Militärdoktrin des Warschauer Paktes sowie des Anspruchs auf militär. Interventionen durch die UdSSR; 5) die Weigerung Frankreichs, sich an MBFR zu beteiligen, und die daraus resultierende Unklarheit über den Status seiner Soldaten in der BRD.

Mbini, bis 1973 **Río Muni,** Festlandregion von →Äquatorialguinea.

Mbira die, -/...ren oder -s, **Mbila,** ein im südöstl. und südl. Afrika v. a. bei den Shona sprechenden Völkern verbreitetes Musikinstrument (Lamellophon), bestehend aus einem Resonanzkasten mit 22 in zwei Reihen übereinander angeordneten (durchschlagenden) Metallzungen, die mit beiden Daumen gezupft werden. Die M. wird zur Klangverstärkung in offene Kalebasse gehalten. Vielerorts ist M. auch die Bez. für ein eintöniges Xylophon.

Mbuji-Mayi [mbuʒima'ji], bis 1966 **Bakwanga,** Hauptstadt der Region Ost-Kasai, im S der Demokrat. Rep. Kongo, 613 000 Ew.; kath. Bischofssitz; Zentrum der Diamantengewinnung; Flugplatz.

Mbundu, Ovimbundu, Bantuvolk im zentralen W-Angola, vom Atlantik bis zum Hochland von Bié. Die etwa 3,5 Mio. M. waren frühzeitig europ. (port.) Einflüssen ausgesetzt und sind heute weitgehend christianisiert. Nördlich von ihnen wohnen die →Ndongo-Ngola. Die M. treiben Feldbau in der Savanne und im Trockenwald (Mais, Bohnen, Hirse), ferner Rinderhaltung aus Prestigegründen, daneben Jagd auf Antilopen, Füchse, Kaninchen u. a. Sie wohnen in rechteckigen Häusern aus Stangen (mit Lehm ausgefugt), die runde Dorfanlagen (5–500 Familien) bilden. Die M. leben in großen Familien (Polygynie; v. a. Kreuzvetternheirat); ihr Verwandtschaftssystem ist bilinear; der Ahnenkult ist lebendig geblieben. – Die Holzschnitzkunst der M. hat (relativ naturalist.) Mutterfiguren hervorgebracht sowie Mädchenstatuetten (hl. Objekte der alten M.-Häuptlinge, die die Wächterin des hl. Feuers verkörpern sollen) charakteristisch sind die seitlich herabfallenden Haarflechten, die am Hinterkopf zu einem hufeisenförmigen Bogen verbunden sind. – Die M. sprechen das

Umbundu, eine Bantusprache, die als Verkehrssprache im 19. Jh. eine gewisse Bedeutung erlangte.
M. McCulloch: The Ovimbundu of Angola (London 1952).

Mbuti, Bambuti, Gruppe der Ostpygmäen (→Pygmäen) im Iturigebiet im NO der Demokrat. Rep. Kongo. Die etwa 50 000 M. werden nach ihrer Sprachzugehörigkeit unterteilt in **Aka, Efe** und **Sua;** die Aka leben mit negriden Pflanzern (Mangbetu) in Sozialsymbiose und sprechen deren Sprache. Die M. sind die kleinstwüchsigen Menschen; da sie die reinste Ausprägung des pygmiden Formenkreises darstellen, werden in der Anthropologie die afrikan. Pygmiden auch **Bambutide** genannt.

m. c., Abk. für →mensis currentis.

MC, Nationalitätszeichen für Monaco.

MC [engl. emˈsiː], Abk. für **M**ilitary **C**ommittee, der Militärausschuss der →NATO.

M. C. [engl. emˈsiː], Abk. für **M**ilitary **C**ross, brit. Tapferkeitsauszeichnung, seit 1914.

McAleese [məˈkəliːz], Mary, irische Politikerin, * Belfast 27. 6. 1951; Juristin und Journalistin; lehrte 1975–79 und 1981–87 Strafrecht in Dublin, ab 1994 Vizekanzlerin der Queen's-Univ. in Belfast; wurde am 11. 11. 1997 Staatspräsidentin der Rep. Irland.

McAuley [məˈkɔːli], James Philip, austral. Lyriker, * Lakemba (New South Wales) 12. 10. 1917, † Hobart (Tasmanien) 15. 10. 1976; Prof. für Englisch an der University of Tasmania; seine Gedichte greifen u. a. histor. und mytholog. Themen auf.
Werke: Lyrik: Under Aldebaran (1946); A vision of ceremony (1956); Captain Quiros (1964); Collected poems 1936–1970 (1971); Music late at night. Poems 1970–73 (1976); A world of its own (hg. 1977).

McCarthy [məˈkɑːθɪ], 1) Cormac, amerikan. Schriftsteller, * Providence (R. I.) 20. 7. 1933; lebt in El Paso (Tex.); wurde in den USA erst nach Erscheinen seines sechsten Romans ›All the pretty horses‹ (1992; dt. ›All die schönen Pferde‹) bekannt. Charakteristisch für seinen Stil sind Naturbeschreibungen in einem oft archaisch hohen Ton sowie visionäre, zugleich real und mythisch gezeichnete Schilderungen harter Überlebenskämpfe und mitleidloser Gewalt. Die meisten seiner Werke spielen in Mexiko bzw. im texanisch-mexikan. Grenzgebiet. Als sein Hauptwerk gilt der Roman ›Suttree‹ (1979; dt. ›Verlorene‹), eine düstere, epische Vision, die in einer Welt der Elenden und Ausgestoßenen in Tennessee spielt.
Weitere Werke: Romane: The orchard keeper (1965); Outer dark (1968; dt. Draußen im Dunkel); Child of God (1973); Blood meridian or The evening redness in the West (1985; dt. Die Abendröte im Westen); The crossing (1994; dt. Grenzgänger).
V. M. Bell: The achievement of C. M. (Baton Rouge, La., 1988); C. M., hg. v. E. T. Arnold u. a. (Hattiesburg, Miss., 1992).

2) Joseph Raymond, amerikan. Politiker, * Grand Chute (Wis.) 14. 11. 1908, † Bethesda (Md.) 2. 5. 1957; Jurist; wurde 1947 republikan. Senator für Wisconsin; verschaffte sich 1950 öffentl. Aufmerksamkeit mit seiner Behauptung von einer angebl. Unterwanderung der amerikan. Reg.-Behörden, v. a. des State Department, durch Kommunisten. Im Zuge des Kalten Krieges, v. a. unter den Bedingungen der antikommunist. Hysterie während des Koreakrieges, war M. 1950–54 (ab 1953 Vors. eines ständigen Untersuchungskomitees des Senats) die treibende Kraft einer antikommunist. Verfolgungswelle in der Verw. und im öffentl. Leben der USA (**McCarthyism**). Diese mobilisierte die Furcht vor der ›roten Gefahr‹ und antiintellektuelle, nationalist. sowie antisemit. Vorurteile in der Bev. und klang erst ab, als M., der seine Angriffe schließlich auch gegen die Armee und Präs. D. D. Eisenhower richtete, vom Ausschussvorsitz abgelöst und im Dezember 1954 vom Senat offiziell gerügt wurde.

T. C. Reeves: The life and time of Joe McC. (New York 1982); J. G. Adams: Without precedent. The story of the death of McCarthyism (ebd. 1983); R. M. Fried: Nightmare in red (ebd. 1990).

3) Mary Therese, amerikanische Schriftstellerin, * Seattle (Wash.) 21. 6. 1912, † New York 16. 10. 1989. Ihre oft autobiograph. Züge tragenden Romane und Erzählungen üben scharfsichtig-satirisch Kritik an der amerikan. Kultur. Ihr bekanntestes Werk ist der Roman ›The group‹ (1963; dt. ›Die Clique‹). M.s kritisch-analyt. Haltung zeigte sich auch in ihrer publizist. Auseinandersetzung mit dem Vietnamkrieg (u. a. ›Report from Vietnam‹, 1967; dt. ›Vietnam-Report‹) sowie in ihren Erinnerungen, z. B. ›Memories of a catholic girlhood‹ (1957; ›Eine kath. Kindheit‹). Sie schrieb politisch fundierte Reisebücher sowie einflussreiche, auch wegen ihres Stils geschätzte Literaturkritik und spielte eine führende Rolle im intellektuellen Leben New Yorks.
Weitere Werke: Romane: The groves of academe (1952); Birds of America (1971; dt. Ein Sohn der Neuen Welt); Cannibals and missionaries (1979; dt. Kannibalen u. Missionare). – *Erzählungen:* The oasis (1949; dt. Die Oase); Cast a cold eye (1950). – *Reiseberichte:* Venice observed (1956; dt. Venedig); The stones of Florence (1959; dt. Florenz). – *Essays:* Occasional prose (1985). – *Kritik:* Hanoi (1968; dt. Hanoi 1968); The writing on the wall (1970); Medina (1972; dt. Medina: Die My-Lai-Prozesse); The mask of state. Watergate portraits (1974); Ideas and the novel (1980). – *Autobiographie:* How I grew (1987; dt. Was sich verändert, ist nur die Phantasie).
Ausgabe: Hannah Arendt u. M. M.: Im Vertrauen. Briefwechsel 1949–1975, hg. v. C. Brightman (²1996).
B. McKenzie: M. M. (Neuausg. New York 1967); W. S. Hardy: M. M. (ebd. 1981); C. Gelderman: M. M. (ebd. 1988); C. Brightman: Writing dangerously. M. M. and her world (ebd. 1992).

McCartney [məˈkɑːtnɪ], Sir (seit 1997) Paul, * Liverpool 18. 6. 1942; brit. Rockmusiker (Bassgitarist, Sänger, Texter, Komponist); einer der Mitbegründer und Mitgl. der →Beatles, für die er zus. mit John Lennon zahlr. Songs schrieb, komponierte und arrangierte (u. a. ›Yesterday‹, 1965). Nach Auflösung der Gruppe 1970 trat er als Solist hervor. 1990 entstand der Konzertfilm ›P. M. – Get Back‹. Als E-Musik-Komponist versuchte er sich mit ›Paul McCartney's Liverpool Oratorio‹ für vier Gesangsstimmen, Chor und Orchester (1991). M. ist auch Dozent für Komposition am 1995 eröffneten ›Liverpool Institute for Performing Arts‹, einer Ausbildungsstätte für zeitgenöss. Musik und Entertainment, die unter seiner Schirmherrschaft steht.

McClintock [məˈklɪntɔk], Barbara, amerikan. Botanikerin, * Hartford (Conn.) 16. 6. 1902, † Huntington (N. Y.) 2. 9. 1992; lehrte bis 1931 an der Cornell University in Ithaca (N. Y.); anschließend Forschungsaufenthalte am California Institute of Technology in Pasadena und am Inst. für Botanik in Freiburg im Breisgau. Nach Lehr- und Forschungstätigkeiten an versch. Univ. 1968 Rückkehr an die Cornell University; ab 1974 bei der Carnegie Institution of Washington im Cold Spring Harbor Laboratory. Für ihre (schon 1957 gemachte) grundlegende Entdeckung der ›bewegl. Strukturen in der Erbmasse‹ erhielt sie 1983 den Nobelpreis für Physiologie oder Medizin.

McCloy [məˈklɔɪ], John Jay, amerikan. Politiker, * Philadelphia (Pa.) 31. 3. 1895, † Stamford (Conn.) 11. 3. 1989; Rechtsanwalt; führte als stellv. Verteidigungs-Min. (1941–45) das Lend-Lease-Programm durch. 1947–49 war er Präs. der Weltbank. Als Hoher Kommissar für Dtl. (1949–52) spielte er eine zentrale Rolle bei der Etablierung der Bundesrepublik Dtl. als souveränem Staat. 1953–60 war M. Verwaltungsrats-Vors. der Chase National (seit 1955 Chase Manhattan) Bank und 1961–63 Sonderbeauftragter J. F. Kennedys für Abrüstungsfragen. 1961–74 stand er dem Beraterkomitee des Präs. für Abrüstungsfragen vor.

Mary McAleese

Joseph R. McCarthy

Mary T. McCarthy

Barbara McClintock

John J. McCloy

E. J. u. H.-D. FISCHER: J. J. M. u. die Frühgesch. der Bundesrepublik Dtl. (1986); K. BIRD: The chairman. J. J. M. The making of the american establishment (New York 1992).

McClure [mə'kluə], **1)** Michael, amerikan. Schriftsteller, * Maryville (Kans.) 20. 10. 1932; einer der bekanntesten Vertreter der →Beatgeneration und der →San Francisco Poets. Seine Gedichte und Theaterstücke wollen mit provokanter Erotik und sprachl. Experimenten das von Zwängen eingeengte Alltagsbewusstsein erschüttern und die subjektiven Aspekte gesellschaftl. Protests zum Ausdruck bringen.

Werke: *Lyrik:* For Artaud (1959); Dark brown (1961; dt. Dunkelbraun); Ghost tantras (1964); Poisoned wheat (1965); Jaguar skies (1975; dt. Jaguar-Himmel). – Keine Angst (1988, dt. Ausw.); Die Bibliothek der Gene (1990, dt. Ausw.). – *Essays:* Meat science essays (1963). – *Stück:* The beard (1965; dt. Der Bart).

Ausgabe: Selected poems (1986).

D. MELTZER: The San Francisco poets (New York 1971).

2) Sir (seit 1854) Robert John Le Mesurier, brit. Marineoffizier und Polarforscher, * Wexford (Rep. Irland) 28. 1. 1807, † Portsmouth 17. 10. 1873. Er drang 1850 bei der Suche nach J. FRANKLIN auf dem Schiff ›Investigator‹ vom Pazifik her über die Beringstraße ins Nordpolarmeer vor; dabei blieb sein Schiff im Eis der Mercy Bay (an der Nordküste von Banks Island) stecken. Auf einer Schlittenfahrt (1853) auf dem Eis der dann nach ihm benannten McClure-Straße erreichte er den bereits entdeckten Viscount Melville Sound, womit er den Zugang zur Nordwestpassage gefunden hatte.

McClure-Straße [mə'kluə-], engl. **McClure Strait** [mə'kluə 'streɪt], Meeresstraße im Kanadisch-Arkt. Archipel, zw. Banks Island und den Parry Islands, bis 100 km breit, stark vereist (Eismächtigkeit bis 10 m, lokal bis 20 m).

McCrae [mə'kreɪ], Hugh Raymond, austral. Schriftsteller, * Hawthorn (Victoria) 4. 10. 1876, † Sydney 12. 7. 1958; Journalist und Schauspieler; lebte 1914–17 in den USA; Themen und Motive seiner beschreibenden, ästhetisch und intellektuell anspruchsvollen Lyrik entstammen der griech. Mythologie, der Welt des MA. sowie der schott. Volksballade.

Werke: *Kurzgeschichten:* Story-book only (1948). – *Versdramen:* The ship of heaven (1951). – *Lyrik:* Satyrs and sunlight (1909); Colombine (1920); Idyllia (1922); The Mimshi maiden (1938); Poems (1939); Forests of Pan (1944); Voice of the forest (1945).

Ausgabe: Best poems, hg. v. R. G. HOWARTH (1961).

McCubbin [mə'kʌbɪn], Frederick, austral. Maler, * Melbourne 25. 2. 1855, † ebd. 20. 12. 1917; einer der führenden Vertreter der Heidelberg School, malte v. a. Landschaftsbilder und Porträts.

McCullers [mə'kʌləz], Carson, geb. **Smith** [smɪθ], amerikan. Schriftstellerin, * Columbus (Ga.) 19. 2. 1917, † Nyack (N. Y.) 29. 9. 1967. Grundthema ihrer sprachlich sensiblen Romane und Erzählungen sind, in der eindringlich gezeichneten Atmosphäre des amerikan. Südens, die Versuche und oft das Scheitern ihrer Hauptgestalten, meist Außenseiter, Einsamkeit und Isolation durch die Kraft der Liebe zu überwinden.

Werke: *Romane:* The heart is a lonely hunter (1940; dt. Das Herz ist ein einsamer Jäger); Reflections in a golden eye (1941; dt. Der Soldat u. die Lady, auch u. d. T. Spiegelbild im goldnen Auge); A member of the wedding (1946; dt. Das Mädchen Frankie, auch u.d. T. Frankie; dramatisiert); Clock without hands (1961; dt. Uhr ohne Zeiger). – *Erzählungen:* The ballad of the sad café (1951; dt. Die Mär von der glücklosen Schenke, auch u.d. T. Die Ballade vom traurigen Café; dramatisiert v. E. ALBEE); The mortgaged heart (hg. 1979). – *Stück:* The squere root of wonderful (1958).

O. EVANS: C. M.' Leben u. Werk (a.d. Amerikan., Zürich 1970); Über C. M., hg. v. G. HAFFMANS (Zürich 1974); V. S. CARR: The lonely hunter. A biography of C. M. (Garden City, N. Y., 1975); M. B. McDOWELL: C. M. (Boston, Mass., 1980).

McCullough [mə'kʌləx], Colleen, austral. Schriftstellerin, * Wellington (New South Wales) 1. 6. 1937; schreibt erfolgreiche Unterhaltungsromane. Berühmt wurde sie durch die Familiensaga ›The thorn birds‹ (1977; dt. ›Die Dornenvögel‹; Fernsehfilmserie, 4 Tle., 1984, Fortsetzung 1994), in deren Mittelpunkt die Liebesbeziehung der Protagonistin zu einem kath. Priester steht.

Weitere Werke: *Romane:* Tim (1974; dt.); An indecent obsession (1981; dt. Ein anderes Wort für Liebe); A creed for the third millennium (1985; dt. Credo); The Ladies of Missalonghi (1987; dt. Die Ladies von Missalonghi); The first man in Rome (1990; dt. Die Macht und die Liebe); The grass crown (1991; dt. Eine Krone aus Gras; Fortune's favourites (1993; dt. Günstlinge der Götter); Caesar's women (1996; dt. Cäsars Frauen).

McDaniel [mək'dænɪəl], Barry, amerikan. Sänger (lyr. Bariton), * Lyndon (Kans.) 18. 10. 1930; debütierte 1954, 1962 Mitgl. der Dt. Oper Berlin; trat auch bei Festspielen (Bayreuth, Salzburg) hervor.

McDonald-Inseln [mək'dɒnld-], Inselgruppe Australiens, →Heard-Insel.

McDonald's Corp. [mək'dɒnldz kɔː:pə'reɪʃn], weltgrößtes Fast-Food-Unternehmen, gegr. 1955; Sitz: Wilmington (Del.), Hauptverwaltung: Oak Brook (Ill.). Von den weltweit (1996) knapp 20 000 Restaurants in rd. 100 Ländern werden 30 % vom Unternehmen selbst und rd. 70 % von selbstständigen Unternehmen nach dem Franchisesystem bzw. von Tochtergesellschaften betrieben. M. C. kauft oder least die Geschäftsgrundstücke bzw. Häuser, die Franchisenehmer finanzieren die Inneneinrichtung und verpflichten sich zu hoher persönl. Einsatzbereitschaft, einer Schulung durch M. C. sowie zu einem bestimmten Qualitäts-, Sauberkeits- und Servicestandard. Die langfristig vergebenen Franchiserechte (i. d. R. 20 Jahre) werden durch einen Umsatzanteil bezahlt. Das Angebot ist gemäß nat. Ernährungspräferenzen weitgehend standardisiert. Zielgruppen sind v. a. junge Familien mit Kindern, für die z. B. Spielecken (›Playland‹) eingerichtet sind, und Jugendliche. Der weltweite Umsatz (1996) beträgt (einschließlich Franchisenehmern) 31,8 Mrd. US-$, Beschäftigte: rd. 183 000.

McDonnell Douglas Corporation [mək'dɒnl 'dʌɡləs kɔː:pə'reɪʃn], amerikan. Unternehmen der Luft- und Raumfahrtindustrie, gegr. 1939 als McDonnell Aircraft Corp., firmiert seit 1967 nach Fusion mit der →Douglas Aircraft Co., Inc. unter dem jetzigen Namen; Sitz: Saint Louis (Mo.). Neben Militärflugzeugen (F-15 Eagle, F-18 Hornet, AV-8 B Harrier, T-45 Goshawk, Transporter KC-10, C-17 Globemaster) und Flugkörpern (Harpoon & SLAM) werden Verkehrsflugzeuge (MD-11, MD-80, MD-90, MD-95) und seit 1984 nach Übernahme der Hughes Helicopters (heute McDonnell Douglas Helicopter Systems) Hubschrauber (AH-64 Apache, MD-500, 600 N & Explorer Serie) gebaut und Produkte für Raumfahrtzwecke (z. B. die Trägerraketen Delta-II und -III) hergestellt. Umsatz (1996): 13,8 Mrd. US-$ (davon rd. 65 % militärisch); Beschäftige: rd. 63 200. Zum 1. 8. 1997 erfolgte die Fusion mit der Boeing Co.

McDougall [mək'du:gl], William, brit. Psychologe, * Cty. Lancashire 22. 6. 1871, † Durham (N. C.) 28. 11. 1938; lehrte ab 1920 in den USA an der Harvard University, ab 1929 an der Duke University; wurde v. a. durch den Versuch bekannt, die Antriebe des menschl. Verhaltens in einem Katalog von Instinkten und daraus abgeleiteten Affekten und Emotionen zu systematisieren (hormische Psychologie).

McEwan [mə'kju:ən], Ian, engl. Schriftsteller, * Aldershot 21. 6. 1948; seine Kurzgeschichten und Romane zeigen den Menschen in einem Zustand existenzieller Leere und Verlassenheit und nähern sich tabuisierten Formen von Sexualität und Erotik; spätere Romane behandeln auch polit. Aspekte der Gewalt; schreibt Drehbücher, Fernseh- und Hörspiele.

Werke: *Romane:* The cement garden (1978; dt. Der Zementgarten); The comfort of strangers (1981; dt. Der Trost von

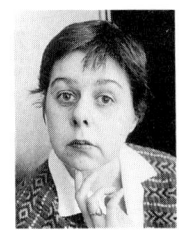

Carson McCullers

Barry McDaniel

Fremden); A child in time (1987; dt. Ein Kind zur Zeit); The innocent (1990; dt. Unschuldige. Eine Berliner Liebesgeschichte); Black dogs (1992; dt. Schwarze Hunde); The daydreamer (1994; dt. Der Tagträumer). – *Erzählungen:* First love, last rites (1975; dt. Erste Liebe, letzte Riten); In between the sheets (1978; dt. Zwischen den Laken).

Ausgabe: The short stories (1995).

McFerrin [mək'ferın], Bobby, amerikan. Jazzmusiker (Gesang), * New York 11. 3. 1950; begann als Pianist und hatte seinen Durchbruch als Sänger 1982 in New York. M., der seine Stimme souverän über fünf Oktaven wie ein Instrument beherrscht, zählt zu den kreativsten Sängern des zeitgenöss. Jazz.

McGahern [mə'gæən], John, irischer Schriftsteller, * Dublin 12. 11. 1934; Lehrer, wurde nach dem Verbot (in Irland) seines international viel beachteten Romans ›The dark‹ (1965; dt. ›Das Dunkle‹) aus dem Schuldienst entlassen, was eine öffentl. Kontroverse auslöste; lebt seitdem in London; Gastprofessuren an brit. und amerikan. Univ. Seine meist in der irischen Prov. spielenden Romane und Erzählungen zeichnen scharfe, kompakt formulierte Bilder von existenziellen Nöten der Menschen im Konflikt zw. traditionellen Zwängen und modernen Frustrationen.

Weitere Werke: *Romane:* The barracks (1963; dt. Die Polizeiküche oder der Mensch verlöscht wie ein Licht); The leavetaking (1974); The pornographer (1979; dt. Der Pornograph); High ground (1985); Amongst women (1990; dt. Unter Frauen); The power of darkness (1991). – *Kurzgeschichten:* Nightlines (1970); Getting through (1978); The collected stories (1992); Die Bekehrung des William Kirkwood (1996, dt. Ausw.).

McGhee [mə'giː], 1) Brownie, eigtl. **Walter Brown M.**, amerikan. Jazzmusiker (Gitarre, Gesang), * Knoxville (Tenn.) 30. 11. 1915, † Oakland (Calif.) 16. 2. 1996; arbeitete von 1939 bis Ende der 70er-Jahre im Duo mit SONNY TERRY (* 1911, † 1986); war einer der bedeutendsten Interpreten des traditionellen Blues.

2) Howard, amerikan. Jazzmusiker (Trompete), * Tulsa (Okla.) 6. 3. 1918, † New York 17. 7. 1987; wirkte 1942 bei den ersten Bebopsessions in Minton's Playhouse in New York mit; spielte bei ›Jazz at the Philharmonic‹ und leitete in den 60er-Jahren eine eigene Bigband.

McGovern [mə'gʌvən], George Stanley, amerikan. Politiker, * Avon (S. D.) 19. 7. 1922; war 1957–61 Mitgl. des Repräsentantenhauses und 1963–81 Senator für South Dakota; unterlag als demokrat. Präsidentschaftskandidat 1972 gegen R. M. NIXON.

McGrath [mə'grɑː], John Peter, engl. Dramatiker, Regisseur und Theaterleiter, * Birkenhead 1. 6. 1935; wurde bekannt mit dem antimilitarist. Stück ›Events while guarding the Bofors gun‹ (1966); gründete 1971 eine eigene Theatertruppe (seit 1973 als ›7 : 84 Company Scotland‹ [7% der Bev. besitzen 84% des Reichtums]). Seine an B. BRECHT und E. PISCATOR anknüpfenden Stücke wenden sich an ein Arbeiterpublikum und beschäftigen sich mit dem Verhältnis des Einzelnen zur Gesellschaft, bes. zu den Problemen Schottlands (›Random happenings in the Hebrides‹, 1972; dt. ›Zufällige Ereignisse auf den Hebriden‹) sowie mit der Rolle der Frau (›Joe's drum‹, 1979).

Weitere Werke: *Dramen:* Border warefare (UA 1989); John Brown's body (1990). – *Schriften:* A good night out (1981); The bone won't break (1990).

Ausgabe: Dramen, hg. v. G. KLOTZ (1985).

A. JÄGER: J. M. u. die 7 : 84 Company Scotland (Amsterdam 1986).

McGraw-Hill [məgrɔ'hıl], amerikan. Medienkonzern, gegr. 1888; Sitz: New York. Zu den Tätigkeitsbereichen gehören v. a. der international tätige Verlag McGraw-Hill Company Inc., der 1909 aus den Buchabteilungen der McGraw Publishing Company und der Hill Publishing Company hervorgegangen ist. Seine führende Stellung auf vielen Wissenschaftsgebieten fußt auf dem systemat. Heranziehen von akadem. Fachleuten als Berater und Herausgeber. Neben der Herausgabe von Zeitschriften (u. a. ›Business Week‹) ist M.-H. auch im Bereich Fernseh- und Hörfunk und elektron. Fachinformation aktiv; Umsatz (1995): 4,48 Mrd. DM, Mitarbeiter: rd. 15 400.

R. BURLINGAME: Endless frontiers. The story of McGraw-Hill (New York 1959).

MCHAT, russ. Abk. für →Moskauer Künstlertheater.

McInerney ['mækınəːnı], Jay, amerikan. Schriftsteller, * Hartford (Conn.) 13. 1. 1955; gilt als Vertreter der Yuppie-Literatur der 80er-Jahre. In seinen Romanen charakterisiert er die Erfahrungen der jüngeren Berufstätigen im Geschäftsleben New Yorks, ihre freizügigen und indifferenten Vergnügungen. Sein auch verfilmter erster Roman ›Bright lights, big city‹ (1984; dt. ›Ein starker Abgang‹) schildert die Startschwierigkeiten eines jungen Schriftstellers.

Weitere Werke: *Romane:* Ransom (1985; dt. Einhandklatschen in Kioto); Story of my life (1988; dt. Ich nun wieder); Brightness falls (1992; dt. Alles ist möglich); The last of the savages (1996; dt. Das Haus Savage).

McIntyre ['mækıntaıə], Donald Conroy, brit. Sänger (Bassbariton), * Auckland 22. 10. 1934; Debüt 1959; seit 1967 Mitgl. der Covent Garden Opera in London; v. a. bedeutender Wagner-Interpret (Bayreuther Festspiele 1967–81); auch Konzertsänger.

McKay [mə'keı], Claude Festus Claudius, amerikan. Schriftsteller jamaikan. Herkunft, * Sunny Ville (Jamaika) 15. 9. 1890, † Chicago (Ill.) 22. 5. 1948. Ab 1913 lebte er in den USA und wurde zu einem der wichtigsten Vertreter der →Harlem Renaissance; 1922–34 längere Aufenthalte in Europa (v. a. Sowjetunion) und Afrika; seit 1940 amerikan. Staatsbürger; 1944 Konversion zum Katholizismus. – Seine frühe Dialektlyrik, die Land und Leute in Jamaika preist und die Frage nach sozialer Gerechtigkeit aufgreift (›Songs of Jamaica‹, ›Constab ballads‹, 1912; beide 1972 u. d. T. ›The dialect poetry‹), steht am Beginn einer eigenständigen jamaikan. Dichtung. Die späteren Gedichte gehören weitgehend der militanten afroamerikan. Protestdichtung an.

Weitere Werke: *Romane:* Home to Harlem (1928); Banjo (1929); Banana bottom (1933). – *Lyrik:* Spring in New Hampshire and other poems (1920); Harlem shadows (1922); Selected poems (1953). – *Kurzgeschichten:* Gingertown (1932). – *Studie:* Harlem. Negro Metropolis (1940). – *Autobiographie:* A long way from home (1937).

J.-R. GILES: C. M. (Boston, Mass., 1976); W. F. COOPER: C. M. Rebel sojourner in the Harlem Renaissance. A biography (Baton Rouge, La., 1987); T. TILLERY: A black poet's struggle for identity (Amherst, Mass., 1992).

McKim, Mead & White [mə'kım 'miːd ənd 'waıt], amerikan. Architektengemeinschaft, gegr. 1879 von CHARLES FOLLEN MCKIM (* 1847, † 1909), WILLIAM RUTHERFORD MEAD (* 1846, † 1928) und STANFORD

McKim, Mead & White: Bibliothek der Columbia University in New York; 1893

WHITE (* 1853, † 1906); knüpfte bei ihren bedeutenden Bauten an histor. Stile an.

Werke: Madison Square Garden in New York (1887–91); Boston Public Library (1888–92); State Capitol in Providence, R. I. (1891–1903); Gebäude der Columbia University in New York (1893–1902); Pierpont Morgan Library, ebd. (1902–07); Pennsylvania Station, ebd. (1904–10).

M. ROTH: The architecture of M., M. & W., 1870 to 1920. A building list (New York 1978); R. G. WILSON: M., M. & W. architects (ebd. 1983).

McKinley, Mount M. [ˈmaʊnt məˈkɪnlɪ], von den Indianern **Denali** gen., der höchste Berg Nordamerikas, im Alaskagebirge, USA, 6198 m ü. M.; oberhalb 2000 m ü. M. ständig mit Schnee bedeckt, viele Gletscher. Um den Berg erstreckt sich der Denali National Park (→Denali), der jährlich etwa 600 000 Besucher zählt (bes. Juni bis September). 1913 erstmals bestiegen (→Bergsteigen, ÜBERSICHT).

McKinley [məˈkɪnlɪ], William, 25. Präs. der USA (1897–1901), * Niles (Oh.) 29. 1. 1843, † Buffalo (N. Y.) 14. 9. 1901; Jurist, Republikaner, setzte als Abg. im Repräsentantenhaus (1877–83, 1885–91) eine Politik hoher Schutzzölle durch (M. Tariff, 1890); 1892–96 Gouv. von Ohio. Enge Beziehungen zu dem mit der Geschäftswelt verbundenen Flügel der Republikan. Partei verschafften ihm 1896 die Nominierung zum Präsidentschaftskandidaten. Er gewann die Wahl – wie auch die nächste 1900 gegen W. J. BRYAN – u. a. durch sein Eintreten für den Goldstandard (1900 eingeführt). Seine Politik in der kuban. Frage führte 1898 zum ›Spanisch-Amerikanischen Krieg‹. Die weitere Politik M.s strebte mehr eine wirtschaftl. Durchdringung (›Offene Tür‹) aufgrund der neuen weltpolit. Position der USA an. M.s Präsidentschaft bildet den Übergang zur modernen Präsidentschaft in den USA; er starb an den Folgen eines anarchist. Attentats (6. 9. 1901); T. ROOSEVELT folgte ihm im Amt.

L. L. GOULD: The presidency of W. M. (Lawrence, Kans., 1980).

McLaren [məˈklærən], Norman, kanad. Pionier des Trickfilms, schott. Herkunft, * Stirling 11. 4. 1914, † Montreal 26. 1. 1987; ab 1941 in Kanada; bedeutender Vertreter des experimentellen Animationsfilms; u. a. zeichnete er direkt auf den Film, arbeitete ohne Kamera; gab Realfiguren Trickfilmcharakter (›Nachbarn‹, 1952).

McLaughlin [məˈklɒklɪn], John, engl. Jazzmusiker (Gitarre), * Kirk Sandall (Metrop. Cty. South Yorkshire) 4. 1. 1942; seit 1969 in den USA; spielte u. a. bei M. DAVIS und gründete 1971 das ›Mahavishnu Orchestra‹ (bis 1977 und erneut ab 1984), das den elektron. Jazzrock einleitete. Mit der Gruppe ›Shakti‹ (1976–78) verschmolz er ind. Musiktraditionen mit Jazzelementen. Trat in den 80er-Jahren als Solist sowie im Duo bzw. Trio mit den Gitarristen PACO DE LUCIA (* 1947), L. CORYELL sowie AL DIMEOLA (* 1954) im Bereich des Flamencojazz hervor und gab Anfang der 90er-Jahre auch Konzerte mit den klass. Pianistinnen KATIA (* 1950) und MARIELLE LABÈQUE (* 1952). M. zählt zu den virtuosesten Gitarristen des modernen Jazz.

McLean [məˈkleɪn], Bruce, schott. Maler, Bildhauer und Konzeptkünstler, * Glasgow 1944; konzentriert sich in Gemälden, Skulpturen, Performances und Rauminstallationen auf die Problematik des Gleichgewichts, wobei er sowohl die phys. als auch die philosoph. Seite dieses Begriffs analysiert. So gelangt er über eine immanent ästhet. Erfassung der Spannungen zw. Körper und Geist, Ruhe und Bewegung oder Form und Raum zu einer Darstellung der gegensätzl. Kräfte und Energien, die sowohl die individuelle Lebenserfahrung als auch gesellschaftl. Beziehungen bestimmen. Bes. in den Installationen der späten 80er-Jahre formuliert er ein Gegenbild zu den rational-log. Hierarchien industrieller Gesellschaften.

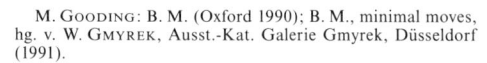

M. GOODING: B. M. (Oxford 1990); B. M., minimal moves, hg. v. W. GMYREK, Ausst.-Kat. Galerie Gmyrek, Düsseldorf (1991).

McLeod-Vakuummeter [məˈklaʊd-; nach dem brit. Chemiker HERBERT MCLEOD, * 1841, † 1923], Vorrichtung zur Messung kleiner Drücke: Ein kleines Volumen eines Gases, dessen Druck bestimmt werden soll, wird auf kleineres Volumen komprimiert. Ausgehend von dem bei diesem Volumen gemessenen Druck kann der ursprüngl. Druck berechnet oder abgelesen werden.

McLuhan [məˈkluːn], Herbert Marshall, kanad. Literaturwissenschaftler und Publizist, * Edmonton 21. 7. 1911, † Toronto 31. 12. 1980; seit 1952 Prof. an der Univ. in Toronto, seit 1963 Leiter des dortigen ›Center for Culture and Technology‹; daneben seit 1967 Prof. an der Univ. New York, seit 1975 in Dallas (Tex.); schrieb kulturkrit. Studien zu einer Medienphilosophie über die Folgen der Ablösung der Druckmedien durch die Rundfunkmedien für die menschl. Kommunikation.

Werke: The Gutenberg galaxy (1962; dt. Die Gutenberg-Galaxis); Understanding media (1964; dt. Die mag. Kanäle); The medium is the massage (1967, mit Q. FIORE; dt. Das Medium ist Massage); The interior landscape (1969; dt. Die innere Landschaft); The global village. Transformations in world life and media in the 21st century (hg. 1989, mit B. R. POWERS; dt. The global village. Der Weg der Mediengesellschaft in das 21. Jh.).

P. MARCHAND: M. M. The medium and the messenger (New York 1989).

McMillan [məkˈmɪlən], Edwin Mattison, amerikan. Physiker, * Redondo Beach (Calif.) 18. 9. 1907, † El Cerrito (Calif.) 7. 9. 1991; Prof. in Berkeley; 1958–73 Direktor des dortigen ›Lawrence Radiation Laboratory‹; entdeckte 1940 die ersten Transurane: mit P. H. ABELSON das Neptunium und mit G. T. SEABORG das Plutonium. Unabhängig von W. J. WEKSLER entwickelte M. das Prinzip des Synchrotrons. Für die Entdeckung der neuen chem. Elemente erhielt 1951 (mit SEABORG) den Nobelpreis für Chemie.

McMurdo-Sund [məkˈmɜːdəʊ-], Meeresstraße in der Ostantarktis, zw. Victorialand und Rossinsel, im S vom Ross-Schelfeis geschlossen; 1841 von J. C. Ross entdeckt. Am M.-S., im S der Rossinsel, liegt die wichtigste Antarktisstation der USA, **McMurdo** (1955 errichtet).

McNamara [məknəˈmɑːrə], Robert Strange, amerikan. Politiker, * San Francisco (Calif.) 9. 6. 1916; Wirtschaftswissenschaftler; diente während des Zweiten Weltkriegs bei den Luftstreitkräften; wurde 1955 einer der Direktoren, 1960 Präs. der Ford Motor Co. Als Verteidigungs-Min. (1961–68) unter den Präs. J. F. KENNEDY und L. B. JOHNSON nahm er eine umfassende Reorganisation der amerikan. Streitkräfte vor und war entscheidend an der Umstellung der militär. Strategie von der ›massiven Vergeltung‹ zur ›flexiblen Reaktion‹ beteiligt. Zunächst ein entschiedener Befürworter des militär. Eingreifens der USA in Vietnam, trat er nach zunehmenden Zweifeln am Sinn der Eskalation des Vietnamkrieges schließlich zurück. Als Präs. der Weltbank (1968–81) gab er der Entwicklungspolitik neue Anstöße und engagierte sich insbesondere für eine Förderung der ärmsten Schichten. M. trat nunmehr als Rüstungskritiker in Erscheinung. Mit seinem 1995 veröffentlichten autobiograph. Buch ›In retrospect. The tragedy and lessons of Vietnam‹ (zus. mit B. VANDEMARK; dt. ›Vietnam. Das Trauma einer Weltmacht‹), in dem er den Vietnamkrieg als ›großen, schreckl. Irrtum‹ bewertete, löste er in der amerikan. Öffentlichkeit Kontroversen aus.

D. SHAPLEY: Promise and power. The life and times of R. M. (Boston, Mass., 1993).

McPartland [məkˈpɑːtlənd], Jimmy, eigtl. **James Dugald M.**, amerikan. Jazzmusiker (Trompete, Kornett), * Chicago (Ill.) 15. 3. 1907; steht als Trompeter in der Nachfolge von B. BEIDERBECKE; bedeutender Vertreter des Chicago-Jazz; seit 1945 verheiratet mit der Pianistin MARIAN M. (* 1920).

McPherson-Federbein|achse [mək'fə:sn-], *Kraftfahrzeugtechnik:* Achsanordnung für Kfz, bei der Stoßdämpfer, Achsfeder und die für die Lenkung notwendigen Nabenträger zu einem Bauteil, dem Federbein (Teleskopschwingungsdämpfer mit Schraubenfeder) vereint sind. Die M.-F. wird sowohl als Vorder- als auch als Hinterachse verwendet.

McQueen [mə'kwi:n], Steve, amerikan. Filmschauspieler, * Indianapolis (Ind.) 24. 3. 1930, † Ciudad Juárez (Mexiko) 7. 11. 1980; lakonisch-lässiger Heldendarsteller, u. a. in: ›Die glorreichen Sieben‹ (1960), ›Cincinnati Kid‹ (1965), ›Thomas Crown ist nicht zu fassen‹ (1968), ›Bullitt‹ (1968), ›Getaway‹ (1972).
W. F. NOLAN: M. (New York 1984).

McRae [mə'kreɪ], Carmen, amerikan. Jazzmusikerin (Klavier, Gesang), * New York 8. 4. 1922, † Beverly Hills (Calif.) 10. 11. 1994; sang bei C. BASIE und MERCER ELLINGTON (* 1919, † 1996) sowie in New Yorker Nachtklubs; in den 70er- und 80er-Jahren trat sie mit eigenem Trio in Europa auf. Sie sang mit ›rauchiger‹, vom Bebop geprägter Stimme v. a. Balladen und Stücke des Modernjazz; auch versierte Scatsängerin.

m. d., *Musik:* Abk. für die Vortrags-Bez. **m**ano **d**estra, →colla destra.

Md, chem. Symbol für das Element →Mendelevium.

Md., Abk. für den Bundesstaat **M**arylan**d**, USA.

MD, Nationalitätszeichen für Moldawien.

M. D., MD, Abk. für lat. **M**edicinae **D**octor, engl. **Medical Doctor** ['medɪkəl 'dɔctə], der höchste akadem. Grad der medizin. Fachrichtung in angloamerikan. Bildungssystemen.

Mdantsane, Stadt in der Prov. Ost-Kap, Rep. Südafrika, etwa 800 000 Ew.; wurde 1962 als Wohnstadt für in East London beschäftigte Schwarze gegründet.

MdB, Abk. für **M**itglied **d**es **B**undestags.

MdEP, Abk. für **M**itglied **d**es **E**uropäischen **P**arlaments.

MDF [Abk. für amerikan. **m**edium **d**ensity **f**ibreboard ›mitteldichte Faserplatte‹], eine spezielle →Holzfaserplatte, die nach dem Trockenverfahren unter Zusatz von Bindemitteln im Dickebereich von etwa 6 bis 40 mm hergestellt wird. MDF sind v. a. im Trockenbereich, mit geeigneten Bindemitteln auch im Feuchtbereich anwendbar. Ihr Einsatz erfolgt vorwiegend im Möbel- und Innenausbau, wegen ihrer homogenen, dichten Struktur und guten Bearbeitbarkeit auch in anderen Bereichen der Holz- und Kunststoffverarbeitung.

Mdina, Stadt im W von Malta, 500 Ew. – Bis 1566 (Gründung von Valletta) Hauptstadt von Malta; Museum für Naturgeschichte; bedeutende Paläste (Palazzo Santa Sofia, z. T. 13. Jh.), Kathedrale, nach Entwurf von LORENZO GAFÀ 1697–1702 erbaut (Ikone des Apostels Paulus, 4. Jh. [?], Tabernakel vermutlich ein Werk B. CELLINIS), im Kathedralmuseum über 100 Gemälde maltes., ital., frz. Meister; rd. 300 Radierungen; zw. M. und dem angrenzenden Rabat eine Villa der frühen röm. Kaiserzeit; in Rabat Katakomben des 4. und 5. Jh. (z. T. mit Wandmalereien).

MdL, Abk. für **M**itglied **d**es **L**andtags.

MdR, Abk. für **M**itglied **d**es **R**eichstags.

MDR, Abk. für **M**ittel**d**eutscher **R**undfunk.

Me., Abk. für den Bundesstaat **M**ain**e**, USA.

MEA, Abk. für Monoäthanolamin, →Alkanolamine.

mea culpa [lat.], (durch) meine Schuld; ich bin schuldig (Ausruf im Confiteor).

Mead [mi:d], **1)** George Herbert, amerikan. Philosoph und Sozialpsychologe, * South Hadley (Mass.) 27. 2. 1863, † Chicago (Ill.) 26. 4. 1931; ab 1894 Prof. in Chicago; anknüpfend an die Tradition des amerikan. Pragmatismus, hob M. den Mensch-Umwelt-Bezug und die unmittelbare Erfahrung als Grundlage des menschl. Denkens und Handelns hervor; er betonte die Bedeutung von Symbolen und Zeichen (v. a. der Sprache) für den Prozess der sozialen Interaktion und die Übernahme von Rollen für die Sozialisation. M. übte so entscheidenden Einfluss auf die Entwicklung des symbol. →Interaktionismus aus und schuf die Grundlage für eine anthropolog. Kulturtheorie.

2) Margaret, amerikan. Ethnologin, * Philadelphia (Pa.) 16. 12. 1901, † New York 15. 11. 1978; Kuratorin am American Museum of Natural History in New York (bis 1969); ab 1925 ethnograph. Feldarbeiten auf Samoa, den Admiralitätsinseln, Neuguinea und Bali. Hieraus entwickelte sie u. a. Thesen zur kulturellen Formung der menschl. Persönlichkeit (Enkulturation) und der geschlechtsspezif. Rollenverhältnisse. Allerdings erscheinen einzelne Aspekte ihrer Forschungen, so die Behauptung antiautoritärer Erziehung auf Samoa, aus heutiger Sicht als milieutheoret. Projektionen. Im Zentrum neuerer Arbeiten standen v. a. Probleme der Akkulturation und des sozialen Wandels.

Werke: Sex and temperament in three primitive societies (1935; dt. Geschlecht u. Temperament in drei primitiven Gesellschaften); Male and female (1949; dt. Mann u. Weib); Blackberry winter (1972; dt. Brombeerblüten im Winter).
D. FREEMAN: Liebe ohne Aggression. M. M.s Legende von der Friedfertigkeit der Naturvölker (a. d. Engl., 1983).

Meade [mi:d], James Edward, brit. Volkswirtschaftler, * Swanage (Cty. Dorset) 23. 6. 1907, † Cambridge 22. 12. 1995; Prof. an der London School of Economics (1947–57) und an der Univ. Cambridge (1957–69); mehrfach Mitgl. bzw. Vors. von Ausschüssen zur Beratung der Reg., zuletzt für Fragen der Steuerreform. 1977 erhielt M. mit B. OHLIN den Nobelpreis für Wirtschaftswissenschaften, u. a. für seine grundlegenden Arbeiten auf dem Gebiet der Außenwirtschaftstheorie und der internat. Wirtschaftspolitik. M. vertrat das Konzept einer sozialen Marktwirtschaft mit weitgehender staatl. Wirtschaftspolitik und zählt zu den Mitbegründern der Sozialdemokrat. Partei Großbritanniens.

Werke: Planning and the price mechanism (1948; dt. Planung u. Preismechanismus); The theory of international economic policy, 2 Bde. (1951–55); A neo-classical theory of economic growth (1961); Principles of political economy, 4 Bde. (1965–76); Stagflation, 2 Bde. (1982–83, mit anderen); Liberty, equality and efficiency (1993).

Mead Lake ['mi:d 'leɪk], Stausee des →Hoover Dam, USA.

MEADS [Abk. für engl. **m**edium **e**xtended **a**ir **d**efense **s**ystem, ›mittleres Luftverteidigungssystem‹], seit Mitte der 90er-Jahre in der Entwicklung befindliches mobiles Raketensystem zur Bekämpfung von Flugzeugen, Hubschraubern, Cruisemissiles sowie taktischen ballist. Raketen in niedrigen und mittleren Höhen. Das System, ein Gemeinschaftsprojekt von Dtl., Italien und den USA, soll etwa 2005 das Flugabwehrraketensystem →Hawk ablösen.

Meany ['mi:nɪ], George, amerikan. Gewerkschaftsführer, * New York 16. 8. 1894, † Washington (D. C.) 10. 1. 1980; wurde 1940 Schatzmeister der AFL, 1952 deren Vors. als Nachfolger W. GREENS und war 1955–79 Präs. der AFL/CIO. Um die Korruption innerhalb der Organisation zu bekämpfen, schloss er 1957 mehrere Gewerkschaften aus (u. a. die von JIMMY HOFFA geführte International Brotherhood of Teamsters). Unter seinem Einfluss trat die AFL-CIO 1969 aus dem Internat. Bund Freier Gewerkschaften (IBFG) aus.

Meath [mi:ð], irisch **An Mhí** [ən 'vi:], County in der Prov. Leinster, im O der Rep. Irland, 2336 km², 109 400 Ew.; Verw.-Sitz ist Navan. Der O-Teil ist

James Meade

Meaux: Im Hintergrund die Kathedrale Saint-Étienne

Pendlereinzugsgebiet der Urbanisation Dublin. M. ist ein wohlhabendes Agrargebiet mit meist mittleren und größeren Betrieben; auf fruchtbaren glazialen Geschiebelehmen Grünlandwirtschaft mit Rindermast und Ackerwirtschaft. – M., im MA. eines der irischen Königreiche, umfasste die heutigen Countys M., Westmeath und Teile von Cavan und Longford.

Meatus [lat. ›Gang‹, ›Weg‹] *der, -/-, Anatomie:* Ausführungsgang, Verbindungsgang. – **M. acusticus,** Gehörgang.

Meaux [mo], Stadt im Dép. Seine-et-Marne, Frankreich, an einer Marne-Schleife und am Ourcq-Kanal, 48 300 Ew.; kath. Bischofssitz. M. ist bedeutender Markt der Brie für Vieh und Milchprodukte mit Konserven-, Zucker-, metallurg., chem., Papier- und Bekleidungsindustrie. Zahlreiche Pendler nach Paris (40 km). – Kathedrale (12./13. Jh. und 15. Jh., Fassade im Flamboyantstil, Seitenportale 13. Jh.); Bischofspalast (16./17. Jh.; heute Musée Bossuet); Wohnblock ›Unité d'Habitation‹ (1957–59) von Le Corbusier. – M., in galloröm. Zeit Hauptort der gall. Meldi **(Civitas Meldorum),** wurde früh Bischofssitz und Hauptort des fränk. Pagus Meldensis, dann der Grafschaft M.; im 14. Jh. fiel es mit der Champagne an die frz. Krone.

Mebs, Gudrun, Schriftstellerin, * Bad Mergentheim 8. 1. 1944; begann 1980 mit der Veröffentlichung von Kindergeschichten für den Hörfunk. Für ihr 1983 erschienenes Buch ›Sonntagskind‹, das um Verständnis für in der Gesellschaft benachteiligte Kinder wirbt, erhielt M. 1984 den Dt. Jugendliteraturpreis.
Weitere Werke: Geh nur, vielleicht triffst du einen Bären (1981); Tim und Pia: ganz allein (1988); Der Mond wird dick und wieder dünn (1991).

Méchain [meˈʃɛ̃], Pierre François André, frz. Astronom, * Laon 17. 8. 1744, † Castellón de la Plana (Spanien) 20. 9. 1804; führte 1792–98 zus. mit J. B. J. Delambre die Gradmessung von Dünkirchen nach Barcelona durch, die die Grundlage für die Definition des Urmeters lieferte. M. entdeckte elf Kometen, darunter 1786 den nach J. F. Encke benannten Kometen.

Mechanik [griech. mēchanikḗ (téchnē) ›die Kunst, Maschinen zu erfinden und zu bauen‹, zu mechanikós, →mechanisch] *die, -/-en,* 1) *ohne Pl., bildungssprachlich* für: monotone Selbsttätigkeit, Zwangsläufigkeit in einem Ablauf.
2) *Musik:* Bez. für alle bewegl. und i. d. R. klangsteuernden bzw. -auslösenden Teile bei Tasteninstrumenten (Klavierinstrumente, aber die Orgel hat eine →Traktur). Unterschieden werden die Tangenten-M. des Klavichords, die Kiel-M. beim Cembalo, Spinett und Virginal sowie die Hammer-M. beim Klavier (Stoßzungen-, Prellzungen-M. früher Hammerklaviere, moderne Repetitions-M.).
3) *Physik:* der älteste Zweig der Physik, der die →Bewegungen materieller Systeme unter dem Einfluss von Kräften untersucht. Ausgehend von den Grundbegriffen des Raumes und der Zeit und der darauf aufbauenden Lehre von den Bewegungen eines oder mehrerer Körper in Raum und Zeit, der **Kinematik,** werden in der **Dynamik** die Bewegungen mit den Begriffen Masse, Kraft, Impuls und Drehimpuls behandelt. Grundlage sind die drei →newtonschen Axiome und die daraus ableitbaren Erhaltungssätze (→Drehimpuls, →Energiesatz, →Impulssatz). Formale Weiterentwicklungen, insbesondere für komplexe Systeme, sind Formulierungen unter Verwendung der →Lagrange-Bewegungsgleichungen, der →Hamilton-Gleichungen und die →Hamilton-Jacobi-Theorie. Die Dynamik enthält als Sonderfall die **Statik** als Lehre vom Gleichgewicht der Kräfte.

Nach der Methodik unterscheidet man die experimentelle M., die sich mit dem Messen mechan. Größen befasst, von der theoret. M., zu deren Aufgaben insbesondere die Formulierung der benötigten Begriffe und der geltenden Gesetze gehört. Nach der Art der beschriebenen Objekte wird v. a. zw. der →technischen Mechanik, einer wichtigen Grundlage der Ingenieurwissenschaften, und der allgemeinen M. der Physik unterschieden. Der systemat. Aufbau der M. umfasst 1) die M. der →Massenpunkte (Punkt-M.), der Systeme von Massenpunkten und der starren Körper und 2) die M. deformierbarer Körper (→Kontinuumsmechanik), die die Elastizitätstheorie und die Hydro- und Aero-M. mit den Sondergebieten Schwingungslehre und Akustik enthält. – Die **klassische** oder **newtonsche M.,** die auf den newtonschen Axiomen basiert, gilt nur für Geschwindigkeiten, die klein gegen die Lichtgeschwindigkeit sind, und für Wirkungen, die groß gegen das planckshe Wirkungsquantum sind. Die Weiterentwicklung der M. für Geschwindigkeiten in der Größenordnung der Lichtgeschwindigkeit gelang mit der →Relativitätstheorie (**relativistische M.**) und für den atomaren Bereich in der →Quantenmechanik; beide Gebiete umfassen die klass. M. als Grenzfall. – Spezialgebiete der M. sind die →Himmelsmechanik und die →statistische Mechanik.

Historisch ist die Anwendung der M. älter als ihre Auffassung als Wiss. Insbesondere in der griech. Antike wurde die M. nicht als zur Naturbeschreibung geeignete Wiss. angesehen, sondern als eine ›mechan. Technik‹ (→griechische Naturwissenschaft). Die heutigen Bez. für M. und Maschine entstammen beide dieser Wurzel in der griech. Sprache. Als Naturwissenschaft im heutigen Sinn wurde die M. erst im 17. Jh. nach Vorarbeiten G. Galileis von I. Newton geschaffen; seine ›Philosophiae naturalis principia mathematica‹ (1687) sind das älteste umfassende Lehrbuch der theoret., d. h. mathematisch formulierten Physik und ihrer Anwendung auf die Himmelskörper.

Die klass. M. war die erste in sich geschlossene naturwiss. Theorie. Sie galt als exakte Wiss. schlechthin und beeinflusste bis zum Ende des 19. Jh. das philosoph. Denken (→Determinismus). Der Versuch, mechan. Vorstellungen auch auf die Ausbreitung elektromagnet. Wellen (→maxwellsche Theorie) und auf die Phänomene der Strahlungsemission und -absorption durch Atome anzuwenden, führte zu unauflösbaren Widersprüchen, an denen die Grenzen der klass. M. erkennbar wurden. Aus dieser Erkenntnis entstanden die neuen Begriffssysteme der Relativitätstheorie und der Quantenmechanik.

E. Mach: Die M. in ihrer Entwicklung ([9]1933, Nachdr. 1991); Hb. der Physik, hg. v. S. Flügge, Bd. 6: Festkörper-M., 4 Tle. (1972–74); Lb. der Experimentalphysik, begr. v. L. Bergmann u. C. Schaefer, Bd. 1: M., Akustik, Wärme ([10]1990); L. D. Landau u. E. M. Lifschitz: Lb. der theoret. Physik, Bd. 1: M. (a.d. Russ., Berlin-Ost [13]1990); H. Goldstein: Klass. M. (a.d. Engl., [11]1991); M. Schneider: Himmels-M., 3 Bde. ([1-3]1992–96); A. J. Sommerfeld: Vorlesungen über theoret. Physik, Bd. 1 u. 2 (Neuausg. Thun 1992–94); A. P.

FRENCH: Newtonsche M. (a. d. Amerikan., 1996); F. SCHECK: M. (⁵1996); J. SZABÓ: Gesch. der mechan. Prinzipien u. ihrer wichtigsten Anwendungen (Neuausg. Basel 1996).

mechanisch [lat.-griech. ›die Maschinen betreffend‹; ›erfinderisch‹], 1) die Mechanik betreffend, nach ihren Gesetzen wirkend; 2) mithilfe von Mechanismen vor sich gehend; 3) ohne Steuerung durch Willen oder Aufmerksamkeit, automatisch; gleichförmig.

mechanische Musik|instrumente, mechanische Musikwerke, Musik|automaten, Musikinstrumente, die durch mechan. Antrieb zum Klingen gebracht werden. Herzstück der m. M. ist seit dem 14. Jh. die Stiftwalze, eine drehbar gelagerte Holzwalze (später auch Metall), auf deren Oberfläche sich hufnagelförmige Metallwinkel, rechteckige Eisenbolzen oder dünne Nagelstifte befinden, die – in Umdrehungsrichtung – nach dem zuvor berechneten zeitl. Abstand der Töne sowie – in Querrichtung – entsprechend der Tonhöhe angeordnet sind, wobei eine Walze mehrere Musikstücke tragen konnte. Je nach Klangerzeugungsprinzip bewegen die Stifte der Walze entweder den Hammermechanismus größerer Turmglockenspiele oder eines automat. Klaviers (Walzenklavier), oder sie steuern das Ventilsystem einer Pfeifenorgel (→Drehorgel, →Flötenuhr, →Vogelgesang) oder reißen die Zungen eines Stahlkammes (→Spieldose) an. Der Antrieb der Walze sowie auch anderer mechan. Funktionen (z. B. Blasebälge) erfolgt bei größeren Instrumenten (z. B. Orchestrion) über Hängegewichte, bei kleineren meist über eine Handkurbel oder ein Uhrwerk, ab etwa 1900 auch durch Elektromotoren. Ende des 19. Jh. wurde die Stiftwalze z. T. abgelöst durch perforierte Lochplatten aus Hartpapier oder dünnem Metallblech (Organette), beim elektrisch-pneumat. Selbstspielklavier (→Pianola) durch eine Lochstreifensteuerung (Ton-, Notenrolle).

Die Gesch. der m. M. reicht bis in die Antike zurück (KTESIBIOS VON ALEXANDRIA, HERON VON ALEXANDRIA). Die frühesten in Europa bekannten m. M. sind Turmglockenspiele, astronom. Uhren (Straßburg, 1352–54) sowie mechan. Orgelwerke. Im 16. und 17. Jh. waren musizierende Puppenspielwerke für Uhren und Tafelaufsätze beliebt, etwa die automat. Spinette des Augsburgers SAMUEL BIDERMANN (*1540, †1622). Aufsehen erregten im 18. Jh. die →Automaten

mechanische Musikinstrumente: Orchestrion ›'s ewig Werkli‹ von Ignaz Bruder Söhne; um 1860 (Waldkirch, Elztäler Heimatmuseum)

mechanische Musikinstrumente: Spieldose ›Symphonion‹ mit Lochplatte; um 1903

von J. DE VAUCANSON und PIERRE JAQUET-DROZ (*1721, †1790). Ende des 17. Jh. baute man zum Anlocken von Singvögeln kleine mechan. Orgeln (Vogelorgeln), aus denen sich im 18. Jh. die Drehorgel entwickelte. Nach 1800 entstanden die ersten Orchestrions (›Bellonion‹ von JOHANN GOTTFRIED KAUFMANN, *1752, †1818; J. N. MÄLZELS ›Panharmonikon‹). Als Orchesterersatz in öffentl. Tanzhallen und auf Jahrmärkten (Karussellorgel) erlebten sie ihre Blütezeit zw. 1870 und 1910. Bekannte Hersteller kamen aus Dtl. (HUPFELD, WELTE, I. BRUDER) und Amerika (Aeolian Company), das um 1900 auch führend war im Bau von Selbstspielklavieren. Zu den am weitesten verbreiteten m. M. zählen die um 1800 in der Schweiz aufgekommenen und in zahlr. Varianten gebauten Spieldosen bzw. -uhren.

Den vorläufigen Höhepunkt in der techn. Entwicklung der m. M. stellt das nach 1900 entwickelte elektropneumat. Reproduktionsklavier (Welte-Mignon) dar, das im Ggs. zum starren Abspielverfahren herkömml. m. M. erstmals eine anschlagsgerechte Wiedergabe über direkt eingespielte Notenrollen ermöglichte. Solche ›Künstlerrollen‹ bespielten u. a. M. REGER, C. DEBUSSY, G. MAHLER, E. GRIEG, F. BUSONI. Mit dem Aufkommen elektron. Tonträger wie Schallplatte und Tonband scheint der Gebrauch der rein m. M. heute endgültig der Vergangenheit anzugehören.

Für m. M. komponierten ab dem 17. Jh. u. a. H. L. HASSLER, G. F. HÄNDEL, C. P. E. BACH, J. HAYDN, W. A. MOZART und L. VAN BEETHOVEN; für Selbstspielklaviere schrieben im 20. Jh. u. a. P. HINDEMITH, I. STRAWINSKY, G. ANTHEIL und C. NANCARROW.

E. SIMON: M. M. früherer Zeiten u. ihre Musik (1960); Musikautomaten u. m. M., hg. v. H. WEISS-STAUFFACHER u. a. (Zürich 1975); Q. D. BOWERS: Encyclopedia of automatic musical instruments (New York ⁸1983); R. HAMMERSTEIN: Macht u. Klang. Tönende Automaten als Realität u. Fiktion in der alten u. mittelalterl. Welt (Bern 1986); H. JÜTTEMANN: M. M. Einf. in Technik u. Gesch. (1987); M. M., bearb. v. A. BUCHNER, übers. v. G. MATUCHOVÁ (1992).

mechanisches Gewebe, *Botanik:* →Festigungsgewebe.

mechanische Sinne, Bez. für die unterschiedlich ausgeprägten Fähigkeiten bei Mensch und Tieren, mechan. Reize (u. a. Berührung, Druck, Bewegung, Flüssigkeitsströmung) als Sinnesempfindung wahrzunehmen. Die entsprechenden Sinneszellen, die auf mechan. Verformung ansprechen, heißen **Mechanorezeptoren.** M. S. sind u. a. Tastsinn, Strömungssinn, Gehör, stat. Sinn, Schweresinn, Drehsinn.

mechanisches Theater, Theater mit einer Reihe von Figuren, die fest auf eine Grundlage (z. B. Holzkasten) montiert und durch Gewichte nach dem Prinzip eines Uhrwerks (Pendel) bewegt wurden; Schaustellerattraktion seit dem 16. Jh., v. a. auf Jahrmärkten im 18. und 19. Jh. Zur Darstellung kamen bibl. Themen (Weihnachtskrippe, Abendmahl) und Bergwerksansichten (bes. in Sachsen). Ein hydraulisch angetriebenes spätbarockes m. T. von 1752 ist im Schlosspark von Hellbrunn erhalten. Als Sonderform des m. T. gilt das →Theatrum Mundi im 19. Jh. Solofiguren als Schauattraktionen und höf. Sammelstücke waren feinmechanisch kompliziert gebaut und überraschend natürlich in ihrer Bewegung (Schreiben, Klavierspielen). Eine größere Sammlung dieser ›Androiden‹ und ›Automaten‹ zeigt das Nationalmuseum von Monaco.

mechanisches Wärmeäquivalent, ein Umrechnungsfaktor, durch den mechan. und therm. Einheiten der Energie miteinander in Beziehung gesetzt werden; ist nach Einführung des Internat. Einheitensystem (SI) gegenstandslos geworden, da alle Energieformen in Joule gemessen werden.

mechanische Wärmetheorie, Erklärung der Wärmeerscheinung aus der ungeordneten Bewegung der Moleküle. Eine mathemat. Präzisierung fand die m. W. zunächst in der →kinetischen Gastheorie. 1905 zeigten A. EINSTEIN und M. VON SMOLUCHOWSKI, dass die →brownsche Bewegung einen unmittelbaren Beweis für die Realität der therm. Molekularbewegung liefert. Später wurde die m. W. nicht nur für Gase und Lösungen, sondern auch für Festkörper (Kristalle) erfolgreich zur →statistischen Mechanik und schließlich zur →Quantenstatistik ausgebaut.

mechanisierte Truppe, im militär. Sprachgebrauch Bez. für Truppenverbände, die mit gepanzerten Fahrzeugen aller Art (Kampf- und Schützenpanzer, gepanzerte Mannschaftstransportwagen u. a.) ausgerüstet sind. Im Unterschied zu den m. T. versteht man unter ›motorisierten Truppen‹ i. d. R. die mit leichten Kraftfahrzeugen und Lkw beweglich gemachten, jedoch weitgehend ungepanzerten Streitkräfte.

Mechanisierung, die Schaffung und Anwendung von Maschinen und Werkzeugen, um den Menschen von schwerer oder ermüdender körperl. Arbeit zu entlasten und die Produktivität zu steigern. (→Automatisierung)

Mechanismus der, -/...men, 1) allg.: Komplex von Bauelementen, die so konstruiert sind, dass jede Bewegung eines Elements eine Bewegung anderer Elemente bewirkt.
2) Philosophie: **Mechanizismus,** seit der griech. Antike belegte Richtung der Naturphilosophie und Ansatz der frühen neuzeitl. Naturwiss. mit Höhepunkt im 19. Jh. Nach dem M. wird das Naturgeschehen der Welt, die Naturprozesse und der Aufbau des Kosmos, auf Gesetze der Bewegung zurückgeführt und streng deterministisch nach dem Kausalprinzip von Ursache und Wirkung erklärt, wobei der M. sich in seinen Extremformen nicht nur auf anorgan. bzw. physikal. Naturphänomene bezieht, sondern die Phänomene des Lebens einschließt. Der M. ist häufig, aber nicht grundsätzlich mit Formen materialist. Weltauffassung verbunden. In der griech. Philosophie wurde der M. in engem Zusammenhang zum Atomismus von LEUKIPP, v. a. aber von DEMOKRIT ausformuliert und gegen myth. Vorstellungen zur Erklärung des Aufbaus des Kosmos und der kosm. Prozesse, v. a. des Werdens, verwendet und von EPIKUR aufgegriffen. In der Neuzeit entwickelte R. DESCARTES zunächst im Rahmen seines Versuchs eines deduktiven Aufbaus einer mechanist. Physik (›Principia philosophiae‹, 1644; dt. ›Die Prinzipien der Philosophie‹) richtungweisend einen metaphys. M., der Gott als Anfang der Bewegung annimmt. Er bestimmte die Materie als ›Res extensa‹, als ausgedehnte Substanz, sowie die Bewegung als mittels mathematisch-geometr. Funktionen erfassbare und beschreibbare Ortsveränderung. Auf dieser Grundlage sah er die auf Materie und Bewegung zurückzuführenden Prozesse der Natur einer streng mechan. Notwendigkeit unterworfen. I. NEWTON (›Philosophiae naturalis principia mathematica‹, 1687) erhob den M. zum universalen System. I. KANT (›Kritik der Urtheilskraft‹, 1790) wollte den M. nur als Hypothese naturwiss. Forschung gelten lassen, da nur bei Annahme der mechanist. Struktur der Natur exakte Wiss. möglich sei. Gegen den M. des naturwiss. Materialismus im 19. Jh., vertreten durch L. BÜCHNER und J. MOLESCHOTT, richtete sich der →Vitalismus. – Eine mechanistisch orientierte Psychologie bzw. Verhaltensforschung wurde v. a. von der Assoziationspsychologie und dem Behaviorismus vertreten.

Mechanochemie, Teilgebiet der physikal. Chemie, bei dem die chem. und physikalisch-chem. Veränderungen fester, flüssiger und gasförmiger Stoffe bei Einwirkung mechan. Energie und die prakt. Nutzung der dabei auftretenden Vorgänge untersucht werden.

Mechanomorphosen, durch mechan. Reize bewirkte Gestaltveränderungen bei Pflanzen, z. B. Fahnenwuchs bei windgeblasenen Bäumen.

Mechanorezeptoren, →mechanische Sinne.

Mecheln, niederländ. **Mechelen** [ˈmɛxələ], frz. **Malines** [maˈlin], Stadt in der Prov. Antwerpen, Belgien, an der Dijle, 75 700 Ew.; kath. Erzbischofssitz; erzbischöfl. Seminar, Akad. für bildende Künste, Glockenspielerschule, erzbischöfl. und städt. Archiv, städt. Museen; Metallverarbeitung, Möbel-, chem., elektrotechn., Schmuckwaren-, Gemüsekonservenindustrie, Teppichwebereien, Briefmarkendruckerei, Großbrauerei; Herstellung von Mechelner Spitzen; Gemüseanbau. – Mittelalterl. Stadtbild mit alten Brücken und zahlr. Kirchen, u. a. die Kathedrale Sint Rombout (13.–15. Jh.) in Brabanter Hochgotik, die spätgot. Onze-Lieve-Vrouw-over-de-Dijle (14./15. Jh.; mit dem ›Wunderbaren Fischzug‹ von P. P. RUBENS) und die spätgot. Sint-Janskerk (15. Jh.; Rubensaltar); bedeutende Barockkirchen, u. a. die Begijnenkerk (17. Jh.); Grote Markt mit Giebelhäusern des 16. bis 18. Jh. und Rathaus, das aus zwei Teilen besteht: der Lakenhalle (ehem. Tuchhalle, 14. Jh.) und dem als Sitz des großen Rates errichteten Gebäude (16. Jh., im 20. Jh. vollendet); Justizpalast (ehem. Palais der MARGARETE von Österreich; frühes 16. Jh.) mit Stilelementen der Gotik und Renaissance. Das Brüsseler Tor (Anfang 14. Jh., im 18. Jh. umgebaut) ist ein Rest der mittelalterl. Stadtmauer. – Das 870 erstmals erwähnte M. gehörte im 10. Jh. zum Hochstift Lüttich. Es entwickelte sich zu einer angesehenen, mit Antwerpen in Konkurrenz tretenden Handelsstadt. Als Residenz MARGARETES von Österreich war M. 1507–30 der geistige und polit. Mittelpunkt der Niederlande. Nach Verlust seiner polit. Vormachtstellung blieb die wirtschaftl. Macht der Stadt ungebrochen. 1830 kam M. an das Königreich Belgien.
 J. AERTS u. R. A. RAYMACKERS: Het arrondissement M. (Löwen 1961); W. KRINGS: Innenstädte in Belgien (1984).

Mechelner Gespräche, vier Einigungsgespräche zw. anglikan. und kath. Theologen; sie fanden 1921–25 auf Anregung von C. L. WOOD, Viscount HALIFAX, unter Vorsitz von Kardinal D. MERCIER in Mecheln statt. In einem fünften Gespräch (1926, nach dem Tod MERCIERS) wurde ein abschließender Bericht ausgearbeitet. Die M. G. waren formell privater Natur; jedoch handelten HALIFAX und MERCIER mit Wissen des Erzbischofs von Canterbury und des Papstes. Trotz Übereinstimmung in vielen Fragen gelang keine Einigung über den päpstl. Jurisdiktionsprimat.
 B. C. u. M. PAWLEY: Rome and Canterbury through four centuries. A study of the relations between the Church of Rome

Mechelner Spitzen, Malines [maˈlin], in einem Stück gearbeitete Klöppelspitzen des 18. Jh. mit figürl. und floralen Mustern in einem meist aus regelmäßigen sechseckigen Maschen gebildeten Ziernetzgrund.

Mechernich, Stadt im Kr. Euskirchen, NRW, am Fuß der Eifel, 290 m ü. M., 22 000 Ew.; Garnison; Maschinen-, Stahl- und Holzbau, Elektroindustrie, Kfz-Zulieferindustrie. In **M.-Kommern** Freilichtmuseum und Landesmuseum für Volkskunde; Hochwildschutzpark. – Kath. Pfarrkirche St. Johann Baptist (12./13. Jh.). – M. wurde 1166 erstmals urkundlich erwähnt, 1815 kam es an Preußen; von der Römerzeit bis 1956 Bleierzförderung (→Knottenerze).

Mechitharisten, lat. **Ordo Mechitaristarum,** Abk. **OMech,** armenisch-unierter (→armenische Kirche) Orden mit der Benediktinerregel; 1701 vom Mönch MECHITHAR (*1676, †1749) in Konstantinopel gegr., 1717 wurde der Hauptsitz der M. auf die Insel San Lazzaro bei Venedig verlegt, wo der Orden heute eine dem Kloster angeschlossene Bibliothek (über 2 000 armen. Handschriften) unterhält. Seit 1773 bestehen zwei Kongregationen: die M. von Venedig (1996: 40 Mitgl. und 8 Niederlassungen) und die M. von Wien (23 Mitgl. und 4 Niederlassungen). Schwerpunkte der Arbeit sind die Seelsorge unter den Armeniern, die Herausgabe liturg. Werke und die Pflege der →armenischen Literatur (armen. Bibel, 1735; armen. Wörterbuch, ab 1749).

Mechow [-ço], Karl Benno von, Schriftsteller, *Bonn 24. 7. 1897, †Emmendingen 11. 9. 1960; gab 1934–44 mit P. ALVERDES die (zeitweilig verbotene) Zeitschrift ›Das Innere Reich‹ heraus. Schrieb Romane und Erzählungen, in denen die Verbundenheit von Mensch, Natur und Landschaft geschildert wird (›Vorsommer‹, 1933), auch den Kriegsroman ›Das Abenteuer‹ (1930).

Mechtel, Angelika, verheiratete **Eilers,** Schriftstellerin, *Dresden 26. 8. 1943; war nach der Schulzeit u. a. Fabrikarbeiterin, gehörte zeitweilig zur →Gruppe 61. M.s vielseitiges Werk (Gedichte, Erzählungen, Romane, Hörspiele, Reportagen) ist stark sozialkritisch geprägt, oft verarbeitet sie dabei eigene Erfahrungen (Roman ›Wir sind arm, wir sind reich‹, 1977; ›Jeden Tag will ich leben. Ein Krebstagebuch‹, 1990). Mit dem Roman ›Die Prinzipalin‹ (1994) über FRIEDERIKE CAROLINE NEUBER wandte sie sich einem histor. Stoff zu. Ihre Sprache ist präzis und distanziert, durch Wechsel der Zeitstrukturen und Erzählperspektive sucht sie, Gleichzeitigkeit verschiedener Handlungsebenen zu erreichen. Schreibt auch Kinderbücher (u. a. ›Die Reise nach Tamerland‹, 1984).

Weitere Werke: Lyrik: Gegen Eis und Flut (1963); Wir in den Wohnsilos (1978). – *Erzählungen:* Die Träume der Füchsin (1976); Das Puppengesicht (1977); Ikarus. Geschichten aus der Unwirklichkeit (1994). – *Romane:* Friß Vogel (1972); Das gläserne Paradies (1973); Die andere Hälfte der Welt oder Frühstücksgespräche mit Paul (1980); Gott und die Liedermacherin (1983). – *Reportagen:* Alte Schriftsteller in der Bundesrep. (1972); Ein Plädoyer für uns. Frauen und Mütter von Strafgefangenen berichten (1975).

Mechthild, M. von Hackeborn, Mystikerin, *1241/42, †Helfta (heute zu Eisleben) 19. 11. 1299; Zisterzienserin; zunächst im Kloster von Rodersdorf (Bistum Halberstadt), dessen Äbtissin M.s ältere Schwester GERTRUD VON HACKEBORN (*1232, †1292) 1251–91 war; 1258 siedelte der gesamte Konvent nach Helfta über, wo M. Leiterin der Klosterschule wurde. Seit 1291 war sie schwer leidend und erlebte Visionen und Auditionen, aus denen heraus ihr myst. Werk ›Liber specialis gratiae‹ (›Buch von der besonderen Gnade‹) entstand; es wurde nach ihren Berichten von GERTRUD VON HELFTA aufgeschrieben. M. war beeinflusst durch MECHTHILD VON MAGDEBURG und wirkte nachhaltig für die Verbreitung der Herz-Jesu-Verehrung. – Heilige (Tag: 19. 11.).

Ausgaben: Leben u. Offenbarungen der heiligen Mechtildis u. der Schwester Mechtildis..., hg. v. J. MÜLLER, 2 Bde. (1881); Das Buch vom strömenden Lob, übers. v. H. U. VON BALTHASAR (1955).

MARGOT SCHMIDT: Elemente der Schau bei Mechthild von Magdeburg u. M. v. H., in: Frauenmystik im MA., hg. v. P. DINZELBACHER u. a. (1985); MARGOT SCHMIDT: M. v. H., in: Die dt. Lit. des MA. Verf.-Lex., begr. v. W. STAMMLER, hg. v. K. RUH u. a., Bd. 6 (²1987).

Mechthild, M. von Magdeburg, Mystikerin, *im Erzbistum Magdeburg um 1208, †Helfta (heute zu Eisleben) 1282 oder 1297; lebte dreißig Jahre lang als Begine nach der Dominikanerregel in Magdeburg, seit 1270 im Zisterzienserinnenkloster in Helfta. Seit 1250 sammelte ihr Beichtvater, der Dominikaner HEINRICH VON HALLE, die Aufzeichnungen ihrer myst. Erfahrungen. M. selbst nannte ihr urspr. niederdt. geschriebenes Werk ›Das fließende Licht der Gottheit‹ (sechs zw. 1250 und 1270 entstandene Bücher sowie ein siebtes aus der Zeit in Helfta); überliefert ist es in einer lat. Bearbeitung (um 1285) und in der alemann. Fassung der Basler Gottesfreunde um HEINRICH VON NÖRDLINGEN (*um 1300, †nach 1351) von 1345. – Heilige (Tag: 15. 8.).

Ausgaben: Offenbarungen der Schwester M. v. M. oder Das fließende Licht der Gottheit, hg. v. G. MOREL (1869, Nachdr. 1980); Das fließende Licht der Gottheit. Nach der Einsiedler Handschrift in krit. Vergleich mit der gesamten Überlieferung, hg. v. H. NEUMANN, 2 Bde. (1990–93).

H. NEUMANN: M. v. M., in: Die dt. Lit. des MA. Verf.-Lex., begr. v. W. STAMMLER, hg. v. K. RUH u. a., Bd. 6 (²1987); S. A. BUHOLZER: Studien zur Gottes- u. Seelenkonzeption im Werk der M. v. M. (Bern 1988); M. HEIMBACH: Der ›ungelehrte Mund‹ als Autorität. Myst. Erfahrung als Quelle kirchlich-prophet. Rede im Werk M. v. M. (1989).

Mečiar [-tʃ-], Vladimir, slowak. Politiker, *Altsohl 26. 7. 1942; Jurist; 1970 Ausschluss aus der KP; wurde im November 1989 Mitgl. der slowak. Bürgerbewegung ›Öffentlichkeit gegen Gewalt‹ (VPN), 1990 Innen- und Umwelt-Min., 1990–91 Min.-Präs. in der slowak. Teilrepublik; März/April 1991 Begründer und seitdem Vors. der ›Bewegung für eine Demokrat. Slowakei‹ (HZDZ). Im Juni 1992 erneut zum Min.-Präs. gewählt, setzte er die Unabhängigkeit der Slowakei ab 1. 1. 1993 durch. Nach erzwungenem Rücktritt (März 1994) wurde M. nach dem Wahlsieg vom 30. 9./1. 10. 1994 am 14. 12. 1994 zum Min.-Präs. einer Koalitionsregierung gewählt.

Meckauer, Walter, Schriftsteller, *Breslau 13. 4. 1889, †München 6. 2. 1966. M. war 1910/11 Bankangestellter in Peking, emigrierte 1933; lebte 1947–53 in den USA. Autor der erfolgreichen, in China spielenden Romane ›Die Bücher des Kaisers Wutai‹ (1928) und ›Die Sterne fallen herab‹ (1952). Die Erfahrungen des Exils verarbeitete er in dem Roman ›Gassen in fremden Städten‹ (1959).

Meckel, 1) Christoph, Schriftsteller und Grafiker, *Berlin 12. 6. 1935; Grafikstudium 1954–56 in Freiburg im Breisgau und München. Schreiben und künstler. Gestalten (Zeichnungen, Radierungen, Holzschnitte) stehen bei M. in gegenseitigem Wechselspiel bis hin zur Stoff- und Themenwahl. Seit 1956 (›Tarnkappe‹) erschienen zahlr. Grafik-, Lyrik- und Prosabände, die von M.s fantastisch-allegor. Wirklichkeitsspiegelungen geprägt sind. Eine wesentl. Rolle spielen das Thema Kindheit und, v. a. in den Prosawerken (›Bockshorn‹, 1973; ›Suchbild. Über meinen Vater‹, 1980; ›Berichte zur Entstehung einer Weltkomödie‹, 1985), autobiograph. Elemente. Die formenreiche Lyrik lässt das Vorbild J. BOBROWSKI erkennen. In weit ausholendem poet. Gestus verbindet er in ›Gesang vom unterbrochenen Satz. Drei Poeme‹ (1995) archaische Bilder mit solchen aus der Computertechnik, um menschl. Scheitern zu thematisieren.

Angelika Mechtel

Vladimir Mečiar

2) **Markus,** Politiker, * Müncheberg 18. 8. 1952; seit 1980 Pfarrer in Mecklenburg. Politisch ab 1981 zunächst in der Friedens- und Menschenrechtsbewegung tätig, wurde er am 7. 10. 1989 in Schwante zum Mitbegründer der Sozialdemokrat. Partei in der DDR, deren geschäftsführender Vors. er von März bis Juni 1990 war. März–Oktober 1990 Abg. der Volkskammer (SPD), war M. Außen-Min. in der Reg. der großen Koalition unter L. DE MAIZIÈRE (12. 4.–21. 8. 1990). M. wurde am 2. 12. 1990 MdB.

Meckel-Divertikel [nach dem Anatomen und Chirurgen JOHANN FRIEDRICH MECKEL, * 1781, † 1833], blindsackartige Ausstülpung des Dünndarms, etwa 30–50 cm oberhalb des Übergangs in den Dickdarm; bei etwa 2 % der Bev. auftretende Entwicklungshemmung durch Fortbestehen des embryonalen Dottergangs. Komplikationen durch Entzündungen, blutende Geschwüre oder Darmverschlingung können eine operative Entfernung erforderlich machen.

Meckenbeuren, Gem. im Bodenseekreis, Bad.-Württ., in Oberschwaben, an der Schussen, 415 m ü. M., 12 900 Ew.; in der Umgebung Obst- und Hopfenanbau.

Meckenem, Israhel van, d. J., Kupferstecher und Goldschmied, * Meckenheim um 1430 oder um 1450, † Bocholt 10. 11. 1503; Sohn und Schüler von ISRAHEL VAN M. D. Ä. (nachweisbar 1457–66; von ihm stammen die frühesten bekannten Ornamentstiche), war 1465 in Kleve als Goldschmied tätig und ließ sich dann wohl in Bocholt nieder. Seine technisch brillanten Stiche (etwa 600) gehen v. a. auf Vorlagen seines Vaters sowie des MEISTERS E. S., des HAUSBUCHMEISTERS, M. SCHONGAUERS, H. HOLBEINS D. Ä. und A. DÜRERS zurück. Selbstständige Blätter von M. behandeln Themen des Alltagslebens. 1480 schuf er einen Passionszyklus. Um 1490 stellte sich M. selbst mit seiner Frau auf einem Stich dar (Dresden, Kupferstichkabinett; BILD →Kupferstich); es ist das früheste Selbstporträt und Doppelbildnis der dt. Grafik.

Israhel van Meckenem d. J.: Adliges Paar; Kupferstich (Berlin, Kupferstichkabinett)

J. SCHNACK: Der Passionszyklus in der Graphik I. v. M.s u. Martin Schongauers (1979); F. W. H. HOLLSTEIN: German engravings, etchings and woodcuts, ca. 1400–1700, Bd. 24: I. v. M., 2 Tle. (Amsterdam 1986).

Meckenheim, Stadt im Rhein-Sieg-Kr., NRW, am Fuß der Eifel südlich von Bonn, 175 m ü. M., 25 500 Ew.; Außenstelle des Bundeskriminalamts, Bundesschule des Dt. Roten Kreuzes; Baumschulen, Obstbau; Industriepark Kottenforst. – M., 853 erstmals erwähnt, erhielt 1636 Stadtrecht, erneut 1929.

Mecking, Ludwig, Geograph, * Frankfurt am Main 3. 5. 1879, † Hamburg 20. 10. 1952; Prof. in Kiel, Münster und Hamburg. Seine Forschungen galten v. a. dem Meer, der Polarwelt und Japan.
Werke: Die Polarländer (1925); Japans Häfen ... (1931); Die Entwicklung der Groß-Städte in Hauptländern der Industrie (1949); Japan. Meerbestimmtes Land (1951).

Mecklenburg, histor. Territorium, zw. Pommern, Brandenburg und Schlesw.-Holst.; an der Ostsee zw. Lübecker Bucht und Darß.

Geschichte: In dem seit der Mittelsteinzeit besiedelten Raum bildete sich zur Bronzezeit eine sesshafte Bev. mit einem hoch entwickelten Kunsthandwerk heraus. Sie wurde in den nord. Kulturkreis eingebunden. Die seit der Eisenzeit ansässigen Germanen, meist Semnonen, Langobarden, Angeln und Sachsen, wanderten im Lauf des 5. Jh. ab, um 500 war das Land fast menschenleer.

Im 7. Jh. ließen sich westslaw. Gruppen im Raum M. nieder, im W die Abodriten, im O die Lutizen. Während Letztere nicht zu einer staatl. Konsolidierung gelangten, vereinigte das Fürstenhaus der Nakoniden die abodrit. Stämme im 11.–12. Jh. in einem großräumigen Herrschaftsstaat. Auf dessen Grundlage bildete sich das Land M. Unter KARL D. GR. gerieten die Elb- und Ostseeslawen in ein Tributverhältnis zum Fränk., später zum Heiligen Röm. Reich. Ihre Einbeziehung in die Markenverfassung blieb wie die Christianisierung des Fürstenhauses ohne dauerhaften Erfolg. Erst unter HEINRICH DEM LÖWEN wurde (nach 1147) die Eingliederung in den dt. Kulturbereich vollendet (dt. Ostsiedlung).

Seit 1142 geriet der W in die Hand der Grafen von Ratzeburg und Dannenberg, die dt. Siedler heranholten. Der Versuch HEINRICHS DES LÖWEN, nach dem Tod des letzten abodrit. Fürsten NIKLOT das ganze Abodritenland an sich zu reißen, misslang. Den größten Teil musste er 1167 herausgeben und damit NIKLOTS Sohn PRIBISLAW belehnen, den Stammvater des bis 1918 regierenden mecklenburg. Fürstenhauses. Nur die Grafschaft Schwerin blieb in dt. Hand. Bäuerl. Kolonisation und Stadtgründung, die Missionstätigkeit der neuen Bistümer Ratzeburg (seit 1154) und Schwerin (nach 1160) sowie des Zisterzienserordens förderten die Eindeutschung des Landes, die nun ohne blutige Kämpfe vor sich ging.

Noch im MA. fiel das Gebiet der mecklenburg. Grafengeschlechter durch Erbfall oder Kauf (zuletzt die Grafschaft Schwerin 1358) an das einheim. Fürstengeschlecht. 1229 teilten die vier Urenkel PRIBISLAWS das Land. Die Fürstentümer Parchim, Rostock und Werle fielen an die aktivste Linie zurück, die sich seit 1256 nach ihrer Hauptburg M. nannte. Kaiser KARL IV. erhob sie 1348 nach Ablösung der sächs. Lehnsoberhoheit zu reichsunmittelbaren Herzögen. Seit 1471 war das Land mit Ausnahmen in einer Hand.

Die Finanzen wurden bald durch Erbstreitigkeiten zerrüttet. 1520, v. a. seit 1621, teilte sich M. in die Herzogtümer **M.-Schwerin** und **M.-Güstrow,** doch blieben die Landstände, die Stadt Rostock mit der 1419 gegründeten Landesuniversität, Hofgericht und Konsistorium gemeinsam. Die Union der Landstände (1523 in Rostock) wurde zur Grundlage des mecklenburg. Ständestaats. Im Dreißigjährigen Krieg litt M.

schwer; 1629 belehnte der Kaiser WALLENSTEIN mit der Herzogswürde, bis GUSTAV II. ADOLF 1631 die vertriebenen Herzöge zurückführte. Im Westfäl. Frieden (1648) mussten sie Wismar an Schweden abtreten, wurden jedoch durch die säkularisierten Bistümer Schwerin und Ratzeburg entschädigt. Nach dem Erlöschen der Güstrower Linie (1695) bildeten sich 1701 die Linien M.-Schwerin und **M.-Strelitz.** Letztere verfügte über die Herrschaft Stargard im O und das Fürstentum Ratzeburg im W sowie über die Komtureien Mirow und Nemerow. Landstände, Landtage und Gerichte blieben gesamtmecklenburgisch.

Die Stände, deren Anfänge ins 13. Jh. zurückgehen, wahrten gegenüber den fürstl. Teilungen die Einheit des Landes. Vergeblich versuchten die Herzöge, nach 1648 die Macht der Stände zu brechen. Der zw. den Ständen und Herzog CHRISTIAN LUDWIG II. von M.-Schwerin geschlossene ›Landesgrundgesetzl. Erbvergleich‹ (18. 4. 1755) vollendete den Ständestaat in seiner schärfsten Form und blieb bis 1918 Verfassungsgrundlage.

Die Agrarstruktur M.s war die der anderen ostelb. Länder. Im 16. Jh. setzte der Niedergang des Bauerntums und die Bildung der großen Güter ein, nahm aber erst nach 1800 die Form der Gutsherrschaft an. Der einst freie Bauernstand wurde dabei durch Bauernlegen und Auswanderung nach Übersee zum großen Teil beseitigt. Landadel und Bürgertum haben das Gesicht des Landes wesentlich geprägt.

1803 nahm M. Wismar an. 1808 traten beide Herzöge dem Rheinbund bei und wurden 1815 Großherzöge. Die als Folge der Revolution 1849 eingeführte liberale Verf. wurde auf Einspruch von M.-Strelitz und der Ritterschaft 1850 aufgehoben. Auf preuß. Druck traten beide M. 1866/67 dem Norddt. Bund, 1868 dem Dt. Zollverein bei. Die nun auch von den Großherzögen und ihren Reg. unterstützten Bemühungen um eine Verf.-Reform scheiterten am Widerstand der Ritterschaft. Die Novemberrevolution und die Abdankung des Großherzogs FRIEDRICH FRANZ IV. von M.-Schwerin (die Erbfolge für den im Februar 1918 verstorbenen Großherzog von M.-Strelitz war noch nicht geregelt) für beide Länder (14. 11. 1918) beseitigten die feudale Verfassung.

Durch die Verf. des Freistaats M.-Schwerin vom 17. 5. 1920 und das Landesgrundgesetz von M.-Strelitz vom 29. 1. 1919/24. 5. 1923 wurden beide Länder parlamentarisch-demokrat. Republiken. Sie wurden (nach der Gleichschaltung unter einem NS-Reichsstatthalter am 7. 4. 1933) mit Wirkung vom 1. 1. 1934 zum **Land M.** vereinigt (Reg.-Sitz: Schwerin); es umfasste 15 721 km² und (1939) 900 400 Einwohner.

Ende April/Anfang Mai 1945 kam M., um Vorpommern westlich der Oder und Rügen vergrößert, zur SBZ (→Mecklenburg-Vorpommern, Geschichte); West-M. wurde nach brit. Besatzung (vom 2. 5. bis 1. 7. 1945) von den brit. Truppen geräumt.

O. VITENSE: Gesch. von M. (1920, Nachdr. 1990); M. HAMANN: Das staatl. Werden M.s (1962); DERS.: Mecklenburg. Gesch. Von den Anfängen bis zur Landständ. Union von 1523 (1968); K. PAGEL: M. Biogr. eines dt. Landes (1969); Beitr. zur pommer. u. mecklenburg. Gesch., hg. v. RODERICH SCHMIDT (1981); G. HEITZ u. H. RISCHER: Gesch. in Daten – M.-Vorpommern (1995); W. KARGE u. a.: Die Gesch. M.s (²1996).

Mecklenburger, dt. Neustamm, seit dem 12./13. Jh. in Mecklenburg entstanden durch Vermischung von Niedersachsen, West- und Ostfalen, Holsteinern und Flamen mit der einheim. slawisch-wend. Bev., an die noch Orts- und Flurnamen erinnern.

Das mecklenburg. Bauernhaus ist vorwiegend das niederdt. Hallenhaus, nur im SO überwiegen mitteldt. Haustypen. In den Küstenstädten und größeren Städten herrscht der norddt. Backsteinbau vor. – Die Sprache der M. ist eine niederdt. Mundart, auch die Bräuche sind niederdeutsch. Das Wossidlo-Archiv in Rostock beherbergt den reichen Nachlass R. WOSSIDLOS und Neusammlungen von mecklenburg. Volkserzählungen und -liedern. Durch F. REUTER und J. BRINCKMAN fand das mecklenburg. Plattdeutsch Eingang in die dt. Literatur. (→Mecklenburger Trachten)

R. WOSSIDLO: Erntebräuche in Mecklenburg (1927); Mecklenburg. Wörterbuch, begr. v. R. WOSSIDLO u. H. TEUCHERT, 7 Bde. (1942-92, Nachdr. 1996); K. BAUMGARTEN: Das Bauernhaus in Mecklenburg (Berlin-Ost 1965); Mecklenburg. Volkskunde, hg. v. U. BENTZIEN u. a. (Rostock 1988); Mecklenburg. Volkskunst, bearb. v. R. PEESCH u. a. (Leipzig 1988).

Mecklenburger, Mecklenburger Warmblut, historisch bedeutsame, stark vom Engl. Vollblut geprägte, in Mecklenburg beheimatete, vielseitige Warmblutpferderasse (Stockmaß 160–170 cm), die v. a. zw. 1790 und 1860 starken Einfluss auf die hannoversche Warmblutzucht besaß (→Hannoveraner).

Mecklenburger Bucht, Teil der Ostsee mit der →Lübecker Bucht, zw. Insel Fehmarn, Halbinsel Wagrien (Schlesw.-Holst.) und mecklenburg. Küste; Hafenstädte sind Rostock, Wismar und Lübeck, bekannte Seebäder Dahme, Timmendorfer Strand, Ostseebad Kühlungsborn und Seeheilbad Graal-Müritz.

Mecklenburger Trachten, in den ländl. Gebieten Mecklenburgs v. a. im 19. Jh. getragene Kleidung. In der allgemeinen ländl. Tracht (**Schweriner Tracht**) trugen die Frauen werktags buntstreifige Beiderwandröcke mit einem Saum von Samt- oder Seidenband, ein schwarzes Mieder und Brusttuch mit bunten Bordüren. Zur Sonntagstracht gehörten ein besticktes farbiges Halstuch und eine kugelige Mütze aus Goldborten, auf der in der Schutenhut mit Bändern thronte. Die Männer trugen bauschige Kniehosen und eine kurze Schoßjacke, darunter eine nur über der Brust geknöpfte Weste.

In der Rostocker Gegend war die schwarze **Biestower Tracht** verbreitet. Die Männer trugen hohe Stiefel und bauschige Kniehosen; die Frauen setzten im Sommer ein flaches Strohhütchen über die schwarze Scheitelmütze. – Charakteristisch für die **Zepeliner Tracht** (in der Gegend von Bützow) war die enge Bandmütze der Frauen, die Kopf, Ohren und Nacken umschloss, bei den Mädchen rotgrün, bei den Frauen schwarz. Die Männer trugen schwarzgrüne weite Kniehosen und eine bunt gestreifte Weste. – Die reiche **Schönberger** (auch Ratzeburger oder Strelitzer) **Tracht** kannte die weit ausgeschnittene schwarze Frauenjacke mit dem bunten Bruststecker, dazu die Goldhaube mit weißen Spitzen im Nacken. Darüber konnte man noch den kattungefütterten Strohhut mit den Bindebändern setzen. Die Männer trugen enge Kniehosen und Schnallenschuhe. – Zur **Rehnaer Tracht** gehörten die rote runde Mädchenmütze mit Stickereien und roter Bandschleife und die reich mit Flitter und Perlen bestickten Brusttücher. Außerdem gab es die Poeler und Warnemünder Tracht als Sonderformen der Küstengebiete.

H. H. LEOPOLDI: Mecklenburg. Volkstrachten (1957); Mecklenburg. Volkstrachten, bearb. v. R. WENDT u. a. (Rostock 1983).

Mecklenburgische Schweiz, Mecklenburger Schweiz, kuppige Moränenlandschaft westlich des Malchiner und südwestlich des Kummerower Sees in Meckl.-Vorp., bis 124 m ü. M. (Hardtberg); großenteils bewaldet; Urlaubsgebiet.

Mecklenburgische Seenplatte, nicht genau abgrenzbares seen- und hügelreiches Jungmoränengebiet zw. dem Schweriner und dem Templiner Seengebiet (Uckermark), in Meckl.-Vorp., südöstl. Ausläufer auch nach Bbg., mit Schweriner See, Müritz, Plauer See, Kölpin-, Kummerower See u. a. Die M. S. liegt zw. zwei etwa 30–40 km voneinander entfernten

Meck Mecklenburg-Strelitz – Mecklenburg-Vorpommern

Hauptendmoränenbögen (in den Helpter Bergen bis 179 m ü. M. und Ruhner Bergen bis 178 m ü. M.), die im S dem Frankfurter und im N dem Pommerschen Stadium (beide aus der Weichsel-Eiszeit) angehören. M. S. und Hauptendmoränenbögen bilden den zum →Baltischen Landrücken gehörenden Mecklenburg. Land- oder Höhenrücken (auch Nördl. Landrücken oder Mecklenburgisch-brandenburg. Höhenrücken). Im Bereich der M. S. breitet sich Hügelland (bis 80 m ü. M.), durchsetzt von zahlr. Seen, aus. Weite Teile tragen Laubmischwald. Die M. S. ist ein wichtiges Urlaubs- und Erholungsgebiet. Um die Müritz liegt der 318 km² große Müritz-Nationalpark.

Mecklenburg-Strelitz, Landkreis im S von Meckl.-Vorp., grenzt im S an Bbg. und umschließt im NW den Stadtkreis Neubrandenburg, 2 089 km², 87 500 Ew.; Kreisstadt ist Neustrelitz. Der Kr. liegt größtenteils im Bereich der Mecklenburg. Seenplatte (Feldberger Seenlandschaft, Tollensesee und Müritz-Nationalpark); die Endmoränenzüge erreichen in den Helpter Bergen mit 179 m ü. M. die höchste Erhebung von Meckl.-Vorp. Der nördl. Teil wird von Grundmoränenplatten und Niederungen eingenommen. 55 % der Kreisfläche werden landwirtschaftlich genutzt, 30 % sind bewaldet (bes. Mischwald). Im Kr. ist noch eine einzigartige Flora und Fauna mit seltenen Pflanzen- und Tierarten anzutreffen. Hauptwirtschaftszweige sind Landwirtschaft, Baugewerbe, Forstwirtschaft, Fremdenverkehr und Binnenfischerei. Größte Stadt ist Neustrelitz, weitere Städte sind Friedland, Burg Stargard, Mirow, Woldegk, Wesenberg und Feldberg. – Der Kr. wurde am 12. 6. 1994 aus den früheren Kreisen Neustrelitz und Neubrandenburg sowie Gebietsteilen des früheren Kreises Strasburg gebildet.

Mecklenburg-Vorpommern, Land im Nordosten Dtl.s, umfasst mit 23 170 km² 6,5 % der Fläche und mit (1996) 1,817 Mio. Ew. 2,2 % der Einwohnerschaft Dtl.s. M.-V. besteht aus den Landesteilen Mecklenburg im W und S und Vorpommern im NO und O; Landeshauptstadt ist Schwerin.

STAAT · RECHT

Verfassung: Nach der am 23. 5. 1993 in Kraft getretenen Verf. liegt die Gesetzgebung beim Landtag (71 Abg., auf vier Jahre gewählt). Gesetzentwürfe werden von der Landes-Reg., durch den Landtag selbst oder durch Volksbegehren eingebracht. Der Landtag kann auch durch Volksinitiative gezwungen werden, sich mit bestimmten Fragen zu befassen. Eine Volksinitiative muss von mindestens 15 000, ein Volksbegehren von mindestens 140 000 Wahlberechtigten unterstützt werden. An der Spitze der Landes-Reg. steht der vom Landtag gewählte Min.-Präs., der die Richtlinien der Politik bestimmt und das Land nach außen vertritt. Er ernennt und entlässt die übrigen Mitgl. des Kabinetts. Der Landtag kann ihm das Vertrauen entziehen, indem er mit Mehrheit einen Nachfolger wählt. In der Verf. sind neben einem Grundrechtskatalog eine Reihe von Staatszielen fixiert: u. a. europ. Integration, Umweltschutz, Gleichstellung der Geschlechter, Schutz von Kindern und Jugendlichen sowie Behinderten, hoher Beschäftigungsstand und angemessener Wohnraum, Schutz nat. Minderheiten. – Das Verf.-Gericht besteht aus sieben Richtern.

Wappen: Das große Landeswappen, das vom Landtag, Landtags-, Ministerpräsidenten, von den Ministern sowie von Landesbevollmächtigten beim Bund geführt wird, zeigt im gespaltenen und geteilten Schild den mecklenburg. Stierkopf zweimal in diagonaler Anordnung, heraldisch links oben den pommerschen Greif und heraldisch rechts unten den brandenburg. Adler als Symbol für die jahrhundertelange Verbindung zw. Pommern und Brandenburg. Die übrigen Landesbehörden sowie die Gerichte, Notare, untere Schulaufsichtsbehörden und Standesämter führen das kleine Landeswappen, ein gespaltenes Wappen mit den traditionellen Wappenbildern, dem Stierkopf heraldisch rechts und dem Greif heraldisch links.

Verwaltung: Der Verw.-Aufbau ist zweistufig. Die Gem. werden in 122 Ämtern zusammengefasst. Nach dem Gesetz zur Neuordnung der Landkreise und kreisfreien Städte des Landes M.-V. vom 1. 7. 1993 gliedert sich dieses seit Juni 1994 in sechs kreisfreie Städte und zwölf Landkreise. Es kam zum Gebietsaustausch mit Bbg. und zur Übergabe des Amtes Neuhaus und weiterer Ortsteile an Niedersachsen.

Recht: Die Rechtsprechung üben das Landesverfassungsgericht (Greifswald), ein OLG (Rostock), vier Land- und 31 Amtsgerichte, ein Landesarbeitsgericht (Rostock) und vier Arbeitsgerichte, ein Landessozialgericht (Neubrandenburg) und vier Sozialgerichte, ein Oberverwaltungsgericht (Greifswald) und zwei Verwaltungsgerichte sowie ein Finanzgericht aus.

LANDESNATUR · BEVÖLKERUNG

M.-V. liegt gänzlich im Norddt. Tiefland. Die Oberflächenformen werden weitgehend von der jüngsten pleistozänen Vereisung (Jungmoränenland) der Weichsel-Eiszeit (vor etwa 115 000 bis 10 200 Jahren) geprägt. Vor der 340 km langen Außenküste zur Ostsee zw. der Lübecker und Pommerschen Bucht (Gesamtküstenlänge einschließlich Bodden- und Inselküsten 1 470 km) mit 134 km Steil- und 206 km Flachküstenabschnitten liegen (von W nach O) die Inseln Poel (in der Wismarbucht), Rügen (mit 926 km² größte Insel Dtl.s), davor Hiddensee und Ummanz sowie vor dem östlichsten Küstenabschnitt die Insel Usedom (dt. Anteil 373 km²), deren östl. Teil zu Polen gehört. An der Ostseeküste Mecklenburgs (von Travemünde bis zum Fischland) wechseln Steilufer (Geschiebemergelkliffs) mit sandigen Anschwemmungen. Die mit dem Darß beginnende Küste Vorpommerns wird charakterisiert durch zahlr. Bodden, das Kleine Stettiner Haff (Kleines Oderhaff), Geschiebemergelkliffs (N-Küste von Hiddensee), die Kreideküste im N und O von Rügen sowie durch mit Strandgräsern oder lichtem Kiefernwald bewachsene Dünen. Landeinwärts schließen sich, in NW-SO-Richtung streichend, an: 1) die ebenen bis flachwelligen, an Söllen reichen Grundmoränengebiete des küstennahen Mecklen-

Mecklenburg-Vorpommern
Großes Landeswappen

Verwaltungsgliederung Mecklenburg-Vorpommern
(Größe und Bevölkerung 31. 12. 1996)

Kreisfreie Stadt/ Landkreis	Fläche in km²	Ew. in 1000	Ew. je km²	Verw.-Sitz
Kreisfreie Städte				
Greifswald	50	59,6	1 192	–
Neubrandenburg	86	79,0	919	–
Rostock	181	221,0	1 221	–
Schwerin	130	111,0	854	–
Stralsund	39	64,4	1 651	–
Wismar	42	49,6	1 181	–
Landkreise				
Bad Doberan	1 362	105,2	77	Bad Doberan
Demmin	1 921	98,6	51	Demmin
Güstrow	2 058	116,0	56	Güstrow
Ludwigslust	2 517	128,1	51	Ludwigslust
Mecklenburg-Strelitz	2 089	87,5	42	Neustrelitz
Müritz	1 714	70,5	41	Waren (Müritz)
Nordvorpommern	2 168	119,3	55	Grimmen
Nordwestmecklenburg	2 075	116,5	56	Grevesmühlen
Ostvorpommern	1 940	115,5	60	Anklam
Parchim	2 233	108,3	48	Parchim
Rügen	974	78,3	80	Bergen auf Rügen
Uecker-Randow	1 594	88,8	56	Pasewalk
Mecklenburg-Vorpommern	23 173*)	1 817,2	78	Schwerin

*) Abweichung durch Rundung

Mecklenburg-Vorpommern **Meck**

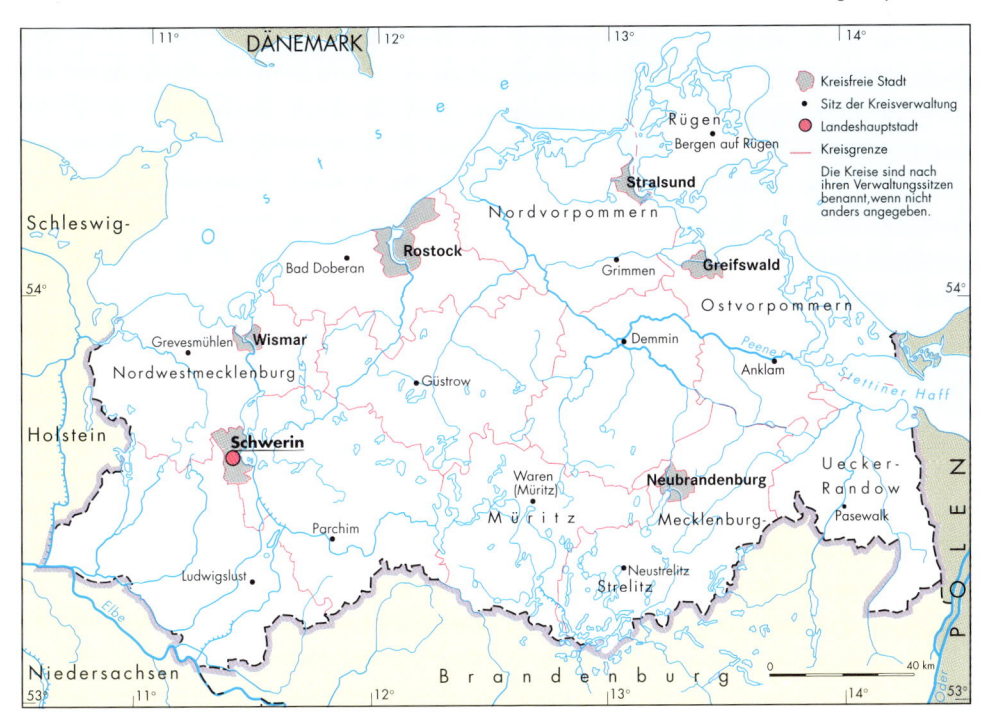

Mecklenburg-Vorpommern: Verwaltungsgliederung

burgs, 2) die Sandergebiete der Rostocker und Ueckermünder Heide, 3) das an Senken mit Zungenbeckenseen reiche nordöstl. Vorland des Mecklenburg. Landrückens, 4) der Mecklenburg. Landrücken als Teil des Balt. Landrückens mit der →Mecklenburgischen Seenplatte, in den Helpter Bergen bis 179 m ü. M., 5) das südwestl. Vorland des Mecklenburg. Landrückens mit Sandern der jüngsten sowie Grundmoränenflächen und Endmoränenbögen der vorletzten (Saale-) Eiszeit und 6) an der W-Grenze das Untere Elbtal mit vermoorten Talauen. Nahe bzw. an der O-Grenze zu Polen liegt die große Zungenbeckendepression im Bereich des Kleinen Haffs und des Mündungsabschnitts der Oder. Der Mecklenburg. Landrücken bildet die Wasserscheide zw. Nord- und Ostsee. Die zahlreichen, relativ kurzen, gefällearmen, kaum schiffbaren Fließgewässer (Gesamtlänge 26 000 km), die das Land in breiten, teilweise versumpften Tälern durchfließen, entwässern drei Viertel der Landesfläche zur Ostsee (Warnow, Peene mit Trebel und Tollense, Recknitz, Uecker mit Randow) und ein Viertel durch Elde, Sude mit Schaale, Stepenitz u. a. Flüsse über die Elbe (20,7 km langer Grenzfluss zw. M.-V. und Ndsachs.) zur Nordsee. Einschließlich der 1 650 km² großen Boddengewässer nehmen die 2 053 Binnenseen (ab einer Größe von 1 ha) etwa 10 % der Landesfläche von M.-V. ein. Größte Seen sind Müritz (mit 115 km² größter See Dtl.s), Schweriner See (63 km²), Plauer See (37,8 km²), Kummerower See (32,6 km²), Kölpin- (20,5 km²), Schaal- (19,8 km²) und Tollensesee (17,4 km²). Etwa 13 % der Landesfläche sind von Mooren bedeckt. Etwa ein Fünftel der Fläche ist bewaldet (bes. Darß, Rostocker und Ueckermünder Heide sowie Mecklenburg. Landrücken), wobei im Jungmoränenland Buchen- und Buchenmischwald, an feuchten Standorten Erlenbruchwald und Auenwald, auf den Sanderflächen Kiefernwald vorherrscht.

In M.-V. bestehen vier Nationalparks. Der Nationalpark Vorpommersche Boddenlandschaft (805 km²) umfasst große Teile der Halbinsel Darß-Zingst und die Insel Hiddensee; das zum Nationalpark gehörende Meeresgebiet reicht bis an die W-Küste von Rügen. Im Nationalpark Jasmund (30 km²) auf Rügen finden sich die Kreideküste von Stubbenkammer (Königsstuhl 118 m ü. M.), naturnaher Buchenwald und Orchideen. An der unteren Oder hat M.-V. Anteil am Dt.-Poln. Nationalpark ›Unteres Odertal‹ (einschließlich des poln. Teils 329 km²), einem Brut- und Durchzugsgebiet für zahlr. Vogelarten. Der Müritz-Nationalpark (318 km²), mit 117 Seen (größer als 1 ha), darunter die östl. Müritz, Bruchwald und Moore umfasst, ist Brutplatz für Seeadler. Außerdem gibt es sechs Naturparks (Nossentiner-Schwinzer Heide, Elbtal, Feldberg-Lychener Seenplatte, Rügen, Schaalsee und Usedom-Oderhaff) sowie zahlr. Naturschutzgebiete.

Klima: Es ist ozeanisch geprägt, weist jedoch in seinem Übergangscharakter vom ozean. zum kontinentalen Typ deutl. Unterschiede zw. dem Küsten- und binnenländisch gelegenen Bereich auf. Durch den Einfluss der Ostsee ist die durchschnittl. Jahresschwankung der Lufttemperatur im Küstenbereich am geringsten. Die Winter sind hier wärmer und die Sommer kühler, die durchschnittl. Temperaturen des Januar liegen bei −0,1 °C bis −0,2 °C, die des Juli bei 17,0 °C. Die entsprechenden Werte betragen im Binnenland um −0,8 °C bzw. um 17,5 °C. Sowohl in südöstl. als auch in westöstl. Richtung nimmt die Kontinentalität zu. Die durchschnittl. Niederschlagshöhe des Landes liegt bei 598 mm, höhere Niederschlagsmengen erhalten W-Mecklenburg und der Mecklenburg. Landrücken, dagegen sind dessen Leegebiet und die Küste niederschlagsärmer.

Bevölkerung: M.-V. ist mit 78 Ew. je km² das am geringsten besiedelte Bundesland Dtl.s. Der Bev.-Rückgang seit dem polit. Umbruch (1989–96 um 161 000 Menschen) wurde v. a. durch die starke, aus wirtschaftl. Gründen erfolgte Abwanderung bes. von jungen Menschen in die westl. Bundesländer verursacht,

Mecklenburg-Vorpommern: Landschaft an der Müritz bei Klink

aber auch durch einen überaus starken Geburtenrückgang seit 1992. Am 31. 12. 1995 wohnten 27 000 Ausländer in M.-V. (1,5 % der Landes-Bev.). – Die Geburtenrate beträgt (1994) 4,9 ‰, die Sterberate 10,8 ‰. 1994 waren 18,7 % der Bev. unter 15 Jahre alt, 69,3 % 15 bis unter 65 Jahre alt, 12,0 % 65 Jahre und älter.

In Großstädten (100 000 Ew. und mehr) lebten (1995) 19,2 % der Bev., in Gemeinden zw. 50 000 und 100 000 Ew. 14,4 %, zw. 10 000 und 50 000 Ew. 18,1 %, unter 10 000 Ew. 48,3 %. In Mecklenburg sind die bevölkerungsreichsten Städte (1996) Rostock (221 000 Ew.), Schwerin (111 000 Ew.), Neubrandenburg (79 000 Ew.), Wismar (49 600 Ew.) und Güstrow (34 000 Ew.), in Vorpommern sind es Stralsund (64 400 Ew.) und Greifswald (59 600 Ew.).

Das ländl. Siedlungsbild wurde bis 1945 in weiten Teilen durch vorherrschenden Großgrundbesitz und demzufolge durch →Gutshäuser und Dörfer mit Landarbeiterkaten (Katendörfer) bestimmt. Nur in ehem. landesherrl. Gebieten trifft man auf Bauerndörfer. Lockere Straßen- und Angerdörfer finden sich v. a. im S, Hagenhufendörfer auf schweren Rodungsböden im N und O. Während im N des Landes und entlang der Küste das niederdt. Hallenhaus, vielfach abgewandelt, vorherrscht, begegnet im S die märkisch-mitteldt. Gehöftanlage. Kleinere Marktstädte zeigen häufig die regelmäßige Form der dt. Ostsiedlung.

Religion: 1995 gehörten rd. 21,4 % der Bev. den beiden ev. Landeskirchen an, der ›Ev.-Luther. Landeskirche Mecklenburgs‹ und der ›Pommerschen Ev. Kirche‹, 4 % der kath. Kirche (Mecklenburg gehört zum Erzbistum Hamburg, Vorpommern zum Erzbistum Berlin) und etwa 0,7 % anderen christl. Religionsgemeinschaften. Der ›Landesverband der Jüd. Gemeinden von Meckl.-Vorp.‹ zählte rd. 400 Mitgl.; jüd. Gemeinden bestehen in Rostock und in Schwerin.

Bildungswesen: Mit dem Schuljahr 1996/97 trat das neue Schul-Ges. M.-V.s in Kraft. Es sieht im allgemein bildenden Bereich folgende Schularten vor: Grundschule, verbundene Haupt- und Realschule, Hauptschule, Realschule, Gymnasium, kooperative Gesamtschule, integrierte Gesamtschule und Förderschule. In diesen Schulen können die Schüler nicht nur in abschlussbezogenen bzw. schulartspezif. Klassen, sondern auch in bildungsgangübergreifenden Klassen, verbunden mit Formen der äußeren Fachleistungsdifferenzierung, unterrichtet werden. Im berufl. Bereich gibt es folgende Schularten: Berufsschule, Berufsfachschule, höhere Berufsfachschule, Fachgymnasium, Fachoberschule und Fachschule. An der Berufsschule wird mit den Ausbildungsbetrieben ein gemeinsamer Bildungsauftrag (→duales System) erfüllt. An der Fachoberschule kann die Fachhochschulreife erworben werden, ebenso (neben dem berufsbezogenen Abschluss) an der höheren Berufsfachschule und den Fachschulen. Eine Schule für Erwachsene ist das Abendgymnasium. M.-V. hat zwei Univ. (Univ. Rostock, Ernst-Moritz-Arndt-Univ. Greifswald) sowie drei FH (Hochschule Wismar – FH für Technik, Wirtschaft und Gestaltung, FH Stralsund sowie FH Neubrandenburg). Darüber hinaus gibt es in Rostock eine Hochschule für Musik und Theater.

WIRTSCHAFT · VERKEHR

Die 1990 begonnene Umstrukturierung der Wirtschaft der traditionell strukturschwachen (auf Landwirtschaft, Verarbeitung landwirtschaftl. Produkte und Schiffbau mit Zulieferindustrien ausgerichteten) Region war bis Ende 1994 mit dem Verlust von fast 40 % der Arbeitsplätze (440 000) verbunden. Die Zahl der registrierten Arbeitslosen lag bei (1995) 132 850, was einer Arbeitslosenquote von 17,0 % entspricht. Die Wirtschaftsleistung, gemessen am Bruttoinlandsprodukt (BIP), stieg 1994 um 7,4 % und 1995, als das BIP 41,22 Mrd. DM betrug, nur noch um 1,2 %. Der Anteil M.-V.s am BIP Dtl.s liegt bei 1,4 %, der Anteil am BIP Ost-Dtl.s bei 12,2 %. Das BIP je Ew. von (1995) 22 610 DM und je Erwerbstätigen von 54 000 DM lag unter dem Durchschnitt der neuen Bundesländer (24 470 DM bzw. 58 710 DM).

Landwirtschaft: Die Integration in den EU-Agrarmarkt hat zu einem tief greifenden Wandel der landwirtschaftl. Strukturen geführt. Der Anteil von Land-, Forstwirtschaft und Fischerei an der Gesamtzahl der Erwerbstätigen hat sich von (1989) 18,8 % auf (1994) 5,5 % verringert. Dennoch hat der Agrarsektor mit einem Anteil an der Bruttowertschöpfung von (1995) 3,0 % nach wie vor eine größere wirtschaftl. Bedeutung als sonst in Ost-Dtl. (insgesamt 1,7 %). 1989 bestanden auf dem Gebiet des heutigen Landes M.-V. 1 022 landwirtschaftl. Betriebe, darunter 876 landwirtschaftl. Produktionsgenossenschaften (LPG) und 126 volkseigene Güter (VEG), mit einer durchschnittl. Größe von 1 476 ha. Ende 1994 gab es noch 715 Betriebe in der Rechtsform einer jurist. Person (die mit einer Durchschnittsfläche von 1 171 ha 61 % der Fläche bewirtschaften) und 3 779 Familienbetriebe (Durchschnittsfläche je Betrieb: 139 ha, alte Bundesländer: 19 ha). 1993 waren noch etwa 80 % der Landwirtschaftsfläche Pachtland, das sich im Eigentum von familienfremden Bodeneigentümern oder der Bodenverwertungs- und Bodenverwaltungsgesellschaft (BVVG) befand.

1995 wurden insgesamt 1,34 Mio. ha landwirtschaftl. Nutzfläche bearbeitet (57,3 % der Landesfläche). Der Ackerbau (Anteile an der Ackerfläche 1995: Getreide 49 %, Ölfrüchte 18 %, Feldfutter 11 %, Zuckerrüben 3,2 %, Kartoffeln 1,7 %, stillgelegt 17 %) konzentriert sich auf die fruchtbaren Böden der Grundmoränen (v. a. Anbau von Weizen, Zuckerrüben, Ölsaaten). Auf den südlich anschließenden Endmoränengebieten und Sanderflächen mit weniger fruchtbaren Böden werden v. a. Roggen und Kartoffeln angebaut. In den Flussniederungen im N und NO sowie der Elbe im SW und auch im Küstenbereich herrscht die Rinderzucht vor. Die Viehbestände sind 1989–95 um 50–80 % zurückgegangen, so sind Rindern von 1,3 Mio. auf 0,63 Mio. und bei Schweinen von 2,7 Mio. auf 0,55 Mio.

Forstwirtschaft: M.-V. zählt nach Schlesw.-Holst. zu den am geringsten bewaldeten dt. Bundesländern. Durch Forstwirtschaftsprogramme soll der Anteil von Kiefern und Fichten zugunsten von Laubbäumen (Buchen und Eichen) zurückgedrängt werden.

Fischerei: Die für das binnengewässerreichste dt. Bundesland und zugleich Küstenland M.-V. strukturtyp. Fischwirtschaft hat ihre frühere Bedeutung nach 1990 verloren. Gefangen werden v. a. Karpfen, Aale, Plötzen, Zander und Hechte. 1993 gab es in M.-V. 57 Binnenfischereibetriebe, die 780 t Speisefisch anlandeten. Daneben besteht eine Küsten- (Kutter-) und im geringen Umfang Hochseefischerei.

Bodenschätze: In M.-V. lagern etwa 1,5 Mrd. t Kies- und Sandvorkommen und 700 Mio. t Tonmineralien. 1994 wurden 25,6 Mio. t Kies und Sand, 196 000 t Ton und 6 Mio. m^3 Erdgas gefördert. Von großer Bedeutung sind die Kreidevorkommen auf Rügen. Im SW-Teil bei Lübtheen (Kr. Ludwigslust) lagern Braunkohlenvorkommen (Vorrat etwa 8 Mrd. t).

Energiewirtschaft: M.-V. ist, bes. nach dem Abschalten des Kernkraftwerkes →Lubmin, auf Elektroenergiezufuhr angewiesen. Mit dem im April 1994 an das Netz gegangenen Steinkohlekraftwerk Rostock wurde die Eigenerzeugung von Elektrizität auf 1,3 Mio. MWh (1994) vervierfacht.

Industrie: Mit (1996) 27 Industriebeschäftigten auf 1 000 Ew. (Bundesdurchschnitt 83) hat M.-V. die geringste Industriedichte aller Bundesländer; bes. niedrig ist sie in Vorpommern und im Bereich der Mecklenburg. Seenplatte. Nach 1990 war neben der Landwirtschaft das verarbeitende Gewerbe (Umsatz 1994: 10,4 Mrd. DM) am stärksten von der Strukturveränderung betroffen. Die Zahl der Erwerbstätigen verringerte sich von (1989) 240 700 auf (1995) 96 700 (ohne Baugewerbe). Strukturbestimmend waren und sind das Ernährungsgewerbe (hier rd. 22% der im verarbeitenden Gewerbe Beschäftigten) und der mit öffentl. Mitteln geförderte Schiffbau (Werften in Wismar, Rostock-Warnemünde, Stralsund, Wolgast, Binnenwerft in Boizenburg/Elbe), die 1994 zus. weit mehr als die Hälfte des Umsatzes der Industrie realisierten. Die Dt. Seereederei GmbH wurde 1993 privatisiert und gehört jetzt zum Verbund der Senator Line (Bremer Vulkan Verbund AG). Die Steine-Erden-Industrie, die von der mittlerweile abflauenden Baukonjunktur profitierte, hat ihren Anteil am Gesamtumsatz von (1991) 2% auf (1994) 8% erhöht. Weiterhin wichtig sind die Elektrotechnik (6%) sowie der Maschinen- und Gerätebau (5%), die auf Schiffbau und Landwirtschaft ausgerichtet sind, und der Straßenfahrzeugbau (5%). Wichtigste Produktionsstandorte hierfür sind Schwerin, Neubrandenburg, Parchim, Greifswald, Neustrelitz und Waren (Müritz); Rostock und Sassnitz sind Standorte der Fischverarbeitung. Das Gewicht des Baugewerbes ist wegen der hohen Baunachfrage gewachsen (Umsatz 1995: 7,9 Mrd. DM; Beschäftigte: 114 300). Der Anteil des produzierenden Gewerbes insgesamt an der Bruttowertschöpfung liegt bei (1994) 29,1% (davon Bauwirtschaft 15,9%; verarbeitendes Gewerbe 11,0%).

Dienstleistungssektor: Mit der Zunahme der Zahl der Erwerbstätigen in Dienstleistungsunternehmen von (1989) 71 900 auf (1994) 136 200 hat sich der Anteil dieses Bereichs an der Bruttowertschöpfung von 6,2% auf 26,7% erhöht. Einschließlich der Bereiche Handel und Verkehr sowie öffentl. Sektor kommen (1994) 67,9% der Bruttowertschöpfung aus dem Dienstleistungssektor (Erwerbstätigenanteil: 65,5%).

Tourismus: Er ist von großer wirtschaftl. Bedeutung, zumal er wegen der noch weithin intakten, industriearmen reizvollen Landschaften große Entwicklungsmöglichkeiten bietet. Am Volkseinkommen war er 1996 mit 6,5% beteiligt (seit 1992 jährl. Wachstumsraten von etwa 20%). Wichtige Fremdenverkehrsregionen sind die Ostseeküste (18 anerkannte See- und mehrere Heilbäder) mit der Halbinsel Fischland-Darß-Zingst, die Inseln Rügen, Hiddensee und Usedom, die Mecklenburg. Schweiz und die Mecklenburg. Seenplatte. Tourist. Anziehungspunkte sind auch Schwerin, Rostock, Stralsund, Greifswald, Wismar, Güstrow, Ludwigslust und Bad Doberan. Mit (1995) 9,94 Mio. Gästeübernachtungen lag M.-V. nach Sachsen an 2. Stelle unter den neuen Ländern.

Verkehr: Das überörtl. Straßennetz hat eine Gesamtlänge von (1995) 9 640 km (237 km Autobahn, 2 077 km Bundesstraßen, 3 219 km Landes- und 4 107 km Kreisstraßen). Durch den Bau der etwa 300 km langen Ostseeautobahn Lübeck–Wismar–Rostock–Stralsund–Neubrandenburg–poln. Grenze (Verkehrsprojekt ›Dt. Einheit‹) als Ergänzung zu den bereits bestehenden Autobahnen Berlin–Rostock und Berlin–Hamburg sollen die Verkehrsanbindung der Seehäfen Rostock, Wismar, Stralsund und Sassnitz nach W verbessert werden. Mit regelmäßigen Fährverkehrslinien nach Skandinavien, Russland und ins Baltikum nehmen die Häfen die Funktion eines Verkehrsknotenpunkts sowohl im W-O als auch im N-S-Verkehr wahr. Wichtigste Umschlaghäfen sind Rostock (1996: 19 Mio. t) und Wismar (Umschlag von Massengütern; 1,8 Mio. t), ein bedeutender Fährhafen →Sassnitz. Das Schienennetz in M.-V. umfasst (1994) 2 131 km, 35% des Streckennetzes sind elektrifiziert. Zu den Nebenbahnstrecken gehören die für den Tourismus attraktiven Schmalspurbahnen Bad Doberan–Kühlungsborn und Putbus–Göhren (Rügen). Flughäfen (für den nat. Verkehr) gibt es u. a. in Laage nahe Rostock, in Parchim, Barth, Heringsdorf und Neubrandenburg.

GESCHICHTE

Zur Geschichte vor 1945 →Mecklenburg (Gesch.) und →Pommern (Gesch.). – Am 1. 7. 1945 verließen die Westalliierten vereinbarungsgemäß Westmecklenburg. Das am 9. 7. 1945 auf dem Territorium der SBZ aus dem Land Mecklenburg und dem westlich der Oder liegenden Teil der preuß. Provinz Pommern (Vorpommern) gebildete Land M.-V. (ab 25. 2. 1947 Mecklenburg gen.) umfasste 22 938 km^2 mit (1946) 2,109 Mio. Ew. Es erhielt am 15. 1. 1947 eine Verf.; durch die Enteignungen der Bodenreform 1945–49 wurden 1,07 Mio. ha landwirtschaftl. Nutzfläche neu verteilt. Nach dem Volkskammerbeschluss vom 23. 7. 1952 wurden Landes-Reg. sowie Landtag am 25. 7. 1952 aufgelöst und das Land in die DDR-Bezirke Rostock, Schwerin und Neubrandenburg aufgeteilt. Aufgrund des Ländereinführungs-Ges. vom 22. 7. 1990

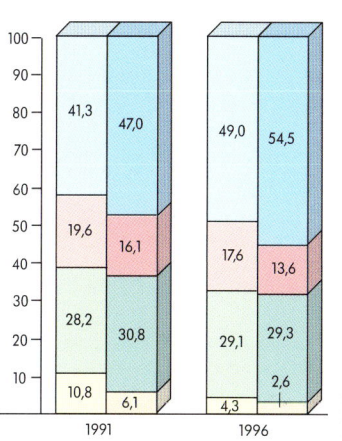

Mecklenburg-Vorpommern: Erwerbsstruktur (Erwerbstätige nach zusammengefassten Wirtschaftsbereichen in Abgrenzung der volkswirtschaftlichen Gesamtrechnung in Prozent) und Produktionsstruktur (Beiträge zusammengefasster Wirtschaftsbereiche zur Bruttowertschöpfung in jeweiligen Preisen in Prozent)

	1991 Erwerbsstruktur	1996 Erwerbsstruktur	1991 Produktionsstruktur	1996 Produktionsstruktur
Landwirtschaft	10,8	6,1	4,3	2,6
Industrie	28,2	30,8	29,1	29,3
Handel und Verkehr	19,6	16,1	17,6	13,6
Sonstige Dienstleistungen	41,3	47,0	49,0	54,5

Landtagswahlen in Mecklenburg-Vorpommern 1990 und 1994 (Sitzverteilung und Stimmenanteil der Parteien)		
Parteien	14. 10. 1990	16. 10. 1994
CDU	29; 38,33%	30; 37,3%
SPD	21; 27,00%	23; 29,5%
PDS	12; 15,65%	18; 22,7%
FDP	4; 5,48%	-; 3,8%
Grüne	-; 4,16%	-; -
Neues Forum	-; 2,92%	-; -
Bündnis 90*)	-; 2,22%	-; 3,7%
DSU	-; 0,75%	-; -
Andere	-; 3,48%	-; 2,6%

*) seit 1993 Bündnis 90/Die Grünen

wurde das Land M.-V. am 3. 10. 1990 wiederhergestellt. Die Kreise Prenzlau und Templin sowie Perleberg fielen an Brandenburg; Hauptstadt wurde Schwerin. Nach den Landtagswahlen vom 14. 10. 1990 bildeten CDU und FDP eine Koalitions-Reg., zunächst unter ALFRED GOMOLKA (* 1942), seit März 1992 unter B. SEITE (beide CDU). Nach den Wahlen vom 16. 10. 1994 kam es zur Bildung einer großen Koalition von CDU und SPD unter Min.-Präs. SEITE.

T. HURTIG: Phys. Geographie von Mecklenburg (Berlin-Ost 1957); Luftbildatlas M.-V., bearb. v. H. J. BUCHHOLZ u. L. SCHARMANN (1992); G. HEITZ u. H. RISCHER: Gesch. in Daten – M.-V. (1995); Hb. der histor. Stätten Dtl.s., Bd. 12: Mecklenburg, Pommern, hg. v. H. BEI DER WIEDEN u. RODERICH SCHMIDT (1996); W. KARGE u. a.: Die Gesch. Mecklenburgs (²1996); M.-V. – Brücke zum Norden u. Tor zum Osten, hg. v. W. WEISS (1996).

Meckseper, Friedrich, Grafiker und Maler, * Bremen 8. 6. 1936; studierte nach einer Mechanikerlehre an der Akad. in Stuttgart und an der Hochschule für bildende Künste in Berlin-Charlottenburg. In seinen Farbradierungen erreicht M. mit einer äußerst differenzierten Technik in der Wiedergabe isolierter Objekte eine mag. Wirkung. Seine Gemälde zeigen die Tonskala einer altmeisterlich lasierenden Malerei.

M., Ölbilder u. Radierungen, hg. v. R. P. HARTMANN (1978); Homo Ludens. Vollständiges Verz. der Collagen u. Montagen von F. M., bearb. v. U. BLAICH u. a., 2 Bde. (¹⁻²1984); F. M. aus der Sammlung Grosshaus, Ausst.-Kat. Städt. Museum Braunschweig (1991).

Friedrich Meckseper: Stilleben; 1979 (Privatbesitz)

Mecoptera [griech.], die →Schnabelfliegen.

Mecsekgebirge ['mɛtʃɛk-], Mittelgebirge in S-Ungarn, ragt als Inselgebirge aus einer Hügellandschaft heraus, bis 682 m ü. M.; Bergbau auf Steinkohle (in Komló und bei Fünfkirchen); der Uranerzabbau (bei Fünfkirchen) wurde eingestellt.

Medaille [me'daljə; frz., über ital. medaglia zu lat. metallum ›Metall‹] *die, -/-n,* meist aus Metall gegossene oder geprägte Schaumünze, die zur Erinnerung an eine Person oder ein Ereignis bzw. als Auszeichnung (Verdienst-, Preis-M.) dient. Einseitige M. in eckiger Form werden Plaketten genannt.

Geschichte: Als Vorläufer der M. können die antiken →Kontorniaten und →Medaillons angesehen werden. Aus etwa der Mitte des 14. Jh. sind zwei große gegossene Schaumünzen mit den Bildnissen der Kaiser KONSTANTIN D. GR. und HERAKLEIOS bekannt. Das M.-Schaffen der Neuzeit begann erst gegen Ende des 14. Jh. in Padua, wo FRANCESCO I. DA CARRARA († 1393) mit seinem Sohn FRANCESCO II. (* 1355, † 1406) zwei M. fertigen ließ, die in der Gestaltung an antiken röm. Sesterzen orientiert waren. Wahrscheinlich ist in diese Zeit auch die Entstehung der ersten →Paduaner zu legen. Sie inspirierten oberital. Künstler zur Nachahmung, wobei von PISANELLO die erste moderne Porträt-M. auf eine lebende Persönlichkeit geschaffen wurde (Kaiser JOHANNES VIII. PALAIOLOGOS, der 1438 in Ferrara vom Konzil Hilfe gegen die Türken erbeten hatte). Bedeutende Medailleure des 15. Jh. in Italien waren u. a. SAVELLI SPERANDIO (* um 1425, † 1504), MATTEO DE' PASTI, NICCOLÒ SPINELLI. Von GIANFRANCESCO ENZOLA (tätig 1456–78) sind die ersten geprägten M. bekannt. Große ital. Medailleure des 16. Jh. waren PASTORINO DEI PASTORINI (* 1508, † 1592), LEONE LEONI, PIER PAOLO GALEOTTI (gen. IL ROMANO, * um 1520, † 1584), ANTONIO ABONDIO. Parallel zur Entwicklung der Großsilbermünzen (→Taler) verbreitete sich auch, v. a. in Dtl., die gegossene und geprägte Schaumünze. Die erste dt. M. ist eine Guss-M. auf den Würzburger Bischof LORENZ VON BIBRA († 1519) von 1496, für die eventuell T. RIEMENSCHNEIDER das Modell geliefert hat. Zu den bedeutenden dt. Medailleuren zählen u. a. HANS SCHWARZ (* 1492, † nach 1532), F. HAGENAUER, MATTHES GEBEL (* um 1500, † 1574), HANS KELS (* um 1500, † 1574); Zentren der M.-Kunst entstanden in Augsburg, Nürnberg und Joachimsthal (dort v. a. die →Pestmedaillen). Die Modelle der M. wurden von den Künstlern in Wachs bossiert oder in Holz bzw. Stein geschnitten. Im 16. Jh. entwickelte sich eine immer breitere Palette der M.; urspr. stellte man fürstl. Personen dar, dann v. a. reiche Patrizier, daneben entstanden viele M. mit religiösem Inhalt. In der Reformationszeit wurde die →Spottmedaille geschaffen.

In der Zeit des Barock wurde die M. ein Mittel fürstl. Repräsentation. In Frankreich arbeitete z. B. J. WARIN, in den Niederlanden JACQUES JONGHELINCK (* 1530, † 1606), PIETER VAN ABEELE (* 1608, † 1684), in Großbritannien JOHN CROKER (* 1670, † 1741), in Dtl. PHILHIPP HEINRICH MÜLLER (* 1654, † 1719), CHRISTIAN WERMUTH (* 1661, † 1739), PETER PAUL WERNER (* 1683, † 1771), PAUL GOTTLIEB NÜRNBERGER († 1746), JOHANN LEONHARD OEXLEIN (* 1715, † 1787), GEORG WILHELM (* 1677, † 1740) und ANDREAS VESTNER (* 1707, † 1754), in Schweden JOHANN CARL VON HEDLINGER (* 1691, † 1771), im Kirchenstaat die Familie Hamerani.

Um 1800 erlebte die M.-Kunst eine internat. Blüte in den Guss-M. von LEONHARD POSCH, P.-J. DAVID D'ANGERS und in den Präge-M. von BERTRAND ANDRIEU (* 1759, † 1822), G. SCHADOW, HENRI FRANÇOIS BRANDT (* 1789, † 1845) und CARL FRIEDRICH VOIGT (* 1800, † 1874). In der 2. Hälfte des 19. Jh. begann eine Massenproduktion von M. von häufig geringem künstler. Anspruch. Eine Neubelebung der M.-Kunst ging Ende des 19. Jh. von Frankreich aus (JULES CLÉMENT CHAPLAIN, * 1839, † 1909; ALEXANDRE CHARPENTIER, * 1856, † 1909). In Österreich trug ANTON SCHARFF zu ihrer Erneuerung bei, in Dtl. u. a. A. VON HILDEBRAND, MAXIMILIAN DASIO

(* 1865, † 1954) und HERMANN HAHN. Im 20. Jh. ist keine einheitl. Stilrichtung im M.-Schaffen vorhanden. Neben künstlerisch anspruchsvollen M., z. B. von LUDWIG GIES, BENNO ELKAN und BRUNO EYERMANN (* 1888, † 1961), existieren viele M. von mittelmäßiger Qualität. Eine Sonderstellung nimmt der Münchener Medailleur KARL GOETZ (* 1875, † 1952) ein, dessen satir. M. auf Ereignisse des Ersten Weltkriegs und der 20er-Jahre bes. gelungen sind.

Im System der *Orden* bilden am Band tragbare M. die unterste Stufe. Die von staatl. Seite als Anerkennung gemäß einer Satzung verliehenen, nicht tragbaren M. (z. B. Wilhelm-Leuschner-M., Zelterplakette) genießen wie Orden strafrechtl. Schutz. Von nichtstaatl. Stellen überreichte M. (z. B. olymp. M.) sind i. d. R. nicht oder nur kurzfristig tragbar.

In der kath. *Volksfrömmigkeit* ist es seit dem Ende des 16. Jh. z. T. durch Ablässe geförderter Brauch, geweihte M. mit religiösen Darstellungen zu tragen. Unter den Devotionalien der Wallfahrtsorte lösten diese doppelseitig geprägten M. die Pilgerzeichen ab.

Die dt. Schaumünzen des 15. Jh., hg. v. G. HABICH, 4 Bde. u. Reg.-Bd. (1929–34); G. F. HILL: A corpus of Italian medals of the Renaissance before Cellini, 2 Bde. (London 1930, Nachdr. Florenz 1984); J. BABELON: La médaille en France (Paris 1948); A. SUHLE: Die dt. Renaissance-M. (Leipzig 1950); P. GROTEMEYER: Da ich het die gestalt. Dt. Bildnis-M. des 16. Jh. (1957); G. KISCH: Studien zur M.-Gesch. (1975); F. NUSS: M. (1977); M. BERNHART: M. u. Plaketten, bearb. v. T. KROHA (³1984); J. DATOW: Die Erneuerung der M. in der Zeit des Jugendstils (1988); Aufbruch – Durchbruch. Zeitzeichen in der dt. M.-Kunst. M., Reliefs, Kleinplastik bearb. v. W. STEGUWEIT u. I. S. WEBER (1990); Europ. M.-Kunst von der Renaissance bis zur Gegenwart, bearb. v. W. STEGUWEIT, Ausst.-Kat. Wissenschaftszentrum Bonn (1995); M. GÖDE: Dt. M.-Katalog. Themen u. Motive der Gegenwart (1996); Die ital. M. der Renaissance u. des Barock (1450 bis 1750), bearb. v. L. BÖRNER (1997).

Medaillon [medalˈjɔ̃; frz., von ital. medaglione ›große Schaumünze‹] *das, -s/-s*, **1)** Rundbild; Denkmünze mit Rahmen; Anhänger aus Edelmetallen mit Schmucksteinen, auch aufklappbar mit Miniaturporträt oder Fotografie. In *Architektur* und *Kunsthandwerk* Bez. für ein rundes oder ovales gerahmtes Schmuckfeld, Bestandteil von Dekorationen an Wänden, Türen, über Portalen und an Möbeln.

2) *Kochkunst:* kleine runde oder ovale, kurz gebratene Scheibe vom Filet oder von Hummer- und Langustenschwänzen.

3) *Münzkunde:* Bez. für antike hellenist. und röm. Prägungen, die sich durch Größe und Gestaltung als

Medaillon 1): Luca Della Robbia, ›Thronende Madonna mit Kind‹; Medaillon an der Außenwand der Kirche Or San Michele in Florenz; um 1460

Medaille: links Medaille auf Francesco II. da Carrara; um 1392; der Einfluss römischer Sesterzen ist deutlich erkennbar; **Mitte** Rückseite einer Medaille von Pisanello auf Alfons I. von Neapel mit einer Allegorie auf die Tapferkeit des Königs; 1449; **rechts** Rückseite einer Medaille von Niccolò Spinelli auf die Florentinerin Giovanna Albizzi mit einer Darstellung der drei Grazien; 1486

Geschenk- oder Erinnerungsgepräge darstellen. M. gibt es aus Gold, Silber und Bronze, wobei M. aus Gold Mehrfachstücke des Aureus oder Solidus sind.

H. DRESSEL: Die röm. M. des Münzkabinetts der Staatl. Museen zu Berlin, 2 Tle. (1972–73).

Medaillonteppich [medalˈjɔ̃-], oriental. Teppich, dessen Fond ein deutlich abgehobenes, meist sternförmiges oder ovales Mittelstück (Medaillon) aufweist.

Medalla [mɪˈdælə], David, eigtl. **D. Cortez de M. y Mosqueda** [kɔrˈteθ ðe meˈdaʎa i mosˈkeða], philippin. Künstler, *Manila 23. 3. 1942; lebt seit 1964 in England; schuf kinet. Environments, frühe Beiträge zur Land-Art und Prozesskunst, experimentierte mit organ. Environments (mit lebenden Tieren). Seine künstler. Tätigkeit ist verbunden mit einem starken polit. Engagement.

Medan, Prov.-Hauptstadt in N-Sumatra, Indonesien, 1,69 Mio. Ew.; kath. Erzbischofssitz; staatl. und islam. Univ., Forschungsinstitut für Tabakbau; Zentrum des Tabakbaugebiets von Deli; Textil-, Nahrungsmittel-, Baustoffindustrie, Sägewerke, Schuhfabrik, Walzdrahtwerk, Maschinenbau; internat. Flughafen. Hafen ist Belawan (Export von Tabak, Kautschuk, Palmölprodukten, Gemüse). – M. entwickelte sich infolge der niederländ. Tabakplantagenwirtschaft.

Medardus, frz. **Médard** [meˈdar], Bischof von Noyon, *Salency (bei Noyon), † um 560; aus gallofränk. Adel; Patron der Bauern und Winzer. – Heiliger (Tag: 8. 6.).

Medau, Hinrich, Sportpädagoge, *Süderstapel (Kr. Schleswig-Flensburg) 13. 5. 1890, † Gießen 1. 1. 1974; entwickelte eine eigene Gymnastikmethode zw. Leistungssport und Ballett. 1929 gründete er (mit SENTA M., *1908, † 1971) die **M.-Schule,** eine Ausbildungsstätte für Lehrkräfte der modernen Gymnastik in Berlin (seit 1954 auf Schloss Hohenfels in Coburg).

Medawar [ˈmedəwə], Sir (seit 1965) Peter Bryan, brit. Zoologe und Anatom, *Rio de Janeiro 28. 2. 1915, † London 2. 10. 1987; Prof. am University College in London; erforschte die Abwehrreaktion der Lebewesen gegen die Transplantation körperfremden Gewebes; erhielt mit F. M. BURNET 1960 den Nobelpreis für Physiologie oder Medizin; machte sich auch als Philosoph und Schriftsteller einen Namen.

Medb [engl. mɛɪv], im nordirischen Sagenzyklus (Ulsterzyklus) Königin der Prov. Connacht. Sie beherrscht ihren Mann Ailill und führt ein freies sexuelles Leben. In der Erzählung →Táin Bó Cuailnge veranstaltet sie einen Heereszug gegen König Conchobar von Ulster. Ihre mytholog. Rolle ist die einer Muttergottheit, einer Personifizierung der Erde und einer göttl. Verkörperung der Herrschaft.

Meddeb, Abdelwahab, tunes. Schriftsteller frz. Sprache, *Tunis 17. 1. 1946; lebt in Paris. Sein Werk stellt den Versuch einer kreativen Synthese europ., islam. und fernöstl. Traditionen dar, so in den die Gat-

Hinrich Medau

Peter Bryan Medawar

tungsgrenzen sprengenden Palimpsesten ›Talismano‹ (1978; dt.) und ›Phantasia‹ (1986), die vom Duktus des Arabischen geprägt sind. Anklänge an die älteste arab. Dichtung weckt der Gedichtband ›Tombeau d'Ibn Arabi‹ (1988).

Medea, griech. **Mędeia,** *griech. Mythos:* die zauberkundige Tochter des Königs Aietes in Kolchis. Sie half →Iason, das →Goldene Vlies zu gewinnen, und entfloh mit ihm und den →Argonauten nach Iolkos; dort vollzog sie in Iasons Auftrag die Rache an Pelias, der Iason von der Herrschaft ausschließen wollte. Sie forderte Pelias' Töchter auf, den Vater zu töten und zu zerstückeln und dann in einem Zauberbad zu kochen, dem er verjüngt entsteigen würde; zum Beweis ihrer Künste verjüngte sie auf diese Art einen Widder in ein Lamm. Die Peliaden töteten den Vater, ohne dass M. ihren Verjüngungszauber wirken ließ. M. und Iason mussten Iolkos verlassen und gelangten nach Korinth. Dort verstieß Iason M. wegen Kreusa, der Tochter des dortigen Königs; sie tötete die Nebenbuhlerin mit dem Hochzeitskleid, das sich beim Anziehen entzündete; die Korinther (nach EURIPIDES M. selbst) ermordeten daraufhin M.s und Iasons Kinder. M. floh zu König Aigeus von Athen und wurde dessen Gattin; sie musste aber mit ihrem und des Aigeus Sohn Medos erneut fliehen, da sie dem Sohn des Aigeus, Theseus, nach dem Leben trachtete; in Asien wurde sie zur Stammmutter der Meder. – In der M.-Sage dürfte eine urspr. thessal. Göttin, die der Hekate nahe stand, mit einer korinthischen verschmolzen sein.

Darstellungen der M. auf griech. Vasen und Reliefs, röm. Wandbildern und Sarkophagen der Kaiserzeit zeigen sie bei der Erringung des Goldenen Vlieses, bei der Tötung des Riesen Talos, im Drachenwagen oder mit den Töchtern des Pelias am Kessel (›Peliadenrelief‹ nach einem griech. Original des 5. Jh. v. Chr.; Rom, Vatikan. Sammlungen). Die Kunst der Neuzeit wählte v. a. das Motiv der rasenden M., die ihre Kinder tötet (P. VERONESE, N. POUSSIN, E. DELACROIX, A. FEUERBACH; BILD →Feuerbach, Anselm).

Von den dichter. Fassungen der M.-Sage in der Antike sind nur die Dramen des EURIPIDES (431 v. Chr.) und SENECAS D. J. überliefert, die in der europ. Literatur Vorbild für eine Reihe bedeutender M.-Dramen waren. Entgegen den älteren Dramatisierungen (P. CORNEILLE, 1635; H. B. DE LONGEPIERRE, 1694; F. W. GOTTER, 1775) rückt in den späteren Tragödien der Kindermord in den Mittelpunkt, so u. a. bei F. M. KLINGER (›M. in Korinth‹, 1786), F. GRILLPARZER (›M.‹, als Teil der Dramentrilogie ›Das goldene Vließ‹, 1822), H. H. JAHNN (1926), MAXWELL ANDERSON (›The wingless victory‹, 1936), J. R. JEFFERS (1946), J. ANOUILH (1946), F. T. CSOKOR (›M. postbellica‹, 1947) und C. ALVARO (›Lunga notte di M.‹, 1949). Zu L. CHERUBINIS Oper ›Médée‹ (1797) schrieb FRANÇOIS-BENOÎT HOFFMANN (* 1760, † 1820) das Libretto. Eine Korrektur des überkommenen Bildes der Kindermörderin unternimmt CHRISTA WOLF in ihrem Roman ›M. Stimmen‹ (1996).

Médéa [mede'a], Stadt in Algerien, im östl. Tellatlas, 920 m ü. M., 84 100 Ew.; Verw.-Sitz des gleichnamigen Verw.-Bez.; größte Arzneimittelfabrik des Landes, Pumpen- und Schuhherstellung, Kunsthandwerk (Lederstickerei); Straßenknotenpunkt an der Bahnlinie Algier–Djelfa. In der Umgebung Obst- und Weinbau. – Merinidenmoschee (14. Jh.). – M. liegt an der Stelle der alten **Lamdia**; wurde im 10. Jh. von den Siriden neu gegründet.

Medebach, Stadt im Hochsauerlandkreis, NRW, am Rand des Rothaargebirges; 411 m ü. M., 8 300 Ew. Maschinenfabriken u. a. Industrie; Fremdenverkehr. – M. wurde 1144 erstmals als Stadt bezeichnet.

Medeina [mɘde'na], Ortschaft in W-Tunesien, 35 km südlich von Le Kef; in der Nähe befindet sich das Ruinenfeld der antiken Stadt **Althiburus:** Ausgegraben wurden u. a. Reste eines gepflasterten röm. Forums, vom Portikus sind noch einige korinth. Säulenkapitelle vorhanden; Triglyphen und Metopen vom Kapitol, Überreste weiterer Tempel, Theater, Brunnen, Thermen, Monumentaltor, Hadriansbogen (128 n. Chr.) und zahlr. Villen. Fundort des Schiffsmosaiks (3. Jh. n. Chr.) im Bardo-Museum von Tunis. Einzelfunde (Weihgaben) zeigen starke pun. Einflüsse.

Mędek, 1) Mikuláš, tschech. Maler, * Prag 3. 11. 1926, † ebd. 23. 8. 1974, Sohn von 2); setzte sich in seinen Frühwerken mit dem Surrealismus auseinander und gehörte dem Kreis um K. TEIGE an. 1959 ging er zu einer expressiven abstrakten Malerei über, in der er psych. Erfahrungen in komplizierte Farb- und Linienstrukturen umsetzte. Er gestaltete auch Wandbilder, u. a. für die Kirche in Jedovnice (nordöstlich von Brünn) und das Flughafengebäude in Prag.
2) Rudolf, tschech. Schriftsteller, * Königgrätz 8. 1. 1890, † Prag 22. 8. 1940, Vater von 1); kämpfte als Oberst in der tschechoslowak. Legion in Sibirien gegen die Rote Armee; 1920–36 Museums- und Archivdirektor in Prag (ab 1931 im Generalsrang). M. schrieb Gedichte, Erzählungen, Romane (›Anabase‹, 5 Bde., 1921–27) und Dramen (›Plukovník Švec‹, 1928) v. a. über die Taten der Legion.
3) Tilo, Komponist, * Jena 22. 1. 1940; studierte u. a. bei R. WAGNER-RÉGENY und übersiedelte 1977 in die BRD. In seinen meist tonal gebundenen Kompositionen wendet er auch Collagetechniken an; komponierte die Singspiele ›Icke und die Hexe Yu‹ (1971), ›Appetit auf Frühkirschen‹ (1972), die Oper ›Katharina Blum‹ (1991, nach H. BÖLL), Orchesterwerke (›Eisenblätter‹, 1983; ›Rhein. Sinfonie‹, 1986; ›Zur Lage der Nation‹, 1990), zahlr. Instrumentalkonzerte (u. a. für Violoncello, 1978, 1984, 1992; für Trompete, 1989; ›Gefallen(d)er Engel‹, 1997, für Flöte solo), Kammermusik, Klavier- und Orgelwerke, Kantaten, Chöre und Lieder, Bühnen-, Fernseh-, Film- und Hörspielmusiken.

Mędel, Val M., Tal im W Graubündens, Schweiz, dem die Lukmanierstraße ins Tessin folgt, 16 km lang; vom Rein da M. (rechter Nebenfluss des Vorderrheins) durchflossen, bildet kurz vor seiner Mündung bei Disentis die Höllenschlucht; im Oberlauf (Froda) vor der Passhöhe der Stausee Lai da Sontga Maria. Die Talschaft bildet die Gem. **M. (Lucmagn),** 136 km², 480 Ew.; Almwirtschaft.

Medellín [meðe'jin], Hauptstadt des Dep. Antioquia, Kolumbien, 1 500 m ü. M., in der Zentralkordillere, mit 1,49 Mio. Ew. drittgrößte Stadt des Landes; kath. Erzbischofssitz; zwei staatl. und zwei private Univ., Bergbauakademie; nach Bogotá das bedeutendste Industriezentrum: Textil-, Bekleidungs- (80 % der kolumbian. Produktion), Leder-, Stahl-, chem., elektrotechn., Kunststoff-, Nahrungsmittel- u. a. Industrie; zweitwichtigstes Banken- und Handelszentrum, v. a. für Textilien, Kaffee, Nahrungsmittel; internat. Flughafen. – Die Kirche La Veracruz ist ein Bau aus der spanischen Kolonialzeit; die Kathedrale wurde 1800–1931 im neuroman. Stil errichtet. – M. wurde 1675 gegründet, seit Ende des 19. Jh. (Bahnanschluss, Anlegung von Kaffeekulturen) rascher Aufstieg. – M. ist ein Zentrum des Drogengeschäfts in Kolumbien. Der Terror der Drogenmafia (M.-Kartell) beeinträchtigt trotz einiger Erfolge der Staatsmacht seit Anfang der 80er-Jahre das öffentl. Leben der Stadt.

Medellín
drittgrößte Stadt Kolumbiens
·
1,49 Mio. Ew.
·
Erzbischofssitz
·
vier Universitäten
·
wichtiger Industriestandort
·
Zentrum des Drogenhandels
·
modernes Stadtbild

Medemblik, Stadt in der Prov. Nordholland, Niederlande, am IJsselmeer, 7 200 Ew.; Kugellagerherstellung, Elektroindustrie, Bootsbau, Fischerei. – Das um 700 gegründete M. erhielt 1289 als erster Ort Westfrieslands Stadtrechte. In der Rep. der Vereinigten Niederlande hatte die Stadt Rat und Sitz in den holländ. Ständen. In napoleon. Zeit wurde durch frz. Besatzungstruppen ein Kriegshafen angelegt.

Médénine: Mehrstöckige Vorratstonnenwaben (Ghorfas) der Berbernomaden

Médénine [mede'nin], **Medenine,** Oasenstadt in der Djeffara-Ebene, SW-Tunesien, 101 m ü. M., 26 600 Ew.; Verw.-Sitz des Gouvernorats M. und Handelszentrum; Kunsthandwerk (Teppiche, Stoffbahnen für Nomadenzelte); Flugplatz. – Von einst 27 befestigten Ksar-Anlagen der berber. Ouerghamma-Nomaden ist eine erhalten: Um drei große Plätze sind die Vorratstonnenwaben (Ghorfas) bis zu fünf Etagen übereinander geschachtelt.

Meder, westiran. Reitervolk mit indogerman. Sprache (Medisch; →iranische Sprachen), im Altertum die Bewohner von →Medien.

Medersa *die, -/...sen,* islam. Hochschule, →Medrese.

medesimo tempo, *Musik:* →l'istesso tempo.

Medgidia [medʒi'dia], Stadt im Kr. Konstanza, im SO Rumäniens, in der Dobrudscha, 47 600 Ew.; Kunstmuseum; Maschinenbau, Zement-, Nahrungsmittelindustrie; Hafen (seit 1984) am Donau-Schwarzmeer-Kanal. – 1840 vom osman. Sultan ABD ÜL-MEDJID I. gegr., seit 1956 Stadt.

Media [lat. ›die Mittlere‹] *die, -/...diä* und *...di|en,* 1) *Anatomie:* **Tunica media,** die aus Muskelfasern und elast. Fasern bestehende mittlere Wandschicht der Blutgefäße.
2) *Phonetik:* →Laut.
3) *Zoologie:* eine der Hauptadern im Flügel der Insekten.

Mediaforschung, Werbeträgerforschung, systemat. Untersuchungen über den Einsatz und die Wirkung von Werbeträgern (Streumedien der Werbung wie Hörfunk, Fernsehen, Zeitung, Zeitschrift, Plakatwand) mit dem Ziel, eine optimale Kombination von Werbeträgern zu finden (**Mediamix**), mit der bei gegebenem Werbebudget die größtmögl. Werbewirkung erzielt wird (**Mediaplan**). Der Wert eines Werbeträgers wird dabei durch die Kosten des Mediums und dessen Werbewirkung bestimmt. Die Werbewirkung wird v. a. durch die quantitative (Zahl der erreichten Personen) und qualitative (Zahl der erreichten Mitglieder der Zielgruppe) Streuwirkung (Reichweite), durch Wahrscheinlichkeit, Dauer und Qualität des Kontaktes zw. Werbeträger und Umworbenem beeinflusst, außerdem von den Zusammenhängen zw. Konsumentenverhalten, Medienverhalten und Nutzungsintensitäten sowie von der Häufigkeit der Belegung von Werbeträgern. – Methoden der M. sind die sekundärstatist. Auswertung vorhandener Informationen und primärstatist. **Mediaanalysen (Werbeträgeranalysen),** in deren Mittelpunkt Befragungen von Nutzern der Werbeträger (Hörer-, Leser-, Zuschauerforschung), die Nutzerstruktur (demograph. und zielgruppenspezif. Merkmale wie Alter, Beruf, Einkommen, Ausstattung mit Gebrauchsgütern, Freizeit- und Einkaufsverhalten), die Reichweiten der einzelnen Medien und die Überschneidungen der einzelnen Reichweiten (z. B. Werbung mit mehreren Medien gleichzeitig in demselben Gebiet) stehen.

medial [lat. ›in der Mitte‹], 1) *Anatomie:* nach der Körpermittelebene zu, in der Mitte gelegen.
2) *Kommunikationswiss.:* die Medien betreffend.
3) *Parapsychologie:* den Kräften und Fähigkeiten eines Mediums entsprechend.

Medial *das, -s/-e,* heute kaum noch verwendeter Fernrohrtyp, der eine Mittelstellung zw. Spiegelteleskop und Linsenfernrohr einnimmt. Das M. hat eine große einfache Linse als Objektiv und ein Spiegel-Linsen-System hinter dem Brennpunkt des Objektivs, durch welches das in dem Brennpunkt des Objektivs entstehende Bild nahezu im Maßstab 1:1 abgebildet wird. Es besteht aus einem rückseitig belegten Spiegel oder einem Oberflächenspiegel mit einer oder zwei vorgeschalteten Linsen. M. haben eine sehr gute Korrektion des sekundären Spektrums, erfordern aber eine sorgfältige Justierung.

median [lat. ›in der Mitte liegend‹], *Anatomie:* auf der Mittellinie (eines Körpers oder Organs) gelegen, auf sie bezogen.

Median *der, -s/-e,* **Zentralwert,** *Stochastik:* der mittlere Wert $\tilde{x}$ einer der Größe nach geordneten Stichprobe $x_1, x_2, ..., x_n$, sofern n ungerade ist; andernfalls wird $\tilde{x}$ als der Mittelwert von $x_{n/2}$ und $x_{n/2+1}$ gewählt. Besitzt die Zufallsvariable X die stetige Verteilungsfunktion F, so ist $\tilde{x}$ definiert durch $F(\tilde{x}) = 0,5$.

Median|auge, bei manchen Reptilien das →Scheitelauge; bei Krebsen das →Naupliusauge.

Median|ebene, Symmetrieebene bei bilateralsymmetrisch (monosymmetrisch) gebauten Lebewesen; **Medianschnitt,** Schnitt in der Medianebene.

Mediante [ital., von spätlat. mediare ›dazwischentreten‹, ›halbieren‹] *die, -/-n,* in der musikal. Harmonielehre urspr. der mittlere Ton des Tonikadreiklangs (in C-Dur e), dann auch der Dreiklang auf diesem Ton; heute vielfach Bez. für alle Dreiklänge, die in einem terzverwandten Verhältnis zur Hauptfunktion stehen (z. B. die M. zum C-Dur-Dreiklang sind die acht Dur- und Molldreiklänge auf e, es, a und as). Ausweichungen in eine M. spielen seit der Romantik (F. SCHUBERT) als Mittel der Modulation und Erweiterung der Tonalität eine große Rolle.

Medianuslähmung, Lähmung des **Nervus medianus** durch Verletzung oder Druckschädigung im Bereich des Ober- oder Unterarms. Bes. häufig kommt es zu einer Nervenkompression im Handgelenkbereich (Karpaltunnelsyndrom) mit Lähmung und Schwund der Daumenballenmuskulatur sowie Gefühlsstörungen am Daumen, Zeige-, Mittelfinger und an der daumenwärts gelegenen Seite des Ringfingers.

Mediasch, rumän. **Mediaș** [medi'aʃ], Stadt im Kr. Hermannstadt (Sibiu), im mittleren Rumänien, in Siebenbürgen an der Großen Kokel, 63 200 Ew.; Metallverarbeitung, Glas-, Leder-, Textil-, Nahrungsmittelindustrie; in der Nähe Erdgasvorkommen. – Ev. Margaretenkirche (15.–16. Jh.) mit 70 m hohem, schief stehendem ›Trompeterturm‹, die einzige erhaltene Stadtkirchenburg Siebenbürgens. – M., 1167 gegr., wurde 1267 erstmals erwähnt, wenig später von dt. Kolonisten besiedelt und entwickelte sich zu einer bedeutenden Festungsstadt sowie zu einem Zentrum der Siebenbürger Sachsen. – In M. tagte 1572 die Synode, auf der die Siebenbürger Sachsen das Luthertum annah-

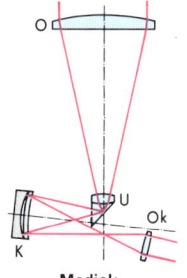

Medial: Strahlengang; K Kompensationssystem, O Objektiv, Ok Okular, U Umlenksystem

Mediceische Venus
(Florenz, Uffizien)

men. Hier billigte die siebenbürgisch-sächs. Nationalversammlung aufgrund der Beschlüsse von Karlsberg vom 1. 12. 1918 im Januar 1919 den Anschluss Siebenbürgens an Rumänien.

Mediaset S. p. A., ital. Medienkonzern, →Fininvest S. p. A.

Mediastinal|emphysem [zu Mediastinum], Eindringen von Luft in das lockere Bindegewebe des Mittelfells infolge Verletzung der Lungen, Bronchien, Luft- oder Speiseröhre (auch bei Endoskopie möglich); dabei kommt es zu einer erhebl. Raumeinengung, die den Blutzufluss zum Herzen behindert und zu Erstickungsgefahr führen kann.

Mediastinitis [zu Mediastinum] *die, -/...'tiden,* meist akute eitrige, selten chron. Entzündung des Bindegewebes im Mittelfell; die M. geht meist von entzündl. Prozessen des Brustfells (Pleuraempyem) oder von Erkrankungen der Organe des Bauch- und Brustraums, der Schilddrüse oder Halslymphknoten (Tuberkulose) aus. Sie kann aber auch Folge perforierender Verletzungen der Luft- und Speiseröhre, eines durchbrechenden Karzinoms oder eines Senkungsabszesses der Halsregion sein. V. a. die akute M. ist ein hochfiebriges, lebensbedrohendes Krankheitsgeschehen; chron. Prozesse können durch Schwartenbildung und Narbenschrumpfung zur Einengung der großen Venen und damit zu venösen Stauungen im Kopfbereich führen.

Mediastinoskopie [zu Mediastinum] *die, -/...'pien,* endoskop. Verfahren zur Untersuchung des Mittelfellraums und der zugehörigen Lymphknoten. Das **Mediastinoskop,** ein starres Spezialendoskop, wird nach Intubationsnarkose durch einen Schnitt oberhalb der oberen Brustbeinendes eingeführt. Die M. ist weitgehend durch computertomograph. Untersuchungen ersetzt.

Mediastinum [nlat., zu lat. medius ›mittlerer‹] *das, -s/...na, Anatomie:* das →Mittelfell.

mediat [frz.], **1)** *veraltet:* mittelbar.
2) im *Heiligen Röm. Reich* (bis 1806) Bez. für die Herrschaften oder Besitzungen, die dem Kaiser als oberstem Lehnsherrn nicht unmittelbar **(immediat),** sondern über einen Zwischenlehnsherrn mittelbar verbunden (z. B. der Landeshoheit eines Reichsstandes unterstellt) waren.
H. GOLLWITZER: Die Standesherren (²1964); J. ROGALLA VON BIEBERSTEIN: Adelsherrschaft u. Adelskultur in Dtl. (1989).

Mediathek, die →Mediothek.

Mediation [spätlat.] *die, -/-en,* Frieden stiftende, versöhnende Vermittlung (eines Staates zw. anderen Staaten).

Mediationsakte, die Verfassung der Schweiz 1803–13/14, mit weitgehender Souveränität der 19 Kantone.

Mediatisierung [frz.] *die, -/-en,* im *Heiligen Röm. Reich* die Aufhebung der immediaten Stellung (Reichsunmittelbarkeit) eines weltl. Reichsstandes unter gleichzeitiger Annexion seiner Territorialbesitzes durch einen mächtigeren Reichsstand (Unterwerfung unter dessen Landeshoheit). M. wurden seit dem MA. üblich, in größerem Umfang erfolgten sie durch den Reichsdeputationshauptschluss (1803) und die Rheinbundakte (1806). Den Mediatisierten wurden in der Bundesakte von 1815 Vorrechte zugesichert, die bis 1918 bestanden, eine Anerkennung als regierende Häuser konnten sie jedoch nicht erreichen.

Mediator Dei [lat. ›Mittler zw. Gott (und Menschen)‹], Enzyklika PIUS' XII. vom 20. 11. 1947 über die Liturgie. Sie war die erste offizielle, eher positive Stellungnahme des Hl. Stuhls in den Auseinandersetzungen um eine Liturgicreform in der kath. Kirche.

Mediatoren [lat. mediator ›Mittler‹], Gruppe von Wirkstoffen (Gewebehormone), die bei bestimmten Krankheitszuständen, v. a. bei Allergien und bei Schock, aus Zellen bzw. Zellverbänden freigesetzt werden und unmittelbar auf benachbarte Zellen einwirken. Ihr Auftreten ist für die Symptomatik der Erkrankungen verantwortlich. Zu den M. zählen das Histamin, das Serotonin (beide wirken auch als Neurotransmitter), die Kinine und die Prostaglandine.

Mediatrix [lat. ›Mittlerin‹], *kath. Theologie:* Ausdruck, mit dem in der kath. Marienfrömmigkeit und Theologie die Stellung MARIAS als der Mittlerin zw. den Menschen und JESUS CHRISTUS bezeichnet wird. (→Marienverehrung; →Mariologie)

mediäval, *fachsprachlich* für: mittelalterlich.

Mediäval *die,* Schriftgattung mit schrägen, gekehlten Serifen und schrägen Anstrichen bei den Kleinbuchstaben. Weil sie der Humanistenschrift nachgebildet ist, bezeichnet man sie auch als **Renaissance-Antiqua.**

Mediävistik [lat.] *die, -,* Sammel-Bez. für verschiedene wiss. Disziplinen, die sich der Erforschung von Lit., Kunst, Gesch. usw. des europ. MA. widmen.

Media vita in morte sumus [lat. ›mitten im Leben sind wir vom Tod umfangen‹], Antiphon aus dem 11. Jh. Eine dt. Übersetzung aus dem 15. Jh. wurde von M. LUTHER durch eine zweite und dritte Strophe ergänzt; in J. WALTERS ›Geystlich gesangk Buchleyn‹ (1524) erstmals gedruckt.

Medicago [griech., nach der Landschaft Medien], wiss. Name der Pflanzengattung →Schneckenklee.

Mediccera, antike Ruinen in Tunesien, →Ain Mdeker.

Mediceische Venus, eine nach ihren früheren Besitzern benannte röm., kaiserzeitl. Marmorstatue in gezierter Pose, wohl nach einem hellenist. Vorbild; seit 1677 in den Uffizien in Florenz.

Medici [ˈmɛːditʃi], herausragende florentin. Familie, die aus dem Umland stammt und durch Handel, Bankgeschäfte (bes. mit der päpstl. Kurie) und ihre Verbindung mit den Popolanen (der Volkspartei) zu einer führenden Rolle in der mittelalterl. Republik Florenz aufstieg. Seit dem 15. Jh. waren die M. (außer 1494–1512 und 1527–30) faktisch Herren der Stadt, seit 1531 als Herzöge und seit 1569 als Großherzöge (der Toskana). In der 2. Hälfte des 13. Jh. sind erstmals M. in Zunft- und Stadtämtern nachgewiesen. Mit GIOVANNI DI BICCI (* 1360, † 1429) begann der Aufstieg des späteren Hauptzweiges (M. di Cafaggiolo); er wurde zum Bankier der Kurie und taktierte in der Stadt geschickt zw. der Oligarchie des alten Stadtadels (→Albizzi) und dem Volk. Seine Söhne COSIMO (DER ALTE) und LORENZO (* 1395, † 1440) begründeten die ältere (bis 1537) und die jüngere Linie der M. (bis 1743). Florenz blieb zunächst unter der Führung der älteren Linie; auf COSIMO DEN ALTEN folgte sein Sohn PIERO (I) DER GICHTIGE (ital. IL GOTTOSO, * 1416, † 1469) und dann LORENZO (I) DER PRÄCHTIGE, dessen zunächst mitregierender Bruder GIULIANO (I, * 1453, † 1478) der Verschwörung der Pazzi zum Opfer fiel. Der jüngste von LORENZOS drei Söhnen, GIULIANO (II, * 1479, † 1516), stieg als Erster der Familie in den (frz.) Adel auf (Herzog von Nemours) und der mittlere, GIOVANNI, wurde 1513 als erster M. zum Papst gewählt (LEO X.). 1523 wurde noch sein Vetter GIULIO, ein illegitimer Sohn GIULIANOS (I), als KLEMENS VII. Papst; er leitete mit der Kaiserkrönung KARLS V. (1530 in Bologna) die Rückkehr des kurzzeitig (1527–30) wieder republikan. Florenz unter die Herrschaft seiner Familie ein; letzter M.-Papst war 1605 für wenige Wochen als LEO XI. ALESSANDRO OTTAVIONE aus einem heute noch existierenden Seitenzweig der M. Der älteste Sohn LORENZOS, PIERO (II) DER UNGLÜCKLICHE (ital. LO SFORTUNATO, * 1472, † 1503), wurde 1494 bei der Errichtung des ›Gottesstaates‹ unter G. SAVONAROLA aus Florenz

Medici, Stammtafel (Auswahl)

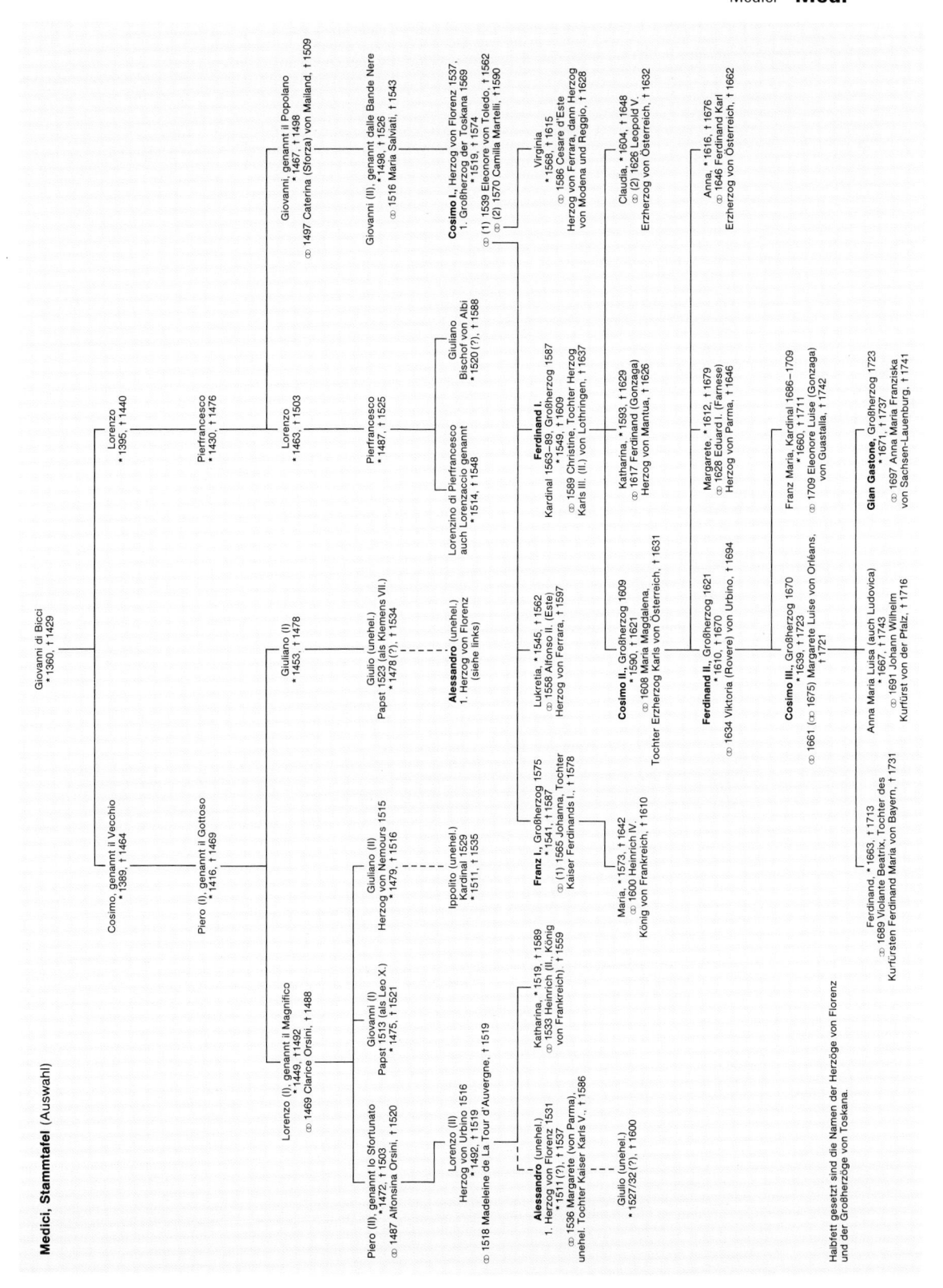

Giovanni di Bicci
* 1360, † 1429

- Cosimo, genannt il Vecchio
  * 1389, † 1464
  - Piero (I), genannt il Gottoso
    * 1416, † 1469
    - Lorenzo (I), genannt lo Stortunato il Magnifico
      * 1449, † 1492
      ⚭ 1469 Clarice Orsini, † 1488
      - Piero (II), genannt lo Stortunato
        * 1472, † 1503
        ⚭ 1487 Alfonsina Orsini, † 1520
        - Lorenzo (II)
          Herzog von Urbino 1516
          * 1492, † 1519
          ⚭ 1518 Madeleine de La Tour d'Auvergne, † 1519
          - Katharina, * 1519, † 1589
            ⚭ (1) 1533 Heinrich (II.), König von Frankreich, † 1559
          - **Alessandro** (unehel.)
            1. Herzog von Florenz 1531
            * 1511 (?), † 1537
            ⚭ 1536 Margarete (von Parma), unehel. Tochter Kaiser Karls V., † 1586
      - Giovanni (I)
        Papst 1513 (als Leo X.)
        * 1475, † 1521
      - Giuliano (II)
        Herzog von Nemours 1515
        * 1479, † 1516
        - Ippolito (unehel.)
          Kardinal 1529
          * 1511, † 1535
    - Giuliano (I)
      * 1453, † 1478
      - Giulio (unehel.)
        Papst 1523 (als Klemens VII.)
        * 1478 (?), † 1534
        - **Alessandro** (unehel.)
          1. Herzog von Florenz
          (siehe links)
          - Giulio (unehel.)
            * 1527/32 (?), † 1600
  - Lorenzo
    * 1395, † 1440
    - Pierfrancesco
      * 1430, † 1476
      - Lorenzo
        * 1463, † 1503
        - Pierfrancesco
          * 1487, † 1525
          - Lorenzino di Pierfrancesco
            auch Lorenzaccio genannt
            * 1514, † 1548
          - Giuliano
            Bischof von Albi
            * 1520 (?), † 1588
      - Giovanni, genannt il Popolano
        * 1467, † 1498
        ⚭ 1497 Caterina (Sforza) von Mailand, † 1509
        - Giovanni (II), genannt dalle Bande Nere
          * 1498, † 1526
          ⚭ 1516 Maria Salviati, † 1543
          - **Cosimo I.**, Herzog von Florenz 1537,
            1. Großherzog der Toskana 1569
            * 1519, † 1574
            ⚭ (1) 1539 Eleonore von Toledo, † 1562
            ⚭ (2) 1570 Camilla Martelli, † 1590
            - Virginia
              * 1568, † 1615
              ⚭ 1586 Cesare d'Este
              Herzog von Ferrara, dann Herzog
              von Modena und Reggio, † 1628
            - Claudia, * 1604, † 1648
              ⚭ (2) 1626 Leopold V.
              Erzherzog von Österreich, † 1632
            - Anna, * 1616, † 1676
              ⚭ 1646 Ferdinand Karl
              Erzherzog von Österreich, † 1662
            - **Ferdinand I.**
              Kardinal 1563–89, Großherzog 1587
              * 1549, † 1609
              ⚭ 1589 Christine, Tochter Herzog
              Karls III. (II.) von Lothringen, † 1637
              - Katharina, * 1593, † 1629
                ⚭ 1617 Ferdinand (Gonzaga)
                Herzog von Mantua, † 1626
              - Margarete, * 1612, † 1679
                ⚭ 1628 Eduard I. (Farnese)
                Herzog von Parma, † 1646
              - **Cosimo II.**, Großherzog 1609
                * 1590, † 1621
                ⚭ 1608 Maria Magdalena,
                Tochter Erzherzog Karls von Österreich, † 1631
                - Maria, * 1573, † 1642
                  ⚭ 1600 Heinrich IV.
                  König von Frankreich, † 1610
                - **Ferdinand II.**, Großherzog 1621
                  * 1610, † 1670
                  ⚭ 1634 Viktoria (Rovere) von Urbino, † 1694
                  - **Cosimo III.**, Großherzog 1670
                    * 1639, † 1723
                    ⚭ 1661 (∞ 1675) Margarete Luise von Orléans, † 1721
                    - Ferdinand, * 1663, † 1713
                      ⚭ 1689 Violante Beatrix, Tochter des
                      Kurfürsten Ferdinand Maria von Bayern, † 1731
                    - Anna Maria Luisa (auch Ludovica)
                      * 1667, † 1743
                      ⚭ 1691 Johann Wilhelm
                      Kurfürst von der Pfalz, † 1716
                    - **Gian Gastone**, Großherzog 1723
                      * 1671, † 1737
                      ⚭ 1697 Anna Maria Franziska
                      von Sachsen-Lauenburg, † 1741
                  - Franz Maria, Kardinal 1686–1709
                    * 1660, † 1711
                    ⚭ 1709 Eleonore Luise (Gonzaga)
                    von Guastalla, † 1742
              - **Franz I.**, Großherzog 1575
                * 1541, † 1587
                ⚭ (1) 1565 Johanna, Tochter
                Kaiser Ferdinands I., † 1578
                - Lukretia, * 1545, † 1562
                  ⚭ 1558 Alfonso II. (Este)
                  Herzog von Ferrara, † 1597

Halbfett gesetzt sind die Namen der Herzöge von Florenz
und der Großherzöge von Toskana.

Medi Medici–Médici

vertrieben. PIEROS Sohn LORENZO (II, * 1492, † 1519) wurde 1516 von seinem Onkel, Papst LEO X., zum Herzog von Urbino erhoben, dessen Tochter CATERINA (KATHARINA) wurde durch ihre Heirat mit HEINRICH II. Königin von Frankreich. ALESSANDRO DE' M. wurde als Stadtherr 1532 Herzog in Florenz; mit seiner Ermordung 1537 durch LORENZINO aus der jüngeren Linie erlosch die ältere Linie. Doch nun setzte sich der Sohn des Söldnerführers GIOVANNI (II) DE' M., gen. DALLE BANDE NERE (* 1498, † 1526), COSIMO I., in Florenz durch und erwarb nach dem Scheitern seiner Hoffnungen auf eine Königskrone (Korsikas) 1569 von Papst PIUS IV. den herausgehobenen Titel eines Großherzogs der Toskana. Sein Sohn und Nachfolger FRANCESCO (FRANZ I., * 1541, † 1587) erhielt 1575 den Großherzogtitel von Kaiser MAXIMILIAN II., mit dessen Schwester JOHANNA er verheiratet war, bestätigt; ihre Tochter MARIA wurde durch ihre Ehe mit HEINRICH IV. Königin von Frankreich. Die Nachfolge in der Toskana trat 1587 nach FRANCESCOS plötzl. Tod sein Bruder FERDINAND I. an, der zuvor Kardinal war. Auf ihn folgten COSIMO II. (* 1590, † 1621), der Beschützer G. GALILEIS, dann FERDINAND II., COSIMO III. (* 1639, † 1723) und als Letzter der jüngeren Linie GIAN GASTONE (* 1671, † 1737). Seine ihn überlebende Schwester ANNA MARIA (* 1667, † 1743) vermachte den Kunstbesitz der Familie der Stadt Florenz; die Toskana fiel durch Vereinbarung der europ. Großmächte an FRANZ STEPHAN von Lothringen, den Mann der Kaiserin MARIA THERESIA.

S. CAMERANI: Bibliografia medicea (Florenz ²1964); R. DE ROOVER: The rise and decline of the M. Bank. 1397–1494 (Neuausg. New York 1966); N. RUBINSTEIN: The government of Florence under the M. 1434 to 1494 (Neuausg. Oxford 1968); J. R. HALE: Die M. u. Florenz (a.d. Engl. 1979); E. GRASSELLINI: Profili medicei (Florenz 1982); M. VANNUCCI: I M. Una famiglia al potere (Rom 1987); J. CLEUGH: Die M. Macht u. Glanz einer europ. Familie (a.d. Engl., Neuausg. 1997); Die Schätze der M., hg. v. C. ACIDINI LUCHINAT (a.d. Ital., 1997).

Bedeutende Vertreter:

1) Alessandro de', erster Herzog in Florenz (seit 1532), * Florenz 1511/12(?), † (ermordet) ebd. 6. 1. 1537; illegitimer Sohn von LORENZO (II), nach anderen Quellen von GIULIO DE' M. (dem späteren Papst KLEMENS VII.); war bereits 1523 fürstenähnl. Führer der Rep. Florenz, wurde aber 1527 vertrieben. Nach seiner Rückkehr (1531) wurde er durch Kaiser KARL V. als ›Herzog der Republik‹ eingesetzt und heiratete 1536 dessen illegitime Tochter MARGARETE VON PARMA. Weshalb ihn sein Freund LORENZINO DE' M. ermordete, ist ungeklärt (vielleicht wegen einer Erbregelung zugunsten des jüngeren COSIMO I.).

2) Alessandro Ottavione de', Papst, →Leo XI.

3) Caterina de', Königin von Frankreich, →Katharina (Herrscherinnen, Frankreich).

4) Cosimo de', gen. **der Alte**, ital. **il Vecchio** [-ˈvɛkkjo], * Florenz 1389, † Villa Careggi (heute zu Florenz) 1. 8. 1464; wurde von den Albizzi aus Florenz verbannt, kehrte aber bald zurück und lenkte die äußerlich immer noch bestehende Rep., u. a. durch Änderungen bei Ämterstruktur und Wahlgesetzen. An Wiss.en und Künsten sehr interessiert, förderte er alle frühhumanist. Bestrebungen, ließ den Stadtpalast der M. (Palazzo Medici-Riccardi) errichten und begründete die Biblioteca Medicea Laurenziana.

Un' Altra Firenze. L'epoca di Cosimo il Vecchio, hg. v. P. UGOLINI (Florenz 1971); C. ›il Vecchio‹ de' M., 1389–1464, hg. v. F. AMES-LEWIS (Oxford 1992).

5) Cosimo de', als Cosimo I. Herzog in Florenz (seit 1537), Großherzog der Toskana (seit 1569), * Florenz 12. 6. 1519, † Villa di Castello (heute zu Florenz) 21. 4. 1574; setzte sich nach der Ermordung ALESSANDROS DE' M. 1537 gegen Rückkehrversuche ausgewanderter Adelsfamilien (u. a. der Strozzi) durch und errichtete eine unumschränkte bürokratisch-absolutist. Herrschaft (Bau der ›Uffizien‹ als Ämtergebäude). Er ließ die Mittelmeerfestung Livorno als Hafen für das lange vernachlässigte Pisa bauen und eroberte 1555 die Rep. Siena. Er war selbst wiss. und künstlerisch tätig, ließ den Palazzo Pitti erweitern und die lange Zeit für Europa vorbildl. Boboligärten anlegen.

E. FASANO GUARINI: Lo Stato mediceo di Cosimo I (Florenz 1973); La nascita della Toscana (ebd. 1980); R. CANTAGALLI: Cosimo I de' M., granduca di Toscana (Mailand 1985).

6) Ferdinando de', Ferdinand I., Großherzog der Toskana, →Ferdinand (Herrscher, Toskana).

7) Ferdinando de', Ferdinand II., Großherzog der Toskana, →Ferdinand (Herrscher, Toskana).

8) Giovanni de', Papst, →Leo X.

9) Giulio de', Papst, →Klemens VII.

10) Lorenzino de', gen. **Lorenzaccio** [lorɛnˈzattʃo], * Florenz 23. 3. 1514, † (ermordet) Venedig 26. 2. 1548; Mordtat nach seinem Onkel ALESSANDRO DE' M., die er in seiner ›Apologia‹ (1539) mit machiavellist. Gedanken rhetorisch glanzvoll verteidigte, von der republikfreundl. Partei als Tyrannenmörder gefeiert; er selbst wurde wahrscheinlich im Auftrag COSIMOS I. umgebracht. Die Tat des LORENZINO wurde immer wieder künstlerisch (›Brutus‹-Büste von MICHELANGELO, um 1540) und literarisch behandelt, so von V. ALFIERI (›L'Etruria vendicata‹, 1789, Epos) und A. DE MUSSET (›Lorenzaccio‹, 1834, Drama).

M. VANNUCCI: Lorenzaccio. Lorenzino de' M. (Rom 1984).

11) Lorenzo de', gen. **der Prächtige**, ital. **il Magnifico** [-maˈɲi-], * Florenz 1. 1. 1449, † Villa Careggi (heute zu Florenz) 8. 4. 1492; erhielt mit seinem Bruder GIULIANO (I.) eine umfassende humanist. Ausbildung und übernahm mit ihm nach dem Tod seines Vaters PIERO (I.) 1469 die Führung der Rep. Florenz. 1478 verschwor sich die alteingesessene Adelsfamilie der Pazzi mit dem Erzbischof von Pisa und Papst SIXTUS IV. gegen die neue Herrschaft der M. und ließ am 26. 4. GIULIANO im Florentiner Dom ermorden; LORENZO entkam dabei verwundet. Da er hinter sich das florentin. Volk wusste und ein Bündnis mit König FERDINAND I. von Neapel schloss (Beginn einer elast., doch labilen Gleichgewichtspolitik in Italien), mussten die Verschwörer 1480 aufgeben. Danach war LORENZO de facto Alleinherrscher und dominierte klar den neuen Rat der Siebzig an der Spitze der Republik, der nun die Machtbasis der Familie in Florenz bildete. Selbst literarisch tätig, förderte er viele Humanisten (D. CHALKOKONDYLES, A. POLIZIANO, C. LANDINI, G. PICO DELLA MIRANDOLA) und Künstler (VERROCCHIO, S. BOTTICELLI, den jungen MICHELANGELO).

Ausgabe: Opere scelte, hg. v. BRUNO MAIER (1969).

E. CREMER: Lorenzo de' M. (1970); A. ALTOMONTE: Il Magnifico (Mailand ²1982); A. CHASTEL: Art et humanisme à Florence au temps de Laurent le Magnifique (Paris ³1982); I. CLOULAS: Laurent le Magnifique (ebd. 1982); La Valtiberina, Lorenzo e i Medici, hg. v. G. RENZI (Florenz 1995).

12) Maria de', Königin von Frankreich, →Maria (Herrscherinnen, Frankreich).

Medici, Villa [-ˈmɛːditʃi], Stadtpalast am Pincio in Rom, seit 1544/64 durch A. LIPPI erbaut, benannt nach Kardinal FERDINANDO DE' MEDICI (später Großherzog FERDINAND I. der Toskana), der sie kurz nach der Erbauung erworben hatte; seit 1803 Sitz der 1666 vom frz. König LUDWIG XIV. gegründeten ›Académie de France à Rome‹, die bis zu ihrer Reorganisation 1968–71 in der V. M. die Träger des ›Prix de Rome‹ (Rompreis, ein Künstlerstipendium) beherbergte.

Médici [ˈmɛːdisi], Emílio Garrastazú, brasilian. General und Politiker, * Bagé (Rio Grande do Sul) 4. 12. 1906, † Rio de Janeiro 9. 10. 1985; 1964–66 Militärattaché in Washington (D. C.); 1966–69 Chef des

Cosimo de' Medici, genannt **der Alte**

Lorenzo de' Medici, genannt **der Prächtige**

brasilian. Geheimdienstes. 1969 wurde er von einer Militärjunta zum Staatspräs. bestimmt. M.s Reg.-Zeit (bis 1974) war durch eine repressive, brutale Haltung gegenüber der Opposition und eine Wirtschaftspolitik mit hohen Zuwachsraten geprägt.

Medicikragen ['mɛ:ditʃi-], fächerförmig aufgestellter, gesteifter Spitzenkragen, v. a. im 16. Jh. in Italien getragen.

Medicine Hat ['mɛdsɪn 'hæt; nach einer Legende der Cree-Indianer über den Hut eines Medizinmannes], Stadt im SO der Prov. Alberta, Kanada, 43 300 Ew.; chem. Industrie auf der Basis der bedeutenden Erdgasvorkommen im Umkreis; Gartenbau.

Mediciporzellan ['mɛ:ditʃi-], eine Art Weichporzellan, das unter Großherzog FRANZ I. (FRANCESCO DE' MEDICI) der Toskana 1575–87 in Florenz hergestellt wurde. Seine Formen folgen v. a. der Majolikaproduktion von Urbino, der meist kobaltblaue Dekor ist von chin. Porzellan angeregt. Die Marke zeigt die Domkuppel von Florenz oder die sechs Kugeln des Medici-Wappens mit den Initialen des Großherzogs.

medico international e. V., internat. tätige sozialmedizin. Entwicklungshilfe- und Menschenrechtsorganisation, gegr. 1968 mit dem Ziel der Soforthilfe in Katastrophenfällen und der strukturellen Förderung von Gesundheit; Sitz: Frankfurt am Main.

Me̲di|en [engl. media], Sg. **Me̲dium** *das, -s*, im Singular Bez. für jede Art eines Trägers oder Übermittlers von Bedeutungen, Informationen und Botschaften (z. B. Tafel, Buch oder Folie als Unterrichts- bzw. Anschauungs-M.), im Plural Bez. für gesellschaftl. Träger- bzw. Vermittlungssysteme für Informationen aller Art. Der kommunikationswiss. M.-Begriff ist eng an den Begriff der →Massenmedien gekoppelt und in Verbindung mit ihm popularisiert worden. Der Begriff →neue Medien bezieht sich dagegen auf die techn. M. der Individualkommunikation.

Me̲di|en, Mada, im Altertum das gebirgige Hochland von NW-Iran mit den Hauptstädten Ekbatana (heute →Hamadan) und Rhagai (heute →Raj, die südl. Vorstadt Teherans), mit fruchtbaren Hochebenen; der heute unabhängig zu machen, scheiterte berühmt waren die Gestüte der ›nisäischen Ebene‹ (beim heutigen Bachtaran). Die Bewohner M.s, die **Meder,** waren ein Reitervolk, das wohl gleichzeitig mit den sprachverwandten Persern in den NW Irans eingewandert ist (→Iran, Geschichte). In den Annalen des Assyrerkönigs SALMANASSAR III., der sich ihrer Unterwerfung rühmte, werden die Meder 835 v. Chr. erstmals genannt. Sie waren in zahlr. Stämme geteilt, die teils von den Assyrern abhängig waren, teils gegen sie kämpften, teils mit ihnen Allianzen eingegangen sind. Ihre Einigung wird von HERODOT einem DEIOKES zugeschrieben (um 715 v. Chr.), der auch die Hauptstadt Ekbatana gegründet haben soll. Von der Assyrerherrschaft befreiten die Meder endgültig unter ihrem König PHRAORTES (etwa 645–623 v. Chr.). Auf ihn folgte als bedeutendster Mederkönig sein Sohn KYAXARES, dessen rd. 40-jährige Herrschaft 28 Jahre lang von der Besetzung durch Skythen (Kimmerier) geprägt wurde. KYAXARES verband sich 616 mit NABOPOLASSAR von Babylon, eroberte 614 Assur und stürzte 612 das Assyrerreich durch die Eroberung von dessen Hauptstadt Ninive. M., das inzwischen schon den größten Teil des Iran umfaßte, erweiterte seinen Herrschaftsbereich noch um N-Mesopotamien, Armenien und Kappadokien. Im Jahr 585 v. Chr. wurde der Halys (heute Kızılırmak in Anatolien) zum Grenzfluss zw. M. und dem Lyderreich bestimmt. Damals war M. auf dem Höhepunkt seiner Machtentfaltung angelangt. Kurz danach starb KYAXARES. Sein Sohn ASTYAGES wurde von KYROS II., D. GR., 550 v. Chr. besiegt. M. ging im pers. Weltreich der Achaimeniden auf und verlor Armenien und Kappadokien, behielt aber Sagartien, das alte assyr. Kernland um das heutige Erbil in Irak. Ein letzter Versuch, M. wieder unabhängig zu machen, scheiterte 521, als DAREIOS I., D. GR., einen Aufstand niederschlug. Die Meder wurden im Reich der Achaimeniden das zweite Staatsvolk nach den Persern, die von ihnen Staatsverwaltung und Hofzeremoniell und viele Elemente der →medischen Kunst übernahmen.

Als ALEXANDER D. GR. 330 v. Chr. Iran eroberte, wurde M. geteilt. Den Südteil (**Groß-M.**) erhielt der Makedonier PEITHON, den Nordteil der pers. Satrap ATROPATES, nach dem dieses Gebiet **Atropatene** (heute Aserbaidschan) hieß. Während Groß-M. von den Seleukiden um 150 v. Chr. an den Partherkönig MITHRADATES I. kam, konnte sich das Atropatene noch bis ins 1. Jh. n. Chr. unabhängig erhalten, ehe das Gebiet im Partherreich aufging.

W. CULICAN: The Medes and Persians (London 1965); E. HERZFELD: The Persian empire (Wiesbaden 1968); M. DIAKONOFF: Media, in: The Cambridge history of Iran, hg. v. W. B. FISHER, Bd. 2 (Cambridge 1985).

Me̲di|enbartering [-'ba:tərɪŋ; engl. bartering ›Tauschgeschäft‹] *das, - -(s)*, eine Art von Tausch- oder Kompensationsgeschäft, bei dem Industriekonzerne mit eigenen Gesellschaften Fernsehprogramme produzieren (z. B. Procter & Gamble: ›Springfield Story‹, Coca Cola: ›The Eurocharts Top 50‹, Unilever: ›Glücksrad‹), die sie öffentl., aber v. a. privaten Fernsehsendern weltweit im Tausch gegen kostenlose Ausstrahlung ihrer Werbespots anbieten.

Me̲di|enforschung, wiss. Analyse der an einem mediengestützten Kommunikationsprozess beteiligten Faktoren, seiner Voraussetzungen, Rahmenbedingungen und Konsequenzen. M. zielt dabei zentral auf die gesellschaftlich entwickelten Mediensysteme der Industriegesellschaften, aber auch auf deren Vorstufen und Übergangserscheinungen, sowie auf die Medien- (→neue Medien) und sozialen (→Informationsgesellschaft) Entwicklungen im Bereich der Medien. Teilgebiete der M. sind die Untersuchung der gesellschaftl. und organisator. Rahmenbedingungen des Mediengebrauchs, der gesellschaftl. Gestaltungsmöglichkeiten von Mediensystemen (Medienrecht, Medienwirtschaft, Medienpolitik), der Besonderheiten, Funktionen und Entwicklungen einzelner Medien (Presse,

Zeitaufwand für die Nutzung verschiedener Medien in Deutschland (in Minuten pro Tag)								
Medienart	sämtliche Altersgruppen im Durchschnitt	nach Altersgruppen						
		14–19 Jahre	20–29 Jahre	30–39 Jahre	40–49 Jahre	50–59 Jahre	60–69 Jahre	70 Jahre und älter
	1981/82*) 1996	1996						
Radio	151 169	121	164	191	186	173	171	143
Schallplatten u. a. Tonträger	22 14	41	29	14	10	7	4	3
Fernsehen	132 179	146	138	156	168	191	222	231
Videokassetten	2 4	9	7	4	3	2	2	1

*) alte Bundesländer

Hörfunk, Fernsehen, neue Medien), die Analyse von Medieninhalten und Darbietungsformen, bes. im Wechselbezug zu anderen Faktoren der Vermittlung und Veränderung gesellschaftl. Bewusstseins (›öffentl. Meinung‹, Unterhaltung, Manipulation), sowie die Erforschung der Mediennutzung (Leser-, Hörer-, Zuschauerforschung) und der Medienwirkung in individueller Perspektive (Rezipientenforschung) und hinsichtlich gesamtgesellschaftl. Entwicklungen (Medienwirkungsforschung). Derzeit stehen Fragen nach den Auswirkungen von Mediennutzung auf Kindheit, Jugend und Familie, lebenslaufbezogene Nutzungsforschung, Gewaltdarstellung in Medien und deren Folgen sowie Fragen der polit. Bildung im Mittelpunkt der Forschung. Auch hinsichtlich der Regionalisierung und Privatisierung von Medienangeboten und -nutzung sind neue Forschungsinteressen entstanden, nicht zuletzt im Hinblick auf die mit der Weiterentwicklung der neuen Medien verbundenen Möglichkeiten, gesetzl. Regelungen zu unterlaufen (z. B. Pornographie, polit. Extremismus im Internet).

A. SILBERMANN: Hwb. der Massenkommunikation u. M., 2 Bde. (1982); Massenkommunikationsforschung, hg. v. M. GOTTSCHLICH (Wien 1987); M. SCHENK: Medienwirkungsforschung (1987); M. HIRZINGER: Biograph. M. (Wien 1991); M. CHARLTON u. K. NEUMANN-BRAUN: Medienkindheit – Medienjugend. Eine Einf. in die aktuelle kommunikationswiss. Forschung (1992); B. HURRELMANN u. a.: Familienmitglied Fernsehen (1996); N. LUHMANN: Die Realität der Massenmedien (²1996); Mediale Klassengesellschaft? Polit. u. soziale Folgen der Medienentwicklung, hg. v. M. JÄCKEL u. a. (1996).

Medi|enkabarett, Sammel-Bez. für von Rundfunk- und Fernsehanstalten ausgestrahlte Kabarettsendungen. Das M. steht im Spannungsfeld zw. der grundgesetzlich garantierten freien Meinungsäußerung und der Pflicht zur ›Ausgewogenheit‹ der im öffentlich-rechtl. Rundfunk gesendeten Beiträge. Auch der ›Kunstvorbehalt‹ (Art. 5, Abs. 3 GG), unter den die Satire fällt, und eine differenzierte Beurteilung der ›Ausgewogenheit‹ im Urteil des Bundesverfassungsgerichts vom 28. 2. 1961 schließen offene oder versteckte Zensurmaßnahmen gegen satir. und gesellschaftskrit. Kabarettsendungen nicht aus.

Erste Beispiele des M. sind die Fernsehserien ›Rückblende‹ (1961–63) und ›Hallo Nachbarn!‹ (1963–65), danach konnten sich ›Notizen aus der Provinz‹ (1973–79) und ›Scheibenwischer‹ (seit 1980, beide mit D. HILDEBRANDT) etablieren. Seit Mitte der 80er-Jahre hat das Angebot an M. zugenommen. Im Hörfunk sind zu nennen ›Die Insulaner‹ (1948–63, von GÜNTER NEUMANN gegr.), ›Bis zur letzten Frequenz‹ (1965–77, von VOLKER KÜHN) und ›Hammer und Stichel‹ (seit 1976, von und mit H. D. HÜSCH und H. RUGE).

Medi|enkonzentration, Bez. für die Tendenz, dass immer weniger Anbieter auf den (nat. und internat.) Medienmärkten (→Medienkonzern) einen immer höheren Marktanteil auf sich vereinigen (→Unternehmenskonzentration). Diese Entwicklung lässt sich für einzelne Sparten (Presse, Hörfunk, Fernsehen, CD, Video) ebenso beobachten wie in der Verknüpfung unterschiedl. Sparten und Mediensysteme (Vermarktung eines Produkts für unterschiedl. Medienbereiche, z. B. Filmmusik als Soundtrack). Den Hintergrund bilden zum einen Bestrebungen, Produktionskosten zu senken bzw. durch Mehrfachauswertung zu kompensieren und zum anderen durch optimale Nutzungsangebote Werbeaufträge zu erschließen. In diesem Rahmen haben nicht nur Produktionen, die auf globale Verwendbarkeit zielen (Popmusik, Soapoperas), an Bedeutung gewonnen, sondern auch das Interesse kapitalkräftiger Investoren an den Medienmärkten hat zugenommen und zur Verstärkung der M. geführt.

Kritik hieran hat sich aus unterschiedl. Gesichtspunkten entzündet. Neben marktwirtschaftl. und ordnungspolit. Bedenken (Gefahr der Monopolbildung und der Wettbewerbsverzerrung) stehen kulturkrit. Positionen, die in der weltweiten Durchsetzung westl. uniformer Medienangebote und -standards das Hauptproblem sehen. Auch die Gefahren des polit. Missbrauchs von Medienmacht (z. B. in der Weimarer Republik durch den Hugenbergkonzern) und der Manipulation spielen eine Rolle. U. a. stellt sich das Problem, wie sich individuelle Standards, lokale, regionale oder andere gruppenspezif. Besonderheiten (z. B. für polit. Minderheiten) und universale Demokratiepostulate gegenüber der Macht von Medienkonzernen noch durchsetzen lassen. Gleichwohl haben sich Gegenbewegungen gebildet: freie Radiostationen, lokale oder subkulturelle Druckerzeugnisse, offene Fernsehkanäle u. a. Auch im Rahmen internat. Organisationen und supranat. Zusammenschlüsse stehen Fragen der Gegensteuerung zur M. auf der Tagesordnung. (→Pressekonzentration)

Pluralismus, Markt u. M. Positionen, hg. v. H. KRESSE (1995).

Medi|enkonzern, Zusammenschluss von mehreren überwiegend im Medienbereich tätigen Unternehmen unter einheitl. Leitung (→Konzern). In der Entstehung von M. in den USA und anderen Industriestaaten seit den 1920er-Jahren zeigt sich zum einen die wachsende wirtschaftl. und gesellschaftl. Bedeutung des Mediensektors, zum anderen entspricht sie vergleichbaren Tendenzen anderer Sektoren der liberalen Marktwirtschaft. Nachdem seit dem letzten Drittel des 19. Jh. Pressekonzerne entstanden waren (z. B. Scherl, Ullstein, Mosse in Dtl.; Hearst, Pulitzer in den USA; Beaverbrook in Großbritannien), kam es nach der Entstehung von Film, Hörfunk und Fernsehen zur Bildung von Multimediakonzernen (Mehrmedienunternehmen; in Dtl. z. B. der Hugenbergkonzern, in den USA u. a. Bell, Warner Brothers, RCA). Durch Monopole beherrschten nat. Kommunikationsmärkte für private Anbieter, die fortschreitende Ausstattung privater Haushalte mit Massenkommunikationsträgern und entsprechenden Geräten (Fernsehempfänger, Radio, Personalcomputer, Internetanschlüsse) sowie durch die weltweite Vernetzung und Durchdringung mit Angeboten der Massenmedienproduktion ist die Verflechtung der M. noch gewachsen (Unternehmenskäufe, Fusionen, strateg. Allianzen). Zu den bedeutendsten M. Dtl.s zählen heute Bertelsmann AG, Kirch-Gruppe, Bauer-Gruppe, Holtzbrinck-Gruppe.

Wer beherrscht die Medien?, hg. v. L. HACHMEISTER u. G. RAGER (1997).

Medi|enpädagogik, vielschichtiger Begriff für die Gesamtheit aller pädagog. Anleitungen zum Gebrauch der →Massenmedien bis hin zu den →neuen Medien. In Abgrenzung von der **Mediendidaktik**, deren primärer Gegenstand der möglichst effektive Einsatz von (audiovisuellen) Medien im Unterricht zur Erreichung optimaler Lehr- und Lernerfolge ist, zielt die M. auf die Befähigung des Mediennutzers, Medien technisch in ihren Inhalten und Organisationsformen nutzen, aber auch in ihren Absichten, Wirkungen und sozialen Folgen bewerten zu können.

Einstige ›bewahrpädagog.‹ Konzeptionen aus der frühen Filmpädagogik zu Beginn des 20. Jh., die aus einer konservativen Grundhaltung den Schutz des Menschen vor den Gefahren der Bilderflut forderten, treten mehr und mehr hinter die Entwürfe einer handlungsorientierten M. zurück, die den Rezipienten zu einer krit. Auseinandersetzung mit den Medien befähigen will. Arbeitsfelder der M. sind schul. und außerschul. Bildungseinrichtungen, in denen Strukturen, Funktionen und Wirkungen der versch. Medien behandelt werden, sowie die prakt. Medienarbeit (z. B. Videofilme, Werbespots, Musikclips; Gestalten von

Die größten Medienkonzerne (Stand 1995/96)

Gesellschaft, Sitz (Gründungsjahr*))	Tätigkeitsfelder, Produkte, Firmen (Auswahl)	Gesellschafter (Auswahl)	Umsatz (in Mio. DM)	Beschäftigte (Konzern)
Time Warner Inc., New York (1923)	B: Time-Life, Warner Books, Little Brown; Z: Time, Life, Fortune, People, Batman, Superman; C: Book-of-the-Month-Club; F: Warner Bros., Warner Home Video, Turner Pictures; V: Warner Bros. Theatres; TV: Turner Broadcasting System, Time Warner Cable, Home Box Office, Cinemax-Pay TV, Cablevision Industries, n-tv (49,8 %); M: Warner Bros. Records, WEA, Teldec; S: Time Warner Telecommunications	Seagram Co. (14,9 %), R. E. Turner (11,4 %), Capital Research Group (11 %)	30 626	59 000
Bertelsmann AG, Gütersloh (1835)	B: C. Bertelsmann, Goldmann, Gabler, Vieweg, Lexikothek, Bantam Doubleday Dell; Z: stern, Brigitte, Capital, Geo, Eltern, Gala, TV Today, Spiegel (24,75 %); C: Bertelsmann Club, Deutsche Buch-Gemeinschaft, Deutscher Bücherbund; F: Ufa-Gruppe, Trebitsch-Gruppe (74 %); TV: RTL (37,1 %), RTL 2 (7,8 %), Premiere (37,5 %), VOX (24,9 %); H: Radio Hamburg (29,2 %), Antenne Bayern (16 %), Radio NRW (16,1 %); M: BMG Music Group, Ariola, Arista, RCA, Eurodisc, Hansa, Ricordi (74,3 %); T: Sonopress; D: Mohndruck	Bertelsmann-Stiftung (68,8 %), Familie Mohn (20,5 %), Zeit-Stiftung (10,7 %)	21 529	58 000
Walt Disney Company, Burbank, Calif. (1922)	F: Walt Disney Studios, Touchstone Pictures, Hollywood Pictures, Miramax Film Corp., Capital Cities/ABC Inc.; V: Buena Vista International; TV: Disney Channel, Super RTL (50 %), ABC-TV-Network, ESPN Network, Lifetime TV (50 %), Arts & Entertainment Network (33,3 %), Tele München (50 %); H: ABC Broadcast Group; M: Walt Disney Records, Buena Vista Records; B: Walt Disney Book Publ. Group, Hyperion Books, Chilton, Fairchild, Word Books; Z: Mickey Mouse, Donald Duck, Discover, Los Angeles Magazine, High Fidelity, Video & Sound; S: Henson Assoc. (Muppets Show), Disney World, Disneyland, Euro Disney Paris (49 %)	diverse Mitglieder der Familie Bass (zus. ca. 39 %), Familie Disney (15,9 %), Roy E. Disney (3 %), Capital Group Inc.	18 349	85 200
Viacom Inc., New York (1970)	F: Paramount Pictures, Spelling Film International (77 %); V: UIP (33,3 %), UCI (50 %); TV: Viacom Cablevision, MTV, VH-1, Nickelodeon, Movie Channel; H: Viacom Broadcasting; B: Simon & Schuster, Prentice Hall, Pocket Books, Macmillan, Scribner's, Atheneum, Markt & Technik; S: Blockbuster Entertainment (Musik- und Videohandel), Paramount Parks, Viacom New Media	Sumney Murray Redstone (25 %), Kirk Kerkorian (5 %), Nynex Corp., H. Wayne Huizenga	16 759	54 700
News Corp., Sydney, London, New York (1952)	Z: The Times, Sunday Times, The Sun, News of the World, Today, The New York Post, TV Guide; F: Twentieth Century Fox, Carolco Pictures; TV: Fox Broadcasting, BSKyB (40 %), VOX (49,9 %); B: Harper Collins; D: News International Newspapers	Familie Rupert Murdoch (30,8 %), MCI Communications (13,5 %), Citicorp Nominees (13,5 %)	15 723	27 000
Sony Corporation, Tokio (1946)	M: Sony Music Entertainment (Labels: Columbia, Epic, Okeh, TriStar, Sony Classical); F: Sony Pictures Entertainment (Columbia Pictures, TriStar Pictures); V: Sony Theatres; TV: Game Show Channel (50 %), Viva Musikkanal (19,8 %), Viva 2 (19,8 %); S: Sony Family Club	Raykay Inc. (5,3 %), Mitsui Trust (4 %), Sakura Bank (3,4 %), Sumitomo Trust (3,1 %)	12 712	151 000
Dai Nippon, Tokio (1876)	D: Dai Nippon Printing (weltgrößte Druckereigruppe), Tien Wah Press (Singapur; 85 %); S: Central Research Institute, Information Media Supplies Research Laboratory, Verpackungstechnologie, Mikroelektronik	Dai-ichi-Life Insurance (6,2 %), Fuji Bank (4,8 %), Industrial Bank of Japan (4,7 %)	11 849	33 000
Havas S. A., Neuilly-sur-Seine (1835)	B: Groupe de la Cité (Larousse, Nathan, W. R. Chambers); Z: L'Express, Le Point, Lire; C: France Loisirs (50 %); TV: Canal plus (23,6 %), Euronews (49 %), CLT/Ufa (49 %); H: Radio Nostalgie (49 %); V: Mediavision (33 %); S: Buchbinderei (eine der größten Europas), Werbeagentur, Tourismusunternehmen	Générale des Eaux (34,4 %), Alcatel Alsthom (7,1 %), Canal plus Finance (5,9 %)	10 431	18 800
Fujisankei Communications Group, Tokio (1933)	Z: Sankei Shimbun, Japan Industrial Journal, Ôsaka Shimbun; TV: Fuji Television; H: Nippon Broadcasting System, Nippon Cultural Broadcasting; M: Pony Canyon, Fuji Pacific Music; B: Fuso Publ., Nippon Hoso Publ.; D: Sankei Sogo Printing	Familie Shikanei u. a.	9 654	12 500
Toppan, Tokio (1900)	D: Toppan Printing, Hino Offset Printing, Tosho Printing, Toppan Art, Toppan Moore Co. (90 %); B: Froebel-Kan Co., Tokyo Shoseki Co.; S: Total Media Development Institute	Dai-ichi-Life Insurance (5,8 %), Nippon Life Insurance (5,5 %)	9 043	33 000
Lagardère Groupe, Paris (vorm. Matra/Hachette; 1826)	B: Hachette Livre, Alpha-Éditions, Grolier Inc., Salvat, Hatier; Z: Elle, Télé 7 Jours, Le Journal du Dimanche, Woman's Day, Le Provençal (49,9 %), La République (49,8 %); H: Europe 1/2; TV: Ludo Canal; F: Hachette Première (45 %); D: Brodard et Taupin; S: Rüstungselektronik, Telekommunikation, Verkehrstechnik, Raumfahrt	Lagardère Capital et Management (4,8 %), Daimler-Benz AG (3,3 %), General Electric Co. (London; 2,8 %)	8 821	21 800

Abkürzungen: **B** Buchverlage; **C** Buch- und Schallplattenklubs; **D** Druckereien; **F** Filmproduktion; **H** Hörfunksender; **M** Musikproduktion; **S** Sonstiges; **T** Tonträgerherstellung; **TV** Fernsehsender; **V** Filmverleih, Kinos; **Z** Zeitschriften, Zeitungen und Comics.
*) bei fusionierten Gesellschaften Gründungsjahr des jeweils ältesten Unternehmens

Sendungen, etwa im Bürgerfunk; Herausgeben von Zeitungen und Zeitschriften, z. B. Schülerzeitschriften) als Ausgangspunkt der Reflexion über mediale Kommunikation und als Erfahrungsgrundlage für die Analyse von Informationsfilterung und der besonderen Manipulierbarkeit durch Bilder. Eine Neubelebung der M. ist durch die Einführung neuer Medien, v. a. des Kabel- und Satellitenfernsehens, ausgelöst worden und hat u. a. in dem Begriff **Medienökologie** ihren Niederschlag gefunden, der beinhaltet, angesichts der Fülle an massenmedialen Kommunikationsangeboten, ein ausgewogenes Nutzungsverhältnis zw. diesen und der zwischenmenschl. Kommunikation aufrechtzuerhalten.

Als Hochschuldisziplin ist die M. v. a. in pädagog. Studiengänge für Diplompädagogen, Lehrer und Erzieher integriert, manchmal ist sie auch Bestandteil der Studiengänge für Kommunikationsberufe (Publizistik, Journalistik, Kommunikation). Mit dem Ziel der Erweiterung medienpädagog. Wissens und der nachdrückl. Verfolgung medienpädagog. Problematik auf wiss. wie auf berufl. Ebene wurde 1984 die Gesellschaft für M. und Kommunikationskultur e.V. (GMK, Sitz: Bielefeld) als Zusammenschluss von Medienpädagogen und Kommunikationswissenschaftlern gegründet.

M. u. Kommunikationslehre, hg. v. G. WODRASCHKE (1979); D. BAACKE: Kommunikation u. Kompetenz. Grundlegung einer Didaktik der Kommunikation u. ihrer Medien (^{3}1980); M. & Kommunikationskultur, hg. v. I. DE HAEN (1984); HANS-GERD SCHMIDT: Kinder reproduzieren ihre Lebenswelt. Praxis der Medienarbeit in Kindergarten, Hort u. Schule (1988); B. HURRELMANN: Fernsehen in der Familie. Auswirkungen der Programmerweiterung auf den Mediengebrauch (1989); Medienpädagog. Handeln in der Schule, hg. v. W. SCHILL u. a. (1992); G. TULODZIECKI: Medienerziehung in Schule u. Unterricht (^{2}1992); Hb. der M., hg. v. S. HIEGEMANN u. W. SWOBODA (1994); B. SCHORB: Medienalltag u. Handeln. M. im Spiegel von Gesch., Forschung u. Praxis (1995); Weltbilder, Wahrnehmung, Wirklichkeit. Bildung als ästhet. Lernprozeß, hg. v. D. BAACKE u. F. J. RÖLL (1995).

Medi|enpolitik, Maßnahmen und Handlungen, die in einem polit. Sinn auf die Organisation, Funktionsweisen und -abläufe von (Massen-)Medien, die Ausgestaltung von Medieneinrichtungen, -angeboten und -distributionsprozessen sowie auf die materiale und personelle Ausstattung der Medien und die Beeinflussung von Rezeptionsvorgängen zielen. Eine zentrale Rolle spielen die Definition und Ausgestaltung der Rahmenbedingungen des Medienbereichs (gesetzl. Grundlagen, Rundfunkordnungen, Pressegesetze u. a.). Die M. gilt als ein Teilbereich der **Kommunikationspolitik,** die das Kommunikationssystem als Ganzes (Individual- und Massenkommunikation) zum Gegenstand hat.

Zu den Akteuren der M. gehören in einer pluralist. Gesellschaft Legislativ-, Exekutiv- und Judikativorgane auf allen Ebenen, ferner die polit. Parteien, Kirchen, Gewerkschaften, Wirtschaftsverbände und Industrieunternehmen, nicht zuletzt die Medienwirtschaft selbst, die Interessenverbände der am Medienprozess Beteiligten (z. B. Journalistenverbände) und schließlich die Rezipienten, die sich als Einzelne (Leserzuschriften), als Mitglieder sozialer Gruppen (z. B. Verbände, Fanklubs) oder durch Ad-hoc-Initiativen (Unterschriftenaktionen) darum bemühen, die Politik zu beeinflussen. Für alle Akteure gilt dabei eine doppelte Zielsetzung: einerseits die dauerhafte Gestaltung und eindeutige, allgemein gültige Regelungen auf dem Mediensektor, andererseits die Durchsetzung je besonderer Absichten und Interessen.

Geschichtliches: Auch wenn sich M. in einem ausdrückl. Sinn erst mit der Entstehung und Verbreitung der Massenmedien formuliert findet, setzte die polit. Bezugnahme auf Medien und Meinungen schon wesentlich früher ein. Bereits die polit. Dimension der Flugschriftenliteratur seit der Reformation erforderte polit. Handeln, das sich zunächst im Wesentlichen auf die Teilnahme an der Produktion und dem Vertrieb von Pamphleten richtete, zugleich aber auch rechtl. und damit polit. Regelungen verlangte. Mit der Ausgestaltung des Zentralstaats in Frankreich, ersten Schritten zu einer liberalen pluralist. Öffentlichkeit und den Vorformen des Parteiwesens in England des 18. Jh. entstanden weitere Bereiche medienpolit. Aktivitäten. Im Kampf um Publikations- und Pressefreiheit und in den Auseinandersetzungen um staatl. Zensur und gesellschaftskrit. Literatur werden zwei Tendenzen sichtbar, die bis zur Gegenwart weiterwirken: das Bemühen der jeweiligen Machthaber um die Instrumentalisierung der Medien im Sinne des Machterhalts und das Bestreben der an der Macht nicht Beteiligten um eine jeweils andere Medienordnung, durch die Gesellschaftsverhältnisse und Machtverteilung in ihrem Sinne verändert werden könnten. Schließlich bildete sich im bürgerlich-liberalen Gesellschafts- und Politikmodell die Vorstellung allgemein verbindl. Grundstandards heraus, die den polit. Kampf um Medien gewährleisten, absichern und eingrenzen sollen (z. B. Gewährleistung der Meinungs-, Presse- und Informationsfreiheit in Art. 5 GG).

Die Geschichte der BRD stellt insoweit einen medienpolit. Neuansatz dar, als in ihr zunächst – auch unter dem Einfluss der Alliierten nach 1945 – ein öffentlich-rechtl. Mediensystem im marktwirtschaftl. Rahmen geschaffen wurde. Dabei sind die medienpolit. Interventionsmöglichkeiten in den Medienbereich unterschiedlich ausgeprägt: Medien- bzw. kulturpolit. Förderprogramme und die Gesetzgebung im Post- und Fernmeldewesen gehören zu den Aufgaben des Bundes (Art. 73 GG), daneben bestehen die Kulturhoheit der Länder, die sich v. a. in der Rundfunkorganisation widerspiegelt, und die privatwirtschaftl. Organisation der Presse, der sonstigen Druckerzeugnisse, der Computersoftware, der Tonträger und des Videoangebots, die lediglich den allgemeinen rechtl. Rahmenbedingungen (StGB, BGB) unterliegen, mit Ausnahme der für das Pressewesen bestehenden Sonderregelungen (Kartellgesetze, Landespressegesetze, Tendenzschutzbestimmungen u. a.).

Schwerpunkte der M.: Bis Mitte der 1970er-Jahre dominierte die Auseinandersetzung um das Pressewesen die M. in der BRD. Den Folgen einer aufgrund der wirtschaftl. Rezession in der 2. Hälfte der 60er-Jahre verstärkt einsetzenden →Pressekonzentration wollte man vornehmlich mit drei Instrumenten begegnen: Fusionskontrolle (Marktanteilsbegrenzung), Finanzhilfen für die Presse und Regelung der ›inneren Pressefreiheit‹. Zur systemat. Beobachtung der Presselandschaft wurde 1975 eine amtl. Pressestatistik ins Leben gerufen. Daneben wurde auf der Basis von Stichtagsbefragungen ein differenziertes Indikatorensystem entwickelt, das eine kontinuierl. und langfristige Beobachtung struktureller Veränderungen gestattet (Zeitungsdichte, Ein-Zeitungs-Kreise usw.). Der Versuch eines pressespezif. Mitbestimmungsgesetzes ist an polit., prakt. und rechtl. Problemen gescheitert. Ziel war hierbei, die innere Ordnung von Presseunternehmen (und Rundfunkanstalten) so zu reformieren, dass trotz des fortschreitenden ›Zeitungssterbens‹ innerhalb der einzelnen Redaktionen Meinungsvielfalt gewährleistet bleibt.

Mit der Entwicklung und Einführung neuer Übertragungstechniken (Breitbandkabelnetze, Fernmeldesatelliten) hat sich der Schwerpunkt der M. auf den Rundfunkbereich verlagert. Das Bundesverfassungsgericht, dessen Rechtsprechung maßgeblich die ›Konturen der dt. Rundfunkverfassung‹ geprägt hat (›Fernsehurteile‹), verband die Durchführung von Rundfunk mit strengen Auflagen (Binnenpluralismus) und hat später aufgrund veränderter techn. Rahmenbedingungen das Modell des Außenpluralismus entwickelt. Die medienpolit. Kontroverse um die Erprobung eines Nebeneinanders öffentlich-rechtl. und privat-kommerziell organisierten Rundfunks in Modellversuchen (Kabelpilotprojekt Ludwigshafen 1984) endete mit der Konstituierung eines dualen Rundfunksystems. Hierin wird eine Bestands- und Entwicklungsgarantie des öffentlich-rechtl. Rundfunks (Grundversorgung, Aufrechterhaltung inhaltl. Standards, Wahrung der Meinungsvielfalt) ergänzt durch die Zulassung privaten Rundfunks. Die Vielfalt des Programmangebots soll hier durch die Vielzahl der Programmanbieter gewährleistet sein. Diese werden durch öffentlich-rechtl. Aufsichtsorgane (Landesmedienanstalten) kontrolliert. Damit bleibt auch die Rundfunkhoheit der Bundesländer gewahrt.

Mit der Entwicklung neuer Informations- und Kommunikationstechnologien und dem Weg in die →Informationsgesellschaft weitet sich das potenzielle Handlungsfeld der M. aus. Dadurch, dass die Nutzung und das Angebot im Bereich der neuen Medien privatisiert und individualisiert, zugleich aber internationalisiert werden, stehen die Probleme der ordnungspolit. Steuerung und Kontrolle der Medienentwicklung im Vordergrund einer europaweit ausgerichteten M., ebenso Probleme des Wettbewerbs und der techn., wirtschaftl. und sozialen Entwicklung des Mediensektors sowie der erhebl. Gestaltungsspielraum von Einzelpersönlichkeiten (›Medienzaren‹) und Konzernen. Weltweit, bes. in Asien, Lateinamerika und Afrika, stehen weiterhin die Abwehr von Zensurmaßnahmen, die Kritik an der Instrumentalisierung von Medien zu Propagandazwecken und das Problem der Grundversorgung der Bev. mit Medienangeboten an erster Stelle der medienpolit. Diskussion.

F. Ronneberger: Kommunikationspolitik, 3 Bde. (1978–86); ders.: Kommunikationspolitik als M. (1986); H. Bausch: Rundfunkpolitik nach 1945, 2 Bde. (1980); Dt. Kommunikationskontrolle des 15. bis 20. Jh., hg. v. H.-D. Fischer (1982); H. Schatz u. a. in: Politik in der Bundesrep. Dtl., hg. v. K. von Beyme u. a. (1990); H. Heinrich: Dt. M. (1991); G. G. Kopper: Medien- u. Kommunikationspolitik der Bundesrep. Dtl. (1992); Fünf vor zwölf. Standortfragen der Medienregion als Herausforderung für M. u. Medienwirtschaft, hg. v. C. Mast (1993); H. J. Kleinsteuber u. T. Rossmann: Europa als Kommunikationsraum. Akteure, Strukturen u. Konfliktpotentiale in der europ. M. (1994); Öffentlichkeit, öffentl. Meinung, soziale Bewegungen, hg. v. F. Neidhardt (1994); Politik u. Medien, hg. v. M. Jäckel u. a. (1994); EMR-Dialog Europ. M. im Licht der Maastricht-Entscheidung, Beitrr. v. K. Bohr u. a. (1995); J. Tonnemacher: Kommunikationspolitik in Dtl. (1996).

Medi|enrecht, Sammel-Bez. für die die versch. Medien regelnden gesetzl. Bestimmungen. Das M. umfasst u. a. das Rundfunk-, Presse- und Verlagsrecht sowie das Recht des Films und der neuen Medien (Internet und Onlinedienste).

Eine einheitl. gesetzl. Regelung des M. fehlt. Von Bedeutung für die Medien sind sowohl zivilrechtl. (Urheber-, Persönlichkeits-, Wettbewerbsrecht, Bildnisschutz), öffentl.-rechtl. (Rundfunkstaatsvertrag, Landesmedien-Ges., Mediendienstestaatsvertrag, Teledienste-Ges.) wie auch strafrechtl. Bestimmungen (z. B. zum Jugendschutz). Für einige dieser Bereiche weist das GG dem Bund die ausschließl. oder konkurrierende Gesetzgebungskompetenz zu (z. B. Recht der Wirtschaft, Urheber-, Strafrecht). Soweit dies nicht der Fall ist, liegt die Regelungskompetenz nach Art. 30 und 70 GG bei den Ländern. Das Bundesverfassungsgericht (BVerfG), dessen Rechtsprechung nicht nur das Rundfunkrecht, sondern das gesamte M. stark beeinflusst hat, hat schon 1960 in seinem ersten so genannten Rundfunkurteil festgestellt, dass der Bund insbesondere aus der in Art. 73 Nr. 7 GG festgelegten Befugnis zur Regelung des Fernmeldewesens keine erweiterte Zuständigkeit für das Rundfunk-, oder allgemeiner das M., herleiten könne. Von der durch Art. 75 Nr. 2 GG begründeten Rahmengesetzgebungskompetenz des Bundes zur Regelung der allgemeinen Rechtsverhältnisse der Presse und des Films hat der Bund bislang keinen Gebrauch gemacht. Beim Medienordnungsrecht (z. B. Presse- und Landesmedien-Ges.) handelt es sich somit weitgehend um Landesrecht. Wegen des Ländergrenzen überschreitenden Charakters insbesondere des Rundfunks und der Mediendienste haben Staatsverträge zw. den Bundesländern bedeutung bei der Fortentwicklung des M. erlangt. So wurde 1987 der Rundfunkstaatsvertrag abgeschlossen, neu gefasst mit Wirkung vom 1. 1. 1997, mit dem die Grundsätze einer dualen Rundfunkordnung (Nebeneinander von öffentlich-rechtl. und privaten Rundfunkanstalten) festgelegt wurden. 1997 einigten sich die Länder auf den Mediendienstestaatsvertrag, der eine erste ländereinheitl. Regelung für Mediendienste beinhaltet. Parallel hierzu erließ der Bund das Informations- und Kommunikationsdienste-Ges. (→Multimedia).

Stark geprägt wird das M. durch die grundgesetzl. Gewährleistung der Meinungs- und Informationsfreiheit, der Pressefreiheit sowie der Freiheit der Berichterstattung durch Rundfunk und Film (Art. 5 Abs. 1 GG). Die Möglichkeiten zur Einschränkung dieser Grundrechte gemäß Art. 5 Abs. 2 GG (durch die allgemeinen Gesetze, Bestimmungen zum Jugendschutz und das Recht der persönl. Ehre) sind grundsätzlich eng auszulegen. Lediglich im Bereich des Rundfunks sieht das BVerfG noch immer eine Notwendigkeit einer weiter gehenden staatl. Regelung.

Zunehmend wird das M. schließlich durch Rechtsakte der EG beeinflusst. Zu nennen sind hier z. B. die Fernsehrichtlinie und die versch. Urheberrechtsrichtlinien, die jeweils innerhalb vorgegebener Fristen in nat. Recht umzusetzen waren. Das BVerfG hat in seinem achten Rundfunkurteil die Berechtigung der EG, auch in nach dt. Verständnis der Kultur und damit der Hoheit der Bundesländer zuzurechnenden Bereichen tätig zu werden, grundsätzlich anerkannt.

Verfassungsrechtl. Grundlage des *österr.* M. (i. w. S.) bilden die Art. 13 Staatsgrund-Ges. und Art. 10 Europ. Menschenrechtskonvention, die auf grundrechtl. Ebene die Meinungs-, Presse- und Rundfunkfreiheit gewährleisten. Das Medienwesen ist in Gesetzgebung und Vollziehung z. T. Sache des Bundes (Art. 10 Abs. 1 Ziffer 6 und 9 B-VG: Presse-, Post- und Fernmeldewesen, auch Rundfunk), soweit dem Bund die Regelungskompetenz nicht ausdrücklich zugewiesen ist, Sache der Bundesländer (Art. 15 Abs. 1 B-VG). Die zentrale Rechtsvorschrift auf dem Gebiet des M. (i. e. S.) ist das Medien-Ges. vom 12. 6. 1981 i. d. F. v. 1993. Das Medienwesen umfasst nicht nur Presse, Rundfunk, Buch und Film, sondern auch Bild- und Tonträger (Tonband, Videokassette, CD-ROM u. a.) sowie die neuen Medien. – Auch die *Schweiz* verfügt nicht über ein systematisch kodifiziertes M. Die unter dem Begriff M. zusammengefassten rechtl. Bestimmungen finden sich in versch. privatrechtl. und öffentlich-rechtl. Erlassen. Leitfaden für die gedruckte Presse ist die Art. 55 Bundes-Verf. garantierte Pressefreiheit. Rundfunk und elektron. Medien stützen sich auf das ungeschriebene Verf.-Recht der Meinungsäußerungsfreiheit. Schranken ergeben sich aus der allgemeinen Rechtsordnung, vorab aus dem Strafrecht, dem Persönlichkeitsrecht (→Gegendarstellung) sowie dem Ges. den unlauteren Wettbewerb.

Medi|entechnik, Oberbegriff für techn. Systeme, die der Herstellung und dem Betrieb von →Medien, zumeist →Massenmedien, dienen. Die mithilfe der M. erzeugten Produkte liegen sowohl in gedruckter (z. B. Zeitung, Zeitschrift) als auch in elektron. Form (insbesondere Audio- und Videoaufzeichnungen auf Kassette, Schallplatte, CD, CD-ROM) vor. Durch die spezifischen techn. Möglichkeiten des Mediums kann die M. dabei formend auf den Inhalt wirken (z. B. Veränderung von Ton- und Bildqualität).

Unter prakt. Aspekten werden in der M. die techn. Systeme für Printmedien, Fotografie, Hörfunk, Film und Fernsehen sowie →Multimedia unterschieden. Die massenmediale Verbreitung der medientechnisch erzeugten Produkte erfolgt durch die Anwendung von Vervielfältigungs- und/oder Übertragungstechniken. Besondere Bedeutung haben die Wandlung nichtelektrischer in elektr. Größen und die Digitalisierung analoger elektr. Signale, die Verstärkung, Modulation, Demodulation und die log. Verknüpfung der in codierter Form vorliegenden Signale sowie deren drahtlose oder -gebundene Übertragung, die auch bidirektional erfolgen kann und damit interaktive Anwendungen ermöglicht. Der Bereich der M., der der Übermittlung und Verarbeitung von Informationen, der Kommunikation, dient, wird auch als →Informations- und Kommunikationstechnik bezeichnet.

Medi Medientransfer – Medina del Campo

Medina: Große Moschee; 707–709, mehrfach verändert und erweitert

Medina
Oasenstadt und Handelsplatz in Saudi-Arabien
·
639 m ü. M.
·
400 000 Ew.
·
Universität (seit 1961)
·
zweitwichtigster Wallfahrtsort des Islam
·
Wahrzeichen ist die Kuppel über dem Grab des Propheten
·
Zentrum des ersten von Mohammed geschaffenen Gemeinwesens
·
Residenz der ersten drei Kalifen

Medi|entransfer, die Übernahme eines Produkts von einem Medium in ein anderes, z. B. die Verfilmung eines Romans oder die Veröffentlichung einer Filmmelodie als Schallplatte.

Medi|enverbund, 1) die Verbindung von mehreren, meist in versch. Medienbereichen tätigen Firmen (z. B. Buch- und Presseverlage, Film- und Rundfunkgesellschaften) zu einem Unternehmen auf nat. oder internat. Ebene. (→Medienkonzern)
2) Zusammenarbeit bzw. Zusammenspiel mehrerer unterschiedl. Medien, z. B. Printmedien und Hörfunk beim Funkkolleg, Tonträger, Film und Livekonzert im Bereich der populären Musik, im Rahmen eines Programms (Werbekampagnen, Wahlveranstaltungen, Bildungsprogramme), einer Darbietung (Bühnenaufführung, Show) oder eines künstler. Projekts (Ausstellung, Installation).

Medi|enwissenschaft, interdisziplinäre Wiss., die Fragen der Literaturwiss., der Kommunikationswiss. und der Kultursoziologie verbindet. Im Zentrum der Forschungen stehen die Erscheinungen moderner Massenmedien, die im Hinblick auf ihre formale Gestaltung, ihre inhaltl. Aussagen, zumeist auch im Zusammenhang gesellschaftl. Entwicklungen, des techn. Fortschritts und kultureller Veränderungen gesehen werden. – Gelegentlich wird die Bez. M. auch für Medienforschung, Medienwirkungsforschung, Publizistik oder Kommunikationswiss. benutzt.

Ansichten einer künftigen M., hg. v. R. BOHN u. a. (1988); Medien – Kultur. Schnittstellen zw. M., Medienpraxis u. gesellschaftl. Kommunikation, hg. v. K. HICKETHIER u. S. ZIELINSKI (1991).

Medikamente [lat., zu medicare ›heilen‹] *das, -(e)s/-e,* die →Arzneimittel. – **medikamentös,** mithilfe von Medikamenten.

Medikation *die, -/-en,* Verordnung, Anwendung von Arzneimitteln; Art der in einem bestimmten Krankheitsfall verordneten Arzneimittel (einschließlich Dosierung).

Medimnos *der, -/...noi,* lat. **Medimnus,** antike griech. Volumeneinheit (Scheffel), 1 M. = 48 Choinikes = 52,531 (att. Maß) oder 78,791 (lakedaimon. Maß).

Medimurje [mɛˈdzimurjɛ], kroat. für →Murinsel.

Medin, Karl Oskar, schwed. Kinderarzt, * Axberg (Verw.-Bez. Örebro) 14. 8. 1847, † Stockholm 24. 12. 1927; 1883–1912 Prof. in Stockholm; nach ihm ist die Heine-Medin-Krankheit (→Kinderlähmung) benannt, deren epidem. Charakter erst nach seinen Arbeiten allg. anerkannt wurde.

Medina, Madina, Medinet *die, -/-s,* arab. Wort für ›Stadt‹. Heute ist M. bes. die Bezeichnung für die Altstadtquartiere nordafrikan. Städte im Unterschied zu deren (kolonialzeitl.) Europäervierteln.

Medina, Al-Madina, Oasenstadt in Saudi-Arabien, im Hidjas in bewässerter Ebene am Fuß eines Vulkanplateaus, 639 m ü. M., 400 000 Ew.; Univ. (gegr. 1961), Lehrerseminar, Schule für angewandte Kunst, Bibliotheken. M. ist (nach Mekka) zweitwichtigster Wallfahrtsort des Islam sowie bedeutender Handelsplatz; ausgedehnte Dattelpalmenhaine und Gemüsegärten; Meerwasserentsalzungsanlage; Flugplatz. – Die für die Entwicklung des islam. Moscheewesen wegweisende ›Große Moschee‹ (errichtet 707–709) mit u. a. dem von einer grünen Kuppel gekrönten Grab des Propheten MOHAMMED wurde nach Bränden (1256 und 1481) rekonstruiert und umgebaut (v. a. 15./16. Jh.), zuletzt in spätosman. Zeit (1848–60). Einen Großteil dieses Umbaus ersetzte man in der ersten Hälfte der 1950er-Jahre durch einen Neubau mit zwei Innenhöfen, der 1985–90 gewaltig erweitert wurde, sodass er nun fast den gesamten Raum der früheren, abgerissenen Altstadt besetzt und den rapide gestiegenen Pilgerzahlen Rechnung trägt (Platz für 130 000 Menschen). – M., als **Jathrib** schon in vorislam. Zeit eine bedeutende Stadt an der Weihrauchstraße und seit dem 1. Jt. v. Chr. bewohnt, nahm 622 MOHAMMED mit seinen Gefährten nach seiner Auswanderung aus Mekka (Hidjra) auf und wurde, in M. (arab. ›Stätte der [religiösen] Gerichtsbarkeit‹) umbenannt, Zentrum des von ihm geschaffenen frühislam. Gemeinwesens (632–656 Hauptstadt des arabisch-islam. Reiches und Residenz der Kalifen). Der omaijad. Kalif WALID I. (705–715) ließ an Ort des ehem. Hauses sowie das Grabstätte MOHAMMEDS und seiner Tochter FATIMA mithilfe byzantin. Baumeister die ›Große Moschee‹ errichten; deshalb wurde M. als ›Stadt der Propheten‹ bzw. ›erleuchtete Stadt‹ eine der hl. Stätten des Islam. Ab 1517/1532 unter osman. Herrschaft, 1804–13 zum Wahhabitenreich gehörig, 1916–18 Zentrum des ›Königreiches Hidjas‹ von HUSAIN I. IBN ALI, kam M. 1924 zu Saudi-Arabien.

E. ESIN: Mekka u. M. (a. d. Engl., 1964); M. S. MAKKI: M., Saudi Arabia. A geographic analysis of the city and region (Amersham 1982).

Weitere Literatur →Mekka

Medina Azahara [meˈðina aθa-], **Medina az-Zahra** [meˈðina aθ θ-], Ruinenstätte einer omaijad. Palaststadt in Spanien, 10 km westlich von Córdoba; die vom omaijad. Kalifen von Córdoba, ABD ARRAHMAN III., 936 gegründete Stadt wurde in drei Terrassen angelegt (auf der unteren lagen Gärten, auf der mittleren die Wohnstadt, oben der Palastbezirk) und ummauert. Ausgrabungen legten u. a. zwei Repräsentationsbauten (Audienzsäle) frei, von denen einer, eine fünfschiffige Anlage mit vorgelagerter Eingangshalle, wieder aufgebaut wurde; sie besaßen prachtvoll ornamental verzierte Wandnischen, Pfeiler und Kapitelle. Während einer Revolte im Jahre 1111 wurde M. A. zerstört, dann als Steinbruch ausgeschlachtet.

Medinaceli [meðinaˈθeli], Stadt in der Prov. Soria, Altkastilien, Spanien, nahe der Straße Madrid–Saragossa, 1 202 m ü. M., 700 Ew. – Malerisch auf einem Berg gelegene Altstadt mit dem einzigen dreibogigen röm. Triumphbogen Spaniens (2./3. Jh.; 9 m hoch, 13,7 m breit); Ruine der arab. Alcazaba und der arab. und röm. Stadtmauern; got. Stiftskirche Santa María (1520–40; Grabstätte der Herzöge von M.); Kloster Santa Isabel (1598); Kloster Beaterio San Román; Palast der Herzöge von M. (18. Jh.). – M., eine keltiber. Gründung, war die röm. Kolonie **Ocilis** und die bedeutende Araberstadt **Medina Salim.**

Medina del Campo [meˈðina-], Stadt in der Prov. Valladolid, Altkastilien, Spanien, am Zapardiel, 721 m ü. M., 20 100 Ew.; Straßen- und Eisenbahnknotenpunkt; Landwirtschaftszentrum. – Kastell La Mota (um 1440), ein aus Backstein gefügter Wehrbau mit wuchtigem Bergfried; Palast des Rodrigo de Dueñas (16. Jh.; mit Renaissance-Innenhof); Casa Blanca (1556–63) im Platereskenstil, umschließt einen Innenhof; Kirche San Antolín (16. Jh.) und Rathaus (1660). – M. d. C., eine arab. Wiedergründung an einer seit 2000 v. Chr. besiedelten Stätte, war im MA. oft Versammlungsort der Cortes und 1465–1643 Freimarkt; seine Banken und Handelsmessen waren im 15.–17. Jh. die bedeutendsten Europas.

Medina de Rioseco [meˈðina-], Stadt in der Prov. Valladolid, Altkastilien, Spanien, 735 m ü. M., 5 000 Ew.; wichtiger Straßenknotenpunkt. – In der Kirche Santa María de Mediavilla (Ende 15. Jh. über Vorgängerbau errichtet) ein Retabel von J. DE JUNI (1557); Renaissancekirche Santiago (1533 erbaut; plateresk-S-Portal 1548) mit Hauptretabel von JOSÉ B. CHURRIGUERA (1703). – Schon in kelt. und röm. Zeit bedeutend, blühte der Ort unter den Arabern weiter auf.

Medina Estévez [-vəs], Jorge Arturo, chilen. kath. Theologe, *Santiago de Chile 23. 12. 1926; 1954 zum Priester, 1985 zum Bischof geweiht (Titularbischof von Tibili); war ab 1987 Bischof von Rancagua, 1993–96 von Valparaíso und leitet seit Juni 1996 als Propräfekt (seit September 1996 im Rang eines Erzbischofs) die Kurienkongregation für den Gottesdienst und die Sakramente; gehörte dem Redaktionskomitee für den ›Katechismus der kath. Kirche‹ an.

Medina Sidonia [meˈðina-], seit 1445 Herzogstitel des span. Adelsgeschlechts Guzmán. Bedeutendster Titelträger war Admiral ALONSO →PÉREZ DE GUZMÁN, Herzog von Medina Sidonia.

Medina Sidonia [meˈðina-], Stadt in der Prov. Cádiz, Niederandalusien, Spanien, 300 m ü. M., 10 800 Ew.; Stammsitz der Herzöge von M. S. – Auf einem Hügel, inmitten der Ruinen der arab. Alcazaba, die got. Kirche Santa María la Coronada (16. Jh.; platereskes Retabel von M. TURÍN und J. B. VÁZQUEZ, 1575–77; z. T. erhaltene maur. Stadtmauer mit Toren, u. a. Arco de la Pastora mit doppeltem Hufeisenbogen; Torre de Blanca und Kirche Santiago (Artesonados) im Mudéjarstil. M. S. ist umgeben von den Ruinen mächtiger Maurenburgen: 8 km nordwestlich Castillo de Torre Estrella, 24 km östlich Alcalá de los Gazules, 18 km südöstlich Benalup de Sidonia; in der Nähe der beiden letztgenannten Burgen Höhlen mit prähistor. Malereien und Zeichnungen. – Die phönik. Gründung **Assido** wurde später von Griechen und Römern besiedelt, das westgot. **Assidona** war Bischofssitz; seine Hochblüte erlebte M. S. in der Araberzeit (711–1264).

Medinaceli: Römischer Triumphbogen; 2./3. Jh.

Medina Sidonia: Arco de la Pastora mit doppeltem Hufeisenbogen

Medinawurm [nach der Stadt Medina], **Guineawurm** [gi-], **Dracunculus medinensis,** zu den Filarien gerechneter, in den Tropen und Subtropen auftretender Fadenwurm, der durch parasit. Befall bei Menschen und Tieren (v. a. Pferde, Rinder, Hunde) die **Drakunkulose (Drakontiase, Dracontiasis)** hervorruft, die v. a. in Afrika, Vorderasien und Indien verbreitet ist. Die Infektion vollzieht sich durch Aufnahme der in Ruderfußkrebsen (Gattung Cyclops) als Zwischenwirt lebenden Larven des M. mit dem Trinkwasser. Diese durchdringen die Darmwände und gelangen über die Lymphbahnen in den Körper, wo sie sich zu geschlechtsreifen Würmern entwickeln. Die mehr als 1 m langen, trächtigen Weibchen besiedeln das Unterhautbindegewebe der Gliedmaßen (v. a. Füße und Unterschenkel) und rufen Blasen und schmerzhafte, furunkelartige Geschwüre hervor. Bei Abkühlungsreiz (Wasserkontakt) durchbrechen sie die Haut und entleeren schubweise Hunderttausende von Larven; danach sterben sie ab.

Die *Behandlung* erfolgt chemotherapeutisch mit Niridazol oder Metronidazol, mechanisch durch Herausziehen von herausragenden Würmern (allmähl. Aufwickeln auf Holzstäbchen). Der Vorbeugung dienen das Filtern oder Abkochen des Trinkwassers.

Medinet asch-Schaab, Madinat ash-Shaab, Satellitenstadt von Aden, Jemen, auf der Halbinsel Little Aden, etwa 20 000 Ew. – 1959 als **Al-Ittihad** gegründet; war 1963–67 Verw.-Sitz der Südarab. Föderation, 1967 umbenannt.

Medinet Habu, ägypt. Tempelkomplex auf dem westl. Nilufer, Teil der alten Nekropole von Theben. Neben einem kleinen Tempel mit Umgang, der von THUTMOSIS III. errichtet und in der Spätzeit erweitert wurde, legte RAMSES III. um 1180 v. Chr. seinen Totentempel an und umgab den Komplex, der auch einen Palast des Königs, einen heiligen See und Vorratshäuser umfasst, mit einer hohen, festungsartigen Ziegelmauer. Den Zugang bildete das Hohe Tor im O, mit Siegesreliefs des Königs; der Tempel zeigt weitere Reliefbilder der Siege über Seevölker und Libyer, Festdarstellungen und einen Festkalender. (BILD S. 408)

Medingen, ev. Damenstift, →Bevensen.

Medio [lat.-ital. ›mittlerer‹] *der, -(s)/-s, Bank-* und *Börsenwesen:* der 15. eines jeden Monats; fällt dieser auf einen Samstag, Sonntag oder Feiertag, ist für die Abwicklung von **M.-Geschäften** (an M. zu erfüllende Geldgeschäfte) der vorangegangene Werktag maß-

407

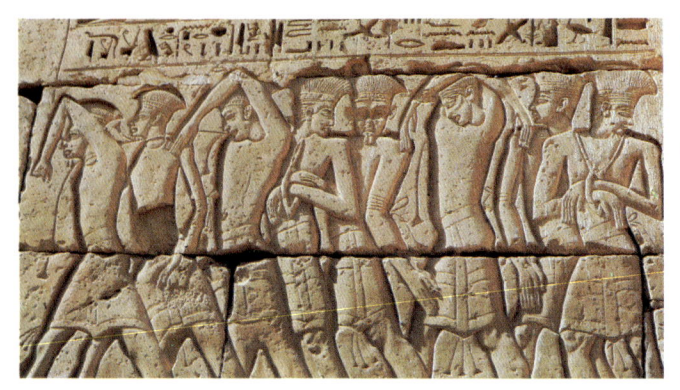

Medinet Habu: Ausschnitt aus den Reliefbildern mit Darstellung der Siege über Seevölker aus dem Totentempel Ramses' III.; um 1180 v. Chr.

geblich. Die an diesem Tag fälligen Geldmarktmittel werden auch als M.-Gelder bezeichnet.

Mediomatriker, lat. **Mediomatrici,** kelt. Volksstamm an der oberen Mosel. Die M. stellten gegen CAESAR ein starkes Kontingent zum Entsatz von Alesia. Sie standen nach der Eingliederung Galliens in das Röm. Reich loyal zu den Römern. Im Gebiet der M. liegen u. a. der große Ringwall auf dem Odilienberg und die Kultstätte auf dem Gipfel des Donon (beide in den Vogesen). Hauptort der M. war Divodurum (später Mettis, heute Metz).

Mediopassiv, im Griechischen Medium mit passiver Bedeutung. Außer im Futur und im Aorist, für die das Griechische spezielle passiv. Formen entwickelt hat, fallen Medium und Passiv zusammen.

Mediothek [zu Medien, Analogiebildung zu Bibliothek] die, -/-en, **Mediathek,** Abteilung für audiovisuelle Medien in einer Bibliothek, in der auditive, audiovisuelle und visuelle Materialien und Aufzeichnungen (z. B. Tonbänder, Schallplatten, CDs, Filme, Videofilme, Dias, Projektionsfolien) sowie computergestützte Informationsträger mit den zugehörigen techn. Geräten bereitgestellt werden. Tendenziell werden in den Bibliotheken Nicht-Buch-Medien in jeweils zuständige Abteilungen integriert, da die Trennung nach medialen Trägern nicht mehr zeitgemäß ist. M. bezeichnet außerdem eine (über audiovisuelle Medien verfügende) Schulbibliothek. – In Berlin wird zurzeit die ›Dt. Mediathek‹ aufgebaut. Sie soll einen Programmbestand dt.-sprachiger Hörfunk- und Fernsehsendungen zugänglich machen, die durch ihren zeitgeschichtl. Dokumentationscharakter, ihre künstler. Bedeutung, ihren großen Publikumserfolg oder als Meilensteine der Medienentwicklung für Forschungs- und medienpädagog. Zwecke, aber auch für die öffentl. Nutzung von Interesse sind.

Medisch, →iranische Sprachen.

medische Kunst, die Kunst der Meder etwa 750 bis 550 v. Chr., wie sie sich in den Kunstdenkmälern manifestiert, die in der Umgebung von Ekbatana, der früheren Hauptstadt des med. Reiches (heute Hamadan), ausgegraben worden sind: in →Godintepe und in →Nuschijan Palastanlagen, in Nuschijan der älteste Feuertempel (Mitte 8. Jh. v. Chr.), in →Bisutun ein Stadttor mit dem Relief eines Löwen, in →Baba Djan kleine Palastanlagen. Die Bauweise aus Lehmziegeln und Holzsäulen ist den Bauten aus Urartu und Babylonien verwandt, die Palastanlagen mit Säulensaal (Empfangssaal) und -vorhalle haben Vorläufer in den Megaronbauten von Hasanlu und Kanisch und fanden Nachfolger in der Palastarchitektur der achaimenid. Kunst, die Säulensaal (Apadana) und Vorhalle in anderes Material und andere Maßstäbe übertrug. Der Schatzfund von Nuschijan macht es nicht unwahrscheinlich, dass auch die Bildwelt der achaimenid. Kunst (Bauplastik, Kleinkunst) durch die m. K. beeinflusst wurde. Die über 200 silbernen Objekte (Schmuck u. a.) des Fundes zeigen die Tradierung und Verschmelzung unterschiedl. Einflüsse (Marlik Tepe, Ziwije, Tepe Hissar, Schicht III b), z. B. Spiralen und Tiermotive. Auch der Oxusschatz enthält wohl einige Stücke med. Herkunft. Die Felsengräber in Medien werden heute erst in die Zeit nach der Mederherrschaft angesetzt.

A. MAZAHERI: Der Iran u. seine Kunstschätze. Meder u. Perser (a. d. Frz., Genf 1970); W. LUKONIN: Kunst des alten Iran (a. d. Russ., Leipzig 1986); W. KLEISS: Die Entwicklung von Palästen u. palastartigen Wohnbauten in Iran (Wien 1989); Handwerk u. Kunst in Persien 9.–19. Jh., bearb. v. T. DEXEL (1991); R. FISCHER: Iran. Gesch. u. Kulturdenkmäler. Ein Führer (Oberdorf ³1992).

Meditation [lat. meditatio ›das Nachdenken‹] die, -/-en, eine in vielen Religionen und Kulturen praktizierte Besinnung oder Sammlung des Individuums; eine Abwendung von der Betriebsamkeit der Außenwelt hin zur Innerlichkeit mit dem Ziel, der wahren Wirklichkeit, des eigentl. Grundes der wechselnden und zufälligen Erscheinungsvielfalt der Welt innezuwerden. Insofern dieser angestrebte Zustand oft mit Begriffen wie →Kontemplation oder (myst.) →Ekstase bezeichnet wird, gewinnt die M. den Charakter einer Vorstufe (dieser Zustände), die teilweise noch Reste diskursiven Denkens oder Nachdenkens, andererseits aber auch ›über-rationale‹ Bewusstheit ungegenständl. Art oder bildhafter Schau kennt, aber noch nicht das Stadium äußerster Identitätserfahrung erreicht hat. Ungeachtet ihres unterschiedl. religiösen oder kulturellen Rahmens beinhaltet M. immer einen asketischen, menschl. Selbstdisziplinierung voraussetzenden Übungsweg und eine zu erlernende und in Stufen zu höherem Können führende Technik. Das Ziel wird einerseits in der M. an sich – als einer hohen Form menschl. Lebensgestaltung – gesehen, andererseits in der Erfahrung einer außerhalb des gegenständl. Bewusstseins liegenden transzendenten Wirklichkeit (bezeichnet als das ›Göttliche‹, das ›Eine‹ oder das ›Nichts‹), die als Grund auch der menschl. Existenz angesehen wird. Dieses Ziel wird – häufig erst nach langjähriger meditativer Vorbereitung – ›plötzlich‹, in einer das Subjekt und die gesamte Weltwirklichkeit durchbrechenden Form als ›Erleuchtung‹ erfahren (z. B. im Christentum die Unio mystica, im Buddhismus das Nirvana).

Zu den M.-Techniken zählen Sitzhaltungen, Körperübungen, Atemkontrolle, Übungen der Konzentration (z. B. auf einen Gegenstand oder ein Wort, u. a. im Sinne einer systematisch fortschreitenden Abstraktion; auf eine sinnlos erscheinende Aussage, ›Kōan‹; Wiederholung einer heiligen Silbe oder Formel, →Mantra; Visualisierungen) und des Rückzuges von der Bilderwelt des Bewusstseins (ungegenständl. M.). Die Kontrolle des Körpers, der Seele und des Denkens soll zum ›Loslassen‹, zur ›Durchlässigkeit‹ des Meditierenden für die Erfahrung der Wahrheit führen.

Die unterschiedl. Formen der M. lassen sich zwei Typen zuordnen, die sich wechselseitig beeinflusst und z. T. miteinander vermischt haben. In (pantheistisch-)monist. Kontexten soll durch M. ein Weg zur Erfahrung einer letzten Identität des Menschen mit der Alleinheit (›Gott‹) beschritten werden, der aus der ablenkenden oder auch leidvollen Vielheit und Bindung an die Geschichte herausführt. Diesen Typ bildeten v. a. die östl. Weltreligionen aus: In der Upa-

medische Kunst: Darstellung eines Meders mit einem Barsombündel als Würdezeichen; in Goldblech getriebene Arbeit, 7.–6. Jh. (London, Britisches Museum)

nishadentheologie Indiens ist M. unverzichtbar zur Überwindung des Kreislaufs der Existenzen und des Karmagesetzes (→Karma), sodass der Meditierende schließlich erfahren kann: ›Du bist das All‹. Diese Tradition wurde im späteren Hinduismus in versch. Schulen weitergepflegt und bald mit der Yogatechnik verbunden, die über eine völlige Beherrschung des Körpers und psych. Techniken zur Lösung von der Geschichte und zu einer Identitätserfahrung führen soll. Als siebte Stufe des ›achtteiligen Heilspfades‹ soll M. im Rahmen des buddhist. Erlösungsweges zur Erkenntnis der ›vier edlen Wahrheiten‹, also der Notwendigkeit einer Lösung von allen Bindungen an das leidvolle Leben und bes. an die Scheinwirklichkeit des ›Ich‹ führen. Die M.-Übungen gliedern sich in die Vorbereitung zur M., die Überwindung der Hindernisse und die Erlangung vollkommener Sammlung (→Samadhi) durch stufenweise meditative Versenkung (vier Jhana); geschult werden Achtsamkeit und Bewusstheit, die alles Tun und Lassen begleiten sollen.

Auch im (monist.) Hellenismus spielte die M. eine große Rolle, die bes. im Neuplatonismus begründet wurde, dem es darum ging, hinter der Vielheit und den Divergenzen der kosm. Realität deren letztes und eines Sein zu erfahren.

Ein anderer Typ von M. hat sich in den monotheist. Religionen ausgebildet, die in der M. eine Einheit des personalen Menschen mit dem personal gedachten Gott anstreben (ausgedrückt in den Bildern liebender Vereinigung partnerschaftl. Art: ›Bund‹, ›Ehe‹, ›Gehorsam‹, ›Treue‹), dabei aber Geschichte und das individuelle Selbst nicht aufheben wollen. Deswegen spielt hier das Betrachten geschichtl. Ereignisse oder von narrativen Stoffen (z. B. die Geschichte Israels, Jesu Christi, Mohammeds oder von Heiligen) eine größere Rolle. In der christl. Tradition haben sich beide Typen von M. miteinander verbunden: v. a. durch den (eher monist.) Einfluss des neuplaton. Denkens wurden - bes. im Mönchtum und in der Mystik - Motive der Abkehr von Welt und Leib mit der M. des Lebens Jesu Christi (und der Heiligen) verknüpft. Die im Mönchtum gepflegte M.-Praxis wurde im MA. vom Klerus übernommen und fand allmählich Eingang auch in Laienkreise. Im kath. Raum hat v. a. die Spiritualität der Jesuiten zu einer allgemeinen Verbreitung der M.-Praxis beigetragen (→Exerzitien), während sie in den ev. Kirchen erst in jüngerer Zeit Bedeutung gewonnen hat.

M. ist Bestandteil des Lebensalltags vieler alternativer Gruppen in den westl. Industrienationen (→New Age), wobei nicht nur an die christl. Traditionen angeknüpft wird, sondern auch Impulse aus der M.-Praxis östl. Kulturen (z. B. Zen-Buddhismus) aufgenommen werden. – Entspannungstechniken der M. (z. B. Yoga, autogenes Training, Superlearning) werden auch therapeutisch zur allgemeinen Harmonisierung und Kräftigung des Organismus, zum Ausgleich gegen Stress und zur Leistungssteigerung eingesetzt.

K. Engel: M. Gesch., Systematik, Forschung, Theorie (1995); A. u. W. Huth: Hb. der M. (²1996).

mediterran [lat., eigtl. ›mitten im Lande, in den Ländern‹], das Mittelmeer und den Mittelmeerraum betreffend, ihm angehörend; i. w. S. auch: ihm entsprechend.

Mediterraneis *die*, -, **Mediterraneum**, *der* →Mittelmeerraum.

mediterranes Florengebiet, *Pflanzengeographie:* Teilgebiet der →Holarktis. (→Mittelmeerraum)

mediterrane Sippe, *Petrologie:* →Gesteinsprovinzen.

mediterranes Klima, →Klimazonen.

mediterrane Sprachen, im Mittelmeerraum vor der Einwanderung der Indogermanen gesprochene, nicht authentisch bezeugte Sprachen. Heute nimmt man meist an, dass es sich um versch., nur teilweise verwandte Idiome handelt; dagegen rechnete die ältere Forschung oft mit einer weiter gehenden Verwandtschaft der m. S.; im Extremfall wurde eine sprachlich. Schicht von den Pyrenäen bis zum Kaukasus angenommen (iberokaukas. Hypothese).

mediterrane Subregion, *Tiergeographie:* Teilgebiet der →Paläarktis. (→Mittelmeerraum)

mediterranide, mediterranider Typus, mittelmeerländische Rasse, typolog. Kategorie der Europiden; um das Mittelmeer (S-Europa, N-Afrika, Naher Osten) verbreitet. Charakterist. Kennzeichen sollen u. a. mittlere Körpergröße, grazilier Bau, dunkle Haare und Augen, mittelhelle Hautfarbe sein.

Medium [lat. ›Mitte‹] *das*, -s/...di|en *und* ...dia,
1) *bildungssprachlich* für: vermittelndes Element.
2) *Kommunikationswissenschaft:* Vermittlungsinstanz für Information, →Medien.
3) *Parapsychologie:* eine der →außersinnlichen Wahrnehmung für fähig gehaltene oder speziell bei spiritist. Sitzungen mit ›Geistern‹ in Verbindung tretende Person (›Mittelsperson‹).
4) *Physik:* Träger gewisser näher zu bezeichnender physikal. oder chem. Eigenschaften oder Vorgänge, insbesondere im Sinne der Vermittlung von Wirkungen (z. B. Luft als Träger von Schallwellen); ein M. in diesem Sinne braucht nicht unbedingt aus ponderabler (mit Ruhemasse behafteter) Materie zu bestehen; häufig auch synonym mit ›Stoff‹ oder ›Substanz‹ verwendet.
5) *Sprachwissenschaft:* u. a. im Griechischen erhaltenes Genus Verbi zur Bez. der vom Subjekt ausgehenden und sich auf es beziehenden Handlungen, z. B. louomai tas cheiras ›ich wasche mir die Hände‹. Das M. kommt in dieser Funktion dem Reflexiv in den modernen Sprachen nahe. In vielen indogerman. Sprachen hat sich das Passiv aus dem M. entwickelt.

Medizin [von lat. ars medicina ›ärztliche Kunst‹] *die*, -, **Heilkunde**, die Wiss. vom gesunden und kranken Funktionszustand des menschl., tier. und pflanzl. Organismus, insbesondere von den Ursachen und Erscheinungsformen von Krankheiten (Pathologie), deren Erkennung (Diagnostik) und Behandlung (Therapie) sowie deren Verhütung (Prophylaxe).

Man unterscheidet Human-M. (Heilkunde vom Menschen), Veterinär-M. (Tier-M.) und Phyto-M. (Bekämpfung der Pflanzenkrankheiten). Die exakten Grundlagen der modernen M. bilden die Naturwiss.en (Physik, Chemie, Biologie), speziell Anatomie, Physiologie, Bakteriologie, Pharmakologie, Radiologie u. a. Der Human-M. dient außerdem die Beobachtung und Erforschung des Menschen in seiner leiblich-seel. Einheit als Erkenntnisquelle. Die Human-M. ist gegliedert in Fachgebiete wie innere M., Chirurgie, Kinderheilkunde, Gynäkologie und Geburtshilfe, Psychiatrie, Neurologie und Augenheilkunde, Hals-Nasen-Ohren-Heilkunde, Dermatologie u. a. sowie die Rechts-M.; eine Sonderstellung nimmt (seit der Antike) die Zahn-M. ein. Neben dieser so genannten Schulmedizin gibt es auch alternative Richtungen wie Homöopathie oder Naturheilverfahren. Die M. umfasst derzeit 40 Fachgebiete und 22 fakultative Weiterbildungsmöglichkeiten.

Geschichte: Die archaische M., die bei den Naturvölkern und in der Volks-M. z. T. noch heute weiterlebt, hielt sich anfangs an gewisse Erfolgserfahrungen (z. B. Kratzen der Haut, Lecken von Wunden, Öffnung von Abszessen, Entfernung von Fremdkörpern). Vielfach wurde dann der Gedanke, dass Fremdkörper als Ursache bestimmter Krankheiten anzusehen sind, auf alle Krankheiten ausgedehnt, wobei sich diese Fremdkörper oft personifiziert (z. B. als Dämon) vorstellen (magisch-animist. M.). In der religiös-theurgischen M. (ab etwa dem 3. Jt. v. Chr. am Nil und in Mesopotamien) lebt der Glaube an übernatürl. Ursachen der Krankheit (z. B. als von der Gottheit gesandte Strafe oder Prüfung) weiter.

Von gewissen Anfängen einer rational-empir. M. in der ägypt. (→ägyptische Kultur) und babylon. M. abgesehen, gab es die Vorstellung von natürl. Krankheitsursachen innerhalb eines Systems von medizin. Theorie und Praxis erstmals im antiken Griechenland. Die hippokrat. M. (→HIPPOKRATES) des 5. und 4. Jh. v. Chr. entwickelte auf der Grundlage der Elementenlehre des EMPEDOKLES die Theorie, dass Gesundheit in der normalen Mischung der vier Körpersäfte besteht (Eukrasie), während eine Abweichung davon (Dyskrasie) Krankheit hervorruft (→Humoralpathologie). Andere medizin. Systeme seit der Antike sahen die Ursache von Gesundheit und Krankheit in den festen Bestandteilen des Körpers, z. B. den Atomen (ASKLEPIADES), Poren, Fasern (→Solidarpathologie), oder im Einfluss der Atemluft auf den Organismus (→Pneumatiker). Der Schwerpunkt der Ärzteschule von Alexandria (ab 300 v. Chr.) lag v. a. in der anatom. und physiolog. Forschung (z. B. wurden erstmals systemat. Sektionen). Eine Zusammenfassung der antiken M. unter dem Primat der Humoralpathologie erfolgte durch GALEN im 2. Jh. n. Chr.; durch ihn gewann die antike M. verbindl. Geltung im MA. Die Überlieferung der antiken M. fand zum großen Teil auch über die arab. M. statt (→arabische Wissenschaft, v. a. 9. bis 13. Jh.); die Aufnahme durch das Abendland lief ab dem 11. Jh. hauptsächlich über die Schulen von Salerno und Toledo. Die scholast. M. des Hoch-MA. bestand v. a. in der Kommentierung der antiken und arab. Autoren; die mittelalterl. M. war durch Hospitäler zur karitativen Krankenpflege (noch nicht zur Ausbildung von Ärzten) gekennzeichnet.

Die Machtlosigkeit gegenüber epidem. Krankheiten (v. a. der Pest seit dem 14., der Syphilis seit Ende des 15. Jh.) nährte Zweifel an der überlieferten M. Einen Höhepunkt erreichte diese Kritik zu Beginn des 16. Jh. durch PARACELSUS, dem allerdings keine Erneuerung der M. von Grund auf gelang. Die eigentl. Korrektur der galen. M. und damit die Begründung der neuzeitl. M. geschah von den theoret. Grundlagen der M. her: 1543 veröffentlichte A. VESALIUS das erste moderne anatom. Lehrbuch, ›De humani corporis fabrica‹ (mit anatom. Tafeln von J. S. VAN KALKAR), basierend auf systemat. Sektionen menschl. Leichen, und W. HARVEY konnte 1628 den großen Blutkreislauf nachweisen, womit er die Physiologie als experimentelle und quantifizierende Wiss. begründete. Seit dem 18. Jh. gibt es die Pathologie als theoret. Grundlage der klin. Medizin. G. B. MORGAGNI (1761) suchte die Ursache von Krankheitssymptomen in den Organen, M. F. X. BICHAT (1801) in den Geweben. Höhepunkt dieses lokalist. Denkens ist R. VIRCHOWS →Zellularpathologie (1858); diese erfuhr in der Bakteriologie, die ihrerseits Grundlage für Serum- und Chemotherapie wurde, eine wichtige Ergänzung.

Das Konzept der Lokalisation von Krankheiten wurde in der klin. Diagnostik im 18. und 19. Jh. durch die Perkussion und Auskultation, seit Ende des 19. Jh. v. a. durch die Röntgenstrahlen entscheidend verbessert. Dadurch wurde auch eine exakte lokalist. Therapie möglich; Prototyp hierfür ist der Aufschwung der Chirurgie im 19. Jh., wesentlich darüber hinaus gefördert durch Antisepsis, Asepsis und Narkose.

Zentren der klin. M. waren im 16. Jh. Padua, im 17. und 18. Jh. Leiden und Wien, im 19. Jh. Paris, Wien und Berlin. – Die Spezialisierung der klin. M. in viele Einzeldisziplinen institutionalisierte sich im 19. Jh.; sie ist Ausdruck des Aufschwungs der M. durch konsequente Anwendung naturwiss. Denkweisen und Methoden. Für die Ausbildung des Arztes wurde ein Universitätsstudium vorgeschrieben.

Entscheidende Fortschritte gelangen im 20. Jh. auf dem Gebiet der Pharmakologie durch den rationalen Einsatz von chemisch definierten und z. T. synthetisierten Stoffen zur Behandlung krankhafter Zustände (z. B. von Herzinsuffizienz und bestimmten Krebsarten, v. a. Leukämie). Die Entdeckung des Penicillins und anderer Antibiotika wurde bahnbrechend für die Heilerfolge bei bakteriellen Erkrankungen. Bedeutende Weiterentwicklungen fanden in sämtl. operativen Disziplinen (Neuro-, Thorax-, Transplantationschirurgie) und im Bereich der Immunologie statt (Abschwächung von Abstoßungsreaktionen nach Transplantationen, erste Fortschritte bei der Behandlung von Autoimmunkrankheiten). Durch Schutzimpfungen sind bestimmte Viruserkrankungen wie Kinderlähmung und Pocken stark zurückgegangen bzw. ausgerottet.

Die medizin. Diagnostik wurde durch Ultraschall, Computer- und Kernspintomographie, szintigraph. Verfahren, Endoskopie, immunolog. und molekularbiol. Methoden verfeinert. In den letzten Jahrzehnten ist, durch die gestiegene Lebenserwartung und den techn. Fortschritt i. Allg. bedingt, eine regelrechte ›Prothesen-M.‹ entstanden (Hörgeräte, Herzklappen, Gelenkersatz). Trotz erhebl. Kritik an der →Gentechnologie in der öffentl. Diskussion wird die Einführung molekulargenet. Behandlungsprinzipien möglicherweise das Gesicht der naturwiss. orientierten M. des 21. Jh. stark verändern. – Mit der ›Einführung des Subjekts in die M.‹ (V. VON WEIZSÄCKER) wurden zudem neue Bereiche psychosozialen Krankseins erschlossen; Fächer wie medizin. Psychologie, →Psychosomatik, Medizinsoziologie und Umwelt-M. werden heute in die M. einbezogen und stellen ein Gegengewicht zu einer rein naturwiss. Betrachtungsweise des Menschen dar. Entsprechend dem Wandel der Krankheiten in den Industrieländern, in denen die Infektionskrankheiten von chron. ›Zivilisationskrankheiten‹ abgelöst werden, findet auch ein Wandel im Aufgabenbereich der M. statt: Beratung, Prävention, Erforschung von Risikofaktoren, aber auch Rehabilitation gewinnen zunehmend an Bedeutung.

Trotz der großen Fortschritte im 20. Jh. stößt die M. u. a. bei der Behandlung der meisten Krebserkrankungen sowie bei chron. Erkrankungen (z. B. des rheumat. Formenkreises) und der Bekämpfung von Aids an ihre Grenzen. – Die zunehmende Technisierung im Rahmen einer verfeinerten Diagnostik und in der Intensivtherapie haben zur Kritik an der so genannten Apparate-M. geführt und die Frage aufgeworfen, ob alles, was medizinisch machbar ist, auch ethisch verantwortbar ist (→medizinische Ethik).

⇨ *Anästhesie · Antibiotika · Arzt · Chirurgie · Gesundheit · griechische Medizin · Infektionskrankheiten · innere Medizin · Krankheit · Lasermedizin · minimalinvasive Chirurgie · Naturheilkunde*

H. E. SIGERIST: Große Ärzte ([6]1970); E. FISCHER-HOMBERGER: Gesch. der M. ([2]1977); Real-Lex. der M. u. ihrer Grenzgebiete, 5 Bde. (Neuausg. 1977); C. LICHTENTHAELER: Gesch. der M. Eine Reihenfolge ihrer Epochen-Bilder u. der treibenden Kräfte ihrer Entwicklung, 2 Bde. u. Erg.-Bd. ([1-4]1987–88); Gesch. der M. in Schlaglichtern, hg. u. bearb. v. H. SCHIPPERGES (1990); A. KRUG: Heilkunst u. Heilkult. M. in der Antike ([2]1993).

Medizinalgewichte, die →Apothekergewichte.

Medizinalstatistik, ein Zweig der Statistik, der die medizinisch relevanten Erscheinungen der Bev. erfasst: die Geburten-, Morbiditäts- und Mortalitätsstatistik. Aufgaben der M. sind neben der Erkenntnis der Entwicklung der Pathologie in der menschl. Gesellschaft die Wirksamkeitskontrolle hygien. Maßnahmen und der Sozialversicherungseinrichtungen.

Medizinball, mit Tierhaaren gefüllter Vollball aus Leder oder dickwandigem Gummi in unterschiedl. Größen und Gewichten (bis zu 5 kg). Der M., zuerst in den USA als ›Medizin für den Körper‹ verwendet, dann wichtiger Bestandteil der Gymnastik, wird oft noch zur Konditionssteigerung in die Vorübungen zu Ballspielen u. a. Sportarten eingebaut.

Medizinbündel, *Völkerkunde:* bei nordamerikan. und mexikan. Indianern gebräuchl. Ritualobjekte (seltsam geformte Steine, Tierkrallen und -zähne, Vogelbälge, Tabakspfeifen, Flöten u. a.), die in einer Hülle eingewickelt waren. Sie wurden bei einer Visionssuche nach den Anweisungen des persönl. Schutzgeistes gesammelt oder angefertigt; bei der Anrufung des Schutzgeistes wurden die Bündel mit bestimmten Gesängen geöffnet. Der Besitz eines M. sollte Glück, Erfolg und langes Leben bringen; Stammesbündel, die von bestimmten Funktionären gehütet und weitervererbt wurden, sicherten der ganzen Gemeinschaft Erfolg (Kriegsglück, Fruchtbarkeit).

medizinische Bäder, die →Heilbäder.

medizinische Ethik, Ethik in der Medizin, Medizinethik, die sittl. Prinzipien und Verhaltensregeln, denen i. e. S. ärztl. Handeln Folge leisten soll, wie sie erstmals im ›Eid des Hippokrates‹ (→Arztgelöbnis) formuliert worden sind (**ärztliche Ethik;** manchmal zu m. E. synonym verwendet). I. w. S. unterliegen alle in den Bereich der Medizin und der Gesundheitsfürsorge eingebundenen Beteiligten (Ärzte, Patienten, Pflegepersonal, Krankenhäuser und andere Institutionen, Versicherungsträger, Pharmaindustrie, Gesetzgeber) der Forderung, die Prinzipien einer m. E. zu beachten. – Die m. E. ist Teil der angewandten Ethik. Sie befasst sich mit der Anwendung eth. Normen, Regeln und Überlegungen auf die Problemfelder medizin. Handelns. In der Komplexität des Einzelfalls ist medizin. Sachkenntnis allein meist nicht ausreichend für eine adäquate Urteilsbildung und Handlungsentscheidung des Arztes; aus naturwiss. Erkenntnis lassen sich keine Normen für das ›richtige‹ Handeln herleiten. Gefordert ist zusätzlich die eth. Reflexion, ausgehend von den Grundaufgaben der Medizin: der Schutz des Lebens sowie die Erhaltung und Wiederherstellung der menschl. Gesundheit als Grundlage für eine sinnvolle Daseinsgestaltung. Die Möglichkeiten des Eingriffs in vorgeburtl. Leben, der Lebensverlängerung, der genet. Manipulation haben das frühere Selbstverständnis des Arztes, in Analogie zur ›Natur‹ zu handeln, fragwürdig gemacht. Gefordert ist somit eine Reflexion über grundlegende anthropolog. Kategorien: die Begriffe ›Leben‹, ›Menschsein‹, ›personale Identität‹, ›Krankheit‹, ›Gesundheit‹, ›Tod‹, ›Leib‹, ›Seele‹ u. a. Eth. Überlegungen sollen dazu dienen, die Menschenwürde zu wahren, Missbräuche medizin. Möglichkeiten vorzubeugen und Schaden an Mensch, Gesellschaft und späteren Generationen zu verhüten.

Unterscheiden lassen sich individualeth. Überlegungen (z. B. ärztl. Entscheidungen über einen medizin. Eingriff) und sozialeth. Überlegungen, weil hier gesellschaftl. Gruppen oder der Staat verantwortlich sind für die soziale Dimension dieser Handlungen (z. B. System des Gesundheitswesens, Kostenverteilung, Förderung von medizin. Forschungsbereichen wie der Krebsforschung).

Die Fragestellungen der m. E. befassen sich mit dem Anfang, dem Ende und den Krisensituationen des menschl. Lebens. Hierzu zählen u. a.: Geburtenkontrolle und Familienplanung, Schwangerschaftsabbruch, Sterilisation, Infertilität (Insemination, In-vitro-Fertilisation, Embryotransfer), Forschung und Therapie an Ungeborenen, genet. Beratung und Gentherapie, Perinatologie; der Umgang mit Sterben und Tod: Sterbebegleitung und Sterbehilfe; in Krisensituationen die Wahl des Behandlungsverfahrens, Organtransplantation, Umgang mit Schwerkranken, Intensivmedizin, psychiatrisch-psychotherapeut. Intervention. Hinzu treten die eth. und sozialen Fragen der Begleitung von Behinderten, chronisch Kranken, Drogenabhängigen und alten Menschen.

Die m. E. ist in den USA in Klinik, Ausbildung und Politik repräsentiert. Eine vergleichsweise ähnl. Entwicklung unterschiedl. Intensität hat auch in versch. europ. Ländern zur Bildung von nationalen und internat. Zentren für Ethik und Recht in der Medizin sowie von Ethikkommissionen an Fakultäten, in Kliniken und bei den Ärztekammern geführt.

⇨ *Arzt · Bioethik · Ethik · Ethikkommissionen · Euthanasie · Gentechnologie · Gentherapie · Gesundheit · Glück · Krankheit · Leben · Schmerz · Sterbehilfe · Tierversuche · Tod · Transplantation · Verantwortung*

Encyclopedia of bioethics, hg. v. W. T. REICH, 4 Bde. (New York 1978); Medizin u. Gesellschaft. Eth. Verantwortung u. ärztl. Handeln, hg. v. G. A. MARTINI (1982); Die Verführung durch das Machbare. Eth. Konflikte in der modernen Medizin u. Biologie, hg. v. P. KOSLOWSKI u. a. (1983); H. SCHIPPERGES: Die Vernunft des Leibes. Gesundheit u. Krankheit im Wandel (1984); Humane Experimente? Genbiologie u. Psychologie, hg. v. H. LENK (1985); F. J. ILLHARDT: M. E. Ein Arbeitsbuch (1985); R. J. CHRISTIE u. B. HOFFMASTER: Ethical issues in family medicine (New York 1986); Versuche mit Menschen in Medizin, Humanwiss. u. Politik, hg. v. H. HELMCHEN u. a. (1986); Anfang u. Ende des menschl. Lebens. Medizineth. Probleme, hg. v. O. MARQUARD u. a. (1987); Eth. Probleme des ärztl. Alltags, hg. v. DEMS. u. a. (1988); Medizin. Ethik u. soziale Verantwortung, hg. v. DEMS. u. a. (1989); J. KNESSL: M. E. aus heutiger Sicht (1989); Lex. Medizin – Ethik – Recht, hg. v. A. ESER u. a. (1989); Bioethik: philosophisch-theolog. Beitrag zu einem aktuellen Thema, hg. v. R. LÖW (1990).

medizinische Hochschule, medizinische Universität, wiss. Hochschule spezieller Fachrichtung (Medizin, Zahnmedizin), z. B. in Erfurt (gegr. 1954), Magdeburg (medizin. Akad.; gegr. 1954), Hannover (gegr. 1963) und Lübeck (medizin. Univ.; gegr. 1973).

medizinische Indikation, einer der vier im Rahmen des § 218 StGB rechtlich anerkannten Gründe für einen →Schwangerschaftsabbruch.

medizinische Kohle, Carbo medicinalis, Carbo activatus, ein tiefschwarzes, geruch- und geschmackloses Pulver (Aktivkohle) mit zahlr. Poren und damit großer innerer Oberfläche, das viele Stoffe zu binden vermag. Es dient zur Adsorption oral aufgenommener Gifte und zur Behandlung von Darminfektionen. Die Dosierung beträgt 30–50 (bis 100) g.

medizinische Physik, Bereich der angewandten Physik, in dem physikal. Methoden auf die Lösung theoret. und prakt. Probleme der Medizin angewendet oder Problemstellungen physikal. Natur in den medizin. Disziplinen untersucht werden. Charakteristisch für die m. P. sind Methoden und Verfahren, bei denen die Messung physikal. Größen eine wichtige Rolle spielt: entweder weil die Methoden auf der Auswertung von Messwerten beruhen (z. B. Körpertemperatur, Elektrokardiographie) oder weil Messungen wichtige diagnost. oder therapeut. Zwischenschritte darstellen (z. B. bei der Computertomographie) oder Kontrollzwecken dienen (z. B. bei der Strahlenbehandlung). Deshalb sind weite Bereiche der Medizintechnik der m. P. zuzuordnen. (→Biophysik)

medizinische Psychologie, zusammenfassende Bez. für die Bereiche der angewandten Psychologie, die sich einerseits in Auswertung medizin. Erkenntnisse mit der Erforschung psychosomat. Zusammenhänge (neurophysiolog. und biochem. Bedingungen sowie pharmakol. Wirkungen auf psych. Funktionen), andererseits mit der Anwendung psycholog. Erkenntnisse und Methoden in der Medizin, v. a. auf die Diagnose und Therapie von Krankheiten, beschäftigen (klin. Psychologie, Psychopathologie, Psychotherapie, Psychologie der Arzt-Patient-Beziehung u. a.).

E. KRETSCHMER: M. P. (^{14}1975); M. P., hg. v. U. TEWES u. a., 3 Bde. (1978–80); S. GOEPPERT: M. P., 2 Bde. (1980); M. P. im Grundr., hg. v. K. HAUSS (^{2}1981). – *Zeitschrift:* M. P. (1974ff.).

Medizinischer Blutegel, Hirudo medicinalis, 10 bis max. 15 cm lange Art der Kieferegel in flachen stehenden Gewässern Eurasiens. Der M. B. lebt zunächst räuberisch von Würmern, Schnecken und Insektenlarven und muss später, um geschlechtsreif zu werden, an Fischen, Lurchen und Säugetieren (einschließlich Mensch) Blut saugen, wobei er bis zu 15 cm³ Blut aufnehmen kann. Er injiziert dabei Speichelsekret, das lokal betäubend und (durch Hirudin) gerinnungshemmend wirkt, sodass die Wunde noch 6–10 Stunden nachblutet. Deshalb wurde der M. B. bes. im 19. Jh. in Europa in großen Mengen gefangen oder gezüchtet und in der Medizin zur Blutentziehung verwendet. Er ist heute in Mitteleuropa selten.

Medizinischer Blutegel (Länge 10–15 cm)

Medizinmann, *Völkerkunde:* volkstümliche Bez. für religiöse Mittler zw. Diesseits und numinoser Sphäre (→Schamanismus), die sich im Besitz transzendentaler, oft Krankheiten heilender Potenzen wissen. Für das indian. Nordamerika, wo die Grenzen zw. Schamane (Heiler, Prophet u. a.) und Priester verschwimmen und übernatürl. (heilende) Kräfte durch Visionen erworben werden, ist der Begriff M. für religiöse Spezialisten auch wiss. eingebürgert.

H. SCHADEWALDT: Der M. bei den Naturvölkern (1968).

Medizinmeteorologie, medizin. Disziplin, die sich mit den Zusammenhängen zw. Wetterfaktoren und medizin. Erscheinungen beim gesunden und insbesondere beim kranken Menschen befasst. Wettereinflüsse machen sich in Gesundheitsstörungen oder Verschlimmerung vorhandener Leiden, aber auch in verstärktem Wohlbefinden, erhöhter Aktivität und günstigem Einfluss auf vorhandene Leiden (Klimakur) bemerkbar. (→Meteoropathologie)

Medizinsoziologie, Teilgebiet der Soziologie, befasst sich mit kultur- und schichtenspezif. Aspekten von ›Krankheit‹ und ›Gesundheit‹, gesellschaftshistor. und gesellschaftspolit. Voraussetzungen des Gesundheitswesens und den sozialen Faktoren, die auf den phys. und psych. Zustand des Menschen einwirken.

In den versch. Gesellschaftsformationen, in denen der Mensch lebt, sowie den versch. sozialen Schichten einer Gesellschaft werden ›Krankheit‹ und ›Gesundheit‹ unterschiedlich erlebt und bewertet. Die Lebensverhältnisse in einer Gesellschaft bestimmen die Vorstellungen von Diagnose und Therapie, von Prophylaxe und Pflege. Daher richten sich medizinsoziol. Forschungen auf die zwischenmenschl. Beziehungen im ›medizin. Kreis‹, d. h. auf das Wechselverhältnis von Kranken und Gesunden, von Ärzten, Pflegenden und Patient. Darüber hinaus befasst sich die M. mit den gesellschaftl. Aspekten der medizin. Institutionen und mit dem sozialen Umfeld, in dem medizin. Berufe ausgeübt und in ihrer Zielsetzung bestimmt werden.

Medrese: Schir-Dor-Medrese in Samarkand; 1619–36

Medracen: Das numidische Grabdenkmal in NO-Algerien; 3.–2. Jh. v. Chr.

Probleme der M., hg. v. R. KÖNIG (u. a. ⁴1970); M. PFLANZ: Die soziale Dimension der Medizin (1975); Hb. der Sozialmedizin, hg. v. M. BLOHMKE u. a., Bd. 2 (1977); H. BAIER: Medizin im Sozialstaat (1978); H.-U. DEPPE: Medizin. Soziologie (1978); M., hg. v. B. GEISSLER (u. a. ²1979); P. LÜTH: Wb. zur medizin. Soziologie (1980); Der Kranke in der modernen Gesellschaft, hg. v. A. MITSCHERLICH (Neuausg. 1984); U. GERHARDT: Gesellschaft u. Gesundheit. Begründung der M. (1991); M. FOUCAULT: Die Geburt der Klinik. Eine Archäologie des ärztl. Blicks (a. d. Frz., Neuausg. 8.–9. Tsd. 1993); J. SIEGRIST: Medizin. Soziologie (⁵1995).

Medizintechnik, interdisziplinäre Wiss., die sich mit der Entwicklung, Konstruktion und Anwendung meist hoch entwickelter techn. Geräte in allen Teilgebieten der Medizin zur Unterstützung diagnost. und therapeut. Maßnahmen, v. a. in der Chirurgie, Intensivbehandlung, Strahlenbehandlung und im Rettungswesen, befasst (→biomedizinische Technik); i. e. S. auch die medizintechn. Erzeugnisse selbst. Zu den wichtigsten Teilgebieten der M. zählen Elektromedizin, Nuklearmedizin, Röntgen- und Ultraschalltechnik sowie die medizin. Labortechnik.

Medjerda, Oued M. [wɛd mɛdʒɛrˈda] *der,* längster und wasserreichster Fluss Tunesiens, 450 km lang, entspringt in NO-Algerien am Ras el-Alia (1250 m ü. M.) im Tellatlas, mündet zw. Tunis und Biserta ins Mittelmeer; Einzugsgebiet 35000 km². Am Mittel- und Unterlauf umfangreiche Bewässerungsanlagen (mit Wasserkraftwerken) für 32000 ha Bewässerungsland (wichtigstes Agrargebiet Tunesiens); ein 126 km langes Kanalnetz vom M. zur Halbinsel Kap Bon dient der Wasserversorgung der Agglomeration von Tunis, aber auch des Sahel und der Agglomeration Sfax.

Medjidije [mɛdʒ-] *die, -/-n,* türk. Gold- und Silbermünze, benannt nach Sultan ABD ÜL-MEDJID I., der 1844 eine neue Währung nach europ. Art einführte. Die Gold-M. oder Lira osmanli galt 100, die Silber-M. 20 Piaster.

Medley [ˈmɛdlɪ; engl., eigtl. ›Gemisch‹] *das, -s/-s,* in England und Schottland bereits im 16. Jh. übl. Bez. für meist dreistimmige Musikstücke nach Art eines Potpourris. In der heutigen Populärmusik bedeutet M. eine Aneinanderreihung von Ausschnitten urspr. nicht zusammengehöriger Stücke (meist die Themen bekannter Volkslieder, Schlager, Evergreens).

Médoc [meˈdɔk] *das,* Halbinsel zw. Gironde und dem Golf von Biskaya in SW-Frankreich; erstreckt sich von der Pointe de Grave etwa 100 km nach S zum Bassin d'Arcachon. An der Atlantikküste Seebäder, im Innern Forstwirtschaft (→Landes), entlang der Gironde (auf 4–8 km Breite) dank des ausgelichen warmen und feuchten Klimas eines der besten Rotweingebiete der Erde; gegliedert in **Médoc** (nördlich von Saint-Seurin-de-Cadourne) und das südlich anschließende, noch hervorragendere Rotweine liefernde **Haut-Médoc,** in dem sechs Dörfer eine eigene Appellation contrôlée führen (Margaux, Saint-Julien, Pauillac, Saint-Estèphe, Moulis, Listrac). Die insgesamt rd. 8 000 ha Rebland (überwiegend Schotter-, im N mehr sandige Böden) sind v.a. mit den beiden Cabernet-Rebsorten sowie mit Merlot-, Malbec- und Petit-Verdot-Reben bestanden; sie bringen Höchsterträge an Wein von 45 hl/ha (Médoc) bzw. 43 hl/ha (Haut-Médoc). Die Spitzenweine des M. wurden bereits 1855 (auf der Basis von seit Jahren geführten Preislisten) in fünf Klassen eingeteilt. Diesen ›Crus classés‹ (heute 61 Châteaux) mit 25% der Weinerzeugung stehen die ›Crus bourgeois‹ mit 40% der Weinerzeugung auf 6 000 ha Rebfläche gegenüber (trotz versch. Versuche seit 1932 bis heute unklassifiziert) sowie die Weine von bäuerl. und genossenschaftl. Betrieben.

Medracen [medra'sen], numid. Grabdenkmal (3.–2. Jh. v. Chr.) in NO-Algerien, 35 km nordöstlich von Batna. Über zylindr. Hausteinunterbau mit 60 dor. Halbsäulen erhebt sich der Tumulus aus 24 konz. Steinringen zu einer Gesamthöhe von 20 m. Im Innern zentraler Grabraum (Bestattung auf Steinbank) mit Vorkammer. M. war Vorbild für die Konzeption von Kbor Roumia und den Djeddars und schließt bauhistorisch u. a. an die ägypt. Pyramiden an.

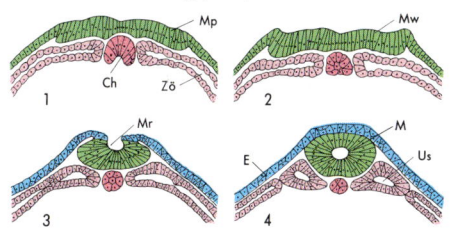

Medullarrohr: Schematische Darstellung des Entwicklungsablaufs (1–4) bei einem Lurch; Ch Chorda, E Ektoderm, M Medullarrohr, Mp Medullarplatte, Mr Medullarrinne, Mw Medullarwulst, Us Ursegment, Zö Zölom

Medrese [aramäisch-arab., eigtl. ›Ort des Studierens‹] *die, -/-n,* **Medresse, Madrasa,** im Maghreb **Medersa,** islam. Hochschule (mit Internat), verband urspr. die Funktion eines theolog. Seminars, einer Rechtsschule und einer Moschee (oder Bethalle) und war gleichzeitig Bet-, Lehr- und Wohnort für Lehrer und Studenten. Bibliothek, Krankenhaus, Bad, Küche konnten angeschlossen sein, auch das Mausoleum des Stifters (Grab-M.). Klass. Grundriss ist der von vier Flügeln mit zwei- oder mehrgeschossigen Wohnzellen umgebene rechteckige oder quadrat. Hof; in der Mitte jeder Hoffront der Flügel öffnet sich ein →Iwan. Zu den ersten Gründungen rechnen die M. von Nischapur (11. Jh.) und die von dem Wesir NISAM AL-MULK gegründete M. in Bagdad (Nisamija, 1067 eröffnet). Die 1227 vom Kalifen AL-MUSTANSIR († 1242) gegründete große Bagdader M. für alle vier sunnit. Rechtsschulen, die Mustansirija, ist erhalten (sie diente ab 1823 als Karawanserei).

Medulla [lat.] *die, -/...lae,* Anatomie: das →Mark. – **medullär,** das Mark betreffend, zu ihm gehörend.

Medullar|rohr, Neuralrohr, embryonale Anlage von Gehirn und Rückenmark der Wirbeltiere. Das M. entsteht aus einer plattenförmigen Verdickung des äußeren Keimblattes (**Medullar-** oder **Neuralplatte),** die längs ihrer Mittellinie eine Rinne (**Medullar-** oder **Neuralrinne)** bildet und sich über dieser durch Zusammenwachsen der Seitenränder (**Medullar-** oder **Neuralwülste)** zum Rohr einrollt. Das Lumen des so gebildeten M. bleibt bei ausgewachsenen Organismen als Zentralkanal des Rückenmarks, im Gehirn als Hirnventrikelsystem erhalten.

Medulloblastom, bösartiger Gehirntumor im hinteren Schädelbereich, der überwiegend vom Kleinhirn ausgehend rasch auf Brücke (Pons) und verlängertes Mark (Medulla oblongata) übergreift und in die Liquorräume metastasiert.

Medum, Maidum, ägypt. Ort rd. 75 km südlich von Kairo, bei dem sich die Ruine einer Pyramide befindet. Der turmartige, 40 m hohe Kern erhebt sich über einem Schutthügel. Die Pyramide von M. wurde als siebenstufiges Bauwerk (wohl über einem Vorgängerbau) vielleicht unter Pharao SNOFRU (4. Dynastie) für seinen Vorgänger vollendet. In einer zweiten Bauphase erhielt sie eine Ummantelung (verbreiterte Basis, erhöhte Stufen) und eine weitere Stufe. Diese achtstufige wurde in einer dritten Bauphase zu einer echten geometr. Pyramide umgebaut (aufgeschüttet und verkleidet). – Spätere ägypt. Inschriften schreiben die Pyramide von M. SNOFRU zu.

Medum: Die Ruine der Pyramide

Medusa, griech. **Medusa,** *griech. Mythos:* eine der Gorgonen, →Gorgo.

Medusen [nach der Medusa], *Sg.* **Meduse** *die, -,* **Quallen,** glocken- bis schirmförmige, frei schwimmende Geschlechtsgeneration vieler Nesseltiere, bes. fast aller Hydrozoa (**Hydro-M.**) und Skyphozoa (**Sypho-M.**); meist in Generationswechsel mit einer fest sitzenden, sich ungeschlechtlich fortpflanzenden Polypengeneration, die die M. durch Knospung hervorbringt. Zw. der konvexen Außenwand (**Exumbrella**) und der konkaven Innenwand (**Subumbrella**) des Schirms (**Umbrella**) liegt eine zellarme bis zellfreie, gallertige Stützlamelle (**Mesogloea**); diese ist bes. bei

Medusen: Schematischer Längsschnitt durch eine Hydromeduse

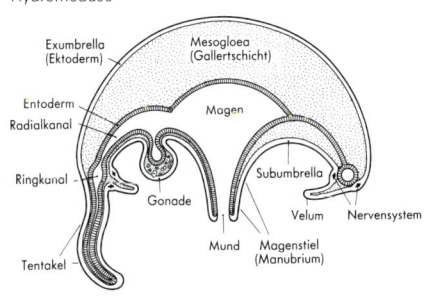

Hydro-M. von Radialkanälen durchzogen, die mit dem klöppelartig nach unten hängenden **Magenstiel (Manubrium)** in Verbindung stehen, an dessen Ende sich die Mundöffnung befindet. M. leben räuberisch (z. B. von kleinen Fischen) und bewegen sich durch Rückstoß fort.

Medusenhaupt, 1) *Botanik:* Bez. für verschiedene sukkulente Wolfsmilcharten v. a. im südl. Afrika, die sich durch eine angeschwollene, grüne Achse mit zahlreichen mehr oder weniger waagerecht abstehenden, schlangenartigen Ästen auszeichnen, z. B. Euphorbia caput-medusae und Euphorbia woodii.

2) *Medizin:* das →Caput medusae.

Medusenhäupter, Gorgonocephalidae, zu den →Schlangensternen gehörende Stachelhäuter mit meist langen (bis 70 cm), verzweigten Armen; z. B. das **Gorgonenhaupt** (Gorgonocephalus caput-medusae) im Nordatlantik.

Medwedjew, Medvedev [-djef], **1)** Roy Aleksandrowitsch, russ. Pädagoge und Historiker, *Tiflis 14. 11. 1925, Zwillingsbruder von 2); wurde 1956 Mitgl. der KPdSU, war 1960–71 an der Akad. für pädagog. Wiss. in Moskau tätig. 1964–70 gab er zus. mit seinem Bruder die Untergrundzeitschrift ›Polit. Tagebuch‹ heraus. Familiär von den stalinschen Säuberungen betroffen (1941 Tod seines 1938 verhafteten Vaters in einem Arbeitslager), begann er in den 60er-Jahren, die Geschichte des Stalinismus aufzuarbeiten, und wandte sich gegen Tendenzen, STALIN zu rehabilitieren (bes. durch die 1968 in Paris veröffentlichte Schrift ›Faut-il réhabiliter Staline?‹). Daraufhin wurde er 1969 aus der Partei ausgeschlossen. Nach der 1970 erfolgten Zwangseinweisung seines Bruders in eine psychiatr. Klinik startete er eine Kampagne gegen den Missbrauch der Psychiatrie zu polit. Zwecken. Ab 1972 freier Publizist, verfasste er v. a. (bis in die zweite Hälfte der 80er-Jahre nur im Ausland publizierte) biograph. Studien über Persönlichkeiten der sowjet. Zeitgeschichte, u. a. über N. S. CHRUSCHTSCHOW, N. I. BUCHARIN, M. SCHOLOCHOW, L. I. BRESCHNEW, J. W. ANDROPOW. M. unterstützte die Reformbemühungen M. S. GORBATSCHOWS. 1989 wurde M. in den Kongress der Volksdeputierten gewählt und war 1990–91 Mitgl. des ZK der KPdSU; 1991 schloss er sich der ›Sozialist. Partei der Werktätigen‹ an. 1992 erschien sein dreibändiges Werk ›Das Urteil der Geschichte. Stalin und Stalinismus‹.

2) Schores Aleksandrowitsch, russ. Biologe und Publizist, *Tiflis 14. 11. 1925, Zwillingsbruder von 1); 1963–70 Direktor des Molekular-radiobiol. Laboratoriums in Obninsk; beschrieb in seinem Buch ›Der Fall Lyssenko‹ (1969) die diktator. Methoden stalinist. Wiss.-Lenkung. 1970 wurde er – aufgrund seiner systemkrit. Haltung – in eine psychiatr. Klinik eingewiesen und erst nach öffentl. Protesten (u. a. seines Bruders) wieder freigelassen. Nach seiner Ausreise nach London (1973) wurde ihm die sowjet. Staatsbürgerschaft aberkannt (1990 aufgehoben).

Meegeren [ˈmeːxərə], Han van, eigtl. **Henricus Antonius van M.,** niederländ. Maler, *Deventer 10. 10. 1889, †Amsterdam 30. 12. 1947; brachte jahrelang erfolgreich meisterhafte Fälschungen von J. VERMEER (›Die Emmausjünger‹), G. TERBORCH, F. HALS und P. DE HOOCH in den Handel.

J.R. Lord KILBRACKEN: Fälscher oder Meister? Der Fall van M. (a. d. Engl., Wien 1968); H. van M. en zijn meesterwerk van Vermeer, bearb. v. D. KRAAIJ POEL u. H. VAN WIJNEN, Ausst.-Kat. Kunsthal Rotterdam (Zwolle 1996).

Meer [ahd. meri, eigtl. ›Sumpf‹, ›stehendes Gewässer‹], **Weltmeer,** die zusammenhängende, reich gegliederte Wassermasse, die rd. 71 % der Erdoberfläche bedeckt. 31,7 % des M. sind 4000–5000 m tief. Die Kontinente gliedern das M. in drei **Ozeane:** →Atlantischer Ozean, →Indischer Ozean, →Pazifischer Ozean. Eine weitere Untergliederung geschieht durch Inselketten sowie untermeer. Rücken und Schwellen, die auch einzelne M.-Gebiete versch. stark (jedoch niemals vollständig) von den Ozeanen abtrennen und sie dadurch zu **Neben-M.** machen. Als Neben-M. werden unterschieden: **Rand-M.,** die den Kontinenten randlich angelagert sind (z. B. Nordsee), **interkontinentale Mittel-M.,** die von mehreren Kontinenten eingeschlossen sind (z. B. Europ. Mittelmeer), sowie **intrakontinentale Mittel-M.,** die in einen Kontinent eingebettet sind (z. B. Ostsee).

Der →Meeresboden ist in versch. Großformen gegliedert und mit charakterist. →Meeresablagerungen bedeckt. – Zur chem. Zusammensetzung des Wassers →Meerwasser, →Meereis, zu den Bewegungsvorgängen im M. →Meeresströmungen, →Meereswellen, →Turbulenz.

Ökologie

Das M. beherbergt viele Lebensformen. Die marine Nahrungskette beginnt mit der pflanzl. Produktion organ. Substanz durch das Phytoplankton (Assimilation von atmosphär. Kohlenstoff) und führt dann weiter über das Zooplankton, die Planktonfresser (z. B. Weichtiere, Hering) und die Weichtiere fressenden Fische (z. B. Schellfisch, Scholle) zu den Raubfischen (z. B. Kabeljau) und Warmblütern (z. B. Wale und Seevögel). Dabei treten infolge von Atmungs- und Exkretionsvorgängen erhebl. Verluste an primärer or-

Meer	Fläche in Mio. km²	Inhalt in Mio. km³	Tiefe in m Mittel	Maximum
Ozeane ohne Nebenmeere				
Pazifischer Ozean	166,24	696,19	4188	11034[1]
Atlantischer Ozean	84,11	322,98	3844	9219[2]
Indischer Ozean	73,43	284,34	3872	7455[3]
insgesamt	323,78	1303,51	4026	–
Mittelmeere, interkontinental				
Arktisches Mittelmeer	12,26	13,70	1117	5449
Australasiatisches Mittelmeer	9,08	11,37	1252	7440
Amerikanisches Mittelmeer	4,36	9,43	2164	7680
Europäisches Mittelmeer[4]	3,02	4,38	1450	5121
insgesamt	28,72	38,88	1354	–
Mittelmeere intrakontinental				
Hudsonbai[5]	1,23	0,16	128	218
Rotes Meer	0,45	0,24	538	2604
Ostsee	0,39	0,02	55	459
Persischer Golf	0,24	0,01	25	170
insgesamt	2,31	0,43	184	–
Randmeere				
Beringmeer	2,26	3,37	1598	4096
Ochotskisches Meer	1,39	1,35	971	3372
Ostchinesisches Meer	1,20	0,33	275	2719
Japanisches Meer	1,01	1,69	1673	3742
Nordsee	0,58	0,05	93	725[6]
Sankt-Lorenz-Golf	0,24	0,03	125	549
Golf von Kalifornien	0,16	0,11	720	3127
Irische See	0,10	0,01	60	175
übrige	0,29	0,15	470	–
insgesamt	7,23	7,09	979	–
Ozeane mit Nebenmeeren				
Pazifischer Ozean	181,34	714,41	3940	10924[1]
Atlantischer Ozean	106,57	350,91	3293	9219[2]
Indischer Ozean	74,12	284,61	3840	7455[3]
Weltmeer	362,03	1349,93	3729	10924[1]

[1] Witjastiefe im Marianengraben. – [2] Milwaukeetiefe im Puerto-Rico-Graben. – [3] Planettiefe im Sundagraben. – [4] einschließlich Schwarzes Meer. – [5] eigentliche Meeresbucht 637 000 km². – [6] im Skagerrak gelegen.

gan. Substanz auf. Ein Teil der Reste wird von Bakterien zu im Wasser gelöster Kohlensäure sowie anorgan. Salzen abgebaut (Remineralisierung), der andere Teil geht in die Meeresablagerungen. Über die Regelung des Kohlenstoffkreislaufs trägt das M. zur Zusammensetzung der Atmosphäre bei (→Treibhauseffekt). – Der Lebensraum M. wird wie folgt unterteilt: in die Küstenregion bis 200 m Tiefe (Litoral und Sublitoral) und die lichtlose Tiefsee (Bathyal, bis 4000 m, Abyssal, bis 5000 m, und Hadal, tiefer als 5000 m) oder in die Region des freien Wassers (Pelagial) und die Bodenregion (Benthal).

Die →Meereskunde hat das interdisziplinäre Wissen über das M. zum Inhalt.

Meeresnutzung

Von alters her wird das M. von der Fischwirtschaft, als Verkehrsträger (→Schifffahrt) und zur Meersalzgewinnung genutzt. Hinzu kommen in neuerer Zeit die →Aquakultur, die Verwertung von →Meeresalgen, die Gewinnung von Salzen, von Süßwasser (→Meerwasserentsalzung), auch von mineral. Rohstoffen aus dem M.-Wasser selbst (Magnesium, Chlor, Natrium und Brom), die Nutzung des M.-Bodens, der Bodenschätze birgt (Erze, Erdgas, Erdöl; →Meeresbergbau, →Meerestechnik, →Offshoretechnik), sowie die Energieerzeugung (→Gezeitenkraftwerk, →Meereswärmekraftwerk, →Meereswellenkraftwerk). Bedeutend sind die Küsten des M. für den Tourismus.

Völkerrecht

Das Völkerrecht unterscheidet zw. Küstengewässern und hoher See. Die Küstengewässer (→Territorialgewässer) gehören zum Staatsgebiet des Uferstaates mit dem Recht der friedl. Durchfahrt für alle ausländ. Handels- und Kriegsschiffe, die sich nicht auf der Fahrt zu einem Kriegsschauplatz befinden. Die →hohe See unterliegt keiner Gebietshoheit, sondern nur der Rechtshoheit des Völkerrechts (→Freiheit der Meere). Unterhalb des M. liegt der M.-Boden und darunter der M.-Untergrund (→Meeresgrund).

Die Regeln über die Abgrenzung der versch. Meeresteile und die Einzelheiten ihres Rechtsstatus sind in der 1994 in Kraft getretenen Seerechtskonvention von 1982 (→Seerecht) enthalten. Die Konvention regelt auch den Sonderstatus der →Anschlusszone und der →ausschließlichen Wirtschaftszone, die zwar zum hohen Meer gehören, in denen aber den Uferstaaten besondere Rechte zustehen.

In neuerer Zeit ist der Umweltschutz in den Vordergrund des Interesses getreten. Für die Zwecke des M.-Umweltrechts ist die Unterscheidung zw. hoher See und Küstengewässer brüchig geworden, da die tatsächl. Verbindung beider M.-Teile eine Trennung des Umweltschutzes in den Küstengewässern von dem auf der hohen See geltenden Umweltvölkerrecht nicht erlaubt. Den Anfang des Umweltvölkerrechts auf dem M. markierte das Walfangabkommen vom 24. 9. 1931. Die Seerechtskonvention von 1982 berücksichtigt den Umweltschutz in den Art. 116 ff. (Erhaltung und Bewirtschaftung lebender Ressourcen) und 192 ff. (Schutz und Bewahrung der M.-Umwelt). Das Gebot, keine Verschmutzung der hohen See zu verursachen oder zu dulden, wird als allgemeine völkerrechtl. Pflicht bekräftigt.

Am 22. 3. 1974 schlossen die Anliegerstaaten der Ostsee das Übereinkommen über den Schutz der M.-Umwelt des Ostseegebietes (Helsinki-Übereinkommen) ab, das am 3. 5. 1980 in Kraft trat. Auch für das Mittelmeer sind regionale Verträge geschlossen worden, darunter der grundlegende Vertrag vom 16. 2. 1976 (›Abkommen von Barcelona‹) und das Übereinkommen betreffend den Schutz der Küstengewässer des Mittelmeeres vom 10. 5. 1976.

T. EITEL: Völkerrecht u. Meeresnutzung, in: Juristenzeitung, Jg. 35 (1980); Die Plünderung der M., hg. v. W. Graf VITZTHUM (1981); A. BORRMANN u. H. WEBER: Meeresforschung u. Meeresfreiheit (1983); R. WOLFRUM: Die Internationalisierung staatsfreier Räume (1984); Meerestechnik u. internat. Zusammenarbeit, bearb. v. DEMS. (1987); Encyclopedia of marine sciences, hg. v. J.-G. BARETTA-BEKKER u. a. (Berlin 1992). – Weitere Literatur →Meereskunde.

Meer, Simon van der, niederländ. Ingenieur, * Den Haag 24. 11. 1925; seit 1956 am Europ. Kernforschungszentrum (CERN) in Genf in der Elementarteilchenforschung tätig, wo er vorwiegend mit Fragen des Beschleunigerbaus befasst ist. Für seine entscheidenden Beiträge zur Entdeckung der W- und Z^0-Bosonen, der Vermittler der schwachen Wechselwirkung, wurde ihm 1984 (mit C. RUBBIA) der Nobelpreis für Physik verliehen.

Simon van der Meer

Meer|aale, Congridae, Familie der aalartigen Fische; Raubfische mit 100 Arten von 30 bis 300 cm Länge, in trop. und subtrop. Meeren; z. B. der **Meer-** oder **Seeaal** (Conger conger), ein bis 3 m langer und 60 kg schwerer Speisefisch.

Meer|ampfer, Delesseria sanguinea, Rotalge des Sublitorals des Nordatlantiks und der westl. Ostsee; mit blattartigem Thallus.

Meerane, Stadt im Landkreis Chemnitzer Land, Sa., im Erzgebirgsvorland, 19 600 Ew.; Heimatmuseum, Kunstgalerie; Dampfkesselbau, Autozubehör-, Textilindustrie, Obstlikörherstellung. – Mittelalterl. Stadtkirche St. Martin (Ende 12. Jh., Umbau 19. Jh.) mit roman. Chorturm, Rathaus (1572 und 1727), Flächendenkmal ›Steile Wand‹ (340 m lange Straße mit 12% Steigung, bekannt durch die Friedensfahrt). – Im Anschluss an eine seit 1174 bezeugte Burg entstand im 12. Jh. eine Siedlung, der bald die Gründung der eigentl. Stadt (1374 Oppidum, 1405 Städtlein) folgte. Die seit dem 16. Jh. verbreitete Weberei begründete M.s wirtschaftl. Wohlstand. Im 18. Jh. wurde die Baumwoll- und Wollzeugherstellung aufgenommen, im 19. Jh. entstand eine hoch entwickelte Textilindustrie, die das wirtschaftl. Leben bis 1989 prägte.

Meer|äschen, Mugilidae, Familie barschähnl. Fische mit 281 Arten; bis 90 cm lange, heringsförmige Schwarmfische v. a. in allen trop. und subtrop. Meeren, z. T. auch im Brackwasser. Einige Arten sind geschätzte Speisefische. Die **Großkopf-M.** (Mugil cephalus) lebt im Mittelmeer, die **Dünnlippige M.** (Mugil capito) an den europ. Küsten mit Ausnahme der Ostsee, die **Dicklippige M.** (Mugil labrosus) an den Küsten von SW-England bis zur W-Küste der Ostsee.

Meeräschen: Dicklippige Meerässche (Länge bis 60 cm)

Meeraugspitze, poln. und slowak. **Rysy** [′risi], höchster Berg Polens, an der Grenze zur Slowak. Rep. in der Hohen Tatra, im Tatra-Nationalpark, 2499 m ü. M.; aus Granit aufgebaut. Nordwestlich des Gipfels der →Fischsee (poln. Morskie Oko, ›Meerauge‹) und der 17,9 ha große Schwarze Teich (Schwarzer See; Czarny Staw) in etwa 1400 m ü. M. BILD →Polen

Meerballen, Meerbälle, *Biologie:* 1) faserige Blattreste versch. Seegräser (Zostera) und Meeresalgen, die durch Wellenschlag zu Kugeln verflochten sind; 2) dunkelgrüne Watten fädiger Grünalgen, häufig auf dem Schlick der Wattränder von Nord- und Ostsee sowie an Sandstränden des Mittelmeers.

Meerbarben, Seebarben, Mullidae, Familie der Barschartigen Fische mit 55 Arten in gemäßigten und trop. Meeren. Meist bunt gefärbt mit zwei Barteln. Geschätzte Speisefische sind die **Rote M.** (Mullus barbatulus) und die **Streifenbarbe** (Mullus surmuletus), beide bis 40 cm lang.

Meerbeerengewächse, Seebeerengewächse, Haloragaceae, zur weiteren Verwandtschaft der Rosengewächse gehörende Pflanzenfamilie mit etwa 120 Arten in neun Gattungen, die kosmopolitisch, mit Schwerpunkt in den gemäßigten und subtrop. Gebieten bes. der S-Halbkugel, verbreitet sind; selten Sträucher, meist Stauden oder Kräuter in Sümpfen oder Wasserpflanzen; Blüten meist sehr klein; bekannte Gattung: →Tausendblatt.

Meerbohne, Entada gigas, Art der Mimosengewächsgattung Entada in den Regenwäldern der Tropen; starkstämmige Liane mit doppelt gefiederten Blättern und kleinen Blüten meist in rispigen Ähren. Die flach zusammengedrückten Hülsenfrüchte mit verdickten Nähten werden bis 1,2 m lang. Samen mahagonifarben, rund, bis etwa 5 cm groß, werden gelegentlich an den Küsten Europas angeschwemmt (Seebohnen).

Meerbrassen, Sparidae, Familie der Barschartigen Fische in trop. und gemäßigten Meeren, mit rd. 100 Arten (bis 1,2 m lang). M. besitzen ein kräftiges Gebiss, je nach Ernährungsweise (Fische, Muscheln, Seeigel, Krebse, Weichtiere) mit Fang-, Mahl- oder Schneidezähnen. Als Speisefisch geschätzt ist die **Goldbrasse** oder **Echte Dorade** (Sparus auratus), die in Ostatlantik und Mittelmeer vorkommt. Schwarmweise im Uferbereich des Mittelmeeres findet man u. a. **Geißbrasse** (Sargus vulgaris) und **Ringelbrasse** (Sargus annularis).

Meerbusch, Stadt im Kr. Neuss, NRW, linksrheinisch zw. Düsseldorf, Krefeld und Neuss, 35 m ü. M., 55 000 Ew.; Edelstahlwerk, Herstellung von Fliesen und Teerverpackungsmaschinen; Gemüsebau. – Die Stadt M. entstand am 1. 1. 1970 durch Zusammenschluss von Büderich mit sieben weiteren Gemeinden des damaligen Kr. Kempen-Krefeld.

Meerbusen, größere Meeresbucht, Golf; z. B. Bottn. M., Finn. Meerbusen.

Meerdattel, die →Steindattel.

Meer|eber, ein Fisch, →Meersau.

Meer|echse, Art der Leguane auf den →Galápagosinseln.

Meer|eiche, Schotentang, Halidrys siliquosa, derbe Braunalge des Nordatlantiks; 0,5–2 m langer, mehrfach gefiederter Thallus mit gekammerten, schotenförmigen, gasgefüllten Schwimmblasen; ist meist in Prielen des oberen Sublitorals und an Felsküsten verbreitet.

Meer|eicheln, die →Seepocken.

Meer|eis, durch Gefrieren von Meerwasser (bei Temperaturen, die vom Salzgehalt abhängig sind, normalerweise unter $-1,8\,°C$) entstehendes Eis, wobei Anteile von Niederschlägen hinzukommen, die auf das M. fallen. Mit zunehmendem Alter nimmt der Salzgehalt des M. von anfangs 10–20‰ auf unter 3‰ ab. Die oberste Schicht des M. im Nordpolarmeer ist zeitweilig zur Trinkwasserbereitung geeignet. Beim Gefrieren entsteht im Seegang zunächst Eisbrei, der zu primärem Treibeis (Pfannkuchen- oder Tellereis), sodann zu einer Treibeisdecke zusammenfriert, aus der sich bei seitl. Druck Packeis bildet. Die Verteilung und Dicke des M. wird nicht nur durch lokales Gefrieren und Schmelzen bestimmt, sondern über den Transport durch Wind und Strömungen (Eispressung). Dadurch können infolge Überschiebungen erhebl. Eisdicken entstehen. Topographisch bedingte Unterschiede der Transportmöglichkeiten haben zur Folge, dass im Südpolarmeer 80% einjähriges und im Nordpolarmeer 40% mehrjähriges Eis vorkommen. Die M.-Bedeckung schwankt auf der Nordhalbkugel zw. 16 Mio. km² im März/April und 8 Mio. km² im September, auf der Südhalbkugel zw. 23 Mio. km² im September/Oktober und 4 Mio. km² im März/April. – **Eisbarriere** ist der mauerartige Rand des z. T. in das Meer vorgeschobenen Inlandeises im Südpolargebiet. (→Eisdienst)

Meer|enge, Meeresstraße, Sund, Wasserweg zw. zwei Meeren oder Meeresteilen, entstanden durch Senkung einer Landschaft (Belte der Ostsee), Grabenbruch (Straße von Gibraltar) oder Überflutung von Flusstälern (Bosporus, Dardanellen).

Völkerrecht: Wegen des unterschiedl. Rechtsstatus der →hohen See und der Küstengewässer (→Territorialgewässer) bieten M. dann ein völkerrechtl. Problem, wenn die Küstengewässer der gegenüberliegenden Uferstaaten, und sei es auch nur stellenweise, zusammenstoßen. Nach allgemeinem Völkerrecht, das in Art. 15 der Seerechtskonvention von 1982 bestätigt worden ist, dürfen die gegenüberliegenden Uferstaaten ihre Küstengewässer höchstens bis zur Mittellinie ausdehnen, sofern nicht althergebrachte Rechte oder besondere Umstände eine davon abweichende Regelung zulassen, die jedoch niemals einseitig erfolgen darf. Soweit danach die M. ganz oder teilweise zu den Küstengewässern der Uferstaaten gehört, ist allen ausländ. Handels- und Kriegsschiffen die Durchfahrt zu gewähren, wenn sich diese nicht auf der Fahrt zu einem Kriegsschauplatz befinden. Gehören die Landgebiete zu beiden Seiten der M. zum Staatsgebiet ein und desselben Staates, so besteht das Recht der friedl. Durchfahrt, wenn die M. Teile der hohen See miteinander verbindet. Das Gleiche gilt, wenn die M. die hohe See mit den Küstengewässern eines dritten Staates verbindet. Soweit für bestimmte M. Spezialverträge gelten (→Meerengenfrage, →Meerengenabkommen), genießen diese Vorrang. Die völkerrechtl. Regeln für die Benutzung der M. heben die Gebietshoheit der Uferstaaten nicht auf, beschränken aber die Ausübung einzelner Souveränitätsrechte. Umgekehrt sind die zur Durchfahrt berechtigten ausländ. Schiffe verpflichtet, die M. ohne Aufenthalt zu durchfahren, sich jeder Gewaltanwendung oder -androhung zu enthalten und keine anderen Aktivitäten zu entfalten als diejenigen, die normalerweise mit der ununterbrochenen und zügigen Durchfahrt verbunden sind, sofern nicht höhere Gewalt oder Seenot sie zu anderem Verhalten zwingen.

Meer|engel, die →Engelhaie.

Meer|engenabkommen, der am 20. 7. 1936 in Montreux zw. Großbritannien, Frankreich, Japan, der UdSSR, der Türkei, Bulgarien, Rumänien, Griechenland und Jugoslawien abgeschlossene Vertrag (1938 Beitritt Italiens) über die Durchfahrtsrechte durch Bosporus und Dardanellen. Er übertrug alle Hoheitsrechte auf die Türkei; sie kontrolliert die Durchführung des Abkommens. Nach ihm besitzen leichte Überwassereinheiten aller Staaten und einzelne Kriegsschiffe über 15 000 t der Uferstaaten des Schwarzen Meeres in Friedenszeiten das Recht der freien Durchfahrt, ebenso in Kriegszeiten, wenn die Türkei nicht zu den Krieg führenden Mächten gehört und die Kriegsschiffe nicht solche einer Krieg führenden Macht sind. Die Passage von Kriegsschiffen durch Bosporus und Dardanellen muss der Türkei vorher notifiziert werden. Ist die Türkei Krieg führende Macht oder fühlt sie sich von einer Kriegsgefahr bedroht, ist die Durchfahrt von Kriegsschiffen in ihr Ermessen gestellt.

Meer|engenfrage, das polit. Problem der Durchfahrt bes. von Kriegsschiffen durch den Bosporus und die Dardanellen, entwickelte sich aus den Interessenkonflikten in dieser Region v. a. zwischen dem Osman. Reich (später der Türkei), Russland (später der UdSSR), Großbritannien und Frankreich. Die M. war seit dem Frieden von →Kütschük Kainardschi (1774) Gegenstand älterer russisch-türk. Verträge sowie mehrseitiger internat. Abkommen: Londoner Konvention vom 15. 7. 1840 und vom 13. 7. 1841 (Dardanellenvertrag: Durchfahrtsverbot für nichttürk. Kriegsschiffe durch die Dardanellen), Meerengenkonvention des Pariser Friedens vom 30. 3. 1856 (Pontusklausel: Neutralisierung des Schwarzen Meeres), Pontusvertrag vom 13. 3. 1871 (Aufhebung der Pontusklausel nach russ. Kündigung), Berliner Kongressakte vom 13. 7. 1878 (Bestätigung des im Vorfrieden von San Stefano am 3. 3. 1878 bekräftigten freien Durchfahrtsrechts für Handelsschiffe durch Bosporus und Dardanellen), Friedensvertrag von Sèvres (10. 8. 1920; Internationalisierung der Meerengen). Im Friedensvertrag von Lausanne (24. 7. 1923) wurden die Meerengen entmilitarisiert, eine internat. Meerengenkommission eingesetzt und die freie Durchfahrt von Schiffen, auch für Kriegsschiffe, als Grundsatz festgelegt. Nach der Kündigung dieser Regelung durch die Türkei (11. 4. 1936) kam es am 20. 7. 1936 zum Abschluss des →Meerengenabkommens.

Meer|enten, Gattungsgruppe der Enten, deren Vertreter in kalten und gemäßigten Meeren leben und ihre Nahrung tauchend erjagen. An Land bewegen sie sich schwerfällig. Zu den M. gehören u. a. →Eiderente, →Schellente und →Spatelente.

Meeres|ablagerungen, marine Sedimente, Meeres|sedimente, Ablagerungen am Meeresboden, bestehend v. a. aus verwitterten Gesteinsmaterialien, abgestorbenen Organismen und chem. Ausfällungen.

Herkunft: **Lithogene M.** stellen etwa 70% des Sedimentvolumens dar. Sie entstammen der Verwitterung von Gesteinen oder sind vulkan. Aschen und treten hauptsächlich in der Küstenregion auf (litorale M.); ein Teil von ihnen wird von Meeresströmungen als feinste Trübe in landferne Gebiete der Ozeane transportiert und bildet dort einen Hauptbestandteil des →roten Tiefseetons (die vorwiegenden M. im Pazif. Ozean). Durch die Flüsse werden dem Weltmeer jährlich 18000–24000 Mio. t Gesteinsschutt zugeführt, wovon der größte Teil auf dem Schelf verbleibt. Auch das Meer selbst greift durch Brandung in die Küsten ein und verlagert das Gesteinsmaterial. Durch den Wind werden jährlich 60–360 Mio. t Staub ins Meer transportiert. Eine besondere Rolle bei der Verfrachtung von Sedimenten spielen das Meereis, beim Transport unterhalb des Meeresspiegels die →Suspensionsströme. **Biogene M.,** die etwa 55% des Meeresbodens bedecken, entstammen Überresten der abgestorbenen tier. und pflanzl. Kleinlebewelt. Sie bestehen überwiegend aus Calciumcarbonat (Globigerinenschlamm, →Foraminiferen) und →Pteropodenschlamm, oder aus Kieselsäure, →Diatomeenschlamm und →Radiolarienschlamm, und sind v. a. in der Tiefsee vertreten (pelag. M.). Im Atlant. und Pazif. Ozean stellt der Globigerinenschlamm die vorherrschende M. dar, für die trop. Meere sind →Korallenbauten charakteristisch. Nur etwa 2% der organ. Substanz gelangen in die Sedimente (jährlich etwa 40 Mio. t), wo aus ihnen u. a. Kohlenwasserstoffe (Erdöl, Erdgas) entstehen können. **Hydrogene M.** sind zwar weit verbreitet, aber von geringem Gesamtvolumen; zu ihnen gehören mineral. Neubildungen, die bei Übersättigung des Meerwassers an gelösten Stoffen entstehen können. Dazu zählen Salzablagerungen (Evaporite) und Ausfällungen von gasförmigen oder gelösten Substanzen im Bereich hydrothermaler Quellen oder untermeer. Vulkane. Weit verbreitet sind Konkretionen von Eisenmanganoxiden (→Manganknollen), Anreicherungen von spezifisch schweren Mineralen in marinen →Seifen sowie Phosphoritknollen auf dem Schelf und auf dem Kontinentalabhang (geschätzte jährl. Zuwachsrate 0,35–140 Mio. t); bes. am der Zentralspalte des Mittelozean. Rückens sind Erzschlämme zu finden. Die Ablagerungsraten sind eine Folge von Sedimentationsereignissen. Die Erforschung der M. hat als

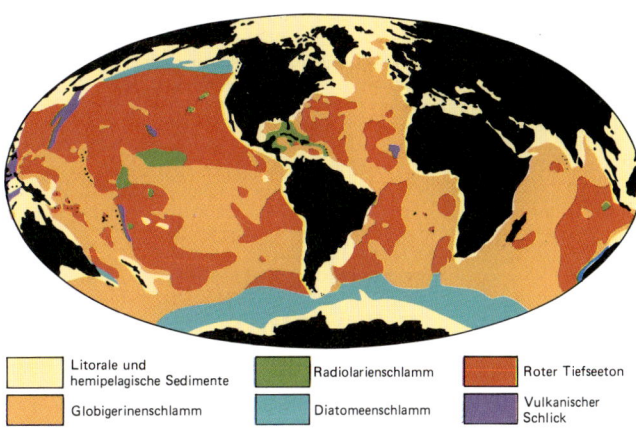

Meeresablagerungen: Verteilung der marinen Sedimente in den heutigen Meeren

Litorale und hemipelagische Sedimente
Globigerinenschlamm
Radiolarienschlamm
Diatomeenschlamm
Roter Tiefseeton
Vulkanischer Schlick

Zweig der Klimaforschung Bedeutung erreicht, da sie Aufschlüsse über das Paläoklima (u. a. zur Wassertemperatur, →Emiliani-Kurve) und über die Paläoozeanographie gibt. Die Untersuchung der biogenen M. ist zum Verständnis des Kohlenstoffkreislaufs unumgänglich. **Kosmogene M.** sind stark eisenhaltige Kugeln bis 0,2 mm Durchmesser, die von Meteoriten stammen. Ihr Anteil an den M. ist sehr gering.

Die *Schichtdicken* der M. schwanken örtlich sehr. So ist z. B. die Kammregion des Mittelatlant. Rückens frei von M.; in den Flankenregionen des Rückens haben sie Schichtdicken von etwa 500 m, in den anschließenden Tiefsee-Ebenen bis zu 2000 m und auf den Kontinentalabhängen und Schelfen bis über 5000 m. Die Sedimentationsraten betragen in der Tiefsee 0,1–2 cm in 1000 Jahren. Auf den Kontinentalabhängen und Schelfen liegen die Werte bedeutend höher und erreichen in extremen Fällen 5 m in 1000 Jahren.

Die *geograph.* Verteilung der M. hängt von ihrer Herkunft, Korngrößenverteilung, chem. Zusammensetzung und Zuwachsrate ab. Es werden litorale, pelag. und eine Mischform, die hemipelag. M., unterschieden. Die litoralen M. sind vorwiegend festländ. Herkunft, in den Tropen auch Korallenkalk; sie überwiegen in den küstennahen Schelfablagerungen. Litorale Sedimente nehmen 7,5%, die pelag. Sedimente (Tiefseeablagerungen) 81,7% und die hemipelag. 10,8% des gesamten Meeresbodens ein. (→Atlantischer Ozean, →Indischer Ozean, →Pazifischer Ozean)

J. P. Kennett: Marine geology (Englewood Cliffs, N. J., 1982); K. K. Turekian: Die Ozeane (a. d. Engl., 1985); E. Seibold u. W. H. Berger: The sea floor (Berlin ³1996). – Weitere Literatur →Sedimentgesteine.

Meeres|algen, die im freien Meerwasser schwebenden Algen (Phytoplankton) sowie Algen, die auf einer festen Unterlage mit Haftscheiben und Haftkrallen oder im weichen Schlickboden mit Rhizoiden festsitzen. Durch die Gezeitenschwankungen und die damit verbundenen Temperaturschwankungen im Laufe des Tages und des Jahres, Schwankungen des Salzgehaltes, der Lichtintensität und des Lichtspektrums entstehen an den Küsten charakterist. Zonen von Algen mit sehr verschiedenen Lebensformen.

Die M. sind ein wichtiges Glied im Stoffkreislauf des Meeres und dienen zahlreichen Meerestieren als Wohnraum oder als Nahrung. Sie finden Verwendung in der Industrie (Kelp, Jodgewinnung), als Nahrungsmittel für den Menschen, als Viehfutter sowie zur Gewinnung von →Alginaten.

Zur Massenvermehrung von Planktonalgen (›Algenblüte‹, ›Algenpest‹) kommt es, wenn das Wasser warm ist und auch reichlich Nährstoffe (v. a. Stickstoff und Phosphat) und Licht vorhanden sind. Eine normale Algenblüte endet, wenn die Nährstoffe aufgebraucht sind. Durch die ständige Nährstoffeinleitung mit den Flüssen kam es in den letzten Jahren immer häufiger zu zusätzl., aber für den Menschen ungefährl. Algenblüten. Diese sind zuerst auf tiefere Wasserschichten begrenzt und deshalb nicht sichtbar; später treibt dann an der Wasseroberfläche ein schmutzig gelber ›Algenteppich‹.

Meeresbergbau, Tiefseebergbau, mariner Erzbergbau, Teilbereich der →Meerestechnik, der sich mit dem Abbau der auf dem Meeresboden lagernden Erzvorkommen in Form von Manganknollen, kobaltreichen Mangankrusten, kupfer- und zinkhaltigen Erzschlämmen sowie massiven Metallsulfiden befasst.

Voraussetzung für den M. ist die Erkundung (Prospektion) mariner Lagerstätten mittels geophysikal. und meeresgeolog. Methoden, ferner besondere Formen der Probennahme sowie spezielle Förder-, Aufbereitungs- und Aufschlussmethoden.

Am weitesten fortgeschritten sind die Verfahren zur Gewinnung von Manganknollen und Erzschlämmen. Das Aufsammeln der Manganknollen erfolgt mithilfe eines Förderschiffes oder einer Plattform mit dynam. Positionierungssystem und ausreichender Lagermöglichkeit sowie einem bis zum Tiefseeboden reichenden Hebesystem mit Baggerkopf. Bei einem der ersten erprobten Systeme, dem CLB-Verfahren (CLB Abk. für engl. continuouslinebucket), war eine Reihe von Baggerkübeln an einem Kabel angebracht, das von einem oder zwei Schiffen aus zirkuliert und die Knollen aufsammelte. Durchsetzen konnten sich jedoch Verfahren, bei denen die Knollen durch ein i. d. R. aktives, selbstfahrendes Sammelgerät vom Boden aufgenommen bzw. anstehende Erzschlämme abgesaugt und durch eine Rohrleitung mittels Unterwasserpumpen **(Pumpliftverfahren)** oder Luftinjektion **(Airliftverfahren)** an Bord des Förderschiffes gepumpt werden. Seit 1980 wird an einem Gewinnungsverfahren gearbeitet, bei dem mit unbemannten U-Booten (Shuttleprinzip) erzhaltige Knollen erkannt, aufgenommen und an die Oberfläche befördert werden. Noch kein Abbauverfahren gibt es für die kaminartig hoch ragenden massiven Metallsulfide, die als Ablagerungen hydrothermaler Lösungen entstehen.

Der M. metallreicher Tiefseesedimente wurde insbesondere Ende der 1970er- und Anfang der 1980er-Jahre techn. Wirklichkeit; für das Atlantis-II-Tief im Roten Meer konnte anhand von Förderversuchen und metallurg. Tests in Pilotprojekten die Gewinnbarkeit von Zink, Kupfer und Silber gezeigt werden.

Eine Ausweitung des M. ist gegenwärtig nicht zu erwarten; sie wird eingeschränkt durch die hohen Gewinnungskosten des M., die zurzeit geringen Metallpreise auf dem Weltmarkt und die wachsende Besorgnis um die mögl. negativen Auswirkungen des M. auf die marine Umwelt.

Die im Dezember 1994 in Kraft getretene Seerechtskonvention betrachtet den Meeresboden und seine Ressourcen als ›gemeinsames Erbe der Menschheit‹ und regelt auf dieser Grundlage alle Tätigkeiten zur Erforschung und Ausbeutung der Ressourcen dieses Gebiets. Zur Überwachung dieser Tätigkeiten ist eine internat. Meeresbodenbehörde eingerichtet worden. Alle Vertragsstaaten der Seerechtskonvention sind Mitgl. der Behörde. Jeder Vertragsstaat hat eine Stimme. Das Sekretariat hat internat. Charakter und darf Weisungen von einer Reg. oder einer anderen Stelle außerhalb der Behörde weder einholen noch entgegennehmen.

Meeresbiologie, Teilgebiet der Hydrobiologie, das sich mit Leben, Verhalten, Verbreitung und Physiologie meeresbewohnender Tiere (Meereszoologie), Pflanzen (Meeresbotanik) und Mikroorganismen (Meeresmikrobiologie) und deren Beziehungen untereinander befasst.

Meeresboden, der von Meerwasser bedeckte Teil der Erdoberfläche. Sein Relief ist in charakteristische topograph. Großformen (Kontinentalränder, Tiefseebecken, Mittelozean. Rücken) gegliedert, von denen jede etwa ein Drittel des M. einnimmt. Die Kontinentalränder umfassen die bis zu 200 m tiefen Schelfe, die von etwa 200 m auf 2000 m steil abfallenden Kontinentalabfälle, die Fußregionen und die über 6000 m tiefen Tiefseegräben. Der →Mittelozeanische Rücken bildet ein 60000 km langes, zusammenhängendes zentralozean. Gebirgssystem, das sich vom Nordpolarmeer durch den Atlant. Ozean und von dort sowohl durch den Indischen als auch durch den Pazif. Ozean erstreckt. Die Tiefseebecken liegen zw. den Kontinentalrändern und dem Mittelozean. Rücken. Sie enthalten die Tiefseehügel, die ausgedehnten Tiefseebenen sowie die untermeer. Kuppen, die vulkan. Ursprungs sind und teilweise als ozean. Inseln die Meeresoberfläche durchstoßen. Ein Teil der untermeer. Kuppen (Guyots) besitzt ein ebenes Gipfelplateau. Der M. ist mit örtlich unterschiedl., charakterist. →Meeresablagerungen bedeckt.

Zum *Völkerrecht* →Meeresbodenbehörde, →Meeresgrund. – RELIEFKARTEN →Atlantischer Ozean, →Indischer Ozean, →Pazifischer Ozean

Meeresboden|ausbreitung, Meeresbodenspreizung, *Geologie:* →Sea-Floor-Spreading.

Meeresbodenbehörde, internat. Organisation, die 1994 nach In-Kraft-Treten der Seerechtskonvention von 1982 (→Seerecht) mit Sitz in Kingston (Jamaika) geschaffen wurde und alle Tätigkeiten im Gebiet des Meeresbodens organisiert und überwacht. Alle Vertragsstaaten der Seerechtskonvention sind Mitgl. der M. Ihre Hauptorgane sind eine Versammlung, ein Rat und ein Sekretariat. Jedes Mitgl. der Versammlung hat eine Stimme. Beschlüsse über Sachfragen bedürfen einer Zweidrittelmehrheit der anwesenden und abstimmenden Mitgl. Der Rat (ausführendes Organ) besteht aus 36 Mitgl., die von der Versammlung in einer von der Seerechtskonvention vorgeschriebenen Reihenfolge gewählt werden. Er bildet eine Kommission für wirtschaftl. Planung und eine Rechts- und Fachkommission. Jede Kommission setzt sich aus 15 Mitgl. zusammen, die vom Rat aus von den Vertragsstaaten vorgeschlagenen Kandidaten gewählt werden. Das Sekretariat besteht aus einem Gen.-Sekr. und dem von der M. benötigten Personal.

Meeresbodenvertrag, internat. Vertrag über den →Meeresgrund.

Meeresforschung, →Meereskunde.

Meeresgeodäsie, Teilgebiet der Geodäsie, das sich mit der Bestimmung von →Festpunkten und des →Geoids im Meeresbereich befasst.

Meeresgeologie, Teilbereich der Geologie, der sich mit der Untersuchung des Meeresbodens und dessen Untergrundes zur Erfassung der Zusammenhänge, Verteilung, Bildungsbedingungen und Geschichte submariner Gesteine auseinander setzt. Einsatzgebiete der angewandten M. sind v. a. die Prospektion mariner mineral. Rohstoffe sowie Küstenschutz, Hafenbau und Umweltschutz. Die M. arbeitet eng mit anderen wiss. Disziplinen, insbesondere mit der Geophysik und Ozeanographie, zusammen.

Voraussetzung zur Erkundung der Meeresböden, d. h. zur Bodenvermessung, Probennahme und ersten Auswertung, sind nautisch-techn. (v. a. Navigationsgeräte zur exakten Positionierung) und naturwiss.-techn. Anlagen, die i. d. R. auf bes. dafür ausgerüsteten Schiffen untergebracht sind. Die Ergebnisse der meeresgeolog. und seegeophysikal. Untersuchungen liegen meist in Form von Karten, Profildarstellungen und elektron. Datenbanken vor.

Die einfachste Methode zur Meeresbodenvermessung ist die Echolotung mithilfe gewöhnl. oder besonderer →Echolote, z. B. Fächerlote, mit deren Hilfe auch die oberen Meter des Meeresbodens untersucht werden können (Sedimentecholot). Eine flächenhafte Kartierung der akust. Eigenschaften des Meeresgrundes ist mithilfe von Laufzeit- und Intensitätsaufzeichnungen von Schallwellen möglich, die zu einem Fächer gebündelt in kurzen Intervallen beidseitig des abgefahrenen Profils abgegeben werden (Side-Scan-Sonarverfahren). Das Side-Scan-Echogramm macht Materialunterschiede und die Feinmorphologie des Bodens sichtbar. Eine opt. Aufnahme des Meeresbodens erlauben Unterwasserfoto- und -fernsehkameras. Fernmessungen erfolgen entweder mithilfe im Schiffsrumpf befindl. oder geschleppter Messsysteme. Direkte Messungen werden mit Punktsonden durchgeführt, die in den Boden eindringen. Außerdem ist die direkte Beobachtung mittels Tauchschlitten sowie autonomer Tauchboote möglich.

Die Gewinnung von Gesteinsproben an der Meeresbodenoberfläche ist mit relativ einfachen Mitteln möglich, z. B. Dredgen (hinten mit einem Gitter oder Kettensack verschlossene Tonne oder Kasten, die am Boden entlanggezogen werden), seilgebundenen oder Freifallgreifern, Schwere-, Freifall- oder Kolbenloten; technisch aufwendig dagegen ist die Entnahme von Bohrkernen aus dem Meeresboden.

The sea, hg. v. M. N. HILL, Bd. 4: New concepts of sea floor evolution, 2 Tle., u. Bd. 7: The oceanic lithosphere (New York 1970–81); F. P. SHEPARD: Submarine geology (ebd. ³1973); Angewandte Geowiss.en, hg. v. F. BENDER, Bd. 1 (1981); P. HOLLER: Arbeitsmethoden der marinen Geowiss.en (1995).

Meeresgrund, *Völkerrecht:* der unter der →hohen See gelegene Bereich, bestehend aus dem Meeresboden und dem darunter befindl. Meeresuntergrund. Der Meeresboden kann für friedl. Zwecke genutzt werden, und zwar zur Kabelverlegung, zum Abbau der auf der Oberfläche liegenden Minerale sowie zur Lagerung von Abfallstoffen, für militär. Zwecke durch die Stationierung von Unterseebooten und die Anlage von Unterwasserstützpunkten. Der Meeresuntergrund kann Verwendung finden für den Meeresbergbau sowie für die Tieflagerung von Abfallstoffen und die militär. Nutzung. Bereits durch den Meeresbodenvertrag vom 11. 2. 1971 über das Verbot der Stationierung von Kernwaffen und anderen Massenvernichtungsmitteln auf dem Meeresboden und im Meeresuntergrund ist die Entmilitarisierung des M. eingeleitet worden. Die 1994 in Kraft getretene Seerechtskonvention von 1982 (→Seerecht) regelt alle Tätigkeiten zur Erforschung und Ausbeutung des M. und seiner Ressourcen. Zur Überwachung dieser Tätigkeiten ist eine →Meeresbodenbehörde eingerichtet worden.

Der Rechtsstatus des M. ist nicht einheitlich. Der Teil, der zum Festlandsockel (→Schelf) gehört, unterliegt der Gebietshoheit des Uferstaates. Da das über dem Festlandsockel befindl. Meer, soweit es nicht zu den Territorialgewässern gehört, den Rechtsstatus der hohen See behält, hat die Gebietshoheit des Uferstaates über den Festlandsockel nur für die wirtschaftl. Ausbeutung dieses M. Bedeutung. Der M. außerhalb des Festlandsockels ist frei von Gebietshoheit und gilt als ›gemeinsames Erbe der Menschheit‹ (UN-Resolution vom 17. 12. 1970). In Übereinstimmung damit verbietet die Seerechtskonvention von 1982 allen Staaten die Beanspruchung oder Ausübung von Souveränitätsrechten über alle Teile des M. und seiner Ressourcen. Ferner darf kein Staat und keine natürl. oder jurist. Person sich Teile des M. aneignen.

W. Graf VITZTHUM: Der Rechtsstatus des Meeresbodens (1972); G. A. FRENCH: Der Tiefseebergbau. Eine interdisziplinäre Unters. der völkerrechtl. Problematik (1990).

Meeresheilkunde, Teilgebiet der Balneologie; als heilend gilt das Seeklima (→Bioklimatologie) mit seiner tonisierenden Wirkung auf den Gesamtorganismus im Sinn der Abhärtung und Umstimmung, bes. bei allerg. Zuständen und Asthma.

Meereshöhe, *Geodäsie:* senkrechter Abstand eines Erdpunktes von der durch das mittlere →Meeresniveau definierten Höhenbezugsfläche. Die M. verschiedener Länder weichen wegen quasikonstanter Effekte der →Meeresoberflächentopographie vom Geoid als globaler Höhenbezugsfläche ab. – Zur Definition der Höhenbezugsfläche in Dtl., Österreich und der Schweiz →Normalnull.

Meereskunde, Meeresforschung, Ozeanologie, Ozeanographie, die Wiss. vom Meer. Sie beschäftigt sich mit den Eigenschaften des Meerwassers, dem Wasserhaushalt, dem Stoffhaushalt, dem Wärmehaushalt und den Bewegungsvorgängen des Meeres sowie mit den im Meer lebenden pflanzl. und tier. Organismen (Meeresbiologie). Ferner untersucht die M. die Wechselwirkungen zw. dem Meer und seiner Umgebung, d. h. der Atmosphäre und dem Meeresboden (mit Küsten). Beim Studium der zugehörigen physikal., chem., geolog. und biolog. Zustände und Prozesse arbeitet die M. mit zahlr. naturwiss. Disziplinen zusammen. Mitunter wird der Begriff ›Ozeanographie‹ auf den physikalisch-chem. Teil der M. beschränkt und der biolog. Bereich Meeresbiologie genannt. Die M. bedient sich umfangreicher Beobachtungs- und Messprogramme. Die dazu erforderl. Entwicklung von →ozeanographischen Instrumenten und ihren Einsatzmöglichkeiten mithilfe versch. Messplattformen (Forschungsschiffe, Tauchboote, Flugzeuge, Erdsatelliten, verankerte Messsysteme, Messtürme und Unterwasserlaboratorien, fest stehende und driftende Messplattformen und bewohnte Forschungsplattformen) ist ebenfalls Aufgabe der M., die dabei mit ingenieurwiss. Disziplinen (→Meerestechnik) zusammenarbeitet. Modellrechnungen mit Großrechnern gewinnen zunehmend Bedeutung zum Verständnis der gewonnenen Daten und der geplanten Vorhersagen. Hier spielt die M. bes. im Rahmen der Klimaforschung eine wichtige Rolle.

Zahlr. nat. und internat. Institutionen arbeiten auf dem Gebiet der M. Zu Ersteren gehören: das Dt. Hydrograph. Institut, die Bundesanstalt für Geowiss.en und Rohstoffe, die Forschungsanstalt der Bundeswehr für Wasserschall und Geophysik, die Bundesforschungsanstalt für Fischerei, die Biolog. Anstalt Helgoland, das Institut für M. an der Univ. Kiel, die Institute für M., für Geophysik sowie für Hydrobiologie und Fischereiwiss. der Univ. Hamburg, das Max-Planck-Institut für Meteorologie in Hamburg (maritime Meteorologie, Wechselwirkung Ozean–Atmosphäre), das Alfred-Wegener-Institut für Polar- und Meeresforschung in Bremerhaven, die Abteilung für Meeresgeologie und Meeresbiologie des Forschungsinstituts Senckenberg in Wilhelmshaven. Finanziert wird die Meeresforschung im Wesentlichen über die Bundesministerien für Forschung und Technologie, für Verkehr und für Ernährung, Landwirtschaft und Forsten. Eine besondere Rolle bei der Finanzierung spielt die Dt. Forschungsgemeinschaft e. V.

Auf internat. Ebene wird die M. bes. koordiniert und gefördert durch zwischenstaatl. Organisationen wie ICES (→International Council for the Exploration of the Sea), IHO (→International Hydrographic Organization), IMO (→International Maritime Organization), IOC (→Intergovernmental Oceanographic Commission), WMO (World Meteorological Organization; maritime Meteorologie). Außerdem wird die

Meer Meeresläufer – Meeresmilben

M. auf nichtstaatl. Ebene gefördert durch DSDP mit Nachfolgeprojekt ODP (→Deep Sea Drilling Project), IABO (International Association of Biological Oceanography), IAPSO (International Association for the Physical Sciences of the Ocean), IUGS (International Union of Geological Sciences).

Die *Meeresforschung* ist eine Grundlagenforschung. Trotzdem ist sie für viele Anwendungen von fundamentaler Bedeutung, so z. B. für eine Optimierung der vielfältigen Meeresnutzung bei gleichzeitigem Schutz des Meeres und seiner Küsten vor unerwünschten Einflüssen und Veränderungen, z. B. durch →Meeresverschmutzung und →Sturmfluten. Sie findet ferner Anwendung in der Wettervorhersage und Klimakunde.

Geschichte: Bis Mitte des 19. Jh. standen bes. Forschungsreisen nach den Polargebieten sowie Weltumsegelungen mit wichtigen Ergebnissen geographisch-topograph., aber auch biolog. und ethnograph. Art im Vordergrund; so die von Niederländern, Franzosen (J. S. C. DUMONT D'URVILLE), Briten (J. COOK, J. C. ROSS), Deutschen (A. VON HUMBOLDT; J. G. R. und J. R. FORSTER als Teilnehmer brit. und A. VON CHAMISSO als Teilnehmer russ. Unternehmungen, F. G. VON BELLINGSHAUSEN als Admiral in russ. Diensten). Seit 1873 wurde sowohl von brit. wie von dt. Seite die eingehende physikalisch-chem. Erforschung der Meere durch große Expeditionen (→Challenger, →Gazelle, →Meteor) begonnen. Die Zeit der stichprobenartigen Unternehmungen ging nach dem Ersten Weltkrieg über in eine großräumige systemat., kurz vor dem Zweiten Weltkrieg in eine synopt. Erforschung der Meere, an der sich fast alle seefahrenden Nationen beteiligen. Dabei fand eine erste Phase, in der v. a. überkommene Hilfsmittel und Methoden durch zahlenmäßig umfangreicheren Einsatz effektiver gemacht wurden, im →Internationalen Geophysikalischen Jahr ihren Höhepunkt und Abschluss (1959).

Im Anschluss daran haben neue technolog. Entwicklungen sowie wachsende Einsicht in die Bedeutung der M. zu einer umfangreichen Weiterentwicklung geführt. Leistungsfähige Großrechenanlagen gestatten Modellrechnungen nicht nur für begrenzte Meeresgebiete, sondern auch für die Gesamtsysteme Weltmeer und Atmosphäre. In Laborexperimenten werden Vorgänge im Meer in stark verkleinertem Maßstab simuliert. Große internat. Messprojekte auf See (über Zeiträume von fünf bis zehn Jahren und mit einer Vielzahl neuer Messplattformen sowie ozeanograph. Instrumente) treten zunehmend an die Stelle der früheren Expeditionen, die meist mit dem Namen eines Forschungsschiffs verknüpft waren. An folgenden bedeutenden internat. Programmen sind dt. Wissenschaftler beteiligt: ODP (Ocean Drilling Program), WOCE (World Ocean Circulation Experiment), TOGA (Tropical Ocean/Global Atmosphere Program), JGOFS (Joint Global Ocean Flux Study), IGBP (International Geosphere-Biosphere Program: A Study of Global Change) und GSP (Greenland Sea Project).

H. U. SVERDRUP u. a.: The oceans, their physics, chemistry, and general biology (New York 1942); Atlas zur Ozeanographie, hg. v. G. DIETRICH u. a. (1968); Allgemeine M., bearb. v. DEMS. u. a. (³1975); Das Meer, hg. v. J. MEINCKE (1977); Grundl. der Ozeanologie, hg. v. U. SCHARNOW u. a. (Berlin-Ost 1978); Der Große Krüger Atlas der Ozeane, bearb. v. J. KINZER u. a. (a. d. Engl., 1979); H.-G. GIERLOFF-EMDEN: Geographie des Meeres. u. Küsten, 2 Bde. (1980); Die Plünderung der Meere, hg. v. W. Graf VITZTHUM (1981); E. LAUSCH: Der Planet der Meere (1983); The Times atlas of the oceans, hg. v. A. COUPER (London 1983); K. PAFFEN u. G. KORTUM: Die Geographie des Meeres. Disziplingeschichtl. Entwicklung seit 1650 u. heutiger method. Stand (1984); D. RÖSNER: Wettlauf zum Meeresboden (1984); A. B. C. WHIPPLE: Meeresströme (a. d. Engl., Amsterdam 1984); H. V. THURMAN: Introductory oceanography (Neuausg. Columbus, Oh., 1985); K. K. TUREKIAN: Die Ozeane (a. d. Engl., 1985); Das Weltmeer, hg. v. H.-J. BROSIN (Neuausg. Thun 1985); C. REINKE-KUNZE: Den Meeren auf der Spur (1986); Zahlenwerte u. Funktionen aus Naturwiss.en u. Technik, ›Landolt-Börnstein‹, Neue Serie, Gruppe 5, Bd. 3, 3 Tle. (1986 ff.); D. KELLETAT: Phys. Geographie der Meere u. Küsten (1989); Ozeane. Welt der Geheimnisse u. Wunder. Tiere, Pflanzen, hg. v. P. WHITFIELD (a. d. Engl., 1992); P. HOLLER: Arbeitsmethoden der marinen Geowiss.en (1995); J. OTT: M. Einf. in die Geographie u. Biologie der Ozeane (²1996). – Weitere Literatur →Meeresablagerungen.

Meeresläufer, Gattung der →Wasserläufer.

Meeresleuchten, durch →Biolumineszenz versch. Meerestiere bzw. -pflanzen hervorgerufene nächtl. Leuchterscheinungen, bes. im Bereich trop. Meere.

Meeresmilben, Halacaridae, Familie bis etwa 0,6 mm großer Milben, die fast alle im Meer leben,

Meereskundliche Forschungsschiffe[*] (seit 1873, Auswahl)

Schiff	Land	Expeditionsjahre	Arbeitsgebiet
Challenger	Großbritannien	1873–76	Weltmeer
Gazelle	Deutschland	1874–76	Weltmeer
National	Deutschland	1889	Nordatlantik
Fram	Norwegen	1893–96 ff. bis etwa 1910	Nordpolarmeer
Valdivia	Deutschland	1898–99	Atlantik, Ind. Ozean
Princesse Alice I und II	Monaco	1888–1922	Nordatlantik
Hirondelle I und II	Monaco	1888–1922	Nordatlantik
Gauß	Deutschland	1901–03	Atlantik, Ind. Ozean
Planet	Deutschland	1906–07	Weltmeer
Deutschland	Deutschland	1911–12	Atlantik
Michael Sars	Norwegen	1904–13	Nordatlantik
Armauer Hansen	Norwegen	1913–57	Nordatlantik
Meteor	Deutschland	1925–27 1937–38	Atlantik
Dana I und II	Dänemark	1921–35	Weltmeer
Carnegie	USA	1928–29	Pazifik
Willebrord Snellius	Niederlande	1929–30	Ind. Ozean, Pazifik
Discovery II	Großbritannien	1930–62	Weltmeer
Atlantis	USA	1931–63	Atlantik, Pazifik
Ryofu Maru	Japan	1937 ff.	Nordpazifik
E. W. Scripps	USA	1938 ff.	Pazifik
Altair	Deutschland	1938	Nordatlantik
Sedow	UdSSR	1938–40	Nordatlantik
Albatros	Schweden	1947–48	Weltmeer
Witjas	UdSSR	1949 ff.	Ind. Ozean, Pazifik
Gauß I und II	BRD	1949 ff.	Atlantik
Galathea	Dänemark	1950–52	Weltmeer
Professor Albrecht Penck	DDR, BRD	1951 ff.	Nord-, Ostsee
Anton Dohrn I und II	BRD	1955–63	Nordatlantik
Victor Hensen I und II	BRD	1956 ff.	Nordsee
Helland-Hansen	Norwegen	1957 ff.	Nordatlantik
Michail Lomonossow	UdSSR	1957 ff.	Weltmeer
Atair I und II	BRD	1962 ff.	Nord-, Ostsee
Discovery I	Großbritannien	1962 ff.	Atlantik, Ind. Ozean
Atlantis II	USA	1963 ff.	Weltmeer
Walther Herwig I und II	BRD	1964 ff.	Atlantik
Meteor I und II	BRD	1964 ff.	Atlantik, Ind. Ozean
Jean Charcot	Frankreich	1965 ff.	Nordatlantik
Wassilij Golownin	UdSSR	1965 ff.	Atlantik, Ind. Ozean
Alkor I und II	BRD	1966 ff.	Nord-, Ostsee
Akademik Kurtschatow	UdSSR	1966 ff.	Atlantik, Ind. Ozean
Professor Wise	UdSSR	1966 ff.	Weltmeer
Alexander von Humboldt	DDR, BRD	1967 ff.	Nord-, Ostsee, Nordatlantik, Ind. Ozean
Hakuto Maru	Japan	1967 ff.	Pazifik
Planet	BRD	1967 ff.	Nordatlantik
Friedrich Heincke I und II	BRD	1968 ff.	Nord-, Ostsee
Glomar Challenger	USA	1968–83	Weltmeer
G. O. Sars	Norwegen	1968 ff.	Atlantik
Komet	BRD	1969 ff.	Atlantik
Valdivia	BRD	1969 ff.	Weltmeer
Knorr	USA	1970 ff.	Weltmeer
Anton Dohrn	BRD	1972–86	Atlantik
Littorina	BRD	1975 ff.	Nord-, Ostsee
Poseidon	BRD	1976 ff.	Nord-, Ostsee, Nordatlantik
Sonne	BRD	1977 ff.	Weltmeer
Polarstern	BRD	1982 ff.	Polarmeere

[*] ab 1972 sind nur noch deutsche Forschungsschiffe aufgeführt

meist als Parasiten an Würmern, Krebsen und Insektenlarven, die sie aussaugen; eine Art lebt parasitisch im Darm eines Seeigels, einige andere saugen an Pflanzen.

Meeresniveau [-nivo], **1)** geodätisches M., Fläche gleichen Erdschwerepotenzials, wird durch den Nullwert des mittleren M. festgelegt und dient als Höhenbezugsfläche.
2) mittleres M., die örtl. mittleren Wasserstände, die aus Pegelbeobachtungen errechnet und auf das geodät. M. bezogen werden.
3) physikalisches M., Meeresspiegel, das M., das sich unter dem Einfluss der auf das Meer einwirkenden äußeren Kräfte (z. B. Schubkraft des Windes, Luftdruck, Gezeiten) und inneren Kräfte (z. B. innere Druckkräfte aufgrund der Dichteunterschiede im Meerwasser, Coriolis-Kraft, Reibungskraft) einstellt. (→Meeresoberflächentopographie)

Meeresnutzung, →Meer.

Meeres|oberflächentopographie, Abstand der Meeresoberfläche vom →Geoid. Nach Berücksichtigung zeitl. Veränderungen (Meeresgezeiten) ergibt sich aus der momentanen die quasistationäre M. Ihre Oberfläche (physikal. Meeresniveau) weicht wegen nichtperiod. Gezeitenanteile sowie meteorolog. und ozeanograph. Effekte um 1–2 m vom Geoid als Äquipotenzialfläche des Schwerefeldes ab. Die M. lässt sich durch Distanzmessungen von Erdsatelliten (→Satellitenaltimetrie) und durch ozeanograph. Modellrechnungen bestimmen. Die langwelligen (einige 1 000 km, z. B. Golfstrom) Strukturen der M. sind heute auf etwa ±0,1 m genau bekannt. Satellitenaltimetriemissionen tasten die Meeresoberfläche mit Wiederholungsraten zw. einigen Tagen und einigen Wochen ab; hieraus lassen sich Veränderungen des Meeresspiegels (mäandrierende Strömungen, Zirkulationen) mit Subdezimetergenauigkeit erfassen.

Meeresschildkröten, Seeschildkröten, Cheloniidae, Familie meeresbewohnender, 80 bis 140 cm langer Schildkröten mit zu Paddeln umgewandelten Gliedmaßen; Kopf und Extremitäten können nicht mehr in den unvollständig verknöcherten Panzer zurückgezogen werden. M. leben in allen subtrop. und trop. Meeren. Das Land wird ausschließlich zur Eiablage aufgesucht; die Weibchen versammeln sich ortstreu stets an den gleichen Nistplätzen, wo sie mithilfe der Hinterextremitäten Sandgruben ausheben, in die sie ihre Eier ablegen. Die Jungtiere suchen nach dem Schlüpfen umgehend das Meer auf. Während die Suppenschildkröten sich vorwiegend von vegetar. Kost wie Seegras und Algen ernähren, fressen die anderen Arten gemischte oder vorwiegend tier. Nahrung wie Hohltiere, Stachelhäuter, Muscheln, Krebse und Fische. Die M. sind bedroht durch Absammeln der Eier und Fang der legenden Weibchen als Nahrungsmittel oder Schildpattlieferanten sowie durch Zerstörung ihrer Nistplätze. Zu den M. gehören: **Bastardschildkröten** (mit den Arten Lepidochelys olivacea und Lepidochelys kempii), Echte und Unechte →Karettschildkröte und →Suppenschildkröten.

Meeresschwinden, im Bereich des Meeresspiegels liegende Klüfte der Karstküste, wo Meerwasser in ein unterird. Karstgerinne einfließt. Auf der Insel Kephallenia werden bei Argostolion Mühlen (›Meermühlen‹) durch Meerwasser betrieben, das landeinwärts in Klüften verschwindet.

Meeressedimente, die →Meeresablagerungen.

Meeresspiegel, die Oberfläche des Meeres, das physikal. →Meeresniveau.

Meeresspiegelschwankungen, kurz- oder langfristiges Steigen oder Fallen des physikal. →Meeresniveaus 3). Zu den kurzfristigen M. gehören die Wellenbewegungen, mit Amplituden bis über 30 m, gezeitenbedingte Schwankungen können bis über 10 m erreichen. Langfristige M. treten v. a. durch die meist regional begrenzten tekton. Verformungen der Erdoberfläche (Hebungen und Senkungen, Sea-Floor-Spreading u. a.), durch Glazialisostasie oder global durch Veränderungen im Volumen des Meerwassers (→eustatische Meeresspiegelschwankungen) sowie durch Verformungen des →Geoids auf. Der seit über 100 Jahren zu beobachtende weltweite Anstieg des Meeresspiegels um durchschnittlich über 1 mm/Jahr ist noch nicht eindeutig erklärt; er beruht vielleicht v. a. auf der therm. Ausdehnung des Meerwassers infolge der Temperaturerhöhung der Atmosphäre. Der gegenwärtige Anstieg der Flutwasserstände an der Nordseeküste ist aber auch anthropogen bedingt: Durch Eindeichungen wurde der Stauwasserraum für das Tidewasser verringert, bes. in Flussmündungen. Wesentlich größere Auswirkungen hatten die Vergletscherungs- und Abschmelzvorgänge im pleistozänen →Eiszeitalter. Zu den nacheiszeitl. M. gehören die →Flandrische Transgression und die →Dünkirchener Transgression. – M. äußern sich im Küstenbereich u. a. bei der Ausbildung von →Strandterrassen. Sie sind von großer Bedeutung für die Nutzung der Küstengebiete.

T. H. VAN ANDEL: Late quaternary sea-level changes and archaeology, in: Antiquity, Bd. 63 (Gloucester 1989); K. O. EMERY u. D. G. AUBREY: Sea levels, land levels, and tide gauges (New York 1991).

Meeresstille und glückliche Fahrt, einsätzige Konzertouvertüre op. 27 (1828–33) von F. MENDELSSOHN BARTHOLDY nach Gedichten GOETHES.

Meeresstraße, die →Meerenge.

Meeresströmungen, überwiegend horizontaler Transport von Wassermassen im Meer. Es gibt großräumige stationäre Stromsysteme (allgemeine Zirkulation) sowie zeitlich veränderl., v. a. periodisch wechselnde Strömungen (→Gezeiten). Die Zirkulation wird durch die Schubkraft des Windes an der Meeresoberfläche (**Drift, Trift**) sowie durch innere Druckkräfte (**Gradientstrom**), die in allen Tiefenbereichen des Meeres wirken können, erzeugt. Dabei können die Druckkräfte auf Wasserstandsunterschieden sowie auf horizontalen Dichteunterschieden des Meerwassers, die durch horizontale Temperatur- und Salzgehaltsunterschiede (thermohaline Zirkulation) bedingt sind, beruhen. Außer den erzeugenden Kräften haben die ablenkende Kraft der Erdrotation (→Coriolis-Kraft) sowie die Topographie des Meeresbodens und der Küsten bestimmenden Einfluss auf den Verlauf der M. Reibungsprozesse sowie Wechselwirkungen zw. den M. und anderen Bewegungsvorgängen (z. B. Wirbeln von 10–500 km Durchmesser und versch. Wellentypen) halten die M. im Gleichgewicht.

Die KARTE zeigt den Verlauf der wichtigsten M. (allgemeine Zirkulation) an der Meeresoberfläche. Charakteristisch für alle Ozeane bis auf den nördl. Indischen Ozean sind die subtrop., antizyklonalen, großräumigen Stromwirbel mit äquatorwärts gerichteten östl. Randströmen (Kanaren-, Humboldtstrom und Kalifornischer Strom) und den wesentlich stärkeren, polwärts gerichteten Randströmungen an den W-Seiten der Ozeane (Golfstrom, Kuroshio, Brasilstrom, Agulhasstrom, Ostaustralstrom). Im N schließen sich die subpolaren zyklonalen Stromwirbel an; im S durchquert stattdessen der →Antarktische Zirkumpolarstrom, eingebettet in die Westwindtrift, alle drei Ozeane. Südlich davon liegen die subpolaren Wirbel (Weddell- und Rosswirbel).

Neben den Oberflächenströmungen gibt es entgegengesetzt gerichtete Unterströme in unterschiedl. Tiefe, z. B. unter westl. Randströmen wie dem Golfstrom in mehreren 1 000 m Tiefe, unter östl. Randströmen wie dem Humboldtstrom unterhalb von 50–100 m Tiefe. Bes. hohe Geschwindigkeiten treten in den äquatorialen Unterströmen auf (→äquatoriales Strom-

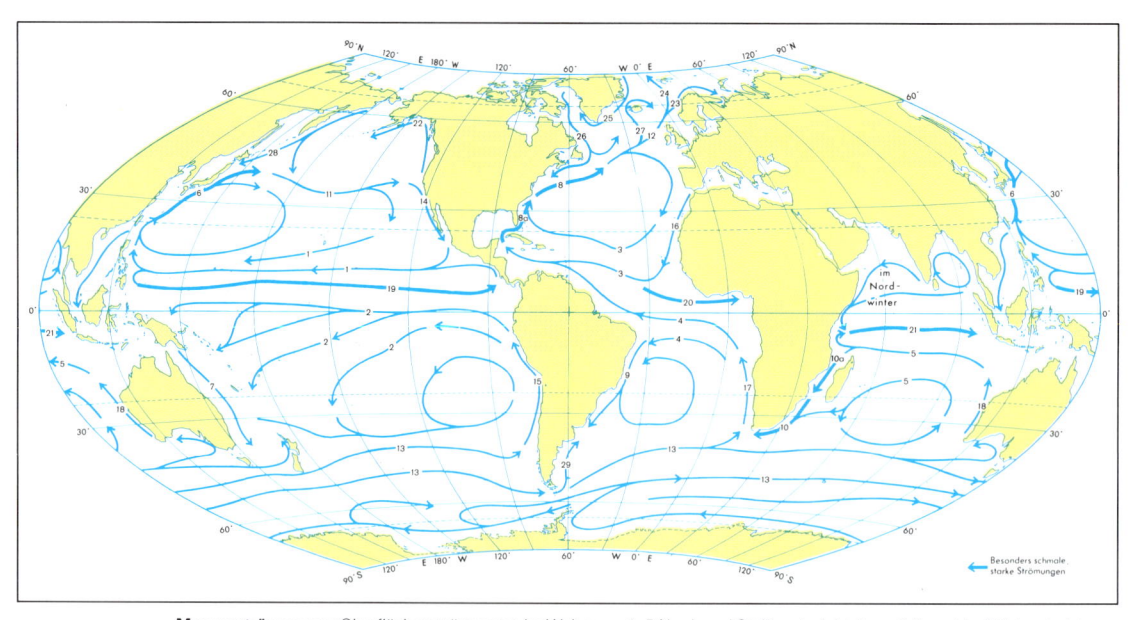

Meer Meerestechnik – Meeres und der Liebe Wellen

Meeresströmungen: Oberflächenströmungen im Weltmeer; 1–5 Nord- und Südäquatorialströme, 6 Kuroshio, 7 Ostaustralstrom, 8 Golfstrom, 8a Floridastrom, 9 Brasilstrom, 10 Agulhasstrom, 10a Moçambiquestrom, 11 Nordpazifischer Strom, 12 Nordatlantischer Strom, 13 Antarktischer Zirkumpolarstrom, 14 Kalifornischer Strom, 15 Humboldtstrom, 16 Kanarenstrom, 17 Benguelastrom, 18 Westaustralstrom, 19–21 äquatoriale Gegenströme, 22 Alaskastrom, 23 Norwegischer Strom, 24 Westspitzbergenstrom, 25 Ostgrönlandstrom, 26 Labradorstrom, 27 Irmingerstrom, 28 Oyashio, 29 Falklandstrom

system). Ferner können räuml. Unterschiede in den horizontalen M. vertikale Strömungsbewegungen bewirken (→Auftrieb). →Atlantischer Ozean, →Indischer Ozean, →Pazifischer Ozean.

A. B. C. WHIPPLE: Meeresströme (a. d. Engl., Amsterdam 1984); General circulation of the ocean, hg. v. H. D. I. ABARBANEL u. a. (New York 1987).

Meeres|technik, Gesamtheit der Aktivitäten, die sich mit den techn. Möglichkeiten zur Nutzung des Meeres und seiner Ressourcen an Energie, Nahrungsmittelvorräten und Rohstoffen (einschließlich der des Meeresbodens) befassen.

Zu den Arbeitsgebieten der M. zählen die Schiffs- und Unterwassertechnik, die Werkstofftechnologie sowie der Küstenbau, die Meeresmesstechnik, der Umweltschutz und die Wehrtechnik. Da Seeschifffahrt und Fischerei die umfassendste Meeresnutzung darstellen und das Schiff die verbreitetste Arbeitsplattform bildet, hat die **Schiffstechnik** einen bedeutenden Anteil an der M. Zu ihren Aufgaben gehören v. a. die Bereiche Grundlagenforschung (z. B. hydromechan. Untersuchungen zur Optimierung der Leistung und Sicherheit von Seeschiffen), die Antriebstechnik, die Schiffsbetriebstechnik und Schifffertigung (u. a. Modernisierung und Entwicklung von Spezialschiffen, z. B. für den Einsatz in eisbedeckten Meeresgebieten). Die **Unterwassertechnik** erforscht neben den Lebensbedingungen des Menschen in künstl. Unterwasserbehausungen Geräte und Arbeitsmethoden für den Unterwassereinsatz und entwickelt bemannte sowie unbemannte Unterwasserfahrzeuge, z. B. für die Arbeit an Pipelines u. a. Anlagen der Offshoretechnik. Die **Werkstofftechnologie** befasst sich mit der Entwicklung geeigneter Werkstoffe und (Korrosions-)Schutzverfahren sowie Verfahren der Unterwasserschweißtechnik. Zu den Aufgaben des **Küstenbaus** zählen die Errichtung von Küstenbauwerken, die Erforschung der küstennahen Meeresströmungen, der Sandbewegungen im Küstenraum, die küstennahen Flussregulierungen sowie die Maßnahmen des Küstenschutzes und dessen Auswirkungen auf die marine Umgebung. Die **Meeresmesstechnik** ist die Voraussetzung der Meeresforschung, aber auch der routinemäßigen Erfassung der Umweltschädigungen. Im Rahmen des **marinen Umweltschutzes** stellt die M. Methoden zur Verhütung von Schädigungen sowie Bekämpfungsmethoden (z. B. Ölauffangschiffe) bei Zwischenfällen zur Schadensminimierung bereit. Die **Wehrtechnik** nutzt die Bereiche Schiffstechnik, Unterwassertechnik und Werkstofftechnik der M., auch die Unterwasserakustik für die Ortung von U-Booten.

Lokale Bedeutung besitzt die im Meer vorhandene potenzielle therm. und kinet. Energie (z. B. in den Gezeiten, Strömungen und Wellen), die in geringem Umfang zur Erzeugung elektr. Energie eingesetzt wird (→Gezeitenkraftwerk, →Meereswellenkraftwerk, →Meereswärmekraftwerk).

Die rohstoffbezogene M. befasst sich v. a. mit dem Erarbeiten von Verfahren und Kriterien, mit deren Hilfe Vorkommen und Mengen im Meer und auf dem Meeresboden und dessen Untergrund vorhandener Rohstoffe eingeschätzt und technisch nutzbar gemacht werden können. Zu den wichtigsten Rohstoffen des Meeres zählen Salz sowie Verbindungen von Magnesium, Brom und Uran im Meerwasser, Sand und Kies am Boden der Schelfgebiete, Rutil, Ilmenit, Zirkon, Zinnstein, Diamanten, Gold und Platin in den marinen Seifen im Schelfgebiet, Erdöl und Erdgas (→Offshoretechnik) sowie zahlr. andere mineral. Rohstoffe in oder am Meeresboden (z. B. polymetall. Knollen und Krusten, Metallsulfide, Erzschlämme, Phosphoritknollen). Die industrielle M. richtete ihre Aufmerksamkeit auf die Weiterentwicklung von Explorations- und Abbauverfahren (→Meeresbergbau).

D. A. ROSS: Opportunities and uses of the ocean (New York 1980); R. REUBEN: Materials in marine technology (London 1994).

Meeres und der Liebe Wellen, Des, lyr. Trauerspiel von F. GRILLPARZER, Uraufführung 1831, Erstausgabe 1840.

Meeresverschmutzung **Meer**

Schlüsselbegriff

Meeresverschmutzung, die über die natürl. Verhältnisse hinausgehende Zufuhr von Stoffen ins Meer, die eine Belastung des Ökosystems Meer oder von Teilen dieses Ökosystems herbeiführen kann. Bei starker biol. Wirksamkeit oder Giftigkeit und v. a. größeren Mengen der Stoffe kann eine solche Verunreinigung nicht mehr durch natürl. Prozesse (z. B. durch biolog. Abbau) ausgeglichen werden. Das marine Ökosystem mit seinen Lebewesen wird dann geschädigt, seine Nutzbarkeit für den Menschen eingeschränkt. Nach einer Definition der UNESCO von 1967 sind M. die durch Menschen verursachten direkten oder indirekten Einleitungen von Substanzen oder Energie in den marinen Bereich (einschließlich der Flussmündungen), die einen schädl. Effekt auf lebende Organismen haben oder für die menschl. Gesundheit gefährlich sind, die marine Nutzung einschließlich der Fischerei behindern, die Qualität des Meerwassers einschränken oder die Erholungsmöglichkeiten verringern.

In internat. Konventionen zum Schutz der Meere wird M. als ›Überbelastung‹ ausgelegt, d. h. eine ›über die Selbstreinigungskraft hinausgehende Belastung der Gewässer mit Schadstoffen‹. Durch eine solche definitor. Einengung kann vorsorgendes Handeln zum Schutz der Meeresumwelt erschwert werden, u. a. weil Verunreinigungen oft erst nach sehr langer Einwirkung, verbunden mit neuen Anreicherungen, Kombinationseffekten mit anderen Faktoren, Schwächung des Ökosystems durch zusätzl. (auch natürl.) Störungen erkennbar werden. In der Anfangsphase einer stoffl. Kontamination kann deshalb der Eindruck entstehen, dass keine Belastungen für die Lebewesen des betroffenen Lebensraums gegeben sind und auch keine Überbelastung zu erwarten ist. Eine vorsorgl. Gefahrenabwehr wird dann oft als unnötig angesehen, was v. a. zur Verzögerung von wirkungsvollen internat. Vereinbarungen führt.

Arten der Belastung

Verschmutzungen werden durch alle möglichen Substanzen, v. a. Abfälle oder Chemikalien, aber auch Mikroorganismen, bes. Krankheitserreger, hervorgerufen. Von besonderer Bedeutung ist die M. durch folgende Stoffklassen:

Belastung durch *leicht abbaubare organ. Substanzen* wie z. B. Fäkalien, Reste von abgestorbenen Pflanzen und Tieren, aber auch eine Vielzahl von Stoffen, die von der chem. Industrie erzeugt werden. Der Abbau solcher Stoffe kann durch chemisch-physikal. Einflüsse bewirkt werden (z. B. durch Licht, Oxidation), hauptsächlich jedoch ist es ein biolog. Abbau durch Bakterien, Algen und Kleintiere, i. d. R. unter Sauerstoffverbrauch, wodurch die Sauerstoffbilanz gestört wird. Im Extremfall kann der gesamte gelöste Sauerstoff verbraucht werden, wodurch sämtliche sauerstoffabhängigen Lebensprozesse ausfallen; die Mehrzahl der Lebewesen stirbt bei diesem so genannten ›Umkippen‹ innerhalb kurzer Zeit ab. Eine Gemeinschaft von Mikroorganismen, die ohne freien Sauerstoff leben kann, ersetzt die ursprüngl. Vielfalt an Pflanzen und Tieren und produziert zusätzlich störende Abfallprodukte, v. a. den giftigen Schwefelwasserstoff. Bes. gefährdet sind dabei Teile mehr oder weniger isolierter Randmeere (z. B. Ostsee, Mittelmeer).

Belastung durch *Pflanzennährstoffe:* Stickstoff und Phosphor sind als Nährstoffe für das Wachstum von Pflanzen notwendig und nur in besonderen Fällen direkt schädlich (z. B. Nitrite und Ammonium). Sie wirken v. a. indirekt, indem sie das Pflanzenwachstum anregen und somit den Aufbau abbaubarer organ. Substanz fördern. Eine vermehrte Zufuhr von Pflanzennährstoffen (auch in gebundener Form, etwa in Fäkalien oder Klärschlamm) und die daraus resultierende erhöhte Biomasseproduktion führt zur →Eutrophierung, die für bestimmte Pflanzen (Algen, Phytoplankton) und viele andere Lebewesen zunächst förderlich sein kann; andererseits werden die an die ursprüngl. Nährstoffarmut angepassten Spezialisten verdrängt. Einseitige Massenvermehrungen können ebenfalls zu einem Sauerstoffdefizit führen; im Extremfall bis zum Zusammenbruch des sauerstoffabhängigen Lebens (so genanntes ›Umkippen‹).

Belastung durch *anorgan. Schadstoffe:* Hier spielen Metalle, v. a. Schwermetalle wie Blei, Cadmium und Quecksilber, eine große Rolle, weil sie oft giftig

Meeresverschmutzung: Schwimmender Schutzzaun vor japanischen Kernkraftwerken, der verhindern soll, dass Öl aus einem zerbrochenen Öltanker ins Kühlwasser der Kraftwerke gelangt

Meeresverschmutzung: Versuch der Säuberung eines mit angeschwemmtem Öl verschmutzten Strandes

423

Meer — Meeresverschmutzung

(toxisch) sind, auf biochem. Prozesse störend einwirken können, letztlich nicht abgebaut werden und dadurch auch immer wieder in bestimmten Teilbereichen des Meeresmilieus angereichert werden können (z. B. in Schwebstoffen im Wasser, in Bodensedimenten und in den Meereslebewesen). Anreicherungsprozesse in Lebewesen und die Verstärkung durch das Nahrungsnetz im Meer (Biomagnifikation im Verlauf der Nahrungskette) können dann v. a. bei den Endgliedern von solchen Nahrungsketten (große Raubtiere) hohe Schadstoffkonzentrationen herbeiführen, die direkt erkennbare Schädigungen bewirken oder solche Tiere als Nahrung für den Menschen untauglich machen (v. a. Fische). Weltweite Beachtung erlangten die Quecksilberverbindungen bei der Erforschung der →Minamata-Krankheit; es wurde deutlich, dass trotz der zunächst riesig erscheinenden Wasservorräte die Meere nicht als Abfallplatz für gefährliche und schwer oder nicht abbaubare Substanzen dienen können. Infolge internat. Konventionen sind direkte Einbringungen giftiger Abfälle mit Schiffen ins Meer nicht mehr überall möglich. Doch selbst diffuse Einträge, z. B. über die Atmosphäre, haben in bestimmten Meeresgebieten, etwa in der mittleren und nördl. Nordsee, inzwischen ökologisch bedenkl. Anreicherungen gerade von Schwermetallen wie Blei und Cadmium zur Folge.

Auch *radioaktive Substanzen* werden in die Meere eingeleitet, z. B. bei der Wiederaufarbeitung von Kernbrennstoffen. Neben den dadurch kontinuierlich ins Meer gelangenden Belastungen hat es immer wieder Störfälle gegeben. Es ist weiterhin umstritten, ob bestimmte (z. B. sehr tiefe) Meeresgebiete zur Endlagerung radioaktiver Abfälle genutzt werden können. Bislang kann die Sicherheit solcher Maßnahmen nicht garantiert werden. Außerdem steht das Tiefenwasser der Ozeane mit dem Oberflächenwasser im Austausch, sodass lange strahlende Substanzen (Radionuklide mit großer Halbwertszeit) nach Leckwerden von Behältern durchaus wieder in die vom Menschen direkt genutzte Biosphäre zurückgelangen können. Schwerwiegende Folgen für das marine Ökosystem hatten und haben die frz. Kernwaffentests im Südpazifik.

Belastend wirkt außerdem das *Verklappen* von Baggergut, das v. a. bei der Freihaltung von Schifffahrtswegen und Hafenbecken anfällt und in vielen Flussmündungsgebieten sehr stark mit Schadstoffen belastet ist, bes. mit Schwermetallen. Die Umlagerung solcher Schlämme kann Schadstoffe wieder mobilisieren und in die biolog. Stoffkreisläufe bringen. Allein im Nordseebereich werden jährlich etwa 100 000 t Baggergut umgelagert.

Belastung durch *Erdöl:* Das aus Kohlenwasserstoffen bestehende Rohöl und seine Destillations- und Umwandlungsprodukte haben sich als sehr gefährlich für die Meeresumwelt erwiesen. Eine große Belastung bedeutet die unerlaubte Einleitung von Ölrückständen, z. B. aus Tankerspülungen oder Schiffsbilgen. Bes. spektakulär sind immer wieder größere Tankerhavarien, bei denen nicht nur zahllose Vögel durch verklebtes Gefieder und Robben, Wale sowie Fische durch verschluckte Ölklumpen qualvoll umkommen, sondern ganze Ökosysteme riesiger Ausdehnung durch Ölteppiche vernichtet werden. Dennoch stellen diese Ölunfälle nur etwa 10 % des Gesamteintrages an Öl dar, der auf etwa 3,2 Mio. t pro Jahr geschätzt wird und etwa 200 000 t Öl, die durch untermeer. Quellen auf natürl. Weg ins Meer gelangen, einschließt. Von direkter Giftigkeit sind die wasserlösl., oft auch bes. flüchtigen Komponenten des Rohöls. Es kann deshalb durchaus sinnvoll sein, die Verdunstung nicht dadurch zu verhindern, dass man das Öl z. B. durch Chemikalien zum Meeresboden absenkt. Wenn bei einer Ölverschmutzung aufgrund schlechter Wetterbedingungen eine mechan. Bekämpfung (durch Ölsperren und Abschöpfen) unmöglich oder erschwert ist, werden derartige Maßnahmen immer wieder erwogen. Zur Ölbekämpfung werden auch in großem Umfang Detergentien eingesetzt. Der Schaden durch die Giftigkeit dieser Stoffe und die bes. feine Ölverteilung kann allerdings größer sein, als er ohne diese Chemikalien gewesen wäre. Inzwischen sind zur Ölbekämpfung weit weniger giftige Stoffe verfügbar, sodass in besonderen Fällen auch eine chem. Bekämpfung angebracht sein kann (z. B. um einen bes. wertvollen Teillebensraum vor hereindriftendem Öl zu schützen). Der größte Teil des Rohöls und seiner Bestandteile ist bei Anwesenheit von viel Sauerstoff langfristig durch Kleinstlebewesen abbaubar, sodass es im Verlauf von Jahren und Jahrzehnten durchaus eine gewisse Selbstreinigung der Meere gibt. Allerdings wird durch ständige Neuzufuhr von Schadstoffen bislang eine Sanierung bes. der Gebiete, die dicht an den Schifffahrtswegen, Industriestandorten und Offshore-Bohrgebieten liegen, verhindert. Schwer abbaubare, oft noch stark giftige und sogar Krebs erregende Ölkomponenten bleiben zudem jahrzehntelang erhalten, werden u. U. sogar angereichert. – Internat. Abkommen, v. a. das Internat. Übereinkommen zur Verhütung der M. durch Schiffe, versuchen zwar, die Probleme der Ölverschmutzung durch den Schiffsbetrieb zu reduzieren, erlauben jedoch in den meisten Meeresgebieten das Ablassen von Restmengen.

Belastung durch *Chlorkohlenwasserstoffe:* Organ. Verbindungen des Chlors waren in der Natur außerordentlich selten und sind erst durch den Menschen in größerem Ausmaß in die Umwelt gelangt. Sie sind technisch sehr vielseitig einsetzbare Stoffe, meist von großer Beständigkeit (nicht oder schwer abbaubar) und zugleich Giftigkeit sowie Anreicherungsfähigkeit (z. B. im Fettgewebe, in der Leber). Das Insektizid DDT und das in vielen techn. Prozessen eingesetzte Gemisch der polychlorierten Biphenyle (PCB) sind die bekanntesten Beispiele solcher Chlorverbindungen, die in alle Meere gelangt sind und Vögel im Bruterfolg und Seehunde in ihrer Fortpflanzung nachweisbar beeinträchtigt haben. Wenngleich DDT in Dtl. und zahlr. anderen Ländern seit vielen Jahren verboten ist (nicht aber in allen außereurop. Ländern) und auch PCB an Bedeutung verlieren, sind Belastungen und Anreicherungen selbst in entferntesten Meeresteilen (z. B. arkt. und antarkt. Gewässer) v. a. bei Endgliedern der Nahrungsketten (Eisbären, Robben, Wale, bestimmte Seevögel, Fische) noch immer sehr hoch, und die Folgen der Anwendung werden noch lange im Ökosystem erkennbar bleiben.

Belastungen durch *andere organ. Schadstoffe:* Neben den Chlorverbindungen sind auch andere organ. Halogenverbindungen für die Meeresumwelt bedeutsam. Besondere Erwähnung verdienen die Fluorchlorkohlenwasserstoffe, die als ›Ozonkiller‹ bekannt geworden sind, aber auch in Ökosystemen toxisch wirken. Von besonderer Giftigkeit sind die als Schutzanstrich für Schiffsböden gegen Bewuchs eingesetzten zinnorgan. Verbindungen (Tributylzinn); sie haben einige abgeschlossene Hafengebiete inzwischen so stark belastet, dass dort viele Lebewesen völlig verschwunden sind. Komplexbildende organ. Moleküle wie Nitrilotriessigsäure (NTA) können sehr beständig sein und z. B. Schwermetalle in Kläranlagen aus den Schlammablagerungen herauslösen und somit in das ablaufende Wasser bringen.

Belastung durch *Abfälle:* Zu den von Schiffen, aber auch achtlos in Küstengewässer geworfenen Abfällen gehören v. a. schwer abbaubare Kunststoffe, aber auch Glas- und Metallbehälter, die zur Verschmutzung des Wassers und zur Gefährdung von Lebewesen wie Vögeln, Seehunden, Delphinen, Meeresschildkröten und Fischen beitragen.

Belastung durch *Mikroorganismen, Krankheitserreger:* Bes. in der Nähe menschl. Siedlungen und in Mündungsgebieten größerer Flüsse kommt es zu Belastungen durch schädl. Mikroorganismen. Filtrierer unter den Lebewesen reichern dann u. U. auch Krankheitserreger an, die eine direkte Gefährdung für Menschen darstellen. Bekannt geworden sind z. B. Typhusinfektionen durch den Genuss von Muscheln (Austern, Miesmuscheln).

Da die Verhaltens- und Wirkungsweisen von Verschmutzungsstoffen sehr komplex sein können, sind sie im Hinblick auf ihre Umweltschädlichkeit und die von ihnen ausgehende Bedrohung oft nur schwer einschätzbar. Schon die Transport- und Anreicherungsvorgänge im Meer sind schwer durchschaubar; umso schwieriger ist vielfach die Beurteilung biolog. Umsetzungen und Einwirkungen. M. können auch dazu beitragen, die allgemeine Fitness bestimmter Arten zu senken und diese damit anfälliger für Krankheiten machen (z. B. Robben). In anderen Fällen sind Massenvermehrungen tox. Algen beobachtet worden, die z. B. im Südatlantik zu Vergiftungen der ohnehin durch Übernutzung schon dezimierten Fischbestände geführt haben, was wiederum zum Verhungern einer großen Anzahl von Robben geführt hat.

Die seit Ende der 60er-Jahre intensivierten Arbeiten der Meeresforscher und anderer Wissenschaftler haben viele Transportwege, Anreicherungsprozesse und auch Wirkungsweisen von Verschmutzungen aufklären können. Als i. d. R. schwerwiegend sind auch die Einträge über die Flüsse (z. B. Rhein, Elbe, Po) erkannt worden. In beträchtl. Mengen gelangen außerdem Stoffe auf dem Luftweg (atmosphär. Einträge) ins Meer (etwa Schwermetalle wie Blei und Cadmium, aber auch organ. Schadstoffe wie die in der Landwirtschaft eingesetzten Biozide, flüchtige Ölbestandteile sowie Lösungsmittel). Die Versetzungen der Wassermassen durch die Meeresströmungen führen zu weiträumigen Schadstoffverteilungen und auch zu neuen Anreicherungen etwa in Gebieten langer Aufenthaltsdauer von Wassermassen oder bes. starker Ablagerung von Schwebstoffen. Bei Stürmen und hohen Fluten, Sauerstoffmangel, besonderen Aktivitäten von Bodentieren, Baggerarbeiten oder Bodenfischerei können Schadstoffe aus Zwischenablagerungen, etwa in Flussmündungen oder Buchten und küstennahen Sedimentationsgebieten, wieder aufgewirbelt oder anders mobilisiert und damit erneuten Transportprozessen ausgesetzt werden.

Ausblick

Die bis heute deutlich erkannten Belastungen finden sich i. d. R. zunächst in den küstennahen Meeresgebieten, bes. vor großen Flussmündungen mit stark industrialisierten oder durch intensive Landwirtschaft beeinflussten Einzugsgebieten. Bes. gefährdet sind dabei häufig Randmeere bzw. deren Teile mit nur eingeschränktem Wasseraustausch (Ostsee, Mittelmeer, Schwarzes Meer u. a.). In den küstennahen Lebensräumen finden sich allerdings auch Organismengemeinschaften, die die starken natürl. Umweltschwankungen (Temperatur, Salzgehalt, Sedimentumlagerungen) sogar für ihre Überlebensstrategien nutzen. Zusätzl. Störungen können sie oft noch eine Zeit lang verkraften oder auffangen, die Auswirkungen werden auch den Meeresforschern angesichts der ohnehin vorhandenen starken Bestandsschwankungen oft verborgen bleiben. Ökosysteme mit ihrem Organismenbestand reagieren nicht kontinuierlich, es kommt vielmehr - wenn eine Belastung ein bestimmtes Ausmaß erreicht hat - zu sprunghaften Änderungen: Das gesamte Ökosystem bricht zusammen bzw. ›kippt um‹, entweder durch direkte Vergiftung, häufiger jedoch durch massive Sauerstoffzehrung als Folge von Nährstoffeintrag und/oder den Abbau abgestorbener Biomasse. Es ist i. d. R. nicht möglich, für ein komplexes, offenes Ökosystem den Zeitpunkt einer sprunghaften Änderung vorherzusagen, d. h. die Belastbarkeit zu bestimmen. Schon das zufällige Zusammentreffen von extremen natürl. Belastungen, in der Nordsee sind das z. B. sehr kalte Winter, und von anthropogenen Störungen kann gen, dass Belastungsgrenzen eher als unter normalen Verhältnissen erreicht werden. Der erreichte Belastungsumfang ist daher viel kritischer einzuschätzen als er bei oberflächl. Betrachtung erscheint. Dabei ist zusätzlich zu berücksichtigen, dass viele Lebewesen der offenen Ozeane empfindlicher sind als die der Küstenmeere und dass demzufolge die Belastungsgrenzen ozean. Lebensgemeinschaften viel schneller erreicht werden können. Zum Schutz der Meere ist daher das Vorsorgeprinzip strikt anzuwenden: Maßnahmen sind schon dann zu ergreifen, wenn Umweltveränderungen zu befürchten bzw. nicht restlos auszuschließen sind, d. h., Umweltvorsorge muss an den Verschmutzungsquellen betrieben werden. Nachhaltiger und wirksamer Schutz auch der Meere wird also künftig nur möglich sein, wenn gehandelt wird, bevor Auswirkungen zu spüren sind.

Zum Schutz der Meere hat die dt. Bundesregierung mehrere Abkommen ratifiziert: Internat. Übereinkommen zur Verhütung der Verschmutzung der See durch Öl (OILPOL-Abkommen von 1954); Übereinkommen zur Verhütung der M. durch das Einbringen von Abfällen durch Schiffe und Luftfahrzeuge (Oslo-Übereinkommen von 1972), Geltungsbereich Nordsee und Atlantik; Übereinkommen über die Verhütung der M. durch das Einbringen von Abfällen und anderen Stoffen (London-Übereinkommen von 1972), Geltungsbereich weltweit; Internat. Übereinkommen zur Verhütung der M. durch Schiffe (MARPOL-Übereinkommen von 1973), Geltungsbereich weltweit; Übereinkommen zur Verhütung der M. vom Lande aus (Pariser Übereinkommen von 1974), Geltungsbereich Nord- und Ostatlantik. 1974 schlossen die Anliegerstaaten der Ostsee das Übereinkommen über den Schutz der Meeresumwelt des Ostseegebietes (Helsinki-Übereinkommen) ab, das 1980 in Kraft trat. Eines der umfangreichsten internat. Vertragswerke, das u. a. auch den Meeresumweltschutz und die Meeresnutzungen regelt, ist die 1973–1982 ausgehandelte und 1994 in Kraft getretene Seerechtskonvention (→Seerecht).

⇨ *Gewässerschutz · hohe See · Meeresgrund · Nordsee · Ölpest · Ostsee · Watt*

M. u. Meeresschutz. Naturwiss. Forschung u. rechtl. Instrumente, hg. v. W. ERNST (1982); K. A. GOURLAY: Mord am Meer. Bestandsaufnahme der globalen Zerstörung (a. d. Engl., 1988); Warnsignale aus der Nordsee, hg. v. J. L. LOZÁN u. a. (1990); L. BRÜGMANN: Meeresverunreinigung. Ursachen, Zustand, Trends u. Effekte (1993); F. BIERMANN: Internat. Meeresumweltpolitik (1994); Meereskunde der Ostsee, hg. v. G. RHEINHEIMER ([2]1995); Warnsignale aus der Ostsee, hg. v. J. L. LOZÁN (1996).

Meereswärmekraftwerk, Kraftwerk, das die Temperaturunterschiede zw. der von der Sonne aufgeheizten Oberflächenschicht (Wärmedeckschicht mit

Meer Meereswellen – Meerferne

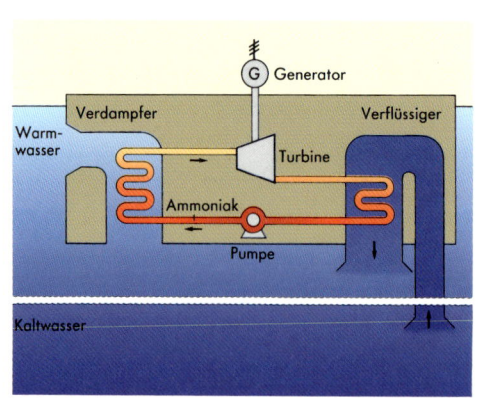

Meereswärmekraftwerk: Prinzip der Stromerzeugung

25–30 °C bis 150 m Tiefe) der trop. Ozeane zw. 20° n. Br. und 20° s. Br. und dem kalten Wasser (8–5 °C in 800–1 000 m Tiefe) zur Elektroenergieerzeugung mithilfe eines thermodynam. Kreisprozesses nutzt. Das Warmwasser verdampft im 1. Wärmetauscher Freon 22, Isobutan, Propan oder Ammoniak, treibt eine mit einem Generator gekuppelte Niederdruck-Dampfturbine an und wird in einem 2. Wärmetauscher (Kondensator) mithilfe des kalten Tiefenwassers wieder verflüssigt. Wegen der geringen Temperaturdifferenz von etwa 20 K beträgt der theoret. Wirkungsgrad des Wärmeprozesses 6,6 % und der Gesamtwirkungsgrad bei Umwandlung in elektr. Energie nur 3 %, wobei die nutzbare Energie durch die Pumpleistung für das Tiefenwasser noch gesenkt wird. Das Meer wirkt durch die enorme Wärmeenergie der Sonnenstrahlung im trop. Gürtel als gigant. Speicher (24-Stunden-Betrieb) und natürl. Kollektor. Dennoch erfordern OTEC-Anlagen (engl. **o**cean **t**hermal **e**nergy **c**onversion, ›Meereswärmeenergieumwandlung‹) durch Wärmetauscher und Pumprohr für große Wassermassen einen wesentlich höheren Investitionsaufwand als herkömml. Kraftwerke. Die erste Versuchsanlage 1930 vor Kuba blieb ohne wesentl. Erfolg. 1979 wurde von den USA vor der Hauptinsel von Hawaii eine Mini-OTEC mit einem Rohr von 655 m Länge und 61 cm Durchmesser eingerichtet, die bei 700 m³/h Kalt- und Warmwasserdurchsatz und mit einer 75-kW-Dampfturbine nach Abzug des Eigenbedarfs von 32 kW eine nutzbare Leistung von 18 kW erzeugt. Ein Folgeprojekt von OTEC-1 für 1 MW elektr. Leistung mit einem Tanker als Stützpunkt zur technolog. Erprobung wurde aus Budgetgründen nicht voll realisiert. Japan baute auf der Insel Nauru eine OTEC-Anlage für 100 kW elektr. Leistung und projektiert zwei ebenfalls landgestützte Anlagen für 2 MW zur Inselversorgung.

Meereswellen, period. Bewegungsvorgänge im Meer, deren Wellenperioden und Wellenlängen einer charakterist. Beziehung (Dispersionsrelation) genügen, was eine Abhängigkeit der Phasengeschwindigkeit der M. von der Wellenlänge (Dispersion) bedeutet. Es gibt eine große Anzahl unterschiedl. Typen von M., die z. B. nach den für die M. bedeutsamen versch. Kräften eingeteilt werden: Unter die rücktreibenden Kräfte fallen Oberflächenspannung des Meeres (Kapillarwellen), Schwerkraft (→Schwerewellen), Coriolis-Kraft (→Trägheitswellen), räuml. Änderungen des Verhältnisses von Coriolis-Parameter und Wassertiefe (→Rossby-Wellen), Elastizität des Meerwassers (Schallwellen); erzeugende Kräfte sind astronom. Kräfte (→Gezeiten), Luftdruck- und Windschwankungen (→Seegang, →Dünung, →Fernwellen), See-

beben (→Tsunamis), Wellenwiderstand von Bodenunebenheiten (Leewellen) oder sich im Meer bewegenden Gegenständen, z. B. Schiffen (Schiffswellen). Eine Einteilung der M. nach anderen Eigenschaften führt z. B. zur Unterscheidung von kurzen und langen Wellen (Wellenlänge klein oder groß gegenüber der Wassertiefe), von Oberflächenwellen (maximale Wellenamplitude an der Meeresoberfläche) und →internen Wellen (maximale Amplitude im Inneren des Meeres) und von fortschreitenden Wellen und stehenden Wellen (z. B. →Seiches).

Die M. spielen im Energiehaushalt des Meeres eine zentrale Rolle, da sie Energie sowohl über große räuml. Entfernungen (bis zu mehreren 1 000 Seemeilen, →Dünung) als auch zw. versch. Prozessen (z. B. von Meeresströmungen zu turbulenten Geschwindigkeitsfeldern im Meer, →Turbulenz) transportieren können.

Meereswellenkraftwerk, Kraftwerk, das die hydrodynam. Energie der Meereswellen zur Elektrizitätserzeugung nutzt. Eine Vielzahl von Prinzipien zur Umwandlung von Wellenenergie in mechan. Energie wurden v. a. in Großbritannien in den Jahren 1974 bis 1983 eingehend untersucht. Die wichtigsten Prinzipien nutzen entweder die Relativbewegung schwimmender Strukturen, die der Oberflächenkontur der Welle folgen, die Zirkulation der Wellenkraft auf verankerte Schwimmkörper, flexible Hohlkörperelemente, die Druckluft erzeugen, oder das Eindringen von Wellen in teilweise offene, ebenfalls Druckluft erzeugende feste Hohlräume. Weiterentwickelt wurde das OWC-System (engl. multiresonant **o**scillating **w**ater **c**olumn, ›mehrfach nachhallend schwingende Wassersäule‹), bei dem ein- und auslaufende Wellen Druckluft erzeugen, die eine in beiden Richtungen wirkende Turbine antreibt. Eine Pilotanlage wurde 1988 bei Bergen (Norwegen) durch Sturm zerstört. Obwohl Stürme Schwachpunkte seegestützter Anlagen sind, werden Wassersäulenanlagen vor Schottland und Portugal installiert und haben sich in Schiffsform vor Japans Küste bewährt. Eine 50 m lange walförmige Schiffskonstruktion wurde 1997 von Japan ins Wasser gelassen, sie dient gleichzeitig für die Küste als Wellenschutz. Auch Indien will die Kombination mit Wellenbrechern nutzen. Bei einer Tapchan-Anlage (engl. **ta**pered **ch**annel, ›spitz zulaufender Kanal‹) wird eine Konzentration der Wellen in einem Felskanal erzielt, das Wasser in einem Becken gesammelt und durch eine Turbine wieder dem Meer zugeführt. In Norwegen wurde nahe Toftenstallen/Bergen 3 m Höhenunterschied erreicht. Die Jahreserzeugung wird mit 2 GWh und die Kosten werden mit 14 Pfg/kWh angegeben. Erfolg versprechend ist auch die niederländ. ›Wellenschaukel Archimedes‹ mit drei 40 m voneinander entfernten und durch Luftleitung verbundenen Betonblasen. Durch die Wellenenergie entstehen Druckdifferenzen und Blasenbewegungen für den Turbinenantrieb. Ein Modell mit 8 MW Leistung soll 1998 vor Portugal installiert werden. Insgesamt ist jedoch nur unter günstigen Verhältnissen und für entlegene Gebiete (Inseln) eine zur modernen Kraftwerkstechnik kostengünstige, konkurrenzfähige Energieerzeugung abzusehen.

Meerfenchel, Bazillenkraut, Crịthmum, Gattung der Doldenblütler mit der einzigen Art **Crithmum maritimum** an den Küsten des Mittelmeeres, des Schwarzen Meeres, der Kanar. Inseln und der europ. Atlantikküsten; v. a. an Felsküsten; mit lederartigen, 1- bis 2fach gefiederten, blaugrünen, fleischigen Blättern und gelbgrünen Blüten. Die schwach würzig schmeckenden Blätter werden manchmal als Gemüse oder Gewürz verwendet.

Meerferne, Küsten|abstand, der Abstand eines Festlandspunkts vom Meer. Linien gleicher M. sollten

Meerfenchel
(Höhe 15–50 cm)

Meergänse – Meersau **Meer**

nach älterer Auffassung die Einschätzung der Aufgeschlossenheit und Zugänglichkeit eines Landes vom Meer her vermitteln. Es gibt in Europa M. bis zu 600 km, in Asien bis über 2400 km. Die **Hafenferne** ist die Entfernung eines Ortes vom nächsten Hafen.

Meergänse, Branta, Gattung der →Gänse mit schwärzl. Füßen und Schnäbeln. Man unterscheidet fünf Arten, die häufig, aber nicht immer in Küstennähe brüten: **Ringelgans** (Branta bernicla), etwa 60 cm groß, sehr dunkel gefärbt, mit weißem Fleck auf den Halsseiten; zirkumpolar im arkt. Gebiet verbreitet, im Winter südlicher, auch an dt. Küsten. **Rothalsgans** (Branta ruficollis), bis 55 cm groß, mit auffallender Zeichnung in Schwarz, Weiß und Rotbraun an Kopf, Hals und Brust; sie brütet im nördl. Mittelsibirien, überwintert v. a. am Kasp. Meer. **Weißwangen-** oder **Nonnengans** (Branta leucopsis), bis 69 cm groß, mit schwarzem Hals und weißem Gesicht, brütet in O-Grönland, auf Spitzbergen und Nowaja Semlja; als Wintergast auch an dt. Küsten. **Kanadagans** (Branta canadensis), deren zahlr. Unterarten sehr versch. groß sind (55–110 cm); alle mit schwarzem Kopf und Hals mit weißem Kehlband; urspr. nur in Nordamerika, heute vielerorts in Europa eingebürgert. Die Kanadagans war in freier Wildbahn fast ausgestorben, wurde aber durch Zucht erhalten. **Hawaiigans** (Branta sandvicensis), bis 71 cm groß; Kopf- und Halsseiten sind ockerfarben, Gesicht, Scheitel und Hinterhals schwarz; die Schwimmhäute sind weit ausgeschnitten; sie ist die einzige Gans der Hawaiinseln, wo sie auf den Hängen der vulkan. Gebirge lebt.

Meergänse: Von links Rothalsgans (Größe bis 55 cm); Ringelgans (Größe etwa 60 cm); Kanadagans (Größe etwa 55 bis 110 cm)

Meergötter, *griech. Mythos:* meist Mischwesen, die ihre Gestalt ändern und weissagen konnten. Aus der Bedeutung des Meeres für die Griechen erklärt sich die Vielzahl der urspr. oft lokalen M. (Poseidon, Okeanos und die Okeaniden, Nereus und die Nereiden, Poseidons Sohn Triton und die Tritoniden u. a.). – Der *röm. Mythos* kennt nur wenige entsprechende M. (Neptun, Salacia). – Im *altnord. Mythos* galt Ägir als M. – Die Antike stellte die M. zunächst als Mischwesen (Triton), als Stier oder, häufig schon im 6. Jh. v. Chr., personifiziert dar.

Meergrundeln, Familie der Barschartigen Fische, →Grundeln.

Meerhand, Totemannshand, Seemannshand, Mannshand, Alcyonium digitatum, bis 20 cm hohe Art der Lederkorallen, mit Verbreitung in der Nordsee und im Atlantik von der Antarktis bis zur Biskaya; mit lappig verzweigten, manchmal handförmigen, weißen bis orangefarbenen Stöcken.

Meerjunker, Art der →Lippfische.

Meerkatzen, Cercopithecus, Gattung schlanker, etwa 35–70 cm körperlanger Altweltaffen mit 15–20 Arten und rd. 70 Unterarten, v. a. in Wäldern und Savannen Afrikas; meist gut springende und kletternde Baumbewohner mit überkörperlangem Schwanz, langen Hinterbeinen, rundl. Kopf und ziemlich großen Backentaschen; nackte oder kaum behaarte Körperstellen (Gesicht, Gesäßschwielen, Hodensack) sind z. T. auffällig gefärbt. M. leben in Gruppen. Sie ernähren sich v. a. pflanzlich. Ihr Gesichts- und Gehörsinn sind hoch entwickelt.
Die **Grüne M.** (Cercopithecus athiops; Körperlänge etwa 40–60 cm; BILD →Affen) lebt in Savannengebieten in Trupps von 20–40 Tieren am Boden und auf Bäumen. Sie ernährt sich v. a. von Kleintieren. In der wiss. Forschung wird sie zunehmend (anstelle von Rhesusaffen) als Versuchstier eingesetzt. In Lebensweise und Gestalt sehr ähnlich ist die im westl. Zentralafrika verbreitete **Schnurrbart-M.** (**Blauaffe,** Cercopithecus cephus), mit blauem Nasenrücken und gelbem Backenbart. Die bis 55 cm körperlange **Diana-M.** (Cercopithecus diana) lebt in den Küstenwäldern W-Afrikas und ernährt sich v. a. von Früchten.

Meerkatzen|artige, Cercopithecinae, Unterfamilie der Altweltaffen mit neun Gattungen und 45 Arten, die in trop. Gebieten eine Vielfalt ökolog. Nischen besiedelt haben. Zu den M. gehören die Makaken, Paviane, Mangaben, Meerkatzen, Zwergmeerkatze, Sumpfmeerkatze und der Husarenaffe.

Meerkatzenverwandte, Cercopithecidae, Familie der Altweltaffen mit zwei Unterfamilien, den Schlank- und Stummelaffen und den Meerkatzenartigen. Gemeinsames Merkmal ist die schmale Nasenscheidewand (›Schmalnasen‹).

Meerkohl, Crambe, Gattung der Kreuzblütler mit etwa 20 Arten in Eurasien, Makronesien und den Bergen des trop. Afrika. Am Atlantik und an der Ostsee wächst der **Weiße M.** (Crambe maritima); mit dickem Stängel, fleischigen Blättern und weißen Blüten in großer Rispe; in Großbritannien und in der Schweiz als Gemüsepflanze kultiviert. Junge, durch Verdunkeln gebleichte Triebe werden wie Spargel gegessen.

Meer|ohren, See|ohren, Abalonen, Haliotidae, Familie zu den Vorderkiemern gehörender Meeresschnecken mit etwa 70 Arten; mit ohrmuschelförmiger, perlmutterreicher Schale (Länge bis 25 cm), zu deren Außenrand eine Lochreihe parallel verläuft, durch die Tentakel gestreckt werden oder Atemwasser ausströmt. M. heften sich mit ihrem kräftigen Saugfuß an Felsen in der Brandungszone, wo sie den Algenrasen abweiden. Die meisten Arten leben im Gebiet des Pazif. Ozeans; das **Gemeine Seeohr** (Haliotis tuberculata; 5–10 cm) kommt im Atlantik vom Ärmelkanal bis zum westl. Mittelmeer vor. Das im Pazifik beheimatete **Rote Seeohr** (Haliotis rufescens) wird gegessen; es ist im Bestand gefährdet.

Meerpfaff, Art der →Himmelsgucker 2).

Meerrettich, Kren, Armoracia rusticana, ausdauernde Staude aus der Familie der Kreuzblütler mit meist ungeteilten, am Rand gekerbten Blättern und dicker, fleischiger Rübenwurzel; Grundblätter groß, länglich; Blüten weiß, duftend, in dichten Trauben; in SO-Europa und W-Asien heimisch, durch Kultur (in Mitteleuropa seit dem 12. Jh.) weltweit verbreitet und verwildert. Die M.-Wurzeln enthalten scharf schmeckende Senföle und werden zum Würzen verwendet.

Meersaite, Chorda filum, marine Braunalge des oberen Sublitorals; 20–100 cm langer, unverzweigter, schnurähnl. Thallus; an den Felsküsten in mittleren und nördl. Breiten des Atlantiks.

Meersalat, Meerlattich, Ulva lactuca, an Steinen und Buhnen festgewachsene Grünalge mit 25–50 cm langem, breitflächigem, gekräuseltem, zweischichtigem Thallus; verbreitet an Meeresküsten in geringer Tiefe; gelegentlich als Salat gegessen. BILD →Algen

Meersalz, →Meerwasser.

Meersau, 1) **Meer|eber, Drachenkopf, Scorpaena scrofa,** Art der Skorpionsfische (→Drachenköpfe) im

Meerkohl: Weißer Meerkohl (Höhe 30–75 cm)

Meerrettich (Höhe 40–125 cm)

427

Meer Meersburg – Meertraube

Mittelmeer, bis 50 cm lang und mit Giftdrüsen an der Basis der Rückenflosse.

2) Oxynotus centrina, bodenbewohnender Hai (Länge bis 1 m); verbreitet in O-Atlantik und Mittelmeer.

Meersburg: Blick vom Bodensee auf die Stadt; links die Stadtpfarrkirche, in der Mitte das Alte Schloss, rechts das Neue Schloss

Meersenf: Cakile maritima (Höhe 15–30 cm)

Meersburg, Stadt im Bodenseekreis, Bad.-Württ., am N-Ufer des Bodensees, gliedert sich in Unterstadt (am Seeufer) und Oberstadt (oberhalb eines Molassesteilhanges), 400–470 m ü. M., 5 200 Ew.; Städt. Gemäldegalerie, Weinbau-, Zeppelin-, Zeitungs- und Droste-Museum; Kunstgewerbe, Weinbau (u. a. Staatsweingut), Fremdenverkehr; Bodenseehafen mit Fährverkehr nach Konstanz. – Die Blütezeit erlebte die Stadt im 18. Jh. mit dem Bau des Neuen Schlosses (heute Museum und Tagungsstätte; 1712 begonnen, 1740/1741 nach Plänen von B. NEUMANN ausgebaut, Umbau 1759–62; Schlosskirche, 1740–43; des vierflügeligen Priesterseminars 1732–34, mit Seminarkapelle, 1763–65) und des Reithofs. Bemerkenswert auch das Alte Schloss (im 16. Jh. ausgebaut; heute Museum) mit Dagobertsturm (12. Jh.) und Annette-von-Droste-Hülshoff-Gedenkstätte sowie der Marktplatz mit dem Rathaus (16. Jh.) und dem mittelalterl. Obertor (1300–30). Oberhalb der Weinberge das ›Fürstenhäusle‹ (um 1640) mit Annette-von-Droste-Hülshoff-Museum. – Das vor der seit 1137 bezeugten Merdesburg gelegene Fischerdorf gehörte bereits im 12. Jh. zum Bistum Konstanz, erhielt 1299 Stadtrechte. 1803 fiel die Stadt an Baden.

Meersch, Maxence Van der, frz. Schriftsteller, →Van der Meersch, Maxence.

Meer|schaum, Sepiolith, kryptokristallines, in feinerdigen, derben oder knolligen Massen auftretendes, weißes, auch gelbl. oder graues, rhomb. Mineral, $Mg_4[(OH)_2|Si_6O_{15}]\cdot 2H_2O + 4H_2O$; Härte nach MOHS 2–2,5, Dichte 2 g/cm³. M. ist in bergfeuchtem Zustand seifig und weich, sonst fest; sehr porös (schwimmt auf Wasser); Verwitterungsprodukt von Serpentin; bedeutende Vorkommen in der Türkei (Eskişehir), in Kenia und Tansania. – M. wird zu Schmuck und seit dem frühen 18. Jh. bes. zu Pfeifenköpfen und Zigarettenspitzen verarbeitet. Das Material wird an der Luft getrocknet und dann zur Verzierung gebohrt und geschnitten oder auch in Formen gepresst.

Meerschnepfe, Art der →Schnepfenfische.

Meerschweinchen, Caviidae, Familie etwa 25–75 cm körperlanger, gedrungener Nagetiere mit zwei Unterfamilien, den →Pampashasen und den Eigentl. Meerschweinchen (Caviinae) mit vier Gattungen, v. a. in buschigen Landschaften, Steppen und felsigen Gebieten Südamerikas; vorwiegend nachtaktive, tagsüber in Höhlen lebende Pflanzenfresser mit stummelartigem Schwanz.

Zu den **Wildmeerschweinchen** (Gattung Cavia) gehören das **Wild-M.** (Cavia aperea), das von Kolumbien bis Argentinien weit verbreitet ist. Das Fell ist oberseits graubraun, unterseits heller. Es ist die Stammform des heute weltweit verbreiteten **Haus-M.** (Cavia aperea forma porcellus), dessen Fell in Struktur und Färbung außerordentlich variieren kann. Die Weibchen der Haus-M. gebären nach einer Tragezeit von 60–70 Tagen mehrmals im Jahr ein bis vier voll entwickelte Junge, die schon nach 55–70 Tagen geschlechtsreif sind. In Gefangenschaft können sie ein Alter von acht Jahren erreichen.

Haus-M. wurden schon vor mindestens 3 000 (evtl. 6 000) Jahren im Gebiet des heutigen Peru als wichtige Fleischlieferanten domestiziert. Nach Europa gelangten sie im 16. Jh. Sie sind v. a. bei Kindern beliebte Heimtiere, da sie in Ernährung und Pflege relativ anspruchslos sind. – In der wiss. Forschung dienen Haus-M. als Versuchstiere.

Meersenf, Cakile, Gattung der Kreuzblütler mit sieben Arten an den Küsten Europas, des Mittelmeerraumes, Arabiens, Australiens und Nordamerikas. In Europa findet man v. a. im Spülsaum der Außendünen nur die Salz liebende Art **Cakile maritima** mit fleischigen Blättern, lila- bis rosafarbenen Blüten und zweigliedrigen Schoten mit schwammig-korkiger Wand (Schwimmfrüchte).

Meerspinne, Seespinne, Teufelskrabbe, Maja squinado, 8–11 (selten bis 18) cm lange Art der Dreieckskrabben (Majidae) im Ärmelkanal, an der europ. Atlantikküste und im Mittelmeer. Die M. weidet Algenkolonien ab und tarnt sich mit Algen, Tangen, Muschelschalen und Steinchen; sie wird gegessen.

Meerssen [ˈmeːrsə], dt. **Mersen,** Gem. in der Prov. Limburg, Niederland, 20 700 Ew.; Papier- und Bekleidungsindustrie, Tongruben. – In der ehem. karoling. Pfalz Mersen wurde am 8. 8. 870 (nach anderen Angaben 9. 8. 870) zw. LUDWIG (II.), DEM DEUTSCHEN, und KARL DEM KAHLEN der **Vertrag von M.** geschlossen, durch den das Reich ihres Neffen König LOTHAR II. nach dessen Tod zw. ihnen aufgeteilt wurde. Das östlich der Linie Maas–Ourthe–Mosel–Saône gelegene Land kam an LUDWIG, der westlich gelegene Teil an KARL. Die Grenzlinie folgte im Wesentlichen der Sprachgrenze, nahm aber auf politisch und kirchlich gewachsene Strukturen keine Rücksicht, sodass der Vertrag bereits 880 durch den von Ribemont korrigiert wurde. (→deutsche Geschichte, →Fränkisches Reich)

Meerstrandrübe, Stammform der →Runkelrübe.

Meerträubchen, Gattung der →Ephedragewächse.

Meertraube, Seetraube, Coccoloba, Gattung der Knöterichgewächse mit etwa 150 Arten im trop. und subtrop. Amerika; Bäume, Sträucher und Lianen mit einer zur Fruchtreife fleischig werdenden, essbaren Blütenhülle (Perigon); als Obst und zur Marmela-

Meerschweinchen: Rosettenmeerschweinchen (Länge bis 30 cm), eine Zuchtform des Hausmeerschweinchens, mit Jungen

denherstellung wird die aus dem zentralamerikanisch-karib. Raum stammende Art **Coccoloba uvifera** angebaut. Häufig in Gewächshäusern findet man die Art **Coccoloba pubescens,** deren Blätter einen Durchmesser bis zu 1,10 m erreichen können.

Meerträubel, Gattung der →Ephedragewächse.

Meerut ['mɪərət], **Mirath,** Stadt im Bundesstaat Uttar Pradesh, N-Indien, nordöstlich von Delhi, 850 000 Ew.; kath. Bischofssitz; Univ. (gegr. 1966); Verarbeitung landwirtschaftl. Produkte, Textil-, chem. Industrie. – M., Fundort einer heute in Delhi befindl. Säule des Mauryakaisers ASHOKA (3. Jh. v. Chr.), wurde 1191 von Muslimen erobert und 1399 von TIMUR zerstört. Nach Blütezeit im Mogulreich und Niedergang im 18. Jh. wurde M. 1803 britisch (1806 Errichtung eines Militärstützpunktes). Von M. nahm am 10. 5. 1857 der ind. ›Sepoyaufstand‹ seinen Ausgang.

Meerwasser, das im Meer vorhandene Wasser, Volumen rd. 1 350 Mio. km³; unterscheidet sich vom Süßwasser des Binnenlandes v. a. durch seinen Salzgehalt (Ozeane durchschnittlich etwa 35‰, örtlich starke Abweichungen). An Flussmündungen bildet sich durch Mischung von Süß- und Salzwasser →Brackwasser.

Chem. Zusammensetzung: Das M. enthält neben reinem Wasser Salze, gelöste Gase, organ. Stoffe und ungelöste suspendierten Partikel. Bei Verdunstung des Wassers bleibt **Meersalz** zurück. Infolge der großen Dissoziationskraft des Wassers sind die versch. Salze (Hauptbestandteile: Natriumchlorid, Magnesiumchlorid, Magnesiumsulfat, Calciumsulfat, Kaliumsulfat) in ionendisperser Form im Wasser gelöst. Einschließlich Wasserstoff und Sauerstoff besteht das M. aus 13 Hauptkomponenten: Chlor, Natrium, Magnesium, Schwefel, Calcium, Kalium, Brom, Kohlenstoff, Strontium, Bor, Fluor. Die restl. Elemente (49 außer den Hauptkomponenten nachgewiesen) machen als Spurenstoffe weniger als 0,02‰ des Gesamtsalzgehaltes aus. Während die Konzentration der Hauptkomponenten nahezu konstant ist, unterliegen die der Nebenkomponenten z. T. bedeutenden Veränderungen durch natürl. und anthropogene Einflüsse, wie durch biolog. Aktivitäten im Meer sowie Zufuhr von natürl. Stoffen und Verschmutzung von Land, aus der Atmosphäre und dem Meeresboden. Innerhalb sehr kleiner Abweichungen ist die Zusammensetzung des Meersalzes aus den versch. Elementen konstant. Sie stellt ein Gleichgewicht zw. Zufuhr und Ausfällung dar. Die Aufenthaltsdauer der Hauptkomponenten liegt bei 1–100 Mio. Jahren, die der Nebenkomponenten unter 1000 Jahren.

Die physikal. Eigenschaften hängen in versch. starkem Maß von den Zustandsgrößen Temperatur, Salzgehalt und Druck ab. Die Dichte spielt eine grundlegende Rolle bei vielen Prozessen im Meer und ist damit einer der wichtigsten Grundwerte in der →Meereskunde. Sie liegt je nach Druck, Temperatur und Salzgehalt zw. 990 und 1 070 kg/m³. Die Temperatur des Dichtemaximums, die bei reinem Wasser 4 °C beträgt, verringert sich mit steigendem Salzgehalt. Bei 24,7‰ Salzgehalt liegt sie bei $-1,33\,°C$ und fällt mit dem ebenfalls salzgehaltsabhängigen Gefrierpunkt des M. zusammen. Bei den höheren Salzgehalten, die im Ozean vorherrschen, liegt sie unterhalb des Gefrierpunktes. Die Kompressibilität des M. ist gering (isotherme Kompressibilität $4,7 \cdot 10^{-5}$ dbar^{-1} bei 0 °C, 35‰ Salzgehalt und Atmosphärendruck). Der Wärmeausdehnungskoeffizient ist stark temperatur- und salzgehaltsabhängig und beträgt z. B. etwa $2 \cdot 10^{-4}$ K bei 14 °C, 35‰ Salzgehalt und Atmosphärendruck. Die spezif. Wärmekapazität liegt zw. 3 800 und 4 150 J/(kg · K). Die Schallgeschwindigkeit wächst mit zunehmenden Werten von Temperatur, Salzgehalt und Druck. Die im Meer vorkommenden Werte liegen zw. etwa 1 400 und 1 650 m/s. Die Schwächung der Intensität des Tageslichts im M. durch Streuung und Absorption (Attenuation) hängt von der Wellenlänge der Strahlung und den Trübstoffen im M. ab; ihr Minimum liegt im Bereich des sichtbaren Lichtes bei 450 bis 550 nm Wellenlänge. Je nach Trübung des M. (durch suspendierte Partikel) dringt das Tageslicht in Tiefen von einigen Metern (in trübem Küstenwasser) bis zu etwa 150 m (in klarstem Ozeanwasser) vor (Tiefe, in der die Lichtintensität auf 1 % des Oberflächenwertes zurückgegangen ist). Die elektr. Leitfähigkeit des M. hängt stark von Temperatur, Salzgehalt und Druck ab. Bei gleichzeitiger Messung von Temperatur und Druck werden genaue Messungen der Leitfähigkeit zur Bestimmung des Salzgehaltes benutzt.

Literatur →Meereskunde.

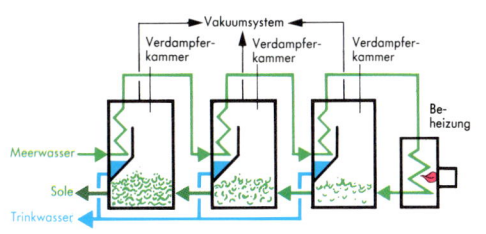

Meerwasserentsalzung: Schematische Darstellung der Entspannungsverdampfung

Meerwasser|entsalzung, Verfahren zur Erzeugung von Trink- und Betriebswasser aus Meerwasser. Therm. Verfahren arbeiten nach dem Prinzip der Verdampfung. Hauptproblem ist dabei die weitgehende Rückgewinnung der Verdampfungsenergie. Das bedeutendste Verfahren ist die **Entspannungsverdampfung (MSF-Verdampfung,** von engl. **m**ulti **s**tage **f**lash evaporation); die erste derartige Anlage wurde 1956 in Kuwait in Betrieb genommen. Die Anlagen werden ortsfest oder auf Trägerschiffen installiert. Die Verdampfung erfolgt in bis zu 30 hintereinander angeordneten Kammern. Das auf 90–130 °C erhitzte Meerwasser tritt in die erste Kammer ein, wo ein Teil des Wassers unter Abkühlung der Sole verdampft. Von Kammer zu Kammer wird der Druck und damit die Siedetemperatur reduziert. Dadurch kann in jeder Kammer weiteres Wasser verdampfen. Die auf etwa 30 °C abgekühlte Sole fließt ins Meer zurück. Zur Kondensation des Dampfes wird frisches Meerwasser verwendet, das dabei gleichzeitig vorgewärmt wird.

Verdunstungsverfahren nutzen die Sonnenenergie in gewächshausähnl. Anlagen. Der Wasserdampf kondensiert auf der Innenseite von Glas- oder Kunststoffdächern, und das herabtropfende Kondensat wird in Sammelrinnen aufgefangen. Unter den →Membranverfahren haben Reversosmose und Elektrodialyse für die M. Bedeutung. Während die Kosten bei therm. Verfahren unabhängig vom Salzgehalt sind, steigen sie bei den Membranverfahren mit zunehmendem Salzgehalt an. Die Elektrodialyse ist nur bei niedrigem Salzgehalt (Brackwasser) wirtschaftlich.

Meerweib, Meerweibchen, Meerjungfrau, Seejungfer, Sagengestalt, die meist mit Fischschwanz als Unterleib gedacht wird; im Meer wie in Binnengewässern beheimatet. In den meisten Sagen steigen die M. an Land und bezaubern ird. Männer durch ihre Schönheit. Eine Meerjungfrau ist Zentralgestalt im Märchen ›Den lille havfrue‹ von H. C. ANDERSEN; ihre von E. ERIKSEN (1913) geschaffene Skulptur gehört zu den Wahrzeichen Kopenhagens (BILD →Kopenhagen). – In der *Heraldik* weibl. Figur, deren Leib in einen oder zwei Fischschwänze übergeht. (→Mami Wata, →Melusine, →Sirenen, →Undine, →Wassergeister)

Meerzwiebel (Höhe 1–1,5 m); links Blütenstand

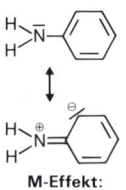

M-Effekt: Plus-M-Effekt beim Anilin

Meerwein-Ponndorf-Reaktion, Meerwein-Ponndorf-Verley-Reduktion [-vɛrˈlɛ-; nach den dt. Chemikern Hans Leberecht Meerwein, *1879, †1965, und Wolfgang Ponndorf, *1894, sowie dem frz. Chemiker Antoine Henry Léon Verley, *1912], Methode zur Herstellung von Alkoholen aus Aldehyden oder Ketonen durch Reduktion mit Aluminiumalkoholaten (meist Isopropanolat, das bei der Umsetzung zu Aceton oxidiert wird). Doppelbindungen von Kohlenstoffatomen, Nitrogruppen usw. werden bei der Reaktion nicht angegriffen.

Meerzwiebel, Mäusezwiebel, Urginea maritima, Scilla maritima, giftiges Liliengewächs an Sandstränden, in Felsfluren und Weiden des Mittelmeerraumes und der Kanar. Inseln; Blätter breitlanzettlich, zur Blütezeit im Herbst vertrocknet; Blüten weiß, zu etwa 50 zu einer langen und dichten Traube zusammengefasst; Pflanze mit einer bis kopfgroßen, roten oder weißen Zwiebel. Die Zwiebelschuppen werden zur Herstellung von Herzmitteln verwendet.

Meeting [ˈmiːtɪŋ, engl.] *das*, *-s/-s*, Zusammenkunft, Treffen; Sportveranstaltung in kleinerem Rahmen.

M-Effekt, Mesomerieeffekt, bei aromat. Verbindungen Beteiligung von nicht bindenden Elektronen oder π-Elektronen von Doppelbindungen eines Substituenten (z. B. $-NH_2$, $-NO_2$, $-COOH$) an der Mesomerie des Benzolkerns. Dadurch wird eine Erhöhung (Plus-M-Effekt) oder Erniedrigung (Minus-M-Effekt) der Elektronendichte im Kern erreicht. Der M.-E. beeinflusst die Einführung eines weiteren Substituenten in den Benzolkern.

Mefitis, altröm. Göttin, die den Bereich der dem Boden entsteigenden übel riechenden und gesundheitsschädl. Ausdünstungen, v. a. der Schwefeldämpfe, beherrschte und zugleich als Schützerin dagegen angerufen wurde; ihr waren Hain und Heiligtum am Esquilin geweiht.

Mefo-Wechsel, Sonderwechsel, ein seit 1934 eingesetztes, von H. Schacht entwickeltes Instrument der verdeckten ›Vorfinanzierung‹ von Reichsausgaben (Rüstungsausgaben). Die M.-W. wurden v. a. von Rüstungsunternehmen gezogen auf die **Me**tallurgische **Fo**rschungsgesellschaft m. b. H., eine ausschließlich zur Vorspiegelung eines Handelsgeschäftes geschaffene, von Rüstungsindustrie, Reichsbank und Reichswehr-Min. gegründete Scheingesellschaft, deren Akzeptunterschrift der Reichsbank gegenüber vom Reich garantiert wurde. Insgesamt wurden von 1934 bis zum 31. 3. 1938 M.-W. in Höhe von 12 Mrd. RM ausgegeben; sie deckten damit rd. 20% der Rüstungsausgaben. Ab April 1938 wurden die M.-W. abgelöst durch andere kurzfristige Papiere.

Währung u. Wirtschaft in Dtl. 1876–1975, hg. v. der Dt. Bundesbank (^{2}1976).

mega... [griech. mégas, mit Stammerweiterung megalo..., ›groß‹, ›hoch‹, ›weit‹], vor Vokalen verkürzt zu **meg...,** auch **megalo...,** vor Vokalen **megal...,** Wortbildungselement mit der Bedeutung: groß, Riesen..., in der Medizin auch: abnorm vergrößert, erweitert, z. B. Megagäa, Meganthropus, Megalosaurus. – In gleicher Bedeutung auch als letzter Wortbestandteil: **...megalie,** in der Bedeutung: abnorme Größe, krankhafte Vergrößerung, z. B. Zytomegalie.

Mega..., 1) *Datenverarbeitung:* Vorsatz vor den Einheiten Bit oder Byte zur Angabe der Größen von Speichern oder Adressräumen, mit der Bedeutung $2^{20} = 1024 \cdot 1024$; Abk. M, z. B. MBit oder MByte.

2) *Physik* und *Technik:* Vorsatz vor Einheiten mit der Bedeutung 10^6 (= 1 Mio.), Vorsatzzeichen **M**; z. B. 1 Megawatt = 10^6 Watt.

Megaceros [griech.], fossiler Riesenhirsch, →Megaloceros.

Megachiroptera [griech.], wiss. Name der →Flederhunde.

Megafauna, *Bodenbiologie:* die tier. Bodenorganismen, die größer als 20 mm sind; z. B. Schnecken, Regenwürmer, große Gliederfüßer und Wirbeltiere, die ganz oder teilweise im Boden leben (u. a. Maulwürfe, Wühlmäuse, Kaninchen). →Makrofauna, →Mesofauna, →Mikrofauna.

Mega-FLOPS, Megaflops, *Informatik:* →FLOPS.

Megagäa [zu griech. gẽ ›Erde‹] *die, -, Geologie:* von H. Stille geprägte Bez. für die am Ende des Präkambriums durch Gebirgsbildungen konsolidierte, von den Urozeanen umgebene und gegliederte große Kontinentmasse, aus der die →Neogäa hervorging.

Megaira, *griech. Mythos:* →Megäre.

Megakles, griech. **Megaklēs,** vornehmer Athener des 7. Jh. v. Chr. aus dem Geschlecht der Alkmaioniden. M. stiftete als Archon um 632 v. Chr. die Ermordung von →Kylons Anhängern an (›Kylon. Frevel‹).

megal..., Wortbildungselement, →mega...

...megalie, Wortbildungselement, →mega...

Megalithgräber [zu griech. líthos ›Stein‹], **Großsteingräber,** im norddt. und skandinav. Raum **Hünengräber, Hünenbetten** gen., aus großen Steinblöcken (oft Findlinge oder behauene Steinplatten) errichtete, urspr. mit einem Erd- oder Steinhügel überdeckte Grabbauten, meist für Kollektivbestattungen (Sippengräber?). Haupttypen sind der →Dolmen und das →Ganggrab sowie die in den Boden eingetiefte →Galérie couverte (›Galeriegrab‹) und das mit dieser nah verwandte Steinkistengrab. Auf den Brit. Inseln werden die M. als →Barrows bezeichnet. M. sind v. a. im Mittelmeergebiet, in Spanien, W-Europa, N-Deutschland, in der Mittelgebirgszone, in S-Skandinavien und S-Indien verbreitet. Weitere Bilder →Grabmal, →Jungsteinzeit.

T. C. Darvill: The megalithic chambered tombs of the Cotswold-Severn region (Highworth 1982); J. Ross: M. in Schleswig-Holstein (1993).

Megalithkultur, Sammelbez. für europ. Kulturgruppen des ausgehenden 5., v. a. aber des 4. und 3. Jt. v. Chr., die durch Errichtung von Großsteinbauten charakterisiert sind: Steinreihen (z. B. in →Carnac), Steinkreise (engl. Cromlechs), →Hengemonumente, Steinsäulen (→Menhire) und v. a. Megalithgräber. I. w. S. werden auch versch. archäolog. und ethnolog. Kulturen außerhalb Europas als M. bezeichnet. Aus den gemeinsamen Grundzügen wird weitgehend auf einheitl. Glaubensvorstellungen geschlossen. Die megalith. Bodendenkmale sind sichtbarer Ort eines diffe-

Megalithgrab in der Nähe von Macomer bei Nuoro auf Sardinien

renzierten Totenkults, dem wohl ein entwickelter Jenseitsglaube zugrunde liegt.

Bedeutende megalith. Kulturen finden sich auf der Iber. Halbinsel, den Brit. Inseln, im nördl. Mitteleuropa und in S-Skandinavien (Trichterbecherkultur) sowie in Frankreich. – Megalith. Kulturen folgen in ihren jeweiligen Verbreitungsgebieten auf mittelsteinzeitl. (so auf den Brit. Inseln und im nördl. Europa) oder frühneolith. Kulturen, sie sind dementsprechend als früh- oder mitteljungsteinzeitlich, z. T. sogar schon als kupferzeitlich anzusprechen. Die Megalithbauweise ist bereits für das 4. Jt. v. Chr. auf der Iber. Halbinsel nachweisbar, von wo aus sie sich allmählich über W-Europa bis zu den Brit. Inseln, Nord-Dtl. und S-Skandinavien ausgebreitet haben soll. Neueste Forschungsergebnisse lassen jedoch Zweifel an dieser Theorie aufkommen. Mithilfe der Radiokarbonmethode konnten einige der ältesten in der Bretagne entdeckten Megalithgräber auf 4500 v. Chr., die ältesten megalith. Bauten auf den Brit. Inseln auf 4000 v. Chr. datiert werden, was mindestens für eine ›zeitgleiche‹ Entwicklung zu sprechen scheint.

Im außereurop. Raum finden sich Megalithdenkmäler stets in Verbindung mit Ahnenverehrung und hierarch. Gesellschaftsordnung, bes. in N- und W-Afrika, Vorder- und O-Asien, Indien, Indonesien und Ozeanien.

Megaloceros: Megaloceros giganteus aus dem späten Pleistozän Irlands (Darmstadt, Hessisches Landesmuseum)

In Amerika sind im Gebiet von den Großen Seen bis nach Mittelchile in einem Zeitraum von über 2 000 Jahren megalith. Steinsetzungen und monolith. Skulpturen erstellt worden. Es gibt Fundorte mit mehr als 100 Statuen (z. B. La Venta in Mexiko, San Agustín in Kolumbien und Chavín de Huántar in Peru) und sogar Fundgebiete mit mehr als 2 000 skulptierten Monolithen (z. B. um Mercedes in Costa Rica und um Huaraz in Peru). Die Formen der megalith. Konstruktionen und die Motive der bildnerisch gestalteten Monolithen zeigen über weite Räume bemerkenswerte Übereinstimmungen, die sich nur durch einen kulturellen Zusammenhang erklären lassen.

J. HABEL: Von den Megalithkulturen über die Kelten zu König Artus (1987); J.-P. MOHEN: Die M. in Europa. Geheimnis der frühen Zivilisationen (a. d. Frz., 1989).

megalo..., Wortbildungselement, →mega...

Megaloblasten [zu griech. blastós ›Spross‹, ›Trieb‹], Sg. **Megaloblast** *der, -en,* abnorm gebildete Vorstufen der roten Blutkörperchen; sie sind übergroß (im Extremfall als **Gigantoblasten** bezeichnet), enthalten teils unregelmäßig geformte Kerne mit lockerer Chromatinstruktur. M. treten aufgrund von Vitamin-B$_{12}$- und Folsäuremangel v. a. bei perniziöser Anämie und als Nebenwirkung bei Anwendung zytostat. Mittel auf.

Megalithkultur: Prähistorische Tempelanlage Ḥaǧar Qim auf Malta

Megaloceros [griech.], **Megaceros, Riesenhirsch,** ausgestorbene Gattung pferdegroßer Hirsche aus Eurasien und Nordamerika, vom Ende des Pliozäns bis ins frühe Postglazial, mit mächtigem, bis über 3,50 m ausladendem und bis 50 kg schwerem Schaufelgeweih; weit verbreitet in den eiszeitl. Steppen.

Megalodon [zu griech. odoús, odóntos ›Zahn‹], ausgestorbene, vom Devon bis zur Oberen Trias bekannte Gattung gleichklappiger, stark gewölbter, ovaler oder dreiseitig gerundeter, dickschaliger Muscheln. Einige Vertreter waren – ebenso wie andere Gattungen der Familie Megalodontidae (v. a. Conchodon) – wesentlich an der Bildung des Dachsteinkalks beteiligt **(Dachsteinmuscheln),** aus dem heute die meisten der Berchtesgadener Gebirgsstöcke bestehen (z. B. Watzmann, Steinernes Meer).

Megalomanie, der →Größenwahn.

Megalopolis [engl. mɛgəˈlɔpəlɪs; griech. ›große Stadt‹] *die, -/...'polen,* Bez. für ein städt. →Ballungsgebiet.

Megalopolis, Stadt im Verw.-Bez. (Nomos) Arkadien, Griechenland, im Becken von M. auf der Peloponnes, 427 m ü. M., 4600 Ew.; Abbau großer, doch geringwertiger Braunkohlenvorkommen, Wärmekraftwerk (1988 Inbetriebnahme des vierten Blocks). – Von der antiken Stadt sind Reste der 8 km langen Ummauerung des großen Stadtgebiets erhalten, ferner die Reste eines Theaters (4. Jh. v. Chr., für 20 000 Zuschauer) mit an die Orchestra anschließendem Sitzungsgebäude der Arkader, dem monumentalen

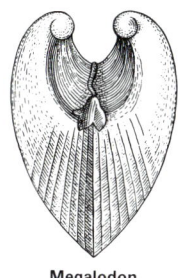

Megalodon aus dem Dachsteinkalk

Megalopolis: Blick aus der Luft auf das antike Theater, davor die Reste des ›Thersileions‹

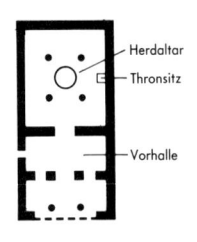

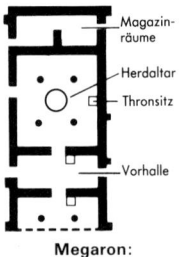

›Thersileion‹ (nach seinem Erbauer THERSILOS), dessen nahezu quadrat. Saal (66 m × 52 m) von 67 Säulen gestützt war und 10 000 Personen fasste. Ferner u. a. Grundmauern einer Stoa PHILIPPS II. von Makedonien und des Tempels des Zeus Soter an der Agora. – Das antike M., 1,5 km nördlich der heutigen Stadt, wurde nach der Niederlage Spartas (Schlacht von Leuktra 371 v. Chr.) durch Zusammensiedlung mehrerer Gemeinden (Synoikismos) mithilfe der Thebaner als Gegenpol gegen die Spartaner als Hauptstadt →Arkadiens gegründet.

C. TIETZE: M. (Leipzig 1988).

Megalopsie, die →Makropsie.

Megaloptera [zu griech. pterón ›Flügel‹], die →Schlammfliegen.

Megalosaurus, ausgestorbene Gattung bis 8 m langer, räuberisch lebender Dinosaurier, vom Jura bis zur Oberkreide, die sich beim Laufen auf ihren Hinterbeinen aufrichteten; etwa 2 t schwer; dreizehige Hinterfüße mit Krallen, schwach entwickelte Vorderbeine.

Megalozyten [zu griech. kýtos ›Höhlung‹, ›Wölbung‹], Sg. **Megalozyt** der, -en, abnorm große, hämoglobinreiche, im Unterschied zu den Makrozyten unregelmäßig gerundete rote Blutkörperchen, bei besonderer Größe als **Gigantozyten** bezeichnet; sie treten zusammen mit ihren abnormen Vorstufen, den Megaloblasten, auf und haben gleiche Ursachen.

Meganeura [griech.], fossile Gattung libellenartiger Insekten aus dem Oberkarbon mit einer Flügelspannweite bis etwa 75 cm.

Meganthropus [griech. ánthropos ›Mensch‹], paläanthropolog. Funde mit zwei Formen: 1) **M. palaeojavanicus**, 1941 von G. H. R. VON KOENIGSWALD in Sangiran (O-Java) gefundenes Unterkieferfragment mit drei Zähnen; 1952 wurde ein weiteres von P. MARKS gefunden. Primitivform, die von vielen Anthropologen mit dem Australopithecus robustus in Verbindung gebracht, von anderen zu Homo erectus gestellt wird; 2) **M. africanus**, 1939 von LUDWIG KOHL-LARSEN (* 1884, † 1969) in O-Afrika (Garusi) gefundenes Oberkieferfragment, das zus. mit vielen neueren Funden aus Tansania und Äthiopien als dem Australopithecus afarensis zugehörig betrachtet wird. (→Australopithecinen).

Mega|ösophagus, krankhafte Erweiterung der Speiseröhre (Ösophagus), häufig verbunden mit gleichzeitiger Verlängerung; tritt v. a. bei örtl. Achalasie auf, auch infolge der Lähmungserscheinungen bei Chagas-Krankheit, außerdem bei tox. Schädigungen (Morphinmissbrauch) oder Speiseröhrenverengung durch Narbenschrumpfung oder Tumorbildung.

Megaphon [zu griech. phōnḗ ›Stimme‹] das, -s/-e, Sprachrohr in Trichterform zur gerichteten Abstrahlung der Schallenergie; heute eine Kombination aus Mikrofon, Verstärker, Batterie und Druckkammerlautsprecher.

Megapodiidae [griech.], die →Großfußhühner.

Megara, altgriech. **Mégara**, 1) Stadt im Verw.-Bez. (Nomos) Attika, Griechenland, im südwestl. Bereich der Agglomeration Athen, am Saron. Golf, 20 400 Ew.; Erdölraffinerie. – M. besaß zwei Akropolen, auf der einen Reste eines Athenatempels. Auf der Agora zw. beiden Reste des Brunnenhauses des Theagenes (frühes 5. Jh.). M. war einer der Fundorte der in Athen hergestellten reliefierten Keramikbecher (**megarische Becher**), eine schwarze, metallisch glänzende Ware (3. Jh. v. Chr.), später auch rot oder grau. – Bei M. liegt die byzantin. Klosterkirche Hagios Hierotheos (mit Fresken des 12. Jh.). – M., im Altertum Hauptort der dor. Landschaft Megaris, war vom 7. bis 6. Jh. v. Chr. eine der bedeutendsten griech. Städte, von der zahlr. Koloniegründungen ausgingen, so M. Hyblaia, Kalchedon (→Chalkedon) und Byzanz. Sitz der megarischen Schule.

2) **M. Hyblaia**, eine der ältesten griech. Koloniegründungen von Megara aus an der O-Küste von Sizilien (um 728 v. Chr.); von dem Tyrannen GELON von Syrakus 483 v. Chr. zerstört; Neubesiedlung im 4. Jh. v. Chr. Trotz dieser darüber liegenden, jüngeren Siedlungsschicht konnte 1872–89 und 1949–61 die frühe Siedlungsgeschichte erforscht werden; die Keramikfunde reichen bis in die zweite Hälfte des 8. Jh. v. Chr. (umstritten: erste Hälfte des 8. Jh.) zurück. Die urspr. nur als Wohnstadt angelegte Siedlung erhielt erst etwa 40 Jahre nach ihrer Gründung öffentl. Bauten (Agora, zwei Tempel, Hallenbauten), auch Mauerring und Kaianlagen sind nachgewiesen. Die kleinere hellenist. Stadt ist mit Mauerring, kleinem dor. Tempel (nach Mitte des 4. Jh. v. Chr.) und Agora bei den neueren Grabungen ebenfalls aufgedeckt worden.

Megäre, griech. **Mégaira** [›die Neidische‹], griech. Mythos: eine der Erinnyen; danach übertragen: wütende, rasende, böse Frau.

megarische Becher, →Megara.

megarische Schule, eine griech. Philosophenschule in der Tradition der sokrat. Ethik und der eleat. Philosophie. Sie wurde von EUKLID VON MEGARA um 380 v. Chr. begründet; zu ihren Vertretern zählten weiterhin EUBULIDES VON MILET, ALEXINOS, DIODOROS KRONOS und sein Schüler PHILON sowie STILPON aus Megara. Wegen ihrer Kunst dialog. Disputation und des Streitgesprächs (→Eristik) wurde die m. S. auch erist. Schule genannt.

Megaron, griech. ›Saal‹, ›Halle‹ das, -s/...ra, Gebäudetyp im ägäischen Raum, ein Rechteckbau mit offener Vorhalle und Haupthalle, in deren Mitte der Herd (Herdaltar) stand. Der Zusammenhang mit ähnl. Grundrisstypen der europ. Jungsteinzeit (z. B. Sesklokultur in Thessalien) wird heute bestritten. Dieser Typ, in der frühen Bronzezeit in Troja I und II nachgewiesen, bildete den Kern der myken. Paläste (Mykene, Pylos, Tiryns). Vor einer der Längswände steht im myken. M. meist an der O-Wand, also nicht dem Eingang gegenüber, ein Thron; der Estrich des M. von Pylos war mit bemaltem Stuck versehen. Vier Holzsäulen trugen die flache Decke, in der über dem Herd eine als Rauchfang dienende, seitlich geöffnete Erhöhung (Laterne) angenommen wird. Die offene Vorhalle war eine Art Veranda mit Säulen, sie öffnete sich auf einen Hof. Weitere Repräsentations-, Dienstleistungs- und Vorratsräume waren durch ein Korridorsystem mit dem M. verbunden. Den minoischen Palästen fehlt der Typus des M. ganz. Das M. liegt aber offenbar in Kanisch (Schichten III–Ib) und Hasanlu (Schicht IV) vor und bildet die Grundlage der med. und achaimenid. Palastarchitektur, bei der dem Empfangssaal (ein Säulensaal) eine Säulenhalle vorgelegt war (Godintepe, Nuschijan, Susa, Persepolis).

Die in neuerer Zeit ausgegrabenen Reste von griech. Häusern der geometr. Zeit, die den homer. Schilderungen vom Saal eines Fürstenhauses voll entsprechen, sind nur entfernt denen der myken. Burgen ähnlich und bildeten anscheinend unabhängig von myken. M. ihre Formen aus, obwohl auch sie mit einer Vorhalle verbunden sein können (Antenhaus).

Megasphaera [griech.], Gattung gramnegativer, streng anaerober Kokken. **M. elsdenii** vergärt Aminosäuren und ist ein normaler Bewohner des tier. Intestinaltraktes.

Megasthenes, griech. **Megasthénes**, griech. Ethnograph des 4./3. Jh. v. Chr., Gesandter von SELEUKOS I. NIKATOR beim ind. König CANDRAGUPTA MAURYA in Pataliputra; verfasste um 300 v. Chr. in griech. Sprache vier Bücher ›Indika‹, die erste authent. Beschreibung der geograph., sozialen und ethnograph. Verhältnisse Indiens (in Bruchstücken erhalten).

Megatherium [griech. thērion ›Tier‹], Gattung der ausgestorbenen Riesenfaultiere aus dem Jungtertiär

Megaron: Grundriss des Megarons im Palast von Tiryns (oben) und im Nestorpalast bei Pylos

Megatherium: Megatherium americanum aus der Pampasformation Argentiniens; montiertes Skelett, Höhe etwa 2,50 m, Länge etwa 4 m

und Pleistozän; massig, bis 6 m lang, mit plumpen Füßen, großen Scharrkrallen und kräftigem Schwanz; aufgerichtet etwa 3 m hoch; breiteten sich vom südl. und östl. Südamerika bis nach Nordamerika aus.

Megavolttherapie, die →Hochvolttherapie.

Megawatt, Einheitenzeichen **MW,** die Leistungseinheit 1 Mio. Watt. In der Kraftwerkstechnik werden zur Bez. der therm. bzw. elektr. Leistung eines Kraftwerks die Einheitenzeichen MWth und MWe verwendet.

Megawattstunde, Einheitenzeichen **MWh,** eine Energieeinheit: 1 MWh = 1 Mio. Wattstunden = $3,6 \cdot 10^9$ J (Joule).

Megawatt-Tag, Einheitenzeichen **MWd,** eine Energieeinheit der Kerntechnik: 1 MWd = 24 000 kWh. Ein M.-T. ist etwa die Energie, die durch die vollständige Spaltung eines Gramms des Uranisotops ^{235}U freigesetzt wird.

Megawatt-Tag je Tonne, *Kerntechnik:* →Abbrand.

MEGA-Zertifikat, Optionsschein mit garantierter Mindest- und Maximalverzinsung. Die Abk. steht für **m**arktabhängiger **E**rtrag mit **G**arantie des **A**nlagebetrages. Im Unterschied zu traditionellen Optionsscheinen erhält der Inhaber des Zertifikats eine im Voraus festgelegte Mindestverzinsung, kann aber auch nur eine gewisse Maximalverzinsung erzielen. Ein Totalverlust des eingesetzten Kapitals ist ausgeschlossen, in Abhängigkeit von der Kursentwicklung des zugrunde gelegten Basiswertes (i. d. R. ein Aktienindex, z. B. der DAX) kann aber auch ein höherer Ertrag erzielt werden. Insofern sind sowohl die Risiken als auch die Chancen für den Anleger begrenzt.

Megève [mə'ʒɛːv], Fremdenverkehrsort im Dép. Haute-Savoie, Frankreich, in den frz. Alpen, in der Nähe des Montblanc, 1 113 m ü. M., 4 700 Ew.; Wintersport; Seilbahn zum Mont d'Arbois.

Meged, Meged, Aharon, hebr. Schriftsteller, * Włocławek 8. 8. 1920; seit 1926 in Palästina; setzt sich in Erzählungen, Romanen und Bühnenstücken kritisch mit dem Kibbuzleben und allgemein mit der israel. Gesellschaft auseinander; im Zentrum stehen vielfach Antihelden.
Werke (hebr.): *Romane:* Hedwa u. ich (1953); Der Fall des Toren (1959); Der Lebende über den Toten (1965); Assahel (1978); Das fliegende Kamel mit dem goldenen Höcker (engl. 1986; dt.); Fojglman (1987; dt.). – *Erzählungen:* Wind der Meere (1950); Reise im Ab (1980).

Meggen, Ortsteil von Lennestadt, Kr. Olpe, NRW, mit dem einzigen abbauwürdigen Pyritvorkommen Dtl.s, dem **Meggener Kies;** der Bergbau wurde 1992 eingestellt.

Meghalaya [meɪˈgɑːləjə], altind. ›Wohnsitz der Wolken‹], Bundesstaat in NO-Indien, an der Grenze zu Bangladesh, 22 429 km², (1994) 1,96 Mio. Ew. (1971: 983 300 Ew.); Hauptstadt ist Shillong. M. ist v. a. Wohngebiet der Khasi, Sinteng (Jaintia) und Garo. Gesprochen werden überwiegend Mon-Khmer- und tibetobirman. Sprachen. – Abgesehen von schmalen Randgebieten wird M. von Gebirgsland eingenommen, das in den Khasibergen des Shillongplateaus bis 1 961 m ü. M. aufsteigt. Durch starken Holzeinschlag in den Wäldern kommt es sogar im niederschlagsreichen →Cherrapunji im Winter zu Wassermangel. Wichtigstes Bergbauprodukt ist Sillimanit. Rd. 80 % der Bev. leben von der Landwirtschaft (z. T. Wanderfeldbau). Hauptanbauprodukte sind Reis, Mais, Kartoffeln, Jute, Apfelsinen, Ananas und Bananen. Verkehrsmäßig ist M. bisher wenig erschlossen. – M., das bis 1970 zu Assam gehörte, wurde am 21. 1. 1972 ein eigener Bundesstaat.

Megiddo, in der Vulgata **Mageddo,** Stadt im alten Palästina, im SW der Ebene Jesreel.

M., bekannt aus ägypt. und alttestamentl. Texten und v. a. wegen seiner strateg. Lage von Bedeutung, wurde um 1468 v. Chr. von THUTMOSIS III. eingenommen (Feldzugsbericht). Als alte Kanaanäerstadt auch in den Briefen von Amarna genannt, kam M. wohl erst unter DAVID unter israelit. Herrschaft und wurde von SALOMO als Hauptort (Vorort) einer Provinz ausgebaut (1. Kön. 4, 12; 9, 15). Obschon von Pharao SCHESCHONK I. (945–924 v. Chr.) auf dessen Palästinafeldzug erobert, behielt M. seine bedeutende Stellung im Nordreich auch später (2. Kön. 9, 27). Nach der Eroberung durch TIGLATPILESER III. wurde M. seit 733 v. Chr. von den Assyrern wieder aufgebaut und zur Hauptstadt einer gleichnamigen Provinz gemacht. 609 v. Chr. fand König JOSIA von Juda vor M. den Tod (2. Kön. 23, 29). Seit der Perserzeit (ab 538) nur noch ein Dorf, war M. bis ins 4. Jh. v. Chr. besiedelt.

Megiddo: Blick auf die ausgegrabenen Reste der Stadt; oben rechts die ›Pferdeställe‹

In M. fanden 1903–05 dt., 1925–39 amerikan., 1960 und 1966/67 israel. Ausgrabungen statt, die 20 Schichten (vom 4. Jt. v. Chr. an) freilegten. Zu den wichtigsten Funden der frühen Bronzezeit gehört der frei stehende Rundaltar mit Treppenstufen (Durchmesser rd. 7 m), in dessen Umgebung sich versch. Tempel der mittleren Bronzezeit fanden. Aus der Spätbronzezeit kamen v. a. Elfenbeinschnitzereien (12. Jh. v. Chr.) und protoäol. Pilasterkapitelle (10.–7. Jh. v. Chr.) zutage. SALOMO ließ die Stadt mit Tor, Kasemattenmauer und Palast neu anlegen. Unter AHAB wurden die früher SALOMO zugeschriebenen ›Pferdeställe‹ gebaut, deren Deutung als Vorratshäuser oder Kasernen umstritten ist. Aus der Zeit König JEROBEAMS II. stammt ein großer runder Getreidesilo.

A. KEMPINSKI: M. A city-state and royal centre in North Israel (München 1989).

Megi Megillot – Mehlmotte

Megillot: Megilla mit Hülse; getriebenes, zum Teil vergoldetes Silber, Pergament; 1. Hälfte des 18. Jh. (Kölnisches Stadtmuseum)

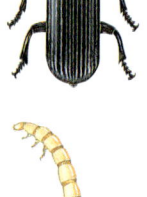

Mehlkäfer (Länge 14–23 mm); unten Larve (25 mm)

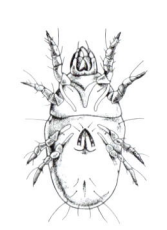

Mehlmilbe (Größe 0,4–0,6 mm)

Mehlmotte (Spannweite 25 mm)

Megillot [hebr. ›Buchrollen‹], Sg. **Megilla** die, -, Bez. für die in der hebr. Bibel in einer Gruppe zusammengefassten Bücher Hohes Lied, Ruth, Klagelieder, Kohelet und Esther, die im jüd. Gottesdienst als ›Festrollen‹ an Passah (Hohes Lied), am Wochenfest (Ruth), am 9. Aw, dem Gedenktag der Zerstörung des Tempels (Klagelieder), am Laubhüttenfest (Kohelet) und am Purimfest (Esther) gelesen werden. I. e. S. wird als **Megilla** das Buch Esther bezeichnet.

Meglinger, Caspar, schweizer. Maler, * Luzern 15. 8. 1595, † ebd. um 1670; malte Historienbilder und Porträts und schuf 1626–35 die urspr. 65 Bilder umfassende Totentanzfolge auf der Spreuerbrücke in Luzern (davon 46 am Ort, die übrigen in Museen und Magazinen der Stadt erhalten).

Megreli|er, Volk in Georgien und Abchasien, →Mingrelier.

Megrez [-rɛs, arab.], der Stern δ im Sternbild Großer Bär; der obere Kastenstern im Großen Wagen, an dem die Deichselsterne ansetzen (scheinbare visuelle Helligkeit 3^{m}31, Entfernung etwa 23 pc).

Mehdia-Kasba, mächtige Festung der Hasanidendynastie an der W-Küste Marokkos, 39 km nördlich von Rabat nahe der Mündung des Sebou, Ende des 17. Jh. über einer span. Festung (Anfang 17. Jh.) erbaut. Gut erhaltener span. Befestigungsgürtel; basteibestücktes Monumentaltor.

Mehdi Hüsejn, eigtl. **Mehdi Äli oghlu Hüsejnow** [-'oːlu-], aserbaidschan. Schriftsteller, * Schychly 22. 3. 1909, † Baku 10. 3. 1965; schrieb Romane über zeitgenöss. Themen, u. a. ›Ein Turm im Meer‹ (1949; dt.) über das Leben der Erdölarbeiter von Baku; er verfasste auch Dramen, Kritiken und Essays.

Mehl [ahd. melo, eigtl. ›Gemahlenes‹, ›Zerriebenes‹], i. w. S. Bez. für alle mehr oder weniger pulverförmigen, feinkörnigen Produkte, die durch Zerkleinern (Mahlen) aus festen Materialien hergestellt werden (Gesteins-, Ziegel-, Holz-, auch Erbsen-, Bohnen-, Senf-M. usw.); i. e. S. Bez. für die Produkte, die man durch Mahlen von Getreide, bes. von Weizen und Roggen oder auch von Gerste, Hafer, Reis und Mais, erhält und die zur Herstellung von Brot und anderen Backwaren sowie von Teigwaren usw. verwendet werden. Die M. werden nach dem angewandten Mahlverfahren, dem dabei erzielten →Ausmahlungsgrad und der Teilchengröße unterschieden: Dunst und M. als feinste Pulver von gelblich weißer bis grauer Farbe (helle bzw. dunkle M.), Grieß als das mittlere sowie Backschrot, Vollkorn-M. und Vollkornschrot als körniges, weiß, gelblich braun und grau meliertes Erzeugnis. Sämtl. Mahlprodukte weisen gewöhnlich einen Wassergehalt von 14–15 % auf; daneben bestehen sie bei niederem Ausmahlungsgrad überwiegend aus dem zerkleinerten M.-Körper, d. h. dem Stärkebestandteil der Getreidekörner. Bei höherem Ausmahlungsgrad enthalten die M. auch die zerkleinerte, eiweißhaltige Aleuronschicht der Getreidekörner, bei Schrot die Bestandteile des eiweiß- und fetthaltigen Keimlings sowie der rohfaser- und aschehaltigen Samenschale. Entsprechend wechseln die in den Mahlprodukten enthaltenen Mengen an Stärke, Eiweiß, Fett, Enzymen, Vitaminen, Rohfasern usw.; so enthält z. B. ein Weizen-M. mit 30 % Ausmahlungsgrad (Auszugs-M.) 0,12 % Rohfasern und 81,9 % Stärke, ein Weizen-M. mit 70 bis 75 % Ausmahlungsgrad 1,05 % Rohfasern und Weizenschrot mit 90 % Ausmahlungsgrad 8,7 % Rohfasern und 67,5 % Stärke. Zur Kennzeichnung der einzelnen **M.-Typen** wird heute v. a. der Mineralstoff-(Asche-)Gehalt herangezogen. Die M.-Type gibt die Anzahl mg Mineralstoffe in 100 g M.-Trockensubstanz an. Je niedriger die Typenzahl, desto heller ist das M., da der M.-Kern des Korns nur etwa 0,4 %, die Schale dagegen über 5 % Asche enthält. So hinterlässt Weizen-M. Type 405 beim Verbrennen von 100 g Trockensubstanz im Durchschnitt 0,405 % Asche. Seit 1992 gibt es in Dtl. eine neue M.-Typenregelung. Danach ist die Typenzahl für Weizen- und Roggen-M. auf jeweils 5 Typen begrenzt, für Dinkel wurden 3 spezielle Typen festgelegt. Zum Aufhellen von M. wurden früher chem. Substanzen, wie Stickstofftrichlorid, Chlordioxid, verwendet, welche die färbenden Bestandteile des M. oxidativ zerstören; eine Bleichung des M. ist in Dtl. verboten, in anderen Ländern dagegen noch erlaubt.

Nach dem Verwendungszweck lassen sich M. einteilen in Fein-M. (bis 50 % Ausmahlung; für Kleingebäck, Kuchen u. a.), Semmel-M. (Ausmahlung zw. 65 und 75 %; für Kleingebäck, Weißbrot), höher ausgemahlene Brot-M. (u. a. für Mischbrot), Vollkornschrot und Backschrot für Spezialbrot; die nach der letzten Vermahlung anfallenden Nachprodukte (u. a. Kleie), die v. a. Keimlinge und Schalenbestandteile des Getreidekorns enthalten, sind geschätzte Futtermittel. Wegen ihres hohen Rohfasergehaltes ist der Anteil an Ballaststoffen höher, außerdem haben sie einen hohen Gehalt u. a. an Eiweiß und Vitaminen.

Wirtschaft: In Dtl. wurden 1996 3,8 Mio. t M. im Wert von 1,71 Mrd. DM erzeugt. Während der Pro-Kopf-Verbrauch an Weizen-M. jährlich leicht steigt, z. B. 1995/96 auf 54,1 kg/Jahr, verringerte er sich beim Roggen-M. 1995/96 auf 10,9 kg/Jahr. In Österreich sank der Pro-Kopf-Verbrauch von Weizen- und Roggen-M. 1992/93 auf 61,7 kg/Jahr.

Mehlbeere, Art der →Eberesche.

Mehlem, seit 1. 8. 1970 Stadtteil von Bonn.

Mehlkäfer, Tenebrio molitor, braunschwarze, 14–23 mm lange Art der →Schwarzkäfer. Der M. und seine 25 mm lange, gelbe, feste Larve **(Mehlwurm)** leben in Kleie, Mehl (bisweilen Vorratsschädling), in Pflanzenmulm und (selten) in faulenden tier. Stoffen. Der M. wird als Futter für Insekten fressende Vögel und Terrarientiere gezüchtet.

Mehlmilbe, Acarus siro, zu den Vorratsmilben (Acaridae) gehörende, 0,4–0,6 mm lange Milbenart, die in Vorratslagern durch Fraß von Mehl, Grieß, Getreide usw. schädlich wird und sich aufgrund der kurzen Generationsdauer (17 Tage) bei günstigen Bedingungen sehr schnell vermehrt. M. werden durch trockenheitsresistente, unbewegl. Jugendstadien verbreitet.

Mehlmotte, Ephestia kuehniella [ky-], fast weltweit verbreitete Art der Schmetterlingsfamilie der Zünsler mit 25 mm Flügelspannweite. Die bis 20 mm langen Raupen leben v. a. in Mehl, das sie mit ihren

Gespinsten durchziehen und unbrauchbar machen; sie entwickeln sich auch in anderen Vorräten wie Backobst, Hülsenfrüchten, Nüssen.

Mehlnährschaden, durch chron. Fehlernährung mit ausschließlich kohlenhydrathaltigen Nahrungsmitteln (z. B. mehlhaltige Speisen ohne Milchzusatz) hervorgerufene Mangelzustände bei Säuglingen und Kleinkindern (Säuglingsdystrophie); tritt heute überwiegend nur noch in Form des →Kwashiorkor auf.

Mehlpilz, Mehlräsling, Pflaumenrötling, Clitopilus prunulus, weißer bis cremefarbener Ständerpilz mit flachem bis trichterförmig vertieftem Hut und weißen, später fleischfarbenen, herablaufenden Lamellen; intensiver Mehlgeruch; Speisepilz; häufig in Laub- und Nadelwald, bes. auf kalkarmen Böden.

Mehlprimel, Primula farinosa, geschütztes Primelgewächs auf sumpfigen, kalkhaltigen Alpenwiesen und Flachmooren Europas; Blätter unterseits, ebenso wie der Blütenstand, mehlig bestäubt; Blüten purpurrosa, selten weißlich mit tiefgelbem Schlund in vielblütiger Dolde.

Mehlschwalbe, Delichon urbica, oberseits blauschwarze, unterseits weiße Schwalbe (Größe etwa 15 cm) mit Verbreitung in Siedlungen und offenen Landschaften Eurasiens und NW-Afrikas. Im Unterschied zur →Rauchschwalbe baut die M. unter Dachrändern geschlossene Schlammnester mit oben liegendem Einflugloch; Zugvogel.

Mehlspeisen, Gerichte, die als Hauptbestandteil Mehl oder andere stärkereiche Stoffe enthalten, ferner Grieß, Reis, Nudeln, Weißbrot oder geriebene Semmeln und als Zusatz Eier, Butter, Zucker, Milch, Früchte und Aromastoffe. Eine Abart der M. ist der warme Pudding. – In *Österreich* werden auch Kuchen, Torten, süße Omeletts u. Ä. als M. bezeichnet.

Mehltau, Bez. für verschiedene durch M.-Pilze hervorgerufene Pflanzenkrankheiten. Die **Echten M.-Pilze** (Erysiphales) gehören zu den Schlauchpilzen. Sie überziehen Blätter, Stängel und Früchte mit einem dichten Myzel und daran gebildeten Konidien. Ein gefährl. Schadpilz ist Podosphaera leucotricha, der den **Apfel-M.** verursacht; die austreibenden Blätter weisen einen mehlartigen Überzug auf, rollen sich ein und vertrocknen vom Rand her; die befallenen Apfelbäume (auch Steinobstbäume) bilden keine Früchte aus. Der **Echte Reben-M.** der Weinrebe wird durch Uncinula necator (Äscher, Äscherich) hervorgerufen. Blätter (beidseitig), Triebe und Blütenstände haben einen flauschigen, weißlich grauen Belag. Die Blätter vertrocknen und fallen ab. Die Beeren trocknen ein, wobei die größeren zuvor beim Absterben der Oberhaut aufplatzen. Die Echten M.-Pilze werden mit schwefelhaltigen Fungiziden bekämpft.

Die **Falschen M.-Pilze** (Peronosporales) gehören zu den →Oomycetes. Die Sporenträger wachsen meist aus den Spaltöffnungen heraus, sodass der mehlige Belag vielfach auf die Blattunterseite beschränkt ist. Falsche M.-Pilze verursachen →Krautfäule, →Blauschimmel und den **Falschen Reben-M.,** die gefährlichste Krankheit der Weinrebe. Letzterer wird durch Plasmopara viticola hervorgerufen. Die Blätter zeigen oberseits gelbgrünl. Flecken (Ölflecke) und unterseits einen weißen Pilzrasen. Die Weinbeeren werden braun und schrumpfen lederartig ein. Vorzeitiger Blattfall führt zu geringen Ernten; Übergreifen der Infektion auf die Blütenstände führt zu Totalverlust der Ernte. Sphaerotheca humuli verursacht die →Doldenbräune des Hopfens. Falsche M.-Pilze werden mit kupferhaltigen Fungiziden bekämpft.

Mehlwurm, die Larve des →Mehlkäfers.

Mehlzünsler, Pyralis farinalis, kleiner Schmetterling, Art der Zünsler mit bunten Vorderflügeln. Die Raupe lebt an pflanzl. Vorratsstoffen, Mehlprodukten, gern in feuchten Räumen.

Mehmed [mɛx-], **Mohammed,** osman. Sultane:
1) **Mehmed I.,** Sultan (seit 1413), *1379, †Adrianopel (heute Edirne) Mai 1421, Sohn Bajasids I.; stellte – nach der Niederlage gegen Timur bei Ankara 1402 – in Auseinandersetzung mit seinen Brüdern die Einheit des Osman. Reiches wieder her.
2) **Mehmed II. Fatih** [›der Eroberer‹], Sultan (1444–46 und seit 1451), *Adrianopel (heute Edirne) 30. 3. 1432, †Hunkârçayırı (bei Gebze) 3. 5. 1481, Sohn Murads II.; übernahm im Auftrag seines 1444 zurückgetretenen Vaters die Reg.-Geschäfte zusammen mit dem Großwesir Halyl Pascha, wurde jedoch nach mehreren Unruhen der Janitscharen 1446 von Murad wieder abgelöst und nach Manisa verbannt. Nach dem Tod seines Vaters bestieg er am 18. 2. 1451 ein zweites Mal den Thron. Mit der Eroberung Konstantinopels am 29. 5. 1453 besiegelte er das Ende des Byzantin. Reichs; Konstantinopel erhob er zur osman. Hauptstadt. Mit der Angliederung Kosovos an das Osman. Reich (1459), der Eroberung der Peloponnes (1460), Trapezunts (1461), Bosniens (1463) und – nach dem Tod Skanderbegs (1468) – Albaniens (endgültige Unterwerfung 1479) baute er seine Macht aus, die er im Krieg gegen Venedig (1463–79) behaupten konnte. 1473 besiegte M. die Turkmenen unter Uzun Hasan, 1475 unterstellte er die Krimtataren seiner Oberherrschaft, 1480 ließ er Otranto einnehmen. M., der für europ. Souveräne zum Inbegriff oriental. Despotie wurde, stand v. a. mit den ital. Höfen und Handelsrepubliken in lebhaften Beziehungen.
3) **Mehmed III.,** Sultan (seit 1595), *bei Manisa 16. 5. 1567, †Konstantinopel 22. 12. 1603, Sohn Murads III.; besiegte die Österreicher und Ungarn 1596 bei Erlau.
4) **Mehmed IV.,** Sultan (1648–87), *Konstantinopel 30. 12. 1641, †Adrianopel (heute Edirne) 17. 12. 1692, Sohn Sultan Ibrahims; leidenschaftl. Jäger; errang unter der Leitung seiner Großwesire aus dem Haus Köprülü militär. Erfolge (u. a. im Krieg gegen Polen 1666–76, Eroberung Kretas bis 1669). Nach der Niederlage bei Mohács (1687) und dem Verlust Ungarns wurde er von den Janitscharen entthront.
5) **Mehmed V. Reschad (Reşad),** Sultan (seit 1909), *Konstantinopel 2. 11. 1844, †ebd. 3. 7. 1918, Sohn Abd ül-Medjids I., Bruder von 6); Nachfolger von Abd ül Hamid II.; kam durch die Jungtürken zur Macht. In seiner Reg.-Zeit verlor das Osman. Reich im Krieg gegen Italien (1911/12) Libyen und den Dodekanes und während der Balkankriege (1912/13) die meisten seiner europ. Besitzungen; unter ihm kämpfte die Türkei während des Ersten Weltkriegs seit 1914 an der Seite Deutschlands.
6) **Mehmed VI. Wahideddin (Vahideddin),** Sultan (1918–22), *Konstantinopel 14. 1. 1861, †San Remo (Italien) 16. 5. 1926, Sohn Abd ül-Medjids I., Bruder von 5); letzter osman. Sultan, floh nach dem Sieg der Befreiungsbewegung unter Mustafa Kemal Atatürk und seiner Absetzung durch die türk. Nationalversammlung (1. 11. 1922) am 17. 11. 1922 auf einem brit. Kriegsschiff.

Mehmed Ali [mɛx'mɛd-], arab. **Muḥammad Ali,** Statthalter von Ägypten alban. Herkunft, *Kavala (Makedonien) 1769, †Alexandria 2. 8. 1849; kam 1798 nach Ägypten und wurde 1805 von der Pforte als Statthalter bestätigt. 1811 ließ er die Führer der Mamelucken ermorden. In Innerarabien bekämpfte sein Sohn Ibrahim Pascha 1811–18 die Wahhabiten. 1831 überwarf sich M. A. mit der Pforte und besetzte Syrien bis zum Taurus; die Großmächte intervenierten und zwangen ihn, sich (1841) mit der erbl. Herrschaft über Ägypten unter osman. Oberhoheit zu begnügen. Im Innern führte er despotisch Reformen durch und zog frz. Fachleute ins Land. Er schuf eine nationale ägypt. Armee und förderte Bildung und Wissenschaft

Mehlpilz (Hutdurchmesser 5–12 cm)

Mehlprimel (Höhe 5–20 cm)

Mehlschwalbe (Größe etwa 15 cm)

Mehmed II. Fatih

sowie Landwirtschaft und Industrialisierung. Seine Nachkommen herrschten als Vizekönige (Khediven) und Könige von Ägypten bis 1953.

M. SABRY: L'empire égyptien sous Mohamed-Ali et la question d'Orient, 1811–1849 (Paris 1930); H. DODWELL: The founder of modern Egypt (Cambridge 1931, Nachdr. New York 1977).

Mehmet Emin, türk. Lyriker, →Yurdakul, Mehmet Emin.

Mehnert, Klaus, Politikwissenschaftler und Publizist, * Moskau 10. 10. 1906, † Freudenstadt 2. 1. 1984; 1931–34 Gen.-Sekr. der Dt. Gesellschaft zum Studium O-Europas und Schriftleiter der Zeitschrift ›Osteuropa‹, arbeitete 1934–36 als Korrespondent dt. Zeitungen in Moskau, lehrte 1936–41 Gesch. und polit. Wiss. in den USA, 1941–45 in China, 1946 kehrte M. nach Dtl. zurück. In der BRD war er u. a. 1951–76 Chefredakteur der Zeitschrift ›Osteuropa‹, 1961–72 Prof. für polit. Wiss. in Aachen. M. zählte zu den besten westl. Kennern der UdSSR und Chinas.

Werke: Asien, Moskau u. wir (1956); Peking u. Moskau (1962); China nach dem Sturm (1971); Kampf um Maos Erbe (1977); Über die Russen heute (1983).

Mehoffer, Józef, poln. Maler und Grafiker, * Ropczyce (bei Rzeszów) 19. 3. 1869, † Wadowice (bei Krakau) 8. 7. 1946; studierte in Krakau und Paris; Mitgl. der Wiener Sezession. Er malte, zum Dekorativen tendierend, religiöse Bilder, allegorisch-symbolist. Genreszenen und Landschaften sowie zahlreiche Porträts. Zu seinen bedeutendsten Leistungen gehören die Wanddekorationen und Glasfenster (u. a. für die Kathedrale Saint-Nicolas in Freiburg im Üechtland, 1894–1936).

Mehr|arbeit, arbeitsrechtlich die Arbeit, die über die gesetzlich zulässige regelmäßige Arbeitszeit hinaus geleistet wird. In verschiedenen Arbeitsschutz-Ges. (Arbeitszeit-Ges., Abk. AZG; Jugendarbeitsschutz-Ges.) ist der zulässige Umfang der Arbeitszeit geregelt. Die wichtigsten Vorschriften sind im AZG enthalten. Das Ladenschluss-Ges. regelt die zulässige Dauer der Ladenöffnungszeiten. Die werktägl. Arbeitszeit der Arbeitnehmer darf acht Stunden nicht überschreiten. Sie kann auf bis zu zehn Stunden verlängert werden, wenn innerhalb von sechs Kalendermonaten oder innerhalb von 24 Wochen im Durchschnitt acht Stunden werktäglich nicht überschritten werden. Die gesetzl. Höchstrahmen für die Arbeitszeit beträgt mithin sechs Tage × acht Stunden = 48 Stunden × 48 Wochen (52 Wochen minus vier Wochen gesetzl. Urlaub) = 2 304 Arbeitsstunden.

Von der gesetzlich zulässigen Regelarbeitszeit ist die meist kürzere tarifl., betriebl. oder vertragl. Arbeitszeit zu unterscheiden. Wird die tarifl. oder betriebl. Arbeitszeit überschritten, liegen →Überstunden vor. Die Durchführung von M. einschließlich der Anordnung von Überstunden unterliegt der vollen Mitbestimmung durch den Betriebsrat (§ 87 Abs. 1 Betriebsverfassungs-Ges.). Eine Regelung über die Höhe eines M.-Zuschlags ist im AZG nicht vorhanden. Der Arbeitnehmer wird aber nach § 612 BGB einen Zuschlag verlangen können, wenn dieser üblich ist. Arbeitseinkommen aus M. ist bis zur Hälfte unpfändbar (§ 850a ZPO). M.-Zuschläge sind grundsätzlich lohn- und einkommensteuerpflichtig, steuerfrei lediglich unter bestimmten Voraussetzungen Zuschläge für Sonntags-, Feiertags- und Nachtarbeit.

Mehrbedarfszuschläge, Leistung der Sozialhilfe, die besondere Bedarfssituationen der Sozialhilfeempfänger abdecken soll und zusätzlich zum Regelsatz gewährt wird. Anspruch auf M. nach § 23 Bundessozialhilfe-Ges. in der ab 1. 8. 1996 geltenden Fassung haben Personen, die das 65. Lebensjahr vollendet haben oder unter 65 Jahren und erwerbsunfähig sind und einen Schwerbehindertenausweis mit dem Merkzeichen G besitzen, sowie werdende Mütter nach der 12. Schwangerschaftswoche in Höhe von 20 % des maßgebenden Regelsatzes. Für Alleinerziehende, die ein Kind unter sieben Jahren oder zwei bzw. drei Kinder unter 16 Jahren versorgen müssen, sowie für Behinderte, die das 15. Lebensjahr vollendet haben und denen Eingliederungshilfe gewährt wird, ist ein M. von 40 %, für Alleinerziehende mit vier oder mehr Kindern von 60 % anzuerkennen. Für Kranke, Genesende, Behinderte oder von einer Krankheit oder Behinderung Bedrohte, die einer kostenaufwendigen Ernährung bedürfen, wird ein M. in angemessener Höhe gewährt. Der anerkannte Anspruch von Personen über 65 Jahre und Erwerbsunfähigen unter 65 Jahren nach der bis 31. 7. 1996 geltenden Regelung wird durch die Änderung des § 23 nicht beeinflusst.

Mehrbenutzerbetrieb, **Multiuser-Betrieb** [ˈmʌltiˈjuːzə-, engl.], Computer bzw. Computersystem **(Mehrbenutzersystem),** mit dem mehrere Benutzer gleichzeitig, aber unabhängig voneinander arbeiten können. Voraussetzung dafür ist, dass mehrere geeignete Ein- und Ausgabeplätze (Datenstationen oder Terminals) mit den erforderl. Verbindungen zum Computer vorhanden sind und dieser gute Möglichkeiten zur Simultanverarbeitung (Mehrprogrammbetrieb) aufweist. Für den M. geeignete Betriebssysteme sind z. B. UNIX oder Windows NT. I. e. S. wird die Bez. M. nur für Computer(-Anlagen) verwendet, die im Teilnehmerbetrieb (→Teilnehmersystem) arbeiten.

Mehrbereichs|öle, →Motorenöle.

Mehrchörigkeit, Kompositionsart für mehrere meist räumlich getrennte vokale, instrumentale oder gemischte Klanggruppen. Die M. geht zurück auf die Technik des **Coro spezzato** der venezian. Schule um 1550 (A. WILLAERT), bei der erstmals in Psalmvertonungen der Gesamtchor in zwei oder drei selbstständige, jeweils vierstimmige Gruppen aufgeteilt wurde. V. a. durch A. und G. GABRIELI entwickelte sich die M. zu einer Hauptform des barocken, durch festl. Klangpracht gekennzeichneten Concertos, auch unter Einbeziehung von Motette, Magnificat und Messe und in Übertragung auf die reine Instrumentalmusik der Sonate und Sinfonie. Bedeutende mehrchörige Werke schufen im 17. Jh. H. L. HASSLER, H. SCHÜTZ sowie M. PRAETORIUS, der 1619 die Aufführungspraxis der M. ausführlich beschrieb. Im Laufe des 17. Jh. drängten Monodie und Generalbass die M. nach und nach zurück. Als Grundmöglichkeit barocken Musizierens blieb sie dennoch wirksam (z. B. J. S. BACHS ›Matthäuspassion‹, 1729) und wurde auch im 19. Jh. als Mittel repräsentativer Klangentfaltung eingesetzt (z. B. H. BERLIOZ, ›Te Deum‹, 1855; A. BRUCKNER, Messe e-Moll, 1866).

Mehrdeutigkeit, 1) *Mathematik:* **Mehrwertigkeit.** Wird bei einer Zuordnung einem Element des Definitionsbereiches mehr als ein Element des Bildbereiches zugeordnet, so spricht man von einer mehrdeutigen Zuordnung. Abbildung und →Funktionen müssen dagegen eindeutig sein. Die M., die sich z. B. bei der Quadratwurzel ergibt, wird deshalb heute durch eine entsprechende Definition beseitigt. In der Funktionentheorie werden M. u. a. mithilfe →riemannscher Flächen behandelt.

2) *Sprachwissenschaft:* →Ambiguität, →Homonymie, →Polysemie.

mehrdimensionaler Raum, mathemat. →Raum mit mehr als drei Dimensionen. In Analogie zum dreidimensionalen Raum, in dem ein Punkt durch drei Koordinaten (x, y, z) festgelegt wird, entspricht im n-dimensionalen Raum jedem Punkt genau ein n-Tupel von Koordinaten $(x_1, ..., x_n)$. – M. R. wurden bis weit ins 19. Jh. hinein wegen ihres abstrakten Charakters abgelehnt. Ein Meilenstein in der Geschichte m. R. war B. RIEMANNS Vortrag ›Über die Hypothesen, welche der Geometrie zu Grunde liegen‹ (1854). Heute sind m. R. fester Bestandteil der Mathematik und mit mathemat. Modellen arbeitender Wissenschaften; die Relativitätstheorie verwendet z. B. einen vierdimensionalen Raum (das Raum-Zeit-Kontinuum), die Quantenmechanik m. R. unendlich vieler Dimensionen.

Mehrerau, Zisterzienserabtei im Stadtteil Vorkloster von Bregenz, Vorarlberg, Österreich, 1097 von Graf ULRICH von Bregenz mit Mönchen aus der Benediktinerabtei Petershausen (Konstanz) begründet, 1806 aufgehoben, 1854 mit Zisterziensern aus Wettingen im Aargau wieder besetzt. Fundamente der roman. Basilika (1125) wurden 1962 ergraben.

Mehrfachbesamung, Polyspermie, das Eindringen mehrerer Spermien in ein Ei. Physiologisch ist die M. bei dotterreichen Eiern (z. B. bei Insekten, Reptilien, Vögeln) möglich, während sie bei den meisten Tiergruppen durch bestimmte Mechanismen verhindert wird. Bei Versagen dieser Mechanismen kommt es zur pathol. M., die i. d. R. zum Absterben des Keims im Blastulastadium führt.

Mehrfachbindung, zusammenfassende Bez. für die zw. zwei Atomen auftretenden Doppel- oder Dreifachbindungen (→chemische Bindung).

Mehrfachempfang, Diversityempfang [daɪ'və:səti-, engl.], Kurz-Bez. **Diversity,** Verfahren im Funkverkehr zur Verringerung der durch Schwund (→Fading) verursachten Störungen beim Empfang, bes. im Kurzwellenbereich. Da Schwund räumlich nicht überall gleichzeitig auftritt, empfängt eine von zwei Antennen, die in einem festgelegten Abstand voneinander aufgestellt sind, den Sender mit großer Wahrscheinlichkeit immer **(Raumdiversity).** Beim **Empfängerdiversity** arbeitet an jeder Antenne ein Funkempfänger auf der gleichen Frequenz; die Demodulatorausgänge sind gekoppelt, und die Schwundregelung ist zusammengeschaltet. Dadurch wird der jeweils vom Schwund betroffene Empfänger gesperrt und kann keine Störungen aufnehmen. Dagegen wird beim **Antennendiversity** nur ein Empfänger benötigt, an den die Antenne mit dem größten Nutzsignal angeschlossen wird. Beim **Polarisationsdiversity** werden anstelle räumlich entfernter Antennen solche mit verschiedener Polarisation verwendet; auch hier unterscheidet man Antennen- und Empfängerdiversity. – Die Nachricht kann auch gleichzeitig auf unterschiedl. Frequenzen ausgestrahlt werden, wobei jeweils auf den Empfänger, der die Nachricht mit dem geringsten Schwund erhält, umgeschaltet wird **(Frequenzdiversity).**

mehrfacher Punkt, *Mathematik:* ein Punkt, durch den eine Kurve mehr als einmal hindurchgeht. Am häufigsten sind **Doppelpunkte,** d. h. Punkte, durch die eine Kurve zweimal hindurchgeht (z. B. Lemniskate). Kurven ohne m. P. heißen auch jordansche Kurven.

Mehrfachgalaxien, →Sternsysteme.

Mehrfachgefechtskopf, bei ballist. Flugkörpern techn. Zusammenfassung mehrerer nuklearer Einzelgefechtsköpfe in einem Behältnis (›Bus‹). Mit den nach Abstoßung vom M. wieder in die Erdatmosphäre eintretenden Einzelgefechtsköpfen (daher ›Wiedereintrittkörper‹, engl. Reentry Vehicles, Abk. REV oder RV) ist die Bekämpfung mehrerer Ziele möglich. Hinsichtlich verschiedener Techniken lassen sich drei Arten von M. unterscheiden. M. mit MRV-Technik (**MRV** = **M**ultiple **R**eentry **V**ehicles) enthalten nicht unabhängig voneinander programmierbare Sprengköpfe (werden stets gleichzeitig ausgestoßen), solche mit MIRV-Technik (**MIRV** = **M**ultiple **I**ndependently **T**argetable **R**eentry **V**ehicles) unabhängig voneinander auf verschiedene Ziele programmierbare Sprengköpfe. Den dritten technolog. Schritt bilden M. mit MARV-Technik (**MARV** = **Ma**neuverable **R**eentry **V**ehicles), deren einzelne Sprengköpfe während des Anflugs auf vorher programmierte Ziele mithilfe eines eigenen Navigations- und Kontrollsystems vorgeplante Flugmanöver zur Täuschung von Abwehrsystemen durchführen können.

Mehrfachkammer, im Luftbildwesen benutzte starre Kombination von zwei bis vier →Messkammern, deren Verschlüsse beim Bildflug gleichzeitig ausgelöst werden. Bei verschiedenen Film-Filter-Kombinationen wird die M. zur **Multispektralkammer.** (→Luftbild, →Multispektralscanner)

Mehrfachsterne, gravitativ gebundene Gruppen räumlich dicht benachbarter Sterne mit mindestens drei Komponenten, deren Bewegungen um den gemeinsamen Schwerpunkt sich im Ggs. zu den →Doppelsternen nicht in geschlossener Form beschreiben lassen (→Mehrkörperproblem). Ein System von M. ist z. B. Castor mit sechs Komponenten.

Mehrfachstimmrecht, im Handels-/Gesellschaftsrecht das durch die Satzung begründete Sonderrecht eines Gesellschafters, mehr Stimmen abzugeben, als seiner Beteiligung entspricht. Das M. ist in der GmbH und der Personengesellschaft unbeschränkt, in der Genossenschaft (seit 1973) beschränkt zulässig (bis zu drei Stimmen), in der Aktiengesellschaft (seit 1937) grundsätzlich verboten (→Mehrstimmrechtsaktie), außer im Fall besonderer Genehmigung durch die oberste Wirtschaftsbehörde (Fach-Min.) des Landes.

Mehrfarbendruck, der →Farbendruck.

Mehrfingrigkeit, →Polydaktylie.

Mehrgewinnsteuer, die →Übergewinnsteuer.

Mehrheit, Majorität, der größere Teil einer Gemeinschaft, Kriterium für viele Entscheidungen im staatl. und gesellschaftl. Leben. Schon in der Antike wurde das M.-Prinzip bei Wahlen und Abstimmungen angewandt, eingeschränkt auf die stimmberechtigten Bürger (also eine Minderheit der Bev.). Unter dem Einfluss des röm. und des kanon. Rechts setzte sich das M.-Prinzip seit dem Hoch-MA. vereinzelt durch (so 1179 Festlegung der Zweidrittel-M., also einer qualifizierten M., für die Papstwahl). Ausgehend von der Existenz vernunftbegabter Staatsbürger sprechen die in der Aufklärung wurzelnden Staatstheorien der Entscheidung der M. eine staatstragende Qualität in einem Gemeinwesen zu. Demokratietheorien des 20. Jh. betrachten die Anwendung des M.-Prinzips als die beste Möglichkeit, den Willen des Einzelnen und den Gemeinwillen (→Volonté générale) zu verbinden. Die Beachtung von Rechtsstaatlichkeit und bürgerl. Grundrechten schützt auch eine unterlegene Minderheit vor willkürl. Entscheidungen einer Mehrheit.

Mehrheitsbeteiligung, eine Form der verbundenen Unternehmen. M. ist dann gegeben, wenn einem Unternehmen, gleichgültig welcher Rechtsform, die Mehrheit der Anteile eines anderen rechtlich selbstständigen Unternehmens oder die Mehrheit der Stimmrechte dieses Unternehmens gehört (bei der AG mindestens 50 % plus eine Aktie). Das in Mehrheitsbesitz stehende Unternehmen wird i. d. R. als abhängiges Unternehmen, der Mehrheitsgesellschafter (bei der AG Mehrheitsaktionär) als herrschendes Unternehmen bezeichnet. Soweit bei einer AG in der Hauptversammlung mit einfacher Mehrheit entschieden wird, kann sich ein Mehrheitsaktionär stets durchsetzen. In einer Reihe zentraler Fragen (z. B. Satzungsänderungen) verlangt das Aktiengesetz jedoch eine qualifizierte Mehrheit (mindestens 75 % des vertretenen Kapitals, d. h., der Mehrheitsaktionär müsste sich durch Majoritätskäufe mindestens die Dreiviertel-M. sichern, um sich durchzusetzen. Die Beherrschung einer Gesellschaft ist jedoch auch bei Vereinigung von weniger als 50 % der Stimmen möglich, wenn z. B. die weiteren Beteiligungen stark zersplittert sind.

Mehr Mehrheitsentscheidung – Mehrlader

Mehrheitsentscheidung, →Abstimmung.

Mehrheitsgrundsatz, Majoritätsprinzip, der Grundsatz, dass in Personenverbänden, Vertretungskörperschaften und Kollegialorganen bei →Abstimmungen und Wahlen die Mehrheit entscheidet. Es gibt: **absolute** (mehr als 50%) und **relative Mehrheit** (Erreichen der meisten Stimmen, aber nicht mehr als 50% der Stimmen). Bes. wichtige Entscheidungen (z. B. Verfassungsänderungen, Satzungsänderung in Vereinen) verlangen oft eine **qualifizierte Mehrheit** (die mehr als 50% der abgegebenen Stimmen beträgt, meist $2/3$, gelegentlich $3/4$ der Stimmen); sonst genügt einfache Mehrheit. Der M. wird durchbrochen durch ein Veto bevorrechtigter Mitgl. oder wenn der Vorsitzende bei Stimmengleichheit den Ausschlag gibt.

Mehrheitssozialisten, Mehrheitssozialdemokraten, bis 1922 häufig gebrauchte Bez. für die in der SPD verbliebene Mehrheit der Sozialdemokraten nach Abspaltung der Sozialdemokrat. Arbeitsgemeinschaft (1916) und Bildung der USPD (1917).

Mehrheitswahl, →Wahlrecht.

Mehri [ˈmex-], zum →Neusüdarabischen gehörende, vom Stamm der →Mahra gesprochene semit. Sprache; bes. im Wortschatz vom Arabischen beeinflusst.

M. BITTNER: Studien zur Laut- u. Formenlehre der M.-Sprache in Südarabien, 5 Bde. (Wien 1909–15); E. WAGNER: Syntax der M.-Sprache unter Berücksichtigung auch der anderen neusüdarab. Sprachen (Berlin-Ost 1953); T. M. JOHNSTONE: M. lexicon and English-M. word-list (London 1987).

Mehring, 1) Franz, Journalist, Historiker und Politiker, * Schlawe in Pommern 27. 2. 1846, † Berlin 29. 1. 1919; war seit 1868 als Journalist zunächst bei demokrat. und liberalen, später sozialdemokrat. Blättern tätig (u. a. 1902–07 Chefredakteur der ›Leipziger Volkszeitung‹). M. schloss sich 1891 dem linken Flügel der Sozialdemokraten an und bekämpfte den Revisionismus E. BERNSTEINs. Neben K. LIEBKNECHT und R. LUXEMBURG war er ein führendes Mitgl. des 1916 gegründeten Spartakusbundes und wurde zum Mitgründer der USPD. M. untersuchte als Erster wissenschaftlich – unter marxist. Ansatz – die Geschichte der dt. Arbeiterbewegung (u. a. in seinem Hauptwerk ›Geschichte der dt. Sozialdemokratie‹, 2 Bde., 1897–98).

W. KUMPMANN: F. M. als Vertreter des histor. Materialismus (1966); M. KRAMME: F. M. Theorie u. Alltagsarbeit (1980).

2) Walter, Pseudonyme **Walt Merin, Glossator,** Schriftsteller, * Berlin 29. 4. 1896, † Zürich 3. 10. 1981; begann als expressionist. Lyriker, 1915–17 Verbindung zum Kreis um H. WALDENS ›Sturm‹; 1919 Autor für M. REINHARDTS Kabarett ›Schall und Rauch‹; wandte sich dann dem Dadaismus zu und gründete 1920 in Berlin das ›Polit. Cabaret‹. Danach war M. u. a. Journalist in Paris und arbeitete mit E. PISCATOR in Berlin zusammen; 1933–38 Korrespondent in Wien; 1938 Emigration über Frankreich in die USA, wo er – seit 1942 als amerikan. Staatsbürger – bis zu seiner Rückkehr nach Europa 1953 lebte. M. entwickelte für seine das Zeitgeschehen und die bürgerl. Moral schonungslos kritisierenden Songs einen eigenen Chansonstil, der ihm den Beinamen ›Bänkelsänger von Berlin‹ eintrug; schon früh warnte er vor der Gefahr des Nationalsozialismus (›Der Kaufmann von Berlin‹, 1929). Sein Prosawerk ›The lost library‹ (1951; dt. ›Die verlorene Bibliothek‹) ist eine krit. Betrachtung seiner Zeit. M. war auch als Übersetzer, Hörspielautor und Zeichner tätig.

Ausgabe: Werke, hg. v. C. BUCHWALD, 10 Bde. (1978–83). W. M., hg. v. H. L. ARNOLD (1983).

mehrjährige Finanzplanung, die →mittelfristige Finanzplanung.

Mehrkampf, *Sport:* aus mehreren Einzeldisziplinen bestehender sportl. Wettkampf aus einer Sportart (reiner M., z. B. Sieben- und Zehnkampf in der Leichtathletik, Reißen und Stoßen beim Gewichtheben) oder mehreren Sportarten (**gemischter M.,** z. B. Schwimmen, Radrennen und Laufen beim Triathlon). Die Wertung erfolgt nach Punkten (Leichtathletik), Zeiten (Triathlon) oder Lasten (Gewichtheben).

Mehrkörperproblem, Vielkörperproblem, n-**Körperproblem,** *Physik* und *Astrophysik:* das Problem der Beschreibung von Systemen, die aus mehr als zwei, als Massepunkte idealisierten Körpern oder Teilchen bestehen, einschließlich der Möglichkeit von Voraussagen über deren künftiges Verhalten. Die konkrete Behandlung solcher Systeme hängt von der Art und der Stärke der Wechselwirkung ihrer Konstituenten und von deren Anzahl ab. Gegenstand der klass. Mechanik (und in entsprechender Form auch der Quantenmechanik) ist die Beschreibung eines Teilchens, das sich unter dem Einfluss einer Kraft oder eines Potenzials bewegt; die Beschreibung der Bewegung zweier Teilchen kann bei Einführung einer →reduzierten Masse formal auf die Bewegung eines Teilchens zurückgeführt werden. Beim so genannten Kepler-Problem (→Zweikörperproblem), bei dem die Kraft zw. den beiden Teilchen proportional zum Kehrwert des Quadrats ihres Abstands ist – wie bei der Gravitation (z. B. Sonne–Planet) und der Coulomb-Kraft (z. B. Wasserstoffatom) –, können geschlossene, d. h. als Funktionen darstellbare Lösungen angegeben werden. Schon bei drei Körpern ist das i. Allg. nicht mehr möglich, und man muss bei der Beschreibung ihrer Bewegung auf Näherungsverfahren zurückgreifen (z. B. →Störungstheorie, Iterationsverfahren wie die →Hartree-Fock-Methode oder numer. Integration).

Das am längsten bekannte M. ist das **Dreikörperproblem** der →Himmelsmechanik, von dem J. L. DE LAGRANGE 1772 zeigen konnte, dass es dann exakt lösbar ist, wenn sich ein sehr leichter Körper bezüglich zweier schwerer Körper sich in einem von fünf ausgezeichneten Punkten, den **Librations-** oder **Lagrange-Punkten,** befindet. Ist einer der beiden schweren Körper die Sonne, der andere ein massereicher Planet, dann liegen die Librationspunkte L_1, L_2 und L_3 auf der Verbindungsgeraden Sonne–Planet, und zwar L_1 zw. beiden, L_2 jenseits des Planeten und L_3 jenseits der Sonne; die Librationspunkte L_4 und L_5 bilden mit Sonne und Planet je ein gleichseitiges Dreieck. Realisiert ist dies u. a. im System Sonne–Jupiter, in dem sich eine Gruppe von Planetoiden, die →Trojaner, in den Librationspunkten L_4 und L_5, jeweils 60° vor und hinter Jupiter, in dessen Bahn befindet.

Die Frage der allgemeinen Stabilität des Sonnensystems wurde erstmals 1892 von H. POINCARÉ untersucht. Es hat sich herausgestellt, dass die Planetenbewegungen so komplex sind, dass längerfristige Vorhersagen nur eingeschränkt möglich sind. Komplexe Systeme wie das Sonnensystem, bei denen eine Vorhersage der Stabilität ihres Verhaltens prinzipiell nicht möglich ist, obwohl dieses von deterministischen Gleichungen bestimmt wird, sind Untersuchungsgegenstand der →Chaostheorie. Numer. Berechnungen lassen vermuten, dass das Sonnensystem für weitere etwa 100 Mio. Jahre stabil sein wird, was allerdings nur rd. ein Fünfzigstel seines bisherigen Alters ist.

I. w. S. spricht man auch bei Problemen, auf die statist. Methoden angewendet werden, von M. (Vielteilchensysteme). Solche Methoden spielen v. a. in der Atom- und Festkörperphysik, aber auch in der Astrophysik eine wichtige Rolle.

Mehrlader, Handfeuerwaffe, bei der mehrere Patronen in einem Magazin gelagert sind und die deshalb im Vergleich zum Einzellader, bei dem nach jedem Schuss neu geladen werden muss, eine raschere Schussabgabe ermöglicht. Das

Entfernen der leeren Patronenhülse nach jedem Schuss, das erneute Spannen des Verschlusses und das Zuführen der nächsten Patrone aus dem Magazin oder der Patronenkammer in das Patronenlager erfolgt per Hand und nicht – wie beim Selbstlader – automatisch. M., auch **Repetierer** oder **Repetiergewehre** gen., werden nur noch in den Bereichen Sport und Jagd verwendet, nachdem sie von etwa 1880 bis zum Ende des Zweiten Weltkriegs die vorherrschenden Militärgewehre waren.

Mehrleistungen, *Sozialversicherung:* →Regelleistungen.

Mehrlinge, *Biologie:* beim Menschen und bei lebend gebärenden Tieren gleichzeitig ausgetragene (und geborene) Geschwister, die eineiig oder mehreiig sein können. Mehrlingsgeburten sind bei vielen Tieren eine normale Erscheinung, beim Menschen (z. B. →Zwillinge, →Drillinge) jedoch die Ausnahme. Als Folge von Unfruchtbarkeitsbehandlung und der Anwendung neuer Reproduktionstechniken treten Mehrlingsgeburten wesentlich häufiger auf.

Mehrlini|ensystem, *betriebl. Organisationslehre:* →Liniensystem.

Mehrmotorenantrieb, →Einzelantrieb.

Mehrpartei|ensystem, in parlamentarisch-demokratisch regierten Staaten ein Parteiensystem, in dem mehrere Parteien als Träger der polit. Willensbildung agieren. Im M. sind zur Regierungsbildung oft Koalitionen nötig. (→Einparteiensystem, →Zweiparteiensystem)

Mehrphasenstrom, *Elektrotechnik:* →Drehstrom.

Mehrphasensystem, *physikal. Chemie:* ein System, das aus mehr als einer Phase besteht. Dabei können die Phasen mehrere Komponenten enthalten. In Abhängigkeit von Druck, Temperatur und Konzentration der Komponenten sind Zusammensetzungen von M. aus einer Gasphase und einer oder mehreren flüssigen oder festen Phasen möglich. (→Zustandsdiagramm)

Mehrphotonen|absorption, →nichtlineare Optik.

Mehrprogrammbetrieb, Multiprogrammbetrieb, engl. **Multiprogramming** ['mʌltɪprəʊgræmɪŋ], die quasi gleichzeitige Verarbeitung mehrerer Programme in einem Rechnersystem. Es befinden sich zur gleichen Zeit mehrere Programme ganz oder teilweise im Arbeitsspeicher, denen das Betriebssystem bei der Ausführung die benötigten Betriebsmittel wechselseitig so zuteilt, dass die unterschiedl. Verarbeitungsgeschwindigkeiten zw. der →CPU und den peripheren Geräten weitgehend ausgeglichen werden. Der scheinbar gleichzeitige Ablauf mehrerer Programme ist daher eine zeitlich verzahnte Abfolge von Bearbeitungsphasen.

Mehrprozessbetrieb, *Informatik:* das →Multitasking.

Mehrprozessorsystem, Multiprozessorsystem, eine Rechnerarchitektur mit mehr als einem Prozessor. Die Prozessoren können unabhängig voneinander parallel arbeiten (Parallelverarbeitung), wobei es sich dabei i. d. R. um Universalprozessoren handelt, die auch in Einprozessorsystemen eingesetzt werden. Jeder Prozessor verfügt über einen lokalen Speicher. Beide zusammen bilden einen so genannten **Rechenknoten.** Man spricht von einer symmetr. Architektur, wenn alle Rechenknoten bezüglich ihrer Rolle im System vergleichbar sind, d. h., es gibt keine Knoten mit spezialisierten Aufgaben. Bezüglich ihrer physikal. Struktur lassen sich M. in zwei Hauptkategorien einteilen: Bei den **speichergekoppelten Systemen mit einem zentralen Speicher** für alle Knoten findet die Kommunikation zw. den Knoten über den zentralen Speicher statt. D. h. Rechenknoten legen Daten in diesem Speicher ab, die von anderen Knoten gelesen werden. Bei **Systemen mit verteiltem Speicher** gibt es nur die lokalen Knotenspeicher. Hat dabei ein Prozessor nur Zugriff auf seinen eigenen Knotenspeicher, erfolgt die Kommunikation zw. den Rechenknoten durch den Austausch von Nachrichten über ein Verbindungsnetzwerk. Man spricht in diesem Fall auch von **nachrichtengekoppelten Systemen.**

Das Einsatzziel eines M. besteht v. a. darin, durch die Rechenknoten ein Problem gemeinsam zu bearbeiten, wobei durch die Vervielfachung der Knoten gegenüber einem Einprozessorsystem ein entsprechender Geschwindigkeitsgewinn erzielt wird. Dies setzt voraus, dass das Problem parallelisierbar ist, d. h. in Teilaufgaben für die einzelnen Knoten zerlegt werden kann. Bei einer Vielzahl von Problemstellungen ist dies jedoch der Fall. Des Weiteren gibt es Aufgaben, die nur durch M. in vertretbarer Bearbeitungszeit gelöst werden können (z. B. Steuerung komplexer techn. Prozesse unter Realzeitanforderungen) bzw. solche, die den Einsatz derartiger Systeme aus Gründen einer höheren Zuverlässigkeit erfordern (z. B. Bordcomputer in Flugzeugen).

Mitunter wird der Begriff M. nicht synonym zum Begriff Multiprozessorsystem verwendet. Dabei wird unter Ersterem ein System verstanden, in dem eine zentrale Recheneinheit von einer Anzahl von Coprozessoren zur Durchführung spezieller Aufgaben unterstützt wird. Nur der Begriff Multiprozessorsystem wird dann im oben genannten Sinne verwendet.

Mehrrechtsstaaten, Bez. des → internationalen Privatrechts für Staaten, die kein einheitl. Privatrecht besitzen, sondern in verschiedene Teilrechtsgebiete zerfallen, häufig bei Bundesstaaten (z. B. USA, Großbritannien und Nordirland, Australien, Kanada, Bundesrepublik Jugoslawien, Spanien). So gilt z. B. in den USA in jedem Einzelstaat eine eigene Privatrechtsordnung. Verweist das internat. Privatrecht in Dtl. auf das Recht eines M., so bestimmt grundsätzlich dessen →interlokales Privatrecht, welche Teilrechtsordnung anzuwenden ist.

Mehrspiegelteleskop, das →Multi Mirror Telescope.

Mehrsprachigkeit, →Interferenz, →Multilingualismus, →Sprachenfrage, →Sprachenrecht, →Sprachkontakt, →Zweisprachigkeit.

Mehrstaater, Personen mit mehrfacher →Staatsangehörigkeit. (→ internationales Privatrecht)

Mehrstimmigkeit, in der Vokal- und Instrumentalmusik die Gestaltungsweise, die aus mehreren gleichzeitig erklingenden Tonfolgen besteht. Die Stimmen können aus einer Hauptstimme mit gleichrhythmischen, akkord. Begleitstimmen (→Homophonie) oder aus selbstständig geführten Klanglinien (→Polyphonie) bestehen. Ggs. der M. ist die Einstimmigkeit, die auch dann gegeben ist, wenn die Klanglinie chorisch wiedergegeben wird. Auch das physiologisch begründete Singen von Männern und Frauen in Oktaven ist noch keine M. Dagegen stellt die →Heterophonie einen Grenzfall dar. Eindeutig fassbar ist die kunstvolle, von Theorie begleitete M. erstmals in der Lehre vom Organum des 9. Jh. Ihren ersten Höhepunkt erreichte sie um 1200 in der Notre-Dame-Schule, um von nun an die Einstimmigkeit mehr und mehr aus dem Bereich der Kunstmusik zurückzudrängen.

Mehrstimmrechtsakti|e, mit erhöhtem Stimmrecht bei gleichem Nennbetrag wie bei Stammaktien ausgestattete Aktie, deren Ausgaben nach § 12 Abs. 2 Aktiengesetz grundsätzlich unzulässig ist. Ausnahmen können aber von der obersten Wirtschaftsbehörde des Landes, in dem die AG ihren Sitz hat, zur Wahrung überwiegend gesamtwirtschaftl. Belange zugelassen werden (kommt fast für Versorgungsunternehmen, bei denen der kommunale Einfluss gewährt bleiben soll). Vor 1966 ausgegebene M. bleiben (meist als Vorzugsaktien) erhalten.

Étienne Nicolas Méhul

Mehrstoffmotor, der →Vielstoffmotor.

Mehrteilchenreaktion, *Physik:* eine durch ein Streuexperiment, bei dem ein Projektil(teilchen) auf ein Target(teilchen) stößt, herbeigeführte Reaktion mit mehr als zwei Teilchen im Ausgangskanal, d. h. als Reaktionsprodukte. Während bei einer Zweiteilchenreaktion durch die Messung der kinemat. Größen (z. B. Energie und Impuls) eines Teilchens auch diejenigen der anderen bestimmt sind, ist das bei M. nicht der Fall. In einem so genannten vollständigen Experiment müssen daher je nach der Zahl der Reaktionsprodukte zwei oder mehr Teilchen spektroskopiert werden, wobei deren Zuordnung zu demselben Ereignis durch →Koinzidenzmethoden gewährleistet wird.

Mehrwegeausbreitung, *Funktechnik:* Gegebenheit, dass die von einem Sender ausgehenden Funkwellen nicht nur auf direktem (kürzestem) Weg an einem oder mehreren Empfangsorten eintreffen, sondern auch auf Umwegen. Diese Umwege entstehen infolge von Reflexionen an dem den Sender umgebenden Gelände und infolge von Refraktionen im durchlaufenen Medium, insbesondere der Ionosphäre. Folge der M. sind Intensitäts- und Phasenschwankungen der empfangenen Signale.

Mehrwegverpackung, Verpackungsform, die im Unterschied zur Einwegverpackung wiederholt der Verwendung zum gleichen Zweck zugeführt werden kann. M. werden v. a. für Getränkeverpackungen eingesetzt, aber auch im industriell-techn. Bereich (häufig als Transportverpackungen), z. B. als Container, Mehrwegpaletten, Boxen für Stückguttransporte oder als Fässer, Flaschen (Gasdruckflaschen), die zur Wiederbefüllung umlaufen. (→Verpackung)

Mehrwert, zentraler, von K. MARX aus der klass. Wert- und Preislehre (→Arbeitswerttheorie) entwickelter Begriff des →Marxismus. Der M. wird als Differenz zw. dem Tauschwert der Arbeit (entspricht dem Aufwand, der zu ihrer Reproduktion gesellschaftlich notwendig ist) und dem Tauschwert der von den Arbeitern produzierten Güter, d. h. als jener Teil der durch menschl. Arbeit geschaffenen Werte definiert, der aufgrund kapitalist. Eigentumsverhältnisse den Arbeitnehmern vorenthalten und von den Kapitalbesitzern akkumuliert wird.

Mehrwertdienste, →Telekommunikationsdienste.

mehrwertige Logik, alle Systeme der Logik, die – im Unterschied zur klass. Logik - mit mehr als zwei Wahrheitswerten arbeiten. Man kann weiterhin zw. Systemen, die mit endlich vielen Wahrheitswerten arbeiten, und solchen, die unendlich viele Wahrheitswerte zulassen, unterscheiden. Zu den Letzteren zählt die →Fuzzylogik; zu den Ersteren gehört z. B. eine von J. ŁUKASIEWICZ geförderte dreiwertige Logik, in der zu den Wahrheitswerten ›wahr‹ und ›falsch‹ noch der Wert ›unbestimmt‹ hinzugenommen wird, sowie eine von N. BELNAP eingeführte vierwertige Logik, in der zu den Wahrheitswerten ›wahr‹ und ›falsch‹ noch die Werte ›unbestimmt‹ und ›überbestimmt‹ hinzukommen. Durch eine unendl. Folge von Systemen m. L. mit je endlich vielen Wahrheitswerten wird auch die intuitionist. Logik charakterisiert. Die Junktoren einer mehrwertigen Aussagenlogik lassen sich wie die der klass. Theorie durch Wahrheitstafeln definieren. – Als Argument für die Behandlung m. L. gilt insbesondere, dass mit geeigneten Systemen der m. L. manche Realitäten besser beschrieben werden können als mit der klass. Logik: mit der Fuzzylogik z. B. unscharfe Begriffe, mit BELNAPS vierwertiger Logik z. B. Sachverhalte in Daten- bzw. Wissensbanken.

Mehrwertsteuer, Bez. für Nettoumsatzsteuer mit Vorsteuerabzug (Nettoallphasenumsatzsteuer), bei der die jeweilige Wertschöpfung der einzelnen Produktions- oder Verteilungsstufe steuerlich erfasst wird (→Umsatzsteuer).

Mehrzahl, *Sprachwissenschaft:* der →Plural.

Mehrzweckkampfflugzeug, ein →Kampfflugzeug.

Mehta, Zubin, ind. Dirigent, * Bombay 29. 4. 1936; studierte u. a. an der Wiener Musikakademie; leitete 1961–67 das Montreal Symphonic Orchestra, 1962–78 auch das Los Angeles Philharmonic Orchestra und war 1978–91 Musikdirektor der New York Philharmonic, daneben ist er seit 1969 Chefdirigent des Israel Philharmonic Orchestra (seit 1981 musikal. Leiter auf Lebenszeit); auch Gastdirigent an internat. Opernhäusern; 1998 Übernahme der Funktion des Generalmusikdirektors der Bayer. Staatsoper in München.

Méhul [me'yl], Étienne Nicolas, frz. Komponist, * Givet (Dép. Ardennes) 22. 6. 1763, † Paris 18. 10. 1817; studierte in Paris und wurde 1795 bei der Gründung des Pariser Konservatoriums einer seiner Inspektoren. M. nimmt in der Entwicklung der Oper in Frankreich eine Mittlerstellung zwischen der Schule C. W. GLUCKS und der frz. Romantik ein. Er verwendete, formal auf der Opéra comique basierend, die von GLUCK geschaffenen und von L. CHERUBINI erweiterten Grundlagen des musikdramat. Stils, die er mit dem Pathos der Revolutionsoper verband, und führte das Melodrama (›Mélidore et Phrosyne‹, 1795) und die leitmotiv. Arbeit in die Oper ein (›Ariodant‹, 1799). Auch seine Revolutionsgesänge (z. B. ›Chant du départ‹, 1794) ließen ihn – neben CHERUBINI und G. SPONTINI – zu einem der bedeutendsten Komponisten der frz. Revolutionszeit werden.
Weitere Werke: *Opern:* Cora (1785); Euphrosine ou le tyran corrigé (1790); Le jeune Henri (1797); L'irato ou L'emporté (1801); Uthal (1806); Joseph (1807). – *Orchesterwerke:* 4 Sinfonien (1797–1810).

Meibom-Drüsen [nach dem Arzt und Anatomen HEINRICH MEIBOM, * 1638, † 1700], **Glandulae tarsales,** die im Augenlidknorpel liegenden, an der Innenseite des Lidrandes mündenden Talgdrüsen der Augenlider. Ihre Entzündung verursacht das innere →Gerstenkorn.

Meichenbaum, Donald H., amerikan. Psychologe, * New York 10. 6. 1940; seit 1973 Prof. an der University of Waterloo (Kanada); gilt als einer der Pioniere der kognitiven Verhaltenstherapie. M. und seine Mitarbeiter entwickelten verschiedene therapeut. Verfahren (z. B. Selbstinstruktions- und Stressimpfungstraining), die häufig unter dem Begriff Selbstverbalisierungstherapie zusammengefasst werden. Der Klient lernt dabei sein Verhalten durch verbale Selbstkontrolle zu steuern. M.s Verfahren werden meist zur Beeinflussung von Ängsten und Schmerzen angewandt.
Werke: Cognitive-behavior modification (1977; dt. Kognitive Verhaltensmodifikation); Stress inoculation training (1985; dt. Intervention bei Streß); Facilitating treatment adherence (1987, mit D. C. TURK; dt. Therapiemotivation des Patienten).

Meichsner ['maɪksnər], Dieter, Schriftsteller, * Berlin 14. 2. 1928; seit 1968 Leiter der Hauptabteilung Fernsehspiel des Norddt. Rundfunks; Verfasser von zeitkrit. Romanen, Hör- und Fernsehspielen. V. a. mit Letzteren prägte er die Gattung in der Bundesrepublik in den 60er-Jahren.
Werke: *Romane:* Weißt Du, warum? (1952); Die Studenten von Berlin (1954). – *Fernsehspiele:* Preis der Freiheit (1966); Novemberverbrecher (1968); Schwarz Rot Gold (1982 ff.); Bergpredigt (1983).

Meid, Hans, Grafiker und Maler, * Pforzheim 3. 6. 1883, † Ludwigsburg 6. 1. 1957; in der Nachfolge von M. SLEVOGT einer der vielseitigsten dt. Buchillustratoren (u. a. Illustrationen zu GOETHES ›Wahlverwandtschaften‹, 1931, und ›Don Quijote‹ von M. DE CERVANTES SAAVEDRA, 1942); er schuf auch Einzelblätter und Grafikzyklen, Ölbilder und Aquarelle (Ansichten aus Italien, weibl. Akte), ferner Wandmalereien für die Komödie am Kurfürstendamm in Berlin (1925).

R. JENTSCH: H. M. Das graph. Werk (1978); F. H. FRANKEN: H. M. Leben u. Werk (1987); H. M. 1883-1957. Arbeiten auf Papier, Ausst.-Kat. Galerie Schlichtenmaier, Grafenau (1993).

Meidiasmaler, att. Vasenmaler des späten 5. Jh. v. Chr., nach seinem Töpfer MEIDIAS M. genannt; Sorgfalt der Zeichnung, differenzierter Stil und reicher Linienfluss der Gewänder sind für ihn charakteristisch. Die Meidias-Vase (London, Britisches Museum), von J. J. WINCKELMANN gepriesen, und die Pelike in New York (Metropolitan Museum) zeigen den M. als Meister lyr. Stimmungen.

Meidiasmaler: Phaon (rechts) und die Frauen von Lesbos; rotfigurige Malerei auf einer Hydria; um 410 v. Chr. (Florenz, Museo Archeologico)

Meidling, der XII. Gemeindebezirk von →Wien. M. entstand 1890 durch Zusammenschluss der Vororte Ober- und Unter-M. (1104 als Murlingen erwähnt), Gaudenzdorf (1812-16 als gewerbl. Siedlung angelegt), Hetzendorf (1190 bezeugt), Wilhelmsdorf (um 1835 gegründet) und Teilen von Altmannsdorf.

Meidner, Ludwig, Maler, Grafiker und Schriftsteller, *Bernstadt in Schlesien 18. 4. 1884, †Darmstadt 14. 5. 1966; ausgebildet in Breslau (1903-05) und Paris (1906-07), wo er A. MODIGLIANI begegnete. 1919-35 war er in Berlin tätig (Mitgl. des Sturmkreises). Als Jude und ›entarteter‹ Künstler verfemt, lebte er bis zur Emigration nach Großbritannien (1939-53) in Köln. M. ist ein bedeutender Vertreter des Expressionismus, v. a. in seinen Selbstbildnissen und Porträts von Zeitgenossen sowie in seinen visionären Landschafts- und Städtebildern (Serie der ›Apokalypt. Landschaften‹, 1912-16), in denen er Chaos und Schrecken des bevorstehenden Krieges vorwegnahm. In seinen Dichtungen wird die Sprache hymnisch gesteigert (›Im Nacken das Sternemeer‹, 1918; ›Septemberschrei‹, 1920; ›Gang in die Stille‹, 1929).

J. P. HODIN: L. M. (1973); L. M., hg. v. C. S. ELIEL, Ausst.-Kat. (a.d.Engl., 1990); L. M. Zeichner, Maler, Literat. 1884-1966, hg. v. G. BREUER u. I. WAGEMANN, 2 Bde. (1991); Apokalypse u. Offenbarung. Religiöse Themen im Leben von L. M., hg. v. L. BERANKOVA u. E. RIEDEL (1996).

Meidung, *Völkerkunde:* eine stilisierte Verhaltensweise zw. bestimmten Kategorien von Verwandten (oft Bruder und Schwester sowie Schwiegermutter und Schwiegersohn), durch die der persönl. Kontakt weitgehend unterbunden wird, z. B. durch das Verbot, einander anzureden oder den Weg zu kreuzen; kommt auch bei Mitgliedern versch. Kasten vor.

Meienberg, Niklaus, schweizer. Journalist und Schriftsteller, *St. Gallen 11. 5. 1940, †(Selbstmord) Zürich 24. 9. 1993; trat v. a. durch seine konfliktorientierten Reportagen sowie zeitgeschichtl. Recherchen (›Die Erschießung des Landesverräters Ernst S.‹, 1976 verfilmt, gedruckt 1977; ›Es ist kalt in Brandenburg‹, 1981) hervor; daneben entstanden zahlr. Gedichte (›Die Erweiterung der Pupillen beim Eintritt ins Hochgebirge. Poesie 1966-1981‹, 1981).

Weitere Werke: Reportagen aus der Schweiz (1975); Das Schmettern des gall. Hahns (1976); Vielleicht sind wir morgen schon bleich u. tot (1989).

Meiental, linkes Nebental des Reusstales im Kt. Uri, Schweiz, dem die Sustenstraße über den Sustenpass ins Haslital folgt.

Meier [ahd. maior, meiur, gekürzt aus mlat. maior domus (regiae) ›königl. Hausverwalter‹], urspr. ein Verwaltungsbeamter (→Hausmeier); dann der auf einem Fronhof **(Meierhof, Curia villicalis)** sitzende herrschaftl. Gutsverwalter **(Villicus),** i. d. R. selbst Höriger, der die Hörigen beaufsichtigte. In NW-Deutschland gingen die Grundherren seit dem 13. Jh. dazu über, die Fronhöfe an die M. in Zeitpacht zu vergeben **(M.-Recht, -Verfassung);** im 16./17. Jh. wurde daraus ein erbl. Nutzungsrecht. Der M. entrichtete einen niedrigen **M.-Zins;** er konnte vom Herrn ›entsetzt‹ werden (→Abmeierung). Im 19. Jh. wurden die M.-Güter Volleigentum der Meier.

Meier, Asperula, Gattung der Rötegewächse mit 90 Arten in Eurasien (v. a. im Mittelmeergebiet) und Australien; quirlig beblätterte Halbsträucher und Kräuter mit kleinen Blüten, die nicht selten zu kopfigen Blütenständen zusammentreten. An trockenen, sonnigen Standorten kommt im südl. Bereich Dtl.s der bis zu 30 cm hohe **Hügel-M.** (Asperula cynanchica) mit hell lilafarbenen Blüten vor.

Meier, 1) Christian, Althistoriker, *Stolp 16. 2. 1929; 1966-68 Prof. in Basel, danach in Köln (bis 1973), wieder in Basel (bis 1976), anschließend in Bochum (bis 1981) und München (ab 1981). Er war 1980-88 Vors. des Verbandes der Historiker Dtl.s, wurde 1996 Präs. der Dt. Akad. für Sprache und Dichtung. Seine Arbeiten umfassen v. a. Forschungen zur griech. und röm. Gesch. und Verf. sowie Beiträge zur dt. Geschichtserinnerung und zur histor. Theorie.

Werke: Res publica amissa (1966); Die Entstehung des Begriffs Demokratie (1970); Die Entstehung des Politischen bei den Griechen (1980); Caesar (1982); Politik und Anmut (1985); Vierzig Jahre nach Auschwitz. Dt. Geschichtserinnerung heute (1987); Die Welt der Gesch. u. die Provinz des Historikers (1989); Die Nation, die keine sein will (1991); Athen. Ein Neubeginn der Weltgesch. (1993).

2) Fritz, schweizer. Orientalist, *Basel 10. 6. 1912; war ab 1946 Prof. in Alexandria und ab 1949 in Basel (1982 emeritiert); verfasste wichtige Monographien zur islam. Mystik.

Werke: Vom Wesen der islam. Mystik (1943); Die Vita des Abū Ishaq al-Kāzarūnī (1948); Die Fawā'ih ... des Naǧm ad-dīn al-Kubrā (1957); Die schöne Mahsatī (1963); Abū Sa'īd-i Abū l-Ḫayr (357-440/967-1049). Wirklichkeit u. Legende (1976); Bausteine. Ausgew. Aufsätze zur Islamwiss., 3 Bde. (1992).

Ludwig Meidner: Apokalyptische Landschaft; 1913 (Privatbesitz)

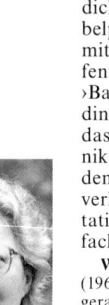

Meie Meier-Denninghoff – Meijireform

3) Gerhard, schweizer. Schriftsteller, *Niederbipp (Kt. Bern) 20. 6. 1917; arbeitete über 30 Jahre in der Lampenfabrik seines Heimatdorfes; seit 1971 freier Schriftsteller. M. begann mit kleinen Formen (Gedichte ›Das Gras grünt‹, 1964; lyr. Prosaskizzen ›Kübelpalmen träumen von Oasen‹, 1969) und trat 1976 mit seinem ersten Roman, ›Der Besuch‹, an die Öffentlichkeit. Sein Hauptwerk ist die Romantrilogie ›Baur und Bindschädler‹ (›Toteninsel‹, 1979; ›Borodino‹, 1982; ›Die Ballade vom Schneien‹, 1985), die das Leben zweier Freunde in Bewusstseinsstromtechnik reflektiert. In ›Land der Winde‹ (1990) nahm er den Stoff nochmals auf. Die subtile, detailreiche Prosa verleiht dem Alltäglichen in der subjektiven Interpretation des Autors eine symbol. Weite. M. wurde vielfach ausgezeichnet, u. a. 1983 mit dem Petrarca-Preis.
Weitere Werke: Lyrik: Im Schatten der Sonnenblumen (1967); Einige Häuser nebenan (1973). – *Roman:* Der schnurgerade Kanal (1977). – *Prosa:* Der andere Tag (1974); Papierrosen (1976).
Ausgabe: Werke, 3 Bde. (1987).
F. HOFFMANN: Heimkehr ins Reich der Wörter. Versuch über den schweizer. Schriftsteller G. M. (Luxemburg 1982).

4) Helen, schweizer. Schriftstellerin, *Mels 17. 4. 1929; Sonderschullehrerin; seit 1987 freie Schriftstellerin; debütierte erst 1984 mit dem Erzählungsband ›Trockenwiese‹. Hier und in den folgenden Erzählungen und Romanen (›Lebenleben‹, 1989; ›Die Novizin‹, 1995) gestaltet sie die Suche von Frauen nach einem erfüllten Leben.
Weitere Werke: Erzählungen: Das einzige Objekt in Farbe (1985); Das Haus am See (1987); Nachtbuch (1992); Letzte Warnung (1996).

5) Herbert, schweizer. Schriftsteller, *Solothurn 29. 8. 1928; Theaterarbeit u. a. am Zürcher Schauspielhaus (Chefdramaturg 1977–82); sein eigenes dramat. Werk, das von der poet. Parabel (›Jonas und der Nerz‹, 1959) bis zum schweizer. Geschichtsdrama (›Stauffer-Bern‹, 1975) und Bearbeitungen von P. CALDERÓN DE LA BARCA reicht, weist ihn als wichtigen schweizer. Gegenwartsdramatiker aus. Poet. Originalität bezeugt seine symbolträchtige Lyrik, die Romane zeichnen Psychogramme der Figuren in der Art des Nouveau Roman. Auch Übersetzer aus dem Französischen.
Weitere Werke: Dramen: Die Barke von Gawdos (1954); Rabenspiele (1970); Florentiner Komödie (1980). – *Lyrik:* Siebengestirn (1956); Sequenzen (1969). – *Lyrik:* Stiefelchen. Ein Fall (1970); Winterball (1996). – *Sonstige Prosa:* Anatom. Geschichten (1973).
Ausgabe: Theater, hg. v. P. GROTZER, 3 Bde. (1993).

6) John, Volkskundler und Germanist, *Horn (heute zu Bremen) 14. 6. 1864, †Freiburg im Breisgau 3. 5. 1953; ab 1899 Prof. in Basel, ab 1913 in Freiburg im Breisgau; war maßgeblich an der Organisation der wiss. Volkskunde beteiligt (1911–49 Leiter des Verbandes Dt. Vereine für Volkskunde); gründete 1914 das Dt. Volksliedarchiv; war Initiator der ›Handwörterbücher zur dt. Volkskunde‹ und anderer wiss. Unternehmen (u. a. ›Atlas der dt. Volkskunde‹).
Werke: Hg.: Jb. für Volksliedforschung, Bd. 1–8 (1928–51); Dt. Volkslieder mit ihren Melodien, 3 Bde. (1935–54); Balladen, 2 Bde. (1935–36); Dt. Volkstum, 6 Bde. (1936–38).

7) ['maɪə], R i c h a r d   A l a n, amerikan. Architekt, *Newark (N. J.) 12. 10. 1934; unterhält seit 1963 ein Architekturbüro in New York, Vertreter der →New York Five. In Anlehnung an die Formensprache des →internationalen Stils zielt M. bei seinen Gebäuden (Industrie- und Bürobauten, Kulturzentren, Einfamilienhäuser, Museen; BILD →Atlanta) auf höchste ästhet. Präzision und bezieht landschaftl. Gegebenheiten sowie das histor. Umfeld in seine Planungen ein. In Dtl. wurde er durch das Museum für Kunsthandwerk in Frankfurt am Main (1979–85) bekannt. Zu seinen neuesten Projekten gehört das Hans-Arp-Museum in Remagen sowie in Rom u. a. der Neubau eines Antikenmuseums (Einbeziehung der →Ara Pacis Augustae). M. ist auch als Designer tätig (u. a. Entwürfe für Möbel, Geschirr, Gläser, Bestecke).
Weitere Werke: Haus Douglas in Harbor Springs, Mich. (1971–73); Atheneum in New Harmony, Ind. (1975–79; BILD →amerikanische Kunst); Getty Center in Los Angeles, Calif. (1984–97); Museum für Zeitgenöss. Kunst in Barcelona (1990–95); Hauptquartier für Canal plus S. A. in Paris (1989–92); Stadthaus und Daimler-Benz-Forschungszentrum in Ulm (1989–93); Stadthaus in Den Haag (1990–95); Museum of Television and Radio in Los Angeles (1996); Gebäude für die Volksbank in Basel (1996 ff.).
R. M., architect (New York 1984); Architekten – R. M., bearb. v. K. OFFERMANN (1988); R. M. Buildings for art. Bauen für die Kunst, hg. v. W. BLASER (Basel 1990); R. M. Bauten u. Projekte 1979–1989, Beitrr. v. K. FRAMPTON u. a. (a. d. Engl., 1991); W. BLASER: R. M. – Details (Basel 1996, dt. u. engl.); R. M., bearb. v. S. CASSARÀ (a. d. Ital., 1996); R. M. in Europe, hg. v. I. FLAGGE u. O. G. HAMM (Berlin 1997).

8) Waltraud, Sängerin (Mezzosopran), *Würzburg 9. 1. 1956; gab 1976 ihr Debüt in Würzburg, es folgten Engagements in Mannheim (1978–80), Dortmund (1980–83), Hannover (1983–84) und Stuttgart (1985–88). Bekannt wurde sie v. a. durch ihre Auftritte bei den Bayreuther Festspielen, wo sie als Kundry in R. WAGNERS ›Parsifal‹ sowie mit der Interpretation der Isolde in ›Tristan und Isolde‹ große Erfolge feierte. M. ist Gast an den bedeutenden Opernbühnen Europas und der USA; gefragte Konzertsängerin.

Meier-Denninghoff, Brigitte, Bildhauerin, →Matschinsky-Denninghoff, Brigitte.

Meierei [zu Meier], landschaftl. für Milchsammelstelle, →Molkerei.

Meier-Graefe, Julius, Kunsthistoriker und Schriftsteller, *Reschitza 10. 6. 1867, †Vevey 5. 6. 1935; hervorragender Kenner der frz. Malerei des 19. Jh. und eifriger Verfechter des Impressionismus. Sein Buch ›Der Fall Böcklin und die Lehre von den Einheiten‹ (1905) ist eine vernichtende Kritik A. BÖCKLINS. 1894 war er Mitbegründer der Genossenschaft Pan.
Weitere Werke: Entwicklungsgesch. der modernen Kunst, 3 Bde. (1904); H. von Marées, 3 Bde. (1909–10); Vincent van Gogh (1910); Cézanne u. sein Kreis (1918).
K. MOFFETT: M.-G. as art critic (1973); Altmeister moderner Kunstgesch., hg. v. H. DILLY (1990).

Meier Helmbrecht, mhd. Verserzählung, →Wernher, W. der Gartenaere.

Meierrecht, in der frühen Neuzeit entstandenes, im Wesentlichen in Niedersachsen und Westfalen verbreitetes erbl. Recht zur Bewirtschaftung eines fremden Gutes gegen Zahlung von bestimmten jährl. Abgaben; im 18. Jh. umfassend gesetzlich geregelt. Im 19. Jh. wurde das M. in das Volleigentum der Meier umgewandelt.

Meigret [mɛˈgrɛ], Louis, frz. Übersetzer und Grammatiker, *Lyon um 1510, †wahrscheinlich Paris nach 1560; übersetzte zahlr. Werke der Antike sowie die Schriften A. DÜRERS. 1550 veröffentlichte er die erste frz. Grammatik (›Le tretté de la grammere françoeze‹, neu hg. v. W. FOERSTER 1888, Nachdr. 1970).

Meiji [meɪdʒi; jap. ›Erleuchtete Reg.‹], Reg.-Devise des jap. Kaisers →MUTSUHITO.

Meijireform [meɪdʒi-], auch **Meijirestauration**, zusammenfassende Bez. für die Maßnahmen, mit denen Japan nach der Thronbesteigung des Meiji Tenno (MUTSUHITO) nach 1868 zu einem konstitutionellen Reg.-System und unter Aufgabe der bisherigen Feudalstrukturen zu einem Staat moderner Prägung geführt wurde. Mit der Erhebung des heutigen Tokio zur Hauptstadt wurde das Reformprogramm 1868 symbolisch eingeleitet. Seine wichtigsten Bestandteile waren die Revision der Rechtsgrundlagen, eine Währungsreform, die Einführung der allgemeinen Schulpflicht, die Umgestaltung des Militärwesens, die Einführung

eines zeitgemäßen Kommunikationssystems (u. a. Postwesen), die Übernahme des westl. Kalenders sowie der Bau eines ganz Japan umfassenden Eisenbahnnetzes. Daneben wurde nach einer kurzen kaiserl. Herrschaft, ein Rückgriff auf die jap. Frühzeit, mit dem ›Konstitutionellen Dokument‹ (jap. ›Seitaisho‹, Juni 1868) die Grundlage für den Übergang zu einem den europ. konstitutionellen Reg.-Formen angenäherten Reg.-System geschaffen. Die nach langen Beratungen 1889 verkündete Meijiverfassung gab dem jap. Staatswesen seine moderne Gestalt.
Outline of Japanese history in the Meiji era, hg. v. J. FUJII (a. d. Jap., Tokio 1958); A. PIPER: Japans Weg von der Feudalgesellschaft zum Industriestaat (1976).

Mei Lanfang, chin. Schauspieler, * Peking 1894, † ebd. 8. 8. 1961; führender Theatermann seines Landes, spielte v. a. Frauenrollen; zuletzt Leiter der Pekingoper. Gastspiele und Vorträge führten ihn durch die ganze Welt. B. BRECHT beschrieb M. L.s hochartist. ›Theater des Zeigens‹ in dem Essay ›Verfremdungseffekte in der chin. Schauspielkunst‹ (1937).

Meile [von lat. milia (passuum) ›tausend (Doppelschritte)‹], alte Längeneinheit von sehr unterschiedl. Größe; im antiken Rom = 1479 m, die dt. (geograph. oder gemeine) M. zu $\frac{1}{15}$ Äquatorialgrad = 7 420,4 m, im metr. System dann 7 500 m, in Baden = 8 900 m, in Preußen = 7 532,5 m, in Sachsen = 9 062 m, in Württemberg = 7 448,7 m, in Schweden (Mil) = 10 688,44 m, in Österreich = 7 586,66 m. In den angelsächs. Ländern wird z. T. neben den metr. Maßen noch die Statute-Mile oder British Mile = 1 609,34 m verwendet. (→Seemeile)

Meilen, 1) Bezirksstadt im Kt. Zürich, Schweiz, am N-Ufer des Zürichsees, 420 m ü. M., 10 800 Ew.; Ortsmuseum (in einem Patrizierhaus von 1830–40); Maschinenbau und Nahrungsmittelindustrie; Weinbau; Fährverbindung mit Horgen am südl. Ufer. – Barocke Kirche mit spätgot. Chor (1493–95). – Bei M. wurde 1854 erstmals in der Schweiz eine neolith. Pfahlbausiedlung entdeckt.
2) Bez. im Kt. Zürich, Schweiz, 108 km², 80 600 Ew.; umfasst 11 Gem. am N-Ufer des Zürichsees (von Zollikon bis Hombrechtikon).

Meilenfahrt, die auf angemessen tiefem Wasser in einer abgesteckten Messmeile durchgeführte Abnahme- oder Probefahrt eines Schiffes zur Ermittlung der Geschwindigkeit und des spezif. Kraftstoffverbrauchs. Beide Werte sind in der Bauvorschrift enthalten. Das Nichterreichen der garantierten Werte kann der Bauwerft konventionalstrafen einbringen.

Meilenlauf, *Leichtathletik:* Mittelstreckenlauf über die Distanz von einer British Mile (1 609,34 m), ausgetragen v. a. in englischsprachigen Ländern. Als Entsprechungen zu den 3 000-, 5 000- und 10 000-m-Läufen gibt es auch M. über 2, 3 und 6 Miles.

Meiler [wohl zu spätlat. miliarium ›Anzahl von tausend Stück‹ (nach der Vielzahl des aufgeschichteten Holzes)], mit Erde abgedeckter Holzstoß, der unter minimaler Luftzufuhr zu Holzkohle verglimmt (→Köhlerei).

Meilhac [mɛˈjak], Henri, frz. Theaterschriftsteller, * Paris 21. 2. 1831, † ebd. 6. 7. 1897; verfasste neben Vaudevilles und Komödien (›La sarabande du cardinal‹, 1856) meist zusammen mit L. HALÉVY zahlreiche Opern- und Operettenlibretti, darunter für J. OFFENBACH (u. a. ›La belle Hélène‹, 1864; ›La vie parisienne‹, 1866) und G. BIZET (›Carmen‹, 1875).

Meili, Richard, schweizer. Psychologe, * Schaffhausen 28. 2. 1900, † Muri (bei Bern) 5. 7. 1991; ab 1949 Prof. in Bern; Arbeiten zur Intelligenz- und Persönlichkeitsforschung sowie psycholog. Diagnostik.

Meillet [mɛˈjɛ], Antoine, frz. Sprachwissenschaftler, * Moulins 11. 11. 1866, † Châteaumeillant (Dép. Cher) 12. 9. 1936; Prof. in Paris; Hauptarbeitsgebiet war die vergleichende Sprachwissenschaft.
Werke: Introduction à l'étude comparative des langues indo-européennes (1903; dt. Einf. in die vergleichende Gramm. der indogerman. Sprachen); Les dialectes indo-européens (1908); Linguistique historique et linguistique générale, 2 Bde. (1921–37); La méthode comparative en linguistique historique (1925). – **Hg.:** Les langues du monde (1924); Dictionnaire étymologique de la langue latine (1932, mit A. ERNOUT).

Meinardus, Wilhelm, Geograph, * Oldenburg (Oldenburg) 14. 7. 1867, † Göttingen 28. 8. 1952; wurde 1906 Prof. in Münster, 1920 in Göttingen; verfasste u. a. eine ›Allgemeine Klimatologie‹ (in: ›Handbuch der geograph. Wiss., Allgemeine Geographie, Tl. A‹, hg. v. F. KLUTE, 1933) und das erste umfassende Werk über das Klima der Antarktis (›Klimakunde der Antarktis‹, 1938).

Meinberg, Bad M., Kurort in NRW, →Horn-Bad Meinberg.

Meinecke, Friedrich, Historiker, * Salzwedel 30. 10. 1862, † Berlin 6. 2. 1954; Schüler J. G. DROYSENS, H. VON SYBELS und H. VON TREITSCHKES; wurde 1901 Prof. in Straßburg, 1906 in Freiburg im Breisgau und 1914 (bis 1928) in Berlin. 1948 wurde er der erste Rektor der unter seiner Mitwirkung gegründeten Freien Universität Berlin. Der Ausgangspunkt seiner Forschungen war das Zeitalter der dt. Erhebung gegen NAPOLEON I. Mit seinem Werk ›Weltbürgertum und Nationalstaat. Studien zur Genesis des dt. Nationalstaates‹ (1908) begründete er die polit. Ideengeschichte. Ihm ging es weniger um den Ablauf des Geschehens als vielmehr um die Erhellung der in der Geschichte wirkenden Ideen; v. a. bestimmten ihn die Spannung zwischen Staat und Ethos. Im Historismus als der vorwiegend auf das Historische ausgerichteten Betrachtungsweise in allen Geisteswissenschaften sah er den wichtigsten dt. Beitrag zum abendländ. Denken seit der Reformation. Im Ersten Weltkrieg wurde M. zu einem Gegner der Annexionspolitik und rechnete sich seitdem der bürgerl. Linken zu. Den Nationalsozialismus lehnte er bedingungslos ab und warnte bis 1933 öffentlich vor ihm. Mit seinem Buch ›Die dt. Katastrophe‹ (1946) versuchte er, die Frage nach histor. Sinngebung nach 1945 zu beantworten. – 1896–1935 war er Herausgeber der ›Histor. Zeitschrift‹, 1928–34 Vors. der Histor. Reichskommission.
Durch sein wiss. Werk wie durch seinen Schülerkreis prägte M. wie kein zweiter Historiker im 20. Jh. die Entwicklung der dt. Geschichtsschreibung vom Kaiserreich bis zur staatl. Neuordnung nach 1945. – Das Histor. Seminar der Freien Universität Berlin erhielt 1951 den Namen F.-M.-Institut.
Weitere Werke: Das Zeitalter der dt. Erhebung (1906); Die Idee der Staatsraison in der neueren Gesch. (1924); Die Entstehung des Historismus, 2 Bde. (1936).
Ausgabe: Werke, hg. v. H. HERZFELD u. a., 9 Bde. ($^{1-4}$1962–79).
E. SCHULIN: F. M., in: Dt. Historiker, hg. v. H.-U. WEHLER, Bd. 1 (1971); DERS.: F. M.s Stellung in der dt. Geschichtswiss., in: Histor. Ztschr., Bd. 230, H. 1 (1980); S. MEINEKE: F. M. Persönlichkeit u. polit. Denken bis zum Ende des Ersten Weltkrieges (1995).

Mein|eid [zu ahd., mhd. mein ›falsch‹, die vorsätzl. (sonst →Falscheid) eidl. Bekräftigung einer (bewusst) unwahren Aussage von Parteien, Zeugen und Sachverständigen vor Gericht oder einer zur Eidesabnahme zuständigen Stelle. Ein M. kann auch durch eine eidesgleiche Bekräftigung (→Eid) oder durch Berufung auf einen früheren Eid geleistet werden. Der M. ist nach § 154 StGB mit Freiheitsstrafe nicht unter einem Jahr, in minder schweren Fällen mit Freiheitsstrafe von sechs Monaten bis zu fünf Jahren bedroht. Strafbar ist außerdem nicht nur die Anstiftung und Beihilfe (§§ 26, 27 StGB), sondern auch schon die versuchte Anstiftung zum M. (§ 30 Abs. 1 StGB). Straf-

Friedrich Meinecke

milderung kann eintreten beim **Eidesnotstand**, z. B. wenn ein Zeuge bei Angabe der Wahrheit selbst strafrechtlich verfolgt werden könnte, sowie bei rechtzeitiger (d. h. bevor ein Nachteil eingetreten ist) Berichtigung der falschen Aussage (§§ 157, 158 StGB); im letzteren Fall kann von Strafe abgesehen werden. Beruht in einem Prozess das Urteil auf einem M., so ist Wiederaufnahme des Verfahrens zulässig. – Der M. ist im *österr.* (§§ 288 Abs. 2, 290, 291 StGB) und im *schweizer.* Strafrecht (Art. 306 ff. StGB) ähnlich geregelt.

Meinerzhagen, Stadt im Märk. Kreis, NRW, am Fuß des Ebbegebirges im westl. Sauerland, 450 m ü. M., 21 600 Ew.; Metall- und Kunststoffverarbeitung, Maschinenbau, Elektroindustrie; Fremdenverkehr; in der waldreichen Umgebung Talsperren; Wintersport (Mattenschanze). – Ev. Pfarrkirche, eine dreischiffige roman. Emporenbasilika (1. Hälfte des 13. Jh.; 1474 spätgotisch umgestaltet). – M., 1067 erstmals urkundlich bezeugt, erhielt 1765 Stadtrechte.

Meinhardiner, nach ihrem Leitnamen benanntes mittelalterl. Dynastengeschlecht im dt. Südosten. Die um 1100 erstmals erwähnten M. erscheinen um 1120 als Grafen von Görz (MEINHARD I.; † um 1142), erbten durch Heirat 1253 die Grafschaft Tirol (Graf MEINHARD III. von Görz, in Tirol MEINHARD I.; * um 1200/05, † 1258) und nannten sich seitdem Grafen von Görz und Tirol. Dessen Söhne MEINHARD IV. bzw. MEINHARD II. (* um 1238, † 1295) und ALBERT II. bzw. ALBERT I. († 1304) begründeten 1271 durch Teilung die Linien Görz und Tirol. Der **Tiroler Linie** fiel 1286 das Herzogtum Kärnten zu; mit dem Tod seines Sohnes, Herzog HEINRICHS VI. von Kärnten, erlosch die Linie 1335 im Mannesstamm. Kärnten kam an die Habsburger, Tirol fiel an HEINRICHS Tochter MARGARETE MAULTASCH, die 1363 nach dem Tod ihres einzigen Sohnes MEINHARD III. (* 1344, † 1363) zugunsten der Habsburger auf das Land verzichtete und mit der die Linie 1369 ganz erlosch. Die **Görzer Linie** erlosch 1500, ihre Besitzungen fielen aufgrund eines Erbvertrages ebenfalls an die Habsburger (MAXIMILIAN I.).

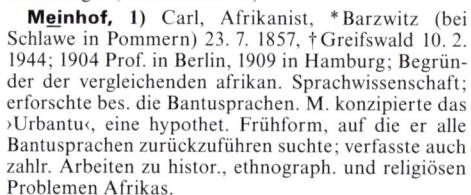

Meinhof, 1) Carl, Afrikanist, * Barzwitz (bei Schlawe in Pommern) 23. 7. 1857, † Greifswald 10. 2. 1944; 1904 Prof. in Berlin, 1909 in Hamburg; Begründer der vergleichenden afrikan. Sprachwissenschaft; erforschte bes. die Bantusprachen. M. konzipierte das ›Urbantu‹, eine hypothet. Frühform, auf die er alle Bantusprachen zurückzuführen suchte; verfasste auch zahlr. Arbeiten zu histor., ethnograph. und religiösen Problemen Afrikas.

Werke: Grundriß der Lautlehre der Bantusprachen (1899); Grundzüge einer vergleichenden Gramm. der Bantusprachen (1906); Die Dichtung der Afrikaner (1911); Die Sprachen der Hamiten (1912); Die Religionen der Afrikaner in ihrem Zusammenhang mit dem Wirtschaftsleben (1926); Die libyschen Inschriften (1931); Die Entstehung flektierender Sprachen (1936).

2) Ulrike, Journalistin, * Oldenburg (Oldenburg) 7. 10. 1934, † (Selbstmord) Stuttgart 9. 5. 1976; 1960–64 Chefredakteurin der Zeitschrift ›Konkret‹, suchte zunächst durch sozialkrit. Wort-, Fernseh- und Filmbeiträge (z. B. ›Bambule‹, 1971) gesellschaftsverändernd zu wirken. Zusammen mit ANDREAS BAADER (* 1943, † 1977) baute sie zw. 1968 und 1970 eine terrorist. Gruppe (›Baader-M.-Gruppe‹; →Rote-Armee-Fraktion) auf. 1972 verhaftet und 1974 mit anderen angeklagt, nahm sie sich im Verlauf des →Baader-Meinhof-Prozesses im Gefängnis (Stuttgart-Stammheim) das Leben.

Meinhold, 1) Johannes Wilhelm, Schriftsteller, * Netzelkow (auf Usedom) 27. 2. 1797, † Charlottenburg (heute zu Berlin) 30. 11. 1851; bekannt v. a. durch den Roman ›Maria Schweidler, die Bernsteinhexe‹ (1843), der Geist und Sprache der Chroniken des 17. Jh. so täuschend nachahmt, dass man an die Echtheit dieser ›Chronik‹ glaubte, bis M. selbst sich als Autor zu erkennen gab.

Weitere Werke: Vermischte Gedichte (1824); St. Otto, Bischof von Bamberg (1826); Sidonia von Bork, die Klosterhexe, 3 Bde. (1847–48).

Ausgabe: Ges. Schriften, 9 Bde. u. Suppl.-Bd. ($^{1-3}$1846–58).

R. LEPPLA: W. M. u. die chronikal. Erzählung (1928, Nachdr. Nendeln 1967).

2) Peter, ev. Theologe, * Berlin 20. 9. 1907, † Salzkotten 2. 10. 1981; war 1946–76 Prof. in Kiel, anschließend Leiter des Instituts für Europ. Geschichte, Abt. Religionsgeschichte, in Mainz (Nachfolger von J. LORTZ); ökumenisch interessierter Kirchenhistoriker und Lutherforscher, zeitweise Herausgeber der Werke von J. H. WICHERN (1962–88, 10 Bde.). Seine Arbeiten zur Geschichte und Gegenwart der Ökumene fanden internationale wiss. Anerkennung und wurden auch als wichtige Beiträge im interkonfessionellen Gespräch gewürdigt.

Werke: Luthers Sprachphilosophie (1958); Konzile der Kirche in ev. Sicht (1962); Ökumen. Kirchenkunde (1962); Gesch. der kirchl. Historiographie, 2 Bde. (1967); Das Dreieck der Christenheit. Ev. Wort zu ökumen. Fragen der Gegenwart (1974); Die gesamtchristl. Bedeutung der Theologie Martin Luthers (1976); Kirchengesch. in Schwerpunkten (hg. 1982).

Meiningen: Teilansicht des linken und mittleren Flügels des Schlosses Elisabethenburg (1682–92)

Meiningen, Kreisstadt des Landkreises Schmalkalden-M., Thür., 290 m ü. M., an der Werra, zw. Thüringer Wald und Rhön, 23 000 Ew.; Theater; im Schloss Elisabethenburg, teilweise auch noch im nahe gelegenen Baumbachhaus (Geburtshaus von R. →BAUMBACH), befinden sich die Staatl. Museen (Theater-, Musik-, Literatur- und Kunstmuseum) sowie das Max-Reger-Archiv; Eisenbahnausbesserungswerk. – Residenzschloss Elisabethenburg, eine barocke Dreiflügelanlage (1682–92, N-Flügel als Teil vom Vorgängerbau des 16. Jh.), Stadtkirche St. Marien (urspr. 15. Jh., 1884–89 neugotisch verändert) mit Doppelturmfassade und spätgot. Chor. Das erste Hoftheater brannte 1908 ab, der Neubau mit korinth. Säulenvorhalle entstand 1908–09. Zahlreiche Fachwerkhäuser im hennebergisch-fränk. Stil (16.–18. Jh.), Goethepark (1782 als engl. Landschaftspark angelegt) mit mehreren Denkmälern. – Nördlich von M. liegt das Schloss Landsberg, 1836–40 als romantisch-neugot. ›Ritterburg‹ erbaut (heute Hotel). – Das 982 erstmals urkundlich erwähnte Dorf M. wurde 1008 dem Bistum Würzburg geschenkt und entwickelte sich im 12./13. Jh. zur Stadt. 1542 erwarben die Grafen von Henneberg die Stadt. 1583 fiel M. an Sachsen, 1660 der Linie Sachsen-Altenburg zugeteilt; 1680–1918 war M. Sitz des Herzogtums Sachsen-Meiningen.

Carl Meinhof

Meiningen
Stadtwappen

Meininger, Hoftheatertruppe Herzog GEORGS II. von Sachsen-Meiningen, die sich unter seiner Leitung (ab 1866) zu einem Musterensemble entwickelte, beispielgebend für das europ. Theater des Realismus. Die Bemühungen der M. um histor. Genauigkeit (Kostüm, Bühnenbild, ungekürzter Originaltext), suggestive Atmosphäre (Anfänge der Lichtregie), choreographisch gestaltete Massenszenen, psychologisch aufgebaute Ensemble- und Einzeldarstellung zielten auf ein stilistisch geschlossenes Bühnengesamtkunstwerk.

M. GRUBE: Gesch. der M. (1926); Die M. Texte zur Rezeption, hg. v. J. OSBORNE (1980); DERS.: The Meiningen Court Theatre, 1866–1890 (Cambridge 1988).

Meinl, eigtl. **Julius M. AG,** Handelsunternehmen der Nahrungs- und Genussmittelbranche mit eigenem Fabrikationsbetrieb, gegr. 1862; Sitz: Wien. M. verfügt nach der Übernahme von 79 Filialen des →Konsum Österreich über 313 Julius-M.-Filialen und 39 PAM PAM Verbrauchermärkte. Konzernumsatz (1996): 10,25 Mrd. öS, Beschäftigte: rd. 5000.

Meinloh, M. von Sevelingen, mhd. Lyriker der zweiten Hälfte des 12. Jh.; wird einem in Söflingen (heute zu Ulm) ansässigen schwäb. Ministerialengeschlecht zugeordnet. Dichtete sowohl Frauenstrophen im Stil des KÜRENBERGERS als auch Werbelieder, die in Ethik (Vervollkommnung durch die Liebe) und Motivik (Fernliebe) Anklänge an Troubadourthematik aufweisen. Von M. sind 14 Strophen in der Maness. Handschrift und 11 in der Stuttgarter Liederhandschrift überliefert.

Ausgabe: Des Minnesangs Frühling, hg. v. H. MOSER u. a., Bd. 1 (³⁸1988).

Mein Name sei Gantenbein, Roman von M. FRISCH, 1964.

Meinong, Alexius, Ritter **von Handschuchsheim,** Philosoph, *Lemberg 17. 7. 1853, †Graz 27. 11. 1920; war seit 1882 Prof. in Graz, wo er auch 1894 das erste psycholog. Laboratorium in Österreich gründete. M. vertrat, ausgehend von F. BRENTANOS Erkenntnis, dass alle Bewusstseinsakte auf Gegenständliches gerichtet (intentional) sind, eine E. HUSSERLS Phänomenologie nahe stehende →Gegenstandstheorie. Diese sieht den Gegenstand einerseits für sich, andererseits hinsichtlich seines Erfasstwerdens durch das Subjekt und nimmt eine Klassifizierung der Gegenstände von den Grundarten psych. Erlebens (Vorstellen, Denken, Fühlen, Begehren) aus vor. Die Beschreibung der psych. Erlebnisse ordnet er der Psychologie zu.

Werke: Psychologisch-eth. Unters. zur Werth-Theorie (1894); Über Möglichkeit u. Wahrscheinlichkeit. Beitr. zur Gegenstandstheorie u. Erkenntnistheorie (1915).

Ausgabe: Gesamtausg., hg. v. R. HALLER u. a., 7 Bde. u. Erg.-Bd. (1968–78).

M.-Gedenkschrift, hg. v. J. N. FINDLAY u.a. (Graz 1952); Jenseits von Sein u. Nichtsein. Beitr. zur M.-Forschung, hg. v. R. HALLER (ebd. 1972); R. M. CHISHOLM: Brentano and M. Studies (Amsterdam 1982).

Meinrad, Meginrat, Benediktiner in Reichenau, *in Württemberg Ende 8. Jh., † von Räubern erschlagen) 21. 1. 861; zog sich um 828 als Einsiedler zurück. Um seine Klause entstand das Kloster Maria →Einsiedeln. – Heiliger (Tag: 21. 1.).

Meinrad, Josef, österr. Schauspieler, *Wien 21. 4. 1913, †Großgmain (bei Salzburg) 18. 2. 1996; seit 1947 am Wiener Burgtheater; bes. erfolgreich in kom. Charakterrollen, v. a. in Stücken von J. N. NESTROY und F. RAIMUND; seit 1959 Träger des →Ifflandringes; seit 1947 Film-, seit 1960 Fernsehrollen (›Der Vorhang fällt‹, 1987).

G. HOLLER: J. M. ›Da streiten sich die Leut herum...‹ (Wien ²1996).

Meinung, ein Behauptungsvorgang, der als ein subjektives Für-wahr-Halten im Unterschied zum Wissen nicht der Forderung strenger Überprüfbarkeit unterliegt, der unmittelbar ist oder das Ergebnis einer gewissen Reflexion darstellt und von dem erwartet wird, dass er plausibel ist, ohne dass er vollständig begründbar sein muss. So können unterschiedl. M. über einen Sachverhalt oder Gegenstand (z. B. in Form polit. oder ästhet. Urteile) aus der unterschiedl. Perspektive ihrer Argumente heraus ihre jeweilige Berechtigung haben. (→Meinungsbildung)

In der Antike (PARMENIDES, PLATON) bezeichnete M. (Doxa) eine scheinbare Erkenntnis und vermeintl. Wissen. Die neuere Philosophie (I. KANT) versteht unter M. ein subjektiv und objektiv unzureichendes Fürwahr-Halten. Im Unterschied dazu wird ›Glauben‹ als eine subjektive Gewissheit, ›Wissen‹ als subjektiv und objektiv zureichendes Für-wahr-Halten definiert. Als subjektive Vorstellung wird die M. bei G. W. F. HEGEL vom allgemeinen und an sich seienden Gedanken der objektiven Wissenschaft geschieden. In der Phänomenologie (E. HUSSERL) bezeichnet M. die Verknüpfung zw. sinnvermittelnder Leistung (Noesis) und vermittelndem Sinn (Noema) im meinenden Akt.

Meinungsbildung, Vorgang der aktiven oder rezipierenden Herausbildung eines Urteils bei einem Einzelnen oder einer Gruppe (→öffentliche Meinung). Wesentl. Anteil an der M. haben die →Massenmedien als Informationsquelle, die zugleich aber auch Instrument einer gezielten Beeinflussung in bestimmter Richtung (→Öffentlichkeitsarbeit, →Werbung) oder der →Manipulation durch Vermittlung eines einseitigen oder bewusst falschen Wirklichkeitsbildes sein können; daneben spielen öffentl. und private Diskussionen eine wichtige Rolle. Aufgabe der Pädagogik ist die Herausbildung einer krit. Persönlichkeit, die manipulative Mechanismen durchschauen und Informationen und Meinungen bewerten und gegeneinander abwägen kann, um sich so eine eigene (begründete) Meinung bilden zu können.

Meinungsforschung, Demoskopie, die Methode, durch Befragung genau umrissener Bev.-Gruppen deren Einstellung zu aktuellen, bes. polit., wirtschaftl. und sozialen Problemen festzustellen, um so Aufschlüsse über die Meinungen und Lebensverhältnisse der Bev. zu gewinnen; ein Teilbereich der →empirischen Sozialforschung. Die M. beruht auf der Erfahrung, dass ein Querschnitt durch die Meinungen und Verhaltensweisen einer relativ kleinen Zahl von Menschen in vielen Fällen ein ziemlich genauer Spiegel der Gesamtmeinung oder des Gesamtverhaltens ist (→öffentliche Meinung), sofern die soziolog. Zusammensetzung der befragten Gruppe nach Alter, Geschlecht, Beruf, Einkommen, Wohnweise u. a. die gleiche ist wie bei der Gesamtgruppe (›repräsentative Stichprobe‹). Bei einer Repräsentativbefragung wird i. Allg. durch (meist nebenberuflich tätige) Interviewer eine je nach der Größe der zu erforschenden Gesamtheit und dem gewünschten Genauigkeitsgrad unterschiedlich große Zahl von Personen (etwa 1000 bis 3000) befragt. Die Antworten erlauben nach ihrer exakten Auswertung Voraussagen von hoher Wahrscheinlichkeit (durchschnittlich ist mit Fehlschätzungen von 2 bis 4% zu rechnen).

Die M. hat für Wirtschaft, Politik und empir. Sozialforschung wesentl. Bedeutung; sie umfasst Befragungen zur Marktlage (Marktforschung), zur Feststellung von Bedarfs- und Geschmacksrichtungen der Verbraucher (Verbraucherforschung) und der Auswirkungen von Werbemaßnahmen (Werbeforschung) sowie die Erforschung polit. Einstellungen (Wahlforschung). Da die von der M. vermittelte Information auch meinungsbildend wirken kann, besteht bes. im letzteren Fall die Möglichkeit der Meinungsbeeinflussung (M. vor Wahlen; →Selffulfilling Prophecy).

Die Auswirkungen veröffentlichter, repräsentativer Meinung sind nach wie vor umstritten; sie hängen

Josef Meinrad

Mein Meinungsfreiheit – Meiose

z. B. davon ab, mit welcher Zielsetzung (›Aufklärung‹ oder ›Gegenaufklärung‹; Manipulation, um ›Mitläufereffekte‹, ›Marktmacht‹ u. a. zu erwerben) Ergebnisse der M. gewonnen und veröffentlicht werden.

Geschichtliches: Erste Versuche von M. wurden im 18. Jh. unternommen: Untersuchungen (Enqueten) mittels Fragebogen über das Haushaltsbudget der arbeitenden Klassen in Großbritannien (DAVID DAVIES, 1787) und zur Lage der Armen (Sir FREDERICK MORTON EDEN [* 1766, † 1809], 1797). In den Jahren 1881–1912 hat in Dtl. der ›Verein für Socialpolitik‹ unter maßgebl. Beteiligung von MAX WEBER mehrere Erhebungen durchgeführt. Den Anstoß zur neueren Entwicklung der Methode gab in den USA der Psychologe G. H. GALLUP mit der Gründung des ›American Institute of Public Opinion‹ und durch den bei der amerikan. Präsidentenwahl von 1936 erbrachten Nachweis der Überlegenheit relativ kleiner, aber repräsentativer Stichproben über Massenbefragungen. – In der BRD entstand nach 1945 eine große Zahl von Instituten für Markt- und Meinungsforschung; eines der bekanntesten ist das →Institut für Demoskopie Allensbach. Heute (1997) gehören dem ›Arbeitskreis Dt. Markt- und Sozialforschungsinstitute e. V.‹ (Sitz: Frankfurt am Main) 39 Mitgliedsinstitute an.

⇨ *Auswahlverfahren · Erhebung · Fragebogen · Interview · Manipulation · Marktforschung · Stichprobe · Wählerverhalten · Werbung*

B. KNUST-BENTZIEN: Meine Meinung, deine Meinung ... u. die Tatsachen (1983); PAUL W. MEYER: Markt- u. M. (1986); J. ZEH: Soziale Kontrolle durch öffentl. Meinung, in: Publizistik, Jg. 34 (1989); R. KÖLTRINGER: Gültigkeit von Umfragedaten (Wien 1993); E. NOELLE-NEUMANN: Öffentl. Meinung. Die Entdeckung der Schweigespirale (Neuausg. 1996).

Meinungsfreiheit, das Recht, sich eine Meinung zu bilden und diese zu äußern. In Dtl. die begriffl. Kurzform für die in Art. 5 Abs. 1 GG verbürgten Grundrechte der Meinungsäußerungsfreiheit, Informationsfreiheit, Pressefreiheit, Rundfunk- und Filmfreiheit. Die Meinungsäußerungsfreiheit gewährt jedem Menschen das Recht, ›seine Meinung in Wort, Schrift und Bild frei zu äußern und zu verbreiten‹. Die Informationsfreiheit sichert mit der ungehinderten Unterrichtung aus allgemein zugängl. Quellen (v. a. den Massenmedien) eine wesentl. Voraussetzung der Meinungsbildung. Durch das Zensurverbot in Art. 5 Abs. 1 Satz 3 GG erfahren alle diese Freiheiten zusätzl. Schutz. Als eines der wichtigsten Menschenrechte schützt die M. die geistige Freiheit und Kommunikation um ihrer selbst willen. Zugleich ist die M. Wesensbestandteil der freiheitlich-demokrat. Staatsordnung, da erst sie die freie Auseinandersetzung zw. den unterschiedl. Ansichten, die Entstehung einer öffentl. Meinung und die polit. Willensbildung ermöglicht. Die M. findet ihre Schranken (Art. 5 Abs. 2 GG) in den allgemeinen Gesetzen, den Jugendschutzbestimmungen und dem Recht der persönl. Ehre. Allgemeine Gesetze sind nach der Rechtsprechung des Bundesverfassungsgerichts diejenigen Gesetze, die ein gegenüber der M. im konkreten Fall höherwertiges Rechtsgut schützen. Sie müssen bei der Bestimmung ihrer die M. beschränkenden Wirkung ihrerseits im Lichte der Bedeutung der M. ausgelegt werden, d. h., sie können die M. nur so weit zurückdrängen, als es im Interesse des zu schützenden höherwertigen Rechtsgutes erforderlich ist. Mit der M. in engem Zusammenhang stehen die Demonstrationsrecht, die Kunstfreiheit, die Lehrfreiheit, die Pressefreiheit sowie die Versammlungsfreiheit.

In *Österreich* ist die Freiheit der Meinungsäußerung verfassungsgesetzlich mit sehr ähnl. Ausformungen wie in Dtl. gewährleistet (Art. 13 Staatsgrundgesetz, Art. 10 der Europ. Menschenrechtskonvention sowie Punkt 1 und 2 des Beschlusses Staatsgesetzblatt Nr. 3/1918). – In der *Schweiz* wird die M. als ungeschriebenes Freiheitsrecht durch die Rechtsprechung des Bundesgerichts garantiert. Die Begründung für die Anerkennung als ungeschriebenes Verfassungsrecht sieht das Bundesgericht darin, dass die M. als Voraussetzung für die Ausübung anderer Freiheitsrechte bzw. als unentbehrl. Bestandteil der demokrat. und rechtsstaatl. Ordnung zu betrachten ist. Sie kann eingeschränkt werden, wenn es zur Wahrung der öffentl. Ordnung erforderlich ist. Der Eingriff muss jedoch auf einer gesetzl. Grundlage beruhen und verhältnismäßig sein.

Meinungsführer, engl. **Opinionleader** [ɒpˈɪnjənliːdə], Begriff der soziolog. Kommunikations- und Wahlforschung, 1940 zum ersten Mal von P. F. LAZARSFELD anlässlich empirisch-politolog. Felduntersuchungen im amerikan. Präsidentschaftswahlkampf theoretisch entwickelt. Als M. werden Persönlichkeiten bezeichnet, die aufgrund ihrer Wirkung in den Massenkommunikationsmitteln, ihres sozialen Status und ihrer Informiertheit einen bestimmten Einfluss auf die →öffentliche Meinung ausüben oder auszuüben trachten, sowie Persönlichkeiten, die durch Vermittlung und Auslegung von Informationen die Einstellungen und Entscheidungen der →informellen Gruppe prägen, der sie angehören. Besondere Bedeutung haben die M. als Zielgruppe für die Werbung (v. a. bei Einführung neuer Produkte).

P. F. LAZARSFELD u. a.: Wahlen u. Wähler. Soziologie des Wahlverhaltens (a. d. Amerikan., 1969).

Meinungskauf, i. w. S. Kauf von Wertpapieren aufgrund der aus einem bestimmten Ereignis abgeleiteten Erwartung, dass der Kurs der Papiere steigen wird; i. e. S. Aktienkäufe des Berufshandels in Erwartung kurzfristig steigender Kurse. Bei entgegengesetzten Erwartungen kommt es zu Meinungsverkauf.

Mein Vaterland, tschech. ›Má vlast‹, sechsteiliger Zyklus sinfon. Dichtungen von B. SMETANA (1874–79; ›Vyšehrad‹, ›Vltava‹ [dt. ›Die Moldau‹], ›Šárka‹, ›Z českých luhů a hájů‹ [dt. ›Aus Böhmens Hain und Flur‹], ›Tábor‹, ›Blaník‹).

Meinwerk, Maginwercus, Bischof von Paderborn (seit 1009), * um 970, † 5. 6. 1036; zunächst Kanonikus zu Halberstadt; Kaiser OTTO III. berief ihn als Hofkaplan nach Aachen. M. war Ratgeber König HEINRICHS II. und KONRADS II., mit deren Hilfe er eine rege Bautätigkeit entfaltete (u. a. Neubau des Doms von Paderborn); berief berühmte Wissenschaftler an die Domschule. – Heiliger (Tag: 5. 6.).

Meiofauna [ˈmɛi-; zu griech. meion ›kleiner‹], →Mesofauna.

Meiose [griech. ›das Verringern‹, ›das Verkleinern‹] *die, -/-n,* **1)** *Biologie:* **Meiosis, Reduktionsteilung, Reifeteilung,** Teilungsvorgang im Verlauf der Gametenbildung, in dem in zwei aufeinander folgenden Kern- und Zellteilungen die diploide Chromosomenzahl auf die Hälfte, auf haploiden, reduziert wird. Sie kann in einer Zygote (zygot. M.), in einer Gametenbildungszelle (gamet. M.) oder in einer Sporenbildungszelle (intermediäre M.) erfolgen. Die M. stellt eine der entscheidenden Voraussetzungen für die Evolution der Organismen dar, da hier die freie Kombination von Genen, die auf versch. Chromosomen liegen, und die Rekombination gekoppelter Gene durch →Crossing-over erfolgt; dadurch wird gewährleistet, dass in den Produkten der M. immer neue Genkombinationen vorliegen.

Typisch für die erste meiot. Teilung (M I) sind die Chromosomenreduktion und die Paarungen zw. den homologen Chromosomen, eine Voraussetzung für den Austausch von Genen. Die DNA muss vor den

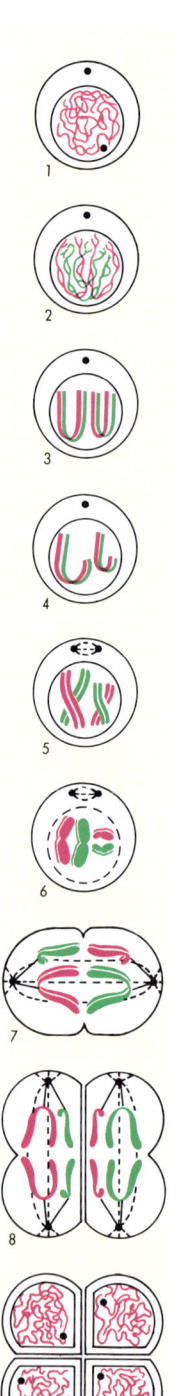

Meiose 1): Schematische Darstellung verschiedener Stadien; 1 und 2 Leptotän; 3 Zygotän; 4 Pachytän; 5 Diplotän; 6 Diakinese; 7 Anaphase; 8 und 9 Zweite Teilung

beiden meiot. Teilungen verdoppelt werden, und die Austauschvorgänge bedingen eine im Vergleich zur normalen Zellteilung verlängerte Prophase, die in die folgenden Stadien untergliedert ist: **Leptotän:** die Chromosomen werden als einzelne, feine Fäden im Zellkern erkennbar. **Zygotän:** homologe Chromosomen paaren sich abschnittsweise durch reißverschlussartiges Zusammenlagern von fadenförmigen Proteinachsen der Chromosomen, es bildet sich eine leiterartige Struktur aus **(synaptischer Komplex)**; die Paarung ist hochspezifisch und erfolgt auch zw. homologen Chromosomenabschnitten, die auf versch. Chromosomen liegen; die gepaarten homologen Chromosomen werden als Bivalent bezeichnet. **Pachytän:** Stadium der zunehmenden Verkürzung und Spiralisierung der Chromosomen. Die beiden Schwesterchromatiden eines Chromosoms bilden eine Tetrade mit denen des homologen Chromosoms. Zw. den homologen Nichtschwesterchromatiden erfolgt der Austausch des genet. Materials an Verdickungen (Rekombinationsknoten) des synapt. Komplexes. Die Austauschvorgänge zw. Nichtschwesterchromatiden bilden das Crossing-over und sind morphologisch als Chiasmata zu erkennen. **Diplotän:** Trennung der homologen Chromosomen bis auf den Bereich der Chiasmata; in Eizellen kann dieses Stadium Monate oder Jahre andauern, da in dieser Phase Chromosomen dekondensieren und RNA-Synthese stattfindet, um Speichermaterial für die Eizelle bereitzustellen. **Diakinese:** Kontraktion der Chromosomen; Auflösung der Kernhülle und Aufbau des Spindelapparates zur Verteilung der Chromosomen auf die Tochterzellen.

Auf die meiot. Prophase folgen die Metaphase und Anaphase der ersten meiot. Teilung. Teilung und, unterbrochen durch ein kurzes, unterschiedlich ausgeprägtes Ruhestadium **(Interkinese)**, die zweite meiot. Teilung (M II), die ähnlich wie eine normale Zellteilung abläuft. Am Ende der zweiten meiot. Teilung sind vier haploide Zellen entstanden, die sich im männl. Geschlecht zu vier funktionsfähigen Gameten (Spermatozoen) entwickeln, während im weibl. Geschlecht eine haploide Eizelle und drei nicht funktionsfähige Pol- oder Richtungskörper entstehen.

⇒ *Chromosomen · Gene · Nukleinsäuren · Rekombination · Zellteilung*

2) Rhetorik: Figur zum Ausdruck iron. Untertreibung, z. B. ›nicht schlecht‹ für ›sehr gut‹.

Meir, Golda, früher **Meyerson,** israel. Politikerin, *Kiew 3. 5. 1898, †Jerusalem 8. 12. 1978; wanderte 1906 mit ihren Eltern in die USA aus. Sie schloss sich der sozialistisch-zionist. Bewegung an und ging 1921 nach Palästina, wo sie im Rahmen der Gewerkschaften (Histadrut) und der Arbeiterpartei (Mapai) politisch tätig wurde. Als Mitgl. der Mapai in den Exekutivrat der Jewish Agency gewählt, war sie 1946–48 Vors. der polit. Abteilung dieser Organisation und gehörte am 14. 5. 1948 zu den Unterzeichnern der Proklamation über die Gründung des Staates Israel. In Geheimverhandlungen mit König ABD ALLAH IBN AL-HUSAIN von (Trans-)Jordanien versuchte sie erfolglos, den drohenden militär. Konflikt mit den arab. Staaten zu verhindern. M. trat der provisor. Reg. des Staates Israel bei. Sie war 1948–49 Gesandte ihres Landes in Moskau; 1949–74 Abg. der Knesset, 1949–56 Min. für Arbeit und soziale Sicherheit, 1956–65 Außen-Min. und 1969–77 Gen.-Sekr. der Israel. Arbeitspartei. Als Min.-Präs. (1969–74) suchte sie unter Beachtung der sicheren Grenzen Israels direkte Gespräche mit den arab. Nachbarstaaten. – Autobiographie (›My life‹, 1975).

Meir ben Baruch, jüd. Gelehrter, *Worms um 1215, †Ensisheim 27. 4. 1293. Rabbiner und Richter v. a. in Rothenburg ob der Tauber, wurde an der Auswanderung nach Palästina von RUDOLF VON HABSBURG gehindert und seit 1286 in Ensisheim gefangen gehalten. Seine z. T. noch ungedruckten Werke befassen sich mit Talmuderklärung, Brauchtum, Liturgie und der Masora und sind für die Kulturgeschichte der Juden im mittelalterl. Dtl. aufschlussreich.

I. A. AGUS: Rabbi M. of Rothenburg. His life and his works, 2 Bde. (Philadelphia, Pa., 1947).

Meiringen, Hauptort des Bez. Oberhasli im Kt. Bern, Schweiz, im →Haslital der Aare, 595 m ü. M., 4 600 Ew.; Museum der Landschaft Hasli, Bergsteigerschule; Fremdenverkehr (Aareschlucht, Reichenbachfall, Rosenlauischlucht; Wintersport am Hasliberg); südl. Endpunkt der Bahnlinie über den Brüningpass, an der Bahnlinie Interlaken–Innertkirchen; Kabinenseilbahn nach Reuti (1 061 m ü. M.; von dort Gondelbahnen auf Mägisalp, 1 689 m ü. M., und Planplatte, 2 245 m ü. M.). – Prot. Pfarrkirche (1684, über zwei Vorgängerbauten errichtet) mit Wandmalereien des 13./14. Jh. und frei stehendem spätroman. Turm.

Meisel, Kurt, österr. Schauspieler, Regisseur und Intendant, *Wien 18. 8. 1912, †ebd. 4. 4. 1994; spielte ab 1936 an Berliner Theatern; 1960–64 Oberspielleiter am Bayer. Staatsschauspiel München, 1972–83 Intendant ebd.; 1966–70 Oberregisseur und stellv. Direktor am Wiener Burgtheater; auch Darsteller in Berlin, Hamburg und München sowie Filmschauspieler (ab 1935) und -regisseur.

Meisen [ahd. meisa, eigtl. ›die Schwächliche‹, **Paridae,** Familie der Singvögel mit knapp 50 Arten von 9–20 cm Länge in offenen Landschaften, Wäldern und Siedlungen der Nordhalbkugel und ganz Afrikas. Die lebhaften und neugierigen Vögel bewegen sich sehr geschickt im Gezweig, klemmen größere Futterbrocken unter einen Fuß und benutzen ihren kurzen Schnabel mit erstaunl. Kraft; sie ernähren sich v. a. von Insekten, zeitweise auch nur von Pflanzen. Sie sind Höhlenbrüter, die aber nur selten die Höhle selbst bauen; sie sind sehr ruffreudig mit vielen versch. Lautäußerungen. In Dtl. brüten folgende Arten: **Blaumeise** (Parus caeruleus), etwa 11 cm lang; v. a. auf Laubgehölzen, Gesang mit langem, schwirrendem Triller; Teilzieher. **Kohlmeise** (Parus major), etwa 14 cm lang, v. a. auf Laub- und Nadelbäumen, bei der Nahrungssuche häufig in der Krautschicht; Gesang einfach, aber sehr wandelbar, die Strophen sind zwei- bis dreisilbig; Teilzieher. **Tannenmeise** (Parus ater), etwa 11 cm lang, ähnlich wie die Kohlmeise, aber grauer und mit hellem Nackenfleck sowie ohne lange ›Krawatte‹, v. a. in Nadelwäldern, selten in Siedlungen, Stimme dünn und hoch, überwiegend Standvogel. **Sumpfmeise** (Parus palustris), etwa 11,5 cm lang, hauptsächlich bräunlich grau mit glänzend schwarzer Kopfplatte und schwarzem Kinnfleck, entgegen ihrem Namen v. a. in Laubwäldern; der Gesang ist eine klappernde Tonreihe auf gleicher Höhe; Standvogel. **Weidenmeise** (Parus montanus), etwa 11,5 cm lang, leicht mit der Sumpfmeise zu verwechseln, aber etwas plumper und mit matter Kopfplatte; kennzeichnend ist ihr Ruf, der wie ein gezogenes, etwas nasales ›Däh‹ klingt; bewohnt einerseits feuchte Auengebiete, andererseits Nadelwälder der Hochgebirge; baut ihre Bruthöhle selbst. **Haubenmeise** (Parus cristatus), etwa 11,5 cm lang, leicht am schwarzweiß gesprenkelten Federschopf zu erkennen; v. a. in Nadelwäldern, nicht so gesellig wie andere M.; Standvogel.

Meisenbach, Georg, Kupferstecher, *Nürnberg 27. 5. 1841, †Emmering (Landkreis Ebersberg) 24. 9. 1912; erfand 1881/82 die Autotypie; gründete 1878 in München die ›Zinkograph. Ätzanstalt‹, seit 1892 durch Zusammenschluss ›Graph. Kunstanstalt M., Riffarth & Co‹.

Meisenheim, Stadt im Landkreis Bad Kreuznach, Rheinl.-Pf., 160 m ü. M., am Glan im Nordpfälzer Bergland, 3 100 Ew. – Das maler. Ortsbild wird von

Golda Meir

Kurt Meisel

Meisen: Von oben Kohlmeise (Größe 14 cm); Blaumeise (Größe 11 cm); Haubenmeise (Größe 11,5 cm)

Meis Meisenthal – Meißen

Adelshöfen und Bürgerhäusern (16.–19. Jh.) geprägt. Die ev. Schlosskirche ist eine spätgot. Rundpfeilerhalle mit figurierten Gewölben (1479–1503 auf Vorgängerbau); in der Grabkapelle befinden sich zahlr. Grabmäler im Stil der Renaissance. Vom ehem. Schloss ist das ›Herzog-Wolfgang-Haus‹ erhalten (1614, 1825–27 durch G. MOLLER neugotisch verändert). Das Rathaus wurde Anfang des 16. Jh. erbaut (Rokokotüren, um 1765). – M., 1154 als Lehen der Grafen von Veldenz erwähnt, erhielt 1315 Stadtrechte. 1444 fiel M. an die Herzöge von Pfalz-Zweibrücken und war bis 1795 zeitweilig deren Residenz. 1816–66 war die Stadt Hauptort einer hessisch-homburg. Exklave, die 1866 an Preußen fiel.

Meisenthal, Ort in Lothringen südwestlich von Bitsch, Dép. Moselle, Frankreich, 790 Ew.; 1704 bis 1969 bedeutende Glashütte, Glasmuseum.

Meiser, Hans, ev. Theologe, * Nürnberg 16. 2. 1881, † München 8. 6. 1956; war 1933–55 erster Landesbischof der Ev.-Luther. Landeskirche in Bayern und im Kirchenkampf einer der schärfsten Opponenten gegen die Dt. Christen und Reichsbischof L. MÜLLER. M. war Mitbegründer der Vereinigten Ev.-Luther. Kirche Dtl.s und 1949–55 deren erster leitender Bischof.
Ausgaben: Kirche, Kampf u. Christusglaube, hg. v. F. u. G. MEISER (1982); Verantwortung für die Kirche, bearb. v. H. BRAUN u. a., auf mehrere Bde. ber. (1985ff.).

Meisl, Karl, österr. Schriftsteller, * Laibach 30. 6. 1775, † Wien 8. 10. 1853; Militärbeamter und Rechnungsrat in Wien; ein Hauptvertreter der realist. Wiener Lokalposse und Vorläufer F. RAIMUNDS; schrieb als Hausdichter des Leopoldstädter Theaters mehr als 200 Volksstücke, Possen, Ritterstücke, Travestien und Parodien im Bemühen, die Kasperliade zum Lustspiel zu wandeln. Sein 1822 anlässlich der Wiedereröffnung des Theaters in der Josefstadt verfasster Prolog ›Die Weihe des Hauses‹ wurde von BEETHOVEN vertont.
Weitere Werke: Volksstücke: Carolo Carolini, der Banditenhauptmann (1801); Der lustige Fritz, oder schlafe, träume, steh auf, kleide dich an u. bessere dich (1819); Die Fee aus Frankreich (1822).
Ausgabe: Theatral. Quodlibet, 10 Bde. (1820–25).

Meisner, Joachim, kath. Theologe, * Lissa (bei Breslau) 25. 12. 1933; studierte in Erfurt Theologie, danach Seelsorger in Heiligenstadt und Erfurt, wurde 1975 zum Bischof geweiht (Titularbischof von Vina) und war Weihbischof des Apostol. Administrators von Erfurt-Meiningen, 1980–89 Bischof von Berlin, 1982–89 auch Vors. der Berliner →Bischofskonferenz. 1983 wurde M. zum Kardinal ernannt. Seit 1989 ist er Erzbischof von Köln. – Auf gesamtkirchl. Ebene gehört M. versch. Gremien (u. a. der Kurienkongregation für den Gottesdienst und die Sakramente und der ›Präfektur für wirtschaftl. Angelegenheiten des Hl. Stuhls‹) an.
Werk: Wider die Entsinnlichung des Glaubens. Gedanken zur Re-Evangelisierung Europas ²(1990).

Meißel, 1) Bergbau: →Bohren.
2) Fertigungstechnik: Werkzeug aus Stahl mit keilförmig geschärfter Schneide zur spanenden Bearbeitung **(Meißeln)** von Werkstücken. Als Handwerkszeug werden M. mit dem Hammer geschlagen, als spanender Teil von Werkzeugmaschinen (z. B. Dreh-M., Hobel-M.) in den M.-Halter eingespannt.
Nach Verwendungszweck oder Form des M.-Kopfes und der Schneide werden beim Handwerkszeug unterschieden: **Schrot-M.** (Kalt-M., Kaltschrot-M.) zum Abschroten (Abhauen) von Stahl mit dem Vorschlaghammer auf dem Amboss; **Kreuz-M.** zum Ausarbeiten von schmalen Vertiefungen; **Hohl-M.** mit halbrunder, gekrümmter Schneide zum Aushauen halbrunder Vertiefungen; **Flach-M.** zum Bearbeiten großer Flächen und zur Gratentfernung; **Nuten-M.** für die Herstellung von Schmiernuten in Lagerschalen; **Stemm-M.** zum Stemmen von Blechkanten und Nietköpfen. M. für die Bearbeitung von mineral. Werkstoffen **(Stein-M.)** sind bes. **Schlitz-, Spitz-** und **Fugen-M.** – M. werden auch für schwere Arbeiten in handgeführten Druckluft- und Elektrowerkzeugen eingesetzt.

Meißen, 1) Große Kreisstadt des Landkreises M.-Radebeul, Sa., 105 m ü. M., beiderseits der Elbe, 31 100 Ew.; FH der Sächs. Verwaltung; Staatl. Porzellan-Manufaktur (→Meißner Porzellan; mit Schauhalle), für die die nahe gelegenen Kaolinvorkommen (im Gebiet Jahna – Löthain) genutzt werden; Herstellung von keram. Platten, Farben und Kfz-Zubehör, Maschinenbau, Kabelwerk, elektrotechn., Metallwaren-, Textil- und Nahrungsmittelindustrie; Weinkellerei (Weinbau am Spaargebirge).
Stadtbild: Auf dem Burgberg liegen Dom und Albrechtsburg: Der Dom (in got. Formen um 1260 auf Vorgängerbau einer viertürmigen roman. Basilika begonnen) ist eine dreischiffige Hallenkirche mit Fürstenkapelle (nach 1423), Georgskapelle (um 1530, Grablege der Wettiner), Skulpturen der Naumburger Werkstatt (um 1260–80), Resten von Glasmalereien (um 1270), Hauptaltar vom Anfang des 16. Jh., Tryptychon von L. CRANACH D. Ä. (1534) und zahlr. Grabdenkmälern. Die Albrechtsburg, 1471 von ARNOLD VON WESTFALEN begonnen, dreigeschossig mit unregelmäßigem Grundriss, kleinem und großem Treppenturm, zeigt den Übergang vom Burg- zum Schlossbau; in der Burg wertvolle Sammlung mittelalterl. Skulpturen. Weitere Bauten auf dem Burgberg sind das ehem. Bischofsschloss (Ende 15./Anfang 16. Jh.) und die Domherrenhöfe. Die Kirche des ehem. Augustinerchorherrenstifts St. Afra ist eine im Wesentlichen got. Basilika (13.–15. Jh. auf Vorgängerbau); Reste der mittelalterl. Stiftsgebäude sind erhalten. In der 2. Hälfte des 15. Jh. entstanden zwei spätgot. Hallenkirchen: Frauenkirche und Franziskanerkirche (jetzt Stadtmuseum) und das spätgot. Rathaus (um 1472). Bemerkenswert auch die stattl. Bürgerhäuser aus Spätgotik, Renaissance und Barock. 1929 wurden u. a. das Empfangsgebäude des Bahnhofs (von W. KREIS) und die auf vier Pfeilern ruhende Straßenbrücke über die Elbe errichtet sowie eine Neugestaltung der Uferzonen vorgenommen (1960 Aufstellung des Kändlerbrunnens). Im Stadtpark der roman. Nikolaikirche, 1923–28 als Gedenkstätte für die Opfer des Ersten Weltkrieges eingerichtet.
Geschichte: Unterhalb der 929 von König HEINRICH I. als Stützpunkt dt. Herrschaft im Mittelelbgebiet angelegten (späteren) Reichsburg **Misni**, Sitz der Markgrafen (seit 1046; Markgrafschaft M. seit 968/982), der Bischöfe und seit 1068 der Burggrafen von M., entwickelte sich eine Marktsiedlung, die Ende des 12. Jh. Stadtrechte erhielt (seit 1332 sicher bezeugt) und befestigt wurde; 1089/1125 kam sie mit der Markgrafschaft M. an die Wettiner (1485 Albertiner). 1539 wurde die Reformation eingeführt, die drei in M. bestehenden Klöster wurden aufgelöst: 1539 wurde im Franziskanerkloster die Stadtschule und 1543 im Kloster St. Afra die Landes-, später Fürstenschule eingerichtet. Die durch die Tuchmacherei bestimmte wirtschaftl. Entwicklung stagnierte seit dem Dreißigjährigen Krieg. Neue Impulse brachte 1710 die Anlage der Porzellanmanufaktur (Meißner Porzellan).
H.-J. MRUSEK: M. (³1991); H. MAGIRIUS: Der Dom zu M., Fotos v. C. u. K. G. BEYER (1993).

2) Landkreis im Reg.-Bez. Dresden, Sa., 686 km², 164 000 Ew.; im SO bis an die Stadtgrenze von Dresden reichend, liegt der Landkreis im lössbedeckten Mittelsächs. Hügelland und wird zentral von SO nach NW von der Elbe durchflossen, die die fruchtbare Lommatzscher Pflege von der ebenfalls ackerbaulich

Hans Meiser

Joachim Meisner

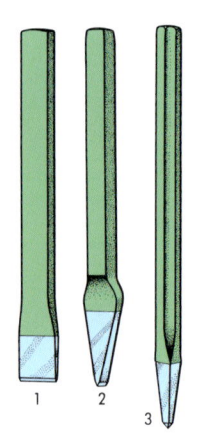

1 2 3
Meißel 2):
1 Flachmeißel;
2 Kreuzmeißel;
3 Spitzmeißel

Meißen 1)
Stadtwappen

Meißen 1): Blick über die Elbe auf den Burgberg mit der Albrechtsburg (1471 begonnen) und dem Dom (um 1260 begonnen)

genutzten Großenhainer Pflege der Moritzburger Teichlandschaft (Fischteiche) im NO trennt. Bis M. reicht die klimatisch begünstigte Dresdner Elbtalweitung mit Obst-, Spargel- und Weinbau (eines der nördlichsten Gebiete Europas). Die Kreisstadt Meißen ist Anziehungspunkt des Fremdenverkehrs, ebenso das Jagdschloss in Moritzburg, das Kloster und der Klosterpark Altzella bei Nossen und das Karl-May-Museum in Radebeul. Hauptstandorte der Industrie (Baustoffindustrie, Maschinenbau, elektrotechnisch-elektron. Industrie, Bau-, feinkeram. und Porzellangewerbe sowie Nahrungs- und Genussmittelindustrie) sind die Städte Meißen, Radebeul, Coswig und Lommatzsch. Weitere Städte sind Nossen, Radeburg und Wilsdruff. – Der Landkreis wurde am 1. 1. 1996 aus dem bisherigen Landkreis M. und dem westl. Teil (10 Gemeinden) des aufgelösten Landkreises Dresden-Land (bis 1992 Dresden) gebildet. Der Landkreis M. nannte sich bis zum 1. 3. 1997 M.-Radebeul.

3) Kath. Bistum in Mittel-Dtl.; wurde 968 auf Veranlassung Ottos I., d. Gr., (zus. mit den Bistümern Merseburg und Zeitz) errichtet und der Kirchenprovinz Magdeburg eingegliedert; umfasste die slawisch besiedelten Gebiete westlich der Oder bis zur Mulde. Unter den ersten Bischöfen ragen als Missionare unter der slaw. Bev. bes. Eido (992–1015) und →Benno hervor. Nach Auseinandersetzungen mit Magdeburg wurde M. 1399 exemt, im Gefolge der Reformation 1581 aber aufgehoben. Die geistl. Leitungsvollmacht für die katholisch gebliebene Bev. in der Lausitz (v. a. Sorben) ging an die ›Apostol. Administratur des Bistums M. in den Lausitzen‹ über. Die kath. Christen in Kursachsen unterstanden ab 1708 der geistl. Leitung eines Missionspräfekten, ab 1743 einem Apostol. Vikar mit Sitz in Dresden. 1921 wurde M. als exemtes Bistum mit Bischofssitz in Bautzen wieder errichtet. 1979 erfolgte die Verlegung des Bischofssitzes nach Dresden und die Umbenennung des Bistums in **Dresden-M.** Seit 1994 gehört M., das heute den größten Teil Sachsens und Teile O-Thüringens umfasst, als Suffraganbistum zur Kirchenprovinz Berlin. Bischof ist seit 1988 Joachim Reinelt (* 1936). (→katholische Kirche, Übersicht)

4) Markgrafschaft (Mark) in Mittel-Dtl., 1046 unter dem Namen M. bezeugt, geht auf die Markgrafschaft zurück, als deren erster Inhaber 968 Wigbert erscheint. Sie hatte wechselnden Umfang, unterstand Markgrafen aus den Häusern der Ekkehardiner (985–1046), Weimar-Orlamünde (1046–67), der Brunonen (1067–88) und seit 1089/1125 (Heinrich I. bzw. Konrad I., d. Gr.) der Wettiner, die ihren Sitz jeweils auf der Reichsburg M. nahmen. – Die Mark M. blieb das Kernland des wettin. Staates. Das Oberhaupt der Wettiner führt bis heute den Titel ›Markgraf zu M.‹. – Nachdem die Mark M. unter den Markgrafen Ekkehard I. (985–1002) und Heinrich III., dem Erlauchten (1221–88), Hochzeiten der Machtentfaltung, am Ende des 12. Jh. und um 1300 Existenzkrisen erlebte (Schlacht bei Lucka, 1307), wurde nach Übertragung der sächs. Kurwürde auf die Wettiner (Kurfürst Friedrich I., 1423/25) der Name M. für das Territorium von der Bezeichnung (Ober-)Sachsen abgelöst. (→Sachsen, Geschichte)

E. Riehme: Markgraf, Burggraf u. Hochstift M. (Diss. Leipzig 1907); H. Pannach: Das Amt M. vom Anfang des 14. bis zur Mitte des 16. Jh. (Berlin-Ost 1960).

5) Burggrafschaft, um die seit dem 11. Jh. als Reichsburg bezeugte Burg Meißen (ab 1068 Sitz der Burggrafen) entstanden; unterstand dem königl. Burggrafen, der in einem großen Bezirk auch richterl. Befugnis hatte. Das Amt erlangte nach 1175 das mitteldt. Geschlecht der ›Meinheringer‹ (nach dem 1171 bezeugten Meinher von Werben, † 1214, ab 1199 nur noch ›Burggrafen von M.‹ gen.). Es wurde im 13. Jh. unter ihnen erblich; ein geschlossener Herrschaftsraum konnte von ihnen aber nicht gebildet werden. Nach langem Streit musste das Geschlecht die Burggrafschaft von den Markgrafen zu M. zu Lehen nehmen; 1426 starb es aus. Danach fiel die Burggrafschaft 1439 an die Wettiner.

Meißen, Heinrich von, mhd. Dichter, →Frauenlob.

Meissener Porzellan®, →Meißner Porzellan®.

Meißner, Hoher M., 4 km langes Plateaugebirge im nördl. Hess. Bergland, südöstlich von Kassel, in der Kasseler Kuppe 754 m ü. M. Unter der (160 m mächtigen) Basaltdecke lagern in einer Mulde des Buntsandsteins bis 33 m mächtige tertiäre Braunkohlenflöze; der Abbau (inzwischen eingestellt) lässt sich bis 1555 zurückverfolgen. Der M. ist Teil des Naturparks **M.-Kaufunger Wald** (421 km²) mit dem Naturschutzgebiet ›Weiberhemdmoor‹.

Meißner, 1) Alexander, Funktechniker, * Wien 14. 9. 1883, † Berlin-Dahlem 3. 1. 1958; baute 1911 für die Navigation der Zeppelin-Luftschiffe das erste Drehfunkfeuer, erschloss 1913 der Elektronenröhre ein neues, weites Anwendungsgebiet, und zwar den Röhrensender mit Rückkopplung und den Rückkopplungsempfänger.

2) Alfred von (seit 1884), österr. Schriftsteller, * Teplitz 15. 10. 1822, † (Selbstmord) Bregenz 29. 5. 1885, Enkel von 3); studierte Medizin in Prag und hatte dort Verbindung zum Dichterkreis Junges Böhmen; wegen seiner freiheitl. Gesinnung verfolgt, floh M. 1847 nach Paris; längere Aufenthalte auch in Leip-

zig, Frankfurt am Main und London; ab 1869 in Bregenz. M. pflegte Bekanntschaft u.a. mit H. DE BALZAC, R. WAGNER und K. MARX, v.a. aber mit H. HEINE; er schrieb Zeit- und Unterhaltungsromane, Reiseberichte und Novellen sowie epigonenhafte Dramen und Lyrik. Ab 1851 arbeitete M. z.T. mit dem Schriftsteller FRANZ HEDRICH (*zw. 1823 und 1825, †1895) zusammen, bis es zu einem – über M.s Tod hinaus dauernden – Streit um die Autorschaft kam.
Ausgaben: Ges. Schr., 18 Bde. (1871–72); Dichtungen, 4 Bde. (1884).

3) August Gottlieb, Schriftsteller, *Bautzen 3. 11. 1753, †Fulda 18. 2. 1807, Großvater von 2); studierte 1773–76 Jura, Philosophie und Ästhetik in Wittenberg und Leipzig; wurde 1785 Prof. für Ästhetik und klass. Literatur in Prag, 1805 Konsistorialrat und Lyzeumsdirektor in Fulda. Von C. M. WIELAND beeinflusst, gilt M. als ein Hauptvertreter des histor. Unterhaltungsromans des ausgehenden 18. Jahrhunderts.
Ausgabe: Sämtl. Werke, hg. v. G. KUFFNER, 36 Bde. (1811–12).

4) Fritz Walther, Physiker, *Berlin 16. 12. 1882, †München 16. 11. 1974; Schüler von M. PLANCK; ab 1908 Mitarbeiter der Physikalisch-Techn. Reichsanstalt, ab 1934 Prof. an der TH München; Pionier der Tieftemperaturphysik. 1925 gelang ihm die erste Heliumverflüssigung in Dtl.; er entdeckte mehrere neue Supraleiter, darunter auch Verbindungen, deren Komponenten selbst nicht supraleitend sind; 1933 entdeckte er (mit ROBERT OCHSENFELD) den →Meißner-Ochsenfeld-Effekt.

5) Georg, Anatom und Physiologe, *Hannover 19. 11. 1829, †Göttingen 30. 3. 1905; wurde 1855 Prof. in Basel, 1857 in Freiburg im Breisgau und 1860 in Göttingen. M. entdeckte 1852 die Tastkörperchen der Haut (M.-Körperchen) und den Plexus myentericus, ein Geflecht von Ganglienzellen im Darm, die dessen rhythm. Tätigkeit steuern. Er beschäftigte sich ferner mit der Physiologie der Eiweißkörper.

6) Leopold Florian, österr. Schriftsteller, *Wien 10. 6. 1835, †ebd. 29. 4. 1895; war zunächst Polizeibeamter, dann Advokat und Journalist; bedeutend ist v.a. die Sammlung von Erzählungen und Skizzen ›Aus den Papieren eines Polizeikommissärs‹ (1892, 5 Bde.), die ein umfassendes Bild der Wiener Gesellschaft zeichnet. W. KIENZL entnahm daraus die Textvorlage für seine Oper ›Der Evangelimann‹ (1895).

7) Otto, Jurist, *Bischweiler 13. 3. 1880, †München 27. 5. 1953; war 1920–35 Leiter des Büros der Reichspräs. (seit 1923 als Staats-Sekr.), 1935–45 Chef der Präsidialkanzlei (seit 1937 als Staats-Min.). Am 23. 5. 1945 verhaftet, wurde M. am 14. 4. 1949 im Nürnberger ›Wilhelmstraßenprozess‹ freigesprochen. – Er schrieb u.a. ›Staatssekretär unter Ebert, Hindenburg, Hitler‹ (1950).

Meissner, 1) Boris, Jurist und Ostwissenschaftler, *Pleskau 10. 8. 1915; deutschbalt. Herkunft; 1953–59 im auswärtigen Dienst der Bundesrepublik Dtl. (ab 1956 in Moskau), 1959–64 Prof. für Ostrecht in Kiel und 1964–84 in Köln; 1972–82 Vors. des Arbeitskreises für Ost-West-Fragen beim Auswärtigen Amt. M. hatte nach dem Zweiten Weltkrieg maßgebl. Anteil am Ausbau der dt. Ostwissenschaft; er befasste sich mit der Entwicklung in der Sowjetunion und ihren Nachfolgestaaten sowie den Ost-West-Beziehungen und war u.a. Mitherausgeber der Enzyklopädie ›Sowjetsystem und demokrat. Gesellschaft‹ (1966–72).
Werke: Sowjetrußland zw. Revolution u. Restauration (1956); Das Sowjetsystem u. seine Wandlungsmöglichkeiten (1976); Partei, Staat u. Nation in der Sowjetunion (1985); Außenpolitik u. Völkerrecht der Sowjetunion (1987); Die balt. Staaten im weltpolit. u. völkerrechtl. Wandel (1995); Die Sowjetunion u. Dtl. von Jalta bis zur Wiedervereinigung (1995); Vom Sowjetimperium zum euras. Staatensystem. Die russ. Außenpolitik im Wandel u. in der Wechselbeziehung zur Innenpolitik (1995). – **Hg.:** Nationalitätenprobleme in der Sowjetunion u. Osteuropa (1982, mit G. BRUNNER); Die balt. Nationen. Estland, Lettland, Litauen (1990).

2) Bruno, Assyriologe, *Graudenz 25. 4. 1868, †Zeuthen (bei Berlin) 13. 3. 1947; nahm 1899/1900 an den Ausgrabungen von Babylon teil; ab 1904 Prof. in Breslau, 1921 in Berlin; seine Forschungsschwerpunkte waren die Kultur- und Rechtsgesch. des Alten Orients sowie die akkad. Lexikographie.
Werke: Beitr. zum altbabylon. Privatrecht (1893); Assyriolog. Studien, 6 Bde. (1903–13); Grundzüge der babylonisch-assyr. Plastik (1915); Die Keilschrift (1913); Babylonien u. Assyrien, 2 Bde. (1920–25); Könige Babyloniens u. Assyriens (1926); Die babylonisch-assyr. Lit. (1927); Beitr. zum assyr. Wb., 2 Tle. (1931–32).
Mit-Hg.: Real-Lex. der Assyriologie (1930ff.).

Meißnerformel, von der →Freideutschen Jugend formulierte programmat. Grundlage der Jugendbewegung, am 13. 10. 1913 auf dem Hohen Meißner verkündet: ›Die Freideutsche Jugend will aus eigener Bestimmung, vor eigener Verantwortung, mit innerer Wahrhaftigkeit ihr Leben gestalten!‹.

Meißner Groschen, sächsisch-thüring. Groschenmünze (→Groschen), die ab 1338 bis zum Ende des 15. Jh. in verschiedenen Arten geschlagen wurde. Das Umlaufgebiet der M. G. umfasste neben Mittel- auch Teile N- und W-Deutschlands.

Meißner-Körperchen [nach G. MEISSNER], **Meißner-Tastkörperchen,** ellipsenförmiges Sinnesorgan, bes. in den Finger- und Zehenbeeren der Säugetiere, einschließlich des Menschen.

Meißner-Ochsenfeld-Effekt [nach F. W. MEISSNER und ROBERT OCHSENFELD], der erstmals 1933 beobachtete Effekt, dass das Innere hinreichend dicker Supraleiter unabhängig von der Versuchsführung stets magnetfeldfrei ist. Danach ist ein Supraleiter nicht nur ein idealer elektr. Leiter, sondern auch ein idealer Diamagnet. Die Verdrängung eines zuvor in einem Supraleiter vorhandenen Magnetfeldes durch das Unterschreiten der →kritischen Übergangstemperatur bzw. das Verhindern des Eindringens des Magnetfeldes beim Einbringen eines Supraleiters (unterhalb der krit. Temperatur) in ein Magnetfeld beruhen auf Strömen, die in einer dünnen Oberflächenschicht (Dicke etwa 10^{-8} m) des Supraleiters induziert werden (**Meißner-Ströme**) und ein magnet. Gegenfeld aufbauen. Der M.-O.-E. kann z.B. durch das Schweben eines Permanentmagneten über einer supraleitenden Schale demonstriert werden. In Supraleitern 2. Art kann er nur unterhalb der →kritischen magnetischen Feldstärke beobachtet werden.

Meißner Porzellan®, Meissener Porzellan®, Porzellan der ersten europ. Porzellanmanufaktur (seit 1710 mit Sitz in Meißen, bis 1863 in der Albrechtsburg in Meißen). Nach Experimenten der Naturforschers E. W. Graf von TSCHIRNHAUS und des Alchimisten J. F. BÖTTGER gelang zunächst die Herstellung roten Steinzeugs (**Böttgersteinzeug®**), um 1708/09 die Herstellung von weißem Hartporzellan. Porzellane wurden zunächst mit den von J. G. HÖROLDT entwickelten Emailfarben dekoriert (Landschaften, Chinoiserien, umrahmt von Laub- und Bandelwerk). Modelleur war JOHANN GOTTLIEB KIRCHNER (*1706), der große Weißporzellantiere schuf; sein Mitarbeiter (ab 1731) und Nachfolger J. J. KÄNDLER schuf nicht nur die Figurenplastik der Meißner Manufaktur, sondern beeinflusste auch die der anderen dt. Manufakturen für über eine Generation (Figurengruppen in zeitgenöss. Gesellschaftskleidung und Theaterkostümierung). Gegen 1740 erschienen auf den Servicen u.a.

Meißner-Ochsenfeld-Effekt: Feldverdrängung eines Magnetflusses aus einem Supraleiter, wenn die Temperatur T die kritische Übergangstemperatur T_c unterschreitet, feststellbar durch einen Stromstoß im Galvanometer; H_a äußeres Magnetfeld, B magnetische Induktion

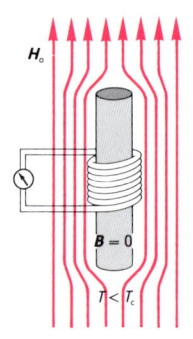

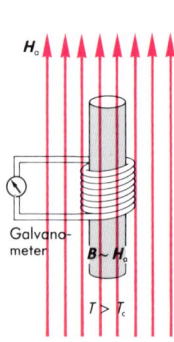

Erzeugnissen statt der bis dahin übl. →indianischen Blumen →deutsche Blumen, daneben auch das →Zwiebelmuster. Unter CAMILLO Graf MARCOLINI (* 1739, † 1814), der die Manufaktur ab 1774 leitete, gelangte der klassizist. Stil zu größerer Geltung. In der Folgezeit setzte das Wiederbeleben von Formen älterer Epochen, v.a. des Rokoko, ein. Anfang des 20. Jh. fand die Manufaktur mit Entwürfen namhafter Künstler wie E. BARLACH, M. ESSER (* 1885, † 1945) und P. SCHEURICH wieder Anschluss an die moderne Entwicklung. – Seit 1991 gehört die Staatl. Porzellan-Manufaktur Meissen GmbH dem Freistaat Sachsen.

Beginnend ab 1722 wurde die Schwerter-Marke verwendet, rechtlich geschützte Marken neben den weltberühmten Gekreuzten Schwertern sind **Meissen®**, **Meißner Porzellan®** und **Meissener Porzellan®**.

E. KÖLLMANN: M. P. (⁵1975); H. JEDDING: M. P. des 19. u. 20. Jh. (1981); DERS.: M. P. des 18. Jh. (²1987); Alt-M. P. in Dresden, bearb. v. I. MENZHAUSEN u.a. (Berlin-Ost 1988); Meissner Blaumalerei aus drei Jh., hg. v. K.-P. ARNOLD, Ausst.-Kat. (1989); G. STERBA: Meissener Tafelgeschirr (1989); Meissner Prunkservice, Beitrr. v. G. REINHECKEL u.a. (1990); R. RÜCKERT: Biograph. Daten der Meißner Manufakturisten des 18. Jh. (1990); C. MARUSCH-KROHN: M. P. 1918–1933. Die Pfeifferzeit (1993); Frühes M. P., bearb. v. U. PIETSCH, Ausst.-Kat. Museum für Kunst u. Kulturgesch., Lübeck (1993); DERS.: M. P. u. seine ostasiat. Vorbilder, Fotos v. J. KARPINSKI (1996); H. SONNTAG: M. P. Bibliogr. der deutschsprachigen Lit. (1994); DERS.: M. P. (1996); R. MÖLLER: Porzellan – Von Meissen bis zur Gegenwart (1995).

Meissonier [mɛsɔˈnje], **1)** Jean Louis Ernest, frz. Maler und Grafiker, * Lyon 21. 2. 1815, † Paris 31. 1. 1891; wurde bes. geschätzt wegen seiner kleinformatigen Genrebilder, bei denen er wie in seinen Historienbildern (v. a. Kriegsszenen aus den Zeiten NAPOLEONS I. und NAPOLEONS III.) auf dokumentar. Genauigkeit bedacht war (›Barrikade‹, 1848; Paris, Louvre).

2) Juste-Aurèle, auch J.-A. Meisonier, frz. Ornamentstecher, * Turin 1693 oder 1695, † Paris 31. 7. 1750; einer der Hauptmeister des frz. Rokokoornaments. Er lieferte Vorlagen und Entwürfe für Festdekorationen LUDWIGS XV., für Bauten, Gartendekorationen, Möbel, Kleingeräte und Geschirre.

Meistbegünstigung, 1) *Außenwirtschaft:* Bestimmung in einem Vertrag, durch die der Vertragspartner dem anderen zusichert, ihm während der Laufzeit des Vertrags stets gleich günstige Konditionen einzuräumen, wie sie Dritten eingeräumt werden. Die M. spielt eine wichtige Rolle in internat. Handelsverträgen. Sie ist überwiegend gegenseitig und ohne spezielle Gegen-

Meißner Porzellan®: Kaffeekanne mit gemalten Jagdszenen und aufgelegten Akanthusblättern; um 1725

Ernest Meissonier: Campagne de France 1814; 1864 (Paris, Musée d'Orsay)

leistung wirksam und bewirkt eine Gleichbehandlung der Außenhandelspartner **(unbedingte M.)**. Hängt die Gewährung des Vorteils von gleichwertiger Gegenleistung ab, handelt es sich um **bedingte M.** (Reziprozitätsklausel). Die M. kann sich auf alle Gegenstände und Bereiche der Handelspolitik **(unbeschränkte M.)** oder nur auf einzelne Bereiche oder auf Vorteile für einen begrenzten Kreis von Ländern beziehen **(beschränkte M.)**. Vorwiegend erstreckt sich M. auf die Zollpolitik und soll die Vertragspartner vor diskriminierend wirkenden Zollsätzen schützen.

M. gilt als wichtige Voraussetzung für eine am Freihandel orientierte Außenhandelspolitik, gehört zu den Grundprinzipien des →GATT sowie der Nachfolgeorganisation →WTO und wurde mit dem 1994 geschlossenen →GATS auch auf den Dienstleistungsbereich ausgeweitet. Durch die M.-Klausel soll eine Diskriminierung nach Ländern im internat. Handel verhindert (Diskriminierungsverbot) und so zu einer Verbesserung der internat. Arbeitsteilung beigetragen werden. Innerhalb der WTO erfolgt eine striktere Anwendung der M.; als Ausnahmebereiche wurden nur die allgemeinen Zollpräferenzen, die die Industrieländer Entwicklungsländern gewähren (z. B. Lomé-Abkommen) sowie der Handel innerhalb von Zollunionen, Wirtschaftsgemeinschaften (z. B. EG) und Freihandelszonen (z. B. EFTA, NAFTA) beibehalten. Das Prinzip der M. wird allerdings häufig durch nichttarifäre →Handelshemmnisse unterlaufen. Die M. wurde erstmals von R. COBDEN im britisch-frz. Handelsvertrag von 1860 vereinbart.

2) *gewerbl. Rechtsschutz:* Bei der Vergabe mehrerer (einfacher) Lizenzen an einem gewerbl. Schutzrecht (z. B. Patent) oder an einem Urheberrecht an mehrere Lizenznehmer kann M. vereinbart werden. Entsprechend einer solchen M.-Klausel kann der Lizenznehmer Anpassung seines Vertrages an günstigere Bedingungen verlangen, die anderen Lizenznehmern eingeräumt wurden.

Meister [von lat. magister], **1)** *allg.:* jemand, der im Beruf, in der Kunst, im Handwerk, im Sport oder auf sonst einem Gebiet herausragende Leistungen (Meisterschaft) aufweist; in diesem Sinn auch ›Altmeister‹. (→Koryphäe)

2) *Kunstgeschichte:* Hilfs-Bez. für einen seinem Stil nach fassbaren, aber nicht mit Namen bekannten Künstler. So werden die meisten Künstler des MA. entweder nach ihrem Monogramm, z. B. Meister E. S., nach einem Ort ihres Schaffens (›Naumburger M.‹), nach ihrem Hauptwerk (›M. des Marienlebens‹), nach einer Eigentümlichkeit in ihrem Werk (›M. der weibl. Halbfiguren‹) oder nach Jahreszahlen benannt (›M. von 1473‹).

3) *Religionswissenschaft:* religiöser Lehrer, der entweder als Religionsstifter oder als eine durch Weisheit herausragende und daher zur Auslegung der göttl. Lehre befähigte Person von Gläubigen anerkannt ist; der M. gilt seinen Schülern als Autorität für die Auslegung der religiösen Tradition und die jeweiligen zeitgenöss. Fragen hin. Beispiele aus der religiösen M.-Tradition sind der jüd. Rabbi, der hinduist. Guru, der Zenmönch, der Eingeweihte, der Schamane. Im Christentum wird der Begriff M. auf JESUS CHRISTUS in besonderer Weise angewendet, insofern nicht nur Lehre und Praxis mit ihm untrennbar verbunden sind, sondern er selbst in seiner geschichtl. Gestalt als ›Wort‹ oder ›Offenbarung‹ Gottes verstanden wird. Das Befolgen seiner Lehre schließt persönl. Nachfolge dem M. gegenüber ein. Meisterl. Unterweisung gibt JESUS z. B. an NIKODEMUS (Joh. 3, 1–21), die Samariterin (Joh. 4, 1–42), an die Apostel; ein Beispiel seiner öffentl. Unterweisung ist die →Bergpredigt. – Auch *philosoph.* Schulen kennen das M.-Schüler-Verhältnis, z. B. im (Neu-)Platonismus oder im Pythagoreismus, wo in der jeweiligen philosoph. Tradition eine quasi religiöse Existenzdeutung und Handlungstheorie vertreten wurde.

J. WACH: M. u. Jünger (1925); G. u. T. SARTORY: Die M. des Weges in den großen Weltreligionen (1981).

4) *Wirtschaft:* Den Titel M. in Verbindung mit einem Handwerk darf nur führen, wer für dieses Handwerk die M.-Prüfung bestanden hat. Die in der Industrie verwendeten Bez. (z. B. Werk-M.) beziehen sich auf die Inhaber gehobener Positionen mit abgeschlossener Fachausbildung, genießen als solche jedoch keinen gesetzl. Schutz.

Die **M.-Prüfung**, der Abschluss der dreistufigen Berufsausbildung im →Handwerk, ist in den Grundzügen in der Handwerksordnung i. d. F. v. 28. 12. 1965, insbesondere in den §§ 45–51, geregelt, ferner in der VO über gemeinsame Anforderungen in der M.-Prüfung im Handwerk vom 12. 12. 1972. Die Prüfung besteht aus prakt. und theoret. Teilen und schließt mit der Anfertigung eines **M.-Stücks.** Als Beurkundung wird der **M.-Brief** ausgestellt. Die Ausbildung erfolgt an Fachschulen. Sie kann seit 1. 1. 1996 durch Zuschüsse und Darlehen gefördert werden (→Ausbildungsförderung).

Ober-M. ist im Handwerk der Vorsitzende einer Innung, in der Industrie die untere Führungskraft im Betrieb. – Der Begriff M. wird auch im Beamten- und Besoldungsrecht verwendet, z. B. Polizeimeister.

Geschichte: Der mittelalterl. Zunft-M. war nicht nur Betriebsleiter wie der heutige M., er war der Herr über ein hierarchisch gegliedertes ›Haus‹. Verheiratete M. besaßen in der Zunft volles Genossenrecht und übten über die Zunft auch Einfluss auf das Stadtregiment aus. M. konnte werden, wer über geprüfte Kenntnisse verfügte, die zur Ausübung des Gewerbes erforderl. Geschicklichkeit sowie das nötige Eigentum an Produktionsmitteln besaß. Zudem waren gewisse sittlich-gesellschaftl. Vorbedingungen zu erfüllen wie guter Leumund, freie und ehel. Geburt. Durch Anhebung der Voraussetzungen wurde der Zugang zum Gewerbe wirkungsvoll gesteuert. Seit dem 14./15. Jh. musste das oft sehr kostspielige M.-Stück erstellt werden. Später wurde vielfach der Zugang ganz gesperrt, die M.-Stelle wurde erblich. Der Aufstieg war für Gesellen nur noch durch Heirat mit einer M.-Witwe oder M.-Tochter möglich. Mit Einführung der Gewerbefreiheit verlor der M. seine allumfassende Stellung.

Meister, Die sieben weisen M., eines der beliebtesten Volksbücher des MA. und der frühen Neuzeit, dessen stoffl. Kern aus Indien über Griechenland nach Mitteleuropa kam und als ›Historia septem sapientum‹ weit bekannt wurde. Die Geschichte gehört in den Kreis des von der Stiefmutter wegen angebl. Verführungsversuchs verklagten Stiefsohns.

Meister, 1) Ernst, Schriftsteller, * Hagen 3. 9. 1911, † ebd. 15. 6. 1979; arbeitete nach dem Studium (Schüler u. a. von H.-G. GADAMER) in der Firma seines Vaters, im Zweiten Weltkrieg Soldat. Im Zentrum von M.s Lyrik stehen existenzielle philosoph. Fragen, Dichtung diente ihm der Erkenntnisgewinnung. In den frühen Werken sind surrealist. Einflüsse deutlich, später verstärkt sich das reflexive Element, Erlebnis wird zur Chiffre verdichtet, dabei die Form zu epigrammat. Kürze gestrafft. Neben Lyrik verfasste M. zahlreiche Hörspiele, war auch als Maler tätig. 1976 erhielt er (zus. mit SARAH KIRSCH) den Petrarca-Preis, 1979 postum den Georg-Büchner-Preis.

Werke: *Lyrik:* Ausstellung (1932); Zeichen um Zeichen (1968); Sage vom Ganzen den Satz (1972); Es kam die Nachricht (1970); Im Zeitspalt (1976); Wandloser Raum (1979).

Ausgabe: Ausgew. Gedichte 1932–1979 (1979).

C. SOBOTH: Todes-Beschwörung. Unters. zum lyr. Werk E. M.s (1989); E.-M.-Kolloquium, hg. v. T. BUCK (1993).

2) Richard, Pädagoge und klass. Philologe, * Znaim 5. 2. 1881, † Wien 11. 6. 1964; ab 1918 Prof. in Graz, ab 1920 in Wien, ab 1951 auch Präs. der Österr. Akademie der Wissenschaften; Beiträge zum altsprachl. Unterricht und zum österr. Bildungswesen.

Werke: Beitr. zur Theorie der Erziehung (1946); Entwicklung u. Reformen des österr. Studienwesens, 2 Bde. (1963).

N. STRELCZYK: Erziehung u. Kultur (1970).

Meister Bertram, Bertram von Minden, Maler, * Minden um 1340, † Hamburg 1414 oder 1415; einflussreicher Vertreter der norddt. Kunst des weichen Stils, vermutlich ausgebildet im Umkreis der Böhm. Malerschule, die wohl auch die Kenntnis der vom Stil GIOTTOS geprägten ital. Malerei vermittelte. So verbinden sich in seinem Werk Formelemente westeurop. und ital. Malerei mit einer eigenwüchsigen, naiv-anschaul. Erzählweise. Er malte die Szenen aus dem A. T. und N. T. auf den Flügeln des Hochaltars für die St.-Petri-Kirche in Hamburg, der 1379 in Auftrag gegeben wurde (auch ›Grabower Altar‹, 1383 aufgestellt; heute Hamburg, Kunsthalle; BILD →deutsche Kunst). Ferner schuf er einen Passionsaltar (1394[?]; Hannover, Niedersächs. Landesmuseum) sowie Tafeln mit Szenen aus der Heilsgeschichte (zw. 1390 und 1400; Paris, Musée des Arts Décoratifs), vermutlich Bestandteile eines Altars. An diese Werke knüpfen sich weitere Zuschreibungen an.

P. PORTMANN: M. B. (Zürich 1963); H. PLATTE: M. B., die Schöpfungsgesch. (³1970); C. BEUTLER: M. B., Der Hochaltar von St. Petri (10.–11. Tsd. 1992).

Meister Breugnon [-brœˈɲɔ̃], frz. ›Colas Breugnon‹, Roman von R. ROLLAND; frz. Erstausgabe 1918.

Meister der Darmstädter Passion, im 2. Drittel des 15. Jh. am Mittelrhein oder am Bodensee tätiger Maler, benannt nach zwei großen Tafeln mit Darstellungen der Kreuztragung und Kreuzigung CHRISTI im Hess. Landesmuseum in Darmstadt (um 1435). Ihm waren wohl die Werke von J. VAN EYCK und R. CAMPIN bekannt; auch stand er vermutlich dem Kreis um K. WITZ nahe. Zugeschrieben wurde ihm ferner ein (1983 verbrannter) Kreuzigungsaltar in der St. Martinskirche von Bad Orb (um 1440; Originale der zugehörigen Flügel in Berlin, Gemäldegalerie).

Meister der Goslarer Sibyllen, Sibyllenmeister, um 1500 in Niedersachsen tätiger Maler, benannt nach den Wandgemälden im Huldigungssaal des Rathauses in Goslar. Er wurde vermutlich im Umkreis von A. DÜRER ausgebildet.

Meister der heiligen Sippe, 1) älterer **M. d. h. S.,** im 1. Viertel des 15. Jh. in Köln tätiger Maler, benannt nach dem um 1420 entstandenen Flügelaltar der hl.

Sippe, der sich urspr. in der Kapelle des Armenhospitals St. Heribert in Köln befand (heute ebd., Wallraf-Richartz-Museum).

2) jüngerer M. d. h. S., Maler, *Köln um 1450, †ebd. nach 1515; benannt nach dem für das Dominikanerinnenkloster in Köln geschaffenen Sippenaltar (um 1500; heute ebd., Wallraf-Richartz-Museum). Zugeschrieben werden ihm u. a. der Altar der Sieben Freuden Mariens (um 1480; Teile in Nürnberg, German. Nationalmuseum, und Paris, Louvre) sowie Entwürfe für Glasfenster im Kölner Dom.

M. KESSLER VAN DEN HEUVEL: M.d.h.S. der Jüngere (1987).

Meister der heiligen Veronika: Tafel der heiligen Veronika mit dem Schweißtuch; ursprünglich in Sankt Severin in Köln, um 1420 (München, Alte Pinakothek)

Meister der heiligen Veronika, um 1395 bis um 1415 in Köln tätiger Maler, benannt nach einer urspr. in St. Severin in Köln aufbewahrten Tafel der hl. VERONIKA mit dem Schweißtuch (um 1420; München, Alte Pinakothek), einem Hauptwerk des weichen Stils.

Weitere Werke: Der kleine Kalvarienberg (um 1400; Köln, Wallraf-Richartz-Museum); Hl. Veronika mit dem Schweißtuch (um 1410; London, National Gallery); Madonna mit der Erbsenblüte (um 1410; Nürnberg, German. Nationalmuseum); Madonna mit der Wickenblüte (um 1415; Köln, Wallraf-Richartz-Museum).

Meister der Historia Friderici et Maximiliani, im 1. Drittel des 16. Jh. in Niederösterreich tätiger Maler und Zeichner der Donauschule, benannt nach den aquarellierten Federzeichnungen zu der um 1514/15 verfassten ›Historia Friderici et Maximiliani‹ des Humanisten JOSEF GRÜNPECK (*um 1473, †um 1532). Nach seinen Hauptwerken, den für den Hochaltar der Heilig-Blut-Kirche in Pulkau geschaffenen Tafeln mit Passionsszenen (um 1520), wird er auch **Meister von Pulkau** genannt. Zugeschrieben wird ihm ferner das Bild ›Enthauptung Johannis des Täufers‹ (um 1508; Wien, Kunsthistor. Museum).

Meister der Karlsruher Passion, Maler, →Hirtz, Hans.

Meister der Pietà von Avignon [-aviˈɲɔ̃], Maler, →Quarton, Enguerrand.

Meister der Sankt Lambrechter Votivtafel, Maler, →Hans, H. von Tübingen.

Meister der Spielkarten, Kupferstecher und Goldschmied, →Spielkartenmeister.

Meister der Ursulalegende, um die Wende des 15./16. Jh. in Köln tätiger Maler, benannt nach 19 Leinwandbildern mit Szenen der Ursulalegende (um 1495–1500; u. a. Köln, Wallraf-Richartz-Museum; Bonn, Rhein. Landesmuseum; Nürnberg, German. Nationalmuseum). Charakteristisch sind zarte, überlängte Gestalten in lichtdurchfluteten Räumen.

Meister der Verkündigung von Aix [-ɛks], um die Mitte des 15. Jh. tätiger frz. Maler, benannt nach einem für die Kathedrale Saint-Sauveur in Aix-en-Provence geschaffenen Triptychon (1442–45). Auf dem Mittelteil ist die Verkündigung an MARIA dargestellt (heute Aix-en-Provence, Sainte-Madeleine), auf den Flügeln außen Nolimetangere, innen Einzelfiguren und Stillleben (Brüssel, Musées Royaux des Beaux-Arts; Rotterdam, Museum Boymans-van-Beuningen; ein Fragment in Paris, Louvre).

Meister der Virgo inter Virgines, zw. 1470 und 1500 in Delft (?) tätiger niederländ. Maler, benannt nach einer Tafel mit ›Maria zw. den hl. Jungfrauen‹ (Amsterdam, Rijksmuseum). Charakteristisch sind zartgliedrige Figuren in einer verschachtelten Raumbühne und ein erlesenes Kolorit mild schimmernder Farben.

Weitere Werke: Anbetung der Könige (Berlin, Gemäldegalerie); Heimsuchung Mariä (Salzburg, Museum Carolino Augusteum); Geburt Christi (gegen 1500; Wien, Kunsthistor. Museum).

Meister der weiblichen Halbfiguren, in der 1. Hälfte des 16. Jh. tätiger niederländ. Maler, benannt nach zahlr., vielfach nur in der Haltung variierten weibl. Halbfigurenbildern von Heiligen (u. a. MARIA MAGDALENA), häufig auch von Musizierenden (›Drei musizierende Frauen‹; Wien, Sammlung Harrach). In seinen Landschaftsdarstellungen und in der Gestaltung von bibl. Szenen knüpft er an J. PATINIR und J. GOSSAERT an. Die Identifizierung mit HANS VEREYCKE († 1561) ist umstritten.

Meister des Altars von Leitmeritz, um die Wende des 15./16. Jh. in Böhmen tätiger Maler, benannt nach einem um 1500 für die Kapitularkirche in Leitmeritz geschaffenen großen Flügelaltar (sechs Tafeln erhalten, heute ebd., Oblastni Galerie). Sein Hauptwerk sind Wandgemälde in der Wenzelskapelle des Doms St. Veit in Prag (nach 1500). Er gilt als der bedeutendste Vertreter der spätgot. Malerei in Böhmen. Die Werke zeugen von der Kenntnis der donauländ. und der nordital. Malerei, auch von beginnender Auseinandersetzung mit der Kunst der Renaissance.

Meister des Amsterdamer Kabinetts, Maler, Zeichner und Kupferstecher, →Hausbuchmeister.

Meister der Ursulalegende: Erscheinung des Engels; um 1495–1500 (Köln, Wallraf-Richartz-Museum)

Meis Meister des Bartholomäusaltars – Meister Francke

Meister des Marienlebens: Geburt Mariä; ursprünglich in Sankt Ursula in Köln, um 1460–65 (München, Alte Pinakothek)

Meister des Bartholomäus|altars, Maler, *um 1445, †Köln um 1515; benannt nach dem Bartholomäusaltar aus St. Columban in Köln (vor 1503; heute München, Alte Pinakothek), das letzte bedeutende spätgot. Werk der →Kölner Malerschule. Bezeichnend für seine Gemälde sind eine subtile Farbgebung und reiche ornamentale Dekoration.
 Weitere Werke: Miniaturen für das Stundenbuch der SOPHIA VON BYLANT (1475; Köln, Wallraf-Richartz-Museum); Marienaltar (um 1480; München, Alte Pinakothek); Maria mit Kind und den Heiligen Augustinus und Hadrian (um 1490; Darmstadt, Hess. Landesmuseum); Thomasaltar (um 1499; Köln, Wallraf-Richartz-Museum); Kreuzaltar (um 1501; ebd.).
 Meister des Breisacher Hoch|altars, Bildhauer, Kupferstecher und Zeichner, →Meister H. L.
 Meister des Frankfurter Paradiesgärtleins, im frühen 15. Jh. am Oberrhein tätiger Maler, benannt nach einer miniaturhaft ausgeführten kleinen Tafel, die MARIA in einem Garten, umgeben von Heiligen, zeigt (um 1410; Frankfurt am Main, Städelsches

Meister E. S.: ›Maria Magdalena, von Engeln emporgetragen‹; Kupferstich, um 1450

Kunstinstitut). Sie weist Einflüsse der frz. Buchmalerei auf.
 Meister des Hausbuchs von Schloss Wolfegg, Maler, Zeichner und Kupferstecher, →Hausbuchmeister.
 Meister des Marienlebens, zw. 1460 und 1490 in Köln tätiger Maler, benannt nach den acht Tafeln eines Altars mit Szenen des Marienlebens aus St. Ursula in Köln (um 1460–65; heute sieben Tafeln in München, Alte Pinakothek, eine in London, National Gallery). Seine Werke zeigen Erzählfreude, anmutige Eleganz der Figuren und eine lichte Farbigkeit.
 Weitere Werke: Anbetung der Könige (um 1470; Nürnberg, German. Nationalmuseum); Kreuzigung (um 1480; Köln, Wallraf-Richartz-Museum); Kreuzabnahme (um 1490; ebd.).
 Meister des Paraments von Narbonne [-narˈbɔn], im letzten Drittel des 14. Jh. tätiger Tafel- und Buchmaler, der um 1375 für die Kathedrale von Narbonne ein Altarparament mit Passionsszenen schuf (Grisaillemalerei auf weißer Seide; heute Paris, Louvre). Er war als Miniaturmaler wahrscheinlich an der Illustration eines Stundenbuchs für JEAN DE FRANCE, Herzog VON BERRY, beteiligt (›Très belles heures de Notre Dame‹, um 1390; Paris, Bibliothèque Nationale de France).
 Meister des Registrum Gregori|i, Buchmaler, →Gregormeister.
 Meister des Tegernse|er Hoch|altars, um die Mitte des 15. Jh. in München tätiger Maler, benannt nach dem monumentalen Flügelaltar der ehem. Abteikirche St. Quirin in Tegernsee mit geballten, oft derb und bizarr gestalteten Szenen der Passion CHRISTI (um 1445/46; heute u. a. Nürnberg, German. Nationalmuseum).
 Meister des Todes Mariä, niederländ. Maler, Joos van →Cleve.
 Meister des Tucher|altars, um die Mitte des 15. Jh. in Nürnberg tätiger Maler, benannt nach einem urspr. für die Klosterkirche der Augustinereremiten in Nürnberg geschaffenen Altar (um 1440/50; heute ebd., Frauenkirche; Predellenflügel ebd., German. Nationalmuseum). In der gedrungenen Körperlichkeit der Gestalten klingt neben niederländisch-burgund. Einflüssen die ältere böhm. Tradition nach.
 Meister des Wiener Schottenstifts, Maler, →Schottenmeister.
 Meister Eckhart, Philosoph und Theologe, →Eckhart.
 Meister E. S., Kupferstecher und Goldschmied, † 1467 (?); tätig am Oberrhein und in der N-Schweiz, benannt nach dem Monogramm E. S. Die Initialen seines Vor- und Nachnamens befinden sich auf 19 Stichen, 14 sind zusätzlich datiert auf die Jahre 1466 bzw. 1467, in denen der Meister vermutlich für das Kloster Einsiedeln tätig war. Sein sowohl religiöse als auch profane Themen umfassendes Gesamtwerk gilt als das bedeutendste graf. Werk vor M. SCHONGAUER und wird auf etwa 500 Stiche geschätzt, erhalten sind über 300. Es weist Einflüsse von K. WITZ, aber auch der niederländ. Kunst auf (v. a. R. CAMPIN und R. VAN DER WEYDEN) und ragt bes. hervor durch den linearen Stil und die vorzügl. Technik, die z. B. in der scharfkantigen spätgot. Faltengebung zur Geltung kommt. Da die Stiche des Meisters in vielen Bildschnitzerwerkstätten als Vorlagen benutzt wurden, ging von ihnen eine stilbildende Wirkung aus.
 M. E. S. Ein oberrhein. Kupferstecher der Spätgotik, hg. v. H. BEVERS u. a., Ausst.-Kat. (1986); M. NASS: M. E. S. (1994).
 Meister Francke, Maler, *Hamburg (?) um 1380, †ebd. nach 1430; bedeutender Vertreter des weichen Stils; trat vermutlich nach Aufenthalten in Frankreich und den Niederlanden in das Dominikanerkloster St. Johannis in Hamburg ein. Ausgehend von der burgund. Buchmalerei, der böhm. und der niederländ.

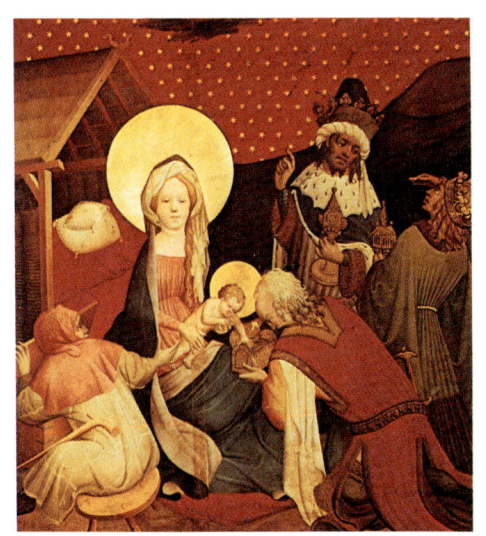

Meister Francke: Die Anbetung der Könige; Tafel des Thomasaltars, 1424 ff. (Hamburg, Kunsthalle)

Malerei, schuf er Werke von delikater, tief leuchtender, harmonisch abgestimmter Farbigkeit. Um 1410 schuf er den ›Barbaraaltar‹ für die Kirche von Nykyrko in Finnland (heute Helsinki, Suomen Kansallismuseo) mit Szenen aus der Legende der hl. BARBARA. Sein Hauptwerk ist der 1424 von der Hamburger Gesellschaft der Englandfahrer in Auftrag gegebene ›Thomasaltar‹ (auch ›Englandfahreraltar‹) mit Szenen aus dem Marienleben und dem Leben des hl. THOMAS VON CANTERBURY auf den Außenseiten (erhalten ›Geburt Christi‹, ›Anbetung der Könige‹, ›Versöhnung des hl. Thomas‹, ›Martertod des hl. Thomas‹) sowie Szenen der Passion CHRISTI auf den Innenseiten (erhalten ›Geißelung Christi‹, ›Kreuztragung‹, ›Grablegung‹, ›Auferstehung‹ und ein Fragment der Mitteltafel, einer Kreuzigung, die ›Frauen unter dem Kreuz‹; alle Tafeln Hamburg, Kunsthalle).

H. PÉE: M. F. Der Englandfahrer-Altar (1967); M. F. u. die Kunst um 1400, bearb. v. T. PUTTFARKEN u. a., Ausst.-Kat.

Meister H. L.: Hochaltar des Stephansmünsters in Breisach; um 1523–26

(1969); H. R. LEPPIEN: Der Thomas-Altar von M. F. in der Hamburger Kunsthalle (1992).

Meister H. L., Meister des Breisacher Hochaltars, Bildhauer, Kupferstecher und Zeichner, † 1533 (?); tätig am Oberrhein, benannt nach dem mit H. L. signierten geschnitzten Hochaltar (um 1523–26) des Breisacher Münsters, der in der Fülle seiner bewegten überlebensgroßen Figuren zu den großartigsten Werken der dt. Spätgotik gehört. Ihm werden auch mit HL signierte Kupferstiche und Holzschnitte zugeschrieben, die z. T. zw. 1511 und 1522 datiert sind. Der M. H. L. ist vielleicht identisch mit dem Bildschnitzer HANS LOY (auch H. LOI).

Weitere Werke: Altar in St. Michael in Niederrotweil bei Breisach am Rhein (um 1515–20); Hl. Georg (1522; München, Bayer. Nationalmuseum); Johannes der Täufer und Johannes der Evangelist (um 1525; Nürnberg, German. Nationalmuseum).

H. SCHINDLER: Der Meister HL ist Hans Loy? Werk u. Wiederdeckung (1981); W. NOACK: Der Breisacher Altar (¹³1988).

Meister H. W., Bildhauer, →Witten, Hans.

Meisterlin, Sigmund, Geschichtsschreiber, *vermutlich Augsburg um 1435, † ebd. 18. 2.(?) 1497 oder später; Benediktinermönch, verfasste u. a. die ›Cronographia Augustensium‹, eine Gesch. der Stadt Augsburg (1456, dt. 1457), sowie für Nürnberg die ›Nieronbergensis cronica‹ (1488, dt. und lateinisch).

Meistermann, Georg, Maler und Glasmaler, * Solingen 16. 6. 1911, † Köln 12. 6. 1990; lehrte ab 1952 an

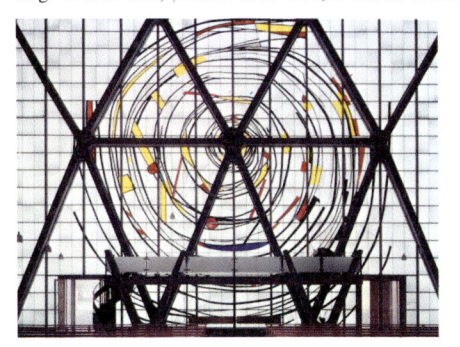

Georg Meistermann: Glaswand in der katholischen Pfarrkirche zum heiligen Kreuz in Bottrop; 1957

der Städelschen Kunstschule in Frankfurt am Main, ab 1955 an der Düsseldorfer, ab 1960–76 an der Karlsruher Akademie sowie zusätzlich (1967–70) an der Münchner Akademie. Ausgehend vom Spätkubismus und beeinflusst bes. von A. MANESSIER gestaltete M. neben abstrakten Gemälden, Porträts, Wandbildern (Altarbild für die Kirche Maria Regina Martyrum in Berlin-Charlottenburg, 1964) und Lithographien seit 1937 kirchl. und profane Glasfenster, u. a. für das WDR-Haus in Köln (1950), St. Kilian in Schweinfurt (1952), St. Matthias in Sobernheim (1966), die Dt. Bank in Frankfurt am Main (1970) und die Dome in Limburg a. d. Lahn (1987) und Münster (1986–89).

G. M., hg. v. C. PESE u. a. (1981); G. M. Die Kirchenfenster, bearb. v. K. RUHRBERG u. a. (1986); G. M., Monographie u. Werkverz., hg. v. K. RUHRBERG u. W. SCHÄFKE (1991); Die Schlosskirche zu Alt-Saarbrücken u. die Glasfenster von G. M., hg. v. G. HEYDT (1993); G. M., hg. v. J. M. CALLEEN, Ausst.-Kat. Galerie im Alten Rathaus zu Wittlich (Neuausg. 1996).

Meistersang, von den Meistersingern zunftmäßig betriebene Liedkunst des 15. und 16. Jh. Die Meistersinger waren v. a. in Städten sesshafte Dichter-Handwerker. Vorläufer waren die fahrenden Spruchdichter des 13. und 14. Jh., die sich ›meister‹ nannten: FRAUENLOB, HEINRICH VON MÜGELN, MUSKATPLÜT, auch noch M. BEHEIM. Bekanntester Meistersinger des 15. Jh. war H. FOLZ, des 16. Jh. H. SACHS. Nach dem

Tod von SACHS (1576) setzte der Niedergang des M. ein, institutionell bestand er z. T. bis zum 19. Jh. weiter (in Ulm bis 1839, in Memmingen bis 1875). – Als Stifter verehrte der M. die ›vier gekrönten Meister‹ FRAUENLOB, BARTHEL REGENBOGEN, den MARNER und HEINRICH VON MÜGELN, als Vorbilder dienten auch die ›zwölf alten Meister‹ (u. a. WALTHER VON DER VOGELWEIDE und WOLFRAM VON ESCHENBACH); als Ursprungssitz galt Mainz, wo FRAUENLOB um 1315 die erste Meistersingerschule begründet haben soll.

Die Anlehnung an den →Minnesang zeigt sich bes. in der Form der Meisterlieder (→Meistersangstrophe), die Nähe zur →Spruchdichtung im Inhalt; die Meistersinger betonten ihre gelehrte Bildung und neigten zum Lehrhaften und Erbaulichen. Oberstes Gebot war die Einhaltung der Norm. Das Stoffrepertoire des M. blieb konstant, geistl. Stoffe hatten zunächst Vorrang. Formale Neuerungen waren u. a. das Prinzip der Silbenzählung, die strenge Alternation, der jamb. Gang der Verse. Die Regeln, Praktiken und die Terminologie des M. wurden v. a. in der Tabulatur niedergelegt.

Die Meistersinger einer Stadt organisierten sich in der Singschule, eine Bez., die auch auf die einzelne Singveranstaltung angewendet wurde. Hier unterschied man zw. dem Hauptsingen in der Kirche (anfangs nur über religiöse Themen, später auch über ernste weltl.) und dem der Unterhaltung dienenden Zechsingen im Wirtshaus. Der Vortrag der Lieder war solistisch, ohne Instrumentalbegleitung. Anfangs durften die Dichter lediglich den Tönen der ›zwölf alten Meister‹ neue Texte unterlegen, gegen 1480 vollzog FOLZ eine Reform: Es konnte nur der ein Meister werden, der einen neuen Ton (Text und Melodie) geschaffen hatte. Die Meistersingerzunft war streng hierarchisch gegliedert: Auf der untersten Stufe standen die nur reproduzierenden ›Singer‹; wer auf eine der autorisierten Melodien einen eigenen Text verfassen konnte, durfte sich ›Dichter‹ nennen; als ›Meister‹ galt der Schöpfer eines neuen Tons; an der Spitze dieser Pyramide rangierten, als künstler. Zensoren, die ›Merker‹.

Die Zentren des M. lagen in Süd- und Südwest-Dtl. In der ersten Phase war Mainz der führende Ort des M., später gingen die wesentl. Impulse von Nürnberg aus, das seinen Ruhm bes. SACHS verdankte. Weitere Schulen befanden sich v. a. in Augsburg (seit 1449; im 16. Jh. mit relativ vielen Nichthandwerkern, u. a. Schulmeistern), Straßburg, Freiburg im Breisgau, Colmar (J. WICKRAM), Steyr, Iglau und Breslau. – Die bedeutendste erhaltene Sammlung von Meisterliedern ist die →Colmarer Liederhandschrift.

H. O. GODDARD: Die Kunstauffassung der frühen Meistersinger (1936); B. NAGEL: Der dt. M. (1952); DERS.: M. (²1971); Der dt. M., hg. v. B. NAGEL (1967); H. BRUNNER: Die alten Meister (1975); H. KUGLER: Handwerk u. Meistergesang (1977); C. PETZSCH: Die Kolmarer Liederhandschrift (1978); Repertorium der Sangsprüche u. Meisterlieder des 12. bis 18. Jh., hg. v. H. BRUNNER u. a., auf zahlr. Bde. ber. (1986ff.); Die Schulordnung und das Gemerkbuch der Augsburger Meistersinger, hg. v. H. BRUNNER u. a. (1991).

Meistersangstrophe, aus dem Minnesang übernommene dreiteilige Strophe aus zwei gleich gebauten Stollen, die den →Aufgesang bilden, und einem nach Metrum, Reimen und Melodie davon unterschiedenen Abgesang. Gewöhnlich wird dem Abgesang noch ein Stollen oder Stollenteil hinzugefügt; Schema: AA/BA. Das Meistersingerlied (Bar) besteht aus mindestens drei Meistersangstrophen. (→Kanzone.)

Meisterschule, alltagssprachl. Bez. für gewerbl. →Fachschule.

Meistersinger von Nürnberg, Die, Oper von R. WAGNER, Text vom Komponisten; Uraufführung 21. 6. 1868 in München.

Meister und Margarita, Der, russ. ›Master i Margarita‹, Roman von M. A. BULGAKOW (entst. 1928–40, erste, gekürzte Veröffentlichung 1966–67).

Meister von Alkmaar, in der 1. Hälfte des 16. Jh. tätiger niederländ. Maler, benannt nach einem sieben Tafeln umfassenden Altarwerk (›Sieben Werke der Barmherzigkeit‹) aus der St.-Laurens-Kirche in Alkmaar (1504; heute Amsterdam, Rijksmuseum). Er steht in der Nachfolge von GEERTGEN TOT SINT JANS. Vielleicht ist er identisch mit dem in Alkmaar tätigen PIETER GERRITZ († 1542). Seine erzählfreudigen Schilderungen sind aufschlussreich für das Leben einer kleinen niederländ. Stadt des späten Mittelalters.

Meister von Flémalle [-fleˈmal], niederländ. Maler, →Campin, Robert.

Meister von Frankfurt, niederländ. Maler, * 1460, † 1. Drittel des 16. Jh.; benannt nach zwei Altarwerken, die für Kirchen in Frankfurt am Main geschaffen wurden: dem Triptychon mit einer Kreuzigung CHRISTI (gegen 1504 oder 1506; Frankfurt am Main, Städelsches Kunstinstitut) und dem ›Annenaltar‹ (1503–06; ebd., Histor. Museum; Predellenflügel in Stuttgart, Staatsgalerie; Teil des rechten Außenflügels in Antwerpen, Aartsbisschoppelijk Museum). Er wurde vielleicht am Niederrhein ausgebildet und kam nach Antwerpen, wo er zw. 1490 und 1515 tätig war. Sein Geburtsjahr geht auf ein 1496 datiertes Doppelporträt von ihm und seiner Frau zurück, das er im Alter von 36 Jahren schuf (Antwerpen, Koninklijk Museum voor Schone Kunsten). Seine Identifizierung mit HENDRICK VAN WUELUWE († 1533) ist umstritten.

S. H. GODDARD: The Master of Frankfurt and his shop (Brüssel 1984).

Meister von Hohenfurth, Meister von Vyšší Brod [-ˈviʃiˈbrɔt], um die Mitte des 14. Jh. tätiger böhm. Maler, benannt nach neun Tafeln mit Szenen aus dem Leben CHRISTI (vor 1350), die aus dem ehem. Zisterzienserkloster in Hohenfurth stammen (heute Prag, Národní Galerie) und wohl zu einem Altar gehörten. In ihnen verbindet sich die heim. Tradition mit Einflüssen der ital. Malerei.

Meister von Liesborn, im letzten Drittel des 15. Jh. in Westfalen tätiger Maler, benannt nach dem für die Benediktinerabtei Liesborn geschaffenen Passionsaltar (um 1475–80; sechs Teile in London, National Gallery, acht Teile in Münster, Westfäl. Landesmuseum). Zugeschrieben werden ihm und seiner Werkstatt u. a. zwei Altartafeln mit Darstellungen des Kalvarienbergs (um 1480, Soest, Hohne-Kirche; um 1490/1500 Münster, Stadtmuseum). Er wird identifiziert mit dem münster. Maler JOHANN VON SOEST.

Meister von Hohenfurth: Geburt Christi; Tafel aus dem ehemaligen Zisterzienserkloster in Hohenfurth; vor 1350 (Prag, Národní Galerie)

Meister von Meßkirch: Der heilige Benedikt im Gebet; zwischen 1536 und 1540 (Stuttgart, Staatsgalerie)

Meister von Meßkirch, Maler, *in Franken (?) um 1500, †Meßkirch (?) 1543 (?); benannt nach seinen für Meßkirch geschaffenen Werken, wo er zw. 1536 und 1540 den Hochaltar und acht Seitenaltäre für die ehem. Stiftskirche malte (heute mit Ausnahme der Mitteltafel des Hochaltars in Museen). Sie zeichnen sich durch ein leuchtendes Kolorit aus, das auf eine Beziehung des Künstlers zu H. BALDUNG schließen lässt. Auch Einflüsse A. DÜRERS und seines Umkreises werden deutlich. Die Identifizierung mit dem Maler PETER STRÜB D. J. († 1540) ist umstritten.

Meister von Moulins [-muˈlɛ̃], frz. Maler, †Moulins (?) nach 1504; benannt nach dem 1499–1501 entstandenen Triptychon in der Kathedrale von Moulins, dessen Mittelteil ›Maria in der Glorie mit Kind und Engeln‹ darstellt. Auf den Flügeln erscheint der Stifter PETER II. VON BOURBON mit Gemahlin und Töchterchen in der Begleitung von Heiligen. Der Altar setzt die Kenntnis des fläm. Realismus voraus (v. a. H. VAN GOES), charakteristisch sind jedoch v. a. die Verhaltenheit des Gefühls, der Gesten und Blicke, die subtile Beobachtung von Licht und Schatten sowie die Herausarbeitung der Eigenart der Textilien. Der Maler wurde von der neueren Forschung mit dem vermutlich aus den Niederlanden gebürtigen JEAN HEY identifiziert († nach 1504; ›Ecce Homo‹, 1494; Brüssel, Musées Royaux des Beaux-Arts).

Geburt Christi mit Stifter Kardinal Jean Rolin (1480–83; Autun, Musée Rolin); Karl II. von Bourbon, Kardinal von Lyon (1482; München, Alte Pinakothek); Begegnung von Joachim und Anna an der Goldenen Pforte (1500; London, National Gallery); Hl. Mauritius mit Stifter (um 1500; Glasgow, Art Gallery u. Museum).

Meister von Pulkau, Maler, →Meister der Historia Friderici et Maximiliani.

Meister von Wittingau, im letzten Viertel des 14. Jh. tätiger böhm. Maler, benannt nach einem um 1380 für die Augustinerklosterkirche St. Ägidius in Wittingau (Třeboň) geschaffenen Altar, von dem drei Tafeln (Ölbergszene, Grablegung, Auferstehung) erhalten sind (Prag, Národní Galerie). Sie zeigen den Einfluss frankofläm. Kunst. Mit den gestreckten Proportionen der Figuren, der weichen Modellierung und dem leuchtenden Kolorit bilden sie eine Vorstufe zum weichen Stil. Zugeschrieben werden dem M. v. W. ferner eine doppelseitig bemalte Tafel mit den Darstellungen des hl. CHRISTOPHORUS und der Schmerzensmutter (nach 1380; Církvice bei Kuttenberg, Laurentiuskirche) und die ›Madonna von Roudnice‹ (nach 1380; Prag, Národní Galerie).

Meisterwurz, Art der Pflanzengattung →Haarstrang.

Meistgebot, *Recht:* →Gebot.

Meit, Conrad, auch **Conrat** M., Bildhauer, * Worms um 1480, †Antwerpen 1550 oder 1551; war zw. 1506 und 1510 in Wittenberg tätig für Kurfürst FRIEDRICH III., DEN WEISEN. 1512 wurde er Hofbildhauer der Statthalterin MARGARETE VON ÖSTERREICH in Mecheln. In ihrem Auftrag schuf er 1526–32 unter Mitarbeit anderer Künstler drei Grabmäler aus Marmor und Alabaster (für MARGARETE, ihren Gatten PHILIBERT II. VON SAVOYEN und dessen Mutter; Brou, Gem. Bourg-en-Bresse, Saint-Nicolas). Daneben entstanden zahlr. Kleinplastiken, u. a. ›Judith‹ (um 1512–14; München, Bayer. Nationalmuseum) und die Porträtbüste der MARGARETE VON ÖSTERREICH (um 1518; ebd.). Ab 1534 hielt er sich in Antwerpen auf (aus dieser Zeit sind keine Werke erhalten). M. entfaltete die Überlieferung der dt. Spätgotik zu einer der Renaissance gemäßen Klarheit der Form und gehört so zu den bedeutendsten dt. Bildhauern seiner Zeit.

C. LOWENTHAL: C. M. (Ann Arbor, Mich., 1981).

Meithei [ˈmeɪθeɪ], **Manipuri,** ein Volk der →Kuki-Chin-Völker, vorwiegend in Manipur, O-Indien (etwa 780 000 M.). Die M. sind in exogame Klane gegliedert und leben v. a. von Nassreisanbau. Seit dem 18. Jh. zum Hinduismus übergetreten, beanspruchen die M. den Status einer Kshatriyakaste (Kriegerkaste). Als führendes Volk in Manipur absorbiert es benachbarte verwandte Stämme. Die Sprache der M., das **Manipuri,** gehört zur tibetobirman. Gruppe innerhalb der sinotibet. Sprachen.

Conrad Meit: Judith mit dem Haupt des Holofernes; um 1512–14 (München, Bayerisches Nationalmuseum)

Meister von Wittingau: Auferstehung Christi; Tafel des Altars der Augustinerklosterkirche Sankt Ägidius in Wittingau (Třeboň), um 1380 (Prag, Národní Galerie)

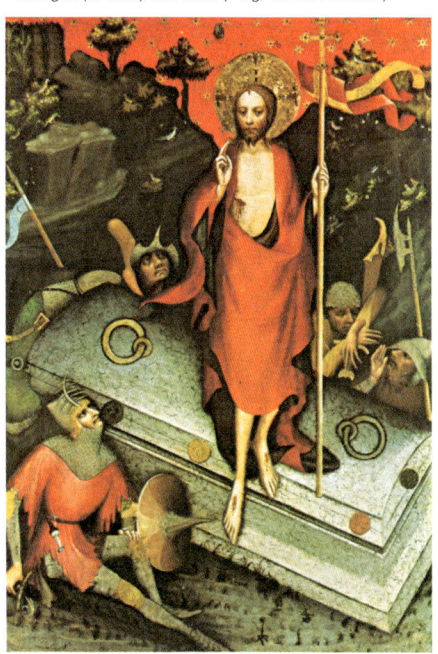

Lise Meitner

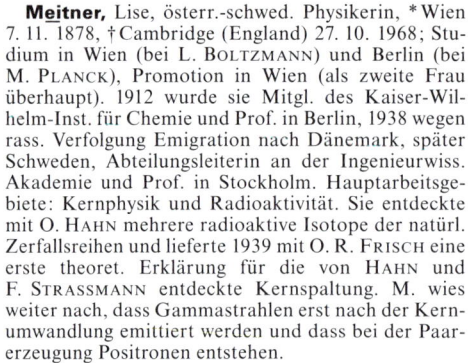

Wsewolod Emiljewitsch Mejerchold

Mekka
- Stadt in Saudi-Arabien
- heiligste Stadt des Islam
- im wüstenhaften Hidjas
- 277 m ü. M.
- 630 000 Ew.
- Kreuzungspunkt alter Karawanenstraßen
- islamisch-theolog. Hochschule
- wichtigstes Wallfahrtsziel ist die Kaaba
- Geburtsort von Mohammed

Meitner, Lise, österr.-schwed. Physikerin, * Wien 7. 11. 1878, † Cambridge (England) 27. 10. 1968; Studium in Wien (bei L. BOLTZMANN) und Berlin (bei M. PLANCK), Promotion in Wien (als zweite Frau überhaupt). 1912 wurde sie Mitgl. des Kaiser-Wilhelm-Inst. für Chemie und Prof. in Berlin, 1938 wegen rass. Verfolgung Emigration nach Dänemark, später Schweden, Abteilungsleiterin an der Ingenieurwiss. Akademie und Prof. in Stockholm. Hauptarbeitsgebiete: Kernphysik und Radioaktivität. Sie entdeckte mit O. HAHN mehrere radioaktive Isotope der natürl. Zerfallsreihen und lieferte 1939 mit O. R. FRISCH eine erste theoret. Erklärung für die von HAHN und F. STRASSMANN entdeckte Kernspaltung. M. wies weiter nach, daß Gammastrahlen erst nach der Kernumwandlung emittiert werden und dass bei der Paarerzeugung Positronen entstehen.

D. GRIESER: Köpfe. Portraits der Wiss. (Wien 1991); C. KERNER: L. M., Atomphysikerin (⁸1995); R. L. SIME: L. M. A life in physics (Berkeley, Calif., 1996).

Meitnerium [nach L. MEITNER] *das, -s,* chem. Symbol **Mt**, das →Element 109 (Namenfestlegung IUPAC 1997).

Mejerchold, Mejerchol'd, Wsewolod Emiljewitsch, eigtl. **Karl Theodor Kasimir Meyerhold,** russ. Regisseur und Schauspieler dt. Abstammung, * Pensa 9. 2. 1874, † (in Haft) Moskau 2. 2. 1940; arbeitete am Moskauer Künstlertheater (1898–1902) mit K. S. STANISLAWSKIJ; 1902–05 leitete er eine eigene Truppe, mit der er v. a. Dramen des europ. Impressionismus (u. a. M. MAETERLINCK, A. SCHNITZLER, auch G. HAUPTMANN) inszenierte. 1906/07 Chefregisseur am Theater der WERA F. KOMISSARSCHEWSKAJA in Sankt Petersburg; ab 1908 Regietätigkeit an kaiserl. Theater; ab 1914 experimentelle Arbeit in Petersburg. 1917 setzte er sich für die politisch-kulturelle Bewegung ›Theater-Oktober‹ ein, die eine Revolutionierung des Theaterbetriebs durch proletar. Kunst anstrebte. 1920 wurde er Leiter des Ersten Theaters der RSFSR in Moskau, das 1923 seinen Namen erhielt. Er organisierte Agitproptheater, inszenierte Massenschauspiele (›Die Erstürmung des Winterpalais‹, mit 15 000 Darstellern und 100 000 Zuschauern), entwickelte seinen aufs Grotesk-Pantomimische ausgerichteten Inszenierungsstil weiter. Angriffe gegen M.s Formalismus führten schließlich 1938 zur Schließung seines Theaters und zu seiner Verhaftung 1939.

Ausgaben (dt.): Theaterarbeit 1917–1930, hg. v. R. TIETZE (1974); Aufs., Briefe, Reden, Gespräche, hg. v. A. W. FEWRALSKI, 2 Bde. (1979).

E. BRAUN: The theatre of Meyerhold (London 1979).

Mejía Vallejo [mɛˈxia βaˈjexo], Manuel, kolumbian. Schriftsteller, * Jericó (Antioquia) 23. 4. 1923; seine perfekt durchkomponierten Romane und Erzählungen behandeln bis zu dem Bürgerkriegsroman ›El día señalado‹ (1964; dt. ›Der Stichtag‹) v. a. die sozialen und polit. Auseinandersetzungen in Kolumbien. In den späteren Werken durchdringen sich Realität und traumbildhafte, mythisch-mag. Vorstellungen.

Weitere Werke: Romane: Al pie de la ciudad (1958); Aire de tango (1973); Las muertes ajenas (1979); La casa de las palmas (1988); Los abuelos de cara blanca (1991). – *Erzählungen:* Tiempo de sequía (1957); Cuentos de zona tórrida (1967); Las noches de la vigilia (1975); Otras historias de Balandú (1990). – *Lyrik:* Prácticas para el olvido (1977).

Mékambo, Ort in NO-Gabun. Die südwestlich von M. sowie bei Bélinga (westlich von M.) festgestellten Eisenerzlager zählen zu den größten der Erde und werden auf etwa eine Mrd. t Erze geschätzt (mit rd. 63 % Eisengehalt); geringer Abbau seit 1971; weitere Erschließung ist geplant.

Mekas [ˈmɛkəs], Jonas, amerikan. Filmkritiker und Filmemacher litauischer Herkunft, * Semeniskiai (Litauen) 24. 12. 1922; seit 1949 in den USA, ab 1955 Herausgeber der Zeitschrift ›Film Culture‹, eines Forums des unabhängigen Avantgardefilms, zu dessen Hauptvertretern M. gehört; u. a. drehte er ›Der Knast‹ (1964) sowie die autobiograph. ›Tagebücher, Notizen und Skizzen‹ (seit 1967; u. a. ›Verloren, verloren, verloren‹, 1976; ›Paradise not yet lost‹, 1980).

Mękka, Al-Mękka, Stadt im W von Saudi-Arabien, in einem von Felsen überragten, wüstenhaften Becken der Landschaft Hidjas, zw. Küstenebene und Hochland, 277 m ü. M., 630 000 Ew. Als Geburtsort MOHAMMEDS ist M. heiligste Stadt und wichtigster Wallfahrtsort des Islam (→Hadjdj; jährlich 700 000–900 000 Pilger, vorwiegend über den Flughafen Djidda), ein reines Kult- und Kulturzentrum (ohne Landwirtschaft und Industrie) mit islamischtheolog. Hochschule, Schule für islam. Rechtsprechung, saudiarab. Inst. für weiterführende Erziehung, mehreren Medresen und Bibliotheken; Wasserversorgung urspr. aus dem 15 km entfernten Brunnen Ain Subaida, heute durch Meerwasserentsalzungsanlagen in Djidda. M. und seine nähere Umgebung sind Nichtmuslimen nicht zugänglich. – Mittelpunkt der Stadt und wichtigstes Ziel der Wallfahrt ist die →Kaaba im Hof der Hauptmoschee (erbaut 775–785, heutige Gestalt 16. Jh., erweitert 1955; sieben Minarette). Weitere Wallfahrtsstätten sind der Brunnen Semsem und

Mekka: Die Kaaba, das islamische Hauptheiligtum

die Gräber der Gefährten und der ersten Gemahlin MOHAMMEDS (→CHADIDJA) auf dem Friedhof Al-Mala. R. GUTBROD, F. OTTO und H. KENDEL errichteten 1974 eine Moschee sowie ein Hotel mit um einen begrünten Innenhof gruppierten Konferenzräumen.

Geschichte: M., um 150 n. Chr. als **Makoraba** erwähnt, war als Kreuzungspunkt alter Karawanenstraßen im Grenzbereich zw. den Regenfeldbaugebieten des südwestarab. Hochlands und der Wüstensteppe bereits in vorislam. Zeit als Handelszentrum bedeutend. Durch die Koraisch als aufgrund seiner religiösen Anziehungskraft (durch die Kaaba) Ende des 6./Anfang des 7. Jh. zu einem Zentrum des transarab. Karawanenhandels geworden, erlangte M. durch MOHAMMED (622 Hidjra; 630 Eroberung von M.) als Mittelpunkt der islam. Welt polit. Bedeutung. 930 von den Karmaten geplündert, hatten 960–1803 und 1813–1924 Scheifen aus dem Geschlecht HASANS (Enkel MOHAMMEDS) das **Emirat M.** inne (10. bis 15. Jh. unter nomineller Oberhoheit der Herrscher Ägyptens, seit 1517 der Osmanen; 1806–13 gehörte M. zum Wahhabitenreich. 1916 machte sich HUSAIN I. IBN ALI von der türk. Oberhoheit unabhängig, musste aber nach der Besetzung der Stadt 1924 durch IBN SAUD diesem 1925 endgültig weichen; 1926 wurde M. Saudi-Arabien eingegliedert.

P. CRONE: Meccan trade and the rise of Islam (Princeton, N. J., 1987); S. FAROQHI: Herrscher über M. Die Gesch. der Pilgerfahrt (1990); J. L. BURCKHARDT: In M. u. Medina. An den hl. Stätten des Islam (Neuausg. 1994).

Meklong der, Fluss in Thailand, →Mae Klong.

Meknès [mɛk'nɛs], Stadt in Marokko, im nördl. Vorland des Mittleren Atlas, am Oued Boufekrane, 530 m ü. M., 465 100 Ew.; Verw.-Sitz der Wirtschaftsregion Mitte-Süd; Bildungszentrum u. a. mit Militärakademie, Musikschule, Landwirtschaftsschule; Museum für marokkan. Handwerk. M. ist Zentrum eines Landwirtschaftsgebiets (Wein, Gemüse, Oliven, Zitrusfrüchte), hat Obst- und Gemüsekonservenfabriken, Zement- und Textilindustrie und als eine der vier Königsstädte bedeutenden Fremdenverkehr; Verkehrsknotenpunkt. 50 km südwestlich von M. (bei El-Hammam) Abbau von Fluorit.

Stadtbild: Der Oued Boufekrane trennt die kolonialzeitlich entstandene Neustadt (›Europäerstadt‹) von der Altstadt (Medina), die umschlossen ist von einer über 40 km langen mächtigen Stadtmauer mit Basteien und monumentalen Toren; das Bab el-Mansour (1732 fertig gestellt) gilt als eines der schönsten Stadttore des Maghreb. In der Medina die merinid. Medrese Bou Inania (14. Jh.; prachtvoller maur. Dekor), die almohad. Moschee En-Nejjarin (im 12. Jh. gegr., 1756 restauriert), die almoravid. Große Moschee (im 12. Jh. gegr.), die Medrese Filala (1689) und der Palast Dar Jamai (Ende 19. Jh.) mit dem Museum für marokkan. Kunst. Im Süden der Medina dehnt sich das riesige Gelände der ehem. Königsstadt aus mit dem Königspalast Dar el-Makhzen (17./18. Jh.; hier auch Mausoleum von MOULAI ISMAIL und Christengefängnis), dem Sultansgarten mit dem 4 ha großen Agdal-Wasserbecken und dem mächtigen, 23-schiffigen ehem. Getreidespeicher Heri es-Souani (Ende 17. Jh.); das große ehem. Sultansschloss Dar el-Beida (1790) ist heute Teil der königl. Militärakademie; in den Stallungen (›Roua‹, 1790 erbaut) Zucht von Rassepferden.

Geschichte: Die Dorfsiedlung **Meknasa az-Zaituna,** Sitz einer Untergruppe des Meknasa-Berberstamms, wurde 1069 von den Almoraviden, 1145 von den Almohaden erobert und befestigt; städtebaul. Blüte unter den Meriniden (14. Jh.) und v. a. als Residenz des Hasanidensultans MOULAI ISMAIL (1672–1727) und seines Sohnes MOULAI ABD ALLAH (1729–57 viermal Sultan); 1755 große Erdbebenschäden. Eine wirtschaftl. Blüte erlebte die heute stark industriell geprägte Stadt während der frz. Kolonialzeit (1912–56).

Mekong der, chin. **Lancang Jiang** [-tsaŋ dʒiaŋ], kambodschan. **Mékôngk,** vietnames. **Sŏng Tiẽn Giang,** thailänd. **Mae Nam Khong** [mɛː-], Strom in China und SO-Asien, rd. 4 500 km lang, Einzugsgebiet rd. 800 000 km²; entsteht auf dem Hochland von Tibet, auf der Höhe des Ru-Sa-Passes, 4975 m ü. M., nach Vereinigung von drei Bächen, fließt nach SO im Bereich der osttibet. Randketten in tief eingeschnittenen Schluchten. Nördlich von Luang Prabang biegt der M. in scharfem Knick nach O, wendet sich dann nach O und S, als Grenzfluss gegen Thailand, dem N- und O-Rand des Khoratplateaus folgend, aus dem ihm der Mun zufließt. Der M. hat insgesamt zwar nur geringes Gefälle, bildet aber mehrere, die Schifffahrt äußerst behindernde Stromschnellen, v. a. bei Savannakhet (hier endet die bei Luang Prabang beginnende Schifffahrtsstrecke), Khemarat, Khone (an der Grenze gegen Kambodscha), wo der M. auf 10 km um 22 m Höhe fällt, und Kratie, dem Endpunkt der zu jeder Jahreszeit schiffbaren Strecke. Hier, 550 km von der Mündung entfernt, tritt der M. in die Schwemmlandebene ein, die er mit anderen Flüssen aufgeschüttet hat. Unterhalb von Kratie biegt der M. mit scharfem Knick nach W bis SW ab, fließt dann ab Phnom Penh nach S und mündet schließlich in Vietnam mit einem Delta ins Südchin. Meer. Das in Kambodscha bei Phnom Penh beginnende **M.-Delta** ist über 70 000 km² groß. Hauptarm ist der Tien Giang (Fleuve Antérieur). Das einseitige Wachstum des Deltas nach SW ist durch die Meeresströmungen bedingt. Die Wasserführung des M. schwankt dem monsunalen Niederschlag entsprechend: Zwischen Hoch- (August–Oktober) und Niedrigwasserstand (November–Mai) sind 10–15 m Differenz. Durch Rückstau im See Tonle Sap wird die zerstörer. Wirkung der Flut im Delta gemindert. Dieses konnte deshalb ohne allzu umfangreiche Deichbauten zu einem bedeutenden Reisanbaugebiet (mit Bewässerung) entwickelt werden (→Cochinchina). – Das 1957 gegründete M.-Komitee (UNO-Hilfe) soll Energiegewinnung, Bewässerung und Schifffahrt fördern (Lower M. Project).

Mekonium [griech.] *das, -s,* das →Kindspech.

Mel [meːl, auch mɛl], Zeichen **mel,** Hinweiswort bei der Angabe von Tonhöheempfindungen (Verhältnistonhöhe). Einer Frequenz von 20 Hz wird die Tonhöhe 0 mel, einer Frequenz von 1 000 Hz bei einem Lautstärkepegel von 40 phon die Tonhöhe 1 000 mel zugeordnet.

Mela, Pomponius, röm. Schriftsteller um die Mitte des 1. Jh. n. Chr., stammte aus Spanien; verfasste eine Erdbeschreibung (›De chorographia‹) nach Art eines Periplus, das älteste erhaltene geograph. Werk der röm. Literatur.

Ausgaben: De chorographia, hg. v. C. FRICK (1880, Nachdr. 1968). – Geographie des Erdkreises, übers. v. H. PHILIPP, 2 Tle. (1912; Voigtländer's Quellenbücher, Bd. 11 u. 31).

Mélac [me'lak], Ezéchiel Graf (seit 1702) von, frz. General, † (gefallen) Malplaquet 12. 9. 1709; verwüstete 1689 im Auftrag LUDWIGS XIV. die Pfalz (→Pfälzischer Erbfolgekrieg) und ließ Mannheim und Heidelberg zerstören.

Melaena [zu griech. mélas ›schwarz‹] *die, -,* **Teerstuhl,** durch Blutausscheidung in den Magen-Darm-Kanal schwarz gefärbter Kot; tritt v. a. bei Magen-Darm-Geschwüren, -Tumoren oder Blutgerinnungsstörungen auf.

Melaka, früher **Malakka, Malacca, 1)** Hauptstadt des Gliedstaates M., Malaysia, an der W-Küste der Malaiischen Halbinsel, 296 000 Ew. (v. a. Chinesen); histor. Museum; Holzverarbeitung, chem. und Nahrungsmittelindustrie, Fischerei; Hafen (Reede, Kautschukausfuhr), Flugplatz. Nahebei wichtiger militär. Stützpunkt (Terendek Camp). – Aus port. Zeit stam-

Meknès: Das Stadttor Bab el-Mansour (1732 fertig gestellt)

Meknès

eine der vier Königsstädte Marokkos

nördlich des Mittleren Atlas

530 m ü. M.

465 100 Ew.

um die Altstadt 40 km lange Stadtmauer

Stadttor Bab el-Mansour (1732)

Königspalast Dar el-Makhzen

Blüte unter den Meriniden (14. Jh.) und als Residenz im 17./18. Jh.

men Reste der Saint Paul's Church (1521) sowie das Festungstor Porta de Santiago (16. Jh.), aus der niederländ. Periode das Stadthuys (1641–60, heute Museum) und die Christ Church (1753); oberhalb der Innenstadt liegen der buddhist. Tempel Cheng Hoon (1704), der älteste chin. Tempel Malaysias; im S der Stadt Bukit China, das größte chin. Gräberfeld außerhalb Chinas. – Um 1400 fiel die Malaiensiedlung M. an PARAMESVARA, einen Fürsten aus Palembang (Sumatra), der das Sultanat M. gründete. Schnell stieg M. zum Haupthandelsplatz dieses neuen Reiches auf und wurde Ausgangspunkt für die Ausbreitung des Islam in SO-Asien. Die Bedeutung M.s blieb auch unter port. (seit 1511) und niederländ. Herrschaft (seit 1641) erhalten (→Malaiische Halbinsel, Geschichte). Durch Verschlickung des Hafens und die brit. Inbesitznahme von Penang (1786) und Singapur (1819) begann die Bedeutung M.s zu schwinden. Die bereits 1795–1818 von den Briten besetzte Stadt erwarben diese mit dem Londoner Vertrag von 1824 im Tausch gegen den Hafen Bengkulu (Sumatra). 1826 wurde M. Bestandteil der →Straits Settlements.

M. The transformation of a Malay capital, hg. v. K. SING SANDHU u. a. (Kuala Lumpur 1983).

2) Gliedstaat Malaysias, im S der Malaiischen Halbinsel, im Küstentiefland, 1 650 km², (1993) 583 400 Ew. (rd. 50% Malaien); Hauptstadt ist M. Das Staatsgebiet wird durch die Selbstversorgerlandwirtschaft der Malaien (v. a. Reisanbau) und die von Europäern, Chinesen und Malaien betriebene Kautschukgewinnung genutzt. Der Zinnerzbergbau hat nur geringen Umfang. Die Ansiedlung von Industriebetrieben wurde vom Staat durch Einrichtung von Industrieparks und Freihandelszonen gefördert.

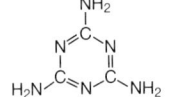

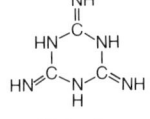

Melakonit [griech.] *der, -s/-e,* das Mineral →Tenorit.

Melaleuca [zu griech. mélas ›schwarz‹ und leúke ›Weißpappel‹], wiss. Name der →Myrtenheide.

Melamin [Kw.] *das, -s,* **2,4,6-Triamino-1,3,5-triazin, Cyanursäuretriamid,** kristalline, schwach bas. Verbindung, die überwiegend durch katalyt. Zyklisierung von Harnstoff unter Abspaltung von Ammoniak und Kohlendioxid hergestellt wird. M. hat techn. Bedeutung für die Herstellung von M.-Harzen (→Aminoplaste).

Melampyrum [griech.], wiss. Name des →Wachtelweizens.

melan..., Wortbildungselement, →melano...

Melancholie [griech., eigtl. ›Schwarzgalligkeit‹, zu mélas ›schwarz‹ und cholē ›Galle‹] *die, -,* psych. Verfassung (endogene, körperlich nicht begründbare Depression), die v. a. durch traurige Verstimmung, Willens-, Denk- und Antriebshemmung und ein Gefühl der inneren Leere gekennzeichnet ist. – Begriffsgeschichtlich ist zu unterscheiden zw. M. als Krankheit und dem **Melancholiker** als Typus, neben dem Sanguiniker, Choleriker und Phlegmatiker eines der traditionellen ›vier Temperamente‹; daneben gibt es M. als eine von Schmerzlichkeit, Nostalgie, Traurigkeit oder Nachdenklichkeit geprägte vorübergehende Gemütsstimmung; auf die Außenwelt projiziert als ›melanchol. Abendstimmung‹ u. a. – In Antike und MA. ist M. hauptsächlich ein Krankheitsbegriff. Die hippokrat. Schrift ›Über die Natur des Menschen‹ führte die ›schwarze Galle‹ als Körpersaft in die Humoralpathologie ein. Nach deren Auffassung entstehen aus krankhaft vermehrter oder veränderter schwarzer Galle körperl. und v. a. seel. Leiden. THEOPHRAST stellte eine Verbindung von M. und Genie fest. GALEN brachte die Lehre von den Körpersäften in Zusammenhang mit der empedokleischen Elementenlehre, wobei er speziell die schwarze Galle mit dem Element Erde, den Qualitäten trocken und kalt und dem Organ Milz kombinierte. Als affiziert gelten v. a. der Magen,

Melamin:
Die zwei tautomeren Formen

Philipp Melanchthon

auch Gehirn und Herz. Die galen. Lehre von der M. blieb bis Ende des 18. Jh. maßgebend. Nach mittelalterl. Theorie entwickelt sich M. insbesondere unter dem Einfluss des Planeten Saturn.

H. TELLENBACH: M. (⁴1983); G. MATTENKLOTT: M. in der Dramatik des Sturm u. Drang (Neuausg. 1985); W. LEPENIES: M. u. Gesellschaft (Neuausg. ³1987); V. FRIEDRICH: M. als Haltung (²1991); R. LAMBRECHT: M. Vom Leiden an der Welt u. den Schmerzen der Reflexion (1994); R. BURTON: Die Anatomie der M. (a. d. Engl., ²1995).

Melanchthon, Philipp, eigtl. **P. Schwarzert,** reformator. Theologe, Humanist, *Bretten 16. 2. 1497, †Wittenberg 19. 4. 1560; war seit 1514 Magister und Lehrer für alte Sprachen in Tübingen, seit 1518 auf Empfehlung seines Großonkels J. REUCHLIN Prof. der griech. Sprache in Wittenberg. 1519 schloss sich M. der Reformation an und wurde der engste Mitarbeiter M. LUTHERS. Er begleitete ihn zur →Leipziger Disputation (1519) und veröffentlichte 1521 die erste systemat. Darstellung der reformator. Theologie (›Loci communes rerum theologicarum‹; Neubearbeitungen 1535, 1543 und 1559). Im Jahr 1529 nahm er am →Marburger Religionsgespräch teil und war auch an den Religionsgesprächen in Worms (1540) und Regensburg (1541) beteiligt. Sein Anliegen war dabei stets, die Reformen unter bewusstem Verzicht auf Gewalt durchzusetzen und die Einheit der abendländ. Kirche zu erhalten. Dem entsprach seine entgegenkommende Haltung auf dem Augsburger Reichstag (1530) sowie später gegenüber den Katholiken im Leipziger →Interim (1548). Das auf M. zurückgehende →Augsburgische Bekenntnis (1530), die →Apologie der Augustana (1530/31) und die Schrift ›Tractatus de potestate papae‹ (1537) zählen zu den grundlegenden Bekenntnisschriften der Reformation. In deren Konsolidierungsphase beeinflusste M. entscheidend die Organisation und Ausgestaltung des entstehenden ev. Kirchen- und Schulwesens (›Unterricht der Visitatoren‹, 1527), wobei sein Verständnis der Rechtfertigungslehre und im Verhältnisses von Gesetz und Evangelium zum →antinomistischen Streit mit J. AGRICOLA führte. Bleibende Verdienste erlangte M. auch als Organisator des Hoch- und Lateinschulwesens, wofür er nach seinem Tod, gleichsam als Ehrentitel, ›Praeceptor Germaniae‹ (Lehrer Deutschlands) genannt wurde.

Nach seinem anfänglich bedingungslosen Anschluss an LUTHER kam es im Lauf der Zusammenarbeit verstärkt auch zu Differenzen in Fragen der reformator. Theologie und der dauerhaften Sicherung der Ergebnisse der Reformation. In beiden Fragen war M. darauf bedacht, den christl. mit dem humanist. Denkansatz und die kirchl. Tradition mit der reformator. Neubesinnung zu verbinden. Der Wandel seiner theolog. Anschauungen zeigte sich bes. in seiner Deutung des Abendmahls sowie in seinem Verständnis des freien Willens und der guten Werke. Sein Bemühen um eine Verständigung mit den Katholiken während der Religionsgespräche in Worms und Regensburg blieb erfolglos. Die immer auf Ausgleich bedachte Haltung, wegen der er von LUTHER humorvoll ›Bruder Leisetritt‹ genannt wurde und die ihm aus dem Lager der Reformatoren z. T. heftige Kritik eintrug, behielt M. auch dann konsequent bei, als ihm nach LUTHERS Tod die Führungsrolle im Protestantismus zugefallen war. Dass es ihm in dieser Funktion nicht gelang, in den zw. seinen Anhängern (→Philippisten) und den →Gnesiolutheranern nun aufgebrochenen sowie oft erbittert geführten Lehrstreitigkeiten um LUTHERS authentisches theolog. Erbe zu vermitteln (→adiaphoristische Streitigkeiten), führte in seinen letzten Lebensjahren zunehmend zu Enttäuschung und Verbitterung.

Ausgaben: Opera quae supersunt omnia, hg. v. C. G. BRETSCHNEIDER u. E. BINDSEIL, 28 Bde. (1834–60, Nachdr. 1990);

Supplementa Melanchthoniana, hg. v. O. CLEMEN u. a., 5 Bde. (1910–26, Nachdr. 1968); Werke, hg. v. R. STUPPERICH, 9 Bde. (1951–75); M.s Briefwechsel. Krit. u. kommentierte Gesamtausg., hg. v. H. SCHEIBLE, auf 76 Bde. ber. (1977ff.); Loci Communes, hg. v. H. G. PÖLMANN (²1997); M. deutsch, hg. v. M. BEYER u. a., 2 Bde. (1997).
W. HAMMER: Die M.-Forschung im Wandel der Jh., 3 Bde. (1967–81); S. WIEDENHOFER: Formalstrukturen humanist. u. reformator. Theologie bei P. M., 2 Bde. (Bern 1976); H.-A. STEMPEL: M.s pädagog. Wirken (1979); W. THÜRINGER: Die M.-Hss. der Herzog-August-Bibliothek (1982); Humanismus u. Wittenberger Reformation, hg. v. M. BEYER u. G. WARTENBERG (1996); W. MAURER: Der junge M. zw. Humanismus u. Reformation, 2 Bde. (Neuausg. 1996); R. STUPPERICH: P. M. (1996); F. PAULI: Philipps. Ein Lehrer für Deutschland (²1997); P. M. Ein Wegbereiter der Ökumene, hg. v. J. HAUSTEIN (1997); H. SCHEIBLE: M. Eine Biogr. (1997).

Melandryum [griech.], wiss. Name der →Nachtnelke.

Melaneside, typolog. Kategorie für die indigenen Bewohner Ozeaniens mit Kerngebiet in Melanesien (einschließlich Neuguinea), daneben auch in Mikronesien und Polynesien. Danach sollen sich die M. durch locker-krauses Haar, große, breite, oft konvexe Nasen und meist dicke Lippen scharf von den sie umgebenden Menschenformen abheben. Sie sind in vorgeschichtl. Zeit vom südostasiat. Festland eingewandert, und es bestehen möglicherweise Beziehungen zu den →Australiden. Es sollen sich morphologisch mindestens zwei, wahrscheinlich auf zeitlich versch. Einwanderungswellen zurückgehende Untergruppen erkennen lassen: Ein breitnasiger Typus mit geringer Körpergröße v. a. im O, d. h. in Neukaledonien sowie auf den Loyalty- und Salomoninseln, und ein schmalnasiger Typus mit höherem, schlankerem Wuchs, schmalerem Gesicht und oft recht hoher, gebogener Nase. Dieser ist im Wesentlichen auf Neuguinea beschränkt (Papua). Eine kleinwüchsige Sonderform lebt im Hochland Neuguineas.

Melanesi|en [zu griech. mélas ›schwarz‹ und nêsos ›Insel‹], das Inselgebiet im westl. Pazif. Ozean nordöstlich von Australien, rd. 960 000 km² Landfläche und über 7 Mio. Ew. Es umfasst Neuguinea, den Bismarck- und den Louisiadearchipel, die Salomon- und Santa-Cruz-Inseln, die Neuen Hebriden (Vanuatu), Fidschi, Neukaledonien und benachbarte Inseln. Geologisch ist es aus älteren Gesteinen (v. a. metamorphe Gesteine), die durch junge Faltung gehoben sind, sowie aus jungen vulkan. Gesteinen aufgebaut; es handelt sich um ›kontinentale Inseln‹, gebirgig (im Zentralgebirge Neuguineas bis 5030 m ü. M.), durch die Andesitlinie (Grenze zw. Indisch-Austral. und Pazif. Platte, im Andesit) von Polynesien (im O) und Mikronesien (im N) getrennt. Das Klima ist tropisch, maritim geprägt (Monatsmittel 25–28 °C), die Niederschläge liegen je nach Exposition zw. 1000–2000 und 7000–9000 mm im Jahr. Meist herrscht trop. Regenwald, im südl. Bereich Monsunwald und Savannen vor; Mangrovekusten; Saum- und Wallriffe.

Die Bevölkerung besteht überwiegend aus →Melanesiern (einschließlich →Papua); Zuwanderer sind u. a. Polynesier, Europäer, Chinesen, Inder (Fidschi), Vietnamesen. Die Ernährung beruht v. a. auf der Nutzung von Kokos-, Sagopalmen, Schraubenbäumen, dem Anbau von Knollengewächsen (Jamswurzel, Taro, Bataten, Maniok), ferner von Kakao, Kaffee, Zuckerrohr sowie auf der Fischerei. Neben Schweinen werden Hühner und Hunde gehalten. Exportgüter sind außer Kopra, Zucker, Kaffee, Fisch, Holz v. a. Bergbauprodukte: Nickel-, Chrom- und Manganerze aus Neukaledonien, Kupfer- und Golderze aus Papua-Neuguinea sowie Gold aus Fidschi. Die Industrie ist schwach entwickelt, verarbeitet werden v. a. landwirtschaftl. Produkte für den einheim. Bedarf. Außer dem Tourismus liefert auch die Lizenzvergabe an ausländ. Fischereiunternehmen Einnahmen.

Geschichte: Die Besiedlung M.s begann wie in Australien während der letzten Eiszeit, wahrscheinlich vor etwa 50 000 Jahren; die ältesten Funde stammen aus dem Hochland Neuguineas (Kosipe, 25000 v. Chr.); seit 9000 v. Chr. sind hier Pflanzenbau (Knollenfrüchte) und Schweinehaltung belegt. Die Menschen waren wohl Vorfahren der heutigen papuasprachigen Bev.; vor 4000–7000 Jahren besiedelten sie zumindest auch die anderen Inseln des westl. M. Wahrscheinlich seit dem 2. Jt. v. Chr. breiteten sich in M., verbunden mit der Lapitakultur (Keramik), die Träger der austrones. Sprachen aus; durch Mischung mit der Vorbevölkerung entstanden die typ. Merkmale der heutigen Melanesier (→Melaneside). (→Ozeanien)

B. TREIDE: Wildpflanzen in der Ernährung der Grundbevölkerung M.s (Berlin-Ost 1967); H. C. BROOKFIELD u. D. HART: Melanesia. A geographical interpretation of an island world (London 1971), R. J. MAY: Melanesia beyond diversity (Canberra 1982).

Melanesi|er, die einheim. Bewohner →Melanesiens (insgesamt etwa 5 Mio.); i. e. S. die Sprecher →melanesischer Sprachen; an der N- und SO-Küste Neuguineas und auf den östlich davon liegenden Archipelen (also ohne die Sprecher von →Papuasprachen in Neuguinea, im Innern von New Britain und einigen Inseln der Salomon- und der Santa-Cruz-Inseln). Insgesamt gehören sie zu den →Melanesiden. Ihre traditionellen, bis zur Ankunft der Europäer fast überall metallosen Kulturen sind sehr unterschiedlich. Gemeinsam ist ihnen, dass die Schweinehaltung v. a. Prestige und kult. Bedeutung zusammenhängt. Wesentl. soziale Einheit ist der patrilineare, seltener der matrilineare Klan, polit. Einheit das Dorf unter der Führung des Ältestenrates oder von durch Leistung und Reichtum hervorragenden Männern (→Big Man). Erbliches Häuptlingstum findet sich nur in Teilen der östl. Archipele. Geheimbünde spielen eine große Rolle, seit 1939 auch die →Cargo-Kulte.

Die Geschichte verdeutlicht sich sowohl in mündl. Überlieferungen als auch in Werken v. a. der plast. Kunst (diese fehlt jedoch im Hochland von Neuguinea weitgehend). Vielfalt der Formen, Materialien und Motive kennzeichnet die Stilregionen W-Melanesiens, v. a. die am Rand liegenden Gebiete Neuguineas (Sepik, Asmat, Marind-anim, Massim) sowie den Bismarckarchipel (Manus, New Britain). Gemeinsam ist vielen Kulturen Melanesiens eine Betonung der Holzschnitzkunst und des Maskenwesens. Der Eindruck der leuchtend frischen, die Oberflächen gliedernden Bemalung ist nach Auffassung der M. in vielen Fällen unerlässlich für den ›richtigen‹, ›kräftigen‹ Zustand eines im religiös fundierten Brauchtum verwendeten Gegenstandes. Entsprechend der Tataueirung am menschl. Körper können die Flächen auch gegliedert werden durch das Einlegen z. B. von hellen Muschelschalenteilen in geschwärzten Flächen oder durch die Inkrustation von gekerbten Linien mit Kalk (zentrale Salomoninseln; Trobriandinseln). In der Schnitzkunst bilden flächige, oft durchbrochen gearbeitete Werke aus den Brettwurzeln trop. Bäume eine Ergänzung zu den in die Stammform hineinkonzipierten figürl. Darstellungen. Die meisten Werke sind aus einem einzigen Stück Holz gefertigt, zusammengesetzte Formen bilden die Ausnahme, z. B. bei Malangganmasken. Die farbige Gestaltung geschnitzter oder aus plast. Masse geformter Gegenstände leitet über zur Malerei als selbstständiger Kunstform, v. a. im Sepikgebiet. Aus versch. Gebieten sind auch Felsbilder bekannt. In Randgebieten sind in der Form Gemeinsamkeiten mit ostindones. (einschließlich altphilippin.) Kunst festzustellen, z. B. in NW-Neuguinea (→Korwar) und auf den Admiralitätsinseln. Ein beschränkter Austausch mit polynes. Regionalkulturen hat im östl. Bereich (Neue Hebriden, Neukaledonien) stattgefunden. Die

Kunst der M. hat in Europa die dt. Expressionisten und v. a. die Surrealisten beeinflusst.

E. SCHLESIER: Die melanes. Geheimkulte (1958); C. A. SCHMITZ u. F. L. KENETT: Ozean. Kunst. Skulpturen aus Melanesien (1962); Kunst u. Kultur aus der Südsee, bearb. v. W. STÖHR, Ausst.-Kat. (1987); B. HAUSER-SCHÄUBLIN: Kulthäuser in N-Neuguinea (Berlin-Ost 1989); M. STINGL: Die schwarzen Inseln. Ein Ethnologe erzählt von Melanesien (a. d. Tschech., Leipzig ²1989).

melanesische Sprachen, die auf den Inseln des westl. Pazif. Ozeans von Neukaledonien bis zum Bismarckarchipel und den Admiralitätsinseln sowie an der Nord- und Südküste des östl. und mittleren Neuguinea gesprochenen Sprachen. Sie bilden eine Untergruppe der →austronesischen Sprachen und besitzen einen unterschiedl. Anteil von Elementen aus →Papuasprachen. Allgemeine Kennzeichen der m. S. sind: Artikel für Singular und Plural sowie für Personen vor Substantiven, in vielen m. S. beim Personalpronomen außer Singular, Plural und Dual noch ein Trial; Personalpronomina meist austrones. Herkunft; besondere pronominale Elemente vor Verben; Aspektkennzeichnung beim Verb durch vorangestellte Verbalpartikeln; z. T. pronominale Objektsuffixe; Stellung zur Kennzeichung des Abhängigkeitsverhältnisses (Genitivs): Entweder steht das Regens unmittelbar vor dem Rektum, oder die Wortstellung folgt dem Muster: Regens – Possessivsuffix der dritten Person im Singular oder Plural – Substantiv; Substantive, die unveräußerl. Besitz, Verwandtschaftsverhältnisse oder Teile eines Ganzen bezeichnen, nehmen Possessivsuffixe an; bei anderen Substantiven steht ihnen ein Nomen possessivum, verbunden mit einem Possessivsuffix, voran; dem Zahlensystem liegt meist das Quinar-, das (unvollständige) Dezimal- oder das Vigesimalsystem zugrunde; Präfixe zur Bildung von Substantiven und Verben sowie die Verbalsuffixe sind austrones. Ursprungs.

H. C. VON DER GABELENTZ: Die m. S., 2 Bde. (1861–73); R. H. CODRINGTON: The Melanesian languages (Oxford 1885); S. H. RAY: A comparative study of the Melanesian Island languages (Cambridge 1926, Nachdr. New York 1979); A. CAPELL: Austronesian languages of Australian New Guinea u. G. W. GRACE: Languages of the New Hebrides and Solomon Islands, in: Current trends in linguistics, hg. v. T. A. SEBEOK, Bd. 8 (Den Haag 1971); New Guinea and neighbouring areas. A sociolinguistic laboratory, hg. v. S. A. WURM (ebd. 1979).

Melange [meˈlãʒə; frz. ›Mischung‹] *die, -/-n,*
1) *allg.:* Mischung, Gemisch aus versch. Stoffen (Kaffeesorten, Farben, Fasern).
2) *österr.* für: Milchkaffee, der zur Hälfte aus Milch besteht.

Melanide, Indomelanide, typolog. Kategorie für indigene Bevölkerungen Indiens, v. a. im NO und an der SO-Küste sowie im N Sri Lankas. Danach sind M. dunkelhäutig, mittelgroß und haben welliges, schwarzes Haar, tief liegende Augen, eine gerade Nase, volle Lippen. Sie weisen zahlr. Ähnlichkeiten mit den →Indiden auf, an deren Verbreitungsgebiet sich das ihre anschließt (z. T. auch Überlappung).

Melanine, *Sg.* **Melanin** *das, -s,* durch enzymat. Oxidation der Aminosäure Tyrosin entstehende stickstoffhaltige, gelbl. bis braune **(Phäomelanine)** oder schwarze **(Eumelanine)** Pigmente bei Tieren und Menschen, die in den Melanozyten der Epidermis oder in einer darunter liegenden Zellschicht gebildet und abgelagert werden. Sie bewirken die Färbung der Haut und ihrer Anhangsorgane (Haare, Federn) sowie der Regenbogenhaut des Auges. Starke Ansammlungen von M. kommen entweder lokal begrenzt vor (z. B. Leberflecke, Sommersprossen, Melanom) oder erstrecken sich über den gesamten Körper (Melanismus). Die biolog. Bedeutung der M. liegt u. a. im Schutz vor zu starker Sonnenbestrahlung (bes. vor UV-Strahlen). Sie absorbieren die Strahlen in der Oberhaut und verhindern so deren tieferes Eindringen in den Körper.

Melanismus *der, -/...men, Biologie:* Dunkelfärbung der Körperoberfläche durch Melanine; ein Sonderfall ist der →Industriemelanismus.

Melanit *der, -s/-e,* dunkles, fast schwarzes Granatmineral, Varietät des Andradits, bei dem Calcium und Eisen (Fe^{III}) durch Natrium und Titan (Ti^{IV}) ersetzt sind; Vorkommen in alkalireichen vulkan. Gesteinen (Phonolith) und Tiefengesteinen (Nephelinsyenit); z. T. Schmuckstein. Bes. dunkle Varietäten sind →Schorlomit und Iwaarit.

melano... [zu griech. mélas, Genitiv: mélanos ›schwarz‹], vor Vokalen verkürzt zu **melan...,** Wortbildungselement mit der Bedeutung: schwarz, dunkelfarbig, z. B. Melanozyten, Melanismus.

Melanoglossie, die →Haarzunge.

melanokrat, *Petrologie:* →Farbzahl.

Melanom *das, -s/-e,* von den pigmentbildenden Zellen (Melanozyten) der Haut, seltener der Schleimhaut ausgehender Tumor; i. e. S. das **maligne M.,** ein hochgradig bösartiger Hautkrebs, der die Pigmentzellen der Epidermis oder der Lederhaut (Corium) betrifft. Es tritt in mittlerem bis höherem Lebensalter auf und kann in Gliedmaßen, Rumpf, Gesicht, selten auch an inneren Organen, der Aderhaut des Auges oder an den Hirnhäuten angesiedelt sein. Neben der Entstehung auf der vorher unveränderten Haut ist auch ein Ausgang von einem Muttermal aus Nävuszellen oder einem entarteten Leberfleck (Lentigo maligna) möglich.

Eine Erhöhung des Erkrankungsrisikos ergibt sich aus wiederholten Hautschädigungen durch UV-Licht (v. a. schwere Sonnenbrände während der Kindheit). Häufigste Form des malignen M. ist das oberflächlich spreitende M., das sich zunächst horizontal, später in die Tiefe ausbreitet, daneben die bes. bösartige, früh in den ganzen Körper metastasierende primär knotige Form. Die Prognose ist in erster Linie von der Tiefenausdehnung des M. abhängig.

Die *Behandlung* erfordert eine möglichst frühzeitige und dann auch erfolgreiche radikale chirurg. Entfernung unter Mitnahme von gesundem Gewebe; in fortgeschrittenem Stadium besteht kaum noch eine Heilungsaussicht.

Melanophoren [zu griech. phoreîn ›(in sich) tragen‹], die →Melanozyten.

Melanose *die, -/-n,* abnorme flächenhafte Dunkelfärbung der Haut oder Schleimhaut durch vermehrte Ablagerung von Melaninen; Symptom bei der Addison- und der Basedow-Krankheit oder einer Arsenvergiftung. Ohne Krankheitswert ist die vorübergehende M. bei Schwangerschaft.

Melanosom [zu griech. sõma ›Leib‹, ›Körper‹] *das, -s,* **1)** *Pl. -en, Biologie:* das melaninhaltige Granulum im Zytoplasma der Melanozyten.
2) *Pl. -e, Petrologie:* →Migmatite.

Melanosuchus [griech.], Gattung der Alligatoren mit der einzigen Art Mohrenkaiman (→Kaimane).

Melanotropin [zu griech. trépein ›drehen‹] *das, -s/-e,* das →Melanozyten stimulierende Hormon.

Melanozyten [zu griech. kýtos ›Höhlung‹, ›Wölbung‹], *Sg.* **Melanozyt** *der, -en,* **Melanophoren,** melaninhaltige Pigmentzellen, die bei Fischen, Amphibien und manchen Reptilien (z. B. Chamäleon) durch Ausbreiten und Konzentrieren des Pigmentes am Farbwechsel beteiligt sind. Durch Abgabe von Melanosomen an verhornende Zellen werden bei vielen Säugetieren Haut und Haare dunkel gefärbt.

Melanozyten stimulierendes Hormon, Abk. **MSH, Intermedin, Melanotropin,** in der Pars intermedia der Hirnanhangdrüse der Wirbeltiere (einschließlich des Menschen) gebildetes Hormon, das in zwei Hauptformen (α-MSH und β-MSH) bekannt ist. α-MSH besteht bei allen Wirbeltieren aus 13 Aminosäuren, die Kettenlänge des β-MSH ist hingegen unterschiedlich (beim Menschen 22 Aminosäuren). MSH steuert durch Förderung der Melaninsynthese (bei den Säugetieren) und durch Ausbreitung der Melanozyten (v. a. bei Amphibien und Fischen) die Dunkelfärbung der Haut bzw. den Farbwechsel. Seine Sekretion wird vom Hypothalamus über Releasinghormone geregelt. Gegenspieler ist das →Melatonin.

Melanterit [griech.] *der, -s/-e*, **Eisenvitriol**, hellgrünes, auch braunes oder graues, monoklines Mineral der chem. Zusammensetzung $FeSO_4 \cdot 7H_2O$; Härte nach MOHS 2, Dichte 1,82 g/cm³. M. bildet Krusten, Ausblühungen, Stalaktiten; Verwitterungsprodukt von Pyrit. Er dient zur Herstellung von Farben (für Wolle, Leder, Tinte).

Melanzane, ital. Bez. für die →Aubergine.

Melaphyr [griech.-frz.] *der, -s/-e*, Gestein, →Basalt.

Melas, Spyros, neugriech. Schriftsteller, * Naupaktos 13. 1. 1882, † Athen 2. 4. 1966; gehört mit seinen realist., konflikt- und spannungsreichen Theaterstücken zu den Begründern des neugriech. Theaters. Er verfasste auch Biographien, erzählende Werke und Essays.

Werke (griech.): *Romane:* Der Alte von Morea (1931); Admiral Miaulis (1932); Blutige Soutane (1933). – *Dramen:* Der Sohn des Schattens (1908); Das rote Hemd (1909); Das zerstörte Haus (1909); Eine Nacht im Leben (1924); Weiß u. Schwarz (1924); Papaphlessas (1934); Der Vater wird erzogen (1935); Der König u. der Hund (1953; dt.).

Melasse [frz., von span. melaza, zu lat. mel ›Honig‹] *die, -/-n*, die bei der Zuckerfabrikation zurückbleibende zähflüssige, schwarzbraune, unangenehm bittersüß schmeckende Mutterlauge; enthält etwa 50 % Zucker (Saccharose), 20 % Wasser sowie 30 % organ. und anorgan. Verbindungen, bes. Stickstoffverbindungen und Kaliumsalze. M. wird zu Alkohol (**Zuckerrohr-M.** für Rum und Arrak) vergoren sowie als Nährsubstrat für Bäcker- und Futterhefe und als Zusatz zum Viehfutter verwendet.

Melastomataceae [griech.], wiss. Name der →Schwarzmundgewächse.

Melatonin [zu griech. *tónos* ›das Spannen‹, ›Anspannung‹] *das, -s*, **5-Methoxy-N-Acetyltryptamin, MCH** [Abk. für engl. **m**elanine **c**oncentrating **h**ormone ›Melanin konzentrierendes Hormon‹], in der →Zirbeldrüse gebildetes Hormon, das als Gegenspieler des Melanozyten stimulierenden Hormons bei Fischen und Amphibien durch Konzentrierung des Melanins in den Melanozyten eine vollständige Aufhellung der Haut bewirkt. Bei den Säugetieren (einschließlich des Menschen) hemmt es u. a. die Schilddrüsenfunktion und senkt insgesamt den Stoffwechsel. Seine Bildung unterliegt einem circadianen Rhythmus, wobei nachts die M.-Konzentration deutlich höher liegt als tagsüber. Es wird vermutet, dass M. eine ›Zeitgeberfunktion‹ für Einstellung und Aufrechterhaltung des circadianen Rhythmus hat. Außerdem beeinflusst M. die Gonadenaktivität und steht damit in enger Beziehung zur Fortpflanzungsaktivität.

In den USA sind M.-Präparate frei verkäuflich, ihnen wird u. a. eine Unterdrückung der Auswirkungen der Zeitverschiebung nach Transkontinentalreisen (Jetlag) zugeschrieben. In Dtl. ist das Hormon M. in Apotheken nicht mehr erhältlich, da dessen Wirksamkeit und Unbedenklichkeit nicht ausreichend belegt sind, es darf auch als Lebensmittel nicht in Verkehr gebracht werden.

Melauner Kultur [nach dem Fundort Mclaun, Südtirol], früher **Laugener Kultur,** eine bes. durch eigenartig profilierte und mit schriftartigen Zeichen verzierte Tonware gekennzeichnete vorgeschichtl. Kulturgruppe zw. Vorarlberg und Südtirol. Hervorgegangen wohl aus einer Verbindung von Urnenfelder- und Terramareelementen, scheint die M. K. bis in die jüngere Eisenzeit bestanden zu haben.

Melbourne 1): Saint Patrick's Cathedral

R. LUNZ: Studien zur End-Bronzezeit u. älteren Eisenzeit im Südalpenraum (Florenz 1974).

Melba [ˈmelbə], Dame (seit 1918) Nellie, eigtl. **Helen Porter Armstrong** [ˈɑːmstrɔŋ], austral. Sängerin (Koloratursopran), * Richmond (bei Melbourne) 19. 5. 1861, † Sydney 23. 2. 1931; feierte 1887–1926 in allen internat. Musikmetropolen sensationelle Erfolge als Opern- und Konzertsängerin. M.s Stimme hatte einen außergewöhnl. Umfang (b–f³). – Autobiographie ›Melodies and memories‹ (1925).

Melbourne [ˈmelbən], Name von geographischen Objekten:

1) Melbourne, Hauptstadt des Bundesstaates Victoria und zweitgrößte Stadt Australiens, als Metropolitan Area 3,22 Mio. Ew. (72% der Bev. von Victoria). Die Metropolitan Area, zu beiden Seiten des Yarra River, hat eine Fläche von 7800 km² (Statistical Division), die sich über 120 km an der Küste, um die Port Phillip Bay, erstreckt und nach SW in die Stadt Geelong übergeht. M. ist Sitz eines kath. und eines anglikan. Erzbischofs (Metropolit von Victoria); hat mehrere Univ. u. a. Hochschulen, zahlr. Fachschulen und Forschungsinstitute; Staatsbibliothek, Nationalgalerie und Nationalmuseum von Victoria u. a. Museen, Theater; mehrere kommerzielle Rundfunk- und Fernsehanstalten, zoolog. und botan. Garten. Im ältesten Teil der City, schachbrettartig angelegt, befinden sich Verwaltungen von Industrie- und Bergbauunternehmen, Banken und Versicherungen sowie der Sitz einer Börse. M. ist das bedeutendste Industriezentrum Australiens; zahlr. Vorstädte sowie Neuanlagen entlang den Ausfallstraßen, v. a. im S und W, nehmen die vielseitige Industrie auf: Maschinenbau (Eisenbahnmaterial, Kraftwerksausrüstungen, Landmaschinen u. a.), Fahrzeugbau (u. a. Toyota, Ford), weitere Zweige der Metallverarbeitung, Textil- und Bekleidungsindustrie, Papierherstellung, Erdölraffinerie (in Altona), chem. Werke, Reifenherstellung, Nahrungsmittelindustrie, Marinewerft in Williamstown. An der Mündung des Yarra River in die Port Phillip Bay liegt der Hafen, zweitwichtigster Einfuhrhafen Australiens, (jährlich rd. 13 Mio. t Umschlag); Fährverkehr nach Devonport (Tasmanien). Seit 1969 besteht der internat. Flughafen Tullamarine.

Stadtbild: M. gilt mit seinen Bauten aus dem späten 19. Jh. als die am ausgeprägtesten englische unter den austral. Hauptstädten: neugot. kath. Saint Patrick's

Dame Nellie Melba

Melbourne 1)
Stadtwappen

zweitgrößte Stadt Australiens

Hauptstadt des Bundesstaates Victoria

3,22 Mio. Ew.

mehrere Universitäten

wichtiger Industriestandort

Siedlungsbeginn 1835

Stadtrecht seit 1842

1901–1927 Hauptstadt des Australischen Bundes

Olympische Spiele 1956

Paul Ludolf Melchers

Cathedral, anglikan. Saint Paul's Cathedral (ab 1880; Erweiterung 1931), Town Hall (1867–70); zahlr. Wolkenkratzer. Ein äußerer Kranz von Vorstädten reicht bis an die Dandenong Ranges, Ausläufer der Great Dividing Range (v. a. Wohngebiete).

Geschichte: Das Gebiet von M. wurde zuerst 1835 von Tasmanien aus besiedelt, die Niederlassung 1837 nach dem damaligen brit. Premier-Min. WILLIAM LAMB, Viscount MELBOURNE (*1779, †1848), benannt. Durch die Goldfunde um die Jahrhundertmitte und den Export von Wolle und Talk wuchs die Siedlung rasch; 1842 wurde sie Stadt, 1851 Hauptstadt des Bundesstaates Victoria. 1901–27 war M. Hauptstadt des Austral. Bundes (seither Canberra). 1956 fanden hier die Olymp. Sommerspiele statt.

B. HOFMEISTER: Australia and its urban centres (Berlin-West 1988).

2) Mount Melbourne [maʊnt-], Vulkan in der Antarktis, im W von Victorialand, 2732 m ü. M.; gehört zur Vulkanzone (Tertiär/Quartär) des Transantarkt. Gebirges.

Melchers, Paul Ludolf, kath. Theologe, *Münster 6. 1. 1813, †Rom 14. 12. 1895; urspr. Jurist, wurde 1841 kath. Priester, 1857 Bischof von Osnabrück, 1866 Erzbischof von Köln; war im Kulturkampf Führer des preuß. Episkopats, wurde 1874 inhaftiert und leitete die Kölner Diözese seit 1875 aus dem Exil in Maastricht. Im Interesse des kirchenpolit. Friedens resignierte er 1885 und wurde Kurienkardinal.

A. VERBEEK: Die Kölner Bischofsfrage u. die Beilegung des preuß. Kulturkampfes (1989).

Melchiades, der Papst →Miltiades.

Melchior [hebr., eigtl. ›König des Lichts‹], Name eines der Hl. →Drei Könige.

Melchior, 1) J o h a n n Peter, Bildhauer und Modelleur, *Lintorf (heute zu Ratingen) 12. 10. 1742, †Nymphenburg (heute zu München) 13. 6. 1825; war als Modellmeister für die Porzellanmanufakturen in Höchst (1767–79), kurfürstl. mainz. Hofbildhauer 1770), Frankenthal (1779–93) und Nymphenburg (1797–1822) tätig. Die meisten seiner Porzellanfiguren, zu deren Motiven er oft durch frz. Stiche angeregt wurde, entstanden in Höchst, v. a. Kinderfiguren und Genregruppen im Stil des Rokoko. In seiner vom Klassizismus bestimmten Spätzeit schuf er vorzügl. Porträts (Reliefmedaillons in Biskuitporzellan).

M. OPPENHEIM: J. P. M. als Modellmeister in Höchst (1957).

2) [ˈmɛlkɪɔ:], Lauritz, eigtl. **Lebrecht Hommel,** amerikan. Sänger (Heldentenor) dän. Herkunft, *Kopenhagen 20. 3. 1890, †Santa Monica (Calif.) 18. 3. 1973; debütierte 1913 als Bariton und war 1913–21 Mitgl. der Königl. Oper Kopenhagen; wechselte 1924 in Bayreuth ins Heldentenorfach. 1926–50 war er Mitgl. der Metropolitan Opera in New York; galt als der bedeutendste Wagner-Tenor seiner Generation.

Melchisedek [hebr. ›König der Gerechtigkeit‹], vorisraelit. Priesterkönig von Salem (Jerusalem; 1. Mos. 14, 18 ff., Ps. 110, 4), dessen ›Höchstem Gott‹ (→El) ABRAHAM den Zehnten zahlte. Durch messian. Deutung von Ps. 110 erscheint das Priesteramt des M. im N.T. (Hebr. 7) als beispielhafte Vorwegnahme des ewigen Hohepriesteramtes JESU CHRISTI. – M. wurde bereits in der frühchristl. Kunst als Prototyp des ›Neuen Bundes‹ dargestellt (Wiener Genesis; Apsismosaik von San Vitale in Ravenna; Mosaik in Sant'Apollinare in Classe bei Ravenna). Das MA. erfasst ihn in seiner Begegnung mit ABRAHAM (Chartres, Glasmalereien; Reims, Plastik).

W. ZIMMERLI in: Ztschr. für die alttestamentl. Wiss., Beih. 105: Das ferne u. nahe Wort, hg. v. F. MAASS (1967).

Melchiten [von syrisch malka ›Kaiser‹], **Melkiten,** Selbst-Bez. **Rum** [von griech. Romaioi ›die Römischen‹], urspr. jene Christen in den Patriarchaten Alexandria, Antiochia und Jerusalem, die nach dem Konzil von Chalkedon (451) dessen Beschlüsse annahmen (gegen den Monophysitismus) und damit als ›kaisertreu‹ galten. Unter dem Einfluss kath. Missionare spalteten sich die M. im 17. Jh. (endgültig 1724) in einen ›rum-katholischen‹ und einen ›rum-orthodoxen‹ Zweig. Die orth. M. verblieben unter der Jurisdiktion der Patriarchen von Antiochia, Alexandria und Jerusalem. Die kath. M. unterstellte Rom 1724 einem eigenen melchit. Patriarchen von Antiochia, der seit 1838 den Titel ›Patriarch von Antiochia und dem ganzen Orient, Alexandria und Jerusalem‹ führt (Sitz: Damaskus). Das melchit. Patriarchat (auch ›melchit.-kath. Kirche‹) ist seither eine unierte Ostkirche des byzantin. Ritus. Die Mehrheit der (1996) rd. 1,7 Mio. kath. M. (gegenüber rd. 1,1 Mio. orth. Christen in den Patriarchaten Antiochia, Alexandria und Jerusalem) lebt im Nahen Osten (Israel, Irak, Jordanien, Libanon, Syrien) und in Afrika (Ägypten). Für die melchit. Diaspora bestehen Bistümer in Australien, Nord- und Südamerika (USA, Kanada, Brasilien, Venezuela) und W-Europa. Patriarch ist seit 1967 der in Tanta (Ägypten) geborene MAXIMOS V. HAKIM (*1908).

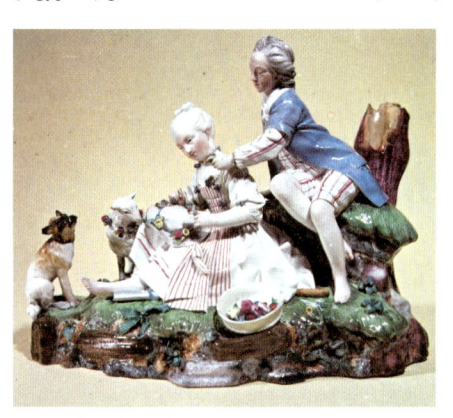

Johann Melchior: Der geschmückte Hut; 1769 (Mannheim, Reiß-Museum)

Melde [ahd. melda, eigtl. ›die (mit Mehl) Bestäubte‹], **Atriplex,** Gattung der Gänsefußgewächse mit über 100 Arten; v. a. Unkräuter der gemäßigt warmen Gebiete der Nordhalbkugel; bevorzugt trockene, alkal. Böden, häufig salztolerant. Die Blüten sind eingeschlechtig und meist auch einhäusig. Die bekannteste Art ist die **Garten-M. (Spanischer Spinat,** Atriplex hortensis), 30–125 cm hoch, mit herzförmig-dreieckigen Grundblättern und längl. dreieckigen Stängelblättern; früher als Gemüsepflanze kultiviert.

Meldegitter, Kartographie: →Planzeiger.

Meldepflicht, Rechtspflicht, die zuständigen Behörden über bestimmte Vorgänge in Kenntnis zu setzen. M. besteht u. a. im Einwohnermeldewesen hinsichtlich der Aufenthaltsmeldung, bei Geburten (→Geburtenbuch), bei übertragbaren Krankheiten (→meldepflichtige Krankheiten), im Gewerberecht, nach dem Wehrpflicht-Ges. und im Rahmen der Sozialversicherung (z. B. M. des Arbeitgebers bezüglich der versicherungspflichtigen Beschäftigten).

Im Einwohnermeldewesen wurden in der Bundesrepublik Dtl. durch das Melderechtsrahmen-Ges. (Abk. MRRG) des Bundes vom 16. 8. 1980 i. d. F. v. 24. 6. 1994 bundeseinheitl. Grundzüge für die M. geschaffen. Nach den übereinstimmenden Vorschriften in den Melde-Ges. der Länder hat sich jeder Bürger, der einen Wohnraum bezieht, innerhalb einer bestimmten Frist (i. d. R. eine Woche) bei der zuständigen Melde-

Melde: Gartenmelde (Höhe 30–125 cm)

behörde anzumelden. Bei einem Ortswechsel muss man sich auch vom bisherigen Wohnort abmelden. Sofern jemand Wohnraum in mehreren Gemeinden nutzt, gilt die vorwiegend benutzte Wohnung als Hauptwohnung (z. B. der Studienort).

Die Angaben bei der Anmeldung werden durch das Meldeamt der Gemeinde in das Melderegister übernommen, das kein öffentl. Register, sondern eine innerdienstl. Datei ist, in der die in den Melde-Ges. der Länder genannten Daten gespeichert werden dürfen. Die Meldebehörden dürfen bestimmte Daten nur für den im Gesetz genannten Zweck verarbeiten (Zweckbindung der Daten). Aus dem Melderegister werden auf dem Wege der Amtshilfe anderen Behörden oder sonstigen öffentl. Stellen bestimmte Daten übermittelt, wenn dies zur Erfüllung der Aufgaben erforderlich ist. Auch Privatpersonen können gegen Gebühr eine auf Namen, Vornamen, Doktorgrad und Anschrift beschränkte ›einfache Melderegisterauskunft‹ erhalten. Eine ›erweiterte Melderegisterauskunft‹, bei der Geburtsdatum und -ort, frühere Vor- und Familiennamen, Familienstand, Staatsangehörigkeiten, frühere Anschriften, Tag des Ein- und Auszugs, der gesetzl. Vertreter und ggf. Sterbetag und -ort übermittelt werden können, darf erteilt werden, wenn der Anfragende ein berechtigtes Interesse glaubhaft machen kann und Auskünfte nicht auf einem anderen Weg zu erhalten sind. In diesem Fall hat die Meldebehörde grundsätzlich den Betroffenen unter Angabe des Datenempfängers unverzüglich zu unterrichten. Im Übrigen unterliegen sämtl. Daten des Melderegisters einem speziellen Meldegeheimnis. Die M. bei vorübergehendem Aufenthalt (z. B. in Hotels) wird nach Landesrecht unterschiedlich gehandhabt. – Das ehem. Zentrale Einwohnerregister der DDR war gemäß Einigungsvertrag bis 31. 12. 1992 aufzulösen.

In *Österreich* verlangt das Meldegesetz des Bundes von 1991 vom Unterkunftsnehmer, dass seine Unterkunftsnahme in Wohnungen i. d. R. innerhalb von drei Tagen beim Bürgermeister (Gemeindeamt) bzw. in Statutarstädten (Städten mit eigenem Statut) bei der Bundespolizeidirektion als Meldebehörde anzumelden ist. Eine Unterkunftsnahme in Beherbergungsbetrieben ist unverzüglich, jedenfalls aber innerhalb von 24 Stunden nach Eintreffen des Gastes durch Eintragung im Gästebuch anzuzeigen; bei mehr als zweimonatigem Aufenthalt ist die Anmeldung bei der Meldebehörde erforderlich. Bei Aufgabe der Unterkunft besteht Abmeldepflicht. Der Bundes-Min. für Inneres führt ein zentrales Melderegister. – In der *Schweiz* wird die M. für Schweizer durch das kantonale Recht geregelt. In Beherbergungsbetrieben erfolgt die Anmeldung der Reisenden unmittelbar gegenüber dem Unterkunftgeber, der insoweit Vollzugsorgan der kantonalen Fremdenpolizei ist. Ausländer haben sich vor Ablauf des 3. Monats ihrer Anwesenheit bei der Fremdenpolizeibehörde des Aufenthaltsortes anzumelden. Ausländer, die zur Übersiedlung oder zur Ausübung einer Erwerbstätigkeit eingereist sind, haben diese Anmeldung binnen acht Tagen, auf jeden Fall vor Antritt einer Stelle, vorzunehmen.

meldepflichtige Krankheiten, Infektionskrankheiten, die in Dtl. gemäß Bundes-Seuchen-Ges. (§§ 3–7) innerhalb von 24 Stunden beim zuständigen Gesundheitsamt angezeigt werden müssen. Zur Meldung verpflichtet sind der behandelnde oder hinzugezogene Arzt (ggf. Hebamme), sonstige berufsmäßig mit der Behandlung oder Pflege befasste Personen, die Leiter von Justizvollzugs- und Pflegeanstalten, Lagern oder ähnl. Einrichtungen, auf Seeschiffen der Kapitän. Meldepflicht besteht auch bei Berufskrankheiten, einer Reihe von Geschlechtskrankheiten, Krankheiten, die auf den Einfluss gefährl. Chemikalien oder anderer Erzeugnisse zurückgehen (§ 16 e

---

Meldepflichtige Krankheiten

Meldepflicht besteht bei
1) Krankheitsverdacht, Erkrankung und Tod an
   Botulismus, Cholera, Enteritis infectiosa (Salmonellose und übrige mikrobiell verursachte Lebensmittelvergiftungen), Fleckfieber, Lepra, Milzbrand, Ornithose, Paratyphus A, B und C, Pest, Pocken, Poliomyelitis, Rückfallfieber, Shigellenruhr, Tollwut, Tularämie, Typhus abdominalis, virusbedingtem hämorhag. Fieber;
2) Erkrankung und Tod an
   angeborener Listeriose, Syphilis, Toxoplasmose, Zytomegalie und Rötelnembryopathie, Brucellose, Diphtherie, Gelbfieber, Leptospirose (Weil-Krankheit u. a.), Malaria, Gehirnhautentzündung und Gehirnentzündung, Q-Fieber, Rotz, Trachom, Trichinose, Tuberkulose (aktive Formen), Virushepatitis, anaerober Wundinfektion (Gasbrand, Gasödem, Tetanus);
3) Tod an
   Virusgrippe, Keuchhusten, Masern, Wochenbettfieber, Scharlach;
4) Verletzung eines Menschen durch ein tollwutkrankes oder -verdächtiges Tier, Berührung eines solchen Tieres oder Tierkadavers.

Chemikalien-Ges.), und bei körperl. und geistiger Behinderung von Kindern. – Meldepflicht gegenüber dem Statist. Bundesamt besteht bei Schwangerschaftsabbruch. – In der *Tiermedizin* unterscheidet man meldepflichtige Tierkrankheiten und anzeigepflichtige →Tierseuchen. Die meldepflichtigen Tierkrankheiten werden i. d. R. nicht staatlich bekämpft, die Meldepflicht besteht nur für den Tierarzt. Grundlage ist auch hier das Tierseuchengesetz.

In *Österreich* gelten das AIDS-Ges. von 1993, das Epidemie-Ges. von 1950 i. d. F. v. 1974, das Bazillenausscheider-Ges. von 1945 i. d. F. v. 1964, das Geschlechtskrankheiten-Ges. von 1945 i. d. F. v. 1993, das Tuberkulose-Ges. von 1968 i. d. F. v. 1993, das Krebsstatistik-Ges. von 1969, die Impfgesetze von 1949 (freiwillige Schutzimpfungen gegen Tuberkulose) und 1960 i. d. F. v. 1992 (freiwillige Schutzimpfungen gegen übertragbare Kinderlähmung). Die Gefährdung der Gesundheit von Menschen durch übertragbare Krankheiten kann strafrechtlich geahndet werden (§§ 178 f. StGB).

Das *schweizer.* StGB (Art. 231) bestraft die vorsätzl. oder fahrlässige Verbreitung einer gefährl. übertragbaren menschl. Krankheit. Gestützt auf Art. 69 der Bundesverfassung ordnen das Epidemie-Ges. von 1970, das Tuberkulose-Ges. von 1928 und die VO über die Meldung übertragbarer Krankheiten des Menschen von 1987 die Vorkehrungen gegen die Übertragung von m. K. an (u. a. Anzeigepflicht für Ärzte und Laboratorien, Isolierungspflicht, Schließung öffentl. Anstalten und privater Unternehmen).

Meldewesen, die Gesamtheit der gesetzl. Bestimmungen über die →Meldepflicht und die damit befassten Behörden.

Meldorf, Stadt im Kr. Dithmarschen, Schlesw.-Holst., auf einem Geestsporn in der Marsch, 6 m ü. M., 7500 Ew.; Technikerschule für Mess- und Regeltechnik, Dithmarscher Landesmuseum, Landwirtschaftsmuseum mit Bauernhausmuseum; Holzverarbeitung (Türen, Fenster u. a.), Webereien; Jachthafen. – Im ›Dom‹ der Dithmarscher, einer frühgot. Backsteinbasilika (1250–1300 über karoling. Vorgängerbau errichtet), Gewölbemalereien (um 1300), hölzerne Chorschranke sowie ein Schnitzaltar (um 1520). – M., seit 1265 als Stadt bezeugt, war bis 1447 die Hauptstadt Dithmarschens. Die 1559 verlorenen Stadtrechte wurden 1869 wieder erworben.

Meldorfer Bucht, die →Dithmarscher Bucht.

Meleagros, lat. **Meleager,** *griech. Mythos:* ein Sohn des Oineus und der Althaia, König von Kalydon, erlegte den Kalydon. Eber (→Kalydon). Kopf und Haut des Ebers schenkte M. der Jägerin Atalante, die als Erste den Eber verwundet und in die er sich verliebt hatte. Nachdem die Brüder der Althaia ihr die Trophäen wieder abgenommen hatten, woraufhin M.

sie erschlug, rächte Althaia nach einer verbreiteten Version ihre Brüder: Sie warf ein Holzscheit, an das M.' Leben geknüpft war, ins Feuer, sodass M. starb. – Die Jagd u. a. Motive um M. sind sehr häufig Thema der griech. Vasenmalerei seit dem 6. Jh. v. Chr. (Françoisvase), auch der Bauplastik (Metopen des Sikyonierschatzhauses in Delphi, Reliefs vom Heroon in Gölbaşı, Giebel des Athenetempels in Tegea) und auf röm. Sarkophagen der Kaiserzeit (als Schützling der Artemis wird er hier der Mondsphäre der Unterwelt zugeordnet). Eine Plastik von SKOPAS hat sich in röm. Kopien (u. a. im Vatikan) erhalten. Auch in der neuzeitl. Kunst findet sich häufig die Kalydon. Jagd (J. JORDAENS, N. POUSSIN), auch M. zus. mit Atalante (P. P. RUBENS).

Melecitose [zu frz. mélèze ›Lärche‹] *die, -,* ein Trisaccharid, das aus zwei Glucosemolekülen und einem mittelständigen Fructosemolekül aufgebaut ist; bildet weiße, wasserlösl. Kristalle, reduziert Fehling-Lösung nicht; Vorkommen in Lärchen, einigen Mannaarten und im Honigtau.

Melegnano [meleɲ-], früher **Marignano** [mariɲ-], Stadt in der Lombardei, Prov. Mailand, Italien, südöstlich von Mailand, 16 200 Ew. – Berühmt wurde die Stadt durch die **Schlacht von Marignano:** Am 13./14. 9. 1515 besiegte Marschall G. G. TRIVULZIO im Dienst FRANZ' I. von Frankreich die Schweizer Söldner des Herzogs von Mailand.

Melekess, 1972–93 **Dimitrowgrad,** Stadt im Gebiet Uljanowsk, Russland, am Samaraer Stausee der Wolga, 131 000 Ew.; Forschungsinstitut für Kernreaktoren; Chemieanlagenbau, Textil-, Nahrungsmittelindustrie; Kernkraftwerk (elektr. Leistung 50 MW); Hafen. – Gegründet 1714.

Luis Meléndez: Gurken und Tomaten; 1774 (Madrid, Prado)

Meléndez [-dεθ], **Menéndez,** Luis Eugenio, span. Maler, * Neapel 1716, † Madrid 11. 7. 1780; kam mit seinem Vater, dem Miniaturmaler FRANCISCO ANTONIO M. (* 1682, † vor 1752), 1717 nach Spanien. Nach der Ausbildung durch seinen Vater und durch den frz. Porträtmaler L. M. VAN LOO reiste er nach Rom und Neapel. Nach 1753 kehrte er nach Madrid zurück. Sein Hauptwerk ist eine Folge von 44 Stillleben, die er im Auftrag KARLS III. für ein Kabinett des Schlosses von Aranjuez schuf (1759–74; heute 39 in Madrid, Prado). M. malte auch vorzügl. Porträts (Selbstporträt, 1746; Paris, Louvre).
E. TUFTS: L. M. 18th century master of the Spanish still life (Columbia, Oh., 1985).

Meléndez Valdés [-dεð bal-], Juan, span. Dichter, * Ribera del Fresno (Prov. Badajoz) 11. 3. 1754, † Montpellier 24. 5. 1817; seit 1781 Prof. für klass. Philologie in Salamanca, ab 1789 hoher Verwaltungsbeamter im Kreis um den Aufklärer und Reformer G. M. DE JOVELLANOS y RAMÍREZ. Bei der Besetzung Spaniens durch NAPOLEON I. trat er auf die frz. Seite und musste deshalb 1813 nach Frankreich emigrieren. Sein

Georges Méliès

Werk umfasst erotisch-bukol. Lyrik (Letrillas, Silvas, Eklogen, Romanzen, Sonette) sowie Oden mit aufklärer. Themen und deutl. Kritik an Adel und Kirche.
Ausgabe: Obras en verso, hg. v. J. H. R. POLT u. a., 2 Bde. (1981–83).
G. DEMERSON: Don J. M. V. et son temps (Paris 1962); R. FROLDI: Un poeta illuminista: M. V. (Mailand 1967).

Meletius, M. von Antiochia, griech. Kirchenvater, * Melitene (heute Malatya), † Konstantinopel 381; einer der Hauptvertreter der nicän. Theologie gegen den Arianismus; seine Wahl zum Bischof von Antiochia (360) bildete den Höhepunkt des →Antiochenischen Schismas. Im Konflikt zw. der alexandrin. und antiochen. Schule wandten sich die Anhänger des M. insbesondere gegen ATHANASIOS, der sich vergeblich um eine Schlichtung des Streits in Antiochia bemüht hatte. – Heiliger der orth. Kirche (Tag: 12. 2.).

Melezzatal, tief eingeschnittenes Alpenlängstal in den Südalpen zw. Domodossola (Region Piemont, Italien) und Tegna nahe Locarno (Kt. Tessin, Schweiz), 35 km lang; Schmalspurbahn (seit 1923); auf ital. Seite **Valle Vigezzo,** auf Tessiner **Centovalli** [tʃento-] genannt; auf Ersterer liegt die Talwasserscheide (831 m ü. M.) zw. den beiden Flüssen **Melezza,** der westl. fließt zum Toce, der östl. zur Maggia. Der linke Nebenfluss der östl. Melezza, der Isorno, bildet die Talschaft Valle Onsernone.

Melfi, Stadt in der nördl. Basilicata, Prov. Potenza, Italien, 531 m ü. M. am Fuß der Monte Vulture, 16 400 Ew.; Bischofssitz des Bistums M.-Rapolla-Venosa; Polytechnikum. Moderner Aufbau der Stadt nach wiederholten Erdbebenkatastrophen (1851, 1930). – Das Kastell wurde unter FRIEDRICH II. ausgebaut. Vom roman. Dom ist nur der Campanile erhalten. – M. war seit 1041 erste Hauptstadt der Normannen in Apulien, später bevorzugte Stauferresidenz. Nach mehrfachem Herrschaftswechsel kam es 1531 als Fürstentum an die Doria, 1799 an die Bourbonen. – M. wurde v. a. bekannt durch die Synoden (1059, 1067, 1089, 1100) und durch die von Kaiser FRIEDRICH II. als Abschluss der sizil. Reichsreform 1231 verkündeten **Konstitutionen von M.,** in denen das Verwaltungsrecht des Königreichs Sizilien kodifiziert wurde, das erste systemat. Gesetzbuch des Mittelalters.

Meli, Giovanni, ital. Dichter und Arzt, * Palermo 6. 3. 1740, † ebd. 20. 12. 1815; schrieb in sizilian. Dialekt anmutig-heitere bukol. und idyll. Verse sowie geistreich-witzige Satiren und Fabeln (›Poesie siciliane‹, 5 Bde., 1787; dt. Ausw. u. d. T. ›Lieder‹).
Ausgabe: Opere, hg. v. G. SANTANGELO, 2 Bde. (1965–68).

Melia [griech. meliē ›Esche‹], die Gattung →Zedrachbaum.

Meliaceae, wiss. Name der →Zedrachgewächse.

Melianthus [griech. méli ›Honig‹ und ánthos ›Blüte‹], wiss. Name der Gattung →Honigstrauch.

Melibiose [zu Melitose und lat. bi- ›zwei‹ gebildet] *die, -,* ein Disaccharid, das aus je einem Molekül Galaktose und Glucose aufgebaut ist; bildet farblose, süß schmeckende, wasserlösl. Kristalle, reduziert Fehling-Lösung nicht und wird von Hefe nicht vergoren. M. ist Bestandteil der →Raffinose, aus der sie durch partielle Hydrolyse gewonnen wird.

Melibocus *der,* **Melibokus, Malchen,** markanter Bergkegel am Abbruch des Vorderen (kristallinen) Odenwaldes zur Bergstraße bei Zwingenberg und Bensheim, Hessen, 517 m ü. M.

Melica [nlat.], wiss. Name der Süßgrasgattung →Perlgras.

...melie [zu griech. mélos ›Glied‹], Wortbildungselement zur Bezeichnung einer von der Norm abweichenden Bildung von Gliedmaßen, z. B. Dysmelie.

Méliès [me'ljεs], Georges, frz. Filmpionier, * Paris 8. 12. 1861, † ebd. 21. 1. 1938; gilt als der erste eigentl. Filmschöpfer; führte Spielhandlung in den Film ein, warb berufsmäßige Schauspieler an und ließ sie vor fantasiereichen Kulissen agieren. Durch seine Tätigkeit als Karikaturist bei der Zeitschrift ›La Griffe‹ und sein Interesse an der Illusionsbühne wurde M. zum Erfinder des Trickfilms, mit dessen Hilfe er im Phantasmagorien schuf wie ›Le voyage dans la lune‹ (1902), ›Le voyage à travers l'impossible‹ (1904). M. gründete 1897 die erste Filmproduktion der Welt; er realisierte Hunderte von Filmen.

J. FRAZER: Artificially arranged scenes. The films of G. M. (Boston, Mass., 1979); P. JENN: G. M., cinéaste (Paris 1984); G. SADOUL: Lumière et M. (Neuausg. ebd. 1985); G. M. Magier der Filmkunst (Basel 1993).

Melik, melische Dichtung, die gesungene Form der griech. Lyrik, die in ihrer literar. Gestaltung in der 2. Hälfte des 7. Jh. v. Chr. beginnt. M. umfasste Chorlyrik (→Chor) und monodisch vorgetragene Dichtungen (→Monodie).

Melikow, Loris, Pseud. des österr. Schriftstellers Hugo von →Hofmannsthal.

Melilith [griech. méli ›Honig‹ und líthos ›Stein‹] der, -s/-e, braunes, gelbes oder graues, fettglänzendes, zu den Feldspatvertretern zählendes tetragonales Mineral, $(Ca,Na)_2(Al,Mg)[(Si,Al)_2O_7]$. M. bildet eine Mischkristallreihe mit den Endgliedern Åkermanit, $Ca_2Mg[Si_2O_7]$, und Gehlenit, $Ca_2Al[(Si,Al)_2O_7]$; Härte nach MOHS 5–5,5, Dichte 2,9–3,0 g/cm³; meist tafelige, auch kurzsäulige Kristalle, idiomorph eingewachsen oder in Drusen. Vorkommen v. a. in jungen basischen vulkan. Gesteinen, hierin die Plagioklase vertretend, auch in kontaktmetamorphen Gesteinen sowie in Hochofenschlacken.

Melilla [me'liʎa], arab. **Mliya,** berber. **Tamlit,** Hafenstadt an der marokkan. Mittelmeerküste, span. Enklave (Prov. Málaga), 14 km², 56600 Ew.; Erzverladehafen, Fischfang und Fischverarbeitung, Schiffbau, Garnison; Freihafen, Flughafen. – Maler. Altstadt (›Medina Sidonia‹) mit Häusern im andalus. Baustil, umgeben von einer Mauer aus dem 6. Jh.; in deren Nordecke Festung (16. Jh., heute noch als solche genutzt) mit städt. Museum (punisch-röm. Keramik). – M. wurde über dem phönik. **Rusadir** (705 zerstört) im 10. Jh. durch den Kalifen von Córdoba neu gegründet; Blütezeit unter den Meriniden im 13. Jh. (Hafen für Fès und Taza); seit 1497 in span. Besitz.

Melioration [spätlat. ›Verbesserung‹] die, -/-en, kulturtechn. Maßnahmen zur Bodenverbesserung für die Landwirtschaft; umfasst bes. die Trockenlegung versumpfter oder vernässter Flächen (Entwässerung), die Bewässerung oder Beregnung von Flächen mit ungenügender natürl. Wasserversorgung, die Moor- und Ödlandkultivierung (Moorkultur), die Kalkung oder, in den Marschen, das Kuhlen, durch das der in den Untergrund ausgewaschene Kalk wieder in den Oberboden verbracht wird, die Überschlickung tief liegender Flächen zur Erhöhung und Anreicherung mit nährstoffreichem Ton sowie das Aufbringen von Kompost oder anderen Humusträgern.

Die Gefüge-M. durch Tieflockerung, hg. vom Dt. Verband für Wasserwirtschaft u. Kulturbau (1985); M., bearb. v. M. TEIGE (1987); H. SCHULTE-KARRING: Die Unterbodenmelioration, auf mehrer Bde. ber. (1995 ff.).

Meliorationsanlagengesetz, →Schuldrechtsänderungsgesetz.

Melis [frz., von mlat. saccharum melitense ›maltes Zucker‹] der, -, veraltete Bez. für gemahlene weiße Zuckersorten unterschiedl. Qualität (→Zucker).

melische Reliefs, →Melos.

Melisma [griech. ›Gesang‹, ›Lied‹] das, -s/...men, Folge von mehreren, auf nur einer Textsilbe gesungenen Tönen (**melismatischer Gesang**), im Ggs. zum **syllabischen Gesang,** bei dem jeder Textsilbe je eine Note zugeordnet ist. Melismatik ist bes. für oriental. Vokalmelodien charakteristisch. Von dort drang sie in die Volksmusik der Iber. Halbinsel (z. B. Flamenco) und des Balkans ein, vermutlich auch über die frühchristl. Kultmusik in die Musik des Mittelalters.

Melisse [mlat., zu griech. melissóphyllon ›Bienenblatt‹] die, -/-n, **Melissa,** Gattung der Lippenblütler mit nur drei Arten, verbreitet von Europa und dem Mittelmeerraum bis nach Zentralasien; ausdauernde Pflanzen (im Erwerbsanbau nur einjährig kultiviert) mit hellgrünen, ovalen, am Rand gelappten Blättern, die einen zitronenähnl. Duft verbreiten; Blüten unscheinbar und weiß. In Europa kommt nur die u. a. auch in Nordamerika eingebürgerte **Zitronen-M. (Garten-M.,** Melissa officinalis) vor: 30–90 cm hohe Staude mit vierkantigem Stängel, ei- bis rautenförmigen, gesägten Blättern und weißen Blüten in Scheinquirlen. Die Blätter duften stark nach Zitrone und schmecken würzig; Verwendung u. a. als Gewürz.

Die M. ist eine seit langem geschätzte, vielseitige Heilpflanze. In der Antike wurde sie, daher ihr Name, als Bienennahrung gezogen und zum Ausreiben der Bienenstöcke verwendet (PLINIUS D. Ä., COLUMELLA). Außerdem wird die M. (v. a. als Tee) seit dem Altertum gegen Frauenleiden, daneben bei Herzbeschwerden, Kopfschmerzen, Schwermut und Husten verwendet. Im 15.–17. Jh. war M.-Wasser verbreitet. Die M. ist Hauptbestandteil des Karmelitergeistes.

Melissengeist, der →Karmelitergeist.

Melissinsäure, gesättigte Monocarbonsäure, chemisch die Triacontansäure; kommt frei und verestert u. a. im Karnauba- und im Bienenwachs vor.

Melissus, Paulus, eigtl. **Paul Schede,** Dichter und Humanist, * Mellrichstadt 20. 12. 1539, † Heidelberg 3. 2. 1602; Studium in Jena, Erfurt und ab 1560 in Wien, wo er 1561 von FERDINAND I. zum Dichter gekrönt und 1564 geadelt wurde. Über Prag und Wittenberg kam M. an den Hof des Bischofs von Würzburg; später wieder in Wien. Aufenthalte in diplomat. Dienst in England, Frankreich und in der Schweiz, zuletzt Verwalter der Palatina in Heidelberg. M. verfasste kunstvolle neulat. Liebesgedichte und führte als einer der Ersten das Sonett in die dt. Dichtkunst ein. Von seinen in dt. Sprache verfassten Gedichten sind nur fünf erhalten. Bedeutend ist auch seine Übersetzung der frz. Ausgabe der Psalmen von T. BEZA und C. MAROT (1572). M. war auch Komponist.

Werke: Cantiones (1566); Schediasmata poetica (1574); Odae palatinae (1588); Meletematum priorum libri VIII (1595).

Ausgabe: Ausgew. Gedichte, hg. v. E. RANKE (1875).

E. SCHÄFER: Dt. Horaz. Conrad Celtis, Georg Fabricius, P. M., Jacob Balde. Die Nachwirkung des Horaz in der neulat. Dichtung Dtl.s (1976).

Melissyl|alkohol, der →Myricylalkohol.

Melito, M. von Sardes, Bischof von Sardes, Apologet und christl. Schriftsteller, † vor 190. Seine an MARK AUREL gerichtete Apologie ist nur bruchstückhaft erhalten. Trat im Osterfeststreit des 2. Jh. für die abweichende Festpraxis einer Minderheit ein (Quartadecimaner). In seiner hymn. Osterpredigt ›De passione‹ findet sich neben wichtigen Einblicken in die frühchristl. Erbsünden- und Erlösungslehre erstmals explizit der folgenreiche, an die Juden gerichtete Vorwurf des Gottesmordes.

Melitopol, Stadt im Gebiet Saporoschje, Ukraine, 178000 Ew.; landwirtschaftl. Hochschule; Bau von Werkzeugmaschinen, Pkw-Motoren und Kompressoren. In der Schwarzmeerniederung um M. Obstbau.

Melitose [zu griech. méli ›Honig‹] die, -, **Melitriose,** die →Raffinose.

Melittin [zu griech. mélitta ›Biene‹] das, -s, mit einem Anteil von etwa 50% (der Trockenmasse) im Bienengift enthaltenes geradkettiges, aus 26 Aminosäuren aufgebautes Polypeptidamid; wichtigstes Toxin des →Bienengiftes. M. hat eine invertseifenartige

Melisse: Zitronenmelisse (Höhe 30–90 cm)

$$\begin{array}{c} COOH \\ | \\ (CH_2)_{28} \\ | \\ CH_3 \end{array}$$

Melissinsäure

Meli Melittis–Mellah

Melk 1): Das auf einem Felsen über der Stadt liegende Benediktinerstift

Melk 1) Stadtwappen

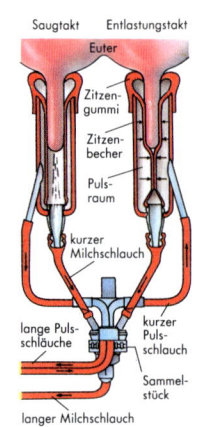

Melkanlage: Schematische Darstellung des Melkzeugs

Max Mell

Struktur, es greift v. a. die zellulären und intrazellulären Membranen an und führt zur lyt. Zerstörung der Zellen, z. B. Hämolyse der Erythrozyten.

Melittis [zu griech. mélitta ›Biene‹], wiss. Name der Gattung →Immenblatt.

Melius, Peter, ungar. Reformator, *Horhi um 1536, †Debrecen 15. 12. 1572; Schüler P. MELANCHTHONS, seit 1558 Pfarrer in Debrecen, das durch ihn zum Mittelpunkt des Kalvinismus in Ungarn und Siebenbürgen wurde; Mitverfasser des ungar. reformierten Glaubensbekenntnisses, der ›Confessio Debreciniensis‹ (1561).

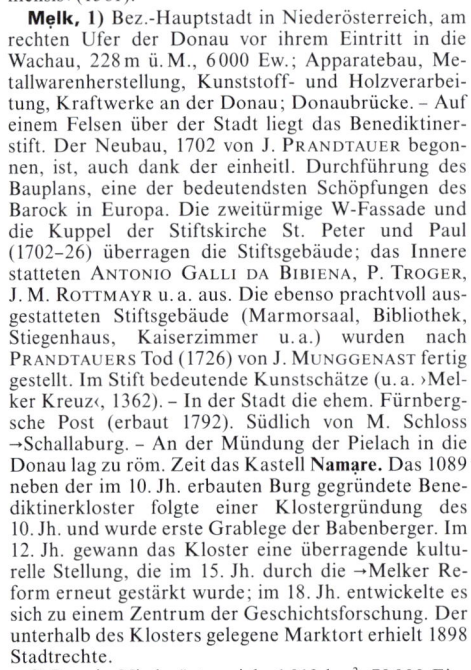

Melk, 1) Bez.-Hauptstadt in Niederösterreich, am rechten Ufer der Donau vor ihrem Eintritt in die Wachau, 228 m ü. M., 6 000 Ew.; Apparatebau, Metallwarenherstellung, Kunststoff- und Holzverarbeitung, Kraftwerke an der Donau; Donaubrücke. – Auf einem Felsen über der Stadt liegt das Benediktinerstift. Der Neubau, 1702 von J. PRANDTAUER begonnen, ist, auch dank der einheitl. Durchführung des Bauplans, eine der bedeutendsten Schöpfungen des Barock in Europa. Die zweitürmige W-Fassade und die Kuppel der Stiftskirche St. Peter und Paul (1702–26) überragen die Stiftsgebäude; das Innere statteten ANTONIO GALLI DA BIBIENA, P. TROGER, J. M. ROTTMAYR u. a. aus. Die ebenso prachtvoll ausgestatteten Stiftsgebäude (Marmorsaal, Bibliothek, Stiegenhaus, Kaiserzimmer u. a.) wurden nach PRANDTAUERS Tod (1726) von J. MUNGGENAST fertig gestellt. Im Stift bedeutende Kunstschätze (u. a. ›Melker Kreuz‹, 1362). – In der Stadt die ehem. Fürnbergsche Post (erbaut 1792). Südlich von M. Schloss →Schallaburg. – An der Mündung der Pielach in die Donau lag zu röm. Zeit das Kastell **Namare**. Das 1089 neben der im 10. Jh. erbauten Burg gegründete Benediktinerkloster folgte einer Klostergründung des 10. Jh. und wurde erste Grablege der Babenberger. Im 12. Jh. gewann das Kloster eine überragende kulturelle Stellung, die im 15. Jh. durch die →Melker Reform erneut gestärkt wurde; im 18. Jh. entwickelte es sich zu einem Zentrum der Geschichtsforschung. Der unterhalb des Klosters gelegene Marktort erhielt 1898 Stadtrechte.
2) Bez. in Niederösterreich, 1 013 km², 79 000 Einwohner.

Melk, Heinrich von, mittelhochdt. Dichter, →Heinrich, H. von Melk.

Melk|anlage, Melkmaschine, Anlage zum maschinellen Melken von Milchkühen; ahmt durch pulsierenden Unterdruck an der Zitze des Euters das Saugen des Kalbes nach. Die M. besteht aus Saugpumpe (mit Schalldämpfer), Unterdruckkessel, Leitungssystem, Milchbehälter, Pulsator und Melkzeug mit jeweils vier Zitzenbechern. In den Milchschläuchen herrscht ständig Unterdruck, während die Pulsschläuche abwechselnd mit Unterdruck (Saugtakt) und Umgebungsdruck (Entlastungstakt) beaufschlagt werden. Der durch Massagewirkung unterstützte Milchfluss wird entweder in neben der Kuh stehende Eimer (Eimer-M.) oder in größere Zentralbehälter abgeschieden (Rohr-M.). Nach etwa 4–7 Minuten versiegt der Milchstrom.

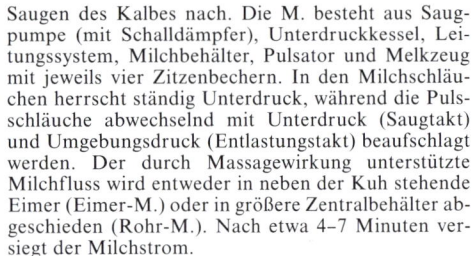

F. DEININGER u. a. in: Landtechnik, hg. v. H. EICHHORN u. a. (⁶1985); Melken. Milch vom Euter zum Tank, bearb. v. A. GOTTSCHALK u. a. (²1986).

Melkart [phönik. ›König der Stadt‹], Stadtgott von Tyros (auch in Karthago verehrt), urspr. eine Vegetationsgottheit, später mit Zügen des Sonnengottes; auch Gott der Seefahrer; von Griechen und Römern dem jugendl. Herakles gleichgesetzt.

Melker Reform, die im 15. Jh. von Italien aus erfolgte Reform des österr. Benediktinerklosters Melk. Aufgrund einer auf dem Konzil von Konstanz (1414–18) Herzog ALBRECHT V. von Österreich gemachten Zusage wurden dt. und österr. Mönche – darunter der Abt Nikolaus SEYRINGER († 1425) – aus dem ital. Reformkloster Subiaco nach Melk abgestellt, das durch die Reform eine neue Blüte erlebte. Einfluss hatte die M. R. auf Klöster in Österreich, Bayern, Schwaben und Ungarn.

Melkiten, die →Melchiten.

Melkmaschine, →Melkanlage.

Melkus, Eduard, österr. Violinist, *Baden (bei Wien) 1. 9. 1928; wurde 1958 Prof. an der Wiener Musikakademie (heute Musikhochschule) und leitet die von ihm 1965 gegründete Capella Academica Wien, ein auf Originalinstrumenten des 18. Jh. musizierendes Orchester. Konzertreisen führten ihn durch Europa, in die USA, nach Südamerika, Australien und Japan; veröffentlichte u. a. ›Einführung in die Gesch. der Violine und des Violinspiels‹ (1973).

Mell, Max, österr. Schriftsteller, *Maribor 10. 11. 1882, †Wien 12. 12. 1971; war befreundet mit H. VON HOFMANNSTHAL und H. CAROSSA; erfolgreich mit z. T. mundartl. Legendenspielen, die ihn zum repräsentativen kath. Autor im Wien der 20er-Jahre werden ließen (›Das Wiener Kripperl von 1919‹, 1921; ›Das Apostelspiel‹, 1923; ›Das Nachfolge-Christi-Spiel‹, 1927). Daneben schrieb M. Gedichte, Erzählungen und Novellen (›Barbara Naderers Viehstand‹, 1914) sowie Essays und Übersetzungen. Seine kulturpessimist. Haltung näherte sich nach 1933 völk. Positionen (›Spiel von den dt. Ahnen‹, 1935). 1954 erhielt er den Großen Österr. Staatspreis.

Ausgabe: Prosa, Dramen, Verse, 4 Bde. (1962).
I. EMICH: M. M. Der Dichter u. sein Werk (Wien 1957); R. STAHEL: M. M.s Tragödien (Zürich 1967); Begegnung mit M. M., hg. v. M. DIETRICH u. a. (Wien 1982); M. M. als Theaterkritiker, hg. v. DEMS. (ebd. 1983).

Mellah [arab.] der, im westl. Maghreb, bes. in Marokko, Bez. der ehem. Judenviertel größerer Städte.

Mellah, Fawzi, syrisch-tunes. Politologe und Schriftsteller frz. Sprache, *Damaskus 1946; lebt in Genf. In seinen Werken setzt er sich mit den soziopolit. Problemen des zeitgenöss. Maghreb und dem Verlust einer historisch gewachsenen kulturellen Identität auseinander. Zunächst dominiert (so in den beiden Theaterstücken ›Néron ou les oiseaux de passage‹, 1973, und ›Le palais du non-retour‹, 1975) noch die Abrechnung mit Kolonialismus und Neoimperialismus, später (so in den Romanen ›Le conclave des pleureuses‹, 1987, dt. ›Konklave der Klageweiber‹, und ›Elissa, la reine vagabonde‹, 1988, dt. ›Die Irrfahrt der Königin Elissa‹) steht die kulturelle Selbstfindung im Vordergrund.

Mellalien [-'ljɛ̃] *das, -(s)*, **Ouarglalien** [wargla'ljɛ̃], nach der Sebcha Mellala in der Nähe von Ouargla (Algerien) bzw. nach Ouargla selbst benannte epipaläolith. Kultur im NO der alger. Sahara; wird ins 7.–6. Jt. v. Chr. datiert.

Claude Mellan: Das Schweißtuch der Veronika; um 1650 (Ausschnitt); der Stich ist aus einer einzigen spiralförmigen Linie aufgebaut, die an der Nase beginnt

Mellan [mɛ'lɑ̃], Claude, frz. Kupferstecher und Zeichner, getauft Abbeville 23. 5. 1598, † Paris 9. 3. 1688; war 1624–36 in Rom, wo er zeitweise Schüler von S. VOUET war. Er arbeitete nicht mit den übl. Kreuzschraffuren, sondern entwickelte eine eigene Stichtechnik, bei der er Helldunkelwirkungen durch Verdickungen parallel verlaufender Linien erreichte. Berühmt wurde sein Blatt ›Das Schweißtuch der Veronika‹ (um 1650), das er aus einer einzigen spiralförmig angelegten Linie aufbaute. Von M. stammen etwa 400 Stiche, darunter auch nach eigenen Zeichnungen gestochene Porträts.

C. M. Dessinateur et graveur, Ausst.-Kat. (Abbeville 1980).

Mellaui, Mallawi, Stadt in Oberägypten, am W-Ufer des Nils und am Ibrahimijakanal, 99 100 Ew. (viele Kopten); Spinnerei und Weberei; Zuckerfabrik; Eisenbahnstation. In der Nähe befinden sich kopt. Klöster sowie altägyptische Felsgräber (u. a. →Beni Hasan). In der Umgebung wird Getreide und Zuckerrohr angebaut.

Melle, Stadt im Landkreis Osnabrück, Ndsachs., 79 m ü. M., zw. Wiehengebirge und Teutoburger Wald, 46 000 Ew.; Grönegau-Museum (bäuerl. und bürgerl. Wohnkultur); Holzverarbeitung, Maschinenbau, chem., Nahrungsmittelindustrie, Herstellung von Kühltechnik; Solbad. Im Bereich von M.-Gesmold →Bifurkation der Hase. – In der kath. Matthäuskirche (13.–14. Jh.) roman. Triumphkreuz (13. Jh.), Barockorgel (1713) und Holzplastiken von J. W. GRÖNINGER. Die ev. Petrikirche (1721–24) besitzt eine gute Ausstattung aus der Erbauungszeit. Wasserburg Haus Bruche (1733). Im Stadtteil Gesmold kath. Kirche St. Petrus (Zentralbau, 1836–38), Schloss Gesmold und eine weitläufige Wasserburg (12.–18. Jh.) mit doppelter Vorburg und Torturm (1667), die 1608–64 Residenz der Bischöfe von Osnabrück war. In den Ortsteilen Handarpe, Neuenkirchen, Oldendorf und Riemsloh Wasserburgen des 16. bis 18. Jh.; in Schiplage Kirchenburg mit spätgot., fast vollständig ausgemalter Annakirche (1505–14). – M., vermutlich aus einem fränkischen Königshof hervorgegangen, erhielt 1443 Marktrechte und wurde 1853 Stadt.

Melle, Johannes van, südafrikan. Schriftsteller niederländ. Herkunft, * Goes 11. 2. 1887, † Johannesburg 8. 11. 1953; wanderte 1913 in die Rep. Südafrika aus. Themen seines von Tragik, Ironie und Humor geprägten Werkes sind die Suche nach der Wahrheit über die menschl. Existenz, die Relation zw. Mensch und Gott sowie die Unfähigkeit der Sprache, eine Brücke der Verständigung zw. den Menschen zu schlagen.

Werke: *Romane:* Dawid Booysen (1933); Bart Nel, de opstandeling (1936); Verspeelde lente (hg. 1961).

W. F. JONCKHEERE: J. v. M. Realist tussen twee werelden (Pretoria 1968); M. E. SMITH: Jan v. M. Skrywer en wêreld (ebd. 1989).

Mellerowicz [mɛlə'roːvɪts], Konrad, Betriebswirtschaftler, * Jersitz (heute zu Posen) 24. 12. 1891, † Berlin (West) 25. 1. 1984; seit 1929 Prof. in Berlin. Grundlegende Arbeiten auf den Gebieten betriebl. Rechnungswesen, Finanzierung, Industriebetriebslehre und Unternehmenspolitik.

Werke: Allg. Betriebswirtschaftslehre der Unternehmung (1929); Kosten u. Kostenrechnung, 2 Bde. (1933–36); Betriebswirtschaftslehre der Industrie, 2 Bde. (1957); Planung u. Plankostenrechnung, 2 Bde. (1961–72); Unternehmenspolitik, 3 Bde. (1963–64); Neuzeitl. Kalkulationsverfahren (1966); Strukturwandel u. Unternehmensführung (1975).

Melles, Sunnyi, eigtl. **Szunnyi** M., schweizer. Schauspielerin, * Luxemburg 7. 10. 1958; spielt seit 1980 an den Münchner Kammerspielen; übernahm auch mehrere Filmrollen.

Filme: Paradies (1986); Der wilde Clown (1986); Geld (1989); Mit den Clowns kamen die Tränen (1990; Fernsehfilm, 3 Tle.); Ich schenk' dir die Sterne (1991).

Sunnyi Melles

Mellin [mɛ'lɛ̃], Charles, gen. **C. le Lorrain** [lə lɔ'rɛ̃], auch **Carlo Lorenese,** frz. Maler, * Nancy um 1597, † Rom 21. 9. 1649; kam 1622 nach Rom, wo er Schüler S. VOUETs wurde. Er schuf Altarbilder und Fresken im Stil N. POUSSINs (u. a. in San Luigi dei Francesi in Rom). 1636–37 hielt er sich in Montecassino auf (Wandmalerei im Chor der Klosterkirche), 1643–47 in Neapel (›Himmelfahrt Mariä‹ und ›Verkündigung‹ in Santa Maria Donna Regina).

Mellin de Saint-Gelais [mɛlɛ̃dsɛ̃'ʒlɛ], frz. Dichter, →Saint-Gelais, Mellin de.

Mellit [zu griech. méli ›Honig‹] *der, -s/-e,* **Honigstein,** gelbes bis braunes tetragonales Mineral der chem. Zusammensetzung $Al_2[C_{12}O_{12}] \cdot 18 H_2O$; Härte nach MOHS 2–2,5, Dichte 1,64 g/cm^3; bildet pyramidale Kristalle oder derbe Aggregate; Vorkommen v. a. auf Stein- und Braunkohle.

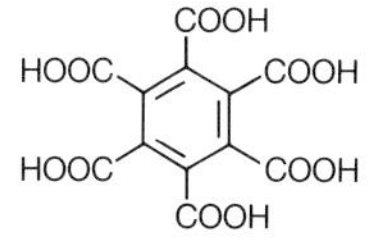

Mellitsäure, Mellithsäure, durch Oxidation von Graphit oder Hexamethylbenzol (mit Kaliumpermanganat) oder von Holzkohle (mit konzentrierter Salpetersäure) entstehende sechswertige aromat. Carbonsäure, chemisch die Benzolhexacarbonsäure. M. bildet wasserlösl., farblose Kristalle; sie kommt in Form des Aluminiumsalzes (→Mellit) auch in der Natur vor.

Mellitsäure

Mellit|urie [zu griech. méli ›Honig‹ und oũron ›Harn‹] *die, -/...'ri|en,* **Melit|urie,** Ausscheidung von Zucker mit dem Harn, teils auch unter Ausgrenzung der Glucosurie (bei Diabetes mellitus) als Sammel-Bez. für das Auftreten von Nichtglucosen (z. B. Galaktosurie) gebraucht.

Mellon ['mɛlən], Andrew William, amerikan. Unternehmer, Bankier und Politiker, * Pittsburgh (Pa.) 24. 3. 1855, † Southampton (N. Y.) 26. 8. 1937; führte die von seinem Vater 1869 gegründete Privatbank M. National Bank und zählte zu den führenden Bankiers der USA. Als Finanz-Min. (1921–32) war er v. a. für die amerikan. Stabilisierungspolitik in Dtl. verantwortlich und an der Ausarbeitung des Dawesplans und des Youngplans beteiligt. Seine Gemäldegalerie und eine große Stiftung waren 1937 Grundstock der National Gallery of Art in Washington (D. C.).

Mellotron [Kw., von engl. melody electronics] *das, -s/-s,* um 1962 in Großbritannien entwickeltes elektromechan. Tasteninstrument v. a. der Rockmusik, das über ein Tonbandschleifensystem mit Rückführautomatik auf Mehrspurbändern gespeicherte Originalklänge (z. B. akust. Instrumente, Orchesterstimmen wie Streicher oder Bläser, Chorgesang) wiedergibt. Die ersten Modelle des M. hatten zwei nebeneinander liegende Klaviaturen mit je 35 Tasten (rechts: Melodie; links: Rhythmus und Akkorde). Das 1977 gebaute **Novatron** basiert auf dem gleichen System, hat aber nur eine Klaviatur mit 35 Tasten und insgesamt kürzere Bandschleifen. Das **Birotron** verwendet statt Bandschleifen Tonbandkassetten. Die Funktion des M., beliebige fremde Klänge zu speichern und über Tastatur abzurufen, wird heute von digitalen →Samplern übernommen.

Mellrichstadt, Stadt im Landkreis Rhön-Grabfeld, in Unterfranken, Bayern, 272 m ü. M., 6 400 Ew.; Beschussamt (Waffenprüfbehörde); Heimatmuseum, Grenzmuseum; Herstellung von Spezialkugellagern, Sportwaffen, elektrotechn. Zubehör, Imkereigeräten u. a., Kunststoffverarbeitung. – Das im 8. Jh. erstmals erwähnte M. stand seit dem 11. Jh. im Besitz des Hochstifts Würzburg. Im 12. Jh. wuchs die Siedlung zur Stadt (sicher bezeugt seit 1233).

Mellum, Sandbank, →Alte Mellum.

Melnik, 1) tschech. **Mělník** [ˈmjɛlnjiːk], Stadt im Mittelböhm. Gebiet, Tschech. Rep., an der Mündung der Moldau in die Elbe, 19 900 Ew.; Herstellung von Kinderfahrzeugen, Nahrungsmittelindustrie; Flusshafen; Zentrum eines Weinbaugebietes (500 ha); auch Obst- und Gemüsebau. – Reste der Stadtmauer, Prager Tor und Wasserturm aus dem 13. Jh sind erhalten. Das Schloss Lobkowitz (heute z. T. Weinbaumuseum) aus dem 14. Jh. wurde mehrfach verändert (im 17. Jh. Anlage eines Arkadenhofs). Vom ersten Bau der Peter-und-Paul-Kirche (11. Jh.) ist der roman. Turm erhalten; Rathaus von 1398 (später verändert). – Das aus einer Burgstätte des frühen MA. hervorgegangene M. wurde 1274 Stadt. Es war seit dem 14. Jh. Leibgut der böhm. Königinnen.
2) Stadt in der Region Sofia, Bulgarien, nahe der griech. Grenze am S-Rand des Piringebirges, um 450 m ü. M., an den steilen Hängen des Strumazuflusses M., etwa 450 Ew.; Museumsstadt (typ. altbulgar. Landhäuser), von den Ruinen einer mittelalterl. Festung überragt; Touristenzentrum. In der Umgebung Weinbau. – Bei M. liegen das reich mit Wandbildern geschmückte Roschenkloster (14., 17. und 18. Jh.) und bis 100 m hohe Sandsteinpyramiden. – Die Stadt geht auf eine slaw. Siedlung aus dem 6. Jh. n. Chr. zurück, erhielt als Hauptstadt eines Fürstentums unter der Herrschaft von ALEKSIJ SLAW (1205–29) Stadtrecht und wurde 1878 als Zentrum des bulgar. Widerstands gegen die osman. Fremdherrschaft von den Türken zerstört, Ende des 19. Jh. jedoch wieder aufgebaut.

Melnikow, Mel'nikov, 1) Konstantin Stepanowitsch, russ. Architekt, * Moskau 3. 8. 1890, † ebd. 28. 11. 1974; führender Vertreter des Konstruktivismus. Er baute u. a. 1923 den Machorka-Pavillon für die Erste Landwirtschafts- und Handwerks-Industrie-Ausstellung in Moskau, 1925 den sowjet. (Holz-)Pavillon auf der Exposition Internationale des Arts Décoratifs et Industriels Modernes in Paris, 1927–29 sein eigenes Wohnhaus in Moskau sowie mehrere Arbeiterklubs.
S. F. STARR: M. Solo architect in a mass society (Neuausg. Princeton, N. J., 1981); A. A. STRIGALEV: K. S. M. (Moskau 1985); The Melnikov house, Moscow (1927–1929), Konstantin Melnikov, Beitrr. v. J. PALLASMAA (London 1996).

2) Pawel Iwanowitsch, Pseud. **Andrej Petscherskij, Pečerskij** [-tʃ-], russ. Schriftsteller, * Nischnij Nowgorod 6. 11. 1818, † Ljachowo (bei Nischnij Nowgorod)

Konstantin Stepanowitsch Melnikow: Klub Russakow in Moskau; 1927/28

13. 2. 1883; Lehrer, Ministerialbeamter, Publizist; erforschte das russ. Volksleben im Wolgagebiet, bes. das der Altgläubigen; verwertete diese Kenntnisse v. a. in seinen Romanen ›V lesach‹ (1871–74; dt. ›In den Wäldern‹) und ›Na gorach‹ (1875–81, 4 Bde.); auch Erzählungen (dt. Ausw. ›Die alten Zeiten‹, 1962).
Ausgabe: Sobranie sočinenij, 8 Bde. (1976).

Melo, Hauptstadt des Dep. Cerro Largo, NO-Uruguay, 42 300 Ew.; Bischofssitz; Handelszentrum des landwirtschaftl. Umlands.

Melo [ˈmelu], Francisco Manuel de, port. Schriftsteller, Pseud. **Clemente Libertino** [liβerˈtinu], * Lissabon 23. 11. 1608, † ebd. 13. 10. 1666; war Soldat in span. Diensten, nach 1640 im Dienst König JOHANNS IV. von Portugal, wurde wegen eines Liebesabenteuers 1644 lange Jahre eingekerkert (und 1655–58 nach Brasilien verbannt; zuletzt war er auf Gesandtschaftsreisen in Europa. M. schrieb in span. und port. Sprache. Er war bedeutend als Historiker, Moralist, Lyriker, Dramatiker und Kritiker. Seine Vorbilder waren u. a. L. DE GÓNGORA Y ARGOTE, F. GÓMEZ DE QUEVEDO Y VILLEGAS und B. GRACIÁN Y MORALES.
Werke: Geschichtsschreibung: História de los movimientos y separación de Cataluña (1645); Epanáforas de vária história portuguesa (1660). – *Religiöse und moral. Abhandlungen:* Carta de guia de casados (1651); Apólogos dialogaes (1721). – *Komödie:* Auto do fidalgo aprendiz (entstanden 1646, erschienen 1665). – *Lyrik:* Obras métricas (1665). – *Briefe:* Cartas familiares (1664).

Melocactus, Melonenkaktus, Türkenkopf, Kakteengattung mit etwa 40 teilweise nur schwer unterscheidbaren und schwer zu kultivierenden Arten in Mexiko, Westindien und dem nördl. trop. Südamerika; stark gerippte Kugelkakteen, die etwa nach sieben bis zehn Jahren blühfähig sind. Dann entwickelt sich das Cephalium, ein mützenartiger, rippenloser, dicht wollig behaarter, die kleinen Blüten tragender Endabschnitt, der hutartig in die Höhe wachsen kann. Alle Arten sind geschützt.

Melocactus: Melocactus azureus (Breite bis 14 cm)

Melochimbuch [›Buch der Könige‹], wohl im 15. Jh. entstandene altjidd. Bearbeitung der Geschichte SALOMOS und seiner Nachfolger. Das M. umfasst im Erstdruck (Ausgburg 1543) 2 262 Strophen zu je vier Langzeilen und überbietet darin wie auch durch die Fülle der Quellen sein literar. Vorbild, das →Schmuelbuch.
Ausgabe: Das altjidd. Epos Melokîm-Bûk, hg. v. L. FUKS, 2 Bde. (1965).
W. STAERK u. A. LEITZMANN: Die jüdisch-dt. Bibelübersetzungen (1923, Nachdr. 1977); W.-O. DREESSEN: M., in: Die dt. Lit. des MA. Verfasserlex., hg. v. K. RUH, Bd. 6 (^{2}1987).

Melodica® *die, -/-s,* modernes, von der Firma Hohner (Trossingen) v. a. für Kinder und Jugendliche entwickeltes, in mehreren Größen gebautes Blasinstrument mit durchschlagenden Zungen und schnabelförmigem Mundstück. Die Schwingungen werden durch Tasten in Klaviaturanordnung ausgelöst.

Melodie [griech. melōdía, zu mélos ›Lied‹ und ōdē ›Gesang‹] *die, -/...'di|en,* Folge von Tönen verschiedener Höhe oder in einer Folge verschieden großer und verschieden gerichteter Intervalle, die als Einheit aufgefasst wird. Eine M. wird daher zunächst bestimmt durch die Tonhöhenorganisation (Diastematik) und erst dann durch die Dauer (und die Betonung) der einzelnen Töne (Rhythmus) sowie die Gliederung (Periodik), das Zeitmaß (Tempo) und durch die Art der Ausführung (Tongebung, Klangfarbe, Dynamik).

Die M. kann aus ›symmetrisch‹ angeordneten Teilen bestehen, wiederkehrende Motive aufweisen, als Periode in Vorder- und Nachsatz gegliedert sein oder sich aus zwei oder mehreren Perioden zusammensetzen. Ungleichmäßige Gliederung, motiv. Arbeit, langer Atem (→unendliche Melodie), Verschränkung und Unterbrechung gelten als kunstvoll. M. werden auch nach den in ihnen verwerteten Tonschritten bestimmt (diaton., chromat., atonale M.), auch nach den als Vorbild dienenden Modellen (v. a. im Bereich des gregorian. Gesangs). Im homophonen oder polyphonen Tonsatz können M. sehr verschiedene Funktionen erfüllen: als Gerüststimme (etwa als Cantus firmus), als Oberstimmen-M. (etwa als Kantilene), als Fundament oder als ›Thema‹ (etwa einer Variationsfolge). Das Moment des Melodischen hat eine bevorzugte Bedeutung sowohl zu gewissen Zeiten – etwa im 19. Jh. – als auch in bestimmten Regionen, etwa in Italien. Auch die Zwölftonmusik weist der M. einen vorrangigen Platz unter den musikal. Elementen zu; sie ist hier dem Gesetz der →Reihe unterworfen. Das Ganze melodischer Erscheinungen oder auch die Merkmale eines M.-Typus werden (analog zu →Harmonik) **Melodik** genannt. Die **M.-Lehre** hat trotz des Einsatzes bedeutender Theoretiker (J. MATTHESON, ›Kern melod. Wissenschafft‹, 1737; A. J. REICHA, ›Traité de mélodie‹, 1814) nur als Vorstufe der Kontrapunktlehre und der Lehre vom musikal. Satzbau Bedeutung erlangt.

Besondere Stilmittel der M.-Bildung im *Jazz* sind die auf afroamerikan. Einfluss zurückgehende →Ruf-Antwort-Form, die Bevorzugung ständig wiederholter →Patterns bzw. →Riffs, eine stärker an der Spieltechnik der Instrumente orientierte Art der motiv. Akzentuierung sowie das seit dem Swing und Bebop typische rhythm. Aussparen von M.-Tönen als Mittel der melod. Steigerung.

Der urheberrechtl. Grundsatz, dass das Werk eines anderen ›frei benutzt‹ werden darf, gilt nicht in Bezug auf eine M.; deren erkennbare Benutzung ist schlechthin unzulässig (§ 24 Urheberrechtsgesetz).

S. JADASSOHN: Das Wesen der M. in der Tonkunst (1899); W. DANCKERT: Ursymbole melod. Gestaltung (1932); H. ZINGERLE: Zur Entwicklung der Melodik von Bach bis Mozart (Wien 1936); B. SZABOLCSI: Bausteine zu einer Gesch. der M. (a. d. Ungar., Budapest 1959); L. U. ABRAHAM u. C. DAHLHAUS: M.-Lehre (1972); G. SCHWARZER: Entwicklung der M.-Wahrnehmung. Analyt. u. holist. Prozesse (1993).

Melodrama [frz.], **1)** eine Gattung des musikal. Bühnenstücks, die auf der Verbindung von gesprochenem Wort und begleitender (untermalender) Musik beruht. Das M. ist im 18. Jh. in Form des Monodramas durch J.-J. ROUSSEAU (›Pygmalion‹, 1770) und v. a. G. A. BENDA (›Ariadne auf Naxos‹, ›Medea‹, beide 1775) in Mode gekommen und schlug sich nieder in zahlr. ausschließlich melodramat. Stücken (z. B. GOETHES ›Proserpina‹, 1777), ferner in der Aufnahme von einzelnen, als **Melodram** bezeichneten Partien in Singspielen, Opern (L. VAN BEETHOVEN, ›Fidelio‹, Kerkerszene; C. M. VON WEBER, ›Freischütz‹, Wolfsschluchtszene; H. MARSCHNER, ›Hans Heiling‹, Szene der Gertrud) und Bühnenmusiken (BEETHOVEN, ›Egmont‹; F. MENDELSSOHN BARTHOLDY, ›Ein Sommernachtstraum‹; E. GRIEG, ›Peer Gynt‹) sowie v. a. im 19. Jh. in der Ausbildung des Konzert-M., bei dem Gedichte (v. a. Balladen) zu Klavier oder Orchesterbegleitung rezitiert wurden (J. R. ZUMSTEEG, R. SCHUMANN, F. LISZT, R. STRAUSS, W. WALTON). Ein wichtiger Vertreter des konzertanten wie szen. M. war Z. FIBICH (Trilogie ›Hippodamia‹, 1889–91; ›Šarka‹, 1896/97). Im 20. Jh. kam es v. a. in Frankreich zu einer Verbindung von M. und Ballett (A. ROUSSEL, A. HONEGGER, I. STRAWINSKY).

Das **gebundene Melodram**, bei dem sowohl der Sprechrhythmus wie die Tonhöhe, z. T. auch die Artikulation durch spezielle Notenzeichen (♪, ♪, ♪) fixiert erscheinen, geht zurück auf E. HUMPERDINCK (›Königskinder‹, 1897) und wurde in der Neuen Musik (A. SCHÖNBERG, A. BERG, P. BOULEZ, L. NONO, H. W. HENZE) weiterentwickelt.

D. RICHERDT: Studien zum Wort-Ton-Verhältnis im dt. Bühnen-M. Darst. seiner Gesch. von 1770–1820 (Diss. Bonn 1986); W. SCHIMPF: Lyr. Theater. Das M. des 18. Jh. (1988); U. KÜSTER: Das M. (1994).

2) im 19. Jh. in Frankreich und bes. in England und Amerika populäre, auf der Bühne vorherrschende Art des rührend-pathet., trivialen Dramas, das Handlungen mit stereotypen Konstellationen der Hauptfiguren (gutmütiger Held, bedrängte Heroine und skrupelloser Schurke) in vordergründiger Spannung und unter Einsatz nicht nur musikal. Untermalung, sondern v. a. spektakulärer Bühneneffekte präsentierte, mit Verteilung von Lohn und Strafe am Schluss. Zu den erfolgreichsten Autoren von M. gehören R. C. G. DE PIXÉRÉCOURT, DUMAS FILS, D. BOUCICAULT, H. A. JONES, T. TAYLOR u. a. Literar. Stoffe für M. wurden u. a. auch Werken von SHAKESPEARE, SCHILLER oder LORD BYRON entnommen.

Melody-Section [ˈmelədɪˈsekʃn, engl.] *die, -/-s,* im Jazz geprägte Bez. für die im Ggs. zur Rhythm-Section melodietragenden und bes. auch solistisch hervortretenden Instrumentengruppen einer Band bzw. Bigband; innerhalb der M.-S. wird unterschieden zw. →Brass-Section und →Reed-Section.

Melograph [zu griech. mélos ›Lied‹ und gráphein ›schreiben‹] *der, -en/-en,* **Pianograph,** mechan. Vorrichtung an Tasteninstrumenten seit dem 18. Jh., die dazu diente, gespielte Musikstücke in einer entzifferbaren Schrift auf Papier aufzuzeichnen. (→Tonhöhenschreiber)

Meloidae [nlat.], wiss. Name der →Ölkäfer.

Melolontha [griech.], die →Maikäfer.

Melone [von frz. melon, ital. mellone, diese von spätlat. melo, melonis, einer Kurzform von lat. melopepo, griech. mēlopépōn ›apfelförmige M.‹, die erst vollreif genossen wird‹, eigtl. ›reifer Apfel‹] *die, -/-n,* **Garten-M., Zucker-M., Cucumis melo,** Kürbisgewächs der Tropen, auch in wärmeren Gebieten der gemäßigten Zonen in Kultur; Kletterpflanze mit rauhaarigem Stängel, großen fünfeckigen Blättern und großen, goldgelben, getrenntgeschlechtigen, einhäusig verteilten Blüten. Das grünlich gelbe bis rötl. süß schmeckende Fruchtfleisch umschließt zahlreiche längl. ovale, abgeflachte Samen. Die fleischigen Beerenfrüchte (Melonen) werden als Obst roh gegessen oder zu Marmelade und Gemüse verarbeitet. Eine bekannte Kultursorte ist die kleinfrüchtigere, gelbschalige, bes. süße **Honig-M.** mit hellem Fruchtfleisch. Ebenfalls kultiviert werden die **Netz-M.,** bei der auf der Fruchtschale durch Korkleisten eine netzartige Struktur gebildet wird, und die tiefere Längsrillen aufweisende **Kantalupmelone.** (→Wassermelone)

Kulturgeschichte: Darstellungen und Funde zeigen, dass im alten Ägypten M. kultiviert und als Nahrungsmittel, Tribut und Opfergabe verwendet wurden. Sarkophage wurden mit M.-Laub geschmückt. Angaben bei PLINIUS D. Ä. und pompejan. Wandgemälde lassen

Melone: Gartenmelone

Melo Melone – Melozzo

vermuten, dass die Römer M. (melopepo) und Wasser-M. (pepo) kannten. Die im ›Capitulare de villis‹ KARLS D. GR. (um 794) und bei ALBERTUS MAGNUS erwähnten ›pepones‹ sind Melonen.

Melone, steifer Herrenhut, →Bowler.

Melonenbaum, Carica, Gattung der M.-Gewächse mit rd. 20 Arten in den warmen Gebieten der Neuen Welt; meist zweihäusige, nur selten mehr als 10 m hohe Bäume mit mehr oder weniger fleischigen, weichen Stämmen und großen, schopfig angeordneten, lang gestielten Blättern; bei einigen Arten sind die Beerenfrüchte essbar. Der Melonenbaum i. e. S. ist die in zahlr. Sorten in den gesamten Tropen weithin kultivierte Art Carica papaya, ein 4–8 m hoher, schnell wachsender Schopfbaum mit großen, gelappten Blättern und gelblich weißen eingeschlechtigen Blüten. Die ei- bis birnenförmigen, melonenartigen, grünen, im reifen Zustand gelben, selten rötl. Beerenfrüchte **(Papayafrüchte, Baummelonen)** sind etwa kopfgroß und werden bis zu 5 kg (i. d. R. bis etwa 1 kg) schwer. Das Fruchtfleisch ist gelb bis lachsrot und enthält zahlr. schwarze Samen, die kresseartig scharf schmecken und nicht gegessen werden. Da es nahezu frei von Fruchtsäuren ist, schmeckt es sehr süß. Alle Teile der Pflanze, bes. aber die unreifen Früchte, enthalten Milchsaft, der aufgrund seines Gehalts an dem Eiweiß spaltenden Enzym Papain zur Herstellung von Arzneimitteln (z. B. Enzympräparate), Fleischweichmachern u. a. genutzt wird.

Melonenbaumgewächse, Caricaceae, Pflanzenfamilie mit über 30 Arten in vier Gattungen im trop. und subtrop. Afrika und Amerika; Bäume oder Sträucher mit weißem Milchsaft; Blüten in Rispen oder Büscheln.

Melonenquallen, Beroe, Gattung der Rippenquallen mit nur wenigen weltweit verbreiteten, bis 20 cm hohen, tentakellosen Arten, z. B. die nachts blau bis blaugrün leuchtende, 10 cm hohe **Melonenqualle** (Beroe ovata) im Mittelmeer.

Melo Neto [ˈmɛlu ˈnɛtu], João Cabral de, brasilian. Lyriker, * Recife 9. 1. 1920; Diplomat; einer der wichtigsten Vertreter des um 1945 einsetzenden Neomodernismus, der eine Kosmopolitisierung des Modernismus anstrebt. Die Welt von M. N.s metaphernlosen, mathematisch genau strukturierten Gedichten ist v. a. sein Heimatstaat Pernambuco, dessen sozialen Problemen er sich immer intensiver zugewendet hat.

Werke: *Lyrik:* Pedra de sono (1942); O engenheiro (1945); O cão sem plumas (1950; dt. Der Hund ohne Federn); O rio (1954); Duas águas (1956); A educação pela pedra (1966); Museu de tudo. Poesia 1966-1974 (1975); Agrestes (1985); Crime na calle Relator (1987). – *Drama:* Morte e vida severina (1956); dt. Tod u. Leben des Severino. Pernambukan. Weihnachtsspiel).

Ausgaben: Poesia completa 1940–1980 (1986). – Ausgew. Gedichte (1969); Erziehung durch den Stein (1989; port. u. dt. Ausw.); Der Fluß, übers. v. C. MEYER-CLASON (1993, port. u. dt.).

Meloria, Sandinsel im Ligur. Meer, 6 km von Livorno. – Hier besiegte König ENZIO die Flotte Genuas (3. 5. 1241); die Genuesen unter OBERTO DORIA († 1304) schlugen die Flotte der Pisaner (6. 8. 1284).

Melos [griech. ›Lied‹, ›Gesang‹] *das, -,* **1)** *Musik:* in der griech. Antike svw. Weise, Melodie, zum Gesangsvortrag bestimmtes lyr. Gedicht; dessen Herstellung wird **Melopöie** genannt. Im MA. auch gleichbedeutend mit Cantus, Cantilena, Melodia; seit dem 19. Jh. allg. Bez. für das sangbare, melod. Moment einer Musik und den Charakter der Melodiebildung.

2) *Sprachwissenschaft:* →Sprachmelodie.

Melos, neugriech. **Milos,** im MA. ital. **Milo,** Insel im SW der Kykladen, Griechenland, 151 km², 4400 Ew.; aufgebaut aus jungvulkan. Gesteinen, mit schwefelhaltigen Thermen und Fumarolen; bis 751 m ü. M. hoch; Abbau von Bentonit, Kaolin und Bimsstein, Flughafen. – Obsidian wurde schon seit dem Neolithikum auf M. gewonnen, eine frühe ständige Siedlung der kyklad. Kultur war Pelos (an der O-Küste) sowie etwas später →Phylakopi, das auch in minoischer und myken. Zeit bedeutend blieb. Nach dessen Zerstörung (um 1100 v. Chr.) gründeten die aus Lakonien eingewanderten Dorer das alte M. (am Eingang der Bucht von M.); sie siedelten auch im SW der Insel. Die im 8.–6. Jh. v. Chr. geprägten Münzen zeigen den Apfel (›M.‹). V. a. im 7. Jh. besaß M. eine bedeutende Glyptik- und Keramikproduktion. Die ›melischen Amphoren‹ für Gräber wurden auch auf anderen Inseln hergestellt. Die frühe Keramik ist in einem spätgeometr., orientalisierenden Stil bemalt. Von der archaischen griech. Bildhauerkunst gibt der ›Kuros von M.‹ (um 560–550 v. Chr.; Athen, Archäolog. Nationalmuseum) eine Vorstellung. Die mit mytholog. Darstellungen versehenen, mit Modeln hergestellten kleinen Terrakottareliefs **(melische Reliefs)** aus dem 5. Jh. v. Chr. waren eine weit verbreitete Handelsware (sie dienten als Möbelbeschläge für Truhen). 405 n. Chr. nach einer Strafaktion Athens (416) von den Spartanern befreit, erlebte M. (dank Export von Alaun, Schwefel, Ton, Bimsstein, Wein, Öl, Honig) in hellenist. Zeit eine neue Blüte (Theater, Odeion, Gymnasion, Stadtmauern u. a. in Resten erhalten); 1820 wurde hier die Venus von M. gefunden (BILD →Aphrodite).

Melos Quartett [zu **Mel**cher und **Vos**s], Streichquartett, gegr. 1965, mit WILHELM MELCHER (* 1940, 1. Violine), GERHARD VOSS (* 1939, 2. Violine), 1993 abgelöst durch IDA BIELER (* 1951), ferner HERMANN VOSS (* 1934, Viola) sowie PETER BUCK (* 1937, Violoncello); weltweite Konzertreisen mit zykl. Aufführungen der Streichquartette u. a. von L. VAN BEETHOVEN, F. SCHUBERT und B. BARTÓK.

Melotti, Fausto, ital. Bildhauer, * Rovereto 8. 6. 1901, † Mailand 22. 6. 1986; gestaltete aus Kupferdraht und Messing mithilfe von Stofffetzen Objekte von schwebender Leichtigkeit, schuf aber auch große Plastiken aus Stahl und Marmor.

M., Ausst.-Kat. (Florenz 1981).

Melozzo, M. da Forlì, ital. Maler, * Forlì 1438, † ebd. 8. 11. 1494; angeregt von A. MANTEGNA und PIERO DELLA FRANCESCA, war er in Forlì, Rom, Loreto und Urbino tätig. Eine glänzende Beherrschung der Perspektive und die Monumentalität seiner realis-

Melonenbaum: Carica papaya (Höhe 4–8 m)

Melos: Kuros von Melos; um 560–550 v. Chr. (Athen, Archäologisches Nationalmuseum)

Melozzo da Forlì: Papst Sixtus IV. ernennt B. Platina zum Präfekten der Vatikanischen Bibliothek; 1477 (Rom, Vatikanische Sammlungen)

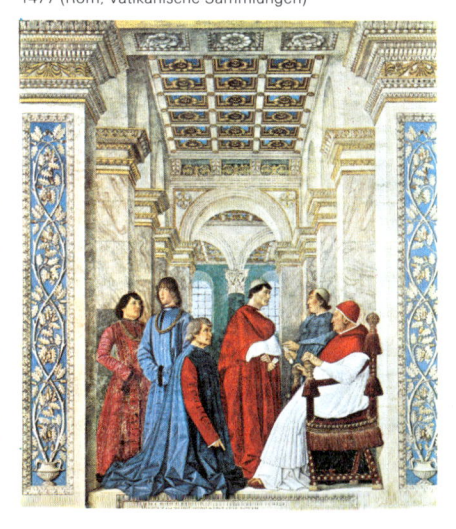

tisch erfassten Gestalten führten ihn bereits in die Nähe der Hochrenaissance.

Werke: Papst Sixtus IV. ernennt B. Platina zum Präfekten der Vatikan. Bibliothek (Fresko, auf Leinwand übertragen, 1477; Rom, Vatikan. Sammlungen); Bruchstücke der Apsisfresken von Santi Apostoli in Rom (1477–80): Himmelfahrt Christi (Rom, Quirinal), musizierende Engel u. a. (Vatikan. Sammlungen); Fresken in der Sakristei von San Marco in Loreto mit acht Engeln (mit Christi Leidenswerkzeugen) und acht Propheten (nach 1484).

Melpomene, griech. Mythos: eine der →Musen.

Mels, Gem. im Kt. St. Gallen, Bez. Sargans, Schweiz, an der Seez, 500 m ü. M., umfasst auch das Tal der oberen Seez (Weisstannental), 139 km², 7 100 Ew.; Textilindustrie, Apparatebau; Weinbau und Weidewirtschaft.

Melsungen, Stadt im Schwalm-Eder-Kreis, Hessen, an der mittleren Fulda vor deren Austritt in das Kasseler Becken, 179 m ü. M., 14 900 Ew.; pharmazeut., Lebensmittel- u. a. Industrie. – Das maler. Ortsbild wird durch zahlr. Fachwerkbauten bestimmt, von denen das dreigeschossige, frei auf dem Marktplatz stehende Rathaus (1555–56) zu den schönsten in Dtl. zählt. Die ev. Stadtkirche (1415–25, über Vorgängerbau) ist eine gedrungene, fast quadrat. Rundpfeilerhalle, das Schloss ein schmuckloser Renaissancebau (1550–57); größere Teile der mittelalterl. Stadtbefestigung mit dem Eulenturm (1556) sind erhalten. Ein Beispiel für moderne Architektur sind die Gebäude der Firma B. Braun AG von J. STIRLING, MICHAEL WILFORD und WALTER NÄGELI (1920–92; BILD →Stirling). – Das an einem Fuldaübergang gelegene M., 974 erstmals urkundlich erwähnt, wurde im 13. Jh. zur Stadt (als solche 1267 genannt) ausgebaut.

Meltzer, Allan H., amerikan. Volkswirtschaftler, * Boston 6. 2. 1928; seit 1957 Prof. an der Carnegie Mellon University. M., ein führender Vertreter des Monetarismus, entwickelte 1966 gemeinsam mit K. BRUNNER die Kreditmarkttheorie des Geldangebots (→Kreditmarkt). Seine geldtheoret. Positionen sind in dem Werk ›Money, credit, and policy‹ (1995) zusammengefasst.

Melun [mə'lœ̃], Stadt in Frankreich, Verw.-Sitz des Dép. Seine-et-Marne, in der südl. Brie an der Seine, 35 300 Ew.; landwirtschaftl. Handel (Weizen, Käse), Bau von Flugmotoren (mit Versuchsgelände), Autokarosserien und Musikinstrumenten, Heizkörperfabrik, pharmazeut. und Textilindustrie. – Die Altstadt liegt auf einer Insel mit den Kirchen Notre-Dame (11./12. Jh., Fassade 16. Jh.) und Saint-Aspais (15./16. Jh.; mit Renaissance-Glasfenstern) und dem im Renaissancestil 1848 vollendeten Rathaus. – 5 km nordöstlich von M. liegt das Schloss →Vaux-le-Vicomte. – **Melodunum,** zuerst als Oppidum der kelt. Senonen bekannt, wurde 53 v. Chr. römisch, war in fränk. Zeit Hauptort einer Grafschaft und kam 1016 zur frz. Krondomäne.

Melun-Sénart [mə'lœ̃ se'naːr], Neue Stadt in Frankreich, 35 km südöstlich von Paris, umfasst Melun und weitere 17 Gem. bis zum Waldgebiet Sénart (Dép. Essonne und Seine-et-Marne), 81 000 Ew. – 1971 zur Entlastung von Paris als eine der →Villes nouvelles gegründet (etwa 150 000 Ew. geplant).

Melusine, nach einer altfrz. Geschlechtersage Ahnfrau des gräfl. Hauses Lusignan; eine Meerfee, die sich mit einem Sterblichen (Graf RAYMOND VON POITIERS) vermählt, von ihrem Gatten trotz eines gegenteiligen Versprechens in ihrer Nixengestalt beobachtet wird und in ihr Geisterreich zurückkehrt. Die frühesten Fassungen des Stoffes finden sich in einem Prosaroman (um 1390) von JEAN D'ARRAS (*vor 1350, †nach 1394) und in dem nach 1401 entstandenen Versroman von COULDRETTE. Auf letzterem Werk beruht die dt. Prosafassung des THÜRING VON RINGOLTINGEN (1474), die zum Volksbuch wurde. Weitere Bearbeitungen sind u. a. die Dramen von H. SACHS (1556) und J. AYRER (1598), später die Nachdichtungen von u. a. J. F. W. ZACHARIAE (1772) und L. TIECK (1800). F. GRILLPARZER schrieb für C. KREUTZER ein Opernlibretto (1833). In GOETHES Märchen ›Die neue M.‹ (1816) wird das Thema ins Heitere verkehrt. (→Meerweib)

Melusinidae [nlat., zu Melusine], die →Kriebelmücken.

Melville, 1) ['melvɪl], Herman, amerikan. Schriftsteller, * New York 1. 8. 1819, † ebd. 28. 9. 1891; stammte aus verarmter Familie; fuhr als Matrose auf Kriegsschiffen und Walfängern bis in die Südsee (1841–44); diese Erfahrungen sowie die Auseinandersetzung mit der Südseekultur bildet die Grundlage vieler seiner Werke. Mit seinem ersten Buch ›Typee‹ (1846; dt. ›Taipi‹) wurde M. als Autor exot. Reisebücher populär; zugleich fand er Zugang zu literar. Kreisen in New York und Boston (Mass.); Freundschaft mit N. HAWTHORNE. 1851 erschien der formal und philosophisch komplexe Roman ›Moby-Dick or, The whale‹ (dt. ›Moby Dick oder Der weiße Wal‹), der, kombiniert mit realist. Beschreibungen der Walfangindustrie und philosoph. Spekulationen, im Kampf des Kapitäns Ahab gegen den Wal symbolhaft die Auflehnung des Menschen gegen Natur und Schicksal darstellt. In den bedeutenden Erzählungen ›The piazza tales‹ (1856; dt. ›Piazza-Erzählungen‹, darin ›Bartleby the scrivener‹ und ›Benito Cereno‹) tritt eine pessimist. Lebenssicht in den Vordergrund. M. schrieb auch Gedichte (›Battle-pieces‹, 1866, über den Sezessionskrieg; ›Clarel‹, 2 Bde., 1876, über seine Reise ins Hl. Land). Ab 1866 war er gezwungen, seinen Lebensunterhalt als Zollinspektor zu verdienen. Kurz vor seinem Tod entstand die ethische und existenzielle Fragen auslotende trag. Erzählung ›Billy Budd‹ (hg. 1924; dt.; 1951 als Oper von B. BRITTEN). M.s Werk hat seit den 1920er-Jahren wachsendes Interesse gefunden; heute gilt er als einer der Klassiker der amerikan. Literatur.

Weitere Werke: Romane: Omoo (1847; dt. Omu); Redburn (1849; dt.); Mardi, 3 Bde. (1849; dt. Mardi – und eine Reise dorthin); White-Jacket (1850; dt. Weißjacke); Pierre (1852; dt.); Israel Potter (1855; dt. Israel Potters Irrfahrten u. Abenteuer); The confidence-man (1857; dt. Ein sehr vertrauenswürdiger Herr).

Ausgaben: The works. Standard edition, 16 Bde. (1922–24, Nachdr. 1963); The letters, hg. v. M. R. DAVIS (u. a. ³1965); The writings, hg. v. H. HAYFORD u. a. (1968 ff.). – Vortoppmann Billy Budd u. a. ausgew. Erz. (1986).

R. CHASE: H. M. (New York 1949, Nachdr. ebd. 1971); J. LEYDA: The M. log. A documentary life of H. M. 1819–1891,

Melsungen: Das dreigeschossige Fachwerkrathaus auf dem Marktplatz; 1555–56

Fausto Melotti: Scultura 17; Stahl, 1935 (Mailand, Museo d'Arte Contemporanea)

Herman Melville

2 Bde. (ebd. 1951, Nachdr. ebd. 1969); H. M., hg. v. P. G. Buchloh u. a. (1974); J. Duban: M.'s major fiction (Dekalb, Ill., 1983); A companion to M. studies, hg. v. J. Bryant (New York 1986); W. Hamilton: Reading Moby-Dick and other essays (ebd. 1988); N. L. Tolchin: Mourning, gender, and creativity in the art of H. M. (New Haven, Conn., 1988); D. K. Kirby: H. M. (New York 1993); H. M. A collection of critical essays, hg. v. M. Jehlen (Englewood Cliffs, N. J., 1994).

2) [mel'vil], Jean-Pierre, eigtl. **J.-P. Grumbach** [-'bak], frz. Filmregisseur, *Paris 20. 10. 1917, †ebd. 2. 8. 1973; wurde bekannt mit dem Film ›Die schrecklichen Kinder‹ (1949; Drehbuch: J. Cocteau nach seinem gleichnamigen Roman); danach drehte er v. a. anspruchsvolle Gangsterfilme; wirkte auf die ›Nouvelle Vague‹.
Weitere Filme: Drei Uhr nachts (Bob le flambeur, 1956); Eva u. der Priester (Léon Morin, prêtre, 1961); Der Teufel mit der weißen Weste (Le doulos, 1962); Der zweite Atem (1966); Der eiskalte Engel (Le samourai, 1967); Armee im Schatten (1969); Vier im roten Kreis (1970); Der Chef (1972).
J.-P. M., hg. v. P. W. Jansen u. a. (1982); J. Zimmer u. C. de Béchade: J.-P. M. (Paris 1983).

Melville Island ['melvɪl 'aɪlənd], 1) Insel im Kanadisch-Arkt. Archipel, zu den Parry Islands gehörend, im S vom Viscount-Melville-Sund begrenzt, 42 149 km²; bei Bohrungen wurden auf M. I. und im Umkreis Erdgas- und Erdölvorkommen entdeckt.
2) Insel vor der Küste von Arnhemland, Australien, zum Northern Territory gehörend, 5 800 km², bis 100 m ü. M., 550 Ew.; z. T. von ilmenithaltigen Sanden bedeckt; Savanne und Trockenwald, Mangrovenküste; im N (Snake Bay) Gebiet der Aborigines (Tiwi); Trepang- und Perlenfischerei.

Melzi, Francesco, ital. Maler, *Mailand 1493, †Vaprio d'Adda (bei Mailand) um 1570. Schüler und Freund Leonardo da Vincis, den er nach Rom und Frankreich begleitete. Das einzige erhaltene signierte Gemälde (Halbfigur einer jungen Frau) zeigt eine starke Abhängigkeit von Leonardo. Bedeutend v. a. als Herausgeber von dessen schriftl. Nachlass (›Trattato della pittura‹).

Member of Parliament ['membə əv 'pɑ:ləmənt], Abk. **M. P.** [em'pi:], Abgeordneter im brit. Parlament (Unterhaus).

Membran [mhd. membrane ›Pergament‹, von lat. membrana ›Haut‹, ›Häutchen‹] die, -/-en, 1) Biologie: i. w. S. dünnes Häutchen, das trennende oder abgrenzende Funktion hat (z. B. Basal-, Befruchtungs-, Synovialmembran).
I. e. S. die aus einer Lipiddoppelschicht (Dicke etwa 4–5 nm) aufgebaute **Zell-M.** (Elementar-M.), die als intrazelluläre M. Bestandteil und als Plasma-M. Begrenzung der Zellen aller Pro- und Eukaryonten ist. Sie wird aufgrund des überall gleichen Bauprinzips auch als Einheits-M. (engl. ›unit membrane‹) bezeichnet, wenngleich diese Bez. wegen der Vielfalt der Funktionen und chem. Zusammensetzung der M. nicht gerecht wird. In der Lipiddoppelschicht sind M.-Proteine gelöst, wobei prinzipiell unterschieden werden kann zw. in die M. eingelagerten (intrins.) Proteinen und peripher angelagerten (extrins.) Proteinen. Diese Vorstellung von einer flüssig-kristallinen Lipiddoppelschicht mit darin relativ frei bewegl. M.-Proteinen entspricht dem heute gültigen **Flüssig-Mosaik-Modell** (engl. ›fluid mosaic model‹) der M. Der relative Anteil an Proteinen und deren Art (z. B. Glykoproteine) sind abhängig von der M.-Funktion, die u. a. besteht in der Abtrennung von Reaktionsräumen (Kompartimentierung) und der inneren Organisation der Zelle (z. B. die Abgrenzung des Zellkerns und bestimmter Organellen vom Zytoplasma), der Trennung von Ionen u. a. osmotisch aktiven Molekülen und dem Transport von Ionen und Substanzen. Weiterhin erfüllt die Zell-M. versch. Aufgaben im Dienst der Zell-Zell-Erkennung, der Immunabwehr und bei Entwicklungs- und Differenzierungsprozessen, und sie vermittelt über Rezeptoren und spezielle Botenstoffe die Reaktion auf Signale von außen (z. B. über Hormone, Neurotransmitter) u. v. a. Die Voraussetzung für die Erfüllung dieser Funktionen und für die Aufrechterhaltung des →Membranpotenzials ist die Tatsache, dass die M. nur für kleine, hydrophile Moleküle durchlässig ist (halbdurchlässige oder semipermeable M.). Hierauf beruhen alle Erscheinungen der Osmose. Die Bildung und Auflösung von M. v. a. im Zusammenhang mit →Endocytosen und →Exocytosen werden als **M.-Fluss** bezeichnet.

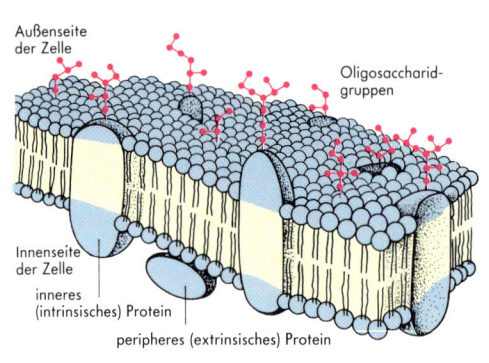

Membran 1): Modell der molekularen Struktur der Zellmembran

2) *Chemie:* dünne, meist poröse Wand zur Trennung von Flüssigkeiten oder Gasen unterschiedl. Zusammensetzung (→Membranverfahren). Eine **semipermeable (halbdurchlässige) M. (Diaphragma)** ist für mindestens eine Molekülsorte undurchlässig, wodurch sich im Gleichgewicht Druckunterschiede ausbilden; handelt es sich bei den zurückgehaltenen Teilchen um geladene Stoffe, so treten zusätzlich noch elektr. Potenzialunterschiede auf.
3) *Technik:* am Rand eingespannter, flächenhafter Körper, z. B. in Mikrofonen, Lautsprechern, meist ein dünnes, schwingungsfähiges Gebilde aus Metall, Kohle, Kunststoff oder Hartpapier in Form einer Platte oder eines Kegels, geeignet zur Übertragung von Druckänderungen. **Flach-, Well-** oder **Topf-M. (Roll-M.)** in Mess- und Regelgeräten sowie in M.-Pumpen bilden elast. Trennwände zw. zwei Medien.

Membranellen [Verkleinerungsbildung zu Membran], *Sg.* **Membranelle** *die,* -, zu plättchenförmigen Organellen vereinigte Zilien im Mundbereich einiger Wimpertierchen, die v. a. zum Einstrudeln von Nahrung dienen.

Membranfilter, Ultrafilter, Bez. für sehr feinporige Filter aus Gelatine, Kollodium, Kunststoffen u. a. (Porengröße bis < 0,1 µm), die z. B. in der Kolloidchemie zum Abtrennen kolloidaler Teilchen aus Lösungen, in der Mikrobiologie zum Abtrennen von Bakterien, auch von Viren aus Wasser, Seren u. a. dienen.

Membranophone [zu griech. phōnē ›Stimme‹] *Sg.* **Membranophon** *das, -s,* **Fellklinger,** in der Systematik der Musikinstrumente Oberbegriff für Instrumente, bei denen der Klang durch Schwingungen einer gespannten Membran (Tierhaut, Pergament, Kunststoff- oder Metallfolie) in Verbindung mit einem Luftvolumen als Resonator erzeugt wird. Die Schwingungen werden durch Schlagen (unmittelbar: Pauken, Trommeln; mittelbar: Rasseltrommeln), Reiben (Reibtrommel) oder Ansingen (Mirliton) angeregt.

Membranpotenzial, *Biologie:* Bez. für die elektr. Potenzialdifferenz, die an der Zellmembran zw. dem Zellinneren und dem Außenmilieu der meisten pflanzl. und tier. Zellen im Ruhezustand besteht. Das normale M. von Nerven-, Sinnes- oder Muskelzellen heißt **Ruhepotenzial.** Sinkt es unter oder übersteigt es einen bestimmten Schwellenwert, spricht man von **Depolarisation** oder von **Hyperpolarisation.** Das M. beruht auf der unterschiedl. Verteilung von Ionen in Innen- und Außenmilieu der Zelle in Verbindung mit der unterschiedlich großen Durchlässigkeit der semipermeablen Membran für bestimmte Ionen. Im Zellinneren sind vorwiegend Kaliumionen (K^+-Ionen) und als Anionen vorliegende Proteine, dagegen wenig Natriumionen (Na^+-Ionen). Außerhalb der Zelle befinden sich hauptsächlich Natrium- und Chloridionen (Cl^--Ionen). Die ungleiche Verteilung der Natrium- und Kaliumionen wird durch aktive Transportmechanismen erzeugt und aufrechterhalten. Da die Zellmembran stärker durchlässig für K^+-Ionen ist als für Na^+-Ionen und andererseits die K^+-Ionen dem für sie bestehenden Konzentrationsgefälle folgen und dieses auszugleichen versuchen, werden positive Ladungen auf die Außenseite der Membran transportiert. Das Zellinnere wird negativ gegenüber dem Äußeren. Das entstehende elektr. Potenzial wirkt nun einem weiteren Austreten von K^+-Ionen entgegen; ein Gleichgewichtszustand stellt sich ein **(Donnan-Gleichgewicht).** Eine kurzfristige, positive Änderung (mit Ladungsumkehr außen/innen) des M. ist das →Aktionspotenzial.

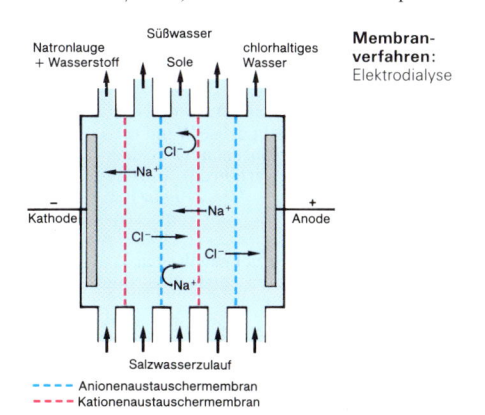

Membransyndrom, Surfactant-Mangelsyndrom [səˈfæktənt-; engl.], Form des Atemnotsyndroms bei Neugeborenen, v. a. bei Frühgeburt. Durch Mangel des für die Lungenentfaltung entscheidenden →Surfactants kommt es zur Ausfüllung der Lungenbläschen mit vorwiegend aus Fibrin bestehenden strukturlosen Ausgüssen (hyaline Membranen). Das M. äußert sich in zunehmender Atemnot mit beschleunigter Atmung, Kurzatmigkeit, Stöhnen bei der Ausatmung und führt zu Zyanose, metabol. Acidose mit häufig tödl. Ausgang (Atemlähmung). Die intensivmedizin. *Behandlung* besteht v. a. in künstl. Beatmung, heute auch in der Gabe von Surfactant als Aerosol.

Membranverfahren, Verfahren zur Trennung von flüssigen und gasförmigen Gemischen mithilfe von Membranen. Bei Umkehrosmose, Ultrafiltration, Pervaporation und Gaspermeation (→Diffusionstrennverfahren) werden unter dem Einfluss einer Druckdifferenz bestimmte Komponenten (z. B. das Lösungsmittel) als **Permeat** durch die Membran hindurchgedrückt, während das **Retentat** (z. B. eine aufkonzentrierte Lösung) zurückbleibt.

Bei der **Umkehrosmose** (Reversosmose, Hyperfiltration) hält die Membran Salzionen und kleine Moleküle (Teilchendurchmesser 0,1 bis 2 nm) weitgehend zurück (der Salzschlupf beträgt 2–10 %). Die Trennwirkung lässt sich durch unterschiedl. Löslichkeit von Lösungsmittel und gelösten Ionen im Membranmaterial erklären. Das Verfahren findet techn. Anwendung z. B. bei der →Meerwasserentsalzung und – in Kombination mit Ionenaustauschern – bei der Reinstwasserherstellung. Der Betriebsdruck muss wesentlich höher sein als der osmot. Druck der Lösung und kann Werte bis zu 150 bar erreichen.

Die **Ultrafiltration** dient zur Abtrennung kolloider Teilchen (Durchmesser 1 nm bis 1 μm). Sie arbeitet mit Betriebsdrücken von 0,5 bis 10 bar. Die Trennwirkung wird durch Poren ermöglicht, die – wie ein Sieb – Lösungsmittelmoleküle hindurchlassen, nicht aber kolloide Teilchen. Anwendungsgebiete sind die Aufbereitung spezieller Abwässer (z. B. Bohrölemulsionen) sowie die Aufkonzentrierung von Molke, Obstsäften u. a. Für die Umkehrosmose werden u. a. Celluloseacetat und Polyamide, für die Ultrafiltration Polysulfone und Polyvinylidenfluorid als Membranmaterialien verwendet. Durch geeigneten Aufbau des Membransystems **(Modul)** wird eine möglichst große Membranoberfläche in einem kleinen Volumen untergebracht. Verwendet werden u. a. Wickel-, Hohlfaser- und Rohrbündel-Membranmodulen.

Bei der **Pervaporation** wird das Permeat in dampfförmigem Zustand von der Membranrückseite abgeführt. Das Verfahren eignet sich zur Energie sparenden Abtrennung von Restmengen aus Flüssigkeitsgemischen (z. B. Alkohol aus Gärmaischen, Lösungsmittel aus Abwässern). Die →Dialyse ist ein M., bei der eine Konzentrationsdifferenz ausgenutzt wird. Bei der **Elektrodialyse** werden Salze mithilfe von ionenselektiven Membranen unter der Einwirkung einer elektr. Gleichspannung aus Lösungen (z. B. Meerwasser) entfernt. Anode und Kathode von Elektrodialysezellen sind durch Kunststoffmembranen voneinander getrennt, die abwechselnd nur für Anionen (Anionenaustauschermembran) oder nur für Kationen (Kationenaustauschermembran) durchlässig sind.

Memel, 1) litauisch **Klaipėda** [-peːda], russ. **Klajpeda,** Stadt in Litauen, (1997) 203 300 Ew. (1940: 43 000 Ew.). M., die drittgrößte Stadt Litauens, liegt im Memelgebiet, gegenüber der N-Spitze der Kur. Nehrung, am Ausgang des Kur. Haffs **(Memeler Tief)** zur Ostsee; Univ. (seit 1992), Seefahrerschule; Museum für das Memelgebiet (›Klein-Litauen‹), Uhrenmuseum und Gemäldegalerie. Die Industrie (etwa ein Achtel der litauischen Industrieproduktion) ist auf die Hafenwirtschaft ausgerichtet (Schiffbauwerft ›Baltija‹, drei Reparaturwerften); daneben sind Fischverarbeitung u. a. Lebensmittelindustrie, Akkumulatoren- und Batterieherstellung, Papier-, Holz- und Textilindustrie bedeutsam. Im O-Teil der Stadt Freihandelszone auf einem Areal von 2 km². Der Hafen, ganzjährig eisfrei, ist der einzige litauische Seehafen und von großer Bedeutung für den Transitverkehr (Umschlag [1995] 12,8 Mio t.). Durch einen Kanal zur Minge (Zufluss des Ruß) ist er mit der →Memel 2) verbunden; im Aufbau Öl- und Containerterminal;

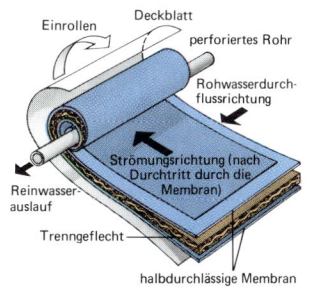

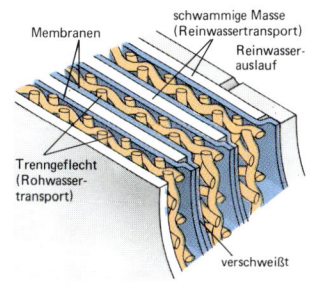

Meme Memelgebiet – Memmi

Eisenbahnfährverbindungen mit Sassnitz auf Rügen (bes. Güterfähre) und mit Kiel (Autofähre). Etwa 30 km nördlich der Flughafen M.-Palanga. – M. wurde 1252 auf kur. Volksgebiet als Burg des livländ. Zweiges des Dt. Ordens gegründet. 1254 erhielt die Stadt lüb., 1475 Culmer Recht. Die grenznahe, isolierte Lage der Stadt führte zu häufigen Angriffen und Zerstörungen (u. a. 1629–35 von Schweden, 1757–62 von Russen besetzt). 1807/08 war M. Zufluchtsort des preuß. Hofes vor NAPOLEON I., 1924–39 Sitz des Gouv. und Direktoriums des →Memelgebietes.

J. SEMBRITZKI: Gesch. der königl. preuß. See- u. Handelsstadt M. (Memel ²1926, Nachdr. ebd. 1977).

2) *die*, litauisch **Nemunas**, russ. **Neman**, Zufluss des Kur. Haffs (Ostsee), 937 km lang, entspringt in Weißrussland südlich von Minsk in 236 m ü. M. am Weißruss. Landrücken, fließt in nordwestl. und nördl. Richtung durch Weißrussland und Litauen und berührt Grodno und Kaunas, wendet sich nach W, bildet z. T. die N-Grenze des zu Russland gehörenden Gebiets Kaliningrad, gabelt sich unterhalb von Tilsit in →Ruß und →Gilge, die sich in weitere Mündungsarme teilen, ein Delta bilden und in das Kur. Haff münden. Die M. ist neun Monate eisfrei, bis Grodno abschnittsweise schiffbar. Der nur im Unterlauf geringfügig regulierte Fluss hat durch seine Nebenflüsse und Kanäle Verbindung zum Dnjepr, Pregel und zur Weichsel. Seit 1959 besteht der **Kaunaser Stausee** (64 km², 460 Mio. m³; Kraftwerk mit 100 MW Leistung).

Hans Memling: Mitteltafel vom Triptychon des Sir John Donne; um 1477 (London, National Gallery)

Memelgebiet, Memelland, der nördlich der Memel und des Ruß gelegene Teil Ostpreußens, heute zu Litauen, 2 830 km², mit (1938) 153 000 Ew., auch als **Klein-Litauen** bezeichnet. Das M. musste im Versailler Vertrag (28. 6. 1919) von Dtl. ohne Volksabstimmung an die alliierten Siegermächte des Ersten Weltkriegs abgetreten werden. Am 16. 2. 1920 übernahm Frankreich im Namen dieser Mächte seine Verwaltung. Am 10. 1. 1923 besetzten litauische Freischärler das M. Die Alliierten überließen in der ›Konvention über das M.‹ (8. 5. 1924) Litauen die Souveränität über das M. Mit der Konvention erkannte Litauen zugleich das von der alliierten Botschafterkonferenz ausgearbeitete ›Memelstatut‹ (14. 3. 1924) an, das dem M. Autonomie gewährte. Es kam häufig zu Spannungen zw. dem Landtag, der überwiegend von deutsch orientierten Parteien beherrscht war, und dem Gouv., der im M. die litauische Reg. vertrat. 1926–38 galt infolge der Konflikte, die sich nach Er richtung der natsoz. Diktatur in Dtl. noch verstärkten, der Belagerungszustand. Am 22. 3. 1939 musste Litauen das M. an Dtl. zurückgeben (Wiedereingliederung in die preuß. Prov. Ostpreußen). 1944/45 verließen etwa 90% der Memeldeutschen ihre Heimat. Nach der Niederlage Dtl.s im Zweiten Weltkrieg wurde das M. am 7. 4. 1948 in die Litauische SSR (heute Litauische Rep.) eingegliedert.

G. H. GORNIG: Das Memelland. Gestern u. heute (1991).

Memento [lat. ›gedenke!‹] *das, -s/-s,* **1)** *bildungssprachlich* für: Mahnung.

2) in der *christl. Liturgie* der Messe seit dem 4./5. Jh. in den Ostkirchen, später auch in Rom in den Kanon eingeschaltete Fürbitten für die Kirche mit allen lebenden und verstorbenen Mitgliedern.

Memento mori [lat. ›gedenke des (deines) Todes!‹], **1)** Titel eines alemann. Gedichtes (142 Reimpaarverse) um 1090, das von kluniazens. Denken geprägt ist; Verfasser ist ein sich am Schluss selbst nennender NOKER, der möglicherweise mit dem 1095 verstorbenen Abt NO(T)KER des Klosters Zwiefalten identisch ist.

2) *das, - -/- -, bildungssprachlich* für: etwas, was an den Tod gemahnt.

Memleben, Gem. im Burgenlandkreis, Sa.-Anh., an der Unstrut, 870 Ew. – Reste des Benediktinerklosters (979–1552) sind erhalten. – Im 10. Jh. Königshof mit Pfalz, Sterbeort König HEINRICHS I. (936) und Kaiser OTTOS I., D. GR. (973).

Memling, Hans, auch **Jan van Mimmelynghe,** niederländ. Maler, *Seligenstadt zw. 1433 und 1440, †Brügge 11. 8. 1494; vermutlich Schüler R. VAN DER WEYDENS, auch beeinflusst von S. LOCHNER und J. VAN EYCK; ab 1465 nachweislich in Brügge tätig. Seine detailgenauen Altar- und Andachtsbilder zeichnen sich durch sorgfältige Zeichnung, erlesene Farbigkeit und Bemühen um räuml. Tiefe aus; szenen- und figurenreiche Darstellungen wirken jedoch häufig additiv und statisch. Bevorzugtes Motiv seiner Werke ist die Jungfrau mit Kind. Mit seinen Bildnissen erweist er sich als hervorragender Porträtist. In der Spätzeit näherte er sich der Renaissance.

Werke: Altar des Jacopo Tani mit der Darstellung des Jüngsten Gerichts (um 1472; Danzig, Muzeum Pomorskie); Der Mann mit der Medaille (um 1471; Antwerpen, Koninklijk Museum voor Schone Kunsten); Triptychon des Sir John Donne (um 1477; London, National Gallery); Triptychon mit der myst. Vermählung der hl. Katharina (1479; Brügge, M.-Museum); Die sieben Freuden Mariä (1480; München, Alte Pinakothek); Bathseba im Bade (um 1482; Stuttgart, Staatsgalerie; mit Fragment mit der Darstellung König Davids und eines Knaben ebd.); Orgelflügel aus der Kirche Santa María la Real in Nájera, Kastilien (um 1485; Antwerpen, Koninklijk Museum voor Schone Kunsten); Diptychon des Maarten van Nieuwenhoven (1487; Brügge, M.-Museum); Reliquienschrein der hl. Ursula (1489; ebd.); Passionsaltar des Heinrich Greverade (1491–94; Lübeck, Sankt-Annenmuseum).

L'opera completa, hg. v. G. T. FAGGIN (1969); K. B. McFARLANE: H. M. (Oxford 1971); W. JAHN: Der Maler H. M. aus Seligenstadt (1980); V. J. HALL: H. M.'s paintings for the hospital of Saint John in Bruges (New York 1981); B. M. THIEMANN: H. M. – ein Beitr. zum Verständnis seiner Gestaltungsprinzipien (1994); H. M., Beitrr. v. V. VERMEERSCH u. a., Ausst.-Kat. Groeningemuseum Brügge (1994).

Memmert, Düneninsel im Wattenmeer, Landkreis Aurich, Ndsachs., 5,17 km², 1 Ew.; Vogelschutzgebiet (seit 1924).

Memmi 1) [mɛˈmi], Albert, jüdisch-tunes. Schriftsteller frz. Sprache, *Tunis 15. 12. 1920; Prof. für Soziologie, lebt in Paris. Neben F. FANON gilt er als Haupttheoretiker des Antikolonialismus (›Portrait du colonisé. Précédé du portrait du colonisateur‹, 1979; dt. ›Der Kolonisator und der Kolonisierte‹). Die Mechanismen von Auflehnung und Unterdrückung gesellschaftl. Randgruppen thematisiert er in theoret. Arbeiten und in seinem literar. Werk: von den Romanen ›La statue de sel‹ (1953; dt. ›Die Salzsäule‹) und ›Agar‹

(1955; dt. ›Die Fremde‹) bis hin zu den Romanen der Ich- und Wurzelsuche (›Le scorpion‹, 1969, ›Le désert‹, 1977, ›Le pharaon‹, 1988; dt. ›Der Pharao‹).

Weitere Werke: *Essays:* Portrait d'un Juif (1962); La libération du Juif (1966); L'homme dominé (1968); Juifs et Arabes (1974); La terre intérieure (1976); La dépendance (1979); Le racisme (1982; dt. Rassismus); Ce que je crois (1985). – Le mirliton du ciel (1990); Bonheurs. 52 semaines (1992; dt. Anleitungen zum Glücklichsein); À contre-courants (1993).

2) [ˈmɛmmi], Lippo, ital. Maler, nachweisbar 1317 bis 1347 in Siena. Mitarbeiter und Nachahmer seines Schwagers SIMONE MARTINI; er malte v. a. zarte Madonnenbilder. M.s Anteil an der von ihm und SIMONE MARTINI gemeinsam signierten Verkündigung für den Dom von Siena (1333; heute Florenz, Uffizien) beschränkt sich auf die beiden seitl. Heiligenfiguren.

Memmingen, kreisfreie Stadt im Reg.-Bez. Schwaben, Bayern, 600 m ü. M. am W-Rand der Iller-Lech-Platte, 40 600 Ew.; FH für angewandte Mikroelektronik; Museum, Sitz des Landestheaters Schwaben; elektrotechn. Industrie, Kunststoffverarbeitung, Maschinen-, Fahrzeugbau, Textil-, Bekleidungs- u. a. Industrie. – Gut erhaltenes altes Stadtbild; in der ev. Stadtpfarrkirche St. Martin (15. Jh. auf Vorgängerbau), einer Pfeilerbasilika mit sterngewölbtem Chor (1496–1500) nach Plänen von M. BÖBLINGER, spätgot. Chorgestühl (1501–1507); ev. Stadtpfarrkirche Unser Frauen (14./15. Jh.) mit Wandmalereien der 2. Hälfte des 15. Jh.; ehem. Klosterkirche St. Antonius Eremita (14./15. Jh.) und ehem. Kloster- und Spitalgebäude (so genanntes Antonierhaus, 14./15. Jh.) mit Antonitermuseum und Museum der Künstlerfamilie STRIGEL; Augustinerkirche (15. Jh.), heute kath. Stadtpfarrkirche zu St. Johann Baptist; in der ehem. Kreuzherrnkirche (profaniert), einer zweischiffigen got. Hallenkirche (1480–84), Stuckarbeiten (1709) der Wessobrunner Schule. Rathaus (1589, Rokokostuckfassade 1765) und ehem. Steuerhaus (1495 ff., 2. Obergeschoss 1708, Fassadenmalerei 1906/09) mit zum Markt geöffneten Bögen. Zu den Bürgerhäusern zählen u. a. das Siebendächerhaus (1601) und der Hermansbau (1766; Städt. Museum). Bei M. liegen die Klöster von →Buxheim und Ottobeuren.

Geschichte: Das 1128 erstmals genannte M., eine welf. Gründung an der Kreuzung der Straßen Salzburg-Schweiz und Ulm-Fernpass, wurde vermutlich vor 1180 Stadt. 1191 fiel M. an die Staufer. In der Entwicklung zur Reichsstadt erhielt M. zunächst Überlin-

Memnon: Memnonskolosse in Theben-West; Sitzfiguren Amenophis' III., Höhe 17,9 m; um 1400 v. Chr.

Memmingen: Marktplatz mit ehemaligem Steuerhaus (1495 ff., 2. Obergeschoss 1708), links dahinter das Rathaus (1589, Stuckfassade 1765), rechts das Zunfthaus

ger, 1296 Ulmer Recht. In den seit 1398 urspr. vom städt. Unterhospital erworbenen Gütern erlangte M. bis 1749 die Landesherrschaft. 1802/03 kam es mit seinem Territorium an Bayern.

P. BLICKLE: M. (1967); P. EITEL: Die oberschwäb. Reichsstädte im Zeitalter der Zunftherrschaft. Unters. zu ihrer polit. u. sozialen Struktur unter besonderer Berücksichtigung der Städte Lindau, M., Ravensburg u. Überlingen (1970); U. BRAUN: Vom Grünen Teufel u. der Heiligen Hildegard. Von den sieben Memminger Wahrzeichen (1994); R. HUBER-SPERL: M. zw. Zunfthandwerk u. Unternehmertum. Ein Beitr. zur reichsstädt. Gewerbegesch. 1648 bis 1802 (1995).

Memmingen Stadtwappen

Memnon, *griech. Mythos:* Fürst der Äthiopier, Sohn der Eos, der den Trojanern in einer von Hephaistos gefertigten Rüstung zu Hilfe kam; er wurde von Achill getötet. Auf Bitten seiner Mutter erlangte er von Zeus die Unsterblichkeit. Der Mythos von M. war Stoff des zykl. Epos ›Aithiopis‹ sowie der Tragödien ›M.‹ und ›Psychostasia‹ des AISCHYLOS (von allen Werken nur geringe Reste bzw. Inhaltsangaben erhalten). – Sein Kampf mit Achill ist häufiges Motiv der griech. Vasenmalerei, so auf einer Amphora aus Melos (um 650 v. Chr., Athen, Archäolog. Nationalmuseum), Eos über M. gebeugt auf einer Schale des DURIS (Paris, Louvre). Im ptolemäischen Ägypten verehrten die Griechen M. (aufgrund von Namensähnlichkeiten) in versch. Totentempeln der ägypt. Pharaonen SETHOS I. und AMENOPHIS III. Zwei heute 17,9 m hohe Sitzfiguren AMENOPHIS' III. in Theben-West aus verkieseltem Sandstein galten als Bilder des M. **(Memnonskolosse),** v. a. der nördl. Koloss, der bei Sonnenaufgang tönte, seit er bei einem Erdbeben (um 27 v. Chr.) zerborsten war (wohl infolge des durch den Temperaturwechsel veranlassten Abspringens von Gesteinsbruchstücken). Dieses als Gesang zur Begrüßung seiner Mutter Eos, der Morgenröte, gedeutete Klingen erlosch nach der Restaurierung (199/200).

Memoiren [memoˈaːrən; frz., Pl. von mémoire ›Erinnerung‹, von lat. memoria ›Gedächtnis‹] *Pl.,* v. a. von Politikern u. a. Persönlichkeiten des öffentl. Lebens vorgenommene literar. Darstellung des eigenen Lebens oder eines für ›denkwürdig‹ erachteten Teils daraus, wobei die Schilderung selbst miterlebter öffentl., polit. und zeitgeschichtl. Ereignisse, die Erinnerung an berühmte Zeitgenossen oder das eigene polit., kulturelle oder gesellschaftl. Wirken im Vordergrund stehen, im Ggs. zur objektivierten Chronik sowie zu den mehr Privates schildernden Lebenserinnerungen

Memo Memoiren der Fanny Hill – Memphis

und der eher den eigenen geistig-seel. Entwicklungsprozess nachvollziehenden Autobiographie. Die Grenzen zw. diesen Formen sind jedoch fließend.

Die Antike kannte v. a. das →Hypomnema, doch werden CAESARS ›Commentarii de bello Gallico‹ auch als M. bezeichnet. Bedeutende M. des MA. sind die Aufzeichnungen von MARCO POLO (entstanden 1298–99) und in Frankreich die chronikartigen Werke von J. DE JOINVILLE (13. Jh.) und J. FROISSART (14. Jh.). Im 15. Jh. wurde dort von P. DE COMMYNES und B. DE MONLUC eine M.-Literatur begründet, die im 17. und 18. Jh. ihre Blütezeit erlebte und deren Werke vorzugsweise polit. Geheimnisse, höf. Intrigen und Liebesaffären enthüllten (so die M. von P. DE BRANTÔME, LA ROCHEFOUCAULD, des Kardinals VON RETZ, des Herzogs VON RICHELIEU, des Herzogs VON SAINT-SIMON). Unter deren Einfluss standen auch die herausragenden M. der Folgezeit, so die M. der Revolutionsepoche von Graf MIRABEAU, J. NECKER, General LA FAYETTE und MADAME DE STAËL oder die M. der nachnapoleon. Zeit, so u. a. von GEORGE SAND und F. R. DE CHATEAUBRIAND. Mit ähnl. Höhepunkten verlief die Entwicklung in England (17. Jh.: E. HYDE, 1. Earl of CLARENDON; 18. Jh.: D. HUME, R. WALPOLE, H. BOLINGBROKE, E. GIBBON) und Italien (18. Jh.: C. GOLDONI, G. G. CASANOVA, V. ALFIERI), während in Dtl. nach chronikartigen Ansätzen (GÖTZ VON BERLICHINGEN u. a.) und v. a. bekenntnishaften Werken im 18. Jh. sowie den frz. geschriebenen M. FRIEDRICHS II., D. GR., erst im 19. Jh. eine eigene M.-Literatur entstand (u. a. K. VARNHAGEN VON ENSE, K. L. IMMERMANN, Fürst METTERNICH, O. VON BISMARCK). – Auch in neuerer Zeit ist das Interesse an den M. von v. a. die Zeitgeschichte prägenden Persönlichkeiten groß (z. B. die M. von K. ADENAUER, H. BRÜNING, W. CHURCHILL, C. DE GAULLE, H. KISSINGER, F. J. STRAUSS, W. BRANDT). Einen Gegenentwurf zu den M. traditionellen Typs schuf A. MALRAUX mit seinen ›Antimémoires‹ (1967; dt. ›Anti-M.‹).

Memoiren der Fanny Hill, Die [memoˈaːrən -], →Fanny Hill.

Memorabile [lat. ›Denkwürdiges‹] *das, -/...ˈbiliˌen,* nach A. JOLLES ein den →einfachen Formen zuzurechnender Grundtypus des Erzählens, in dem ein einmaliges, historisch fixierbares und realitätsbezogenes Ereignis mit unverwechselbaren Bezügen dargestellt wird, im Ggs. zu dem einen allgemeinen Normenkonflikt vorführenden Kasus.

Memorabiliˌen [lat.] *Pl.*, bildungssprachlich für: Denkwürdigkeiten, Erinnerungen.

Memorandum [zu lat. memorandus ›erwähnenswert‹] *das, -s/...den* und *...da,* Denkschrift, an eine offizielle Stelle gerichtete Schrift über eine wichtige (öffentl.) Angelegenheit.

Memorandumgruppe, Bez. für die **Arbeitsgruppe Alternative Wirtschaftspolitik,** ein Zusammenschluss von Wirtschafts- und Sozialwissenschaftlern, der sich als Kritiker des Sachverständigenrats zur Begutachtung der gesamtwirtschaftl. Entwicklung (SVR) versteht und seit 1975 jährlich zum 1. Mai ein Gegengutachten (Memorandum) zum SVR-Gutachten veröffentlicht (seit 1980 in unregelmäßigen Abständen auch Sondermemoranden). Die M. geht auf Initiativen von Professoren der Univ. Bremen und der Hochschule für Wirtschaft und Politik in Hamburg zurück. Hauptziele der M. sind die Analyse der Fehlentwicklungen des marktwirtschaftl. Systems (v. a. Auswirkungen auf die Erwerbstätigen) sowie die Entwicklung eines Konzepts alternativer Wirtschaftspolitik, das sozial und ökologisch ausgerichtet ist sowie Vollbeschäftigung und Wirtschaftsdemokratie anstrebt.

Arbeitsgruppe Alternative Wirtschaftspolitik: Memorandum (1975 ff., jährl.).

Memorial [spätlat. memoriale ›Erinnerung(szeichen)‹], **1)** *das, -s/-e* und *...liˌen, veraltet* für: Tagebuch, Merkbuch; Grundbuch der Buchführung.

2) [mɪˈmɔːrɪəl, engl.] *das, -s/-s,* bildungssprachlich für: sportl. oder künstler. Veranstaltung zu jemandes Gedenken.

Memorial Day [mɪˈmɔːrɪəl deɪ], **Decoration Day** [dekəˈreɪʃn deɪ], der Kriegsopfergedenktag in den USA, seit 1971 in den meisten Staaten am letzten Montag im Mai gefeiert. 1868 als offizieller Gedenktag für die Gefallenen des Sezessionskriegs eingeführt, wurde er seitdem in den Nordstaaten am 30. 5. begangen; in den Südstaaten entstanden ähnl. Feiertage (Confederate M. D., häufig der 26. 4.).

Memorialdichtung, die →Merkdichtung.

Memory Cells [ˈmemrɪ selz, engl.], die →Gedächtniszellen.

Memory-Legierungen [ˈmemrɪ-; engl. memory ›Gedächtnis‹], **Formgedächtnis-Legierungen,** Metalllegierungen mit der Fähigkeit, sich beim Erwärmen in eine frühere Form zurückzuverwandeln. Der Effekt wurde 1953 in den USA beim Schweißen von Blechen aus Nickel-Titan-Legierungen erstmals beobachtet. M.-L. verändern in einem bestimmten Temperaturbereich die Kristallstruktur. Bei hoher Temperatur liegt eine kub. Austenitstruktur vor, die sich durch hohe Festigkeit auszeichnet. Bei Abkühlung erfolgt Umwandlung in eine leicht verformbare Martensitstruktur. Wird diese nach einer plast. Formänderung erwärmt, bildet sich wieder das Austenitgefüge unter Rückbildung der ursprüngl. Form, d. h., die Umwandlung ist reversibel. Als M.-L. wirken außer Nickel-Titan-Legierungen auch Kupfer-Zink-Aluminium-Legierungen. M.-L. finden u. a. Anwendung bei Schrumpfringen zum Verbinden von Rohrenden, Knochenklammern und Zahnregulierungen, die nicht nachgespannt werden müssen, sowie bei thermisch ansprechenden Stellelementen (z. B. automat. Fensteröffner für Gewächshäuser, Brandschutzeinrichtungen).

Memphis, 1) [ˈmemfɪs], altägypt. Stadt auf dem linken Nilufer oberhalb von Kairo. Als Gründer der Residenz (um 2900 v. Chr.), ihrer Königsburg (›Weiße Mauern‹) und einem Tempel für Ptah gilt →Menes. Während des Alten und (mit Unterbrechungen) auch während des Mittleren Reiches war M. Hauptstadt von Ägypten, im Neuen Reich ein wichtiges militär. und Verwaltungszentrum. Von der einst prachtvollen Metropole blieben nur geringe Reste, da M. als Steinbruch für Kairo genutzt wurde. Festgestellt wurden der Ptahtempel, zu dem der Alabastersphinx aus der Zeit von AMENOPHIS II. und eine Kolossalstatue von RAMSES II. gehörten, und die Paläste der Könige MERENPTAH und APRIES; eindrucksvoll die Reste eines Balsamierungshauses für Apisstiere. Die benachbarten Nekropolen →Sakkara sowie →Abusir und die Pyramiden von →Giseh und →Dahschur zeugen von der Bedeutung von M. Verschiedene in ptolemäischer Zeit aus M. verschleppte Statuen wurden z. T. andernorts ausgegraben. M. und seine unter Pyramidenfelder wurden von der UNESCO zum Weltkulturerbe erklärt.

2) [ˈmemfɪs], größte Stadt in Tennessee, USA, am Mississippi, 614 300 Ew. (davon 48 % Schwarze); die Metrop. Area hat 1,056 Mio. Ew.; kath. Bischofssitz; Memphis State University (gegr. 1912), medizin. Zweig der University of Tennessee; bedeutendes Handelszentrum für Baumwolle und Hartholz; Nahrungsmittel-, chem., Papierindustrie, Tabakverarbeitung, Maschinenbau; Flusshafen, Verkehrsknotenpunkt. – In der Innenstadt neben Civic Center und City Hall das große Auditorium für Oper und Konzert (M. Symphony Orchestra); südlich das Geschäfts- und Bankenviertel, am Wolf River das Hochhaus der M. Cotton Exchange. An der Beale Street liegt das traditionelle ›Blues Viertel‹ (Cotton and River Row); im

---

Memphis 2)

größte Stadt in Tennessee, USA

am Mississippi

614 300 Ew.

zwei Universitäten

Entstehungsort des Memphis-Sound

Elvis-Presley-Museum

Baumwoll- und Hartholzhandel

Industriestandort

1819 gegründet

Overton Park die Kunstakademie und die 1916 eröffnete Brooks Memorial Art Gallery (zeitgenöss. amerikan. Kunst und v. a. ital. Renaissancegemälde). In Graceland, dem 1957 von ELVIS PRESLEY erworbenen Anwesen, befinden sich u. a. dessen Grab und ein Museum. Eines der jüngsten Bauwerke ist die der Cheopspyramide nachempfundene ›Great American Pyramid‹ (1991 eröffnet), ein 32 Stockwerke hohes multifunktionales Bauwerk, das hinter seiner Stahl-/Glasfassade ein 22 000 Zuschauer fassendes Auditorium birgt. – M., 1819 u. a. von A. JACKSON an der Stelle eines Dorfes der Chickasaw und eines amerikan. Militärpostens (1797) gegründet, erhielt seinen Namen wegen der Ähnlichkeit seiner Lage am erhöhten Flussufer mit derjenigen von M. am Nil. Es erlebte mit der Ausweitung des Baumwollanbaus einen wirtschaftl. Aufschwung. 1826 wurde M. Town, 1849 City. Die während des Sezessionskrieges 1862 von den Unionstruppen eingenommene Stadt wurde zw. 1855 und 1878/79 durch mehrere Gelbfieberepidemien fast völlig entvölkert. Am 4. 4. 1968 fiel hier M. L. KING JR. einem Attentat zum Opfer. – 13 km südwestlich von M. liegt **Chucalissa** [tʃuːkəlˈɪsə], ein von etwa 900 bis 1600 bewohntes Dorf der Chickasaw-Indianer (Museum mit Ausgrabungsfunden).

Memphis-Sound [ˈmemfɪsaʊnd], Mitte der 60er-Jahre von der Plattenfirma Stax/Volt in Memphis (Tenn.) kreierter ausdrucksstarker Rhythm-and-Blues-Stil, dessen Auftreten den Beginn des Soul markiert. Bekannte Vertreter waren OTIS REDDING (* 1941, † 1967), SAM & DAVE, BOOKER T & THE MG'S.

Mena, Juan de, span. Dichter, *Córdoba 1411, †Torrelaguna (Prov. Madrid) 1456; Sekr. und Chronist JOHANNS II. von Kastilien; brachte kast. (VERGIL, LUKAN) und ital. (DANTE) Vorbilder in der span. Dichtung zur Geltung; Schöpfer einer span. Kunstprosa (latinisierend, stark rhetorisch). Sein Hauptwerk, das allegor. Gedicht ›El laberinto de Fortuna‹ (entstanden 1444, gedruckt um 1485 oder 1488), wirkte bis ins 17. Jh. Seine schlichteren ›Coplas de los siete pecados mortales‹ (hg. 1500) blieben unvollendet.

Ausgabe: Laberinto de Fortuna, hg. v. J. G. CUMMINS (²1982).

M. R. LIDA DE MALKIEL: J. de M., poeta del prerrenacimiento español (Mexico ²1984).

MENA, Abk. für **M**iddle **E**ast **N**ews **A**gency, die staatl. ägypt. Nachrichtenagentur, gegr. 1928, Sitz Kairo; verbreitet Wort- und Bildmaterial in arab., frz. und engl. Sprache.

Menabuoi, Giusto di Giovanni de', ital. Maler, →Giusto, G. di Giovanni de' Menabuoi.

Menachem [hebr. ›Tröster‹, ›Trost‹], König von Israel (747–738 v. Chr.), Usurpator (2. Kön. 15, 14–22). Während seiner Reg.-Zeit begann die territoriale Expansion des neuassyr. Großreiches unter TIGLATPILESER III.

Menado, Stadt in Indonesien, →Manado.

Menäen [zu griech. ›Monat‹], Sg. **Menäe** die, -, neugriech. **Minäa,** →Martyrologium.

Menage [meˈnaːʒə; frz. ›Haushalt‹, ›Hausrat‹] die, -/-n, 1) allg.: kleines Tischgestell für Essig, Öl, Salz, Pfeffer u. Ä.
2) beim österr. Militär: Verpflegung.

Ménage [meˈnaːʒ], Gilles, frz. Dichter und Grammatiker, *Angers 5. 8. 1613, †Paris 23. 7. 1692; seine poet. Werke sind im Stil der zeitgenöss. preziösen Dichtung verfasst; in ›Observations sur la langue française‹ (1672) setzte er sich kritisch mit C. F. DE VAUGELAS auseinander. Seine Studie ›Les origines de la langue française‹ (1650, 1694 u. d. T. ›Dictionnaire étymologique‹) besitzt trotz ihrer unwiss. Etymologien hohen Quellenwert.

Menaichmos, griech. Mathematiker, lebte in der Mitte des 4. Jh. v. Chr. in Athen; Schüler des EUDO-XOS VON KNIDOS, löste das Problem der Würfelverdoppelung durch Schnitt einer Parabel mit einer Hyperbel. Dieser Lösung lag die Einsicht zugrunde, dass die Würfelverdoppelung gleichwertig ist mit der Ermittlung zweier mittlerer Proportionalen.

Menaistraße, engl. **Menai Strait** [ˈmenaɪ ˈstreɪt], Meerenge zw. Wales und der Insel Anglesey in der Irischen See, 180–3000 m breit; überspannt von zwei Brücken: Die **Menaibrücke** wurde 1819–26 von T. TELFORD als Hängekonstruktion aus Eisen (1939 durch Stahl ersetzt) über mächtigen Steinpfeilern errichtet. Die 1845–50 von R. STEPHENSON für den Eisenbahnverkehr gebaute **Britanniabrücke,** die erste Balkenbrücke aus Schweißstahl, wurde 1970 durch Feuer zerstört und durch einen doppelstöckigen Neubau (Eisenbahn- und Autoverkehr) ersetzt.

Menam der, thailänd. **Mae Nam Chao Phraya** [mɛ nam tʃaʊ praja], Strom in Thailand, 365 km lang, Einzugsgebiet 160 000 km²; entsteht bei Nakhon Sawan durch Vereinigung (24 m ü. M.) von **Ping** (590 km lang) und **Nan** (627 km lang), die im Bergland an der Grenze zu Birma bzw. zu Laos entspringen; teilt sich nach kurzer Strecke in mehrere Arme auf, die mit stark mäandrierendem Lauf im Golf von Thailand ein rd. 20 000 km² großes Delta aufgebaut haben. Hauptarme sind der **Suphan Bur (Tha Chin)** im W und der eigentl. M. **(Chao Phraya)** im O, der unterhalb von Bangkok mündet. Der M. kann von Ozeanschiffen (bis 10 000 t) bis Bangkok befahren werden. Das M.-Delta ist ein wichtiges Reisanbaugebiet. Mehrere Staudämme, u. a. der Chainat- oder Chao-Phya-Damm (seit 1957, an der Deltaspitze) und der Yanhee- bzw. Bhumibol-Damm am Ping (seit 1966; Stausee 100 km lang, 12,2 km³ Inhalt), dienen der Regulierung der Bewässerung. Gezeiten machen sich bis Ayutthaya bemerkbar.

Menama, Manama, Al-M., Hauptstadt und wirtschaftl. Zentrum des Scheichtums Bahrain, an der NO-Küste der Hauptinsel, (1991)137 000 Ew.; traditionsreiches Handwerk (Goldschmiede, Bootsbauer, Töpfer, Weber) und Oasenwirtschaft. Dank guter Telekommunikationsmöglichkeiten und liberaler kosmopolit. Prägung ist M. heute bedeutendes Finanz-, Banken- und Dienstleistungszentrum sowie internat. Messeplatz; Aluminiumindustrie, Großraffinerie mit Pipeline nach Saudi-Arabien, Meerwasserentsalzungsanlagen; Seehafen mit Werft; internat. Flughafen auf der vorgelagerten Insel Muharrak. – 1575 wurde M. erstmals urkundlich erwähnt.

Menander, griech. auch **Menandros,** griech. Dichter, * Athen 342 v. Chr., † ebd. 291 v. Chr.; verfasste über 100 Komödien, von denen 96 Titel bekannt sind. Seine Stücke, die bedeutendsten der ›neuen Komödie‹, spielen im Milieu des Athener Bürgertums, schildern dessen Schwächen, Liebesintrigen, aber auch Leidenschaften und deren Überwindung. M. verbindet menschl. Verständnis mit einer hohen Auffassung von Pflicht und Treue; seine Gestalten weisen kunstvolle Charakterzeichnungen auf. Die nuancenreiche Sprache fügt sich zwanglos in die Versmaße. – M. war Vorbild für die röm. Komödie: CAECILIUS STATIUS, PLAUTUS und TERENZ formten seine Stücke um. Auch im Lustspiel der roman. Völker (MOLIÈRE, C. GOLDONI) ist sein Einfluss spürbar. – Lange Zeit waren nur Zitate aus M.s Werken und röm. Nachahmungen bekannt. Bes. seit 1905 wurden aus ägypt. Papyri Fragmente von etwa 30 Komödien gefunden. Die letzten größeren Entdeckungen waren 1958 der des ›Dyskolos‹ auf einem Papyrus der Bibliotheca Bodmeriana (Cologny bei Genf), dem Teile der ›Samia‹ und der ›Aspis‹ folgten. 1962–63 wurden Teile des ›Sikyonios‹ in Mumientonage wieder gefunden. Eine Vorstellung von M.s Gestaltungskunst ergibt sich bes. aus ›Dyskolos‹ (›Der Unfreundliche‹, 316), ›Samia‹ (nach 315), ›Perikeiro-

Menander: römische Kopie einer griechischen Bronzestatue aus der Zeit um 220 v. Chr. (Kopenhagen, Ny Carlsberg Glyptotek)

Mena Menangkabau – Mende

mene‹ (›Die Geschorene‹, bald nach 314) und ›Epitrepontes‹ (›Das Schiedsgericht‹, nach 304). – **Menanders Gnomen** heißt eine vom ersten nachchristl. Jahrhundert an entstandene Spruchsammlung, die nur zum kleineren Teil auf M. zurückgeht.

Ausgaben: Dyskolos, hg. v. M. TREU (1960); Das Schiedsgericht, in: Griech. Theater, übers. v. W. SCHADEWALDT (1964); Der Schild oder Die Erbtochter, hg. v. K. GAISER (1971); Reliquiae selectae, hg. v. F. H. SANDBACH (1972); M., hg. v. W. G. ARNOTT, auf 3 Bde. ber. (1979 ff.; griech. u. engl.); Sentenzen, übers. v. S. JÄCKEL (1986).

H.-D. BLUME: M.s ›Samia‹ (1974); N. HOLZBERG: M., Unters. zur dramat. Technik (1974); K. GAISER: M.s Hydria. Eine hellenist. Komödie u. ihr Weg ins lat. MA. (1977); E. G. TURNER: The lost beginning of M.s, Misoumenos (London 1978); A. BLANCHARD: Essai sur la composition des comédies de Ménandre (Paris 1983); G. VOGT-SPIRA: Dramaturgie des Zufalls. Tyche u. Handeln in der Komödie M.s (1992); J. M. WALTON: M. and the making of comedy (Westport, Conn., 1996).

Menangkạbau, Volk in Indonesien, →Minangkabau.

Menap-Eiszeit [nach den Menapiern], pleistozäne Eiszeit, →Eiszeitalter.

Menapi|er, lat. **Menapi|i,** Stamm der kelt. Belgen am Unterlauf von Rhein, Maas und Schelde, von CAESAR unterworfen.

Menạrche [zu griech. mḗn ›Monat‹ und archḗ ›Anfang‹] *die, -,* Zeitpunkt des ersten Auftretens der →Menstruation.

Menas, ägypt. Heiliger und Märtyrer, →Abu Mena.

Menạsse, Manạsse, König von Juda (696–642 v. Chr.); Sohn und Nachfolger des HISKIA. Juda befand sich zur Zeit des M. in drückender polit. Abhängigkeit von Assyrien, dessen Götter und Kulte M. begünstigte (2. Kön. 21, 1-18). Die israelit. Religion geriet dabei in der assyr. Krise, die erst JOSIA beendete. – Das apokryphe, aus 15 Versen bestehende **Gebet des M.** (erstmals im 3. Jh. in syr. Sprache bezeugt) hat seinen bibl. Anhaltspunkt in der Erwähnung eines Bußgebets des M. in 2. Chron. 33, 12 f.; 18 f.

Menạsse, Robert, österr. Schriftsteller, *Wien 21. 6. 1954; 1981–88 Lektor an der Univ. von São Paulo; schreibt philosoph. Essays und Romane. In den Romanen der ›Trilogie der Entgeisterung‹ (›Sinnl. Gewißheit‹, 1988; ›Selige Zeiten, brüchige Welt‹, 1991; ›Schubumkehr‹, 1995) bietet er eine breit angelegte Auseinandersetzung mit der österr. Geschichte und Gegenwart in engem Bezug zu HEGELS Philosophie und LUKÁCS' Ästhetik. Dabei nutzt er alle Möglichkeiten modernen und postmodernen Erzählens.

Weitere Werke: *Essays:* Die sozialpartnerschaftl. Ästhetik. Essays zum österr. Geist (1990); Das Land ohne Eigenschaften. Essay zur österr. Identität (1992); Phänomenologie der Entgeisterung. Geschichte des verschwindenden Wissens (1995).

Menas|stadt, →Abu Mena.

Mena y Medrạno [-i-], Pedro de, span. Bildhauer, getauft Granada 20. 8. 1628, †Málaga 13. 10. 1688; bedeutender Vertreter der Estofadoskulptur. Nach einer Ausbildung bei A. CANO war er ab 1658 in Málaga tätig, wo er u. a. 40 Holzreliefs am Chorgestühl der Kathedrale schuf (1658–62). In seinen Holzstatuen verbindet er eine betont realist. Auffassung mit tief empfundener Religiosität, die bis zur Ekstase gesteigert sein kann.

Hl. Franziskus von Assisi (1663; Toledo, Kathedrale); Hl. Maria Magdalena (1664; Valladolid, Museo Nacional de Escultura).

Menchú [mɛnˈtʃu], Rigoberta, guatemaltek. Menschenrechtlerin, *Chimel (Dep. Quiché) 9. 1. 1959. M., eine Quiché-Indianerin, engagierte sich früh für die Rechte der Indianer, für soziale Belange von Bauern und Landarbeitern sowie in der Frauenbewegung; lebte nach der Ermordung engster Familienangehöriger ab 1981 in Mexiko, beteiligte sich von dort aus am Widerstand gegen die guatemaltek. Militärmachthaber; seit 1983 in der UN-Menschenrechtskommission, seit 1986 Mitgl. des Rates der UNO für die Rechte der indian. Bevölkerung. Erhielt 1992 für ihren gewaltlosen Einsatz für soziale Gerechtigkeit und ethnischkulturelle Aussöhnung den Friedensnobelpreis; setzt sich seit dem Ende des Bürgerkriegs für die aktive Teilnahme der Indianer am polit. Leben ein.

Mẹncius, chin. Philosoph, →Mengzi.

Mencken [ˈmɛŋkɪn], H. L. (Henry Louis), amerikan. Journalist und Schriftsteller, *Baltimore (Md.) 12. 9. 1880, †ebd. 29. 1. 1956; ab 1908 Literaturkritiker und 1914–23 Mitherausgeber des Kulturmagazins ›The smart set‹; 1924 Mitbegründer des ›American Mercury‹ und bis 1933 dessen Herausgeber; während des Ersten Weltkriegs Korrespondent in Dtl. und Russland; Wegbereiter F. NIETZSCHES und G. B. SHAWS in Amerika; setzte sich für T. DREISER, S. LEWIS und S. ANDERSON ein; kritisierte ironisch die als provinziell-spießig empfundene bürgerl. Kultur in den USA. Sein bekanntestes Werk, die Studie ›The American language‹ (1919; dt. ›Die amerikan. Sprache‹), setzt auf die kulturelle Eigenständigkeit der USA.

Weitere Werke: George Bernard Shaw, his plays (1905); The philosophy of Friedrich Nietzsche (1908); A book of prefaces (1917); In defense of women (1918; dt. Verteidigung der Frau); Prejudices, 6 Bde. (1919–27); Notes on democracy (1926; dt. Demokratenspiegel). – *Autobiographie:* The days of H. L. M. (1947).

Ausgabe: The diary, hg. v. C. A. FECHER (1989).

W. H. A. WILLIAMS: H. L. M. (Boston, Mass., 1977); E. A. MARTIN: H. L. M. and the debunkers (Athens, Ga., 1984); A. BULSTERBAUM: H. L. M. A research guide (New York 1988).

Mende, Volk in Westafrika, im östl. und zentralen Sierra Leone (1,2 Mio. M.) und in NW-Liberia (17000 M.). Die M. sind in 70 Häuptlingstümer gliedert. Ihre Kegeldachhäuser bilden weitläufige Siedlungen. Sie betreiben Feldbau (Reis, Maniok) und Fischerei. Etwa 40% der M. hängen der traditionellen (animist.) Religion an, weitere 40% dem (sunnit.) Islam; die übrigen sind Christen. Die Schnitzkunst der M. steht weitgehend im Dienst des hoch entwickelten Geheimbundwesens. Die bei der Initiation der Mädchen getragenen ›Sowei‹-Helmmasken des Bundu-Geheimbundes sind schwarz gefärbte Stülpmasken mit fein geschnittenem Gesicht und kunstvoller Frisur, die manchmal von einem mit Kaurischnecken geschmückten Band gehalten wird und in der oft angeschnitzte Antilopenhörner (als Zeichen der Kraft) stecken. Die Würdenträger des Poro-Bundes tragen ähnl. Masken, in gröberem Stil und klobiger wirkend.

Die Sprache der M., das **Mende,** gehört zu den →Mandesprachen; sie besitzt eine ausgeprägte Anlautpermutation (nach festen Regeln auftretende Veränderung bestimmter Konsonanten im Wortanlaut) zur Markierung von Possessivkonstruktionen und zur Unterscheidung transitiver und intransitiver Formen beim Verb. Das Mende hat eine eigene Silbenschrift.

E. G. AGINSKY: A grammar of the Mende language (Philadelphia, Pa., 1935, Nachdr. New York 1966); G. INNES: A Mende-English dictionary (Cambridge 1969); DERS.: A practical introduction to Mende (London ²1971); A. J. GITTINS: M. religion. Aspects of belief and thought in Sierra Leone (Nettetal 1987).

Mende [mãd], Stadt in Frankreich, Verw.-Sitz des Dép. Lozère, am linken Ufer des Lot, 731 m ü. M., 11 300 Ew.; kath. Bischofssitz, Musée Ignon-Fabre (Archäologie und Volkskunst); Textilindustrie, Brauerei; Fremdenverkehr. – Maler. Stadtbild: Kathedrale Saint-Pierre (1369 bis 15. Jh., nach Zerstörung durch Protestanten in den Hugenottenkriegen 1599–1620 im alten Stil wieder aufgebaut).

Mẹnde, Erich, Politiker, *Groß Strehlitz 28. 10. 1916; Jurist; im Zweiten Weltkrieg Berufsoffizier; war 1945 Mitbegründer der FDP, 1949–80 MdB (1957 bis

Mendel – mendelsche Regeln **Mend**

1963 Fraktions-Vors.). Als Bundes-Vors. der FDP (1960–68) stimmte er trotz einer gegenteiligen Aussage im Wahlkampf 1961 der Wiederwahl K. ADENAUERS zum Bundeskanzler zu. Als Vizekanzler und Bundes-Min. für gesamtdt. Fragen (1963–66, Rücktritt) trat M. in der Dtl.- und Ostpolitik für eine Politik der kleinen Schritte gegenüber der UdSSR und der DDR ein. Nach Bildung der SPD-FDP-Koalition (1969) wandte er sich gegen den Kurs der FDP, die er 1970 mit Wechsel zur CDU verließ.

Mendel, Gregor (Ordensname seit 1843), eigtl. **Johann M.,** österr. Botaniker, * Heinzendorf (bei Odrau, Nordmähr. Gebiet) 22. 7. 1822, † Brünn 6. 1. 1884. M. trat 1843 in das Brünner Augustinerstift ein und war ab 1849 Gymnasiallehrer in Znaim und Brünn; 1851–53 naturwiss. Studium in Wien; ab 1868 Prior seines Klosters. M. führte im Brünner Klostergarten umfangreiche bot. Vererbungsforschungen durch. Er kreuzte Varietäten derselben Pflanzenart (zunächst Gartenerbsen, später u. a. auch Gartenbohnen) und führte künstl. Befruchtungen durch. Aufgrund der über 10 000 im Verlauf von acht Jahren durchgeführten Experimente formulierte er die – später nach ihm benannten – mendelschen Regeln für die Vererbung einfacher Merkmale. Diese Gesetze wurden erst um 1900 von C. E. CORRENS, E. VON TSCHERMAK und H. DE VRIES wieder entdeckt. – M. beschäftigte sich auch mit Bienenzucht und Meteorologie.

Werk: Versuche über Pflanzen-Hybriden (1866).
I. KRUMBIEGEL: G. M. u. das Schicksal seiner Entdeckung (1957); D. GRIESER: Köpfe. Portraits der Wiss. (Wien 1991); V. OREL: G. M. (Oxford 1996).

Mendelejew, Mendeleev [-'lejef], Dmitrij Iwanowitsch, russ. Chemiker, * Tobolsk 8. 2. 1834, † Sankt Petersburg 2. 2. 1907; seit 1856 Prof. in Petersburg; arbeitete v. a. auf dem Gebiet der physikal. Chemie und förderte die technolog. Erschließung Russlands. M. stellte gleichzeitig und unabhängig von J. L. MEYER 1869 ein Periodensystem der chem. Elemente auf, aufgrund dessen er Vorhandensein und Eigenschaften neuer Elemente voraussagte.

Mendele Mojcher Sforim [›Mendele Buchhändler‹], **Mendele Mocher Sefarim,** Pseud. für **Scholem Jankew Brojde,** gen. **Schalom Jakob Abramowitsch,** jidd. und hebr. Schriftsteller, * Kopyl (bei Minsk) 2. 1. 1836, † Odessa 8. 12. 1917; wurde (nach Anfängen in Hebräisch) zum Begründer der modernen jidd. Literatur, indem er bes. in seinen Romanen aktuelle Thematik mit realist. Darstellung und einem Sprachstil verband, der gesprochenes Jiddisch literaturfähig machte. Die krit. und didakt. Intention der jüd. Aufklärung behielt er bei und bevorzugte die Satire. M. M. S. gewann auch (u. a. durch Übersetzungen eigener Werke) beträchtl. Einfluss auf die neuere hebr. Literatur. Seine Hauptwerke sind die Romane ›Dos Vinshfingeril‹ (1865; dt. ›Der Wunschring‹), ›Fischke der krumer‹ (1869; dt. ›Fischke der Krumer‹, auch u. d. T. ›Fischke der Lahme‹), ›Di kliatshe‹ (1873; dt. ›Die Mähre‹), ›Masot Binyamin ha-Shelishi‹ (1879; dt. ›Die Fahrten Binjamins des Dritten‹), ›Schlojme Reb Chajms‹ (1901; dt. ›Schloimale‹).

Ausgaben: Ale Werk, 22 Bde. (1927); Werke, 2 Bde. (1961–62).
O. F. BEST: Mameloschen. Jiddisch – eine Sprache u. ihre Lit. (^{2}1988); D. ABERBACH: Realism, caricature and bias. The fiction of Mendele Mocher Sefarim (Washington, D. C., 1993).

Mendelevium		
chem. Symbol	Ordnungszahl	101
	bisher bekannte Isotope (alle radioaktiv)	^{247}Md bis ^{260}Md
Md	beständigstes Isotop	^{258}Md
	Halbwertszeit des ^{258}Md . . .	51,5 Tage

Mendelevium [nach D. I. MENDELEJEW] *das, -s,* chem. Symbol **Md,** künstlich hergestelltes, radioaktives →chemisches Element aus der Reihe der →Actinoide im Periodensystem der chem. Elemente, eines der →Transurane. Als erstes Isotop des M. wurde 1955 von A. GHIORSO, G. T. SEABORG und Mitarbeitern das Nuklid ^{256}Md bei der Einwirkung von Alphateilchen auf Atomkerne des Einsteiniumisotops ^{253}Es entdeckt.

Mendeln, *Genetik:* Bez. für das Verhalten von Merkmalen, die nach den mendelschen Regeln vererbt werden.

Mendelpass, ital. **Passo di Mendola,** Pass mit Straße südwestlich von Bozen, Südtirol, Italien, 1 363 m ü. M. zw. Penegal (1 737 m) und Monte Roen (2 116 m); die Straße über den M. verbindet das Überetsch mit dem Val di Non (Nonsberg); Standseilbahn von Kaltern.

Mendelpopulation, Gruppe von Individuen mit gemeinsamem Genpool, allgemeiner Kreuzbarkeit und einer Vererbung nach den mendelschen Regeln. Eine M. ist z. B. die Art.

mendelsche Regeln, mendelsche Gesetze, die von G. MENDEL erkannten drei Grundregeln (keine Gesetze im eigentl. Sinne), die die Weitergabe von Erbanlagen beschreiben. Die wichtigste Erkenntnis aus MENDELS Experimenten war, dass das Erbgut aus voneinander unabhängigen Einheiten (Gene) aufgebaut ist, wodurch das Auftreten von Spaltungen und Neukombinationen erst erklärbar wurde.

1) **Uniformitäts-** und **Reziprozitätsregel:** Werden zwei homozygote (reinerbige) Eltern (P-Generation), die sich in einem oder mehreren Allelpaaren unterscheiden, miteinander gekreuzt, so sind alle Nachkommen in der ersten Tochtergeneration (F_1-Generation) genotypisch und phänotypisch gleich (uniform). Dies trifft auch für reziproke Kreuzungen zu.

2) **Spaltungsregel:** Werden heterozygote (mischerbige) Individuen (der F_1-Generation) untereinander gekreuzt, so sind ihre Nachkommen (F_2) nicht alle gleich, sondern es treten neben heterozygoten auch homozygote Individuen in festen Zahlenverhältnissen auf, die wieder den Genotyp der Elterngeneration tragen. Dabei verteilt sich bei einem monohybriden Erbgang die Gesamtzahl der Nachkommen auf den ersten

Gregor Mendel

Dmitrij Iwanowitsch Mendelejew

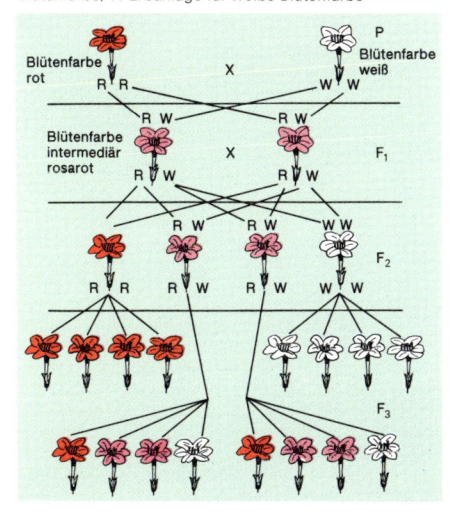

mendelsche Regeln: Schematische Darstellung der Spaltungsregel; P Elterngeneration, F_1 erste, F_2 zweite, F_3 dritte Tochtergeneration, R Erbanlage für rote Blütenfarbe, W Erbanlage für weiße Blütenfarbe

homozygoten Genotyp, auf den heterozygoten Genotyp und auf den zweiten homozygoten Genotyp im Verhältnis 1:2:1. Bei Dominanz eines der beiden Merkmale erfolgt eine phänotyp. Aufspaltung im Verhältnis 3:1 (**Dominanzregel**; 75% sehen einheitlich wie der Elternteil mit Dominanz aus, sind aber rein- und mischerbig im Verhältnis 1:2).

3) **Unabhängigkeitsregel** (Regel von der freien Kombinierbarkeit der Erbfaktoren, Regel von der Neukombination der Erbfaktoren): Werden Individuen miteinander gekreuzt, die sich in mehr als einem Gen voneinander unterscheiden (Mehrfaktorenkreuzung), so werden die unterschiedlichen allelen Gene unabhängig voneinander vererbt und sind daher frei kombinierbar. Die 3. m. R. gilt nicht für Gene, die auf einer Kopplungsgruppe liegen.

Mendelsohn, Erich, Architekt, *Allenstein 21. 3. 1887, †San Francisco (Calif.) 15. 9. 1953; studierte in Berlin und München und eröffnete 1919 ein Büro in Berlin. Mit dem Einsteinturm (BILD →Einsteinturm) in Potsdam (1920/21) leistete er einen wichtigen Beitrag zur Architektur des Expressionismus. Seine Bauten der Folgezeit sind durch großzügige Schwingungen mit Licht- und Schattenwirkungen und lange Fensterbänder rhythmisiert (z. B. Kaufhaus Schocken in Stuttgart, 1926–28, 1960 abgerissen; Kaufhaus in Chemnitz, 1928/29; Columbushaus am Potsdamer Platz in Berlin, 1931–32, zerstört). M. emigrierte 1933 nach London, wo er mit S. I. CHERMAYEFF zusammenarbeitete (De la Warr Pavillon in Bexhill, 1934), ging 1939 nach Palästina, wo er bereits 1936 ein Büro eröffnet hatte (u. a. Krankenhaus in Haifa, 1937/38, Gebäude der Hebräischen Univ. und medizin. Zentrum Hadassah in Jerusalem, 1936–38), 1941 in die USA (Maimonides-Hospital in San Francisco, Calif., 1946–50; Synagogen in Saint Louis, Mo., 1946–50, Cleveland, Oh., 1948–52, Saint Paul, Minn., 1950–54).

Ausgabe: Briefe eines Architekten, hg. v. O. BEYER (Neuausg. 1991).

B. ZEVI: E. M. (Zürich 1983); I. HEINZE-MÜHLEIB: E. M. Bauten u. Projekte in Palästina. 1934–1941 (1986); E. M. 1887–1953. Ideen, Bauten, bearb. v. S. ACHENBACH, Ausst.-Kat. (1987); P. VIRILIO: ›Das irreale Monument‹ (a. d. Frz., 1992); R. PALMER: Der Stuttgarter Schocken-Bau von E. M. (1995); Vom Großen Refraktor zum Einsteinturm, Beitr. v. J. KRAUSSE u.a., Ausst.-Kat. Astrophysikal. Inst. Potsdam (1996).

Mendelssohn, 1) Arnold Ludwig, Komponist, *Ratibor 26. 12. 1855, †Darmstadt 19. 2. 1933; Großneffe von F. MENDELSSOHN BARTHOLDY; wurde 1880 Organist in Bonn, 1882 Musikdirektor in Bielefeld, 1891 Gymnasialmusiklehrer und Kirchenmusikmeister in Darmstadt und unterrichtete ab 1912 am Dr. Hoch'schen Konservatorium in Frankfurt am Main (u. a. Lehrer P. HINDEMITHS). M. schrieb Opern (u. a. ›Der Bärenhäuter‹, 1900), Orchester-, Kammer- und Klaviermusik sowie Chorwerke und Lieder. Mit seinen geistl. Werken unter Bevorzugung eines herben polyphonen Satzes leitete er eine Reform der ev. Kirchenmusik in Dtl. ein.

E. WEBER-ANSAT: A. M., 1855–1933, u. seine Verdienste um die ev. Kirchenmusik (1981); J. BÖHME: A. M. u. seine Klavier- u. Kammermusik (1987).

2) Dorothea, Schriftstellerin, →Schlegel, Dorothea.

3) Fanny Caecilie, eigtl. F. C. **M. Bartholdy,** verh. **Hensel,** Pianistin und Komponistin, *Hamburg 14. 11. 1805, †Berlin 14. 5. 1847, Enkelin von 4), Schwester von F. MENDELSSOHN BARTHOLDY; ihre besondere pianist. Begabung trat früh hervor; erhielt Musikunterricht zus. mit ihrem Bruder, dem sie zeitlebens persönlich wie als musikal. Beraterin eng verbunden war. 1829 heiratete sie den Maler W. HENSEL; lebte 1839–41 in Rom, wo sie C. GOUNOD kennen lernte, danach in Berlin. Sie komponierte Klavierwerke,

Erich Mendelssohn: Kaufhaus Schocken in Stuttgart; 1926–28 (1960 abgerissen)

Kammermusik und v. a. Lieder (einige unter dem Namen ihres Bruders veröffentlicht), Orchesterouvertüre C-Dur (1830) und Chorwerke (u. a. Oratorium, 1831).

P.-A. KOCH: Fanny Hensel geb. M. 1805–1847. Kompositionen. Eine Zusammenstellung der Werke, Literatur u. Schallplatten (1993).

4) Moses, Philosoph, *Dessau 17. 8. 1729, †Berlin 4. 1. 1786, Großvater von 3) und F. MENDELSSOHN BARTHOLDY; Vorkämpfer für die polit. und soziale Gleichstellung der Juden mit den Christen; rabbin. Ausbildung, u. a. bei dem Dessauer Rabbiner DAVID FRÄNKEL (*1707, †1762); kam 1742 nach Berlin; dort autodidaktisches Sprachen- und Philosophiestudium; wurde ebd. 1750 Hauslehrer, dann Buchhalter. G. E. LESSING, mit dem er seit 1754 befreundet war (und zum ›Nathan‹ anregte), ermutigte ihn zu schriftsteller. Tätigkeit auf dem Gebiet der Philosophie. 1771 Wahl in die Berliner Akademie (wurde von FRIEDRICH II. wegen M.s jüd. Abstammung nicht bestätigt).

M. war der bedeutendste der Popularphilosophen aus der Schule C. WOLFFS. Gedanken von G. W. LEIBNIZ, B. SPINOZA, A. A. C. SHAFTESBURY und I. KANT haben seine Schriften angeregt, in denen er vornehmlich für die Verbreitung der Toleranzforderung eintrat und Fragen der Metaphysik und Ästhetik behandelte. – Seine ›Abhandlung über die Evidenz in metaphys. Wissenschaften‹ (1764) wurde von der Berliner Akademie preisgekrönt. In ›Phädon, oder über die Unsterblichkeit der Seele‹ (1767) fügte M. den Argumenten PLATONS und G. W. LEIBNIZ' für die Unsterblichkeit der Seele einen eigenen moraltheolog. Beweis hinzu. In ›Morgenstunden, oder Vorlesungen über das Dasein Gottes‹ (1785) entwickelte er einen ontolog. Gottesbeweis. Seine Ästhetik stützt, Ansätze von A. G. BAUMGARTEN, J. G. SULZER, E. BURKE und SHAFTESBURY aufgreifend, den metaphys. Begriff der Schönheit auf das psycholog. Gefühl des Schönen. – Bekehrungsversuche J. K. LAVATERS (1769) veranlassten M., sich für die Verteidigung des Judentums einzusetzen. Seine Übersetzungen des ›Pentateuchs‹ (›Die 5 Bücher Mose‹, 5 Tle. 1780–83), des Psalters und des ›Hohen Liedes‹ führten die dt. Sprache in die jüd. Literatur ein und verbreiteten mit ihr unter den Juden zugleich die Gedanken der Aufklärung und der Emanzipation. In der Schrift ›Jerusalem, oder über die religiöse Macht und Judenthum‹ (1783) tritt er für eine Trennung von Staat und Religion ein und sucht die Übereinstimmung des Glaubens und der Vernunfterkenntnis zu erweisen. Den Juden sei nur das Gesetz, nicht eine religiöse Lehre geoffenbart worden. Das Gesetz diene auch zum Schutz der ›natürl. Religion‹

gegen Entstellung durch eine anthropomorphe Symbolik. So interpretierte M. als erster jüd. Philosoph der Neuzeit die jüd. Religion mit den Begriffen der aufklärer. Philosophie. – In einer heftigen religionsphilosoph. Kontroverse (Pantheismusstreit) verteidigte M. seinen Freund LESSING gegen den Vorwurf des Spinozismus (u. a. ›M. M. an die Freunde Lessings‹, postum 1786), den F. H. JACOBI erhoben hatte.

Ausgabe: Ges. Schriften. Jubiläumsausg., hg. v. I. ELBOGEN u. a., auf zahlr. Bde. ber. (Neudr. 1971 ff.).
A. ALTMANN: M. M., a biographical study (London 1973); DERS.: Die trostvolle Aufklärung. Studien zur Metaphysik u. polit. Theorie M.s (1982, tlw. dt., tlw. engl.); M. M. u. die Kreise seiner Wirksamkeit, hg. v. M. ALBRECHT u. a. (1994); D. SORKIN: M. M. and the religious enlightenment (London 1996).

5) Peter de, Pseud. **Carl Johann Leuchtenberg,** Journalist und Schriftsteller, *München 1. 6. 1908, †ebd. 10. 8. 1982; ging 1933 über Paris und Wien nach Großbritannien ins Exil, ab 1941 brit. Staatsbürger; nach 1945 Pressechef bei der brit. Kontrollkommission in Düsseldorf, später Korrespondent des Bayer. Rundfunks in London. M. veröffentlichte neben zeit- und literaturkrit. Essays politisch-dokumentar. Arbeiten und bedeutende biograph. Werke (z. B. zu W. CHURCHILL und T. MANN) und Monographien (›S. Fischer und sein Verlag‹, 1970), auch zahlreiche Novellen (›Krieg und Liebe der Kinder‹, 1930) und Romane in dt. und engl. Sprache (›Das Haus Cosinsky‹, 1934; ›Across the dark river‹, 1939; ›Das Gedächtnis der Zeit‹, 1974). Ab 1975 war M. Präs. der Dt. Akademie für Sprache und Dichtung.

Mendelssohn Bartholdy, Jakob Ludwig Felix, Komponist, *Hamburg 3. 2. 1809, †Leipzig 4. 11. 1847, Enkel von M. MENDELSSOHN (sein Vater hatte den Familiennamen durch Übertritt zum Protestantismus in M. B. geändert); war Schüler u. a. von J. N. HUMMEL (Klavier), E. RIETZ (Violine) und C. F. ZELTER (Komposition) und trat bereits mit neun Jahren mit seiner Schwester FANNY MENDELSSOHN öffentlich als Pianist auf. 1821 wurde M. B. mit C. M. VON WEBER bekannt. Im gleichen Jahr spielte er GOETHE in Weimar vor und fand 1825 in Paris mit seinem 3. Klavierquartett in h-Moll die Aufmerksamkeit L. CHERUBINIS. 1829 leitete M. B. auf Anregung ZELTERS in Berlin die erste Wiederaufführung der ›Matthäuspassion‹ von J. S. BACH und begründete damit die Bach-Renaissance im 19. Jh. Im Anschluss an Studienreisen nach Italien, Paris und London wurde er 1833 Musikdirektor in Düsseldorf. 1835 folgte er dem Ruf als Gewandhauskapellmeister nach Leipzig. Unter seiner Leitung und der des Konzertmeisters F. DAVID entwickelte sich das Gewandhausorchester zu einem hervorragenden Klangkörper. Als erster Kapellmeister leitete er das Orchester nicht vom Instrument, sondern mit dem Taktstock vom Pult aus. M. B. machte Leipzig zum musikal. Zentrum von europ. Bedeutung und war 1843 Mitbegründer des ersten Konservatoriums für Musik in Deutschland. Sein Leipziger Wohn- und Sterbehaus wurde mithilfe der Internat. Mendelssohn-Stiftung (1991 auf Initiative K. MASURS gegründet) zu einem musikal. Begegnungszentrum ausgebaut.

M. B., als Pianist und Dirigent eine der glänzendsten Erscheinungen seiner Zeit, gehört zu den Komponisten, deren Rang nicht immer unvoreingenommen beurteilt wurde. Von R. WAGNER bekämpft, von F. NIETZSCHE für ›einen schönen Zwischenfall der dt. Musik‹ gehalten und von den Nationalsozialisten antisemitisch verunglimpft, erhob sich gegen ihn der Vorwurf, nach früher Meisterschaft (Sommernachtstraum-Ouvertüre, Oktett, 1. Sinfonie) in der Entwicklung stehen geblieben zu sein und der Musik keine neuen Impulse gegeben zu haben (M. B. als ›konservativer Klassizist‹). Doch zeigen die von ihm entwickelten oder fortgeführten Formen (Konzertouvertüren, Orgelsonaten, Lieder ohne Worte, Scherzi) eine vollendete Beherrschung v. a. der kleinen lyr. Form. Meisterhaft ist seine klare Instrumentierung und seine geschmeidige melod. Gestaltung.

Werke: *Oper:* Die Hochzeit des Camacho (1827, nach M. CERVANTES). – *Sinfonien:* 12 Streicher-Sinfonien (1821–23); Nr. 1 c-Moll (1824); Nr. 2 B-Dur (1839–40, Sinfonie-Kantate ›Lobgesang‹); Nr. 3 a-Moll (1842, ›Schottische‹); Nr. 4 A-Dur (1832–33, ›Italienische‹); Nr. 5 D-Dur (1829–30, ›Reformations-Sinfonie‹). – *Bühnenmusiken und Konzertouvertüren:* Ein Sommernachtstraum (Ouvertüre 1826, vervollständigt 1842, nach W. SHAKESPEARE); Die Hebriden oder die Fingalshöhle (1830, Neufassung 1832); Meeresstille u. glückl. Fahrt (1828–33, nach GOETHE); Die schöne Melusine (1833–35, nach F. GRILLPARZER); Ruy Blas (1839, nach V. HUGO). – *Instrumentalkonzerte:* 2 Konzerte für zwei Klaviere u. Orchester E-Dur (1823) u. As-Dur (1824); 2 Klavierkonzerte g-Moll (1831) u. d-Moll (1837); Violinkonzert e-Moll (1838–44). – *Kammermusik:* Oktett (1825, revidiert 1832, für Streicher); 2 Streichquintette (1826–45); 3 Klavierquartette (1821–25); 7 Streichquartette (1829–47). – *Klavierwerke:* Lieder ohne Worte (1829–45). – *Orgelwerke:* 3 Präludien u. Fugen (1832–37); 6 Sonaten (1844–45). – *Oratorien:* Paulus (1832–36); Elias (1845–46, Neufassung 1847); Christus (1847). – *Weitere Vokalmusik:* Chorkantate Die erste Walpurgisnacht (1831–32, Endfassung 1842–43); Motetten, Psalmen, Chöre a cappella (darunter in op. 59, 1837–43, als Nr. 3 Abschied vom Wald, O Täler weit, o Höhen, u. in op. 50, 1838–40, Nr. 2 Wer hat dich du schöner Wald, nach J. VON EICHENDORFF), Duette mit Klavier, Lieder.

Ausgaben: Werke, hg. v. J. RIETZ, 19 Serien (1874–77); Leipziger Ausg. der Werke, auf mehrere Bde. ber. (1960 ff.); Briefe, hg. v. der Histor. Kommission des Friedrich-Meinecke-Inst., auf mehrere Bde. ber. (1968 ff.).
F. HILLER: F. M.-B. (²1878); W. A. LAMPADIUS: F. M. B. (Neuausg. 1886, Nachdr. 1978); Das Problem Mendelssohn, hg. v. C. DAHLHAUS (1974); F. KRUMMACHER: Mendelssohn – der Komponist. Studien zur Kammermusik für Streicher (1978); A. KURZHALS-REUTER: Die Oratorien F. M. B.s (1978); F. M. B., hg. v. G. SCHUHMACHER (1982); T. EHRLE: Die Instrumentation in den Symphonien u. Ouvertüren von F. M. B. (1983); C. JOST: Mendelssohns Lieder ohne Worte (1988); A. RICHTER: Mendelssohn. Leben – Werke – Dokumente (1994); H. C. WORBS: F. M. B. (41.–43. Tsd. 1994); Die Familie Mendelssohn, hg. v. S. HENSEL (Neuausg. 1995); K.-H. KÖHLER: Mendelssohn (1995); W. KONOLD: F. M. B. u. seine Zeit (²1996).

Menden (Sauerland), Stadt im Märkischen Kreis, NRW, im Hönnetal am N-Rand des Sauerlands,

Peter de Mendelssohn

Felix Mendelssohn Bartholdy (Ausschnitt aus einem Gemälde von Horace Vernet; 1831)

Felix Mendelssohn Bartholdy: Beginn der Ouvertüre ›Die Hebriden oder die Fingalshöhle‹; eigenhändige Niederschrift der Neufassung von 1832

139 m ü. M., 59 400 Ew.; Metall- und Kleineisenwaren-, Draht-, Leuchten-, Elektrogeräte- und Devotionalienherstellung, Land- und Forstwirtschaft. – Kath. Pfarrkirche St. Vinzenz, Langhaus (19. Jh.) nach O erweitert, wuchtiger W-Turm (14. Jh.); liebl. Muttergottes mit Kind (2. Hälfte 15. Jh.). – M., 1276 erstmals als Stadt bezeugt, war Grenzfeste der Kölner Erzbischöfe gegen die Grafschaften Mark und Arnsberg. Nach einer Zerstörung 1344 wurde die Stadt mit Befestigungen wieder aufgebaut. 1834 eröffnete die Ansiedlung von Metall verarbeitenden Betrieben neue Erwerbsmöglichkeiten.

Menderes *der,* Name von Flüssen in der Türkei: 1) **Büyük Menderes** [›Großer Menderes‹], in der Antike **Mäander,** Fluss in W-Anatolien, Türkei, 584 km lang, entspringt in einer Karstquelle bei Dinar (Prov. Afyonkarahisar). Bei Denizli tritt der M. in den gefällearmen **M.-Graben** (200 km lang, bis 20 km breit) ein; er bildet hier zahllose aneinander gereihte Flussschlingen, von denen sich der Begriff ›mäandrieren‹ herleitet. Der M. mündet mit einem Delta ins Ägäische Meer. An der einstigen, heute durch Anschwemmungen des Flusses zugeschütteten Mündungsbucht lag die antike Stadt Milet. 2) **Küçük Menderes** [ky'tʃyk-; ›Kleiner Menderes‹], in der Antike **Kaystros,** Fluss in W-Anatolien, Türkei, 175 km lang, fließt nördlich des Büyük M. durch einen 100 km langen, bis 20 km breiten Grabenbruch, mündet ins Ägäische Meer. Durch den stark sedimentierenden Fluss versandete mehrfach der Hafen des antiken Ephesos. 3) **Küçük Menderes Çayı** [ky'tʃyk, tʃa'jə; ›Kleiner Menderesfluss‹], bis 1987 Name des →Sarmısaklı.

Menderes, Adnan, türk. Politiker, *Aydın 1899, †(hingerichtet) Yassı Ada 17. 9. 1961; Sohn eines Großgrundbesitzers; 1946 Mitbegründer der Demokrat. Partei, wurde er 1950 deren Vors. und Min.-Präs. Seine forcierte Investitionspolitik führte zu hoher Staatsverschuldung und Inflation. Unter ihm wurde die Türkei 1952 Mitgl. der NATO, 1955 des Bagdadpaktes (später: CENTO). M., der immer stärker versuchte, die Opposition zu unterdrücken, wurde am 27. 5. 1960 von der Armee gestürzt und am 15. 9. 1961 wegen Verfassungsbruchs zum Tode verurteilt.

Mendes|antilope, Addax nasomaculatus, einzige Art der zu den Pferdeböcken gehörigen gleichnamigen Gattung (Addax); kräftige, bis 1,7 m körperlange, überwiegend weißlich bis bräunlich graue Antilope, die bis auf kleine Bestände in der Sahara ausgerottet ist. Die in Herden wandernden M. ernähren sich von Gräsern, Kräutern, Laub; sie können vermutlich längere Zeit auf Wasser verzichten.

Mendès-France [mɛ̃dɛs'frɑ̃s], Pierre, frz. Politiker, *Paris 11. 1. 1907, †Paris 18. 10. 1982; Rechtsanwalt, als Mitgl. der radikalsozialist. Partei 1932–40 und 1946–58 Abg., 1934–58 Bürgermeister von Louviers (Dép. Eure), schloss sich nach der Niederlage Frankreichs (1940) im Zweiten Weltkrieg 1941 der Widerstandsbewegung um General C. DE GAULLE an. 1943–44 war er Finanzkommissar im →Comité Français de Libération Nationale, 1944–45 Wirtschafts-Min. in der provisor. frz. Regierung, 1947–58 Gouv. des Internat. Währungsfonds. Als Min.-Präs. und Außen-Min. (1954–55) leitete M.-F. mit dem Abschluss des Genfer Indochinaabkommens (1954) den Rückzug Frankreichs aus Indochina ein. 1954 gehörte er auch zu den Mitunterzeichnern der Pariser Verträge. Trotz umfassender Vollmachten konnte er seine Pläne zu einer Wirtschaftsreform nicht verwirklichen. Im Ggs. zur Mehrheit seiner Partei bekämpfte M.-F. 1958 die Annahme der Verf. der Fünften Republik; 1959 wurde er aus der radikalsozialist. Partei ausgeschlossen. M.-F. blieb ein viel beachteter Wortführer der Linken; 1960–68 war er Mitgl. des Parti Socialiste Unifié

Pierre
Mendès-France

(PSU, ›Vereinigte Sozialist. Partei‹), 1967–68 erneut Abg. Bei den Präsidentschaftswahlen von 1974 beriet er den sozialist. Kandidaten F. MITTERRAND in wirtschaftspolit. Fragen.

Mendes Pinto ['mendiʃ 'pintu], Fernão, port. Schriftsteller, →Pinto, Fernão Mendes.

Mendig, Stadt im Landkreis Mayen-Koblenz, Rheinl.-Pf., 200 m ü. M., in der Pellenz am Rande der Eifel, 8 400 Ew.; Basaltabbau, Kunststoffverarbeitung, Getränkeindustrie. – Kath. Pfarrkirche St. Cyriacus, eine kleine Pfeilerbasilika (Ende 12. Jh.), heute Vorhalle eines Neubaus von 1852–57; Wandmalereien um 1300. – Niedermendig, 1041 erstmals urkundlich erwähnt, seit 1950 Stadtrecht, wurde 1969 mit Obermendig zur Stadt M. zusammengeschlossen.

Mendikanten [von lat. mendicare ›betteln‹], die →Bettelorden.

Mendoza [men'dosa], 1) Hauptstadt der Prov. M., Argentinien, am O-Fuß der Anden, 760 m ü. M., in der fruchtbaren, bewässerten Talebene des Río M., 121 700 Ew.; Erzbischofssitz; staatl. Univ., drei private Univ., Industriehochschule, Museum; Zentrum einer Wein- und Obstbauoase, mit Weinbauforschungsinstitut, Wein- und Sektkellereien, Obstkonservenfabriken; Bahn- und Straßenknotenpunkt, internat. Flughafen. – M. wurde 1561 im Auftrag des Statthalters von Chile, GARCÍA HURTADO DE M. (*1535, †1609), gegründet. Von M. aus begannen J. DE SAN MARTÍN und B. O'HIGGINS 1815/16 die Befreiung Chiles von span. Herrschaft. 1861 wurde es vollständig durch ein Erdbeben zerstört, bald danach unweit der Ruinenstadt großzügig wieder aufgebaut. 2) Prov. in NW-Argentinien, an der Grenze zu Chile, 148 827 km², 1,413 Mio. Ew., Hauptstadt ist M.; vor dem Andenfuß das wichtigste Weinbaugebiet Argentiniens (230 000 ha, 75 % der argentin. Rebfläche; v. a. Rotwein), außerdem Obst-, Gemüse-, Luzernenanbau; Erdölförderung um Luján de Cuyo.

Mendoza [men'doθa], 1) Ana de M. y de la Cerda [-i de la 'θerða], →Éboli, Ana de Mendoza y de la Cerda, Fürstin von. 2) Antonio de, Graf **von Tendilla** [-ten'diʎa], span. Staatsmann, *Granada um 1490, †Lima (Peru) 21. 7. 1552; schuf als erster Vizekönig (1535–49) von Neuspanien (Mexiko) nach Anweisungen aus Spanien die Grundlagen der kolonialen Ordnung. Er ließ das heutige Neumexiko (1540–42) und Kalifornien (1540–43) erforschen. Kirche und Orden unterstützte er bei der Indianermissionierung und gegen Übergriffe der span. Siedler. Auf sein Betreiben wurde die Univ. Mexiko (1551) gegründet, ferner die Expansion im Pazifik (Philippinen u. a.) eingeleitet. 1551–52 war er Vizekönig von Peru. 3) Diego **Hurtado de** [ur'taðo ðe], span. Humanist, Historiker, Diplomat und Dichter, →Hurtado de Mendoza, Diego. 4) Eduardo, span. Schriftsteller, *Barcelona 11. 1. 1943; gewann bereits mit seinem ersten Roman ›La verdad sobre el caso Savolta‹ (1975; ›Die Wahrheit über den Fall Savolta‹) den Premio de la Crítica. Seine in brillantem Stil geschriebenen Werke kombinieren Elemente des Kriminalromans mit dem Lokalkolorit Barcelonas: ›El misterio de la cripta embrujada‹ (1979; dt. ›Das Geheimnis der verhexten Krypta‹); ›La ciudad de los prodigios‹ (1986; dt. ›Die Stadt der Wunder‹). Der Roman ›La isla inaudita‹ (1989; dt. ›Die unerhörte Insel‹) spielt in Venedig.
Weitere Werke: *Romane:* El laberinto de las aceitunas (1982); El año del diluvio (1992; dt. Das Jahr der Sintflut). 5) Íñigo **López de** ['lopeð ðe], Marqués de Santillana, span. Dichter, →Santillana, Íñigo López de M., Marqués de. 6) Pedro de, span. Konquistador, *Guadix um 1487, †auf See 23. 6. 1537; rüstete 1534/35 aufgrund

eines Vertrages mit Kaiser KARL V. eine Expedition zur Eroberung und Erschließung des Rio-de-la-Plata-Gebietes aus, das ihm als Gouv. und Generalkapitän unterstellt wurde. 1536 gründete er Buenos Aires.
C. SANZ: La fundación de Buenos Aires ... (Neuausg. Madrid 1958).

7) Pedro Gonzáles de, Erzbischof von Toledo (seit 1482) und Primas von Spanien, *Guadalajara 3. 5. 1428, †ebd. 11. 1. 1495; genannt ›der große Kardinal von Spanien‹, war seit 1473 Kardinal sowie Kanzler und Berater HEINRICHS IV. von Kastilien (König seit 1454), nach dessen Tod (1474) Großkanzler ISABELLAS I. und FERDINANDS V.

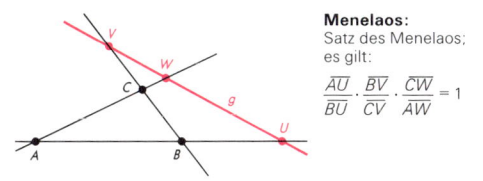

Menelaos: Satz des Menelaos; es gilt:

$$\frac{\overline{AU}}{\overline{BU}} \cdot \frac{\overline{BV}}{\overline{CV}} \cdot \frac{\overline{CW}}{\overline{AW}} = 1$$

Mendrisio, 1) Bezirkshauptort von M. 2), im Kt. Tessin, im Mendrisiotto, Schweiz, südlich des Luganer Sees, 354 m ü. M., 6100 Ew.; Fakultät für Architektur der Univ. der ital. Schweiz (1996 eröffnet); lokales Kunstmuseum; Textilindustrie, Uhrensteinfabrikation, Weinkellerei, Tabakverarbeitung. – Mehrere Paläste, u. a. der barocke Palazzo Pollini (1719/20), und Kirchen prägen das Bild. Straßenbild; ehem. Servitenkloster (15. Jh.). Nordöstlich von M. die Kirche San Martino, im 10. Jh. erwähnt, mit karoling. Apsis und frühroman. Schiff; Vorhalle, Chor und Sakristei von 1665.

2) Bez. im Kt. Tessin, Schweiz, als Kulturlandschaft auch **Mendrisiotto** genannt, 103 km², 45600 Ew.; umfasst den äußersten SO der Schweiz südlich des SO-Armes des Luganer Sees; dicht besiedeltes (v. a. im S) Industrie- und Agrargebiet mit Tabak- und Weinbau (liefert 30% der Tessiner Weine) sowie Fremdenverkehr (v. a. im N); Hauptort ist M., wichtiger Grenzort (zu Italien) im europ. N-S-Verkehr Chiasso, zw. beiden das alte religöse und kulturelle Zentrum Balerna, in SW der Kurort Stabio; von Capolago Zahnradbahn auf den Monte Generoso (1701 m). In Sprache, Brauch und alten ländl. Bauformen ist M. der Lombardei zugehörig und bis zum Ersten Weltkrieg insgesamt auch auf Como ausgerichtet. – Das seit dem 13. Jh. unter der Herrschaft Comos, später unter der des Herzogs von Mailand stehende Gebiet wurde 1512 von den Eidgenossen erobert; 1522–1798 eidgenöss. Landvogtei, kam 1803 an den Kt. Tessin.

Mendut, Candi M. [tç-], buddhist. Heiligtum auf Zentraljava, aus dem 9. Jh., in der Nähe von Borobudur und in kult. Zusammenhang damit; ehem. 25 m hoch, im 19. Jh. wieder entdeckt und restauriert. Relativ einfacher Cellatyp, reich mit Reliefs verziert (Jatakas u. a.); innen Kolossalfiguren des Buddha und zweier Bodhisattvas. (→indonesische Kunst)

Ménégoz [mene'go], Eugène, frz. luther. Theologe, *Algolsheim (bei Colmar) 25. 9. 1838, †Paris 29. 10. 1921; seit 1877 Prof. für Dogmatik an der Sorbonne; einer der Hauptvertreter des →Fideismus.
Werke: L'autorité de Dieu, réflexions sur l'autorité en matière de foi (1892); La notion biblique du miracle (1894); Publications diverses sur le fidéisme et son application à l'enseignement chrétien traditionnel, 5 Bde. (1900–21).

Menelaos, griech. **Menelaos,** lat. **Menelaus,** *griech. Mythos:* König von Sparta, Sohn des Atreus, jüngerer Bruder des Agamemnon, Gemahl der →Helena; einer der tapfersten Helden vor Troja. Nach einer Version des Mythos irrte er, nach Trojas Fall durch einen Sturm verschlagen, acht Jahre umher, ehe er mit Helena die Heimat erreichte. – Seit dem 7. Jh. v. Chr. wurde M. häufig im Zusammenhang mit den Sagen um Helena dargestellt, u. a. Helena bedrohend (Amphora, um 670 v. Chr.; Mykonos, Museum) oder umwerbend (Grabpfeiler, um 580 v. Chr.; Sparta, Museum). Bei der Rettung der Leiche des Patroklos zeigte ihn eine hellenist. Gruppe, von der röm. Kopien erhalten sind, v. a. der →Pasquino.

Menelaos, griech. **Menelaos, M. von Alexandria,** griech. Mathematiker und Astronom, lebte um 100 n. Chr. in Alexandria und Rom; zwei astronom. Beobachtungen des M. aus dem Jahr 98 wurden von C. PTOLEMÄUS überliefert. M. verfasste eine Schrift ›Sphaerica‹ in drei Büchern, in der die Kugelgeometrie und die sphär. Trigonometrie behandelte und die in arab. Sprache erhalten blieb. Andere Schriften (z. B. ›Elemente der Geometrie‹) sind verloren gegangen. In den ›Sphaerica‹ findet sich die heute **Satz des M.** genannte Aussage: Jede Transversale schneidet die Seiten eines Dreiecks (oder deren Verlängerungen) so, dass das Produkt der drei sich ergebenden Teilverhältnisse 1 ergibt.

Menelik II. [ˈmeːnelɪk-, auch ˈmɛnelɪk-], **Menilek II.,** Kaiser von Äthiopien, *Ankober 17. 8. 1844, †Addis Abeba 12. 12. 1913; nach dem Tode seines Vaters, des Ras (Herzog) von Schoa, von Kaiser TWODOROS II. (1855–68) als Geisel festgehalten, nahm M. 1865 den väterl. Titel an und kämpfte gegen Kaiser JOHANNES IV. (1872–89), der ihn als Thronfolger anerkannte. 1889 ließ er sich zum Kaiser ausrufen. Im gleichen Jahr schloss er mit Italien einen Vertrag, dessen ital. Text der Anerkennung eines Protektorats über Äthiopien gleichkam. M. wies dies jedoch unter Berufung auf den amhar. Text zurück und verhinderte mit Erfolg (Sieg bei Adua, 1896) den Versuch Italiens, Äthiopien in eine koloniale Abhängigkeit zu bringen. M. erweiterte sein Staatsgebiet im S durch Eroberung großer Somali- und Oromo-Gebiete. Innenpolitisch schuf er die Grundlagen für ein modernes Staatswesen, ohne jedoch die überlieferte Macht des Adels und der Kirche oder des von ihm stabilisierten Kaisertums anzutasten. Er gründete 1886/87 Addis Abeba als neue Hauptstadt. Seit 1909 hinderten mehrere Schlaganfälle seine Handlungsfähigkeit.
H. G. MARCUS: The life and times of M. II. Ethiopia 1844–1913 (Oxford 1975).

Meneliktaler [ˈmeːnelɪk-, auch ˈmɛnelɪk-], dt. Sammler-Bez. für die erste äthiop. Großsilbermünze (Bir, Birr, Ber) zu 20 Gersh, die zw. 1894 und 1903 geprägt wurde und dem im Lande kursierenden Mariatheresientaler entsprach. Die Vorderseite zeigt das Brustbild Kaiser MENELIKS II., die Rückseite den Löwen von Juda.

Menem, Carlos Saúl, argentin. Politiker, *Anillaco (Prov. La Rioja) 2. 7. 1935; syr. Herkunft; Jurist, frühzeitig in der peronist. Bewegung engagiert; 1973–76 Gouv. von La Rioja; während der Militärherrschaft (1976–83) fünf Jahre inhaftiert, 1983 und 1987 als Gouv. wieder gewählt. 1989 gewann M. als Kandidat des peronist. ›Partido Justicialista‹ die Präsidentschaftswahlen und trat sein Amt wegen innenpolit. Unruhen noch vor Ablauf der Amtszeit seines Vorgängers R. ALFONSÍN an. Durch harte neoliberale Reformen erreichte M. ein erhebl. Wirtschaftswachstum und das Ende der Inflation. Die argentin. Außenpolitik legte er auf einen proamerikan. Kurs fest. Nach Änderung der Verf. konnte er sich 1995 der Wahl zu einer zweiten Amtsperiode stellen und wurde bereits im ersten Wahlgang bestätigt.

Menen [ˈmeːnə, niederländ.], frz. **Menin** [məˈnɛ̃], Stadt in der Prov. Westflandern, Belgien, an der Leie, 32400 Ew.; Maschinenbau, Textil-, Bekleidungs-, Glas-, Gummi-, Baustoff-, Möbel-, Tabakindustrie; internat. Transportzentrum an der nahen Grenze zu Frankreich.

Menelik II.

Meneliktaler
(Paris, 1897;
Durchmesser 31 mm)

Vorderseite

Rückseite

Carlos Saúl Menem

Mené Menéndez–Menge

Ramón Menéndez Pidal

Marcelino Menéndez y Pelayo

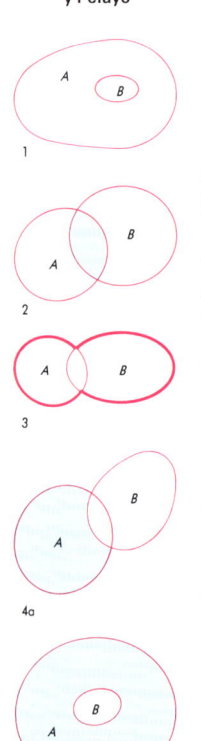

Menéndez [-dεθ], Luis Eugenio, span. Maler, →Meléndez, Luis Eugenio.

Menéndez Pidal [-dεθ -'ðal], Ramón, span. Philologe und Historiker, * La Coruña 13. 3. 1869, † Madrid 14. 11. 1968; seit 1899 Prof. für roman. Philologie in Madrid, ab 1910 Direktor des Centro de Estudios Históricos; war 1925–38 und wieder seit 1947 Präs. der Span. Akademie. Er gründete 1914 die ›Revista de filología española‹, seit 1940 leitete er die monumentale ›Historia de España‹. Als überragender Vertreter der sprachgeograph. sowie historisch-vergleichenden Methode verfasste er grundlegende Werke zur span. Sprachgeschichte (›Manual elemental de gramática histórica española‹, 1904; ›Orígenes del español‹, 1926). Im Zentrum seiner histor. und literaturgeschichtl. Forschung stand das MA.: das Epos (›La Chanson de Roland‹ y el neotradicionalismo‹, 1959) und die Gestalt des CID (›Cantar de mío Cid‹, 3 Bde., 1908–11; ›La España del Cid‹, 2 Bde., 1929, dt. ›Das Spanien des Cid‹), die Romanzendichtung (›Romancero hispánico‹, 2 Bde., 1953) und die mittelalterl. Chroniken (›Primera crónica general de España‹, 2 Bde., 1955). Weniger gelungen ist sein Versuch einer Gesamtdeutung der span. Geschichte (›Los españoles en la historia‹, 1947; dt. ›Die Spanier in der Geschichte‹) sowie sein apologet. Versuch, B. DE LAS CASAS als klin. Fall darzustellen (›El padre Las Casas. Su doble personalidad‹, 1963).

Ausgabe: Obras completas, 13 Bde. ($^{1-10}$1953–92).

J. A. MARAVALL: M. P. y la historia del pensamiento (Madrid 1960); C. CONDE ABELLÁN: M. P. (ebd. 1969); S. HESS: R. M. P. (Boston, Mass., 1982).

Menéndez y Pelayo [-dεθ i pe'lajo], Marcelino, span. Literarhistoriker und Kritiker, * Santander 3. 11. 1856, † ebd. 19. 5. 1912; war außerordentlich produktiv, wurde bereits 1878 Prof. für span. Literatur in Madrid, seit 1898 Direktor der Nationalbibliothek. Sein gesamtes Schaffen ist bestimmt von einer konservativ-traditionalist. Grundeinstellung, einem apologet. Nationalismus und dem uneingeschränkten Bekenntnis zum span. Katholizismus. M. y P. hat auf vielen Gebieten der span. Literatur- und Geistesgeschichte hervorragende, z. T. positivist. Pionierarbeit geleistet. Sein erstes Werk, ›La ciencia española‹ (1876), verteidigt die span. Wiss. gegen die Thesen der →Leyenda negra. Seine ›Historia de los heterodoxos españoles‹ (1880/81, 3 Bde.) grenzt alles vom religiösen Dogma abweichende Denken (darunter die Aufklärung) als ›unspanisch‹ aus. Maßvoller ist die monumentale ›Historia de las ideas estéticas en España‹ (1883–91, 5 Bde.). Noch immer gültig ist seine Geschichte der Ursprünge des span. Romans (›Orígenes de la novela‹, 4 Bde., 1905–15). Sein Interesse galt daneben dem Fortleben der lat. Literatur in Spanien (›Horacio en España‹, 1877; ›Bibliografía hispano-latina clásica‹, 1902). Er besorgte zahlreiche Ausgaben (LOPE DE VEGA, L. DE GÓNGORA Y ARGOTE) und befasste sich als einer der Ersten systematisch mit der lateinamerikan. Dichtung (›Antología de poetas hispano-americanos‹, 4 Bde., 1893–95).

Ausgabe: Edición nacional de las obras completas, hg. v. M. ARTIGAS, 66 Bde. (1940–74).

F. LÁZARO CARRETER: Vida y obra de M. P. (Salamanca 1962); M. M. y P. Hacia una nueva imagen, hg. v. M. REVUELTA SAÑUDO (Santander 1983); P. SAINZ RODRÍGUEZ: Estudios sobre M. y P. (Madrid 1984).

Menenius Agrippa, M. A. Lanatus, Gestalt der röm. Sage, soll die 494 v. Chr. auf den Heiligen Berg ausgewanderten Plebejer durch die Fabel von den Gliedern, die dem Magen den Dienst verweigerten, zur Rückkehr veranlasst haben.

Meneptah, ägypt. König, →Merenptah.

Menes, sagenhafter ägypt. König. Nach einer Überlieferung, die seit der Königin HATSCHEPSUT (1490–1468 v. Chr.) greifbar ist, soll M. als erster König Ägyptens (etwa 2900 v. Chr.) Ober- und Unterägypten vereinigt und Memphis gegründet haben. Die Identifizierung mit →NARMER ist umstritten.

Menestheus, *griech. Mythos:* athen. Heros, Nachkomme des Erechtheus, verdrängte den in der Unterwelt weilenden →Theseus aus der Herrschaft und führte die Athener vor Troja.

Menestrel [provenzal.-frz.; von lat. ministerialis ›im (kaiserl.) Dienst Stehender‹, ›Beamter‹] *der, -s/-s,* in der frz. Literatur des MA. Bez. für den im höf. Dienst stehenden →Spielmann, seit dem 13. Jh. auch für den Spielmann allgemein. (→Minstrel)

Menetekel, aramäisch **Mene tekel ufarsin,**
1) nach Dan. 5, 25–28 Orakelworte, die während eines Gastmahls des babylon. Königs BELSAZAR von einer Menschenhand an die Palastwand geschrieben und von DANIEL auf das Ende seiner Herrschaft und seines Reiches gedeutet wurden: ›Er (Gott) hat (das Reich) gezählt, gewogen, zerteilt.‹ Der unvokalisierte Konsonantentext ist doppeldeutig; er kann auch bedeuten: ›Gezählt: eine Mine, ein Sekel und Halbsekel‹. Von diesem Orakel stammt das Sprichwort: ›Gewogen und zu leicht befunden.‹

2) *das, -s/-,* unheildrohendes Zeichen, Warnruf.

Menetou-Salon [-tusa'lõ], Ort in Zentralfrankreich, Dép. Cher, 1 600 Ew., mit eigenem Weinbaugebiet (Appellation contrôlée; 260 ha), das v. a. trockene Weißweine aus Sauvignontrauben erzeugt.

Menge, *Mathematik:* nach der von G. CANTOR, dem Begründer der →Mengenlehre, gegebenen Definition ›eine Zusammenfassung von bestimmten wohl unterschiedenen Objekten der Anschauung oder des Denkens (den ›Elementen‹ der M.) zu einem Ganzen‹. Dabei wird angenommen, dass jede M. selbst wieder Element von weiteren M. sein kann. Eine Möglichkeit, diesen Prozess des Zusammenfassens begrifflich zu fixieren, ist die →Komprehension. Allerdings können nicht alle Zusammenfassungen wieder als Elemente zugelassen werden, weil dies zu log. Antinomien (→russellsche Antinomie) führen würde. Deswegen werden entweder die Komprehensmöglichkeiten eingeschränkt, oder Zusammenfassungen, die selbst nicht wieder Element sein können, als (echte) →Klassen bezeichnet und anders als die M. behandelt.

Die einzige Grundrelation bei M. ist ›∈‹, gesprochen ›Element von‹, z. B. $x \in A$ (x ist Element von A). Von ihr ausgehend werden für M. A, B

die **Teil-M.** (oder →Inklusion) $B \subseteq A$ (B ist Teil-M. von A, wenn alle Elemente von B auch solche von A sind, d. h., wenn aus $x \in B$ stets $x \in A$ folgt) als weitere Beziehung definiert und die Bildung ihrer

Durchschnitts-M. (bzw. ihres →Durchschnitts) $A \cap B$ (die M. aller Elemente, die sowohl Element von A als auch von B sind), ihrer

Vereinigungs-M. (bzw. ihrer →Vereinigung) $A \cup B$ (die M. der Elemente, die in A oder in B liegen) sowie ihrer

Differenz-M. (relatives Komplement) $A \setminus B$ (alle Elemente von A, die nicht in B liegen) bzw. ihres **Komplements** (→Komplementärmenge) A als Operationen erklärt.

Die Rechengesetze für diese M.-Operationen untersucht man in der **Algebra der Mengen.** Es gelten z. B. das Kommutativgesetz und das Assoziativgesetz für $\cap$ und $\cup$ und die Distributivgesetze

$$A \cup (B \cap C) = (A \cup B) \cap (A \cup C) \text{ und}$$
$$A \cap (B \cup C) = (A \cap B) \cup (A \cap C),$$

Menge: Grafische Darstellung der Grundbegriffe der Mengenlehre; **1** B ist Teilmenge von A ($B \subset A$); **2** Durchschnitt der Mengen A und B ($A \cap B$); **3** Vereinigung der Mengen A und B ($A \cup B$); **4a** Differenzmenge (relatives Komplement) der Menge B bezüglich der Menge A ($A \setminus B$); **4b** Komplement der Menge B bezüglich der Menge A, wobei B Teilmenge von A ist ($A \setminus B$)

außerdem die →De-Morgan-Gesetze. Beispielsweise hat jede Potenz-M. bezüglich der Operationen ∩, ∪, \ die Struktur eines booleschen Verbandes.

Spezielle M. sind die →leere Menge oder (**Null-M.**) θ, zu beliebigen Objekten a, b deren **Zweier-M.** $\{a, b\}$ und deren **geordnetes Paar** $(a, b) = \{\{a\}, \{a, b\}\}$, die **Einer-M.** $\{a\}$ eines Objekts a sowie die →Potenzmenge $\mathcal{P}(A)$ einer M. A. Eine M., die als Elemente nur geordnete Paare hat, kann man als eine →Relation, z. B. als eine →Ordnungsrelation ansehen. Ebenso entspricht jede →Funktion einer M. geordneter Paare.

Eine grundlegende Beziehung zw. M. A und B ist es, **gleichmächtig** zu sein, d. h. bijektiv aufeinander abgebildet werden zu können. Sie haben dann ›gleich viele‹ Elemente, d. h. dieselbe Kardinalzahl bzw. →Mächtigkeit. Ein sehr wichtiger, bereits von CANTOR entdeckter Satz besagt, dass die Mächtigkeit der Potenz-M. einer nichtleeren M. immer größer ist als die Mächtigkeit dieser M. selbst. Dies war der Ausgangspunkt für CANTORS transfinite Arithmetik, die Theorie der transfiniten Zahlen und des Rechnens mit ihnen. In dieser Theorie haben auch unendl. M. Elementeanzahlen. Dabei ist eine M. genau dann **unendlich**, wenn sie gleichmächtig zu einer ihrer echten Teil-M. ist. Eine unendl. M. nennt man **abzählbar**, wenn sie gleichmächtig ist mit der M. der natürl. Zahlen, z. B. die M. der rationalen Zahlen. Bereits CANTOR zeigte, dass es unendl. M. gibt, die umfangreicher sind als jede abzählbare M., z. B. die M. der reellen Zahlen. Solche M. nennt man **überabzählbar** (→Diagonalverfahren).

Insofern die M.-Lehre unendliche M. als fertig gegebene Gegenstände behandelt, nimmt sie den Standpunkt des **Aktualunendlichen** ein – im Unterschied zur Position des **Potenziellunendlichen**, die behauptet, dass unendl. Gesamtheiten niemals vollständig gegeben sein können.

Mengelberg [-bɛrx], Josef Willem, niederländ. Dirigent, * Utrecht 28. 3. 1871, † Sent (Kt. Graubünden) 22. 3. 1951; war 1895–1945 Chefdirigent des Concertgebouworkest Amsterdam, dirigierte 1907 bis 1920 auch die Museumskonzerte in Frankfurt am Main, seit 1913 das London Philharmonic Orchestra und 1921–29 das National Symphony Orchestra in New York. M. war ein bedeutender Förderer der zeitgenöss. Musik, bes. von R. STRAUSS und G. MAHLER.

Mengele, Josef, SS-Arzt, * Günzburg 16. 3. 1911, † (vermutlich) Enseada da Bartioga nahe São Paulo 7. 2. 1979; 1933 Eintritt in die SA, 1938 in die SS (ab 1940 Waffen-SS; zuletzt Hauptsturmführer). Als Chefarzt des Vernichtungslagers Auschwitz (1943–45) wird M. wegen seiner Zuständigkeit für die Selektionen sowie wegen seiner menschenverachtenden medizin. Experimente an Häftlingen für den Tod von etwa 400 000 Juden verantwortlich gemacht (›Todesengel von Auschwitz‹). Ab Juni 1945 in amerikan. Kriegsgefangenschaft, im September 1945 aus Unkenntnis entlassen, hielt sich M. 1945–49 bei Rosenheim bzw. im Raum Günzburg verborgen und galt nach seiner Flucht nach Argentinien (1949; seit 1959 Bürger von Paraguay) als einer der meistgesuchten NS-Kriegsverbrecher.

In the matter of J. M., hg. vom Office of Special Investigations, 2 Bde. (Washington, D. C., 1992).

Mengen, Stadt im Landkreis Sigmaringen, Bad.-Württ., oberhalb der Mündung der Ablach in die Donau, 560 m ü. M., 9 800 Ew.; Heimatmuseum; Holzverarbeitung, Stanzwerke, Nahrungsmittelindustrie, Betonwerk. – Gut erhaltenes mittelalterl. Stadtbild; Wallanlagen sowie mächtige Ecktürme der ehem. Stadtmauer. – Erstmals 819 erwähnt, wurde M. 1276 Stadt und fiel 1806 an Württemberg.

Mengen|anpasser, Anbieter (Nachfrager), der bei gegebenem Marktpreis nur mit der Veränderung der Angebotsmenge (Nachfragemenge) reagieren kann. Seine Angebotsmenge (Nachfragemenge) ist bezogen auf das gesamte Marktangebot (Marktnachfrage) so gering, dass er damit keinen direkten Einfluss auf den Marktpreis ausüben kann. Auf einem vollkommenen Markt verhalten sich alle Anbieter und Nachfrager als Mengenanpasser. (→Polypol)

Mengen|index, Volumen|index, *Statistik:* Messzahl aus gewichteten Mengen, bei der konstante Preise als Gewichte dienen (Ggs. Preisindex). Je nachdem, ob die Mengen q bzw. Preise p aus der Basisperiode (Index 0) oder der Berichtsperiode (Index n) genommen werden, unterscheidet man: M. nach ERNST LOUIS ETIENNE LASPEYRES (die Gewichte stammen aus der Basisperiode): $100 \cdot \sum q_n p_0 / \sum q_0 p_0$ und den M. nach HERMANN PAASCHE (die Gewichte stammen aus der Berichtsperiode): $100 \cdot \sum q_n p_n / q_0 p_n$. Der M. nach I. FISHER ist das geometr. Mittel aus beiden:

$$100 \cdot \sqrt{\frac{\sum q_n p_0 \cdot \sum q_n p_n}{\sum q_0 p_0 \cdot \sum q_0 p_n}}.$$

Weniger gebräuchlich ist der M. nach ADOLF LÖWE: $\sum p_n q / \sum p_0 q$, der von einem zeitunabhängigen Mengenschema ausgeht. – M. sind von Bedeutung in der amtl. Statistik, insbesondere der Produktionsstatistik (wegen dieses Erhebungsgegenstandes werden sie bisweilen auch als Produktionsindizes bezeichnet); der bedeutendste M. ist der Index der industriellen Nettoproduktion.

Mengenkonjunktur, Konjunkturaufschwung bei gleich bleibenden oder auch sinkenden Preisen. Die durch überproportionale Zunahme der wirksamen Nachfrage bedingte Produktionsausweitung während des Aufschwungs ermöglicht Rationalisierungen, sodass die z. T. steigenden Material- und Arbeitskosten aufgefangen werden können. Voraussetzungen für M. sind durch einen guten Beschäftigungsstand bedingte steigende Massenkaufkraft und eine gewisse Unterversorgung mit den betreffenden Gütern. Ggs.: Preiskonjunktur.

Mengenlehre, mathemat. Theorie, die sich mit den Eigenschaften von und den Beziehungen zw. Mengen beschäftigt. Die M. bildet heute die Grundlage fast aller mathemat. Gebiete; sie ermöglicht es, einen einheitl. Aufbau der Mathematik auf der Basis einiger weniger Grundprinzipien durchzuführen. Disziplinen wie etwa Topologie, Maßtheorie und abstrakte Algebra sind ohne die M. kaum vorstellbar.

Man unterscheidet **naive (nichtaxiomatische)** und **axiomatische Mengenlehre.** Die naive M. legt die auf G. CANTOR zurückgehende Definition von →Menge zugrunde. Es zeigte sich schon bald, dass die uneingeschränkte Verwendung dieser Definition zu (log.) Antinomien führt (→russellsche Antinomie). Aus dieser Einsicht heraus entstand die axiomat. M. Für viele prakt. Zwecke hat sich allerdings der naive Mengenbegriff durchaus als ausreichend erwiesen. Die axiomatische M. baut die M. ausgehend von Axiomen auf, wobei möglichst viele Aussagen der naiven M. ihre Geltung behalten sollen. Die bekanntesten Axiomensysteme beruhen auf der Prädikatenlogik erster Stufe (→Logik) und unterscheiden sich v. a. danach, ob sie neben dem Mengen- auch den Klassenbegriff verwenden. Das Axiomensystem ZF von E. ZERMELO und A. FRAENKEL kennt nur den Mengebegriff; das System NBG von J. VON NEUMANN, K. GÖDEL und P. BERNAYS kennt auch Klassen, betrachtet sie aber als Objekte, mit denen man nur eingeschränkt arbeiten kann, während das System KM von J. L. KELLY und A. P. MORSE ihnen nur verbietet, Elemente weiterer Klassen zu sein. Einen anderen, stufentheoretisch orientierten Ansatz vertraten B. RUSSELL und A. N. WHITEHEAD.

Meng Mengennotierung – Mengistu Haile Mariam

Carl Menger

Alle derzeit bekannten Axiomensysteme der M. können jedoch eine Reihe wichtiger mathemat. Fragen nicht klären, wie etwa die →Kontinuumshypothese. Deswegen sucht man intensiv nach neuen, auch in der naiven M. bisher nicht verwendetetn Grundprinzipien, mit denen sich solche offenen Probleme lösen ließen. Wichtige Kandidaten dafür sind z. B. ›Axiome großer Kardinalzahlen‹ genannte Forderungen nach der Existenz ganz bes. umfangreicher Mengen oder auch als ›Determiniertheitsaxiome‹ bezeichnete Forderungen nach einer gewissen Übersichtlichkeit bestimmter Arten von Mengen reeler Zahlen.

Geschichte: Die M. wurde von CANTOR in den 70er- und 80er-Jahren des 19. Jh. entwickelt, ausgehend von Fragen der Analysis über den Charakter bestimmter Punktmengen. Markteile in der Entwicklung der M. waren CANTORS Beweise für die Überabzählbarkeit der reellen Zahlen (1873) und die Gleichmächtigkeit von Einheitsquadrat und -intervall (1877). Seine Konstruktion des nach ihm benannten Diskontinuums gilt als erstes bedeutendes Ergebnis der mengentheoret. Topologie. Bald schon regte sich Widerstand gegen die neue, als zu abstrakt empfundene Theorie, der in L. KRONECKER einen einflussreichen Wortführer fand. Die von RUSSELL 1902 veröffentlichte Antinomie zeigte, dass die auf G. FREGE zurückgehenden Prinzipien der Mengenbildung einer Präzisierung bedurften. Einen Versuch, diese zu liefern, stellt die axiomat. M. dar. Auch die von L. E. J. BROUWER angeführten Intuitionisten lehnten die M. ab. In den 1930er- und 1940er-Jahren wurden große Fortschritte bei der Axiomatisierung erzielt. Die von dem Unternehmen Bourbaki herausgegebenen ›Éléments de mathématique‹ (1939 ff.) stellten die Mathematik konsequent in der Mengensprache dar. 1963 konnte P. COHEN die Unabhängigkeit der Kontinuumshypothese von den Axiomen der M. zeigen und damit ein auf CANTOR zurückgehendes Problem lösen. Mitte des 20. Jh. ist zur M. die →Kategorientheorie hinzugetreten. Die Opposition v. a. seitens der ›Konstruktivisten‹ gegen die M. ist nie ganz verstummt. Von Einfluss war die M. in den 1970er-Jahren im Schulunterricht (→neue Mathematik).

A. A. FRAENKEL: Abstract set theory (Amsterdam ⁴1976); DERS. u. a.: Foundations of set theory (Neuausg. ebd. 1984); W. FELSCHER: Naive Mengen u. abstrakte Zahlen, 3 Bde. (1978-1979, Bd. 1 Nachdr. 1989); M., hg. v. U. FELGNER (1979); W. PURKERT u. H. J. ILGAUDS: Georg Cantor (Neuausg. Basel 1987).

Mengen|notierung, Mengenkurs, *Börsenwesen:* →Kurs, →Devisen.

Mengensteuer, spezifische Steuer, eine Steuer, deren Bemessungsgrundlage im Unterschied zur Wertsteuer nicht in Geldgrößen, sondern in einer spezif. Größe (z. B. Stückzahl, Länge, Gewicht) ausgedrückt wird. Die Mehrzahl der Steuern auf spezielle Verbrauchsgüter sind Mengensteuern.

Mengentender, Form des Wertpapierpensionsgeschäfts der Dt. Bundesbank (→Tenderverfahren).

Menger, 1) Anton, österr. Jurist, * Maniowy (Wwschaft Krakau) 12. 9. 1841, † Rom 6. 2. 1906, Bruder von 2); ab 1877 Prof. in Wien; widmete sich vorwiegend der Propagierung sozialist. Postulate auf jurist. Grundlage. Als ›Rechtssozialist‹ stand M. damit im Gegensatz zur Sozialdemokratie, von der ihn bes. sein evolutionärer Ansatz, seine Ablehnung des histor. Materialismus und seine scharfen persönl. Angriffe auf K. MARX trennten. Rechtstheoretisch lehnte M. von einer extremen Machttheorie her die Anerkennung auf dem Naturrecht beruhender Rechtsgrundsätze ab und wollte die ›Richtigkeit‹ des Rechts jeweils an dessen Übereinstimmung mit den sozialen Machtverhältnissen messen.

Werke: Das Recht auf den vollen Arbeitsertrag in geschichtl. Darst. (1886); Das Bürgerl. Recht u. die besitzlosen Volksklassen (1890); Über die socialen Aufgaben der Rechtswiss. (1895); Neue Staatslehre (1903); Volkspolitik (1906).

K.-H. KÄSTNER: A. M. (1974).

2) Carl, österr. Volkswirtschaftler, * Neusandez 23. 2. 1840, † Wien 27. 2. 1921, Bruder von 1), Vater von 3); arbeitete als Journalist, war 1879-1903 Prof. in Wien und gilt als einer der bedeutendsten Nationalökonomen des 19. Jh. M. begründete mit seinen Schülern E. VON BÖHM-BAWERK und F. VON WIESER die österr. Schule der Nationalökonomie (Wiener Schule). Unabhängig von H. H. GOSSEN, W. S. JEVONS und L. WALRAS entwickelte er das Grenznutzenprinzip (→Grenznutzschule). Bereits in seinem ersten Werk, ›Grundsätze der Volkswirthschaftslehre‹ (1871), entfaltete M. ein geschlossenes System der subjektiven Wertlehre, einer makroökonom. Gleichgewichtstheorie auf mikroökonom. Grundlage. 1883 löste er mit seinen ›Untersuchungen über die Methode der Socialwissenschaften und der polit. Oekonomie‹ insbesondere den ›Methodenstreit‹ aus, in dem G. SCHMOLLER sein Hauptgegner wurde; M. vertrat im Ggs. zur histor. Schule die Notwendigkeit theoretisch-deduktiver Forschung.

Ausgabe: Ges. Werke, hg. v. F. A. VON HAYEK, 4 Bde. (²1968-70).

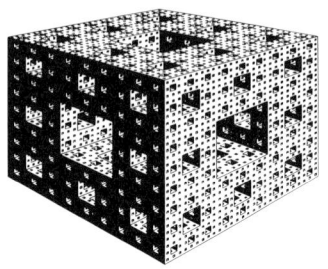

Karl Menger: Menger-Schwamm

3) Karl, amerikan. Mathematiker und Philosoph österr. Abstammung, * Wien 13. 1. 1902, † Highland Park (Ill.) 5. 10. 1985, Sohn von 2); ab 1927 Prof. für Geometrie in Wien, Mitgl. des Wiener Kreises, 1937 Auswanderung nach den USA, 1937-46 an der University of Notre Dame (Ind.), danach in Chicago (Ill.) tätig. Die mathemat. Arbeiten M.s betrafen v. a. die Topologie, insbesondere die Dimensionstheorie (heute viel zitiert ist der ›M.-Schwamm‹, ein fraktales Gebilde zw. Fläche und Körper). In der Wissenschaftstheorie ist M. als Urheber des ›Toleranzprinzips‹ bekannt geworden, das besagt, dass jeder Formalismus auf Dezisionen beruht.

Menges, Karl Heinrich, Sprachwissenschaftler, * Frankfurt am Main 22. 4. 1908; wurde 1937 Prof. für Russisch in Ankara, 1940 für osteurop. und altaische Sprachen in New York, 1956 für Altaistik ebd., 1977 für Turkologie in Wien; seine Forschungen haben der osteurop. und asiat. Sprachwissenschaft neue Impulse gegeben.

Werke: Qaraqalpaq grammar (1947); The oriental elements in the vocabulary of the oldest Russian epos, the Igor' Tale (1951); Introduction to Old Church Slavic, 2 Tle. (1953); Tungusen u. Ljao (1968); The Turkic languages and peoples. An introduction to Turkic studies (1968); Japanisch u. Altajisch (1975).

Mengistu Haile Mariam

Mengistu Haile Mariam, äthiop. Offizier und Politiker, * 1937 (Angabe umstritten); nach militär. Ausbildung 1974 maßgeblich an der Absetzung von Kaiser HAILE SELASSI I. beteiligt, war 1974-77 Erster Stellv. Vors. des ›Provisor. Militär. Verwaltungsrats‹, seit 1977 dessen Vors. und damit Staats- und Reg.-Chef sowie Oberbefehlshaber der Streitkräfte, seit 1984 auch Gen.-Sekr. der marxistisch-leninist. Einheitspartei Workers Party of Ethiopia (WPE); wurde nach Etablierung einer Zivil-Reg. 1987 Staatspräs. Im Mai

1991 gestürzt, ging er ins Exil nach Simbabwe. In Abwesenheit begann 1994 in Addis Abeba ein Prozess gegen ihn wegen Völkermord und Verbrechen gegen die Menschlichkeit (Anklageerhebung 1997).

Mengli Girai, Khan der Krimtataren (1468–1515); der bedeutendste und aktivste der Krimkhane aus dem Haus →Girai, erhob Bachtschissaraj zur Hauptstadt des Khanats. 1475 erkannte er die Oberhoheit des Osman. Reiches an, das der Krim polit. Rückendeckung verlieh, ohne sich in die inneren Verhältnisse des Khanats einzumischen. Dieses wurde unter seiner Reg. zum Machtfaktor im polit. Leben Osteuropas. 1502 zerschlug er die Reste der →Goldenen Horde.

Mengs, Anton Raphael, Maler und Kunstschriftsteller, * Aussig 22. 3. 1728, † Rom 29. 6. 1779; einer der führenden Vertreter der klassizist. Malerei. Er war Schüler seines Vaters Ismael (* 1688, † 1764), unter dessen Anleitung er ab 1741 in Rom nach Fresken Raffaels und antiken Plastiken zeichnete. 1746 wurde er in Dresden Hofmaler von August III., 1754 Direktor der Accademia Capitolina in Rom, wo er sich mit J. J. Winckelmann anfreundete. Er arbeitete an beiden Orten, ebenso in Madrid; dort wurde er 1761 Hofmaler Karls III.

M.' Frühwerke sind noch ganz der Tradition des Spätbarock verpflichtet. Erst mit dem Deckengemälde ›Der Parnaß‹ in der Villa Albani in Rom (1761) entwickelte er, angeregt von Winckelmann und unter dem Einfluss der Antike, Raffaels, Correggios, seinen eklekt. klassizist. Stil, der für die nachfolgende Malergeneration vorbildlich wurde. Auch als Porträtmaler gehört M. zu den bedeutendsten Künstlern seiner Zeit.

Weitere Werke: König August III. (1745; Dresden, Gemäldegalerie); Selbstporträt (um 1755; Hamburg, Kunsthalle); Papst Klemens III. (1758; Bologna, Pinacoteca Nazionale); J. J. Winckelmann (um 1761; New York, Metropolitan Museum); Maria Louise von Bourbon (um 1763; Madrid, Prado); Deckenfresken in den königl. Schlössern von Madrid und Aranjuez (um 1762) und in der Camera dei Papiri im Vatikan (1769–72); Anbetung der Hirten (1770; Madrid, Prado); Perseus und Andromeda (um 1774–77; Sankt Petersburg, Eremitage).

Raphael Mengs: Maria Louise von Bourbon; um 1763 (Madrid, Prado)

D. Honisch: A. R. M. u. die Bildform des Frühklassizismus (1965); A. R. M., 1728–1779 and his British patrons, bearb. v. S. Roettgen, Ausst.-Kat. (London 1993).

Mengzi, Meng-tzu, Mongtse, Stadt in der Prov. Yunnan, China, nahe der Grenze von Vietnam, etwa 25 000 Ew.; Verkehrs- und Handelsplatz an der Bahnstrecke Kunming–Hanoi, Umschlagplatz für Zinnerz aus den Minen bei M. und Gejiu.

Mengzi, Meng-tzu, latinisiert **Mencius, Menzius,** eigtl. **Meng Ke, Meng K'o,** chin. Philosoph, * Zou (Prov. Shandong) 372 v. Chr., † ebd. 289 v. Chr.; war als polit. Ratgeber an verschiedenen Fürstenhöfen tätig und entwickelte die konfuzian. Lehre z. T. in polem. Auseinandersetzung mit (bes. von →Yang Zhu und →Mo Di vertretenen) konkurrierenden Weltanschauungen weiter. Im Ggs. zu Xunzi vertrat er das Prinzip von der Güte der menschl. Natur, die sich aus dem das Gute schlechthin repräsentierenden Weltprinzip ableitet. In der von seinen Schülern zusammengestellten Textsammlung mit Lehrgesprächen sind einerseits Hinweise auf die Möglichkeit einer sich der Mystik annähernden individuellen Beziehung zu diesem Weltprinzip, andererseits Appelle an den Staat enthalten, Humanität und Rechtlichkeit zu üben und die Interessen des Volkes zu seinen eigenen zu erklären. Das Buch **Meng-zi** wurde im 12. Jh. zu einem der ›Vier Kanon‹ Bücher erhoben, zeitweise (15./16. Jh.) wegen seiner Parteinahme für das Volk aber auch nur in purgierter Form zugelassen. Es hatte nachhaltigen Einfluss auf die chin. Staatsphilosophie.

Ausgabe: Mong Dsï, hg. v. R. Wilhelm (1921).

Menhir [frz., von breton. maen-hir eigtl. ›langer Stein‹] *der, -s/-e,* aufrecht stehender, bis 20 m hoher Stein von kult. Bedeutung – manchmal auf oder bei Gräbern errichtet –, der den →Megalithkulturen zuzurechnen ist. Das Verbreitungsgebiet der M. erstreckt sich über England (→Avebury, →Stonehenge), Frankreich (Champ Dolent, →Carnac), West-Dtl. (Hinkelstein) bis Mittel-Dtl. Ähnlich sind die skandinav. →Bautasteine. Die meisten M. stammen aus der Jungsteinzeit. Stelen mit schemat. Menschendarstellungen (›Figuren-M.‹) gibt es v. a. in S-Frankreich und auf Korsika (Filitosa).

Menière-Krankheit [meˈnjɛːr-; nach dem frz. Ohrenarzt Prosper Menière, * 1799, † 1862], Innenohrerkrankung, bei der es aufgrund einer Rückresorptionsstörung zu einer i. d. R. einseitigen Druckerhöhung der Endolymphe im Innenohr kommt. Sie führt bei Überschreiten eines krit. Grenzdrucks zum Riss der membranösen Trennwand. Die anfallartigen Symptome, die unvorhersehbar auftreten und spontan verschwinden können, bestehen in Ohrensausen, Schwerhörigkeit (meist im Tieftonbereich) und Drehschwindel mit Übelkeit und Erbrechen. Zu Beginn der Erkrankung sind die Phasen zw. den Anfällen meist beschwerdefrei, bei längerer Dauer kommt es zu hochgradiger Schwerhörigkeit und Ohrgeräuschen.

Die *Behandlung* besteht im Anfall in Bettruhe und Anwendung durchblutungsfördernder Arzneimittel, bei gehäuften Anfällen in der medikamentösen Ausschaltung der Gleichgewichtssinneszellen durch Einbringung eines Aminoglykosids in das Mittelohr. In therapieresistenten Fällen ist eine Resektion des Gleichgewichtsnervs im inneren Gehörgang nötig.

Menilek II. [ˈmeːnilɛk -, ˈmɛnilɛk -], Kaiser von Äthiopien, →Menelik II.

Menin [məˈnɛ̃], belg. Stadt, →Menen.

Meningen [griech.], *Sg.* **Meninx,** *die, -,* die →Gehirnhäute.

Meningeom [zu griech. mēninx, mḗningos ›Haut‹, ›Hirnhaut‹] *das, -s/-e,* **Meningiom,** von den Gehirn- bzw. Rückenmarkhäuten ausgehender gutartiger Tumor innerhalb des Schädels oder der Wirbelsäule. Durch Druck auf das Gehirn, das Rückenmark oder

Raphael Mengs
(Ausschnitt aus einem Selbstporträt)

Menhir
von Champ Dolent bei Carnac; Granit, Höhe 9,5 m

die Nervenwurzeln kann es zu neurolog. Ausfällen kommen, z. B. zu Lähmungen.

Meningitis [zu griech. mēninx, mēningos ›Hirnhaut‹] *die, -/...'tiden,* die →Gehirnhautentzündung.

Meningokokken [zu griech. mēninx, mēningos ›Haut‹, ›Hirnhaut‹], Bez. für humanpathogene Bakterien, die eine Meningitis verursachen können, v. a. für Neisseria meningitidis (→Gonokokken).

Meningozele [zu griech. mēnigx, mēninggos ›Haut‹, ›Hirnhaut‹ und kēlē ›Geschwulst‹, ›Bruch‹] *die, -/-n,* bruchartiger Vorfall eines Abschnitts der Hirn- oder Rückenmarkhäute durch Spaltbildung im Schädel oder in der Wirbelsäule, teils flüssigkeitsgefüllt. Die Behandlung erfolgt chirurgisch.

Menippos, griech. Philosoph aus Gadara (Syrien), lehrte im 3. Jh. v. Chr.; Vertreter der kyn. Philosophie; bediente sich in seinen verlorenen Schriften der menipp. Satire, einer von ihm geschaffenen, aus Prosa und Versen bestehenden polemisch-kom. Sprachform, in der er andere philosoph. Systeme sowie überlieferte Traditionen kritisierte. M. wurde damit Vorbild der ›Saturae Menippeae‹ des M. Terentius Varro und der ›Apocolocynthosis‹ Senecas d. J. Deutlicher zeigt sich der Stil des M. in den Dialogen des Lukian.

Meniskus [griech. ›mondförmiger Körper‹] *der, -/...ken,* 1) *Anatomie:* **Meniscus,** halbmondförmige bzw. rundlich ovale Faserknorpelscheibe, die in Gelenken zw. den gelenkbildenden Knochen eingelagert ist (z. B. Schultergelenk, Handgelenk), i. e. S. Innen- (Meniscus medialis) und Außen-M. (Meniscus lateralis) am Kniegelenk, die eine Nichtübereinstimmung der Gelenkflächen von Oberschenkelknochen und Schienbein ausgleichen und als Puffer dienen. **M.-Verletzungen** entstehen v. a. bei plötzl. Drehbewegungen des gebeugten Kniegelenks und stellen häufige Sportverletzungen dar. Eine Ausheilung ist nur bei kapselnahen Einrissen möglich, die *Behandlung* besteht hierbei in Ruhigstellung oder operativer Refixation.

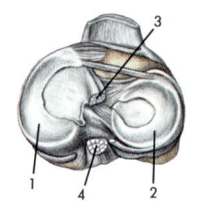

Meniskus 1): Rechter Unterschenkelkopf (von oben gesehen); 1 innerer Meniskus, 2 äußerer Meniskus, 3 vorderes Kreuzband, 4 hinteres Kreuzband (3 und 4 durchtrennt)

M.-Einrisse am freien Rand bedürfen immer einer arthroskop. Teilentfernung, da sie sonst langfristig zum Gelenkverschleiß führen. Größere M.-Risse sowie bes. auch Längsrisse in der M.-Substanz (Korbhenkelriss) können zu **M.-Einklemmungen** und Bewegungssperre führen. Langjährige kniebelastende Tätigkeiten (z. B. im Bergbau) führen mitunter auch ohne eigentl. Verletzungen zum Verschleiß der M. (dann eventuell Anerkennung als Berufskrankheit).

2) *Oberflächenphysik:* die durch Kapillaraszension konkave oder durch Kapillardepression konvexe Oberfläche einer Flüssigkeit in einem vertikalen Rohr oder Gefäß. (→Kapillarität)

3) *Optik:* **M.-Linse,** →Linse.

Menispermum [griech.], die Pflanzengattung →Mondsame.

Menius, Justus, eigtl. **Jost Menig,** Reformator, * Fulda 13. 12. 1499, † Leipzig 11. 8. 1558; wirkte seit 1525 als Pfarrer in Thüringen, nahm an den Religionsgesprächen in Marburg (1536), Wittenberg (1536), Schmalkalden (1537) und Worms (1540) teil. Im majorist. Streit, wo er aufseiten G. Majors stand, musste er vor den Angriffen der Gegner 1557 nach Leipzig fliehen. Dort wurde er Pfarrer an der Thomaskirche.

Menjou [ˈmɛnʒuː], Adolphe, amerikan. Filmschauspieler, * Pittsburgh (Pa.) 18. 2. 1890, † Los Angeles (Calif.) 29. 10. 1963; berühmt als Prototyp des frz. Dandys und Liebhabers; später Charakterdarsteller.

Filme: The three musketeers (1921); The marriage circle (1923); A woman of Paris (1924); The front page (1931).

Menkar, Stern 3. Größenklasse im Sternbild Walfisch (α Ceti).

Menn, Barthélemy, schweizer. Maler, * Genf 20. 5. 1815, † ebd. 11. 10. 1893; Schüler von J. A. D. Ingres, dem er 1834 nach Rom folgte. Nach seiner Rückkehr (1838) erhielt er neue Impulse durch E. Delacroix und die Maler der Schule von Barbizon. Ab 1843 war er in Genf tätig, wo er ab 1850 die École des Beaux-Arts leitete. Zu seinen Schülern gehörte F. Hodler. M. malte stimmungsvolle realist. Landschaften sowie Porträts (Selbstporträt, 1842; Genf, Musée d'Art et d'Histoire).

B. M. 1815–1893, bearb. v. J. Brüschweiler u. a. (Zürich 1960).

Mennige [ahd. minig, von lat. minium ›Zinnober‹] *die, -,* →Bleiverbindungen.

Menno, Siedlungsgebiet im Gran Chaco, Paraguay, 1927/28 von deutschstämmigen Mennoniten aus Kanada gegründet. Die Zahl der Dörfer ist von urspr. 14 auf 80 mit rd. 10 000 Ew. gewachsen.

Mennoniten, Alt|evangelische Taufgesinnte, nach Menno Simons benannte, im 16. Jh. v. a. aus niederländ. und norddt. Täufergruppen hervorgegangene Religionsgemeinschaft. Die M., die theologisch dem Kalvinismus nahe stehen, lehnen die Kindertaufe ab sowie jegl. Gewalt, staatl. Zwang in Glaubensfragen, Kriegsdienst, Eid und Eheschließung. Ihr Ziel ist die Nachfolge Jesu Christi im Sinne der Bergpredigt. Eine bestimmte Kirchenverfassung ist nicht vorgeschrieben; jede Gemeinde ist in sich selbstständig. Kirche wird als freie Versammlung verstanden, die sich durch die ›Glaubenstaufe‹ der einzelnen Gläubigen (nach dem 14. Lebensjahr) konstituiert. Aufgrund ihrer Distanz zum Staat und ihrer pazifist. Grundhaltung waren die M. häufig zur Auswanderung gezwungen: Ende des 18. Jh. in die Ukraine und S-Russland (Schwarzmeergebiet), wo unter dem Einfluss der Erweckungsbewegung und des Baptismus die ›M.-Brüdergemeinden‹ als ein eigener Zweig neben den M.-Gemeinden entstanden; Ende des 19. Jh. und im 20. Jh. nach Nordamerika (USA, Kanada), wo schon im 17. Jh. die ersten M.-Gemeinden (u. a. die →Amische) gegründet worden waren und heute noch die meisten der (1996) weltweit rd. 800 000 M. leben. In Südamerika bestehen größere mennonit. Gemeinden in Paraguay. In der Sowjetunion gab es 1990 etwa 50 000 M., von denen die meisten inzwischen (1997) ausgewandert sind, z. T. nach Dtl. Mit rd. 8 000 Mitgl. in etwa 50 Gemeinden repräsentiert die 1990 gegründete ›Arbeitsgemeinschaft Mennonit. Gemeinden in Dtl.‹ (AMG) rd. ein Drittel der in Dtl. lebenden M. Die mennonit. Gemeinden in der Schweiz zählen rd. 2 700 Mitgl., in Österreich über 300 Mitgl. Die meisten mennonit. Kirchen sind Mitgl. der 1925 gegründeten ›Mennonit. Weltkonferenz‹. Die M. gehören zu den histor. →Friedenskirchen.

P. M. Friesen: Die Alt-Evangelische Mennonit. Brüderschaft in Rußland (1789–1910) im Rahmen der mennonit. Gesamtgeschichte (1911, Nachdr. 1991); Mennonit. Lex., hg. v. C. Hege u. a., 4 Bde. (1913–67); Die M., hg. v. H.-J. Goertz (1971); J. Thiessen: Mennonite Low-German dictionary. Mennonit. Wb. (Marburg 1977); A. Lange: Die Gestalt der Friedenskirche. Öffentl. Verantwortung u. Kirchenverständnis in der neueren mennonit. Diskussion (1988); H. Penner: Weltweite Bruderschaft. Ein mennonit. Geschichtsbuch, bearb. v. H. Gerlach (⁵1995).

Menno Simons, täufer. Theologe, * Witmarsum (heute zu Wonseradeel, Prov. Friesland) 1496, † Wüstenfelde (Wüstung auf dem Gebiet von Bad Oldesloe) 31. 1. 1561; war seit 1531 Priester in Witmarsum. Unter dem Einfluss der Schriften M. Luthers u. a. Reformatoren schloss er sich 1536 den Täufern an. Er wandte sich gegen radikale Strömungen (wie die Täufer von Münster) und suchte die gemäßigten Gruppen zusammenzuschließen. 1537 wurde er ›Ältester‹ einer Täufergemeinde in Leeuwarden. Theologisch setzte er sich in seinen zahlr. Schriften v. a. mit dem Verständ-

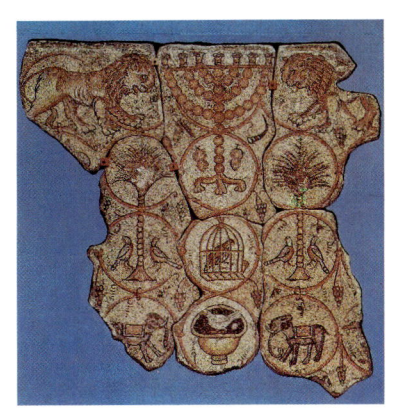

Menora: Fragment eines Mosaikfußbodens mit der Darstellung des Tempelleuchters und seinen Attributen; 6.Jh. (Jerusalem, Israel-Museum)

nis der Eucharistie, der Kindertaufe und der Frage der Kirchenmitgliedschaft auseinander. Mittelpunkt seiner Lehre war die mit der Taufe verbundene Umkehr als fundamentale christl. Forderung, die sich in einem bußfertigen und Gott gehorsamen Leben zu erweisen hat. Seit 1541 wirkte M. S. v. a. im niederländ. und norddt. Raum, wo er Taufgesinnte um sich sammelte (→Mennoniten).

Ausgabe: The complete writings, hg. v. J. C. Wenger (1956).

J. A. Brandsma: M. S. v. Witmarsum (²1983).

meno [ital., aus lat. minus], Abk. **m.**, weniger, *Musik:* Vortrags- und Tempo-Bez., z. B. **m. allegro,** weniger schnell, **m. forte,** weniger stark, **m. mosso,** weniger bewegt. Ggs.: più.

Menologion [zu griech. mēn, mēnós ›Monat‹ und lógion ›Erzählung‹, ›(Orakel-)Spruch‹] *das, -s/...gien,* in der orth. Kirche ein nach dem Kirchenjahr geordnetes Buch, das die ausführl. Lebensbeschreibungen der Heiligen jedes Monats enthält; →Martyrologium.

Menomini, Menominee [-ni; abgeleitet von dem Algonkin-Wort ›Manomin‹, dt. ›Wildreis‹], Indianerstamm in NO-Wisconsin, USA. Die etwa 3500 M. gehören sprachlich zu den →Algonkin. Sie betrieben Jagd, Fischfang, Bodenbau und Sammelwirtschaft (bes. Wildreis, daher ihr Name). 1634 begegneten sie als erstem Weißen dem Franzosen J. Nicolet. Zumeist in friedl. Beziehungen zu den europ. Siedlern lebend, waren die M. im Siebenjährigen Krieg Verbündete der Franzosen und im britisch-amerikan. Krieg (1812–14) der Engländer; einer der wenigen Indianerstämme, der seinen traditionellen Lebensraum nicht verlor. Die 1831 errichtete Reservation war infolge des ›Termination‹-Gesetzes (Abschaffung aller Indianerreservationen in den USA) 1961–73 aufgelöst.

F. M. Keesing: The M. Indians of Wisconsin (Philadelphia, Pa., 1939, Nachdr. Madison, Wisc., 1987).

Menon [ˈmɛnən], Vengalil Krishnan Krishna, ind. Politiker, *Calicut 3. 5. 1897 (nach anderen Angaben 1896), †Delhi 6. 10. 1974; Rechtsanwalt; 1929–47 Sekr. der ›India League‹ in London, 1934–47 als Mitgl. der brit. Labour Party im Londoner Stadtrat, wurde nach dem Zweiten Weltkrieg einflussreicher Berater J. Nehrus. 1947–52 war er ind. Hochkommissar in London, 1952–60 Vertreter Indiens bei der UNO, 1957–62 zugleich Verteidigungs-Min.; 1953–67 (bis 1966 als Mitgl. der Kongresspartei) und seit 1969 (als Unabhängiger) Parlamentsabgeordneter.

Menopause [zu griech. mēn, mēnós ›Monat‹ und paũsis ›Ende‹] *die, -/-n,* bei der Frau der Zeitpunkt der letzten →Menstruation.

Menora [hebr. ›Leuchter‹] *die, -/-,* siebenarmiger Leuchter; gehörte zum Kultgerät in der Stiftshütte (2. Mos. 25, 31 ff.; 37, 17 ff.) und des Jerusalemer Tempels; wurde von dort 70 n.Chr. als Beute nach Rom gebracht (abgebildet auf dem Titusbogen) und ist seither verschollen. Die M. ist eines der am häufigsten abgebildeten jüd. Motive, Symbol für den Tempel, Gottes Gegenwart, Licht, Lebensbaum, ewiges Leben (Bild →jüdische Kunst) und wird daher auch in der Grabkunst verwendet. In der Gestalt der Abbildung auf dem Titusbogen ist sie das offizielle Emblem des Staates Israel (in monumentaler Ausführung von B. Elkan 1956 in Jerusalem vor dem israel. Parlament aufgestellt). – Im Unterschied zur M. hat der an Chanukka verwendete Leuchter acht Lichter sowie ein neuntes, das nur zum Anzünden der übrigen verwendet wird (Bild →Chanukka). – Die M. findet sich auch in der christl. Kunst (die Kirche als ›neuer Tempel‹; Sinnbild der sieben Gaben des Hl. Geistes).

P. Bloch: Siebenarmige Leuchter in christl. Kirchen, in: Wallraf-Richartz-Jb., Bd. 23 (1962); L. Yarden: The tree of life (London 1971); Carol L. Meyers: The tabernacle menorah (Missoula, Mont., 1976).

Menorca, östlichste Insel der Balearen, Spanien, 702 km², 68 300 Ew. Den NO und O der Insel nimmt ein Hügelland ein, das im Tafelberg des El Toro 357 m ü. M. erreicht. Diesem Hügelland ist westlich und südwestlich ein niedriges Tafelland vorgelagert. Nur die Küsten im N und O sind durch Rias und Buchten stärker gegliedert. – Das Klima ist gegenüber den übrigen Baleareninseln stärker durch die im Winter und Frühjahr bes. kräftige, kühle ›Tramontana‹ (Wind aus Nordnordwest und Nordnordost) geprägt und weniger mild. Die Niederschläge liegen im Jahresmittel zw. 200 mm im N und etwa 800 mm im S, bei einer dreimonatigen sommerl. Trockenzeit. Die mittlere Januartemperatur liegt bei 10–11 °C, die mittlere Augusttemperatur bei 24–25 °C. – Macchie und Garigue bedecken den größten Teil der Insel, Wald kommt nur in geringem Umfang im nordöstl. Hügelland vor. – Hauptwirtschaftszweig ist die Landwirtschaft (Anbau von Weizen, Gerste, Kartoffeln, Gemüse und Futterrüben; daneben Weinbau); Bewässerungsfeldbau im Umland der Städte Mahón und Ciudadela (katalan. Ciutadella de Menorca); Rinderhaltung. Fremdenverkehr (Badestrände). – Zur *Geschichte* →Balearen.

Menorkiner, katalan. **Menorquines** [-ˈkines], die zur ethn. Gruppe der Katalanen gehörenden Bewohner der Baleareninsel Menorca. Ihre volkstüml. Kultur ist mit der von Mallorca eng verwandt. Einige lokale Besonderheiten sind der Gebrauch der Panflöte und die Tänze mit Pferdeattrappen.

Menor|rhagie [zu griech. mēn, mēnós ›Monat‹ und rhēgýnai ›reißen‹, ›brechen‹] *die, -/...gien,* verlängerte (> 7 Tage) und verstärkte Regelblutung. Zu den Ursachen gehören hormonelle Störungen (anovulator. Zyklus), Gebärmutterpolypen (→Polypen), Gebärmutterentzündung (→Endometritis), →Endometriose oder Unterentwicklung der Gebärmutter und submuköse →Myome.

Menotaxis [zu griech. ménein ›bleiben‹ und táxis ›Anordnung‹] *die, -/...xen,* Richtungsorientierung bei der Fortbewegung von Tieren unter Einhaltung eines bestimmten Winkels gegenüber dem betreffenden Reizgefälle, z. B. bei der →Kompassorientierung.

Menotti, Gian Carlo, ital. Komponist, *Cadegliano (bei Varese) 7. 7. 1911; studierte in Mailand und Philadelphia (Pa.) und lehrte 1941–55 am Curtis-Institute of Music ebd.; gründete 1958 das ›Festival dei Due Mondi‹ (Festival zweier Welten) in Spoleto (Italien). M. wurde v. a. als Komponist (auch Librettist) von Opern mit aktuellen Stoffen bekannt; er verbindet Stileinflüsse des Verismo mit Elementen der Tonsprache G. Puccinis und I. Strawinskys.

Gian Carlo Menotti

Werke: *Opern:* Amelia al ballo (1937, Amelia goes to the ball); The old maid and the thief (1939, Funkoper); The medium (1946; verfilmt 1951); The telephone (1947); The consul (1950); Amahl and the night visitors (1951); The saint of Bleeker Street (1954); Maria Golovin (1958); Help! Help! The Globolinks (1968, Kinderoper); The most important man in the world (1971); Tamu-Tamu (1973, Kammeroper nach einem indones. Stoff); The hero (1976); La Loca (1979); Goya (1986); The wedding (1988). – *Orchesterwerke:* Klavierkonzerte (1945, 1982); Violinkonzert (1952); Sinfonie (1976); For the death of Orpheus (1990, für Tenor, Chor und Orchester).

J. GRUEN: M. A biography (New York 1978).

Mensa [lat. ›Tisch‹, ›Mahlzeit‹] *die, -/-s* und *...sen,*
1) ohne *Pl., Astronomie:* lat. Bez. des Sternbilds →Tafelberg.

2) *christl. Liturgie:* **M. Domini** (›Tisch des Herrn‹), die Altarplatte, die nach kath. Kirchenrecht möglichst aus einem einzigen, unbeschädigten Naturstein bestehen soll. – Die M. ist seit dem 5. Jh. bekannt (früheste Beispiele in Frankreich), war urspr. rund oder quadratisch geformt und wurde als rechteckige M. kanonisch. Heute ist die Form nicht mehr vorgeschrieben.

3) *kirchl. Rechtsgeschichte:* **Mensalgut, Tafelgut,** dem persönl. Unterhalt des Bischofs (M. episcopalis) oder des Kapitels (M. capitularis) dienendes Kirchenvermögen. Die Aussonderung des Mensalgutes geht ins 9. Jh. zurück.

A. PÖSCHL: Bischofsgut u. Mensa episcopalis, 3 Bde. (1908–12).

4) M. academica, kantinenähnl., staatlich subventionierte Einrichtung an Univ. und Hochschulen, wo Studierende u. a. Hochschulangehörige verbilligt essen können.

Mensalsee, Mansalasee, Strandsee des östl. Nildeltas, Ägypten, zw. Suezkanal und dem Damiettearm des Nil, durch Küstendünen abgetrennt; Fischerei. Die Kanäle von Mansura und von Damiette nach Port Said führen durch den See.

Mensa philosophica [lat. ›philosoph. Mahlzeit‹], Titel einer anonymen lat. Sammlung des 15. Jh. von antik-arab. Wissensgut zu diätetisch-naturkundl. Themen und von unterhaltsamen Beispielerzählungen für das Gespräch bei Tisch. Sie wurde aus Vorgängersammlungen (›Summa recreationum‹, ›Tripartitus‹ KONRADS VON HALBERSTADT, †nach 1355), vielleicht in Sachsen, zusammengestellt, in Köln um 1479/80 gedruckt und europaweit bis ins 17. Jh. gelesen (engl. Übers. 1603) und benutzt.

E. RAUNER: Konrads von Halberstadt O. P. ›Tripartitus moralium‹, 2 Bde. (1989).

Mensch [ahd. mannisco, eigtl. ›der Männliche‹, zu Mann], **Homo sapiens,** einzige rezente Art der zur Familie Hominidae gestellten Gattung Homo, der alle heute lebenden M. angehören. Im zoolog. System gehört der M. zu den Säugetieren in die Ordnung →Herrentiere. Der M. ist das Lebewesen mit dem am höchsten entwickelten Gehirn. Gegenüber allen Tieren nimmt er durch seine Fähigkeit, sachorientiert zu denken und zu sprechen, eine Sonderstellung ein. Seine körperl. Merkmale einschließlich der Entfaltung des Gehirns sowie sein Sozialverhalten und seine Emotionen können in vielen Fällen von nichtmenschl. Primaten her abgeleitet werden.

Biologie

Stammesgeschichte: Wo die erste und entscheidende Phase der Hominidenevolution ablief, d. h., wo die Wiege der Menschheit ist, war lange Zeit umstritten. Die ältesten und vollständigsten Dokumente stammen mittlerweile aus Afrika, bes. östlich des Grabenbruches, weniger gut datierte Funde auch aus dem südl. Afrika.

Die menschl. Evolutionslinie geht von menschenaffenähnl. Formen (Propliopithecus und Aegyptopithecus) des frühen Oligozäns (vor rd. 38 Mio. Jahren) aus. Aus dem unteren Miozän (vor 25 Mio. Jahren) liegen Reste von mehreren Hominoidenarten vor, unter denen Proconsul africanus durch Funde am besten belegt ist. Der früher als unmittelbarer Vorläufer der Hominiden betrachtete Ramapithecus wird mittlerweile der direkt zu den Orang-Utans führenden Linie zugeordnet. Der älteste, mit Sicherheit bekannte Hominide ist Australopithecus (→Australopithecinen). Der vor etwa 2 Mio. Jahren auftretende →Homo habilis wird an den Anfang der Entwicklungslinie gestellt, die zum heutigen M. geführt hat. Ihm wird im Wesentlichen die Herstellung von Steinwerkzeugen (Pebble-Tools, Geröllgeräte) zugeschrieben. Außerdem wird aufgrund spezieller Untersuchungen die Existenz einer bereits dem Broca-Sprachzentrum entsprechenden Hirnwindung angenommen. Die Entwicklungsstadien sind im Einzelnen strittig, wobei jetzt feststeht, dass zuerst die zweibeinige (bipede) Körperhaltung und Fortbewegungsweise erworben wurden und danach erst die Entfaltung des Gehirns weit über das bei höheren Affen erreichte Maß hinaus erfolgte. Evolutionsökolog. Hypothesen, die aus etholog. Studien höherer Primaten entwickelt wurden, nehmen derzeit an, dass kooperatives Handeln, u. a. Jagen, die für die Gehirnentwicklung erforderl. Energiemenge bereitstellte, gleichzeitig auch zu einer Rollendifferenzierung der Geschlechter beitrug. Hominiden-Weibchen sind wegen der Jungenaufzucht auf kooperierende Männchen angewiesen. Diese profitieren ebenfalls von Beziehungskonstanz durch Sicherung der Fortpflanzungsmöglichkeit. Vor etwa 1,5 Mio. Jahren (oder noch früher) taucht →Homo erectus auf, der weitgehend die Körpergestalt des heutigen M. hat; er ist diejenige Art, die sich erstmals über Afrika hinaus nach Asien und Europa ausbreitete. Er war geschickt im Herstellen von Werkzeugen (Faustkeile, Abschläge; →Clactontechnik), entwickelte die Fähigkeit, Feuer zu machen, und jagte erfolgreich größere Tiere. Von hier ging die Entwicklung zum **Homo sapiens** über eine früharchaische und eine spätarchaische Form zum anatomisch modernen M., dessen Schädelbau sich grundsätzlich nicht mehr von dem des heute lebenden M. unterscheidet. Dieser anatomisch moderne Homo sapiens sapiens ist seit mehr als 100 000 Jahren durch Skelettfunde in Afrika (Südäthiopien, Südafrika) belegt. Von dort breitete er sich über SW-Asien bis Europa und W-Asien aus, wo er sich (nach neueren Theorien) mit der vermutlich dort lebenden Bev. des archaischen Homo sapiens vermischte und diese später ablöste. Zumindest die Ausbreitungstheorie wird durch DNA-Analysen, aus denen Stammbaumrekonstruktionen möglich sind, gestützt. Europa und Asien wurden mindestens seit Beginn der letzten Zwischeneiszeit (vor rd. 125 000 Jahren) vom Neandertaler besiedelt, der vor rd. 30 000 Jahren wieder verschwand und durch Homo sapiens sapiens abgelöst wurde. Zwar besaß v. a. der Schädel des Neandertalers eine Reihe altertüml. Merkmale, doch stand er in Körperbau und auch von der Entwicklungsstufe her dem anatomisch modernen M. sehr nahe. Der Neandertaler wird gelegentlich als eine an die eiszeitl. Lebensbedingungen angepasste Form des archaischen Homo sapiens angesehen.

Kennzeichen des Menschen: Den M. zeichnet der Besitz einer Reihe anatom. und physiolog. Besonderheiten aus, die jedoch zum größten Teil auch – zumindest in Ansätzen – bei seinen nächsten Verwandten, den höheren Primaten, festzustellen sind; dies weist auf eine langsame, nur allmählich erfolgte Entwicklung des M. aus seinen Vorfahren hin.

Das für den M. spezifische Merkmal ist der *aufrechte Gang,* bei dem im Unterschied zu anderen zweifüßigen Arten der Rumpf senkrecht gehalten und die Kniegelenke mehr oder weniger gestreckt werden. Mit

Mensch **Mens**

der Aufrichtung verbunden sind charakterist. Veränderungen im Stütz- und Bewegungssystem, v. a. Wirbelsäule, Becken, Gesäßmuskulatur, Arm- und Beinlänge betreffend. Es wird vermutet, dass sich der aufrechte Gang von Baumbewohnern mit Anpassungen an das Hangeln ableitet, Hinweise darauf sind während der Embryonalentwicklung des M. und als Atavismen auftretende Merkmale, wie längere Arme als Beine, abgespreizte Großzehe, die urspr. Anpassungen an die hangelnde Lebensweise darstellen.

Der *Schädel* des M. zeigt im Vergleich eine deutl. Volumenzunahme, die v. a. durch das Zurückweichen des Gesichtsschädels unter den Hirnschädel ermöglicht wird. Hierdurch wird dem relativ großen Gehirn des M. Platz geboten; jedoch ist weder die absolute noch die relative (im Vergleich zur Körpergröße) Gehirngröße des M. einmalig und besonders; kennzeichnend für ihn ist jedoch die im Vergleich extreme Ausdehnung der Großhirnrinde durch Faltung.

Bei den *Fernsinnen* ist das Riechzentrum verhältnismäßig zurückgebildet, ebenso das Gehör, was z. B. durch die nahezu funktionslosen Ohrmuscheln zum Ausdruck kommt. Hingegen ist der Gesichtssinn gut ausgeprägt, die Augen sind nach vorn gerichtet. Alle diese Entwicklungen haben sich jedoch bereits auf der Stufe der Halbaffen vollzogen.

Charakteristisch ist die Entwicklung des *Gebisses.* Durch die Vergrößerung des Hirnschädels bei gleichzeitiger Verkleinerung des Gesichtsschädels tritt eine starke Verkürzung der bei vielen anderen Primaten ausgeprägten Schnauze ein, die Kiefer werden graziler, ebenso die Zähne. Diese Entwicklung wurde wahrscheinlich dadurch begünstigt, dass der M. die Nahrung aufbereiten konnte, zum anderen dadurch, dass die Zähne – durch die Fähigkeit zur Waffenherstellung – nicht mehr zur Verteidigung gebraucht wurden. Mit einer Verkleinerung des Vordergebisses und der Eckzähne geht das Verschwinden der Affenlücke einher. Die Zahnzahl blieb erhalten, bis auf den letzten Mahlzahn, der jedoch als ›Weisheitszahn‹ häufiger nicht mehr ausgebildet wird.

Das neben Aufrichtung und Gehirnentwicklung auffälligste Merkmal ist die Rückbildung des *Haarkleides,* wobei eine Behaarung in der Embryonalentwicklung angelegt ist und in einzelnen Hautbezirken als Atavismus auftreten kann (z. B. Tierfellnävus) und die Bildung von Gänsehaut vom ›Fellsträuben‹ abgeleitet werden kann. Unter den verbliebenen ›Haarinseln‹ (Kopfhaar, Achsel- und Schamhaar, Bart) stehen Achsel- und Schamhaar evtl. in funktionaler Verbindung mit Duftdrüsen. Der Bart hat Signalwert als Kennzeichen des Mannes.

Die *Haut* des M. besitzt wesentlich mehr Schweißdrüsen als die Haut der höheren Primaten, dafür jedoch eine erheblich verminderte Zahl von Duftdrüsen, die auf die Scham- und Aftergegend sowie die Achselhöhle beschränkt sind. An Weichteilbildungen sind die Brüste, die gleichzeitig auffälligstes sekundäres Geschlechtsmerkmal der Frau sind, ein Hauptmerkmal des M., ebenso die stark ausgestülpten Schleimhautlippen und die stark entwickelten Schamlippen. Das Jungfernhäutchen, das oft als typisch menschl. Merkmal genannt wird, findet sich dagegen auch bei anderen Primaten (z. B. Gorilla).

Der M. reiht sich mit einer Chromosomenzahl von 23 gut in der Primatenreihe ein (Menschenaffen 24, Gibbons 22–26). Etwa die Hälfte der menschl. *Chromosomen* stimmt bis auf fehlende Endstücke mit denen der Menschenaffen überein, bei den übrigen finden sich v. a. in der Reihenfolge umgekehrte (Inversion) oder zusätzl. Stücke (Insertion). Chromosom Nr. 2 ist offensichtlich aus der Verschmelzung von zwei Menschenaffenchromosomen entstanden. Einzelne Gene und damit deren Produkte (Eiweiße) sind sehr ähn-

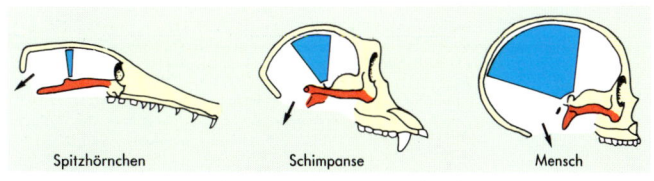

Mensch: Schnitt durch den Schädel von Spitzhörnchen (links), Schimpanse (Mitte) und Mensch (rechts); die zunehmende Knickung der Schädelbasis (rot) ermöglicht, dass der Gesichtsschädel (der gleichzeitig an Größe abnimmt) unter den Hirnschädel verlagert wird; damit verbunden ist eine Volumenzunahme des Hirnschädels (gekennzeichnet durch die blaue Fläche)

lich, so ist z. B. das Hämoglobin des M. in allen vier Ketten identisch mit demjenigen des Schimpansen, und das des Gorillas unterscheidet sich durch eine Stelle je Kette. Insgesamt unterscheiden sich die Eiweiße und damit die entsprechende Erbsubstanz von M. und afrikan. Menschenaffen in weniger als 1%.

Fortpflanzung, Entwicklung: Sowohl die mehrtägige Monatsblutung als auch die Einnistungstiefe des Eies und die Einzelgeburten als Regelfall hat der M. mit den übrigen Primaten gemeinsam. Die Geburtenhäufigkeit betreffend, ist auch beim M. eine Häufung nachts zu beobachten sowie ein Geburtenmaximum Anfang des Jahres. Wesentlich ungünstiger als bei den Primaten ist beim M. das Verhältnis der Weite des Geburtskanals zur Kopfgröße des Neugeborenen; auch ist das menschl. Neugeborene im Vergleich im Reifegrad zurück (›physiolog. Frühgeburt‹ nach A. PORTMANN) und ist nachgeburtl. Entwicklung verläuft ebenfalls langsamer als bei den anderen Primaten: weibl. Geschlechtsreife heute etwa mit 13 (andere Primaten 9), Abschluss des Längenwachstums mit etwa 16–18 (11) Jahren. Die Dauer der Fortpflanzungsfähigkeit (bei der Frau 35 Jahre) ist bei den Menschenaffen in etwa gleich (Schimpansenweibchen 30 Jahre), erheblich höher ist hingegen beim M. die verbleibende Lebensspanne nach Erlöschen der Fortpflanzungsfähigkeit, die in erhebl. Maße kulturell erworben wurde.

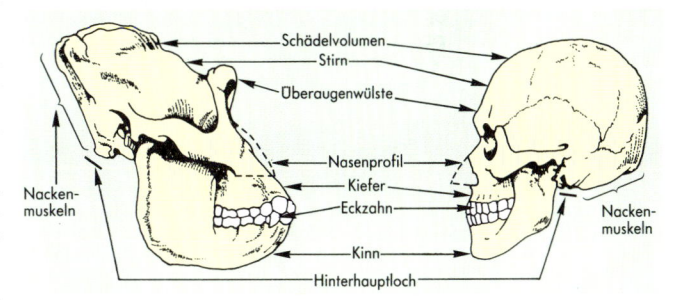

Mensch: Die wesentlichen Unterscheidungsmerkmale zwischen dem Schädel eines Menschenaffen (hier eines Gorillas) und dem Schädel des Menschen

Verhalten: Bei Wirbeltieren, bes. bei warmblütigen Tieren, liegen bereits viele Verhaltensweisen vor, die eine stammesgeschichtl. Höherentwicklung zum M. verständlich machen. Man kann aus vielen Leistungen auf komplizierte Vorstellungskomplexe schließen, die allgemein als typisch anzusehen sind: Bildung von (averbalen) Begriffen, entsprechend einfache Schlüsse und Urteile sowie darauf basierendes planvolles oder ›einsichtiges‹ Handeln (z. B. Werkzeugbenutzung bei Menschenaffen) ebenso wie stark gefühlsbetonte Vorstellungs- und Empfindungskomplexe, die analog zu beim M. beobachtbaren Empfindungen als Angst,

Mens Mensch

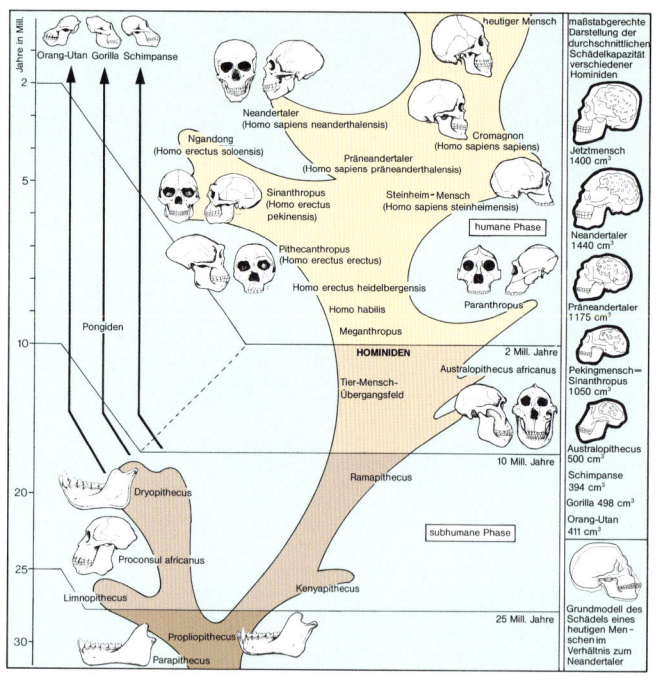

Mensch: Schematische Darstellung des menschlichen Stammbaums

Mut, Gleichgültigkeit, Freude bezeichnet werden können. Ebenso können Vorstufen einer Ichvorstellung und sogar von ästhet. Empfinden festgestellt werden. Dies zeigt, dass die geistige und körperl. Entwicklung zum M. offenbar allmählich erfolgte und es somit oft schwierig ist, eine klare Grenze zw. M. und Tier zu ziehen. Was den M. prinzipiell vom Menschenaffen unterscheidet, ist die Sprachmotorik; den Affen fehlt das Broca-Sprachzentrum, Kehlkopf und Stimmbänder besitzen keine zum Sprechen geeignete Struktur.

Die Sprache war es auch, die dem M. bzw. seinen Vorfahren die Entfaltung der heute bestehenden Kultur ermöglichte, wobei in der Geschwindigkeit der Kulturentwicklung eine gleichmäßige Beschleunigung festzustellen ist: So vergingen zw. Beginn der Herstellung primitiver Stein- und Knochenwerkzeuge bis zu deren Differenzierung und Verfeinerung sowie dem Beginn der Kunstentwicklung im Aurignacien mehr als 1,7 Mio. Jahre, von dessen Ende bis zur Entstehung der ersten Hochkulturen (vor rd. 7000–9000 Jahren) etwa 25 000 Jahre; das Maschinenzeitalter begann erst vor 200 Jahren und das ebenso umwälzende Atomzeitalter vor etwa 60–70 Jahren. Dies lässt darauf schließen, dass am Anfang die Kulturentwicklung noch durch erbl. Änderung vonstatten ging; allerdings schon mit einer erhebl. Geschwindigkeit, wenn man bedenkt, dass für die Entwicklung des Gehirns von dem Vormenschen bis zum Homo sapiens etwa 85 000 Generationen (zu je 20 Jahren gerechnet) zur Verfügung standen; die Auslese muss also intensiv gewesen sein. Später trat eine weitere Beschleunigung ein durch die Entstehung der motor. Sprachregion, die Verständigung, abstraktes Denken und kulturelle Fortentwicklung durch Tradierung ermöglichte.

Religionsgeschichte

Obwohl aus dem evolutiven Prozess hervorgegangen, hat der M. eine ausschließlich instinktmäßige Determination überschritten; der M. hat seinen naturalen ›Ort‹ verloren. Er wird von der Sorge um sich selbst, von Angst und Hoffnung bestimmt und bringt ›Geschichte‹ hervor, in der er sich selbst zu verwirklichen und zu ›schaffen‹ sucht. Dieses eigentümlich Menschliche wird in den Religionen thematisiert. Von den erkennbaren Anfängen in prähistor. Zeit an sieht sich der M. konstituiert aus dunklen tier. und zugleich übermenschl. Kräften, sodass er erst durch Praktizierung kult. Handlungen von der Geburt bis zum Tod (›rites de passage‹, Opfer u. a.) sowie durch Einhalten *ethischer* Forderungen (Tabuvorschriften) im eigentl. Sinn M. *werden* kann. Der Tod erschien hierbei immer als die ihn total bedrohende, aber niemals einfach akzeptierte Zäsur (Bestattungsriten, Glaube an ein ›Weiterleben‹, Ahnenkult). Die Schaffung von Kultur war dem M. aufgegeben und begründete seine Sonderstellung, andererseits wurde sie als ein immer neues Schuldigwerden erfahren (Verlust der ›paradies. Unschuld‹), die rituelle Entsühnung erforderlich machte. In den frühen Hochreligionen wurden diese Auffassungen weiterentwickelt: der M. ist – vornehmstes – Geschöpf von personalen Göttern, aber auch (wie diese selbst) Teil der Natur (oft im Sinne einer Leib-Seele-Anthropologie systematisiert); seine Bestimmung ist die kult. Verehrung der Götter, in manchen Religionen (z. B. Ägypten, Babylon) auch eth. Verhalten, gelegentlich schon die Kultivierung der Erde (Ackerbau, Arbeit, Stadtbau u. a.). Der sich zunächst gänzlich kollektiv (als Teil von Sippe, Stamm, Volksgemeinschaft) verstehende M. findet erst allmählich durch den Glauben an personale Gottheiten, aber auch durch ›polit.‹ Krisen, zum Bewusstsein seiner Individualität. Die seit der Mitte des 1. Jt. v. Chr. entstehenden universalen religiösen Theorien setzen diese Entwicklung voraus und greifen eine der vorgegebenen Linien auf; gemeinsam ist ihnen eine Bestreitung oder wenigstens Relativierung der kult. Selbstverwirklichung des M. *Dualist. Religionen* sehen den M. eingespannt in eine radikale Polarität von Gut und Böse, Geist und Materie bzw. Leib; der M. muss sich verwirklichen im eth. Kampf. In den *monist. Religionen* (v. a. Asiens) verlieren – außer im Volksglauben – personale Gottheiten an Bedeutung, somit ist auch der individuelle M. eine uneigentl. oder sogar zu überwindende Konkretion des All-Einen, zu dem er durch Ethik und die Überwindung aller Bindung an die Geschichte zurückkehren soll. In den *monotheist. Religionen* Judentum, Christentum und Islam sind Welt und M. Schöpfung des alleinigen personalen Gottes, vor dem der M. sich am Ende für sein Tun, das somit bleibende Geltung besitzt, zu verantworten hat. Umfassendes Menschsein besteht also in der ›Selbstverwirklichung‹ vor (dem gerechten und gnädigen) Gott. Für Judentum und das Christentum des N. T. ist der M. eine Ganzheit, erst aus der griech. Tradition wurde der Leib-Seele-Dualismus in die spätere christl. Dogmatik übernommen. Durch die Bibelwissenschaft sowie die Auseinandersetzung mit der Evolutionstheorie wird in der Theologie ein ganzheitl. Verständnis des M. wieder stärker vertreten.

Philosophie und Soziologie

In der *Philosophie* bildet die Frage nach dem Sein und dem Wesen des M. eines der ursprünglichsten Themen. Bis zu der relativ späten Entstehung einer eigentlichen philosoph. Anthropologie im Laufe des 18. und bes. des 19. Jh., die in Beziehung steht mit einer inhaltl. Hinwendung der Philosophie zum M., war die Auffassung vom M. eng mit der allgemeinen Ontologie verknüpft. Entscheidend für das jeweilige Verständnis vom M. ist demnach die unterschiedliche metaphys. Deutung der Wirklichkeit.

Es lassen sich hiernach drei wesentl. Standpunkte abgrenzen: das idealist., das materialist. und das existenzphilosoph. M.-Bild. Geht das Erstere von der Annahme eines konkreten, aprior. Wesens aus, wird ein solches von den anderen beiden Richtungen geleugnet. Während die materialist. Anschauung den M. als Funktion der phys. oder ökonom. Verhältnisse betrachtet, versteht ihn die Existenzphilosophie als eine undeterminierte Möglichkeit; die Selbstbestimmung geschieht hiernach im existenziellen Augenblick der Seinserfahrung oder in der Verwirklichung des eigenen gewählten Entwurfes.

Für den antiken *Idealismus* war es kennzeichnend, dass er den M. von der Fähigkeit zum →Geist und zur Gemeinschaftsbildung bestimmt sein ließ. Im platon. Ständestaat steht der Einzelne jeweils an der Stelle, zu der er durch das in ihm vorherrschende Seelenvermögen bestimmt ist. Das Vernunftvermögen unterscheidet auch nach ARISTOTELES den M. vom Tier und kennzeichnet ihn als ›animal rationale‹; als solches ist er ein ›zoon politikon‹, ein zum geregelten gesellschaftl. Zusammenleben befähigtes Wesen. In einen kosmopolit. Rahmen wird diese Bestimmung in der Stoa und im Christentum (AUGUSTINUS) gestellt. Hier erscheint der M. als der zur Freiheit von der Bestimmung durch Affekte oder materielle Strebungen, als der zur ›apatheia‹ und zum Weltbürgertum im allverbindenden Geist Aufgerufene oder als der zur Freiheit vom Bösen (›libertas a malo‹), die zugleich ein Freisein für das Gute (›libertas ad bonum‹) darstellt, und zur ›Verwirklichung des Gottesreiches Begnadete‹.

Seine Fortsetzung findet dieses M.-Bild im klass. Humanismus und den Systemen des Idealismus im 18. und 19. Jh., die das Ideal einer leiblich-seelisch-geistigen Vervollkommnung oder die sittl. Autonomie des Vernunftwesens als menschl. Bestimmungsmerkmal begreifen.

Eine dualist. Zuspitzung erfährt das idealist. M.-Bild im Rationalismus (R. DESCARTES), der den M. als antagonist. Einheit von Geist (›res cogitans‹) und Körper (›res extensa‹) auffasst. Da das leibl. Geschehen der Bestimmung durch die mechanist. Gesetzmäßigkeit, das geistige aber dem Grundsatz der Freiheit unterliegt, ergibt sich die Schwierigkeit der psychophys. Verknüpfung, die vom Rationalismus und von Okkasionalismus und von G. W. LEIBNIZ (prästabilierte Harmonie) verschieden gelöst wurde.

Der mechanist. *Materialismus* dehnt die kausale Determiniertheit auf den ganzen M. aus; er wird damit zum ›Maschinenmenschen‹ (J. O. DE LAMETTRIE). Die empirist. Staatslehre führt das Faktum der menschl. Gemeinschaft im Unterschied zum Idealismus auf die äußere Notwendigkeit einer hypothetischen vertragl. Absprache zurück, die ein Zusammenleben des ursprünglich nicht sozial veranlagten M. (›homo homini lupus‹) zum allgemeinen Nutzen ermöglicht. Von unterschiedl. materiellen Bestimmungen her wird der M. in den versch. Richtungen des Materialismus abhängig gemacht. Die Religionskritik der anthropozentr. Philosophie von L. FEUERBACH sieht in der menschl. Gottesvorstellung die metaphys. Ausgestaltung eines Ideals vom M. (›homo homini Deus‹).

Ähnlich ist das Bild vom M. in der atheist. *Existenzphilosophie* (J.-P. SARTRE), die einen neuen ›Humanismus‹ verkündet; der M. zu sich selbst frei durch den Tod Gottes. Das ›Reich Gottes‹ weicht der Idee vom ›Reich des M.‹. Die ehemals tragenden transzendenten Bezüge werden diesem Denken unglaubwürdig angesichts der ›Absurdität‹ des Leidens und der Ungerechtigkeit in der geschichtl. Existenz des M. (A. CAMUS). An die Stelle der transzendenten Sinnfindung tritt die ›Revolte‹ gegen das Schicksal des M.; das Bewusstsein der Gemeinsamkeit der in der gleichen existenziellen Situation gefangenen M. erzeugt die ›Solidarität‹ der M. Im Unterschied zum Materialismus versteht der Existenzialismus den M.

jedoch aus seiner Freiheit, durch die er sich selbst zu dem bestimmt, was er ist.

Gegenüber den mannigfaltigen metaphys. Bestimmungen des M. in der abendländ. Philosophie hat die moderne philosoph. Anthropologie (A. GEHLEN) eine betont antispekulative Haltung eingenommen. Sie lässt als einzige Voraussetzung die These gelten, dass eine Wiss. vom M. möglich sei. Mittels einer ›erkenntnisprakt.‹ Methode, die sich als wissenschaftliche pragmat. Hypothesenbildung versteht, erstrebt sie eine universale philosoph. Wiss. vom M. durch die Vereinigung der Ergebnisse der Einzelwissenschaften. TEILHARD DE CHARDIN kam dagegen zu einer metaphysikoffenen Evolutionstheorie, die ähnlich wie die metaphys. Trieb-Geist-Lehre von M. SCHELER den M. umfassend kosmologisch sieht.

In den *Sozialwissenschaften* wird übereinstimmend als eine der Grundkonstanten menschl. Lebens anerkannt, dass der M. nur als Gesellschaftswesen existieren kann; zur soziokulturellen Persönlichkeit wird der M. danach erst infolge seiner →Sozialisation. Diese Determinante lässt sich von den frühesten Formen menschlicher Gesellschaft, die noch relativ autarke Systeme mit der Bündelung aller wichtigen Funktionen für das soziale Zusammenleben waren, bis zu den heutigen Gesellschaften verfolgen, die aufgrund wachsender weltweiter Verflechtungen hin zu einer umfassenden globalen Gesellschaft mit zahlr. nicht klar voneinander abgrenzbaren Subgesellschaften tendieren. Historisch gesehen wurde die Gesellschaftsbildung des M. unterschiedlich interpretiert. Während die griech. Sozialphilosophie (ARISTOTELES) Gesellschaft und Staat als Resultat des geselligen Wesens des M. (›zoon politikon‹) erklärte, verstanden die Theoretiker des MA. die menschl. Gesellschaft als Offenbarung göttl. Ordnungsprinzipien. Dem setzte die Aufklärung unterschiedl. Lehren vom Gesellschaftsvertrag (T. HOBBES, J.-J. ROUSSEAU u. a.) entgegen. Das 19. Jh. entwickelte dann einerseits an der Natur orientierte organolog. Theorien (H. SPENCER) und andererseits konflikt- und klassenorientierte Gesellschaftsauffassungen (K. MARX). Etwa seit Mitte des 19. Jh. befasst sich die Soziologie mit den Funktionszusammenhängen der menschlichen Gesellschaft, ohne jedoch die alte Streitfrage nach den biolog. oder kulturellen Wurzeln der menschl. Gemeinschaftsbildung abschließend beantworten zu können.

⇨ *Abstammungslehre · Anthropologie · Denken · Evolution · Frau · Gedächtnis · Gehirn · Gesellschaft · Kind · Leben · Mann · Skelett · Sprache · Stoffwechsel*

Biologie: B. RENSCH: Homo sapiens (^{3}1970); Verhaltensentwicklung bei M. u. Tier, hg. v. K. IMMELMANN u. a. (1982); I. EIBL-EIBESFELDT: Der vorprogrammierte M. (Neuausg. 1985); Der M. Anatomie, Physiologie, Ontogenie, hg. v. K. SOMMER (Berlin-Ost ^{11}1990); W. HENKE u. H. ROTHE: Paläoanthropologie (1994); I. EIBL-EIBESFELDT: Die Biologie des menschl. Verhaltens. Grundriß der Humanethologie (^{3}1995); D. MORRIS: Der nackte Affe (a. d. Engl., Neuausg. ^{27}1995); R. E. LEAKEY u. R. LEWIN: Wie der M. zum Menschen wurde (a. d. Engl., Neuausg. 1996); N. BISCHOF: Das Rätsel Ödipus. Die biolog. Wurzeln des Urkonfliktes von Intimität u. Autonomie (^{4}1997); Grzimeks Enzykl. Säugetiere, Bd. 2 (Neuausg. 1997).

Geistesgeschichte: D. CLAESSENS: Nova natura. Anthropolog. Grundlagen modernen Denkens (1970); R. ALBERTZ: Weltschöpfung u. Menschenschöpfung (1974); A. ZIMMERMANN: Der M. in der modernen Philosophie (1975); R. GIRTLER: Kulturanthropologie (1979); E. BISER: Menschsein in Anfechtung u. Widerspruch (1980); C. GRAWE u. a.: M., in: Histor. Wb. der Philosophie, hg. v. J. RITTER u. a., Bd. 5 (Neuausg. 1980); Kindlers Enzykl. ›Der M.‹, hg. v. H. WENDT u. a., 10 Bde. (Zürich 1981–85); M. LANDMANN: Philosoph. Anthropologie (^{5}1982); W. PANNENBERG: Anthropologie in theolog. Perspektive (1983); H. PLESSNER: Die Frage nach der Conditio humana. Aufsätze zur philosoph. Anthropologie (^{2}1985); W. BRUGGER: Grundzüge einer philosoph. Anthropologie (1986); K. LÖWITH: Sämtl. Schriften, Bd. 9: Gott, M. u. Welt der Philosophie der Neuzeit (1986); Veränderungen im Menschenbild. Divergenzen der modernen Anthropologie, hg. v. N. A. LUYTEN u. a. (1987); M. u. Moderne. Beitr. zur philosoph. Anthropologie u. Gesellschaftskritik, hg. v. C. BELLUT u. a. (1989); A. GEHLEN: Der M. Seine Natur u. seine Stellung in der Welt, 2 Bde. (Neuausg. 1993).

Mensch ärgere dich nicht, Würfelbrettspiel für 2–6 Personen. Die Spielsteine (meist vier pro Spieler) werden zunächst auf den Bereitschaftsfeldern aufgebaut. Würfelt ein Spieler eine Sechs, so darf er einen seiner Steine auf sein Eingangsfeld setzen, nochmals würfeln und den Stein um die geworfene Augenzahl in Pfeilrichtung weitersetzen. Nach jeder Sechs darf der Spieler ein weiteres Mal würfeln. Jeder Spieler versucht, seine vier Steine so schnell wie möglich um das Spielfeld herum in seine vier Zielfelder zu bringen; wer dies als Erster schafft, ist Sieger. Wer mit der gewürfelten Augenzahl einen seiner Steine auf ein Feld bringt, auf dem bereits ein fremder Stein steht, darf diesen aus dem Spiel werfen; der herausgeworfene Stein muss von vorn beginnen. Erfunden wurde das Spiel 1911 von dem bayer. Spielefabrikanten J. F. SCHMIDT.

Menschen|affen, Große M., Pongidae, zur Überfamilie Menschenartige (Hominoidea) gehörende Familie der Herrentiere, zur Abgrenzung von den als Kleine M. bezeichneten →Gibbons Große M. genannt. Zu den M. gehören drei Gattungen mit insgesamt vier Arten: →Gorilla, →Orang-Utan und →Schimpansen (zwei Arten). M. sind die in Gestalt und Sinnesleistungen menschenähnlichsten Affen.

Das mehr oder weniger behaarte Gesicht besitzt eine vorspringende Kieferpartie, ein starkes Gebiss mit mächtigen Eckzähnen und eine flache Nase. Die Kopfform wird durch die große Hirnkapsel bestimmt und bes. bei Schimpansen und Gorillas durch ausgeprägte knöcherne Augendächer. Die Körperbehaarung ist, verglichen mit dem Hundsaffen, schütter. Die Arme sind immer länger als die Beine, der Rumpf ist sehr kompakt, was für das Aufrichten des Körpers mechanisch vorteilhaft ist. Die Hände sind sehr beweglich und tastempfindlich und werden häufig zum Begreifen von Gegenständen benutzt. Die Füße können ebenfalls greifen, werden jedoch überwiegend zur Fortbewegung eingesetzt.

Die nach vorn gerichteten Augen sind zu räuml. Sehen und Entfernungsschätzen befähigt und voll farbtüchtig. Die sehr bewegl. Lippen gestatten ein Mienenspiel, das oft an das des Menschen erinnert und in hohem Maße der Kommunikation dient. Durch zwei Resonanzsäcke am Kehlkopf sind bei den Stimmäußerungen beachtl. Lautstärken möglich. Das Gehirn ist wesentlich kleiner als das des Menschen; v. a. Großhirnrinde, Kleinhirn und opt. Zentrum sind stark entwickelt, Bereiche, die dem Broca-Sprachzentrum beim Menschen entsprechen, fehlen. Das hoch entwickelte Gehirn befähigt die M. zum Verhalten durch Einsicht, gekennzeichnet u. a. durch Werkzeuggebrauch, das Lösen von Problemketten, Vorhandensein eines Gedächtnisses, auf das im Bedarf zurückgegriffen wird. Bei Schimpansen und Gorillas konnte in entsprechenden Experimenten ein folgerichtiger und sachbezogener Umgang mit Sprache beobachtet werden, sie konnten z. B. die Taubstummensprache verstehen und sich damit verständigen.

M. sind tagaktive Baum- (Orang-Utan) oder Bodenbewohner (Gorilla) bzw. beides (Schimpansen). Sie leben, mit Ausnahme des Orang-Utan, der auf Sumatra und Borneo beheimatet ist, in den trop. Regenwäldern, Bergwäldern und Baumsavannen Afrikas. I. d. R. sind sie sozial lebend, meist mit ausgeprägter Rangordnung und i. Allg. untereinander friedliebend; das Revier kann bis 50 km^2 groß sein. Alle M. übernachten in selbst gebauten Schlafnestern. Sie ernähren sich fast ausschließlich pflanzlich (Blätter, Früchte, Rinde u. a.), selten von Eiern und Wirbellosen; Schimpansen jagen mitunter kleine Säugetiere.

Bei den M. gibt es keine bestimmten Fortpflanzungszeiten, die Weibchen haben wie Menschen einen hormongesteuerten Zyklus, der i. d. R. länger als 30 Tage dauert. In der Zyklusmitte sind sie bes. paarungswillig. Nach etwa 8–9 Monaten Tragzeit wird ein Junges geboren (Gewicht bis 2 kg), das nach 2–4 Jahren entwöhnt und nach sieben Jahren geschlechtsreif ist. M. können ein Alter von 30 bis 40 Jahren und (in Menschenobhut) mehr erreichen. (BILDER →Affen)

The great apes, hg. v. D. A. HAMBURG (Menlo Park, Calif., 1979); A. KOEHLER: Intelligenzleistungen u. Werkzeuggebrauch bei Primaten, in: Im Vorfeld des Menschen, hg. v. H. WENDT (Zürich 1982); Grzimeks Enzykl. Säugetiere, hg. v. B. GRZIMEK, Bd. 2 (1988).

Menschen|artige, Hominoidea, Überfamilie der Ordnung Herrentiere mit den Familien Kleine Menschenaffen (→Gibbons), Große →Menschenaffen und →Hominiden.

Menschenbild, eine von bestimmten Fakten und/oder Vorstellungen ausgehende bzw. in den Rahmen bestimmter wiss. Methoden od. weltanschaul. Denksysteme gefügte Betrachtung oder Abhandlung über den →Menschen. Ein biolog. M. beispielsweise wird weitgehend mit Orientierung auf die naturwiss. Forschung am Menschen gezeichnet; es unterscheidet sich entscheidend wesentlich vom M. etwa der Philosophie oder Theologie. (→Anthropologie)

Menschenfeind, Der, frz. ›Le misanthrope‹, Drama von MOLIÈRE; Uraufführung 4. 6. 1666 in Paris, frz. Erstausgabe 1667.

Menschenfloh, Pulex irritans, weltweit verbreitete Art der Flöhe (Größe etwa 3 mm), die v. a. am Menschen, aber auch an anderen Säugetieren Blut saugt. Die Nahrungsaufnahme kann 20 Minuten bis etwa 3 Stunden dauern; an der Saugstelle bildet sich ein juckender, dunkelroter Punkt mit hellrotem Hof; wird der M. bei der Nahrungsaufnahme unterbrochen, liegen mehrere Stiche nah beieinander. Die Weibchen legen lebenslang etwa 400 Eier ab, die sich v. a. in feuchten Ritzen und Ecken entwickeln. Die Larven ernähren sich von organ. Substrat. Durch zunehmende Hygiene und die Verbreitung fugenloser Fußböden ist der M. in Mitteleuropa selten geworden.

Menschenfresser, der Kannibale (→Kannibalismus).

Menschenführung, planmäßiges Leiten von Personen und/oder Personengruppen innerhalb einer Organisation, v. a. in Betrieben, Institutionen und Ämtern. Zum Gegenstand der **betrieblichen M.,** auch **Mitarbeiter-** oder **Personalführung,** gehören neben der Zuordnung von Arbeitsplätzen und arbeitenden Menschen, Auswahl, Einarbeitung, Betreuung, Förderung und Entwicklung des Personals v. a. die Gestaltung des Betriebsklimas, d. h. der zwischenmenschl. Beziehungen (Verhältnis der Kollegen untereinander sowie zw. Vorgesetzten und Untergebenen). Entscheidende Einflussgröße für erfolgreiche M. ist der jeweilige →Führungsstil. (→Management, →Personalführungsmodelle)

Menschenhaie, zusammenfassende Bez. für alle Haiarten, die dem Menschen gefährlich werden können; insbesondere für den Weißhai (→Makrelenhaie) und den zu den →Grauhaien zählenden Blauhai.

Menschenhandel, Strafrecht: Straftat, die begeht, wer auf eine andere Person seines Vermögensvorteils wegen einwirkt, um sie in Kenntnis einer Zwangslage zur Prostitution zu bestimmen oder um sie in Kenntnis der Hilflosigkeit, die mit ihrem Aufenthalt in einem fremden Land verbunden ist, zu sexuellen Handlungen zu bringen (§ 180b Abs. 1 Satz 1 und 2 StGB). Dadurch werden insbesondere Fälle des so genannten

Menschenfloh:
Von **oben** Larve; Puppe; Vollinsekt (Größe etwa 3 mm)

Heiratstourismus, bei denen Frauen versch. Interessenten ›zur Probe‹ überlassen werden, erfasst. Die Straftat des M. begeht ebenso, wer auf eine andere Person in Kenntnis der Hilflosigkeit, die mit ihrem Aufenthalt in einem fremden Land verbunden ist, oder auf eine Person unter 21 Jahren einwirkt, um sie zur Aufnahme oder Fortsetzung der Prostitution zu bestimmen (§ 180b Abs. 2 Nr. 1 und 2 StGB). Wegen schweren M. wird bestraft, wer eine andere Person durch Gewalt, Drohung oder List zur Prostitution veranlasst, wer eine andere Person mit diesen Mitteln ins Ausland entführt, um sie dort in Kenntnis der Hilflosigkeit, die mit ihrem Aufenthalt in einem fremden Land verbunden ist, zur Aufnahme oder Fortsetzung der Prostitution zu bestimmen, oder wer eine Person mit dieser Zielsetzung gewerbsmäßig anwirbt (§ 181 StGB). Die Bestimmungen schützen Menschen beiderlei Geschlechts. Der einfache M. ist als Vergehen mit Freiheitsstrafe von drei Monaten bis zu zehn Jahren, der schwere M. als Verbrechen mit Freiheitsstrafe von einem Jahr bis zu zehn Jahren, in minder schweren Fällen von sechs Monaten bis zu fünf Jahren bedroht. Für beide Tatbestände gilt verfolgungserleichternd das Weltrechtsprinzip nach § 6 Nr. 4 StGB. Die Vorschriften der §§ 180b, 181 StGB neue Fassung, die auf das 26. Strafrechtsänderungs-Ges. vom 14. 7. 1992 zurückgehen und die als teilweise unzureichend empfundenen §§ 180a Abs. 3 bis 5, 181 alte Fassung ersetzt haben, sind vor dem Hintergrund eines umfängl. Prostitutionstourismus (→Prostitution) zu sehen und tragen den Intentionen des Internat. Übereinkommens zur Bekämpfung des Mädchenhandels und der UN-Konvention vom 2. 12. 1949/21. 3. 1950 Rechnung, indem sie das Ziel verfolgen, den strafrechtl. Schutz namentlich ausländ. Mädchen und Frauen vor sexueller Ausbeutung zu verbessern. – In *Österreich* (§ 217 StGB) und in der *Schweiz* (Art. 196 StGB) gelten ähnl. Regelungen wie in Deutschland.

Menschenläuse, Bez. für die drei weltweit verbreiteten, ausschließlich auf dem Menschen parasitierenden Arten (oder Unterarten) der Läuse: Kleiderlaus, Kopflaus und Filzlaus.

Menschen|opfer, die sakrale Tötung von Menschen; in der Religionsgeschichte vielfach belegter, mit unterschiedl. Begründungen bzw. Erwartungen vollzogener kult. Akt; wiese im Laufe der religionsgeschichtl. Entwicklung häufig durch das tier. Ersatzopfer abgelöst (z. B. ISAAKS Opferung durch →ABRAHAM). Oft hatten M. den Sinn, die Willensäußerungen der Gottheit(en) zu beeinflussen, bzw. dienten so einer Machtübermittlung an Naturobjekte und die sie personifizierenden Gottheiten: So sollte das mexikan. Herzopfer in erster Linie die Kraft der Sonne mehren, das M. bei den Azteken den Ertrag des Ackerbaus gewährleisten und die kosm. Ordnung aufrechterhalten. Generell soll im M. die Stärke des Geopferten durch Anthropophagie (›Menschenfresserei‹ [→Kannibalismus]) auf die Kultteilnehmer übertragen werden. Der Machtgedanke bestimmt auch den rituellen Königsmord: Verliert der alternde Herrscher seine Kraft, so wird er entweder getötet oder er vollzieht selbst das Königsopfer. Dies kann auch den Sinn einer Übertragung des Herrschercharismas auf Geschlecht und Volk haben, so bei der rituellen Tötung des ungar. Fürsten ALMOS (9. Jh.). Das Sühneopfer dient der Tilgung einer Schuld, die, wie beim babylon. Neujahrsfest, stellvertretend auf das gesamte Volk auf einen menschl. ›Sündenbock‹ übertragen wurde. Weit verbreitet war die Sitte der →Bauopfer. Der Abwehr drohender Gefahren galt das Selbstopfer röm. Truppenführer. Die heiln. Gladiatorenkämpfe tradierten die Riten der etrusk. Totenopfers, eines Zweikampfes, nach dessen Beendigung eine Gestalt in der Maske des Totengottes die Leichen der Gefallenen vom Schauplatz schaffte. Zum Totenkult gehören auch die Totenbegleitopfer (z. B. Gefolgebestattungen in den Königsgräbern in Ur, im frühdynast. Ägypten, bei nordeuras. Steppenvölkern, Normannen und in Amerika). Hierzu zählt auch die ind. Witwenverbrennung (→Sati). Freiwillig folgten jap. Ritter ihrem Lehnsherrn in den Tod, indem sie →Seppuku verübten. – Bei den Azteken des alten Mexiko, die dem M. große Bedeutung beimaßen, waren die Formen seines Vollzugs am stärksten differenziert; man kannte das Herzopfer, das Brandopfer, das Kampf- und Pfeilopfer sowie das Menschenschinden (Abziehen der Haut des lebenden Opfers) und das Ertränken von Kindern (u. a. als Opfer an den Regengott bei Dürre). – Als M. vorgeschichtl. Zeit in Europa sind gedeutet worden: Kopf- und Schädeldeponierungen aus dem Mittel- und Jungpaläolithikum (mittlere und jüngere Steinzeit; Monte Circeo, Mas d'Azil, Ofnet), jungpaläolith. Schädelbecher (abgetrennte Schädelkapseln aus Castillo), jungsteinzeitl. Funde aus der Jungfernhöhle (Landkreis Bamberg) und bronzezeitl. Skeletreste aus Höhlen im Kyffhäuser. M. sind v. a. seit der Jungsteinzeit belegt.

E. MOGK: Die M. bei den Germanen (1909); F. SCHWENN: Die M. bei den Griechen u. Römern (1915, Nachdr. 1966); J. MARINGER: M. im Bestattungsbrauch Alteuropas (Freiburg 1943); G. HOGG: Cannibalism and human sacrifice (Neuausg. New York 1966); K. HELFRICH: M. u. Tötungsrituale im Kult der Maya (1973); W. KRICKEBERG: Altmexikan. Kulturen (14. Tsd. 1979); N. DAVIES: Opfertod u. M. (a. d. Engl., Neuausg. 1983).

Menschenrassen, geographisch lokalisierbare Formengruppen des heutigen Menschen (Homo sapiens sapiens), die sich aufgrund überzufällig häufiger Genkombinationen mehr oder weniger deutlich voneinander unterscheiden. Neben zufälligen Änderungen, die sich innerhalb von Populationen fortsetzen können, spielen v. a. Anpassungen an die versch. Lebensräume und Klimabereiche eine Rolle, sicher auch kulturelle Faktoren. Die auffälligsten Unterschiede betreffen neben der Haut-, Haar- und Augenfarbe bestimmte Körper-, Kopf- und Gesichtsformen sowie physiolog. Parameter wie Wärmeregulation, Blutmerkmale u. a. Die Ausbildung versch. morpholog. Merkmale lässt sich z. T. auf die für Säugetiere allgemein gültigen Klimaregeln zurückführen: So folgen die geographisch bedingten Schwankungen der Körperhöhe nach der Bergmann-Regel der mittleren Jahrestemperatur, wonach die Bewohner kälterer Klimazonen i. d. R. größer sind als diejenigen wärmerer Zonen; eine ähnl. Beziehung besteht zw. Körpergewicht und Klima. Ausnahmen hiervon lassen sich z. T. durch die allensche Regel erklären, die besagt, dass, je kälter das Klima ist, umso kurzbeiniger und gedrungener die Gestalt, da die Wärme abgebende Oberfläche damit verringert wird (dies trifft z. B. in Verbindung mit einer dicken Subkutanfettschicht auf Eskimos und Lappen zu). Auch die Nasenbreite steht im Zusammenhang mit Luftfeuchtigkeit und Wärme: bei vorwiegend trockener Luft ist eine schmale Nase günstiger, da die Atemluft besser angefeuchtet werden kann (Thomson-Buxton-Regel). Die Hautfarbe zeigt eine deutl. Beziehung zur Stärke der UV-Bestrahlung: Sie ist in lichtreichen Gegenden dunkel (Schutz gegen UV-Strahlung) und in lichtärmeren hell, um ausreichende Bildung von Vitamin D zu gewährleisten. Das unterschiedl. Verteilungsbild der Blutgruppen erklärt sich z. T. aus dem Zusammenwirken mehrerer epidem. Infektionskrankheiten, für die geographisch variable Verteilung anderer biochem. und physiolog. Eigenschaften gibt es z. T. nur sehr pauschale Erklärungshypothesen. Sicher ist jedoch, dass den morpholog. Merkmalen, gemessen an ihrer biolog. Bedeutung, eine zu hohe Unterscheidungsqualität zugebilligt wird.

Heute werden in typolog. Konzepten vier Großrassen unterschieden: die →Europiden, die →Mongoliden, die (aus diesen hervorgegangenen) →Indianiden und die →Negriden. Hinzu kommen noch einige typolog. Kategorien von Bev. wie die Australiden (Australomelanisiden) und die afrikan. →Khoisan.

Während die Konzepte der biolog. Rassenbildung beim Menschen heute in der Bev.-Biologie und Genetik hinsichtlich typolog. Kriterien keine Bedeutung mehr haben, werden v. a. in formal biolog. und biologist. Denkschulen die Begriffe weiter verwendet. Einen Erklärungswert, der die Kenntnisse der modernen Bev.-Biologie auf molekulargenet. Grundlage erreicht oder gar darüber hinausgeht, haben diese typolog. Zuschreibungen nicht. (→Rassenkunde)

L. L. CAVALLI-SFORZA u. a.: The history and geography of human genes (Princeton, N. J., 1994).

Menschenraub, *Strafrecht:* das Sichbemächtigen eines Menschen durch List, Drohung oder Gewalt, um ihn in hilfloser Lage auszusetzen oder in Sklaverei, Leibeigenschaft oder in auswärtige Kriegs- oder Schiffsdienste zu bringen; M. wird in Dtl. nach § 234 StGB mit Freiheitsentzug nicht unter einem Jahr bestraft. Verwandte Tatbestände sind →Verschleppung, erpresser. M. (→Erpressung), →Geiselnahme, →Luftpiraterie, →Kindesentziehung, →Menschenhandel. – In *Österreich* wird der M. als erpresser. Entführung und Überlieferung an eine ausländ. Macht nach §§ 102, 103 StGB, in der *Schweiz* als Freiheitsberaubung, Entziehen von Unmündigen und Entführung ins Ausland nach Art. 183, 220, 271 Nr. 2 StGB bestraft.

Schlüsselbegriff

Menschenrechte, Rechte, die jedem Menschen unabhängig von seiner Stellung in Staat, Gesellschaft, Familie, Beruf, Religion und Kultur bereits dadurch zustehen, dass er als Mensch geboren ist. Auch andere Merkmale wie Hautfarbe, Geschlecht, Sprache, polit. oder sonstige weltanschauliche Vorstellungen, nat. oder soziale Herkunft lassen die Gültigkeit der mit der bloßen Existenz als Mensch verbundenen M. unberührt.

Idee und Verständnis der Menschenrechte

Mit der Idee der M., die eine jahrhundertealte geistige Tradition hat und u. a. über die Petition of Right (1628), die Virginia Declaration of Rights (1776) oder die frz. Verf. von 1789 auch Eingang in die liberalen Verfassungen des 19. Jh. fand, verbindet sich im modernen rechtlich-polit. Denken und bes. im herkömml. (klass.) Verständnis als leitendes normatives Prinzip das der Menschenwürde. Dieses Prinzip sieht den Menschen von Geburt an im Besitz eines unantastbaren, unveräußerl. Rechts, das ihn als Individuum vor jeder willkürl. oder solchen Behandlung schützt, die zu ihrem bloßen Objekt fremden Tuns werden ließe. Im Verhältnis der Menschen zueinander setzt diese Idee die unbedingte Anerkennung des Einzelnen als eines Trägers gleicher Freiheit voraus. M. werden insoweit durch staatl. Normierungen nicht geschaffen, sondern können durch diese als etwas Vorhandenes lediglich anerkannt werden. Dies kommt z. B. in Art. 1 Abs. 2 GG zum Ausdruck, wonach sich das dt. Volk ›zu unverletzl. und unveräußerl. M. als Grundlage jeder menschl. Gemeinschaft, des Friedens und der Gerechtigkeit in der Welt‹ bekennt.

In den Verfassungstexten formulierte M. werden i. d. R. als →Grundrechte bezeichnet. Grundrechte sind subjektive öffentl. Rechte des Einzelnen. Soweit sie jedem Menschen, der sich im Geltungsbereich der betreffenden Verf. aufhält, ohne Rücksicht auf seine Staatsangehörigkeit zugestanden werden, sind sie M. Daneben gibt es Grundrechte, die den eigenen Staatsangehörigen vorbehalten sind. Da sich die Grundrechte historisch aus den M. entwickelt haben und mit ihnen weitgehend identisch sind, kann bezüglich der Geschichte der M. auf die Darstellung der Geschichte der Grundrechte verwiesen werden.

Der internationale und völkerrechtliche Schutz der Menschenrechte

Auf die völkerrechtl. Ebene konnten die M. erst im 20. Jh. vordringen. Dies erklärt sich aus der Grundstruktur des Völkerrechts als eines Rechts der souveränen Staaten. Der Einzelmensch erhielt durch völkerrechtl. Rechtsnormen weder Rechte noch Pflichten. Im internat. Bereich war der Einzelne allein auf den →diplomatischen Schutz seines Heimatstaates angewiesen. Im Rahmen dieses Schutzes macht der Heimatstaat die Verletzung der M. seines Bürgers als Verletzung eigenen Rechtes gegenüber dem fremden Staat geltend.

Die Epoche des klass. Völkerrechts ist mit dem Ersten Weltkrieg zu Ende gegangen. Obwohl sich seither das Völkerrecht in einer Umbruchphase befindet, ist die Mediatisierung des Einzelnen durch seinen Staat noch immer nicht aufgehoben. Der Einzelne ist zwar nicht mehr bloßes Objekt der Völkerrechtsnormen, aber er ist noch kein prinzipieller Rechtsträger im internat. Bereich, sondern taucht dort nur als Begünstigter von Völkerrechtsnormen auf. Aber die Stärkung der M.-Idee auf der internat. Ebene bewirkte ein allmähl. Umdenken in Bezug auf die Grundstrukturen des Völkerrechts und beschleunigte dadurch dessen Wandel von einem Recht der souveränen Staaten zu einem Recht der Menschheit. Die ersten Ansätze hierzu betrafen jedoch nicht Einzelmenschen, sondern eine Menschengruppe, die →Flüchtlinge.

Nach dem Zweiten Weltkrieg setzten die Vereinten Nationen die Stärkung der M.-Idee auf der internat. Ebene mit Nachdruck fort. Ein Markstein in dieser Entwicklung ist die **Allgemeine Erklärung der M.**, die von der UN-Generalversammlung am 10. 12. 1948 verkündet wurde. Wie alle Beschlüsse der Generalversammlung hat sie jedoch lediglich empfehlenden Charakter und entfaltet keine rechtl. Bindung. Bereits 1946 hatten aber die Vereinten Nationen mit den Vorarbeiten für eine verbindl. M.-Konvention begonnen. Da es sich als unmöglich erwies, die gesamte Materie in einer einzigen Konvention unterzubringen, entstanden zwei Verträge, nämlich der **Internationale Pakt über bürgerliche und politische Rechte** (auch Zivilpakt gen., in Kraft seit 23. 3. 1976) und der **Internationale Pakt über wirtschaftliche, soziale und kulturelle Rechte** (auch Sozialpakt gen., in Kraft seit 3. 1. 1976). Beide Konventionen wurden am 19. 12. 1966 von der UN-Generalversammlung verabschiedet, konnten aber erst drei Monate nach Hinterlegung der 35. Ratifikations- oder Beitrittsurkunde in Kraft treten.

Der Zivilpakt wiederholt im Wesentlichen die bereits in der Allgemeinen Erklärung der M. enthaltenen Rechte. Es sind die Freiheits- und Gleichheitsrechte, wie sie sich auch im Grundrechtskatalog des GG finden, allerdings ohne den Schutz des Eigentums und das Asylrecht. Insgesamt bleiben die beiden M.-Pakte hinter dem zurück, was die Verf. freiheitlicher, demokrat. Rechtsstaaten an Grundrechten nicht nur für ihre Bürger, sondern für alle in ihrem Geltungsbereich lebenden Menschen verbürgen. Für jeden Signatarstaat, dessen Rechtsordnung dem Standard der M.-Pakte nicht entspricht, begründet Art. 2 Abs. 2 des Zivilpakts die Pflicht, die erforderl. Schritte zu unternehmen, ›um den in diesem Pakt anerkannten Rechten Wirksamkeit zu verleihen‹. Eine schwächere Verpflichtung ist in dem Sozialpakt enthalten.

Gemäß Art. 28 des Zivilpakts ist ein Ausschuss für M. eingesetzt worden, dessen Kompetenzen aber durch zahlr. Sicherungen zugunsten der Souveränität der Staaten eng begrenzt sind. Neben der Informations- und Berichtsfunktion hat er v. a. die Aufgabe, im Falle einer behaupteten M.-Verletzung eine ›freundschaftl. Lösung der Angelegenheit‹ anzustreben. Jeder Vertragsstaat kann erklären, dass er die Zuständigkeit des Ausschusses zur Entgegennahme und Prüfung von Mitteilungen anerkennt, in denen ein Vertragsstaat geltend macht, ein anderer Vertragsstaat komme seinen Verpflichtungen aus diesem Pakt nicht nach. Zu diesem Zweck ist zus. mit dem M.-Pakt ein Zusatzprotokoll aufgelegt worden.

Bereits seit Januar 1947 ist ferner eine **M.-Kommission** des Wirtschafts- und Sozialrats der Vereinten Nationen (ECOSOC) tätig, die durch einen Beschluss dieses Organs vom 16. 12. 1946 auf der Grundlage von Art. 61 der UN-Charta ins Leben gerufen worden ist. Diese Kommission sammelt seither Informationen und Beschwerden über M.-Verletzungen aus aller Welt, sie verfügt jedoch über keinerlei Befugnisse zum Eingreifen. Das Verfahren vor der Kommission ist durch die UN-Resolution 1503 vom 27. 5. 1970 neu geregelt worden. Seither tragen die von der Kommission bearbeiteten Fälle die Bez. ›1503-Verfahren‹. Jedes Verfahren endet mit einem Bericht an den Wirtschafts- und Sozialrat. Die M.-Kommission kann auch ein Ad-hoc-Komitee ernennen, das einen Bericht an die Kommission anzufertigen hat und sich ›während und sogar nach der Untersuchung um freundschaftl. Lösungen‹ bemüht; seine Befugnisse reichen jedoch nicht über die der Kommission hinaus.

Die in vielen UN-Mitgliedsstaaten verbreiteten M.-Verletzungen zwangen die Vereinten Nationen, Sonderberichterstatter und Arbeitsgruppen in der M.-Kommission einzusetzen: u. a. 1980 die Arbeitsgruppe über das erzwungene oder unfreiwillige Verschwinden missliebiger Personen, 1982 den Sonderberichterstatter über summar. und willkürl. Hinrichtungen, 1985 den Sonderberichterstatter über Folter, 1986 den Sonderberichterstatter über religiöse Intoleranz sowie 1993 den Sonderberichterstatter zu Rassismus und Fremdenfeindlichkeit. Sie prüfen Beschwerden und Hinweise, kontaktieren den beschuldigten Staat, intervenieren in Einzelfällen und berichten alljährlich über ihre Tätigkeit.

Die Vereinten Nationen haben nicht nur die Arbeit des Völkerbunds auf Teilgebieten des M.-Schutzes fortgesetzt, sondern zahlr. neue Initiativen ergriffen. Beispiele sind die Konvention über die Verhütung und Bestrafung des Völkermordes vom 11. 12. 1946, das Abkommen zur Unterdrückung des Menschenhandels und der Prostitution von 1949 (→Frauenhandel), die Genfer Flüchtlingskonvention vom 28. 7. 1951, die Konvention über die Rechtsstellung der Staatenlosen vom 27. 9. 1954, die Konvention zur Beseitigung jeder Form von Rassendiskriminierung vom 7. 3. 1966, die Konvention über die Nichtverjährung von Kriegsverbrechen und Verbrechen gegen die Menschlichkeit vom 26. 11. 1968, die Konvention gegen Folter vom 10. 12. 1984 und die Konvention über die Rechte des Kindes vom 20. 11. 1989. Gemäß der Konvention gegen die Folter ist ein Ausschuss eingerichtet worden, dem die Vertragsstaaten alle vier Jahre einen Bericht über die zur Erfüllung der vertragl. Verpflichtungen ergriffenen Maßnahmen vorlegen müssen.

Einen besonderen Stellenwert im völkerrechtl. M.-Schutz nimmt der Kampf gegen die Diskriminierung ein, v. a. gegen die Rassendiskriminierung und die Diskriminierung der Frau. Nach der Konvention zur Beseitigung jeder Form von Rassendiskriminierung (7. 3. 1966) ist ein entsprechender Ausschuss gebildet worden, dem die Vertragsstaaten alle zwei Jahre berichten müssen. Der Ausschuss prüft diese Berichte, ist aber auch für die Behandlung von Beschwerden zuständig, die sowohl von Staaten als auch von Einzelpersonen eingereicht werden können. Die Individualbeschwerde ist jedoch nur dann zulässig, wenn der Vertragsstaat, in dessen Hoheitsgebiet sich der Beschwerdeführer befindet, sie durch ausdrückl. Erklärung zugelassen hat. Die Konvention über die Beseitigung aller Formen der Diskriminierung der Frau ist von der UN-Generalversammlung am 18. 12. 1979 verabschiedet worden. Auf ihrer Grundlage ist die UN-Frauenrechtskommission geschaffen worden, deren Aufgabe es ist, Berichte über die von den einzelnen Staaten ergriffenen Maßnahmen zur Erfüllung der Konventionspflichten zu prüfen. Berichte sind alle vier Jahre vorzulegen. Die Kommission kann ›Vorschläge und allgemeine Empfehlungen‹ ausarbeiten. Befugnisse zu kontrollierender oder gar regulierender Tätigkeit hat sie nicht.

Zum internat. M.-Schutz sind auch die Arbeiten der Internat. Arbeitsorganisation (ILO) und der UNESCO zu rechnen. Die ILO hat nach Art. 24 ihrer Verf. nicht nur den Mitgliedsstaaten, sondern auch den Berufsverbänden der Arbeitnehmer und Arbeitgeber ein Beschwerderecht eingeräumt. In der Beschwerde vor dem Internat. Arbeitsamt kann geltend gemacht werden, dass ein Vertragsstaat die Durchführung eines ILO-Abkommens nicht in befriedigender Weise sicherstellt und damit die Sozialrechte Einzelner oder einer Gruppe von Personen verletzt. Die UNESCO führte mit der Entscheidung vom 26. 4. 1978 ein Verfahren zur Prüfung von Fällen und Fragen, die die M. betreffen, ein. Gegenstand dieses Verfahrens können sowohl Individualbeschwerden als auch vom Einzelfall abgehobene Beschwerden sein, die eine schwere systemat. oder flagrante Verletzung der M. durch einen Vertragsstaat der UNESCO erkennen lassen. In beiden Sonderorganisationen prüfen Ausschüsse die Beschwerden. Berechtigte Beschwerden werden einer gütl. Einigung mit dem betreffenden Vertragsstaat zugeführt oder im Falle der Nichteinigung politisch verhandelt.

Regionale Menschenrechtsdokumente

Neben globalen Abkommen zum Schutz der M. bestehen auch auf regionaler Ebene M.-Dokumente. An der Spitze steht die →Europäische Menschenrechtskonvention (EMRK) von 1950, die durch eine Reihe von Zusatzprotokollen erweitert wurde und ihren geograph. Geltungsbereich durch zahlr. Beitritte v. a. aus dem Gebiet der ehem. Sowjetunion vergrößerte.

Ein weiteres regionales M.-Schutzsystem besteht in Mittel- und Südamerika. Die Mitgl. der Organisation Amerikan. Staaten (OAS) unterzeichneten am 22. 11. 1969 die **Amerikanische M.-Konvention** (AMRK), die als Gegenstück zur EMRK gelten kann. Hinsichtlich ihrer verpflichtenden Kraft ist sie jedoch eher mit den M.-Pakten der Vereinten Nationen zu vergleichen. Die Konvention ist am 18. 7. 1978 in Kraft getreten.

Ähnlich wie die EMRK hat auch die AMRK zwei Kontrollorgane geschaffen: die Interamerikan. M.-Kommission und den Interamerikan. Gerichtshof für M. Die Kommission bestand bereits vorher als Organ der OAS und wurde nach In-Kraft-Treten der Konvention in deren Dienste gestellt. Neben der Behandlung von Individual- und Staatenbeschwerden und der Vorbereitung und Veröffentlichung von Berichten über die allgemeine M.-Situation in einzelnen Ländern gehört zu ihren Aufgaben auch die allgemeine Förderung der M. durch Studien, Berichte, Seminare und Publikationen. Der Interamerikan. Gerichtshof für M. wurde am 3. 9. 1979 in San José (Costa Rica) eingerichtet.

In Afrika hat die Organisation für Afrikan. Einheit (OAU) auf der 18. Ordentl. Tagung der Staats- und Regierungschefs ihrer Mitgliedsländer am 27. 6. 1981 die Afrikan. Charta der Rechte der Menschen und Völker verabschiedet (nach dem Konferenzort, der gamb. Hauptstadt Banjul, auch **Banjul-Charta** gen.). Sie ist am 21. 10. 1986 in Kraft getreten und sieht die Errichtung einer Afrikan. Kommission für M. und Rechte der Völker vor. Bestimmungen über einen Gerichtshof enthält sie nicht.

Gegenwärtige Entwicklung der Menschenrechte

Der gesamte völkerrechtl. M.-Schutz leidet noch immer darunter, dass er in erster Linie innerstaatl. Organen übertragen ist. Die völkerrechtl. Instrumente können nur die Staaten als solche verpflichten. Die Kontrolle über die Erfüllung der völkerrechtl. Pflichten ist wegen des Fehlens eines internat. Exekutivorgans und einer internationalen obligator. Gerichtsbarkeit sehr erschwert. Nur auf regionaler Ebene (EMRK, AMRK) sind Ansätze für eine internat. Gerichtskontrolle geschaffen worden. Der Zugang des Einzelnen zu einer solchen internat. Gerichtsbarkeit stößt aber immer noch auf rechtsdogmat. Schwierigkeiten, weil der internat. M.-Schutz noch immer nicht die Schwelle der nat. Souveränität überwunden hat.

Trotzdem können die Vereinten Nationen auf diesem Gebiet Erfolge verzeichnen. Dies gilt nicht zuletzt auch für die Sensibilisierung der öffentl. Meinung für die Frage der M. Die weltweite Diskussion über die M. hat zu zahlr. Vorschlägen für die Erweiterung der bestehenden M.-Kataloge in den nat. Verf. und internat. Verträgen geführt. An der Spitze stehen das Recht auf eine saubere Umwelt, das Recht auf Frieden und, bes. in Anbetracht der Diskrepanz zw. dem Reichtum der hoch industrialisierten Länder und dem Elend der armen Länder, das Recht auf Entwicklung. Im nichtjurist. Schrifttum werden diese Rechte gelegentlich als ›M. der zweiten Generation‹ oder ›M. der dritten Generation‹ bezeichnet, je nachdem, ob die ›sozialen M.‹ (kodifiziert insbesondere im Sozialpakt) als eigene Generation gezählt werden oder nicht. Im Sozialpakt sind bereits die Rechte auf Arbeit und Gesundheit verbrieft. In den freiheitlich-demokrat. Verf. werden die sozialen Grundrechte im Prinzip der Sozialstaatlichkeit zusammengefasst.

Unabhängig von ideolog. Differenzen bezüglich des grundlegenden M.-Verständnisses will die geltende Völkerrechtsordnung einen weltweiten M.-Schutz durchsetzen. Jedes UN-Mitgl. kann die Aufmerksamkeit der Generalversammlung auf eine Situation lenken, die den Weltfrieden und die internat. Sicherheit gefährden könnte. In der Praxis der Generalversammlung hat sich der Grundsatz herausgebildet, dass schwere und systemat. Verletzungen der M. eines solchen Situationen gehören. Darauf hat sich die Generalversammlung insbesondere bei ihren Resolutionen gegen die Rassendiskriminierung in der Rep. Südafrika bis 1993 berufen. Obwohl solche Resolutionen keinen rechtsverbindl. Charakter haben, sind sie doch geeignet, das weltweite Engagement für die M. zu stärken.

Wie wichtig die weitere Diskussion ist, zeigt neben vielen aktuellen Berichten über M.-Verletzungen in der Folge von Krisen, Kriegen, diktator. Herrschaftsausübung und ethn. Diskriminierung der jährl. Bericht der Menschenrechtsorganisation Amnesty International. Dabei ist deutlich zu sehen, dass der Schutz der M. nicht allein im Rahmen von bestehenden völkerrechtl. Vereinbarungen gewährleistet werden kann, da jedes Rechtssystem eines Staates von den jeweiligen polit., sozialen und ökonom. Bedingungen abhängig ist. Je größer die sozialen Konflikte sind, desto schwieriger ist es, die Realisierung der M. zu gewährleisten. Ein Blick in die Geschichte Europas in der Epoche des Faschismus und des Stalinismus zeigt auch, dass die Realisierung der M. weniger von kulturellen Faktoren als vielmehr von einer funktionierenden demokrat. Kontrolle der Machthaber und Funktionsträger abhängig ist. Hinsichtlich der Effizienz des M.-Schutzes gilt ebenso, zw. der Anerkennung der M. in der Verf. eines Staates und der Verf.-Wirklichkeit zu unterscheiden.

Auf globaler wie auf regionaler Ebene sind die Bemühungen um den Schutz der M. verstärkt worden. Die Vereinten Nationen waren in erster Linie um den Beitritt möglichst vieler Staaten zu den geltenden M.-Konventionen bemüht, wobei die deutlich gestiegene Zahl von Ratifikationen als Erfolg der Vereinten Nationen anzusehen ist. Andererseits muss aber darauf verwiesen werden, dass zahlr. Staaten die beiden großen M.-Pakte sowie andere M.-Verträge noch nicht ratifiziert haben.

In der **Schlussakte von Helsinki** der Konferenz über Sicherheit und Zusammenarbeit in Europa anerkannten 1975 der Teilnehmerstaaten die ›universelle Bedeutung der M. und Grundfreiheiten, deren Achtung ein wesentl. Faktor für den Frieden, die Gerechtigkeit und das Wohlergehen ist‹. Dadurch wurde über ideolog. Differenzen hinweg ein System polit. Verpflichtungen im Bereich der M. geschaffen. Diese Grundsätze der Helsinki-Schlussakte waren zugleich Instrumente für die unabhängigen Bewegungen in den kommunist. Staaten, Freiheit und Demokratie in ihren Ländern zu fördern. Die **Charta von Paris** legte 1990 nach dem Ende der Konfrontation der Nachkriegszeit und der Teilung Europas die Basis für die Schaffung eines einheitl. Rechts- und Demokratieraumes durch die drei Säulen M., Demokratie und Rechtsstaatlichkeit, die auch als ›menschl. Dimension‹ der OSZE bezeichnet werden. So ist seit 1990 die OSZE-Büro für demokrat. Institutionen und M. in Warschau mit der Unterstützung beim Aufbau rechtsstaatl. Strukturen beauftragt. Das Dokument von Kopenhagen schuf 1990 die normativen Voraussetzungen für die Lösung der dringlichsten Probleme durch die OSZE.

Zum zweiten Mal nach 1968 riefen die Vereinten Nationen eine Weltkonferenz über M. ein, die vom 14. bis 25. 6. 1993 in Wien stattfand (daher **Wiener Konferenz** gen.) und an der Vertreter aus 171 Staaten teilnahmen. Nach dem Willen der UN-Generalversammlung sollten die Ziele der Konferenz sein, 1) die Fortschritte auf dem Gebiet der M. seit der Verabschiedung der Allgemeinen Erklärung der M. zu überprüfen und die Hindernisse für den weiteren Fortschritt zu benennen, 2) den Zusammenhang zw. Entwicklung und der weltweiten Verwirklichung der M. zu erörtern, 3) Mittel und Wege für eine verbesserte Durchsetzung der bestehenden menschenrechtl. Normen und Instrumente zu finden, 4) die Effektivität der Mechanismen und Arbeitsmethoden der Vereinten Nationen auf dem Gebiet der M. zu bewerten sowie 5) Empfehlungen für eine erhöhte Wirksamkeit der UN-Aktivitäten auszuarbeiten. Nachdem auf den vorangegangenen Regionalkonferenzen in Tunis (für Afrika), Bangkok (für Asien) und San José (für Lateinamerika) der Gedanke angeklungen war, unter Verweis auf kulturelle Traditionen, geschichtl. Besonderheiten und religiöse Rahmenbedingungen jeweils unterschiedl. M.-Verständnisse gelten zu lassen, war eine Problematik vorgegeben, die die Wiener Konferenz beherrschte. Die schließlich am 25. 6. 1993 verabschiedete ›Wiener Deklaration‹ bekräftigte indessen die Universalität und wechselseitige Verbundenheit aller M., die sich ›aus der Würde und dem Wert herleiten, die dem Menschen innewohnen‹. Bei aller nat., regionalen, kulturellen, histor. und religiösen Unterschiedenheit sei es doch die Pflicht der Staaten, alle M. und Grundfreiheiten zu fördern und zu schützen. Ausdrücklich wurde erstmals die Demokratie als Grundvoraussetzung für die Entwicklung und Achtung der M. und Grundfreiheiten genannt.

Einem Appell der Konferenz zufolge wurde am 20. 12. 1993 erstmals ein **Hoher Kommissar der Vereinten Nationen für M.** in sein Amt eingeführt. Der Hochkommissar wird vom UN-Generalsekretär für vier Jahre ernannt und ist innerhalb der Vereinten Nationen für M.-Fragen verantwortlich, wird bei gravierenden M.-Verletzungen aktiv und fördert den präventiven Schutz der M. Das Amt ist nicht mit eigenen Exekutivbefugnissen ausgestattet, also wesentlich auf polit. Entfaltung und Wirkung angewiesen.

In organisator. Hinsicht bauten die Vereinten Nationen, gestützt auf moderne elektron. Datenübermittlung und -verarbeitung, ein umfangreiches Informationssystem auf. Zu diesem Zweck errichteten sie in Genf ein **M.-Zentrum**. Aber trotz dieser organisator. Maßnahmen ist es dem internat. M.-Schutz noch nicht gelungen, die Schwelle der staatl. Souveränität zu überwinden. Aus dem Verhalten des UN-Sicherheitsrats in einer Reihe von Krisensituationen in der 1. Hälfte der 1990er-Jahre glauben allerdings manche Beobachter schließen zu können, dass in den Vereinten Nationen die Tendenz vorhanden ist, Kollektivmaßnahmen auf der Grundlage der UN-Charta auch für die Zwecke des M.-Schutzes einzusetzen (→›humanitäre Intervention‹).

Da die Gentechnologie bislang noch von keinem M.-Dokument ausreichend erfasst wurde, formulierte die UNESCO am 11. 11. 1997 in einer ›Allgemeinen Erklärung zum Humangenom und den M.‹ die Grundprinzipien der gentechn. Forschung und die biomedizin. Anwendung ihrer Ergebnisse, um den Fortschritt auf diesem Wissenschaftsgebiet in Einklang mit der Menschenwürde und den M. zu bringen.

Was die Rechtsquellen des M.-Schutzes betrifft, wird es im letzten Jahrzehnt des 20. Jh. nicht mehr als vordringlich angesehen, weitere neue M.-Konventionen – etwa für die M. der so genannten zweiten oder dritten Generation, wie etwa Rechte auf Frieden, Entwicklung und saubere Umwelt – zu entwerfen und zur Unterschrift aufzulegen, sondern vielmehr die Basis für ein allgemeines M.-Verständnis zu schaffen, die Kenntnis von den vorhandenen Völkerrechtsnormen zum Schutz der M. wie auch von den M.-Verletzungen in allen Teilen der Welt zu verbreiten und die Respektierung der M. in allen Staaten der Erde durchzusetzen, wie dies in Art. 1 Ziff. 3 und Art. 55 der UN-Charta erwähnt ist.

O. KIMMINICH: M. Versagen u. Hoffnung (1973); F. ERMACORA: M. in der sich wandelnden Welt (Wien 1974ff; erscheint unregelmäßig); M. HONECKER: M. in der Deutung ev. Theologie, in: Aus Politik u. Zeitgesch. Beil. 36 (1978); C. ARNDT: Die M. (²1981); Der internat. Menschenrechtsschutz, bearb. v. K.-W. BLUHM u. a. (1981); M. u. Demokratie, hg. v. J. SCHWARTLÄNDER (1981); T. M. FRANCK: Human rights in third world perspective, 3 Bde. (London 1982); The international dimensions of human rights, hg. v. K. VASAK, 2 Bde. (a.d. Frz., Westport, Conn., 1982); H. KLENNER: Marxismus u. M. Studien zur Rechtsphilosophie (Berlin-Ost 1982); F. FURGER u. C. STROBEL-NEPPLE: M. u. kath. Sozialllehre (Freiburg 1985); M. HANZ: Zur völkerrechtl. Aktivlegitimation zum Schutze der M. (1985); P. KOSLOWSKI: Begründung der M. aus dem Geist der Moderne?, in: Der Staat, Jg. 24 (1985); W. S. HEINZ: M. in der Dritten Welt (1986); J. KOKOTT: Das interamerikan. System zum Schutz der M. (1986); M. u. Menschenwürde. Histor. Voraussetzungen – säkulare Gestalt – christl. Verständnis, hg. v. E.-W. BÖCKENFÖRDE u. a. (1987); J. PUNT: Die Idee der M. (1987); Menschen- u. Bürgerrechte, hg. v. U. KLUG u. a. (1988); P. SIEGHART: Die geltenden M. (a.d. Amerikan., 1988); A. CASSESE: Human rights in a changing world (a.d. Ital., Cambridge 1990); A. BARTHEL: Die M. der dritten Generation (1991); G. BIRTSCH u. a.: Grundfreiheiten – M., 1500–1850. Eine internat. Bibliogr., 5 Bde. (1991–92); M. Eine Slg. internat. Dokumente zum Menschenrechtsschutz, hg. v. C. TOMUSCHAT (1992); M. u. Entwicklung. Dt. u. internat. Kommentare u. Dokumente, hg. v. R. TETZLAFF (1993); J. FITZPATRICK: Human rights in crisis (Philadelphia, Pa., 1994).

Menschensohn, hebr. und aramäische Umschreibung für ›Mensch‹, die den Abstand zw. Gott und dem Menschen als seinem Geschöpf betont (Ps. 8, 5); in dieser Bedeutung auch im Buch Ezechiel (luther. Übersetzung: ›Menschenkind‹) als Anrede Gottes an den Propheten gebraucht. In der jüd. Apokalyptik bezeichnet M. eine einzelne Gestalt (›einem M. gleich‹), die in der Endzeit vom Himmel her erwartet wird (Dan. 7, 13 f.); im äthiop. →Henoch (Kap. 37–71) wird der Terminus auch als messian. Titel für die endzeitl. Person verwendet (ähnlich 4. Esra 13). Der neutestamentl. Gebrauch knüpft bes. im apokalypt. Kontext (z. B. Mk. 13) daran an. M. ist im N. T. ein wesentlicher christolog. Begriff, der fast ausschließlich in den Evangelien – und hier nur im Munde JESU, der vom M. in der 3. Person spricht – begegnet. Die M.-Worte blicken auf den leidenden (Mk. 8, 31), den gegenwärtig wirkenden (Mk. 2, 10) und den kommenden M. (Mk. 8, 38). Umstritten ist die jeweilige Zuweisung als authent. Jesuswort oder als Gemeindebildung.

F. HAHN: Christolog. Hoheitstitel (⁴1974); H. E. TÖDT: Der M. in der synopt. Überlieferung (⁴1978); A. J. B. HIGGINS: The son of man in the teaching of Jesus (Cambridge 1980); W. G. KÜMMEL: Jesus der M.? (1984); C. C. CARAGOUNIS: The son of man (Tübingen 1986); R. KEARNS: Die Entchristologisierung des M. (1988); A. VÖGTLE: Die ›Gretchenfrage‹ des M.-Problems. Bilanz u. Perspektive (²1995).

Menschenversuch, Human|experiment, jeder Versuch (auch mit Placebo) an sich selbst oder an einem anderen Menschen zu wiss. Erkenntnis (z. B. bei pharmazeut. Tests). Jeder körperl. Eingriff ist tatbestandsmäßig eine (strafbare) →Körperverletzung (§§ 223 ff. StGB); er ist jedoch bei Einwilligung der Versuchsperson gerechtfertigt, es sei denn, dass der Eingriff trotz der Einwilligung gegen die guten Sitten verstößt (§ 226 a StGB). Zum M. i. w. S. zählen auch Verhaltensexperimente an Verbrechern. Als ›wiss. Experimente‹ getarnte M. führten v. a. Ärzte in den natsoz. Konzentrationslagern durch.

Menschenwürde, der unverlierbare, geistig-sittl. Wert eines jeden Menschen um seiner selbst willen. Mit ihr ist (nach einer Formulierung des Bundesverfassungsgerichts) der soziale Wert- und Achtungsanspruch des Menschen verbunden, der es verbietet, den Menschen zum bloßen Objekt des Staates zu machen oder ihn einer Behandlung auszusetzen, die seine Subjektqualität prinzipiell infrage stellt. Nach Art. 1 Abs. 1 GG ist die M. unantastbar; sie zu achten und zu schützen ist Verpflichtung aller staatl. Gewalt. Damit ist in Abkehr von einem Primat des Staates die Würde des Menschen an die Spitze der Rechtsordnung gestellt. Unantastbarkeit bedeutet Unzulässigkeit jegl. Missachtung der M. Eine Missachtung der M. ist in einer erniedrigenden Behandlung oder in der Behandlung des Menschen als bloßes Objekt zu sehen (z. B. Folter). Die Garantie der M. als ›tragendes Konstitutionsprinzip‹ des GG reichert die nachfolgend geregelten →Grundrechte an, die überwiegend in ihrem Kern M. enthalten. Ebenso basiert die Idee der →Menschenrechte auf dem Gedanken der M. Das in dem Grundrecht der allgemeinen Handlungsfreiheit (Art. 2 Abs. 1 GG) enthaltene allgemeine →Persönlichkeitsrecht weist insbesondere in den Ausprägungen des Schutzes der Privatsphäre und der Intimsphäre eine enge Verbindung zur M. auf. Der Streit darüber, ob die M.-Garantie des Art. 1 Abs. 1 GG ein eigenständiges Grundrecht darstellt, ist wegen des M.-Gehalts der speziellen Grundrechte des GG von geringer prakt. Bedeutung. – In *Österreich* und in der *Schweiz* gelten ähnl. Grundsätze.

Menschewiki [russ. ›Minderheitler‹, zu men'še ›weniger‹], **Men'ševiki** [-ʃ-], die gemäßigte Richtung der ehem. russ. Sozialdemokratie (u. a. G. W. PLECHANOW, L. MARTOW, N. S. TSCHCHEIDSE), die 1903 auf dem zweiten Parteitag der ›Rossijskaja Sozialdemokratitscheskaja Rabotschaja Partija‹ (Abk. RSDRP, dt. ›Sozialdemokrat. Arbeiterpartei Russlands‹) in Brüssel und London nach dem Auszug der jüd. Bundisten gegenüber den Leninisten (→Bolschewiki) bei den Wahlen zum ZK und zur Besetzung der Redaktion der Parteizeitung in der Minderheit (daher der Name) blieb. Die endgültige Spaltung der Partei nahmen die Bolschewiki 1912 einseitig auf der Prager Konferenz vor. Im Ggs. zu LENINS Kaderpartei der Berufsrevolutionäre hielten die M. am Prinzip der Massenpartei fest; nach ihrer Auffassung musste der sozialist. eine bürgerl. Revolution vorausgehen. Die M. spielten eine aktive Rolle in der russ. Revolution 1905–07; sie waren danach in der legalen Aktivität in Russland erfolgreicher als die Bolschewiki. In Georgien gewannen sie eine beherrschende Stellung (menschewist. Reg. 1918–21), nach der Februarrevolution 1917 – gemeinsam mit den Sozialrevolutionären – auch im Petrograder Sowjet; zeitweilig gehörten sie 1917 der Provisor. Reg. Russlands an. Die bewaffnete Machtergreifung der Bolschewiki in der Oktoberrevolution 1917 lehnten sie ab. Danach allmählich aus allen polit. Gremien verdrängt (im Juni 1918 Ausschluss aus dem Gesamtruss. Zentralen Exekutivkomitee der Sowjets) und zunehmend verfolgt, wirkten die M. im Untergrund oder gingen ins Exil.

The Mensheviks, hg. v. L. H. HAIMSON (Chicago, Ill., 1974); J. D. BASIL: The Mensheviks in the revolution of 1917 (Columbus, Oh., 1984); V. N. BROVKIN: The Mensheviks after October (Ithaca, N. Y., 1987).

Menschikow, Menšikov [-ʃ-], **1)** Aleksandr Danilowitsch Fürst (seit 1707), russ. Staatsmann und Feldherr, * Moskau 16. 11. 1673, † Berjosowo (Gebiet Tjumen) 23. 11. 1729, Urgroßvater von 2); Sohn eines Hofbediensteten; war lange der einflussreichste Vertraute und Günstling PETERS I., D. GR.; wurde 1703 Gen.-Gouv. von Ingermanland, leitete den Bau von Sankt Petersburg und der Festung Kronstadt; hatte im Nord. Krieg (1700–21) großen Anteil an den Siegen über die Schweden bei Kalisch (1706) und Poltawa (1709) und wurde 1709 Feldmarschall; 1718–24 und 1726–27 Präs. des Kriegskollegiums. 1725 setzte er die Thronbesteigung KATHARINAS I. durch, in deren Reg.-Zeit er faktisch die Politik bestimmte. 1727 wurde er gestürzt und nach W-Sibirien verbannt.

2) Aleksandr Sergejewitsch Fürst, russ. Admiral (seit 1833) und Diplomat, * Sankt Petersburg 26. 8. 1787, † ebd. 1. 5. 1869, Urenkel von 1); seit 1809 im Militärdienst, wurde 1816 Generalmajor und eroberte im russisch-türk. Krieg (1828–29) Anapa (heute in der Region Krasnodar, Russland) und belagerte Warna; wurde 1831 Gen.-Gouv. von Finnland. Als Sonderbotschafter in Konstantinopel trug er 1853 durch ultimative Forderungen zum Ausbruch des Krimkriegs bei, in dem er als Oberbefehlshaber der russ. Land- und Seestreitkräfte (bis März 1855) erfolglos kämpfte (Niederlage gegen die Briten und Franzosen an der Alma am 20. 9. 1854).

Mensching, Gustav, Religionswissenschaftler, * Hannover 6. 5. 1901, † Düren 30. 9. 1978; war nach Lehrtätigkeiten in Braunschweig und Riga seit 1936 Prof. für vergleichende Religionswiss. in Bonn. M. vertrat eine am Verstehen der Erlebnisqualität der Religion orientierte Religionswiss. und hat international anerkannte Arbeiten zur Religionsphänomenologie und -soziologie verfasst.

Werke: Das hl. Schweigen (1926); Buddhist. Symbolik (1929); Zur Metaphysik des Ich (1934); Soziologie der Religion (1947); Toleranz u. Wahrheit in der Religion (1955); Soziologie der großen Religionen (1966); Der offene Tempel. Die Weltreligionen im Gespräch untereinander (1974).

Religion u. Religionen. Festschr. für G. M. ..., hg. v. R. THOMAS (1966).

Mensch lebt nicht vom Brot allein, Der, russ. ›Ne chlebom edinym‹, Roman von W. D. DUDINZEW (veröffentlicht in: Nowyj mir, 1956).

Mensch-Maschine-Kommunikation, Mensch-Maschine-Interaktion, allg. die Gesamtheit der Wechselwirkungen (Interaktionen) zw. Mensch und Maschine in **Mensch-Maschine-Systemen,** die für deren bestimmungsgemäßes und fehlerfreies Funktionieren erforderlich sind, insbesondere bei Systemen, in denen die automat. Informationsverarbeitung eine wesentl. Rolle spielt bzw. den ganzen Maschinenkomplex darstellt. Die M.-M.-K. geschieht über Ein- und Ausgabegeräte bzw. -vorrichtungen im weitesten Sinn; sie umfasst (vermittels der Eingabegeräte) Befehle und Instruktionen des Menschen an die Maschine sowie (vermittels der Ausgabegeräte) Meldungen und Anzeigen der Maschine, die insbesondere Auskunft über ihren Zustand und ggf. durch den Menschen zu ergreifende Maßnahmen geben.

Die Gesamtheit der Geräte und Strukturen eines Mensch-Maschine-Systems, die der M.-M.-K. dienen, wird als →Benutzeroberfläche (oder **Mensch-Maschine-Schnittstelle**) bezeichnet; dazu gehören neben Hardware- (Tastatur, Maus usw.) auch Softwarekomponenten. Während der Gebrauch graf. Benutzeroberflächen in Verbindung mit →Menü oder Maus zum Standard der Informationsübermittlung zw. Mensch und Computer gehört, steht die natürlichsprachige M.-M.-K. erst am Anfang ihrer Entwicklung (→künstliche Intelligenz).

Menschutkin, Menšutkin [-ʃ-], Boris Nikolajewitsch, russ. Chemiker, * Sankt Petersburg 29. 4. 1874,

Aleksandr Danilowitsch Fürst Menschikow

Aleksandr Sergejewitsch Fürst Menschikow

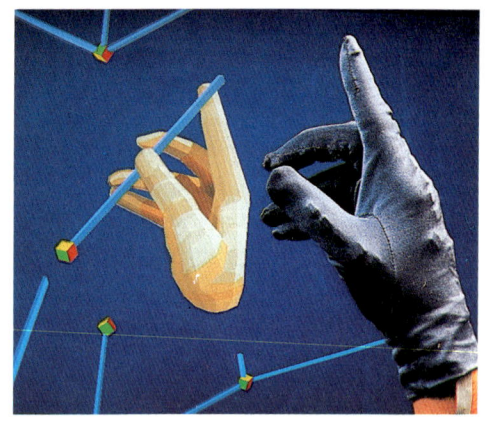

Mensch-Maschine-Kommunikation: Direkte Eingabe von Bewegungen einer Hand in einen Computer (dargestellt auf dem Bildschirm); die erforderlichen Daten stammen von Sensoren, die an den Fingergelenken angebracht sind

†Leningrad 15. 9. 1938; seit 1907 Prof. an der polytechn. Hochschule in Petersburg. M. wies als Erster auf die Bedeutung von M. W. LOMONOSSOW als Naturwissenschaftler hin und gab dessen Schriften heraus.

Menschwerdung, *Anthropologie:* →Abstammungslehre, →Hominiden, →Mensch.

Menschwerdung Gottes, *christl. Theologie:* →Inkarnation, →Logos.

Mensdorff-Pouilly [-puˈji], Alexander Graf von, österr. Diplomat, *Coburg 4. 8. 1813, †Prag 14. 2. 1871; diplomat. Tätigkeit u. a. als Bundeskommissar in Holstein (1850–52) und Gesandter in Sankt Petersburg (1852/53), 1862–64 Statthalter in Galizien. Als Außen-Min. (1864–66) scheiterte er mit seiner Politik im Dt. Krieg von 1866. Nach der österr. Niederlage bei Königgrätz trat er zurück.

Mense, Carlo, Maler und Grafiker, *Rheine 13. 5. 1886, †Königswinter 11. 8. 1965; Vertreter der Neuen Sachlichkeit. 1934 wurde ein Teil seiner Arbeiten von den Nationalsozialisten beschlagnahmt und zerstört. Das Spätwerk ist von volkstümlich-fantast. Elementen bestimmt.

Mensendieck, Bess, eigtl. **Elizabeth Marguerite M.,** niederländisch-amerikan. Gymnastiklehrerin, *New York 1. 7. 1864, †(auf testamentar. Wunsch unbekannt) 1957 oder 1958; Begründerin der **M.-Gymnastik,** die eine Analyse und Synthese der menschl. Bewegungen anstrebt.

mensis currentis [lat.], Abk. **m. c.,** *bildungssprachlich* für: des laufenden Monats.

mens sana in corpore sano [lat. ›gesunder Geist in gesundem Körper‹], Wahlspruch für eine gleichermaßen geistige und körperl. Ausbildung (nach JUVENALS Satiren X, 356).

Menstruation [lat., zu menstruum ›monatl. Regel‹, ›Monatsfluss‹] *die, -/-en,* **Monatsblutung, Regel, Regelblutung, Periode, Menses,** die bei der geschlechtsreifen Frau periodisch (im Durchschnitt alle 29,5 Tage) auftretende, meist 4–6 Tage dauernde Blutung aus der Gebärmutter als Folge der Abstoßung der Gebärmutterschleimhaut (Desquamation) nach einer Ovulation. Die erste M. **(Menarche)** tritt i. d. R. im Alter von 12 bis 13 Jahren auf. Die letzte Blutung **(Menopause)** erfolgt durchschnittlich im Alter von 49 Jahren. Die M. ist eine Besonderheit der Primaten und kommt hier in entsprechender Form bei allen weibl. Tieren vor. Sie unterliegt den rhythm. Schwankungen der Geschlechtshormone im **Zyklus (Genitalzyklus, Ovarialzyklus),** der durch den Hypothalamus und die Gonadotropine des Vorderlappens der Hirnanhangdrüse (Hypophysenvorderlappen) gesteuert wird. Hierbei unterliegen der Organismus und bes. die oberste Schicht der Gebärmutterschleimhaut (Funktionalis) charakterist. Veränderungen.

Während der ersten Zyklusphase werden vermehrt follikelstimulierendes Hormon (FSH) und luteinisierendes Hormon (LH) ausgeschüttet, wodurch es zu einem Follikelwachstum, zu vermehrter Östradiolsekretion und dadurch bewirkter Proliferation der Gebärmutterschleimhaut **(Proliferationsphase)** kommt. Gleichzeitig wird unter dem Östrogeneinfluss der Zervikalschleim dünner. Am 12. Tag des M.-Zyklus erreicht die LH-Ausschüttung ein Maximum, wodurch am 14. Tag der Eisprung (Ovulation, Follikelsprung) ausgelöst wird. In der nachfolgenden **lutealen Phase** mit der Bildung des →Gelbkörpers setzt eine vermehrte Bildung von Progesteron ein, unter dessen Einfluss die Gebärmutterschleimhaut in die **Sekretionsphase** eintritt und zur Einbettung eines befruchteten Eies bereit ist. Erfolgt keine Einbettung, so bildet sich der Gelbkörper zurück, die Progesteronsekretion nimmt ab, und schließlich wird die degenerierte Gebärmutterschleimhaut blutig abgestoßen. – Während der Sekretionsphase steigt die Körpertemperatur um 0,3–0,6 °C an (→Basaltemperatur). Atem- und Herzfrequenz sind erhöht, und die Brust nimmt an Volumen zu. Häufig treten vor oder während der M. ein allgemeines Unwohlsein, Kopfschmerzen, Völlegefühl, Brustschmerzen und u. U. Verschlimmerung bestimmter Krankheitszustände (z. B. Migräne, Epilepsie) auf, die zusammenfassend als **prämenstruelles Syndrom** bezeichnet werden.

Kulturgeschichtliches: Weit verbreitet ist der Glaube an die Unreinheit der Frau zur Zeit ihrer M. In zahlr. Kulturen wurde das M.-Blut von den Männern gefürchtet, da sich eine Berührung mit ihm schädlich auf den Ausgang der Jagd oder eines Krieges auswirken sollte.

Neuere, v. a. feminist. Untersuchungen haben ergeben, dass die M. als sichtbares Zeichen für die Fähigkeit der Frau, Leben zu empfangen und zu gebären, in zahlr. außereurop. Kulturen auch als Ausdruck der Überlegenheit der Frau über den Mann gilt. Viele M.-Bräuche (z. B. Isolierung in ›M.-Hütten‹), die den Kontakt mit menstruierenden Frauen verhindern sollen, werden allerdings als Ausdruck eines ausgeprägten Geschlechtsantagonismus gedeutet. – Nach der kirchl. Lehrmeinung des MA. erinnert die M. an den Sündenfall Evas; dies bestärkte die bis in die Gegenwart anhaltende Vorstellung von der ›Unreinheit‹ der Frau, deren Blut einmal im Monat gereinigt werden müsse. Die Aufklärung der hormonalen Vorgänge hat dazu beigetragen, etliche Tabus zu brechen.

Mensur [lat. mensura ›das Messen‹, ›das Maß‹] *die, -/-en,* **1)** *Chemie:* →Messzylinder.

2) *Musik:* 1) in der →Mensuralnotation die Geltungsdauer der einzelnen Notenwerte untereinander; 2) im Musikinstrumentenbau Bez. für den Klang, die Stimmung sowie die Spielweise bestimmenden Maßverhältnisse eines Instruments. Bei der Orgel und bei Blasinstrumenten das Verhältnis von Länge

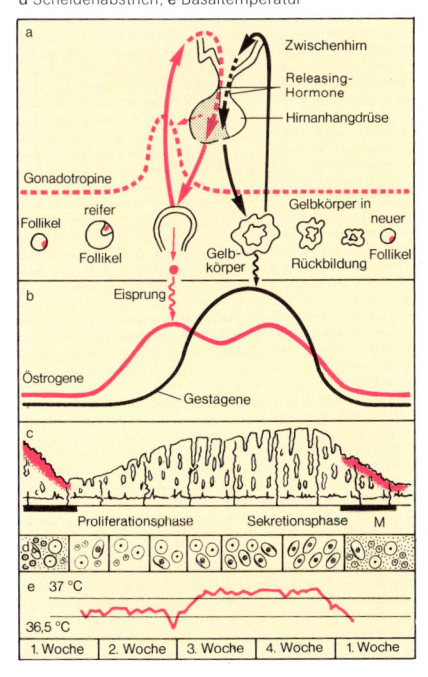

Menstruation: Der weibliche Zyklus als Funktion des sexuellen Zentralsystems; **a** Gonadotropine und Eierstockzyklus; **b** Blutspiegel der Eierstockhormone; **c** Zyklus der Gebärmutterschleimhaut; **d** Scheidenabstrich; **e** Basaltemperatur

und Weite der Pfeifen bzw. des Rohres, wobei weite M. einen weichen, enge M. einen scharfen, obertonreichen Klang ergeben; bei Holzblasinstrumenten ferner die Anordnung der Tonlochbohrungen, bei Saiteninstrumenten über die Maßverhältnisse von Korpus und Hals sowie von Länge, Stärke und Spannung der Saiten, bei Klavieren neben den Saitenverhältnissen die Anschlagstellen der Hämmer, bei Saiteninstrumenten mit Bünden (z. B. Gitarre) deren Abstände.

3) *student.* Verbindungswesen: **Pauken**, ein Zweikampf mit blanker Waffe (→Schläger), im Unterschied zum Sportfechten; die benutzten Waffen sind reine Hiebwaffen. Im Ggs. zum Duell (**Kontrahage**), das dem Austrag einer persönl. Forderung dient, soll die M. i. e. S. nur erzieher. Ziele verfolgen. Die **Bestimmungs-M.** bedeutet, dass jedes Mitgl. der Verbindung zu einer Mindestzahl von M. verpflichtet ist und dazu vom Fechtwart bestimmt wird; dagegen ist die **Verabredungs-** oder **Besprechungs-M.** freiwillig. M. werden zwar noch in einigen Verbänden an dt., österr. und schweizer. Hochschulen geschlagen, sind jedoch auch dort (bes. in der Dt. Burschenschaft) seit Mitte der 60er-Jahre umstritten.

Die M. wird auf dem **Fecht-, Pauk-** oder **M.-Boden** ausgetragen und von einem Unparteiischen geleitet. Jedem Fechter (**Paukant**) stehen ein Sekundant und ein Testant zur Seite. Gegen gefährl. Verletzungen sind die Fechter durch Bandagen und Fechtbrille gesichert (**Paukwichs**). Die M. ist beendet nach 40 bis 60 Gängen zu je vier oder fünf Hieben oder durch ›Erteilen einer Abfuhr‹ (**Abstechen**), d. h., wenn nach der Erklärung des Paukarztes ein schwerer Schmiss das Weiterfechten verbietet; abgeführt wird auch bei unvorschriftsmäßiger Haltung (**Kneifen**). Dann muss der Paukant eine Reinigungs-M. fechten. Die Vorschriften enthält der Paukkomment.

Die Bestimmungs-M. war weder als Zweikampf strafbar noch ist sie strafbar als →Körperverletzung, weil in sie eingewilligt wurde und die Einwilligung i. d. R. nicht gegen die guten Sitten verstößt (§ 226 a StGB). – In *Österreich* enthält das geltende Recht keine einschlägigen Aussagen. – In der *Schweiz* war nach Art. 131 StGB, der mit Wirkung vom 1. 1. 1990 aufgehoben wurde, der Zweikampf strafbar.

Mensuralmusik, Musica mensurabilis, auch **Cantus mensurabilis,** seit dem 15. Jh. **Cantus figuratus,** die in der →Mensuralnotation aufgezeichnete Musik des 13.–16. Jahrhunderts.

Mensuralnotation, aus der →Modalnotation hervorgegangene Notenschrift des 13.–16. Jh., die durch Anwendung versch. gestalteter Notenzeichen das Verhältnis der Tondauer untereinander (**Cantus mensurabilis**) ausdrückte, im Unterschied zur älteren →Choralnotation, die den Zeitwert der Noten nicht angibt. Die ältere M. (→Ars antiqua) kannte nur folgende Werte: Maxima oder Duplex Longa ▜, Longa ▐, Brevis ■ und Semibrevis ◆. Um 1300 kamen Minima und Semiminima hinzu. Für jeden Notenwert gab es ein entsprechendes Pausenzeichen. Gegen 1450 wurden für die größeren Werte aus schreibtechn. Gründen hohe Notenköpfe (›weiße Notation‹) anstelle der schwarzen üblich: Maxima, Longa, Brevis □, Semibrevis ◇ (unsere ganze Note), Minima (unsere Halbe), Semiminima oder (Viertel), Fusa oder (Achtel), Semifusa oder (Sechzehntel). Die Rundung des Notenumrisses begann vereinzelt im 15. Jahrhundert.

Bezeichnend für die M. ist die häufige Zusammenfassung mehrerer Noten zu einer Ligatur (z. B. ▜■, ◆■), deren Lesung besonderen Regeln unterlag. Urspr. war jeder Notenwert dreiteilig, d. h. einer Longa waren drei Breves zugeordnet, einer Brevis drei Semibreves usw. (Mensura perfecta, das vollkommene Maßverhältnis, Perfektion); nach 1300 (→Ars nova) trat die Zweiteilung (Mensura imperfecta, Imperfektion) hinzu. Das absolute Zeitmaß (integer valor) war dem menschl. Herzschlag entsprechend mit etwa 76 Schlägen in der Minute festgelegt und bis ins 14. Jh. an die Brevis geknüpft, verschob sich aber im Lauf der Zeit zur Minima (16. Jh.) und Semiminima (17. Jh.). Vorläufer der späteren Taktvorzeichnung sind die in der jüngeren M. häufig anzutreffenden Mensurzeichen, z. B. der Kreis O für dreiteilige, der Halbkreis C für zweiteilige Wertuntergliederung der Brevis (tempus perfectum – tempus imperfectum). Beschleunigung oder Verlangsamung der Bewegung wurde durch eine Verhältniszahl (Proportion) neben dem Mensurzeichen gefordert: $O\frac{3}{1}$ bedeutet Beschleunigung der Notenwerte (Diminution) um das Dreifache, $O\frac{2}{1}$ um das Doppelte, $O\frac{3}{2}$ um das Anderthalbfache; $O\frac{1}{2}$ ihre Verlängerung (Augmentation) um das Doppelte usw. Durchstrichene Wertzeichen Ø, ₵ bedeutet Wertminderung der Noten um die Hälfte (tempus diminutum). Rhythm. Besonderheiten wurden oft durch Färbung der Noten angedeutet. Die einzelnen Stimmen einer Komposition wurden i. d. R. gesondert (gegenüberliegend) oder in besonderen →Stimmbüchern aufgezeichnet; manche Handschriften sind mit kostbarer Buchmalerei (z. B. Münchener Prachtkodex der Werke O. DI LASSOS) ausgestattet.

J. WOLF: Gesch. der M. von 1250–1460, 3 Tle. (1904, Nachdr. 1965); H. BELLERMANN: Die Mensuralnoten u. Taktzeichen des 15. u. 16. Jh. (⁴1963); W. APPEL: Die Notation der polyphonen Musik, 900–1600 (a. d. Engl., ³1982).

mental [mlat. ›geistig‹, ›vorgestellt‹, zu lat. mens, mentis ›Geist‹, ›Vernunft‹], den Bereich des Verstandes betreffend, geistig.

Mentalismus *der, -, Sprachwissenschaft:* von A. N. CHOMSKY in Anlehnung an die rationalist. Philosophie R. DESCARTES' und die energet. Sprachauffassung W. VON HUMBOLDTS entwickelte Sprachbetrachtung, die Sprechakte als Ergebnis angeborener geistiger Fähigkeiten fasst und damit – im Ggs. zu dem als ›mechanistisch‹ angesehenen Objektivismus des sprachwiss. →Behaviorismus – auch unmittelbar sinnl. Beobachtung nicht zugängliche sprachl. Daten als Gegenstand der Analyse einbezieht. Auf der Grundlage mentalist. Positionen werden im Rahmen der generativen Transformationsgrammatik (→generative Grammatik) der Prozess des Spracherwerbs und die kreative Komponente der menschl. Sprachfähigkeit als Einheit betrachtet.

Mentalität *die, -/-en,* Geisteshaltung; Einstellung des Denkens eines Menschen oder einer Gruppe von Menschen; bestimmt das Verhältnis zur Wirklichkeit bzw. das individuelle oder kollektive Verhalten.

Mentalitätsgeschichte, Mentalitätengeschichte, moderner, von Frankreich ausgehender Zweig der Geschichtswiss.; von den Historikern M. BLOCH und L. FEBVRE entwickelt; versucht die im lat. Begriff ›mens‹ enthaltenen Bedeutungsfelder – Geist und Verstand, Gefühl und Leidenschaft, Haltung und Verhalten – zu berücksichtigen. Die M., die u. a. enge Verbindungen zur Alltagsgeschichte (→Alltag) und zur →Historischen Anthropologie aufweist, bezieht in die Erforschung geschichtl. Vorgänge und Epochen die Formen des Alltagswissens und die dem Bewusstsein der betreffenden Zeit entzogenen, aber tatsächlich wirksamen Denkmuster ein. Der Versuch, ›kollektive Mentalitäten‹ zu analysieren und sie als soziokulturelle Muster zu interpretieren, um so das geistige Klima einer Gesellschaft zu rekonstruieren, stößt v. a. auf das Problem der Erschließbarkeit; so mangelt es häufig an seriellen Quellen, entziehen sich bestimmte Bev.-Teile (bes. gesellschaftl. Unterschichten) zumeist einer quellenmäßigen Erfassung oder die Befunde sind nicht genügend repräsentativ. Dennoch ermöglicht die Mentalitätsforschung der Geschichtswiss. neue, komplexe Sichten v. a. auf die Kultur-

und Sozialgeschichte, erschließt sie einen spezif. Zugang zu den Handlungsorientierungen des Volkes bzw. einzelner Gruppen und Schichten, erfasst sie bislang noch nicht berücksichtigte Quelleninhalte bzw. erweitert den Kreis der herangezogenen Zeugnisse und führt zur Kooperation mit anderen Wiss.-Disziplinen (bes. Sprachwiss., Kunst- und Literaturgeschichte).

Europ. M. Hauptthemen in Einzeldarstellungen, hg. v. P. DINZELBACHER (1993).

Mentalreservation, *Recht:* →geheimer Vorbehalt.

Mentana, Stadt in der Prov. Rom, in Latium, Italien, 33 800 Ew. – Bei M. scheiterte der Marsch G. GARIBALDIS und seiner Freischaren auf Rom mit einem Sieg päpstl. und frz. Truppen (November 1867).

Mentawaiinseln, Inselgruppe im Ind. Ozean, vor der W-Küste Sumatras, Indonesien, 6 097 km², rd. 40 000 Ew.; die größten der rd. 70 Inseln sind (von N nach S): **Siberut** (mit dem Hauptort und Hafen der M.: **Murasiberut**), **Sipura** und die beiden **Pagaiinseln, Nordpagai** (indones. Pagai Utara) und **Südpagai** (indones. Pagai Selatan); stark bewaldet (3 400–4 000 mm Jahresniederschläge). Die Bewohner haben Pfahlbauten (mit Giebeldach), sie leben von Wanderfeldbau, Kokosnüssen (Kopra ist Hauptexportprodukt) und Sago, Schweinehaltung, Fischfang und Jagd. Die heute mit jungindones. Zuwanderern stark vermischte autochthone Bev., die **Mentawaier,** stellen eine der ältesten Gruppen der Altindonesier dar. Ihre Wirtschaftsweise (u. a. Knollenfrüchte und Sago, keine Rinder oder Büffel; keine Weberei und Töpferei; Kleidung aus Blättern) wies bis zu ihrer (prot.) Missionierung (früher Animismus, Kopfjagd, Schädelkult) bes. urtüml. jungsteinzeitl. Züge auf.

R. SCHEFOLD: Spielzeug für die Seelen. Kunst u. Kultur der M. (Zürich 1980).

Mente [ungar.] *die, -/-n,* hüft- bis knielanger Männerrock der ungar. Nationalkleidung, mit Pelzbesatz und -kragen; entlang der Vorderkanten Verschluss aus dicht gesetzten Knöpfen und Posamentschlingen.

mente captus [lat.], *bildungssprachlich* für: nicht bei Verstand, unzurechnungsfähig; begriffsstutzig.

Mentelin, Johann, elsäss. Frühdrucker, *Schlettstadt um 1410, †Straßburg 12. 12. 1478; Schreiber und Notar, seit 1447 Bürger in Straßburg, gründete dort um 1458 die erste Buchdruckerei, in der u. a. erstmals eine deutschsprachige Bibel (1466), der ›Parzival‹ WOLFRAMS VON ESCHENBACH (1477) und der ›Jüngere Titurel‹ ALBRECHTS (1477) gedruckt wurden.

Mentha [lat.], wiss. Name der Gattung →Minze.

Menthan [zu lat. ment(h)a ›Minze‹] *das, -s,* **p-Menthan,** pfefferminz- bis fenchelartig riechender Terpenkohlenwasserstoff, der durch Hydrierung von p-Cymol hergestellt werden kann; chemisch das 1-Methyl-4-isopropylcyclohexan. M. ist Zwischenprodukt bei der Herstellung von p-Menthanhydroperoxid, das als Katalysator für die radikal. Polymerisation dient.

Menthol [zu lat. ment(h)a ›Minze‹ und →...ol] *das, -s,* **p-Menthan-3-ol,** zykl. Terpenalkohol, von dem vier Diastereoisomere existieren (→Stereochemie). Das wichtigste Isomer, (−)-M., eine weiße kristalline Substanz, ist Hauptbestandteil des aus Ackerminze (Mentha arvensis) und Pfefferminze (Mentha piperita) gewonnenen Pfefferminzöles, aus dem es nach Abkühlung durch Kristallisation gewonnen werden kann. Synthetisch wird es z. B. aus Citronellal oder Thymol mit anschließender Trennung der Isomeren hergestellt. (−)-M. zeichnet sich durch den typ. Pfefferminzgeruch und kühlende antisept. Wirkung aus. Es wird als Zusatz zu Zigaretten, Zahnpasten, Kaugummi u. a. verwendet.

Mentizid [engl. menticide, zu lat. mens, mentis ›Geist‹ und caedere, in Zusammensetzungen -cidere ›niederhauen‹, ›töten‹] *der,* auch *das, -s/-e,* die →Gehirnwäsche.

Menton [mãtɔ̃], ital. **Mentone,** Stadt im Dép. Alpes-Maritimes, Frankreich, an der Côte d'Azur, 29 100 Ew.; Museen, Spielkasino, Jachthäfen; Biennale der Malerei, Musikfestspiele und Segelsportwettbewerbe; Blumen- und Zitronenanbau, Parfümherstellung; Fremdenverkehrsort. – Zw. Ventimiglia und M. liegen die →Grimaldigrotten. – Nach wechselvoller Geschichte war M. seit dem 16. Jh. Teil des Fürstentums Monaco; erklärte sich 1848 nach revolutionären Unruhen zur unabhängigen Rep., seit 1860 (gemeinsam mit Rocquebrune) zu Frankreich.

Mentor, *griech. Mythos:* in der Odyssee Freund des Odysseus und Erzieher des Telemach; in der Gestalt des M. stand Athene dem Telemach auf seiner Reise nach Pylos und Sparta und dem Odysseus beim Mord an den Freiern der Penelope bei; heute Bez. für einen Ratgeber und väterl. Freund, auch für den Lehrer, der Studenten während des Praktikums betreut.

Mentuhotep II. [ägypt. ›der Gott Month ist gnädig‹], ägypt. König der 11. Dynastie, regierte um 2061–2010 v. Chr.; zunächst König von Oberägypten (Hauptstadt Theben); siegte über die Dynastie von Herakleopolis und einte um 2040 Ägypten wieder (Beginn des Mittleren Reiches); führte Kriege gegen Nubien, Libyen und Palästina und sorgte für den Ausbau des Straßennetzes zw. Nil und Rotem Meer. Sein Totentempel befindet sich in Deir el-Bahari.

Mentum [lat.] *das, -s/...ta,* 1) *Anatomie:* das →Kinn des Menschen.
2) *Zoologie:* Teil der Unterlippe (Labium) der Insekten.

Menü [frz., eigtl. ›Kleinigkeit‹] *das, -s/-s,* 1) *allg.:* schweizer. **Menu** [me'ny:], aus mehreren aufeinander abgestimmten Gängen bestehende Mahlzeit.
2) *Informatik:* bei interaktiven Systemen (Dialogbetrieb) ein auf dem Bildschirm eines Computers in Form von auswählbaren, aufklappbaren Fenstern (→Window-Technik) oder Listen gezeigtes Angebot für bestimmte Computerleistungen oder Programm-

p-Menthan
Menthan

Menthol

Menü 2): Durch Anfahren und Anklicken eines Begriffs in der Menüleiste eines Fensters mit dem Cursor wird ein entsprechendes Pull-down-Menü geöffnet, durch Anklicken einer Fläche ein Pop-up-Menü (z. B. ›Arbeitsbereich‹)

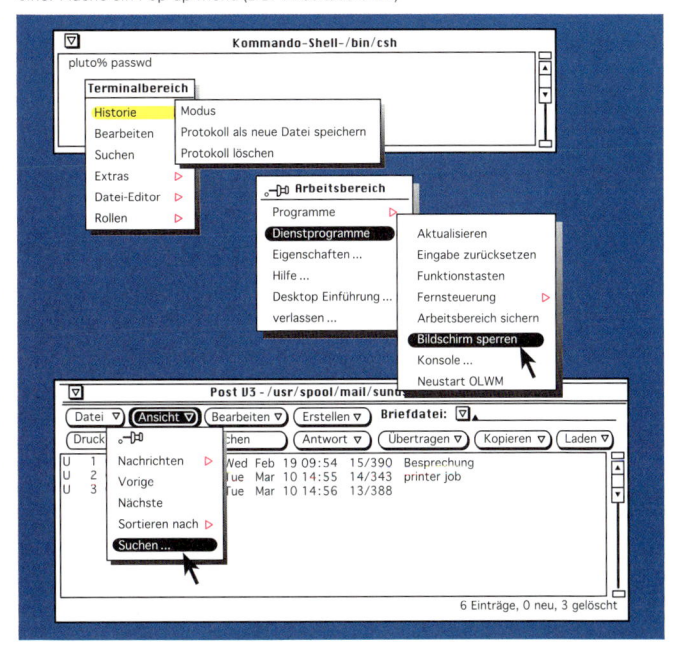

funktionen, die dem Benutzer im Rahmen einer Anwendung oder eines Programmpakets zur Verfügung stehen. M. erleichtern die Anwendung der gebotenen Leistungen, indem die zur Auswahl stehenden Möglichkeiten kurz beschrieben und die für eine konkrete Wahl erforderl. Aktion – z. B. Drücken einer bestimmten Taste bzw. Tastenkombination auf der Tastatur oder Bewegen des Cursors in ein bestimmtes Feld – angezeigt werden. Für größere Funktionskomplexe werden mehrere M. angeboten, die hierarchisch gegliedert sind (M.-Bäume mit Haupt- und Unter-M.). Ein spezielles Unter-M. ist z. B. das **Pull-down-M.** (von engl. ›herunterziehen‹), das durch Auswählen eines Begriffs in der Kopfzeile eines Fensters nach unten aufgeblättert wird, wonach durch Anklicken mit einer Maustaste eine Aktion aus diesem M. aktiviert werden kann. **Pop-up-M.** (von engl. ›[plötzlich] auftauchen‹) erscheinen durch Anklicken einer Fläche, die keine M.-Leisten enthält (z. B. auf dem Bildschirm). Die menügesteuerte Benutzeroberfläche (M.-Technik) ist ein wichtiger Bestandteil der Bedienerführung.

Menu-Costs [ˈmenjuːkɔsts, engl. ›Speisekartenkosten‹], bildhafte Bez. für die Kosten, die einem Unternehmen im Zuge von Preisänderungen entstehen (etwa in einem Restaurant, wenn neue Speisekarten gedruckt werden müssen). Dazu gehören z. B. die Kosten für das Erstellen und Verschicken neuer Preislisten und/oder Kataloge; i. w. S. auch andere Informations- und Organisationskosten sowie Kosten im Zusammenhang mit der Verärgerung von Kunden. Obwohl die M.-C. i. Allg. nicht sehr hoch sind, können sie nach Auffassung des →Neuen Keynesianismus erhebliche gesamtwirtschaftl. Wirkungen aufweisen. Weil sie dazu führen, dass Unternehmen ihre Preise nicht ständig, sondern nur in größeren Zeitabständen an veränderte Marktbedingungen anpassen. Die M.-C. liefern eine Begründung dafür, dass gesamtwirtschaftl. Preisstarrheiten mit mikroökonom. Rationalverhalten vereinbar sein können.

Menuett [frz., eigtl. ›klein‹, ›winzig‹, also etwa ›Kleinschritttanz‹] *das, -s/-e,* und *-s, frz.* **Menuet** [mynyˈɛ], frz. Paartanz, entstanden möglicherweise aus einem Volkstanz der Prov. Poitou. Das M. wurde in Nachfolge der Courante nach 1650 unter LUDWIG XIV. Hof- und Gesellschaftstanz. Von Frankreich aus verbreitete es sich über ganz Europa und wurde bes. in Dtl. im 18. und frühen 19. Jh. zu Beginn jedes Balles getanzt. Es bestand aus zwei Teilen zu je vier oder acht Takten in mäßig raschem ³/₄-Takt, beide wiederholt wurden; ausgeführt wurde es urspr. von einem Tanzpaar, später von mehreren Paaren oder einer M.-Quadrille. Fast alle Komponisten des 18. Jh. schrieben bestimmte M. für den Tanz. Im 17. Jh. wurde das M. in die Kunstmusik aufgenommen (z. B. in Opern und Balletten von J.-B. LULLY) und noch vor 1700 fester Bestandteil der →Suite. Die bald vorherrschende dreiteilige Anlage des M. entstand aus dem schon von LULLY verwendeten Verfahren, zwei M. so miteinander zu verbinden, dass das zweite (als Trio) nur dreistimmig gesetzt war und danach das erste M. wiederholt wurde. Neben Orchester- und Klaviersuiten, Concerti grossi und Ouvertüren enthalten z. B. auch Serenaden bis ins 19. Jh. (J. BRAHMS) M.-Sätze. In die Sinfonie gelangte das M. über die dreiteilige neapolitan. Opernsinfonia (A. SCARLATTI), die mit einem M.-Teil im ³/₈-Takt schloss.

Die Mannheimer und Wiener Vorklassiker verwendeten in ihren Sinfonien langsame M.-Sätze. Regelmäßig erscheint das M. in den viersätzigen Sinfonien W. A. MOZARTS und J. HAYDNS, meist als 3. Satz; v. a. HAYDN beschleunigte das Tempo und brachte ›anmutig scherzende‹ Züge ein. L. VAN BEETHOVEN ersetzte das M. zunehmend durch das nicht mehr tanzartige Scherzo, so schon in seinen Klaviertrios op. 1 (1795), dann z. B. auch in der ›Eroica‹ (1803/04); dies wurde für den Sonatensatzzyklus und die Sinfonik des 19. Jh. maßgebend. In der Musik des 19. Jh. lebte das M. v. a. als langsames **Tempo di minuetto** weiter. An die Stelle des M. traten unbezeichnete scherzo- oder ländlerartige Sätze, auch Walzer, oft (bes. bei G. MAHLER) in Form ausgeprägter Charakterstücke.

J. GMEINER: M. u. Scherzo. Ein Beitr. zur Entwicklungsgesch. u. Soziologie des Tanzsatzes in der Wiener Klassik (1979); K. H. TAUBERT: Das M. Gesch. u. Choreographie (Zürich 1988).

Menuhin [ˈmɛnuhiːn, mɛnuˈhiːn, engl. ˈmenjʊɪn, ˈmenʊɪn], Sir (seit 1966) Yehudi, seit 1993 Baron **of Stoke d'Abernon** [ɔf ˈstəʊk ˈdæbənɔn], amerikan. Violinist, *New York 22. 4. 1916; studierte u. a. bei G. ENESCU und A. BUSCH und wurde bereits als Kind weltberühmt (spielte z. T. mit seiner Schwester, der Pianistin HEPHZIBA M., *1920, †1981). M. initiierte die Festspiele in Gstaad (1956) und Windsor (1969) und war 1959–68 künstler. Leiter des Bath Festivals. Mit dem M. Festival Orchestra (früher Bath Festival Orchestra) unternahm er zahlr. Tourneen. 1963 gründete er die Y. M. School in Stoke d'Abernon (Cty. Surrey). 1982 wurde er zum Präs. des Royal Philharmonic Orchestra London ernannt. In seinem weit gespannten Repertoire nimmt auch die Neue Musik einen wichtigen Platz ein, u. a. Uraufführungen zeitgenöss. Violinwerke, die er z. T. selbst in Auftrag gab (z. B. B. BARTÓKS Sonate für Violine solo, 1944). Seit den 70er-Jahren ist M. zunehmend als Dirigent tätig und setzte sich auch mit dem Jazz und außereurop. Musik auseinander, u. a. als Duopartner des Jazzgeigers S. GRAPPELLI sowie des Sitarspielers R. SHANKAR. M. erhielt für sein Eintreten für Völkerverständigung, v. a. für die Aussöhnung zw. Deutschen und Juden, u. a. 1979 den Friedenspreis des Börsenvereins des Dt. Buchhandels. 1992 wurde er von der UNESCO zum ›Goodwill Ambassador‹ ernannt.

Schriften: Theme and variations (1972; dt. Variationen); The music of man (1976; dt. Die Musik des Menschen); Violin and viola (1976; dt. Violine u. Viola, mit W. PRIMROSE); Life class (1986; dt. Lebensschule); Unfinished journey (1996; dt. Unterwegs. Erinnerungen 1976–1995).
Ausgaben: Kunst als Hoffnung für die Menschheit. Reden u. Schriften, hg. v. H. LEUCHTMANN (1986); Die Freude liegt im Unvorhersehbaren. Gespräche mit David Dubal 1996).
M. MENUHIN: The Menuhin Saga (London 1984); T. PALMER: Y. M. Ein Porträt (a. d. Engl., ²1994); D. MENUHIN: Durch Dur u. Moll. Mein Leben mit Y. M. (a. d. Engl., Neuausg. ⁴1995).

Menuridae [griech.], die →Leierschwänze.

Menz, Maria, Pseudonym **Marie Anna Riem,** Schriftstellerin, *Oberessendorf (heute zu Eberhardzell, Landkreis Biberach) 19. 6. 1903, †7. 3. 1996; zählt mit ihren um ihren oberschwäb. Dialekt verfassten Gedichten und Erzählungen zu den bedeutendsten Vertretern der zeitgenöss. dt. Mundartdichtung.

Menze, Clemens, Erziehungswissenschaftler, *Tietelsen (heute zu Beverungen) 20. 9. 1928; seit 1965 Prof. in Köln, arbeitete bes. zu Fragen der Bildungsgeschichte.
Werke: Der Bildungsbegriff des jungen Friedrich Schlegel (1964); Wilhelm von Humboldts Lehre u. Bild vom Menschen (1965); Wilhelm von Humboldt u. Christian Gottlob Heyne (1966); Die Bildungsreform Wilhelm von Humboldts (1975); Bildung u. Bildungswesen. Aufsätze zu ihrer Theorie u. ihrer Gesch. (1980).

Menzel, 1) A d o l p h Friedrich Erdmann von (seit 1898), Maler und Grafiker, *Breslau 8. 12. 1815, †Berlin 9. 2. 1905; war zunächst in Berlin als Grafiker in der väterl. lithograph. Werkstatt tätig, die er nach dem Tode des Vaters 1832 übernahm. Sein Aufstieg begann 1833 mit einer Folge von sechs lithographischen Federzeichnungen zu dem Gedicht ›Künstlers Erdenwallen‹ von GOETHE. Mit den Lithographien zu ›Denkwürdigkeiten aus der Brandenburgisch-Preuß.

Adolph Menzel: Das Balkonzimmer; 1845 (Berlin, Nationalgalerie)

Geschichte‹ (1836) und ›Die Armee Friedrichs des Großen in ihrer Uniformierung‹ (1851–57; 3 Tle.; BILD →Lithographie) profilierte er sich als der bedeutendste Vertreter dieser Kunst in Dtl. im 19. Jh. 1839–42 schuf er 400 Federzeichnungen für Holzstiche zu F. T. KUGLERS Werk ›Gesch. Friedrichs des Großen‹. Als Maler war M. im Wesentlichen Autodidakt. Bes. beeindruckten ihn Werke von J. C. C. DAHL, J. CONSTABLE und K. BLECHEN. Nach ersten Versuchen (ab etwa 1836) wandte er sich um 1845 in bedeutenden, damals jedoch kaum beachteten Bildern anspruchslosen Motiven zu (Gegenstände, Innenräume, Landschaften, Hinterhäuser u. a.). Er griff auch aktuelle und dem beginnenden Industriezeitalter gemäße Themen auf, die zu seiner Zeit kaum als darstellungswürdig galten (›Die Berlin-Potsdamer Bahn‹, 1847, Berlin, Nationalgalerie; ›Aufbahrung der Märzgefallenen‹, 1848, unvollendet, Hamburg, Kunsthalle; ›Eisenwalzwerk‹, 1875, Berlin, Nationalgalerie). In

Adolph Menzel: Die königliche Abendtafel in Sanssouci; Holzstich für Franz Kuglers ›Geschichte Friedrichs des Großen‹; 1840

der freien maler. Haltung, der Wiedergabe des unmittelbaren Eindrucks und mit dem besonderen Interesse an Farbwirkungen und Lichtreflexen war M. seiner Zeit voraus und wirkte wegbereitend für den dt. Impressionismus. Auch auf dem Gebiet der Historienmalerei ging M. eigene Wege. Seinen Darstellungen von Festlichkeiten und höf. Gesellschaftsbildern aus friderizian. Zeit fehlt jegl. deklamator. Pathos; nach Motivwahl und Bildausschnitt sind es schlichte Momentaufnahmen. Ab 1860 folgten Darstellungen der Zeit Wilhelms I. – M. hinterließ eine Vielzahl von Bleistift-, Buntstift- und Federzeichnungen von alltägl. Ereignissen bis zu zeitgeschichtl. Darstellungen.

Weitere Werke: Das Balkonzimmer (1845; Berlin, Nationalgalerie); Blick auf den Park des Prinzen Albrecht (1846; ebd.); Tafelrunde Friedrichs des Großen in Sanssouci (1850; 1945 zerstört); Flötenkonzert Friedrichs II. in Sanssouci (1852; Berlin, Nationalgalerie); Théâtre du Gymnase in Paris (1856; ebd.); Krönung Wilhelms I. (1861–65; Hannover, Niedersächs. Landesgalerie); Ballsouper (1878; Berlin, Nationalgalerie); Der Markt von Verona – Piazza d'Erbe (1884; Dresden, Gemäldegalerie).

Das graph. Werk, bearb. v. H. EBERTSHÄUSER u. a., 2 Bde. (1976); A. M. Realist – Historist – Maler des Hofes, bearb. v. J. C. JENSEN u. a., Ausst.-Kat. (1981); J. HERMAND: A. M. (1986); J. C. JENSEN: A. M. (^{2}1988); E. BOCK: A. M. Verz. seines graph. Werkes (San Francisco, Calif., ^{2}1991); C. ZANGS: Die künstler. Entwicklung u. das Werk M.s im Spiegel der zeitgenöss. Kritik (1992); D. ENTRUP: A. M.s Illustrationen zu Franz Kuglers ›Gesch. Friedrichs des Großen‹. Ein Beitr. zur stilist. u. histor. Bewertung der Kunst des jungen M. (1995); G. LAMMEL: A. M. (1995); A. M. 1815–1905. Das Labyrinth der Wirklichkeit, hg. v. C. KEISCH u. a., Ausst.-Kat. Musée d'Orsay, Paris, u. a. (1996).

2) [ˈmɛntsl], Jiří, tschech. Filmregisseur, *Prag 23. 2. 1938; dreht humorvolle, kritisch-satir. Filme; auch Darsteller.

Filme: Liebe nach Fahrplan (1966); Launischer Sommer (1968); Lerchen am Faden (entst. 1969, erst 1990 in den tschech. Kinos); Die wunderbaren Männer mit der Kurbel (1978); Kurzgeschnitten (1980); Das Wildschwein ist los (1983); Heimat, süße Heimat (1985); Ende der alten Zeiten (1989); Das lange Gespräch mit dem Vogel (1990); Die kleine Apokalypse (1993); The Life and Extraordinary Adventures of Private Ivan Chonkin (1994).

J. ŠKVORECKÝ: J. M. and the history of the ›Closely watched trains‹ (New York 1982).

3) Wolfgang, Schriftsteller, *Waldenburg (Schles.) 21. 6. 1798, †Stuttgart 23. 4. 1873; aktiver Burschenschafter; ab 1825 in Stuttgart; war Redakteur, Literaturkritiker und Literaturhistoriker (›Die dt. Literatur‹, 2 Bde., 1828); ›Dt. Dichtung von der ältesten bis auf die neueste Zeit‹, 3 Bde., 1858–59); 1831 und 1848 Abg. des württemberg. Landtags. Zunächst gemäßigt liberal, vertrat er nach der Julirevolution von 1830 reaktionäre Positionen und wurde einer der Hauptgegner des Jungen Deutschland, wobei auch das Verbot der Schriften dieser Bewegung durch die Bundesversammlung des Dt. Bundes 1835 wesentlich auf M.s Polemiken zurückging; auch Gegner des ›unpolit.‹ GOETHE; in seinen Dramen (›Rübezahl‹, 1829) und Erzählungen Vertreter der späten Romantik.

Menzel Bourguiba [mɛnzɛl burgiˈba], früher **Ferryville** [fɛriˈvil], Industriestadt in N-Tunesien, am S-Ufer des Sees von Biserta, 51 400 Ew.; Eisen- und Stahlerzeugung, Metallverarbeitung, Reifenfabrik, Textilindustrie, Werft. – M. B. ist eine kolonialzeitl. Gründung mit planmäßigem Grundriss.

Menzel Bou Zelfa [mɛnˈzɛl bu zɛlˈfa], Stadt in NO-Tunesien, 41 km östlich von Tunis, 11 200 Ew.; Zentrum des tunes. Orangenanbaus; Hauptmoschee in maur. Konzeption mit Mihrab im Stil span. Barockaltäre. – Anfang des 17. Jh. von span. Mauren gegründet.

Menzenschwand, Ortsteil von →Sankt Blasien.

Menzer, Paul, Philosoph, *Berlin 3. 3. 1873, †Halle (Saale) 21. 5. 1960; seit 1906 Prof. in Marburg, 1908–48 in Halle (Saale). M. war Schüler und Mitarbeiter von W. DILTHEY und rückte in seinen philosoph. Arbeiten historisch und systematisch den Entwicklungsgedanken in den Vordergrund. Er war Mitherausgeber der von der Preuß. Akademie der Wissenschaften edierten Schriften I. KANTS und der ›Kant-Studien‹ (1953–60).

Werke: Kants Lehre von der Entwicklung in Natur u. Gesch. (1911); Weltanschauungsfragen (1918); Lebenswerte (1919); Dt. Metaphysik der Gegenwart (1931); Metaphyik (1932); Kants Ästhetik in ihrer Entwicklung (1952); Goethes Ästhetik (1957).

Menzies [ˈmenziz], Sir (seit 1963) Robert Gordon, austral. Politiker, * Jeparit (Victoria) 20. 12. 1894, † Melbourne 15. 5. 1978; Rechtsanwalt, seit 1934 Abg. im Bundesparlament, 1934–39 Generalstaatsanwalt; 1939–41 und 1943 parlamentar. Führer der Vereinigten Austral. Nationalpartei, die er 1944 zur Liberalen Partei umbildete. Er war 1939–41 und 1949–66 (Rücktritt) Premier-Min. Unter seiner Reg., die v.a. in den 50er-Jahren eine betont antikommunist. Politik betrieb (1954–59 Abbruch der diplomat. Beziehungen zur UdSSR), kam es zu einem anhaltenden Aufschwung der austral. Wirtschaft und zu einer Förderung der Einwanderung (schwerpunktmäßig aus europ. Ländern). Er führte sein Land 1951 in den Pazifik-Pakt, 1954 in die SEATO. Im Rahmen der UNO-Streitkräfte entsandte er austral. Truppen in den Koreakrieg; in den 60er-Jahren war er verantwortlich für den Einsatz austral. Soldaten im Vietnamkrieg.

Robert Gordon Menzies

Menzius, chin. Philosoph, →Mengzi.

Meo, 1) Volk in China und Hinterindien, →Miao.
2) Untergruppe der →Mina, Indien.

Mephisto, Mephistopheles, Gestalt der Faustsage (→Faust, Johannes), im Volksbuch von 1587 Mephostophiles genannt. GOETHE konzipierte die Gestalt neu und verfeinerte sie psychologisch.

G. MAHAL: M.s Metamorphosen (²1982).

Mephisto. Roman einer Karriere, Roman von K. MANN, 1936.

Mephisto-Walzer, Orchesterwerk von F. LISZT, Nr. 2 der ›Zwei Episoden aus Lenaus Faust‹ (1861) nach N. LENAU.

Meppel, Stadt in der Prov. Drente, Niederlande, 24 900 Ew.; Viehhandel, Molkerei, Geflügelhaltung, Metallindustrie, Druckereien, Bootsbau.

Meppen, Kreisstadt des Landkreises Emsland, Ndsachs., an der Mündung der Hase in die Ems und am Dortmund-Ems-Kanal, 34 000 Ew.; wehrtechn. Dienststelle für Waffen und Munition; archäolog. Museum; Maschinenbau, Holz-, Elektro-, Erdölindustrie, Kunststoffverarbeitung, Informationstechnologie; Hafen am Dortmund-Ems-Kanal. – Die Propsteikirche (15. Jh.) ist eine fast quadratische got. Hallenkirche; im ehem. Jesuitenkolleg (1726–29) und der zugehörigen kath. Gymnasialkirche (1743–46) Seitenaltäre nach Entwürfen von J. C. SCHLAUN; Rathaus (1408 und 1605) mit offener Vorhalle und Treppengiebel. – M. wurde 780 als Missionszelle gegründet, erhielt 945 Zoll- und Münz-, 946 Marktrechte. 1252 kam M. an das Hochstift Münster und wurde 1360 als Sitz eines Amtes zur Stadt erhoben. 1803 fiel M. an den Herzog von Arenberg (ab 1826 Bez. Herzogtum **Arenberg-M.**), dann an Preußen.

Meppen Stadtwappen

...mer, mer..., Wortbildungselement, →mero...

Mera, Fluss in den Südalpen, →Maira.

Merak, einer der sieben hellsten Sterne (β UMa) des Sternbilds Großer Bär, die zus. den Großen Wagen bilden. Die Verlängerung seiner Verbindung mit dem Stern α UMa (Dubhe) zeigt auf den Polarstern.

Meran, ital. **Merano,** Stadt in Südtirol, in der Prov. Bozen, Italien, an der Passer vor ihrer Einmündung in die Etsch, am Fuß des Küchelberges (Monte Benedetto, 514 m ü. M.), 33 900 Ew. Wegen des milden Klimas und der geschützten Lage ist M. ein beliebter Herbst- und Frühjahrskurort (radioaktive, Thermal-,

Meran Stadtwappen

im Herbst Traubenkuren); Sanatorien, Museum, Theater, Pferderennplatz. In der Umgebung Wintersportplätze; Seilbahnen. – Altstadt mit Laubengängen und Bürgerhäusern des 16.–18. Jh.; Reste der mittelalterl. Stadtmauern mit Pulverturm. Got. Pfarrkirche St. Nikolaus (Chor und Turm, 1302–76; Langhaus, 1350–1420; Turmvorhalle mit Fresken, um 1417; Steinplastik des hl. NIKOLAUS an der südl. Außenwand, um 1350); daneben Barbarakapelle (achteckiger Zentralbau, 1423–50); jenseits der Passer spätgot. Spitalkirche zum Hl. Geist (1425–50; W-Portal mit →Gnadenstuhl und Stifterfiguren, um 1440; im Inneren Flügelaltar, Kreuzigungsgruppe). Landesfürstl. Burg (um 1480, got. Mobiliar; Burgkapelle mit Fresken, um 1480; Zenoburg über dem Passertal (Ruine, 12./13. Jh.; Kapelle, um 1290). Städt. Museum (volkskundl. Sammlung, mittelalterl. Skulpturen, Gemälde, geolog. Objekte). – Bei M. liegen u. a. die Schlösser Tirol und Schenna. – In dem seit vorgeschichtl. Zeit besiedelten Meraner Raum bestand zu spätröm. Zeit ein Militärlager. Erstmals 857 wurde die Siedlung **Mairania** urkundlich genannt. Sie erhielt um 1240 Markt- und 1317 Stadtrechte. Bis gegen 1500 prägte der Handel die Stadt, dann setzte mit der Erschließung neuer Handelsstraßen ein wirtschaftl. Rückgang ein. Mit dem Aufkommen des Kurwesens im 19. Jh. erschloss sich M. neue wirtschaftl. Grundlagen.

Meranilen, histor. Bez. für die kroat. Küstengebiete um den Kvarner, zunächst Teil der Markgrafschaft Istrien, 1152–1248 selbständiges Herzogtum, das nach seiner Verleihung 1180 durch FRIEDRICH I. BARBAROSSA an Graf BERTHOLD IV. bis zum Tod OTTOS II. (1248) vom Haus Andechs-Plassenburg/M. regiert wurde (→Andechs).

Meranthium [zu griech. méros ›Teil‹ und ánthos ›Blüte‹] *das, -s/...thien,* aus mehreren Einzelblüten bestehender, einheitlich erscheinender Blütenstand, z. B. bei Korbblütlern.

Meranti [malaiisch] *das, -(s),* Bez. für bestimmte rotbraune Hölzer, →Lauán.

Merapi, Name mehrerer Vulkane in Indonesien: 1) auf Sumatra nördlich von Padang, 2891 m ü. M., noch tätig (letzter Ausbruch 1979); 2) auf Java nördlich von Yogyakarta, 2911 m ü. M., gefährl. Ausbrüche für das dicht besiedelte Kulturland an seinem Fuß (zuletzt 1956, 1967, 1994, 1997); 3) auf Java nordwestlich von Banyuwangi, 2800 m ü. M., erloschen.

Merbold, Ulf, Physiker und Raumfahrer, * Greiz 20. 6. 1941; führte als Festkörperphysiker und Nutzlastspezialist vom 28. 11. bis 9. 12. 1983 bei einem Raumflug von Spaceshuttle ›Columbia‹ im Spacelab Experimente durch; war nach S. JÄHN der zweite Deutsche im All; nahm an einem weiteren Raumflug mit ›Discovery‹ teil (22.–30. 1. 1992) sowie an der russisch-dt. Mission Euromir 94 (3. 10.–4. 11. 1994).

Merca, Marka, Hafenstadt in Somalia südwestlich von Mogadischu an der Benadirküste, 100 000 Ew.; Verw.-Sitz der Region Unterer Shebele; Nahrungsmittelindustrie, Fischerei, Bananenausfuhr.

Mercado Común Centroamericano [-sentro-], Abk. **MCCA,** span. Bez. für den →Zentralamerikanischen Gemeinsamen Markt.

Mercalli-Skala [nach dem ital. Vulkanologen GIUSEPPE MERCALLI, * 1850, † 1914], zwölfstufige Skala der seism. Intensität, mit der die Stärke eines Erdbebens nach seinen Wirkungen an der Erdoberfläche eingeordnet wird. Heute gebräuchlich sind die **modifizierte M.-S.** (›modified Mercalli scale‹, **MM-Skala;** v. a. in den USA) und die **MSK-Skala** (Medwedew-Sponheuer-Karnik-Skala; v. a. in Europa). Nach ihnen liegt der Intensitätsgrad 1 bei nur instrumental nachweisbaren Erschütterungen, der Grad 2 bei gerade noch spürbaren Erschütterungen, der Grad 4 bei stärkeren Gebäudeerschütterungen, der Grad 8 bei Auftreten schwerer Gebäudeschäden, der Grad 10 bei Zerstörung zahlr. Häuser, Verformung von Schienensträngen, Rutschen von Berghängen u. a.; der Intensitätsgrad 12 wird zugeordnet, wenn totale Zerstörungen eintreten. (→Richter-Skala)

Mercantour [mɛrkã'tu:r], Gebirgsmassiv in den Seealpen, im Mont Clapier (französisch-ital. Grenze) 3 045 m ü. M. Auf frz. Seite der 685 km² große Nationalpark M., der im NW bis über den Mont Pelat (3 051 m ü. M.) hinausreicht; Gämsen, Steinböcke, Auerhahn, Königsadler; vorgeschichtl. Höhlenzeichnungen.

Mercaptane [mlat.], *Chemie:* →Thiole.

Mercapto..., Bez. der chem. Nomenklatur für die Gruppe – SH in systemat. Namen organ. Verbindungen.

Mercator, Gerhard, latinisiert aus **Kremer,** Geograph und Kartograph, * Rupelmonde (bei Antwerpen) 5. 3. 1512, † Duisburg 2. 12. 1594; studierte u. a. in Löwen bei R. GEMMA FRISIUS, der ihn in die Kartographie einführte. M. fertigte Globen an und schuf die ersten modernen Landkarten, u. a. eine Karte Palästinas (sechs Blätter; 1537) und eine Europakarte (15 Blätter; 1554). Seit 1552 lebte er in Duisburg. Dem Sammelwerk seiner 107 Karten, dessen Erscheinen 1585 begann (vollständig erst 1595), gab er den Namen ›Atlas‹. Seitdem werden systemat. Kartenzusammenstellungen mit diesem Begriff bezeichnet.

Berühmt wurde M. durch seine große, für die Seefahrt bestimmte Weltkarte (18 Blätter; 1569) in der nach ihm benannten **M.-Projektion:** eine konforme, normalachsige Zylinderprojektion der Erde, bei der sich die Meridiane und Breitenkreise rechtwinklig schneiden. Nach den Polen zu nimmt die Verzerrung überhand (›wachsende Breiten‹), weshalb M.-Projektionen meist nur bis 70° oder 80° nördl. und südl. Breite reichen. Wegen ihrer Winkeltreue ist die M.-Projektion noch heute für die Navigation von Bedeutung.

G. M. 1512–1594. Zum 450. Geburtstag, bearb. v. G. VON RODEN u. a. (1962); K. E. KRÄMER: M. Eine Biogr. (1980); G. M., Europa u. die Welt, bearb. v. R. LÖFFLER, Ausst.-Kat. Kultur- u. Stadthistor. Museum, Duisburg (1994); G. M. u. seine Welt, hg. v. R. VERMIJ (1997).

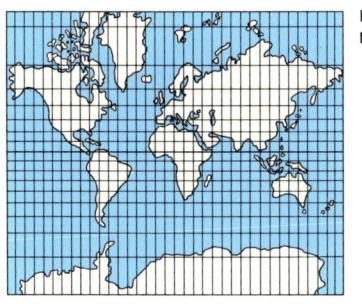

Mercatorprojektion

Mercedarier [mlat., zu lat. merces, mercedis ›Gnade‹, ›Barmherzigkeit‹], **Nolasker,** kath. Orden, 1218 von PETRUS NOLASCUS und RAIMUND VON PENNAFORT als Ritterorden zum Loskauf christl. Gefangener von den Muslimen gegründet (weibl. Zweig seit 1265). Nach dem Ausscheiden der Ritter in der 1. Hälfte des 14. Jh. wurden die M. zum geistl. Bettelorden. Im 19. Jh. kam es zur Neubelebung des Ordens, der sich seither bes. der Jugenderziehung, karitativen Tätigkeit und Mission widmet. Heute (1997) rd. 740 Mitglieder in 21 Ländern (bes. Italien, Spanien und Lateinamerika); Sitz des Generaloberen ist Rom.

Mercedario, Cerro M. [ˈθerro mɛrθeˈðarjo], Berg in den Anden, im SW der Prov. San Juan, Argentinien; 6 770 m ü. M.; erstmals 1934 erstiegen.

Mercedes [mɛrˈθeðes], Hauptstadt des Dep. Soriano, SW-Uruguay, Flußhafen am Río Negro nahe seiner Mündung in den Uruguay, 37 100 Ew.; Bischofssitz; Handelszentrum; Getreidemühle; Fleischverarbeitung.

Mercedes-Benz AG [mɛrˈtseːdɛs -], mit einem Umsatz (1996) von 77,6 Mrd. DM und rd. 199 100 Beschäftigten wichtigster Unternehmensbereich der →Daimler-Benz AG.

Mercedonius, Intercalans, im altröm. Republikan. Kalender ein Schaltmonat mit 27 oder 28 Tagen, der jedes zweite Jahr nach dem 23. Februar (im röm. Kalender ›Sexto Calendae‹, d. h. der 6. Tag vor den Iden des März) unter Weglassung der restl. Februartage geschaltet wurde.

Mercer [ˈmɜːsə], **1)** David, engl. Dramatiker, * Wakefield 27. 6. 1928, † Haifa 8. 8. 1980, schrieb für den Rundfunk (›The Governor's lady‹, 1960, dt. ›Die Gattin des Gouverneurs‹), das Fernsehen (›The generations‹, Trilogie, 1961–63) und die Bühne (›Belcher's luck‹, 1966, dt. ›Belcher im Glück‹; ›Flint‹, 1970, dt.; ›After Haggerty‹, 1970, dt.). Er beschäftigte sich v. a. mit der Problematik des Klassen- und des Generationenkonflikts, mit der Unterdrückung im Kommunismus (›Cousin Vladimir‹, 1978) und mit Fragen der Psychotherapie (›In two minds‹, 1967).

Ausgaben: On the eve of publication and other plays (1970); The collected TV-plays, 2 Bde. (1981–82).
The quality of M. A bibliography, hg. v. F. JARMAN u. a. (Brighton 1974).

2) Johnny, eigtl. **John Herndon M.,** amerikan. Sänger (Jazz) und Textdichter, * Savannah (Ga.) 18. 11. 1909, † Los Angeles (Calif.) 25. 6. 1976; sang u. a. im Orchester P. WHITEMAN und bei B. GOODMAN sowie im Duett mit B. CROSBY; schrieb zahlr. Texte zu bekannten Filmsongs und Jazzstandards (u. a. ›Jeepers creepers‹, ›Moon river‹).

Mercerisieren, das →Merzerisieren.

Merchandising [ˈmɜːtʃəndaɪzɪŋ; engl., zu to merchandise ›(durch Werbung) den Absatz steigern‹] *das, -s,* uneinheitlich gebrauchter Begriff, der i. w. S. alle auf die Ware bezogenen Marketingaktivitäten eines Handelsbetriebes umfasst; i. e. S. alle absatzstimulierenden Maßnahmen am Ort des Verkaufs im Zusammenhang mit der Warenpräsentation (z. B. Produktplatzierung u. a. Werbemaßnahmen, aber auch Regalservice, Preisauszeichnung). Soweit Personal des Herstellers eingesetzt wird, spricht man auch von **Merchandisern.** (→Verkaufsförderung)

Merchant Adventurers [ˈmɜːtʃənt ədˈventʃərəz; engl. ›wagemutige Kaufleute‹], die größte engl. Kaufmannsgilde, entstand im 14. Jh. als lose Vereinigung

Meran: Passerpromenade mit Pulverturm

Gerhard Mercator (Ausschnitt aus einem Kupferstich; 1574)

und erhielt 1407 ein Privileg für den Tuchhandel, den es v. a. mit den Niederlanden, Friesland und Hamburg trieb. Unter ELISABETH I. als Korporation anerkannt (Freibrief von 1564), erreichten sie mit 4000 Mitgl. ihre größte Machtstellung; sie drängten die dt. Hanse aus ihrer führenden Stellung im engl. Handel zurück. Ihr Monopol wurde 1689 aufgehoben; ihre Niederlassung in Hamburg (1567 gegr.) bestand jedoch bis in die Zeit der 1806 errichteten Kontinentalsperre fort.

Merchant Banks ['mə:tʃənt bæŋks; engl. ›Handelsbanken‹], urspr. reine Handelsunternehmen, heute private Spezialbanken v. a. in Großbritannien, die neben Bank- auch Handelsgeschäfte (v. a. Finanzierung von Ex- und Importgeschäften durch Akzeptkredite) betreiben. Zu den M. B. zählen in Großbritannien auch die Accepting Houses (Akzeptbanken, die als Universalbanken für die Industrie dienen) und die Issuing Houses (Emissionsbanken, die eine Garantie für die Unterbringung der Wertpapiere übernehmen). Die M. B. pflegen das Devisen-, Emissions- und Euromarktgeschäft, betreiben langfristige Finanzierungsgeschäfte, nehmen in größerem Umfang Einlagen entgegen und sind im Bereich Vermögensverwaltung sowie bei der Vermittlung und Finanzierung von Unternehmenszusammenschlüssen und -übernahmen (Mergers & Acquisitions) tätig.

Merchweiler, Gem. im Landkreis Neunkirchen, Saarland, 11 500 Ew.; Rosengarten (im Ortsteil Wemmetsweiler); Wohngemeinde, Presseverlag.

Mercia [engl. 'mə:sɪə, auch 'mə:ʃɪə], eines der sieben angelsächs. Königreiche (→Angelsachsen); erstreckte sich von der Nordsee entlang des Trent bis nach Wales. Sein erster bedeutender König war PENDA (um 632–654, †654), der M. aus der Oberheit Northumbrias löste (Siege über dessen Könige EDWIN, 632, und OSWALD, 641) und das Reich stark erweiterte. Es bildete die angelsächs. Vormacht unter König OFFA (757–796), verlor jedoch seine Selbstständigkeit 825 durch die Niederlage gegen →EGBERT, König von Wessex. In der 2. Hälfte des 9. Jh. von Einfällen der dän. Wikinger betroffen, wurde es 877 in ein dän. und angelsächs. Gebiet geteilt und 918 von EDUARD D. Ä., König von Wessex, annektiert.

F. M. STENTON: Anglo-Saxon England (Oxford ³1971, Nachdr. ebd. 1988).

Mercier [mɛr'sje], 1) Désiré, belg. kath. Theologe, * Eigenbrakel (bei Brüssel) 21. 11. 1851, † Brüssel 23. 1. 1926; wurde 1882 Prof. für scholast. Philosophie in Löwen und gründete dort das ›Institut Supérieur de Philosophie‹. 1906 wurde er Erzbischof von Mecheln, 1907 Kardinal; einer der führenden Vertreter der →Neuscholastik. 1921–25 führte er die →Mechelner Gespräche mit anglikan. Theologen.

Werk: Cours de philosophie, 4 Bde. (1884–99).

2) Louis Sébastien de, frz. Schriftsteller, * Paris 6. 6. 1740, † ebd. 25. 4. 1814. Sein bekanntestes Prosawerk, der utop. Roman ›L'an deux mille quatre cent quarante. Rêve s'il en fût jamais‹ (1771; dt. ›Das Jahr 2440. Ein Traum aller Träume‹) spiegelt die Ideen der frz. Aufklärung; mit theoret. Werken, bes. ›Du théâtre ou nouvel essai sur l'art dramatique‹ (1773; dt. ›Neuer Versuch über die Schauspielkunst‹) und seinen Dramen (u. a. ›La brouette du vinaigrier‹, 1769; dt. ›Der Schubkarren des Essighändlers‹) wandte er sich – an SHAKESPEARE orientiert – gegen das klassizist. Drama und wurde zu einem Wegbereiter des bürgerl. Schauspiels. In seinen kulturhistor. Werken (›Tableau de Paris‹, 12 Bde., 1781–88; dt. ›Paris, ein Gemälde‹, auch u. d. T. ›Paris am Vorabend der Revolution‹, und ›Le nouveau Paris‹, 2 Bde., 1788–1800; dt. ›Das neue Paris‹) vermittelt er ein detailgenaues Bild der zeitgenöss. frz. Gesellschaft. Er übersetzte auch SCHILLER, A. POPE und SHAKESPEARE.

Merck, Johann Heinrich, Pseudonym **Johann Heinrich Reimhardt d. J.,** Schriftsteller und Kritiker, * Darmstadt 11. 4. 1741, † (Selbstmord) 27. 6. 1791; zeitweiliger Mitherausgeber der ›Frankfurter gelehrten Anzeigen‹ sowie Mitarbeiter an C. M. WIELANDS ›Teutschem Merkur‹ und F. NICOLAIS ›Allgemeiner dt. Bibliothek‹, Mittelpunkt des →Darmstädter Kreises. Bedeutend als krit. Beobachter der zeitgenöss. Literatur und durch seinen Einfluss auf J. G. HERDER, GOETHE, J. G. A. FORSTER u. a. Seine kleinen Romane (›Geschichte des Herrn Oheims‹, 1781; ›Lindor, eine bürgerlich-dt. Geschichte‹, 1781) enthalten unverhüllte Anklagen gegen die Adelswelt, der das ländl. Leben als positives Bild entgegengestellt wird.

Ausgaben: Schrr. u. Briefwechsel, hg. v. K. WOLFF, 2 Bde. (1909); Briefe, hg. v. H. KRAFT (1968); Werke, hg. v. A. HENKEL (1968).

N. HAAS: Spätaufklärung. J. H. M. zw. Sturm u. Drang u. frz. Revolution (1975).

Merck, Finck & Co., eine der bedeutendsten dt. Privatbanken; gegr. 1870, Sitz: München; die Bank wurde 1990 von der Barclays Bank PLC (früher Ltd.), London, übernommen.

Merck-Gruppe, weltweit tätige Unternehmensgruppe der chemisch-pharmazeut. Industrie; Sitz: Darmstadt; entstanden aus der 1654 gegründeten Engel-Apotheke in Darmstadt (seit 1668 der Familie Merck gehörend); die Arzneimittelfabrikation wurde 1827 (Gründungsjahr der Firma) unter HEINRICH EMANUEL MERCK (* 1794, † 1855) aufgenommen. Obergesellschaft der M.-G. ist seit 1995 die **Merck KGaA**; die meisten ausländ. Tochter- und Beteiligungsgesellschaften (weltweit über 230) sind über die Merck AG, Zug (Schweiz), und die Lipha-Gruppe, Lyon (Frankreich), mit der M.-G. verbunden. Mehrheitsaktionär ist die Familie Merck; Umsatz (1996): 6,95 Mrd. DM, Beschäftigte: rd. 28 700.

Merckx [mɛrks], Eddy, belg. Radrennfahrer, * Meensel-Kiezegem (Prov. Brabant) 17. 6. 1945; gewann u. a. 1969–72 und 1974 die Tour de France sowie 1968, 1970, 1972–74 den Giro d'Italia; 1967, 1971 und 1974 Straßenweltmeister der Berufsfahrer. Beendete im Mai 1978 seine aktive Laufbahn.

Mercosur, Kurz-Bez. für **Mercado Común del Cono Sur,** dt. **Gemeinsamer Markt im südlichen Lateinamerika,** regionale Wirtschaftsgemeinschaft in Lateinamerika; gegr. am 26. 3. 1991 durch den Vertrag von Asunción (Paraguay), in Kraft getreten am 1. 1. 1995. Gründungs-Mitgl. sind Argentinien, Brasilien, Paraguay und Uruguay; Chile ist seit 1. 10. 1996 assoziiertes Mitgl. Wichtigste Ziele: Durchsetzung des freien Waren- und Dienstleistungsverkehrs durch stufenweisen Abbau von Zöllen u. a. Handelshemmnissen zw. den Mitgl.-Staaten (Zollunion), Handelsliberalisierung mit Drittstaaten und Staatengruppen sowie Schaffung eines gemeinsamen Außenzollsystems, Koordinierung der Wirtschaftspolitik. Oberstes Organ ist der Rat des Gemeinsamen Marktes, bestehend aus den Außen- und den Wirtschafts-Min.; er tagt jährlich als Gipfelkonferenz mit den Staatspräsidenten. Als Exekutive dient die Gruppe des Gemeinsamen Marktes; Sitz des Sekretariats ist Montevideo.

Mercosur: Wirtschaftsdaten der Mitgliedsländer				
Staat	Bruttosozialprodukt je Ew. 1995 in US-$	durchschnittliche Wachstumsrate[1] 1985–95 in %	jährliche Inflationsrate 1985–95 in %	Schuldendienst[2] in % der Ausfuhr 1995
Argentinien	8030	1,8	255,6	34,7
Brasilien	3640	−0,8	875,3	37,9
Paraguay	1690	1,2	24,9	10,2[3]
Uruguay	5170	3,1	70,7	7,5

[1] Wachstumsrate des Bruttosozialprodukts je Einwohner. – [2] Zins- und Tilgungszahlen für Auslandsschulden. – [3] Angaben für 1994

Der M. ist nach der NAFTA der zweitgrößte Wirtschaftsverbund auf dem amerikan. Kontinent (1995: rd. 200 Mio. Ew. auf 11,8 Mio. km², Bruttoinlandsprodukt [BIP] 715 Mrd. US-$). Von großer Relevanz für den Integrationsprozess ist die Entwicklung des intraregionalen Handels zw. den Mitgl.-Staaten, dessen Umfang sich von (1991) 4,2 Mrd. US-$ auf (1996) 17,0 Mrd. US-$ erhöhte. Hauptprobleme des M. sind die unterschiedlichen Entwicklungsstufen der beteiligten Volkswirtschaften sowie gewisse Rivalitäten zw. Argentinien und Brasilien. Am 25. 6. 1996 wurde mit Bolivien der schrittweise Abbau von Zöllen und Handelsschranken vereinbart, über eine Annäherung der übrigen Mitgl.-Staaten des Andenpakts an den M. wird verhandelt. Die Staats- und Reg.-Chefs der EU- und der M.-Staaten unterzeichneten am 15. 12. 1995 ein internat. Rahmenabkommen über polit., kulturelle, wirtschaftl. und handelspolit. Zusammenarbeit, das zur schrittweisen Errichtung einer Freihandelszone (geplant ist 2002) und zur Liberalisierung des Agrarhandels sowie des Kapitalverkehrs führen soll. Geplant sind ferner Kooperationen in den Bereichen Umweltschutz, Verkehr, Wiss. und Forschung.

Mercouri [-ˈku-], **Merkuri,** Melina, griech. Schauspielerin und Politikerin (PASOK), * Athen 18. 10. 1925, † New York 6. 3. 1994, ⚭ mit J. DASSIN; wurde durch Theater- und Filmrollen sowie als Sängerin von (polit.) Chansons bekannt; 1967–74 wegen ihres Kampfes gegen die Militärjunta ausgebürgert; seit 1977 Mitgl. des Parlaments, 1981–85 Min. für Kultur und Wissenschaften, 1985–89, erneut ab 1993 für Kultur, Jugend und Sport.

Filme: Sonntags nie (1959; daraus ›Ein Schiff wird kommen‹); Phaedra (1961); A dream of passion (1978). – *Autobiographie:* I was born Greek (1971; dt. Ich bin als Griechin geboren).

Mercure de France [mɛrkyrdəˈfrɑ̃s], Titel frz. Zeitschriften: **1)** Literatur- und Kulturzeitschrift, die 1672 von JEAN DONNEAU DE VISÉ (* 1638, † 1710) als ›Mercure galant‹ gegründet wurde, u. a. 1724–91 als ›M. de F.‹, bis 1797 als ›Mercure français‹, dann wieder (bis zur Einstellung 1825) unter dem ursprüngl. Namen erschien. Mitarbeiter waren u. a. VOLTAIRE, N. DE CHAMFORT, B. H. CONSTANT DE REBECQUE.

2) Literaturzeitschrift, gegr. 1889 von ALFRED VALLETTE (* 1858, † 1935) mit J. MORÉAS, R. DE GOURMONT u. a.; Organ der Symbolisten; erschien vom 1. 1. 1890 (mit Unterbrechung vom 1. 6. 1940 bis 1. 12. 1946) bis Juli/August 1965; zu den Mitarbeitern gehörten u. a. A. GIDE, P. CLAUDEL, G. APOLLINAIRE.

Der 1893 gegründete Verlag gleichen Namens gab u. a. Werke von A. RIMBAUD, M. MAETERLINCK, GIDE, CLAUDEL und G. DUHAMEL heraus.

Mercuri..., Mercuro..., veralteter Namensbestandteil der chem. Nomenklatur, kennzeichnend für zwei- bzw. einwertige →Quecksilberverbindungen.

Mercurius, der röm. Gott →Merkur.

Mercury-Programm [ˈməːkjʊri-], erstes bemanntes amerikan. Raumfahrtprogramm der NASA mit sechs Flügen zw. 1961 und 1963, davon vier bemannte auf Erdumlaufbahnen. Mit Einmannkapseln wurde im Erdorbit die Leistungsfähigkeit der Astronauten unter Schwerelosigkeit untersucht sowie die Rückkehr und Bergung der Mercury-Kapseln erprobt. Nachfolgeprogramm war das →Gemini-Programm.

Mercy [mɛrˈsi], **1)** Anton Graf **M. d'Argenteau** [-darʒãˈto], österr. Feldmarschall, * Lothringen 20. 11. 1692, † Osijek 22. 1. 1767, Neffe und Adoptivsohn von 2); kämpfte im Türkenkrieg 1737–39 und im Österr. Erbfolgekrieg (1740/1741–48). Seit 1754 Gouv. von Slawonien, setzte er das Kulturwerk seines Onkels fort.

2) Claudius Florimund Graf von (seit 1720), kaiserl. Feldmarschall, * Longwy 1666, † (gefallen) Crocetta (bei Parma) 29. 6. 1734, Enkel von 4), Onkel und Adoptivvater von 1); Heerführer im Span. Erbfolgekrieg (1701–13/14), im Türkenkrieg (1716–18) und im Poln. Thronfolgekrieg (1733–35/38), in dem er fiel. Seit 1720 war M. Gouv. des Banat, wo er im Auftrag des Prinzen EUGEN von Savoyen-Carignan bedeutende kolonisator. Leistungen (neuzeitl. dt. Ostsiedlung) vollbrachte.

3) Florimund Graf **M. d'Argenteau** [-darʒãˈto], österr. Diplomat, * Lüttich 20. 4. 1727, † London 26. 8. 1794, Großneffe von 2); wurde 1780 Gesandter in Paris und 1790 in London; er war Vertrauter von Königin MARIE ANTOINETTE in Paris und Ratgeber ihrer Mutter MARIA THERESIA in Wien.

4) Franz (II.) Freiherr von, bayer. und österr. Feldmarschall, * Longwy um 1580/90, † (gefallen) bei Alerheim (bei Nördlingen) 3. 8. 1645, Großvater von 2); einer der fähigsten Heerführer des Dreißigjährigen Krieges auf kaiserl. Seite; brachte H. TURENNE die einzige Niederlage (5. 5. 1645 bei Mergentheim) bei. – M. war Mitgl. der Fruchtbringenden Gesellschaft.

Mer de Glace [mɛrdəˈglas; frz. ›Eismeer‹], Gletscher an der frz. N-Seite des Montblanc, entsteht aus der Vereinigung der Glaciers du Géant, de Leschaux und du Talèfre, insgesamt 33 km² groß, 12 km lang; endet steil als Glacier des Bois bei 1 180 m ü. M.

Méré [meˈre], Antoine **Gombaud** [gɔ̃ˈbo] Chevalier de, frz. Schriftsteller, * Manoir de Méré (heute zu Bouëx, Dép. Charente) Ende März oder Anfang April 1607, † Schloss Beaussais (bei Niort) 29. 12. 1684; seine Schriften (u. a. ›Conversations‹, 1669; ›Des agréments‹, 1677; ›De l'esprit‹, 1677; ›De la conversation‹, 1677) kreisen um die ›honnêteté‹ und das das 17. Jh. kennzeichnende Ideal des ›honnête homme‹ als des vollkommenen Gesellschaftsmenschen.

...mere, Wortbildungselement, →mero...

Mereau [meˈro], Sophie, geb. **Schubart,** Schriftstellerin, * Altenburg 28. 3. 1770, † Heidelberg 31. 10.

Mer de Glace an der Nordseite des Montblanc-Massivs

Melina Mercouri

Mercury-Programm: Bemannte Raumflüge auf Erdumlaufbahnen				
Name	Besatzung	Start	Zahl der Erdumläufe	Flugdauer h:min
M.-Atlas 6	J. Glenn	20. 2.1962	3	4:55
M.-Atlas 7	S. Carpenter	24. 5.1962	3	4:56
M.-Atlas 8	W. Schirra	3.10.1962	6	9:13
M.-Atlas 9	G. Cooper	15. 5.1963	22	34:20

1806; heiratete in zweiter Ehe C. BRENTANO; veröffentlichte Beiträge in SCHILLERS ›Musenalmanach‹ und in den ›Horen‹. M. schrieb romantisch-klassizist. ›Gedichte‹ (1800–02, 2 Bde.) und Romane (›Das Blüthenalter der Empfindung‹, 1794); daneben zahlr. Übersetzungen (u. a. BOCCACCIOS ›Fiametta‹).

Meredith [ˈmerədiθ], **1)** George, engl. Schriftsteller, * Portsmouth 12. 2. 1828, † Flint Cottage (bei Dorking, Cty. Surrey) 18. 5. 1909; war u. a. als Journalist und Verlagslektor tätig und veröffentlichte zunächst Gedichte und Essays. Seine realistisch-psycholog. Romane, z. B. ›The ordeal of Richard Feverel‹ (1859, 3 Bde.; dt. ›Richard Feverels Prüfung‹), ›The egoist‹ (1879, 3 Bde.; dt. ›Der Egoist‹) und der einzige populäre Erfolg ›Diana of the crossways‹ (1885, 3 Bde.; dt. ›Diana vom Kreuzweg‹), widmen sich viktorian. Themen wie sozialem Aufstieg, individueller Bildung, moral. Erneuerung sowie dem Thema der Frauenemanzipation; die Handlung tritt gegenüber Dialog und didakt. Reflexion zurück. Die späten Werke, wie ›One of the conquerors‹ (1891, 3 Bde.) oder ›The amazing marriage‹ (1895, 2 Bde.), sind noch stärker durch den komplexen, reflexiven und metaphernreichen Stil geprägt. M., der neben den idealen Helden oft komisch gezeichnete Nebenfiguren auftreten lässt, verfasste auch einen wichtigen Essay ›On the idea of comedy and the uses of the comic spirit‹ (1877; dt. ›Ein Essay über die Komödie und den Nutzen des kom. Geistes‹). In seinen Gedichten (›Modern love‹, 1862; ›Poems and lyrics of the joy of earth‹, 1883) verschmelzen Einflüsse der Romantik, des Positivismus sowie der Präraffaeliten zu einer eigenwilligen Synthese.

Weitere Werke: *Romane:* Evan Harrington, 3 Bde. (1861); Rhoda Fleming, 3 Bde. (1865; dt.); Beauchamp's career, 3 Bde. (1876); Lord Ormond and his Aminta, 3 Bde. (1894).

Ausgaben: The works. Memorial edition, 29 Bde. (1909–12, Nachdr. 1968); The poems of G. M., hg. v. P. B. BARTLETT, 2 Bde. (1978). – Ges. Romane, 4 Bde. (1904–08).

L. STEVENSON: The ordeal of G. M. (Neuausg. New York 1967); G. BEER: M. A change of masks (London 1970); K. L. PFEIFFER: Bilder der Realität u. die Realität der Bilder (1981); R. MUENDEL: G. M. (Boston, Mass., 1986).

2) Oliver Burgess, amerikan. Schauspieler, * Cleveland (Oh.) 16. 11. 1907, † Malibu (Calif.) 10. 9. 1997; Charakterdarsteller der Bühne, des Fernsehens und des Films; auch Regisseur.

Filme: Von Mäusen u. Menschen (1939); Sturm über Washington (1961); Rocky I–III (1976–81); Santa Claus (1985); Goldjagd (1985); King Lear (1987); Batman (1989).

Merenptah, Meneptah, ägypt. König (1224–1214 v. Chr.) der 19. Dynastie, Sohn und Nachfolger von RAMSES II. Er schlug eine große libysche Invasion zurück und kämpfte gegen Völker, die vom Mittelmeer her nach Ägypten eindrangen. Auf einem Siegesdenkmal des M. erscheint erstmals der Name Israel; umstritten ist, ob M. der Pharao des Exodus ist.

Mereologie [zu griech. méros ›Teil‹] *die,* -, die mit formalen Mitteln entwickelte Theorie der Relation von Teil und Ganzem (zu unterscheiden von der Relation Element/Menge). Die M. wurde 1916 von S. LESNIEWSKI unter Rückgriff auf Ansätze von E. HUSSERL entwickelt und von ihm v. a. als alternative Begründung der Mathematik propagiert. Sie findet, nachdem sie lange in Vergessenheit geraten war, heute wieder verstärkt Beachtung.

Mereschkowskij, Merežkovski [-ʃ-], Dmitrij Sergejewitsch, russ. Schriftsteller, * Sankt Petersburg 14. 8. 1865, † Paris 9. 12. 1941; seit 1889 ∞ mit SINAIDA HIPPIUS, mit der er 1919 nach Paris emigrierte; Mitbegründer des russ. Symbolismus. M. begann mit Lyrik, widmete sich dann zunehmend philosophisch-religiösen Problemen. Seine Grundthese, die europ. Kultur und Geschichte sei ein ständiger Kampf zw. Christentum und Heidentum, zw. Geist und Leib, bestimmte weitgehend auch seine belletrist. und kritisch-

Bad Mergentheim: Deutschmeisterschloss; im Kern 13. Jh., ab 1568 umgebaut

essayist. Arbeiten. So deutet er in der Romantrilogie ›Christos i Antichrist‹ (1896–1905; dt. ›Christ und Antichrist‹) die europ. Geschichte von der Antike über die ital. Renaissance bis zum Russland PETERS D. GR. als Kampf dieser Prinzipien; in seinem Essay ›Tolstoj i Dostoevskij‹ (1901; dt. ›Tolstoi und Dostojewski‹) versucht er, beide Erzähler durch den Gegensatz von Leiblichkeit und Geistigkeit zu kennzeichnen.

Weitere Werke: *Lyrik:* Stichotvorenija. 1883–1887 (1988). – *Trilogie:* Pavel I. (1908, Dr.; dt. Kaiser Pauls Tod), Aleksandr I. (1913, R.; dt. Alexander der Erste), 14 dekabrja (1918, R.; dt. Der vierzehnte Dezember). – *Romane:* Tutankamon na Krite (1925; dt. Tut-ench-amon auf Kreta); Messija (1926–27; dt. Der Messias). – *Essays:* Večnye sputniki (1897; dt. Ewige Gefährten); Gogol' i čort (1906; dt. Gogol u. der Teufel).

Ausgabe: Polnoe sobranie sočinenij, 24 Bde. (²1914–16; Nachdr. 1973, 6 Bde.).

U. SPENGLER: D. S. Merežkovskij als Literaturkritiker (Luzern 1972); C. H. BEDFORD: The seeker D. S. Merezhkovskiy (Lawrence, Kans., 1975); B. G. ROSENTHAL: Dmitri Sergeevich Merezhkovsky and the Silver age (Den Haag 1975).

Merfelder Bruch, Landschaft bei →Dülmen, mit Wildgestüt (→Dülmener).

Merg, El-M. [-dʒ], Stadt in Libyen, →Al-Mardj.

Mergel [von mlat. margila, zu lat. marga ›Mergel‹ (kelt. Ursprungs)], Sammel-Bez. für Sedimentgesteine, die v. a. aus Ton und Kalk (Calcit) bestehen.

Mergenthaler, Ottmar, Uhrmacher, Feinmechaniker, * Hachtel (heute zu Bad Mergentheim) 11. 5. 1854, † Baltimore (Md.) 28. 10. 1899; wanderte 1872 in die USA aus und arbeitete in Baltimore (Md.) in der Instrumentenbaufirma seines Vetters. 1884 erfand er die erste brauchbare Zeilensetzmaschine (›line of types‹, Linotype; erstmals 1886 bei der ›New York Tribune‹ angewendet).

Mergentheim, Bad M., Große Kreisstadt im Main-Tauber-Kreis, Bad.-Württ., im Taubertal, 206–435 m ü. M., 22 500 Ew. Bad M. ist ein bedeutendes Heilbad, dessen Glauber- und Bittersalzquellen zu Trinkkuren, bes. bei Gallen- und Lebererkrankungen, angewendet werden. Maschinen- und Apparatebau, Mess-, Steuer- und Regelungstechnik, Parkettfabrik, Glasherstellung. Weinbau im Ortsteil Markelsheim. – Das Deutschmeisterschloss (Kern 13. Jh.) wurde ab 1568 im Renaissancestil umgebaut (Deutschordensmuseum; klassizist. Kapitelsaal, 1778–82); doppeltürmige barocke Schlosskirche (1730–36). In der ehem. Dominikanerkirche St. Maria (got. Chor 14. Jh., Langhaus 1879 neugotisch umgebaut) Bronzeepitaph der Werkstatt der Familie VISCHER (1539). Die kath. Münsterkirche St. Johannes ist eine weiträumige frühgot. Basilika (13. Jh.) mit ornamentaler Ausmalung von 1584 und siebenstöckiger Turmmonstranz; am Marktplatz Rathaus (1562–64) mit Treppengiebeln. – Im Ortsteil Stuppach kath. Pfarrkirche St. Maria

(1607) mit einer Marientafel von M. GRÜNEWALD aus der Maria-Schnee-Kapelle in Aschaffenburg. – Das 1058 erstmals erwähnte M. kam 1219 durch Schenkung der Hohenlohe an den Dt. Orden. Es erhielt 1340 Stadtrechte. 1527–1809 war M. Sitz des Hoch- und Deutschmeisters. 1809 fiel die Stadt an Württemberg. Nach Wiederentdeckung einer Bittersalzquelle 1826 wurde M. Bäderstadt.

G. HERMES: M. u. Umgebung (1967); Horneck, Königsberg u. M. Zu Quellen u. Ereignissen in Preußen u. im Reich vom 13. bis 19. Jh., hg. v. U. ARNOLD (1980).

Mergers & Acquisitions [ˈmɔːdʒəs ənd ækwɪˈzɪʃnz, engl.], Abk. **M & A**, Bez. für einen Geschäftszweig von Banken, Finanz- und/oder Unternehmensberatern, die als dritte Partei bei der Planung, prakt. Durchsetzung und Kontrolle von Unternehmenszusammenschlüssen (Mergers) und Unternehmensübernahmen (Acquisitions) tätig werden. Gegen Provision werden verschiedene Dienstleistungen (z. B. Objektbzw. Käufersuche, Objektbewertung, Finanzierung, Beratungen unterschiedlicher Art) angeboten. Je nach Käufer, Objekt oder Finanzierungsart sind M & A begrifflich verschiedene Buy-out-Verfahren (z. B. →Management-Buy-out) zuzuordnen. Für die Übernahme börsennotierter Unternehmen wurden in Dtl. 1995 freiwillige Verhaltensregeln verabschiedet (Übernahmekodex), die die Transparenz derartiger Transaktionen verbessern und v. a. die Interessen der Kleinanleger schützen sollen. So wird z. B. dem Erwerber auferlegt, innerhalb von 18 Monaten nach Überschreiten eines Stimmrechtsanteils von 50 % den anderen Aktionären eine im Verhältnis zum Börsenpreis angemessene Offerte für die restl. Aktien zu unterbreiten (Pflichtangebot und Preisregel).

Sibylla Merian: Spanischer Pfeffer; kolorierter Kupferstich aus dem Werk ›Metamorphosis insectorum Surinamensium‹, 1705

Merguiarchipel [engl. məˈgwiː-], Inselgruppe in der Andamanensee, zu Birma, zw. 9° und 13° n. Br., rd. 900 Inseln, von denen King Island (Kadan Kyun), Kisseraing Island (Kanmaw Kyun), Domel Island (Letsôk-aw Kyun), Sullivan Island (Lanbi Kyun), Sellore Island (Saganthit Kyun) und Saint Matthew's Island (Zedetkyi Kyun) die größten sind; gebirgig, Mangrovenküsten, trop. Regenwald; durch die →Moken besiedelt; Kautschukplantagen auf einigen Inseln; Zinn- und Wolframerzabbau, Perlen- und Trepangfischerei.

Meri, 1) Lennart, estn. Politiker und Schriftsteller, * Reval 29. 3. 1929; wuchs als Sohn eines estn. Diplomaten bis 1939 in Frankreich und Dtl. auf. Nach Estland zurückgekehrt, wurde er nach Verurteilung seines Vaters (der nach einem nicht vollstreckten Todesurteil in Haft blieb) 1941 zus. mit Mutter und Bruder nach Sibirien deportiert (bis 1946). Nach Geschichtsstudium (bis 1953 in Dorpat) wurde ihm die Arbeit als Historiker untersagt; daraufhin betätigte er sich u. a. als Dramaturg an einem Theater in Dorpat, nahm an ethnolog. Expeditionen zu finnougr. u. a. Völkern in Mittelasien teil und war als Dokumentarfilmer, Radiojournalist und Übersetzer tätig. Er schrieb literarisch niveauvolle Reisebücher, u. a. ›Laevapoisid rohelisel ookeanil‹ (1961) und ›Hõbevalge‹ (1976).

Politisch ab Mitte der 80er-Jahre in der Autonomiebewegung engagiert, war er nach Ausrufung der Unabhängigkeit Estlands 1990–92 Außen-Min. und 1992 kurzzeitig Botschafter in Finnland. Seit Oktober 1992 ist M. Staatspräs. (im September 1996 Wiederwahl).

2) Veijo Vainö, finn. Schriftsteller, * Viipuri (heute Wyborg) 31. 12. 1928; gilt als internat. bekanntester zeitgenöss. finn. Erzähler; Verfasser von Romanen und Erzählungen, in denen er in den extremen Situationen des Krieges das Absurde menschl. Existenz konkretisiert sieht; schrieb auch für das Theater, Hörspiele und Essays. Seine Sprache ist dicht, humorig und jargonsicher.

Werke (finn.): *Romane:* Das Manilaseil (1957; dt.); Die Ereignisse des Jahres 1918 (1960); Der Wortbruch (1961; dt.); Die Frau aus dem Spiegel (1963; dt.); Das Garnisonstädtchen (1971; dt.). – *Dramen:* Der Hochzeitsurlaub des Soldaten Jokisen (1965; dt.); Der Tod des Dichters 1985). – *Erzählungen:* Der Töter (1967, dt. Ausw.). – *Biographien:* Das Leben von Aleksis Kivi (1973; dt.); Der Marschall Finnlands, C. G. Mannerheim (1988). – *Essays:* Amleth und andere Hamlets (1992). – *Histor. Abhandlungen:* Auf der Erde die Scharniere des Himmels. Die Geschichte der Finnen bis zum Jahr 1814 (1993); Schlechte Wege, gute Pferde. Das Finn. Großherzogtum bis zum Jahr 1870 (1994).

Merian, monatlich erscheinende Kultur- und Reisezeitschrift, gegr. 1948 im Hoffmann und Campe Verlag, Hamburg; mit Themenheften über einzelne Städte, Landschaften oder Länder; Auflage pro Ausgabe (1995) 197 900.

Merian, 1) Maria Sibylla, Malerin, Kupferstecherin und Naturforscherin, * Frankfurt am Main 2. 4. 1647, † Amsterdam 13. 1. 1717, Tochter von 2) und Schwester von 3); Schülerin von ABRAHAM MIGNON (* 1640, † 1679); sie malte und stach realist. Insekten- und Blumenbilder von wissenschaftlich-künstler. Wert. Sie war tätig in Nürnberg (1668–82), dann in Frankfurt am Main und ab 1685 in den Niederlanden. 1699–1701 hielt sie sich in Surinam auf, wo sie Studien für ihr Hauptwerk ›Metamorphosis insectorum Surinamensium‹ (1705) betrieb.

Weitere Werke: Der Raupen wunderbare Verwandelung u. sonderbare Blumen-Nahrung ..., 2 Tle. (1679–83); Neues Blumenbuch (1680).

M. PFISTER-BURKHALTER: M. S. M. Leben u. Werk 1647–1717 (Basel 1980); E. RÜCKER: M. S. M. (1980); W. HOERNER: Der Schmetterling. Metamorphose u. Urbild. Eine naturkundl. Studie mit einer Lebensbeschreibung u. Bildern aus dem Werk der M. S. M. (1991); C. KERNER: Seidenraupe, Dschungelblüte. Die Lebensgeschichte der M. S. M. (⁶1995); N. Z. DAVIS: Drei Frauenleben. Glikl, Marie de l'Incarnation, M. S. M. (a. d. Amerikan., 1996); H. KAISER: M. S. M. (1997).

2) Matthäus, d. Ä., Kupferstecher und Verleger, * Basel 22. 9. 1593, † Langenschwalbach (heute Bad Schwalbach) 19. 6. 1650, Vater von 1) und 3); reiste 1610–19 in Frankreich, Dtl. und den Niederlanden, wirkte 1619–24 in Basel, danach in Frankfurt am Main, wo er 1624 den Verlag des Kupferstechers und Radierers JOHANN THEODOR DE BRY (* 1561, † 1623), seines Schwiegervaters, übernahm. Unter seiner Leitung entstanden die Illustrationen zur ›Biblia sacra‹ (1625–27). Er schuf ferner Illustrationen zu dem zeitgeschichtl. Monumentalwerk ›Theatrum Europaeum‹ (1635 ff.). Von überragender kulturgeschichtl. Bedeutung sind seine exakten Städtebilder zu MARTIN ZEILLERS (* 1589, † 1661) ›Topographia‹ (1642 ff.). Er

Lennart Meri

Matthäus Merian d. Ä.: Wasserburg am Inn; Kupferstich, um 1644

schuf auch Stadtpläne, u. a. von Basel (1615), Köln (1620) und Frankfurt am Main (1628).

Die Handzeichnungen von M. M. d. Ä., hg. v. L. H. WÜTHRICH (1963); DERS.: Das druckgraph. Werk von M. M. d. Ä., 4 Bde. (1966–96); Catalog zu Ausstellungen..., bearb. v. U. SCHNEIDER, Ausst.-Kat. Museum für Kunsthandwerk, Frankfurt am Main, u. a. (1993).

3) **Matthäus, d. J.**, Maler und Radierer, * Basel 25. 3. 1621, † Frankfurt am Main 15. 2. 1687, Sohn von 2) und Bruder von 1); Schüler von J. VON SANDRART, 1639 Gehilfe von A. VAN DYCK in London, 1641 bei S. VOUET und P. DE CHAMPAIGNE. Er übernahm 1650 den väterl. Verlag und setzte das ›Theatrum Europaeum‹ fort; schuf zahlr. Porträts, auch religiöse Bilder.

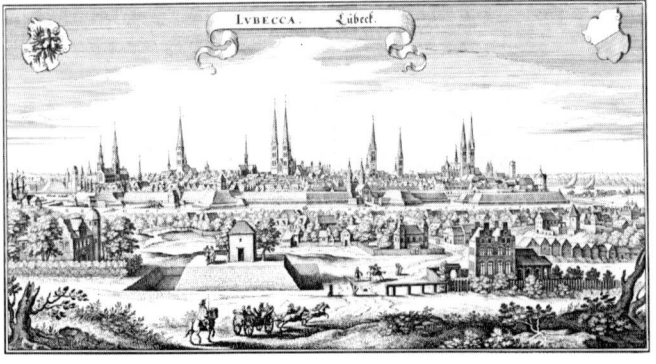

Matthäus Merian d. J.: Lübeck; Kupferstich, 1653

Méribel [meri'bɛl], Wintersportstation in den frz. Alpen, 1 600 m ü. M., in den →Trois-Vallées.

Meriç [-tʃ] *der*, türk. Name der →Maritza.

Merici [me'ri:tʃi], Angela, Gründerin der Ursulinen, →Angela, A. Merici.

Mérida, 1) Hauptstadt der Extremadura, Spanien, liegt in der Prov. Badajoz am mittleren Guadiana, 221 m ü. M., 51 200 Ew.; Nationalmuseum für röm. Kunst (1980–85 von J. R. MONEO); Zentrum eines Bewässerungsgebiets (Baumwollanbau, Weinbau, Ölbaumpflanzungen; Großviehzucht), Nahrungsmittel- und Konservenindustrie, Großviehmärkte, Schlachthäuser, Kork- und Tabakindustrie, Butangasfabrik; Eisenbahnknotenpunkt. – Gut erhaltene röm. Bauwerke: Triumphbogen des TRAJAN, zwei Aquädukte, Theater (16–14 v. Chr., im 2. Jh. n. Chr. erneuert, heute Festspielzentrum), Amphitheater, Villen (1. Jh.) mit Bodenmosaiken, Augustustempel im Barockpalast des Conde DE LOS CORBOS u. a. Tempel, Rundthermen und Brücke über den Guadiana (792 m lang, 64 Bögen); arab. Alcazaba (855 erbaut), darin tiefe Zisterne mit westgot. Spoliensäulen; Kirche Santa Maria la Mayor (13./15. Jh.). Die Bauten der Römerzeit und des frühen MA. gehören zum UNESCO-Welterbe. – M., als röm. Veteranenkolonie **Emerita Augusta (Augusta Emerita)** 24 v. Chr. von Kaiser AUGUSTUS an der röm. Via de la Plata (Silberstraße) gegründet, war eine der Distriktshauptstädte der röm. Provinz →Lusitania und wohl einer der ältesten Bischofssitze Spaniens (nachgewiesen seit etwa 250). Nach teilweisem Verfall unter den Westgoten erlebte M. unter den Arabern (713–1229) ein erneute Blüte.

2) Hauptstadt des Bundesstaates Yucatán, Mexiko, 35 km landeinwärts vom Hafen Progreso, 533 000 Ew.; Erzbischofssitz; Univ., Technikum, archäolog. Museum, zoolog. Garten; Handels- und Verarbeitungszentrum des Sisalanbaus; Nahrungs- und Genussmittelindustrie, Zementfabrik; Fremdenverkehr (Ausflüge zu Ruinenstätten der Maya: Uxmal, Chichén Itzá u. a.). – Schönstes der erhaltenen kolonialzeitl. Bauwerke ist die Casa Montejo (1549) mit platereskem Portal. Kathedrale (1562–98), eine dreischiffige Hallenkirche mit schlanken Glockentürmen; Palacio Montejo (1549ff.); Palacio Municipal (16. Jh.); Palacio Ejecutivo (1892; Sitz der Staats-Reg.); archäolog. Museum (v. a. Funde der Mayakultur). – 1542 von FRANCISCO DE MONTEJO D. J. an dem Platz der alten, von den Mayas verlassenen Stadt T'ho gegründet, wurde M. zum Ausgangspunkt der span. Eroberung Yucatáns und später Hauptstadt des Staates Yucatán.

3) Hauptstadt des Bundesstaates M., Venezuela, 1 625 m ü. M., 168 000 Ew.; in der **Kordillere von M.**, von hohen Bergen umgeben (Pico Bolivar: 5 007 m ü. M.), auf einer Schotterterrasse am Río Chama gelegen; Erzbischofssitz; Univ., landwirtschaftl. Forschungsinstitut; wirtschaftl. Aufschwung seit Fertigstellung der Andenstraße (Carretera Trasandina) 1925; Handelszentrum eines Agrargebiets (Zuckerrohr, Kaffee); Verarbeitung landwirtschaftl. Produkte, Textil- u. a. Industrie; höchste Drahtseilbahn der Erde auf den vergletscherten Pico Espejo (Bergstation 4 771 m ü. M.). – M. wurde 1558 gegründet.

4) Bundesstaat →Venezuelas.

Meridian [lat. (circulus) meridianus ›Äquator‹, eigtl. ›Mittagslinie‹, zu meridies ›Mittag‹, ›Süden‹] *der*, *-s/-e*, **1)** *Astronomie:* **Mittagskreis**, der durch Zenit, Nadir und die Himmelspole gehende Kreis am Himmel. Er steht auf dem Horizont senkrecht und schneidet diesen im **Nordpunkt (Mitternachtspunkt)** sowie im **Südpunkt (Mittagspunkt)**. Beide Punkte sind durch die **Mittagslinie** verbunden. Beim Durchgang durch den M. haben für den Beobachter die Gestirne ihre größte Höhe (**M.-, Mittagshöhe**) oder (12 Stunden später) ihre niedrigste Höhe (**Mitternachtstiefe**). (BILD →astronomische Koordinaten)

2) *Geographie:* die Pole verbindende, den Erdäquator rechtwinklig schneidende Linie konstanter geograph. Länge; bei Annahme einer kugelförmigen Erde ein halber Großkreis (**Längenkreis**, BILD →Erde), beim Erdellipsoid eine halbe Ellipse. Die **M.-Ebene** wird durch den M. und die Drehachse der Erde aufgespannt. (→Nullmeridian)

3) *Geophysik:* Die magnet. M. geben an jedem Ort die magnet. N-S-Richtung des →erdmagnetischen Feldes an; sie verlaufen ungefähr durch die magnet. Pole.

Meridiankonvergenz, *Geodäsie:* der im Uhrzeigersinn positiv gezählte Winkel zw. dem Ortsmeridian und einer Parallelen zum Hauptmeridian eines geodät. Koordinatensystems.

Meridiankreis, astronom. Fernrohr, das um eine waagerechte, in Ost-West-Richtung liegende Achse frei schwenkbar ist, sodass beim Drehen die opt. Achse den Himmelsmeridian markiert. Mit dem M. können die Höhe eines Sterns zum Zeitpunkt der oberen Kulmination (die so genannte Meridianhöhe) und der Zeitpunkt des Meridiandurchgangs mit sehr großer Genauigkeit bestimmt und daraus die Sternkoordinaten ermittelt werden. Der M. ist das Hauptinstrument zur astronom. Koordinatenbestimmung; es wurde 1689 von O. RÖMER erfunden.

Meridianpflanzen, andere Bez. für die →Kompasspflanzen.

Meridiantertile [lat. tertia ›dritte‹] *die, -/-n,* nautische Längeneinheit; der 3600. Teil einer Seemeile = 0,514 m.

meridional [spätlat. meridionalis ›mittägig‹],
1) *Geophysik:* die Längenkreise betreffend; parallel zu einem Längenkreis verlaufend.
2) *Optik:* auf den →Meridionalschnitt bezogen.

Meridionalschnitt, Hauptschnitt durch ein opt. System. Die durch einen M. gegebene **Meridionalebene** (in Darstellungen üblicherweise die Zeichenebene) enthält die opt. Achse sowie einen nicht auf dieser liegenden Objektpunkt und den zugehörigen Bildpunkt. Die in dieser Ebene verlaufenden Strahlen sind die **Meridionalstrahlen**. (→Sagittalschnitt)

...merie, Wortbildungselement, →mero...

Mérignac [meri'nak], Stadt im westl. Vorortbereich von Bordeaux, Dép. Gironde, W-Frankreich, 57 300 Ew.; Flugzeugbau, Glas-, Möbel-, Schuh- und Bekleidungsindustrie; Weinbau; Flughafen von Bordeaux.

Merimée [meri'me], Prosper, frz. Schriftsteller, * Paris 28. 9. 1803, †Cannes 23. 9. 1870; studierte Kunstwissenschaft und Archäologie, wurde 1831 Inspekteur der histor. Denkmäler Frankreichs und unternahm Reisen v. a. in den Mittelmeerraum. Sein Werk steht zw. Romantik und Realismus. 1825 erschien unter dem Pseud. Clara Gazul eine Reihe romant. Dramen nach span. Vorbild (›Théâtre de Clara Gazul‹; dt. ›Das Theater der span. Schauspielerin Clara Gazul‹), 1826 eine Balladensammlung unter dem Namen eines angeblich illyr. Dichters (›La Guzla ou choix de poésies illyriques‹); sein histor. Roman ›Chronique du règne de Charles IX‹, 1829; dt. ›Die Bartholomäusnacht‹) folgt dem Vorbild W. SCOTTS. Die ihm gemäße literar. Form fand M. in der Novelle (›Colomba‹, 1840, dt.; ›Carmen‹, 1845, dt.; danach G. BIZETS gleichnamige Oper). In ihr verband er eine von dramat. Spannung und prägnantem Lokalkolorit belebte und von leidenschaftl. Charakteren getragene Handlung. M. verfasste auch literaturkrit. sowie histor. und kunsthistor. Studien; seine Briefe und Reiseberichte sind wertvolle zeithistor. Dokumente. Ferner trat er als Übersetzer aus dem Russischen (A. S. PUSCHKIN, N. W. GOGOL, I. S. TURGENJEW) hervor.

Weitere Werke: Novellen: Mateo Falcone (1829; dt.); Le vase étrusque (1833; dt. Die etrusk. Vase); La vénus d'Ille (1837; dt. Die Venus von Ille). – *Reisebericht:* Notes d'un voyage en Corse (1840).

Ausgaben: Œuvres complètes, hg. v. P. TRAHARD u. a., 12 Bde. (1927–33); Correspondance générale, hg. v. M. PARTURIER u. a., 17 Bde. (1941–64); Nouvelles complètes, hg. v. P. JOSSERAND, 2 Bde. (Neuausg. 1984–85). – Ges. Werke, hg. v. A. SCHURIG, 4 Bde. (1924–26); Sämtl. Novellen, Anm. u. Nachwort v. W. HIRDT (1982).

P. TRAHARD: La jeunesse de P. M., 1803–1834 (Paris 1924); DERS.: P. M. de 1834 à 1853 (ebd. 1928); DERS.: La vieillesse de P. M. (ebd. 1930); DERS.: P. M. et l'art de la nouvelle (ebd. ³1952); A. W. RAITT: P. M. (London 1970); J. FREUSTIÉ: P. M. 1803–1870. Le nerveux hautain (Paris 1982); J. AUTIN: P. M. Écrivain, archéologue, homme politique (ebd. 1983).

Merín, Laguna M., Haff in Brasilien und Uruguay, →Mirim.

Merina, wichtigstes Volk der →Madagassen mit etwa 3,4 Mio. Angehörigen. Feldbau und Handwerk sind Grundlage ihrer Wirtschaft, heute üben die M. jedoch alle Berufe aus und leben zunehmend in Städten. Auf dem Land wohnen die M. in mit Gräben oder Mauern umgebenen Dörfern aus zweistöckigen Häusern mit steilem Strohdach. Das Reisanbauland ist im Besitz des Familienklans, der auch heute noch in der Dorfgemeinschaft eine zentrale Rolle spielt (kostspielige Familiengräber, große Totenfeiern). Die frühere soziale Schichtung mit Adel (Andriana), Freien (Hova, Howa) und den stärker negrid beeinflussten Sklaven (Andevo) ist noch erkennbar. – Im 16. Jh. entstand auf dem zentralen Hochland von →Madagaskar das Königreich der M., das bis zur Kolonisierung durch die Franzosen Ende des 19. Jh. den größten Teil der Insel beherrschte.

Mering, Joseph Freiherr von, Pharmakologe und Internist, * Köln 28. 12. 1849, † Halle (Saale) 5. 1. 1908; ab 1890 Prof. in Halle (Saale); erforschte den Diabetes mellitus, wobei er mit OSKAR MINKOWSKI (* 1858, † 1931) die Bedeutung der Bauchspeicheldrüse herausstellte, und entdeckte mit E. H. FISCHER die narkot. Wirkung der Barbiturate.

Meringe [frz.] *die, -/-n,* feines (mit Sahne gefülltes) Schaumgebäck aus Eischnee und Zucker.

Meriniden, Beni Marin, Banu Marin, Berberdynastie in Marokko (1269–1420/65). Sie bekämpften die Almohaden und nahmen 1248 Fès, 1269 Marrakesch ein. Sie griffen dann wie die Almohaden auf Spanien über (Schlacht bei Écija 1275; Einnahme Gibraltars 1309), mussten sich aber nach der Einnahme von Algeciras durch ALFONS XI. 1344 von dort zurückziehen. Nach längeren Kämpfen, auch mit den Portugiesen, und dynastischen Streitigkeiten erlagen die M. 1420 den Wattasiden. Der letzte Schattenherrscher der M. starb 1465. – Förderer von Kunst und Literatur; in Baukunst und -dekor kam es zu einer Nachblüte des →maurischen Stils.

M. SHATZMILLER: L'historiographie mérinide (Leiden 1982); A. KHANEBOUBI: Les premiers sultans mérinides (1269–1331), histoire politique et sociale (Paris 1987).

Merino: Merinolandschaf

Merino [span.] *der, -s/-s, Schafzucht:* urspr. in Spanien beheimatete Feinwollschafrasse, die weltweit zu den bedeutendsten Schafrassen zählt. Heute gibt es in Dtl. drei M.-Rassen: das **M.-Landschaf** entstand Ende des 18. Jh. durch Veredelung des württemberg. Landschafes; es ist ein robustes, weißes, mittelgroßes Schaf mit schräg nach vorne hängenden Ohren. Das M.-Landschaf ist marschfähig und zur Koppelschafhaltung geeignet; es zeichnet sich durch asaisonale Fortpflanzung aus, die Lämmer sind gut zur Mast geeignet; jährl. Wollmenge 4–5 kg; Hauptverbreitungsgebiet ist Süd-Dtl. Das **M.-Fleischschaf** entstand im 19. Jh. aus der M. unter Einkreuzung frz. M.-Kammwollschafe und engl. Fleischrassen. Das M.-Fleischschaf ist etwas kleiner als das M.-Landschaf, reinweiß, hornlos und mit großer Rumpfbreite und -tiefe; es ist von guter Fruchtbarkeit und guten Ablammergebnissen; jährl. Wollmenge 4,5–5 kg bei weibl. und 6–7 kg bei männl. Tieren; M.-Fleischschafe besitzen die beste Wollqualität aller M. Rassen. Hauptverbreitungsgebiete sind (in Dtl.) Niedersachsen, O-Europa, Türkei, Argentinien, Australien, die USA und die Rep. Südafrika. Das **M.-Langwollschaf** wurde in der DDR gezüchtet, um die Wollproduktion zu steigern. Dazu wurde das M.-Landschaf mit dem Nordkaukas. Fleischwollschaf, mit Corridale aus den USA sowie mit Lincoln aus Großbritannien gekreuzt. Seit 1986 gilt die Rasse als konsolidiert. Das M.-Langwollschaf hat einen kompakten Körperbau, ist etwas kleiner als das M.-Fleischschaf, die bewollten und behaarten Körperteile sind weiß. Es ist frühreif und hat ein mittleres Ablammergebnis; jährl. Wollmenge 5,6 kg bei weibl. und 8 kg bei männl. Tieren, die Wollqualität ist etwas gröber als beim M.-Fleischschaf. Hauptverbreitungsgebiet: neue Bundesländer.

Merinowolle, feine, gekräuselte Wolle des Merinoschafes, durchschnittl. Feinheiten 17–28 µm (runder Faserquerschnitt), Länge bis etwa 150 mm; wird vorwiegend zu Kammgarnen verarbeitet. Haupterzeugungsland Australien.

Merionethshire [merɪˈɒnɪθʃɪə], ehemalige County in N-Wales; 1974 aufgeteilt in die Counties Gwynedd und Clwyd.

meristematisch, *Biologie:* noch teilungsfähig, noch nicht voll ausgebildet (auf pflanzl. Zellgewebe bezogen).

Meristeme [zu griech. meristós ›geteilt‹, ›teilbar‹], *Sg.* **Meristem** *das, -s,* die →Bildungsgewebe.

Meristemkultur, Kultivierung pflanzl. Gewebes auf Nährböden unter sterilen Bedingungen zur Gewinnung virusfreier Klone.

Meristemoide [zu griech. -oeidēs ›ähnlich‹], *Botanik:* →Bildungsgewebe.

Meritokratie [zu lat. meritum ›Verdienst‹ und griech. krateîn ›herrschen‹] *die, -/...ˈtiǀen,* Herrschaftsordnung nach Maßgabe von Begabung und Leistungsfähigkeit des Einzelnen; i. w. S. das Vorherrschen des Leistungsprinzips gegenüber anderen Grundsätzen der Statuszuweisung (z. B. Herkunft, Beziehungen) in einer Gesellschaft. (→Leistungsgesellschaft)

meritorische Güter, Merit-Goods [ˈmerɪt gʊdz, engl.], *Finanzwissenschaft:* auf R. A. MUSGRAVE (1957/59) zurückgehender Begriff für Güter bzw. individuelle Bedürfnisse (meritor. Bedürfnisse, Merit-Wants), bei denen der Staat in bewusstem Ggs. zum Prinzip der Konsumentensouveränität in das Marktgeschehen eingreifen muss (normatives, rechtfertigendes Konzept der m. G.) bzw. eingreift (positives, erklärendes Konzept der m. G.), um das für ›falsch‹ erachtete Konsumentenverhalten (›verzerrte‹ individuelle Präferenzen) zu korrigieren. Der Staatseingriff kann auf eine Verringerung (Demeritorisierung) des Konsums (z. B. durch Besteuerung von Alkohol und Tabak) oder auf dessen Erhöhung (Meritorisierung) abzielen (z. B. gesetzl. Schulpflicht, Sozialversicherungspflicht, Impfzwang). Die Interventionen könnten mit unvollständigen bzw. fehlenden Informationen der Konsumenten, externen Effekten des individuellen Verhaltens sowie angestrebten Umverteilungszielen begründet werden. (→öffentliche Güter)

Merk [mnd., verwandt mit Meer], **Sium,** Gattung der Doldenblütler mit zehn Arten auf der Nordhalbkugel. Heimisch ist der bis 1,5 m hohe weiß blühende **Breitblättrige M.** (Sium latifolium). Die in stehenden Gewässern vorkommende Staude zeigt neben einfach gefiederten Überwasserblättern auch fein zerteilte, zwei- bis dreifach gefiederte Unterwasserblätter. Aus der Kultur fast völlig verschwunden ist der früher als Gemüsepflanze angebaute, aus O-Europa bis W-Asien stammende **Zuckerwurz** (Sium sisarum), mit fleischig verdickten, genießbaren Wurzeln.

merkantil, den Handel betreffend; kaufmännisch.

merkantiler Minderwert, →Schadensersatz.

Merkantilismus [frz., zu lat. mercari ›Handel treiben‹] *der, -,* zusammenfassende Bez. für die zw. dem 16. und 18. Jh. durch Interventionismus und Dirigismus geprägten Eingriffe des Staates in den Wirtschaftsprozess sowie für bestimmte, in sich nicht geschlossene wirtschaftstheoret. und -polit. Konzeptionen. Den von A. SMITH in der 2. Hälfte des 18. Jh. geprägten Begriff übernahmen spätere Autoren; heute ist umstritten, ob von einer eigenständigen merkantilist. Wirtschaftspolitik ausgegangen werden kann.

Ausgangspunkt wirtschaftl. Umorientierung im 16./17. Jh. war der vermehrte Finanzbedarf des absolutist. Staates, der zur Erfüllung seiner Aufgaben (v. a. Hofhaltung, Heer und Beamtenschaft) bedeutender Geldmengen bedurfte. Mit dem Erstellen praktisch-polit., v. a. wirtschaftspolit. Regeln und Methoden sollte über die Steigerung des wirtschaftl. Wohlstands des Landes eine Steigerung der Finanzkraft des Landesherrn erzielt werden. In ihren Ansätzen ging die merkantilistisch genannte Politik auf die Wirtschaftspolitik der Handelsstädte zurück, nur setzte sie an die Stelle des scholastisch begründeten mittelalterl. Universalismus die Territorialstaaten moderner Ausprägung. Sie verband somit in der Theorie das Finanz- und Handelsbürgertum mit der Staatsverwaltung. Kernpunkt war die Förderung bes. des Außenhandels. Mit der Übertragung des kaufmänn. Bilanzbegriffs auf die Ein- und Ausfuhr der Staatswirtschaft, die dann von aktiver oder passiver Handelsbilanz je nach Überwiegen der Ein- oder Ausfuhren sprach, wurde der Staat einem Wirtschaftsunternehmen gleichgestellt und für ihn eine aktive Bilanz erstrebt, um möglichst viel Geld oder Edelmetall in das Land fließen zu lassen. Geld galt als die Wohlfahrt des Staates sowie der Bürger zu steigern; einströmendes Geld sollte der Wirtschaft neue Impulse verleihen. Mit der Errichtung großgewerblicher Betriebsformen (Verlag, Manufaktur, Fabrik) sollte kostengünstig und in ausreichender Menge produziert werden, zugleich begründete der Staat in gewinnträchtigen Bereichen mit der Errichtung von Manufakturen seine Monopolstellung (z. B. Gründung von Porzellanmanufakturen in Sèvres, Meißen, Berlin) oder verteidigte eine bereits bestehende Vormachtstellung durch Maßnahmen des Protektionismus, Import- oder Exportverbote und entsprechenden Abnahmezwang (z. B. Wollausfuhrverbot für weite Teile Brandenburg-Preußens). Durch die Gründung von Handelskompanien sollten der Bezug von Rohstoffen, u. a. durch die koloniale Erschließung Afrikas, Asiens und Amerikas, gesichert und zugleich neue Absatzmärkte erschlossen werden. Innere Handelshemmnisse wie Binnenzölle wurden abgeschafft, das Maß-, Münz- und Gewichtssystem im Land vereinheitlicht. Außenhandelskontrollen (Ein- und Durchfuhrzölle, Einfuhrverbote) schützte die heim. Wirtschaft. Zu diesen nahezu allen Staaten eigenen Merkmalen traten je nach polit. und wirtschaftl. Entwicklungsstand in den einzelnen europ. Staaten weitere Charakteristika.

In England (Großbritannien) lag der Schwerpunkt auf der Ausweitung des Außen-(See-)Handels und der Kolonisierung, um die Zahlungsbilanz permanent zu aktivieren. Dabei bediente sich der Staat eines ausgeprägten Handelsprotektionismus (z. B. durch Importbeschränkung auf Rohstoffe, Förderung des Exports von Fertigwaren, Exportverbot für Edelmetalle, Devisenbewirtschaftung, Importzölle). Bei der Lenkung und Regulierung der Binnenwirtschaft hielt sich der Staat hingegen merklich zurück. Die brit. Variante des M. wird auch als **Bullionismus** bezeichnet.

Merk:
Breitblättriger Merk
(Höhe bis 1,5 m)

Im absolutist. Frankreich entfaltete die Staatsverwaltung ungleich mehr Unternehmungsgeist in der Binnenorganisation der Wirtschaft, v. a. bei der Begründung und Förderung königl. bzw. privilegierter Manufakturen zur Herstellung von ausführbaren Luxusgütern, beim Straßen- und Kanalbau, der Zollvereinheitlichung und in der Zunftpolitik. Dieses nach seinem Schöpfer J.-B. COLBERT auch als **Colbertismus** bezeichnete System war Vorbild der kontinentalen Staatsbeamten. Als Theoretiker waren J. BODIN und A. DE MONTCHRÉTIEN bedeutender als COLBERT.

In Dtl. fehlte es an einem hinreichend großen Nationalstaat. Die Zerstörungen des Dreißigjährigen Krieges (1618–48) setzten den Territorialstaaten einen Handlungsrahmen. Staatl. Wirtschaftspolitik war in hohem Maße Wiederaufbautätigkeit. Weil in den einzelnen Staaten kaum eine wirksame Außenhandelspolitik getrieben werden konnte, hatte hier die Zahlungsbilanzpolitik einen geringeren Stellenwert als etwa in England. Die dt. Ratgeber der Fürsten richteten sich bes. nach dem fürstl. Finanzbedarf **(Kameralismus)**. Um die ständig wachsenden Aufgaben des Staates finanzieren zu können, genügten die alten Abgabensysteme nicht mehr. Die Steigerung des Geldbedarfs setzte aber die pflegl. Behandlung der Besteuerten voraus, und daraus ergab sich v. a. eine Förderung des Handels und Gewerbes. In den zurückgebliebenen dt. Territorien spielten auch die Pflege der Landwirtschaft und die nicht nur hier erwünschte, als **Peuplierungspolitik** bezeichnete, den Menschen als wichtigen Produktionsfaktor betrachtende Steigerung der Bev.-Zahl (z. B. durch Begünstigung von Einwanderungen) eine wichtige Rolle.

Die merkantilist. Politik der Privilegierung und Monopole wurde langfristig zu einem Hindernis der wirtschaftl. Entwicklung. Sie förderte die Bestechlichkeit der Beamten (Ämterkauf, Privilegienhandel) und schwächte den Innovationsgeist und die Risikobereitschaft, indem sie mit Subventionen und Einfuhrverboten oder -hindernissen den Unternehmern Risiken abnahm. In Auseinandersetzungen mit diesen Missbräuchen entwickelte sich die klass. Nationalökonomie. Der Liberalismus löste den M. ab. – Gegen Ende des 19. Jh. griff der Staat erneut in den wirtschaftl. Bereich ein. Die bis zur Weltwirtschaftskrise betriebene interventionist. Wirtschaftspolitik wird wegen der Ähnlichkeit ihres Maßnahmenkatalogs zum M. auch als **Neo-M.** bezeichnet. Er war v. a. gekennzeichnet durch die Abkehr vom freien Warenverkehr auf der Basis der Goldwährung, verbunden mit der Errichtung wirksamer Handelshemmnisse über die bestehenden Zölle hinaus (im Dt. Reich 1879 Wiedereinführung von Schutzzöllen) sowie der staatl. Lenkung der Wirtschaftsabläufe, v. a. des Außenhandels.

F. BLAICH: Die Epoche des M. (1973); Europ. Wirtschaftsgesch., hg. v. C. M. CIPOLLA u. a., Bd. 2: Sechzehntes u. siebzehntes Jh. (a. d. Engl., Neuausg. 1983); Städtewesen u. M. in Mitteleuropa, hg. v. V. PRESS (1983); I. BOG: Wirtschaften in geschichtl. Ordnungen (1986); R. GÖMMEL u. R. KLUMP: Merkantilisten u. Physiokraten in Frankreich (1994); R. WALTER: Wirtschaftsgesch. Vom M. bis zur Gegenwart (1995).

Merkdichtung, Memorialdichtung, german. Dichtungsgattung, die auch als **Katalogdichtung** bezeichnet wird. In meist stabgereimten Versen, die als Mittel der →Mnemotechnik dienen, wird Wissenswertes, v. a. aus der Mythologie sowie der Helden- und Fürstengeschichte, aufgezählt. Die M. wurde bes. in Island, Norwegen und England gepflegt.

Merkel, Angela Dorothea, Politikerin, * Hamburg 17. 7. 1954; Diplomphysikerin; in der Mark Brandenburg aufgewachsen, arbeitete 1978–90 an der Akad. der Wissenschaften in Berlin (Ost); war im Herbst 1989 Mitbegründerin des ›Demokrat. Aufbruchs‹ (DA); wurde am 12. 4. 1990 stellv. Reg.-Sprecherin und enge Mitarbeiterin von Min.-Präs. L. DE MAIZIÈRE, im August 1990 Mitgl. der CDU, am 2. 12. 1990 MdB, am 17. 1. 1991 Bundes-Min. für Frauen und Jugend, im Dezember 1991 stellv. Bundes-Vors. der CDU, im Juni 1993 Landes-Vors. der CDU in Meckl.-Vorp. und am 17. 11. 1994 Bundes-Min. für Umwelt, Naturschutz und Reaktorsicherheit.

Merkelbach, Paul Reinhold Bernhard, klass. Philologe, * Höhr-Grenzhausen 7. 6. 1918; wurde 1957 Prof. in Erlangen, 1961 in Köln, wo er die papyrolog. Abteilung der Univ. aufbaute; er erforscht bes. antike Mysterienreligionen und den griech. Roman.

Werke: Unters. zur Odyssee (1951); Die Quellen des griech. Alexanderromans (1954); Roman u. Mysterium in der Antike (1962); Isisfeste in griechisch-röm. Zeit (1963); Mithras (1984); Mani u. sein Religionssystem (1986).

Merkel-Körperchen [nach dem Anatomen FRIEDRICH SIGISMUND MERKEL, * 1845, † 1919], **Merkel-Tastscheiben, Merkel-Zellen,** flache, in Gruppen stehende, etwa 6–12 µm große Tastsinneszellen (Mechanorezeptoren) in den tiefen Oberhautschichten bes. der Säugetiere (einschließlich des Menschen).

Merker, Paul, Literaturhistoriker, * Dresden 24. 4. 1881, † ebd. 25. 2. 1945; ab 1917 Prof. in Leipzig, ab 1921 in Greifswald, ab 1928 in Breslau; gab mit W. STAMMLER das ›Reallexikon der dt. Literaturgeschichte‹ (1925–31, 4 Bde.) und (ab 1926) die ›Zeitschrift für dt. Philologie‹ heraus; Arbeiten zur dt. Literatur des Humanismus und der Reformation.

Merkers-Kieselbach, Gem. im Wartburgkreis, Thür., an der Werra, nahe dem NO-Rand der Rhön, am 1. 7. 1993 durch Zusammenlegung der beiden Gem. Merkers und Kieselbach entstanden, 3 600 Ew.; die Kaliproduktion von **Merkers** wurde zum 1. 7. 1993 eingestellt, das Kalibergwerk (140 km² unterird. Ausdehnung, Salzkristallgrotte bis 800 m tief) ist heute ein Erlebnisbergwerk. Nahe der Gem.-Teil **Kieselbach** Krayenburg (urkundl. Ersterwähnung 1155; Burgruine), im Ort eine Wehrkirche (Langhaus von 1522). – Gegen Kriegsende 1945 waren im Kalibergwerk etwa 80 % der Gold- und Devisenbestände der Nationalsozialisten eingelagert.

Merkfähigkeit, →Gedächtnis.

Merkle, Sebastian, kath. Kirchenhistoriker, * Ellwangen (Jagst) 28. 8. 1862, † Wargolshausen (heute zu Hollstadt, Landkreis Rhön-Grabfeld) 24. 4. 1945; war 1894–97 am histor. Institut der Görres-Gesellschaft in Rom, 1898–1933 Prof. in Würzburg. Er forderte eine differenzierte Beurteilung der Aufklärung und setzte sich im Sinne des Reformkatholizismus gemeinsam mit H. SCHELL, A. EHRHARD, F. X. KRAUS u. a. für theolog., pastorale und sozialpolit. Reformen innerhalb der Kirche ein. Kritik seitens antimodernist. Kreise erfuhr er u. a. wegen seiner Forschungen zur Reformationsgeschichte und zu M. LUTHER. M. war führender Mitarbeiter bei der Herausgabe der Akten des Konzils von Trient.

Werke: Reformationsgeschichtl. Streitfragen (1904); Die kath. Beurteilung des Aufklärungszeitalters (1909); Die kirchl. Aufklärung im kath. Dtl. (1910). – Hg.: Concilium Tridentinum, Bd. 1–3,1 (1901–31).

Ausgabe: Ausgew. Reden u. Aufsätze, hg. v. T. FREUDENBERGER (1965).

Merkmal, 1) *allg.:* charakterist. Zeichen, Kennzeichen.

2) *Biologie:* kennzeichnende Eigenheit des Körperbaus, seiner Biochemie, seiner Leistung, seines Verhaltens u. a. M. entwickeln sich im Zusammenspiel von Genen mit den modifizierenden Außenfaktoren; die Reaktionsnorm bestimmt als erbl. Eigenschaft, in welchem Maße ein genetisch festgelegtes M. durch die Außenbedingungen abgewandelt wird. Man kann unterscheiden zw. **individuellen M.,** d. h. M. des Einzelindividuums, und **taxonomischen M.,** die eine systemat. Gruppierung charakterisieren und z. B. allen An-

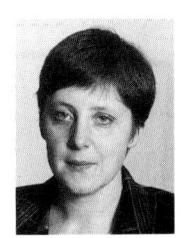

Angela Merkel

Merk Merksem – Merkur

gehörigen einer Art, Gattung, Familie gemeinsam sind. Bei den taxonom. M. wiederum kann unterschieden werden zw. M., die urspr. sind **(plesiomorphe M.)** und solchen, die von einem urspr. M. abgeleitet sind **(apomorphe M.)**. (→Systematik)

3) *Logik:* Inhalt eines Begriffs, der eine bestimmte Eigenschaft jeden Gegenstands, der unter den Begriff fällt, ausdrückt. Es werden dabei wesentl. oder notwendige von unwesentl. oder akzidentellen (zufälligen) M. unterschieden. – M. bezeichnet auch eine Bestimmung, durch die sich Dinge der gleichen Art oder Arten der gleichen Gattung unterscheiden.

4) *Sprachwissenschaft:* **Marker** [ˈmɑːkə, engl.], Bez. für die phonologisch, semantisch oder phonetisch relevante Eigenschaft eines sprachl. Elements (auch Komponente gen.), die dieses von anderen Elementen zu unterscheiden erlaubt (distinktives M.). Es wird i. d. R. in eckigen Klammern in binärer Gegenüberstellung erfasst (+ bedeutet Vorhandensein, – Fehlen eines M.). So kann z. B. das Wort ›Haus‹ morphologisch als [+ Neutrum], [+ Singular], semantisch als [– menschlich], der Konsonant ›b‹ phonetisch u. a. als [+ bilabial], [+ stimmhaft] beschrieben werden. Die Darstellung aller gegebenen M. eines Sprachelements heißt **M.-Matrix**.

5) *Statistik:* das log. Prädikat zur statist. →Einheit (dem log. Subjekt der Statistik). Man unterscheidet **qualitative M.** (z. B. das Geschlecht der Einheit Person) und **quantitative M.** (z. B. der Durchmesser der Einheit Schraube). Die mögl. Werte, die M. annehmen können, heißen **M.-Ausprägungen (M.-Werte, Modalitäten)**. In der Stochastik werden M. mit zufällig schwankenden Werten durch Zufallsvariable modelliert.

Merksem, Industriegemeinde im N der Agglomeration Antwerpen, Belgien, 41 800 Ew.; Nahrungsmittel-, Tabak-, chem. und Metall verarbeitende Industrie.

Merkur [nach dem röm. Gott Merkur], *Astronomie:* Zeichen ☿, der sonnennächste Planet. M. ist der kleinste der erdähnl. Planeten und (nach Pluto) der zweitkleinste Planet im Sonnensystem. Er besitzt keinen natürl. Satelliten, seine mittlere Dichte ist die zweitgrößte (nach der Erde).

Bewegungsverhältnisse: Als unterer Planet steht M., von der Erde aus gesehen, immer in der Nähe der Sonne (seine größte östl. und westl. Elongation beträgt 28°); er geht daher selten mehr als eine Stunde vor der Sonne auf bzw. mehr als eine Stunde nach ihr unter; M. zeigt Phasen wie der Erdmond. Im Mittel erreicht M. alle 116 Tage eine untere Konjunktion. Wenn diese in der Nähe eines der beiden Bahnknoten stattfindet (durchschnittlich alle 7 Jahre, z. B. am 15. November 1999 und am 7. Mai 2003), kann man M. mit dem Fernrohr als schwarzes Scheibchen vor der Sonne vorbeiziehen sehen **(M.-Durchgang)**. Die große Achse der M.-Bahn führt eine langsame Drehbewegung, die →Periheldrehung aus, von der ein Teil auf einen relativist. Effekt zurückgeht. Obwohl M. Abstand von der Erde mit 82 bis 217 Mio. km und seine scheinbare Größe von 5″ bis 15″ mit den entsprechenden Werten für Mars vergleichbar sind, ist er von der Erde aus aufgrund seiner Sonnennähe schwierig zu beobachten. Unter günstigen Bedingungen sind im Fernrohr lediglich einige dunkle Flächen zu erkennen, v. a. in der Nähe der Schattengrenze. Mithilfe von Radarbeobachtungen (erstmals 1963) und der Auswertung der von Mariner 10, der bislang einzigen Raumsonde im Bereich des M. (1974/75), übermittelten Bilder konnte die Rotationsperiode des Planeten mit 58,646 Tagen bestimmt werden, die genau $^2/_3$ der Umlaufperiode beträgt; Rotations- und Umlaufperiode befinden sich also in einer Zweidrittelresonanz. Man nimmt an, dass sich M. früher schneller gedreht hat und seine Rotation durch Gezeitenwirkung der Sonne in Resonanz mit dem Umlauf gezwungen wurde. – Dem Verhältnis von Rotations- zu Umlaufperiode entsprechend ist ein Sonnentag des M. zwei M.-Jahre lang, also fast 176 Erdtage. Da die Rotationsachse des M. fast senkrecht auf seiner Bahn steht, gibt es zwei auf dem Äquator gegenüberliegende Punkte, in denen immer im Perihel, und zwei weitere, um 90° verschobene Punkte, in denen immer im Aphel Mittag ist. Wegen der starken Exzentrizität der Bahn, die (nach der des Pluto) die zweitgrößte aller Planeten ist, beträgt die scheinbare Größe der Sonne im Aphel des M. 1,1° und im Perihel 1,7°, was zu einem beträchtl. Unterschied in der eingestrahlten Sonnenenergie an diesen beiden Punkten führt.

Atmosphäre: Wegen der durch die große Sonnennähe bedingten hohen Energieeinstrahlung und seiner

Merkur: Mosaikbild von der südlichen Hemisphäre des Planeten, aufgenommen von der Raumsonde Mariner 10 aus einer Entfernung von 200 000 km

Astronomische und physikalische Daten des Merkur
(gerundete Vielfache der entsprechenden Erdgrößen in Klammern)

Bahn
größte Entfernung von der Sonne	$70 \cdot 10^6$ km (0,47)
kleinste Entfernung von der Sonne	$46 \cdot 10^6$ km (0,31)
Umfang der Bahn	$360 \cdot 10^6$ km (0,38)
numerische Exzentrizität	0,2056 (12,7)
Bahnneigung gegen die Ekliptik	7,0°
siderische Periode	87,97 d (0,24)
mittlere synodische Periode	115,9 d

Planet
Durchmesser (keine Abplattung)	4 876 km (0,77)
Masse	$3,304 \cdot 10^{23}$ kg (0,055)
mittlere Dichte	5,43 g/cm³ (0,99)
Schwerebeschleunigung an der Oberfläche	3,71 m/s² (0,38)
Entweichgeschwindigkeit	4,25 km/s (0,38)
Magnetfeld am Äquator	0,24 A/m (0,01)
Rotationsperiode	58,646 d
Äquatorneigung	2°
scheinbare Größe	5″ bis 15″
scheinbare Helligkeit	bis zu $-0^m\!,2$

geringen Schwerebeschleunigung konnte M. praktisch keine Atmosphäre halten. Messungen von Mariner 10 lassen auf die Existenz einer außerordentlich dünnen Atmosphäre mit Wasserstoff, Helium, Sauerstoff, Natrium und Kalium schließen. Der Gasdruck an der M.-Oberfläche beträgt nur das etwa $2 \cdot 10^{-13}$fache des Atmosphärendrucks an der Erdoberfläche. Das dadurch bedingte Fehlen einer atmosphär. Wärmespeicherung führt zu starken Temperaturdifferenzen: Während die Temperatur am Äquator mittags auf rd. 430 °C ansteigt, sinkt sie nachts auf etwa -180 °C ab.

Oberfläche: Nach den bei den Vorbeiflügen von Mariner 10 gewonnenen, über 10 000 die halbe Oberfläche abdeckenden Aufnahmen ähnelt die Oberfläche des M. der des Mondes und ist von vielen Kratern zernarbt, die auf Einschläge kosm. Körper in der Frühzeit des Sonnensystems zurückgehen. Einige jüngere Krater zeigen Strahlensysteme, wie sie vom Mond her bekannt sind. Aufgrund der Ähnlichkeiten der Oberflächenstruktur schließt man auf etwa die gleiche Krustendichte wie beim Mond. Wahrscheinlich besitzt M. einen schweren Kern aus Eisen mit einem Durchmesser von rd. 3 600 km. M. hat ein schwaches Magnetfeld, dessen Stärke an der Planetenoberfläche etwa 1% der Magnetfeldstärke an der Erdoberfläche beträgt. Anscheinend hat es die Gestalt eines Dipolfeldes, dessen Achse um etwa 7° gegen die Rotationsachse geneigt ist. Die Grenze der Magnetosphäre liegt wegen der Schwäche des Magnetfeldes nur wenig mehr als 1 000 km über der M.-Oberfläche. Neben kraterzerfurchten Gebieten weist M. weite Regionen mit jüngeren glatten Ebenen auf, am weitesten verbreitet sind die Zwischenkraterebenen mit mäßiger Dichte kleinerer Krater unter 20 km Durchmesser. Eine charakterist. Formation sind die wahrscheinlich auf Schrumpfung durch Abkühlung zurückzuführenden großräumigen Böschungen, ein System bogenförmiger Bergrücken, die zw. 20 und 500 km lang und im Mittel etwa 1 km hoch und vermutlich über den ganzen Planeten verteilt sind. Sie durchschneiden alle Arten von Oberflächenformationen, einschließlich der Krater. Die größte bekannte Struktur mit einem Durchmesser von etwa 1 300 km ist das Caloris-Becken, das durch Einschlag eines großen Körpers (eines Satelliten oder Planetoiden) entstanden ist. In der Antipodenregion existiert ein unregelmäßig strukturiertes Gebiet, dessen Entstehung wahrscheinlich auf die Wirkung der Schockwellen des Einschlags zurückzuführen ist.

M. war als Planet bereits im alten Sumer bekannt, im klass. Griechenland unter dem Namen Apollo als Morgenstern und unter dem Namen Hermes (der griech. Entsprechung des röm. M.) als Abendstern.

Daten der Merkursonde Mariner 10 (USA)	
Start	3.11.1973
Vorbeiflüge	
Venus (›Swing-by‹)	5.2.1974 (5 800 km)
Merkur	29.3.1974 (700 km)
	21.9.1974 (4 800 km)
	16.3.1975 (327 km)

Merkur, 1) Titel oder Titelbestandteil period. Druckschriften. Der Titel M. gehört zu den frühesten der europ. Pressegeschichte und bezieht sich auf die Figur des Boten als eines Publizisten vor der Entstehung der Druckmedien. – ›Der Dt. Merkur‹, später ›Der Teutsche Merkur‹, literar. Monatsschrift für das Bürgertum, wurde 1773–89 in Weimar von C. M. WIELAND herausgegeben.

2) Kulturzeitschrift, gegr. 1947 als Monatsblatt von JOACHIM MORAS und HANS PAESCHKE, erscheint als ›Dt. Zeitschrift für europ. Denken‹ (Untertitel) im Verlag Klett-Cotta in Stuttgart; Auflage 5 300.

Merkur, lat. **Mercurius,** der röm. Gott des Handels und Gewerbes, später (v. a. in nachantiker Zeit) dem griech. Hermes gleichgestellt. Den früher von lat. ›mercari‹ (›Handel treiben‹) abgeleiteten Namen sucht man heute als etruskisch zu erklären. M. hatte seit 495 v. Chr. in Rom einen Tempel am Aventin. In der Spätantike wurde er häufig in den röm. Provinzen verehrt, die von Kelten und Germanen besiedelt waren. – Die Römer bildeten ihn dem jugendl. griech. Hermes nach; Hermen versahen sie mit Porträtköpfen. Die Kelten in Gallien setzten M. anscheinend mit ihrem Teutates (der auch als Eber erscheint) in Beziehung, er erscheint deshalb häufiger bei Darstellungen der gall. Triade Esus (Cernunnos), Teutates (M.) und Taranis (Jupiter) oder in der Gruppierung Taranis (Jupiter), Teutates (M.), Smertrius (Herkules), Minerva und Juno.

K. LATTE: Röm. Religionsgesch. (^{2}1967, Nachdr. 1976); G. RADKE: Die Götter Altitaliens (^{2}1979).

Merkuri, Melina, griech. Schauspielerin und Politikerin, →Mercouri, Melina.

Merkurialismus, die →Quecksilbervergiftung.

Merkurow, Merkurov, Sergej Dimitrijewitsch, armen. Bildhauer, * Aleksandropol 7. 11. 1881, † Moskau 8. 6. 1952; schuf zahlr. Porträtbüsten und Denkmäler (u. a. von L. N. TOLSTOJ, LENIN, STALIN) in blockhaft-monumentaler Vereinfachung.

Merkvers, andere Bez. für →Denkvers.

Merlan [frz.-lat.] *der, -s/-e,* Art der →Dorsche.

Merle [mεrl], Robert, frz. Schriftsteller, * Tébessa (Algerien) 29. 8. 1908; M.s vielseitiges Werk verbindet spannende Unterhaltung mit Zeitkritik bzw. detailreichen histor. Recherchen. Er wurde bekannt durch seinen realist. Kriegsroman ›Weekend à Zuydcoote‹ (1949; dt. ›Wochenende in Zuydcoote‹) und den dokumentar. Material verwertenden Roman ›La mort est mon métier‹ (1952; dt. ›Der Tod ist mein Beruf‹) über einen KZ-Kommandanten. In den folgenden Romanen setzte er sich historisch oder utopisch verfremdet mit den Gefahren des Kalten Krieges auseinander: ›L'île‹ (1962; dt. ›Die Insel‹), ›Un animal doué de raison‹ (1967; dt. ›Der Tag der Delphine‹, auch u. d. T. ›Ein vernunftbegabtes Tier‹), ›Malevil‹ (1972; dt. ›Malevil oder Die Bombe ist gefallen‹). Seit Ende der 70er-Jahre schrieb M. v. a. histor. Romane, so einen Zyklus, dessen Hintergrund die frz. Geschichte des 16. Jh. bildet (u. a. ›Fortune de France‹, 1977, dt.; ›Paris, ma bonne ville‹, 1980, dt. ›Die gute Stadt Paris‹).

Weitere Werke: *Romane:* Les hommes protégés (1974; dt. Die geschützten Männer); Madrapour (1976; dt.); En nos vertes années (1979; dt. In unseren grünen Jahren); Le jour ne se lève pas pour nous (1986; dt. auch u. d. T. Nachtjäger); L'idole (1987; dt. Das Idol); Le propre de l'homme (1989; dt. Der Tag des Affen); L'enfant-roi (1993).

Merleau-Ponty [mεr'lo pɔ̃'ti], Maurice, frz. Philosoph, * Rochefort 14. 3. 1908, † Paris 3. 5. 1961; lehrte ab 1945 in Lyon, dann in Paris: ab 1949 an der Sorbonne und ab 1952 am Collège de France. Mit J.-P. SARTRE verhalf er im Nachkriegsfrankreich der Existenzphilosophie zum Durchbruch. M.-P. gilt als bedeutendster Phänomenologe Frankreichs. Ausgehend von E. HUSSERL und von der Gestalttheorie, in krit. Auseinandersetzung mit dem Marxismus und orientiert am Leitfaden einer ›Phénoménologie de la perception‹ (1945; dt. ›Phänomenologie der Wahrnehmung‹) entwickelte er eine Theorie der leibl. Existenz und Koexistenz, die auf einen offenen Lebens- und Geschichtssinn hinausläuft. Seine Ontologie des Sichtbaren und Unsichtbaren (›Le visible et l'invisible‹, 1964; dt. ›Das Sichtbare und das Unsichtbare‹) stellt ein Bindeglied zw. Phänomenologie und Strukturalismus dar.

Weitere Werke: La structure du comportement (1942; dt. Die Struktur des Verhaltens); Humanisme et terreur (1947; dt. Humanismus u. Terror); Sens et non-sens (1948; Éloge de la

Robert Merle

Maurice Merleau-Ponty

Merl Merle d'Aubigné – Merodachbaladan II.

philosophie (1953; dt. Lob der Philosophie); Les aventures de la dialectique (1955; dt. Die Abenteuer der Dialektik); Signes (1960); L'œil et l'esprit (1967; dt. Das Auge u. der Geist); La prose du monde (1969; dt. Prosa der Welt); La nature. Notes. Cours du Collège de France (hg. 1995).

K. BOER: M. M.-P. Die Entwicklung seines Strukturdenkens (1978); A. DE WAELHENS: Une philosophie de l'ambiguïté (Löwen ⁴1978); Leibhaftige Vernunft. Spuren von M.-P.s Denken, hg. v. A. MÉTRAUX u. a. (1986); S. DE CHADAREVIAN: Zw. den Diskursen. M. M.-P. u. die Wiss.en (1990); R. L. LANIGAN: Speaking and semiology. M. M.-P.'s phenomenological theory of existential communication (Berlin ²1991); S. STOLLER: Wahrnehmung bei M.-P. Studie zur Phänomenologie der Wahrnehmung (1995).

Merle d'Aubigné [mɛrldobi'ɲe], Jean Henri, schweizer. ref. Theologe, * Les Eaux-Vives (heute zu Genf) 16. 8. 1794, † Genf 21. 10. 1872; war 1818 Pfarrer der frz. ref. Gemeinde in Hamburg, 1823 Hofprediger in Brüssel und seit 1832 Prof. für Kirchengesch. in Genf; führender Vertreter der Genfer Erweckungsbewegung (→Réveil).

Merlenbach, frz. **Merlebach** [mɛrlə'bak], Bergbauort (Steinkohle) in Lothringen, Dép. Moselle, Frankreich, unweit der Grenze zum Saarland; gehört zur Gem. Freyming-Merlebach (15 200 Ew.).

Merle-Syndrom [mɛrl-; frz.], *Tiermedizin:* Erbmerkmal, das bei Hunden Sprenkelung erzeugt. Bei heterozygoten Merle-Hunden kommt es zur Pigmentaufhellung, z. B. Bluemerle-Collies oder Tigerteckel, während bei Homozygotie ein völliger Pigmentverlust (Weißtiger) sowie Taubheit und Blindheit infolge vielfältiger Augen- und Ohrdefekte auftreten.

Merlette [mɛr'lɛt; frz. ›Amselweibchen‹] *die, -/-s, Heraldik:* kleiner, entenartiger Vogel ohne Schnabel und Füße (›gestümmelt‹), bes. beliebt in Frankreich und West-Dtl. Da M. bereits in der Frühzeit der Heraldik in frz. Wappen enthalten waren, stellen sie nach Meinung von Fachleuten sichtbare Auszeichnungen dar, die nur von jenen Rittern geführt werden durften, die während der Kreuzzüge verwundet worden waren.

Merlin [engl.] *der, -s/-e,* **Falco columbarius,** etwa 27 cm (Männchen) bis 33 cm (Weibchen) langer Falke der Taiga- und Waldtundrenzone der Holarktis, der v. a. Vögel bis Schnepfengröße jagt, daneben auch Kleinsäuger und Insekten; der M. brütet meistens auf dem Boden, seltener auf Bäumen; Zugvogel.

Merlin, in der Sage von König Artus Zauberer, Wahrsager und Ratgeber des Königs; stammt aus der Vereinigung eines Teufels mit einer Jungfrau. Er beendet sein Leben im Wald von Brocéliande, wo er von der Fee Viviane in ewigem Schlaf gehalten wird. – Der Stoff findet sich zuerst bei GEOFFREY OF MONMOUTH in dem Buch ›Prophetiae Merlini‹, dessen Inhalt dieser in die ›Historia regum Britanniae‹ (1136/38) einarbeitete. Um 1150 verfasste GEOFFREY das Hexameterepos ›Vita Merlini‹. Er benutzte versch. Quellen, u. a. eine aus Schottland stammende Sage um den legendären walis. Dichter MYRDDIN (von GEOFFREY zu M. latinisiert). Den in der ›Historia regum Britanniae‹ (frz. Übertragung ›Roman de Brut‹, 1155) enthaltenen M.-Stoff verarbeitete ROBERT DE BORON in seiner Verserzählung ›M.‹ (um 1210, nur als Fragment erhalten). Von hier gelangte der Stoff in die großen Prosaromane: ›Vulgate M.‹ (enthalten im Lanzelot-Gral-Zyklus ›Vulgate‹ oder ›Grand Saint Graal‹, um 1225), ›Suite du M.‹ oder ›Huth M.‹ (um 1230–40), großer dt. Prosa-Lanzelot (um 1230), ›M.‹, Versroman von U. FÜETRER (um 1480).

Der Stoff wurde von C. M. WIELAND (›M. der Zauberer‹, 1777) wieder entdeckt und in der Romantik neu belebt: Bearbeitungen von F. VON SCHLEGEL (1804), F. VON DER HAGEN (1823), L. TIECK (1829) und W. SCOTT (1802/03). Die Figur M.s erscheint in lyr. Gedichten und Balladen u. a. von GOETHE (›Kophtisches Lied‹, 1796), K. L. IMMERMANN,

L. UHLAND, H. HEINE, N. LENAU, G. APOLLINAIRE und L. ARAGON. Zu bedeutenden modernen Gestaltungen, v. a. auch der Artus-M.-Beziehung, zählen T. H. WHITES ›The once and future king‹ (1938–40, 3 Bde.) und ›The book of Merlyn‹ (hg. 1977); auch beliebt in der modernen Fantasyliteratur.

A. O. H. JARMAN: The legend of M. (Cardiff 1960); S. BRUGGER-HACKETT: M. in der europ. Lit. des MA. (1991).

Merlini, Domenico, ital. Baumeister, *Castello di Valsolda (bei Lugano) 22. 2. 1730, †Warschau 20. 2. 1797; schuf v. a. im Dienst des poln. Königs STANISŁAW II. AUGUST PONIATOWSKI in Warschau elegante Innenräume (Warschauer Schloss, 1774–86) und Paläste in frühklassizist. Stil, z. T. unter Einbeziehung von Elementen des Spätbarock bzw. Rokoko.

Weitere Werke: Palais Łazienki (um 1775–95, S-Fassade 1784 vollendet) mit Weißem Haus (1774–77); Palais Myślewicki (1775–79), Orangerie mit Theatersaal (1786–88), Amphitheater (1790) u. Gardehaus (1793–94) im Park von Łazienki; Palais in Jabłonna (1775–79); Palais im Królikarni (1782–86); Wiederherstellung des Krasiński-Palais nach Brand (1783).

Merlo, Stadt im Bereich von Groß-Buenos-Aires, Argentinien, 386 300 Ew.; Wohnort mit Industrie.

Merlot [-'lo], hochwertige, früh reifende und ertragsstarke (70–80 hl/ha) Rotweinrebe, die an vielen berühmten Rotweinen Anteil hat (z. B. Pomerol und Saint-Émilion, zunehmend auch Médoc), z. T. auch sortenrein ausgebaut (z. B. im Tessin); weltweit verbreitet, v. a. in Frankreich (60000 ha) und Italien (30000 ha, in 14 der 20 Weinbauregionen, bes. in Friaul und Venetien) sowie in Rumänien und Bulgarien (je rd. 10000 ha), auch in Kalifornien (3 200 ha) und Argentinien (2 500 ha); liefert weiche, fruchtige Rotweine.

Merlucciidae [nlat.], die →Seehechte.

Mermillod [mɛrmi'jo], Gaspard, schweizer. kath. Theologe, *Carouge 22. 9. 1824, †Rom 23. 2. 1892; wurde 1873 zum Apostol. Vikar von Genf ernannt und unmittelbar darauf durch den Bundesrat ausgewiesen (Kulturkampf). Er residierte in Ferney (Dép. Ain), bis er 1883 als Bischof von Lausanne und Genf zurückkehren konnte. Seit 1890 Kardinal. M. förderte die kath. Soziallehre und gehörte zu den Wegbereitern der Enzyklika ›Rerum novarum‹ (1891).

Mermnaden, Königsdynastie von →Lydien, etwa 685–547 v. Chr.; ihr gehörten u. a. GYGES und KRÖSUS an.

Mernissi, Fatima, marokkan. Schriftstellerin und Soziologin, *Fès 1940, studierte polit. Wiss. in Rabat, Soziologie in Paris und in den USA; war 1974–81 Prof. für Soziologie in Rabat, arbeitet u. a. als Beraterin der UNESCO für ›Frauen und Islam‹. M. trat mit krit. Sachbüchern über die Situation von Frauen im arab. Raum hervor, in denen sie (gestützt v. a. auf den Koran) das Selbstbewusstsein arab. Frauen in den ersten Jahrhunderten des Islam betont und die spätere patriarchal. Unterdrückung bloßstellt.

Werke: Beyond the veil. Male-female dynamics in a modern Muslim society (1975; dt. Geschlecht, Ideologie, Islam); Le harem politique. Le prophète et les femmes (1987; dt. Der polit. Harem. Mohammed u. die Frauen); Chahrazad n'est pas Marocaine (1988; dt. Die vergessene Macht. Frauen im Wandel der islam. Welt); La peur-modernité (1992; dt. Die Angst vor der Moderne. Frauen u. Männer zw. Islam u. Demokratie).

mero... [zu griech. méros ›Teil‹], vor Vokalen meist verkürzt zu **mer...,** Wortbildungselement mit der Bedeutung: Teil, teilweise, Teilung (v. a. Zellteilung), z. B. Merogonie, Meranthium; in der gleichen Bedeutung auch als letzter Wortbestandteil: bei Adjektiven **...mer,** z. B. isomer, bei Substantiven **...mere,** z. B. Blastomeren, und **...merie** (zur Beschreibung eines Zustandes), z. B. Isomerie.

Merodachbaladan II., hebr. Namensform für **Marduk-apla-iddina II.,** 729 als König des ›Meerlandes‹ belegt, Oberhaupt des Chaldäerstammes Jakin,

Merlette

Merlin
(Länge 27 cm)

der 721–710 und 703 v. Chr. auch König von Babylon war. Im Bündnis mit Elam war er Gegner der assyr. Könige SARGON II. und SANHERIB, Zeitgenosse des Königs HISKIA von Juda und des Propheten JESAJA.

Mérode, Willem de, eigtl. **W. Eduard de Keuning** [- 'køniŋ], weiteres Pseud. **Joost van Keppel,** niederländ. Lyriker, *Spijk 2. 9. 1887, †Eerbeek (Gem. Brummen) 22. 5. 1939; sein Werk ist geprägt durch die Konflikte zw. seiner tiefen Gläubigkeit und seiner Homosexualität. Er gilt als einer der bedeutendsten Vertreter der christlich-protestant. Lyrik zw. den beiden Weltkriegen (›Het kostbaar bloed‹, 1922; ›De lichtstreep‹, 1929).
Ausgaben: Gedichten, hg. v. A. CORNELIS (Neuausg. 1964); Verzamelde gedichten, 2 Bde. (1987).
H. WERKMAN: Het leven van W. d. M. (Amsterdam 1971).

Meroë, Ruinenstätte beim heutigen Ort Begarawija in Obernubien, Rep. Sudan, zw. dem 5. und 6. Nilkatarakt. Etwa 530 v. Chr.–330 n. Chr. Hauptstadt des meroit. Reichs Kusch. Die wirtschaftl. Entwicklung von M. hing zusammen mit einer blühenden Eisenindustrie und darauf gründenden weit reichenden Handelsbeziehungen. In der Blütezeit zw. 300 v. Chr. und 200 n. Chr. entwickelte sich hier eine eigenständige Kultur, in der neben ägypt. Einflüssen (Spätzeit, Hellenismus, Ptolemäer, Römer) vorderasiat. und altsudanes. Elemente wirksam waren. Eine eigene →meroitische Schrift verdrängte nach und nach die Hieroglyphen, die in den letzten beiden vorchristl. Jahrhunderten allmählich verschwanden, ebenso wie die ägypt. Einflüsse in anderen kulturellen Bereichen zurücktraten. Vom 2. Jh. n. Chr. an begann der Niedergang von M., im 4. Jh. n. Chr. vom Königreich von →Aksum erobert. Zw. 270 und 250 v. Chr. wurde auch der Königsfriedhof von →Napata nach M. verlegt. Erhalten sind Tempel- und Grabanlagen, Paläste und röm. Bäder; in einer der Pyramiden wurde 1834 der Goldschatz der Königin AMANISCHACHETE gefunden (1. Jh. v. Chr., jetzt im Ägypt. Museum in Berlin und in München). 1979 kam bei Rekonstruktionsarbeiten ein über 2000 Jahre alter Bauplan (eine in Stein geritzte Zeichnung) einer Pyramide zum Vorschein.
P. L. SHINNIE: M. (New York 1967); P. SCHOLZ: Kusch-Meroe-Nubien, 2 Bde. (Feldmeilen 1986–87).

meroedrische Kristallform [zu griech. hédra ›Fläche‹], →Kristallform.

Merogamie [zu griech. gamós ›Befruchtung‹] *die, -,* bei Einzellern die Ausbildung mehrerer Geschlechtszellen (Gameten) durch eine sich teilende Gametenbildungszelle.

Merogonie [zu griech. goné ›Abstammung‹, ›Erzeugung‹] *die, -/...nien,* Entwicklung eines neuen Lebewesens aus einem kernlosen, von einem Samenfaden befruchteten Teilstück eines Eies. Der so entstehende **Andromerogon** hat nur den haploiden Chromosomensatz des Spermakerns. M. ist möglich z. B. bei Lurchen, Seeigeln und Braunalgen.

meroitische Schrift, in Meroë von 200 v. Chr. bis ins 4. Jh. n. Chr. verwendete Buchstabenschrift (die auch Vokalzeichen enthielt). Die Schriftzeichen der Monumentalschrift sind der ägypt. Hieroglyphenschrift entnommen, die kursive Schreibschrift geht wohl auf die dem. Schrift zurück. Die m. S. wurde von F. L. GRIFFITH entziffert.
F. HINTZE: Studien zur meroit. Chronologie u. zu den Opfertafeln aus den Pyramiden von Meroe (Berlin-Ost 1959).

merokrin [zu griech. krínein ›(aus)scheiden‹], *Physiologie:* →Drüsen.

meromorphe Funktion [zu griech. morphé ›Gestalt‹], *Mathematik:* eine komplexe Funktion $f: \mathbb{C} \to \mathbb{C}$, die im Endlichen bis auf →Polstellen holomorph ist. Dabei darf die Menge der Polstellen keinen Häufungspunkt besitzen. M. F. lassen sich um ihre Polstellen in →Laurent-Reihen entwickeln. Die m. F. bilden einen Körper; sie sind ein zentraler Gegenstand der Funktionentheorie. (→Residuensatz)

Merope, *griech. Mythos:* Frau des messen. Königs Kresphontes, wurde von ihrem Schwager Polyphontes gezwungen, sich mit ihm zu vermählen, nachdem er ihren Mann und ihre älteren Söhne getötet hatte. Ihr jüngster Sohn Aipytos ermordete später Polyphontes und übernahm die Herrschaft. Tragödie ›Kresphontes‹ von EURIPIDES (fragmentarisch erhalten).

Merospermie [zu griech. spérma ›Samen‹] *die, -,* Besamung einer Eizelle mit einem Spermium, dessen degenerierter Kern nicht mit dem Eikern verschmilzt; die Eientwicklung wird nur durch das Eindringen des Spermiums angeregt. M. kommt z. B. bei Fadenwürmern, einigen Fischen und Salamandern vor.

Merostomata [zu griech. stóma ›Mund‹], **Merostomen,** Klasse der Wirbellosen, die sich aus den ausgestorbenen →Eurypterida und den →Pfeilschwanzkrebsen zusammensetzt.

Merotop [zu griech. tópos ›Ort‹, ›Gegend‹] *der* und *das, -s/-e,* **Kleinstbiotop,** Teil eines Biotops oder einer räuml. Schicht desselben, das typ. Strukturmerkmale aufweist (z. B. Wurzel oder Rinde eines Baumes) und durch eine charakterist. Organismengemeinschaft **(Merozönose)** bewohnt wird.

Merowinger, Königsgeschlecht der salischen Franken, erscheint erstmals mit CHLODIO (um 425) und dem namengebenden MEROWECH (um 455), dem Vater des Königs von Tournai, →CHILDERICH I. Dessen Sohn →CHLODWIG I. beseitigte die spätröm. Herrschaft in Gallien sowie die vielen fränk. Kleinkönigtümer zugunsten seiner Alleinherrschaft im Fränk. Reich. Spätere Eroberungen vergrößerten das Reich der M. Mehrere Reichsteilungen (bes. 511 und 561) sowie Familienfehden (→BRUNHILDE, →FREDEGUNDE) schwächten die Macht der M., die nach DAGOBERTS I. Tod 638 (oder 639) ausschließlich an deren Hausmeier überging. Die Absetzung König CHILDERICHS III. 751 durch PIPPIN D. J. bedeutete gleichzeitig das Ende der M. und den Aufstieg der →Karolinger. (STAMMTAFEL S. 522)
E. EWIG: Spätantikes u. fränk. Gallien, Bd. 1 (1976); Rhein. Gesch., hg. v. F. PETRI, Bd. 1, 2: E. EWIG: Frühes MA. (1980); P. J. GEARY: Die M. Europa vor Karl dem Großen (a. d. Engl., 1996).

merowingische Kunst, die Kunst des Frankenreiches unter den Merowingerkönigen vom 5. Jh. bis zur Mitte des 8. Jh. Der histor. Epochen-Bez. entspricht keine stilgeschichtl. Einheit, vielmehr spiegelt sich in der Kunst der übergreifende Prozess der Auseinandersetzung heidnisch-german. mit christlich-spätantiker Kultur wider. Der Formenschatz entstammt weitgehend dem mittelmeer. Raum, doch wird er durch spezifisch german. Neigungen zum Ornamentalen, Koloristischen und Flächenhaften abgewandelt. Träger der kulturellen Entwicklung des in Eroberungskriegen und in der Völkerwanderung sich behauptenden Reiches ist v. a. die Kirche mit den städtisch-aristokrat. Zentren der Bischofssitze und den seit dem 6. Jh. weit verbreiteten Klöstern. Für die Klöster entwickelte sich bald die zukunftsweisende Form der um den Kreuzgang zentrierten Gebäudeanlage. Die Sakralarchitektur ist offenbar in Grundriss, Aufbau und Bauweise von spätantiken Bauformen bestimmt; selbst die einfachsten Anlagen haben geometrische Grundrissplanung: die oft hölzernen Rechtecksäle bilden im Grundriss ein doppeltes Quadrat (Saint-Pierre in Vienne, 5. Jh.; Baptisterium in Poitiers, 6./7. Jh.). Daneben entstanden oktogonale Baptisterien sowie Basiliken, wobei sich als merowing. Sonderform die Herausbildung von Kuppeltürmen zw. Mittelschiff und Apsis abzeichnet (gesichert für die Bischofskirche in Nantes, geweiht um 558). Eine besondere Entwicklung zeigen auch die seit der Spätantike übl. offenen

merowingische Kunst: Gürtelschnalle aus Silber und Gold aus dem Grab der Königin Arnegunde in der Basilika von Saint-Denis; 2. Hälfte des 6. Jh. (Paris, Louvre)

Mero Merowinger

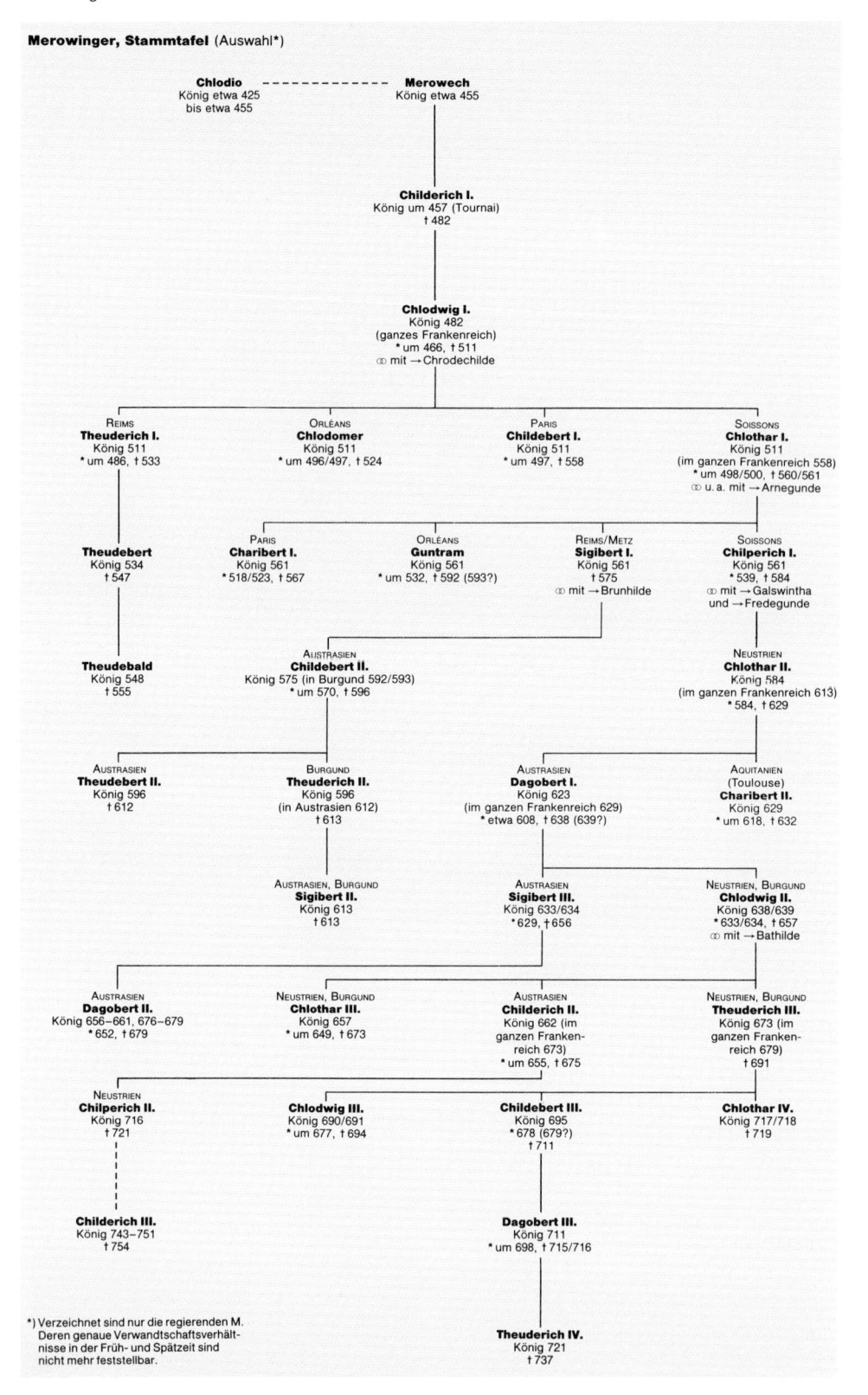

Merowinger, Stammtafel (Auswahl*)

```
                    Chlodio  ------------  Merowech
                König etwa 425              König etwa 455
                bis etwa 455
                                    │
                              Childerich I.
                           König um 457 (Tournai)
                                  † 482
                                    │
                               Chlodwig I.
                                König 482
                            (ganzes Frankenreich)
                             * um 466, † 511
                           ⚭ mit → Chrodechilde
```

REIMS	ORLÉANS	PARIS	SOISSONS
Theuderich I.	**Chlodomer**	**Childebert I.**	**Chlothar I.**
König 511	König 511	König 511	König 511
* um 486, † 533	* um 496/497, † 524	* um 497, † 558	(im ganzen Frankenreich 558)
			* um 498/500, † 560/561
			⚭ u. a. mit → Arnegunde

	PARIS	ORLÉANS	REIMS/METZ	SOISSONS
Theudebert	**Charibert I.**	**Guntram**	**Sigibert I.**	**Chilperich I.**
König 534	König 561	König 561	König 561	König 561
† 547	* 518/523, † 567	* um 532, † 592 (593?)	† 575	* 539, † 584
			⚭ mit → Brunhilde	⚭ mit → Galswintha
				und → Fredegunde

	AUSTRASIEN		NEUSTRIEN
Theudebald	**Childebert II.**		**Chlothar II.**
König 548	König 575 (in Burgund 592/593)		König 584
† 555	* um 570, † 596		(im ganzen Frankenreich 613)
			* 584, † 629

AUSTRASIEN	BURGUND	AUSTRASIEN	AQUITANIEN (Toulouse)
Theudebert II.	**Theuderich II.**	**Dagobert I.**	**Charibert II.**
König 596	König 596	König 623	König 629
† 612	(in Austrasien 612)	(im ganzen Frankenreich 629)	* um 618, † 632
	† 613	* etwa 608, † 638 (639?)	

	AUSTRASIEN, BURGUND	AUSTRASIEN	NEUSTRIEN, BURGUND
	Sigibert II.	**Sigibert III.**	**Chlodwig II.**
	König 613	König 633/634	König 638/639
	† 613	* 629, † 656	* 633/634, † 657
			⚭ mit → Bathilde

AUSTRASIEN	NEUSTRIEN, BURGUND	AUSTRASIEN	NEUSTRIEN, BURGUND
Dagobert II.	**Chlothar III.**	**Childerich II.**	**Theuderich III.**
König 656–661, 676–679	König 657	König 662 (im ganzen Frankenreich 673)	König 673 (im ganzen Frankenreich 679)
* 652, † 679	* um 649, † 673	* um 655, † 675	† 691

NEUSTRIEN			
Chilperich II.	**Chlodwig III.**	**Childebert III.**	**Chlothar IV.**
König 716	König 690/691	König 695	König 717/718
† 721	* um 677, † 694	* 678 (679?)	† 719
		† 711	

Childerich III.		**Dagobert III.**	
König 743–751		König 711	
† 754		* um 698, † 715/716	

		Theuderich IV.	
		König 721	
		† 737	

*) Verzeichnet sind nur die regierenden M. Deren genaue Verwandtschaftsverhältnisse in der Früh- und Spätzeit sind nicht mehr feststellbar.

Umgänge; sie werden in Gallien in der Verlängerung der Querschiffarme die bevorzugten Orte für Bestattungen und später auch für Altäre. Wesensunterschiede zu antiken Bauten scheinen sich am ehesten im Innenraum auszuprägen: in der Verunklärung von Proportionen und Achsen und im Vorrang des Dekors vor der Gliederung. Der spätantik orientierte Baudekor zeigt in Chorschrankenplatten, der Kapitell- und Sarkophagplastik hohe Qualität, v. a. in ornamentalen Darstellungen. Bei der Gestaltung von Steingrabmälern wurde christl. Gedankengut mit heidn. Vorstellungen vermischt (Grabstein Niederdollendorf, 7. Jh.; Bonn, Rhein. Landesmuseum). Bis zum 7. Jh. wurden noch Grabbeigaben gegeben: Kleidung, Waffen, Fibeln, Schnallen, Zierscheiben mit Almandineinlagen (Grab Childerichs I., Grab der Arnegunde in der Basilika von Saint-Denis; der Schmuck befindet sich heute im Louvre in Paris). Sie sind z. T. von der Kunst Kleinasiens beeinflusst. Daneben erscheinen Kerbschnittarbeiten und immer häufiger Gegenstände, die mit Bandgeflecht geschmückt sind, durchsetzt mit Tierornamentik. An Kultgeräten sind Kelche sowie mit Schmucksteinen besetzte und mit figürl. Pressblechen verkleidete Reliquienschreine erhalten, ferner Elfenbeinarbeiten (Reliquiare, Pyxiden, Buchdeckel liturg. Bücher u. a.). Die in den Klöstern gepflegte Buchmalerei (v. a. Luxeuil und Corbie) ist durch die Fisch- und Vogelornamentik gekennzeichnet, die an irisch-angelsächs. Vorbilder anknüpft. In ihr verbinden sich auf jedem Blatt Schrift und Symbol zu einem einheitl. Bild aus ornamentalen Verflechtungen in wenigen kräftigen Farben (Sacramentarium Gelasianum, um 750; Rom, Vatikan. Bibliothek). Weitere Bilder →Almandin, →Jouarre.

Das erste Jahrtausend. Kultur u. Kunst im werdenden Abendland an Rhein u. Ruhr, hg. v. K. Böhner, 3 Bde. (1962–64); J. Hubert u. a.: Frühzeit des MA. (a. d. Frz., 1968); A. Corboz: Frühes MA. (a. d. Frz., 1971); P. Périn: Collections mérovingiennes, Ausst.-Kat. (Paris 1982).

Meroxen [zu griech. xénos ›fremd‹] der, -s/-e, Mineral, →Biotit.

Merox®-Verfahren, ein →Süßverfahren.

Merozoit [zu griech. zōon ›Lebewesen‹] der, -en/-en, bei vielen Sporentierchen im Verlauf des Entwicklungszyklus entstehender Agamet (Spore). →Malaria.

Merozönose [zu griech. koinós ›gemeinsam‹] die, -/-n, Ökologie: →Merotop.

Merrifield [ˈmerɪfiːld], Robert Bruce, amerikan. Biochemiker, * Fort Worth (Tex.) 15. 7. 1921; tätig seit 1949 an der Rockefeller University in New York, seit 1966 Prof. für Biochemie. M. entwickelte 1962 ein Verfahren zur Herstellung von langkettigen Peptiden, bei dem das bei jedem Reaktionsschritt (Anbau einer weiteren Aminosäure) wachsende Peptid chemisch an ein festes Polymerisat gebunden ist und sich dadurch leicht von niedermolekularen Nebenprodukten und Reagenzien abtrennen lässt. Für die Entwicklung dieser ›Methode der chem. Synthese an fester Matrix‹, die zu einer wesentl. Vereinfachung bei der Herstellung von Proteinen u. a. Naturstoffen führte, erhielt M. 1984 den Nobelpreis für Chemie.

Merrill [engl. ˈmerɪl, frz. mɛˈril], Stuart Fitzrandolph, frz. Lyriker amerikan. Herkunft, * Hempstead (N. Y.) 1. 8. 1863, † Versailles 1. 12. 1915; war in seiner in frz. Sprache verfassten Lyrik dem Symbolismus und einem humanitären Sozialismus verpflichtet und setzte sich für die Verbreitung des Symbolismus in Frankreich und in den USA ein; er übersetzte auch symbolist. Texte ins Englische (›Pastels in prose‹, 1890).

Merry old England [ˈmerɪ əʊld ˈɪŋlənd; engl. ›fröhl. Alt-England‹], Name für England, bes. auf die Zeit unter Königin Elisabeth I. angewendet.

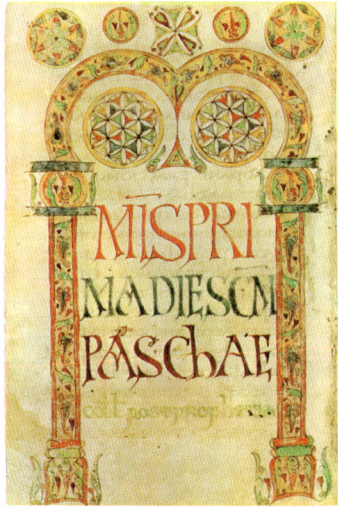

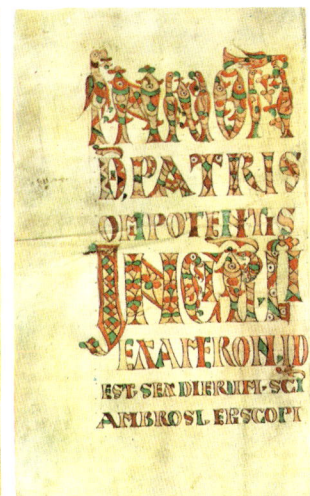

merowingische Kunst: links Zierseite eines Sakramentars aus dem Kloster Luxeuil; um 700 (Rom, Vatikanische Sammlungen); rechts Aus Tierbuchstaben gebildete Titelseite einer im Kloster Corbie angefertigten Handschrift des ›Hexaemerons‹ des heiligen Ambrosius; 2. Hälfte des 8. Jh. (Paris, Bibliothèque Nationale de France)

Mersch, Kantonshauptstadt in Luxemburg, an der Alzette, 6 000 Ew.; archäolog. Museum; chem., Nahrungsmittelindustrie, Armaturenbau, Großdruckerei.

Merseburg, Name von geographischen Objekten:
1) Merseburg, ehem. Bistum, 968 von König Otto I., angeblich aufgrund eines vor der Schlacht auf dem Lechfeld (955) geleisteten Gelübdes gegründet und der gleichzeitig errichteten Kirchenprovinz Magdeburg unterstellt. 981–1004 aufgelöst, bestand es anschließend als eines der kleinsten dt. Bistümer bis ins 16. Jh. Mit der Einführung der Reformation (1543/61) wurde das Domkapitel evangelisch.
2) Merseburg (Saale), Kreisstadt des Landkreises M.-Querfurt, Sa.-Anh., 90 m ü. M., am hohen linken Ufer der Saale, an der Mündung der Geisel, 41 000 Ew.; Fachhochschule, universitäre Einrichtungen der Martin-Luther-Univ. Halle-Wittenberg, Landesarchiv; Aluminiumfolienwerk. Die Braunkohlengewinnung im Tagebau wurde 1990 eingestellt.
Stadtbild: Das Stadtbild wird von 1015 gegründeten viertürmigen Dom St. Johannes der Täufer und Laurentius beherrscht, urspr. eine kreuzförmige Basilika mit zwei runden O-Türmen und zwei quadrat. W-Türmen, 1510–17 zur spätgot. Hallenkirche umgebaut; roman. Hallenkrypta (11. Jh.); frühgot. W-Vorhalle (13. Jh.) mit spätgot. Portal; ungewöhnlich reiche Ausstattung: mehrere spätgot. Flügelaltäre, roman. Taufstein (um 1150), zahlr. Grabdenkmäler (seit 11. Jh.), darunter die bronzene Grabplatte Rudolfs von Rheinfelden († 1080). Südlich des Doms Kreuzgang, nördlich angebaut die Dreiflügelanlage des bischöfl. Schlosses (zw. 1470/80 und 1537 errichtet, spätere Umbauten). Am Markt in der Altstadt liegen Altes Rathaus (1468–1568) und die spätgot. Stadtkirche St. Maximi (15. Jh.). Im N außerhalb der Altstadt Reste des ehem. Petersklosters (1091 geweiht) und die barocke Kirche St. Viti mit roman. Turm. Rechts der Saale die roman. Neumarktkirche St. Thomas (12./13. Jh.). Westlich der alten Stadt entstanden nach 1915 Siedlungen im Charakter der Gartenstadt.
Geschichte: Eine Ende des 8. Jh. angelegte, eine Saalefurt sichernde fränk. Burg (erste urkundl. Erwähnung zw. 830 und 850) kam im 10. Jh. samt ihrem

Bruce Merrifield

Stuart Fitzrandolph Merrill

Merseburg 2) Stadtwappen

Merseburg 2): links Dom (1510–17, gegr. 1015), rechts Schloss (zw. 1470/80 und 1537)

Burgbezirk an König HEINRICH I., der sie vor 930 zum Mittelpunkt eines befestigten Königgutsbezirks machte (Pfalzort). Kaiser OTTO I. errichtete 968 das Bistum M. Als Sitz eines Grafen (932) und eines Markgrafen (968) genannt, siedelten seit dem 10. Jh. auch Kaufleute an diesem überregionale Bedeutung erlangenden Ort. Ihre Ansiedlung besaß bereits vor 981 Markt-, Münz- und Zollrechte; 1188 beurkundete Kaiser FRIEDRICH I. BARBAROSSA den Neumarkt. Ab 1004 unter bischöfl. Herrschaft (1009–18 THIETMAR VON M.), kam M. im 13. Jh. an die Herzöge von Sachsen; 1426 trat M. der Hanse bei. 1545 setzte sich die Reformation in M. durch (Predigt M. LUTHERS). 1656–1738 war die Stadt Residenz des albertin. Sekundogeniturfürstentums **Sachsen-M.** 1841 Entdeckung der →Merseburger Zaubersprüche. Ab 1815 zu Preußen, wurde M. 1816 Hauptstadt des Reg.-Bez. M. der preuß. Prov. Sachsen. Ab 1900 starke Industrialisierung in der Umgebung M.s (u. a. Erschließung des Geiseltales, Braunkohlentagebau); die moderne Stadtentwicklung ist eng verbunden mit der Entwicklung der chem. Großindustriebetriebe in Leuna (1916) südlich und Schkopau nördlich von M. (Buna, 1936).

H.-J. MRUSEK: M. (Leipzig 1962); P. RAMM: Der Dom zu M. (³1993).

Merseburger Trias, →Basedowkrankheit.

Merseburger Zaubersprüche, zwei althochdt. Zaubersprüche in stabgereimten Langzeilen; im 10. Jh. auf dem Vorsatzblatt eines wohl aus Fulda stammenden lat. Missales des 9. Jh. eingetragen; 1841 in der Merseburger Dombibliothek von G. WAITZ entdeckt, 1842 von J. GRIMM ediert. Die M. Z. sind zweiteilig angelegt: Auf ein myth. Paradigma folgt die eigentl. Zauberformel; der erste Spruch gilt der Gefangenenbefreiung, der zweite der Beinverrenkung bei Pferden.

Ausgabe: Althochdt. Literatur, hg. u. übers. v. H. D. SCHLOSSER (Neuausg. 1989).

Merseburg-Querfurt, Landkreis im Reg.-Bez. Halle, Sa.-Anh., grenzt im N an die kreisfreie Stadt Halle (Saale), im W an Thür. und im O an Sa., 805 km², 139 900 Ew.; Kreisstadt ist Merseburg (Saale). Das im O von der Saale durchflossene Kreisgebiet erstreckt sich vom NO-Rand des Thüringer Beckens (bewaldete Buntsandsteinhochfläche von Ziegelroda, Querfurter Muschelkalkplatte) über ein ausgedehntes Schwarzerdegebiet (Anbau von Weizen und Zuckerrüben) bis in die Leipziger Tieflandsbucht. Der Braunkohlentagebau im →Geiseltal und östlich von Merseburg wurde nach 1990 eingestellt. Ein wichtiger Wirtschaftszweig ist die chem. Industrie mit Erdölverarbeitung in Leuna, Lützkendorf, ein Ortsteil von Krumpa (Geiseltal), und Spergau. Neben Merseburg (Saale) und Leuna sind Querfurt, Müchen (Geiseltal), Braunsbedra, Schafstädt, Schraplau (Kalkwerk) und die ehem. Heilbäder Bad Dürrenberg und Bad Lauchstädt (Ausflugszentrum) weitere Städte des Kreises. – Der Kreis wurde am 1. 7. 1994 aus den früheren Kreisen Merseburg und Querfurt (mit Ausnahme von vier Gem.) gebildet; eingegliedert wurde die Gem. Branderoda (früher Kreis Nebra).

Mers el-Kebir [arab. ›der große Hafen‹], **Marsa al-Kabir,** Militärhafen in NW-Algerien, an der Bucht von Oran, mit Docks, Arsenalen, unterbombensicheren Bunkern. – M. el-K., im 12. Jh. von den Almohaden angelegt, im 15. Jh. Seeräuberstützpunkt, wurde 1505 von den Spaniern erobert und war 1830–1968 frz. Flottenbasis; am 3./4. 7. 1940 wurde ein hierher ausgelagerter Teil der frz. Flotte von den Engländern zerstört (1 297 getötete frz. Matrosen).

Mersen, niederländ. Gemeinde, →Meerssen.

Mersenne [mɛrˈsɛn], Marin, frz. Mathematiker und Musiktheoretiker, * Oizé (Dép. Sarthe) 8. 9. 1588, † Paris 1. 9. 1648; ab 1611 Paulanermönch; lehrte in Paris und unterhielt einen Briefwechsel u. a. mit R. DESCARTES und G. GALILEI. Seine Arbeiten betreffen die Zahlentheorie und Teilgebiete der Physik (v. a. Akustik). Sein Hauptwerk ›Harmonie universelle‹ (1636–37, 2 Bde.) ist eine wichtige Quelle der Musiktheorie und Musikinstrumentenkunde.

Mersenne-Zahlen [mɛrˈsɛn-; nach M. MERSENNE], die mit M_n bezeichneten Zahlen der Form $2^n - 1$, wobei n eine natürl. Zahl größer als null sein soll. Ist n eine zusammengesetzte Zahl, so gilt dies auch für M_n; ist n eine Primzahl, so kann M_n eine Primzahl sein **(mersennesche Primzahl),** muss es aber nicht: z. B. ist $2^3 - 1 = 7$ eine Primzahl, $2^{11} - 1 = 2 047 = 23 \cdot 89$ dagegen nicht. M.-Z. spielen eine wichtige Rolle in der Zahlentheorie, das ideale Kandidaten für Primzahlen sind. Die derzeit größte bekannte mersennesche Primzahl ist $M_{1257787}$ (1996).

Mersey [ˈməːzɪ] der, Fluss in England, 110 km lang, entsteht aus den vom Pennin. Gebirge kommenden Flüssen Goyt und Tame, mündet mit einem 32 km langen, zw. Liverpool und Birkenhead etwa 1,5 km breiten Ästuar (untertunnelt durch einen Eisenbahn- und zwei Straßentunnel) in die Irische See.

Merseyside [ˈməːzɪsaɪd], Metrop. Cty. in England, 655 km², 1,427 Mio. Ew.; Stadt- und Industrielandschaft am unteren Mersey, 1974 aus der Cty. Lancashire ausgegliedert; Kernstadt ist Liverpool, nächstgrößere Städte sind Birkenhead, Saint Helens, Wallasey und Southport. Altindustrieller Raum, der von starker Umstrukturierung betroffen ist. Neuere Industrie in zahlreichen Industrieparks.

Mersin, früher **İçel** [ˈitʃɛl], Hauptstadt der Prov. İçel, S-Türkei, am Mittelmeer, 420 800 Ew.; meereskundl. Zweig der TU von Ankara; Exporthafen für die →Çukurova, Erdölhafen mit -raffinerie; Textil-, chem., Nahrungsmittelindustrie; 1987 eröffnete freie Produktionszone; Fischerei; Endpunkt einer Zweigstrecke der Bagdadbahn. – Ausgrabungen (1936–39, 1946–47) am Siedlungshügel Yümük Tepe westlich von M. legten unter einer hethit. Festung (14./13. Jh. v. Chr.) vorgeschichtl. Siedlungen frei. Von den über 30 Schichten gehören neun in die Jungsteinzeit, im Chalkolithikum fanden sich neben einheim. auch importierte Keramik unterschiedl. Herkunft (Schicht XXIV–XXII aus Can Hasan bei Karaman, Schicht XXI–XX aus Çatal Hüyük, Schicht XIX–XVII aus Tell Halaf), dadurch konnte eine relative Chronologie Anatoliens erstellt werden. Aus dem mittleren Chalkolithikum stammt eine Festungsanlage (Schicht XVI; Mitte 5. Jt.) auf terrassiertem Steinfundament mit einer etwa 1,5 m dicken Umfassungsmauer. Nachfol-

gende Schichten enthielten Kupferwerkzeuge und -waffen. Im späten Chalkolithikum wurde Keramik der Obeidkultur gefunden (Schicht XV–XIIa).
J. GARSTANG: Prehistoric M., Yümük Tepe in Southern Turkey (Oxford 1953); L. ROTHER: Die Städte der Çukurova: Adana, M., Tarsus (1971).

Mersmann, Hans, Musikforscher und Musikpädagoge, *Potsdam 6. 10. 1891, †Köln 24. 6. 1971; war 1926–33 Prof. in Berlin, 1924–33 Schriftleiter der Zeitschrift ›Melos‹ und 1947–57 Direktor der Musikhochschule Köln; Arbeiten v. a. zur Neuen Musik und Musikästhetik, u. a. ›Angewandte Musikästhetik‹ (1926), ›Die Tonsprache der neuen Musik‹ (1928), ›Die moderne Musik seit der Romantik‹ (1929), ›Musikhören‹ (1938), ›Dt. Musik des XX. Jh. im Spiegel des Weltgeschehens‹ (1958).

Mertens, Robert, Zoologe, *Sankt Petersburg 1. 12. 1894, †Frankfurt am Main 23. 8. 1975; ab 1939 Prof. in Frankfurt am Main, ab 1947 Direktor des Naturmuseums und Forschungsinstituts Senckenberg; lieferte wichtige Arbeiten zur Systematik, Ökologie und Tiergeographie der Amphibien und Reptilien; von ihm stammt der Begriff der **mertensschen Mimikry** (→Korallenfärbung).

Mertens|tanne, anderer Name der →Hemlocktanne.

Mertert, Gem. im Kt. Grevenmacher, Luxemburg, an der Mosel, 2900 Ew.; Chemiefaser-, Sackherstellung; Flusshafen.

Merthyr Tydfil [ˈməːθə ˈtɪdvɪl], 1) Verw.-Sitz des Distrikts M. T., S-Wales, 39 500 Ew.; Kunstgalerie; Maschinenbau, elektrotechn., chem. und neuere Leichtindustrie; früher Steinkohlenbergbau (südwalis. Bergbaugebiet).
2) Verw.-Distrikt in S-Wales, 110 km², 58 700 Ew.; 1996 gebildet aus der ehem. Cty. Mid Glamorgan.

Merton, 1) [ˈməːtn], Robert Cox, amerikan. Betriebswirtschaftler, *New York 31. 7. 1944; seit 1974 Prof. an der Harvard University, Cambridge (Mass.), seit 1988 an der Harvard Business School; erhielt 1997 zusammen mit M. S. SCHOLES den Nobelpreis für Wirtschaftswissenschaften für eine neue Methode zur Berechnung des Werts von Derivaten (v. a. Aktienoptionen), →Optionsgeschäft). M. lieferte auch Beiträge zur Portfoliotheorie, zur Analyse von Konsum- und Investitionsentscheidung sowie zum Risikomanagement.
Werke: Theory of rational option pricing (1973); Continuous-time finance (1990); Management of risk capital in financial firms (1993); Cases in financial engineering (1995); The global financial system (1995).

2) [ˈməːtn], Robert King, amerikan. Soziologe, *Philadelphia (Pa.) 5. 7. 1910; seit 1947 Prof. an der Columbia Univ., hatte 1963–74 den Giddings-Lehrstuhl inne; Schüler T. PARSONS, einer der Hauptvertreter der strukturell-funktionalen Theorie in der amerikan. Soziologie, befasste sich im Bereich der empir. Forschung v. a. mit den Bereichen Wiss., Bürokratie und Massenkommunikation. Auf den method. Gebiet seiner Wiss. machte er wesentl. Aussagen zur Begriffsbildung. Er entwickelte v. a. das Konzept gesellschaftl. Theorien ›mittlerer Reichweite‹, d. h. aus Einzelhypothesen gebildete, vorläufige und revidierbare Modelle, im Bereich der Wissenssoziologie ein Schema, in dem sich deren Arbeiten einordnen und vergleichen lassen.
Werke: Mass persuasion (1946, mit M. FISKE u. A. CURTIS); Social theory and social structure (1949); On the shoulders of giants (1965; dt. Auf den Schultern von Riesen); The sociology of science (1973; dt. Entwicklung u. Wandel von Forschungsinteressen). – Hg.: Continuities in structural inquiry (1981, mit P. BLAU).

3) Wilhelm, Unternehmer und Sozialpolitiker, *Frankfurt am Main 14. 5. 1848, †Berlin 15. 12. 1916; gründete 1881 die Metallgesellschaft AG und war Gründer des Inst. für Gemeinwohl und Mitbegründer der Handelshochschule und späteren Univ. Frankfurt am Main. Einen beträchtl. Teil seines Vermögens stellte er für soziale Zwecke zur Verfügung.

Meru [Sanskrit], **Sumeru,** myth. Weltenberg der ind. Kosmographie, als Weltachse Mittelpunkt der Erdscheibe und der Sternbewegung; Sitz der Götter (z. B. des Indrahimmels). Symbolhaft werden die Türme (→Shikhara) ind. Tempel sowie die meist in Terrassenform angelegten Tempel SO-Asiens (z. B. Angkor Vat und Borobudur) als M. gedeutet. Abbildungen M.s als Berg in Form eines Kopf stehenden Kegels finden sich in der tibet. Malerei.

Meru, in mehrere Untergruppen gegliedertes Bantuvolk im zentralen Kenia, östlich und nördlich des Berges Kenia. Die etwa 1,2 Mio. M. treiben Feldbau in der Savanne (Hirse, Mais); ferner Ziegenhaltung. Die traditionelle Religion (Animismus, Geheimbundwesen) spielt nach wie vor eine große Rolle, ein Teil der M. sind Christen.

Meru, 1) Stadt in Kenia, am NO-Fuß des Berges Kenia, 1600 m ü. M., 78 100 Ew.; kath. Bischofssitz, Fremdenverkehr. Östlich von M. das **M.-Wildreservat** (1 800 km²) für Nashörner, Zebras, Giraffen u. a.
2) Vulkanstock westlich des Kilimandscharo in N-Tansania, erhebt sich aus der im S 1 200–1 500 m, im N bis 1 700 m ü. M. gelegenen Savanne bis 4 567 m ü. M., mit 1300 m tiefer Caldera; letzter Ausbruch 1910. Der M. empfängt reichliche Niederschläge, in 1900–3 000 m Höhe Waldgürtel; die Bergregion über 2000 m ü. M. ist Teil des Arusha-Nationalparks. Die Seen am O- und S-Hang sind durch Lavaströme aufgestaut. Am Südfuß Kaffeepflanzungen.

Meruliaceae [lat.], die →Faltenpilze.

Merulo, Claudio, eigtl. **C. Merlotti,** ital. Organist und Komponist, *Correggio (bei Modena) 8. 4. 1533, †Parma 5. 5. 1604; wirkte als Organist in Brescia, Venedig, Mantua und Parma und war auch als Orgelbauer und Musikverleger tätig. Seine Ricercare, Kanzonen und Toccaten sind frühe Beispiele eines selbstständigen Orgelstils (Beginn der Trennung von Toccata und Fuge); schrieb ferner zahlr. Madrigale, Motetten und Messen.

Meru|see, See in Afrika, →Mwerusee.

Merveilleuse [mɛrvɛˈjøːz; frz. ›die Wunderbare‹] die, -/-s, in Frankreich z. Z. des Directoire aufgekommene spött. Bez. für eine auffällig bis übertrieben modisch gekleidete Frau. Männl. Gegenstück der M. war der →Incroyable.

Merveldt, Hanns Hubertus Graf von, Maler, *Coesfeld 24. 3. 1901, †Hamburg 6. 10. 1969; nachhaltig beeinflusst von P. CÉZANNE. M. suchte in seinen Stillleben, Figurenbildern und Landschaften traditionelle und moderne Malerei zu verbinden. In der natsoz. Zeit erhielt er Ausstellungsverbot.
H. H. Graf v. M., Ausst.-Kat. (1981).

Merw, Merv, 1) bis 1937 Name der turkmen. Stadt →Mary.
2) Ruinenstätte 30 km östlich von Mary, Turkmenistan; in achaimenid. Zeit kleine Provinzhauptstadt, entwickelte sich M. unter den Seleukiden im 3. Jh. v. Chr. (bekannt als Antiochia Margiana, eine fast quadrat. Anlage von rd. 4 km², umgeben von Lehmziegelmauerwerk), dann, spätestens seit Ende des 2. Jh. v. Chr. parthisch, unter den Arsakiden und seit der Mitte des 3. Jh. n. Chr. unter den Sassaniden zu einer bedeutenden Stadt; die von einer ringförmigen Mauer umgebene Fläche umfasste 60 km². Das 651 von den Arabern eroberte M. war 813–817 Residenz des Kalifen AL-MAMUN. Als Hauptstadt des Seldschukensultans SANDSCHAR erreichte M. eine neue Blüte in der 1. Hälfte des 12. Jh. Nach Zerstörung durch die Mongolen (1221) erlangte M. keine große Bedeutung mehr, unterstand 1510–24 und 1601–1747 Persien und verfiel

Robert Cox Merton

Merw Merwaniden – Merzerisieren

im 19. Jh.; heute archäolog. Schutzgebiet. Bei Grabungen (um 1880, 1946–53) wurden u.a. Teile der parth. Stadtbefestigung (2./1. Jh. v.Chr.) und Werkstätten freigelegt. Das Mausoleum für SANDSCHAR (Mitte 12. Jh.) besitzt eine umlaufende Bogengalerie und hohen Tambour (Kuppel nicht erhalten); ferner Reste palastähnl. Gebäude und Mausoleen des 15. und 16. Jahrhunderts.

Merwaniden, 1) kurdische sunnit. Dynastie in Diyarbakır und Umgebung (990–1096), von den Seldschuken verdrängt.

2) ein Zweig der →Omaijaden.

Merwede *die,* Unterlauf der Waal, des Rheindelta-Hauptarmes in den Niederlanden, fließt als **Boven-M.** von Woudrichem bis Werkendam, gabelt sich dort in die **Beneden-M.** nach Dordrecht und die **Nieuwe-M.** zum Hollands Diep. Der **M.-Kanal,** für 2 000-t-Schiffe befahrbar, verbindet die Boven-M. bei Gorinchem mit dem →Amsterdam-Rhein-Kanal.

Charles Meryon: La Morgue; Radierung, 1854

Meryon [me'rjɔ̃], Charles, frz. Radierer, *Paris 23. 11. 1821, †Charenton-le-Pont (bei Paris) 12. 10. 1868; diente 1839–48 in der Marine und erlernte die Technik des Radierens. Er schuf einige Landschaftsbilder und v.a. Stadtansichten, bes. von Paris (›Eauxfortes sur Paris‹, 22 Blätter, 1852–54, 1861 überarbeitet), daneben auch Porträts. M., der farbenblind war und ab 1858 an einer psych. Erkrankung litt, schuf bis zuletzt Blätter von halluzinator. Klarheit.

C. M., Paris um 1850, Ausst.-Kat. (1975); C. M., Ausst.-Kat. (Genf 1981).

Merz, 1) Alfred, Geograph und Ozeanograph, *Perchtoldsdorf 24. 1. 1880, †Buenos Aires 16. 8. 1925; war ab 1921 Direktor des Inst. für Meereskunde in Berlin, arbeitete bes. über physikal. Geographie und Meereskunde, entwarf den Plan zur Meteor-Expedition (→Meteor).

G. WÜST in: Dt. Hydrograph. Ztschr., Jg. 18 (1965).

2) Carl, eigtl. **C. Czell** [tʃɛl], österr. Schriftsteller und Kabarettist, *Kronstadt (Siebenbürgen) 30. 1. 1906, †Kirchberg (NÖ) 31. 10. 1979; trat 1933–35 im Wiener Kabarett ›Literatur am Naschmarkt‹ auf; nach 1938 zeitweise interniert. M. wurde bekannt als Autor zahlr. Kabarettprogramme mit G. BRONNER und H. QUALTINGER. Mit QUALTINGER erfand er u.a. die Figur des ›Herrn Karl‹ (›Der Herr Karl‹, 1962; ›Der Herr Karl und weiteres Heiteres‹, 1964).

Weitere Werke: *Romane:* Eisrevue (1959); Traumwagen aus zweiter Hand (1961). – *Erzählungen:* Jenseits von Gut u. Krankenkasse (1968).

3) Georg, ev. Theologe, *Walkersbrunn (heute zu Gräfenberg) 3. 3. 1892, †Neuendettelsau 16. 11. 1959; seit 1947 Prof. und Rektor der Augustana-Hochschule und des Pastoralkollegs in Neuendettelsau; gründete mit K. BARTH, E. THURNEYSEN und F. GOGARTEN die Zeitschrift ›Zwischen den Zeiten‹ (Schriftleiter 1923–33) und hatte wesentl. Anteil an der Entwicklung der dialekt. Theologie.

4) Gerhard, Künstler, *Mammendorf (bei München) 25. 5. 1947; gestaltet Räume mittels Farbe, Tafeln, Bildern, Objekten und Texten und stellt dabei inhaltlich polit., histor., religiöse und literar. Bezüge her (›DOVE STA MEMORIA‹, 1986, Straßburg, Musée d'Art Moderne; ›Den Menschen der Zukunft‹, 1990, Ausstellung Hannover, Kunstverein).

G. M., Ausst.-Kat. (1987); G. M. Archipittura, 2 Bde. (1992).

5) Klaus, schweizer. Schriftsteller, *Aarau 3. 10. 1945; Lehrer; schreibt Lyrik und Erzählungen, die oft um die Themen Krankheit und Tod kreisen. Seine Sprache, zunächst an Vorbildern wie R. M. RILKE und P. CELAN orientiert, gewinnt in den späteren Werken durch lakon. Präzision ihren eigenen Ton. M. ist auch Theater-, Fernseh- und Hörspielautor.

Werke: *Lyrik:* Mit gesammelter Blindheit (1967); Geschiebe mein Land (1969). – *Erzählungen:* Obligator. Übung (1975); Der Entwurf (1982); Tremolo Trümmer (1988); Am Fuß des Kamels. Geschichten u. Zwischengeschichten (1994). – *Prosa und Gedichte:* Nachricht vom aufrechten Gang (1991); Kurze Durchsage (1995).

6) Mario, ital. Künstler, *Mailand 1. 1. 1925; urspr. Maler. Sein eigentl. Werk begann 1967 (erster Iglu) und 1970, als M. die evolutionären Wachstumsprozesse in der Zahlenprogression der Fibonacci-Folge 1, 1, 2, 3, 5, 8, 13, ... ausdrückte. M. kontrastiert als Vertreter der Arte povera einfache Materialien (Erde, Zweige) mit künstl. (Glas, Leuchtröhren, um die absurde Künstlichkeit der heutigen Welt gegenüber der Natur vorzuführen. Für die Natur steht z. B. das Krokodil, andere Symbolträger weisen auf den Zusammenhang von Kultur und Natur in der Frühzeit. Elementare Kulturformen wie der Iglu sind für M. Chiffren für humane und naturgemäße Lebensformen; die Chiffren verweisen auf die ›bio-logischen‹ Grundkräfte einer humaneren Gesellschaft, denn Kultur und Natur unterliegen nach M. denselben Wachstumsgesetzen. Neben Assemblagen entstanden Environments und Rauminstallationen, u.a. ›Hommage à Arcimboldo‹ (1987; Ausstellung Berlin, Hamburger Bahnhof).

M. GRÜTERICH: Die Bio-Logik von M. M., in: Kunstforum, H. 15 (1976); M. M., bearb. v. Z. Z. FELIX u.a., Ausst.-Kat. (a. d. Ital., 1979); M. M., bearb. v. B. MERZ, Ausst.-Kat. Prato (Florenz 1990).

Merzbacher, Gottfried, Alpinist und Forschungsreisender, *Baiersdorf (Landkreis Erlangen-Höchstadt) 9. 12. 1843, †München 14. 4. 1926; seit 1907 Prof. in München, bes. verdient um die Erforschung des Kaukasus und des Tienschan; unternahm zahlr. Erstbesteigungen in den Ostalpen (u.a. Dolomiten und Brenta) und im Kaukasus; 1891 und 1892 Kaukasusreisen, 1893/94 Reise zum Karakorum, 1902/03 und 1907/08 Expeditionen in den Tienschan.

Werke: Aus den Hochregionen des Kaukasus, 2 Bde. (1901); Die Gebirgsgruppe Bogdo-Ola im östl. Tian-Schan (1916).

Merzerisieren, Mercerisieren [nach dem brit. Chemiker und Industriellen JOHN MERCER, *1791, †1866], Behandeln von Baumwollerzeugnissen mit starken Laugen (Natronlauge, z.T. Kalilauge oder auch flüssigem Ammoniak) und Merzerisierhilfsmitteln unter Kühlung und Streckwirkung. So erhält die Baumwolle seidenartigen Glanz, außerdem eine Erhöhung der Reißfestigkeit und Farbstoffaufnahmefähigkeit unter gleichzeitigem Verlust an Elastizität.

Merzig, Kreisstadt des Landkreises M.-Wadern im Saarland, 175 m ü. M., beiderseits der Saar, 31 200 Ew.; Expeditionsmuseum; keram., Draht- und Getränkeindustrie; Wolfspark. – Die ehem. Prämonstratenserstiftskirche St. Peter ist eine dreitürmige roman. Säulenbasilika mit reich gegliedertem O-Bau (Anfang 13. Jh.), Langhaus um 1470/80 eingewölbt; monumentales Kruzifix (Gabelkreuz) um 1300. Repräsentatives Spätrenaissance-Rathaus (1647–50; urspr. Jagdschloss des Trierer Erzbischofs). – Das aus einer röm. Siedlung hervorgegangene M. kam um 870 an die Erzbischöfe von Trier, die für M. 1332 Stadtrechte erwirkten. 1778 wurde M. Sitz eines damals neu geschaffenen kurtrier. Amtes.

Merzig-Wadern, Landkreis im Saarland, 555 km^2, 106 000 Ew., mit den Städten Merzig (Kreisstadt) und Wadern. Vom mittleren Saartal reicht der Kreis nach W über die auf fruchtbaren Lehmböden mit Obst und Getreide bebaute Muschelkalkplatte des Saargaues bis an die Mosel (Grenze zu Luxemburg) und die Grenze zu Frankreich. Den östl. Teil prägen Saar-Nahe-Bergland und Ausläufer des Schwarzwälder Hochwalds (Hunsrück). Ein Drittel der Kreisfläche ist bewaldet. An der Mosel gibt es Weinbau (um Perl). Hauptwirtschaftszweig ist die keram. Industrie in Mettlach und Merzig.

Mario Merz: Iglu; Leuchtröhren, Metall, Drahtgewebe, Tuch; 1972 (Minneapolis, Minn., Walker Art Center)

Merzkunst, zusammenfassender Begriff für das dadaist. Lebenswerk (Merzgedichte, Merzbilder) von Kurt →Schwitters.

mes..., Wortbildungselement, →meso...

Mesa [span. ›Tisch‹, ›Tafel‹] *die, -,* span., auch im spanischsprachigen Amerika und den USA übl. Bez. für Tafelberg.

Mesa [ˈmeɪsə], Stadt in Arizona, USA, im östl. Vorortbereich von Phoenix, 318 900 Ew.; landwirtschaftl. Versuchsstation der University of Arizona; Obst- und Gemüseverarbeitung, Maschinenbau.

Mesa [hebr. ›Hilfe (Gottes)‹], **Mescheda,** König von Moab (um 850 v. Chr.); urspr. Vasall Israels; befreite sich gegen Ende der Dynastie Omris von dessen Oberherrschaft und gewann große Gebiete im südl. Ostjordanland (2. Kön. 3, 4 ff.). Seine Siegesstele aus schwarzem Basalt mit der M.-Inschrift (jetzt im Louvre) wurde 1868 in Dibon gefunden, das Fragment einer weiteren Inschrift 1958 in Kerak (östlich des Toten Meeres).

Mesabi Range [məˈsɑːbɪ ˈreɪndʒ], Hügelkette in den Superior Uplands in NO-Minnesota, USA, Teil des Kanad. Schilds. Die reichen Eisenerzlager wurden seit ihrer Entdeckung (1887) zur Rohstoffbasis der amerikan. Stahlindustrie; Gewinnung im Tagebau. Da die hochwertigen Magnetiterze (Fe-Gehalt bis 52%) weitgehend erschöpft sind, werden auch minderwertige Takonite (Fe-Gehalt 20–35%) abgebaut. Die M. R. liefert auch heute etwa die Hälfte des Eisenerzbedarfs der USA.

Mesa Central [- senˈtral], **Mesa de Anáhuac,** der Süden des zentralen Hochlands von →Mexiko.

Mesalliance [mezaˈljãs, frz.] *die, -/-n,* bes. früher Bez. für eine Ehe zw. Personen ungleichen Standes (→Missheirat).

MES-Anlagen, *Schiffbau:* →Entmagnetisierung.

Mesaoria [griech. ›Landschaft zw. Gebirgen‹] *die,* zentrale Ebene auf Zypern, zw. Kyreniakette und Troodos; durchzogen von zwei Flüssen (zur W- und zur O-Küste), die nur jahreszeitlich fließen; auf ihrer Wasserscheide liegt die Inselhauptstadt Nikosia. Die niederschlagsarme M. wird überwiegend als Weideland und für Trockenfeldbau genutzt, nur in den breiten Talauen und Niederungsgebieten im W und O ist dank Pumpbewässerung der Anbau von Zitrusfrüchten, Kartoffeln und Gemüse möglich.

Mesa Verde National Park [ˈmeɪsə ˈvɜːd ˈnæʃnl ˈpɑːk], Nationalpark in SW-Colorado, USA, 211 km^2; 1906 eingerichtet. In der Mesa Verde, einem an den Rändern steil abfallenden Plateau, sind die Reste von über 300 altindian. (vor 1300 n. Chr.) Wohnbauten erhalten (→Anasazikultur). Es sind z. T. übereinander gebaute Pueblos, teils im Steilhang angelegt (Cliff-Dwellings). Größtes Bauwerk ist der dreistöckige, in einen riesigen Felsüberhang eingebaute ›Cliff Palace‹ über 200 Räume, darunter zahlr. Kivas (einige mit Wandmalereien). Neben den Wohnanlagen gibt es in den Abris der Canyons von Mesa Verde weitere, ebenfalls archäologisch gut erforschte und teilweise restaurierte Wohn- und Kultanlagen, Terrassen, Wasserreservoirs und Kanalsysteme. – Museum.

A. H. Rohn: Cultural change and continuity on Chapin Mesa (Lawrence, Kans., 1977); G. S. Cattanach Jr. u. a.: Long House, M. V. N. P., Colorado (Washington, D. C., 1980).

Mescalero, nordamerikan. Indianerstamm im östl. New Mexico, USA, →Apachen.

Mescalin [zu span. mescal, mezcal, von Nahuatl mexcalli, einem Getränk] *das, -s,* **Meskalin,** zu den biogenen Aminen zählende Verbindung (chemisch das 3,5,5-Trimethoxyphenylaminoäthan); eine farblose, wasserlösl., ölige Flüssigkeit. M. wird aus der mexikan. Kakteenart Lophophora williamsii gewonnen oder synthetisch hergestellt; es ist neben Haschisch und LSD das bekannteste Halluzinogen. Seine rauscherzeugende Wirkung, die oft mit unangenehmen Begleiterscheinungen wie Kopfschmerzen, Schweißausbrüchen, Schwindel, z. T. auch Übelkeit und Erbrechen auftritt, ist der von LSD und Haschisch ähnlich. Zu den M.-Derivaten gehören die Designerdrogen, z. B. Ecstasy. (→Rauschgifte)

Geschichtliches: Als Erster berichtete Bernardino de Sahagún von einer ›Wurzel‹ (Peyotl), die von mexikan. Indianern als Rauschmittel gekaut wurde. Um 1890 wurde von dem Pharmakologen Louis Lewin (*1850, †1929) die Stammpflanze des Peyotl entdeckt. 1897/98 stellte der Pharmakologe Arthur Heffter (*1859, †1925) erstmals reines M. her; er beobachtete auch die halluzinogene Wirkung. Die

Mescalin

chem. Konstitution des M. wurde 1919 durch den Chemiker ERNST SPÄTH (* 1886, † 1946) aufgeklärt.

Meschduretschensk, Meždurečensk [mɛʒduˈrɛtʃɛnsk], Stadt im Gebiet Kemerowo, Russland, im Kusnezker Steinkohlenbecken an der Mündung der Ussa in den Tom, 103 800 Ew.; Steinkohlenbergbau.

Mescheda, König von Moab, →Mesa.

Meschede, Kreisstadt des Hochsauerlandkreises, NRW, an der oberen Ruhr zw. Arnsberger Wald und Hennesee, 262 m ü. M., 34 300 Ew.; Abteilung der Univ. - Gesamthochschule Paderborn; Leichtmetall- und Kunststoffverarbeitung, Werkzeug- und Sportartikelherstellung, Jachtbau, Großbrauerei. - Die kath. Pfarrkirche St. Walburga wurde 1663/64 über den Fundamenten einer karoling. Anlage errichtet; Stollenkrypta (um 900); ev. Christuskirche, klassizist. Saalbau von 1839. Über der Stadt liegt die 1928 gegründete Benediktinerabtei Königsmünster mit der Friedenskirche (1964) von H. SCHILLING. - Der bei einem Damenstift entstandene Ort besaß bereits 958 Marktrechte, entwickelte sich in der Folge jedoch nicht weiter. Erst im 19. Jh. erhielt M. Stadtrechte und wurde 1819 Kreisstadt. - Das in karoling. Zeit gegründete Damenstift wurde bereits vor KONRAD I. in königl. Schutz genommen. Es zählte mit über 400 Bauernhöfen bald zu den reichsten Klöstern Westfalens, blieb aber unter der Vogtei der Grafen von Werl und Arnsberg. 1810 wurde es aufgehoben (1310–1805 Kanonikerstift).

1 000 Jahre M., hg. v. B. GÖBEL (1959).

Meschhed: Grabstätte des Imams Resa und Gauhar-Schad-Moschee (1. Hälfte des 15. Jh.).

Meschendörfer, Adolf, rumäniendt. Schriftsteller, * Kronstadt (Siebenbürgen) 8. 5. 1877, † ebd. 4. 7. 1963; Gymnasialdirektor in Kronstadt, Herausgeber der kulturpolit. Zeitschrift ›Karpathen‹ (1907–14). Im Mittelpunkt seiner Dramen und Romane (›Die Stadt im Osten‹, 1931) stehen Themen und Stoffe seiner siebenbürg. Heimat; auch Lyriker.

Mes|cheten, Mes'chen, türkisch **Misket**, Stamm der Georgier aus dem Kleinen Kaukasus. Die M. sprachen urspr. alle einen südl. Dialekt des Georgischen (**Mes|chisch**; →kaukasische Sprachen) und waren orth. Christen. Ab dem 16. Jh. begann unter türk. Herrschaft ein intensiver Prozess der Turkisierung, in dem die Mehrheit den sunnit. Islam und die türk. Sprache annahm. Die Annexion ihres Siedlungsgebietes (Adscharien) durch das russ. Zarenreich im 19. Jh. beendete diese Vorgänge. 1944 wurden unter STALIN etwa 200000 turkisierte M. (einschließlich untermischter turkisierter Armenier und Kurden sowie schiitische Karapapachen) unter dem Vorwand feindl. Spionage nach Zentralasien (Usbekistan und Kasachstan) zwangsausgesiedelt (schätzungsweise 30 000–50 000 Tote). In Usbekistan, bes. im Ferganagebiet, waren sie 1989 Pogromen ausgesetzt und wurden danach zu großen Teilen in verschiedene Gebiete Nordkaukasiens (Russ. Föderation) umgesiedelt. Die M. (auf etwa 150 000 geschätzt) betreiben, bisher mit wenig Erfolg, ihre Rückkehr nach SW-Georgien, wo der nicht islamisierte Teil des Volkes nach wie vor lebt.

Mes|chetisches Gebirge, westlichster Gebirgszug des Kleinen Kaukasus in Georgien, bis 2 850 m ü. M., erstreckt sich vom Schwarzen Meer zur Kura (150 km).

Meschhed, Mashhad [-ʃ-], Stadt im NO-Iran, Hauptstadt der Prov. Khorasan, am Fuß des Koppe Dag, 945 m ü. M., 1,76 Mio. Ew.; Univ. (gegr. 1939); Museum. M. ist Gewerbe- und Industriestadt (Woll- und Baumwollverarbeitung, Jutespinnerei, Lederwarenherstellung; Zementfabrik), Knotenpunkt wichtiger Verkehrswege (u. a. Bahnlinie nach Tajan [Tedschen], Turkmenistan; seit 1996) mit Flughafen; Zentrum eines reichen Anbaugebiets (Aprikosen, Kirschen). - Zum Komplex des Heiligtums des Imam RESA († 817), mit der Grabmoschee (1009 erneuert und im 15. und 16. Jh. erweitert), gehört die Gauhar-Schad-Moschee, ein Höhepunkt timurid. Baukunst (1. Hälfte des 15. Jh., innen 1855 und 1883 restauriert). - Der ursprüngl. Vorort der älteren Stadt **Tus**, in der HARUN AR-RASCHID 809 starb, wurde durch die Grabstätte des Imams RESA so berühmt, sodass die Bezeichnung M. (›Grabmal eines Märtyrers‹) von der schiit. Wallfahrtsstätte auf die Ortschaft übertragen wurde. Nach der Zerstörung von Tus durch die Mongolen (1389) trat M. an dessen Stelle; eine Entwicklung wurde bes. durch den Timuridenherrscher SCHAH RUKH (1405–47) gefördert. Im 16. Jh. wurde es mehrfach von den Usbeken erobert und geplündert. NADIR SCHAH (1736–47) machte M. zu seiner Residenz. 1753 geriet es unter afghan. Herrschaft. Im 19. Jh. wurde es Hauptstadt von Khorasan.

Meschtschaninow, Meščaninov [-ʃtʃ-], Iwan Iwanowitsch, russ. Sprachwissenschaftler, * Ufa 6. 12. 1883, † Leningrad 16. 1. 1967; Schüler und Anhänger von N. J. MARR; arbeitete v. a. auf dem Gebiet der alten Kaukasussprachen und der vergleichenden Sprachtypologie.

Meschtscheren, weitgehend von Russen und Tataren assimiliertes Volk aus der wolgafinn. Sprachgruppe. Die an der mittleren und unteren Oka im Gebiet Rjasan (Meschtschera) und verstreut in den Gebieten Tambow, Pensa, Saratow ansässigen M. (**Meschtscherjaken**) wurden seit dem 16. Jh. zum orth. Christentum bekehrt und sind stark russifiziert. Die östlich davon, meist unter Baschkiren und Tataren lebenden M. (**Mischären**) galten bis etwa 1930 als eigenständiges Volk mit rd. 250 000 Angehörigen. Seither zählen sie als sunnit. Muslime zu den Tataren.

Mesdag [ˈmɛzdax], Hendrik Willem, niederländ. Maler und Kunstsammler, * Groningen 23. 2. 1831, † Den Haag 10. 7. 1915; Vertreter der Haager Schule; er malte v. a. die Küstenlandschaft bei Scheveningen. 1903 vermachte er seine bedeutende Sammlung frz. und niederländ. Kunst des 19. Jh. dem niederländ. Staat (heute Den Haag, Rijksmuseum H. W. M.).

J. POORT: H. W. M. ›Artiste peintre à la Haye‹ (Den Haag 1981).

Mesen der, **Mezen'** [-z-], Fluss im N des europ. Teils von Russland, 966 km lang, entspringt am Timanrücken, mündet in die **M.-Bucht** des Weißen Meeres, wo der Tidenhub (bis 10 m) oft die winterl. Eisdecke aufbricht.

Mes|encephalon [griech.], das Mittelhirn (→Gehirn).

Mes|enchym [zu meso... und griech. énchyma ›Aufguss‹] das, -s/-e, aus dem mittleren Keimblatt hervorgehendes lockeres, mehr oder minder von flüssigkeitserfüllten Hohlräumen durchsetztes embryonales Bildungsgewebe, aus dem im Laufe der Embryonalentwicklung v. a. Stütz- und Bindegewebe (einschließlich Knorpel und Knochen) sowie die Blutzellen hervorgehen.

Mes|enterium [griech.] *das, -s/...ria,* das Gekröse (→Darm).

Meseritz, poln. **Międzyrzecz** [mjɛnˈdʒiʒɛtʃ], Stadt in der Wwschaft Gorzów (Landsberg [Warthe]), Polen, an der Obra, 20 500 Ew.; Nahrungsmittel-, Baustoffindustrie, Maschinenbau. – 1945 kam M. unter poln. Verwaltung. Die Zugehörigkeit zu Polen wurde durch den Dt.-Poln. Grenzvertrag vom 14. 11. 1990 (in Kraft seit dem 16. 1. 1992) anerkannt.

Meseta [span., Verkleinerung von mesa ›Tisch‹, ›Tafel‹] *die, -/...ten,* span. Bez. für Hochebene, Hochplateau.

MESFET [engl.; Abk. für **m**etal **s**emiconductor **f**ield **e**ffect **t**ransistor ›Metall-Halbleiter-Feldeffekttransistor‹], ein Sperrschicht-FET (→Feldeffekttransistor), sowohl als diskretes als auch als integriertes Bauelement, dessen Sperrschicht durch einen Metall-Halbleiter-Kontakt (→Schottky-Kontakt) gebildet wird. MESFETs werden v. a. auf Galliumarsenidbasis hergestellt und als Mikrowellentransistoren sowie für sehr schnelle Logikschaltungen (Gigabitlogik) verwendet. Zusammen mit Schottky-Dioden sind sie Grundlage der MESFET-Technik, die die Realisierung sehr schneller integrierter Schaltungen erlaubt.

mesial [zu griech. mésos ›Mitte‹], *Zahnmedizin:* nach der Mitte des Zahnbogens gerichtet; Ggs.: distal.

Mesialbiss, →Gebissanomalien.

Mesilim, Mesalim, sumer. König von Kisch in S-Mesopotamien (frühdynastisch; um 2600 v. Chr.). Ihm gehörte ein in Girsu gefundener Keulenknauf aus Kalkstein (heute im Louvre, Paris), der in flachem Relief einen Löwenadler und fünf aufgerichtete Löwen mit kugelförmigen Augen zeigt. Auch auf Rollsiegeln dieser Zeit sind ähnl. Figurenbänder (Tierkampfszenen mit derselben eigentüml. Augendarstellung) nachweisbar, sodass teilweise von einem **M.-Stil** gesprochen wird.

Mesitinspat, Mineral, ein →Magnesit.

Mesitylen [griech.] *das, -s,* **1,3,5-Trimethylbenzol,** flüssiger Kohlenwasserstoff, der in Benzinfraktionen und im Steinkohlenteer enthalten ist. M., eine wasserklare, flüssige Substanz, entsteht bei der katalyt. Dehydratisierung von (drei Molekülen) Aceton und kann auch durch Methylieren von Toluol oder Xylol hergestellt werden.

Mesityl|oxid, ungesättigtes, in Wasser kaum lösl., giftiges Keton mit strengem Pfefferminzgeruch, chemisch das 4-Methyl-3-penten-2-on. M. wird aus Aceton durch Dimerisieren zu Diacetonalkohol und anschließende Wasserabspaltung hergestellt; es wird v. a. zu Methylisobutylketon weiterverarbeitet, daneben dient es als Lösungsmittel u. a. für Kunstharze, Synthesekautschuk und Lacke (es ist wegen seiner Toxizität jedoch nur bedingt anwendbar).

Meskal [span., von Nahuatl mexcalli, einem Getränk] *der, -s,* **Mescal,** mexikan. Branntwein, aus dem vergorenen Saft von Agaven (Pulque) destilliert; M. aus dem Bundesstaat Jalisco (beste Qualität) wird als **Tequila** bezeichnet; farblos, durch Fasslagerung bräunlich; etwa 43–45 Vol-% Alkohol.

Meskalin, →Mescalin.

Mesmer, Franz Anton, Arzt, *Iznang (heute zu Moos, Landkreis Konstanz) 23. 5. 1734, †Meersburg 5. 3. 1815; studierte im Anschluss an theolog. und philosoph. Studien Medizin in Wien. Nach seiner Promotion (1766) praktizierte er bereits mit ›magnet. Curen‹, zunächst in Wien, ab 1778 in Paris. Seine Erfolge machten ihn zwar berühmt, vernichtende Gutachten wiss. Kommissionen brachten ihn jedoch in den Verdacht der Scharlatanerie und des Betruges. Nach der Frz. Revolution lebte M. zurückgezogen, zuletzt am Bodensee. In Anlehnung an physikal. Vorstellungen seiner Zeit führte er den von ihm so genannten ›Magnetismus animalis‹ (ungenau auch ›tier. Magnetismus‹) ein (→Mesmerismus). Da seine Erfolge hauptsächlich auf Suggestion beruhten, gilt er als ein Vorläufer der Hypnotherapie (→Hypnose, Geschichte), zugleich auch der Gruppentherapie, da er oft mehrere Patienten gleichzeitig behandelte.

Mesmerismus *der, -,* seit 1814 gebräuchl. Bez. für den von F. A. MESMER postulierten und propagierten ›Magnetismus animalis‹, dessen Heilwirkung auf einem universellen (auch von Mensch zu Mensch übertragbaren) Fluidum beruhen sollte, zu dessen Übertragung MESMER anfangs Magnete, später ›magnetisierte‹ Gegenstände (›baquets‹) benutzte. Daneben praktizierte er Zeremonien des Handauflegens, Berührens und Streichens (›passes‹). Der M. hatte am Ende des 18. Jh. und in der 1. Hälfte des 19. Jh. viele Anhänger. Großen Einfluss übte er auf die Naturphilosophie der Romantik aus. – Die Bez. **mesmerisieren** (statt hypnotisieren) hat sich bis heute gehalten.

R. TISCHNER u. K. BITTEL: Mesmer u. sein Problem. Magnetismus, Suggestion, Hypnose (1941); W. ARTELT: Der M. im dt. Geistesleben, in: Gesnerus, Jg. 8 (Aarau 1951).

Mesner [von mlat. ma(n)sionarius, eigtl. ›Haushüter‹], *landschaftlich* für: Kirchendiener, Küster, Sakristan.

Mesnewi, oriental. Gedichtform, →Mathnawi.

meso... [zu griech. mésos ›Mitte‹], vor Vokalen meist verkürzt zu **mes...,** Wortbildungselement mit der Bedeutung: mittlerer, Mittel..., in der Mitte zwischen, z. B. Mesolithikum, Mesenchym.

Mesoamerika, von dem Archäologen P. KIRCHHOFF 1943 geprägte Bez. für den altindian. Hochkulturraum in Mexiko und im nördl. Zentralamerika, der z. Z. der Conquista das Verbreitungsgebiet der Nahua- und Mayavölker umfasste, d. h. das zentrale und südl. Mexiko, Guatemala, El Salvador, Belize, NW-Honduras und die nördl. Pazifikküste von Nicaragua.

mesoamerikanische Hochkulturen, die vorspan. indian. Hochkulturen im Gebiet von Mesoamerika. Hier hat sich etwa seit 2500 v. Chr. eine gemeinsame kulturelle Tradition herausgebildet. Dabei war das westl. Mesoamerika von mehreren unterschiedl. Kulturen im Laufe der Entwicklung geprägt, während der östl. und südl. Teil von der verhältnismäßig einheitl. Mayakultur beherrscht wurde.

Mesitylen

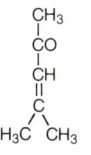

Mesityloxid

Franz Anton Mesmer

mesoamerikanische Hochkulturen: Tempelpyramide ›Castillo‹ in Chichén Itzá aus toltekischer Zeit

Meso mesoamerikanische Hochkulturen

mesoamerikanische Hochkulturen: Übersichtskarte

Die gemeinsamen Merkmale der m. H. finden sich sowohl im gesellschaftl. wie im geistig-religiösen Bereich, in der Kunst und in den materiellen Hinterlassenschaften. Dazu gehören ein streng hierarchisch gegliedertes Gesellschaftssystem mit intensivem Feldbau (Mais, Bohnen, Chili) als Wirtschaftsgrundlage, das in den Steininschriften und Bilderhandschriften festgehaltene Kalendersystem (52-Jahre-Zyklus, der sich aus der Kombination des 365-tägigen Sonnenjahres mit dem 260-tägigen rituellen Jahr ergibt), die damit verbundene Wahrsagerei, die Verwendung der in versch. Formen und Entwicklungsstadien ausgebildeten Hieroglyphenschrift sowie Grundzüge ihres Weltbildes und ihrer Religion mit einer Vielzahl von Göttern. Die zentralen Figuren unter den Göttern wie Quetzalcóatl, der Regengott (Chac bei den Maya, Tlaloc bei den Azteken), der Maisgott, Todesgott oder Sonnengott wurden ebenso vielfältig verehrt und in der Kunst dargestellt wie Tiergestalten aus der Mythologie (Jaguar, Schlange, Erdungeheuer u. a.). Weitere Merkmale sind der in den Zeremonialzentren in unterschiedl. Form vorhandene Ballspielplatz, die Stufenpyramide, der aus Pyrit und Obsidian hergestellte Spiegel, die Verwendung von Stuck und Zement in Architektur und Kunst, der Nagualismus (Alter-Ego-Vorstellung) und die Ämterrotation im Cargosystem (einem System polit. und religiöser Ämter, das durch eine Ämterhierarchie und durch einen meist jährl. Wechsel der Amtsinhaber gekennzeichnet ist). Einige dieser Merkmale haben sich bis in die Gegenwart in den indian. Kulturen erhalten.

Die *Geschichte* der m. H. ist nur zu einem geringen Teil aus schriftl. Zeugnissen der indian. Völker und der span. Eroberer zu erschließen. Archäolog. und sprachwiss. Untersuchungen erweitern ständig die Kenntnisse und differenzieren die Datierungen. Der Beginn der hochkulturellen Entwicklung wird etwa mit der frühpräklass. Periode (2500–1000 v. Chr.) angesetzt (älteste, auch figürl. Keramik). Den ersten kulturellen Höhepunkt erreichte Mesoamerika durch die Olmeken in der mittelpräklass. Periode (1000–300 v. Chr.). Auf diese Zeit gehen die typ. Merkmale der klass. m. H. zurück: Tempelpyramiden, schematisch angelegte Kultplätze, das System der Gottheiten, Kalender und Schrift. In der spätpräklass. Periode (300 v. Chr.–250 n. Chr.) begann die Entwicklung der Zentren im Hochland von Mexiko, so Cuicuilco und Teotihuacán, Letzteres wurde beherrschend in der frühklass. Periode (200–600). Sein Einfluss reichte bis nach Guatemala und ist auch bei den Maya erkennbar, die ab 300 ihre Stadtkultur ausbildeten. Etwa gleichzeitig erreichte das Reich der Zapoteken mit dem Mittelpunkt Monte Albán seine höchste Blüte. Die spätklass. Periode (600–900) begann mit dem Zusammenbruch des Reiches von Teotihuacán; an seine Stelle traten zahlreiche Kleinstaaten (z. B. Cholula), führend an der Golfküste war El Tajín. Die Zentren der Mayakultur waren zunächst davon kaum berührt. Mit dem Zusammenbruch von Monte Albán und der (ungeklärten) Aufgabe der südl. Mayastädte war auch die klass. Zeit der m. H. zu Ende. Die frühnachklass. Periode (900–1200) ist die Zeit der Tolteken und der Maya von Yucatán (Zentrum: Chichén Itzá). Um 1000 begann der Aufstieg der Mixteken, die u. a. durch Bearbeitung von Metall und Halbedelsteinen die Weiterentwicklung der m. H. beeinflussten. In der spätnachklass. Periode (1200–1520) wurde durch das Vordringen der Chichimeken die Herrschaft der Tolteken zerstört. Das letzte großräumige Reich der m. H. schufen im 14./15. Jh. die Azteken, die damit die Kämpfe rivalisierender Kleinstaaten beendeten. Ihre Hauptstadt Tenochtitlán war die größte Stadt des vor-

mesoamerikanische Hochkulturen: Goldener Brustschmuck der Mixteken, Höhe 21,9 cm (Oaxaca, Museo Regional)

kolumb. Amerika. Zur Zeit der span. Eroberung bestanden daneben noch Zentren der Mixteken, Zapoteken, Quiché, Cakchiquel, Yukateken, Totonaken, Huaxteken, Pipil und Nicarao.

Kunst: Höhepunkte der Monumentalarchitektur finden sich in der klass. Zeit im Hochtal von Mexiko (Teotihuacán), im Gebiet von Oaxaca (Monte Albán), sowie im Mayagebiet (Tikal, Copán u. a.). Die Baukunst erfuhr in nachklass. Zeit u. a. durch die Mixteken in Mitla, die Tolteken in Tula und Chichén Itzá und die Azteken in Tenochtitlán eine neue Blüte. In der Bildhauerkunst setzten schon die Kolossalköpfe der Olmeken bedeutende künstler. Maßstäbe (La Venta, San Lorenzo); weitere Höhepunkte waren die Masken, Reliefs und Bauornamente in Teotihuacán sowie die Stelen und Altäre der Maya, die mit bildl. Darstellungen und der hoch entwickelten Hieroglyphenschrift geschmückt wurden. Die Tolteken schufen Monumentalfiguren, die Azteken stilisierte Götterstatuen und realist. Bildwerke aus Stein von Mensch und Tier. Die Metallverarbeitung (v. a. Gold) breitete sich erst im 10. Jh. aus. Die besten Goldarbeiter, vertraut mit Guss und Legierung, waren die spezialisierten Kunsthandwerker der Mixteken. Erst kurz vor der span. Eroberung findet sich Bronze. Höhepunkte der Keramik sind die figürl. Graburnen der Zapoteken, die bemalten Gefäße der Maya sowie stuckierte Dreifußgefäße aus Teotihuacán. Menschen- und Tierfiguren, auch ganze Figurengruppen, z. T. mit Modeln geformt, wurden bes. in W-Mexiko hergestellt (Nayarit). Malerei findet sich außer auf den Tongefäßen auch in den Fresken von Teotihuacán, Cacaxtla und Bonampak. In klass. und nachklass. Zeit entstanden figürlich und mit Hieroglyphenschrift bemalte Bilderhandschriften. Gegenstände aus Holz, Federn sowie Textilien sind wegen des feuchten Klimas nur spärlich erhalten.

Die *Schriftsysteme* der m. H. bestehen aus Hieroglyphen in versch. Formen und Entwicklungsstufen. Am besten bekannt sind die Schriftsysteme der Azteken und Maya. Die aztek. Hieroglyphen bestehen vornehmlich aus Ideogrammen, denen phonet. Zeichen beigefügt werden, um eventuelle Mehrdeutigkeiten zu vermeiden. Das komplizierte System der Maya fügte meist mehrere Hieroglyphen – ein oder zwei Hauptzeichen und ein oder mehrere Nebenzeichen und ggf. Zahlenkoeffizienten – in einem Hieroglyphenblock (einem quadrat. oder rechteckigen Feld) zusammen. Ein Hieroglyphenblock ist optisch vom nächsten durch einen Zwischenraum getrennt, manchmal auch von einer Kartusche umrahmt. Die Hieroglyphen kommen in vielen Gestalten vor, meist sind es abstrakte Formen aus geschwungenen Linien, häufig aber auch Gesichter (Mensch oder Tier) oder andere erkennbare Gegenstände. Die Hieroglyphenschrift der Maya ist vermutlich ein Mischsystem aus Ideogrammen und Silbenphonogrammen. Ideogramme haben zudem auch häufig eine phonet. Bedeutung. Es gibt etwa 750 Hieroglyphen, von denen zurzeit etwa 300 entziffert sind. Die Entzifferung orientiert sich zunächst an der Struktur der in jeder Inschrift vorhandenen Kalenderdaten. I. d. R. bestehen die einzelnen Aussagenblöcke einer Inschrift aus einem Datum und einem ihm zugeordneten nichtkalendar. Abschnitt, dazu Hinweise aus der Ikonographie. Die kalendar. Abschnitte enthalten Hieroglyphen für Zahlen, Tage, Monate und diverse kalendar. und astronom. Zyklen. Die Hieroglyphen der nichtkalendar. Abschnitte umfassen Themen wie Geburt, Verwandtschaftsbeziehungen, Thronbesteigungen, Blutopferriten und Tod. Ferner gibt es den Komplex der nominalen Hieroglyphen, bei dem es sich um Personennamen, Ehrentitel, Ortsnamen und dgl. handelt.

C.-F. BAUDEZ u. P. BECQUELIN: Die Maya (a. d. Frz., 1985); Das alte Mexiko, hg. v. H. J. PREM u. a. (1986); I. BERNAL y GARCÍA PIMENTEL u. M. SIMONI-ABBAT: Mexiko (a. d. Frz., 1987); H. J. PREM: Gesch. Altamerikas (1989).

mesoamerikanische Hochkulturen: Detail eines Reliefs vom Türsturz am Eingang des Tempels IV in Tikal; Mayakultur, 741 (Basel, Museum für Völkerkunde)

Mesocco, Hauptort des →Misox, Schweiz.

Mesoderm [zu griech. dérma ›Haut‹] *das, -s/-e*, **Mesoblast, mittleres Keimblatt,** bei Gewebetieren und beim Menschen während oder nach der Gastrulation entstehende Zellschicht, die sich zw. Ektoderm und Entoderm einschiebt. Aus dem M. geht der überwiegende Teil der Körpermasse hervor, z. B. Skelett, Muskulatur, Bindegewebe (über das →Mesenchym), Leibeshöhlenwand und Geschlechtsorgane.

Meso|europa, von H. STILLE geprägte Bez. für den von der varisk. Gebirgsbildung erfassten und an →Paläoeuropa angeschlossenen Bereich West- und Mitteleuropas; wurde durch die alpid. Orogenese (→Neoeuropa) nicht mehr erfasst.

Mesofauna, Meiofauna, *Bodenbiologie:* Tiere, bes. Bodenorganismen, die kleiner als 2 mm sind; Mittelstellung zw. Mikro- (unter 0,2 mm) und Makrofauna. (→Megafauna)

Mesohippus [zu griech. híppos ›Pferd‹], fossile Gattung der Pferde aus dem mittleren Oligozän Nordamerikas; 115 cm lang, Schulterhöhe 60 cm; relativ kurze Extremitäten, alle Füße dreizehig, mit stark betonter Mittelzehe (Huf).

Mesokarp [zu griech. karpós ›Frucht‹] *das, -s/-e,* die mittlere Gewebeschicht der pflanzl. →Frucht.

Mesolabium [griech.] *das, -s,* von ERATOSTHENES erdachtes Gerät zur Konstruktion der beiden mittle-

Mesolabium: Schiebt man Rechteck 1 so über Rechteck 2 und 2 so über 3 nach rechts, dass die oberen Endpunkte X und Y der noch sichtbaren Teilstücke der Diagonalen von Rechteck 2 und 3 mit den gegebenen Punkten A und B auf einer Geraden liegen, so sind die Strecken x und y die gesuchten mittleren Proportionalen der gegebenen Strecken a und b

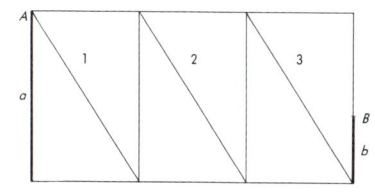

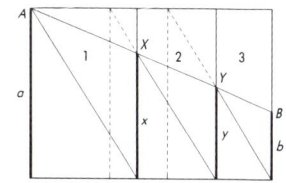

Mesolcina [-'tʃi:na, ital.], **Valle M.**, Talschaft in der Schweiz, →Misox.

Mesolith [zu griech. líthos ›Stein‹] *der, -s* und *-en/-e(n)*, farbloses, weißes, graues oder gelbl., monoklines Mineral mit der chem. Zusammensetzung $Na_2Ca_2[Al_5Si_5O_{10}]_3 \cdot 8\,H_2O$; Mischkristall zw. Natrolith und Skolezit; Härte nach MOHS 5–5,5; Dichte 2,2–2,4 g/cm^3; strahlig-faserige oder derbe, dichte Aggregate; Vorkommen in Drusen oder auf Klüften im Basalt, Phonolith und Syenit.

Mesolithikum *das, -s*, die →Mittelsteinzeit.

Mesolongion, neugriech. **Messolongi**, Hauptstadt des Verw.-Bez. (Nomos) Ätolien und Akarnanien in Mittelgriechenland, an der lagunenreichen Nordküste des Golfes von Patras, 10 900 Ew.; orth. Bischofssitz; Salzgärten. – Der Ort entwickelte sich aus einer Ansiedlung von Fischern, die sich im 16. Jh. vor den Türken in die Lagunen geflüchtet hatten; er wuchs zu einem Handelshafen mit strateg. Bedeutung heran. Im griech. Freiheitskampf (seit 1821) war M. eines der Hauptbollwerke (Hauptquartier von A. Fürst MAVROKORDATOS), das die Türken von November 1822 bis Januar 1823 und seit April 1825 vergeblich angriffen. Die Verteidiger wurden durch zahlr. Philhellenen in ihrem Kampf unterstützt (u. a. von dem engl. Dichter LORD BYRON, der hier 1824 an Malaria starb). Im April 1826 gelang nur einem Teil der Belagerten ein Durchbruch, die übrigen Verteidiger sprengten sich mit der Feste in die Luft. 1829 wurde M. von den Türken den Griechen übergeben. Im Heroon, der Begräbnis- und Gedenkstätte für die Freiheitskämpfer (unter ihnen auch dt. Philhellenen), ist das Herz von LORD BYRON beigesetzt.

Mesomerie [zu griech. méros ›Teil‹] *die, -*, **Resonanz**, Erscheinung, dass die Struktur bestimmter Moleküle mit Mehrfachbindungen nur eingrenzend durch zwei oder mehrere Strukturformeln (›Grenzstrukturen‹, ›Grenzformeln‹) wiedergegeben werden kann. Die tatsächl. Molekülstruktur ist als energieärmerer und daher begünstigter Zustand zw. den Grenzstrukturen. Die Energiedifferenz zw. den Grenzstrukturen und dem mesomeren Zustand wird als **M.-Energie** (**Resonanzenergie**) bezeichnet. M. tritt u. a. bei Benzol (→aromatische Verbindungen, Abbildung), bei aliphat. Verbindungen mit konjugierten Doppelbindungen, bei Diazoverbindungen, Amiden und vielen anorgan. Anionen (z. B. Carbonat, Sulfat, Phosphat) auf.

mesomorphe Phase [zu griech. morphé ›Gestalt‹], →flüssige Kristalle.

mesomorpher Typus, von W. H. SHELDON definierter Körperbautypus (muskulös, knochig), der dem des Athletikers bei E. KRETSCHMER ähnelt. (→Konstitutionstypen).

Mesonen [engl., zu griech. tò méson ›das in der Mitte Befindliche‹, Sg. **Meson** *das, -s*, Familie mittelschwerer instabiler →Elementarteilchen (ÜBERSICHT) mit ganzzahligem Spin und der Baryonenzahl $B = 0$, die zus. mit den Baryonen zur Gruppe der stark wechselwirkenden Elementarteilchen, den Hadronen, gehören. M. können durch Stoßprozesse, z. B. von Protonen und Neutronen untereinander oder mit Atomkernen, erzeugt werden, wobei die kinet. Energie im →Schwerpunktsystem größer sein muss als die →Ruhenergie der zu erzeugenden Mesonen. Die Lebensdauer der M. liegt zw. etwa 10^{-17} und 10^{-8} s, ihre Masse zw. etwa dem 0,15- und 11fachen der Nukleonenmasse. Sie zerfallen i. Allg. unter Emission von Leptonen und Photonen in leichtere M. oder direkt in Leptonen und/oder Photonen. Neben den π-M. (→Pionen), K-M. (→Kaonen), η-M. (→Etameson), →B-Mesonen, →D-Mesonen, Ψ-M. (→Psiteilchen), Υ(Υ)-M. (→Ypsilonteilchen) und ihren Antiteilchen zählen zu den M. auch die gelegentlich als **M.-Resonanzen** bezeichneten äußerst kurzlebigen (etwa 10^{-22} s) angeregten Zustände (→Massenresonanzen) von M. (z. B. K-M., →Omegameson, →Rhomeson).

Die M. haben in der Theorie der Elementarteilchen Bedeutung für die Struktur der Nukleonen sowie als Vermittler (Feldquanten) der Kräfte zw. den Nukleonen (**M.-Theorie der Kernkräfte**). Nach den heutigen Vorstellungen sind die M. aus einem Quark und einem Antiquark aufgebaut (→Quantenchromodynamik). Die Kraft zw. je zwei Nukleonen im Atomkern kommt danach durch den Austausch von Quarks zustande, der auch als M.-Austausch interpretiert werden kann. Die →starke Wechselwirkung, die die Bindung von Quarks zu M. oder Baryonen bewirkt, wird durch die Gluonen vermittelt.

Man kennt heute weit über 100 versch. Mesonen. Die am längsten bekannten M. sind die Pionen, die 1947 bei Höhenstrahlexperimenten mit Kernspurplatten entdeckt wurden.

Mesonen|atome, instabile →exotische Atome, bei denen ein Hüllenelektron durch ein Meson ersetzt ist (auch als **mesonische** oder **mesische Atome** bezeichnet). Die M. gehören zu den hadron. Atomen. Wegen der gegenüber dem Elektron größeren Masse der Mesonen sind die bohrschen Radien um das Massenverhältnis zum Elektron kleiner, die Bindungsenergien um dieses Verhältnis größer.

Mesonenfabrik, Forschungseinrichtung mit Beschleunigern bes. hoher Strahlstromstärke zur Erzeugung intensiver Sekundärteilchenstrahlen von Pionen, Myonen, exot. Mesonen, Neutrinos und Spallationsneutronen. Die seit Mitte der 1970er-Jahre betriebenen M. LAMPF am Los Alamos National Laboratory (→LANL, USA), TRIUMF (Kanada) sowie ein Isochronzyklotron am Paul-Scherrer-Institut (bei Zürich) arbeiten mit einem Protonenprimärstrahl von 500 bis 800 MeV und Stromstärken von 200 bis 1 200 µA. Sie dienen neben der Untersuchung spezieller Fragestellungen der Elementarteilchenphysik auch prakt. Anwendungen. Zu ihnen zählen Bestrahlungs- und Streuuntersuchungen, u. a. mit Neutronen, für Chemie, Biologie und Materialforschung, sowie die Produktion von speziellen Radioisotopen und die Krebstherapie mit Pionen.

In der Planung bzw. im Bau sind gegenwärtig zwei Arten fortgeschrittener M.: 1) die in der Diskussion befindl. Hadronenfabriken (engl. hadron facilities), den bisherigen M. vergleichbare Beschleuniger, jedoch mit wesentlich größerer Endenergie, zur Erzeugung von Kaonen, Antiprotonen und Hyperonen; 2) M. mit →Speicherringen zur Erzeugung spezieller Mesonen, insbesondere solcher aus schweren Quarks, ohne Störung durch parasitäre Prozesse. Für eine genügend große Erzeugungsrate von etwa 10^7 bis 10^8 Mesonen pro Jahr ist bei diesen Speicherringen eine Luminosität von 10^{33} bis $10^{34}\,cm^{-2}\,s^{-1}$ erforderlich, ein rd. 100fach größerer Wert als bei bisherigen Speicherringen. Standorte für so genannte **B-M.** zur Erzeugung großer Anzahlen von Mesonen, die Bottom-Quarks enthalten, sind das jap. Nationallaboratorium KEK (bei Tokio) sowie das Stanford Linear Accelerator Center (→SLAC, USA).

Mesonephros [griech.] *der, -*, die Urniere (→Niere).

Mesonyktikon [zu griech. mesonýktios ›mitternächtig‹] *das, -s/...ka*, der Mitternachtsgottesdienst der Ostkirchen.

Meso|ökonomik, von einigen Volkswirtschaftlern vorgeschlagener Begriff, um den zw. traditioneller Makroökonomik und Mikroökonomik angesiedelten Bereich der Wirtschaft zu kennzeichnen, der auf einer

Mesomerie:
Mesomere Grenzstrukturen beim Carbonatanion (oben) und beim Acetamid (unten)

mittleren Aggregationsebene bei Branchen, Regionen, Verbänden ansetzt, um v. a. sektorale und regionale Probleme zu behandeln. Die M. beruht auf der Annahme, dass die größenmäßig mittleren Aggregate zwar wesentl. Elemente der heutigen ›Gruppengesellschaft‹, aber weder den Einzelwirtschaften (Mikroökonomik) noch der Gesamtwirtschaft (Makroökonomik) zuzurechnen sind.

Mesopause [zu griech. paũsis ›Ende‹] die, -/-n, die Grenzschicht zw. Meso- und Thermosphäre in der →Atmosphäre.

Mesophase, →flüssige Kristalle.

Mesophyll [zu griech. phýllon ›Blatt‹] das, -s/-en, Botanik: →Blatt.

Mesophyten [zu griech. phytón ›Pflanze‹, ›Gewächs‹], Sg. **Mesophyt** der, -en, Bez. für Pflanzen, die mittelfeuchte Standorte bevorzugen und die keine besonderen Einrichtungen zum Verdunstungsschutz besitzen. Sie nehmen somit eine Mittelstellung zw. den →Xerophyten und den →Hygrophyten ein. Zu den M. gehören die meisten unserer Kulturpflanzen.

Mesophytikum [zu griech. phytón ›Pflanze‹, ›Gewächs‹] das, -s, Geologie: das mittlere Zeitalter in der Stammesgeschichte der Pflanzenwelt (zw. Paläophytikum und Känophytikum), das vom Oberperm bis zur Unterkreide reicht (→Geologie, Übersicht; →Mesozoikum). Im M. wurden die Samenpflanzen mit den Nacktsamern (u. a. Ginkgogewächse, Nadelhölzer, Palmfarne, Samenfarne, Bennettitales, Letztere erstmals mit Zwitterblüten und Blütenhülle) auf dem Lande vorherrschend; daneben waren v. a. noch Farne und Schachtelhalme weit verbreitet. Das Ende des M. wird durch die Ausbreitung der bedecktsamigen Blütenpflanzen gekennzeichnet.

mesopisches Sehen, andere Bez. für →Dämmerungssehen.

Mesopotamia argentina [-arxenˈtina], Bez. für das Zwischenstromland in →Argentinien.

Mesopotamien [griech. ›(Land) zwischen den Strömen‹], **Zweistromland,** Großlandschaft in Vorderasien, das Gebiet am mittleren und unteren Euphrat und Tigris, in Syrien und Irak. M. ist (neben Kurdistan) der eigentl. Lebensraum von Irak. – Urspr. war M. nur das Gebiet zw. Euphrat und Tigris nördlich der Gegend von Bagdad. Heute wird der Name oft auch auf das südlich anschließende Babylonien sowie das Kulturland östlich des Tigris bezogen. In diesem Sinne ist M. eine die historischen Länder →Assyrien und →Babylonien umfassende Großregion des →Alten Orients.

B. Hrouda: M. (1997).

Meso|psammion [zu griech. psámmos ›Sand‹] das, -s/...mi|en, **Meso|psammon,** Bez. für die Gesamtheit der im natürl. Lückensystem des Sandes lebenden Organismen. Das marine M. ist sehr artenreich (z. B. bei Sylt rd. 700 Arten), während das terrestr. v. a. durch Milben und Springschwänze gekennzeichnet ist.

Mesosauri|er, Mesosauria, ausgestorbene Ordnung bis 1 m langer, Fisch fressender Saurier in den Süßwasserseen Gondwanas an der Wende vom Karbon zum Perm (vor 286 Mio. Jahren); mit langer Schnauze und vielen spitzen Zähnen; Hände und Füße mit Schwimmhäuten versehen. Die M. konnten sich auch auf dem Land bewegen. Da die Verbreitung der M. auf das südöstl. Südamerika und das westl. Südafrika beschränkt war, kommt ihnen Bedeutung als Beweis für Kontinentalverschiebungen und plattentekton. Bewegungen zu.

Mesosiderite, Art der Stein-Eisen-Meteorite (→Meteorite).

mesoskopisches System, ein physikal. System, dessen Abmessungen im Grenzbereich zw. mikrophysikal. und makrophysikal. Systemen – d. h. innerhalb des Nano- und Mikrometerbereichs – liegen. M. S. verhalten sich bei höheren Temperaturen wie makrophysikal. Systeme, zeigen aber bei sehr niedrigen Temperaturen (etwa unterhalb 1 K) ein Verhalten, das deutlich davon abweicht; sie müssen dann mit den Begriffen und Methoden der Quantenphysik beschrieben werden.

Mesosphäre, 1) *Geologie:* Bez. für den unteren Teil des oberen Erdmantels, die Übergangszone unterhalb der Asthenosphäre, in der Dichte, Viskosität und die Geschwindigkeit seism. Wellen zunehmen.

2) *Meteorologie:* Schicht in der →Atmosphäre.

Mesotes [griech. ›Mitte‹] die, -, in der griech. Philosophie der vernünftige Mitte zw. zwei Fehlformen menschl. Verhaltens wie auch alles Seienden, die aufgrund eines ›Zuviel‹ oder ›Zuwenig‹ über das Ziel hinausschießen oder dahinter zurückbleiben. So bestimmt z. B. Aristoteles Tapferkeit als Mitte zw. Verwegenheit und Feigheit. Die M. als Ideal des Maßvollen und jeweils Besten gilt somit als Prinzip jegl. Tugend und ist Teil der Politik, Ontologie, Naturphilosophie, Ästhetik. In formalisierter, nicht mehr eigentlich entscheidender Bedeutung wurde diese Bestimmung von Thomas von Aquino als Norm der Tugend zw. den Abweichungen des Übermaßes und des Mangels übernommen. Von den Römern (Horaz) war M. im Sinn des durchschnittlich Normalen als ›goldene Mittelmäßigkeit‹ verstanden worden.

Mesothel [zu griech. thelḗ ›Mutterbrust‹, ›Brustwarze‹] das, -s/-e und ...li|en, **Mesothelium,** aus dem Mesoderm von Mensch und Säugetieren hervorgehendes Deckzellenepithel, das bes. Brust- und Bauchhöhle auskleidet.

Mesotheliom das, -/-e, seltener bösartiger Tumor des Rippen-, seltener des Bauchfells, der vom Mesothel ausgeht und überwiegend nach Einatmung von Asbestfeinstaub mit einer Latenzzeit von meist 10–20 Jahren entsteht (i. d. R. als Berufskrankheit).

mesothermal, *Petrologie:* →Erzlagerstätten.

Mesothorax, Brustsegment der →Insekten.

Mesothorium, histor. Bez. für die 1905 von O. Hahn in der Thorium-Zerfallsreihe (→Radioaktivität) entdeckten natürl. Isotope $^{228}_{88}Ra$ (**M. I,** Symbol MsTh I) und $^{228}_{89}Ac$ (**M. II,** Symbol MsTh II).

mesotroph [zu griech. trophḗ ›Nahrung‹], **1)** *Botanik:* Bez. für Pflanzen, die sich als Halbschmarotzer ernähren.

2) *Gewässerkunde:* Bez. für Seen mit einer Sichttiefe von 3 bis etwa 6 m und einem mittleren Nährstoffgehalt. Einordnung zw. oligotrophen und eutrophen Seen.

mesotype Gesteine, Bez. für magmat. Gesteine mit 65–90 % dunklen Gemengteilen.

Mesoweinsäure, die optisch inaktive Form der →Weinsäure.

Mes|oxalsäure, Oxomalonsäure, die einfachste Oxodicarbonsäure; sie liegt stets hydratisiert (als **Dihydroxymalonsäure**) vor; bildet farblose, zerfließl. Kristalle. M. kommt u. a. in Zuckerrüben und Luzerneblättern vor.

Mesozoen [zu griech. zōon ›Lebewesen‹], Sg. **Mesozoon** das, -s, **Mesozoa,** Gruppe wenigzelliger,

Mesosaurier: Mesosaurus brasiliensis aus dem Unterperm Brasiliens (Iratischiefer);
rekonstruiertes Skelett, etwa 50 cm lang

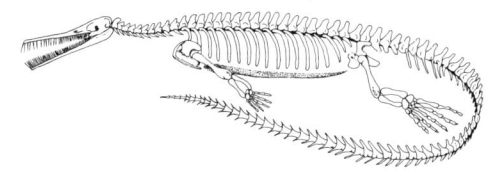

COOH
|
C=O
|
COOH

Mesoxalsäure

COOH
|
C(OH)₂
|
COOH

Dihydroxymalonsäure

Mesoxalsäure

0,03–7 mm langer Tiere unsicherer Artenzahl (etwa 50) und Verwandtschaft. M. bestehen aus einem einfachen Zellschlauch, leben parasitisch (oder z. T. symbiontisch) in marinen Wirbellosen (bes. Weichtiere, Strudel- und Ringelwürmer) und weisen eine komplizierte Entwicklung mit Generationswechsel auf.

Mesozoikum *das, -s,* **Erdmittelalter,** die erdgeschichtl. Ära zw. Paläozoikum und Känozoikum, mit den Systemen Trias, Jura und Kreide (→Geologie, ÜBERSICHT). – Das M. leitete die Entwicklung der organ. Welt zum heutigen Zustand ein. Teile der das Paläozoikum kennzeichnenden Tiergruppen (Beutelstrahler, Trilobiten und Panzerfische) fehlten schon; andere (Ammoniten, Belemniten, Rudisten und Saurier) erloschen am Ende der Kreide, wieder andere (Korallen, Seeigel, Brachiopoden, Krebse und Fische) nahmen mehr und mehr känozoische Kennzeichen an; Säugetiere und Vögel erschienen neu. Die Pflanzenwelt war durch Farne und Nacktsamer gekennzeichnet, erhielt aber in der Kreide durch das plötzl., massenhafte Auftreten der Laubbäume ein känozoisches Gepräge (Känophytikum).

In den Geosynklinalen wurde die große alpid. Gebirgsbildung des Känozoikums vorbereitet. Vulkanismus war nur in Vorderindien und in der Umrandung des Pazif. Ozeans verbreitet. Wichtige Meere waren die Tethys und die pazif. Meere in den heutigen Kettengebirgszonen. Landmassen gab es in Nord- und Südamerika, Afrika, Australien und in der Antarktis.

Mesozone, Tiefenzone der Regionalmetamorphose, →Metamorphose.

Mespelbrunn, Gem. im Landkreis Aschaffenburg, Bayern, im westl. Spessart, 2 500 Ew.; umfasst die Ortsteile M. und →Hessenthal. – Romantisch gelegenes Wasserschloss (15./16. Jh.) mit Schlossmuseum (Möbel, Porzellan, Gemälde, Waffen).

Mespilus [lat.], wiss. Name der Pflanzengattung →Mispel.

Mesquitebaum [-'ki:tə-; span., indian. Ursprungs], **Algorrababaum, Prosopis juliflora,** in den Tropen und Subtropen (v. a. in Amerika) kultiviertes Mimosengewächs, dessen Hülsenfrüchte als Viehfutter verwendet werden. Der Stamm liefert Mesquite- oder Sonoragummi; Verwendung als Gummiarabikumersatz.

Mesrop, urspr. **Maschtotz,** armen. Mönch, * Hatsek (Armenien) 360, † Etschmiadsin 17. 2. 440; schuf die armen. Schrift und übersetzte mit dem Katholikos SAHAK (* um 340, † 439) die Bibel ins Armenische. Neben reicher Übersetzertätigkeit (patrist. Schriften u. a.) widmete er sich v. a. der Mission. Eine Biographie über M. schrieb sein Schüler KORIUN (dt. von S. WEBER in: Bibliogr. der Kirchenväter, Bd. 57, 1927). – Heiliger der armen. Kirche (Fest: Donnerstag der 5. Woche nach Pfingsten).

P. N. AKINIAN: Der hl. Maschtotz Wardapet, sein Leben u. sein Wirken (Wien 1949; armen. mit dt. Zusammenfassung).

Mess, alte württemberg. Volumeneinheit für Brennholz, 6 Fuß hoch, 6 Fuß breit, mit Scheitlänge von 4 Fuß, 1 M. = 3,386 m³.

Mess|abweichung, der →Messfehler.

Messa di Voce [-'vo:tʃe, ital.], beim Gesang die Bez. für das Schwellton, das An- und Abschwellen des Tones vom Piano bis Fortissimo und wieder zurück.

Message ['mesɪdʒ; engl., eigtl. ›Botschaft‹] *die, -/-s,* **1)** *allg.:* Gehalt, Aussage, Botschaft.
2) *Kommunikationstheorie:* Mitteilung, Nachricht, Information, die durch die Verbindung von Zeichen ausgedrückt und vom Sender zum Empfänger übertragen wird. M. ist Realisierung der Möglichkeiten, die ein Code bietet. Dem Begriffspaar ›Code-M.‹ entspricht in der Linguistik ›Langue-Parole‹.

Messaggero, Il M. [il mesad'dʒero, ital. ›Der Bote‹], konservative ital. Tageszeitung, gegr. 1878 als Wochenblatt, erscheint seit 1897 täglich in Rom; Auflage (1995) 335 000.

Messahala, arab. **Maschallah,** eigtl. **Manasse,** einer der ersten und hervorragendsten Astrologen im Islam, stand im Dienst mehrerer Kalifen in der 2. Hälfte des 8. Jh.; wirkte 762 bei der Gründung Bagdads mit. Zahlreiche seiner Werke wurden ins Lateinische übersetzt und im MA. und in der Renaissance hoch geschätzt. M. gilt auch als Verfasser einer der ältesten Schriften über das Astrolabium.

Messalianer [syr. ›Betende‹], griech. **Euchiten,** Anhänger einer urspr. in N-Syrien, seit dem 4. Jh. auch in der griech. Kirche verbreiteten asketischmyst. Bewegung. Nach ihrem Verständnis kann durch unablässiges Gebet und ekstat. Tanz das Böse im Menschen ausgerottet, dann der Hl. Geist sinnlich erfahren (›Pneumatiker‹) und die Trinität geschaut werden. Diese Vorläufer arab. Derwische wurden nach mehreren Lokalsynoden 431 auf dem Konzil von Ephesos verurteilt. Über MAKARIOS DEN ÄGYPTER wirkte Gedankengut der M. bis in den Pietismus.

R. STAATS: Gregor von Nyssa u. die M. (1968); H. DÖRRIES: Die Theologie des Makarios Symeon (1978).

Messali Hadj [-ha:dʒ], alger. Politiker, * Tlemcen 1898, † Paris 3. 6. 1974; arbeitete nach dem Ersten Weltkrieg in Frankreich und wurde 1927 Präs. des ›Étoile Nord-Africaine‹ (ENA, ›Nordafrikan. Stern‹), einer Organisation von Arbeitsemigranten, die als Erste die Unabhängigkeit Algeriens von Frankreich forderte. 1937 gründete er die (1939 verbotene) ›Alger. Volkspartei‹, war 1941/42 inhaftiert und 1942–46 sowie 1952–62 im Zwangsexil. 1954 gründete er den ›Mouvement National Algérien‹ (MNA, ›Alger. Nationalbewegung‹), der jedoch bald die Führung der Unabhängigkeitsbewegung an den FLN verlor.

B STORA: M. H. Pionnier du nationalisme algérien. 1898–1974 (Paris 1986).

Messalina, Valeria, röm. Kaiserin, * um 25 n. Chr., † 48; wurde um 40 die dritte Frau von Kaiser CLAUDIUS, den sie völlig beherrschte und dem sie OCTAVIA, die erste Frau NEROS, und BRITANNICUS gebar. M., bekannt durch ihre Intrigen, Ausschweifungen und ihre Habsucht, ließ sie ihr unbequemen Personen beseitigen; sie trug die Hauptschuld an der Verbannung SENECAS. Nach der – wohl als Teil einer Verschwörung vollzogenen – Eheschließung mit ihrem Geliebten GAIUS SILIUS wurde sie auf Betreiben des Freigelassenen NARCISSUS hingerichtet.

E. MEISE: Unters. zur Gesch. der Julisch-Claud. Dynastie (1969); C. EHRHARDT: in: Antichthon, Jg. 12 (Sydney 1978).

Messalla, Messala, Beiname einer Familie im altröm. Patriziergeschlecht der Valerii. – Bedeutender Vertreter:
Marcus Valerius M. Corvinus, literarisch hochgebildeter Redner und Politiker, * 64 v. Chr., † 13 n. Chr.; Konsul 31 v. Chr. Bei Philippi stand er aufseiten der Caesarmörder, schloss sich dann ANTONIUS und 36 OCTAVIAN (dem späteren Kaiser AUGUSTUS) an, unter dem er gegen SEXTUS POMPEIUS und später bei Actium mitkämpfte. 27 triumphierte er über die Aquitanier, 26 wurde er erster Stadtpräfekt von Rom, 11 erhielt er die Sorge für die Röm. Wasserleitungen, 2 v. Chr. beantragte er für AUGUSTUS den Titel Pater Patriae. M. verfasste Flugschriften gegen ANTONIUS, Reden, Memoiren, Gedichte und grammat. Abhandlungen und sammelte einen Dichterkreis um sich, dem u. a. TIBULL und OVID angehörten. Der Panegyricus eines Unbekannten auf ihn ist noch erhalten.

Ausgabe: Oratorum Romanorum fragmenta liberae rei publicae, hg. v. E. MALCOVATI, Bd. 1 (⁴1976).

J. HAMMER: Prolegomena to an edition of the Panegyricus Messalae. The military and political career of M. Valerius M. Corvinus (Albany, N. Y., 1925); H. BARDON: La littérature latine inconnue, Bd. 2 (Paris 1956); R. SYME: Augustan aristocracy (Neuausg. Oxford 1989).

Messapi|en, lat. **Messapia,** auch **Calabria,** antiker Name des südl. Teils des heutigen Apulien. Die **Messapier** (griech. **Messapioi,** lat. **Messapii**) waren wohl ein illyr. Stamm, der um 1200 v. Chr. über die Adria eingewandert war.

Das **Messapisch,** die indogerman. Sprache der Messapier und verwandter Stämme in Kalabrien und Apulien, ist aus etwa 400 meist sehr kurzen Inschriften aus dem 5.–1. Jh. v. Chr. in einer von einem griech. Alphabet abgeleiteten Schrift bekannt. Das Messapische galt früher als Teil des Illyrischen (durch neuere Forschungen zum Illyrischen infrage gestellt).

C. DE SIMONE: Die messap. Inschriften, in: Die Sprache der Illyrier, hg. v. H. KRAHE, Tl. 2 (1964); O. PARLANGELI in: Lingue e dialetti dell'Italia antica, hg. v. A. L. PROSDOCIMI (Rom 1978); M. PALLOTTINO: Italien vor der Römerzeit (a.d. Ital., 1987).

Messara die, -, auf griech. Inseln häufig Bez. für eine lang gestreckte Tiefebene zw. Gebirgsketten. – In der fruchtbaren M. auf →Kreta gab es seit dem 3. Jt. v. Chr. viele Siedlungen, deren Sippengrüfte (mit reichen Beigaben) Tholosgräber waren. Seit dem Beginn der Älteren Palastzeit wurde die M. von →Phaistos beherrscht, →Hagia Triada diente wohl als Umschlagplatz und Sommersitz der Herren von Phaistos, →Kommos als Hafen. Auch →Gortyn, das in der griech. und röm. Epoche Phaistos überflügelt hat, war schon in minoischer Zeit bewohnt. Von großem archäolog. Interesse ist auch ein freigelegter minoischer Gutshof (Kannia).

Mess|aufnehmer, der →Messgrößenaufnehmer.

Mess|automat, eine Messeinrichtung, die selbsttätig bestimmte Messungen, z. B. Funktionsprüfungen von Bauelementen und Baugruppen, Qualitätskontrollen u. a. durchführt. Dabei werden nach einem vorgegebenen Programm Messstellen abgefragt, Messwerte erfasst, gespeichert, weiterverarbeitet und ausgegeben (angezeigt, ausgedruckt oder aufgezeichnet). →automatisches Testsystem.

Messband, *Geodäsie:* Stahlband von meist 20 m Länge, i. Allg. als Rollbandmaß ausgeführt und in cm geteilt, für Streckenmessungen im Gelände. Erreichbare Messgenauigkeit: ± 2 cm je 100 m.

messbar, *Mathematik:* Eigenschaft einer Teilmenge eines Raumes, auf dem ein →Maß definiert ist.

Messbereich, der Teil des Anzeigebereichs (Bereich der Messwerte, den die Anzeige eines Messgerätes oder einer Messeinrichtung umfassen kann), in dem die vorgegebenen Genauigkeitsbedingungen gelten, d. h. Messfehler innerhalb der garantierten oder vorgeschriebenen Fehlergrenzen bleiben.

Messbild, *Photogrammmetrie:* mit einer →Messkammer aufgenommenes zentralperspektivisches Bild, bei dem die Lage des Projektionszentrums durch die Koordinaten des →Bildhauptpunkts und den Abstand von der Bildebene (Kamerakonstante) bekannt ist. Damit kann das Strahlenbündel der Aufnahme rekonstruiert werden.

Messbildkamera, die →Messkammer.

Messbrücke, *elektr. Messtechnik:* eine →Brückenschaltung zum Messen von elektr. Widerständen. Bei allen M. werden im Prinzip in zwei parallelen Zweigen eines Stromkreises zwei Punkte durch entsprechende Einstellung der Widerstände (oder bei Wechselstrombrücken der Impedanzen) auf gleiches Potenzial abgeglichen (→Nullmethode). Wird statt des Nullinstruments z. B. ein Verstärker mit angeschlossenem Motor vorgesehen, kann Letzterer die für den Abgleich notwendige Verstellung eines Brückenwiderstandes automatisch durchführen **(selbstabgleichende M.).** Bei der Ausschlagmethode wird die Veränderung eines der vier Brückenzweige anhand einer vorher auf null abgeglichenen M. durch ein (anstelle des Nullinstruments geschaltetes) Messgerät angezeigt. Dieses Verfahren wird oft zur Messung physikal. oder techn. Größen angewandt, wenn diese sich mittels eines →Messgrößenumformers durch eine Widerstands-, Induktivitäts- oder Kapazitätsänderung erfassen lassen (z. B. Temperatur über Widerstandsthermometer, Längenänderungen über Dehnungsmessstreifen, Einsatz in Gasanalyse- oder Feuchtemessgeräten).

Messdiener, der →Ministrant.

Messe [lat. missa, nach der Aufforderung am Ende des Gottesdienstes: Ite, missa est (concio), ›geht, (die Versammlung) ist entlassen‹], **1)** *Liturgie:* seit dem 5. Jh. in der lat. Kirche, heute in der *kath. Kirche* Bez. für das Gottesdienst, abgeleitet von der Schlussformel: ›ite, missa est‹ (›geht, [die Versammlung] ist entlassen‹. Als wichtigste Form des christl. Hauptgottesdienstes nach dem Vorbild des letzten Abendmahls JESU, ist die M. bereits im Urchristentum belegt. JUSTIN (um 150) nennt die folgenden Elemente als wesentl. Teile des Gottesdienstes der christl. Gemeinde: Lesungen aus den Schriften des A.T. und N.T.; Ansprache des Vorstehers der Gemeinde; von der Gemeinde gesprochene Fürbitten; Herbeibringung von Brot und Wein; vom Vorsteher gesprochene Danksagung (›Eucharistie‹) und Bestätigung (›Amen‹) der Gemeinde; Teilen (Brotbrechen) und Verteilen der Gaben (Brot und Wein) an die Anwesenden; zum Schluss die Verteilung der in der Kollekte gesammelten Güter unter Not Leidende. Die damit gegebene charakterist. Zweiteilung in Wortgottesdienst und Mahl hat sich im Wesentlichen in allen christl. Kirchen durchgesetzt. In der lat. Kirche wurden die Einzelheiten des Ablaufs seit dem MA. in Messbüchern (→Missale) niedergelegt. Maßgebend für die Feier der M. in der *kath. Kirche* war bis ins 20. Jh. das Missale Romanum von 1570. Die M. wurde in lat. Sprache gefeiert, die Gemeinde hatte nur wenig Möglichkeiten, sich aktiv an der Liturgie zu beteiligen. Seit der im Anschluss an das 2. Vatikan. Konzil durchgeführten Liturgiereform ist die Landessprache allg. in Gebrauch (die lat. Sprache nur noch bei besonderen Anlässen), und fast alle Teile der M. können von Laien gestaltet werden. Die eigentl. Eucharistiefeier muss von einem ordinierten Amtsträger (Priester, Bischof) geleitet werden. – Der Aufbau der M. gliedert sich in folgende Teile: 1) Eröffnung (Versammlung der Gemeinde, Einzug derer, die einen Dienst versehen, Begrüßung, gemeinsamer Bußakt, Gloria und Tagesgebet), 2) Wortgottesdienst (Lesungen aus A.T., neutestamentl. Briefen, Apostelgesch. oder Apokalypse mit dazugehörenden Antwortgesängen, Lesung aus einem der Evangelien, Predigt, Glaubensbekenntnis, Fürbitten), 3) Eucharistiefeier (Gabenbereitung, eucharist. Hochgebet mit Präfation und Sanctus, Vaterunser, Brechen des Brotes mit Agnus Dei, Friedensgruß, Kommunion, gesammeltes Schweigen, Kommuniongebet), 4) Schluss (Mitteilungen an die Gemeinde, Segen, Entlassungsformeln, Auszug).

Die *reformator. Kirchen* haben trotz eines unterschied. theolog. Verständnisses den traditionellen Aufbau der M. weitgehend übernommen (so etwa in der →deutschen Messe M. LUTHERS). – In den *anglikan. Kirchen* wurde die Abendmahlsfeier nach dem Common Prayer Book im Gefolge des →Ritualismus in vielen Gemeinden von Mitte des 19. bis Mitte des 20. Jh. durch eine mehr oder weniger wörtliche engl. Übersetzung des Missale Romanum ersetzt. In der *ökum. Bewegung* wurde auf der Grundlage der →Lima-Erklärung (1982) erstmals eine ökumen. Form der Eucharistiefeier entwickelt.

⇨ *Abendmahl · Abendmahlsgemeinschaft · Eucharistie · Gottesdienst · Kommunion · Leseordnung · Liturgie · liturgische Bewegungen*

J. A. JUNGMANN: Missarum sollemnia, 2 Bde. (⁵1962); DERS.: M. im Gottesvolk (1970); E. J. LENGELING: Die neue

Ordnung der Eucharistiefeier (⁴1972); J. H. EMMINGHAUS: Die M. Wesen, Gestalt, Vollzug (Klosterneuburg ⁵1992).

2) *Musik:* Zu den ältesten Teilen der M. gehören die des Propriums (Introitus, Graduale, Alleluja, Offertorium, Communio). Für jeden dieser nach dem Jahres- und Festkreis wechselnden Texte gibt es nur eine chorale Weise, die jeweils vom Stil des gregorian. Gesangs geprägt ist. Graduale und Alleluja gehören einer älteren Schicht an; Introitus, Offertorium und Communio aus einer jüngeren Schicht sind antiphonale Begleitgesänge (zum Einzug des Priesters, Opfergang und Kommuniongang der Gläubigen). Im eigentl. Sinn umfasst der musikal. Terminus M. jedoch die zykl. Vertonung der regelmäßig wiederkehrenden Teile Kyrie, Gloria, Credo, Sanctus, Benedictus und Agnus Dei. Schon seit dem frühen MA. wurden (meist tropierte) Einzelteile des Messzyklus mehrstimmig vertont, vollständige Kompositionen begegnen jedoch erst im 14. Jh., so die dreistimmige M. von Tournai und (um 1364?) die vierstimmige M. des GUILLAUME DE MACHAULT. Versch. Typen lassen sich schon um 1400 unterscheiden: 1) motett. Sätze mit liturg. Tenor-Cantus-firmus, 2) homorhythm. Sätze mit gleichem Text in allen Stimmen, 3) Sätze nach Vorbild des Diskantliedes – frei erfunden oder mit Choralkolorierung im Diskant. In der polyphonen Kunst des burgund. und niederländ. Komponistenkreises kam dann die M. zu hoher Blüte. G. DUFAY erhob in seiner ›Missa Caput‹ (wohl um 1440) nach dem Vorbild der Motette die Vierstimmigkeit zur Norm und verband alle Teile zyklisch durch einen gemeinsamen Cantus firmus geistl. oder weltl. Herkunft. Die Tenor-M. wurde unter zunehmender Vokalisierung der Stimmen fortgesetzt von J. OCKEGHEM, J. OBRECHT, JOSQUIN DESPREZ, H. ISAAC u. a. Nach 1450 setzt sich schließlich die völlige Gleichberechtigung aller Stimmen durch. Ihren für lange Zeit maßgebenden Höhepunkt fand die M.-Komposition vom Typ der A-cappella-M. im Werk G. P. DA PALESTRINAS im 16. Jh. 1597 übertrug G. GABRIELI die venezian. Doppelchörigkeit wie den instrumental begleiteten Sologesang erstmals auf die M. Seit 1610 wird die konzertierende M. (Missa concertata) von der M. im kontrapunkt. Stil für Sängerchor unterschieden. Im Barock löste sich die M. musikalisch zunehmend von ihrer liturg. Zweckbestimmung; ihre formale Grundlage wurde die instrumental begleitete Kantate für Solostimmen, Chor, obligate Instrumente und Tutti. Das konzertante Element und gesteigerter Affektausdruck traten in den Vordergrund – etwa in J. S. BACHS ›h-Moll-Messe‹ (1724–49). Einwirkungen der Oper zeigen die M. von G. B. DA PERGOLESI, N. JOMMELLI, A. CALDARA. U. a. J. HAYDN und W. A. MOZART leiten zur sinfon. M. über. BEETHOVENS ›Missa solemnis‹ (1819–23) führt die M. aus der Kirche in den Konzertsaal. Die sinfon. M. von L. CHERUBINI zeigen einen dramat. Grundzug. Die Musik der Romantik führt diesen sinfon. Stil weiter (F. SCHUBERT, F. LISZT u. a.). Er findet seinen Höhepunkt in den späten M. von A. BRUCKNER, die A-cappella-Stil und Sinfonik miteinander verschmelzen. Glanzvolle M. schrieben in Frankreich C. GOUNOD, C. SAINT-SAËNS und C. FRANCK. Mit Beginn des 20. Jh. fand durch die Reformbewegung des →Caecilianismus beeinflusst und im Zusammenwirken mit der liturg. Bewegung eine Rückbesinnung auf die alte Chor-M. statt (A. MENDELSSOHN, E. PEPPING, J. N. DAVID, H. DISTLER, K. THOMAS). Auf dem Boden der Neuen Musik stehen die M.-Vertonungen von I. STRAWINSKY, P. HINDEMITH und O. MESSIAEN.

K. G. FELLERER: Die M. Ihre musikal. Gestalt vom MA. bis zur Gegenwart (1951); M. LÜTOLF: Die mehrstimmigen Ordinarium-Missaesätze vom ausgehenden 11. bis zur Wende des 13. zum 14. Jh., 2 Bde. (Bern 1970); T. G. GEORGIADES: Musik u. Sprache – Das Werden der abendländ. Musik, dargestellt an der Vertonung der M. (²1974, Nachdr. 1984).

3) *Wirtschaft:* Veranstaltung mit Marktcharakter, die sich im Ggs. zur Ausstellung an Fachbesucher, d. h. Wiederverkäufer oder gewerbl. Käufer, richtet, das wesentl. Angebot eines (Branchen-M., Fach-M.) oder mehrerer Wirtschaftszweige (Universal-M., Mehrbranchen-M.) bietet und i. d. R. in einem bestimmten Turnus am gleichen Ort stattfindet; M. stehen z. T. zu bestimmten Öffnungszeiten auch einem allgemeinen Publikum offen. Weiterhin werden regionale, überregionale, nat. und internat. M., Investitionsgüter- und Konsumgüter-M. sowie nach den beteiligten Branchen Landwirtschafts-, Industrie-, Handels- und Dienstleistungs-M. unterschieden.

Die heutigen M. sind überwiegend **Muster-M.**, auf denen lediglich Muster von Produkten ausgestellt und Geschäftsabschlüsse aufgrund der Warenmuster getätigt werden. Dabei machen die extreme Marktverdichtung sowie die persönl. und unmittelbare Begegnung zw. Ver- und Einkäufern sowohl bei den Ausstellern als auch bei den M.-Gesellschaften ein spezif. M.-Marketing erforderlich; die Aufwendungen für M.-Beteiligungen umfassen z. B. in der Investitionsgüterindustrie rd. 30 % des Werbeetats der Unternehmen. Der Abgrenzung und Kontrolle der Zielgruppe, der systemat. Vorinformation potenzieller M.-Besucher, der Gestaltung des M.-Standes, der Systematik der Besucheransprache sowie der M.-Erfolgskontrolle kommen dabei besondere Bedeutung zu.

M. haben eine vielfältige wirtschaftl. Bedeutung: Die Besucher können sich mit verhältnismäßig geringem Aufwand einen umfassenden Überblick über das gesamte Angebot auf einem Markt verschaffen; die Aussteller lernen die Bedürfnisse der Nachfrager sowie das Angebot und die Leistungsfähigkeit der Konkurrenten kennen. M. dienen der Kontaktpflege, der Aufnahme neuer Kontakte, der Anbahnung und z. T. auch der Realisierung von Verkaufsabschlüssen und werden häufig zum Anlass genommen, Neuheiten vorzustellen, weil einerseits die Werbewirkung bes. groß ist, andererseits die Attraktivität der M. dadurch gesteigert wird. Insgesamt tragen M. dazu bei, die Markttransparenz zu erhöhen. Aus gesamtwirtschaftl. Sicht fördern M. Wettbewerb, Innovation, techn. Fortschritt sowie den Binnen- und Außenhandel. Die sich auf der M. abzeichnenden Preistendenzen und die aus den Kontakten ergebende Einschätzung des Geschäftsklimas lassen auch Aussagen über den künftigen Konjunkturverlauf in einzelnen Branchen zu.

Die meisten M. in Dtl. werden von privatrechtl. Gesellschaften in öffentl. Eigentum durchgeführt (z. B. Leipziger Messe GmbH, Messe Frankfurt GmbH, Dt. Messe AG, Hannover). Zur Vertretung der Interessen von Veranstaltern, Ausstellern und Besuchern von M. besteht als Spitzenverband der Branche der Ausstellungs- und M.-Ausschuss der Dt. Wirtschaft e. V. (AUMA). Daneben gibt es weitere Zusammenschlüsse aufseiten der Ausstellungs- und M.-Gesellschaften (z. B. Interessengemeinschaft Dt. Fachmessen und Ausstellungsstädte [IDFA], Stuttgart, Fachverband M. und Ausstellungen e. V. [FAMA], Nürnberg) sowie innerhalb von Wirtschafts- und sonstigen Verbänden. M.-Daten werden von der Gesellschaft zur freiwilligen Kontrolle von M.- und Ausstellungszahlen (FKM), Köln, erhoben und veröffentlicht. Die wichtigsten M.-Gesellschaften sind auf internat. Ebene in der Union des Foires Internationales (UFI; gegr. 1925, Sitz: Paris; 167 Mitgl. und 21 assoziierte Mitgl. [1996] zusammengeschlossen.

Geschichte: Seit dem frühen MA. wurden anlässlich kirchl. Festtage an wichtigen Verkehrsknotenpunkten nach der kirchl. M. Märkte abgehalten. Die M.-Besucher unterstanden dem Schutz des Königs und der Kirche; den M.-Orten wurden M.-Privilegien verliehen. Die früheste dieser dem unmittelbaren Warenaustausch dienenden **Waren-M.** war die von Saint-Denis (seit etwa 629). Durch Ausstellen von Messwechseln wurden die M.-Orte gleichzeitig Zentren des Geld- und Kreditwesens. Nach dem Niedergang der Champagne-M. (u. a. in Troyes, Bar-sur-Aube, Lagny-sur-Marne) blühten die M. in den flandr. Städten Brügge und Gent, in Chalon-sur-Saône und Genf, später in Lyon, Paris, Padua und Brabant (v. a. Antwerpen) auf. Zw. Europa und den Levanteländern vermittelten Venedig und Genua den Handelsverkehr. Im Heiligen Röm. Reich erhielt Frankfurt am Main 1240 M.-Privilegien, Leipzig 1268 (Reichsmesseprivileg 1497 und 1507), Frankfurt/Oder 1649 und Braunschweig 1671. Weitere wichtige M.-Städte waren Bozen, Köln, Linz, Nördlingen, Straßburg, Worms und Zurzach. Seit 1330 gewann die Frankfurter M. durch die Einführung einer zusätzl. Frühjahrs-M. internat. Bedeutung, wurde aber im 18. Jh. von der Leipziger M. übertroffen. Die Blütezeit der Waren-M. reichte bis in das 19. Jh. Die maschinelle Fertigung mit gleichmäßiger Qualität der Waren sowie Fortschritte im Verkehrs- und Transportwesen bewirkten im 19. Jh. den Übergang von der Waren- zur Muster-M. Lediglich für Produkte, die aus techn. Gründen nach Besichtigung gehandelt werden müssen (z. B. Pelze), hielt sich die Waren-M. Die Leipziger M. behielt ihre große Bedeutung auch als Muster-M. Nach ihrem Vorbild entstanden zw. 1904 und 1924 weitere Muster-M. in zahlreichen europ. Städten. Neben den Universal-M. wurden und werden in zunehmendem Maße auch Branchen- und Fach-M. (z. B. Automobil-, Buch-M., M. für Informations- und Telekommunikationstechnik) veranstaltet. Auf Spezial- oder Fach-M. wird qualifizierten Fachbesuchern (ein breiteres Publikum ist oftmals nicht zugelassen) nur ein begrenztes Angebot einer Branche vorgestellt. Das hat den Vorteil, dass detaillierter und umfassender über Entwicklungen auf dem jeweiligen Spezialmarkt informiert werden kann. Größere M.-Plätze in Dtl. sind heute Berlin, Düsseldorf, Essen, Frankfurt am Main, Hamburg, Hannover, Köln, Leipzig, München, Nürnberg und Stuttgart. Zu den wichtigen M.-Plätzen im Ausland zählen u. a. Basel, Birmingham, Chicago, Hongkong, London, Lyon, Mailand, Moskau, New York, Paris, Singapur, Tokio, Utrecht und Wien.

J. Schwermann: Grundl. der M.-Politik (1976); K. Funke: M.-Entscheidungen. Handlungsalternativen u. Informationsbedarf (1987); H. Meffert: M.n u. Ausstellungen als Marketinginstrument (1988); ders.: Ziele u. Nutzen von M.-Beteiligungen (1996); R. Ziegler: Entwicklung des M.-Wesens (1988); H. Möller: Das dt. M.- u. Ausstellungswesen (1989); Messeplatz Europa. M.n als Bestandteil des betriebl. Marketings, hg. v. G. Küffner u. a. (1990); Hb. M.-Marketing, hg. v. K.-H. Strothmann u. M. Busche (1992); M. Peters: Dienstleistungsmarketing in der Praxis. Am Beispiel eines M.-Unternehmens (1992); Europ. M.n u. Märktesysteme in MA. u. Neuzeit, hg. v. P. Johanek u. H. Staab (1996).

Messe [von engl. mess, eigtl. ›Gericht‹, ›Speise‹, ›Mahlzeit‹, zu lat. missus ›(aus der Küche) Geschicktes‹], Speise- und Aufenthaltsraum der Offiziere und Mannschaften auf größeren Schiffen; auch: Tischgesellschaft von Offizieren und Mannschaften.

Mess|einrichtung, zur Aufnahme, Weiterleitung, ggf. Umformung und Ausgabe von Messdaten geeignete, aus mehreren funktionell und größtenteils räumlich gekoppelten Bausteinen zusammengesetzte Anlage. Sie erfüllt im Wesentlichen die Aufgabe eines Messgerätes, wird jedoch oft durch Bausteine zur Messwertwandlung, Messdatenaufbereitung, -verarbeitung und -speicherung sowie erforderl. Zusatzeinrichtungen (z. B. Thermostaten) ergänzt.

Messel, Gem. im Landkreis Darmstadt-Dieburg, Hessen, 185 m ü. M., 4000 Ew.; Fossilien- und Heimatmuseum. – Das in Ortsnähe befindl., fast 200 m mächtige Ölschiefervorkommen aus dem mittleren

Daten zur Messewirtschaft in Deutschland*)			
	1970	1980	1996
Zahl der Veranstaltungen	43	94	128
Aussteller	48 196	76 436	144 000
Inland	31 204	48 400	80 000
Ausland	16 992	28 036	64 000
Auslandsanteil (in %)	35,3	36,7	44,5
Besucher (in Mio.)	4,4	6,7	9,0
vermietete Fläche (in Mio. m²)	2,5	3,8	6,0

*) nur Veranstaltungen mit überregionaler Bedeutung

Eozän (→Tertiär) enthält eine reiche, sehr gut erhaltene subtrop. bis trop. Pflanzen- und Tierwelt; unter den Pflanzen v. a. Palmen, Lorbeer-, Walnuss-, Maulbeergewächse, Myrten, Seerosen, Weinreben, unter den Tieren v. a. Urpferde der Gattung Propalaeotherium, Insektenfresser, Fledermäuse, Beutelratten, Nagetiere, Raubtiere, Halbaffen sowie Frösche, Krokodile, Schildkröten, Fische (Schlammfische und Knochenhechte), Vögel (Laufvögel wie →Diatryma, rallenartige Vögel) und Insekten. Der Abbau (1886–1971) hinterließ eine 65 ha große Grube; das heftig umstrittene Projekt, hier eine Mülldeponie einzurichten, gab man 1990 auf. 1995 wurde die Grube M. als Weltnaturerbe in die Welterbeliste der UNESCO aufgenommen.

C. Behnke u. a.: Die Grube M. (1986); Fossilien der M.-Formation, bearb. v. R. Heil u. a. (Neuausg. 1987); M., hg. v. S. Schaal u. a. (²1989); Neues zur Geologie u. Paläontologie der M.-Formation, hg. v. dems. (1991).

Messel, Alfred, Architekt, * Darmstadt 22. 7. 1853, † Berlin 24. 3. 1909; war ab 1886 v. a. in Berlin tätig. Er verwandte zunächst Stilelemente verschiedener histor. Epochen, reduzierte dann die Bauornamentik zugunsten einer funktionsbetonten, konstruktiven Gliederung. Er errichtete vorwiegend Wohn- und Geschäftsbauten, u. a. das Kaufhaus Wertheim in Berlin (1896/97 und 1901–04), ferner das Landesmuseum in Darmstadt (1896–1902).

Messel: Das fast vollständig erhaltene Skelett des Urpferds Propalaeotherium messelense, gefunden 1975 in der Grube Messel

Messemer, Hannes, Schauspieler, * Dillingen a. d. Donau 17. 5. 1924, † Aachen 2. 11. 1991; Engagements u. a. in Hannover, Bochum, München und bei den Ruhrfestspielen; sensibler Charakterdarsteller (u. a. Hamlet, Franz Moor, Macbeth); wurde v. a. durch Fernseh- und Filmrollen bekannt.

Filme: Nachts, wenn der Teufel kam (1957); Brücke des Schicksals (1960); Langusten (1989; Fernsehfilm).

Messen, 1) *Physik* und *Technik:* experimentelles Bestimmen des →Messwertes einer physikal. Größe im Verlauf eines Messvorgangs **(Messung,)** wobei ein quantitativer Vergleich der Messgröße mit einer Einheit oder einem Bezugswert als Bezugsgröße stattfindet. Vom M. zu unterscheiden sind das Prüfen, Kalib-

Mess Messen der Meister von Morgen – Messenius

rieren (Einmessen), Eichen, Zählen und Justieren (Abgleichen). Im einfachsten Fall kann der einzelne Messwert bereits das Messergebnis sein. Jede Messung erfolgt mit bestimmten →Messgeräten oder →Messeinrichtungen unter genau festgelegten Bedingungen, die das Ziel der Messung sowie Messgrößen, Messwerte, zu bildende Messergebnisse u. a. Merkmale definieren.

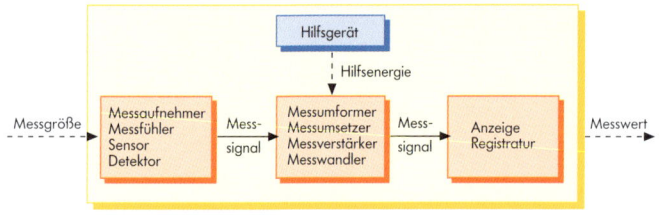

Messen 1): Prinzipieller Aufbau eines Messgeräts

Bei den **direkten Messverfahren** gewinnt man den unbekannten Messwert durch unmittelbaren Vergleich mit einer Bezugsgröße **(Vergleichsmessung).** In diesem Fall werden meist Messgeräte benutzt, die vorher in Vielfachen der Bezugseinheit geeicht wurden, oder es wird nur der Unterschied zu einer bekannten Größe festgestellt (Differenzmessung). Genaueste Ergebnisse erzielt man mit →Messbrücken oder nach der →Kompensationsmethode, wobei eine bekannte Größe so weit verändert wird, bis die Differenz zur Messgröße verschwindet (Nullabgleich), oder ein vorher abgeglichenes System wird durch die sich ändernde Eingangsgröße ›verstimmt‹ und hat ein entsprechendes Ausgangssignal zur Folge (Ausschlagmethode). Beim **indirekten Messverfahren** wird die gesuchte Messgröße mithilfe eines Messgrößenumformers auf eine andere Größe zurückgeführt und mittels der bekannten Beziehung zu dieser bestimmt, z. B. Längenmessung durch M. der Laufzeit und Geschwindigkeit eines Signals.

Nach der Art der Ausgangssignale, die beim Messvorgang erzeugt werden, unterscheidet man **analoge** und **digitale Messverfahren.** Beim analogen M. können die Ausgangssignale in gewissen Grenzen jeden beliebigen Zwischenwert annehmen, d. h., sie sind zumindest im Idealfall eine eindeutig umkehrbare Abbildung der Messgröße; digitale Signale nehmen dagegen nur ganz bestimmte diskrete Werte an; die Ausgangssignale sind also nicht eindeutig umkehrbar. Mit der Entwicklung der Mikroelektronik hat sich die digitale Weiterverarbeitung durchgesetzt, da sich die Messwerte in dieser Form besser speichern und auswerten lassen. Dazu müssen die analogen Signale vorher durch →Messumsetzer digitalisiert werden.

Je nachdem, ob die Messwerte laufend oder nur zu bestimmten Zeiten erfasst werden, unterscheidet man zw. **kontinuierlich** und **diskontinuierlich** arbeitenden Verfahren; zu Letzteren zählen alle digitalen Messverfahren.

2) Quantenphysik: →Messung.

Messen der Meister von Morgen, Abk. **MMM,** in der DDR (1958–89) alljährlich unter FDJ-Regie stattfindende Veranstaltungen im Rahmen der ›Neuererbewegung‹, auf denen die von ›Jugendbrigaden‹ und Jugendlichen bis zum 25. Lebensjahr entwickelten Neuerungen v. a. auf wissenschaftlich-techn. und ökonom. Gebiet vorgestellt wurden. Die ›MMM-Bewegung‹ war eine dem sozialist. Wettbewerb gemäße ›Masseninitiative‹ in Schulen und Betrieben.

Messene, antike Hauptstadt Messeniens, beim heutigen Dorf Mavromati, Griechenland; am W-Abhang des Bergs Ithome, 369 v. Chr. nach der Befreiung Messeniens von spartan. Herrschaft durch EPAMEINONDAS als **Ithome** gegründet. Auf dem Berg lag die Akropolis (über dem Zeusheiligtum entstand später das Eremitenkloster Vurkano). Die ganze Stadt war seit ihrer Gründung befestigt (Reste der über 9 km langen Stadtmauer mit gut erhaltenem ›arkad. Tor‹). Ausgrabungen legten das späthellenist. Asklepieion frei, eine nahezu quadrat. Hofanlage, umgeben von Stoen, Heilräumen u. a. Einrichtungen; ferner Reste eines Artemisheiligtums am Hang, eines Stadions und eines Theaters.

Messenger-RNA [ˈmesɪndʒə-; engl. messenger ›Bote‹], **Boten-RNA, m-RNA,** eine Ribonukleinsäure, die als Kopie der Desoxyribonukleinsäure entsteht und die Information zur Proteinsynthese enthält. (→Nukleinsäuren, →Proteinbiosynthese)

Messeni|en, neugriech. **Messinia,** Landschaft im SW der Peloponnes, Griechenland, im O durch den Taygetos (bis 2407 m ü. M.) von Lakonien getrennt; umfasst als Verw.-Bez. (Nomos) M. 2991 km² und 167 000 Ew.; die Hauptstadt Kalamata liegt am Messenischen Golf. Anbau von Oliven, Wein, Agrumen.

Geschichte: Eine erste Blüte erlebte die Landschaft in myken. Zeit (16.–13. Jh. v. Chr.). Sparta unterwarf Nord-M. (**1. Messenischer Krieg,** Ende 8. Jh. v. Chr.), nach einem Aufstand ganz M. (**2. Messenischer Krieg,** Mitte 7. Jh. v. Chr.); die gesamte Bev., soweit sie nicht auswanderte (bes. nach Rhegion in Unteritalien), wurde zu Heloten gemacht. In einem **3. Messenischen Krieg** (um 500/490 v. Chr.) scheint →ARISTOMENES erfolglos gegen Sparta gekämpft zu haben. Nach der Niederlage wanderte wiederum ein Teil der Bev. nach Rhegion sowie nach Zankle aus, das nach ihm den Namen Messana (→Messina) erhielt. Ein weiterer Aufstand (464–460 v. Chr.) blieb ebenfalls erfolglos; doch erhielten die Verteidiger der Bergfeste Ithome freien Abzug und wurden von den Athenern in Naupaktos angesiedelt. Freiheit und staatl. Selbstständigkeit erhielt M. erst 369 v. Chr. durch EPAMEINONDAS. Er gründete am Ithomeberg die Hauptstadt →Messene. – Im MA. gehörte M. 1205–1428 zum Fürstentum Achaia, dann zum Despotat Morea und wurde 1460 türkisch. 1685–1714 durch die Venezianer wieder bevölkert. Der SW-Zipfel mit Koron (Koroni) und Modon (Methoni) gehörte 1206–1500 den Venezianern.

F. KIECHLE: Messenische Studien (1959); F. SAUERWEIN: Landschaft, Siedlung u. Wirtschaft Innermesseniens (1968); A. BON: La Morée franque (Paris 1969); ERNST MEYER: M. u. die Stadt Messene (1978).

Messenius, Johannes, schwed. Historiker und Schriftsteller, * Freberga (bei Motala) um 1579, † Oulu

Messene: Freigelegte Reste des späthellenistischen Asklepieions

(Finnland) 8. 11. 1636; 1609 Prof. für Jura und Politik in Uppsala; 1616 wegen Landesverrats (angebl. Konspiration mit Polen) angeklagt und nach Finnland verbannt. Als sein histor. Hauptwerk gilt die v. a. ihres Quellencharakters wegen bedeutende ›Scondia illustrata‹ (Teildruck 15 Bde., 1700–05); schrieb außerdem lat. Gedichte sowie sechs schwedischsprachige Dramen v. a. histor. und mytholog. Inhalts.

Ausgabe: Samlade dramer, hg. v. H. SCHÜCK u. a., 2 Bde. (1886–1955).

Franz Xaver Messerschmidt: Ein Heuchler und Verleumder; Bleibüste aus der Serie der ›Charakterköpfe‹, Höhe 38,5 cm; um 1777 (Wien, Österreichische Galerie)

Messer, meist aus nicht rostendem Stahl gefertigtes Schneidwerkzeug, bestehend aus der in der Form dem Verwendungszweck angepassten **Klinge,** an die die **Schneide** angeschliffen ist, und aus **Griff, Heft** oder **Schale** zum Handhaben. **Elektro-M.** besitzen einen Schneidteil aus zwei parallelen, gegenläufig arbeitenden Sägemessern.

In der *Fertigungs-, Haushalts-* und *Verfahrenstechnik* verwendete Schneidwerkzeuge unterschiedl. Form (Schneidplatten, -leisten u. Ä.) werden vielfach auch als M. bezeichnet.

Geschichtliches: Das M. ist eines der ältesten Werkzeuge der Menschheit, Verwendung fand es stets auch als Stichwaffe. Bereits aus der Altsteinzeit sind M. aus Feuerstein bekannt, in der jüngeren Altsteinzeit traten solche aus Schiefer und Obsidian hinzu. Stein-M. wurden rituell bis in die späteren Metallzeiten verwendet, z. B. die Beschneidungs-M. in Israel. Seit der Bronzezeit kennt man M. aus Bronze, seit der Hallstattzeit solche aus Eisen. Die Ägypter hatten M. in Sichelform mit außen liegender Schneide (›Chops‹). In der röm. Kaiserzeit gehörten M. zur verfeinerten Tischkultur. Im MA. brachte jeder Tischgast sein eigenes Spitz-M. mit, dessen Griff man in der Renaissance teilweise aus Edelmetall fertigte und reich verzierte. Im 16. Jh. begann man in Adelsfamilien, ein M. als Essgerät neben Löffel und Gabel aufzulegen; allg. üblich wurde dies im 18. Jh. Im Rokoko wurde die heute gültige, oben an der Klinge abgerundete Tischmesserform geschaffen. – Die ersten aus Eisen gegossenen M.-Klingen wurden 1781 in Chesterfield hergestellt, die ersten gewalzten Klingen 1805 in Derby. In Solingen entwickelte sich eine dt. Schneidwarenindustrie.

Im Rechtsbrauch reicht die Bedeutung des aus Eisen, Silber, Blei oder Holz gefertigten M. vom Zeichen des Einverständnisses (bei Übergabe von Liegenschaften) bis zum symbol. Strafwerkzeug.

Messer|aale, Neuwelt-Messerfische, Gymnotidae, Familie der Karpfenverwandten Süd- und Mittelamerikas mit drei Arten; M. besitzen einen gestreckten, aalähnl. Körper, sehr kleine Augen und eine lang gestreckte Afterflosse, die Rückenflosse fehlt. Zahlr. Arten haben elektr. Organe (z. B. der →Zitteraal). Der bis 60 cm lange, Luft atmende **Gebänderte** oder **Gestreifte Messerfisch** (Gymnotus carapo) ist ein Aquarienfisch.

Messerer, Assaf Michailowitsch, russ. Tänzer, Choreograph und Ballettpädagoge, *Wilna 19. 11. 1903, †Moskau 7. 3. 1992; tanzte als Mitgl. des Bolschoi-Balletts 1921–54 alle großen Männerpartien; bereits während seiner Tänzerkarriere als Choreograph tätig.

Choreographien: Spielzeugschlacht (1924); La fille mal gardée (1930); Am Strand (1952); Ballet school (1962).

Messerfische, *Zoologie:* 1) **Notopteridae,** Familie der Knochenzüngler in SO-Asien und W-Afrika mit sechs Arten; sie besitzen einen lang gestreckten Körper mit langer After- und kurzer Rückenflosse. Aquarienfische sind u. a. der **Asiatische Fähnchen-M.** (Notopterus notopterus; Länge bis 35 cm) und der **Schwarze** oder **Afrikanische M.** (Xenomystus nigri; Länge bis 30 cm); 2) Name mancher Arten der →Messeraale.

Messerkopf, ein →Fräser.

Messermuscheln, die →Scheidenmuscheln.

Messerschmidt, Franz Xaver, Bildhauer, *Wiesensteig (bei Geislingen an der Steige) 6. 2. 1736, †Preßburg um den 19. 8. 1783; ausgebildet in München (Schüler von J. B. STRAUB), Graz und an der Akad. in Wien, wo er anschließend als Porträtbildhauer mit großem Erfolg tätig war. Neben Bildnisbüsten und -statuen schuf er auch einige Sakralplastiken. Stilistisch leiten seine Werke vom Barock zum Klassizismus über. Eine zu Beginn der 1770er-Jahre ausbrechende psych. Erkrankung beendete jäh seine Karriere. In der Folgezeit entstand die Serie der 69 ›Charakterköpfe‹, die versch. Grimassen darstellen (54, z. T. nur als Abguss, bekannt, 16 Originale in Wien, Österr. Galerie).

Kaiser Franz I. (vor 1766; Wien, Österr. Galerie); Maria Theresia als Königin von Ungarn (um 1765; ebd.); Büste Gerard van Swietens (um 1769; ebd.); Brunnengruppe im Hof des Savoyischen Damenstifts in Wien (um 1770).

M. PÖTZL-MALIKOWA: F. X. M. (Wien 1982).

Messerschmitt, Willy, Flugzeugbauer, *Frankfurt am Main 26. 6. 1898, †München 15. 9. 1978; gründete 1923 die **M.-Flugzeugbau-Gesellschaft,** Bamberg (1927 mit der **Bayerischen Flugzeugwerke AG [BFW]** vereint, seit 1938 **Messerschmitt-AG.,** München und Augsburg, seit 1969 →Messerschmitt-Bölkow-Blohm GmbH). 1926 konstruierte M. das viersitzige Ganzmetall-Verkehrsflugzeug M 18, 1928 die größere M 20, 1934 das Reiseflugzeug Bf 108 ›Taifun‹ in Leichtbautechnik und aerodynam. Gestaltung (1939 Höhenrekord 9075 m). Ab 1934 entwickelte M. den Jäger Bf 109, das als Me 109 meistgebaute Jagdflugzeug des Zweiten Weltkriegs (BILD →Flugzeug). Der nur für Rekordflüge entworfene Typ Me 209 hielt 1939–69 den Geschwindigkeitsweltrekord (755,13 km/h) für Flugzeuge mit Kolbenmotor. In den M.-Werken entstanden nach dem Zerstörer Me 110 das von A. M. LIPPISCH konstruierte Raketenflugzeug Mc 163 ›Komet‹, das 1941 erstmals über 1 000 km/h erreichte, und das erste (ab 1944) in Serie hergestellte Jagdflugzeug mit Turbinen-Luftstrahltriebwerk Me 262. Nach 1945 entwickelte M. Fertighäuser und baute seit 1953 Kabinenroller, seit 1956 Übungs- und Kampfflugzeuge in Lizenz sowie Senkrechtstartflugzeuge.

A. VAN ISHOVEN: M., der Konstrukteur u. seine Flugzeuge (a. d. Engl., 1975).

Messerschmitt-Bölkow-Blohm GmbH [-'bœlko-], Abk. **MBB,** größtes dt. Unternehmen der Luft- und Raumfahrtindustrie; gegr. 1969 durch Zusammenschluss mehrerer traditionsreicher, z. T. vor dem Ersten Weltkrieg entstandener Luftfahrtunternehmen der Flugzeugkonstrukteure L. BÖLKOW, H. FOCKE, A. H. G. FOKKER, E. H. HEINKEL, H. JUNKERS,

Willy Messerschmitt

Olivier Messiaen

W. MESSERSCHMITT, E. UDET; Sitz: Ottobrunn. 1989 wurde MBB trotz massiver öffentl. Kritik (marktbeherrschende Stellung) aufgrund einer ministeriellen Ausnahmegenehmigung von der Daimler-Benz AG (Konzernbereich Dt. Aerospace AG) übernommen. Im Zuge der Umfirmierung der Dt. Aerospace AG in Daimler-Benz Aerospace AG (Abk. Dasa) wurde MBB 1995 ebenso wie Telefunken Systemtechnik auf die Dasa verschmolzen.

M.-B.-B. 111 MBB-Flugzeuge 1913-1978, hg. v. H. J. EBERT (^{5}1980).

Messfehler, Mess|abweichung, kurz **Abweichung,** *Messtechnik:* die Differenz zw. ausgegebenem (angezeigtem) Messwert und richtigem (wahrem) Wert der Messgröße, die aus der Gesamtheit aller bei einem Messvorgang auftretenden Störeinflüsse resultiert. Jeder angezeigte Messwert ist mit einer Unsicherheit behaftet, die ihre Ursache in Unvollkommenheiten des Messaufbaus, des Messgeräts, des Messobjekts und/oder des Messverfahrens hat; er wird ferner durch die Umgebung (z. B. Temperatur-, Druckschwankungen, elektr. oder magnet. Störfelder) und den Beobachter beeinflusst. **Systematische Abweichungen** sind die durch die beschriebenen Unvollkommenheiten hervorgerufenen bekannten oder auch unbekannten Fehler; sie sind mess- oder abschätzbar, d. h. durch Korrektur des angezeigten Messwerts zu eliminieren. **Zufällige Abweichungen** werden durch messtechnisch nicht erfassbare Einflüsse hervorgerufen. Wiederholt man die Messung einer bestimmten Größe unter denselben Bedingungen genügend oft, streut die Anzeige statistisch um einen Mittelwert, der mit der größten Wahrscheinlichkeit den wahren Messwert darstellt. Dividiert man den M. durch einen Bezugswert (i. d. R. den tatsächl. Wert), so erhält man den relativen M. – Nach DIN 1319 wird der allgemeinsprachlich verwendete Begriff des Fehlers (zufälliger, systemat. F.) durch die Bez. ›Abweichung‹ ersetzt. (→Fehlergrenze, →Genauigkeit)

Messfühler, Messwertfühler, der Teil eines →Messgrößenaufnehmers, der die Messgröße unmittelbar erfasst und gegen diese empfindlich ist (z. B. Schweißstelle eines Thermoelements).

Messgenerator, ein →Funktionsgenerator zur Erzeugung präziser Wechselspannungen mit einstellbarer hochkonstanter Frequenz sowie genauer Kurvenform zu Messzwecken. Meist sind versch. Kurvenformen einstellbar; die Ausgangsspannung ist oft modulierbar.

Messgerät, Gerät zur quantitativen Erfassung physikalischer, chem. u. a. Eigenschaften und Erscheinungen. M. liefern oder verkörpern Messwerte oder die Verknüpfung mehrerer voneinander unabhängiger Messwerte. M. können nach dem Messobjekt (dem Träger der physikal. Größe, deren Wert gemessen werden soll), der Messgröße (z. B. Temperatur-M., Durchflussmengen-M.) oder nach dem Messprinzip, der charakteristischen physikal. Erscheinung, die der Messung zugrunde liegt (z. B. mechan., pneumat., elektr. und opt. M.), eingeteilt werden. Sie können Teil einer →Messeinrichtung sein oder auch (i. e. S.) eine Vorrichtung, die entweder einen oder mehrere Einheitswerte einer Messgröße verkörpert (**Maßverkörperung** oder →Maß, z. B. Endmaße) oder eine beliebige Anzahl von Einheiten anzeigt (**anzeigendes M., Anzeigegerät**), auf Datenträgern registriert oder mithilfe eines angeschlossenen Schreibgeräts aufschreibt (**registrierendes M.** oder →**Messschreiber**) oder zählt (**zählendes M.** oder →**Zähler**).

Das M. besteht i. d. R. aus dem eigentl. Messsystem (z. B. Messwerk einschließlich Zeiger und Skala), dem Gehäuse und ggf. äußerem Zubehör (z. B. Messfühler). Die Anzeige kann u. a. mittels Zeigers (z. B. in Messuhren), Flüssigkeitssäule (z. B. in Thermometern) oder Lichtstrahls (z. B. Galvanometer) auf einer Skale oder Strichmarke (**analog anzeigende M.**) erfolgen oder aber, wenn die Messwerte in diskreten Werten vorliegen, durch eine Ziffernanzeigeeinrichtung (**digital anzeigende M.**). (→elektrische Messgeräte)

Messgleichrichter, elektr. Bauteil (i. d. R. eine Halbleiterdiode) oder Schaltung mit dem Zweck, Gleichstrommessgeräte zur Messung von Wechselströmen geeignet zu machen. Benutzt werden Silicium-, Germanium-, früher auch Kupferoxidulgleichrichter, durch deren Kennlinien sich nur geringe Nichtlinearitäten (im unteren Bereich) ergeben. Schaltungsmöglichkeiten für M. sind Einweg-, Brücken- und Mittelpunktschaltung.

Messgrößen|aufnehmer, Messwert|aufnehmer, Messwertgeber, Mess|aufnehmer, Geber, erstes Glied eines Messgeräts oder einer Messeinrichtung, das dazu dient, die Messgröße aufzunehmen und ein entsprechendes Messsignal abzugeben. Oft wird dieses dabei gleichzeitig in ein Signal anderer Art umgeformt (→Messgrößenumformer). Insbesondere bei der Erfassung nichtelektr. Größen und deren Umwandlung in elektr. Größen spricht man von →Sensoren. Dient der M. hauptsächlich zum Nachweis oder zur Messung von Teilchen, Strahlung oder Feldern, spricht man auch von einem →Detektor.

Messgrößen|umformer, Gerät oder Bauteil zur Umformung eines analogen Eingangssignals in ein eindeutig damit zusammenhängendes Ausgangssignal anderer physikal. Art, v. a. zur Umformung von nichtelektr. in elektr. Größen. Zu den M. zählen z. B. Widerstandsthermometer, Dehnungsmessstreifen, Thermoelement und Photozelle.

Messiaen [mɛsˈjã], Olivier Eugène Prosper Charles, frz. Komponist, * Avignon 10. 12. 1908, † Paris 27. 4. 1992; studierte Orgel bei M. DUPRÉ (1919–30) und Komposition bei P. DUKAS in Paris, wurde 1931 ebd. Organist an der Kirche Sainte-Trinité und war 1941–78 Prof. am Pariser Konservatorium. 1936 war er Mitgründer der Gruppe ›Jeune France‹. In M.s Werk, das vom kath. Glauben bestimmt ist, sind seine Erfahrungen aus dem Studium der Zahlenmystik, ind. und griech. Rhythmik, des Vogelgesangs sowie der Kompositionen von C. DEBUSSY, I. STRAWINSKY, M. MUSSORGSKIJ, A. BERG und des gregorian. Chorals eingegangen. Durch seine Beschäftigung mit musikal. Parametern initiierte er die serielle Musik. So verwendete er in ›Mode de valeurs et d'intensité‹ (aus ›Quatre études de rythme‹ für Klavier, 1949/50) für Tonhöhe und -dauer, Dynamik und Anschlagsarten bestimmte ›Modes‹, d. h., jeder Ton erscheint jeweils in gleicher Höhe, im gleichen metr. und rhythm. Wert sowie in gleicher Tongebung; den Tonvorrat ordnet er in drei zwölftönige (jedoch nicht den Gesetzen der →Reihe entsprechenden) ›Modes‹ unterschiedl. Höhenlage an, deren rhythm. Werte einander im Verhältnis 1 : 2 : 4 entsprechen. In seinen theoret. Schriften stehen Fragen der Rhythmik und der Melodik im Vordergrund. Hier werden bes. die ›nicht umkehrbaren‹ Rhythmen erörtert, d. h. Rhythmen, deren Umkehrung der Normalgestalt gleich ist, und Tonleitern, die die Oktave derart in gleich gebaute Gruppen (von zwei bis sechs Tönen) unterteilen, dass die Endpunkte solcher Gruppen jeweils im gleichen Ton zusammentreffen. Zu M.s Schülern gehören u. a. P. BOULEZ, K. STOCKHAUSEN und Y. XENAKIS.

Weitere Werke: Oper: Saint François d'Assise (1983). – *Orchesterwerke:* Simple chant d'une âme (1930); Le tombeau resplendissant (1932); Hymne au Saint Sacrement (1933); L'ascension (1935); 4 ›Méditations symphoniques‹ (1936); Turangalîla-Sinfonie (1949, mit solist. Verwendung von Klavier u. Ondes Martenot; als Ballett 1968); Oiseaux exotiques (1956, für Klavier u. Orchester); Chronochromie (1960); Des canyons aux étoiles (1971–74); Un vitrail et des oiseaux (1988, für Klavier u. Orchester); Éclairs sur l'Au-delà (1992). – *Kammer-*

musik: Thema u. Variationen (1932, für Violine u. Klavier); Fêtes des belles eaux (1937, für 6 Ondes Martenot); Le merle noir (1952, für Flöte u. Klavier); Couleurs de la cité céleste (1964, für Klavier, drei Klarinetten, Xylophon, Xylomarimba, Marimbaphon, zehn Blechbläser u. Schlagzeug). – *Klavierwerke:* Pièce pour le tombeau de Paul Dukas (1936); Vingt regards sur l'Enfant Jésus (1945); Cantéyodjayâ (1954); Catalogue d'oiseaux (1959, 13 Stücke); La fauvette des jardins (1972). – *Orgelwerke:* L'apparition de L'Église éternelle (1932); La nativité du Seigneur (1935); Les corps glorieux (1945); Messe de la Pentecôte (1951); Livre d'orgue (1953); Verset pour la fête de la Dédicace (1960); Méditations sur le mystère de la Sainte Trinité (1972, 9 Stücke). – *Vokalmusik:* Poèmes pour Mi (1937, für Sopran u. Klavier); Deux Chœurs pour une Jeanne d'Arc (1941, für großen u. kleinen gemischten Chor a cappella); Trois petites liturgies de la Présence Divine (1945, für 18 Frauenstimmen u. Orchester, mit Ondes Martenot); La transfiguration de Notre-Seigneur Jésus-Christ (1965–69, für gemischten Chor, 7 Instrumentalsolisten u. Orchester).

Schrift: Technique de mon langage musical, 2 Bde. (1944; dt. Technik meiner musikal. Sprache).

M. FORSTER: Technik modaler Komposition bei O. M. (1976); K. ERNST: Der Beitr. O. M.s zur Orgelmusik des 20. Jh. (1980); A. MICHAELY: Die Musik O. M.s. Unters. zum Gesamtschaffen (1987); T. HIRSBRUNNER: O. M. Leben u. Werk (1988); Beitrr. zur geistigen Welt O. M.s, hg. v. A. RÖSSLER (²1993, mit Texten M.s); S. BRUHN: Musikal. Symbolik in O. M.s Weihnachtsvignetten (1997).

messianische Juden, Selbstbezeichnung der Christen, die sich unter Bewahrung ihrer jüd. Identität zu JESUS CHRISTUS als dem Messias bekennnen; →Judenchristen.

Messianismus, in Anlehnung an jüdisch-christl. Messiasvorstellungen Sammel-Bez. für religiös, sozial oder politisch motivierte Erneuerungsbewegungen, deren krit. Potenzial sich in der religiösen Erwartung eines dem Messias vergleichbaren Heilbringers äußert. Häufig mit der Hoffnung auf Wiederkehr eines urzeitl. ›goldenen Zeitalters‹ verbunden und/oder Ausdruck einer Empfindung bedrohter kultureller Identität, können messian. Bewegungen erhebl. revolutionäre oder reformer. Energien freisetzen (im Judentum in der Neuzeit u. a. der →Sabbatianismus). Historisch standen sie keineswegs nur unter dem Einfluss der jüdisch-christl. Eschatologie (→Chiliasmus; Hoffnung auf ein ›Tausendjähriges Reich‹ CHRISTI): Der antike Kaiser als ›Retter‹ (griech. Soter), Vishnus letzte (noch ausstehende) Inkarnation Kalkin (→Avatara), der Buddha →Maitreya sowie Heilbringer der traditionellen indian. afrikan. und melanes. Religionen zeugen von autochthonen messian. Erwartungen, die – bes. in Krisensituationen – auf eine bestimmte Person übertragen werden können (→Nativismus). Auch (selbst ernannte) polit. und religiöse Führer treten mit dem Absolutheitsanspruch einer Erlösergestalt auf und versuchen mit Heilslehren aller Art messian. Erwartungen an sich zu binden. I. w. S. werden auch andere Erscheinungsformen des →Sendungsbewusstseins als messianisch bezeichnet.

Messias [griech.-kirchenlat., von hebr. mašîaḥ ›Gesalbter‹], im *A. T.* und *Judentum:* urspr. der durch Salbung eingesetzte König, dem als Erwählter Gottes auch kultisch-religiöse Bedeutung zukam. Zunächst mit dem Königtum DAVIDS verbunden (2. Sam. 22, 51), wurde M. nach dem Tod SALOMOS und dem Zerfall des Reiches zum Inbegriff des idealen Herrschers, von dem man sich im polit. und heilsgeschichtl. Sinn die Wiederherstellung ganz Israels unter david. Herrschaft erhoffte. Über die polit. Bedeutung hinaus erfuhr die **M.-Erwartung** in der Verkündigung der Propheten (Jes. 11, Mi. 5), v. a. aber in der frühjüd. Apokalyptik eine eschatolog. Dimension, indem ein (endzeitl.) M. als Heilbringer und Erlöser erwartet wurde, der ein Reich der Gerechtigkeit und des Friedens errichten würde. Im Einzelnen verbanden sich damit unterschiedl. Vorstellungen; allen gemeinsam ist, dass der M. immer als Mensch, wenn auch als ein

von Gott bes. erwählter Mensch, gedacht wird. Der polit. Aspekt rückte v. a. in der Zeit der Makkabäer in den Vordergrund und verstärkte sich – v. a. in Kreisen der Zeloten und später im Aufstand der palästinens. Juden unter Führung →BAR KOCHBAS (132–135). In Qumran erwartete man neben dem (polit.) david. M. (›Gesalbter Israels‹) noch einen eschatolog. Hohen Priester aus dem Stamme Aarons (›Gesalbter Aarons‹) sowie einen endzeitl. Propheten. Das nachbibl., rabbin. Judentum unterschied zw. dem david. M. (›M. ben David‹) als endzeitl. Idealherrscher und einem ›M. ben Josef‹ oder ›M. ben Efraim‹, einem Vorläufer, der in den ›Wehen des M.‹, d. h. in den Wirren und Leiden der Heilszeit, scheitert und fällt. Größere Bedeutung gewann die M.-Vorstellung wieder in der Spätkabbala und in den **messian. Bewegungen** der Neuzeit (bes. im →Sabbatianismus) und ist heute innerhalb des Judentums v. a. in chassid. Kreisen verbreitet (so unter Anhängern des 1994 verstorbenen Rabbi →M. M. SCHNEERSON).

Das *N. T.* und das frühe *Christentum* sahen in →JESUS CHRISTUS die im A. T. formulierten messian. Erwartungen erfüllt. Als M. wird Jesus im N. T. jedoch nur zweimal (Joh. 1, 41; 4, 25) bezeichnet, sonst meist in der griech. Übersetzung als ›Christus. Im christl. Sprachgebrauch kamen, v. a. unter dem Einfluss des Hellenismus, weitere Bez. dazu, die die Messianität JESU zum Ausdruck bringen sollten: Herr (griech. ›Kyrios‹), Erlöser (griech. ›Soter‹), Sohn Gottes, Heiland, Logos.

Bis in die Neuzeit wurde mit der apokalypt. Erwartung des M. meist auch die Vorstellung eines →Antichrists verbunden, der als Gegenspieler der Ankunft des M. vorausgehen und erst von diesem besiegt werden würde.

J. SARACHEK: The doctrine of the Messiah in medieval Jewish literature (New York ²1968); W. WREDE: Das M.-Geheimnis in den Evangelien (⁴1969); J. BECKER: M.-Erwartung im A. T. (1977); J. COPPENS: La relève apocalyptique du messianisme royal, 3 Bde. (Löwen 1979–83); H. STRAUSS: Messianisch ohne M. (1984); Studien zum M.-Bild.im A. T., hg. v. U. STRUPPE (1989); N. P. LEVINSON: Der M. (1994).

Messias, Der, 1) engl. **Messiah** [mɪˈsaɪə], Oratorium von G. F. HÄNDEL, Text nach der Bibel und dem ›Common Prayer Book‹ von CHARLES JENNENS (*1700, †1773); Uraufführung am 13. 4. 1742 in Dublin.
2) bibl. Epos von F. G. KLOPSTOCK, 1748–73.

Messier [mɛˈsje], Charles, frz. Astronom, * Badonviller (Dép. Meurthe-et-Moselle) 26. 6. 1730, † Paris 11. 4. 1817; Mitgl. des ›Bureau des Longitudes‹ und der Akad. in Paris. M. entdeckte 21 Kometen und verfasste den M.-Katalog.

Messier-Katalog [mɛsˈje-], von C. MESSIER in der 2. Hälfte des 18. Jh. zusammengestellter Katalog von Galaxien, Kugelsternhaufen, offenen Sternhaufen, Gasnebeln, planetar. Nebeln und einem Supernova-Überrest. Die dabei eingeführte Nummerierung der Objekte (M in Verbindung mit einer Zahl) wird noch heute verwendet. Das erste Objekt, M 1 (der Krebsnebel), wurde 1758 aufgelistet; die erste Ausgabe des Katalogs erschien 1774, die Endfassung 1781. Der heutige M.-K. führt 110 Objekte auf, darunter fünf irrtümlich aufgenommene (z. B. ident. Objekte). Da MESSIERS Beobachtungsinstrumente sehr leistungsschwach waren, sind die Objekte des M.-K. relativ hell, einige, wie der Andromedanebel (M 31) und die Plejaden (M 45), mit bloßem Auge sichtbar.

Messieurs [mɛsˈjø, frz. ›meine Herren‹], Abk. **MM.,** engl. **Messrs.,** *Pl.* von Monsieur ›Herr‹.

Messina, Name von geographischen Objekten:
1) Messina, Hauptstadt der Prov. M., Italien, im NO Sizilien auf Küstenterrassen am Fuß des Peloritan. Gebirges, 263 600 Ew.; Erzbischofssitz; Univ.

Messina 1)

Stadt in Italien, auf Sizilien

263 600 Ew.

Erzbischofssitz

Universität (gegr. 1548)

antike griechische Kolonie (Zankle)

843–1061 arabisch

Blüte in normannischer und staufischer Zeit

Erdbeben von 1908

Mess Messina

Messina 1): Stadtviertel am Hafen mit dem Dom

(gegr. 1548), meeresbiolog. Institut, Bibliotheken, Museen, Staatsarchiv, Theater. M. hat lebhaften Handel (Messen), Werften, Nahrungsmittelindustrie; bedeutender Hafen an der Straße von M. (Ausfuhr von Zitrusfrüchten), Fährverbindung zum Festland.

Stadtbild: Nach dem Erdbeben von 1908 wurde die Stadt nach einem schachbrettartigen Grundriss wieder aufgebaut (weitere schwere Schäden im Zweiten Weltkrieg). Zu den wiederhergestellten Bauwerken gehören u. a. der Dom und die Kirche Santissima Annunziata dei Catalani (beide aus normann. Zeit) sowie die beiden großen Brunnen: Fontana d'Orione (1547) und Fontana del Nettuno (1557). Im Nationalmuseum u. a. Gemäldesammlung (ANTONELLO DA MESSINA u. a.), Skulpturen und archäolog. Funde.

Geschichte: Auf dem Boden einer älteren sikul. Siedlung entstand im 8. Jh. v. Chr. eine griech. Kolonie, die nach der Form der Nehrung **Zankle** (›Sichel‹) genannt wurde. ANAXILAOS von Rhegion siedelte nach 490 v. Chr. Flüchtlinge vorwiegend aus Messenien an; nach ihnen erhielt die Stadt den Namen **Messana** (ion. **Messene**). 396 v. Chr. wurde sie von den Karthagern zerstört, danach als syrakus. Kolonie neu errichtet; nach 289 v. Chr. von den →Mamertinern erobert. Der Hilferuf der Mamertiner nach ihrer Niederlage gegen HIERON II. an Rom und Karthago führte zum 1. Pun. Krieg. Nach röm., ostgot. und byzantin. Herrschaft war M. 843–1061 in Besitz der Sarazenen. In normann. und bes. in stauf. Zeit wuchs seine Bedeutung auf kulturellem Gebiet (Zentrum der Dichtkunst unter FRIEDRICH II.) und im Mittelmeerhandel (Privilegien seit Ende des 12. Jh.; seit 1416 jährl. Handelsmessen). Hingegen wurden Versuche, polit. Selbstständigkeit zu erringen, unterdrückt (1232, 1258). Im 15. Jh. kam es unter span. Herrschaft. Am 28. 12. 1908 vernichteten ein Erdbeben und eine 3 m hohe Flutwelle 90 % der Stadt und töteten 84 000 der damals 120 000 Ew. – Auf der **Konferenz von M.** (2. 6. 1955) beschlossen die Außen-Min. der Staaten der Montanunion die Errichtung eines gemeinsamen europ. Marktes sowie die gemeinsame Verwendung und Ausnutzung der Kernenergie. Die Vereinbarungen von M. wurden mit den →Römischen Verträgen (1957) verwirklicht.

2) Messina, Stadt in der Nord-Prov., Rep. Südafrika, 16 km südlich des Limpopo, der hier die Grenze zu Simbabwe bildet, 549 m ü. M., 14 500 Ew. Im Gebiet von M. gibt es seit prähistor. Zeit Bergbau, heute v. a. auf Kupfererz (größte Kupfererzmine der Rep. Südafrika), daneben auf Eisenerz, Magnesit und Asbest.

3) Messina, Prov. in Sizilien, Italien, 3 248 km^2, 683 800 Ew., Hauptstadt ist →Messina 1).

4) Straße von Messina, ital. **Stretto di M.,** 3–16 km breite Meeresstraße, die Sizilien von der Apenninenhalbinsel trennt; geologisch ein junger, quartärer Grabenbruch. Der intensive Vulkanismus (Ätna, Lipar. Inseln) und die häufigen Erdbeben (Beben von Messina, 1908), deren Epizentrum sehr oft mit der Straße von M. zusammenfällt, erweisen, dass die tekton. Kräfte noch nicht zur Ruhe gekommen sind. Die durch die Gezeitenunterschiede zw. den benachbarten Meeresbecken ausgelösten starken Strömungen, die wohl zur Bildung der Sage von Skylla und Charybdis Anlass gegeben haben, wechseln durchschnittlich alle sechs Stunden und bringen manchmal Tiefseefische an die Oberfläche. Eisenbahnfährverkehr seit 1905.

Messingarbeiten: Samsonleuchter; deutsche Arbeit, 1. Hälfte des 13. Jh. (Berlin, Kunstgewerbemuseum)

Messing [mhd. messinc, Herkunft unsicher], Sammel-Bez. für Kupfer-Zink-Legierungen mit 55–90% Kupfer, 45–10% Zink und bei **Sonder-M.** auch weiteren Zusätzen. M. ist meist gut verarbeitbar und verformbar sowie korrosionsbeständig. Seine Farbe kann zw. Rot, Gold und Silbergrau liegen. Aus M. werden v. a. Armaturen, Schiffsbauteile und Beschläge hergestellt. Man unterscheidet **M.-Knetlegierungen** und **M.-Gusslegierungen.** – Als **Tombak** werden noch heute M.-Sorten mit Kupfergehalten von 70–90% bezeichnet. **Gelbguss** nannte man früher M.-Gusslegierungen mit etwa 55–80% Kupfer.

Geschichte: M. wurde schon im 3. Jt. v. Chr. in Babylonien und Assyrien, um 1400–1000 v. Chr. in Palästina wahrscheinlich durch Schmelzen von Kupfer unter Zusatz von Galmei (Zinkcarbonat) hergestellt. Danach geriet das Herstellungsrezept vermutlich in Vergessenheit und wurde erst etwa um 700 v. Chr. in Griechenland wieder entdeckt. Ein wichtiges Gebrauchsmetall wurde das M. jedoch erst um die Zeitenwende im Röm. Reich.

Messing|arbeiten. Gegenstände aus Messing waren schon im Altertum in Gebrauch (künstler. M. aus Altertum und afrikan. Kulturen, der Gelbguss, werden in der Kunstgeschichte vielfach unter →Bronzekunst abgehandelt). Seit der spätröm. Zeit und bes. im MA. waren die Gelbguss- und Treibarbeiten aus Messing des Rhein- und Maasgebiets sehr geschätzt, seit dem 14. Jh. v. a. die M., die in Dinant (→Dinanderien) entstanden. Daneben hatte Nürnberg früh große Bedeutung für M.; Gewichtssätze wurden bis ins 18. Jh. vorwiegend hier gefertigt. Heute wird Messing noch für kunsthandwerkl. Arbeiten verwendet.

Rhein u. Maas, Kunst u. Kultur 800–1400, hg. v. A. LEGNER, 2 Bde. (1972–73); A. THEUERKAUFF-LIEDERWALD: Mittelalterl. Bronze- und Messinggefäße (1988).

Messing|eule, *Plusia chrysịtis,* in Mitteleuropa häufige Art der Goldeulen (Eulenschmetterlinge) mit überwiegend messinggelben Vorderflügeln; Spannweite 35–40 mm.

Messingfieber, →Metalldampffieber.

Messinia, neugriech. für →Messenien.

Messkammer, Messbildkamera, fotograf. Aufnahmekammer zur Herstellung der Messbilder für die Erd- und Luftbildmessung. Neben fotograf. Emulsionen zur analogen Bildregistrierung werden auch CCD-Fotoelemente verwendet, die Digitalbilder in Echtzeit aufnehmen. Sie werden in Digitalspeicher transferiert und können im Computer direkt verarbeitet werden. M. besitzen Objektive sehr hoher Auflösung und geringer Verzeichnung. Ihre räuml. Lage im Augenblick der Aufnahme kann in der Erdbildmessung unmittelbar eingemessen werden, in der Luftbildmessung sind besondere Hilfsmittel wie Höhenmesser, Empfangsgerät für Navigationssatelliten oder Kreisel erforderlich. M. für eine schnelle Folge von Aufnahmen heißen **Reihenmesskammern.**

Messkatalog, gedrucktes Verzeichnis der auf den Buchmessen in Frankfurt am Main und Leipzig vom 16. bis 19. Jh. zum Verkauf angebotenen Bücher. M. enthielten nach Sachgebieten aufgeführte literar. und musikal. Neuerscheinungen sowie wichtige ausländ. Literatur und Vorankündigungen. Der erste M. des Augsburger Buchhändlers GEORG WILLER († 1593 oder 1594) erschien 1564 zur Frankfurter →Buchmesse; 1860 gab die Weidmannsche Verlagsbuchhandlung in Leipzig den letzten M. heraus. M. sind Vorläufer der period. buchhändl. Bibliographien.

Messkette, *Vermessungskunde:* eine Kette, meist 20 oder 30 m lang, mit 0,2 bzw. 0,3 m langen Stahldrahtgliedern; früher zur Streckenmessung im Gelände verwendet.

Meßkirch, Stadt im Landkreis Sigmaringen, Bad.-Württ., südlich der oberen Donau im Voralpenland,

Messkammer: Messbild Golden Gate, San Francisco; Aufnahme aus 19 000 m Flughöhe (Bildmaßstab 1 : 170 000)

604 m ü. M., 8 700 Ew.; Heimatmuseum, Martin-Heidegger-Archiv; Metallverarbeitung. – Die kath. Stadtkirche St. Martin (1526), 1732/34 um die Nepomukkapelle erweitert und ab 1772 umgestaltet, birgt das Dreikönigsbild des MEISTERS VON MESSKIRCH (1538). Das ehem. Fürstenberg. Renaissanceschloss (1557 begonnen) ist eine der frühesten Vierflügelanlagen mit vorspringenden Ecktürmen; das Rathaus wurde 1899 im Stil der Neurenaissance umgestaltet. – M., 1080 erstmals erwähnt, wurde seit 1261 als Stadt bezeichnet. Es war Mittelpunkt eines Besitztums, das nach dem Aussterben der Grafen von Rohrdorf um 1210 im Lauf der Jahrhunderte mehrfachen Herrschaftswechsel erlebte, bis es 1806 an Baden fiel.

Messkolben, Stehkolben mit langem, engem Hals, auf dem etwa auf der Mitte ein Eichstrich angebracht ist; ermöglicht die genaue Abmessung von Flüssigkeiten; häufig mit Stopfen verschließbar.

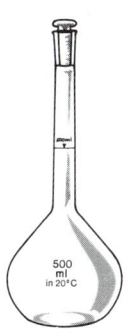

Messkolben

Meßkirch: Das Stadtzentrum mit dem ehemaligen Fürstenbergischen Schloss (links; 1557 begonnen) und der Stadtkirche Sankt Martin (rechts; 1526, später erweitert und umgestaltet)

Mess Messlatte – Messschraube

Messlatte, ein 3 oder 5 m langer, an den Enden durch Metallkappen geschützter hölzerner Maßstab mit Meter- und Dezimeterteilung.

Messlein, 1) alte bad. Volumeneinheit für trockene Güter, 1 M. = $^1/_{10}$ Sester = 1,5 l; 2) alte württemberg. Volumeneinheit für Getreide, 1 M. = 2 Ecklein = 1,385 l.

Messlupe, aplanat. Lupe mit einem Maßstab am Fuß des Lupenträgers (Einteilung meist $^1/_{10}$ mm), mit dessen Hilfe die durch sie betrachteten Gegenstände gemessen werden können.

Messmer [mɛsˈmɛːr], Pierre, frz. Politiker, * Vincennes 20. 3. 1916; Jurist, schloss sich 1940 den Truppen des ›Freien Frankreich‹ unter General C. DE GAULLE an. Er trat später in den frz. Kolonialdienst (zuletzt u. a. Hochkommissar in Frz.-Äquatorialafrika, dann Frz.-Westafrika). Politisch bekannte sich M. zum Gaullismus. Als Verteidigungs-Min. (1960 bis 1969) arbeitete er maßgeblich am Aufbau der ›Force de Frappe‹ mit. 1971–72 war M. Min. für die Überseegebiete, 1972–74 Ministerpräsident.

Messmikroskop, ein Mikroskop, das entweder in der Ebene des reellen Zwischenbildes eine Okularstrichplatte zur Positionierung auf einen Punkt des Messobjektes oder ein →Feinmessokular zur Messung der Bildgröße oder als Ablesehilfe für Maßstäbe besitzt. Wird anstelle des Okulars ein Projektionssystem (**Messprojektiv**) eingesetzt, kann das Zwischenbild auf einem Bildschirm oder einer Fotoplatte abgebildet werden.

Messner, 1) Johannes, österr. kath. Theologe und Sozialphilosoph, * Schwaz 16. 2. 1891, † Wien 12. 2. 1984; 1935–38 und seit 1949 Prof. für Ethik und Sozialwissenschaften in Wien; bedeutender Vertreter der kath. Sozialehre.
Werke: Sozialökonomik u. Sozialethik (1928); Das Naturrecht (1950); Kulturethik mit Grundlegung durch Prinzipienethik u. Persönlichkeitsethik (1954); Ethik (1955).

2) Reinhold, ital. (Südtiroler) Bergsteiger, Schriftsteller und Filmemacher, * Brixen 17. 9. 1944; bestieg ohne Höhenatemgerät 1978 den Mount Everest (gemeinsam mit PETER HABELER, * 1942) und im Alleingang den Nanga Parbat, 1979 mit MICHAEL DACHER (* 1933) den K 2 und 1980 im Alleingang nochmals den Mount Everest. 1984 folgte die erste Achttausender-Doppelüberschreitung (Gasherbrum I und II in Karakorum). 1986 hatte M. als erster Mensch alle 14 Achttausender der Erde ohne Hilfe von Höhenatemgeräten bezwungen. Gemeinsam mit ARVED FUCHS (* 1953) durchquerte er vom 13. 11. 1989 bis zum 12. 2. 1990 zu Fuß die Antarktis; 1993 gelang ihm eine Grönland-Längsdurchquerung. Verfasser zahlr. Bücher über seine Expeditionen und das Bergsteigen sowie Autor mehrerer entsprechender Fernsehfilme.
Werke: Alleingang Nanga Parbat (1979); K 2, Berg der Berge (1980, mit A. GOGNA); Der gläserne Horizont. Durch Tibet zum Mount Everest (1982); Überlebt. Alle 14 Achttausender (1987); Antarktis. Himmel u. Hölle zugleich (1990); Berge versetzen. Das Credo eines Einzelgängers (1993).

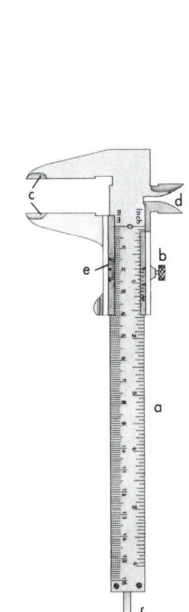

Mess|okular, →Feinmessokular, →Messschraube.

Mesolongi, griech. Stadt, →Mesolongion.

Messprojektor, in der Feinmesstechnik verwendetes Projektionsgerät, mit dem durch Wechselobjektive versch. Abbildungsmaßstäbe zur Profilprüfung komplizierter Werkstücke vorgegeben werden können.

Messrad, Gerät zur Längenmessung, z. B. auf Karten und Plänen, in versch. Ausführungen. Beim Abfahren der Strecke mit dem M. werden die Umdrehungen auf einen sich drehenden Zeiger übertragen und (abhängig vom Maßstab) als Länge angezeigt.

Messrelationen, die frühesten regelmäßig und periodisch jährlich, halbjährlich, dreimal jährlich zu den Verkaufsmessen in Frankfurt am Main und Leipzig herausgegebenen Sammlungen von Berichten (›Relationen‹) über zeitgenöss., selten geschichtl. Ereignisse in Europa; Vorläufer der →Zeitung und →Zeitschrift. Herausgeber der frühesten bekannten M. (1588–97) war M. VON →AITZING.

Messschieber, ein Längenmessgerät zur Bestimmung von Außen-, Innen- und Tiefenmaßen, früher auch (unkorrekt) **Schieb-** oder **Schublehre** genannt. Die Länge des Messobjekts kann mithilfe zweier Messschnäbel abgenommen werden, indem dieses leicht zw. den auf der Schiene (Lineal mit in Millimeter geteiltem Strichmaßstab) verschiebbaren Messschnabel (Schieber) und den an der linken Seite der Schiene fest stehenden Messschnabel geklemmt wird. Der auf dem Schieber befindl. →Nonius gestattet es, die Stellung des Schiebers zum Strichmaßstab (mit einer Ablesegenauigkeit von i. Allg. 0,1 oder 0,05 mm) zu messen. Moderne M. haben eine digitale Anzeige. Bei ihnen wird der Messwert mithilfe eines im Schieber befindlichen photoelektr. Abtastsystems von einem in die Schiene eingebauten hochgenauen Glasmaßstab mit Strichgittereinteilung abgelesen, elektronisch verarbeitet und auf einem Flüssigkristalldisplay angezeigt. Andere Ausführungen des M. arbeiten auch mit einer im Schieber eingebauten Messuhr mit einer Zeigerumdrehung von 1 mm und einer Ablesegenauigkeit von 0,01 mm. – Spezielle M. zum Messen der Dicke von Baumstämmen, Hölzern u. Ä. werden als **Messkluppe** bezeichnet. Auf dem Prinzip des M. arbeiten auch der **Höhenreißer** (**Parallelreißer**), ebenfalls mit Nonius, Messuhr oder Digitalanzeige), bei dem der starre Schnabel durch einen Fuß ersetzt wird, und das **Tiefenmaß** mit nur einem bewegl. Messschnabel, ohne den fest stehenden Gegenschnabel.

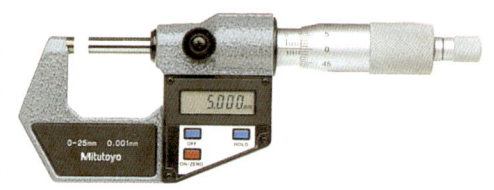

Messschraube: Bügelmessschraube mit feinstgeläppten Hartmetallmessflächen und digitaler, fünfstelliger LCD-Anzeige (Genauigkeit: 1 µm)

Messschraube, ältere Bez. **Mikrometerschraube, Mikrometer,** mechan. Messgerät zur Messung kleiner Längen oder Abstände, bei dem eine Gewindespindel mit genauer Steigung des Gewindes als Längennormal dient. Die durch volle Umdrehungen bewirkte Verschiebung der Spindel gegenüber dem fest stehenden Mutterstück wird an einer Längsteilung, die durch Bruchteile einer Umdrehung bewirkte Längsverschiebung an einer Rundteilung auf einer Messtrommel oder -hülse angezeigt. Die M. wird als Messwerk in versch. Messvorrichtungen verwendet. Bei den zur Bestimmung von Außenmaßen dienenden **Bügel-M.** sind die M. in biegsteife Bügel eingesetzt, deren Messweiten i. Allg. um 25 mm gestuft sind; eine Sonderform ist die Gewinde-M., bei der die Messflächen dem Profil des zu messenden Gewindes entsprechend ausgebildet sind. Die zur Bestimmung von inneren Abständen dienenden **Innen-M.** besitzen seitlich angesetzte Messschnäbel oder Messflächen am Spindel- und Hülsenende. **Tiefen-M.** zur Tiefenmessung haben eine rechteckige, auf der Bewegungsrichtung der Messspindel senkrecht stehende Messfläche an der Hülse, die auf die Stirnfläche z. B. einer Bohrung aufgesetzt wird.

Messschieber mit Nonius, Skalen in Inch und Millimeter; a Messschiene, b Schieber mit Feststellschraube, c Messschnäbel für Außenmaße, d Messschneiden für Innenmaße, e Nonius, f Tiefenmaß

An opt. Geräten werden zur Verschiebung von Messmarken (Strichplatten) M. verwendet; solche **Messokulare** werden auch als **M.-Okulare, Okular-M.** (früher Okularschraubmikrometer) bezeichnet (→Feinmessokular).

Messschreiber, Messdatenschreiber, den Verlauf einer oder mehrerer Messgrößen in Abhängigkeit von der Zeit oder von einer anderen Messgröße registrierendes (schreibendes) Messgerät. Die Einteilung der M. erfolgt nach der Aufzeichnungsart (→Linienschreiber, Punktschreiber), nach der Art des Messwerks (Kompensationsmesswerk, z. B. beim →XY-Schreiber, oder Drehspulmesswerk), nach dem Aufzeichnungsverfahren (Tinte, Faserstift, Metall- oder Wachspapier) und nach der Form des Aufzeichnungsträgers (Kreisblatt, Trommelblatt, Streifen).

Messsender, ein Hochfrequenzgenerator mit einstellbarer Frequenz hoher Stabilität und großem Abstimmbereich. M. haben nur geringe Leistung. Sie werden benutzt zum Prüfen und Abgleichen von Geräten der Funktechnik, Schwingkreisen und Filtern, zur Aufnahme von Resonanzkurven, zu Frequenzmessungen u. a.

Meßstetten, Stadt im Zollernalbkreis, Bad.-Württ., auf dem Großen Heuberg (Schwäb. Alb), 737–989 m ü. M., 10 800 Ew.; Museum für Volkskunst; Textil- und Metallindustrie. – 1978 wurde M. Stadt.

Messtechnik, Gesamtheit der Verfahren und Geräte zum experimentellen Bestimmen (→Messen) und Verarbeiten zahlenmäßig erfassbarer Größen in Wiss. und Technik. Grundlage der M. ist die Bestimmung von Basisgrößen, wie Länge, Masse, Zeit und Temperatur **(Absolut-** oder **Fundamentalmessung).** Aufgaben der M. sind Kontrollfunktionen aller Art, insbesondere die Überprüfung der Einhaltung von Maßtoleranzen in der Fertigungstechnik, die Verbrauchszählung in der Energietechnik (z. B. von Gas, Wasser, Strom) sowie im Rahmen der Steuer- und Regelungstechnik die Überwachung und Steuerung techn. Prozesse durch Regelung nach Messwerten. – Von besonderer Bedeutung ist die **elektrische M.,** da neben der Messung der elektr. Größen Spannung, Stromstärke, Widerstand, Leitfähigkeit u. a. für nahezu alle nichtelektr. Größen durch →Messwandler geeignete elektr. Signale gewonnen werden können. Diese sind einfach zu digitalisieren und eignen sich zur direkten Weiterverarbeitung in Rechenanlagen, computergesteuerten Numerikmaschinen, Speichern, Anzeigen u. a. oder zur störungsarmen (Fern-)Übertragung **(Digitalmesstechnik).** – Fernrohre, Mikroskope, Interferometer u. a. Geräte ermöglichen in der **optischen M.** berührungslose Messverfahren, die, v. a. mit →Lasern als Lichtquellen und optoelektron. Signalaufnahme, in der Mikro- und Nanotechnologie eingesetzt werden.

Geschichte: Zur *Längenmessung* verwendete man bereits im antiken Ägypten Seile mit Knotenmarkierungen, hölzerne Messlatten und Maßstäbe aus Stein. Bis ins 19. Jh. wurden Längeneinheiten auf den menschl. Körper bezogen (z. B. Fuß, Elle, Schritt). Die wachsenden Anforderungen an die Messgenauigkeit führten zur Entwicklung spezieller Längenmessgeräte: →Messschieber mit Nonius (ab 1631), →Messschrauben ab 1785, Komparatoren mit Messmikroskopen oder Interferometern. – Der *Zeitmessung* dienten in den frühen Hochkulturen Sonnen- und Wasseruhren. Uhren mit Räderwerk kamen in Europa im 13. Jh. auf, Taschenuhren mit Federantrieb wurden ab 1510, Pendeluhren ab 1657 benutzt. Höchste Genauigkeit wird heute mit Quarz- und Atomuhren erzielt. – Zur *Bestimmung der Masse* wurden bereits im 2. Jt. v. Chr. in Ägypten Laufgewichtswaagen mit versch. Aufhängungen verwendet. – Die Entwicklung *physikal. Messgeräte* begann im 17. Jh., als das Messen und Wägen zur Grundlage naturwiss. Arbeitens wurde: z. B. Fernrohr (ab 1608), Mikroskop (ab 1620), Barometer (ab 1643), Thermometer (ab 1720), Elektrometer (ab 1772), Kalorimeter (ab 1780), elektr. Widerstandsmessgeräte (→Wheatstone-Brücke; ab 1847), Drehspulinstrumente (ab 1880), Interferometer (ab 1881), Elektronenmikroskop (ab 1928). Die Entwicklung der Atom- und Kernphysik, der Elementarteilchen- und Hochenergiephysik sowie der Raumfahrttechnik im 20. Jh. führte zur Konstruktion von Experimentier- und Messeinrichtungen, die wegen ihrer Größe und Komplexität kaum noch als Messgeräte im eigentl. Sinn bezeichnet werden können (z. B. Beschleuniger, Weltraumobservatorien).

K. BERGMANN: Elektr. Meßtechnik (⁶1997); A. SCHÖNE: Meßtechnik (²1997).

Meßter, auch **Messter,** Oskar Eduard, Kinotechniker, *Berlin 21. 11. 1866, †Tegernsee 7. 12. 1943; Mitbegründer der dt. Filmindustrie. Auf M. gehen ein brauchbarer Filmprojektor mit Malteserkreuz (1896), die Verbindung von Kinematographie und Sprechmaschine (1903) sowie die erste dt. Wochenschau (**M.-Woche,** 1914) zurück. Er erfand Reihenbildkammern für die Luftbildtechnik. Der Oskar-M.-Konzern (mit dem Star HENNY PORTEN) war eine der Keimzellen der Ufa. M. schrieb: ›Mein Weg mit dem Film‹ (1936, Autobiographie).

O. M. Erfinder u. Geschäftsmann, hg. v. F. KESSLER u. a. (Basel 1994); O. M. Filmpionier der Kaiserzeit, hg. v. M. LOIPERDINGER (Basel 1994).

Messtisch, ältestes Gerät für topograph. Aufnahmen, eine auf einem Stativ drehbare Tischplatte und die frei aufzusetzende →Kippregel. Bei der Geländeaufnahme wird der M. auf einem →Festpunkt aufgestellt und nach N orientiert. Die Geländepunkte werden dann markiert, mit der Kippregel angezielt (Winkel- und Distanzmessung) und mit dem Lineal auf dem Zeichenträger kartiert. Schließlich zeichnet man unter Benutzung der gemessenen Höhenunterschiede die Geländeformen ein. Mit dem M. wurden u. a. im 19. Jh. die meisten Blätter der topograph. Karte 1 : 25 000 **(M.-Blatt),** die bayer. Flurkarten 1 : 5 000 und die württemberg. Höhenflurkarte 1 : 2 500 aufgenommen; heute weitgehend durch die Photogrammetrie und die zahlenmäßige Aufnahme mit dem Tachymeter ersetzt.

Mess|uhr, Messzeiger, ein Messgerät zur Längenmessung im Millimeterbereich: Ein Messbolzen wird beim Messen eingedrückt und überträgt den Messweg über eine Zahnstange, mehrere Ritzel und Zahnräder vergrößert auf einen Zeiger, sodass an einer Kreisskala die gemessene Größe (auf 0,01 mm genau) abgelesen werden kann.

Mess|umformer, engl. **Transducer** [trænsˈdjuːsə], elektr. Gerät oder Schaltung zur Umformung eines analogen Eingangssignals in ein eindeutig mit ihm zusammenhängendes analoges Ausgangssignal; oft mit genormtem Ausgangsbereich (**Einheits-M.,** engl. Transmitter). Bei gleicher physikal. Größe am Ein- und Ausgang wird der M. auch als Messwandler bezeichnet.

Mess|umsetzer, engl. **Converter** [kənˈvɜːtə], Gerät oder elektr. Schaltung zur Umformung von Messsignalen, mit im Ein- und Ausgang verschiedener oder rein digitaler Signalstruktur; meist analoge Eingangs- und digitale Ausgangssignale oder umgekehrt (→Analog-digital-Umsetzer, →Digital-analog-Umsetzer). **Codeumsetzer** setzen ein digitales Eingangssignal in ein anders codiertes digitales Ausgangssignal um.

Mess- und Marktsachen, Zivilprozesssachen aus den auf Messen und Märkten (Ausnahme: Jahr- und Wochenmärkte) geschlossenen Handelsgeschäften. Für sie gilt ein beschleunigtes Verfahren (§§ 217, 274 ZPO) sowie die besondere Zuständigkeit des Gerichtes des Mess- oder Marktortes (§ 30 ZPO).

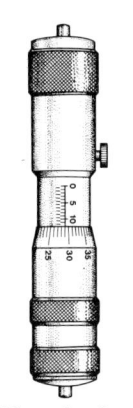

Messschraube: Innenmessschraube

Oskar Meßter

Messung, 1) *Physik* und *Technik:* →Messen.
2) *Quantenphysik:* die während eines möglichst kurzen (›momentanen‹) Zeitintervalls nach einer eindeutigen, der zu messenden physikal. Größe (→Observable) adäquaten Messvorschrift erfolgende Wechselwirkung zw. dem Quantensystem und dem makroskop. Messinstrument derart, dass für eine direkt beobachtbare Observable des Instruments (›Zeigerstellung‹) eine vom Beobachter unabhängige Zustandsänderung eintritt, die dem Zustand des Systems *nach* erfolgter Wechselwirkung eineindeutig korreliert ist. Die M. der Observablen am System ist prinzipiell vollzogen, wenn die Korrelation zw. den Zuständen von Quantensystem und Messinstrument stabil hergestellt ist. Ein dem Messinstrument innewohnender irreversibler Verstärkermechanismus transformiert danach den angeregten latenten mikroskop. Zustand des Messinstruments in die stabile makroskop. ›Zeigerstellung‹.

Bei der M. geht das Quantensystem (von i. Allg. unendlich vielen mögl. Eigenzuständen) in einen bestimmten Eigenzustand der zu messenden Observablen über, oder er befindet sich bereits in einem solchen Eigenzustand, für den die Observable einen bestimmten Wert besitzt. – Zur vollständigen Beschreibung eines mikrophysikal. Zustands können prinzipiell nur solche (voneinander unabhängige) Observable herangezogen werden, die gleichzeitig messbar, d.h. kommensurabel, sind (heisenbergsche →Unschärferelation). (→Quantentheorie)

Mess|unsicherheit, *Messtechnik:* →Genauigkeit.

Messverstärker, elektron. Verstärker, der sehr kleine elektr. Ströme oder Spannungen linear verstärkt, sodass die sich ergebenden, den ursprüngl. Werten proportionalen Größen von nachgeschalteten Mess- oder Registriergeräten erfasst werden können.

Messwagen, Bahndienstwagen mit Mess-, Prüf- und Registriereinrichtungen zum Messen von Zug- und Bremskräften, Laufgüte, Geräuschentwicklung und versch. Fahrzeugeigenschaften. M. zur Gleisprüfung sind mit eigenen Antriebsmaschinen und Einrichtungen zur zerstörungsfreien Werkstoffprüfung der Schienen ausgerüstet; sie zeichnen während der Fahrt alle wichtigen Daten für die Gleislage in einem Messstreifen auf (Spurweite, Krümmung u.a.). Zur Überprüfung der Gleismagnete für die **indu**ktive **Zugsi**cherung, gibt es bes. ausgerüstete Messwagen.

Messwandler, Wandler, ein →Messumformer, der am Ein- und Ausgang die gleiche physikal. Größe aufweist und ohne Hilfsenergie arbeitet, z.B. Druckwandler, Drehmomentwandler.

In der *elektr. Messtechnik* Sammel-Bez. für Spannungs- und Stromwandler. Spannungen oder Ströme müssen betrags- und phasenrichtig in (meist einheitliche) gut messbare Werte (i.d.R. genormter Größenordnung) geändert werden, wobei gleichzeitig eine Potenzialtrennung erfolgt, um dadurch den gefahrlosen Anschluss übl. Messgeräte, Regler, Schalter u.a. zu ermöglichen. Bau- und Gütevorschriften sind in VDE-Vorschriften und DIN-Normen festgelegt.

Induktive M. sind Spezialtransformatoren kleiner Leistung: Als Stromwandler handelt es sich um einen praktisch über das Messgerät kurzgeschlossenen Transformator zur Herabsetzung vorwiegend hoher Ströme (bis 100 kA), als Spannungswandler um einen praktisch im Leerlauf arbeitenden Transformator zur Herabsetzung vorwiegend hoher Spannungen (z.B. von 400 kV auf 100 V).

Beim **kapazitiven M.** ist einem kapazitiven Spannungsteiler ein induktiver Spannungswandler nachgeschaltet. Kapazitive M. werden zur Herabsetzung von Hochspannungen von über 200 kV eingesetzt.

Gleichstromwandler werden verwendet, wenn es wegen der hohen Stromstärke unwirtschaftlich ist, das Messinstrument über einen Nebenwiderstand anzuschließen. Hierbei wird der Feldeinfluss des zu messenden Stroms auf einen Magnetkern durch einen Hilfsgleichstrom kompensiert. Sie benötigen eine fremde Stromquelle für den sekundären Stromkreis.

Gleichspannungswandler können z.B. aus Zerhacker, Transformator und Gleichrichter bestehen.

Messwein, *kath. Liturgie:* der für die Eucharistiefeier verwendete Wein; hierfür ist nur Qualitätswein (mit und ohne Prädikat) zugelassen (also kein Tafel-, Likör- oder Schaumwein); bei ausländ. Weinen muss nach der 1976 von den dt. Bischöfen erlassenen M.-Verordnung die Erfüllung dieser Norm durch ein beigefügtes Zeugnis über Herkunft und Art des Weines sichergestellt sein. – In den *ev. Kirchen* gibt es für den Abendmahlswein fakultative Richtlinien. Als alkoholfreie Alternative ist hier Traubensaft zugelassen, was in der kath. Kirche der bischöfl. Genehmigung bedarf.

Messwerk, zusammenfassende Bez. für alle Bauteile, die bei analogen →elektrischen Messgeräten die Anzeige bewirken; das M. besteht im Wesentlichen aus dem bewegl. Teil mit dem Zeiger, den festen Teilen, die zur Erzeugung der Bewegung beitragen, der Lagerung und der Skale; nicht dazu gehören dagegen das Gehäuse, Zuleitungen, Abschirmungen u.Ä.

Messwert, der unter bestimmten Bedingungen zu einem bestimmten Zeitpunkt als Ergebnis einer Messung ermittelte Wert der Messgröße; er ist im einfachsten Fall bereits das **Messergebnis**. Der M. wird als Produkt aus Zahlenwert und Einheit angegeben. Aufgrund der stets auftretenden →Messfehler ist der M. nie mit dem wahren Istwert der Messgröße identisch.

Messwertgeber, der →Messgrößenaufnehmer.

Messwesen, Teilgebiet der →Metrologie, das die Festlegung (Darstellung) und Anwendung der im amtl. und geschäftl. Verkehr zu verwendenden →Einheiten umfasst. In Dtl. gelten das Eich-Ges. i.d.F.v. 23. 3. 1992 (→Eichen) sowie das →Einheitengesetz. Gegenstand des M. sind insbesondere Präzisionsmessungen, auch von Naturkonstanten (einschließlich der dazu erforderl. Ausgleichsrechnungen), und die Bereitstellung, Weiterentwicklung und Verbreitung konsistenter Einheitensysteme sowie der dazugehörenden Standards (Normale).

In *Österreich* regelt das Maß- und Eichgesetz vom 5. 7. 1950 die gesetzl. Maßeinheiten und ihre Bezeichnungen, legt die Eichpflicht für Messgeräte fest und bestimmt zur eichtechn. Prüfung (Revision) und Stempelung der eichpflichtigen Gegenstände das Bundesamt für Eich- und Vermessungswesen und die ihm nachgeordneten Eichämter. Von der Eichpflicht ausgenommen sind Fertigpackungen und Schankgefäße in Gastbetrieben, auf denen aber der Füllstrich, die Literbezeichnung und das Herstellerzeichen erkennbar sein müssen. Schankgefäße werden alle zwei Jahre überprüft.

In der *Schweiz* gilt, gestützt auf die Art. 31bis und 40 der Bundes-Verf., das Bundes-Ges. über das M. vom 9. 6. 1977. Es legt fest: die in der Schweiz verbindl. Maßeinheiten und die Pflicht zu ihrer Verwendung; die Typenzulassung und Eichung der Messmittel für Handel, Verkehr, Gesundheitsdienst und öffentl. Sicherheit; die Pflicht, in Handel und Verkehr Mengen und Preise anzugeben. Der Vollzug des Ges. obliegt dem Eidgenöss. Amt für Messwesen.

Messzeiger, die →Messuhr.

Messziffer, Messzahl, *Statistik:* Verhältniszahl, die die Relationen zw. mehreren gleichartigen Teilmassen zu einem ihrer eigenen Elemente bzw. einem Durchschnitt aus ihren Elementen (Basis) zeigen (Ggs.: Gliederungszahl). Die Gewichtung von M. führt zu Indexzahlen.

Messzylinder, zylindr. Glasgefäß mit Skaleneinteilung und einer Schnauze zum Ausgießen (Größen von 5 bis 1 000 ml). Zum Abmessen und Vermischen

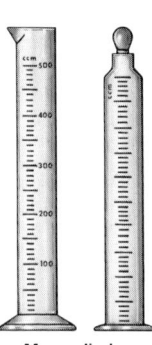

Messzylinder (links) und Mischzylinder (rechts)

versch. Flüssigkeiten werden **Mischzylinder** verwendet, mit nach oben verengtem, durch Glasstöpsel verschließbarem Teil. Nur für grobe Messungen sind (nach oben verbreiterte) **Mensuren** geeignet.

Mesta *die*, griech. **Nestos,** Fluss in Südosteuropa, entspringt in Bulgarien im Rilagebirge, mündet in Griechenland nördl. von Thasos ins Ägäische Meer, 210 km lang, davon 130 km in Griechenland. Das vogelreiche Delta, in dem sich noch Reste des ursprüngl. Auenwaldes erhalten haben, ist durch den Bau dreier großer Stauwerke im Rhodopegebirge bedroht.

Mestize [span. mestizo, von spätlat. mixticius ›vermischt‹, ›Mischling‹] *der, -n/-n,* **Cholo** [tʃ-], Nachkomme aus der Verbindung zw. Weißen und Indianern, in Zentralamerika auch →Ladino, in Brasilien →Caboclo oder →Mamelucos genannt. (→Indio)

Mestnitschestwo [russ., zu mesto ›Platz‹] *das, -(s),* **Mestničestvo** [-tʃ-], die Rangordnung des Adels im Zivil- und Militärdienst des Moskauer Reiches. Ursprünglich wohl aus der Sitzordnung an der großfürstl. Tafel hervorgegangen, hatte das M. eine Art Ersatzfunktion für die fehlenden Lehnsbeziehungen im nicht voll ausgebildeten Feudalismus in Russland; es bestimmte die offizielle Würde der Fürsten und Bojaren aus einer Mischung von Abstammungs- und Dienstrechten. Vererbt wurden nicht die Ämter innerhalb der Familie, sondern die Dienstbeziehungen zw. den Familien. Die russ. Oberschicht kannte bis Peter I., d. Gr., keine Titelhierarchie; nur Nachkommen von souveränen Fürsten durften den Fürstentitel tragen. Das komplizierte M., das sich im 15. Jh. voll herausgebildet hatte, räumte jedem höheren Beamten nach der Geschlechterwürdigkeit entsprechend dem Dienstrang seiner Vorfahren eine individuelle Rangstufe ein und berücksichtigte ihn bei der Ämtervergabe. Dies gab häufig Anlass zu Streitigkeiten. Um diese zu vermeiden, hatte Iwan IV., der Schreckliche, ein ›Herrscherl. Geschlechterbuch‹ und eine ›Herrscherl. Dienstliste‹ zusammenstellen lassen. Von der Mitte des 16. Jh. an wurde das M. in krit. Zeiten vorübergehend außer Kraft gesetzt, da sonst fähige Feldherren ohne vornehme Vorfahren kein Kommando übernehmen konnten. 1682 wurde das System des M. abgeschafft.

mesto [ital.], musikal. Vortrags-Bez.: betrübt, traurig, ernst.

Mestre, Stadtteil von Venedig, auf dem Festland, 4 m ü. M., rd. 150 000 Ew.; bedeutender Industriestandort: Werften, chem.; Nahrungsmittelindustrie, Glasverarbeitung, Möbelherstellung, Tank- und Siloanlagen, Lagerhäuser; Verkehrsknotenpunkt zw. Mailand und Triest, durch Bahn- und Straßenbrücken mit dem Zentrum Venedigs verbunden; südlich von M. der Industriehafen Marghera. – M., im 9./10. Jh. aus einer Mautstation entstanden, hatte als Castrum an der Grenze zw. Venedig und Treviso strateg. Bedeutung. Es wurde 1337 endgültig venezianisch und war beim Ausbau und bei der Verteidigung des venezian. Festlandsbesitzes ein wichtiges Bollwerk zum Schutz der Lagune.

Meštrović [ˈmɛʃtrovitɕ], Ivan, kroat. Bildhauer, *Vrpolje (Kroatien) 15. 8. 1883, †Notre Dame (Ind.) 16. 1. 1962; studierte 1901–05 in Wien und hielt sich zw. 1907 und 1912 wiederholt in Paris auf. Er lehrte ab 1922 in Zagreb und (nach Emigration 1942 in Italien und der Schweiz) ab 1947 in den USA. M. suchte die Stilformen der Wiener Sezession mit Gestaltungscharakteristika A. Rodins, A. Maillols und Michelangelos zu verbinden und in eine eigenständige nat. Kunst mit polit., religiösen und myst. Inhalten umzusetzen. Sein Werk umfasst Einzelfiguren (bes. weibl. Akte), Denk- und Mahnmale sowie Grabmäler.

I. M., Skulpturen, bearb. v. F. Baumann u. a., Ausst.-Kat. (1987).

Mesusa [hebr. ›Türpfosten‹] *die, -/...ˈsot,* am rechten Türpfosten jüd. Häuser und Wohnungen angebrachte Kapsel, die einen Pergamentstreifen mit einer Inschrift aus 5. Mos. 6, 4–9 und 11, 13–21 enthält. Nach 5. Mos. 6, 9 ist sie als Erinnerung an die Thora gedacht. Im Volksglauben wird ihr apotropäische Wirkung zugeschrieben.

Mészáros [ˈmeːsaːroʃ], Márta, ungar. Filmregisseurin, *Budapest 19. 9. 1931; schildert die Situation von Mädchen und Frauen.

Filme: Das Mädchen (1968); Freier Atem (1973); Adoption (1975); Neun Monate (1976); Marie und Julie (1977); Ganz wie zu Hause (1978); Unterwegs (1979); Die Erbschaft (1980); Geliebte Anna (1981); Tagebuch (1982); Tagebuch für meine Lieben (1986); Abschied vom Zauberwald (1989); Tagebuch für meine Eltern (1990).

Mészöly [ˈmeːsøj], Miklós, ungar. Schriftsteller, *Szekszárd 19. 1. 1921; wurde mit Prosa, Essays und Dramen bekannt; seine existenzialistisch gefärbte Erzählprosa kennzeichnen Präzision und analyt. Qualitäten. Ein zentrales, oft parabelhaft aufgegriffenes Thema ist die problemat. Autonomie des Einzelnen in einer entfremdeten, unüberschaubaren Welt.

Werke (ungar.): *Romane:* Schwarzer Storch (1960); Der Tod des Athleten (1966; dt.); Rückblenden (1975; dt.). – *Erzählungen:* Wilde Wasser (1948); Finstere Zeichen (1957); Bericht über acht Mäuse (1967); Präzise Geschichten, unterwegs (1970); Geflügelte Pferde (1979; dt.); Der Glanz des Obersten Sutting (1987); Es war einmal ein Mitteleuropa (1989); Die Hyazinthen von Wimbledon (1990); Närrische Reise (1992).

Ausgabe: Landkarte mit Rissen (1976, dt. Ausw.).

Met, Abk. für →Methionin.

Met [ˈmet], Kurz-Bez. für →Metropolitan Opera.

Met, Honigwein, weinähnl. Getränk aus Honig und Wasser; Alkoholgehalt mindestens 8 Vol.-%; die Mischung (höchstens 2 l Wasser auf 1 kg Honig) wird gekocht, abgeschäumt und nach dem Abkühlen mit Reinhefe vergoren; Zuckerzusatz ist verboten, das Würzen mit Nelken, Anis sowie mit Hopfen erlaubt.

meta... [griech. metá ›inmitten‹, ›zwischen‹; ›nach‹; ›hinter‹], 1) *allg.:* vor Vokalen und h verkürzt zu **met...,** Präfix mit den Bedeutungen zwischen, inmitten, nach, nachher, später, ver... (im Sinne der Umwandlung, des Wechsels), z. B. Metaphase, Metagenese, Metamorphose.

2) *Chemie:* 1) **Meta...,** Vorsatz zur Kennzeichnung bestimmter anorgan. Säuren, die durch Wasserabspaltung aus den Orthosäuren entstehen (z. B. Metaborsäure aus Orthoborsäure, →Borverbindungen); 2) **meta-,** Abk. **m-,** Vorsatz zur Kennzeichnung der Stellung zweier Substituenten am ersten und dritten C-Atom einer aromat. Verbindung, z. B. m-Dichlorbenzol (1,3-Dichlorbenzol, →Isomerie).

Meta, Name von geographischen Objekten:
1) Dep. in Kolumbien, 85 635 km², 541 600 Ew.
2) **Río M.,** linker Nebenfluss des Orinoco, 1 000 km lang, entspringt in Kolumbien am O-Abfall der Ostkordillere, im Unterlauf Grenze zu Venezuela.

Metaästhetik, die philosoph. Klärung der theoret. Voraussetzungen, Methoden und begriffl. Instrumente der Ästhetik. Mit ihrer Grundlagenforschung kann die M. sowohl zur integrativen Verbindung der verschiedenen Teilgebiete des Gesamtgebiets der Ästhetik als auch zur relativierenden Kritik eines ihrer Teilgebiete, der normativen Ästhetik, führen.

Metabasis [griech. ›Übergang‹, ›Veränderung‹] *die, -/...ˈbasen, Logik:* unzulässiger Denkschritt. M. bezeichnet den fehlerhaften Übergang in einen anderen begriffl. Bereich in einem Beweis.

Metabasit *der, -s/-e,* aus basischem magmat. Gestein (u. a. Gabbro, Diabas, Basalt) entstandenes regionalmetamorphes Gestein, u. a. Grünschiefer.

Metablastese [zu griech. blástēsis ›das Keimen‹, ›das Wachsen‹] *die, -,* Um- oder Neukristallisation

Messzylinder: Mensur

Metablastese: Biotit-Hornblende-Gneis mit Plagioklasmetablastese

eines Gesteins bei der Metamorphose (interner Stoffaustausch mit oder ohne Stoffzufuhr), wobei bestimmte Minerale bevorzugt wachsen. Das Gefüge des schiefrigen Ausgangsmaterials wird dabei dem der Granite ähnlich.

Metabole [griech. ›Veränderung‹, ›Wechsel‹] *die, -/-n*, in Metrik, Rhetorik und Stilistik der unerwartete Wechsel in Syntax, Wortwahl oder Rhythmus.

Metabolie *die, -/...'li|en, Zoologie:* die →Metamorphose.

Metabolismus *der, -,* 1) *Architektur:* in Hinblick auf eine zukünftige Massengesellschaft entwickelte, 1960 veröffentlichte Architekturtheorie einer Gruppe jap. Architekten, die von einer Analogie zw. Gestaltungs- und Bauprozessen und zellularen Wachstumsvorgängen ausgeht. Jede Stadt soll eine Großstruktur erhalten, die Bausysteme sollen aber flexibel sein. Zu den Vertretern der M. gehören u. a. KIKUTAKE KIYONORI (*1928), KUROKAWA KISHŌ NORIAKI, ŌTAKA MASATO (*1923), MAKI FUMIHIKO (*1928), TANGE KENZŌ und ISOZAKI ARATA. Bedeutende städtebaul. Projekte (nicht realisiert): Schwimmende Stadt auf dem Meer von KIKUTAKE (1959), Erweiterungsplan für Tokio von TANGE (Überbauung der Bucht von Tokio, 1960), Helix-City von KUROKAWA (Türme mit angefügten Raumkapseln, 1961).

Metabolism, proposals for new urbanism (Tokio 1960); E. TEMPEL: Neue jap. Architektur (1969); K. KUROKAWA: Metabolism in architecture (London 1977); Jap. Architektur, Gesch. u. Gegenwart, hg. v. M. SPEIDEL (1983).

2) *Biologie* und *Medizin:* der →Stoffwechsel.

Metaboliten, *Sg.* **Metabolit** *der, -en, Physiologie:* Substanzen als Glieder von Reaktionsketten im normalen Stoffwechsel eines Organismus.

Metacinnabarit, grauschwarzes, kub. Mineral der chem. Zusammensetzung HgS; Härte nach MOHS 3, Dichte 7,65 g/cm³. M. bildet kleine Einzelkristalle, pulvrige Überzüge oder körnige Aggregate; geht bei 400–550 °C in Cinnabarit (→Zinnober) über.

Metadyne [zu griech. dýnamis ›Kraft‹] *die, -/-n,* Sonderbauart der Gleichstrommaschine; der M.-Generator erzeugt über einen weiten Drehzahlbereich bei konstanter Belastung einen annähernd konstanten Strom. Als Verstärkermaschinen sind die M.-Generatoren durch leistungselektron. Stellglieder (Stromrichter) ersetzt worden.

Meta|ethik, Bez. für seit Beginn des 20. Jh. im angloamerikan. Sprachraum entwickelte eth. Theorien, die im Anschluss an die analyt. Philosophie und die Sprachtheorie L. WITTGENSTEINS die sprachl. Form moral. Aussagen untersuchen. Im Unterschied zur normativen Ethik, die nach der für das sittl. Sein und Sollen begründenden Prinzipien fragt, unternimmt es die M., die eth. Fragestellungen durch eine (nichtnormative) Analyse der Bedeutungen moral. Ausdrücke (›gut‹, ›böse‹, ›Pflicht‹, ›Wille‹, ›sollen‹ u. a.) zu klären. Die metaethischen Theorien lassen sich in **kognitive** und **nichtkognitive** einteilen, je nachdem, ob an der Rationalität des Moralischen festgehalten oder dessen Irrationalität behauptet wird. Die kognitiven Theorien lassen sich wiederum entsprechend der Weise, wie die Rationalität des Moralischen begründet wird, in **ethischen Naturalismus, ethischen Intuitionismus** und **ethischen Logizismus** unterteilen. Die Naturalisten (R. B. PERRY; CLARENCE IRVING LEWIS, *1883, †1964) führen moral. Ausdrücke (›gut‹, ›Pflicht‹) auf empirisch-deskriptive Begriffe (›angenehm‹, ›lustvoll‹, ›nützlich‹) zurück. Die Intuitionisten (G. E. MOORE, W. D. ROSS) dagegen behaupten, dass die moral. Ausdrücke nichts Empirisches, sondern eine durch Intuition gewonnene Erkenntnis bezeichnen, womit sich die schwierige Frage nach den Entscheidungskriterien für die moral. Richtigkeit von Intuitionen stellt. Zu einer eigenen Forschungsrichtung hat sich die →deontische Logik (G. H. VON WRIGHT, S. E. TOULMIN) entwickelt. – Die Emotivisten als Anhänger einer nichtkognitiven Theorie der Ethik (A. J. AYER; CHARLES L. STEVENSON, *1908) behaupten, dass das Moralische bloßer Ausdruck von (subjektiven) Gefühlen oder Einstellungen sei, die nicht Gegenstand einer rationalen Wissenschaft sein können.

Das Problem der Sprache, hg. v. H.-G. GADAMER (1967); A. PIEPER: Sprachanalyt. Ethik u. prakt. Freiheit (1973); DIES.: Pragmat. u. eth. Normenbegründung (1979); K. BAIER: Der Standpunkt der Moral (a. d. Engl., 1974); F. KAULBACH: Ethik u. M. (1974); R. M. HARE: Die Sprache der Moral (a. d. Engl., Neuausg. 1983); W. K. FRANKENA: Analyt. Ethik (a. d. Engl., ⁵1994).

Metagalaxis, Hypergalaxis, die Gesamtheit aller Galaxien als Hierarchiestufe in einem hypothet. Hyperraum, der neben dem uns zugängl. Universum noch weitere Raumbereiche enthält; in diesem Sinne ist M. ein Synonym für unser Weltall.

Metagenese, *Biologie:* →Generationswechsel.

Metageschäft [ital. (a) metà ›(zur) Hälfte‹], dem Konsortium ähnl. Vertragsverhältnis von i. d. R. zwei, manchmal auch mehreren Partnern **(Metisten)** zur Durchführung eines Gemeinschaftsgeschäftes, bei dem Kapitaleinsatz, Gewinn und/oder Verlust geteilt werden (z. B. Vergabe eines Gemeinschaftskredits). Man unterscheidet offene Metakredite (der Kreditnehmer hat Kenntnis von der gemeinschaftl. Kredithergabe) und verdeckte Metakredite (der Kreditnehmer hat nur mit einer kreditgebenden Bank zu tun, er kennt oder die stillen Metisten nicht). Ein weiteres typisches M. ist die Wertpapierarbitrage: Die beiden Metisten arbeiten an verschiedenen Börsenplätzen, der erzielte Arbitragegewinn (bzw. Verlust) wird in regelmäßigen Zeitabständen festgestellt und je zur Hälfte verteilt.

Metakommunikation, 1) über verbale Verständigung hinausgehende Kommunikation, wie Gestik, Mimik o. Ä.; 2) Kommunikation über einzelne Ausdrücke, Aussagen oder die Kommunikation selbst.

Met|aldehyd, zyklisches Tetramer des Acetaldehyds mit der Formel $(CH_3CHO)_4$. M. ist eine weiße, kristalline Substanz, die durch Polymerisieren von Acetaldehyd z. B. mit Bromwasserstoff und Erdalkalibromiden entsteht und beim Erhitzen wieder in Acetaldehyd zerfällt; wird als Trockenbrennstoff sowie als Molluskizid verwendet.

Metalepse [griech. ›Vertauschung‹] *die, -/-n,* **Metalepsis,** rhetor. Figur, Form der Metonymie, die entweder das Nachfolgende mit dem Vorhergehenden vertauscht (z. B. ›letzter Blick‹ und ›Abschied‹) oder ein mehrdeutiges Wort durch ein Synonym mit einer im Kontext nicht gemeinten Bedeutung ersetzt wird (z. B. ›Gesandter‹ durch ›Geschickter‹).

Metalimnion [zu griech. limnion ›kleiner Teich‹] *das, -s/...ni|en,* **Sprungschicht,** Wasserschicht in stehenden Gewässern zw. dem zur Zeit der Sommerstagnation oberhalb befindlichen und wärmeren Epilimnion und dem unteren und kühleren Hypolimnion, in der die Temperatur vertikal sprunghaft abfällt.

Metalinguistik, 1) Wissenschaft von der →Metasprache; 2) Disziplin, die sich mit den Wechselbeziehungen zw. Sprache und außersprachl. Phänomenen (z. B. zu Kultur und Gesellschaft) sowie mit der Frage beschäftigt, inwieweit eine Muttersprache die jeweilige Art der Erfassung von Wirklichkeit bestimmt.

Metall, →Metalle.

Metall|amide, →Amide.

Metallbearbeitungs|öle, Flüssigkeiten, die bei der Kaltumformung oder spanabhebenden Verarbeitung von Metallen zur Schmierung, Kühlung und zum Abtransport der Späne dienen. Je nach Anwendung unterscheidet man z. B. Schneidöle, Schleiföle, Walzöle, Ziehschmierstoffe (zum Drahtziehen). **Nichtwassermischbare M.** sind meist Mineralöle mit Zusätzen von Fettsäuren, organ. Schwefelverbindungen u. a. (z. B. bei Schneidölen). **Emulgierbare M.** enthalten Emulgatoren und Biozide und werden in Form wässriger Emulsionen z. B. beim Bohren angewendet.

Metallbindung, →chemische Bindung.

Metallcarbonyle, →Carbonyle.

Metalldampffieber, Krankheitssymptome durch Einatmen von Dämpfen und Rauch, die beim Schweißen, Schneiden oder Schmelzen **(Gießfieber)** von Metallen, v. a. von Zink und dessen Legierungen, z. B. Messing **(Messingfieber),** auftreten. Symptome sind anhaltendes Fieber (Stunden bis wenige Tage), Abgeschlagenheit, Schüttelfrost und Schweißausbrüche sowie Husten, Gelenk- und Muskelschmerzen.

Metalldampflampe, eine →Entladungslampe, deren Entladungsgefäß außer einer Grundgasfüllung (Edelgase) im Betrieb verdampfende, für die Strahlungseigenschaften wichtige metall. Zusätze enthält. Das Metall verdampft nach der Zündung allmählich mit zunehmender Erwärmung der Röhre, der Dampfdruck steigt. Da die Metalldampfatome eine geringere Anregungsspannung als die Edelgasatome benötigen, verschwindet nach kurzer Zeit die für das Grundgas typ. Lichtfarbe zugunsten des dem metall. Zusatz entsprechenden Lichtes. Mit Ausnahme von Sonderlampen erreichen nur Quecksilber und Natrium ausreichende Betriebsdampfdrücke (→Quecksilberdampflampe, →Natriumdampflampe). Andere Metalle besitzen zwar häufig bessere Strahlungseigenschaften, sind aber nur in chem. Verbindung genügend leichtflüchtig (→Halogenmetalldampflampe).

Metalle [griech.-lat.], Sammel-Bez. für feste und flüssige Stoffe (i. e. S. chem. Elemente) mit bei Zimmertemperatur relativ großer (Größenordnung 10^4 bis 10^5 S/cm), bei steigender Temperatur abnehmender elektr. Leitfähigkeit, guter Wärmeleitfähigkeit und starkem Glanz (Metallglanz durch hohes Reflexionsvermögen). Von den in der Natur vorkommenden chem. Elementen zählt man zu den M.: die Elemente der ersten und zweiten Hauptgruppe des Periodensystems der chem. Elemente (Lithium bis Francium und Beryllium bis Radium), die Elemente 13, 31, 49 und 81 aus der dritten Hauptgruppe (Aluminium, Gallium, Indium, Thallium), die Elemente 50 und 82 aus der vierten Hauptgruppe (Zinn, Blei) sowie sämtl. Elemente der Nebengruppen (Übergangselemente einschließlich Lanthanoide und Actinoide). Die M. bilden untereinander intermetall. Verbindungen, die ebenfalls als M. bezeichnet werden. Außer dem flüssigen Quecksilber befinden sich alle M. bei Normaltemperatur im festen Aggregatzustand, in dem sie (bes. in hochreinem Zustand) durch Walzen, Schmieden, Pressen, Ziehen usw. plastisch verformbar sind. Ihre techn. Bedeutung beruht v. a. auf Formbarkeit, Leitfähigkeit und Legierungsbildung.

Nach der Affinität zu Sauerstoff werden **unedle M.,** die sehr leicht Oxide bilden (z. B. Alkali-M., Magnesium), **Halbedel-M.** (z. B. Kupfer) und **Edel-M.,** die nur schwer Oxide bilden (z. B. Gold, Silber, Platin), unterschieden. Nach ihrer Dichte, die zw. 0,534 g/cm^3 beim Lithium und 22,42 g/cm^3 beim Iridium liegt, unterscheidet man **Leicht-M.** (Dichte unter 4,5 g/cm^3) und **Schwer-M.** (Dichte über 4,5 g/cm^3). Schmelz- und Siedepunkte der M. liegen zw. −38,83 °C bzw. 356,73 °C beim Quecksilber und 3422 °C bzw. 5555 °C beim Wolfram. Bes. in der Technik wird zw. Eisen und seinen Legierungen einerseits **(Eisen-M.)** und den **Nichteisen-M.** (NE-Metallen) andererseits unterschieden; zu Letzteren gehören z. B. die **Bunt-M.** Die technisch wichtigsten M. sind Eisen, Aluminium, Magnesium, Blei, Zinn, Zink, Kupfer, Silber, Gold, Platin, Chrom, Molybdän, Wolfram, Tantal, Titan und Uran. Außer Kupfer und den Edel-M., die auch gediegen vorkommen, finden sich M. in der Natur nur in Form von Mineralen (z. B. als Oxide, Sulfide, Sulfate, Carbonate) in Erzen und Salzen. – Die Gewinnung und Raffination der M. aus ihren Erzen, Alt-M. (Schrott) und metallhaltigen Rückständen (z. B. Schlacke) ist Aufgabe der →Metallurgie.

Im festen Aggregatzustand sind die M. überwiegend in dichtester Kugelpackung kristallisiert. Im flüssigen Aggregatzustand behalten sie weitgehend ihre charakteristischen physikal. Eigenschaften bei, während sie im Gas- und im Dampfzustand einatomig sind. Die Gitterbausteine der Metallgitter sind die positiven Ionen der Metallatome; der Zusammenhalt wird durch die Außenelektronen der Atome bewirkt, die dem ganzen Gitter angehören und in diesem mehr oder weniger frei beweglich sind (Metallbindung, →chemische Bindung).

Für die M. charakteristisch ist die unvollständige Besetzung der Valenzbänder (→Bändermodell). Als Folge davon sind die Valenzelektronen zugleich die Leitungselektronen: Sie lassen sich durch ein elektr. Feld in ihrer Gesamtheit leicht verschieben, da sie bereits bei Aufnahme sehr kleiner Energiebeträge in unbesetzte Energiezustände des gleichen Energiebandes gelangen und nicht wie im Falle der Halbleiter durch Energiezuführung erst in das Leitungsband gehoben (angeregt) werden müssen. Die große Beweglichkeit der Leitungselektronen sowie die große Dichte des entarteten Elektronengases, das diese bilden (etwa 10^{22} Elektronen pro cm^3), sind für die gute elektr. und therm. Leitfähigkeit der M. verantwortlich. – Einige M. der Eisengruppe (Eisen, Kobalt, Nickel) sowie eine Reihe von Legierungen zeigen →Ferromagnetismus. Andere M. (z. B. Aluminium, Cadmium, Quecksilber) zeigen bei sehr tiefen Temperaturen die Eigenschaft der →Supraleitung.

Geschichtliches: Das Vorkommen und die Verwendung von M. waren für die Geschichte der Menschheit so bedeutungsvoll, dass große Epochen der Vorgeschichte nach den für Werkzeuge nutzbaren M. benannt werden (Kupferzeit, Bronzezeit, Eisenzeit). Die Verfügungsmacht über die Edelmetalle Gold und Silber sowie über die Werkstoffe Kupfer, Zinn und Eisen entschied während langer Zeit über die Überlegenheit oder Unterlegenheit von Völkern und Staaten.

Die Metallurgie war im Besitz aller frühen Hochkulturen, andere Völker waren vor ihrer Kontaktnahme zu den Europäern mit der Gewinnung, Bearbeitung und Verwendung von M. in Form von Schmuck, Werkzeugen, Waffen und Kultobjekten in unterschiedl. Maße vertraut. Während in Ozeanien und Australien die Kenntnis davon fast völlig fehlte und sich in Nordamerika auf das Kalthämmern von Meteoreisen und gediegenem Kupfer beschränkte, waren in Afrika und Asien, wo Eisen z. T. noch heute in Erdgruben, Lehmöfen mit Gebläsen oder eigenem Zug oder in Tiegeln aus Erzen reduziert wird, die Aufbereitung und, neben anderen Techniken der Formgebung, auch der Guss von Gold, Silber, Kupfer und Bronze im Wachsausschmelzverfahren, Gewinnung und Verarbeitung bekannt.

Elektrochemie der M. Gewinnung, Verarbeitung u. Korrosion, hg. v. W. D. LUZ u. a. (1983); Metals handbook, hg. v. H. E. BOYER u. a. (Neuausg. Metals Park, Oh., 1985); H. MOESTA: Erze u. M. Ihre Kulturgesch. im Experiment (^{2}1986); Ausgew. Untersuchungsverfahren in der Metallkunde, hg. v. H.-J. HUNGER (Leipzig ^{2}1987); P. HAASEN: Physikal. Metallkunde (^{3}1994).

Metalle der seltenen Erden, die →Seltenerdmetalle.

Metallfäden, *Textiltechnik:* 1) leonische Fäden aus Metallfasern, galvanisiert oder lackiert; 2) Schnittfäden aus mit Kunststofffolie laminierten Metallfolien oder aus mit Metallen bedampften Kunststofffolien; 3) metallisierte Fäden, bei denen ein textiler Seelenfaden mit Metall bedampft oder mit metallhaltigem Kunstharz überzogen wird. – Mit M. umsponnene Garne heißen **Metallgarne.**

Metallfärbung, die Erzeugung gefärbter Oberflächenschichten auf Metallen zum Schmuck oder zur Kennzeichnung. Entweder werden farbige Metallverbindungen durch chem. oder elektrochem. Reaktion des Metalls mit bestimmten Lösungen gebildet, oder es werden (farblose oder schwach farbige) Oxidschichten erzeugt und nachträglich mit organ. Farbstoffen oder anorgan. Salzen gefärbt. Metalle, die sich schwer färben lassen, überzieht man elektrolytisch mit einer Schicht eines anderen Metalls, das gut färbbar ist, z. B. Kupfer oder Messing. Am bekanntesten ist das **Altfärben,** d. h. die Erzeugung hellbrauner bis schwarzer Farbtöne auf Kupfer und Kupferlegierungen sowie auf Silber, Zinn und Nickel, wozu v. a. sulfid- und selenhaltige Färbelösungen benutzt werden. Die Grünfärbung einer Kupferfläche erreicht man durch künstl. Erzeugung einer Patinaschicht. (→Brünieren)

Metallgesellschaft AG, Dienstleistungs-, Handels- und Industriekonzern, gegr. 1881 von W. MERTON; Sitz: Frankfurt am Main. Tätigkeitsschwerpunkte: Chemieproduktion, Anlagenbau, Handel mit Erzen, Metallen und chem. Produkten; zahlr. Beteiligungen im In- und Ausland, u. a. Lurgi AG, Lentjes AG, Dynamit Nobel AG; Umsatz (1995/96): 16,0 Mrd. DM, Beschäftigte: rd. 23 300.

Metallglanz, *Mineralogie:* →Glanz.

Metallhydride, die aus Metallen mit Wasserstoff gebildeten metall. Hydride. M. entstehen bei Einwirkung von Wasserstoff auf bestimmte Übergangsmetalle unter Druck und geben bei Druckverminderung den Wasserstoff leicht wieder ab. In diesen Hydriden können höhere Wasserstoffdichten erreicht werden als in flüssigem Wasserstoff. Sie sind deshalb für die Speicherung von Wasserstoff als Energieträger (Hydridspeicher) interessant.

Metall|industrie, zusammenfassende Bez. für verschiedene Branchen, die sich v. a. mit Herstellung und Verarbeitung von Metallen befassen, insbesondere Metallgießereien, Eisen-, Blech- und Metallwarenindustrie, Stahlindustrie.

metallische Bindung, →chemische Bindung.

metallische Gase, Bez. für Gase, die bei hohen Drücken metall. Eigenschaften, v. a. eine hohe elektr. Leitfähigkeit, aufweisen. Für Xenon wurde z. B. bei einer Temperatur von 32 K eine Abnahme des elektr. Widerstands von $10^{13}\,\Omega$ bei Normaldruck auf $10^4\,\Omega$ bei einem Druck von 330 kbar nachgewiesen (metall. Xenon). 1996 gelang es amerikan. Wissenschaftlern, metall. Wasserstoff bei einem Druck von 1,8 Mbar und einer Temperatur von 3 000 K nachzuweisen. Bei dem Versuch wurde flüssiger Wasserstoff in einer 0,5 mm dicken Zelle aus parallelen Saphirplatten mit Schockwellen verdichtet. Dabei stieg die Leitfähigkeit zw. 500 kbar und 1,4 Mbar um das Hunderttausendfache an – bis zu $2\,000\,(\Omega\cdot\mathrm{cm})^{-1}$, was der Leitfähigkeit flüssiger Alkalimetalle bei 2 000 K entspricht.

metallische Gläser, Metallglas, glasige Metalle, Glasmetalle, amorphe Metalle, metall. Werkstoffe, die durch äußerst rasche Erstarrung der Schmelze entstehen, wobei sich eine regellose amorphe Struktur (unterkühlte Schmelze) wie bei Gläsern bildet und nicht das für Metalle kennzeichnende geordnete kristalline Gefüge. Es werden gegenüber der kristallinen Erstarrung veränderte, techn. interessante Eigenschaften erzielt, z. B. höhere Festigkeit, größere Korrosionsbeständigkeit oder sehr gutes weichmagnet. Verhalten. Für eine amorphe Erstarrung bes. geeignet sind bestimmte Legierungen, z. B. aus Übergangsmetallen oder Edelmetallen (Eisen, Kobalt, Nickel, Palladium, Platin) mit Nichtmetallen oder Halbmetallen (Bor, Kohlenstoff, Phosphor, Silicium). Die günstigen Legierungsbereiche befinden sich im Phasendiagramm i. Allg. in der Nähe von eutekt. Zusammensetzungen. Der amorphe Zustand für Metalle ist bei höheren Temperaturen instabil. Durch Erwärmen tritt oberhalb einer legierungsspezif. Temperatur (40–60 % der Schmelztemperatur) Kristallisation ein. Bei der Erzeugung m. G. sind für die meisten Legierungssysteme Abkühlgeschwindigkeiten von 10^6 K/s erforderlich. Herstellbar sind Pulver, Drähte und schmale Bänder mit einer Dicke bzw. einem Durchmesser von max. 0,05 mm. Mögl. Herstellmethoden sind Aufdampfen auf gekühlte Substrate, Sputtern, chem. oder elektrolyt. Abscheiden oder, v. a. bei kontinuierl. Erzeugung, das rasche Abschrecken der Schmelze. Pulver können durch das Zerstäuben der Metallschmelze mit verflüssigten inerten Gasen hergestellt werden. Für das Bandgießen sind vornehmlich das Schmelzspinnverfahren (Einrollenverfahren) und das Zweirollenverfahren bekannt geworden. Das flüssige Metall wird auf eine sich schnell drehende gekühlte Walze oder in den Spalt zweier Walzen gespritzt. Das Verglasen einer dünnen Oberflächenschicht z. B. durch Laserstrahlbehandlung ermöglicht die Oberflächenveredelung von Stahl- und Nichteisenerzeugnissen. Damit werden die Eigenschaften m. G. (Korrosionsbeständigkeit, Verschleißfestigkeit) mit denen des kristallinen Grundwerkstoffes kombiniert. M. G. werden z. B. für elektr. Bauelemente für den Hoch- und Mittelfrequenzbereich, gewickelte Transformatorenkerne, metall. Abschirmungen, magnetoelast. Sensoren, abriebfeste Tonköpfe, Lötfolien, oberflächenverglaste Metallager verwendet.

Metallisieren, Beschichten von nichtmetall. Werkstücken mit einer feinen Metallschicht, v. a. zum Schutz der Oberfläche vor Wärmeeinstrahlung oder zur Erhöhung des Wärmerückhaltevermögens. Die M. von Kunststoffoberflächen kann durch Aufdampfen, Kathodenzerstäuben, Plasmaspritzen, chem. oder therm. Abscheiden erfolgen; anschließend ist ein weiteres Überziehen mit einer anderen Schicht mögl. Eine bes. gut haftende Leitmetallschicht erzielt man bei zweiphasigen Kunststoffen. Die fein verteilte Einlagerungsschicht wird durch ein Beizbad selektiv herausgelöst. An der Oberfläche entstehen submikroskop. Poren. Dadurch bildet das Leitmetall, das nach einer Aktivierung der Oberfläche stromlos abgeschieden wird, eine geschlossene, fest in den von ihr gefüllten Poren verankerte Schicht.

Metallismus der, -, eine Geldtheorie (→Geld).

Metallklebstoffe, Klebstoffe für Verbindungen zw. zwei Metallen oder zw. Metallen und anderen Werkstoffen, die u. a. im Flugzeugbau, Fahrzeugbau und in der Elektroindustrie eingesetzt werden. Je nach Fähigkeit, Adhäsionsverbindungen einzugehen, wird zw. passiven (z. B. Edelmetalle) und aktiven Metalloberflächen (z. B. Eisen, Kupfer) unterschieden. Aktive Metalloberflächen lassen sich nach Entfettung und chem. oder mechan. Vorbehandlung sehr gut verkleben. Für geringe Festigkeiten eignen sich Haft-, Kontakt- und Schmelzklebstoffe, für hohe Festigkeiten werden meist Reaktionsklebstoffe auf Basis von Epoxidharzen, Polyurethanharzen u. a. verwendet. M. kommen als Kaltklebstoffe oder Warmklebstoffe (Aushärtung bei 120–180 °C) zum Einsatz.

Metallkomplexfarbstoffe, →Farbstoffe.

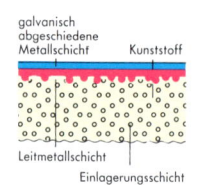

Metallkunde, Teilgebiet der Werkstoffkunde, das sich mit den Eigenschaften und dem Aufbau der Metalle und Legierungen in festem und flüssigem Zustand (**allgemeine M.**) sowie mit ihrer techn. und wirtschaftl. Verwendung (**angewandte M.**) befasst. Die in Wechselbeziehung mit der Festkörper- bzw. Metallphysik stehende allgemeine M. untersucht insbesondere den kristallinen Aufbau der Metalle und Legierungen sowie die bei der Erstarrung eintretenden Kristallisationserscheinungen, ferner die bei der Wärmebehandlung von Metallen und Legierungen auftretenden Umwandlungs- und Ausscheidungsvorgänge und das Verhalten bei Verformung. Die angewandte M. konzentriert sich bes. auf die Wärmebehandlungs- und Verarbeitungsverfahren, die nötig sind, um eine techn. Verwendung zu ermöglichen.

Metallocene, Klasse von Katalysatoren, die bei der Herstellung von Kunststoffen, v. a. von Polypropylen und Polyethylen, den konventionellen →Ziegler-Natta-Katalysatoren in der katalyt. Wirkung um das Zehn- bis Hundertfache überlegen sind. M. sind organ. Verbindungen mit Sandwichstrukturen von zwei parallel angeordneten aromat. Ringsystemen, zw. denen ein chloriertes Metallatom eingebaut ist. Von besonderer Bedeutung sind die **Zirkonocene,** bei denen die Verbrückung zw. den Ringen durch $ZrCl_2$ erfolgt und die mit dem Co-Katalysator Methylalumoxan (MAO) äußerst aktive Katalysatorsysteme ergeben. Mit Zirkonocen-MAO-Katalysatoren kann z. B. syndiotakt. Polystyrol hergestellt werden, das erst bei 276 °C schmilzt. Am weitesten fortgeschritten ist die Produktion eines Cycloolefin-Copolymer-Kunststoffs (COC-Polymer, Handelsname ›Topas‹) aus Norbornen (Bicyclohept-2-en) und Ethylen unter Einsatz eines Zirkonocenkatalysators. Das COC-Polymer ist schon seit Jahrzehnten bekannt, doch erst der neue Katalysator ermöglicht eine wirtschaftl. Produktion. Das COC-Polymer soll zur Beschichtung von Compactdiscs (CD, CD-ROM) eingesetzt werden. Gegenüber dem bislang verwendeten Polycarbonat hat das COC-Material eine um 20 % geringere Dichte, eine höhere Reinheit und eine weit geringere opt. Doppelbrechung, sodass die Speicherkapazität der CD erhöht werden kann. Ein weiteres Einsatzgebiet für M. stellen Verbundwerkstoffe dar. Z. B. erzielt man mit COC-Folien als Dielektrikum in Kondensatoren eine höhere Speicherkapazität.

Metallogenese, die Bildung von →Erzlagerstätten.

Metallographie *die,* -, Teilgebiet der Werkstoffkunde, i. w. S. gleichbedeutend mit Metallkunde; i. e. S. dasjenige Arbeitsgebiet der Metallkunde, das sich mit dem Gefügeaufbau der Metalle und Legierungen befasst und diesen durch metallograph. Untersuchungen bestimmt, insbesondere durch mikroskop. (licht-, elektronen-, röntgenmikroskop.) Untersuchung angeschliffener, polierter und/oder angeätzter Proben (→Metallschliff). Anhand der Ergebnisse derartiger Prüfungen können Eigenschaften und Verhalten der Metalle und Legierungen beurteilt werden.

Metallschnitt 2): Heiliger Michael; Kölner Arbeit, um 1470

Metalloide [zu griech. ...oeidēs ›ähnlich‹], veraltete, nicht nomenklaturgerechte Bez. für →Nichtmetalle.

Metalloprote|**ine,** Eiweiße, die in ihrer natürl. Form Metallionen gebunden enthalten, z. B. Hämocyanin.

metall|**organische Verbindungen, Organometallverbindungen,** organ. Verbindungen, bei denen ein Metallatom direkt an ein Kohlenstoffatom gebunden ist. Sie werden aus Metallen oder Metalllegierungen durch Umsetzung mit Alkylhalogeniden oder anderen m. V. hergestellt. In der präparativen Chemie werden v. a. →Grignard-Verbindungen und Lithiumalkyle (→Lithiumverbindungen) verwendet. Von techn. Bedeutung sind u. a. Aluminiumalkyle und Bleialkyle (→aluminiumorganische Verbindungen, →bleiorganische Verbindungen).

Metallphysik, Spezialdisziplin der →Festkörperphysik, die sich mit dem strukturellen Aufbau und den Eigenschaften (z. B. Festigkeit, Verformbarkeit, Schmelzpunkt, elektr. und opt. Eigenschaften) von Metallen und Legierungen befasst. Arbeitsgebiete sind z. B. die Charakterisierung hochreiner Metalle, die Untersuchung komplexer mehrkomponentiger und amorpher Legierungen sowie die Aufklärung und das theoret. Verständnis derjenigen physikal. Effekte und Materialeigenschaften, die v. a. durch Störungen der Kristallstruktur (wie atomare Fehlstellen, Fremdstoffe, Strahlenschäden u. a.) bestimmt werden.

Metallplastik, Begriff für Plastik aus Metallen wie Eisen, Stahl, Aluminium u. a., bes. →Eisenplastik, →Stahlplastik. Zur M. zählt auch Schrottplastik.

Metallporphyrine, Porphyrinkomplexe, bei denen Metalle an die Stelle der beiden zentralen Wasserstoffatome des Porphyrinringes treten; z. B. Chlorophyll.

Metallpulver, →Pulvermetallurgie.

Metallreinigung, das Entfernen der Verunreinigungen (Fett, Rost, Zunder, Schmutz) von der Oberfläche von Metallgegenständen. Die M. wird durchgeführt 1) zur Säuberung der Gegenstände für die unmittelbare Verwendung mithilfe mehr oder weniger heißer alkal. Lösungen verschiedener Zusammensetzung, die oft noch organ. Emulgiermittel enthalten und durch mechan. Wirkungen (Spritzen und Fluten unter Druck, Bürsten) unterstützt werden; 2) vor dem Aufbringen von schützenden oder dekorativen Überzügen (z. B. Metallüberzüge, Lacke). Mechan. M.-Verfahren sind das **Strahl-** und das **Blasverfahren,** bei denen Sand oder Stahlgranalien mit Druckluft oder mittels Zentrifugalkraft auf die zu reinigende Oberfläche aufgeschleudert werden, sowie →Schleifen und →Polieren. Zu den chem. und elektrolyt. Verfahren zählt u. a. das Entfernen von Gusshaut, Walzhaut oder Zunderschichten durch →Beizen mittels Säuren bzw. Alkalien in wässriger Lösung. Beim **Glänzen** erfolgt eine Auflösung des Metalls an der Oberfläche mit chem. oder elektrolyt. Lösungen, wobei die vorstehenden Spitzen und Kanten der Metalloberfläche abgetragen bzw. abgerundet werden. – Die **Entfettung** der Oberflächen erfolgt mit Tri- oder Perchloräthylen oder (bei der **Emulsionsentfettung**) mit Emulsionen, die aus Benetzungsmittel, Wasser und Fettlösungsmittel bestehen. Bei der **Abkochentfettung** wird mit Alkalien gearbeitet, die die Fette und Öle verseifen. Häufig wird, z. B. vor dem Aufbringen galvan. Überzüge, noch eine **Feinentfettung** durch elektrolyt. Verfahren nachgeschaltet. Ein weiteres Verfahren ist die Entfettung mittels Ultraschall.

Metallschliff, Metallprobe zur metallograph., bes. mikroskop. Untersuchung; das Metall wird zunächst geschliffen und anschließend mechanisch, elektrolytisch oder chemisch auf Hochglanz poliert. Um die einzelnen Gefügebestandteile besser sichtbar zu machen, werden die M. meist noch geätzt (→Ätzen).

Metallschnitt, 1) *Buchbinderei:* Verzierung der Schnittfläche eines Buchblocks mit Blattmetall. Man unterscheidet Gold-, Silber- und Aluminiumschnitt. Der M. wird an der Kopfschnittfläche, selten an allen drei Schnittflächen angebracht. Der M. in der handwerkl. Fertigung erfordert vielfältige Erfahrungen. Goldschnitt wird für kunsthandwerklich wertvolle Einzelbände angewendet. In der industriellen Buchbinderei erfolgen die M. durch Übertragung der Metallschicht von speziellen Folien.

2) *Kunst:* älteres Hochdruckverfahren, eine Abwandlung des Holzschnitts, wobei als Druckstock eine Platte aus weichem Metall dient. Im 15. Jh. wurde der M. bes. in Frankreich und im westl. Dtl. vorwiegend als →Weißlinienschnitt verwendet. Eine Sonderform ist der →Schrotschnitt. (BILD S. 551)

Metallseifen, Salze aller Metalle mit höheren Fettsäuren (außer den überwiegend zur Körperreinigung verwendeten Natrium- und Kaliumsalze) sowie Harz- und Naphthensäuren. Sie werden technisch aus den Alkali- oder Ammoniumseifen durch Fällen mit den jeweiligen Metallsalzen gewonnen, durch direkte Salzbildung aus den Säuren und den Metallhydroxiden in der Wärme oder durch Verseifung von Fetten mit den Metalloxiden und -hydroxiden. M. finden wegen ihrer grenzflächenaktiven und katalyt. Eigenschaften vielfältige Anwendungen, u. a. als Eindicker in Schmierfetten (z. B. Lithiumseifen), Hilfsmittel bei der Kunststoffverarbeitung (z. B. Calciumseifen als Gleitmittel), PVC-Stabilisatoren (Blei-, Zink- und Zinnseifen) und Trockenstoffe in Lacken (Kobaltseifen).

Metallspritzverfahren, therm. Spritzverfahren zur Herstellung von Metallüberzügen durch Aufspritzen des in einer Gasflamme, in einem Lichtbogen oder im Plasma erschmolzenen Metalls. Beim →Flammspritzen werden vorwiegend Zink und Aluminium als Spritzmetalle verwendete. Das **Lichtbogen**- und das **Plasmaspritzen** benutzt man zum Auftragen hochschmelzender Werkstoffe, z. B. Wolfram, Molybdän, Titan, Metallcarbide. Die aufgespritzten Überzüge dienen v. a. als Korrosions- und Verschleißschutzschichten. Bes. hochwertige Überzüge liefert v. a. das →Plasmaspritzen, wenn es unter Inertgasatmosphäre und bei erwärmtem Substrat erfolgt. Die Beschichtung zeichnet sich dann durch Oxidfreiheit, geringe Porosität und sehr gute Haftung aus.

Metallstickerei, Stickerei mit Fäden, die teilweise oder vollständig aus metall. Materialien bestehen. Man unterscheidet →Metallfäden und flach geplätteten Metalldraht (→Lahn). M. ist bereits aus byzantin. Zeit bekannt und wird seitdem auf Prunkgewändern und Paramenten verwendet.

Metallsuchgerät, Metalldetektor, elektr. Gerät zur Feststellung metall. Gegenstände in nichtmetall. Umgebung (z. B. elektr. oder Wasserleitungen in Mauerwerk), das z. B. nach dem Prinzip der Verstimmung eines von einem Oszillator erregten Schwingkreises durch den Einfluss des Metalls arbeitet.

Metallurgie [frz., zu griech. metallourgeīn ›Metalle verarbeiten‹] *die, -,* führender Wirtschaftszweig, der sich mit der Metallgewinnung aus Erzen und Altmetallen, mit ihrer Reinigung (Raffination), Legierung und Weiterverarbeitung zu Halbzeug sowie gegossenen und gewalzten Fertigerzeugnissen befasst. Man unterscheidet die Eisen- und Nichteisen-M., außerdem die Pyro-(Schmelz-)M., die Hydro-(Nass-)M., die Elektro-, Vakuum- und Pulvermetallurgie.

metallurgische Öfen, in der Metallindustrie für Schmelz-, Glüh-, Röst- u. a. Wärmebehandlungsverfahren verwendete Industrieöfen; bes. Schachtöfen (z. B. für Röstprozesse), Konverter und Sinterapparate, Flamm-, Gefäß- sowie Elektroöfen.

Metallvergiftungen, Schädigungen des Organismus durch Aufnahme tox. Metalle in Form von Stäuben, Dämpfen oder lösl. Salzen, oft im Zusammenhang mit ihrer industriellen Verarbeitung (Berufskrankheiten), mittelbar auch durch Freisetzung in die Umwelt (Abwässer, Abgase, Abfälle), selten als Arzneimittelnebenwirkung (z. B. bei Goldpräparaten). Meist handelt es sich um Schwermetalle wie Blei, Cadmium oder Quecksilber. Die Symptome der Schwermetallvergiftung bestehen u. a. in Schädigungen des Verdauungskanals und nachfolgenden Organschäden (v. a. an Nieren, Dickdarm, Herz und Nervensystem). Durch Einlagerung in das Zahnfleisch kommt es zu saumartigen Verfärbungen (Schwermetallsaum). Die Hauptbehandlungsmethode besteht darin, die im Körper befindl. Metalle zu ungiftigen Komplexen mittels Chelatbildnern zu überführen und diese mit dem Harn auszuscheiden.

Metallwaren|industrie, Teilbranche der →Eisen-, Blech- und Metallwarenindustrie.

Metallzeit, zusammenfassende Bez. für die vorgeschichtl. Epochen der Kupfer-, Bronze- und Eisenzeit. Der gleichbedeutende Begriff ›Metallikum‹ hat sich bislang nicht durchsetzen können.

Metalogik, Wissenschaft, die die Struktur und Eigenschaften von formallog. Theorien untersucht und sich mit den philosoph. Voraussetzungen des Logikkalküls auseinander setzt. Sie gliedert sich in die Bereiche der log. Syntax und der log. Semantik.

Metamathematik, die Beschäftigung mit der Mathematik, bes. mit dem mathemat. Beweis, unter Verwendung mathemat. (d. h. im Wesentlichen formaler, insbesondere log. oder mengentheoret.) Methoden. Der Terminus M. wird einerseits synonym mit dem Begriff →mathematische Logik gebraucht, andererseits wird er oft auch gleichbedeutend mit Beweistheorie verwendet. Eingeführt wurde er von D. HILBERT.

P. LORENZEN: M. (²1980).

Metamerle [zu griech. méros ›Teil‹] *die, -,* **Segmentierung,** *Zoologie:* die Gliederung eines Tierkörpers in hintereinander liegende, von ihrer Anlage her gleichartige Abschnitte (Segmente, Metameren). M. findet sich v. a. bei Wirbellosen, entweder in Form funktionell gleichartiger Metameren (**homonome M.;** z. B. Ringelwürmer) oder in Form unterschiedlich differenzierter und zu funktionell verschiedenen Gruppen verschmolzener Metameren (**heteronome M.;** z. B. Gliederfüßer). Bei den Wirbeltieren (einschließlich des Menschen) findet sich M. bes. in der Embryonalentwicklung. Eine nur äußerl. Ringelung eines Tierkörpers wird als Pseudo-M. bezeichnet.

metamikte Kristalle [zu griech. miktós ›gemischt‹], →Isotropisierung.

metamorphe Gesteine [zu griech. morphē ›Gestalt‹], **Metamorphite,** durch →Metamorphose aus magmat. (**Orthogesteine**) oder Sedimentgesteinen (**Paragesteine**) entstandene Gesteine. Der Entstehungsweise nach lassen sich die Gesteine der Regional-, der Dislokations- und der Kontaktmetamorphose unterscheiden. Bei der Kontaktmetamorphose entstehen Kontaktgesteine: aus Sandsteinen Quarzite, aus Kalksteinen Marmor, aus tonigen Gesteinen Fleck-, Frucht-, Garben- und Knotenschiefer sowie Feldspathornfelse, aus Dolomit Magnesiasilikatfelse, aus mergeligen Kalksteinen Skarn, aus magmat. Gesteinen v. a. Hornfelse. Außer vom Ausgangsgestein hängt die Mineralzusammensetzung dabei vom Grad der Metamorphose bzw. von der Nähe zum Kontakthof ab (Faziesbereiche →Mineralfazies). Das Gleiche gilt für die bei der Regionalmetamorphose gebildeten Gesteine, die, sofern sie ein schiefriges Gefüge aufweisen, auch als kristalline Schiefer bezeichnet werden. Aus Sandsteinen gehen hier Quarzite hervor, aus tonigen Gesteinen Phyllite, Glimmerschiefer und Gneise, aus Mergel und Kalksandstein Kalkphyllite, Kalkglimmerschiefer, Kalksilikatfels und Kalksilikatschiefer, aus Kalkstein Marmor und Kalkschiefer; Granite und Rhyolithe werden zu Gneisen und Granuliten umgewandelt, Diorite und Dazite zu Hornblendeschiefer und Gneisen, Gabbro und Basalte zu Grünschiefer, Amphiboliten und Eklogiten, schließlich Peridotite u. a. ultrabas. Gesteine zu Serpentiniten, Talk- und Chloritschiefern. Kohle und Salzablagerungen reagieren viel empfindlicher bei der Metamorphose als die übrigen Gesteine. Die durch Aufschmelzung (→Ultrametamorphose) entstandenen Gesteine (Migmatite, Diatexite) zählen nicht zu den eigentlichen m. G. Als beschreibende Kennzeichen der m. G. dienen: 1) der Mineralbestand (bei mehr als 50% Quarzanteil gekennzeichnet durch den Zusatz ›Quarz-‹ zu den Bezeichnungen, z. B. Quarzphyllit, bei mehr als 5% anderer, bes. faziesbezogener Gemengteile durch entsprechende Zusätze, z. B. Albit-Epidot-Phyllit oder Hornblende-Granat-Gneis usw.); 2) das →Gefüge, das v. a. durch Einregelung (Kristallisationsschieferung) gekennzeichnet ist; als Gefügetypen lassen sich je nach Form und Anordnung der Minerale folgende Begriffe unterscheiden: →granoblastisch, →idioblastisch, →xenoblastisch, →porphyroblastisch, →lepidoblastisch, →nematoblastisch, →poikiloblastisch und →diablastisch; 3) die geolog. Position (Zugehörigkeit zu einer bestimmten Orogenzone, einer Deckeneinheit, einer Wurzelzone, einer Intrusionsmasse); 4) die Genese (etwa das Verhältnis von Durchbewegung und Kristallisation); 5) das geolog. Alter.

W. WIMMENAUER: Petrographie der magmat. u. m. G. (1985); K. BACHER u. M. FREY: Petrogenesis of metamorphic rocks, begr. v. H. G. F. WINKLER (Berlin ⁶1994).

Metamorphose [griech. metamórphōsis ›Umgestaltung‹, ›Verwandlung‹, zu morphḗ ›Gestalt‹] *die, -/-n,* **1)** *Botanik:* Umwandlungen von Grundorganen unter Funktionswechsel im Laufe der Evolution, z. B. von Blättern, Sprossachsen oder Wurzeln zu Ranken, Dornen oder Speicherorganen (Knollen), z. T. zur Anpassung an besondere Umweltbedingungen; ontogenetisch auch Gestaltabwandlungen, z. B. der Blätter längs der Sprossachse.

2) *Geologie:* **Gesteins-M.,** Umwandlung und Umformung eines Gesteins in ein anderes (→metamorphe Gesteine) infolge Veränderung der Druck- und insbesondere der Temperaturbedingungen, denen das Gestein ausgesetzt ist; dabei finden neben mechan. und Gefügeveränderungen z. T. auch chemische Veränderungen (Änderungen des Mineralbestandes) statt, wobei das Wasser im Gestein eine wesentl. Rolle spielt. Werden Sediment- oder magmat. Gesteine durch natürl. Einflüsse hinlängl. stark erwärmt, so bilden sich je nach erreichter Temperatur und Art der eintretenden chem. Reaktionen neue Mineralparagenesen, d. h. jeweils für einen bestimmten Druck- und Temperaturbereich stabile Mineralgruppierungen (→Paragenese). Diese Umwandlung erfolgt i. Allg. im Inneren der Erdkruste unter Erhaltung des festen Zustandes, d. h. noch unterhalb des Schmelzpunktes, durch Reaktion zw. den sich berührenden Mineralkörnern. Reste der ursprüngl. Struktur zeigen sich manchmal als Reliktgefüge (→Relikt). Der Bereich der M. schließt nach oben, d. h. mit steigenden Temperaturen, an den Bereich der niedrig temperierten Gesteinsverfestigung (→Diagenese) der Sedimentgesteine an; Grenzbereich ist die →Anchimetamorphose. Die M. reicht bis an die Grenze der Aufschmelzung (Anatexis, →Ultrametamorphose). Der Temperaturbereich der M. liegt i. Allg. zw. 200 und 900 °C. Die Temperaturerhöhung kann durch Versenkung in größere Krustentiefe **(Versenkungs-M.)** durch Verstärkung des regionalen Wärmeflusses aus dem Erdinnern oder durch lokale Erwärmung bei Kontakt mit schmelzflüssigem Magma und den vom Magma ausgehenden Gasen und heißen Wässern (auch Porenwasser) erfolgen. Bei dieser →Kontaktmetamorphose klingt die Temperatur innerhalb eines cm- bis km-breiten Saumes relativ rasch ab. Bei Versenkung ausgedehnter Krustareale, v. a. in den an plattentekton. Subduktionszonen gebundenen →Geosynklinalen, erfolgt eine weiträumige, regional verbreitete Gesteinsumwandlung **(Regional-M.)** mit langsamem, ausgeglichenerem Temperaturgefälle, durch Umkristallisation unter Durchbewegung. Durch Anhäufung von Sedimenten steigt dabei die Temperatur nur relativ gering, um 10 °C je 1 000 m Sedimente. Stärkere Wirkung (Anstieg um bis zu über 100 °C) bringt ein zusätzl. Magmenaufstieg bei der →Orogenese, durch Bildung von Wärmedomen oder -beulen. Wenn bei dieser thermisch bedingten M. **(Thermo-M.)** der Mineralbestand erhalten bleibt, spricht man von einer isophasen Umkristallisations-M. (z. B. Kornvergrößerung vom Kalkstein zum Marmor). Bei der allophasen Umkristallisations-M. entstehen dagegen neue Minerale.

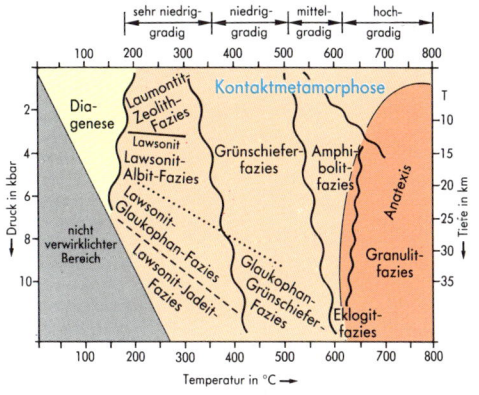

Metamorphose 2): Verteilung der Mineralfazies bei der Metamorphose im Druck-Temperatur-Feld (nach Helmut Gustav Franz Winkler)

Wärmezufuhr kann auch durch radioaktiven Zerfall (z. B. in jungen Graniten) erfolgen, in der tieferen Erdkruste außerdem direkt aus dem oberen Erdmantel. Hohe Wärmeleitfähigkeit zeigen die Salzstöcke. Bei steigender Temperatur spricht man von **progressiver M.;** der erreichte Mineralbestand ist auch nach Abklingen der Erwärmung erhaltungsfähig, da eine Mineralumwandlung bei sinkenden Temperaturen nur sehr zögernd – meist auf tekton. Störungszonen – stattfindet **(retrograde M.** oder **Diaphthorese).** Nachträgl. Umwandlungen durch Restlösungen und flüchtige Bestandteile des Magmas werden **Auto-M.** genannt (Überschneidung mit der Einwirkung hydrothermaler Lösungen). Durch Stoffzufuhr bedingte größere Veränderungen werden als **allocheme** oder **allochemische M.** bezeichnet; diese tritt v. a. bei der →Metasomatose ein. Bleibt der chem. Bestand des Ausgangsgesteins unverändert, spricht man von **isochemer** oder **isochemischer Metamorphose.**

Druckerhöhung beruht meist auf Belastung durch überlagernde Gesteine, also v. a. bei der Versenkungs-M. Dabei nimmt der Druck innerhalb der kontinentalen Kruste um 250–300 bar (25–30 MPa) je 1 000 m Tiefe zu. An der Untergrenze der kontinentalen Kruste herrscht ein Druck von durchschnittlich 10 kbar (1 000 MPa), unter der ozean. Kruste rd. 2 kbar (200 MPa). Gesteinsprodukte der Versenkungs-M. unter hohem Druck sind bei relativ niedrigen Temperaturen Blau- oder Glaukophanschiefer, bei hohen Temperaturen Eklogite.

Auch die an tekton. Störungen gebundene **mechanische, Dislokations-** oder **Dynamometamorphose** be-

Meta Metanephridien – Metapher

ruht v. a. auf Druckerhöhung. Dadurch werden tekton. Breccien gebildet, mit zunehmender Beanspruchung →Kakirit, Kataklasit (→Kataklase) und →Mylonit. Dabei treten Verformungen am Mineralkorn, Gestein und geolog. Verband, aber keine oder keine wichtigen Mineralneubildungen ein. Die Bewegungsenergie kann jedoch auch in Wärme umgesetzt werden (›Friktionswärme‹). Einen Sonderfall stellt die durch Einsturz kosm. Körper (v. a. Meteorite) erzeugte M. dar (→Impakt). Ausgehend von der Versenkungs-M. wurden Tiefenstufen der M. unterschieden, die später als Intensitätsstufen (mit zunehmender Vergröberung der Mineralkörner) neu definiert wurden: Epizone (geringe Umwandlung), Mesozone und Katazone (höchster Umwandlungsgrad); die zugehörigen Gesteine heißen Epi- (Phyllite), Meso- (Glimmerschiefer) und Katagesteine (Gneise). Diesen Zonen wurden bestimmte, für sie typ. Minerale (typomorphe Minerale) zugeordnet, z. B. Disthen, Sillimanit, Granat. An die Stelle der Tiefenstockwerke tritt heute in der Wissenschaft die Faziesgliederung (→Mineralfazies).

L. PFEIFFER u. a.: Einf. in die Petrologie (Berlin-Ost ²1985); The encyclopedia of igneous and metamorphic petrology, hg. v. D. R. BOWES (New York 1989); S. MATTHES: Mineralogie (⁵1996).

3) *Mythologie* und *Literatur:* Verwandlung von Menschen in Tiere, Pflanzen, Steine, Feuer, Wasser, Sterne u. a. Sie begegnet u. a. im griech. Mythos (Zeus als Stier). Literarisch wurde die M. z. B. von hellenist. Dichtern wie ANTIGONOS VON KARYSTOS (3. Jh. v. Chr.) und NIKANDER behandelt, aus deren Werken ANTONINUS LIBERALIS (2. Jh. n. Chr.) in seinen ›Metamorphoseis‹ Bruchstücke überliefert hat; bei den Römern v. a. von OVID und APULEIUS. Literar. Gestaltung von M. findet sich auch in der altnord. Dichtung sowie in Märchen vieler Völker. Die M. als literarisches Motiv wirkte durch alle Epochen bis in die Gegenwart (z. B. in F. KAFKAS ›Die Verwandlung‹, E. IONESCOS ›Les rhinocéros‹ und M. BULGAKOWS ›Der Meister und Margarita‹).

Mythographi graeci, Bd. 2, Tl. 1, hg. v. E. MARTINI (1896).

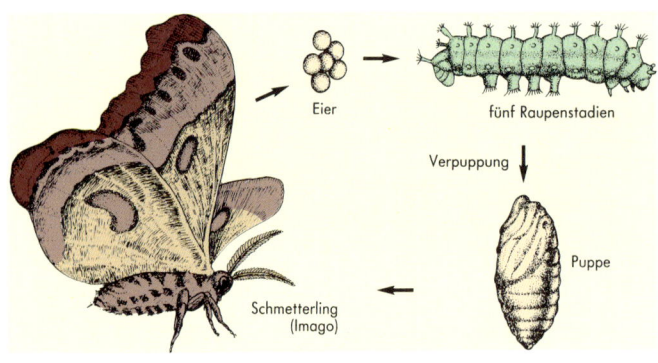

Metamorphose 4): Holometabolie am Beispiel des Schmetterlings

4) *Zoologie:* **Metabolie, Verwandlung,** die indirekte Entwicklung vom Ei zum geschlechtsreifen Tier durch Einschaltung gesondert gestalteter selbstständiger Larvenstadien bei vielen Tieren. Bes. gut untersucht ist die M. bei den Insekten und bei den Lurchen. Bei Letzteren stehen die während der Umwandlung von der Larve (Kaulquappe) zum adulten Tier stattfindenden morpholog. und physiolog. Veränderungen i. d. R. im Zusammenhang mit einem Wechsel vom Wasser- zum Landleben, so z. B.: Verlust der Kiemen und Bildung einer Lunge, Entwicklung von Beinen, Rückbildung des Schwanzes, Umstellung der Exkretion von Ammoniak auf Harnstoff als Exkretionsprodukt. Ausgelöst wird hier die M. durch Schilddrüsenhormone, deren Ausschüttung wiederum über die Hypophyse bzw. letztlich das Thyreotropin-Releasinghormon des Hypothalamus gesteuert wird.

Bei Insekten wird die M. durch das Zusammenspiel von Ecdyson und Juvenilhormon gesteuert. Man unterscheidet hier verschiedene Typen der M.:

Eine vollkommene Verwandlung (**Holometabolie**) kommt bei Käfern, Flöhen, Hautflüglern, Zweiflüglern und Schmetterlingen vor. Die Larvenstadien unterscheiden sich hier in Gestalt und Lebensweise vom voll entwickelten Insekt (Imago), wobei diesem ein Ruhestadium (die Puppe) vorausgeht. Während dieser Zeitspanne wird keine Nahrung aufgenommen, und die vollständige Verwandlung findet statt.

Bei der unvollkommenen Verwandlung (**Hemimetabolie**) geht das letzte Larvenstadium ohne Puppenruhe in die Imago über. Bereits die ersten Larvenstadien ähneln hier weitgehend dem erwachsenen Tier. Von Häutung zu Häutung erfolgen eine kontinuierl. Weiterentwicklung sowie eine Heranbildung der Geschlechtsorgane, der Flügelanlagen (bei geflügelten Insekten) und der Flügelmuskulatur.

Formen der Hemimetabolie: **Heterometabolie;** bei Schaben, Wanzen, Gleich-, Geradflüglern, Rindenläusen; die Larven sind imagoähnlich, haben jedoch zusätzl. Merkmale als sekundäre, larveneigene Bildungen (z. B. Tracheenkiemen) oder unterscheiden sich vom Vollinsekt durch veränderte Körperproportionen. **Epimetabolie;** bei Urinsekten; die Larven unterscheiden sich kaum von den erwachsenen Tieren; postembryonale Vermehrung der Segmentzahl sowie Häutungen bereits erwachsener Tiere kommen vor. **Paurometabolie;** u. a. bei bestimmten Arten der Geradflügler, Schaben, Fangheuschrecken, Rindenläuse und Wanzen; die Junglarven zeigen oft erhebl. Abweichungen der Körperproportionen von denen des Vollinsekts. **Paläometabolie;** bei Urinsekten und Eintagsfliegen; bereits im Larvenstadium treten die Merkmale der Imago deutlich auf; während des Imaginalstadiums können noch Häutungen vorkommen. **Neometabolie;** bei Blasenfüßern, Tannenläusen, Mottenschildläusen; auf flügellose Larvenstadien folgt ein Ruhestadium (ohne Nahrungsaufnahme); die ›Nymphe‹ hat schon Flügelanlagen.

Metanephridien [zu griech. nephrós ›Niere‹], *Zoologie:* Exkretionsorgane (→Exkretion).

Metanephros [griech.], die Nachniere (→Niere).

Metanie [griech.] *die, -/...'nien,* in der *griech. Kirche* eine Körperbeugung beim Gebet.

Metanoia [griech. ›Sinnesänderung‹] *die, -,* im griech. Denken eine singuläre (sittl.) Sinnesänderung. In N.T. und christl. Tradition die Neubestimmung menschl. Existenz auf Gott hin. Der Begriff der M. steht im Zentrum der Predigt JOHANNES' DES TÄUFERS, die an die Verkündigung der alttestamentl. Propheten anknüpft und M. vorrangig als ›Buße‹ auffasst, zu der Israel im Angesicht des unmittelbar bevorstehenden Anbruchs des Reiches (und Gerichtes) Gottes aufgerufen wird (Mt. 3, 2 ff.). In der Predigt JESU vom →Reich Gottes meint M. darüber hinausgehend das vollständige Sich-Einlassen des Menschen auf diese Botschaft, das Evangelium (Mk. 1, 15), was für den Menschen eine radikale ›Umkehr‹ (M.) seines bisherigen Lebens bedeutet.

Metaphase, Phase der →Zellteilung.

Metapher [griech. ›Übertragung‹, zu metapherein ›anderswohin tragen‹] *die, -/-n,* sprachl. Ausdrucksmittel der uneigentlichen Rede; das eigentlich gemeinte Wort wird ersetzt durch ein anderes, das eine sachl. oder gedankl. Ähnlichkeit oder dieselbe Bildstruktur aufweist, z. B. ›Quelle‹ für ›Ursache‹. Die Sprache springt dabei, im Unterschied zur →Metonymie, gleichsam von einem Vorstellungsbereich in einen anderen. M. treten in einer solchen Vielfalt auf und berühren sich bisweilen auch mit anderen Tropen, dass eine eindeutige Klassifizierung und Abgrenzung nicht immer möglich ist. Unbewusste M., von denen es in der Alltagssprache eine Fülle gibt, sind einmal die ›notwendigen M.‹. Sie treten ein, wenn die Sprache für die Bez. einer Sache keine eigentl. Benennung kennt: z. B. Flussarm, Fuß des Berges, Stuhlbein. Notwendige M. entstehen stets von neuem, wenn das Bedürfnis nach Benennung neuer Sachen und Phänomene auftritt, auch in Wiss. und Technik, z. B. Glühbirne, Atomkern. Zu diesen M. treten die verblassten, konventionalisierten, selbstverständl. M. (auch Ex-M., tote M.), z. B. das kalte Herz, schreiende Farben, faule Ausrede. – Die bewussten M. werden ihrer poet., stilist. Wirkung wegen gesetzt (z. B. ›das Gold ihrer Haare‹). Die M. ist Kennzeichen schöpfer. Fantasie, sie kann für den Grad der Versinnlichung und der Vergeistigung einer Aussage bedeutsam sein.

Metaphrase [griech. metáphrasis ›Umschreibung‹], 1) wortgetreue Übertragung einer Versdichtung in Prosa; 2) erläuternde Wiederholung eines Wortes durch ein Synonym.

Metaphysical Poets [metəˈfızıkl ˈpəuıts], von J. Dryden und S. Johnson abwertend (im Sinne von ›abstrakt‹) verwendete Bez. für eine Gruppe weltl. und religiöser engl. Barocklyriker des 17. Jh. (J. Donne, G. Herbert, A. Marvell, H. Vaughan u. a.), denen eine von der Norm klassizist. Einfachheit abweichende Sprache und Metrik vorgeworfen wurde. Die Gedichte der M. P. zeichnen sich durch Ironie und Paradoxie, kühne Bildfügungen und überraschende Vergleiche (→Concetti) aus. Die Kombination konkret-sinnl. und intellektuell-abstrakter Stilelemente ließ die M. P. zu Vorbildern der Moderne werden.

Engl. Barockgedichte, hg. v. H. Fischer (1971); European metaphysical poetry, hg. v. F. J. Warnke (New Haven, Conn., ²1974); T. James: The metaphysical poets (Harlow 1988); D. Mackenzie: The metaphysical poets (Basingstoke 1990).

Metaphysik [mlat. metaphysica, zu griech. tà metà tà physiká ›das, was hinter der Natur steht‹], philosoph. Grundwissenschaft und Erkenntnislehre von Gegenständen, die über die sinnlich-körperlich erfahrbare Welt hinausgehen (z. B. die Ideen Gott, Freiheit, Unsterblichkeit). Gegenüber der Physik, die die einzelnen Erscheinungen der natürl. Welt nach Gesetzen bestimmt, strebt die M. ein System von Erkenntnissen an, die in ihrem rationalen Zusammenhang den inneren Möglichkeitsgrund der erfahrbaren Welt (als ein im menschl. Bewusstsein geordnetes Ganzes) bedeuten. Demnach handelt die M. im weitesten Sinne von Gegenständen, die als regulative Ideen im Bewusstsein des Menschen die Funktion erfüllen, die einzelnen Erscheinungen in einen systemat. Zusammenhang zu bringen, um dadurch die Erfahrbarkeit der Welt überhaupt zu ermöglichen. Die M. ist – neben Logik und Ethik – somit nicht nur Hauptdisziplin der traditionellen Schulphilosophie, sondern (mit Aristoteles) eigentl. oder ›erste Philosophie‹ schlechthin. Allein die Begriffsgeschichte macht deutlich, wie uneinheitlich und kontrovers Anliegen und Wesen der M. beurteilt wurden (z. B. in der Diskussion zw. Empiristen und Rationalisten). Dies gilt insbesondere für die von I. Kant kritisierte Methode der M. und die damit einhergehende Frage, ob sie – angesichts der Grenzen des menschl. Erkenntnisvermögens – überhaupt als Wiss. möglich sei.

Geschichte

Antike: In Aristoteles' Schriften über die M. (um 340 v. Chr.) wird die Philosophie als Erforschung der ersten Prinzipien und Ursachen des Seins (als allgemeiner Inbegriff von Welt) bestimmt. Gegenstand der M. ist hier bereits die vorwiegende Auseinandersetzung mit Fragen zur log. Struktur des Denkens, in dessen Formen die Inhalte der Welt (als Wissen von Seiendem) begriffen werden. Als wahr und wesentlich gilt hier weniger das, was von anderen Wiss.en als gegeben vorausgesetzt wird, als das, was auf übersinnl. Weise die Welt als Inhalt von Erkenntnisgeschehen in sich begreift und damit als seiend konstituiert.

Platon dagegen entwickelt seine Ideenlehre (um 395 v. Chr.) nicht primär aus logisch-mathematisch fundierten Ansätzen, sondern eher aus einer kontemplativ-philosoph. Denkhaltung. Seine M. erfasst das wahre Sein der Dinge durch eine Art analyt. Schau ihres unvergängl. Wesens. Dabei ist der flüchtige Charakter sinnl. Wahrnehmungen Indiz für die Erkenntnis dessen, was in der Welt als bloße Erscheinung erlebt wird, nicht aber als Wahrheit an sich. Demgegenüber erklärt sich das wahre Sein eines bestimmten Gegenstandes nur inadäquat und indirekt auf die Weise seiner einzelnen Erscheinung, und zwar so, dass das Einzelne zugleich immer schon etwas Allgemeines mitbedeutet, welches über jenes wesentlich hinausgeht. Beispielsweise wird die Idee des Menschen durch das einzelne Individuum verkörpert, obwohl die Idee selbst nirgends faktisch wahrnehmbar ist; umgekehrt ist das Individuum zwar konkret gegeben, es selbst aber nur vergängl. Erscheinung der Idee an sich.

Mittelalter: Die in den mittelalterl. Schulen ausgebildete Tradition der scholast. M. steht ganz unter dem Einfluss griechisch-aristotel. Strömungen. Ihr theologisch bestimmter Hauptgegenstand, die Existenz Gottes, wird mittels logisch-syllogist. Verfahren zum vermeintl. Beweis gebracht. Neben Thomas von Aquino ist es v. a. der Kirchenlehrer Anselm von Canterbury, dessen ontolog. Gottesbeweis (um 1080) für das Denken dieser Zeit charakteristisch ist: Weil die Idee eines vollkommenen Wesens notwendig im menschl. Bewusstsein verankert sei, schließt er auf die Realität dieses Wesens aufgrund der Folgerung, dass zum Prädikat Vollkommenheit auch die reale Existenz gehört.

Neuzeit: Mit R. Descartes wird der method. Ansatz der M. mehr und mehr in das erkennende Subjekt verlegt, ihre geistigen Inhalte als ›angeborene Ideen‹ behandelt. Descartes' skeptizist. Betrachtung der Außenwelt führt zum grundlegenden Dualismus zw. Körper und Geist. Seine ›Meditationes de prima philosophia ...‹ (1631; dt. ›Meditationen über die Erste Philosophie ...‹) entwickeln aus dem kategor. Zweifel an der Verlässlichkeit der wcltl. Existenz die überragende Selbstgewissheit des ›Ich denke‹, dessen subjektive Idealität er gegen die objektive Realität der Außendinge abgrenzt. Die Ideen Seele und Gott werden im Folgenden, was den Beweis ihrer Realität betrifft, aus ihrer konstituierenden Bedeutung für den Erhalt der Welt im erkennenden Bewusstsein hergeleitet.

Bei G. W. Leibniz und B. de Spinoza, die als weitere Hauptvertreter des so genannten metaphys. Rationalismus gelten, steht ebenfalls das Beweisenwollen der ideellen Realität im Zentrum philosoph. Bemühens. Verstand und Vernunft gehören hier zu den maßgeblichen Instrumentarien formalen Erkennens. Bei weitgehender Abstraktion von aller Sinnenwelt wird versucht, die Realität der Ideen durch die bloße Schlüssigkeit von rationalen Operationen auf den Begriff zu bringen bzw. dogmatisch darzulegen.

Die Philosophen der entsprechenden Gegenbewegung des Empirismus (J. Locke, D. Hume) verneinen nicht nur die Möglichkeit aller spekulativen M., sondern leugnen grundsätzlich die Annahme der ›angeborenen Ideen‹. Ihr allgemeines Prinzip des Erkennens ist die sinnlich bestimmte Erfahrung.

Mit I. Kant erfährt das philosoph. Denken der aufgeklärten Neuzeit eine tief greifende Zäsur, die, nicht nur hinsichtlich des Wissenschaftsverständnisses von M. als philosoph. Hauptdisziplin, bis heute maßgebend ist. Die M., einst ›Königin aller Wissenschaften‹ genannt, bedeutet ihm, dass die menschl. Vernunft gewisse Fragen nach dem übersinnl. Wesen der Existenz wohl nicht abweisen kann, gleichwohl sie diese Fragen im wiss. Sinne aber auch nicht beantworten kann, da sie das gesamte menschl. Erkenntnisvermögen übersteigen. KANTS ›Kritik der reinen Vernunft‹ (1781/87) führt aus, dass M. im älteren, dogmat. Sinne nicht möglich ist: Die Dinge der Welt können nur als Erscheinungen erkannt werden, und zwar in den aprior. Formen der Anschauung (Raum, Zeit) und des Denkens (Kategorien, Grundsätze). Im vorgegebenen Erkenntnisrahmen dieser Formen sind die Dinge allein als Erscheinungen Gegenstände mögl. Erfahrung. Die ältere M. mit ihrem dogmat. Verfahren unterlässt es, die menschl. Erkenntniskraft einer vorhergehenden Prüfung zu unterziehen, bevor sie Behauptungen zur Realität der Ideen aufstellt. Diese sind lediglich als übersinnl. Ausdruck einer Illusion der natürl. Dialektik der Vernunft anzusehen. Damit ist die von KANT begründete krit. M. in erster Linie eine Philosophie, die sich als Traktat von der Methode, nicht als System der Wiss. selbst versteht.

A. SCHOPENHAUER, dessen Denken maßgeblich von KANTS krit. Geisteshaltung beeinflusst ist, verwirft die nachkant. idealist. M. (J. G. FICHTE, F. W. J. SCHELLING, G. W. F. HEGEL) als dogmat. Rückfall in spekulative Schwärmerei. Sein Hauptwerk ›Die Welt als Wille und Vorstellung‹ (1819) trägt vor, dass die reale Vorstellungswelt nur als System von Erscheinungen erlebt wird, wobei allein die Idee des Willens als Wahrheit an sich zur Gewissheit wird.

20. Jahrhundert: Abgesehen von den phänomenolog. und ontolog. Geistesströmungen in der ersten Hälfte dieses Jahrhunderts (E. HUSSERL, M. HEIDEGGER, N. HARTMANN) hat sich heutige philosoph. Bewegungen in unterschiedl. Maße aus der Tradition eines eigentümlich metaphys. Denkens herausgelöst. Bereits der Neukantianismus (E. CASSIRER, H. COHEN) ist eher wissenschaftstheoretisch als metaphysisch ausgerichtet. Die positivistische Philosophie (R. CARNAP) steht der M. weitgehend ablehnend gegenüber, ebenso der log. Empirismus (H. REICHENBACH). Die analyt. Sprachphilosophie ist weitgehend bloße Logistik und formale M.-Kritik. Die philosoph. Hauptrichtungen der Gegenwart sind primär erkenntnistheoretisch, methodologisch und semantisch orientiert. Speziell im dt.-amerikan. Raum scheint die urspr. metaphys. Anliegen aller Philosophie zugunsten von neutral-theoret. Bemühungen um Erkenntnis zurückzugehen. Demgegenüber gilt für die lat. Mentalität einiger frz. Philosophen Mitte des 20. Jh. nach H. BERGSON, dass ihre ›philosophie de l'esprit‹ (L. LAVELLE, R. LE SENNE, J. NABERT, P. RICŒUR) eine Tradition lebendiger M. bewahrt, die auf MAINE DE BIRAN zurückgeht. So verfolgen die frz. Spiritualisten weniger das neutral-theoret. Erkennen metaphys. Ideen, als vornehmlich eine Selbstbetrachtung des menschl. Bewusstseins auf der Suche nach dem eigenen Wesen. Neben religiösen Inhalten geht es v. a. um die Seins- und Willensfreiheit.

Systematik

Nach KANTS bis heute repräsentativer Einteilung zerfällt die M. in einen theoretisch-spekulativen und in einen praktisch-ethischen Teil: in die ›M. der Natur‹ (M. im engeren Sinn) und in die ›M. der Sitten‹. Jene enthält alle Vernunftbegriffe a priori vom Erkennen aller Dinge, diese dagegen die Prinzipien, welche das Tun und Lassen a priori bestimmen. Die ›M. der Natur‹ handelt (als Transzendentalphilosophie) die Organe des menschl. Erkenntnisvermögens (Verstand, Vernunft) ab. Sie entspricht damit der alten ›metaphysica generalis‹ (oder Ontologie). Ferner handelt die ›M. der Natur‹ (als rationale Physiologie) von den eigentl. metaphys. Gegenständen, den Ideen von Gott, Freiheit und Unsterblichkeit. Diese sind damit Gegenstand der Teilgebiete rationale Theologie, Kosmologie und Psychologie, womit sie der Aufteilung der früheren ›metaphysica specialis‹ entsprechen. Die ›M. der Sitten‹ besteht aus den ›metaphys. Anfangsgründen der Rechtslehre‹ und aus denen der ›Tugendlehre‹. Beide Teile haben nicht die Natur, sondern die Freiheit der Willkür zum Objekt. Im ersten Teil geht es um die Frage, was Recht sei, insofern es zwar ein auf die Praxis bezogener Begriff ist, seine Bestimmung jedoch nicht mit den Mitteln der Erfahrung erfolgen kann. Der zweite Teil, die eigentl. Ethik, setzt sich mit der inneren Bestimmung menschl. Wollens aus moral. Pflicht auseinander.

H. HEIMSOETH: Die sechs großen Themen der abendländ. M. u. der Ausgang des MA. (³1954, Nachdr. 1987); J. HESSEN: Die Methode der M. (²1955); G. SIEWERTH: Das Schicksal der M. von Thomas zu Heidegger (1959); F. LION: Lebensquellen der dt. M. (1960); R. KAMITZ: Ein Beitr. zum Problem der M. (1964); G. MARTIN: Allgemeine M. (1965); H. HOLZ: Transzendentalphilosophie u. M. (1966); F. WIPLINGER: M. Grundfragen ihres Ursprungs u. ihrer Vollendung (1976); G. GUZZONI: Denken u. M. (Bern 1977); K.-H. VOLKMANN-SCHLUCK: Die M. des Aristoteles (1979); E. CORETH: M. Eine methodisch-systemat. Grundlegung (³1980); DERS.: Grundr. der M. (Innsbruck 1994); E. TOPITSCH: Vom Ursprung u. Ende der abendländ. M. (Neuausg. Wien 1980); H.-D. KLEIN: M. (Wien 1984); A. SEIFFERT: Wiss. ohne M.? (1985); A. DEMPF: M. Versuch einer problemgeschichtl. Synthese (1986); M. HEIDEGGER: Einf. in die M. (⁵1987); DERS.: Kant u. das Problem der M. (⁵1991); H. BERGSON: Einf. in die M. (a. d. Frz., Neuausg. 1988); F. KAULBACH: Einf. in die M. (⁵1991); R. WIEHL: M. u. Erfahrung (1996).

Metaplasie [zu griech. plássein ›bilden‹, ›formen‹] *die, -/...si|en,* regenerative Ergänzung eines durch chron. Reize oder andere Schädigungen verloren gegangenen Gewebes durch eine abweichende Gewebeart, etwa bei der Narbenbildung aus teilungsfähigen Reservezellen. Ein Ersatz des geschädigten Zylinderepithels durch Plattenepithel vollzieht sich z. B. bei der chron. Raucherbronchitis. Die metaplast. Zellen können Vorform einer krebsigen Entartung sein oder deren Entstehung anzeigen (Präkanzerose).

Metaplasmus *der, -/...men,* Umgestaltung eines Wortes (z. B. aus Gründen des Wohlklangs oder des metr. Zwanges), etwa durch →Apokope, →Synkope oder →Elision. M. führt häufig zu Doppelformen (z. B. ›golden‹ und ›gülden‹).

Metapont: Die 15 dorischen Säulen des Heratempels; um 525 v. Chr.

Metapont, antike Stadt in Unteritalien, an der W-Seite des Golfs von Tarent, nach THUKYDIDES 773 v. Chr. von Achaiern gegr., Gründungslegenden beziehen sich jedoch auf NESTOR, für die Neliden wurden in M. Totenzeremonien gefeiert. M. war im 5. Jh. ein

Zentrum der Pythagoreer. Ausgrabungen seit 1966 legten in einem ummauerten hl. Bezirk (Temenos) vier große und zwei kleine Tempel frei. Sie wurden 530–470 v. Chr. errichtet, drei der größeren über älteren Tempeln (600–550 v. Chr.); ferner Freilegung von Agora, Theater, Töpferviertel; außerhalb der Stadt ein weiterer Tempel der Hera (um 525 v. Chr.) mit noch 15 stehenden dor. Säulen (›Tavole Palatine‹). M. verödete nach dem 2. Pun. Krieg, in dem es aufseiten HANNIBALS stand. – Unweit von M. (auf der Schotterterrasse von Termitito) am Cavone wurden (um 1980) Funde ausgezeichneter mykenischer Keramik des 13.–12. Jh. v. Chr. aus Rhodos gemacht.

Metapsychik *die, -,* →Parapsychologie.

Metapsychologie, von S. FREUD in Anlehnung an den Ausdruck Metaphysik gewählte Bez. für die von ihm begründete Lehre (→Psychoanalyse) in ihrer ausschließlich theoret. Dimension. Nach FREUD besteht die wiss. Aufgabe der M. v. a. darin, begriffl. Modelle (z. B. das Modell des psychischen Apparats) und Theorien (Triebtheorie, Theorie der Verdrängung u. a.) zu erarbeiten sowie die metaphys. Konstruktionen zu berichtigen, soweit sie (wie etwa die bis in moderne Religionen reichende mytholog. Weltauffassung) zur Psychologie des Unbewussten gehören.

Metasequoia, Urweltmammutbaum, Chinesischer Mammutbaum, Gattung der Sumpfzypressengewächse mit nur einer rezenten Art (M. glyptostroboides), von der erst 1941 (nach anderen Quellen erst 1944) lebende Exemplare in der chin. Provinz Sichuan entdeckt wurden. Der sommergrüne, raschwüchsige Nadelbaum ist heute als Garten- und Parkbaum weit verbreitet. Fossil war eine nächstverwandte Art (M. occidentalis) aus der Kreide und dem Tertiär Europas, Asiens und Nordamerikas bereits seit längerem bekannt.

Metasomatose [zu griech. sôma ›Körper‹] *die, -,* Umwandlung eines Gesteins durch Änderung der chem. Zusammensetzung infolge Zufuhr von Lösungen, Gasen oder Schmelzen; i. e. S. eine Form der Kontaktmetamorphose, bei der durch Reaktion der zugeführten Stoffe mit den Mineralen des ursprüngl. Gesteins diese ganz oder teilweise ersetzt (›verdrängt‹) werden. Für die M. bes. geeignete Ausgangsgesteine sind Kalke und Dolomite (bei geringer Reaktionsfähigkeit Imprägnation) sowie die Magmen der Alkalireihe (→Fenitisierung, →Adinol). Wenn der Stoffumsätze im Anschluss an die magmat. Kristallisation innerhalb des Magmatikörpers selbst stattfinden, spricht man von **Auto-M.** oder **Autopneumatolyse.** Produkte niedriger Temperatur kommen es zur Propylitisierung, Kaolinitisierung, Alunitisierung, Verkieselung. Neu gebildete Gesteine (z. B. →Skarn) heißen Metasomatite. Durch M. entstehen Erze (z. B. Zinnstein) und Edelsteine (Topas, Smaragd, Turmalin, Beryll).

Metasprache, Sprache oder Symbolsystem zur wiss. Beschreibung einer Sprache oder eines Symbolsystems, z. B. eine →formalisierte Sprache, in der die Beschreibung einer natürl. Sprache vorgenommen wird. Eine M. kann ihrerseits wieder →Objektsprache einer M. werden. Antinomien nach Art des Lügnerparadoxons des →EPIMENIDES lassen sich durch strikte Unterscheidung von Gegenstandssprache und M. vermeiden.

metastabiler Zustand, 1) *Quantenmechanik:* Anregungszustand eines Atoms, Moleküls, Festkörpers oder Atomkerns, der (aufgrund von →Auswahlregeln) nicht oder nur mit sehr geringer Wahrscheinlichkeit unter Ausstrahlung eines Photons in einen energieärmeren Zustand übergehen kann, sodass er, verglichen mit anderen Zuständen, eine sehr große mittlere Lebensdauer aufweist. Atome in einem m. Z. gehen i. Allg. erst durch Stöße mit Übertragung innerer Energie (Stöße 2. Art) oder nach weiterer Erhöhung der Anregungsenergie in den Grundzustand über. Auf m. Z. von Atomkernen beruht die Erscheinung der →Kernisomerie.

2) *Thermodynamik:* System, das sich scheinbar in einem thermodynam. Gleichgewicht befindet, weil unter den bestehenden Bedingungen die Einstellungsgeschwindigkeit des Gleichgewichts, d. h. der Übergang in den thermodynamisch stabilen, energieärmeren Zustand, zu gering ist. Der m. Z. lässt sich durch mechan. Erschütterung, durch Zusatz von Keimen der neuen Phase (z. B. Kristallkeimen) oder von Katalysatoren aufheben.

Meta|stase [griech. ›das Umstellen‹, ›Wanderung‹] *die, -/-n,* sekundärer Krankheitsherd, der sich durch Verschleppung von Keimen (Schadstoffen) aus einem Ursprungsherd entwickelt hat; i. e. S. die durch Absiedlung von Tumorzellen entstandene Tochtergeschwulst.

Die Bildung von M. ist das Hauptcharakteristikum der bösartigen Tumoren. Je nach Entfernung von dem Primärtumor wird zw. **lokalen** oder **Nah-M.** in der unmittelbaren Umgebung, den **regionalen** M. im Bereich des regionalen Lymphknotensystems und den **Fern-M.** unterschieden. Die Ausbreitung vollzieht sich durch zerstörendes Eindringen des Primärtumors in die Lymphbahnen (**lymphogene M.**) oder in die Blutgefäße (**hämatogene M.,** meist Fern-M.), bei venöser Fortleitung in Form der Lungen- oder Leber-M., bei arterieller fast auch möglich. Befall aller Organe (einschließlich Gehirn, Haut, Knochenmark, Muskeln). Auch über natürl. Kanäle wie Gallen- und Harnwege (**duktogene M.**), innerhalb von Körperhöhlen wie Bauch- und Brusthöhle (**Implantations-M.**), durch direkte Berührung gegenüberliegender Haut- oder Organteile (**Kontakt-** oder **Abklatsch-M.**) sowie durch invasive Eingriffe (Gewebeentnahme, Operation) kann sich eine Metastasierung vollziehen.

Bei Lokal- und Regional-M. ist eine operative Entfernung (einschließlich des Primärtumors) teils erfolgreich; bei Fern-M. großen Ausmaßes ist bei den meisten Tumorarten durch Strahlentherapie und zytostat. Mittel lediglich eine zeitlich begrenzte Hemmung des Fortschreitens (Remission) möglich. (→Krebs)

Metastasio, Pietro, eigtl. **P. Antonio Domenico Bonaventura Trapassi,** ital. Dichter, * Rom 3. 1. 1698, † Wien 12. 4. 1782; lebte ab 1719 in Neapel und wurde 1730 von KARL VI. als Nachfolger A. ZENOS zum kaiserl. Hofdichter in Wien berufen. M. war einer der bedeutendsten Vertreter der arkad. Rokokolyrik (Kanzonetten, Liebesgedichte), der seine künstler. Ausdrucksform jedoch in dem lyrisch-sentimentalen Melodrama, dem Singspiel und Opernlibretto nach klass. Stoffen fand. Seine Gedichte, bes. aber seine 27 Operntexte wurden mehrfach und von den bedeutendsten ital. und dt. Komponisten (A. CALDARA, J. A. HASSE, N. PORPORA, J. S. BACH, C. W. GLUCK, W. A. MOZART) vertont. Seine größten Erfolge waren das frühe Melodrama ›Didone abbandonata‹ (1724; 60 Vertonungen), ›La clemenza di Tito‹ (um 1734) und ›Attilio Regolo‹ (1740); schrieb auch Kantaten- und Oratorientexte sowie literaturkrit. Schriften.

Metate [aztek. metlatl ›Mahlstein‹] *der, -/-n,* der in Mesoamerika und angrenzenden Gebieten Nord- und Südamerikas von den Indianern verwendete, rechteckige, ovale oder runde Mahlstein für Mais, Samen und Fruchtkörner. Aus vorkolumb. Zeit sind M. teils ohne, teils mit drei oder vier niedrigen Füßen und figürlich verziert überliefert, für die z. T. eine zeremonielle Verwendung als Sitz oder Altar vermutet wird.

Metatexis [griech. têxis ›das Schmelzen‹] *die, -, Petrologie:* die teilweise Aufschmelzung eines Gesteins bei der Ultrametamorphose. Die leichter schmelzbaren Quarz- und Feldspatanteile bilden helle Lagen

Metasequoia: Metasequoia glyptostroboides (Höhe bis 35 m)

Pietro Metastasio (Kupferstich, um 1760)

Ioannis Metaxas

(**Metatekt**) in dem dunkleren, nicht geschmolzenen **Restgestein** (**Restit**; mit hohem Magnesium-Aluminium-Gehalt; Biotit, Graphit, Granat u. a. Minerale). Die Metatekte sind entweder an Ort und Stelle (**Entekt**) oder durch Intrusion entstanden (**Extekt**). Durch M. umgewandelte Gesteine heißen **Metatexite**.

Metathese [griech. ›Umstellung‹], **1)** *Chemie:* **Olefin-M.,** Reaktion, bei der Alkene (Olefine) unter dem Einfluss von Wolfram-, Molybdän- oder Rheniumkatalysatoren zu neuen Alkenen (Olefinen) umgewandelt werden. Ein Beispiel für eine M. ist der ›Triolefinprozess‹, bei dem Propylen unter dem Einfluss von Molybdänoxid auf Aluminiumoxid als Trägermaterial bei 120–210 °C und 25–30 bar (2,5–3 MPa) zu Äthylen und 2-Buten umgesetzt wird oder umgekehrt Propylen aus Äthylen und 2-Buten entsteht.

$$CH_3–CH=CH_2 \atop CH_3–CH=CH_2 \longrightarrow {CH_3–CH \atop \| \atop CH_3–CH} + {CH_2 \atop \| \atop CH_2}$$

Propylen → 2-Buten + Äthylen

Die M. ermöglicht eine größere Flexibilität bei der Olefinherstellung.

2) *Sprachwissenschaft:* **Lautversetzung,** Lautumstellung innerhalb eines Wortes oder etymologisch verwandter Wörter; man unterscheidet **Kontakt-M.** (bei unmittelbar benachbarten Lauten, z. B. ›Born‹ und ›Brunnen‹) und **Fern-M.** (über zwei oder mehr Silben hinweg, z. B. lat. ›parabola‹, span. ›palabra‹).

Metathorax, Brustsegment der →Insekten.

Metatonie [zu griech. *tónos* ›das Spannen‹; ›Ton‹] *die, -/... ni|en, Sprachwissenschaft:* Verlegung der Intonation von einem auf ein anderes Phonem eines Wortes, z. B. in slaw. Sprachen.

Metauro *der,* im Altertum **Metaurus,** Fluss in Mittelitalien, 135 km lang, entspringt im Apennin und mündet bei Fano ins Adriat. Meer. 207 v. Chr. siegten am M. die Römer über den Karthager HASDRUBAL (→Punische Kriege).

Metaxas, Ioannis, griech. General und Politiker, * Ithaka 12. 4. 1871, † Athen 29. 1. 1941; ab 1913 Generalstabschef, Gegner von E. VENIZELOS. Als Royalist hielt er sich nach dem Sturz von König KONSTANTIN I. 1917–20 im Ausland auf, gründete 1921 die monarchist. Partei der Freisinnigen und leitete 1923 einen erfolglosen Militärputsch; wurde 1936 Min.-Präs. und Außen-Min. M. hatte maßgebl. Anteil an der Rückkehr König GEORGS II. auf den Thron (1935). Durch den Staatsstreich vom 4. 8. 1936 errichtete er ein diktator. Reg.-System. In Erwartung eines bulgar. Angriffs wurde die Nordgrenze stark befestigt (**M.-Linie**). Nach Ablehnung des ital. Ultimatums (28. 10. 1940) durch M. konnten die griech. Truppen den ital. Angriff auf Griechenland abwehren.

Metazentrum, *Schifffahrt:* gedachter bzw. konstruierter Punkt zur Charakterisierung der →Stabilität von Schiffen, von P. BOUGUER eingeführt. Ein Schiff richtet sich aus einer Schräglage wieder auf, wenn das M. oberhalb des Schwerpunktes liegt.

Metazoa [griech. *zōon* ›Lebewesen‹], *Sg.* **Metazoon** *das, -s,* **Metazoen, Vielzeller,** Unterreich der Tiere, dem alle Tiere angehören, die ein differenziertes Gewebe und Organe aufweisen und bei denen Somazellen und Keimbahnzellen getrennt sind. I. e. S. trifft diese Charakterisierung auf die **Eumetazoa** zu (alle Tiergruppen ab Hohltiere), im Unterschied zu den Mesozoa, den zwischen diesen und den Protozoa stehenden Placozoa (sie haben keine Organe, Muskel- und Nervenzellen) und den Schwämmen. Den M. stehen die Protozoa (Einzeller) gegenüber.

Metelen, Gem. im Kr. Steinfurt, NRW, 55 m ü. M., 6 200 Ew.; Forschungsinstitut für Biotop- und Artenschutz, Mühlenmuseum (mit Sägewerk); Textildruck, Werkzeugbau, Genussmittelindustrie. In der **Metelener Heide** (Landschaftsschutzgebiet) Vogelpark (16 ha) mit mehr als 400 Vogelarten. – Ehem. Damenstift (889 gegr.), dessen spätromanisch-frühgot. Kirche (12./13. Jh.; heute kath. Pfarrkirche St. Cornelius und Cyprian) ein Beispiel einer münsterländ. Stufenhallenkirche ist; quadrat. Chor mit Radfenster über dem südl. Seitenaltar, roman. Kruzifix aus dem frühen 12. Jh.; Taufstein Mitte 13. Jh.; Silberkammer.

Metella, Caecilia, Römerin, →Caecilia Metella.

Metellus, Beiname von Angehörigen des röm. plebejischen Geschlechts der Cäcilier (Meteller). – Bedeutender Vertreter:

Quintus Caecilius M. Numidius, röm. Konsul 109 v. Chr. Er schlug JUGURTHA 108 v. Chr. am Fluss Muthul (in Numidien). Durch GAIUS MARIUS abgelöst, kehrte er 107 nach Rom zurück, galt aber bei der Nobilität stets als der eigentl. Sieger im Jugurthin. Krieg.

J. VAN OOTEGHEM: Les Caecilii Metelli de la république (Brüssel 1967).

Metempsychose, griech. **Metempsychosis,** die →Seelenwanderung.

Meteor [griech. *metéōron* ›Himmelserscheinung‹, ›Lufterscheinung‹, zu *metéōros* ›in die Höhe gehoben‹, ›in der Luft schwebend‹] *der,* selten *das, -s/-e,* **1)** *Astronomie:* Bez. für eine durch das Eindringen eines kosm. Kleinkörpers, eines →Meteoroids, in die Erdatmosphäre verursachte Leuchterscheinung. Der von einem großen Meteoroid auf die Erde gelangte Rest wird →Meteorit genannt.

Als **Sternschnuppen** werden M. bezeichnet, deren Helligkeit -4^m (mittlere Venushelligkeit) nicht übersteigt. Die Leuchterscheinungen spielen sich dabei meist in Höhen zw. 110 und 90 km über der Erdoberfläche ab; hellere M. erreichen geringere Endhöhen als schwächere. Sternschnuppen werden durch Meteoroide mit einem Durchmesser zw. einigen Zentimetern und etwa 1 mm (gerade noch mit bloßem Auge sichtbar) verursacht, noch kleinere Partikeln bewirken **teleskopische M.,** die gelegentlich bei Fernrohrbeobachtungen wahrgenommen werden. Die sehr viel selteneren M., die heller als etwa -4^m sind, nennt man **Feuerkugeln (Bolide),** sie werden von entsprechend größeren Meteoroiden erzeugt.

Ein auf einer Ellipsenbahn die Sonne umlaufender Körper hat in der Nähe der Erdbahn eine Geschwindigkeit kleiner als 42 km/s. Läuft der Körper der sich mit knapp 30 km/s um die Sonne bewegenden Erde entgegen, erreicht seine geozentr. Geschwindigkeit max. 72 km/s, umläuft er die Sonne im gleichen Sinn wie die Erde, reduziert sich die geozentr. Geschwindigkeit auf rd. 12 km/s. Wegen dieser hohen Relativgeschwindigkeiten unterliegt ein Meteoroid beim Eintauchen in die Erdatmosphäre in den hohen Luft-

Meteor 1): Lichtspur beim Eindringen eines Meteoroids in die Erdatmosphäre; in der Teleskopaufnahme sind mehrere Lichtausbrüche zu erkennen

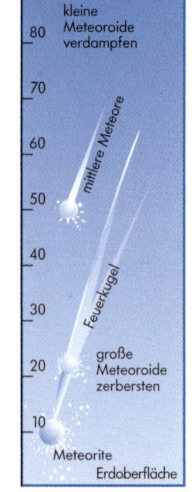

Meteor 1): Für die verschiedenen Höhenbereiche der Atmosphäre typische Meteorerscheinungen

schichten einer Folge einzelner Zusammenstöße mit Luftmolekülen, wodurch an jeder Aufprallstelle aus der Meteoroidenoberfläche einige Atome herausgeschlagen werden, die die erlangte kinet. Energie an die benachbarten Luftmoleküle übertragen. Der größte Teil der Energie wird in Wärme, wesentlich weniger in Anregungs- und Ionisationsenergie umgesetzt. Bei den nachfolgenden, die Anregung bzw. Ionisation rückgängig machenden Prozessen, entsteht das M.-Leuchten (gewöhnlich für etwa 0,1 bis 0,8 s sichtbar), z.T. auch ein Nachleuchten längs der Bahn. Außerdem erfolgt eine Abbremsung des Meteoroids. Die Ionisationsspur kann auch dann, wenn keine Lichterscheinung sichtbar ist, mittels Radarbeobachtungen, selbst am Tage und bei Bewölkung, nachgewiesen werden. Mikrometeoroiden mit Radien kleiner als etwa 0,1 mm unterliegen einer so starken Abbremsung, dass sie ohne größeren Masseverlust schnell an Geschwindigkeit verlieren und langsam unversehrt zu Boden sinken; sie rufen als Einzelkörper keine Leuchterscheinung hervor. Sternschnuppen verursachende Meteoroide verlieren dagegen bei den Zusammenstößen mit den Luftmolekülen dauernd Masse, kaum aber an Geschwindigkeit. Die M.-Erscheinung verlöscht infolge des vollständigen Verdampfens des Meteoroids. Große, zu Feuerkugeln führende Körper gelangen bis in Höhen von 50 bis 10 km über der Erdoberfläche, wo sie dann einem kontinuierl. Luftwiderstand ausgesetzt sind. Dabei wird die Meteoroidenoberfläche z.T. so stark erhitzt, dass Material abschmilzt; es kann auch zu Explosionen oder Teilungen des Meteoroids kommen. Hat der nicht verdampfte Teil seine Anfangsgeschwindigkeit fast eingebüßt, kommt er im freien Fall zur Erde und kann als Meteorit geborgen werden.

Es lassen sich zwei Gruppen von M. unterscheiden. Bei den **sporadischen M.** sind die scheinbaren Bahnen am Himmel völlig regellos verteilt, bei den **Strom-M.** gehen die rückwärtigen Verlängerungen der scheinbaren Bahnen von einem kleinen, für jeden M.-Strom charakterist. Bereich, dem scheinbaren Radianten am Himmel aus (→Meteorstrom). Während die sporad. M. das ganze Jahr über in Erscheinung treten, treten M.-Ströme periodisch auf. – Unter günstigen Umständen sieht ein Beobachter mit bloßem Auge im Mittel rd. 6 bis 8 M. je Stunde. Die Zahl nimmt im Laufe der Nacht zu und erreicht vor Beginn der Morgendämmerung ihren Höchstwert. Zu Beginn der Nacht befindet sich der Beobachter auf der Rückseite der Erde bezüglich ihrer Bahnbewegung: Die Meteoroide müssen die Erde von hinten einholen, fallen mit geringerer Geschwindigkeit ein und können folglich nur weniger Energie abgeben; in den frühen Morgenstunden dagegen befindet sich der Beobachter auf der Vorderseite, und die einfallenden Meteoroide haben im Mittel eine größere Energie bezüglich der Erde. Die Mittelwerte für eine Nacht sind im Herbst am größten, im Frühling am kleinsten. Ursache dafür ist, dass der Zielpunkt der Erdbewegung im Herbst höher über dem Horizont liegt als im Frühjahr, wodurch die Beobachtungsbedingungen am günstigsten sind.

2) *Meteorologie:* Bez. für jede der in der Atmosphäre und an der Erdoberfläche zu beobachtenden meteorolog. Erscheinungen wie schwebende oder abgelagerte flüssige oder feste Teilchen (→Hydrometeore, →Lithometeore), sicht- oder hörbare Folgeerscheinungen der atmosphär. Elektrizität wie Blitz und Donner, Elmsfeuer und Polarlicht (**Elektro-M.**) sowie alle durch Spiegelung, Brechung, Beugung oder Interferenz des Sonnen- oder Mondlichtes hervorgerufenen Lichterscheinungen (**Photo-M.**), insbesondere Regenbogen, Halo und Kranz.

Meteor, *Forschungsschiffe:* 1) Vermessungsschiff der Reichsmarine, 1915 vom Stapel gelassen (1179t), 1924 in Dienst gestellt; eingesetzt für Vermessungen, ozeanograph. und hydrograph. Forschungen sowie Fischereischutz. Die mit der M. 1925–27 durchgeführte **M.-Expedition (Deutsche Atlantische Expedition)** untersuchte in den südl. Atlant. Ozean bes. den Kreislauf der Wassermassen. Planung und wiss. Leitung: A. MERZ (bis zu seinem Tod); Nachfolger: F. SPIESS.

F. SPIESS: Die ›M.‹-Fahrt (1928); Wiss. Ergebnisse der Dt. Atlant. Expedition auf dem Forschungs- u. Vermessungsschiff ›M.‹ 1925–1927, hg. v. A. DEFANT, 16 Bde. (1932–41).

2) Forschungsschiff der Bundesrepublik Dtl. von 1964 bis 1985, 82 m lang, 13,5 m breit, Wasserverdrängung 3 054 t, Höchstgeschwindigkeit 11,5 Knoten. Das Schiff bot Platz für 52 Besatzungsmitglieder sowie 24 wiss. Fahrtteilnehmer. Es war mit Spezialwinden, Kränen, Schleppvorrichtungen, Echoloten und Radargeräten sowie 14 Mehrzwecklabors für alle Disziplinen der Meeresforschung ausgerüstet. Reederei war das Dt. Hydrograph. Institut, das sich bis 1984 die Nutzung mit der Dt. Forschungsgemeinschaft teilte. 1985 wurde das Schiff nach Neuseeland verkauft. Bis dahin führten 73 Forschungsreisen in den Ind. Ozean, den trop. und subtrop. Atlantik, den Nordatlantik, in die höheren Breiten (Antarktis und Europ. Nordmeer), die Nord- und Ostsee.

Meteor: Forschungsschiff ›Meteor‹ der Bundesrepublik Deutschland, Indienststellung 1986, Länge 97,5 m, Wasserverdrängung 4 780 t

3) Forschungsschiff der Bundesrepublik Dtl., 1986 in Dienst gestellt. 97,5 m lang, 16,5 m breit, Wasserverdrängung 4 780 t, Reisegeschwindigkeit 12 Knoten. Bietet Platz für 32 Besatzungsmitglieder und 30 wiss. Fahrtteilnehmer. Dieselelektr. Antrieb mit besonderer Manövrierfähigkeit durch Hochleistungsflossenruder und steuerbare Bugstrahler; Kräne u.a. Hebezeuge bis 20 t, Spezialwinden für Messgeräte, Fischerei und geolog. Probennahme, Spezialecholote (Fächerlot und Sedimentlot), 20 Laborräume und Stellplätze für Laborcontainer. Eigentümer: Bundesrepublik Dtl., vertreten durch das Bundes-Ministerium für Bildung, Wiss., Forschung und Technologie; Betreiber: Univ. Hamburg, Institut für Meereskunde; Bereederung: RF Reedereigemeinschaft Forschungsschifffahrt GmbH. – Bis Dezember 1996 37 Forschungsreisen meist im Rahmen internat. Forschungsprojekte in den Atlantik von der Grönlandsee bis in das nördl. Weddellmeer, das Mittelmeer, das Rote Meer und den westl. Ind. Ozean.

Meteora, Felsengruppe in Thessalien, Griechenland, bis 554 m ü. M., erhebt sich fast senkrecht über dem Peneiostal (195 m ü. M.) bei Austritt des Flusses aus dem Pindos. – Seit dem 9. Jh. siedelten hier Eremiten, zuerst in Höhlen am Fuß der Felsen, seit dem frühen 14. Jh. verschiedene Klostergemeinschaften auf

Meteora: Kloster Hagia Triada; gegründet 1438

den Felsgipfeln. Seit dem späteren 14. Jh. entstanden unter der Herrschaft serb. Teilfürsten zahlreiche Klöster (UNESCO-Weltkulturerbe): Metamorphosis-Kloster (gegr. zw. 1356 und 1372, seit 1490 Hauptkloster; mit der ältesten Kirche, Mitte des 14. Jh., 1544 als Chorraum in eine neue Kirche einbezogen, die von Athosmönchen ausgemalt wurde), Hagios Stephanos (gegr. 1367, 1400 ausgemalt; Hauptkirche 1798), Hagia Triada (gegr. 1438), Hypaponte-Kloster (gestiftet 1366; mit Wandmalereien aus der frühen Paläologenzeit), Varlaam-Kloster (gegr. 1517, Malereien im Innenraum vollendet 1548, Fresken im Narthex 1566).

H. L. STUTTE u. D. HASSE: M. (²1986); N. NIKONANOS: Les Météores (a. d. Griech., Paris 1989).

Meteor Crater [ˈmiːtjə ˈkreɪtə, engl.], **Arizona-Krater, Canyon-Diablo-Krater** [ˈkænjən dɪˈæbloʊ -], Meteoritenkrater im zentralen Arizona, USA, 200 km nordöstlich von Phoenix; Einschlagtrichter eines Meteoriten, der in prähistor. Zeit niederging; mittlerer Durchmesser des Kraters 1 200 m, Tiefe (heute) 170 m, der Rand ragt bis 50 m über die Umgebung auf. Abschätzungen ergaben einen Durchmesser des Meteoriten von etwa 30 m, eine Masse von etwa 15 000 t und eine Geschwindigkeit von rd. 15 km/s.

Meteor|eisen, meteoritisches Eisen, siderisches Eisen, Nickeleisen, das den Hauptbestandteil der Eisenmeteorite und den überwiegenden metall.

Meteoreisen aus Sibirien

Meteor Crater

Bestandteil der Stein- und Stein-Eisen-Meteorite bildet; es besteht aus **Kamazit (Balkeneisen),** einem kubisch raumzentrierten α-Fe(Ni) mit weniger als 7,5% Ni, sowie aus **Taenit (Bandeisen),** einem kubisch flächenzentrierten γ-Fe(Ni) mit 20–50% Ni. Hexaedr. Eisenmeteorite bestehen nur aus Kamazit. **Plessit (Fülleisen)** ist ein feinlamellar verwachsenes Gemisch von Kamazit und Taenit.

meteorisches Wasser, das aus der Erdatmosphäre auf die Erdoberfläche gelangende Wasser.

Meteorismus [griech. ›Erhebung‹, ›Schwellung‹] der, -/...men, Medizin: die →Blähungen; in der Tiermedizin: →Aufblähung.

Meteorite [zu Meteor gebildet] Sg. **Meteorit** der, -s und -en, kleine Festkörper außerird. Ursprungs (oder Teile davon), die beim Eindringen in die Erdatmosphäre nicht vollständig zerstört wurden und bis zur Erdoberfläche gelangen. Interplanetare Kleinkörper (→Meteoroide), mit einem Durchmesser kleiner als etwa 0,1 mm werden beim Eindringen in die Erdatmosphäre in großen Höhen so stark abgebremst, dass sie langsam zu Boden sinken und als **Mikro-M.** gefunden werden können; die Unterscheidung von irdischem Material ist sehr schwierig. Größere, die Sternschnuppen (→Meteor) verursachende Meteoroide mit einem Durchmesser bis zu etwa 10 cm werden bei der Wechselwirkung mit den Luftmolekülen meist vollständig zerstört, ohne dass ein Rest zur Erde fällt. Sehr große Körper verlieren einen großen Teil ihrer Masse, ein Rest kann aber im freien Fall auf die Erde gelangen und als M. geborgen werden. Manche Meteoroide zerbrechen infolge der Lufteinwirkung in viele Teile und erzeugen einen **M.-Schauer** mit einer meist elliptisch begrenzten Aufschlagstelle auf der Erde.

Die sehr viel größeren **M.-Krater** (auch **Meteorkrater, Impaktkrater, Astrobleme** genannt), mit Tiefen von über 100 m und Durchmessern von mehr als 100 km, sind auf M. zurückzuführen, die beim Aufprall vollständig zertrümmert wurden. Bisher sind mehrere durch meteorit. Material belegte (z. B. der →Meteor Crater in Arizona, USA) sowie über 100 wahrscheinliche, durch Indizien erwiesene M.-Krater bekannt, davon 26 in Europa, u. a. das Nördlinger Ries (→Ries) und das →Steinheimer Becken. Beim Einschlag eines M. kommt es zu Schmelz- und Verdampfungsvorgängen sowie zum Ausschleudern von Gesteinsmaterial, zu mechan. Deformation (Bildung von →Shattercones und Trümmergesteinen, →Impakt), zur Umwandlung von Mineralen in Glas oder zu →Hochdruckmodifikationen (z. B. durch →Stoßwellenmetamorphose). Das nach dem Fluss ›Steinige Tunguska‹ in Sibirien benannte ›Tunguska-Ereignis‹ (1908) richtete großflächige Zerstörungen in der Taiga an und hinterließ zahlr. kleine Krater; bislang konnte aber noch kein meteorit. Material gefunden werden, möglicherweise kommt ein in niedriger Atmosphärenschicht explodierter Kometenkern als Verursacher infrage.

Nach ihrer chemisch-mineral. Zusammensetzung unterscheidet man mehrere M.-Gruppen:

1) **Stein-M.** bestehen überwiegend aus den Silikatmineralen Olivin, Pyroxenen und Feldspäten, enthalten aber auch Meteoreisen; durchschnittl. Zusammensetzung: 42% Sauerstoff, 20,6% Silicium, 15,8% Magnesium, 15,6% Eisen. Es gibt zwei Haupttypen: In den **Chondriten** sind rundl., aus rasch erstarrten Schmelztröpfchen entstandene silikat. Körper, die **Chondren,** mit einem Durchmesser von 0,2 bis einige Millimeter, in eine feinkörnige, ebenfalls silikat. Grundmasse eingebettet. Chondrite sind etwa zehnmal so häufig wie die **Achondrite,** Stein-M. ohne Chondren, die durch Schmelzprozesse aus primärem Material hervorgegangen sind. **Kohlige Chondrite** weisen in der Grundmasse bis zu 5% Kohlenstoff und

Kohlenstoffverbindungen auf; sie enthalten außerdem neben freiem Wasser auch Kristallwasser. Sie stellen das ursprünglichste, am wenigsten veränderte M.-Material dar, das sich bei der Entstehung des Planetensystems aus dem solaren Nebel bildete.

2) **Eisen-M. (Nickeleisen-M.)** bestehen zu über 90 % aus Meteoreisen. Andere Minerale treten oft in runden Knollen (v. a. aus Graphit und dem Eisensulfid Troilit) auf. Eine weitere Unterteilung erfolgt nach den durch Anschliff und leichtes Anätzen der Oberfläche zutage tretenden Strukturen: durch feine, parallele Linien, die →neumannschen Linien, zeichnen sich die **Hexaedrite** aus; sie bestehen aus dem Meteoreisen Kamazit. Gröber sind die →widmanstättenschen Figuren, Kennzeichen der durch Verwachsung von Kamazit und Taenit gebildeten **Oktaedrite**; die Zwischenräume sind mit Plessit gefüllt. Selten sind **Ataxite** aus feinkörniger, strukturloser Meteoreisenmasse.

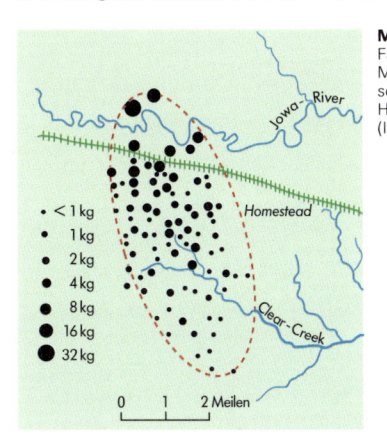

Meteorite: Fallgebiet des Meteoritenschauers von Homestead (Iowa)

3) Unter den **Stein-Eisen-M.** unterschied man früher die achondrit. **Siderolithe,** bei denen die Silikate gegenüber dem Meteoreisen überwiegen, von den **Lithosideriten,** bei denen das anteilmäßig vorherrschende Meteoreisengerüst mit Silikaten gefüllt ist. In den **Pallasiten** enthalten die Hohlräume des Meteoreisens u. a. große Olivinkristalle. **Mesosiderite** bestehen ebenfalls aus Silikaten und Meteoreisen, aber in viel feinerer, unregelmäßiger Verwachsung. **Lodranite** sind seltene Mesosiderite mit etwa gleichem Anteil aus Nickeleisen, Olivin und Pyroxenen.

M. enthalten keine chem. Elemente, die nicht auf der Erde vorkommen. Alle bekannten Elemente sind auch in den M. vertreten, allerdings in anderer Häufigkeit. M. sind z. B. relativ reich an Edelmetallen wie Iridium, Osmium und Rhenium (Argumente für ein Auslöschen der →Dinosaurier durch M.-Einfall) sowie Nickel, am häufigsten sind Sauerstoff, Eisen und Silicium. Die Kohlenstoffverbindungen der kohligen Chondrite sind nicht biogen, bieten also keine Beweise für die Anwesenheit von Leben außerhalb der Erde.

Durch Aufschmelzvorgänge während des Eindringens in die Erdatmosphäre ist die Oberfläche der M. geglättet, abgerundet. Kleinere Stein-M. sind meist rundlich-knollig. Häufig sind konische, seltener keulen- und säulenartige oder zackige Formen. Beim Durchqueren der Atmosphäre sind Vorder- und Rückseite manchmal unterschiedlich gestaltet worden: Flache, näpfchenförmige Vertiefungen (›Regmaglyphen‹) entstanden durch ungleichmäßiges Abschmelzen, sie sind oft radial angeordnet. Die dünnen Schmelzrinden aus eisenhaltigem Glas oder Eisenoxid werden durch Verwitterung rasch zerstört.

Die Anzahl der jährlich auf die Erdoberfläche niederfallenden M. wird auf fast 20 000 geschätzt. Bisher wurden etwas mehr als 900 M.-Fälle direkt beobachtet und die M. geborgen. Von den mehr als 10 000 M.-Funden stammen nur etwa 2 600 nicht vom antarkt. Inlandeis, das selbst sehr kleine M. wegen der mangelnden Verwitterung gut bewahrt. An den M.-Fällen sind Stein-M. mit 94 %, Eisen-M. mit 5 % und Zwischenformen mit 1 % beteiligt, wobei aber Eisen-M. durchschnittlich erheblich größer als Stein-M. sind. Der größte bisher entdeckte M. ist der Eisen-M. auf der Hoba-Farm in Namibia (54,4 t; 1920), der größte Stein-M. stammt von Jilin, China (1,8 t; 1976). Durch Mikro-M. und kosm. Staub erhält die Erde jährlich einen Zuwachs von einigen 10 000 t, doch sind diese Angaben sehr unsicher. – Es ist kein Fall bekannt, dass ein Mensch von einem M. erschlagen worden wäre.

Als einzige direkte Zeugen extraterrestr. Materie – neben Gesteinsproben vom Mond – sind die M. von hohem wissenschaftl. Interesse, v. a. durch ihr Alter und ihre Herkunft, die wichtige Schlüsse zur Entstehung des Sonnensystems zulassen. Das Alter wird aufgrund der Isotopenhäufigkeitsverhältnisse bestimmt (→Altersbestimmung); es beträgt für die Eisen- und Stein-M. als Gesteine etwa 4,6 Mrd. Jahre. Dieses Erstarrungsalter wird gleichzeitig als Alter der Erde und des Sonnensystems angesehen. Die Verweilzeit im Weltraum, während der die Meteoroiden der →kosmischen Strahlung ausgesetzt waren (Bestrahlungsalter), unterscheidet sich dagegen deutlich zw. Stein-M. (1–200 Mio. Jahre) und Eisen-M. (1 Mio. bis über 2 Mrd. Jahre). Ähnliches gilt für das terrestr. Alter (seit dem Fall auf die Erde): der älteste datierte Eisen-M. (Tamarugal, Chile) ist 1,5 Mio. Jahre, der älteste Chondrit über 20 000 Jahre alt.

Beobachtungen von Meteorbahnen ergaben, dass die M. zum Sonnensystem gehören. Das im Vergleich zum Erstarrungsalter geringe Bestrahlungsalter zeigt, dass die M. aus großen Mutterkörpern hervorgegangen sind, die beim Zusammenstoß mit anderen Körpern zerstört wurden. Bisher wurden mindestens 20 verschiedene Ursprungskörper der M. identifiziert. Eine kleine Gruppe von M. stammt vermutlich vom Mars (12 Funde bis Anfang 1996), andere vom Mond (15 Funde). Meteoreisen wurde schon seit dem 6./5. Jt. gelegentlich als Rohstoff verwendet. Erste Berichte über M.-Fälle sind in China 861, in Europa (Ensisheim) 1492 verzeichnet worden. E. F. F. CHLADNI wies als Erster auf den kosm. Ursprung der M. hin (1794). →Tektite

R. W. BÜHLER: M. (Basel 1988); F. HEIDE: Kleine M.-Kunde (^{3}1988); Meteorites and the early solar system, hg. v. J. F. KERRIDGE u. a. (Tucson, Ariz., 1988).

Meteoritenhypothese, von I. KANT 1755 entwickelte Hypothese über die Entstehung des Sonnensystems, nach der Sonne und Planeten aus einer Wolke kleiner, frei beweglicher fester Teilchen (Meteoroiden) gebildet haben sollen, die bei Zusammenstößen allmählich immer größere Körper bildeten.

Meteoritenkrater, Meteorkrater, →Meteorite.

Meteorograph der, -en/-en, Gerät zur gleichzeitigen Messung und Registrierung von Luftdruck, Lufttemperatur und Luftfeuchte in höheren Schichten der Atmosphäre, in die es durch Ballons, Flugzeuge oder Raketen gebracht wird. (→Radiosonde)

Meteoroid [griech. ...oeidés ›ähnlich‹] der, -s/-e, ein sich im interplanetaren Raum bewegender Kleinkörper (bis zu einer Größe von einigen Metern). Ein M. kann einen Meteor verursachen, wenn er in die Erdatmosphäre eindringt; gelangt ein M. bis zur Erde, wird er als Meteorit bezeichnet.

Meteorite: 1 Steinmeteorit mit Schmelzrinde (Pultusk, Polen); 2 Steinmeteorit, Chondrit (Bjurböle bei Borga, Finnland); 3 Steineisenmeteorit, Pallasit (Imilac, Atacama, Chile); 4 Eisenmeteorit, Oktaedrit, geschnittene Platte (Rietmond, Namibia) mit widmanstättenschen Figuren

Meteorologe der, *-n/-n*, Fachmann auf dem Gebiet der Meteorologie; Voraussetzung ist i. Allg. ein etwa zehnsemestriges Hochschulstudium (Mathematik, Physik, Meteorologie, Klimatologie, Geophysik, Ozeanographie). Die bestandene Diplomhauptprüfung berechtigt zum Führen des akadem. Grades **Diplom-M.** (Abk.: Dipl.-Met.).

Meteorologie [griech. ›Lehre von den Himmelserscheinungen‹] *die, -,* Teilgebiet der Geowissenschaften, das die physikal. und chem. Erscheinungen und Vorgänge der Atmosphäre der Erde einschließlich der Wechselwirkungen mit der Erdoberfläche und dem solaren Strahlungsangebot umfasst. Die zeitlichräuml. Größenordnungen reichen dabei von der Mikroturbulenz über das Wettergeschehen bis zur →Klimatologie, die jedoch in ihrer interdisziplinären Ausprägung über die Meteorologie hinausgeht.

Die **theoretische** oder **dynamische** M. untersucht die meteorolog. Prozesse und Bewegungsvorgänge physikalisch-mathematisch unter Zugrundelegung der wichtigsten die Atmosphäre erfassenden Größen (Luftdruck, Lufttemperatur, Wind, Luftfeuchte, Luftdichte, Spurenstoffkonzentrationen usw.) und mithilfe vereinfachter, auf das atmosphär. Geschehen ausgerichteter physikal. Gleichungen (Bewegungsgleichung, Kontinuitätsgleichung, Erhaltungssätze usw.) der Gasdynamik. Die Integration dieser meteorolog. Grundgleichungen ist heute durch Großrechenanlagen unter vereinfachten Annahmen möglich. Dadurch gewinnt auch die numer. Wettervorhersage zunehmend an Bedeutung. – Die **synoptische** M. (Synoptik) behandelt den Wetterzustand zu einem bestimmten Zeitpunkt über einem mehr oder weniger großen Gebiet anhand von Wetterkarten, Vertikalprofilen u a ; weitergehendes Ziel ist die →Wettervorhersage mithilfe theoret. und empir. Methoden. – Die **experimentelle** M. (Physik der Atmosphäre) hat die vorwiegend mittels Messungen nach den Methoden der experimentellen Physik durchgeführte Erforschung der meteorolog. Prozesse und Grundgesetze zur Aufgabe. Hierzu rechnen die Probleme der atmosphär. Optik, der Luft- und Gewitterelektrizität, die Fragen des Wärmehaushalts und der Turbulenz. – Weitere Teilgebiete der M. sind die →Aerologie und die →Satellitenmeteorologie. Besondere Bedeutung hat zusätzlich die **Luftchemie** erlangt, welche die Gegebenheiten und durch chem. Reaktionen eintretenden Veränderungen der ›reinen‹ und verunreinigten Atmosphäre behandelt. Dabei ist zw. der troposphär. und stratosphär. Luftchemie zu unterscheiden (→Atmosphäre).

Die Aufgabe der **angewandten** M. liegt in der Anwendung der von den übrigen Zweigen der M. ausgearbeiteten Erkenntnisse und Unterlagen auf speziellen Gebieten, z. B.: Biometeorologie (→Bioklimatologie), →Agrarmeteorologie, →Flugmeteorologie. Die **maritime** M. beschäftigt sich mit Forschungen in der Atmosphäre über See sowie in der Grenzschicht zw. Lufthülle und Meeresoberfläche; die Ergebnisse kommen u. a. dem Seewetterdienst zugute, dem die meteorolog. Sicherung der Seefahrt obliegt.

Geschichte: Die früheste bekannte Systematisierung des Wissens über die Erscheinungen am Himmel und in der Atmosphäre stellen die vier Bücher ›Meteorologica‹ des Aristoteles dar, die bis in die Neuzeit hinein grundlegend blieben. Erst im 19. Jh. begann die Entwicklung der M. zu einer eigenständigen Wissenschaft. Mit der Sammlung von Beobachtungsmaterial wurde zunächst die Lehre von den Formen der meteorolog. Erscheinungen – beginnend mit der Wolkengestalt – vorangetrieben und ihr Zusammenhang mit den geograph. Bedingungen hervorgehoben. Die theoret. Zerlegung der komplexen Erscheinungen in Einzelphänomene und die darauf folgende Einordnung in ein System des Gesamtgeschehens gingen mit dem Eindringen mathemat. Methoden und der Anwendung physikal. Prinzipien, insbesondere der Thermodynamik, einher. Ein stürm. Aufschwung begann in der zweiten Hälfte des 19. Jh. mit der Erkenntnis des Zusammenhangs von Wind und Luftdruck. Um die Jahrhundertwende hatten sich Klimatologie und Aerologie als gesonderte Zweige herausgebildet. Hinzu kam schließlich noch die Luftchemie.

In ihrer weiteren Entwicklung wurde die M. stark von neuen techn. Möglichkeiten bestimmt – in der ersten Hälfte des 20. Jh. durch den Einsatz der drahtlosen Telegrafie und von Ballons und Flugzeugen, v. a. seit dem Zweiten Weltkrieg auch von Radiosonden, Raketen und Satelliten und durch den Einsatz des Radars sowie neuerdings von Lasern und von Computern –, die die Erfassung der gesamten Atmosphäre gestatten und eine weltweite Zusammenarbeit der meteorolog. Stationen und Institute ermöglichen.

H. Fortak: M. (^{2}1982); G. Liljequist u. K. Cehak: Allg. M. (a. d. Schwed., ^{3}1984); H. Malberg: M. u. Klimatologie (1985); Wie funktioniert das? Wetter u. Klima, bearb. v. H. Schirmer u. a. (1989); P. Fabian: Atmosphäre u. Umwelt (^{4}1992); H. Häckel: M. (^{3}1993); T. E. Graedel u. P. J. Crutzen: Chemie der Atmosphäre (a. d. Engl., 1994); W. Roedel: Physik unserer Umwelt. Die Atmosphäre (^{2}1994). – Weitere Literatur →Klima.

meteorologische Elemente, Größen, die den Zustand der Atmosphäre oder Vorgänge in ihr beschreiben. Dazu gehören u. a. Strahlung, Luftdruck, Temperatur, Feuchte, Wind, Wolken, Wettererscheinungen, Lufttrübung und Bodenzustand. Sie sind in vielfältiger Weise voneinander abhängig. So stehen vertikale Temperatur-, Feuchte- und Druckverteilung in direkter Beziehung zueinander. Druck- und Windfeld verbindet die →Bewegungsgleichung, wobei der vom Wind verursachte Massentransport seinerseits das Druckfeld ändert (für die Wettervorhersage wichtig). M. E. werden mit →meteorologischen Instrumenten gemessen oder (z. B. Wolken) durch Augenbeobachtungen bestimmt.

meteorologische Gesellschaften, Gesellschaften zur Förderung der Forschung sowie zur Verbreitung des Wissens und der Erkenntnisse auf dem Gebiet der Meteorologie; u. a. die Royal Meteorological Society (gegr. 1850; London), die Österr. Gesellschaft für Meteorologie (gegr. 1865; Wien), die Meteorolog. Gesellschaft von Japan (gegr. 1882; Tokio), die Deutsche Meteorolog. Gesellschaft (gegr. 1883; Hamburg), die American Meteorological Society (gegr. 1919; Boston, Mass.). →Societas Meteorologica Palatina.

meteorologische Institute, Lehr- und Forschungsinstitute für Meteorologie (i. d. R. an Hochschulen), mitunter mit denen für Geophysik verbunden. Die größten m. I. außerhalb der Hochschulen sind in Dtl. das Institut für Physik der Atmosphäre der Dt. Forschungsanstalt für Luft- und Raumfahrt e. V. in Oberpfaffenhofen und das Max-Planck-Institut für Meteorologie in Hamburg.

meteorologische Instrumente, bei meteorolog. Messungen am Boden (i. Allg. in 2 m Höhe über Grund) und in der freien Atmosphäre eingesetzte Messgeräte, u. a. Hygrometer und Hygrographen, Barometer und Barographen, Niederschlagsmesser und -schreiber, Anemometer, Anemographen, Thermometer, Thermographen, Aktinometer, Aktinographen, Pyranometer, Pyrheliometer, Pyrgeometer, Psychrometer, Sonnenscheinautographen, i. w. S. auch Radiosonden, Messbojen, Messzüge, Wetterraketen, automat. Wetterstationen, Lidar, Sodar, die bei Remote-Sensing eingesetzten Verfahren (Wettersatelliten, Infrarotthermographie) und Wetterflugzeuge. Gegenwärtig erlebt die meteorolog. Messtechnik einen Aufschwung durch den Einsatz mikroprozessorgesteuerter Messwerterfassungssysteme.

Ausgewählte Meteorströme

Name	Dauer der Sichtbarkeit	Zeit des Maximums	Radiant*)		erzeugender Komet
Quadrantiden	1.–4. Januar	3. Januar	$15,1^h$	$+46°$	
Lyriden	20.–22. April	21. April	$18,2^h$	$+35°$	1861 I
η-Aquariden	29. April–21. Mai	5. Mai	$22,5^h$	$-1°$	Halley
Juni-Draconiden	28. Juni	28. Juni	$13,9^h$	$+54°$	Pons-Winnecke
σ-Aquariden	24. Juli–12. August	3. August	$22,5^h$	$-10°$	
Perseiden	10.–14. August	12. August	$2,9^h$	$+56°$	1862 III
Oktober-Draconiden	9. Oktober	9. Oktober	$17,7^h$	$+54°$	Giacobini-Zinner
Orioniden	19.–23. Oktober	21. Oktober	$6,3^h$	$+16°$	Halley
Tauriden	26. Oktober–25. November	31. Oktober	$3,9^h$	$+21°$	
Leoniden	11.–20. November	17. November	$10,0^h$	$+22°$	Tempel (1866 I)
Andromediden	18.–26. November	23. November	$1,5^h$	$+44°$	Biela
Geminiden	12.–15. Dezember	13. Dezember	$7,5^h$	$+32°$	
Ursiden	18.–22. Dezember	20. Dezember	$14,1^h$	$+76°$	1939 X

*) Rektaszension und Deklination (Mittelwerte)

meteorologische Observatori|en, für bestimmte meteorolog. Beobachtungen aufgrund ihrer Lage und Ausstattung bes. eingerichtete Stationen, so in Hamburg (Forschung, Entwicklung und Beratung auf den Gebieten der Luftbeimengungen, Strahlung und Optik der Atmosphäre sowie der Austauschvorgänge in der unteren Atmosphäre) und auf dem Hohen Peißenberg (Radarmeteorologie, Niederschlagsphysik und Ozon der Atmosphäre).

meteorologische Optik, die →atmosphärische Optik.

meteorologischer Äquator, →Äquator.

meteorologischer Dienst, der →Wetterdienst.

meteorologische Station, Wetterbeobachtungsstelle, die regelmäßig die Beobachtung und Aufzeichnung der →meteorologischen Elemente durchführt. Je nach der instrumentellen Ausrüstung unterscheidet man m. S. 1. bis 5. Ordnung.

Meteorologische Welt|organisation, dt. Bez. für die World Meteorological Organization, →WMO.

meteorologische Zeichen, →Wetterkarte.

Meteoropathologie, wiss. Grenzfach zw. Meteorologie und Medizin, Teilgebiet der Geomedizin; erforscht den Einfluss des Wetters und bes. der Wetterveränderungen (→Wetterfühligkeit) auf Gesunde und Kranke und auf Entstehung und Verlauf von **meteorotropen Krankheiten.** Diese lassen sich in vier Hauptgruppen einteilen: 1) jahreszeitlich bedingte Krankheiten; 2) Krankheiten aufgrund therm. Einflüsse; 3) Krankheiten aufgrund ultravioletter Sonnenstrahlung; 4) Infektionskrankheiten.

Meteorstrom, *Astronomie:* Bez. für Meteorerscheinungen (→Meteor), die auf einen Schwarm sich im interplanetaren Raum auf parallelen Bahnen bewegender Körper (→Meteoroide) zurückzuführen sind. Je nach der Anzahl der einen M. bildenden Meteore **(Strommeteore)** werden die Erscheinungen auch als **Sternschnuppenschwärme, Meteorschauer** oder **Meteorstürme** bezeichnet. Aufgrund der Relativbewegung zw. Erde und Meteoroidenschwarm scheinen die Bahnen der einzelnen zu einem M. gehörenden Meteore strahlenartig von einem Punkt oder kleinen Bereich des Himmels auszugehen, der als **scheinbarer Radiant (Radiationspunkt, Ausstrahlungspunkt)** bezeichnet wird. Seine Lage hängt von der Richtung der Schwarmbewegung und der augenblickl. Bewegungsrichtung der Erde ab. Aus dem scheinbaren, geozentr. Radianten erhält man den wahren, heliozentr., nach dessen Lage ein M. benannt wird, durch Berücksichtigung der Rotation und der Bewegung der Erde auf ihrer Bahn: Der Radiant der Perseiden z. B. liegt im Sternbild Perseus, derjenige der η-Aquariden beim Stern η des Sternbilds Aquarius (Wassermann), der Quadrantiden in dem früher als eigenständiges Sternbild angesehenen Sternbild Quadrant. Befindet sich der Radiant in Sonnenrichtung, spricht man von **Tageslichtströmen,** sie können nicht visuell, wohl aber mit Radarverfahren beobachtet werden.

Meteoroidenschwärme laufen auf Ellipsenbahnen um die Sonne. Bei einigen stimmen deren Bahnelemente mit denen bekannter Kometen überein, z. B. die Bahn der Perseiden mit der des Kometen 1862 II oder die Bahn der Andromediden mit der des Bielaschen Kometen. Die Meteoroidenschwärme sind offenbar die Auflösungsprodukte von Kometen: Beim Abströmen von Materie vom Kometenkern bilden die festen Partikeln eine Wolke, die sich infolge der Stöße der Teilchen untereinander, der Einwirkung des Sonnenwindes und der Störungen durch die Planeten allmählich vergrößert. Das Zusammentreffen der Erde mit einer derartigen Wolke verursacht einen M., dessen Stärke mit der Anzahldichte der Teilchen in der Wolke zunimmt. Erdumlauf- und Schwarmumlaufzeit unterscheiden sich, daher trifft die Erde mit einer kompakten Wolke nicht jedes Jahr zusammen **(periodischer M.)**; haben sich die Teilchen schon über die ganze Bahn verteilt, tritt jedes Jahr beim Kreuzen der Bahn durch die Erde ein (schwächerer) M. **(permanenter M.)** auf.

Meteosat [engl.; Kw. aus **Meteor**ological **Sat**ellite], Bez. für geostationäre Wettersatelliten der ESA über dem Schnittpunkt von Nullmeridian und Äquator. **M. 1,** im November 1977 gestartet, übertrug bis November 1979 Wetterbilder. Darauf folgten **M. 2** bis **M. 5,** wobei heute Aufnahmen im sichtbaren, infraroten und Wasserdampfspektralbereich gemacht werden. – Seit 1987 ist die →EUMETSAT für die europ. Wettersatelliten verantwortlich. (BILDER S. 564)

...meter, Wortbildungselement, →...metrie.

Meter [frz. mètre, über lat. metrum von griech. métron ›Maß‹] *das oder der, -s/-,* Einheitenzeichen **m,** Basiseinheit der Länge im →Internationalen Einheitensystem (SI); seit der 17. Generalkonferenz für Maß und Gewicht 1983 als die Länge der Strecke definiert, die Licht im Vakuum während der Dauer von 1/299 792 458 s zurücklegt. Mit Vorsatzzeichen können dezimale Teile und Vielfache des M. gebildet werden (→Vorsatz). Beispiele: fm (Femtometer, 1 fm = 10^{-15} m, in der Kernphysik Fermi gen.), cm (Zentimeter, 1 cm = 0,01 m) und km (Kilometer, 1 km = 1000 m).

Geschichte: Das M. wurde am 7. 4. 1795 zusammen mit dem Kilogramm von der frz. Nationalversammlung dekretiert, setzte sich jedoch wie das System →metrischen Einheiten erst ab 1840 durch. Es sollte nach einer Definition der frz. Akad. der Wiss. en der zehnmillionste Teil eines Quadranten desjenigen Großkreises der Erde sein, der über Nord- und Südpol durch Paris (2,20° östl. Länge) verläuft. Dessen Länge wurde anhand der von J. DELAMBRE und P. F. A. MÉ-

Meteosat: links Die Erde mit ihrer Atmosphäre, aufgenommen vom Wettersatelliten Meteosat 2 am 18. 9. 1983 aus rund 36 000 km Höhe; rechts Ausschnitt aus dem Bild links

CHAIN seit 1791 auf der Strecke Dünkirchen–Barcelona (2,22° bzw. 2,11° östl. Länge) durchgeführten Gradmessungen ermittelt. Der Pariser Mechaniker JEAN FORTIN (* 1750, † 1831) stellte aus Platin zwei Maßverkörperungen her (→Urmeter), Vorläufer der Meterprototypen, die nach Abschluss der →Meterkonvention allen Signatarstaaten zur Verfügung gestellt wurden. Auf der 11. Generalkonferenz für Maß und Gewicht 1960 wurde das M. neu definiert als das 1 650 763,73fache der Wellenlänge einer von Atomen des Isotops ^{86}Kr (Krypton) unter genau festgelegten Bedingungen ausgesandten elektromagnet. Strahlung (einer orangeroten Linie).

Meterkilopond, das →Kilopondmeter.

Meterkonvention, frz. **Convention du Mètre** [kɔ̃vɑ̃'sjɔ̃ dy 'mɛ:tr], ein am 20. 5. 1875 in Paris zw. 17 Staaten abgeschlossener internat. Vertrag, der urspr. der Sicherung einer weltweiten Einheitlichkeit der metr. Einheiten diente, 1921 aber wesentlich erweitert wurde und sich heute auf das gesamte Messwesen mit den Einheiten des →Internationalen Einheitensystems als Basis bezieht. Die ursprüngl. Zielsetzung führte zur Schaffung einer aus verschiedenen Organen bestehenden **Internationalen Organisation für Maß und Gewichte,** die damals v. a. für die Erstellung, Aufbewahrung und Vergleichung von internat. und nat. Meter- und Kilogrammprototypen zu sorgen hatte. Zu diesem Zweck wurden das **Bureau International des Poids et Mesures** (Abk. BIPM; dt. **Internationales Büro für Maße und Gewichte**) in Sèvres und entsprechende nat. Institutionen gegründet (z. B. 1887 die Physikalisch-Techn. Reichsanstalt in Berlin).

Oberstes Organ der M. ist die mindestens alle sechs Jahre in Paris stattfindende **Conférence Générale des Poids et Mesures** (Abk. CGPM, dt. →Generalkonferenz für Maß und Gewicht) von Vertretern der zz. 45 Signatarstaaten, auf der über Fortschritte und auf dem Gebiet der Metrologie beraten wird. Unter der Generalkonferenz arbeitet das **Comité International des Poids et Mesures** (Abk. CIPM, **Internationales Komitee für Maße und Gewichte**), das sich aus 18 Experten der Metrologie (aus 18 Staaten) und dem Direktor des BIPM zusammensetzt und die Leitung und Aufsicht über das BIPM mit seinen Laboratorien in Sèvres hat; es tritt mindestens alle zwei Jahre zusammen.

Dem CIPM stehen zur Seite die sieben **beratenden Komitees** (frz. **Comité Consultatif,** Abk. **CC**) für Elektrizität (seit 1927), Photometrie und Radiometrie (seit 1935), Thermometrie und Kalorimetrie (seit 1937), Definition des Meters (seit 1952), Definition der Sekunde (seit 1956), Ionisierende Strahlung (seit 1960) und für Einheiten. In diese Komitees entsenden die großen Staatsinstitute – z. B. von Dtl. die Physikalisch-Techn. Bundesanstalt – je einen Vertreter. Die Beschlüsse der CC dienen dem CIPM als Vorschläge an die Generalkonferenz.

Meter Wassersäule, Kurz-Bez. für **konventionelles Meter Wassersäule,** Einheitenzeichen mWS, nicht gesetzl. Einheit des Druckes, stellt den Druck einer 1 m hohen Wassersäule bei der Normfallbeschleunigung dar: 1 mWS = 9,806 65 kPa.

Meterwellen, frühere Bez. für →Ultrakurzwellen.

Metge ['meddʒə], Bernat, katalan. Schriftsteller, * Barcelona um 1345, † ebd. nach 1410 (1413 ?); Sekretär von König JOHANN I (* 1350, † 1396) von Aragonien; früher Vertreter der Renaissance in Katalonien. Seine Schriften stehen u. a. unter dem Einfluss von BOETHIUS, R. LULLUS, DANTE, G. BOCCACCIO und F. PETRARCA. Neben der allegor. Dichtung ›Llibre de fortuna e prudència‹ (entstanden 1381) und der ersten Übersetzung PETRARCAS in Spanien (›Història de Valter e Griselda‹, entstanden 1388) steht als sein Hauptwerk der didakt. Dialog ›Lo somni‹ (entstanden 1398), in dem König JOHANN, Orpheus, Teiresias und M. u. a. über die Unsterblichkeit und Freiheit der Seele, die Sünde sowie über die Frauen diskutieren, die M. vor der spätmittelalterl. Frauenfeindlichkeit in Schutz nimmt.

Ausgabe: Obras, hg. v. M. DE RIQUER (1959).

Meth|acrylsäure, 2-Methylacrylsäure, ungesättigte, leicht zur Polymerisation neigende organ. Säure. Von techn. Bedeutung sind die **M.-Ester (Methacrylate),** v. a. der **M.-Methylester (Methylmethacrylat),** eine farblose, stechend riechende Flüssigkeit, die durch Veresterung von Methacrylsäure mit Methanol in Gegenwart von Schwefelsäure hergestellt und v. a. zu Acrylglas (→Polymethacrylate), aber auch zu Lackbindemitteln (→Acrylharze) und Textilhilfsmitteln weiterverarbeitet wird.

Methadon [Kw.] *das, -s,* stark wirksames synthet., zur Gruppe der morphinartig wirkenden Stoffe (Opioide) gehörendes Schmerzmittel, in Dtl. unter dem Warennamen Polamidon® in die Therapie eingeführt. Wie andere Opioide kann M. (allerdings seltener) zu Abhängigkeit und bei massiver Überdosierung zum Tode führen. Da es aber wesentlich schwächer zentral stimulierend (euphorisierend) wirkt als Morphin oder Heroin und gleichzeitig Entzugssymptome bei Heroinabhängigen zu beseitigen vermag, wird es im Rahmen von **M.-Programmen** bei der Entziehungsbehandlung von Heroinabhängigen (→Entzugskur) eingesetzt. Das dem Betäubungsmittel-Ges. unterlie-

$CH_2=C-COOH$
 |
 CH_3
Methacrylsäure

$CH_2=C-COOCH_3$
 |
 CH_3
Methacrylsäuremethylester

Methacrylsäure

gende Arzneimittel wird dabei dem Abhängigen unter strenger ärztl. Kontrolle verabreicht.
Der drogenabhängige Patient, hg. v. J. GÖLZ (1995).

Met|hämoglobin, →Hämoglobin.

Met|hämoglobin|ämie, das Auftreten größerer Mengen von Methämoglobin (Hämiglobin, →Hämoglobin), das als oxidierte Form des Hämoglobins zum Sauerstofftransport nicht mehr tauglich ist, im Blut. Die **toxische M.** wird durch Einwirkung von Chemikalien wie Anilinverbindungen, Nitrobenzol, auch durch Arzneimittel wie Sulfonamide, Chinin hervorgerufen; Ursache der **alimentären M.** ist die Aufnahme von Nitraten, z. B. mit dem Trinkwasser oder über belastetes Gemüse, die v. a. für Säuglinge und Kleinkinder gefährlich ist. Symptome sind Kopfschmerzen, Übelkeit, Schwindel, Zyanose; bei höherem Anstieg kommt es zu hämolyt. Anämie und tödl. Kollaps.

Methan [zu Methyl gebildet] *das, -s,* einfachster Kohlenwasserstoff aus der Gruppe der →Alkane. M. ist ein farbloses, bläulich brennendes Gas mit einem Brennwert von 39,8 MJ/m³. Es bildet sich durch Pyrolyse oder anaerobe bakterielle Zersetzung aus organ. Substanzen und ist deshalb wesentl. Bestandteil z. B. von Erdgas, Raffineriegas, Kokereigas, Biogas (Sumpfgas, Klärgas) und Grubengas. M. entsteht auch durch →Methanisierung, bei der Kohlevergasung (bes. unter Druck und in Gegenwart von Wasserstoff) und bei der Kohlehydrierung. Es wird meist in Gemischen mit anderen Gasen als Brenngas verwendet. Als chem. Rohstoff dient es zur Herstellung von Synthesegas für Ammoniak und Methanol sowie von Wasserstoff, Blausäure, Acetylen und Chlormethanen (→Chlorkohlenwasserstoffe). – M. zählt zu den klimawirksamen Spurengasen, die zum Treibhauseffekt beitragen (→Klimaänderung). Der M.-Gehalt der Atmosphäre hat sich seit 1850 auf 1,7 ppm verdoppelt. Als wichtige Ursachen dafür werden die Verstärkung von Reisanbau (Sumpfgas) und Viehhaltung (M.-Bildung im Pansen von Wiederkäuern) sowie das Entweichen von Deponiegasen angesehen.

Methanal *das, -s,* der →Formaldehyd.

Methanbakteri|en, Methanobacteri|aceae, Methan bildende (methanogene) Bakterien, die an anaeroben Standorten wie den Sedimenten von Gewässern, in Tundren und Sumpfgebieten, in Faultürmen von Kläranlagen, im Pansen der Wiederkäuer sowie im Darmtrakt vieler Tiere weit verbreitet sind. Sie spielen beim anaeroben Abbau organ. Substanz eine entscheidende Rolle. Das von ihnen gebildete ›Biogas‹ (wegen des erkennbaren Aufsteigens von Gasblasen in Sümpfen auch ›Sumpfgas‹ genannt) ist ein Gemisch aus Methan und Kohlendioxid. Unter anaeroben Bedingungen wird organ. Material durch das Zusammenwirken von versch. Bakterien zunächst zu organ. Säuren und von den M. dann zu Methan umgesetzt. Diese besitzen die Fähigkeit, den von anderen Bakterien freigesetzten Wasserstoff (H_2) zu aktivieren und die H_2-Oxidation mit der Reduktion von Kohlendioxid (CO_2) zu Methan (CH_4) zu koppeln. Die M. gehören zu den →Archaebakterien. Es werden sieben Gattungen unterschieden: Methanobacterium, Methanosarcina, Methanococcus, Methanobrevibacter, Methanomicrobium, Methanogenium und Methanospirillum.

Methanisierung, Verfahren zur Herstellung von Methan aus Kohlenmonoxid und Wasserstoff: $CO + 3H_2 \rightarrow H_2O + CH_4$. Die Reaktion läuft bei 250–350 °C in Gegenwart von Nickelkatalysatoren exotherm ab, d. h. unter Freisetzung von Wärme. Sie hat Bedeutung bei der Entfernung von CO-Resten aus Synthesegas und eignet sich zur techn. Herstellung von synthet. Erdgas (→SNG). Bei etwa 800 °C lässt sich die M. unter Wärmezufuhr (endotherme Reaktion) umkehren (→Steamreforming). Da ein Gemisch von Kohlenmonoxid und Wasserstoff bei Umgebungstemperatur über Rohrleitungen transportiert werden kann, eignet sich eine Kombination von M. und Steamreforming zum chem. Wärmetransport.

Methanol [Kw. aus **Methan** und Alkohol] *das, -s,* **Methyl|alkohol,** veraltet: **Carbinol,** einfachste Verbindung aus der Reihe der →Alkohole, die als Esterkomponente in vielen Pflanzenstoffen (z. B. im Lignin) enthalten ist; M. fällt deshalb auch bei der Holzverkohlung in Form von **Holzgeist** an. Während der alkohol. Gärung kann sich M. aus den in Pflanzensäften enthaltenen Pektinen bilden. Es ist mit einem Gehalt von etwa 0,1 g/l in Weinen enthalten. M. ist ein bedeutendes. Großprodukt, das im Jahre 1923 von M. PIER erstmals durch katalyt. Umsetzung von Kohlenoxid mit Wasserstoff technisch hergestellt wurde. Die exotherme Gleichgewichtsreaktion $CO + 2H_2 \rightleftharpoons CH_3OH$ wird durch hohen Druck und niedrige Temperatur begünstigt, wobei allerdings je nach Art des Katalysators eine bestimmte Mindesttemperatur erforderlich ist. Moderne Niederdruckverfahren arbeiten in Gegenwart von kupferhaltigen Katalysatoren bei 250 °C und 50 bis 100 bar (10 MPa). Das für die M.-Synthese nötige →Synthesegas wird aus Erdgas oder Erdölrückständen hergestellt, kann aber auch durch Kohlevergasung gewonnen werden.

M. ist eine farblose, brennbare Flüssigkeit mit einer Dichte von 0,787 g/cm³ (bei 25 °C) und einem Siedepunkt von 64,5 °C. Es ist mit Wasser und organ. Lösungsmitteln mischbar. M. wird v. a. zu Methyl-tert.-butyläther (Kraftstoffzusatz), Formaldehyd (Kunstharze), Essigsäure und Dimethylterephthalat (Polyesterfasern) weiterverarbeitet. Daneben hat es als Kraftstoffkomponente und Lösungsmittel Bedeutung. Zukünftige Einsatzmöglichkeiten sind die Umsetzung zu Benzinkohlenwasserstoffen an speziellen Zeolithkatalysatoren **(Mobilprozess)** und die Herstellung von synthet. Proteinen.

M.-Vergiftungen können nach Einnahme von 5 bis 15 ml M. eintreten, die tödl. Dosis beträgt beim Erwachsenen 30 bis 50 (bzw. bis 100) ml. Vergiftungserscheinungen sind Übelkeit, Erbrechen, heftige Leibschmerzen, Blausucht, Bewusstlosigkeit und Tod durch Atemlähmung. Sehstörungen können zu dauernder Erblindung führen. Die *Behandlung* besteht in Bekämpfung der Acidose (Natriumhydrogencarbonat über mehrere Tage), Verabreichen von Äthylalkohol bis zu einem Blutspiegel von etwa 1‰ (Hemmung der Umwandlung von M. in den giftigen Formaldehyd), Hämodialyse und der Gabe von Folsäure.

Methansäure, die →Ameisensäure.

Methanzahl, Abk. **MZ,** Maß für die Zündneigung und Klopffestigkeit von gasförmigen Kraftstoffen, vergleichbar der →Oktanzahl bei flüssigen Kraftstoffen. Bezugsgase sind das zündunwillige, klopffeste Methan (MZ = 100) und der zündwillige, klopffreudige Wasserstoff (MZ = 0); ein Gas mit der MZ 80 hat also die gleiche Klopffestigkeit wie eine Mischung aus 80 % Methan und 20 % Wasserstoff.

Methen|amin, das →Hexamethylentetramin.

Metheny [məˈθiːnɪ], Pat, eigtl. **Patrick Bruce M.,** amerikan. Jazzmusiker (Gitarre, Komposition), * Lee's Summit (Mo.) 12. 8. 1954; spielte 1974–77 bei GARY BURTON und leitete dann eigene Gruppen; gilt als einer der bedeutendsten Vertreter des Rockjazz der 80er-Jahre; auch Filmmusiken.

Methexis [griech. ›Teilhabe‹] *die, -,* von PLATON eingeführter Terminus zur Bez. des Verhältnisses der Einzeldinge der Sinnenwelt zu ihren Urbildern, den Ideen, und der Ideen untereinander. Unter der Voraussetzung, dass allein die Ideen ›wirklich‹ sind, folgt für PLATON, dass die Einzeldinge als Abbilder nur durch Teilhabe an den Ideen als ›wirklich‹ und ›seiend‹ angesehen werden können. Für die christl. Platontradition, die den Schöpfergott als höchste, im eigentl.

Meth Methin... – Methodenbank

Sinn ›wirkl.‹ Idee versteht, ergibt sich der Grad der Dignität und Realität der Dinge aus dem Grad der Teilhabe am Sein Gottes.

Methin..., Bez. der chem. Nomenklatur für die Atomgruppe =CH–.

Methinfarbstoffe

Basic Yellow 21

Methinfarbstoffe, Polymethinfarbstoffe, Bez. für Farbstoffe, in deren Molekülen Substituenten, die als Elektronenakzeptor oder -donator wirken, an Methingruppen, =CH–, gebunden sind. Dabei enthalten die Substituenten meist ein Heteroatom (v. a. Stickstoff oder Sauerstoff), das direkt oder über einen aromat. Rest an die Kette gebunden ist oder auch Bestandteil eines heterozykl. Rings sein kann. Je nach Anzahl der Methingruppen unterscheidet man Mono-M., Di-M. (und auch Null-M.). Nach dem Ionisierungszustand werden die M. in kation. (basische), anion. (saure) und neutrale Farbstoffe eingeteilt. Bes. die – auch **Cyaninfarbstoffe** genannten – kation. M. haben zum Nutzen von Polyacrylnitrilfasern große Bedeutung; sie werden auch als Sensibilisatoren in der Fotografie verwendet.

Methionin [Kw.] *das, -s,* Abk. **Met,** eine schwefelhaltige essenzielle Aminosäure (chemisch die 2-Amino-4-methylmercapto-buttersäure), die für physiolog. Methylierungsvorgänge wichtig ist. M. fördert das Wachstum von tier. Gewebe, daneben spielt es eine Rolle bei der Lebertherapie und wirkt entgiftend bei Schwermetallvergiftungen. – Da viele Proteinfuttermittel für eine optimale Eiweißausnutzung einen Mangel an M. aufweisen, wird M. heute auch (ausgehend von Acrolein und Methanthiol) synthetisch hergestellt und den Futtermitteln zugesetzt.

Methionin:
CH$_3$
|
S
|
(CH$_2$)$_2$
|
HC–(NH$_2$)
|
COOH

Methode [griech. méthodos ›Weg‹, ›Gang einer Untersuchung‹, eigtl. ›Weg zu etwas hin‹] *die, -/-n,* ein nach Gegenstand und Ziel planmäßiges (method.) Verfahren, die Kunstfertigkeit einer Technik zur Lösung prakt. und theoret. Aufgaben (Arbeits-M., techn. M. u. a.), speziell das Charakteristikum für wiss. Vorgehen. Entsprechend geht eine M.-Lehre (Methodologie) als Teil der Logik jeder Wissenschaft voraus; sie bildet das Kernstück der gegenwärtigen Wissenschaftstheorie, der Nachfolgerin der klass. Erkenntnistheorie innerhalb der Philosophie. Darüber hinaus haben die Einzelwissenschaften ihnen gemäße M. entwickelt, die einerseits der Forschung und andererseits der Darstellung (Lehre) dienen. Die allgemeine Charakterisierung dieser einzelwiss. M. wiederum führt zu entsprechenden Einteilungen der Wissenschaften, die das Selbstverständnis der jeweiligen Wissenschaft entscheidend prägen. So werden z. B. Natur- und Geisteswissenschaften seit W. DILTHEY durch die Herrschaft der erklärenden und der verstehenden M. voneinander unterschieden. Dem steht gegenüber die auf W. WINDELBAND zurückgehende Einteilung in die nomothet. (Gesetze aufstellenden) Naturwissenschaften und die idiograph. (das Eigentümliche beschreibenden) Kulturwissenschaften, wobei im ersten Fall eine generalisierende M., im zweiten eine individualisierende M. vorherrsche. Weiter gab der Unterschied zw. induktiver und deduktiver M. Anlass, die empir. Wissenschaften (z. B. Chemie) von den rationalen (z. B. Mathematik) abzusondern, während der in neuerer Zeit speziell in der Soziologie geführte Streit zw. positivist. und radikal krit. (idealist.) Wissenschaft auch ein Streit zw. analyt. und synthet. M. genannt wird (so schon früher bei K. VOSSLER für die Sprachwissenschaft). Die Gegensätze kantischen und hegelschen Denkens manifestieren sich als transzendentale und dialekt. M. Auch die versch. Grundlagenstreite, bes. in der Volkswirtschaftslehre (K. MENGERS rationale gegen G. VON SCHMOLLERS empir. M.) und in der Mathematik (D. HILBERTS axiomat. gegen L. E. J. BROUWERS intuitionist. M.) sind v. a. Auseinandersetzungen um die Angemessenheit der jeweils vorgeschlagenen und verwendeten Methoden.

Die Hauptstücke der klass. und modernen Methodologie bilden die Lehre von der Definition und vom Beweis, d. h. die Lehre von der Begriffsbildung und von den Begründungsverfahren. Für die analytische Wissenschaftstheorie gilt die experimentelle M. der empir. Naturwissenschaft zus. mit den logisch-mathemat. M. der modernen Grundlagenforschung als Muster wiss. M. schlechthin. In ihr gliedert sich die Methodologie in einen empir. und einen reinen Teil. Im reinen Teil wird die (logisch-mathemat.) Zurückführbarkeit der Bestätigung (Geltung) einer Aussage auf andere Aussagen untersucht (deduktive M.), im empir. Teil wird die Bestätigungsfähigkeit und Prüfbarkeit der Aussagen behandelt (induktive M.). Hiervon abweichende Methodologien lassen die Trennung von reinem und empir. Teil nicht gelten (W. V. O. QUINE) oder verweisen auf weitere Begründungsverfahren, z. B. in der Mathematik die konstruktive M. (P. LORENZEN), in den histor. Wissenschaften die hermeneut. M. (H.-G. GADAMER) oder in der Philosophie die sprachanalyt. M. (L. WITTGENSTEIN).

Enzykl. der geistesswiss. Arbeitsmethoden, hg. v. M. THIEL, auf 12 Tle. ber. (1967 ff.); W. STEGMÜLLER: Probleme u. Resultate der Wiss.-Theorie u. analyt. Philosophie, 7 Bde. ($^{1-2}$1973–86); H.-G. GADAMER: Wahrheit u. M. (^{4}1975); P. HUCKLENBROICH: Theorie des Erkenntnisfortschritts. Zum Verhältnis von Erfahrung u. M. in der Naturwiss. (1978); I. M. BOCHEŃSKI: Die zeitgenöss. Denkmethoden (^{8}1980); J. HABERMAS: Zur Logik der Sozialwiss.en (Neuausg. 1985); K. WUCHTERL: M. der Gegenwartsphilosophie (Bern ^{2}1987); U. NEEMANN: Gegensätze u. Synthesversuche im Methodenstreit der Neuzeit, 2 Bde. (1993–94); K. R. POPPER: Logik der Forschung (a. d. Engl., ^{10}1994).

Méthode champenoise [meˈtɔd ʃapɔˈnwaːz, frz.], Bez. für die klass. Art der Schaumweinbereitung, nämlich durch →Flaschengärung. Die Bez. M. c. ist auf Beschluss der EU seit 1994 nicht mehr zulässig. Erlaubt sind die Formulierungen ›méthode classique‹, ›méthode traditionnelle‹, ›méthode traditionnelle classique‹ sowie ›fermentation en bouteille selon la méthode champenoise‹.

Methode der finiten Elemente, →Finite-Elemente-Methode.

Methode der kleinsten Quadrate, *Statistik:* in der Ausgleichs- und Fehlerrechnung verwendetes Prinzip zur Ermittlung des Wertes A einer Beobachtungsgröße, für die sich bei vielfach wiederholten Messungen nur mit Fehlern behaftete Messwerte A_i ergeben. Dieses erstmals 1794 von C. F. GAUSS angewendete (1809 veröffentlichte) Prinzip wählt als Näherungswert A_w für A denjenigen, bei dem die Summe der (bei ungleich genauen Beobachtungen mit Gewichtsfaktoren p_i multiplizierten) Quadrate der Abweichungen der Messwerte von A_w ein Minimum wird:

$$\sum_{i=1}^{n} p_i (A_i - A_w)^2 = \text{Minimum}.$$

Aus dieser Extremalforderung ergibt sich

$$A_w = \sum_{i=1}^{n} p_i A_i \bigg/ \sum_{i=1}^{n} p_i.$$

Die M. d. k. Q. wird auch zur Schätzung von Maßzahlen verwendet. (→Regression)

Methodenbank, Programmbibliothek, die dem Benutzer zus. mit einer Datenbank zur Verfügung steht, um mit den darin verfügbaren Programmen den vorhandenen Datenbestand zu bearbeiten. M. sind in erster Linie für Benutzer gedacht, die zwar mit dem jeweiligen Anwendungsgebiet (z. B. Medizin, Bevölkerungsforschung, Marketing), nicht aber mit den Methoden (z. B. statist. Auswertungen) vertraut sind. M. zeichnen sich durch viele Benutzerhilfen aus. Solche Hilfen sind eine systemat. Methodendokumentation, Auswahlhilfen (z. B. Führung des Benutzers im Dialog bei der Suche nach einer für sein Problem und seine Datenkonstellation geeigneten Methode), automat. Auswahl, Verbot von ungeeigneten Methoden, Unterstützung bei der Verknüpfung von Methoden, Schätzungen der bei der Benutzung der Methode anfallenden Rechenzeitkosten, Datenschutz, computergestützte Parameterversorgung, Interpretationshilfen, computergestütztes Training des Umgangs mit der Methode.

Methodik [griech. methodikḗ (téchnē) ›Kunst des planmäßigen Vorgehens‹] *die, -/-en,* Teilgebiet der *Erziehungswissenschaft,* das sich mit den Unterrichtsmethoden und den anzuwendenden Lehrverfahren beschäftigt. Typ. Untersuchungsgegenstände der M. sind der Einsatz von Medien u. a. Lehr-, Lern- und Arbeitsmitteln (Mediendidaktik, programmierter Unterricht). Das Methodenverständnis der Pädagogik unterscheidet sich vom technisch-naturwiss. Ansatz, weil eine auf Selbstständigkeit und Mündigkeit abzielende Bildung die prinzipielle Freiheit und Unverfügbarkeit des Schülers in seinem Personsein in Rechnung stellen muss. Die M. ergänzt die Didaktik, insofern sie für die Umsetzung der ausgesuchten Lehrziele Beiträge leistet. Das didakt. Konzept, nicht die M. bildet den Ausgangspunkt von Erziehung und Unterricht. Abgesehen vom rigid durchgeführten programmierten Unterricht vollzieht sich schul. Lehren und Lernen immer in einer besonderen Unterrichtssituation und bei spontanen Reaktionen von unterschiedl. Schülern und Schülergruppen. Die Festlegung auf eine bestimmte M. wird i. Allg. als nicht förderlich angesehen, vielmehr wird eine Methodenvariation nach Maßgabe situativer Faktoren (Lebensalter, Vorwissen, Motivlagen, Schülererwartungen u. a.) angestrebt. →Didaktik, →Lernen)

Methodios, Apostel der Slawen, →Kyrillos und Methodios.

Methodios, M. von Olympos, altkirchl. Theologe, † um 311; soll Bischof von Olympos (Lykien) gewesen und als Märtyrer gestorben sein; Verfasser zahlreicher platonisch beeinflusster Schriften. M. vertrat in seiner (in ihrer Form dem ›Symposion‹ PLATONS nachgestalteten) Schrift ›Das Gastmahl oder über die Jungfräulichkeit‹ das Ideal der Jungfräulichkeit, womit er als einer der Wegbereiter des christl. Mönchstums anzusehen ist.

Methodismus *der, -,* im 18. Jh. von den Brüdern J. und C. WESLEY begründete Erweckungsbewegung innerhalb der Kirche von England, aus der sich die methodist. Kirchen entwickelt haben (→Methodisten).

Methodisten, Bez. für die Mitgl. verschiedener christl. Freikirchen, die sich seit dem 18. Jh. im Zusammenhang mit der Erweckungsbewegung im angelsächs. Raum gebildet haben. Sie gehen zurück auf die von den Brüdern J. und C. WESLEY während ihrer Studienzeit in Oxford in den 20er-Jahren des 18. Jh. ins Leben gerufene geistliche Erneuerungsbewegung. Diese war urspr. nicht mit der Absicht verbunden, eine eigene Kirche zu gründen, sondern verstand sich als eine kirchl. Bewegung innerhalb der Kirche von England. In ihrem Mittelpunkt standen die individuelle Vergewisserung des eigenen Glaubens und der persönl. Erfahrung des Angenommenseins durch Gott, wobei die reformator. Rechtfertigungslehre die theologische Grundlage bildete. In kleinen Gruppen (›Klassen‹) sollten die Anhänger, angeleitet von einem ›Klassenleiter‹, systematisch zu geistl. Fortschritt geführt werden. Dieses ›method.‹ Vorgehen trug ihnen den Spottnamen **M.** ein. Zur schnellen Ausbreitung der wesleyschen Bewegung, zunächst in England und bald auch im gesamten angelsächs. Raum, trug die planvoll organisierte Evangelisation bei. Zur Predigt, der dabei große Bedeutung zukam, berief J. WESLEY entgegen dem anglikan. Brauch auch nicht ordinierte Laien, was den Bruch mit der anglikan. Staatskirche und die Herausbildung eigener methodist. Gemeinden zur Folge hatte. In der Frühphase reisten die Prediger von Ort zu Ort und versuchten durch ihre an Straßen und auf Plätzen gehaltenen Predigten auch wenig kirchlich gesinnte Menschen zu gewinnen. In Nordamerika entstanden die ersten Gemeinden nach 1760 infolge der Evangelisation irischer M. Hier entstand 1784 mit der **Bischöflichen Methodistenkirche** auch die erste eigenständige methodist. Kirche, deren Gründung 1795 in England nachvollzogen wurde. Durch Abspaltungen und Neugründungen bildeten sich in der folgenden Zeit weitere methodist. Kirchen.

Eine eigene Entwicklung nahmen die Anhänger des deutschstämmigen J. ALBRECHT, der sich 1792 einer M.-Gemeinde in Pennsylvania anschloss, dort als Laienprediger mitarbeitete und seit 1796 den Einwanderern in ihrer dt. Muttersprache predigte. Aus den so gewonnenen Gläubigen, den ›Albrechtsleuten‹, deren Sonderweg von den englischsprachigen M. nicht gebilligt wurde, entstand eine selbstständige deutschsprachige methodist. Gemeinschaft (seit 1816 als **Evangelische Gemeinschaft** bezeichnet), die sich bis nach Kanada und seit 1850 durch die Rückkehr dt. Auswanderer auch in Dtl. verbreitete.

1968 schlossen sich die Anhänger der Bischöfl. Methodistenkirche und der Ev. Gemeinschaft zur **Evangelisch-methodistischen Kirche,** Abk. **EmK** zusammen. Die EmK bildet einen integrierten Zweig der **United Methodist Church,** der mit rd. 20 Mio. M. (davon rd. 12 Mio. [erwachsene] Kirchenmitglieder im rechtl. Sinn) größten methodist. Kirche. In Dtl. gehören ihr (1997) rd. 65 000 (40 000) M. an, in der Schweiz rd. 20 000 (13 000) und in Österreich rd. 2 000 (1 000). Die im ›Weltrat Methodist. Kirchen‹ (›World Methodist Council‹; gegr. 1881) zusammengeschlossenen 64 autonomen Mitgliedskirchen repräsentieren rd. 60 Mio. (29 Mio.) M. in über 90 Ländern; darunter rd. 13,7 Mio. (9 Mio) in den USA und rd. 1,2 Mio. (380 000) in Großbritannien. Innerhalb des Methodismus am stärksten im Wachsen begriffen sind die methodist. Kirchen in Afrika und in Asien.

J. G. BURCKHARDT: Vollständige Gesch. der M. in England, Vorwort v. M. WEYER (1795, Nachdr. 1995); The history of American Methodism, hg. v. E. S. BUCKE u. a., 3 Bde. (New York 1964); Der Methodismus, hg. v. C. E. SOMMER (1968); E. HALÉVY: The birth of Methodism in England (Chicago, Ill., 1971); The encyclopedia of world methodism, hg. v. N. B. HARMON, 2 Bde. (Nashville, Tenn., 1974); Sourcebook of American Methodism, hg. v. F. A. NORWOOD (ebd., 1982); Geschichte der Evangelisch-methodist. Kirche. Weg, Wesen u. Auftrag des Methodismus unter besonderer Berücksichtigung der deutschsprachigen Länder Europas, hg. v. K. STECKEL u. a. (1982); Der kontinentaleurop. Methodismus zw. den beiden Weltkriegen, hg. v. M. WEYER (1990); W. KLAIBER u. M. MARQUARDT: Gelebte Gnade. Grundr. einer Theologie der Ev.-Methodist. Kirche (1993).

Methodologie *die, -/...'giĮen,* die Lehre von den in den Einzelwissenschaften angewendeten Methoden. Die M. zählt in einzelnen Teilen (Lehre von der Definition, Distinktion, Division, Heuristik, Begründungstheorie u. a.) zur Logik i. w. S. Die Theorie der allgemeinen, für alle Wissenschaften geltenden Methoden ist Gegenstand der Wissenschaftstheorie, im Ggs. zu den speziellen Methoden, die dem Gebiet der jeweiligen Einzelwissenschaften zugerechnet werden.

Methylacetophenon (structural formula)

Methylorange (structural formula)

Methylpyrrolidon (structural formula)

Methylenblau (structural formula):
$$\left[(H_3C)_2N\!-\!\!\bigcirc\!\!-\!\!N\!\!=\!\!\bigcirc\!\!-\!\!N(CH_3)_2\right]^+ Cl^-$$

Methylrot (structural formula)

$(CH_3)_3C-O-CH_3$
Methyl-tert.-butyläther

R. HOENIGSWALD: Die Grundlagen der allg. Methodenlehre, 2 Bde. (1969–70); W. STEGMÜLLER: Erklärung, Begründung, Kausalität (²1983); A. MENNE: Einf. in die M. (³1992); K. R. POPPER: Logik der Forschung (a. d. Engl., ¹⁰1994).

Meth|oxy..., Bez. der chem. Nomenklatur für die Atomgruppe $-OCH_3$.

Methuenvertrag ['meθjuɪn-, nach dem engl. Unterhändler JOHN METHUEN, *um 1650, †1706], englisch-port. Handelsvertrag vom 27. 12. 1703. Gegen die Öffnung des port. Marktes für engl. Wolle und Wollartikel förderte England die Einfuhr port. Weine; führte u. a. zur Vernichtung des port. Wollgewerbes.

Methusalem, hebr. **Methuschelach**, in der Vulgata **Mathusala**, Gestalt der Bibel; nach 1. Mos. 5, 21 ff. der Urvater vor der Sintflut, der das höchste Alter (969 Jahre) erreicht haben soll; daher sprichwörtlich ›so alt wie Methusalem‹.

Methyl... [frz. méthyle, rückgebildet aus méthylène ›Holzgeist‹, zu griech. méthy ›Wein‹ und hýlē ›Holz‹], Bez. der chem. Nomenklatur für die Atomgruppe $-CH_3$.

Methyl|acetophenon, 1-p-Tolyl|äthanon, p-Tolylmethylketon, angenehm riechendes, flüssiges Keton, das in mehreren äther. Ölen vorkommt. M. wird auch synthetisch hergestellt und zur Parfümierung von Seifen verwendet.

Methyl|alkohol, das →Methanol.

Methyl|amino..., Bez. der chem. Nomenklatur für die Atomgruppe $-NH-CH_3$.

Methyl|äther, der →Dimethyläther.

Methyl|äthyl|keton, das →Butanon.

Methylbromid, Brom|methan, CH_3Br, farbloses, fast geruchloses, giftiges Gas, das z. B. durch Umsetzen von Methanol mit Kaliumbromid und Schwefelsäure entsteht. M. wird verflüssigt u. a. als Methylierungsmittel sowie v. a. als Nematizid im Pflanzenschutz verwendet. – M. hat eine atmosphär. Lebenszeit von 1,2–1,8 Jahren, seine Wirksamkeit beim Ozonabbau beträgt 0,5–0,7 % derjenigen von Fluorchlorkohlenwasserstoffen.

2-Methyl-1,3-butadi|en, →Isopren.

Methylcellulose, →Celluloseäther.

Methylchlorid, das →Chlormethan.

Methylen..., Bez. der chem. Nomenklatur für die Atomgruppe $-CH_2-$.

Methylenblau, ein kation. Phenothiazinfarbstoff, der v. a. zum Färben von Papier sowie als Mikroskopierfarbstoff verwendet wird. – M. lässt sich leicht zum farblosen Leuko-M. reduzieren und wird deshalb bei der Untersuchung biochem. Redoxprozesse als Wasserstoffakzeptor und Indikator verwendet.

Methylenchlorid, das →Dichlormethan.

Methylglykol, Glykolmonomethyl|äther, eine farblose, mit Wasser mischbare Flüssigkeit, $CH_3-O-C_2H_4-OH$, die als Lösungsmittel für Celluloselacke, -einbrennlacke u. a. verwendet wird.

Methylgrün, grüner, wasserlösl. Triphenylmethanfarbstoff, der als Mikroskopierfarbstoff (v. a. Kernfarbstoff; DNA wird grün, RNA rot gefärbt) verwendet wird.

Methylierung, Einführung der Methylgruppe, $-CH_3$, in anorgan. und v. a. organ. Verbindungen. Gebräuchl. M.-Mittel sind z. B. Methanol, Chlormethan, Diazomethan und Dimethylsulfat. – Im Stoffwechsel werden durch das Enzym Methyltransferase Methylgruppen übertragen (**Trans-M.**), die aus dem durch ATP aktivierten Methionin stammen.

Methyl|isobutylketon, Abk. **MIBK, 4-Methyl-2-pentanon,** farblose Flüssigkeit mit guten Löseeigenschaften für Fette, Kautschuk, Nitrocellulose, Polyvinylchlorid, Polystyrol u. a. Polymere. M., das aus Aceton über Mesityloxid hergestellt wird, dient v. a. als Lösungsmittel für Lacke.

$(CH_3)_2CH-CH_2-CO-CH_3$ Methylisobutylketon

Methylkautschuk, ein →Synthesekautschuk.

Methylmorphin, das →Codein.

Methylol..., ältere Bez. der chem. Nomenklatur für die Atomgruppe $-CH_2OH$.

Methyl|orange [-ɔrãʒ], **Helianthin,** Azofarbstoff (Natriumsalz der 4-Dimethylaminoazobenzol-4'-sulfonsäure), der als Indikatorfarbstoff im pH-Bereich 3,0 bis 4,4 von Rot (sauer) nach Gelb (basisch) umschlägt; früher auch zum Wollefärben verwendet.

methylotrophe Bakteri|en, auf die Verwertung von C_1-Verbindungen (Methan, Methanol, methylierte Amine, Formaldehyd, Formiat u. a.) spezialisierte gramnegative, aerobe Bakterien.

Methylphenyl|äther, das →Anisol.

Methylpyrrolidon, **N-Methyl-2-pyrrolidon,** Abk. **NMP,** farblose, mit Wasser und vielen organ. Lösungsmitteln mischbare Flüssigkeit, die aus γ-Butyrolacton und Methylamin hergestellt wird. M. dient als Lösungsmittel für Lacke und techn. Verfahren zur Stofftrennung (z. B. →Extraktion, →Extraktivdestillation).

Methylrot, Azofarbstoff (4-Dimethylaminoazobenzol-2'-carbonsäure), der als Indikatorfarbstoff bei der Säure-Base-Titration verwendet wird; Farbumschlag von Rot (sauer) nach Gelbgrün (basisch) im pH-Bereich 4,4 bis 6,2.

Methyl-tert. butyl|äther, Abk. **MTB, MTBE,** formal der aus Methanol und tert.-Butanol (→Butanole) gebildete →Äther; farblose Flüssigkeit (Siedetemperatur: 55,3 °C) mit hoher →Oktanzahl (ROZ: 117), die als klopffeste Komponente bes. für unverbleite Kraftstoffe große Bedeutung erlangt hat. M. wird durch die Reaktion von Isobuten (aus Crackgasen) mit Methanol an sauren Ionenaustauschern als Katalysator hergestellt: $C_4H_8 + CH_3OH \rightarrow C_4H_9-O-CH_3$.

Methylviolett, Gemisch von Hydrochloriden verschiedener Triarylmethanfarbstoffe, v. a. von Hexamethylparafuchsin (Kristallviolett) und Pentamethylparafuchsin (→Parafuchsin). Das in Wasser mit violetter Farbe lösl. M. wird zur Herstellung von Kopierstiften, Farbbändern und Stempelfarbe verwendet, daneben auch als Mikroskopierfarbstoff und in der Medizin als Wurmmittel (gegen Madenwürmer).

Metical der, -(s)/-(s), Abk. **MT,** Währungseinheit von Moçambique, 1 M. = 100 Centavos (CT).

Metier [me'tje:; frz., von lat. ministerium ›Dienst‹, ›Amt‹] das, -s/-s, bestimmte (berufl.) Tätigkeit als jemandes Aufgabe, die er durch die Beherrschung der dabei erforderl. Fertigkeiten erfüllt.

Metis, ein Mond des Planeten →Jupiter.

Metis [griech. ›Klugheit‹], griech. Mythos: Tochter des Okeanos und der Tethys, die erste Gemahlin des Zeus. Als sie von ihm schwanger wurde und Gaia prophezeite, sie werde dem zukünftigen Herrscher des Himmels das Leben schenken, verschlang Zeus sie aus Furcht vor einem Rivalen. Ihr Kind, Athene, wurde später aus Zeus' Haupt geboren.

Métis [me'tis, frz.], in Kanada Bez. für Personen mit indian. und europ. Vorfahren, 75 150 Métis.

Metlaoui [mɛtlaˈwi], Bergbaustadt im mittleren Tunesien, 42 km südwestlich von Gafsa, 195 m ü. M., 30 000 Ew.; Phosphatabbau (seit 1896), Werke zur Phosphataufbereitung und -verarbeitung (Düngemittel); Ölbaumplantage; Schmalspurbahnen zur Küste.

Metohija [serb., alban. meto'hija] *die,* Beckenlandschaft in der Prov. Kosovo, Serbien, Jugoslawien, im Quellgebiet des Weißen Drin; ist im N, W und S von bis zu 2 656 m hohen Gebirgen umrahmt, nach O, zum Amselfeld hin, geöffnet; die Hauptorte liegen am Beckenrand: Peć, Đakovica und Prizren. – *Geschichte:* Die M. war – wie das östlich vorgelagerte →Kosovo – im 14. Jh. Kernraum des altserb. Staates (Patriarchat von Peć); die Serben flohen jedoch nach der Schlacht auf dem Amselfeld (1389) und bes. nach dem Türkenkrieg von 1690 vor den Osmanen in die Wojwodina. Die weitgehend entvölkerte M. wurde im 18. Jh. in größerem Maß durch islamisierte Albaner neu besiedelt. Nach Errichtung der kommunist. Herrschaft in Jugoslawien wurde die M. 1945/46 Teil des Autonomen Gebiets **Kosovo-M.** innerhalb der Teilrepublik Serbien (1968–70 ›Kosovo und M.‹ gen.). – Das ländl. Siedlungsbild wird durch die steinernen Wohntürme der Albaner bestimmt, im Zentrum liegen jüngere Kolonistensiedlungen.

Metöken, griech. **Metoikoi** [›Mitbewohner‹], in Athen u. a. altgriech. Staaten die ortsansässigen Fremden, die durch Zahlung einer Kopfsteuer das Recht des Wohnsitzes, des Rechtsschutzes, der freien Ausübung von Handel und Gewerbe und der Teilnahme an den meisten Kulten erworben hatten. Die M. hatten keine polit. Rechte und durften keinen Grundbesitz erwerben; vor Gericht wurden sie durch einen Bürger vertreten. Die Steuerlasten der Bürger mussten sie mittragen und auch Kriegsdienst leisten.

D. WHITEHEAD: The ideology of the Athenian metic (Cambridge 1977).

Meton, griech. Mathematiker und Astronom der 2. Hälfte des 5. Jh. v. Chr.; auf seiner Erkenntnis, dass 235 Mondmonate fast genau 19 trop. Jahre ergeben **(metonischer Zyklus)**, beruhte der bis 46 v. Chr. gültige griech. →Kalender.

Metonymie [griech. ›Namensvertauschung‹] *die, -/...'mien,* rhetor. Figur, bei der zwei in räuml., zeitl. oder ursächl. Beziehung zueinander stehende Begriffe vertauscht werden (z. B. ›Stahl‹ und ›Schwert‹).

Me-too-Produkt ['miː'tuː-; engl. ›ich auch‹], sich nur unwesentlich von einem Konkurrenzprodukt unterscheidendes neues Erzeugnis eines Unternehmens, das sich durch die Imitation mit möglichst geringen Kosten und geringem Risiko am Markterfolg des imitierten Produkts beteiligen will. Allerdings können mit solchen Produkten auch Verstöße gegen Patente, Warenzeichen oder Geschmacksmuster sowie Markenpiraterie verbunden sein.

Metopen [griech.], *Sg.* **Metope** *die, -, antike Baukunst:* annähernd quadrat. Platten, die abwechselnd mit den →Triglyphen über dem Architrav dor. Tempel angebracht sind. Die Entstehung wird aus (nicht erhaltenen) Holzbauten abgeleitet: Triglyphen vor den Balkenköpfen, M. als Verkleidungsplatten der Zwischenräume; diese Annahme ist jedoch unsicher, da bereits bei den ältesten Steintempeln die Balkendecke über dem Triglyphen-M.-Fries liegt. Die M. waren teils unverziert (glatt), teils bemalt oder mit Reliefs geschmückt (BILD →Kentaur). Die ältesten M. des 7. Jh. v. Chr. sind bemalte Tonplatten (Thermos) oder Reliefplatten aus Marmor (Mykene). Sie waren gerahmt, die seitl. Begrenzung wird im 6. Jh. aufgegeben; gegen Ende des Jh. wurden die Darstellungen zu Zyklen zusammengefasst. Bei den M. des Parthenon auf der Akropolis in Athen schwindet auch die Fußleiste. An einigen Tempeln tragen alle M. des Baus figürl. Schmuck (Parthenon), an anderen nur die M. der Front, manchmal auch einige angrenzende M. der Langseiten (Olympia, Zeustempel; Athen, Theseion). Die Zahl von zwei M. pro Säulenzwischenraum wurde später auch um eine oder mehr M. erhöht; seit dem 4. Jh. v. Chr. sind die M. meist nur mit Rosetten oder Schilden oder gar nicht verziert.

Metra-Potenzial-Methode, Abk. **MPM,** →Netzplantechnik.

Métraux [me'tro], Alfred, frz. Ethnologe, *Lausanne 5. 11. 1902, †Vallée de Chevreuse (Kt. Jura, Schweiz) 12. 4. 1963; lehrte an den Univ. von Tucumán, an der Yale University, in Mexiko, Santiago de Chile, Berkeley und an der École pratique des Hautes Études in Paris; er betrieb Feldforschungen in Südamerika, Afrika, auf der Osterinsel und auf den Antillen (ab 1950 im Auftrag der UNESCO).

Werke: L'Île de Pâques (1941; dt. Die Oster-Insel); Le Vaudou haïtien (1958); Les Incas (1962); Religions et magies indiennes d'Amérique du Sud (1967).

...metrie [zu griech. métron ›Maß‹], Wortbildungselement mit der Bedeutung Messung, Messkunst, z. B. Geometrie, Gravimetrie; zum gleichen Stamm mit als letzter Wortbestandteil **...meter,** mit den Bedeutungen: 1) Messgerät, z. B. Thermometer; 2) Person, die Messungen ausführt, z. B. Geometer; 3) ein bestimmtes Maß Enthaltendes, z. B. Hexameter, Parameter.

Metrik [griech. metrikḗ (téchnē) ›Kunst des Messens‹, zu métron ›Maß‹] *die, -,* **1)** *Literatur:* **Verslehre,** systemat. und histor. Erfassung der ästhetisch relevanten Regeln der Verssprache der in gebundenen Rede, sowohl von rhetorisch-stilist. Einzelmomenten des Verses, wie Lautwiederholungen (u. a. →Alliteration, →Reim), als auch v. a. von quantitativ und eventuell von qualitativ geordneten Silbenabfolgen (M. i. e. S.; →Metrum) oder von nicht durch ein bestimmtes Metrum geordneten Versen (freie, eigenrhythm. Verse). Metr. Grundeinheiten sind der Versfuß sowie der →Vers als rhythm. Ganzes; dieser kann Teil einer ungegliederten Folge formal gleicher Verse sein (→stichisch) oder Teil einer größeren Einheit, bestehend aus einer bestimmten Anzahl gleicher oder in der Abfolge geregelter ungleicher Verse (→Strophe). Baustein des Verses ist die Silbe. Man unterscheidet u. a. rein silbenzählende Verse, die nur die Anzahl der Silben pro Vers festlegen (z. B. beim Alexandriner), von solchen, die darüber hinaus nach Dauer (quantitierendes Versprinzip, z. B. in der griech. und lat. M.) oder dynam. Akzent (akzentuierendes Versprinzip, z. B. in der dt. M.) zwei Silbenklassen (lang – kurz, betont – unbetont) kennen und deren Abfolge regeln. Der Vers kann entweder eine feste, nicht weiter gegliederte Silbenstruktur haben oder durch feste →Zäsuren unterteilt und in kleinere Einheiten (Metren) zerlegbar sein. Durch fixierte Klangwiederholungen (Alliteration, Binnenreim) können bestimmte Silben hervorgehoben und der Vers weiter strukturiert werden.

Quantitierende Metrik

In der *griech. M.* werden als Elemente des Metrums Longum (Platz einer Länge, –), Breve (Platz einer Kürze, ⏑) sowie Anceps (x) unterschieden, das sowohl durch eine lange als eine kurze Silbe gefüllt werden kann. Anceps ist stets das letzte Element einer Periode (danach ist Hiat zulässig). Die Longa sind häufig in zwei Brevia zerlegbar ($\overline{\smile\smile}$). Die Abfolge →Muta cum liquida kann in verschiedenen Gattungen (und auch innerhalb des Epos) verschieden gemessen werden (das Wort patres ⏑– oder – –).

In den *Sprechversen* und in vielen lyr. Versen wiederholen sich bestimmte Elementargruppen (Metra, Versfüße), vor allem Jambus (⏑–⏑–), Trochäus (–⏑–⏑), Anapäst (⏑⏑–), Daktylus (–⏑⏑), Kretikus (–⏑–), Ionicus (⏑⏑– –), Choriambus (–⏑⏑–), Baccheus (⏑– –); bei Daktylus und Baccheus sind die Longa nicht teilbar. Drei jamb. Metra ergeben z. B. die Periode des jamb. Trimeters. In den Perioden wird das letzte Metrum meist verkürzt (Katalexe). Außerdem werden die Wortschlüsse in den Versen reguliert (Diärese, Zäsur).

In manchen *Singversen,* die man früher als ›logaöd. Verse‹ zusammenfasste, lassen sich keine Metra abteilen. Die Perioden wiederholen sich fortlaufend (stichisch; z. B. im Epos) oder abwechselnd (z. B. im eleg. Distichon), oder es verbinden sich verschiedene Verse zur Strophe (sapph., alkäische, asklepiad. Strophe).

Der Ursprung der griech. M., die keine Verwandtschaft mit der M. der übrigen indogerman. Sprachen aufweist, ist ungeklärt. Der Hexameter trat im 8. Jh. v. Chr. völlig durchgebildet in Erscheinung; die übrigen Formen entstanden im 7. und 6. Jh. v. Chr.; mit dem 4. vorchristl. Jh. war die Ausbildung der metr. Formen abgeschlossen.

Die *lat. M.* ist - abgesehen vom →saturnischen Vers - eine Nachahmung der griech. M. Das gilt auch für die Prosodie, die sich lediglich durch die mögl. Elision langer Schlussvokale von der griech. unterscheidet. Tief greifende Unterschiede gegenüber der griech. Versbildung zeigen die Dramatiker der republikan. Zeit (PLAUTUS) durch die Teilung bisher unteilbarer Longa, Verwendung von Anceps statt Breve u. a. Im Hexameter werden die Zäsuren anfangs freier (seit VERGIL wieder streng) gehandhabt, jedoch liegen sie z. T. an anderen Versstellen. HORAZ ersetzt in seinen lyr. Strophen Anceps durch Longum und nimmt eine sehr strenge Regelung der Zäsuren vor. Die Strophik der griech. Chorlyrik wurde nicht übernommen.

Akzentuierende und alternierende Metrik

In der *dt. M.* erfolgt mit Beginn des 20. Jh. und v. a. mit den Arbeiten von A. HEUSLER, E. SIEVERS und F. SARAN durch die Abkehr von größtenteils aus der antiken oder roman. M. stammenden Theorien eine neue Charakterisierung des dt. Verses: Man beschreibt den Vers nicht mehr nach dem Druckbild (silbenmessend = quantitierend, silbenzählend = alternierend), sondern nach dem Klang (silbenwägend = akzentuierend). Damit bezeichnet der Begriff M. nicht mehr den gesamten Umfang der Verslehre, sondern die Lehre von den schemat. Ordnungen des dt. Verses. Die →freien Rhythmen, bei denen es keine metr. Grundlage gibt, können von der M. nur negativ bestimmt werden. Gegenüber der antiken M. erweitert sich das Gebiet der dt. M. um Aussagen über die Schemata der Stellung des Reims.

Die dt. Verszeile wird dem Wesen des akzentuierenden Grundsatzes gemäß zunächst durch die Zahl der →Hebungen bestimmt: ein Vers ist zwei-, drei-, vierhebig usw. (als beschwerte Hebung wird die einen ganzen Takt füllende einsilbige Hebung bezeichnet). Die nächste Bestimmung gilt der Art, wie die →Senkungen gefüllt sind: regelmäßig einsilbig (jambisch: x x́ x x́ x x́; trochäisch: x́ x x́ x x́ x); regelmäßig zweisilbig (daktylisch: x́ x x x́ x x), anapästisch: x x x́ x x x́). Die Verwendung der antiken Bezeichnungen erübrigt sich, wenn man bei der Bestimmung die Frage nach der Silbenzahl des →Auftakts beantwortet. Die Zeile:

›Und hat er die Stadt sich als Wandrer betrachtet‹

wäre zu bestimmen als: vierhebig, regelmäßig zweisilbige Senkung mit einsilbigem Auftakt. Die Füllung ist frei, wenn die Zahl der in der Senkung stehenden Silben nicht festgelegt ist. Meist (z. B. in der Volksliedzeile) handelt es sich nur um die Freiheit zwischen ein- und zweisilbiger Senkung (und fehlendem und ein- oder zweisilbigem Auftakt). Die Zeile:

›Es war ein König in Thule‹

ist metrisch bestimmt als: dreihebig mit freier Füllung und Auftakt. - Bei der Nachbildung antiker Versschemata sind die metr. Prinzipien entsprechend dem antiken Vorbild festgelegt (z. B. beim Hexameter in der dt. Dichtung). Die Strophe wird nach Angabe der Zeilenzahl bestimmt, ggf. durch Angabe der Untergliederung (→Aufgesang, Abgesang, Stollen), weiterhin durch Angaben über das Schema des Reims.

F. SARAN: Dt. Verslehre (1907); A. HEUSLER: Dt. Versgesch., 3 Bde. (²1956, Nachdr. 1968); H.-J. DILLER: M. u. Verslehre (1978); O. PAUL u. I. GLIER: Dt. M. (¹¹1982); B. SNELL: Griech. M. (⁴1982); H. DREXLER: Einf. in die röm. M. (⁴1987); D. KORZENIEWSKI: Griech. M. (²1989); C. WAGENKNECHT: Dt. M. (³1993); D. BREUER: Dt. M. u. Versgesch. (³1994); W. KAYSER: Kleine dt. Versschule (²⁵1995).

2) *Mathematik:* Eine Abbildung $d: M \times M \to [0, \infty[$, wobei M eine Menge sein soll, heißt M., wenn die folgenden Bedingungen erfüllt sind:

1) $d(x, x) = 0$ für alle $x \in M$,
2) $d(x, y) = d(y, x)$ für alle $x, y \in M$ und
3) $d(x, y) + d(y, z) \geqq d(x, z)$ für alle $x, y, z \in M$.

Eigenschaft 2) wird als Symmetrie, 3) als Dreiecksungleichung bezeichnet. Die M. verallgemeinert Eigenschaften des Abstandes, wie man ihn z. B. aus der Elementargeometrie kennt. Beispiel: Nimmt man für M den $\mathbb{R}^n$, so definieren die Vorschriften

$$d(\mathbf{x}, \mathbf{y}) = \left(\sum_{i=1}^{n} x_i - y_i \right)^{1/2}$$

und

$$d(\mathbf{x}, \mathbf{y}) = \max |x_i - y_i|$$

eine M. auf $\mathbb{R}^n$. Dabei ist $\mathbf{x} = (x_1, ..., x_n)$ und $\mathbf{y} = (y_1, ..., y_n)$. Auf einer Menge kann es somit mehrere M. geben (→metrischer Raum).

3) *Musik:* Lehre vom →Metrum.

4) *Physik:* der Zusammenhang zw. den Abständen je zweier Punkte und deren Koordinaten in einem Raum, bes. in der vierdimensionalen →Raum-Zeit. Die M. ergibt sich prinzipiell aus der Messung mit realen Normalen (starre Maßstäbe, Uhren, Lichtstrahlen u. a.) oder muss als aus solchen Messungen hervorgegangen gedacht werden. Die M. eines Raumes wird durch ein zweidimensionales Schema dargestellt, den zu dem Raum und dem gewählten Koordinatensystem gehörenden metr. oder Fundamentaltensor, einen Tensor 2. Stufe. Während sich dieser in einem euklid. Raum bei geeigneter Wahl des Koordinatensystems auf Diagonalform mit konstanten Elementen bringen lässt, ist das im allgemeinen Fall eines gekrümmten, nichteuklid. Raums nicht möglich.

Euklid. Räume sind z. B. die Inertialsysteme der klass. Physik (der gewöhnl. dreidimensionale Raum) und der speziellen →Relativitätstheorie (der Minkowski-Raum). In beschleunigten Bezugssystemen hängt der metr. Tensor von den Koordinaten ab, ihre M. ist also nichteuklidisch. Weil nach dem einsteinschen Äquivalenzprinzip Beschleunigung und Gravitation äquivalent sind, ist die M. in der Raum-

Zeit der allgemeinen Relativitätstheorie ebenfalls nichteuklidisch, die Raum-Zeit also ein gekrümmter Raum. Die M. der allgemeinen Relativitätstheorie wird durch die Verteilung der Materie bzw. der Energie und ihre Bewegung, ausgedrückt durch den Energie-Impuls-Tensor, bestimmt, und die M. selbst ist eine Verallgemeinerung des Gravitationspotenzials der newtonschen Gravitationstheorie.

metrisch [griech. metrikós ›das (Silben)maß betreffend‹], 1) die Metrik betreffend; 2) auf das Meter als Maßeinheit bezogen.

metrische Einheiten, die →Einheiten eines urspr. auf dem Meter, später auf dem Meter und dem Kilogramm aufgebauten Maßsystems. Dieses **metrische System** wurde später durch Hinzunahme der Zeiteinheit Sekunde als dritte Basiseinheit erweitert und nach den Anfangsbuchstaben der Basiseinheiten auch **MKS-System** genannt. Bis weit in das 19. Jh. hatten noch die meisten Staaten ihre eigenen Längen-, Flächen-, Volumen- und Gewichtseinheiten, wobei zw. diesen keine geregelten Beziehungen bestanden. Gegen Ende der Frz. Revolution einigte man sich in Frankreich auf die Längeneinheit →Meter (Einheitenzeichen m). Vom Meter sollte die Einheit des Volumens als 1 Kubikdezimeter (dm^3) mit dem Namen Liter (l) abgeleitet werden und davon wiederum die Masseneinheit 1 Kilogramm (kg) als Masse von 1 dm^3 reinen Wassers bei 4°C. Von diesen Einheiten sollten weitere Einheiten als dezimale Vielfache oder dezimale Teile gebildet werden (→Vorsatz). Die Längen- und die Masseneinheit wurden durch Prototypen aus Platin verkörpert, die später durch solche aus Platin-Iridium ersetzt wurden (Urmeter, Urkilogramm). Um nicht bei jeder genaueren Erdmessung die Längeneinheit ändern zu müssen, wurde das Meter schließlich als Länge des Meterprototyps definiert. Das →Kilogramm wurde zur nicht vom Meter abgeleiteten Basiseinheit, indem es als Masse des Kilogrammprototyps definiert wurde. Als weitere unabhängige Basiseinheit wurde die Sekunde als 86400ster Teil des mittleren Sonnentages hinzugefügt.

Seit 1840 setzten sich die m. E. in Frankreich durch. Vom Norddt. Bund wurden sie 1868, von Österreich 1871 übernommen. Erst die →Meterkonvention schuf die Grundlage für die weltweite Einführung und Vervollkommnung der m. E., die präzisen Definitionen und führte zum →Internationalen Einheitensystem.

metrischer Raum, *Mathematik:* eine Menge, auf der eine →Metrik definiert ist. Die m. R. bilden eine wichtige und umfassende Klasse →topologischer Räume; zu ihnen gehören bes. die normierten Räume. – Erstmals wurden m. R. 1905 von dem frz. Mathematiker Maurice René Fréchet (*1878, †1973) betrachtet.

Metro [frz., Kurzform von (chemin de fer) métropolitain ›Stadtbahn‹] *die, -/-s,* Untergrundbahn (bes. in Paris und Moskau).

Metro AG, größter europ. Handelskonzern, entstanden durch die Verschmelzung von Metro Cash & Carry (Großhandelsbereich der Metro-Gruppe Dtl., gegr. 1964), Kaufhof Holding AG, Asko Dt. Kaufhaus AG und Dt. SB-Kauf AG zum 1. 1. 1996, Sitz: Köln. Die M. AG umfasst unter dem Dach der schweizer. Metro Holding AG (Sitz: Baar) ein weit verzweigtes Netz von Handels- und Dienstleistungsunternehmen, u. a. Cash-and-carry-Großhandel (Metro), Waren- und Kaufhäuser (z. B. Horten, Kaufhof, Kaufhalle), SB-Warenhäuser (Real), Verbraucher- (Extra, Tip), Bau- (Praktiker), Computer- (Vobis), Elektronik- (Media Markt, Saturn) sowie Mode- und Schuhmärkte (Adler, Reno). Das neue Unternehmen beschäftigt in 3 178 Betriebsstätten rd. 134 600 Vollzeitkräfte und erzielte 1996 einen Umsatz von 62,02 Mrd. DM. Die Mehrheitsbeteiligung (57,5 %) hält die Metro Vermögensverwaltungs GmbH & Co. KG, Düsseldorf, an der zu je einem Drittel der Metro-Firmengründer Otto Beisheim (*1924), die Gebrüder Schmidt Verwaltungsgesellschaft KG, Essen, sowie die Franz Haniel & Cie. GmbH beteiligt sind.

Metro Cebu, Metropolitan Cebu [metrəˈpɒlɪtn -], die Stadtregion von →Cebu.

Metro-Goldwyn-Mayer Inc. [ˈmetrəʊ ˈɡəʊldwɪn ˈmeɪə ɪnˈkɔːpəreɪtɪd], Abk. **MGM** [emdʒiːˈem], 1924 von S. Goldwyn und L. B. Mayer gegründeter Film- und Unterhaltungskonzern; entstanden aus der Fusion von Metro Pictures Corporation, Goldwyn Pictures Corporation und Louis Mayer Pictures. Metro-Goldwyn-Mayer war aufgrund seiner Größe und Struktur bis in die 60er-Jahre (Produktion, Verleih, Kinoketten und -zentren) einer der filmhistorisch bedeutendsten und einflussreichsten amerikan. Filmkonzerne; Sitz: Santa Monica (Calif.). Bekannte Produktionen sind die James-Bond- und die Rocky-Filme sowie zahlr. Filmklassiker, z. B. ›Vom Winde verweht‹ (1939). 1970 erwarb der amerikan. Financier Kirk Kerkorian (*1917) MGM. 1981 wurde →United Artists Communications Co. Inc. (UA) übernommen; 1983 fusionierten beide Firmen zu Metro-Goldwyn-Mayer/United Artists Communications Co. Inc. (MGM/UA). 1986 erwarb der Medienunternehmer Ted Turner (*1938) MGM/UA, um die Film- und Fernsehproduktion bis auf die Filmbibliothek kurz danach an Kerkorian zurückzuverkaufen. Das klass. Ateliergelände der MGM-Studios wurde in den 90er-Jahren Standort von Sony (Columbia und Tristar). Die dem ital. Financier Giancarlo Parretti gehörende Pathé Communications Inc. (Sitz: New York) war seit Ende 1990 in Besitz der MGM, ab 1992 die frz. Bank Crédit Lyonnais. Ende 1996 übernahm eine Investorengruppe um Kerkorians Investmentgesellschaft Tracinda Corp. und die austral. Seven Network-Gruppe die MGM, zu der die United Artists Communications Co. Inc. als Tochtergesellschaft gehört. Jüngste Erfolge waren der James-Bond-Film ›Golden Eye‹ und die Gangsterkomödie ›Schnappt Shorty‹.

The MGM story, hg. v. J. D. Eames (New York ²1982).

Metrologie [griech., zu métron ›Maß‹] *die, -,* die Wiss. vom Messen. Aufgabe der M. ist die Erarbeitung der wiss., techn. und gesetzl. Regelungen des Messens, wobei in Allg. noch zw. **theoretischer M.** (theoret. Grundlagen des Messens) und **angewandter M.** unterschieden wird, die sich mit der Durchführung von Messungen, u. a. im gesetzl., industriellen, wiss. und medizin. Messwesen befasst. Die M. lässt sich in drei Spezialgebiete unterteilen: 1) in die Messkunde, als die Wiss. von der Theorie des Messens, von den Verfahren zur Auswertung der Messergebnisse, der Theorie der Messfehler und der Grundlagen der Messsysteme, 2) in die →Messtechnik und 3) in das →Messwesen, das die gesetzl. Maßnahmen zur Sicherung der Einheitlichkeit des Messens organisiert.

Metro Manila, Metropolitan Manila [metrəˈpɒlɪtn -], die Stadtregion von →Manila.

Metronom [zu griech. métron ›Maß‹ und nómos ›Gesetz‹, ›Regel‹] *das, -s/-e,* mechan. Taktgeber zur Bestimmung des musikal. Zeitmaßes. Das M. besteht aus einem Uhrwerk mit aufziehbarer Spiralfeder, die ein aufrechtes Pendel mit verschiebbarem Gewicht antreibt. Auf dem Pendelstab sind Markierungskerben zur Justierung des Gewichtes angebracht. Je nach Stellung lassen sich zw. 40 und 208 Pendelausschläge pro Minute einstellen. Die Schläge werden durch ein regelmäßiges Ticken und zusätzlich durch ein Läuten in bestimmten Abständen (z. B. jeder 2., 3. oder 4. Schlag) markiert. Das heutige M. geht auf eine Konstruktion zurück, die sich J. N. Mälzel unter Benutzung zahlr. früherer Erfindungen 1816 patentieren

Metronom: oben Metronom Mälzel; unten Elektronischer Taktmesser

ließ; an ihn erinnert die Abk. M. M. für **Metronom Mälzel**, die mit Notenwert und Zahl das vom Komponisten (zuerst bei L. van Beethoven, Hammerklaviersonate op. 106, 1817/18) oder Verlag festgelegte Zeitmaß angibt (z. B. ›M. M. ♩ = 120‹ bedeutet 120 Viertelschläge in der Minute). Heute gibt es auch M. mit elektrischem oder elektron. Impulsgeber.

> W. Nater: ›viell zu geschwinde!‹ Anleitung zur richtigen Umsetzung der Metronomzahlen u. der Ausführungsvorschriften der vorromant. Musik (Zürich 1993).

Metronymikon [zu griech. mētrōnymikós ›nach der Mutter benannt‹, zu mḗtēr ›Mutter‹] *das, -s/...ka,* vom Namen der Mutter abgeleiteter Name (z. B. Niobide ›Sohn der Niobe‹).

Metroon [zu griech. mḗtēr ›Mutter‹] *das, -s/...'troa,* Tempel der Großen Mutter, auch Göttermutter (Kybele, Rhea, ›Muttergöttin‹). Das M. an der Agora von Athen wurde anstelle eines älteren Baus im 5.–2. Jh. v. Chr. errichtet und hatte vier Räume (Kultbild der Göttin mit Löwen zu Füßen in Nachbildungen überliefert), es diente auch als Staatsarchiv; ein M. des 4. Jh. v. Chr. stand in Olympia vor der Schatzhausterrasse (Grabungsfunde von sehr alten Votivgaben sowie, aus röm. Zeit, Kaiserstatuen).

Metropole [griech. metrópolis, eigtl. ›Mutterstadt‹] *die, -/-n,* Hauptstadt (mit weltstädt. Charakter); Zentrum, Hochburg.

Metropolis, 1) bei den Griechen die ›Mutterstadt‹ (u. a. Korinth, Megara, Chalkis Milet, Rhodos) im Ggs. zu den von ihr ausgehenden ›Tochter‹-(Kolonial-)Städten; 2) Bez. für die Gauhauptstädte im hellenist. Ägypten; 3) Name mehrerer griech. Städte im griech. Mutterland und in Kleinasien.

Metropolit [griech.-kirchenlat.] *der, -en/-en,* in der kath. Kirche Bez. für den Leiter einer Kirchenprovinz; er ist zugleich Erzbischof der Hauptdiözese. In der Kirchenprovinz obliegt ihm die Oberaufsicht über die Lehrverkündigung und die kirchl. Ordnung; Missbräuche hat er dem Papst mitzuteilen. Außerdem kommen ihm bestimmte Ehrenrechte zu (z. B. das Tragen des Palliums) sowie das Recht, in der ganzen Kirchenprovinz geistl. Handlungen auszuüben.

In den *Ostkirchen* urspr. Bez. für die Bischöfe der Provinzhauptstädte, heute für den leitenden Bischof einer autokephalen Kirche ohne Patriarchatsrang. Daneben ist M. auch bloßer Titel, z. B. in der russisch-orth. Kirche für alle Bischöfe, in der russ.-orth. Kirche für die Bischöfe besonders bedeutender oder traditionsreicher Bistümer.

Metropolitan Area [metrə'pɔlɪtn 'eərɪə], in den USA Begriff für einen Siedlungskomplex, bestehend aus einer Stadt und ihren Vororten, auch für eine Gruppe benachbarter, wirtschaftlich und sozial zusammenhängender Städte; der Siedlungskomplex schließt auch nicht städtisch bebaute, agrar. Gebiete ein. Die US-Statistik kennt **Metropolitan Statistical Areas** (MSA's); einige sind zu **Consolidated Metropolitan Statistical Areas** (CMSA's) zusammengefasst, sie heißen dann **Primary Metropolitan Statistical Areas** (PMSA's); größte CMSA ist die von New York–Northern New Jersey–Long Island mit (1994) 19,8 Mio. Ew. Als M. A. werden auch städt. Ballungsräume in anderen Ländern bezeichnet.

Metropolitan County [metrə'pɔlɪtn 'kaʊntɪ] *die,* Verwaltungseinheit in England, umfasst einen städt. Verdichtungsraum. Mit der Verwaltungsneugliederung 1974 wurden sechs Stadtgrafschaften (M. C.) geschaffen: West Midlands, Greater Manchester, Merseyside, West Yorkshire, South Yorkshire sowie Tyne and Wear.

Metropolitan Museum of Art [metrə'pɔlɪtn mjuː'zɪəm əv ɑːt], Abk. **MMA** [emem'eɪ], bedeutendstes Kunstmuseum der USA in New York, gegr. 1870, bis in die Gegenwart vorwiegend aus privaten Stiftungen aufgebaut, seit 1880 im eigenen Gebäude am Central Park. Die Sammlungen umfassen europ. und amerikan. Kunst, Kunst des Nahen und Fernen Ostens, Ägyptens, Griechenlands, Roms und präkolumb. Kunst sowie Kostüme, Waffen und Rüstungen, Musikinstrumente und Kunstgewerbe; das M. M. of A. hat eine Bibliothek, ein ›Junior-Museum‹ und betreibt Museumspädagogik.

Metropolitan Opera [metrə'pɔlɪtn 'ɔpərə], **Metropolitan Opera House** [--haʊs], Kurz-Bez. **The Met** [ðə 'met], bedeutendstes Opernhaus der USA, 1883 in New York eröffnet und mehrfach umgebaut. Das neue Haus im Lincoln Center wurde 1966 eröffnet (3 788 Plätze). An der M. O. wirkten die berühmtesten Sänger (u. a. E. Caruso, L. Slezak, Maria Callas) und Dirigenten (u. a. G. Mahler, A. Toscanini, B. Walter). BILD →Harrison, Wallace

Metrorrhagie [zu griech. mḗtra ›Gebärmutter‹ und regnýnai ›reißen‹, ›brechen‹] *die, -/...'gien,* unregelmäßige und ohne Beziehung zum Menstruationszyklus auftretende und länger anhaltende (> 7 Tage) Blutungen aus der Gebärmutter, auch als azykl. und Dauerblutung bezeichnet. Sie können infolge Hormonstörungen bes. in der Pubertät (juvenile Blutung) oder in den Wechseljahren (klimakter. Blutungsstörung) auftreten und sind durch Ausbleiben des Follikelsprungs (Follikelpersistenz) bedingt. Deshalb werden sie auch als dysfunktionelle Blutungen bezeichnet. Organ. Ursachen der M. können submuköse →Myome, Gebärmutterpolypen (→Polypen), →Endometritis und →Gebärmutterkrebs sein.

Metroxylon [zu griech. mḗtra ›Gebärmutter‹ und xýlon ›Holz‹], wiss. Name der Gattung →Sagopalme.

Metrum [lat., von griech. métron ›Maß‹] *das, -s/..tren,* älter *...tra,* 1) *Literaturwissenschaft:* i. w. S. Versmaß, d. h. das abstrakte Schema der nach Anzahl und ggf. Qualität der Silben mehr oder minder fest geordneten Silbenabfolge eines Verses, z. B. Blankvers, Endecasillabo, Dimeter, Hexameter, Trimeter. I. e. S. Versfuß (z. B. Daktylus, Jambus, Trochäus), d. h. die kleinste feste Einheit aus mehreren Silben in bestimmter Anzahl und Abfolge der nach Dauer bzw. Gewicht auf zwei Klassen verteilten Silben (kurz – lang, unbetont – betont). Verschiedentlich wird in der dt. Metrik der Begriff M. (Versfuß) durch den der Musik entlehnten Takt ersetzt.

2) *Musik:* von H. Riemann eingeführte Bez. für die Maßeinheit mehrerer zu einer Einheit zusammengeschlossener Zählzeiten und ihre Ordnung nach wiederkehrenden Abfolgen von betonten und unbetonten Schlägen. Zum einfachsten Ordnungsgefüge dieser Art zählt der →Takt als Zusammenschluss von 2–4 Zählzeiten. Aus den Takten können sich auch übergeordnete metr. Einheiten zu 2, 4, 8 oder mehr Takten (→Periode) ergeben. Riemann hatte die auftaktige Gewichtung ›leicht–schwer‹ zum Prinzip erhoben und auf die achttaktige Periode mit Schwerpunkt auf dem 2., 4. und 8. Takt ausgedehnt. Der Begriff M. kann sinnvoll nur auf die taktgebundene Musik ab etwa 1600 angewendet werden. Von Bedeutung war er für die Musik des 18./19. Jh., jedoch neigt bereits das späte 19. Jh. dazu, metr. Verhältnisse zu verschleiern. Nach 1950 wurde anstelle von M. oft nun noch eine Zeitorientierung (z. B. nach Sekunden) gesetzt.

Metschnikow, Mečnikov [-tʃ-], Ilja (Elias) Iljitsch, russ. Zoologe und Bakteriologe, * Iwanowka (Gebiet Charkow) 15. 5. 1845, † Paris 15. 7. 1916; Prof. am Institut Pasteur in Paris; arbeitete über Anatomie und Entwicklungsgesch. der Wirbellosen sowie über Bakterien, Toxine und Immunität. Er entdeckte (1883) die →Phagozytose von Bakterien durch weiße Blutkörperchen und erhielt für seine Arbeiten zum Immunsystem zus. mit P. Ehrlich 1908 den Nobelpreis für Physiologie oder Medizin.

Ilja Iljitsch Metschnikow

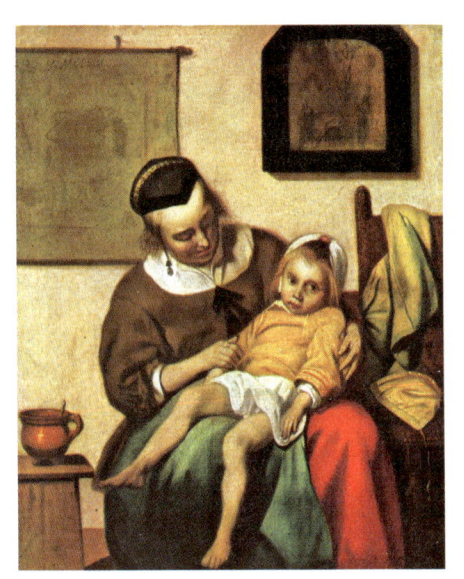

Gabriel Metsu: Das kranke Kind; um 1665 (Amsterdam, Rijksmuseum)

Metsovon, Ort im Verw.-Bez. (Nomos) Ioannina in Epirus, Griechenland, 1160 m ü. M., 2700 Ew.; orth. Bischofssitz; Volkskundemuseum. M. war lange vornehmlich von Aromunen bewohnt. Es liegt vor dem Katarapass (1705 m ü. M.), über den die wichtige Straße nach Thessalien führt.

Metsu ['metsy:], **Metzu,** Gabriel, niederländ. Maler, * Leiden Januar 1629, begraben Amsterdam 24. 10. 1667; war ab 1657 in Amsterdam tätig. Er malte bibl. und mytholog. Bilder, auch Stilleben, v. a. aber Genredarstellungen; die frühen Gemälde sind handlungs- und gestenreich, ab etwa 1660 erscheinen kostbar gekleidete Figuren und erlesene Gegenstände in einer stillebenartigen Gruppierung und einem delikaten Kolorit.

Werke: Das Bohnenfest (um 1650–55; München, Alte Pinakothek); Das Duett (um 1655–60; London, National Gallery); Der Eindringling (um 1660; Washington, D. C., National Gallery of Art); Besuch bei der Wöchnerin (1661; New York, Metropolitan Museum); Das kranke Kind (um 1665; Amsterdam, Rijksmuseum).

F. W. ROBINSON: G. M. 1629–1667 (New York 1974).

Metsys ['mɛtsɛjs], fläm. Malerfamilie, →Massys.

Mettage [mɛ'ta:ʒə; frz., zu mettre ›setzen‹, ›stellen‹, ›zurichten‹] die, -/-n, Herstellung der →Druckform im Bleisatz für Druckerzeugnisse durch Umbrechen (Zusammenstellen) des Textes und der Bilder zu fertigen Druckseiten; den dafür zuständigen Schriftsetzer bezeichnet man als **Metteur,** der zuweilen auch Autorkorrekturen und Maschinenrevisionen durchführt.

Mette, die →Matutin.

Mette, Hans Joachim, klass. Philologe, * Lübeck 29. 4. 1906, † München 13. 4. 1986; war seit 1950 Redakteur und Mitverfasser des ›Lexikons des frühgriech. Epos‹, lehrte seit 1954 in Hamburg; widmete sich bes. HOMER, der griech. Tragödie, MENANDER, der hellenist. Philosophie und dem röm. Recht. Herausgeber der Zeitschrift ›Lustrum‹ (1957–86).

Werke (Auswahl): Der verlorene Aischylos (1963); Die röm. Tragödie u. die Neufunde zur griech. Tragödie (1965).

Hg.: Pytheas von Massilia (1952); Die Fragmente der Tragödien des Aischylos (1959); Menanders Dyskolos (1960).

Ausgabe: Kleine Schr., hg. v. A. METTE u. a. (1988).

Mettel, Hans, Bildhauer, * Salzwedel 10. 4. 1903, † Falkenstein (heute zu Königstein im Taunus) 23. 1. 1966; war seit 1948 Prof., 1950–55 zugleich Direktor an der Städelschule – Staatl. Hochschule für Bildende Künste in Frankfurt am Main. M. stilisierte die menschl. Gestalt in seinen Plastiken zu blockhaften, strengen Formen, ohne sie zu deformieren.

H. M. Skulpturen, Medaillen, Zeichnungen, Druckgraphik, hg. v. C. LENZ, Ausst.-Kat. (1972).

Metternich, aus einem rhein. Uradelsgeschlecht hervorgegangene Adelsfamilie, die sich Ende des 13. Jh. nach dem Dorf Metternich (heute zu Weilerswist) benannte. Die weit verzweigte Familie stellte im 16./17. Jh. mehrere Bischöfe und geistl. Kurfürsten und erreichte 1635 den Reichsfreiherrenstand. Die 1632 erworbenen Herrschaften Beilstein und Winneburg bildeten die Grundlage für die Erhebung in den Reichsgrafenstand 1679. Die sich bald **M.-Winneburg** nennende Familie wurde 1803 in der Primogenitur in den Reichsfürstenstand erhoben und erlangte 1813 den (erbl.) österr. Fürstenstand. – Bekannt v. a.:

1) Klemens Wenzel Fürst von (seit 1803), österr. Staatsmann, * Koblenz 15. 5. 1773, † Wien 11. 6. 1859, Vater von 2); trat nach umfangreichem Studium in österr. Dienste und wurde 1801 Gesandter in Dresden, 1803 in Berlin und 1806 Botschafter in Paris. Der schon früh als Gegner der Frz. Revolution und des mit ihr einhergehenden Gedankens hervortretende M. trug durch seine Berichterstattung aus Paris wesentlich zum Kriegsentschluss Kaiser FRANZ' I. von Österreich (1809) bei. Nachdem die Niederlage 1809 (Deutsch-Wagram; Frieden von Schönbrunn) das Scheitern der auf eine nur nat. Erhebung (u. a. Tiroler Aufstand) hinzielenden Politik offenbart hatte, wurde M. zum Leiter der auswärtigen Angelegenheiten berufen. Mit seiner von Realismus geprägten Politik verschaffte er Österreich eine Atempause im Kampf gegen Frankreich, die er zur Besserung der österr. Ausgangsposition zu nutzen suchte. So unterstützte er aus Opportunität die Heirat der Kaisertochter MARIE LOUISE mit NAPOLEON I., stellte diesem im Russlandfeldzug 1812 ein Hilfskorps, verhandelte aber gleichzeitig mit Zar ALEXANDER I., zu dem er, wie auch zu den übrigen Monarchen, den Kontakt nie hatte abreißen lassen, über ein mögl. Zusammengehen gegen NAPOLEON. Im Sommer 1813 vollzog M. die Hinwendung zur antifrz. Koalition und übernahm die diplomat. Führung während der letzten Phase der Befreiungskriege. Im Interesse des europ. Gleichgewichts bemühte er sich auf dem von ihm geleiteten und weitgehend bestimmten Wiener Kongress (1814–15), die territorialen Verluste Frankreichs möglichst gering zu halten und die Einbindung des bourbon. Staates in das europ. Mächtesystem vorzubereiten.

So schuf er ein Gefüge von aufeinander abgestimmten polit. Leitlinien, denen die österr. und darüber hinaus die europ. Politik des Vormärz weitgehend folgte. Die Ziele des **Metternichschen Systems** waren die Erhaltung der 1815 wiederhergestellten vorrevolutionären polit. und sozialen Ordnung, der Kampf gegen alle nat., liberalen und revolutionären Bewegungen sowie die Sicherung des europ. und dt. Gleichgewichts (›Mitteleuropa-Gedanke‹). M. trat dabei ein für eine gemeinsame Intervention der Großmächte bei jegl. Bedrohung der inneren und äußeren Ordnung, für die Stärkung der legitimen fürstl. Souveränitätsrechte, für eine enge Zusammenarbeit mit Preußen im Dt. Bund unter Beibehaltung der 1815 errungenen österr. Vorherrschaft (wie auch in Italien) und für eine Zusammenarbeit der drei Staaten der Hl. Allianz. Der →Demagogenverfolgung dienten die Karlsbader Beschlüsse (1819), durch die u. a. die Pressefreiheit mit polizeistaatl. Methoden unterdrückt wurde. Die auf dem Aachener Kongress verkündete ›Ruhe der Welt‹ sollte durch europ. Kongresse – Aachen (1818), Troppau (1820), Laibach (1821), Verona (1822) – gesichert

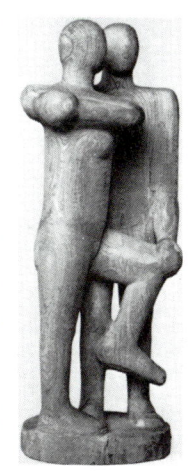

Hans Mettel: Das Paar II; Holzplastik, Höhe 160 cm; 1952/53 (Privatbesitz)

Klemens Wenzel Fürst von Metternich (Kreidezeichnung von Anton Graff, um 1805)

Mett Metteur – Metz

Mettlach: Der ›Alte Turm‹; 994, im 14. Jh. verändert

Metz Stadtwappen

Hauptstadt von Lothringen

am Fuß der Moselhöhen an der Mosel

173 m ü. M.

119 600 Ew.

Universität (1971 gegründet)

got. Kathedrale Saint-Étienne mit bedeutenden Glasmalereien

Hauptort der kelt. Mediomatriker

beliebter Aufenthaltsort der Karolinger

im Mittelalter reichsstädtisches Territorium

in der Neuzeit starke Festung

werden, doch brachen mit den Ereignissen in Griechenland (1820) bereits Interessengegensätze zw. den Großmächten auf. Bald verringerte sich M.s Einfluss auf die europ. Politik. Auch in der Innenpolitik wurde er, seit 1821 Haus-, Hof- und Staatskanzler, allmählich von dem 1826 zum Staats-Min. ernannten F. A. Graf KOLOWRAT-LIEBSTEINSKY in den Hintergrund gedrängt. Seit 1836 war er Mitgl. der ›Staatskonferenz‹, die für Kaiser FERDINAND I. die Regentschaft führte. Als Symbolfigur reaktionärer Politik wurde er bei Ausbruch der Märzrevolution in Wien am 13. 3. 1848 gestürzt. Er floh nach London und kehrte über Brüssel 1851 nach Wien zurück, von wo aus er bis zu seinem Tod versuchte, auf die innere und europ. Politik Einfluss zu nehmen.

Ausgabe: Aus M.s nachgelassenen Papieren, hg. v. R. Fürst METTERNICH-WINNEBURG u. a., 8 Bde. (1880–84).

H. RITTER VON SRBIK: M. Der Staatsmann u. der Mensch, 3 Bde. (1925–54, Nachdr. 1979–85); P. W. SCHROEDER: M.'s diplomacy at its zenith (Austin, Tex., 1962, Nachdr. New York 1969); A. G. HAAS: M., reorganisation and nationality (Wiesbaden 1963); E. E. KRAEHE: Metternichs german policy, 2 Bde. (Princeton, N. J., 1963–83); H. VALLOTTON: M. (Neuausg. 1987); H. KISSINGER: Das Gleichgewicht der Großmächte. M., Castlereagh u. die Neuordnung Europas 1812–1822 (a. d. Amerikan., Zürich ²1990); D. SEWARD: M., der erste Europäer. Eine Biogr. (a. d. Engl., Zürich 1993); G. DE BERTIER DE SAUVIGNY: M. Staatsmann u. Diplomat im Zeitalter der Restauration (a. d. Frz., Neuausg. 1996).

2) *Paul Fürst von,* österr. Diplomat, * Wien 7. 1. 1829, † ebd. 1. 3. 1895, Sohn von 1); war 1859–71 Botschafter in Paris, wo er mit seiner Frau PAULINE, geb. Gräfin SÁNDOR VON SZLAVNICZA (* 1836, † 1921), am Hof Kaiser NAPOLEONS III. eine gesellschaftlich und auch politisch bedeutende Rolle spielte. Seine Frau schrieb ›Geschehenes, Gesehenes, Erlebtes‹ (1920) sowie ›Éclairs du passé 1859–1870‹ (postum 1922).

Metteur [mɛˈtøːr, frz.] *der, -s/-e,* graf. Technik: →Mettage.

Mettingen, Gem. im Kr. Steinfurt, NRW, im nördl. Tecklenburger Land am Hang des Schafberges, 120 m ü. M., 11 900 Ew.; Comenius-Kolleg, Inst. für Brasilienkunde, Tüöttenmuseum (Gesch. der Leinenkaufleute aus M.); Steinkohlenbergbau, Textil-, Bekleidungs- und Bauindustrie, Kornbrennerei, Landwirtschaft.

Mettlach, Gem. im Landkreis Merzig-Wadern, Saarland, an der Saarschleife, 12 100 Ew.; Keramikwerke (Stammsitz der Villeroy & Boch AG); Rehaklinik. – Von der ehem. Benediktinerabtei (um 695 bis 1802, seit 1809 Steingutfabrik, heute Hauptverwaltung Villeroy & Boch) sind der ›Alte Turm‹ (zweigeschossiges Oktogon, 994 erbaut, im 14. Jh. verändert) und die barocken Klostergebäude am Saarufer (1728–86) erhalten (v. a. Architekturteile der Abtei, Keramikmuseum). Im Park gusseiserner Brunnen nach einem Entwurf von K. F. SCHINKEL (1838). Auf dem Bergrücken in der Saarschleife Ruine der Burg Montclair (erbaut 1439 nach zwei Vorgängerbauten).

Mettmann, 1) Kreisstadt in NRW, auf der Hauptterrasse des Rheins und im Niederberg. Hügelland, 127 m ü. M., 39 500 Ew.; Fachschule der Bundesanstalt für Arbeit; Metallbearbeitung, Nahrungsmittel-, elektrotechn. und feinmechan. Industrie, Kalksteinverarbeitung. Zu M. gehört das →Neandertal mit dem Neanderthal Museum (Neubau 1996, von dem österr. Architekten GÜNTER ZAMP KELP u. a.). – Das Königsgut M., 904 erstmals bezeugt, kam 1248 an die Grafschaft Berg. Die entstandene Siedlung erhielt 1424 stadtähnl. Rechte. 1846 wurde M. Stadt.

2) Landkreis in NRW, östlich von Düsseldorf zw. Ruhr und Wupper, 407 km², mit 504 700 Ew. ein Kreis mit hoher Bevölkerungsdichte; Kreisstadt ist Mettmann. Das Kreisgebiet gehört größtenteils zum Niederberg. Hügelland mit dem fruchtbaren Mettmanner Lösslehmgebiet im Kern, hat im W geringen Anteil an den Lintforter und Hildener Sandterrassen und der aus sandigen Lehmen aufgebauten mittleren Niederrheinebene. Getreide, Zuckerrüben und Grünmais sind die wichtigsten Anbaufrüchte; außerdem Milchviehhaltung. Von Bedeutung sind Schloss- und Beschlagfabrikation, Eisengießereien, Maschinenbau, Stahl- sowie Kalk- und Zementindustrie (Wülfrath).

Metz [frz. mɛs], Stadt in Frankreich, Hauptstadt der Region Lothringen und Verw.-Sitz des Dép. Moselle, zu beiden Seiten der Mosel am Fuß der Moselhöhen, 173 m ü. M., 119 600 Ew.; kath. Bischofssitz, Univ. (1971 gegr.), staatl. Hochschule für Ingenieure, Musikhochschule, Museen, Theater, botan. Garten; internat. Messe. M. ist Handelszentrum für landwirtschaftl. Erzeugnisse (Wein u. a.) sowie das Finanz- und Handelszentrum der lothring. Eisen- und Stahlindustrie; metallurg. und Autoindustrie, Haushaltswaren-, Elektro-, Bekleidungs-, Tabak- und Nahrungsmittelindustrie, Großbrauereien, Erdölraffinerie. Flusshafen (Schiffe bis 1 500 t); Flugplatz.

Stadtbild: Zahlr. mittelalterl. Bauwerke, so v. a. die got. Kathedrale Saint-Étienne (Neubau 1220 begonnen, 1540 geweiht) mit Glasmalereien des 13.–16. Jh. sowie des 20. Jh. u. a. von M. CHAGALL, Saint-Vincent (Neubau des 13./14. Jh., Fassade 18. Jh.), Saint-Eucaire (13., 14., 15. Jh.) und Saint-Martin (auf röm. Mauerwerk im 13. Jh. begonnen, mit zweigeschossigem W-Bau). Im Bereich der Zitadelle (im 16. Jh. angelegt) liegen Saint-Pierre-aux-Nonnains (im 7. Jh. in einem spätröm. Hallenbau gegr., im 10., 13. und 15. Jh. verändert; die merowing. Chorschrankenreliefs befinden sich heute im Museum) und die Templerkapelle (achteckiger Zentralbau des 12. Jh.). Das viergeschossige Hôtel Saint-Livier (12./13. Jh., im 16. und 17. Jh. verändert; heute Konservatorium), auf dem höchsten Punkt der Stadt gelegen, ist urspr. einer der Geschlechtertürme des Stadtadels. An der Place Saint-Louis Häuser (14.–18. Jh.) mit Laubengängen. Von der mittelalterl. Stadtbefestigung (durch VAUBAN Ende des 17. Jh., dann im 19. Jh. neu befestigt) blieb v. a. das Dt. Tor (Porte des Allemands, 13. und 15. Jh.) erhalten. Im 18. Jh. entstand an der Kathedrale als neues Stadtzentrum der Paradeplatz ›Place d'Armes‹ (nach Plänen von J. F. BLONDEL, 1764) mit dem Rathaus (1766–81). Das klassizist. Arsenal wurde bis 1989 von L. R. BOFILL zu einem Kulturzentrum umgebaut; auf der Moselinsel Theater (1738–51) und Präfektur (1739–43). Das Museum umfasst u. a. eine Altertumssammlung in den röm. Thermen, eine Sammlung mittelalterl. Skulpturen im Getreidespeicher und eine Gemäldegalerie.

Metz: Das ›Deutsche Tor‹; 13. und 15. Jh.

Geschichte: Vorröm. Siedlungskern ist der seit der Hallstattzeit besiedelte Hügel nordöstlich der Kathedrale. In gall. Zeit war M. als **Divodurum** Hauptort der kelt. Mediomatriker. Unter den Römern hieß der wichtige Straßenkreuzpunkt daher auch **Mediomatricum,** später **Mettis.** In fränk. Zeit war M. zeitweise Hauptstadt Austrasiens und ein beliebter Aufenthaltsort der Karolinger. Bei der karoling. Teilungen kam M. an Lothringien und mit diesem an das Ostfränk. (später Hl. Röm.) Reich. Seit dem späten 12. Jh. löste es sich aus der Abhängigkeit der Bischöfe, die ihre Residenz nach Vic verlegen mussten, und stieg zur Reichsstadt auf. Durch das Übergreifen des städt. Magistrats auf das Umland (Pays Messin) entstand ein reichsstädt. Territorium, das allen Angriffen der Herzöge von Lothringen widerstand. Den Vereinbarungen von →Chambord folgend, besetzte HEINRICH II. von Frankreich 1552 M., dessen Rückeroberung durch Kaiser KARL V. scheiterte (Belagerung von Oktober 1552 bis Januar 1553). Der Westfäl. Frieden 1648 bestätigte Frankreich den Besitz. M. wurde nun Hauptstadt der frz. Provinz Drei Bistümer (Trois évêchés), die die ehem. bischöfl. Territorien von M., Toul und Verdun umfasste, und starke Festung (Belagerungen 1814 und 1815).

Im Deutsch-Frz. Krieg 1870/71 wurde in M. das Gros der frz. Rheinarmee unter Marschall F. A. BAZAINE nach den Schlachten von Colombey-Nouilly (14. 8.), Vionville und Mars-la-Tour sowie →Gravelotte-Saint-Privat am 19. 8. 1870 von dt. Truppen unter Prinz FRIEDRICH KARL von Preußen eingeschlossen. Nachdem ein Ausfall aus der damals nach Paris größten frz. Lagerfestung am 31. 8. gescheitert war (Schlacht von Noisseville), verschlechterte sich in den folgenden Wochen die Versorgungslage der frz. Truppen zunehmend. Am 27. 10. kapitulierte BAZAINE, 173 000 frz. Soldaten gerieten in Gefangenschaft. – Als Hauptstadt des Bez. Lothringen gehörte M. 1871–1918 und 1940–44 zum Dt. Reich.

G. ZELLER: La réunion de M. à la France, 1552 à 1648, 2 Bde. (Paris 1926); La cathédrale de M., hg. v. M. AUBERT (ebd. 1931); M. TOUSSAINT: M. à l'époque gallo-romaine (Metz 1948); J. SCHNEIDER: La ville de M. aux XIIIᵉ et XIVᵉ siècles (Nancy 1950); O. OEXLE: Die Karolinger u. die Stadt des hl. Arnulf (1967); R. BOUR: Histoire de M. (Neuausg. Metz 1985); MARGIT MÜLLER: Am Schnittpunkt von Stadt u. Land. Die Benediktinerabtei St. Arnulf zu M. im hohen u. späten MA. (1993).

Metz, Johann Baptist, kath. Theologe, *Welluck (heute zu Auerbach i. d. OPf.) 5. 8. 1928; seit 1963 Prof. für Fundamentaltheologie in Münster; seit 1993 auch Gastprofessor für Religionsphilosophie und Weltanschauungslehre in Wien. M., der als einer der profiliertesten kath. Theologen im dt.-sprachigen Raum gilt, beschäftigt sich v.a. mit den geschichtl. und polit. Dimensionen des christl. Glaubens und begründete eine eschatologisch-gesellschaftskritisch ausgerichtete →politische Theologie.

Werke (Auswahl): Christl. Anthropozentrik (1962); Zur Theologie der Welt (1968); Glaube in Gesch. u. Gesellschaft (1977); Jenseits bürgerl. Religion (1980); Zukunftsfähigkeit (1987, mit F. X. KAUFMANN).

Hg.: Die Theologie der Befreiung. Hoffnung oder Gefahr für die Kirche (1986); Lateinamerika u. Europa (1988).

Metze *die, -/-n,* alte dt. Volumeneinheit, v. a. für Getreide, 1 M. = $^1/_{16}$ Scheffel = 3,4351 (Preußen) bzw. = 6,4891 (Sachsen). Als **M. Aussaat** war sie in Sachsen auch ein Feldmaß zu 768 Quadrat-Ellen = 246,4 m². In Bayern und Österreich wurde die M. auch als **Metzen** bezeichnet, 1 Metzen = 37,0591 (Bayern) bzw. = 61,4871 (Wien).

Metzger, 1) Fritz, schweizer. Architekt, *Winterthur 3. 7. 1898, †Zürich 13. 8. 1972; einer der Erneuerer des kath. Kirchenbaus in der Schweiz, Schüler von K. MOSER. Neben strengen Rechteckbauten (St. Karl in Luzern, 1931–34; St. Gallus in Oberuzwil, Kt. St. Gallen, 1934–35) verwendete er auch zylindr. Formen (St. Felix und Regula in Zürich, 1949–50; St. Franziskus in Riehen, 1951).

2) Max Joseph, kath. Theologe, *Schopfheim 3. 2. 1887, †(hingerichtet) Brandenburg an der Havel 17. 4. 1944; gründete als überzeugter Pazifist 1917 den ›Friedensbund dt. Katholiken‹ (später ›Christkönigsgesellschaft vom Weißen Kreuz‹) und als einer der Hauptvertreter der kath. ökumen. Bewegung 1938 die ›Bruderschaft Una Sancta‹. M. wurde von den NS-Behörden mehrfach inhaftiert und wegen seines Versuchs einer Friedensvermittlung mit dem Ausland, dargelegt in einem vertraul. Schreiben, von dem die Nationalsozialisten Kenntnis erlangten, als Hochverräter hingerichtet.

Werk: Friede auf Erden (1918).
Ausgabe: Gefangenschaftsbriefe, hg. v. M. LAROS (1947).

3) Wolfgang, Psychologe, *Heidelberg 22. 7. 1899, †Tübingen 22. 12. 1979; 1939–42 Prof. in Frankfurt am Main, danach in Münster; arbeitete bes. über Denk-, Gefühls- und Willenspsychologie, außerdem über Entwicklungs- und Sozialpsychologie sowie pädagog. Psychologie.

Metzgeriales [nach dem Botaniker JOHANN METZGER, *1789, †1852], Ordnung der Lebermoose mit 550 z. T. sehr gefährdeten Arten in 28 Gattungen; hauptsächlich in den feuchten Tropen und Subtropen. Gametophyt mit fiederartig verzweigtem Thallus mit Mittelrippe. Zu den M. gehören auch die ältesten Moosfossilien aus dem Devon.

Metzgerpalme, Fleischerpalme, Aukube, Aucuba [ˈaʊkuba, aʊˈkuːba], Gattung der Hartriegelgewächse mit drei Arten in Asien vom Himalaja bis nach Japan; immergrüne, zweihäusige Sträucher mit gegenständigen, gestielten, ei- bis lanzettförmigen, z. T. gezähnten, bis 20 cm langen Blättern, kleinen rötl. Blüten in Rispen und beerenartigen, einsamigen Steinfrüchten. Die bekannteste Art ist die **Goldorange (Goldbaum,** Aucuba japonica), die als Gartenzierstrauch oder als Topfpflanze in versch. Sorten kultiviert wird; meist mit gelb gepunkteten, gelb gefleckten oder gelb gesäumten Blättern und mit roten oder gelben Früchten.

Metzgersprung, ein Brauch der Gesellentaufe bei den Metzgern, wobei die freigesprochenen Lehrlinge, in Kalbs- oder Schafsfelle gehüllt, in einen Brunnen springen mussten und daraus die Umstehenden bespritzten. Meist auf die Fastnacht verlegt, ist der M. seit dem 17. Jh. für Bozen, Innsbruck, Salzburg, Hallein, Rosenheim und München (Fischbrunnen vor dem Rathaus) bezeugt.

Metzgerpalme: Goldorange (Höhe bis 2 m)

Jean Metzinger: Tea Time; 1911 (Philadelphia, Pa., Museum of Art)

Metzingen, Große Kreisstadt im Landkreis Reutlingen, Bad.-Württ., am Fuß der Schwäb. Alb, 350 m ü. M., 21 300 Ew.; Weinbaumuseum; Obst- und Weinbau, vielseitige Industrie (v. a. Herstellung von Bekleidung, Maschinen- und Fahrzeugbau, Metallverarbeitung). – Das 1075 erstmals erwähnte M. fiel 1317 an Württemberg. 1831 wurde M. Stadt, 1990 Große Kreisstadt.

Metzinger [mɛtsɛ̃'ʒe], Jean, frz. Maler, * Nantes 24. 6. 1883, †ebd. 1. 11. 1956; gehörte ab 1910 zum Kreis der Kubisten um P. PICASSO und G. BRAQUE. 1912 verfasste er mit A. GLEIZES die erste philosophisch begründete Theorie des Kubismus (›Du cubisme‹) und trat der Section d'Or bei. In den 20er-Jahren schuf er vorübergehend Werke in einem von ihm als ›konstruktiver Realismus‹ bezeichneten Stil, wandte sich aber 1924 wieder der kubist. Malerei zu.

Metzkes, Harald, Maler und Grafiker, * Bautzen 23. 1. 1929; Schüler von W. LACHNIT und O. NAGEL. Nach einer ›strengen Periode‹ Ende der 50er-Jahre, die eine zeichnerisch betonte, formprägnante, flächig projizierende Bildauffassung kennzeichnete, gelangte er in Auseinandersetzung mit dem Werk P. CÉZANNES und dessen Kunstbegriff zu einer maler. Bestimmung des Gegenständlichen in seiner Beziehung zum lichterfüllten Raum. M. wurde damit zum Begründer der so genannten ›Berliner Schule‹.

H. M. Malerei, Zeichnungen, Druckgraphik, Ausst.-Kat. Staatl. Kunsthalle Berlin (1989); ›Schwarzgesicht u. Weißgesicht – kalte Nacht‹, hg. v. D. BRUSBERG, Ausst.-Kat. Galerie Brusberg Berlin (1993).

Metzler Verlag, J. B., traditionsreicher Buchverlag, Sitz: Stuttgart; gegr. 1682 von AUGUSTUS METZLER (* 1654, † 1713) in Stuttgart, firmiert seit 1716 nach JOHANN BENEDICT METZLER (* 1696, † 1754), dem Verleger G. E. LESSINGS. Seit 1908 stand das Unternehmen unter der Leitung von A. DRUCKENMÜLLER (* 1882, † 1967), der dem geisteswiss. Bereich eine vorherrschende Stellung im Verlagsprogramm zuwies. 1948–91 mit dem C. E. Poeschel Verlag zu einer Firma zusammengeschlossen, ist der J. B. M. V. seit 1991 100%ige Tochter der Verlagsgruppe Georg von Holtzbrinck. Er veröffentlicht heute in den Bereichen Literatur- und Sprachwissenschaft, Geschichte, Philosophie, Medien, Antike, Musik.

R. WITTMANN: Ein Verlag u. seine Gesch. 300 Jahre J. B. Metzler Stuttgart (1982).

Metzmacher, Ingo, Dirigent, * Hannover 10. 11. 1957; studierte Klavier und Dirigieren in Hannover, Salzburg und Köln; war 1981–84 Pianist im Ensemble Modern, ab 1985 dessen Dirigent; im selben Jahr Debüt als Operndirigent mit W. A. MOZARTS ›Le nozze di Figaro‹ in Frankfurt am Main. Es folgten Gastdirigate an führenden europ. Bühnen. 1992 leitete er die Uraufführung von W. RIHMS ›Die Eroberung von Mexiko‹ an der Hamburg. Staatsoper, deren Generalmusikdirektor er seit 1997 ist.

Metzner, Franz, Bildhauer, * Wscherau (bei Pilsen) 18. 11. 1870, † Berlin 24. 3. 1919; nach einer Steinmetzlehre in Pilsen entwarf er 1894–1903 in Berlin Modelle für die dortige Porzellanmanufaktur. 1903–06 lehrte er an der Kunstgewerbeschule in Wien, danach war er in Berlin tätig. M. schuf Bauplastiken und Denkmäler, u. a. die Figuren für das Völkerschlachtdenkmal in Leipzig (1906–13).

F. M. Ein Bildhauer der Jahrhundertwende in Berlin, Wien, Prag, Leipzig, bearb. v. M. PÖTZL-MALIKOVA (1977).

Meudon [mø'dɔ̃], Stadt im Dép. Hauts-de-Seine, Frankreich, südwestlich von Paris an der Seine, 45 300 Ew.; staatl. Institut für Astronomie und Geophysik, aerodynam. Versuchsanlage, biolog. Forschungsinstitut; entlang der Seine große Industriebetriebe (Hütten- und Stanzwerke, Bau von Kfz-Karosserien, Herstellung von Explosivstoffen). Der Wald von M. (1 150 ha) ist Erholungsgebiet. – Schloss (von J. HARDOUIN-MANSART 1706–09 errichtet; heute Observatorium) und Rodin-Museum im Wohnhaus des Künstlers (im Park Bronzeabguss ›Der Denker‹, 1880–1900). T. VAN DOESBURG errichtete 1929–30 in M. sein Atelierhaus.

Meulen ['mø:lə], Adam Frans van der, fläm. Maler, getauft Brüssel 11. 1. 1632, † Paris 15. 10. 1690; war ab 1664 Hofmaler LUDWIGS XIV. Er malte Szenen von den Feldzügen und Reisen des Königs, ferner Schlossansichten und Jagdbilder, schuf auch Entwürfe für Gobelins sowie topographisch genaue Zeichnungen von histor. Wert.

Meulengracht-Syndrom [-grakt-; nach dem dän. Internisten EINAR MEULENGRACHT, * 1887, † 1976], autosomal-dominant vererbte Störung des Bilirubintransports und Bildungsschwäche des Enzyms Glucuronyltransferase; führt zu einer meist anfallsweise auftretenden leichten Gelbsucht mit Oberbauchbeschwerden und Milzvergrößerung ohne weitere Schädigungen.

Meumann, Ernst, Psychologe und Pädagoge, * Uerdingen (heute zu Krefeld) 29. 8. 1862, † Hamburg 26. 4. 1915; Mitarbeiter W. WUNDTS in Leipzig, ab 1894 Prof. für Philosophie und Pädagogik in Zürich, Königsberg (heute Kaliningrad), Münster, Halle

Harald Metzkes: Herkules erwürgt die Schlange; 1988 (Privatbesitz)

(Saale), seit 1911 in Hamburg. In seiner ›experimentellen Pädagogik‹ wandte er das Experiment als empir. Forschungsmethode auf Unterricht und Erziehung an. Mit W. A. LAY begründete er die ›Zeitschrift für experimentelle Pädagogik‹ (1905).
Werke: Vorlesungen zur Einf. in die experimentelle Pädagogik, 2 Bde. (1907; in 3 Bden. 1911–14); Abriß der experimentellen Pädagogik (1914).

Meung [mœ̃], Jean de, frz. Dichter, →Roman de la rose.

Meunier [mø'nje], Constantin Émile, belg. Bildhauer und Maler, * Etterbeek 12. 4. 1831, † Ixelles 4. 4. 1905; war 1887–95 Prof. in Löwen, malte zuerst religiöse Szenen, dann impressionist. Bilder; seit 1885 war er fast ausschließlich als Bildhauer tätig. Sein Hauptthema, den arbeitenden Menschen (bes. Bergarbeiter), gestaltete er in oft monumentalen Einzelfiguren (meist Bronze oder Stein) realistisch, aber mit einem gewissen Pathos in der Haltung (Entwurf für ein ›Denkmal der Arbeit‹, 1890–1905; 1930 in Brüssel aufgestellt); er schuf auch Porträts und allegor. Kleinplastiken. Weiteres BILD →belgische Kunst
C. M., bearb. v. M. IMDAHL u. a., Ausst.-Kat. (1970); C. GOETZ: Studien zum Thema Arbeit im Werk von C. M. u. Vincent van Gogh (1984).

Meuron, Pierre de, schweizer. Architekt, →Herzog & de Meuron.

Meursault [mœr'so], Weinbauort in Burgund, Dép. Côte d'Or, Frankreich, 1 500 Ew., mit 420 ha Rebland; liefert v. a. trockene Weißweine (meist aus Chardonnaytrauben) bester Qualität.

Meurthe [mœrt] die, rechter Nebenfluss der Mosel in Lothringen, O-Frankreich, 170 km lang, entspringt beim Col de la Schlucht in den Vogesen, mündet nördlich von Nancy. Der Rhein-Marne-Kanal benutzt streckenweise ihr Tal.

Meurthe-et-Moselle [mœrtemo'zɛl], Dép. in der Region Lothringen, O-Frankreich, 5 241 km², 709 000 Ew.; Verw.-Sitz: Nancy.

Meuse [møːz], 1) die, frz. Name der →Maas.
2) Dép. in der Region Lothringen, O-Frankreich, 6 216 km², 193 000 Ew.; Verw.-Sitz: Bar-le-Duc.

Meusel, Marga, Fürsorgerin, * Falkenberg/Elster 26. 5. 1897, † Berlin 16. 5. 1953; war seit Anfang der 30er-Jahre beim kirchl. Jugendamt in Berlin-Zehlendorf tätig, später als Vorsteherin des ev. Bezirkswohlfahrtsdienstes ebd. Sie erkannte früh die Not der Juden und der ›nichtarischen‹ Christen nach 1933 und empfand es – anders als die meisten Christen – als eine Schuld der Kirche, den Opfern der natsoz. Rassenpolitik nicht wirksam zu helfen. 1935 arbeitete M. für die Bekennende Kirche eine Denkschrift ›Zur Lage der dt. Nichtarier‹ aus (Text in: ›Die Synode zu Steglitz‹, hg. v. W. NIEMÖLLER, 1970), die aber an der Zurückhaltung der Kirche in der ›Judenfrage‹ nichts änderte.

Meuselwitz, Stadt im Landkreis Altenburger Land, Thür., 176 m ü. M., 11 000 Ew.; Maschinenbau, Gießerei, Computerherstellung, Fahrzeugtextilveredelung, Bau- und Gummiindustrie; der Braunkohlenabbau in der Umgebung wurde eingestellt. – Pfarrkirche St. Martin, 1687 nach Brand in frühbarocken Formen wieder aufgebaut; vom ehem. Schloss blieben Schlossgarten und Orangerie (um 1725). – Die Gegend von M. ist seit der Jungsteinzeit besiedelt. 1139 wurde M. erstmals erwähnt. Mit der Ansiedlung niederländ. Tuchmacher und der Erschließung der Braunkohlevorräte (seit 1677) wuchs die Ortschaft, die 1677 Marktrechte erhielt. 1874 wurde M. Stadt.

Meute (frz., von altfrz. muete, eigtl. ›Bewegung‹, ›Aufruhr‹, zu lat. movere ›bewegen‹], Gruppe von Jagdhunden, die für die Hetzjagd abgerichtet sind und zusammen jagen.

Meuterei [zu Meute], Vereinigung mehrerer Personen zu Ungehorsam oder Empörung gegen Vorgesetzte. Die Gefangenen-M. (gegen Anstaltsbeamte oder Aufscher) wird nach § 121 StGB mit Freiheitsentzug von drei Monaten bis zu fünf Jahren, in bes. schweren Fällen von sechs Monaten bis zu zehn Jahren bestraft. Eine M. liegt bei Gefangenen vor, wenn sie sich zusammenrotten und mit vereinten Kräften Beamte oder Aufseher nötigen oder tätlich angreifen, gewaltsam ausbrechen oder gewaltsam einem anderen Gefangenen zum Ausbruch verhelfen. Für Soldaten-M. ist Freiheitsstrafe von sechs Monaten bis zu fünf Jahren nach § 27 Wehrstraf-Ges. angedroht, wenn die zusammengerotteten Soldaten eine Gehorsamsverweigerung, eine Bedrohung, eine Nötigung oder einen tätl. Angriff begehen. Im Seerecht gibt es der M. ähnl. Tatbestände in §§ 115 f. Seemanns-Ges. vom 26. 7. 1957.

In *Österreich* wird die M. von Soldaten nach den §§ 18, 19 Militärstraf-Ges. vom 30. 10. 1970 bestraft.

In der *Schweiz* wird M. von Gefangenen nach Art. 311 StGB sowie die Aufforderung zu militär. M. nach Art. 276 Ziff. 2 StGB bestraft. Die militär. M. selbst steht nach Art. 63 des Militärstrafgesetzbuchs unter Strafe.

MeV, Einheitenzeichen für Megaelektronvolt; 1 MeV = 10^6 eV (→Elektronvolt).

Mevissen, Gustav von (seit 1884), Unternehmer und Politiker, * Dülken (heute Viersen) 20. 5. 1815, † Godesberg (heute zu Bonn) 13. 8. 1899; gründete ab 1841 von Köln aus Aktiengesellschaften im Textilbereich, wurde 1844 Präs. der ›Rheinischen Eisenbahn‹. M. hatte sich bereits in den 30er-Jahren dem Liberalismus angeschlossen und zählte bald zu dessen Führern. Als Sprachrohr diente ihm die von ihm 1842 gegründete ›Rheinische Zeitung‹. 1846 war er Abg. im ›Rhein. Provinziallandtag‹, 1848/49 in der Frankfurter Nationalversammlung. Als Unterstaatssekretär im Handelsministerium gehörte er der ›Paulskirchenregierung‹ an. Seit 1848 Direktor des Schaafhausenschen Bankvereins, setzte er sich bei der Gründung zahlr. Firmen (u. a. Darmstädter Bank für Handel und Industrie) ein. Zugleich baute er unter Berücksichtigung seiner eigenen wirtschaftl. Interessen das rhein. Eisenbahnwesen aus. Nach der Verstaatlichung der ›Rhein. Eisenbahn‹ zog er sich 1880 ins Privatleben zurück. Seinen dann verfolgten kulturellen Anliegen verdanken die Kölner Handelshochschule (heute Univ.) und die ›Gesellschaft für rhein. Geschichtskunde‹ (gegr. 1881) ihre Existenz. Dem preuß. Herrenhaus gehörte M., der die kleindt. Lösung bevorzugte und lebenslang für die Schutzzollpolitik eintrat, seit 1866 an.

Mewlewije, auf den pers. Dichter DJALAL OD-DIN RUMI zurückgehender, um 1325 in Konya entstandener →Derwischorden, dessen Mitgl. wegen ihres am Freitag als Andachtsübung getanzten ekstat. Reigens auch ›tanzende Derwische‹ genannt werden.

MEX, Nationalitätszeichen für Mexiko.

Mexicali [mexi'kali, aus México und California], Hauptstadt des Bundesstaates Baja California Norte, Mexiko, an der Grenze zu den USA, 438 000 Ew.; Bischofssitz; Univ., Technikum; im reichen Bewässerungsgebiet der Umgebung (Coloradodelta) werden Baumwolle, Obst, Gemüse und Getreide angebaut. Verarbeitung landwirtschaftl. Produkte; Fremdenverkehr durch Wochenendtouristen aus den USA; Flughafen.

mexikanische Indianer, die 383 500 Indianer, die in Mexiko westlich des Isthmus von Tehuantepec teils in geschlossenen, teils regional stark zersplitterten Restgruppen inmitten einer homogenen Bev. von Mestizen mit stark span. Geprägte leben. Die bekanntesten und zahlenmäßig größten Gruppen sind im zentralmexikan. Hochland Nahua, Otomi, Mazahua, Tarasken sowie einige kleinere Gruppen (Cora,

Constantin Émile Meunier: Bergmann; Bronze, Höhe 45 cm; vor 1899 (Marl, Skulpturenmuseum, Glaskasten)

Gustav von Mevissen (Federzeichnung, um 1880)

Mexi mexikanische Kunst – Mexiko

Huichol); an der Golfküste Totonaken und Huaxteken; im südmexikan. Bergland Zapoteken, Mixteken, Mazateken, Mixe und viele Splittergruppen (u. a. Asáns, Chinanteken, Tlapaneken, Trique, Popoloca, Chatino und Cuicateken). Zu den m. I. werden auch Mayo, Yaqui und Tarahumara gezählt. Sie stellen eine kulturelle Sondergruppe dar, die nie unter Hochkultureinfluss geriet.

Von den Trägern der →mesoamerikanischen Hochkulturen ist nur die bäuerl. Grundbevölkerung übrig geblieben; die sakrale und profane Führungsschicht wurde von den span. Eroberern schon in der frühen Kolonialzeit beseitigt. Wirtschaftl. Grundlage aller m. I. ist der Ackerbau (Pflug, Feldhacke, Pflanzstock), nur lokal treten andere Wirtschaftszweige etwas in den Vordergrund (Sammelwirtschaft bei den Mezquital-Otomí, Hochseefischerei bei den Huave). V. a. im Bergland und in den Wäldern der Tiefebene werden die Felder durch Brandrodung vorbereitet; im Gebirge wird auf Terrassen angebaut. Die früher im Hochbecken der Stadt Mexiko verbreitete Chinampa-Wirtschaft (ertragreiche Hochbeetkultur in verlandenden Seen) hat sich nur noch am Mixquic-See erhalten. Das indian. Hausgewerbe (Töpferei, Weberei, Seilerei) ist im Kulturgefüge bis heute stark verankert und greift vielfach auf vorspan. Techniken (Töpfern ohne Scheibe, Gürtelwebstuhl) zurück. Einheim. Handwerker sind oft genossenschaftlich organisiert und vertreiben kunstgewerbl. Produkte landesweit. Totenkult, rituelle Reinigung (Schwitzbad) und medizin. Versorgung durch den örtl. Krankenheiler (›curandero‹) sind Reste früherer Religionspraxis, sonst dominieren die Patronatsfeste des christl. Heiligenkultes und die Fiestas des kath. Ritualkalenders. Das ebenfalls von den Spaniern eingeführte rituelle Patronagesystem (›compadrazgo‹) dient der Gefolgschaftsbildung und der Ausdehnung wirtschaftl. Macht. Die lokale politisch-religiöse Ämterhierarchie sieht sich zunehmend staatl. Eingriffen ausgesetzt; in der Verwaltung werden Schlüsselstellen häufig durch Ladinos besetzt. Als Vermittler zw. den Belangen der Dorfgemeinschaften und dem Staat fungiert das ›Instituto Nacional Indigenista‹ (→Indigenismus). Seit 1972 führt die Reg. ein Programm zur Integration der nicht Spanisch sprechenden Indianer durch; gleichzeitig ist aber auch das Selbstbewusstsein der Indianer gewachsen und damit der Widerstand gegen ihre immer noch erhebl. soziale Benachteiligung; das größte Problem ist dabei die Bewahrung oder Wiedergewinnung ihres Landbesitzes.

mexikanische Kunst, →lateinamerikanische Kunst.

mexikanische Literatur, →lateinamerikanische Literatur.

Mexikanischer Krieg, militär. Auseinandersetzung (1846–48) zw. den USA und Mexiko, ausgelöst durch die amerikan. Annexion von Texas (29. 12. 1845) und die Interessen der USA an Kalifornien und New Mexico, die den Expansionsdrang der USA (→Manifest Destiny) offenbarten. Nach dem Ausbruch der Feindseligkeiten (am 25. 4. 1846 Gefecht amerikan. Soldaten mit den in ein umstrittenes Gebiet zw. Rio Grande und Nueces River eingerückten mexikan. Truppen) erklärten die USA am 13. 5. 1846 den Krieg, in dessen Verlauf die amerikan. Truppen Kalifornien besetzten; Siege des Generals Z. TAYLOR südlich des Rio Grande (Monterrey, 27./28. 9. 1846; Buena Vista 22./23. 2. 1847) und der Vormarsch des Generals W. SCOTT auf die Stadt Mexiko und ihre Einnahme (14. 9. 1847) brachten die militär. Entscheidung. Im Frieden von →Guadalupe Hidalgo (2. 2. 1848) wurde der Rio Grande zur mexikan.-amerikan. Grenze.

C. L. DUFOUR: The Mexican war (New York 1968).

Mexiko,
Fläche 1 967 183 km²
Einwohner (1995) 92,939 Mio.
Hauptstadt Mexiko
Amtssprache Spanisch
Nationalfeiertag 16. 9.
Währung 1 Mexikanischer Peso (mex$) = 100 Centavos (¢)
Uhrzeit 5⁰⁰ Mexiko = 12⁰⁰ MEZ

Mexiko, spanisch **México** [ˈmɛxiko], amtlich **Estados Unidos Mexicanos** [mɛxi-], dt. **Vereinigte Mexikanische Staaten,** Staat in Mittelamerika, zw. dem Golf von M. und dem Pazifik, grenzt im N an die USA, im SO an Belize und Guatemala; außer zahlr. küstennahen Inseln gehören zu M. die weit entfernten, unbewohnten pazif. Inseln Isla de Guadalupe (264 km²) und Islas Revillagigedo (830 km²). M. ist das drittgrößte Land Lateinamerikas (unter den Staaten der Erde an 14. Stelle), hat eine Fläche von 1 967 183 km² und (1995) 92,939 Mio. Ew.; Hauptstadt ist Mexiko (amtlich Ciudad de México), Amtssprache ist Spanisch. Währung: 1 Mexikan. Peso (mex$) = 100 Centavos (¢). Uhrzeit: 5⁰⁰ Mexiko = 12⁰⁰ MEZ.

STAAT · RECHT

Verfassung: Nach der am 5. 2. 1917 proklamierten Verf. (mehrfach, zuletzt 1996, revidiert) ist M. eine föderative Rep. mit Präsidialsystem. Staatsoberhaupt, Oberbefehlshaber der Streitkräfte und Reg.-Chef ist der mit weit reichenden Vollmachten ausgestattete Präs., der für die Dauer von sechs Jahren (ohne Wiederwahlmöglichkeit) direkt gewählt wird. Der Präs. ernennt und entlässt die Mitgl. des Kabinetts sowie den Generalstaatsanwalt. Die Legislative liegt beim Unionskongress (Zweikammerparlament), bestehend aus der Abgeordnetenkammer (500 Abg., davon 300 in Einzelwahlkreisen für drei Jahre direkt gewählt; 200 Sitze werden nach dem Verhältniswahlsystem über Regionallisten besetzt) und dem Senat (128 auf sechs Jahre gewählte Mitgl., vier Sitze je Bundesstaat). Gemäß der Wahlrechtsreform von 1996 darf künftig keine Partei über mehr als 300 Mandate in der Abgeordnetenkammer verfügen, selbst wenn sie eine entsprechend hohe Anzahl von Stimmenprozenten erhalten sollte. Damit soll ausgeschlossen werden, dass eine Partei allein über eine verfassungsändernde Zweidrittelmehrheit verfügt. Die Funktionen des Obersten Wahlgerichts – v. a. bei der Überprüfung der Verfassungsmäßigkeit von Wahlgesetzen – wurden erweitert; es gehört nunmehr zur Legislative.

Parteien: Das Parteiensystem wird nach wie vor vom Partido Revolucionario Institucional (PRI, 1928 als Partido Nacional Revolucionario gegr., seit 1946 heutige Bez.) dominiert, der sozialdemokratisch-populistisch ausgerichtet ist. Zu den wichtigsten Oppositionsparteien zählen der konservativ-kath. Partido Acción Nacional (PAN, gegr. 1939), der sozialdemokrat. Partido de la Revolución Democrática (PRD, gegr. 1989), ein Sammelbecken linker Kräfte, der Partido de Trabajo (PT; gegr. 1991) und der Partido Popular Socialista (PPS, gegr.1948), der für Verstaatlichungen im Industriebereich und Auflösung der Latifundien eintritt.

Gewerkschaften: Das mexikan. Gewerkschaftswesen ist stark zersplittert. Die wichtigsten der sieben großen Dachverbände sind die Confederación de Trabajadores de México (CTM, gegr. 1936, 5,5 Mio.

Mexiko
Staatswappen

Staatsflagge

MEX
Internationales Kfz-Kennzeichen

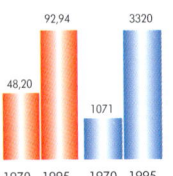

92,94   3320
48,20
1071

1970 1995   1970 1995
Bevölkerung   Bruttosozialprodukt je Ew.
(in Mio.)   (in US-$)

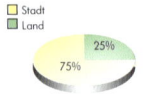

☐ Stadt
☐ Land

25%
75%
Bevölkerungsverteilung 1994

☐ Industrie
☐ Landwirtschaft
☐ Dienstleistung

28%
8%   64%
Bruttoinlandsprodukt 1994

Mitgl.) und die Unión General de Obreros y Campesinos de México (UGOCM, gegr. 1949, 7,5 Mio. Mitgl.).

Wappen: Das Wappen (1823) geht auf die Legende zurück, wonach Priester den noch ständig umherziehenden Azteken auftrugen, sich dort niederzulassen, wo sie einen Adler (Symbol des Guten) entdeckten, der inmitten eines Sees auf einem auf Felsen wachsenden Kaktus sitzt und in seinen Fängen eine Schlange (Symbol des Bösen) hält. Dies soll am Texcocosee geschehen sein, wo dann auch die Stadt Tenochtitlán (heutige Stadt Mexiko) entstand. Diese Darstellung wird auf der einen Seite durch Lorbeerblätter ergänzt, auf der anderen Seite durch Eichenzweige. 1916 wurde die heute gültige Gestalt des Wappenadlers bestätigt, wobei kleine Änderungen bis 1968 vorgenommen wurden. Die Darstellung des Wassers und des Felsens ist aztek. Vorbildern angeglichen.

Nationalfeiertag: Nationalfeiertag ist der 16. 9., der an den Beginn des Unabhängigkeitskampfes 1810 erinnert.

Verwaltung: M. besteht aus 31 Bundesstaaten und dem Bundesdistrikt der Hauptstadt Mexiko (Distrito Federal). An der Spitze der Gliedstaaten, die über eigene Verf. und eigene Parlamente verfügen, steht jeweils ein auf sechs Jahre direkt gewählter Gouv. Der Gouv. des Bundesdistriktes wird erst seit 1997 direkt gewählt (bis dahin vom Präs. ernannt).

Recht: Das Rechtssystem ist von der Trennung exekutiver und legislativer Gewalten mitgeprägt. Das Gerichtswesen folgt der föderativen Struktur, indem es gesonderte Zuständigkeiten für das Bundesrecht und das Recht der einzelnen Bundesstaaten kennt. Das Bundesjustizsystem übt seine Rechtsprechung durch den Obersten Gerichtshof, 10 Bezirksgerichte und 68 Distriktgerichte aus.

Streitkräfte: Die Gesamtstärke beträgt rd. 175 000 Mann, etwa 60 000 hiervon (ausschließlich beim Heer) sind nach Losauswahlverfahren rekrutierte Wehrpflichtige mit einer Dienstzeit von 12 Monaten. Die paramilitär. Kräfte umfassen insgesamt 120 000 Mann Miliz. Das Heer (130 000 Soldaten) ist gegliedert in je eine Panzer- und Fallschirmjägerbrigade, drei Infanteriebrigaden, eine mechanisierte Brigade (Präsidentengarde) sowie 36 selbstständige ›Bezirksgarnisonen‹, zu denen u. a. 80 Infanteriebataillone und 19 motorisierte ›Kavallerieregimenter‹ gehören. Die Marine hat rd. 37 000, die Luftwaffe etwa 8 000 Mann. Die Ausrüstung besteht im Wesentlichen aus rd. 50 leichten Panzern, 100 Kampfflugzeugen, drei Zerstörern, vier Fregatten, 41 Korvetten und 57 Kleinen Kampfschiffen. – Das Land verwendet etwa 2 % der Staatsausgaben für die Verteidigung.

LANDESNATUR · BEVÖLKERUNG

Das Staatsgebiet M.s bildet in klimat. wie in geologisch-geomorpholog. Hinsicht einen Übergang zw. dem nordamerikan. Kontinent und der zentralamerikan. Landbrücke. Der sich von N zum Isthmus von Tehuantepec nach S auf etwas über 200 km Breite verschmälernde Hochlandblock des nördl. und zentralen M. ist im W (Sierra Madre Occidental, bis 3 150 m ü. M.) und O (Sierra Madre Oriental, bis 4 056 m ü. M.) von Randgebirgen umsäumt, die nach außen steil abfallen, binnenwärts dagegen meist sanft in das Hochland übergehen. Den südl. Abschluss bildet die transkontinentale Vulkanzone der Cordillera Neovolcánica (Sierra Volcánica Transversal), deren vulkan. Tätigkeit auch heute noch im Gange ist (Paricutín im Michoacán, El Chichón in Chiapas), begleitet von Erdbeben (z. B. 1985 Zerstörung von rd. 100 000 Wohnungen in Mexiko-Stadt). Zu ihren größten Höhen zählen der Citlaltépetl (Pico de Orizaba, 5 700 m ü. M., der höchste Berg des Landes), der Popocatépetl (5 452 m ü. M., seit 1997 verstärkte Eruptionen) und der Iztaccíhuatl (5 286 m ü. M.). Das innere Hochland stellt keine einheitl. Beckenlandschaft dar, sondern ist – in Fortsetzung der →Basin and Range Province der USA – durch zahlr. isolierte Gebirgsrücken in meist abflusslose Becken gegliedert (am größten ist der Bolsón de Mapimí). Während der nördl. Teil **(Mesa del Norte)** wegen der Trockenheit nur spärlich besiedelt ist, bildet der südl., feuchtere Bereich **(Mesa Central)** zus. mit den in der Cordillera Neovolcánica gelegenen Becken den Hauptsiedlungsraum des Landes (u. a. das Becken der Hauptstadt Mexiko). Nach S fällt die Cordillera Neovolcánica steil zum Gran Valle del Sur, der Senke des Río Balsas, ab, der in einer tiefen Schlucht die Sierra Madre del Sur zum Pazifik durchbricht. Jenseits des Isthmus von Tehuantepec erstreckt sich das

Mexiko: Landschaft am Popocatépetl

Größe und Bevölkerung (1990)				
Verwaltungseinheit	Hauptstadt	Fläche in km²	Ew. in 1 000	Ew. je km²
Bundesdistrikt				
(Distrito Federal)	Mexiko	1 499	8 236	5 494,3
Bundesstaaten				
Aguascalientes	Aguascalientes	5 589	720	128,8
Baja California Norte	Mexicali	70 113	1 661	23,7
Baja California Sur	La Paz	73 677	318	4,3
Campeche	Campeche	51 833	535	10,3
Chiapas	Tuxtla Guitiérrez	73 887	3 210	43,5
Chihuahua	Chihuahua	247 087	2 442	9,9
Coahuila	Saltillo	151 571	1 972	13,0
Colima	Colima	5 455	429	78,6
Durango	Durango	119 648	1 349	11,3
Guanajuato	Guanajuato	30 589	3 983	130,2
Guerrero	Chilpancingo de los Bravos	63 794	2 621	41,1
Hidalgo	Pachuca de Soto	20 987	1 888	90,0
Jalisco	Guadalajara	80 137	5 303	66,2
Mexiko (México)	Toluca	21 461	9 816	457,4
Michoacán	Morelia	59 864	3 548	59,3
Morelos	Cuernavaca	4 941	1 195	241,9
Nayarit	Tepic	27 621	825	29,9
Nuevo León	Monterrey	64 555	3 099	48,0
Oaxaca	Oaxaca de Juárez	95 364	3 020	31,7
Puebla	Puebla	33 919	4 126	121,6
Querétaro	Querétaro	11 769	1 051	89,3
Quintana Roo	Chetumal	50 350	493	9,8
San Luis Potosí	San Luis Potosí	62 848	2 003	31,9
Sinaloa	Culiacán	58 092	2 204	37,9
Sonora	Hermosillo	184 934	1 823	9,9
Tabasco	Villahermosa	24 661	1 502	60,9
Tamaulipas	Ciudad Victoria	79 829	2 250	28,2
Tlaxcala	Tlaxcala de Xioctencatl	3 914	761	194,4
Veracruz	Jalapa Enríquez	72 815	6 228	85,5
Yucatán	Mérida	39 340	1 363	34,6
Zacatecas	Zacatecas	75 040	1 276	17,0
Mexiko	Mexiko	1 967 183	81 250	41,3

Mexi Mexiko

Mexiko: Hochtal von Oaxaca

Gebirgsland von Chiapas; im N ist ihm die Kalktafel der Halbinsel Yucatán vorgelagert. Im Ggs. zur breiten Golfküstenebene ist am Pazifik nur im NW eine breitere Ebene ausgebildet. Durch die Deltaaufschüttung des Colorado in die Senkenzone des Golfs von Kalifornien ist die Halbinsel Niederkalifornien mit dem mexikan. Festland verbunden worden.
Klima: Das Klima M.s ist durch die Lage in den Rand- und Subtropen gekennzeichnet. Während die pazif. Seite ein ausgeprägtes wechselfeuchtes Klima (Regenzeit Juni bis Oktober) mit von SO (bis über 2 500 mm im Jahr) nach NW (bis unter 100 mm) abnehmenden Niederschlägen aufweist, fallen im Bereich der Golfküstenseite auch während der Monate November–Mai Niederschläge (im Sommer aber verstärkt); am höchsten sind sie in der Küstenebene von Veracruz und im Bergland von Chiapas (bis über 2 500 mm im Jahr). Im inneren Hochland nehmen die Jahresniederschläge von 760 mm im S (Stadt Mexiko) bis auf unter 100 mm an der Grenze gegen die USA ab. Nur der äußerste NW der Halbinsel Niederkalifornien gehört zum Winterregengebiet Kaliforniens. Etwa 50% des Landes sind als arid, 30% als semiarid zu bezeichnen. Wegen des stark differenzierten Reliefs ist im trop. Bereich die vertikale Stufung des Klimas von großer Bedeutung. Die Tierra caliente (Veracruz: 24,8 °C mittlere Jahrestemperatur bei geringen jahreszeitl. Schwankungen) reicht vom Meeresspiegel bis 700–800 m Höhe (Obergrenze des Kakao-, Vanille- und Cohunepalmenanbaus), die Tierra templada (Jalapa Enríquez: 17,6 °C mittlere Jahrestemperatur bei ebenfalls geringen Schwankungen) bis in 1 600 bis 1 700 m Höhe (Obergrenze des Baumwoll-, Zuckerrohr- und Reisanbaus); die Tierra fría, die bis 4 000–4 700 m ü. M. (Obergrenze der Vegetation) reicht, ist in drei Stufen gegliedert: 1) in den Bereich von 1 700 m ü. M. bis zur Anbaugrenze in 2 800 m Höhe (Stadt Mexiko: 15,6 °C mittlere Jahrestemperatur bei Unterschieden zw. Tag und Nacht von 10–15 °C), 2) in den Bereich von 2 800 m ü. M. bis zur Obergrenze des Nadelwaldes (4 000–4 400 m ü. M.), 3) von dort bis zur Obergrenze der Grasflur (4 700 m ü. M.); die Tierra helada kommt nur auf einigen Vulkangipfeln vor. Im Winter können polare Kaltluftmassen als kalte Stürme (Nortes) weit nach S vordringen; sie bringen heftige Niederschläge mit sich und führen zu erhebl. Frostschäden in der Landwirtschaft, v. a. an der Golf- und Karibikküste. Im Sommer und Herbst wird M. teilweise von trop. Wirbelstürmen aus dem Karib. Meer erreicht, die aufgrund orkanartiger Windgeschwindigkeiten und davon ausgelösten Flutwellen oft schwerste Schäden verursachen.

Vegetation: Aus der Gebirgsstruktur des Landes, der großen N-S-Erstreckung und der Brückenlage zw. Nord- und Südamerika resultiert eine überaus mannigfaltige Pflanzenwelt. Das innere Hochland hat im (größeren) N-Teil überwiegend Dornstrauch- und Sukkulentenformationen, die nach S mit zunehmenden Niederschlägen in grasreiche Höhensavannen übergehen. Von den Waldbeständen der Gebirge sind die der Cordillera Neovolcánica in bes. starkem Maße gerodet. Die pazif. Küstenebene wird nördlich des Río Yaqui – ebenso wie große Teile der Halbinsel Niederkalifornien – von Sukkulenten- und Dornstrauchformationen eingenommen, südlich des Río Yaqui von Trockenwäldern (stark gerodet) und Savannen, die Golfküstenebene im N (nördlich von 22° n. Br.) von Trockenwäldern und Savannen, im S von halbimmergrünen und laubwerfenden Regenwäldern (große Flächen zu Weideland gerodet und dabei als Savannen erscheinend). Auf der Halbinsel Yucatán folgen auf die Dornstrauchsavanne in Küstennähe regengrüner Trocken- und Feuchtwald sowie immerfeuchter trop. Regenwald am Gebirgsrand.

Bevölkerung: Die fast ausschließlich aus Spanien eingewanderten Weißen sind in der mit etwa 90% vorherrschenden Mestizen-Bev. aufgegangen, bei der wiederum das europ. Erbteil überwiegt (rd. 60%). Die ethn. Gliederung beruht allerdings weniger auf physisch-anthropolog. als auf kulturell-zivilisator. Merkmalen bzw. der Selbsteinschätzung der Bewohner; viele Indianer bezeichnen sich aus sozialen Gründen als Mestizen, weil diese als höher stehend gelten. Sta-

Klimadaten der Stadt Mexiko (2 315 m ü. M.)

Monat	Mittleres tägl. Temperaturmaximum in °C	Mittlere Niederschlagsmenge in mm	Mittlere Anzahl der Tage mit Niederschlag	Mittlere tägl. Sonnenscheindauer in Stunden	Relative Luftfeuchtigkeit nachmittags in %
I	19	13	4	6,2	34
II	20,5	5	5	7,7	28
III	24	10	9	7,1	36
IV	25	20	14	6,7	29
V	25,5	53	17	7,0	29
VI	24,5	119	21	6,5	48
VII	23	170	27	6,1	50
VIII	23	152	27	6,8	50
IX	23,5	130	23	5,5	54
X	21	51	13	6,1	47
XI	20	18	6	6,4	41
XII	19	8	4	6,0	37
I–XII	22	749	170	6,4	40

Klimadaten von Veracruz (15 m ü. M.)

Monat	Mittleres tägl. Temperaturmaximum in °C	Mittlere Niederschlagsmenge in mm	Mittlere Anzahl der Tage mit Niederschlag	Mittlere tägl. Sonnenscheindauer in Stunden	Relative Luftfeuchtigkeit nachmittags in %
I	25	22	5	4,3	81
II	25,5	16	3	4,7	83
III	26	14	2	5,5	83
IV	28,5	19	2	6,0	81
V	30	65	6	5,9	80
VI	30,5	263	14	4,9	81
VII	30,5	358	19	4,7	81
VIII	30,5	283	18	4,9	79
IX	30	353	19	4,2	80
X	29,5	175	13	4,7	77
XI	26,5	76	10	4,3	78
XII	25,5	26	5	4,3	80
I–XII	28,2	1670	116	4,9	80

tistisch gesehen nimmt die Zahl der Indianer infolge Akkulturation ständig ab. Man schätzt ihren tatsächl. Anteil an der Bev. auf weniger als 10%. Während der span. Besiedlung in der Kolonialzeit blieben v. a. in den kaum nutzbaren Randgebieten im traditionellen Stammesverband oder in Reduktionen erhalten. Seit 1972 führt die Reg. ein besonderes Programm zur Integration der nicht Spanisch sprechenden Indianer durch (1990: 1,2% der Gesamt-Bev.).

Bedingt durch die Wirren der Revolution stieg die Bev. M.s zu Beginn des Jh. nur langsam von (1900) 13,6 Mio. Ew. auf (1921) 14,3 Mio. Ew. und (1940) 19,7 Mio. Ew. an. Nach dem 2. Weltkrieg eingeleitete Programme zur Bekämpfung der Malaria und anderer Seuchen sowie die allgemeine Verbesserung des Gesundheitswesens führten zu einer schnellen Abnahme der Sterberate von (1930) 27‰ auf (1995) 5‰ und einem Anstieg der Lebenserwartung im gleichen Zeitraum von 34 auf 73 Jahre. Die Geburtenrate blieb lange Zeit mit über 40‰ sehr hoch (1960 noch 46‰) und ging erst in jüngster Zeit mit einer Politik der Familienplanung auf (1995) 27‰ zurück. Als Folge der Scherenöffnung zw. Geburten- und Sterberate beschleunigte sich die natürl. Wachstumsrate auf (1960) fast 3,5% und gehörte auch in den folgenden Jahrzehnten (1960–80) mit 3,3% pro Jahr zu den höchsten der Welt. Dadurch stieg die Gesamt-Bev. von (1960) 34,9 Mio. Ew. auf (1980) 66,8 Mio. Ew. Erst in jüngster Zeit (1980–90) ist eine gewisse Abschwächung der Wachstumsrate auf 2,0% pro Jahr zu erkennen. Die Volkszählung von 1990 ermittelte eine Ew.-Zahl von 81,3 Mio., davon waren 38% jünger als 15 Jahre. Die Sozialstruktur M.s ist durch eine kleine, nach wie vor fast ausschließlich aus Weißen bestehende Ober-

Mexiko: Der Hafen von Zihuatanejo in Guerrero, an der Pazifikküste

Wichtige Städte (Ew. in 1000; 1990)	
Mexiko (Ciudad de México)*) ... 15 048	Tampico/ Ciudad Madero ... 490
Guadalajara*) 2870	Aguascalientes 455
Monterrey*) 2558	Veracruz 447
Puebla 1157	Cuernavaca 447
Ciudad Juárez 790	Saltillo 442
León 758	Mexicali 438
Tijuana 699	Querétaro 432
Torreón/ Gomez Palacio 689	Morelia 428
	Culiacán 415
San Luis Potosí 613	Hermosillo 406
Mérida 533	Durango 348
Toluca 517	Oaxaca 296
Chihuahua 516	Jalapa 291
Acapulco 515	Tuxtla 290
*) Area Metropolitana	

schicht, eine als Folge von Industrialisierung und Ausbau des Verwaltungsapparates gewachsene Mittelschicht und eine breite Unterschicht gekennzeichnet. Mehr als 40% der ländl. und etwa 25% der städt. Bev. gelten als arm. Während der Wirtschaftskrise der 80er-Jahre hat sich diese Ungleichheit noch verschärft. Auch zw. den einzelnen Landesteilen besteht ein erhebl. Entwicklungsgefälle. In den nördl. Bundesstaaten und im Bundesdistrikt ist das durchschnittl. Einkommen drei- bis viermal höher als in den noch stark indianisch geprägten Staaten Oaxaca und Chiapas. Hier sind auch Mangel- und Fehlernährung nach wie vor weit verbreitet. Gemessen an Säuglingssterblichkeit (34‰) und Analphabetenrate (11%) weist M. im lateinamerikan. Vergleich einen mittleren Entwicklungsstand auf. Die durch die ländl. Über-Bev. bedingte Landflucht hat den Anteil der städt. Bev. (Orte ab 2500 Ew.) auf (1994) 75,0% (1950: 42,6%, 1970: 58,7%) ansteigen lassen. 1990 wohnten in der Hauptstadt Mexiko 18,5% der Gesamt-Bev. 59 Städte haben (1990) mehr als 100 000 Ew. Da in den Städten weder ausreichend Arbeit noch Wohnraum vorhanden ist, spielt die Schattenwirtschaft des informellen Sektors (rd. ein Drittel aller Beschäftigten) eine wichtige Rolle, und es sind, vornehmlich am Stadtrand, ausgedehnte Hüttenviertel entstanden. Ein Teil der Arbeitslosen und Unterbeschäftigten versucht seit Jahrzehnten auszuwandern, und zwar im Wesentlichen in die USA, oder sich hier zeitweise als Landarbeiter zu verdingen. Ein erster Höhepunkt wurde bereits in den 20er-Jahren erreicht mit (1921–30) 459 000 legalen und rd. 1 Mio. illegalen Einwanderern aus M. Nach einem Rückgang während der Weltwirtschaftskrise führte der akute Mangel an landwirtschaftl. Arbeitskräften in den USA während des 2. Weltkrieges zum so genannten Bracero-Programm, das jährlich mehreren Hunderttausend Saisonarbeitern die Einreise erlaubte. Obwohl das Bracero-Programm aufgrund des starken Widerstandes der US-amerikan. Gewerkschaften 1964 gekündigt wurde, hielt die legale und illegale Einwanderung aus M. an. 1961–70 wurden 454 000 und 1971–80 640 000 legale Einwanderer registriert. Einschließlich der legalisierten, zunächst illegal Eingewanderten aufgrund des Immigration Reform and Control Act von 1986 belief sich die Zahl der mexikan. Einwanderer in den 80er- und beginnenden 90er-Jahren auf etwa 3 Mio. Es wird geschätzt, dass trotz des Legalisierungsprogramms mehr als 1 Mio. Mexikaner illegal in den USA leben. 1990 waren offiziell 13,5 Mio. Ew. der USA mexikan. Abstammung.

Religion: Staat und Kirche sind seit 1855 gesetzlich getrennt. Mit Inkraftsetzung der Verf. von 1917 verloren die Kirchen ihren Status als jurist. Personen. Für die kath. Kirche hatte die anschließende Religionsgesetzgebung zahlr. Restriktionen zur Folge, mit denen der Staat (v. a. bis in die 1940er-Jahre) das Ziel verfolgte, ihren bis dahin großen Einfluss auf das öffentl. Leben zurückzudrängen. 1992 wurde im Rahmen einer Verfassungsänderung die kath. Kirche als jurist. Person (wieder) anerkannt, sodass heute ungeachtet des nach wie vor laizist. Staatsverständnisses des mexikan. Staates die Religionsfreiheit im vollen Umfang gewährleistet ist.

Fast 95% der Bev. sind Christen: rd. 89,7% gehören der kath. Kirche an, rd. 5% versch. prot. Kirchen und Gemeinschaften (›Church of God‹ [Cleveland], Pfingstler, Methodisten, Baptisten, ›Church of the Nazarene‹ u. a.) sowie die anglikan. Kirche (seit 1995 eine eigene Prov. innerhalb der Anglikan. Kirchengemeinschaft) und rd. 0,1% orth. Gemeinden. Die jüd.

Mexiko: Wirtschaft

Gemeinschaft zählt rd. 40 000 Mitgl. Noch kleinere religiöse Minderheiten bilden Bahais und Muslime sowie (mit größerer Mitgliederzahl) Mormonen und Zeugen Jehovas. Anhänger des europ. Spiritismus (Kardecismus) finden sich v. a. unter der städt. Bev. Traditionelle indian. Religionen haben sich unter Teilen der indian. Bev. erhalten bzw. sind in versch. Formen in den bes. auf dem Lande praktizierten Volkskatholizismus eingeflossen.

Bildungswesen: Allgemeine Schulpflicht besteht für Kinder vom 6. bis 12. Lebensjahr, der Unterricht an den Grundschulen (staatlich) ist unentgeltlich; dennoch wird die sechsjährige Grundschule nur von 30% der eingeschulten Kinder beendet, die meisten verlassen sie bereits vor Abschluss des dritten Schuljahrs (bes. auf dem Land). Der Abschluss der Grundschule eröffnet den Übertritt in eine elementare Berufsschule oder in eine Sekundarschule. Letztere ist in eine Unterstufe (drei Jahre) und eine Oberstufe (zwei Jahre), die zur Hochschulreife führt, gegliedert. Nach der Unterstufe kann auch der Übergang in eine mittlere berufl. Schule oder eine Lehrerbildungsanstalt erfolgen (je drei Jahre). Das systemat., aufgefächerte Bildungssystem M.s gilt als vorbildlich für Lateinamerika, jedoch erreicht es nicht genügend Schüler. M. besitzt zahlr. Hochschuleinrichtungen, in der Hauptstadt neun Univ. und ein Polytechnikum, weiterhin Univ. u. a. in Monterrey (vier), Guadalajara und Puebla (je zwei), Durango, Toluca, León, Jalapa Enríquez, Colima, Tuxtla Gutiérrez, Tampico, Guanajuato und Chilpancingo de los Bravos.

Publizistik: Die ›Organización Editorial Mexicana‹ (OEM, gegr. 1976) gibt rd. 60 Tageszeitungen mit einer Gesamtauflage von etwa 2 Mio. Exemplaren heraus, darunter die in der Hauptstadt Mexiko erscheinende Tageszeitung ›El Sol de México‹ mit Morgen- und Nachmittagsausgaben und die Sportzeitung ›Esto‹. Mit Auflagen über 200 000 erscheinen ferner: ›El Universal‹, ›Excélsior‹, ›La Prensa‹ und die konservative ›Novedades‹. Auflagen zw. 50 000 und 100 000 erreichen die beiden linken Tageszeitungen ›Unomásuno‹ und ›La Jornada‹. – Private *Nachrichtenagentur:* ›Notimex‹ (gegr. 1968). – *Rundfunk:* Rd. 45 staatl. und rd. 820 private Rundfunkeinrichtungen verbreiten lokale Hörfunkprogramme. Die Privatbetriebe sind überwiegend Filialen oder Zuschalter von Rundfunkunternehmen wie ›Grupo Acir‹ (140 Betriebe), ›Organización Impulsora de Radio‹ (88 Betriebe) u. a. Die staatl. Fernsehverwaltung ›Instituto Mexicano de Televisión‹ (gegr. 1968) verbreitet u. a. zwei landesweite und zwei regionale Programme. Private Fernsehgesellschaften sind ›Televisa‹ (gegr. 1973) mit zwei landesweiten und zwei Regionalprogrammen und ›Tele Cadena Mexicana‹.

WIRTSCHAFT · VERKEHR

Die Wirtschaftsstruktur hat sich infolge der Expansion des Erdölsektors seit den 70er-Jahren stark verändert. Mit einem Bruttosozialprodukt (BSP) pro Kopf von (1995) 3 320 US-$ steht M. unter den größeren lateinamerikan. Staaten nach Argentinien, Uruguay, Chile und Brasilien an 5. Stelle. Trotz eines jährl. Wirtschaftswachstums von 6,5% im Zeitraum 1965–80 hat das Schwellenland M. den Schritt zum Industriestaat noch nicht vollzogen. Mit Einbruch des Erdölpreises 1981/82 geriet M. in eine schwere binnen- und außenwirtschaftl. Krise. Die in der Boomphase stark zugenommene Auslandsverschuldung führte bei steigendem internat. Zinsniveau dazu, dass M. 1982 seinen Schuldendienst einstellen musste, die Inflationsrate (1982) fast 100% erreichte, 1986/87 sogar über 100% lag und das Wachstum des Bruttolandproduktes (BIP) 1982/83 und 1986 erstmals seit Jahrzehnten negativ war. Als Reaktion darauf erfolgt seit Mitte der 80er-Jahre eine Neuorientierung der Wirtschaftspolitik in neoliberale Richtung (u. a. Rückzug des Staates aus der Wirtschaft, Reduzierung der Staatsausgaben, Reprivatisierung der 1982 verstaatlichten Banken, Öffnung des Marktes: 1994 Mitgliedschaft in der OECD, In-Kraft-Treten des Freihandelsabkommens mit den USA und Kanada [North American Free Trade Agreement], →Nordamerikanische Freihandelszone). Die negativen sozialen Folgen dieser Strategie zeigten sich in einem drast. Reallohnverlust (1982–90: etwa 50%), während sich die wirtschaftl. Kennziffern nur langsam verbesserten: 1985–90 betrug die Wachstumsrate des BIP nur 1,4% pro Jahr, 1990–94 2,6%; die Auslandsverschuldung konnte vorübergehend leicht abgebaut, das Haushaltsdefizit gesenkt und 1991–93 sogar in einen Überschuss verwandelt werden; erfolgreich war auch die Inflationsbekämpfung (1994 nur noch 6,6%). Ungelöste wirtschaftl. Probleme (insbesondere wachsende Defizite der Handels- und Leistungsbilanz aufgrund einer unrealist. Wechselkurspolitik) weiteten sich vor dem Hintergrund der Unruhen im Bundesstaat Chiapas um die Jahreswende 1994/95 zu einer Währungskrise aus, in deren Verlauf der Peso über 60% seines Wertes verlor und das Vertrauen in die mexikan. Wirtschaft nachhaltig erschüttert wurde. Mithilfe eines internat. Finanzhilfepaketes (insbesondere USA und Internat. Währungsfonds) konnten die Krise eingedämmt und größere Auswirkungen auf die internat. Finanzmärkte verhindert werden. Die sozialen Folgen des Anpassungsprogramms sind jedoch beträchtlich, die Wachstumsrate des BIP war 1995 negativ (−6,9%), die Inflation schnellte auf 52% empor, und die Auslandsverschuldung erreichte mit 174 Mrd. US-$ den höchsten Wert aller Entwicklungsländer.

Landwirtschaft: Im Agrarsektor erwirtschaften (1994) rd. 26% der Erwerbstätigen rd. 8% des BIP. Etwa die Hälfte der Gesamtfläche wird landwirtschaftlich genutzt: 24,7 Mio. ha werden als Ackerland (davon 6,1 Mio. ha bewässerte Fläche), 74,5 Mio. ha als Weideland ausgewiesen (1993). Seit 1917 sind durch Agrarreformgesetze große Teile des Großgrundbesitzes enteignet worden. Die den Dorfgemeinschaften zugewiesenen Flächen (Ejidos) wurden größtenteils parzelliert (abgesehen von den gemeinschaftlich genutzten Weiden) und den berechtigten Mitgliedern (Ejidatarios) zur dauerhaften, auch vererbbaren Nutzung überlassen; z.T. sind auch kollektiv bewirtschaftete Ejidos entstanden. Bis zur Verfassungsänderung von 1992, mit der die Landverteilung für beendet erklärt und den Ejidatarios das freie Verfügungsrecht über ihre Parzellen zugestanden wird, sind 102,88 Mio. ha, d. h. 52,5% der gesamten Landfläche M.s, an Ejidatarios vergeben worden, davon wurden 3,56 Mio. Bauern begünstigt, die das zugewiesene Land zu 85% individuell bewirtschafteten. Durch formale Aufteilung von großen Besitztümern auf Familienmitglieder und Freunde blieben trotz der Enteignungen viele Großbetriebe (Haciendas) erhalten (bes. in Nord-M.). Im Durchschnitt haben die privatwirtschaftl. Betriebe (ohne Ejidos) 66,2 ha (1991) zur Verfügung, dabei überwiegen die Minifundistas (höchstens 5 ha), nur 1% der Betriebe (> 1 000 ha) bewirtschaften mehr als 60% der Fläche, aber zwei Drittel der Betriebe nur 1,3% der Fläche. Trotz zunehmender Landflucht stieg die Zahl der landlosen Bauern auf rd. 3 Mio. an (z. T. Tagelöhner oder Wanderarbeiter in den USA).

Der S des Hochlands sowie die Küstengebiete am Pazif. Ozean und am Golf von Mexiko sind die Hauptanbaugebiete. Wichtigste Anbaukulturen für den heim. Bedarf sind Mais, Weizen, Kartoffeln und Bohnen. Aufgrund verbesserter Agrartechniken gelang es M. in den 50er-Jahren, die Eigenversorgung bei Mais und Weizen sicherzustellen und bis Ende der 70er-Jahre sogar größere Mengen zu exportieren. Seitdem macht sich eine wachsende Lücke bemerkbar, die durch Importe (v. a. aus den USA) gedeckt werden muss. Mit einer Körnermaisproduktion von (1994) 16,6 Mio. t steht M. weltweit an 4. Stelle. Lange Zeit war Kaffee das wichtigste Exportprodukt, heute erreichen Gemüse (bes. Tomaten) und Früchte einen höheren Exportwert. Die Kaffeeernte betrug (1994) 249 000 t (weltweit 4. Rang). Weitere Marktprodukte sind Zucker (weltweit 5. Rang), Kakao, Tabak und Baumwolle. Die ehemals bedeutsame Henequen-Produktion (Faseragave) in Yucatán ist fast zum Erliegen gekommen. Die Viehzucht kann den Inlandbedarf an Fleisch und Milch nicht vollständig decken; größere Steigerungsraten wurden nur bei der Schweine- und Geflügelhaltung erreicht. M. ist weltweit der viertgrößte Produzent von Bienenhonig (rd. 60 000 t) und zweitgrößter Exporteur.

Forstwirtschaft: Von der forstwirtschaftlich nutzbaren Fläche (1992: 41 Mio. ha) entfallen 8% auf Kokospalmen- und Mangrovenbestände, 19% auf Laubwälder der gemäßigten Zone, 43% auf trop. und subtrop. Wälder mit Edelholzbeständen und 30% auf Nadelwälder. Außer Holz (Einschlag 1992: 23,0 Mio. m^3, davon 32,7% Nutzholz) spielen Naturharze und -fasern, Chicle (Rohstoff für die Kaugummiherstellung in den USA) und Gerbstoffe eine Rolle.

Fischerei: Die Fischerei hat sich trotz der beträchtl. Küstenlänge (über 9 000 km) und großem Fischreichtum v. a. um die Halbinsel Niederkalifornien erst in den letzten Jahren dank staatl. Förderung stärker entwickelt. Im Juni 1976 erweiterte M. seine Fischereizone vor den Küsten von 12 auf 200 Seemeilen.

Bodenschätze: M. zählt zu den führenden Bergbauländern der Erde. Schon seit 1901 wird Erdöl gefördert. Zurückgegangen war die mexikan. Erdölproduktion nach ihrer Verstaatlichung (1938); später waren infolge des stark gestiegenen Eigenverbrauchs sogar Erdölimporte notwendig (bis Anfang 1974). Nach Erschließung neuer Vorkommen konnte 1974 der Export wieder aufgenommen werden. M. liegt mit einer Fördermenge von (1994) 156,8 Mio. t weltweit an 5. Stelle (4,9% der Weltproduktion). Nachgewiesen sind Reserven von (1993) 6,9 Mrd. t Erdöl und 2,0 Billionen m^3 Erdgas. Unter den Erdgas fördernden Ländern der Erde steht M. mit einer Fördermenge von (1993) 26,0 Mrd. m^3 an 11. Stelle (1,3% der Weltproduktion). Fast die gesamten Erdöl- und Erdgasvorkommen sind auf die Golfküstenebene und den vorgelagerten Schelf (bes. im Golf von Campeche, der zu den reichsten Erdölfeldern der Erde zählt) beschränkt; die Haupterdölfelder liegen in den Staaten Veracruz, Tabasco, Campeche und Chiapas, die wichtigsten Erdgasfelder im Grenzbereich der Staaten Tabasco/Campeche/Chiapas und den Staaten Tamaulipas und Nueva León im nördl. M. Förderung, Verarbeitung, Transport und Vertrieb von Erdöl und Erdgas sowie die petrochem. Industrie sind dem staatl. Konzern Petróleos Mexicanos (Pemex) vorbehalten. Die Förder-, Verarbeitungs- und Verbrauchszentren sind durch Pipelines (1991: 5 142 km Erdöl-, 13 087 km Erdgas- und 9 962 km Mehrfachleitungen) verbunden.

Bei den Bodenschätzen Silber (1993: 2 368 t) und Wismut (1993: 911 t) steht M. weltweit an 1. Stelle. Weltwirtschaftlich bedeutsam ist auch die Produktion (1993) von Blei (179 675 t), Zink (334 232 t), Kupfer (301 097 t), Mangan (122 166 t), Antimon (1 494 t), Cadmium (1 436 t), Gold (11,4 t), Schwefel (905 713 t), Phosphat (228 306 t), Flussspat (282 228 t), Graphit (40 353 t). Eisenerz (6,76 Mio. t) wird vollständig im Inland verbraucht, ebenso die v. a. in Coahuila abgebaute Steinkohle (5,48 Mio. t).

Energiewirtschaft: Die installierte Leistung der Kraftwerke hat sich seit 1970 auf (1992) 28 783 MW mehr als verdreifacht. Rd. 70% der Kraftwerkskapazitäten entfallen auf Wärmekraftwerke (darunter auch ein geotherm. Kraftwerk). Das Kernkraftwerk in Laguna Verde ist seit 1989 in Betrieb.

Industrie: M. gehört zu den industriell fortgeschrittensten Ländern Lateinamerikas (Anteil am BIP 1994: 28%, Anteil an den Erwerbstätigen: 22%). Mit dem Investitionsgesetz von 1973 hatte die Reg. den Anteil des ausländ. Kapitals an Industrieunternehmen auf 49% beschränkt, seit 1989 sind unter bestimmten Bedingungen auch höhere Beteiligungen möglich, 1993 sind die Bestimmungen von 1973 endgültig aufgehoben worden. Außerdem sollen die großen staatl. Industrieunternehmen und die 1982 verstaatlichten inländ. Banken bis auf rd. 200 Unternehmen in strateg. Bereichen (z. B. Erdöl- und petrochem. Grundstoffindustrie, Energieerzeugung, bestimmte Bereiche des Bergbaus) reprivatisiert werden. Zwischen 1989 und 1994 sind etwa 800 Unternehmen in private Hände überführt worden, darunter 1991 auch der staatl. Stahlsektor (Stahlhersteller und Bergbauunternehmen). Die entlang der Grenze zu den USA von ausländ. Unternehmen seit 1965 angesiedelte Lohnveredelung (zollbegünstigte Be- oder Verarbeitung ausländ. Waren im inländ. Zollgebiet, ›maquiladora‹) wird aus beschäftigungspolit. Gründen (Beschäftigte 1994: 580 000 in 2 065 Betrieben) und zur Devisenbeschaffung (Nettodeviseneinnahmen 1993: 5,4 Mrd. US-$) staatl. gefördert (u. a. zollfreier Import von Maschinen, Rohstoffen und Halbwaren, Steuervergünstigungen). Trotz staatl. Bemühungen um eine Dezentralisierung konzentrieren sich mehr als zwei Drittel der Industriebetriebe in der Hauptstadt Mexiko, Guadalajara und Monterrey; weitere größere Industriezentren sind Puebla, Mérida und die Grenzregion zu den USA. Die wichtigsten Industriezweige sind Metallverarbeitung und Maschinenbau, Lebensmittel- und Getränkeherstellung, Chemie, Metallgrundstoffe.

Tourismus: M. steht mit (1992) 6,4 Mio. Auslandsgästen, davon über 80% aus den USA, und Deviseneinnahmen von 3,9 Mrd. US-$ aus dem internat. Reiseverkehr an der Spitze der Urlaubsländer in der Dritten Welt. In zunehmendem Maße sind am Tourismus auch Mexikaner beteiligt; sie stellen in den Städten, in denen Geschäftsreisende dominieren, und in vielen Badeorten die Mehrzahl der Besucher. Hauptanziehungspunkte für Urlauber sind archäolog. Stätten alter indian. Kulturen, Kolonialstädte, vielfältige Landschaftsformen und Badestrände. Über 11 000 archäolog. Stätten aus präkolumb. Zeit sind über das ganze Land verteilt. Bes. bekannt sind neben der Stadt Mexiko die Sonnenpyramide Teotihuacán (›Ort der Götter‹) 40 km nordöstlich von Mexiko, Monte Albán und Mitla bei Oaxaca de Juárez, El Tajín, Chichén Itzá, Uxmal, Tulum und Palenque. Während in den Badeorten am Pazifik (z. B. Mazatlán, Acapulco, Puerto Vallarta, Ixtapa) der Strandurlaub schon seit Jahrzehnten bekannt ist, wurde die Küste der Halbinsel Yucatán (Cancún, Cozumel, Isla Mujeres) in den letzten Jahren erschlossen. Im Rahmen des kleinen Grenzverkehrs verzeichnen auch die Städte entlang der Grenze zu den USA (Tijuana, Mexicali, Ciudad Juárez, Nuevo Laredo) hohe Touristenzahlen.

Außenwirtschaft: Die Handelsbilanz wies 1995 erstmals seit 1989 einen Überschuss auf: Importe 72,5 Mio. US-$, Exporte 79,5 Mio. Die Maquilador-Industrie machte (1993) 42% des Ausfuhrwertes aus. Nach Warengruppen standen (1993) elektrotechn. und elektr. Geräte an der Spitze (23%), vor Kraftfahrzeugen (17%), Erdöl (12%), Textilien und chem. Erzeugnissen (je knapp 5%). Wichtigste Handelspartner sind die USA (76% des Volumens), Japan (3,5%), Dtl (2,8%), Kanada (2,3%) und Spanien (1,7%).

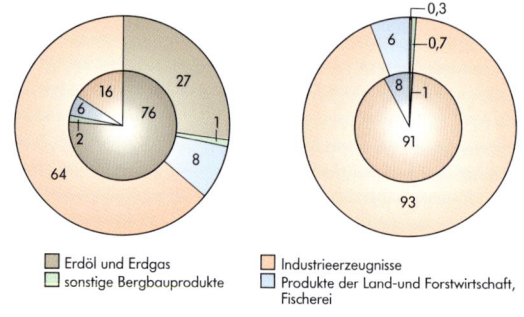

☐ Erdöl und Erdgas
☐ sonstige Bergbauprodukte
☐ Industrieerzeugnisse
☐ Produkte der Land-und Forstwirtschaft, Fischerei

Mexiko: Struktur des Außenhandels; Anteile der Warengruppen am Export (links) und Import (rechts) in Prozent; innerer Kreis 1982, äußerer Kreis 1992

Verkehr: Wichtigster Verkehrsträger (95% des öffentl. Personen- und 80% des Güterverkehrs) ist seit ihrem Ausbau nach dem Zweiten Weltkrieg die Straße. Neben dem auch durch die mexikan. Kraftfahrzeugindustrie begünstigten Individualverkehr (Anstieg des PKW-Bestandes von [1970] 1,2 Mio. auf [1993] 7,5 Mio.) spielen die Omnibuslinien eine besondere Rolle. Die von der Hauptstadt strahlenförmig ausgehenden Fernstraßen sind die Hauptverkehrsadern des Landes. Von den (1993) 245 433 km Straßen sind rd. 36% asphaltiert. Wichtigste Verbindung ist der 3 500 km lange mexikan. Anteil an der transkontinentalen Fernstraße ›Carretera Panamericana‹ von Ciudad Juárez an der nordamerikan. Grenze über Mexiko nach Cuauhtémoc an der Grenze zu Guatemala. Das Autobahnnetz ist von weniger als 1 000 km Mitte der 80er-Jahre vorwiegend mittels Konzessionen an Privatunternehmer, die Benutzungsgebühren erheben, auf (1993) 4 286 km ausgebaut worden. Das Eisenbahnnetz (1992: 26 435 km) befindet sich in Staatsbesitz (Ferrocarriles Nacionales de México). Eine Modernisierung des veralteten Streckennetzes ist im Gange; dabei wird die bereits eingeleitete Teilprivatisierung weiter vorangetrieben. Da ein erhebl. Teil des Außenhandels auf dem Landweg abgewickelt wird, hat die Küsten- und Seeschifffahrt nur beschränkten Umfang. Die wichtigsten Seehäfen sind Ensenada, Guaymas, Mazatlán, Manzanillo, Acapulco und Salina Cruz am Pazifik sowie Tampico, Tuxpán de Rodríguez Cano, Veracruz, Coatzacoalcos, Progreso und der Erdölhafen Dos Bocas an der Golfküste. Nach dem Hafengesetz von 1993 ist (zunächst) die Privatisierung der 15 größten Häfen geplant. Größter Flughafen ist der internat. Flughafen Benito Juárez in der Hauptstadt Mexiko (1992: 14,2 Mio. Fluggäste), gefolgt von Guadalajara und Acapulco (3,9 bzw. 1,4 Mio. Fluggäste). Die beiden ehemals staatl. Fluggesellschaften Aeroméxiko (Aerovías de México) und Mexicana (Compañía Mexicana de Aviación) sind 1991 privatisiert worden; gleichzeitig wurde der Luftverkehr liberalisiert.

GESCHICHTE

Älteste Besiedlungsspuren im Hochtal von Mexiko werden um 19 000 v. Chr. datiert, ab etwa 7000 v. Chr. erfolgte der Übergang vom Sammeln zum Anbau von Pflanzen (bes. wichtig die Kultivierung des Maises). Seit etwa 2 500 v. Chr. gehörte M. zum Bereich der →mesoamerikanischen Hochkulturen.

Kolonialzeit

Als erster Spanier landete F. HERNÁNDEZ DE CÓRDOBA am 1. 3. 1517 an der NO-Spitze der Halbinsel Yucatán, deren N-Küste im folgenden Jahr von JUAN

DE GRIJALVA (* um 1480, † 1527) umsegelt wurde, der auch die Küste des Golfs von Mexiko (bis in die Gegend von Veracruz) erkundete und als Erster von der Kultur der →Maya und dem Reich der →Azteken berichtete. 1519–21 eroberte H. CORTÉS das Aztekenreich für die Krone Spaniens. Dabei erhielt er militär. Hilfe von mit den Azteken verfeindeten indian. Völkern, v. a. den Tlaxalteken. Das Aztekenreich bildete das Kernland des heutigen M. Als Vizekönigreich Neuspanien (Nueva España, seit 1536) stellte M. das polit., wirtschaftl. und religiös-kulturelle Zentrum der span. Herrschaft in Mittel- und Nordamerika dar. Seit dem 16. Jh. wurden die Grenzen systematisch nach N verschoben und u. a. die Gebiete von Texas, New Mexico und Kalifornien besiedelt. Ordensgeistliche – v. a. Franziskaner und Dominikaner – missionierten die indian. Bev. Wegen seines Silberreichtums war M. neben Peru der wertvollste Teil des span. Kolonialreiches. In den drei Jahrhunderten span. Herrschaft wurden etwa 3000 Silbervorkommen erschlossen, die zwei Drittel der damaligen Welterzeugung an Silber bestritten, was v. a. aufgrund des Amalgamationsverfahrens möglich wurde. Die wirtschaftl. Entwicklung ging von den nördl. Bergbauzentren von Zacatecas und Guanajuato aus. Außer Silber exportierte M. den roten Farbstoff Koschenille, Tabak, Zucker, Kakao und Baumwolle. Nach dem durch Seuchen bedingten extremen Rückgang der indian. Bev. in Zentralmexiko stieg die Ew.-Zahl seit dem 17. Jh. kontinuierlich an. Die Bev. der Kolonialzeit gliederte sich in gebürtige Spanier und deren Nachfahren (Kreolen), eine zunehmende Zahl von Mestizen, die immer stärker für ihre soziale Anerkennung kämpften, und eine Vielzahl indian. Völker.

Die Politik des aufgeklärten Absolutismus – seit dem Reg.-Antritt KARLS III. von Spanien (1759) – mit ihren Reformen in der Zivil- und Finanzverwaltung und der damit verbundenen Zurückdrängung des Einflusses der Kreolen führte nach 1765 zu einer Verschärfung des Gegensatzes zw. M. und Spanien. Hinzu kamen regionale Gegensätze im Inneren, v. a. Opposition gegen die Vorherrschaft der Hauptstadt.

Unabhängigkeitskampf

Die Gründe für den Unabhängigkeitskampf M.s sind vielschichtig und z. T. widersprüchlich. Die Ideen der Aufklärung und der Frz. Revolution hatten daran ebenso Anteil wie die polit. Wechselfälle in Spanien. Der Sturz der span. Bourbonen (1808) förderte Autonomiebestrebungen. Der Dorfpfarrer M. HIDALGO Y COSTILLA von Dolores (Guanajuato) rief die indianisch-bäuerl. Bev. im ›Grito de Dolores‹ (›Ruf von Dolores‹) am 16. 9. 1810 zum Kampf gegen die span. Reg. auf. Die Erhebung unter Führung der Geistlichen HIDALGO und J. M. MORELOS Y PAVÓN (1811/1815 niedergeschlagen) verband die Forderungen nach Unabhängigkeit mit sozialen Zielsetzungen, die 1813 auf dem Kongress von Chilpancingo in der Unabhängigkeitserklärung und der ersten republikan. Verf. gipfelten. 1820 sagten sich die kreol. Oberschicht und der höhere Klerus von Spanien los, um die liberale span. Verf. nicht in M. wirksam werden zu lassen. Der militär. Anführer der Kreolen, A. DE ITÚRBIDE, unterzeichnete am 24. 2. 1821 mit VICENTE GUERRERO (* 1783, † 1831), dem Führer der Guerrillabewegung gegen Spanien, den Plan von Iguala, in dem eine unabhängige mexikan. Monarchie ausgerufen, die Privilegien der kath. Staatskirche garantiert und die Gleichheit aller Mexikaner proklamiert wurden. ITÚRBIDE wurde am 19. 5. 1822 als AUGUSTIN I. Kaiser von M., konnte sich aber nur kurze Zeit halten. Der Streit um die innere Organisation des neuen Staates ließ bald einen Konflikt zw. Kaiser und Kongress entstehen, den der republikanisch gesinnte General A. LÓPEZ DE SANTA ANNA benutzte, um sich an die Spitze eines Aufstandes zu stellen, der ITÚRBIDE am 20. 3. 1823 zur Abdankung zwang. Der Sturz des Kaisers führte auch zur Loslösung der ursprüngl. bei M. verbliebenen Zentralamerikan. Konföderation.

Die Anfänge der Republik

Die nächsten 50 Jahre waren gekennzeichnet durch Konflikte zw. Klerikalen und Liberalen, Verfechtern des Zentralstaates und Föderalisten und den polit. Kämpfen der sich im eigenen Interesse bedienenden Militärs, lokaler und regionaler Machthaber (Kaziken und Caudillos). Das Wirtschaftsleben war durch die kriegsbedingten Verwüstungen beeinträchtigt. Auch nachdem im Rahmen der neuen republikan. und föderativen Verf. vom 4. 10. 1824 MANUEL FERNÁNDEZ GUADELUPE VICTORIA (* 1768, † 1843) als erster Präs. vereidigt worden war, hielten die inneren Spannungen an, 1835 wurde das föderative System durch Präs. SANTA ANNA (erste Amtszeit 1833–36) gestürzt. Er bestimmte über zwei Jahrzehnte die Politik des Landes (Präs. 1841–44, 1846–47, 1853–55).

Am 2. 3. 1836 riefen die nordamerikan. Siedler von Texas dort eine unabhängige Rep. aus. Die mexikan. Truppen wurden am 21. 4. 1836 in der Schlacht bei San Jacinto geschlagen. Die formelle Annexion von Texas durch die USA (1845) entfachte den →Mexikanischen Krieg, der für M. mit dem Verlust der Gebiete nördlich des Rio Grande endete. Um die Staatsfinanzen aufzubessern, verkaufte SANTA ANNA einen damals wertlos scheinenden Küstenstreifen südlich des Gilaflusses für 10 Mio. Dollar an die USA (Gadsden-Vertrag vom 30. 12. 1853). Diese erneute Verkleinerung des Nationalgebietes löste einen Sturm der Entrüstung aus. Innerhalb weniger Jahre hatte M. die Hälfte seines Territoriums verloren.

Die neue liberale, antiklerikale Reg. erließ 1855 zwei Gesetze (Ley Juárez und Ley Lerdo), die eine nahezu vollständige Trennung von Kirche und Staat vollzogen. Die Kirche musste ihren Grundbesitz verkaufen und wurde von neuem Grunderwerb ausgeschlossen. Später schritt man zu Enteignungen, der säkularisierte Kirchenbesitz wurde versteigert.

Die liberal-föderalist. Bewegung ›La Reforma‹ setzte die liberale Verf. vom 5. 2. 1857 durch (bis 1917 in Kraft). Gegen sie erhob sich der Widerstand der Kirche, der einen erbitterten und blutigen Bürgerkrieg (1857–60) auslöste. Die Klerikalen beherrschten die Hauptstadt, während die verfassungsmäßige Reg. unter B. JUÁREZ GARCÍA sich in die Hochburg der Liberalen, Veracruz, zurückziehen musste. JUÁREZ setzte sich schließlich durch und zog 1861 in die Stadt Mexiko ein. Die öffentl. Kassen waren jedoch leer, und im Juli musste die Reg. ein zweijähriges Moratorium für Staatsschulden verkünden.

Die europäische Intervention

Die Einstellung der Zinszahlungen für mexikan. Auslandsschulden veranlasste die militär. Intervention der betroffenen Mächte Großbritannien, Spanien und Frankreich. Ende 1861 landeten sie in Veracruz. Während sich Großbritannien und Spanien nach dem Abkommen von Soledad mit der mexikan. Reg. (1862) zurückzogen, eroberten die Anfang 1863 verstärkten frz. Verbände am 17. 2. 1863 Puebla und marschierten am 7. 6. in Mexiko ein. Die von den Franzosen einberufene Notablenversammlung rief die Monarchie aus und bot 1864 auf Betreiben NAPOLEONS III. die mexikan. Kaiserkrone dem österr. Erzherzog MAXIMILIAN an, der am 12. 6. in Mexiko einzog. Der Kaiser, der mit seiner ausgleichenden Politik den Forderungen der Ultrakonservativen und des Vatikans auf volle Wiederherstellung der kirchl. Rechte und des Grundeigentums nicht entsprechen wollte, verlor die Sympathien der konservativen Mexikaner, ohne die der Liberalen gewonnen zu haben. Nachdem die USA den Rückzug der frz. Truppen erzwungen hatten, konnten die Juaristen das Land zurückerobern und am 15. 5. 1867 den Kaiser in Querétaro gefangen setzen. MAXIMILIAN wurde am 19. 6. standrechtlich erschossen.

Das Porfiriat (1876–1910)

1876 gelangte der liberale General PORFIRIO DÍAZ durch einen Staatsstreich an die Macht. DÍAZ' Programm von ›Ordnung und Fortschritt‹ wurde durch die Gruppe der ›Científicos‹ (›wiss. Partei‹) im positivist. Sinne begründet; diese wollten M. zuerst innenpolitisch beruhigen und die wirtschaftl. Entwicklung (v. a. durch Exporte) vorantreiben, dann sollte die polit. Freiheit folgen; soziale Belange wurden zunächst zurückgestellt. In DÍAZ' Amtszeit wurden die wesentl. Voraussetzungen für die wirtschaftl. Entwicklung des Landes geschaffen. Die geordneten Staatsfinanzen stellten den internat. Kredit M.s wieder her. Eisenbahn und Telegrafennetz verbanden die unterschiedl. Regionen, v. a. der N wurde wirtschaftlich erschlossen. Eine 1890 erlassene Präsidialverordnung enteignete das aus der Kolonialzeit stammende Gemeindeland (Ejido), das meist von Kleinbauern genutzt worden war. Die durch die Mechanisierung ausgelöste Dynamik in der Landwirtschaft, v. a. der Zuckerproduktion, bedrohte die Existenz vieler Kleinbauern. Die soziale Ungleichheit im Agrarsektor – 97 % der Land-Bev. besaß keine Böden, und ein großer Teil bearbeitete die expandierenden Latifundien in Schuldknechtschaft – und v. a. die polit. Partizipation der neuen städt. Mittelschichten führten zu starken Spannungen.

Die mexikanische Revolution und die nachrevolutionäre Konsolidierung (1910–40)

1910 brach nach der Wiederwahl DÍAZ' am 4. Okt. 1909 durch die Volkskammer die Revolution aus, geführt wurde sie von dem gemäßigten Politiker F. I. MADERO (ab 1911 Präs., 1913 von dem konservativen General VICTORIANO HUERTA mithilfe des Militärs und der Botschaft der USA gestürzt; 1913 ermordet). Vorbereitet von der ›Liberalen Mexikan. Partei‹ um RICARDO FLORES MAGÓN, in der die anarchosyndikalist. Linke organisiert war, entwickelte sie sich zunehmend zu einem Aufstand der besitzlosen Campesinos. Sie waren in zwei große Gruppen geteilt: die Bauern aus dem S, angeführt von E. ZAPATA, kämpften für die Rückgewinnung der angestammten Ländereien und die Wiederherstellung der Ejidos, die aus dem N des Landes strebten unter FRANCISCO ›PANCHO‹ VILLA den selbstständigen kleinen Agrarbetrieb an. ZAPATA unterbreitete MADERO erfolglos den ›Plan von Ayala‹, in dem er die Verteilung eines Drittels des Latifundienbesitzes (gegen Entschädigung) forderte. Dem dritten Führer der Aufständischen, V. CARRANZA, gelang im Juli 1914 der Sieg gegen HUERTA. Nach seinem Sturz brachen zw. den verschied. Revolutionsführern Machtkämpfe aus. CARRANZA floh nach Veracruz und konnte 1917 die Truppen VILLAS (1923 ermordet) besiegen und ZAPATA isolieren. Die Verf. von 1917 setzte CARRANZA (1920 ermordet) als Präs. ein und schrieb die Prinzipien einer Agrarreform, die direkte Wahl des Präs. für nur eine Amtsperiode, eine Arbeitsschutzgesetzgebung, das nat. Verfügungsrecht über die Bodenschätze und die Trennung von Staat und Kirche fest (mehrmals geändert, bis heute in Kraft). Während des Bürgerkriegs, der etwa eine Mio. Tote forderte, versuchten die USA mehrfach, durch Interventionen Einfluss zu nehmen (u. a. Besetzung von Veracruz 1914).

Unter den Präs. A. OBREGÓN (1920–24) und P. ELÍAS CALLES (1924–28) beruhigte sich die Lage allmählich; Landverteilungen und einige Verbesserungen für die Arbeiter entschärften die innenpolit. Konflikte. Ein Gesetz von 1926 erklärte alle Bodenschätze zum Nationaleigentum. Die antiklerikale Politik von CALLES (Schließung aller Kirchen 1926) führte v. a. im W zu einem von der bäuerl. Bev. (Cristeros) getragenen prokirchl. Aufstand. Gestützt auf den 1928 gegründeten ›Partido Nacional Revolucionario‹, der die revolutionären Parteien und Persönlichkeiten (›familia revolucionaria‹) zusammenfasste, errichtete CALLES ein autoritäres Herrschaftssystem, das er auch nach seinem Rücktritt als Präs. weiter beherrschte. Die ›familia revolucionaria‹ (ca. 250 Personen), eine neue Oligarchie, besetzte alle höheren Ämter. Präs. L. CÁRDENAS (1934–40) zwang CALLES, ins Exil zu gehen, säuberte die Staatspartei (seit 1946 ›Partido Revolucionario Institucional‹) von seinen Anhängern und nahm 1946 ihre korporative Reorganisation in vier ›Sektoren‹ (Arbeiter, Bauern, Militär sowie Mittelschichten und Elite) vor. CÁRDENAS milderte antikirchl. Tendenzen und ›erneuerte‹ die Revolution durch die Reformierung der Gewerkschaften, durch Landverteilung (über 9 % der gesamten Landfläche M.s) zugunsten der dörfl. Genossenschaften, die sein Nachfolger M. ÁVILA CAMACHO fortsetzte, sowie durch die Nationalisierung (18. 3. 1938) der Erdölgesellschaften Großbritanniens und der USA, mit denen M. Entschädigungsabkommen traf. In der Außenpolitik unterstützte M. während des Span. Bürgerkriegs (1936–39) die span. Rep. 1942 trat es aufseiten der Alliierten in den Zweiten Weltkrieg ein. 1945 war M. Mitbegründer der UNO, 1948 der OAS.

Die neuere Entwicklung

Zur alles beherrschenden polit. Kraft wurde der PRI. Bis zum Ende der 80er-Jahre stammten alle Präs., Gouv., Bürgermeister, Senatoren und Abg. aus der Partei. Seit 1934 setzte ein tief greifender wirtschaftl. und sozialer Wandel ein. Die Infrastruktur wurde weiter ausgebaut, die Industrialisierung vorangetrieben und die Landwirtschaft weiter mechanisiert. Kennzeichnend blieb dabei der große Einfluss des Staates auf die Wirtschaft, die privates Unternehmertum, Staatskapitalismus und kooperative Organisationsform miteinander verbindet. Dem (bis 1970) starken wirtschaftl. Wachstum standen jedoch ein dramat. Bev.-Zuwachs, v. a. in der Hauptstadt M.s, und wachsende Einkommensunterschiede gegenüber. Einer ernsten Bewährungsprobe sah sich das System des PRI unter Präs. GUSTAVO DÍAZ ORDAZ (1964–70) durch die Studentenunruhen von Tlatelolco ausgesetzt, die am 2. 10. 1968 niedergeschlagen wurden. Präs. L. ECHEVERRÍA ÁLVAREZ (1970–76) bemühte sich vergeblich, mittels einer kostspieligen infrastruktur- und verteilungsorientierten Reformpolitik neue wirtschaftl. Akzente zu setzen. Außenpolitisch bezog er zeitweise eine radikale ›Dritte-Welt-Position‹ und setzte sich für eine Distanzierung M.s von den USA ein. Sein Nachfolger J. LÓPEZ PORTILLO y PACHECO (1976–82) konnte M.s tiefe wirtschaftl. Krise anfangs durch ein neues Wirtschaftswachstum mittels des Erdölgeschäfts mildern, doch führten Misswirtschaft und Korruption in eine neue Krise, sodass M. im September 1982 seine Zahlungsunfähigkeit erklären musste. M. DE LA MADRID HURTADOS (1982–88) Sparpolitik zeigte zwar Erfolge, doch wurden der Bev. dafür große soziale Opfer auferlegt.

1988 übernahm C. SALINAS DE GORTARI, wiederum vom PRI, die Präsidentschaft. Etwa gleichzeitig begann eine allmähl. Verschiebung des Machtgefüges: Bei den Gouverneurs- und Bürgermeisterwahlen 1989 musste der PRI erstmals Ämter an die Oppositionsparteien abgeben. SALINAS suchte das System der Verquickung von Staat, PRI und Wirtschaft zu reformieren, unter seiner Reg. begann ein umfangreiches Privatisierungsprogramm, die rechtl. Benachteiligung der kath. Kirche wurde weitgehend abgeschafft. Mit einer Verf.-Reform (1993) wurde das Wahlrecht so gestaltet, dass das Machtmonopol des PRI durch die Oppositionsparteien durchbrochen werden konnte.

Am 1. 1. 1994 erhoben sich im Bundesstaat Chiapas bewaffnete Indios, die, organisiert durch den Ejército Zapatista de Liberación Nacional (EZLN; dt. Zapatist. Nat. Befreiungsarmee), gegen ihre Unterdrückung protestierten und soziale und polit. Reformen forderten. Trotz massiver Eingriffe der Streitkräfte konnte die Reg. lediglich erreichen, dass die Zapatisten in Verhandlungen einwilligten, die in den Jahren 1995–96 jedoch kaum Ergebnisse brachten. Die radikalere Guerillaorganisation Ejército Popular Revolucionario (EPR; dt. Revolutionäre Volksarmee) fordert zum Sturz der Reg. auf.

Der Kandidat des PRI für die Präsidentschaftswahlen 1994, L. D. COLOSIO MURRIETA, fiel im März 1994 einem Anschlag zum Opfer. An seiner Stelle wurde E. ZEDILLO PONCE DE LEÓN Kandidat und im August 1994 mit 48,77% der Stimmen zum Präs. gewählt (Amtsantritt 1. 12.). Ein weiterer polit. Mord erschütterte das Land im September 1994, Opfer war der Gen.-Sekr. des PRI, J. F. RUIZ MASSIEU. Am 20. 12. 1994 begann mit dem Wertverlust des Peso eine schwere Wirtschaftskrise. Durch Intervention der internat. Finanzorganisationen konnte die Krise im Laufe des Jahres 1995 beigelegt werden. ZEDILLO konzentriert sich nun auf Verbesserung des Erziehungs- und Gesundheitswesens und auf die Entflechtung von PRI und Staat (erneute Wahlrechtsreform). Obwohl diese Bemühungen durch innenpolit. Skandale (Verdacht der Verwicklung der Justiz in Drogenkriminalität, Korruptionsvorwürfe gegen den ehem. Präs. SALINAS) belastet werden, erhielt der Demokratisierungsprozess mit den Parlaments- und Senatswahlen 1997 eine neue Qualität: Der PRI verlor erstmals die absolute Mehrheit, blieb aber stärkste Partei.

Allgemeines: H.-G. GIERLOFF-EMDEN: Mexico. Eine Landeskunde (1970); V. BENNHOLDT-THOMSEN: Zur Bestimmung des Indio. Die soziale, ökonom. u. kulturelle Stellung des Indios in M. (1976); DIES.: Bauern in M. zw. Subsistenz- u. Warenproduktion (1982); W. LAUER: Klimawandel u. Menschheitsgesch. auf dem mexikan. Hochland (1981); P. HARFF: M. Wirtschaftsstruktur u. Entwicklungspolitik (1988); D. BARKIN: Distorted development. M. in the world economy (Boulder, Colo., ²1990); U. EWALD: M., das Land, seine Gesch. u. Kultur (1994); J. B. PICK u. E. W. BUTLER: The Mexico handbook. Economic and demographic maps and statistics (Boulder, Colo., 1994); E. GORMSEN: M. Land der Gegensätze u. Hoffnungen (1995); M. im Wandel, hg. v. H.-J. LAUTH u. H.-R. HORN (1995); D. BORIS: M. im Umbruch. Modellfall einer gescheiterten Entwicklungsstrategie (1996); M. heute. Politik, Wirtschaft, Kultur, hg. v. D. BRIESEMEIER u. K. ZIMMERMANN (²1996).

Geschichte: Gesamtdarstellungen: J. VASCONCELOS: Breve historia de México (1956); Historia general de México, hg. v. D. COSÍO VILLEGAS, 4 Bde. (Neuausg. ebd. 1980–81); ROBERT R. MILLER: M. A history (Norman, Okla., 1985); MICHAEL C. MEYER u. W. L. SHERMAN: The course of Mexican history (New York ⁵1995). – *Kolonialzeit:* A. VON HUMBOLDT: Versuch über den polit. Zustand des Königreichs Neu-Spanien, 5 Bde. (1809–14); P. J. BAKEWELL: Silver mining and society in colonial Mexico (Cambridge 1971); P. K. LISS: Mexico under Spain (Chicago, Ill., 1975); J. I. RUBIO MAÑÉ: El virreinato, 4 Bde. (Neuausg. Mexiko 1983). – *Unabhängigkeitsbewegung bis heute:* G. KAHLE: Militär u. Staatsbildung in den Anfängen der Unabhängigkeit M.s (1969); J. BAZANT: A concise history of Mexico. From Hidalgo to Cárdenas (Cambridge 1977); T. E. ANNA: The fall of the royal government in Mexico City (Lincoln, Nebr., 1978); V. LEHR: Der mexikan. Autoritarismus (1981); M. MOLS: M. im 20. Jh. (²1983); H. W. TOBLER: Die mexikan. Revolution (1984); A. KNIGHT: The Mexican revolution, 2 Bde. (Cambridge 1986); D. STORY: The Mexican ruling party (New York 1986); W. L. BERNECKER: Industrie u. Außenhandel. Zur polit. Ökonomie M.s im 19. Jh. (1987); M. – die institutionalisierte Revolution?, hg. v. R. SEVILLA u.

A. AZUELA (1993); Mexico. Der Aufstand in Chiapas – die Hintergründe, die Folgen, hg. v. A. SIMMEN (1994).

Mexiko, 1) spanisch **México** [ˈmɛxiko], amtl. **Ciudad de México** [sju̯ˈðað–], engl. **Mexico City** [ˈmɛksɪkəʊ ˈsɪtɪ], Hauptstadt und größte Stadt Mexikos, 2240 m ü. M. in einem Becken des zentralen Hochlandes. Im Bundesdistrikt (1499 km²) leben (Volkszählung 1990) 8,24 Mio. Ew., in der außer dem Bundesdistrikt 33 Randgemeinden umfassenden städt. Agglomeration (Zona metropolitana) 15 Mio. Ew. (16,1% der Staats-Bev.). M. ist das Kultur- und Wirtschaftszentrum des Landes, Erzbischofssitz. Es hat sechs wissenschaftl. Akademien, neun Univ. (die älteste gegr. 1551, die älteren im 20. Jh.), eine TH (gegr. 1936), mehrere Fachhochschulen, Forschungsinstitute, Nationalarchiv, Nationalbibliothek, bedeutende Museen, Planetarium (seit 1967), zwei zoolog. Gärten, botan. Garten. Trotz hoher Arbeitslosigkeit und Unterbeschäftigung sowie staatl. Bemühungen um eine Dezentralisierung ist M. der bei weitem wichtigste Industriestandort des Landes, mit rd. 25% der Industriebetriebe, 30% der Industriebeschäftigten und 38% des Bruttoinlandsprodukts. Es umfasst Nahrungs- und Genussmittel-, Textil- und Bekleidungs-, Leder-, Papier-, Glas-, chem., Kunststoff-, Zement-, Elektro-, Eisen-, Stahl- und Metallindustrie, Montage von Fahrzeugen, Motoren, Kühlschränken, Radio- und Fernsehgeräten. Seit der Liberalisierung der Auslandsinvestitionen (1993) nimmt der Anteil der Industriebetriebe in ausländ., bes. US-amerikan. Besitz zu. Mehr als 50% aller mexikan. Handelsgesellschaften, Banken und Versicherungen haben in der Hauptstadt ihren Sitz. M. ist der wichtigste Verkehrsknotenpunkt des Landes, mit internat. Flughafen (Benito Juárez; 1992: 14,17 Mio. Passagiere). Dem innerstädt. Verkehr dient außer zahlr. Autobuslinien seit 1969 eine U-Bahn (1991: 158 km und 19 km [im Bau]).

M. war bis ins 19. Jh. die größte Stadt des gesamten Amerika (1600: 59 000, 1700: 105 000, 1800: 137 000, 1900: 345 000, 1921: 615 000, 1940: 1,65 Mio. Ew. in der eigentl. Stadt). Bis Anfang des 18. Jh. war ihre Insellage erhalten geblieben. Die heutige Agglomeration füllt den N des Bundesdistrikts und Teile des angrenzenden Bundesstaates M. Die Zeit des schnellsten Wachstums lag zw. 1960 und 1980, als die Zona metropolitana von 5,38 Mio. Ew. auf 14,42 Mio. Ew. zunahm; seitdem ist eine Abschwächung festzustellen; im Bundesdistrikt zw. 1980 und 1990 von 9,17 Mio. Ew. auf 8,24 Mio. Ew. Das Bev.-Wachstum von M. geht heute v. a. auf Geburtenüberschüsse und nur zum geringeren Teil auf Zuwanderungen zurück. Das Flächenwachstum der Stadt erfolgt weitgehend ungeregelt und wird oft durch illegale Niederlassungen bestimmt. In der Agglomeration entstanden Großsiedlungen meist der unteren Sozialschichten, außer den kleineren innerstädt. ›Ciudades perdidas‹ die außerhalb gelegenen ›Colonias proletarias‹, darunter als größte Nezahualcóyotl (1990: 1,26 Mio. Ew.).

Das abflusslose Hochbecken von M. (Valle de México) war einst von Seen eingenommen (am O-Rand der Stadt noch ein Rest des größten Sees, des Lago de Texcoco), die von den Spaniern weitgehend trockengelegt wurden, um die Hochwassergefahr (sommerl. Niederschläge) zu bannen und Siedlungsraum zu schaffen. Infolge der Grundwasserentnahme entstanden jedoch durch Sackungen des Untergrundes (um bis zu 10 m) nicht nur schwere Gebäudeschäden, sondern damit noch stärkere Überschwemmungen. Um den Wasserstand zu regulieren und die sich aus den trockengelegten Seeböden entwickelnden Staubstürme zu verhindern, wurden vier Seen neu angelegt. Aufgrund der Übervölkerung kam es zu einer katastrophalen Schadstoffbelastung der Atmosphäre (täglich über 10 000 t: Schwefeldioxid, Stickoxide,

Mexiko 1)
Stadtwappen

Hauptstadt Mexikos

2240 m ü.M.

8,24 Mio. Ew., in der Agglomeration 15 Mio. Ew.

Industriezentrum des Landes

katastrophale Umweltbelastung

Erzbischofssitz

Anthropologisches Nationalmuseum

neun Universitäten (älteste 1551 gegründet)

U-Bahn

internationaler Flughafen

historisches Zentrum von der UNESCO als Weltkulturerbe erklärt

zahlreiche kolonialzeitliche Bauten

am Zócalo Nationalpalast und Kathedrale

Platz der drei Kulturen

Paseo de la Reforma

Chapultepec-Park

Nachfolgerin der Aztekenhauptstadt Tenochtitlán

politisches und kulturelles Zentrum des spanischen Kolonialreiches

Mexi Mexiko

Mexiko 1): links Freigelegte vorkolumbische Bauwerke, die Barockkirche Santiago de Tlatelolco und moderne Architektur am Platz der drei Kulturen; rechts Universitätsbibliothek mit Fassadenmosaik aus farbigem Naturstein von Juan O'Gorman; 1951–53

Kohlenmonoxid, Kohlenwasserstoff u. a.), die zu über 80% von den rd. 3 Mio. Kfz, weniger von der Industrie verursacht wird. Durch Reaktion mit der intensiven ultravioletten Strahlung entstehen photochem. Effekte und Ozon, v. a. bei den häufigen Inversionswetterlagen. Beschränkungen des Autoverkehrs (seit 1989) haben ebenso wenig Entlastung gebracht wie die nach dem Erdbeben von 1985 durchgeführte Dezentralisierung der Behörden und Verlagerung von Industriebetrieben.

Stadtbild: Das histor. Zentrum gehört zum UNESCO-Weltkulturerbe. Im Zentrum des schachbrettartig angelegten Straßensystems entstand am Zócalo (heute ›Platz der Verfassung‹, 240 × 240 m) über dem zerstörten Palast des Aztekenherrschers MOCTEZUMA der Nationalpalast (1523 begonnen, später umgebaut und erweitert, 14 Innenhöfe; Wandmalereien von D. RIVERA). Die Kathedrale auf dem südwestl. Teil des ehem. aztek. Tempelbezirks wurde 1525 begründet, der heutige Bau 1573 begonnen, 1665 geweiht, im 18. und 19. Jh. fertig gestellt. Die dreischiffige Säulenbasilika hat eine klassizist. Kuppel (1793 bis 1813 von M. TOLSÁ), Turmaufbauten des 19. Jh. Trotz unterschiedl. Stile der Bauphasen hat die Hauptfassade mit ihren drei Portalen einen monumentalen Barockcharakter. Der ›Altar de los Reyes‹ ist ein Hauptwerk des churriguereresken Stils. Seitlich an der Kathedrale angebaut ist die Pfarrkirche El Sagrario Metropolitano (1768 geweiht) mit churrigueresker Fassade.

Zu den ältesten Kirchen des Landes gehören San Francisco (1525; mit churrigueresken Portal, frühes 18. Jh.), die Klosterkirche San Juan Bautista (1538, Seitenportal im Stil der span. Renaissance), La Asunción (1562, Portale im Mudéjarstil und zeitgenöss. Fresken). Vom Kloster La Merced (1634, später umgebaut) ist ein Kreuzgang im Mudéjarstil erhalten.

Nationalheiligtum und Wallfahrtsstätte ist das Gnadenbild der Jungfrau von →Guadalupe Hidalgo in einem nordöstl. Vorort.

M. ist reich an barocken Kirchen der Kolonialzeit: La Santísima Trinidad mit einer churrigueresken Fassade (1755–83), Santo Domingo (1. Hälfte des 18. Jh.) mit churrigueresken Retabeln und klassizist. Hochaltar von TOLSÁ, der auch den Hochaltar der Jesuitenkirche La Profesa (1720) schuf. Beispiele für den churrigueresken Stil finden sich an oder in den Kirchen La Santa Veracruz (1764), La Enseñanza Antigua (1772–78; Retabeln, Gemälde), La Purísima (Mitte 18. Jh.; Portal). In der Kirche Jesús Nazareno (17. Jh.) wurden die Gewölbe 1942–44 von J. C. OROZCO ausgemalt. Eine der letzten der in der Kolonialzeit entstandenen Kirchen ist Nuestra Señora de Loreto (1809–16, klassizistisch). Ein Beispiel für den modernen mexikan. Kirchenbau stellt die Kirche Santa Maria Milagrosa von F. CANDELA (1954–57) dar.

Erhaltene Profanbauten aus der Kolonialzeit sind: Palacio Itúrbide (18. Jh.), Casa de los Azulejos (Gebäude 1598, Fassaden 1751). Das ›Haus der Masken‹ (1766–71) gilt als schönster Profanbau der Stadt mit churrigueresker Fassade. Das Edificio de las Vizcaínas (1734–86) und das 1749 erbaute Jesuitenkolleg (heute Escuela Nacional Preparatoria; die Wandmalereien 1922–27 sind ein frühes Beispiel des Muralismo) zeigen einen ausgewogenen Barockstil. Klassizistisch ist der Palacio de la Minería (1797–1813, von TOLSÁ). Vom Jugendstil beeinflusst zeigt sich der Palacio de Bellas Artes (1900–34), mit Säulenportikus und großer Kuppel, erbaut aus weißem Carraramarmor (im Treppenhaus Fresken von OROZCO, RIVERA, D. ALFARO SIQUEIROS und R. TAMAYO). Am Platz der drei Kulturen (1964), dem Hauptplatz der präkolumb. Stadt Tlatelolco, sind Zeugnisse aus drei Epochen vereint: freigelegte indian. Bauwerke, moderne Architektur und die Barockkirche Santiago de Tlatelolco (Anfang 17. Jh., Kreuzbasilika mit Renaissanceportal). Westlich vom Zócaloviertel ist ein zweites Stadtzentrum um den unter Kaiser MAXIMILIAN und P. DÍAZ angelegten Paseo de la Reforma, die Prachtstraße M.s, entstanden.

M. hat viele bedeutende Museen: v. a. das (1825 gegründete) Anthropolog. Nationalmuseum (Neubau 1963/64 von P. RAMÍREZ-VÁZQUEZ), das Schloss Chapultepec (anstelle einer aztek. Anlage und einer span. Einsiedelei Ende 18. Jh. errichtet, 1864/65 durch Kaiser MAXIMILIAN umgestaltet, seit 1944 Nationalmuseum für Geschichte; u. a. mit Fresken von OROZCO, ALFARO SIQUEIROS und JUAN O'GORMAN); Pinacoteca Virreinal (mexikan. Gemälde der Kolonialzeit) in der Klosterkirche San Diego (1594–1621); Museo Rufino Tamayo (moderne Kunst im Chapultepec-Park); Museo de San Carlos (Gemälde mexikan. und ausländ. Künstler bis zum 19. Jh.).

Die Univ.-Stadt am S-Rand der Stadt wurde 1950–55 erbaut. Von besonderem architekton. Interesse ist der fensterlose Bücherturm der Zentralbibliothek, Fassadenmosaik aus farbigem Naturstein mit indian. Motiven von O'GORMAN (1951–53); Medizin.

Fakultät (1950–52, Fassadenmosaik). Die Univ.-Sportanlagen wurden 1966–68 für die Olymp. Sommerspiele u. a. von F. CANDELA ausgebaut (BILD →Candela, Felix); 5 km südöstlich liegt das 1966 eingeweihte Aztekenstadion.

Am Eingang der Satellitenstadt von M. stehen fünf prismenförmige, verschieden hohe, farbige Obelisken (›Las Torres de Satélite‹) von M. GOERITZ und L. BARRAGÁN (1957/58).

Geschichte: Das alte →Tenochtitlán der Azteken wurde 1519–21 von H. CORTÉS erobert und zerstört. Die neu erbaute Stadt wurde 1536 Hauptstadt des Vizekönigreichs Neuspanien. Sie erhielt den Vorrang vor allen anderen Gemeinden des span. Amerika. M., neben Lima kultureller Mittelpunkt des span. Amerika und das polit. Zentrum des span. Kolonialreiches in Nord- und Mittelamerika, wurde nach der Unabhängigkeit Hauptstadt der Vereinigten Mexikan. Bundesstaaten. 1985 vernichtete ein Erdbeben große Teile der Innenstadt.

F. BENÍTEZ: La Ciudad de Mexico, 1325–1982, 3 Bde. (Mexiko 1981–82); H.-J. SANDER: M.-Stadt (1983); Fuentes para la historia de la Ciudad de Mexico, 1810–1979, bearb. v. A. MORENO TOSCANO u. a., 2 Bde. (ebd. 1984); D. KLAUS u. a.: Schadstoffbelastung u. Stadtklima in M.-Stadt (1988); Megastädte. Zur Rolle von Metropolen in der Weltgesellschaft, hg. v. P. FELDBAUER u. a. (Wien 1993); J. BÄHR u. G. MERTINS: Die lateinamerikan. Groß-Stadt (1995).

2) span. **Estado de México** [es'taðo ðe 'mexiko], Bundesstaat in Zentralmexiko, im S des Zentralen Hochlands und in der Cordillera Neovolcánica, größtenteils um 3 000 m ü. M.; umschließt im W, N und O den Bundesdistrikt mit der Bundeshauptstadt; mit 21 461 km² und (1990) 9,82 Mio. Ew. der am dichtesten besiedelte Staat des Landes; Hauptstadt ist Toluca. Intensive landwirtschaftl. Nutzung (z. T. mit Bewässerung), v. a. zur Versorgung der Stadt Mexiko. Die Gemeinden am N-Rand des Bundesdistrikts gehören zum Industriegebiet der Bundeshauptstadt. – Im Oktober 1824 wurde der 1786 eingerichtete Verwaltungsbezirk (Intendencia) M. des Vizekönigreichs Neuspanien in den Staat M. umgewandelt, der dann in den folgenden Jahrzehnten durch Ausgliederung um den Bundesdistrikt (18. 11. 1824), den Staat Guerrero (27. 10. 1847), den Staat Morelos (1862 Territorium, seit 1869 Staat) und den Staat Hidalgo (15. 1. 1869) verkleinert wurde.

3) Golf von M., der westl. Teil des →Amerikanischen Mittelmeeres, vom Karib. Meer durch eine Verbindungslinie von der S-Spitze Floridas über Kuba (Havanna) zur Spitze der Halbinsel Yucatán getrennt; mittlere Tiefe etwa 1 500 m, größte Tiefe 5 203 m (Sigsbeetiefe). Das Wasser ist warm (bis über 30 °C im August, 19–25 °C im Februar), der Salzgehalt durch Süßwasserzustrom im N stark variabel (26–36 ‰). Hier hat der zum Golfstromsystem gehörende Floridastrom seinen Ursprung. Die über dem stark erwärmten Golf aufsteigenden Luftmassen beeinflussen das Klima Nordamerikas bis weit nach N (tragen u. a. zur Bildung der Tornados bei). Gefährliche Stürme sind die Northers im Winter und die trop. Wirbelstürme (z. T. Hurrikans) im Spätsommer und Herbst. Die schwachen Gezeiten (Tidenhub unter 0,60 m) sind gemischt, meist eintägig. Wichtige Häfen am Golf von M. sind New Orleans, Galveston, Tampa und das durch einen Seeschifffahrtskanal zu erreichende Houston in den USA, Veracruz und Tampico in Mexiko. – Die Schelfgebiete des Golfs von M. sind außerordentlich reich an Erdöl- und Erdgaslagerstätten (mindestens 326 Mio. t bzw. 960 Mrd. m³). Neben den schon seit längerem ausgebeuteten Feldern vor der S-Küste der USA (Texas, Louisiana) und der O-Küste Mexikos (Tampico, Tuxpan) wurden bedeutende Vorkommen im Golf von Campeche gefunden und z. T. erschlossen. Vor den Küsten der Halbinsel Yucatán (bis Belize) werden noch weitere große Lagerstätten vermutet.

Westindien-Hb., hg. vom Dt. Hydrograph. Inst., Tl. 3 (⁵1984).

Mey, Reinhard, Liedermacher und Chansonsänger, * Berlin 21. 12. 1942; wurde in Frankreich (als Frédéric) und den dt.-sprachigen Ländern mit seinen frz. und dt. Chansons bekannt. In seinen Liedern besingt er die Liebe, schildert Alltagsprobleme und übt Sozialkritik (u. a. ›Wie vor Jahr und Tag‹, ›Der Mörder ist immer der Gärtner‹, ›Die heiße Schlacht am kalten Buffet‹, ›Über den Wolken‹).

Meydenbauer, Albrecht, Architekt, * Tholey (Landkreis St. Wendel) 30. 4. 1834, † Bad Godesberg 15. 11. 1921; nutzte ab 1858 erstmals die Photogrammetrie zur Vermessung von Baudenkmälern und setzte sich für die Dokumentation von Bau- und Kunstdenkmälern in Maßbildern ein. 1885 konnte er in Berlin die Messbildanstalt (später Staatl. Bildstelle, jetzt Messbildarchiv), gründen, die eine bau- und kunsthistorisch einmalige Bildsammlung darstellt.

Meyenburg, Stadt im Landkreis Prignitz, Bbg., 80 m ü. M., am Oberlauf der Stepenitz, in hügeliger Grundmoränenlandschaft, 2 600 Ew.; Möbelwerk, Baugewerbe. – An der aus dem Raum Berlin nach Rostock führenden Straße entstand kurz vor der Grenze zu Mecklenburg um 1300 an einer Burg (im 15. Jh. zu einem spätgot. Schloss umgebaut, 1848–50 im Neorenaissance-Stil umgestaltet) die Ortschaft M., die seit 1332 als Stadt bezeichnet wurde.

Meyer, 1) Adolf, Architekt, * Mechernich 17. 6. 1881, † auf Baltrum 14. 7. 1929; Mitarbeiter von P. BEHRENS und 1911–25 von W. GROPIUS (Faguswerk in Alfeld, Leine). 1919–25 lehrte er Architektur am Bauhaus in Weimar. 1926–29 war er Stadtbaurat in Frankfurt am Main (Bauten für die Stadtwerke ebd.). Er lieferte Entwürfe u. a. für das Planetarium in Jena (1925–26) mit einer der ersten Kuppeln in Schalenbauweise.

2) Albert, schweizer. Politiker, * Fällanden (bei Zürich) 13. 3. 1870, † Zürich 22. 10. 1953; 1915–29 Hauptschriftleiter der ›Neuen Zürcher Zeitung‹. 1907 wurde M. Mitgl. des Großen Stadtrats in Zürich und 1915 des schweizer. Nationalrats (bis 1929). M. war 1923–29 Vors. der Freisinnig-Demokrat. Partei der Schweiz, 1930–38 Mitglied des Bundesrats (Dep. des Innern).

3) Alfred Richard, Pseudonym **Munkepunke** u. a., Schriftsteller und Verleger, * Schwerin 4. 8. 1882, † Lübeck 9. 1. 1956; gründete 1907 einen eigenen Verlag, gab Liebhaberdrucke heraus und veröffentlichte in ›Lyr. Flugblättern‹ frühexpressionist. Gedichte (u. a. von G. BENN, ELSE LASKER-SCHÜLER, R. LEONHARD, P. ZECH). Sein eigenes literar. Werk zeichnet sich durch Witz, Frische und formale Vollendung aus.

4) Conrad Ferdinand, schweizer. Schriftsteller, * Zürich 11. 10. 1825, † Kilchberg bei Zürich 28. 11. 1898; entstammte einer Züricher Patrizierfamilie; Autodidakt, von umfassender Bildung, materiell unabhängig. Begann zunächst ein Jurastudium, wollte dann Maler werden, doch verhinderte ein (seit 1852 auch offen zutage tretendes) Nervenleiden jede weitere Ausbildung. Zahlr. Reisen, dann Aufenthalte in München und Rom führten zur Bewunderung der ital., span. und niederländ. Malerei des 16./17. Jh., insbesondere MICHELANGELOS. Die Kultur der Renaissance wurde zu seinem Lebensideal, worin ihn J. BURCKHARDT bestärkte. Erst 1860 entschied er sich dafür, Schriftsteller zu werden, wobei er anfangs zwischen der dt. und der frz. Sprache schwankte. Die Entscheidung für das Deutsche wurde wahrscheinlich von seiner Übersetzertätigkeit während des Dt.-Frz. Krieges 1870/71 beeinflusst, wohl auch von der Reichsgründung, die er begrüßte. Bis zum nicht mehr

Conrad Ferdinand Meyer

heilbaren Ausbruch der psych. Krankheit (ab 1891/92) schuf er in konzentrierter Produktivität ein Werk, das ihn neben J. GOTTHELF und G. KELLER zum bedeutendsten Vertreter der deutschsprachigen Literatur der Schweiz im 19. Jh. werden ließ. M. schrieb v. a. histor. Erzählungen und Novellen; Stoffe aus dem zeitgenöss. Alltag lehnte er ab. Das Geschichtsbild, das sein Werk bestimmt, ist dem zeitgenöss. Renaissancekult verpflichtet: Die Renaissance verkörperte Lebenskraft und Lebensfreude, die überlegene, außergewöhnl. Persönlichkeiten hervorbringt, bei M. deutlich in dem Roman ›Georg Jenatsch‹ (1876, ab 1882 u. d. T. ›Jürg Jenatsch‹) oder in der Novelle ›Die Richterin‹ (1885). M. bildete dabei einen sublimen Psychologismus aus, der Geschehen und Taten, Entwicklungen und Entscheidungen zuweilen bewusst im Zwielicht ließ (›Die Versuchung des Pescara‹, 1887; ›Angela Borgia‹, 1891). Dazu bediente er sich häufig und immer kunstvoller der Form der Rahmenerzählung (›Der Heilige‹, 1880; ›Die Hochzeit des Mönchs‹, 1884).

War M. früher in erster Linie als Prosa- und Versepiker geschätzt, dann namentlich von H. VON HOFMANNSTHAL zum Historisten des Neobarock (›Makart-Zeit‹) erklärt worden, so wird er heute als Vorläufer des lyr. Symbolismus gesehen. Seinen literar. Ruf zu Lebzeiten verdankte er dem Versepos ›Huttens letzte Tage‹ (1871) und dessen Pendant ›Engelberg‹ (1872). Auch zwei komische Renaissancenovellen, im Wetteifer mit G. KELLER entstanden, finden sich unter M.s Arbeiten: ›Der Schuß von der Kanzel‹ (1877) und ›Plautus im Nonnenkloster‹ (1882). Neben den Werken um gewalttätige, vitale, bedenkenlose, doch geistig immer bedeutende Helden stehen Erzählungen wie ›Das Amulett‹ (1873), ›Gustav Adolfs Page‹ (1882) und ›Das Leiden eines Knaben‹ (1883), in denen M. seinen Psychologismus auf jugendl. Gestalten überträgt. Am Drama hat sich M. erfolglos versucht, es blieb bei Fragmenten. Eine eigene Form dagegen fand er in der Lyrik. Aus harter, um jedes Wort ringender Arbeit gingen nach zahlr. Vorfassungen vollendete Symbolgedichte wie ›Der röm. Brunnen‹ oder ›Zwei Segel‹ hervor, Kurzgedichte von scheinbar müheloser Konzentriertheit. Unterschiedl. Entwicklungsstufen zeigen die ›Balladen‹ (1867) und die ›Romanzen und Bilder‹ (1871), die noch weit entfernt sind von der Bedeutung M.s späterer Balladen mit antiken, mittelalterl., Renaissance- und Reformationsstoffen (›Gedichte‹, endgültige Fassung ab der 5. Aufl. 1892).

Ausgaben: Sämtl. Werke. Histor.-krit. Ausg., hg. v. H. ZELLER u. a., auf 15 Bde. ber. (1963 ff.); Ges. Werke, hg. v. W. IGNÉE, 5 Bde. (1985).

F. F. BAUMGARTEN: Das Werk C. F. M.s. Renaissance. Empfinden u. Stilkunst (Neuausg. Zürich 1948); G. BRUNET: C. F. M. et la nouvelle (Paris 1967); F. A. KITTLER: Der Traum u. die Rede. Eine Analyse der Kommunikationssituation C. F. M.s (Bern 1977); M. BURKHARD: C. F. M. (Boston, Mass., 1978); K. FEHR: C. F. M. (Bern 1983); D. A. JACKSON: C. F. M. mit Selbstzeugnissen u. Bilddokumenten (23.–25. Tsd. 1991); U. H. GERLACH: C.-F.-M.-Bibliogr. (1994).

5) **Eduard**, Althistoriker, * Hamburg 25. 1. 1855, † Berlin 31. 8. 1930, Bruder von 20); wurde 1884 Prof. in Leipzig, 1885 in Breslau, 1889 in Halle (Saale), 1902 in Berlin (bis 1923). In seiner ›Gesch. des Alterthums‹ (1884–1902, 5 Bde.) stellte er, beginnend mit Ägypten und Vorderasien, antike Geschichte bis um 366 v. Chr. in einem universalen Rahmen dar und suchte so die griech. Geschichte aus ihrer Isolierung zu lösen.

Weitere Werke: Caesars Monarchie und das Principat des Pompejus (1918); Ursprung und Anfänge des Christentums, 3 Bde. (1921–23).

6) **Ernst Hermann**, Musikwissenschaftler und Komponist, * Berlin 8. 12. 1905, † Berlin (Ost) 8. 10. 1988; studierte Komposition u. a. bei P. HINDEMITH und H. EISLER; emigrierte 1933 nach Großbritannien und war 1948–70 Prof. für Musiksoziologie an der Berliner Humboldt-Univ. M. komponierte Orchester- und Kammermusik, Jugendmusik, die Oper ›Reiter der Nacht‹ (1973) sowie zahlr. Kantaten (u. a. ›Das Tor von Buchenwald‹, 1959; ›Lenin hat gesprochen‹, 1970). Er gründete die Zeitschrift ›Musik und Gesellschaft‹ (1951 ff.) und veröffentlichte u. a. ›English chamber music‹ (1946; dt. ›Die Kammermusik Alt-England vom MA. bis zum Tode Henry Purcells‹), ›Musik der Renaissance, Aufklärung, Klassik‹ (1973) sowie Schriften zum sozialist. Realismus in der Musik (›Musik im Zeitgeschehen‹, 1952; ›Kontraste, Konflikte‹, 1979).

7) **E. Y.**, eigtl. **Peter M.**, schweizer. Schriftsteller, * Liestal 11. 10. 1946; bereits sein erster Erzählband ›Ein Reisender in Sachen Umsturz‹ (1972) zeigte in seiner komplizierten sprachl. und formalen Gestalt die Charakteristika auch der nachfolgenden Werke, die in ihren indirekten Annäherungen an die Dinge die Welt nicht mehr als wirklich, sondern nur noch als möglich erscheinen lassen.

Weitere Werke: *Romane:* In Trubschachen (1973); Die Rückfahrt (1977); Das System des Doktor Maillard oder Die Welt der Maschinen (1994). – *Dramen:* Das System (1983); Sunday morning (1984). – *Erzählungen:* Eine entfernte Ähnlichkeit (1975); Wintergeschichten (1995). – Die Hälfte der Erfahrung. Essays u. Reden (1980).

E. Y. M., hg. v. B. VON MATT (1983).

8) **Friedrich Elias**, d. Ä., Bildhauer und Porzellanmodelleur, * Erfurt 1723, † Berlin 2. 10. 1785, Bruder von 23); war ab 1748 an der Meißener Manufaktur unter J. J. KÄNDLER tätig, ab 1761 Modellmeister der Berliner Porzellanmanufaktur. Er vertrat mit seinen Figuren ein elegantes, leicht klassizist. Rokoko. In Zusammenarbeit mit seinem Bruder schuf er 1772 einen vielfigurigen Tafelaufsatz für Kaiserin KATHARINA II. von Russland.

Elias Meyer d. Ä.: Chinese und Chinesin; Figuren aus der Berliner Manufaktur; 1768 (Berlin, Kunstgewerbemuseum)

9) **Hannes**, schweizer. Architekt, * Basel 18. 11. 1889, † Crocifisso di Savosa (Kt. Tessin) 19. 7. 1954; 1928–30 Leiter des Bauhauses in Dessau; war 1930–36 in der UdSSR (u. a. Entwicklungsplan für Groß-Moskau, 1931–32), 1939–49 in Mexiko (Entwürfe für Arbeitersiedlungen, Sport- und Kulturzentren). M. sah in Architektur und Stadtplanung nicht nur eine ästhet., sondern in erster Linie eine soziale, kollektiv unter Anwendung wiss. Methoden zu lösende Aufgabe.

Werke: Siedlung Freidorf in Muttenz bei Basel (1919–21); Bundesschule des Allgemeinen Dt. Gewerkschaftsbundes in Bernau b. Berlin (1928–30); Genossenschaftl. Kinderheim der Dr.-Jäggi-Stiftung in Mumliswil, Kt. Solothurn (1937–39). –

Eduard Meyer
(Ausschnitt aus einem Gemälde von Lovis Corinth)

Wettbewerbsentwürfe: Völkerbundpalast in Genf und Petersschule in Basel (beide 1926–27, mit H. WITTWER); Berliner Arbeiterbank (1929).

H. M. 1889–1954. Architekt, Urbanist, Lehrer. Ausst.-Kat. (1989); K.-J. WINKLER: Der Architekt H. M. (Berlin-Ost 1989); M. KIEREN: H. M. Dokumente zur Frühzeit. Architektur- u. Gestaltungsversuche 1919–1927 (Heiden 1990); Architekten – H. M., bearb. v. U. STARK (²1994).

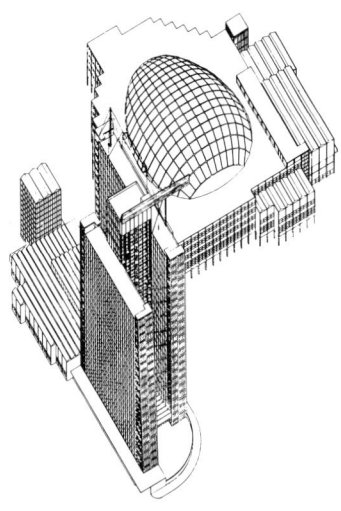

Hannes Meyer: Entwurf für den Völkerbundpalast in Genf (zusammen mit Hans Wittwer); 1926–27

10) Hans, Geograph und Verleger, *Hildburghausen 22. 3. 1858, †Leipzig 5. 7. 1929, Sohn von 16), Bruder von 15); war 1884–1914 in der Geschäftsleitung des Bibliograph. Instituts tätig. Nach einer Weltreise (1881/82) unternahm M. fünf Expeditionen nach Ostafrika (1887, 1888, 1889, 1898, 1911), wobei er u. a. den Kilimandscharo erforschte und kartierte und 1889 zus. mit LUDWIG PURTSCHELLER (*1849, †1900) erstmals erstieg (erneut 1898). 1903 führte er vulkanolog. und glazialmorpholog. Studien in Ecuador durch. 1915–28 war er Prof. für Kolonialgeographie in Leipzig.

Werke: Der Kilimandjaro (1900); In den Hoch-Anden von Ecuador (1907). – Hg.: Das Dt. Kolonialreich, 2 Bde. (1909/10).

Koloniale Studien. H. M. zum siebzigsten Geburtstage ... (1928).

11) Hans, Röntgenologe, *Bremen 30. 7. 1877, †Marburg 11. 4. 1964; wurde 1916 Prof. in Kiel, 1920 Direktor der Strahlenabteilung der Krankenanstalten in Bremen, 1946 Prof. in Marburg; schuf die method. Grundlagen der Strahlentherapie; begründete 1927 die ›Dt. Gesellschaft für Lichtforschung‹.

12) Hans, schweizer. Bankfachmann, *Aarau 20. 4. 1936; 1985–88 Mitgl. des Direktoriums, 1988–96 Vize-Präs. und seit 1996 Präs. der Schweizer. Nationalbank. M. ist seit 1996 auch Mitgl. des Verwaltungsrats der Bank für Internat. Zahlungsausgleich und schweizer. Gouv. des Internat. Währungsfonds.

13) Hans Joachim, Anglist, *Rostock 13. 10. 1936; studierte 1959–64 Anglistik/Amerikanistik an der Humboldt-Univ. zu Berlin; war dort ab 1964 Sprachlehrer und wiss. Assistent, ab 1982 Hochschuldozent und 1985–90 Prof. Als Mitgl. der ersten frei gewählten DDR-Reg. war M. 1990 Min. für Bildung und Wiss. und ist seit dem 8. 11. 1990 als Staatsminister für Wiss. und Kunst Mitgl. der sächs. Landes-Reg. M. war Mitgl. kath. Laiengremien in der DDR, wurde 1992 Vize-Präs. des Zentralkomitees der dt. Katholiken (ZdK) und ist seit Mai 1997 dessen Präsident.

14) Heinrich, schweizer. Maler und Kunstschriftsteller, *Zürich 16. 3. 1760, †Jena 11. 10. 1832; war 1784–89 in Rom, wo er sich mit GOETHE anfreundete, den er in allen Kunstfragen beriet. 1791 ging er nach Weimar und leitete dort ab 1806 die Zeichenschule; Vertreter eines nüchternen Klassizismus.

15) Herrmann August, Forschungsreisender und Verleger, *Hildburghausen 11. 1. 1871, †Leipzig 17. 3. 1932, Bruder von 10), Sohn von 16); unternahm 1895–97 und 1898–1900 Expeditionen nach Brasilien (v. a. Rio Xingu); gründete die Siedlungskolonien Neu-Württemberg, Xingu und Fortaleza. 1903 wurde er Teilhaber des Bibliograph. Instituts. Veröffentlichungen über seine Forschungsreisen.

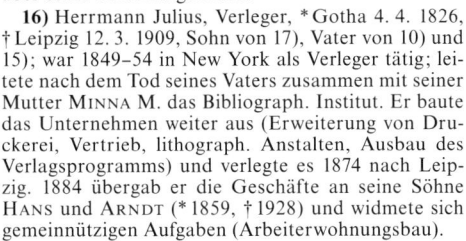

16) Herrmann Julius, Verleger, *Gotha 4. 4. 1826, †Leipzig 12. 3. 1909, Sohn von 17), Vater von 10) und 15); war 1849–54 in New York als Verleger tätig; leitete nach dem Tod seines Vaters zusammen mit seiner Mutter MINNA M. das Bibliograph. Institut. Er baute das Unternehmen weiter aus (Erweiterung von Druckerei, Vertrieb, lithograph. Anstalten, Ausbau des Verlagsprogramms) und verlegte es 1874 nach Leipzig. 1884 übergab er die Geschäfte an seine Söhne HANS und ARNDT (*1859, †1928) und widmete sich gemeinnützigen Aufgaben (Arbeiterwohnungsbau).

17) Joseph, Verleger, *Gotha 9. 6. 1796, †Hildburghausen 27. 5. 1856, Vater von 16); war als Kaufmann (1817–20 in London) und Publizist tätig und gründete 1826 gemeinsam mit seiner Frau MINNA (*1804, †1874) als formeller Alleineigentümerin in Gotha das Bibliographische Institut (→Bibliographisches Institut & F. A. Brockhaus AG). Er verlegte u. a. preiswerte Klassikerausgaben, gab das historisch-geograph. Stahlstichwerk ›M.s Universum‹ (dessen Texte er selbst verfaßte; zeitweise in zwölf Sprachen übersetzt), ab 1839 das 52-bändige ›Große Conversations-Lexikon‹ sowie geograph. Handbücher, Atlanten und Kunstblätter heraus. Insbesondere an den enzyklopäd. Werken seines Verlages arbeitete M. selbst mit. V. a. mit der lieferungsweisen Herausgabe größerer Werke war M. Bahnbrecher des Subskriptionswesens in Dtl. In den späten 30er-Jahren beschäftigte er sich mit industriellen Unternehmungen (Kohle- und Erzbergwerke, 1845 Gründung einer ›Eisenbahnschienenkompanie‹), hatte damit aber keinen Erfolg.

18) Julius Lothar, Chemiker, *Varel 19. 8. 1830, †Tübingen 11. 4. 1895; Prof. in Eberswalde (1866–68), Karlsruhe und Tübingen (seit 1876); stellte 1869 gleichzeitig und unabhängig von D. I. MENDELEJEW ein Periodensystem der chem. Elemente auf.

19) Krzysztof, poln. Komponist, *Krakau 11. 8. 1943; Schüler von K. PENDERECKI und N. BOULANGER, wurde 1966 Dozent an der Krakauer Musikhochschule und 1987 Prof. für Komposition an der Musikhochschule in Köln. Nach Phasen der Klangfarbenkomposition (1963–66), der Aleatorik und des Zwölfton-Kontrapunktes (1967–72) sind seine jüngeren Werke gekennzeichnet durch die Auseinandersetzung mit traditionellen Formprinzipien und dem Bemühen um gesteigerten Ausdruck; vollendete die Oper ›Die Spieler‹ (Uraufführung 1983) von D. SCHOSTAKOWITSCH.

Werke: *Opern:* Kyberiade (1970, UA 1986); Die verzauberten Brüder (1990). – *Orchesterwerke:* 6 Sinfonien (1964–82); Trompetenkonzert (1975); Fireballs (1976); Klavierkonzert (1979); Musica incrostata (1988); Caro Luigi per quattro violoncelli ed orchestra d'archi (1989); Carillon (1993); Violoncellokonzert (1996). – *Kammermusik:* 9 Streichquartette (1963–91); Capriccio per sei strumenti (1988). – *Klaviermusik:* Sonaten (1963, 1966, 1967); 24 Präludien (1978).

20) Kuno, Keltologe, *Hamburg 20. 12. 1858, †Leipzig 11. 10. 1919, Bruder von 5); 1895–1911 Prof. in Liverpool, seit 1911 in Berlin; Verdienste durch zahlr. Ausgaben mittelirischer Texte mit Übersetzung und Glossar in der ›Revue Celtique‹ und der von ihm 1897 gegründeten ›Zeitschrift für Celt. Philologie‹, in

Hans Joachim Meyer

Joseph Meyer

Krzysztof Meyer

dem ›Archiv für celt. Lexikographie‹ (1898–1907) und in der von ihm 1904 gegründeten Zeitschrift ›Eriu‹.

Werke: Hibernica minora (1894); A primer of Irish metrics (1909); Über die älteste irische Dichtung, 2 Tle. (1913–14). – **Hg.:** The voyage of Bran, son of Febal, to the land of the living, 2 Bde. (1895–97); Cáin Adamnáin (1905); The triads of Ireland (1906); Fianaigecht (1910); Bruchstücke der älteren Lyrik Irlands (1919).

21) **Sabine**, Klarinettistin, *Crailsheim 30. 3. 1959; begann als Orchestermusikerin im Sinfonieorchester des Bayer. Rundfunks, war 1983 Soloklarinettistin bei den Berliner Philharmonikern, seit 1984 freischaffend. Als Solistin konzertierte sie in Europa, Nord- und Südamerika, in Israel und Japan. Zugleich engagierte sie sich im Bereich der Kammermusik. 1983 gründete sie mit ihrem Mann REINER WEHLE (*1954) und ihrem Bruder WOLFGANG M. (*1954) das Trio di Clarone, 1988 das Bläserensemble Sabine M., in dem führende Bläser aus aller Welt zusammenwirken.

22) **Wilhelm**, klass. und mittellatein. Philologe, *Speyer 1. 4. 1845, †Göttingen 9. 3. 1917; ab 1886 Prof. für klass. Philologie in Göttingen; widmete sich bes. der Erforschung der lat. Literatur des MA. und gilt durch seine wegweisenden Arbeiten über Rhythmik und Reim als einer der Begründer der mittellatein. Philologie.

Werk: Ges. Abhh. zur mlat. Rhythmik, Bd. 1 u. 2 (1905), Bd. 3 (hg. 1936).

23) **Wilhelm Christian**, Bildhauer und Porzellanmodelleur, *Gotha 1726, †Berlin 10. 12. 1786, Bruder von 8); arbeitete nach der Ausbildung bei seinem Bruder für Kurfürst KLEMENS AUGUST von Köln. Ab 1761 war er in Berlin v. a. als freier Künstler tätig (Brückenfiguren, Figuren für die Hedwigskirche und die Alte Bibliothek, Grabmäler). Er wurde Direktor der dortigen Kunstakademie und arbeitete auch für die Berliner Porzellanmanufaktur. Seine Werke sind zunächst vom ausgehenden Rokoko, später vom beginnenden Klassizismus geprägt.

Meyer-Abich, 1) **Adolf**, Philosoph und Historiker der Naturwiss.en, *Emden 14. 11. 1893, †Hamburg 3. 3. 1971, Vater von 2); ab 1930 Prof. in Hamburg; Mitbegründer und Hauptvertreter des →Holismus. Von ihm stammen Beiträge zur Geistesgesch. der Naturwissenschaften, insbesondere der Biologie.

Werke: Logik der Morphologie im Rahmen einer Logik der gesamten Biologie (1926); Ideen u. Ideale der biolog. Erkenntnis (1934); Naturphilosophie auf neuen Wegen (1948); Geistesgeschichtl. Grundl. der Biologie (1963). – **Hg.:** Biologie der Goethezeit (1949).

2) **Klaus Michael**, Philosoph und Politiker (parteilos), *Hamburg 8. 4. 1936, Sohn von 1); 1972–84 und seit 1987 Prof. für Naturphilosophie in Essen, 1984–87 Senator für Wiss. und Forschung in Hamburg; verfaßte Publikationen v. a. über die gesellschaftl. Auswirkungen von Naturwiss. und Technik.

Werke: Wege zum Frieden mit der Natur (1984); Die Grenzen der Atomwirtschaft (1986, mit B. SCHEFOLD); Wiss. für die Zukunft (1988); Prakt. Naturphilosophie. Erinnerung an einen vergessenen Traum (1997).

Meyer-Amden, **Otto**, eigtl. O. **Meyer**, schweizer. Maler und Zeichner, *Bern 20. 2. 1885, †Zürich 15. 1. 1933; ausgebildet als Lithograph, 1909–12 Schüler von A. HOELZEL in Stuttgart. 1912–18 lebte er in Amden (Kt. St. Gallen), 1928–32 lehrte er an der Kunstgewerbeschule in Zürich. Seine Kompositionen zeigen stilisierte Figuren (v. a. Knaben) in strenger Anordnung und verwischender Farbgebung. Er wirkte auf W. BAUMEISTER und O. SCHLEMMER.

M. STETTLER: O. M.-A. (Aarau 1965); C. HUBER: O. M.-A. (Wabern 1968); O. M.-A., bearb. v. ANDREAS MEIER, Ausst.-Kat. (Bern 1985).

Meyerbeer, **Giacomo**, eigtl. **Jakob Liebmann Meyer Beer** (wobei ›Meyer‹ ein Vorname ist), Komponist, *Tasdorf (heute zu Rüdersdorf bei Berlin) 5. 9. 1791, †Paris 2. 5. 1864; studierte u. a. bei C. F. ZELTER in Berlin sowie Abbé G. J. VOGLER in Darmstadt und wurde urspr. als Pianist bekannt. 1816 reiste er zum Studium ital. Melodik nach Venedig. 1831–42 lebte M. überwiegend in Paris, 1842 wurde er zum Preuß. Generalmusikdirektor in Berlin ernannt.

M. war einer der Hauptvertreter der frz. Großen Oper des 19. Jh. Er verband dabei Stilmerkmale der Tragédie lyrique (u. a. Massenszenen, große Chöre, Ballettsätze) mit Elementen der Opéra comique (u. a. dramaturg. Überraschungsmomente). Eine bedeutende Rolle spielt die von M. in Anlehnung an ital. Vorbilder kultivierte Kantabilität der Melodik. Die Orchestrierung zeigt neuartige differenzierte Klangwirkungen. Z. T. setzte er noch wenig bekannte Instrumente (z. B. das Saxophon) ein. In seinen Bühnenwerken (oft nach Libretti von E. SCRIBE) behandelte M. häufig histor. Stoffe. Das Ideengut seiner Zeit, geprägt von der Julirevolution (1830) und dem Bürgerkönigtum, beeinflußte seine erfolgreichsten Opern; er komponierte ferner Orchesterwerke, Kantaten, zahlr. Chöre und über 60 Lieder.

Werke: *Opern:* Il crociato in Egitto (1824, dt. Der Kreuzritter in Ägypten); Robert le diable (1831, dt. Robert der Teufel); Les Huguenots (1836, dt. Die Hugenotten); Ein Feldlager in Schlesien (1844; Text von L. RELLSTAB); Le prophète (1849, dt. Der Prophet); L'Africaine (dt. Die Afrikanerin; 2. Fassung als Vasco da Gama, 1865).

Ausgabe: Briefwechsel u. Tagebücher, hg. v. H. BECKER, auf 5 Bde. ber. (1959 ff.).

C. FRESE: Dramaturgie der großen Opern G. M.s (1970); H. BECKER: G. M. In Selbstzeugnissen u. Bilddokumenten (1980); G. M. Ein Leben in Briefen, hg. v. H. u. G. BECKER (1983); B. W. WESSLING: M. Wagners Beute, Heines Geisel (1984); R. ZIMMERMANN: G. M. Eine Biogr. nach Dokumenten (a. d. Frz., 1991).

Otto **Meyer-Amden:** Impfung; 1919 (Basel, Kunstmuseum; Depositum der Eidgenössischen Gottfried-Keller-Stiftung)

Meyerhof, **Otto**, Biochemiker, *Hannover 12. 4. 1884, †Philadelphia (Pa.) 6. 10. 1951; 1921–24 Prof. in Kiel, danach am Kaiser-Wilhelm-Inst. für Biologie in Berlin, 1929–38 in Heidelberg; nach Emigration und Aufenthalt in Paris ab 1940 Prof. in Philadelphia (Pa.). Seine Forschungen brachten wichtige Erkenntnisse über den intermediären Kohlenhydratstoffwechsel und über die enzymat. Vorgänge in den Muskelzellen. 1933 entwarf er, unabhängig von G. EMBDEN, ein neues Schema der Glykolyse und der alkohol. Gärung. Bereits 1922 erhielt er für die Entdeckung gesetzmäßiger Verhältnisse zw. dem Sauerstoffverbrauch und dem Milchsäureumsatz in Muskeln den Nobelpreis für Physiologie oder Medizin (mit A. V. HILL).

Meyerhold, Karl Theodor Kasimir, russ. Regisseur und Schauspieler, →Mejerchold, Wsewolod Emiljewitsch.

Meyer-Lübke, Wilhelm, Romanist, * Dübendorf (Schweiz) 30. 1. 1861, † Bonn 4. 10. 1936; wurde 1887 Prof. in Jena, 1890 in Wien, 1915 in Bonn. Er machte die streng positivist. Methoden der Junggrammatiker in konstruktiver Synthese (›Einführung in das Studium der Roman. Sprachwissenschaft‹, 1901) und praktischer, historisch-vergleichender Forschung (›Grammatik der romanischen Sprachen‹, 4 Bde., 1890–1902) für die Romanistik fruchtbar und erweiterte deren Gebiet über die Schriftsprache hinaus um die roman. Dialekte sowie das Sardische und Rumänische. Seine ›Historische Gramm. der frz. Sprache‹ (1908–21, 2 Bde.) stellt den ersten Versuch einer relativen Chronologisierung der frz. Lauterscheinungen dar; sein ›Roman. etymolog. Wörterbuch‹ (1911–20, 14 Tle.) gilt als Standardwerk. Er war Begründer und Mit-Hg. der kulturhistor. Zeitschrift ›Wörter und Sachen‹ (1909–37) sowie Mit-Hg. der ›Germanisch-Roman. Monatsschrift‹ (1909–36).
Weitere Werke: Ital. Gramm. (1890); Zur Kenntnis des Altlogudoresischen (1902); Roman. Namenstudien, 2 Bde. (1904–17); Das Katalanische (1925).

Meyern, Wilhelm Friedrich von, eigtl. **W. F. Meyer,** Schriftsteller, * bei Ansbach 26. 1. 1762, † Frankfurt am Main 13. 5. 1829; österr. Offizier und Diplomat; schrieb den in Indien und Tibet spielenden fantast. Roman ›Dya-Na-Sore, oder Die Wanderer‹ (1787–91, 3 Bde.), der das Gedankengut der Freimaurer und einen utop. Idealstaat verherrlicht. Der Roman beeinflusste v. a. JEAN PAULS ›Hesperus oder 45 Hundsposttage. Eine Lebensbeschreibung‹ (1795).
Ausgabe: Hinterlassene kleine Schr., 3 Bde. (1842).
ARNO SCHMIDT: Dya na sore. Gespräche in einer Bibliothek (1958).

Meyer-Schwickerath, Gerhard, Augenarzt, * Elberfeld (heute zu Wuppertal) 10. 7. 1920, † Essen 20. 1. 1992; veröffentlichte erstmals 1949 als Assistent der Univ.-Augenklinik in Hamburg seine Experimente über die Koagulation der Netzhaut mit Sonnenlicht. In konsequenter Weiterentwicklung dieses Verfahrens wurde er zum Begründer der Lichtkoagulation, mit der Netzhautdefekte am Augenhintergrund mittels Laserstrahlen verschweißt werden können. 1959–85 war M.-S. in Essen tätig, seit 1964 als Direktor der Univ.-Augenklinik.
Werke: Lichtkoagulation (1959); Diabetes u. Auge (1977).

Meyer von Knonau, eines der ältesten Zürcher Geschlechter. Bekannt sind die Historiker: LUDWIG M. VON K. (* 1769, † 1841), Prof. seit 1807, 1805–39 Mitgl. des Kleinen Rates in Zürich. Sein Sohn GEROLD LUDWIG M. VON K. (* 1804, † 1858), seit 1837 Staatsarchivar ebd., leitete die Herausgabe der ›Amtl. Sammlung der eidgenöss. Abschiede‹ (Tagsatzungen). Dessen Sohn GEROLD LUDWIG M. VON K. (* 1843, † 1931), seit 1872 Prof. ebd., war 1894–1921 Präs. der Allg. Geschichtsforschenden Gesellschaft der Schweiz.

Meylan [mɛˈlɑ̃], Elisabeth, geb. **Bartlin** [bartˈlɛ̃], schweizer. Schriftstellerin, * Basel 14. 6. 1937; war Lehrerin und Verlagslektorin. Ihre in klarer, sparsamer Sprache geschriebenen Erzählungen und Romane kreisen um die Beziehungslosigkeit des modernen Lebens, um unauffällige Menschen, die im Alltag scheitern. Auch bed. Lyrikerin.
Werke: *Erzählungen:* Räume, unmöbliert (1972); Zwischen Himmel und Hügel (1989); Zimmerflucht (1997). – *Romane:* Die Dauer der Fassaden (1975); Bis zum Anbruch des Morgens (1980). – *Lyrik:* Entwurf zu einer Ebene (1973); Im Verlauf eines einzigen Tages (1978).

Meynen, Emil, Geograph, * Köln 22. 10. 1902, † Bonn 23. 8. 1994; ab 1941 Leiter der Abteilung für Landeskunde im Reichsamt für Landesaufnahme und in dessen Nachfolgeinstitution (Bundesforschungsanstalt für Landeskunde und Raumordnung); veröffentlichte v. a. Arbeiten zur Landeskunde von Dtl. (›Das Bitburger Land‹, 1928; ›Dtl. und Dt. Reich‹, 1935), gab zahlr. Periodika heraus.

Meyr, Melchior, Schriftsteller, * Ehringen (heute zu Wallerstein, Kr. Donau-Ries) 28. 6. 1810, † München 22. 4. 1871; seine ›Erzählungen aus dem Ries‹ (1855) sind ein frühes Zeugnis der Heimatkunst; auch Gedichte, Dramen, Romane und religionsphilosoph. Schriften.

Meyrin [mɛˈrɛ̃], Stadt nordwestlich von Genf, Schweiz, an der Grenze zu Frankreich, 20 100 Ew., mit dem Forschungszentrum der →CERN; im O der internat. Flughafen Genf-Cointrin. – Mit dem Ausbau des ehem. Bauerndorfes zum städt. Wohnort wurde 1959 begonnen.

Meyrink, Gustav, urspr. (bis 1917) **G. Meyer,** österr. Schriftsteller, * Wien 19. 1. 1868, † Starnberg 4. 12. 1932; Bankier in Prag; verließ die Stadt nach Skandalen und einem Prozess wegen Betrugsverdachts, wurde 1903 Redakteur der Wiener humorist. Zeitschrift ›Der liebe Augustin‹ und Mitarbeiter des ›Simplicissimus‹; ab 1911 in Starnberg; 1927 Übertritt vom Protestantismus zum Mahayana-Buddhismus. In seinen erfolgreichen, oft im alten Prag spielenden Romanen verarbeitet er religiös-messian. Ideen, myst. Vorstellungen, kabbalist. und buddhist. Traditionen sowie alte Sagenstoffe (›Der Golem‹, 1915; ›Das grüne Gesicht‹ 1917); in anderen Werken, z. B. in den Novellen ›Des dt. Spießers Wunderhorn‹ (1913, 3 Bde.), setzte M. wirkungsvolle parodistisch-satir. Effekte, die sich meist gegen das Bürgertum richteten.
Weitere Werke: *Erzählungen und Novellen:* Der heiße Soldat (1903); Wachsfigurenkabinett (1908); Fledermäuse (1916); Der violette Tod (1922). – *Romane:* Walpurgisnacht (1917); Der weiße Dominikaner (1921); Der Engel vom westl. Fenster (1927). – *Komödie:* Der Sanitätsrat (1912, mit A. RODA RODA).
Ausgabe: Ges. Werke, 6 Bde. (1917).
E. ASTER: Personalbibliogr. von G. M. (Bern 1980); M. LUBE: G. M. Beitr. zur Biogr. u. Studien zu seiner Kunsttheorie (Graz 1980); F. F. MARZIN: Okkultismus u. Phantastik in den Romanen von G. M. (1986); F. SMIT: G. M. Auf der Suche nach dem Übersinnlichen (a. d. Niederländ., Neuausg. 1990).

Meysel, Inge, Schauspielerin, * Berlin 30. 5. 1910; 1933–45 Spielverbot, dann Engagements in Hamburg, Berlin und 1989/90 u. a. in Stuttgart; auch Film- (seit 1949) und Fernsehdarstellerin (seit 1959; u. a. Käthe Scholz in ›Die Unverbesserlichen‹, 1965–71, 7 Folgen); beliebte Volksschauspielerin in der Rolle gemüt- und humorvoller, resoluter Frauen.

Meysenbug, Amalie M a l v i d a (Malwida) Wilhelmina Tamina Freiin von, Schriftstellerin, * Kassel 28. 10. 1816, † Rom 26. 2. 1903; aus wohlhabender hugenott. Emigrantenfamilie, von der sie sich 1847 nach dem Tod des Vaters, eines hess. Staats-Min., löste; Anhängerin der Revolution von 1848, 1852 aus Berlin ausgewiesen. Danach lebte sie als Schriftstellerin, Übersetzerin, Korrespondentin und Erzieherin in London, Paris, Florenz und auf Ischia. M. war mit G. MAZZINI, G. GARIBALDI, R. WAGNER, R. ROLLAND, F. W. NIETZSCHE u. a. befreundet. Ihr Engagement galt v. a. der Arbeiterbewegung und der Frauenemanzipation. Verfasserin aufschlussreicher Memoiren (›Memoiren einer Idealistin‹, 3 Bde., 1876; ›Der Lebensabend einer Idealistin‹, 1898).
Ausgabe: Ges. Werke, hg. v. B. SCHLEICHER, 5 Bde. (1922).

Meytens [ˈmɛjtəns], **Mytens, Mijtens,** Martin van, niederländ.-schwed. Maler, * Stockholm 24. 6. 1695(?), † Wien 23. 3. 1770; ab 1730 in Wien, dort Kammermaler (ab 1732), Prof. an der Akad. (ab 1759). Er schuf repräsentative Porträts europ. Fürsten (zahlr. Bildnisse Kaiserin MARIA THERESIAS und ihrer Familie), z. T. unter Beteiligung seiner Werkstatt; auch Emailminiaturen.
B. LISHOLM: M. van M. d. y. (Malmö 1974).

Gerhard Meyer-Schwickerath

Gustav Meyrink

Inge Meysel

Malvida von Meysenbug (Pastell von Franz von Lenbach, 1885)

MEZ, Abk. für **M**ittel**e**uropäische **Z**eit (→Zeitmessung).

Meža [ˈmeːʒa] *die,* Nebenfluss der Drau, →Mieß.

Meždurečensk [mɛʒduˈrɛtʃɛnsk], Stadt in Russland, →Meschduretschensk.

Mezeń' [-z-] *der,* Fluss in Russland, →Mesen.

Mézenc [meˈzɛ̃k] *der,* höchster Gipfel der Monts du Vivarais im O des frz. Zentralmassivs, ein bis 1754 m ü. M. ansteigender Phonolith.

Mezquita, La [-mɛzˈkita; span. ›Moschee‹], Bez. v. a. für die ehem. Große Moschee in →Córdoba.

Mezza|majolika [ital.], die Halbfayence (→Fayence).

Mezzanin [ital.-frz., zu ital. mezzano, lat. medianus ›mittlerer‹] *der, -s/-e,* niedriges Zwischen- oder Halbgeschoss, meist zw. Erd- und erstem Obergeschoss oder unmittelbar unter dem Dach (bes. in der Baukunst von der Renaissance bis zum Klassizismus).

mezza voce [-ˈvoːtʃe], Abk. **m. v.,** musikal. Vortrags-Bez.: mit halber, d. h. verhaltener Stimme (singen).

mezzo [ital.], Abk. **m.,** musikal. Vortrags-Bez.: halb, mittel; wird i. d. R. in Zusammensetzungen gebraucht: **mezzoforte,** Abk. **mf,** mittelstark; **mezzolegato,** halbgebunden; **mezzopiano,** Abk. **mp,** halbleise.

Mezzogiorno [meddzoˈdʒorno; ital. ›Mittag‹, übertragen ›Süden‹] *der,* zusammenfassende Bez. für die wirtschaftsschwächeren südital. Regionen Abruzzen, Molise, Kampanien, Apulien, Basilicata und Kalabrien, Sizilien und Sardinien sowie die Provinzen Latina und Frosinone der Region Latium, mit 38 % der Bev. Italiens (21,85 Mio.) auf 42 % der Fläche. Für die Rückständigkeit wichtiger als die natürl. Benachteiligung, v. a. in klimat. Hinsicht (v. a. Sommertrockenheit, mit Folgen für die Böden, den Wasserhaushalt, die Vegetationszerstörung u. a.) war die mangelnde Wirtschaftsgesinnung und Leistungsmotivation der Bev. Diese beruhen auf der jahrhundertelangen Fremdherrschaft und Ausbeutung. Die u. a. durch Abseitslage, fehlende Investitionen, Feudalstruktur (Latifundienwirtschaft, verbunden mit der Beschäftigung von Tagelöhnern), unsoziales Pachtsystem und Steuerpolitik bedingte wirtschaftl. Stagnation führte nach der Vereinigung Italiens (1861) zu scharfen Gegensätzen zum stärker industrialisierten Norden. Bev.-Druck und Armut zwangen zur Auswanderung (v. a. nach Nord- und Südamerika und Australien) und setzten eine Binnenwanderung vom S nach dem N in Gang, die bis heute anhält. Der S blieb durch Traditionalismus, Immobilismus, Patronatswesen, Klientelsystem (bes. Mafia in Sizilien, Camorra Neapels und Kampaniens) und durch die Bedeutung der Familienbeziehungen bis heute gekennzeichnet.

Nach dem Zweiten Weltkrieg bemühten sich die ital. Regierungen, durch Gesetze, Reformen und die Gründung einer Entwicklungsbank (›Cassa per il M.‹, 1950), gegen die Rückständigkeit anzugehen. Dazu gehören die Förderung der Landwirtschaft (Agrarreform 1950; Be- und Entwässerungsprojekte, Bekämpfung der Bodenerosion u. a.), die Verbesserung der Verkehrswege und sanitären Verhältnisse (u. a. Malariabekämpfung) sowie die Gründung von Industriekomplexen (v. a. Staatsunternehmen der Stahl- und chem. Industrie) in den Küstenregionen, bes. in Neapel, Tarent, Brindisi, Palermo, Catania. Da es sich meist um hoch automatisierte Betriebe handelt, gingen von ihnen aber kaum Wachstumsimpulse für das Umland aus. In einigen Küstenebenen konnten dagegen durch Änderung der Agrarstruktur (moderner, marktorientierter Obst- und Gemüsebau) und Ausbau der Fremdenverkehrseinrichtungen Fortschritte erzielt werden. Dagegen verharrt das gebirgige Hinterland in traditioneller Unbeweglichkeit.

Trotz intensiver Bemühungen hat sich der N-S-Gegensatz kaum abgeschwächt. Charakteristisch bleiben für den M. u. a. der durch höhere Geburtenraten (1994: 10,2‰ gegenüber 8,9‰ in ganz Italien) bedingte Geburtenüberschuss (1,6‰), der größere Anteil an landwirtschaftl. Erwerbstätigen (13,6 bzw. 8,4 %), Analphabeten (6,3 bzw. 3,1 %) und Arbeitslosen (21,2 bzw. 11,9 %). Besonders angesichts der hohen Jugendarbeitslosigkeit von über 50 % ist die Schaffung von Arbeitsplätzen in Süditalien eine der dringlichsten Aufgaben. Der Anteil an Industriebeschäftigten weist ebenfalls einen Unterschied zu Gesamtitalien aus (14 bzw. 28 %); der Beitrag zum Bruttoinlandsprodukt ist weiterhin niedrig (13 %), die landwirtschaftl. Produktion rückläufig.

F. VÖCHTING: Die ital. Südfrage (1951); K. ROTHER: Das M.-Problem, in: Geograph. Rundschau, Jg. 34 (1982); F. SCHINZINGER: Agrarstruktur u. wirtschaftl. Entwicklung in Süditalien, in: Ztschr. für Agrargesch. u. Agrarsoziologie, Jg. 31 (1983); G. ABERLE u. a.: Verkehrsinfrastrukturinvestition u. Regionalentwicklung in Süditalien (1987).

Mezzosopran [ital.], Frauenstimmlage zw. Sopran und Alt mit einem ungefähren Umfang von g–b².

Mezzotintotechnik, ein Tiefdruckverfahren, →Kupferstich.

Mezzrow [ˈmɛzrəʊ], Mezz, eigtl. **Milton Mesirow** [məˈsiːrəʊ], amerikan. Jazzmusiker (Klarinette, Saxophon), * Chicago (Ill.) 9. 11. 1899, † Neuilly-sur-Seine 5. 8. 1972; wurde v. a. im Bereich des Chicago-Stils bekannt und leitete in den 30er- und 40er-Jahren zahlr. Schallplatteneinspielungen (u. a. mit S. BECHET); lebte seit Beginn der 50er-Jahre in Frankreich; schrieb zus. mit BERNARD WOLFE die Autobiographie ›Really the blues‹ (1946; dt. ›Jazz-Fieber‹).

mf, *Musik:* Abk. für **m**ezzo**f**orte (→forte, →mezzo).

MFB-Box, Motional-**F**eed-**b**ack-Lautsprecherbox [ˈməʊʃnl ˈfiːdbæk-], →Motional-Feed-back-System.

Mfecane [in der Sprache der Nguni ›Krieg‹, ›Verwüstung‹] *der, -,* Begriff der Geschichtsschreibung für die Entwicklung im O Südafrikas im frühen 19. Jh.: Die Errichtung einer starken Militärmonarchie der Zulu unter CHAKA ab 1818 hatte zahlr. Kriege sowie Fluchtbewegungen zur Folge, in deren Verlauf neue schwarze Nationen entstanden und nach herrschender Meinung weite Gebiete der späteren Republiken Oranje-Freistaat und Transvaal entvölkert wurden. Die von den Zulu abgespaltenen Ndebele stießen ins heutige Simbabwe vor, andere Nguni-Gruppen bis ins heutige Malawi und Tansania. Neuerdings betonen Historiker, dass der M. nicht allein von den Zulu ausgelöst wurde, sondern auch durch Druck europ. Kolonisten am Kap und im südl. Moçambique, die bei noch unabhängigen Völkern nach Sklaven, später nach ›freien‹ Arbeitern suchten.

M-Fläche, Grenzfläche zw. Erdkruste und -mantel, →Mohorovičić-Diskontinuität.

mg, Einheitenzeichen für **M**illi**g**ramm; 1 mg = 0,001 g. (→Kilogramm)

Mg, chem. Symbol für das Element →Magnesium.

MG *das, -(s)/-(s),* Abk. für **M**aschinen**g**ewehr (→Maschinenwaffen).

MGD, Abk. für **M**agneto**g**as**d**ynamik (→Magnetohydrodynamik).

MGH, Abk. für →**M**onumenta **G**ermaniae **H**istorica.

MGM [ˈɛmdʒiːˈɛm], Abk. für **M**etro-**G**oldwyn-**M**ayer, →Metro-Goldwyn-Mayer Inc.

Mgr., Abk. für **M**onsei**gn**eu**r** und **M**onsi**gn**o**r**e.

MHD, Abk. für →**M**agneto**h**ydro**d**ynamik.

MHD-Generator, Kurz-Bez. für →**m**agneto**h**ydro**d**ynamischer Generator.

MHz, Einheitenzeichen für **M**ega**h**ert**z**; 1 MHz = 10⁶ Hz (→Hertz).

mi, die dritte Tonsilbe der →Solmisation, in roman. Sprachen der Name für den Ton E. **Mi contra fa** bezeichnete im MA. den verbotenen →Tritonus, im Barock den unharmonischen →Querstand.

MI, postamtl. Abk. für den Bundesstaat Michigan, USA.

Miami [maɪˈæmɪ], Stadt im SO von Florida, USA, an der Biscayne Bay (Atlantik), 373 000 Ew.; die Metrop. Area M.-Fort Lauderdale hat 3,44 Mio. Ew. Die Stadt ist Zentrum von Exilkubanern, die ihre Sprache und Gewohnheiten erhalten. Die Gesamtzahl der Hispanos belief sich 1990 in M. auf 62,5% der Ew. Durch die starke Zuwanderung aus dem S entwickelte sich M. zu einer wichtigen Nahtstelle für die Wirtschaftsbeziehungen der USA mit Lateinamerika. In M. befinden sich die Saint Thomas University (gegr. 1962), die Florida International University (gegr. 1965), meereskundl. Forschungseinrichtungen, Aquarien und im benachbarten Miami Shores die Barry University (gegr. 1940). Durch das subtrop. Klima (mittlere Jahrestemperatur 24°C) ist der Raum M. ganzjährig ein bedeutendes Fremdenverkehrsgebiet. M. ist ein wichtiges Finanzzentrum der USA, besitzt Elektronik-, Bekleidungs- und Möbelindustrie; Hafen (v. a. Kreuzfahrthafen) und internat. Flughafen. – Zu den wichtigsten modernen Bauten im Zentrum der mit schachbrettförmigem Grundriss angelegten Stadt gehören das South East Financial Center von SOM, die mediterran anmutende Kulturplaza von P. JOHNSON sowie der 1987 fertig gestellte ›Cen Trust Tower‹ von I. M. PEI. In der Villa Vizcaya (1912–16 im Stil der ital. Renaissance erbaut) befindet sich heute das Dade County Art Museum mit frz., span. und ital. Kunst; im Historical Museum of Southern Florida and the Caribbean u. a. Kunstwerke der Indianer. – An der Stelle eines früheren Dorfes der Tequesta-Indianer (Mayaimi ›großes Wasser‹) wurde 1835 das amerikan. Fort Dallas errichtet, in dessen Nähe sich der Ort entwickelte.

Miami Beach [maɪˈæmɪ ˈbiːtʃ], Stadt und Seebad in Florida, USA, auf einer 16 km langen Nehrung vor Miami, 91 800 Ew.; Fremdenverkehr (90 m breiter Badestrand, etwa 200 Hotels).

Miao, Hmong, Hmu, Meau, Meo, chin. Name für ein in zahlr. Gruppen zersplittertes Volk in China (7,4 Mio.), Vietnam (650 000), Laos (120 000), Thailand (65 000) und Birma, wo einige wenige M. leben. In China wurden für die M. mehrere autonome Distrikte und Kreise eingerichtet, z. T. in Verbindung mit weiteren nat. Minderheiten. Die M. betreiben Feldbau (Mais, Reis, Mohn mit Erzeugung von Opium) und Viehzucht. Ihre Sprache und die der verwandten Yao konnte bisher keiner anderen Gruppierung zugeordnet werden. Die meisten M. hängen animist. Glaubensvorstellungen an.

Miaoli, Kreisstadt im NW Taiwans, 81 500 Ew.; Wärmekraftwerk; Düngemittelfabrik, chem. und Textilindustrie. Nahebei Erdgas- und Erdölförderung.

Miargyrit [zu griech. árgyros ›Silber‹] *der, -s/-e,* **Silberantimonglanz,** graues bis schwarzes, monoklines Mineral der chem. Zusammensetzung AgSbS$_2$; Härte nach MOHS 2–2,5, Dichte 5,2 g/cm^3. M. bildet derbe Aggregate und tafelige Kristalle (in Drusen); z. T. wichtiges Silbererz.

Miarolen [ital.], *Sg.* **Miarole** *die, -,* kleine, unregelmäßige, drusenartige Hohlräume in magmat. Gesteinen, oft mit pegmatitisch oder hydrothermal gebildeten, idiomorph gestalteten Mineralen ausgefüllt.

Miasma [griech. ›Verunreinigung‹, zu miainein ›besudeln‹] *das, -s/...men,* histor. Bez. für einen Krankheiten auslösenden Stoff in der Luft oder in der Erde.

Miass, 1) Stadt im Gebiet Tscheljabinsk, Russland, am O-Abfall des Südl. Ural, am Miass, 166 000 Ew.;

Miami und Miami Beach

mineralog. Museum; Lastkraftwagenwerk, Maschinen-, Elektroapparatebau, Holzindustrie. In der Umgebung Gold-, Talk- und Marmorgewinnung. – M. entstand 1773 in Verbindung mit der Gründung einer Kupferschmelze.

2) *der,* rechter Nebenfluss des zum Tobol fließenden Isset, in W-Sibirien, Russland, 658 km lang; entspringt der O-Abdachung des Südl. Urals (hier Stauwerke); im Flussgebiet seit der 2. Hälfte des 18. Jh. Goldgewinnung.

Miastko [ˈmjastkɔ], Stadt in Polen, →Rummelsburg.

MIBK, *Chemie:* Abk. für →**M**ethyl**i**so**b**utyl**k**eton.

MIC [emaɪˈsiː, engl.], **1)** Abk. für **m**icrowave **i**ntegrated **c**ircuit, in der Mikrowellentechnik angewendete integrierte Schaltung, deren Träger ein Substrat aus Aluminium- oder Berylliumoxid ist, auf das mittels Dünnschichttechnik und photolithograph. Wege Mikrowellenstreifenleiter aus Gold- oder Silberpaste aufgetragen werden. Während die aktiven Mikrowellenhalbleiterbauelemente nachträglich in Form von Chips eingesetzt werden, werden gewöhnl. Kondensatoren, Widerstände und Induktivitäten direkt auf dem Substrat erzeugt. MIC werden für typ. Mikrowellenbaugruppen (Verstärker, Oszillatoren, Mischer, Frequenzumsetzer, Modulatoren, Sender u. a.) mit Arbeitsfrequenzen bis über 200 GHz eingesetzt.

2) Abk. für **M**iddle **i**ncome **c**ountries, eine Gruppe von →Entwicklungsländern.

Micęllen, Mizęllen, *Chemie:* →Kolloide.

Mich., Abk. für den Bundesstaat **Mich**igan, USA.

Micha, in der Vulgata **Michäas,** Prophet des A. T.; wirkte im letzten Drittel des 8. Jh. v. Chr. und trat unter König HISKIA in Juda auf. Er weissagte den Untergang von Samaria und verkündigte Jahwes Gericht als Strafe für die soziale Ungerechtigkeit im Lande, insbesondere die Zerstörung des Jerusalemer Tempels (Mi. 3, 12). – Das **Buch M.** gehört zum →Zwölfprophetenbuch. Es besteht aus einer Sammlung echter Prophetenworte (Kap. 1–3) und Zusätzen aus versch. Zeiten (4–5; 6–7) und wurde in nachexil. Zeit (5. Jh. v. Chr.?) zusammengestellt.

Michael, einer der Erzengel; im A. T. (Dan. 12, 1), der Schutzengel Israels; im N. T. der Bekämpfer des Teufels (Jud. 9) und des endzeitl. Drachens (Apk. 12, 17). Die jüd. und christl. Tradition sehen in M. den Anführer (›Bannerträger‹) der himml. Heerscharen, den Vertrauten Gottes und Fürsprecher der Menschen bei Gott und den Engel der Gerechtigkeit und der Gnade, der die Seelen der Verstorbenen in den

---

Miami

Stadt in Florida, USA

·

an der Biscayne Bay (Atlantik)

·

373 000 Ew.

·

Zentrum von Exilkubanern

·

meereskundliche Forschungseinrichtungen

·

zwei Universitäten

·

ganzjähriger Fremdenverkehr

·

Finanzzentrum

·

Hafen

Mich Michael

Himmel vor das Gericht Gottes geleitet. Bereits früh in der christl. Kirche verehrt, wurde M. im MA. als Heerführer der Engel zum Schutzpatron des Hl. Röm. Reiches, der Kirche und der christl. Ritter und ist heute Patron zahlr. Kirchen und Städte. – Fest (zus. mit Gabriel und Raphael): 29. 9.

Brauchtum: Der **Michaelistag** (29. 9.) galt in versch. Landschaften als Sommerende und Ernteschluss (→Erntedankfest). Seine Feier verschmolz vielfach mit der Kirchweih. Bei den weit verbreiteten Ernteschmausfesten wird am Niederrhein und in England die Michaelisgans verzehrt; in Gebieten Süd-Dtl.s, in denen am Michaelistag die Arbeit bei Licht begann, hieß sie ›Lichtgans‹ oder ›Lichtbraten‹.

In der *bildenden Kunst* wird der Erzengel M., aus der Schar der Engel bes. herausgehoben, schon relativ früh dargestellt, zunächst wohl im byzantin. Bereich (u. a. auf dem Flügel eines Diptychons aus Konstantinopel, Anfang des 6. Jh.; London, Brit. Museum), geflügelt, in langem Gewand, in der Rechten die Weltkugel, in der linken einen Wächterstab. Neben diesem Darstellungstyp, der sich bis ins MA. behauptete, erscheint der Typus des krieger. Erzengels (u. a. in der byzantin. Josuarolle, wohl 1. Hälfte des 10. Jh.; Rom, Vatikan. Sammlungen). Mit Schwert und Lanze kämpft er gegen Luzifer (Bronzegruppe H. GERHARDS an der Fassade von St. Michael in München, 1588–92; BILD →Gerhard, Hubert), als Anführer der Engel stürzt er die vor Gott abgefallenen Engel (›Kleines Jüngstes Gericht‹ von P. P. RUBENS, um 1620; München, Alte Pinakothek). M. tritt auch als Seelenwäger allein (Ikone, 13. Jh.; Pisa, Museo Civico) oder in Darstellungen des Jüngsten Gerichts in Erscheinung (Tympana frz. Kathedralen, z. B. Autun, Saint-Lazare, 1. Viertel 12. Jh.; R. VAN DER WEYDEN, zw. 1442/51; Beaune, Hôtel-Dieu).

Micha|el, griech. **Micha|él**, port. **Miguel**, rumän. **Mihai**, Herrscher:

Byzanz: **1) Micha|el I. Rhangabę,** Kaiser (811–813), † auf der Insel Prote (bei Konstantinopel) 845; Nachfolger und Schwiegersohn NIKEPHOROS' I.; nahm als Bilderverehrer den Studitenabt THEODOROS zum Ratgeber. 812 billigte er KARL D. GR. den Kaisertitel zu. M. verfeindete sich mit der Armee, die ihn nach der Niederlage gegen die Bulgaren am 22. 6. 813 bei Versinikia (in der Nähe von Adrianopel) absetzte.

2) Micha|el III., Kaiser (seit 842), * Konstantinopel 838, † ebd. 23. 9. 867; entledigte sich 856 der Vormundschaft seiner Mutter THEODORA und überließ die Reg. seinem Onkel BARDAS, der →PHOTIOS zum Patriarchen von Konstantinopel berief. Es kam zum Konflikt mit Papst NIKOLAUS I., in dem, verschärft durch die Missionsarbeit von KYRILLOS und METHODIOS bei den Slawen, die kirchl. Entfremdung von Rom vertiefte sich. Während auf Sizilien die Araber vordrangen, begann mit der Niederlage des Emirs von Melitene (863) im Osten die byzantin. Offensive. 860 wurde eine russ. Expedition gegen Konstantinopel abgewehrt. M. wurde durch seinen Günstling BASILEIOS ermordet, der 865 BARDAS beseitigt hatte und als BASILEIOS I. M.s Nachfolge antrat.

3) Micha|el VII. Dukas, Kaiser (1071–78), * 1059, † Konstantinopel 1078; Sohn KONSTANTINS X. DUKAS, wurde nach der Absetzung ROMANOS' IV. DIOGENES am 24. 10. 1071 zum Kaiser ausgerufen. Unter ihm gingen Kleinasien und Bari verloren; 1072–77 empörten sich die Bulgaren, in des N des Reiches kam es zu Plünderungen durch Petschenegen und Ungarn. Nachdem NIKEPHOROS III. BOTANEIATES am 7. 1. 1078 zum Gegenkaiser proklamiert worden war und rd. drei Monate später in Konstantinopel einzog, ging M. in das Studioskloster, wo er bald starb.

4) Micha|el VIII. Palaiologos, Kaiser (seit 1259 in Nikaia, nach der Beseitigung des Lat. Kaiserreichs seit 1261 in Konstantinopel), * 1224, † bei Selymbria (heute Silivri, Prov. Istanbul) 11. 12. 1282; Begründer der Dynastie der Palaiologen und Erneuerer der byzantin. Großmacht. Als Feldherr des Exilkaiser JOHANNES III. DUKAS VATATZES und THEODOROS II. LASKARIS erlangte M. nach dem Tod des Letzteren (1258) die Regentschaft in Nikaia und wurde 1259 Mitkaiser des unmündigen Thronerben JOHANNES IV. LASKARIS, den er später blenden ließ (→Arseniatenstreit). Nach dem Sieg über westgriech. Despoten und Lateiner vor Pelagonia (1259) verbündete sich M. mit Venedigs Rivalen Genua und befreite Konstantinopel 1261 von dem lat. Kaiser BALDUIN II. Durch geschickte Diplomatie, die vor dem Bündnis mit dem mächtigen Mameluckensultan in Kairo nicht zurückschreckte und gleichzeitig gegen Widerstand im eigenen Volk auf dem Konzil zu Lyon 1274 die Kirchenunion mit Rom durchsetzte, wehrte M. die Eroberungspläne des sizilian. Königs KARL I. VON ANJOU ab, den er durch Unterstützung der →Sizilianischen Vesper stürzen half (1282). Innere Wirren, die wirtschaftl. Vormacht der ital. Republiken, der Druck des Serbenreiches im NW und die im schutzlosen Kleinasien keimende Osmanengefahr leiteten beim Tod M.s den Niedergang des spätbyzantin. Reiches ein.

Polen: **5) Micha|el,** poln. **Michał Korybut Wiśniowiecki** [-vicnjɔ'vjetski], König (1669–73), * 31. 7. 1640, † Lemberg 10. 11. 1673; seit 1670 ∞ mit ELEONORE (* 1653, † 1697), Schwester Kaiser LEOPOLDS I. Gegen seinen Willen gewählt, konnte er sich nicht gegen den Adel durchsetzen und musste 1670 Kiew an Russland und 1672 im Frieden von Buczacz Podolien und einen Teil der Ukraine an das Osman. Reich abtreten.

Portugal: **6) Micha|el I., Dom Miguel** [dʒ mi'γɛl], König (1828–34), * Lissabon 26. 10. 1802, † Bronnbach (heute zu Wertheim) 14. 11. 1866; jüngerer Sohn König JOHANNS VI., wurde 1826 von seinem Bruder, Kaiser PETER I. von Brasilien, für dessen Tochter MARIA II. DA GLÓRIA zum Regenten für Portugal bestimmt. 1828 hob er durch einen Staatsstreich die liberale Verfassung PETERS auf und ließ sich zum König ausrufen. PETER setzte ihn ab und eroberte mit brit. Hilfe 1832 Porto, 1833 Lissabon; 1834 musste M. allen Thronansprüchen entsagen und Portugal verlassen. Auf M. geht die ›prinzl.‹ Linie der Dynastie Bragança zurück, die noch heute besteht.

Rumänien: **7) Micha|el I.,** rumän. **Mihai I.,** König (1927–30 und 1940–47), * Sinaia 25. 10. 1921; aus dem Geschlecht Hohenzollern-Sigmaringen, Sohn König KARLS II.; seit 1948 ∞ mit ANNA VON BOURBON-PARMA. Als Nachfolger seines Großvaters FERDINAND I. stand M. 1927–30 unter Regentschaft und kam nach der Abdankung seines Vaters 1940 erneut auf den Thron. Nach der von ihm veranlassten Verhaftung Marschall I. ANTONESCUS (23. 8. 1944) vollzog er den Frontwechsel von den Achsenmächten zu den Alliierten und führte mit der sofortigen Annahme der Friedensbedingungen Rumänien auf die Seite der Antihitlerkoalition. Er versuchte danach vergeblich, die kommunist. Umwälzung aufzuhalten (u. a. ›Königsstreik‹ 1945). Nach dem Wahlerfolg der von den Kommunisten dominierten Nationalen Front im November 1946 und mehreren Regierungsumbildungen dankte M. erzwungenermaßen am 30. 12. 1947 auch für seine Erben ab (Widerruf am 3. 3. 1948 in London) und verlor die rumän. Staatsbürgerschaft. M. lebt seither als Geschäftsmann in der Schweiz.

A. S. G. LEE: Crown against sickle, the story of King M. of Rumania (London 1950).

Russland: **8) Micha|el,** russ. **Michaíl** [-x-] **Fjodorowitsch,** Zar (seit 1613), * Moskau 22. 7. 1596, † ebd. 23. 7. 1645; begründete die Dynastie der Romanows. Nach der ›Zeit der Wirren‹ am 21. 2. 1613 zum Zaren gewählt, überließ er die Reg. zunächst seinen Bera-

Michael I., König von Portugal

tern, v. a. bis 1633 seinem 1619 aus poln. Gefangenschaft zurückgekehrten Vater, dem Patriarchen von Moskau →FILARET, der trotz wesentl. Gebietsabtretungen an Schweden (1617) und Polen (1618) die Sicherheit nach außen und im Inneren die Zarengewalt festigen konnte; die sozialen und wirtschaftl. Probleme des Landes blieben jedoch ungelöst.

Serbien: 9) **Michael Obrenović** [-vitc], serb. **Mihailo Obrenović**, Fürst (1839–42 und seit 1860), *Kragujevac 16. 9. 1823, †Topčider (heute Belgrad) 10. 6. 1868; Sohn von MILOŠ OBRENOVIĆ; lebte, 1842 durch einen wegen hoher Steuern ausgebrochenen Aufstand vertrieben, mit seinem zum Fürsten gewählten Vater bis 1858 im Exil (Wien, Berlin, Walachei) und trat nach dessen Tod die Nachfolge an. Der wohl bedeutendste Herrscher der neueren serb. Geschichte modernisierte die Verwaltung und schuf ein reguläres Heer, erreichte 1867 den Abzug der letzten türk. Garnisonen (de facto die Unabhängigkeit). Er war ein entschiedener Befürworter einer Föderation christl. Balkanvölker, aber auch großherig. Seine; von Anhängern der Dynastie der Karađorđević ermordet.

Walachei: 10) **Michael der Tapfere, Mihai Viteazul,** Fürst (seit 1593), *1558, †19. 8. 1601; befreite durch den Sieg bei Giurgiu (1595) vorübergehend sein Land von den Türken und eroberte, unterstützt durch den siebenbürg. Fürsten SIGISMUND BÁTHORY, die Festungen Rustschuk und Silistra; 1598 versicherte er sich der Unterstützung Kaiser RUDOLFS II. Nach dem Sieg über den siebenbürg. Fürsten ANDREAS BÁTHORY (1599) sowie der Vertreibung des Woiwoden der Moldau JEREMIA MOVILĂ (1600) rief er sich zum Herrscher der drei Fürstentümer aus und vereinigte kurzzeitig alle von Rumänen bewohnten Gebiete (daher als Vorläufer des nat. Einheitsgedankens verehrt); nach dem Sieg über die Türken (Goraslau, 3. 8. 1601) im Auftrag des kaiserl. Generals GEORG BASTA († um 1612) wegen angebl. Treuebruchs ermordet.

K. GÖLLNER: M. der Tapfere im Lichte des Abendlandes (Hermannstadt 1943); A. RANDA: Pro republica Christiana (München 1964).

Michael, M. Choniates, fälschlich auch **Akominatos,** griech. Theologe und Schriftsteller, →Choniates, Michael.

Michael, M. Glykas, M. Sikidites, byzantin. Geschichtsschreiber und Dichter, der im 12. Jh. in Konstantinopel wirkte; verfasste u. a. eine bis 1118 reichende Weltchronik und als polit. Gefangener 1159 ein Bittgedicht an Kaiser MANUEL I. KOMNENOS, der ihn jedoch blenden ließ. M. schrieb als einer der Ersten in der griech. Volkssprache (Demotike).

Ausgabe: Opera omnia, in: Patrologiae cursus completus. Series graeca, hg. v. J.-P. MIGNE, Bd. 158 (1866).

Michael, M. Kerullarios, Patriarch von Konstantinopel (1043–58), *Konstantinopel um 1000, †Madyta (bei Konstantinopel) 1058; während seiner Amtszeit verschärften sich die Spannungen zw. der abendländ. (lat.) und der östl. (griech.) Kirche und führten schließlich 1054 zum Bruch (→Morgenländisches Schisma).

Michael, M. Psellos, eigtl. **Konstantinos Psellos,** byzantin. Philosoph und Gelehrter, *Konstantinopel 1018, †ebd. 1078; bekleidete hohe weltl. und polit. Ämter und wurde Leiter der neu gegründeten Univ. von Konstantinopel, wo er als überzeugter Platoniker von umfassender humanist. Bildung Philosophie lehrte. Seine Bestrebungen zur Wiederbelebung der platon. Philosophie und des Neuplatonismus und zur Verbindung von christl. Idealen und antiker Paideia stießen wiederholt auf Widerstand. Zweimal musste er sich ins Kloster zurückziehen (1054 war er Mönch geworden und hatte den Namen M. angenommen), kehrte aber jeweils wieder ins weltl. Leben zurück. Er verfasste zahlr. Schriften über Themen der Philosophie, Theologie, Philologie, Mathematik und Naturwissenschaften, Medizin, Geschichte (›Chronographie‹, über die Zeit von 976 bis 1078) und Jurisprudenz sowie Reden (bes. Grabreden) und Gedichte. Seine umfangreiche Korrespondenz ist von großer kulturgeschichtl. Bedeutung.

Ausgaben: De operatione daemonum, hg. v. J. F. BOISSONADE (1838, Nachdr. 1964); Opera quae reperiri poterunt omnia, in: Patrologiae cursus completus. Series graeca, hg. v. J.-P. MIGNE, Bd. 122 (1864); Mesaeonike bibliotheke, hg. v. K. N. SATHAS, 7 Bde. (1872–94); Scripta minora, hg. v. E. KURTZ u. a., 2 Bde. (1936–41); De omnifaria doctrina, hg. v. L. G. WESTERINK (1948); Fourteen Byzantine rulers. The Chronographia of M. P., übers. v. E. R. A. SEWTER (London 1953, Nachdr. Harmondsworth 1967); Michaelis Pselli Oratoria minora, hg. v. A. R. LITTLEWOOD (1985); Michaelis Pselli Philosophica minora, hg. v. J. M. DUFFY u. D. J. O'MEARA (1989–92); Michaelis Pselli Theologica, hg. v. P. GAUTIER (1989); Michaelis Pselli poemata, hg. v. L. G. WESTERINK (1992).

C. ZERVOS: Un philosophe néoplatonicien du XIe siècle. M. P. (Neuausg. Paris 1920); P. JOANNOU: Christl. Metaphysik in Byzanz, Bd. 1: Die Illuminationslehre des M. P. u. J. Italos (1956).

Michael, M. Scotus, schott. Philosoph, † um 1235; studierte in Oxford und Paris, wirkte in Toledo als einer der ersten Vermittler griech.-arab. Naturwissenschaft an das Abendland durch lat. Übersetzungen aus dem Arabischen (BITRUDJI, Aristoteleskommentare des IBN RUSCHD u. a.) und eigene Werke (Astronomie, Alchimie, Philosophie). M. war Hofastrologe Kaiser FRIEDRICHS II.

Michael, M. von Cesena [-tʃ-], ital. Franziskanertheologe, *Cesena, †München 29. 11. 1342; 1315–16 Lehrtätigkeit in Paris, dann Ordensgeneral. Wegen seiner radikalen Position im →Armutsstreit wurde er von Papst JOHANNES XXII. verurteilt, 1327 an den päpstl. Hof nach Avignon zitiert und dort festgesetzt. 1328 gelang ihm zus. mit WILHELM VON OCKHAM die Flucht zu Kaiser LUDWIG IV., DEM BAYERN. Er bestärkte diesen in seiner Gegnerschaft zum Papst und unterstützte seine Konzilspläne. 1329 wurde M. exkommuniziert, 1331 vom Orden ausgestoßen und zu lebenslanger Klosterhaft in München verurteilt. Er verfasste zahlr. Streitschriften gegen Papst, Kurie und die papsttreuen Minoriten.

G. LEFF: Heresy in the later Middle Ages, 2 Bde. (New York 1967).

Michaelbeuern, Benediktinerkloster bei Salzburg, Österreich; in der Stiftskirche (urspr. romanisch, 1072 geweiht; Langhaus 1946–50 romanisierend neu gebaut) Hochaltar mit Skulpturen von J. M. GUGGENBICHLER und Gemälde von J. M. ROTTMAYR (1691); Klostergebäude 16.–18. Jh., im Abteisaal Fresken (1771) mit biblischen Szenen und Landschaften.

Michaelis, 1) **Dorothea Caroline,** Schriftstellerin, →Schelling, Dorothea Caroline von.

2) **Georg,** Politiker, *Haynau 8. 9. 1857, †Bad Saarow (heute Bad Saarow-Pieskow) 24. 7. 1936, Bruder von 3); war 1909 Unterstaatssekretär im preuß. Finanzministerium, 1915 Leiter der Reichsgetreidestelle, 1917 preuß. Staatskommissar für Volksernährung. Als Nachfolger von T. VON BETHMANN HOLLWEG war er 14. 7. bis 31. 10. 1917 Reichskanzler und preuß. Min.-Präs. In den Auseinandersetzungen um die Friedensresolution des Reichstags und zw. den unterschiedl. Interessen von Reichstagsmehrheit und Oberster Heeresleitung konnte sich M. nicht durchsetzen. Aufgrund der von ihm mit wenig polit. Geschick behandelten päpstl. Friedensinitiative vom 1. 8. 1917 sowie seiner späteren Ablehnung einer Reform des Dreiklassenwahlrechts entzog ihm die Mehrheit des Reichstags das Vertrauen. M. wurde daraufhin abgelöst. 1918/19 Ober-Präs. von Pommern, danach in der prot. Gemeinschaftsbewegung tätig. Schrieb ›Für Staat und Volk‹ (1922).

Georg Michaelis

F. PAYER: Von Bethmann Hollweg bis Ebert (1923); W. STEGLICH: Die Friedenspolitik der Mittelmächte, 1917/18 (1964); Der Friedensappell Papst Benedikts XV. vom 1. August 1917 u. die Mittelmächte, hg. v. DEMS. (1970).

3) Walter, ev. Theologe, *Frankfurt (Oder) 4. 3. 1866, †Göttingen 9. 10. 1953, Bruder von 2); war 1906–11 und 1920–53 Vors. des ›Dt. (Gnadauer) Verbandes für Gemeinschaftspflege und Evangelisation‹; führender Vertreter der →Gemeinschaftsbewegung.

Michaëlis [mikaˈeːlis], **1)** Karin, eigtl. **Katharina M.**, geb. **Bech Brøndum** [bek ˈbrøːndom], dän. Schriftstellerin, *Randers 20. 3. 1872, †Kopenhagen 11. 1. 1950; 1895–1911 ⚭ mit 2); war sozial engagiert; während des Zweiten Weltkriegs in den USA (bis 1946). M. verfasste Mädchenbücher, v. a. die Romanserie ›Bibi‹ (1929–38; dt.) sowie Frauenromane und -novellen mit großem psycholog. Einfühlungsvermögen.

2) Sophus August Berthel, dän. Schriftsteller, *Odense 14. 5. 1865, †Kopenhagen 28. 1. 1932; 1895–1911 ⚭ mit 1); beeinflusst von H. IBSEN, M. MAETERLINCK und bes. F. NIETZSCHE; Ästhetizismus, später auch Rhetorik und Pathos kennzeichnen sein lyr., dramat. und episches Werk; bedeutende Übersetzungen aus dem Dt., Frz. und Portugiesischen.

Ausgabe: Samlede romaner, 3 Bde. (1919).

Michaelistag, Festtag des Erzengels →Michael.

Michael Kohlhaas, Erzählung von H. VON KLEIST, Teildruck in der Zeitschrift ›Phöbus‹ 1808; Erstausgabe 1810.

Michaelsbruderschaft →Evangelische Michaelsbruderschaft.

Michaelsorden, Verdienstorden vom heiligen Michael, königlich bayer. Orden, 1693 gestiftet als kath. Ritterorden, 1837 in einen Verdienstorden mit drei Klassen umgewandelt, seit 1887 mit fünf Klassen und einem affiliierten Verdienstkreuz, dazu seit 1894 mit einer zweistufigen Medaille und seit 1910 mit zwei weiteren Zwischenklassen.

Michajlow, Nikola, bulgar. Porträtmaler, *Schumen 30. 1. 1876, †Hamburg 20. 5. 1960; absolvierte 1899 die Akad. der Künste in München, wo er 1900 eine private Zeichenschule gründete; danach Zeichenlehrer an der Kunstschule in Sofia; seit 1911 freischaffender Maler in München und Hamburg. M. war dem Idealismus verhaftet, schuf aber auch Porträts, die das Modell über exakte Detailtreue hinaus psychologisch sehr genau erfassen (›Bildnis der Frau des Künstlers Ida Mugler‹, 1909).

Michajlowgrad [mix-], 1945–93 Name der bulgar. Stadt →Montana.

Duane Michals: René Magritte; 1965

Michajlowskij [mix-], **1)** Nikolaj Georgijewitsch, russ. Schriftsteller, →Garin, Nikolaj Georgijewitsch.

2) Nikolaj Konstantinowitsch, russ. Publizist und Soziologe, *Meschtschowsk (Gebiet Kaluga) 27. 11. 1842, †Sankt Petersburg 10. 2. 1904; führender Theoretiker der →Narodniki; vertrat unter dem Einfluss von P. J. PROUDHON, A. COMTE und F. A. LANGE einen ›moral. Sozialismus‹, bekämpfte den Marxismus und führte die ›subjektive Methode‹, d. h. die Berücksichtigung individualpsycholog. Zielsetzungen, in die russ. Soziologie ein. Er sah den Hauptfaktor histor. und polit. Fortschritts nicht in den Massen, sondern im geschichtsbewussten Individuum.

J. H. BILLINGTON: Mikhailovsky and Russian populism (Oxford 1958, Nachdr. New York 1970); A. WALICKI: A history of Russian thought. From the Enlightenment to Marxism (a. d. Poln., Stanford, Calif., 1979); W. GOERDT: Russ. Philosophie (1984).

Michal [mix-], hebr. Schriftsteller, →Lebensohn, Micha Josef.

Michalkow [mix-], Sergej Wladimirowitsch, russ. Schriftsteller, *Moskau 12. 3. 1913; Verfasser propagandist. Kinderliteratur (Gedichte, Dramen, Fabeln, Prosa); Mitautor der sowjetischen Nationalhymne; 1970–90 Vorsitzender des Schriftstellerverbandes der RSFSR.

Werke: Dramen: Ja choču domoj (1941; dt. Ich will nach Hause); Il'ja Golovin (1950; dt. Ilja Golowin u. seine Wandlung).

Ausgaben: Sobranie sočinenij, 6 Bde. (1981–83). – Der Löwe und der Hase (1954, Fabeln; dt. Ausw.); Ein Autogramm vom Elefanten (1976, Erz.; dt. Ausw.).

Michalkow [mix-], Nikita Sergejewitsch, russ. Regisseur, *Moskau 21. 10. 1945, Sohn von SERGEJ WLADIMIROWITSCH M.; war in den 60er-Jahren ein beliebter Filmschauspieler. Seit den 70er-Jahren ist er Regisseur beeindruckender Filmkunstwerke.

Filme: Verraten u. verkauft (1974); Sklavin der Liebe (1976); Unvollendetes Stück für ein mechanisches Klavier (1977); Verwandtschaft (1981); Gespräch ohne Zeugen (1983); Schwarze Augen (1987); Urga (1991); Die Sonne, die uns täuschte (1994).

Michałowski [mixaˈuɔfski], Pjotr, poln. Maler, *Krakau 2. 7. 1800, †Krzyżtoporzyce (bei Krakau) 9. 6. 1855; malte nach Studien der frz. romant. Malerei (T. GÉRICAULT, E. DELACROIX) und alter Meister (D. VELÁZQUEZ) v. a. Pferde, Schlachten- und Genreszenen in lockerem, skizzenhaftem Stil und wandte sich später (v. a. Bauernporträts) dem Realismus zu.

J. K. OSTROWSKI: P. M. (Warschau 1985).

Michals [ˈmɪtʃəlz], Duane, amerikan. Fotograf, *McKeesport (Pa.) 18. 2. 1932; Meister der Sequenzfotografie; erzählt in zusammenhängenden Folgen von Aufnahmen oft surreale Geschichten mit symbolisch-myst. Untertönen (›Paradise regained‹, 1968; ›Real dreams‹, 1977); auch brillante Porträts (u. a. R. MAGRITTE, A. WARHOL).

D. M. Photographien 1958–1988, bearb. v. L. F. GRUBER u. a., Ausst.-Kat. (1989).

Michaux [miˈʃo], Henri, frz. Schriftsteller, Zeichner und Maler belg. Herkunft, *Namur 24. 5. 1899, †Paris 19. 10. 1984; unternahm Reisen nach Südamerika, Indien und China und lebte seit 1923 in Paris. Trotz der Einflüsse LAUTRÉAMONTS und der Surrealisten ist M.' Werk (v. a. Lyrik) keiner literar. Bewegung i. e. S. zuzuordnen; in ihm verschränken sich reale (z. B. in seinen authent. Reiseschilderungen, ›Ecuador‹, 1929; ›Un barbare en Asie‹, 1933) und fantast. Elemente (wie in seinen Reisebeschreibungen in fiktive Länder, z. B. ›Voyage en Grande Garabagne‹, 1936). Zentral ist die gleichermaßen Angst wie Protest auslösende Erfahrung menschl. Einsamkeit in einer entfremdeten Welt; die poet. Erkundung von Grenzbereichen (wie des Traums und des Unbewussten – auch durch Experimente mit Halluzinogenen) wird ei-

Henri Michaux

Hartmut Michel

Michelangelo: ›Die Erschaffung des Adam‹ aus dem Zyklus der Schöpfungsgeschichte, Detail des Deckenfreskos der Sixtinischen Kapelle in Rom; 1508–12 (1980–94 restauriert)

nerseits als Ausbruch aus der Realität ins Imaginäre, andererseits als Erkenntnis einer inneren, geistigen Wirklichkeit hinter allem Wahrnehmbaren intendiert. – M. wandte sich seit 1925, verstärkt seit 1937, Malerei und Zeichnung zu. In der Folgezeit entstanden Aquarelle, Gouachen, Sepia- und Tuschzeichnungen, Frottagen und Acrylbilder. In seinen Zeichnungen spiegeln sich vielfach die Erfahrungen aus seinen Experimenten mit Rauschzuständen.

Weitere Werke: *Lyrik:* Qui je fus (1927); Un certain Plume (1930; dt. Ausw. u. d. T. Plume und andere Gestalten, auch u. d. T. Ein gewisser Plume); Misérable miracle, la mescaline (1956; dt. Unseliges Wunder. Das Meskalin); L'infini turbulent (1957; dt. Turbulenz im Unendlichen); Les grandes épreuves de l'esprit et les innombrables petites (1966; dt. Die großen Zerreißproben); Moments (1973; dt. Momente). – *Prosa:* Poteaux d'angle (1971, erw. 1978 u. 1981; dt. Eckpfosten); Déplacements, dégagements (hg. 1985). – In der Gesellschaft der Ungeheuer (hg. 1986; Ausw.).

H. M. Bilder, Aquarelle, Zeichnungen, Gedichte, Aphorismen 1942–1984, hg. v. F. JAHN u. a. (1987); E. GEISLER: H. M. Studien zum literar. Werk (1993).

Michel, allegor. Darstellung des Deutschen. (→deutscher Michel)

Michel, 1) [miˈʃɛl], Georges, frz. Maler, *Paris 12. 1. 1763, †ebd. 7. 6. 1843; Vorläufer der Schule von Barbizon, einer der ersten frz. Maler, der, nach intensivem Studium der niederländ. Malerei, die Landschaft (meist die Umgebung von Paris) um ihrer selbst willen darstellte. Im Spätwerk wird die Schlichtheit der Landschaftsdarstellungen von romant. Effekten und dunklen, fast monochromen Tönen unterlaufen.

2) Hartmut, Biochemiker, *Ludwigsburg 18. 7. 1948; seit 1979 Mitarbeiter am Max-Planck-Institut für Biochemie in Planegg-Martinsried (bei München), seit 1987 Abteilungsleiter und Direktor am Max-Planck-Institut für Biophysik in Frankfurt am Main. M. gelang es 1982, das photosynthet. Reaktionszentrum eines Bakteriums in kristalline Form zu überführen, dessen dreidimensionale Struktur in den Jahren 1982–85 durch Röntgenstrukturanalyse von R. HUBER und J. DEISENHOFER aufgeklärt werden konnte. 1988 erhielt M. (mit HUBER und DEISENHOFER) den Nobelpreis für Chemie.

3) [miˈʃɛl], Louise, frz. Frauenrechtlerin und Schriftstellerin, *Schloss Vroncourt (Dép. Haute-Marne) 29. 5. 1830, †Marseille 9. 1. 1905; Lehrerin, Freundin V. H. ROCHEFORTS, wurde wegen ihres Eintretens für die Pariser Kommune (sie leitete ein Ambulanzkorps) 1871 nach Neukaledonien deportiert, 1880 amnestiert. Sie schrieb Dramen, Romane und Lebenserinnerungen (›Mémoires‹, 1886; dt. ›Buch vom Bagno. Erinnerungen einer Kommunardin‹).

4) Robert, österr. Schriftsteller, *Chabeřice (bei Kuttenberg) 24. 2. 1876, †Wien 11. 2. 1957; 1918 für kurze Zeit Mitgl. der Direktion des Burgtheaters in Wien (mit H. BAHR und M. DEVRIENT); schrieb realist. Romane (›Der steinerne Mann‹, 1909; ›Die Burg der Frauen‹, 1934), Novellen und Erzählungen (›Die Verhüllte‹, 1907) sowie Dramen (›Mejrima‹, 1909), meist mit Stoffen aus seiner böhm. Heimat sowie aus Bosnien und der Herzegowina; im Spätwerk zunehmend surrealist. Elemente; auch Übersetzungen.

5) Robert, Maler, Grafiker und Architekt, *Vockenhausen (heute zu Eppstein) 27. 2. 1897, †Titisee-Neustadt 11. 6. 1983. Sein lange wenig beachtetes Werk ist geprägt von Elementen des Expressionismus, des Konstruktivismus und des Dadaismus.

R. M. 1897–1983. Collagen, Malerei, Aquarelle, Zeichnungen, Druckgraphik, Reklame, Typographie, Entwürfe, bearb. v. N. NOBIS u. a., Ausst.-Kat. (1988); Bestandsverz. Archiv R. M., Ella Bergmann-Michel im Sprengel Museum Hannover, bearb. v. J. MAY, 2 Bde.(1991).

Michelangelo [mikeˈlandʒelo], eigtl. **M. Buonarroti**, ital. Bildhauer, Maler und Architekt, *Caprese (heute Caprese Michelangelo, Prov. Arezzo) 6. 3. 1475, †Rom 18. 2. 1564; Hauptmeister der Hochrenaissance und bedeutendster Wegbereiter des →Manierismus.

Frühzeit: 1488 begann M. eine nur kurze Lehrzeit bei D. GHIRLANDAIO, wichtiger für seinen Werdegang sind seine Studien nach GIOTTO und MASACCIO. Seine Ausbildung zum Bildhauer begann der Überlieferung nach 1489 im Mediceischen Garten von San Marco (mit Antikensammlung) unter BERTOLDO DI GIOVANNI. Durch die Aufnahme in das Haus von LORENZO DE' MEDICI (1490–92) kam er mit dem Neuplatonismus der Platonischen Akademie in Berührung, der den Anstoß für die sein gesamtes Werk kennzeichnende Assimilation von Antike und Christentum gab. Seine in dieser Zeit entstandenen Reliefs ›Kentaurenkampf‹ (um 1492, Florenz, Casa Buonarroti) und ›Madonna an der Treppe‹ (um 1491, ebd.) zeigen seine souveräne Verarbeitung der bildhauer. Tradition, v. a. der Antike (Sarkophagreliefs) und DONATELLOS (Flachreliefs). Nach einem Aufenthalt in Venedig und Bologna 1494/95 arbeitete M. 1496–1501 erstmals in Rom: es entstanden u. a. der ›Bacchus‹ (1497; Florenz, Bargello), dessen trunkenes Schwanken, durch die Umkehrung des Kontrapostes gestaltet, die Antike sehr naturalistisch und sinnenfroh in-

Mich Michelangelo

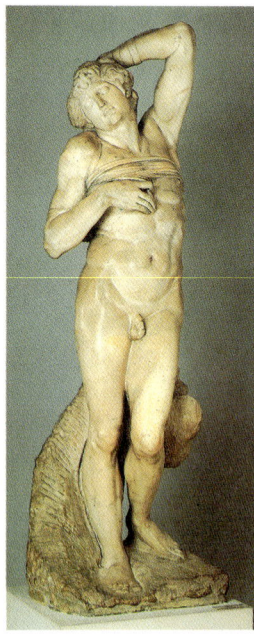

Michelangelo: links Sitzfigur des Moses; um 1513–16 (Rom, San Pietro in Vincoli); rechts Sklave, genannt ›Sterbender Sklave‹; um 1513–16 (Paris, Louvre)

terpretiert, und als Gegenpol die ›Pietà‹ (1498–1500; Rom, Peterskirche), in der in klass., geschlossener Form das christl. Thema als vielschichtiges Mysterium erfasst ist. 1501 erhielt M. in Florenz den öffentl. Auftrag, einen überlebensgroßen David zu meißeln; der bibl. Held, dargestellt als antiker Athlet in der Haltung des Kontraposts, angespannt in wachsamer Konzentration und Selbstbeherrschung, wird zum Symbol republikan. Freiheit (Kopie auf der Piazza della Signoria, Original in der Galleria dell'Accademia). Trotz aller Annäherung an die Antike zeichnet sich eine zutiefst nichtantike Grundhaltung des Künstlers ab, sichtbar in der Wahl nicht der Siegerpose, sondern des konzentrierten Moments unmittelbar vor der Tat und in dem ausdrucksvollen Blick wie an der Überproportionierung von Kopf und Händen (BILD →David). Die unvollendete Figur des ›Matthäus‹ (1506 begonnen; ebd.) gilt als anschaul. Metapher für die schicksalshaft empfundene Spannung zw. leidenschaftl. geistiger Bewegung und Gebundenheit an die Materie – neben den äußeren Umständen eine mögl. Erklärung für das im Gesamtwerk M.s charakterist. ›non finito‹. Von den maler. Werken dieser Zeit ist das Rundbild der ›Madonna Doni‹ (1503/04; Uffizien) erhalten, das ebenso wie der nur in Teilkopien erhaltene Karton für das nicht ausgeführte Fresko der Schlacht bei Cascina im Wettstreit mit LEONARDO DA VINCI entstand: M., der sich stets als Bildhauer bezeichnete, gibt seine Figurengruppen betont plastisch modelliert in komplizierten, auf den Manierismus verweisenden Stellungen (Figura serpentinata).

Mittlere Schaffensperiode: 1505 berief Papst JULIUS II. M. zur Errichtung seines Grabmals nach Rom, damit beginnt die ›Tragödie des Grabmals‹ (A. CONDIVI). Geplant war für die Peterskirche ein frei stehendes Grabmal von zuvor unbekannten Ausmaßen mit über 40 Figuren; der reizbare Künstler fand nicht die erhoffte Förderung für das Projekt; M. floh und übernahm 1508 nach der Aussöhnung mit dem Papst widerstrebend den Auftrag zur Deckenaus-

malung der Sixtin. Kapelle. Hier schuf er 1508–12 durch eine gemalte Architekturgliederung ein System unterschiedl. Bildträger, das eine Fülle symbol. Bezüge der skulptural aufgefassten Sehergestalten (Propheten, Sibyllen) sowie der Aktfiguren (Ignudi) in und vor der Rahmung zu den malerisch-bildhaften Szenen der Genesis dahinter in dynam. Weise veranschaulicht. Die Abnahme mehrerer Schichten bei der 1980–94 erfolgten Reinigung der Fresken der Sixtin. Kapelle, deren Ergebnis eine neue, wirkungsvolle Farbigkeit ist, hat zu wiss. und öffentl. Diskussionen geführt, da diese Schichten nicht einstimmig als Verschmutzungen oder anderweitige Eingriffe (Übermalungen von fremder Hand) angesehen, sondern z. T. M. selbst zugeschrieben werden. Nach dem Tod des Papstes (1513) widmete sich M. wieder dem Grabmalprojekt in mehrfach reduzierter Form. 1513–16 entstanden der ›Moses‹ und die beiden ›Louvre-Sklaven‹, ab 1519 die vier ›Boboli-Sklaven‹ (Florenz, Galleria dell'Accademia; BILD →Bildhauerkunst). Das schließlich (1545) in San Pietro in Vincoli, Rom, aufgestellte Wandgrab gibt keine Vorstellung von dem ursprüngl. Plan. Nur wenige der dafür geschaffenen Skulpturen wurden aufgestellt; die Sitzfigur des MOSES (Allegorie des Pontifikats) bildet das Zentrum (BILD →Grabmal).

1516 erhielt M. von den Medici den Auftrag für die Fassade von San Lorenzo in Florenz; M.s Pläne für das nicht ausgeführte Projekt zeigen bereits seinen eigenwilligen Umgang mit dem Formenvokabular der Hochrenaissance, auch folgte er nicht mehr dem basilikalen Querschnitt der Kirche, sondern plante eine breite, von Skulpturenschmuck beherrschte Front. Die 1520 begonnene, nicht vollendete Grabkapelle der Medici (›Neue Sakristei‹) für San Lorenzo sollte als Gesamtkunstwerk ein kosm. Programm verwirklichen, das in der Forschung zu widersprüchl. Interpretationen führte. Architektur und Plastik gehen eine spannungsgeladene Wechselbeziehung ein, die Wände selbst sind plastisch aufgefasst und modelliert. Ausgeführt wurden (bis 1534) die Sitzfiguren des GIULIANO und LORENZO DE' MEDICI, die für die Vita activa bzw. Vita passiva stehen, und die als Allegorien der Tageszeiten gedeuteten massigen, gedrehten Liegefiguren, von denen ›Tag‹ (1524) und ›Nacht‹ zuerst entstanden, sowie die Madonna. Überraschende Lösungen anstelle funktionaler Folgerichtigkeit und harmon. Ausgewogenheit kennzeichnen auch die 1524 begonnene

Michelangelo: Eingang zum Lesesaal der Biblioteca Medicea Laurenziana in Florenz; 1524 ff.

Biblioteca Medicea Laurenziana. In der hohen Vorhalle sind die Säulen paarweise in die Wände eingestellt, ihre tragende Funktion wird dadurch negiert. Unterhalb der Säulen sind noch Konsolen, ebenfalls ohne tragende Funktion, angebracht: Die Wand wird in einen plastisch bewegten Organismus verwandelt. Hier ist die Wendung zum Manierismus vollzogen. 1534 übersiedelte M. endgültig nach Rom. Im ›Jüngsten Gericht‹ an der Altarwand der Sixtin. Kapelle setzte er 1534–41 anstelle der perspektiv. Raumauffassung der Renaissance eine Bewegungsdynamik, die die Seligen aufsteigend, die Verdammten fallend im Leeren um die kraftvolle Christusgestalt kreisen läßt. Die von der Tradition abweichende Ikonographie hat vermutlich u. a. Kritik an der Kirche und eine Analyse seines eigenen, durch Leiden gezeichneten Lebens (Selbstporträt auf der abgezogenen Haut des Bartholomäus) zum Inhalt.

Spätwerk: An der Schwelle zum Greisenalter setzte sich M. wiederum mit dem Thema der Pietà auseinander. Um 1535 begann er an der Pietà (Florenz, Dom) zu arbeiten, die er vor 1550 unvollendet beließ, 1555 begann er mit seinem letzten bildhauer. Werk, der ›Pietà Rondanini‹ (Mailand, Castello Sforzesco), an der er noch am Tag vor seinem Tod arbeitete. Beide zeigen einen komplizierten Aufbau und eine Reduktion der Körperlichkeit zur Zeichenhaftigkeit. Seine letzten Fresken, die ›Bekehrung des Saulus‹ und die ›Kreuzigung Petri‹ im Vatikan, malte er zw. 1541 (Auftragserteilung) und 1549/50 in gebrochenen Farbtönen von Braun, Gelb und Grün. – In seinen beiden letzten Jahrzehnten beschäftigte sich M. überwiegend mit architekton. Aufgaben. Ab 1539 arbeitete er an der Neugestaltung des ›Kapitols in Rom; eine folgenreiche Neuerung war die Einführung der Kolossalordnung an den flankierenden Palästen. 1546 übernahm er die Vollendung des →Palazzo Farnese, in dessen Baugestalt er dynamisierend eingriff. Als die bedeutendste Aufgabe seines Lebens betrachtete M. seine Arbeiten für die →Peterskirche, die Bauleitung übernahm er ebenfalls 1546 (BILD →italienische Kunst). Er griff auf BRAMANTES Zentralplan mit monumentaler Kuppel zurück, vereinfachte aber dessen vielteiliges Raumgefüge und schuf eine wuchtige Zusammenfassung der Massen unter einer großen Pilasterordnung und einer schweren Attika. Auch bei dem Baumeister M. bleibt der bildhauer. Urbegabung stets spürbar; er hat keine fest umrissenen Renaissanceräume geschaffen, sondern mit plast. Gliedern Wände und Flächen ›skulptiert‹ und dynamisiert.

M. verkörpert einen neuen Typ des Künstlers, er befreite sich aus den Bindungen der Überlieferung und erschloß eine Welt zuvor unbekannter bildner. und psycholog. Ausdrucksmöglichkeiten. Nie zuvor ist das Werk eines Künstlers in gleichem Maße Bekenntnis persönl. Erlebens und Erleidens gewesen. Sein geniales Werk sprengt die kunsthistor. Kategorien, indem es den Entwicklungen vorgreift.

Dichtung und Briefe: M. schrieb auch (meist schwermütige) Sonette und Madrigale in petrarkisierendem Stil, die z. T. an VITTORIA COLONNA gerichtet sind (zum größten Teil nach 1534 entstanden, 1623 erstmals in stark überarbeiteter Ausw. hg. u. d. T. ›Rime‹, erste vollständige Ausg. 1863; zahlreiche dt. Übersetzungen). Für die Kenntnis seiner Person aufschlussreich sind seine Briefe.

Ausgaben: Die Briefe des M. B., hg. v. H.-W. FREY (³1961); Die Dichtungen des M. B., hg. v. C. FREY (²1964); Lebensberichte, Briefe, Gespräche, Gedichte, hg. v. H. HINDERBERGER (1985).
A. CONDIVI: Das Leben des M. B. (a. d. Ital., Wien 1874, Nachdr. 1970); H. THODE: M. Krit. Unters. über seine Werke, 3 Bde. (1908–13); E. STEINMANN u. a.: M.-Bibliogr., 1510–1926 (1927, Nachdr. 1967); C. DE TOLNAY: M., 5 Bde. (Princeton, N. J., 1943–60); H. GRIMM: Leben M.s (Neuausg. 46.–60. Tsd. 1953); G. VASARI: La vita di M. nelle redazioni del 1550 e del 1568, 5 Bde. (Mailand 1962); Il carteggio di M., hg. v. P. BAROCCHI, auf 6 Bde. ber. (Florenz 1965 ff.); L. DUSSLER: M.-Bibliogr., 1927–1970 (1974); W. BINNI: M. scrittore (Neuausg. Turin 1975); The Vatican frescoes of M., hg. v. A. CHASTEL, 2 Bde. (a. d. Jap., New York 1980); M. Die Skulpturen, hg. v. U. BALDINI u. a. (a. d. Ital., 1982); L. MURRAY: M. Sein Werk, sein Leben, seine Zeit (a. d. Engl., 1985); B. NARDINI: M.s esoter. Weisheit (a. d. Ital.; 1985); DERS.: M. Leben u. Werk (a. d. Ital., ³1985); Die Sixtin. Kapelle. Vorw. v. C. PIETRANGELI (a. d. Ital., 1986); M., der Architekt, bearb. v. A. NOVA (a. d. Ital., 1988); M., der Bildhauer, bearb. v. V. GUAZZONI (a. d. Ital., 1988); M., der Maler, bearb. v. P. DE VECCHI (a. d. Ital., 1988); Der neue M., 4 Bde. u. 1 Videokassette (a. d. Engl., Luzern 1989–95); P. DE VECCHI: M. (a. d. Frz., 1991); DERS.: Die Sixtin. Kapelle. Das Meisterwerk M.s erstrahlt in neuem Glanz (a. d. Ital., 1996); C. ECHINGER-MAURACH: Studien zu M.s Juliusgrabmal, 2 Bde. (1991); F.-J. VERSPOHL: Der Moses des M., in: Städel-Jb., N. F. Jg. 13 (1992); L. BESTMANN: M. ›Das Jüngste Gericht‹ im Kontext des ikonograph. Programms der Sixtin. Kapelle (1993); Die Sixtin. Kapelle. Einf. v. C. PIETRANGELI (a. d. Ital., ²1994); R. RICHMOND: M. u. die Sixtin. Kapelle (a. d. Engl., ³1995).

Michelet [mi'ʃlɛ], **1)** Jules, frz. Historiker, * Paris 21. 8. 1798, † Hyères 9. 2. 1874; stark patriotisch, demokratisch und antiklerikal, in der Darstellung subjektiv und gefühlvoll, wurde er ein volkstüml. Historiker seines Landes.
Werke: Histoire de France, 17 Bde. (1833–67); Histoire de la Révolution française, 7 Bde. (1847–53; dt. Gesch. der frz. Revolution).
2) Karl Ludwig, Philosoph, * Berlin 4. 12. 1801, † ebd. 16. 12. 1893; war seit 1829 Prof. in Berlin. Er wirkte bes. als Geschichtsphilosoph und war Anhänger G. W. F. HEGELS; die innerhalb der Schule auftretenden Gegensätze suchte er auszugleichen. Er war 1843 Mitbegründer der ›Philosoph. Gesellschaft‹ in Berlin.
Werke: Gesch. der letzten Systeme der Philosophie in Dtl., von Kant bis Hegel, 2 Bde. (1837/38); Entwickelungsgesch. der neuesten dt. Philosophie (1843); Die Gesch. der Menschheit in ihrem Entwickelungsgange seit dem Jahre 1775 bis auf die neuesten Zeiten, 2 Bde. (1859/60); Hegel, der unwiderlegte Weltphilosoph (1870); Das System der Philosophie als exacter Wiss., 5 Bde. (1876–81); Wahrheit aus meinem Leben (1884, Autobiogr.).

Michelfelder ['mɪtʃəlfɛldə], Sylvester Clarence, amerikan. ev. Theologe, * New Washington (Oh.) 27. 10. 1889, † Chicago (Ill.) 30. 9. 1951; war 1931–45 Pfarrer in Toledo (Oh.). Als Mitbegründer und (1947–51) Exekutivsekretär des Luther. Weltbundes organisierte und leitete er die kirchl. Hilfe für Mitteleuropa nach dem 2. Weltkrieg.

Michelin S. A., Compagnie Générale des Établissements [kɔ̃paˈɲi ʒeneˈral dezetablisˈmã miˈʃlɛ̃ -], frz. Konzern der Reifenindustrie, gegr. 1839; Sitz: Clermont-Ferrand. Von M. S. A. stammen viele bedeutende Erfindungen: Luftreifen für Automobile (1895), schlauchlose Reifen (1930), Radialreifen für Pkw (1946) und Flugzeuge (1981). Seit Übernahme des amerikan. Reifenherstellers Uniroyal/Goodrich (1989) nimmt der Konzern eine führende Position auf dem Weltreifenmarkt ein. M. S. A. stellt außerdem Stahl- und Aluräder her und gibt Hotelführer (Guides Rouges, seit 1900), Reiseführer (Guides Verts) und Landkarten heraus. Umsatz (1996): 71,2 Mrd. FF, Beschäftigte: rd. 115 000.

Michelozzo [mikeˈlɔttso], **M. di Bartolommeo,** ital. Baumeister und Bildhauer, * Florenz 1396, begraben ebd. 7. 10. 1472; arbeitete als Bildhauer in Werkstattgemeinschaft zuerst mit L. GHIBERTI, dann 1425–33 mit DONATELLO; von ihm allein ist wohl das Grabmal Arragazzi in Montepulciano (1437). Als Baumeister (Nachfolger BRUNELLESCHIS als Dombaumeister, 1446–52) schuf er, nachdem er bereits um 1440 die Fassade des Palazzo Comunale von Montepulciano errichtet hatte, den Schule machenden Typus der florentin. Stadtpaläste, v. a. mit dem Palazzo Me-

Michelozzo di Bartolommeo: Palazzo Medici-Riccardi in Florenz; 1444 begonnen

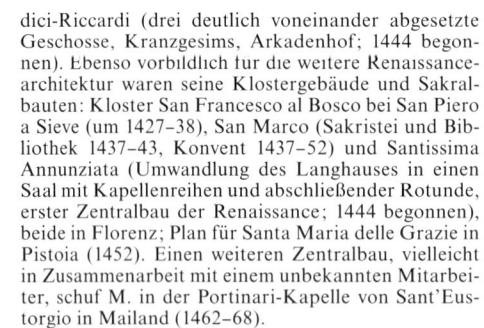

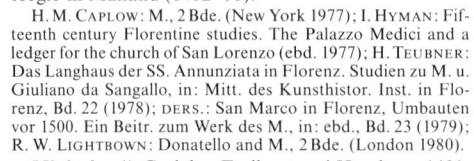

Albert Abraham Michelson

dici-Riccardi (drei deutlich voneinander abgesetzte Geschosse, Kranzgesims, Arkadenhof; 1444 begonnen). Ebenso vorbildlich für die weitere Renaissancearchitektur waren seine Klostergebäude und Sakralbauten: Kloster San Francesco al Bosco bei San Piero a Sieve (um 1427–38), San Marco (Sakristei und Bibliothek 1437–43, Konvent 1437–52) und Santissima Annunziata (Umwandlung des Langhauses in einen Saal mit Kapellenreihen und abschließender Rotunde, erster Zentralbau der Renaissance; 1444 begonnen), beide in Florenz; Plan für Santa Maria delle Grazie in Pistoia (1452). Einen weiteren Zentralbau, vielleicht in Zusammenarbeit mit einem unbekannten Mitarbeiter, schuf M. in der Portinari-Kapelle von Sant'Eustorgio in Mailand (1462–68).

H. M. CAPLOW: M., 2 Bde. (New York 1977); I. HYMAN: Fifteenth century Florentine studies. The Palazzo Medici and a ledger for the church of San Lorenzo (ebd. 1977); H. TEUBNER: Das Langhaus der SS. Annunziata in Florenz. Studien zu B. u. Giuliano da Sangallo, in: Mitt. des Kunsthistor. Inst. in Florenz, Bd. 22 (1978); DERS.: San Marco in Florenz, Umbauten vor 1500. Ein Beitr. zum Werk des M., in: ebd., Bd. 23 (1979); R. W. LIGHTBOWN: Donatello and M., 2 Bde. (London 1980).

Michels, 1) Godeke, Freibeuter, † Hamburg 1401, einer der führenden →Vitalienbrüder.

2) Robert, dt.-ital. Soziologe, *Köln 9. 1. 1876, † Rom 3. 5. 1936; war u. a. Prof. in Turin, Basel und Perugia, politisch urspr. sozialistisch-syndikalistisch, später am ital. Faschismus orientiert; wurde v. a. durch seine politisch-soziolog. Theorie vom ›ehernen Gesetz der Oligarchie‹ in demokrat. Massenorganisationen bekannt, derzufolge es auf dem Weg der Differenzierung in Parteien und polit. Organisationen notwendig zur Entstehung polit. Macht- und Führungsgruppen komme, die der Idee der Volksherrschaft entgegengesetzt seien. Politisch stellte M. damit Sozialismus und Demokratie infrage.

Werk: Zur Soziologie des Parteiwesens in der modernen Demokratie (1911).

W. RÖHRICH: R. M., in: Klassiker des soziolog. Denkens, hg. v. D. KÄSLER, Bd. 2 (1978); J. HETSCHER: R. M. Herausbildung der modernen polit. Soziologie im Kontext von Herausforderung u. Defizit der Arbeiterbewegung (1993).

Michelsberger Kultur, jungsteinzeitl. Kulturgruppe (Ende des 4. und 3. Jt. v. Chr.) im Bereich des heutigen Mittel- und Oberrheins, benannt nach der Fundstätte Michaelsberg bei Untergrombach (heute zu Bruchsal). Gekennzeichnet ist die auf der Rössener Kultur fußende M. K. v. a. durch große Erdwerke, die früher als Befestigungen, heute als Viehkrale gedeutet werden. Leitformen innerhalb der meist unverzierten, rundbodigen Keramik sind Tulpenbecher, Henkelkrüge, Flaschen und Backteller. Bei den Steingeräten sind lange Silexspitzen und spitznackige Felsgesteinbeile typisch. In ihrer späteren Phase erreichte die M. K. mit Ausläufern etwa die Gebiete des heutigen Thüringen und O-Bayern, reichte teilweise auch darüber hinaus in Richtung Böhmen und Österreich.

A. BAER: Die M. K. in der Schweiz (Basel 1959).

Michelsen, Hans Günther, Schriftsteller, *Hamburg 21. 9. 1920, †27. 11. 1994; Verfasser wortkarger, figurenarmer, hintergründiger, an S. BECKETT erinnernder Dramen (›Stienz‹, 1963; ›Helm‹, 1965; ›Kindergeburtstag‹, 1981), die die Absurdität des Alltags im Nachkriegsdeutschland schildern.

Michelson ['maɪkəlsn], Albert Abraham, amerikan. Physiker, *Strelno (bei Hohensalza) 19. 12. 1852, † Pasadena (Calif.) 9. 5. 1931; nach Tätigkeit bei der Marine und Forschungsaufenthalt in Europa (u. a. bei H. VON HELMHOLTZ) Prof. in Cleveland (Oh.), Worcester (Mass.) und Chicago (Ill.). Die teilweise im Zusammenhang mit E. W. MORLEY durchgeführten Versuche zur Verifizierung der Ätherhypothese (→Michelson-Versuch) machten M. weltberühmt. Ihr negativer Ausgang wurde zu einem wichtigen Anstoß für die Relativitätstheorie. M. bestimmte interferometrisch die Länge des Meternormals, 1925–27 die Lichtgeschwindigkeit und gab 1923 ein Interferenzverfahren zur Bestimmung des absoluten Durchmessers von Sternen an. 1907 erhielt er für sein Präzisionsinterferometer und die damit angestellten spektroskop. und metrolog. Untersuchungen als erster Amerikaner den Nobelpreis für Physik (→Michelson-Interferometer).

The M. era in American science 1870–1930, hg. v. S. GOLDBERG u. R. H. STUEWER (New York 1988).

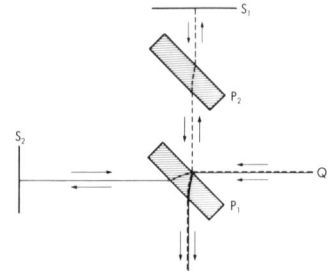

Michelson-Interferometer mit Darstellung der interferierenden Parallelstrahlenbündel; Q Lichtquelle, P_1 Trennplatte (Strahlteiler), P_2 Kompensationsplatte, S_1 und S_2 Spiegel, F Richtung zum Beobachtungsfernrohr

Michelson-Interferometer ['maɪkəlsn-], Optik: von A. A. MICHELSON urspr. zum Nachweis der Erdbewegung relativ zu einem hypothet. Lichtäther (→Michelson-Versuch) entwickeltes Zweistrahlinterferometer mit zwei Planspiegeln als Grundanordnung für interferometr. Längenmessungen. Das einfallende Lichtbündel wird an einer Teilerfläche (z. B. Trennplatte oder -würfel; bei Verwendung einer Trennplatte wird in einen Strahlengang eine Kompensationsplatte gestellt) in zwei Teilbündel zerlegt, die nach der Reflexion an den beiden Planspiegeln durch die Teilerfläche wieder vereinigt werden. Je nach der Orientierung des virtuellen Bildes des einen Spiegels zu dem anderen Spiegel entstehen dabei Interferenzen gleicher Neigung (→Haidinger-Ringe, Bild und Spiegel parallel) oder Interferenzen gleicher Dicke (Bild und Spiegel nicht parallel), die mit einem Fernrohr oder einem Mikroskop beobachtet werden können. Die Streifen gleicher Dicke liegen umso dichter, je größer der Winkel zw. einem der Spiegel und dem Bild des anderen ist. Wird ein Spiegel in Strahlrichtung bewegt, dann wandern diese Streifen durch das Gesichtsfeld.

Bei Beobachtung mit monochromat. Licht der Wellenlänge λ bewirkt die Verschiebung eines der beiden Spiegel um $\lambda/2$ die Verschiebung der Interferenzfigur um einen Streifen, sodass man entweder die Wellenlänge oder die Spiegelverschiebung in Einheiten der Wellenlänge messen kann (Letzteres z. B. beim Endmaßvergleich mit dem Interferenzkomparator). Sind I_{max} und I_{min} die Intensitäten der hellen und dunklen Interferenzstreifen, so ist

$$K = \frac{I_{max} - I_{min}}{I_{max} + I_{min}}$$

der Interferenzkontrast; seine Messung ermöglicht die Bestimmung der →Kohärenzlänge sowie die Anwendung des M.-I. in der →Fourier-Spektroskopie.

Michelson-Versuch [ˈmaɪkəlsn-], *Relativitätstheorie:* der erstmals 1881 von A. A. MICHELSON mithilfe eines Michelson-Interferometers durchgeführte Versuch zur Bestimmung der Geschwindigkeit der Erde relativ zu einem hypothet. Lichtäther (→Äther) durch Messung der Lichtgeschwindigkeit in verschiedenen Richtungen. Zu diesem Zweck war das Interferometer schwenkbar montiert, sodass zunächst einer der beiden Interferometerarme parallel zur Erdbewegung orientiert werden konnte und danach der andere, wobei jeweils der zweite Arm senkrecht zur Bewegungsrichtung stand. Die später in verbesserter Form mehrfach wiederholten Versuche (u. a. in Zusammenarbeit mit E. W. MORLEY, 1887) ergaben, dass die entstehenden Interferenzmuster unabhängig von der Orientierung des Interferometers sind, woraus folgt, dass die Geschwindigkeit des Lichts unabhängig von dessen Richtung relativ zur Bewegung der Erde ist. A. EINSTEIN verallgemeinerte diesen Befund zum Postulat der Konstanz der Vakuumlichtgeschwindigkeit in allen Inertialsystemen und damit zur Grundlage der speziellen →Relativitätstheorie. Modifizierte Interferenzversuche mit Lasern haben das Ergebnis des M.-V. mit stark erhöhter Genauigkeit bestätigt. (→Mitführungskoeffizient)

Michelstadt, Stadt und Luftkurort im Odenwaldkreis, Hessen, im Tal der Mümling im Buntsandstein-Odenwald, 204–545 m ü. M., 18 500 Ew.; Berufsfachschulen (u. a. für Holz- und Elfenbeinschnitzerei); Odenwaldmuseum, Spielzeugmuseum, ehem. Synagoge (Museum), Elfenbeinmuseum, Motorradmuseum; Metallverarbeitung, Herstellung kosmet. Artikel, Kunststoffindustrie; Fremdenverkehrsort an der Nibelungen-, der Dt. Fachwerk- und der Dt. Ferienstraße. – M. hat sein altertüml. Stadtbild bewahrt (Fachwerkhäuser, 15.–17. Jh.; u. a. spätgot. Rathaus, 1484, Kellerei, 16./17. Jh.; spätgot. Stadtkirche mit Grabmälern der Grafen von Erbach); im Stadtteil Steinbach Schloss →Fürstenau und die Einhardsbasilika (um 820–827), eine urspr. dreischiffige Pfeileranlage mit Stollenkrypta (BILD →deutsche Kunst). – 741 wird erstmals urkundlich das Königsgut M. erwähnt. 815 erhielt EINHARD, der Biograph KARLS D. GR, Ort und Mark M. durch Schenkung. Im Erbgang fielen Ort und Burg 819 an das Kloster Lorsch. Seit dem 12. Jh. entfremdeten die Herren von Erbach, seit 1532 Grafen, als Vögte M. dem Kloster und brachten die seit 1307 als Stadt bezeichnete Siedlung in ihren Besitz. 1806 fiel M. an Hessen-Darmstadt.

Michelstädter, Carlo, ital. Philosoph, *Görz 3. 6. 1887, †Florenz 17. 10. 1910; selbstständiger, in Dtl. und Frankreich lange unbekannt gebliebener Vorläufer der Existenzphilosophie.
Ausgabe: Opere, hg. v. G. CHIAVACCI (1958).
J. RANKE: Das Denken C. M.s, in: Ztschr. für philosoph. Forschung, Jg. 15 (1961); M. CERRUTI: C. M. (Mailand 1967).

Michelstadt: Das Fachwerkrathaus am Marktplatz; 1484

Michener [ˈmɪtʃɪnə], James A. (Albert), amerikan. Schriftsteller, *New York 3. 2. 1907, †Austin (Tex.) 16. 10. 1997; seine früheren Werke greifen auf persönl. Erlebnisse zurück, so die Erzählungen ›Tales of the South Pacific‹ (1947; dt. ›Im Korallenmeer‹), die M.s Kriegserfahrungen im Pazifik verarbeiteten und als Vorlage für das Musical ›South Pacific‹ (1949) von R. RODGERS und O. HAMMERSTEIN dienten. Die späteren Romane entwerfen spannend geschriebene, breite histor. Panoramen (›Hawaii‹, 1959, dt.; ›The covenant‹, 1980, dt. ›Verheißene Erde‹, über Südafrika; ›Poland‹, 1983, dt. ›Mazurka‹) bzw. greifen Gegenwartsprobleme auf (›The drifters‹, 1971; dt. ›Die Kinder von Torremolinos‹); schrieb auch populäre Sachbücher (›Kent State: What happened and why‹, 1971).
Weitere Werke: Romane: The bridges of Toko-ri (1953; dt. Die Brücken von Toko-ri); Sayonara (1954; dt.); The source (1965; dt. Die Quelle); Chesapeake (1978; dt. Die Bucht); Space (1982; dt. Sternenjäger); Texas (1985; dt.); Alaska (1988; dt.); Caribbean (1989; dt. Karibik); The eagle and the raven (1990; dt. Der Adler und der Rabe); The novel (1991; dt. Dresden, Pennsylvania); Mexico (1992; dt. Mexiko); Creatures of the kingdom. Stories of animals and nature (1993); Recessional (1994; dt. Endstation Florida); Miracle in Seville (1995). – *Memoiren:* The world is my home. A memoir (1992; dt. Die Welt ist mein Zuhause, Erinnerungen).
A. G. DAY: J. M. (Boston, Mass., ²1977); G. J. BECKER: J. A. M. (ebd. 1983); J. P. HAYES: J. A. M.: a biography (Indianapolis, Ind., 1984).

Michiels [miːˈxiːls], Ivo, eigtl. **Henri Ceuppens** [ˈkøːpəns], fläm. Schriftsteller, Journalist und Kritiker, *Mortsel 8. 1. 1923; war Journalist, Filmkritiker und arbeitete 1957–78 im Verlagswesen; lebt seit 1979 in Frankreich. M.' frühe Lyrik und der Beginn seines Romanschaffens sind vom Existenzialismus beeinflusst; seit dem Roman ›Het afscheid‹ (1957; dt. ›Der Abschied‹) gilt M. als bedeutender Vertreter der experimentellen flämisch-niederländ. Prosa, die bei ihm v. a. den Charakter ausgedehnter Werkzyklen hat, so z. B. in der Tetralogie zu verstehenden Romanfolge ›Het boek Alfa‹ (1963; dt. ›Das Buch Alpha‹), ›Orchis militaris‹ (1968; dt.), ›Exit‹ (1971) und ›Dixi(t)‹ (1979).
Weitere Werke: Romane: De vrouwen van de aartsengel (1983); Het boek der nieuwe relaties (1985); Vlaanderen, ook een land (1987); Prima materia (1989). – *Prosa:* Ondergronds bovengronds (1991).
H. BOUSSET: Lezen om te schrijven. Een progressieve en cumulatieve lectuur van Het boek Alpha van I. M. (Amsterdam 1988).

James A. Michener

Michigan [ˈmɪʃɪgən], Abk. **Mich.**, postamtlich **MI**, Bundesstaat im Mittleren Westen der USA, 250 466 km², (1994) 9,496 Mio. Ew. (1910: 2,81 Mio., 1930: 4,84 Mio., 1960: 7,82 Mio., 1980: 9,26 Mio. Ew.). M. ist in 83 Verw.-Bez. (Countys) gegliedert. Hauptstadt ist Lansing.

Staat und Recht: Verf. vom 1. 1. 1964: Senat mit 38, Repräsentantenhaus mit 110 Mitgl. – Im Kongress ist M. mit zwei Senatoren und 16 Abg. vertreten.

Landesnatur: Ober-M. liegt zw. Oberem See und Michigansee, Unter-M. zw. Michigansee (im W), Huronsee, kanad. Grenze, Saint Claire Lake und Eriesee (im O). Nur der westl. Teil von Ober-M. gehört zum Kanad. Schild, sonst liegt M. im Zentralen Tiefland. Die Oberfläche ist eiszeitlich geprägt. Trotz der mäßigenden Wirkung der Großen Seen besteht ein Kontinentalklima mit erhebl. Unterschieden. Im Winter können in Ober-M. durch die vorherrschenden Nordwestwinde Temperaturen bis − 44 °C erreicht werden, im westl. Unter-M. (vorherrschende Westwinde) liegen die Temperaturen wesentlich höher. Die Hälfte der Staatsfläche ist waldbedeckt, in Ober-M. herrschen Nadel-, in Unter-M. Laub- und Mischwälder vor.

Bevölkerung: Der Anteil der Weißen belief sich 1990 auf 83,4%, der der Schwarzen auf 13,9%, andere 2,7%. 1990 lebten 70,5% der Bev. in Städten; größte Stadt und bedeutendster Industriestandort ist Detroit.

Wirtschaft: Im westl. Ober-M. finden sich reiche Eisen- und Kupfererzlagerstätten; Letztere werden nur noch in geringem Maße abgebaut. Unter-M. besitzt Erdöl- und Erdgasfelder. Die ertragreiche Landwirtschaft liefert Mais, Hafer, Weizen, Zuckerrüben, Sojabohnen. Ein großer Teil der Ernteerträge wird in der Viehwirtschaft (Milchwirtschaft) verwendet. Wichtigster Industriezweig ist der Kraftfahrzeugbau. Wirtschaftl. Bedeutung hat der Fremdenverkehr (u. a. auf der →Isle Royale).

Geschichte: Das Gebiet von M. wurde Anfang des 17. Jh. von frz. Entdeckern, Pelzhändlern und Missionaren erschlossen. Als erste feste Siedlung entstand 1668 Sault Sainte Marie; 1701 erfolgte die Gründung von Detroit. 1760 wurden alle frz. Garnisonen von brit. Truppen besetzt. Das 1763 an Großbritannien abgetretene Gebiet fiel nach dem Unabhängigkeitskrieg im Pariser Frieden (1783) an die USA, blieb aber bis 1796 weitgehend unter brit. Kontrolle (erneut 1812–13 im britisch-amerikan. Krieg). 1787 wurde M. Teil des Northwest Territory und 1805 ein eigenständiges Territorium. Am 26. 1. 1837 wurde M. als 26. Staat in die Union aufgenommen.

B. CATTON: M. A history (New York 1984); L. M. SOMMERS: M., a geography (Boulder, Colo., 1984).

Michigansee [ˈmɪʃɪgən-], engl. **Lake Michigan** [leɪk -], der südwestlichste der →Großen Seen Nordamerikas, der einzige, der ganz zum Staatsgebiet der USA gehört, 57 800 km² groß, 176 m ü. M., bis 281 m tief; durch die Straits of Mackinac mit dem Huronsee verbunden. Der M. hat als Teil des Sankt-Lorenz-Seewegs lebhaften Schiffsverkehr; er friert selten ganz zu, die meisten Häfen sind jedoch von Mitte Dezember bis Mitte April durch Eis blockiert. Haupthäfen und -industriezentren sind Chicago und Milwaukee.

Michlers Keton [nach dem Chemiker WILHELM T. MICHLER, * 1846, † 1889], ein Benzophenonderivat (4,4′-Bisdimethylaminobenzophenon), das bei der Herstellung von Triphenylmethanfarbstoffen verwendet wird; entsteht durch Einwirkung von Phosgen auf Dimethylanilin.

Michoacán [mitʃoaˈkan], Bundesstaat im südl. Mexiko, 59 864 km², (1990) 3,55 Mio. Ew.; Hauptstadt ist Morelia. M. erstreckt sich von der schmalen pazif. Küstenebene über die Cordillera Neovolcánica (mit zahlr., bis in die jüngste Zeit aktiven Vulkanen; z. B. Paricutín) bis auf das Zentrale Hochland. Die wichtigsten Flüsse, Lerma im NW, Balsas im SW, werden intensiv für Bewässerung und Energiegewinnung genutzt. Chapala- und Pátzcuarosee sind Anziehungspunkte für den Fremdenverkehr. Die Bev. (Mestizen, Tarasken) baut Mais, Bohnen, Reis, Weizen, Zuckerrohr, Paprika, Kaffee und Tabak an. Der Bergbau (im NO: Gold, Silber-, Blei-, Kupfererze) hat geringe Bedeutung; als Industriestandort wird v. a. →Lázaro Cárdenas ausgebaut. – M. ist das Kernland der →Tarasken, deren Reich auch Eroberungsversuche der Azteken abwehrte und bis zur Eroberung durch die Spanier (1522) unabhängig blieb. 1534 wurde es mit Jalisco, Colima und nördl. Gebieten den Prov. des Vizekönigreichs Neuspanien, 1536 auch Bistum. 1786 kam M. zu einer neu geschaffenen Intendencia (Hauptstadt Valladolid), die schon die Grenzen des nach der Unabhängigkeitserklärung Mexikos 1824 geschaffenen Staates hatte (1836 im SW geringfügig verkleinert).

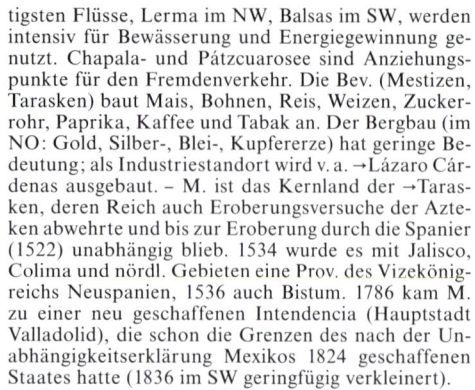

Michon [miˈʃɔ̃], Jean-Hippolyte, frz. Schriftsteller, *La Roche-Fressange (Corrèze) 20. 11. 1806, † Schloss Montausier (Charente) 8. 5. 1881; Geistlicher; u. a. Verfasser des kirchlich indizierten Werkes ›De la rénovation de l'Église‹ (1860); Begründer der modernen Graphologie.

Michrab [miçˈraːp], Gebetsnische, →Mihrab.

Miciński [miˈtɕiɲski], Tadeusz, poln. Schriftsteller, * Lodz 9. 11. 1873, † bei Czyryków (Weißrussland) Februar 1918; stand zunächst der ›Młoda Polska‹ nahe, löste sich jedoch bald von ihr und wurde, beeinflusst von Buddhismus, mittelalterl. Mystik, Manichäismus, romant. Messianismus sowie durch A. SCHOPENHAUER, F. NIETZSCHE und F. M. DOSTOJEWSKIJ, zum literar. Außenseiter. Bevorzugte künstler. Mittel sind Allegorie, Symbol, Groteske und Traumbilder. Seine symbolist. Lyrik (›W mroku gwiazd‹, 1902) lässt schon den Surrealismus ahnen; seine Romane (›Nietota‹, 1910; ›Ksiądz Faust‹, 1913) sind Vorläufer der psychoanalyt. Prosa (B. SCHULZ, S. I. WITKIEWICZ). ›Kniaź Patiomkin‹ (1906) gilt als erstes expressionist. Drama der poln. Literatur.

Ausgaben: Utwory dramatyczne, 3 Bde. (1978–84); Poezje (1980).

Studia o T. M., hg. v. M. PODRAZA-KWIATKOWSKA (Krakau 1979).

Micipsa, König von Numidien (seit 148 v. Chr.), † 118 v. Chr.; ältester Sohn des MASSINISSA, regierte mit seinen beiden Brüdern GULUSSA und MASTANABAL; bestimmte 120 seine Söhne HIEMPSAL und ADHERBAL sowie seinen Neffen →JUGURTHA zu gleichberechtigten Erben des Reiches.

Mickel, Karl, Schriftsteller, * Dresden 12. 8. 1935; 1971–78 Dramaturg beim Berliner Ensemble (Zusammenarbeit mit RUTH BERGHAUS), dann Dozent an der Hochschule für Schauspielkunst Berlin (Ost). M. begann mit Agitpropgedichten, fand aber bald in dem Band ›Vita nova mea. Mein neues Leben‹ (1966) seinen eigenen Ton. Gemeinsam mit A. ENDLER war er Herausgeber der Lyrikanthologie ›In diesem besseren Land‹ (1966), die der SED-Führung Anlass gab, die junge Generation der DDR-Lyriker (u. a. V. BRAUN, B. JENTZSCH) scharf zu maßregeln. Auch seine eigenen Gedichte waren z. T. Gegenstand heftiger Auseinandersetzungen in der kulturpolit. Szene der DDR. M. beherrscht die klass. Formsprache und setzt sie ein, um seine skept. Weltsicht deutlich zu machen. In seinen Dramen bearbeitete er oft tradierte Stoffe, z. T. ironisch verfremdet (›Nausikaa‹, Urauff. 1968). Schrieb das Libretto für P. DESSAUS Oper ›Einstein‹ (1974); auch Nachdichter und Essayist.

Mickey Mouse [ˈmɪki maʊs], dt. **Micky Maus, Mickymaus,** Zeichentrickfigur von W. DISNEY. Der erste M.-M.-Film (›Plane Crazy‹, Phasenzeichner UB IWERKS) wurde bereits im Mai 1928 fertig gestellt, der erste M.-M.-Film in den Kinos war allerdings der am

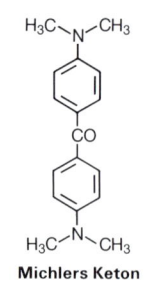

18. 11. 1928 uraufgeführte ›Steamboat Willie‹, zugleich der erste Zeichentrick-Tonfilm. Vom 13. 1. 1930 an erschienen auch M.-M.-Comicstrips, getextet von W. DISNEY, gezeichnet von UB IWERKS und WIN SMITH. Die weiteren Folgen wurden bis Oktober 1975 entscheidend von FLOYD GOTTFREDSON (*1905, †1986) unter Mitarbeit versch. Zeichner und Texter geprägt. 1931 erschienen das erste Buch und die ersten Heftausgaben; in Dtl. erschien M. M. erstmals 1930 als Beitrag in der ›Kölner Illustrierten Zeitung‹, 1937 folgte dann die ›M. M. Zeitung‹ in der Schweiz; seit 1951 ist die im Ehapa-Verlag (Stuttgart) erscheinende ›M. M.‹ das auflagenstärkste dt. Comic-Heft.

Micky-Maus. Das ist mein Leben, bearb. v. W. J. FUCHS (1988).

Mickiewicz [mitsˈkjɛvitʃ], Adam, poln. Dichter, *Zaosie (heute zu Nowogrudok, Weißrussland) 24. 12. 1798, †Konstantinopel 26. 11. 1855; Studium in Wilna; 1819–23 Lehrer in Kaunas; 1824 wegen illegaler polit. Tätigkeit aus Litauen ausgewiesen, hielt er sich bis 1828 in Russland auf (u. a. in Moskau, wo er mit A. S. PUSCHKIN zusammentraf). 1829 reiste er über Dtl. (Besuch bei GOETHE in Weimar) nach Italien und 1830/31 während des poln. Novemberaufstands an die Grenzen von Kongresspolen. Nach dem Scheitern des Aufstands ging er mit der ›großen Emigration‹ nach Paris, war 1840–44 Prof. für slaw. Literaturen am Collège de France (wegen Verbreitung polit. und religiöser Ideen des Mystizisten A. TOWIAŃSKI suspendiert). 1848 versuchte er in Italien, eine poln. Legion gegen Österreich, während des Krimkrieges (1853/54–56) eine poln. Legion gegen Russland aufzustellen. Er reiste nach Konstantinopel, wo er an Cholera starb.

M. gilt als Begründer und hervorragendster Vertreter der poln. Romantik. 1820 schrieb er die ›Oda do młodości‹ (gedruckt 1827; dt. ›Ode an die Jugend‹), ein Gedicht in klassizist. Odenform mit den Gedanken der Aufklärung. 1822 erschien der erste Band der ›Poezje‹ (›Ballady i romanse‹; dt. ›Balladen und Romanzen‹) mit dem programmat. Gedicht ›Romantyczność‹, 1823 ein zweiter Band, der die dramat. Fragmente ›Dziady‹ (Teil 2 und 4, der unvollendete Teil 1 erschien postum 1860) und die poet. Erzählung ›Grażyna‹ (1823; dt.) enthielt; beides waren romant. Programm- und Musterwerke. Höhepunkt des lyr. Schaffens waren die ›Sonety krymskie‹ (1826; dt. ›Krim-Sonette‹), die sich durch künstler. Invention, sprachl. Präzision und gedankl. Tiefe auszeichnen. In dem histor. Epos ›Konrad Wallenrod‹ (1828; dt.) über den Kampf der Litauer gegen den Dt. Orden formuliert er die Erfüllung der patriot. Pflicht, die sogar moral. Prinzipien außer Acht lassen darf, als oberste Maxime eines Polen. Nach dem poln. Aufstand erschienen die beiden größten Werke M.s: Der dritte Teil des Dramas ›Dziady‹ (1832; dt. als ›Todtenfeier‹) ist eine poet. Begründung der prophet. Rolle des romant. Dichters und eine religiös motivierte Erklärung der poln. Niederlage; in dem als Nationalepos geltenden ›Pan Tadeusz‹ (1834; dt. ›Herr Thaddäus oder der letzte Eintritt in Litthauen‹) zeichnet er ein heiteres Bild des alten poln. Kleinadels. Danach veröffentlichte M. v. a. publizist. Texte. Seine literar., polit. und philosoph. Ansichten entwickelte er auch in den Pariser Vorlesungen (›Cours de la littérature slave‹, 2 Bde. 1845); in den schon 1832 erschienenen ›Księgi narodu polskiego i pielgrzymstwa polskiego‹ (dt. ›Die Bücher des poln. Volkes und der poln. Pilgerschaft‹) baute er den schon früher verkündeten Messianismus aus: Polen war als Christus der Völker auserschen, die Welt von der Despotie zu erlösen.

M.s Bedeutung geht weit über die Literatur hinaus. Schon zu Lebzeiten übernahm er die Rolle eines geistigen Führers für ein Volk ohne Staat und trug mit seinem Leben und Werk dazu bei, während der Teilungen bei den Polen das Bewusstsein nat. Zusammengehörigkeit zu stärken.

Ausgaben: Dzieła, 16 Bde. (1948–55); Dzieła wszystkie, hg. v. K. GÓRSKI, auf mehrere Bde. ber. (1969 ff.); Dzieła. Wydanie rocznicowe 1798–1998, bearb. v. Z. J. NOWAK, 4 Bde. (1993–95). – Poet. Werke, hg. v. S. LIPINER, 2 Bde. (1882–87); Dichtung u. Prosa. Ein Lesebuch, hg. v. K. DEDECIUS (^{2}1995).

L. MICKIEWICZ: A. M., sa vie et son œuvre (Paris 1888); J. KLEINER: M., 3 Bde. (Lublin 1948); W. WEINTRAUB: The poetry of A. M. (Den Haag 1954); Kronika życia i twórczości M., hg. v. S. PIGÓN, 6 Bde. (Warschau 1957–78); A. SEMKOWICZ: Bibliografia utworów A. M. (ebd. 1958); A. WITKOWSKA: M. Słowo i czyn (^{2}1983); A. M. aux yeux des français, bearb. v. Z. MITOSEK (Warschau 1992).

Micmac [ˈmɪkmæk], Gruppe nordamerikan. Indianer der Algonkin-Sprachgruppe. Die etwa 10000 M. leben auf zahlr. Reservationen im S der Sankt-Lorenz-Mündung, v. a. in Nova Scotia, New Brunswick und auf Prince Edward Island in O-Kanada, sowie, infolge von Abwanderungen, etwa 1000 M. in den USA.

Micoquien [mikɔˈkjɛ̃] *das, -(s)*, Kulturgruppe der mittleren Altsteinzeit, benannt nach der Fundstätte La Micoque bei Les-Eyzies-de-Tayac (Dép. Dordogne, Frankreich). Kennzeichnend sind lang gestreckte, asymmetr. Faustkeile (Micoquekeile), Halbkeile, Keilmesser und Faustkeilblätter. Der Verbreitungsschwerpunkt des M. liegt in Mittel- und Osteuropa. Wichtige Fundplätze in Dtl. sind die Bocksteinschmiede im Lonetal und die Balver Höhle im Sauerland.

G. BOSINSKI: Die mittelpaläolith. Funde im westl. Mitteleuropa (1967).

micr..., micro..., Wortbildungselement, →mikro...

Microbodies [ˈmaɪkrəʊbɔdɪz; engl. body ›Körper‹], *Pl.*, Zellorganellen, →Peroxisomen.

Microburst [ˈmaɪkrəʊbəːst] *der, -(s)/-s*, amerikan. Bez. für eine →Fallbö mit geringem Durchmesser (max. etwa 5 km), die den Start- oder Landevorgang von Flugzeugen erheblich gefährden kann. Innerhalb einer kurzen Flugstrecke ist dabei ein unerwarteter Windrichtungssprung um 180° möglich, wodurch Anströmgeschwindigkeit und -richtung zum Tragflügel so verändert werden, dass eine unerwartete und kräftige Auftriebsminderung in einer sehr kurzen Zeitspanne eintritt.

Microcoelum [-ˈtsø:-; zu griech. koilía ›Bauch‹, ›Höhlung‹], wiss. Name der Gattung →Kokospälmchen.

Adam Mickiewicz (Zeichnung von Johann Joseph Schmeller)

Microburst: Auswirkung einer Fallbö auf ein startendes Flugzeug; 1 starke Zunahme der Zuströmgeschwindigkeit durch Gegenwind (Auftriebssteigerung); 2 Startgeschwindigkeit erreicht; das Flugzeug hebt ab; 3 Eintritt in das Fallwindgebiet; der Steigwinkel wird gemindert; 4 Eintritt in die Rückenwindzone; starke Auftriebsminderung mit der Gefahr der Bodenberührung

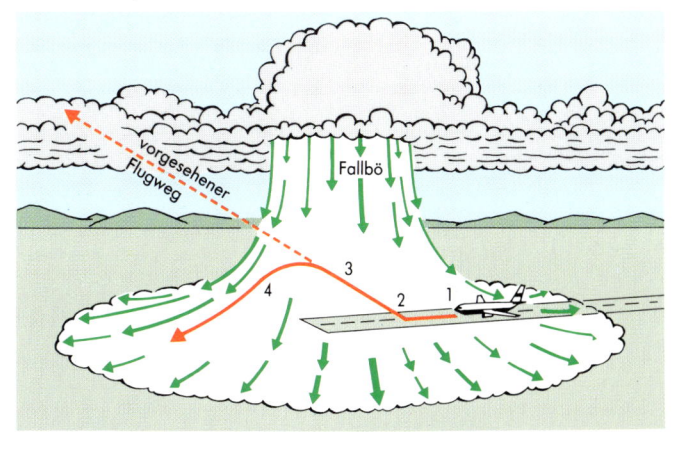

Microscopium, wiss. Bez. für das Sternbild →Mikroskop.

Microsoft Corp. [ˈmaɪkrəʊsɔft kɔːpəˈreɪʃn], Abk. **MS,** amerikan. Computerkonzern, führend bei Entwicklung, Produktion und Absatz von Software für Personalcomputer, gegr. 1975 von B. GATES und PAUL ALLEN; Sitz: Redmond (Wash.). 1981 führte M. C. für die IBM Corporation das Microsoft disc operating system (MS-DOS) ein, wobei M. C. die Rechte an MS-DOS behielt. Nach dem Bruch mit IBM 1990 entwickelte M. C. die auf MS-DOS basierende Systemsoftware Windows; Ende 1995 wurde Windows 95 auf den Markt gebracht, das das veraltete MS-DOS ersetzte. Der Konzern bietet mit Microsoft Network (MSN) einen Onlineservice an, gründete 1996 gemeinsam mit NBC einen neuen Nachrichtensender (MSNBC) und expandiert auch in den Multimediamarkt. Umsatz (1996): 8,67 Mrd. US-$; Beschäftige: rd. 18 000.

Microsporidia [griech., zu sporá ›das Säen‹, ›Same‹], zu den Sporentierchen gestellte Ordnung der Protozoen, die sehr kleine (in einer Polkapsel enthaltene) Sporen bilden; M. parasitieren vorwiegend in den Zellen von Nutzinsekten, z. B. von Bienen und Seidenraupen (verursachen u. a. die Nosemaseuche).

Microtus, wiss. Name der Gattung →Feldmäuse.

Mičurinsk [miˈtʃ-], Stadt in Russland, →Mitschurinsk.

Micus, Eduard, Maler, * Höxter 12. 7. 1925; Schüler von W. BAUMEISTER. M. belebt die Oberflächenstruktur seiner Bilder durch zerknittertes Papier. Ab 1962 entstanden ›Coudragen‹ (aus zwei zusammengenähten Leinwänden gestaltet), Arbeiten aus Karton, Wellpuppe, Polstern, Holz; auch Monotypien

M., Ausst.-Kat. (1986).

Midas, König von Phrygien (2. Hälfte 8. Jh. v. Chr.), Sohn des GORDIOS, beherrschte Kleinasien bis nach Kilikien und wurde, verbündet mit Urartu, als **Mita von Muschki** (→Moscher) von SARGON II. von Assyrien (721–705 v. Chr.) bekämpft. Beim Zusammenbruch seines Reiches unter dem Ansturm der Kimmerier beging er Selbstmord. Nach einer Version des Mythos hatte M. den Silen, der trunken in seine Hände geraten war, zu Dionysos zurückgeführt; zum Dank dafür erfüllte dieser M. den Wunsch (ein Märchenmotiv), dass sich alles, was er berührte, in Gold verwandele. Als M. vom Hungertod bedroht war, da sich auch seine Nahrung in Gold verwandelte, brachte auf Weisung des Dionysos ein Bad im Fluss Paktolos, der seitdem Gold führte, Abhilfe. – Nach einer anderen Version ließ Apoll dem M. zur Strafe dafür, dass er in einem musikal. Wettstreit zw. Apoll und Pan dem Pan den Vorzug gegeben hatte, Eselsohren wachsen, die M. vergeblich unter der phryg. Mütze zu verbergen suchte; sein Barbier murmelte seine Entdeckung in ein Erdloch und schüttete es zu. Das dort aufwachsende Röhricht verriet jedoch – vom Wind bewegt – das Geheimnis. – Seit dem 6. Jh. v. Chr. wurde auf griech. Vasen die Gefangennahme des Silen, zunächst ohne Mitwirkung des M., dargestellt. Im 5. Jh. v. Chr. erschien M. mit Eselsohren (Stamnos aus Chiusi; London, British Museum). Die neuzeitl. Kunst thematisierte das Fehlurteil und seine Folgen (GIULIO ROMANO BRONZINO, TINTORETTO, N. POUSSIN, P. LASTMAN, P. P. RUBENS).

Middelburg [ˈmɪdəlbyrx], Hauptstadt der Prov. Seeland, Niederlande, auf der ehem. Nordseeinsel Walcheren, 39 900 Ew.; Seeländ. Museum, Seeländ. Archiv; Maschinen-, Stahl- und Apparatebau, Gießereien; Gemüse- und Obstgroßmarkt; Fremdenverkehr. – Die im Zweiten Weltkrieg zerstörten oder beschädigten histor. Bauten wurden stilgetreu wiederhergestellt, darunter das spätgot. Rathaus (15./16. Jh.; 1940 fast vollständig zerstört). Koorkerk (um 1300) mit Turm (2. Hälfte des 14. Jh.?) und Nieuwe Kerk (1568) mit angrenzenden ehem. Abteigebäuden (13., 15. und 16. Jh.; nach 1940 restauriert); barocke Oostkerk (1647–67). – Die Ursprünge der Stadt reichen wohl bis in die karoling. Zeit zurück. Das 1103 als Mittelburgensis portus erwähnte M. erhielt 1217 Stadtrechte. Die bis ins 16. Jh. blühende Stadt war Handels- und Umschlagplatz bes. für Brügge und Antwerpen; der dann einsetzende wirtschaftl. Niedergang wurde u. a. durch die Versandung der zum Hafen führenden Wasserwege hervorgerufen. 1574 eroberte WILHELM von Oranien M. nach zweijähriger Belagerung. Danach wurde die (im 12. Jh. gegründete) Prämonstratenserabtei säkularisiert und zum Sitz der Provinzialverwaltung. Nachdem die Spanier 1585 Antwerpen eingenommen hatten, entwickelte sich M. zu einem von Antwerpen unabhängigen Handelsplatz. Von hier liefen viele Handelswege nach Übersee. Diese zweite wirtschaftl. Blüte fand mit der frz. Besetzung (1795–1814) ein Ende und konnte auch nicht durch den Bau neuer Hafenanlagen (1817) wieder erreicht werden. Am 17. 5. 1940 wurde die Stadt durch die dt. Bombardierung stark zerstört.

Middelharnis, Gem. in der Prov. Südholland, Niederlande, 16 500 Ew.; Handels- und Molkereizentrum der Insel Goeree-Overflakkee; Getränkeindustrie, Herstellung von Baukitt. – Gemeindehaus (1639, 1980/81 restauriert); Kruiskerk 15./16. Jh.; Institutsgebäude (1966–74) von J. B. BAKEMA und J. H. VAN DEN BROEK.

Middelhauve Verlag, 1947 gegründeter Verlag; Sitz: München. Neben literar. Werken werden Kinderbücher, Kunstbilderbücher und Literatur für junge Erwachsene (LEO LIONNI, HELME HEINE) herausgegeben.

Middelkerke, Nordseebad in der Prov. Westflandern, Belgien, westlich von Ostende, 15 900 Ew.; Spielcasino.

Middendorf, 1) Alexander Theodor von, russ. Asienforscher und Zoologe, * Sankt Petersburg 18. 8. 1815, † Hellenorm (Livland) 28. 1. 1894; bereiste 1840 mit K. E. VON BAER Lappland, 1843–45 die Halbinsel Taimyr, das Ochotsker Küstengebiet und Transbaikalien, 1869 Süd- und Mittelsibirien, 1870 N-Russland, Nowaja Semlja und Island, 1878 Fergana.

Werk: Reise in den äussersten Norden u. Osten Sibiriens ..., 7 Tle. (1847–75).

Helmut **Middendorf:** Maniac; 1983 (Privatbesitz)

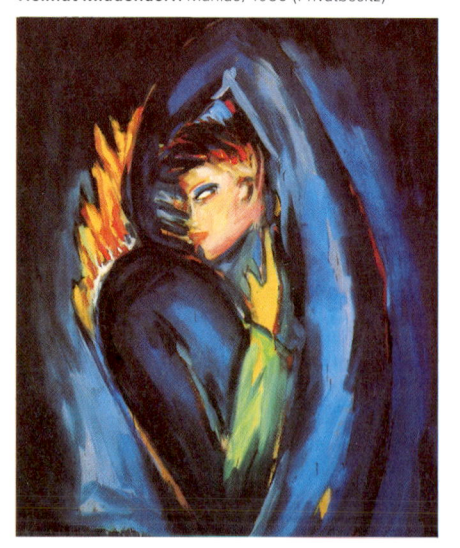

2) Helmut, Maler, * Dinklage 28. 1. 1953; Vertreter der Neuen Wilden; schildert in ekstat. Szenen die nächtl. Atmosphäre der Großstadt. In den 80er-Jahren malte er die Serie der schwarzen Bilder von Fenstern schwach beleuchteter Innenräume mit wenigen Figuren.
H. M., Zeichnungen u. Aquarelle. 1977–88, hg. v. der Hans-Thoma-Gesellschaft u. der Galerie u. Edition Buchmann Basel, Ausst.-Kat. Hans-Thoma-Gesellschaft, Reutlingen (1988); H. M. Blickrichtung schwarzweiß, hg. v. F. BUCHMANN (1990).

Middle Art [mɪdl ɑːt], eigtl. **Augustine Okoye,** nigerian. Schildermaler, Textildesigner und Zeichner, * Agukwu bei Nri (Anambra) 1936; gilt als einer der wichtigsten Vertreter der populären Kunst Schwarzafrikas. Seine Darstellungen des Biafrakrieges, Porträts nigerian. Persönlichkeiten sowie Werbeschilder wurden weltberühmt. M. A. lebt heute als Plakatmaler in Onitsha.
M. A. Schilder u. Gemälde aus Nigeria, bearb. v. E. STEIN, Ausst.-Kat. Haus der Kulturen, Berlin (1990); J. STRÖTER-BENDER: Zeitgenöss. Kunst der ›Dritten der Welt‹, mit einem Beitr. v. H. SPANJAARD (1991).

Middleback Range [ˈmɪdlbæk ˈreɪndʒ], aus Quarziten aufgebautes, bis 150 m ü. M. hohes Bergland im NO der Eyrehalbinsel, South Australia; von bis zu 500 m mächtigen Eisenerzflözen durchzogen; die Hämatite werden im Tagebau abgebaut und mit Schmalspurbahnen nach →Whyalla transportiert, wo sie verhüttet oder verschifft werden.

Middle East, The M. E. [ðə mɪdl ˈiːst, engl.], →Mittlerer Osten.

Middle income countries [mɪdl ˈɪnkʌm ˈkʌntrɪz, engl.], Abk. **MIC** [emaːˈsiː], Bez. für die →Entwicklungsländer mit mittlerem Einkommen.

Middlesbrough [ˈmɪdlzbrə], Hauptstadt der Cty. Cleveland, NO-England, 147 400 Ew.; kath. Bischofssitz; Teesside Polytechnic (1929 als College gegr., Hochschulstatus seit 1970, seit 1992 Univ.), archäolog. Museum, Kunstgalerie, James-Cook-Museum; elektrotechn. Industrie, Schwermaschinenbau; ehemals ein Zentrum der Eisen- und Stahlindustrie; Hafen an der Mündung des Tees.

Middlesex [ˈmɪdlseks], ehem. County in England, 1965 fast ganz in London eingegliedert, restliche Gebietsteile gehören heute zur Cty. Surrey und zur Cty. Hertfordshire.

Middle Stone Age [ˈmɪdl stəʊn eɪdʒ, engl.], Abk. **MSA** [emesˈeɪ], *Vorgeschichtsforschung:* in der Fachliteratur verwendete Bez. für die mittlere Steinzeit im subsahar. Afrika, die weder in zeitl. noch kultureller Hinsicht mit der Mittelsteinzeit in Europa zu vergleichen ist. (→Afrika, Vorgeschichte).

Middleton [ˈmɪdltən], Industriestadt in der Metrop. Cty. Greater Manchester, England, 45 600 Ew.; Textil-, chem. Industrie, Maschinenbau.

Middleton [ˈmɪdltən], Thomas, engl. Dramatiker, getauft London 18. 4. 1580, beerdigt Newington Butts (Cty. Surrey) 4. 7. 1627; schrieb ab 1602, z. T. zus. mit anderen Autoren (u. a. T. DEKKER, J. WEBSTER), für die Bühne. Seine derben Großstadtkomödien, z. B. ›Michaelmas term‹ (1607) und ›A chast mayd in Cheapside‹ (Uraufführung 1611, Erstausgabe 1630) geißeln moral. und soziale Missstände des Londoner Alltags. Die Tragödien ›The changeling‹ (Uraufführung 1622, Erstausgabe 1653; mit W. ROWLEY) und ›Women beware women‹ (Uraufführung zw. 1620 und 1627, Erstausgabe 1657) untersuchen die Faszination und zerstörer. Macht des Bösen. Das politisch-satir. Stück ›A game at chess‹ (1624), das die engl.-span. Beziehungen kritisiert, erregte großes Aufsehen und wurde von JAKOB I. verboten. M. schrieb auch Masken- und Historienspiele für die Stadt London und war ab 1620 Stadtchronist.
Ausgaben: Works, hg. v. A. H. BULLEN, 8 Bde. (1885–86, Nachdr. 1964); Selected plays, hg. v. D. L. FROST (1978).

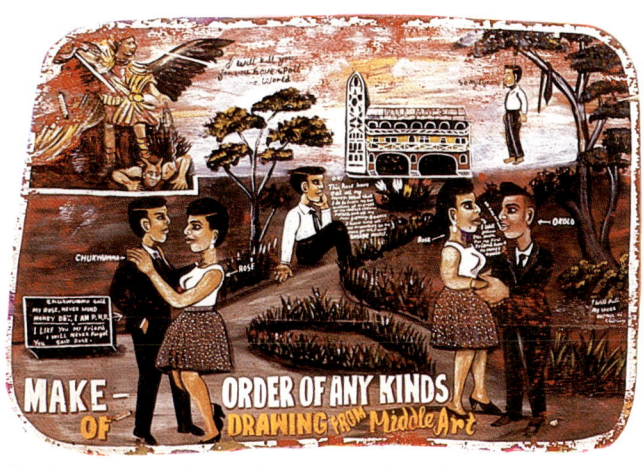

Middle Art: Die Geschichte von Chukwumma und Rose; 1966 (Bayreuth, Iwalewa Haus)

D. J. LAKE: The canon of T. M.'s plays (London 1975); A. L. u. M. K. KISTNER: M.'s tragic themes (New York 1984); S. J. STEEN: Ambrosia in an earthen vessel. Three centuries of audience and reader response to the works of T. M. (New York 1993).

Middle West [mɪdl west], Gebiet der USA, →Mittlerer Westen.

Midgard, in den altgerman. Sprachen die von den Menschen bewohnte Welt, eigtl. der die Welt umgebende Wall. Im altnord. Mythos die von den Göttern für die Menschen erbaute Burg (neben ›Asgard‹, dem Götterwohnsitz, und ›Utgard‹, dem Reich der Riesen). Bei SNORRI STURLUSON ist M. die Welt, in der Götter und Menschen ihren Wohnsitz haben.

Midgardschlange, *altnord. Mythos:* unheilvolles Wesen, das wie Fenrir und Hel von Loki abstammt. Nach dem Mythos umschlingt sie, im Weltmeer liegend, die als Scheibe gedachte bewohnte Erde (→Midgard). Thor kämpft vergeblich mit ihr, als sie bei einem Fischzug mit dem Riesen Hymir an seiner Angel hängt; beim Götteruntergang (→Ragnarök) töten sie und Thor sich gegenseitig. Im frühen Christentum wurde die M. mit Leviathan identifiziert.

Mid Glamorgan [ˈmɪd gləˈmɔːgən], ehemalige County in S-Wales, 1996 aufgelöst in die Verw.-Distr. Merthyr Tydfil, Bridgend, Caerphilly und Rhondda Cynon Taff. Ehemaliger Kernraum des südwalis. Bergbaugebietes, bis auf wenige privatisierte Zechen stillgelegt; ferner Metallerzeugung, Maschinenbau, chem., elektrotechn. und Textilindustrie.

Midhat Pascha, osman. Politiker, * Konstantinopel Oktober 1822, † (ermordet) Taif 8. 5. 1884 (1883?); nach längerer Verwaltungs- und Min.-Laufbahn 1872 und 1876–77 Großwesir. Als führender, mit den Jungtürken sympathisierender Reformpolitiker war M. P. maßgeblich an der Ausarbeitung der Verf. vom 23. 12. 1876 beteiligt. Nach seiner Absetzung (1877) zunächst verbannt, war er 1878–80 Gouv. von Syrien. Im Mai 1881 verhaftet und wegen angebl. Beteiligung bei der Ermordung des Sultans ABD ÜL-ASIS (1876) in einem Scheinprozess verurteilt, wurde er nach Arabien verbannt und dort ermordet. Er schrieb ›La Turquie, son passé, son avenir‹ (1878).
R. H. DAVISON: Reform in the Ottoman Empire. 1856–1876 (Washington, D. C., 1963, Nachdr. New York 1973).

Midi [frz. ›Mittag‹, ›Süden‹], Name von geographischen Objekten:
1) Midi, der S Frankreichs, bes. das Mittelmeergebiet (Provence, Languedoc-Roussillon), i. w. S. auch der aquitan. SW (Midi-Pyrénées, Aquitaine).

Midhat Pascha (Holzstich, 1877)

2) Aiguille du Midi [ɛˈgɥij dy -], scharfgratiger Gipfel in der Montblancgruppe, Frankreich, nordnordöstlich vom Montblanc, 3 842 m ü. M.; Seilbahn.
3) Canal du Midi [kaˈnal dy -], Kanal in S-Frankreich; →Canal 5).
4) Pic du Midi de Bigorre [pik dy - də biˈgɔr], Gipfel in den frz. Zentralpyrenäen, 2 872 m ü. M., dem Hauptmassiv nach N vorgelagert; 110 m hoher Sendeturm; Observatorium, u. a. mit einem 2-m-Teleskop sowie einem Koronographen und einem Spektroheliographen.
5) Pic du Midi d'Ossau [pik dy - dɔˈso], tertiärer Andesitvulkan in den frz. Zentralpyrenäen, 2 884 m ü. M., überragt das Tal von Ossau.

MIDI [Abk. für engl. **m**usical **i**nstrument **d**igital **i**nterface, ›Schnittstelle für digitale Musikinstrumente‹], seit 1982 Bez. für ein international genormtes elektron. System, bei dem die Klangsignale (Steuersignale) einzelner digitaler Instrumente (Synthesizer, Effektgeräte, Drumcomputer, Soundsampler, digitale Keyboards usw.) über eine spezielle Schaltung (MIDI-Interface) zentralisiert werden. Mithilfe eines Computers lassen sich bis zu 16 versch. Informationskanäle abrufen und unmittelbar zu einem z. B. orchestralen Gesamtklangbild synchronisieren.

Midian, die Landschaften des nördl. Hidjas, Saudi-Arabien, etwa zw. dem Golf von Akaba und 26° n. Br. Im Altertum hatte M. bedeutende Gold- und Silbervorkommen.

Midianiter, in der Vulgata **Madianiter,** mit den Israeliten verwandter (1. Mos. 25, 2) Nomadenstämmeverband der syrisch-arab. Wüste. Die Überlieferung bringt MOSE mit den M. in Verbindung (2. Mos. 2, 15 ff.; 2. Mos. 18); nach Ri. 6–8 fielen sie als Kamelnomaden in das westjordan. Kulturland ein. (→Gideon)

E. A. KNAUF: M. (1988).

Midibuch, formunabhängige Bez. für ein relativ kleines Buch in der Größe zw. einem →Minibuch und einem Buch gebräuchl. Formats. Die Buchblockhöhen liegen bei etwa 100 mm; übl. Formate sind 62 mm × 95 mm, 67 mm × 100 mm und 70 mm × 100 mm.

Midinette [-ˈnɛt(ə); frz., wohl eigtl. ›Mädchen, das erst am Mittag (frz. midi) frühstückt, weil es sehr lange aus gewesen ist‹] *die, -/-n,* 1) volkstüml. frz. Bezeichnung für: Pariser Modistin, Näherin; 2) *veraltet* für: leichtlebiges Mädchen.

Midi-Pyrénées [- pireˈne], Region in S-Frankreich, umfasst die Dép. Ariège, Aveyron, Haute-Garonne, Gers, Lot, Hautes-Pyrénées, Tarn und Tarn-et-Garonne, mit 45 348 km² die größte der frz. Regionen, 2,49 Mio. Ew.; Hauptstadt ist Toulouse. M.-P. umfasst den östl. Teil des →Aquitanischen Beckens, die Zentralpyrenäen und das südwestl. Zentralmassiv. Wegen ihrer Randlage hatte die Region bis nach dem Zweiten Weltkrieg eine rückläufige Bev.-Entwicklung. Haupteinkommensquelle ist die Landwirtschaft; Schaf- und Rinderweidewirtschaft sind im Quercy, im Zentralmassiv (u. a. Roqueforthestellung in den Causses) und in den Pyrenäen vorherrschend; in den übrigen Gebieten werden Weizen, Mais und Tabak angebaut, regional auch Wein (Armagnac) und Obst. Abgesehen von den Kohlevorkommen bei Decazeville, Albi und Carmaux spielt v. a. die Erschließung des Wasserkraftpotenzials im Bereich der Pyrenäen eine entscheidende Rolle bei der wirtschaftl. Entwicklung; sie zog elektrometallurg. und elektrochem. Industrie (u. a. die Aluminiumwerke in Lannemézan, Auzart und Sabart) nach sich. Seit 1938 besteht die Flugzeugindustrie in den Räumen Toulouse und Tarbes. Die Erdöl- und Erdgasvorkommen Aquitaniens förderten die Entstehung einer chem. Industrie. Am steigenden Fremdenverkehr haben v. a. der Wallfahrtsort Lourdes sowie die Pyrenäen Anteil.

F. TAILLEFER: Atlas et géographie du Midi toulousain (Paris 1978).

Midland Bank [ˈmɪdlənd bæŋk], eine der größten engl. Banken (Big Four); gegr. 1836 als ›Birmingham and M. B.‹, firmiert nach mehreren Fusionen seit 1923 unter dem heutigen Namen; Sitz: London; seit 1992 Tochtergesellschaft der → HSBC Holdings plc.

Midlands, The M. [ðə ˈmɪdləndz], engl. Name für Mittelengland. Es umfasst zwei ehem. stark industriell geprägte Wirtschaftsplanungsregionen mit intensiver, leistungsfähiger Landwirtschaft und sehr guter Verkehrsinfrastruktur. Sie bilden das Verbindungsglied zw. dem nördl. Verdichtungsraum um Liverpool-Manchester und dem südl. Verdichtungszentrum London. Die Region **West Midlands** (13 004 km², 5,3 Mio. Ew.) besteht aus der Metrop. Cty. →West Midlands sowie den umgebenden Countys →Warwickshire, →Staffordshire, →Shropshire und →Hereford and Worcester. Mit 545 000 Beschäftigten in der Industrie (das sind 28,9 % der Erwerbstätigen) sind die West Midlands eine der bedeutendsten Industriekonzentrationen Großbritanniens. Der industrielle Kernbereich wird v. a. von Fahrzeug-, Flugzeug-, Maschinenbauindustrie bestimmt. Die ehem. (einschließlich Zulieferindustrie) dominierende Autoindustrie hat seit den 70er-Jahren an Bedeutung verloren. – Die Region **East Midlands** (15 627 km², 4,1 Mio. Ew.) besteht aus den Countys →Derbyshire, →Nottinghamshire, →Lincolnshire, →Leicestershire und →Northamptonshire. Im N und in der Mitte hat die Region Anteil an zwei bedeutenden Kohlenfeldern, dem von Nottinghamshire und Derbyshire sowie dem von N-Leicestershire; seit den Zechenschließungen Anfang der 90er-Jahre hat der Bergbau an wirtschaftl. Bedeutung verloren. Fast ein Viertel des elektr. Stroms in Großbritannien produzieren die Großkraftwerke entlang dem Trent. In der Industrie sind (1997) 26,2 % der Beschäftigten tätig.

P. A. WOOD: The West M. (Newton Abbot 1976); Crisis in the industrial heartland. A study of the West M., hg. v. K. SPENCER u. a. (Oxford 1986).

Midlifecrisis [ˈmɪdlaɪf ˈkraɪsɪs, engl.] *die, -,* **Midlife-Crisis,** *bildungssprachlich* für: krisenhafte Phase etwa in der Mitte des Lebens, in der der Betroffene sein bisheriges Leben kritisch überdenkt und gefühlsmäßig infrage stellt.

Midlothian [mɪdˈləʊðjən], ehemalige County in Schottland, seit 1996 eigenständiger Verw.-Distr., 356 km², 79 900 Ew.; Verw.-Sitz ist Dalkeith, früher Kohlebergbaugebiet; Papier-, Glas-, Elektronikindustrie.

Midrasch [hebr. ›Untersuchung‹, ›Erforschung‹] *der, -/...ˈschim,* eine Form jüdisch-rabbin. Bibelauslegung, die v. a. an der aktualisierenden Kommentierung, kaum an dem Urspüngl. Sinn des Textes orientiert ist. Erhalten sind M. in Einzelauslegungen innerhalb der talmud. Literatur sowie in eigenen Werken zu den bibl. Büchern. Inhaltlich werden halach. (gesetzl.) und haggad. (nichtgesetzl., erbaul.) M. unterschieden, nach ihrer Entstehungszeit tannait. (1.–3. Jh.) und amoräische (3.–5. Jh.). Als exeget. M. folgen sie Vers für Vers den bibl. Texten und fügen ihnen die Kommentare laufend bei. Im Unterschied dazu konzentrieren sich die homilet. M. auf größere Schriftperikopen und fassen mehrere thematisch zusammen. Die meisten M. und M.-Sammlungen haben erst im MA. ihre endgültige Gestalt erhalten.

G. STEMBERGER: M. (1989); DERS.: Einleitung in Talmud u. M. (⁸1992).

Midu, Volksstamm in Assam, →Mishmi.

Midway-Inseln [ˈmɪdweɪ-, engl.], Atoll mit zwei Koralleninseln (Sand Island, Eastern Island) im Pazifik, bei 28° 15′ n. Br. und 177° 20′ w. L., rd. 2 000 km nordwestlich von Hawaii, 5 km² Landfläche, 450 Ew.; 1859 entdeckt, seit 1867 von den USA besetzt (1903 der Marine unterstellt), bis zum Zweiten Weltkrieg Zwischenlandeplatz für den Transpazifikverkehr. Heute Militärstützpunkt. – Vogelschutzgebiet.

Im Zweiten Weltkrieg fand bei den M.-I. vom 3. bis 7. 6. 1942 eine See- und Luftschlacht zw. jap. und amerikan. Streitkräften statt, deren Ausgang die Kriegswende auf dem pazif. Kriegsschauplatz zugunsten der USA einleitete. Die Schlacht, bei der sich die Schiffe nie allein sahen, bewies erstmals die größere Bedeutung der Flugzeugträger gegenüber den herkömmlichen Schlachtschiffen.

Midyat, Stadt in der Prov. Mardin in SO-Anatolien, Türkei, 22 200 Ew.; Zentrum des Siedlungsgebietes syrisch-orth. Christen im →Tur-Abdin; Sitz eines jakobit. Metropoliten. M. hat einen christl. und einen muslim. Stadtteil; Silberschmuckhandwerk.

Mie, Präfektur (Ken) auf der Insel Honshū, Japan, 5 778 km², 1,82 Mio. Ew.; Hauptstadt ist Tsu.

Mie, Gustav Adolf Ludwig, Physiker *Rostock 29. 9. 1868, † Freiburg im Breisgau 13. 2. 1957; Prof. in Greifswald, Halle (Saale) und Freiburg im Breisgau. Nach Arbeiten über Lichtstreuung an kleinen Teilchen (Mie-Effekt) entwickelte M. 1912/13 eine Theorie der Materie, in der er durch Erweiterung der maxwellschen Theorie eine Vereinheitlichung des elektromagnet. Feldes und seiner materiellen Quellen zu erreichen suchte.

Mieder [mhd. müeder ›Leibchen‹, Nebenform von muoder, ahd. muodar ›Bauch‹], eng anliegende weibl. Oberkörperbekleidung, der Ober- oder Unterkleidung gehörig. In der Oberkleidung ein durch Schnürung, Häkchen oder Knöpfe geschlossenes Oberteil des eng anliegenden Frauenkleides, bisweilen durch Einlagen versteift. Im 15. Jh. neben einteiligen Kleidern aufgekommen, erst mit angesetztem Rock, seit Mitte des 16. Jh. auch selbstständig bei zweiteiligen Kleidern. Die frz. Bez. Corsage wurde im 18. Jh. ins Deutsche übernommen; heute v. a. das auf Figur gearbeitete Oberteil eines schulterfreien Kleides. – Eindeutig als Unterkleidung getragene M. sind seit dem 16. Jh. belegt. Geschnürt, mit Fischbein oder Eisen verstärkt, passten sie dem weibl. Oberkörper der von der span. Mode geforderten Silhouette an. Nach einer Lockerung der Kostümformen in der 1. Hälfte des 17. Jh. wurde in der Folgezeit ein formendes M., nun Schnürbrust, Schnürleib oder Schnür-M. gen., fester Bestandteil der mod. Kleidung. Man unterschied das hinten geschnürte engl. und das vorn und hinten geschnürte frz. M. Mit Ausnahme der Chemisenmode um 1800 lebte es bis ins 20. Jh. als →Korsett weiter. Reformbewegungen kämpften seit dem späten 19. Jh. gegen gesundheitsschädigende Schnür-M., aber erst seit den 20er-Jahren des 20. Jh. wurde es durch Büstenhalter, Hüftgürtel und elast. M.-Waren ersetzt.

N. WAUGH: Corsets and crinolines (Neuausg. London 1987); Die zweite Haut. Zur Gesch. der Unterwäsche 1700-1960, bearb. v. A. JUNKER u. a., Ausst.-Kat. (1988).

Miedwie, Jezioro M. [jɛˈzɔrɔ ˈmjɛdwjɛ], See in Polen, →Madüsee.

Międzyrzecz [mjɛnˈdziʒɛtʃ], Stadt in Polen, →Meseritz.

Międzyzdroje [mjɛndziˈzdrɔjɛ], Seebad in Polen, →Misdroy.

Mie-Effekt [nach G. A. L. MIE], Erscheinung, dass bei der Lichtstreuung an Teilchen, deren Durchmesser größer als die Lichtwellenlänge oder mit ihr vergleichbar ist (**Mie-Streuung,** 1908), mit wachsendem Durchmesser der Streuintensität in Vorwärtsrichtung stärker zunimmt als in Rückwärtsrichtung. Die Mie-Streuung hängt im Ggs. zur →Rayleigh-Streuung von den Materialeigenschaften (Dielektrizitätskonstante, elektr. Leitfähigkeit) der streuenden Teilchen ab. Die Mie-Theorie der Streustrahlung wird u. a. zur Berechnung der Zerstreuung des Lichts in der von Dunst getrübten Atmosphäre herangezogen. Sind die Dunstteilchen so beschaffen, dass die Lichtstreuung weitgehend eine Mie-Streuung ist, so tritt an die Stelle des blauen Himmelslichts weißes.

Miège [ˈmjɛːʒ], Weinbauort im Kt. Wallis, Schweiz, oberhalb von Siders, 720 m ü. M., 930 Ew.; über 100 ha Rebland (zu 40 % Spätburgunder).

Miegel, Agnes, Schriftstellerin, *Königsberg (heute Kaliningrad) 9. 3. 1879, † Bad Salzuflen 26. 10. 1964; beschrieb Ostpreußen, seine Menschen, Sagen und Geschichte. Erzählerin (›Geschichten aus Alt-Preußen‹, 1926; ›Heimkehr‹, 1962) und Lyrikerin (›Kirchen im Ordensland‹, 1933) mit Vorliebe für die Ballade und balladeske Wirkungen, schwermütige Stimmungen und bedeutungsvoll Unheimliches. Sie griff Tendenzen der Heimatkunst auf und ließ Blut- und-Boden-Romantik und Sympathien mit natsoz. Ideen erkennen.

Ausgabe: Ges. Werke, 7 Bde. (¹⁻³1953-67).

Mields, Rune, Malerin und Zeichnerin, *Münster 24. 2. 1935; Autodidaktin; sucht die Struktur von Ordnungsgefügen aus versch. Bereichen (mathemat. Gesetze, Tonarten der Musik u. a.) in ihren Bildern und Zeichnungen sichtbar zu machen.

R. M., bearb. v. D. TEUBNER u. a., Ausst.-Kat. (1988).

Mielec [ˈmjɛlɛts], Stadt in der Wwschaft Rzeszów, Polen, an der Wisłoka, 64 100 Ew.; auf dem Gelände des ehem. Staatsunternehmens für den Bau von Kommunikationsausrüstungen (bes. Flugwesen) entstand die erste poln. Spezielle Wirtschaftszone (SSE) mit Privatunternehmen aus den Bereichen Kfz-, Flugzeugbau, Energie-, Fernmeldewesen, Elektronik, Transportwesen u. a. Gewerben.

Miele & Cie. GmbH & Co., Unternehmen der Elektroindustrie, das v. a. Haushaltsgeräte und gewerbl. Anlagen herstellt, gegr. 1899; Sitz: Gütersloh. Umsatz (1995/96): 3,22 Mrd. DM, Beschäftigte: 13 900.

Mielich, Hans, Maler, →Muelich, Hans.

Mielitz, Christine, Opernregisseurin, *Chemnitz 23. 11. 1949; war Assistentin von H. KUPFER am Dt. Nationaltheater Weimar und wurde 1989 Oberspielleiterin an der Kom. Oper Berlin, wo sie u. a. 1990 P. HINDEMITHS ›Cardillac‹, 1992 R. WAGNERS ›Rienzi‹ und 1994 G. PUCCINIS ›Il Trittico‹ inszenierte. Als Gastregisseurin wirkte sie u. a. in Zürich, an der Dresdner Staatsoper und an der Wiener Volksoper. Für die zeitgenöss. Oper setzte sie sich u. a. mit ihrer Inszenierung von H. W. HENZES ›Die Bassariden‹ an der Hamburg. Staatsoper ein.

Mielke, Erich, Politiker, *Berlin 28. 12. 1907; trat 1925 der KPD bei und wurde in deren militär. ›Selbstschutz‹ leitend tätig. Der Ermordung von zwei Polizeioffizieren angeklagt, floh er 1931 mit sowjet. Hilfe nach Belgien; 1934-35 wurde M. in der UdSSR geschult, 1936-39 nahm er als Offizier der Internat. Brigaden am Span. Bürgerkrieg teil und bekämpfte ›Abweichler‹ in den eigenen Reihen. Seit Juli 1946 Vize-Präs. der Zentralverwaltung des Inneren, gründete er mit W. ZAISSER (beide ab 1946 SED) die polit. Polizei (›K 5‹) in der SBZ. Nach Gründung der DDR (1949) war er maßgeblich am Aufbau des →Staatssicherheitsdienstes beteiligt; als Min. für Staatssicherheit (1957-89; seit 1959 Generaloberst, ab 1980 Armeegeneral) baute er das MfS zu einem weit verzweigten Kontroll- und Unterdrückungsinstrument der SED-Führung aus, der er selbst angehörte (1959-89 Voll-Mitgl. des ZK, 1976-89 des Politbüros der SED). Am 7. 11. 1989 verlor er alle Ämter und wurde am 7. 12. 1989 wegen Machtmissbrauchs und Korruption verhaftet (seitdem, mit Unterbrechung 9. 3.-26. 7. 1990, in Untersuchungshaft). Am 26. 10. 1993 wurde er vom Landgericht Berlin für die Erschießung der Polizisten 1931 zu einer Freiheitsstrafe von sechs Jahren verur-

Agnes Miegel

Miere 2): Frühlingsmiere (Höhe 5–15 cm)

teilt; dasselbe Gericht stellte am 3. 11. 1994 das am 4. 9. 1994 begonnene Verfahren gegen M. wegen Mitverantwortung an den Todesfällen an der innerdt. Grenze aufgrund seiner Verhandlungsunfähigkeit ein. Am 1. 8. 1995 wurde er aus dem Gefängnis entlassen.

Mielziner [mel'zenər], Jo, amerikan. Bühnenbildner, * Paris 19. 3. 1901, † New York 15. 3. 1976; gilt als einer der Erneuerer des Bühnenbilds am Broadway, wo er v. a. mit E. KAZAN zusammengearbeitet hat.

Mieminger Gebirge, Teil der Nördl. Kalkalpen in Tirol, Österreich, zw. Fernpass und Seefelder Sattel, vom nördlich anschließenden Wettersteingebirge nur durch das Hochtal der Leutascher Ache getrennt; den höchsten Teil (westlich des Sattels von Telfs-Buchen, 1 256 m ü. M.) bildet die **Mieminger Kette,** im Hochplattig bis 2 768 m ü. M. Nach SW schließt sich jenseits des **Mieminger Plateaus,** über das die Straße über den Holzleitensattel (1 126 m ü. M.) führt, das lang gestreckte Massiv (zw. Inn- und Gurgltal) des Tschirgant an (bis 2 370 m ü. M.).

Miene [frz. mine, vielleicht zu breton. min ›Schnauze‹, ›Schnabel‹], das in einer bestimmten Situation bestimmte Gefühle ausdrückende Aussehen des Gesichts, Gesichtsausdruck. (→Mimik)

Miercurea-Ciuc ['mjerkurea 'tʃuk], Hauptstadt des Kr. Harghita, Rumänien, 679 m ü. M., in den Ostkarpaten im Tal der Alt, 46 700 Ew.; Traktorenbau, Textil-, Holz-, Nahrungsmittelindustrie; Fremdenverkehr. – M.-C. entstand um eine Anfang des 13. Jh. am Kreuzungspunkt von Handelswegen aus Siebenbürgen in die Walachei errichtete Festung und wurde 1427 erstmals urkundlich erwähnt.

Miere, 1) Bez. für verschiedene Nelkengewächse, z. B. **Stern-M.** (Stellaria), **Schuppen-M.** (Spergularia), **Salz-M.** (Honckenya), **Nabel-M.** (Moehringia).
2) **Minuartia,** Gattung der Nelkengewächse mit etwa 120 Arten in den gemäßigten und kalten Zonen der Nordhalbkugel; oftmals unauffällige Kräuter oder Halbsträucher mit meist weißen Blüten in Trugdolden, z. B. die **Frühlings-M.** (Minuartia verna). Einige Polster bildende Arten sind als Zierpflanzen in Kultur.

Mierendorff, Carlo, Politiker, * Großenhain 24. 3. 1897, † (Luftangriff) Leipzig 4. 12. 1943; Journalist, Mitgl. der SPD, in der Gewerkschaftsbewegung tätig,

Frans van Mieris d. Ä.: Wirtshausszene; 1658 (Den Haag, Mauritshuis)

von September 1930 bis Juni 1933 MdR, entschiedener NS-Gegner, 1933–38 im KZ Buchenwald, schloss sich im Zweiten Weltkrieg dem Kreisauer Kreis an.
R. ALBRECHT: Der militante Sozialdemokrat. C. M. 1897–1943 (1987).

Mieres ['mjeres], Stadt in NW-Spanien, Asturien, 21 km südlich von Oviedo, 209 m ü. M., 53 400 Ew.; Ingenieurschule. M. ist Zentrum eines Bergbaugebiets (Steinkohle, Eisenerz, Zinnober); Verhüttung, Stahlwerk, Metallindustrie. – Kirche San Juan (12. Jh.) mit roman. Portal.

Miesmuscheln: Essbare Miesmuschel (Länge 6–10 cm) mit Byssusfäden

Mieresch die, Nebenfluss der Theiß, →Maros.

Miereveld ['mi:rəvɛlt], **Mierevelt,** Michiel Janusz. van, niederländ. Maler, * Delft 1. 5. 1567, † ebd. 27. 6. 1641; Hofmaler des Prinzen von Oranien. Er malte, in Anlehnung an A. MOR, zahlr. Halbfigurenbildnisse von Mitgl. des Haager Hofes und schuf auch einige Historienbilder.

Mieris ['mi:rɪs], 1) Frans van, d. Ä., niederländ. Maler, * Leiden 16. 4. 1635, † ebd. 12. 3. 1681, Vater von 2); malte Genrebilder mit allegor. Bedeutung im Stil seines Lehrers G. DOU (›Wirtshausszene‹, 1658; Den Haag, Mauritshuis). Sie zeichnen sich durch eine virtuose Wiedergabe der Oberflächenstruktur von Stoffen und Gegenständen aus. Seine Porträts haben gleichfalls Genrecharakter; auch Zeichnungen und Radierungen.
O. NAUMANN: F. van M., the Elder, 2 Bde. (Doornspijk 1981).
2) Willem van, niederländ. Maler, * Leiden 3. 6. 1662, † ebd. 27. 1. 1747, Sohn von 1); malte Genrebilder, Porträts und religiöse Szenen in der Art seines Vaters, oft detailüberladen.

Mierosławski [mjɛrɔ'suafski], Ludwik, poln. Revolutionär, * Nemours (Dép. Seine-et-Marne) 17. 1. 1814, † Paris 22. 11. 1878; als Führer des für 1846 geplanten gesamtpoln. Aufstandes im Februar 1846 verhaftet, in Berlin 1847 zum Tode verurteilt und im März 1848 befreit. Im April/Mai war er militär. Führer des Posener Aufstandes, im März 1849 Kommandeur der Aufständischen in Sizilien, im Juni 1849 der Aufständischen in Baden; 1863 kurzfristig ›Diktator‹ im poln. Januaraufstand.

Miersit der, -s/-e, Mineral, →Jodargyrit.

Mies, tschech. **Stříbro** ['strʃi:brɔ], Stadt im Westböhm. Gebiet, Tschech. Rep., 395 m ü. M., über dem tief eingeschnittenen Tal der Mies, 4 000 Ew.; Renaissancerathaus (1543); Musikinstrumentenbau, Nahrungsmittelindustrie; Fremdenverkehr.

Miesbach, 1) Kreisstadt in Oberbayern, 700 m ü. M. im Alpenvorland, am N-Rand des Mangfallgebirges, 10 600 Ew.; Heimatmuseum, Almwirtschaftsschule u. a.; Papierfabrik, mittelständ. Industrie; Zentrum der oberbayer. Viehzucht. – Kath. Pfarrkirche Mariä Himmelfahrt (1783 ff.) mit spätgot. Chormauer des Vorgängerbaus; Portiunkulakirche (Rundbau um 1660). – Das 1114 erstmals erwähnte M. entwickelte sich im Schutz einer 1312 zerstörten Burg. 1367 wurde es erstmals urkundlich als Markt erwähnt; 1918 erhielt es Stadtrecht.

2) Landkreis im Reg.-Bez. Oberbayern, Bayern, 863 km², 89 000 Ew. Das zw. Isar und Inn gelegene, durch Mangfall, Schlierach und Leitzach gegliederte Kreisgebiet (›Land der drei Täler‹) erstreckt sich von den Bayer. Alpen (Mangfallgebirge, bis 2 299 m ü. M.) an der österr. Grenze bis in das von eiszeitl. Moränen und Seen (Tegernsee, Schliersee) geprägte Alpenvorland. Über 50% der Kreisfläche sind mit Wald bedeckt. Bedingt durch das feuchtkühle Klima ist die Landwirtschaft auf Rinderzucht und Milchwirtschaft beschränkt. Neben etwas Industrie hat nach Erlöschen des Pechkohlenabbaus bei Hausham der Fremdenverkehr durch Bäder (Bad Wiessee, Rottach-Egern, Schliersee, Bayrischzell, Tegernsee, Fischbachau, Kreuth) und Luftkurorte (bes. Tegernsee und Schliersee) sowie durch Alpinismus und Wintersport (Bayrischzell) große wirtschaftl. Bedeutung. Auch die katholisch geprägte Bauernkultur wurde schon früh ein Anreiz für Fremde.

Miesmuscheln [mhd. mies ›Moos‹], **Pfahlmuscheln, Mytilus,** weltweit verbreitete, zu den Fadenkiemern gestellte Gattung der Muscheln, die sich nach etwa vierwöchiger plankt. Larvenentwicklung in den Küstenregionen mit Byssusfäden an feste Unterlagen (Pfähle, Steine u. Ä.) heften. Die an den europ. Atlantikküsten und in der Ostsee vorkommende 6–10 cm lange **Essbare M.** (Mytilus edulis) wird wie die Mittelmeerart **Mytilus galloprovincialis** v. a. in den Niederlanden, in Frankreich und Italien gezüchtet. Jährlich kommen über 100 000 t in Europa in den Handel. Da die M. als Planktonfiltrierer unter Umständen auch für den Menschen giftige Organismen aufnehmen, kommt es gelegentlich zu ›Muschelvergiftungen‹.

Mieß *die,* slowen. **Meža** [ˈmeːʒa], rechter Nebenfluss der Drau in Slowenien, 41 km lang; im M.-Tal in den Karawanken Bleierzbergwerke und -schmelzen.

Mies van der Rohe, Ludwig, amerikan. Architekt dt. Herkunft, *Aachen 27. 3. 1886, †Chicago (Ill.) 17. 8. 1969; arbeitete 1905–07 bei B. PAUL, 1908–11 bei P. BEHRENS, ab 1912 in Berlin selbstständig. 1930–33 war er Direktor des Bauhauses. 1937 emigrierte in die USA und wurde Leiter der Architekturabteilung des Illinois Institute of Technology in Chicago (IIT, 1938–58), 1944 nahm er die amerikan. Staatsbürgerschaft an. – M. v. d. R.s Bauten waren zunächst noch von einem neoklassizist. Stil in der Nachfolge K. F. SCHINKELS geprägt (Entwurf für Haus Kröller in Den Haag, 1912). Er griff jedoch bald zeitgenöss. sachl. Gestaltungstendenzen auf. Nachhaltigen Einfluss auf seine Entwicklung hatten u. a. die Novembergruppe,

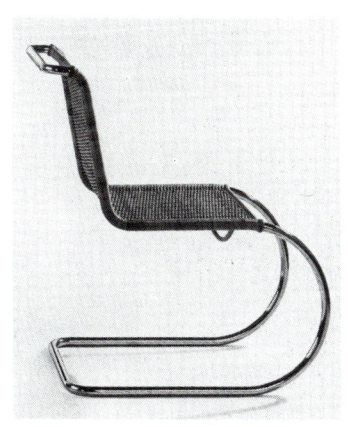

Ludwig Mies van der Rohe: Neue Nationalgalerie in Berlin; 1962–67

die Stijl-Gruppe, neben BEHRENS auch die Architekten P. BERLAGE, H. HÄRING und R. SCHWARZ, nicht zuletzt auch R. GUARDINI und die Auseinandersetzung mit dem Werk F. NIETZSCHES. Ab 1919 entstanden Entwürfe für Hochhäuser in dreieckigen oder kurvigen Formen, die durch die Verwendung von Glas und Stahlbeton auf eine neuartige Leichtigkeit und Belebung der Fassaden durch Lichtreflexe abzielten. 1927 errichtete er erstmals einen Wohnblock in Stahlskelettbauweise (Weißenhofsiedlung in Stuttgart). Im Dt. Pavillon der Weltausstellung in Barcelona (1929; rekonstruiert 1986; BILD →Ausstellungsbauten) verwirklichte er am konsequentesten seine Vorstellungen von ›fließenden Räumen‹ (Wände sind ohne tragende Funktion, nur noch Versatzelemente mit ästhet. Bedeutung aus Edelhölzern, Marmor, Glas) sowie von der Einheit von Innen- und Außenbau bei hoher techn. Perfektion. Diese Gestaltungsprinzipien übertrug er im Haus Tugendhat in Brünn (1928–30) auf ein Wohnhaus. Ab 1939 arbeitete er an einem Plan für die Neugestaltung des Hochschulgeländes des IIT; bezeichnend für die Gesamtanlage der ab 1944 errichteten Bauten sind die Gruppierung von rechteckigen, flachen Kuben mit halb offenen Höfen und Passagen, sichtbare Stahlprofile, exakt errechnete Proportionen und die Präzision aller Details. Motive wie den offenen Pavillon oder große ›schwebende‹ Plattformen variierte M. v. d. R. in versch. Bauten unterschiedl. Maßstabs (Haus Farnsworth in Plano, Ill., 1946–51; Crown Hall des IIT, 1950–56). Betonskelett und Stahlskelettkonstruktionen bestimmen seine exemplar. (Wohn-)Hochhäuser: Promontory Apartments (1946 bis 1949) und Lake Shore Drive Apartments in Chicago (1948–51), Seagram Building in New York (1954–58; BILD →Glasarchitektur). Beim Entwurf der Neuen Nationalgalerie in Berlin (1962–67) griff er erneut die Pavillonform auf; obwohl zweigeschossig, wirkt der Bau von drei Seiten eingeschossig. – Neben LE CORBUSIER, W. GROPIUS und F. L. WRIGHT gehört M. v. d. R. zu den stilprägenden Architekten der 1. Hälfte des 20. Jh.; in den 1940er-Jahren entstand unter seinem Einfluss die Second School of Chicago (→Chicagoer Schule). Seine Möbelentwürfe wirkten auf das Möbeldesign.

W. BLASER: M. v. d. R. Möbel u. Interieurs (1981); DERS.: M. v. d. R. Continuing the Chicago School of Architecture (Basel ²1981); DERS.: M. v. d. R. – less is more (Zürich 1986); W. TEGETHOFF: M. v. d. R. Die Villen u. Landhausprojekte (1981); FRANZ SCHULZE: M. v. d. R. A critical biography (Chicago, Ill., 1985); F. NEUMEYER: M. v. d. R. Das kunstlose Wort (1986); M. v. d. R. Vorbild u. Vermächtnis, hg. v. H. KLOTZ,

Ludwig Mies van der Rohe: Stuhl ›MR‹; Entwurf 1927

Ludwig Mies van der Rohe

Ausst.-Kat. (1987); W. BLASER: M. v. d. R. The art of structure (Neuausg. Basel 1993); DERS.: M. v. d. R. (Basel ⁶1997); Architekten – L. M. v. d. R., bearb. v. U. STARK (³1993); J.-L. COHEN: L. M. v. d. R. (a. d. Frz., Basel 1995); D. SPAETH: M. v. d. R. Der Architekt der techn. Perfektion (a. d. Amerikan., ²1995).

Mieszko ['mjɛʃkɔ], poln. Herrscher:
1) Mieszko I., Herzog (seit etwa 960), † 25. 5. 992; aus dem Herrschergeschlecht der Piasten, Vater BOLESŁAWS I. CHROBRY; stand seit 963 in einer zunächst nicht klar definierten Abhängigkeit zum Heiligen Röm. Reich, die 986 in ein Lehnsverhältnis umgewandelt wurde. Nach seiner Heirat mit der böhm. Prinzessin DUBRAVKA (965/966) nahm er 966/967 das Christentum nach lat. Ritus an (968 Errichtung des Bistums Posen). Der Versuch, seine Herrschaft nach O auszudehnen, führte u. a. 963 zu Zusammenstößen mit dem Markgrafen GERO und dem sächs. Grafen WICHMANN (Sieg über Letzteren 967); am 24. 6. 972 konnte er ein Heer des Markgrafen der Ostmark, HODO, bei Cedynia zurückschlagen. M. unterwarf 967–72 Pommern und eroberte 990 Teile Schlesiens, verlor aber 981 im Osten Grenzgebiete an das Kiewer Reich. Mit der Reichsgewalt stand er trotz gelegentl. Konflikte in gutem Verhältnis. Um 990 unterstellte er sein Land dem Hl. Stuhl.

2) Mieszko III. Stary (›der Alte‹), Herzog von Großpolen (seit 1138), * 1126 oder 1127, † 13. 3. 1202; aus dem Haus der Piasten, dritter Sohn von BOLESŁAW III. KRZYWOUSTY; nahm 1147 mit ALBRECHT DEM BÄREN am Feldzug nach Pommern teil; war 1173–77 auch im Besitz von Krakau und damit des Seniorats über ganz Polen, traf aber mit seiner despot. Herrschaft auf den Widerstand der poln. Magnaten, denen sich sein Sohn ODO anschloss, und wurde von seinem Bruder KASIMIR II., DEM GERECHTEN, nach Pommern vertrieben. Nach dem Tod KASIMIRS (1194) gewann er das Seniorat erneut, seit 1198 als Regent für seinen minderjährigen Neffen LESZEK DEN WEISSEN (* 1186/87, † 1227).

Mieszkowice [mjɛʃkɔ'vitsɛ], Stadt in Polen, →Bärwalde.

Mietbeihilfe, staatl. Leistung im Zusammenhang mit dem →Wohngeld.

Miete [ahd. mieta ›Lohn‹, ›Bezahlung‹], 1) die zeitweilige, entgeltl. Überlassung einer unbewegl. (z. B. Grundstück, Gebäude, Wohnung) oder bewegl. Sache (z. B. Kfz) zur Nutzung (§§ 535 ff. BGB). Bei Hinzutreten des Rechts zur Fruchtziehung spricht man von →Pacht. 2) Bez. des für die Nutzung zu zahlenden Entgelts. In der aktuellen Rechtsetzung von Bundestag und Bundes-Reg. wird für die ursprgl. Begriffe Mietpreis und Mietzins einheitlich die Bez. M. verwendet.

Die gegenwärtige Regelung des **Mietvertrages** ist weitgehend ungegliedert im BGB und in Nebengesetzen enthalten; für den Wohnungsmietvertrag gelten viele Sondervorschriften. Das Bundesverfassungsgericht hat in seinem Beschluss vom 26. 5. 1993 das Besitzrecht des Mieters an der gemieteten Wohnung als Eigentum im Sinne von Art. 14 Abs. 1 GG gewertet. Der Mietvertrag sollte schriftlich abgeschlossen werden. Vorgeschrieben ist die Schriftform nur bei Mietverträgen über Grundstücke, Wohnungen, Geschäftsräume u. Ä., die auf längere Zeit als ein Jahr geschlossen werden. Hierzu werden i. d. R. Musterverträge benutzt, die als vorformulierte Vertragsmuster, herausgegeben vom Bundesjustizministerium bzw. von Mieter- und Vermietervereinigungen, in vielen Varianten existieren (z. B. Dt. Einheitsmietvertrag). Durch den Mietvertrag wird der Vermieter verpflichtet, dem Mieter die vermietete Sache in einem zum vertragsgemäßen Gebrauch geeigneten Zustand zu überlassen und während der Mietzeit in diesem Zustand zu erhalten. Diese Instandhaltungspflicht umschließt nicht die Pflicht, die Mietsache zu verbessern oder zu modernisieren. Die Kosten der malermäßigen Instandhaltung (›Schönheitsreparaturen‹) werden in Mietverträgen oft dem Mieter auferlegt, ggf. mit Fristenplänen. Im Übrigen ist der Mieter verpflichtet, dem Vermieter über Mängel Mitteilung zu machen (§ 545 BGB). Die in zahlr. Verträgen enthaltene **Kleinreparaturklausel**, die die Kosten für die Beseitigung geringer Schäden (bis zu 100 DM) verschuldensunabhängig den Mieter tragen lässt, ist nach der Rechtsprechung des BGH nur gültig, wenn die Reparaturen Sachen betreffen, die dem ›direkten und häufigen Zugriff des Mieters ausgesetzt sind‹ (z. B. Fensterverschlüsse, Klingelanlage; verneint z. B. bei Rollläden, Markisen, verputzten Kabeln, Heizungsrohren). Außerdem ist für den Fall häufiger Kleinreparaturen ein Höchstbetrag vorzusehen. Unwirksam ist schließlich die Belastung der Mieter mit der Beteiligung an Reparaturen oder Neuanschaffungen, die einen höheren Aufwand als 100 DM erfordern. Die **Miete** ist nach den Gesetzesbestimmungen am Ende der Mietzeit zahlbar, doch wird vertraglich meist Vorauszahlung vereinbart. Der Vermieter kann zur Sicherung seiner Ansprüche aus dem Mietverhältnis eine →Kaution in Höhe von maximal drei Monatsmieten verlangen. Als weiteres Sicherungsmittel steht dem Vermieter für seine Forderungen ein gesetzl. Pfandrecht (Vermieterpfandrecht) an den eingebrachten pfändbaren Sachen des Mieters zur Verfügung. Zur Weitervermietung (**Untervermietung**) bedarf der Mieter der Erlaubnis des Vermieters, die dieser nur bei wichtigem Grund verweigern kann. Setzt ein Mieter trotz Abmahnung einen vertragswidrigen Gebrauch der Mietsache fort, kann der Vermieter auf Unterlassung klagen. Die Beendigung des Mietverhältnisses tritt mit Ablauf der vereinbarten Mietzeit ein oder mangels Vereinbarung durch Kündigung des Mietverhältnisses mit gesetzl. Frist (ordentl. Kündigung), die in einzelnen Fällen (Tod des Mieters, Beamtenversetzung u. a.) verkürzt ist. In gesetzlich bes. geregelten Fällen, z. B. bei Pflichtverletzungen, ist auch die fristlose Kündigung (außerordentl. Kündigung) zulässig. Wenn ein vermietetes, vom Mieter schon bezogenes Grundstück vom Vermieter an einen Dritten veräußert wird, tritt der Erwerber in die Rechte und Pflichten des Vermieters ein (Grundsatz ›Kauf bricht nicht M.‹, § 571 BGB); der bisherige Vermieter haftet den Mietern für die übernommenen Verpflichtungen des Erwerbers wie ein selbstschuldner. Bürge weiter.

Nach Aufhebung der Wohnungszwangswirtschaft gilt für die Wohnraummietverhältnisse das durch die Mietrechtsänderungsgesetze geschaffene neue **soziale Mietrecht**. Das Kernstück des Mietrechts bilden die Sozialklauseln, die durch das Mietrechtsverbesserungsgesetz sowie das 2. Wohnraumkündigungsschutzgesetz am 1. 1. 1975 in Kraft traten. Im Einzelnen gilt: Der Vermieter kann die ordentl. Kündigung des Mietvertrages nur noch aussprechen, wenn er ein berechtigtes Interesse an der Beendigung des Mietverhältnisses hat. Ein solches sieht das Gesetz bes. dann als gegeben an, wenn 1) der Mieter seine Verpflichtungen schuldhaft nicht unerheblich verletzt hat (z. B. nachhaltige Störung des Hausfriedens, Verzug des Mieters mit mindestens zwei aufeinander folgenden Raten der M.), 2) ein Eigenbedarf des Vermieters vorliegt (§ 564b Abs. 2 Nr. 1 und 2 BGB), d. h. vernünftige, nachvollziehbare Gründe gegeben sind, wobei der bloße Wunsch, im eigenen Haus zu wohnen, nicht genügt, 3) der Vermieter durch die Fortsetzung des Mietverhältnisses an einer angemessenen wirtschaftl. Verwertung des Grundstücks gehindert werden würde und dadurch erhebl. Nachteile hätte (§ 564b Abs. 2 Nr. 3 BGB). Eine Kündigung zum Zweck der Mieterhöhung ist ausgeschlossen. Die Kündigung muss schriftlich erfolgen (§ 564a BGB), der Kündigungsgrund soll angegeben werden. Nicht angegebene Gründe werden bei einer gerichtl. Überprüfung der Wirksamkeit der Kündigung nicht berücksichtigt. Auch gegen eine begründete Kündigung kann der Mieter Widerspruch gemäß § 556 a BGB (Härteklausel) erheben und Fortsetzung des Vertrags verlangen (§ 556 b BGB). Ist ein befristeter Mietvertrag abgeschlossen worden, so kann der Mieter spätestens zwei Monate vor Ablauf der Mietzeit durch schriftl. Erklärung an den Vermieter die Fortsetzung des Mietvertrages verlangen, wenn der Vermieter nicht ein berechtigtes Interesse im obigen Sinn hat (§ 556 b BGB). Für die Kündigungsfrist gilt, dass die Kündigung spätestens am 3. Werktag eines Kalendermonats für den Ablauf des übernächsten Monats erklärt werden muss. Nach fünf, acht und zehn Jahren seit der Überlassung des Wohnraums verlängert sich die ordentl. Kündigungsfrist jeweils um weitere drei Monate (§ 565 Abs. 2 BGB), sodass sie äußerstenfalls ein Jahr beträgt. Besonderheiten gelten für Werkmiet- oder Dienstwohnungen sowie für die Umwandlung in →Wohnungseigentum. Hat der Mieter in dem Wohnraum einen gemeinsamen Hausstand mit seinem Ehegatten oder anderen Familienangehörigen geführt, so treten diese mit dem Tod des Mieters in das Mietverhältnis ein, auch nichtehel. Lebenspartner. Der Eintritt gilt als nicht erfolgt, wenn der Ehegatte oder die Familienangehörigen binnen eines Monats gegenüber dem Vermieter Gegenteiliges erklären (§ 569 a BGB).

Im Bereich des frei finanzierten Wohnungsbaus kann **Mieterhöhung** nur verlangt werden, wenn der bisherige Mietzins seit mindestens einem Jahr unverändert ist und der angestrebte neue Zins den ortsübl. Betrag für gleiche Mietobjekte nicht übersteigt (§ 2 Abs. 1 Miethöhegesetz). Die Beweislast dafür trägt der Vermieter, wobei die Benennung von drei Vergleichswohnungen anderer Mieter (auch aus dem Wohnungsbestand des Vermieters), Sachverständigengutachten (auf Kosten des Vermieters) oder eine Übersicht übl. Mietentgelte (→Mietspiegel) als Beweismittel genügen (→Mietpreisüberhöhung). Im Regelfall darf sich die Miete innerhalb von drei Jahren nicht um mehr als 30 % erhöhen. Hat der Vermieter baul. Änderungen, zu deren Duldung der Mieter unter bestimmten Voraussetzungen verpflichtet ist (§ 541 b BGB), durchgeführt, die den Gebrauchswert der Mietsache nachhaltig erhöhen (Modernisierung), so kann er durch schriftl. Erklärung die Miete bis zu jährlich 11 % der aufgewendeten Kosten erhöhen (§ 3 Miethöhegesetz). Erhöhung von Betriebskosten im Sinne des § 27 der 2. Berechnungs-VO sowie Erhöhung von Kapitalkosten kann der Vermieter unter bestimmten Voraussetzungen durch schriftl. Erklärung auf den oder die Mieter umlegen, er muss aber auch Ermäßigungen dieser Kosten weitergeben.

Die Kündigungsschutzbestimmungen (§ 564 b BGB) und die Bestimmungen zum Schutz gegen Mieterhöhung (Miethöhegesetz) gelten nicht für Wohnraum, der nur zum vorübergehenden Gebrauch vermietet ist, sowie für Mietverhältnisse über Wohnraum, der Teil der vom Vermieter selbst bewohnten Wohnung ist und den der Vermieter ganz oder überwiegend mit Einrichtungsgegenständen ausgestattet hat. Im letzteren Fall gelten sie jedoch, wenn der Wohnraum zum dauernden Gebrauch für eine Familie überlassen ist (§ 564 b Abs. 7 BGB). Damit ist der Schutz des sozialen Mietrechts weitgehend auf Mietverhältnisse über möblierte Wohnungen ausgedehnt.

Nach dem Gesetz zur Regelung der Wohnungsvermittlung darf die Gebühr eines Maklers nicht mehr als zwei Monats-M. betragen. Die Zweckentfremdung von Wohnraum ist verboten. In Mietverträgen über Geschäftsräume sind Mietzinsgleitklauseln (Wertsicherungsklauseln) zulässig. Unzulässig sind sie für Wohnräume, es darf allerdings eine →Staffelmiete vereinbart werden.

Für **Mietstreitigkeiten** zw. Vermieter und Mieter ist das Amtsgericht (als Mietgericht) anzurufen, in dessen Bezirk sich der Wohnraum befindet (§ 29 a ZPO).

Die Heranführung des Miet- und bes. des Wohnungsmietrechts in den neuen Ländern und Berlin (Ost) vollzog sich auf mehreren Ebenen und in versch. Etappen. Grundsätzlich gilt auch für bestehende Mietverhältnisse ab 3. 10. 1990 das BGB. Bestimmte Sonderregelungen galten zunächst noch für die Beendigung von Wohnungs- und auch Gewerbemietverhältnissen. Mit Ausnahme des ständigen Ausschlusses der Verwertungskündigung gemäß § 564 b Abs. 2 Nr. 3 BGB für am 3. 10. 1990 bestehende Wohnungsmietverhältnisse sind diese teilweise auch noch verlängerten Sonderregelungen alle ausgelaufen. Die Erhöhung der Wohnungs-M. erfolgte beginnend am 1. 10. 1991 durch die Erste und die Zweite Grundmieten-VO sowie die Betriebskostenumlage-VO. Ab 11. 6. 1995 ließ dann das Mietenüberleitungsgesetz eine Heranführung an das allgemein geltende System der Vergleichsmiete zu. Ab 1. 1. 1998 besteht auch hinsichtlich der Wohnungs-M. ein einheitl. Rechtszustand.

Auch nach *österr.* Recht ist die M. die entgeltl. Überlassung einer Sache zum Gebrauch (›Bestandvertrag‹, §§ 1090 ff. ABGB). Die allgemeinen Bestimmungen des ABGB werden vom Mietrechtsgesetz 1981 (MRG) großenteils überlagert. Nach § 1 Abs. 1 MRG unterliegt dem Gesetz nur die Raummiete, ausgenommen sind allerdings Zimmer in Studentenheimen, Dienstwohnungen u. Ä. Das Gesetz regelt die Rechte und Pflichten von Bestandnehmer und Bestandgeber (wie etwa Instandhaltung, Weitergabe des Gebrauchs, Zinszahlung) und normiert ferner einen umfassenden Kündigungsschutz. Befristete Mietverträge können überhaupt nur unter den Voraussetzungen des § 29 Abs. 1 MRG abgeschlossen werden (z. B. Wohnungs-M. bis drei Jahre, Geschäfts-M., Unter-M. bis fünf Jahre). Sonst ist eine Kündigung von Mietverträgen nur aus wichtigem Grund möglich (§ 30 Abs. 1 MRG), z. B. bei Verzug mit der Mietzahlung, erheblich nachteiligem Gebrauch des Mietgegenstandes, Eigenbedarf des Vermieters (§ 30 Abs. 2 MRG).

Das *schweizer.* Mietrecht wurde mit Bundesgesetz vom 15. 12. 1989 (Änderung der entsprechenden Bestimmungen im OR) grundlegend revidiert. Das Mobiliarmietrecht entspricht (wie bereits vor der Revision) weitgehend dem dt. Recht. Im Immobiliarmietrecht bestehen zum Schutz der Mieter zahlr. Sonderbestimmungen. Der Mieter von Wohn- oder Geschäftsräumen kann sich gegen missbräuchl. Forderungen des Vermieters zur Wehr setzen (Art. 269 ff. OR); dabei kann er unter gewissen Voraussetzungen sowohl den Anfangsmietzins als auch Mietzinserhöhungen während der Mietdauer anfechten. Eine Kündigung, die schriftlich und vom Vermieter mit behördlich genehmigtem Formular erfolgen muss (Art. 266 Abs. 1 OR), ist bei Wohnungen unter einer Frist von drei Monaten (bei Geschäftsräumen sechs Monate) auf einen ortsübl. Termin oder, wenn es keinen Ortsgebrauch gibt, auf das Ende einer dreimonatigen Mietdauer möglich (Art. 266 c/266 d OR). Der Mieter kann jedoch die Kündigung anfechten, wenn sie gegen den Grundsatz von Treu und Glauben verstößt (Art. 271/271 a OR). Wenn die Beendigung der M. für den Mieter oder seine Familie eine Härte zur Folge hätte, die durch die Interessen des Vermieters nicht zu rechtfertigen wäre, kann der Mieter eine Erstreckung um maximal vier Jahre für Wohnräume bzw. sechs Jahre für Geschäftsräume verlangen (Art. 272 ff. OR). Zuständig für die Beurteilung von entsprechenden Streitigkeiten sind in erster Instanz von den Kantonen zu bezeichnende Schlichtungsstellen. Weitere allgemeine

Miet Mieterbund – Mietspiegel

Bestimmungen: Kauf bricht M. nicht (Ausnahme bei dringendem Eigenbedarf des Erwerbers; Art. 261 OR); ein (dem BGB-Vermieterpfandrecht entsprechendes) Retentionsrecht besteht nur bei der M. von Geschäftsräumen (Art. 268 OR); Untervermietung ist grundsätzlich erlaubt (Art. 262 OR); die M. an einem Grundstück kann, wenn verabredet, im Grundbuch vorgemerkt werden (Art. 261 b OR).

F. STERNEL: Mietrecht (^{3}1988); DERS.: Mietrecht aktuell (^{3}1996); Aktuelles Nachschlagewerk zum schweizer. Mietrecht, hg. v. U. KINDLER u. P. ZIEHLMANN, Losebl. (Zürich 1991 ff.); Hb. des Miet- u. Wohnrechts, hg. v. H. RAINER, Losebl. (Wien 1995 ff.).

Mieterbund, →Deutscher Mieterbund e. V.

Mietkauf, Vertrag, bei dem dem Mieter einer Sache das Recht eingeräumt wird, die Mietsache (i. d. R. ein teures Anlagegut) nach einer bestimmten Zeit durch einseitige Erklärung zu kaufen. Dabei wird die gezahlte Miete ganz oder z. T. auf den Kaufpreis angerechnet. Nach Abgabe der Erklärung ist Kaufrecht anzuwenden, vorher Mietrecht. Zum Schutz des Verbrauchers finden die zwingenden Vorschriften des →Verbraucherkreditgesetzes Anwendung. Der M. ist vom →Leasing zu unterscheiden, da beim M. Gefahr, Gewährleistung und Instandhaltung beim Vermieter liegen.

Mietshaus: Die Fuggerei in Augsburg, 1516–25 von Jakob II. Fugger errichtet (nach 1945 wieder hergestellt), das erste Beispiel sozialen Wohnungsbaus in Deutschland

Mietshaus: Mietshaus am Edlinger Platz in München von Stephan Braunfels; 1993

Mietpreisbindung, verbindl. Regelungen, mit denen der Staat im Interesse bestimmter Mieterkreise auf die Miethöhe Einfluss nimmt. Einer M. unterliegen heute nur noch: 1) Sozialwohnungen (§ 1 Wohnungsbindungs-Ges.), 2) nach dem 20. 6. 1948 bezugsfertig gewordene Neubauwohnungen, die von der öffentl. Hand zugunsten von Angehörigen des öffentl. Dienstes mit Wohnungsfürsorgemitteln gefördert worden sind (§ 87 a Zweites Wohnungsbau-Ges.), 3) steuerbegünstigte Neubauwohnungen, solange für sie seitens der öffentl. Hand Aufwendungszuschüsse und -darlehen gewährt werden (§ 88 Zweites Wohnungsbau-Ges.). Für solche preisgebundenen Wohnungen darf der Vermieter nur die →Kostenmiete verlangen. Eine darüber hinausgehende Mietpreisvereinbarung ist unwirksam.

Mietpreisüberhöhung, das Fordern unangemessen hoher Entgelte für Vermietung von Räumen, d. h., es werden unter Ausnutzung von Wohnungsknappheit Mieten verlangt, die die ortsüblichen nicht unwesentlich übersteigen. Die Mietzinsvereinbarung ist nichtig, soweit sie mehr als 20 % über der ortsübl. Miete liegt; insoweit ist der Mieter zur Entrichtung des Mietzinses nicht verpflichtet. Wer überhöhte Mieten verlangt, begeht eine Ordnungswidrigkeit nach § 5 Wirtschaftsstrafgesetz. Strafbar gemäß § 302 a StGB ist dagegen der Mietwucher bei Überschreitungen von mehr als 50 % (→Wucher).

Mietshaus, Wohnhaus mit mehreren vermietbaren Wohnungen; Mehrfamilienhaus im Ggs. zum Einfamilienhaus; kann als mehrstöckiges Einzelhaus, Wohnblock oder Hochhaus frei stehen; in der traditionellen Form bildet es meist mit angrenzenden M. eine geschlossene Häuserzeile. Der Zugang zu den Wohnungen erfolgt durch ein gemeinsames Treppenhaus oder einen gemeinsamen Außen- bzw. Innengang.

U. HERLYN: Wohnen im Hochhaus (1970); Neue Siedlungen u. alte Viertel. Städtebaul. Komm. aus der Sicht der Bewohner, hg. v. G. G. DITTRICH (1973); Verdichtete Wohnformen, hg. v. S. NAGEL u. a. (1974); Wohnungsbau. Nutzungstypen, Grundrißtypen, Wohnungstypen, Gebäudetypen, hg. v. H. DEILMANN u. a. (^{3}1980); J. F. GEIST u. K. KÜRVERS: Das Berliner M., 3 Bde. (1980–89).

Mietskaserne, Bez. für den Typus des großen Mietshauses, der im Verlauf der industriellen Revolution in den Arbeitervierteln der Industriestädte ohne hygien. oder soziale Rücksichten massenweise gebaut wurde und in seiner Einförmigkeit und baul. Brutalität an zeitgenöss. Kasernenbauten erinnerte. Die M., meist in Nachbarschaft von Fabriken errichtet, war gekennzeichnet durch oft hintereinander gestaffelte, schachtartige Hinterhöfe und lichtarme Wohnungen.

Miet|spiegel, rechtl. Instrument zur objektiven Erfassung des Wohnwerts der Wohnungen im Ver-

Mietskaserne: Hinterhof einer Mietskaserne in Berlin-Kreuzberg

gleichsmietensystem nach §2 Miethöhe-Ges. Der M. gibt eine Übersicht über die in einer Gemeinde übl. Entgelte (Miete) für nicht preisgebundenen Wohnraum, die von der Gemeinde oder von Interessenvertretern der Vermieter und der Mieter gemeinsam erstellt oder anerkannt worden ist. Der M. zeigt die übl. Miete für nach Art, Größe, Ausstattung, Beschaffenheit und Lage vergleichbaren Wohnraum. Nach dem Miethöhe-Ges. kann der Vermieter eine Erhöhung der Miete bis zur aus dem M. ersichtl. Höhe verlangen. Die M. sollen in Abständen von zwei Jahren aktualisiert werden. (→Miete)

Mietsubvention, von der öffentl. Hand direkt oder indirekt geleistete Zahlungen zur Reduzierung der Mietbelastung bedürftiger Haushalte. Während die subjektorientierte M. (→Wohngeld) eine an Haushaltseinkommen und Wohnungsqualität ausgerichtete teilweise Erstattung von Mietzahlungen vorsieht, setzt die objektorientierte M. bei der Förderung des Mietobjekts unter gleichzeitiger Festlegung einer zulässigen Höchstmiete (→Kostenmiete) und der Bindung des Wohnraums für einen begrenzten Personenkreis an.

Miežélaitis [mjɛʒæˈlaːitis], Eduardas, litauischer Lyriker, *Kareiviškiai 3. 10. 1919; Journalist, war 1959–70 Vors. des litauischen Schriftstellerverbandes; leitete mit seinen Gedichtbänden der 50er-Jahre ›Mano lakštingala‹, 1956; ›Svetimi akmenys‹, 1957), die durch ihre modernist. Gestaltung und ihre undogmat. Thematik (Mensch, Familie, Heimat, Natur) Einfluss auf die russ. Lyrik ausübten, die Tauwetterperiode in Litauen ein.

Weitere Werke: *Lyrik:* Tėviškės vėjas (1946); Denn ich bin die Brücke (dt. 1980). – *Poem:* Broliška poema (1954).

Ausgabe: Raštai, 8 Bde. (1982–85).

Mifrifi, Abk. für →**mi**ttel**fri**stige **Fi**nanzplanung.

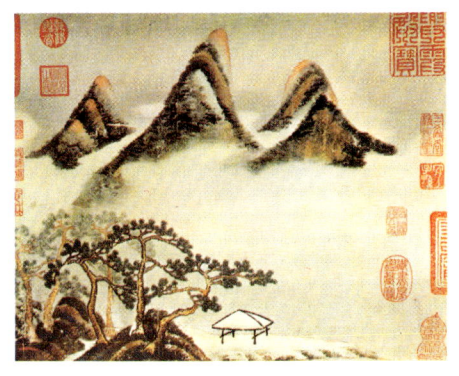

Mi Fu: Frühlingsberge und grüne Kiefern (Zuschreibung; Taipeh, National Palace Museum)

Mi Fu, Mi Fei, chin. Maler, Kalligraph, Kunstkritiker und Sammler, *Xiangyang (Prov. Hubei) 1051, †Huaiyang (Prov. Jiangsu) 1107; war Beamter; gilt mit seinem Freund Su Dongpo als einer der Begründer der →Literatenmalerei. Seine charakterist. Stilmerkmale sind ausschnitthafte Komposition und Vereinfachung der Naturformen, die konturenlos in impressionist. Weise durch übereinander gesetzte Tupfen modelliert werden. Seine Bilder sind v. a. durch Kopien überliefert. Eines der wenigen möglicherweise echten Werke ist das in späterer Zeit stark übermalte Bild ›Frühlingsberge und grüne Kiefern‹ (Taipeh, National Palace Museum).

Mi Fu on ink-stones, hg. u. übers. v. R. van Gulik (Peking 1938); L. Ledderose: Mi Fu and the classical tradition of Chinese calligraphy (Princeton, N. J., 1979); N. Vandier-Nicolas: Art et sagesse en Chine. Mi Fou (1051–1107) peintre et connaisseur d'art dans la perspective de l'esthétique des lettres (Paris ²1985).

Mifune, Toshirō, jap. Filmschauspieler und -produzent, *Tsingtau (China) 1. 4. 1920, †Tokio 24. 12. 1997; entwickelte sich nach dem 2. Weltkrieg zum Star des jap. Films; wurde internat. bekannt in Samuraifilmen, bes. in histor. Filmen von A. Kurosawa.

Filme: Rashomon (1950); Die sieben Samurai (1953); Das Schloß im Spinnwebwald (1957); Die verborgene Festung (1958); Rebellion (1966); Papiertiger (1974); Wenn er in die Hölle will, laß ihn gehen (The challenge, 1981); Der Tod eines Teemeisters (1989); Der Schatten des Wolfes (1992/93); Picture bride (1994).

MiG: Kampfflugzeug MiG-29 mit der Kennung der Luftwaffe der Bundeswehr

MiG, Typen-Bez. für Kampfflugzeuge der Konstrukteure A. I. Mikojan und Michail Iossifowitsch Gurewitsch (*1893, †1976) bzw. ihrer Konstruktionsbüros. Beide entwarfen 1939/40 die einsitzige MiG-1, der u. a. nachstehende Typen folgten: MiG-15 (NATO-Code-Bez. Midget, Erstflug des Prototyps 1947), MiG-17 (Fresco, 1950), MiG-19 (Farmer, 1954), MiG-21 (Fishbed, 1955), MiG-23 (Flogger-B, 1967, mit Schwenkflügeln), MiG-25 (Foxbat, 1964), MiG-27 (Flogger-D, wahrscheinlich 1972, mit Schwenkflügeln), MiG-29 (Fulcrum, 1977) sowie MiG-31 (Foxhound, 1975). Zahlr. Muster dieser Kampfflugzeuge stehen gegenwärtig in Russland und vielen anderen Ländern, v. a. in Osteuropa, Afrika und Asien, in Dienst. Die Luftwaffe der Bundeswehr verfügt über 23 Maschinen vom Typ MiG-29.

MIGA, Abk. für →**M**ultilaterale **I**nvestitions-**G**arantie-**A**gentur.

Migenes, Julia, eigtl. **J. M.-Johnson** [-ˈdʒɔnsn], amerikan. Sängerin (Sopran) griechisch-puertorikan. Herkunft, *New York 13. 3. 1949; trat 1979 erstmals an der Metropolitan Opera in New York auf; machte sich einen Namen in Partien der Jenny (in ›Aufstieg und Fall der Stadt Mahagonny‹ von B. Brecht und K. Weill), der Lulu (A. Berg) und der Salome (R. Strauss); auch Jazz- und Musicalinterpretin sowie Sängerin von Chansons, Volks- und Kinderliedern. In F. Rosis Film ›Carmen‹ (1983, nach G. Bizet) gestaltete sie die Titelrolle.

Migliorini [miʎʎoˈriːni], Bruno, ital. Philologe, *Rovigo 19. 11. 1896, †Florenz 18. 6. 1975; war 1934 bis 1938 Prof. in Freiburg im Üechtland und ab 1938 in Florenz. In seinen Schriften zur histor. Semantik, Lexikographie und Sprachgeschichte bemühte M. sich – u. a. angeregt von den Überlegungen C. Ballys und F. de Saussures – in herausragender Weise um diachrone Dokumentation und synchrone Wandlung des Italienischen. 1939 begründete er mit G. Devoto die sprachwissenschaftl. Zeitschrift ›Lingua nostra‹, die er bis zu seinem Tod leitete.

Werke: Dal nome proprio al nome comune (1927); Lingua contemporanea (1938); Saggi sulla lingua del Novecento (1941); Saggi linguistici (1957); Storia della lingua italiana (1960).

L'opera di B. M. nel ricordo degli allievi, hg. v. M. L. Fanfani (Florenz 1979).

Migmatit [zu griech. mīgma ›Mischung‹], *Sg.* **Migmatit** *der, -s,* **Mischgesteine,** in ihrer chem. Zu-

Julia Migenes

sammensetzung und ihrem Gefüge zw. metamorphen Gesteinen und Magmatiten stehende Gesteine mit einem unveränderten, hochmetamorphen Anteil (**Paläosom**) und einem durch teilweise Aufschmelzung (→Ultrametamorphose) umgewandelten Anteil (**Neosom**); ist dieser mobile Anteil magmat. Ursprungs, spricht man von **Arteriten**, stammt er aus dem Nebengestein, von **Veniten**. Das Neosom kann sich durch einen hohen Gehalt an hellen Mineralen wie Quarzit oder Feldspäten (**Leukosom**) oder durch vorwiegend dunkle Minerale (**Melanosom**) gegenüber dem Paläosom abheben. Dabei können ader-, lagen- oder schlierenförmige Gefüge entstehen. Mit wachsendem Grad von Aufschmelzung unterscheidet man →Metatexis und →Diatexis.

Mignard [miˈnaːr], **1)** Nicolas, gen. **M. d'Avignon** [-daviˈɲɔ̃], frz. Maler, *Troyes 7. 2. 1606, †Paris 20. 3. 1668, Bruder von 2); hielt sich 1635/36 in Rom auf, wo ihn bes. Werke ANNIBALE CARRACCIS beeindruckten. Er malte v. a. Altarbilder, auch Porträts und mytholog. Szenen und war meist in Avignon, ab 1660 in Paris tätig (Ausmalung von Räumen im Palais des Tuileries); auch Zeichnungen.

M. d'Avignon, 1606–1668, Ausst.-Kat. (Avignon 1979).

Pierre Mignard: Das kleine Mädchen mit der Seifenblase (Versailles, Schloss)

2) Pierre, gen. **M. le Romain** [-lərɔˈmɛ̃], *Troyes 17. 11. 1612, †Paris 30. 5. 1695, Bruder von 1); Schüler von S. VOUET, lebte 1636–57 in Rom (Einflüsse von ANNIBALE CARRACCI, DOMENICHINO und N. POUSSIN), wo er mit Porträts und Madonnenbildern hervortrat (›Mignardes‹). Nach seiner Rückkehr war er meist in Paris und Fontainebleau tätig. Er malte v. a. zahlreiche vorzügl. Bildnisse der königl. Familie und griff auch die Tradition des mytholog. Porträts wieder auf (›Marquise de Seignelay als Thetis‹, 1691; London, National Gallery). Von seinen vielen Wandgemälden sind die Kuppelfresken der Pariser Kirche Val-de-Grâce erhalten (1663).

L. NIKOLENKO: P. M. The portrait painter of the grand siècle (München 1983); Le peintre, le roi, le héros. L'Andromède de P. M., hg. v. J.-C. BOYER, Ausst.-Kat. Musée du Louvre, Paris (Paris 1990).

Migne [miɲ], Jacques-Paul, frz. kath. Geistlicher, *Saint-Flour 25. 10. 1800, †Paris 24. 10. 1875; war zunächst Priester in Orléans, dann Journalist in Paris; gründete 1836 einen Verlag, in dem er theolog. Sammelwerke herausgab. Das bedeutendste ist die Sammlung der Schriften von griech. und lat. Kirchenschriftstellern ›Patrologiae cursus completus‹, aufgeteilt in die Reihen ›Patrologia series latina‹ (Abk. PL, 217 Bde., 4 Register-Bde., 1844–55) und ›Patrologia series graeca‹ (Abk. PG, 161 Bde., 1857–66).

Weitere Werke (Hg.): Theologiae cursus completus, 28 Bde. (1837–45); Encyclopédie théologique, 170 Bde. (1844–73).

Migot [miˈgo], Georges Elbert, frz. Komponist, *Paris 27. 2. 1891, †Levallois-Perret 5. 1. 1976; studierte in Paris u. a. bei C.-M. WIDOR und war ebd. 1949–61 Konservator des Instrumentenmuseums am Conservatoire. In eigenständigem polyphonem Stil, bestimmt von der Neigung zur älteren frz. Musik, schrieb er Opern, Orchesterwerke, Kammermusik sowie geistl. und weltl. Vokalwerke, bes. Oratorien.

Migräne [frz. migraine, von griech. hēmikranía ›Kopfschmerz an einer Kopfhälfte‹] *die, -/-n,* **Hemikranie,** anfallsweise auftretende, meist einseitige Kopfschmerzen. Der Beginn ist oft mit Augenflimmern und Sehstörungen sowie mit Übelkeit, Brechreiz oder Erbrechen verbunden. Die Kopfschmerzen können stunden- oder tagelang anhalten. Sie beginnen oft in der Stirn- oder Schläfenregion, nicht selten jedoch auch in der Hinterhauptgegend (mit Ausbreitung auf eine ganze Schädelhälfte oder auch auf den gesamten Schädel). Der Schmerz ist häufig pochend, klopfend, bohrend. Schmerzverstärkend können Lärm und Licht wirken. Gelegentlich kommt es auch zu Störungen des vegetativen Nervensystems mit Schwitzen, Herzklopfen, Bauchschmerzen und Durchfällen. Zu Beginn der Schmerzattacken besteht häufig eine Magenerschlaffung mit Völlegefühl. Mitunter treten während einer M. auch Lähmungen, halbseitige Gefühlsstörungen, Sprachstörungen sowie Krämpfe auf. M.-Attacken können durch Nahrungsmittel (z. B. Rotwein, Schokolade, Käse) ausgelöst werden. Häufig sind klimat. Einflüsse von Bedeutung, bei Frauen besteht gelegentlich eine Zyklusabhängigkeit. Häufig tritt M. bei oder v. a. auch nach psych. Belastungen (so genannte Wochenend-M.) auf. Die Anfallshäufigkeit kann zw. fast tägl. Kopfschmerzattacken und einigen wenigen Anfällen im Jahr schwanken. Frauen erkranken häufiger an M. als Männer. Das Erstauftreten liegt häufig zw. dem 10. und 30. Lebensjahr.

Ursächlich sind biogene Amine (z. B. Serotonin) von Bedeutung. Durch Freisetzung entzündungserregender und gefäßerweiternder Mediatoren wird offenbar die Schmerzschwelle herabgesetzt und eine Erregung schmerzleitender Fasern ausgelöst.

Die *Behandlung* der M. erfolgt meist medikamentös mit Mitteln gegen Übelkeit und Erbrechen, mit Schmerzmitteln sowie mit Serotoninagonisten (z. B. Sumatriptan). Mutterkornalkaloide sollten nur vorübergehend gegeben werden, da sonst die Gefahr der Entstehung eines Ergotaminkopfschmerzes besteht. Bei häufigen M.-Anfällen kann eine M.-Prophylaxe erfolgen (z. B. mit Betarezeptorenblockern). Wichtig ist außerdem die Regulierung der Lebensweise mit Erlernen von Entspannungstechniken und Meiden der eventuell auslösenden Ursachen. Bei Frauen ist auch oft eine hormonale Therapie erfolgreich.

Migrantenliteratur [zu lat. migrans, migrantis ›wandernd‹], unscharfer Sammelbegriff für literar. Werke, deren Autoren nach der Lösung aus ihrem kulturellen und sprachl. Umfeld schreiben, um die Probleme der Migration zu artikulieren. Der Übergang zur →Exilliteratur ist fließend.

In der Bundesrep. Dtl. wurde der Begriff etwa seit Mitte der 1960er-Jahre gebraucht für Werke eingewanderter Autoren, die teils in dt. Sprache, teils in der jeweiligen Muttersprache verfasst und ins Dt. übersetzt veröffentlicht wurden. Die Bezeichnung ›Gastarbeiterliteratur‹ erfasst nur einen Teil der Werke (teilweise synonym wird ›Immigranten‹- bzw. ›Ausländerliteratur‹ gebraucht). Zentrale Themen der M. sind u. a. Arbeitsemigration, Verlust der Heimat, Kulturschock, Einsamkeit und Entfremdung, Kommunikationsschwierigkeiten, die besonderen Lebensbedingungen von Frauen und die Diskriminierung. Hinzu kam durch die Vertreter der nachfolgenden Generation, die in der Bundesrepublik Dtl. aufgewachsen sind, die spezif. Problematik des Lebens von Jugendlichen, meist verbunden mit der Forderung nach Möglichkeiten ›interkultureller Identitätsentwicklung‹ oder einer ›Integration ohne Selbstaufgabe‹.

Zu den bekanntesten Autoren werden heute gerechnet: aus der Türkei LEVENT AKTOPRAK (*1959), FAKIR BAYKURT (*1929), HABIB BEKTAS (*1951), GÜNEY DAL (*1944), SINASI DIKMEN (*1945), ARAS ÖREN (*1939), AYSEL ÖZAKIN (*1942), YÜKSEL PAZARKAYA (*1940), FETI SAVASCI (*1930), SALIHA SCHEINHARDT (*1951), RENAN DEMIRKAN (*1955), ZAFER SENOCAK (*1961), ALEV TEKINAY (*1951); aus Tschechien (vorher ČSSR) O. FILIP, LIBUŠE MONÍKOVÁ; aus Italien CARMINE ABATE (*1955), VITO D'ADAMO (*1927), FRANCO BIONDI (*1947), GINO CHIELLINO (*1946), GIUSEPPE FIORENZA DILL'ELBA (*1923), GIUSEPPE GIAMBUSSO (*1956); aus dem Libanon YUSUF NAOUM (*1941); aus Syrien R. SCHAMI, SULEMAN TAUFIQ (*1953), ADEL KARASHOLI (*1936); aus Iran CYRUS ATABAY (*1929, †1996); aus Spanien ANTONIO HERNANDO (*1928), JOSÉ F. A. OLIVER (*1961); aus Bosnien D. KARAHASAN; aus Jugoslawien ZVONKO PLEPELIĆ (*1946); aus Griechenland TRYPHON PAPASTUMATOLOS (*1951), ELENI TOROSSI (*1947), MILTIADES PAPANAGNON (*1933). Publiziert wurden ihre Texte zunächst oft in Migrantenzeitschriften, Literaturzeitschriften und Anthologien. Besondere Förderung erfuhr die M. durch Kunstvereine, Stiftungen und Preise, so z. B. den Adelbert-von-Chamisso-Preis, der für die dt. Literatur von Autoren nichtdeutscher Muttersprache von der Bayer. Akad. der Schönen Künste vergeben wird.

U. REEG: Schreiben in der Fremde (1988); Begegnung mit dem ›Fremden‹, Bd. 8: Sektion 14, Emigranten- u. Immigrantenliteratur, hg. v. Y. SHICHIJI (1991).

Migration [lat. ›(Aus)wanderung‹, zu migrare ›wandern‹] die, -/-en, 1) *Biologie:* eine dauerhafte Abwanderung (**Emigration**) oder dauerhafte Einwanderung (**Immigration**) einzelner bis vieler Individuen (**Migranten**) aus einer Population in eine andere Population der gleichen Art. Einwanderungen schließen Ansiedlungen der betreffenden Individuen ein. Je nach den Verhältnissen, die die zugewanderten Tiere vorfinden, kann es durch Isolation zu einer neuen Unterart oder (später) Art kommen (**M.-Theorie**). Zuwanderungen ohne Ansiedlung werden als Durchzug (**Permigration**) bezeichnet (z. B. während eines Vogelzugs). Einen Sonderfall der M. bildet die →Invasion.
2) *Geologie:* das Wandern von →Erdöl und Erdgas aus dem Muttergestein in das Speichergestein.

Migration die, -/-en, **Wanderung**, sozialwiss. und politisch-histor. Begriff, der Prozesse räuml. Bewegung von Menschen bezeichnet. Das jeweilige Erscheinungsbild von M. wird von zahlr. Faktoren bestimmt. Hierzu gehören geograph., klimatolog. und demogr. Aspekte ebenso wie ökonom., ökolog., polit., soziale und nicht zuletzt religiöse und kulturelle Impulse und Bedingungen. Für die Bev.-Entwicklung eines Landes stellt die M. neben Fruchtbarkeit und Sterblichkeit die dritte wichtige Komponente dar. Im Zentrum der M.-Forschung stehen neben einer das Gattungswesen Mensch betreffenden anthropolog. Fragestellung auch Untersuchungen über die Erwartungen der jeweiligen Individuen, die sich zur M. entscheiden oder dazu gezwungen sehen. In der Bev.-Wissenschaft und in der M.-Soziologie bezeichnet M. auf Dauer angelegte räuml. Bewegungen von Menschen und Gruppen (F. TÖNNIES), wobei die Verlagerung des Lebensmittelpunktes oder Wohnortes als Maßstab der Zuordnung gelten kann. Andere Formen räuml. Mobilität, also etwa Reisen und Pendeln, werden damit ausgeschlossen, auch wenn Letzteres zuweilen als Form der zirkularen M. angesprochen wird.

Migrationsforschung und Formen der Migration

Eine erste, an mathemat. Modellen orientierte Untersuchung zur Erforschung von M.-Prozessen legte E. G. RAVENSTEIN 1885 vor; in der Folge entwickelte sich M.-Forschung zunächst in den ›klass.‹ Einwanderungsländern, bes. in den USA. Hier standen Prozesse der Assimilation, des Kulturschocks und der Marginalisierung im Vordergrund (R. E. PARK; W. I. THOMAS), danach die Untersuchung von Eingliederungsprozessen im Blick auf die weiteren Generationen (Einwandererkolonie). Eine andere Quelle der M.-Forschung stellen bevölkerungswiss. und soziolog. Untersuchungen zu den Formen der Binnen-M., zu statist. Erfassungsmöglichkeiten und zu den Möglichkeiten von Prognosen dar (R. HEBERLE). Eine mikrosoziologisch orientierte Forschung untersucht vorrangig die Perspektiven der Individuen, analysiert aber auch – so J. A. SCHUMPETER oder R. THURNWALD – soziale Folgen und Prozesse der Einwanderung von Eliten, die Mechanismen der ›sozialen Siebung‹ u. ä. Erscheinungsformen des M.-Prozesses. Dagegen geht es in den makrosoziolog. Betrachtungen um die Erfassung, Beschreibung und Interpretation von M.-Bewegungen zw. mehreren Regionen, in größeren Gruppen und globalen Zusammenhängen. Angesichts weltweit zunehmender M.-Bestrebungen sind M.-Forschungen im Zusammenhang mit Arbeitsmarkt- und Entwicklungspolitik, Friedensforschung sowie mit der Regelung innergesellschaftl. Konflikte zw. unterschiedlich lange ansässigen und kulturell verschieden orientierten sozialen Gruppen bedeutsam.

Als entscheidend für den Charakter einer bestimmten M. erweisen sich damit nicht nur die Bewegungen ›von Menschen über Grenzen, sondern auch die Bewegung von Grenzen über Menschen hinweg‹ die Ausgrenzung von ‚Fremden' innerhalb der Grenzen selbst‹ (KLAUS JÜRGEN BADE, *1944).

Unterschieden werden i. Allg. innergesellschaftl. M. (Binnen-M.; Nah-/Fern-M.; Stadt-Land-M., Abwanderung von zwischengesellschaftl. bzw. zwischenstaatlichen und Übersee-M. (Außen-M.; internat., interkontinentale M.). Nach dem Grad der Zielgerichtetheit einer M. lassen sich Auswanderung und Einwanderung je nach dem Anlass, der zur M. führt, freiwillige und erzwungene M. unterscheiden. Bei Letzterer kann die Breite der Zwangserfahrungen wirtschaftl. Benachteiligung und religiöse Diskriminierung von Minderheiten ebenso umfassen wie direkte Gewalt (Deportation, Verbannung, Ausweisung, Zwangsumsiedlung, Bedrohung mit phys. Vernichtung). M. können auch danach eingeteilt werden, ob sie sich auf Individuen als Träger beziehen (individuelle M., die, falls erfolgreich, oft weiter gehende M.-Bewegungen, z. B. Ketten-M., auslöst) oder ob es sich um die M. größerer

Schlüsselbegriff

Migr Migration

Einheiten (Familien, Gruppen, Stämme, Völker, Angehörige bestimmter Konfessionen) handelt (Gruppen-M.), ferner ob es – zumindest der Perspektive ihrer Träger nach – einmalige, auf Zeit angelegte oder regelmäßige (zyklische), also zeitlich begrenzte M. sind; zu Letzteren zählen Nomaden wie auch Saison- und Wanderarbeiter.

Die Bev.-Wissenschaft unterscheidet zw. dem M.-Saldo (Netto-M.), d.h. der Differenz zw. Ein- und Auswanderung, und Messziffern wie der M.-Rate (Mobilitätsziffer), die die Zahl der Ein- bzw. Auswanderer auf die Ew.-Zahl (i.d.R. 1000 Ew.) bezieht. Zusätzlich werden geschlechts- und altersspezif. M.-Raten berechnet.

Ursachen

Da räuml. Veränderungen ein Merkmal menschl. Verhaltens sind, können nahezu alle Impulse, die menschl. Handeln und Verhalten bewirken, auch als Anlässe individueller und globaler M.-Bestrebungen angesehen werden. Hinzu kommt die Tatsache, dass sich Sesshaftigkeit als Gegenmodell zur Lebensform der Wanderschaft stammesgeschichtlich erst vergleichsweise spät ausgebildet hat. Als Ursachen für M. (i.e.S.) können dagegen solche Umstände und Ereignisse angesehen werden, die zahlr. Individuen und Gruppen oder ganze Bev.-Teile zur M. veranlassen. Das sind zunächst die nicht von den Menschen verantwortlich bewirkten, also gleichsam ›natürl.‹ Anlässe, wie etwa →Naturkatastrophen oder Umweltveränderungen wie Klimaverschlechterungen, Bodenerosion oder Bodenerschöpfung, Wasserverknappung (→Desertifikation), aber auch Kriege, Armut und Unterentwicklung, Arbeitslosigkeit, polit. oder religiöse Verfolgung, die auf gesellschaftl. Verantwortung zurückverweisen, auch wenn der Einzelne darauf nur wenig Einfluss zu nehmen vermag. Gegenwärtig treten jedoch zunehmend die ›natürl.‹ M.-Ursachen als Folgen menschl. Handelns in Erscheinung, so etwa die M. aufgrund wachsender Bev.-Zahlen im Zusammenhang des mit der Entwicklung zur Industriegesellschaft verbundenen →demographischen Übergangs. Hierzu gehört die in zahlr. Ländern der Dritten Welt stattfindende Landflucht, mit der die Menschen auf die Verschlechterung ihrer natürl. Lebensgrundlagen und auf die Folgen strukturell heterogener Entwicklung und gesellschaftl. Benachteiligung reagieren.

I. Allg. werden in der M.-Forschung Druck- und Sogfaktoren (›Push‹- und ›Pull‹-Faktoren) unterschieden; bei den Ersteren handelt es sich um Faktoren wie Menschenrechtsverletzungen, Bedrohungen von Minderheiten, Krieg und Bürgerkrieg, Armut, Arbeitslosigkeit und Hunger, Verelendung und Umweltprobleme, die Menschen dazu bewegen oder zwingen, sich anderswo bessere (Über-)Lebensbedingungen zu suchen. Bei den Sogfaktoren treten die Hoffnungen, Erwartungen, ggf. auch die Versprechungen und Angebote in Erscheinung, die bestimmte Ziele für Wanderungswillige attraktiv machen können. Darüber hinaus spielen bessere Lebensbedingungen wie gute Ausbildungsmöglichkeiten und ein breiteres Angebot des Arbeitsmarkts eine Rolle. Für eine genauere Klassifizierung der Ursachen müssen allerdings noch andere Faktoren wie soziale Schichtzugehörigkeit, Berufs- und Ausbildungsstand, Geschlechtszugehörigkeit und Lebensalter berücksichtigt werden. Schließlich stellen polit. (z.B. Förderung von M. zur Reduktion innergesellschaftl. Probleme) und soziale (z.B. Familienzusammenführung) sowie allgemeine gesellschaftliche und technologische Entwicklungen, z.B. die Verbesserung der Verkehrsmittel, verbreitete Kenntnisse über die Attraktivität bestimmter Länder und Gebiete, insbesondere die zunehmende Vernetzung der Erde durch (Massen-)Kommunikationsmittel und eine je nach Schichten unterschiedl. Angleichung bestimmter Lebensformen und -vorstellungen wichtige Ursachen der weltweiten M.-Vorgänge dar. Sie gehören heute zu den vordringlichsten globalen Problemen.

Migration in der Geschichte

Nach der zurzeit dominierenden wiss. Erkenntnis über den Ursprung menschl. Populationen hat sich die Menschheit in einer komplizierten Kette von M. von Afrika aus über den ganzen Planeten ausgebreitet. Eine histor. Betrachtung der Anfänge von M. muss also notwendig zu kurz greifen. Eine Möglichkeit bietet die Differenzierung in histor. und neuzeitl. M., wobei die Trennungslinie der Betrachtung mit der von Europa ausgehenden Einführung systemat. Erfassung der M.-Bewegungen in der 2. Hälfte des 19. Jh. gezogen wird. Eine andere Möglichkeit bietet die Beachtung histor. ›Schwellen‹ (B. SCHÄFERS). Menschheitsgeschichtlich sind drei große ›Schwellen‹ auszumachen: M. vor der Sesshaftwerdung; M. prinzipiell Sesshafter; M. (mit der dominant werdenden Arbeitskräfte-M.) seit Beginn der Industrialisierung und Verstädterung. In der histor. Entwicklung Europas spielen v.a. die M.-Bewegungen zu Beginn der abendländ. Geschichte (Einwanderungen nach Griechenland und Italien, Ausbreitung indogerman. Sprachen in Zentral- und Westeuropa) und die Veränderungen der polit. Geschichte, der Siedlungsräume und der kulturellen Grenzen durch das Hinzutreten bislang nicht ansässiger Menschen und Bev.-Gruppen (›Völkerwanderung‹, Bedeutung der normann., tatar., arab., osman., aber auch der christl. Expansion) im Laufe des MA. und der frühen Neuzeit eine wichtige Rolle, wobei die Existenz von in Europa ansässigen Nomaden ebenso wenig vergessen werden darf wie die Situation der durch Antisemitismus und zahlr. Pogrome (→Judenverfolgung) immer wieder zur M. gezwungenen Juden. Die neuzeitl. Geschichte der M. mit ihren bis heute anzutreffenden Strukturen, Folgen und Problemen beginnt mit der Entstehung des ›modernen Weltsystems‹ (I. WALLERSTEIN) durch die Entdeckung Amerikas und die damit forcierte europ. Expansion. Bereits das Leben der Menschen im Spät-MA. und in der frühen Neuzeit war trotz einer rigiden Ständeordnung und der Ansätze der frühmodernen Territorialstaaten zur Ansiedlung, ja zur ›Einschließung‹ (M. FOUCAULT) ganzer Bev.-Gruppen und zur Ausgrenzung Landfremder (M. STOLLEIS) in einem erhebl. Maß von Wanderschaft und einem unsteten Leben geprägt. Soziale Entwurzelung, die Reaktionen auf Kriege, Hunger, Armut und Naturkatastrophen, Bev.-Überschuss und nicht zuletzt die Suche nach Abenteuern hatten neben der christl. Pilger- oder Wallfahrtstradition schon die Bereitschaft zur Teilnahme an den Kreuzzügen des Hoch-MA. gestärkt; sie begründeten für die Neuzeit das, was L. FEBVRE den ›Nomadengeist‹ der Epoche genannt hat. Durch die neuzeitl. Entdeckung Amerikas erhielten diese Bestrebungen und Impulse ein neues Ziel, und es wird verständlich, dass es zunächst Abenteurer und gesellschaftlich wenig integrierte Personen waren, die das Gros der Konquistadoren und ersten Auswandererkontingente stellten. Wurden so, nicht zuletzt durch die Erzählungen von ›El Dorado‹ und dem Gold der amerikan. Indianer, die Sogfaktoren der europ. Expansion verstärkt, so nahmen im Zuge der europ. neuzeitl. Entwicklung auch die Druckfaktoren zu. Hierzu gehören neben dem Wachstum der Bev. v.a. die konfessionellen und religiösen

Spannungen sowie die mit der Einrichtung der Territorialstaaten verbundenen bzw. durch diese beendeten Bürgerkriege, die Auswanderung und Flucht in die überseeischen Gebiete in Gang setzten. Auch innerhalb Europas wurden zahlr. Bev.-Gruppen zur M. gezwungen (die span. Juden im 15. Jh., die Protestanten aus den südl. Niederlanden im 16. Jh., die Hugenotten am Ende des 17. Jh. aus Frankreich). In dieser ersten großen M.-Bewegung wanderten bis zum 18. Jh. etwa 2–3 Mio. Europäer nach Übersee aus, und gleichzeitig wurden etwa 7,5 Mio. Menschen aus Afrika als Sklaven verschleppt. Die zweite große M.-Bewegung setzte im 19. Jh. ein. Sie hatte gesellschaftl. Umbrüche des 18. Jh. zur Voraussetzung (Frz. Revolution, industrielle Revolution, soziale Frage und Liberalismus). So stieg die Zahl der Auswanderer von Europa nach Übersee von 120 000 Menschen im ersten Jahrzehnt des 18. Jh. auf 8,5 Mio. im letzten Jahrzehnt des 19. Jh. Insgesamt wanderten im 19. Jh. etwa 29 Mio. Menschen von Europa nach Übersee aus (A. R. ZOLBERG). Im gleichen Zeitraum erreichte die Binnen-M. in Europa ein nie gekanntes Ausmaß: Abwanderung der Land-Bev. in die Städte, Ost-West-M. innerhalb des Dt. Reiches, Entstehung der modernen Industriezentren mit Massenverelendung, Wohnraumnot und sozialer Desintegration, die letztlich die Entscheidung zur M. als ›problemlösendes Sozialverhalten‹ (G. ALBRECHT) erscheinen lassen. Dies betraf zunächst Irland und England, in der 2. Hälfte des 19. Jh. auch Dtl. und Italien. Auswanderung war weithin Export der sozialen Frage.

Von den Hungerjahren 1816/17 bis zum Ausbruch des Ersten Weltkriegs 1914 kamen 5,5 Mio. Deutsche in die USA, allein zw. 1846 und 1893 jährlich meist über 100 000, in den 1850er- und 1880er-Jahren auch über 200 000 Auswanderer (K. J. BADE). Erstmals trat auch innereuropäisch eine beträchtl. Arbeits-M. in Erscheinung, die wie in der Gegenwart von den Niedriglohnländern zu Ländern mit einem höheren Lohnniveau führte: von Irland nach England, von Spanien nach Frankreich, aus Italien in die Schweiz und nach Frankreich, von Polen nach Dtl. und Frankreich. Seit den 1970er-Jahren, bes. aber ab 1989/90, ist die Bundesrepublik Dtl. das wichtigste Zielland für Zuwanderungen aus europ. und zunehmend auch aus außereurop. Ländern.

Bevölkerungswissenschaftliche und soziologische Aspekte zur Migration im 20. Jahrhundert

Neben Armuts- und Arbeits-M. sowie der politisch erzwungenen M. setzte mit der Weiterentwicklung der Industriegesellschaft. Lebensformen und der z. T. unfreiwilligen Industrialisierung vieler außereurop. Gesellschaften, die mit der Zerstörung traditioneller Gesellschafts- und Familienformen einhergeht, mit dem 19. Jh. eine Entwicklung ein, die die M.-Bewegungen bis in die Gegenwart hinein bestimmt: Einer abflachenden Bev.-Entwicklung in den industrialisierten Staaten Westeuropas und Nordamerikas steht ein starker Bev.-Anstieg v. a. in Afrika und Asien gegenüber. Europa verliert in der Folge seine Bedeutung als Auswanderungsregion und wird zunehmend zum Zielgebiet von Einwanderung. Hiermit korrespondierend wurde seit der Wende zum 20. Jh. versucht, die M.-Bewegungen zu steuern bzw. mithilfe von Restriktionen zu verlangsamen oder zu stoppen. Im 20. Jh. wurden bes. von autoritären Staaten zusätzl. Schranken gegen die Auswanderung errichtet (ZOLBERG). Nicht allein hierdurch nimmt die M. politisch Verfolgter als Reaktion auf polit. Unterdrückung, Vertreibung oder sonstige Gewalttätigkeiten (Folter) neben der Armuts-M. und der Arbeits-M. eine zentrale Stelle ein. Alle Einschätzungen gehen davon aus, dass sich der M.-Druck in den nächsten Jahrzehnten bei einer wachsenden →Weltbevölkerung, bei sich verschlechternden ökolog. Bedingungen und bei zunehmender Verelendung großer Teile der Welt-Bev. verstärken wird, zumal sich die wohlhabenderen Länder zunehmend abschotten. Auch polit. Unsicherheiten und Destabilisierung spielen hier eine wichtige Rolle, bes. seit 1989. Nach Umfragen aus dem Jahr 1992, die im Auftrag der EU durchgeführt wurden, dachten etwa 13 Mio. Bürger Osteuropas an eine West-M. (A. MÜHLUM), nach Befragungen von 1991 waren es etwa 10 % der Gesamt-Bev. Inzwischen ist aber festzustellen, dass die großen Ströme (bisher) ausgeblieben sind. Neben der Ost-West-M., die auf dauerhaftes Aus- bzw. Einwandern gerichtet ist, hat sich zunehmend eine grenzüberschreitende ›Mobilität‹ entwickelt. Sie ist überwiegend legal im Rahmen gegebener Reisemöglichkeiten. Die wesentl. M.-Bewegungen vollziehen sich u. a. auch deshalb außerhalb Europas und haben nicht Europa als Ziel. Tatsächlich betreffen die weltweiten M.-Bewegungen v. a. diejenigen Länder, die wie Äthiopien, Somalia, Malawi, Liberia und Sudan von versch. Katastrophen und polit. Unsicherheiten betroffen sind und gegenseitiges Ziel der M.- und Fluchtbestrebungen der jeweiligen Bev. geworden sind. Die zentralen M.-Bewegungen finden derzeit in Südostasien, an der Grenze Mexikos zu den USA, in den unterschiedlichsten Regionen Afrikas, im Mittelmeerraum sowie in den Golfstaaten statt, während die nördlich gelegenen Staaten der EU v. a. von Flüchtlingen aus dem postkommunist. Osteuropa aufgesucht werden, wobei Dtl. 80 % der Flüchtlinge aus dem früheren Jugoslawien aufgenommen hatte, insgesamt rd. 400 000.

Entwicklungen in Deutschland

Das Problem der gesellschaftl. Integration von ›Fremden‹ (Immigranten) hat es in Dtl. schon in MA. und früher Neuzeit gegeben (z. B. Juden, Salzburger →Exulanten, Hugenotten). Während Dtl. im 19. Jh. v. a. als Auswanderungsland in Erscheinung trat, vollzog sich mit der Industrialisierung ab 1870/80 der Umbruch von einem Auswanderungs- zu einem ›Arbeitseinfuhrland‹ (BADE), v. a. durch die Einwanderung von Polen in das Industriegebiet an der Ruhr. Im 20. Jh. (Kriegswirtschaft in den beiden Weltkriegen, Saisonarbeiter in Ost-Dtl. während der Zeit der Weimarer Republik, Zwangsarbeit und Deportation von Menschen während der natsoz. Herrschaft als erzwungene M.) stellte – mit unterschiedl. Konjunkturen – der Arbeitskräftebedarf der dt. Industrie und Landwirtschaft das Kriterium für den Umgang mit Ein- bzw. Zuwanderung dar.

Dtl. hat seit 1945 mehrere große Einwanderungsschübe erlebt: Die Aufnahme von knapp 15 Mio. Flüchtlingen und Vertriebenen nach 1945 brachte sowohl für die von der Vertreibung betroffenen Menschen als auch für die aufnehmende Gesellschaft die Aufgaben und Belastungen eines tatsächl. Einwanderungsprozesses mit sich (BADE). Zw. 1950 und dem 13. 8. 1961 (Bau der Berliner Mauer, Abriegelung der innerdt. Grenze) kam eine hohe Zahl von Migranten aus der DDR in die BRD (→Sowjetzonenflüchtling). Bereits Mitte der 1950er-Jahre, verstärkt aber ab 1961, begann mit der Anwerbung zunächst ital., dann aus dem gesamten Mittelmeerraum stammender Arbeitsmigranten eine weitere Phase der M., die bis zum Anwerbestopp im Jahr 1973 etwa 14 Mio. Menschen in die Bundesrepublik Dtl. führte, von denen etwa 11 Mio. zurückkehrten. Mit einer sich schon in den späten 60er-Jahren abzeichnenden M. von Familienangehörigen ausländ. Arbeitnehmer verringerte sich ab 1973/74 die Ausländerfluktuation, während sich die Zahl bzw. der Anteil der ausländ. Wohn-Bev. durch eben diesen Zuzug sowie die höhere Geburtenrate gegenüber den Deutschen erhöhte. Das Rückkehrhilfegesetz von 1984 konnte diesen Trend nur kurzfristig umkehren. Schließlich setzte Ende der 1980er-Jahre eine verstärkte M. von deutschstämmigen Aus- und Übersiedlern aus O-Europa ein. Durch den polit. Umbruch in O-Europa erhöhte sich die Einwanderung nach Dtl. ebenso wie durch die im Laufe der 1980er-Jahre zunehmende Zahl von Schutz Suchenden aus den unterschiedlichsten Krisengebieten der Erde. Infolge gesetzl. Änderungen zum Asylrecht (Mai 1993) gingen die Asylanträge jedoch bereits 1993 auf 323 000 zurück, 1994 ca. 127 000. Dagegen ist aufgrund der instabilen Verhältnisse in den Nachfolgestaaten der Sowjetunion die Zahl der Einwanderungswilligen deutlich gestiegen (so suchen neben den Deutschstämmigen als Reaktion auf den wachsenden Antisemitismus in Osteuropa auch Juden in Dtl. Zuflucht). Insgesamt zogen schon vor dem Zusammenbruch des Ostblocks mehr Menschen in die Bundesrepublik Dtl. als hier geboren wurden (→Aussiedler, →Spätaussiedler, →Deutschland, Bevölkerung).

Im Hinblick auf die Frage, ob Dtl. ein Einwanderungsland ist, wird zw. folgenden Sichtweisen unterschieden: 1) Im rechtl. Sinn ist Dtl. kein Einwanderungsland. Dtl. hat kein Einwanderungsgesetz, die Begriffe ›Einwanderer‹ oder ›Migrant‹ kommen im Grundgesetz und im Ausländergesetz nicht einmal vor. 2) Viele Zuwanderer haben keine dauernde Bleibeabsicht, sie verstehen sich als Saison- oder Gastarbeiter oder haben als Flüchtlinge oder Asyl Suchende die Absicht, in ihre Heimatländer zurückzukehren. Faktisch beträgt aber die Aufenthaltsdauer bei weit mehr als der Hälfte der zugezogenen Ausländer über zehn Jahre. 3) In der polit. Öffentlichkeit und im Bewusstsein der Bev. spielen die genannten Daten und Fakten bisher eine eher untergeordnete Rolle. Die Aussagen ›Dtl. ist seit Jahrzehnten de facto ein Einwanderungsland‹ und ›Dtl. ist kein Einwanderungsland‹ werden je nach polit. Position geäußert werden.

Die Folgen der Zu- bzw. Einwanderungen werden unter Themen wie Integration, Assimilation, Akkulturation und multikulturelle Gesellschaft kontrovers diskutiert.

Folgen

Angesichts der vielfältigen kulturellen, sozialen, ökonom. und polit. Faktoren hinsichtlich der Ursachen und des Erscheinungsbildes von M. lassen sich Reaktionen und Folgen im Umgang mit anderen und fremden Menschen nicht allein auf angenommene anthropolog. oder sogar genet. Grundlagen reduzieren. Tatsächlich sind die Folgen so unterschiedlich wie die Ursachen von M. und die Situationen in den einzelnen Ländern und Aufnahmegesellschaften. Kosten-Nutzen-Rechnungen können allenfalls als ein Indiz zur Beurteilung des Phänomens genommen werden, dem andere Aspekte – Menschenrechte, internat. Arbeitsteilung, unaufhebbare internat. Vernetzung und wirtschaftl. Abhängigkeitsbeziehungen, Exportorientierung, aber auch Ressentiments in der Aufnahmegesellschaft, begrenzte Kapazitäten u. a. – gegenübergestellt werden müssen. Derzeitige Rechnungen – unter Abwägung der ökonom. Folgen – ergeben, dass die Zuwanderer für die dt. Gesellschaft einen Überschuss erwirtschaften, und weisen auf die Notwendigkeit von Einwanderern in der Zukunft (H. GEISSLER)

hin. Erfolgsrechnungen, die auf den gesamtgesellschaftl. Nutzen einer kontrollierten Einwanderung verweisen, stehen oftmals tief sitzende Ressentiments gegenüber, die sich ihrerseits auf das Scheitern versch. Vorstellungen eines konfliktfreien Lebens unterschiedl. Bev.-Gruppen (›melting pot‹; Ethnisierung polit. Konflikte z. B. in den Großstädten der USA) stützen können. M. bedeutet aber auch für die abgebenden Gesellschaften mitunter den Verlust der leistungsfähigsten bzw. gut ausgebildeten oder politisch engagierten Kräfte, die so nicht mehr für die Entwicklung des eigenen Landes zur Verfügung stehen (→Braindrain).

⇨ *Asylrecht · Ausländer · ausländische Arbeitnehmer · Auswanderung · Bevölkerungsentwicklung · Einwanderung · Flüchtlinge · globale Probleme · Landflucht · Mobilität · multikulturelle Gesellschaft · Nord-Süd-Konflikt*

E. G. RAVENSTEIN: The laws of migration, in: Journal of the Royal Statistical Society, Jg. 48 u. Jg. 52 (London 1885 u. 1889); R. HEBERLE: Theorie der W., in: Schmollers Jb. für Gesetzgebung, Verw. u. Volkswirtschaft, Bd. 75 (1955); G. ALBRECHT: Soziologie der geograph. Mobilität (1972); H. HARBACH: Internat. Schichtung u. Arbeitsmigration (1976); H. ESSER: Aspekte der Wanderungssoziologie (1980); P. FRANZ: Soziologie der räuml. Mobilität (1984); Das Weltflüchtlingsproblem, hg. v. P. J. OPITZ (1988); Generation u. Identität. Theoret. u. empir. Beitrr. zur Migrationssoziologie, hg. v. H. ESSER u. J. FRIEDRICHS (1990); J. A. HAUSER: Bev.- u. Umweltprobleme der Dritten Welt, 2 Bde. (Bern 1990–91); Transnat. Migranten in der Arbeitswelt. Studien zur Ausländerbeschäftigung in der Bundesrep. Dtl. u. zum internat. Vergleich, hg. v. J. FIJALKOWSKI (1990); World population monitoring, hg. v. Department of International Economic and Social Affairs der Vereinten Nationen (New York 1990ff., früher u. a. T.); P. J. BRENNER: Reisen in die Neue Welt (1991); D. OBERNDÖRFER: Die offene Rep. Zur Zukunft Dtl.s u. Europas (1991); L. HOFFMANN: Die unvollendete Rep. Zw. Einwanderungsland u. dt. Nationalstaat (²1992); Rassismus u. M. in Europa, hg. vom Inst. für Migrations- u. Rassismusforschung e. V. (1992); Sozialwiss. Studien über das Weltflüchtlingsproblem, hg. v. J. BLASCHKE u. A. GERMERSHAUSEN, auf mehrere Bde. ber. (1992ff.); Weltflüchtlingsbericht, Losebl. (1992ff.); K. J. BADE: M. in Gesch. u. Gegenwart, in: Gesch. lernen, Jg. 6 (1993), H. 33; Deutsche im Ausland – Fremde in Dtl. M. in Gesch. u. Gegenwart, hg. v. DEMS. (³1993); Ausländer, Aussiedler, Asyl in der Bundesrep. Dtl., hg. v. DEMS. (³1994); M. – Ethnizität – Konflikt. Systemfragen u. Fallstudien, hg. v. DEMS. (1996); H. BIRG: Demograph. Wirkungen polit. Handelns, in: Altern hat Zukunft – Bev.-Entwicklung u. dynam. Wirtschaft, hg. v. J.-U. KLOSE (1993); H. BIRG u. a.: Migrationsanalyse, in: Forschungen zur Raumentwicklung, hg. v. der Bundesforschungsanstalt für Landeskunde u. Raumordnung, Bd. 20 (1993); DERS. u. E.-J. FLÖTHMANN: Bev.-Projektionen für die vereinte Dtl. bis zum Jahr 2100 (1993); O. STARK: The migration of labor (Neuausg. Cambridge, Mass., 1993); Wanderungsraum Europa, hg. v. M. MOROKVASIC u. H. RUDOLPH (1994); Zwischenbericht der Enquete-Kommission ›Demograph. Wandel‹ (1994), Mit Fremden leben. Eine Kulturgesch. von der Antike bis zur Gegenwart, hg. v. A. DEMANDT (1995); W. SEIFERT: Die Mobilität der Migranten (1995); H. BIRG: Die Weltbevölkerung. Dynamik u. Gefahren (1996).

Migro|element, *Pflanzengeographie:* →Florenelemente.

Migros-Genossenschafts-Bund [mi'gro-], Abk. **MGB,** schweizer. Großunternehmen des Einzelhandels, gegr. 1925 als Migros AG von G. DUTTWEILER, seit 1941 Genossenschaft, Sitz: Zürich. Dem Spitzenorgan MGB gehören zwölf selbstständige regionale Migros-Genossenschaften mit insgesamt über 1,5 Mio. Mitgl. an. Der MGB betreibt mit rd. 75 000 Beschäftigten (einschließlich Teilzeitkräften) im Bereich des Einzelhandels 573 Verkaufsstellen und 68 Verkaufswagen. Außerdem gehören Produktions- und Dienstleistungsunternehmen zum MGB: neben der Nahrungsmittelindustrie etwa die Migros Bank (Bilanzsumme 11,2 Mrd. sfr.), die Secura Versicherungsgesellschaft (Prämieneinnahmen 382,7 Mio. sfr.), die Hotelplan Gruppe (Touristik; 1,36 Mrd. sfr. Umsatz), die Migrol (eine Genossenschaft für den Mineralölvertrieb und den Kfz-Bereich mit 762 Mio. sfr. Umsatz), 50 (den dt. Volkshochschulen vergleichbare) Klubschulen, 30 Sprachschulen (in sieben Sprachgebieten) sowie ein Verlag, eine Druckerei und eine Reederei. Der Einzelhandelsumsatz erreicht insgesamt 12,86 Mrd. sfr., der konsolidierte Umsatz der Migros-Gemeinschaft 16,04 Mrd. sfr. Der Marktanteil des MGB am Nahrungs- und Genussmitteleinzelhandel in der Schweiz liegt bei etwa 24% (Zahlen: Ende 1995). 1997 wurde der →Globus Konzern übernommen.

Mihailović [-vitc], **1)** Dragoljub, gen. **Draža M.**, jugoslaw. Offizier, * Ivanjica (bei Kraljevo) 27. 4. 1893, †(hingerichtet) Belgrad 17. 7. 1946; Serbe; organisierte nach der Zerschlagung Jugoslawiens (April 1941) den Widerstand der →Četnici gegen die dt. Besatzungsmacht, geriet jedoch auch in Konflikt mit den kommunist. Partisanen unter TITO. 1942 wurde er zum Kriegs-Min. der jugoslaw. Exil-Reg. in London ernannt; spätestens nach der Konferenz von Teheran 1943 verlor er die brit. Unterstützung zugunsten TITOS; 1946 wegen Landesverrats zum Tod verurteilt.

B. M. LAZITCH: La tragédie du général Draja Mihailovitch (Paris 1946); A. B. SEITZ: Mihailovic, hoax or hero? (Columbus, Oh., 1953); WALTER R. ROBERTS: Tito, M. and the allies, 1941–1945 (New Brunswick, N. J., 1973).

2) Dragoslav, serb. Schriftsteller, * Ćuprija 20. 11. 1930; schreibt Erzählungen und Romane über das Leben in serb. Kleinstädten und Dörfern, die sich durch meisterhafte Beobachtungsgabe und Sinn für präzise, auch lokale Spracheigenheiten berücksichtigende Sprache auszeichnen.

Werke: *Erzählung:* Frede, laku noć (1967). – *Romane:* Kad su cvatale tikve (1968; dt. Als die Kürbisse blühten); Petrijin venac (1975; dt. Petrijas Kranz); Čizmaši (1984).

Mihalić [-litc], Slavko, kroat. Lyriker, * Karlovac 16. 3. 1928; war als Journalist, Zeitungsredakteur und Verlagslektor tätig; seit 1990 Herausgeber der Literaturzeitschrift ›Forum‹. M. drückte mit der Überwindung des sozialist. Realismus ein neues, vom Existenzialismus geprägtes Weltgefühl aus, das ihn zur Leitfigur der modernen Lyrik in Kroatien werden ließ. Seine urbane Poesie, die von Situationen des Alltags ausgeht, reflektiert ironisch und illusionslos die Befindlichkeit des modernen Menschen.

Werke: *Lyrik:* Komorna musika (1954); Darežljivo progonstvo (1959); Posljednja večera (1969); Klopka za uspomene (1977). – *Prosa:* Petrica Kerempuh u starim i novim pričama (1975).

Ausgaben: Izabrane pjesme, 3 Bde. (1966–88). – Stille Scheiterhaufen. Gedichte, übers. v. K. D. OLOF (Neuausg. 1993).

Mihalovici [-tʃi], Marcel, frz. Komponist rumän. Herkunft, * Bukarest 22. 10. 1898, † Paris 12. 8. 1985; studierte an der Schola Cantorum in Paris (V. D'INDY). Seine von rumän. Volksmusik und erweiterter Chromatik bestimmte Tonsprache führt bis zu Zwölftonpartien. Er komponierte Opern (›L'intransigeant Pluton‹, 1928; ›Phèdre‹, 1951; ›Die Heimkehr‹, 1954; ›Krapp‹, 1961; ›Les jumeaux‹, 1963), Ballette, Orchesterwerke, Kammermusik, Klavierstücke, Vokalwerke, Bühnen-, Hörspiel- und Filmmusik.

Mihrab [miçˈraːp, arab.] *der, -(s)/-s,* **Michrab,** die Gebetsnische (oder nur eine Bogenmarkierung in der Wand) der Moschee; sie zeigt die Gebetsrichtung (→Kibla) an. Der früheste erhaltene M. ist vielleicht der Bogen am Gebetsplatz unter dem Felsendom in Jerusalem (692), der erste mit Nische befindet sich in der Moschee von Medina (707–709). Eine bauhistor. Ableitung von den kleinen Apsidennischen kopt. Kirchen und Klöstern ist möglich. Der M. ist oft reich dekoriert (Marmor, Fayencemosaik), häufige Motive sind Schriftzeichen mit Texten aus dem Koran oder, aufgrund der Lichtsure (XXIV, 35: ›Sein [Allahs] Licht ist einer Nische zu vergleichen mit einer Lampe darin‹), eine Moscheeampel. Teilweise wurde vor die Nische ein überkuppelter Raum gelegt. – Auf Gebetsteppichen ist meist ein M. dargestellt. BILDER →Fayence, →Herat, →Minbar

Mihura [miˈura], Miguel, span. Dramatiker und Drehbuchautor, * Madrid 21. 7. 1905, † ebd. 28. 10. 1977. Seine bereits 1932 verfasste Komödie ›Tres sombreros de copa‹ konnte erst 1952 uraufgeführt werden. Mit ihrem schwarzen Humor und einer gänzlich neuartigen Sprache bricht sie mit der span. Komödientradition und nimmt Elemente des absurden Theaters voraus. M.s zahlr. weitere Komödien (u. a. ›Mi adorado Juan‹, 1952; ›Melocotón con almíbar‹, 1958, dt. ›Der Engel mit dem Blumentopf‹; ›Ninette y un señor de Murcia‹, 1965; ›Solo el amor y la luna traen fortuna‹, 1969) kehren thematisch und sprachlich zur traditionellen Gesellschaftskomödie zurück.

Mijnheer [məˈneːr; niederländ. ›mein Herr‹], niederländ. Bez. für Herr.

Mikado [jap. ›erlauchtes Tor‹], **1)** *der, -s/-s,* früher bes. dichterisch umschreibende Benennung für den jap. Kaiser, den Tenno.

2) *das, -s/-s,* Geschicklichkeitsspiel, bei dem dünne, runde Stäbchen, die an beiden Enden zugespitzt sind, aus einem ungeordneten Haufen herausgezogen werden, ohne dass sich ein weiteres Stäbchen bewegen darf. Die Stäbchen sind in versch. Farben gekennzeichnet, von denen jede einen bestimmten Zahlenwert hat. Sieger ist, wer die meisten Punkte erreicht.

Mikania [nach dem tschech. Botaniker JOHANN CHRISTIAN MIKAN, * 1769, † 1844], Gattung der Korbblütler mit etwa 300 Arten in den Tropen, bes. der Neuen Welt; meist kletternde, ausdauernde Kräuter oder Sträucher mit zahlr. kleinen, fast immer vierblütigen, weißen oder blassgelben Blütenköpfchen. Die brasilian. Art **M. ternata** mit purpurrot behaarten Trieben und handförmig geteilten, unterseits purpurfarbenen Blättern wird als Ampelpflanze kultiviert.

Mikeschin, Mikešin [-ʃin], Michail Ossipowitsch, russ. Maler und Zeichner, * Platonowo (Gouv. Smolensk) 21. 2. 1835, † Sankt Petersburg 31. 1. 1896; ausgebildet als Ikonenmaler; entwarf monumentale Denkmäler wie ›Das tausendjährige Russland‹ in Nowgorod (1862 unter seiner Leitung von A. M. OPEKUSCHIN u. a. Bildhauern ausgeführt); auch Illustrationen (zu N. W. GOGOL und A. S. PUSCHKIN).

Miki, Takeo, jap. Politiker, * in der Präfektur Tokushima (Shikoku) 17. 3. 1907, † Tokio 13. 11. 1988; Jurist; wurde 1937 Mitgl. des Unterhauses, war seit 1947 mehrfach Min. (u. a. 1965–66 für Außenhandel und Industrie, 1966–68 für Äußeres), 1972–74 stellv. Min.-Präs. und 1974–76 Vors. der Liberaldemokrat. Partei sowie Ministerpräsident.

Mikir, Volk mit tibetobirman. Sprache, lebt v. a. in den Mikir Hills von Assam, Indien. Die etwa 120 000 M. betreiben v. a. Ackerbau und gliedern sich in exogame Klans. Ihre traditionelle animist. Religion (Tieropfer, megalith. Monumente) wird durch hinduist. und christl. Einflüsse geschwächt.

Mikkeli, schwed. **Sankt Michel** [-ˈmikɛl], **1)** Provinzhauptstadt und Garnisonort in Finnland, in wald- und seenreicher Umgebung an einer nordwestl. Bucht des Saimaasees, 32 600 Ew.; Bischofssitz; kulturhistor., Kunst-, militär. Museum; Holzverarbeitung (Zellulose und Papier).

2) Provinz im südöstl. Finnland, 21 633 km² (davon 5 306 km² Wasserfläche), 206 700 Einwohner.

Mikkelsen [ˈmegəlsən], Ejnar, dän. Polarforscher, * Vester Brønderslev (Jütland) 23. 12. 1880, † Kopenhagen 3. 5. 1971; bereiste 1900 O-Grönland, 1901/02 Franz-Josef-Land, 1906 die Beaufortsee sowie 1909–12 (Suche nach Spuren der verschollenen Expe-

Takeo Miki

dition von L. MYLIUS-ERICHSEN), 1924, 1925 und 1932 Grönland. 1934–50 war er Generalinspektor für O-Grönland.
Schriften: Conquering the arctic ice (1909); Lost in the Arctic (1913); Tre aar paa Grønlands østkyst (1913; dt. Ein arkt. Robinson).

Mikkola, Maria, finn. Schriftstellerin, →Talvio, Maila.

Mikl, Josef, österr. Maler, *Wien 8. 8. 1929; seit 1969 Prof. an der Wiener Akad. der bildenden Künste; entwickelte eine von der Malgeste bestimmte, sehr persönl. Variante der abstrakten Malerei, die sich nur schwer vom Gegenständlichen zu lösen scheint.
M. Farbe u. Figur, Ausst.-Kat. (1981).

Miklas, Wilhelm, österr. Politiker, *Krems an der Donau 15. 10. 1872, †Wien 20. 3. 1956; Mitgl. der Christlichsozialen Partei, 1907–18 Abg. im Reichsrat, 1918–28 im österr. Nationalrat, war 1918–19 Mitgl. des Staatsrates, 1923–28 Präs. des Nationalrates und 1928–38 Bundes-Präs. Da er es ablehnte, das Ges. über den ›Anschluss‹ Österreichs an das Dt. Reich zu unterzeichnen, trat er am 13. 3. 1938 zurück.
H. V. LANG: Bundespräsident M. u. das autoritäre Regime 1933–1938 (Diss. Wien 1972).

Miklosich [-zitʃ], slowen. **Miklošič** [-ʃitʃ], Franz Xaver von (seit 1869), slowen. Slawist, *Radomerščak (bei Ljutomer, Slowenien) 20. 11. 1813, †Wien 7. 3. 1891; einer der Begründer der modernen Slawistik, war 1849–85 Prof. in Wien. Seine ›Vergleichende Gramm. der slav. Sprachen‹ (1852–75, 4 Bde.) war lange Zeit richtungsweisend für die Slawistik; ferner bedeutende Arbeiten zum Altkirchenslawischen.

Mikojan, 1) Anastas Iwanowitsch, sowjet. Politiker armen. Herkunft, *Sanain (bei Tiflis) 25. 11. 1895, †Moskau 21. 10. 1978, Bruder von 2); schloss sich 1915 den Bolschewiki an. Als enger Mitarbeiter STALINS wurde er 1935 Mitgl. des Politbüros der KPdSU (bis 1966). 1926–46 leitete er als Volkskommissar, 1946–55 als Min. versch. Ressorts in der Unions-Reg. Nach dem Tod STALINS unterstützte er N. S. CHRUSCHTSCHOW in den innerparteil. Machtkämpfen gegen G. M. MALENKOW und in den Bemühungen um Entstalinisierung. 1955–64 war er einer der Ersten Stellv. Min.-Präs., 1964–65 Vors. des Präsidiums des Obersten Sowjets (Staatsoberhaupt).
2) Artjom Iwanowitsch, sowjet. Flugzeugkonstrukteur, *Sanain (bei Tiflis) 5. 8. 1905, †Moskau 9. 12. 1970, Bruder von 1); konstruierte (mit dem sowjet. Mathematiker M. I. GUREWITSCH, *1893, †1976) zahlr. Kampfflugzeuge mit der Typen-Bez. →MiG.

Mikolajiw, Stadt in der Ukraine, →Nikolajew.

Mikołów [miˈkɔuuf], Stadt in Polen, →Nikolai.

Mikon, griech. Maler und Bildhauer der 1. Hälfte des 5. Jh. v. Chr. aus Athen; arbeitete oft mit POLYGNOT zusammen; nicht literar. Überlieferung malte er u. a. ›Theseus auf dem Meeresgrund‹ und eine Amazonenschlacht für das Theseion, ein Argonautenbild für das Anakeion (Dioskurenheiligtum) und eine zweite Amazonenschlacht, vielleicht auch die Marathonschlacht für die Stoa poikile in Athen.

mikro... [griech. mikrós ›klein‹], 1) *allg.:* vor Vokalen meist verkürzt zu **mikr...,** entsprechend in der latinisierten Form **micro..., micr...,** Wortbildungselement mit der Bedeutung: klein, gering, fein, z. B. Mikrolithe, Mikroskop, Microsporidia.
2) *Messwesen:* Vorsatzzeichen µ, Vorsatz vor Einheiten; bezeichnet den Faktor 10^{-6} (1 Millionstel).

Mikro|analyse, Untersuchung extrem kleiner Stoffproben oder extrem kleiner Oberflächenausschnitte von Festkörpern im Unterschied zur →Spurenanalyse, bei der i. d. R. in großen Probenportionen kleine Gehalte (unter 1 Promille) zu bestimmen sind. Die Probenmassen liegen bei der M. zwischen etwa 0,1 und 1 mg, bei der Halb-M. zw. 1 und 10 mg bei der Ultra- oder Sub-M. unter 0,1 mg. Viele Analysemethoden lassen sich durch spezielle Arbeitstechniken und Geräte auf Mikroverfahren umstellen. Beispiele sind die nasschem. Untersuchung eines Flüssigkeitstropfens durch Farbreaktionen (Tüpfelmethode) oder die Graphitrohrtechnik bei der Atomabsorptionsspektroskopie. Zu den Analyseverfahren, die sich speziell für die M. eignen, gehören die Aktivierungsanalyse und – für Oberflächenuntersuchungen – die →Auger-Elektronenspektroskopie.
O. SCHNEIDER: Halbmikroanalyse. Qualitatives anorgan. Praktikum (1980); W. J. KIRSTEN: Organic elemental analysis. Ultramicro, micro and trace methods (New York 1983); E. WELTER: Ultraschallevitierte Tropfen. Ein neuer Ansatz für die chem. M. (1996).

Mikro|angiopathie, durch einengende und zum Verschluss führende Wandveränderungen kleiner und kleinster arterieller Gefäße hervorgerufenes Krankheitsbild; tritt als Spätfolge des Diabetes mellitus in Form von Schädigungen an Augen, Nieren (bei Raynaud-Krankheit, Sklerodermie, Nikotinmissbrauch) sowie von Durchblutungsstörungen und Nekrosen an Fingern und Zehen auf.

Mikrobefehl, *Informatik:* →Mikroprogrammierung.

Mikroben [frz., zu mikro... und griech. bios ›Leben‹], *Sg.* **Mikrobe** *die,* -, umgangssprachlich für →Mikroorganismen.

mikrobiell, die Mikroben betreffend, durch Mikroben verursacht.

Mikrobiologie, Wiss. von den Mikroorganismen und den Viren; mit den Teilgebieten Bakteriologie (Bakterien), Mykologie (Pilze), Phykologie (Algen), Protozoologie (Einzeller), Virologie (Viren). Von der allgemeinen M. haben sich versch. Spezialdisziplinen abgezweigt, z. B. die **medizinische M.,** die sich bes. mit der Untersuchung von Krankheitserregern beim Menschen befasst, und die **industrielle M.,** die sich mit der Nutzung von Mikroorganismen für die Produktion bestimmter Nahrungs-, Genuss- und Arzneimittel befasst (→Biotechnologie).

Mikrobizide [zu lat. caedere, in Zusammensetzungen -cidere ›töten‹], *Sg.* **Mikrobizid** *das, -(e)s,* Sammel-Bez. für chemisch unterschiedl. Substanzen, die Mikroorganismen abtöten, so z. B. Antibiotika, Fungizide, Desinfektionsmittel und Konservierungsmittel.

Mikrochip [-tʃip], umgangssprachl. für →Chip.

Mikrochirurgie, Spezialtechnik versch. operativer Fächer, die sich mit chirurg. Eingriffen an Gewebestrukturen im mikroskop. Bereich befasst; sie wird mit opt. Hilfsmitteln (Lupenbrille, Operationsmikroskop), speziellen Instrumenten und speziellem Nahtmaterial ausgeführt. Verfahren der M. werden u. a. in der plast. Chirurgie (z. B. Transplantationschirurgie von Geweben) sowie bei operativen Eingriffen, bes. an Auge (Linsenimplantation, Hornhauttransplantation), Ohr (z. B. das Einsetzen von Gehörknöchelchen aus Keramik oder Teflon bei bestimmten Arten von Schwerhörigkeit), Gehirn und Nerven, Blutgefäßen sowie zur Rekonstruktion der Eileiter angewendet.

Mikrocomputer [-kɔmpjuːtər], *der* →Mikrorechner.

Mikro|elektronik, Teilgebiet der Halbleiterelektronik, das sich mit Entwurf, Entwicklung, Herstellung und Anwendung →integrierter Schaltungen (Abk. IC), d. h. der innigen, zerstörungsfrei nicht trennbaren Verbindung einer großen Zahl stark miniaturisierter Funktionselemente (→Miniaturisierung) auf Festkörperbasis zu einer funktionalen Einheit befasst. Historisch haben sich für die Fertigung von IC versch. Realisierungstechniken wie Schichttechnik (→Dickschichttechnik, →Dünnschichttechnik), →Bipolartechnik, →Planartechnik und →MIS-Technik (mit den entsprechenden Schaltkreisfamilien) herausgebildet.

Mikroelemente – Mikrofon **Mikr**

Durch neue Entwurfs- und Fertigungsverfahren haben Anwender die Möglichkeit, auch bei kleineren Stückzahlen spezielle kunden- oder anwendungsspezif. IC rentabel einzusetzen (so genannte **ASIC,** Abk. von engl. **a**pplication **s**pecific **i**ntegrated **c**ircuit).

Mikro|elemente, die →Spurenelemente.

Mikrofauna, die unter 0,2 mm großen Tiere des Bodens, z. B. Einzeller und kleine Fadenwürmer. (→Makrofauna, →Mesofauna)

Mikrofiche [-fiʃ; frz., zu fiche ›Karteikarte‹] *das* oder *der, -s/-s,* Planfilm im Postkartenformat DIN A 6, bei dem in sechs gleichmäßigen Reihen zeilenweise Mikrobilder (Mikrofotografien von Texten und Bildern) nebeneinander gereiht sind. Je nach Verkleinerungsfaktor enthält ein M. z. B. 48, 96 oder 192 Bilder einer DIN-A 4-Vorlage. Wird statt der Fotografie eine computergesteuerte Hochleistungs-Lichtsatzmaschine zur Herstellung des M. eingesetzt, können bis zu 3 000 DIN-A 4-Seiten auf einem M. gespeichert werden. Das M. besitzt Bedeutung für die Speicherung von Texten und Zeichnungen in Archiven, Bibliotheken, Dokumentationsstellen. Der Benutzer kann das M. mit einem Lesegerät (→Mikrofilm) auswerten.

Mikrofilm, meist 16 mm breiter fotograf. Film mit sehr hohem Auflösungsvermögen, der zur wesentlich verkleinerten Speicherung von Schriftgut, Zeichnungen u. a. zweidimensionalen Vorlagen dient. Der M. besitzt neben dem →Mikrofiche wachsende Bedeutung für Archive, Bibliotheken, Dokumentationsstellen, Ersatzteilkataloge u. a. Bei der Archivierung ist eine Raumeinsparung bis zu 98 % möglich. **M.-Geräte** sind weitgehend automatisierte Aufnahmekameras, Filmentwicklungs- und -weiterverarbeitungsgeräte sowie Lese- und Rückvergrößerungsgeräte für M. oder Mikrofiche, z. T. mit Kopiereinrichtung.

Mikrofluidik, →Mikrotechnik.

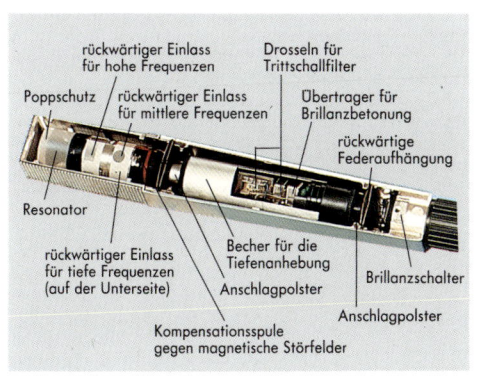

Mikrofon: Aufbau eines elektrodynamischen Mikrofons

Mikrofon [engl., zu griech. ›phōnḗ‹ ›Stimme‹, ›Ton‹] *das -s/-e,* **Mikrophon,** elektroakust. Wandler (Empfänger) zur Umwandlung von Schall in niederfrequente (tonfrequente) Spannungen und Ströme. Neben den M. zur Wandlung von Luftschall gibt es auch solche zur Umwandlung von Körperschall, z. B. zur Aufnahme mechan. Schwingungen von Maschinenteilen in der Materialprüfung, zur Umwandlung der durch die Halspartien vermittelten Schwingungen **(Kehlkopf-M.),** zur Aufnahme von Herzgeräuschen u. a. Alle M. sind ähnlich wie Lautsprecher aufgebaut und enthalten wie diese eine Membran als aktives Element. Beim **Druck-M. (Druckempfänger)** mit geschlossener Gehäuseform spricht die Membran auf den Schalldruck an, der auf ihre Vorderseite wirkt, da alle M.-Teile schalldicht von der Umgebung isoliert sind. Da der Schalldruck aus allen Raumrichtungen gleichmäßig aufgenommen wird, besitzt das Druck-M. eine kugelförmige Richtcharakteristik **(Kugel-M.).** Dagegen spricht ein beidseitig offenes M. auf die Geschwindigkeitsänderung des Schalls, die Schallschnelle, bzw. den Druckunterschied vor und hinter der Membran an, sodass die Membran abhängig vom Einfallswinkel des Schalls ausgelenkt wird. Ein solcher **Gradientenempfänger (Druckgradienten-M., Druckgradientenempfänger, Schnelleempfänger)** besitzt eine Achtercharakteristik. Kombinationen beider M.-Arten mit einer kardioid- oder nierenförmigen Richtcharakteristik werden auf versch. Weise realisiert, z. B. durch auf der Membranrückseite angebrachtes, akustisch wirksames Dämpfungsmaterial, das auftreffende Schallwellen dämpft. Eine ausgeprägte Richtwirkung **(Keulencharakteristik)** haben **Rohrricht-M. (Interferenzempfänger)** zur Aufnahme entfernter Schallquellen. Ein aufgesetztes Richtrohr mit einer Vielzahl von Schalleintrittsöffnungen und darauf abgestimmten Dämpfungselementen löscht seitlich auftreffenden Schall durch Interferenzen aus.

Beim **Kohle-M.** befindet sich Kohlegranulat zw. einer schwingungsfähigen Metallmembran mit einer auf ihr angebrachten Kohleelektrode und einer festen Gegenelektrode. Dieses wird entsprechend dem Schalldruck zusammengedrückt. Dadurch ändert sich der Widerstand des Kohlegranulats, und in einem angeschlossenen Stromkreis entsteht ein im Takt der Tonschwingungen wechselnder, dem Ruhegleichstrom überlagerter Wechselstrom. Das Kohle-M. arbeitet nur in einem begrenzten Frequenzbereich zufriedenstellend und wird deshalb nur noch selten verwendet.

Die gebräuchlichste Ausführung des **elektrodynamischen M.** ist das **Tauchspul-M.,** bei dem der Schall über eine Membran auf eine kleine Spule übertragen wird, die im Rhythmus der Schallwellen mehr oder weniger in den Spalt des Permanentmagneten eintaucht. In der Spule werden dabei tonfrequente Wechselspannungen induziert. Elektrodynam. M. zeichnen sich durch die Übertragung großer Frequenzbereiche sowie durch einen niederohmigen Innenwiderstand aus. Gegenüber dem elektrodynam. M. haben die **elektromagnetischen M. (magnetische M.),** bei denen sich der Anker als Teil des Eisenweges eines Magneten in einer fest stehenden Spule bewegt, eine geringe Bedeutung. Magnet. M. werden vorwiegend als Miniatur-M., z. B. in Hörhilfen, angewendet.

Beim **Kristall-M.** wird der piezoelektr. Effekt ausgenutzt. Der Schalldruck wirkt auf ein Plättchen aus piezoelektr. Material (z. B. Bariumtitanat), das mechanisch verformt wird. Dabei treten an der Oberfläche des Wandlersystems elektr. Spannungen auf. Neuere Systeme verwenden als Membran eine synthet. Folie aus Hochpolymeren **(HP-Mikrofon).**

Als hochwertigster Schallempfänger gilt das **Kondensator-M. (C-Mikrofon, elektrostatisches M.);** es wird v. a. in der Studiotechnik verwendet. Die leitende Membran bildet hier mit einer fest stehenden Gegenelektrode in Form einer auf eine Isolatorgrundplatte aufgedampften Metallschicht einen Kondensator, der über einen hochohmigen Widerstand mit Gleichstrom zur Erzeugung des elektr. Feldes zw. den Kondensatorplatten gespeist wird. Durch die entsprechend den Membranbewegungen auftretenden Ladungsverschiebungen ändert sich die Kapazität, sodass am Widerstand ein Spannungsabfall, d. h. eine Wechselspannung im Takt der Schallwellen hervorgerufen wird. Wegen des hohen Innenwiderstands müssen Kondensator-M. stets über einen Impedanzwandler angeschlossen werden. Eine Sonderform ist das →Elektretmikrofon, das ohne eine außen angelegte Polarisationsspannung auskommt. Kondensator-M. können als Druck- oder Druckgradientenempfänger ausgeführt werden. Kondensator-M. mit Doppelmembran lassen

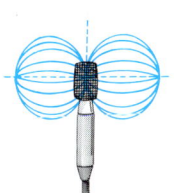

Kugelcharakteristik

Quer liegende Achtercharakteristik

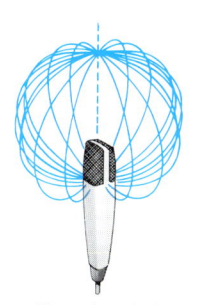

Nieren- oder Kardioidcharakteristik

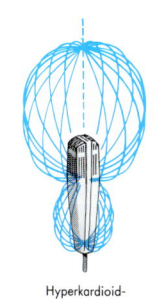

Hyperkardioidcharakteristik

Mikrofon: Verschiedene Richtcharakteristiken

Mikr Mikrofotografie – Mikrolithe

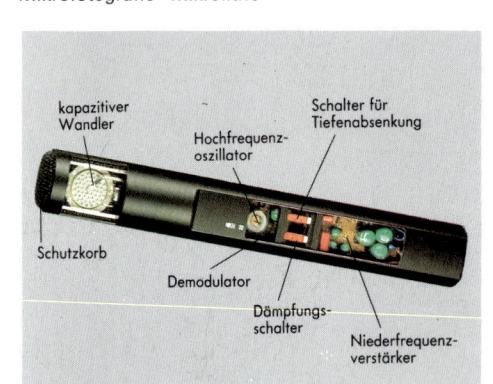

Mikrofon: Aufbau eines Kondensatormikrofons

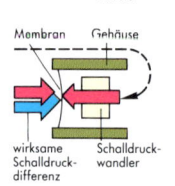

Mikrofon: oben Prinzip eines Druckmikrofons; unten Prinzip eines Druckgradientenmikrofons

sich mittels besonderer Abstimmung auf unterschiedl. Charakteristiken (Kugel-, Nieren-, Achtercharakteristik) umschalten.
Der Frequenzbereich eines modernen M. umfasst Frequenzen von etwa 20 bis 20 000 Hz. Da die abgegebene Nutzspannung eines M. sehr gering ist, muss i. d. R. allen M. ein M.-Verstärker nachgeschaltet werden; außerdem werden abgeschirmte Leitungen verwendet, deren Länge abhängig von der Ausgangsimpedanz ist. Niederohmige M. (z. B. Tauchspul-M.) können Leitungen mit bis zu 200 m Länge besitzen, die Kabellänge bei mittel- und hochohmigen M. (z. B. Kondensator-M.) ist begrenzt. **Kabellose M.** enthalten einen miniaturisierten UKW-Sender, der die einer Trägerfrequenz aufmodulierte erzeugte elektr. Spannung zu speziellen Empfängern abstrahlt, die die Signale wieder demodulieren und an ihren Ausgängen ein tonfrequentes Signal zur Verfügung stellen.

Mikrofotografie, Mikrokinematographie, Fotografie eines mikroskop. Bildes, bei der die (Film-)Kamera an ein Mikroskop angeschlossen ist (heute als Foto- oder Kameramikroskope auch fest kombinierte Einrichtungen).

Mikrogeschichte, Mikrohistorie, Richtung der modernen Geschichtswiss., die – im Unterschied zur Makrohistorie – in einer ›dichten Beschreibung‹ (CLIFFORD GEERTZ) eng umgrenzte kleinere Räume, Gemeinschaften bzw. einzelne Individuen, deren soziale Praxis sowie Erfahrungs- und Lebenswelten untersucht. Vertreter sind u. a. CARLO GINZBURG (›Der Käse und die Würmer. Die Welt eines Müllers um 1600‹, dt. 1979), HANS MEDICK (›Weben und Überleben in Laichingen 1650–1900. Lokalgesch. als Allgemeine Gesch.‹, 1996), GIOVANNI LEVI, CARLO PONI, DAVID SABEAN. Unter dem Einfluss der M. entstanden, häufig in Univ.-Städten, ›Geschichtswerkstätten‹. (→Alltag, →Historische Anthropologie, →Kulturgeschichte, →Mentalitätsgeschichte)

Mikrogewässer, *Ökologie:* Bez. für kleinste Wasseransammlungen, die von jeweils charakterist. Organismen bewohnt werden. Man unterscheidet **Phytotelmon,** Wasseransammlung in krautigen Pflanzenteilen oder Bäumen, sowie **Technotelmon,** von Menschen geschaffene M. (z. B. in kleinen Behältern) und →Lithotelmon.

Mikrohärte, ein Bereich der Vickers-Härte (→Härteprüfung).

Mikroklima, Kleinklima, Grenzflächenklima, das Klima der bodennahen Luftschicht bis zu einer Höhe von etwa 2 m, in der Horizontalen bezogen auf Areale bis 100 m Erstreckung. Maßgebend für seine Gestaltung sind der Strahlungsumsatz und die daraus abgeleitete Temperaturverteilung an der Erdoberfläche, die spezif. Feuchteverhältnisse und der in der bodennahen Reibungszone stark herabgesetzte Austausch der Luftteilchen (im Ggs. zur darüber liegenden turbulent durchmischten Schicht). Diese Faktoren sind jeweils abhängig von den Formen der Erdoberfläche, von den physikal. Eigenschaften des Erdbodens und von seiner Bedeckung. Ein spezielles M. ist das **Gelände-** oder **Topoklima** an Hängen, an denen eine Südlage mehr Strahlung empfängt als eine Nordlage, in engen Tälern, wo die Sonnenscheindauer durch hohen Horizont vermindert wird oder sich häufig Kaltluft sammelt. In Pflanzenbeständen gibt es ein →Bestandsklima.

R. GEIGER u. a.: The climate near the ground (Wiesbaden ^{5}1995).

Mikroklin [griech.] *der, -s/-e,* ein Feldspatmineral, →Feldspäte.

Mikroklinpertit [nach dem Ort Perth, Kanada] *der, -s/-e,* Mineral, →Feldspäte.

Mikrokokken, Micrococcaceae, Familie der Bakterien mit den Gattungen Planococcus, Staphylococcus und M. i. e. S. **(Micrococcus).** Letztere sind meist unbewegl., grampositive, kugelförmige Bakterien. Sie sind streng aerob und kommen einzeln, in Tetraden, Haufen oder Paketen vor, u. a. in Boden, in Gewässern sowie auf der Haut von Mensch und Tieren. Die bekannten Arten sind nicht pathogen.

Mikrokosmos, Titel einer Sammlung von 153 Klavierstücken in sechs Heften (1926–37) von B. BARTÓK; zu Unterrichtszwecken mit allmählich steigendem Schwierigkeitsgrad komponiert.

Mikrokosmos, *Philosophie:* Teil der Welt als Ganzes **(Makrokosmos).** Den Begriffen Mikro- und Makrokosmos liegt die Vorstellung einer vollendeten Ordnung der Welt zugrunde, in der eine Analogiebeziehung zw. der Welt als Ganzem und ihren einzelnen Teilen, insbesondere dem Menschen, besteht: Die Erkenntnis eines Teils der Welt ermöglicht eine entsprechende Erkenntnis des Ganzen, und jede Vorstellung über das Ganze hat ihre Entsprechung in den Teilen. Der Makrokosmos wird hierbei in Analogie zum Menschen als eine vernünftige und lebendige Einheit vorgestellt, der M. ist Spiegel oder Abbild des Logos der Welt; beide sind nach analog harmon. Proportionen gebildet, was die Pythagoreer z. B. zu ihrer Zahlen- und Harmonielehre führte. Eine besondere Ausformung erfuhr der M.-Gedanke in der Stoa. Die Vorstellung der Übereinstimmung von Teilen der Welt mit dem Makrokosmos findet sich bereits in Religionen und der hermet. und astrolog. Spekulationen früher Hochkulturen. Der Gedanke einer durchgängigen Gesetzmäßigkeit der Natur und der Ähnlichkeit ihrer Teile spielte erstmals eine Rolle in der ion. Naturphilosophie (ANAXIMANDER, EMPEDOKLES, DEMOKRIT). In den kosmologisch orientierten Anthropologien und der Naturphilosophie des MA. und der Renaissance hatte bes. der Gedanke einer Analogie von Mensch und Welt Bedeutung (HILDEGARD VON BINGEN, ALBERTUS MAGNUS, NIKOLAUS VON KUES u. a.). Insofern der Mensch an der sinnlich-phys. wie an der übersinnl. Welt oder göttl. Weisheit teilhat und als Mittelpunkt der Schöpfung des (auch als ›großer Mensch‹ bezeichneten) Universums angesehen wird, repräsentiert er die gesamte Kreatur und vermag die Welt durch sein Werk zu vollenden. Der Gedanke der analogen Entsprechung liegt u. a. auch der Monadologie von G. W. LEIBNIZ zugrunde (jede der unzähligen Monaden spiegelt alle anderen in der Ordnung einer prästabilierten Harmonie wider).

mikrokristallin, Bez. für ein Gefüge magmat. Gesteine, das Mineralkörner in mikroskopisch kleinen Dimensionen enthält.

Mikrolithe [zu griech. lithos ›Stein‹], *Sg.* **Mikrolith** *der, -s* und *-en,* **1)** *Kristallographie:* meist nur mit dem

Mikroskop erkennbare, nicht genau bestimmbare kleine Kristalle v. a. in glasreichen Gesteinen; sie können kugelig (**Globulite**), stäbchenförmig (**Longulite**), nadelig (**Belonite**), haarförmig (**Trichite**) oder perlschnurartig (**Margarite**) gestaltet sein.

2) Vorgeschichtsforschung: **Mikrolithen**, kleine Feuersteinartefakte von oft geometr. Form (Dreiecke, Trapeze, halbmondförmige Segmente), die als Einsätze (Spitzen, Schneiden) von Waffen und Werkzeugen aus Knochen, Horn oder Holz dienten; bes. häufig für die Mittelsteinzeit nachgewiesen.

Mikrolithotypen, Streifenarten, aus den →Mazeralen bestehende, in streifenförmigen, millimeterdünnen Lagen angeordnete Steinkohlearten. Man unterscheidet v. a. **Vitrit** (stark glänzend, wahrscheinlich aus Holz entstandene amorphe Masse, enthält daneben Harz- und Wachspartikel), **Clarit** (ähnlich dem Vitrit, aber durch eingelagerten Liptinit in der aus Pollen, Sporen und Pilzen gebildeten Grundmasse matt), **Durit** (hart, matter Glanz, aus fein zerriebenen organ. und anorgan. Resten entstanden), **Fusit** (**Inertinit**; zerreiblich, schwärzend, durch Waldbrände oder bestimmte chem. Zersetzung gebildet), **Liptit** (**Bitumit**; Algen- und Sporenreste). Vitrit bildet 40–50 % der Steinkohlenflöze der Erde, Durit etwa 30 %, Clarit 20 %, Fusit 5–10 %.

Mikrolog, für geoelektr. →Bohrlochmessungen verwendetes Verfahren, bei dem durch Widerstandsmessungen im Abstand weniger Zentimeter von der Bohrlochwand die Gesteinsporosität u. a. Feinstrukturen des Gesteins erfasst werden können.

Mikromechanik, →Mikrotechnik.

Mikrometeorologie, Teilbereich der Meteorologie, der sich mit den physikal. Prozessen befasst, die sich in der bodennahen Luftschicht (unterhalb von 2 m über dem Erdboden) abspielen und in denen die Wechselwirkungen mit der Erdoberfläche deutlich hervortreten (→Mikroklima). Die M. dient v. a. der Geländeklimatologie und der Agrarmeteorologie.

Mikrometer, 1) *Astronomie:* ein in Verbindung mit einem Fernrohr benutztes Winkelmessinstrument, das eine Okularmessplatte enthält; es dient der Bestimmung kleiner Winkeldistanzen zw. zwei benachbarten Sternen.

2) *Messtechnik:* **M.-Schraube,** ältere Bez. für →Messschraube.

3) *Messwesen:* Zeichen **µm,** Einheit der Länge, $1\,\mu\text{m} = 10^{-6}\,\text{m}$.

4) *Optik:* ältere Bez. für eine →Strichplatte mit feiner Stricheilung in opt. Geräten zum Messen kleiner Winkel oder Strecken. Die M. sind meist mit Okularen verbunden (→Okularmessplatte) und wirken in der Bildebene der Objektive (→Objektmessplatte, →Feinmessokular).

Mikrominiaturisierung, Verkleinerung (→Miniaturisierung) der Strukturelemente monolith. →integrierter Schaltungen bis an die Grenzen der Maskentechnik, die durch Beugung der verwendeten Strahlen gegeben ist. Mit Lichtoptik erreicht man Strichbreiten < 0,2 µm, mit Röntgenstrahlbelichtung < 0,1 µm und mit Elektronenstrahlbelichtung < 50 nm.

Der große Anstieg des →Integrationsgrades monolith. Schaltkreise ist auf gleichzeitige Fortschritte auf versch. Gebieten zurückzuführen: 1) Die Perfektion der Si-Einkristalle, die als Ausgangsmaterial für die Bauelemente dienen, ist durch laufende Prozesskontrolle bei der Züchtung erhöht worden, sodass der Einzelchip erheblich vergrößert werden konnte. 2) Die Abmessungen der Schaltungskomponenten sind durch Optimierung der Schaltungsentwürfe (→CAD), der Fertigungsabläufe und durch neu entwickelte Techniken im Bereich der →Epitaxie, →Dotierung, →Lithographie und des →Plasmaätzens reduziert worden. 3) Platz sparende Konzepte sind bes. durch die Weiterentwicklung der →MOS-Technik und die Ausnutzung versch. Halbleitereffekte zur Erzeugung der gewünschten Funktionen verwirklicht worden. Da bei hoher Integrationsdichte einzelne Halbleiterzonen gleichzeitig mehreren Bauelementen angehören, in denen sie oft unterschiedl. Funktionen ausüben, ist eine eindeutige Abgrenzung in individuelle Bauelemente, Schaltungen oder Systemfunktionen oft nicht mehr möglich. Die Zahl der Metallleitungen und Metall-Halbleiter-Kontakte konnte verringert werden, was zur Erhöhung der Zuverlässigkeit beiträgt. Weitere durch die M. elektron. Schaltkreise erzielte Vorteile liegen in der Verkürzung der Schaltzeiten und Erhöhung der Grenzfrequenz infolge kürzerer Verbindungen auf dem Chip sowie in der Reduzierung des Leistungsverbrauchs. (→integrierte Optik, →Mikrosystemtechnik, →Mikrotechnik)

Mikron *das,* Einheitenzeichen **µ,** alter Name für die Längeneinheit Mikrometer; $1\,\mu = 10^{-6}\,\text{m}$.

Mikronährstoffe, *Biologie:* →Ernährung.

Mikronesien [griech. ›Kleininselwelt‹], Inselgebiet im nordwestl. und mittleren Pazif. Ozean, mit den Marianen, Guam, den Karolinen, Marshallinseln, Gilbertinseln und Nauru. Während Guam (als nicht inkorporiertes Territorium) von den USA verwaltet wird, bilden die Marianen (Nordmarianen), Ostkarolinen und Yap Islands der Westkarolinen (Mikronesien), Palauinseln (Palau), Marshallinseln, Gilbertinseln (Kiribati) und Nauru unabhängige Staaten. M. erstreckt sich über fast 8 Mio. km² (in W-O-Richtung über 5 000 km), insgesamt rd. 3 100 km² Landfläche, und hat etwa 483 000 Ew. Die Marianen, Guam und die Westkarolinen, meist gebirgige ›kontinentale Inseln‹, liegen westlich der Andesitlinie, die übrigen Inseln, ›ozean. Inseln‹, auf der Pazif. Platte; soweit der vulkan. Untergrund (Basalt) nicht zutage tritt, handelt es sich um Korallenatolle und gehobene Korallenkalkinseln. Tropisch-maritimes, unter dem Einfluss des NO-Passats stehende Klima mit Durchschnittstemperaturen von 26–28 °C; in westl. und südl. Richtung abnehmende Niederschläge, die meist 3 000–5 000 mm/Jahr betragen (im Lee der Gebirge weniger).

Die altansässige Bev., die →Mikronesier, besiedelte das westl. M. wahrscheinlich von Indonesien oder den Philippinen aus vor 1000 v. Chr. (eventuell vor 2000 v. Chr.), das übrige M. von den Neuen Hebriden (Vanuatu) aus um 1300 v. Chr. Heute, nach der kolonialzeitl. Einwanderung von Europäern, Amerikanern, Japanern, aber auch Polynesiern, bildet sie nur noch etwa die Hälfte der Bev. M.s. Für den Feldbau sind die vulkan. Inseln wesentlich besser geeignet als die nährstoffarmen Böden der Koralleninseln. Außer den ursprüngl., von den Mikronesiern mitgebrachten Kulturpflanzen (Kokospalmen, Brotfruchtbaum, Schraubenbaum, Taro) werden auch Bataten, Jamswurzel, Maniok, Reis, Mais, Bananen, Kakao und Gemüse angebaut. Ursprüngl. Haustiere sind Schweine, Hühner (v. a. wegen des Federschmucks gehalten) und Hunde. Eine wesentl. Rolle spielt seit jeher der Fischfang (mit Wehren, Netzen, Angeln, Speeren); auch Algen, Schildkröten u. a. werden gesammelt. Die wichtigen Phosphatvorkommen, v. a. die von Nauru, sind fast erschöpft. Touristen kommen v. a. aus Japan und den USA. Kopra bildet seit dem 19. Jh. das Hauptexportprodukt. Durch die europ., jap. und amerikan. Kolonialherrschaft wurde die traditionelle materielle und geistige Kultur der Mikronesier entscheidend verändert, bes. durch die krieger. Auseinandersetzungen

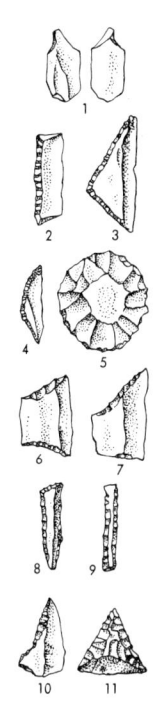

Mikrolithe 2) aus der Mittelsteinzeit (Sauveterrien und Tardenoisien) von Cuzoul de Gramat, Frankreich: 1 Kerbrest; 2 rückengestumpfte Klinge; 3 Dreieck; 4 Kreissegment; 5 Rundkratzer; 6 Trapez; 7, 10, 11 Spitzen; 8 und 9 Klingen mit Kantenstumpfung, so genannten Retuschen; alle Abbildungen etwa $^2/_3$ der natürlichen Größe

Mikr Mikronesien

zw. Japan und den USA und die Vorherrschaft der Amerikaner nach 1945. In der nichttraditionellen Wirtschaft (Bergbau, Industrie, Bauwirtschaft, Tourismus) arbeiten zahlr. Ausländer.

G. KOCH: Materielle Kultur der Gilbert-Inseln (1965); P. S. BELLWOOD: Man's conquest of the Pacific (Neuausg. New York 1979); Australien. Neuseeland. Südpazifik, hg. v. H. J. BUCHHOLZ (1984).

Mikronesien
Fläche 701 km²
Einwohner (1994) 104 700
Hauptstadt Palikir (auf Pohnpei)
Amtssprache Englisch
Nationalfeiertage 10. 5., 24. 10., 3. 11.
Währung 1 US-Dollar (US-$) = 100 Cents (c)
Uhrzeit 22:00 Kosrae und Pohnpei, 21:00 Chuuk und Yap = 12:00 MEZ

Mikronesien

Staatssiegel

Staatsflagge

Mikronesien amtlich engl. **Federated States of Micronesia** ['fedərertɪd steɪts əv maɪkrəʊ'ni:zjə], dt. **Föderierte Staaten von M.,** Staat im W des Pazif. Ozeans, bestehend aus den Ostkarolinen (Kosrae, Pohnpei, Chuuk) und den zu den Westkarolinen zählenden Yap Islands, zus. 607 Inseln und Atolle, mit 701 km² Landfläche und einem Seegebiet von über 2,5 Mio. km², (1994) 104 700 Ew. M. umfasst vier ›Staaten‹: **Kosrae** (früher Kusaie; fünf Inseln, 110 km², 7 300 Ew.), **Pohnpei** (früher Ponape; 163 Inseln, 345 km², 33 400 Ew.), **Chuuk** (truher Truk , 294 Inseln, 127 km², 52 900 Ew.) und **Yap** (145 Inseln, 119 km², 11 100 Ew.); Hauptstadt ist Palikir (früher Kolonia, auf Pohnpei), Amtssprache Englisch. Währung: 1 US-Dollar (US-$) = 100 Cents (c). Uhrzeit: 22:00 Kosrae und Pohnpei, 21:00 Chuuk und Yap = 12:00 MEZ.

STAAT · RECHT

Verfassung: M. ist eine Bundesrepublik. Die bereits am 10. 5. 1979 in Kraft getretene Verf. gilt auch nach der Aufhebung der Treuhandschaft der USA durch den UN-Sicherheitsrat (22. 12. 1990) fort. Die Gesetzgebungsbefugnisse für den Bund liegen beim Kongress (14 Abg. oder Senatoren); vier der Abg. (einer für jeden Gliedstaat) werden für vier Jahre, die übrigen zehn für zwei Jahre (im Verhältnis zur jeweiligen Bev.-Zahl der Staaten) gewählt. Der Kongress ernennt aus dem Kreis der auf vier Jahre gewählten Senatoren den Präs. und den Vize-Präs., die die Spitze der Bundesexekutive bilden. Der Präs. ist zugleich Staatsoberhaupt und Reg.-Chef. Auf der Grundlage des am 3. 11. 1986 in Kraft getretenen ›Compact of Free Association‹ sind die USA für Außen- und Verteidigungspolitik zuständig.

Parteien: Parteien und Verbände existieren nicht.

Wappen: Das kreisrunde Wappen stammt aus dem Jahr 1979 und ist im eigentl. Sinn ein Staatssiegel, das in Farbe ausgelegt als Staatswappen gilt. Eine Wellenlinie teilt es in eine obere hellblaue und eine untere dunkelblaue Hälfte. Im mittleren Teil ist eine Kokosnuss mit vier grünen Blättern abgebildet, die oben von vier weißen fünfzackigen Sternen umgeben sind. Im unteren Wappenteil steht auf weißem Band in Grün die Inschrift ›Peace, Unity, Liberty‹ (Frieden, Einheit, Freiheit), darunter die Jahreszahl 1979. Das Staatswappen ist von einem weißen Ring mit der Bez. ›Government of the Federated States of Micronesia‹ (Reg. der Föderierten Staaten von M.) umgeben.

Nationalfeiertag: Nationalfeiertage sind der 10. 5. (Proklamationstag), der 24. 10. (Tag der Vereinten Nationen) und der 3. 11. (Unabhängigkeitstag).

Verwaltung: An der Spitze der vier Gliedstaaten, die über eigene Verf. und Legislativorgane verfügen, steht jeweils ein Gouverneur.

Recht: Das Gerichtssystem besteht aus einem Obersten Gerichtshof sowie Instanzgerichten.

LANDESNATUR · BEVÖLKERUNG

Die Inseln bestehen teils aus hohen, von Korallenriffen umgebenen, vulkan. Inseln, teils aus flachen Koralleninseln (→Karolinen). Die westlich des Palau- und Yapgrabens (Tiefseegräben) und der Andesitlinie gelegenen Yap Islands sind aus Korallenkalk, vulkan. Gestein (Andesit) und metamorphen Gesteinen aufgebaut und sitzen dem SO-Rand der Philippinenplatte auf. Die Ostkarolinen bestehen ebenfalls aus vulkan. Inseln (aber aus Basalt) und Korallenriffen, liegen aber über der Pazif. Platte, die unter den Tiefseegräben unter die Philippinenplatte abtaucht. Darauf weisen auch die Entwicklungsstadien der Hauptinseln hin (von O nach W): Kosrae (bis 628 m ü. M.) ist tief zertalt und von einem weiter entfernten Saumriff umgeben, die Vulkaninsel Pohnpei (791 m ü. M.) hat mehrere umliegende Atolle, die noch stärker abgesunkenen Chuuk Islands bilden schon ein Atoll (mit kleinen vulkan. Inseln im Innern). Auch die Yap Islands, Reste eines zerbrochenen Massivs, sind von einem Korallenriff umgeben.

Klima und Vegetation: Das Klima ist tropisch-ozeanisch, mit durchschnittlich 26–28 °C und hohen Niederschlägen (Yap: 3 000 mm, Pohnpei: 4 900 mm, Chuuk: 3 500 mm jährlich). Zw. Juli und November auftretende Taifune verursachen oft große Schäden. Auf den vulkan. Inseln gibt es Reste von trop. Regenwald, auf den Koralleninseln v. a. Kokos- und Schraubenpalmen sowie Brotfruchtbäume. Auf letzteren Inseln ist die Wasserversorgung schwierig.

Bevölkerung: Die Bewohner sind überwiegend Mikronesier, auf Pohnpei auch Polynesier; ferner gibt es Minderheiten von Weißen und Asiaten. Durch die Inselnatur bedingt, haben sich regionale Besonderheiten erhalten, auch Reste der überlieferten sozialen Schichtung. Neben der Amts- und Schulsprache Englisch werden acht mikrones. Sprachen verwendet. Das durchschnittliche jährl. Bev.-Wachstum (1985–94) beträgt 1,8 %, der Anteil der städt. Bev. (1992) 26 %. Die größten Städte sind: Moen (15 300 Ew.) auf der gleichnamigen Insel in Chuuk, Palikir (6 300 Ew.) auf Pohnpei und Colonia (3 600 Ew.) auf Yap.

Religion: Staat und Kirche sind gesetzlich getrennt. Die Religionsfreiheit ist nach der Verf. auch in allen vier Gliedstaaten garantiert. Die dominierende Religion ist das Christentum, zu dem sich etwa 90 % der Bev. bekennen; rd. 48 % gehören der kath. Kirche an

Klimadaten von Yap (17 m ü. M.)

Monat	Mittleres tägl. Temperaturmaximum in °C	Mittlere Niederschlagsmenge in mm	Mittlere Anzahl der Tage mit Niederschlag	Mittlere tägl. Sonnenscheindauer in Stunden	Relative Luftfeuchtigkeit nachmittags in %
I	30,0	165	20	6,2	77
II	30,0	150	17	6,8	76
III	30,6	127	18	7,2	75
IV	31,1	130	18	8,0	75
V	31,1	254	22	6,8	79
VI	31,1	251	24	6,6	78
VII	31,1	429	25	6,1	80
VIII	31,1	417	24	5,8	79
IX	31,1	318	23	5,8	80
X	31,1	300	23	4,9	81
XI	30,6	254	22	6,4	80
XII	30,0	231	23	5,4	79
I–XII	30,7	3026	259	6,3	78

(Mehrheitsbekenntnis in Yap), über 40% den aus der prot. Mission hervorgegangenen Kirchen (Mehrheitsbekenntnis in Chuuk, Kosrae und Pohnpei). Innerhalb der Jurisdiktion der kath. Kirche ist M. Teil des Bistums der Karolinen (Suffraganbistum von Agaña [Guam]). Trägerin der prot. Mission ist seit Anfang des 20. Jh. v. a. die →Liebenzeller Mission. Zahlenmäßig kleine Religionsgemeinschaften bilden Mormonen, Zeugen Jehovas und Bahais. Mit dem traditionellen religiösen Erbe verbundene und nach wie vor lebendige Vorstellungen werden heute v. a. als Ausdruck der eigenen kulturellen Identität angesehen.

Bildungswesen: Es besteht achtjährige Schulpflicht (ab dem sechsten Lebensjahr) in der Primarstufe, ab dem 14. Lebensjahr schließt sich die Sekundarstufe an. 1990 wurde auf Yap die ›Micronesia Maritime and Fisheries Academy‹ eröffnet, die eine Fachausbildung im Sekundar- und Tertiärbereich bietet. Die Analphabetenquote beträgt 23%.

Publizistik: Presseorgane sind u. a. ›Chuuk News Chronicle‹ (gegr. 1983) und ›The National Union‹ (gegr. 1980, zweimal monatlich). Die staatl. Rundfunkanstalt ›Federated States of Micronesia Public Information Office‹ betreibt vier Hörfunksender, die regionale Programme in Englisch und den Landessprachen verbreiten. Daneben existieren eine regierungseigene und zwei kommerzielle Fernsehstationen sowie ›Island Cable TV‹.

WIRTSCHAFT · VERKEHR

Auch nach Aufhebung der amerikan. Treuhandverwaltung durch die UNO und Erlangung der Souveränität Ende 1990 tragen die USA einen Großteil zur Deckung des Staatshaushalts bei. Gemessen am Bruttosozialprodukt (BSP) je Ew. von (1994) 1890 US-$ gehört M. zu den Entwicklungsländern mit mittlerem Einkommen. 1990 lag die Arbeitslosenquote bei 80%.

Landwirtschaft: Landwirtschaft und Fischerei sind Grundlage der Wirtschaft und werden in erster Linie als Subsistenzwirtschaft betrieben. Wichtigste Agrarprodukte sind Kokosnüsse, Maniok, Jamswurzel, Bananen und Süßkartoffeln.

Fischerei: Einnahmen aus Fischereilizenzen spielen eine große Rolle; 1991 besaßen mehr als 400 Schiffe eine Lizenz, um in den Gewässern M.s zu fischen. Im selben Jahr wurde auf Kosrae eine Fabrik zur Thunfischverarbeitung eröffnet. Die einheim. Fangmenge betrug (1993) 1555 t.

Tourismus: Der Tourismus ist einer der wichtigsten Wirtschaftsbereiche. 1990 besuchten 20400 ausländ. Gäste M. In der Lagune der Chuuk Islands gibt es vorzügl. Möglichkeiten zum Sporttauchen.

Außenwirtschaft: M. kann seine Importausgaben nur zu einem geringen Teil durch Exporteinnahmen ausgleichen (Einfuhrwert 1994: 129 Mio. US-$, Ausfuhrwert: 79 Mio. US-$). Wichtigste Exportgüter sind Fischereiprodukte, Kopra, Süßkartoffeln, Kokosöl und Pfeffer sowie kunsthandwerkl. Erzeugnisse. Unter den Handelspartnern dominieren die USA (einschließlich Guam) und Japan sowie südpazif. Staaten.

Verkehr: Auf den großen Inseln gibt es Beton- und Schotterstraßen. Der Schiffsverkehr ist überwiegend staatlich organisiert. Die Häfen von Kosrae und Yap wurden in den 1980er-Jahren mit amerikan. Hilfe ausgebaut. Jeder der vier Gliedstaaten besitzt einen internat. Flughafen.

GESCHICHTE

Das vor rd. 3500 Jahren von Ostmelanesien aus besiedelte M. wurde im 16. Jh. von Spaniern entdeckt und später kolonisiert. Nach dem Spanisch-Amerikan. Krieg 1899 an das Dt. Reich verkauft, wurde 1914 von Japan besetzt, das 1920 ein Völkerbundsmandat über M. erhielt. Während des Zweiten Weltkriegs nahmen amerikan. Truppen M. ein; ab 1947 verwaltete es die USA als UN-Treuhandgebiet. 1979 wurden die Föderierten Staaten von M. proklamiert, die nach Unterzeichnung des ›Compact of Free Association‹ (1982, durch Referendum 1983 angenommen) und seiner Inkraftsetzung am 3. 11. 1986 in freier Assoziation mit den USA die eingeschränkte Souveränität erhielten. Am 22. 12. 1990 hob der UN-Sicherheitsrat die Treuhandschaft auf; im September 1991 wurden die Föderierten Staaten von M. in die UNO aufgenommen. Der seit 1991 als Staats- und Reg.-Chef amtierende BAILEY OLTER wurde 1995 wieder gewählt.

Mikronesi|er, die einheim. Bev. Mikronesiens, etwa 190000, eng mit den Polynesiern verwandt (u. a. glattes oder welliges Haar, hellbraune Haut), aber mit stärkeren mongoliden Zügen. Die keineswegs einheitl., in voreurop. Zeit metallosen Kulturen sind stark von polynes., melanes. und indones. Einflüssen geprägt, durch Einflüsse aus Europa, Japan und USA wurden sie zusätzlich stark verändert. Fischfang liefert den Hauptteil der Nahrung. Unter den Wohnhäusern (rechteckige Giebeldachhäuser; z. T. Steinfundamente) zeichnet sich das Männerhaus durch Größe und Ausstattung (bemerkenswerte Reliefschnitzereien) aus; auf den Karolineninseln Kosrae und Ponape stehen die Reste von steinernen Kultbauten. Die Geräte wurden meist aus Muschelschalen u. Ä. angefertigt; Töpferei und Weberei (Pflanzenfasern; bes. auf den Karolinen), Matten- und Korbflechterei waren i. Allg. bekannt. – Künstler. Ausdrucksformen finden sich v. a. auf der Inselgruppe Palau und auf den Mortlockinseln. Ein Beweis für die hoch entwickelte Seefahrt (Auslegerboote mit dreieckigem Segel) sind auch die von den Marshallinseln bekannten Seekarten (Stabkarten). Neben den modernen Währungen waren bis in jüngste Zeit, z. B. auf den Palauinseln, Formen von Nutzgeld (Muschel-, Schnecken-, auch Perlmutt- und Mattengeld) in Gebrauch; bes. bemerkenswert war das mühlsteinförmige Steingeld aus Aragonit (bis zu 4 m hoch) auf den Yap Islands. In der Sozialordnung überwogen in Ost-M. polynes. Einflüsse, im W melanesisch-indones. Züge (matrilineare totemist. Gruppen oder erbl. Häuptlingstum. Wie die gesamte Kultur sind unter dem europ. Einfluss seit dem 17./18. Jh. auch die urspr. vom Ahnenkult bestimmten religiösen Vorstellungen (auch Verehrung von Himmelsgöttern und Vegetationsdämonen) weitgehend umgeformt worden (Reste des Animismus auf den Karolinen). Die M. sind heute überwiegend Christen.

B. STILLFRIED: Die soziale Organisation in Mikronesien (Wien 1953).

mikronesische Sprachen, die Sprachen des geograph. Mikronesien mit Ausnahme des (in Guam und auf den Nordmarianen gesprochenen) Chamorro sowie Palau und den auf Nukuoro und Kapingamarangi (beide auf Ponape, Föderierte Staaten von Mikronesien) gesprochenen polynes. Sprachen. Die m. S. gehören innerhalb der →austronesischen Sprachen zu den →ozeanischen Sprachen. Die Stellung der Yap- und der Naurusprache zu den m. S. ist unklar.

B. W. BENDER u. J. W. WANG: The status of Proto-Micronesian, in: Austronesian linguistics at the 15th Pacific Science Congress, hg. v. A. PAWLEY u. a. (Canberra 1985).

Mikronukle|us, 1) *Biologie:* der →Kleinkern.
2) *Genetik:* Bez. für durch Chromosomenbruch entstandenes kleines, neben dem Zellkern liegendes Kernfragment.

Mikro|ökonomik, Teil der Volkswirtschaftslehre, der im Unterschied zur Makroökonomik das Funktionieren eines Wirtschaftssystems unter der Berücksichtigung des Verhaltens von Einzelwirtschaften (Haushalt, Unternehmen) analysiert. Typ. Fragestellungen sind z. B.: Wie kann ein Unternehmen einen gegebenen Output am kostengünstigsten produzieren? Wie kann ein Haushalt mit dem gegebenen Einkommen einen möglichst hohen Nutzen erzielen? Wesentl. Bestandteile der M. sind die Haushalts-, die Produktions- und Preistheorie. Mikroökonom. Modelle dienen auch zur Klärung gesamtwirtschaftl. Probleme, etwa der Frage, wie eine Volkswirtschaft ›von selbst‹ funktionieren kann, in der die privaten Wirtschaftseinheiten nach Nutzen- und Gewinnzielen handeln.

Die **Neue M.** ist ein Sammelbegriff für eine veränderte Perspektive in der Wirtschaftstheorie, die von Ungleichgewichten ausgeht und wichtige Modifikationen gängiger mikroökonom. Analysen liefert (z. B. Einbeziehung von Transaktionskosten). Wichtig ist der neue theoret. Ansatz zur Erklärung von Umfang und Dauer der Unterbeschäftigung. Demnach ist ein Teil der Arbeitslosigkeit freiwillig, da sich Arbeitslose so lange über neue Arbeitsmöglichkeiten informieren, wie die Kosten der Arbeitslosigkeit (v. a. entgangenes Einkommen) kleiner sind als mögliche höhere Einkommen bei einem neuen Arbeitsplatz.

J. SCHUMANN: Grundzüge der mikroökonom. Theorie (⁶1992); Neue Mikroökonomie, Beitr. v. P. WEISE u. a. (³1993); U. FEHL u. P. OBERENDER: Grundlagen der Mikroökonomie. Eine Einf. in die Produktions-, Nachfrage- u. Markttheorie (⁶1994); H. DEMMLER: Grundlagen der Mikroökonomie (³1995); A. WAGNER: Volkswirtschaftl. Strukturen, Bd. 1: M. (³1995).

Mikro|optik, →Mikrotechnik.

Mikro|organismen, meist einzellige Lebewesen, die wegen ihrer geringen Größe (im Bereich von wenigen μm) nur durch Vergrößerung im Mikroskop sichtbar gemacht werden können. Es gibt eukaryont. M., die einen echten Zellkern besitzen (mikroskopisch kleine Pilze, Mikroalgen, Protozoen), und prokaryont. M., bei denen das genet. Material nicht in einem Zellkern, sondern in einem ringförmig geschlossenen DNA-Strang frei im Zytoplasma lokalisiert ist (Eubakterien, Archaebakterien, Blaualgen). Viren sind keine M., da sie nicht zellulär organisiert sind.

Rechtliches: M. selbst sowie Verfahren zur Züchtung und die Verwendung von M. können patentiert werden, sofern es sich hierbei nicht um bloße Entdeckungen handelt. Problematisch für das Patentverfahren ist die erforderl. ausreichende Beschreibung des M., die eine eindeutige Identifizierung und Unterscheidung von anderen M. erlauben soll. Bei nicht ausreichender Beschreibungsmöglichkeit ist deshalb die zusätzl. Hinterlegung von Proben des M. bei einer Hinterlegungsstelle vorgeschrieben. Zur Vermeidung mehrerer Hinterlegungen in versch. Ländern schafft der ›Budapester Vertrag über die internat. Anerkennung der Hinterlegung von M. für die Zwecke von Patentverfahren vom 28. 4. 1977‹ für die Vertragsstaaten (Bundesrepublik Dtl., Österreich, Schweiz u. a.) ein einheitliches internat. Hinterlegungsverfahren.

Mikrophagen [zu griech. phageîn ›essen‹], Sg. **Mikrophage** *der, -n,* **1)** *Ökologie:* die Tiere, die nur kleinste Nahrungspartikel zu sich nehmen, so z. B. die Strudler, Filtrierer, Säftesauger, Substratfresser.

2) *Physiologie:* Fresszellen (neutrophile Granulozyten), die im Unterschied zu den Makrophagen nur kleine Fremdkörper (v. a. Bakterien) aufnehmen.

Mikrophon, →Mikrofon.

mikrophysikalisches System, ein physikal. System von atomarer (auch molekularer) oder subatomarer Größe. Ein m. S. kann nicht unmittelbar beobachtet werden; zu seiner Beschreibung sind die Begriffe und Methoden der Quantenmechanik oder verwandter Theorien (wie Quantenelektrodynamik, Quantenchromodynamik, Quantenfeldtheorien) erforderlich (→Quantentheorie). Die Lehre von den m. S. wird als **Mikrophysik** bezeichnet. (→Makrophysik)

Mikroprogramm, eine Folge von Mikrobefehlen, in die v. a. bei Computern mit komplexen Maschinenbefehlssätzen (CISC-Architekturen) die verschiedenen, den Maschinenbefehlen entsprechenden und vom Steuerwerk (→CPU) zu steuernden Operationen jeweils zerlegt und vom **M.-Steuerwerk** als entsprechende Mikrooperationen abgearbeitet werden. Die M. sind im M.-Speicher des Steuerwerks abgelegt, bei mikroprogrammierten Computern ein Festwertspeicher. Bei den mikroprogrammierbaren Computern sind die M.-Speicher (nach)ladbar.

Mikroprogrammierung, die Implementierung der interpretativen Ausführung von zur Maschinensprache gehörenden Instruktionen (Befehlen) durch entsprechende Mikroprogramme bei Computern mit einer →CISC-Architektur. Durch die M. ergibt sich die Entsprechung Maschinenbefehl ↔ Mikroprogramm.

Ein Befehl eines Mikroprogramms, ein **Mikrobefehl**, ist eine gespeicherte Steuerinformation für die Ausführung einer Elementaroperation, d. h., die Ausführung eines Maschinenbefehls geschieht als Folge elementarer Operationen in der Hardware des Steuerwerks (→CPU). Ein Mikrobefehl enthält einen oder mehrere Operationscodes zur Angabe der auszuführenden Elementaroperation, eine oder mehrere Adressen zur Bez. der an der Elementaroperation als Quellen oder Senken beteiligten Register sowie Angaben zur (oft bedingten) Auswahl des nächsten Mikrobefehls und weiterer Parameter. Der Ablauf eines Mikrobefehls entspricht im Wesentlichen dem eines Maschinenbefehls.

Durch die M. entsteht eine relativ große Flexibilität bei Entwurf und Entwicklung eines Computers. Darüber hinaus ist es durch die M. möglich, mehr als einen Befehlsvorrat über derselben Hardware bereitzustellen. Bei manchen Computern ist die M. auch dem Benutzer zugänglich, wodurch er u. a. die Möglichkeit erhält, selbst den Maschinenbefehlssatz zu ändern.

Mikroprozessor, die v. a. aus Rechen- und Steuerwerk bestehende Zentraleinheit (CPU) eines Mikrorechners. Der M. ist die durch moderne technolog. Verfahren zur Miniaturisierung von elektron. Schaltkreisen möglich gewordene extrem verkleinerte Form eines Prozessors für die digitale Informationsverarbeitung. M. werden als →integrierte Schaltungen meist in VLSI-Technik ausgeführt (→Integrationsgrad). Zur Herstellung wird i. d. R. die →MOS-Technik verwendet. Der komplette M.-Chip ist in einem Gehäuse untergebracht. M. werden gewöhnlich anhand der Verarbeitungsbreite (d. h. der Anzahl von Bits, die gleichzeitig vom Rechenwerk verarbeitet werden kann) in 8-, 16-, 32- und 64-Bit-Prozessoren eingeteilt. Dabei ist die Verarbeitungsbreite ein wesentl. Kriterium für das

Mikroprozessor: Vereinfachtes Schaltbild eines Pentium-Prozessors

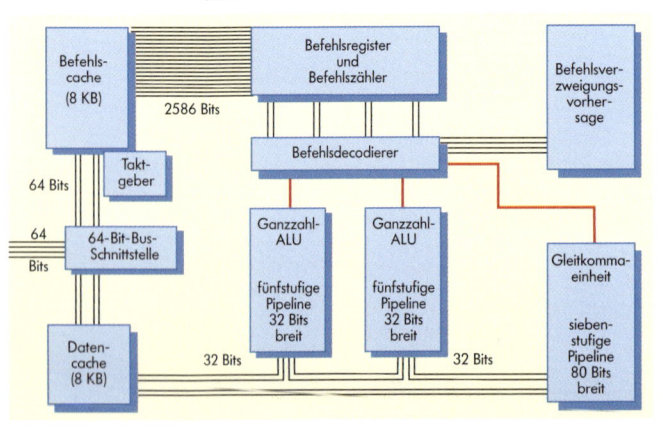

Leistungsvermögen eines M. Ein weiteres Leistungsmerkmal ist die Taktzeit, d. h. die immer gleich lange, zyklisch aufeinander folgende Zeitspanne, die für die Abarbeitung der Befehle zur Verfügung steht. Die daraus abgeleitete Taktfrequenz wird in MHz gemessen (1 MHz entspricht 1 Mio. Zyklen pro Sekunde). Leistungsfähige 64-Bit-M. können heute drei bis vier Befehle pro Takt ausführen. Das wird einerseits durch die Verwendung einfacher und kurzer Maschinenbefehle, andererseits durch parallele Verarbeitungseinheiten (z. B. mehrere Festkommarechenwerke) möglich. Bei einer Taktfrequenz von 200 MHz könnten damit theoretisch ca. 600 bis 800 Mio. Prozessorbefehle pro Sekunde (MIPS) ausgeführt werden; die realen Werte (bezogen auf ein Anwenderprogramm) liegen i. d. R. darunter, weil z. B. bestimmte Befehle (wie E/A-Befehle) um ein Vielfaches länger dauern. Prozessorarchitektur (→CISC-Architektur, →RISC-Architektur) und →Befehlsvorrat sind somit gleichermaßen leistungsbestimmend.

Ein M. für sich allein ist nicht arbeitsfähig. Es sind weitere, i. Allg. ebenfalls als integrierte Schaltungen ausgebildete Bausteine erforderlich (→Mikrorechner). Die Möglichkeit der Programmierung von M. gestattet einen vielseitigen Einsatz, insbesondere in der Informations- und Kommunikationstechnik, der Prozessautomatisierung und der Unterhaltungselektronik. – Der M. wurde 1969 in den USA entwickelt und etwa seit 1972 kommerziell eingesetzt. Sein Leistungspotenzial erstreckt sich von der Steuerung kleiner Maschinen oder Geräte bis zu der von ganzen Produktionsbetrieben. Er hat einen grundlegenden Wandel im Aufbau vieler Geräte ausgelöst und erlaubt kostengünstige und vielseitige Anwendungen, die über den rein technischen Bereich hinausgehen, z. B. in Uhren, Taschenrechnern, Fotoapparaten, Haushaltsgeräten, Büromaschinen, Registrierkassen, medizin. Geräten, Heizungs-, Klima-, Alarmanlagen.

Mikropsie [zu griech. ópsis ›das Sehen‹] *die, -/...'sien,* eine Sehstörung, die durch Akkommodationsfehler oder Netzhauterkrankungen hervorgerufen wird und die eine verkleinerte Abbildung opt. Gegenstände zur Folge hat; Ggs.: Makropsie.

Mikropyle [griech. pýlē ›Tür‹, ›Tor‹] *die, -/-n,*
1) bei *Pflanzen* die an der Spitze der Samenanlage von den Integumenten ausgesparte Öffnung, durch die der Pollenschlauch eindringt.
2) bei *Säugetieren* (einschließlich Mensch) Pore in der Eihülle, die das Eindringen der Spermien ermöglicht und mitunter auch dem Gasaustausch dient.

Mikrorechner, Mikrocomputer [-kɔmpjuːtər], Sammel-Bez. für Computer mit einem →Mikroprozessor als Zentraleinheit. Dabei kann es sich sowohl um einen Universalrechner (z. B. Personalcomputer oder Workstation) handeln als auch um Rechner für Spezialaufgaben (z. B. zur Steuerung, Regelung oder Überwachung von Prozessen).

Neben dem Mikroprozessor enthält ein M. als weitere wesentl. Bau- oder Funktionsgruppe einen Daten- und Programmspeicher sowie Schnittstellen für versch. Peripheriegeräte und weitere Systembausteine (z. B. Zeitgeber-/Zählerbausteine). Die Verbindung aller Komponenten geschieht durch den Systembus, bestehend aus Adress-, Daten- und Steuerbus.

M., bei denen alle Baugruppen auf einer Leiterplatte (Platine) vereinigt sind, werden als **Einplatinen-M.** bezeichnet, solche (meist kleinere), bei denen sie sich auf einem Chip befinden, als **Einchip-M.;** unter einem **M.-System** versteht man die Zusammenfassung von M. und angeschlossenen Peripheriegeräten.

M. als Universalrechner unterscheiden sich von Minicomputern und Großrechenanlagen (Mainframes) v. a. durch eine kleinere Zahl von Peripheriegeräten und meistens durch eine geringere Leistungsfähigkeit

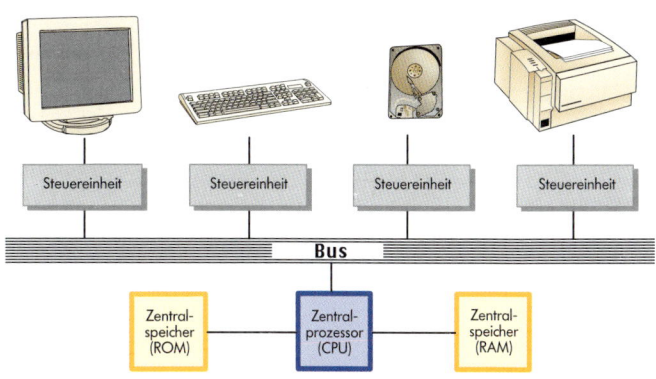

Mikrorechner: Konstruktiver Aufbau eines Mikrorechners

(z. B. Speichergröße und Rechengeschwindigkeit); die Grenzen zu größeren Rechnern sind jedoch fließend. Die in andere Geräte eingebauten M. haben i. d. R. keine besonderen Eingabe- oder Ausgabegeräte; sie erhalten ihre Eingabedaten aus dem Prozess (z. B. Drehzahl, Druck, Zeit usw.), und ihre Ausgabedaten werden in Signale, Regel- oder Stellgrößen umgewandelt. V. a. bei den eingebauten M. werden die Bez. M. und Mikroprozessor zunehmend synonym verwendet.

Mikroseismik, *Geophysik:* →Seismik.

Mikroskop [zu griech. skopeĩn ›betrachten‹] *das, -s/-e,* **1)** allg. Bez. für jedes Instrument oder Gerät, mit dem kleine nahe Objekte vergrößert betrachtet oder abgebildet und ggf. nach versch. Verfahren untersucht werden können; i. e. S. für solche Instrumente, die dies unter Verwendung von Licht, d. h. elektromagnet. Strahlung aus dem sichtbaren Bereich des Spektrums und den an diesen angrenzenden Bereichen, ermöglichen **(Licht-M.);** zu diesen gehören neben starken →Lupen (als **einfache M.** bezeichnet, bes., wenn ihr Linsenrand als Aperturblende wirkt) v. a. **zusammengesetzte M.** (im Folgenden kurz als M. bezeichnet).

Mikroskop 1): links Strahlengang im Mikroskop bei Durchlichtbeleuchtung; a Fuß, b Stativ, c Grob- und Feineinstellung, d monokularer oder binokularer Tubus, e Objekttisch; 1 Niedervoltleuchte, 2 Kollektorlinsen, 3 Leuchtfeldblende, 4 Kondensor, 5 Aperturblende, 6 Objektiv, 7 Okular; **rechts** Beim Lukenstrahlengang Abbildung der Leuchtfeldblende in die Objektebene, in die Zwischenbildebene und auf die Augennetzhaut; beim Pupillenstrahlengang Abbildung der Lichtquelle in die Aperturblende des Kondensors, in die Austrittspupille des Objektivs und in die Augenpupille

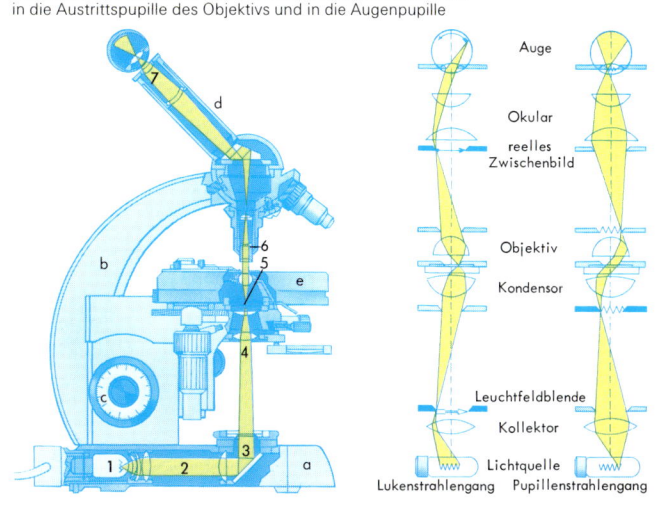

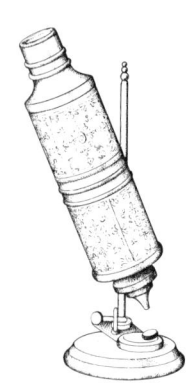

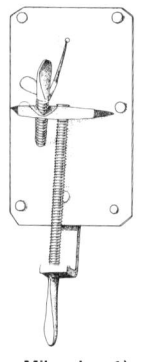

Mikr Mikroskop

Aufbau: Die wesentl. Bestandteile eines zusammengesetzten M. sind seine opt. Systeme, die durch einen Tubus fest miteinander verbunden sind, eine Beleuchtungseinrichtung und ein Objekttisch sowie ein Stativ, das alle Komponenten trägt. Zu den opt. Systemen gehört immer ein →Objektiv, das ein vergrößertes reelles Bild des Objekts erzeugt (Zwischenbild) und ein →Okular, mit dem das Zwischenbild nochmals vergrößert betrachtet werden kann. Die Gesamtvergrößerung eines derartigen M. ist gleich dem Produkt aus Abbildungsmaßstab (→Abbildung) des Objektivs und der Vergrößerung des Okulars. Zur Einstellung verschiedener Vergrößerungen können Objektive und Okulare ausgetauscht werden. Moderne Geräte besitzen dazu einen Objektivrevolver mit mehreren Objektiven. Zur Scharfstellung des Bildes kann der Objekttisch (seltener der Tubus) mit einer Grob- und Feineinstellung verschoben werden. Außerdem kann er bei →Messmikroskopen in zwei Koordinatenachsen senkrecht zur opt. Achse des Objektivs messbar verstellt (Kreuztisch) und auch gedreht (Drehtisch) werden. Für beidäugiges Sehen werden M. mit zwei Okularen ausgestattet (**Binokular-M., Stereo-M.**).

Nach der Art der Beleuchtung unterscheidet man v. a. zw. **Durchlicht-M.** zur Untersuchung durchsichtiger Objekte und **Auflicht-M.** für die Oberflächenuntersuchung undurchsichtiger Objekte. Bei Durchlicht wird meist die Leuchtfeldblende, die über den Kollektor von der im Fuß des Stativs eingebauten Lampe gleichmäßig ausgeleuchtet wird, mit dem Kondensor in die Objektebene abgebildet (→köhlersche Beleuchtungseinrichtung). Bei Auflicht dient das Objektiv gleichzeitig als Kondensor. Beleuchtungs- und Beobachtungsstrahlengang werden im Tubus durch Prismen (geometr. Strahlteilung, führt zu Auflösungsverlust) oder durch teildurchlässige Spiegel (physikal. Strahlteilung, führt zu Intensitätsverlust) getrennt.

Vergrößerung und Auflösungsvermögen: Die Grundlagen der Bildentstehung im M. wurden von E. ABBE und H. VON HELMHOLTZ geschaffen. Maßgebend für die Bildentstehung ist die Beugung des Lichts am Objekt; damit wird die erreich. oder förderl. →Vergrößerung eines M. durch das →Auflösungsvermögen des Objektivs begrenzt. Wenn ein objektähnl. Bild entstehen soll, muss von der Objektivöffnung (Aperturblende) mindestens das vom Objekt abgebeugte Bündel 1. Ordnung noch erfasst werden. Tritt dagegen nur das ungebeugte Licht (Bündel nullter Ordnung) in das Objektiv, dann wird das Sehfeld nur gleichmäßig ausgeleuchtet. Zwei Objektpunkte können dann noch getrennt abgebildet werden, wenn ihr Abstand größer als λ/A ist, wobei λ die Wellenlänge des verwendeten Lichts und A die numer. →Apertur des Objektivs ist. **Immersions-M.** enthalten zur Steigerung der numer. Apertur eine Immersionsflüssigkeit (z. B. Glycerin, Öle) hoher Brechzahl zw. Objekt und Objektiv. Bei sichtbarem Licht und üblichen opt. Systemen liegt die förderl. Vergrößerung bei etwa $500\,A$ bis $1\,000\,A$, das Auflösungsvermögen etwa bei 0,5 µm. Bei Benutzung ultravioletten Lichts (**Ultraviolett-M.**) kann das Auflösungsvermögen gegenüber dem des Licht-M. auf über das Doppelte gesteigert werden (→Ultraviolettmikroskopie). Noch wesentlich höhere Auflösungen werden mit dem →Elektronenmikroskop und dem →Nahfeldmikroskop erreicht.

Mit besonderem Beleuchtungsstrahlengang kann ferner sowohl bei Auflicht als auch bei Durchlicht das nicht am Objekt gebeugte Licht am Objektiv vorbeigeführt werden. Diese →Dunkelfeldbeleuchtung, bei der im Ggs. zur gewöhnl. →Hellfeldbeleuchtung die Objekte nur in ihren Konturen aufleuchten, wird zur Beobachtung von Linienstrukturen oder kontrastarmen Objekten benutzt. Teilchen, deren Größe unter dem Auflösungsvermögen des M. liegt, lassen sich mit der Dunkelfeldbeleuchtung unter Verzicht auf die Abbildung ihrer Größe und Gestalt sichtbar machen (→Ultramikroskop).

M.-Arten und Verwendung: Moderne M. zeichnen sich durch einen modularen Aufbau aus, der einen leichten Um- oder Ausbau für unterschiedl. Zwecke und insbesondere die Anwendung der versch. Beleuchtungsverfahren zur Erhöhung des Bildkontrastes ermöglicht. Durch Ausstattung mit opt. Sonder- und Zusatzsystemen sowie die Anwendung besonderer Untersuchungsmethoden ist das M. zu einem vielseitig verwendbaren Instrument geworden. Für die fotografische Bildaufzeichnung (→Mikrofotografie) und die elektron. Aufzeichnung mithilfe spezieller Fernsehkameras wurden viele Zusatzgeräte entwickelt. Auch Zeichen- und Projektionseinrichtungen können mit einem M. verbunden werden. Durch die elektron. Aufzeichnung und Wiedergabe ist die gleichzeitige Betrachtung eines Objekts durch mehrere Personen möglich. Die elektron. Aufzeichnung ermöglicht darüber hinaus, in Verbindung mit Computern, die Analyse der Bilder nach Helligkeit, Farbe und Farbsättigung und deren Auswertung nach morpholog. sowie kolorimetr. und densitometr. Parametern. Sie bietet ferner die Möglichkeit der Bildbearbeitung, beispielsweise zur Kontrastanhebung oder -senkung oder zur Hervorhebung besonderer Aspekte durch Falschfarben, und der automat. Durchführung von Routineuntersuchungen wie Ausmessung und Zählung von Objektstrukturen.

Der Untersuchung optisch anisotroper Substanzen (z. B. Kristalle, Minerale) mit polarisiertem Licht dienen →Polarisationsmikroskope. Mit dem **Phasenkontrast-M.** und dem **Interferenz-M.** werden auch Objekte sichtbar, die sich nicht durch Farbe oder Helligkeit (Amplitudenkontrast), sondern nur durch geringe Brechzahlunterschiede (und damit einen Phasenunterschied der Lichtwellen) von ihrer Umgebung unterscheiden. **Fluoreszenz-M.** dagegen dienen der Erzeugung eines Amplitudenkontrasts, indem das Präparat mit ultraviolettem Licht zum Fluoreszieren angeregt wird. Zur räuml. Beobachtung und Präparation von Objekten dienen →Stereomikroskope. Ähnl. Geräte werden in der Medizin als Operations-M. eingesetzt. Vergleichs-M. dienen zur gleichzeitigen Betrachtung zweier durch separate Objektive erzeugter Bilder (z. B. in der Kriminalistik). Robuster Aufbau und besondere Messeinrichtungen kennzeichnen die Werkstatt-Mess-M. So genannte umgekehrte M., bei denen die Objektive unterhalb der Objekte angeordnet sind, dienen speziellen Verwendungszwecken, z. B. in der Metallographie oder zur Erleichterung der Manipulation der Objekte mit Mikromanipulatoren wie bei der In-vitro-Fertilisation.

Das **akustische M.** (→Ultraschallmikroskop) arbeitet mit Ultraschallwellen, der Bildkontrast entsteht dabei infolge unterschiedlicher mechan. Eigenschaften in der Probe. Die versch. Arten von Rastermikroskopen beruhen auf dem Abtasten des Objekts mit feinen Sonden. Beim **Rasterelektronen-M.** ist die Sonde ein Elektronenstrahl, beim **opt. Raster-M. (Laserscanning-M.)** ein fokussierter Laserstrahl. (→Mikroskopie)

Geschichte: Weder Zeitpunkt noch Urheberschaft der Erfindung des M. sind genau belegbar. Der erste bekannte Hinweis auf die Wirkung zweier Linsen als zusammengesetztes M. stammt von G. FRACASTORO (1538). Das erste zusammengesetzte M. wurde vermutlich von dem niederländ. Brillenmacher HANS JANSSEN und seinem Sohn ZACHARIAS gebaut (1590). A. VAN LEEUWENHOEK gilt zwar als Pionier der Mikroskopie, verwendete aber nur einfache M., allerdings mit bis zu 300facher Vergrößerung (17. Jh.). Der engl. Arzt JOSEPH JACKSON LISTER zeigte 1830, dass man durch Linsenkombinationen achromat. M.-Objektive

Mikroskop 1): Historische Mikroskope von Robert Hooke (oben) und Antony van Leeuwenhoek (unten)

herstellen kann. E. ABBE schuf ab 1869 die theoret. Grundlagen der mikroskop. Abbildung. Er berechnete apochromat. Objektive und führte zur Erhöhung der numer. Apertur die Ölimmersion ein. C. ZEISS fertigte ab 1872 M.-Objektive mit den von O. SCHOTT entwickelten opt. Gläsern an. Ab etwa 1900 setzte eine zunehmende Differenzierung im M.-Bau ein.

K. MICHEL: Die Grundzüge der Theorie des M. in elementarer Darst. (^{3}1981); H. u. W. DE MARTIN: Vier Jh. M. (Wiener-Neustadt 1983); M. BORN u. E. WOLF: Principles of optics (Neuausg. Oxford 1986); W. GLOEDE: Vom Lesestein zum Elektronenmikroskop (Berlin-Ost 1986); Hb. der Mikroskopie, hg. v. H. RIESENBERG (Berlin-Ost ^{3}1988); J. RZEZNIK: Das M. Gestern, heute, morgen (1988).

2) *Astronomie:* lat. **Microsc<u>o</u>pium**, Abk. **Mic**, unscheinbares Sternbild am Südhimmel, das von unseren Breiten aus nicht sichtbar ist.

Mikroskop<u>ie</u> die, -, Gesamtheit der Verfahren, die das →Mikroskop und alle dazugehörenden Hilfsmittel zur Untersuchung mikroskop. Objekte und kleiner Strukturen benutzen. Die **klassische M.** beruht auf der vergrößernden opt. Abbildung: alle Objektpunkte werden durch die opt. Systeme des Mikroskops gleichzeitig abgebildet. Nach diesem Prinzip arbeitet auch die Elektronen-M. (→Elektronenmikroskop). Bei dieser Art der Abbildung ist das Auflösungsvermögen durch die Wellenlänge der jeweils verwendeten Strahlung begrenzt. Eine höhere Auflösung erhält man bei der **Raster-M.** (→Rastermikroskope), bei der Objektpunkte zeitlich nacheinander durch einen fein fokussierten Sondenstrahl abgetastet, einzeln abgebildet und mit elektron. Verfahren zu einem Bild zusammengesetzt werden.

Voraussetzung für mikroskop. Verfahren sind geeignete Präparationsmethoden. Von Erzen, Mineralen, Kohle, Versteinerungen und tier. u. pflanzl. Hartgebilden werden Dünnschliffe oder Anschliffe hergestellt. Um Strukturen, z. B. Korngrenzen in Metallanschliffen, sichtbar zu machen, ätzt man die Oberfläche an. Bei frischen biolog. Präparaten verhindert der Zusatz indifferenter Flüssigkeiten das Austrocknen. Die Gewebeteile werden ausgebreitet oder mit Zupfnadeln zerkleinert, stärkere werden als Quetschpräparat untersucht. Dünne Schnitte von frischen Gewebeproben stellt man mit einem →Mikrotom her. Die Präparate werden meist auf einem Objektträger befestigt und mit einem dünnen Deckglas geschützt. – Mikroskop. Untersuchungen am lebenden Gewebe im unversehrten Verband des Organismus (**Intravital-M.**) finden z. B. am Auge und bei der →Kapillarmikroskopie an Haut und Schleimhäuten Anwendung.

Mikroskopie: Hellfeldbeleuchtung, Ovar mit Eizelle, 180fache Vergrößerung

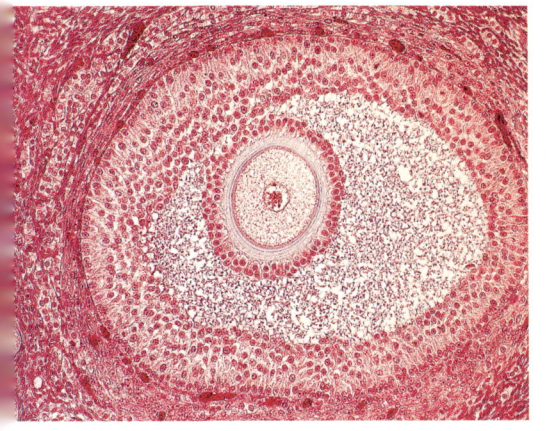

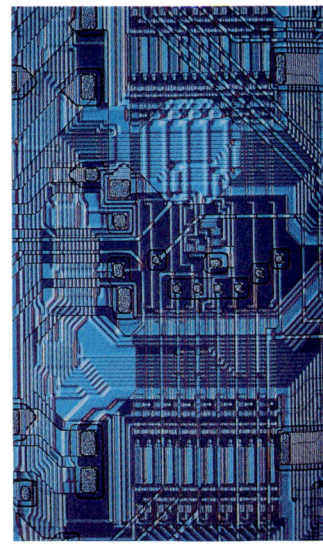

Mikroskopie: links Phasenkontrastaufnahme: Diatomeen, Vergrößerung 160fach; rechts Interferenzkontrastaufnahme: Chip, Vergrößerung 160fach

In opt. Hinsicht unterscheiden sich die mikroskop. Verfahren durch die Art der Beleuchtung (Auflicht-, Durchlicht-, Hellfeld-, Dunkelfeld-M.). Nach den Objektstrukturen differenziert man Verfahren, die entweder die Amplitude (→Amplitudenkontrastverfahren) oder die Phase (→Phasenkontrastverfahren) der Strahlung beeinflussen. Bei den häufigsten Anwendungen des Mikroskops hat man es mit Präparaten zu tun, bei denen die Strukturelemente versch. hell oder in versch. Farben erscheinen (Objekte mit **Amplitudenkontrast**). Verfahren zur Erzeugung eines Amplitudenkontrastes sind das Anfärben der Präparate und die →Fluoreszenzmikroskopie, vornehmlich mit Auflichtanregung. Bei der M. an sehr dünnen Objekten, die nicht eingefärbt werden können (z. B. lebende biolog. Präparate), werden häufig Phasen- oder Interferenzkontrastverfahren zur Erzeugung von Bildkontrasten angewendet. In beiden Fällen sind unterschiedl. opt. Dichten (Brechzahlen), d. h. unterschiedliche Weglängen an versch. Stellen des Objekts, Voraussetzung (Objekte mit **Phasenkontrast**). Eigenschaften optisch anisotroper Substanzen (z. B. Kristalle, Minerale, Kunststoffe, aber auch biolog. Objekte mit lang gestreckten Strukturen) werden in der →Polarisationsmikroskopie untersucht.

Durch Zusatzgeräte wie Photometer oder Spektralapparate können Spektren, opt. Eigenschaften und die chem. Zusammensetzung (einschließlich der quantitativen Zusammensetzung von Substanzmengen) an mikroskopisch kleinen Proben oder punktweise an größeren Proben untersucht werden. Heiztische erlauben das Studium von Vorgängen beim Schmelzen, Kornwachstum oder ähnl. Prozessen. Durch das Einlegen von →Strichplatten am Ort des Zwischenbilds oder im Okular des Mikroskops bzw. mittels in zwei Koordinatenachsen verschiebbarer Kreuztische sind geometrisch quantitative Auswertungen möglich.

Zunehmend wird die M. für quantitative, rechnergestützte Messungen herangezogen. Typ. Messaufgaben sind: Größen- oder Helligkeitsklassierungen, Flächen- oder Längenmessungen, Bestimmung von Teilchenzahlen, mittleren Durchmessern, spezif. Oberflächen, Fluoreszenzintensitäten, Transmission, Extinktion, Reflexion sowie chem. Analyse. Dabei werden

große Mikroskope mit Rechnern zur Steuerung des Messablaufs und zur Auswertung und Speicherung der Messdaten ausgerüstet; Analyse und Dokumentation der Bilder mikroskop. Objekte geschehen damit weitgehend halb- oder vollautomatisch.
Literatur →Mikroskop.

Mikrosmaten [zu griech. osmḗ ›Geruch‹], *Sg.* **Mikrosmat** *der, -en,* Lebewesen mit nur schwach entwickeltem →Geruchssinn.

Mikrosoziologie, Teilbereich der Soziologie, der sich im Unterschied zur →Makrosoziologie mit der Untersuchung letzter, nicht weiter reduzierbarer Elemente (Bräuche, Verhaltensmuster, Einstellungen, Leitideen, Erwartungen, Gefühle) in den sozialen Gebilden beschäftigt. Nach G. GURVITCH befasst sich die M. mit ›kleinsten fließenden Totalitäten‹ im sozialen Wechselspiel der Individuen. Die Gesamtgesellschaften unterscheiden sich u. a. durch versch. Kombinationen ihrer mikrosozialen Elemente. – In der amerikan. Soziologie ist M. oft identisch mit der Kleingruppenforschung.

H. HAFERKAMP: Mikrosoziolog. Analyse, in: Kölner Ztschr. für Soziologie u. Sozialpsychologie, Jg. 27 (1975).

Mikrosystemtechnik: Elektromagnetischer Mikrometer (Außendurchmesser 2 mm), bestehend aus einer Kombination mikrotechnisch hergestellter Teile und feinmechanischer Standardteile; Größenvergleich mit einem Fenchel- (oben) und einem Kümmelsamen

Mikrosporie [zu griech. sporá ›das Säen‹, ›Same‹] *die, -/...rien,* durch Dermatophyten der Gattung Microsporum verursachte oberflächl. Hautpilzkrankheit; häufig vertreten war früher die durch Microsporum gypseum hervorgerufene, stark ansteckende, teils epidemisch bei Kindern auftretende Form; sie ruft auf dem behaarten Kopf runde, schuppende Herde hervor, in deren Bereich die Haare kurz über der Kopfhaut abbrechen und mehlartig bestäubt erscheinen. Stärkere Verbreitung weist heute Microsporum canis als Infektion von Katze oder Hund auf, das in Form entzündl. Herde am Körper auch Erwachsene befällt. Die *Behandlung* erfolgt mit Antimykotika.

Mikrostreifenleitung, Mikrowellenstreifenleitung, engl. **Microstripline** [ˈmaɪkrəʊstrɪplaɪn], am häufigsten verwendete, unsymmetr. offene Streifenleitung; neben der Koaxialleitung und dem Hohlleiter häufigster, physikalisch der Doppelleitung (→Lecher-Leitung) verwandter Wellenleiter der Mikrowellentechnik im Frequenzbereich zw. 1 und 20 GHz. Auf eine beidseitig kupferkaschierte Platte aus glasfaserverstärktem Kunststoff, Teflon, hochreiner Aluminiumoxidkeramik oder auch Mischungen dieser Substanzen (Dielektrizitätszahlen zw. 2 und 10 erzielbar) wird einseitig die gewünschte M.-Schaltung aufgeätzt, analog der Herstellung gedruckter elektron. Schaltungen. Die Hochfrequenzparameter der Leitung (z. B. Wellenwiderstand, Phasengeschwindigkeit, Dämpfung) hängen im Wesentlichen vom Verhältnis Leiterbreite zu Plattendicke ab; hier sind daher bes. bei Frequenzen über 10 GHz sehr enge Toleranzen einzuhalten. M. werden wegen ihrer relativ starken Dämpfung i. d. R. nur in integrierten Mikrowellenschaltungen (→MIC, →MMIC) und als kompakte, reflexionsfreie Verbindungen in schnellen Datenverarbeitungsanlagen verwendet. Es lassen sich auch zahlr. passive Bauelemente der Mikrowellentechnik (Filter, Richtkoppler, Resonatoren) durch geeignete Leitungsmaße und -führung verwirklichen.

Mikrostrukturtechnik, die →Mikrotechnik.

Mikrosystemtechnik, Gebiet der Technik, das sich mit Entwurf, Simulation, Entwicklung, Fertigung und Test miniaturisierter techn. Baugruppen beschäftigt. Die jeweilige Baugruppe besteht v. a. aus mikroelektron. (→Mikroelektronik), mikropt., mikromechan. oder mikrofluid. (→Mikrotechnik) Einzelkomponenten (auch miteinander kombiniert). Aufgabe der M. ist es, die Wechselwirkung dieser Komponenten aufeinander abzustimmen und sie zu einem funktionsfähigen Gesamtsystem zu integrieren. Eine zentrale Rolle spielen deshalb rechnergestützte Entwurfsmethoden (→CAD), Schichttechniken (→Dickschichttechnik, →Dünnschichttechnik), →Verbindungstechniken, Strukturierungstechniken sowie Methoden der Signalverarbeitung (z. B. →digitale Signalverarbeitung). Ein komplettes **Mikrosystem** (i. w. S.) besteht aus einer Sensoreinheit, die eine bestimmte physikal. oder chem. Größe aufnimmt (ggf. über integrierte Kanäle und Ventile zugeführt), einer Elektronik, die die Sensorsignale verarbeitet, einem Stellglied (Aktor), das zu einer Reaktion befähigt ist, aus Leitungen, die die genannten Einheiten miteinander verbinden (mit i. d. R. elektr. oder opt. Signalübertragung), sowie aus einer Schnittstelle zur Außenwelt.

Die Vorteile der M. bestehen v. a. in der Miniaturisierung unterschiedl. Funktionseinheiten und deren Integration zu einem kompletten techn. System. Die Anordnung der elektron. Signalverarbeitung am Ort der Messwertaufnahme ermöglicht eine dezentrale, störungssichere Signalverarbeitung bzw. -vorverarbeitung (Interpretation, Vorverstärkung, Digitalisierung, Selbstabgleich), oft auch eine Anwendung neuer Konzepte der Informationsverarbeitung (z. B. neuronale Netze). Ggf. kann ein Funktionalitätswechsel durch Änderung der extern benutzten Software durchgeführt werden, und unterschiedl. Sensor- oder Aktoreinheiten im gleichen Mikrosystem gewähren einen hohen Grad an Multifunktionalität. Die Reduktion von Leitungsbahnen, Messvolumina und Toträumen, eine Minimierung der Zahl von Verbindungsstellen und -gliedern sowie die Redundanz gewisser Bauteile erhöhen die Zuverlässigkeit und die Reaktionsgeschwindigkeit des Systems.

Durch die Miniaturisierung werden bestimmte Effekte erst zugänglich gemacht (z. B. gibt es zu einem Einmoden-Lichtwellenleiter in der integrierten Optik keine Entsprechung in der ›Makrowelt‹) und neuartige Anwendungen ermöglicht. Die Materialersparnis bei Mikrosystemen, verbunden mit Volumen- und Masseeinsparungen sowie geringerer therm. Trägheit und verringertem Energieverbrauch, erlaubt den Einsatz auch kostspieliger Werkstoffe und führt zur Realisierung mobiler Systeme. Daneben macht die Miniaturisierung Massenfertigungsverfahren nutzbar. Die kostengünstige Herstellung großer Stückzahlen wiederum erschließt neue Anwendungen, z. B. die flächendeckende Überwachung von Chemieanlagen, aber auch breite Anwendungsfelder im Bereich der Individualanwender (medizin. Überwachung, Umweltmesstechnik).

Anwendungen von Mikrosystemen finden sich in allen Bereichen der Technik. Temperatur-, Druck- und

Kraftsensoren werden in der Verfahrenstechnik zur Anlagenüberwachung und im Automobilbau eingesetzt, Beschleunigungssensoren dienen z. B. als Auslöser für Airbags. Miniaturisierte Aktoren wie Miniaturmotoren werden bereits in der Medizintechnik verwendet (z. B. im Katheter). Implantierbare Mikropumpen geben wohl dosiert Medikamente an den Körper ab, und chem. Analysesysteme überprüfen kontinuierlich den Zustand des Patienten. Letztere werden auch verstärkt in der Umweltanalytik eingesetzt. Die opt. Daten- und Telekommunikationstechnik nutzt verschiedenste Strukturen und Systeme für optoelektron. und faseropt. Baugruppen. Weitere Beispiele für Mikrosysteme sind Düsen für Tintenstrahldrucker, Mikroventile und -schalter, Strahlungssensoren und Wärmetauscher für Chips. Angesichts dieser breiten Einsatzmöglichkeiten gilt die M. als eine der zukunftsträchtigsten Schlüsseltechnologien.

W. MENZ u. J. MOHR: M. für Ingenieure (^{2}1997).

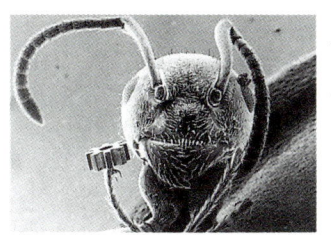

Mikrotechnik: Ameise, die ein Mikrozahnrad aus Kupfer (Durchmesser 260 μm) trägt; Rasterelektronenmikroskopaufnahme

Mikrotechnik, Mikrostrukturtechnik, Sammel-Bez. für techn. Verfahren zur Herstellung sehr kleiner und zugleich hochpräziser Strukturen; bisweilen auch begrifflich gleichbedeutend mit →Mikrosystemtechnik verwendet. Die typ. Abmessungen der mithilfe der M. erzeugten Mikrostrukturen liegen im Bereich von 1 mm bis 1 μm und darunter, die erzielbaren Genauigkeiten bei wenigen Mikrometern bis in den Bereich einiger Nanometer (→Nanotechnologie). Hinsichtlich der erzielbaren Dimensionen und Toleranzen überlappen sich mikrotechn. Verfahren mit anspruchsvollen Methoden der Feinwerktechnik.

Ziel der M. ist es, funktionale Strukturen (und damit Bauteile, Baugruppen, Systeme) zu miniaturisieren, um bessere Funktion und Anwendbarkeit sowie eine wirtschaftlichere Fertigung zu erreichen. Eine zentrale Rolle übernehmen dabei Parallelfertigungsverfahren und Replikationstechniken. Die Mikroelektronik, d. h. die Miniaturisierung elektr. Funktionen, entstand etwa 20 Jahre vor den übrigen Zweigen der Mikrotechnik. Viele mikrotechn. Methoden sind daher der Mikroelektronik entlehnt (z. B. Lithographie und Dünnschichttechnik), andere stammen aus der Feinwerktechnik (wie die Strukturierung durch Formdiamanten und die verfeinerten Methoden der Funkenerosion) oder sind neu entwickelte Verfahren (z. B. die Lasermikrobearbeitung). In der M. wird heute v. a. die Miniaturisierung nichtelektr. Funktionen, also mechan., fluid. und opt. Bauteile, angestrebt. Eine Einteilung der M. kann daher nach der vorherrschenden physikal. Funktion der betreffenden Mikrostruktur vorgenommen werden.

In der **Mikromechanik** dienen mikrotechn. Strukturen entweder der hochpräzisen stat. Halterung (Positionierstrukturen, Anschläge) oder werden als bewegl. Bauteile (Zungen, Kippspiegel) benutzt. Anwendungsbeispiele sind Halterungen und Positionierelemente für miniaturisierte Bauteile (z. B. Glasfasern), miniaturisierte Membranen und Motorkomponenten, bewegl. Greifer mit Zungen und Federelementen als Kernstück von Beschleunigungssensoren. Elemente der **Mikrofluidik** benötigt man zum Transport, zur Mischung oder zur Untersuchung kleiner Mengen von Gasen oder Flüssigkeiten. Mikrofluid. Bauteile können Leitungen und Hohlräume mit kleinsten Abmessungen (Kapillaren, Küvetten) oder aktive Elemente (Düsen, Ventile) sein. Sie finden z. B. Anwendung in Durchflusssensoren, Düsen für Tintenstrahldrucker und miniaturisierten Pumpen. Ein großer Bereich der **Mikrooptik** (auch der →integrierten Optik) sind miniaturisierte opt. und optoelektron. Bauteile (→Optoelektronik), die zur Informationsübertragung und -verarbeitung opt. Signale benötigt werden. Beispiele sind kleinste Linsen oder Prismen und Lichtwellenleiter-Bauelemente der integrierten Optik wie Koppler, Verzweigungen, Spiegel und neuerdings auch opt. Verstärker. Eine weitere Gruppe mikroopt. Elemente nutzt die Beugung von Licht aus. Dabei muss die Ausdehnung der zugrunde liegenden Strukturen in der Größenordnung der Lichtwellenlänge liegen.

S. BÜTTGENBACH: Mikromechanik (^{2}1994).

Mikrotom [zu griech. tomé ›Schnitt‹] der oder das, -s/-e, Präzisionsgerät zur Herstellung feinster Schnitte von biolog. und anderen Objekten für mikroskop. Untersuchungen. Die Objekte werden zur Vermeidung von Deformationen in feste, jedoch leicht schneidbare Stoffe (z. B. Paraffin) eingebettet, gefroren oder anderen Spezialverfahren unterworfen; vor jedem Schnitt wird die Schnittfläche des Objekts durch manuelle Betätigung einer Mikrometerschraube oder automatisch um die eingestellte Schnittdicke über die Schnittebene gehoben. Die Schnittdicke gewöhnl. M. liegt bei einigen μm, moderne **Dünnschnitt-** oder **Ultra-M.** für elektronenmikroskop. Präparate liefern Schnitte von 10 bis 80 nm Dicke.

Mikrotron [zu mikro... und Elektron gebildet] das, -s/-s oder ...'trone, Kreisbeschleuniger für relativist. Elektronen, bei dem die Beschleunigung in separaten Hochfrequenz-Beschleunigungsstrecken erfolgt, die etwa zehn- bis hundertmal mit jeweils entsprechend großem Energiegewinn durchlaufen werden.

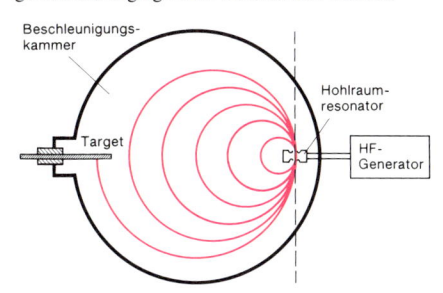

Mikrotron: Schematische Darstellung eines klassischen Mikrotrons; rot eingezeichnet ist der Elektronenstrahl

Beim **klassischen M.** (W. I. WEKSLER, 1944) bewegen sich die Elektronen auf Kreisbahnen senkrecht zu einem konstanten Magnetfeld der Flussdichte B und durchlaufen an einer gemeinsamen Tangente das elektr. Beschleunigungsfeld eines Hochfrequenzresonators der konstanten Eigenfrequenz ω_{HF}. Dieser Typ des M. wird auch als **Elektronenzyklotron** bezeichnet. Der Energiegewinn ΔE der Elektronen pro Umlauf ist gleich ihrer Ruhenergie $m_e c^2 = 0{,}511$ MeV (m_e Elektronenmasse, c Vakuumlichtgeschwindigkeit); ω_{HF} genügt der Resonanzbedingung $\omega_{HF} = eB/m_e \equiv \omega_z$ (e elektr. Elementarladung, ω_z Zyklotronfrequenz). Die Umlauffrequenz $\omega = eB/m$ der Elektronen steht dann immer in einem rationalen Verhältnis zu ω_z. Da der Resonator bei dieser M.-Ausführung sehr klein sein muss (Einzelresonator im engen Luftspalt des Magneten), ist nur ein Impulsbetrieb möglich. Bei Eigenfrequenzen bis zu einigen GHz und entsprechenden magnet. Flussdichten bis zu einigen 0,1 Tesla nimmt die erforderl. Magnetgröße sehr schnell mit der gewünschten Endenergie der Elektronen zu; aus diesem Grund wurden klass. M. nur bis zu einer Energie von 30 MeV gebaut.

Diese Schwierigkeit entfällt, wenn man den Magneten in zwei jeweils um 180° ablenkende Hälften zerlegt, die durch gerade Strecken voneinander getrennt sind. In dem Zwischenraum kann ein Hochfrequenz-Linearbeschleuniger (→Linearbeschleuniger, Abk. Linac) mit fokussierenden Linsen an seinen beiden Enden untergebracht werden. Das so entstehende M., das auch als **Rennbahn-M.** (engl. racetrack microtron) bezeichnet wird, hat als Resonanzbedingung für den Energiegewinn pro Umlauf:

$$\Delta E = 0{,}477 \cdot n \cdot \lambda \cdot B \quad (n = 1, 2, \ldots);$$

für $n = 1$ wächst die Teilchenbahnlänge pro Umlauf gerade um eine Hochfrequenzwellenlänge λ. Wegen des im Linearbeschleuniger erreichbaren Energiegewinns ΔE von etwa 10 MeV wird das M. bei Flussdichten B von etwa 1 Tesla Endenergien der Elektronen bis zu etwa 1 GeV erreichbar, bei noch vertretbarer Größe des Umlenkmagneten. Ein Rennbahn-M. mit N Umläufen des Teilchenstrahls kann als N-fach durchlaufener Linearbeschleuniger aufgefasst werden (man spricht hier und bei ähnl. Beschleunigern auch von rezirkulierenden Beschleunigern, →Rezyklotron). Das M. hat daher die gleiche gute Strahlqualität wie ein Linearbeschleuniger, mit kleinem Strahldurchmesser, kleiner Strahldivergenz und kleiner Energieunschärfe. Ein M. mit $E = N \cdot \Delta E$ benötigt für das Erreichen der gleichen Endenergie wie ein Linearbeschleuniger nur eine um einen Faktor $1/N^2$ geringere Leistung (bei 30 Umläufen nur etwa 0,1 %) und kann daher auch im Dauerstrichbetrieb verwendet werden (→MAMI).

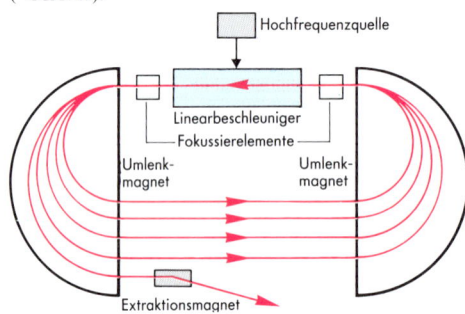

Mikrotron: Schematische Darstellung eines Rennbahnmikrotrons ohne Vakuumkomponenten; rot eingezeichnet ist der Elektronenstrahl

Die Teilchenoptik eines Rennbahn-M. bleibt nur dann praktisch beherrschbar, wenn sich Anfangs- und Endenergie um nicht mehr als etwa einen Faktor 10 unterscheiden. Wegen des Einsatzes von Wanderwellen-Linacs können M. außerdem bei Teilchenstrahlen sehr unterschiedl. Energie nur dann verwendet werden, wenn die Teilchen hochrelativistisch sind, ihre Geschwindigkeit sich also nicht mehr mit der Energie ändert (→Relativitätstheorie). Für Elektronen ist das ab etwa 3,5 MeV der Fall (Geschwindigkeit etwa $0{,}99\,c$). In gepulsten M. kann diese Energie mit dem ersten Durchgang durch den Linac erreicht werden, bei Dauerstrich-M. mithilfe eines kleinen Vorbeschleunigers (Linac oder Van-de-Graaff-Generator). – In den letzten Jahren sind kompakte gepulste M. zu einer ernsthaften Konkurrenz der Linearbeschleuniger für medizin. Zwecke oder für die Injektion, bes. bei Synchrotronstrahlungsquellen, geworden.

Mikrotubuli [lat. tubuli ›kleine Röhren‹] *Pl.*, röhrenartige Strukturen des Zytoskeletts mit einem Durchmesser von etwa 25 nm und einer Länge von meist vielen μm, die aus α- und β-Tubulin-Dimeren als Untereinheiten aufgebaut sind. Sie bilden Leitstrukturen für gerichtete Bewegungen von Zellorganellen (z. B. der Chromosomen bei der Mitose) und sind an der Ausbildung von Zellpolarität, etwa beim Auswachsen von Nervenzellen, beteiligt.

Mikrovermehrung, Meristemvermehrung, Verfahren der Pflanzenvermehrung aus Sprossspitzen oder Bildungsgewebe. Zu diesem Zweck werden Knospen von Kräutern, Stauden, Gehölzen desinfiziert, auf Agar-Agar-Nährboden gesetzt und zum Sprossen der oberird. Teile gebracht (Meristemkultur). Durch Zugabe geeigneter Wuchsstoffe wird die Bewurzelung zum gewünschten Zeitpunkt ausgelöst. Die M. wird u. a. eingesetzt bei Erdbeeren, Gerbera, Alpenveilchen, Rhododendron und Prunusarten (wie Aprikose, Kirsche, Pfirsich, Pflaume).

Mikrovilli [lat. villi ›kleine Zotten‹] *Pl.*, etwa 1 μm lange und 0,1 μm dicke fingerförmige Ausstülpungen an der Zellmembran, die in ihrem Inneren Actinfasern enthalten. An der Oberfläche resorbierender Epithelien (z. B. Darm, Nierentubuli) stehen die M. sehr dicht und bilden einen ›Bürstensaum‹ **(M.-Saum).** Sie vergrößern die resorbierende Oberfläche und erleichtern so den Stoffaustausch.

Mikrowaage, sehr empfindl. Analysenwaage mit größter Genauigkeit ($\pm 5\,\mu g$ bei Höchstlast 20–30 g).

Mikrowellen, Bez. für die elektromagnet. Wellen im Dezimeter-, Zentimeter- und Millimeterbereich mit den entsprechenden Frequenzen zw. 300 MHz und 300 GHz. Die M. bilden innerhalb des Spektrums der elektromagnet. Wellen die Brücke zw. den Radiowellen und der Infrarotstrahlung. Ihr Frequenzbereich wird in mehrere Frequenzbänder untergliedert, deren Bez. historisch bedingt sind, z. B. P-Band zw. 225 und 390 MHz, L-Band zw. 0,39 und 1,55 GHz, S-Band zw. 1,55 und 5,20 GHz; der Bereich zw. 0,3 und 3 GHz wird auch als **UHF** (Abk. für engl. **u**ltra **h**igh **f**requency) bezeichnet.

Mikrowellenbehandlung, Mikrowellen|diathermie, Form der Elektrotherapie durch Einwirkung von Mikrowellen. Die Belastung des Fettgewebes ist dabei gering, die Streuung begrenzt aber die Eindringtiefe. Die M. kann bei Entzündungen oberflächlich gelegener Körperhöhlen, Abszessen sowie bei Erkrankungen von Gelenken, Wirbelsäule, Leber und der Unterleibsorgane angewendet werden.

Mikrowellenerwärmung, Form der →Hochfrequenzerwärmung schlecht oder nicht leitender Substanzen in einem durch einen Hohlraumresonator oder eine bündelnde Antenne räumlich konzentrierten Mikrowellenfeld, die auf den bei der Ausrichtung von polaren Molekülen (v. a. Wassermolekülen) auftretenden dielektr. Verlusten beruht. Die Erzeugung der Mikrowellen erfolgt mit Magnetrons (Leistung 1–6 kW), seltener mit Klystrons (Leistung bis 50 kW); erwärmt werden bes. Kunststoffe, Holz, Papier, biolog. Gewebe.

Kürzere Wellenlängen ermöglichen kleinere Resonatoren oder Antennen; sie haben jedoch den Nachteil, dass bei biolog. Geweben die Eindringtiefe des elektr. Feldes nur etwa 25 bis 50 % der Wellenlänge beträgt und sich durch stehende Wellen, die an Schichtgrenzen (z. B. zw. Fett- und Muskelgewebe) auftreten, überhitzte und kalte Bereiche ausbilden können. Von den für nicht nachrichtentechn. Zwecke zugelassenen Frequenzen (**ISM-Frequenzen,** Abk. für engl. **i**ndustrial **s**cientific **m**edical frequencies) wird in Europa hauptsächlich der Bereich 2450 ± 50 MHz (Wellenlänge 12,2 cm) verwendet; in der Industrie auch die Frequenz 5,8 GHz. In der Medizin befürwortet man auch die Verwendung einer Frequenz von 915 MHz (Wellenlänge 33 cm) wegen des tieferen und gleichmäßigeren Eindringens der Mikrowellen.

Mikrowellengerät, Mikrowellenherd, elektr. Haushaltsgerät zur Wärmebehandlung von Lebensmitteln mithilfe der →Mikrowellenerwärmung, wobei die Wärme im Ggs. zu konventionellen Verfahren direkt im Inneren des Gargutes erzeugt wird. Das M. eignet sich bes. zur Zeit und Energie sparenden Zubereitung von stark wasserhaltigen Speisen; nicht geeignet ist es dagegen für Gartechniken, die eine Veränderung der Oberflächenstruktur erfordern.

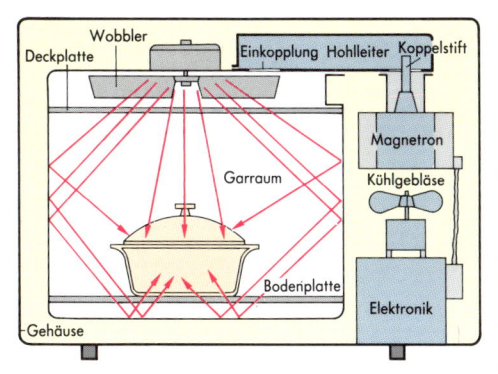

Mikrowellengerät: Aufbau und Funktion

Die Erzeugung der Mikrowellen im M. erfolgt in einem →Magnetron, von wo sie über einen Koppelstift und einen Hohlleiter in den Garraum eingeleitet werden. Dieser besitzt metall. Wände, an denen die auftreffenden Wellen reflektiert werden. Ein ›Wellenrührer‹ (Wobbler) in der Nähe der Eintrittsöffnung sorgt für eine gleichmäßige Verteilung des elektromagnet. Feldes im Garraum. Das M. hat versch. Sicherheitsvorrichtungen: Das Magnetron wird durch ein Gebläse, einen Übertemperaturregler sowie eine Glas- oder Porzellanplatte im Garraum (›Grundlast‹) vor Überhitzung geschützt; elektr. und mechan. Verriegelung der Tür, ein Drahtgitter im Sichtfenster sowie eine doppelte Türabdichtung schützen vor dem unkontrollierten Austreten von Mikrowellen. Die nach den Sicherheitsvorschriften erlaubte Leckstrahlung beträgt 5 mW/cm^2 in 5 cm Abstand vom Gerät.

Mikrowellen-Halbleiterbauelemente, Halbleiterbauelemente (Dioden und Transistoren) für den Mikrowellenfrequenzbereich (zw. 300 MHz und 100 GHz). Die M. haben wie in der konventionellen Niederfrequenzelektronik die Elektronenröhren weitgehend verdrängt, mit Ausnahme von Anwendungen mit hohen Ausgangsleistungen (über 100 W) und auf speziellen Gebieten wie im militär. Bereich und in der Raumfahrt, wo an die therm. Stabilität, die Resistenz gegen Gammastrahlung und an die Überspannungsfestigkeit (→EMP) erhöhte Anforderungen gestellt werden. Das bei hohen Frequenzen auftretende Hauptproblem, dass die Laufzeiten der Ladungsträger im steuernden Bauelement mit der Schwingungsperiode der Hochfrequenz vergleichbar werden, wurde einerseits durch Verkleinerung der Strukturen mithilfe verfeinerter lithograph. Methoden, Epitaxie und Ionenimplantation bewältigt, andererseits wird dieser Effekt auch zur Schwingungsanregung ausgenutzt (Lawinenlaufzeitdiode, Gunn-Diode). Beträchtl. Fortschritte bei Frequenzen über 10 GHz bis in den Millimeterbereich (z. B. wesentlich erhöhte Ausgangsleistungen, höhere Verstärkungsfaktoren und Wirkungsgrade) bewirkt der Ersatz von Silicium als Halbleitergrundmaterial durch Galliumarsenid und Heterostrukturen. Wichtige M. sind auch Mikrowellentransistoren, Heterobipolartransistoren, Tunneldioden, BARITT-Dioden, Schottky-Dioden, Varaktoren und PIN-Dioden.

Mikrowellenlandesystem, Abk. **MLS,** →Landeführungssysteme.

Mikrowellenspektroskopie, Teilgebiet der →Hochfrequenzspektroskopie. Die Absorption oder Emission von Mikrowellenquanten ist in Atomen mit Übergängen zw. versch. Stark- oder Zeeman-Niveaus in elektr. bzw. magnet. Feldern sowie zw. Feinstruktur- oder Hyperfeinstrukturzuständen verknüpft; in Molekülen führt sie zu Änderungen des Schwingungs- oder Rotationszustandes.

Mikrowellenstreifenleitung, die →Mikrostreifenleitung.

Mikrowellentechnik, Höchstfrequenztechnik, Teilgebiet der Elektrotechnik, das sich mit der Erzeugung, Verstärkung, Weiterleitung und Anwendung von →Mikrowellen befasst. Die M. ist von der Wellenlänge her zw. Hochfrequenztechnik und Optik angesiedelt; sie ist bes. dadurch gekennzeichnet, dass die sonst in der Elektrotechnik angewandte Technik konzentrierter Schaltelemente i. Allg. nicht mehr anwendbar ist, da die Abmessungen der Bauelemente in der Größenordnung der Wellenlänge und darüber liegen. Die Ausbreitungseffekte der Wellen müssen in einer mehr von den elektromagnet. Feldern als von Spannungen und Strömen ausgehenden Betrachtungsweise berücksichtigt werden. Außerdem ist in Elektronenröhren und Halbleiterbauelementen die Laufzeit der Elektronen zu berücksichtigen, da sie im Größenordnungsbereich der Periodendauer der Mikrowellen liegt. Zur Erzeugung von Mikrowellen dienen →Mikrowellen-Halbleiterbauelemente und (v. a. für größere Leistungen) **Mikrowellenröhren.** Die verwendeten Röhren sind →Laufzeitröhren, z. B. Klystron, Magnetron, Wanderfeldröhre. Für Kleinsignalanwendungen und Steuerzwecke sind die Röhren jedoch durch Halbleiterbauelemente und spezielle integrierte Schaltungen (→MIC, →MMIC) verdrängt. **Mikrowellenoszillatoren** lassen sich mit →Mikrowellentransistoren, →Impatt-Dioden oder →Gunn-Dioden aufbauen. Anstelle der bei niedrigeren Frequenzen verwendeten, aus Spule und Kondensator aufgebauten Schwingkreise werden hier **Resonatoren** eingesetzt, die z. B. als Mikrostreifenleitung, Hohlraumresonator oder Topfkreis ausgeführt sein können. Als Verstärker für den Mikrowellenbereich eignen sich neben der Hochfrequenztechnik entlehnten, konventionellen Bauelementen spezielle **Mikrowellenverstärker,** z. B. Maser, parametr. Verstärker, Tunneldiodenverstärker, die sich durch geringes Eigenrauschen auszeichnen. Als Leistungsverstärker (für Leistungen zw. 1 und etwa 100 W) kommen Schaltungen mit Mikrowellentransistoren, für höhere Leistungen bis in den MW-Bereich Elektronenröhren infrage. Zu unterscheiden ist hier zw. Dauerstrichbetrieb und Impulsbetrieb. Die leitungsgebundene Übertragung von Mikrowellen erfolgt bis ca. 1 GHz auf Koaxialleitungen, darüber i. Allg. mittels →Hohlleiter. Ferner gibt es Verzweigungen, z. B. →magisches T, →Richtkoppler und Bauelemente mit richtungsabhängigen Übertragungseigenschaften, z. B. den →Zirkulator.

Als Detektoren dienen Halbleiterdioden; diese werden häufig auch zum Mischen oder Modulieren von Mikrowellensignalen eingesetzt. Zur schnellen Feinabstimmung von Resonatoren und parametr. Verstärkern benutzt man Varaktoren. Mikrowellenschalter werden bei kleinen Leistungen durch PIN-Dioden verwirklicht, für hohe Leistungen durch Ferrite und langsamere elektromechan. Schalter.

Die wichtigsten Anwendungen der M. sind: Nachrichtenverkehr über Richtfunkverbindungen auf der

Erde (nur bei opt. Sichtverbindung möglich) und über Satelliten (die Erdatmosphäre ist bis etwa 10 GHz aufwärts durchlässig, unter etwa 1 GHz stört das galakt. Rauschen), Flugfunkverkehr, →Radar, →Funknavigation, →Landeführungssysteme, Erdmessung (→Satellitengeodäsie), →Hochfrequenzspektroskopie (in der Molekül-, Atom- und Kernphysik), hochpräzise →Frequenznormale und →Hochfrequenzerwärmung. Parabolspiegelförmige Mikrowellenantennen erlauben wegen der kleinen Wellenlänge bei relativ kompakten Abmessungen eine scharfe Richtungsbestimmung beim Senden und beim Empfang. Hierdurch erreicht man nicht nur eine hohe Ersparnis an der für einen störarmen Empfang notwendigen Sendeenergie, sondern auch das störfreie Nebeneinanderarbeiten mehrerer Übertragungsstrecken auf der gleichen Frequenz. In der Nachrichtentechnik ist den Mikrowellen allerdings ein teilweise überlegener Konkurrent in der Lichtleitertechnik erwachsen. Beim Radar und in der Radioastronomie wird die Richtschärfe der Antennen unmittelbar ausgenutzt. Mikrowellenenergie wird auch in der Wärmetechnik angewendet (→Mikrowellenerwärmung). In den großen Beschleunigern der Hochenergiephysik erhalten die geladenen Elementarteilchen ihre Energie beim Durchqueren von Mikrowellenresonatoren.

E. PEHL: M., 2 Bde. (^{2}1988–89).

Mikrowellentransistor, bei Frequenzen oberhalb 1 GHz verwendbarer Höchstfrequenztransistor, bei dem durch eine spezielle Struktur, z. B. enge Basiszone, Vielfachemitter in Kammstruktur, schnelle Schaltzeiten und damit eine hohe Grenzfrequenz erzielt werden. M. können als **bipolare M.** mit Grenzfrequenzen bis 6 GHz bei 1 W Ausgangsleistung oder auch als **Feldeffekt-M.** hergestellt werden. Bei Letzteren wird die Schnelligkeit durch die Beweglichkeit der Ladungsträger im elektr. Feld des Gatekanals begrenzt. Durch Kanallängen von weniger als 1 μm und Verwendung von Galliumarsenid als Halbleitermaterial sind →MESFET für Verstärker bis 40 GHz und für Oszillatoren bis 70 GHz verfügbar; bei 6 GHz sind noch etwa 20 W Ausgangsleistung möglich.

Mikrozensus, von der amtl. Statistik in Dtl. zw. den Volkszählungen durchgeführte repräsentative Stichprobenerhebung über die Bev. und den Arbeitsmarkt sowie die Wohnsituation der Haushalte. Der M. stellt statist. Angaben in tiefer fachl. Gliederung über die Bev.-Struktur, die wirtschaftl. und soziale Lage der Familien und Haushalte, den Arbeitsmarkt, die berufl. Gliederung und Ausbildung der Erwerbs-Bev. sowie die Wohnverhältnisse bereit und liefert damit Grundlagen für Entscheidungen auf vielen Gebieten der Wirtschafts- und Gesellschaftspolitik. Rechtsgrundlage bildet das M.-Ges. vom 17. 1. 1996. Erhebungseinheiten, die durch mathemat. Zufallsverfahren auf der Grundlage von Flächen oder vergleichbaren Bezugsgrößen (Auswahlbezirk) ausgewählt werden, sind Personen, Haushalte und Wohnungen. Der Auswahlsatz beträgt i. d. R. 1 % (für bestimmte Bereiche auch 0,5 %) der Bev.; es besteht Auskunftspflicht.

Der M. (im früheren Bundesgebiet seit 1957 einmal jährlich erhoben) hat sich im Zeitablauf von einer zunächst stark auf die Bereiche Bev. und Erwerbsleben ausgerichteten Erhebung zu einer breit angelegten Mehrzweckstichprobe mit ein- bzw. vierjähriger Periodizität entwickelt. Da die Erhebungen in den Auswahlbezirken in bis zu vier aufeinander folgenden Jahren durchgeführt werden, ermöglicht der M. nicht nur Querschnitts-, sondern auch Längsschnittsanalysen.

Erfragt werden u. a.: Alter, Geschlecht, Familienstand, Haushaltsgröße, Staatsangehörigkeit; Größe, Ausstattung, Nutzung und Alter der Wohnung; Erwerbstätigkeit, Arbeitslosigkeit, Arbeitssuche; Kranken-, Renten-, Pflegeversicherungsschutz; Art des überwiegenden Lebensunterhalts, Höhe des Nettoeinkommens nach Einkommensarten; höchster Schulabschluss; Stellung im Beruf und Umfang der Erwerbstätigkeit; berufl. Aus- und Weiterbildung, Umschulung; Ort und Weg zur Arbeits- bzw. Ausbildungsstätte; Dauer von Krankheiten bzw. Unfallverletzungen; Gesundheitsvorsorge und -risiken, Behinderung.

Mikrozephalie [zu griech. kephalē ›Kopf‹] *die, -/...'li|en,* abnorm kleiner Umfang des Gehirnschädels infolge primärer Fehlentwicklung des Gehirns oder vorzeitigen Schlusses der Schädelnähte bei altersentsprechenden Größenverhältnissen der übrigen Körperteile. Neben erblich bedingten Entwicklungsstörungen sind ursächlich vorgeburtl. Infektionen, z. B. durch Röteln oder Toxoplasmose, oder auch Schädigungen der Frucht durch Alkoholmissbrauch sowie hoch dosierte ionisierte Strahlung (v. a. in der Zeit von der 8. bis 15. Schwangerschaftswoche) von Bedeutung.

Mikrozustand, *statist. Physik:* eine der mögl. Realisierungen eines (durch thermodynam. Zustandsgrößen und äußere Bedingungen definierten) →Makrozustands. Je nach Art der Beschreibung ist ein M. durch die Angabe eines der zugängl. Quantenzustände des Systems (Quantenstatistik) oder einer der dem System zugängl. Zellen des Phasenraums (klass. Statistik) bestimmt.

Miksa I. [-ʃɔ], Name von Kaiser →Maximilian II. als ungar. König (1563–76).

Mikszáth ['miksa:t], Kálmán, ungar. Schriftsteller, * Szklabonya 16. 1. 1847, † Budapest 28. 5. 1910; war Journalist und wurde 1887 liberaler Abgeordneter. Seine v. a. auf Anekdoten aufgebauten Erzählungen und Romane (zunächst in der Nachfolge von M. JÓKAI, später von C. DICKENS und I. S. TURGENJEW) enthalten teils mit liebevoller, teils mit bissiger Ironie vorgetragene Geschichten überwiegend aus dem Milieu des oberungar. Landadels des 19. Jh. M. ist einer der populärsten unga. Prosaautoren.

Werke (ungar.): *Romane:* Die zwei Bettelstudenten (1886; dt.); Der sprechende Kaftan (1889; dt.); Der Graf u. die Zirkusreiterin (1896; dt.); Sankt Peters Regenschirm (1896; dt.); Kavaliere (1898; dt.); Seltsame Ehe, 2 Bde. (1901; dt.); Die Geschichte des jungen Noszty mit der Mari Tóth (1908; dt.); Die schwarze Stadt, 3 Bde. (1911; dt.). – *Erzählungen:* Der taube Schmied (1898; dt.); Der alte Gauner (1906; dt.). – Der schwarze Hahn u. andere Erz. (1968; dt. Ausw.).

Miktion [lat.] *die, -/-en,* die Harnentleerung (→Harn).

Mikuláštik [-a:ʃ-], Pavel, tschech. Tänzer, Choreograph, Regisseur und Ballettdirektor, * Prag 4. 6. 1943; war nach der Ausbildung am Prager Konservatorium Tänzer u. a. an der Kom. Oper in Berlin (Ost), in Graz, Wien, Bremen und am Staatstheater Darmstadt. 1980–85 leitete er das Mannheimer Jugendtheater Schnawwl. Seit 1990 wirkte M. als Ballettdirektor an den Städt. Bühnen Freiburg, wo er sein ›Choreograph. Theater‹ als spezielle Ausformung eines Bewegungstheaters aus Körperbildern, Sprache und Musik entwickelt hat, 1997 wechselte er an die Bonner Bühnen.

Choreographien: Saturday Night Fever (1991); Ester (1992); Amerika (1993); Tatort – Die sieben Tode des Wolfgang G. (1994).

Mikulčice [-tʃitsə], Ort im Südmähr. Gebiet, Tschech. Rep., südwestlich von Göding; hier wurden auf einer von ehem. Flussarmen der March gebildeten Insel bei Ausgrabungen (seit 1956) die Reste einer Burgsiedlung freigelegt: Burgwall (400 m × 236 m; 7./8. Jh. Holz, um 800 Stein), umgeben von mehreren Vorburgen, mit Ruinen einer Burg, Resten von mehreren Steinkirchen und Friedhöfen mit reich ausgestatteten Fürstengräbern; im Hafen Reste mehrerer Schiffe; unter den Funden Gegenstände aus Gold und Silber sowie Waffen. – M. gilt als ein Mittelpunkt des Großmähr. Reiches und wurde Anfang des 10. Jh., wohl bei einem Ungarneinfall, zerstört.

Mikulicz-Radecki [-litʃ raˈdɛtski], Johann von, Chirurg, *Tschernowzy 16. 5. 1850, †Breslau 14. 6. 1905; wurde 1882 Prof. in Krakau, 1887 in Königsberg, 1890 in Breslau; bereicherte die Operationstechnik in der Brust- und Bauchhöhle (Einführung der **Mikulicz-Klemme** zum Erfassen der Ränder des eröffneten Bauchfells), schuf eine wichtige Methode der Drainage und Tamponade für infizierte Wundhöhlen in der Bauch- und Mastdarmchirurgie (**Mikulicz-Tamponade**) und beschrieb (1892) erstmals die Tränendrüsenentzündung (**Mikulicz-Krankheit**).

Mikulov, Stadt in der Tschech. Rep., →Nikolsburg.

Mikwę [hebr. ›Wasseransammlung‹] *die, -/...waˈot,* **Judenbad,** das rituelle jüd. Tauchbad. Nach den Reinheitsgesetzen ist die Waschung mit ›lebendigem (d. h. fließendem) Wasser‹ für Frauen v. a. nach der Menstruation, vor der Hochzeit und nach der Geburt, für Männer nach einem Spermaaustritt erforderlich. Außerdem ist sie bei der Konversion von Proselyten üblich. Auch Gegenstände können durch ein Tauchbad gereinigt werden. – Die einfachste Form der M. ist ein bis zum Grundwasserspiegel reichender Schacht mit umlaufender Treppe (Friedberg/Hessen, 1260). Aufwendigere Anlagen besitzen einen Vorraum und Umkleidekabine (Worms, 1185/86). Die gewölbten Räume mit die Treppenanlage wurden oft mit hohem Anspruch (Ausstattung mit Fliesen, Inkrustationen) von gleichzeitig am Ort an Kirchenbauten wirkenden Bauhütten errichtet. Weitere mittelalterl. M. sind in Speyer, Andernach, Köln und Offenburg erhalten. Die letzten in Gebrauch befindlichen mittelalterl. M. Dtl.s wurden im 19. Jh. geschlossen.

MIK-Wert [MIK, Abk. für **m**aximale **I**mmissionskonzentration], Bez. für einen zur Begrenzung des Gehaltes der Luft an luftfremden Stoffen (Gase, Dämpfe, Schwebstoffe, Stäube, die durch industrielle oder gewerbl. Anlagen in die Luft gelangen) eingeführten Wert. Er wird festgelegt als diejenige maximale Konzentration luftverunreinigender Stoffe in bodennahen Schichten der Atmosphäre, die nach den heutigen Erfahrungen für Menschen, Tiere und Pflanzen bei Einwirken über einen bestimmten Zeitraum und bei bestimmter Häufigkeit als unbedenklich gelten kann. MIK-Werte werden für die einzelnen Stoffe in mg/m^3 Luft oder cm^3/m^3 Luft und dabei meist für dauernde sowie kurzfristige Einwirkung angegeben.

Mil, 1) *Längeneinheit* in den USA; 1 mil = $^1/_{1000}$ inch = 25,4 µm.
2) Abk. **m,** kleine *Währungseinheit* in Malta; 1 000 M. = 100 Cents = 1 Maltes. Lira.

Milà i Fontanals [miˈla i funtəˈnals], Manuel, katalanisch-span. Literarhistoriker, *Vilafranca del Penedès (Prov. Barcelona) 4. 5. 1818, †Barcelona 16. 7. 1884; seit 1845 Prof. in Barcelona, Begründer der roman. Philologie in Spanien; beschäftigte sich intensiv mit der span. und katalan. Volksdichtung; verfasste wegweisende Arbeiten zum Romancero (›Romancerillo catalán‹, 1853; ›De la poesía heroico-popular castellana‹, 1874) und zur altspan. höf. Lyrik (›De los trovadores en España‹, 1861); schrieb auch Gedichte.
Ausgaben: Obras completas, hg. v. M. MENÉNDEZ Y PELAYO, 8 Bde. (1888–96); Obres catalanes, hg. v. G. GILI (1908).

Milane [frz.], *Sg.* **Milan** *der, -s,* **Milvinae,** mit Arten weltweit verbreitete Unterfamilie etwa 30–60 cm langer, dunkel- bis rostbrauner Greifvögel; ausgezeichnete Segler mit langen, schmalen Flügeln und langem, oft gegabeltem Schwanz; ernähren sich vorwiegend von kleinen Reptilien und Säugetieren.
In Mitteleuropa kommen zwei Arten vor: **Roter Milan (Rotmilan, Gabelweihe, Königsweihe,** Milvus milvus), etwa 60 cm lang; in waldreichen Landschaften Mittel- und Südeuropas, NW-Afrikas sowie Kleinasiens; rostbraun gefiedert, Kopf auf hellerem Grund dunkel gestrichelt; Schwanz tief gegabelt; Teilzieher, dessen nördl. Populationen bis ins Mittelmeergebiet ziehen; nach der Roten Liste stark gefährdet. **Schwarzer Milan (Schwarzmilan,** Milvus migrans), bis über 50 cm lang; v. a. in der Nähe von Binnengewässern Eurasiens, Afrikas, Australiens und einiger Sundainseln; schwarzbraune Färbung und schwach gegabelter Schwanz; Teilzieher, dessen nördl. Populationen in Afrika überwintern; Bestand gefährdet.

Milano, ital. Name von →Mailand.

Milan I. Obrenović [- ɔˈbrɛnɔvitʃ], Fürst (1868 bis 1882, als **Milan IV.**) und König (1882–89) von Serbien, *Mărăşeşti (Moldau) 22. 8. 1854, †Wien 11. 2. 1901; Enkel von MILOŠ OBRENOVIĆ; Nachfolger seines Onkels MICHAEL OBRENOVIĆ. Er erklärte 1876 dem Osman. Reich den Krieg und konnte dank der russ. Intervention auf dem Berliner Kongress (1878) einen bedeutenden Gebietszuwachs und die Unabhängigkeit für Serbien erreichen. Danach richtete er die Außen- und Wirtschaftspolitik ganz auf Österreich-Ungarn aus, das nach einem erfolglosen Krieg gegen Bulgarien (1885) im Frieden von Bukarest (1886) einen serb. Gebietsverlust verhindern konnte. Durch die innenpolit. Auseinandersetzungen mit der nationaldemokrat. Radikalen Partei geschwächt, musste er 1888 einer Verf. zustimmen, dankte aber bereits am 6. 3. 1889 zugunsten seines Sohnes ALEXANDER I. OBRENOVIĆ ab.
M. B. PETROVICH: A history of modern Serbia. 1804–1918, 2 Bde. (New York 1976).

Milarepa, auch **Milaraspa,** tibet. Yogi und Lehrer, *1052, †1135; Schüler MARPAS; von ihm in der Kagyüpa-Schule des tibet. Buddhismus (→Lamaismus) unterwiesen, wurde M. einer wichtiger Vertreter. Als Dichter und Mystiker verfasste er spirituelle Lieder. Heute ist M., der schon bald als Heiliger verehrt wurde, eine der populärsten Persönlichkeiten des tibet. Buddhismus.
W. Y. EVANS-WENTZ: M. Tibets großer Yogi (Bern ³1978).

Milas [ˈmiːlaːs], Stadt in der Prov. Muğla, in SW-Anatolien, Türkei, 24 000 Ew.; Teppichknüpferei. – M. ist das antike →Mylasa.

Milavče [ˈmilavtʃɛ], Fundort eines Prunkgrabes der späten Bronzezeit, bei Taus in der Tschech. Republik. Der Grabhügel mit Steinkranz enthielt u. a. ein Vollgriffschwert vom Riegseetyp sowie einen vierrädrigen Kesselwagen aus Bronze. Die Ausgrabung wurde namengebend für die **Milavečer Kultur,** die durch Grabhügelfelder der späten Bronze- und frühen Urnenfelderzeit in SW-Böhmen repräsentiert wird. Kennzeichnend sind Brandbestattungen, teils in, teils ohne Tonurnen mit zahlr. Beigaben aus Metall.

Milazzesekultur, mittelbronzezeitl. Kulturgruppe der Lipar. Inseln und NO-Siziliens im 13.–12. Jh. v. Chr. Namengebend wurde die 1949/50 ausgegrabene Siedlung auf dem Felssporn Milazzese auf Panarea, die aus 23 teils rundl., teils eckigen Steinsockelhäusern besteht. Die Keramik entspricht in Teilen sowohl der des Festlandes (→Apenninkultur) als auch der O-Siziliens. Eine Besonderheit stellen symbolhafte Bildzeichen mit Anklängen an myken. Piktogramme dar. – Das Gräberfeld bei Milazzo wird teilweise der M. zugewiesen, und zwar die Hockerbestattungen in Pithoi des 13. und 12. Jh. v. Chr.

Milazzo, Stadt in der Prov. Messina, Italien, an der N-Küste Siziliens, 31 700 Ew.; Erdölraffinerie, Nahrungsmittel-, chem. Industrie. Der Hafen verbindet Sizilien mit den Lipar. Inseln; Export von Wein, Gemüse und Erdölprodukten (Rohölimport). – Das antike **Mylai** (auch **Mylai,** lat. **Mylae**) wurde 716 v. Chr. von Zankle (heute Messina) aus gegründet. – 260 v. Chr. errangen die Römer hier ihren ersten Seesieg über die Karthager; 36 v. Chr. siegte MARCUS VIPSANIUS AGRIPPA bei M. und dem benachbarten Naulochos über SEXTUS POMPEIUS. – Am 20. 7. 1860 erfocht

Milane:
oben Roter Milan
(Länge etwa 60 cm);
unten Schwarzer Milan
(Länge etwa 50 cm)

G. GARIBALDI auf seinem ›Zug der Tausend‹ hier einen entscheidenden Sieg über die bourbon. Truppen.

Milben [ahd. mil(i)wa, eigtl. ›Staub machendes Tier‹], **Acari, Acarina,** mit 20000–30000 Arten in allen Lebensräumen – auch im Süßwasser (Süßwasser-M.), im Meer (Meeres-M.) und der Antarktis – weltweit verbreitete Gruppe 0,08–30 mm langer Spinnentiere, mit entsprechend mannigfaltiger Gestalt. Die z. T. stechend-saugenden Mundwerkzeuge sind als eigene Körperregion (Gnathosoma) vom übrigen Körper abgegliedert. – M. ernähren sich räuberisch (z. B. Käfermilbe, Lauf-M.), als Pflanzen- und Abfallfresser (z. B. die für die Bodenzersetzung wichtigen Horn-M. und die an Nahrungsmittelvorräten schädlich werdenden Vorrats-M.) oder parasitisch als Säftesauger an Pflanzen (z. B. Gall-M., Spinn-M.), als Gewebe- oder Hornfresser (z. B. Krätz-M., Haarbalg-M., Vogel-M.) oder als Blutsauger an Tieren und Menschen (z. B. Lederzecken, Zecken).

Milbenseuche, Milbenkrankheit, Akarapidose, weltweit verbreitete, im Frühjahr auftretende tödl. Erkrankung der Honigbiene nach Befall der Tracheen durch die Milbe Acarapis woodi; Symptome sind Flügelzittern und Flugunfähigkeit. Die M. ist meldepflichtig.

Milch, 1) *allg.:* weiße, undurchsichtige Flüssigkeit (Fett-Wasser-Emulsion), die in den M.-Drüsen der Frau (→Muttermilch) und der weibl. Säugetiere nach dem Gebären abgesondert wird und als erste Nahrung für die Jungen dient. Im gesetzl. und allgemeinen Sprachgebrauch wird in Europa unter M. i. d. R. nur **Kuh-M.** verstanden, die als ›zubereitete M.‹ auf den Markt gelangt. In SO-Asien überwiegt die M. von Hauswasserbüffeln (Büffel-M.). Die Erzeugung von Ziegen- und Schaf-M. ist auf der Erde insgesamt gering, lokal aber wichtig (u. a. zur Käseproduktion). Die M. von anderen Tierarten muss in Dtl. bes. gekennzeichnet sein. Die von Milch gebenden Nutztieren durch Melken gewonnene M. zählt zu den wichtigsten Nahrungsmitteln und Wirtschaftsprodukten.

Bildung der Kuh-M.: Mit zwei bis drei Jahren werden Kühe nach der ersten Kalbung ›milchend‹; während der 270–300 Tage dauernden Laktationsperiode liefern die →Milchdrüsen fortlaufend M. Danach steht die Kuh meist etwa 50–60 Tage ›trocken‹. In der 4. bis 6. Laktation hat eine Kuh i. d. R. die maximale M.-Leistung. Die M. entsteht in den M.-Drüsen des Euters unter dem Einfluss von Hormonen durch Umwandlung von Blutbestandteilen. Die Bausteine wie Fett- und Aminosäuren sowie Glucose werden im Blut zum Epithel der M.-Drüse befördert. Um 1 l M. zu bilden, muss die M.-Drüse von etwa 500 l Blut durchströmt werden.

Zusammensetzung und *Eigenschaften:* Die schwach süß schmeckende M. ist eine Emulsion von Fett in einer z. T. echten, z. T. kolloidalen Lösung mit (je nach Tierart und Rasse) schwankender Zusammensetzung. Kuh-M. besteht durchschnittlich aus 87,3% Wasser, 4,0% →Milchfett (vom Futterwert abhängig), 3,4% →Milchweiß, 4,8% M.-Zucker (→Lactose) und 0,7% Salzen (v. a. Phosphate, Citrate und Chloride von Calcium und Kalium; an Spurenelementen finden sich Fluor, Jod, Mangan, Kupfer und Zink). Im M.-Fett sind die Vitamine A und D_1 gelöst, nachgewiesen wurden ferner die Vitamine E, K, B_1, B_2, B_6, B_{12}, C, Biotin, Niacin, Pantothensäure, Folsäure.

Das M.-Fett und die M.-Proteine geben aufgrund ihrer Lichtdispersion der M. die weiße bis gelbliche Farbe. Beim Stehenlassen der M. steigen die Fetttröpfchen wegen ihrer geringeren Dichte nach oben und bilden eine Rahmschicht (Sahne). Durch Homogenisieren (Verkleinerung der Fettkügelchen) wird dieser Vorgang verzögert. Bei längerem Stehenlassen der ungekühlten M. kommt es zu einer raschen Vermehrung der beim Melkvorgang in die M. gelangten Milchsäurebakterien; diese vergären den M.-Zucker zu M.-Säure, die ihrerseits zur Ausflockung des Kaseins führt (M.-Gerinnung). Das Kasein scheidet sich als Sauermilchquark, bei Labzusatz als Labquark (Parakasein) ab. Die Restflüssigkeit wird als Molke bezeichnet. Durch Pasteurisieren werden die Bakterien in der M. abgetötet. Frische **Voll-M.** (Kuh-M.) hat bei 15°C eine Dichte zw. 1,029 und 1,034 g/cm^3; die Dichte der unter der ausgebildeten Rahmschicht verbleibenden **Mager-M.** ist höher. Letztere enthält, abgesehen vom fehlenden Fett und dessen Membranstoffen, die gleichen Substanzen im selben Verteilungszustand. Der Nährwert der M. steigt mit dem Fettgehalt, bei 3,5% Fett beträgt er 2690 kJ (640 kcal)/kg M., bei 1,5% Fett 1890 kJ (450 kcal)/kg M. Der ernährungsphysiolog. Wert der M. beruht auf der Vielzahl der in ihr enthaltenen Stoffe und deren günstigem Mischungsverhältnis. M. kann daher Jungtieren bzw. Säuglingen in der ersten Lebenszeit als völlig ausreichendes, einziges Nahrungsmittel dienen. Kuh-M. ist jedoch eiweißreicher (enthält mehr schwer verdaul. Kasein) und zuckerärmer als die Mutter-M. und wird daher Säuglingen stets verdünnt und unter Zusatz von M.-Zucker verabreicht. M. fördert die Gesundheit des Erwachsenen und stärkt die Abwehrkräfte des Organismus gegen Infektionskrankheiten.

Milchverarbeitung und *Milcherzeugnisse:* Die ermolkene M. (**Roh-M.**) wird gekühlt unter Lichtabschluss aufbewahrt, in Spezialbehältern zur Molkerei transportiert und dort nach zugelassenen Verfahren be- und verarbeitet. Zur Abtötung etwaiger Krankheitserreger wird die M. einer Hitzebehandlung unterworfen. Unkontrolliertes Erhitzen der M. führt zu tief greifenden, wertmindernden Veränderungen (Denaturierung von Proteinen, Inaktivierung von Enzymen, Vernichtung von Vitaminen), weshalb die M.-VO nur bestimmte Formen der Hitzebehandlung zulässt: Pasteurisation (Hocherhitzung auf über 85–127°C; Kurzzeiterhitzung 15–30 Sekunden auf 72–75 °C oder Dauererhitzung 30–32 Minuten auf 62–65°C), Ultrahocherhitzung (z. B. 6–10 Sekunden auf mindestens 135°C) und Sterilisation (10–20 Minuten bei mindestens 110°C). Unmittelbar nach der Hitzebehandlung wird die M. gekühlt. Vielfach wird die M. auch homogenisiert und ihr Fettgehalt (durch teilweises Entrahmen) auf einen bestimmten Wert eingestellt. Beim **Homogenisieren** wird die noch warme M. mit hohem Druck durch einen engen Spalt gepresst, wodurch die Hüllmembranen der Fetttröpfchen zerstört werden und dadurch ein rasches Aufrahmen der M. verhindert wird. Ein weiteres Verfahren zur Erhöhung der Haltbarkeit der M. ist das **Baktofugieren,** bei dem durch Zentrifugieren (bei Pasteurisierungstemperatur) Bakterien und Bakteriensporen entfernt werden und die M. gleichzeitig homogenisiert wird.

Der größte Teil der M. kommt in Dtl. als derart zubereitete M. (**Konsum-M.**) auf den Markt. Konsummilchsorten sind im Sinne der VO (EWG) Nr. 1411/71: **Voll-M.** (mindestens 3,5% Fett), **teilentrahmte M. (fettarme M.)** (1,5–1,8% Fett) und **entrahmte M.** (höchstens 0,3% Fett). Die Packungen müssen nach der Konsummilch-Kennzeichnungs-VO vom 19. 7. 1974 die Sorte (Verkehrsbezeichnung) und den Fettgehalt angeben sowie das Mindesthaltbarkeitsdatum (Tag, Monat) z. B. mit der Aufschrift ›gekühlt mindestens haltbar bis ... (Tag, Monat)‹ tragen; ggf. mit Hinweis auf die Homogenisierung sowie Anreicherung mit Milcheiweißstoffen (nur bei entrahmter oder teilentrahmter M.). Als Aufbewahrungstemperatur werden bei bloßem Hinweis auf die Kühlhaltungsbedürftigkeit 10°C angenommen.

Haltbare M. (H-M.) ist ultrahocherhitzte M. der Güteklasse I, die unter asept. Bedingungen in sterile

Packungen abgefüllt wird. – **Sterilisierte M.** ist nach anerkannten Verfahren nach der Abfüllung in luftdicht verschlossenen Behältnissen sachgemäß erhitzte M., wobei der Verschluss unbeschädigt bleiben muss. Auch H-M. und sterilisierte M. müssen mit einem Mindesthaltbarkeitsdatum versehen sein. – **Vorzugs-M.** ist rohe M. mit nicht standardisiertem Fettgehalt (mindestens jedoch 3,5 %), die gekühlt in Fertigpackungen ab Erzeugerbetrieb in den Handel kommt. Sie darf nur aus streng überwachten Rinderbeständen stammen. Hierbei werden die höchsten Anforderungen an Gewinnung, Zusammensetzung, Keimgehalt, Behandlung u. a. gestellt.
Sauer-M. (dickgelegte Sauer-M., Dick-M., Setz-M.) wird aus ungekochter Kuh-M. durch Ausflocken des Kaseins infolge Milchsäurebildung (aus dem M.-Zucker) hergestellt und als Getränk oder zur Herstellung von Quark oder Käse verwendet. Weitere Sauermilcharten sind →Joghurt, →Kefir und →Kumys. – Ein je nach Verarbeitungsstätte unterschiedl. Anteil der angelieferten M. wird zu **M.-Produkten** weiterverarbeitet, v. a. zu →Rahm (Sahne), →Butter, →Butterfett (Butterschmalz), →Buttermilch, →Quark, →Käse, →Molke, →Kondensmilch, →Trockenmilch.
Recht: Mit dem M.- und Margarine-Ges. vom 25. 7. 1990 wurde das überkommene Verbot zur Herstellung und zum Verkauf von Milchersatzerzeugnissen (›M.-Imitate‹) aufgehoben. In teilweiser Überschneidung mit nat. Recht gelten die VO der EG, da M. einer gemeinsamen Marktordnung unterliegt. – In *Österreich* enthält das Marktordnungs-Ges. des Bundes von 1985 (mit Änderungen) eingehende Regelungen betreffend M. und M.-Erzeugnisse. Seine Ziele sind mit denen des dt. Rechts vergleichbar. – In der *Schweiz* werden Gewinnung, Behandlung, Aufbewahrung, Transport und Verkauf von M. und M.-Produkten in der eidgenöss. Lebensmittel-VO vom 1. 3. 1995 geregelt. Daneben finden sich im M.-Beschluss vom 29. 9. 1953 sowie in zahlr. weiteren Verordnungen Bestimmungen, die Produktion und Absatz, Ein- und Ausfuhr von M. und die Preisbildung regeln.
Wirtschaft: 1996 entfielen von der Weltmilchproduktion (538 Mio. t) 86,7 % auf Kuh-M., 9,7 % auf Büffel-M. und 3,3 % auf Schaf- und Ziegen-M. Von der Kuh-M. wurden 33,3 % in Europa, 12,2 % in der GUS, 18,4 % in Nordamerika, 7,2 % in Südamerika und 4,2 % in Australien und Neuseeland erzeugt. Die Produktion in den Entwicklungsländern ist gering. Die Welterzeugung an Kuh-M. betrug 1996: 466,316 Mio. t; die bedeutendsten Erzeugerländer waren (jeweils Mio. t): USA 69,974, Russland 36,100, Indien 33,500, Dtl. 28,776, Frankreich 25,083, Brasilien 19,845, Ukraine 15,926, Großbritannien 14,393, Polen 11,370, Niederlande 11,000, Italien 10,600 sowie Neuseeland 10,518 und Japan 8,583; die Schweiz erzeugte 3,873, Österreich 3,034 Mio. t Kuhmilch.
In Dtl. ging die Zahl der M.-Kühe zw. 1951 und 1996 von 7,4 Mio. auf 5,2 Mio. zurück, die M.-Produktion stieg von 17,7 Mio. t auf 28,6 Mio. t, der M.-Ertrag je Kuh von 2 400 kg auf 5 510 kg. Die Milchviehhaltung hat sich zunehmend in größere Bestände verlagert. In den alten Bundesländern wurden 1994 52 % der Milchkühe in Beständen mit mehr als 30 Kühen gehalten, in den neuen Bundesländern waren 89 % in Beständen mit über 100 Kühen. An Molkereien wurden (1996) 27,2 Mio. t M. geliefert, wovon 15 % als Konsum-M. und 10 % für Frischmilcherzeugnisse verwendet wurden; der Herstellung von Butter dienten 34 %, der von Kondens- und Trocken-M. 7 %, der von Käse 30 %; 5 % wurden exportiert. An den Verkaufserlösen der Landwirtschaft war M. mit 15,9 Mrd. DM (27,5 %) beteiligt. (→Molkerei)
Die Vermarktung von M. wird in der EU durch eine Marktordnung geregelt. Jährlich setzt der Ministerrat einen Richtpreis für M. und Interventionspreise für Magermilchpulver und Butter fest. Bis 1987 konnten alle Mengen, die vom Markt nicht aufgenommen wurden, zu diesen Preisen an die Interventionsstellen verkauft werden. Seither ist die Intervention für Magermilchpulver auf die Zeit von März bis August begrenzt. Seit 1991 wird Butter nur noch zu 90 % des Interventionspreises angekauft, und nur dann, wenn der Marktpreis unter 92 % des Interventionspreises zurückgegangen ist. Um die Präferenz für EU-Ware am Markt der EU zu sichern, werden bei der Einfuhr Zölle erhoben. In der GATT-Verhandlungsrunde, die 1993 zu Ende ging, wurden diese Zollsätze beschlossen, sie werden von 1995 bis zum Jahr 2001 um insgesamt 36 % gesenkt. Für die Ausfuhr von M.-Erzeugnissen gewährt die EU Erstattungen. Der finanzielle Aufwand und die Mengen, für die diese Erstattungen gewährt werden, sind begrenzt. 1984 wurde eine Garantiemengenregelung (Quotenregelung) eingeführt, durch die die Molkereianlieferungen in der EU zunächst von 103,6 Mio. t auf 98,2 Mio. t (der Selbstversorgungsgrad von 122 % auf 115 %) gesenkt wurden. In der BRD erhielten die landwirtschaftl. Betriebe Referenzmengen (Lieferrechte) zugeteilt, die um 2 % bis 12,5 % unter ihren Lieferungen von 1983 lagen. Im Rahmen der **M.-Rente** wurde Landwirten die Möglichkeit geboten, ihre Lieferrechte an den Staat zu verkaufen. 1987 wurden die Referenzmengen nochmals um 8,5 % gekürzt. In der 1990 durch die dt. Vereinigung und 1995 durch den Beitritt Österreichs, Finnlands und Schwedens erweiterten EU betragen die Garantiemengen insgesamt 115,6 Mio. t. An Molkereien geliefert wurden 1996 113,4 Mio. t, davon 27,2 Mio. t in Dtl. und 2,35 Mio. t in Österreich. An Molkereien in der Schweiz wurden 1996 3,03 Mio. t geliefert.
Kulturgeschichtliches: Nach bibl. Vorstellungen ist M. neben Honig ein wesentl. Attribut für das Gelobte Land und Symbol des Überflusses. Auch in der Mythologie der griechisch-röm. Altertums spielt die M. eine bedeutende Rolle. Nach EURIPIDES gehört es zu den Wundern des Dionysos, M. und Honig aus dem Boden hervorzuzaubern. Nach OVID und HORAZ durchflossen Ströme von M. und Nektar im goldenen Zeitalter das Land. In der myth. Kosmologie der Inder ist der Tau M., die vom Himmel träufelt.
Im Altertum und MA. wurde (nach HIPPOKRATES, PLINIUS D. Ä. u. a.) die M. versch. Tiere sowie Mutter-M. als vielseitiges Arzneimittel (bes. bei Fieber, Asthma, Husten u. a.) verwendet. Schwindsüchtige wurden in der Antike in speziellen Anstalten durch Trinkkuren mit Kuh-M. und ›Schiston‹, einer Art Molke, behandelt. Von JUVENAL werden Bäder in Esels-M. als Schönheitsmittel genannt. Die Germanen verwendeten Ziegen-M. als Mittel gegen Ruhr und Krankheiten der Milz. Die Täuflinge der frühchristl. Kirche erhielten M. und Honig zus. mit ersten Empfang der Eucharistie. Dieses liturg. Symbol steht in Parallele zu den hellenist. Heilstränken.
Die M. Erzeugung, Gewinnung, Qualität, hg. v. H. O. GRAVERT (1983); M.-Erzeugung, M.-Verarbeitung u. Handel mit M. u. M.-Erzeugnissen in den Ländern der EG, bearb. v. M. SCHÖBL-UHLMANN u. a., 3 Bde. (1986); O. NICKEL: Die dt. M.-Branche im EG-Binnenmarkt. Situationsanalyse, Branchenentwicklung, strateg. Optionen (1991); A. TÖPEL: Chemie der M. Eine Einf. in die milchwirtschaftl. Chemie u. die milchwirtschaftlich-chem. Laborpraxis (^{3}1991); G. KIELWEIN: Leitfaden der M.-Kunde u. M.-Hygiene (^{3}1994); E. SPREER: Technologie der M.-Verarbeitung (^{7}1995); H. GEHRKE: Die M.-Quotenregelung (1996).

2) *Botanik:* milchige Flüssigkeit in Pflanzengeweben, →Milchsaft.

3) *Humanphysiologie:* →Muttermilch.

4) *Zoologie:* 1) →Kropfmilch; 2) Bez. für die milchweiße Samenflüssigkeit der männl., geschlechtsreifen Fische (Milchner).

Milch, Erhard, Generalfeldmarschall (seit 1940), *Wilhelmshaven 30. 3. 1892, †Wuppertal 25. 1. 1972; war ab 1926 bei der Dt. Lufthansa tätig; 1938–45 Generalinspekteur der Luftwaffe, 1941–44 Generalluftzeugmeister; hatte als führendes Mitgl. des Ausschusses für ›Zentrale Planung‹ großen Anteil an der totalen Indienstnahme der Industrie für die Kriegsproduktion. In einem der Kriegsverbrecherprozesse (›M.-Prozess‹) wurde M. 1947 von einem amerikan. Militärgericht in Nürnberg u. a. wegen Deportationen zu lebenslängl. Haft verurteilt; 1954 entlassen.

Milchbaum, Art der Gattung →Brotnussbaum.
Milchbrätling, ein Speisepilz, →Milchlinge.
Milchdrüsen, Mammadrüsen, Glandulae lactiferae, Glandulae mammales, Milch absondernde Hautdrüsen bei Säugetieren (einschließlich des Menschen), die stammesgeschichtlich aus Schweißdrüsen entwickelt haben. Sie bestehen aus einer großen Anzahl von Drüsenschläuchen, die entweder auf einem eng umgrenzten Hautfeld (**Drüsenfeld, Mammarfeld,** so bei Kloakentieren) oder auf warzenartigen Hauterhebungen (Zitzen, Brustwarzen) ausmünden. Bei der Entwicklung werden die Anlagen der M. von einem Paar epithelialer Leisten (**Milchleisten, Milchlinien, Milchstreifen**) gebildet, die beiderseits an der Bauch- und Brustregion verlaufen. Sie bilden sich in den ersten Lebensmonaten (beim Menschen im dritten Lebensmonat) bis auf die **Milchhügel** (einzelne paarige Epithelverdickungen) wieder zurück. Aus den Milchhügeln gehen die spezifisch festgelegten **M.-Organe** (Brüste, Euter) hervor. (→Brustdrüsen)

Milch|eiweiß, Milchprote|in, das aus mehreren Bestandteilen bestehende Eiweiß der Milch von Säugetieren (einschließlich Mensch). Charakterist. Eiweißkörper der Milch ist das kolloidal gelöste Phosphoprotein →Kasein (etwa 27 g/l). Dazu kommen die in echter Lösung vorliegenden Serum- oder Molkenproteine: β-Lactoglobulin (etwa 3,0 g/l), α-Lactalbumin (etwa 1,2 g/l), Serumalbumin (etwa 0,4 g/l) sowie die Immunglobuline (etwa 0,7 g/l), ferner Enzyme u. a., möglicherweise sekundär gebildete Proteine. Die biologisch hochwertigen Milchproteine enthalten alle essenziellen Aminosäuren und werden bei der normalen Milchbe- und Milchverarbeitung nicht zerstört.

Milchfett, das in der Milch der Säugetiere (einschließlich Mensch) in Form feinster, von einer Membran umschlossener Tröpfchen (Durchmesser 2 bis 10 μm) enthaltene Fett. Das Fett der Kuhmilch besteht aus Glyceriden gesättigter und ungesättigter Fettsäuren und enthält Spuren von Cholesterin und Fettfarbstoffen (v. a. Carotinoide). Die wasserhaltige Membran besteht v. a. aus Proteinen und Phosphatiden; beim Ausbuttern und Homogenisieren wird sie zerstört, bei Hitzebehandlung kann sie denaturiert werden. M. wird als Rahm (Sahne) angereichert, der v. a. zur Gewinnung von Butter dient.

Milchfische, Chanidae, Familie der Sandfische. Der heringsähnl., silbrig bis milchig weiß gefärbte **Milchfisch** (Chanos chanos; Länge bis 1,7 m) lebt in Meeres-, Brack- und Süßgewässern des Indopazifiks. Er wird in SO-Asien in Teichwirtschaften gezüchtet.

Milchfluss, Galaktorrhö, spontane Milchabsonderung aus der weibl. Brust; während der Stillzeit durch reichl. Milchbildung und mangelhaften muskulösen Verschluss der Milchkanäle in der Brustwarze hervorgerufen, außerhalb einer Schwangerschaft durch übermäßige Bildung von Prolactin, meist in Verbindung mit einer →Amenorrhö.

Milchglas, undurchsichtiges, durch Zugabe von Zinnoxid getrübtes, lichtdurchlässiges, lichtverteilendes Glas, dessen Herstellung bereits im Altertum bekannt war. (→Trübglas)

Milch|imitate, Kunstmilchprodukte, milchähnl., für die Verwendung verwendbare Produkte, bei denen die Bestandteile der natürl. Milch durch andere Substanzen ersetzt sind. M. können aus pflanzlichen Eiweißstoffen (v. a. Soja-, Erdnuss-, Baumwollsaateiweiß) und pflanzl. Fetten (v. a. Kokosfett, gehärtetes Sojaöl) durch Emulgieren in Wasser unter Zusatz von Hilfsstoffen (Emulgatoren, Stabilisatoren usw.) hergestellt werden. M. dienen v. a. in Ländern mit geringer Milchproduktion zur Versorgung mit eiweißhaltigen Nahrungsmitteln; sie sind auch wichtig für die Ernährung von Menschen, die gegen Milcheiweiß empfindlich sind. In Dtl. sind M. (z. B. Kaffeeweißer als Ersatz für Kaffeesahne) seit 1990 zugelassen.

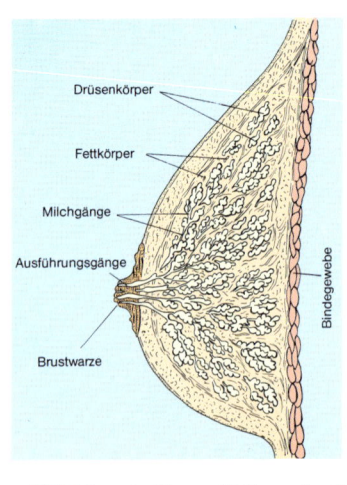

Milchdrüsen: Längsschnitt durch die weibliche Brust

Milchkraut, Glaux, Gattung der Primelgewächse mit der einzigen Art **Strand-M.** (Glaux maritima); Salzpflanze der Meeresstrände und des Binnenlandes der gemäßigten Zone der Nordhalbkugel; Blätter fleischig, am Blattrand mit kleinen Drüsen, durch die überschüssiges Salz ausgeschieden wird; kleine, rosafarbene Blüten ohne Krone.

Milchlattich, Cicerbita, Gattung der Korbblütler mit etwa 20 Arten in den temperierten Gebieten der Nordhalbkugel (v. a. in den Gebirgen); milchsaftreiche, hohe Kräuter mit hohlem Stängel und meist blauen Blüten. In den Alpen, dem Alpenvorland und den höheren Mittelgebirgen kommt in Hochstaudenfluren und Waldschluchten der bis 1,2 m hohe **Alpen-M.** (Cicerbita alpina) mit blauvioletten Blütenköpfchen vor.

Milchleiste, Anatomie: →Milchdrüsen.
Milchlinge, Reizker, Lactarius, Gattung der Lamellenpilze mit meist trichterförmigem, zentral gestieltem Hut, weißen Sporen und meist weißem, auch wässrig klarem oder orangerotem Milchsaft; rund 75 mitteleurop. giftige und essbare Arten, die meist Mykorrhizen bilden.

Bekannte und gute Speisepilze sind: **Brätling** (**Milchbrätling, Birnenmilchling,** Lactarius volemus): orangebraun, mit weißem Milchsaft; bis 12 cm hoch; Hutdurchmesser 7–15 cm; in Mischwäldern; **Edelreizker** (Lactarius deliciosus): orange- bis ziegelrot, mit orangefarbenen Lamellen, die bei Verletzung oder Druck grünfleckig werden; Milchsaft orangerot; wächst auf Grasflächen in Fichtenwäldern; **Blutreizker** (**Bluthelmling,** Lactarius sanguifluus): ähnlich dem Edelreizker, aber mit weinrotem Milchsaft; wächst auf Kalkböden unter Kiefern.

Milchnährschaden, chron. Ernährungsstörung des Säuglings aufgrund einer ausschließl. Fütterung mit Kuhvollmilch (ohne Zusätze). Aufgrund des Eiweißüberangebots bei gleichzeitigem Kohlenhydratmangel kommt es zu →Dystrophie mit chron. Verstop-

Milchkraut: Strandmilchkraut (Höhe 3–20 cm)

Milchlinge: oben Brätling (Hutdurchmesser 7–15 cm); unten Edelreizker (Hutdurchmesser 5–15 cm)

fung, Ausscheidung von grauweiß gefärbtem, trockenem Stuhl mit fauligem Geruch (Kalkseifenstuhl) und ammoniakalisch riechendem Harn.

Milchner, der männl. geschlechtsreife Fisch.

Milchquarz, weißl., durch Flüssigkeits- oder Gaseinschlüsse milchig-trübe Varietät des →Quarzes.

Milchröhren, lebende, häufig vielkernige Exkretzellen versch. Pflanzenarten, die Milchsaft führen. Man unterscheidet: 1) **ungegliederte M.:** aus einer Zelle hervorgehend, meist stark verzweigt, z. T. mehrere Meter lang werdend; bes. bei Wolfsmilch-, Maulbeer-, Hundsgiftgewächsen; 2) **gegliederte M.:** durch Fusion mehrerer Zellen unter Querwandauflösung entstehend; unverzweigte Röhren oder Netzwerke bildend; z. B. bei versch. Wolfsmilchgewächsen (u. a. Kautschukbaum), Mohn- und Glockenblumengewächsen und vielen Korbblütlern (u. a. Löwenzahn).

Milchsaft, 1) *Botanik:* eine milchige, meist weiße, selten gelbe oder orangefarbige Flüssigkeit in →Milchröhren bestimmter Pflanzen. Sie enthält Zucker, in Wasser gelöste Gerbstoffe, z. T. giftige Alkaloide, Calciummalat, äther. Öle, Wachse, emulgierte Tröpfchen von Gummiharzen und Kautschuk sowie als feste Bestandteile oft Protein- und Stärkekörner. M. gerinnt rasch an der Luft (Wundverschluss); wegen des scharfen, bitteren oder brennenden Geschmacks auch Schutzmittel gegen Tierfraß (z. B. Wolfsmilcharten).

2) *Physiologie:* der →Chylus.

Milchsaftgänge, im Ggs. zu →Milchröhren durch Spaltung entstandene (schizogene) Gewebeinterzellularen (z. B. Ölgänge bei den Doldenblütlern), die meist farblose Sekrete, z. B. äther. Öle, aus den umliegenden Zellen enthalten.

Milchsäure, α- oder **2-Hydroxypropionsäure,** farblose, hygroskop., je nach Reinheit bei unterschiedl. Temperatur (bis max. 53 °C) schmelzende Substanz, die sich mit der Zeit über Lactoyl-M. in Poly-M. umwandelt. Sie kommt in den optisch aktiven Formen D(−)-M. und L(+)-M. vor (→Stereochemie). Ihre Salze und Ester heißen **Lactate**. M. bildet sich in Gegenwart anaerober Bakterien (z. B. Lactobacillus delbrückii) aus Glucose u. a. Zuckern (**M.-Gärung**), wobei je nach Zusammensetzung der Bakterienkulturen bevorzugt D(−)- oder L(+)-M. entsteht. Bei der Verarbeitung von Milch bildet sich M. aus Lactose; Buttermilch enthält 0,7–1% M. (bis zu 90% L(+)-M.), Joghurt 1–1,2% M. (bis zu 60% L(+)-M.). L(+)-M. tritt als Stoffwechselprodukt beim Menschen auf (alte Bez.: Fleisch-M.). D(−)-M. wird im Körper langsamer abgebaut als L(+)-M. und kann deshalb zu einer Übersäuerung des Blutes führen. Die synthet. Herstellung von M. führt zu einem racem. Gemisch (D,L-M.). Ein wichtiges Verfahren geht von Blausäure und Acetaldehyd aus und führt über M.-Nitril als Zwischenprodukt. M. wird als Zusatz zu Nahrungsmitteln und Getränken, in der Medizin (z. B. zur Regelung der Darmflora) und für verschiedenartige techn. Zwecke (z. B. in der Gerberei) verwendet. – M. wurde 1780 von K. W. SCHEELE in saurer Milch entdeckt.

Milchsäurebakteri|en, Lactobacteriaceae, in eine Familie gestellte, morphologisch uneinheitl. Gruppe von stäbchen- oder kokkenförmigen Bakterien, die in ihren physiolog. Eigenschaften weitgehend übereinstimmen. Alle M. sind grampositiv, bilden keine Sporen (Ausnahme Sporolactobacillus inulinus) und sind unbeweglich. Man unterscheidet eine Reihe von Gattungen (Lactobacillus, Streptococcus, Pediococcus, Leuconostoc, Bifidobacterium) mit einer Vielzahl von Spezies. Einige Arten sind thermophil. Obwohl die M. obligate Gärer sind und keine Katalase (Wasserstoffperoxid spaltendes Enzym) besitzen, können sie auch in Gegenwart von Luftsauerstoff wachsen (d. h., sie sind aerotolerant). Die meisten M. benötigen zum Wachstum Vitamine und/oder Aminosäuren, Purine und Pyrimidine. Ihre Auxotrophie (Abhängigkeit von Wachstumsfaktoren, so genannten Supplinen) ist auf die Ernährungsbedingungen an ihren natürl., wirkstoffreichen Standorten (wie Milch) zurückzuführen. Auf der Grundlage der Auxotrophie wurden mikrobiolog. Methoden zur quantitativen Bestimmung von Vitaminen und Aminosäuren entwickelt. Man unterscheidet homofermentative M. (mit reiner Milchsäuregärung) und heterofermentative M. (mit Bildung von Milchsäure und Äthanol bzw. Acetat). Wegen ihrer auf Ansäuerung beruhenden konservierenden und sterilisierenden Wirkung haben die M. im Haushalt, in der Landwirtschaft und der Milch verarbeitenden Industrie große wirtschaftl. Bedeutung, z. B. bei der Herstellung von Milchprodukten (Buttermilch, Joghurt, Quark, Kefir u. a.), bei der Haltbarmachung von Viehfutter (Silage), bei der Konservierung von Rohwurst u. a. Auch die Säure- und Aromabildung einschließlich CO_2-Produktion (Treibmittel) im Sauerteig ist auf M. zurückzuführen. Zu den natürl. Standorten der M. gehören neben Milch und Pflanzenmaterialien auch der Darm und die Schleimhäute von Mensch und Tier. Bestimmte Streptokokken sind harmlose Kommensalen auf den Schleimhäuten des Mundes, der Atmungs- und Geschlechtsorgane, andere (z. B. Streptococcus pyogenes, S. pneumoniae) sind gefährl. Krankheitserreger.

Milchschaf, Deutsches Milchschaf, auf das **Ostfriesische M.** zurückgehende, bereits seit dem 16. Jh. bekannte langwollige Schafrasse mit hoher Fruchtbarkeit, Milchleistung und Frühreife; im Ggs. zu anderen Schafrassen kein Herdentier. In Ostfriesland blieb die Milchproduktion das vordringl. Zuchtziel, in den Hauptnachzuchtgebieten Rheinland und Westfalen erfolgte eine Anpassung an die erhöhte Fleischnachfrage. Das M. ist i. d. R. weiß mit einer rezessiven Anlage für die dunkle Farbe, die gelegentlich auftritt; in Baden-Württemberg und Bayern wird die Reinzucht eines **Schwarzen M.** betrieben.

Milchschorf, bei Säuglingen auftretende Form des endogenen Ekzems (atop. Dermatitis); äußert sich durch Rötungen, Schuppen- und Krustenbildung im Kopf- und Wangenbereich. Die *Behandlung* umfasst Corticosteroide, Pflegesalben und -cremes, Ölbäder, aber auch eine diätet. Umstellung.

Milchstauung, Galaktostase, Rückstau der Muttermilch bei der Wöchnerin aufgrund einer unzureichenden Entleerung der Brust beim Stillen oder eines Abflusshindernisses mit Gefahr einer Brustdrüsenentzündung.

Milchstern, Ornithogalum, Gattung der Liliengewächse mit etwa 120 Arten bes. in trockenen Gebieten Europas, Afrikas und Asiens; Zwiebelpflanzen mit meist weißen, in endständigen Trauben stehenden Blüten. Als Gartenzierpflanze sind der **Nickende M.** (Ornithogalum nutans) aus Vorderasien und SO-Europa (in Dtl. eingebürgert, z. B. in Weinbergen) und der **Stern von Bethlehem** (Ornithogalum umbellatum) aus dem Mittelmeerraum bis Kaukasien (in Mitteleuropa und Nordamerika eingebürgert) bekannt.

Milchstraße, schwach leuchtendes, unregelmäßig begrenztes Band, das sich längs eines Großkreises am

$$\begin{array}{c} COOH \\ | \\ HO-C-H \\ | \\ CH_3 \end{array}$$

L(+)-Milchsäure

$$\begin{array}{c} COOH \\ | \\ H-C-OH \\ | \\ CH_3 \end{array}$$

D(−)-Milchsäure

Milchsäure

Milchschaf:
Ostfriesisches Milchschaf

Milchstern:
Nickender Milchstern
(Höhe 15–50 cm)

Milc Milchstraßensystem

Milchstraße: Für die galaktischen Koordinaten wurde die Richtung zum Zentrum des Milchstraßensystems im Sternbild Schütze (Bildmitte) als Nullpunkt festgelegt; in der unteren rechten Hälfte sind die beiden Magellanschen Wolken zu erkennen

Himmelsgewölbe hinzieht. Die M. führt am Nordhimmel vom Sternbild Adler (Schnittpunkt mit dem Himmelsäquator) über die Sternbilder Schwan, Kepheus, Kassiopeia und Perseus zum Sternbild Fuhrmann und zieht am Südhimmel (wesentlich heller als auf der nördl. Hemisphäre) über die Sternbilder Einhorn, Heck und Segel des Schiffes, Winkelmaß, Skorpion zum Sternbild Schütze. Im Fernrohr löst sich die M. in Einzelsterne, Sternhaufen und Nebel auf. Alle Objekte der M. gehören dem →Milchstraßensystem an. – Mitunter wird die Bez. M. auch abkürzend für M.-System verwendet.

Mythologie: Bei den alten Kultur- und den Naturvölkern erfuhr die M. unterschiedl. mytholog. und religiöse Deutungen: vom Himmelsweg der verstorbenen Seelen (Orient, Germanen), dem Reich der Seligen (Pythagoreer), einem Fluss mit fruchtbaren Ufern als Wohnsitz oder Versammlungsort von Göttern (Indien, Japan, Ägypten) über Vorstellungen von der verschütteten Milch der Göttin Hera (daher der griech. Name Galaxias), von einer großen Brücke oder Bogensehne oder einem riesigen Tier (bei Babyloniern eine Schlange, bei bolivian. Indianern ein Wurm) bis zur mittelalterl. Anschauung vom Riss des Himmelsgewölbes, durch den das ›himml. Feuer‹ schimmere.

Milchstraßensystem, Galaxis, ein →Sternsystem, dem die Sonne mit dem Planetensystem einschließlich der Erde, etwa 6 000 mit bloßem Auge sichtbare und einige 100 Mrd. weitere Sterne sowie große Mengen interstellarer Materie angehören. Die große Mehrheit der Sterne ordnet sich in einer scheibenähnl. Ansammlung **(galaktische Scheibe)** mit einer zentralen Ausbauchung sowie einem Zentralgebiet an; eingehüllt ist diese Scheibe in einem sehr dünn mit Materie angefülltem Raum, dem **galaktischen Halo** (→Halo). Die Sonne befindet sich nahe der Symmetrieebene des M., der **galaktischen Ebene,** aber weit außerhalb des Zentrums. Die Gesamtheit der lichtschwachen, vom Auge nicht als Einzelobjekte wahrgenommenen Sterne ruft auf der Erde das opt. Phänomen der →Milchstraße hervor, von dem das M. seinen Namen hat; als Beobachter befinden wir uns im Inneren des M. und erblicken dessen sichtbaren Teil als zweidimensionale Projektion an der Himmelskugel.

Sternverteilung, Sternpopulationen: Bezüglich der räuml. Anordnung sowie der Bewegungsverhältnisse unterscheidet man versch. Sternpopulationen. Die Objekte der extremen Population I, zu der u.a. die O- und B-Sterne, junge offene Sternhaufen sowie die interstellare Materie gehören, sind stark gegen die galakt. Ebene konzentriert, ihre mittlere Entfernung von ihr beträgt rd. 70 Parsec (pc). Ihre räuml. Verteilung lässt Strukturen erkennen, die als Spiralarme gedeutet werden; das M. gehört danach wahrscheinlich zu den →Spiralgalaxien vom Typ Sb. Die weitaus meisten Sterne (u.a. die der Spektralklassen F bis M) gehören zur Scheibenpopulation mit einer geringeren Konzentration zur galakt. Ebene (mittlerer Abstand rd. 400 pc), aber einer stärkeren zum galakt. Zentrum; diese Sterne bilden auch die zentrale Ausbauchung des M.

Milchstraßensystem: links Schematisierte Ansicht des Milchstraßensystems, wie es einem in der Nähe der galaktischen Ebene befindlichen extragalaktischen Beobachter erscheint (Sonne stark vergrößert dargestellt); rechts Ansicht des Milchstraßensystems von der Richtung des galaktischen Nordpols aus. Die Rotation erfolgt im Uhrzeigersinn (schematisch)

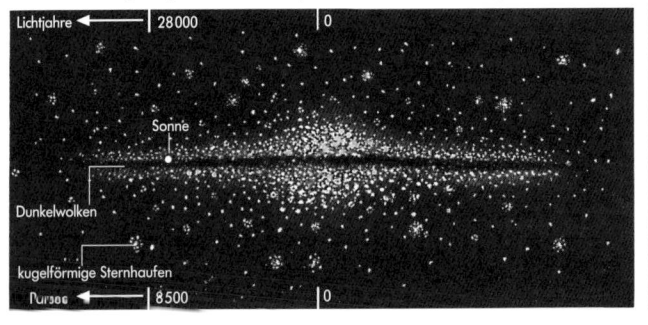

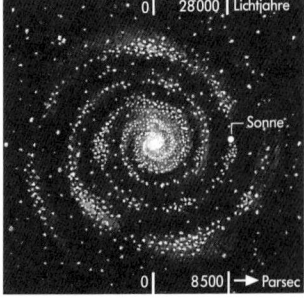

Die Objekte der Halopopulation (Kugelsternhaufen, langperiod. RR-Lyrae-Sterne) sind am geringsten gegen die galakt. Ebene (mittlerer Abstand rd. 2 000 pc), aber sehr stark gegen das Zentrum konzentriert.

Ausdehnung: Der Mindestdurchmesser des M. in der galakt. Ebene beträgt 50 000 pc; er ist durch die etwa sphär. Verteilung der meisten Kugelsternhaufen definiert, doch finden sich auch Kugelsternhaufen mit einem Zentrumsabstand von etwa 100 000 pc. Der Durchmesser des von der Scheiben- und der extremen Population I eingenommenen Raums misst in der galakt. Ebene rd. 30 000 pc, die zentrale Auswölbung senkrecht dazu etwa 5 000 pc. Das von der Sonne aus wegen dazwischenliegender dichter interstellarer Staubwolken unsichtbare **galaktische Zentrum** liegt in Richtung des Sternbildes Sagittarius (Schütze) in einer Entfernung von etwa 8 500 pc; als Mittelpunkt wird die punktförmig erscheinende Radioquelle Sagittarius A* (→Sagittarius A) angenommen. Die Sonne steht rd. 15 pc nördlich der galakt. Ebene.

Bewegungsverhältnisse und Masseverteilung: Alle Objekte im M. bewegen sich um das galakt. Zentrum, wodurch die Stabilität des Systems gesichert wird. Das M. besitzt eine →differenzielle Rotation, dabei nimmt die Winkelgeschwindigkeit von innen nach außen ab. Die Objekte der extremen Population I bewegen sich nahezu auf Kreisbahnen nahe der galakt. Ebene, die der Halopopulation in z. T. stark gegen die Ebene geneigten, mehr oder minder exzentr. Ellipsenbahnen. In Sonnennähe beträgt die Kreisbahngeschwindigkeit 220 km/s, die Umlaufperiode rd. 240 Mio. Jahre. Die aus dem Rotationsverhalten abgeleitete Gesamtmasse des M. liegt zw. $6 \cdot 10^{11}$ und mehr als 10^{12} Sonnenmassen. In Sonnennähe beläuft sich die Massendichte auf 0,05 bis 0,07 Sonnemassen je pc^3 (etwa 2 bis 3 Wasserstoffatome je cm^3), im unmittelbaren Zentralgebiet auf etwa $2 \cdot 10^7$ Sonnenmassen je pc^3. Als zentrales galakt. Objekt wird vielfach ein →Schwarzes Loch mit einer Masse von rd. 2,5 Mio. Sonnenmassen angesehen.

Entstehung des M.: Das M. bildete sich vor rd. 15 bis 20 Mrd. Jahren. Die Kontraktion einer Gasmasse von rd. 10^{12} Sonnenmassen erfolgte anfangs im Wesentlichen radial. Infolge von Dichteinhomogenitäten wurden zunächst Massen der Größenordnung der Kugelsternhaufen, später der Sterne gravitationsinstabil und kontrahierten losgelöst von der Restwolke für sich. Die Objekte der Halopopulation sind die ältesten im M. und nehmen einen fast sphär. Raum ein. Das nicht verbrauchte Restgas kontrahierte, wegen der Drehimpulserhaltung mit wachsender Rotationsgeschwindigkeit, sodass die radiale Kontraktion immer mehr in eine parallel zur Rotationsachse erfolgende überging. Jüngere Sternpopulationen nehmen daher einen flacheren Raum ein als ältere. Mit der dynamischen lief auch die chem. Entwicklung ab: Die in jeder Sterngeneration entstandenen massereichen Sterne explodierten als Supernovae und reicherten das verbliebene Restgas mit schweren Elementen an: Ältere Sterne besaßen daher bei ihrer Entstehung relativ weniger schwere Elemente als jüngere.

Geschichte: 1609 erkannte G. GALILEI mithilfe des Fernrohrs, dass die Milchstraße aus Einzelsternen besteht. Aus der scheinbaren Anordnung der Sterne am Himmel auf einer Kreisperipherie schloss T. WRIGHT auf eine ringförmige Anordnung der Sterne im Raum (1750). I. KANT war der Auffassung (1755), dass es sich um ein Sternsystem in Form einer flachen Scheibe handele. W. HERSCHEL unterstützte diese Vorstellung durch seine ›Sterneichungen‹. Dies gab im 19. Jh. den Anstoß, nach dem Zentralkörper des M., um den die (von KANT postulierte) Rotation der Sterne erfolgen sollte, zu suchen. Ein genaueres Bild vom Aufbau des M. lieferte erst die Astrophysik des 20. Jahrhunderts.

milchtreibende Mittel, Galaktogoga, Laktagoga, Milchbildung und -produktion in der Stillperiode stimulierende Mittel, z. B. Oxytocin.

Milchzucker, die →Lactose.

Milde, A r y Jansz. de, auch **Arij J. de M.,** niederländ. Keramiker, * Delft 1634, † ebd. 1708; fand 1658 ein Verfahren zur Herstellung von rotem, unglasiertem, nur schwach gebranntem Steinzeug und stellte aus diesem v. a. Teekannen nach chin. Vorbild her.

Mildenburg, Anna, österr. Sängerin, →Bahr-Mildenburg, Anna.

Mildenhall ['mɪldənhɔːl], Gem. in der Cty. Suffolk, O-England; hier wurde in den 1940er-Jahren der Silberschatz einer vornehmen röm. Familie (über 30 Stücke Tafelgeschirr, meist reich mit Reliefs verziert) aus dem 4. Jh. gefunden; wohl zw. 360 und 370 vergraben (heute London, Brit. Museum).

mildernde Umstände, die besonderen tatsächl. Verhältnisse eines Straffalles, die die Tat als so abweichend von den normalerweise vorkommenden Fällen erscheinen lassen, dass die regelmäßige Strafe als zu streng angesehen werden muss (z. B. häusl. Milieu, Reue, Geständnis, Provokation). Das dt. StGB sieht in versch. gesetzlich bestimmten Fällen bei dem Vorliegen von m. U. eine geringere Strafe vor; der Milderungsmaßstab ist § 49 StGB zu entnehmen. – Das *österr.* StGB (§ 34) zählt 18 nicht abschließende besondere Milderungsgründe‹ auf, die bei der Strafzumessung nach § 32 StGB gegen die Erschwerungsgründe abzuwägen sind; in bes. gelagerten Fällen kommt darüber hinaus eine außerordentl. Strafmilderung gemäß § 41 StGB in Betracht. – Das StGB der *Schweiz* nennt in Art. 64 neun mildernde Umstände.

Mildnergläser, Trinkgläser, die der Glasschleifer JOHANN JOSEPH MILDNER (* 1764, † 1808) in Gutenbrunn (Niederösterreich) zw. 1787 und 1808 herstellte. Die doppelwandigen Medaillongläser (zumeist Becher und Flaschen) waren in der Art der Zwischengoldgläser mit gravierten Goldfolien, eingeklebten, auf Pergament gemalten farbigen Porträts, Monogrammen u. a. Darstellungen geschmückt.

Mildorfer, Mülldorfer, Josef Ignaz, österr. Maler, * Innsbruck 13. 10. 1719, † Wien 8. 12. 1775; Schüler von P. TROGER, dessen Stil die monumentalen Fresken prägte. Sein Hauptwerk ist das 1743 entstandene Kuppelfresko der Wallfahrtskirche von Hafnerberg (Gem. Altenmarkt an der Triesting, Niederösterreich); schuf auch Altarbilder (u. a. Hochaltarbild in Neustift bei Brixen, 1744).

Mile [maɪl], Einheitenzeichen **mile** nach ISO und in Großbritannien; in den USA (statute mile) Einheitenzeichen **mi;** 1 mile = 1 mi = 1 760 yard = 1,609 3472 km.

Miles gloriosus [lat. ›der ruhmredige Soldat‹], sprichwörtlich gewordene Titelgestalt einer Komödie von PLAUTUS.

Milešovka ['mɪlɛʃɔfka], Berg in der Tschech. Rep., →Milleschauer.

Milestone ['maɪlstəʊn], Lewis, amerikan. Filmregisseur russ. Herkunft, * Kischinjow 30. 9. 1895, † Los Angeles (Calif.) 25. 9. 1980; ausgezeichneter Techniker, der Kriegsfilme u. a. drehte.

Filme: Im Westen nichts Neues (1930); The front page (1931); Von Mäusen u. Menschen (1939); Landung in Salerno (1945); Meuterei auf der Bounty (1961).

J. MILLICHAP: L. M. (Boston, Mass., 1981).

Milet, griech. **Miletos,** bedeutende altgriech. Hafenstadt im westl. Kleinasien, an der Mündung des Mäander (heute Büyük Menderes) ins Ägäische Meer; die Ruinenstätte liegt heute etwa 9 km vom Meer entfernt. Schon um 1600 v. Chr. kretische, dann myken. Faktorei, stieg M. seit der Neugründung durch ion. Griechen (etwa 1000 v. Chr.) zu einer der mächtigsten Städte Ioniens auf und wurde zu einem Zentrum der

Mile   Miletitsch – Milew

Milet: Das gut erhaltene, unter Nero und Trajan völlig erneuerte Theater

griech. Kultur. Während der Hauptblütezeit im 7./6. Jh. v. Chr. wirkten hier u. a. THALES, ANAXIMANDER und ANAXIMENES; seit 630 v. Chr. wurden von M. aus etwa 90 Kolonien (v. a. am Schwarzen Meer) gegründet. 546 kam die Stadt unter pers. Herrschaft und wurde 494 nach dem missglückten Ion. Aufstand von den Persern zerstört. Nach dem Sieg der Griechen bei Mykale 479 v. Chr. wurde M. neu aufgebaut. Im Peloponnes. Krieg stand M. zunächst auf athen., ab 412 auf spartan. Seite. Ab 401 wieder unter der Oberhoheit der Perser, wurde M. 334 von ALEXANDER D. GR. erobert. 133 v. Chr. mit Pergamon an Rom gekommen, erlebte M. in der Kaiserzeit eine neue Blüte. In frühchristl. Zeit besuchte der Apostel PAULUS die Stadt, die später Bischofssitz wurde. In spätantiker Zeit versandeten die Häfen, und M. hatte nur noch geringe

Milet: Übersichtskarte

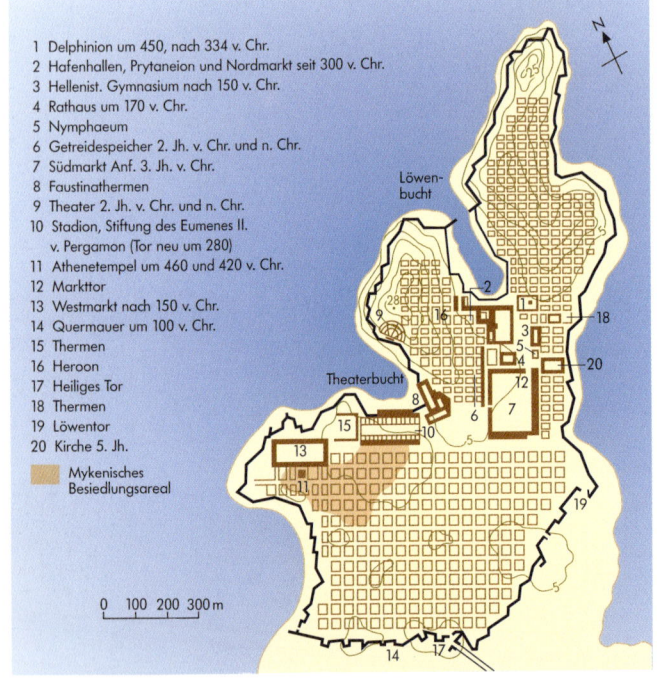

1 Delphinion um 450, nach 334 v. Chr.
2 Hafenhallen, Prytaneion und Nordmarkt seit 300 v. Chr.
3 Hellenist. Gymnasium nach 150 v. Chr.
4 Rathaus um 170 v. Chr.
5 Nymphaeum
6 Getreidespeicher 2. Jh. v. Chr. und n. Chr.
7 Südmarkt Anf. 3. Jh. v. Chr.
8 Faustinathermen
9 Theater 2. Jh. v. Chr. und n. Chr.
10 Stadion, Stiftung des Eumenes II. v. Pergamon (Tor neu um 280)
11 Athenetempel um 460 und 420 v. Chr.
12 Markttor
13 Westmarkt nach 150 v. Chr.
14 Quermauer um 100 v. Chr.
15 Thermen
16 Heroon
17 Heiliges Tor
18 Thermen
19 Löwentor
20 Kirche 5. Jh.

Mykenisches Besiedlungsareal

Bedeutung; im 12. Jh. gründeten die Seldschuken eine Niederlassung, auf dem Theaterhügel wurde ein byzantin. Kastell errichtet. Im 13. Jh. war der Ort als Sitz lokaler türk. Herren Handelsplatz (Reste einer Moschee von 1404); 1424 wurde das Gebiet endgültig von den Osmanen erobert.

Dt. Ausgrabungen seit 1899 klärten v. a. das hellenist. Stadtbild und stießen zunehmend auch in ältere Schichten vor. Hauptheiligtümer waren der Tempelbezirk des Apollon Delphinios an der tief einschneidenden ›Löwenbucht‹ (nach zwei aufgefundenen Löwenplastiken) und der des Athenetempels im W. Beide Bezirke zeigen dichte archaische und ältere Siedlungsbeweise unter der Bebauung des 5. Jh. v. Chr. Im Bereich des Athenetempels stießen die Ausgräber auf kleine mit Stuck versehene Häuser kret. Typs (16. Jh. v. Chr.). Unter dem Pronaos des klass. Athenetempels des 5. Jh. wurde ein Antentempel festgestellt (7. Jh. v. Chr., im 6. Jh. v. Chr. erneuert) und darunter ein Megaronbau des 14. Jh. v. Chr., der im 13./12. Jh. und noch in submyken. Zeit als Tempel diente. Reste einer spätmyken. Schalenmauer von 6 m Dicke (um 1300 v. Chr.) wurden gesichert (durch Anastylose). Aus dem 12. Jh. v. Chr. stammen auch hethit. Funde; die Keramikfunde stammen v. a. aus minoischer (16. Jh.), myken., protogeometr. und geometr. Zeit (9. und 8. Jh. v. Chr.). Die archaische Stadt (7./6. Jh.) bedeckte ein weites Areal. Die Stadt der hellenist. und röm. Epoche war von einer 5,5 km langen Mauer umgeben; sie besaß vier Häfen, war nach hippodam. System angelegt, hatte drei von Hallenbauten umgebene Marktplätze (Agora), mehrere Thermen, Gymnasion, Buleuterion (um 175–164), Nymphaeum (79/80), Tempel des Äskulap, Tempel des Königs EUMENES II. SOTER von Pergamon, der auch das Stadion errichten ließ (römisch verändert), sowie Tempel des Dionysos (Anfang 3. Jh. v. Chr.) und der Demeter (Mitte 3. Jh. v. Chr.?). Gut erhalten sind das unter NERO und TRAJAN völlig erneuerte Theater (30 000 Plätze) und die Thermenanlage der Kaiserin FAUSTINA D. J. Das unter HADRIAN errichtete zweistöckige Markttor von der 200 m × 164 m großen Südagora ist ein repräsentatives Werk hellenistisch-röm. Kunst (Berlin, Pergamonmuseum). M. war mit der nahe gelegenen griech. Orakelstätte in Didyma durch eine hl. Straße verbunden. – Einige der antiken Gebäude wurden im 5./6. Jh. durch christl. Kirchen überbaut: An der Stelle des Dionysostempels entstand eine Michaelskirche mit Palastkomplex (Bischofspalast), an der Stelle eines früher als Asklepieion gedeuteten späthellenist. Hofkomplexes nordöstlich der S-Agora die so genannte Große Kirche; außerdem Reste einer Rundkirche (5. Jh.) und einer Synagoge (1. Jh.).

M. Ergebnisse der Ausgrabungen u. Unters. ..., hg. v. T. WIEGAND u. a., 20 Tle. (1906–73); G. KLEINER: Die Ruinen von M. (1968); DERS.: Das röm. M. (1970); V. M. STROCKA: Das Markttor von M. (1981); M. 1899–1980. Ergebnisse, Probleme u. Perspektiven einer Ausgrabung, hg. v. W. MÜLLER-WIENER (1986); W. KOENIGS: Westtürkei. Von Troja bis Knidos (Neuausg. 1991).

Miletitsch, Miletič [-tʃ], Ljubomir, bulgar. Philologe, *Štip (bei Skopje) 1. 1. 1863, †Sofia 1. 6. 1937; einer der Begründer der Univ. Sofia (dort 1892–1934 Prof.), Vertreter der junggrammat. Schule (→Junggrammatiker), bedeutender Dialektforscher und Sprachhistoriker.

Milew, 1) Geo, eigtl. **Georgi M. Kassabow,** bulgar. Lyriker, *Radnewo (bei Stara Sagora) 15. 1. 1895, †(ermordet) Sofia kurz nach dem 15. 1. 1923; studierte im westl. Ausland, stand in Berlin dem Kreis um die linksexpressionist. Zeitschrift ›Aktion‹ nahe. Der bulgar. Septemberaufstand 1923 ließ ihn zum revolutionären Dichter des Proletariats werden (›Septemvrij‹, 1924; dt. ›September‹), der von bulgar. Faschisten verfolgt und verschleppt wurde.

Ausgaben: Săčinenija, 3 Bde. (1975–76); Tag des Zorns (1975, Gedichte, lyr. Prosa, Poeme; dt. Ausw.).

2) Iwan Lalew, bulgar. Maler, Grafiker und Bühnenbildner, * Kasanlak 19. 2. 1897, † Sofia 25. 1. 1927; studierte Szenographie an der Akad. der Künste in Sofia. Seine stark expressiven, dekorativen Werke (u. a. ›Drachenliebe‹, 1922) sind einerseits den byzantin. und mittelalterl. bulgar. Kunsttraditionen verbunden, andererseits stark von der Wiener Sezession und der russ. Künstlergruppe ›Mir Iskusstwa‹ beeinflusst.

Miley ['maɪlɪ], Bubber, eigtl. **James M.**, amerikan. Jazzmusiker (Kornett, Trompete), * Aiken (S.C.) 3. 4. 1903, † New York 20. 5. 1932; spielte u. a. 1925–29 bei DUKE ELLINGTON und gilt als Erfinder des →Growl.

Milford Haven ['mɪlfəd 'heɪvn], Hafenstadt im Verw.-Distrikt Pembrokeshire, SW-Wales, 13 200 Ew.; Fischereihafen, bedeutender Erdölhafen mit drei Großraffinerien.

Milford Sound ['mɪlfəd saʊnd], Hauptfjord (bis über 500 m tief) im ›Fjordland National Park‹ an der SW-Küste der Südinsel Neuseelands; üppige Vegetation (Jahresniederschläge über 6000 mm).

Milgram-Experiment ['mɪlgrəm-], von dem amerikan. Sozialpsychologen STANLEY MILGRAM (* 1933) Anfang der 1960er-Jahre an der New Yorker Univ. unternommener Versuch, die Beziehung zw. Autorität, Gehorsam und Aggression experimentell zu klären. MILGRAMS Versuchspersonen wurden aufgefordert, als ›Lehrer‹ den (vorgebl.) Lernprozess anderer Personen dadurch zu fördern, dass sie diesen für Fehlantworten zunehmend stärkere (im Höchstmaß lebensgefährl.) elektr. Stromstöße verabreichten; dabei wurden die Schmerzenslaute der ›Lernenden‹ simuliert (was den ›Lehrern‹ nicht bekannt war). Etwa zwei Drittel der Versuchspersonen ließ sich zur Verabreichung der ›Höchststrafe‹ bestimmen. Die hohe Gehorsamsbereitschaft wird von Verhaltensforschern als zum großen Teil stammesgeschichtlich erworbene Verhaltensdisposition erklärt. (→Gehorsam)

Milhaud [mi'jo], Darius, frz. Komponist, * Aix-en-Provence 4. 9. 1892, † Genf 22. 6. 1974; studierte am Pariser Conservatoire u. a. bei P. DUKAS, C.-M. WIDOR und V. D'INDY und hielt sich seit 1916 als Attaché des frz. Botschafters P. CLAUDEL in Rio de Janeiro auf. Nach Paris zurückgekehrt, schloss er sich der ›Groupe des Six‹ an. 1940 übernahm er eine Professur am Mills College in Oakland (Calif.); lehrte 1947–62 daneben (in jährl. Wechsel) am Pariser Conservatoire. M. verbindet Einflüsse des frz. Impressionismus (C. DEBUSSY) mit Eigenheiten der Tonsprache I. STRAWINSKYS und B. BARTÓKS, Elementen der Unterhaltungsmusik und des Jazz, jüdische Kultmusik sowie lateinamerikan. und afrikan. Musik. Charakteristisch für M.s Musik ist ihre Polytonalität. Das über 440 Nummern zählende Werk-Verz. von M. umfasst neben Bühnenwerken 12 Sinfonien (1939–61), sechs Kammersinfonien (1917–23), 19 Konzerte, Kammermusik, darunter 18 Streichquartette (1912–51), Klavierwerke, Chorwerke, Lieder, Schauspiel- und Filmmusik. M. veröffentlichte u. a. die Memoiren ›Notes sans musique‹ (1949; dt. ›Noten ohne Musik‹) und Autobiographie ›Ma vie heureuse‹ (1974).

Weitere Werke: *Opern:* La brebis égarée (1923); Les malheurs d'Orphée (1926); Le pauvre matelot (1927, nach J. COCTEAU); Opéras-minutes L'enlèvement d'Europe (1927), L'abandon d'Ariane (1928) und La délivrance de Thésée (1928); Christophe Colombe (1930, Operntriptychon nach P. CLAUDEL); David (1954); Fiesta (1958); La mère coupable (1966, nach P. BEAUMARCHAIS); Saint Louis, Roi de France (1972, Opernoratorium). – *Ballette:* Le bœuf sur le toit (1920); L'homme et son désir (1921); La création du monde (1923); Le train bleu (1924); Salade (1924); Les songes (1933); 'adame Miroir (1948); La rose des vents (1958).

H. MALCOMESS: Die opéras minute von D. M. (1993); E. SEIPP: Die Ballettwerke von D. M. (1996).

Miliarense [lat. miliarius ›tausend enthaltend‹], **Miliaresion**, spätröm. und byzantin. Silbermünze, eingeführt um 344 n. Chr., geprägt bis in das 11. Jh. 1000 M. sollten wertmäßig einem Goldpfund entsprechen.

Miliaria [zu lat. milium ›Hirse‹] *Pl.,* die →Frieseln.

Miliartuberkulose, durch massenhafte Ausbreitung von Tuberkelbakterien hervorgerufene generalisierte Tuberkulose. Die M. entwickelt sich bei eingeschränkter Abwehrlage des Organismus meist mehr oder weniger unmittelbar nach einer Erstinfektion durch Einschwemmung der Erreger über die im Bronchialbereich gelegenen Lymphknoten in die Blutbahn. Betroffen sind v. a. die Lunge (**pulmonale M.**), die Gehirnhaut (**meningitische M.**) in Form einer meist mit Lungenbeteiligung auftretenden Gehirnhauttuberkulose oder der Bauchraum (**typhoide M.**); auch Leber und Milz sind häufig beteiligt.

Die Allgemeinsymptome bestehen in starkem Krankheitsgefühl, Appetitlosigkeit und hohem Fieber; hinzu treten die jeweiligen organspezif. Erscheinungen. Meist sind keine Erreger in Auswurf und Magensaft nachweisbar; bei der pulmonalen M. können im Röntgenbild die stecknadelkopfgroßen Herde, von denen die Lunge übersät ist, festgestellt werden. Ohne spezif. *Behandlung* führt die M. meist in kurzer Zeit zum Tod.

Milid, späthethit. Fürstensitz, →Malatya.

Milieu [mi'ljø:; frz., aus ›mi-‹ ›mitten‹ und lieu ›Ort‹, ›Stelle‹, von lat. locus] *das, -s/-s,* **1)** *allg.:* Umfeld, Umgebung.

2) *Genetik:* **Gen-M.**, innerhalb des Genoms der modifizierende Einfluss der restl. Gene und der DNA-Topologie auf das einzelne Gen und seine Wirkung bei der Merkmalsausprägung.

3) *Soziologie:* die Gesamtheit der natürl., wirtschaftl., sozialen und kulturellen Gegebenheiten, die auf einen Menschen, eine Schicht oder eine soziale Gruppe einwirken. Das M. beeinflusst maßgeblich die Erfahrungen und damit zugleich die Art und Weise des Denkens, Wertens und Entscheidens. In Hinblick auf die gesellschaftl. Stellung des Einzelnen oder der Gruppe kann es privilegierend oder diskriminierend wirken.

Die **Milieutheorie (Environmentalismus)** vertritt die Auffassung, dass Entwicklung und Eigenart (bes. Intelligenz, Charakter, Verhalten) eines Menschen primär durch seine soziale Umwelt bestimmt wird und seinen Erbanlagen – ungeachtet der auch von den Milieutheoretikern anerkannten genet. Disposition des Menschen – im Prozess der Sozialisation eine sekundäre Bedeutung zukommt. Diese bes. im →Behaviorismus vertretene Theorie (**milieutheoretischer Optimismus**) wurde von der anthropol., psycholog. und soziologisch-empir. Forschung ebenso widerlegt wie die im Besonderen vom →Nativismus vertretene Auffassung, dass zumindest bestimmte Fähigkeiten und Vorstellungen angeboren seien (**milieutheoretischer Pessimismus**). Beide Theorien sind heute weithin zugunsten einer vermittelnden Theorie (→Konvergenztheorie) aufgegeben worden.

Die Auseinandersetzungen um M. und Vererbung waren oft von ideolog. Vorurteilen und -entscheidungen geprägt. Auswirkungen fanden sie u. a. in der Kriminologie (Problem der Täterverantwortlichkeit) und Pädagogik (Frage der Bildbarkeit des Menschen, des Einflusses von ›Begabungen‹). Nach einer stärkeren Betonung des M. in der neueren Zeit (z. T. unter neomarxist. Einfluss) brachte v. a. die Intelligenzforschung Belege für die Bedeutung der →Anlage. In der gegenwärtigen Aggressionsforschung werden beide Positionen vertreten (→Aggressivität).

Milieudrama [mi'ljø-], Bühnenwerk, in dem der Held nicht in ein selbst verschuldetes oder numinoses

Darius Milhaud

Miliarense aus der Zeit Theodosius' I. (Konstantinopel, Durchmesser 24 mm)

Vorderseite

Rückseite

Schicksal verwickelt wird, sondern in dem seine sozialen Bindungen, die Moralvorstellungen und Verhaltensnormen der Gesellschaft für sein Schicksal bestimmend wirken. (→Drama)

Militär [frz., zu lat. militaris ›den Kriegsdienst betreffend‹, zu miles ›Soldat‹] *das, -s,* bezeichnet – auch in Abgrenzung zu paramilitär. Verbänden und ›Privatarmeen‹ – v. a. die Gesamtheit der planvoll organisierten und bewaffneten Streitkräfte, daneben aber auch das einzelne Mitglied der militär. Organisation, ›der M.‹, womit i. d. R. der hohe Offizier gemeint ist.

Zu den Charakteristika des M. gehören neben Bewaffnung und Ausrüstung bestimmte Organisationsmerkmale wie die hierarchisch streng gegliederte Einteilung der Soldaten in Offiziere, Unteroffiziere und Mannschaften oder die Existenz einer eigenen M.-Verwaltung, ferner eine Reihe von diese Hierarchie festigenden Strukturelementen wie Befehl und Gehorsam, Disziplin und Drill, Uniformierung und Kasernierung und als Ergebnis der bewussten Trennung des militär. vom zivilen Leben auch eigene Rituale.

Bereits in den frühen Hochkulturen finden sich stehende Heere, und der Zusammenschluss von Männern zum Zweck der Kriegführung hat offenbar schon seit frühester Zeit stattgefunden. Die Entstehung des modernen M. der europ. Neuzeit begann in der Zeit KARLS VII. von Frankreich (Mitte 15. Jh.), da sich seit dieser Zeit anstelle der ›wehrfähigen Zivilen‹, der Angehörigen einer Kriegerkaste oder der fallweise angeworbenen Söldner der auf Dauer in Dienst genommenen Berufssoldaten etablierten. Bis Anfang des 18. Jh. hatten die europ. Fürsten mit der Durchsetzung des →Absolutismus die Macht und die finanziellen Mittel errungen, die Voraussetzung für Aufbau und Unterhalt eines modernen M. waren.

Die M.-Angehörigen wurden zu Staatsdienern mit enger personaler Bindung an den Souverän, deren Herausbildung als Gruppe und Selbstverständnis als Elite, geprägt bes. vom adligen Offizierskorps, erst zur Scheidung der Gesellschaft in ein militär. und ein ziviles Element führte. Dabei bildete das M. zunehmend auch eine der Existenzgrundlagen des Staates: Nach außen ermöglichte es Schutz vor Angreifern und eigene krieger. Expansion, nach innen sicherte es die polit. Herrschaft der staatstragenden Eliten gegen das Aufbegehren gesellschaftl. Kräfte. Mit der Einführung der allgemeinen Wehrpflicht im Zuge der Frz. Revolution wurde der Grundstein für die das 19. und 20. Jh. prägenden Massenarmeen gelegt, die zu einer beträchtl. Militarisierung auch der zivilen Teile der Gesellschaft führten; diese erreichte in Dtl. ihren Höhepunkt im Kaiserreich und, in einer pervertierten Form, in der Zeit des Nationalsozialismus.

Obgleich die techn. Entwicklung des M.-Wesens zu immer verheerenderen Folgen krieger. Auseinandersetzungen führte, wurde auch in der 2. Hälfte des 20. Jh. nicht auf M. und Rüstung verzichtet, wenngleich deren Sinn zunehmend als der →Abschreckung und damit der Kriegsverhinderung definiert wurde. Für einen solchen Zustand des Nichtkrieges (→Frieden), für dessen Wahrung ein militär. Gleichgewicht notwendig ist, ist neben der realen Bedrohung die Wirksamkeit von Feindbildern wichtig. Je nach deren Stärkung oder Schwächung schwanken der gesellschaftl. Stellenwert sowie die offensive oder defensive Ausrichtung des M. Die seit 1989/90 verstärkten Abrüstungsschritte, die völlig veränderte sicherheitspolit. Lage in Europa und die Ansätze einer gemeinsamen Außen- und Sicherheitspolitik innerhalb der Europ. Union führten in zahlr. Ländern zu Kürzungen der M.-Ausgaben. Gleichzeitig übernahm das M. mit humanitären Hilfsaktionen sowie mit friedensschaffenden und friedenserhaltenden Einsätzen v. a. im Rahmen der Vereinten Nationen neue Aufgaben.

Auch heute noch bildet das M. in zahlr. Staaten der Erde eine vom zivilen Teil der Gesellschaft deutlich geschiedene Gruppe, die aufgrund ihrer Struktur und ihrer Privilegien eine Sonderrolle spielt. Dies zeigt sich auch in der Vielzahl von M.-Regierungen v. a. in den Ländern der Dritten Welt. Daneben bietet das M. gerade dort häufig eine Möglichkeit des sozialen Aufstiegs für Menschen aus unterprivilegierten Gruppen und spielt eine wesentl. innenpolit. Rolle. Die M.-Apparate in zahlr. Entwicklungsländern, die nicht zuletzt durch Rüstungsimporte aufgebaut wurden, haben dort beträchtl. wirtschaftl. Belastungen bewirkt und sicherheitspolit. Instabilitäten bis hin zu (Stellvertreter-)Kriegen hervorgerufen.

Idealtypisch lassen sich u. a. folgende Leitbilder des Soldaten unterscheiden: 1) das des →Staatsbürgers in Uniform, 2) das technokratisch-funktionalist. Berufsbild, 3) das soldatisch-traditionalist. (Standes-)Bild, 4) das des völlig seiner Ideologie verpflichteten Soldaten und 5) das archaisch-martial. Klischee des Heldensoldaten. In demokratisch verfassten Staaten mit wehrrechtlich fundierten Armeen wie der Bundeswehr sind die drei zuletzt genannten Typen nur noch rudimentär anzutreffen. Dennoch kommen Verletzungen der Grundsätze des ›inneren Führung und des Ideals vom ›Staatsbürger in Uniform‹ in der Praxis des militär. Alltags vor. Neben dem ›Staatsbürger in Uniform‹ gewann aufgrund der waffentechnolog. Entwicklung zunehmend das technokratisch-funktionalist. Berufsbild an Boden. Mit diesem verbunden ist zwar einerseits die Zurückdrängung traditionell-militär. Verhaltensmuster, wie ›Befehl und Gehorsam‹, und die leichtere Wiedereingliederung der an moderner Technik geschulten M.-Angehörigen ins Zivilleben, andererseits jedoch auch die Gefahr, dass die ›Technokraten in Uniform‹, der Faszination ihrer Arbeit erliegend, durch Politiker missbraucht werden oder umgekehrt durch ihr Fachwissen die Entscheidungen der Politiker manipulieren und so das ›Primat der Politik vor dem Militärischen‹ aushöhlen. Dieser Gefahr, wie auch der Kriegsgefahr allgemein, könnte v. a. die Lösung der Bindung des M. an die Nationalstaaten und seine Einbindung in und Kontrolle durch ein supranat., defensiv ausgerichtetes Verteidigungsbündnis sowie das Bemühen um eine friedens- und sicherheitspolit. Gesamtkonzeption entgegenwirken (D. S. LUTZ). Wie das M. mit seiner sich ändernden sozialen Rolle umgeht, hängt in der Gegenwart u. a. davon ab, wie stark es auf Demokratie und Recht verpflichtet und in die zivile Gesellschaft eingebunden ist.

⇨ *Abrüstung · Heer · Krieg · militärisch-industrieller Komplex · Rüstung · Sicherheitspolitik · soziale Verteidigung · Wehrpflicht*

W. GRAF VON BAUDISSIN: Soldat für den Frieden (1969); M. HOWARD: Der Krieg in der europ. Gesch. (1981); H. MCNEILL: Krieg u. Macht (1984); E. KRIPPENDORFF: Staat u. Krieg (1985); Gemeinsame Sicherheit, hg. v. E. BAHR u. a., 6 Bde. (1986–91); W. R. VOGT: Berufsbilder des Soldaten im Widerstreit, in: S + F, Vjschr. für Sicherheit u. Frieden, Jg. 5 (1987), H. 2; A. ALBRECHT-HEIDE: Patriarchat, M. u. der moderne Nationalstaat, in: ami, Jg. 20 (1990), H. 6; Die Zukunft des M. in Industriegesellschaften, hg. v. W. KARL u. T. NIELEBOCK (1991); M. u. Gesellschaft im 19. u. 20. Jh., hg. v. U. FREVERT (1997).

Militär|adel, für militär. Verdienste verliehener, teils persönl., teils erbl. Adel; zählt zum Briefadel. Vor 1918 war im Dt. Reich die Verleihung des bayer. Militär-Max-Joseph-Ordens und des württemberg. Militärverdienstordens, in Österreich und Ungarn die des Maria-Theresien-Ordens mit dem persönl. Adel verbunden.

Militär|akademie, →Militärschulen.

Militär|archive, Einrichtungen, deren Aufgabe die Sicherung, Bewertung, Erschließung, Aufbewahrung und Auswertung militär. Registratur- und Archivgutes ist. In Dtl. besteht das eng mit dem →Militärgeschichtlichen Forschungsamt zusammenarbeitende, 1955 gegründete Bundesarchiv-Militärarchiv, das sowohl für die archivwürdige Überlieferung der Bundeswehr als auch für die Betreuung des Archivgutes der Wehrmacht, der Reichswehr und der preuß. Armee von 1867 bis 1920 zuständig ist. Das Archiv verlegte seinen Sitz 1967/68 von Koblenz nach Freiburg im Breisgau, wo es die Dokumentenzentrale des Militärgeschichtl. Forschungsamtes übernahm.

Für das Archivgut der preuß. Armee vor 1867 ist das Geheime Staatsarchiv Preuß. Kulturbesitz zuständig, das militär. Schriftgut des Dt. Bundes (1815–66) befindet sich in der Außenstelle Frankfurt am Main des Bundesarchivs.

In der DDR wurde 1964 das Dt. Militärarchiv in Potsdam gegründet (1972 in ›Militärarchiv der DDR‹ umbenannt), dessen Bestände seit der dt. Wiedervereinigung zum Bundesarchiv-Militärarchiv gehören (Aufbewahrungsort seit 1996 Freiburg im Breisgau).

Militär|ärztliche Akademie, 1934–45 die Hochschule für das militärärztl. Bildungswesen in Berlin; bis 1919 bestand die →Kaiser Wilhelm-Akademie.

Militär|attaché [-ataʃe], Offizier, der als Mitglied einer diplomat. Vertretung für militär. Fragen zuständig ist.

Militär|ausschuss, engl. **Military Committee** [ˈmɪlɪtəri kəˈmɪti], Abk. **MC** [emˈsiː], oberstes militär. Organ der →NATO.

Militärbischof, Amtstitel eines leitenden Geistlichen in der Militärseelsorge. In Dtl. wird der *ev*. M. vom Rat der Ev. Kirche in Dtl. ernannt; ihm obliegt die kirchl. Leitung des Ev. Kirchenamtes für die Bundeswehr. Zum *kath*. M. wird vom Hl. Stuhl einer der in Dtl. residierenden Diözesanbischöfe bestellt; ihm untersteht das kath. Militärbischofsamt.

militärgeographische Karten, themat. Karten für Zwecke der Landesverteidigung und Kriegführung, z. B. Karten der Geländeeignung für verschiedenartige und -schwere Fahrzeuge, der Bodenhindernisse (Steilhänge, Sümpfe, Seen), der Tragfähigkeit von Brücken, der Befestigungen und geeigneter Plätzen für Stellungsbau sowie Flieger-, Luftlande- und Schussfeldkarten, ferner wehrgeologische, wehrwirtschaftl. und Wehrverkehrskarten.

Militärgerichtsbarkeit, die durch die militär. Behörden oder besondere Militärgerichte ausgeübte Gerichtsbarkeit über Militärpersonen.

Die urspr. auch Zivilsachen umfassende M. wurde im 19. Jh. auf Strafsachen beschränkt und 1920 aufgehoben, außer für Kriegszeiten und an Bord der Kriegsschiffe (Art. 106 Weimarer Reichs-Verf.); seit 1933 bestand wieder eine M. für alle strafbaren Handlungen von Soldaten, auch solche nichtmilitär. Charakters (zum 20. 8. 1946 aufgehoben). In Dtl. besteht keine M. Nach Art. 96 GG ist jedoch die Einrichtung von **Wehrstrafgerichten** für die Streitkräfte zulässig. Gegenwärtig gilt, dass militär. Straftaten von den Strafgerichten der ordentl. Gerichtsbarkeit geahndet werden. Von der M. ist zudem die →Disziplinargerichtsbarkeit zu unterscheiden. – In der DDR wurden die Militärgerichte zum 15. 7. 1990 beseitigt.

In *Österreich* ist die M. aufgehoben (Art. 84 B-VG); militär. Straftaten werden von den ordentl. Gerichten geahndet. Zur *Schweiz* →Militärjustiz.

Militärgeschichte, 1) die Geschichte des Militärwesens (→Heer, →Kriegsmarine, →Luftkrieg).
2) früher **Kriegsgeschichte,** Teilgebiet der allgemeinen Geschichtswiss., befasst sich mit der Geschichte der bewaffneten Macht. Kriegsgeschichtsschreibung i. e. S. gab es bereits in der Antike (HERODOTS Darstellung der Perserkriege, THUKYDIDES' Geschichte des Peloponnes. Krieges, XENOPHONS ›Anabasis‹, CAESARS ›Gall. Krieg‹). Aus dem MA. sind außer Chroniken mit Kriegsnachrichten und Übersetzungen antiker Autoren kaum militärgeschichtl. Schriften bekannt. In der frühen Neuzeit griff man bei der Abfassung militärtheoret. Schriften und der Durchführung von Heeresreformen auf die antike Überlieferung zurück. Eine weitere Aufwertung erfuhr die Beschäftigung mit Militär- und Kriegsgeschichte mit dem Aufkommen der stehenden Heere und der zunehmenden Verwissenschaftlichung des Militärwesens im Zeitalter der Aufklärung (R. VON MONTECUCCOLI, MORITZ VON SACHSEN, FRIEDRICH D. GR.). Eine amtlich angeordnete Kriegsgeschichtsschreibung entfaltete sich in der 2. Hälfte des 18. Jh., im deutschen Sprachraum gab es sie seit 1779 in Österreich, seit 1806 in Bayern, seit 1816 in Preußen. Sie untersuchte und beschrieb im Wesentlichen – wie auch das an Militärschulen gelehrte Fach ›Kriegsgeschichte‹ – militärische Operationen.

Erst nach 1945 setzte sich in Dtl., v. a. geprägt durch das →Militärgeschichtliche Forschungsamt, allmählich die Vorgehensweise durch, die die militärgeschichtl. Darstellung unter einem analytisch-krit. Ansatz in Bezug zu anderen Bereichen wie Politik, Wirtschaft und Gesellschaft setzt. Dabei konnte an frühere ›zivile‹ Historiographen angeknüpft werden, so z. B. an MAX JÄHNS, der sich schon um 1880 aus der ›Generalstabsgeschichtsschreibung‹ gelöst hatte, sowie an H. DELBRÜCK und seine Schüler, die bis in die 1930er-Jahre des 20. Jh. eine breit angelegte ›M.‹ betrieben.

M. Probleme – Thesen – Wege, hg. v. M. MESSERSCHMIDT (1982); Heerwesen der Neuzeit, hg. v. G. ORTENBURG, 10 Tle. (1984–93); E. MOHR: Heeres- u. Truppengesch. des Dt. Reiches u. seiner Länder. 1806–1918. Eine Bibliogr. (1989); Grundzüge der dt. M., hg. v. K.-V. NEUGEBAUER, 2 Bde. (1993).

militärgeschichtliche Museen, früher **heeresgeschichtliche Museen, Heeresmuseen,** Museen mit Sammlungen zur Wehr- und Kriegsgeschichte eines Staates; oft hervorgegangen aus Arsenalen, Rüstkammern und Zeughäusern. Ausstellungsgegenstände sind Waffen aller Art, Fahnen, Uniformen, Orden und Ehrenzeichen, Dokumente, wehrtechn. Modelle und Schlachtdarstellungen u. a.; z. T. sind Fachbibliotheken angeschlossen. Bedeutende m. M. im dt.-sprachigen Raum sind u. a.: das Wehrgeschichtl. Museum in Rastatt (gegr. 1933), das Bayer. Armeemuseum (gegr. 1879 in München; wieder gegr. 1971 in Ingolstadt) sowie – zum →Militärgeschichtlichen Forschungsamt gehörend – das Militärhistor. Museum Dresden (gegr. 1972 als Armeemuseum der DDR; seit 1991 Leitmuseum der Bundeswehr), das Luftwaffenmuseum (gegr. 1957 in Appen bei Hamburg, mit Sitz in Berlin-Gatow seit 1995). In der *Schweiz* existiert die 1833 gegründete Waffen- und Uniformsammlung in Solothurn, in *Österreich* das 1891 gegründete Heeresgeschichtl. Museum in Wien. – Wichtige m. M. im außerdt. Sprachbereich sind u. a. das Imperial War Museum in London, das Musée de l'Armée in Paris und das belg. Militärmuseum in Brüssel.

Militärgeschichtliches Forschungs|amt, Abk. **MGFA,** Dienststelle im Geschäftsbereich des Bundes-Min. der Verteidigung; gegr. 1957, seit 1958 unter dem jetzigen Namen in Freiburg im Breisgau, seit 1994 in Potsdam. Das MGFA bearbeitet als geschichtswiss. Institut vornehmlich die dt. Militärgeschichte ab 1648 mit den Schwerpunkten Rolle der bewaffneten Macht in Staat und Gesellschaft, Führung und Einsatz von Streitkräften, Wehrrecht, -verwaltung, -technik und -wirtschaft. Wichtigste Vorhaben der Grundlagenforschung des MGFA sind Dt. Reich und Zweiter Weltkrieg, Militärgeschichte der BRD und der DDR, Geschichte der NATO. Neben der sich an den Prinzipien der modernen Disziplin Militärgeschichte orientierenden Forschung dient das eng mit dem Bundes-

Militärgeschichtliches Forschungsamt

Mili Militärgrenze – militärisch-industrieller Komplex

archiv-Militärarchiv zusammenarbeitende MGFA v. a. auch der historisch-polit. Information, Bildung und Ausbildung in der Bundeswehr.

Veröffentlichungen: Hb. zur dt. Militärgesch. 1648 bis 1939, hg. v. H. MEIER-WELCKER, 6 Bde. (1964–81); Das Dt. Reich u. der Zweite Weltkrieg, hg. vom Militärgeschichtl. Forschungsamt, 6 Bde. (1979–90); Anfänge westdt. Sicherheitspolitik. 1945–1956, hg. vom Militärgeschichtl. Forschungsamt, 4 Bde. (1982–97). – *Zeitschriften:* Militärgeschichtl. Mitteilungen (1967 ff.); Militärgesch. (N. F. 1991 ff., früher u. d. T. Europ. Wehrkunde).

Militärgrenze, Bez. für den Landstrich in Österreich und Ungarn (einschließlich Kroatiens), der im 16.–19. Jh. die Grenze zum Osman. Reich bildete **(österreichische M.)**; wurde aufgrund der ständigen Bedrohung durch die Osmanen, nach deren religiös begründetem Kriegsrecht kleinere Übergriffe ohne Artillerie nicht als Bruch des Friedens galten, im 16. Jh. mit wehrhaften Bauern besiedelt, zunächst v. a. mit kroat. und serb. Flüchtlingen aus türkisch besetzten Gebieten, später mit Flüchtlingen überwiegend mit griech.-orth. Religionszugehörigkeit. Bis Ende des 17. Jh. verlief die M. von der Adria bis zur Drau, nach Abschluss der Türkenkriege (1683–1739) wurde sie an die NW-Grenze Dalmatiens vorverlegt, der Save und Donau bis Orsova sowie dem Karpatenkamm bis zur Bukowina folgend. Die 1 750 km lange M. umfasste die **kroatische M.** (ab 1578), die **slawonische M.** (ab 1702), die **Banater** oder **ungarische M.** (ab 1742) und die **siebenbürgische M.** (ab 1764) mit einem eigenen, von den übrigen österr. Ländern verschiedenen Organisations- und Verfassungsstatut (direkt der habsburg. Monarchie unterstellt). Die Grenzer waren als Bauernsoldaten zum dauernden Waffendienst in ihren Grenzregimentern verpflichtet, dafür genossen sie größtenteils Abgabenfreiheit (in ›Militär-Kroatien‹ seit 1630). Die als Militärgrenzlehen vergebenen Höfe gingen 1850 in Eigentum über. 1849–66 bildeten die Bezirke der M. ein eigenes österr. Kronland, das dem Kriegsministerium unterstellt war. 1851 wurde die siebenbürg. M., 1872 die ungar. (Banater) M. aufgelöst und Ungarn angeschlossen; es folgten 1878 die kroat. M. und 1881 die slawon. M., die beide mit Kroatien-Slawonien vereinigt wurden. (→Krajina)

N. VON PRERADOVICH: Des Kaisers Grenzer. 300 Jahre Türkenabwehr (Wien 1970); E. VÖLKL u. a. Die österr. M. Gesch. u. Auswirkung (1982).

Militaria [zu lat. militaris ›soldatisch‹] *Pl.,* Bücher über das Militärwesen; Sammelobjekte aus dem militär. Bereich.

militärische Ausbildung, der Prozess der planmäßigen und zielgerichteten militär. Erziehung und Ausbildung, der darauf abzielt, sowohl den einzelnen Soldaten als auch Truppenteile jeder Größenordnung auf den Kampfeinsatz vorzubereiten.

In der Bundeswehr absolviert jeder Soldat die →Grundausbildung, an die sich die Vollausbildung im Stammtruppenteil als weiterführende m. A. anschließt. In der Vollausbildung wird die Einzelausbildung des Soldaten auf seine Hauptfunktion und ggf. auf eine Zweitfunktion hin fortgeführt, im Vordergrund steht hierbei die ›Gemeinschaftsausbildung‹ kleiner Kampfgemeinschaften. Die Ausbildung der Unteroffiziere und Offiziere wird nach der Grundausbildung jeweils in besonderen Lehrgängen in der Truppe, an den Unteroffiziers- und Offiziersschulen sowie den Schulen der versch. Truppengattungen durchgeführt, für Offiziere außerdem an den Universitäten der Bundeswehr. Die Reservistenausbildung findet als Fort- und Weiterbildung v. a. im Rahmen von Wehrübungen statt.

Militärische Lastenklasse, engl. **Military Load Class** [ˈmɪlɪtərɪ ˈləʊd ˈklɑːs], Abk. **MLC,** mit einer Zahl zw. 4 und 150 benannter Klassifizierungswert (keine Gewichtsangabe!) einerseits für die Tragfähigkeit von Brücken, Straßen und Fähren sowie andererseits für die Last, die ein Fahrzeug darstellt. Ein mit einem MLC-Schild gekennzeichnetes Objekt darf nur von Fahrzeugen mit gleicher oder niedrigerer MLC-Zahl befahren werden.

Militärischer Abschirmdienst, Abk. **MAD,** der militär. Geheimdienst der Bundesrepublik Dtl. Der MAD hat die Aufgabe, die Bundeswehr gegen Spionage, Sabotage und Zersetzung zu schützen sowie in Fragen der Sicherheit zu beraten. Er untersteht dem Bundes-Min. der Verteidigung. Zentrale ist das Amt für den MAD in Köln, dem bundesweit 14 MAD-Stellen nachgeordnet sind.

militärischer Fünfkampf, →Militärsport.

militärische Satelliten, Satelliten, die ausschließlich oder teilweise militär. Aufgaben haben: Beobachtung, Aufklärung, Überwachung, Frühwarnung (›Himmelsspione‹), Vermessung, Navigation, Kommunikation sowie Erkundung des globalen Wettergeschehens. Für Kampfaufträge sind →Antisatellitenwaffen vorgesehen.

Von der Aufgabenstellung her lassen sich außer den Antisatellitenwaffen sechs Arten von m. S. unterscheiden: 1) Fotoaufklärungssatelliten fotografieren militär. Anlagen aus 125–500 km Flughöhe und leiten die Bilder (bei ›Big Bird‹ mit einem Bodenauflösungsvermögen von 10 cm) an Bodenstationen weiter. 2) Elektron. Aufklärungssatelliten klären aus 200–850 km Flughöhe militär. Einrichtungen (u. a. Luftverteidigungsanlagen, Raketenstellungen) auf und überwachen sie, indem sie deren elektromagnet. Ausstrahlungen aufnehmen; z. T. auch mit hoch empfindl. Infrarotsensoren ausgerüstet, erkennen sie als ›Frühwarnstationen‹ in Sekundenschnelle startende Raketen an ihren heißen Verbrennungsgasen. 3) Vermessungssatelliten vermessen aus 1 000–5 000 km Flughöhe die Erdoberfläche mit Laserhöhenmessern punktgenau auf 10 cm; ihre Daten werden zur Zielspeicherung von ballist. Flugkörpern und Cruisemissiles verwendet. 4) Navigationssatelliten befinden sich i. d. R. auf semisynchronen Umlaufbahnen (etwa 18 000 km Flughöhe) und senden von dort auf zwei Frequenzen Signale aus, die mit Empfängerrechnern (manuell tragbare und größere Geräte) aufgefangen werden. Für die Errechnung einer zweidimensionalen Position ist der Empfang von drei Satelliten erforderlich, für diejenige einer dreidimensionalen Position müssen vier Satelliten ›in Sicht‹ sein. Mithilfe von Navigationssatelliten können Schiffe, Flugzeuge und einzelne Soldaten ihren Standort überall auf der Erde mit einer Genauigkeit von wenigen Metern bestimmen, bei Navstar-GPS z. B. mit einer Toleranz von 16–18 m SEP (Abk. für engl. **s**pherical **e**rror **p**robable). 5) Kommunikations- bzw. Nachrichtensatelliten stellen weltweit in Sekundenschnelle Fernmeldeverbindungen her; sie stehen in semisynchronen oder geostationären Umlaufbahnen und können von Letzteren aus ein Drittel der Erdoberfläche erfassen. 6) Wettersatelliten liefern die Grundlagen für die Wettervorhersagen militär. Dienststellen.

militärisches Gleichgewicht, Kernaspekt des polit. →Gleichgewichts zw. Staaten oder Staatengruppen; umfasst Fragen des konventionellen und atomaren Rüstungsstandes und spielt in der Sicherheits-, Rüstungs- und Abrüstungspolitik eine zentrale Rolle.

militärische Straftaten, im Wehrstrafgesetz aufgeführte strafbare Handlungen von Soldaten und militär. Vorgesetzten, die nicht Soldaten sind (→Wehrstrafrecht).

militärisch-industrieller Komplex, ein Geflecht industrieller, militär., wiss. und polit. Interessenverbindungen, das von den Parlamenten nicht kontrolliert wird oder aufgrund seines Verflechtungsgrades nicht mehr kontrolliert werden kann; es wird zu einem nicht legitimierten Machtzentrum im Staate. Der Be-

Militärische Lastenklasse:
MLC-Schilder vor einer Brücke, die bei einspurigem (in Klammern: zweispurigem) Verkehr von Radfahrzeugen bis MLC 150 (MLC 40) und von Kettenfahrzeugen bis MLC 70 (MLC 30) befahren werden darf

griff geht zurück auf C. W. MILLS (1956), wurde jedoch v. a. bekannt durch die Abschiedsrede des amerikan. Präs. D. D. EISENHOWER vom 17. 1. 1961, in der dieser vor einer ›für die amerikan. Erfahrung neuartigen Verbindung eines immensen Militärestablishments und einer riesigen Rüstungsindustrie‹ warnte.

In der Debatte über die Triebkräfte des Wettrüstens löste die Bez. m.-i. K. Anfang der 60er-Jahre den Begriff Militarismus als Erklärungsmuster ab und beherrschte die wissenschaftlich-polit. Diskussion über die Zusammenhänge von Politik, Wirtschaft und Militär. Konservative Kritiker in den USA sahen in ihrem Land die Entwicklung eines m.-i. K. bes. im Zusammenhang mit Interessenüberschneidungen zw. polit. Kontrolle und persönl. Gewinn. Liberale Beobachter beklagten den Verlust des Primats des Politischen und forderten seine Wiederherstellung. Radikaldemokrat. Analytiker sahen in den Strukturen des m.-i. K. Elemente der von P. A. BARAN und P. M. SWEEZY (1966) entwickelten Theorie des Monopolkapitals. Alle drei Positionen bewegen sich im Umfeld eines elitentheoret. Ansatzes, der auf das Konzept der ›power elite‹ von MILLS zurückgeht.

MANFRED G. SCHMIDT: Staatsapparat u. Rüstungspolitik in der Bundesrep. Dtl.: 1966–1973 (1975); C. W. MILLS: The power elite (Neuausg. New York 1981).

Militarismus der, -, um 1860 in Frankreich von den Kritikern NAPOLEONS III. geprägtes Schlagwort, später in den allgemeinen polit. Sprachgebrauch eingegangen, bezeichnet Denkweisen, die militär. Prinzipien zur ideolog. und ordnungspolit. Grundlage von Staat und Gesellschaft machen. Merkmale des M. sind Überbetonung der militär. Formen, Vorherrschaft des militär. Machtprinzips im öffentl. Leben, Ausbreitung militärisch-autoritärer Ordnungsformen (persönl. Gehorsam, Disziplin) im zivilen Bereich und ihre Einwirkung auf das Erziehungswesen, Verherrlichung des Krieges, Einordnung des Heeres als Erziehungsinstitution, Bevorzugung und elitäre Sonderstellung der militär. Führungsschicht, Sonderstellung des Militärhaushaltes (unverhältnismäßig hohe Rüstungsausgaben). In der Staatsführung erlangen militär. Erwägungen und Sicherheitsvorstellungen absoluten Vorrang. Der M. ist nicht daran gebunden, dass Offiziere und Generale in leitende Regierungsstellungen gelangen.

Geschichtliches: Liberale Kritiker Preußens in Dtl. griffen das Schlagwort auf, um die Sonderstellung des Militärwesens zu charakterisieren, die sich dort etwa seit dem In-Kraft-Treten des →Septennats entwickelt hatte. Der Vorwurf des M. wurde bes. gegen die preußisch-dt. Militär- und Staatsorganisation im Ersten Weltkrieg erhoben, die zeitweilig auch in polit. Hinsicht von der Obersten Heeresleitung (OHL) abhängig war. Nach 1918 entwickelten sich in Japan militaristisch orientierten Gruppen in der Armee, die seit etwa 1931 immer stärkeres Gewicht gewannen. Der Nationalsozialismus griff auf die militarist. Traditionen Dtl.s zurück. Im Zweiten Weltkrieg wurde die ›Befreiung des dt. Volkes von Nationalsozialismus und M.‹ (Potsdamer Protokoll von 1945) eines der Hauptziele der Alliierten.

Militarist. Traditionen haben seit 1945 an polit. Ausstrahlung verloren, die Technisierung der Kriegführung ließ aber das polit. Gewicht des militärisch-industriellen Komplexes zunehmen. In den USA führten bes. der Vietnamkrieg und seine Folgen zu einer ablehnenden Haltung gegenüber den Streitkräften. Im Zuge der Auflösung des Ost-West-Konfliktes sind die starken militär. Einflüsse im öffentl. Leben der ehem. kommunist. Staaten Mittel- und Osteuropas zurückgegangen.

G. RITTER: Staatskunst u. Kriegshandwerk. Das Problem des M. in Dtl., 4 Bde. (¹⁻⁴1964–73); A. HILLGRUBER: Großmachtpolitik u. M. im 20. Jh. (1974); M., hg. v. V. R. BERG-HAHN (1975); D. SENGHAAS: Rüstung u. M. (²1982); W. VON BREDOW: Moderner M. Analyse u. Kritik (1983); V. R. BERGHAHN: M. Die Gesch. einer internat. Debatte, (a. d. Engl., 1986); W. WETTE: M. u. Pazifismus (1991).

Militärjustiz, in der Schweiz Sondergerichtsbarkeit, die in Anwendung des Militärstrafgesetzbuches Straftaten von Militärpersonen, in Sonderfällen auch von Zivilpersonen beurteilt. Maßgeblich ist das Militärstrafgesetz (MStG) vom 13. 6. 1927 und der Militärstrafprozess (MStP) vom 23. 3. 1979. Erstinstanzlich urteilen Divisionsgerichte, zweitinstanzlich Militärappellationsgerichte, als letzte Instanz das Militärkassationsgericht. Alle Richter sind nebenamtlich tätig. Der jeweilige Präs. ist Militäroffizier, während die Richter – zwei Offiziere sowie zwei Unteroffiziere, Gefreite oder Soldaten – der jeweiligen Truppe entstammen.

Militärkabinett, in Preußen, dann im Dt. Reich bis 1918 dem Monarchen unmittelbar zugeordnete Behörde zur Bearbeitung von Personalangelegenheiten des Offizierskorps, darüber hinaus Vermittlungsstelle zw. der Krone und den Militärbehörden. Vorläufer des M. war die Generaladjutantur der preuß. Könige (18. Jh.), die 1809 in der Personalabteilung des neu geschaffenen preuß. Kriegsministeriums aufging. 1814 tauchte die Bez. M. erstmals offiziell auf. Nachdem es 1825 in eine selbstständige Abteilung umgewandelt worden war, erlangte das M. neben Kriegsministerium und Generalstab große Bedeutung. Im Ersten Weltkrieg verlor es jedoch zugunsten der Obersten Heeresleitung (OHL) wieder an Einfluss.

Militärmusik, Bez. für die gesamte im militär. Bereich verwendete Musik, umfasst Signal- und Kommandogaben in Fanfarenmelos (Trompete, Flügelhorn), die histor. Formen der Musik für Trompeter und Pauker sowie für Pfeifer und Trommler, die Musik der neuzeitl. Militärkapellen und das Soldatenlied. Marsch- und Signalmusik sind bereits um 1600 v. Chr. für das ägypt., ab 500 v. Chr. für das röm. Heer belegt. Durch die Kreuzzüge machten die Europäer Bekanntschaft mit der sarazen. Feldmusik. Dadurch fanden Trommel und Heerpauke Eingang in die mittelalterl. M. des Abendlandes. Während der Renaissance gingen die seit dem späten MA. üblichen gemischten Besetzungen (Schalmeien, Sackpfeifen, Trompeten, Trommeln) zurück. Der Instrumentengebrauch beschränkte sich auf Trompete und Pauke für die Signalmusik der Kavallerie (seit 1582; Reichszunft der Feldtrompeter und Pauker) und auf Pfeife und Trommel für die Signal- und Marschmusik der Fußtruppen. Seit 17. Jh. fand in den europ. Armeen eine Reorganisation der M. statt; sie fand ihren Ausdruck in der Nachahmung der →Janitscharenmusik, der Verstärkung und Umbesetzung der Militärkapellen (z. B. Ersatz der Pfeifen durch Oboen; daher die in Dtl. bis 1918 übl. Bez. ›Hautboisten‹ für Militärmusiker), in der Öffnung hin zur Kunstmusik (Repertoireübernahme; Streichinstrumente als Zweitinstrumente) und zu repräsentativen Aufgaben außerhalb des eigentl. militär. Bereichs (Platzkonzerte u. Ä.). Wesentl. Impulse gingen um 1800 von der frz. Revolutionsmusik aus. Infolge dieser Entwicklung erlangten die Militärkapellen im Laufe des 19. Jh. (Reform der preuß. M. 1843 durch W. WIEPRECHT; u. a. auch Zusammenstellung des Großen Zapfenstreiches) eine herausragende Bedeutung für die Ausbildung des musikal. Geschmacks. Die zahlr. Freiluftkonzerte boten weiten Teilen der Bev. Gelegenheit, neben der traditionellen Marschmusik (→Marsch) erstmals auch Werke der Kunstmusik, wenn auch in Bearbeitungen zu hören. – Aus dem 19. Jh. datiert die Festlegung der Harmoniemusik für die Infanterie, eine reine Blechbesetzung für Kavallerie und Artillerie (Trompeten) sowie Jäger (Waldhorn), wogegen seit 1935 die Fliegertruppe auch

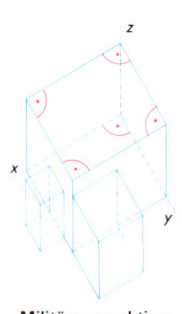

Mili Militärperspektive – Militärseelsorge

das Saxophon übernahm (seit 1845 bereits in der frz. M.). – Während im 19. Jh. viele namhafte Komponisten M.-Originalwerke schrieben oder Bearbeitungen ihrer Werke ausdrücklich autorisierten (u. a. R. WAGNER, G. MEYERBEER, R. STRAUSS, N. RIMSKIJ-KORSAKOW), verflachte das Niveau gegen Ende des Jahrhunderts. Im 20. Jh. wurde diese Tradition gelegentlich wieder aufgenommen (u. a. S. PROKOFIEW, P. HINDEMITH, B. BLACHER).

J. E. ALTENBURG: Versuch einer Anleitung zur heroischmusikal. Trompeter- u. Pauker-Kunst (1795, Nachdr. Leipzig 1972); M. CHOP: Gesch. der dt. M. (1926); J. ECKHARDT: Zivil- u. Militärmusiker im Wilhelmin. Reich (1978); E. RAMEIS: Die österr. M. von ihren Anfängen bis zum Jahre 1918 (²1978); REINHOLD MÜLLER u. M. LACHMANN: Spielmann, Trompeter, Hoboist. Aus der Gesch. der dt. Militärmusiker (Berlin-Ost 1988).

Militärperspektive

Militärperspektive, *darstellende Geometrie:* ein Verfahren der schiefen Parallelprojektion, bei der das Bild der Grundfläche des abgebildeten Körpers dem Original kongruent ist und bei der alle vertikalen Linien wieder als Vertikale in wahrer Länge abgebildet werden.

Militärpflicht|ersatz, in der Schweiz eine Abgabe, die von den militärpflichtigen Schweizer Bürgern zu entrichten ist, die im Erhebungsjahr ihre Wehrpflicht nicht oder nur teilweise durch persönl. Dienstleistung erfüllen. M.-Pflichtige entrichten eine Ersatzabgabe in Höhe von (seit 1995) 2% des Einkommens, mindestens aber 150 sfr. Das Aufkommen des M. betrug 1996 153,4 Mio. sfr. Der M. wurde zum 1. 1. 1997 umbenannt in **Wehrpflichtersatz.**

Militärrecht, →Wehrrecht.

Militärregierung. 1) die in einem besetzten Gebiet von der Besatzungsmacht eingesetzte oberste militär. Behörde zur Wahrnehmung hoheitl. Befugnis und Ausübung der Staatsgewalt. Die M. unterstellt sich die zivile Verwaltung des besetzten Gebietes oder setzt ganz oder teilweise eine aus Angehörigen ihrer Streitkräfte bestehende Militärverwaltung ein.

Gemäß der Haager Landkriegsordnung (1907) soll die von der Besatzungsmacht eingerichtete M. das öffentl. Leben wiederherstellen und aufrechterhalten, und zwar, soweit kein zwingendes Hindernis besteht, unter Beachtung der Landesgesetze. Darüber hinaus erlegen die Genfer Konventionen (→Genfer Vereinbarungen 1) den M. bestimmte Verpflichtungen auf. – Die natsoz. Diktatur instrumentalisierte während des Zweiten Weltkriegs dt. M. in den von der Wehrmacht besetzten Gebieten Europas im Sinne rass. und polit. Verfolgung. Mit dem Ziel einer grundlegenden Demokratisierung Dtl.s und der demokrat. Erneuerung Österreichs richteten die Siegermächte des Zweiten Weltkriegs in ihren Besatzungszonen M. ein. Im besiegten Japan setzten die USA eine M. mit weit reichenden Verf.-Vollmachten ein.

2) eine aus Militärpersonen (meist Offizieren) gebildete Regierung, oft nach einem Militärputsch, regiert vielfach diktatorisch.

Militärschulen, Einrichtungen zur Aus- und Weiterbildung des militär. Führungspersonals, militär. Spezialisten sowie der Beamten der Militärverwaltung. In *Dtl.* findet die Ausbildung der zivilen Mitarbeiter der Streitkräfte in Ausbildungseinrichtungen der Wehrverwaltung statt (z. B. Bundesakademie für Wehrverwaltung und Wehrtechnik in Mannheim), die der Soldaten in den →Schulen der Bundeswehr.

Je nach Charakter und Anspruch werden M. als ›Schulen‹ oder als ›Akademien/Hochschulen‹ bezeichnet. Neben den zentralen Ausbildungseinrichtungen der Truppengattungen (z. B. Artillerie- oder Fernmeldeschulen) und den **Unteroffiziersschulen** sind Kriegsschulen und Akademien von besonderer Bedeutung.

Kriegsschulen sind Ausbildungsstätten für Offizieranwärter, die heute in Dtl. als **Offiziersschulen** bezeichnet werden. In *Preußen* wurden 1810 auf Anregung G. VON SCHARNHORSTS drei Kriegsschulen eingerichtet; 1816 traten an deren Stelle 17 Brigade- bzw. Divisionsschulen. 1858 faßte man diese wiederum zu drei Divisionsschulen zusammen, ein Jahr später erfolgte deren Umbenennung in Kriegsschulen. *Bayern* verfügte seit 1859 über eine eigene Kriegsschule. Im *Dt. Reich* mussten seit 1871 alle Offiziersbewerber des Heeres (außer den bayerischen) eine preuß. Kriegsschule besuchen. Die Ausbildung der Offizieranwärter der Marine erfolgte seit 1910 an der Marineschule Mürwik. Zur Ausbildung der Offizieranwärter der Reichswehr wurden 1920 anstelle der alten Kriegsschulen ›Waffenschulen‹ der wichtigsten Truppengattungen eingerichtet. 1935 eröffnete man neben den weiter bestehenden Waffenschulen vier Kriegsschulen (Dresden, Potsdam, Hannover, München), die jedoch mit Beginn des Zweiten Weltkriegs wieder aufgelöst wurden. Die Luftwaffe unterhielt zw. 1936 und 1945 eigene Luftkriegsschulen.

In *Österreich* werden Offizieranwärter an der traditionsreichen ›Theresian. Militärakademie‹ in Wiener Neustadt (gegr. 1752 durch MARIA THERESIA) ausgebildet. In der *Schweiz* besteht neben anderen Schulen die ›Militärwiss. Abteilung‹ an der Eidgenöss. TH in Zürich für die Vorbereitung der Instruktionsoffiziere. In *Großbritannien* gibt es die Kriegsschule in Sandhurst, in *Frankreich* die ›École Polytechnique‹ in Paris für Artilleristen und Pioniere sowie die ›École spéciale militaire de Saint-Cyr‹ bei Paris für das übrige Heer, in den *USA* West Point, N. Y. (Heer), Randolph Field, Tex. (Luftwaffe) und Annapolis, Md. (Marine), in *Russland* Offizier- und Militärhochschulen der Teilstreitkräfte bzw. der Waffengattungen.

Akademien sind Ausbildungsstätten zur weiteren Qualifizierung von Offizieren, v. a. zur Vorbereitung auf den Generalstabsdienst. In *Preußen* wurde 1810 auf Anregung SCHARNHORSTS die ›Allgemeine Kriegsschule‹ in Berlin errichtet, die Umbenennung in Kriegsakademie erfolgte 1859. Seit 1867 gab es eine bayer. Kriegsakademie in München. Beide Lehranstalten wurden 1919 aufgelöst, die Berliner 1935 wieder eröffnet. Neben der Kriegsakademie des Heeres bestanden seit 1935 die Luftkriegs- und die Lufttechn. Akademie (mit Unterbrechungen bis 1945), ebenfalls in Berlin. Die (dt.) Marineakademie existierte 1872 bis 1919 und 1935–45 (bis 1939 in Kiel, nach Unterbrechung des Ausbildungsbetriebes ab 1943 in Berlin und Bad Homburg), an ihr wurden Marineoffiziere für den Admiralstabsdienst ausgebildet.

Kriegsakademien des Heeres sind z. B. in *Großbritannien* das ›Army Staff College‹, in *Frankreich* die ›École supérieure de guerre‹, in den *USA* das ›Command and General Staff College‹.

Nach dem Ersten Weltkrieg wurden in einigen Ländern als höchste militär. Lehr- und Bildungseinrichtungen ›teilstreitkraftübergreifende‹ M. eingerichtet, an denen höhere Offiziere mit Fragen der Gesamtkriegführung vertraut gemacht wurden. Beispiele hierfür sind die Wehrmachtakademie (1935–38), in *Großbritannien* das ›Royal College of Defence Studies‹, in *Frankreich* das ›Centre des Hautes Études Militaires‹, in den *USA* die ›National Defense University‹. Die *NATO* unterhält das ›Defense College‹ in Rom, das der gemeinsamen Weiterbildung von Beamten und Offizieren der höheren Führungsebene dient. In *Dtl.* besteht als höchste Aus-, Fort- und Weiterbildungseinrichtung der Streitkräfte die Führungsakademie der Bundeswehr in Hamburg. An ihr werden die Stabsoffiziere teilstreitkraftübergreifend in Grund-, Verwendungs- und Funktionslehrgängen auf ihre Verwendung im In- und Ausland vorbereitet.

Militärseelsorge, die auf die besonderen Bedingungen des Militärs bezogene geistl. und seelsorgerl.

Betreuung von Militärangehörigen. In der *Bundesrepublik Dtl.* erfolgt die Organisation der M. unter Leitung eines kath. und eines ev. →Militärbischofs durch das Kath. Militär-Bischofsamt und das Ev. Kirchenamt für die Bundeswehr (beide 1957 gegr.). Die hauptamtl. Militärgeistlichen werden i. d. R. für 6-12 Jahre dafür freigestellt (Beamte auf Zeit). Rechtsgrundlagen der M. sind für die kath. Kirche das Reichskonkordat von 1933 und die Statuten für die Seelsorge in der dt. Bundeswehr von 1989, die die Statuten von 1965 seit dem 1. 1. 1990 ablösen; für die ev. Kirchen der Vertrag der Bundesrepublik Dtl. mit der EKD von 1957. – Die ev. Kirchen in den neuen Ländern hielten nach ihrer Rückkehr in die EKD (1991) an dem in der DDR praktizierten Seelsorgemodell fest, in dessen Rahmen die geistl. Betreuung von Militärangehörigen, wenn diese eine solche wünschten, durch die Gemeindepfarrer in den Militärstandorten erfolgte. Seit 1996 bildet eine zw. dem Bundesministerium der Verteidigung und der Ev. Kirche in Dtl. (EKD) geschlossene Rahmenvereinbarung die Grundlage der ev. M. in den neuen Ländern. Nach der bis zum Jahr 2003 befristeten Vereinbarung bleiben die in der Regel hauptamtl. Soldatenseelsorger Kirchenbeamte, ihre Bezahlung erfolgt jedoch aus dem Bundeshaushalt.

Grundlage der M. in *Österreich* bildet staatlicherseits der Erlass des Bundesministers für Landesverteidigung vom 20. 4. 1970. Die kath. M. erfolgt unter Leitung eines Militärbischofs und ist in Art. VIII des Konkordats von 1933 geregelt. Die M. in der *Schweiz* erfolgt in Verantwortung der Kirchen. Die Feldprediger üben ihr Amt im Rahmen ihrer ordentl. Wehrpflicht aus, bekleiden den Rang eines Hauptmanns und werden auf kirchl. Empfehlung hin vom Bundesrat ernannt.

Geschichte: Schon im MA. und in der Landsknechtszeit zogen Feldgeistliche in den Heeren mit. Neben ihren geistl. Funktionen (Feier der Messe, Spendung der Sakramente) waren sie meist auch Berater der Heerführer. Seit der Reformation entsprach die Konfession der Feldgeistlichen der der Landesfürsten. Mit der Aufstellung stehender Heere wurde die M. institutionalisiert, in Dtl. erstmals in Brandenburg-Preußen.

I. BARTH: M. in der Bundesrep. Dtl. (1987); J. GÜSGEN: Die kath. M. in Dtl. zw. 1920 u. 1945 (1989); Warten in Geduld. Momentaufnahmen, hg. v. P. H. PLASCHKE (1991); M. BOCK: Religion im Militär. Soldatenseelsorge im internat. Vergleich (Neuausg. 1994).

Militärsoziologie, Teilbereich der Soziologie, während des Zweiten Weltkriegs u. a. von SAMUEL ANDREW STOUFFER (* 1900, † 1960) und MORRIS JANOWITZ (* 1919) in den USA entwickelt. Forschungsgegenstand ist – organisationssoziologisch gesehen – das Militär als eine im Vergleich zu anderen Organisationen der Gesellschaft ›totale Institution‹ mit extremen Belastungssituationen für seine Mitgl.; die M. bezieht dabei die besonderen Konflikte zw. dem Organisationsziel des Militärs und den individuellen Bedürfnissen seiner Mitgl. in die Untersuchungen ein. Im Einzelnen richtet die M. ihre Aufmerksamkeit u. a. auf die Prozesse sozialer Integration und Desintegration unter den versch. Gruppen und Rängen der Truppe, die formalen und informellen Gruppenbeziehungen, den Einfluss von Autoritätsstrukturen und Disziplin auf die militär. Funktionsfähigkeit in Krieg und Frieden, das soziale Prestige des Militärs und seiner Angehörigen gegenüber der zivilen Gesellschaft, den Einfluss der militär. Machtstrukturen auf die Entscheidungen im polit. Raum (z. B. bei Putschen oder Staatsstreichen).

The American soldier, bearb. v. S. A. STOUFFER (Neuausg. New York 1965, Nachdr. Manhattan, Kans., 1977); M. JANOWITZ: Militär u. Gesellschaft (a. d. Amerikan., 1965); Beitr. zur M., hg. v. R. KÖNIG (1968); P. KLEIN u. E. LIPPERT: Militär u. Gesellschaft. Bibliogr. zur M. (1979); Wie integriert ist die Bundeswehr?, hg. v. R. ZOLL (1979); Streitkräfte im gesellschaftl. Wandel, hg. v. KARL-E. SCHULZ (1980); H. P. BAHRDT: Die Gesellschaft u. ihre Soldaten. Zur Soziologie des Militärs (1987).

Militärsport, i. w. S. der gesamte beim Militär betriebene Breitensport, i. e. S. Bez. für spezielle sportl. Disziplinen, die militär. Charakter tragen (z. B. Biathlon, Fallschirmspringen, Fechten, aeronaut. Fünfkampf, maritimer Fünfkampf, moderner Fünfkampf, Orientierungslauf, Patrouillenlauf, Schießen). Die bekannteste Disziplin ist der **militärische Fünfkampf**, der aus Schießen, 50-m-Hindernisschwimmen, 500-m-Hindernislauf, Handgranatenweit- und -zielwerfen sowie 8 000 m-Geländelauf besteht. – *Wettbewerbe, Organisationen:* Jährlich werden CISM-Weltmeisterschaften (25 Sportarten: 20 olympisch, 5 militärisch) sowie weitere kontinentale und regionale Meisterschaften veranstaltet, außerdem seit 1995 alle vier Jahre die Military World Games. – In Dtl. existiert zwar kein eigener M.-Verband, aber die Bundeswehr ist Mitgl. des CISM. In Österreich besteht der Österr. Heeressportverband (ÖHSV; gegr. 1967, Sitz: Wien) und in der Schweiz die Sektion außerdienstl. Ausbildung und M. des Heeres (gegr. 1979, Sitz: Bern). Internat. Dachverband ist der Conseil International du Sport Militaire (CISM; gegr. 1948, Sitz: Brüssel).

Militärverdienst|orden, Orden für militär. Verdienste in Friedens- und Kriegszeiten oder nur in Kriegs- oder nur in Friedenszeiten. Orden mit der Bez. M. im Namen sind nur für Offiziere.

Militärverwaltung, 1) die Gesamtheit der zivilen Dienststellen einer Streitkraft (Kassen- und Wirtschaftswesen, Verpflegung, Bekleidung, Ausrüstung, Unterbringung).

2) Bez. für die vom Militär durchgeführte Verwaltung besetzter Gebiete.

Militärwissenschaften, die →Wehrwissenschaften.

Military ['mɪlɪtərɪ; engl. ›Militär‹] *die, -/-s, Pferdesport:* frühere Bez. für die Vielseitigkeitsprüfung (→Vielseitigkeit).

Military Police ['mɪlɪtərɪ pə'li:s], Abk. **M. P.** [em'pi:], die amerikan. und engl. Militärpolizei.

Militsch, Johannes, tschech. Reformprediger, →Johannes, J. Militsch.

Milium [lat. ›Hirse‹] *das, -s/...li|en,* **1)** *Botanik:* wiss. Name der Süßgrasgattung →Flattergras.

2) *Medizin:* der →Hautgrieß.

Miliz [lat. militia ›Gesamtheit der Soldaten‹, ›Kriegsdienst‹, zu lat. miles ›Soldat‹] *die, -/-en,* urspr. (17./18. Jh.) svw. Heer, im 19. Jh. Bez. für Bürger- oder Volksheer im Ggs. zum stehenden Heer. Im 20. Jh. Bez. einerseits für Polizei und paramilitär. Verbände, andererseits für eine besondere Organisationsform v. a. der Landstreitkräfte (M.-Heer), die gekennzeichnet ist durch einen im Frieden geringen Präsenzgrad der Truppen sowie durch einen sehr kurzen ›Grundwehrdienst‹ (nur zum Zweck einer ersten Grundausbildung) und zahlreiche auf diesen aufbauende Wehrübungen. Eine Armee kann fast vollständig (wie in der Schweiz) nach dem M.-Prinzip aufgebaut sein. Andererseits können stehende Armeen durch milizartige Elemente ergänzt werden (z. B. in Großbritannien und den USA). Die Rekrutierung der ›Milizionäre‹ kann auf der Grundlage der Wehrpflicht erfolgen (wie in der Schweiz), ist aber auch auf freiwilliger Basis (mehrjährige Verpflichtungszeit wie in der Nationalgarde in den USA) möglich.

Milizparlament, Bez. für ein Parlament, dessen Abg. nur nebenamtlich tätig sind und das nur in kurzen Sessionen zusammentritt; z. B. die Schweizer Bundesversammlung.

Miljukow, Pawel Nikolajewitsch, russ. Historiker und Politiker, *Moskau 27. 1. 1859, †Aix-les-Bains 31. 3. 1943; lebte 1897–1905 meist im Ausland (Prof. in Sofia); Mitgründer und (ab 1907) Vors. der Partei der →Kadetten, Mitgl. der dritten und vierten Reichsduma. Als Außen-Min. der Provisor. Regierung (März bis Mai 1917) vertrat M. die imperialistischen russ. Kriegsziele und die Forderung nach einer Fortsetzung des Krieges an der Seite der Ententemächte. Nach der Oktoberrevolution unterstützte er in S-Rußland die weißgardist. Streitkräfte. 1920 emigrierte er nach London, 1921 ging er nach Paris und war dort als führender Kopf der Liberalen in seiner Tageszeitung ›Poslednije Nowosti‹ publizistisch tätig.

Werke: Očerki po istorii russkoj kul'tury, 3 Bde. (1896–1903; dt. Skizzen Russ. Kulturgesch.); Istorija vtoroj russkoj revoljucii, 3 Bde. (1921–23; dt. Gesch. der zweiten russ. Revolution); Vospominanija. 1859–1917, 2 Bde. (hg. 1955; engl. Teilübers.: Political memoirs 1905–1917).

T. RIHA: A Russian European. Paul Miliukov in Russian politics (Notre Dame, Ind., 1969).

Milkau, Fritz, eigtl. **Karl-Friedrich M.,** Bibliothekar, *Lötzen 28. 9. 1859, †Berlin 23. 1. 1934; 1921–25 Generaldirektor der Preuß. Staatsbibliothek Berlin. Seit 1897 organisierte M. die Herausgabe des Preuß. (später Dt.) Gesamtkatalogs und war damit maßgeblich an der Entstehung der Regeln für alphabet. Kataloge (›Preuß. Instruktionen‹) beteiligt. Zahlreiche bibliothekswiss. Veröffentlichungen, Herausgeber und Mitarbeiter der ersten beiden Bände des ›Handbuchs der Bibliothekswiss.‹ (1931–33; 3. Bd. 1940).

Mill, 1) James, brit. Philosoph, Historiker und Volkswirtschaftler, *Northwaterbridge (Tayside Region) 6. 4. 1773, †Kensington (heute zu London) 23. 6. 1836, Vater von 2); war zunächst Prediger, dann Journalist. Seine ›History of British India‹ (1817, 3 Bde.; dt. ›Geschichte des brit. Indien‹) wurde histor. Standardwerk. Im Zusammenwirken mit J. BENTHAM (ab 1808) war M. neben diesem und seinem Sohn Hauptvertreter des (engl.) Utilitarismus, dem er erkenntnistheoretisch eine Assoziationspsychologie in der Nachfolge von D. HUME und D. HARTLEY zuordnete. Er war politisch Wortführer der ›Radikalen‹ (Liberalen) und förderte damit die allgemeine Anerkennung der Menschenrechte. In seiner Theorie der Volkswirtschaft zeigt sich M. v. a. von A. SMITH und D. RICARDO beeinflusst.

Weitere Werke: Elements of political economy (1821; dt. Elemente der Nationalökonomie); Analysis of the phenomena of the human mind, 2 Bde. (1829); The principles of toleration (hg. 1837).

2) John Stuart, brit. Philosoph und Volkswirtschaftler, *London 20. 5. 1806, †Avignon 8. 5. 1873, Sohn von 1); Vertreter des ›älteren Positivismus‹. M. erhielt durch seinen Vater eine umfassende und ungewöhnlich gründl. Ausbildung; wichtige Orientierungen bildeten A. COMTE und D. RICARDO. 1823–58 war er (zuletzt leitend) für die Ostind. Kompanie tätig; 1856–68 Mitgl. des Unterhauses. – Philosophisch sind hauptsächlich seine Beiträge zur Logik und Ethik von Interesse. In seinem Buch ›A system of logic, ratiocinative and inductive‹ (1843, 2 Bde.; dt. ›System der deduktiven und induktiven Logik‹) entwirft er eine allgemeine Methodologie der Wiss.en mit dem Ziel, die ältere Logik so auszubauen, dass sie auch auf Politik und Soziologie anwendbar wird und dort zu ebenso exakten Voraussagen führt, wie sie I. NEWTONS Theorie für die Physik ermöglichte. Diesem Ziel dient die Entwicklung der induktiven Logik, der Lehre von den richtigen Verallgemeinerungen aus genauen, partikularen Analysen. – M.s Ethik, der →Utilitarismus, misst den moral. Wert einer Handlung an ihren Folgen. Mit seinem nationalökonom. Standardwerk ›Principles of political economy with some of their applications to social philosophy‹ (1848, 2 Bde.; dt. ›Grundsätze der polit. Oekonomie, nebst einigen Anwendungen auf die Gesellschaftswiss.‹), in dem er – anknüpfend an A. SMITH – die Ökonomie als Teil einer umfassenderen Sozialphilosophie betrachtet, gilt er (teilweise) als letzter Vertreter der klass. Nationalökonomie.

Ausgaben: Collected works of John Stuart Mill, hg. v. J. M. ROBSON, 33 Bde. (1963–91, Nachdr. 1996). – Ges. Werke, hg. v. T. GOMPERZ, 12 Bde. (1869–80, Nachdr. 1968).

B. MAZLISH: James and J. S. M. Father and son in the 19th century (New York 1975, Nachdr. New Brunswick, N. J., 1988); L. K. SOSOE: Naturalismuskritik u. Autonomie der Ethik. Studien zu G. E. Moore u. J. S. M. (1988); P. HAUER: Leitbilder der Gerechtigkeit in den marktwirtschaftl. Konzeptionen von Adam Smith, J. S. M. u. Alfred Müller-Armack (1991); J.-C. WOLF: J. S. M.s ›Utilitarismus‹ (1992).

Millefioriglas: Krug mit Henkel aus Klarglas und silbernem Deckel; um 1600 (Halle [Saale], Staatliche Galerie Moritzburg)

Millais [mɪˈleɪ], Sir (seit 1885) **John Everett,** brit. Maler, *Southampton 8. 6. 1829, †London 13. 8. 1896; Mitbegründer der Bruderschaft der →Präraffaeliten. Er malte zunächst literar. Sujets und religiöse Szenen (›Lorenzo und Isabella‹, 1848–49, Liverpool, Walker Art Gallery; ›Christus im Hause seiner Eltern‹, 1849–50, London, Tate Gallery). In den 1850er-Jahren wandte er sich in zum Sentimentalen neigenden Genrebildern zeitgenöss. Motiven zu (›Die Rettung‹, 1855; Melbourne, National Gallery of Victoria); er schuf auch vorzügliche Porträts und Landschaftsbilder sowie Illustrationen.

Sir J. E. M., bearb. v. G. MILLAIS (London 1979); M. WARNER: The drawings of J. E. M., Ausst.-Kat. (ebd. 1979); Die Präraffaeliten, bearb. v. P. BETTHAUSEN (Berlin-Ost 1989).

Millar [ˈmɪlə], **Margaret,** amerikan. Schriftstellerin kanad. Herkunft, *Kitchener (Ontario) 5. 2. 1915, †Santa Barbara (Calif.) 26. 3. 1994; studierte u. a. Psychiatrie in Toronto; seit 1938 ⚭ mit KENNETH M. (Pseud: Ross →Macdonald); schrieb erfolgreiche psycholog. Kriminalromane.

Werke: Do evil in return (1950; dt. Wie du mir); Beast in view (1955; dt. Liebe Mutter, es geht mir gut); A stranger in my grave (1960; dt. Ein Fremder liegt in meinem Grab); The fiend (1964; dt. Die Feindin); Beyond this point are monsters (1970; dt. Von hier an wird's gefährlich).

Millau [miˈjo], Stadt im Dép. Aveyron, Frankreich, am Tarn im Gebiet der Causses, 379 m ü. M., 21 800 Ew.; Gerberei, Handschuh-, Möbelindustrie.

Millay [ˈmɪleɪ], **Edna St. Vincent,** Pseud. **Nancy Boyd** [bɔɪd], amerikan. Lyrikerin, *Rockland (Me.) 22. 2. 1892, †Farm Steepleton (bei Austerlitz, N. Y.) 19. 10. 1950; repräsentierte mit ihrem außergerl. Lebensstil die Boheme-Generation der 20er-Jahre; wurde früh berühmt mit leidenschaftl. Bekenntnislyrik (›Renascence, and other poems‹, 1917; ›A few figs from thistles‹, 1920). In späteren Werken zeigen sich wachsendes polit. Bewusstsein und Souveränität im Umgang mit traditionellen Gedichtformen. M. schrieb auch Erzählungen und Theaterstücke.

Weitere Werke: Second april (1921); The harp-weaver, and other poems (1923); The buck in the snow (1928); Conversation at midnight (1937); Collected poems (hg. 1956).

J. GOULD: The poet and her book. A biography of E. St. V. M. (New York 1969); A. CHENEY: M. in Greenwich Village (Tuscaloosa, Ala., 1975); N. A. BRITTIN: E. St. V. M. (Neuausg. New York 1982).

Mille [mɪl], Cecil B. De, amerikan. Filmproduzent und Regisseur, →De Mille, Cecil B.

Millefioriglas [ital. mille fiori ›tausend Blumen‹], **Mosaikglas,** aus verschiedenfarbigen Glasstangen hergestelltes Glas; die Stangen wurden zu einem Bündel zusammengeschmolzen und so in Scheiben geschnitten, dass der Querschnitt ein blumenartiges oder geometr. Muster ergab. Diese komplizierte Technik war schon in der antiken Glaskunst sehr beliebt und wurde im 15. Jh. in Venedig erneut angewendet.

Miller, 1) Alice, schweizer. Schriftstellerin, * 12. 1. 1923; bezieht eine krit. Position gegenüber Psychoanalyse und traditioneller Erziehung; untersucht Ursachen und Folgen von Kindesmisshandlungen.

Werke: Das Drama des begabten Kindes u. die Suche nach dem wahren Selbst (1979); Du sollst nicht merken (1981); Bilder einer Kindheit (1985); Der gemiedene Schlüssel (1988); Das verbannte Wissen (1988); Abbruch der Schweigemauer. Die Wahrheit der Fakten (1990).

2) [ˈmɪlə], Alton Glenn, amerikan. Orchesterleiter und Posaunist, * Clarinda (Ia.) 1. 3. 1904, † (Flugzeugabsturz zw. England und Frankreich; nach anderen Angaben erlag er einem Herzinfarkt in Paris) 15./16. 12. 1944; war seit 1929 Posaunist in versch. Orchestern des Chicago-Stils und des Swing und gründete 1937 eine eigene Bigband, mit der er den typ. ›G.-M.-Sound‹ (vier Saxophone und führende Klarinette) entwickelte, eine publikumswirksame Tanzmusik mit Jazzcharakter. Zu den unvergessenen Hits seiner Band gehören Titel wie ›In the Mood‹, ›Moonlight Serenade‹, ›American Patrol‹ und ›Chattanooga Choo Choo‹. 1942 löste er sein Orchester auf und übernahm die Leitung des Army Air Forces Orchestra.

3) [ˈmɪlə], Arthur, amerikan. Dramatiker, * New York 17. 10. 1915; arbeitete nach dem Studium u. a. für das Federal Theatre Project; 1956–61 ∞ mit MARILYN MONROE, seit 1962 mit INGE MORATH. In seinen überwiegend realist. Stücken, die auf Vorbilder wie H. IBSEN und E. O'NEILL zurückgreifen, verleiht er seiner unter dem Eindruck der Depressionszeit der 30er-Jahre gewonnenen Sicht des Kapitalismus Ausdruck, den er als ein System versteht, in dem Ideale dem Profitstreben unterliegen und die Menschen ihre moral. Desorientierung nur durch Selbsttäuschung verarbeiten können (›All my sons‹, 1947; dt. ›Alle meine Söhne‹). Sein bekanntestes Stück, ›Death of a salesman‹ (1949; dt. ›Der Tod des Handlungsreisenden‹), stellt das Scheitern des ›American Dream‹, der Vorstellung von Glück und Erfolg für jedermann, dar. In ›The crucible‹ (1953; dt. ›Hexenjagd‹; danach Drehbuch 1995) analysiert er im Spiegel der puritan. Hexenprozesse des 17. Jh. (Salem, Mass., 1692) die Verfolgungen in der McCarthy-Ära. Die späteren, eine existenzialist. Position vertretenden Stücke betonen, mit Bezug auf bibl. und myth. Quellen, die individuelle Verantwortung des Menschen (›After the fall‹, 1964, dt. ›Nach dem Sündenfall‹; ›The creation of the world and other business‹, 1973, dt. ›Die Erschaffung der Welt und andere Geschäfte‹). M. schreibt auch Romane (›Focus‹, 1945; dt. ›Brennpunkt‹), Erzählungen, Drehbücher (›The misfits‹, 1961; dt. ›Nicht gesellschaftsfähig‹) und Essays.

Weitere Werke: *Dramen:* A view from the bridge (1955; dt. Blick von der Brücke); Incident at Vichy (1965; dt. Zwischenfall in Vichy); The American clock (1982); The Archbishop's ceiling (1984; dt. Im Palais des Erzbischofs); I can't remember anything (UA 1986), Clara (UA 1986; beide ersch. 1988 u. d. T. Danger, memory!); The ride down Mount Morgan (1991; dt. Talfahrt); The last yankee (1991; dt. Der letzte Yankee); Broken glass (1994; dt. Scherben). – *Erzählungen:* I don't need you any more (1967; dt. Ich brauche dich nicht mehr; auch 1988 u. d. T. Laßt sie bitte leben); Homely girl, a life, 2 Bde. (1992; dt. Unscheinbares Mädchen, ein Leben). – *Essays:* The theater essays (1978; dt. Theateressays). – *Drehbuch:* Playing for time (1980; dt. Spiel um die Zeit). – *Autobiographie:* Timebends (1987; dt. Zeitkurven).

Ausgaben: Collected plays, 2 Bde. (1957–81). – Dramen (1966); Ges. Erz. (1969); Neue Stücke. Drei Dramen, übers. v. V. SCHLÖNDORFF (1995).

L. MOSS: A. M. (New York 1967); R. I. EVANS: Psychology and A. M. (ebd. 1969, Nachdr. ebd. 1981); T. HAYASHI: A. M., Criticism. 1930–1967 (Metuchen, N. J., 1969); R. HAYMAN: A. M. (London ³1977); A. M., hg. v. H. BLOOM (New York 1987); C. W. BIGSBY: A. M. and company (London 1990); A. KALLENBERG-SCHRÖDER: Autobiographisches in A. M.s familienzentrierten Dramen (1993); The Cambridge companion to A. M., hg. v. C. BIGSBY (Cambridge 1997); C. MAERKER: Marilyn Monroe u. A. M. Eine Nahaufnahme (1997).

4) [miˈleːr], Claude, frz. Filmregisseur, * Paris 20. 2. 1942; arbeitet seit 1976 als Regisseur, seit 1981 mit großem Erfolg.

Filme: Das Verhör (1981); Das Auge (1982); Das freche Mädchen (1985); Die kleine Diebin (1989).

5) Ferdinand von (seit 1875), d. Ä., Erzgießer, * Fürstenfeldbruck 18. 10. 1813, † München 11. 2. 1887, Vater von 10); leitete ab 1844 die königl. Erzgießerei in München (ab 1878 Eigentümer). Aus ihr gingen über 175 große Gusswerke hervor, u. a. die →Bavaria, das Goethe-Schiller-Denkmal von F. RIETSCHEL in Weimar (1857) sowie ein Reiterstandbild G. WASHINGTONS in Boston (Mass.).

6) [ˈmɪlə], Henry Valentine, amerikan. Schriftsteller, * New York 26. 12. 1891, † Los Angeles (Calif.) 7. 6. 1980; Sohn dt. Lutheraner; lebte zunächst von Gelegenheitsarbeiten, 1930–40 in Europa (v. a. Paris), ab 1942 in Big Sur (Calif.). – M. vertritt in seinen autobiographisch bestimmten Romanen und Erzählungen einen anarchisch gefärbten, bohemehaften Individualismus, der in der z. T. surrealistisch-visionär gespiegelten Gefühlswelt wie in der mit bewusst krassem Realismus dargestellten Sexualität die als lebensfeindlich empfundenen puritanisch-bürgerl. Moralvorstellungen der amerikan. Gesellschaft zu überwinden sucht. Der modernen Dominanz von Intellekt und Technik setzt er eine zivilisationsfeindl., das Instinkthaft-Kreatürliche betonende Weltsicht entgegen.

Werke: *Erzählungen:* Black spring (1936; dt. Schwarzer Frühling); The smile at the foot of the ladder (1948; dt. Das Lächeln am Fuß der Leiter); Nights of love and laughter (1955; dt. Lachen, Liebe, Nächte); Opus pistorum (hg. 1983; dt.); From your Capricorn friend (hg. 1984). – *Essays:* The world of sex (1940; dt. Die Welt des Sexus); Stand still like a hummingbird (1962; dt. Von der Unmoral der Moral). – *Reiseberichte:* The colossus of Maroussi (1941; dt. Der Koloß von Maroussi); The air-conditioned nightmare (1945). – *Romane:* Moloch (entst. 1927–28, hg. 1992; dt. Moloch oder die gojische Welt); Tropic of cancer (1934; dt. Wendekreis des Krebses); Tropic of capricorn (1939; dt. Wendekreis des Steinbocks); Trilogie: The rosy crucifixion: Sexus (1949; dt.), Plexus (1952; dt.), Nexus (1960; dt.); Quiet days in Clichy (1956; dt. Stille Tage in Clichy); Crazy cock (hg. 1991; dt. Verrückte Lust). – *Autobiographie:* My life and times (1972; dt. Mein Leben u. meine Welt).

Ausgaben: Genius and lust. A journey through the major writings of H. M., hg. v. N. MAILER (1976). – Sämtl. Erz. (1968); H. M. Anaïs Nin. Briefe der Leidenschaft: 1932–1953, hg. v. G. STUHLMANN (1989).

J. MARTIN: H. M. Die Liebe zum Leben. Eine Biogr. (a. d. Engl., 1980); L. LEWIS: H. M. The major writings (New York 1986); A. NIN: Henry, June u. ich (a. d. Engl., 1988); K. WINSLOW: Ein Mann wie H. M. (a. d. Engl., Bern 1988); W. SCHMIELE: H. M. (68.–70. Tsd. 1992); M. DEARBORN: H. M. Eine Biogr. (a. d. Amerikan., Neuausg. 1993); R. FERGUSON: H. M. ein Leben ohne Tabus (a. d. Engl., Neuausg. 1994).

Merton H. Miller

Oskar von Miller

7) Johann Martin, Schriftsteller, * Ulm 3. 12. 1750, † ebd. 21. 6. 1814; studierte in Göttingen Theologie, 1772 Mitbegründer des →Göttinger Hains; wurde Prediger, Prof. am Gymnasium in Ulm, schließlich Dekan. Vertreter der Empfindsamkeit, von dem sentimentale Briefromane (›Siegwart. Eine Klostergeschichte‹, 2 Bde., 1776) und volkstüml. Lieder (›Was frag ich viel nach Geld und Gut‹, 1776).

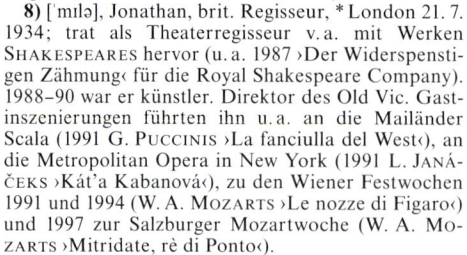

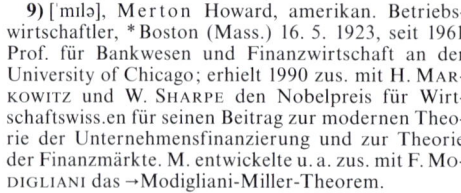

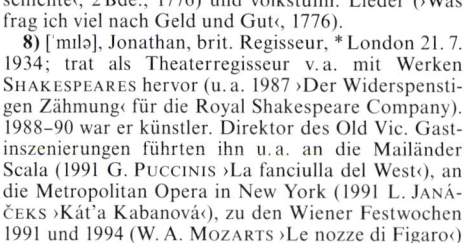

8) [ˈmilə], Jonathan, brit. Regisseur, * London 21. 7. 1934; trat als Theaterregisseur v. a. mit Werken SHAKESPEARES hervor (u. a. 1987 ›Der Widerspenstigen Zähmung‹ für die Royal Shakespeare Company). 1988–90 war er künstler. Direktor des Old Vic. Gastinszenierungen führten ihn u. a. an die Mailänder Scala (1991 G. PUCCINIS ›La fanciulla del West‹), an die Metropolitan Opera in New York (1991 L. JANÁČEKS ›Kát'a Kabanová‹), zu den Wiener Festwochen 1991 und 1994 (W. A. MOZARTS ›Le nozze di Figaro‹) und 1997 zur Salzburger Mozartwoche (W. A. MOZARTS ›Mitridate, rè di Ponto‹).

9) [ˈmilə], Merton Howard, amerikan. Betriebswirtschaftler, * Boston (Mass.) 16. 5. 1923, seit 1961 Prof. für Bankwesen und Finanzwirtschaft an der University of Chicago; erhielt 1990 zus. mit H. MARKOWITZ und W. SHARPE den Nobelpreis für Wirtschaftswiss.en für seinen Beitrag zur modernen Theorie der Unternehmensfinanzierung und zur Theorie der Finanzmärkte. M. entwickelte u. a. zus. mit F. MODIGLIANI das →Modigliani-Miller-Theorem.
Werke: The theory of finance (1972, mit E. F. FAMA); Financial innovations and market volatility (1991).

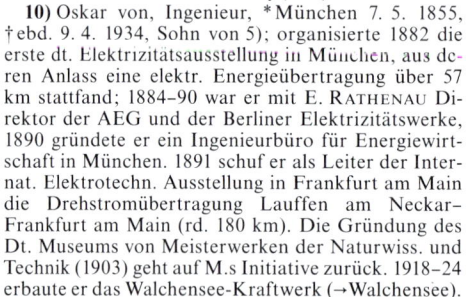

10) Oskar von, Ingenieur, * München 7. 5. 1855, † ebd. 9. 4. 1934, Sohn von 5); organisierte 1882 die erste dt. Elektrizitätsausstellung in München, aus deren Anlass eine elektr. Energieübertragung über 57 km stattfand; 1884–90 war er mit E. RATHENAU Direktor der AEG und der Berliner Elektrizitätswerke, 1890 gründete er ein Ingenieurbüro für Energiewirtschaft in München. 1891 schuf er als Leiter der Internat. Elektrotechn. Ausstellung in Frankfurt am Main die Drehstromübertragung Lauffen am Neckar-Frankfurt am Main (rd. 180 km). Die Gründung des Dt. Museums von Meisterwerken der Naturwiss. und Technik (1903) geht auf M.s Initiative zurück. 1918–24 erbaute er das Walchensee-Kraftwerk (→Walchensee).

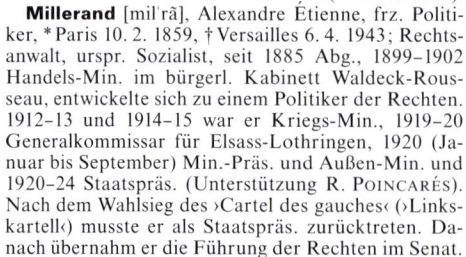

Millerand [milˈrã], Alexandre Étienne, frz. Politiker, * Paris 10. 2. 1859, † Versailles 6. 4. 1943; Rechtsanwalt, urspr. Sozialist, seit 1885 Abg., 1899–1902 Handels-Min. im bürgerl. Kabinett Waldeck-Rousseau, entwickelte sich zu einem Politiker der Rechten. 1912–13 und 1914–15 war er Kriegs-Min., 1919–20 Generalkommissar für Elsass-Lothringen, 1920 (Januar bis September) Min.-Präs. und Außen-Min. und 1920–24 Staatspräs. (Unterstützung R. POINCARÉS). Nach dem Wahlsieg des ›Cartel des gauches‹ (›Linkskartell‹) musste er als Staatspräs. zurücktreten. Danach übernahm er die Führung der Rechten im Senat.

Millerịt [nach dem brit. Kristallographen WILLIAM HALLOWES MILLER, * 1801, † 1880] *der, -s/-e,* **Haarkies,** messinggelbes, oft bunt angelaufenes, trigonales Mineral der chem. Zusammensetzung NiS; Härte nach MOHS 3–3,5, Dichte 5,3–5,6 g/cm³; meist in radialstrahligen Kristallbüscheln auftretend; Vorkommen in hydrothermalen Gängen, meist aber sekundär durch Verwitterung aus anderen Nickelmineralen entstanden; selten in größeren Mengen.

millersche Indizes [nach dem brit. Kristallographen WILLIAM HALLOWES MILLER, * 1801, † 1880], in der *Kristallographie* zur Kennzeichnung von Netzebenenscharen und →Kristallflächen verwendete Zahlentripel ($h k l$), wobei h, k und l ganze, teilerfremde Zahlen sind. Bezugssystem zur Bildung der m. I. ist das entsprechende →kristallographische Achsenkreuz mit den Einheiten a, b, c. Die Netzebenenscharen werden durch die reziproken Werte der drei Achsenabschnitte charakterisiert, die beim Schnitt der dem Ursprung nächstgelegenen, ihn aber nicht enthaltenden Ebene der Schar mit den Koordinatenachsen gebildet werden. Schneidet diese Ebene die Achsen in den Punkten mit den folgenden Koordinaten: a-Achse m, b-Achse n, c-Achse p, und ist s das kleinste gemeinsame Vielfache von m, n und p, dann sind $h = s/m$, $k = s/n$ und $l = s/p$ die m. I. der von dieser Ebene und allen zu ihr parallelen Netzebenen gebildeten Schar. Die Angabe der **weißschen Indizes** ($m n p$) zur Charakterisierung der Orientierung von Kristallflächen ist heute in der Kristallographie kaum noch gebräuchlich. Im hexagonalen Kristallsystem existieren in der zur vertikalen c-Achse senkrechten Ebene drei Achsen, deren Einheiten gleich sind und die sich paarweise unter 120° schneiden. Zur Kennzeichnung der Flächen und Gitterebenen in diesem Kristallsystem sind daher Zahlenquadrupel ($h k i l$) üblich, die Bravais-Indizes. Da eine Fläche im Raum durch drei Punkte festgelegt ist, ist i nicht unabhängig von h und k; es gilt $i = -(h + k)$. Ein negatives Vorzeichen wird bei den m. I. durch einen Querstrich über der entsprechenden Ziffer gekennzeichnet. Verläuft die Gitterebenenschar parallel zu einer der Kristallachsen, so ist der entsprechende Index 0. Der m. I. (100) bezeichnet z. B. die zur b- und c-Achse parallele Schar. M. I. in geschweiften Klammern {$h k l$} kennzeichnen die Gesamtheit der Kristallflächen, die zu einer einfachen →Kristallform gehören. In eckige Klammern gesetzte Zahlentripel [$u v w$] werden zur Indizierung von Gittergeraden und der unendl. Scharen zu ihr paralleler Gittergeraden benutzt, auf denen die Gitterpunkte den gleichen Translationsabstand besitzen. In spitze Klammern gesetzte Zahlentripel ⟨$u v w$⟩ kennzeichnen den vollen Satz von Gitterrichtungen, die aufgrund von Symmetrieoperationen äquivalent sind.

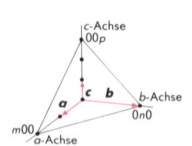

Milles, Carl, schwed. Bildhauer, * Lagga (bei Uppsala) 23. 6. 1875, † Lidingö 19. 9. 1955; studierte ab 1897 bei A. RODIN in Paris, 1904–06 in München, wo ihn bes. A. VON HILDEBRAND beeindruckte. 1920–31 war er Prof. an der Kunst-Akad. in Stockholm, 1931–51 lehrte er in Detroit (Mich.). Nach seiner Rückkehr lebte er abwechselnd in Schweden und Italien. M.s Frühwerk zeigt einen kompakten, voluminösen Stil, der auch archaische Züge enthält (Folkungamonument in Linköping, 1927 vollendet). Charakteristisch für die Reifezeit sind ausdrucksvoll bewegte Figuren (Orpheusbrunnen vor dem Konzerthaus in Stockholm, 1930–36; Auferstehungsfontäne in Washington, D. C., 1951 vollendet). M.s Haus und Atelier in Linköping sind heute Museum Millesgården.
H. CORNELL: C. M., hans verk (Stockholm 1963).

Milleschauer *der,* **Dọnnersberg,** tschech. **Milešovka** [ˈmilɛʃɔfka], höchster Berg des Böhm. Mittel-

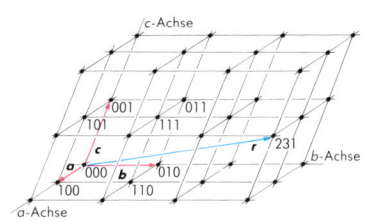

millersche Indizes: Angabe von Gitterpunkten durch die Koordinaten u, v, w der Ortsvektoren $\mathbf{r} = u\mathbf{a} + v\mathbf{b} + w\mathbf{c}$, die vom Ursprung des Gitters zu den Gitterpunkten weisen; die Basisvektoren $\mathbf{a}, \mathbf{b}, \mathbf{c}$ mit den Längen a, b, c spannen ein kristallographisches Achsenkreuz auf

millersche Indizes: Die Achsenabschnitte einer Netzebene mit den millerschen Indizes (362); das kleinste gemeinsame Vielfache von $m = 2$, $n = 1$, $p = 3$ ist $s = 6$

gebirges, Tschech. Rep., 837 m ü. M.; meteorolog. Station.

Millet [mi'lɛ, mi'jɛ], Jean-François, frz. Maler, * Gruchy (bei Cherbourg) 4. 10. 1814, † Barbizon 20. 1. 1875; Schüler von P. DELAROCHE. Er malte zunächst bibl. und mytholog. Bilder, Porträts sowie galante Szenen im Stil des Rokoko. 1840 übersiedelte er nach Barbizon, wo er sich bes. mit T. ROUSSEAU anfreundete. Obwohl er nicht in der freien Natur malte, teilte er grundsätzlich die realist. Naturauffassung der Schule von Barbizon, überhöhte sie jedoch in der Zeitlosigkeit und Distanz seiner Darstellung (›Der Frühling‹, 1868–73; Paris, Musée d'Orsay). Gegen Ende der 40er-Jahre wandte er sich Motiven aus dem Leben der Bauern zu (›Der Getreideschwinger‹, 1848, ebd.; ›Die Ährenleserinnen‹, 1857, ebd.). Berühmt wurde v. a. ›Angelusläuten‹ (1858–59, ebd.), das unzählige Male kopiert, reproduziert und auch karikiert wurde.

A. FERMIGIER: J.-F. M. (a. d. Frz., Genf 1979); L. LEPOITTEVIN: J.-F. M. Bibliographie générale et sources (Cherbourg 1980); Van Gogh and M., hg. v. L. VAN TILBORGH u. a., Ausst.-Kat. Rijksmuseum Vincent van Gogh, Amsterdam (a. d. Niederländ., Zwolle 1989).

Jean-François Millet: Die Ährenleserinnen; 1857 (Paris, Musée d'Orsay)

Millett ['mɪlet], Kate, eigtl. **Katherine Murray** ['mʌrɪ], amerikan. Schriftstellerin, * Saint Paul (Minn.) 14. 9. 1934; Studium an der University of Minnesota und in Oxford; 1961–63 Aufenthalt in Japan; Dozentin am Barnard College in New York. Ihre Studie ›Sexual politics‹ (1970; dt. ›Sexus und Herrschaft. Die Tyrannei des Mannes in unserer Gesellschaft‹) wurde zu einem der wichtigsten Bücher der neuen Frauenbewegung; des Weiteren feminist. Schriften sowie zwei autobiograph. Romane, ›Flying‹ (1974; dt. ›Fliegen‹) und ›Sita‹ (1977; dt.).

Weitere Werke: *Berichte und Essays:* Prostitution. A quartet for female voices (1971; dt. Das verkaufte Geschlecht. Die Frau zw. Gesellschaft u. Prostitution); The basement (1979; dt. Im Basement. Meditationen über ein Menschenopfer); Going to Iran (1982; dt. Im Iran); The loony-bin trip (1990; dt. Der Klappsmühlentrip); The politics of cruelty (1994; dt. bereits 1993 u. d. T. Entmenschlicht. Versuch über die Folter).

Carl Milles: Orpheusbrunnen vor dem Konzerthaus in Stockholm; 1930–36

Millevaches, Plateau de M. [pla'to də mil'vaʃ], Hochfläche im südöstl. Limousin, im kristallinen Teil des frz. Zentralmassivs, bis 977 m ü. M.; hohe Niederschläge (1 200–1 300 mm im Jahr); Quellgebiet von Creuse, Vienne, Vézère, Corrèze; Weidewirtschaft.

Milli... [zu lat. mille ›tausend‹], Vorsatzeichen **m**, Vorsatz vor Einheiten, bezeichnet ein Tausendstel der betreffenden Einheit, z. B. 1 mm (Millimeter) = 0,001 m.

Milliarde [frz.] *die, -/-n,* 1 000 Millionen, d. h. die Zahl 10^9 oder 1 000 000 000.

Millième [mil'jɛ:m, frz.] *die, -/-s,* kleine Währungseinheit in Ägypten, 1 000 M. = 100 Piaster = 1 Ägypt. Pfund.

Millikan ['mɪlɪkən], Robert Andrews, amerikan. Physiker, * Morrison (Ill.) 22. 3. 1868, † Pasadena (Calif.) 19. 12. 1953; Prof. in Chicago, Ill. (Zusammenarbeit mit A. A. MICHELSON), später am California Institute of Technology in Pasadena. M. bestimmte ab 1911 in einer Reihe von Versuchen die elektr. Elementarladung (→Millikan-Versuch); er ermittelte experimentell den Wert des planckschen Wirkungsquantums und bestätigte das einsteinsche Gesetz für den Photoeffekt. 1923 erhielt M. für seine Präzisionsmessungen den Nobelpreis für Physik.

Millikan-Versuch ['mɪlɪkən-], eine 1907 von FELIX ALBERT EHRENHAFT (* 1879, † 1951) vorgeschlagene, erstmals von R. A. MILLIKAN angewendete und später verbesserte, sehr genaue Methode zur Bestimmung der elektr. Elementarladung. Dabei wird die Bewegung fein zerstäubter Öltröpchen (Durchmesser einige μm) mit einem Messmikroskop beobachtet (daher auch **Öltröpchenmethode** gen.). Die durch Zerstäuben oder Bestrahlung mit Röntgenstrahlung elektrisch geladenen Tröpchen werden in das elektr. Feld E eines Plattenkondensators, dessen Feldlinien vertikal verlaufen, eingebracht, wo sie der um den Auftrieb verminderten Schwerkraft

$$F_\mathrm{G} = (4\pi/3) r^3 (\varrho_\mathrm{Öl} - \varrho_\mathrm{Luft}) g,$$

der Reibungskraft $F_\mathrm{R} = -6\pi\eta r v$ (stokessches Reibungsgesetz) und der elektr. Kraft $F_\mathrm{E} = QE$ unterliegen. Dabei sind r der Radius und Q die elektr. Ladung eines Tröpfchens, v seine Geschwindigkeit, $\varrho_\mathrm{Öl}$ und ϱ_Luft die Dichte der Tröpfchen bzw. der Luft (des Mediums, in dem sich die Tröpfchen bewegen), g die Fallbeschleunigung und η die Viskosität der Luft. Durch Variation der Spannung des Kondensators und damit der Feldstärke E, Umladung der Tröpfchen durch Röntgenstrahlung und Beobachtung der Geschwindigkeit kann der Radius der Tröpfchen bestimmt und so ihre Ladung Q ermittelt werden. Dabei zeigt sich, dass Q immer ein ganzzahliges Vielfaches einer bestimmten Ladung, der Elementarladung, ist. Der M.-V. war der erste direkte Nachweis der Quantisierung der elektr. Ladung.

Millimeter Quecksilbersäule, Kurz-Bez. für **konventionelles M. Q.,** Einheitenzeichen **mmHg** (auch **mmQS**), gesetzl. Einheit zur Messung des Blutdrucks und des Drucks anderer Körperflüssigkeiten;

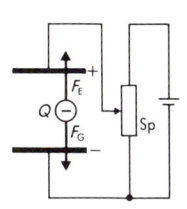

Robert A. Millikan

Millikan-Versuch (schematische Darstellung): Mit dem Spannungsteiler Sp lässt sich die Feldstärke zwischen den beiden Kondensatorplatten regeln und dadurch ein bestimmter Bewegungszustand des Tröpfchens mit der negativen Ladung Q einstellen; im Zustand der Schwebe ist $F_\mathrm{E} + F_\mathrm{G} = 0$

stellt den Druck einer 1 mm hohen Quecksilbersäule bei Normfallbeschleunigung dar: 1 mmHg = 133,322 Pa = 1,333 22 mbar. – Definitionsgemäß ist 1 mmHg = 1 Torr.

Millimeterwellen, Bez. für die elektromagnet. Wellen mit Wellenlängen zw. 10 und 1 mm und dem entsprechenden Frequenzbereich zw. 30 und 300 GHz. Anwendungsgebiete sind v. a. die Radartechnik (→Radar) und die Richtfunktechnik.

Million [ital. mil(l)ione, eigtl. ›Großtausend‹, zu mille ›tausend‹] die, -/-en, 1 000 Tausend, d. h. die Zahl 10^6 oder 1 000 000.

Millionär der, -s/-e, der Eigentümer eines Vermögens von 1 Mio. und mehr (Vermögens-M.), i. w. S. auch der Bezieher eines Einkommens von 1 Mio. und mehr (Einkommens-M.). Für Dtl. wird die Zahl der Privathaushalte mit einem Nettogesamtvermögen von 1 Mio. DM und mehr gegenwärtig (1997) auf rd. eine Million geschätzt; 1973 hatte die (geschätzte) Zahl noch bei 217 000 gelegen.

Millionenfisch, der →Guppy.

Millöcker, Karl, österr. Komponist, * Wien 29. 4. 1842, † Baden (bei Wien) 31. 12. 1899; war Theaterkapellmeister in Graz und Budapest, 1869–83 am Theater an der Wien; neben J. STRAUSS (Sohn) und F. VON SUPPÉ Hauptvertreter der klass. Wiener Operette.

Werke: Gräfin Dubarry (1879); Der Bettelstudent (1882); Gasparone (1884); Der arme Jonathan (1890).

millonsche Base [mi'jɔ̃-; nach dem frz. Pharmazeuten AUGUSTE NICOLAS EUGÈNE MILLON, * 1812, † 1867], →Quecksilberverbindungen.

millonsche Reaktion [mi'jɔ̃-; nach AUGUSTE NICOLAS EUGÈNE MILLON, * 1812, † 1867], qualitativer, nicht streng spezif. Nachweis von tyrosinhaltigen Eiweißstoffen mit einer Lösung von Quecksilbernitrat in Salpetersäure und salpetriger Säure **(Millons Reagenz)**; es bildet sich ein roter Niederschlag.

Milloss ['mijloʃ], Aurel von, eigtl. **Aurél M. de Miholy** [-'mihoj], ital. Choreograph und Ballettmeister ungar. Herkunft, * Ujozora (heute Uzdin, Serbien) 12. 5. 1906, † Rom 21. 9. 1988; war Ballettdirektor dt. und ital. Opernhäuser, des Budapester Nationaltheaters und der Wiener Staatsoper (1963–66 und 1971–74). M. galt als Vorkämpfer der ›neoklass. Synthese‹ aus Ballett und modernem Tanz; versuchte in über 150 Choreographien (u. a. ›Die Geschöpfe des Prometheus‹, 1933; ›Der verlorene Sohn‹, 1934; ›Don Juan‹, 1945; ›Persephone‹, 1970), Tanz und Philosophie zu verbinden.

Millowitsch, Willy, Volksschauspieler, * Köln 8. 1. 1909; entstammt einer alten Theaterfamilie, Direktor (seit 1940), Regisseur und Hauptdarsteller des familieneigenen M.-Theaters in Köln; wirkte auch in Filmen mit (in Kriminalfilmen, u. a. ›Klefischs schwerster Fall‹, 1995; ›Vorbei ist vorbei‹, 1996).

Mills [mɪlz], Charles Wright, amerikan. Soziologe, * Waco (Tex.) 28. 8. 1916, † New York 20. 3. 1962; lehrte seit 1945 an der Columbia Univ.; marxistisch beeinflusste, krit. Arbeiten v. a. zur polit. Soziologie, Wissenssoziologie und Sozialpsychologie (Probleme der Machteliten in der demokrat. Gesellschaft, der Wertfreiheit in der Wiss. und der Bedeutung der Mittelschicht).

Werke: The new men of power. America's Labor leaders (1948); White collar. The American middle classes (1951); The power elite (1956); The sociological imagination (1959). – Hg.: Images of man (1960).

Millstatt, Markt-Gem. im Bez. Spittal an der Drau, Kärnten, Österreich, 580 m ü. M., 3 300 Ew.; am N-Ufer des **Millstätter Sees** (13 km², bis 140 m tief, viel besuchter Badesee) gelegen; sommerl. Fremdenverkehr; Stiftsmuseum. – Stiftskirche Christus Salvator (begonnen Ende 11. Jh.), eine roman. Pfeilerbasilika mit got. Netzrippengewölbe und Doppelturmfas-

Millstatt: Westflügel des Hochmeisterschlosses (rechts), links dahinter Turm der Stiftskirche Christus Salvator

sade; roman. Stufenportal; großes Weltgerichtsfresko (um 1515, 1963 ins Kircheninnere übertragen); barocke Ausstattung; roman. Kreuzgang mit reicher Bauplastik. – Ab der 2. Hälfte des 15. Jh. Errichtung des Hochmeisterschlosses (heute Hotel) und der wehrhaften Bauten des Ordensschlosses mit mehrgeschossigen Arkaden und Türmen. – In der ehem. Benediktinerabtei (gegr. um 1070) wirkten ab 1469 die Sankt-Georgs-Ritter und 1598–1773 die Jesuiten.

Milne [mɪln], **1)** A. A. (Alan Alexander), engl. Schriftsteller, * London 18. 1. 1882, † Hartfield (Cty. East Sussex) 31. 1. 1956; wurde bekannt durch seine populären Kinderbücher ›Winnie-the-Pooh‹ (1926; dt. ›Pu der Bär‹; BILD →Kinder- und Jugendliteratur) und ›The house at Pooh Corner‹ (1928; dt. ›Wiedersehen mit Pu‹, auch u. d. T. ›Pu baut ein Haus‹).

A. THWAITE: A. A. M. His life (Neuausg. London 1991).

2) Edward Arthur, brit. Astronom, * Hull 14. 2. 1896, † Dublin 21. 9. 1950; ab 1929 Prof. für Mathematik in Oxford; frühe Arbeiten betrafen v. a. die Beziehungen zw. Sternklasse und -temperatur. Sein Hauptarbeitsgebiet war die Kosmologie, er formulierte u. a. das →kosmologische Prinzip.

3) John, brit. Geologe und Seismologe, * Liverpool 30. 12. 1850, † Shide (Isle of Wight) 30. 7. 1913; ab 1875 Prof. in Tokio. M. konstruierte u. a. die Grundform der modernen Seismographen und organisierte die Errichtung eines weltweiten Netzes von Erdbebenobservatorien.

Milner ['mɪlnə], Alfred, Viscount (seit 1902), brit. Politiker, * Gießen 23. 3. 1854, † Sturry Court (Cty. Kent) 13. 5. 1925; gehörte zu den führenden Vertretern des brit. Imperialismus; wurde 1897 Hoher Kommissar für Südafrika und Gouv. der Kapkolonie. Nach dem von ihm befürworteten Burenkrieg (1899–1902) betrieb er den administrativen und wirtschaftl. Wiederaufbau Südafrikas. Von der liberalen Reg. 1905 entlassen, trat er durch krit. Äußerungen über die Leistungsfähigkeit des Parlamentarismus hervor. Seit 1916 war er Mitgl. im Kriegskabinett, 1919–21 Kolonialminister.

Ausgabe: The M. papers, hg. v. C. HEADLAM, 2 Bde. (1931).

A. M. GOLLIN: Proconsul in politics. A study of Lord M. in opposition and in power (New York 1964); H.-C. SCHRÖDER: Imperialismus u. antidemokrat. Denken. Alfred M.s Kritik am polit. System Englands (1978).

Milnes [mɪlnz], Sherill Eustache, amerikan. Sänger (Bariton), * Downers Grove (Ill.) 10. 1. 1935; de-

Karl Millöcker

Willy Millowitsch

bütierte 1960 und wurde 1965 Mitgl. der Metropolitan Opera in New York; trat auch bei Festspielen (Salzburg, Verona) auf und wurde v. a. als Mozart- und Verdi-Interpret bekannt.

Milnor ['mɪlnə], John Willard, amerikan. Mathematiker, * Orange (N. J.) 20. 2. 1931; ab 1953 an der Univ. Princeton (seit 1960 Prof.), 1968–70 am MIT, seither am Institute for Advanced Study in Princeton tätig; wesentl. Beiträge zur Topologie, v. a. zur Differenzialtopologie. M. erhielt 1962 die Fields-Medaille.

Milo, Titus Annius, röm. Politiker, † 48 v. Chr.; trat 57 als Volkstribun für die Rückberufung CICEROS ein, organisierte mithilfe gedungener Banden Straßenkämpfe gegen die Banden des CLODIUS PULCHER. Als dieser im Jahr 52 von M.s Leuten erschlagen wurde, musste M. trotz der Verteidigung CICEROS (Rede erhalten) in die Verbannung gehen und wurde bei dem Versuch einer gewaltsamen Rückkehr getötet.

Miloriblau [nach dem frz. Farbenhersteller A. MILORI, 19. Jh.], das Eisencyanblau (→Eisenpigmente).

Milos, griech. Insel, →Melos.

Milošević [mi'lɔʃevic], Slobodan, jugoslaw. Politiker, * Požarevac 29. 8. 1941; Serbe; Jurist; seit 1959 Mitgl. des ›Bundes der Kommunisten Jugoslawiens‹ (KP); als 1. KP-Sekr. in der Teilrepublik Serbien (1986–89) setzte er, nachdem er seine innerparteil. Gegner ausgeschaltet hatte, mithilfe inszenierter Massenkundgebungen einen größeren administrativen und polit. Einfluss Serbiens in den ihm unterstellten autonomen Provinzen Kosovo und Wojwodina durch (Aufhebung der Autonomie 1989/90). Im Mai 1989 vom serb. Parlament zum Staatspräs. Serbiens gewählt (1990 und 1992 bestätigt), seit 1990 auch Vors. der serb. Sozialist. Partei, trug M. durch seinen extrem serbisch-nationalistisch bestimmten Kurs hohe Mitverantwortung am Auseinanderbrechen Jugoslawiens (1989–91) und dem Einsatz militär. Gewalt in den blutigen Kriegen in Kroatien sowie Bosnien und Herzegowina (1991–95); 1992 betrieb er erfolgreich den Zusammenschluss von Serbien und Montenegro zu einem neuen jugoslaw. Staat. Unter internat. Druck zum Abkommen von Dayton (21. 11. 1995) und zum Frieden von Paris (14. 12. 1995) gezwungen, sah er sich wegen seines autoritär-repressiven Führungsstils von November 1996 bis Februar 1997 mit täglich stattfindenden Massenprotesten konfrontiert; wurde am 15. 7. 1997 zum Präs. Jugoslawiens gewählt.

Miloš Obrenović ['mɪlɔʃ ɔ'brɛnovitɕ], eigtl. **M. Teodorović** [-vitɕ], Fürst von Serbien (1817–39 und seit 1858), * Dobrinja (W-Serbien) 18. 3. 1780, † Topčider (bei Belgrad) 26. 9. 1860; Bauernsohn, Gründer der Dynastie der Obrenović; nahm 1804 am ersten serb. Aufstand unter KARAĐORĐE teil und löste 1815 eine neuerl. Erhebung gegen die Türken aus, in der er die Autonomie für Serbien erlangte; wurde nach dem Tod seines Gegners KARAĐORĐE 1817 von der Skupschtina zum erbl. Fürsten gewählt und vom Osman. Reich anerkannt. Da er zunehmend despotisch regierte und sich persönlich bereicherte, wurde er 1835 von der innenpolit. Opposition zum Erlass einer liberalen Verf. gezwungen, woraufhin nach Intervention der Großmächte die Pforte 1838 den ›Ustav‹ (Statut) oktroyierte. Er dankte 1839 zugunsten seiner Söhne MILAN (* 1819, † 1839) und MICHAEL ab, versuchte aber nach 1842 aus dem Exil, den neuen Fürsten ALEXANDER KARAĐORĐEVIĆ zu stürzen; wurde erst im Dezember 1858 auf den Thron zurückgerufen.

V. STOJANČEVIĆ: Knez Miloš i Istočna Srbija 1833–1838 (Belgrad 1957); DERS.: M. O. i njegova doba (ebd. 1966); J. ĆETKOVIĆ: Karađorđe i M., 1804–1830 (ebd. 1960).

Milosz [mi'jɔʃ], O. V. de L., eigtl. **Oscar Vladislas de Lubicz-M.,** frz. Schriftsteller litauischer Herkunft, * Čereja (bei Kaunas) 28. 5. 1877, † Fontainebleau 2. 3. 1939; war 1919–26 Gesandter Litauens in Frankreich und wurde 1931 frz. Staatsbürger. Seine Lyrik ist vom Symbolismus beeinflusst, seine Mysterienspiele und sein Roman ›L'amoureuse initiation‹ (1910) sind stark mystisch geprägt; trat auch als Übersetzer (u. a. GOETHE, litauische Volksdichtungen) sowie mit metaphys. Abhandlungen und exeget. Schriften hervor.

Miłosz ['miu̯ɔʃ], Czesław, poln. Schriftsteller und Literaturhistoriker, * Seteiniai (Litauen) 30. 6. 1911; studierte 1929–34 Jura in Wilna, wo er einer avantgardist. Dichtergruppe angehörte, 1934–35 in Paris; während der dt. Okkupation in Warschau im Untergrund tätig; 1945–51 Kulturattaché in den USA und in Frankreich; 1951 Emigration, zunächst nach Paris, dann in die USA (1970 amerikan. Staatsbürger); ab 1961 Prof. für Slawistik in Berkeley (Calif.). – M. behandelt in seinem lyr. Schaffen in klarer, oft klassisch anmutender Sprache, die sparsam mit Metaphern umgeht, aber reich an einprägsamen Bildern ist, existenzielle, philosoph. und geschichtsphilosoph. Probleme: Durch Ironie und Zweifel wird die eigene Position relativiert und der Leser zum Mitdenken angeregt. Ähnlich differenziert schildert er in den Essaybänden ›Zniewolony umysł‹ (1953; dt. ›Verführtes Denken‹) die Lage der Intellektuellen im stalinist. Polen und in ›Rodzinna Europa‹ (1959; dt. ›West- und östliches Gelände‹) seine Situation als Emigrant. M. ist auch als Übersetzer poln. und engl. Lyrik hervorgetreten, und er hat begonnen, die Bibel nach hebr., griech. und lat. Quellen ins Polnische zu übertragen (›Księgi pięciu megilot‹, 1984). 1980 erhielt M. den Nobelpreis für Literatur.

Weitere Werke: *Lyrik:* Poemat o czasie zastygłym (1933); Ocalenie (1945); Traktat poetycki (1957); Kroniki (1987); Dalsze okolice (1991). – *Romane:* Zdobycie władzy (1955; dt. Das Gesicht der Zeit); Dolina Issy (1955; dt. Tal der Issa). – *Essays:* Ziemia Ulro (1977; dt. Das Land Ulro); Świadectwo poezji (1983; dt. Das Zeugnis der Poesie). – *Prosa:* Die Straßen von Wilna (dt. 1997). – *Tagebuch:* Rok myśliwego (1990). – A history of Polish literature (1969; dt. Gesch. der poln. Literatur).

Ausgaben: Dzieła zbiorowe, 12 Bde. (¹⁻⁴1980–87). – Lied vom Weltende (1966, dt. Ausw.); Zeichen im Dunkel (1979, dt. Ausw.); Gedichte, übers. v. K. DEDECIUS u. J. ŁUCZAK-WILD (²1995).

A. FIUT: Rozmowy z C. M. (Krakau 1981); R. VOLYNSKA-BOGERT u. W. ZALEWSKI: C. M. An international bibliography 1930–1980 (Ann Arbor, Mich., 1983); A. WALICKI: Spotkania z Miłoszem (London 1985); D. DAVIE: C. M. and the insufficiency of lyric (Knoxville, Tenn., 1986); R. GORCZYŃSKA: Podróżny świata. Rozmowy z Czesławem Miłoszem. Komentarze (Neuausg. Krakau 1992); A. FIUT: Moment wieczny. O poezji Czesława Miłosza (Warschau 1993).

Milpa [span., aus Nahuatl] *die, -/-s,* durch Brandrodung entstandenes Feld (i. Allg. Maisfeld) in Mexiko und Zentralamerika. Als **M.-System** wird die in Mittelamerika, Teilen Nord- und Südamerikas verbreitete Form des Brandrodungsfeldbaus bezeichnet.

Milreis [port. -'rreiʃ, brasilian. -'rreis, ›tausend Reis‹], alter port. Rechnungsbegriff für 1 000 Reis, dann auch Bez. für entsprechende Gold- und Silbermünzen. Im 18. Jh. wurde die Goldmünze zu $1/2$ Dobra (1 200 Reis) M. genannt, im 19. Jh. auch die $1/10$ Corôa d'ouro (Goldkrone) und nach 1835 auch die Silberkrone. 1911 wurde das M. vom Escudo abgelöst. In Brasilien war das M. Währungseinheit bis 1942.

MIL-Spezifikationssystem [MIL, Abk. für engl. military], amerikan. Vorschriftensystem zur Qualitätssicherung von elektron. und elektromechan. Bauelementen, die unter extremen Umweltbedingungen (militär. Anwendungen, Luft- und Raumfahrttechnik) zum Einsatz kommen sollen. Das Spezifikationswerk enthält u. a. Angaben über die mechan. und elektr. Sollwerte mit Toleranzen, geeignete Werkstoffe, Zuverlässigkeitsdaten, Fertigungskontrollen, zum Qualitätsnachweis erforderliche elektr., mechan. und klimat. Prüfungen und Begleitdokumentation.

Slobodan Milošević

Czesław Miłosz

César Milstein

Nathan Milstein

Miltenberg 1)
Stadtwappen

John Milton

Milstein ['mɪlstaɪn], **1)** César, argentin. Molekularbiologe, *Bahía Blanca 8. 10. 1927; seit 1963 am Medical Research Council Laboratory in Cambridge (England); Arbeiten über die Struktur und Diversität der Antikörper sowie die Produktion monoklonaler Antikörper durch Zellhybridisierung; erhielt 1984 den Nobelpreis für Physiologie oder Medizin (mit G. J. F. KÖHLER und N. K. JERNE).

2) Nathan, eigtl. **Natan Mironowitsch M.,** amerikan. Violinist russ. Herkunft, *Odessa 31. 12. 1903, †London 21. 12. 1992; studierte u. a. bei L. VON AUER und E. YSAYE, lebte seit 1929 in den USA. Er wurde bes. durch Interpretationen klass. und romant. Violinmusik bekannt; trat auch als Duopartner von V. HOROWITZ auf.

Miltenberg, 1) Kreisstadt in Unterfranken, Bayern, 127 m ü. M. am Main zw. Odenwald und Spessart, 9 800 Ew.; Museum; Holz- und Steinverarbeitung, Papierfabrik, Kleiderfabriken, Apparate-, Maschinen-, Motorenbau, Brauereien; Weinbau; bedeutender Fremdenverkehr. – Das Stadtbild wird von zahlr. Fachwerkhäusern (15.–18. Jh.) geprägt, v. a. der Marktplatz (›Schnatterloch‹; Brunnen von 1583; ehem. Mainzer Amtskellerei 1541, Erker 1611, heute Museum) sowie die Hauptstraße (Gasthof ›Riesen‹, 1590). Kath. Pfarrkirche St. Jakobus (spätmittelalterl. Bau aus dem 14. Jh., im 18.–20. Jh. verändert); O-Türme (1829–31). Westlich der Stadt die Laurentiuskapelle (Chor 1456 und Langhaus 1594) mit spätgot. Hochaltar und Wandmalereien aus der Erbauungszeit. M. wird von der gut erhaltenen Mildenburg (13.–16. Jh.) überragt. (BILD →Bürgerhaus) – Die Gegend von M. war schon zur La-Tène-Zeit besiedelt. Zu rom. Zeit schützten zwei um 260 aufgegebene Kastelle den hier den Main erreichenden Limes. Die mittelalterl. Siedlung wurde 1237 erstmals erwähnt. Sie erhielt vor 1285 Stadtrechte und gehörte zu Kurmainz. 1803 kam M. an das Fürstentum Leiningen, 1806 an Baden und 1810 an Hessen, 1816 an Bayern.

H. WEIZMANN: Wertheim u. M. Die parallelen u. divergierenden Entwicklungsphasen zweier Kleinstädte. Ein stadtgeograph. Vergleich (1979).

2) Landkreis im Reg.-Bez. Unterfranken, Bayern, 716 km², 128 800 Ew.; erstreckt sich vom Odenwald über den Main (Mainviereck) bis in den Spessart. Im Ggs. zu den waldreichen Mittelgebirgen steht das altbesiedelte, infolge seines günstigen Klimas durch Weinbau (Klingenberg a. Main, Großheubach, Bürgstadt, Erlenbach a. Main, Großwallstadt, M., Dorfprozelten) genutzte Maintal, das sich im NW zur Untermainebene weitet. Außer Amorbach liegen auch alle Städte im Maintal (Erlenbach a. Main, Klingenberg a. Main, die Kreisstadt M., Obernburg a. Main, Stadtprozelten, Wörth a. Main). Industrie (v. a. chem., Textil- und Bekleidungsindustrie) und Fremdenverkehr.

Miltiades, Melchiades, Papst (seit 311), †Rom 10. 1. 314; nahm 313 die erste gesamtkirchl. Verurteilung der Donatisten vor. – Heiliger (Tag: 10. 12.).

Miltiades, griech. **Miltiades,** griech. Staatsmann und Feldherr aus dem Adelshaus der Philaiden, *um 550 v. Chr., †Athen um 489 v. Chr.; war etwa seit 516 v. Chr. als Tyrann auf der Thrak. Chersones pers. Vasall. Um 513 v. Chr. nahm er am Skythenzug des Perserkönigs DAREIOS I. teil. Nach dem Scheitern des Ionischen Aufstandes floh er 493 v. Chr. vor den Persern nach Athen, wurde hier leitender Staatsmann und trug entscheidend zum Sieg bei Marathon (490 v. Chr.) bei. Er starb an einer Verwundung, die er während einer gescheiterten Unternehmung gegen die Insel Paros (489) erlitten hatte. Sein Sohn war →KIMON.

H. BERVE: M. (1937); DERS.: Die Tyrannis bei den Griechen, 2 Bde. (1967); K. KINZL: M.-Forschungen (Wien 1968).

Miltiz, Miltitz, Karl von, päpstl. Kämmerer und Nuntius, *1490, †(ertrunken im Main) bei Steinau (heute zu Hanau) 20. 11. 1529; suchte im Auftrag von Papst LEO X. 1518 Kurfürst FRIEDRICH DEN WEISEN auf, um ihm die Goldene Rose zu überreichen und ihn zur Auslieferung oder Ausweisung M. LUTHERS zu bestimmen. 1519 verhandelte er eigenmächtig mit LUTHER in Altenburg, um ihn – ohne Erfolg – zum Einlenken zu bewegen.

Milton ['mɪltən], John, engl. Dichter, *London 9. 12. 1608, †ebd. 8. 11. 1674; Sohn eines Notars; studierte, zunächst in Vorbereitung auf das geistl. Amt, in Cambridge (1632 Master of Arts). Nach einer Reise nach Italien und Frankreich, wo er mit H. GROTIUS und G. GALILEI zusammentraf (1638/39), war er als Privatlehrer tätig, griff aufseiten der Puritaner in den polit. Kampf gegen die Monarchie ein und war im Staatsrat Sekretär für diplomat. (lat.) Korrespondenz. Ab 1652 völlig erblindet, war er nach der Restauration der Monarchie 1660 kurze Zeit in Haft und widmete sich danach ausschließlich der Dichtung. – Vor seiner Auslandsreise entstanden, neben Versen in lat. und ital. Sprache, in engl. Sprache die beiden Gedichte ›L'allegro‹ und ›Il penseroso‹ (beide um 1632, veröffentlicht 1645), die den Gegensatz von Heiterkeit und Melancholie ausloten, das philosoph. Maskenspiel ›Comus‹ (Uraufführung 1634, Erstausgabe 1637; dt.) und die pastorale Elegie ›Lycidas‹ (entst. 1637, veröffentlicht 1645) als Klage über den Tod eines Freundes. Zw. 1640 und 1660, der Zeit seines öffentl. Engagements, kämpfte er in Streitschriften für religiöse und bürgerl. Freiheit, setzte sich für die Ehescheidung im Falle der Zerrüttung ein und forderte in Schriften zur Bildungsreform Praxisbezug und Berücksichtigung der Naturwiss.; in ›Areopagitica‹ (1644) plädierte er für das grundsätzl. Recht auf Meinungs- und Pressefreiheit; er rechtfertigte die republikan. Revolution und die Hinrichtung des Königs, argumentierte gegen den Absolutismus und für die Demokratie. Mit seinem noch vor 1660 begonnenen Hauptwerk ›Paradise lost‹ (1667, endgültige Fassung 1674; dt. u. a. als ›Das verlorene Paradies‹) greift M. auf die Tradition des klass. Epos (HOMER, VERGIL) zurück, doch behandelt er in sprachmächtigen Blankversen und mit den Mitteln mytholog. Vertiefung den bibl. Stoff des Sündenfalls, den er als Auflehnung gegen den göttl. Schöpfungsplan in weltgeschichtlich-kosm. Dimensionen deutet. Der Mensch kann jedoch, da er über Vernunft und freien Willen und somit moral. Eigenverantwortung verfügt, in die Harmonie mit Gott zurückkehren. M.s Heilsoptimismus, der sich über das puritan. Dogma der Prädestination hinwegsetzt, prägt auch das Kurzepos ›Paradise regained‹ (1671; dt. ›Wiedererobertes Paradies‹, auch u. d. T. ›Das wiedergewonnene Paradies‹), das die Versuchung CHRISTI in der Wüste behandelt. Das dem Vorbild der griech. Tragödie folgende Versdrama ›Samson Agonistes‹ (1671; dt.) gestaltet am Beispiel SAMSONS das Thema von Fall, Versuchung und Entscheidung zum Sichfügen in den göttl. Plan. – In Dtl. wirkte M. bes. auf F. G. KLOPSTOCK (›Der Messias‹, 1748–73) und regte die Diskussion um die Schöpferkraft des Dichters an. Den engl. Romantikern galt er als Freiheitsheld (W. BLAKE, ›M.‹, 1808).

Ausgaben: The works of J. M., hg. v. F. A. PATTERSON u. a., 23 Bde. (1931–40); Complete prose works, hg. v. D. M. WOLFE u. a., 8 Bde. (1953–82); Complete poems and major prose, hg. v. M. Y. HUGHES (1975). – Das verlorene Paradies. Das wiedergewonnene Paradies, hg. v. D. MEHL u. a. (1966); J. M. u. der Ursprung des neuzeitl. Liberalismus. Studienausg. der polit. Hauptschriften J. M.s, hg. v. E. W. TIELSCH (1980); Zur Verteidigung der Freiheit. Sozialphilosoph. Traktate, hg. v. H. KLENNER (1987).

W. R. PARKER: M. A biography, 2 Bde. (Neuausg. Oxford 1969); M. The critical heritage, hg. v. J. T. SHAWCROSS, 2 Bde. (London 1970–72); H.-D. KREUDER: M. in Dtl. (1971); M. H. NICOLSON: J. M. A reader's guide to his poetry (Neuausg. New

Miltonia – Milz **Milz**

York 1971); C. HILL: M. and the English revolution (London 1977); L. POTTER: A preface to M. (Neuausg. ebd. 1986); C. A. PATRIDES: An annotated critical bibliography of M. (Brighton 1987); The Cambridge companion to M., hg. v. D. DANIELSON (Cambridge 1989, Nachdr. ebd. 1992).

Miltonia [nach dem brit. Politiker, Orchideensammler und Förderer des Gartenbaus CHARLES WILLIAM WENTWORTH FITZWILLIAM, Viscount MILTON, *1786, †1857] die, -/...ni\en, **Veilchenorchidee,** Gattung epiphytisch lebender Orchideen mit etwa 20 Arten in lichten Bergwäldern Brasiliens, Paraguays und Argentiniens in 800–1 500 m Höhe und einer Art in Costa Rica und Panama; unscheinbare, am Gipfel zweiblättrige Pseudobulben tragen basal den ein- bis vielblütigen Blütenstand mit lang gestielten, ausgebreiteten, an Veilchen erinnernden Blüten; in zahlr. Züchtungen beliebte Zierpflanzen.

Milton Keynes [ˈmɪltən ˈkeɪnz], Stadt in der Cty. Buckinghamshire, England, zw. London und Birmingham, 185 000 Ew.; die Open university (Fernstudium) wurde 1969 gegründet. In Gewerbeparks sind Hightechindustrie und Dienstleistungsbetriebe angesiedelt. – 1967 als →New Town gegründet.

Milu [chin.] der, -(s)/-s, der →Davidshirsch.

Milutinović [-vitc], Sima, gen. **Sarajlija,** serb. Schriftsteller, *Sarajevo 3. 10. 1791, †Belgrad 30. 12. 1847; nahm an den serb. Freiheitskämpfen gegen die Türken teil, wurde 1827 Erzieher des späteren montenegrin. Fürsten PETER II. PETROVIĆ NJEGOŠ. M., ein patriot. Romantiker, verfasste Gedichte und Versepen (›Serbijanka‹, 1826), in denen er im Stil schlichter Volksdichtung die Not und das Heldentum seines unterdrückten Volkes schildert, sowie histor. Dramen und Geschichtswerke.

Milva, eigtl. **Maria Ilva Biolcati,** ital. Sängerin und Schauspielerin, *Goro (bei Ferrara) 18. 7. 1939; hatte in Italien seit 1961 zunächst als Schlagersängerin Erfolg und wurde in den 70er-Jahren mit anspruchsvollen Chansons und bes. als Brecht/Weill-Interpretin in ganz Europa bekannt. In G. STREHLERS Inszenierung der ›Dreigroschenoper‹ verkörperte sie die Seeräuber-Jenny, wirkte in Filmen mit (u. a. ›Via degli specchi‹, 1983) und ging 1990/91 mit F. WEDEKINDS ›Lulu‹ auf Tournee durch Italien. Zu ihren Erfolgstiteln in Dtl. gehören u. a. ›Libertà‹, ›Hurra, wir leben noch‹, ›Ein Kommen und Gehen‹, ›Von Tag zu Tag‹.

Milvinae [zu lat. milvus ›(Gabel)weihe‹], die →Milane.

Milvische Brücke, lat. **Pons Milvius** oder **Mulvius,** heute **Ponte Milvio,** älter **Ponte Molle,** Tiberbrücke der Via Flaminia, nach ihrem nicht näher bekannten Erbauer benannt; Ende des 2. Jh. v. Chr. in Stein aufgeführt, 1849 durch G. GARIBALDI teilweise gesprengt, um den Einmarsch der Franzosen aufzuhalten, im folgenden Jahr durch Papst PIUS IX. wieder errichtet. – Bekannt durch den Sieg KONSTANTINS I., D. GR., über MAXENTIUS (28. 10. 312 n. Chr.).

E. NASH: Bild-Lex. zur Topographie des antiken Rom, 2 Bde. (1961–62).

Milwaukee [mɪlˈwɔːkɪ], Stadt in Wisconsin, USA, am Michigansee, 628 100 Ew., die Metrop. Area hat 1,43 Mio. Ew.; kath. Erzbischofssitz; Zweig der University of Wisconsin, Marquette University (gegr. 1864 als College, seit 1907 Univ.), Colleges. Wichtiges Handels- und Industriezentrum mit Bau von Maschinen und Motorrädern, Elektronik-, chem. und Textilindustrie; Brauereien. Der fast das ganze Jahr über offene Hafen kann über den Sankt-Lorenz-Seeweg von Seeschiffen erreicht werden, bedeutender Umschlagplatz für die Staaten des nördl. Mittleren Westens. – Als höchstes Gebäude der Stadt wurde 1973–74 das First Wisconsin Center von SOM errichtet. F. L. WRIGHT baute 1961 die griechisch-orth. Verkündigungskirche. Das 1969 eröffnete Performing Arts Center entstand nach Plänen von H. WEESE. Dem War Memorial Center (nach Plänen von EERO SAARINEN; 1957 eröffnet) angegliedert ist das M. Art Museum mit Werken amerikan. Künstler und einer Sammlung internat. zeitgenöss. Kunst. In unmittelbarer Nachbarschaft zum 1974 errichteten M. Exposition & Convention Center & Arena (MECCA) befinden sich die M. Arena und das M. Auditorium. – An der Stelle eines früheren ›Treffplatzes am Fluss‹ (Mahn-a-waukee Seepe) einiger Indianerstämme entstanden Anfang des 19. Jh. mehrere Siedlungen, die sich 1839 zusammenschlossen; starke dt. (seit 1848) und poln. (seit 1900) Einwanderung.

Milwaukee: Das Zentrum der Stadt, rechts das Rathaus, links ein Teil des Performing Arts Center

Milwaukeetiefe [mɪlˈwɔːkɪ-], größte Meerestiefe im Atlant. Ozean, 9 219 m, im Puerto-Rico-Graben.

Milz [ahd. milzi, eigtl. ›die Auflösende‹ (man glaubte, sie wirke bei der Verdauung mit)], **Lien, Splen,** beim Menschen und den Wirbeltieren das größte, in den Blutstrom eingeschaltete lymphoretikuläre Organ des →Monozyten-Makrophagen-Systems. Beim Menschen liegt die M. im linken Oberbauch innerhalb der Bauchhöhle und folgt mit ihrer Längsachse etwa dem Verlauf der 10. Rippe. Sie ist beim Erwachsenen etwa 12 cm lang, 8 cm breit und 3 cm dick. Sie hat eine bohnenförmige Gestalt und wiegt 150–180 g; sie besitzt eine derbe, von Bauchfell überzogene Kapsel (**M.-Kapsel**), von der aus bindegewebige Stränge (**Trabekel, Balken**) ins Innere ziehen und ein grobes Stützgitter bilden. Das zw. den Trabekeln gelegene Gewebe (**M.-Pulpa**) ist ein retikuläres (netzförmiges) Bindegewebe, das in weiße und rote Pulpa unterschieden wird. In der weißen Pulpa sind die Maschen des Netzwerkes angefüllt mit Lymphozyten, die knötchenförmig konzentriert (**M.-Knötchen, Malpighi-Körperchen**) um die Arterien liegen. Bei der roten

Miltonia: Miltonia clowesii (Höhe bis 60 cm)

Milz: links Schnitt durch die Milz des Menschen; rechts Ansicht der Milz vom Hilus aus

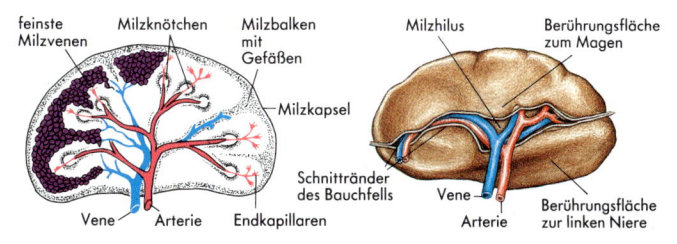

feinste Milzvenen — Milzknötchen — Milzbalken mit Gefäßen — Milzhilus — Berührungsfläche zum Magen — Milzkapsel — Schnittränder des Bauchfells — Vene — Arterie — Endkapillaren — Vene — Arterie — Berührungsfläche zur linken Niere

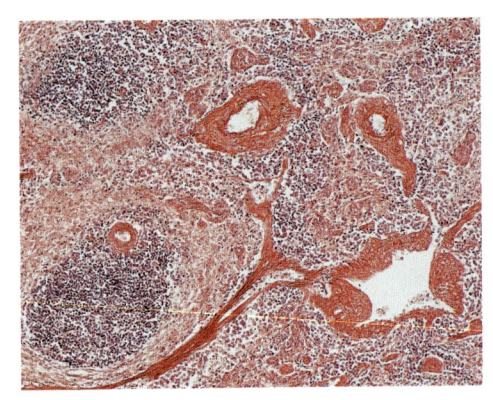

Milz: Lichtmikroskopisches Bild der Milz des Menschen mit Lymphozyten (schwarze Punkte; Vergrößerung 180fach)

Milzfarn: Spreuschuppiger Milzfarn (Wedel 5–20 cm lang)

Milzkraut: Gegenblättriges Milzkraut (Höhe 5–10 cm)

Pulpa ergießt sich das Blut aus dem speziell strukturierten Gefäßsystem der M. direkt in das Netzwerk. Dieser offene Kreislauf macht es fast unmöglich, eine verletzte M. zu retten, und erfordert dann i. d. R. wegen der Verblutungsgefahr ihre Entfernung.

Die M. bildet in der Embryonalzeit rote und weiße Blutkörperchen, beim Erwachsenen hingegen i. d. R. nur noch Lymphozyten, da die Aufgabe der Blutbildung nun beim Knochenmark liegt. Sie baut geschädigte oder infolge Alterung zerfallene rote Blutkörperchen ab, speichert das dabei anfallende Eisen und phagozytiert Bakterien. Bes. bei schnell laufenden Tieren spielt die M. eine Rolle als Blutspeicher während der Ruhe; bei vermehrtem Sauerstoffbedarf wird das Blut durch Kontraktionen der M. in den Kreislauf gepumpt. Beim Menschen ist die Speicherfunktion weniger ausgeprägt, jedoch kontrahiert die M. bei plötzlich vermehrtem Sauerstoffbedarf ebenfalls (Seitenstechen). Die M. spielt eine wichtige Rolle bei der Immunabwehr durch Bildung von Antikörpern und Antikörper produzierenden Zellen; sie kann bei schweren Infektionskrankheiten infolge der Beanspruchung stark anschwellen.

Selbstständige *Erkrankungen* der M. wie primäre Tumoren oder Infektionen sind selten. Zu einer sekundären Beteiligung kommt es v. a. bei akuten und chron. Infektionskrankheiten wie Typhus, Virushepatitis, Viruspneumonie, Endokarditis, Röteln, Toxoplasmose, Rückfallfieber, Malaria, Kala-Azar, Aids, allgemeine Sepsis, des Weiteren bei Stauungserscheinungen im Pfortaderkreislauf durch chron. Hepatitis, Leberzirrhose, bei Speicherkrankheiten, rheumat. Erkrankungen und Kollagenosen, Leukämie und lymphat. Erkrankungen, perniziöser und hämolyt. Anämie. Mögl. Folge dieser sekundären Erkrankungen ist eine Überfunktion der M. **Hypersplenismus (Hypersplenie),** die durch erhöhten Abbau zu einem Mangel an Blutzellen (Anämie, Granulo-, Thrombozytopenie) führt, aber auch als primäre oder idiopath. Hypersplenismus unbekannter Ursache auftritt.

Allgemeines *Symptom* von primären wie sekundären Krankheitsprozessen ist eine entzündl. Vergrößerung **(Splenomegalie)** unterschiedl. Ausmaßes. – Die operative Entfernung der M. **(Splenektomie)** ist vor dem fünften Lebensjahr mit einer starken Infektionsgefährdung verbunden; danach sinkt das Risiko schwerer Infektionen, ist jedoch größer als bei ›Normalpersonen‹ (Vorbeugung durch Impfungen).

Milzbrand, Anthrax, anzeigepflichtige infektiöse Tierkrankheit (v. a. bei Wiederkäuern und Schweinen) mit Fieber, Schüttelfrost, Koliken und Atemnot. Der Tod (häufig bei Lungen-M.) erfolgt plötzlich nach wenigen Stunden oder Tagen. Erreger ist der Milzbrandbazillus (Bacillus anthracis). Die bei Tieren häufigste Form des M. ist der **Darm-M.** mit typisch vergrößerter, schwarzroter Milz. In seltenen Fällen ist v. a. bei Berufsgruppen, die mit Tieren, Tierkörpern und -häuten in Berührung kommen, eine Übertragung auf den Menschen möglich (Verdacht und Erkrankung meldepflichtig, ggf. Berufskrankheit). Die Inkubationszeit beträgt einige Stunden bis mehrere Tage. Am häufigsten ist der durch direkten Kontakt hervorgerufene **Haut-M.,** der sich in Form eines Karbunkels mit Neigung zu eitrigem Zerfall, Streuung und Sepsis äußert. Durch Einatmen der Erreger (die Sporen bleiben an Tierhäuten und -borsten jahrzehntelang virulent) entsteht der seltenere, in Form einer atyp. Bronchopneumonie verlaufende **Lungen-M. (Hadernkrankheit),** durch Genuss von rohem Fleisch oder von ungekochter Milch erkrankter Tiere der **Darm-M.** mit schwerer hämorrhag. Darmentzündung, Allgemeininfektion, brandiger Schädigung der Milz und Herzinsuffizienz; beide Formen verlaufen meist innerhalb von zwei bis drei Tagen tödlich. Die *Behandlung* (Isolierstation) des Menschen erfolgt medikamentös mit einer möglichst frühzeitigen hoch dosierten Gabe von Antibiotika (Penicillin). Bei Tieren sind Behandlungsversuche verboten.

Milzener, alter slaw. Stamm um Bautzen in der Lausitz; im 9. Jh. erstmals erwähnt.

Milzfarn, Schriftfarn, Ceterach, Gattung der Streifenfarngewächse mit etwa fünf Arten in den trockenen und warmen Gebieten der temperierten Zonen der Alten Welt; Blätter lanzettlich, fiederspaltig bis gefiedert, dick, oberseits dunkelgrün und kahl, unterseits dicht mit graubraunen, breiten Schuppenhaaren bedeckt. In Mitteleuropa kommt der **Spreuschuppige M.** (Ceterach officinarum) recht selten in warmen Felsspalten und an Mauern vor. Seine Blätter sind fiederteilig mit halbkreisförmigen Abschnitten.

Milzkraut, Chrysosplenium, Gattung der Steinbrechgewächse mit etwa 55 Arten v. a. in Europa, NO-Asien und Nordamerika. Rasen bildende, niedrige Stauden mit runden bis nierenförmigen Blättern und kleinen, grünlich gelben Blüten. Auf feuchten Stellen in Mitteleuropa kommen die Arten **Wechselblättriges M.** (Chrysosplenium alternifolium) und **Gegenblättriges M.** (Chrysosplenium oppositifolium) vor.

Milzruptur, Milzzerreißung, meist durch stumpfe Bauchverletzungen hervorgerufene häufige Unfallfolge. Bei der **primären M.** als vollständiger Zerreißung kommt es zu sofortiger starker Blutung in die Bauchhöhle mit Schock; bei **sekundären M.** bleibt die Milzkapsel zunächst erhalten, reißt jedoch aufgrund der inneren Blutansammlung nach Stunden bis Tagen plötzlich ein. Die *Behandlung* besteht in einer operativen Entfernung der Milz, bei Kindern im Versuch einer Fibrinklebung oder Lichtkoagulation.

Mimamsa [Sanskrit ›Erörterung (vedischer Texte)‹] *die, -,* eines der sechs klass. Systeme der ind. Philosophie; am engsten von diesen mit dem Veda verknüpft. Die ältere **Purva-M.,** auch **Karma-M.** gen., stellt den Opferdienst, die rituellen Gebote des Veda als religiöse Pflicht (Dharma) in den Mittelpunkt. Grundlegend für ihre Entwicklung waren die M.-Sutras des JAIMINI (um 200 v. Chr.), auf die sich SHABARASVAMIN (etwa 1. Jh. v. Chr.) und KUMARILA (um 700 n. Chr.) in ihren Kommentaren beziehen. Die spätere **Uttara-M.** beschäftigt sich mit der Erkenntnislehre und anderen philosoph. Fragen (das Verhältnis von Brahman und der Individualseele u. a.) und ist in den Sutras des BADARAYANA (zw. dem 5. Jh. v. Chr. und dem 3. Jh. n. Chr.) begründet. Ein bedeutender Kommentator dieser Tradition war PRABHAKARA (um 700 n. Chr.). Die Purva-M. spielt bis heute eine große Rolle im Leben der Hindus.

Mimas [nach einem Giganten der griech. Sage], ein Mond des Planeten →Saturn.

Mimbar [arab.] *der, -(s)/-s,* der →Minbar.

Mimbreskultur, prähistor. indian. Kultur im SW von New Mexico, USA; lokale Variante der Mogollonkultur; bekannt geworden v. a. durch eine hervorragende Keramik aus dem 11. und 12. Jh. n. Chr., bei der es sich meist um flache Tonschalen handelt, die innen mit Figuren, Szenen oder geometr. Mustern schwarz auf weiß bemalt sind. Die meist als Grabbeigaben verwendeten Schalen wurden mehrheitlich durch ein in den Gefäßboden geschlagenes Loch ›getötet‹, da sie nur so – auf das Gesicht der Toten gestülpt – diese ins Jenseits begleiten konnten.

Mime, in der altnorweg. ›Thidrekssaga‹ der kunstreiche Schmied, bei dem Sigurd (Siegfried) aufwächst (so auch in den Opern ›Das Rheingold‹ und ›Siegfried‹ von R. WAGNER).

Mime [lat.-griech.] *der, -n/-n,* **Mimus,** in der *Antike* Darsteller eines →Mimus; heute *veraltend* für (bedeutender) Schauspieler.

Mimese [griech. mímēsis ›Nachahmung‹] *die, -/-n,* Tarntracht bei Tieren durch Nachahmung belebter oder unbelebter Gegenstände, die für den zu täuschenden Feind uninteressant sind. Der Körper oder einzelne Organe werden in Form und Farbe dem nachgeahmten Objekt angepasst. **Zoo-M.** ist Übereinstimmung oder Ähnlichkeit mit einem anderen Tier, **Phyto-M.** mit einer Pflanze oder ihren Teilen, **Allo-M.** mit unbelebten Gegenständen. Ein Sonderfall der M. ist die →Mimikry.

Mimbreskultur: Schale, bemalter Ton, Durchmesser 23 cm; um 1200 (Los Angeles, Southwest Museum)

Mimesis [griech. ›Nachahmung‹] *die, -/...'mesen,* Nachahmung, Abbildung; zunächst Bez. für den Text, Gestus, Rhythmik und Musik vereinigenden kult. Tanz; dann Terminus der antiken Philosophie, Kunsttheorie und Rhetorik. – PLATON und die Platoniker verwenden M. philosophisch als Bez. für das ontolog. Abhängigkeitsverhältnis der konkreten Gegenstände von den Ideen (→Methexis). – Die Bedeutung des Wortes M. in der *Kunsttheorie* ist umstritten. Einigen Pythagoreern des 5. Jh. v. Chr. wird die Theorie zugeschrieben, dass die Musik Zahlenverhältnisse ›nachahme‹. Für PLATON ist die Kunst, weil sie die phänomenale Welt (die ihrerseits als Abbild der Ideenwelt verstanden wird) darstellt, Nachahmung von Nachahmung. ARISTOTELES versteht M. als Nachahmung und zugleich als antizipator. Darstellung (Präsentation) idealer Situationen, Lebensweisen und -haltungen. Hier knüpft B. BRECHTS Konzeption des epischen Theaters an. – In der Renaissance gewann der M.-Begriff erneut an Bedeutung, in der Aufklärung und v. a. in der Klassik spielte er in den poetolog. Auseinandersetzungen eine große Rolle (G. E. LESSING ›Laokoon‹, 1766). E. AUERBACH nahm den Terminus ›M.‹ wieder auf in der eingeschränkten Bedeutung einer Interpretation der Wirklichkeit in literar. Darstellung. – In der antiken *Rhetorik* bedeutete M. die Nachahmung beispielhafter Vorbilder.

Mimese: links Die als ›Wandelndes Blatt‹ bezeichnete Gespenstschrecke der Gattung Phyllum (Phytomimese); rechts Lebende Steine (Lithops ötzeniana), die kaum als Pflanzen zu erkennen sind (Allomimese)

F. TOMBERG: M. der Praxis u. abstrakte Kunst (1968); E. AUERBACH: M. (Bern ⁷1982).

Mimetesit [zu griech. mimētés ›Nachahmer‹ (wegen der täuschenden Ähnlichkeit mit Pyromorphit)] *der, -s/-e,* gelbes bis grünliches, auch graues, braunes oder weißes, hexagonales Mineral der chem. Zusammensetzung $Pb_5[Cl|(AsO_4)_3]$; Härte nach MOHS 3,5–4, Dichte 7,1 g/cm³; traubig-nierige, krustenförmige Aggregate sowie tonnenförmige, kurzsäulige oder langprismat. Kristalle. M. entsteht v. a. durch Verwitterung aus arsenhaltigen Bleierzen.

mimetische Kristalle, Zwillingsbildungen von Kristallen, die eine höhere Symmetrie vortäuschen, als der Kristallart zukommt. (→Zwillinge)

Mimidae [griech.], die →Spottdrosseln.

Mimik [lat. (ars) mimica, zu griech. mimikós ›den Mimen betreffend‹] *die, -,* Mienen-, Gebärdenspiel, Gesamtheit der Bewegungen im Gesicht als Ausdruck von Empfindungen.

Beim Theater wird die M. von der Deklamation und den körperl. Ausdrucksbewegungen (Gebärde, Geste) unterschieden. Sie begleitet entweder das gesprochene Wort oder drückt im stummen Spiel Empfindungen aus; sie kann sich jedoch auch verselbstständigen und eine eigene Sprache entwickeln. Die Stilformen der Schauspielkunst zeigen jeweils die Bevorzugung stärkerer oder geringerer Mimik.

Mimikfigur, *Puppentheater:* Spielfigur, die v. a. durch ihr Mienenspiel agiert (bewegl. Gesichtsteile wie Unterkiefer, Augenbrauen). Im traditionellen Puppenspiel ist die M. v. a. im jap. →Bunraku und in den Varieteefiguren des europ. Marionettentheaters um 1900 zu finden. Im modernen Puppentheater wird die Klappmaulfigur als M. mit der Hand von innen geführt (→Muppets).

Mimikry [-kri; engl., eigtl. ›Nachahmung‹] *die, -,* tier. →Schutzanpassung durch Nachahmung der

Mimikry: Der wie eine Hornisse aussehende Hornissenschwärmer, ein Beispiel für die batessche Mimikry

Mimi   Mimir–Minäer

Warntracht einer giftigen Tierart in Körperform und Farbe durch ein wehrloses Tier anderer Artzugehörigkeit; dieses genießt dadurch denselben Schutz vor Feinden wie sein Vorbild (**batessche M.**); Beispiele sind die Nachahmung einer Hornisse durch den Hornissenschwärmer oder der giftigen Korallennattern durch versch. harmlose Schlangen. **Müllersche M.** bezeichnet die Verwendung derselben Warntracht durch mehrere ungenießbare Tierarten desselben Gebietes.

Mimir, altnord. *Mythos:* weiser Ratgeber Odins von nicht eindeutig bestimmbarer Herkunft (Gott?, Riese?); er schöpft sein Wissen aus dem Weisheitsbrunnen unter der Weltesche Yggdrasil. Im Streit zw. den Asen und den Vanen wird er enthauptet; Odin balsamiert das Haupt ein und holt sich von diesem weiterhin Rat, v. a. für den Endzeitkampf (→Ragnarök), muss aber dafür ein Auge verpfänden. Der Mythos vom weissagenden Haupt in einer Quelle weist auf kelt. Überlieferung.

Mimnermos, M. aus Kolophon, griech. lyrischer Dichter in Ionien, lebte in der 2. Hälfte des 7. Jh. v. Chr.; galt als erster Meister der Liebeselegie. In den erhaltenen Fragmenten aus einem nach der Flötenspielerin Nanno benannten Buch werden die Liebesfreuden der Jugend in scharfem Kontrast zu den Leiden des Alters besungen.

Ausgaben: Poetarum elegiacorum testimonia et fragmenta, hg. v. B. Gentili u.a., Bd. 1 (1979). – Frühgriech. Lyriker, Bd. 1, bearb. v. B. Snell, erl. v. H. Maehler, übers. v. Z. Franyó (1971).
H. Fränkel: Dichtung u. Philosophie des frühen Griechentums (³1969, Nachdr. 1976).

Mimosa [zu lat. mimus ›Mime‹], wiss. Name der Pflanzengattung →Sinnpflanze.

Mimosaceae [lat.], wiss. Name der ›Mimosengewächse.

Mimose [zu lat. mimus ›Mime‹] die, -/-n, Botanik: 1) die →Sinnpflanze; 2) oft fälschlich im Blumenhandel verwendete Bez. für blühende Zweige einiger Akazienarten. – Übertragen wird die Bez. M. für sehr empfindl. Menschen gebraucht.

Mimosengewächse, Mimosaceae, zur Ordnung der Hülsenfrüchtler gehörende Pflanzenfamilie mit etwa 3 100 Arten in 58 Gattungen, fast ausschließlich in den Tropen und Subtropen; Bäume, Sträucher oder seltener Kräuter (in der Gattung Neptunia Wasserpflanzen) mit meist doppelt gefiederten Blättern; Blüten meist zahlr. zu dichten Köpfchen, Ähren oder ährenartigen Trauben zusammentreffend, deren Schauwirkung durch die lang herausragenden Staubblätter bestimmt wird. Die bekanntesten Gattungen sind →Akazie und Mimosa (→Sinnpflanze).

Mimouni [mi'muːni], Rachid, alger. Schriftsteller frz. Sprache, * Boudouaou (östlich von Algier) 20. 11. 1945, † Paris 12. 2. 1995; lebte seit 1993 im Exil in Marokko. In seinen Romanen engagierte er sich für soziale Gerechtigkeit und kritisierte mit hyperrealist. Blick die Missstände im modernen Algerien: In ›Le fleuve détourné‹ (1982) thematisiert er die Desillusionierung des totgeglaubten Freiheitskämpfers, der in eine Gesellschaft zurückkehrt, die die revolutionären Ideale missachtet, ›Tombéza‹ (1984; dt., auch u. d. T. ›Namenlos‹) ist eine ätzende Sozialsatire, ›L'honneur de la tribu‹ (1989) schildert den grotesken Zusammenprall von Fortschritt und Archaik in einem zurückgebliebenen Dorf; schließlich wandte sich M. dem blutigen Konflikt zw. Islamisten und Militärs im Algerien der Gegenwart zu (›La malédiction‹, 1993; dt. ›Der Fluch‹), den er auch in seinem Essay ›De la barbarie en général et de l'intégrisme en particulier‹ (1992) behandelt, was ihm zuletzt die Verfolgung durch die Islam. Heilsfront einbrachte.

Weitere Werke: *Roman:* ›Une peine à vivre‹ (1991). – *Erzählung:* La ceinture de l'ogresse (1990; dt. Hinter einem Schleier aus Jasmin).

Mimus [lat., von griech. mīmos ›Schauspieler‹, eigtl. ›Nachahmer‹] der, -/...men, **Mīmos,** antike Form der improvisierten Darstellung kom. Alltagsszenen mit Gebärde, Tanz und Gesang. Im Ggs. zur Aufführungspraxis von Tragödie und Komödie traten auch Schauspielerinnen auf; eine weitere Besonderheit war das Spiel ohne Masken und ohne Kothurn. Vom Ursprungsland Sizilien aus verbreitete sich der M. in der griech. Welt und bis nach Rom. Als literar. Form zuerst bei Sophron (5. Jh. v. Chr.), dann bei Theokrit und Herodas von Kos, bei Letzteren als kleine, wohl nur rezitierte dramat. Darbietungen in Versen, mit Darstellung des Typischen, mit subtilem Witz. In Rom ist der nichtliterar. M. seit dem Ende des 3. Jh. v. Chr. nachgewiesen, er wurde bis in die Spätantike äußerst populär. Literarisch wurde die Form im 1. Jh. v. Chr. von Gnaeus Matius, Decimus Laberius und Publilius Syrus aufgegriffen.

H. Reich: Der M., 2 Bde. (1903, Nachdr. 1974); C. J. Bleeker: Die Geburt des Gottes (Leiden 1956); H. Wiemken: Der griech. M. (1972).

Mimus|ops [zu lat. mimus ›Mime‹ und griech. ōps ›Auge‹], Gattung der Seifenbaumgewächse mit etwa 55 Arten im trop. Afrika und Asien. Bekannt ist der **M. elengi,** ein in Indien heiliger Baum.

min, Einheitenzeichen für: 1) die Volumeneinheit →Minim.
2) die Zeiteinheit →Minute.

Min der, Fluss in China, →Min Jiang.

Min, altägypt. Gott, in ältester Zeit in einem Fetisch, seit Beginn der geschichtl. Zeit in menschl. Gestalt verehrt. M. galt als Herr der Zeugungskraft, das in den Tempeln dargestellte M.-Fest erneuerte die Fruchtbarkeit des Landes. Die wichtigsten Kultorte des M. waren Achmim und Koptos. Die Griechen setzten ihn dem →Pan gleich. M. wurde dargestellt mit Kappe (in der Verschmelzung mit Amun mit doppelter Federkrone) und Geißel.

Mina, arabisch für Hafen.

Mina, Volksstamm in Indien, v. a. in Rajasthan, etwa 1,1 Mio. Angehörige. Die hinduist. M. und ihre muslim. Untergruppe, die **Meo** (etwa 300 000 in NO-Rajasthan und S-Haryana), leben heute als Bauern.

Mina Abdulla, Mīnah Abdallāh, Erdölverladehafen und Raffinerie in Kuwait, am Pers. Golf südlich von Mina al-Ahmadi und Schuaiba; durch Pipelines mit dem großen Erdölfeld Wafra verbunden.

Mina al-Ahmadi [-'axmadi], Stadt in Kuwait, Erdölexporthafen am Pers. Golf, 27 000 Ew.; Endpunkt dreier Pipelines, Erdölraffinerie. Der Hafen ist einer der größten Rohölverladeplätze der Erde.

Mina al-Fahal, Erdölexporthafen in Oman, westlich von Maskat, mit der einzigen Erdölraffinerie des Landes.

Mináč ['minaːtʃ], Vladimír, slowak. Schriftsteller, * Klenovec (Mittelslowak. Gebiet) 10. 8. 1922; behandelt in seiner Prosa v. a. die Kriegs- und Nachkriegszeit sowie Probleme der sozialist. Gesellschaft; Drehbuchautor, Publizist, Essayist.

Werke: *Romane:* Smrť chodí po horách (1948); Trilogie: Generácia, Tl. 1: Dlhý čas čakania (1958; dt. Lange Zeit des Wartens), Tl. 2: Živi a mŕtvi (1959; dt. Die Zeit wird reif), Tl. 3: Zvony zvonia na deň (1961; dt. Die Glocken läuten den Tag ein); Nikdy nie si sama (1962; dt. Du bist nie allein).

Minäer, griech. **Minaioi,** griech. Bez. des Volkes des antiken südarab. Reiches **Main** in der Flussoase des Djauf im NO-Jemen. Das Reich der M. kontrollierte während seiner Blütezeit (4. Jh. v. Chr.) den Karawanenweg von Südarabien an das Mittelmeer. Die wichtigsten Quellen über die M. sind neben Angaben bei klass. Autoren die in den antiken Städten des Djauf und entlang der Handelsstraßen gefundenen, in

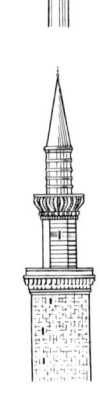

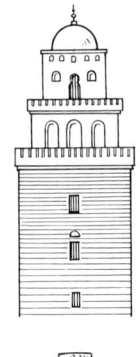

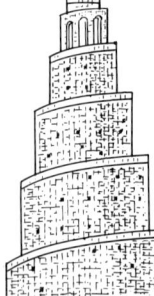

Minarett: Verschiedene Bauformen; von **oben** Istanbul, Ahmed-Moschee; Medina, Große Moschee; Kairouan, Große Moschee; Samarra, ›Malwija‹

einer zum →Altsüdarabischen gehörenden eigenen Sprache abgefaßten Inschriften.

Iscrizioni sudarabiche, Bd. 1: Iscrizioni minee (Neapel 1974).

Minahạssa, der nordöstl. Teil der nördl. Halbinsel von Celebes, Indonesien; gebirgig, mit aktivem Vulkanismus, schmalen Küstenebenen; ausgedehnte Kokospalmenpflanzungen. Außer Kopra werden auch Gewürznelken, Muskatnuss und Kaffee erzeugt, unter den Nahrungspflanzen v. a. Reis (überwiegend Trockenreis); Fischerei (v. a. Thunfische); Hauptort: Manado. Die Bev. besteht v. a. aus →Minahassa.

Minahạssa, Minahạsa, Menadonẹsen, die altindones. Bev. von Minahassa. Ihre Megalithkultur war bis ins 19. Jh. geprägt von Geisterglauben und Kopfjagd. Die rd. 1 Mio. M. sind weitgehend ref. Christen (dt. Missionare seit 1827), z. T. auch Katholiken; sie sind heute in ganz Indonesien verbreitet.

Minamạta-Krankheit, in dem südjap. Ort Minamata (auf Kyūshū) in den Jahren 1957–61 aufgetretene →Quecksilbervergiftung durch Verzehr von über Industrieabwässer kontaminierten Meeresfrüchten.

Minamoto, einer der Sippennamen für Nachkommen des jap. Kaiserhauses, die in den Untertanenstand versetzt waren. Die einzelnen Linien des weit verzweigten, auch Genji genannten Hauses benannten sich nach dem Kaiser, von dem sie abstammten. Mit den →Taira, die ebenfalls dem Kaiserhaus entstammten, bestand urspr. Einvernehmen, das jedoch, geschürt durch höf. Intrigen, in offene Auseinandersetzungen um die Macht im Staat umschlug, in denen sich die M. nach wechselvollen Kämpfen im 12. Jh. endgültig durchsetzten. – Bedeutende Vertreter:

1) **Minamoto no Yoritomo,** Feldherr und Staatsmann, Begründer der Shogunats-Reg., * 1147, † Kamakura 9. 2. 1199, Halbbruder von 2); wurde nach den Machtkämpfen zw. Taira und M. (1156–60) in die Prov. Izu verbannt. Von dort erhob er sich 1180 zum Anführer der Gegner der Taira. In der Folge baute er seine Machtstellung in den Ostprovinzen auf. Im sich anschließenden Bürgerkrieg wurden die Taira, v. a. durch die takt. Begabung von YORITOMOS Halbbruder YOSHITSUNE, der die entscheidenden militär. Operationen leitete, in der Seeschlacht von Dannoura am 25. 4. 1185 geschlagen. In den folgenden Machtkämpfen mit den übrigen Landesfürsten, aber auch gegen YOSHITSUNE, behielt YORITOMO die Oberhand. Er dehnte seine noch während des Bürgerkriegs im Osten aufgebaute eigene Administration auf ganz Japan aus und regierte als Shōgun (1192 vom Tenno offiziell ernannt) von seinem ehem. Hauptquartier Kamakura aus das Land.

2) **Minamoto no Yoshitsune** [-jɔʃi-], Krieger, * 1159, † Festung Koromogawa (bei Hiraizumi, auf Honshū) 15. 6. 1189, Halbbruder von 1); in einem Kloster aufgewachsen, das er mit 15 Jahren verließ, um sich 5–6 Jahre später seinem Halbbruder YORITOMO anzuschließen. Seine militär. Begabung trug wesentlich zu dessen Sieg über die Taira bei. YOSHITSUNES herausragende Stellung am Kaiserhof, begründet durch seine militär. Erfolge, u. a. die Besetzung Kyōtos, erregte den Argwohn YORITOMOS, der ihn unter dem Vorwurf des Treuebruchs beseitigen lassen wollte. Auf der Flucht vor den Häschern seines Bruders zog YOSHITSUNE durch Japan, bis er im Norden bei FUJIWARA NO HIDEHIRA († 1187) eine Zuflucht fand. Nach dessen Tod zwang sein Sohn aus Furcht vor YORITOMOS Repressalien YOSHITSUNE zum Selbstmord.

Minangkạbau, Menangkạbau, den Malaien nahe verwandtes jungindones. Volk im zentralen W-Sumatra, im Padanghochland, v. a. in der Prov. Sumatera Barat (80–85 % M.), infolge von Abwanderungen auch in den Städten ganz Indonesiens, insgesamt etwa rd. 6 Mio. Angehörige. Trotz ihrer mutterrechtl.

Minarett: links ›Malwija‹, das Minarett der Großen Moschee in Samarra, 847–861; rechts Grabmal des Kurkumas auf dem Friedhof der ›Kalifengräber‹ in Kairo; 1507

Gesellschaftsordnung und vorislam. Religionsvorstellungen gelten die M. als strenge sunnit. Muslime. Die Häuser werden bei Vermählung eines weibl. Familienmitglieds erweitert und zeigen so durch die Anzahl der Giebel die Größe der Familie an. Die Vorderseiten und Giebel der Häuser aus Holz sind reich beschnitzt und bemalt mit floralen Ornamenten und häufig mit vergoldeten Tierköpfen oder Hörnern verziert. – Zentrum des Siedlungsgebiets der M. ist Bukittinggi. Die Blütezeit ihres Reiches dauerte vom 13. bis 16. Jh.; seit dem 15. Jh. sandten die M. Kolonisten zur Malaiischen Halbinsel; deren etwa 500 000 Nachfahren sind weitgehend an die Malaien assimiliert.

U. SCHOLZ: M. Die Agrarstruktur in West-Sumatra u. Möglichkeiten ihrer Entwicklung (1977).

Minarẹtt [frz. minaret, über türk. minare(t) von arab. manāraʰ, eigtl. ›Platz, wo Feuer oder Licht ist‹] *das, -s, -e,* **Minạr, Manạra,** Turm an einer Moschee für den Gebetsrufer (Muezzin); seit omaijad. Zeit Bestandteil jeder Moschee. Es besitzt für den Muezzin eine begehbare Galerie (Schebeke), die oft reich verziert ist und deren Form und Anordnung für die Proportion des M. wichtig ist. Der erstmals in Damaskus an der Großen Moschee (706 ff.) vorkommende viereckige Turmtyp (Übernahme der Ecktürme des an dieser Stelle gelegenen Tempelbezirks aus der röm. Kaiserzeit) wurde die verbindl. Bauform des islam. W (Nordafrika, Spanien). Für den O wurde die runde, auch polygonale oder quadrat., meist sehr hohe Form charakteristisch. Als deren Vorläufer gilt das frei stehende, spiralförmige, von Rampen umzogene M. (›Malwija‹) der 847–861 erbauten Großen Moschee in Samarra, dessen Aufbau vielleicht von babylon. Stufentürmen angeregt wurde. Für die Ausbildung schlanker, hoher Formen im O spielten vielleicht die hohen Zeltstangen der Nomaden eine Rolle (sie verkörperten zugleich den Weltenbaum). Das oft frei stehende M. wurde im Laufe der Zeit stärker in die Fassade oder die Hofarchitektur integriert (z. B. als Doppeltürme den Iwan oder das Portal flankierend). Die Osmanen bildeten die M. zu schlanken, hohen und spitzen Türmen aus (Nadel-M.), von denen häufig vier oder mehr die Moscheen umgeben. Weitere BILDER →afghanische Kunst, →Ghazni, →islamische Kunst, →Istanbul

Mịnas, Hauptstadt des Dep. Lavalleja, SO-Uruguay, in hügeligem Waldgebiet, 34 700 Ew.; Bischofssitz; Mineralwasserabfüllung, Zuckerfabrik, Brauerei; Werksteinbrüche, Eisenerzabbau; in der Umgebung Fremdenverkehr; Fernsehstation; Flugplatz.

Minas Gerais [ˈminaʒ ʒeˈrais, port. ›allgemeine Minen‹], Bundesstaat Brasiliens, 588 384 km², (1993) 16,14 Mio. Ew.; Hauptstadt ist Belo Horizonte. M. G., eine nach W um 800 m hohe Rumpffläche, gehört größtenteils zum Brasilian. Bergland, mit der Serra do Espinhaço (bis über 2 000 m ü. M.) und der Serra da Mantiqueira (im Pico das Agulhas Negras 2 821 m ü. M.). M. G. ist der wichtigste Bergbaustaat Brasiliens mit reichen, hochwertigen Eisen- und Manganerzen (in eigenen Hüttenwerken und in Volta Redonda verarbeitet); ferner werden u. a. Gold (1698 entdeckt), Schmucksteine, Industriediamanten (1729 entdeckt), Quarz, Bauxit, Nickelerz, Graphit abgebaut. Der Bergbau begründete auch den Reichtum der früheren Hauptstadt Ouro Prêto. Bei Poços de Caldas befinden sich die wichtigsten Uranerzvorkommen Brasiliens. M. G. ist einer der wichtigsten Agrarstaaten Brasiliens mit Anbau von Reis, Bohnen, Mais, in jüngster Zeit im S wieder zunehmend Kaffee sowie mit extensiver Rinderweidewirtschaft im N und W auf Campos cerrados (Feuchtsavannen). Der semiaride NO ist unterentwickelt. – Die port. Kolonisatoren betraten M. G. auf der Suche nach Gold und Edelsteinen zuerst 1552 von Bahía her. Seit 1673 drangen vom Paraíbatal her Goldsucher aus São Paulo vor. 1720 wurde ein selbstständiges Generalkapitanat errichtet. Seit der Loslösung von Portugal spielte M. G. eine bedeutende Rolle in der brasilian. Politik.

Minatitlán, Stadt im Bundesstaat Veracruz, Mexiko, 145 000 Ew.; Zentrum der Erdölförderung (seit den 1940er-Jahren) auf dem Isthmus von Tehuantepec, mit Raffinerie; Düngemittelindustrie; Hafen am Río Coatzacoalcos, 32 km vor der Mündung. – Gegr. 1822 unter dem Namen Paso de la Fábrica.

Minbar [arab.] *der, -(s)/-s,* **Mịmbar,** Kanzel in der Moschee, auf der die Freitagspredigt gehalten wird. Sie diente urspr. als Herrscher- und Richtersitz der Kalifen und ihrer Statthalter, seit dem 8. Jh. als Predigtkanzel. Der M. ist eine erhöhte, meist überdachte Plattform, rechts vom →Mihrab über eine Treppe zu erreichen, die durch eine Tür, ein Gitter oder Tor verschlossen werden kann. Der älteste der oft sehr kostbar gearbeiteten M. aus Holz befindet sich in der Großen Moschee von Kairouan (9. Jh.). Später wurden M. auch aus Ziegeln oder Stein gebaut und mit Stuck, Fayence oder Einlegearbeiten verziert.

Minch, The M. [ðəˈmɪntʃ], **North Minch** [ˈnɔːθ-], Meeresstraße des Atlantiks zw. der W-Küste Schottlands und den Äußeren Hebriden, 37–73 km breit; setzt sich im S, zw. der Insel Skye und den Äußeren Hebriden, als **The Little Minch** fort (23–32 km breit).

Minbar und Mihrab (links) in der Freitagsmoschee in Mandu; 15. Jh.

Mincha [hebr. ›Gabe‹] *die, -,* urspr. allgemein das Opfer (1. Mos. 4,3), später besonders das vegetabilische Speiseopfer (z. B. Mehl und Öl).

Minchia [-dʒa], Volk in China, →Pai.

Minchō [-tʃo], jap. Maler, eigtl. **Kichizan M.,** * 1352, † Kyōto 26. 9. 1431; Zen-Priester im Kloster Tōfukuji ebd., für das er unter starkem chin. Einfluss u. a. 50 Bilder der 500 Arhat (1383), ferner ein riesenhaftes Bild des Nirvana Buddha und als sein Meisterwerk das Porträt des Klostergründers Shōichi malte. Er zählt zu den Klassikern jap. Tuschmalerei.

Mindanao, südlichste, mit 94 630 km² zweitgrößte Insel der Philippinen, (1995) 15,15 Mio. Einwohner.

Landesnatur: M. hat durchweg Hochland- und Gebirgscharakter; ausgedehntere Ebenen sind nur das Agusantal im NO und die Ebene von Cotabato im W. Mit Ausnahme der Umgebung von Davao sind die Küstensäume schmal. Im nördl. Zentralteil sind riesige Plateaubasalte und Stratovulkane bestimmend. Sie bauen das Plateau von Lanao-Bukidnon auf. Auch im südlicheren Zentralteil prägen die Vulkane mit dem höchsten Berg der Philippinen, dem Mount Apo (2 954 m ü. M.), das Relief. Das ausgedehnte Cotatobecken stellt ein junges Sedimentbecken dar. Das durch einen komplexeren geolog. Bau gekennzeichnete Dagumagebirge und die Küstenkordillere im SW sind waldreich, bis heute aber fast unerschlossen. Über einen nur 7 km breiten Isthmus ist die Halbinsel Zamboanga mit dem Hauptteil von M. verbunden; ihr gebirgiger Norden (Mount Dapiak: 2 567 m ü. M.) ist ebenfalls vulkanisch geprägt.

Klima: M. liegt in den inneren Tropen und, mit Ausnahme des NO, außerhalb des Taifungürtels. Die Jahresniederschläge liegen vielfach über 3 000 mm (Surigao: 3 605 mm); sie sinken lediglich im SO (Davao: 1 930 mm) und bes. im SW (Zamboanga: 1 125 mm) deutlich ab.

Wirtschaft: M. weist reiche Rohstoffvorkommen auf. Dazu gehören bedeutende, z. T. noch ausländ. Hilfe erschlossene Bodenschätze, wie Kupfererze, Gold und Silber (um Davao), Nickel-, Eisenerze (für beide die reichsten Vorkommen des Landes) sowie Chromit und Bauxit im NO (auf den vorgelagerten Inseln Nonoc und Dinagat). Daneben birgt M. reiche Vorräte an Nutzholz. Für den Export spielen auch die vielfach in Plantagen (z. T. ausländischer Konzerne) kultivierten Bananen (um Davao), Ananas (östlich von Cagayan de Oro), Kokos- und Ölpalmen, Kautschuk und Manilahanf eine Rolle. Der Anbau von Reis, Mais, Maniok u. a. dient dem Eigenbedarf, ebenso die Küstenfischerei.

Die *Bevölkerung* konzentriert sich in den genannten Flussebenen und entlang den Küsten; das Innere ist, mit Ausnahme der Region um den Lanaosee, dünn besiedelt. Diese peripheren Räume sind die Siedlungsgebiete altindones. Stämme (Bagobo, Manobo, T'boli u. a.), in die sie von den später eingewanderten (200 v. Chr.–1500 n. Chr.) jungindones. Stämmen zurückgedrängt wurden. Sie betreiben Landwechselwirtschaft. – Wichtigste Städte sind Davao im SO, Zamboanga im SW und Cagayan de Oro im N. Bis in die 1960er-Jahre war M. Hauptzielregion einer hauptsächlich von den Visayas ausgehenden Binnenwanderung (Cebuano: verbreitetste Sprache in M.). – Ein besonderes polit. Problem stellen die 15–20 % der Bev. von M. bildenden Muslime (→Moro) dar (sie bilden in zwei der 19 M.-Provinzen die Mehrheit der Bewohner). Ihrer ethn. Herkunft nach unterscheiden sie sich nicht von den übrigen Filipinos, jedoch identifizieren sie sich mehr mit der islam. Welt. Dieser seit Jahrhunderten andauernde Glaubenskonflikt eskalierte zu Beginn der 1970er-Jahre zu einem für beide Seiten verlustreichen Guerillakrieg, der erst in jüngster Zeit abebbte (am 2. 9. 1996 Unterzeichnung eines Friedensabkommens durch die größte kämpfende Mus-

Minden: Blick über die Weser auf die Stadt mit Dom, rechts davon die Pfarrkirchen St. Simeonis und St. Martini

limorganisation, die ›Moro National Liberation Front‹. (→Philippinen, Geschichte).

Mindel *die,* rechter Nebenfluss der Donau, 75 km lang, entspringt 2 km östlich von Ronsberg in den äußersten Moränen des eiszeitl. Lechgletschers und zieht mit breitem, in die Schotterplatte und ihren Tertiäruntergrund eingetieftem Tal zur Mündung bei Gundremmingen im Donauried.

Mindel-Eiszeit [nach der Mindel], altpleistozäne Eis- oder Kaltzeit des alpinen Vereisungsgebiets, entspricht der →Elster-Eiszeit im N Mitteleuropas; nachgewiesen v. a. durch fluvioglaziale Ablagerungen (jüngere →Deckenschotter), da die Endmoränen durch die Gletscher der nachfolgenden Riß-Eiszeit eingeebnet wurden. (→Eiszeitalter)

Mindelheim: Alter Gasthof und das ›Osttor‹, eines der Stadttore

Mindelheim, Kreisstadt des Landkreises Unterallgäu, Bayern, 607 m ü. M. an der Mindel im Alpenvorland, 13 900 Ew.; Heimat-, Turmuhren-, Textil-, Krippen-, Vorgeschichtsmuseum; Maschinen- und Werkzeugbau, Herstellung von Kunststoffwaren, elektron. und Haushaltsgeräten, Teppichweberei. – Altertüml. Stadtbild mit drei Toren und ›Gefängnisturm‹ sowie Resten der Befestigung (14. Jh.). Kath. Pfarrkirche St. Stephan (1712/13, mit älterem Glockenturm); ehem. Jesuitenkirche Mariä Verkündigung (1625–26, barock umgebaut); Franziskanerinnenkloster Hl. Kreuz (17.–18. Jh.) mit Refektorium (1739–40). Die Mindelburg über M. (um 1370, mehrfach umgebaut) und die Stadt waren 1467–1586 im Besitz der Familie Frundsberg. – M., aus einer alemann. Siedlung des 7. Jh. und einem fränk. Königshof hervorgegangen, wurde 1046 erstmals urkundlich erwähnt. Es erhielt vor 1256 Stadtrechte. Nach mehrfachem Herrschaftswechsel gelangte M. 1616 an Bayern.

F. Zoepfl: Gesch. der Stadt M. in Schwaben (1948, Nachdr. 1995); H. Habel: Landkreis M. (1971).

Mindelo [-lu], wichtigste Hafenstadt und Wirtschaftszentrum von Kap Verde, auf São Vicente, 47 100 Ew. Den Hafen (Porto Grande) laufen zahlr. Schifffahrtslinien im Transatlantikverkehr an.

Mindel-Riß-Interglazial, mittelpleistozäne Warmzeit des alpinen Vereisungsgebietes, zw. Mindel- und Riß-Eiszeit. (→Eiszeitalter)

Minden, Kreisstadt des Kr. Minden-Lübbecke, NRW, 45 m ü. M., 85 800 Ew.; Verkehrsknoten nördlich der →Porta Westfalica am Wasserstraßenkreuz von Weser- und →Mittellandkanal (Kanalbrücken); Wasser- und Schifffahrtsamt sowie weitere Bundes- und Landesbehörden, Forschungs- und Technologiezentrum zur Erprobung der Reisezug- und Güterwagentechnik der Dt. Bahn AG, Abt. Architektur- und Bauingenieurwesen der FH Bielefeld, Museen, Stadttheater. Der wirtschaftl. Aufschwung M.s setzte nach Aufhebung der Festung (1873) sowie dem Bau des Mittellandkanals und der Kanalisierung der Mittelweser, an denen M. Häfen hat (Umschlag 1995: 671 000 t). Vielseitige Industrie (Chemie, Elektronik, Papier- und keram. Erzeugnisse, Metall, Holzverarbeitung).

Stadtbild: Der kath. Dom St. Peter und Gorgonius (1945 schwer beschädigt, wiederhergestellt) ist eine frühgotische Halle (13. Jh., auf Vorgängerbauten des 9.–11. Jh.) mit monumentalem roman. Westwerk (um 1150); Maßwerkfenster, Bronzekruzifix (wohl 2. Hälfte 11. Jh.), Apostelfries des ehem. Lettners (2. Hälfte 13. Jh.); Domschatz. Ebenfalls auf roman. Vorgängerbauten gehen die zu got. Hallenkirchen umgestalteten Pfarrkirchen St. Marien (2. Hälfte des 14. Jh.), St. Simeonis (nach 1305, Chor 1434) und St. Martini (nach 1300) zurück. Rathaus mit Laubengang (Ende 13. Jh.), der Oberbau 1953–54 neu errichtet; Neues Rathaus (1974–78) von H. Deilmann.

Geschichte: M., 798 erstmals genannt, wurde um 800 durch Karl d. Gr. Bistum. Die Siedlung um den Dom erhielt 977 Münz-, Markt- und Zollrecht und erreichte im 13. Jh. den Anschluss an die allgemeine städt. Rechtsentwicklung (1244 Ratsherren genannt; 1246 erstes westfäl. Städtebündnis). 1648 kam es mit dem säkularisierten Fürstbistum M. an Brandenburg. Seit 1719 war es Sitz der preuß. Landesbehörden für M.-Ravensberg. König Friedrich II., d. Gr., ließ die Festungswerke des 16./17. Jh. schleifen; 1816–73 war M. erneut Festung und blieb nach dem Bau der Köln-M.er Eisenbahn (1847) Garnisons- und Beamtenstadt.

Minden
Stadtwappen

Innerhalb der preuß. Provinz Westfalen war M. 1815–1947 Hauptstadt des Reg.-Bez. M. und Sitz der Bezirks-Reg., die nach der Vereinigung des Reg.-Bez. M. mit Lippe nach Detmold verlegt wurde.
Mindener Geschichtsquellen, hg. v. K. LÖFFLER, 3 Bde. (1917–32); M. KRIEG: Kleine Chronik der Stadt M. (²1950).

Minden-Lübbecke, Kreis im Reg.-Bez. Detmold, NRW, 1 152 km², 316 300 Ew.; Kreisstadt ist Minden. Vom bewaldeten Wiehengebirge mit der Porta Westfalica erstreckt sich das Kreisgebiet bis in die hier teils moorige norddeutsche Ebene. Im nördl. und westl. Teil, um Lübbecke und Espelkamp, herrscht Landwirtschaft (Hackfrucht- und Getreidebau) vor. Bes. die Stadtgebiete von Minden und Bad Oeynhausen sind gekennzeichnet durch ein vielseitiges verarbeitendes Gewerbe (v. a. Investitionsgüter), das mit (1993) 34,4 % zur Bruttowertschöpfung beiträgt. Weser und Mittellandkanal erlauben Binnenschifffahrt. Erholungsverkehr; ›Westfäl. Mühlenstraße‹ (300 km).

Minder [mɛ̃ˈdɛr], Robert, Literaturhistoriker, * Wasselnheim (Elsass) 23. 8. 1902, † Cannes 10. 9. 1980; wurde 1934 Prof. für dt. Sprach- und Kulturgeschichte in Nancy, 1957 in Paris am Collège de France.
Werke: Kultur u. Lit. in Dtl. u. Frankreich. 5 Essays (1962); Dichter in der Gesellschaft (1966); 8 Essays zur Lit. (1969); Wozu Literatur? (1971).

Mindere Brüder, Bez. für die →Franziskaner.

Schlüsselbegriff

Minderheit, Minorität, als Komplementärbegriff zu Mehrheit in der Verfassungsdiskussion seit der Antike Bez. für den jeweils in einer Abstimmung unterlegenen Teil einer Gesamtgruppe. Seine in nahezu alle Lebensbereiche hineinragende Bedeutung erhielt M. mit der Ausbildung des Begriffspaars ›minorité‹ und ›majorité‹ im 18. Jh. und mit dessen Rezeption durch die Frz. Revolution. Mit dem hier erhobenen Gleichheitspostulat aller Menschen in Politik und Gesellschaft wurden Besonderheiten, Abweichungen und Differenzen erstmals zum Problem gesellschaftl. und polit. Integration, obwohl sich diese Problematik bereits seit der frühen Neuzeit angekündigt hatte. Dabei findet sich der Begriff M. von Anfang an in unterschiedlich stark aufeinander bezogenen Gebieten: 1) im Verfassungs- und Staatsrecht bei zu treffenden polit. Entscheidungen; 2) im Bereich der polit. Geschichte und des Völkerrechts als Bez. einer Gruppe von Menschen, die nicht alle jeweils als wichtig erachteten Merkmale der Mitgl. eines polit. Verbandes (Nation, Staat) aufweisen (wollen); 3) im religiösen Bereich als Abweichung von einer dominierenden Religionsgemeinschaft unter Beanspruchung gleicher Geltung, wenn nicht überlegenen Wissens; 4) in den Sozialwissenschaften als Bez. für Menschen und soziale Gruppen, denen Anderssein bezüglich der gesamtgesellschaftlich bestimmenden Merkmale zugesprochen wird oder die dieses für sich beanspruchen; 5) in sozialpsycholog. Sicht für Menschen, die sich in ihrer Persönlichkeitsstruktur, in ihrem Verhalten und in ihrer Konstitution von anderen Menschen und deren sozialen Normen unterscheiden.

Es ist in der Forschung umstritten, ob sich sämtl. Bedeutungsfelder unter einem Begriff subsumieren lassen, da z. B. ›Anderssein‹ einer Bev.-Gruppe nicht mit zahlenmäßiger Unterlegenheit einhergehen muss, wie das Beispiel der nichtweißen Bev. in der Rep. Südafrika unter der Apartheid zeigte; zum anderen ist fraglich, ob polit. gesellschaftl. Randgruppen wie Prostituierte, Obdachlose, Arbeitsimmigranten oder nat. M. überhaupt unter einen M.-Begriff fallen, da ihnen außer dem ›Anderssein‹ weitere verbindende Merkmale fehlen und die Bedingungen ihres gesellschaftl. Außenseitertums stark voneinander abweichen. M. bezeichnet also nicht nur einen vorhandenen Tatbestand, auch nicht ein Zahlen- oder Machtverhältnis, sondern eine soziale Beziehung, innerhalb derer, durch die Normen einer bestimmenden Gruppe, andere Menschen, Gruppen und Verhaltensweisen mit weniger Anerkennung ausgestattet werden und infolgedessen in ihren Lebens- und Durchsetzungschancen begrenzter sind, als es die bestehenden Möglichkeiten zulassen.

Historische Entwicklung

Historisch lassen sich M. bis in die Anfänge sozialer Organisation zurückverfolgen. Für die Entwicklung des M.-Problems im neuzeitl. Europa und dessen weltweite Auswirkungen sind verschiedene Entwicklungsschritte zu unterscheiden, die ihrerseits als Reaktionen auf die im Zuge der Entwicklung der modernen Gesellschaft erfahrenen Erschütterungen zu sehen sind. Erst die wachsende wechselseitige Abhängigkeit immer größerer Bev.-Gruppen voneinander bei zugleich steigenden Möglichkeiten zu individueller Autonomie entfaltete zu Beginn der Neuzeit auch den sozialen, polit. und jurist. Handlungsraum, innerhalb dessen M. als polit. und soziales Problem in Erscheinung traten.

Das bereits seit der Antike vereinzelt diskutierte M.-Problem tauchte in der Neuzeit zuerst in religiöser Hinsicht auf. Am Übergang vom MA. zur Neuzeit führte die Aufsplitterung der universalen abendländ. Kirche zu einer Fülle unterschiedl. religiöser Gruppierungen, die, entgegen den kirchl. und staatl. Einigungsbestrebungen, fortan eine religiöse Vielfalt darstellten und im Laufe der Jahrhunderte religiöse Freiheit und Toleranz einforderten. Der nicht zuletzt als Reaktion auf die Reformation hervorgerufene Homogenisierungsdruck der frühneuzeitl. Gesellschaften machte das Problem der religiösen M. auch zu einem polit. Problem.

Ein zweiter Schritt zur Homogenisierung war die Ausbildung universaler und egalitärer Menschenrechte durch die Philosophie der Aufklärung. Bereits die religiösen M. hatten das Recht auf eigene Besonderheit gefordert und zugleich den Anspruch auf gleiche, d. h. für alle geltende Grundsätze erhoben. Dies führte in der Menschenrechtsdiskussion des 18. Jh. einerseits zur Vorstellung einer in allen Menschen gleichermaßen vorhandenen Fähigkeit zu vernünftiger Entscheidung, warf aber andererseits das Problem des Verhältnisses von allgemein postulierter Vernünftigkeit zu individuellen und abweichenden Ansichten auf. Dieses Denken machte aus den Angehörigen unterschiedl. Stände theoretisch Menschen mit gleichen Rechten und damit für die Gesellschaft die Aufgabe, mit den Eigenschaften und Verhaltensweisen physisch und psychisch verschiedener, rechtlich aber gleichberechtigter Menschen, deren Besonderheiten zur Privatsache erklärt wurden, umzugehen.

Einen weiteren Schritt in der Ausbildung von Mehrheitsdenken bildete im 19. Jh. die Ausrichtung polit. Organisationsmodelle an nationalstaatl. Vorstellungen. Diese stellten zunächst eine Reaktion auf die Krise der älteren Territorialstaaten dar, in denen u. a. die Idee des ›Reiches‹ als Oberbegriff für das Zusammenleben von ›Nationen‹ in einem Herrschaftsverband gesehen worden war. Bürgerlich liberales und romantisch-völk. Denken verbanden mit der Idee der Staatsnation während des 19. Jh. v. a. auch Vorstellungen ökonom. und polit. Entfaltung, in der zweiten Hälfte auch die Hoffnung auf die Abwehr der Machtansprüche unterer gesellschaftl. Schichten.

Für die Bildung von M. ist noch eine weitere Entwicklung wichtig. Der Zerfall der Agrargesellschaft und die Ausbildung moderner Industriegesellschaften mit entsprechender Vielfalt der Arbeits-, Wohn- und Lebensformen brachte einerseits eine Pluralisierung der Lebenswelten mit sich, führte andererseits jedoch zu neuen Uniformitäten und zur Einbeziehung immer weiterer Bev.-Gruppen in das Marktgeschehen, u. a. durch Binnenwanderungen und durch Arbeitsimmigration (Einwanderungsminderheiten). In diesem Rahmen zunehmender gesellschaftl. Interaktion entstanden, haben M. zur Ausprägung allgemeiner, formaler Grundsätze des Umgangs sozialer Gruppen untereinander beigetragen und so die Entwicklung der Gesamtgesellschaften weitergetrieben, deren Opfer sie zugleich (als ihre ›Abweichungen‹) mitunter wurden.

In dem Maß wie sich das Nationalstaatsprinzip als polit. Organisationsprinzip der Staaten durchsetzte und in den Vorstellungen vom Selbstbestimmungsrecht der Völker nach dem Ersten Weltkrieg seinen Niederschlag fand, wurden zunehmend auch **nationale Minderheiten** geschaffen, die sich in ihren Selbstbestimmungsansprüchen einerseits auf die nat. Ideen des 19. Jh. stützen konnten, andererseits den bestehenden Nationalstaaten zuwiderliefen und deren Existenz bedrohten. So kann die Zeit nach dem Ersten Weltkrieg auch in völkerrechtl. Sicht als die Epoche angesehen werden, in der nat. M. besondere Bedeutung erlangten, zumal die nat. Idee vielfach als Integrationsmittel zur Überdeckung sozialer Probleme instrumentalisiert wurde. Heute stellt sich das Problem nat. M. v. a. in den ehem. europ. Kolonien; Grenzen, die ausschließlich von den Interessen der europ. Kolonialmächte bestimmt waren und alte Kultur- und Stammesgebiete durchtrennten, wurden zu den Grenzen neuer Staaten, denen die Aufgabe des ›nation-building‹ zufiel. Assimilationsdruck und Bürgerkriege waren v. a. in Afrika die Folge (u. a. in Kongo [Biafra], Uganda, Ruanda, Burundi). Ein besonderes Problem stellen nach wie vor autochthone Völker dar (›indigenous people‹, z. B. die indian. Bev. Nord- und Südamerikas), die wegen ihrer zivilisator. Verwundbarkeit in ihrem Fortbestand bes. gefährdet erscheinen. Auch in den rechtsstaatl. Demokratien Westeuropas haben sich M.-Konflikte erhalten (Basken, Bretonen, Korsen, Iren, Südtiroler). Im Rahmen der europ. Integration wird der Schutz der M. als integraler Bestandteil der Verwirklichung der Menschen- und Bürgerrechte gefordert, wobei die kulturelle, ethn., sprachl. und religiöse Vielfalt in Europa (als ihr histor. Erbe und wertvolles Potenzial) auf der Grundlage des Subsidiaritätsprinzips zu wahren gilt. Die mit dem Zusammenbruch der kommunist. Regierungssysteme in Europa und dem Zerfall der Sowjetunion einhergehende staatl. Neustrukturierung führte in Ost- und Südosteuropa und in Mittelasien zu neuen (z. T. blutigen) M.- und Volksgruppenkonflikten (→ethnische Konflikte); z. B. in den jugoslaw. Nachfolgestaaten, in den balt. Staaten, in Armenien, Aserbaidschan, Georgien, Moldawien und in den mittelasiat. GUS-Republiken, die die Notwendigkeit des M.-Schutzes bes. eindringlich deutlich machen.

Minderheitenschutz

Die Frage, wer M. im Sinne des Schutzsystems sein kann, ist noch nicht abschließend gelöst. Auch das jüngste Rahmenübereinkommen des Europarats zum Schutz nat. M. (1995) definiert diese nicht näher. Die M. im Rechtssinne wird von der herrschenden Meinung durch objektive und subjektive Merkmale bestimmt: Unterscheidung von der Mehrheitsbev. in ethn., sprachl. oder religiöser Hinsicht und eine gemeinsame Identität einerseits sowie das Bewusstsein der Verschiedenheit, ein Solidaritätsgefühl und die Absicht der Gruppe, ihre Besonderheit zu erhalten, andererseits. In neueren M.-Schutzverträgen wird dem Individuum das Recht eingeräumt, seine Zugehörigkeit zur M. selbst zu ›bekennen‹ (z. B. Deutsch-Poln. Nachbarschaftsvertrag 1991, Art. 20).

Der Schutz, der innerstaatlich und völkerrechtlich verbürgt sein kann, entfaltet sich auf drei unterschiedl. Ebenen: indirekt durch die Gewährung der Menschenrechte und direkt durch die Normierung von Gruppenrechten sowie durch speziell die M. fördernde (deswegen aber oft auch bes. umstrittene) Maßnahmen (›affirmative action‹). Unter den Menschenrechtsverbürgungen kommt dem in zahlr. multilateralen Verträgen verankerten Gleichheitsgrundsatz und dem Diskriminierungsverbot herausragende Bedeutung zu: z. B. ›Internat. Pakt über bürgerl. und polit. Rechte‹ (1966, Art. 26); ›Internat. Pakt über wirtschaftl., soziale und kulturelle Rechte‹ (1966, Art. 2 Abs. 2); ›Internat. Abkommen zur Beseitigung jeder Form von Rassendiskriminierung‹ (1966); ›Internat. Übereinkommen über die Bekämpfung und Bestrafung des Verbrechens der Apartheid‹ (1973); ›Konvention über die Verhütung und Bestrafung des Völkermordes‹ (1948, Art. II); ›Europ. Konvention zum Schutze der Menschenrechte und Grundfreiheiten‹ (1950, Art. 14). Da der Gleichheitssatz und das Diskriminierungsverbot jedoch nicht vor Assimilierung schützen, ja diese sogar fördern können, wird darüber hinaus gefordert, daß das Konzept der Individualrechte im Sinne der Ziele des M.-Schutzes durch gruppenspezif. Rechte ergänzt wird. Art. 27 des ›Internat. Paktes über bürgerl. und polit. Rechte‹ bestimmt so, dass Angehörigen von ethn., religiösen oder sprachl. M. nicht das Recht vorenthalten werden darf, gemeinsam ihr eigenes kulturelles Leben zu pflegen, ihre eigene Religion zu bekennen und auszuüben oder sich ihrer eigenen Sprache zu bedienen.

Das Rahmenübereinkommen des Europarats zum Schutz nat. M. (1995) enthält verbindl. Grundsätze und verbietet die Assimilierung von Angehörigen nat. M. gegen deren Willen. Die Entwicklung von Sprache und Kultur sowie die Entfaltung der polit. Rechte der M. bedarf oftmals stützender staatl. Maßnahmen, wofür beispielhaft die ›Europ. Charta für Regional- und M.-Sprachen‹ (1991) und – als Beispiel für bilaterale Gestaltung – das österreichisch-ital. Abkommen über Südtirol (1946) stehen.

Minderheiten i. w. S., die nicht den speziellen Schutz der ethn. oder nat. M. in Anspruch nehmen können, genießen den allgemeinen Schutz der Menschenrechte und Grundfreiheiten und partizipieren ebenso an der Entwicklung der wirtschaftl., sozialen und kulturellen Rechte. Darüber hinaus gibt es gruppenspezif. Schutz für Fremde (völkerrechtl. Fremdenrecht und Recht des Heimatstaates auf diplomat. Schutz), Flüchtlinge (›Genfer Flüchtlingskonvention‹, 1951), Staatenlose (›Übereinkommen über die Rechtsstellung der Staatenlosen‹, 1954), Prostituierte (›Konvention zur Unterdrückung der Ausbeutung von Prostituierten‹, 1950), Zwangsarbeiter (›Übereinkommen über die Abschaffung der Zwangsarbeit‹, 1957), Frauen (›Übereinkommen über die polit. Rechte der Frau‹, 1953, und ›Übereinkommen zur Beseitigung jeder Form von Diskriminierung der Frau‹, 1979), Kinder (›Übereinkommen über die Rechte des Kindes‹, 1989).

Die *Bundesrepublik Dtl.* beschränkt bisher den M.-Begriff in ihrer staatl. Praxis auf ethn. oder sprachl. Bev.-Gruppen in traditionell geschlossenen Siedlungsgebieten. Dies wird damit begründet, dass bestimmte M.-Rechte, wie minderheitensprachl. topograph. Bez., besondere Schulen oder Kultureinrichtungen der M. und die Zulassung der M.-Sprache als Amtssprache de facto nur in geschlossenen Siedlungsgebieten gewährleistet werden können. Speziellen Schutz erhalten: die dänischsprachige M. in Schlesw.-Holst. (›Bonn-Kopenhagener Erklärung von 1955‹; ferner Art. 5 Verf. Schlesw.-Holst. und die Ausnahme von der Fünfprozentklausel, § 3 Abs. 1 Satz 2 Landeswahl-Ges.), die fries. Bev.-Gruppe (Art. 5 Verf. Schlesw.-Holst.), die Volksgruppe der dt. Sinti und Roma (›Erklärung der Bundesrepublik Dtl. in Bezug auf das Rahmenübereinkommen zum Schutz nat. M. vom 1. 2. 1995‹), die Sorben (der bereits in Art. 40 DDR-Verf. verbürgte Schutz wurde vom Einigungsvertrag 1990 übernommen; in Durchbrechung von § 184 Gerichtsverfassungs-Ges. darf in den sorb. Heimatkreisen auch vor Gericht Sorbisch gesprochen werden; Schutzbestimmungen enthalten auch die neuen Länder-Verf., z. B. Art. 6 Sächs. Verf. 1992). Die deutschsprachige M. in Dänemark schützt die ›Bonn-Kopenhagener Erklärung von 1955‹. Anders als die Weimarer Reichs-Verf. (Art. 113) enthält das GG keine spezif. M.-Schutzbestimmungen. Art. 3 Abs. 3 GG verbietet im Einklang mit den allgemeinen Menschenrechten jede Form der Diskriminierung wegen Abstammung, Rasse, Sprache, Heimat, Herkunft, religiöser oder polit. Anschauungen. Eine umfassendere Verf.-Vorschrift mit besonderen staatl. Schutz- und Förderpflichten zugunsten der M. (Art. 20 b GG-Entwurf) scheiterte 1994 am umstrittenen M.-Begriff. Das dt. Strafrecht schützt M. aller Art vor Beschimpfungen, Verächtlichmachen und Verleumden (bes. Straftatbestand der ›Volksverhetzung‹, § 130 StGB). Angehörige von Gruppen, die in ihrer Entfaltung beeinträchtigt sind, können unter dem Aspekt der Sozialstaatlichkeit (Art. 20 Abs. 1 GG) gefördert werden; einklagbare Rechte für den Einzelnen oder die Gruppe bestehen allerdings nur auf der Grundlage einfacher Gesetzl. Konkretisierung. In der Sphäre des Privatrechts (bes. am Arbeitsplatz und bei der Vermietung von Wohnraum) verwirklicht sich der Schutz von M. sowohl in zwingenden Normen des öffentl. Rechts als auch in zeitlosen Generalklauseln (z. B. Sittenwidrigkeit).

In *Österreich* gelten Vorschriften, die die rechtl. Gleichstellung von M. mit den übrigen Staatsbürgern anordnen oder ihnen besondere Rechte einräumen. Rechtsquellen sind u. a. der Friedensvertrag von Saint-Germain-en-Laye (1919), der Staatsvertrag betreffend die Wiederherstellung eines unabhängigen und demokrat. Österreich vom 15. 5. 1955 (bes. Art. 7, betreffend die Rechte der slowen. und kroat. M.) und die Europ. Menschenrechtskonvention von 1950 (Art. 14). Nach innerstaatl. Recht (z. B. Volksgruppen-Ges. von 1976) sind v. a. die Verpflichtung zur Anbringung entsprechender topograph. Bez., das Recht auf den Gebrauch der eigenen Sprache auch als Amtssprache und Rechte im Unterrichts- und Erziehungswesen anerkannt. Eine besondere Rolle spielte Österreich bei der Umsetzung der Schutzbestimmungen zugunsten der ›deutschsprachigen Bewohner der Provinz Bozen und der benachbarten zweisprachigen Ortschaften der Provinz Trient‹ auf der Grundlage des österreichisch-ital. Abkommens über Südtirol (Gruber-De Gasperi-Abkommen vom 5. 9. 1946).

Die *Schweiz* ist das Musterbeispiel für das Modell des polyethn. Föderalismus. Die schweizer. Identität als polit., nicht aber als kulturelle oder sprachl. Nation löst die ethn., sprachl. und konfessionellen M.-Probleme. Deutsch, Französisch und Italienisch sind sowohl Amts- als auch Nationalsprache, das Bündnerromanische ist Nationalsprache und im Verkehr mit Personen bündnerroman. Sprache Amtssprache des Bundes (Art. 116 Bundes-Verf.). Der polyethn. Föderalismus ist in der Schweiz nicht nur Staatsorganisationsform, sondern Daseinsgrundlage. Die Polyethnie setzt sich auf kantonaler und kommunaler Ebene fort, sodass fast jeder Schweizer in irgendeiner Weise gleichzeitig Angehöriger einer Mehrheit und einer M. ist.

Gesellschaft

Moderne Gesellschaften sind als pluralist. Gesellschaften immer auch Gesellschaften vielfältiger M.; es zeichnet moderne Gesellschaften aus, dass ihre Mitgl. als Individuen zugleich Angehörige unterschiedl. Gruppierungen sein können, ohne dass dies das gesamtgesellschaftl. Funktionsgefüge infrage stellen muss. Insoweit stellt die Existenz von M. in einer modernen Gesellschaft nicht nur keine ›Gefahr‹ dar, sondern der Umgang mit ihnen kann vielmehr Ausweis (Indikator) für den Emanzipationsgrad einer Gesellschaft sein. Dabei kommen die vier historisch unterscheidbaren M.-Formen auch in den heutigen Gesellschaften vor: religiöse, nat. und ethnisch-kulturelle, polit. und soziale Minderheiten bilden den Grundbestand der vielfältigen sozialen Gruppen und Strömungen moderner Gesellschaften. Diese lassen sich so als Summe unterschiedlich großer und mächtiger Kleingruppen darstellen; das Individuum kann zugleich Angehöriger verschiedener M. sein, die alle durch die Anerkennung verbindl. formaler Rechtsgrundsätze im Umgang miteinander in wechselseitiger Anerkennung und Selbstbeschränkung handeln. Der Umgang mit M. ebenso wie ihre soziale Definition stehen wiederum im Spannungsfeld ökonom., polit. und sozialer Erfahrungen, die nach Problemlage und nach dem Grad der von den Individuen verlangten Zumutungen in der konflikthaften Abgrenzung von M. ihren Ausdruck finden können. Am Ende des 20. Jh. hat die Bedeutung von M., sei es als Chiffre für gesellschaftl. und staatl. Integration, sei es als Muster der Selbstbestimmung oder der Thematisierung von Diskriminierungserfahrungen und -mechanismen, aufgrund weltweiter Umbruchprozesse zugenommen und bildet so in gewissem Sinne eine Art Widerpart zu gleichfalls stattfindenden, ja diese z. T. erst hervorrufenden Bewegungen wie Globalisierung, Universalisierung, z. B. angesichts des weltweiten Abbaus kultureller Besonderheiten durch Massenmedien und Marktökonomie.

Minderheitenforschung

Die wiss. Erforschung des M.-Problems ging zunächst von den klass. Einwanderungsländern aus, bes. von den USA. Hier wurde mit dem Konzept des ›Marginal man‹ (R. E. PARK) ein Modell entwickelt, das die besondere Stellung eines Menschen, der zw. einer M.- und einer Mehrheitskultur lebt, im Hinblick auf seine Chancen und Gefährdungen erfassen kann. Die Völkerrechtsforschung wurde v. a. durch die M.-Schutzbestimmungen der Völkerbundszeit (1920–46) angeregt und wandte sich nach dem Zweiten Weltkrieg auch den Problemen vertriebener Volksgruppen zu; die weltweite Entwicklung der Gruppenrechte, die nach Entkolonialisierung und Auflösung der weltpolit. Blöcke eine weitere Segmentierung der Staatenwelt verhindern soll, bildet ihre aktuelle Herausforderung.

In der soziolog. Forschung wurden vier Gesichtspunkte bestimmend. In der Beschäftigung mit der Entstehung und den Funktionen sozialer Vorurteile wurde ein Mechanismus aufgedeckt, mit dessen Hilfe es der Mehrheit gelingt, bestimmte Gruppen als M. zu qualifizieren und im Hinblick auf die Konflikte und Machtbestrebungen der eigenen Gruppe zu instrumentalisieren. Auch ein zweiter Forschungsaspekt stellt auf die Konstituierung von M. durch die jeweilige Mehrheit ab, indem er nach den Voraussetzungen für die Diskriminierung von M. in der Persönlichkeitsstruktur (autoritärer Charakter) und nach den spezif. Formen der Disqualifizierung von sozialen Gruppen als M. für den psych. Haushalt der Gesellschafts-Mitgl. fragt (M. als ›Sündenbock‹ für alle sozialen Probleme, was z. B. im Antisemitismus zum Ausdruck kommt). Ein dritter Forschungsaspekt beschäftigt sich mit dem Verhältnis von Mehrheit und M. unter gruppensoziolog. Aspekten und betrachtet deren Verhältnis u. a. als Konkurrenzverhalten beim Kampf um Macht und Einfluss, wobei aber offen bleibt, inwieweit diese spezifisch in der Kleingruppenforschung gewonnenen Einsichten auf histor. und soziale Entwicklungsprozesse übertragbar sind. Der vierte, aus der Perspektive der M.-Angehörigen gewonnene Forschungsaspekt stützt sich auf das Konzept einer immer mehr Menschen betreffenden Erfahrung von Marginalisierung, wobei zu berücksichtigen ist, dass damit M. nicht nur in Bezug auf die Gesamtgesellschaft betrachtet werden können, sondern dass die Gesamtgesellschaft selbst zunehmend aus unterschiedl. sozialen Teilbereichen zusammengesetzt ist, sodass die Leiden und die Leistungen des ›Marginal man‹ immer stärker von allen Gesellschafts-Mitgl. verlangt werden. Dementsprechend hat sich heute in der Forschung die Betrachtung von M. als ›sozialen Konstruktionen‹, d. h. als Definitionsleistungen durchgesetzt, die Menschen oder Gruppen in bestimmten gesellschaftl. Lagen nutzen, um sich selbst und ›die anderen‹ zu positionieren und zu interpretieren, wobei die unterschiedlichsten Voraussetzungen (Geschlecht, soziale Stellung, Kultur, Sprache u. a.) herangezogen werden können.

⇨ *ausländische Arbeitnehmer · Gleichheit · Menschenrechte · multikulturelle Gesellschaft · Nation · Randgruppe · Rassismus*

E. K. FRANCIS: Ethnos u. Demos (1965); E. V. STONEQUIST: The marginal man. A study in personality and culture conflict (Neuausg. New York 1965); System eines internat. Volksgruppenrechts, hg. v. T. VEITER, 3 Bde. (1970–78); S. JERSCH-WENZEL: Die Lage von M. als Indiz für den Stand der Emanzipation einer Gesellschaft, in: Sozialgesch. heute. Festschr. für Hans Rosenberg, hg. v. H.-U. WEHLER (1974); P. WALDMANN: Marginalgruppe – Subkultur – Minorität. Ein Abgrenzungsvorschlag, in: Wiss. zw. Forschung u. Ausbildung, hg. v. J. BECKER u. a. (1975); F. ERMACORA: Nationalitätenkonflikt u. Volksgruppenrecht (1978); DERS.: Der M.-Schutz im Rahmen der Vereinten Nationen (a. d. Engl., Wien 1988); Hb. der westeurop. Regionalbewegungen, hg. v. J. BLASCHKE (1980); W. JÄGER: Mehrheit, M., Majorität, Minorität, in: Geschichtl. Grundbegriffe, hg. v. O. BRUNNER u. a., Bd. 3 (1982); O. KIMMINICH: Rechtsprobleme der polyethn. Staatsorganisation (1985); HERMANN MÜLLER: M., in: Handlex. zur Politikwiss., hg. v. W. MICKEL (Neuausg. 1986); R. ARNOLD: M., in: Staatslex., hg. v. der Görres-Gesellschaft, Bd. 3 ([7]1987); P. WALDMANN: Ethn. Radikalismus. Ursachen u. Folgen gewaltsamer M.-Konflikte am Beispiel des Baskenlandes, Nordirlands u. Quebecs (1989, Nachdr. 1992); M. Störpotential oder Chance für eine friedl. Gesellschaft, hg. v. W. GESSENHARTER u. H. FRÖHLING (1991); F. HECKMANN: Ethn. M., Volk u. Nation. Soziologie inter-ethn. Beziehungen (1992); D. BLUMENWITZ: M.- u. Volksgruppenrecht. Aktuelle Entwicklung (1992); DERS.: Volksgruppen u. M. Polit. Vertretung u. Kulturautonomie (1995); W.-D. BUKOW u. R. LLARYORA: Mitbürger aus der Fremde. Soziogenese ethn. Minoritäten ([2]1993); Peoples and minorities in international law, hg. v. C. BRÖLMANN u. a. (Dordrecht 1993); Das M.-Recht europ. Staaten, hg. v. J. A. FROWEIN u. a., 2 Bde. (1993–94); S. BARTSCH: M.-Schutz in der internat. Politik (1995); Ethn. M. in der Bundesrep. Dtl. Ein Lex., hg. v. C. SCHMALZ-JACOBSEN u. G. HANSEN (1995); J. NIEWERTH: Der kollektive u. der positive Schutz von M. u. im Durchsetzung im Völkerrecht (1996); M. OTTENBACH: Gesellschaftl. Konstruktion von M. Bevölkerungswiss. Diskurs u. polit. Instrumentalisierung (1997).

Minderheitsbeteiligung, Beteiligung an einem Unternehmen von unter 50% im Ggs. zur Mehrheitsbeteiligung; zuweilen wird auch unterschieden in Sperrminorität (Beteiligungsquote 25% bis unter 50%) und M. i. e. S. (Beteiligungsquote unter 25%).

Minderheitsrechte, im Gesellschaftsrecht, bes. im Aktienrecht, die einer Minderheit der Gesellschafterversammlung zustehenden Rechte, die auch gegen die Mehrheit durchgesetzt werden können. So muss z. B. die Hauptversammlung der AG einberufen werden, wenn eine Minderheit, die über 5% des Grundkapitals verfügt, dies verlangt. Von den M. unterscheidet man die ›Individualrechte‹, die jedem in der Gesellschafterversammlung überstimmten Mitgl. ohne Rücksicht auf die Höhe seiner Beteiligung zur Wahrung seiner Rechte zustehen, so insbesondere das Recht, einen Beschluss wegen Verletzung des Gesetzes oder der Satzung durch Klage anzufechten.

Minderjährige, Personen, die die Volljährigkeit (Mündigkeit, in Dtl. Vollendung des 18. Lebensjahres) noch nicht erreicht haben. M. unterstehen der →elterlichen Sorge. Über die Rechtsstellung von M. →Alter (ÜBERSICHT), →Deliktsfähigkeit, →Geschäftsfähigkeit. – Auf internat. Ebene gilt als eines der Haager Abkommen das **Minderjährigenschutzabkommen,** das staatl. Maßnahmen zum Schutz der Person und des Vermögens von M. betrifft, die ihren gewöhnl. Aufenthalt in einem Vertragsstaat haben. Mit der Folge von Vereinfachung der Rechtsanwendung sind für das Ergreifen von Schutzmaßnahmen die Behörden und Gerichte desjenigen Vertragsstaates zuständig, in dem der M. sich gewöhnlich aufhält.

Minderung, nachträgl. Herabsetzung des Kaufpreises bei Mangelhaftigkeit der gekauften Sache, § 462 BGB. Dabei verhält sich der geminderte (geschuldete) Kaufpreis zum vereinbarten Preis wie der wirkliche Wert der (mangelhaften) Sache zum Sollwert, § 472 BGB. Der Käufer kann insoweit die Rückzahlung des zu viel gezahlten Kaufpreises verlangen. Entsprechendes gilt bei mangelhafter Werk- oder Reiseleistung oder bei Mängeln der Mietsache (§§ 634, 651 d, 537 BGB). →Gewährleistung.

Ähnlich wie in Dtl. geregelt ist die M. in *Österreich* (§§ 932, 1167 ABGB) und in der *Schweiz* (Art. 205 ff., 368 ff. OR).

Minderwertigkeitskomplex, Begriff der Individualpsychologie (A. ADLER); das allgemeine Gefühl des Versagens vor den Ansprüchen der Umwelt oder der Unterlegenheit, Unsicherheit und Schwäche gegenüber den Leistungen oder dem Wert von Mitmenschen in körperl., geistiger oder moral. Beziehung **(Minderwertigkeitsgefühl, Insuffizienzgefühl).** Der M. entsteht durch ständige Verdrängung von übermäßigen (›überwertigen‹) Minderwertigkeitsgefühlen ins Unterbewusste. Auswirkungen sind Überkompensation, das Ausweichen in erleichterte Bewährungsmöglichkeiten, in schweren Fällen eine Neurose. Die Kompensation von Minderwertigkeitsgefühlen kann auch zu außergewöhnl. Leistungen führen.

Mindest|arbeitsbedingungen, Bestimmung der untersten Grenze der Entgelte und sonstiger Arbeitsbedingungen in einem Wirtschaftszweig oder in einer Beschäftigungsart. M. können durch den Bundes-Min. für Arbeit und Sozialordnung auf der Grundlage des Ges. über M. vom 11. 1. 1952 festgesetzt werden, jedoch nur, wenn 1) Gewerkschaften und Arbeitgeberverbände für den Wirtschaftszweig nicht bestehen oder 2) nur wenige Personen organisiert sind, wenn 3) eine Regelung durch allgemein verbindl. Tarifverträge nicht möglich ist oder 4) die Festsetzung zur Befriedigung der sozialen und wirtschaftl. Bedürfnisse der Arbeitnehmer erforderlich erscheint. Bislang sind M. noch nicht erlassen worden. Bei den Regelungen des →Entsendegesetzes handelt es sich nicht um M. im oben genannten Sinne.

Mindestgeschwindigkeit, 1) *Luftfahrt:* die kleinste Eigengeschwindigkeit, die Starrflügelflugzeuge einhalten müssen, um nicht durch Zusammenbruch des aerodynam. Auftriebs ihre Steuerbarkeit zu verlieren. Die M. ist abhängig vom Flugzustand und der Stellung vorhandener Hochauftriebsmittel.
2) *Straßenverkehr:* eine für Kfz auf bestimmten Straßen (v. a. Autobahnen) vorgeschriebene Geschwindigkeit, die nicht unterschritten werden darf.

Mindesthaltbarkeitsdatum, der Zeitpunkt, bis zu dem ein verpacktes Lebensmittelprodukt bei Einhaltung der erforderl. Verpackungs-, Transport- und Lagerbedingungen mindestens haltbar ist. Bis zu drei Monate haltbare Lebensmittel müssen nach der VO über die →Kennzeichnung von Lebensmitteln die Angabe von Tag und Monat der Mindesthaltbarkeit, von drei bis 18 Monate haltbare Lebensmittel müssen Monat und Jahr, mehr als 18 Monate haltbare müssen die Jahreszahl anzeigen. Lebensmittel mit abgelaufenem M. müssen auf Qualität überprüft werden, brauchen aber, sofern sie nicht zu beanstanden sind, nicht vernichtet zu werden (→Verfalldatum). – Ein M. ist auch auf Medikamentenpackungen angegeben.

Mindestkapital, gesetzlich festgelegter Mindestbetrag des Grundkapitals bzw. des Stammkapitals, der bei der Gründung einer AG oder einer GmbH gezeichnet sein muss. Das M. für die AG beträgt 100 000 DM, für die GmbH 50 000 DM Stammkapital.

Mindestpreis, Verkaufspreis, der über-, nicht aber unterschritten werden darf. M. werden als staatlich administrierte Preise durch Gesetz oder Anordnung festgelegt, aber auch von Unternehmen vereinbart (z. B. in Kartellen und bei abgestimmten Verhaltensweisen am Markt), um ruinöse Konkurrenz zu verhindern. Durch die Festlegung von M. über dem Gleichgewichtspreis werden Anbieter begünstigt, um über den Markt ein bestimmtes Einkommen zu sichern (z. B. Tariflohn als M. für bestimmte Arbeitsleistungen). Zum M. wird auf Gütermärkten eine Menge angeboten, die über der nachgefragten Menge liegt, sodass der entstehende Angebotsüberschuss ergänzende Maßnahmen erforderlich macht. So wird die agrar. Überproduktion in der EG durch staatl. Stellen zum M. aufgekauft und eingelagert (→Agrarmarktordnungen der EG) oder zusätzl. Nachfrage durch Subventionen angeregt bzw. durch Kaufzwang erzwungen. Produktionskontingente (z. B. Milchquoten in der Landwirtschaft) oder Subventionen für Kapazitätseinschränkungen (z. B. Flächenstilllegung in der Landwirtschaft) können der Überproduktion vermeiden helfen. Bei M. können sich auch illegale Märkte bilden, auf denen zu niedrigeren Preisen Geschäfte getätigt werden (z. B. Schwarzarbeit).

Mindestrente, in der Sozialpolitik ein Begriff, der im Sinne einer Mindestversorgung durch eine beitragsunabhängige Staatsbürgerversorgung verstanden wird, auch als Grundrente bezeichnet. In der Rentenversicherung Dtl.s gibt es keine M. Unter bestimmten Voraussetzungen, die im Art. 82 Rentenreform-Ges. 1992 geregelt sind, wird aber eine Rente nach Mindesteinkommen gewährt. Zum 31. 12. 1996 wurden ca. 3 Mio. Renten nach Mindesteinkommen (überwiegend an Frauen) gezahlt.

Mindestreserve, das gewöhnlich unverzinsl. Guthaben an Zentralbankgeld, das ein Kreditinstitut bei der Zentralbank oder anderen Giro- und Abrechnungsstellen kraft Gesetzes unterhalten muss. Gemäß § 16 Ges. über die Dt. Bundesbank müssen die Kreditinstitute Guthaben bei der Dt. Bundesbank unterhalten, und zwar in Höhe eines bestimmten Prozentsatzes **(M.-Satz)** ihrer Verbindlichkeiten aus Sicht-, befristeten und Spareinlagen sowie aufgenommenen kurz- oder mittelfristigen Geldern mit Ausnahme der Verbindlichkeiten gegenüber anderen mindestreservepflichtigen Kreditinstituten. Der Kreis der reservepflichtigen Institute und die Berechnungsmethode für M. werden in den Anweisungen der Bundesbank über M. (AMR) bestimmt. Die M.-Sätze wurden in der Vergangenheit zeitweise nach unterschiedl. Kriterien gestaffelt. Nach Abschluss der Neuordnung der M. durch die Dt. Bundesbank gelten seit August 1995 – einheitlich für Gebietsansässige und Gebietsfremde – folgende M.-Sätze: 2% für Sichteinlagen und befristete Einlagen sowie 1,5% für Spareinlagen. Die Bundesbank darf den Satz für Sichtverbindlichkeiten nicht über 30%, für befristete Verbindlichkeiten nicht über 20% und für Spareinlagen nicht über 10% festsetzen; für Verbindlichkeiten gegenüber Gebietsfremden darf sie jedoch einen Satz bis zu 100% festsetzen. Ein solcher Höchstsatz von 100% kam praktisch letztmalig 1978 zur Anwendung. Der Umfang der M. **(M.-Soll)** ergibt sich aus der Multiplikation der reservepflichtigen Verbindlichkeiten mit dem M.-Satz. Da das M.-Soll nur im Monatsdurchschnitt gehalten werden muss, können die Kreditinstitute ihre M. für Zahlungen verwenden und elastisch einsetzen, also als ›Working Balances‹ nutzen. Übersteigt die M.-Ist das M.-Soll, spricht man von Überschussreserven der Kreditinstitute bei der Dt. Bundesbank. Zw. 1978 und 1995 konnten die Kreditinstitute in wechselndem Umfang ihre Kassenbestände auf die M.-Haltung anrechnen lassen. Unterschreitet eine Bank ihr M.-Soll, muss sie einen Sonderzins (i. d. R. 3 Prozentpunkte über dem Lombardsatz) auf den Fehlbetrag zahlen. Verschiedentlich wurde die Einführung einer M.-Pflicht empfohlen, die nicht mehr an den Einlagen (Passiva) anknüpft, sondern bestimmte Positionen auf der Aktivseite der Bankbilanz (z. B. Kredite) zum Ansatzpunkt der Reservepflicht macht (›Aktiv-M.‹).

Urspr. sollten die M. der Sicherung der Zahlungsbereitschaft der Banken dienen; heute liegt ihre Bedeutung ausschließlich auf geld- und währungspolit. Gebiet, da die Zentralbank über die Festsetzung der M.-Sätze und deren Bezugsgrößen **(M.-Politik)** die Geldmenge in einer Volkswirtschaft zu beeinflussen sucht. Die M. stellt eine automatisch wirkende Bremse für die →Geldschöpfung dar, weil die Banken im Zuge einer monetären Expansion (stärkere Einlagenbildung) unmittelbar gezwungen sind, höhere M.-Guthaben zu unterhalten, wozu sie sich bei der Zentralbank zu den von ihr festgesetzten Konditionen refinanzieren müssen. Hohe (niedrige) M.-Sätze verringern (erhöhen) aufgrund des zunehmenden (abnehmenden) Refinanzierungsbedarfs den Geld- und Kreditschöpfungsspielraum der Banken. Diese unmittelbare Wirkung wird durch mittelbare Zinseffekte ergänzt. Wenn höhere (geringere) zinslose Guthaben bei der Zentralbank gehalten werden müssen, führt dies unter Rentabilitätsgesichtspunkten der Banken u. a. zu steigenden (sinkenden) Kreditzinsen und zu einer geringeren (höheren) Kreditnachfrage und Kreditschöpfung. Bei freiem Geld- und Kapitalverkehr führen im internat. Vergleich hohe M.-Sätze dazu, dass Banken und Kreditnehmer ihre finanziellen Aktivitäten in Länder ohne M.-Pflicht oder mit niedrigeren M.-Sätzen verlagern. Der nat. M.-Politik sind insoweit Schranken gesetzt. Unbeschadet dessen ist die M.-Politik auch für die →Europäische Zentralbank als geldpolit. Steuerungsinstrument vorgesehen.

Mindja [-dʒa], Volk in China, →Pai.

Mindoro, Insel der Philippinen, zw. Luzon und Palawan gelegen, 9 735 km² groß, (1995) 946 000 Ew. Die v. a. Reis, auch Mais, Zuckerrohr und Bananen kultivierenden Einwanderer (zumeist erst im 20. Jh.) der Küstenebenen haben die hier siedelnden altindian. Stämme (darunter die →Mangyan) in das gebirgige (bis 2 587 m ü. M.), unerschlossene Innere verdrängt.

Mindszenty ['mindsɛnti], József, eigtl. **J. Pehm,** ungar. Kardinal (seit 1946), *Csehimindszent (bei Steinamanger) 29. 3. 1892, †Wien 6. 5. 1975; wurde 1944 Bischof von Veszprim, 1945 Erzbischof von Gran und Primas von Ungarn. Als Gegner der deutsch-ungar. Politik von den Pfeilkreuzlern Ende 1944 inhaftiert, Anfang 1945 von den Sowjets befreit, wurde M. Ende 1948 wegen seiner Kritik an den kirchenfeindl. Maßnahmen der kommunist. Reg. erneut verhaftet und 1949 wegen angebl. Hochverrats zu lebenslängl. Haft verurteilt. Bei dem ungar. Aufstand (1956) wurde er befreit und lebte bis 1971 im Asyl in der amerikan. Botschaft in Budapest, anschließend, nachdem Ungarn seine Ausreise erlaubt hatte, in Wien. Im Zuge der nachkonziliaren vatikan. ›Ostpolitik‹ wurde er 1974 vom Vatikan gegen seinen Willen amtsenthoben. 1990 durch die ungar. Regierung rehabilitiert, wurden seine sterbl. Überreste 1991 im Dom von Esztergom (Gran) feierlich bestattet. Die kath. Kirche leitete für M. den Seligsprechungsprozess ein.

Kardinal M. Das Gewissen der Welt (1972); Joseph Kardinal M. Dokumente, Berichte, Kommentare ... (1974).

Mine die, -/-n, lat. **Mina,** griech. **Mna,** antike oriental. Masseneinheit, die von den Griechen übernommen wurde; 1 babylon. M. (Manu) = 60 Schekel = 516 g, 1 att. M. = 100 Drachmen = 436,6 g, 60 M. = 1 Talent.

Mine [frz., von mlat. mina ›Erzader‹, urspr. ›Pulvergang‹] die, -/-n, **1)** *Bergbau:* Bergwerk, Erzlager, unterird. Gang.

2) *Waffentechnik:* früher Bez. für unterirdisch vorgetriebene Stollen mit sprengstoffgefüllten Kammern zur Zerstörung gegner. Befestigungsanlagen oder Feldstellungen (→Minenkrieg); heute ein mit Sprengstoff gefülltes Behältnis unterschiedl. Form, dient als im Wesentlichen passives, d. h. immobiles Kampfmittel mehr der defensiven Kriegführung. Als M.-Sperren, M.-Felder u. Ä. verlegte M. schränken einen Gegner in dessen Handlungsmöglichkeiten ein. Grundsätzlich unterscheidet man zw. Land- und Seeminen. (→Luftmine)

Land-M. können auf unterschiedl. Weise zur Detonation gebracht werden: durch Berührungskontakt (i. d. R. Druck), ohne Berührungskontakt (Magnetzündung, Fernzündung über Funk oder Draht, Auslösung durch Lichtwellenleiter), mechan. Zugzündung (durch Beobachter oder vom Gegner berührten Stolperdraht) oder Selbstzündung nach Ablauf einer eingestellten Wirkzeit. Sonderformen der Land-M. sind neben M. mit Kernsprengstoff (Atom-M.) und solchen mit chem. Kampfstoff die so genannten Antipersonen-M. (APM). Diese werden v. a. in innerstaatl. Konflikten, oft gezielt als Mittel des Terrors gegen die Zivilbevölkerung, verlegt. – Bei der *Bundeswehr,* die keine APM besitzt (Restbestände bis Ende 1997 vernichtet), unterscheidet man heute im Wesentlichen **Schützenabwehrverlege-M.** (z. B. Druckzünder, Splitterwirkung im Radius von 40 m) und **Panzerabwehrverlege-M.** mit Magnetzünder (wirken mit Hohlladung von unten auf die gesamte Breite des Panzers). M. dieser Art werden entweder von Hand oder mithilfe eines M.-Verlegesystems (Lkw und Verlegeanhänger mit Pflug) verlegt. In der Horizontalen wirkt die berührungslos reagierende, mit einem Hohlladungswirkkörper ausgestattete **Panzerabwehrricht-M.** (Reichweite 40 m), die v. a. an Engstellen gegen die Seite von Panzern eingesetzt wird. Eine Fortentwicklung der Land-M. stellt die **Panzerabwehrwurf-M.** dar, die mit einem Berührungssensor ausgestattet ist und mittels Hohlladung gegen die Unterseite der Wanne eines Panzers wirkt. Diese M. kann wie die drei anderen genannten Typen auf eine bestimmte Wirkzeit eingestellt werden, nach deren Ablauf sie sich jedoch – im Ggs. zu den anderen – selbst zerstört. Die Gehäuse von Land-M. werden heute v. a. aus Kunststoff (seltener aus Holz) gefertigt, um die Ortung durch elektr. Suchgeräte zu erschweren.

See-M. sind Unterwasserwaffen, deren Sprengwirkung durch die Verdämmung des Wassers stark erhöht wird. Grundsätzlich unterscheidet man zwei Arten: Die **Ankertau-M.** besteht aus einem mit Sprengstoff und einer Zündeinrichtung versehenen Körper, der durch seinen Restauftrieb unterhalb der Wasseroberfläche schwebt und durch ein Ankertau oder eine Ankerkette mit einem Gewicht (›Ankerstuhl‹) auf seiner Position festgehalten wird. Dieser M.-Typ detonierte

József Mindszenty

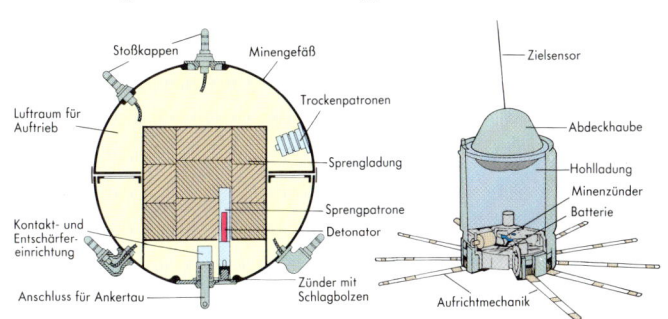

Mine 2): Schematische Schnittzeichnung einer Seemine (Ankertaumine; links) und einer Panzerabwehrwurfmine System ›Skorpion‹ (rechts)

früher nur bei Berührungskontakt mit einem Wasserfahrzeug, wird heute aber auch mit magnet., akust. und auf Druckschwankungen reagierenden Sensoren bestückt und detoniert dann ohne Berührung, wenn die in der M. eingestellten Zündkriterien für ein vorbeifahrendes Fahrzeug oder M.-Räumgerät erfüllt werden. Ankertau-M., die zur Erweiterung des Zündbereichs in der Vertikalen zusätzlich mit einer Antenne ausgestattet sind, werden als **Antennen-M.** bezeichnet. Der zweite M.-Typ ist die **Grund-M.,** die aus einem lang gestreckten, zylindr. Körper besteht, der ohne besondere Verankerung auf dem Meeresgrund liegt. Auch sie ist eine Fernzündungswaffe; sie entstand mit der Entwicklung magnet., akust. und auf Veränderung des hydrostat. Drucks reagierender Zünder als Antwort auf die immer perfekter werdenden Räumverfahren gegenüber der klass. Ankertau-M. Durch ihren robusten äußeren Aufbau kann sie bei schneller Fahrt und aus größerer Höhe geworfen werden; ihre stärkste Wirkung am Ziel entfaltet die Grund-M. in Wassertiefen bis etwa 40 m. **Treib-M.** driften in einer eingestellter Tiefe unter der Wasseroberfläche mit der Strömung in Richtung auf gegner. Schiffe, Hafen-, Brückenanlagen u. a. – Verlegt werden See-M. durch spezielle Minenleger, andere Minenkampfboote (→Minensuchboot), durch U-Boote, Flugzeuge und Überwasserkriegsschiffe aller Art in Form von M.-Sperren oder M.-Feldern.

Landminenproblematik

Weltweit sind etwa 100 Mio. Land-M. in insgesamt über 60 Ländern verlegt. Die Kosten der Herstellung einer Land-M. betragen zw. drei und 30 US-$, die

Mine Minen–Minenkrieg

Mine 2): Minenwerfer ›Skorpion‹ der Bundeswehr

Kosten der Entschärfung dagegen zw. 300 und 1 000 US-$. Jedes Jahr werden etwa 100 000 Land-M. geräumt, gleichzeitig jedoch rd. 10 Mio. neu produziert und rd. 2 Mio. neu verlegt. Mit den Mitte der 1990er-Jahre zur Verfügung stehenden Verfahren würde das Räumen der derzeit verlegten Land-M. somit 1 000 Jahre dauern. Jährlich werden über 20 000 Menschen durch Land-M. (insbesondere APM) getötet oder verstümmelt. Dabei sind die meisten Minenopfer Zivilisten, die getötet oder verwundet werden, nachdem die Kampfhandlungen bereits beendet sind, da zumeist Brunnen oder andere Versorgungseinrichtungen, Verkehrswege oder Felder vermint sind.

Wichtigstes Vertragswerk zum Verbot der Land-M. ist das ›Übereinkommen der Vereinten Nationen über das Verbot oder die Beschränkung des Einsatzes bestimmter konventioneller Waffen, die übermäßige Verletzungen verursachen oder unterschiedslos wirken können‹ (UN-Waffenübereinkommen) vom 10. 10. 1980. Sein Zusatzprotokoll II ›über das Verbot oder die Beschränkung des Einsatzes von M., Sprengfallen u. a. Vorrichtungen‹ (M.-Protokoll) enthält Einsatz- und Exportbeschränkungen für Land-M., insbesondere APM. Am 25. 9. 1995 begann in Wien eine Konferenz zur Überprüfung des UN-Waffenübereinkommens, die am 3. 5. 1996 in Genf mit der Verabschiedung eines revidierten M.-Protokolls beendet wurde. Dieses gilt nun auch in innerstaatl. bewaffneten Konflikten und enthält v. a. verschärfte Bestimmungen über Einsatz und Transfer von APM. Für die wichtigsten M.-Arten sind Selbstzerstörungs- und Selbstdeaktivierungsmechanismen vorgeschrieben. Nicht aufspürbare (nicht detektierbare) APM werden nach Ablauf einer Übergangsfrist verboten. Jährliche Berichte sowie Konsultationen sollen die Einhaltung des Protokolls gewährleisten. Ein generelles Verbot von APM konnte jedoch nicht erreicht werden.

Minen: 1–3 Blattminen: 1 Gangmine (Schlangenminiermotte), 2 Platzmine (Buchenspringrüssler), 3 Blasenmine (Eichenminiermotte); 4 Stängelmine (Großer Kohltriebrüssler; unten die Larve)

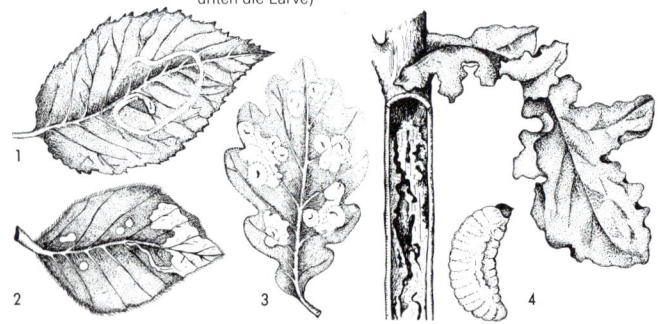

1996 hat Dtl. sein einseitiges Exportmoratorium für APM unbefristet verlängert und den Verzicht auf APM bekannt gegeben. In einem ›7-Punkte-Aktionsprogramm zu Personen-M.‹ vom 18. 7. 1996 fordert Dtl. ein vollständiges Verbot von APM sowie verstärkte Hilfe bei der M.-Räumung und benennt konkrete Schritte dazu. Über 100 Staaten haben ihre Unterstützung in Aussicht gestellt. Nach einer Erklärung des UN-Sicherheitsrates vom 30. 8. 1996 sollten Maßnahmen zur M.-Räumung künftig Bestandteil von friedenserhaltenden UN-Missionen sein. Die Staaten der Europ. Union beschlossen am 1. 10. 1996 eine gemeinsame Aktion zu APM, die eine Ächtung dieser Waffen, ein umfassendes Exportmoratorium sowie eine Erhöhung der Mittel zur M.-Räumung beinhaltet. Vom 3. bis 5. 10. 1996 fand in Ottawa eine Konferenz von Regierungen und Nichtregierungsorganisationen zur Landminenfrage statt, an der Vertreter aus über 50 Ländern teilnahmen und die mit der Verpflichtung der Teilnehmerstaaten, auf die Durchsetzung eines umfassenden Verbots von APM hinzuarbeiten, endete und Folgekonferenzen vereinbarte (daher **Ottawa-Prozess** gen.). Nach der ersten Folgekonferenz in Brüssel (24.–27. 6. 1997), auf der sich 97 Staaten in einer Deklaration zu einem APM-Abkommen bis Ende 1997 bekannten, wurde auf der Konferenz in Oslo (1.–18. 9. 1997) von 119 Staaten ein Vertragsentwurf für ein künftiges Verbotsabkommen gebilligt. Das internat. ›Übereinkommen über das Verbot des Einsatzes, der Lagerung, der Herstellung und der Weitergabe von APM und über deren Vernichtung‹, das u. a. die Verpflichtung zur Zusammenarbeit bei der M.-Räumung und der Opferfürsorge enthält sowie bei Verdacht auf Vertragsverstoß Überprüfungsmaßnahmen gestattet, wurde schließlich auf der Konferenz in Ottawa vom 2. bis 4. 12. 1997 von 125 Staaten (jedoch z. B. nicht von Russland, China, USA, Israel, zahlr. arab. Staaten, Türkei, Indien, Pakistan) unterzeichnet. Es tritt sechs Monate nach der 40. Ratifikation in Kraft. Eine Kündigung ist mit einer Frist von sechs Monaten möglich, jedoch nicht im Falle eines bewaffneten Konflikts. Die ›Internat. Kampagne zur Ächtung von Landminen‹ (International Campaign to Ban Landmines, Abk. ICBL), eine seit 1991 bestehende Vereinigung von weltweit rd. 1 000 Nichtregierungsorganisationen und in die Verhandlungen um ein Verbotsabkommen eng eingebunden, erhielt zu gleichen Teilen mit ihrer Koordinatorin JODY WILLIAMS am 10. 12. 1997 den Friedensnobelpreis.

Minen, Nomi|en, in lebenden Pflanzen durch Insekten, meist deren Larven, ausgefressene Hohlräume. Je nach Pflanzenteil: Blatt-, Blüten-, Frucht-, Stängel-M.; Formen der M.: Blasen-, Falten-, Gang-, Platz-, Spiral-, Strahlen-M.; Erzeuger **(Minierer)** sind bes. Käfer, Hautflügler, Schmetterlinge, Zweiflügler. Form und Verlauf der M. sowie Anordnung des Kotes in der M. sind i. d. R. artcharakteristisch.

Minenkrieg, Art des Festungs- und Stellungskrieges, bei dem von der eigenen vordersten Stellung aus unterird. Gänge (Stollen) bis unter die feindl. Stellungen oder Stollen vorgetrieben (›miniert‹) werden, um diese durch im Stollenende verlegte Sprengladungen zu zerstören.

Die Geschichte des M. hängt eng mit der Entwicklung des Schießpulvers und der brisanten Sprengstoffe zusammen. Schon im 15. Jh. aufgekommen, im 17. Jh. durch VAUBAN in ein System gebracht, spielte der M. bei der Belagerung und Verteidigung von Festungen eine große Rolle (Wien 1683); im 18. Jh. wurde er nur noch wenig, im 19. Jh. fast gar nicht mehr angewendet. Im 20. Jh. lebte der M. als Festungskampfmittel zunächst im Russisch-Jap. Krieg (Port Arthur 1904) wieder auf und erlangte im Stellungskampf des Ersten Weltkriegs große Bedeutung.

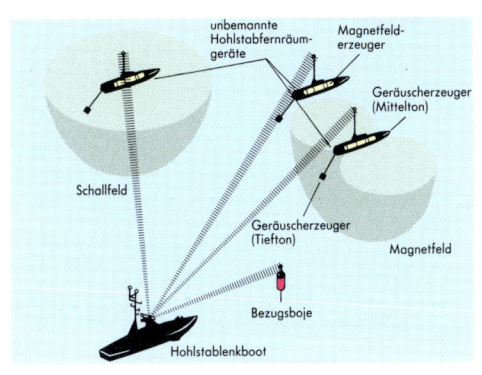

Minensuchboot: Vereinfachte Darstellung des Troikasystems

Minenräumgeräte, Vorrichtungen zum Entfernen oder Zerstören von ausgelegten See- oder Landminen. Minensuchboote verwenden gegen Ankertauminen mechan. M., lange Räumleinen (Stahltrossen), die meist hinter den Booten – an Schwimmern hängend – durch das Wasser nachgeschleppt werden und mit Schneid- oder Sprenggreifern die Verbindung zw. Minenkörper und Anker kappen; die aufschwimmenden Minen lassen sich dann durch direkten Beschuss mit Bordwaffen unschädlich machen. Gegen Grundminen mit magnet. und akust. Zündern werden M. eingesetzt, die die magnet. und akust. Signaturen eines großen Schiffes simulieren (z. B. Geräuschbojen). Das größte Problem ist das Räumen von Grundminen mit Drucksensor, da sich die typ. Druckveränderungen beim Überlauf großer Schiffe eben nur durch Fahrzeuge dieser Größe erzeugen lassen. Früher wurden gegen Minen dieser Art ›Sperrbrecher‹ verwendet (alte Handelsschiffe mit Ladungen aus Kork oder alten Fässern), heute setzt man Minenjagdboote ein (→Minensuchboot). – **Minenräumpanzer** sind Panzerfahrzeuge, die mit einer Pioniermaschine in Form einer speziellen Anbauvorrichtung für das mechan. Beseitigen oder Auslösen von Minen ausgestattet sind. Man unterscheidet das Messer-M. (Minen werden durch Planierschild an die Erdoberfläche gebracht und zur Seite geschoben), das Schlag-M. (Minen werden durch Schlagwirkung von Ketten oder Trossen zur Detonation gebracht) und das Rollen-M. (Minen werden durch Druckwirkung schwerer Metallrollen ausgelöst). Zum Schutz vor Minen mit Knickzündern haben moderne Minenräumpanzer eine quer vor diesem am Boden schleifende Kette.

Minenräumung, die Entschärfung von Minen durch dafür ausgebildetes Personal und den Einsatz von techn. Geräten (→Minenräumgeräte). Bei der M. ist zu unterscheiden zw. **humanitärer M.,** bei der ein gesamtes Gebiet von Minen befreit wird, und **militärischer M.,** die häufig nur einen minenfreien Korridor anstrebt. Für die humanitäre M. steht bisher kaum geeignetes techn. Gerät zur Verfügung. Nach UN-Vorgaben darf ein Gebiet nach einer M. erst dann wieder freigegeben werden, wenn 99,6 % der Minen beseitigt sind, d. h., von 250 verlegten Minen müssen 249 entschärft sein. Erschwert wird die M. dadurch, dass der genaue Lageort der Minen oft unbekannt ist.

Minensuchboot, schwach bewaffnetes, aus amagnet. Material gebautes Kriegsschiff mit besonderen Einrichtungen zum Suchen und Räumen (daher auch **Minenräumboot**), aber auch zum Legen von Seeminen. Für alle Einsatzmöglichkeiten in der Minenkampfführung ausgestattete M. werden auch als **Minenkampfboote** bezeichnet. **Minenjagdboote** sind M. zur gezielten Suche einzelner Minen, sie verfügen über eine sehr empfindl. Sonaranlage für die Minenortung sowie über ferngelenkte, unbemannte Unterwasserschwimmkörper zur Identifizierung und Vernichtung der aufgespürten Minen. In besonderen Fällen können von Minenjagdbooten aus Minentaucher eingesetzt werden. Neuerdings werden von M. aus ferngelenkte ›Hohlstabfernräumgeräte‹ eingesetzt.

Minensuchgeräte, Pioniergeräte zum Auffinden von Landminen. Man unterscheidet einfache M. (bis zu 2 m lange Minensucheisen und kleinere Minensuchstäbe) und elektromagnet. M., die nach dem Prinzip des Metallsuchgeräts arbeiten.

Minenwerfer, Bez. für die als Vorläufer des →Granatwerfers geltende, zu Beginn des 20. Jh. entwickelte Steilfeuerwaffe. Die für das Verschießen von Granaten (vielfach Überkalibergeschosse) und Luftminen geeigneten M. wurden erstmals im Russisch-Jap. Krieg 1904–05 auf russ. Seite bei der Verteidigung der Festung Port Arthur verwendet, während des Ersten Weltkriegs wurden sie von allen Armeen in großer Zahl eingesetzt.

Mineralbad, Kurort mit heilkräftiger Mineralquelle (→Heilquellen).

Mineralböden, Sammel-Bez. für alle terrestr., semiterrestr. und subhydr. Böden, die überwiegend aus anorgan. Substanz bestehen (in den obersten Horizonten selten mehr als 15 % organ. Substanz).

Minerale [mlat. (aes) minerale ›Grubenerz‹, ›Erzgestein‹, zu minera ›Erzgrube‹], Sg. **Mineral** das, -s, **Minerali|en,** Sammel-Bez. für alle aus chem. Elementen oder v. a. aus anorgan. oder (selten) organ. Verbindungen bestehenden Substanzen, die als Bestandteile der Erdkruste, des Erdmantels oder von Meteoriten in der Natur vorkommen oder die sich auch bei anorganisch-techn. Vorgängen (v. a. techn. Schmelz- oder Kristallisationsprozessen) bilden. M. sind – außer Quecksilber – feste Körper mit (nahezu) einheitlicher chem. Zusammensetzung, die meist kristallisiert, seltener amorph auftreten. M. bilden als Gemenge die Gesteine der Erdkruste und des Erdmantels, oder sie wachsen frei auf Hohlräumen, Klüften und Gängen im Gestein oder als Ausblühungen und Abscheidungen an der Erdoberfläche. Von den rd. 2 000 bekannten M. kommen etwa 300 häufiger vor, aber nur etwa 10 (v. a. Silikate) bauen über 90 % der Erdkruste auf. Nach ihrer chem. Zusammensetzung werden die M. meist in die folgenden **Mineralklassen** (Abteilungen) eingeordnet:

> I. **Elemente:** Kupfer, Silber, Gold, Platin, Quecksilber, Schwefel, Arsen, Antimon, Wismut, Diamant und Graphit.
> II. **Sulfide, Arsenide, Antimonide:** Schwefelkies und Markasit, Magnetkies, Nickelin, Kupferglanz, Kupferkies, Bornit, Silberglanz, Bleiglanz, Molybdänglanz, Zinnober, Zinkblende, Rotgültigerz, Pyrargyrit, Antimonit.
> III. **Halogenide:** Steinsalz, Sylvin, Carnallit, Flussspat, Kryolith.
> IV. **Oxide und Hydroxide:** Quarz und Chalcedon, Korund, Hämatit, Magnetit, Chromit, Spinell, Chrysoberyll, Ilmenit, Rutil, Zinnstein, Uranpecherz, Cuprit, Diaspor, Goethit und Rubinglimmer, Manganit, Opal.
> V. **Carbonate, Nitrate, Borate:** Calcit und Aragonit, Siderit, Magnesit, Dolomit, Malachit, Azurit, Chilesalpeter, Boracit.
> VI. **Sulfate, Chromate, Molybdate, Wolframate:** Anglesit, Baryt, Anhydrit, Gips, Kieserit, Kainit, Krokoit, Scheelit, Wolframit, Wulfenit.
> VII. **Phosphate, Arsenate, Vanadate:** Monazit, Apatit, Pyromorphit, Vanadinit, Türkis.
> VIII. **Silikate:** Olivin, Phenakit, Granate, Zirkon, Andalusit, Disthen und Sillimanit, Topas, Staurolit, Epidot, Titanit, Axinit, Hemimorphit, Wollastonit, Dioptas, Cordierit, Turmalin, Vesuvian, Enstatit, Bronzit, Diopsid, Pyroxene, Amphibole, Glimmer, Serpentin, Talk, Kaolinit, Feldspäte, Leucit, Nephelin, Lasurit, Zeolithe.
> IX. **Organische Verbindungen:** Mellit.

Zahlr. M. (bes. Sulfide und Oxide) haben Bedeutung als Erze zur Gewinnung von Metallen. Schön gefärbte M. werden als Schmucksteine verwendet. – Alle M. mit gleicher chemisch-stöchiometr. Zusammensetzung und mit gleichem Kristallstrukturtyp bilden eine **Mineralart**. Zur Beschreibung und Bestimmung können neben chemisch, mikroskopisch und röntgenographisch gewonnenen Daten u. a. folgende ›äußere Kennzeichen‹ herangezogen werden: 1) Kristallform zwecks Feststellung der Kristallklasse (→Kristall), 2) →Dichte, 3) →Härte, 4) →Spaltbarkeit und →Bruch, 5) →Glanz auf Kristall-, Spalt- und Bruchflächen der M., 6) →Farbe; sie ist bei manchen M. eine charakterist. Materialeigenschaft. Diese idiochromat. M. (z. B. Malachit, Realgar) erzeugen beim Reiben auf einer rauen Porzellanfläche einen gleichfarbigen Strich, der aus feinstem Abrieb besteht. Bei den allochromat. M. (z. B. Quarz, Fluorit), deren z. T. vielfältige Färbungen auf Fremdbeimengungen oder auf Fehlern im Gitterbau beruhen, weicht die Strichfarbe meist von der des M. ab. 7) Lichtdurchlässigkeit; es gibt durchsichtige, durchscheinende und undurchsichtige (opake) Minerale.

W. E. TRÖGER: Opt. Bestimmung der gesteinsbildenden M., 2 Bde. ($^{2-5}$1969–82); H. STRUNZ: Mineralog. Tabellen (Leipzig ^{8}1982); A. R. WOOLLEY u. a.: Der Kosmos-Steinführer. M., Gesteine, Fossilien (a. d. Engl., ^{7}1990); W. SCHUMANN: Mineralien aus aller Welt (^{3}1995); R. HOCHLEITNER: GU-Naturführer Mineralien u. Kristalle. (^{6}1996).

Mineralfarben, 1) Bez. für natürliche oder künstlich hergestellte anorgan. →Pigmente.
2) Mal- und Anstrichfarben, die als Bindemittel Wasserglas enthalten (→Wasserglasfarben).

Mineralfasern, i. e. S. natürlich vorkommende anorgan. Fasersubstanzen, z. B. Asbest; i. w. S. auch die auf mineral. Basis hergestellten anorgan. Fasern, z. B. Gesteinsfasern, Glasfasern.

Mineralfazi|es, Mineralfazi|esprinzip, *Geologie:* von P. ESKOLA begründetes Gliederungsschema von Gesteinen in Abhängigkeit von Bildungsdruck und -temperatur anhand bestimmter Mineralparagenesen (→Paragenese). Zunächst für metamorphe Gesteine entwickelt (**metamorphe Fazies**), wurde es später auch auf magmat. Gesteine ausgedehnt und weiter verfeinert. Die einzelnen Fazies umfassen jeweils alle Gesteine, die in dem durch die Mineralkombination des namengebenden Gesteins definierten Temperatur-Druck-Bereich gebildet wurden.

Faziesbereiche der Regionalmetamorphose: Niedrigste, unmittelbar an die Diagenese anschließende Stufe ist die **Zeolithfazies** mit dem Calciumzeolith Laumontit. Sie wird bei Drücken oberhalb 300–400 MPa (3 bis 4 kbar) durch die **Glaukophanschieferfazies** mit Lawsonit-Albit-Calcit (bei Drücken bis 6 kbar), darüber mit Aragonit statt Calcit sowie bei Drücken ab etwa 800 MPa (8 kbar) durch Jadeit und Quarz anstelle von Albit abgelöst. Mit steigender Temperatur gehen bei etwa 400 °C Zeolith- und Glaukophanschieferfazies in die **Grünschieferfazies** (mit Pyrophyllit statt Kaolinit) über. Oberhalb etwa 500 °C wandelt sich der Pyrophyllit in Andalusit und Quarz, bei Drücken über etwa 600 MPa (6 kbar) in Disthen und Quarz um. Die grünl. Färbung der Schiefer innerhalb dieser Fazieszone ist durch Minerale wie Chlorit, Epidot und Strahlstein bedingt. Die obere Grenze der Grünschieferfazies ist bei etwa 550 °C durch die Umwandlung von Chlorit mit Andalusit in Staurolith und Quarz gegeben; von hier ab bis zum Beginn der Anatexis reicht die **Amphibolitfazies,** in der bei Drücken bis etwa 600 MPa (6 kbar) Andalusit, darüber Disthen stabil ist, die jedoch oberhalb 600 °C in Sillimanit übergehen. Wasserarme bis wasserfreie Gesteine granit. Zusammensetzung werden auch oberhalb 700 °C nur teilweise aufgeschmolzen; der wasserfreie, feste Reliktbestand in Form von Quarz-Feldspat-Granat- oder Quarz-Feldspat-Augit-Gesteinen ohne oder mit nur wenig Glimmer, mit Bänderung in helle, saure und dunkle, basischere Lagen sowie mit linsigen Quarzen parallel zum Flächengefüge wird als Granulit bezeichnet (**Granulitfazies**). Für bas. Gesteine (Quarzanteil um 50 %) wird der Schmelzpunkt erst bei etwa 1 100 °C erreicht; unterhalb dieser Schmelztemperatur wasserfreier Basalte werden (wasserfreie) bas. Gesteine in Eklogit umgewandelt (**Eklogitfazies**).

Faziesbereiche der Kontaktmetamorphose: In der Außenzone der Kontakthöfe bilden sich bei geringer Temperatur Fleck-, Frucht- oder Garbenschiefer der **Knotenschieferfazies**. Oberhalb etwa 500 °C folgt die **Hornblende-Hornfels-Fazies,** die oberhalb etwa 700 °C in die **Augit-Hornfels-Fazies** übergeht (bei Drücken unter 300 MPa bzw. 3 kbar). Nur in Ausnahmefällen bei Temperaturen oberhalb 800 °C und sehr geringem Druck wird die **Sanidinitfazies** erreicht, in Einschlüssen (Xenolithe) in vulkan. Gesteinen. (→Metamorphose).

Mineralfette, aus Kohlenwasserstoffen bestehende fettähnl., aber unverseifbare Substanzen, die u. a. bei der Erdölverarbeitung anfallen und z. B. als Schmiermittel verwendet werden (z. B. Paraffin).

Mineralfutter, für Haus- und Nutztiere bestimmte Ergänzung zum Grundfutter oder als Alleinfutter verwendete Mischungen mehrerer (v. a. biogener) Mineralsalze (z. B. Phosphat-, Magnesium-, Natrium- und Calciumverbindungen). Vielfach sind die M. durch Spurenelemente (z. B. Eisen-, Mangan-, Kupfer-, Jod- und Zinkverbindungen) ergänzt.

Mineralisation *die*, -/-en, **Mineralisierung,** der Abbau organ. Stoffe bis zu anorgan. (›mineral.‹) Verbindungen (Kohlendioxid, Ammoniak, Wasser usw.), v. a. durch die Tätigkeit von Mikroorganismen im Boden oder an der Erdoberfläche, auch durch die Einwirkung von Druck und Temperatur im Erdinnern (z. B. bei der Inkohlung). Da die M. die Elemente wieder in eine von Pflanzen verwertbare Form bringt, ist sie für die Erhaltung der natürl. Bodenfruchtbarkeit entscheidend. Durch M. verschwinden auch organ. Verunreinigungen aus Gewässern (natürl. oder biolog. Selbstreinigung; z. B. in Kläranlagen). Spezialfälle der M. sind die Bio-M., die Fossilisation und die Ossifikation (Knochenbildung). – In der Mineralogie wird die Ausscheidung von Mineralen in Klüften, Poren, Spalten u. a. als M. bezeichnet.

Mineralisatoren, *Sg.* **Mineralisator** *der*, -s, *Petrologie:* gas- oder dampfförmige Stoffe, die bei der Erstarrung eines Magmas oder bei der Ausscheidung von Mineralen auf Gesteinsklüften die Kristallisation begünstigen, z. B. Wasserdampf, Fluorgas.

Mineralnyje Wody, Mineral'nye Vody, Stadt in der Region Stawropol, Russland, an der Kuma im nördl. Kaukasusvorland, 86 100 Ew.; Kurort (Mineralquellen); Flughafen.

Mineralocorticoi|de, *Physiologie:* lebenswichtige Steroidhormone der Nebennierenrinde, denen das Ringsystem des Cholesterins zugrunde liegt, aus dem die M. biosynthetisiert werden. Die wichtigsten M. sind →Aldosteron und das auch synthetisch hergestellte **11-Desoxycorticosteron (DOC, Cortexon).** Haupterfolgsorgan der M. ist die Niere. Die M. regulieren den Mineralhaushalt primär durch die Wirkung auf den Transport von Na- und K-Ionen, sie beeinflussen Aufnahme, Verteilung und Ausscheidung von Elektrolyten und haben daher auch Einfluss auf die Verteilung des Wassers in den Geweben.

Mineralogie *die*, -, Fachrichtung der Naturwissenschaft, die sich mit der Untersuchung der →Minerale befasst; sie wird allg. in folgende Gebiete eingeteilt: 1) die Kristallkunde oder Kristallographie (→Kristalle), die sich mit dem strukturellen und morpholog.

Aufbau der Minerale beschäftigt; 2) die Mineralkunde (spezielle M.), in der die Minerale hinsichtlich ihrer Entstehung, ihrer äußeren Eigenschaften und ihrer Verbreitung beschrieben werden; 3) die Gesteinskunde oder →Petrologie, die den Aufbau der Gesteine aus den Mineralen untersucht; 4) die Lagerstättenkunde und techn. Gesteinskunde.

Geschichte

Die mineralog. Kenntnisse der Antike sind erstmals in THEOPHRASTS Schrift ›Peri lithon‹ zusammengefasst, später v. a. in der ›Historia naturalis‹ des PLINIUS D. Ä. M. im heutigen Sinne ist hier aber ebenso wenig enthalten wie in den Steinbüchern (Lapidarien) des MA. Erst zu Beginn der Neuzeit wurden die vorwiegend kompilator. Abhandlungen des MA. erweitert in den Büchern des PARACELSUS und des A. B. DE BOODT. Ein wirkl. Fortschritt in der realist. Naturbeschreibung findet sich bei G. AGRICOLA. Das 17. Jh. brachte die ersten kristallograph. Entdeckungen: von J. KEPLER über Schneekristalle (1611), von E. BARTHOLINUS zur Doppelbrechung des Lichtes an Calcit (1669) und die Entdeckung des Gesetzes der Winkelkonstanz an Kristallen durch N. STENO (1669). Die Entwicklung der Chemie im 18. Jh. ermöglichte die Unterscheidung vieler neuer Minerale, v. a. durch T. O. BERGMAN, M. H. KLAPROTH, N. L. VAUQUELIN und J. F. A. BREITHAUPT. A. F. VON CRONSTEDT förderte die Mineralsystematik. Er wurde so zu einem Vorläufer A. G. WERNERS, des ›Vaters der M.‹. R. J. HAÜY wurde zum Begründer der Strukturtheorie der Kristalle. Diese enthielt bereits das Rationalitätsgesetz von C. S. WEISS (1809). WEISS führte die Kristallachsen und den Zonenbegriff in die Kristallographie ein und stellte 1815 die Kristallsysteme auf. Seine Bezeichnung der Kristallflächen wurde 1839 durch die millerschen Indizes ersetzt. Ausgehend von der Zonenlehre untersuchte J. F. C. HESSEL die Symmetrieachsen (1830) und wies die 32 Symmetrieklassen nach. Diese Erkenntnis wurde lange A. BRAVAIS, der auch die Raumgittertypen (Bravais-Gitter) ableitete, zugeschrieben. Die geometr. Kristallvermessung und -beschreibung der Minerale wurde u. a. von K. F. RAMMELSBERG, G. ROSE und E. MITSCHERLICH (1819) betrieben. MITSCHERLICHS ›kristallochem. Mineralsystem‹ ist noch heute die Grundlage der übl. Systematik. P. H. GROTH schließlich fasste die Erkenntnisse über Kristallform und chem. Konstitution zusammen, während V. M. GOLDSCHMIDT die Kristallvermessung entscheidend weiterentwickelte. T. LIEBISCH und C. F. M. WEBSKY stellten die Verbindung zur Kristallphysik, her. Optik, her. GROTH stellte die Theorie auf, dass ein Kristallgitter aus ineinander gestellten Punktgittern gleichartiger Atome bestehe. Er schuf damit die Grundlage für das Experiment M. VON LAUES (1912) zum Nachweis der Interferenz der Röntgenstrahlen. Die Symmetrie solcher Punktgitter-Ineinanderstellungen, d. h. die 230 Raumgruppen, wurden von A. M. SCHOENFLIES (1891) und dem russ. Kristallographen J. S. FJODOROW (1890) abgeleitet. Durch die Kenntnis des Gitterbaus bekam die Kristallchemie wesentlich neue Aspekte (GOLDSCHMIDT, P. NIGGLI).

E. NICKEL: Grundwissen in M., 3 Bde. ($^{1-3}$1973–83); F. KLOCKMANN: Lb. der M. (^{16}1978); H. J. RÖSLER: Lb. der M. (^{5}1991); G. STRÜBEL: M. Grundlagen u. Methoden (^{2}1995); S. MATTHES: M. (^{5}1996).

Mineral|öle, v. a. aus aliphat. Kohlenwasserstoffen bestehende natürl. und techn. Öle; zu ihnen gehören bes. das Erdöl und die aus ihm gewonnenen Produkte (z. B. Heizöle und Schmieröle), i. w. S. die bei der Aufarbeitung von Ölschiefer, durch Hydrieren von Kohle oder durch die Fischer-Tropsch-Synthese gewonnenen Öle. – Am Primärenergieverbrauch der EU-Staaten hatten M. (1996) folgende Anteile: Belgien/Luxemburg 47,7 %, Dänemark 48,1 %, Finnland 44,4 %, Frankreich 37,4 %, Griechenland 68,3 %, Großbritannien und Nordirland 36,4 %, Irland 55,7 %, Italien 60,0 %, Niederlande 43,9 %, Österreich 48,5 %, Portugal 71,6 %, Schweden 39,3 %, Spanien 58,4 %. In der BRD stieg dieser Anteil von (1960) 21,0 % auf den Höhepunkt von (1972) 55,4 %; danach sank er über (1980) 47,9 % auf (1995) 40,7 % (alte Bundesländer). In Dtl. insgesamt lag er 1996 bei 39,5 %.

Mineral|ölsteuer, eine Steuer auf eingeführtes oder im Inland gewonnenes Mineralöl. Besteuert wird im Prinzip nur als Treib- oder Heizstoff verwendetes Mineralöl. Flugbenzin ist bisher (Anfang 1998) von einer M. befreit. Die M. ist eine beim Hersteller erhobene Fabrikatsteuer in Form einer Mengensteuer; die Steuerschuld entsteht, sobald Mineralöl aus dem Steuerlager (Herstellbetrieb oder Mineralöllager) entfernt wird. Die Steuersätze betragen seit dem 1. 1. 1994 bei *Kraftstoffen* 108 DM je hl verbleites Benzin, 98 DM je hl für bleifreies Benzin und 62 DM je hl für Dieselkraftstoffe. Für *Heizöle* gelten ermäßigte Steuersätze **(Heizölsteuer):** für leichtes Heizöl 8 DM je hl und für schweres Heizöl 3 DM bzw. (bei Verwendung zur Stromerzeugung) 5,50 DM je 100 kg. Seit 1989 werden ferner die zu Heizzwecken verwendetes *Erdgas* (3,60 DM je MWh) und *Flüssiggas* (50 DM je 1 000 kg) im Rahmen der M. besteuert **(Erdgassteuer).** Mit einem Aufkommen von (1996) 68 251 Mio. DM (darunter 3 731 Mio. DM Heizölsteuer und 3 271 Mio. DM Erdgassteuer), das dem Bund zufließt, ist die M. mit die ergiebigste Verbrauchsteuer; mit 8 % der Steuereinnahmen insgesamt nimmt sie nach der Lohn- und Einkommensteuer sowie der Umsatzsteuer den nächsten Platz ein. Ein Teil des Aufkommens der M. auf Kraftstoffe (seit 1991 3,28 Mrd. DM, von 1993 bis 1996 aufgestockt auf 6,28 Mrd. DM) ist nach dem Gemeindeverkehrsfinanzierungs-Ges. als ›Gemeindepfennig‹ zweckgebunden für kommunale Verkehrsvorhaben (Straßenbau und öffentl. Personennahverkehr); die ursprüngl. Zweckbindung der Heizölsteuer für Maßnahmen zur Förderung des Steinkohlebergbaus wurde zum 1. 1. 1989 aufgehoben.

In *Österreich* beträgt die M. für verbleite Benzine 660 S, für bleifreies Benzin 561 S und für Dieselöl 389 S je 100 l. Der Steuersatz für Flüssiggas zu Heizzwecken beträgt 600 S je 1 000 kg, für Gasöl 950 S je 1 000 l und für Heizöl 500 S oder (bei Verwendung zum Betrieb einer Gesamtenergieanlage) 200 S je 1 000 kg. Das Aufkommen (1995: 31 459 Mio. S oder 6 % der öffentl. Abgaben) steht zu 91,29 % dem Bund zu, den Rest teilen sich Länder und Gemeinden. – In der *Schweiz* entsprechen der M. die bei der Einfuhr von Mineralöl und Mineralölprodukten erhobenen **Treibstoffzölle** (je 100 kg 57,85 sfr bei verbleitem Benzin, 48,50 sfr bei bleifreiem Benzin und 47,30 sfr bei Dieselöl) sowie der Zollzuschlag auf Treibstoffe (0,30 sfr je l). Die Hälfte des Aufkommens der Treibstoffzölle (1996: 2 565 Mio. sfr) sowie das gesamte Aufkommen des Zollzuschlags (1996: 1 819 Mio. sfr) sind zweckgebunden für Aufgaben im Zusammenhang mit dem Straßenverkehr.

Mineral|ölverarbeitung, Mineral|ölindustrie, zum Grundstoff- und Produktionsgütergewerbe gehörender Wirtschaftszweig, dessen Gegenstand insbesondere die Gewinnung von Benzin, Flugbenzin, Kerosin und Dieselkraftstoff sowie von leichtem und schwerem Heizöl durch Destillation in Raffinerien ist. Branchentypische Besonderheiten der M. sind die Homogenität des zu verarbeitenden Rohstoffes, die techn. Identität des Produktionsprozesses sowie die Kuppelproduktion, die nur durch Einsatz von Konversionsanlagen flexibel gestaltet werden kann. Wie die Gewinnung von Erdöl wird die durch eine hohe

Mine Mineralölwirtschaft – Minetti

Unternehmenskonzentration gekennzeichnete M. von den multinational operierenden Energiekonzernen dominiert. M.-Anlagen befinden sich v. a. in Hafenstädten wie in den Raffineriezentren Amsterdam, Antwerpen, Rotterdam und Hamburg sowie im Ruhrgebiet, am Oberrhein und in Bayern. Die 1980er-Jahre waren durch einen deutl. Rückgang der M.-Anlagen geprägt. Die Raffineriekapazität für Rohöl reduzierte sich im Zeitraum 1980–96 in den EU-Ländern von 945 auf 649 Mio. t, in den USA von 920 auf 772 Mio. t und in Japan von 283 auf 250 Mio. t.

H. JÜRGENSEN: Mineralölindustrie, in: Marktstruktur u. Wettbewerb in der Bundesrep. Dtl., hg. v. P. OBERENDER (1984); H. BAUM: Treibstoffmarkt, in: Marktökonomie, hg. v. P. OBERENDER (1989).

Minerva: Etruskische Bronzestatuette, Höhe 16 cm; Mitte des 5. Jh. v. Chr. (Modena, Galleria Estense)

Bernhard Minetti

Mineral|ölwirtschaft, Wirtschaftszweig, der teilweise dem Bergbau (Mineralölgewinnung, →Erdöl), teilweise dem Grundstoff- und Produktionsgütergewerbe (→Mineralölverarbeitung) zuzurechnen ist.

Mineralquelle, Quelle, deren Wasser je kg mindestens 1 000 mg gelöste Stoffe oder mindestens 250 mg freies Kohlendioxid (Säuerling) enthält. Außerdem werden die Quellen, deren Wässern eine besondere therapeut. Wirksamkeit nachgesagt wird, zu den M. gerechnet.

W. CARLÉ: Die Mineral- u. Thermalwässer von Mitteleuropa, 2 Bde. (1975).

Mineralsäuren, Sammel-Bez. für anorgan. Säuren, z. B. Salz-, Schwefel- oder Salpetersäure.

Mineralstoffe, Mineralsalze, i. w. S. alle natürlich vorkommenden und künstlich hergestellten anorgan. Salze; i. e. S. die bei tier. und pflanzl. Organismen für den Aufbau von Körpersubstanzen notwendigen (und beim Veraschen der Körpersubstanzen zurückbleibenden) anorgan. Verbindungen, z. B. der Elemente Natrium, Kalium, Calcium, Magnesium, Stickstoff, Phosphor, Schwefel, Chlor sowie der →Spurenelemente. – Die M. müssen von Mensch und Tier ständig mit der Nahrung zugeführt werden. Sie dienen u. a. als Bausteine für Gerüstsubstanzen (z. B. Knochen), zur Regulation des osmot. Drucks und des →Elektrolythaushalts und sind wichtig für die Erregbarkeit von Muskeln, peripheren Nerven und Zentralnervensystem. Ihre Ausscheidung erfolgt über Niere und Dickdarm, der größte Teil der M. macht jedoch nur einen inneren Kreislauf beim Ab- und Aufbau von Körpersubstanz durch (**Mineralstoffwechsel**). Pflanzen entnehmen die M. dem Boden oder den Düngemitteln. Überschüssige M. werden als unlösl. Salze (z. T. zur Entgiftung z. B. von Oxalsäure) im Gewebe abgelagert oder gelöst als Rekrete über die Blätter abgeschieden. – Ungenügende Zufuhr von M. führt zu Mangelerscheinungen.

⇨ *Düngemittel · Düngung · Ernährung · Mangelkrankheiten · Stoffwechsel*

Mineralwasser, Wasser, das aus →Mineralquellen stammt oder künstlich mit Mineralsalzen und/oder Kohlendioxid (›Kohlensäure‹) versetzt wurde.

Minerva, altitalische Göttin, die Beschützerin des Handwerks und der gewerbl. Kunstfertigkeit. Als ihre Heimat ist wahrscheinlich Falerii (S-Etrurien) anzusehen. Ihre Verbindung mit Jupiter und Juno im kapitolin. Heiligtum (→Kapitol) dürfte auf ein etrusk. Vorbild zurückzuführen sein. Später wurde sie der griech. Göttin Athene gleichgesetzt. – In der etrusk. Kunst wurde sie griechisch-archaischen Plastiken, in der röm. Kunst der nach hellenist. Vorbild meist sehr jugendlich dargestellten Athene nachgebildet; die erhaltenen Bronzestatuetten sind Weihgaben der Handwerker, Künstler, Schauspieler, Schreiber, Lehrer und Ärzte für ihre Schutzgöttin.

G. WISSOWA: Religion u. Kultus der Römer (²1912, Nachdr. 1971); K. LATTE: Röm. Religionsgesch. (²1967, Nachdr. 1992); G. RADKE: Die Götter Altitaliens (²1979).

Minervois [-'vwa], Weinbaugebiet (seit 1985 Appellation contrôlée) in S-Frankreich, am Abfall der Montagne Noire zur Aude, zusammen 18 000 ha Rebland, davon nur etwa 5 000 ha für AC-Weine, der Rest für Vin de Pays. Angebaut werden v. a. Carignan- und Grenachereben; ab 1999 sollen Grenache, Syrah und Mourvèdre 60 % der Rebsorten ausmachen, Carignan nur noch 40 %. Festgesetzte Höchsterträge für Rotwein sind 50 hl/ha, für Weißwein 60 hl/ha, für Vin de Pays 90 hl/ha.

Minestrone [ital.] die, -/-n, Suppe aus verschiedenen Gemüsen (Mohrrüben, Lauch, Sellerie, Bohnen, Tomaten, Zwiebeln), in Butter oder Öl angedünstet und mit Wasser gekocht, mit Reis oder Nudeln, dazu geriebener Parmesankäse.

Minette [frz., zu mine ›Bergwerk‹, ›Mine‹] die, -/-n, **1)** zu den →Lamprophyren gehörendes dunkelgraues Ganggestein, das in einer überwiegend aus Feldspäten (mehr Kalifeldspat als Plagioklas) bestehenden Grundmasse (auch Biotit, Quarz, Apatit, Hämatit u. a.), Einsprenglingen von Biotit, Phlogopit (Magnesiaglimmer) sowie Diopsid und Umwandlungsmineralen von Olivin besteht.
2) oolith. Eisenerz, das v. a. im unteren Dogger in Lothringen und Luxemburg vorkommt; es besteht hauptsächlich aus Eisenoxidhydraten (v. a. Limonit) sowie aus Eisensilikaten (Chamosit u. a.), daneben auch aus Eisencarbonaten (Siderit) und -sulfiden (Pyrit) und enthält oft Phosphoritknollen (Phosphorgehalt insgesamt 0,6–0,8 %). Der Eisengehalt beträgt 28–40 %; Vorräte zw. 6 und 8 Mrd. t. Die im flachen Schelfmeer abgelagerten Erze, eine bis 50 m mächtige, oberflächennahe Schichtenfolge, bestehen aus acht bis zwölf übereinander liegenden, 3–9 m mächtigen Flözen; sie können z. T. im Tagebau gewonnen werden. Der Abbau erfolgt heute nur noch in wenigen Gruben, weil durch den erheblichen Gehalt an Gesteinsschutt und Organismenresten bei der Verarbeitung keine konkurrenzfähigen Konzentrate (über 60 % Eisen) entstehen.

Minetti, Bernhard, Schauspieler, * Kiel 26. 1. 1905; wirkte 1930–45 am Berliner Staatstheater unter L. JESSNER und G. GRÜNDGENS, 1951–56 am Schauspielhaus Frankfurt am Main, ab 1959 v. a. in Berlin. Bedeutender Charakterdarsteller, ab 1974 auch bevorzugter Schauspieler in Stücken von T. BERNHARD; trat im Film (seit 1931; ›Die linkshändige Frau‹, 1977) und Fernsehen auf und arbeitete als Regisseur; schrieb ›Erinnerungen eines Schauspielers‹ (1985).

Ming [chin. ›die Helle‹], chin. Dynastie (1368–1644), →China, Geschichte.

Mingetschaur, Mingečaur [-tʃ-], aserbaidschan. **Mingäçevir** [-tʃ-], Stadt in Aserbaidschan, an der Kura, 90 900 Ew.; techn. Hochschule; Kabel-, Glasfaser-, Gummi-, Isolatorenwerk, Fabrik für Straßenbaumaschinen. – 1945 beim Bau eines Kraftwerkes am Mingetschaurer Stausee (→Kura) gegründet.

Mingreli|en, Megreli|en, histor. Name der fruchtbaren Schwarzmeerküstenebene im W Georgiens. – In der Spätantike Teil des Byzantin. Reiches, im 7. Jh. von den Arabern erobert, gehörte M. später zum westgeorg. Königreich Imeretien und war 1550–1803 selbstständiges Fürstentum. 1803 kam M. unter die Schutzherrschaft des russ. Kaisers und wurde 1857 de facto, 1867 de jure unter russ. Verwaltung genommen. – Nach dem Sturz (Januar 1992) von S. GAMSACHURDIA, dem ersten nach Erlangung der Unabhängigkeit Georgiens frei gewählten Staatspräs., wurde dessen Heimat M. zum Stützpunkt und zur militär. Operationsbasis seiner Anhänger. Seine Rückkehr aus dem Exil (September 1993) führte zu einer bewaffneten Rebellion gegen die georg. Reg. in M., das erst nach dem Tod GAMSACHURDIAS und mit russ. Unterstützung bis 1994 wieder unter Reg.-Kontrolle gebracht werden konnte.

Mingreli|er, Megreli|er, Volk in W-Georgien (Mingrelien) und angrenzenden Gebieten Abchasiens, Untergruppe der →Georgier, etwa 700 000 Angehörige. Ihre Sprache (**Mingrelisch**, auch als **Margaluri** oder **Megruli** bezeichnet) gehört zum sanischen Zweig der →Kartwelsprachen. Aus nationalist. Gründen werden die M. teilweise sowohl in Russland (seit 1930) als auch in Georgien selbst nicht mehr als eigenständiges Volk, sondern als Georgier angesehen.

Mingus [ˈmɪŋgəs], Charlie, eigtl. **Charles M.**, amerikan. Jazzmusiker (Bassist, Komponist, Orchesterleiter), * Nogales (Ariz.) 22. 4. 1922, † Cuernavaca (Mexiko) 5. 1. 1979; spielte u. a. bei L. ARMSTRONG, L. HAMPTON und R. NORVO und widmete sich mit den von ihm gegründeten Jazz-Workshop-Gruppen bereits ab 1953 experimentellen Formen des Jazz, die ihn als Wegbereiter des Freejazz ausweisen. Zu seinen bedeutendsten Kompositionen gehören ›Pithecanthropus erectus‹ (1956), ›Tijuana moods‹ (1957), ›Prayer for passive resistance‹ (1960), ›The black saint and the sinner lady‹ (1963), ›Opus 3‹ (1973); schrieb die Autobiographie ›Beneath the underdog‹ (1971; dt.).

Minguzzi, Luciano, ital. Bildhauer, * Bologna 24. 5. 1911. Seine seit Mitte der 50er-Jahre vorwiegend abstrakte Metallplastik zeigt oft schwingende Formen. Er schuf Bronzetüren für den Mailänder Dom (1958–65) und für die Peterskirche in Rom (1970–77).

L. M., bearb. v. M. VALSECCHI (Bologna 1975); L. M., Ausst.-Kat. (Mailand 1986).

Minhag [hebr. ›Brauch‹] der, -, die gewohnheitsrechtl. und liturg. Praxis der jüd. Gemeinde eines Ortes oder einer Region. Er ergänzt das jüd. Recht (die →Halacha).

Minho [ˈminju], 1) port. für den Fluss →Miño.
2) früher **Entre Douro e Minho** [-ˈdoru-], histor. Provinz in NW-Portugal, zw. Minho und unterem Douro, umfasst die Distr. Viana do Castelo und Braga. M. ist eine durch zahlr. parallele Küstenflüsse (NNO–SSW) gegliederte durchgängige Region, in der Granit- und Gneisrücken mit breiten Tälern und Becken abwechseln. Die innere Zone hat die höchsten Niederschläge der Iber. Halbinsel (über 3 500 mm). In den Becken und Tälern Mais- und Weinbau; bedeutende Rinderzucht. Die Höhen wurden weitgehend wieder aufgeforstet. Der Wasserreichtum der gefällstarken Flüsse (Energiegewinnung) führte früh zur Entwicklung von Ind. (Leinenweberei, Leder- und Schneidwarenfabrikation, Apparatebau). Im Ave-Tal konzentriert sich die Baumwollindustrie. Am südl. Küstenabschnitt (niedrige Kliffs mit Dünensaum) Fischfang und Badebetrieb; im N Steilküste.

mini... [engl. Kurzbildung zu miniature ›Miniatur‹], Wortbildungselement mit der Bedeutung: sehr klein, sehr kurz, sehr knapp, z. B. Minigolf, Minirock.

Minia, Minja, Minya, El-M., Stadt in Oberägypten, am W-Ufer des Nils, 203 000 Ew.; Prov.-Verwaltung, kopt. Bischofssitz, Univ. (seit 1976), Echnaton-Museum im Aufbau; Zentrum des oberägypt. Baumwollhandels, Zuckerfabrik, Textilindustrie; Nilhafen, Flughafen.

Miniatur [ital. ›Kunst, mit Zinnober zu malen‹, von mlat. miniatura ›mit Zinnober gemaltes Bild‹, zu lat. miniare ›rot bemalen‹, zu minium ›Mennige‹] die, -/-en, Bildschmuck in Handschriften, davon abgeleitet auch kleines, oft medaillonförmiges Bild auf Gebrauchs- und Ziergegenständen. (→Miniaturmalerei)

Miniaturgolf, →Bahnengolf.

Miniaturisierung, Verkleinerung elektron. Schaltungen durch kleine Baugruppen (Modul) und/oder durch besondere Herstellungsverfahren der Planartechnik (→gedruckte Schaltung, →integrierte Schaltung). Durch M. entstehen neuartige Lösungen für viele Festkörperschaltungen: z. B. völliger Verzicht auf integrierte Spulen, häufig ausschließl. Benutzung eines einzelnen Bauelementetyps (z. B. von MOSFETs für digitale Schaltkreise), manchmal nur in miniaturisierter Aufbauweise realisierbare Schaltungen (z. B. CCD). Techn. Grenzen der M. setzt v. a. die Maskentechnik, die bei der Verkleinerung geometr. Strukturen an physikal. Grenzen stößt. (→Mikrominiaturisierung, →Mikrosystemtechnik)

Miniaturmalerei, Pinsel- oder Federzeichnung in Handschriften, ausgeführt in Aquarell- oder Deckfarben, auch als Grisaille und z. T. unter Verwendung von Blattgold. Sie umfasst figürl. Darstellungen und Ornamentik (z. B. Gestaltung der Anfangsbuchstaben, Verzierung des Blattrands). Das Initial oder das Bild nimmt oft eine ganze Seite ein. Die M. gelangte in Antike, Byzanz und im Abendland (→Buchmalerei), bei den Maya, Mixteken und Azteken (→Bilderhandschriften) und in der islam. Kunst zu großen Leistungen.

In der islam. M. wurden nur profane Handschriften mit z. T. die Buchrolle von Rand zu Rand füllenden szen. Miniaturen ausgestattet, die auch als lose Blattfolgen gesammelt wurden; für den Koran stand die Kalligraphie im Mittelpunkt, z. T. mit ornamentalem Schmuck.

Arab. M. ist seit etwa 1000 erhalten, ihren künstler. Höhepunkt erreichte sie im 13. Jh. (Schule von Bagdad mit Ausstrahlung nach Syrien und N-Irak), eine Nachblüte gab es unter den Mameluken im 14. und

Luciano Minguzzi:
Die Schatten; 1956/57
(Privatbesitz)

Charlie Mingus

Mini Minibuch–Minimalart

15. Jh. in Syrien und Ägypten. Zunächst wurden in spätantiker Tradition naturwissenschaftl. Texte (z. B. DIOSKURIDES) illustriert, seit dem 13. Jh. auch Dichtung (›Kalila und Dimna‹; Makamen des AL-HARIRI).

Pers. M., in Handschriften seit 1300 erhalten (Bagdad und Täbris), hatte ihre Blüte im 15. Jh. unter den Timuriden (Schiras und Herat). Gegen Ende der timurid. M. wird namentlich K. AD-DIN BEHSAD fassbar sowie RASSIM ALI mit Miniaturen zur Geschichte TIMURS. MOHAMMED ALI, MIRSA ALI und, im zweiten Drittel des 16. Jh., MIR MUSAWIR begründeten in Täbris den safawid. Stil, den MOHAMMEDI in Ghazni fortsetzte. Pers. Maler illustrierten v. a. Epen: das ›Schah-Name‹ des FIRDAUSI und die Epen des NISAMI, daneben myst. Lyrik, v. a. der Dichter SAADI, HAFIS und DJAMI. Das Querformat wurde Ende des 14. Jh. aufgegeben.

Miniaturmalerei: links ›Humayuns Kampf‹; Miniatur aus einer Handschrift der Gedichte des Khwasdju Kirmani; Schule von Bagdad, 1396 (London, Britisches Museum); **rechts** Nicholas Hilliard, ›Jüngling unter Rosen‹; 1588 (London, Victoria and Albert Museum)

Türk. M. unter den Osmanen stand anfangs ganz unter pers. Einfluss, im Laufe des 16. Jh. fand sie in der Illustration der Zeitgeschichte (Feldzüge, Schlachten, Feste) ihre eigentliche Aufgabe. Die 40 Miniaturen zur ›Subdet ül-tewarich‹ (Blütenlese der schönsten Geschichten) sind schwer in den Kontext der übrigen türk. M. einzuordnen.

In Indien nahm die M. im 16. Jh. unter den Mogulherrschern, die um 1545 pers. Miniaturisten (ABD AS-SAMAD, MIR SAJJID ALI) aus Täbris holten (→Mogulmalerei), und an den von Hindus regierten Provinzhöfen v. a. in N-Indien (→Rajputmalerei) einen großen Aufschwung. (BILD →indische Kunst)

Im 15. Jh. wurde in Europa die Bez. M. auf kleinformatige Darstellungen auf kunsthandwerkl. Gegenständen (u. a. Medaillons) übertragen. M. wurden auf Holz, Metall, Seide, Pergament, Porzellan und Elfenbein sehr genau und fein zumeist in hellen, zarten Farben ausgeführt. Häufig ist die Ovalform. Porträtminiaturen erlangten im 16. Jh. durch Künstler wie F. und J. CLOUET sowie H. HOLBEIN D. J. europ. Bedeutung und wurden im Elisabethan. England durch N. HILLIARD, I. OLIVER D. Ä. und S. COOPER verfeinert. Bahnbrechend unter den Emailmalern war J. PETITOT in Frankreich, der Ölgemälde, bes. von A. VAN DYCK, ins Miniaturistische übertrug. Im 18. und 19. Jh. traten v. a. M. VAN MEYTENS (Paris und Wien),

H. FÜGER und M. DAFFINGER (Wien) sowie J.-B. ISABEY (Paris) mit (Bildnis-)Miniaturen hervor.

L. R. SCHIDLOF: La miniature en Europe aux 16e, 17e, 18e et 19e siècles, 4 Bde. (Graz 1964); I. STCHOUKINE: La peinture turque d'après les manuscrits illustrés, 2 Bde. (Paris 1966–71); Illuminierte islam. Hss., bearb. v. I. STCHOUKINE u. a. (1971); R. ETTINGHAUSEN: Arab. Malerei (Neuausg. 1979); B. GRAY: Pers. Malerei (a. d. Engl., Neuausg. Genf 1983); H. BLÄTTEL: International dictionary miniature painters, porcelain painters, silhouettists. Internat. Lex. Miniatur-Maler, Porzellan-Maler, Silhouettisten (1992); Les manuscrits à peintures en France. 1440–1520, bearb. v. F. AVRIL u. N. REYNAUD, Ausst.-Kat. Bibliothèque Nationale, Paris (Neuausg. Paris 1995); Miniaturporträts. Die persönlichsten Zeugen der Kunstgeschichte, bearb. v. K. HENNINGER-TAVCAR (1995).

Minibuch, kleinformatiges Buch, dessen Inhalt ohne Hilfsmittel optisch aufgenommen werden kann. Als M. werden z. B. Kunst- oder Bildbände, aber auch belletrist. Werke herausgegeben; die buchbinder. Herstellung erfolgt überwiegend mit gering mechanisierten Anlagen oder manuell. Es haben sich Gewohnheitsformate in den verschiedenen Ländern herausgebildet, die vom Format der Planobogen oder von technolog. und techn. Bedingungen der Herstellerbetriebe abhängig sind. Als Formate sind Buchblockhöhen bis etwa 50 mm zu finden, z. B. 38 mm × 48 mm, 38 mm × 53 mm und 53 mm × 53 mm.

Minicar [-ka:, engl.] *der, -s/-s,* selbst gebasteltes autoähnl. Fahrzeug ohne Motor; löste die ›Seifenkisten‹ ab. Für Wettbewerbe gelten hinsichtlich Gewicht, Gesamtlänge, Radstand u. a. bestimmte Vorschriften; die Rennen finden auf 250–500 m langen abschüssigen Strecken statt, wobei Hindernisse umfahren und Geschicklichkeitsaufgaben erfüllt werden müssen.

Minicoy ['mınıkɔı], Insel im S der →Lakkadiven, Indien, 4,4 km², Kokospalmen.

Minierer, Insekten, deren Larven im Innern von pflanzl. Gewebe Fraßgänge (→Minen) anlegen.

Minierfliegen, Agromyzidae, Familie der Fliegen mit über 2000 meist sehr kleinen Arten (in Europa rd. 350), deren Larven Gänge (→Minen) in pflanzl. Gewebe fressen, und zwar meist in Blättern, aber auch in Blütenknospen, Rinden, Wurzeln, Stängeln. Manche M. können bei Massenauftreten an Kulturpflanzen schädlich werden.

Miniermotten, die →Blatttütenmotten.

Miniersackmotten, Incurvariidae, Familie kleiner bunter Falter mit 120 Arten (in Mitteleuropa 30); die Raupen minieren in ihrem ersten Stadium in Blättern oder Trieben, fressen später an der Oberfläche oder in einem Sack aus zusammengesponnenen Pflanzenteilen. Zu den europ. Arten gehört u. a. die **Himbeermotte** (Incurvaria rubiella), die durch Knospenfraß an Himbeeren schädlich werden kann.

Minifliegengewicht, *Boxen:* niedrigste Gewichtsklasse im Berufsboxen (WBA, bis 47,627 kg).

Minigolf, *Sport:* umgangssprachl. Bez. für →Bahnengolf.

Minim, Einheitenzeichen **min,** nur noch selten verwendete angloamerikan. Volumeneinheit des →Apothecaries-Systems; Großbritannien: 1 min = $^1/_{480}$ fl. oz (fluid ounce) = 0,0591939 cm³, USA: 1 min = $^1/_{480}$ fl. oz = 0,0616119 cm³.

Minima [lat. ›kleinste (Note)‹] *die, -/...mae* und *...men,* Notenwert der Mensuralnotation, bis zum 15. Jh. mit dem Zeichen ♩, danach ♩; aus Letzterem wurde die heutige halbe Note, die noch jetzt italienisch M. heißt.

minimal [zu lat. minimus ›kleinster‹], sehr klein, sehr gering; kleinstmöglich.

Minimalart ['minimala:t, engl.] *die, -,* **Minimal Art,** Kunstrichtung seit den 1960er-Jahren, v. a. in den USA; nach der ersten zusammenfassenden Ausstellung (1966) im Jewish Museum, New York, auch **Primary Structures** genannt; entstand als Gegenreaktion auf den abstrakten Expressionismus: Einfachste geometr. Formen oder Ordnungen werden ohne eigene kompositionelle Differenzierung in den Raum gestellt oder zu kalkulierten Systemen (z. B. Platten auf dem Boden) gereiht. Ziel ist die absolute Identität der Form mit sich selbst ohne jede illusionist., assoziative Zutat. Vertreter sind u. a. D. JUDD, R. MORRIS (beide auch wichtige Theoretiker), C. ANDRE, S. LE WITT, T. SMITH, D. FLAVIN. Parallelen finden sich im Color-Field-Painting und im Hard-Edge-Painting. Die M. wirkte auch auf Concept-Art und Land-Art; ihr verwandt sind Tendenzen der Arte povera in Italien.

M. A. A critical anthology, hg. v. G. BATTCOCK (New York 1968); M. A., hg. v. K. RUHRBERG, Ausst.-Kat. (1969); Minimal u. conceptual art aus der Sammlung Panza, Ausst.-Kat. (Basel 1980).

Minimalfläche, unter allen Flächen, die von einer vorgegebenen doppelpunktfreien Raumkurve berandet werden, diejenige Fläche, die den kleinsten Flächeninhalt besitzt. M. sind dadurch gekennzeichnet, dass ihre mittlere Krümmung in allen Punkten null ist.

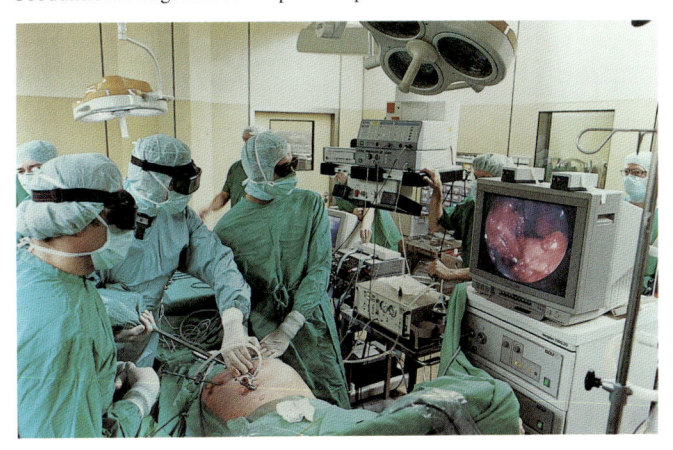

minimalinvasive Chirurgie, Abk. **MIC, Minimalchirurgie, endoskopische Chirurgie, Schlüssellochchirurgie,** Sammelbegriff für moderne Operationstechniken, die größere Schnitte zur Eröffnung von Körperhöhlen vermeiden. Bei der MIC werden kleinere Röhren, **Trokare** genannt, durch kleine Schnitte in das Körperinnere geschoben. Die Trokare sind Führungsröhrchen für das Endoskop und die Instrumente. Sie werden in die Körperhöhlen eingeführt, wobei der Weg durch den Körper und später die Operation mithilfe eines Videokamerasystems verfolgt werden können. Der Operateur sieht die Lage der Instrumente sowie den operativen Vorgang auf einem Monitor. Die Ausleuchtung des Operationsfeldes erfolgt mittels einer Kaltlichtquelle über Glasfaserkabel. Die Endoskope sind als Fiberendoskope mit Faseroptiken ausgestattet und weisen Durchmesser zw. 5 und 2,5 mm auf. Am Operationsort sind Abwinkelungen des opt. Systems bis 90° möglich, sodass der Operateur einen guten Überblick über die Operationsumgebung erhält. Eine Aufdehung der Körperhöhlen (z. B. Bauchraum) mit Kohlendioxid ist Voraussetzung für Diagnostik und operativen Eingriff. Mit einem integrierten Zoomobjektiv können selbst feine Gewebestrukturen erkannt und unterschieden werden. Zum speziellen Instrumentarium der MIC gehören u. a. kleine Zangenmodelle, Pinzetten, Scheren und Katheter, die ein Arbeiten auf Distanz durch die Trokare erlauben. Multifunktionsinstrumente ermöglichen Absaugen, Spülen, Koagulieren und Schneiden. Für das Schneiden stehen neben dem Hochfrequenzmesser auch spezielle Lasergeräte zur Verfügung. I. w. S. kann man auch die →Stoßwellenlithotripsie von Nieren-, Gallen- und Harnleitersteinen sowie die Ballonkatheterisierung zur Beseitigung von Gefäßverengungen der MIC zurechnen.

Vorteile der MIC sind kleine Operationswunden, Verringerung des postoperativen Schmerzes sowie eine Verkürzung des Krankenhausaufenthaltes des Patienten. Die Techniken der MIC erfordern eine spezielle Schulung. Der Operateur muss das zweidimensionale Bild, das er auf dem Monitor sieht, in die dreidimensionale Wirklichkeit des Operationsbereiches umsetzen. Durch das zweidimensionale Sehen ist das Berührungsgefühl für die zu operierenden Organe deutlich vermindert. In der Gallenblasenchirurgie ist dieses Operationsverfahren heute bei etwa 90% der Fälle die Methode der Wahl. Die Gefahren der MIC liegen im Einsatz nicht ausreichend trainierter Operateure und in unübersichtl. anatom. Verhältnissen.

Minimalkostenkombination, in der Produktionstheorie diejenige Kombination von substituierbaren (austauschbaren) Produktionsfaktoren, bei der ein gegebener Output mit minimalen Kosten bzw. bei gegebenen Kosten ein maximaler Output erreicht wird. Da bei substituierbaren Produktionsfaktoren verschiedene technisch gleich effiziente Kombinationen denkbar sind, um dieselbe Ausbringungsmenge zu erzielen, wird die Kombination gewählt, bei der sich die Grenzproduktivitäten der Produktionsfaktoren proportional zu den Faktorpreisen verhalten. Durch Einbeziehung der Kosten wird auch die wirtschaftl. Effizienz der Faktorkombination erreicht. Geometrisch ergibt sich die M. analog zur Ableitung des optimalen Verbrauchsplans in der Haushaltstheorie (→Haushalt) als Berührungspunkt einer Isoquante mit einer Isotime. Die Verbindungslinie aller M. bei steigenden Produktionsmengen ist der Expansionspfad.

Minimalmusic [ˈmɪnɪməlmjuːzɪk] *die, -,* **Minimal Music,** Musikrichtung, die sich, ausgehend von den USA, seit etwa 1960 im Zwischenbereich von Avantgarde, ind. Musiktraditionen, Freejazz und psychedel. bzw. meditativen Tendenzen der Rockmusik entwickelte. Sie ist durch die Reduzierung des musikal. Materials auf wenige Elemente, durch gleichförmigen Ablauf (etwa in Form ständiger Wiederholungen kurzer Tonformeln) sowie durch ein aus der additiven Überlagerung (z. B. durch Phasenverschiebung) gebildetes Klangspektrum gekennzeichnet. Bevorzugte Instrumente der M. sind Tasteninstrumente (Klavier, elektron. Orgel) und Schlagzeug, bekannte Vertreter u. a. L. M. YOUNG, T. RILEY, S. REICH und P. GLASS.

W. MERTENS: American Minimal music (London 1983); U. DIBELIUS: Moderne Musik, Bd. 2 (1988).

Minimalpaar, *Sprachwissenschaft:* zwei aufgrund eines einzigen →distinktiven Merkmals bedeutungsverschiedene sprachl. Äußerungen, z. B. ›leiden‹ und ›leiten‹ im Hinblick auf die Stimmhaftigkeit/Stimmlosigkeit des Konsonanten im Inlaut.

Minimen, Minimiten, Paulaner, lat. **Ordo Minimorum** [›Orden der mindesten (Brüder)‹], Abk. **O. M.,** kath. Orden, 1454 von FRANZ VON PAULA als Bettelorden gegründet; ein weibl. Zweig entstand 1495 in Spanien. Die M. üben strengste Askese und widmen sich der Predigt und dem Unterricht. Heute (1996) bestehen in Italien, Spanien und Frankreich 45 Klöster des männl. (rd. 200 Mönche) und 11 Klöster des weibl. Ordenszweiges (rd. 100 Nonnen). Sitz des Generalsuperiors ist Rom.

Minimierung, *Operationsresearch:* →Optimierung.

Minimum [lat. ›das Geringste‹] *das, -s/...ma,* 1) *allg.:* geringstes, niedrigstes Maß, Mindestmaß; Ggs. Maximum.
2) *Mathematik:* 1) dasjenige Element einer Menge, das bezüglich einer vorgegebenen Ordnung am kleinsten ist. Mengen mit endlich vielen Elementen besitzen stets ein M., unendl. Mengen nicht. Beispiel: Die Menge
$$A = \left\{ \frac{1}{n} \,\middle|\, n \in \mathbb{N} \right\}$$
besitzt das →Infimum 0, aber wegen $0 \notin A$ kein Minimum. – 2) Bei reellwertigen Funktionen nennt man $f(x_0)$ ein **relatives** oder **lokales M.,** wenn in einer Umgebung von x_0 nur größere oder gleich große Funktionswerte angenommen werden. Nimmt die Funktion insgesamt nur größere oder gleich große Werte an, so spricht man von einem **absoluten** oder **globalen M.** (→Extremum).

Minimumpeiler, ein ›Funkpeiler.

Minin, Kusma Minitsch, eigtl. K. M. Suchoruk, polit. Führer im Moskauer Staat, †vor Mitte 1616; Kaufmann, 1611 zum Starost von Nischnij Nowgorod gewählt; stellte 1612 mit Fürst D. M. POSCHARSKIJ eine Landwehr auf, die, zum Organisationskern der Armee wurde, die Moskau von den Polen befreite. 1613 wurde M. Mitgl. der Bojarenduma und erhielt den Rang eines Duma-Dworjanin. Er war der erste nichtadelige Staatsmann Rußlands.

Minirock, sehr kurzer, die Oberschenkel nur wenig oder kaum bedeckender Rock; 1964 von der Engländerin MARY QUANT (* 1934) kreiert.

Miniseismik, Methode zur Ortung von im Untergrund verborgenen (archäolog.) Objekten, die nach dem Prinzip der bei der Prospektion angewandten Reflexionsseismik (→Sprengseismik) arbeitet. Man verwendet meist Frequenzen von 5–10 kHz (Wellenlängen von 15–30 cm), da mit ihnen ein gutes Auflösungsvermögen bei einer Eindringtiefe der Schallsignale von einigen Metern erreicht werden kann.

H. MOMMSEN: Archäometrie (1986).

Ministahlwerk, Stahlwerk mit einer Jahresproduktion unter 1 Mio. t und mit eingegrenztem Erzeugungsprogramm. Der Kapitalaufwand für solche Werke ist niedrig, sie sind deshalb als Alternative zu Werken mit Hochofen-Stahlwerk-Warm- und Kaltwalzwerk bes. für Entwicklungsländer oder Regionen mit günstiger Energie- und Rohstoffbasis von Interesse. Der Stahl wird meistens in Lichtbogenöfen aus Schrott erschmolzen, im Strang vergossen und zu Langprodukten (Profilen, Draht, Betonstahl) gewalzt. Bei Einsatz von hochwertigem Schrott bzw. Ersatz von einem Teil des Schrotts durch Eisenschwamm bietet sich in M. auch die Produktion von Warmband an.

Minister, [über frz. ministre von lat. ›Diener‹, ›Gehilfe‹, eigtl. ›der Geringere‹] *der, -s/-,* Mitgl. einer Regierung, i. d. R. zugleich der Leiter eines obersten Zweiges der Staatsverwaltung (Fach-, Ressort-M., z. B. der Finanzen), mitunter auch ohne bestimmten Geschäftsbereich (M. ohne Portefeuille) und M. für Sonderaufgaben. In Dtl. werden die Mitgl. der Bundesregierung als Bundes-M., die der Länder als Landes-M. oder Staats-M. bezeichnet (in den Stadtstaaten Berlin, Bremen, Hamburg: Senatoren). In Großbritannien und in den USA heißen die M. für bestimmte Ressorts ›Secretary‹. Im Dt. Reich hießen zw. 1871 und 1918 die Chefs der Reichsämter Staatssekretäre; in der UdSSR hießen die M. bis 1946 Volkskommissare.

In *Dtl.* ergibt sich die Rechtsstellung der M. zum Teil aus den Verf., im Übrigen aus besonderen Gesetzen (Bundesminister-Ges. i. d. F. v. 27. 7. 1971 und entsprechende Landesminister-Ges.). Die Bundes-M. können jederzeit ihre Entlassung verlangen (Rücktritt). Ihr Amt endet ferner mit dem Tod, dem Rücktritt oder der Entlassung des Bundeskanzlers oder dem Zusammentritt eines neuen Bundestages. Jeder M. ist jedoch verpflichtet, auf Ersuchen des Bundes-Präs. oder des Bundeskanzlers sein Amt bis zur Ernennung eines Nachfolgers geschäftsführend weiter wahrzunehmen. Während ihrer Amtszeit erhalten die M. Amtsbezüge, nach dem Ausscheiden für sechs Monate bis drei Jahre Übergangsgeld und, wenn sie mindestens zwei Jahre M. waren, ab dem 60., wenn sie drei Jahre M. waren, ab dem 55. Lebensjahr Ruhegehalt. (→Bundesregierung, →Inkompatibilität, Staatsrecht).

In *Österreich* heißen M. nur die Bundes-M. (nicht aber die Mitgl. der Landesregierung, →Landesrat). Die Bundes-M. werden auf Vorschlag des Bundeskanzlers vom Bundes-Präs. ernannt und entlassen. Sie bilden zusammen mit dem Bundeskanzler und dem Vizekanzler die Regierung. Anders als in Dtl. kann nicht nur der Bundeskanzler ihre Entlassung verlangen, sondern auch der Nationalrat die Amtsenthebung einzelner M. bewirken. Zahl und Wirkungsbereich der Ministerien sind gesetzlich festgelegt (Bundesministerien-Ges. 1986).

In der *Schweiz* ist M. der Titel für einen diplomat. Vertreter. Die Mitgl. der schweizer. Bundesregierung heißen Bundesräte, diejenigen der kantonalen Regierung i. d. R. Regierungsräte oder Staatsräte; einzig die Mitgl. der jurass. Kantonsregierung werden als M. bezeichnet. Ihre jeweiligen Ressorts bezeichnet man als Departemente oder Direktionen.

Minister|anklage, das Verfahren, in dem ein Regierungs-Mitgl. (Min. oder Regierungschef) wegen schuldhafter Verletzung der Verf. oder eines sonstigen Gesetzes vor dem Staats- bzw. Verfassungsgerichtshof angeklagt werden kann. Die M. ist engl. Ursprungs. Sie schafft eine spezifisch staatsrechtl. Verantwortlichkeit ist von sonstiger rechtl. Verantwortlichkeit und von polit. und rechtl. Verantwortlichkeit zu unterscheiden (→Ministerverantwortlichkeit). Anders als die Weimarer Reichsverfassung kennt das GG keine M. Lediglich der Bundes-Präs. kann durch den Bundestag vor dem Bundesverfassungsgericht mit dem Ziel der Amtsenthebung angeklagt werden **(Präsidentenanklage).** In den meisten Ländern Dtl.s dagegen kann die M. gegen Mitgl. der Landesregierung erhoben werden.

In *Österreich* entscheidet der Verfassungsgerichtshof über Anklagen, mit denen die verfassungsmäßige Verantwortlichkeit der obersten Bundes- und Landesorgane für die durch ihre Amtstätigkeit erfolgten schuldhaften Rechtsverletzungen geltend gemacht wird. – Eine M. in diesem engeren Sinn fand bisher in Österreich nicht statt; jedoch wurde ein Landeshauptmann in einem M.-Verfahren wegen Nichtbefolgung einer Weisung im Rahmen der mittelbaren Bundesverwaltung von der Bundes-Reg. angeklagt und vom Verfassungsgerichtshof verurteilt.

Die *Schweiz* kennt keine eigentl. M. Die Regierungs-Mitgl. (Bundesräte) tragen wie andere Inhaber eines öffentl. Amtes des Bundes die strafrechtl. Verantwortung für in amtl. Stellung verübte Delikte. Die Strafverfolgung von Bundesräten bedarf einer Ermächtigung der Bundesversammlung. Handelt es sich um Verbrechen oder Vergehen, die sich nicht auf die amtl. Stellung beziehen, ist die Strafverfolgung nur möglich, wenn der Betroffene oder der Bundesrat als Kollegialorgan zustimmen.

Ministerialen [mlat., zu lat. ministerialis ›im (kaiserl.) Dienst Stehender‹, ›Beamter‹], *Sg.* **Ministeriale** *der, -n,* **Mannen,** im Heiligen Röm. Reich die Oberschicht urspr. unfreier **Dienstmannen (Dienstleute)** im Hof-, Verwaltungs- und Kriegsdienst; seit dem 11. Jh. ritterlich lebende Dienstleute mit eigener oder delegierter Herrschaft sowie polit. Einfluss (u. a. Ausübung der Hofämter). Mit dem zunehmenden Bedarf an Hof-, Verwaltungs- und Kriegsdiensten (etwa im Investiturstreit) und der Festlegung ihrer zunächst unbestimmten Pflichten und Rechte in sal. Zeit (1024–1125) wurden die M. ein neuer, vielfältig differenzierter Stand. Sie erhielten (nicht vererbbare) ›Dienstlehen‹ und leisteten dafür, erst für geistl. Herren, ritterl. Dienste. Seit König KONRAD II. (1024–39) wurden sie als Vögte oder Burggrafen und Landrichter zur Verwaltung des Reichsguts und, in den Landesherrschaften, der Landesgüter herangezogen; als **Reichs-M.** stützten sie die sal. bes. die stauf. Reichspolitik. Im 12. Jh. setzte ein Angleichungsprozess an den Stand der Edelfreien (Vasallen) ein. Die Reste der Unfreiheit schwanden allmählich, die Dienstlehen wurden zu echten (erbl.) Lehen, auch weil häufig verarmte Edelleute unter Vorbehalt ihrer Freiheitsrechte freiwillig in den M.-Stand übertraten. Da die M. seit dem 13./14. Jh. im niederen Adel aufgegangen waren, bildeten sie seit Beginn des 15. Jh. den Kern des Ritterstandes. – Neuere Forschung betont die Vielfalt in der Formierung der M. und Zusammenhänge mit Entwicklungen in karoling. und ostfränk. Zeit.

K. BOSL: Die Reichsministerialität der Salier u. Staufer, 2 Bde. (1950–51, Nachdr. 1979); Die Salier u. das Reich, hg. v. S. WEINFURTER u. a., Bd. 3 (1990).

Ministerium [lat. ›Dienst‹, ›Amt‹] *das, -s/...ri|en,* oberste Regierungs- und Verwaltungsbehörde. Das Gesamt-M. (Staats-M., Ministerrat, Staatsregierung; Reichs-, Bundes-, Landesregierung; Kabinett) wird vom Regierungschef geleitet (Premier-Min., Staatskanzler, Min.-Präs., Bundeskanzler). In manchen Staaten ist das Staatsoberhaupt auch Regierungschef (z. B. USA). Die Ressortministerien (Fachministerien) werden von Min. geleitet; innerhalb der vom Regierungschef festgelegten Richtlinien handelt der Minister selbstständig und in eigener Verantwortung (→Bundesministerium, →Minister). – Zu den fünf klass. Ministerien (Auswärtiges, Inneres, Justiz, Finanzen, Krieg) traten im 19. Jh. weitere M. hinzu.

Ministerium für Staatssicherheit der DDR, Abk. **MfS,** →Staatssicherheitsdienst.

Ministerpräsident, in Dtl. seit dem 19. Jh. gebräuchl. Bez. für den Leiter der Landesregierung (in Preußen seit 1848). Im Dt. Reich hieß der Regierungschef nur vom Februar bis zum August 1919 M., davor und danach →Reichskanzler. In den Ländern Dtl.s bildet der M. mit den Ministern (und ggf. den Staatssekretären) die Landesregierung. Er bestimmt die Richtlinien der Politik, führt den Vorsitz in der Regierung, leitet die Regierungsgeschäfte und vertritt das Land nach außen. Er übt das Begnadigungsrecht aus, soweit er diese Befugnisse nicht delegiert hat. Der M. hat damit in den Ländern die Stellung, die im Bund teils der Bundes-Präs., teils der Bundeskanzler innehat. In Berlin, Hamburg und Bremen entspricht der Stellung des M. im Wesentlichen die des ›Ersten Bürgermeisters‹ bzw. ›Regierenden Bürgermeisters‹.

Ministerrat, in vielen Staaten (z. B. in Frankreich) Bez. für die Spitze der Regierung; auch ein engerer Ministerausschuss für besondere Aufgaben. In der EU ist der M. der aus je einem Min. der Mitgl.-Staaten bestehende ›Rat der EU‹. In der DDR war der M. die Regierung.

Ministerverantwortlichkeit, die besondere Verantwortlichkeit der Inhaber staatsleitender Ämter (Regierungschef, Min.) für die Verfassungs- und Gesetzmäßigkeit sowie für die polit. Zweckmäßigkeit der eigenen Handlungen und Unterlassung sowie für die Handlungen des Staatsoberhauptes, für die der Min. durch →Gegenzeichnung die Verantwortung übernommen hat. Die polit. M. gegenüber dem Parlament fand im konstitutionellen Staat des 19. Jh. in erster Linie in der von den Abg. unter dem Schutz der Immunität geäußerten öffentl. Kritik ihren Ausdruck; diese Möglichkeit war durch die Pflicht des Min. gesichert, auf Verlangen im Parlament zu erscheinen (Zitierrecht) und Anfragen zu beantworten (Interpellationsrecht). Darüber hinaus konnte die M. durch Ablehnung von Gesetzes- und Haushaltsvorlagen der Regierung, äußerstenfalls durch ein Missbilligungsvotum geltend gemacht werden. Eine weitere Möglichkeit der Regierungskontrolle entwickelte sich mit dem parlamentar. Untersuchungsrecht (Enquete-Recht). Zusätzlich kann in Staaten mit parlamentar. Regierungssystem das Parlament einzelne Min. oder die Regierung durch ein Misstrauensvotum stürzen.

Die verfassungsgerichtl. M. bezieht sich nur auf die Verfassungs- und Gesetzmäßigkeit der Handlungen und Unterlassung und kann zur →Ministeranklage führen. Die M. ist von der allgemeinen straf- und zivilrechtl. Verantwortung zu unterscheiden. – In der DDR konnte bis zum Systemwandel von 1989/90 von einer M. im traditionellen Sinn keine Rede sein, obwohl die Min. von der Volkskammer zu wählen waren und abberufen werden konnten und der Ministerrat der Volkskammer verantwortlich war. Tatsächlich waren die Min. allein gegenüber der SED-Parteiführung politisch verantwortlich. Mit der Bildung einer demokratisch legitimierten Regierung im April 1990 setzte sich die M. durch.

In *Österreich* können die Mitgl. der Bundesregierung wegen schuldhafter Gesetzesverletzung durch Beschluss des Nationalrates beim Verfassungsgerichtshof angeklagt werden (Art. 76 B-VG). Politisch ist die Bundesregierung für ihre Amtsführung sowohl dem Nationalrat als auch dem Bundes-Präs. verantwortlich. Der Nationalrat kann der Bundesregierung oder einzelnen Mitgl. ohne besondere Gründe das Vertrauen versagen; der Bundes-Präs. hat dann die Bundesregierung oder den jeweiligen Min. des Amtes zu entheben (Art. 74 B-VG). Der Bundes-Präs. kann überdies den Bundeskanzler oder die Regierung jederzeit – ohne besondere Gründe und ohne Vorschlag – entlassen (Art. 70 B-VG).

In der *Schweiz* sind die Mitgl. des Bundesrates (Exekutive) für ihre Amtshandlungen dem National- und Ständerat gegenüber politisch verantwortlich. Die hier gehandhabte polit. Verantwortlichkeit findet ihren Ausdruck v. a. in den parlamentar. Aufsichts- und Kontrollinstrumenten sowie den Interventionsmöglichkeiten. Dem Parlament steht die allgemeine Oberaufsicht über die Regierung zu. Diese wird vornehmlich durch verschiedene ständige Kommissionen, z. B. die Geschäftsprüfungskommission (GPK), ausgeübt.

Die frz. Verf. von 1791 enthielt – zum ersten Male in der Verf.-Geschichte – die M. Mit einer Verf.-Änderung vom 28. 10. 1918 wurde sie in die dt. Reichs-Verf. eingefügt. Gemäß der Weimarer Reichs-Verf. waren der Reichskanzler und die Reichs-Min. gegenüber dem Reichs-Präs. und dem Reichstag verantwortlich.

Ministrant [lat. ›der Bedienende‹] *der, -en/-en,* **Messdiener,** *kath. Kirche:* Knaben und junge Männer, zunehmend auch Mädchen, die bei der Messe

Mini Minitrack-Verfahren – Minne

liturg. Hilfsfunktionen wahrnehmen. Sie sollen möglichst liturg. Kleidung, meist eine Albe, tragen.

Minitrack-Verfahren [ˈmɪnɪtræk-; von engl. to track ›aufspüren‹, ›verfolgen‹], ein in den USA entwickeltes Verfahren zur Ortung eines Satelliten mithilfe der Interferenz seiner Radiosignale.

Minja, El-M., Stadt in Ägypten, →Minia.

Minja, Minya, inschriftlich und durch Ausgrabungen (1932–59) für die Zeit des Kalifen Walid I. (705–15) gesicherter omaijad. Landsitz in der Nähe des Sees Genezareth, in der typ. Form eines durch Rundtürme besetzten Rechtecks mit Innenhofarkaden; im S liegt die große Audienzhalle und im O der Betsaal sowie als einziger Zugang in das Kastell der Torbau (mit Kuppelhalle). Die Bauplastik in M. zeigt stark antikisierende Elemente, die Fußbodenmosaiken weisen geomet. Muster auf.

Min Jiang [-dʒjaŋ] *der,* Name von geographischen Objekten:
1) Minkiang, Min, wichtigster Fluss in der Prov. Fujian, China, 577 km, mündet bei Fuzhou in die Formosastraße.
2) Minho, linker, wasserreicher Nebenfluss des Jangtsekiang in der Prov. Sichuan, China, mündet bei Yibin. Am Flussregulierungswehr von Dujiangyan (angelegt im 3. Jh. v. Chr.) zweigt ein Arm zur Bewässerung der landwirtschaftlich intensiv genutzten Ebene von Chengdu ab (530 000 ha). Bei Leshan mündet das 1 018 km lange, aus dem äußersten NW der Prov. kommende Dadu He.

Mink [engl.] *der, -s/-e,* eine Marderart (→Nerze).

Minkfrosch, der →Nerzfrosch.

Minkow, Swetoslaw Konstantinow, bulgar. Schriftsteller, * Radomir (bei Pernik) 27. 2. 1902, † Sofia 22. 11. 1966; 1943/44 im diplomat. Dienst in Tokio. M. entwickelte, anfangs von der dt. Literatur beeinflusst und in Protest gegen jeden Traditionalismus, einen eigenen Stil der Groteske und der Satire, der eine Vorliebe für sonderbare Metaphorik zeigt (Erzählungen ›Avtomati‹, 1932; ›Damata s rentgenovite oči‹, 1934, dt. ›Die Dame mit den Röntgenaugen‹).
Ausgabe: Sacinenija, 2 Bde. (1972).

Minkowski, 1) Hermann, Mathematiker, * Aleksota (heute zu Kaunas) 22. 6. 1864, † Göttingen 12. 1. 1909, Bruder von 2); Prof. in Bonn (ab 1892), Königsberg (1895), Zürich (ab 1896) und Göttingen (seit 1902). Frühe Arbeiten galten der Zahlentheorie und der Theorie der konvexen Körper. Später wandte sich M. der theoret. Physik zu, in der es ihm gelang, mithilfe des vierdimensionalen Raum-Zeit-Kontinuums (→Minkowski-Raum) und der heute nach ihm benannten Metrik der Relativitätstheorie eine adäquate mathemat. Formulierung zu geben.
2) Oskar, Internist, * Aleksota (heute zu Kaunas) 13. 1. 1858, † Fürstenberg/Havel 18. 6. 1931, Bruder von 1); wurde 1891 Prof. in Straßburg, 1904 in Köln, 1905 in Greifswald und 1909 in Breslau. Durch die erste totale Entfernung der Bauchspeicheldrüse beim Hund (1889) konnte M. experimentell den Zusammenhang zw. diesem Organ und dem Diabetes nachweisen. Weitere Arbeiten galten der Leber und der Gicht. 1887 entdeckte M., dass Akromegalie auf einer Vergrößerung der Hypophyse beruht.

Minkowski-Raum [nach H. Minkowski], ein von den drei Raumkoordinaten $x_1 = x, x_2 = y, x_3 = z$ und der mit der imaginären Einheit i und der Lichtgeschwindigkeit c multiplizierten Zeitkoordinate $x_4 = ict$ aufgespannter vierdimensionaler euklid. Raum, in dem sich Bewegungen von Massepunkten nach den Gesetzen der speziellen →Relativitätstheorie bes. einfach darstellen lassen (→Raum-Zeit der speziellen Relativitätstheorie). Ein Punkt (Ereignis) des M.-R. wird als **Weltpunkt,** ein Vektor im M.-R. als **Weltvektor,** die Bahn eines Teilchens im M.-R. als **Weltlinie** bezeichnet. Einer eigentl. orthochronen →Lorentz-Transformation entspricht in ihm eine einfache Drehung.

Wählt man alternativ als Zeitkoordinate die reelle Größe $x_0 = ct = -ix_4$, so besitzt der so definierte M.-R. anstelle der eben euklid. →Metrik eine pseudoeuklidische, d. h. eine, deren metr. Tensor die Determinante (-1) hat. Das Quadrat der Länge eines Weltvektors $x_\mu = \{x_0, x_1, x_2, x_3\}$ wird dann häufig als $s^2 = x_0^2 - x_1^2 - x_2^2 - x_3^2$ angegeben (es gibt auch eine andere Konvention mit entgegengesetztem Vorzeichen). Bei $s^2 < 0$ wird ein Weltvektor als →raumartig, bei $s^2 > 0$ als →zeitartig bezeichnet; im Falle $s^2 = 0$ handelt es sich um einen so genannten Nullvektor. Der durch $s^2 = 0$ definierte **Nullkegel** wird **Licht-** oder **Kausalitätskegel** genannt. Das Gebiet innerhalb des Lichtkegels (mit $s^2 > 0$, $x_0 > 0$ umfasst alle Ereignisse, die in Kausalzusammenhang mit Ereignissen im Scheitelpunkt des Lichtkegels stehen können (Bild →Relativitätstheorie).

Minks, Wilfried, Bühnenbildner und Regisseur, * Binai (Nordböhm. Gebiet) 21. 2. 1930; arbeitete als Bühnenbildner v. a. mit P. Zadek und K. Hübner zusammen (1959–62 in Ulm, 1962–73 in Bremen). Die von ihm geschaffenen großflächigen, hell ausgeleuchteten Spielorte sind als eine Dimension des Zuschauerraumes entworfen. Seit Ende der 60er-Jahre war er als Regisseur u. a. in Berlin und am Schauspiel Frankfurt am Main tätig (1980/81 in dessen Direktion). M. drehte den Film ›Geburt der Hexe‹ (1980).

Minn., Abk. für den Bundesstaat **Minn**esota, USA.

Minna, Hauptstadt des Bundesstaates Niger, Nigeria, in der Landesmitte an der Bahn nach Kano, 125 900 Ew.; kath. Bischofssitz; Kfz-Montagewerk und andere Industrie.

Minna von Barnhelm, oder das Soldatenglück, Lustspiel von G. E. Lessing, 1767.

Minne [ahd. minna] *die, -,* urspr. ›Gedenken‹, dann ›liebendes Gedenken‹, schließlich ›Liebe‹, sowohl im Sinne der helfenden, erbarmenden Liebe (als Liebe Gottes zu den Menschen und der Menschen zu Gott) als auch der Liebe zum anderen Geschlecht, von der rein geistigen bis zur ausschließlich sinnl. Liebe; als Rechtsbegriff bedeutete M. im MA. ›gütl. Übereinkommen, Versöhnung‹.

In der ritterlich-höf. Dichtung des 12. und 13. Jh. wird die M. als überwältigende Erfahrung des Menschen zum zentralen Motiv; sie wird mit unterschiedl. Akzentuierung in Epik und Lyrik zum Ausdruck der mit der höf. Kultur sich neu gestaltenden Beziehung

Hermann Minkowski

Wilfried Minks: Bühnenbild zu einer Aufführung der ›Antigone‹ von Sophokles in Bremen; 1966

zw. Mann und Frau, bes. dem Ritter und der Dame (›vrouwe‹). Der →Minnesang entwickelte den Begriff der hohen M., im Unterschied zur sozial oder ethisch niederen M. Die hohe M. lässt den Dienst für die Geliebte zu einer den Liebenden zum höchsten Ethos verpflichtenden Aufgabe werden (Frauendienst).

H. FURSTNER: Studien zur Wesensbestimmung der höf. M. (Groningen 1956); D. WIERCINSKI: M. Herkunft u. Anwendungsschichten eines Wortes (1964); P. DINZELBACHER: Über die Entdeckung der Liebe im Hoch-MA., in: Saeculum, Jg. 32 (1981).

George Minne: Brunnen mit fünf knienden Knaben; Marmor, 1906 (Essen, Museum Folkwang)

Minne, George, Baron (seit 1930), belg. Bildhauer und Grafiker, *Gent 30. 8. 1866, †Sint-Martens-Latem (bei Gent) 20. 2. 1941; studierte zunächst Architektur, dann Bildhauerei in Gent und Brüssel. 1891 ging er nach Paris, wo ihn bes. A. RODIN beeindruckte. 1899 ließ er sich in der Künstlerkolonie Sint-Martens-Latem nieder, 1912 wurde er Prof. an der Akademie in Gent. Symbolismus und zeitweilig auch Jugendstil wurden richtungweisend für seine Werke. M. gestaltete schlanke, vergeistigte Figuren, die ihren entsinnlichten Formen und zusammengefassten Umrissen z. T. an spätgot. Plastiken erinnern. Als sein Hauptwerk gilt der 1906 in Marmor ausgeführte Brunnen mit fünf knienden Knaben (Essen, Museum Folkwang). Das Spätwerk ist kompakter im Volumen und stärker an der Natur orientiert. Er schuf auch zahlr. Zeichnungen und Holzschnitte und übte großen Einfluss auf die Expressionisten aus.

G. M. en de kunst rond 1900, Ausst.-Kat. (Brüssel 1982).

Minne|allegorie, seit dem 13. Jh. beliebte Form der Minnelehre oder der Erörterung über die Minne, in der eine Darstellung des Wesens der Minne mit der Erteilung konkreter Anweisungen und nützl. Ratschläge verbunden war. In der M. wurden Betrachtung und Lehre in eine Handlung oder in ein Bild eingekleidet, denen im Sinne einer Allegorie eine tiefere Bedeutung unterlegt war. Häufig traten allegor. Figuren, wie etwa ›Frau Minne‹ oder die ›triuwe‹ (Treue), auf und erteilten ihre Lehren. M. waren zunächst Teil größerer Werke; am bekanntesten ist wohl die Minnegrottenszene in GOTTFRIED VON STRASSBURGS Versepos ›Tristan und Isolt‹ (nach 1200). Seit dem 13. Jh. begegneten M. auch als selbstständige Werke, z. B. der ›Roman de la rose‹ (entstanden zw. 1230 und 1280, gedruckt um 1480) von GUILLAUME DE LORRIS und JEAN DE MEUNG, ›Die Jagd‹ (um 1335) von HADAMAR VON LABER, ›Das Kloster der Minne‹ und ›Die Minneburg‹ (beide in der ersten Hälfte des 14. Jh. von unbekannten Autoren verfasst).

C. S. LEWIS: The allegory of love (London 1936, Nachdr. ebd. 1977); W. BLANK: Die dt. M. (1970); R. SCHLECHTWEG-JAHN: Minne u. Metapher. Die ›Minneburg‹ als höf. Mikrokosmos (1992).

Minneapolis [engl. mɪnɪˈæpəlɪs], Stadt in Minnesota, USA, am oberen Mississippi, 368 400 Ew.; die Metrop. Area Minneapolis/Saint Paul hat 2,46 Mio. Ew.; University of Minnesota (gegr. 1851) u. a. Bildungs- und kulturelle Einrichtungen. M. hat bedeutende Getreidemühlen und ist einer der führenden Weizenmärkte der USA; die Getreidebörse von M. ist eine der größten der Erde. Daneben gibt es Elektronik-, Nahrungsmittel-, Landmaschinenindustrie. Durch das Seengebiet in der Umgebung hat M. starken Fremdenverkehr. – Bedeutende Architekten prägten das heutige Stadtbild: C. GILBERT (Capitol, 1895–1903), E. und E. SAARINEN (Lutheran Christ Church, 1950), E. MENDELSOHN (Synagoge, 1950 bis 1954), R. RAPSON (Tyron Guthrie Theater, 1963), G. BIRKERTS (Federal Reserve Bank, 1967–72), E. L. BARNES (Walker Art Center, 1971), P. JOHNSON und J. BURGEE (I. D. S. Center, 1973), SOM (First National Bank, 1981; Pillsbury Center Building, 1981; Lutheran Brotherhood Building, 1981), McKim, Mead and White (M. Institute of Arts, 1914; Erweiterungsbau von TANGE KENZŌ, 1974) sowie F. O. GEHRY (Frederick R. Weisman Art Museum der Univ. Minnesota, 1993). – Um das 1819/20 auf dem linken Ufer des Mississippi errichtete Fort Snelling entwickelte sich ab 1838 die Siedlung Saint Anthony. 1855 wurde die Siedlung M. (Dakota minne ›Wasser‹) gegründet. 1872 wurden beide Orte zusammengeschlossen.

Minnehöfe, die →Liebeshöfe.

Minnekästchen, kleines Deckelkästchen aus Holz, Elfenbein oder Leder; Geschenk des Bräutigams an seine Braut, gebräuchlich v. a. vom 13. bis 15. Jh. im Gebiet des Oberrheins; häufig mit gemalten oder geschnitzten Liebesallegorien verziert.

Minnelehre, Minnedidaktik, Erörterung über Minne, findet sich in der mittelalterl. Literatur in verschiedenen Formen: 1) als selbstständiges Werk in Form eines Prosatraktates (ANDREAS CAPELLANUS), als gereimtes Streitgespräch (z. B. HARTMANN VON AUE) oder als →Minneallegorie; 2) als handlungsbedingte Unterweisung einer Figur eines höf. Romans (z. B. die Belehrung der Lavinia in der ›Eneit‹ HEINRICHS VON VELDEKE) oder als erläuternder Exkurs; 3) als Quintessenz eines epischen oder lyr. Werkes; Vorbild war oft OVIDS ›Ars amatoria‹.

Minnelli, 1) Liza, amerikan. Schauspielerin und Sängerin, *Los Angeles (Calif.) 12. 3. 1946, Tochter von 2) und JUDY GARLAND; kam als Sängerin und Showstar auch zum Film, u. a. ›Cabaret‹ (1972), ›Arthur – Kein Kind vom Traurigkeit‹ (1981), ›Ein kurzes Leben lang‹ (1984), ›Rent-a-Cop‹ (1987), ›Arthur on the rocks‹ (1988), ›West side waltz‹ (1995).

W. LEIGH: Das Leben der L. M. (a. d. Amerikan., 1995).

2) Vincente, amerikan. Filmregisseur, *Chicago (Ill.) 28. 2. 1910 (1913?), †Los Angeles (Calif.) 25. 7. 1986, Vater von 1), 1945–52 ⚭ mit JUDY GARLAND; drehte mitreißende Musicals sowie Komödien und Melodramen.

Filme: Ein Amerikaner in Paris (1951); Die Stadt der Illusionen (The bad and the beautiful, 1952); Vorhang auf! (The band wagon, 1953); Gigi (1958); Einst kommt der Tag ... (1970).

J. NAREMORE: The films of V. M. (Cambridge 1993).

Minnerede, didakt. Reimpaargedicht (100–2 000 Verse), das im Ggs. zum Minnesang gesprochen vorgetragen wurde. Begegnet als Streitgespräch, als Dialog zw. Mutter und Tochter, als Minneallegorie. Ältestes Beispiel ist das ›Büchlein‹ HARTMANNS VON AUE; bes. verbreitet im 14. und 15. Jh. (→Minnelehre)

T. BRANDIS: Mhd., mnd. u. mittelniederländ. M. (1968); I. GLIER: Artes amandi. Unters. zu Gesch., Überlieferung u. Typologie der dt. M. (1971).

Minnesang, im eigentl. Sinne die mhd. Liebeslyrik (Minnelyrik), manchmal werden auch undifferenziert alle Arten mhd. Lyrik als M. bezeichnet. Der M. entwickelte sich seit der zweiten Hälfte des 12. Jh.; er bil-

Liza Minnelli

dete bis ins Spät-MA. eine Fülle von Formen und Themen aus, die teilweise auf unterliterar. heim. Lyriktraditionen zurückgehen, teilweise von der lat. Vagantendichtung beeinflusst sind, v. a. aber auch Anregungen von den Troubadours und den Trouvères, gelegentlich auch von der antiken Liebeslyrik (OVID) aufnehmen. Auch die frühmittelalterl. arab. Hoflyrik in Spanien und die seit der zweiten Hälfte des 12. Jh. aufblühende Marienverehrung werden als Wurzeln des M. diskutiert. – Der M. ist höf. Dichtung; er begleitete die Entstehung einer höfisch-ritterl. Kultur unter den Stauferkaisern, war →Gesellschaftsdichtung und wurde als solche an den Fürstenhöfen (z. B. in Wien und auf der Wartburg), bei offiziellen Anlässen, etwa bei Reichstagen (Mainzer Hoffest 1184), später auch in Städten (Basel, Zürich) von den **Minnesängern (Minnesingern)**, die Dichter und Komponisten waren, i. d. R. selbst vorgetragen. Unter ihnen finden sich Vertreter aller Stände: Adlige, Ministerialen, fahrende Berufsdichter (z. B. WALTHER VON DER VOGELWEIDE) und in der Spätzeit auch Städter (z. B. J. HADLOUB).

Geschichte: Die erste Phase bildete der so genannte ›donauländ. M.‹ (etwa 1150/60–70), zu ihm zählen hauptsächlich im Donauraum auftretende Dichter wie der KÜRENBERGER, MEINLOH VON SEVELINGEN, DIETMAR VON AIST. Ihre Lieder, deren formales Kennzeichen die →Langzeile ist, handeln noch von wechselseitigem Liebessehnen von Mann und Frau und sind Liebeslyrik in ungekünstelter Form. Für den eigentl. M. (zweite Phase; etwa 1170–1190/1200) ist der höf. Frauendienst (**hohe Minne**) typisch. Er erschien erstmals ausgeprägt bei den rhein., unter westl. Einfluss stehenden Minnesängern um FRIEDRICH VON HAUSEN und HEINRICH VON VELDEKE, weitere Vertreter waren u. a. RUDOLF VON FENIS und BLIGGER VON STEINACH. Die Liebenden begegnen sich nicht mehr als gleichberechtigte Partner, die Frau wird vielmehr zu einem für den Sänger unerreichbaren Ideal stilisiert. Sie ist die Herrin (›vrouwe‹), die als Inbegriff des Weiblichen erscheint. Diese Art M. ist nicht Erlebnis-, sondern Rollenlyrik, ästhet. Spiel mit einem poet. Formelschatz, was eine persönl. Betroffenheit des Dichters nicht ausschließt. Einer der prägenden Topoi ist die läuternde Macht der Minne als Dienst, die Bewährung von ›triuwe‹ (Treue) und ›stæte‹ (Beständigkeit), auch wenn das Werben nicht zum Ziel führt. Der Höhepunkt dieser kollektiven Leidenserotik wurde in der dritten Phase um 1190–1210 mit den Liedern REINMARS DES ALTEN und HEINRICHS VON MORUNGEN erreicht. WALTHER VON DER VOGELWEIDE stellte dann die Hochstilisierung des Frauenbildes infrage und preist wiederum die nichtadlige Frau als Partnerin in der Figur des ›frouwelins‹ und der ›maget‹ (**Mädchenlieder,** Ideal der ›herzeliebe‹). Die **Tagelieder** WOLFRAMS VON ESCHENBACH, die den Abschied am Morgen nach heiml. Liebesnacht schildern, münden in den Preis der ehel. Liebe. Die Abkehr dieser beiden Dichter vom Ritual der ›hohen Minne‹ leitete zur letzten Entwicklungsstufe des M. über, zur Phase seiner Parodierung und Persiflierung bei NEIDHART VON REUENTAL seit etwa 1210 und zur **niederen Minne.** Die Minnesänger des späteren 13. und 14. Jh. beschränkten sich weitgehend darauf, die vorgegebenen Form- und Themenmuster zu variieren. Sie führten z. T. die Tradition des hohen M. weiter (BURKHART VON HOHENFELS), oft durch äußerstes Formraffinement gesteigert (GOTTFRIED VON NEIFEN, KONRAD VON WÜRZBURG), oder folgten NEIDHART. Im 15. Jh. wurde der M. durch den Meistersang abgelöst. Eine individuelle Sonderstellung nimmt OSWALD VON WOLKENSTEIN ein, den man als ›letzten Minnesänger‹ bezeichnet hat.

Zur wichtigsten *Strophenform* des M. wurde nach dem Beginn mit einfachen Reimpaarstrophen und durchgereimten Strophen nach roman. Vorbild die Stollen- oder Kanzonenstrophe (→Kanzone). – Neben der Hauptgattung des Werbeliedes, insbesondere der Minneklage, finden sich am Anfang der Wechsel und Frauenklagen (Frauenstrophen), Frauenpreislieder, Tagelieder und Kreuzlieder, im 13. Jh. Tanzlieder und Herbstlieder. Nach Anfängen im 12. Jh. (ULRICH VON GUTENBURG, HEINRICH VON RUGGE) wurde im 13. Jh. der →Leich bes. beliebt (TANNHÄUSER, ULRICH VON WINTERSTETTEN u. a.). Der M. ist Vortragskunst, die Lieder wurden prinzipiell gesungen, dienten seit dem 13. Jh. aber auch als ›Leselyrik‹.

Überliefert ist der M. in Hauptsache in Handschriften aus dem Ende des 13. und dem 14. Jh. (→Liederhandschriften). Melodienaufzeichnungen zum M. liegen erst seit dem 14. Jh. vor, in größerer Zahl zu Texten von NEIDHART VON REUENTAL, HUGO VON MONTFORT und OSWALD VON WOLKENSTEIN. Wieder entdeckt wurde der M. im 18. Jh.; erste Ausgaben stammen von J. J. BODMER. Nachgebildet wurden Themen des M. erstmals von J. W. L. GLEIM (›Gedichte nach den Minnesingern‹, 1773), Minnelieder zuerst übersetzt von L. TIECK (1803); die wiss. Beschäftigung setzte v. a. mit der krit. Ausgabe der Werke WALTHERS VON DER VOGELWEIDE durch K. LACHMANN (1827) ein.

Ausgaben: Minnesinger. Dt. Liederdichter des 12., 13. u. 14. Jh. ..., hg. v. F. H. VON DER HAGEN, 4 Bde. (1838–61, Nachdr. 1963); Die Schweizer Minnesänger, hg. v. K. BARTSCH (1886, Nachdr. 1964); Die mhd. Minnelyrik, hg. v. G. SCHWEIKLE, Bd. 1: Die frühe Minnelyrik (1977); Dt. Liederdichter des 13. Jh., hg. v. C. VON KRAUS, 2 Bde. (²1978); M. Mhd. Texte mit Übertragungen..., hg. v. H. BRACKERT (1983); Des M. Frühling, hg. v. H. MOSER u. a., Bd. 1 (³⁸1988); Dt. Lyrik des MA., hg. v. M. WEHRLI (⁷1988).

H. TERVOOREN: Bibliogr. zum M. u. zu den Dichtern aus ›Des M. Frühling‹ (1969); Der dt. M., hg. v. H. FROMM, 2 Bde. (¹⁻⁵1972–85); I. KASTEN: Frauendienst bei Trobadors u. Minnesängern im 12. Jh. (1986); M. EIKELMANN: Denkformen im M. (1988); G. SCHWEIKLE: M. (1989); DERS.: M. in neuer Sicht (1994); B. A. WEIL: Die Rezeption des M.s in Dtl. seit dem 15. Jh. (1991); DERS.: Der dt. Minnesang. Entstehung u. Begriffsdeutung (1993).

Minnesota [engl. mɪniˈsəʊtə], Abk. **Minn.,** postamtlich **MN,** Bundesstaat im Mittleren Westen der USA, an der Grenze zu Kanada, 225 182 km², (1994) 4,57 Mio. Ew. (1930: 2,56 Mio., 1960: 3,41 Mio. Ew.). Hauptstadt ist Saint Paul. Verwaltungsmäßig ist M. in 87 Verw.-Bez. (Countys) gegliedert.

Staat und Recht: Verf. von 1857 (mit zahlreichen Änderungen); der Senat hat 67, das Repräsentantenhaus 134 Mitgl. – Im Kongress ist M. mit zwei Senatoren und acht Abg. vertreten.

Landesnatur: In M. liegt die Wasserscheide zw. Hudsonbai (Red River), Atlantik (Große Seen) und dem Golf von Mexiko (Mississippi). Die überwiegend flachwellige Moränenlandschaft (180–680 m ü. M.) hat viele Seen und fruchtbare Lehmböden. Von NO reichen Ausläufer des Kanad. Schilds (Mesabi Range) nach M. hinein. Das Klima ist kontinental. Die bei der Kolonisation stark reduzierte Waldfläche nimmt wieder rd. 20 % des Staates ein.

Bevölkerung: Der Anteil der Weißen belief sich 1990 auf 94,4 % (überwiegend dt. und skandinav. Abstammung), der der Schwarzen auf 2,2 %, andere 3,4 % ausschließlich Indianer (1,1 %). 1990 lebten 70 % der Bev. in Städten; größte Städte sind Minneapolis, die Hauptstadt Saint Paul, Bloomington und Duluth.

Wirtschaft: Wichtigste Zweige der Landwirtschaft sind Viehhaltung (Milchwirtschaft, Geflügel) sowie Anbau von Getreide (bes. Hafer) und Futterpflanzen (bes. Mais). Bis 1951 lieferte M. 82 % der in den USA geförderten Eisenerze; die Erze in der →Mesabi Range sind weitgehend abgebaut. Außer der Verarbeitung landwirtschaftl. Produkte hat M. v. a. Maschinenbau, chem., elektron. und Papierindustrie.

Geschichte: Das als Wasserscheide dreier Stromsysteme verkehrswichtige Gebiet wurde seit der Mitte des 17. Jh. von den Franzosen als Teil ihres Pelzhandelsgebietes erschlossen. Der östl. Teil kam im Pariser Frieden von 1763 in brit. Besitz und im Pariser Frieden von 1783 als Teil des →Northwest Territory an die USA, blieb aber bis 1816 unter brit. Einfluss. Der größere Teil westlich des Mississippi wurde 1803 von den USA im Louisiana Purchase (→Louisiana) erworben. Die erste permanente Siedlung war Fort Snelling (1819/20, heute Minneapolis). 1849 wurde M. als Territorium organisiert und am 11. 5. 1858 als 32. Staat in die Union aufgenommen. 1862 schlugen Reg.-Truppen einen Aufstand der Sioux nieder. V. a. dt. und skandinav. Einwanderer ließen die Bev. in der zweiten Hälfte des 19. Jh. rasch anwachsen.

W. W. FOLWELL: A history of M., 4 Bde. (Neuausg. Saint Paul, Minn., 1956–69); W. E. LASS: M. A bicentennial history (New York 1977).

Minnesota Mining & Manufacturing Co. [mɪnɪˈsəʊtə ˈmaɪnɪŋ ənd mænjuˈfæktʃərɪŋ ˈkʌmpənɪ], Abk. **3M,** Konzern der Konsum- und Investitionsgüterindustrie, gegr. 1902; Sitz: Saint Paul (Minn.); Umsatz (1996): 14,24 Mrd. US-$, Beschäftigte: rd. 70 700.

Minnesota River [mɪnɪˈsəʊtə ˈrɪvə], rechter Nebenfluss des Mississippi in Minnesota, USA, 534 km lang; mündet bei Saint Paul.

Minnetrunk, der altgerman. Brauch, beim Abschluss ritueller Festmahle das mit Met gefüllte Trinkgefäß mehrmals zu Ehren von Göttern, Helden oder eines Toten (Verwandten) zu leeren. Der vom Christentum anfangs als ›Teufelsminne‹ verabscheute Trunk wurde im 9. Jh. mit dem ehrenden Erinnern an Kirchenheilige in Verbindung gebracht. Die offizielle Übernahme des M. durch das Christentum erfolgte im Hoch-MA., als Kreuzzüge, Ostkolonisation und Fernhandel starke Bevölkerungsbewegungen auslösten; so wurde vor dem Antritt langer Reisen z. B. die →Johannisminne getrunken.

H. SCHOMMER: Die Heiligenminne (Diss. Bonn 1953).

Minnewit, Minuit, Peter, Kolonisator in niederländ. und schwed. Diensten, Gründer der Stadt New York, * Wesel um 1580, † (Schiffsuntergang) auf dem Weg nach Saint Christopher im Karib. Meer Juni 1638; frz. oder wallon. Herkunft, reformierter Geistlicher; war 1626–31 Gouv. der Kolonie Neu-Niederland. 1626 kaufte er von den Indianern für 60 Gulden die Insel Manhattan und legte das Fort Neu-Amsterdam (→New York) an. In schwed. Diensten gründete er 1638 die Kolonie Neu-Schweden (→Delaware).

Mino, M. da Fiesole, ital. Bildhauer, * Poppi (bei Arezzo) 1429, † Florenz 1484; Schüler des DESIDERIO DA SETTIGNANO, v. a. in Florenz und Rom tätig; geschult an den Werken der röm. Antike, schuf er für die Porträtkunst der Renaissance bahnbrechende Büsten (z. B. des PIERO DE' MEDICI, 1453, Florenz, Bargello, und des NICCOLO STROZZI, 1454, Berlin, Gemäldegalerie) sowie Tabernakelaltäre und Grabmäler (für Graf HUGO VON ANDERSBURG, zw. 1469 und 1481; Florenz, Badia).

Miño [ˈmiɲo, span.] *der,* port. **Minho** [ˈmiɲu], Fluss im NW der Iber. Halbinsel, 310 km lang, entspringt mit mehreren Quellflüssen in der Sierra de la Carba (Bergland von Galicien), mündet in Form einer Ria zw. La Guardia und Caminha in den Atlant. Ozean; Staudämme mit Wasserkraftwerken. Der Unterlauf bildet auf rd. 80 km Länge die spanisch-port. Grenze.

minoische Kultur, ägäische bronzezeitl. Kultur auf Kreta im 3. und 2. Jt. v. Chr.; die Blütezeit lag in der ersten Hälfte und Mitte des 2. Jt. v. Chr.; den Namen erhielt sie von A. J. EVANS, dem Ausgräber von Knossos, nach dem sagenhaften König Minos.

Die m. K. wird nach Vorstufen im Neolithikum, in dem – trotz der Rolle fremder kultureller Einflüsse – ihre Wurzeln liegen, zunächst in drei Phasen der frühen Bronzezeit fassbar: frühminoisch I–III = Vorpalastzeit (etwa 2900 bis etwa 2000 v. Chr.). Sie erreichte einen ersten Höhepunkt in der mittleren Bronzezeit: mittelminoisch I–II = ältere Palastzeit (etwa 2000 bis etwa 1550 v. Chr.) und ihre größte Verbreitung am Anfang der späten Bronzezeit: mittelminoisch III/spätminoisch I–II = jüngere Palastzeit (etwa 1550 bis etwa 1375 v. Chr.). Die letzte Stufe, spätminoisch III, wird als Nachpalastzeit (etwa 1375 bis etwa 1100 v. Chr.) bezeichnet. (ÜBERSICHT →ägäische Kultur)

Wichtig im stratigraph. Befund sind Zerstörungsschichten, die in der Mehrzahl wahrscheinlich auf Erdbeben zurückzuführen sind. Die künstler. Entwicklung wurde von diesen Zerstörungen nicht beeinträchtigt. Im 17. Jh. v. Chr. wurden alle Paläste und die sie umgebenden Städte betroffen (nach neuesten Forschungen erfolgte 1645 ein schwerer Vulkanausbruch); die Paläste wurden danach wieder aufgebaut (jüngere Palastzeit). Verheerende Auswirkungen der Vulkankatastrophe von Thera lassen sich auf Kreta weder geologisch noch archäologisch fassen. Weit reichende Zerstörungen um 1450 v. Chr. gehen entweder auf Erdbeben, krieger. Ereignisse oder beides zurück. Knossos erlitt jedoch nur geringfügige Schäden. Der hier in der zweiten Hälfte des 15. Jh. v. Chr. auftretende ›Palaststil‹ mit seinen stilist. Veränderungen weist offenbar auf stärkere Annäherungen an die →mykenische Kultur, aber nicht auf eine kulturelle Vorherrschaft des myken. Festlandes. Sicher lässt sich diese jedoch nach 1375 v. Chr. (Zerstörung des Palastes von Knossos) nachweisen. Möglicherweise ging der Zerstörung von Knossos ein Aufstand der kret. Bev. gegen die dominierenden Achaier voraus.

Die m. K. war vielleicht in der östl. Hälfte Kretas stärker vertreten als im W, jedoch ist z. B. auch in Chania ein Zentrum der m. K. zu sehen. Den Seehandel sicherten Stützpunkte auf Melos, Keos (Kea), Thera, Kythera, Ägina, Milet und Rhodos, wo sich die m. K. schnell verbreitete und von dort weitervermittelt wurde, bes. über Kythera auf die S-Peloponnes. Kret. Fundorte sind neben den ausgegrabenen Palästen von Knossos, Phaistos, Hagia Triada, Mallia, Kato Zakros u. a. Amnisos, Archanes, Chania, Gurnia, Kommos, die Ebene von Messara, Mochlos, Myrtos, Palaikastro, Psira, Pyrgos und Tylissos.

Gesellschaft

Mittelpunkt der Gesellschaft war der königl. Palast, in dem die sakralen und die wirtschaftl. Funktionen kon-

Mino da Fiesole: Porträtbüste des Piero de' Medici; 1453 (Florenz, Bargello)

minoische Kultur: Stierkopfrhyton aus Knossos; Steatit, Goldblech und andere Materialien, um 1500 v. Chr. (Heraklion, Archäologisches Museum)

minoische Kultur: Thronsaal mit Greifenfresko im Palast von Knossos; um 1450–1400 v. Chr.

Mino minoische Kultur

minoische Kultur: Bronzestatuette eines Mannes in Gebetshaltung mit minoischem Gurt, Halskette, Arm- und Fußringen; um 1550 v. Chr. (Heraklion, Archäologisches Museum)

zentriert waren. Hier fanden kult. Veranstaltungen statt, die Versammlung der Menge vor dem Heiligtum, wobei die Hauptrolle den Frauen und Priesterinnen zukam, bes. der Priesterin, die im kult. Geschehen die große Muttergöttin verkörperte, sowie auf dem Theaterplatz die Stierspiele, bei denen junge Frauen und Männer über den Stier voltigierten. Wirtschaftlich gesehen war der Palast Verwaltungszentrum, von dem aus Landwirtschaft, Handel, Handwerk und Versorgung zentral organisiert wurden. Die landwirtschaftl. Produkte wurden anscheinend zum größten Teil im Palast abgeliefert und dort verbucht und in Magazinen gespeichert, wozu große Tonkrüge (Pithoi) dienten. Die landwirtschaftl. Produkte umfassten v. a. Oliven, Olivenöl, Getreide (Gerste, Weizen, Hirse), Wein, Honig, Milch, Feigen, Datteln und Safran. Auch Schweine, Rinder und Schafe wurden gehalten. In den eng bebauten Städten gab es i. d. R. auch stattlichere Häuser, außerdem waren herrschaftl. Landsitze über die Insel verstreut. Ohne die Annahme völliger Befriedung und Beherrschung der Seewege lässt sich ein verständl. Bild des wirtschaftl. Hintergrunds der m. K. nicht gewinnen. Exportiert wurden Zypressenholz, Speise- und Lampenöl, Salben, Wein sowie Handwerkserzeugnisse, bes. die künstlerisch hochrangige bemalte Keramik, auch purpurgefärbte Stoffe und Edelmetall- und Bronzearbeiten. Die Paläste waren selbst Zentren handwerklich-künstler. Produktion, teils für den Eigengebrauch, teils für den Export. Als Zahlungsmittel konnten große Bronzebarren dienen. Die Entlohnung der z. T. sehr spezialisierten Arbeiter erfolgte wohl in Naturalien. Träger der m. K. war eine altägäische Bev. von (nach den Darstellungen zu urteilen) zierl. Körperbau. Ob die Minoer eine Literatur besaßen, lässt sich nicht mehr erschließen, die aufgefundenen Tontäfelchen der Palastarchive enthalten nur Verwaltungsnotizen. Musikinstrumente sind verschiedentlich dargestellt, z. B. wird auf der ›Schnittervase‹ aus Hagia Triada der Zug der Olivenarbeiter von einem Spieler, der ein →Sistrum spielt, und drei Sängern angeführt.

ohne die schnell rotierende Drehscheibe geformten Gefäße sind doppelkon. Becher, Schnabelkannen und Teekannen. Neben geometr. Ornamenten gab es auch ›geflammte‹ Dekorationen (Vasiliki). Weiße Muster auf dunklem Grund leiteten um 2000 v. Chr. zur ersten Blütezeit der minoischen Keramik über. Die reife Stufe dieser mehrfarbigen →Kamaresvasen gehört mit einem reichen Repertoire an scheibengedrehten Formen in die jüngere Phase der älteren Palastzeit (19./18. Jh. v. Chr.). Leitformen der Ornamentik sind die Spirale und die Torsion, häufige Motive sind Palmetten und Dreiecke. Mit Beginn der jüngeren Palastzeit wurden die Dekorationen (neue Spiralformen, naturalistische Blüten- und Meeresweltdekore) schwarz(braun) auf einen hellen Grund gemalt. Häufigste Keramikform wird die Bügelkanne (BILD →Bügelkanne). Die Gefäße im ›Meeresstil‹ verdeutlichen bes. die Sichtweise der minoischen Künstler, z. B. werden die Arme eines Oktopus in Spiralformen angeordnet, Tiere, Korallenriffe (von oben gesehen) u. a. wie ein Wellenband. Die großen Amphoren u. a. Gefäße des ›jüngeren Palaststils‹ von Knossos zeigen eine Verfestigung des Stils, bes. eine Vertikalisierung in der Bemalung. Er zeigt anscheinend den Beginn mykenisch geprägten Stilempfindens an.

Kleinkunst: Aus Elfenbein und verschiedenen Steinen gearbeitete Siegel unterschiedl., auch figürl. Gestalt setzten in der Vorpalastzeit (frühminoisch II) ein (Messara) und erreichten mit figürl. Motiven (kult. Szenen, Fabelwesen, Tiere) eine Blüte in der älteren Palastzeit; goldene Siegelringe wurden v. a. auf dem griech. Festland gefunden. Seit der jüngeren Palastzeit herrschten abstrakte Motive vor.

Der Schmuck aus Gold, Bergkristall, Lapislazuli, Elfenbein, Fayence, Glas u. a. Material begegnet ebenfalls schon in der Vorpalastzeit (Mochlos). Hervorragende Goldarbeiten wie der Anhänger ›Bienen von Mallia‹ (BILD →Goldschmiedekunst) sind in der älteren Palastzeit entstanden. Granulation, Filigran, Lötung und Niello wurden angewendet. Den großen Goldbecher von Vaphio hat im 15. Jh. v. Chr. sicher auch ein kret. Goldschmied getrieben (Anordnung der naturalist. Szenen nach dekorativen Grundschemata, z. B. der Spirale). Überliefert ist eine Fülle kleinplast. Werke: Figürchen der Priesterinnen mit Schlangen vom Beginn der jüngeren Palastzeit, etwas später ist der kleine Stierspringer aus Elfenbein zu datieren. Zur Plastik der jüngeren Palastzeit kann man auch die Spendengefäße (Rhyta) aus Marmor, Onyx oder Steatit rechnen; Letztere waren mit geschnittenen Reliefs verziert und urspr. mit Blattgold belegt oder hatten die Form eines Stier- oder Löwenkopfes und waren mit Einlegearbeiten versehen (z. B. die ›Schnittervase‹). Von den Weihgaben sind die meisten aus Ton oder Bronze, teils vollplastisch, teils als Reliefs. Bes. zahlreich sind Stiervotive. Die Beterhaltung der Statuetten ist durch die Haltung der Arme charakterisiert, wobei eine Hand vor die Stirn gelegt ist und die andere (meist) die gegenüberliegende Schulter berührt. Stark stilisierte, auf der Töpferscheibe geformte Tonidole aus der Nachpalastzeit ähneln gleichzeitigen myken. Idolen des griech. Festlandes; die erhobenen Arme sind Zeichen der Epiphanie der Gottheit.

Architektur: Minoische Paläste und Villen haben verwandte Grundrisse, wenn auch die Paläste wesentlich weitläufiger waren und als Eigenheit den großen Mittelhof aufweisen. Stockwerkbauten mit bis zu vier Geschossen sind wohl durchdacht, Hoffassaden, Zugänge, Treppen oder Treppenhäuser, Lichthöfe, Veranden oder Korridore und Repräsentationsräume sind abwechslungsreich angeordnet und ausgestaltet (u. a. Wandmalerei, bemalte Stuckreliefs). In die Paläste waren Wasserversorgungs- und Abwassersysteme integriert. Klimat. Erwägungen (Schattenkühle)

minoische Kultur: links Krug in Barbotinetechnik aus der Messaraebene; 1. Drittel des 2. Jt. v. Chr.; rechts So genannte ›Schnittervase‹ aus Steatit, gefunden in Hagia Triada; um 1500 v. Chr. (beide Heraklion, Archäologisches Museum)

Kunst

Von den verschiedenen Kunstgattungen ist die *Keramik* am besten überliefert, sie liefert auch die eigentl. Grundlagen der Chronologie der m. K. Technik, Formen und Dekorationen spätneolith. Vasen haben Anteil an der Entstehung der vorpalastzeitl., nach Fundorten (z. B. Pyrgos, Kumasa, Vasiliki) benannten bronzezeitl. Vasengattungen. Leitformen dieser noch

minoische Kultur: Terrakottamodell eines Wohnhauses aus der Nekropole von Phurmi bei Archanes; Höhe etwa 15 cm, um 1400 v. Chr. (Heraklion, Archäologisches Museum)

spielten offenbar eine Rolle bei der Planung. Auffällige Eigenheiten der minoischen Architektur sind das verschachtelte Grundrisskonzept, die um Ecken führenden schmalen Zugänge der Paläste, die nach Richtungswechseln zum Mittelhof führen, und die durch Vor- und Rücksprünge gestalteten Außenfassaden der Paläste.

Wandmalerei: Freskomalerei und bemalte Stuckreliefs setzten schon in der älteren Palastzeit ein, die erhaltenen, ausschließlich aus der jüngeren Palastzeit, stammen v. a. aus den Palästen von Knossos und Hagia Triada, aus der Villa von Amnissos sowie aus Akrotiri auf Thera. Sie sind in kräftigen bis hellen bunten Farben gehalten und drücken Natursinn, Gelöstheit und Festlichkeit aus.

Religion

Die Forschung ist auf die Deutung der minoischen Bildwelt angewiesen und versucht Verbindungen zu knüpfen zu späteren mytholog. Vorstellungen wie zu Zeugnissen zeitgleicher Kulturen oder der vorangehenden Epochen der ägäischen Kultur. Die m. K. kannte keine Kultbilder. Mehrfach dargestellt findet sich jedoch die Fassade des Heiligtums der ›Großen Göttin‹, wie es auch in den Palästen als dreigeteilte Anlage nachgewiesen ist. Stellvertretend für Kultbau bzw. Kultfassade kann auch ein einziges Element stehen (z. B. eine Säule). Die Göttin wurde auch in Bergheiligtümern und in Höhlen verehrt und vielleicht auch im mehrfach dargestellten Baumkult. Zugeordnet sind ihr (oder vielleicht auch anderen Formen der Göttin oder anderen Gottheiten) außer dem Baum Bergziege, Vögel, Schiffe sowie die Schlangen, als Kultsymbole Hörner und Doppelaxt. In der griech. Mythologie stehen ihr Artemis und Rhea nahe. Eine männl. Gottheit wurde ihr vielleicht erst später zur Seite gestellt; in Palaikastro wurden (1987/88) die Reste einer chryselephantinen Statuette eines jugendl. Gottes, möglicherweise des kret. Zeus von Dikte, aufgefunden. Mit Sicherheit gab es keinen Stiergott oder -kult, sondern der Stier spielte als Opfer für die Göttin seine bedeutende Rolle. Der Kult war im Wesentlichen ein Vegetationskult, der um Geburt, Tod und Wiedergeburt der Natur kreiste. Die Heiligtümer sind Stätten der Erscheinung (Epiphanie) der großen Naturgöttin, ekstat. Zeremonien (Tänze), Gebet und Opfer rufen sie herbei. Für den Totenkult sind die wichtigsten Zeugnisse das Tempelgrab bei Knossos mit Kulträumen und eine Terrakottagruppe aus einem Rundgrab der Messara mit vier sitzenden Verstorbenen und drei vor ihnen stehenden Opfernden. Vermutlich wurden die Riten von Zeit zu Zeit wiederholt. Die meist als Beleg für den Totenkult herangezogenen Fresken des Sarkophags von Hagia Triada (um 1400; Heraklion, Archäolog. Museum) stellen wohl den Ablauf des kult. Festes einer Vegetationsgottheit dar.

Sprache

Die vorgriech. Sprache Kretas im 2. Jt. v. Chr., die in den in Linear-A-Schrift abgefassten Tontäfelchen vorliegt, wird auch als minoische Sprache bezeichnet. Unsicher bleibt, ob auch die kret. Hieroglyphenschrift diese Sprache wiedergibt. Zahlr. Ortsnamen Kretas (Knossos, Tylissos) und des griech. Festlandes (Athen, Theben, Korinth) entstammen vermutlich dieser minoischen Sprache; ferner sind viele griech. Wörter (labyrinthos ›Labyrinth‹, kyparissos ›Zypresse‹) aus ihr entlehnt. Auf dem →Diskos von Phaistos wird eine sonst unbekannte Bilderschrift verwendet. (→kretische Schriften, →kretische Sprachen)

F. MATZ: Kreta, Mykene, Troja. Die minoische u. die homer. Welt (Zürich ³1957); S. ALEXION: Führer durch das Archäolog. Museum von Heraklion (a. d. Griech., Neuausg. Athen 1972); DERS.: M. K. (a. d. Griech., 1976); H.-G. BUCHHOLZ u. V. KARAGEORGHIS: Altägäis u. Altkypros (1972); W. SCHIERING: Funde auf Kreta (1976); P. DEMARGNE: Die Geburt der griech. Kunst (a. d. Frz., Neuausg. 1977); S. HOOD: The arts in prehistoric Greece (Harmondsworth 1978); H. PICHLER u. W. SCHIERING: Der Ausbruch des Thera-Vulkans um 1500 v. Chr., in: Naturwiss.en, Jg. 65 (1978); W. HELCK: Die Beziehungen Ägyptens u. Vorderasiens zur Ägäis bis ins 7. Jh. v. Chr. (1979); F. MATZ: Kreta u. frühes Griechenland (³1979); Museum Heraklion, hg. v. J. A. SAKELLARAKIS (Athen 1980); M. I. FINLEY: Die frühe griech. Welt (a. d. Engl., 1982); P. FAURE: Kreta. Das Leben im Reich des Minos (a. d. Frz., ³1983); N. MARINATOS: Minoan sacrificial ritual (Stockholm 1986); A. BRAUNE: Menes, Moses, Minos. Die Altpalastzeit auf Kreta u. ihre geschichtl. Ursprünge (1988); Die Kunst des alten Griechenland, bearb. v. B. HOLTZMANN u. a. (1989); H. WINGERATH: Studien zur Darstellung des Menschen in der minoischen Kunst der älteren u. jüngeren Palastzeit (1995).

Minor, Jakob, österr. Literaturhistoriker, *Wien 15. 4. 1855, †ebd. 7. 10. 1912; ab 1882 Prof. in Mailand, ab 1884 in Prag, ab 1888 in Wien; Abhandlungen zur dt. Literatur des 18. Jh., v. a. zu SCHILLER und GOETHE (›Goethes Faust‹, 2 Bde., 1901), gab u. a. die Schriften von NOVALIS (1907, 4 Bde.) und F. VON SAAR (1909, 12 Bde.) heraus.

Minorante [zu lat. minor ›kleiner‹] *die, -/-n, Mathematik:* →Majorante.

Minorat [zu lat. minor ›kleiner‹, ›jünger‹] *das, -(e)s/-e, Recht:* →Jüngstenrecht.

minore [ital.], frz. **mineur** [miˈnœːr], engl. **minor** [ˈmaɪnə], *Musik:* Bezeichnung für Moll, Molltonart (mit der ›kleinen‹ Terz; Gegensatz →maggiore); als Satzüberschrift zeigt **Minore** den Mollteil einer im Übrigen in der gleichnamigen Durtonart stehenden Komposition (z. B. Marsch, Tanz, Rondo) an.

Minoristen, *kath. Kirche:* Kleriker, die im Ggs. zu den Majoristen nur die ›niederen Weihen‹ (lat. ›Ordines minores‹; 1972 abgeschafft) empfangen haben.

Minorität [mlat.-frz., zu lat. minor ›kleiner‹, ›geringer‹] *die, -/-en,* die →Minderheit.

Minoritätsträger, *Physik:* →Halbleiter.

Minoriten, im dt. Sprachraum Bez. für die Konventualen, einen Zweig der →Franziskaner, der sich im Gefolge des Armutsstreits herausgebildet hat und 1517 als eigener Orden päpstlich anerkannt wurde.

Minoritenkirchen, die →Bettelordenskirchen.

Minos, *griech. Mythos:* Titel oder Eigenname eines Königs in Knossos auf Kreta, Sohn des Zeus und der Europa, Bruder des Rhadamanthys und Sarpedon, Vater u. a. von Ariadne und Phädra. Nachdem er einen von Poseidon aus dem Meer gesandten und zur Rechtfertigung seines Anspruchs auf die Königsherrschaft erbetenen Stier nicht – wie versprochen – geopfert, sondern seiner Herde einverleibt hatte, verliebte sich seine Gemahlin Pasiphae durch die rächende Fügung des Gottes in den Stier und gebar von ihm den

Mino Minot–Minsk

Minsk: Platz des Sieges mit Siegesdenkmal

Minsk
Hauptstadt von
Weißrussland
·
am Swislotsch
·
1,69 Mio. Ew.
·
Universitäten
·
bedeutende
Industriestadt
·
1067 erstmals erwähnt
·
1499 Magdeburger
Stadtrecht

→Minotaurus, den M. in das von →Daidalos geschaffene Labyrinth einsperrte. Als Rache für die Tötung seines Sohnes Androgeos bekriegte M. die Athener und legte ihnen einen jährlich (oder alle neun Jahre) zu entrichtenden Tribut von sieben Jünglingen und sieben Jungfrauen auf, die er dem Minotaurus zum Fraß vorwarf. Erst durch →Theseus wurde Athen von diesem Tribut befreit. Auf der Suche nach Daidalos (der Theseus indirekt unterstützt hatte, von M. mit seinem Sohn Ikarus im Labyrinth eingesperrt worden und schließlich von dort entflohen war) fand M. auf Sizilien den Tod. M. galt auch als gerechter Gesetzgeber und nach seinem Tod als Richter in der Unterwelt. Nach M. wurde die →minoische Kultur benannt. – Antike Darstellungen des M. sind selten, finden sich v. a. auf Münzen, auf etrusk. Denkmälern sowie (als Totenrichter) auf röm. Sarkophagen.

M. P. NILSSON: Gesch. der griech. Religion, Bd. 1 (³1967, Nachdr. 1976).

Minot [ˈmaɪnət], George Richards, amerikan. Mediziner, *Boston (Mass.) 2. 12. 1885, †ebd. 25. 2. 1950; ab 1928 Prof. an der Harvard University (Medical School) in Boston (Mass.). Mit W. P. MURPHY und G. H. WHIPPLE führte er die Leberdiät zur Behandlung der perniziösen Anämie ein (1926 veröffentlicht); hierfür erhielt er 1934 mit ihnen den Nobelpreis für Physiologie oder Medizin.

Minotaurus, griech. **Minotauros,** *griech. Mythos:* Ungeheuer mit Menschenleib und Stierkopf, das, aus einer Verbindung von Pasiphae, der Gemahlin des Minos, und einem Stier hervorgegangen, von Minos im Labyrinth gefangen gehalten und von →Theseus mithilfe der Ariadne bezwungen wurde. – Seit dem 7. Jh. v. Chr. ist die Tötung des M. durch Theseus eines der am häufigsten dargestellten Themen der Antike, seine Behausung, auch oft ohne M. oder mit Theseus,

Minotaurus: Darstellung auf einem Stater aus Knossos; um 425–360 v. Chr.

wurde zum Symbol (→Labyrinth). Etrusk. Werke zeigen ihn, Pasiphae und den entsetzten Minos. Seit dem Ende des 19. Jh. wurden M.-Darstellungen zum Symbol unerlöster menschl. Triebnatur (G. F. WATTS, A. RODIN, P. PICASSO, M. ERNST).

Min Qiqi [-tʃitʃi], **Min Ch'i-ch'i,** chin. Verleger, Drucker, *Wucheng (Prov. Zhejiang) 1580, †nach 1661. M. Q. verfasste 1661 ein paläograph. Kompendium sowie mehrere textkrit. Kommentare. Er vervollkommnete die Technik des mehrfarbigen Holzplattendrucks für den Farbholzschnitt. Davon zeugt z. B. ein unvollständiges, technisch und künstlerisch hervorragendes Exemplar der Illustrationenfolge zum Liebesdrama ›Das Westzimmer‹ (Xixiang ji) von 1640 im Ostasiat. Museum in Köln. (BILD →Farbholzschnitt)

Minseitō [-eɪ-; jap. ›Demokratische Partei‹], 1927–40 eine jap. Partei, hervorgegangen aus der Kenseikai (›Partei für konstitutionelle Regierung‹, gegr. 1916; Vors. 1916–26 KATŌ TAKAAKI) und einer kleineren Gruppierung; vertrat die Interessen des liberalen Bürgertums. HAMAGUCHI OSACHI (Vors. 1927–31; Min.-Präs. 1929–31) und WAKATSUKI REIJIRŌ (Vors. 1931–34; Min.-Präs. 1931) suchten als Reg.-Chefs das parlamentar. System zu stärken und bekämpften die aggressive Chinapolitik der Armee. Obwohl die M. unter ihrem dritten Vors. MACHIDA CHŪJI 1936 stärkste Partei im Abgeordnetenhaus wurde, konnte sie keinen bestimmten Einfluss auf die jap. Politik gewinnen, da die Armeeführung seit 1931 das Parlament immer stärker ausgeschaltet hatte.

Minsk, Hauptstadt von Weißrussland und Gebietshauptstadt, am Swislotsch, (1994) 1,69 Mio. Ew.; Sitz des russisch-orth. ›Metropoliten von M. und Sluzk und Exarchen des Moskauer Patriarchen für ganz Weißrussland‹ und kath. Erzbischofssitz (Bistum M.-Mogiljow); Akad. der Wiss.en Weißrusslands u. a. Akademien, mehrere staatl. und private Univ. und Hochschulen, Museen, Goethe-Inst., Philharmonie und Zoo, botan. Garten. Wirtschaftsbestimmend sind v. a. der Bau bzw. die Herstellung von Traktoren, Landmaschinen, Fahrzeugen, Heizungskesseln, Computern, Rundfunk- und Fernsehgeräten, Federn, Kugellagern, Uhren und Möbeln sowie die Textil- und Lebensmittelindustrie. M. ist ein wichtiger osteurop. Verkehrsknoten mit U-Bahn (Inbetriebnahme 1984) und zwei Flughäfen für den internat. und Verkehr. – Zu den histor. Bauten gehören u. a. die nur in Fundamenten erhaltene Burgkirche (12. Jh.) sowie mehrere kath. Klöster, so die barocke Bernhardinerklosterkirche (heute Archiv) und die ehem. Peter-Pauls-Kirche (1622; seit 1795 Katharinenkirche). Die Bauten der 1920er- und 1930er-Jahre zeigen neben klassizist. auch Einflüsse des Neuen Bauens: Nationalbibliothek (1935–39) von G. L. LAWROW; Theater für Oper und Ballett (1935–37), Akad. der Wiss.en Weißrusslands (1935–39) und Haus der Regierung (1930–33) von I. G. LANGBARD und Palast der Jugend (1935/36) von A. P. WOINOW. Der Wiederaufbau der Stadt nach dem Zweiten Weltkrieg erfolgte nach einem Generalbebauungsplan (1946), der in den Folgejahren mehrmals modifiziert wurde. – Als Festung des Fürstentums Polozk 1067 erstmals erwähnt, war M. seit 1101 Hauptstadt eines Teilfürstentums. Nach dem Tatareneinfall (1240) verlor es seine Bedeutung und fiel 1326 unter litauische Herrschaft; seit 1413 Hauptstadt einer Wwschaft. 1499 erhielt M. Magdeburger Stadtrecht, kam 1793 an das Russ. Reich, wurde 1796 Gouv.-Hauptstadt und, nachdem es sich während des Ersten Weltkriegs 1918 in dt. Hand befand, 1919 Hauptstadt Weißrusslands. Von August 1919 bis Juli 1920 von poln. Truppen besetzt, im Zweiten Weltkrieg während der dt. Besetzung (28. 6. 1941 bis 3. 7. 1944) Amtssitz des dt. Generalkommissars für ›Weißruthenien‹. Unter der natsoz. Herrschaft, gegen die sich eine starke Partisanenbewegung richtete, bestand 1941–43 ein Getto (Ermordung der Juden, darunter auch der rd. 35 000 aus Dtl. und dem Protektorat Böhmen und Mähren hierher verschleppten, oder Deportation in Vernichtungslager). Die stark zerstörte Stadt wurde 1946–50 wieder aufgebaut.

Minskij, Nikolaj Maksimowitsch, eigtl. N. M. **Wilenkin,** russ. Schriftsteller, *Glubokoje (Gebiet Witebsk) 27. 1. 1855, †Paris 2. 7. 1937; war mit seinen meist elegisch gestimmten Dichtungen und den in den 1880er-Jahren erschienenen Artikeln Fortsetzer des L'art pour l'art wie Vertreter der gerade aufkommenden Décadence und ein unmittelbarer Wegbereiter des russ. Symbolismus. M. emigrierte um 1906 nach Paris, wo die dramat. Trilogie ›Železnyj prizrak‹ (1909), ›Malyj soblazn‹ (1910) und ›Chaos‹ (1912) entstand; übersetzte die ›Ilias‹, P. VERLAINE, G. FLAUBERT, P. B. SHELLEY und Lord BYRON.

Ausgabe: Polnoe sobranie stichotvorenij, 4 Bde. (⁴1904–07).

Mińsk Mazowiecki ['mijsk mazɔ'vjɛtski], Stadt in der Wschaft Siedlce, Polen, östlich von Warschau, 34 600 Ew.; Kranfabrik, Eisenbahnwerkstätten, Schuhfabrik.

Minstrel ['mɪnstrəl; engl., von Menestrel] *der,* -s/-s, 1) Bez. für umherziehende, manchmal auch an Höfen angestellte Spielleute, Gaukler und Rezitatoren in England des 13.–16. Jh., die eigene oder fremde Lieder, Balladen und Epen mit musikal. Begleitung vortrugen. Von der engl. Romantik wurden sie als Prototyp des Volksdichters idealisiert (J. BEATTIE, ›The minstrel. Or the progress of genius‹, 1771; W. SCOTT, ›The lay of the last minstrel‹, 1805). →Jongleur.

J. SOUTHWORTH: The English medieval m. (Woodbridge 1989).

2) in Nordamerika urspr. Bez. für fahrende weiße Spielleute ab Ende des 18. Jh., die, als Schwarze maskiert, die Lebensgewohnheiten, Musik und Tänze der schwarzen Bevölkerung karikierten (**Negro Minstrelsy**). Sie erlebten ihre Blütezeit 1840–70, als die Darbietungen im Rahmen eines festen Programms (**M.-Show**) präsentiert wurden. Zum festen Bestand des Repertoires gehörten dabei v. a. →Cakewalk und der vom Banjo begleitete Coon-Song (eine Art karikierendes musikal. Porträt des Schwarzen der Südstaaten). Trotz des heute zynisch wirkenden Beigeschmacks dieser Shows hatten den M. großen Einfluss auf das beginnende Interesse der Weißen an der Kultur der Schwarzen und ebneten den Weg für den Ende des 19. Jh. entstehenden Ragtime und Jazz.

Minto ['mɪntəʊ], 1) Gilbert **Elliot** ['ɛljət], seit 1794 **Elliot-Murray-Kynynmound** [-'mʌrɪ'kɪnɪnmaʊnd], 1. Earl of (seit 1813), brit. Staatsmann, *Edinburgh 23. 4. 1751, †Stevenage 21. 6. 1814, Urgroßvater von 2); war 1794–96 Gouv. von Korsika und 1799–1801 außerordentl. Gesandter in Wien. Als General-Gouv. von Indien (1806–13, Amtsantritt 1807) hielt er durch einen Freundschaftsvertrag mit den Sikhs (1809) den Frieden aufrecht und unternahm im Ind. Ozean erfolgreiche Expeditionen gegen Franzosen und Niederländer.

2) Gilbert John **Elliot-Murray-Kynynmound** ['ɛljət 'mʌrɪ'kɪnɪnmaʊnd], 4. Earl of, brit. Staatsmann, *London 9. 7. 1845, †Minto (Scottish Borders) 1. 3. 1914, Urenkel von 1); war 1898–1904 General-Gouv. von Kanada, 1905–10 Vizekönig von Indien; mit Staatssekretär Lord MORLEY tat er durch eine Verfassungsreform (Morley-M.-Reformen) 1909 den ersten entscheidenden Schritt zur Selbstverwaltung Indiens.

S. R. WASTI: Lord M. and the Indian nationalist movement, 1905 to 1910 (Oxford 1964).

Mintoff, Dominic (Dom), maltesischer Politiker, *Cospicua 6. 8. 1916; Ingenieur, später Architekt; Mitgl. der ›Malta Labour Party‹; 1947 in die gesetzgebende Versammlung Maltas gewählt, war 1947–49 stellv. Min.-Präs., 1949–85 polit. Führer seiner Partei, 1955–58 und 1971–84 Min.-Präs.; darüber hinaus bekleidete er verschiedene Ministerämter: u. a. das des Finanz-Min. (1955–58), Außen-Min. (1971–81) und Innen-Min. (1976–81 und 1983–84).

Minton ['mɪntən], Yvonne, austral. Sängerin (Mezzosopran), *Sydney 4. 12. 1938; debütierte 1965 in London und wurde 1969 Mitgl. der Kölner Oper, daneben gastierte sie an vielen bedeutenden Opernhäusern (u. a. an der Metropolitan Opera in New York) sowie bei Festspielen (Bayreuth, Glyndebourne). Sie wurde bes. mit Mozart-, Wagner- und Strauss-Partien bekannt; auch Konzertsängerin.

Mintrop, Ludger, dt. Geophysiker, *Essen 18. 7. 1880, †ebd. 1. 1. 1956; begründete 1919 die moderne seism. Lagerstättenforschung durch Erzeugung und Registrierung künstl. Erdbebenwellen (Refraktionsseismik, →Sprengseismik). Er entdeckte die nach ihm benannte **M.-Welle** (Kopfwelle, Grenzflächenwelle) an Schichtgrenzen.

Mintschia, Volk in China, →Pai.

Mintz, Shlomo, amerikan. Violinist russ. Herkunft, *Moskau 30. 10. 1957; studierte u. a. an der Juilliard School of Music in New York; debütierte 1968 mit dem Israel Philharmonic Orchestra unter Z. MEHTA. Sein Repertoire reicht von Werken des Barock bis zu zeitgenöss. Kompositionen. M. wirkt als Konzertsolist, Kammermusikspieler und auch Dirigent. 1989 wurde er künstler. Berater des Israel Chamber Orchestra.

Minuartia [nach dem span. Arzt und Botaniker JUAN MINUART, *1693, †1768], wiss. Name der Pflanzengattung →Miere.

Minuchin [mɪn'jutʃɪn], Salvador, amerikan. Psychiater und Familientherapeut argentin. Herkunft, *San Salvador de Jujuy 13. 10. 1921; nach dem Studium in Argentinien und Uruguay Militärarzt in Israel; seit Mitte der 1950er-Jahre in den USA, wo er mit seinen Mitarbeitern an der Philadelphia Child Guidance Clinic die strukturelle Familientherapie entwickelte (→systemische Therapie).

Werke: Families of the slums (1967, mit anderen); Families and family therapy (1974; dt. Familie u. Familientherapie); Family healing (1993, mit M. NICHOLS; dt. Familie – die Kraft der positiven Bindung).

Minucius Felix, Marcus, Apologet um 200; suchte in seinem bedeutendsten Werk, dem Dialog ›Octavius‹, den christl. Monotheismus und Auferstehungsglauben von der antiken Philosophie her zu begründen und die christl. Lebensführung gegen Vorwürfe seitens des Heidentums zu verteidigen.

Minuend [zu lat. minuere ›verringern‹] *der,* -en/-en, *Mathematik:* bei der →Subtraktion die Zahl, von der abgezogen wird.

Minuit, Peter, Gründer der Stadt New York, →Minnewit, Peter.

Minulescu, Ion, rumän. Schriftsteller, *Bukarest 18. 1. 1881, †ebd. 11. 4. 1944; führender Vertreter des rumän. Symbolismus; führte die moderne städt. Szenerie in die rumän. Poesie ein. Die Sehnsucht nach fernen, exot. Ländern, Liebe und Revolte (im Stil der frz. Boheme) bestimmen seine Lyrik. Eine eigentüml. Mischung von Emphase und Selbstironie sowie die Musikalität seiner Verse ließen M. zu einem der beliebtesten rumän. Dichter werden; er schrieb auch Romane, Erzählungen und Komödien.

Ausgabe: Opere, hg. v. E. MANU, 4 Bde. (1974–83).

minus [lat. ›weniger‹], abzüglich, weniger; Ggs.: plus. **Minus** *das,* -, 1) Fehlbetrag, Defizit; 2) durch einen Mangel hervorgerufener Nachteil.

Minus|ankündigung, *Börsenwesen:* durch ein Minuszeichen verdeutlichter Kurszusatz an der Kurstafel, wenn der Makler aufgrund der ihm vorliegenden Aufträge eine erhebl. Kursabschwächung bei einem Wertpapier erwartet. Ein Minuszeichen zeigt bei Ak-

George R. Minot

Dominic Mintoff

tien eine Kursveränderung von mehr als 5 % des Kurswertes an; ein doppeltes Minuszeichen signalisiert Kursrückgänge von mehr als 10 %. Bei Wandelanleihen belaufen sich die Prozentsätze auf 2,5 % bzw. 5 %, bei festverzinsl. Wertpapieren auf 1 % bzw. 2 %. – Ggs.: Plusankündigung.

Minuskeln [lat. minusculus ›etwas kleiner‹] *die, -/-n,* Kleinbuchstaben **(Gemeine)** der Schriften des lat. Alphabets; **M.-Schriften** haben nur kleine Buchstaben, die nicht wie →Majuskeln von gleicher Höhe sind, sondern Ober- und Unterlängen (Vierzeilenschema) haben. Die →karolingische Minuskel war das Vorbild für die Kleinbuchstaben der →Antiqua.

Minussinsk, Minusinsk, Stadt in der ostsibir. Region Krasnojarsk, Russland, 5 km vom rechten Ufer des Jenissej entfernt, etwa 73 700 Ew.; Mittelpunkt des **Minussinsker Beckens,** einer vom Jenissej durchflossenen Waldsteppenlandschaft, die zu den ertragreichsten Ackerbaugebieten S-Sibiriens gehört und außerdem Steinkohlen- (Förderzentrum Tschernogorsk) und Eisenerzbergbau aufweist. M. hat Maschinenbau, Holz- und elektrotechn. Industrie.

Minuszeichen, *Mathematik:* Formelzeichen −, Vorzeichen und Operationszeichen. Als Vorzeichen bedeutet −*a* das inverse Element zu *a* bezüglich der Addition (z. B. ist −7 das inverse Element von 7), als Operationszeichen für die Subtraktion stellt es die Umkehrung der Addition dar (z. B. entsteht 6 − 3 = 3 aus 3 + 3 = 6). Die Subtraktion ist als Addition des inversen Elementes zu interpretieren, z. B. 13 − 8 = 13 + (−8).

Minute [mlat., gekürzt aus lat. pars minuta prima, eigtl. ›der erste verminderte Teil‹, d. h. die erste Unterteilung der Stunde nach dem Sechzigersystem von PTOLEMÄUS] *die, -/-n,* **1)** gesetzl., SI-fremde Einheit der Zeit (Zeitdauer), Einheitenzeichen **min;** 1 min = 60 s (Sekunden). →Uhrzeit.

2) früher auch **Altminute,** gesetzl., SI-fremde Einheit des ebenen Winkels, Einheitenzeichen: ′; 1′ = (1/60)° = (π/10 800) rad. (→Gon)

Minuteman [ˈmɪnɪtmæn; engl., eigtl. ›Minutenmann‹], **1)** im amerikan. Unabhängigkeitskrieg der ›in Minutenschnelle‹ einberufene Angehörige revolutionärer Milizverbände, v. a. in Neuengland. M. nahmen am 19. 4. 1775 an den ersten Gefechten in Lexington (Mass.) und Concord (Mass.) teil.

2) Bez. für eine landgestützte und verbunkerte amerikan. Interkontinentalrakete. Die M. III wurde 1970–80 bei den US-Streitkräften eingeführt, hat eine Reichweite von rd. 13 000 km und gemäß START-II-Vertrag (→START) einen nuklearen Gefechtskopf (urspr. drei) mit einem Detonationswert von 170–335 kt.

Minutenböden, *Bodenkunde:* →Stundenböden.

Minya, El-M., Stadt in Ägypten, →Minia.

Minyaden, *griech. Mythos:* die Töchter des Minyas, Alkathoe, Arsinoe und Leukippe. Sie lehnten sich gegen den orgiast. Dionysoskult auf und wurden dafür von dem Gott in Raserei versetzt, töteten den Sohn der Leukippe, zogen schwärmend wie →Mänaden in die Berge und wurden schließlich von Hermes in Nachtvögel verwandelt.

Minya Gongga [-ja-], **Minja Konka,** Gebirge in China, →Gongga Shan.

Minyas, *griech. Mythos:* Gründer von Orchomenos; M. war der Stammherr der Minyer und Vater der Minyaden.

Minyer, griech. **Minyai,** altgriech., nach dem myth. König Minyas benanntes Volk in Böotien westlich des heute trockengelegten Kopaissees. Die M. besaßen in myken. Zeit eine entwickelte Zivilisation (Kuppelgrab von Orchomenos, Deich- und Kanalbauten in der →Kopais, Keramik) und wurden mit den Argonauten in Verbindung gebracht.

J. KNAUSS: Die Melioration des Kopaisbeckens durch die M. im 2. Jt. v. Chr. (1987).

minysche Keramik, die nach Funden in →Orchomenos und dessen sagenhaftem Gründer Minyas benannte mittelhelladische Keramikgattung (etwa 1900–1600/1550 v. Chr.), meist graue Ware mit seifig glänzender Oberfläche, die zusammen mit dem Steinkistengrab auftrat (→helladische Kultur).

Minze, Mentha, Gattung der Lippenblütler mit 25 Arten (und vier bekannten Bastarden) in den temperierten Gebieten der Alten Welt; Stängel vierkantig, Blätter kreuzgegenständig angeordnet, gezähnt oder gelappt; Blüten nahezu radiärsymmetrisch und klein; v. a. Blätter und Stängel enthalten äther. Öle (→Menthol). Die Arten neigen zur Bildung von Bastarden, die, obwohl weitgehend steril, infolge starker vegetativer Vermehrung durch Ausläufer, die Elternarten nicht selten verdrängen.

Heimisch sind u. a. die bis 40 cm hohe **Acker-M.** (Mentha arvensis) mit behaarten Stängeln, auf feuchten Äckern, an Gräben und auf Sumpfwiesen. Hier kommt auch die **Wasser-M.** (Mentha aquatica) vor: 30 bis 80 cm hoch, Blüten rosa- oder lilafarben, in am Stängelende gedrängt stehenden, einen kugelförmigen Blütenstand bildenden Quirlen. In vielen Kulturformen wird der angeblich zuerst in England beobachtete Tripelbastard aus der Wasser-M., der Grünen M. und der Ross-M. (Mentha longifolia), die bis 80 cm hohe **Pfeffer-M. (Haus-M.,** Mentha x piperita) kultiviert: mit fast kahlem, glänzendem, oft rot überlaufenem Stängel, gestielten Blättern und lilafarbenen, 3–7 cm langen, in kopfigen Scheinähren sitzenden Blüten. Blätter und Stängel enthalten viel äther. Öl (→Pfefferminzöl). Anbaugebiete in Dtl. sind Baden, Bayern und die Pfalz. Darüber hinaus wird sie in ganz Europa, Ostchina, Japan, Nord- und Südamerika angebaut. Als Küchengewürz kultiviert wird die an feuchten Ufern und Gräben wachsende **Grüne M.** (Mentha spicata); mit rosa- oder lilafarbenen Blüten in bis 6 cm langen, ährenartigen Blütenständen; Blätter lanzettförmig, mit starkem Pfefferminzgeschmack.

Kulturgeschichte: Verschiedene M.-Arten waren bereits im Altertum bekannt und wurden als Heilmittel von den Ägyptern, Israeliten und Römern gebraucht. Ägypter und Griechen verwendeten sie auch als Bierzusatz. Der griech. Mythologie zufolge wurde die Nymphe Minthe von Persephone in M. verwandelt. Einige M.-Arten werden im ›Capitulare de villis‹ KARLS D. GR. (um 794) und im St. Gallener Klosterplan (820) zum Anbau empfohlen. Die Kräuter-, Arznei- und Destillierbücher des 16. Jh. erwähnen versch. M.-Arten. Seit etwa 1780 wird die Pfeffer-M., von England kommend, in Dtl. kultiviert. Verwendet wird sie zur Aromatisierung von Bonbons, Likören, Salaten und Fleischgerichten. Pfefferminztee dient zur Behandlung von Erkrankungen der Verdauungsorgane.

Miohippus [zu griech. meīon ›kleiner‹ und hippos ›Pferd‹], fossile Gattung der Pferde aus dem oberen Oligozän Nordamerikas.

Miombowald [afrikan.], Trockenwald im tropischwechselfeuchten Afrika der Südhalbkugel; besteht v. a. aus regengrünen Leguminosenbäumen von 8–15 m Höhe.

Miorița [mioˈritsa], **Das Lämmchen,** rumän. Ballade, das bekannteste Stück der rumän. Volksdichtung. Es behandelt den Mord an einem Schäfer und symbolisiert die Verbundenheit eines Wanderhirtenvolkes mit einer pantheistisch empfundenen Natur.

A. FOCHI: M. (Bukarest 1964).

Miosis [griech. meíosis ›das Verringern‹, ›Verkleinern‹] *die, -/...ˈosen,* **Miose,** Verengung der Pupille; tritt als natürl. Vorgang in Form der Pupillenreaktion bei Lichteinfall auf. Zu einer krankhaften M. kommt

Minze:
oben Ackerminze (Höhe bis 40 cm);
Mitte Wasserminze (Höhe 30–80 cm);
unten Pfefferminze (Höhe bis 80 cm)

es entweder durch Lähmung des Muskels, der die Pupille erweitert, aufgrund von Schädigungen des Sympathikus (Kropf, Tumoren oder Verletzungen im Halsbereich oder Gehirn) oder durch Reizung des Muskels, der sie verengt, infolge einer Beeinträchtigung des Parasympathikus (z. B. bei Gehirnhautentzündung). Auch neurolog. Erkrankungen wie Neurosyphilis (Argyll-Robertson-Phänomen), Arzneimittel mit parasympathomimet. Wirkung wie Pilokarpin oder Vergiftungen (z. B. mit Morphin) wirken in dieser Form.

Miotika [zu Miosis gebildet], Sg. **Miotikum** *das, -s,* pupillenverengende Mittel, meist Parasympathomimetika wie Pilokarpin, Physostigmin oder Carbachol; sie werden hauptsächlich bei Glaukom und in der Diagnostik angewendet.

Miozän [von griech. meīon ›kleiner‹ und kainós ›neu‹] *das, -s, Geologie:* Serie des →Tertiärs.

Mi-parti [frz. ›halb geteilt‹] *das, -,* **geteilte Tracht,** Bez. für ›geteilte‹ Kleidungsstücke, d. h. solche mit zwei- oder mehrfarbiger Vertikalteilung (v. a. Hosen, Wämse, Röcke). Das seit dem 10. Jh. auf Darstellungen nachzuweisende Mi-p. entstand im höf. Bereich durch die Übertragung herrschaftl. Wappenfarben auf die Kleidung Untergebener. Bis ins 16. Jh. entwickelte sich ein breites Spektrum der Funktionen und Inhalte, so als Kleidung u. a. von Vasallen, Spielleuten, Henkern, Landsknechten, Narren.

V. MERTENS: Mi-p. als Zeichen. Zur Bedeutung von geteiltem Kleid u. geteilter Gestalt in der Ständetracht, in literar. u. bildner. Quellen sowie im Fastnachtsbrauch vom MA. bis zur Gegenwart (1983).

MIPS [Abk. für engl. **m**illion **i**nstructions **p**er **s**econd], *Informatik:* ein Maß für die Arbeitsgeschwindigkeit eines Computers durch Angabe der Millionen Befehle (Maschinenbefehle), die er pro Sekunde ausführen kann.

Richard Mique: Amortempel im Schlosspark von Versailles; 1778

Mique [mik], Richard, frz. Architekt, getauft Nancy 18. 9. 1728, † (hingerichtet) Paris 8. 7. 1794; Schüler von J.-F. BLONDEL. Arbeitete zunächst für König STANISLAUS I. LESZCZYŃSKI in Nancy. Nach dessen Tod (1766) trat er in den Dienst LUDWIGS XV. und wurde ›Erster Architekt des Königs‹. Er entwarf u. a. das Ursulinenkloster in Versailles (1767–72), ab 1783 einige Gebäude des Parks von Versailles wie den Hameau (ländl. Anwesen MARIE ANTOINETTES), das Belvedere, den Amortempel und das Theater; 1785–90 gestaltete er die Räume der Königin im Schloss neu.

Miquel [ˈmiːkwel], Johannes von (seit 1897), preuß. Politiker, * Neuenhaus (Landkreis Grafschaft Bentheim) 19. 2. 1828, † Frankfurt am Main 8. 9. 1901; studierte 1846–50 Jura, ab 1848 zunächst sozialdemokratisch orientiert. Aufgrund seiner Freundschaft zu R. VON BENNIGSEN wandte sich M. dem Liberalismus zu und gehörte 1859 zu den Gründern des Nationalvereins. 1866 nahm er, seit 1865 Oberbürgermeister (bis 1870) von Osnabrück, an der Gründung der Nationalliberalen Partei teil. Im preuß. Abgeordnetenhaus (1867–82) sowie im Reichstag (1867–82 und 1887–90) trat er als Führer des rechten Flügels der Nationalliberalen hervor. 1867 setzte er sich mit E. LASKER nachdrücklich für die Aufnahme der südbt. Staaten in den Norddt. Bund ein (Lex M.-Lasker). 1870–76 gehörte er dem Vorstand der Diskontogesellschaft in Berlin, einer ersten dt. Großbank, an. 1876 wurde er erneut Oberbürgermeister von Osnabrück, 1880 von Frankfurt am Main. M. war maßgeblich an der Gründung des Dt. Kolonialvereins beteiligt. Nach dem Sturz O. VON BISMARCKS, an dem er wesentlich Anteil hatte, wurde er im Juni 1890 preuß. Finanz-Min. und setzte eine Reihe von Maßnahmen durch, die das dt. Steuersystem nachhaltig beeinflussten **(miquelsche Steuerreform):** Einführung einer progressiven Einkommensteuer, ergänzt durch eine Vermögensteuer (›Ergänzungssteuer‹), Umwandlung der Gewerbe- und Grundsteuer von Staats- zu Gemeindesteuern. Auf M. geht auch der bei der Beratung der Reichs-Verf. gefundene Kompromiss zurück, der die Finanzierung der Reichsausgaben durch →Matrikularbeiträge nur als ergänzende Maßnahme vorsah und dem Reich die spätere Erweiterung seiner Steuerhoheit ermöglichen sollte **(miquelsche Klausel).** Seit 1897 Vize-Präs. des Staatsministeriums, näherte er sich konservativen Positionen und musste 1901 wegen seiner ablehnenden Haltung zum Bau des Mittellandkanals zurücktreten.

A. PAUSCH: J. v. M. Sein Leben u. Werk (1964); DERS.: Persönlichkeiten der Steuerkultur (1992).

Miquelon [miˈklɔ̃], Insel südlich von Neufundland, Teil des frz. Übersee-Dép. →Saint-Pierre-et-Miquelon.

Mir [russ. ›Welt‹, ›Gemeinde‹] *der, -s,* die russ. bäuerl. Dorfgemeinde als Gesamtheit ihrer Mitgl. und als Körperschaft. Entgegen der Meinung der Slawophilen, die die Wurzeln noch in der slaw. Vorzeit vermuten, entstand der M. aus gemeinsamer Steuerhaftung gegenüber dem Herrscher und dem Landeigentümer (als Haftungsgenossenschaft schon für das 14. Jh. anzunehmen). Seit Ende des 16. Jh. wurde er mehr und mehr auch zum Landeigner, seit dem 18. Jh. zur Umverteilungsgenossenschaft **(Obschtschina),** die das Gemeindeland je nach Kopfzahl (Seelen) der männl. Familienmitglieder periodisch verteilte. Bei der Bauernbefreiung 1861 blieb das die intensive Bodennutzung hindernde M.-System weiter bestehen. Es wurde durch die Reformen P. A. STOLYPINS (seit 1906) abgebaut und durch die 1917 begonnene Agrarrevolution schrittweise beseitigt.

V. A. ALEKSANDROV: Sel'skaja obščina v Rosii, XVII – načalo XIX v. (Moskau 1976); D. ATKINSON: The end of the Russian land commune, 1905–1930 (Stanford, Calif., 1983).

Mir [pers.] *der, -(s)/-s,* kostbarer, meist blaugrundiger, klein gemusterter Teppich aus dem iran. Gebiet Fareghan südöstlich von Teheran. Im Fond hat der M. meist das Mir-i-bota-Muster und in den umlaufenden Bordüren eine vielfarbige Musterung mit Blüten, Blättern und Ranken. (→Orientteppich)

Mir [russ. ›Frieden‹], Name der im Februar 1986 als Nachfolger für Saljut 7 gestarteten russ. Raumstation. Seit dem 8. 2. 1987 ist die Raumstation M., die sich in einer 51,6° zum Äquator geneigten Erdumlaufbahn in rd. 390–400 km Höhe (Umlaufzeit 92 min) befindet, ständig durch verschiedene, einander ablösende Besatzungen bemannt. Alle russ. Starts im M.-Programm erfolgen von Baikonur aus. Durch die Ankopplung von Labormodulen (i. d. R. je 20 t Masse, 12 m Länge, 4,3 m max. Durchmesser) an den Basisblock wurde die Station kontinuierlich ausgebaut. Im endgültigen Stadium besitzt M. (einschließlich zweier angekoppelter russ. Zubringerraumschiffe) 140 t

Johannes von Miquel

Mira — Mirach

Mir: Die Weltraumstation mit dem angedockten amerikanischen Spaceshuttle ›Atlantis‹; Computersimulation

Honoré Gabriel du Riqueti Mirabeau

Masse, 33 m Länge, 26 m max. Breite und 17 große Solarzellenausleger von max. 35 m Spannweite. Sechs russ. Bodenstationen sorgen mit der Kontrollzentrale Kaliningrad bei Moskau (zeitweise auch Toulouse, Oberpfaffenhofen und Houston, Tex.) für Daten-, Sprechfunk- und Fernsehverbindungen.

Die Stammbesatzungen aus jeweils zwei oder drei Kosmonauten, die mit Sojus-TM-Raumschiffen transportiert werden, arbeiten meist vier bis sechs Monate in der Station. Versorgt wird M. durch unbemannte russ. Frachtraumschiffe vom Typ Progress. Die längsten Aufenthalte russ. Kosmonauten waren: 1987 J. ROMANENKO (326 Tage), 1987/88 W. TITOW und M. MANAROW (je 366 Tage), 1991/92 S. KRIKALJÒW (312 Tage), 1994/95 W. POLJAKOW (438 Tage) und JELENA KONDAKOWA (169 Tage).

Raumfahrer aus versch. Staaten verbrachten meist kürzere Aufenthalte in der Raumstation, u. a. der Österreicher F. VIEHBÖCK und der Deutsche K.-D. FLADE im Rahmen der Missionen Austromir '91 bzw. Mir '92. Längere Missionen absolvierten die dt. ESA-Astronauten U. MERBOLD (Euromir '94; 31 Tage) und T. REITER (Euromir '95; 179 Tage, bis Februar 1996). NASA-Astronaut N. THAGARD erreichte 1995 während der ersten russ.-amerikan. M.-Mission 115 Tage. Die Besatzungen führten jeweils Experimente mit den Nutzlasten der beteiligten Staaten bzw. Organisationen durch, z. B. zu Astrophysik, Erdfernerkundung, Raumflugmedizin und -biologie, Materialwiss. und techn. Fragestellungen. Mit dem schrittweisen Aufbau einer neuen internat. Raumstation wurde 1998 begonnen.

Dem ersten Rendezvous eines amerikan. Spaceshuttle mit M. am 6. 2. 1995 folgte die erste fünftägige Ankopplung durch den Raumtransporter ›Atlantis‹ ab dem 29. 6. 1995. Die russ. Besatzung wurde dabei mit dem Spaceshuttle abgelöst. 1997 gefährdeten Havarien und Unglücksfälle (u. a. ein Brand) den weiteren Einsatz von Mir.

Mira, veränderl. Stern im Sternbild Walfisch **(M. Ceti, o Ceti).** Im Helligkeitsmaximum erreicht M. eine scheinbare visuelle Helligkeit von rd. 2^m, im Minimum sinkt sie auf etwa 10^m; M. ist dann für das bloße Auge nicht sichtbar. Die Helligkeitsschwankungen, mit einer Periode von etwa 330 Tagen, werden auf Pulsationen des Sterns zurückgeführt. M. ist ein Stern des Spektraltyps M 6e und der Leuchtkraftklasse III, also ein Roter Riese, der in einer Entfernung von etwa 75 pc steht. Sein Durchmesser beträgt im Mittel 390 Sonnendurchmesser. M. ist der am längsten bekannte Veränderliche. Er wurde 1596 von D. FABRICIUS entdeckt und gab einer Gruppe langperiodisch Veränderlicher den Namen (→Mira-Sterne).

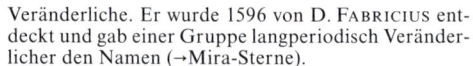

Mira Bai, ind. Dichterin und bedeutende Hinduheilige, * Kudaki um 1450, † Dwarka um 1547; Rajputenprinzessin, verwitwet (1516); gewann mit ihren mystisch-religiösen Hymnen zur Verehrung Krishnas (Tradition der Bhaktidichtung) große Volkstümlichkeit. Sie soll nach der Legende am Ende ihres unkonventionell-eigenständigen Lebens im Krishnatempel Ranchor leibhaftig in Krishna eingegangen sein.

Mirabeau [mira'bo], **1)** Honoré Gabriel **du Riqueti** [rikɛ'ti], Graf von, frz. Politiker und Publizist, * Le Bignon (heute Le Bignon-Mirabeau, Dép. Loiret) 9. 3. 1749, † Paris 2. 4. 1791, Sohn von 2); führte in seiner Jugend ein bewegtes Leben (hohe Schulden, Prozesse); 1777 wurde er aufgrund seiner Flucht mit der verheirateten Marquise MARIE-THÉRÈSE (›Sophie‹) DE MONNIER (* 1754, † 1789) zum Tode verurteilt, doch nach dreijähriger Haft in Vincennes, wo er seine berühmten ›Lettres à Sophie‹ (hg. 1792) schrieb, begnadigt. Nach einem Aufenthalt in England (1784/85) wirkte M. in Paris als gefürchteter Publizist. 1786/87 war er, mit einer geheimen Mission betraut, in Berlin. Er wurde von FRIEDRICH D. GR. empfangen; mithilfe des dt. Majors JAKOB MAUVILLON (* 1743, † 1794) schrieb er das Werk ›De la monarchie prussienne sous Frédéric le Grand‹ (1788, 4 Bde.; dt. ›Über die preuß. Monarchie unter Friedrich d. Gr.‹), in dem er die Schwächen des preuß. Staates beschrieb, als weiteres Ergebnis des Berlinaufenthalts ›Histoire secrète de la cour de Berlin ...‹ (1789, 2 Bde.; dt. ›Geheime Geschichten des Berliner Hofes‹). Am 4. 4. 1789 ließ sich M., vom Adel der Provence zurückgewiesen, in Aix-en-Provence vom dritten Stand in die Generalstände wählen und beherrschte nach der Sitzung vom 23. 6. 1789 die Nationalversammlung mit überlegener Beredsamkeit. M. erstrebte eine konstitutionelle Reform nach engl. Vorbild; mit seiner Forderung nach dem absoluten Vetorecht für den König geriet er in Konflikt mit den ›Patrioten‹. Die feudalen Vorrechte bekämpfte er leidenschaftlich. Im Dezember 1790 wurde er Präs. des Jakobinerklubs, im Februar 1791 auch der Nationalversammlung. Sein plötzl. Tod begünstigte die radikale Entwicklung der Revolution.

Ausgaben: Œuvres, hg. v. M. MÉRILHOU, 9 Bde. (1825–27; mit Biogr.); Mémoires biographiques, littéraires et politiques de M., hg. v. G. LUCAS DE MONTIGNY, 8 Bde. (Paris 1834–35). – Ausgew. Schriften, hg. v. J. FÜRSTAUER, 2 Bde. (²1989); Der Redner der Revolution. Reden, Briefe, Schriften, hg. v. H. GÜNTHER (1989).

R. DE LA CROIX, DUC DE CASTRIES: M. Das Drama eines polit. Genies (a. d. Frz., 1963); G. CHAUSSINAND-NOGARET: M. entre le Roi et la Révolution (Paris 1986); J. F. WITTKOP: Graf M. (Neuausg. 1989).

2) Victor **de Riqueti** [rikɛ'ti], Marquis von, frz. Volkswirtschaftler, * Pertuis (Dép. Vaucluse) 3. 10. 1715, † Argenteuil 13. 7. 1789, Vater von 1); Physiokrat, plädierte für die Nichteinmischung des Staates in die Wirtschaft und die Erhebung einer einzigen Steuer auf das von den Grundeigentümern angeeignete Mehrprodukt.

Werke: L'ami des hommes, ou Traité de la population, 6 Tle. (1756–58); Théorie de l'impôt (1760); Philosophie rurale, ou économie génerale et politique de l'agriculture (1763).

Mirabelle [frz.] die, -/-n, Unterart des →Pflaumenbaums.

Mirabilis [lat.], wiss. Name der Pflanzengattung →Wunderblume.

Mirabilit [lat.] der, -s, das Mineral →Glaubersalz.

Mirach [arab.], der Stern β im Sternbild Andromeda, scheinbare visuelle Helligkeit 2^m1. M. ist ein Stern der Spektralklasse M 0 und der Leuchtkraftklasse III, also ein Roter Riese, in einer Entfernung von etwa 24 pc.

Miracidium [von griech. meirakídion ›Knabe‹, ›Bürschchen‹] *das, -s/...di\en,* birnenförmige, bewimperte, erste Larvenform bei Saugwürmern; sie ist entweder frei schwimmend oder schlüpft bei landbewohnenden Zwischenwirten erst nach der Aufnahme des Eies im Darm des Zwischenwirts. Das M. wächst im Wirtsgewebe zu einer Sporozyste heran.

Miraculin [zu lat. miraculum ›Wunder‹] *das, -s,* →Süßstoffe.

Mi'radj *der, -, Islam:* die →Himmelfahrt Mohammeds.

Mirador, El M., Zentrum der Tiefland-Maya (Präbis Spätklassik) in Guatemala (Petén), nahe der Grenze zu Mexiko, 1926 entdeckt; Riesenpyramiden (bis 56 m hoch).

Miraflores, 1) Cartuja de M. [kar'tuxa ðe-], Kartäuserkloster 3 km östlich von Burgos, N-Spanien, 1441–98 über ehem. Palast HEINRICHS III. (* 1379, † 1406) erbaut. Kirche im isabellin. Stil; im Innern ein got. und ein Renaissance-Chorgestühl (1558), Letzteres sowie ein hölzernes Retabel und die Grabmäler von König JOHANN II. (* 1405, † 1454), seiner Gemahlin und des Infanten DON ALFONSO sind Werke von G. DE SILOÉ; außerdem Gemälde von J. DE RIBERA und A. DE BERRUGUETE, ein fläm. Triptychon (15. Jh.) sowie fläm. Glasfenster (1484).

2) am Meer gelegener Stadtteil von Lima. – Bei M. siegten die Chilenen über die Peruaner im Salpeterkrieg (15. 1. 1881) und besetzten in der Folge die peruan. Hauptstadt.

Mirage [mi'ra:ʒ, frz.], Name verschiedener Überschallkampfflugzeuge des frz. Luftfahrtunternehmens von M. DASSAULT. In zahlr. Luftstreitkräften sind u. a. die Typen M. III C (Erstflug 1960), M. III E (1961), M. IV A (1959), M. F1 C (1966), M. 5 (1967), M. 2000 (1978) eingesetzt.

Mirakel [lat., zu mirari ›sich wundern‹] *das, -s/-,* Wunder, wunderbare Begebenheit. Im Heiligenkult und Wallfahrtswesen das Wunder eines Heiligen an dessen Grab- oder Kultstätte. Die M. wurden zu kultpropagandist. Zwecken in Listen gesammelt (M.-Bücher) in Nachfolge antiker Praxis (›Iamata‹ des Äskulap in Epidauros). Sie waren schon AUGUSTINUS bekannt. M. bezeichnet auch die dramatisierten Heiligenlegenden (→Mirakelspiel).

In neuerer Zeit hat die volkskundl. Forschung genauere begriffl. Bestimmungen für M.-Erzählungen erarbeitet. Danach wird unterschieden zw. dem M. als integrierendem Bestandteil der Heiligenvita und den z. T. kompendienartig überlieferten M.-Berichten im Anschluss an Legendarien, den Zeugnissen von Wundern, die nicht an dem betreffenden Heiligen selbst, sondern auf seine Fürsprache und Hilfe hin geschehen sein sollen. Entsprechend werden die M. der Wallfahrtsorte unterschieden in wunderbare Ereignisse der Ursprungssage und die ersten diese bestätigenden M. sowie solche, die Gläubige am Kultort in späterer Zeit an sich selbst erfahren haben. Vom exemplar., wiederholbaren Wunder der Legende unterscheidet sich das M., darin der Sage vergleichbar, v. a. durch die historisierende Darstellung.

Mirakelspiel, geistl. Spiel des MA., auch **Mirakel** genannt, das Leben und Wundertaten der Heiligen und der Jungfrau Maria behandelt. Seit dem 12. und 13. Jh. bes. in Frankreich verbreitet (›Le jeu de Saint-Nicolas‹ von J. BODEL, um 1200; ›Das M. von Theophilus‹ von RUTEBEUF, entstanden um 1260), dann auch in England, den Niederlanden und in Dtl. (im 15. Jh. das niederdt. ›Spiel von Theophilus‹; D. SCHERNBERGS ›Spiel von Frau Jutten‹, entst. 1480, gedruckt 1565). Im 14. und 15. Jh. wurden Marienmirakel beliebt, z. B. die 40 ›Miracles de Nostre Dame par personnages‹ oder das in Drucken des 16. Jh. überlieferte halbdramat. Marienmirakel ›Mariken van Nieumeghen‹. Bedeutsam für die Geschichte des Dramas ist die Einführung kom. Elemente.

E. UKENA: Die dt. M. des Spät-MA., 2 Bde. (Bern 1975).

Miran, Ruinenstätte im S der Wüste Takla-Makan in Sinkiang, China, 85 km nordöstlich von Charlik. Der brit. Archäologe A. STEIN grub hier (1906/07) die frühesten aus dem östl. Zentralasien bekannten buddhist. Anlagen (3./4. Jh. n. Chr.) aus, wobei er auch Manuskripte bergen konnte. Es handelte sich v. a. um Lehmziegeltupas und -tempel; Letztere, teils von ungewöhnl. Bautyp (äußerer Grundriss quadratisch, innerer kreisförmig), zeigten buddhist. Bemalung (gräkorömisch, vorderasiatisch, indisch). Die alte Stadt gehörte zu dem Reich der Westl. Wei und einem der zahlr. chin. Nachfolgereiche. Der Platz war im 8.–9. Jh. erneut besetzt (tibet. Zitadelle).

Literatur →zentralasiatische Kunst.

Miranda [zu lat. mirandus ›bewundernswert‹], ein Mond des Planeten →Uranus.

Miranda, Bundesstaat →Venezuelas, in der Küstenkordillere.

Miranda, 1) Francisco de, venezolan. Freiheitskämpfer, * Caracas 28. 3. 1750, † Cádiz 14. 7. 1816; span. Offizier, kämpfte in Nordamerikan. Unabhängigkeitskrieg sowie in den Frz. Revolutionskriegen und bereitete in England die Vertreibung der Spanier aus Venezuela vor. Er war an der Unabhängigkeitserklärung vom 5. 7. 1811 beteiligt und wurde zum Oberbefehlshaber ernannt. 1812 kapitulierte er vor den Spaniern; von seinen Landsleuten gefangen gesetzt und den Spaniern ausgeliefert, starb er im Gefängnis.

Ausgabe: Archivo del general M., hg. v. V. DÁVILA u. a., 24 Bde. (1929–50).

W. S. ROBERTSON: The life of M., 2 Bde. (Chapel Hill, N. C., 1929); A. BOULTON: M., Bolivar y Sucre (Caracas 1959).

2) Francisco de Sá de, port. Dichter und Humanist, →Sá de Miranda, Francisco de.

Miranda de Ebro, Stadt in der span. Prov. Burgos, am oberen Ebro, 463 m ü. M., 36 800 Ew.; Eisenbahnwerkstätten, Zuckerfabrik; Verkehrsknotenpunkt. – Die roman. Kirche San Nicolás (12. Jh.; Erweiterungen 14./15. Jh.), die got. Kirche Santa María (15. Jh.) und das roman. Rathaus entstanden aus Umbauten ehem. Moscheen.

Mira-Sterne [nach dem Stern Mira], langperiodische veränderl. Riesen- und Überriesensterne hauptsächlich der Spektralklasse M mit Helligkeitsschwankungen im visuellen Spektralbereich von etwa 2,5 bis 8 Größenklassen und Perioden zw. etwa 90 und 1 300 Tagen. Die Schwankungsamplituden und -perioden sind nicht streng konstant, der Lichtwechsel daher nicht genau voraussagbar. Er geht auf eine Pulsation

Miraflores 1): Kirche des Kartäuserklosters im isabellinischen Stil

Mira Mirath – Miró

des gesamten Sterns zurück, deren Ursache theoretisch noch nicht voll verstanden ist. Die Hauptmenge der M. gehört zur Scheibenpopulation (→Population).

Mirath [ˈmɪərət], Stadt in Indien, →Meerut.

Mirbeau [mirˈbo], Octave, frz. Schriftsteller, * Trévières (bei Bayeux) 16. 2. 1850, † Paris 16. 2. 1917; war Journalist, unterstützte in der →Dreyfusaffäre É. ZOLA; Gründungsmitglied der Académie Goncourt. In seinen vom Naturalismus beeinflussten Romanen und Bühnenstücken wendet er sich bes. gegen soziale Missstände.
Werke: Romane: Le calvaire (1882; dt. Ein Golgatha); L'abbé Jules (1883; dt. Der Abbé); Sébastien Roch (1890; dt. Sebastian Roch); Le jardin des supplices (1899; dt. Der Garten der Qualen); Le journal d'une femme de chambre (1900; dt. Tagebuch einer Kammerzofe). – *Bühnenstück:* Les affaires sont les affaires (1903; dt. Geschäft ist Geschäft).

Mirbt, 1) Carl, ev. Theologe, * Gnadenfrei (Niederschlesien) 21. 7. 1860, † Göttingen 27. 9. 1929, Vater von 2); war seit 1889 Prof. für Kirchengeschichte in Marburg, 1912–28 in Göttingen; arbeitete führend im Ev. Bund mit.
Werke: Quellen zur Gesch. des Papsttums u. des röm. Katholizismus (1895); Gesch. der kath. Kirche von der Mitte des 18. Jh. bis zum Vatikan. Konzil (1913); Die ev. Mission. Eine Einf. in ihre Gesch. u. Eigenart (1917).
2) Rudolf, Pädagoge, * Marburg 24. 2. 1896, † Feldkirchen-Westerham (Landkreis Rosenheim) 4. 12. 1974, Sohn von 1); war Mitbegründer und einer der Hauptträger der Laienspielbewegung; 1923–36 Herausgeber des ›Münchener Laienspiele‹, seit 1946 der ›Bärenreiter-Laienspiele‹.
Werke: Bärenreiter-Laienspiel-Berater (1959); Laienspiel u. Laientheater (1960).
Darstellendes Spiel. R. M. zum 70. Geburtstag, hg. v. P. AMTMANN u. a. (1966).

Mircea [ˈmirtʃea], **M. der Alte,** rumän. **M. cel Bătrîn,** Fürst der Walachei (seit 1386), † Argeş 31. 1. 1418; entstammte dem walach. Fürstenhaus der Basarab. Unter ihm erreichte die Walachei ihre größte territoriale Ausdehnung (Eroberung von Teilen Siebenbürgens, 1388–95 Herzog der Dobrudscha). Nach den Schlachten von Rovine am Argeş (1394) und Nikopolis (1396) musste er ein loses Abhängigkeitsverhältnis zur Hohen Pforte und 1415 die Tributpflicht akzeptieren, ohne dass dabei die Walachei in eine osman. Prov. umgewandelt wurde.

Mirchand [mirx-], **Mirkhwand, Mirkhond,** Mohammed Ibn Chandjah, pers. Geschichtsschreiber, * um 1433, † Herat 22. 6. 1498; verfasste die von seinem Enkel CHANDEMIR vollendete Weltgeschichte ›Rausat os-Safa‹ (›Lustgarten der Lauterkeit‹), die eine bedeutende Quelle für die Geschichte Irans und Zentralasiens darstellt.

Miri, mit den Dafla verwandte Volksgruppe der tibetobirman. Nordassamvölker. Die M. in den Bergen von Arunachal Pradesh (Hill M., etwa 5 000) betreiben Brandrodungsfeldbau, die M. in den Ebenen Assams (etwa M. 163 000, v. a. Bez. Lakhimpur), angeblich entflohene Sklaven der Abor, sind Bauern.

Miri, Hafenstadt in Sarawak, Ostmalaysia, 86 000 Ew.; Zentrum der Erdölförderung von N-Sarawak (seit 1911, heute v. a. aus Offshorevorkommen, Raffinerie und Verschiffung in Lutong).

Miridae [lat.], wiss. Name der →Blindwanzen.

Mirim, Lagoa M., span. **Laguna Merín,** Haffsee im S Brasiliens und O Urugays, 2 965 km², bis zu 12 m tief.

Mir Iskusstwa [russ. ›Welt der Kunst‹], Künstlervereinigung, 1898 in Sankt Petersburg gegründet, die gegen den Akademismus und Realismus der ›Peredwischniki‹ den Hinweis auf die zeitgenöss. Bestrebungen W-Europas (Symbolismus, Jugendstil, Neoimpressionismus) setzte und eine zweckfreie ›Kunst um der Kunst willen‹ forderte. Zu den Gründungs-Mitgl.

Mirliton: Zwiebelflöte mit abnehmbarer Kappe und Öffnungen zum Hineinsprechen oder -singen

gehörten A. BENOIS, K. SOMOW, L. BAKST, J. LANSERE und S. DIAGHILEW; nach 1903 schlossen sich u. a. ANNA OSTROUMOWA-LEBEDEWA, N. ROERICH und I. GRABAR an. Typisch für die Arbeiten der M. I. ist eine oft graf. Stilisierung und eine Vorliebe für vergangene oder exot. Kulturen. Besondere Leistungen liegen auf dem Gebiet des Bühnenbildes und der Grafik, v. a. der Buchkunst. Nach dem Zerfall der Gruppe schlossen sich Teilnehmer dem ›Bund russ. Künstler‹ an. – Die gleichnamige Zeitschrift (Sankt Petersburg 1899–1904) machte das russ. Publikum mit der zeitgenöss. west- und nordeurop. Kunst vertraut.
A. P. GUSAROVA: M. I. (Leningrad 1972); G. J. STERNIN: Das Kunstleben Rußlands zu Beginn des 20. Jh. (a. d. Russ., Dresden 1980); M. i. La cultura figurativa, letteraria e musicale nel simbolismo russo (Rom 1984).

Mirjam, in der Vulgata **Maria,** Gestalt des A. T.; nach 4. Mos. 26, 59 Schwester von MOSE und AARON; war nach Mi. 6,4 neben diesen eine führende Persönlichkeit beim Auszug der Israeliten aus Ägypten und wird in 2. Mos. 15, 20 als Prophetin bezeichnet. Das ihr zugeschriebene Loblied auf Jahwe nach der Rettung am Schilfmeer (›Mirjamlied‹; 2. Mos. 15, 21) ist einer der ältesten Texte des A. T. 4. Mos. 12 berichtet von der Auflehnung M.s gegen MOSE.

Mirko, eigtl. **M. Basaldella,** ital. Bildhauer, * Udine 28. 9. 1910, † Boston (Mass.) 25. 11. 1969, Bruder von AFRO. Seine abstrakten Plastiken, Denkmäler und Brunnen sind vom Kubismus und von Totems beeinflusst. Schuf die Gedenkstätte mit bronzenem Gittertor (1949 und 1951) für die Fosse Ardeatine (Ardeatin. Höhlen) bei Rom, Ort eines dt. Massakers an 335 Italienern am 24. 3. 1944.

Mirliton [mirliˈtɔ̃, frz.] *das, -s/-s,* ein Membranophon, das aus einer zw. den Fingern gespannten (freies M.) oder über eine Röhre gezogenen Membran besteht (Röhren-M.). Durch Ansprechen, -singen oder -summen der Membran wird diese mitschwingend umgefärbt und verstärkt. Bei den Naturvölkern dient das M. der zum Geisterzauber notwendigen Stimmmaskierung. Zu den Röhren-M. in Europa zählen im 16./17. Jh. in Frankreich die **Zwiebelflöte** oder **Eunuchenflöte** sowie das im Jazz und als Kinderinstrument gebräuchl. **Kazoo,** bei dem sich die Membran über dem Seitenloch einer beidseitig offenen Röhre befindet. Zur einfachen Form der (gefäß-)freien M. gehören z. B. die kärnt. **Flatsche** aus einem Stück Baumrinde, die angesummt wird, sowie der mit Seidenpapier bespannte Blaskamm.

Mirnyj, 1) Stadt in Jakutien (Sacha) innerhalb der Russ. Föderation, im Mittelsibir. Bergland, 38 200 Ew. – Gegründet 1955 mit dem Beginn des Abbaus der reichen Diamantenvorkommen.
2) russ. Forschungsstation in der Ostantarktis, bei 66°33′ s. Br. und 93°01′ ö. L.; küstennahes Basislager, errichtet 1956, umfasst etwa 20 Gebäude und Flugzeuglandebahn.

Miró, Joan, katalan. Maler, Grafiker und Bildhauer, * Montroig (heute zu Barcelona) 20. 4. 1893, † Palma 25. 12. 1983; studierte 1907–10 an der Akademie in Barcelona (beeinflusst von V. VAN GOGH und dem Fauvismus). 1919 reiste er nach Paris, wo er sich mit P. PICASSO anfreundete. 1924 schloss er sich den Surrealisten an; von da an gab er seinen detailbetonten Realismus auf zugunsten einer frei assoziierenden ›Traummalerei‹ mit fantast. Szenerien aus biomorphen Formen und kindl. Strichfiguren. Die Linie wird neben der Farbe als wichtiges bildkonstituierendes Mittel eingesetzt. In seinen Bildern verschlüsselte M., v. a. in den 30er-Jahren, starke Spannungen, Angst, Aggressionen, Unbehagen an der Zeit (Span. Bürgerkrieg), auch sexuelle Themen. Mit zunehmendem Abstand vom Krieg fand M. wieder zu einer poet., oft roman. Bildsprache aus skurrilen Figurationen, archai-

694

Joan Miró: Wanddekoration am UNESCO-Gebäude in Paris; 1955–58

schen Zeichen und kosm. Symbolen, die im Spätwerk malerisch freier und großformig wurden. Parallel zu seiner Malerei, die auch Gouachen und Aquarelle umfasst, entstanden Collagen, Reliefs, Skulpturen (z. T. bemalt, seit 1966 Großplastiken in Bronze), Objektmontagen, Assemblagen, Arbeiten aus Keramik (u. a. Wanddekorationen für das UNESCO-Gebäude in Paris, 1955–58, und für das Wilhelm-Hack-Museum in Ludwigshafen am Rhein, 1978–79) sowie Bildteppiche. Sein graf. Werk umfasst Lithographien und Radierungen, auch Illustrationen zu literar. Werken, ferner Plakate; er hinterließ zahlr. Zeichnungen, Entwürfe und Skizzen. Auf seinem früheren Landgut über der Bucht von Palma de Mallorca wurde im Dezember 1992 ein J.-M.-Museum eingeweiht.

J. M., der Lithograph, 6 Bde. (Genf 1972–92); M.-Plastik, bearb. v. A. JOUFFROY u. a. (a. d. Frz., 1974); M. u. Artigas: Keramik, bearb. v. J. PIERRE u. a. (a. d. Frz., Bern ²1981); J. M. Zeichnungen aus den späten Jahren, bearb. v. W. SCHMALENBACH (1982); ROSA MARIA MALET: J. M. (a. d. Span., 1984); J. M., 1. dt. Retrospektive der Zeichnungen u. Aquarelle 1901–1977, Ausst.-Kat. Kestnergesellschaft, Hannover (1990); J. M. 1893–1993, hg. v. M. INZAGHI u. a., Ausst.-Kat. Parc de Montjuïc, Barcelona (Barcelona 1993); J. M., bearb. v. C. LANCHER, Ausst.-Kat. Museum of Modern Art, New York (New York 1993); P. GIMFERRER: J. M. Auf den Spuren seiner Kunst (a. d. Katalan., 1993); H. PLATSCHEK: J. M. (1993); Elan vital oder das Auge des Eros, hg. v. H. GASSNER, Ausst.-Kat. Haus der Kunst, München (1994); DERS.: J. M. Der magische Gärtner (1994); J. M. Zeichnungen u. Skulpturen 1945–1983, hg. v. Z. FELIX, Ausst.-Kat. Deichtorhallen, Hamburg (1996).

Miró Ferrer, Gabriel, span. Schriftsteller, * Alicante 28. 7. 1879, † Madrid 27. 5. 1930; Hauptvertreter des symbolistisch-impressionist. Erzählens in Spanien. Seine handlungsarmen, autobiographisch gefärbten Romane evozieren mit großer Eindringlichkeit und stilist. Breite die span. Provinz beim Einbruch der Moderne. Wiederkehrende Themen sind Zeit und Erinnerung, Glücksstreben und kreatürl. Bosheit, Enge und (klerikale) Repression des einfachen Lebens (›Libro de Sigüenza‹, 1916; ›El humo dormido‹, 1919; ›Nuestro padre San Daniel‹, 1921; ›El obispo leproso‹, 1926). In lyr. Prosa fasste er bibl. Stoffe: ›Figuras de la pasión del Señor‹ (2 Bde., 1916–17).

Ausgabe: Obras completas, hg. v. C. MIRÓ (⁵1969).
Y E. MILLER: La novelística de G. M. (Madrid 1975); Homenaje a G. M., hg. v. J. L. ROMÁN DEL CERRO (Alicante 1979).

Miroslav-Evangelium, mit prachtvollen Initialen und 296 Miniaturen geschmücktes altserb. Schriftdenkmal, eine kyrill. Handschrift auf Pergament, geschrieben für STEPAN MIROSLAV, Fürst von Hum († 1197), bis 1896 im Athoskloster Chiliandariu, heute in der Nationalbibliothek in Belgrad.

Mirow [-ro], Stadt im Landkreis Mecklenburg-Strelitz, Meckl.-Vorp., 65 m ü. M., am Mirower See der Mecklenburg. Seenplatte, 4000 Ew.; Erholungsort. – Oberes Schloss (Barockhaus von 1749–60 über einer älteren Anlage) mit Renaissance-Torhaus

(1588), unteres Schloss (1766; heute Schule) auf der Schlossinsel, Johanniterkirche (got. Backsteinkirche aus dem 14. Jh., 1945 zerstört, 1951 wieder aufgebaut). – Die um eine 1277 angelegte Burg des Johanniterordens entstandene Siedlung wurde um 1600 als Flecken bezeichnet. 1919 wurde M. Stadt.

Mirrlees [ˈmɪrliːz], James Alexander, brit. Volkswirtschaftler, * Minnigaff (Schottland) 5. 7. 1936; Prof. an den Univ. Oxford (1969–95) und Cambridge (seit 1995). Seine Arbeiten zur optimalen Besteuerung und zur Produktionseffizienz leiteten einen neuen Abschnitt der finanzwiss. Theorie ein. M. erhielt 1996 zusammen mit W. VICKREY den Nobelpreis für Wirtschaftswissenschaften für seine Beiträge zum Problem des moral. Risikos (moral hazard) und zur ökonom. Theorie wirtschaftl. Anreizeffekte bei unvollständiger und asymmetrisch verteilter Information.

Werke: An exploration in the theory of optimum income taxation (1971); Optimal taxation and public production (1971, mit P. DIAMOND); The optimal structure of incentives and authority within an organisation (1976); A model of social security with variable retirement (1978, mit P. DIAMOND).

Mirsa, Mirza [-z-; pers. ›Emirssohn‹], pers. Titel, dem Namen nachgesetzt für Prinzen der Kadjarendynastie, vor dem Namen für literarisch gebildete Beamte (›Sekretäre‹).

MIRV, →Mehrfachgefechtskopf.

Mirzapur-cum-Vindhyachal [ˈmɪəzaːpʊəkʌmvɪnˈdjaːtʃəl], Stadt im Bundesstaat Uttar Pradesh, Indien, am rechten Ufer des Ganges, 169 300 Ew.; ein Zentrum der Teppichknüpferei; Vindhyachal ist hinduist. Wallfahrtsort.

Misandrie [griech.] die, -, (krankhafter) Hass von Frauen gegenüber Männern.

Misanthropie [griech.] die, -, (krankhafte) Abneigung gegen andere Menschen.

James Mirrlees

Joan Miró: Die kleine Blonde im Park der Attraktionen; 1950 (Berlin, Nationalgalerie)

Miscanthus [wohl von griech. mískos ›Fruchtstiel‹ und ánthos ›Blüte‹], Gattung der Süßgräser mit etwa 15 Arten im trop. Afrika und O-Asien. Hohe Gräser mit schmalen Blättern und großer, endständiger, seidenhaariger Rispe; Ährchen an den Zweigen paarweise, mit jeweils einer zwittrigen Blüte. Bekannt sind das als Ziergras kultivierte **Japanische Seidengras** (M. sinensis) und das winterharte, bis 1,2 m hohe **Silberfahnengras** (M. sacchariflorus), aus dessen Blütenständen lange, seidige Haare hervorwachsen.

Miscella, Gemisch aus Lösungsmittel und Fett (bzw. Öl), das bei der Gewinnung von Fetten (oder Ölen) durch Extraktion entsteht.

Misch, Georg, Philosoph, * Berlin 5. 4. 1878, † Göttingen 10. 6. 1965; 1911 Prof. in Marburg, 1916 in Göttingen, 1935 in den Ruhestand versetzt (1939–46 im Exil in Großbritannien), ab 1946 wieder in Göttingen. M.s Arbeiten stehen in der Nachfolge seines Lehrers W. DILTHEY, dessen Werke er mit herausgab. Von großer Bedeutung ist seine enzyklopäd. ›Geschichte der Autobiographie‹ (1907–62, 3 Bde.).
Weitere Werke: Zur Entstehung des frz. Positivismus (1900); Der Weg in die Philosophie (1926); Lebensphilosophie u. Phänomenologie. Eine Auseinandersetzung der Diltheyschen Richtung mit Heidegger u. Husserl (1930).
O. F. BOLLNOW: Studien zur Hermeneutik, Bd. 2: Zur hermeneut. Logik v. G. M. u. Hans Lipps (1983).

Mischabel *die,* vergletscherte kristalline Berggruppe der Walliser Alpen, Schweiz, zw. Matter- und Saastal, im Dom 4545 m ü. M.; am O-Hang der Feegletscher (5 km lang, 16,6 km²); Seilbahn von Saas Fee.

Mischären, Volksgruppe beiderseits des südl. Urals, →Meschtscheren.

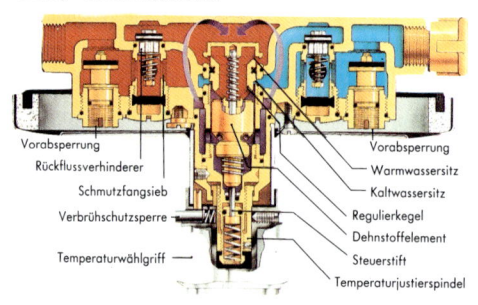

Mischbatterie: Schnittzeichnung einer thermostatgeregelten Mischbatterie

[Labels: Vorabsperrung, Rückflussverhinderer, Schmutzfangsieb, Verbrühschutzsperre, Temperaturwählgriff, Vorabsperrung, Warmwassersitz, Kaltwassersitz, Regulierkegel, Dehnstoffelement, Steuerstift, Temperaturjustierspindel]

Mischbatterie, Wassermischer, *Sanitärtechnik:* Auslauf- oder Durchlaufarmatur mit der Möglichkeit zur Einstellung einer gewünschten Wassertemperatur durch Mischung kalter und warmer Ströme. Thermostatgeregelte M. regulieren selbsttätig Temperaturschwankungen z. B. bei Durchlauferhitzern oder durch Wasserdruckveränderungen.

Mischbettfilter, allg. ein Filter, das aus mehreren unterschiedl. Materialien (Mehrschichtenfilter, z. B. aus grob- und feinkörnigen Substanzen) besteht; i. e. S. ein Ionenaustauschfilter, das ein Gemisch von Kationen- und Anionenaustauschern enthält (v. a. zur Entsalzung von [Meer-]Wasser verwendet).

Mischehe, im allgemeinen Sprachgebrauch nach wie vor weit verbreitete Bez. für eine Ehe zw. Ehepartnern unterschiedl. Konfessions- oder Religionszugehörigkeit.
christl. Kirchen: die Ehe zw. Angehörigen versch. christl. Konfessionen; im kirchl. Sprachgebrauch als **konfessions-** bzw. **bekenntnisverschiedene Ehe** bezeichnet. Nach kath. Kirchenrecht wird eine konfessionsverschiedene Ehe als gültig anerkannt, wenn sie in kath. (→Eherecht, kirchliches) oder (bei Dispens von der kath. Form) in einer anderen öffentl. Form (nicht-kath. religiöse oder standesamtl. Trauung) geschlossen wurde. Eine Dispens muss eingeholt werden, wenn ein Partner ungetauft ist, da dies ein Ehehindernis darstellt und die Ehe ohne erteilten Dispens ungültig ist. Die kirchl. Erlaubnis zu einer konfessionsverschiedenen Ehe kann in Dtl. jeder Pfarrer, den Dispens vom Ehehindernis und von der kath. Form nur der zuständige Bischof erteilen. Voraussetzung für eine M. ist zudem die mit Wissen des nichtkath. Partners abgegebene aufrichtige Versicherung des kath. Partners, dass er an seinem Glauben festhalten und nach seinen Möglichkeiten auf die kath. Taufe und Erziehung der gemeinsamen Kinder bedacht sein werde. – In den meisten orth. (Landes-)Kirchen sind der ostkirchl. Trauritus und das Versprechen der orth. Kindererziehung Voraussetzungen für die Gültigkeit einer M. – In der ev. Kirchen bestehen heute i. Allg. keine rechtl. Beschränkungen mehr.
Judentum: Nach jüd. Recht ist die Ehe mit einem Nichtjuden unstatthaft und daher der vorherige Übertritt des nichtjüd. Partners zum jüd. Glauben unerlässlich. Während M. seit dem 19. Jh. v. a. in den USA sehr häufig sind und durch das Reformjudentum geduldet werden, gilt in Israel das traditionelle jüd. Recht.
Islam: Die Ehe eines Muslimin mit einem Nichtmuslim ist nichtig; die Ehe eines Muslims mit einer Christin oder Jüdin voll gültig, mit einer weder muslim. noch christl. oder jüd. Frau auflösbar. Kinder gelten jedoch in allen Fällen als ehelich und erbberechtigt.
U. BEYKIRCH: Von der konfessionsverschiedenen zur konfessionsverbindenden Ehe? (1987); W. SCHÖPSDAU: Konfessionsverschiedene Ehe. Ein Hb. (³1995).

Misch|elemente, →chemische Elemente.

Mischen, 1) *allg.* und *Verfahrenstechnik:* Stoffverteilungsprozess, bei dem zwei oder mehrere Stoffe in ein Gemisch mit möglichst vollkommener Gleichverteilung überführt werden. Durch M. kann die Geschwindigkeit physikal. Vorgänge (z. B. Phasenübergänge bei Extraktion und Absorption) oder chem. Reaktionen (z. B. bei Zementherstellung, Polymerisationen) erhöht werden. Das M. dient auch zur Herstellung von einheitl., aus mehreren Komponenten bestehenden Endprodukten (z. B. Lacke, Kraftstoffe). Das M. von pulvrigen oder körnigen Feststoffen (Trocken-M.) kann in rotierenden Mischtrommeln oder in Silos mithilfe von Förderschnecken oder durch Verwirbelung mit Druckluft (pneumatisch) durchgeführt werden. In Knetern werden zähflüssige bis teigige Stoffe gemischt. Das M. von Flüssigkeiten erfolgt in Behältern mit Rührern oder in Rohrleitungen mit Strömungsmischern (In-Line-Blender).
2) *Spinnerei:* 1) M. von Rohstoffen wie Baumwolle oder Wolle in sich, um hinsichtlich Faserfeinheit, -länge und Farbaffinität ein gleichmäßiges Garn zu erzeugen; 2) M. verschiedener Rohstoffe zur Erzielung bestimmter physikal. Garnparameter, z. B. Festigkeit oder Dehnung; 3) M. von farblich unterschiedl. Faser- oder Rohstoffkomponenten zur Erzielung von Melangen. – Das M. geschieht – oft in Verbund mit Reinigungsmaschinen – in **Mischern,** die das Gut mechanisch (z. B. Faserbänder) oder pneumatisch (Fasern oder Faserflocken) mischen.

Misch|erbigkeit, *Genetik:* die →Heterozygotie.

Mischfinanzierung, 1) *Entwicklungspolitik:* als Form der Kofinanzierung die gemeinsame Finanzierung von Entwicklungsprojekten durch öffentl. Entwicklungshilfe und private Unternehmen in Form von Krediten und Zuschüssen für entwicklungspolitisch förderungswürdige und betriebswirtschaftlich mittelfristig rentable Projekte in Entwicklungsländern. Dadurch sollen zusätzl. Finanzmittel in Entwicklungsländer fließen.
2) *Finanzwissenschaft:* →Finanzhilfe.

Mischfrequenzen, *Übertragungstechnik:* die →Kombinationsfrequenzen.

Mischfutter, vorwiegend industriell hergestellte Kombination aus zwei oder mehreren Einzelfuttermitteln (z. B. Weizen und Gerste) zur Fütterung landwirtschaftl. Nutztiere; z. B. M. für die einzelnen Altersabschnitte der Tiere sowie deren Leistungsrichtungen, die in ihren Nährstoffgehalten (v. a. Protein, Mineralstoffe, Spurenelemente, Vitamine) dem jeweiligen typ. Bedarf entsprechen.

Mischgesteine, die →Migmatite.

Misch|infektion, gleichzeitige Infektion mit mehreren Erregerarten, bes. häufig bei entzündl. Erkrankungen der Harnwege.

Mischkalkulation, kalkulatorischer Ausgleich, Ausgleichskalkulation, *Marketing:* preispolit. Verhaltensweise, bei der einzelne Produkte oder Leistungen eines Anbieters über die jeweils exakt zurechenbaren Kosten hinaus mit unterschiedlich hohen Kalkulationsaufschlägen oder sogar -abschlägen (›Untereinstandspreis‹) belegt werden, um unterschiedl. Marktbedingungen (z. B. Sonderangebote der Konkurrenz) oder Absatzzielen (z. B. Kundengewinnung) besser gerecht zu werden (→Preisdifferenzierung). Artikel mit über- bzw. unterdurchschnittl. Kalkulationsaufschlag heißen Ausgleichsgeber bzw. -nehmer. Entscheidend für den Anbieter ist nicht der Artikel-, sondern der Periodengewinn aller Artikel oder der verschiedenen Sortimente.

Mischkonzern, Konglomerat, diversifizierter Konzern, ein Konzern, in dem Unternehmen verschiedener Wirtschaftszweige, Produktions- und Handelsstufen zusammengefasst sind. Während für die Entstehung vertikaler Konzerne die Kostenvorteile des techn. Verbundes ausschlaggebend sind und horizontale Konzerne oft zur Vergrößerung des Marktanteils gebildet werden, erfolgen konglomerate Zusammenschlüsse v. a. aus marktstrateg. Erwägungen im Interesse der →Diversifikation zwecks Risikostreuung und Sortimentsabrundung. Aber auch der Wunsch, durch Gewinne und Abschreibungen frei werdende Finanzmittel neu anzulegen, kann zur Entstehung und Expansion von M. führen. Da sich ein M. auf vielen Märkten betätigt, stellt sich das Problem seiner Marktmacht. Wettbewerbspolit. Gefahren sind bei konglomeraten Zusammenschlüssen in der wirtschaftlich-finanziell marktstrateg. Überlegenheit des Gesamtkonzerns gegenüber tatsächl. oder potenziellen Konkurrenten auf dem jeweiligen Markt des erworbenen Unternehmens zu sehen (z. B. möglicher Verdrängungswettbewerb durch Mischkalkulation).

Mischkristalle, Kristalle bzw. Festkörper, bei denen äquivalente Gitterpunkte in statist. Weise von Atomen oder Ionen zweier oder auch mehrerer Elemente bzw. von verschiedenartigen Komplexionen oder Molekülen besetzt sind. Wenn die Komponenten in beliebigem Verhältnis mischbar sind, liegt eine **lückenlose** oder **unbeschränkte Mischkristallbildung** vor; Voraussetzung hierfür ist die Gleichheit des Kristallstrukturtyps und des chem. Verhaltens sowie Gleichheit der Ionenradien (→Grimm-Regel) der Komponenten. Kann eine Komponente nur bis zu einer gewissen Maximalkonzentration aufgenommen werden, z. B. Gold in Aluminium, so spricht man von **beschränkter Mischkristallbildung.** Von techn. Interesse sind v. a. die **metallischen M.,** die Legierungen. Man unterscheidet: 1) **Substitutions-M.,** bei denen die Bausteine des Grundgitters durch Atome, Ionen u. a. eines oder mehrerer anderer Stoffe ersetzt sind; hierzu gehören die Substitutionsgitterlegierungen (→Diadochie). 2) **Einlagerungs-M. (interstitielle M.),** bei denen die Atome des Grundgitters ihre Plätze beibehalten, die Fremdatome hingegen auf Zwischengitterplätzen eingebaut werden. Zu diesen M. zählen die Zwischengitterlegierungen, die man als feste Lösungen von nichtmetall. Elementen mit relativ kleinem Atomradius (v. a. Wasserstoff, Bor, Kohlenstoff, Stickstoff, Sauerstoff, Silicium), in einem Metall (z. B. Eisen) betrachten kann. Sind die Fremdatome über eine bestimmte stöchiometr. Zusammensetzung hinaus eingelagert, so spricht man auch von **Additions(misch)kristallen.** 3) **Anomale M.** oder **Adsorptions-M.** sind feste Stoffgemische, die sich nicht auf ein einheitl. Translationsgitter beziehen lassen, in denen jedoch die einzelnen Komponenten in submikroskop. Bereichen in gesetzmäßiger Weise verwachsen sind bzw. in denen eine Fremdkomponente in orientierten Bereichen in einen Wirtskristall eingelagert ist. 4) **Doppelte M.,** bei denen gleichzeitig eine Substitution von Grundgitteratomen durch Fremdatome und eine Einlagerung von Fremdatomen anderer Art erfolgt (z. B. bei Eisen-Nickel-Kohlenstoff-Systemen).

Auf techn. Gebieten wird die Mischkristallbildung zur Verbesserung von Materialeigenschaften gezielt eingesetzt. So lassen sich z. B. durch Legieren von Stählen die Zerreißfähigkeit auf den 10fachen Wert, die Magnetisierbarkeit auf den 200fachen Wert des reinen Eisens steigern.

Mischkultur, der gleichzeitige Anbau mehrerer Nutzpflanzenarten gleicher oder verschiedener Produktionsrichtung in der Reihe (z. B. Möhre und Porree), in Zwischenreihen (z. B. Lein und Sojabohnen; Ölbaum und Weinrebe), in Streifen (z. B. Trockenreis und Bataten oder Mais), als Etagenkultur (z. B. Banane und Kaffee oder Tee) oder als Unterkultur (z. B. Grünland oder Gemüse unter Obsthochstämmen).

Mischlich, Adam, Missionar und Sprachforscher, * Nauheim (bei Groß-Gerau) 28. 3. 1864, † Frankfurt am Main 13. 12. 1948; war seit 1890 als Missionar an der Goldküste (Ghana) und in Togo, 1897–1909 im Kolonialdienst in Togo tätig; sammelte umfangreiche Materialien zu afrikan. Sprachen, bes. zum Hausa, und legte Sammlungen histor. Texte, Märchen sowie von Kriegsliedern und religiösen Gesängen an.

Werke: Lb. der hausan. Sprache (1902, ²1911 u. d. T. Lb. der Hausa-Sprache); Wb. der Hausasprache (1906); Über die Kulturen im Mittel-Sudan (1942). – *Hg.:* Neue Märchen aus Afrika (1929).

Mischlichtlampe, Verbundlampe, elektr. Lampe, in der eine Glühlampe und eine Entladungslampe kombiniert sind. Der Glühdraht der Glühlampe ist dabei mit der Entladungslampe in Reihe geschaltet und dient als Begrenzungswiderstand der Entladung, sodass eine M. ohne weitere Vorschaltgeräte betrieben werden kann.

Mischling, Fortpflanzungsprodukt genetisch verschiedener Eltern bei Tieren und Pflanzen (Hybride, →Bastard), beim Menschen zw. Angehörigen unterschiedlicher typolog. Kategorien, z. B. zw. Europiden und Negriden (Mulatte), Indianiden und Europiden (Mestize) oder Negriden und Indianiden (Zambo). Diese Begriffe haben häufig einen herabsetzenden Gebrauchskontext.

Mischluftheber, Mammutpumpe, eine Pumpe zur Förderung von sand- und schlammhaltigem Wasser. Durch Düsen wird Luft in ein in die Förderflüssigkeit eintauchendes Steigrohr eingeblasen, mischt sich mit der im Steigrohr befindl. Flüssigkeit, wodurch das entstehende Flüssigkeit-Luft-Gemisch infolge seines niedrigeren spezif. Gewichts von der das Steigrohr umgebenden, unter Atmosphärendruck stehenden Flüssigkeit hochgedrückt wird.

Mischna [hebr. ›Wiederholung‹, ›Lehre‹] *die, -, Judentum:* urspr. die mündl. Tradierung der Lehre und ihre Einprägung durch ständige Wiederholung sowie die einzelnen Lehrsätze selbst, dann auch die schriftlich fixierte Zusammenfassung des (mündlich) überlieferten Traditionsstoffes. Inhaltlich handelt es sich

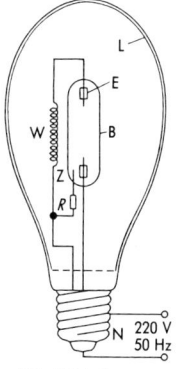

Mischlichtlampe: Schematischer Aufbau; B Brenner, E Elektrode, L Leuchtstoff, N Netz, R Zündwiderstand, W Wendel, Z Zündsonde

um (v. a. gesetzl.) Kommentare und Ergänzungen zur Thora. Die Entstehung der M. setzte in der rabbinisch-tannait. Zeit (Ende des 1. Jh.) ein, als man begann, die mündl. Überlieferungen thematisch geordnet zusammenzufassen. Maßgeblich bestimmt wurden Auswahl und Formulierung von Rabbi AKIBA BEN JOSEF, dessen Einfluss schon früh andere Lehrmeinungen verdrängte. Die sprachl. Formalisierung des Stoffes erfolgte seit dem 2. Jh. und war gegen 220 abgeschlossen. An der (End-)Redaktion waren wohl ein oder zwei Generationen beteiligt, in der Tradition wird sie jedoch v. a. Rabbi JEHUDA HA-NASI (zweite Hälfte des 2./Anfang des 3. Jh.) zugeschrieben. In der Folgezeit wurde die M. in religions- und zivilgesetzl. Hinsicht die grundlegende und autoritative Quelle des jüd. Rechts. Mit ihren halach. und haggad. Ergänzungen ging sie in die Gemara ein und bildete so auch die Grundlage für den Talmud. Ende des 15. Jh. verfasste der ital. Rabbiner BERTINORO einen Kommentar zur M. (Erstdruck 1548–49 in Venedig), der v. a. wegen seines klaren Stils weite Verbreitung fand und seither in den meisten M.-Ausgaben abgedruckt wurde. Unbekannt blieb die M. bis in die Gegenwart bei den äthiop. Falascha, die jedoch eigene, den talmud. Überlieferungen verwandte Traditionen besitzen.

Die M. ist nach Sachthemen in sechs ›Ordnungen‹ (Sedarim) mit insgesamt 63 themengebundenen Traktaten (Massektot), die sich ihrerseits aus Kapiteln (Peraqim) und einzelnen Lehrsätzen (Mischnajot) zusammensetzen, eingeteilt: 1) Zeraim (›Saaten‹): tägl. Gebete, landwirtschaftl. Vorschriften; 2) Moed (›Festzeiten‹); 3) Naschim (›Frauen‹): Eherecht, Gelübde, Nasiräat; 4) Neziqin (›Schädigungen‹): Abgrenzung von Götzendienst, Zivil- und Strafrecht, Rechtswesen (darin enthalten ist u. a. der Traktat →Aboth); 5) Qodaschim (›Heiliges‹): Kultvorschriften, Opfergesetze; profane Schlachtung (›Schächtung‹); 6) Toharot (›Reinheiten‹): Vorschriften zur Praxis der rituellen Reinheit.

Die 6 Ordnungen des M., übers. v. A. SAMMTER u. a., 6 Tle. (Basel ³1968); C. ALBECK: Einf. in die M. (a. d. Hebräischen 1971); H.-L. STRACK: Einleitung in Talmud u. Midrasch (⁷1982); J. NEUSNER: The Mishnah. An introduction (Northvale, N. J., 1989).

Mischnick, Wolfgang, Politiker, *Dresden 29. 9. 1921; Mitgründer der LDPD in Sachsen, 1947–48 deren stellv. Vors., floh unter wachsendem polit. Druck der SED in die BRD. Seit 1950 arbeitete er hauptamtlich für die FDP. Seit 1957 MdB, 1961–63 Bundes-Min. für Vertriebene, Flüchtlinge und Kriegsgeschädigte. Als Vors. der Bundestagsfraktion (1968–90) und stellv. Bundes-Vors. der FDP (1964–88) hatte er wesentl. Anteil an den koalitionspolit. Entscheidungen und der programmat. Ausrichtung seiner Partei.

Mischpult, Mischer, Audio- und Videotechnik: techn. Einrichtung, mit der einzelne, gleichzeitig eingespielte Tonereignisse (Sprache, Musik, Geräusche) in einem bestimmten, veränderl. Pegelverhältnis zusammengeführt, ausgesteuert, gemischt und einem gemeinsamen Ausgangskanal zugeordnet werden können, um ein erwünschtes Klangbild zu erzeugen. (→Mischung). Jedem Eingang, deren Anzahl und Art sich nach der Signalquelle (z. B. Tonbandgerät, Mikrofon, Plattenspieler) richtet, werden ein (Mono) oder zwei (Stereo) Mischeinsteller (Pegeleinsteller, Mischregler) sowie je nach Ausführung des M. Frequenzfilter, Klangeinsteller oder Aussteuerungsautomatik und ggf. Vorverstärker zugeordnet. Die eigentl. Mischung erfolgt im **Mischverstärker.** Das entstehende Misch- oder Summensignal kann erneut über einen weiteren Pegeleinsteller in der Amplitude, über einen Filter in seinem Frequenzspektrum verändert werden.

Entsprechend dem Ton-M. wird in der Videotechnik das **Bild-M.** zur Mischung mehrerer Videosignale verwendet, um die zeitl. Abfolge von Fernsehbildern für eine Fernsehsendung oder Videoproduktion zu gestalten. Einfache M. besitzen bis zu drei Mischeingänge; sie können im professionellen Bereich zu Bildregiepulten mit bis zu 20 Eingängen zusammengefasst werden. Das Bild-M. besteht wie das Ton-M. v. a. aus einem Bedienpult mit Tasten, Dreh- und Schiebstellern zur Steuerung der Umschalt- und Mischvorgänge und der eigentl. Mischelektronik, dem Mischverstärker, zum rückwirkungsfreien Ab-, Auf- und Überblenden, zur Herstellung von Trickmischungen sowie zur Verstärkung des Mischsignals. Daneben enthält das Bild-M. u. a. Videoverteiler zur Verteilung der Ausgangssignals an Bildmonitore oder Videorekorder sowie Synchronisiereinrichtungen.

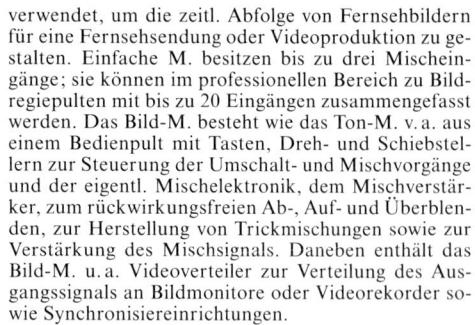

Mischsäure, die →Nitriersäure.

Mischsprache, Sprache, die Bestandteile aus zwei oder mehr Sprachen (Dialekten) enthält, z. B. die jidd. Sprache und die kreol. Sprachen.

Mischstrom, durch Überlagerung eines Gleichstroms mit einem Wechselstrom entstehender elektr. Strom mit einem von null verschiedenen zeitl. Mittelwert.

Mischung, 1) *Audio-* und *Videotechnik:* Zusammenfassen mehrerer Ton- oder Bildsignale mit dem Ziel, eine zeitl. Abfolge von Klangereignissen oder Fernsehbildern entsprechend bestimmten technisch-künstler. Vorgaben zu erzeugen. Als Hilfsmittel dienen entsprechende Ton- und Bildmischpulte (→Mischpult). Zu den häufigsten Arten des Zusammenfügens zweier Signale gehört die **additive M,** durch Amplitudenänderung der Signale. Dazu zählen sowohl in der Bild- wie auch der Tontechnik das Auf-, Aus- und Überblenden. Beim **Aufblenden** erscheint ein Ton bzw. ein Fernsehbild durch Zunahme der Lautstärke bzw. der Helligkeit bis zur vollen Aussteuerung bzw. Sichtbarkeit, d. h., der Signalpegel wird langsam von null auf Normwert gestellt; umgekehrt erfolgt beim **Ausblenden (Abblenden)** eine Abnahme des Signalpegels auf den Anfangswert. Je nachdem, wie rasch das Auf- oder Ausblenden erfolgt, unterscheidet man zw. **harter** und **weicher Blende.** Beim **Überblenden** wird das erste Signal langsam aus- und gleichzeitig das zweite Signal eingeblendet. Bei der **Mischblende** wird das Hauptsignal etwas abgeblendet und ein weiteres Signal eingeblendet **(Einblende),** sodass die Bilder oder Töne (z. B. Einblendung von Schrift oder Sprache) gleichzeitig sichtbar bzw. hörbar sind. Die technisch einfachste Art ist der **harte Schnitt,** d. h. der direkte Wechsel von einem zum anderen Bildinhalt. (→Trickmischung).

2) *Chemie, Physik, Technik:* **Mischphase,** ein auf der Ebene der Moleküle homogenes Mehrkomponentensystem (gasförmig, flüssig oder fest) mit i. Allg. stetig veränderbarem Stoffmengenverhältnis der Komponenten. Da dieses Verhältnis häufig nahe bei eins liegt, wird bei einer M., anders als bei →Lösungen, nicht zw. Lösungsmittel und gelöstem Stoff unterschieden; eine scharfe Abgrenzung der Begriffe M. und Lösung ist ohnehin nicht möglich. – Zu den festen M. zählen Mischkristalle und Legierungen.

Bei vielen M. ist das Mengenverhältnis beliebig (z. B. Wasser – Alkohol), bei anderen (z. B. Wasser – Phenol) gibt es Einschränkungen **(M.-Lücken),** die i. Allg. temperaturabhängig sind. Nach den thermodynam. Eigenschaften unterscheidet man ideale und nichtideale M. Bei **idealen M.** (z. B. idealen Gasen) setzen sich die extensiven Zustandsgrößen wie Volumen, Energie und Enthalpie additiv aus denen der Komponenten zusammen; bei **nichtidealen M.** bzw. **realen M.** verhalten sich die extensiven Zustandsgrößen nicht streng additiv, sondern es treten **M.-Effekte** wie Volumenänderung und M.-Enthalpie auf, die sich als Differenz der jeweiligen Werte für die M. und der

Wolfgang Mischnick

Summe der entsprechenden Werte für die Komponenten ergeben und positiv oder negativ sein können.

3) *Nachrichtentechnik:* **Frequenz-M.**, Überlagerung zweier hochfrequenter elektr. Schwingungen unterschiedl. Frequenzen f_1 und f_2 mittels eines nichtlinearen Schaltungselements, wobei deren Summen- und Differenzfrequenzen entstehen. Durch M. ist die Umsetzung einer Frequenz (oder eines Frequenzbandes) in einen zur Weiterverarbeitung geeigneteren Frequenzbereich möglich. Die Frequenz-M. wird vorwiegend in Überlagerungsempfängern oder in der →Trägerfrequenztechnik eingesetzt.

Mischwald, Wald, der sowohl aus Nadel- als auch aus Laubhölzern besteht; gegenüber reinem Laub- oder Nadelwald häufig ökologisch und wirtschaftlich vorteilhafter, in der Anpflanzung und Pflege i. d. R. jedoch aufwendiger.

Mischwesen, bes. in Archäologie und Kunstgeschichte alter Kulturen gebräuchl. Bez. für dämon. Wesen, in deren Gestalt Elemente verschiedener Tiere oder von Tier und Mensch eingegangen sind (Alter Orient, Indien, Ostasien). Im Alten Orient sind bes. Anzu oder →Imdugud, Schedu und →Lamassu, →Muschchusch, →Lamaschtu u. a. zu nennen; viele altoriental. M. verbreiteten sich weit und sind auch in die Vorstellungswelt der alten Griechen und des Abendlands eingegangen. (→Fabelwesen)

Mischwolken, Wolken, in denen unterkühlte Wassertröpfchen und Eisteilchen vorkommen, etwa im Temperaturbereich von −10 °C bis −35 °C; M. bilden in unseren Breiten eine wesentl. Voraussetzung für die Entstehung von Niederschlägen (Theorie von T. BERGERON). Zu den M. zählen v. a. die Wolkengattungen Altostratus, Nimbostratus und Cumulonimbus.

Mischwollschafe, Schafrassen mit deutlich vom Wollhaar unterscheidbarem Deckhaar und schwachem jahreszeitl. Haarwechsel; u. a. Heideschafe, Fettschwanzschafe, Zackelschafe.

Mischzylinder, →Messzylinder.

Misdroy [-'drɔj], poln. **Międzyzdroje** [mjɛndziˈzdrɔjɛ], Stadt in der Wwschaft Szczecin (Stettin), Polen, auf der Insel und am Rand des Nationalparks Wollin, 5 900 Ew.; Ostseebad; Naturmuseum. – M. kam 1945 unter poln. Verwaltung, die Zugehörigkeit zu Polen wurde durch den Deutsch-Poln. Grenzvertrag vom 14.11.1990 (in Kraft seit dem 16.1.1992) anerkannt.

Mise [frz., zu mettre ›(ein)setzen‹, ›stellen‹, ›legen‹] *die, -/-n,* Einsatz bei Glücksspielen.

Misereor [lat., nach Mk. 8,2: ›M. super turbam‹ (›Mich erbarmt des Volkes‹)], **Bischöfliches Hilfswerk M. e. V.,** kath. Entwicklungshilfswerk mit Sitz in Aachen. 1958 von den dt. Bischöfen als ›Aktion gegen Hunger und Krankheit in der Welt‹ gegr., ist M. heute die weltweit größte kirchl. Hilfsorganisation für die Länder Afrikas, Asiens und Lateinamerikas. Seit seiner Gründung hat M. rd. 7,6 Mrd. DM für Hilfsmaßnahmen (Stand: 1997) zugunsten von Armen und Not Leidenden ungeachtet ihrer Religion, Rasse oder Nation eingesetzt. Die Projekte werden nach dem Prinzip ›Hilfe zur Selbsthilfe‹ durch einheim. Partner vor Ort realisiert. Wichtige Tätigkeitsfelder sind: Landwirtschaft und Ernährung, Gesundheit, Bildung sowie Menschenrechtsarbeit. Die finanziellen Mittel setzen sich aus Spenden (1996: 127,6 Mio. DM), Kirchensteuergeldern (1996: 25 Mio. DM) und staatl. Zuschüssen (über die ›Kath. Zentralstelle für Entwicklungshilfe e. V.‹, 1996: 153 Mio. DM) zusammen.

Miserere [lat. ›erbarme dich‹] *das, -s,* **1)** *lat. Liturgie:* nach seinem Anfangswort in der Vulgata so benannter Bußpsalm (Ps. 51).

2) *Medizin:* Koterbrechen bei völligem →Darmverschluss.

Misericordia [lat.], in den ev. Kirchen der nach seinem Introitus (Ps. 33,5) benannte zweite Sonntag nach Ostern; er wird als Sonntag **Misericordias Domini** (›die Güte des Herrn‹; auch ›Sonntag des Guten Hirten‹) begangen. In der kath. Kirche wird der vierte Sonntag der Osterzeit als ›Sonntag des Guten Hirten‹ gefeiert.

Miserikordie [von lat. misericordia ›Barmherzigkeit‹] *die, -/-n,* die an der Unterseite der Klappsitze des →Chorgestühls angebrachte Stütze zum Anlehnen im Stehen bei längeren liturg. Handlungen; oft mit Schnitzereien versehen (Drolerien u. a.).

Mises, 1) Ludwig Edler von, amerikan. Volkswirtschaftler österr. Herkunft, *Lemberg 29. 9. 1881, †New York 18. 10. 1973, Bruder von 2); Prof. in Wien (1918–38) und Genf (1934–40), emigrierte 1940 nach den USA (seit 1946 amerikan. Staatsbürger), 1948–69 Prof. in New York. M. war ein Vertreter der Wiener Schule (→Grenznutzenschule) und ein Kritiker der Planwirtschaft; er lieferte wichtige Beiträge zur Finanzwissenschaft, Geld- und Konjunkturtheorie. Zu seinen Schülern zählen G. VON HABERLER, F. A. VON HAYEK, F. MACHLUP.

Werke: Theorie des Geldes u. der Umlaufmittel (1912); Die Gemeinwirtschaft. Unterss. über den Sozialismus (1922); Liberalismus (1927); Kritik des Interventionismus (1929); Nationalökonomie. Theorie des Handelns u. Wirtschaftens (1940); Theory and history. An interpretation of social and economic evolution (1957); The ultimate foundation of economic science. An essay on method (1962).

Ausgabe: Notes and recollections, hg. v. M. VON MISES (1978).

A. H. ZLABINGER: L. v. M. (1994); Die österr. Schule der Nationalökonomie, hg. v. K. R. LEUBE, Bd. 1: Von Menger bis M. (Wien 1995).

2) Richard Edler von, österr. Ingenieur, Mathematiker und Philosoph, *Lemberg 19. 4. 1883, †Boston (Mass.) 14. 7. 1953, Bruder von 1); Prof. in Straßburg (1909–14), Dresden und Berlin, 1933 in Istanbul, ab 1939 an der Harvard University. M. leistete u. a. wichtige Arbeiten zur prakt. Analysis, zur Theorie und Anwendung der Differenzial- und Integralrechnung sowie zur Wahrscheinlichkeitsrechnung und Statistik. Im Bereich der angewandten Mathematik und der Mechanik wurde M. durch seine Arbeiten zur Strömungslehre (mit besonderer Berücksichtigung des Flugzeugbaus) bekannt. Er begründete die ›Zeitschrift für angewandte Mathematik und Mechanik‹ (ZAMM).

MISFET, *Halbleitertechnik:* →Feldeffekttransistor.

Mishima [miʃ-], Yukio, eigtl. **Hiraoka Kimitake,** jap. Schriftsteller, *Tokio 14. 1. 1925, †ebd. 25. 11. 1970; in seinen Romanen, Novellen und Dramen (darunter auch moderne Nō-Stücke) verbindet sich jap. Tradition mit Einflüssen der europ. Moderne. Im Zentrum steht die Ggs. von Kunst und Leben bzw. die Verknüpfung von Ästhetik und polit. Aktion. Als Führer einer nationalist., paramilitär. Gruppe beging er rituellen Selbstmord (Seppuku).

Werke (jap.): *Romane:* Geständnis einer Maske (1949; dt.); Die Brandung (1954; dt.); Der Tempelbrand (1956; dt.); Nach dem Bankett (1960; dt.); Der Seemann, der die See verriet (1963; dt.); Schnee im Frühling (1969; dt.); Der Tempel der Morgendämmerung (1970; dt.). – Sechs moderne Nō-Spiele (1956; dt.).

R. STARRS: Deadly dialectics. Sex, violence, and nihilism in the world of Y. M. (Honolulu, Ha., 1994); S. J. NAPIER: Escape from the wasteland. Romanticism and realism in the fiction of M. Y. and Oe Kenzaburo (Neuausg. Cambridge, Mass., 1995).

Mishmi [ˈmiʃmi], **Midu,** Stamm der →Bodo in Assam (rd. 35 000).

Misima, Insel des Louisiade-Archipels, Papua-Neuguinea, im Mount Oiatau 1 050 m ü. M., 280 km², 7 200 Ew., Hauptort Bwagaoia; in den metamorphen Gesteinen Golderzgänge (Goldgewinnung).

Misiones, 1) Prov. in Argentinien, zw. Paraguay und Brasilien, 29 801 km², 788 900 Ew., Hauptstadt ist Posadas. M. ist die einzige mit subtrop. Feuchtwald bestandene argentin. Prov., im O treten Araukarien-

Miserikordie am Chorgestühl im Dom von Bardowick

Yukio Mishima

wälder auf, nur im äußersten SW gibt es offenes Grasland. Das Bergland steigt im N bis 500 m ü. M. an. An den Wasserfällen des Rio →Iguaçu besteht ein Nationalpark (550 km²), ein Fremdenverkehrszentrum. M. ist ein wichtiges Land- und Forstwirtschaftsgebiet mit Anbau von Matepflanzen, Tungbäumen, Teesträuchern, Zitrusfrüchten, Tabak, Sojabohnen und Reis; Viehhaltung fast nur im SW. – M. wurde ab 1617 durch die Indianerreduktionen der Jesuiten erschlossen. Sie verfielen nach deren Austreibung (1767).

2) Dep. von →Paraguay.

Miskal, Masseneinheit, →Mitkal.

Misket, Volksstamm der Georgier, →Mescheten.

Miskito, Gruppe der mittelamerikan. Indianer, →Misquito.

Miskolc [ˈmiʃkolts], Hauptstadt des Bez. Borsod-Abaúj-Zemplén, N-Ungarn, am O-Rand des Bükkgebirges, mit 189 700 Ew. die drittgrößte Stadt Ungarns; TU (gegr. 1949), Zentralmuseum des Hüttenwesens u. a. Museen; Eisen- und Stahlindustrie im Stadtteil **Diósgyőr** (1950 eingemeindet), Maschinenbau, Zement-, Holz-, Papier-, Textilindustrie. Der Stadtteil **Tapolca,** der unterird. Höhlen mit Seen hat, ist Kurort. – Die got. Kirche am Avasberg (Mitte des 13. Jh.) wurde mehrfach umgebaut; nach Brand 1560–69 neu errichtet. – M. geht auf eine skyth. Siedlung zurück; 1365 als Weinmarkt nachgewiesen, 1405 königl. Freistadt; kam nach 1526 (Schlacht bei Mohács) zum königl. Ungarn, war dann kurzfristig siebenbürgisch. Im Grenzraum gelegen, hatte M. durch türk. Raubzüge und Doppelbesteuerung zu leiden.

Misnefet [hebr.] *der, -/-s,* die Mütze des jüd. Hohen Priesters

Misogynie [griech.] *die, -,* (krankhafte) Abneigung von Männern gegenüber Frauen.

Misox *das,* ital. **Valle Mesolcina** [- ˈtʃiːna], früher auch **Val Mesocco,** Talschaft der Moësa (Nebenfluss des Tessin) im Kt. Graubünden, Schweiz, südlich des San Bernardino, 40 km lang, von der Straße und Nationalstraße (Autobahn) Chur-Bellinzona durchzogen; Hauptort ist **Mesocco** (dt. **Misox,** 1 200 Ew.); Burg (1526 zerstört, 1925–26 restauriert); in der Kirche Santa Maria al Castello Fresken aus dem 15. Jh. Im S Getreide-, Wein-, Obst- und Gemüsebau.

Mispel [ahd. mespila, von lat. mespilus, griech. méspilon], 1) **Mespilus,** Gattung der Rosengewächse mit der einzigen Art **Echte M.** (Mespilus germanica); bis 3 m hoher Strauch oder kleiner Baum; heimisch in Vorderasien, in Europa fast nur verwildert vorkommend; Blätter etwas runzelig, lanzettlich; große weiß. Einzelblüten. Die ausgereiften grünen oder bräunl. Früchte (Mispeln) haben die Form kleiner Birnen und sind erst nach längerer Lagerung oder Frosteinwirkung essbar.

2) in der Umgangssprache Bez. für verschiedene Pflanzen aus unterschiedl. Gattungen; z. B. Zwerg- oder Stein-M. (Cotoneaster), Glanz-M. (Photinia).

Misquito [-ˈkiːto], **Miskito, Mísquito,** Gruppe der →mittelamerikanischen Indianer, an der atlant. Küste von Honduras und Nicaragua (Mosquitoküste). Ihre Sprache gehört zum Misumalpa-Zweig der Chibchafamilie. Die etwa 100 000 M. sind Waldbauern und Fischer; somatisch weisen sie negriden Einschlag auf. Ihre angloprotestantische Prägung und die jahrhundertelange Abwehrhaltung gegen die spanisch-kath. Umwelt führten u. a. zu Auseinandersetzungen mit der ehem. sandinist. Regierung von Nicaragua.

Misr, dialektal **Masr,** arab. Name für Ägypten, auch für Kairo.

Misrach, *der,* →Mizrach.

Misrata, Stadt in Libyen, →Misurata.

Miss [Kurzform von Mistress], 1) engl. Anrede für eine unverheiratete Frau; 2) *die, -/ˈMisses,* Schönheitskönigin, die in M.-Wahlen ermittelt wird (meist in Verbindung mit einem Orts- oder Ländernamen, z. B. M. Germany).

Miss., Abk. für den Bundesstaat **Miss**issippi, USA.

Missa [kirchenlat.] *die, -/...sae,* Messe.

Missal [zu mlat. missale ›Messbuch‹] *die, -,* nach der M.-Schrift (→gotische Schrift) benannter Schriftgrad; kleine M. = 4 Cicero, große M. = 5 Cicero.

Missale [mlat., zu kirchenlat. missa ›Messe‹] *das, -s/-n* und *...li\en,* **Messbuch,** *lat. Kirche:* das liturg. Buch (Altarbuch), in dem für die Zelebration der Messe notwendigen Texte (mit Ausnahme der Lesungen, die durch die →Leseordnung festgelegt sind) und Rubriken (Anweisungen für die liturg. Handlungen) sowie die einschlägigen Erlasse des Papstes und der Kongregation für den Gottesdienst und eine allgemeine Einführung (›Institutio Generalis‹) mit liturg. und theolog. Erläuterungen zusammengestellt sind. Neben der Ordnung der Messe (›Ordo Missae‹) enthält das M. entsprechend dem Verlauf des Kirchenjahres die Messformulare für Herrenfeste (›Temporale‹), Heiligenfeste (›Sanctorale‹, ›Commune Sanctorum‹), Votivmessen, Messen für versch. Anliegen. Seit dem 7./8. Jh. wurden M. – zunächst v. a. in einzelnen Klöstern – zusammengestellt. Seit dem Hoch-MA. wurden sie auch in der Eucharistiefeier der Gemeinde verwendet und lösten so das →Sakramentar ab. Die einzelnen Ortskirchen und Ordensgemeinschaften bildeten dabei je eigene M. aus. Ein allgemein verbindl. M., das **M. Romanum,** gab Pius V. in Durchführung der Trienter Konzilsbeschlüsse 1570 heraus. Auf dieses wurden die Ortskirchen und Orden verpflichtet, deren Sonderritus nicht älter als 200 Jahre war. Im Gefolge der Liturgiereform erschien 1970 ein erneuertes M. Romanum, das als Sakramentar angelegt ist und durch ein Lektionar ergänzt wird. – *Ev. Kirchen* →Agende.

A. Häussling: Das M. Romanum Pauls VI., in: Liturg. Jb., Jg. 23 (1973) u. Jg. 25 (1976); B. Fischer: Vom M. Pius' V. zum M. Pauls VI., in: Liturg. Jb., Jg. 26 (1976); O. Nussbaum: Zur Theologie u. Spiritualität des neuen Meßbuchs, in: Liturg. Jb., Jg. 26 (1976).

Missa solemnis [mlat., ›feierl. Messe‹], 1) *Liturgie:* das →Hochamt.

2) *Musik:* im 19. Jh. gebräuchl. Bez. für groß angelegte orchestrale Vertonungen des Ordinariums der Messe, bes. Titel der Messe D-Dur op. 123 (1819–23) für vier Solostimmen, Chor, Orchester und Orgel von L. van Beethoven.

Missbildung, ein früher verwendetes Synonym für →Fehlbildung.

Missbrauch, funktionswidrige, →Treu und Glauben widersprechende Ausnutzung eines Rechts oder einer Rechtsposition (§ 242 BGB). Gegen den Rechts-M. kann sich der Betroffene nicht nur durch die Einrede der Arglist wehren, sondern die unzulässige Rechtsausübung ist von Amts wegen zu berücksichtigen. Rechts-M. kann z. B. vorliegen, wenn der Rechtsinhaber das geltend gemachte Recht selbst durch unredl. Verhalten erworben hat.

Missbrauchsaufsicht, neben dem Verbot von →Kartellen und der →Fusionskontrolle wichtigstes Instrument der Wettbewerbspolitik. M. über →marktbeherrschende Unternehmen im Sinne des § 22 Ges. gegen Wettbewerbsbeschränkungen (GWB) soll Unternehmen, die nicht mehr durch wirksamen Wettbewerb kontrolliert werden, zu einem wettbewerbskonformen Verhalten veranlassen.

In der Praxis erfordert die M. ein schrittweises Vorgehen: Zuerst muss die Marktbeherrschung auf dem sachlich und räumlich relevanten →Markt und danach die marktbeherrschende Stellung eines oder mehrerer Unternehmen festgestellt werden. Daran schließt sich als zweiter Schritt die Feststellung des Missbrauchs an. Die M. über marktbeherrschende Unternehmen

Mispel 1): Echte Mispel (Höhe bis 3 m)

gemäß § 22 GWB erfasst sowohl den so genannten Behinderungsmissbrauch gegenüber tatsächl. oder potenziellen Konkurrenten als auch den so genannten Ausbeutungsmissbrauch gegenüber vor- und nachgelagerten Wirtschaftsstufen (§ 22 Abs. 4 GWB). Ein Behinderungsmissbrauch im Sinne des GWB liegt vor, wenn ein marktbeherrschendes Unternehmen die Wettbewerbsmöglichkeiten anderer Unternehmen in einer für den Wettbewerb auf dem Markt erheblichen Weise ohne sachlich gerechtfertigten Grund beeinträchtigt. Dabei wirft die Abgrenzung zw. einem erwünschten dynam. Unternehmerverhalten und einem Missbrauch beträchtl. Beweiswürdigungsprobleme auf. Beispiele aus der Rechtsprechung für Missbräuche sind Koppelungsgeschäfte, Treuerabattsysteme oder Ausschließlichkeitsbindungen durch marktbeherrschende Unternehmen. Ein Ausbeutungsmissbrauch im Sinne des § 22 GWB liegt vor, wenn ein marktbeherrschendes Unternehmen seine Marktstellung gegenüber vor- oder nachgelagerten Wirtschaftsstufen dazu benutzt, um z. B. zu niedrige Einkaufspreise (Problem der Nachfragemacht des Handels gegenüber der Industrie) oder monopolistisch überhöhte Verbraucherpreise (z. B. im Falle des Verhältnisses Industrie zu Endverbrauchern bei Benzin- oder Pharmapreisen) zu fordern. Die Kartellbehörden können missbräuchl. Verhalten untersagen und Verträge für unwirksam erklären sowie Zuwiderhandlungen mit Geldbußen belegen und zusätzlich Mehrerlöse abschöpfen (§§ 22 Abs. 5, 37b, 38 GWB).

Das *europ.* Kartellrecht verbietet in Art. 86 EG-Vertrag die missbräuchl. Ausnutzung einer beherrschenden Stellung auf dem gemeinsamen Markt oder einem wesentl. Teil desselben durch ein oder mehrere Unternehmen, soweit dies zu einer Beeinträchtigung des Handels zw. den Mitgl.-Staaten führen kann. Ebenso wie § 22 GWB erfasst Art. 86 EG-Vertrag sowohl den Behinderungs- als auch den Ausbeutungsmissbrauch. Im Hinblick auf das Behinderungsverbot sind alle Maßnahmen marktbeherrschender Unternehmen missbräuchlich, die auf eine Abschottung schon beherrschter oder die Eroberung weiterer Märkte durch wettbewerbsbeschränkende Praktiken abzielen. Die Marktergebniskontrolle erfasst den Ausbeutungsmissbrauch marktbeherrschender Stellungen gegenüber vor- und nachgelagerten Wirtschaftsstufen. Nach der Rechtsprechung des Europ. Gerichtshofes ist ein Preis dann missbräuchlich überhöht, wenn ein übertriebenes Missverhältnis zw. den tatsächlich entstandenen Kosten und dem tatsächlich verlangten Preis besteht (Kosten-Gewinn-Konzept) oder der erzwungene Preis absolut oder im Vergleich zu Konkurrenzprodukten (Vergleichsmarktkonzept) unangemessen ist. Das nat. Kartellrecht ist dem EG-Recht nachgeordnet; soweit ein Missbrauchsverhalten geeignet ist, den Handel zw. den Mitgl.-Staaten zu beeinträchtigen, sind die Regelungen des EG-Vertrages anwendbar.

Das *österr.* Kartell-Ges. 1988 sieht eine M. über marktbeherrschende Unternehmen vor, wobei der Begriff Missbrauch in § 35 Abs. 1 Satz 2 in Anlehnung an Art. 86 EG-Vertrag beispielhaft konkretisiert ist. In Ziffer 1 und 2 werden die unmittelbare oder mittelbare Erzwingung unangemessener Einkaufs- oder Verkaufspreise sowie sonstiger Geschäftsbedingungen und die Einschränkung der Erzeugung, des Absatzes oder der techn. Entwicklung zum Schaden der Verbraucher als Formen des Ausbeutungsmissbrauchs erfasst; als Formen des Behinderungsmissbrauchs werden in Ziffer 3 und 4 Diskriminierung und Koppelungsgeschäfte beispielhaft genannt. Das Kartellgericht verpflichtet auf Antrag die beteiligten Unternehmen, den Missbrauch abzustellen.

Das *schweizer.* Bundes-Ges. über Kartelle u. a. Wettbewerbsbeschränkungen vom 6. 10. 1995 (in Kraft seit 1. 7. 1996) erklärt in Art. 7 Abs. 1 die Behinderung anderer Unternehmen in der Aufnahme oder Ausübung des Wettbewerbs oder die Benachteiligung der Marktgegenseite durch marktbeherrschende Unternehmen für unzulässig. In Art. 7 Abs. 2 werden beispielhaft die Liefer- oder Bezugssperre, die Diskriminierung, die gezielte Unterbietung von Preisen oder Geschäftsbedingungen sowie Koppelungsbedingungen als Formen des Behinderungsmissbrauchs sowie die Erzwingung unangemessener Preise oder sonstiger Geschäftsbedingungen und die Einschränkung der Erzeugung, des Absatzes oder der techn. Entwicklung als Formen des Ausbeutungsmissbrauchs benannt. Art. 12 und 13 regeln die Ansprüche aus Wettbewerbsbehinderung, die auf Beseitigung oder Unterlassung, Schadensersatz und Herausgabe des unrechtmäßig erzielten Gewinns gerichtet sind. Die Durchsetzung des Beseitigungs- und Unterlassungsanspruches obliegt gemäß Art. 14 dem zuständigen kantonalen Gericht.

Im *amerikan.* Antitrustrecht ist die Monopolisierung eines Marktes und der Versuch dazu nach sec. 2 Sherman Act verboten (→Antitrustgesetze).

Missed Abortion [mɪst əˈbɔːʃn, engl.] *die, - -/- -s*, über einen längeren Zeitraum (Tage, Wochen, Monate) anhaltende Verzögerung der vollständigen Fruchtausstoßung nach Absterben der Frucht (›verhaltene Fehlgeburt‹). Es kann sich eine Blut- oder (bei längerer Dauer) eine Steinmole bilden.

Missenboden, *Bodenkunde:* der →Stagnogley.
Misshandlung, →Körperverletzung, →Kindesmisshandlung, →Tierschutz.
Missheirat, Mesalliance [mezaliˈɑ̃ːs, frz.], in der ständisch organisierten Gesellschaft die Ehe zw. Personen ungleichen Standes. Die M. berührte nicht die Gültigkeit der Ehe, hatte aber nachteilige Rechtsfolgen für den unebenbürtigen Ehepartner und die Kinder. (→Ebenbürtigkeit)

Missinglink [engl. ›fehlendes Glied‹] *das, -,* **Missing Link, 1)** *allg.:* Bez. für eine noch fehlende (gesuchte) Übergangs- bzw. Zwischenform.
2) *Biologie:* in der Stammesgeschichte von Tieren und Pflanzen verwendete Bez. für ein Bindeglied, das zw. Stammformen oder aus ihnen hervorgegangenen Gruppen existiert haben muss (z. B. auch zw. Mensch und tier. Ahnen), fossil aber bisher nicht nachgewiesen wurde.

Missingsch [niederdt., von älter missensch, eigtl. ›meißnisch‹, ›aus Meißen‹], der hochdt. Schriftsprache angenäherte (niederdt.) Sprachform.

Missio [lat. ›Sendung‹], **M. Internationales Katholisches Missionswerk e.V.,** Hilfswerk der kath. Kirche für die Kirchen in Afrika, Asien und Ozeanien; seit 1972 gemeinsamer Name der beiden dt. Missionsvereine ›Franziskus-Xaverius-Verein‹ (gegr. 1832; Sitz: Aachen) und ›Ludwig-Missions-Verein‹ (gegr. 1838; Sitz: München). 1996 wurden 186,4 Mio. DM aufgebracht.

Missio canonica [lat. ›kanon. Sendung‹] *die, - -,* kath. *Kirchenrecht:* die kirchenamtl. Beauftragung mit Lehr- und Verkündigungsaufgaben in Predigt, theolog. Lehre oder Religionsunterricht, entspricht in den ev. Kirchen der Vocatio (→Vokation).

Mission [lat. missio ›Sendung‹, zu mittere ›entsenden‹] *die, -/-en,* **1)** *bildungssprachlich* für: Auftrag, Aufgabe, Sendung.
2) in der *Religionsgeschichte* die Verbreitung einer Religion und die Gewinnung von Anhängern für sie. Die Bez. geht zurück auf das Sendungsgelübde (›votum de missionibus‹) der Jesuiten. Als Begriff, der die Verbreitung des christl. Glaubens unter Nichtchristen bezeichnete, wurde das Wort ›M.‹ erstmals 1558 von D. LAÍNEZ gebraucht. Später wurde M. auch ein religionswiss. Terminus, mit dem heute jegl. bewusst betriebene Ausbreitung einer Religion über ihre heimatl.

Miss Mission

Mission 2): Ausbreitung des Christentums vom 4. bis zum 14. Jahrhundert

Basis hinaus bezeichnet wird. M. im eigentl. Sinn ist dabei, ungeachtet dessen, dass auch Stammes- und Volksreligionen gelegentlich in angrenzenden Gebieten partiell Verbreitung finden können, nur bei solchen Religionen möglich, deren religiöse Botschaft universal ausgerichtet ist und damit prinzipiell alle Menschen erreichen soll (→Weltreligionen). Diese haben M. in sehr unterschiedl. Maß betrieben: Die asiat. Weltreligionen, v. a. der Buddhismus, kennen Phasen dynam. Ausbreitung, die aber im Wesentlichen auf den heimatl. Kulturraum (Hinduismus, Taoismus, Konfuzianismus) oder die benachbarten fernöstl. Regionen (Buddhismus) beschränkt blieb. Der *Islam* breitete sich nach dem Tod Mohammeds schnell im Vorderen Orient, in Nordafrika und S-Europa aus, später auch im übrigen Asien und heute weiterhin in Asien, bes. aber in Schwarzafrika. Die *jüd. Religion* verzichtet de facto auf M., vertritt jedoch, theologisch an einen universalen Monotheismus gebunden, im Grundsatz ebenfalls den M.-Gedanken. Geschichtlich gab es v. a. in der Spätantike in größerer Zahl Übertritte zum Judentum (→Proselyt); insgesamt bilden sie jedoch in der Geschichte und auch heute (nicht unwesentlich durch die mit dem Religionsübertritt verbundenen Verpflichtungen, u. a. die Beschneidung) beeinflusst, eine sehr kleine Zahl.

Am Anfang der *christl. M.*, die sich theologisch auf den so genannten →Missionsbefehl Jesu Christi beruft, stand bes. die Missionstätigkeit des →Paulus, dessen Konzept der ›Heiden-M.‹ die ganze damals bekannte Welt im Blick hatte. Bis zur →konstantinischen Wende (313) war die M. im Röm. Reich für die christl. Gemeinden und die frühe Kirche mit z. T. erhebl. Gefährdungen verbunden (→Christenverfolgungen); nach ihr erfuhr die Ausbreitung des →Christentums dagegen eine umfassende Förderung seitens der röm. Staates. Die german. Stämme nahmen dieses zunächst in der Gestalt des Arianismus an; seit der Taufe Chlodwigs I. (nach kirchl. Überlieferung 496) setzte sich jedoch – vorangetrieben durch die →iroschottische Mission und die →angelsächsische Mission – der kath. Glaube der lat. Kirche durch. Hier, wie auch bei der von der lat. und byzantin. Kirche betriebenen M. der slaw. Völker (u. a. durch die Brüder →Kyrillos und Methodios), waren es v. a. die Mönchsorden, die zur Verbreitung des Christentums beitrugen. Seit dem 13. Jh. missionierten Franziskaner und Dominikaner im Orient; bereits seit dem 6. Jh. hatte die M. der →Nestorianer das Christentum bis nach Indien gebracht. Mit dem Kolonialismus der Neuzeit weiteten sich die M.-Gebiete aus und umfassten schließlich Lateinamerika und weite Teile Afrikas und Asiens. Große Teile des eurasischen Kontinents (Sibirien) sowie Alaska wurden seit dem 16. Jh. durch die russischorth. Kirche missioniert. In der kath. Kirche wurde die M. nach der Reformation zentral geleitet und dafür 1622 die päpstl. Kongregation für die Glaubensverbreitung (›Congregatio de Propaganda Fide‹; heute ›Kongregation für die Evangelisation der Völker‹) geschaffen. Die Jesuiten, die die M.-Arbeit in dieser Zeit wesentlich trugen, entwickelten eine M.-Methode, die von dem Grundsatz ausging, Rücksicht auf die kulturellen und religiösen Traditionen in den M.-Gebieten zu nehmen und die M. in sprachl. und ritueller Hinsicht den gegebenen Verhältnissen anzupassen (→Akkommodation), was in der Folge zum →Ritenstreit führte. Seit dem 17. Jh., bes. aber im 19. Jh., traten (innerhalb des Protestantismus v. a. unter dem Einfluss von Pietismus und Erweckungsbewegung) zahlr. →Missionsgesellschaften und →Missionsorden neben die bisherigen Träger der M. Die von den prot. Missionsgesellschaften gegründeten Kirchen (bes. in Afrika und Asien) sind heute unabhängige Kirchen und wesentlich an neuen theolog. Entwicklungen beteiligt (→junge Kirchen). In ihrer theolog. Arbeit stellen sie dabei auch das traditionelle (europäisch-nordamerikan.) M.-Verständnis infrage. Dabei steht der noch bis vor kurzer Zeit in der M. vorherrschende M.-Ansatz im Zentrum der Kritik, der einseitig am abendländ. Welt- und Menschenbild orientiert und vielfach mit einer (unausgesprochenen) Ablehnung nichtchristl. (›heidn.‹) Kulturen verbunden war. Eine geschichtl. Belastung stellt bis heute auch die Verflechtung von M. und Kolonisation dar, die über Jahrhunderte in den M.-Gebieten oft mit der Zerstörung einheimischer Kulturen, der Verachtung anderer Religionen und mit Intoleranz gegenüber Andersgläubigen verbunden war. Das lässt die M. teilweise noch in den Augen der betroffenen Völker im Zwielicht erscheinen. Unter bewusster Einbeziehung auch dieses Hintergrundes heben moderne missionstheolog. Entwürfe die Notwendigkeit der →Inkulturation der christl. Botschaft und den Gedanken der ›Einwohnung‹ des Evangeliums (→Kontextualisierung) hervor. Die Chancen und Grenzen solcher missionstheolog. Ansätze bildeten auch ein wichtiges Thema der 11. Weltmissionskonferenz 1996 in Salvador de Bahia (Brasilien), die unter dem Leitthema ›Berufen zu einer Hoffnung – Das Evangelium in versch. Kulturen‹ stand. Seit ihrer Begründung (1. Weltmissionskonferenz in Edinburgh, 1910) mit der →ökumenischen Bewegung verbunden, werden die **Weltmissionskonferenzen** heute vom Ökumen. Rat der Kirchen veranstaltet und bilden eines der bedeutendsten Foren des internat. Austauschs zu Fragen der M. Eine große Bedeutung in der christl. M. haben weltweit auch evangelikale M.-Bewegungen erlangt, deren spektakulärstes M.-Projekt (›AD 2000‹) auf die bevorstehende Jahrtausendwende bezogen ist und im weltweiten kooperativen Zusammenwirken zahlr. missionar. Aktionsgruppen bis zum Jahr 2000 alle bisher vom Evangelium ›unerreichten‹ ethnolinguist. Gemeinschaften (Völker) mit der christl. Botschaft bekannt machen will.

Lex. zur Welt-M., hg. v. S. NEILL (a. d. Engl., 1975); G. ROSENKRANZ: Die christl. M. (1977); H. BÜRKLE: M.-Theologie (1979); M. im N.T., hg. v. K. KERTELGE (1982); B. MOSER: Gehet hin in alle Welt. Ereignisse u. Gestalten christl. Missionsgeschichte (1984); O. DEGRIJSE: Der missionar. Aufbruch in den jungen Kirchen (1984); O. STOFFEL: Die kath. M.-Gesellschaft (1984); H. W. GENSICHEN: M. u. Kultur (1985); Lex. missionstheolog. Grundbegriffe, hg. v. KARL MÜLLER u. a. (1987); H. GRÜNDER: Welteroberung u. Christentum. Ein Hb. zur Gesch. der Neuzeit (1992); D. WERNER: Mission für das Leben – Mission im Kontext. Ökumen. Perspektiven missionar. Präsenz in der Diskussion des ÖRK 1961–1991 (1993); K. WETZEL: Kirchengeschichte Asiens (1995); RUTH A. TUCKER: Bis an die Enden der Erde. Missionsgeschichte in Biographien, hg. v. K. RENNSTICH (1996); Werdet meine Zeugen. Weltmission im Horizont von Theologie u. Gesch., hg. v. H. KASDORF u. F. WALLDORF (1996).

Missionar der, -s/-e, in der (christl.) Mission hauptamtlich tätiger Geistlicher oder Laie.

Missionaries of Charity [ˈmɪʃnerɪz ɔf ˈtʃærɪtɪ, engl.], **Missionarinnen der Nächstenliebe**, kath. Frauenkongregation; gegründet 1950 in Kalkutta von AGNES GONXHA BOJAXHIO (›MUTTER TERESA‹), die die Kongregation bis März 1997 als Generaloberin leitete. Nachfolgerin in der Ordensleitung ist die einer nepales. Brahmanenfamilie entstammende Ordensschwester NIRMALA JOSHI. Entstanden aus der Verpflichtung, Sterbenden, Waisen und (Lepra-)Kranken zu dienen, sind die M. o. C. heute weltweit in Slums und Elendsgebieten karitativ tätig. Es bestehen 561 Niederlassungen in 121 Ländern (1997), in denen über 3 800 Schwestern aus 79 Nationen tätig sind. Ordenskleidung: weißer Baumwollsari mit blauen Streifen, Sandalen. - Seit 1963 besteht mit den **Missionaries of Charity Brothers** auch ein männl. Zweig (Sitz: Kalkutta; über 360 Mitgl. in 19 Ländern).

Missionsbefehl, im christl. Sprachgebrauch weit verbreitete Bez. für den Auftrag des auferstandenen CHRISTUS an die Jünger, allen Völkern das Evangelium zu verkünden (Mt. 28, 18–20; Mk. 16, 15–19; Lk. 24, 47–49; Joh. 20, 21–23); gilt in der christl. Theologie als Begründung der →Mission.

Missionsgesellschaften, ev. Kirchen: Vereinigungen zur Förderung der Mission. Die erste M. wurde 1649 in England zur Unterstützung der Indianermission in New England gegründet. Unter pietist. Einfluss entstand 1698 in London die noch heute bestehende ›Society for Promoting Christian Knowledge‹. Ihre Blütezeit erlebten die M. im 19. Jh. In Dtl. bildeten sich u. a. in Berlin, Barmen, Dresden (→Leipziger Mission), Neuendettelsau, Hermannsburg und Neukirchen M., die z. T. auch mit Seminaren für die Ausbildung von Missionaren verbunden waren. Als dt. Dachorganisation besteht das →Evangelische Missionswerk in Deutschland e. V.

Missionskirchen, →junge Kirchen.

Missions|orden, kath. Kirche: v. a. im 19. Jh. entstandene religiöse Vereinigungen von Priestern und/oder Laien, die in der Mission tätig sein wollten, z. B. Claretiner, Comboni-Missionare, Marianisten, Maristen, Spiritaner, Steyler Missionare, Weiße Väter.

Missionswissenschaft, die wiss. Erforschung und Darstellung der christl. Mission; als selbstständige Disziplin innerhalb der Theologie seit dem 19. Jh. an Univ. vertreten. Die ev. M. wurde von G. WARNECK begründet, der seit 1874 die ›Allgemeine Missions-Zeitschrift‹ herausgab und mit seiner ›Ev. Missionslehre‹ (1892–1903, 3 Bde.) eine Gesamtdarstellung der ev. M. verfasste. Von WARNECK beeinflusst war J. SCHMIDLIN, der 1910 in Münster den ersten kath. Lehrstuhl für M. innehatte und seit 1911 die ›Zeitschrift für M.‹ herausgab. Seit 1972 erfolgt die interkonfessionelle wiss. Zusammenarbeit in der ›International Association for Mission Studies‹.

Mississauga [mɪsɪˈsɔːɡə; nach einem Indianerstamm, der hier im 18. und 19. Jh. lebte], Stadt in der Prov. Ontario, Kanada, am Ontariosee, im westl. Vorortbereich von Toronto, 463 400 Ew.; Luftfahrt-, Maschinen-, Kraftfahrzeug-, chem. und Stahlindustrie. – 1968 durch Zusammenschluss mehrerer Siedlungen entstanden.

Mississippi [engl. mɪsɪˈsɪpɪ], Abk. **Miss.**, postamtlich **MS**, Bundesstaat im S der USA, 125 061 km², (1994) 2,669 Mio. Ew. (1980: 2,52 Mio. Ew.). Hauptstadt ist Jackson. M. ist in 82 Verw.-Bez. (Countys) eingeteilt.

Staat und Recht: Verf. von 1890 (mit zahlreichen Änderungen); Senat mit 52, Repräsentantenhaus mit 122 Mitgl. – Im Kongress ist M. durch zwei Senatoren und fünf Abg. vertreten.

Landesnatur: M. umfasst das überwiegend flache (bis 246 m ü. M.) Gebiet östlich des unteren Mississippi und hat im S Anteil an der Golfküstenebene mit hafenarmer Flachküste. Etwa 55% der Fläche sind bewaldet.

Bevölkerung: Der Anteil der Weißen belief sich 1990 auf 63,5%, der der Schwarzen auf 35,6%, andere 0,9%. In Städten leben (1990) 47,1% der Bev.; größte Stadt ist Jackson (1993: Metropolitan Area 407 400 Ew.).

Mississippi
Flagge

Miss Mississippi – Mississippikultur

Mississippi: Flusslauf bei Lansing, Iowa

Wirtschaft: Fruchtbare Böden und subtropischfeuchtes Klima ermöglichen ertragreiche Landwirtschaft. Neben dem Baumwollanbau gewannen in neuerer Zeit Weizen-, Reis-, Mais- und Sojabohnenanbau an Bedeutung, ferner Rinder- und Geflügelhaltung. Eine wichtige Rolle spielt die Holzwirtschaft, Zellulose- und Papierherstellung, Sperrholzproduktion und Nahrungsmittelindustrie. Die Küstenfischerei liefert bes. Austern und Garnelen. Im S wird Erdöl, bei Jackson auch Erdgas gefördert.

Geschichte: Das ursprünglich von den Indianerstämmen der Choctaw, Chikasaw und Natchez bewohnte M. wurde 1540–41 von Spaniern unter H. DE SOTO erkundet. Seit 1699 (u. a. in der Gegend des heutigen Biloxi) besiedelten Franzosen das zur Kolonie Louisiana gehörende Gebiet. Das 1763 unter brit. Herrschaft gelangte M. fiel 1783 an die USA, ausgenommen der seit 1779 von Spaniern besetzte südl. Teil, der 1795 offiziell (Vertrag von San Lorenzo) an die USA abgetreten wurde, faktisch jedoch bis 1798 in span. Hand war. M. wurde 1798 als Territorium organisiert, 1804 bis zur Grenze von Tennessee sowie 1812 bis an den Golf von Mexiko ausgeweitet und (nach Abtretung Alabamas) am 10. 12. 1817 als 20. Staat in die Union aufgenommen. Als Hauptbaumwollproduzent des ›tiefen Südens‹ einer der unnachgiebigsten Südstaaten, hatte M. unter den Kämpfen des Sezessionskrieges (1861–65, bes. dem Vicksburg-Feldzug 1863) und durch die sich anschließende ›Reconstruction‹ schwer zu leiden. 1870 wieder in die Union aufgenommen, blieb es mit einem sehr niedrigen Durchschnittseinkommen und einem hohen Anteil der schwarzen Bev. ein von sozialen und rass. Spannungen geprägter Staat.

J. R. SKATES: M., a bicentennial history (New York 1979); A history of M., hg. v. R. A. MACLEMORE, 2 Bde. (Jackson, Miss., ³1981).

Mississippi [engl. mɪsɪˈsɪpɪ] *der,* **M. River** [-ˈrɪvə], größter Strom Nordamerikas, in den USA, 3765 km (mit Missouri von dessen Quelle aus 5970 km) lang. Sein Einzugsgebiet umfasst mit 2,978 Mio. km² (davon 33 700 km² in Kanada) etwa ein Drittel der Staatsfläche der USA. Der M. entspringt im Itascasee (445 m ü. M.) westlich des Oberen Sees in Minnesota. Bei Saint Louis nimmt er den Missouri und den Illinois River auf. Ab der Mündung des Ohio durchfließt der M. bis zum Golf von Mexiko (1760 km) als →Dammfluss das **M.-Tiefland.** In dieser 40–200 m breiten Stromaue bildet der M. viele Mäander, die z. T. in natürl. oder künstl. Durchbrüchen abgetrennt sind und Altwässer bilden. Von rechts nimmt der M. den Arkansas River und den Red River auf. Charakteristisch für den Mündungsbereich sind die Bayous. Ein

Bayou ist ein Nebenarm, der selbstständig ins Meer mündet; die Abzweigung von Bayous beginnt oberhalb von Baton Rouge in Louisiana. Das eigentl. Delta unterhalb der Mündung des Old River umfasst ältere Deltaflachländer und die während der letzten beiden Jahrtausende gebildeten sieben Deltas, die von mehreren Flussarmen (Passes) durchschnittlich um 200 m im Jahr in den Golf von Mexiko vorgebaut werden.

Infolge der hohen Belastung des Untergrundes durch Flusssedimente unterliegt das Delta einer isostat. Absenkung (bis 2 m im Jh.), mit der auch die Seenbildung im Deltabereich zusammenhängt. – Im Untergrund des Mündungsgebietes finden sich zahlr. Salzdome, an die Erdölvorkommen gebunden sind.

Katastrophale Hochwasser des M. (bes. 1913 und 1927) leiteten umfangreiche Sicherungsmaßnahmen im M.-Tiefland (v. a. Errichtung von Deichen) und im Einzugsgebiet des M., z. B. am Tennessee River, ein. Schwere Überschwemmungen treten immer wieder auf. Die Seeschifffahrt reicht flussaufwärts bis Baton Rouge, die Flussschifffahrt, für die ein 2,7–3,7 m tiefer Seitenkanal geschaffen wurde, bis Minneapolis-Saint Paul. Der M. hat Anschluss an den →Intracoastal Waterway und über den Illinois Waterway an die Großen Seen. – 1812 verkehrte zw. Pittsburgh und New Orleans der erste Raddampfer (die ›New Orleans‹).

Das M.-Delta (Amsterdam u. a. 1978); F. MAYER: M. (Zürich 1981).

Mississippikultur, eine hoch entwickelte, etwa um 700 n. Chr. einsetzende vorgeschichtl. indian. Kultur im unteren und mittleren Tal des Mississippi River und an den Unterläufen seiner Nebenflüsse, die aber auch weit nach W (Präriegebiet) sowie nach S und SO bis zum Golf von Mexiko ausstrahlte. Die Expansion der M. begann um 900 n. Chr. mit der Einführung neuer ergiebiger Maisarten und einer wohl damit zusammenhängenden massiven Bev.-Zunahme. Die Träger der M., deren ethn. Identität bis heute nicht bekannt ist, wohnten in ausgedehnten Siedlungen um große kult. Zentren. Diese bestanden aus abgeplatteten Erdpyramiden oft beträchtlichen Ausmaßes, auf denen man Tempel, Versammlungshäuser u. a. Zeremonialbauten errichtet hatte.

Mississippikultur: Dioritschale in Form einer Ente; um 1500 (New York, Museum of the American Indian)

Die feine Keramik der M. unterscheidet sich von der älteren Töpferware dadurch, dass sie aus muschelgemagertem Ton hergestellt wurde und kunstvoll bemalt war. Andere kunsthandwerkl. Erzeugnisse waren fein gravierte Muschelpektorale, polierte Steinobjekte und (nichtmetallurgisch bearbeitete) Kupferplatten. Die Ikonographie des ›Südl. Totenkultes‹ (Höhepunkt um 1250 n. Chr.), die hierarch. Gesellschaftsform, Ausmaß und Form der Sakralbauten sowie der Anbau von hochgezüchteten Kulturpflanzen weisen auf Einflüsse aus mesoamerikan. Hochkulturen hin; doch kann keine bestimmte altmexikan. Kultur als Ursprungszentrum gelten. Man unterscheidet regionale Varianten mit Kultzentren, die bestimmte Charakteristika besaßen: Cahokia (Ill.); Moundville (Ala.); Spiro (Okla.); Safety Harbor (Fla.); Etowah (Ga.). Die nach 1200 ihre größte Ausdehnung und höchste Blüte erreichende M. stand an der Schwelle zur Hochkultur, doch kam es bereits vor Ankunft der Europäer zu einem bisher ungeklärten Niedergang.

O. H. PRUFER: Die Kunst des ›Southern Cult‹ in den östl. Vereinigten Staaten, in: Paideuma, Bd. 11 (1965); Mississippian settlement patterns, hg. v. B. D. SMITH (New York 1978).

Mississippium das, -s, Geologie: Bez. für das untere →Karbon in Nordamerika.

Miss Marple [- ˈmɑːpl], eigtl. **Miss Jane Marple**, altjüngferl. resolute Amateurdetektivin in zahlr. Kriminalerzählungen von Dame AGATHA CHRISTIE; in den 60er-Jahren entstanden in England Verfilmungen mit Dame MARGARET RUTHERFORD in der Hauptrolle.

Missouri [mɪˈsuːri, engl. mɪˈzʊərɪ], Abk. **Mo.**, postamtlich **MO**, Bundesstaat im Mittleren Westen der USA, 180 546 km², (1994) 5,278 Mio. Ew. (1980: 4,92 Mio. Ew.). Hauptstadt ist Jefferson City. M. ist in 114 Verw.-Bez. (Countys) und den Bez. Saint Louis eingeteilt.

Staat und Recht: Verf. von 1945 (mit zahlreichen Änderungen); Senat mit 34, Repräsentantenhaus mit 163 Mitgl. – Im Kongress ist M. durch zwei Senatoren und neun Abg. vertreten.

Landesnatur: M. erstreckt sich beiderseits des Missouri und hat Anteil an der flachwelligen Grundmoränenlandschaft des Zentralen Tieflands und im SO am Mississippitiefland, Süd-M. liegt in den bewaldeten Ozark Mountains (bis 540 m ü. M.). Das maritime, sommerwarme Klima nimmt im N kontinentalen Charakter an. Im Sommer (v. a. im Juni und Juli) treten häufig Wirbelstürme auf.

Bevölkerung: Der Anteil der Weißen belief sich 1990 auf 87,7 %, der der Schwarzen auf 10,7 %, der übrigen auf 1,6 %. In Städten leben (1990) 68,7 % der Bev.; größte Städte sind Saint Louis, Kansas City, Springfield und Independence.

Wirtschaft: In M. gibt es einen vielseitigen Ackerbau mit Mais-, Baumwoll-, Reis- und Sojabohnenanbau, bes. im N auf fruchtbaren Löss- und Lehmböden; ferner bedeutende Rinder- und Schweinehaltung, in den Ozark Mountains Schafzucht. Der Bergbau liefert v. a. Bleierz (in der Förderung steht M. unter den Staaten der USA an erster Stelle), Zinkerz, ferner Eisenerz, Kohle und Kalk. Die Ind. ist bes. auf Saint Louis und Kansas City konzentriert; am wichtigsten ist die Luft- und Raumfahrtindustrie, gefolgt von Fahrzeug- und Maschinenbau, Nahrungsmittel- (Großmüllerei und -schlächterei), chem. Industrie.

Geschichte: Die bereits 1541 von den Spaniern unter H. DE SOTO aufgesuchte und 1673 von den Franzosen LOUIS JOLLIET (* 1645, † 1700) sowie J. MARQUETTE erreichte Region wurde nach ihrer Inbesitznahme für Frankreich durch R. R. DE LA SALLE (1682) Teil der Kolonie Louisiana. 1735 enstand als erste ständige Siedlung das von Franzosen gegründete Sainte Genevieve, 1764 Saint Louis. M. kam 1762 an Spanien und 1803 im Louisiana Purchase (→Louisiana) an die USA. 1805 wurde es als Territorium Louisiana, 1812 als Territorium M. organisiert und – nach Abtretung von Arkansas (1819) – am 10. 8. 1821 als 24. Staat in die Union aufgenommen. Da trotz ihrer Zulassung (→Missouri-Kompromiss) die Sklaverei hier nicht wirklich Fuß fasste, blieb das im Sezessionskrieg unter schweren Kämpfen leidende M. – wenngleich zögernd – bei der Union, obwohl auch Freiwillige aufseiten der Konföderierten kämpften.

P. C. NAGEL: M., a bicentennial history (New York 1977); DUANE G. MEYER: The heritage of M. (St. Louis, Mo., ³1982); M. D. RAFFERTY: M. (Boulder, Colo., 1983).

Missouri [mɪˈsuːri, engl. mɪˈzʊərɪ] *der*, **M. River** [-ˈrɪvə], Strom in den USA, mit 4 086 km längster Nebenfluss des Mississippi; entsteht in Montana bei Three Forks, 1 220 m ü. M., durch Vereinigung von Jefferson River, Madison River und Gallatin River, mündet (von rechts) bei Saint Louis. Der M. ist ein Steppenfluss mit großen Wasserstandsschwankungen und bedeutendem Transport von Sinkstoffen. Große Stauanlagen in den Great Plains (u. a. →Fort Peck Dam) dienen der Hochwasserkontrolle, Energiegewinnung, Schifffahrt und Bewässerung. Wichtige Nebenflüsse sind Yellowstone River und Kansas River.

Missouri-Kompromiss [mɪˈsuːri-], die Beilegung des Streites um die Zulassung der Sklaverei bei der Aufnahme Missouris als Bundesstaat der USA. Aufgrund des am 3. 3. 1820 im Kongress angenommenen Kompromisses wurde noch 1820 Maine (bisher Teil von Massachusetts) als Staat ohne und 1821 Missouri als Staat mit Sklaverei in die Union aufgenommen. Dadurch wurde zunächst das Gleichgewicht zw. Nord- und Südstaaten im Senat gewahrt; die gleichzeitige Bestimmung, dass im verbleibenden Louisiana-Territorium nördlich 36° 30′ die Sklaverei verboten sein solle, wurde durch den Kansas-Nebraska-Act (→Kansas) 1854 außer Kraft gesetzt.

G. MOORE: The Missouri controversy, 1819–1821 (Lexington, Ky., 1953).

Missouri-Synode [mɪˈsuːri-], **Lutheran Church – Missouri Synod** [ˈluːθərən tʃəːtʃ mɪˈzʊərɪ ˈsɪnəd], die zweitgrößte luther. Kirche in den USA mit dem Zentrum in Saint Louis; 1997 über 2,6 Mio. Mitgl. Sie entstand 1847 aus dem Zusammenschluss erweckter sächs. und bayer. Einwanderer als ›Deutsche ev.-luther. Synode von Missouri, Ohio und anderen Staaten‹, ihren derzeitigen Namen führt sie seit 1947. Ihr erster Präs. CARL FERDINAND WILHELM WALTHER (* 1811, † 1887) formte sie in enger Bindung an die innerdt. Entwicklung im Sinne eines streng konfessionellen Luthertums, das sie bis heute vertritt. Die M.-S. ist kongregationalistisch verfasst, versteht die luther. Bekenntnisschriften als die ›reine und unverfälschte Feststellung und Auslegung des göttl. Wortes‹ und gehört weder dem Ökumen. Rat der Kirchen noch dem Luther. Weltbund an.

Missourit [-suː-; nach Missouri, USA] *der*, -s/-e, dunkelgraues Tiefengestein mit Einsprenglingen von Diopsid, Olivin, daneben Biotit, Zeolithen, Apatit und Erzmineralen in einer leucitreichen Grundmasse.

Misstrauensvotum, in Staaten mit parlamentar. Reg. ein Mehrheitsbeschluss des Parlaments, der der Reg., dem Reg.-Chef oder einem Min. das Vertrauen entzieht und damit dessen Rücktritt erzwingt. In Dtl. ist das **konstruktive M.** gegenüber dem Bundeskanzler vorgesehen (Art. 67 GG): Der Bundestag kann dem Bundeskanzler das Misstrauen nur dadurch aussprechen, dass er mit der Mehrheit seiner Mitgl. einen Nachfolger wählt. Mit dem Sturz des Bundeskanzlers endet auch das Amt aller Bundes-Min. Durch die gleichzeitige Wahl eines anderen Kanzlers ist ausgeschlossen, dass der →Bundeskanzler durch M. gestürzt wird, obwohl sich keine (konstruktive) Mehrheit im Bundestag für die Bildung einer neuen Reg. findet. Einige Landes-Verf. sehen ein M. auch gegen einzelne Mitgl. der Landes-Reg. vor. (→Vertrauensfrage)

In Österreich kann der Nationalrat der Bundes-Reg. oder einzelnen ihrer Mitgl. – ohne besondere Gründe – durch Beschluss, zu dem die einfache Mehrheit bei Anwesenheit der Hälfte der Mitgl. des Nationalrates erforderlich ist, das Vertrauen versagen (Art. 74 Bundes-Verf.-Ges.). Die Bundes-Reg. oder das betref-

Missouri
Flagge

Miss missweisender Kurs – Mistra

fende Reg.-Mitgl. ist daraufhin vom Bundes-Präs. seines Amtes zu entheben.

Das Instrument des M. gibt es in der *Schweiz* weder auf Bundes- noch auf kantonaler Ebene.

missweisender Kurs, *Navigation:* →Kurs.

Missweisung, *Nautik:* →Deklination.

Mist, Stallmist, mit Einstreu vermischte tier. Exkremente (→Düngemittel).

Mistail, ehem. Frauenkloster über der Albula bei Tiefencastel im Kt. Graubünden, Schweiz; die Kirche St. Peter (vor 800) gilt als älteste Anlage eines karoling. Dreiapsidensaales; in der Mittelapsis Fresken (Ende 14. Jh.).

Mistassini, frz. **Lac M.** [lak -siˈni], engl. **Lake M.** [leɪk mɪstəˈsiːnɪ], der größte See in der Prov. Quebec, Kanada, 372 m ü. M., 2 336 km² groß, 120 m tief, Abfluss durch den Rupert River zur James Bay.

Mistbeet, warmes →Frühbeet.

Mistbienen, Schlammfliegen, Eristalinae, Unterfamilie der →Schwebfliegen, oft bienenähnlich; besuchen Blüten zur Aufnahme von Nektar und Pollen. Die Larven leben in schlammigem Substrat, fauligem Wasser oder Jauche; sie atmen mittels teleskopartig verlängerbarer Atemröhre (›Rattenschwanzlarve‹).

MIS-Technik [Abk. von engl. **m**etal **i**nsulator **s**emiconductor, ›Metall-Isolator-Halbleiter‹], Bez. für die Gesamtheit aller Verfahren zur Herstellung diskreter Halbleiterbauelemente und integrierter Schaltungen, bei denen MIS-Übergänge zur Herstellung verschiedener Funktionselemente, bes. von MISFET (→Feldeffekttransistor), aber auch von Kondensatoren, Varaktoren, Speicherelementen und Widerständen verwendet werden. Die Bez. MIS-T. wird i. w. S. häufig synonym mit →MOS-Technik verwendet, i. e. S., wenn der Gateisolator nicht aus SiO₂ oder dem natürl. Oxid des Halbleitersubstrats besteht. In letzterem Sinn ist das größte Einsatzgebiet der MIS-T. die Herstellung programmierbarer und nichtflüchtiger Speicher (z. B. →MASFET, →MNOSFET).

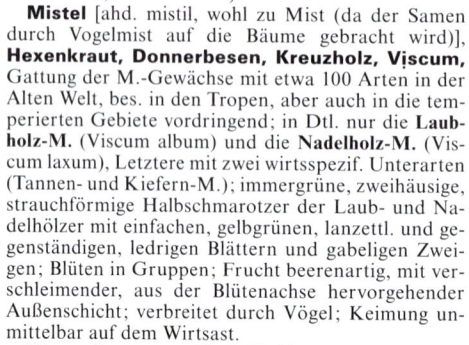

Mistel [ahd. mistil, wohl zu Mist (da der Samen durch Vogelmist auf die Bäume gebracht wird)], **Hexenkraut, Donnerbesen, Kreuzholz, Viscum,** Gattung der M.-Gewächse mit etwa 100 Arten in der Alten Welt, bes. in den Tropen, aber auch in die temperierten Gebiete vordringend; in Dtl. nur die **Laubholz-M.** (Viscum album) und die **Nadelholz-M.** (Viscum laxum), Letztere mit zwei wirtsspezif. Unterarten (Tannen- und Kiefern-M.); immergrüne, zweihäusige, strauchförmige Halbschmarotzer der Laub- und Nadelbäume mit einfachen, gelbgrünen, lanzettl. und gegenständigen, ledrigen Blättern und gabeligen Zweigen; Blüten in Gruppen; Frucht beerenartig, mit verschleimender, aus der Blütenachse hervorgehender Außenschicht; verbreitet durch Vögel; Keimung unmittelbar auf dem Wirtsast.

Wegen ihres ungewöhnl. Habitus gewann die M. große Bedeutung in Sagen und Mythen. Im altnord. Mythos von Baldr verleitet die Gott Loki den blinden Hödr dazu, einen vermeintlich harmlosen M.-Zweig auf Baldr zu schleudern. Der Zweig verwandelt sich jedoch in einen Speer, mit dem Baldr getötet wird. – Der brit. Weihnachtsbrauch, M.-Zweige in die Wohnung zu hängen, zeugt wahrscheinlich vom uralten Mythos, der die M. umgibt. Im MA. galt die M. als vielseitig zu verwendendes Arzneimittel; sie wird auch heute noch aufgrund ihrer Inhaltsstoffe, bes. der M.-Lektine, zusätzlich zu den übl. Maßnahmen (v. a. bei Krebserkrankungen) therapeutisch genutzt.

Mistelbach, 1) Bezirkshauptstadt im östl. Weinviertel, NÖ, an der Mündung des Mistelbaches in die Zaya, 228 m ü. M., umfasst als Groß-Gem. 131 km², 10 600 Ew.; Heimatmuseum; Landmaschinenbau, Holzverarbeitung, Weinbau; Bahnknotenpunkt. – Vor 1130 erstmals erwähnt, erhielt 1874 Stadtrecht.

2) Bez. in Niederösterreich, 1 291 km², 73 100 Ew.; umfasst das nordöstl. Weinviertel.

Misteldrossel, Turdus viscivorus, etwa 27 cm lange Art der Drosseln, oberseits graubraun, unterseits auf weißl. Grund dunkelbraun gefleckt; bewohnt in NW-Afrika, Europa, Klein- und Zentralasien v. a. Misch- und Nadelwälder, in manchen Gegenden auch kleine Baumgruppen bei Siedlungen und Gehöften, auf dem Zug oft auf Ackerland; Teilzieher.

Mistelfresser, Blütenpicker, Dicaeidae, Familie der Singvögel mit knapp 60 Arten bis 21 cm langer (aber meistens viel kleinerer), gedrungener, bunter Vögel mit kurzem, spitzem Schnabel in S-Asien und der austral. Region. M. ernähren sich von Nektar, Früchten und Insekten.

Mistelgewächse, Loranthaceae, Pflanzenfamilie mit rd. 1 400 Arten in 35 Gattungen; weit verbreitet in den Waldgebieten der Tropen, aber auch in die gemäßigten Breiten vordringend; hauptsächlich halbstrauchige, chlorophyllhaltige Halbparasiten; v. a. auf Bäumen durch Saugorgane haftend. Bekannte Gattungen sind →Mistel und →Riemenblume.

Mistella [span.] *der, -/...len,* in den Mittelmeerländern ein Traubenmost, dessen Gärung durch Zusatz von Alkohol verhindert oder unterbrochen wurde; dient u. a. zur Herstellung von Aperitifs oder zum Süßen von Verschnittweinen.

Mister [engl. ˈmɪstə; Nebenform von Master], Abk. **Mr.,** engl. Anrede für einen Mann (immer in Verbindung mit dem Familiennamen).

Misti, tätiger Vulkan in Peru, im S der Westkordillere, 5 842 m ü. M., bei Arequipa.

Mistinguett [mistɛ̃ˈgɛt], eigtl. **Jeanne Florentine Bourgeois** [burˈʒwa], frz. Varietékünstlerin und Chansoninterpretin, * Enghien-les-Bains 5. 4. 1873, † Bougival (Dép. Yvelines) 5. 1. 1956; debütierte 1891 im Pariser Café-concert ›Trianon‹, wechselte dann ins ›Eldorado‹ (1897–1907), bevor sie 1909 im ›Moulin rouge‹ (das sie einige Zeit leitete) berühmt wurde. 1909–13 war M. CHEVALIER in einigen Revuen ihr Partner. Ihre Erinnerungen erschienen 1954 unter dem Titel ›Toute ma vie‹ (2 Bde.; dt. Mein ganzes Leben).

Mistkäfer, Rosskäfer, Geotrupini, Gattungsgruppe der Blatthornkäfer mit 460 Arten (in Mitteleuropa elf), auch als Unterfamilie oder eigene Familie aufgefasst; schwarz oder metallisch schimmernd, Vorderbeine als Grabbeine ausgebildet. Die M. legen für ihre engerlingsähnl. Larven bis über 1 m tiefe Brutbauten an, in die sie je nach Art Dung, Pilze, frische oder verrottende Pflanzenteile einbringen; in Dtl. häufigsten Arten sind der **Frühlings-M.** (Geotrupes vernalis; Größe 12–20 mm) und der **Wald-M.** (Geotrupes stercorosus; Größe bis 24 mm), der v. a. von Pilzen lebt; der im Dunkeln aktive **Geotrupes stercorarius** (16–25 mm) bevorzugt Pferdemist, der **Stierkäfer** (Typhoeus typhoeus) Kaninchenkot, der flugunfähige **Rebstecher** (Lethrus apterus) schneidet frische Pflanzenteile für seine Brutbauten ab.

Mistra, Mistras, Mystras, Dorf und Ruinenstätte (UNESCO-Weltkulturerbe) der gleichnamigen griech. Stadt in der S-Peloponnes, westlich von Sparta. 1249 ließ hier der fränk. Fürst WILHELM II. VILLEHARDOUIN eine Gipfelburg erbauen, die nach seiner Gefangennahme in der Schlacht bei Pelagonia (1259) durch den Kaiser von Nikaia, MICHAEL VIII. PALAIOLOGOS, 1262 in byzantin. Besitz kam. Am Berghang entwickelte sich die für das Byzantin. Reich strategisch wichtige Stadt, die vom 13. bis 15. Jh. Mittelpunkt byzantin. Geisteslebens (u. a. Wirken des neuplaton. Philosophen G. G. PLETHON) war. 1348 wurde das byzantin. Despotat M. oder →Morea errichtet. M. blieb auch unter der türk. Herrschaft (1460–1687 und ab 1715) und unter den Venezianern

Mistel:
Laubholzmistel; blühender und fruchtender Zweig

Misteldrossel
(Größe etwa 27 cm)

Mistinguett

Mistkäfer:
Geotrupes stercorarius
(Größe 16–25 mm)

(1687–1715) Hauptort Lakoniens. Die bereits bei einem Aufstand 1770 schwer beschädigte und während des griech. Unabhängigkeitskrieges durch einen Angriff des ägypt. Feldherrn IBRAHIM PASCHA 1825 stark zerstörte Stadt verfiel seit der Neugründung Spartas 1834. – Auf dem Gipfel liegt die Zitadelle der Kreuzfahrer mit der Ruine des Statthalterpalasts (bald nach 1250, mehrmals erweitert, v. a. nach 1400 unter den Palaiologen). Am ebenfalls früh befestigten oberen Hang zahlr. Überreste byzantin. Palastgebäude, Häuser, Klöster, Kirchen und Kapellen. Die Hagia Sophia (1350–65; 1938 wiederhergestellt) entstand wohl als Palastkirche (1365 Katholikon eines Klosters). Die in halber Höhe gelegene Pantanassa (1426 ff.) ist besonders gut erhalten. Am südlichsten liegt die Kirche des Peribleptosklosters (Anfang 14. Jh.; eine typ. Kreuzkuppelkirche auf dem Grundriss eines lat. Kreuzes) mit reichem Freskenschmuck (nach Mitte des 14. Jh.). In der am Bergfuß gelegenen Metropolitankirche Hagios Demetrios (1291; Kuppeln 15. Jh.) mit Fresken von 1291/92 befindet sich ein Museum. Weiter nördlich die kleine Evangelistria (frühes 14. Jh.) und Hagii Theodori (um 1290–95) im Brontochionkloster, ein Zentralbau mit acht Kuppelstützen, sowie die große Panhagia Hodegetria (Hodegetria Aphendiko genannt; um 1310–20; 1938 gesichert; Fresken des frühen und späten 14. Jh.).

Mistral [provenzal.-frz.; von älter maestral, zu maestre ›Meister‹, ›Lehrer‹, eigtl. etwa ›Hauptwind‹] *der, -s/-e,* rauer, meist trockener und kalter Fallwind aus N bis NW in Südfrankreich (Rhônetal, Provence), der durch die Düsenwirkung des Rhônetals verstärkt wird und häufig, v. a. im Winter und Frühjahr, Sturmstärke erreicht (Windgeschwindigkeit z. T. 150 km/h). Der M. wird durch ein atlant. Hochdruckgebiet und ein Tiefdruckgebiet über dem Golf von Genua hervorgerufen und leitet einen Kaltlufteinbruch in das westl. Mittelmeergebiet ein.

Mistral, *Segelsurfen:* seit 1996 olymp. Klasse für Frauen und Männer; auch Bez. für das Surfboard selbst **(M.-Brett),** das 3,72 m lang ist und über einen nach allen Seiten schwenkbaren Mast mit Segel und Gabelbaum verfügt. Segelzeichen: stilisiertes ›M‹ mit Punkt darunter. – Vorgängerin (1988–92) war die **Lechner-Klasse.**

Mistral, 1) Frédéric, neuprovenzal. Dichter, * Maillane (bei Arles) 8. 9. 1830, † ebd. 25. 3. 1914; 1854 Mitbegründer, später Haupt der Erneuerungsbewegung der provenzal. Literatur ›Félibrige‹ (→Félibres); er bemühte sich (u. a. in lyr., epischen und erzählenden Werken) um eine Renaissance des Provenzalischen als Literatursprache. Am bekanntesten wurde sein Versepos ›Mirèio‹ (1859; dt. ›Mireia‹), eine trag. Liebesgeschichte in der provenzal. Landschaft, Lebensformen und Traditionen lebendig werden. Er verfasste auch ein Wörterbuch der neuprovenzal. Sprache (›Lou tresor dou félibrige‹, 2 Bde., 1879–87) und übersetzte viele seiner Werke ins Französische. 1904 erhielt er (mit J. ECHEGARAY Y EIZAGUIRRE) den Nobelpreis für Literatur.

Weitere Werke: *Drama:* La rèino Jano (1890). – *Epos:* Calendau (1867; dt.); Nerto (1884; dt.). – *Erzählungen:* Moun espelido (1906; dt. Erinnerungen u. Erzählungen). – *Lyrik.* Lis isclo d'or (1875; dt. Lieder u. Erzählungen); Lis oulivados (1912).

Ausgaben: Œuvres poétiques, hg. v. P. ROLLET, 7 Bde. (1966–67). – Ausgew. Werke, hg. v. A. BERTUCH, 2 Bde. ($^{1-5}$1908–10).

J. SOULAIROL: Introduction à M. (Paris 1964); J.-P. CLÉBERT: La Provence de M. (Aix-en-Provence 1980); DERS.: M. ou l'empire du soleil. Première époque 1830-1860 (Paris 1983); C. MAURON: F. M. (cbd. 1993).

2) Gabriela, eigtl. **Lucila Godoy Alcayaga,** chilen. Lyrikerin, * Vicuña 7. 4. 1889, † Hempstead (N. Y.) 10. 1. 1957; Lehrerin, Mitarbeiterin an einer Schul- und Erziehungsreform in Chile; ab 1932 im diplomat.

Mistra: Hagii Theodori; um 1290–95

Dienst. Wurde berühmt durch sehnsuchtsvoll-melanchol., nach metaphys. Trost strebende Liebeslyrik, die, von persönl. Leid veranlasst, zur Menschheitsdichtung reift. Die Gestaltung der Themen (Natur, Gott, Kinder, Mutterschaft) speist sich aus eigenem Empfinden, populärer Tradition und bibl. Geschichte. Das humanitäre Grundgefühl gewinnt mit dem Einsatz für die im Span. Bürgerkrieg leidenden Kinder (›Tala‹, 1938, Gedichte) auch polit. Qualität. 1945 erhielt sie den Nobelpreis für Literatur.

Weitere Werke: *Lyrik:* Desolación (1922; dt. Ausw. u. d. T. Spürst du meine Zärtlichkeit?); Ternura (1924); Lagar (1954).

Ausgaben: Poesías completas, hg. v. M. BATES (^{4}1976); Cartas de amor, hg. v. S. FERNÁNDEZ LARRAÍN (1978). – Gedichte, hg. v. A. THEILE (1958); Liebesgedichte u.a. Lyrik, hg. v. F. SCHOPF (Neuausg. 1988); Wenn du mich anblickst, werd' ich schön. Gedichte, hg. v. W. EITEL (1991, span. u. dt.).

K. WAIS: Zwei Dichter Südamerikas: G. M., R. Gallegos (1955); G. M., bearb. v. H. DÍAZ CASANUEVA u.a. (Xalapa 1980); J. CONCHA: G. M. (Madrid 1987); V. TEITELBOIM: G. M., publica y secreta (Santiago de Chile 1996).

Mistress [ˈmɪstrɪz; engl., von altfrz. maistresse ›Herrin‹], Abk. **Mrs.,** engl. Anrede für eine Frau (immer in Verbindung mit dem Familiennamen).

Misurata, arab. **Misrata,** Stadt an der Küste Tripolitaniens, Libyen, 230 000 Ew.; Zentrum einer 16 km langen Küstenoase; Handelszentrum, Textilindustrie, Schuhfabrik. In einem Hüttenwerkkomplex (Eisen- und Stahlwerk, seit 1990 in Betrieb) werden mithilfe von Erdgas Eisenerze (Hämatit) aus dem Fessan verhüttet; Wärmekraftwerk (480 MW), Meerwasserentsalzungsanlage, Hafen. – M. war 1916–18 die Hauptstadt der mit dt. und türk. Unterstützung gegen die Italiener ins Leben gerufenen ›Rep. Tripolis‹.

misurato, musikal. Vortrags-Bez.: gemessen, im Takt; **alla m.,** streng im Takt spielen; **senza m.,** rhythmisch frei.

Miszellaneen [lat., zu miscellaneus ›vermischt‹] *Pl.,* **Miszellen,** *bildungssprachlich* für: kleine Aufsätze verschiedenen Inhalts, v. a. in wiss. Zeitschriften.

MIT [emaˈtiː], Abk. für →Massachusetts Institute of Technology.

Mita [Ketschua] *die, -,* Form der Zwangsarbeit im Inkareich, zu der jeder Steuerzahler in einem bestimmten Umfang im Jahr verpflichtet war. Sie diente der Verrichtung der verschiedensten öffentl. Arbeiten. Der Bedarf wurde vom Inkaherrscher festgelegt. In der Kolonialzeit übernahmen die Spanier die M., um die indian. Arbeitskräfte in den Bergwerken einzusetzen. Die peruan. M., 1574 von Vizekönig FRANCISCO DE TOLEDO neu organisiert, wurde erst gegen Ende der Kolonialzeit endgültig aufgelöst.

Mitanni, Mittani, Maitani, Staat der →Hurriter in Nordmesopotamien im 16.–14. Jh. v. Chr., der sich zur

Frédéric Mistral

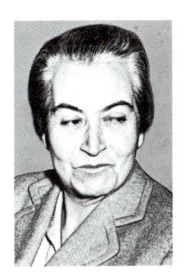

Gabriela Mistral

Mita mitannische Kunst – Mitbestimmung

Zeit seiner größten Ausdehnung von der Gegend des heutigen Kirkuk (Fundort Nusi) bis zum Mittelmeer erstreckte, Hauptstadt war Waschukkanni (vielleicht Tell Fecherije). Das Herrscherhaus war wahrscheinlich indoar. Herkunft; sein Machtbereich erstreckte sich unter König SAUSCHTATAR (um 1425 v. Chr.) auch auf Assyrien. Bald nach 1400 v. Chr. setzte ein enger diplomat. Kontakt mit Ägypten ein. Die Könige ARTATAMA I., SCHUTTARNA II. und TUSCHRATTA sandten Töchter in den Harem des Pharaos. Der Aufstieg Assyriens unter ASSUR-UBALLIT I. und des Hethiterreiches unter SUPPILULIUMA I. führten um 1335 zum Zusammenbruch von M., von dem ein Teilgebiet unter dem Namen Chanigalbat zunächst unter hethit., dann assyr. Oberhoheit noch ein Jahrhundert lang fortbestand.

G. WILHELM: Grundzüge der Gesch. u. Kultur der Hurriter (1982).

mitannische Kunst, die Kunst in den Gebieten des Reichs Mitanni, in Hinblick auf das Bev.-Element der staatstragenden Hurriter auch als **hurritisch-mitannische Kunst** bezeichnet. Die materielle Hinterlassenschaft ist gering. Ausgegraben wurden in N-Mesopotamien am Khabur (NO-Syrien) Tell Fecherije, dessen vermutete Identität mit der gesuchten Hauptstadt Waschukkanni unsicher ist, im O →Nusi bei Kirkuk. Die Verbreitung der Nusikeramik Mitte 15. bis Mitte 14. Jh. v. Chr. und der Nusi- oder Kirkukglyptik zw. Nusi und →Alalach am Orontes entspricht ungefähr der polit. Ausdehnung des Mitannireichs, dennoch ist die Einordnung der Keramik als typisch m. K. umstritten (z. B. wird sie auch von den Kamaresvasen abgeleitet und zeigt zudem ägypt. Einfluss). Vor allem Nusi im O des Reichs hat Einblick in die mitann. Architektur geliefert; sie lehnt sich mit geringfügigen Neuerungen an bekannte babylon. Grundrissschemata an. Die Nusiware ist eine Keramik mit hohen Becherformen mit einem Knauffuß. Die Gefäße sind mit breiten horizontalen braunen Streifen versehen, auf denen geometr. und vegetabile Muster (Blütendekor) in Weiß aufgetragen sind. Bei der mitann. Siegelkunst ist einerseits in neuer Naturalismus und die Streuung der Figuren im Raum ohne Standlinien (z. B. Rollsiegel des Königs SAUSCHTATAR von Mitanni um 1425 v. Chr.) charakteristisch, andererseits Linearismus und Reduktion der Formen, wie es auch Plastik und Relief zeigen. Zu nennen sind die Widderköpfe aus Alalach und Nusi und die Statue des Königs IDRIMI aus Alalach (um 1480) in altmesopotam. Gewand.

mitannische Kunst: Statue des Königs Idrimi aus Alalach; um 1480 v. Chr. (London, Britisches Museum)

Auch ein in Assur gefundenes Relief mit Berggott und Wettergöttinnen, wie König IDRIMI mit übergroßen Augen dargestellt, kann wohl der m. K. zugeordnet werden. Die m. K. hat vermutlich die hethit. Kunst beeinflusst (Malatya, Ain Dara, Guzana).

Mit|arbeiterbeteiligung, i. w. S. die Mitbestimmung der Arbeitnehmer am Arbeitsplatz bzw. im Unternehmen; i. e. S. die Teilhabe der Arbeitnehmer am Erfolg (→Erfolgsbeteiligung) und/oder am Kapital (z. B. durch →Investivlohn und bestimmten Formen der →Gewinnbeteiligung) eines Unternehmens. (→Vermögensbildung)

Mit|arbeit von Ehegatten und Kindern, die im Verhältnis der Ehepartner zueinander in der ehel. Lebensgemeinschaft wurzelnde Pflicht eines Ehegatten, im Beruf oder Erwerbsgeschäft des anderen Gatten mitzuarbeiten, soweit dies den Umständen nach üblich und zumutbar ist. Beide Ehegatten sind befugt, unabhängig voneinander erwerbstätig zu sein, haben hierbei jedoch auf die Belange des jeweils anderen Gatten und der Familie die gebotene Rücksicht zu nehmen (§ 1356 BGB). Die Konkretisierung der Mitarbeit im Rahmen eines Gesellschafts- oder Arbeitsvertrages wird von der Rechtsprechung bes. der Finanz- und Arbeitsgerichte jedenfalls dann anerkannt, wenn ein entsprechender ernsthafter Wille vorhanden ist und durch objektive nachweisbare Umstände (u. a. angemessenes Gehalt) zum Ausdruck kommt. – Kinder sind, solange sie dem elterl. Haushalt angehören, dort erzogen und unterhalten werden, verpflichtet, in ihren Kräften und ihrer Lebensstellung gemäß im Hauswesen und Geschäft der Eltern Dienste zu leisten (§ 1619 BGB).

Mitau, Stadt in Lettland, →Jelgava.

Mitbestimmung, gesellschaftspolit. Begriff, der eine Weise der Partizipation von Personen und Personengruppen an gesellschaftl. Entscheidungen bezeichnet. Die **betriebliche** M. ist die für den Bereich der privaten Wirtschaft im →Betriebsverfassungsgesetz (Abk. BetrVG) von 1972 und für den öffentl. Dienst im Personalvertretungsgesetz (→Personalvertretung) geregelte M. Die **Unternehmens-M.** umfasst wirtschaftl. Teilhabe und M. an der Leitung des gesamten Unternehmens durch Wahl von Arbeitnehmervertretern in die Aufsichtsgremien. Man unterscheidet einfache und parität. M. Sofern im Aufsichtsrat ein Übergewicht der Anteilseignerseite besteht, liegt **einfache M.** vor. Sind dagegen Arbeitnehmer und Anteilseigner im Aufsichtsrat in gleicher Stärke vertreten, handelt es sich um **paritätische M.**

1) Das M.-Gesetz vom 4. 5. 1976 gilt für Unternehmen mit i. d. R. mehr als 2 000 Beschäftigten, wenn sie als jurist. Person in der Form einer Aktiengesellschaft (AG), Kommanditgesellschaft auf Aktien (KGaA), GmbH, bergrechtl. Gewerkschaft oder Genossenschaft betrieben werden. →Tendenzbetriebe im Sinne von § 118 BetrVG sowie Unternehmen, die dem Montan-M.-Gesetz 1951 unterliegen, sind von dieser Art der Unternehmens-M. ausgenommen. Nach dem M.-Gesetz von 1976 bleiben die Kompetenzen der Anteilseigner bei den Grundfragen des Unternehmens unberührt (z. B. bei Änderung des Unternehmensgegenstandes, Auflösung oder Umwandlung des Unternehmens, Kapitalerhöhung, Fusion). Es bestimmt aber, dass der Aufsichtsrat gleichmäßig mit Vertretern der Anteilseigner und der Arbeitnehmer besetzt wird: bis 10 000 Arbeitnehmer im Verhältnis 6:6, bei mehr als 10 000 Arbeitnehmern bis 20 000 Arbeitnehmern im Verhältnis 8:8, bei mehr als 20 000 Arbeitnehmern im Verhältnis 10:10. Die Arbeitnehmersitze müssen auf Arbeiter, Angestellte und leitende Angestellte entsprechend ihrem Anteil an der Gesamtbelegschaft verteilt werden; ihre Wahl erfolgt, je nach Belegschaftsstärke, unmittelbar durch Urwahl oder mittelbar durch Wahlmänner.

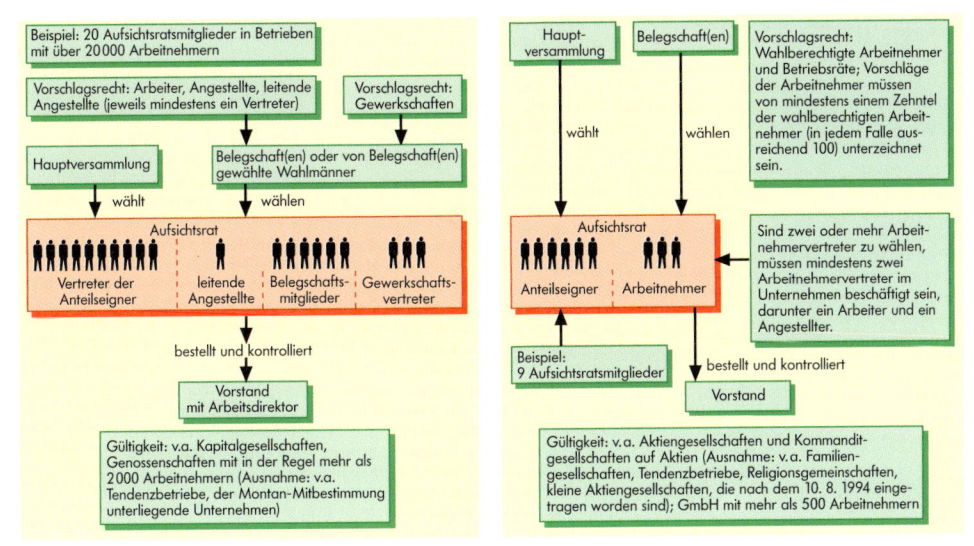

Mitbestimmung: Beteiligung der Arbeitnehmer im Aufsichtsrat nach dem Mitbestimmungsgesetz von 1976 (links) und nach dem Betriebsverfassungsgesetz von 1952 (rechts)

Der Aufsichtsratsvorsitzende und der Stellvertreter werden mit Zweidrittelmehrheit gewählt. Fehlt dieses Quorum, wählen die Anteilseigner den Vorsitzenden, die Arbeitnehmervertreter den Stellvertreter. Muss im Aufsichtsrat wegen Stimmengleichheit eine Abstimmung wiederholt werden, hat der Vorsitzende den Stichentscheid. Auch die Vorstands-Mitgl. werden mit Zweidrittelmehrheit bestellt. Als gleichberechtigtes Vorstands-Mitgl. wird ein →Arbeitsdirektor bestellt.

2) Für Unternehmen in Form der AG, KGaA bis 2000 Beschäftigte gilt die einfache M. nach dem **Betriebsverfassungsgesetz von 1952** (BetrVG §§ 76 ff.), das insoweit nach In-Kraft-Treten des BetrVG von 1972 fortgilt. Dasselbe gilt für die GmbH, die bergrechtl. Gewerkschaft und die Genossenschaft mit mehr als 500 Arbeitnehmern. Die Aufsichtsräte bestehen zu einem Drittel aus Arbeitnehmervertretern. Diese werden in allgemeiner, geheimer Wahl von allen Arbeitnehmern gewählt, die bei der Betriebsratswahl wahlberechtigt sind. Ausgenommen von dieser Regelung sind Tendenzbetriebe und (generell) so genannte kleine AG, die weniger als 500 Arbeitnehmer beschäftigen und nach dem 10. 8. 1994 eingetragen worden sind, sowie Familiengesellschaften in Form von AG und KGaA mit weniger als 500 Arbeitnehmern, die vor dem 10. 8. 1994 eingetragen worden sind (§§ 76 Abs. 6, 81 BetrVG 1952).

3) Dem **Montan-M.-Gesetz 1951** unterliegen AG, GmbH oder bergrechtl. Gewerkschaften, die mehr als 1000 Arbeitnehmer beschäftigen, wenn sie überwiegend Kohle und Eisenerze fördern oder Unternehmen der Eisen und Stahl erzeugenden Industrie sind und im alliierten Entflechtungs-Ges. vom 16. 5. 1950 namentlich aufgeführt waren oder als Montanunternehmen erst gegründet wurden, aber dieselben Merkmale wie diese aufweisen. Ihr Aufsichtsrat setzt sich aus der gleichen Anzahl von Vertretern der Anteilseigner und Arbeitnehmer sowie aus einem neutralen Mitgl. zusammen (parität. M.). Er hat 11, 15 oder 21 Mitgl. Sie werden durch das nach Gesetz, Satzung oder Gesellschaftsvertrag zuständige Wahlorgan gewählt. Dieses ist für die Wahl der Arbeitnehmervertreter an die Vorschläge der Betriebsräte gebunden. Das neutrale Mitgl. wird auf Vorschlag der Aufsichtsräte beider Seiten vom Wahlorgan bestellt. Dem Vorstand muss ein Arbeitsdirektor angehören.

Unter das M.-Ergänzungs-Gesetz vom 7. 8. 1956 fallen die Gesellschaften, die zwar nicht vom Montan-M.-Gesetz 1951 erfasst werden, aber aufgrund Organschaftsvertrags ein oder mehrere Unternehmen beherrschen, in denen das Montan-M.-Gesetz 1951 gilt (z. B. Konzerne, Holdinggesellschaften von Montanunternehmen). Der Aufsichtsrat besteht aus je sieben Vertretern beider Lager und einem neutralen Mitgl. (auf Arbeitnehmerseite: fünf Vertreter von Konzernunternehmen und zwei Vertreter der Gewerkschaften). Die Arbeitnehmervertreter in einem Konzern mit bis zu 8000 Arbeitnehmern werden in unmittelbarer Wahl, bei mehr als 8000 Arbeitnehmern durch von der Belegschaft gewählte Wahlmänner bestellt, sofern nicht die wahlberechtigten Arbeitnehmer die jeweils andere Wahl beschließen. Der Arbeitsdirektor kann mit einfacher Mehrheit bestellt werden.

Durch die Gesetzesänderung vom 21. 5. 1981 wurde ein sofortiges Ausscheiden der Mannesmann AG aus der Montan-M. verhindert, nachdem dort durch eine geplante Organisationsänderung die Voraussetzungen für die Anwendung des Montan-M.-Gesetzes entfallen wären. Eine Weitergeltungsklausel bestimmt, dass Unternehmen sowie Holdings, bei denen die Voraussetzungen für die Anwendbarkeit des Montan-M.-Gesetzes entfallen, noch sechs Jahre im Montan-M.-Bereich verbleiben. Gleichzeitig wurde den Spitzenorganisationen der Gewerkschaften das Entsendungsrecht für den Aufsichtsrat genommen. Sie haben nur noch ein Vorschlagsrecht. Durch das Gesetz zur Änderung des BetrVG, über Sprecherausschüsse der leitenden Angestellten und zur Sicherung der Montan-M., vom 20. 12. 1988 wurde die Montan-M. auf Konzernebene dauerhaft gesichert, sofern die Konzernunternehmen und die abhängigen Unternehmen den Konzern als Montanunternehmen kennzeichnen. Das ist der Fall, wenn im Montanbereich mehr als 2000 Arbeitnehmer beschäftigt werden oder der Montananteil am Umsatz mindestens 20% beträgt.

4) Zur Erweiterung der M. wurden Stimmbindungsverträge diskutiert. Dabei verpflichtet sich die Eignerseite, bis zur Grenze der parität. M. von Arbeitnehmerseite gewählte Vertreter in den Aufsichtsrat zu wählen. Solche zulässigen Verträge haben Bedeutung bei Unternehmen, die der einfachen M. nach BetrVG 1952 unterliegen. Umstritten ist, ob eine solche M.

durch Tarifvertrag oder durch Betriebsvereinbarungen eingeführt werden könnte. – Rechtspolitisch umstritten ist die Erweiterung bes. der betriebl. M. auf ein M.-Recht bei der Betriebsräte bei der Einführung, Anwendung, Änderung oder Erweiterung neuer techn. Einrichtungen und Verfahren. Die Rechte der Arbeitnehmer hinsichtlich M. und Kontrolle bei der Personaldatenverarbeitung werden z. T. als unzureichend angesehen.

5) Im Entwurf einer VO des Rats der Europ. Gemeinschaft über das Statut einer Europ. AG ist auch eine (kontrovers diskutierte) M.-Regelung vorgesehen.

In *Österreich* finden sich die zentralen Bestimmungen der M. im Arbeitsverfassungs-Ges. von 1974. Das Gesetz unterscheidet in den §§ 89–112 je nach dem Inhalt allgemeine Befugnisse, die Mitwirkung in sozialen, in personellen sowie in wirtschaftl. Angelegenheiten. Hierbei ist wieder zw. fakultativer M., zwingender und erzwingbarer (im Wege der Zwangsschlichtung) M. zu differenzieren. Neben allgemeinen Informations- und Beratungsrechten soll der Belegschaft die Gelegenheit gegeben werden, etwa auf die Geltung überbetriebl. Rechtsvorschriften sowie v. a. auf das Arbeitsverhältnis, bes. bei Beendigung desselben, Einfluss zu nehmen. Die M. der Belegschaft im Aufsichtsrat einer AG, GmbH oder Genossenschaft ist in § 110 Arbeitsverfassungs-Ges. geregelt. Dieser normiert eine ›Drittelparität‹, d. h., pro zwei sonstige Aufsichtsrats-Mitgl. können Betriebsrat oder Zentralbetriebsrat je einen Arbeitnehmervertreter entsenden. Auch die Beteiligung an Ausschüssen des Aufsichtsrats ist vorgeschrieben. Im Ggs. zu den anderen Aufsichtsrats-Mitgl, üben die Arbeitnehmervertreter ihre Funktion ehrenamtlich aus.

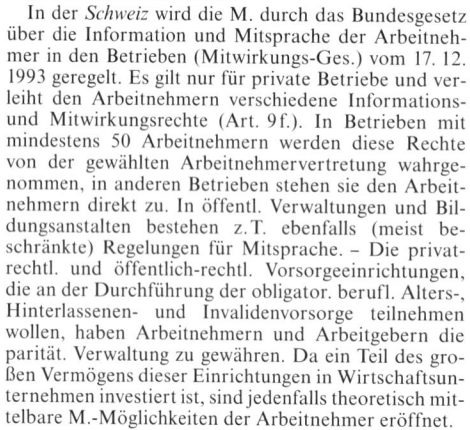

In der *Schweiz* wird die M. durch das Bundesgesetz über die Information und Mitsprache der Arbeitnehmer in den Betrieben (Mitwirkungs-Ges.) vom 17. 12. 1993 geregelt. Es gilt nur für private Betriebe und verleiht den Arbeitnehmern verschiedene Informations- und Mitwirkungsrechte (Art. 9 f.). In Betrieben mit mindestens 50 Arbeitnehmern werden diese Rechte von der gewählten Arbeitnehmervertretung wahrgenommen, in anderen Betrieben stehen sie den Arbeitnehmern direkt zu. In öffentl. Verwaltungen und Bildungsanstalten bestehen z. T. ebenfalls (meist beschränkte) Regelungen für Mitsprache. – Die privatrechtl. und öffentlich-rechtl. Vorsorgeeinrichtungen, die an der Durchführung der obligator. berufl. Alters-, Hinterlassenen- und Invalidenvorsorge teilnehmen wollen, haben Arbeitnehmern und Arbeitgebern die Parität. Verwaltung zu gewähren. Da ein Teil des großen Vermögens dieser Einrichtungen in Wirtschaftsunternehmen investiert ist, sind jedenfalls theoretisch mittelbare M.-Möglichkeiten der Arbeitnehmer eröffnet.

⇨ *alternative Unternehmen · Betriebsrat · Demokratie · Demokratisierung · Partizipation*

H. J. TEUTEBERG: Gesch. der industriellen M. in Dtl. (1961); G. LÖSCHNIGG: Die Entsendung der Betriebsräte in den Aufsichtsrat (Graz 1985); Arbeitnehmervertreter im Aufsichtsrat, hg. v. M. KITTNER u. a., 2 Bde. (⁴1991); DERS. u. a.: Aufsichtsratspraxis (⁵1995); M.-Gesetze in den Unternehmen, hg. v. P. HANAU (Neuausg. ⁵1995).

mitbestrafte Nach|tat, *Strafrecht:* eine Form der →Gesetzeskonkurrenz. Danach bleibt ein Delikt als m. N. (z. B. die Beschädigung eines gestohlenen Autos) straflos, wenn sich aus dem Gesetzeszusammenhang ergibt, dass die Tat schon unter dem Gesichtspunkt eines vorhergehenden Deliktes hinreichend geahndet wird.

Mitbewegungen, *Pathophysiologie:* unwillkürl. Bewegungen durch die Mitinnervation gleicher oder benachbarter anderer Muskeln, z. B. das unwillkürl. Schließen der Faust einer gelähmten Hand beim Schließen der Faust der gesunden Hand; kommt bei Störungen der Pyramidenbahn oder bei Kleinhirnerkrankungen vor.

Mitbewegungs|effekt, der Einfluss der Endlichkeit der Kernmasse auf die Energieterme eines Atoms und damit auf die Frequenzen der bei Elektronenübergängen emittierten bzw. absorbierten elektromagnet. Strahlung. Er beruht darauf, dass sich die Elektronen nicht um den Schwerpunkt des Atomkerns, sondern zus. mit diesem um den gemeinsamen Schwerpunkt bewegen. (→Isotopieeffekte)

Mit brennender Sorge, Enzyklika PIUS' XI. vom 14. 3. 1937 ›Über die Lage der Kath. Kirche im Dt. Reich‹ gegen die Behinderung der kath. Kirche durch die natsoz. Kirchenpolitik und Weltanschauung. Sie verurteilt die Umdeutung theolog. Grundvorstellungen durch die natsoz. Ideologie und betont die Verantwortung der Eltern für eine kath. Erziehung ihrer Kinder (u. a. durch kath. Religionsunterricht). – Die Veröffentlichung einer Enzyklika in dt. Sprache als Originalfassung war eine Ausnahme.

H.-A. RAEM: Pius XI. u. der Nationalsozialismus. Die Enzyklika ›Mit brennender Sorge‹ vom 14. März 1937 (1979).

Mitchell [ˈmɪtʃəl], **1)** Margaret, amerikan. Journalistin und Schriftstellerin, * Atlanta (Ga.) 8. 11. 1900, † ebd. 16. 8. 1949. Ihr einziger Roman ›Gone with the wind‹ (1936; dt. ›Vom Winde verweht‹) stellt den amerikan. Bürgerkrieg und die anschließende Rekonstruktionsphase aus der Perspektive der Südstaaten als melodramat. Verstrickung von Einzelschicksalen dar; das Buch wie der danach gedrehte Film (1939 unter der Regie von V. FLEMING, mit VIVIEN LEIGH und C. GABLE) erlangten weltweite Popularität. 1991 erschien eine ›Fortsetzung‹ des Romans (ebenfalls verfilmt als Fernsehserie, 1994, 4 Tle.) von ALEXANDRA RIPLEY (* 1934) u. d. T. ›Scarlett‹ (dt.).

Weiteres Werk: Lost Laysen (hg. 1996; dt. Insel der verlorenen Träume).

F. FARR: Die M.-M.-Story u. die Gesch. des Buches Vom Winde verweht (a. d. Amerikan., 1965).

2) Peter Dennis, brit. Biochemiker, * Mitcham (Cty. Surrey) 29. 9. 1920, † Bodmin (Cty. Cornwall) 10. 4. 1992; seit 1950 am Institut für Biochemie der Univ. Cambridge tätig, 1955–63 Leiter der Abteilung für chem. Biologie am Zoolog. Institut der Univ. Edinburgh, danach Forschungsleiter der Glynn Research Laboratories in Bodmin (Cty. Cornwall). M. lieferte grundlegende Arbeiten zur Bioenergetik, bes. über die zur Energieübertragung und -versorgung von lebenden Zellen dienenden chem. Prozesse. Für seine 1961 aufgestellte chemiosmot. Theorie der Phosphorylierung (→Photosynthese) erhielt er 1978 den Nobelpreis für Chemie.

3) Sir (seit 1839) Thomas Livingstone, brit. Australienreisender, * Craigend (Schottland) 15. oder 16. 6. 1792, † Sydney 5. 10. 1855; Offizier in der brit. Armee, Landmesser; unternahm 1831–32, 1835, 1836 und 1845–47 wichtige Erkundungsreisen in das Innere von New South Wales, Victoria und Queensland; nannte das von ihm erkundete SO-Australien (das spätere Victoria) wegen seiner landschaftl. Schönheit und der Fruchtbarkeit des Bodens ›Australia Felix‹ (›Glückl. Australien‹).

Werke: Three expeditions into the interior of eastern Australia, 2 Bde. (1838); Journal of an expedition into the interior of tropical Australia (1848).

4) Wesley Clair, amerikan. Volkswirtschaftler, * Rushville (Ill.) 5. 8. 1874, † New York 29. 10. 1948; Prof. in New York, an der Columbia University (1913–19, 1922–44) sowie an der New School for Social Research (1919–21), Begründer und Leiter des National Bureau of Economic Research (1920–45). M., neben T. B. VEBLEN einer der Hauptvertreter des amerikan. →Institutionalismus, wurde v. a. durch seine empir. Konjunkturforschung bekannt.

Werke: Business cycles. The problem and its setting (1927; dt. Der Konjunkturzyklus); Measuring business cycles (1946, mit A. F. BURNS).

Mitchum ['mɪtʃəm], Robert, amerikan. Filmschauspieler, * Bridgeport (Conn.) 6. 8. 1917, † Santa Barbara (Calif.) 1. 7. 1997; spielte u. a. in Kriegsfilmen und Western mit trockener Komik, auch in Fernsehproduktionen.
Filme: Schlachtgewitter am Monte Cassino (1945); Fluß ohne Wiederkehr (1954); Die Nacht des Jägers (1955); Ein Köder für die Bestie (1962); El Dorado (1967); Die Frau aus dem Nichts (1968); Agency (1979); Der Ambassador (1984); Maria's Lovers (1985); Mr. North – Liebling der Götter (1988); Woman of Desire (1993).
D. DOWNING: R. M. (London 1985).

Mit|eigentum, *Recht:* das gemeinsame Eigentum mehrerer Personen an einer Sache. Sofern nicht eine →Gesamthandsgemeinschaft besteht, ist M. Bruchteilseigentum, bei dem jedem Miteigentümer ein ideeller Anteil an der Sache zusteht, den er übertragen und belasten kann. Für das Verhältnis der Miteigentümer untereinander gelten die Vorschriften über die →Gemeinschaft (§§ 741 ff. BGB). – Über M. bei Wohnungen →Wohnungseigentum.

Mit|erbe, eine von mehreren Personen, die zusammen bei einem Erbfall erben und notwendigerweise eine **Erbengemeinschaft** (die immer Gesamthandsgemeinschaft ist) bilden (§§ 2032–2063 BGB). Ein M. ist nicht ein Vermächtnisnehmer. Mit dem Erbfall wird der Nachlass gemeinschaftl. Vermögen der M. Bis zur Auseinandersetzung (mit der Erbteilung endet die Gemeinschaft) kann jeder M. über seinen Anteil am Nachlass nur insgesamt, nicht aber über seinen Anteil an einem einzelnen Gegenstand des Nachlasses verfügen (d. h. veräußern, verpfänden u. a.); vielmehr ist dafür ein gemeinschaftl. Handeln aller M. erforderlich. Die Auseinandersetzung erfolgt durch Realteilung oder Verkauf und Teilung des Erlöses. (→Erbrecht, Mehrheit von Erben)

Mit|esser, Komedonen, durch Verstopfung der Ausführungsgänge einzelner Talgdrüsen (Verhornung, Talgeindickung, Schmutz) v. a. an Gesicht und Rücken entstehende gelbbraune oder schwarze Knötchen, aus denen sich auf Druck ein Pfropf aus Talg und Oberhautzellen entleert.

Mitfahrzentrale, Unternehmen, das Mitfahrgelegenheiten in privaten Pkw vermittelt. Vermittlungsbasis ist eine vom Mitfahrer an den Fahrer zu leistende Fahrkostenbeteiligung, die von der M. vorgegeben wird und die fahrtabhängige Betriebskosten nicht überschreiten darf. Die M. erhält für ihre erfolgreiche Vermittlung von den Mitfahrern eine zu zahlende Gebühr. Weiterhin kann auch eine zusätzl. Unfall- und Weiterreiseversicherung abgeschlossen werden. Die dt. M. sind im Verband der M. in Dtl. und Europa e. V. (Sitz: Köln) bzw. in der Arbeitsgemeinschaft Dt. M. e. V. (Sitz: Wiesbaden) zusammengeschlossen.

Mitford ['mɪtfəd], **1)** Mary Russell, engl. Schriftstellerin, * Alresford (Cty. Hampshire) 16. 12. 1787, † Swallowfield (bei Reading) 10. 1. 1855; führte mit stimmungsvollen, handlungsarmen Skizzen aus dem Landleben (›Our village‹, 5 Bde., 1824–32; ›Country stories‹, 1837) eine neue Gattung in die engl. Literatur ein; schrieb auch Gedichte, Verstragödien und Romane.
2) Nancy Freeman, engl. Schriftstellerin, * London 28. 11. 1904, † Versailles 30. 6. 1973; analysierte in ihren Romanen – stilistisch brillant – die engl. Gesellschaft; schrieb außerdem biograph. Studien, u. a. über Madame de Pompadour (1953), Voltaire (1957) und Ludwig XIV. (1966).
Weitere Werke: *Romane:* Pursuit of love (1945; dt. Heimweh nach Liebe); Love in a cold climate (1949; dt. Liebe eisgekühlt); Don't tell Alfred (1960; dt. Die Frau des Botschafters).
S. HASTINGS: N. M. Eine Biogr. (a. d. Engl. 1992).

Mitführungsko|effizi|ent, der von J. A. FRESNEL 1818 vorausgesagte und 1851 von A. H. L. FIZEAU experimentell gefundene Koeffizient $F = 1 - 1/n^2$ (**fresnelscher M.**) im Ausdruck

$$c' = c/n \pm (1 - 1/n^2)v$$

für die Phasengeschwindigkeit c' des Lichts in einem bewegten Medium mit der Brechzahl n; dabei ist v die Komponente der Geschwindigkeit des bewegten Mediums in (positives Vorzeichen) bzw. entgegen (negatives Vorzeichen) der Ausbreitungsrichtung des Lichts (c Lichtgeschwindigkeit im Vakuum).

Während FRESNEL den M. aufgrund der (irrigen) Annahme herleitete, dass in bewegten Medien eine teilweise Mitführung des Lichtäthers stattfindet, beruht das Auftreten des M. tatsächlich auf einer Änderung

$$n \to n' = n\left[1 \pm \left(n - \frac{1}{n}\right)\frac{v}{c}\right]^{-1}$$

der Brechzahl des Mediums und damit der Phasengeschwindigkeit des Lichts (es werden mehr oder weniger Moleküle in der Zeiteinheit von der Lichterregung erfasst als im ruhenden Medium). Den genauen Wert des M. liefert die spezielle Relativitätstheorie bei Anwendung des Additionstheorems für Geschwindigkeiten; der fresnelsche M. stellt eine erste Näherung dar. Bei Berücksichtigung der Änderung der Wellenlänge λ des Lichts im bewegten Körper infolge des Doppler-Effektes ergibt sich der zuerst von H. A. LORENTZ angegebene **lorentzsche M.**:

$$L = 1 - (1/n^2) - (\lambda/n)\,dn/d\lambda.$$

Mitgift *die, -/-en,* **Mitgabe,** das Vermögen (Ausstattung, Aussteuer), das der Frau von den Eltern oder Dritten in die Ehe mitgegeben wird (→Ausstattung 2).

Der Brauch der M. hat sich insbesondere in patrilinearen Verwandtschaftssystemen entwickelt. Die M. enthält oft den der Frau zustehenden Vermögens- und Erbschaftsanteil und dient i. Allg. der Steigerung des Ansehens der Frau und der Sicherung ihrer wirtschaftl. Unabhängigkeit.

mithelfende Famili|enangehörige, in der amtl. Statistik Bez. für Personen, die in einem landwirtschaftl. oder nichtlandwirtschaftl. Betrieb, der von einem Mitgl. ihrer Familie als Selbstständigem geleitet wird, mithelfen (d. h. am Erwerbsleben beteiligt sind), ohne hierfür Lohn oder Gehalt zu beziehen und ohne dass für sie Pflichtbeiträge zur gesetzl. Rentenversicherung entrichtet werden. In Dtl. ist die Bedeutung erheblich zurückgegangen: Betrug die Anzahl der m. F. 1939 noch 3 713 000 Personen (16,7 % der Erwerbstätigen), so waren es 1994 noch 488 000 (1,4 % der Erwerbstätigen).

Mithras, indoiran. Gott des Rechts und der staatl. Ordnung, dessen Name ›Vertrag‹ bedeutet; er wird erstmals in dem in früher 14. Jh. v. Chr. in heth. Sprache geschlossenen Vertrag zw. dem Hethiterkönig SUPPILULIUMA I. und MATTIWAZA von Mitanni als Schwurgott M. erwähnt. In Indien stand er als **Mitra** in enger Beziehung zu dem über eth. Verhalten wachenden Gott Varuna. Im alten Iran war er als **Mithra** der göttl. Herr von Männerbünden. Er wurde von ZARATHUSTRA bekämpft, aber von ARTAXERXES II. wieder offiziell anerkannt. In einem späteren Text des Avesta (Yascht 10) wird er als ›Lebensspender‹ angerufen. Er war als Apollon-M.-Helios-Hermes eine wichtige Gestalt der synkretist. Religion in Kommagene (→Nemrut Dağı). Seit dem 1. Jh. n. Chr. wurde er im Röm. Reich als ein mit der Sonne verbundener Erlösergott v. a. von den Legionären verehrt. Im Mittelpunkt des Kults, von dem Frauen ausgeschlossen waren, stand die Tötung eines Stiers. Sie beruhte

Robert Mitchum

Mithras: Provinzialrömisches Mithrasrelief, gefunden in Heidelberg-Neuenheim; 2. Jh. v. Chr. (Karlsruhe, Badisches Landesmuseum)

auf dem Mythos von einer Stiertötung durch den jugendl. Gott und sollte der Förderung des Lebens wie der Erlösung dienen. Der M.-Kult war eine typ. Mysterienreligion, in deren Geheimnisse man nach schweren, auch schmerzhaften Prüfungen über sieben Einweihungsgrade eingeführt werden konnte.

M. wurde in phryg. Tracht dargestellt, in Kleinasien als Reiter, sonst überwiegend beim kult. Töten des Stiers. Ein wichtiges Motiv ist M. im Sonnenwagen (als Sol invictus). Auch andere kult. und legendäre Motive (z. B. seine Geburt aus einem Fels) werden dargestellt. Kultstätten waren die **Mithräen**, seit dem 2. Jh. n. Chr. im ganzen Röm. Reich verbreitet: dunkle lang gestreckte, meist tonnengewölbte Säle mit Vorraum (Vestibulum), an den Längsseiten hohe breite Steinbänke (Podien) oder auch nur aufgeschichtete Grassoden (zum Liegen beim kult. Gelage), an der Rückwand oder in einer Exedra das Kultbild (als Relief oder Wandbild). Große M.-Heiligtümer waren dreigeteilt. Häufig befanden sich die Kultstätten im Kellergeschoss privater Häuser. Fresken schmückten Wände und Decke (Sternenhimmel). Mithräen sind z. B. in Ostia antica, Rom, Capua (heute Santa Maria Capua Vetere), in Ponza, in Dura-Europos, Sidon, London, in Dtl. in Heddernheim (heute zu Frankfurt am Main), Dieburg, Ladenburg, Köln, Heidelberg-Neuenheim, Wiesloch, Osterburken (Neckar-Odenwald-Kreis), in Österreich in Carnuntum, Virunum, in Rumänien in Sarmizegetusa, in Ungarn in Aquincum nachgewiesen worden. Gefunden wurden auch Kultgeräte mit Schlangenhenkeln, Schlangen- oder Löwenmotiven und der Stiertötungsszene.

E. SCHWERTHEIM: Die Denkmäler oriental. Gottheiten im röm. Dtl. (Leiden 1974); H. KOEPF: M. oder Christus (1987); M. CLAUSS: M. Kult u. Mysterien (1990); DERS.: Cultures

Mitla: Innenhof des ›Säulenpalastes‹

Mithrae. Die Anhängerschaft des M.-Kultes (1992); M. GIEBEL: Das Geheimnis der Mysterien. Antike Kulte in Griechenland, Rom u. Ägypten (Neuausg. 1993); R. MERKELBACH: M. (^{2}1994).

Mithridates VI. Eupator, eigtl. **Mithradates** [pers.-griech. ›von Mithras geschenkt‹], König von Pontos (seit 120 v. Chr.), *Sinope (heute Sinop) um 130 v. Chr., † Pantikapaion (heute Kertsch) 63 v. Chr.; aus altiran. Adelsgeschlecht. M. wurde 112 nach der Ermordung seiner Mutter Alleinherrscher, gewann nach Siegen über die Krimskythen das Bosporan. Reich (107), die Kaukasusgebiete und Galatien. Mit Armenien verbündet, nutzte er die Schwäche Roms während des Kimberneinfalls und im Bundesgenossenkrieg, um seine Macht nach S (Kappadokien) und W (Paphlagonien und Bithynien) zu erweitern. Das führte zum **1. Mithridatischen Krieg** (89–84), zur Eroberung der Prov. Asia durch M., zum Blutbefehl von Ephesos (Ermordung von 80 000 Italikern in Kleinasien) und zum Anschluss Griechenlands. Von SULLA in Böotien besiegt, verpflichtete sich M. 85 in Dardanos, die eroberten Gebiete zurückzugeben und seine Flotte auszuliefern. Einen röm. Einfall in Pontos wehrte M. im **2. Mithridatischen Krieg** (83–81) ab (Besetzung Kappadokiens durch TIGRANES I. von Armenien). Verbündet mit den Seeräubern und mit SERTORIUS besetzte M. im **3. Mithridatischen Krieg** (74–63) Bithynien, wurde aber erst von LUCULLUS bei Kyzikos (74/73) und später von POMPEIUS am Lykosfluss (Großer Zab) geschlagen (66). M. floh auf die Krim und ließ sich nach dem Abfall seines Sohnes PHARNAKES II. von einem Leibwächter töten.

E. OLSHAUSEN: M. VI. u. Rom, in: Aufstieg u. Niedergang der Röm. Welt, hg. v. H. TEMPORINI u. a., Tl. 1, Bd. 1 (1972); A. N. SHERWIN-WHITE: Roman foreign policy in the East (London 1984); N. VLAHOGIANNIS: Diplomacy and war aspects of M. Eupator's foreign policy (Melbourne 1987).

Mithuna [Sanskrit ›Liebespaar‹], **Maithuna,** in der ind. religiösen Kunst häufig verwendetes und äußerst variantenreiches Motiv eines im Liebesspiel begriffenen Paares, tantr. Esoterik zufolge Symbol für das in Ekstase erfahrbare Einssein der individuellen Seele mit dem Göttlichen. (→erotische Kunst)

Mitidja [miti'dʒɔ], fruchtbare Schwemmlandebene im Küstenbereich N-Algeriens, verläuft zw. Algier und Blida; Anbau von Wein, Zitrusfrüchten, Obst, Frühgemüse, Reis, Getreide. – Der S-Teil wurde im 16. und Anfang des 17. Jh. von span. Mauren erschlossen und besiedelt (u. a. Gründung von Blida), der N-Teil im 19. Jh. von frz. Siedlern (Kolonialdörfer mit geometr. Grundriss).

Mitkal das, -/-, **Miskal,** kleine, regional unterschiedl. Masseneinheit im Osman. Reich und Persien, 1 M. = 1½ Dirham = 4,81 g (Istanbul), 4,63 g (Alexandria), 4,67 g (Basra), 4,48 g (Kabul).

Mitkopplung, die positive Rückkopplung, d. h. die mit dem Eingangssignal phasengleiche Rückführung eines Teils des Ausgangssignals auf den Eingang einer Verstärkerschaltung. Die M. wird angewendet u. a. bei Oszillatoren, beim Schmitt-Trigger und beim Flipflop. (→Gegenkopplung, →Kippschaltung)

Mitla, archäolog. Fundort südwestlich von Oaxaca, Mexiko, entstanden um 900 als Kulturzentrum der Zapoteken, im 13./14. Jh. von den Mixteken besetzt und ausgebaut. Um 1500 war M. wieder dem zapotek. Herrscher tributpflichtig. Neben einzelnen Tempeln sind v. a. vier Gruppen von Palästen erhalten, lang gestreckte Bauten auf niedrigen Plattformen, die sich um einen Hof gruppieren. Durch Innenwände wurden einige Bauten in kleinere Säle unterteilt. Die monumentalen Türstürze der Eingänge sind aus einem Stück gefertigt, ebenso die Säulen, die das Dach der Vorhalle des ›Säulenpalastes‹ tragen. Einzigartig ist die Dekoration der Innen- und Außenwände mit streng geometr. Steinmosaiken (14 unterschiedl. Variationen). Dieses Mäanderdekor findet sich auch an den Wänden der unterird. Grabkammern.

Mitläufer|effekt, in der Haushaltstheorie Interdependenz zw. Konsumentscheidungen versch. Wirtschaftssubjekte (→Bandwagon-Effekt, →Konsum).

Mitlaut, der →Konsonant.

Mitleid, das Erleben von Leid, Schmerz und Not anderer wie eigenes Erleiden, das sich in tätiger Hilfe, Nachsicht und Rücksichtnahme gegenüber dem Leidtragenden äußert. Der Begriff M., ein Übersetzungslehnwort für griech. ›sympatheia‹ und lat. ›compassio‹, setzte sich erst im 17. Jh. durch. In der Antike galten Leiden und Mitleiden als wesentl. Momente des menschl. Daseins. Die Erfahrung des M. (griech. ›eleos‹) bildete in der Tragödie eine Voraussetzung für die →Katharsis. – In der Philosophie der Neuzeit wurde das M. teils als natürl. Affekt, teils als Tugend aufgefasst und entsprechend unterschiedlich beurteilt. A. SCHOPENHAUER fasste M. als die uneigennützige moral. Triebfeder auf, die allen moral. Handlungen, aller Tugend und Gerechtigkeit zugrunde liegt und sich auch auf die nichtmenschl. Kreatur erstreckt (Tierliebe). F. NIETZSCHE dagegen betrachtete es als einen ›depressiven Instinkt‹ und Zeichen der Schwäche. M. HORKHEIMER und T. W. ADORNO sahen im M. ein wesentl. Element der Moral und Ethik. Insofern dem M. einerseits das Bewusstsein der eigenen Verletzbarkeit zugrunde liegt, es andererseits gerade in der Bezogenheit auf andere von der eigenen Person absieht, wird es auch heute z. T. als ein Zentralbegriff der Ethik definiert (W. SCHULZ). – Größte Bedeutung erlangt das M. im Buddhismus und im Christentum. BUDDHA offenbart seine Erkenntnis aus M. mit der Welt, der Bodhisattva opfert sich für das Heil anderer. Im Christentum ist die prakt. Ausübung des M. in der Form der Barmherzigkeit ein wesentl. Bestandteil der Menschenliebe.

Mitnahme|effekt, Mitnehmer|effekt, Bez. für die nicht bezweckte Wirkung bei der Gewährung von Subventionen und anderen finanziellen Anreizen im Rahmen der Wirtschafts-, v. a. der Konjunkturpolitik. Werden z. B. Investitionszulagen gewährt, um Unternehmen zu zusätzl. Investitionen anzuregen, so müssen die Zulagen auch für diejenigen Investitionen gewährt werden, die auch ohne die Zulage vorgenommen worden wären oder die aufgrund der Zulage nur zeitlich vorgezogen werden (bei denen die Unternehmen die Zulage also nur ›mitnehmen‹, ohne an ihren Investitionsentscheidungen etwas zu ändern). Der finanzielle Aufwand, bezogen auf die zusätzl. Investitionen, wird dadurch beträchtlich erhöht, nicht aber die Wirkung. Um die Effizienz wirtschaftspolit. Maßnahmen zu erhöhen, müssen diese so gestaltet werden, dass die M. möglichst gering bleiben.

Mito, Stadt auf Honshū, Japan, am NO-Rand der Kantōebene, 246 900 Ew.; Verw.-Sitz der Präfektur Ibaraki; Univ.; Meiji-Museum; Verarbeitung landwirtschaftl. Produkte (u. a. Tabak), Textilindustrie. – Alte Burgstadt (weitgehende Zerstörung der Burg im 1865) mit einer der bekanntesten jap. Parkanlagen. – Seit 1609 war M. Sitz des für TOKUGAWA YORIFUSA, 11. Sohn des Shoguns TOKUGAWA IEYASU, geschaffenen Lehens. Gegen Ende des 17. Jh. wurde mit der M.-Schule ein Zentrum konfuzian. Wissenschaften.

Mitochondri|en [zu griech. mítos ›Faden‹ und chóndros ›Korn‹; ›Knorpel‹], *Sg.* **Mitochondrium** *das, -s,* **Chondriosomen,** meist stäbchenförmige Organellen, die in allen eukaryont. Zellen vorkommen, mit Ausnahme einer Amöbenart. M. vermehren sich durch Teilung, sind in der Lage, selbst Proteine zu synthetisieren, und enthalten eigenes genet. Material (mitochondriale DNA). Mehr als 90 % der mitochondrialen Proteine werden jedoch von der DNA im Zellkern codiert und an Ribosomen im Zellplasma synthetisiert. Man nimmt an, dass M. im Laufe der Evolution aus in die Zelle eingewanderten (endosymbiont.) Bakterien entstanden sind (→Endosymbiontenhypothese). – M. sind nach außen durch eine (eventuell der Außenmembran gramnegativer Bakterien homologe) Membran begrenzt; die dieser anliegende Innenmembran besitzt kamm- oder röhrenförmige Einfaltungen (Cristae- oder Tubulustyp des M.), die in eine Matrix eingebettet sind. Die Innenmembran enthält die Enzyme der Atmungskette der oxidativen Phosphorylierung (ATP-Bildung) und Teile des Zitronensäurezyklus. Die Matrix enthält neben Teilen des Zitronensäurezyklus Enzyme für den Abbau (β-Oxidation) der Fettsäuren. M. sind wichtig für Atmung, Energieversorgung und die Regulation des Ionenhaushalts (v. a. Calcium) der Zelle. Außerdem findet in ihnen die Steroidsynthese statt.

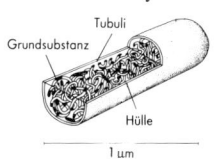

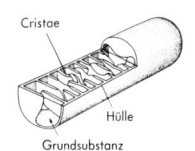

Mitochondrien: links Tubulustyp; rechts Cristaetyp

Mitomycine [Kw. aus **Mito**se und Strepto**mycin**], **Mitomyzine,** Gruppe chemisch nahe verwandter Antibiotika aus versch. Streptomycesarten. Durch Veränderung der DNA (DNA-Alkylierung) und Bildung freier Radikale wirken sie zellschädigend. Mitomycin C dient zur Behandlung versch. Krebsarten, insbesondere von Magen- und Bauchspeicheldrüsenkrebs.

Mitose [zu griech. mítos ›Faden‹] *die, -/-n,* die indirekte Kernteilung (→Zellteilung).

Mitosegifte, Substanzen, die über unterschiedl. Mechanismen und in unterschiedl. Stadien die Mitose unterbrechen. Ein wichtiger Vertreter ist das →Colchicin, das die Ausbildung von Mikrotubuli und damit auch des für die Chromosomenverteilung wichtigen Spindelapparates verhindert und eine Arretierung der Mitose in der Metaphase bewirkt. M. spielen bei der Karyotypisierung und in der Züchtungsforschung zur Polyploidisierung von Pflanzen eine wichtige Rolle.

Mitoumba [mitu-], Gebirge in der Demokrat. Rep. Kongo, →Mitumba.

Mitra [griech. ›Stirnbinde‹] *die, -/...tren,* **1)** bei HOMER der metallene, unter dem Panzer getragene Gurt zum Schutz des Unterleibs; bei späteren griech. Dichtern der ›Gürtel‹ der jungen Frau.

2) bei altorient. Herrschern eine golddurchwirkte breite Kopfbedeckung mit langen Enden. M. bezeichnete dann z. T. auch das →Diadem hellenist. Könige. Die Bez. wurde auch für hohe oriental. Kopfbedeckungen der Herrscher, wie Kidaris und Tiara pers. und sassanid. Könige, verwendet (→Krone). Bei den Griechen seit dem 7. Jh. v. Chr. eine aus einem langen, schmalen Tuch drapierte Kopfbedeckung der Frauen, die aus Lydien übernommen worden ist; diese M. wurde auch bei Gastmählern (Symposion) getragen, auch auf Darstellungen des Dionysos.

3) *christl. Liturgie:* **Inful,** volkstümlich **Bischofsmütze,** in der kath. Kirche die an der Rückseite mit zwei herabhängenden Zierbändern versehene Kopfbedeckung der Kardinäle, Bischöfe und ›infulierten Prälaten‹ (zum Tragen der M. berechtigte Amtsträger [→Ordinarius]) bei Pontifikalhandlungen. Auch die Bischöfe der unierten Ostkirchen tragen die M. in röm. Form; nur in der orth. Kirche ist sie als hohe, gewölbte Mütze gestaltet, auf der ein Kreuz steht. Die M. ist im 8. Jh. aus der phryg. Mütze des Papstes entstanden und wird seit dem 11. Jh. als Auszeichnung verliehen; seit dem 12. Jh. ist sie Teil der Amtstracht der Bischöfe und auch der Prälaten, denen diese zusteht. Voraus ging eine vom 10. Jh. an vom Kaiser in Analogie zum Hohen Priester beanspruchte M. mit Krone. – Die anglikan., altkath. und luther. Bischöfe (Schweden, Finnland, Baltikum) und der (luther.) Abt von Loccum tragen bei ihren (bischöfl.) Gottesdiensten ebenfalls die Mitra.

B. SIRCH: Der Ursprung der bischöfl. M. und päpstl. Tiara (1975).

Mitrailleuse [mitra'jø:z(ə); frz., zu mitraille ›zerhackte Blei- und Eisenstücke‹] *die, -/-n*, mit der Hand anzukurbelnde Schusswaffe aus einem Bündel von 25 bzw. 50 Gewehrläufen, von den Franzosen im Krieg 1870/71 eingesetzt. Die M. gilt als Vorläufer der Maschinengewehre.

Mitralherz [zu Mitra (nach der Form)], im Röntgenbild sichtbare Veränderung der Herzform **(Mitralkonfiguration)** bei Mitralklappenfehlern, v. a. durch Erweiterung des linken Vorhofes und des Lungenarterienbogens.

Mitral|insuffizi|enz, Herzklappenfehler mit Schlussunfähigkeit der Mitralklappe (→Herzkrankheiten).

Mitre, Bartolomé, argentin. Staatsmann, * Buenos Aires 26. 7. 1821, † ebd. 18. 1. 1906. Nach Jahren des Exils wegen seiner Opposition gegen den Diktator J. M. DE ROSAS kämpfte M. in der Schlacht von Monte Caseros (3. 2. 1852), die ROSAS' Herrschaft beendete. Als General der Unitarier unterlag er am 22. 10. 1859 J. J. DE URQUIZA bei Cépeda, besiegte ihn jedoch am 17. 9. 1862 bei Pavón und besiegelte die Vorherrschaft von Buenos Aires. Anschließend wurde M. zum Staatspräs. gewählt (1862–68); unter ihm entstanden die Grundlagen des modernen argentin. Verwaltungswesens. Er reformierte die Staatsfinanzen, den öffentl. Verkehr und betrieb eine großzügige Einwanderungspolitik. Nach seiner Präsidentschaft bekleidete er eine Reihe hoher Staatsämter und war schriftstellerisch tätig. M.s philolog. und histor. Arbeiten zählen zu den wichtigsten kulturellen Leistungen Lateinamerikas des 19. Jahrhunderts.

Werke: Rimas con un retrato al agua fuerte por Abot (1854); Historia de Belgrano, 2 Bde. (1858–59); Historia de San Martín y de la emancipación sud-americana, 3 Bde. (1887–88); Lenguas americanas (1894).

M. Homenaje de la Academia Nacional de la Historia en el ciencuentario de su muerte, 1906–1956, bearb. v. A. D. GONZÁLEZ u. a. (Buenos Aires 1957); J. S. CAMPOBASSI: Sarmiento y M., hombres de Mayo y Caseros (ebd. 1962).

MITROPA [von **Mit**teleuro**pa**], Kw. für **Mitteleuropäische Schlaf- und Speisewagen-AG,** 1916 gegründetes Gastronomieunternehmen, Sitz: Berlin; ging 1949 in West-Dtl. mit seinen Vermögenswerten in die →Deutsche Schlafwagen- und Speisewagen-Gesellschaft mbH über, während in Ost-Dtl. die Betriebe mit der alten Bez. als zentral geleitete Institution weitergeführt wurden. Die M.-Einrichtungen in der DDR bewirtschafteten Zugrestaurants sowie Interflug-Flugzeuge und betrieben Bahnhofsgaststätten, Dienstleistungseinrichtungen, Verkaufsstellen sowie Autobahnraststätten und Intershops. – Im Frühjahr 1990 wurde die M. als AG von der Dt. Reichsbahn (jetzt Dt. Bahn AG) als Hauptaktionär (100 %) wieder übernommen und am 1. 1. 1994 die damalige ›Dt. Service-Gesellschaft der Bahn‹ in die M. eingebracht. Neben dem mobilen Kerngeschäft (Bewirtschaftung von Speise-, Schlaf- und Liegewagen) unterhält die M. rd. 260 stationäre Handelseinrichtungen (v. a. Bahnhofsgaststätten, Reiseartikelpoints) sowie 28 Autobahnraststätten und Motels und ist auch in den Bereichen Schiffs-Catering und Dutyfreeshop tätig. Umsatz (1996): rd. 780 Mio. DM, Beschäftigte: 6 300.

Mitropoulos [-pulɔs], Dimitri, amerikan. Dirigent griech. Herkunft, * Athen 1. 3. 1896, † Mailand 2. 11. 1960; studierte u. a. bei F. BUSONI in Berlin und war nach Stationen in Athen, Minneapolis (Minn.), New York und Philadelphia (Pa.) 1949–58 Chefdirigent des New York Philharmonic Orchestra, seit 1954 auch Dirigent der Metropolitan Opera; setzte sich neben der ital. Oper für die Musik des 20. Jh. ein.

Mitscherlich, 1) Alexander, Chemiker, * Berlin 28. 5. 1836, † Oberstdorf 31. 5. 1918, Sohn von 3), Vater von 5); Prof. in Münden (1868–83); führte 1878 ein technisch brauchbares Verfahren zur Gewinnung von Zellstoff aus Holz (Sulfitverfahren) ein.

2) Alexander, Psychoanalytiker und Publizist, * München 20. 9. 1908, † Frankfurt am Main 26. 6. 1982, ∞ mit 4). Nach geisteswiss. Studien (1928–32) in München, Berlin und Freiburg im Breisgau und mehrmaliger Verhaftung durch die Nationalsozialisten wegen polit. Betätigung studierte M. (ab 1933) Medizin in Zürich und – bei V. VON WEIZSÄCKER – in Heidelberg, wo er 1949 die Abteilung für psychosomat. Medizin an der Univ. gründete und anschließend (ab 1952 als Prof.) leitete. Nach dem Zweiten Weltkrieg nahm M. als Beobachter und Berichterstatter am Nürnberger Prozess gegen NS-Ärzte teil (›Medizin ohne Menschlichkeit‹, 1949, mit F. MIELKE). Ab 1960 leitete er das Sigmund-Freud-Institut, ein Ausbildungs- und Forschungsinstitut für Psychoanalyse, in Frankfurt am Main. 1966 übernahm er an der dortigen Univ. den Lehrstuhl für Psychologie. – M. gab ab 1947 zus. mit seiner Frau die Zeitschrift ›Psyche‹ heraus. 1969 erhielt er den Friedenspreis des Dt. Buchhandels.

M. bemühte sich v. a. um die Anwendung psychoanalyt. Methoden und Erkenntnisse auf soziale Phänomene, insbesondere die Erscheinungen der Vermassung, die er auf eine ›Schwächung des Ich ... im Hinblick auf die Fähigkeit, aus dem Unbewussten aufsteigende Triebregungen abzufangen und ... sozial fruchtbar umzuformen‹, zurückführte. In der Medizin plädierte M. für ein Verständnis des Krankheitsgeschehens als eines komplexen psychosomat. Vorgangs, bei dem auch die sozialen Einflüsse zu berücksichtigen sind.

Weitere Werke: Auf dem Weg zur vaterlosen Gesellschaft. Ideen zur Sozialpsychologie (1963); Die Unwirtlichkeit unserer Städte (1965); Die Unfähigkeit zu trauern. Grundlagen kollektiven Verhaltens (1967, mit MARGARETE M.); Die Idee des Friedens u. die menschl. Aggressivität (1969); Massenpsychologie ohne Ressentiment. Sozialpsycholog. Betrachtungen (1972); Toleranz, Überprüfung eines Begriffs. Ermittlungen (1974); Der Kampf um die Erinnerung. Psychoanalyse für fortgeschrittene Anfänger (1975); Das Ich u. die Vielen. Parteinahmen eines Psychoanalytikers (1978); Ein Leben für die Psychoanalyse. Anmerkungen zu meiner Zeit (1980).

3) E i l h a r d Alfred, Chemiker, * Neuende (heute zu Wilhelmshaven) 7. 1. 1794, † Schöneberg (heute zu Berlin) 28. 8. 1863, Vater von 1), Großvater von 5); seit 1822 Prof. in Berlin. M. entdeckte die Isomorphie bei Kristallen, die Polymorphie chem. Verbindungen und die Schwefelmodifikationen; entwickelte analyt. Bestimmungsmethoden (z. B. eine nach ihm benannte Phosphorprobe), klärte die Struktur mehrerer Stoffe und konstruierte den ersten Polarisationsapparat.

4) Margarete, Psychoanalytikerin und Publizistin, geb. **Nielsen**, * Graasten (Dänemark) 17. 7. 1917, ∞ mit 2); studierte Medizin, später psychoanalyt. Ausbildung in Stuttgart, London und Heidelberg. Neben der Zusammenarbeit mit ihrem Mann (v. a. ›Die Unfähigkeit zu trauern ...‹, 1967) setzte sie sich u. a. mit der Problematik der Idealisierung (›Das Ende der Vorbilder‹, 1978), den Geschlechterbeziehungen (›Männer. Zehn exemplar. Geschichten‹, 1980, mit HELGA DIERICHS) und dem Rollenverhalten der Frau in der Politik (›Die friedfertige Frau‹, 1985; ›Die Zukunft ist weiblich‹, 1987) auseinander.

5) Max Eilhard Alfred, Agrarwissenschaftler und Bodenkundler, * Berlin 29. 8. 1874, † Paulinenaue (Landkreis Nauen) 3. 2. 1956, Sohn von 1), Enkel von 3); 1906–40 Prof. in Königsberg, ab 1946 Berlin (Ost); ab 1949 Leiter des agrarwiss. Instituts in Paulinenaue. Durch seine Arbeiten zur angewandten Bodenkunde, Pflanzenphysiologie und Düngung trug M. wesentlich zur Steigerung der Bodenerträge bei.

Mitschurin, Mičurin [-tʃ-], **Iwan Wladimirowitsch**, russ. Botaniker, * Landgut Werschina (Gebiet Rjasan) 27. 10. 1855, † Mitschurinsk 7. 6. 1935; züchtete über 300 neue Obstsorten, die es ermöglichten, die Obstbaumgrenze in der UdSSR nach N auszudehnen. Er befasste sich mit der gegenseitigen Beeinflussung von Unterlage und Pfropfreis und entwickelte die ›Mentormethode‹; hieraus leitete M. lamarckist. Hypothesen über die der Pflanzenzüchtung zugrunde liegenden Vorgänge ab, die später jedoch theoretisch widerlegt wurden.

Mitschurinsk [nach I. W. MITSCHURIN, der hier 1877–1935 arbeitete], **Mičurinsk** [mitʃ-], bis 1932 **Koslow, Kozlov** [kɔz-], Stadt im Gebiet Tambow, Russland, in der Oka-Don-Ebene, 120 400 Ew.; Hochschule für Obst- und Gemüsebau, PH, Mitschurin-Forschungsinstitute für Genetik und Obstbau; Bau von Geräten und Apparaturen, Fleisch-, Konserven-, Bekleidungsfabriken; Eisenbahnknotenpunkt.

Mitsotakis, Konstantinos, griech. Politiker, * Chania 18. 10. 1918; Rechtsanwalt; im Zweiten Weltkrieg in der Widerstandsbewegung aktiv, wurde 1946 Abg. (bis 1961 als Mitgl. der Liberalen Partei, 1961–65 als Mitgl. der Zentrumsunion, 1965–67 als Parteiloser); 1963–65 Finanz-Min., 1965–67 Min. in kurzlebigen Kabinetten. Nach dem Militärputsch (April 1967) zunächst verhaftet, lebte er später im Exil in Paris und befand sich nach seiner Rückkehr 1973–74 erneut in Haft. Nach Wiederherstellung des demokrat. Reg.-Systems (1974) gründete er 1977 die Neoliberale Partei, die 1980 mit der Neuen Demokratie verschmolz. 1977 wurde M. wieder Abg. Als Koordinations-Min. (1978–80) und Außen-Min. (1980–81) trat er für die Mitgliedschaft seines Landes in der EG ein. 1984–93 war er Vors. der Neuen Demokratie und 1990–93 Ministerpräsident.

Mitsubishi Bank Ltd. [-biʃi- 'bæŋk 'limitid], eine der größten Banken Japans und der Erde, gegr. 1880, Sitz: Tokio. 1996 fusionierte die M. B. Ltd. mit der Bank of Tokyo Ltd. zur **Bank of Tokyo-Mitsubishi Ltd.** Damit entstand der weltweit größte Bankkonzern (Bilanzsumme [1996]: 704,6 Mrd. US-$, Beschäftigte: 20 000), mit 84 Filialen in 45 Ländern vertreten.

Mitsubishi-Gruppe [-biʃi-], eine der größten jap. Firmengruppen (Keiretsu) mit mehr als 29 in den Bereichen Großhandel, Versicherungs- und Bankenwirtschaft, Elektrotechnik, Chemie, Automobil- und Flugzeugindustrie, Schiff- und Industrieanlagenbau tätigen Unternehmen. Die Unternehmen sind in keiner Holding zusammengeschlossen und operieren unabhängig; verflochten sind sie z. T. über das Aktienkapital und ›Public Affairs Committee‹. Stammfirma ist das größte jap. Handelsunternehmen Mitsubishi Shōji Kaisha Ltd., Tokio, gegr. 1870 von IWASAKI YATARŌ (* 1834, † 1885) und seinem Bruder YANOSUKE, seit 1971 Mitsubishi Corp. (Umsatz [1995/96]: 246,4 Mrd. DM, Beschäftigte: rd. 36 000). Bedeutende Produktionsgesellschaften: Mitsubishi Electric Corp., führendes Unternehmen der jap. elektrotechn. Industrie, gegr. 1921 (Umsatz [1995/96]: 48,6 Mrd. DM, Beschäftigte: 47 800); Mitsubishi Heavy Industries Ltd., MHI, Schiff- und Flugzeugbauunternehmen und Investitionsgüterhersteller; neu gegr. 1950, seit 1964 jetziger Name (Umsatz [1995/96]: 41,8 Mrd. DM, Beschäftigte: 41 700); Mitsubishi Motors Corp., durch Ausgründung aus der MHI entstandener Automobilproduzent (Umsatz [1995/96]: 49,0 Mrd. DM, Beschäftigte: 28 400). Zur M.-G. gehört auch die Mitsubishi Bank.

Mitsui & Co., Ltd., jap. Mischkonzern, entstanden 1673 durch Gründung eines Kaufhauses durch MITSUI HACHIROBEI (* 1622, † 1694); Sitz: Tokio. Die Aktivitäten des weltweit tätigen Konzerns erstrecken sich u. a. auf die Bereiche Finanz- und Versicherungswesen, Groß- und Einzelhandel, Reederei, chem. Industrie, Schiff- und Maschinenbau, Elektronik, Bergbau, Stahlindustrie. Umsatz (1996): 144,9 Mrd. US-$, Beschäftigte: 41 700.

Mitsunaga, eigtl. **Tokiwa M.**, auch **Fujiwara M.** [fudʒi-], jap. Maler, tätig etwa 1158–79 am Kaiserhof in Kyōto; schilderte das Leben am Hof in 60 Querrollen (z. T. durch Kopien bekannt). Zugeschrieben werden ihm u. a. die zu den genialsten Leistungen des Yamato-e gehörenden drei Bildrollen von 1173, die in dramat. Massenszenen und mit eindringl. Charakterisierung die Geschichte des Höflings BAN DAINAGON erzählen (Tokio, Privatsammlung).

Mittag, allg. die Uhrzeit 12 Uhr; in der *Astronomie* der Zeitpunkt des Durchgangs der Sonne durch den →Meridian während ihrer oberen →Kulmination. Bei Bezug auf den tatsächl. Durchgang der Sonne wird dieser Zeitpunkt als **wahrer M.** bezeichnet, bei Bezug auf den als Zeitmarke eingeführten Durchgang der mittleren Sonne, die als sich mit konstanter Geschwindigkeit längs des Himmelsäquators bewegend gedacht wird, bezeichnet man ihn als **mittleren M.** (12:00 wahrer bzw. mittlerer Ortssonnenzeit).

Mittag, Günter, Politiker, * Stettin 8. 10. 1926, † Berlin 18. 3. 1994; Eisenbahner; 1945–46 Mitgl. der KPD, 1946–89 der SED, 1962–89 Mitgl. des ZK, 1966–89 des Politbüros der SED sowie 1962–73 und 1976–89 ZK-Sekretär für Wirtschaftsfragen. Zunächst zus. mit ERICH APEL (* 1917, † Selbstmord 1965), suchte er zw. 1963 und 1967/70 das Wirtschaftssystem der DDR zu reformieren, hielt jedoch an der zentralist. Planungsbürokratie fest und trug als enger Vertrauter E. HONECKERS bis 1989 die Hauptverantwortung für die verfehlte Wirtschaftspolitik der DDR. M., 1973–76 Erster stellv. Min.-Präs. und 1984–89 stellv. Vors. des Staatsrates, verlor am 18. 10. 1989 alle seine Funktionen und war vom 3. 12. 1989 bis 2. 8. 1990 wegen Veruntreuung von Volksvermögen in Haft. Zwei Verfahren gegen M. wurden im März 1992 bzw. im Mai 1993 wegen Verhandlungsunfähigkeit eingestellt.

Mittag-Leffler, Magnus Gustav (Gösta), schwed. Mathematiker, * Stockholm 16. 3. 1846, † Djursholm (bei Stockholm) 7. 7. 1927; Prof. in Helsingfors und Stockholm, erweiterte v. a. die Funktionentheorie im Anschluss an C. HERMITE und K. WEIERSTRASS durch wichtige Sätze. Das **M.-L.-Theorem** bezieht sich auf die Theorie der Partialbrüche. M.-L. begründete die Zeitschrift ›Acta Mathematica‹ (seit 1882), die zu einem internat. Diskussionsforum wurde.

Konstantinos Mitsotakis

Mittagsblume: Mesembryanthemum grandifolium

Mittagsblume, Mesembryanthemum, Gattung der Eiskrautgewächse mit etwa 70 Arten bes. im südl. Afrika; ein- oder zweijährige krautige, meist am Boden kriechende Pflanzen mit fleischigen Blättern und kleinen bis mittelgroßen, weißen, gelbl., grünl., rötl. oder lilafarbenen Blüten. Eine bekannte Art ist das verwildert auch an den Küsten des Mittelmeeres vorkommende, in vielen Farben blühende **Eiskraut (Eisblume,** Mesembryanthemum crystallinum): Die fleischigen, dicken Blätter sind mit großen, wassergefüllten Papillen besetzt; auch Gemüse- und Salatpflanze.

Mittagsblumengewächse, Eiskrautgewächse, Ficoideaceae, Aizoaceae, Pflanzenfamilie mit rd. 2500 Arten in über 130 Gattungen, v. a. in Afrika und Australien; Kräuter, Halbsträucher oder Sträucher mit fleischigen, meist gekreuzt-gegenständigen, miteinander verwachsenen Blättern, die häufig mit wassergefüllten, z. T. wie Eisperlen glänzenden Papillen besetzt sind; Blüten bis 12 cm groß, mit zahlreichen lineal. Blütenblättern; bekannte Gattungen sind →Mittagsblume, →Fenestraria und →Lithops.

Mittagshöhe, *Astronomie:* →Meridian.
Mittagskreis, *Astronomie:* der →Meridian.
Mittagslini|e, *Astronomie:* →Meridian.
Mittagspunkt, *Astronomie:* →Meridian.

Mittasch, Alwin, Chemiker, * Großdehsa (bei Löbau) 27. 12. 1869, † Heidelberg 4. 6. 1953. M. war 1917–32 Leiter des Ammoniaklabors der BASF AG in Ludwigshafen am Rhein; er leistete bedeutende Arbeiten zur Katalyse (v. a. zu ihrer techn. Anwendung) und schuf weitgehend die Voraussetzungen der industriellen Nutzung des Haber-Bosch-Verfahrens.

Mit|täterschaft, gemeinschaftl. Begehen einer Straftat durch mehrere Täter. Jeder Mittäter wird als Täter bestraft (§ 25 StGB). Umstritten ist die Abgrenzung der M. von der →Beihilfe. Die Rechtsprechung sieht als Mittäter jeden Beteiligten an, der den ›Täterwillen‹ hat; dieser kann sich entweder aus der Tatherrschaft (dem maßgebenden Einfluss auf die Tatausführung) oder aus dem Eigeninteresse an der Durchführung der Tat (auch bei geringer äußerer Beteiligung) ergeben. Die Wiss. stellt dagegen ausschließlich auf die Teilhabe an der Tatherrschaft ab, die meist als arbeitsteiliges Zusammenwirken im Ausführungsstadium verstanden wird. Wenn ein Mittäter über den gemeinsamen Plan hinausgeht (→Exzess), so braucht der andere dafür nicht einzustehen. – Das *österr.* Recht regelt die M. nicht gesondert, sondern behandelt alle Beteiligten (Täter und Teilnehmer) gleich (§ 12 StGB). Das *schweizer.* StGB enthält keine Vorschrift über die M.; sie wird jedoch als Täterschaft bestraft.

C. Roxin: Täterschaft u. Tatherrschaft (⁶1994).

Mitteilungen in Strafsachen, Abk. **MiStra,** *Strafverfahren:* bundeseinheitlich geltende Verwaltungsanordnung i. d. F. v. 15. 3. 1985, durch die die Justizbehörden verpflichtet werden, andere Behörden über Strafverfahren zu unterrichten, die für sie von Bedeutung sind.

Mitteilungen in Zivilsachen, Abk. **MiZi,** *Zivilprozessrecht:* durch bundeseinheitl. Anordnung vom 1. 10. 1967 mit landesrechtl. Ergänzungen geregelte Verpflichtung von Behörden der Zivilgerichtsbarkeit zu Mitteilungen an andere Behörden und sonstige Stellen über bestimmte zivilprozessuale Vorgänge von öffentl. Interesse, die zu weiteren Maßnahmen (z. B. des Jugendamtes) Anlass geben können.

Mitteis, Heinrich, Rechtshistoriker, * Prag 26. 11. 1889, † München 23. 7. 1952; Prof. u. a. in Köln, Heidelberg, Wien und Zürich; verknüpfte die Rechtsgeschichte mit der polit. und der Geistesgeschichte.

Werke: Der Staat des hohen MA. (1940); Dt. Rechtsgesch. (1949); Dt. Privatrecht (1950); Die Rechtsidee in der Gesch. (hg. 1957).

Mittel, 1) *Meteorologie:* der arithmet. Mittelwert eines meteorolog. Elements (z. B. der Temperatur) während eines bestimmten Zeitraums, in dem mehrere Messungen des Elements erfolgten; es gibt Tages-, Monats- und Jahres-M., daneben Pentaden- und Dekaden-M. (für Zeiträume von 5 bzw. 10 Tagen) sowie langjährige meteorolog. Mittel.
2) *Physik:* der →Mittelwert.
3) *Statistik:* der →Mittelwert.

Mittel|alter, Abk. **MA.,** lat. **Media Aetas, Medium Aevum,** in der europ. Geschichte Bez. für den Zeitraum zwischen Altertum und Neuzeit. Seiner Erforschung widmet sich die Mediävistik.

Begriffsinhalt: Der sprachlich an sich wertfreie Begriff geht auf die Humanisten (Ende 15./Beginn 16. Jh.) zurück, die überzeugt waren, dass mit dem M. eine sich an die Antike anschließende ›dunkle‹ Zeitepoche, geprägt durch den allgemeinen Verfall der lat. Sprache und Bildung, zu Ende gegangen sei und nun einer neuen, ›hellen‹ Zeit der Wiedergeburt antiker Gelehrsamkeit (Renaissance) Platz gemacht habe. Die hier anklingende negative Bewertung wurde von der Aufklärung (18. Jh.) verstärkt aufgegriffen (›finsteres M.‹). Trotz grundsätzl. Bedenken (aus universalhistor. Sichtweise) gegen die seit dem 17. Jh. in histor. Handbüchern üblich gewordene Dreiteilung des Geschichtsverlaufes in Altertum, M. und Neuzeit hat sich der Begriff M. – zumindest für die europ. Geschichte – als Epochen-Bez. behauptet, zumal der früher v. a. von der marxist. Geschichtsschreibung vorgeschlagene Alternativbegriff ›Feudalzeitalter‹ wesentl. Erscheinungen der zu beschreibenden Epoche, wie die Entwicklung der Kirche und des städt. Lebens, nicht ausreichend berücksichtigte.

Zeitliche Eingrenzung und Periodisierung: Umstritten sind sowohl Epochencharakter sowie Beginn und Ende des M. wie auch die Periodisierung innerhalb des M. in die Teilepochen Früh-, Hoch- und Spät-M., da die wesentl. Entwicklungen in den Bereichen polit. Geschichte, Verfassungs-, Wirtschafts-, Sozial-, Kultur- und Geistesgeschichte sowie auch in den einzelnen Ländern nicht immer synchron verlaufen sind.

Die Problematik zeigt sich bes. bei der Abgrenzung des *Früh-M.* von der Antike, wo man auf eine Fülle von Vorschlägen trifft, die sich über einen Zeitraum von nahezu einem halben Jahrtausend – von der Krise des Röm. Reiches im 3. Jh. bis zur Kaiserkrönung Karls d. Gr. (800) – erstreckten und sich vorwiegend an der polit. Ereignisgeschichte orientierten. Eine gewisse Einigkeit besteht allerdings darüber, dass Epochengrenzen sich nicht punktuell festlegen lassen, sondern die Annahme einer längeren Übergangszeit voraussetzen. Als eine solche wurde das Zeitalter der Völkerwanderung (4.–6. Jh.) angesehen. Wenn auch in dieser Zeit in der Begegnung von Antike, Germanen und Christentum wesentl. Grundlagen der frühmittelalterl. Welt geschaffen wurden, so ist auch dieser zeitl. Ansatz nicht unumstritten. Zwar macht die ältere ›Katastrophentheorie‹ den Einbruch der Germanen in das Röm. Reich verantwortlich für den Untergang der römisch-antiken Kulturwelt, doch erstrebten die Germanen zunächst eine Teilhabe am Imperium, wenn auch unter eigenen Königen (Goten), erzwangen aber auch die Landnahme, wenn sie ihnen verwehrt wurde (Wandalen), und erschienen schließlich als Eroberer, die eigenständige Staatsgebilde errichteten (Franken, Langobarden). Die Geschichte der Kirche und des Christentums in diesen Jahrhunderten (Ausweitung in den german. und kelt. Raum, Tradierung antiken Kulturgutes, Hochblüte der für die geistig-religiöse Entwicklung des M. entscheidend wichtigen Patristik) widerspricht ebenfalls der These vom absoluten Verfall. Allerdings ist die im Wesentlichen von der Wirtschafts- und Sozialgeschichte her konzipierte Antithese der ›Kontinuitätstheorie‹ (A. DOPSCH) anfechtbar, wenn auch nicht zu bezweifeln ist, dass sich v. a. im Bereich der Institutionen und Kultureinrichtungen (Stadt) über eine sehr lange Zeit ein tief greifender Unterschied erhalten hat zw. den Landschaften, die jahrhundertelang von röm. Herrschaft geprägt worden sind, und jenen, die niemals zum Röm. Reich gehört haben.

Eine andere Auffassung (H. PIRENNE) setzt die entscheidende Zäsur mit dem zerstörenden Einbruch des Islam in die Mittelmeerwelt an (7./8. Jh.). Auch diese These ist wesentlich von der Wirtschaftsgeschichte her begründet, durch die Spezialforschung ist sie in diesem Fall ihre Einseitigkeit korrigiert, aber die histor. Tragweite der Geschehnisse ist richtig erfasst: Die antike Einheit des Mittelmeerraumes ist durch den ›Arabersturm‹ gesprengt worden. Als Ergebnis von Völkerwanderungszeit und islam. Expansion bildete sich bis zur Mitte des 8. Jh. das Mächtesystem heraus, in dem Byzanz, das Reich der Kalifen (arab. Kalifat) und die aufsteigende Macht des Westens, das Fränk. Reich, die dominierenden Faktoren darstellten. Das Papsttum aber trat, indem es die Aufrichtung der karoling. Monarchie durch PIPPIN III. 751 unterstützte, aus dem Rahmen der alten Reichskirche heraus und entging damit der Gefahr, in ihrer eine seine Freiheit aufhebende Abhängigkeit vom byzantin. Kaiser zu geraten (Cäsaropapismus): eine Entscheidung von größter Bedeutung, die sich in der Kaisererhebung KARLS D. GR. (800) vollendete, wodurch die politische und geistige Trennung des lateinisch geprägten Abendlandes von griech. Osten besiegelt wurde (vertieft durch das Morgenländ. Schisma, 1054; Zweikaiserproblem).

Die frühmittelalterl. Sozialstruktur wurde von einer arbeitsteilig noch wenig differenzierten Agrargesellschaft geprägt, die weitgehend von der Naturalwirtschaft lebte. Der auf dieser Grundlage entstehende mittelalterl. Staat erscheint seinem Wesen nach als eine Summierung von Personenverbänden (Stämme, Sippen, Gefolgschaften, Lehnhöfe, Haus- und Schwurgenossenschaften). Öffentl. Gewalt und private Rechtsbefugnis wurden begrifflich nicht unterschieden; beides floss untrennbar in der mittelalterl. ›Herrschaft‹ (Dominium) zusammen, die – hervorgegangen aus der Verfügungs- und Herrschaftsgewalt des Hausherrn über Grund und Boden und die hierauf lebenden Personen (lat. familia) – in den Formen der Grund-, Gefolgs- und später Lehnsherrschaft regelmäßig als elitäre Adelsherrschaft erscheint. An der Spitze dieses ›Personenverbandsstaates‹ stand der König, dessen Stellung durch die enge Einbindung der christl. Kirche in seinen Herrschaftsverband (Eigenkirchenwesen) und das Ritual der christl. Königsweihe (Salbung) eine bedeutsame herrschaftl. und charismat. Aufwertung erfuhr. Die Gesellschaft erhielt zunehmend eine starre hierarch. Anordnung (Ständegesellschaft).

Auch bei der Abgrenzung zw. Früh- und Hoch-M. kam die Forschung in den einzelnen europ. Ländern unter dem Eindruck des jeweiligen ›nat.‹ Geschichtsverlaufs zu ganz unterschiedl. Ergebnissen. So war es in Dtl. lange üblich, das Hoch-M. mit der Entstehung des ›Reichs der Deutschen‹ (›Regnum Teutonic[or]um‹; seit dem 12. Jh. Heiliges Röm. Reich genannt) aus dem Ostfränk. Reich in den ersten Jahrzehnten des 10. Jh. beginnen und mit dem Zusammenbruch der Stauferherrschaft (um 1250) enden zu lassen. Demgegenüber orientiert sich eine neuere Forschungsrichtung weniger an der dynast. Geschichte der dt. Kaiserzeit, sondern versucht vielmehr, das Hoch-M. als gesamteurop. Epoche zu begreifen. Folgt man dieser Sichtweise, wird man die Epochengrenze wesentlich später, etwa gegen Mitte des 11. Jh., ansetzen, da um diese Zeit fast im gesamten Abendland ein tief greifender Wandlungsprozess einsetzte, der nahezu alle Lebensbereiche erfasste und einen allgemeinen ›Aufbruch‹ der mittelalterl. Gesellschaft zu neuen Lebens- und Bewusstseinsformen auslöste. Initiiert wurde dieser Prozess durch ein stetiges Bevölkerungswachstum, das sich im 12. und 13. Jh. dramatisch beschleunigte und bis ins 14. Jh. hinein anhielt. Um den gestiegenen Nahrungsbedarf zu decken, wurden verbesserte Anbau- und Arbeitsmethoden (Dreifelderwirtschaft, neue Pflugtechniken) entwickelt und neue Anbauflächen durch Neusiedlung und Rodung erschlossen. Die hierdurch ausgelöste wirtschaftl. Dynamik erfasste neben dem Agrarbereich auch Handwerk, Gewerbe und Handel, was wiederum zum Aufschwung der Geldwirtschaft wie auch zur Entstehung eines dichten Netzes von Märkten und Städten führte. Motor dieses Wandlungsprozesses war eine beeindruckende ›horizontale‹ und ›vertikale‹ Mobilität der bisher unfreien Landbevölkerung, der es gelang, im Rahmen der Neusiedlungsbewegung (u. a. Rodungen, dt. Ostsiedlung), durch Abwanderung in die entstehenden Städte oder durch sozialen Aufstieg im Herrendienst (Ministerialität in Dtl.) die archaischen Formen bodengebundener Abhängigkeit von unmittelbarer Herrengewalt zu sprengen. Der sich aus Vasallen, in Dtl. auch aus Ministerialen ausbildende Ritterstand wurde zum Träger eines besonderen Standesethos und einer eigenen übernat. höf. Kultur (höf. Literatur, Minnedienst). Im Rahmen dieser allgemeinen Neuorientierung wurde auch die Kirche von einer religiösen Erneuerungsbewegung (Kirchenreform; Zentrum: Cluny) erfasst, die die Befreiung der Kirche von weltl. Herrschaft und Verstrickung in weltl. Angelegenheiten erstrebte (Libertas Ecclesiae; Verbot von Priesterehe, Simonie, Laieninvestitur). In dem hierdurch ausgelösten Investiturstreit zwischen Kaisertum und Papsttum (1075–1122) zerbrachen die frühmittelalterl. Ordnungsvorstellungen vom gleichberechtigten Nebeneinander der geistl. und weltl. Gewalt (Zweigewaltenlehre) und wurden vom hierokrat. Herrschaftsanspruch des Papsttums abgelöst. Mit dem kirchl. Erneuerungsprozess wurde endlich auch eine große Blütezeit der europ. Geisteslebens (Renaissance des 12. Jh.) ausgelöst, deren Zentrum in Frankreich lag und die neben den ersten Universitätsgründungen in Paris und Bologna auch eine neue Theologie (Scholastik) hervorbrachte.

Die für das Hoch-M. prägende demograph. und wirtschaftl. Wachstumsphase reichte bis in das zweite Jahrzehnt des 14. Jh., als katastrophale Missernten, verbunden mit Viehseuchen, eine erste Agrarkrise auslösten. Dennoch neigt die Forschung dazu, den Beginn des Spät-M. in Dtl. wesentlich früher anzusetzen. So wird in der Literatur meist der Zusammenbruch der Stauferherrschaft (um 1250) und das nachfolgenden Interregnum (1254–73) als die entscheidende Zäsur gesehen, die das Spät-M. eingeleitet habe. Ein Teil der Forschung neigt sogar dazu, diesen Zeitpunkt noch weiter, auf den Beginn des 13. Jh., vorzuverlegen. Hierfür sprechen gute Gründe, da – im Nachhinein betrachtet – gegen Ende des 12. und zu Beginn des 13. Jh. histor. Entscheidungen fielen, die die künftige Entwicklung in neue Bahnen drängten. Während sich in Westeuropa gegen Ende des 12. Jh. bei der Nachfolge in der Königsherrschaft das dynast. Erbprinzip endgültig durchsetzte, trugen in Dtl. das Scheitern des Erbreichsplanes Kaiser HEINRICHS VI. und die Doppelwahl von 1198 entscheidend dazu bei, dass hier am Ende der Gedanke der freien Wahl – ohne Rücksicht auf das Geblütsrecht – mit der Ausbildung besonderer Königswähler (Kurfürsten) den Sieg davongetragen hat. Bereits bei der Doppelwahl wurde außerdem deutlich, dass der Versuch des stauf. Königtums, mithilfe der Reichsministerialität eine allgemeine Reichsverwaltung aufzubauen, gescheitert war, was dazu führte, dass das Heilige Röm. Reich bis an sein Ende (1806) nie über behördenmäßig organisierte Verwaltungsinstitutionen verfügen sollte. Auch auf europ. Ebene sprechen Ereignisse wie die 1187 erfolgte Eroberung Jerusalems durch die Muslime, der erfolglose dritte Kreuzzug und die Pervertierung des Kreuzzugsgedankens durch die Eroberung Konstantinopels und die Begründung des ›Lat. Kaisertums‹ in Byzanz (1204), der Zusammenbruch des Angevin. Reiches und der Aufstieg der frz. Monarchie (Schlacht von Bouvines 1214) sowie auch das Pontifikat INNOZENZ' III. (1199–1216), eines der bedeutendsten Päpste des M., für die Annahme eines tiefen Einschnitts und damit den Beginn einer neuen Epoche um die Wende vom 12. auf das 13. Jahrhundert.

Ende des M.: Nach herkömml. Auffassung endete das Spät-M. mit dem ausgehenden 15./einsetzenden 16. Jh., wobei zur Stützung dieser Ansicht auf ganz unterschiedl. Tatbestände wie den Beginn der Reformation (1517), die Einleitung des ›Zeitalters der großen Entdeckungen‹ (insbesondere mit der Landung von C. KOLUMBUS in Amerika 1492), die Entfaltung des Humanismus oder den Italienzug des frz. Königs KARL VIII. (1494/95) verwiesen wird. Der Vorschlag einzelner Autoren, diesen Zeitpunkt um mindestens zwei Jahrhunderte vorzuverlegen, hat sich in der Praxis nicht durchgesetzt. Wenn auch zuzugeben ist, dass bestimmte Grundlagen moderner Staatlichkeit bereits im 13. und 14. Jh. gelegt wurden, so kommt man doch kaum an der Einsicht vorbei, dass erst mit der Reformation die mittelalterl. Ordnungsvorstellungen endgültig zerbrochen sind.

Die Epoche des Spät-M. erscheint als eine Krisenzeit, die jedoch nicht allein von Depression und Resignation, sondern auch von vitaler Widerstandskraft, Kreativität, Individualität und schöpfer. Neubeginn geprägt wurde. So lösten im 14. Jh. Hungersnöte und Pestepedemien mit ihren aufeinanderfolgenden Menschenverlusten zwar eine lang anhaltende Agrardepression – begleitet von einer monetären Krise – aus; andererseits profitierte ein großer Teil der Überlebenden von der nun im Wert gestiegenen menschl. Arbeitskraft. Zu der wirtschaftl. Krise trat nach den überzogenen Herrschaftsansprüchen Papst BONIFATIUS' VIII. eine Krise des Papsttums, die sich bald zu einer allgemeinen Krise der Kirche ausweitete (Residenz der Päpste in Avignon im Einflussbereich der frz. Krone 1309–77, Abendländ. Schisma, vergebl. Kirchenreformversuche auf den Konzilien des 15. Jh. in Konstanz, Basel-Ferrara-Florenz). Dass auch in weiten Teilen der Bevölkerung ein gewisses Krisenbewusstsein bestand, machen die sich rasch radikalisierende Bewegung der Flagellanten und die von Südfrankreich ausgehenden blutigen Judenverfolgungen der Jahre 1348–49 deutlich. Die Zunftkämpfe in den dt. Städten sind nur ein Teilaspekt der Volksbewegungen, die seit dem Beginn des 14. Jh. das westl. und südl. Europa erschütterten und sich um 1380 auch in den ost- und südosteurop. Raum ausweiteten. Es waren Elendsrevolten, städt. Aufruhrbewegungen und Bauernaufstände, die vor dem Hintergrund des allgemeinen Rückgangs der Prosperität mannigfache – polit., wirtschaftl. und soziale – Ursachen hatten. Dabei war nicht der Umsturz der bestehenden Sozialordnung, sondern die Abstellung von Missständen das Hauptziel. Geprägt wurde das Spät-M. aber auch durch das Aufblühen der Stadtkultur, die frühkapitalist. Wirtschaftsformen (neue Zahlungs- und Kreditformen, Banken- und Versicherungswesen, Börsen) zum Durchbruch verhalf. Ermöglicht wurde diese Entwicklung nicht zuletzt auch durch neue Formen der Bildungsvermittlung (Universitäten, Laienschulen in den Städten) wie auch neue Bildungsinhalte, die einerseits (in Dtl.) in der Mystik zu einem Höhepunkt verinnerlichter Frömmigkeit führten, andererseits aber auch mit der Aristoteles-Rezeption die Grundlagen für den Aufstieg der modernen Naturwissenschaften schufen und damit einer neuen ›Rationalität‹ den Weg ebneten.

⇒ *deutsche Geschichte · Europa · Gotik · Kirchengeschichtsschreibung · mittellateinische Literatur · Romanik*

Kulturbruch oder Kulturkontinuität im Übergang von der Antike zum M., hg. v. P. E. HÜBINGER (1968); Lex. des M., hg. v. L. LUTZ u. a., auf 8 Bde. ber. (1980 ff.); R. W. SOUTHERN: Geistes- u. Sozialgesch. des M. (a. d. Engl., ²1980); J. FLECKENSTEIN: Ortsbestimmung des M. Das Problem der Periodisierung, in: Mittelalterforsch., hg. v. R. KURZROCK (1981); Tradition als histor. Kraft, hg. v. N. KAMP u. a. (1982); R. HODGES u. D. WHITEHOUSE: Mohammed, Charlemagne and the origins of Europe. Archaeology and the Pirenne thesis (London 1983); O. BRUNNER: Sozialgesch. Europas im M. (²1984); G. DUBY: Europa im M. (a. d. Frz., 1986); DERS.: Die Zeit der Kathedralen (a. d. Frz., Neuausg. ²1994); Alltag im Spät-M., hg. v. H. KÜHNEL (Graz ³1986); E. ENNEN: Die europ. Stadt des M. (⁴1987); M. MOLLAT: Die Armen im M. (a. d. Frz., ²1987); F. SEIBT: Glanz u. Elend des M. Eine endl. Gesch. (1987); H. JAKOBS: Kirchenreform u. Hoch-M. 1046–1215 (²1988); K. BOSL: Europa im M. (1989); W. RÖSENER: Bauern im M. (⁴1991); W. VOLKERT: Adel bis Zunft. Ein Lex. des M. (1991); Das M. in Daten. Lit., Kunst, Gesch. 750 bis 1520, hg. v. J. HEINZLE (1993); H. BOOCKMANN: Einf. in die Gesch. des M. (⁶1996); G. ALTHOFF: Spielregeln der Politik im M. Kommunikation in Frieden u. Fehde (1997); Frauen des M. in Lebensbildern, hg. v. K. SCHNIETH (Graz 1997); H. FUHRMANN: Einladung ins M. (⁵1997); A. J. GURJEWITSCH: Das Weltbild des M. Menschen (a. d. Russ., Neuausg. ⁵1997).

Mittel|amerika, Teil Amerikas, bestehend aus Mexiko, →Zentralamerika (Festlandbrücke zw. Nord- und Südamerika, von Guatemala bis Panama) und den Karib. oder →Westindischen Inseln.

Vorgeschichte: Die ältesten Belege einer Besiedlung des mittelamerikan. Raumes (paläoindian. Periode) stammen aus dem mexikan. Fundort Tlapacoya (um 19000 v. Chr.). In dieser Zeit erfolgte auch über die zentralamerikan. Landbrücke die Besiedlung des südamerikan. Raumes. Um 7000 v. Chr. begann der Übergang von der Sammelwirtschaft zum Pflanzenbau. In der archaischen Periode (7000–2500 v. Chr.) lässt sich bereits um 6000 v. Chr. im Tal von Tehuacán (Mexiko) Anbau von Cayennepfeffer, Avocados und Kürbis nachweisen. Bes. wichtig war die Kultivierung des Maises (ab 3500 v. Chr., Datierung umstritten). Parallel dazu bildeten sich erste Dauersiedlungen. Erste Tongefäße tauchten um 3000 v. Chr. auf (Mexiko, etwas später Belize). In der hoch entwickelten Keramik M. (seit etwa 2500 v. Chr.) nehmen die →mesoamerikanischen Kulturen ihren Anfang.

Geschichte: (→Lateinamerika).

mittel|amerikanische Indianer, die in Mittelamerika lebenden indian. Bevölkerungsgruppen: in Mexiko (bis zum Isthmus von Tehuantepec) die →mexikanischen Indianer, daran anschließend die →Maya. Alle Völker zw. der SW-Ecke Guatemalas und Panama gehören zum Areal der zirkumkarib. Kulturen, einem Raum, der sich bis NW-Kolumbien und N-Venezuela ausdehnt und früher zudem die Antillen und Florida umfasste. Der S Mittelamerikas liegt dabei im Schnittpunkt von fünf histor. Kulturschichten: 1) ein Jäger/Sammler-Element, wie es die Xinca vor ihrem Kontakt mit den Maya vertraten; 2) die egalitär organisierten Waldbauernkulturen der Tolupan (Jicaque) und Paya; 3) die Häuptlingsaristokratien der Talamanca und Guaymí; 4) die aus Mexiko stammenden Militäraristokratien der Pipil u. a.; 5) die kolonialzeitlich geprägten Mischkulturen der Misquito, Cuna und Schwarzen Kariben. Heute sind die Unterschiede zw. den Schichten weitgehend abgeschliffen; Kolonialzeit und Eingriffe der Nationalstaaten haben zur Nivellierung, generell zu kultureller Verarmung geführt. Die indian. Bevölkerung der Westind. Inseln war schon bald nach der Eroberung durch die Europäer fast restlos ausgerottet (→Taino). Auf der pazif. Seite der Landbrücke sind die früher dort lebenden Indianer jetzt ausgestorben oder in der Ladinobevölkerung aufgegangen. Die Völker der Atlantikküste konnten sich besser behaupten. Ihr Widerstand gegen die span. Kolonisation regte sich früh, zunächst im Bündnis mit den Piraten der Karibik, später als Anhängsel brit. Großmachtpolitik, die z. B. das ›Königreich‹ der Misquito als brit. Protektorat anerkannte. In neuerer Zeit fand die Revolte der Cuna statt, die sich 1925 von Panama lossagten und vorübergehend eine ›Tule-Republik‹ proklamierten.

mittel|amerikanische Kulturen, →mesoamerikanische Hochkulturen.

Mittelasi|en, zusammenfassende Bez. für die GUS-Republiken Turkmenistan, Usbekistan, Tadschikistan, Kirgistan und zusätzlich für den S von Kasachstan, also nicht identisch mit →Zentralasien.

Mittel|atlantischer Rücken, untermeer. Gebirge im →Atlantischen Ozean, Teil des →Mittelozeanischen Rückens.

Mittel|auge, bei manchen Reptilien das →Scheitelauge, bei Krebsen das →Naupliusauge.

mittelbare Täterschaft, die nichteigenhändige Verwirklichung eines Straftatbestandes durch einen anderen (Tatmittler, ›Werkzeug‹), der das Delikt nach Plan und Willen des mittelbaren Täters (der die ›Tatherrschaft‹ hat) ausführt. Der Tatmittler handelt i. d. R. (z. B. wegen Irrtum, fehlender Einsichtsfähigkeit, Nötigung) selbst nicht vorsätzlich oder schuldhaft und ist dann straflos oder höchstens als fahrlässiger Täter strafbar. Ob es eine m. T. bei einem vorsätzlich und schuldhaft handelnden Tatmittler gibt (›Täter hinter dem Täter‹, z. B. bei der Ausführung verbrecher. Befehle), ist umstritten, wird aber überwiegend und neuerdings auch von der Rechtsprechung bejaht. Der mittelbare Täter wird als Täter bestraft (§ 25 Abs. 1 StGB). – Das österr. Strafrecht behandelt alle Beteiligten (Täter und Teilnehmer) gleich (§ 12 StGB) und enthält keine besondere Regelung der mittelbaren Täterschaft. Das StGB der *Schweiz* (dort ohne ausdrückl. Regelung) bestraft die m. T. als Täterschaft.
C. ROXIN: Täterschaft u. Tatherrschaft (⁶1994).

Mittelbau Dora, Dora-Mittelbau, Mittelbau, Tarnname eines natsoz. unterird. Rüstungszentrums im Südharz (bei →Nordhausen; 1943–45).

Mittelberg, Gem. in Vorarlberg, Österreich, umfasst die Talschaft →Kleines Walsertal.

Mittelböhmisches Gebiet, tschech. **Středočeský kraj** [ˈstrʒɛdɔtʃɛski kraj], Verw.-Gebiet in der Tschech. Rep., umfasst (ohne Prag) 11 013 km² und (1994) 1,11 Mio. Ew., Verw.-Sitz ist Prag. Von Elbe und Moldau durchflossen; beiderseits der Elbe ausgedehnte Niederung, sonst überwiegend Hügel- und Bergland (Brdywald, bis 865 m ü. M.). Abgesehen von den günstigen Bedingungen für die Landwirtschaft (u. a. Anbau von Zuckerrüben, Gemüse, Hopfen) ist das M. G. zus. mit Prag das bedeutendste Industriegebiet der Tschech. Rep. An der Spitze steht der Maschinenbau mit Folgeindustrien, daneben gibt es Hütten-, chem., Textil-, Bau-, Nahrungs- und Genussmittelindustrie (Bierbrauereien) sowie Energieerzeugung in Wärme- und Wasserkraftwerken (Moldaukaskade). Wichtige Industriestandorte sind Jungbunzlau, Kladno (in der Umgebung Steinkohlenbergbau), Kolin und Neratowitz. Bekannt als Kurort ist Poděbrady.

Mittelbronze [-brɔ̃sə], *Münzkunde:* Sammler-Bez. für die antiken röm. Bronzemünzen As und Dupondius, die in Wert und Durchmesser zw. dem Sesterz und dem Semis liegen.

Mitteldarm, bei *Wirbeltieren* ein Abschnitt des →Darms; bei *Insekten* und einigen anderen *Wirbellosen* der entodermale Darmabschnitt (Magen).

Mitteldarmdrüsen, Hepatopankreas, große, verästelte, drüsenreiche Blindschläuche im Mitteldarmbereich mancher Wirbellosen (v. a. bei Weichtieren und Krebsen), die funktionell der Leber und der Bauchspeicheldrüse der Wirbeltiere entsprechen.

Mitteldestillate, zw. etwa 180 und 400 °C siedende Erdöldestillate oder andere Raffinerieprodukte (z. B. Crack-Gasöl), die v. a. als Mischkomponenten für Heizöl EL (extra leichtflüssig) und Dieselkraftstoff dienen.

Mitteldeutscher Handelsverein, →Deutscher Zollverein.

Mitteldeutscher Rundfunk, Abk. **MDR,** Landesrundfunkanstalt des öffentl. Rechts für die Länder Sachsen, Thüringen und Sachsen-Anhalt, gegr. durch Staatsvertrag vom 30. 5. 1991, Sitz: Leipzig; Sendebeginn 1. 1. 1992. Der MDR hat Landesfunkhäuser in Dresden, Magdeburg und Erfurt. Er veranstaltet ein länderübergreifendes und drei regionale Hörfunkprogramme sowie ein Fernsehvollprogramm, er liefert ferner als Mitgl. der ARD rd. 11 % des Aufkommens des 1. Programms, außerdem Beiträge zu den öffentlich-rechtl. Kulturkanäle 3sat und ARTE. Das Fernsehtagesprogramm wird teilweise gemeinsam mit dem →Sender Freies Berlin gestaltet.

Mitteldeutschland, 1) geographisch der mittlere Abschnitt der dt. Mittelgebirgsschwelle. Zur Elbe fließen in M. Saale, Mulde und Schwarze Elster. Über die Abgrenzung des Begriffs (entstanden aus der Sicht des Dt. Reiches 1870/71–1945) besteht unter den Geographen keine Übereinstimmung. Zu M. gehören der Harz (im NW), der Thüringer und Frankenwald (im SW), der dt. Anteil des Erzgebirges und des Lausitzer Gebirges, die Sächs. Schweiz und das Lausitzer Bergland (im SO), der Fläming (im N). Im Inneren M.s liegen das Thüringer Becken, die Leipziger Tieflandsbucht und das Mittelsächs. Hügelland.
M. gestern u. heute, hg. v. K. ROTHER (1995).
2) in der Bundesrepublik v. a. in den 1950er- und 1960er-Jahren vielfach verwendete Bez. für die DDR.

Mittel|englisch, Abk. **me.,** die von etwa 1100 bis 1500 reichende Stufe der →englischen Sprache. (→englische Literatur)

Mittel|europa, der zentrale Teil Europas. Die Abgrenzung fällt durch die versch. Ansätze (physiogeographisch, historisch-politisch, kulturlandschaftlich) unterschiedlich aus und nicht immer in Übereinstimmung mit dem Selbstverständnis der betroffenen Staaten aus. Zu M. werden i. Allg. Dtl., die Schweiz, Österreich, Polen, die Tschech. Rep., die Slowak. Rep., Slowenien, Kroatien und Ungarn gerechnet.

Vorgeschichte

Für das erste Auftreten des Menschen in der *Altsteinzeit* zeugen die Skelettfunde von Mauer (→Heidelbergmensch), Bilzingsleben und Vértesszöllős. Die Steinwerkzeuge dieser Homo-erectus-Gruppen gehören in den Formenkreis des Clactonien. Der →Steinheimmensch zählte zu den Trägern des Acheuléen, das in der Holstein-Warmzeit in M. einen günstigen Lebensraum fand. In der darauf folgenden Riß-Kaltzeit war der Raum vom nord. Inlandeis und den Alpengletschern so eingeengt, dass er dem Menschen nur als jahreszeitlich gebundenes Schweifgebiet dienen konnte. Möglicherweise gehören die Funde von Salzgitter-Lebenstedt bereits in die Endphase dieser Kaltzeit. In der letzten Zwischeneiszeit (Eem-Warmzeit) lebten Gruppen des Präneandertalers in M. unter günstigen Klimabedingungen. Fundstätten von Menschen- und Kulturresten liegen in Weimar (→Ehringsdorf) und bei Gánovce (N-Slowakei). Bes. aufschlussreiche Fundstätten des Mittelpaläolithikums mit reichhaltiger Fauna und Flora befinden sich am Ufer des ehem. Aschersleber Sees (→Königsaue).

MITTELDEUTSCHER RUNDFUNK
Mitteldeutscher Rundfunk

Das in der frühen Würm-Kaltzeit auftretende Moustérien war in M. eine Kultur des Neandertalers. Fundstätten mit menschl. Skelettresten sind bes. die Šipkahöhle beim Štramberk und die Schwedenstuhlhöhle bei Ochoz (beide in Mähren). Mousteroide Blattspitzen bilden als Leitformen der Altmühlgruppe und der ungar. Szeletakultur (Szeleti) den Übergang zum Jungpaläolithikum.

Während einer Klimabesserung der Würm-Kaltzeit (um 30 000 v. Chr.) erschien der Cro-Magnon-Mensch in M. Seine jungpaläolith. Kulturen zeigen mit höher stehender Jagdtechnik und dorfartigen Siedlungen ein höheres Zivilisationsniveau, das mit dem Auftreten der Kunst eine neue Epoche der Menschheitsgeschichte einleitete (Willendorf, Dolní Věstonice, Pavlov, Vogelherdhöhle). In der letzten Glazialphase der Würm-Kaltzeit drang das Magdalénien nach M. vor. In Nord-Dtl. entfaltete sich zu gleicher Zeit die etwas anders geartete Hamburger Kultur. Den Ausklang der Altsteinzeit bilden im nördl. M. die Stielspitzengruppen, die sich zeitlich mit den im südl. M. seit etwa 9000 v. Chr. auftretenden Formengruppen der Mittelsteinzeit überschneiden.

Nach dem Rückgang der Würm-Vereisung breiteten sich in Süd-Dtl. und im dt. Mittelgebirge *mittelsteinzeitl.* Gruppen aus dem Umkreis des Azilien und Tardenoisien aus, während die Nordft. Tiefebene, Dänemark und NW-Europa von Gruppen der Maglemose- und Ertebøllekultur eingenommen wurden.

Die älteste *Jungsteinzeitkultur* in M. ist die Bandkeramik. Vom NW-Balkan aus hat sie sich im 5. Jt. v. Chr. donauaufwärts und rheinabwärts bis zum N-Rand des Mittelgebirges, in die Niederlande und ins Pariser Becken ausgebreitet, wobei zunächst allein die fruchtbaren Lößebenen besiedelt wurden. Die Befestigung zahlreicher bandkeram. Siedlungen bes. im Rheinland weist auf ein Schutzbedürfnis hin, das sich vielleicht gegen die Jäger. Mittelsteinzeitleute der Hügelländer richtete. Endlich scheinen beide Bevölkerungen miteinander verschmolzen zu sein, was zur Entstehung der stichbandkeram. (Mittel-Dtl., Tschech. Rep.) und Rössener Kultur (West- und Nordwest-Dtl.) führte, die auch im Mittelgebirge und der Tiefebene nördlich der Lößgrenze verbreitet sind; die Viehzucht hatte wohl größere Bedeutung als früher, dadurch bestand eine größere Unabhängigkeit von guten Ackerböden.

Die Rössener Kultur scheint auf die Entwicklung der Trichterbecherkultur der Nordft. Tiefebene und S-Skandinaviens eingewirkt zu haben, einer weit verbreiteten Bauernkultur, die relativ bald unter den Einfluss der westeurop. Megalithkultur geriet; die nordft. Hünengräber, Sippenbestattungen dieser Kultur, zählen zu den eindrucksvollsten Zeugen der Vorzeit in Dtl. In West-Dtl. bildete sich die Michelsberger Kultur. Im Jungneolithikum traten einerseits neue donauländ. Einflüsse, andererseits fremdstämmige Menschengruppen (Schnurkeramik/Einzelgrabkultur und Glockenbecherkultur) auf, die die älteren Kulturgruppen überlagerten oder zum Erlöschen brachten.

In der frühen *Bronzezeit* bildeten sich in der Nähe der nordalpinen und mitteldt. Kupferlagerstätten neue Zentren (Straubinger Kultur und Aunjetitzkultur), von denen ausgehend die Kenntnis von Bronzegegenständen sich allmählich bis Nord-Dtl. ausbreitete und hier zur Entstehung des Nord. Kreises der Bronzezeit führte, der auch S-Skandinavien umfasste und seinen ungewöhnl. Reichtum vermutlich dem Bernsteinhandel verdankt. Der Nord. Kreis entwickelte sich bis zur späten Bronzezeit kontinuierlich weiter; auch der Übergang zur Eisenzeit scheint keinen Bevölkerungswechsel mit sich gebracht zu haben. Demgegenüber lösten sich die beiden anderen Kulturen der Frühbronzezeit bald auf, und in der vollen Bronzezeit wurde das ganze südl. M. von O-Frankreich bis W-Ungarn von der Hügelgräberkultur beherrscht. Zw. ihrem und dem nord. Kulturgebiet bildete sich zur gleichen Zeit ein zunächst nur schwach ausgeprägter Formenkreis, aus dem die Lausitzer Kultur hervorging. Für diese Zeit können bereits gewisse Formen polit. und religiöser Machtkonzentration angenommen werden. In der jüngeren Bronzezeit verbreitete sich von Ungarn aus die Urnenbestattung, die mit neuartigen Keramik- und Bronzetypen charakteristisch für die Urnenfelderkultur wurde. Ihre Ausbreitung führte zum Erlöschen der Hügelgräberkultur. Im Fundgut zeichnen sich deutlicher als zuvor Kontakte mit Italien und Griechenland ab.

Die ältere *Eisenzeit* stand im südl. M. im Zeichen der Hallstattkultur, während im N die bronzezeitl. Kultur fortbestand und sich sogar nach S ausbreitete. In Südwest-Dtl. und O-Frankreich entstand eine eigene westl. Variante der Hallstattkultur. Während im O die Hallstattkultur mit dem illyrisch-venet. Volkstum verbunden zu sein scheint, können als Träger der westl. Hallstattkultur Kelten angenommen werden. Die Spätstufe der Lausitzer Kultur geriet zunehmend unter Hallstatteinfluss. Im Grenzgebiet zw. Lausitzer Kultur und Nord. Kreis bildeten sich (mit auffälligen Beziehungen zur ital. Eisenzeit) die Hausurnen- und Gesichtsurnenkultur. In der späten Hallstattzeit vollzog sich im Nord. Kreis der Übergang zur eisenzeitl. Kultur (Jastorfkultur) und eine Aufspaltung in Gebiete mit eigener Kulturentwicklung.

Die jüngere Eisenzeit stand im Südgebiet im Zeichen der kelt. La-Tène-Kultur, die auf der Grundlage der westl. Hallstattkultur entstand und durch händler. und krieger. Kontakte mit der Mittelmeerzivilisation zu beachtl. Kulturhöhe erblühte. Sie dehnte sich über weite Teile Europas aus; der german. N geriet in eine gewisse kulturelle Abhängigkeit von der kelt. Welt (Dejbjerg, Gundestrup). Während der jüngeren La-Tène-Zeit drangen Germanen nach S ins kelt. Gebiet ein, und wenig später führte die röm. Eroberung zum Ende der kelt. Unabhängigkeit und Kultur. In der Folge herrschten im größeren Teil von M. die Germanen, in der westl. Randzone die Römer.

Zur Geographie und Geschichte →Europa sowie Artikel zu den einzelnen europ. Staaten.

Mįtteleuropa-Gedanke, in der 1. Hälfte des 19. Jh. aufgekommenes Schlagwort für Bestrebungen zu einer dt.-österr. Blockbildung. Im metternichschen System (1815–48) hatte der M.-G. eine antinat. und antirevolutionäre Tendenz. In der Frankfurter Nationalversammlung 1848/49 vertraten die Großdeutschen den M.-G. Auch die Bündnispolitik O. VON BISMARCKS wurde von ihm beeinflusst. Das Ziel eines einheitl. mitteleurop. Wirtschaftsraums stand bei den Plänen von F. LIST, K. L. V. BRUCK und F. NAUMANN im Vordergrund. Der M.-G. wirkte bis in die Zeit des Nationalsozialismus fort.

Mįtteleuropäische Freihandelszone, →CEFTA.
Mįtteleuropäische Zeit, Abk. MEZ, →Zeitmessung.
Mittelfell, Mittelfellraum, Mediastinum, zw. den beiden Lungenflügeln in der Sagittalebene vom Brustbein bis zu den Brustwirbelkörpern befindl., vom Brustfell begrenzter Raum. Er beherbergt das Herz, den Thymus, die Speiseröhre, große Blutgefäße, Lymphknoten und Nerven.

Mittelfleisch, Anatomie: →Damm.
Mittelfranken, Reg.-Bez. in Bayern, 7 246 km², 1,67 Mio. Ew.; umfasst die kreisfreien Städte Ansbach, Erlangen, Fürth, Nürnberg, Schwabach und die Landkreise Ansbach, Erlangen-Höchstadt, Fürth, Neustadt a. d. Aisch-Bad Windsheim, Nürnberger Land, Roth, Weißenburg-Gunzenhausen; Verwaltungssitz ist Ansbach.

Mittelfranzösisch, Periode der →französischen Sprache (etwa vom 14.–16. Jh.).

Mittelfreie, im MA. die Klasse der rittermäßigen Leute (Nobiles), die nach dem →Schwabenspiegel lehnsrechtlich im 5. Heerschild zw. den freien Herren und den Ministerialen stand.

Mittelfrequenz, in der *Elektrotechnik* Bez. für den Bereich der zw. 200 und 10000 Hz liegenden Frequenzen von elektr. Wechselströmen bzw. -spannungen; M. werden z. B. in der elektr. Energietechnik für die induktive Erwärmung verwendet.

mittelfristige Finanzplanung, Abk. **Mifrifi, mehrjährige Finanzplanung,** ein Konzept der Planung öffentl. Ausgaben und Einnahmen, das die Mängel der kurzfristigen Betrachtungsweise der traditionellen Budgetierung überwinden soll. Die m. F. schlägt sich nieder in mehrjährigen **Finanzplänen,** die im Unterschied zum →Haushaltsplan nicht vollzugsverbindlich sind. Ziele sind v. a. Transparenz über den zukünftigen Entscheidungsspielraum (bes. durch systemat. Erfassung der Folgekosten von Ausgabebeschlüssen und durch mittelfristige Steuerschätzungen), eine verstärkte Möglichkeit der Bildung von Prioritäten sowie die Verbesserung der Information über die zu erwartende öffentl. Aktivität. Seit 1967 sind Bund und Länder (seit 1973 auch die Gemeinden) verpflichtet, ihrer Haushaltswirtschaft eine fünfjährige Finanzplanung zugrunde zu legen. Der Finanzplan des Bundes wird von der Bundes-Reg. beschlossen und Bundestag und Bundesrat zur Kenntnisnahme vorgelegt. Der Finanzplan ist jährlich anzupassen und fortzuführen, wobei das erste Jahr des Fünfjahreszeitraumes jeweils das laufende Haushaltsjahr ist (gleitende Planung). Die m. F. von Bund, Ländern und Gemeinden wird im →Finanzplanungsrat abgestimmt.

Mittelgewicht, *Sport:* Gewichtsklasse u. a. im Boxen (Amateure bis 75 kg, Frauen bis 72 kg, Berufsboxer [WBA] bis 72,575 kg), Gewichtheben (bis 76 kg), Rasenkraftsport (bis 75 kg) und Taekwondo (bis 83 kg, Frauen bis 70 kg).

Mittelgrund, *Schifffahrt:* Untiefe in einem Fahrwasser, die an beiden Seiten umfahren werden kann; durch gelb-schwarze **M.-Tonne** markiert.

Mittelhaardt/Deutsche Weinstraße, nördl. Bereich des Weinbaugebietes Rheinpfalz (→Pfälzer Weine).

Mittelhand, 1) *Anatomie:* →Hand.
2) *Kartenspiel:* →Hinterhand.
3) *Zoologie:* beim Pferd der mittlere Körperabschnitt zw. Vorder- und Hinterhand (Rücken, Flanken, Bauch).

Mittelhochdeutsch, Abk. **mhd.,** Epoche der →deutschen Sprache von etwa 1050 bis etwa 1350.

Mittelholzer, 1) Edgar Austin, karib. Schriftsteller, *New Amsterdam (Guyana) 16. 12. 1909, †Farnham (Cty. Surrey) 6. 5. 1965; lebte ab 1948 in England. Seine oft melodramat. Romane greifen Themen seiner karib. Heimat auf, so das bäuerl. Leben in Guyana (›Corentyne thunder‹, 1941), die Rassenbeziehungen in Westindien (›A morning at the office‹, 1950) sowie, in dem Romanepos der ›Kaywana-Trilogie‹ (›Children of Kaywana‹, 1952, dt. ›Kaywana‹; ›The harrowing of Hubertus‹, 1954; ›Kaywana blood‹, 1958), die am Beispiel einer Familie dargestellte Geschichte Guyanas in den Jahren 1611–1953.

Weitere Werke: Shadows move among them (1951; dt. Glühende Schatten); My bones and my flute (1955); Thunder returning (1961); A swarthy boy (1963); The Jilkington drama (1965).

A. J. SEYMOUR: M., the man and his work (Georgetown, Guyana, 1968).

2) Walter, schweizer. Flieger und Schriftsteller, *St. Gallen 2. 4. 1894, †(verunglückt) in den Tiroler Alpen 9. 5. 1937; gründete 1919 die erste schweizer. Fluggesellschaft, Pionier des Luftbildes, führte seit 1923 viele Flugexpeditionen aus (Spitzbergen, Iran, Afrika). M. wurde 1931 Direktor der Swissair; schrieb u. a. ›Persienflug‹ (1926), ›Afrikaflug‹ (1927), ›Alpenflug‹ (1928), ›Fliegerabenteuer‹ (²1938).

Mittel|iranisch, →iranische Sprachen.

Mittelkongo, frz. **Moyen-Congo** [mwajɛ̃ɔ̃'go], 1903–60 Name der heutigen Rep. →Kongo.

Mittelkurs, Mittelwert zw. Geld- und Briefkurs im Devisenhandel. Zum **amtlichen M.** werden die Devisengeschäfte in amtlich notierten Währungen von der Dt. Bundesbank gegenüber Kreditinstituten abgerechnet. Banken kaufen im Kundengeschäft Devisen zum niedrigeren Geldkurs und verkaufen sie zum höheren Briefkurs; untereinander handeln sie Devisen zum Mittelkurs.

Mittel|lamelle, Teil der pflanzl. →Zellwand.

Mittel|land, 1) Bez. im Kt. Appenzell Ausserrhoden, Schweiz, 60 km², 15 800 Ew.; Hauptort ist Teufen (AR).
2) Großlandschaft in der →Schweiz.

Mittel|ländisches Meer, das →Mittelmeer.

Mittel|landkanal, Schifffahrtskanal in NRW, Ndsachs. und Sa.-Anh., der das westdt. Fluss- und Kanalsystem mit Weser und Elbe verbindet (der M. wurde früher auch **Ems-Weser-Elbe-Kanal** genannt); zw. Hörstel am Dortmund-Ems-Kanal und Magdeburg-Rothensee an der Elbe 321,3 km lang, für Schiffe bis 1000 t befahrbar, 1938 fertig gestellt. Der M. wird größtenteils durch Pumpwerke mit Wasser aus der Weser gespeist. Er hat zwei Doppelschleusen (bei Hannover und Wolfsburg) und ein Schiffshebewerk in Magdeburg-Rothensee. Die staugeregelte Weser, die der Kanal bei Minden auf zwei Brücken quert (1998 Inbetriebnahme der zweiten Brücke), ist über Schleusen erreichbar. Zweigkanäle führen nach Osnabrück, Hildesheim, Salzgitter. Über die Elbe hat der M. über den Elbe-Havel-Kanal und die Havel Anschluss an das Berliner Wasserstraßennetz und damit an die Oder. Nach Fertigstellung des →Elbeseitenkanals (1976) erhielt der M. Verbindung zum Seehafen Hamburg und durch den Elbe-Lübeck-Kanal zur Ostsee.

mittel|lateinische Literatur, die lat. Literatur des europ. MA. Sie lässt sich wegen der fließenden Übergänge zur vorausgehenden lat. Literatur der Spätantike und zur nachfolgenden des Humanismus zeitlich nur ungefähr auf 500–1500 eingrenzen und brachte infolge der im gesamten christl. Abendland benutzten lat. Buchsprache (→mittellateinische Sprache) weit mehr Werke und Formen hervor als die röm. Antike.

Grundlagen

Die christlich geprägte Gesellschaft des MA. erhielt sowohl in den einst von den Römern beeinflussten Ländern der Romania als auch in den nach und nach

Mittellandkanal

von der Mission erfassten Gebieten der Germanen und Westslawen ihre geistige Formung durch die lat. Kirche. Diese vermittelte in den Kloster-, Dom- und Ordensschulen, dann auch an den Universitäten tradiertes antikes und frühchristl., durch Übersetzung erlangtes orientalisch-arab. und zeitgenöss. Wissensgut; sie ließ die Texte abschreiben, förderte das Entstehen von Bibliotheken und besaß das Bildungsmonopol.

Zwar konnte sich das spätantike Latein in den Ländern der Romania bis ins Früh-MA. halten, bes. in Kulturzentren, die die Wirren der Völkerwanderungszeit überstanden hatten, doch wurde es spätestens um 800 mit dem Selbstständigwerden der roman. Volkssprachen auch hier zur Fremd- und Literatursprache. Die Kulturtechniken des Lesens und Schreibens, die Fähigkeit zum Verfassen von Schriften sowie die gesamte höhere Bildung wurden durch das Studium lat. Texte vermittelt. Unter diesen Bedingungen entwickelte sich die m. L. als erste und das MA. beherrschende Buchliteratur Europas. Die lat. Literatur der Antike wurde in den Schulen gelehrt, die pagane Literatur und der Psalter zum Erlernen von Sprache und literar. Formen, die Schriften der Kirchenväter zur Exegese der christl. Lehre. Dieser traditionelle Bildungshorizont blieb im MA. durchgehend spürbar, ohne dass solche Anlehnung einengend wirkte.

mittellateinische Literatur: Alkuin (rechts) und Karl der Große auf dem Titelblatt einer Pergamenthandschrift von Alkuins Werk ›De arte rhetorica et de virtutibus‹; aus der 2. Hälfte des 12. Jh. (Hamersleben, Kloster)

Neben den quantitierenden Vers der Antike trat der akzentuierende Vers (→Metrik). Beide Versformen stattete man oft mit Reimen aus, und auch die Prosa wurde (in den Satzschlüssen) gereimt oder rhythmisiert. Die traditionellen Gattungen antiker Poesie und Prosa wurden weiter gepflegt, jedoch in Form und Inhalt variiert (Vagantenlyrik, Tierepos, eleg. Komödie). Neue Gattungen kamen hinzu: z. B. in der Geschichtsschreibung Gesta, Weltchronik, Streitschrift, in der Hagiographie Legende, Mirakel, Vision, in der Erzählliteratur Exempel und Fazetie; in der wiss. Literatur Quaestio und Quodlibet; in der religiösen Poesie Hymnus, Sequenz, Tropus, Reimgebet, schließlich das geistl. Spiel (Ludus), das sich unbeeinflusst von der Antike aus der Liturgie des Osterfestes entwickelte. In solchen Neuerungen sowie in der Aufgeschlossenheit, fremdes Kulturgut zu rezipieren und zeitgenöss. Fragen zu thematisieren, zeigen sich Kreativität und Originalität der m. L., die dadurch vorbildhaft auf die volkssprachl. Literaturen wirkte.

Von den Anfängen bis zum Ende des 9. Jahrhunderts

Am Beginn der m. L. standen Gelehrte, die noch ganz in der antiken Bildung wurzelten, wie sie bes. in Italien fortlebte. CASSIODOR trug entscheidend zur Bewahrung der überlieferten Kultur bei, indem er antike Werke abschreiben und übersetzen ließ und die weltl. Studien in sein Bildungsideal einbezog. Das Hauptwerk des als ›letzter Römer‹ bezeichneten BOETHIUS, ›De consolatione philosophiae‹, atmet noch ganz den Geist antiker Philosophie. Obwohl spezifisch christl. Gedankengut darin fehlt, hatte die Schrift eine außerordentl. Wirkung. Gleiches gilt von der Ordensregel des BENEDIKT VON NURSIA; der von ihm begründete Benediktinerorden war jahrhundertelang der bedeutendste Träger der Bildung im Abendland. Begebenheiten aus BENEDIKTS Leben erzählen die ›Dialogi‹ Papst GREGORS I., D. GR., die wie seine exeget. ›Moralia in Iob‹ zu den verbreitetsten Werken des MA. gehörten. Künder einer neuen Zeit war GREGOR insofern, als er die überkommenen antiken Bildungsinhalte ablehnte. Gesammelt ist das tradierte Bildungsgut noch einmal in den ›Etymologiae‹ ISIDORS VON SEVILLA, aus dieser Universalenzyklopädie schöpfte das gesamte MA. sein weltl. und geistl. Wissen.

In Irland hatte mit der Christianisierung im 5. Jh. die lat. Sprache erstmals in einem nicht von Rom beherrschten Land festen Fuß gefasst. Dort entstanden, vielfach in bizarrem Latein, Hymnen, hagiograph. und grammat. Werke. Seit dem 6. Jh. trugen die Iren ihre Bildungstradition auch auf den Kontinent. Noch in karoling. Zeit ragten der Dichter SEDULIUS SCOTTUS und der philosophisch gebildete JOHANNES SCOTUS ERIUGENA heraus.

Im 7. Jh. ging die kulturelle Führung auf die Angelsachsen über. Die erste bedeutende Gestalt war ALDHELM (von Malmesbury); ihn überragte BEDA VENERABILIS, der erste Universalgelehrte des MA., der mit der ›Historia ecclesiastica gentis Anglorum‹ ein einzigartiges Geschichtswerk über die Frühzeit Englands schuf. Auf dem Kontinent erreichte die merowing. Kultur schon vor 600 in den Dichtungen von VENANTIUS FORTUNATUS einen Höhepunkt; die kulturschichtlich wichtigste Chronik des Merowingerreiches, die ›Historia Francorum‹, schuf GREGOR VON TOURS.

In der Folgezeit vollzog sich erst unter KARL D. GR. ein neuer Aufschwung. Zur Unterstützung seiner tief greifenden Bildungsreform berief er den Angelsachsen ALKUIN 781 zum Leiter seiner Hofschule, dieser beeinflusste entscheidend das geistige Leben der karoling. Epoche und damit die einheitl. kulturelle Entwicklung in Frankreich. Ihm zur Seite standen u. a. der Geschichtsschreiber PAULUS DIACONUS und THEODULF VON ORLÉANS, dessen formgewandte Gedichte ein lebendiges Bild vom Leben am kaiserl. Hof entwerfen. EINHARD, der bedeutendste fränk. Gelehrte am Hof, schrieb seine ›Vita Karoli Magni‹ in enger Anlehnung an die Kaiserbiographien SUETONS, aber mit mittelalterl. Kolorit.

KARLS Reform wirkte über seinen Tod (814) hinaus weiter und brachte große gelehrte und poet. Literatur hervor. Als universaler Vermittler der kulturellen Traditionen ragte HRABANUS MAURUS heraus. Das weltl. Epos lebte u. a. in den panegyr. Dichtungen des ERMOLDUS NIGELLUS auf LUDWIG DEN FROMMEN fort. Von besonderem Rang ist das ›Waltharius-Epos‹, das eine Heldensage der Völkerwanderungszeit poetisch gestaltet und vielleicht in St. Gallen entstand (EKKEHART I.?). Der durch eine poet. Jenseitsvision und ein Lehrgedicht über die Heilpflanzen im Reichenauer Klostergarten bekannte Mönch WALAHFRID STRABO beherrschte alle Gattungen und Versformen. Als Lyriker ist ihm im 9. Jh. nur GOTTSCHALK DER SACHSE ebenbürtig. Eine dichter. Neuerung der Zeit war die →Sequenz, mit deren vollendeter Ausführung NOTKER BALBULUS nachhaltigen Einfluss ausübte, ähnlich TUOTILO durch den →Tropus.

mittellateinische Literatur: Beginn des Waltharius-Epos (Handschrift aus dem 12. Jh.)

10. und 11. Jahrhundert

Der polit. Zerfall des karoling. Reiches spiegelte sich in einer Regionalisierung des literar. Schaffens, auch in der Beschränkung auf lokale Themen (Heiligenviten, Klosterannalen). Später Vertreter der spätkaroling. Bildungstradition war im 10. Jh. REGINO VON PRÜM, der als Kanonist, Musiktheoretiker und Geschichtsschreiber hervortrat. Heilsgeschichtl. Epen in der Nachfolge spätantiker Bibeldichtung verfassten in Westfranken ODO VON CLUNY und FLODOARD VON REIMS. Den Bogen vom karoling. Erbe zur Neubelebung des literar. Schaffens unter OTTO I. schlug RATHER VON VERONA. Das Geschichtswerk WIDUKINDS VON CORVEY (* um 925, † nach 973) spiegelt den Stolz auf die Leistungen des Stammes der Sachsen. HROTSVITH VON GANDERSHEIM, ebenfalls Panegyrikerin ihres Herrscherhauses, ragt wegen der im MA. einzigartigen Legenden in dramat. Form heraus. In enger Verbindung mit dem Hof OTTOS I. stand LIUDPRAND VON CREMONA mit seinem memoirenhaften Werk.

Anders als in Dtl., wo mit dem Tod OTTOS I. eine kurze literar. Blüte endete, begann zu dieser Zeit in Frankreich eine fruchtbare Epoche, deren geistiges Leben von den aufblühenden Kathedralschulen bestimmt wurde. In Reims lehrte der wiss. vielseitige GERBERT VON AURILLAC, sein Schüler FULBERT begründete die Schule von →Chartres. Eine ausführl. Geschichte der Franken stellte der Mönch AIMOIN VON FLEURY zusammen. Im N Frankreichs beschrieb DUDO VON SAINT-QUENTIN die Taten der normann. Herzöge, im S wurde das damals bekannte Hymnengut in Moissac und Limoges erstmals gesammelt.

Unter HEINRICH II. erneuerte sich das literar. Leben auch in Dtl. Bedeutende Zeugnisse der sächs. Tradition sind die Chronik THIETMARS VON MERSEBURG und THANGMARS Vita des Hildesheimer Bischofs BERNWARD, doch verlagerten sich unter HEINRICHS salischen Nachfolgern die kulturellen Zentren in das Gebiet am Oberrhein und um den Bodensee. WIPO, Lehrer und Hofkaplan HEINRICHS III., schrieb eine Darstellung der Regierungszeit KONRADS II. und die in der Liturgie noch lebendige Ostersequenz ›Victimae paschali laudes‹. Bischof BURCHARD VON WORMS († 1025) legte die erste bedeutende Sammlung des Kirchenrechts an, der Chronist und Wissenschaftler HERMANN VON REICHENAU verfasste auch Sequenzen und Lehrgedichte, EKKEHART IV. entwarf ein buntes Bild vom Leben des Klosters St. Gallen. Von besonderer Bedeutung ist die von HEINRICH III. angeregte, 50 Gedichte umfassende Cambridger Liedersammlung (→Carmina Cantabrigiensia). In der anonymen satir. ›Ecbasis cuiusdam captivi per tropologiam‹ (um 1045) liegt das erste Tierepos des MA. vor. Das Epos ›Ruodlieb‹ (um 1050) weist auf die volkssprachl. Ritterromane des 12. Jh. voraus.

Während der 2. Hälfte des 11. Jh. vollzog sich ein merklicher polit. und kultureller Wandel, geistig vorbereitet durch die Reformen des Mönchtums (Gorze, Cluny) und geprägt vom Investiturstreit, von der Kirchenreform und vom Aufblühen der Scholastik. Ihr Begründer war ANSELM VON CANTERBURY, der in seinem Werk die Dialektik in die Glaubenslehre einbezog. Als Kirchenreformer ragt PETRUS DAMIANI heraus. In einem bes. wertvollen Geschichtswerk umriss ADAM VON BREMEN die Geschichte der nord. Mission und vermittelte seinen Zeitgenossen eine detaillierte Länderkunde Skandinaviens. Der Kampf zw. Königtum und Papsttum (HEINRICH IV., GREGOR VII.) löste eine Fülle von Streitschriften bis weit ins 12. Jh. aus: herausragend die einseitig päpstliche MANEGOLDS VON LAUTENBACH (um 1085) und die königstreue eines Hersfelder Mönchs (um 1090).

12. und 13. Jahrhundert

Im Hoch-MA. wurde Frankreich zum Zentrum der Gelehrsamkeit. An den frz. Kathedralschulen und Universitäten wirkten zahlreiche Gelehrte unterschiedl. Nationalität, die das Denken der Zeit richtungweisend veränderten. Seit dem 11. Jh. wurde das Studium der Artes liberales in Reims und bes. in Chartres gepflegt, wo BERNHARD und THIERRY sowie WILHELM VON CONCHES ihre platonisch fundierte Naturphilosophie über die Schöpfung von Kosmos und Mensch entwickelten und damit die Dichter BERNARDUS SILVESTRIS von Tours (›De mundi universitate‹, um 1150), ALANUS AB INSULIS und JOHANNES VON HAUVILLA (* um 1150, † vor 1216) zur allegor. Deutung der ›Mutter Natur‹ in bildhafter Form inspirierten.

Das Studium röm. Autoren führte in den Schulen an der Loire, z. B. Angers, Orléans und Tours, zur Wiederentdeckung OVIDS, der den Autoren weltl. Poesie geistiges und formales Vorbild wurde. MARBOD VON RENNES, BALDERICH VON BOURGUEIL und HILDEBERT VON LAVARDIN vereinten christl. Gesinnung und antikes Lebensgefühl und schlugen mit Huldigungen an adelige Damen und Versbriefen an gebildete Nonnen neue Töne an, die HILARIUS VON ORLÉANS (* etwa 1075, † 1145) in rhythmisch gereimten Liebesliedern noch freier nuancierte. Vollends herrschen Diesseitsstimmung und Lebensfreude in der Vagantendichtung vor. Aus dem meist anonym in späteren Sammlungen (z. B. →Carmina Burana) Überlieferten ragen HUGO VON ORLÉANS, der ARCHIPOETA und WALTHER VON CHÂTILLON († um 1200) heraus. Bes. in Orléans wurde der Einfluss OVIDS deutlich, zeigte sich in der handfesten Erotik der populären eleg. (Lese-)Komödien (›Pamphilus de amore‹, um 1150), in der Poetik des MATTHEUS VON VENDÔME (1175), in der Liebeslehre des ANDREAS CAPELLANUS (um 1186) und ließ noch im 13. Jh. Epen wie die angebliche Lebensbeichte OVIDS ›De vetula‹ entstehen.

Auf solche Weltlichkeit reagierten bes. die Mönchsorden mit frauenfeindlichem und weltverachtendem Schrifttum, z. B. BERNHARD VON CLUNY um 1150 mit der Verssatire ›De contemptu mundi‹. ABAELARDUS, dessen Liebesverhältnis zu HÉLOISE in der autobiograph. ›Historia calamitatum mearum‹ literarisch gestaltet ist, wurde aufgrund seiner dialekt. Glaubenslehre (›Sic et non‹) und seiner Gesinnungsethik kirchlich verurteilt. Dahinter stand als geistiger Gegner BERNHARD VON CLAIRVAUX, der in seinen stilistisch gefeilten Schriften und mitreißenden Predigten die Christusmystik und Marienverehrung des MA. begründete, womit er eine reiche Literatur von Mirakeln und Visionen auslöste. Poet. Höhepunkte sind die geistl. Lieder HILDEGARDS VON BINGEN, rhythm. Dichtungen wie das anonyme Marienleben ›Vita beate virginis Marie et Salvatoris‹ (Süd-Dtl., nach 1200) und das Nachtigallenlied des JOHANNES VON HOVEDEN. Während Visionen fast nur von Frauen verfasst wurden – so von HILDEGARD VON BINGEN und GERTRUD VON HELFTA –, vereinte CAESARIUS VON HEISTERBACH Visions- und Wundergeschichten im ›Dialogus miraculorum‹ zur religiös-moral. Unterweisung. JAKOB VON VITRY und ODO VON CHERITON erschlossen für die m. L. die Erzählform des Exempels.

Noch im 12. Jh. entwickelte sich Paris u. a. durch ABAELARDUS und die Stiftsschule von Sankt Viktor zum Mittelpunkt der grammat., philosoph. und theolog. Studien. HUGO VON SANKT VIKTOR bereitete ihr Grundlagenwissen in seinem Handbuch ›Didascalicon‹ auf und verkündete mit dem Schotten RICHARD eine augustinisch-myst. Glaubenslehre; ADAM dichtete neuartige Sequenzen. An der Schule von Notre-Dame lehrte u. a. PETRUS LOMBARDUS, der durch seine theolog. Dogmatik ›Sententiae‹ berühmt wurde. Schulbildend wirkten auch GILBERT DE LA PORRÉE mit seiner streng logisch begründeten Theologie und PETRUS HELIE († nach 1166) mit der Einführung der Sprachlogik in die Grammatik. In dieser Zeit wurde Bologna zum Zentrum der Studien des röm. und kirchl. Rechts, nachdem hier um 1140 IRNERIUS mit Glossen zum Corpus Iuris und GRATIAN mit dem ›Decretum Gratiani‹ die Legistik (Wissenschaft vom Privatrecht) bzw. die Kanonistik begründet hatten. Mittelpunkt der medizin. Studien war v. a. Salerno, dessen Bedeutung die populären diätet. Versregeln des ›Regimen sanitatis Salernitanum‹ verkündeten. Zu den Universitäten, die sich um 1200 in Bologna und Paris aus den Schulen formiert hatten, trat im 13. Jh. Oxford, bedeutend durch den ersten Kanzler ROBERT GROSSETESTE und ROGER BACON, die erstmals Naturbeobachtung und Experiment zur Grundlage wiss. Erkenntnis machten. Sie gehörten dem neuen Orden der Franziskaner an, dessen literar. Schaffen ebenso wie das der Dominikaner sowohl wissenschaftlich als auch seelsorgerisch orientiert war und Denken und Schrifttum des 13. Jh. prägte. So zielten die religiöse Lyrik, z. B. die Fronleichnamslieder von THOMAS VON AQUINO oder die Sequenz ›Dies irae, dies illa‹, die Franziskus-Viten des THOMAS VON CELANO und die Legendensammlung des JACOBUS DE VORAGINE (als ›Legenda aurea‹ Volksbuch des Spät-MA.) v. a. auf die Verinnerlichung. In der gelehrten Literatur setzte sich der Zug zur Verwissenschaftlichung fort; das zeigt sich z. B. in den systematischen theolog. Summen ALEXANDERS VON HALES, des THOMAS VON AQUINO und, mit Betonung der myst. Gottesschau, BONAVENTURAS sowie in der umfangreichsten mittelalterl. Enzyklopädie ›Speculum maius‹ des VINZENZ VON BEAUVAIS. Deutlich wuchs das Interesse an der Naturwiss. So verfasste BARTHOLOMAEUS ANGLICUS eine naturkundl. Enzyklopädie, ALBERTUS MAGNUS Werke über Botanik und Zoologie.

Daneben entstand eine vielfältige didakt. Literatur, in der unterschiedl. Lehrstoffe versifiziert wurden: so Grammatiken von ALEXANDER DE VILLA DEI und JOHANNES DE GARLANDIA; GALFRED VON VINSAUF schrieb ein Lehrbuch der Dichtkunst, AEGIDIUS VON CORBEIL († um 1224) über medizin. Lehrinhalte, von KONRAD VON MURE stammt eine Tierkunde und von HUGO VON TRIMBERG mit dem ›Registrum multorum auctorum‹ eine Literaturgeschichte. Künstlerisch anspruchsvoller sind moral. Dichtungen wie die Fortuna-Elegie (um 1193) HEINRICHS VON SETTIMELLO oder der ›Palpanista‹ (›Schmeichler‹, um 1246) BERNHARDS VON DEM GEIST; bes. wertvoll die satir. Epen des NIVARDUS (›Ysengrimus‹, um 1150) über die Geschichte von Fuchs und Wolf, des NIGELLUS VON LONGCHAMPS (›Speculum stultorum‹, vor 1180) über das Studium eines Esels, HEINRICHS VON WÜRZBURG Satire über die Missstände in der päpstl. Kurie und NIKOLAUS' VON BIBRA ›Carmen satiricum‹ über den Klerus von Erfurt.

Voraussetzung und Grundlage der Blüte der Wissenschaft im 13. Jh. war die Rezeption griechisch-arab. Philosophie und Naturlehre, bes. des ARISTOTELES, für dessen Einführung ALBERTUS MAGNUS am meisten leistete. Das fremde Schrifttum wurde seit Beginn des 12. Jh. ins Lateinische übersetzt, z. B. von GERHARD VON CREMONA und WILHELM VON MOERBEKE, v. a. dort, wo sich ein interkultureller Austausch vollzog wie in Spanien (Übersetzerschule von Toledo), Süditalien-Sizilien (Schule von Salerno, Normannen- und Stauferhof), Palästina und Byzanz. Auf diesen Wegen gelangte auch orientalisch-arab. Erzählgut (u. a. ›Barlaam und Josaphat‹, ›Kalila und Dimna‹, die Sieben weisen Meister) ins Abendland, vermittelt z. B. in den Novellen des PETRUS ALFONSI (nach 1106).

Im Hoch-MA. wirkten zahlreiche Kleriker in Verwaltungs- und Erziehungsaufgaben auch an den Herrscherhöfen, die mit ihrem mehr an Information und Unterhaltung als an Gelehrsamkeit interessierten Publikum zum Ausgangspunkt volkssprachl. Literatur, daneben aber auch zum Ursprung eines bedeutenden Teils der lat. historiograph. Prosa- und Versliteratur wurden. Ihre zentralen Themen waren u. a. der Konflikt zw. Kaiser und Papst, die Machtentfaltung der Normannen in Süditalien, Frankreich und England (hier bes. das Schicksal THOMAS BECKETS), der Aufstieg des frz. Königstums und die Kreuzzüge.

In Dtl. versammelte nach HEINRICH IV., dessen Schicksal ERLUNG VON WÜRZBURG literarisch gestaltete, erst wieder FRIEDRICH I. bedeutende Autoren um sich. Ihm widmete OTTO VON FREISING seine Weltchronik; die Politik FRIEDRICHS I. in Italien feierten der ARCHIPOETA im Kaiserhymnus und GUNTHER VON PAIRIS im Epos ›Ligurinus‹. GOTTFRIED VON VITERBO verfasste für den Thronfolger HEINRICH eine Weltgeschichte. Im Umkreis des Hofes entstanden das Tegernseer dramat. Spiel vom dt. Kaiser und dem Antichrist (→Ludus de Antichristo) sowie die Heilsgeschichte ›Hortus deliciarum‹ HERRADS VON HOHENBURG. PETRUS VON EBOLI pries HEINRICH VI. als Erben des Normannenreichs im Süden, dessen Gründer ROBERT GUISCARD von WILHELM VON APULIEN um 1100 besungen worden war, während JOACHIM VON FIORE in seiner Geschichtstheologie das Ende der Welt ankündigte. Unter FRIEDRICH II., der ein Handbuch für die Falkenjagd schrieb, und seinem Sohn MANFRED blühten Wissenschaft und Literatur am Hof in Palermo und in Unteritalien: Dort wirkten der Philosoph MICHAEL SCOTUS, der Mathematiker L. FIBONACCI, der Stilist PETRUS DE VINEA;

hier schufen THOMAS VON CAPUA (* vor 1185, † 1239) geistl. Lieder, QUILICHINUS VON SPOLETO ein populäres Alexanderepos nach der lat. Übersetzung des griech. Alexanderromans durch LEO ARCHIPRESBYTER (Neapel um 960) und, unter KARL I. von Anjou, GUIDO DELLA COLONNE (* um 1210, † nach 1287) 1272–87 das (oft übersetzte) Buch über Troja ›Historia destructionis Troiae‹, erzählt als histor. Roman nach dem für ELEONORE VON AQUITANIEN verfassten altfrz. Epos des BENOÎT DE SAINTE-MAURE.

Das Ringen der anglonormann. und frz. Könige des 12. und 13. Jh. um die Vorherrschaft in Westeuropa zeigte auch literar. Auswirkungen. Während in Paris nur Abt SUGER von Saint-Denis mit Königsbiographien und einem Bericht über die Weihe der ersten got. Kirche hervortrat, bildete sich um HEINRICH I. von England und seine Gemahlinnen ein höf. Kreis, dem u. a. der Dichter HILDEBERT VON LAVARDIN und altfrz. Autoren verbunden waren. Die Traditionen angelsächs. und normann. Königtums wurden in bedeutenden Geschichtswerken miteinander verflochten, so in GEOFFREYS OF MONMOUTH ›Historia regum Britanniae‹ (1136), wo das Königtum mit der Sage von König Arthur (Artus) verbunden wurde. Hier liegt der Ursprung der europ. Artusepik. Unter HEINRICH II. und ELEONORE VON AQUITANIEN wurde der engl. Hof zum Zentrum höf. Kultur. Mittellat. Autoren in seinem Umfeld waren z. B. STEPHAN VON ROUEN mit dem Epos ›Draco Normannicus‹ und WALTER VON CHÂTILLON mit der ›Alexandreis‹ (1185), das Hofleben schilderten PETRUS VON BLOIS in Briefen, W. MAP in unterhaltsamen Hofanekdoten und GERALD VON WALES in seiner Autobiographie. Abstand vom Hof hielt JOHANNES VON SALISBURY, der für T. BECKET im ›Policraticus‹ (1159) die erste Staatslehre des MA. nach eth. Prinzipien entwarf, im Konflikt mit HEINRICH II. BECKETS Exil teilte und als Augenzeuge seiner Ermordung eine ›Vita‹ des Märtyrers schrieb. Mit dem Niedergang des engl. Königtums Ende des 12. Jh. ging der Aufstieg des frz. einher, das seine Tradition von den Franken, bes. von KARL D. GR., herleitete, dessen Heldentum PSEUDO-TURPIN nach dem altfrz. Rolandslied um 1150 popularisiert hatte. Am Hof PHILIPPS II. AUGUSTUS pries AEGIDIUS VON PARIS den Kaiser im Epos ›Carolinus‹ (1200); RIGORD VON SAINT-DENIS (* um 1158, † 1208) und WILHELM DER BRETONE feierten PHILIPP in ihren ›Gesta‹ und im Epos ›Philippis‹ als Begründer der frz. Großmachtstellung im 13. Jahrhundert.

Die Kreuzzüge waren seit ihrem Beginn (1096) Thema leidenschaftl. Predigten, poet. Kreuzlieder und bes. der Geschichtsschreibung. Die Erfolge des 1. Kreuzzugs spiegelten die ›Historia Hierosolymitana‹ FULCHERS VON CHARTRES, die ›Gesta Dei per Francos‹ GUIBERTS VON NOGENT, die romanhafte ›Historia‹ (über die Taten GOTTFRIEDS VON BOUILLON, 12 Bücher, um 1121) von ALBERT VON AACHEN sowie die Epen des GILO VON PARIS und METELLUS VON TEGERNSEE. Das Schicksal der Kreuzfahrerstaaten schilderten WILHELM VON TYRUS und JAKOB VON VITRY, die Eroberung des christl. Byzanz (1204) beschrieb GUNTHER VON PAIRIS mit krit. Unterton. Durch ihren späteren Misserfolg, der OTTO VON FREISING in seiner Weltchronik (1146/47) zur Vorstellung des nahen Weltendes geführt hatte, verloren die Kreuzzüge allmählich ihren literar. Stellenwert, wie bes. die Universalchroniken zeigen. Zwar wurden sie von SIGEBERT VON GEMBLOUX, FRUTOLF VON MICHELSBERG, EKKEHARD VON AURA, auch von LAMBERT VON SAINT-OMER (um 1120 in seiner illustrierten Geschichtsenzyklopädie ›Liber floridus‹) sowie von MATTHÄUS PARISIENSIS in den Ablauf der Welt- und Heilsgeschichte integriert, im 13. Jh. dienten die Kreuzzugsgeschichten jedoch v. a. als Quelle für Herrscher- und Papstdaten, z. B. in dem Geschichtskompendium des MARTIN VON TROPPAU oder für Erzählungen wie in der Chronik des SALIMBENE DA PARMA.

14. und 15. Jahrhundert

Trotz wachsender Konkurrenz der volkssprachl. Literaturen Europas – viele Autoren schrieben zweisprachig – behielt die m. L. im Spät-MA. ihren Vorrang. Schon früher sichtbare literar. Tendenzen traten nun schärfer hervor. Durch die Gründung neuer Universitäten wuchs das gelehrte und didakt. Schrifttum, war aber in der Wirkung mehr und mehr auf den akadem. Raum beschränkt. Die Verwissenschaftlichung führte zu weiteren bedeutenden Fachbüchern wie der ›Chirurgia magna‹ des GUIDO VON CHAULIAC († 1368), der Gesellschaftslehre ›Yconomica‹ des KONRAD VON MEGENBERG und zu Enzyklopädien wie der ›Catena aurea‹ HEINRICHS VON HERFORD, verengte sich jedoch in der Spätscholastik zu spitzfindiger Behandlung philosoph. und theolog. Spezialfragen oder zur Kommentierung von Kommentaren. Dagegen wuchs beim gebildeten Publikum das Interesse an prakt. Dingen des Lebens und fernen Ländern, an Unterhaltung und Erbauung; Werke wie das über den Landbau von PETRUS DE CRESCENTIIS, das allegor. Schachbuch des JAKOB VON CESSOLE, die Exempelsammlung ›Lumen anime‹, die Erzählungen der ›Gesta Romanorum‹, die ›Legenda aurea‹, Pilger- und Reiseberichte waren europaweit verbreitet.

Ihre Lebenskraft bewies die m. L. v. a. in der Geschichtsschreibung, in der religiösen Poesie und im myst. Schrifttum. Aus der Fülle der Städte-, Länder- und Weltchroniken hoben sich die den Habsburgern geltenden Werke etwa des JOHANNES VON VIKTRING († 1345) und des MATTHIAS VON NEUENBURG heraus, ebenso der autobiographische Rechenschaftsbericht KARLS IV. und die Streitschriften über die beste Staatsform, die ÄGIDIUS VON ROM in der Weltherrschaft des Papstes, DANTE in seiner ›Monarchia‹ und der Gelehrtenkreis um LUDWIG IV., den Bayern, mit MARSILIUS VON PADUA, WILHELM VON OCKHAM, LUPOLD VON BEBENBURG im universalen Kaisertum sahen. In der geistl. Lyrik entstanden Reimoffizium, Psalterium und Marienlied; diese neue Blüte wurde von Dichtern wie dem Zisterzienser CHRISTAN VON LILIENFELD († nach 1330), dem Kartäuser KONRAD VON HAIMBURG und dem Benediktiner U. STÖCKL getragen. Das Streben nach Verinnerlichung ging v. a. von den Werken der großen Mystiker aus (MEISTER ECKHART, LUDOLF VON SACHSEN, G. GROOTE, NIKOLAUS VON KUES, THOMAS VON KEMPEN).

Seit dem 13. Jh. war der Einfluss der Antike in der m. L. weitgehend verschwunden. Nach 1300 setzte in Italien die geistige Gegenbewegung ein, der Humanismus: Man nahm sich der röm. Literatur wieder bewusst zum Vorbild (PETRARCA), der schulbildende M. CHRYSOLORAS neu entdeckte griech. Texte. Die humanist. Literatur blieb zunächst eine Richtung innerhalb der m. L.; erst durch das Eindringen des Humanismus in andere Länder Europas und v. a. durch dessen bewusste Distanzierung von Geist und Sprache der Spätscholastik entwickelte sich Ende des 15. Jh. die →neulateinische Literatur.

Literaturgeschichte: G. GRÖBER: Übersicht über die lat. Lit. von der Mitte des 6. Jh. bis zur Mitte des 14. Jh. (Straßburg 1902, Nachdr. 1974); M. MANITIUS: Gesch. der lat. Lit. des MA., 3 Bde. (1911–31, Nachdr. 1973–76); F. J. E. RABY: A history of Christian-Latin poetry from the beginnings to the close of the Middle Ages (Oxford ²1953, Nachdr. ebd. 1966); DERS.: A history of secular Latin poetry in the Middle Ages, 2 Bde. (ebd. ²1957, Nachdr. ebd. 1967); K. LANGOSCH: Die dt. Lit. des lat. MA. in ihrer geschichtl. Entwicklung (1964); DERS.: Überlieferungsgesch. der m. L., in: Gesch. der Textüberlieferung der antiken u. mittelalterl. Lit., Bd. 2 (Zürich 1964); DERS.: Mittellatein u. Europa. Führung in die Hauptlit. des MA.

Mitt mittellateinische Sprache – Mittelmeer

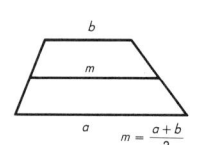

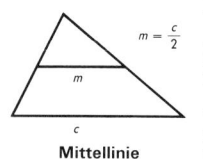

(1990); J. SZÖVERFFY: Die Annalen der lat. Hymnendichtung, 2 Bde. (1964–65); DERS.: Weltl. Dichtungen des lat. MA. (1970); G. MISCH: Gesch. der Autobiographie, 8 Tle. ($^{1-4}$1967–79); A. GRANSDEN: Historical writing in England, 2 Bde. (London 1974–82); F. BRUNHÖLZL: Gesch. der lat. Lit. des MA., auf 2 Bde. ber. (1975 ff.); Neues Hb. der Lit.-Wiss., hg. v. K. VON SEE, Bd. 6–8 (1978–85); F.-J. SCHMALE: Funktion u. Formen mittelalterl. Geschichtsschreibung (1985); W. BERSCHIN: Biogr. u. Epochenstil im lat. MA., 3 Bde. (1986–91); E. R. CURTIUS: Europ. Lit. u. lat. MA. (^{11}1993).

Bibliographien: Repertorium fontium historiae medii aevi, hg. v. A. POTTHAST u. a., 5 Bde. (Rom 1962–84); Medioevo latino, auf mehrere Bde. ber. (Spoleto 1980 ff.); K. LANGOSCH: Lat. MA. Einl. in Sprache u. Lit. (^{5}1988).

mittel|lateinische Sprache, Mittel|latein, Bez. für das im europ. MA. geschriebene und gesprochene Latein. Seine grundlegende Bedeutung als Kirchen-, Wissenschafts-, Verwaltungs- und Verkehrssprache erklärt sich dadurch, dass die Volkssprachen in W-Europa nach dem Zusammenbruch des Röm. Reiches fast nur in mündl. Form ausgebildet waren und erst allmählich zur Schriftlichkeit gelangten.

Die m. S. basiert v. a. auf der spätlat. Literatursprache. Obwohl die Kirche jahrhundertelang die alleinige Trägerin der Bildung war, entwickelte sich die m. S. nicht kontinuierlich: Einerseits wurde – anders als im Humanismus – keine Epoche der lat. Sprache als normbildend erklärt, andererseits war bereits das Spätlatein durch äußerst heterogene Einflüsse geprägt. Ferner waren die Voraussetzungen, unter denen im MA. Latein gelernt und verwendet wurde, sehr unterschiedlich; schließlich richtete sich der Sprachgebrauch eines Autors nach den jeweiligen sachl. Bedürfnissen und stilist. Ansprüchen oder nach den Anforderungen einer literar. Gattung.

Die frühe m. S. ist auf dem europ. Kontinent in Formenlehre und Syntax stark von vulgärlat. Elementen, in Irland und auf den brit. Inseln dagegen von einem bizarren, oft gekünstelten Vokabular geprägt. Auf die Bildungsreform KARLS D. GR. (→karolingische Renaissance) wurde das Latein – nach einer Epoche sprachl. Regionalisierung – wieder nach den Regeln der antiken Literatur gelehrt. Grammat. Handbücher sowie der ständige Umgang mit sprachlich korrekten Texten ermöglichte die Beherrschung des Lateins. Eine lebendige Entwicklung der m. S. wurde dadurch jedoch nicht behindert. Auffallende Abweichungen gegenüber dem antiken Latein zeigen sich etwa in der Orthographie, v. a. im Hoch- und Spät-MA. (z. B. mittellat. gracia gegenüber klassisch lat. gratia ›Anmut‹, ›Gunst‹, ›Gnade‹, mittellat. celum gegenüber caelum ›Himmel‹). Auch volkssprachl. Einflüsse wurden nach Bedarf aufgenommen (z. B. marchio ›Markgraf‹, bannire ›bannen‹). Andererseits konnten bekannte Wörter neue Bedeutungen annehmen (comes neben urspr. ›Begleiter‹ nun auch ›Graf‹); ferner entstanden viele fachsprachl. Neubildungen (bes. im Latein der Scholastik), die z. T. bis heute fortleben (z. B. individualitas ›Individualität‹). Seit dem 14. Jh. polemisierten die Humanisten v. a. gegen dieses scholast. Latein und brachten – zu Unrecht – die gesamte m. S. als ›Mönchs-‹ oder ›Küchenlatein‹ in Verruf. Mit der Ausrichtung des Unterrichts allein auf die klass. Sprache CICEROS wurde das Latein im ausgehenden MA. aus seiner organ. Verbindung mit dem spätantiken Latein einerseits und den Volkssprachen andererseits herausgerissen.

Mittellat. Philologie. Beitr. zur Erforschung der mittelalterl. Latinität, hg. v. A. ÖNNERFORS (1975); K. LANGOSCH: Lat. MA. Einl. in Sprache u. Lit. (^{5}1988).

Mittelleistungskraftwerke, Mittellastkraftwerke, Kraftwerke, die dafür ausgelegt sind, im zeitweiligen Betrieb wirtschaftlich Strom zu erzeugen, um damit den elektr. Leistungsbedarf, der z. B. während der Hauptarbeitszeiten (etwa zw. 6^{00} Uhr und 18^{00} Uhr) zusätzlich zum ständig gleich bleibenden Grundbedarf (→Grundlastkraftwerk) besteht, abzudecken.

Mittel|linie, *Mathematik:* im Trapez (Mittelparallele) oder Dreieck die Strecke parallel zur Grundseite im halben Abstand von der Gegenseite (Gegenecke). Die Länge der M. m im Trapez ist gleich dem arithmet. Mittel der Parallelseiten.

Mittel|lot, die →Mittelsenkrechte.

Mittelmächte, im Ersten Weltkrieg Bez. für die Bündnispartner Dt. Reich und Österreich-Ungarn (nach ihrer geograph. Lage zw. den Ententemächten), dann auch für ihre Verbündeten (Türkei, Bulgarien).

Mittelmark, Hauptteil der alten Kurmark Brandenburg, zw. Berliner und Baruther Urstromtal, umfasst die Landschaften Zauche, Teltow, die Platte von Storkow-Beeskow und die Lieberoser Platte.

Mittelmeer, Europäisches M., Mittelländisches Meer, das kleinste der vier interkontinentalen Mittelmeere, zw. S-Europa, N-Afrika und Vorderasien, 3,02 Mio. km^2, mittlere Tiefe 1450 m, Volumen 4,38 Mio. km^3, durch die Straße von Gibraltar mit dem Atlantik und durch den Suezkanal (seit 1869) mit dem Roten Meer verbunden. Zum M. gehören die Randmeere Adriat., Ägäisches, Marmara- und Schwarzes Meer, ferner Ligur., Tyrrhen. und Ionisches Meer. Die Hauptbecken des westl. M.s sind das Algerisch-Provenzalische (größte Tiefe 4389 m) und das Tyrrhen. Becken (größte Tiefe 3785 m), die des östl. M.s das Ionische (größte Tiefe westlich des Peloponnes 5121 m, zugleich größte Tiefe des gesamten M.s) und das Levantin. Becken (größte Tiefe 4517 m).

Geologie: Das M. ist ein Restmeer der →Tethys. Vor etwa 200 Mio. Jahren begann im Zuge der Trennung von Afrikan. und Eurasiatischer Erdkrustenplatte (→Plattentektonik) die Öffnung der Tethys. Vor etwa 90 Mio. Jahren drehte sich die Bewegungsrichtung um, wodurch die Tethys geschlossen und ihre Ablagerungen zu Gebirgszügen gefaltet wurden. Die Afrikan. Platte schob sich unter die Eurasiatische, und es bildeten sich zwei Faltungssysteme: im N von der Iberischen Halbinsel über die Alpen bis zum Karpaten-Balkan-Bogen; das südl. Faltungssystem erstreckt sich von Gibraltar durch N-Afrika bis Tunesien, dort knickt es nach NW ein und reicht bis in die Südalpen und nach abermaliger Umwendung über Griechenland bis ins Ionische Meer. Im Rahmen dieser Faltung erfolgte eine Abschälung und Überschiebung von Schollen, eine Abtrennung von Blöcken, wie die des Sardokorsischen Blocks, die durch Rotation das Algerisch-Provenzalische und das Tyrrhen. Becken bildeten, außerdem wurde die Ausbildung von Vulkanbögen, wie den der Lipar. Inseln, bewirkt. Das M. stellt insofern eine geolog. Besonderheit dar, als hier →Subduktion kontinentaler Kruste erfolgt ist. Vor etwa 5–6 Mio. Jahren war die Verbindung zum Atlantik unterbrochen und das M. ausgetrocknet, wie riesige Salzlagerungen im Untergrund zeigen.

Das *Klima* (M.-Klima) ist durch sehr warme, regenarme Sommer und milde, z. T. regenreiche Winter gekennzeichnet. Die mittlere Lufttemperatur liegt im Sommer zw. 22 °C im westl. und 27 °C im östl. M., im Winter zw. 8 °C im Ägäischen Meer und 16 °C vor der ägypt. Küste. Die Niederschlagsmenge nimmt von W nach O ab. Im Sommer herrschen beständige, schwachwindige Wetterlagen vor, im östl. M., bes. in der Ägäis, treten im Sommer jedoch die →Etesien auf. Im Winter werden das westl. und mittlere M. von Tiefdruckgebieten aus dem Atlantik beeinflusst. So kommt es gelegentlich zu warmen Südwinden (→Schirokko) und kalten Nordwinden (→Mistral, →Bora).

Die *Wassertemperaturen* des M.s (ohne Schwarzes Meer) sind an der Oberfläche meist höher als die Lufttemperaturen. Ihre niedrigsten Monatsmittelwerte treten im Februar auf (Adria 9 °C, Ägäis 9 °C), die

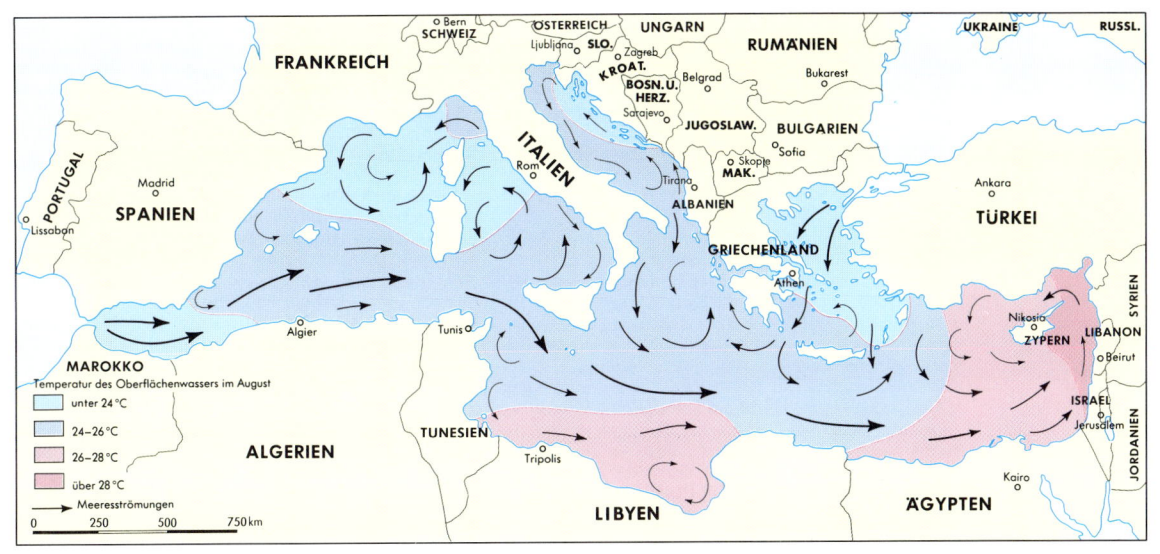

Mittelmeer: Strömungen und mittlere Wassertemperaturen im August an der Oberfläche

höchsten im August (östl. M. 28 °C). Minimalwerte sind 6 °C (Ägäis) und 7 °C (Adria), die Maximalwerte liegen bei 32 °C (östl. M.).

Salzgehalt und *Strömungen:* Das M. ist bes. salzreich. Der Oberflächensalzgehalt steigt von W nach O von 36,3‰ in der Straße von Gibraltar auf 39,1‰ vor der Küste Kleinasiens. Der hohe Salzgehalt resultiert aus starker Verdunstung und wenig ergiebigem festländ. Abfluss. Im Winter sinkt das relativ kalte und salzreiche Wasser ab und führt zu einem bodennahen Ausstrom durch die Straße von Gibraltar in den Atlantik, wo es sich in 1 000–1 250 m Tiefe ausbreitet und bis in die antarkt. Gewässer nachweisbar ist. Als Kompensation zum bodennahen Ausstrom fließt salzärmeres Wasser an der Oberfläche durch die Straße von Gibraltar in das M. ein. Schwächere Oberflächenströmungen umlaufen das M. zyklonal (entgegen dem Uhrzeigersinn).

Die *Gezeiten* des M.s sind gering. Die mittleren halbtägigen Springtidenhübe liegen meist unter 0,5 m. Nur in der Straße von Gibraltar (0,9 m), in der Kleinen Syrte (bis zu 1,8 m), in der nördl. Adria (0,7 m) und der nördl. Ägäis (0,6 m) treten höhere Werte auf. In der Adria kommen dazu windbedingte Wasserstandsschwankungen bis zu 2 m Höhe (Venedig), an der W-Küste Siziliens bis zu 1 m (→Marrobbio).

Fischerei: Wegen der Nährstoffarmut der oberen Schichten ist der Fischreichtum des M.s begrenzt. Die Zahl der Fischarten ist groß, die Zahl der Individuen der einzelnen Arten aber verhältnismäßig klein. Am wichtigsten ist Küstenfischerei: Sardinen, Sardellen, Stöcker, Makrelen, Thunfische; große Bedeutung haben auch Muscheln, Kopffüßer, Krebse sowie Schwämme. – Hinsichtlich der →Meeresverschmutzung zählt das M. zu den am stärksten belasteten Meeresgebieten.

Der *Schiffsverkehr* spielt seit dem Altertum eine bedeutende Rolle, und nach der Eröffnung des Suezkanals (1869) wurde das M. zur wichtigsten Schifffahrtsstraße im Weltverkehr. Dadurch gewannen Gibraltar und Malta besondere militärstrateg. Bedeutung.

A. R. MILLER u.a.: Mediterranean sea atlas ... (Woods Hole, Mass., 1970); P. TCHERNIA: Descriptive regional oceanography (Oxford 1980); W. NACHTIGALL: Tiere u. Pflanzen an M.-Küsten. In ihren Lebensräumen – vom Küstenstreifen bis zum offenen Meer (1983); Fauna u. Flora des M., bearb. v. R. RIEDL (³1983); K. J. HSÜ: Das M. war eine Wüste (a. d. Engl., 1984); Das M., bearb. v. S. VON BOLETZKY u.a. (Neuausg. 1985); Ozeane u. Kontinente, bearb. v. P. GIESE (³1985); Geological evolution of the Mediterranean basin, hg. v. D. J. STANLEY u.a. (New York 1985); M.-Hb., hg. vom Dt. Hydrograph. Inst., 5 Tle. (⁷⁻⁸1985–89).

Mittelmeer|anämie, die →Thalassämie.

Mittelmeere, Nebenmeere, die weitgehend durch Festländer und untermeer. Schwellen von den offenen Ozeanen abgetrennt sind. (→Meer)

Mittelmeerfieber, 1) das →Maltafieber.
2) **familiäres M.,** autosomal-rezessiv vererbte Erkrankung mit unbekannter Grundstörung, die bes. bei den Bewohnern des östl. Mittelmeerraums vorkommt; Symptome bestehen in periodisch auftretendem Fieber mit Leib-, Gelenk- oder Brustschmerzen. Die *Behandlung* kann nur symptomatisch erfolgen. Im Anfall werden Schmerzmittel gegeben.

Mittelmeerklima, mediterranes Klima, Etesienklima, Bez. für das Klima des Mittelmeerraumes, aber auch der subtrop. Winterregengebiete in anderen Teilen der Erde, z. B. in Kalifornien, Mittelchile, im S der Kapprovinz Südafrikas, in Südaustralien. (→Klimazonen, →Mittelmeer)

Mittelmeer-Mjösen-Zone [-ˈmjøːsən-], vorwiegend N–S-orientierte Bruchzone (Lineament) in Europa, umfasst die Senke mit dem See Mjøsen und den Oslograben (Norwegen), Abschnitte der norddt. Salzstockzone (mit dem ›Gifhorner Trog‹ im tieferen Untergrund), den Leinegraben, die Hess. Senken, den Oberrheingraben und den Rhônegraben; im N bereits im Jungpaläozoikum (Varisk. Faltungsära) ausgebildet, in Niedersachsen im Mesozoikum bis ins Tertiär, im S nur im Tertiär.

Die M.-M.-Z. ermöglichte den Aufstieg von Salzgesteinen (Diapire) und basalt. Magmen (Vulkanismus) und äußert sich z. T. in Erdbeben. Sie lässt sich u. a. über den Campidanograben auf Sardinien bis nach Libyen verfolgen. Ähnlich dem Ostafrikan. Grabensystem stellt sie eine Zerrungsstruktur (Rift) dar, an der die kontinentale Erdkruste zerspalten wird.

Mittelmeer|raum, Mittelmeergebiet, Mediterraneis, Mediterraneum, zusammenfassende Bez. für das Mittelmeer und die dieses umgebenden Länder **(Mittelmeerländer),** deren wirtschaftl. und kulturelle Verflechtungen seit der Frühzeit den M. zu einem wichtigen polit. Faktor machten.

Pflanzenwelt

Das mediterrane Florengebiet ist eine gut abgegrenzte und artenreiche Region innerhalb der →Holarktis. Kennzeichnend sind immergrüne Hartlaubgehölze, die urspr. bestandbildend waren. Die Steineiche (Quercus ilex) ist zirkummediterran verbreitet, im W dominiert die Korkeiche (Quercus suber), im O die Kermeseiche (Quercus coccifera). Das Relief bringt eine deutl. Vertikalgliederung der Vegetation mit sich. In mittleren Höhenlagen sind sommergrüne Arten (z. B. Flaumeiche, Quercus pubescens, und Edelkastanie, Castanea sativa) vorherrschend. In höheren Bereichen treten extrazonal die Rotbuche (Fagus sylvatica) und eine Reihe von Nadelgehölzen auf. Der M. wird seit Jahrtausenden durch den Menschen beeinflusst, was zu einer tief greifenden Veränderung der ursprüngl. Vegetation geführt hat. Nur an wenigen schwer zugängl. oder für die Bodennutzung unbrauchbaren Stellen haben sich Reste des einstigen Waldes halten können. An die Stelle des Waldes ist die →Macchie getreten; diese ging durch die permanente Flächennutzung in weitere Degradationsstadien (z. B. die überaus artenreiche →Garigue) über.

Tierwelt

Die Tierwelt der Mittelmeerländer bildet als mediterrane Subregion einen Teil der →Paläarktis. Es überwiegen zwar die europ. Faunenelemente, doch gibt es auch zahlr. äthiop. und oriental. Einflüsse (Magot als einziger Affe auf Gibraltar und in Marokko; Ginsterkatze, Mungo, Schakal, Stachelschwein, Stachelmaus, Agame) sowie endem. Formen (z. B. Schmetterlinge, Käfer, Kriechtiere). Wegen der weitgehenden Waldzerstörung überwiegen Wärme und Trockenheit liebende Arten (viele Schlangen, Eidechsen, Geckos, Spinnen, Skorpione, Heuschrecken, Hautflügler); der v. a. aus Kalk bestehende Untergrund begünstigt Kalk liebende Schnecken. Von Bedeutung ist der M. für die durchziehenden und überwinternden Zugvögel aus Mittel- und N-Europa.

Vorgeschichte

Der M. war wegen seiner günstigen klimat. Verhältnisse während des ganzen *Eiszeitalters* bewohnbar. Aus Kieseln geschlagene Werkzeuge (Geröllgeräte) sind die ältesten archäolog. Spuren des Menschen. In Ain Hanech (Algerien) und in der Höhle Vallonet (Frankreich) wurden sie in stratigraphisch gesicherter Lagerung angetroffen. Die bei Ternifine (Algerien) entdeckten menschl. Schädelreste können nach den Begleitfunden dem älteren Acheuléen zugeordnet werden. Wie das Acheuléen, so bildet auch das Moustérien eine zirkummediterrane Kultur der Altsteinzeit. Die meisten Funde von Skelettresten des Neandertalers sind im M. gemacht worden (Iber. Halbinsel, Palästina). Regionale Varianten des Moustérien sind das Atérien (N-Afrika) und das Pontinien (Italien). Um 30 000 v. Chr. verbreiteten sich Jungpaläolith. Bevölkerungsgruppen mit versch. Varianten des Aurignacien über den Mittelmeerraum.

Die *Mittelsteinzeit* stand in N-Afrika, auf der Pyrenäenhalbinsel und auf Sizilien im Zeichen des Capsien. Eine Felsbildprovinz (Jagd-, Gruppendarstellungen), die bis in die Jungsteinzeit fortbestand, umfasste O-Spanien und N-Afrika. Gleichzeitig blühte in Palästina das mittelsteinzeitl. Natufien, das die in Wirtschaft, Technologie und geistesgeschichtl. Entwicklung so fortschrittl. Züge aufweist, dass es als eine der Ursprungszellen jungsteinzeitl. Kultur bezeichnet werden darf (→Jericho).

Im Gebiet des →Fruchtbaren Halbmonds sind die ältesten Kulturen der *Jungsteinzeit* nachzuweisen. Sie griffen, zunächst noch ohne Keramik, relativ schnell nach W aus und erfassten Kleinasien, Zypern, Kreta, Griechenland und Makedonien. Bald folgte, wohl von Anatolien aus, eine Welle bemaltkeram. Kultur (Protosesklo, daraus hervorgegangen die Sesklokultur) und das zirkummediterrane Frühneolithikum mit Impressokeramik, das von Syrien aus bis Marokko und Italien (Stentinellokultur) vordrang. Die Balkanhalbinsel entwickelte sich zu einem Durchgangsland der vorderasiat. Kulturtrift, das Kulturerscheinungen der Jungsteinzeit bis Mitteleuropa vermittelte. Die mittlere und späte Jungsteinzeit stand hier wie auch in Griechenland und der Ägäis unter dem Eindruck des ›Metallschocks‹, was sich archäologisch u. a. in Funden schwarz polierter, scharf profilierter Keramik in Nachahmung von Kupfer/Bronze-, Gold- oder Silbergefäßen fassen lässt. Im westl. M. bildete sich ein eigenes Kulturgebiet, gekennzeichnet durch die Verbreitung der Megalithkultur und der Glockenbecherkultur. Auf Malta entwickelte sich eine durch Tempelbauten geprägte besondere megalith. Kultur. In Italien trafen sich balkan. mit westl. Elementen (in der süditalienisch-apul. Molfettakultur bemalte Keramik, in O-Italien schwarz polierte Ware, im W und N hingegen die ›westische‹ Lagozzakultur).

Die späte Jungsteinzeit ist im östl. M. eine Übergangsstufe zu den Reichsbildungen der frühen *Bronzezeit* im Fruchtbaren Halbmond und in Ägypten, denen auch eine bedeutende Rolle zukam bei der kulturellen Entwicklung im ägäischen Raum: auf den Kykladen, auf Kreta, in der Argolis (Lerna) und an der anatol. Küste (Troja). Es handelt sich um schriftlose Stadtkultur oft kleiner Zentren. Um 2000 v. Chr. wurde der östl. M. durch Einwanderungswellen wohl indogerman. Menschengruppen erschüttert, doch bestand in Vorderasien die Stadtkultur fort, und nach vorübergehendem Niedergang bildete sich in Kleinasien die hethit. Kultur. Auf Kreta erblühte die →minoische Kultur. Der westl. M. verblieb auf neolith. Kulturstufe. Die Stadtkultur von Los Millares (→Los-Millares-Kultur) u. a. Plätzen blieb ohne Nachfolge. Von der Pyrenäenhalbinsel drang die Glockenbecherkultur nach W-Europa, aber auch über die Balearen, Korsika und Sardinien nach Italien (Remedello) vor. Während der späten Bronzezeit verlagerte sich der Schwerpunkt im ägäischen Raum zum griech. Festland (Mykene); Handelsbeziehungen erfassten das westl. Kleinasien, Italien und den östl. M. Zypern behielt erst eine Eigenentwicklung (in Anlehnung an Syrien und Ägypten) bei, geriet in spätmyken. Zeit aber unter myken. Herrschaft. Um 1200 v. Chr. brach nach traditioneller Auffassung die Unruhezeit der →ägäischen Wanderung über den M. herein. Die Seevölker vernichteten bis auf Ägypten alle Anrainerstaaten des östl. M. Der westl. M. war kaum betroffen.

In Italien bestanden bronzezeitl. Kulturen bis um die Jahrtausendwende fort, gefolgt von der *eisenzeitl.* Villanovakultur. Im Gefolge der dorischen Wanderung bildete sich seit etwa 1000 v. Chr. die griech. Kultur heraus, die vom 8. Jh. v. Chr. an durch Koloniegründungen in alle Teile des M. getragen wurde. In Italien trat die Stadtkultur der Etrusker in Erscheinung, in N-Afrika die phönik. Kolonie Karthago.

Beitr. zur Kulturgeographie der Mittelmeerländer, 4 Bde. (1970-81); F. K. KIENITZ: Das Mittelmeer. Schauplatz der Weltgesch. ... (1976); K. ROTHER: Die mediterranen Subtropen (1984); DIETER MÜLLER: Wo Europas Wiege stand. Ein Streifzug durch die Kulturgesch. des östl. Mittelmeeres (1992); F. BRAUDEL u. a.: Die Welt des Mittelmeeres. Zur Gesch. u. Geographie kultureller Lebensformen (a.d.Frz., Neuausg. 11.-12. Tsd. 1993).

Mittelmeerspiele, 1951 erstmals in Ägypten durchgeführte Sportspiele der Mittelmeeranrainerstaaten; es werden olympische Sportarten sowie Rugby ausgetragen.

Mittelmeerspiele

Austragungsorte
1951 Alexandria (Ägypten)
1955 Barcelona
1959 Beirut
1963 Neapel
1967 Tunis
1971 İzmir
1975 Algier
1979 Split
1983 Casablanca
1987 Latakia
1991 Athen
1993 Agde
1997 Bari

Sportarten
Basketball
Boxen
Fechten
Fußball
Gewichtheben
Hockey
Leichtathletik
Radsport
Reiten
Ringen
Rudern
Rugby
Schießsport
Schwimmen
Segeln
Turnen
Wasserball
Wasserspringen

Mittelmotor, *Kraftfahrzeugtechnik:* ein in Fahrtrichtung vor der Hinterachse eingebauter Fahrzeugmotor; vorherrschend im Sport- und Rennwagenbau; ergibt eine günstige Schwerpunktlage.

Mittelohr|entzündung, →Ohrenkrankheiten.

Mittel|ozeanischer Rücken, untermeer. Gebirgssystem, das sich über 60 000 km als längstes Gebirge der Erde durch die Ozeane zieht. Am Fuß erreicht der M. R. eine Breite bis zu 4 000 km. Die Spitzen erheben sich 1 000–3 000 m über die Tiefseebecken, teilweise durchstoßen sie die Meeresoberfläche und bilden Inseln. Auf dem Kamm öffnet sich eine 20–50 km breite **Zentralspalte.** Der M. R. stellt Spreizungszonen der Erdkruste dar, an denen die Platten der Erdkruste auseinander driften (→Plattentektonik, →Kontinentalverschiebung, →Sea-Floor-Spreading). Dazwischen steigt basalt. Material aus der Tiefe auf, das neue ozean. Kruste bildet. Deshalb nimmt das Alter der Tiefseeböden vom M. R. zu den Kontinenten hin zu. Die tekton. Aktivität führt zu Erdbeben und Vulkanen. Die Erforschung des M. R.s erfolgte u. a. durch Tiefseebohrungen im Rahmen des →Deep Sea Drilling Project (1968–83) und des Ocean Drilling Program (seit 1985) sowie durch wiss. Tauchfahrten. (→Schwarze Raucher)

R. D. BALLARD u. J. G. MOORE: Photographic atlas of the Mid-Atlantic Ridge Rift Valley (New York 1977).

Mittelozeanischer Rücken: Profil durch den Mittelatlantischen Rücken bei 57° nördlicher Breite

mittelpersische Sprache und Literatur. Die mittelpers. Sprache (→iranische Sprachen), die Sprache der Prov. Pars (Fars), wurde vom 3. Jh. v. Chr. bis zum 9. Jh. n. Chr. gesprochen. Sie diente vom 3. Jh. n. Chr. an zunehmend als Amts- und Verkehrssprache des Sassanidenreichs und wurde v. a. in →Pehlewischrift aufgezeichnet. Quellen sind neben Münzlegenden, Ostraka und Papyri bes. Inschriften aus der frühen Sassanidenzeit. Daneben besteht eine umfangreiche zoroastr. Literatur aus nachsassanid. Zeit (darunter bes. die theolog. Enzyklopädien der zoroastr. Religion, →Denkart und →Bundahischn). Auch die sonstige mittelpers. Literatur diente v. a. der Kommentierung des →Avesta und des zoroastr. Rituals sowie der zoroastr. Ethik und Dogmatik. Daneben liegen eine fragmentarisch erhaltene Psalmenübersetzung in Pehlewischrift und zahlreiche manichäische Fragmente in einer eigenen Schriftform syr. Ursprungs vor. Profane Werke gibt es außer dem ›Karnamag-e Ardaschir‹, einem Roman über den Begründer der Sassanidendynastie ARDASCHIR I., kaum.

J. C. TAVADIA: Die m. S. u. L. der Zarathustrier (Leipzig 1956); M. BOYCE: Middle Persian literature, in: Hb. der Orientalistik, Abt. 1, 4, 2 (Leiden 1968); D. N. MACKENZIE: A concise Pahlavi dictionary (London 1971, Nachdr. ebd. 1990); W. SUNDERMANN: Mittelpersisch, in: Compendium linguarum Iranicarum, hg. v. RÜDIGER SCHMITT (Wiesbaden 1989).

Mittelpunkt, 1) *elektr. Energietechnik:* ein Knotenpunkt innerhalb eines Stromsystems, von dem in ihrer Anordnung und Wirkung gleichartige Stränge ausgehen; den M. eines Mehrphasensystems bezeichnet man auch als **Sternpunkt** (→Sternschaltung). **2)** *Mathematik:* M. einer Strecke ist derjenige Punkt dieser Strecke, der von den beiden Endpunkten gleich weit entfernt ist. Sind (x_1, y_1) und (x_2, y_2) die Koordinaten der beiden Endpunkte, so hat der M. die Koordinaten $[\frac{1}{2}(x_1 + x_2), \frac{1}{2}(y_1 + y_2)]$. – Allg. nennt man das Symmetriezentrum einer punktsymmetr. Figur auch **M.** oder **Zentrum.** Beim Kreis lässt sich der M. (der Punkt, der von allen Punkten der Peripherie den gleichen Abstand hat) mithilfe der Mittelsenkrechten auf zwei Sehnen konstruieren.

Mittelpunktleiter, Abk. **Mp,** früher **Mittelleiter,** *Elektrotechnik:* →Neutralleiter.

Mittelpunktschaltung, eine Zweiweg-Gleichrichterschaltung (→Gleichrichter).

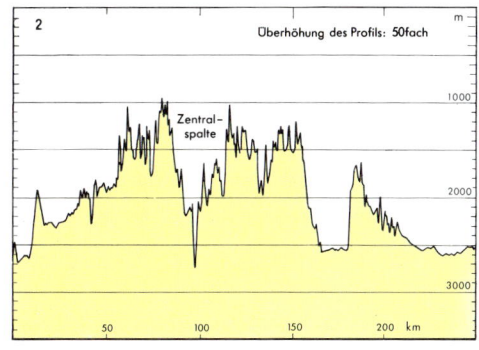

Mittelpunktschule, zentrale schul. Einrichtung, die von Schülern versch. Gemeinden, die zu einem Schulbezirk zusammengefasst sind, besucht wird. M. können Grund-, Haupt- oder Realschulen wie auch kooperative oder integrierte Gesamtschulen oder Gymnasien sein. Umfassen sie mehrere Schularten, so werden sie als **Schulzentren** bezeichnet. M. entstanden in der BRD seit den 1960er-Jahren im Rahmen einer systemat. Schulentwicklungsplanung anstelle breit gestreuter kleiner Schulen mit einer Klasse und/oder einem Lehrer. – Eine ähnl. Einrichtung war in der DDR in ländl. Gebieten die **Zentralschule,** die die Schüler der oberen Jahrgänge mehrerer nicht voll ausgelasteter Schulen aufnahm.

Mittelpunktsgleichung, 1) *Astronomie:* 1) die Differenz zw. wahrer und mittlerer →Anomalie eines sich auf einer ellipt. Bahn um die Sonne bewegenden Himmelskörpers; 2) der Unterschied zw. der wahren Bewegung des →Mondes in seiner Bahn und der Bewegung eines gleichförmig in der Bahn umlaufend gedachten fiktiven Mondes. Die period. Abweichung (max. ± 6°) wird **große Ungleichung** oder **große Ungleichheit** genannt.

2) *Mathematik:* Gleichung eines geometr. Körpers (z. B. →Ellipse, →Hyperbel, →Hyperboloid, →Kugel), dessen Mittelpunkt den Koordinatenursprung bildet.

Mittelpunktswinkel, *Geometrie:* →Kreis.

Mittelrhein, 1) der Rhein zw. dem Binger Loch und Bonn.
2) dt. Weinbaugebiet beiderseits des Durchbruchs des Rheins durch das Rhein. Schiefergebirge, v. a. in Rheinl.-Pf. und im N von NRW. Die Weinberge (meist terrassierte Steillagen) erstrecken sich zw. Nahe- und Moselmündung (links) bzw. hess. Grenze und Drachenfels (Königswinter) und einige kleine Nebentäler hinauf; außerdem gehören dazu Weinberge an der Lahn, v. a. um Obernhof **(Lahnwein);** insgesamt (1996) 620 ha bestockte Rebfläche (zu 74,7% mit Riesling-, 7,9% mit Müller-Thurgau-, 5,3% mit Kerner-Reben bepflanzt), die 61 891 hl Wein lieferte (durchschnittl. Hektarertrag 1996: 55,5 hl), zu 92,2% Qualitäts- und Prädikatsweine. Zentrum ist Bacharach.

Mittelrussische Platte, Mittelrussische Höhe, russ. **Srednerusskaja woswyschennost,** ausgedehnte, stark gegliederte und glazial überformte Plateaulandschaft (bis 293 m ü. M.) zw. Oka und Donez, in Russland und in der Ukraine, überwiegend ackerbaulich genutzt (Lösslehmböden), im S weite Sanderflächen. Folge des jahrhundertelangen Ackerbaus ist eine starke Bodenerosion. Im Bereich der M. P. liegen die →Kursker Magnetanomalie und Teile des →Moskauer Kohlenbeckens.

Mittelsächsisches Hügelland, flachwelliges lössbedecktes Vorland des Erzgebirges in Sachsen, im

Rochlitzer Berg bis 353 m ü. M.; landwirtschaftlich intensiv genutzt (Lösslehmböden).

Mittelschicht, *Soziologie:* →Schichtung.

Mittelschild, *Heraldik:* kleinerer, i. d. R. in der Mitte eines Hauptschildes platzierter Wappenschild. Bei einem mehrfeldigen Wappen erscheint der M. zw. den Feldern, von denen ein möglichst kleiner Teil bedeckt sein soll. (→Herzschild)

Mittelschmerz, Intermenstrualschmerz, etwa in der Mitte des Menstruationszyklus bei der Frau auftretender, kurz dauernder Schmerz im Unterleib durch Platzen des Follikels (Ovulation).

Mittelschule, 1) veraltete Bez. für →Realschule. In *Österreich* war M. ein früher übl. Begriff für das Gymnasium, an dessen Stelle (seit 1962) der Begriff der allgemein bildenden höheren Schule getreten ist. In der *DDR* war die M. eine zehnklassige Ausbildung (mittlere Reife) vermittelnde Schulform; 2) in *Sachsen* eine differenzierte Schulart, die eine allgemeine und berufsvorbereitende Bildung vermittelt und die Voraussetzungen für eine berufl. Qualifizierung schafft. Mit bestandener Abschlussprüfung nach der Jahrgangsstufe 10 wird der Realschulabschluss erworben. – In *Österreich* wurde ab dem Schuljahr 1985/86 die Mittelstufe der Schulausbildung reformiert. Die bisherige Hauptschule heißt seitdem M. und hat gleich lautende Lehrpläne sowie das gleiche Bildungsziel wie die Unterstufe der allgemein bildenden höheren Schulen. In der *Schweiz* werden unter M. bestimmte Schularten der Sekundarstufe II verstanden: die Oberstufe der Gymnasien, die Diplom-M., Lehrerseminar und (höhere) Handelsschule. Die **Diplom-M.** (DMS) ist eine allgemein bildende Schule (zwei oder drei Jahre). Sie fördert Berufsfindung und Berufswahl und bereitet je nach Option auf Berufsausbildungen im hilfsmedizin., sozialen, erzieher. oder kaufmänn. Bereich vor. Zur Vereinheitlichung des Schultyps erarbeitete die Schweizer. Konferenz der kantonalen Erziehungsdirektoren Rahmenlehrpläne und erließ (1987) Richtlinien für die Anerkennung der Diplome von DMS.

Mittelschwergewicht, Gewichtsklasse im Gewichtheben (bis 91 kg) und Rasenkraftsport (bis 90 kg).

Mittelsenkrechte, Mittellot, die in der Mitte einer Strecke errichtete Senkrechte. Diese ist die Ortslinie aller Punkte, die von den Enden der Strecke gleich weit entfernt sind. Die M. im →Dreieck schneiden sich im Mittelpunkt des Umkreises. Die M. auf den Sehnen eines Kreises gehen alle durch dessen Mittelpunkt.

Mittelsibirische Eisenbahn, Eisenbahnlinie im S Westsibiriens, in Russland und im N von Kasachstan, von Kustanaj über Koktschetaw, Kamen am Ob und Barnaul nach Srednesibirskaja, wo sie an die Südsibir. Eisenbahn anschließt; etwa 1 500 km lang.

Mittelsibirisches Bergland, russ. **Srednesibirskoje ploskogorje,** flach gewelltes, von Flüssen stark zertaltes Plateau zw. Jenissej und Lena in Russland, im N vom Nordsibir. Tiefland begrenzt, im S vom Östl. Sajan, von Baikalien und Transbaikalien; umfasst 3,5 Mio. km², i. Allg. 500–700 m ü. M., erreicht im Putoranagebirge (im NW) 1 701 m ü. M.; Dauerfrostboden, Lärchentaiga, reiche Bodenschätze. Die Hauptsiedlungen liegen im S (im Bereich der Transsibir. Eisenbahn) und im N (Norilsk).

Mittelslowakisches Gebiet, slowak. **Stredoslovenský kraj** [ˈstredɔslɔvɛnskiː kraj], Verw.-Gebiet in der Slowak. Rep., 17 982 km², (1994) 1,64 Mio. Ew.; Hauptstadt ist Neusohl. Das M. G. hat Anteil an den Westkarpaten: westl. Slowak. Erzgebirge, Hauptteil der Niederen Tatra (Ďumbier 2 043 m ü. M.), Kleine Fatra, Teile der Westbeskiden. Waag und Gran durchfließen z. T. intramontane Becken (Zentren der Besiedlung). Die Landwirtschaft ist wenig ertragreich. Der Erzbergbau, der seine Blütezeit im MA. hatte, ist im Ggs. zum Braunkohlenbergbau (bei Nováky und Handlová) heute weniger bedeutend. Auf dem Waldreichtum basiert die Holzverarbeitung. Nach 1945, bes. nach 1969, wurde die Industrie ausgebaut (Maschinenbau, chem., Textil-, elektrotechn. Industrie), ebenso der Fremdenverkehr. Wichtige Industriestandorte sind Neusohl, Sillein, Sankt Martin, Považská Bystrica und Heiligenkreuz.

Mittelspannung, Bez. für Nennspannungen von mehr als 1 kV bis einschließlich 60 kV in Elektrizitätsverteilungsnetzen.

Mittelspecht, Dendrocopos medius, etwa 21 cm große Art der →Spechte; verbreitet in Europa und Vorderasien; die Gefiederfärbung ähnelt der des Buntspechtes, beide Geschlechter haben jedoch einen roten Scheitel, der beim Männchen bis zum Nacken reicht. Der M. ist ein Stand- bzw. Strichvogel, er lebt in Laub- und Auenwäldern sowie in Parks.

Mittelstaaten, Bez. für Staaten, die nach ihrer polit. und wirtschaftl. Bedeutung zw. Großmächten und Kleinstaaten stehen. Im Dt. Bund (1815–66) galten bes. Bayern, Württemberg, Baden, Hessen-Darmstadt, Hannover und Sachsen, die eine gemeinsame Politik zw. den Großmächten Österreich und Preußen anstrebten, als Mittelstaaten. (→Triasidee)

Mittelstadt, in der Gemeindestatistik Dtl.s eine Stadt mit 20 000–100 000 Ew., in der Raumforschung eine Stadt mit 50 000–250 000 Einwohnern.

Mittelstand, *Soziologie:* die Gesamtheit der sozialen Gruppen einer industriell bestimmten Gesellschaft, die nach Ausweis objektiver sozialer Merkmale (z. B. Einkommen und Vermögen) und subjektiver Schichtungsfaktoren (z. B. bestimmte politisch-gesellschaftl. Grundhaltungen, Sozialprestige und Werteverständnis) zw. einer Ober- und einer Unterschicht stehen. Vor dem Hintergrund der schnellen Entwicklung der Beamten- und Angestelltenschaft seit dem Ende des 19. Jh. wird zw. dem ›alten‹ und dem ›neuen‹ M. unterschieden. Dem ›alten‹ M. werden die selbstständigen Inhaber gewerbl., kaufmänn. und landwirtschaftl. Mittel- und Kleinbetriebe zugerechnet (d. h. große Teile des alten Bürgertums), ferner die freien Berufe, die höhere Beamtenschaft und die Rentiers; der ›neue‹ M. umfasst auch Gruppen, die aufgrund der industriellen Entwicklung neu entstanden sind: v. a. die mittleren und unteren Angestellten sowie die qualifizierten Facharbeiter. Durch die verstärkte vertikale Mobilität seit der industriellen Revolution hat sich der M. stark ausgedehnt. Mit der Einbeziehung sozialpsycholog. Faktoren bei der Definition des M. (Zugehörigkeitsgefühl zum M., M.-Gesinnung mit entsprechendem Gesellschaftsbild, Aufstiegsorientierung) wird der Begriff auch zu einer polit. Kategorie.

Der Begriff des M., die Zuordnungsmerkmale und die Aussagen über ihn werden stark bestimmt durch die soziologischen Theorie, die bei seiner Definierung zugrunde gelegt wird. Seit der Antike ist nach G. SCHMOLLER der M. in staats- und gesellschaftsphilosoph. Überlegungen (z. B. bei ARISTOTELES) als staatstragender Faktor angesehen worden, der im Rahmen einer besonderen Gesellschaftspolitik zu fördern sei. Im Ggs. zu dieser positiven Sicht stellte der Marxismus die These auf, dass der M. (hier v. a. im Sinne des ›alten‹ M. verstanden) im Zuge des sich verschärfenden Klassenkampfes zw. Bourgeoisie und Proletariat zerrieben werde. Bestimmend für diese Analyse des ›neuen‹ M. wurde die These, dass dessen arbeitsorganisator. Stellung zw. Unternehmer- und Arbeiterschaft, verbunden mit seinem relativ guten materiellen Auskommen die tatsächl. Konfrontation zw. Produktionsmittelbesitzern und denen, die über keine Produktionsmittel verfügen können, verdecke.

Historisch gesehen ging der ›alte‹ M. aus dem Handwerk hervor, dessen Existenzgrundlage seit der

Mitte des 18. Jh. durch eine starke Bev.-Vermehrung, steigende Bodenrente und Nahrungsmittelpreise, verschärften Konkurrenzdruck und stagnierende Reallöhne fundamental infrage gestellt wurde, noch bevor die industrielle Revolution viele Handwerksbetriebe zu bloßen Zulieferer- und Reparaturbetrieben machte. Im Gefolge des Ersten Weltkrieges sowie der Weltwirtschaftskrise geriet der M. in schwere soziale Bedrängnis; soziale Unsicherheit, v. a. in Verbindung mit traditionalist. Denkweisen und oft zu beobachtender unkrit. Autoritätsgläubigkeit, machten bes. den ›alten‹ M. anfällig für faschist. und (in Dtl.) natsoz. Denkschemata. Nach S. M. LIPSET führen M.-Krisen häufiger zu einem ›Extremismus der Mitte‹. Unter dem Eindruck dieser Erfahrungen wurde nach dem Zweiten Weltkrieg in den Demokratien mit einer pluralist. Gesellschaftsstruktur der M. neben anderen gesellschaftlich bedeutsamen Schichten bes. gefördert.

Die gegenwärtige Entwicklung des (›neuen‹) M. wird in besonderer Weise durch die Expansion des Dienstleistungssektors und die Herausbildung der Informationsgesellschaft bestimmt. Sie eröffnet dem M. einerseits zahlr. neue Tätigkeitsfelder, ist vor dem Hintergrund der gesellschaftl. Wandlungsprozesse und des wirtschaftl. Strukturwandels andererseits jedoch mit starken wirtschaftl. Zwängen, zahlr. (oft schwer kalkulierbaren) Risiken und, infolge wachsenden Konkurrenzdruckes, für Teile des M. auch mit (zeitweiligen) Einkommensverlusten verbunden.

G. SCHMOLLER: Was verstehen wir unter dem M.? (1897); T. GEIGER: Die soziale Schichtung des dt. Volkes (1932, Nachdr. 1987); DERS.: Die Klassengesellschaft im Schmelztiegel (1949, Nachdr. New York 1975); C. W. MILLS: Menschen im Büro (a. d. Engl., 1955); R. DAHRENDORF: Soziale Klassen u. Klassenkonflikt in der industriellen Gesellschaft (1957); S. M. LIPSET: Soziologie der Demokratie (a. d. Engl., 1962); R. KRISAM: Der ›M.‹ im hochindustrialisierten Wirtschaftsraum (1965); H. A. WINKLER: M., Demokratie u. Nationalsozialismus (1972); DERS.: Liberalismus u. Antiliberalismus. Studien zur polit. Sozialgesch. des 19. u. 20. Jh. (1979); Angestellte im europ. Vergleich. Die Herausbildung angestellter Mittelschichten seit dem späten 19. Jh., hg. v. J. KOCKA u. a. (1981); J. KOCKA: Die Angestellten in der dt. Gesch. 1850–1980. Vom Privatbeamten zum angestellten Arbeitnehmer (1981); D. JUNG: Vom Kleinbürgertum zur dt. Mittelschicht. Analyse einer Sozialmentalität (1982); B. EHRENREICH: Angst vor dem Absturz. Das Dilemma der Mittelklasse (a. d. Amerikan., Neuausg. 1994); R. M. GLASSMAN: The middle class and democracy in socio-historical perspective (Leiden 1995).

mittelständig, frei im becherförmigen Blütenboden stehend (auf den Fruchtknoten bezogen), →Blüte.

Mittelstandspolitik, Mittelstandsförderung, Bez. für die Gesamtheit der wirtschaftspolit. Maßnahmen zur Unterstützung der mittelständ. Wirtschaft. Die M. kann als an der Unternehmensgröße orientierte Strukturpolitik aufgefasst werden. Zur **mittelständischen Wirtschaft** zählen dabei i. e. S. alle kleinen und mittleren Unternehmen (KMU), deren selbstständige Inhaber die Unternehmen leiten, in ihnen mitarbeiten und das unternehmer. Risiko tragen (Einheit von Eigentum und unternehmer. Verantwortung), das allerdings durch eine geeignete Rechtsform (z. B. GmbH) begrenzt werden kann. Zur mittelständ. Wirtschaft gehören der gewerbl. Mittelstand (v. a. mittelständ. Industrie-, Handwerksbetriebe), Teile des Handels-, der privaten Verkehrs- sowie der Betriebe im Hotel- und Gaststättengewerbe und im sonstigen Dienstleistungssektor, Freiberufler (z. B. Ärzte, Rechtsanwälte) und i. w. S. auch Landwirte. Eine allg. akzeptierte Definition fehlt; auch taucht der Begriff nicht in der amtl. Statistik auf. Quantitative Anhaltspunkte liefert z. B. die Erwerbstätigenstatistik. So werden ihr nach ihrer Stellung im Beruf (1996) 3,41 Mio. Erwerbstätige (das sind 9,5 % aller Erwerbstätigen) als Selbstständige ausgewiesen. Nach Schätzungen des Instituts für Mittelstandsforschung Bonn (die letzte

Mittelstandspolitik:
Unternehmen[1] und Beschäftigte 1994 nach Beschäftigtengrößenklassen in Deutschland[2]

Unternehmen mit ... bis ... Beschäftigten	Unternehmen Anzahl	%	Beschäftigte Anzahl	%
1	877 000	29,6	877 000	3,1
2–9	1 794 000	60,6	6 627 000	23,2
10–19	138 000	4,7	2 231 000	7,8
20–49	75 000	2,5	2 129 000	7,5
50–99	47 000	1,6	2 761 000	9,7
100–199	15 000	0,5	2 067 000	7,2
200–499	12 000	0,4	2 756 000	9,7
über 500	6 000	0,2	9 092 000	31,9
	2 964 000	100,0	28 540 000	100,0

[1] ohne Landwirtschaft, Gebietskörperschaften, Sozialversicherungen. – [2] Schätzungen des Instituts für Mittelstandsforschung Bonn, 1997.

offizielle Arbeitsstättenzählung fand 1987 statt) arbeiten in Dtl. (1994) 34,1 % aller Beschäftigten in Unternehmen mit weniger als 20 Beschäftigten, 51,3 % in Unternehmen mit bis zu 99 Beschäftigten und 68,2 % in Unternehmen mit bis zu 499 Beschäftigten. In manchen Förderprogrammen wird die mittelständ. Wirtschaft nach Umsatz und Beschäftigtenzahl abgegrenzt, ohne Rücksicht auf die Selbstständigkeit des Inhaber. Die EG sprechen von KMU, wenn die Beschäftigtenzahl 250 Arbeitnehmer und der Jahresumsatz 40 Mio. ECU (rd. 80 Mio. DM) bzw. die Bilanzsumme 27 Mio. ECU nicht übersteigen und das Unternehmen zu 25 % oder mehr im Besitz eines anderen Unternehmens steht. Bei einigen Fördermaßnahmen des Bundes oder der Bundesländer gelten eine Beschäftigtenzahl von höchstens 200 und ein Jahresumsatz von höchstens 50 Mio. DM als Orientierungsgrößen. Bei den Kriterien Beschäftigte und Umsatz muss berücksichtigt werden, dass zw. einzelnen Wirtschaftszweigen erhebl. Unterschiede hinsichtl. Unternehmensgröße und -struktur bestehen, die eigentlich unterschiedl. Grenzziehungen notwendig machen.

Ziele der M. sind v. a. die Sicherung der Wettbewerbsfähigkeit und die Stärkung von Leistungskraft und Innovationsfähigkeit der mittelständ. Wirtschaft sowie die Erleichterung der Anpassung an den wirtschaftl. Strukturwandel. Eine besondere M. wird v. a. mit Nachteilen begründet, die KMU gegenüber Großunternehmen und Unternehmen, die finanziell mit Großunternehmen verflochten sind, hätten. Insbesondere sei der Zugang zu Krediten erschwert (es fehlen häufig die von Banken geforderten Sicherheiten), und es fehle die Möglichkeit, durch eine differenzierte Produktpalette einen Risikoausgleich zw. verschiedenen Geschäftssparten zu erlangen. Auch können KMU der Nachfragemacht großer Kunden ausgesetzt sein. Die wichtigsten *Träger* der M. sind die Bundesministerien für Wirtschaft sowie für Bildung, Wissenschaft, Forschung und Technologie, die Wirtschaftsministerien der Länder, ferner die Kreditanstalt für Wiederaufbau (KfW), die Dt. Ausgleichsbank, das Bundeskartellamt und Gesellschaften zur Wirtschaftsförderung auf Landes- und Gemeindeebene.

Die vielfältigen *Maßnahmen* des Bundes reichen von allgemeinen Finanzierungshilfen in Form von Darlehen aus Mitteln des ERP-Sondervermögens für die Errichtung, Erweiterung, Rationalisierung im Rahmen der Gemeinschaftsaufgabe ›Verbesserung der regionalen Wirtschaftsstruktur‹ (ERP-Regionalprogramm) oder für die Ansiedlung von Betrieben (ERP-Standortprogramm, 1992 ausgelaufen), über Kreditgewährung für Investitionen (z. B. Maßnahmen zur Rationalisierung, Sicherung und Schaffung von

Mitt Mittelstandspolitik

Arbeitsplätzen, Innovationen) durch die KfW (KfW-Mittelstandsprogramm) bis zur Übernahme von Kreditbürgschaften (in Zusammenarbeit mit Kreditgarantiegemeinschaften), Finanzierung von Maßnahmen und Institutionen zur Weiterbildung von Unternehmern und Mitarbeitern, Förderung der Berufsausbildung (z. B. durch Teilfinanzierung überbetriebl. Ausbildungsstätten und -lehrgänge) sowie Beratungsförderung (z. B. in den Bereichen Umweltschutz, Energieeinsparung, Technologietransfer und Kooperation). Bes. gefördert werden auch Unternehmensgründungen (→Existenzgründungspolitik). Auch Steuer- und Wettbewerbsrecht enthalten Vorschriften zugunsten der mittelständ. Wirtschaft (z. B. Freibeträge bei der Gewerbesteuer, Sonderabschreibungen bei der Einkommensteuer). Das Wettbewerbsrecht sieht Ausnahmeregelungen zugunsten von Kooperation und Rationalisierung vor. Verhaltensempfehlungen von Vereinigungen der KMU (z. B. bezüglich Preiskalkulation, Werbung, Geschäftsbedingungen) an ihre Mitgl. (Mittelstandsempfehlungen) sind wettbewerbsrechtlich zulässig, wenn sie ausdrücklich unverbindlich sind und dazu dienen, zur Förderung der Wettbewerbsbedingungen der Beteiligten gegenüber Großunternehmen beizutragen. Außerdem von Bedeutung sind u. a. abweichende Regelungen für mittelständ. Unternehmen bei der Mitbestimmung, dem Kündigungsschutz und der Lohnfortzahlung im Krankheitsfall, die Berücksichtigung bei der öffentl. Auftragsvergabe und die Öffnung der Rentenversicherung für Selbstständige. Auch bei der Förderung des wirtschaftl. Aufbaus in den neuen Bundesländern spielt die M. eine wichtige Rolle; Fördermaßnahmen begünstigen i. d. R. KMU. Das gilt für Investitionszulagen (→Investition), Eigenkapitalhilfe- (→Eigenkapital) und Kreditprogramme.

Obwohl die breite mittelständ. Basis zu den Stärken der dt. Wirtschaft gehört (die Unternehmen mit weniger als 500 Mitarbeitern erwirtschaften etwa die Hälfte des Bruttoinlandsprodukts, beschäftigen zwei Drittel der Arbeitnehmer und bieten die Masse der Lehrstellen an), haben der mittelständ. Strukturen auch Nachteile, etwa bei der Forschung und Entwicklung (FuE). Da größere FuE-Vorhaben oftmals die finanziellen und personellen Kapazitäten der KMU übersteigen, haben sich viele von ihnen in Forschungsvereinigungen zusammengeschlossen. Der Dachverband dieser Vereinigungen, die Arbeitsgemeinschaft industrieller Forschungsvereinigungen ›Otto von Guericke‹ e. V., Köln, unterstützt und koordiniert die aus öffentlichen Mitteln geförderte Gemeinschaftsforschung.

Neben Organisationen wie Dt. Industrie- und Handelstag, Zentralverband des dt. Handwerks, Hauptgemeinschaft des dt. Einzelhandels, Dt. Hotel- und Gaststättenverband gibt es auch besondere **Mittelstandsverbände**, u. a. Bundesverband mittelständ. Wirtschaft e. V. (Sitz: Bonn), Vereinigung Mittelständ. Unternehmer e. V. (Sitz: München), Arbeitsgemeinschaft Selbstständiger Unternehmer e. V. (Sitz: Bonn), Vereinigung von Unternehmerinnen e. V. (Sitz: Köln), Bund der Selbstständigen Dt. Gewerbeverband e. V. (Sitz: Bonn), Aktionsgemeinschaft wirtschaftl. Mittelstand (Sitz: Bonn). Schließlich wird die wirtschaftswiss. Forschung über die mittelständ. Wirtschaft durch spezielle Institute (z. B. Institut für

Mittelsteinzeit: Übersicht

Jahre vor Chr.	Entwicklungs-stadien der Ostsee	Klimaphasen und Vegetations-geschichte	Nord- und Ostseeländer	Mitteleuropa (südl. Teil)	Westeuropa	Vorderasien	Osteuropa (nördl. Teil)	Osteuropa (südl. Teil)	Kulturstufen
3000	Litorinameer (Salzwasser)	Atlanticum (Mittlere Wärmezeit): Eichenmischwälder	Trichterbecherkultur	Mittelneolithische Kulturen	Mittelneolithische Kulturen	Chalkolithikum (Kupferzeit)	Weißmeerkultur	Cucuteni-Tripolje-Kultur	Jungsteinzeit
4000				Jüngere Bandkeramik (Plaidt)	Bandkeramik		Kamakultur		Jüngere Mittelsteinzeit
5000			Ertebøllekultur	Ältere Bandkeramik (Flomborn)	Impressokeramik Tardenoisien	Neolithikum	Jangelkakultur (Ural)	Donez-Wolhynien-Gruppe	
6000	Ancylussee (Süßwasser)	Boreal (Frühe Wärmezeit): Haselreiche Wälder	Kongemosekultur Maglemosekultur	Beuronien	Castelnovien Sauveterrien	Präkeramisches Neolithikum Karim-Schahir-Kultur	Kunda-Schigir-Kultur	Dnjepr-Asow-Gruppe	Ältere Mittelsteinzeit
7000	Yoldiameer (Salzwasser)	Präboreal: Birken- und Kiefernwälder	Klosterlundkultur						
8000	Baltischer Eisstausee (Süßwasser)	Jüngere Dryaszeit: Waldtundra	Ahrensburger Kultur	Federmessergruppe	Spätazilien	Natufien	Obere Wolga-Kultur	Schan-Koba (Krim) Unterer Horizont	Spätpaläolithikum
9000		Allerödzeit: Birken- und Kiefernwälder	Rissen-Tjonger-Wehlener-Kultur	Epimagdalénien		Zarzikultur	Swidrykultur		
10000		Ältere Dryaszeit: Tundra	Hamburger Kultur	Magdalénien	Azilien	Epigravettien	Epigravettien	Epigravettien	

Mittelstandsforschung Bonn, Dt. Handwerksinstitut, Institut für Handelsforschung) unterstützt.

Unternehmensgrößenstatistik. Daten u. Fakten (1976ff., unregelmäßig); E. BIEBLER u. J. POLKE: Zum Aufbau des Mittelstandes in den neuen Bundesländern (1994); S. HENRICH u. H. KIRSCH: Förderung u. Hemmnisse mittelständ. Unternehmen durch öffentl. Institutionen (1994); A. NIEMANN: Die M. der Europ. Union (1994); T. KRICKHAHN: Die Verbände des wirtschaftl. Mittelstands in Dtl. (1995); Mittelstandsförderung in der Praxis, hg. v. R. RIDINGER u. M. STEINRÖX (1996).

Mittelsteinzeit, Mesolithikum, Übergangszeit von der Altsteinzeit zur Jungsteinzeit. Der chronolog. Rahmen der M. ist seit 1900 oft Erweiterungen und Einschränkungen unterworfen gewesen. Maßgeblich für die Gliederung der M. war in allen altweltl. Gebieten zuerst die in Frankreich ermittelte Abfolge: 1) Azilien, 2) Tardenoisien. In den Nord- und Ostseeländern lieferte die Moorarchäologie zusätzl. Datierungsmittel, die eine enge Verzahnung der Archäologie mit der Klima- und der Vegetationsgeschichte ermöglichen. Durch Geochronologie und Radiokarbondatierung konnte die mittelsteinzeitl. Kulturentwicklung eng mit der geschichtlichen Zeitrechnung verknüpft werden. Ihr Beginn wird jetzt i. Allg. in das Präboreal (8. Jt. v.Chr.) verlegt. Der M. geht das Spätpaläolithikum voraus, dessen Beginn mit der Allerödzeit zusammenfällt. Bereits hier erfolgte der Wandel in Kultur und Lebensweise, weshalb in manchen Untersuchungen, insbesondere der Mittelmeerländer und Nordafrikas, Spätpaläolithikum und Mesolithikum zusammengefasst werden. In Verbindung mit naturwiss. Ergebnissen wird heute die M. in Dtl. in die Abfolge Frühestmesolithikum – Beuronien A bis C (nach Beuron in Baden-Württemberg) – Spätmesolithikum gegliedert, während in Westeuropa die Einteilung in Azilien und Tardenoisien im Wesentlichen beibehalten wurde.

Die besondere Prägung der Kulturen der M. findet ihre Erklärung in der nacheiszeitl. Klimaänderung und der dadurch notwendig gewordenen Änderung der Wirtschaftsweise. Durch Abwanderung der eiszeitl. Tiere und die zunehmende Wiederbewaldung gewannen die Jagd auf Standwild (v.a. Hirsch, Reh, Wildschwein) sowie Vogeljagd und Fischerei an Bedeutung. Die Ausbeutung reicher Fischgründe und die Einbeziehung von Weichtieren, Früchten und Samen (Haselnuss, Wassernuss, Beeren) in die Nahrung führten in allen Gebieten zu einer relativen Ortsgebundenheit und damit zur Sicherung der Lebenshaltung. Im östl. Mittelmeergebiet und in Vorderasien bildete das Ernten von Wildgetreide den Übergang zum Pflanzenanbau, der mit der einsetzenden Haustierhaltung schrittweise zum wirtschaftl. Umschwung der Jungsteinzeit führte. Die eigentlichen mesolith. Kulturen kannten als Haustier nur den Hund, für dessen Haltung es bereits im Jungpaläolithikum deutl. Hinweise gibt (→Domestikation).

Bei den Steingeräten der M. machte sich einerseits der schon im Spätpaläolithikum einsetzende Zug zur Verkleinerung bemerkbar (Mikrolithen), andererseits traten schwere, bes. zur Holzbearbeitung geeignete Geräte auf (Kern- und Scheibenbeile). Geräte aus organ. Material nahmen einen breiten Raum ein, sie lassen sich bei Ausgrabungen aber nur unter günstigen Bedingungen als Feuchtbodenfunde nachweisen. Der Pfeilbogen, als Erfindung bereits in die jüngere Altsteinzeit datiert, wird zur wichtigsten Jagd- und Streitwaffe. Die geometrisch geformten Mikrolithen (Dreiecke, Kreissegmente, Rhomben, Trapeze) dienten hauptsächlich als Spitzen und Einsätze (Widerhaken, Schneiden) von Pfeilen und Speeren aus Holz und Knochen.

Das geringe Ausmaß der durch Grabungen erschlossenen Siedlungen spricht dafür, dass die Bev. in kleinen Gruppen lebte. Die häufige Wiederbenutzung der Wohn- und Fangplätze deutet auf eine bestimmte, dem Wirtschaftsraum und dem Jahreslauf angepasste Mobilität der Siedlungsgruppen. In der M. lassen sich in vielen Gebieten voneinander abgegrenzte Regionalgruppen feststellen, die über Jahrhunderte ihre Siedlungsräume kontinuierlich nutzten. In Küstengebieten, insbesondere der Ostsee (Maglemose-, Ertebøllekultur) und des Atlantiks (Starr Carr/Orkneyinseln), kam es auch zu ortsfesten, ständig bewohnten Siedlungen, deren wirtschaftl. Grundlage der Fischfang und das Sammeln von Weichtieren (›kitchen middens‹) war. Die häufig belegten Bestattungen verbinden den Bereich des Sozialen mit dem der Religion, denn aus der Totenfürsorge lassen sich rechtl. und kult. Institutionen ableiten. Mutter-Kind-Bestattungen und Familiengräber sind in der M. bes. häufig. Daneben sind v. a. aus Süd-Dtl. so genannte Schädelbestattungen (z. B. Ofnet-Höhle im Nördlinger Ries) bekannt. Im Verkehr spielten die Wasserwege eine große Rolle, wie Funde von Paddeln (Duvenseer Moor, Kr. Herzogtum Lauenburg) und Booten bzw. Einbäumen belegen. In

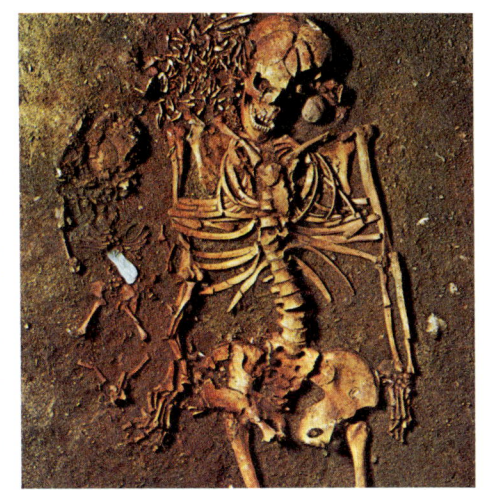

Mittelsteinzeit: Mutter-Kind-Bestattung, gefunden in Vedbæk bei Tondern (Dänemark); als Grabbeigaben durchbohrte Schneckenschalen und Zähne von Hirsch und Wildschwein am Kopf der Frau, das Neugeborene mit einem Silexmesser auf dem Leib; 4800 v. Chr.

Mittelsteinzeit: links Elchskulptur (oben) und Bärenskulptur (unten) aus Bernstein, gefunden in Jütland; Länge 6,5 cm und 8 cm (beide Kopenhagen, Nationalmuseet); rechts Sandsteinskulptur aus Lepenski Vir, Serbien; Höhe 47 cm, um 5000 v. Chr. (Belgrad, Nationalmuseum)

Nordeuropa reicht die Verwendung von Schlitten und Ski mindestens bis in die M. zurück. Auf dem Gebiet der Kunst ist die Gerätverzierung neben der Kleinplastik für die Kulturen des Maglemosekreises typisch. Auch Felsbilder (Ostspanien, Nordeuropa) zeugen mit Jagd- und Kultszenen für die künstler. Fähigkeiten nacheiszeitl. Jägervölker.

Die Benennung der mesolith. Einzelkulturen folgt in den verschiedenen Regionen Europas unterschiedl. Nomenklaturen. Maßgebend für die Aufstellung von Formen- und Kulturgruppen sind stratigraphisch und chronologisch gesicherte Befunde und deren räuml. Verbindung durch Fundhorizonte. Das Ende der M. ist in den einzelnen Regionen sehr unterschiedlich. Der Übergang zur bäuerl. Wirtschaftsweise hat entweder zur Assimilation oder zur Verdrängung mesolith. Gruppen geführt, die als Rand- und Mischkulturen u. T. in der →Jungsteinzeit weiterlebten.

The Mesolithic in Europe, hg. v. S. K. KOZLOWSKI (Warschau 1973); M. ZVELEBIL: Hunters in transition. Mesolithic societies of temperate Eurasia and their transition to farming (Cambridge 1986, Nachdr. ebd. 1990); E. PROBST: Dtl. in der Steinzeit (1991); E. CZIESLA: Jäger u. Sammler. Die mittlere Steinzeit im Landkreis Pirmasens (1992); Die Menschen der Steinzeit. Jäger, Sammler u. frühe Bauern, hg. v. G. BURENHULT (a. d. Engl., 1994).

Mittelstimmen, im mehrstimmigen Tonsatz die Stimmen zw. oberster (Diskant, Sopran) und tiefster Stimme (Bass), z. B. im Chorsatz Alt und Tenor.

Mittelstraß, Jürgen, Philosoph und Wissenschaftstheoretiker, * Düsseldorf 11. 10. 1936; seit 1970 Prof. in Konstanz, seit 1990 gleichzeitig Direktor des Zentrums Philosophie und Wissenschaftstheorie; Vertreter des Konstruktivismus der Erlanger Schule. Er beschäftigt sich v. a. mit Fragen der allgemeinen Wissenschaftstheorie, der Wissenschaftsgeschichte, Erkenntnistheorie und Sprachphilosophie sowie mit Ethik und Kulturtheorie.

Werke: Neuzeit u. Aufklärung (1970); Die Möglichkeit von Wiss. (1974); Wiss. als Lebensform (1982); Geist, Gehirn u. Verhalten (1989, mit M. CARRIER); Die unzeitgemäße Univ. (1994). – Hg.: Enzykl. Philosophie u. Wissenschaftstheorie, 4 Bde. (1980–96).

Mittelstrecke, *Sport:* 1) Eisschnelllauf: die 1 500-m- und 3 000-m-Strecken; 2) Kanurennsport: das 1 000-m-Rennen; 3) Kegelsport: Wettbewerbe von 51–100 Wurf, auf Bowlingbahnen von 3–6 Spielen.

Mittelstreckenlauf, leichtathlet. Laufwettbewerb für Männer und Frauen über 800 und 1 500 m. Der M. ist auch Teil der Mehrkämpfe (Zehnkampf: 1 500 m; Siebenkampf: 800 m). Männer: 800 und 1 500 m (olympisch seit 1896, EM- seit 1934 und WM-Disziplin seit 1983); Frauen: 800 m (olympisch seit 1928, EM- seit 1954 und WM-Disziplin seit 1983), 1 500 m (olympisch seit 1972, EM- seit 1969 und WM-Disziplin seit 1983). – Bei den Männern zählt man den 3 000-m-Lauf (keine olymp., EM- und WM-Disziplin) auch zum M., ebenso den →Hindernislauf.

Mittelstreckenraketen, mit konventionellen oder nuklearen Gefechtsköpfen ausgestattete →Raketenwaffen mit einer Reichweite von 500–5 500 km. Bekannt sind v. a. die aufgrund des 1987 abgeschlossenen INF-Vertrages (→INF) verschrotteten amerikan. Pershing II (Reichweite 1 800 km) und die ebenfalls mit Atomsprengkopf ausgerüsteten sowjet. SS-20 (Reichweite 5 000 km) sowie die 1991 im Golfkrieg und 1995 im Balkankonflikt mit konventionellem Gefechtskopf eingesetzten Tomahawk (→Cruisemissile).

Mittelwald, eine Waldart, bei der in ein dichtes, alle 10–15 Jahre geschlagenes und stets wieder neu austreibendes Unterholz (z. B. Hainbuche, Bergahorn) besser geformte Stämme (Oberholz, z. B. Eiche, Pappel, Ahorn) zur Wertholzerzeugung eingestreut sind; in W- und S-Europa verbreitet.

Mittelwasser, Mittelwert aus Niedrig- und Hochwasserhöhe einer Tide, der sich durch Ungleichheiten der →Gezeiten von Tide zu Tide verändert. Der mittlere →Wasserstand wird über einen längeren Zeitraum bestimmt und unterliegt nur sehr langsamen Veränderungen (→Meeresspiegelschwankungen).

Mittelwellen, Abk. **MW,** in der *Funktechnik* verwendete Bez. für elektromagnet. Wellen mit Wellenlängen zw. 182 m und 1 000 m, d. h. mit Frequenzen zw. 1 650 kHz und 300 kHz; häufig werden auch die Grenzwellen mit zu den M. gerechnet. I. e. S. wird als M.-Bereich der Frequenzbereich zw. 526,5 kHz und 1 606,5 kHz (mit Wellenlängen zw. 569 m und 186 m) bezeichnet. In diesem Bereich arbeiten die M.-Sender.

Die Reichweite der M. ist je nach der Tageszeit unterschiedlich: Die Raumwellen werden am Tage von der Ionosphäre praktisch nicht reflektiert, sodass die M. am Tage meist nur die geringe Reichweite der Bodenwellen aufweisen, während sie bei Dunkelheit eine große Reichweite besitzen.

Mittelwert, Mittel, 1) *Physik:* Bez. für den durchschnittl. Wert gleichartiger physikal. Größen. Dabei ist im Einzelfall näher anzugeben, was und nach welcher Vorschrift gemittelt wird. In der statist. Physik wird zw. Schar- und Zeit-M. unterschieden: Bei einem →Scharmittel wird der M. über gleichzeitige Messungen an einer (großen) Schar gleicher Systeme gebildet, bei einem →Zeitmittel über eine (große) Zahl zeitlich nacheinander stattfindender Messungen an nur einem System. I. Allg. wird davon ausgegangen, dass Schar- und Zeit-M. zum gleichen Wert führen (→Ergodenhypothese). In mikroskop. Theorien stellen statist. M. eine Verbindung zw. den (u. U. nur angenommenen oder postulierten) mikroskop. Eigenschaften (z. B. Verteilungen der Geschwindigkeiten und der Orte von Molekülen) und beobachtbaren makroskop. Eigenschaften (z. B. dem Druck und der Temperatur) her.

Bei kontinuierlich veränderl. Größen wird zur Bildung eines M. über ein entsprechendes Intervall (meist Zeit oder Ort) integriert und das Integral durch die Länge dieses Intervalls geteilt.

2) *Statistik:* Wert, der die Lage einer Stichprobe $x = x_1, x_2, ..., x_n$ beschreibt. Der wichtigste statist. M. ist der **arithmetische M. (arithmetisches Mittel, Durchschnitt)**

$$\bar{x} = \frac{1}{n}(x_1 + x_2 + \cdots + x_n).$$

Werden die Stichprobenwerte x_i mit Gewichten $w_i > 0$ $(i = 1, 2, ..., n)$ versehen, so ist das **gewichtete (gewogene) arithmetische Mittel** als

$$\bar{x}^\omega = \frac{\sum_{i=1}^{n} \omega_i x_i}{\sum_{i=1}^{n} \omega_i}$$

definiert. Es dient u. a. zur Berechnung des M. einer aus mehreren Teilstichproben bestehenden Stichprobe aus den M. der Teilstichproben. Außerdem ist der Erwartungswert einer Zufallsvariablen, welche die Werte x_i mit den Wahrscheinlichkeiten w_i annimmt, gerade gleich dem gewichteten arithmet. Mittel. Verwendung finden weiterhin der **geometrische M. (geometrisches Mittel)**

$$\bar{x}_g = \sqrt[n]{x_1 \cdot x_2 \cdots x_n},$$

dessen Anwendung immer dann sinnvoll ist, wenn Durchschnitte relativer Größen gebildet werden sollen (z. B. bei der Berechnung von Wachstumsraten), und der z. B. bei Verhältniszahlen x_i benutzte **harmonische M. (harmonisches Mittel)**

$$\bar{x}_h = n \bigg/ \left(\frac{1}{x_1} + \frac{1}{x_2} + \cdots + \frac{1}{x_n}\right).$$

Mittelwertsatz, 1) (Erster) M. der Differenzialrechnung: Ist eine Funktion $y = f(x)$ in einem abgeschlossenen Intervall $[a,b]$ stetig und im offenen Intervall $]a,b[$ differenzierbar, so existiert zw. a und b wenigstens eine Stelle c derart, dass gilt:

$$f(b) - f(a) = (b-a)f'(c), \text{ wobei } a < c < b.$$

Dem M. kommt heute eine zentrale Stellung im Aufbau der Analysis zu. (→taylorscher Satz)

2) (Erster) M. der Integralrechnung: Ist eine Funktion $y = f(x)$ stetig in $[a,b]$, so gibt es eine Stelle $c \in [a,b]$ mit

$$\int_a^b f(x)\,dx = f(c) \cdot (b-a).$$

Mittelwort, *Sprachwissenschaft:* das →Partizip.

Mittelzentrum, *Wirtschaftsgeographie:* ein →zentraler Ort der mittleren Stufe.

Mittenecker, Erich, österr. Psychologe, * Wien 26. 6. 1922; 1961 Prof. in Wien, 1965 in Tübingen, 1968 in Graz (bis 1990); Arbeiten zur mathemat. Grundlegung der Persönlichkeitsforschung und zur exakten psycholog. Diagnostik.

Mittenwald, Markt-Gem. im Landkreis Garmisch-Partenkirchen, Oberbayern, 913 m ü. M. im Tal der Isar am Fuß von Karwendel- und Wettersteingebirge, 8400 Ew.; Staatl. Fachschule für Geigenbau, Geigenbaumuseum; Luftkurort und Wintersportplatz; Bergbahn auf die Westliche Karwendelspitze (2384 m ü. M.) und zum Hohen Kranzberg (1391 m ü. M.). – Barockhäuser mit Lüftlmalerei; barocke Pfarrkirche St. Peter und Paul (1738–40, über Vorgängerbau) mit Stuckaturen von Joseph Schmuzer und Deckengemälde von M. Günther. – Das Ende des 11. Jh. erwähnte M. war Umschlagplatz im Italienhandel. M. gehörte seit 1316 zur Grafschaft Werdenfels des Hochstifts Freising; nach 1683 wurde der Geigenbau heimisch.

Mittenwalde, Stadt im Landkreis Dahme-Spreewald, Bbg., 40 m ü. M., südlich von Berlin, am Südrand des Teltow, 2000 Ew.; Mittelpunkt eines Agrargebietes. – Spätgot. Pfarrkirche St. Moritz (Feldsteinunterbau 13. Jh., als Backsteinbau Anfang 15. Jh. vollendet; neugot. Turm von 1878), im Innern Schnitzaltar von 1514 und Chorgestühl (Anfang 16. Jh.); spätgot. Hospitalkapelle St. Georg (Ende 14. Jh.) mit blendengeschmücktem Ostgiebel. – Nach 1240 mit regelmäßigem Grundriss erbaut, 1307 als Stadt bezeichnet.

Mitte-Rand-Variation, Randverdunkelung, die Änderung der Flächenhelligkeit der →Sonne in Abhängigkeit von der Mitte der Sonnenscheibe.

Mitterer, 1) Erika, verh. **Petrowsky** [-ki], österr. Schriftstellerin, * Wien 30. 3. 1906; zunächst als Fürsorgerin tätig; zeigte sich als junge Lyrikerin stark von R. M. Rilke beeinflusst, mit dem sie 1924–26 einen ›Briefwechsel in Gedichten‹ (hg. 1950) führte. Als Verfasserin von Romanen, die soziale wie auch erot. Themen behandeln, bleibt sie formal einer traditionellen Erzählweise verbunden.

Weitere Werke: Drama: Charlotte Corday (1931). – *Lyrik:* Dank des Lebens (1930); Klopfsignale (1970); Das verhüllte Kreuz (1985). – *Romane und Erzählungen:* Der Fürst der Welt (1940); Begegnung im Süden (1941); Die nackte Wahrheit (1951); Alle unsere Spiele (1977).

2) Felix, österr. Schriftsteller, * Achenkirch (Bez. Schwaz, Tirol) 6. 2. 1948; seit 1977 freier Schriftsteller, auch Schauspieler; lebt in Innsbruck. Als Dramatiker gehört M. neben F. X. Kroetz und P. Turrini zu den wichtigen jüngeren Autoren, die in der Nachfolge Ö. von Horváths das Volksstück als Gattung neu belebten. M. stellt in seinen Theaterstücken, Erzählungen und Hörspielen (›An den Rand des Dorfes‹, 1981) sowie Fernsehbeiträgen (›Verkaufte Heimat‹, 1989) die Lebens- und Arbeitsbedingungen auf dem Lande dar, beschreibt daneben aber auch die Situation (unfreiwilliger) Außenseiter der Gesellschaft.

Weitere Werke: Dramen: Kein Platz für Idioten (1979); Stigma. Eine Passion (1983); Besuchszeit. Vier Einakter (1985); Die Kinder des Teufels (1989); Sibirien. Ein Monolog (1989); Munde (1990); Ein Jedermann (1991); Krach im Hause Gott. Ein modernes Mysterienspiel (1994).

Mitterhofer, Peter, Tischler, * Partschins (bei Meran) 20. 9. 1822, † ebd. 27. 8. 1893; baute 1864–69 vier Modelle von Typenkorbschreibmaschinen, zwei in Holz mit Stechschriftbuchstaben und zwei in Metall für Typendruck.

Mittermaier, Rosi, eigtl. **Rosa Anna Katharina M.**, alpine Skiläuferin, * Reit im Winkl 5. 8. 1950; zweifache Olympiasiegerin 1976 in Innsbruck (Abfahrtslauf und Spezialslalom); gewann im selben Jahr den (Gesamt)Weltcup und den Weltmeistertitel in der alpinen Kombination.

Mitternacht, der Zeitpunkt 12 Stunden nach Mittag, seit dem 1. 1. 1925 Beginn der Stundenzählung des Tages (24 bzw. 0 Uhr); in der *Astronomie* der Zeitpunkt des Durchgangs der Sonne durch den →Meridian während ihrer unteren →Kulmination. Je nachdem, ob es sich dabei um die wahre oder mittlere Sonne handelt, unterscheidet man **wahre** oder **mittlere (scheinbare) Mitternacht.**

Mitternachtspunkt, *Astronomie:* →Meridian.

Mitternachtssonne, die in den Polargebieten (zw. Polarkreis und Pol) im jeweiligen Sommer beobacht-

Mittenwald: Lüftlmalerei an einer Hausfassade

Mittenwald Stadtwappen

Peter Mitterhofer: Erstes Modell seiner Typenkorbschreibmaschine von 1864

Mitt Mitternachtstiefe – Mittfasten

bare Erscheinung, dass die Sonne nicht unter den Horizont sinkt und damit auch um Mitternacht, also während der unteren →Kulmination, zu sehen ist (Polartag). Unmittelbar an den Polarkreisen sinkt die Sonne während einiger Tage um die jeweilige Sommersonnenwende gerade bis zum mathemat. Horizont. Die Zahl der Tage, an denen die M. zu beobachten ist, nimmt zu den Polen hin zu. An diesen selbst herrscht ein halbes Jahr Polartag, das andere Halbjahr dagegen Polarnacht.

Mitternachts|tiefe, *Astronomie:* →Meridian.

Mitterndorf, Bad M., Markt-Gem. im steir. Salzkammergut, Österreich, 809 m ü. M., 3000 Ew.; heilklimat. Kurort mit Akratotherme (Calcium-Magnesium-Sulfat-Quelle von 24,8 °C). – Bei M. befindet sich die ›Flugschanze am Kulm‹.

Mitterrand [mitɛˈrã], François, frz. Politiker, * Jarnac (Dép. Charente) 26. 10. 1916, † Paris 8. 1. 1996; Lehrer und Jurist, gehörte 1944 der Provisor. Regierung DE GAULLES an; in der Vierten Republik (1945–58) führendes Mitgl. der Union Démocratique et Socialiste de la Résistance (UDSR), Abg. und mehrmals Minister. Nach Gründung der Fünften Republik (1958) sammelte er, 1959–62 Senator, 1962–81 wieder Abg., v. a. in Opposition zur Verfassungs- und Innenpolitik Präs. DE GAULLES erfolgreich die Linkskräfte in Frankreich (1965 Präsidentschaftskandidat der linken, nichtkommunist. Parteienkoalition Fédération de la Gauche Démocrate et Socialiste, FGDS). 1971 verschmolz er die von ihm 1970 gegründete ›Convention des Institutions Républicaines‹ (dt. etwa: ›Vereinigung zugunsten der republikan. Institutionen‹) mit dem Parti Socialiste (PS), dessen Gen.-Sekr. er 1971–80 war. Unter seiner maßgebl. Mitwirkung schlossen sich 1972 Sozialisten, Kommunisten und Linksradikale auf der Basis eines gemeinsamen Programms zur Union de la Gauche zusammen.

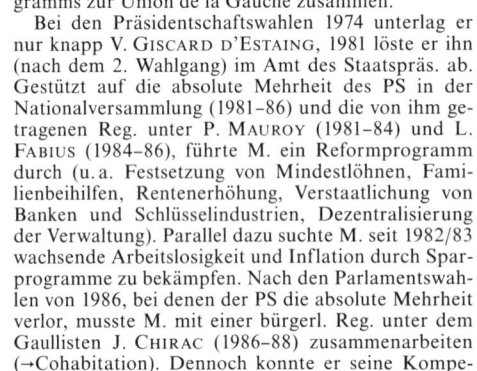

Bei den Präsidentschaftswahlen 1974 unterlag er nur knapp V. GISCARD D'ESTAING, 1981 löste er ihn (nach dem 2. Wahlgang) im Amt des Staatspräs. ab. Gestützt auf die absolute Mehrheit des PS in der Nationalversammlung (1981–86) und die von ihm getragenen Reg. unter P. MAUROY (1981–84) und L. FABIUS (1984–86), führte M. ein Reformprogramm durch (u. a. Festsetzung von Mindestlöhnen, Familienbeihilfen, Rentenerhöhung, Verstaatlichung von Banken und Schlüsselindustrien, Dezentralisierung der Verwaltung). Parallel dazu suchte M. seit 1982/83 wachsende Arbeitslosigkeit und Inflation durch Sparprogramme zu bekämpfen. Nach den Parlamentswahlen von 1986, bei denen der PS die absolute Mehrheit verlor, musste M. mit einer bürgerl. Reg. unter dem Gaullisten J. CHIRAC (1986–88) zusammenarbeiten (→Cohabitation). Dennoch konnte er seine Kompetenzen in der Führung der Außen- und Sicherheitspolitik stärken. Im Mai 1988 wurde er erneut zum Staatspräs. gewählt. In der zweiten Amtsperiode (1988–95) berief M. zunächst M. ROCARD (1988–91), dann EDITH CRESSON (1991–92) und P. BÉRÉGOVOY (1992–93; alle PS) zum Premier-Min., nach der Niederlage des PS in den Parlamentswahlen vom März 1993 in einer neuen Cohabitation den Gaullisten É. BALLADUR.

In der Außenpolitik setzte M. die von Präs. DE GAULLE begründete eigenständige Konzeption der frz. Nuklearverteidigung fort. Im Bereich der EG beförderte er den Prozess der europ. Integration. Die dt. Vereinigung unterstützte er nach anfängl. Zögern. Gegen Ende seiner Amtszeit im Mai 1995 bemühte sich M. verstärkt um ein überparteil. Profil. Mit seinem Namen sind Großprojekte im Raum Paris wie die Erneuerung des Louvre und der Neubau der Bibliothèque Nationale verbunden.

Schriften: Aux frontières de l'Union française (1961); Le coup d'État permanent (1964); Ma part de vérité, de la rupture à l'unité (1969); La paille et le grain (1975; dt. Spreu u. Weizen); Politique, 2 Bde. (1977–81); Ici et maintenant (1980); Réflexions sur la politique extérieure de la France (1986); Mémoire à deux voix (1995, mit E. WIESEL; dt. Nachlese. Erinnerungen, zweistimmig); De l'Allemagne, de la France (1996; dt. Über Deutschland); Mémoires interrompus. Entretiens avec Georges-Marc Benamou (1996).

J. DUNILAC: F. M. sous la loupe (Genf 1981); C. NAY: M., Anatomie einer Karriere (Zürich 1986); P. PÉAN: Eine frz. Jugend – F. M. 1934–1947 (a. d. Frz., 1995).

Mittersill, Markt-Gem. im Bez. Zell am See, Salzburg, Österreich, zentraler Ort des Oberpinzgaus, 790 m ü. M., 5500 Ew.; Bezirksgericht, Nationalparkmuseum (mit Wehrturm, altem Bauernhaus, Feuerwehr- und Eisenbahnmuseum); Skifabrik; Fremdenverkehr; südl. Endpunkt der Straße über den Pass Thurn (hier Wintersportgebiet Resterhöhe) und nördl. Endpunkt der Felber-Tauern-Straße.

Mitterteich, Stadt im Landkreis Tirschenreuth, Oberpfalz, Bayern, 513 m ü. M. in der weiherreichen Wondrebsenke zw. Fichtelgebirge und Oberpfälzer Wald, 7500 Ew.; Porzellan- und Glasindustrie. – Seit 1501 Markt, kam 1628 an Bayern, seit 1932 Stadt.

Mitterwurzer, Friedrich, Schauspieler, * Dresden 16. 10. 1844, † Wien 13. 2. 1897; spielte v. a. in Wien (am Burgtheater 1871–74, 1875–80 und ab 1894); bedeutender Helden- und Charakterdarsteller; gilt mit seinem psychologisch-realist. Stil als Bahnbrecher moderner Schauspielkunst.

Mittfasten, die (ungefähre) Mitte der Fastenzeit, der Mittwoch oder Donnerstag vor dem Sonntag →Lätare. Auf diesen konzentrierten sich auch die M.-Bräuche. – In belg. Städten wird ›Halfvasten‹ gebietsweise durch Maskenumzüge und -bälle gefeiert, in

François Mitterrand

Friedrich Mitterwurzer

Mitternachtssonne: Stand der Sonne nach jeweils einer Stunde, von demselben Standpunkt aus fotografiert

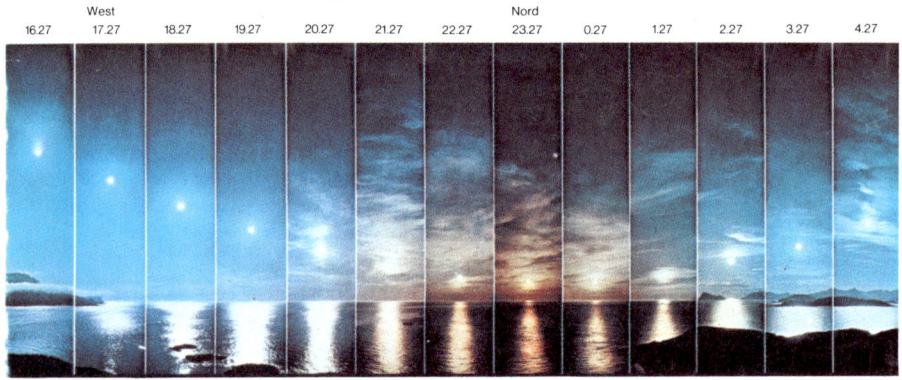

West							Nord				
16.27	17.27	18.27	19.27	20.27	21.27	22.27	23.27	0.27	1.27	2.27	3.27	4.27

Flandern und Brabant reitet ein ›Graaf van Halfvasten‹ herum und wirft u. a. Süßigkeiten unter die Kinder. Als unsichtbarer ›Sinte Graaf‹ bringt er ihnen in der Nacht vorher Geschenke. Die heiratsfähigen Mädchen erhalten ein hoch differenzierten Verehrern ›Graafs‹ (Reiter aus Pfefferkuchenteig und Marzipan).

Mittler, in den Religionen der Verbindungsträger zw. Gottheit und Mensch; religionsgeschichtl. Faktum v. a. in Religionen mit hoch differenzierter Kultpraxis, Lehre und Ethik. Durch ihre Kenntnis der Riten und Einhaltung sakraler Normen vermitteln M. im Kult den Kontakt mit dem ›Heiligen‹ (Priester, sakrales Königtum), bringen Heilung (Medizinmänner), die Kultur (Kulturheroen) oder sagen die Zukunft voraus (Wahrsager); sie lehren das heilige Wissen und das rechte Verhalten (Lehrer, Propheten, Offenbarer). Seit Entstehung der Hochreligionen finden diese M. im Mythos kosmolog. Entsprechungen in Geistern, dämon. Wesen, Engeln, Gottheiten oder halbgöttl. Wesen, die sich unmittelbar oder in Menschengestalt zeigen (z. B. die Avataras in Indien) oder von Menschen Besitz ergreifen können (z. B. in Schamanen, Ekstatikern, Propheten). Auch in der hellenist. Philosophie übernehmen durch Emanation aus dem ersten Prinzip hervorgegangene ›Mittelkräfte‹ die Vermittlung zur Welt hin und konstituieren sie (→Neuplatonismus). Diese Vorstellungen wurden auch im hellenist. Judentum (z. B. PHILON VON ALEXANDRIA), in frühchristl. Strömungen (Gnosis, hermet. Philosophie) und Theologien (Ursprünge der Trinitätslehre) aufgegriffen. In monist. (›pantheist.‹) Religionen wird in menschl. M. das Göttliche selbst offenbar und erhebt sie (sakral oder im ›Wissen‹, oft seinshaft) über das gewöhnl. Menschsein hinaus (z. B. Traditionen des ind. Gurus oder des jap. Zenmeisters). In den monotheist. Religionen steht die Vorstellung einer geschichtl. Vermittlung von ›Heil‹, Ethik oder Offenbarung im Vordergrund; in diesem Sinn ist im Islam MOHAMMED der Offenbarungs-M., für die jüd. Religion vermittelt das Volk Israel (sowie einzelne Gestalten in ihm: ›Erzväter‹, MOSE u. a.) das universale Völkerheil, für das Christentum fallen in der Person des Erlösers JESU CHRISTI der M. und das zu vermittelnde Heil zusammen (Hebr. 9, 15), womit es religionsgeschichtlich den M.-Gedanken am radikalsten ausgeprägt hat.

mittlere freie Weglänge, in statist. physikal. Theorien der Mittelwert der **freien Weglänge**, d. h. des Weges, der von dem (oder den) betrachteten Teilchen im Mittel zw. zwei Stößen mit anderen Teilchen zurückgelegt wird. Als Formelzeichen wird meist l oder λ verwendet, ggf. mit einem Kennzeichnenden Index. Der Begriff der m. f. W. wurde 1858 von R. J. E. CLAUSIUS in die kinet. Gastheorie eingeführt. Mit seiner Hilfe gelang CLAUSIUS die recht genaue Vorhersage der Koeffizienten verschiedener Transportsphänomenen (z. B. Wärmeleitung, Diffusion, Viskosität). In Gasen und Flüssigkeiten, die nur aus einer Teilchensorte bestehen, gilt für die m. f. W. $\lambda = 1/(n\sigma\sqrt{2})$. Dabei ist n die Teilchenzahldichte und σ der effektive Stoßquerschnitt (Wirkungsquerschnitt für Stöße) der Teilchen untereinander. Für Gase im Normzustand liegen die Werte zw. etwa 30 nm (Cl_2) und 180 nm (He); für Flüssigkeiten sind sie wegen deren größerer Dichte entsprechend kleiner. Die Wahrscheinlichkeitsverteilung $W(x)$ der freien Weglänge x gehorcht der Formel $W(x)\,dx = \lambda^{-1}\exp(-x/\lambda)\,dx$. Der Begriff der m. f. W. lässt sich auf beliebige Systeme wechselwirkender Teilchen übertragen, z. B. auf Ladungsträger in Metallen und Halbleitern oder auf Nukleonen in Atomkernen.

mittlere quadratische Abweichung, Statistik: →Varianz.

Mittlerer Atlas, Teil des →Atlasgebirges in Marokko, zweigt südwestlich von Beni Mellal vom Hohen Atlas ab, erstreckt sich rd. 500 km nach NO bis zum östl. Rifvorland, bildet die Hauptklima- und Wasserscheide des Landes. Der M. A. ist aufgebaut aus Juraschichten (Massenkalk, Dolomite) über paläozoischem Sockel und hat eine klare Dreigliederung: der W-Teil (Tafelatlas), kaum gefaltet, ist eine sanftwellige Hochfläche mit aufsitzenden pliozän-quartären Vulkanbergen und -decken (2000–2300 m ü. M.); der Zentralteil (Faltenatlas) aus gefalteten Ketten mit mehreren Gipfeln über 3000 m ü. M. (Djebel Bou Naceur 3340 m ü. M.) hat eiszeitl. Kare; ferner das kleine kristalline Massiv des Tazzeka im N. Die NW-Seite erhält jährl. Niederschläge bis über 1200 mm (Schneebedeckung von Ende Dezember bis Anfang April, Wintersport; Sommerfrische), die O-Abdachung kaum noch 400 mm; auf der W-Seite ausgedehnte Steineichenwälder und Laub abwerfende Eichenwälder zw. 1000 und 1600 m ü. M., darüber (bis 2200 m ü. M.) Zedern (Cedrus atlantica); im trockeneren SW mediterrane Strauchvegetation; unterhalb der Waldgrenze breiten sich Alfagrasflächen, über ihr Dornpolsterfluren aus. Die Hochflächen werden als Sommerweiden (Transhumanz) genutzt; Acker- und Obstbau in Karstbecken und auf Flussterrassen.

mittlerer Bildungsabschluss, Abschluss, der zum Besuch einer auf Klasse 10 aufbauenden weiterführenden Schule oder der gymnasialen Oberstufe berechtigt. Ein m. B. kann sowohl im allgemein bildenden Schulwesen (Realschulabschluss, Versetzung nach Klasse 11 im Gymnasium), auch in Abendschulen, als auch im berufl. Bildungswesen (Berufsfachschulen, Berufsaufbauschulen) erworben werden.

mittlere Reife, veraltete Bez. für den →mittleren Bildungsabschluss.

Mittlerer Erzgebirgskreis, Landkreis im Reg.-Bez. Chemnitz, Sa., grenzt im S an die Tschech. Rep., 609 km², 99000 Ew.; Kreisstadt ist Marienberg. Das von Flöha, Schwarzer Pockau, Zschopau und Preßnitz durchflossene Kreisgebiet im West- und zum kleineren Teil im Osterzgebirge erstreckt sich von der Stadt Chemnitz in südöstl. Richtung bis auf den Erzgebirgskamm (Hirtstein 891 m ü. M.). Die grenznahen oberen Höhenlagen (ab 600–700 m ü. M.) sind relativ dicht bewaldet (vorwiegend Fichtenbestände), die Waldfläche bedeckt 41% des Kreises. Mehrere Talsperren, deren größte die →Saidenbachtalsperre ist, versorgen Chemnitz und Umgebung mit Trinkwasser. Die Industrialisierung (früher v. a. Metall-, Elektro-, Textil- und Holz verarbeitende Industrie) ist stark zurückgegangen. Erhalten blieben das Spielwaren- und Holzkunstgewerbe mit den Zentren Seiffen/Erzgeb., Olbernhau und Grünhainichen. In der Landwirtschaft wird naturnahe Weidewirtschaft und ökolog. Landschaftspflege betrieben; der Ackerbau ist wenig ertragreich und ist im Wesentlichen auf Futterpflanzen beschränkt. Der Fremdenverkehr (Erholungs- und Wintersportorte) hat große Bedeutung. Die Brauchtumspflege ist bes. auf die bergbaul. Vergangenheit ausgerichtet. Die Städte des Kreises sind neben der Kreisstadt noch Olbernhau und Zschopau sowie die Erholungsorte Lengefeld, Zöblitz und Wolkenstein. – Der Landkreis wurde am 1. 8. 1994 aus den früheren Kreisen Marienberg (mit Ausnahme von zwei Gem.) und Zschopau (mit Ausnahme der Städte Ehrenfriedersdorf und Thum sowie drei weiterer Gem.) gebildet.

Mittlerer Oberrhein, Region im Reg.-Bez. Karlsruhe (→Baden-Württemberg, ÜBERSICHT).

Mittlerer Osten, nicht eindeutig festgelegter Begriff für den östl. Teil der islam. Welt. Im Unterschied zu Nahem (ehem. Osman. Reich) und Fernem Osten (Hinterindien, China, Japan) versteht man unter M. O. auch Iran, Afghanistan, Vorderindien. Die engl. Bez. **Middle East** und die frz. Bez. **Moyen-Orient** gelten hingegen für Ägypten, die Staaten des arab. Vorderasien und Iran, entsprechen im Deutschen also etwa den Bez. Naher Osten oder Vorderer Orient.

Mittlerer Westen, engl. **Middle West** [mɪdl west], **Midwest,** der nördl. Teil der mittleren USA, zw. Ohio River im S, Eriesee im O und dem O-Rand der Great Plains im W, ein größtenteils ebenes, außerordentlich fruchtbares Gebiet, umfasst die Bundesstaaten Ohio, Indiana, Illinois, Missouri, Michigan, Wisconsin, Iowa, Minnesota sowie Teile von Kansas, Nebraska, North Dakota und South Dakota. Die Bez. kam auf, als der W des Kontinents besiedelt wurde.

Mittleres Artillerie-Raketen-System, Abk. **MARS,** engl. **Multiple Launch Rocket System** ['mʌltɪpl lɔ:ntʃ 'rɒkɪt 'sɪstəm], Abk. **MLRS** [engl. emelɑː'es], Mehrfachraketenwerfer mit 12 Werferrohren auf Vollkettenfahrgestell; Reichweite max. 38 km. Die Raketengefechtsköpfe enthalten entweder eine Vielzahl kleiner Hohlladungs- und Splitterbomben M-77 (pro Rakete 644 Stück, gemischt) oder Panzerabwehrwurfminen AT-2. In der Entwicklung befindet sich der Gefechtskopf ›Phase III‹, er wird endphasengelenkte Submunition enthalten, die sich – kurz vor dem zu bekämpfenden Objekt aus dem Gefechtskopf ausgestoßen – selbsttätig ins Ziel steuert.

mittlere Sonne, *Astronomie:* →Sonnentag.

mittschiffs, in der Mitte des Schiffs, etwa auf halber Schiffslänge.

Mittsommerfest, andere Bez. für das Johannisfest (→Johannes, J. der Täufer).

Mittweida, 1) Kreisstadt des Landkreises Mittweida, Sa., 280 m ü. M., an der Zschopau nahe der →Kriebsteintalsperre, im Mittelsächs. Hügelland, 16 700 Ew.; FH für Technik und Wirtschaft; Raumfahrtmuseum; Baumwollspinnerei, Drehmaschinenwerk, Elektroautobau, Bau von Autoteilen für Rennwagen, Natursteinwerk. – Spätgot. Kirche Unser Lieben Frauen (1454 nach Bränden begonnen) mit reichem Schnitzaltar (1661); am Markt schlichte Bürgerhäuser des 18. Jh. – M., 1209 erstmals als Dorf M. erwähnt, wurde seit 1286 als Stadt bezeichnet. **2)** Landkreis im Reg.-Bez. Chemnitz, Sa., grenzt im S an die kreisfreie Stadt Chemnitz und im W an Thür., 786 km², 144 500 Ew., Kreisstadt ist Mittweida. Der von Mulde und Zschopau (mit Talsperre Kriebstein) durchflossene Kreis liegt im Vorland des Erzgebirges im Mittelsächs. Hügelland (im Rochlitzer Berg 353 m ü. M.); Lösslehmböden bieten gute Voraussetzungen für den Ackerbau. In den Städten gibt es ein vielseitiges Gewerbe (vorwiegend klein- und mittelständ. Betriebe). Neben der Kreisstadt sind Burgstädt, Frankenberg, Hainichen, Rochlitz, Penig, Lunzenau und Geringswalde weitere Städte. Die Burgen Kriebstein und Rochsburg sind Anziehungspunkte des Fremdenverkehrs. – Der Landkreis wurde am 1. 8. 1994 aus den früheren Kreisen Hainichen und Rochlitz (mit Ausnahme von zwei Gem.) sowie aus Gebietsteilen des Kreises Chemnitz gebildet; eingegliedert wurden die Gem. Mühlbach (früher Kreis Flöha), Breitenborn (heute bei der Stadt Rochlitz) und Langensteinbach (früher Kreis Geithain).

Mittwoch, seit dem 10. Jh. bekannte, urspr. oberdt. Bez. des (seit 1976) dritten Tages der Woche. – Nach Einführung der Siebentagewoche durch die Römer (321 n. Chr.) ging die röm. Bez. der Wochentage nach den ›Planetengöttern‹ auf alle späteren christl. Völker über; der Tag des Merkur (im MA. lat. ›dies Mercurii‹ weit verbreitet; frz. ›mercredi‹) wurde von den Germanen mit dem Tag des Wodan (im MA. ›Wodenstag‹, niederdt. noch erhalten, engl. ›wednesday‹) gleichgesetzt. – Die mittelalterl. Kirche, die die Ablösung der Bez. ›Wodenstag‹ durch M. förderte, hat den (urspr. Wodan heiligen) Tag der Jungfrau MARIA geweiht und ihn als Fastentag bestimmt (heute noch Aschermittwoch als Fast- und Abstinenztag). In der volkstüml. Anschauung ist der M. Unglückstag (›am M. hat Judas den Heiland verraten‹). An einem M. geborene Kinder galten als Unglückskinder, M. war der Hochzeitstag für ›gefallene Mädchen‹ und für stille Hochzeiten. Wichtige Verrichtungen in der Viehwirtschaft sollten nicht am M. vorgenommen werden. Nur in der Feldwirtschaft galt der M. (z. B. als Aussaattag) vielfach als günstiger Termin.

Mittwochsgesellschaft, 1863 in Berlin von M. A. VON BETHMANN HOLLWEG, J. H. WICHERN, F. A. TRENDELENBURG u. a. gegründete politisch-weltanschaulich unabhängige ›Freie Gesellschaft für wissenschaftl. Unterhaltung‹ mit dem Ziel der Förderung und Verbreitung wissenschaftl. Erkenntnisse; tagte 1944 an jedem zweiten Mittwoch des Monats und vereinigte hervorragende Persönlichkeiten des wissenschaftl., kulturellen, polit. und wirtschaftl. Lebens (u. a. E. SPRANGER, F. VON RICHTHOFEN, M. VON LAUE, W. HEISENBERG, F. SAUERBRUCH); ihr gehörten auch LUDWIG BECK, U. VON HASSELL u. a. Mitgl. des dt. Widerstands an.

Die M. Protokolle aus dem geistigen Dtl. 1932 bis 1944, hg. v. K. SCHOLDER (1982); Die M. im Kaiserreich. Protokolle aus dem geistigen Dtl. 1863–1919, hg. v. G. BESIER (1990).

Mituhuhn, Art der →Hokkohühner.

Mitumba [frz. mitym'ba], **Mitoumba** [mitu-], Name von geographischen Objekten: **1) Chaîne des Mitumba** [ʃɛ:ndɛ-], Gebirgszug in Shaba, Demokrat. Rep. Kongo, bis 1900 m ü. M.; erstreckt sich östlich des Lualaba (der im Chaîne des M. entspringt) von der südl. Landesgrenze bis gegen den mittleren Tanganjikasee; im S liegt ein großer Teil der Erzminen der Region Shaba; weite Teile des Zentrums gehören zum Upemba-Nationalpark. **2) Monts Mitumba** [mɔ̃-], Gebirge im O der Demokrat. Rep. Kongo, westlich des Kiwusees und des nördl. Tanganjikasees, Teil der westl. Randschwelle des Zentralafrikan. Grabens, bis über 3 000 m ü. M.; Zinnerz- und Goldgewinnung.

Mitversicherung, →Rückversicherung.

Mitzka, Walter, Germanist, * Posen 27. 2. 1888, † Bonn 8. 11. 1976; 1929 Prof. in Danzig, 1935 in Marburg; Arbeiten zur dt. Sprachgeschichte und Sprachgeographie sowie zur Volkskunde. (→deutsche Sprachatlanten)

Werke: Grundzüge nordostdt. Sprachgeschichte (1937); Schles. Wb., 3 Bde. (1963–65); Kleine Schriften zur Sprachgesch. u. Sprachgeographie (1968).

Mix, Tom, eigtl. **Thomas M.,** amerikan. Filmschauspieler, * Mix Run (Pa.) 6. 1. 1880, † bei Florence, Ariz. (?) 12. 10. 1940; legendärer Hollywoodstar (1909–35), einer der ersten in Cowboyrollen.

P. E. MIX: The life and legend of T. M. (Cranbury, N. J., 1972).

Mixe, Sammel-Bez. für vier nah verwandte Völker (Ayuuk, Sayula u. a.) aus der Gruppe der mexikan. Indianer. Die 95 300 M. leben im O der mexikan. Bundesstaaten Oaxaca und Veracruz.

Mixed [mɪkst; engl., eigtl. ›gemischt‹] *das,* -(s)/-(s), *Sport:* das gemischte →Doppel.

Mixed Economy [mɪkst ɪ'kɔnəmɪ, engl.], die →gemischte Wirtschaftsordnung.

Mixedmedia [mɪkst'mi:dɪə; engl. mixed ›gemischt‹ und media ›Medien‹], **Mixed Media** *Pl., Kunst:* →Multimedia-Kunst.

Mixedpickles ['mɪkst'pɪklz; engl. mixed ›gemischt‹ und pickles ›Eingemachtes‹, ›Pökel‹] *Pl.,* **Mixed Pickles,** in gewürzter Essigmarinade eingelegte Mischung aus Gürkchen, Perlzwiebeln, Maiskölbchen und weiteren Gemüsen.

Mixgetränke, Mischgetränke aus Weinen, Spirituosen, Fruchtsäften, Gewürzen, Eis u. a., z. B. Cocktails, Fizze, Sours, Cobblers, Flips. Milch-M. (Milkshakes) sind meist alkoholfrei.

Mixnitz, Dorf im Bez. Bruck an der Mur, Österreich, Steiermark, links an der Mur, 460 m ü. M. – Bei M. liegt die Drachenhöhle mit eiszeitl. Ablagerungen, in denen sich zahlr. Reste vom Höhlenbären, Feuerstellen und altsteinzeitl. Quarzitgeräte fanden.

mixolydischer Kirchenton, auf dem Grundton g stehende →Kirchentonart.

Mixopterygi|en [zu griech. mĭxis ›Mischung‹ und ptéryx, ptérygos ›Flügel‹], bei Knorpelfischen die aus dem umgebildeten Basalteil der Bauchflossen entstandenen männl. Begattungsorgane.

mixotroph [zu griech. mĭxis ›Mischung‹ und tropḗ ›Nahrung‹], bezeichnet die Ernährungsweise von Organismen, die sich sowohl autotroph als auch heterotroph ernähren können, u. a. bestimmte Bakterien, Algen, Protozoen, Fleisch fressende Pflanzen.

Mixteken [indian. miʃ-], Gruppe →mexikanischer Indianer im Bundesstaat Oaxaca und in benachbarten Teilen von Puebla und Guerrero. Die M. hatten in vorspan. Zeit eine bedeutende Kultur aufgebaut. Die ältesten Siedlungen lassen sich 200 v. Chr. nachweisen, die Blütezeit begann um 1000 n. Chr. und endete mit der span. Eroberung 1520. Ihre Zentren waren Tututepec, Teozcoalco, Mitla. Aus Mitla hatten die M. die Zapoteken seit dem 11. Jh. nach S abgedrängt. Seit 1300 gehörte auch Monte Albán, das als Nekropole benutzt wurde, zum mixtek. Machtbereich. Politisch war das Gebiet der M. in einzelne Fürstentümer gegliedert, zw. denen es häufig Kriege wegen Grenzstreitigkeiten, der Herrscherabfolge und Erweiterung der Tributgebiete gab. Die M. betrieben intensive Landwirtschaft (Chili, Bohnen und Mais), sammelten Wildfrüchte und jagten. Im Tiefland wurden der in ganz Mesoamerika hoch geschätzte Kakao sowie Baumwolle angebaut.

Die Bilderhandschriften der M. geben Auskunft über Herrschergenealogien und Kalenderdaten bis ins 6./7. Jh. Stil und Farben der Bemalung auf den Bilderhandschriften erscheinen auch auf der polychromen Keramik (weiß, rot, rotbraun, gelb und schwarz), die eine glänzende, hart gebrannte Oberfläche besitzt. Die mixtek. Goldarbeiten (Masken, Brustplatten, Anhänger, Schmuckstücke mit Türkiseinlagen) sind die hervorragendsten im mesoamerikan. Kulturbereich (am besten durch die Funde aus Grab 7 in Monte Albán dokumentiert); die Kunst der Verarbeitung zeigt sich bes. in den Details. Charakteristisch sind Arbeiten aus ›falschem Filigran‹. Auch in der Herstellung von Mosaiken waren die M. große Künstler.

In der Spätzeit dehnte sich die Kultur der M. bis ins Becken von Puebla aus (Mixteca-Puebla-Kultur), von wo Kunst und Kunsthandwerk der Azteken stark beeinflusst wurden. Das Gebiet der heutigen M. gliedert sich kulturgeographisch in Mixteca Alta, Mixteca Baja und Mixteca de la Costa. – Die Sprache der M., das **Mixtekische,** ist eine Tonsprache. Innerhalb der Personalpronomina wird nicht nur zw. Maskulinum, Femininum und Neutrum unterschieden, sondern zusätzlich z. B. das Alter, bei Tieren auch Domestiziertheit, bei Sachbezeichnungen u. a. Materialbeschaffenheit einbezogen. Weitere BILDER →Bilderhandschriften, →mesoamerikanische Hochkulturen.

Mixteken: Schlange aus Holz, mit Türkis und Muschelschalen besetzt; um 1500 (London, Britisches Museum)

Mixtur [lat. ›Mischung‹] *die, -/-en,* **1)** *allg.:* Mischung (aus mehreren Flüssigkeiten).

2) *Musik:* in der Orgel eine Bündelung harmon. Teiltöne hoher Lage, die durch eng mensurierte Labialpfeifen erzeugt und zu einem Register (gemischte Stimmen) zusammengefasst werden. Die M. ist meist drei- bis achtfach besetzt (d. h. auf einer Taste erklingen drei bis acht Pfeifen gleichzeitig) und enthält Pfeifenreihen aus Oktaven und Quinten zum Grundton, seltener Terzen. Als Klangkrone der Prinzipalstimmen bewirkt sie den für den Orgelklang typischen hellen Glanz bei vollem Spiel. Wegen der oberen Hörgrenze des menschl. Gehörs ist die M. mit einer so genannten Repetition versehen, d. h. das Umschlagen der M.-Chöre (Pfeifenreihen) in eine tiefere Oktavlage bei weiter ansteigenden Grundtönen.

3) *Pharmazie:* ältere, nur noch wenig verwendete Bez., v. a. für eine (in Apotheken) frisch hergestellte Arzneizubereitung. **Schüttelmixturen** sind flüssige Arzneiformen, bei denen pulverförmige, fein vermahlene Arzneistoffe ungelöst in der Flüssigkeit enthalten (suspendiert) sind, sie müssen vor Gebrauch geschüttelt werden.

Miya [›erlauchtes Haus‹], jap. Bez. für einige der bedeutendsten Shintō-Tempel; auch ehrfurchtsvolle Benennung kaiserl. Prinzen und Prinzessinnen.

Miyagi, Präfektur auf Honshū, Japan, 7 292 km², 2,29 Mio. Ew.; Verw.-Sitz ist Sendai.

Miyajima [mijadʒima], **Itsukushima** [-ʃima], Insel in der jap. Inlandsee 10 km südwestlich von Hiroshima, eine der drei Landschaften Japans, die in der Dichtkunst als schönste gepriesen und oft in der Kunst dargestellt werden. Im 6./7. Jh. gegründetes shintoist. Heiligtum (UNESCO-Weltkulturerbe). Als hl. Insel durfte M. nicht betreten werden. Daher wurde der Itsukushima-Schrein (Ersterwähnung 811, neu erbaut zw. 1118 und 1181), der in seiner heutigen Gestalt v. a. ein Ergebnis der 1556 vollendeten Restaurierung ist, in einer Bucht im Wasser errichtet. Charakteristisch für diesen bedeutenden Bau der jap. Architektur sind die überdachten Verbindungsgänge zw. den Hauptgebäuden und das 160 m vom Ufer entfernt im Wasser stehende →Torii. (BILD S. 740)

Miyako-Guntō, Miyako|inseln, Gruppe der Ryūkyū-Inseln südlich von Okinawa. Die acht Inseln um-

Mixteken: Steingefäß mit vorspringender menschlicher Maske und Flachreliefs (Wien, Museum für Völkerkunde)

Miyajima: Itsukushima-Schrein; 1556

fassen 227 km²; Hauptinsel: **Miyakojima** (158 km²) mit dem Hauptort Hirara. Fischwirtschaft, Zuckerrohranbau.

Miyamoto, Yuriko, jap. Schriftstellerin, *Tokio 13. 2. 1899, †ebd. 21. 1. 1951; lebte mehrere Jahre in den USA und in der UdSSR und schloss sich dann der proletar. Literaturbewegung in Japan an. In ihren meist autobiographisch gefärbten Werken setzt sie sich u. a. mit der Rolle der Frau in Familie und Gesellschaft auseinander und beschreibt Krieg und Nachkriegszeit aus der Perspektive der Frau.
    Werke (jap.): *Erzählungen:* Eine Schar armer Menschen (1916); Die Brust (1935; dt.); Die Banshu-Ebene (1947; dt.). – *Roman:* Nobuko (1928)

Miyazaki [-z-], Hauptstadt der Präfektur M., Japan, auf Kyūshū, 293 600 Ew.; Univ.; histor. Museum; Herstellung von Porzellanwaren und Haushaltsgeräten, Holz-, Textilindustrie; bedeutender Fremdenverkehr; Flugplatz, Hafen.

Miyazawa [-zawa], Kiichi, jap. Politiker, *Tokio 8. 10. 1919; 1953–65 Mitgl. des Oberhauses, danach seit 1967 im Unterhaus; 1974–76 Außen-, 1986–88 Finanz-Min., 1987–88 stellv. Min.-Präs., 1991–93 Min.-Präs. und Vors. der Liberaldemokrat. Partei.

Miyun, Stadt in China, 100 km nordöstlich von Peking, am Chaobai He, der oberhalb von M. mit 1 km langer Mauer zu einem 200 km² großen See gestaut ist; Wasserversorgung von Peking, Bewässerung, Kraftwerk.

Mizar ['miːzar, arab.], der Stern ζ im Sternbild Großer Bär, der mittlere der drei Deichselsterne des Großen Wagens, von dem sich etwa 12′ entfernt der Stern Alkor (auch ›Reiterlein‹ oder ›Augenprüfer‹ genannt) befindet. M. ist der älteste bekannte Doppelstern (1650 von G. B. RICCIOLI entdeckt) mit einer Distanz der Komponenten von 14″. Er ist vom Spektraltyp A1 V, seine scheinbare visuelle Helligkeit beträgt 2$^{\text{m}}_{.}$3, seine Entfernung 21 pc.

Mizmar [miz'mar, arab.], **Mismar,** in arab. Ländern (Irak, Ägypten, Tunesien, Marokko) der Name für versch. Blasinstrumente mit einfachem oder doppeltem Rohrblatt. Im Irak ist M. gleichbedeutend mit der Doppelklarinette Zummara; in Ägypten bezeichnet M. eine Oboe vom Typ der →Zurna, in Tunesien und Marokko die Doppelklarinette Zamr.

Mizo, Lushai ['luːʃai], Volk aus der Gruppe der Kuki-Chin in den Lushai Hills im Grenzgebiet Indiens zu Birma und Bangladesh mit tibetobirman. Sprache; 385 000, einschließlich der verwandten Lakher rd. 850 000 Angehörige. Die um die Wende 18./19. Jh. von O eingewanderten M. leben in Brandrodungsfeldbau. Die christl. Missionierung hat ihren Geisterglauben stark zurückgedrängt. Die Unabhängigkeitsbestrebungen führten nach krieger. Auseinandersetzungen mit der ind. Zentral-Reg. zur Gründung des ind. Bundesstaates →Mizoram, wo die meisten M. leben.

Mizoguchi [mizogutʃi], Kenji, jap. Filmregisseur, *Tokio 16. 5. 1898, †Kyōto 24. 8. 1956; drehte bedeutende sozialkrit. (histor.) Filme, die bes. Frauenschicksale behandeln.
    Filme: Gions Schwestern (1936; jap.); Das Leben der Frau Oharu (1952); Ugetsu – Erzählungen unter dem Regenmond (1953); Sansho Dayu – Ein Leben ohne Freiheit (1954); Die Prinzessin Yang (1955); Die Straße der Schande (1956).
    D. SERCEAU: M. (Paris 1983).

Mizoram [mɪˈzɔːræm], Bundesstaat in NO-Indien, an der Grenze zu Birma und zu Bangladesh, 21 081 km², (1994) 780 000 Ew. (1971: 332 400 Ew.); Hauptstadt ist Aizawl (155 200 Ew.). Die Bev. besteht aus Stämmen der →Mizo. Amtssprachen sind Mizo und Englisch. – M. wird von meridional verlaufenden Gebirgen (bis 2 157 m ü. M.) mit immergrünen Wäldern eingenommen. In den intramontanen Tallandschaften werden Reis, Mais, Zuckerrohr, Baumwolle und Gemüse angebaut, auch Kaffee und Ingwer. – M. wurde am 21. 1. 1972 als Unionsterritorium aus dem Bundesstaat Assam ausgegliedert (bis dahin Mizo Hills District) und ist seit dem 20. 2. 1987 Bundesstaat.

Mizrach [hebr. ›Osten‹] *der, -/-...'chim,* **Misrach,** *Judentum:* 1) die Ostseite der Synagoge; 2) eine dekorierte Tafel mit Psalmversen zur Fixierung der Gebetsrichtung (gegen Jerusalem) in jüd. Wohnungen.

Mizrachi [hebr. Abk. von merkaz ruchani ›geistiges Zentrum‹] *der,* **Misrachi, M.-Bewegung,** in Wilna 1902 gegründeter, weltweiter Zusammenschluss der orth. Zionisten zur Verfechtung jüdisch-orth. Anliegen innerhalb der Zionist. Weltorganisation. Die 1922 gegründete Arbeiterbewegung ›Ha-Poel ha-Mizrachi‹ wurde 1956 wieder mit der Hauptbewegung M. vereint; im Staat Israel waren beide zunächst mit rd. 10 % der Wählerstimmen koalitionsbedingt bedeutsam. Die 1956 durch Zusammenschluss von M. und ›Ha-Poel ha-Mizrachi‹ entstandene **Nationalreligiöse Partei** (NRP; hebr. Mifleget Datit Leumit, Kw. Mafdal) wurde ab 1967 durch Spaltungen sowie ab 1981 durch den Einfluss neuer orth. Parteien geschwächt und errang erst nach 1988 (3,9 %) wieder Zugewinne bei Wahlen (1996: 7,8 %). – In Palästina/Israel baute der M. ein eigenes Schulwesen (einschließlich Talmud-Schulen) auf und errang die Kontrolle über die religiösen Institutionen (1921 Oberrabbinat unter ABRAHAM ISAAK KOOK, *1865, †1935); 1955 wurde die religiöse Bar-Ilan-Univ. eröffnet (Tel Aviv; gegr. 1953).
    Y. L. MAIMON: The history of the M. movement (New York 1928).

MJ, Einheitenzeichen für **M**ega**j**oule (→Joule).

Mjaskowskij, Nikolaj Jakowlewitsch, russ. Komponist, *Festung Nowogeorgijewsk (heute Modlin) 20. 4. 1881, †Moskau 8. 8. 1950; war Schüler von R. M. GLIER, N. A. RIMSKIJ-KORSAKOW und A. K. LJADOW, wurde 1921 Prof. für Komposition am Konservatorium in Moskau (Schüler: A. I. CHATSCHATURJAN, D. B. KABALEWSKIJ) und bestimmte in verschiedenen staatl. Stellungen maßgeblich das Musikleben der UdSSR seiner Zeit. Seine 27 Sinfonien (1908–49) sind in freier Anlehnung an die russ. Tradition (v. a. P. I. TSCHAIKOWSKY) geschrieben.

Mjassojedow, Mjasoedov [-ˈje-], Grigorij Grigorjewitsch, russ. Maler, *Pankowo (Gebiet Orel) 19. 4. 1834, †Poltawa 31. 12. 1911; Mitbegründer der Peredwischniki; v. a. Genre- und Historienmaler.

Mjölnir, Mjöllnir, altnord. Mythos: zauberkräftiger Hammer, Attribut des Gottes Thor, mit dem er Blitz und Donner erzeugt, Hauptwaffe Thors gegen die Riesen. M. wird häufig mit bronzezeitl. skandinav. Felsbildern in Verbindung gebracht, auf denen der Hammer als Weihegerät bei Fruchtbarkeitsriten erscheint; in der ›Edda‹ u. a. mittelalterl. Texten ist er Kultgerät bei Ehesegnungen. In der Wikingerzeit wird der Thorshammer (auf Runensteinen und als Amulett) als heidn. Gegensymbol zum Kreuz verwendet.

Mjøsa ['mjø:sa], früher **Mjøsen** ['mjø:sən], dt. **Mjösensee,** mit 368 km^2 der größte See Norwegens, nördlich von Oslo am Ausgang des Gudbrandsdal, 122 m ü. M., bis 449 m tief; größter Zufluss ist der Gudbrandsdalslågen, Abfluss durch die Vorma zur Glomma. Am Ostufer liegt Hamar, an der Nordspitze Lillehammer. Fremdenverkehr.

MK, *Währung:* Abk. für den →Kwacha von Malawi.

MK, Nationalitätszeichen für Makedonien.

Mkapa, Benjamin William, tansan. Politiker, *Ndanda 12. 11. 1938; studierte in Uganda und den USA, war Botschafter in Nigeria, 1977–80 Außen-Min. (erneut 1984–90), 1980–82 Min. für Information und Kultur; 1982 Botschafter in Kanada, 1983 in den USA; 1990–92 Informations-Min. sowie 1992–95 Min. für Wiss., Technologie und Höhere Bildung. Er gewann als Kandidat der Regierungspartei Chama Cha Mapinduzi (CCM, seit 1996 deren Vors.) die Präsidentschaftswahl vom Oktober 1995.

M-Kontakt, *Fotografie:* →Synchronverschluss.

mkp, Einheitenzeichen für **M**eter**k**ilo**p**ond, das →Kilopondmeter.

MKS, Abk. für → **M**aul- und **K**lauen**s**euche.

MKSA-System, Abk. für **M**eter-**K**ilogramm-**S**ekunde-**A**mpere-System, ein →Maßsystem.

MKS-System, Abk. für **M**eter-**K**ilogramm-**S**ekunde-System, ein →Maßsystem.

ml, Einheitenzeichen für **M**illi**l**iter (1 tausendstel →Liter).

Mladá Boleslav ['mlada: 'bɔlɛslaf], Stadt in der Tschech. Rep., →Jungbunzlau.

Mladeč [-tʃ], dt. **Lautsch,** Ort im Nordmähr. Gebiet, Tschech. Rep., nordwestlich von Olmütz; 1881–82 und 1902–04 Fundort von menschl. Knochen aus dem oberen Jungpleistozän; einer der ältesten Knochenfunde von anatomisch modernen Menschen in Europa.

Mladenow, Stefan, bulgar. Sprachwissenschaftler, *Widin 15. 12. 1880, †Sofia 1. 5. 1963; Verfasser einer ›Geschichte der bulgar. Sprache‹ (dt. bereits 1929, bulgar. 1979 u. d. T. ›Istorija na bălgarskij ezik‹) sowie Arbeiten zur Slawistik und zur allgemeinen Sprachwissenschaft; gab mehrere Wörterbücher heraus.

S. M. Biobibliografija (Sofia 1956).

Mlanje, Mulanje, regenreiches Gebirgsmassiv in SO-Malawi, rd. 3 000 m ü. M.; Zedernbestände, Bauxitvorkommen; in der Fußzone Teeplantagen.

MLB ['emel'bi:], Abk. für **M**ajor **L**eague **B**aseball ['meɪdʒə li:g beɪsbɔ:l], amerikan. Baseballprofiliga, die alle Profimannschaften der USA und zwei kanad. Teams umfasst (Kanada ohne eigene Liga). Die MLB ist unterteilt in die NL (National League, gegr. 1875) und die AL (American League, gegr. 1900), die wiederum in NL bzw. AL Ost und West unterteilt sind.

MLF [Abk. für engl. **M**ulti**l**ateral **F**orce], Projekt einer integrierten Atomstreitmacht der NATO, von US-Präs. J. F. KENNEDY und dem brit. Premier-Min. H. MACMILLAN auf der Bahamakonferenz (1962) vereinbart, sollte dem Verlangen der europ. NATO-Staaten nach größerem Mitspracherecht bei dem Einsatz von Kernwaffen entgegenkommen und dem Streben des frz. Staatspräs. C. DE GAULLE nach einer eigenen frz. Atomstreitmacht (Force de frappe) entgegenwirken. Angesichts der scharfen Kritik der UdSSR an diesem Projekt (v. a. in Hinblick auf einen mögl. Zugriff der BRD auf Atomwaffen) und der starren frz. Position wurde der Plan einer MLF fallen gelassen. DE GAULLE nahm ihn jedoch zum Anlass, Frankreich 1966 aus dem militär. Verbund der NATO zu lösen (es blieb jedoch NATO-Mitgl.).

Mljet, ital. **Meleda,** Adriainsel in Dalmatien, Kroatien, 100 km^2, bis 514 m ü. M., 1 400 Ew.; Hauptort ist Babino Polje. M. ist stark bewaldet. Wirtschaftsgrundlagen sind Fischfang, Fremdenverkehr und Landwirtschaft.

Mlle., Abk. für →**M**ade**m**oise**lle**.

MLS, Abk. für **M**ikrowellen**l**ande**s**ystem, →Landeführungssysteme.

Mlynář [-a:rʒ], Zdeněk, tschechoslowak. Publizist und Politiker, *Hohenmauth (heute Vysoké Mýto, Ostböhm. Gebiet) 22. 6. 1930, †Wien 15. 4. 1997; Tscheche; ab 1950 Mitgl. der KP, ab 4. 4. 1968 Mitgl. ihres ZK und (als Berater von A. DUBČEK) führender Ideologe des ›Prager Frühlings‹, nach dessen Niederschlagung (August 1968) auf sowjet. Druck 1970 aus der KP ausgeschlossen. M. musste als Mitunterzeichner und Aktivist der ›Charta 77‹ im Juni 1977 nach Österreich emigrieren; trat seitdem als Publizist hervor.

mm, Einheitenzeichen für **M**illi**m**eter (1 tausendstel →Meter).

MM., Abk. für →**M**essieurs.

m. m., Abk. für →**m**utatis **m**utandis.

MMA [emem'eɪ], Abk. für →**M**etropolitan **M**useum of **A**rt, New York.

Mmabatho, ehem. Stadt in der Rep. Südafrika, 1977 als Hauptstadt von →BophuthaTswana gegründet; 1994–96 Hauptstadt der Prov. Nord-West, seit 1997 Teil von →Mafikeng.

Mme., Abk. für →**M**ada**m**e.

MMIC [ememai'si:; Abk. für engl. **m**onolithic **m**icrowave **i**ntegrated **c**ircuit], mit Verfahren der Halbleiterblocktechnik hergestellte monolithisch integrierte Mikrowellenschaltung. Als Substrat wird i. d. R. Galliumarsenid benutzt, das bessere Höchstfrequenzeigenschaften besitzt als Siliciumsubstrate. Aktive Bauelemente sind v. a. GaAs-MESFETS und Schottky-Dioden; als Verbindung dienen Mikrostreifenleitungen. MMIC werden insbesondere für Leistungsverstärker (bis 18 GHz), rauscharme Breitbandverstärker (bis 26 GHz), Oszillatoren (bis 13 GHz) sowie komplette Mikrowellenempfänger eingesetzt.

MMM, Abk. für →**M**essen der **M**eister von **m**orgen.

MM-Skala, Erdbebenskala, →Mercalli-Skala.

MMT [emem'ti:; engl.], Abk. für →**M**ultiple **M**irror **T**elescope.

mN, Einheitenzeichen für **M**illi**n**ewton (→Newton).

Mn, chem. Symbol für das Element →Mangan.

MN, postamtl. Abk. für den Bundesstaat **M**in**n**esota, USA.

M/N, Abk. für **M**ai/**N**ovember, Fälligkeitstermine für die Halbjahreszinsen festverzinsl. Wertpapiere.

Mňačko ['mɲatʃko], Ladislav, slowak. Schriftsteller, *Valašské Klobouky (bei Zlín) 29. 1. 1919, †Preßburg 24. 2. 1994; Journalist und Redakteur. Zunächst überzeugter Kommunist, übte er später zunehmend Kritik an gesellschaftl. Missständen und am stalinist. System A. NOVOTNÝS (Roman ›Ako chutí moc‹, 1968; dt. ›Wie die Macht schmeckt‹). Nach dem Einmarsch der Roten Armee (1968), gegen den er protestiert hatte (Bericht ›Die siebente Nacht‹, 1968), verließ er die Tschechoslowakei; schrieb seitdem in dt. Sprache, lebte in Wien. M., der als bedeutendster zeitgenöss. slowak. Schriftsteller gilt, behandelte in sachl. Reportagestil v. a. die Welt der Arbeiter sowie das Problem der Macht. Bes. erfolgreich war sein Roman ›Smrt' sa volá Engelchen‹ (1959; dt. ›Der Tod heißt Engelchen‹) über die Zeit des slowak. Volksaufstandes 1944.

Weitere Werke: Reportagen: Oneskorené reportáže (1963; dt. Verspätete Reportagen); Kde končia prašné cesty (1963; dt. Wo die staubigen Wege enden); Die Aggressoren (1968); Jenseits von Intourist. Satir. Reportagen (1979). – *Romane:* Nočný rozhovor (1966; dt. Die Nacht von Dresden); Der Vorgang (1970); Genosse Münchhausen (1973); Der Gigant (1978).

MLB

Ladislav Mňačko

MND [Abk. für engl. Multi National Division], **Multinationale Division**, seit 1994 einsatzbereiter multinat. Eingreifverband der NATO innerhalb des Alliierten Kommandobereiches Europa (→ACE) mit Hauptquartier in Mönchengladbach. Dieser Verband, dem je eine niederländ., belg. und brit. Luftlandebrigade, die dt. Luftlandebrigade 31 in Oldenburg sowie Teile der Divisionstruppen angehören, ist innerhalb kürzester Zeit als Teil des Schnellen Krisenreaktionskorps der NATO (→ARRC) oder aber selbstständig im gesamten Bündnisbereich Europas einsetzbar.

Mneme [griech.] *die, -,* Bez. für ›Gedächtnis‹ als Oberbegriff für sowohl auf erworbene Eigenschaften, wenn sie im Zusammenhang gesehen werden. In dieser Bedeutung wurde der Begriff von R. SEMON (→Engramm) eingeführt gemäß der Auffassung, dass Gedächtnis nicht nur als psych., sondern als allgemeine organ. Fähigkeit anzusehen sei.

Mneme, *griech. Mythos:* Personifikation von Erinnerung und Gedächtnis.

mnemonisch [griech. mnēmonikós ›ein gutes Gedächtnis habend‹], auf das menschl. Gedächtnis bezogen, es unterstützend oder zu seiner Unterstützung konzipiert; in der *Informatik* v. a. im Zusammenhang mit Bez. verwendet, die etwas über die Bedeutung des bezeichneten Objektes aussagen und deren leichter erinnert werden als Bez. mit irgendwelchen Zeichenfolgen. Man spricht insbesondere von einem **mnemonischen (mnemotechnischen) Code,** wenn die codierte Darstellung ihre Bedeutung unmittelbar erkennen lässt. So sind Sprachelemente von Assemblierersprachen (Assembler) meist mnemon. Bez. (z. B. SUB für ›subtrahiere‹ oder LDA für ›lade Akkumulator‹), im Ggs. zu den Maschinensprachen, bei denen sie bloße Ziffernfolgen darstellen. – Die Namen von Variablen in Programmen sollten für deren bessere Verständlichkeit stets m. sein, d. h. den Zweck und die Verwendung der Variablen erkennen lassen.

Mnemosyne, *griech. Mythos:* Mutter der →Musen.

Mnemotechnik, Gedächtniskunst, Mnemonik, Verfahren zur leichteren Einprägung von Lerninhalten unterschiedl. Art und das Sicherinnern an diese durch Verbinden mit sachfremden Lernhilfen. Merkverse (›Eselsbrücken‹) gehören ebenso dazu wie Regeln, Schemata, bildl. Darstellungen oder beispielsweise Grafiken. (→Gedächtnis)

Mnesikles, Architekt der perikleischen Zeit in Athen, wohl Schüler des IKTINOS; nach PLUTARCH Erbauer der Propyläen der Akropolis, die 437 bis 432 v. Chr. errichtet wurden.

mnestisch [zu griech. mnēstis ›Gedächtnis‹], *Medizin, Psychologie:* das Gedächtnis betreffend.

Mnichovo Hradiště [ˈmnjixɔvɔ ˈhradjiʃtjɛ], Stadt in der Tschech. Rep., →Münchengrätz.

Mnong, Volk mit austroasiat. Sprache in den bewaldeten Bergen des Hochlands von S-Vietnam, 50 000 Angehörige. Neben Brandrodungsbau, Fischfang, Jagd und Sammeln ist die Weberei ein Wirtschaftsfaktor. M.-Häuser können bis zu 100 m lang sein. Mutterrechtl. Züge und Animismus kennzeichnen das gesellschaftl. und religiöse Leben.

MNOSFET [Abk. von engl. **m**etal **n**itride **o**xide **s**emiconductor **f**ield **e**ffect **t**ransistor, ›Metall-Nitrid-Oxid-Halbleiter-Feldeffekttransistor‹], ein →Feldeffekttransistor in →MIS-Technik (MISFET) mit Speichereigenschaften; seine Bez. beruht auf der Isolierung der Gate-Elektrode durch eine Siliciumnitrid-Siliciumoxid-Doppelschicht. Durch entsprechende Spannungsimpulse am Gate können Ladungen in die Grenzfläche zw. den beiden Isolierschichten eingebracht bzw. aus ihr entfernt werden. Da eine Ladung zw. den Isolierschichten die Kanalbildung beeinflusst, kann durch sie der Kanalzustand ohne Spannungsversorgung sehr lange (bis zu einigen Jahren) erhalten werden. Auf der hierdurch verursachten Veränderung der Schwellenspannung beruht die Eignung des M. als Speicherelement (→EEPROM). In Verbindung mit CCD-Strukturen gewinnt der MNOSFET zunehmend an Bedeutung für die analoge Signalverarbeitung (z. B. programmierbare Filter, Fourier-Transformation).

Mnouchkine [mnuʃˈkin], Ariane, frz. Schauspielerin, Regisseurin und Theaterleiterin, * Boulogne-Billancourt 3. 3. 1939; gründete 1964 das **Théâtre du Soleil,** ein Theaterkollektiv in der Tradition des Volks- und Massentheaters, das (seit 1970 in der ›Cartoucherie‹ von Vincennes) aufwendiges, politisch engagiertes Theater macht, u. a. ›1789‹ (1971; als Film 1974), ›1793‹ (1973), ›L'âge d'or‹ (1975), ›Molière‹ (als Film 1978), ›Mephisto‹ (1979, nach K. MANN), auch Shakespeare-Inszenierungen (1981–85), die die Regisseurin in den Fernen Osten verlagerte. Tatsächlich fernöstl. Thematik arbeitete sie in einem neunstündigen Kambodscha-Stück (1985) und in ›L'Indiade ou L'Inde de leurs rêves‹ (1987, beide von HÉLÈNE CIXOUS) auf; hatte auch Erfolge mit ›Die wunderbare Nacht‹ (Fernsehfilm 1989) und dem ›Tartuffe‹ von MOLIÈRE (1995 f.).

MNU, Abk. für →**m**ultinationale **U**nternehmen.

Mo, chem. Symbol für das Element →Molybdän.

MO, postamtl. Abk. für den Bundesstaat Missouri, USA.

Mo., Abk. für den Bundesstaat Missouri, USA.

Moab, bewohnte Hochfläche östlich des Toten Meeres zw. den Flüssen Arnon (Wadi Sel el-Modjib) im N und Zered (Wadi el-Hesa) im S, gehört heute zu Jordanien. Die **Moabiter,** wie Israel und die benachbarten Ammoniter und Edomiter zur Aramäergruppe gehörig, gelangten im 12.–11. Jh. v. Chr. zur Staatenbildung. Starker Expansionsdrang führte sie zum Nordende des Toten Meeres und in den Jordangraben (Ri. 3, 12 ff.). Unter DAVID dem israelit. Großreich untertan (2. Sam. 8, 2), gewann M. unter seinem König MESA um 850 v. Chr. die Unabhängigkeit zurück, geriet aber bald unter den Einfluss des neuassyr. Großreiches. Historisch bedeutsame Orte sind Madaba, Dibon, Rabbath Moab, Aroer, Kir Moab.

Moabit, Ortsteil im Verw.-Bez. Tiergarten von Berlin; 1716 als Hugenottensiedlung gegründet; benannt nach dem bibl. Moab.

Moabitisch, die im Königreich Moab gesprochene Sprache; sie ist nur durch die in Dibon (östlich des Toten Meeres) gefundene Inschrift des Königs MESA (um 850 v. Chr.) bezeugt. M. gehört zum kanaanäischen Zweig der semit. Sprachen und ist eng mit dem Hebräischen verwandt.

H. DONNER u. W. RÖLLIG: Kanaanäische u. aramäische Inschriften, 3 Bde. ([3-4]1973–79).

Moanda, Stadt in SO-Gabun, 23 000 Ew.; bedeutender Manganerzbergbau (450 Mio. t Vorkommen); Seilbahn für den Erztransport in die Rep. Kongo (Verschiffung über Pointe-Noire); Eisenbahn nach Libreville; Flughafen.

Moas [Maori], *Sg.* **Moa** *der, -(s),* **Moa|strauße, Dinornithiformes,** ausgestorbene Vogelordnung mit rd. 20 Arten auf Neuseeland, seit dem oberen Miozän belegt; sehr große, im Stand bis etwa 3,5 m hohe (**Riesenmoa,** *Dinornis maximus*), flugunfähige, straußenähnl. Laufvögel, in offenen Baum- und Buschlandschaften, daneben auch in lichten Wäldern lebten, v. a. Pflanzen fraßen und Eier von über 2 kg Gewicht legten; von den Maori ausgerottet (wahrscheinlich bis Ende des 17. Jh.). Seit längerem wird darüber spekuliert, ob M. in unzugängl. Gebieten Neuseelands doch noch existieren könnten.

Moawija I., Muawija I., 1. Kalif (seit 661) aus der Dynastie der Omaijaden, * Mekka um 605, † Damaskus April 680; Sohn eines mekkan. Kaufmanns; Vertrauter MOHAMMEDS; bekam nach der Schlacht von Siffin (657) in einem Schiedsgericht (659) gegen den

4. Kalifen ALI IBN ABI TALIB die Kalifenwürde zuerkannt. Nach ALIS Tod (661) rechtmäßiger Kalif, begründete er das Großreich der Omaijaden (Hauptstadt Damaskus). Wegen seiner Feindschaft zu ALI genießt er bei den Schiiten keine Verehrung.

Moazagotl-Wolken [-gɔtəl-; angeblich aus einer mundartl. Form des Namens GOTTLIEB MATZ abgeleitet], zuerst von dem Schäfer GOTTLIEB MATZ über dem Hirschberger Kessel am N-Rand des Riesengebirges beobachtete, aber auch über den Föhngebieten der Alpen und anderer Gebirge auftretende, mehrfach übereinander geschichtete linsenförmige Wolken (→lenticularis), die sich bei stehenden Föhnwellen (→Leewellen) im Bereich der Aufwindfelder (Wellenberge) bilden.

Mob [engl., gekürzt aus lat. mobile vulgus ›aufgewiegelte Volksmenge‹] *der, -s,* 1) gleichbedeutend mit Pöbel oder Gesindel; 2) kriminelle Bande, organisiertes Verbrechertum.

Mobbing [zu engl. to mob ›über (jemanden) herfallen‹], aus dem engl. Sprachraum stammender, rechtlich bislang nicht klar umrissener Begriff für eine Vielzahl von gezielt gegen eine Person gerichteten andauernden und wiederholt erfolgenden, böswilligen Handlungen durch eine oder mehrere Personen am Arbeitsplatz.

Begriffsentstehung und Begriffsinhalt: Der Begriff M. entstand in den 1990er-Jahren in den USA und wird in der gegenwärtigen Diskussion v. a. als ein Prozess beschrieben, der sich aus einem Konflikt im Arbeitsalltag in typ. Form fortentwickelt und schließlich eskaliert. Im M.-Verlauf, der mehrere Jahre andauern kann, wird der Konflikt auf die Beziehungsebene verlagert; der bzw. die Betroffene wird von Kollegen und/oder Vorgesetzten zunächst stigmatisiert, in der Folge (in z. T. krimineller Weise) schikaniert und geschädigt und schließlich aus dem Arbeitsleben ausgeschlossen. Vereinzelt wird M. gezielt eingesetzt, um auf ›billige‹ Weise Personal zu reduzieren (K. NIEDL). Als durch M. psychisch belastet werden (statistisch) Menschen eingestuft, die einer oder mehreren von 45 konkret beschriebenen Handlungen in feindl. Absicht ausgesetzt sind, und dies mindestens einmal wöchentlich bei einer Dauer von mindestens sechs Monaten (H. LEYMANN). Neben persönlichen (Antipathie gegenüber dem Gemobbten, Neid, Frustration der Mobber) und innerbetriebl. Ursachen (ungünstige Zusammensetzung von Gruppen, autoritärer oder Laisser-faire-Führungsstil) wird M. in der Fachliteratur (u. a. U. BROMMER, H. LEYMANN) auf wirtschaftl. und gesellschaftl. Faktoren zurückgeführt. Danach haben die rezessive Wirtschaftslage sowie der gesellschaftl. Strukturwandel vielfältige Auswirkungen auf die Spielräume der Individuen und ihre Kompetenz im Umgang mit Konflikten, wobei Prozesse des Wertewandels und der Individualisierung vor dem Hintergrund einer verstetigten Massenarbeitslosigkeit ein enthemmtes Konkurrenzdenken und -verhalten sowie die Entsolidarisierung der Menschen begünstigen.

Ergebnisse der Mobbingforschung: Gegenstand wiss. Forschung wurde die M.-Problematik Anfang der 1980er-Jahre in Skandinavien. Der ursprüngl. Forschungsansatz war arbeitsmedizinisch ausgerichtet, d. h., es wurde epidemiologisch untersucht, ob psych. oder psychosomat. Krankheiten in einen Zusammenhang mit M. gebracht werden können. Eine repräsentative schwed. Untersuchung 1990 ergab, dass 3,5 % der arbeitenden Bev. für die Dauer von durchschnittlich 15 Monaten von M. betroffen sind. Männer und Frauen sind in nahezu gleichem Maße M. ausgesetzt. Männer werden meist von Männern, Frauen von Frauen gemobbt, weil aufgrund der geschlechtsspezif. Segregation des Arbeitsmarktes Männer häufiger mit Männern und Frauen häufiger mit Frauen zusammenarbeiten. Hinsichtlich der Berufe und Branchen weisen die skandinav. Untersuchungen deutl. Unterschiede aus: Angestellte des öffentl. Dienstes (bes. des Bildungswesens) und Mitarbeiter in multinationalen Konzernen sind wesentlich häufiger von M. betroffen als Mitarbeiter in kleineren Unternehmen bzw. in Familienbetrieben. Für Dtl. fehlen bislang vergleichbare systemat. Untersuchungen.

Verlauf und Ausprägung von Mobbing: Konflikte im Arbeitsbereich können in M. münden, wenn Interventionen, v. a. durch Vorgesetzte, ausbleiben. Werden Konflikte über lange Zeit nicht ›entschärft‹, und gerät das Kräfteverhältnis der Kontrahenten aus dem Gleichgewicht, dann wird der Konflikt personifiziert, und es kommt zu Handlungen, die sich gegen eine bestimmte Person richten.

Die mobbingrelevanten Handlungen lassen sich – bezogen auf die Auswirkungen für das Opfer – in fünf Gruppen einteilen (LEYMANN): 1) Angriffe auf die Möglichkeit, sich mitzuteilen (z. B. Kontaktverweigerung, Ausschluss von geselligen Zusammenkünften); 2) Angriffe auf die sozialen Beziehungen (z. B. räuml. Isolierung, Informationen werden nicht oder verfälscht weitergegeben); 3) Angriffe auf das soziale Ansehen (z. B. üble Nachrede, Anschwärzen beim Vorgesetzten); 4) Angriffe auf die Qualität der Berufs- und Lebenssituation (z. B. geistiger Diebstahl, Öffentlichmachen vertraul. Informationen über den Betroffenen); 5) Angriffe auf die Gesundheit (z. B. Androhung körperl. Gewalt, sexuelle Tätlichkeiten).

Beim Übergriff eines Vorgesetzten auf einen unterstellen Mitarbeiter (auch **Bossing** genannt) kommt es typischerweise zum Machtmissbrauch (B. HUBER), der ebenfalls vielfältige Formen annehmen kann: z. B. Zuweisung erniedrigender Aufgaben, Dauerkontrolle, Über- oder Unterforderung).

Folgen von Mobbing und Gegenstrategien: M. zeigt massive Auswirkungen auf der individuellen und der betriebl. Ebene. Für die Betroffenen kann es langfristig zu psychischen (Stress, Schlafstörungen, Nervosität, Angst u. a.), psychosomatischen (Atemnot, Schweißausbrüche, Rückenschmerzen, Magen-Darm-Erkrankungen u. a.) und zu weiteren, das gesamte persönl. Leben betreffende Folgen (z. B. Verlust des Arbeitsplatzes, Einweisung in eine psychiatr. Anstalt, Frühverrentung) kommen. Die empfohlenen Gegenstrategien verfolgen überwiegend die Stärkung der Gesundheit und des Selbstbewusstseins des M.-Opfers einerseits und die offensive, kommunikative Konfliktlösung andererseits. Die ›Gesellschaft gegen psychosozialen Stress und Mobbing e. V.‹ hat in Zusammenarbeit mit der AOK, der Dt. Angestellten-Gewerkschaft (DAG) und dem ›Kirchl. Dienst in der Arbeitswelt‹ (KDA) ein M.-Telefon eingerichtet, an das sich M.-Opfer wenden können. Auf der betriebl. Ebene führt M. schließlich zu einer sinkenden Rentabilität infolge Fehlzeiten, Fluktuation und verringerter Flexibilität. Die Arbeitsmoral und das m. Niveau sinken, das Betriebsklima verschlechtert sich, die Arbeitsproduktivität nimmt ab, das Ansehen des Unternehmens kann beschädigt werden.

Rechtliche Aspekte: Während in Schweden bereits Ende der 1970er-Jahre die Gewährleistung des psych. neben dem phys. Wohlbefinden der Arbeitnehmer thematisiert und im Arbeitsrecht verankert wurde, steht eine derartige Entwicklung in Dtl. noch aus, sodass das arbeitsrechtl. Instrumentarium zur Bekämpfung von M. derzeit sehr begrenzt ist. Der betroffene Arbeitnehmer kann sich im Wege der Beschwerde an den Betriebsrat oder den Arbeitgeber wenden (§§ 84 ff. Betriebsverfassungs-Ges.). Er kann vom Arbeitgeber aufgrund der arbeitsvertragl. Nebenpflicht (Fürsorgepflicht) Schutz vor den Mobbenden verlangen. Insoweit trägt er jedoch die Darlegungs- und Beweislast,

Möbe Möbel

dass er zu Unrecht angegriffen wird. Geht der Arbeitgeber seinerseits gegen Mobbende durch Abmahnung oder Kündigung vor, ist er darlegungs- und beweispflichtig für die Rechtfertigung der getroffenen Maßnahmen. Er benötigt dafür eine sichere Ausgangslage, die wiederum der betroffene Arbeitnehmer zu liefern hat. M. kann bei entsprechender Schwere der rechtswidrigen Handlungen eine Kündigung des Mobbenden rechtfertigen. Der Gemobbte kann auch von seinen Arbeitskollegen oder seinen Vorgesetzten vor den Arbeitsgerichten (§ 2 Arbeitsgerichts-Ges.) Unterlassung oder Schadensersatz verlangen. Die Darlegungslast ist auch in diesem Fall häufig schwierig, da sich der ›tägl. Nadelstich‹ dem Beweis und seiner Rechtfertigung entzieht. Das Beschäftigtenschutz-Ges. vom 24. 6. 1994 bietet nur dann erweiterte prozessuale Möglichkeiten, wenn die M.-Maßnahmen auf sexuellem Gebiet liegen. Unabhängig von der prozessualen Position hat der Betriebsrat die Aufgabe, dafür zu sorgen, dass alle Arbeitnehmer gemäß § 75 Betriebsverfassungs-Ges. nach Recht und Billigkeit behandelt werden.

B. HUBER: M. Psychoterror am Arbeitsplatz (1993); R. F. THOMAS: Chefsache M. Souverän gegen Psychoterror am Arbeitsplatz (1993); U. BROMMER: M. Psycho-Krieg am Arbeitsplatz u. was man dagegen tun kann (1995); Der neue M.-Bericht. Erfahrungen u. Initiativen, Auswege u. Hilfsangebote, hg. v. H. LEYMANN (1995); K. NIEDL: M., Bullying am Arbeitsplatz (1995); H. LEYMANN: M. Psychoterror am Arbeitsplatz u. wie man sich dagegen wehren kann (40.–44. Tsd. 1996); A. ESSER u. M. WOLMERATH: M. Der Ratgeber für Betroffene u. ihre Interessenvertretung (1997).

Möbel [frz. meuble, von mlat. mobile ›bewegliches Hab und Gut‹, zu lat. mobilis ›beweglich‹], bewegl. Ausstattungsstücke eines Innenraumes, entsprechend ihrer Funktion unterschieden in: Kasten-M. (Truhen, Schränke, Kommoden), Tafel-M. (Tische, Pulte, Schreibtische usw.), Sitz- und Liege-M. (Bänke, Stühle, Sessel, Betten usw.). Oft kann ein M.-Stück auch mehrere Funktionen übernehmen, z. B. die Sitzbanktruhe. Form und Typus eines M.-Stückes werden entsprechend dem jeweiligen Zeitgeschmack variiert. Das Material ist i. d. R. Holz und nur in Ausnahmefällen auch Stein und Bronze, heute auch Kunststoff und Stahl. Bes. bei Sitz-M. werden ferner Flechtwerk, Leder, Stoffe u. a. verwendet. Das Holz wird als Stamm, Block, Brett oder Furnier verarbeitet. Die dekorative Wirkung von Holz-M. wird durch Schnitzereien, Einlegearbeiten (→Intarsien) oder durch farbige Fassung erreicht. Zum Einlegen werden farbig sortierte Holzfurniere oder Silber, Messing, Elfenbein, Schildpatt, Perlmutt verwendet. Die Schlösser und Beschläge (Bronze, Schmiedeeisen) haben sowohl technische als auch dekorative Funktion.

Geschichte

Aus Grabfunden aus dem 2. Jt. v. Chr. sind ägypt. M. erhalten (Sessel, Truhen, Betten, Nackenstützen, meist aus Holz mit Einlegearbeiten und Flechtwerk). M. aus dem Zweistromland sowie die der Griechen, Etrusker und Römer sind fast nur durch Darstellungen auf Reliefs, Vasen, Fresken oder durch die Buchmalerei und ihre mittelalterl. Kopien bekannt. Es waren M. aus Stein, Holz und Flechtwerk (Schränke, Sitz-M., Liegen, Tische), z. T. mit kostbaren Einlegearbeiten oder Beschlägen verziert. In Pompeji und Herculaneum sind Bronze-M. ausgegraben worden. Das Ende der Spätantike bedeutete auch einen Rückgang in der Wohnkultur. Für die repräsentativen M. aber lässt sich Kontinuität nachweisen (→Thron).

Aus dem frühen MA. sind nur wenige Stücke erhalten, meist aus kirchl. Bereich (gedrechselte Sitz-M., Chorgestühl; seit Anfang 13. Jh. Sakristeischränke). Im privaten Wohnbereich waren die M. bis zur Spätgotik nur auf die wichtigsten Lebensbedürfnisse abgestimmt: bewegl. Truhen, Tische und Stühle, während

Möbel: Baldachinbett aus Westfalen; 1834 (Berlin, Museum für Volkskunde)

Bänke und Betten fast immer fest in die Holzvertäfelung der Räume eingebaut waren, Schränke waren selten. Erst mit der von Italien ausgehenden gehobenen Wohnkultur der Renaissance ist wieder ein größerer Typenreichtum beim M., das jetzt auch seine völlige ›Beweglichkeit‹ zurückgewann, zu verzeichnen. Truhen (→Cassone), Bänke, Kastensitze, Betten und Tische wurden unter Verwendung antiker Motive gestaltet. Im 16. Jh. lässt sich dieser Wandel auch im übrigen Europa (Dtl., Schweiz, Niederlande, Frankreich, Spanien) nachweisen. Die süddt. Fassadenschränke vom Ende des 16. Jh. oder die Egerer Kabinettschränke sind schon für die Barockzeit typisch, in der dann Frankreich führend wird. In den norddt. Hansestädten entstand zu Ende des 17. Jh. als repräsentative Sonderform des bürgerl. M. der riesige zweitürige Dielenschrank (Schapp). Die Hofhaltung LUDWIGS XIV. in Versailles und die von A. C. BOULLE entworfenen Prunk-M. wurden für Europa vorbildlich, zumal auch die Grafik das neue Ideengut schnell verbreitete (J. BÉRAIN). Die Chinamode (→Chinoiserie) führte im höf. Bereich zu neuen Raumgestaltungen (Porzellan-, Lack- und Spiegelkabinette) und Nachahmungen chin. Mobiliars. Auch für die M.-Kunst der Rokokozeit blieb Frankreich bestimmend (Louisquinze). Neue Arten von Sitz- und Klein-M. (Sessel, Sofas, Tischchen, Konsolen, Kommoden) kamen auf. Die Pariser Ebenisten erlangten Weltruhm (J. F. OEBEN, J.-H. RIESENER, GEORGE JACOB, * 1739, † 1814). In England wurden die M. des Bürgertums richtungweisend (T. CHIPPENDALE, R. und J. ADAM, GEORGE HEPPELWHITE, † 1786, T. SHERATON). Die dt. M. standen unter frz. Einfluss (u. a. F. CUVILLIÉS in München). Nur A. und D. ROENTGEN in Neuwied entwickelten einen eigenen Stil und belieferten die Fürstenhöfe in Paris, Dresden und Sankt Petersburg. Die bürgerliche Richtung wurde durch die Lüttich-Aachener Eichenholz-M. vertreten. Im letzten Viertel des 18. Jh. (Louis-seize) kehrte man zu den einfachen tekton. Formen zurück und verwendete nun von der Antike entlehnte Schmuckformen. Das napoleon. Kaiserreich setzte diese Tendenzen fort (→Empire). Der Umschwung zum Biedermeier setzte um 1830 ein; solide M. wurden hergestellt, die nicht mehr der Repräsentation, sondern zum Wohnen dienten. Der Historismus in der 2. Hälfte des 19. Jh. zeigte überladene Tendenzen, gegen die sich der Jugendstil am Ende des 19. Jh. und der Funktionalismus des Bauhauses im 20. Jh. wendeten. Die industrielle Fertigung und neue Werkstoffe brachten eine Umwälzung für den M.-Bau

Möbel: Toilettentischchen, Ahorn, Paris, 1878 (Frankfurt am Main, Museum für Kunsthandwerk)

Möbel: Ettore Sottsass, ›Stuhl Seggiolina da Pranzo‹, 1980

der Gegenwart: Sprungfeder, Ablösung der Massivbauweise durch Sperrholz und Furnier, Stahlrohr, harte Kunststoffe, Schaumstoffe, zweckentsprechende (z. B. den Körperformen angepasste Sitz-M.) und Raum sparende Formen, glatte Flächen, Anbau-M., Ausbau von Wand zu Wand und bis unter die Decke, Oberflächenbehandlung durch wasser- und alkoholfeste Kunstharzlacke, Entwicklung spezieller Arbeits- und Büro-M., Phono- und Video-M.

Die allgemeinen Tendenzen des →Industriedesigns der 1980er-Jahre (Hightech, Minimalismus, Postmoderne) prägten insbesondere auch die Entwürfe renommierter M.-Designer dieses Jahrzehnts. Sie verlagerten z. T. den Schwerpunkt von funktionalist. Aspekten auf ästhet. Gesichtspunkte und verliehen ihren M. den Charakter von Kunstobjekten. Neben der industriellen Massenproduktion von M. gewann die Kleinserien- bzw. Unikatproduktion wieder an Bedeutung. In den 1990er-Jahren erfolgte z. T. eine Rückbesinnung auf funktionale und minimalist. Konzepte. Weitere BILDER →Cressent, Charles; →Jugendstil; →Kabinettschrank.

Möbel: links Stuhl der ägyptischen Prinzessin Sitamun, einer Tochter Amenophis' III.; 14. Jh. v. Chr; rechts Gerrit Thomas Rietfeld, ›Rot-Blau-Stuhl‹; 1918 (München, Die Neue Sammlung)

A. FEULNER: Kunstgesch. des M. (1980); P. GARNER: M. des 20. Jh. (a. d. Engl., 1980); H. KREISEL u. G. HIMMELHEBER: Die Kunst des Dt. M., 3 Bde. ($^{2-3}$1981–83); New furniture, hg. v. K.-J. SEMBACH (Stuttgart 1982); DERS.: M.-Design des 20. Jh. (Neuausg. 1993); F. WINDISCH-GRAETZ: M. Europas, 2 Bde. (1982–83); A. VON VEGESACK: Dt. Stahlrohr-M. (1986); K. MANG: Gesch. des modernen M. (Neuausg. 1989); M. EMERY: M. von Architekten (a. d. Amerikan., 1990); T. HAUFFE: Fantasie u. Härte. Das ›Neue dt. Design‹ der achtziger Jahre (1994); G. NAGEL: M. Von der Renaissance bis zum Jugendstil (^{6}1994).

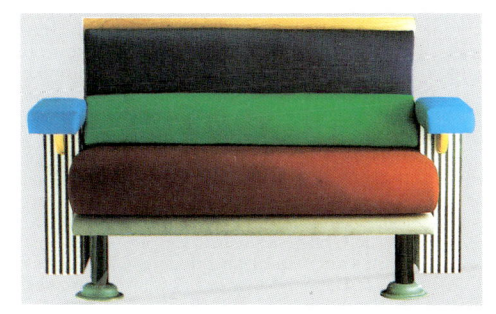

Möbel: Michele De Lucchi, ›Sofa Lido‹; 1982

Moberg [ˈmuːbærj], Carl Artur Vilhelm, schwed. Schriftsteller, * Algutsboda (heute Emmaboda, Verw.-Bez. Kalmar) 20. 8. 1898, † Väddö (Verw.-Bez. Stockholm) 8. 8. 1973; schildert in seinen realist. Romanen in kraftvoller Sprache, oft mit derbem Humor, Leben und Probleme der gesellschaftl. Veränderungen in seiner Heimat. Bedeutend ist die Romantrilogie über Knut Toring (›Sänkt sedebetyg‹, 1935, dt. ›Knut Torings Verwandlung‹; ›Sömnlös‹, 1937; ›Giv oss jorden!‹, 1939). Mit dem histor. Roman ›Rid i natt!‹ (1941; dt. ›Reit heut nacht!‹) setzte er sich mit dem Nationalsozialismus auseinander. Der schwed. Auswanderung in die USA hat M. mit seinem bekanntesten Werk, der dokumentar. Romanreihe ›Utvandrarna‹ (1949; dt. ›Bauern ziehen übers Meer‹), ›Invandrarna‹ (1952; dt. ›Neue Heimat in fernem Land‹), ›Nybyggarna‹ (1956; dt. ›Die Siedler‹) und ›Sista brevet till Sverige‹ (1959; dt ›Der letzte Brief nach Schweden‹), die auch verfilmt wurde, ein literar. Denkmal gesetzt. M. schrieb auch eine Reihe populärer gesellschaftskrit. Dramen.

Weiteres Werk: Roman: Din stund på jorden (1963; dt. Dein Augenblick).

mobil [lat.-frz. ›beweglich‹], beweglich, nicht an einen festen Standort gebunden; nicht festliegend, nicht gebunden (Kapital); beweglich und einsatzbereit (militär. Verbände).

Mobil Corp. [ˈməʊbɪl kɔːpəˈreɪʃn], Holdinggesellschaft eines Konzerns, der über die Mobil Oil Corp. im Öl- und Gasgeschäft (u. a. Exploration, Produktion, Transport, Verarbeitung, Vertrieb, Forschung) und in der Chemiebranche tätig ist; Sitz: Wilmington (Del.). – Die Vorläufergesellschaften, Vacuum Oil Co. of Rochester (gegr. 1866) und die Standard Oil Co. of New York (SOCONY, gegr. 1882), schlossen sich 1931 zur Socony-Vacuum Oil Co. Inc. zus., die 1955 in Socony Mobil Oil Co. Inc. und 1966 in Mobil Oil Corp. umbenannt wurde. 1976 wurde im Zusammenhang mit dem Erwerb von Unternehmen die M. C. gegründet, die über Gesellschaften in mehr als 125 Ländern, ein Pipelinenetz von 56 000 km und 20 eigene Raffinerien verfügt. Konzernumsatz (1996): 80,8 Mrd. US-$, Beschäftigte: rd. 50 400.

Mobile [engl.-ital., von lat. mobilis ›beweglich‹] *das, -s/-s,* eine Art der kinet. Plastik. Die einzelnen Objekte hängen an Drähten oder dünnen Metall- oder Kunststoffstäben und geraten durch Luftströmungen in Bewegung. Der Name wurde 1932 von M. DUCHAMP für die Frühwerke von A. →CALDER geprägt.

Mobile [məʊˈbiːl], Stadt in Alabama, USA, an der Mündung des Mobile River in die Mobile Bay des Golfs von Mexiko, 196 300 Ew. (36 % Schwarze); kath. Erzbischofssitz; University of South Alabama (gegr. 1963); Schiffbau, Aluminiumgewinnung, Erdölraffinerien, chem., Papier-, Bekleidungsindustrie; Fluss- und Seehafen. – Von frz. Siedlern wurde 1702 etwa 40 km nördlich der heutigen Stadt ein Fort errichtet und 1711 an der heutigen Stelle die Stadt, die bis 1720 als Hauptstadt von Louisiana diente. Während des Sezessionskrieges war M. einer der wichtigsten Häfen der Konföderierten. In der Schlacht in der Mobile Bay (August 1864), der letzten Marineschlacht des Bürgerkriegs, durchbrach eine Unionsflotte unter Admiral DAVID G. FARRAGUT die durch Forts, Minen und Sperren stark geschützte Bucht und vernichtete die Schiffe der Konföderation. Die Stadt konnte erst am 12. 4. 1865 von Unionstruppen eingenommen werden.

Mobilfunk, allg. gebräuchl. Bez. für die bewegl. →Funkdienste zur Sprach- und Datenübertragung, außer Seefunk. Unterschieden wird v. a. zw. den M.-Diensten in nichtöffentl. Funknetzen (→Personenrufanlage, Betriebs- und Bündelfunk) sowie den M.-Diensten in öffentl. Netzen (Mobiltelefone in den Funktelefonnetzen C, D, E, Eurosignal, Cityruf).

Zum Betrieb eines Betriebsfunknetzes bedarf es der Genehmigung durch das zuständige Fernmeldeamt;

Carl Artur Vilhelm Moberg

diese wird z. B. Handwerks-, Bau- und Taxiunternehmen bei Bedarfsnachweis erteilt. Erforderlich sind neben ortsfesten Funkanlagen tragbare oder in Fahrzeuge eingebaute Funkgeräte. Die Reichweite ist auf max. 10 bis 15 km von der ortsfesten Anlage beschränkt; weiterhin ist nur ein abwechselnder Austausch von Daten und Sprache in beiden Richtungen möglich. Um die knappen Funkfrequenzen besser auszunutzen, wurden Funknetze entwickelt, die von mehreren Teilnehmern im →Bündelfunk benutzt werden können, wobei Entfernungen bis rd. 100 km überbrückt werden. Die Bündelfunknetze werden sowohl von der Dt. Telekom AG als auch von privaten Betreibern aufgebaut und unterhalten; Besitzer bündelfunkfähiger, genormter Endgeräte können (seit 1990) eine Teilnahme bzw. Rufnummer beantragen.

Zu den öffentl. M.-Diensten zählen neben dem Europ. Funkrufdienst (→Eurosignal) der regionale →Cityruf. Die Reichweite ist i. d. R. auf eine Rufzone, meist ein Ballungszentrum, begrenzt, kann jedoch auch auf weitere Rufzonen ausgedehnt werden. Die bundesweite Kommunikation der mittels **Mobiltelefon** angeschlossenen Teilnehmer ermöglicht das von der Dt. Telekom AG betriebene Funktelefonnetz C (**C-Netz**). Daneben stehen seit 1992 die beiden digitalen M.-Netze **D1** (Betreiber Dt. Telekom AG) und **D2** (Betreiber Mannesmann M. GmbH) zur Verfügung; 1994 wurde außerdem **E1** (Betreiber e-plus M. GmbH, ein Firmenkonsortium unter Führung von VEBA AG und Thyssen AG) eingeführt. D1- und D2-Netze arbeiten nach dem GSM-Standard (→GSM), das E-Netz nach dem →DCS-1800 Standard, der 1991 von der Europ. Normierungsbehörde ETSI (Abk. für engl. European Telecommunications Standard Institute) festgelegt wurde. Im Unterschied zu den **D-Netzen**, die im Frequenzbereich von 900 MHz arbeiten, sendet das **E-Netz** im Frequenzbereich 1805 bis 1880 MHz und empfängt im Bereich von 1710 bis 1785 MHz. Daher ist die Ausdehnung der Funkzellen im E-Netz um den Faktor 10 kleiner und die Mobiltelefone kommen schon mit Sendeleistungen von 1 W aus. Die digitalen Netze D und E bieten gegenüber dem C-Netz weitere Vorteile, wie z. B. grenzüberschreitende Einsetzbarkeit zw. Staaten, deren nat. Netzbetreiber ein Roamingabkommen (von engl. to roam ›streunen‹) zur Gebührenabrechnung abgeschlossen haben, effizientere Frequenzausnutzung und höhere Teilnehmerkapazitäten, Abhörsicherheit durch digitale Verschlüsselung sowie Kompatibilität zum →ISDN. Für die Benutzung eines Mobiltelefons, entweder als fest in einem Fahrzeug installierte (Autotelefon) oder als tragbares, mit einem Akku ausgerüstetes Gerät (→Handy), ist eine Telekarte (SIM-Karte [Abk. für engl. **s**ubscriber **i**dentity **m**odule] oder Plug-in-Chip) notwendig, die einen Chip mit der Funktelefonnummer und den zur Abrechnung erforderlichen persönl. Daten des Teilnehmers enthält. Außer Sprache können über die M.-Netze auch Bilder (über Fernkopierer) oder Daten (z. B. mit einem Laptop) übertragen werden.

Schlüsselbegriff

Neben den terrestr. M.-Netzen werden Ende der 90er-Jahre satellitengestützte Systeme für globale Mobilkommunikation von internat. Konsortien aufgebaut. Aufgrund der geringen Sendeleistung der Endgeräte sind hierfür Satelliten in niedriger Bahnhöhe erforderlich. Um die Erdoberfläche komplett abzudecken, benötigt man je nach Bahnhöhe 24–66 Fernmeldesatelliten in 500–1500 km Höhe (LEOS, Abk. für engl. **L**ow **E**arth **O**rbit **S**atellite) oder 8–16 Fernmeldesatelliten in 1000–20 000 km Höhe (MEOS, Abk. für engl. **M**edium **E**arth **O**rbit **S**atellite). Ein weltumspannendes M.-System ist mit dem Projekt IRIDIUM mit 66 LEOS geplant, das 1998 in Betrieb gehen soll; weiterhin sind die Systeme ICO, Odyssey und Globalstar geplant sowie das System Telediesc, das auch Internetanwendungen ermöglichen soll. Die nach dem DECT-Standard betriebenen schnurlosen Telefone (→Fernsprecher) sind dem M. nur bedingt zuzurechnen.

Umweltwirkung: Die seit Beginn der 90er-Jahre starke Zunahme des M. hat zu einer Erhöhung der elektromagnet. Strahlung in der Umwelt geführt. Die Folgen dieser als →Elektrosmog bezeichneten Entwicklung sind bisher noch nicht ausreichend erforscht. Aufgrund der Festlegung frequenzabhängiger Grenzwerte, die nach dem jeweiligen Stand der Forschung zu aktualisieren sind, gilt eine Gefährdung durch die Nutzung von M.-Endgeräten als unwahrscheinlich.

Mobilgarde, frz. **Garde mobile** [gardmɔˈbil], **Garde nationale mobile** [-nasjoˈnal-], 1848 in Paris errichtete, 1849 wieder aufgelöste Truppe zum Schutz der Rep.; ferner die von NAPOLEON III. 1868 geschaffene Territorialmiliz, die im Krieg 1870/71 einen großen Teil des frz. Heeres bildete.

Mobilien [mlat., zu lat. mobilis ›beweglich‹] *Pl.*, *Recht:* bewegl. Sachen, bewegl. Besitz (im Unterschied zu den Immobilien).

Mobilisation *die,* -/-en, *Petrologie:* die bei der Metamorphose und Ultrametamorphose durch Erhöhung von Temperatur und Druck verursachten Auflösungs- und Aufschmelzungsvorgänge, bei denen Gesteine verformbar und beweglich werden (**Mobilisat**) und ihren ursprüngl. Ort verlassen.

mobilisieren, 1) verfügbar, wirksam machen, aktivieren; 2) mobil machen, für den (Kriegs-)Einsatz bereitstellen (→Mobilmachung).

Mobilisierungspapiere, Schatzwechsel und unverzinsl. Schatzanweisungen, die der Bund der Dt. Bundesbank bis Ende Oktober 1992 auf deren Verlangen bis zum Nennbetrag der →Ausgleichsforderungen gemäß §42 Bundesbank-Ges. zur Verfügung stellen musste. M. mit i. d. R. dreitägiger Laufzeit hat die Bundesbank häufig, z. T. in Verbindung mit entsprechend konditionierten →Liquiditätspapieren im Rahmen ihrer →Offenmarktpolitik am Geldmarkt eingesetzt. Seit der Novellierung des Bundesbank-Ges. vom 22. 10. 1992 ist eine Begebung von M. nicht mehr vorgesehen, vielmehr kann die Bundesbank seither ausschließlich auf Liquiditätspapiere bis zu einem Höchstbetrag von 50 Mrd. DM zurückgreifen.

Mobilismus *der,* -, *Geologie:* Bez. für die Anschauungen, dass die Erdkruste stark beweglich und auch gegenüber dem Erdmantel verschiebbar ist. Dies entspricht den modernen Erkenntnissen der Geologie (u. a. Kontinentalverschiebung, Plattentektonik). Ggs.: →Fixismus.

Mobilität [lat. mobilis ›beweglich‹], Begriff aus der sozialwiss. Fachsprache, der in einer breiteren Bedeutung Eingang in die Allgemeinsprache sowie in andere Fachsprachen (z. B. Verkehrswiss., Städteplanung, Psychologie, Volkswirtschaftslehre) gefunden hat. Insoweit M. neben der räuml. bewegung des Menschen (Umzug in eine andere Stadt, Auswanderung, Pendeln, Reisen) auch die Veränderung seiner Stellung im sozialen Raum bezeichnet, nimmt der Begriff nicht nur Bezug auf die anthropolog. Besonderheit des Menschen, sich räumlich unterschiedlich zuzuordnen und einzurichten, sondern verweist auch auf einen sozialen Tatbestand von besonderer Bedeutung: Die Fähigkeit bzw. Determiniertheit des Menschen, sich in sozialen Räumen (Siedlungen, Landschaften oder Regionen; Gruppen, Klassen, Schichten und Gesellschaften) zu konstituieren, zu orientieren, zu bewegen und zu verändern. So kann von M. als einem Persönlichkeitsmerkmal ebenso gesprochen werden wie von einer mobilen Gesellschaft oder sozialer M. Die sozialwiss. Bestimmung von M. geht zurück auf den Soziologen P. A. SOROKIN, der damit in den 1920er-Jahren die Bewegung von Menschen in sozialen Räumen (soziale Schichten, Siedlungsformen, Arbeitsbereiche, polit., soziale und kulturelle Gruppen) ebenso fasste wie kulturelle M., also den Wandel und die Weitergabe von Ideen, Begriffen und anderen Kulturobjektivationen (→Diffusion 3).

In einem anthropolog. Sinn verweist der Begriff auf die Ortsungebundenheit des Menschen, die er mit den Tieren teilt, die aber für ihn die Erfahrung und Aufgabe mit sich bringt, seine Stelle im Raum einzunehmen, für sich zu bestimmen und ggf. zu verändern. M. gehört somit zu den Grunderfahrungen des Menschen als eines Wesens, ›das sich seine eigenen Maßstäbe nicht nur ständig neu schaffen muss, sondern sie als Ansprüche an das Leben auch unablässig erhöhen kann‹ (D. CLAESSENS).

Historische Entwicklung

Ein Blick auf die Zivilisationsgeschichte zeigt zunächst das Gegenteil einer Entwicklung zur M., nämlich die Verfestigung und Sesshaftigkeit sozialer Gruppen, v. a. die verstärkte Abhängigkeit von Menschen untereinander und die Vernetzung menschl. Aktionen zu überindividuellen Handlungsketten (N. ELIAS), die den Einzelnen in immer umfassendere Zusammenhänge einbinden. Dieser Prozess hat sich vom Sesshaftwerden wandernder Horden über die landwirtschaftl. Revolution des 8. Jt. v. Chr. (CARLO MANLIO CIPOLLA [* 1922]), die Ausbildung früher Hochkulturen und Stadtstaaten, die antiken Großreiche bis hin zu den europ. Gesellschaften des MA. als Zuwachs an sozialer Kontrolle und Abhängigkeit, als räuml. Erschließung (Binnenkolonisation in Europa, Ausbau der Verkehrswege; Verrechtlichung der räuml. Strukturen [AARON JAKOWLEWITSCH GURJEWITSCH, * 1924]) und damit auch als eine Zunahme an Stabilität, Sicherheit und Stetigkeit für den einzelnen Menschen dargestellt. Dem entspricht der Ausbau mehr oder weniger rigider und stat. Gesellschaftsmodelle (Klassen-, Stände-, Kastengesellschaften) auf der Ebene der sozialen Beziehungen; auf der Ebene der psych. Entwicklung des Individuums zeichnet sich eine Zunahme an Affektkontrolle (N. ELIAS), Selbstdisziplinierung und rationaler Lebensplanung ab (M. WEBER).

Der entscheidende Unterschied neuzeitl. M. zu vorausgehenden Erfahrungen besteht jedoch weniger in einer nur quantitativen Zunahme als vielmehr darin, dass sich die Grunderfahrungen der Menschen durch industrielle Revolution und Frz. Revolution verändert haben: Nunmehr wird die grundsätzl. Möglichkeit von M. allen Menschen und dem Gesellschaftszustand selbst zugesprochen, und die Gesellschaft zielt auch in normativer Hinsicht auf eine Vielfalt an M.-Chancen und M.-Kanälen. War sie in der alten Gesellschaft M. verbunden mit Unsicherheit und Unordnung, so wird sie nun zu einem Anspruch, der auf Einlösung drängt. Dieser hat sich z. B. in polit. Programmen und rechtl. Garantien der Freizügigkeit (GG Art. 11; UNO-Menschenrechtserklärung Art. 13 und 14) niedergeschlagen. In vorindustrieller Zeit bildete M. die Ausnahme innerhalb der Gesellschaft, war jedoch v. a. unter heilsgeschichtl. Aspekten (Pilgerreise, Kreuzzüge) vorstellbar und positiv bewertet; Ortsungebundenheit dagegen galt grundsätzlich als Makel oder Unglück. Mit der Industrialisierung tritt M. als Selbstbestimmungsmöglichkeit des Menschen in Erscheinung. Der Anspruch auf M. führte zur Aufhebung der Leibeigenschaft, zur Auflösung der Ständehierarchie, zur Verbesserung von Reise-, Bildungs- und Handelsmöglichkeiten. Zugleich aber brachte die Freisetzung aus alten Abhängigkeiten negative Erfahrungen wie Entfremdung, Entwurzelung, Landflucht, großstädt. Verelendung und die Auflösung der altständ. kommunalen und landschaftl. Sicherheiten mit sich. Dies führte im 19. Jh. zur Ausbildung einer eigenständigen ›Krisenwissenschaft‹, der Soziologie, deren Gründungsväter A. COMTE, K. MARX, É. DURKHEIM alle an den dynam. M.-Erfahrungen der Entwicklung moderner Industriegesellschaften ihren Anstoß nahmen (→Industrialisierung). In diesem Zusammenhang erscheint seit dem 19. Jh. M. als bestimmender Faktor des Zeitalters.

In einer stärker sozialgeschichtl. Perspektive zeigt sich M. seit dem 19. Jh. v. a. in einer Zunahme und Vervielfältigung der Reise- und Transportmöglichkeiten und -geschwindigkeiten, in veränderten Siedlungsformen (Ausbreitung urbaner Lebensformen, städt. Agglomerationen wie das Ruhrgebiet, Metropolen wie Paris, London, Berlin), in einer veränderten Berufs- und Ausbildungsstruktur (zunehmender Bedarf an qualifizierter Ausbildung, Veränderung von Berufsprofilen), in durch den wirtschaftl. Strukturwandel bedingter wachsender Berufs-M., in beschleunigter Informationsübermittlung und -aufbereitung (Telekommunikation, Rundfunk, Fernsehen, Computer), in der Verlagerung der gesellschaftl. Produktion vom Landwirtschafts- auf den Industrie- und dann auf den Dienstleistungssektor, in einer wachsenden Unabhängigkeit der Produktionsfaktoren, Distributions- und Konsumtionseinrichtungen von bestimmten Standorten und in den westl. Industriegesellschaften in der Steigerung von M. im Freizeit- und Privatbereich.

Soziologische Aspekte

Die Soziologie, als wiss. Erkundung und theoret. Reflexion der modernen Gesellschaften selbst in Reaktion auf die Umbruchserfahrungen des industriellen Zeitalters entstanden, bezieht bis heute wesentl. Orientierungen aus diesen Zusammenhängen, was in Untersuchungen zur räuml., berufl. und sozialen M. als Kernthemen soziolog. Forschung einschließlich hierauf gründender polit. Interpretationsansätze (›offene Gesellschaft‹) seinen Ausdruck findet.

Neben empir. Studien zur sozialen und räuml. M. stehen bereits früh auch die damit verbundenen sozialen Bewusstseinsprozesse im Zentrum der Forschung (S. KRACAUER, P. LAZARSFELD, MARIE JAHODA [* 1907], HANS ZEISEL [* 1905, † 1992], T. GEIGER, P. A. SOROKIN), was Ausdruck dafür ist, dass es sich bei M. nicht nur um subjektiv interpretierbare Prozesse seitens der betroffenen Individuen und Gruppen handelt, sondern auch um Erscheinungen, die in besonderer Weise den Vorstellungen der Forscher und den Bedingungen ihrer Modellbildungen unterliegen.

Entsprechend unterschiedl. Begriffsdifferenzierungen wurden entworfen, wobei die von P. A. SOROKIN in den 1920er-Jahren vorgenommene Unterscheidung von Bewegungen zw. Positionen, die ihrem Rang nach auf der gleichen Ebene liegen (Umzug im selben Wohnviertel; ›horizontale M.‹), und zw. solchen, die höher oder niedriger gelegen sind (Umzug in ein besseres oder schlechteres Wohnviertel; ›vertikale M.‹), ebenso heute noch eine Rolle spielen, wie die in den 1930er-Jahren entwickelten analyt. Kategorien T. GEIGERS, der zum einen individuelle (Auf- und Abstiege Einzelner) und kollektive M. (Auf- und Abstiege sozialer Gruppen) voneinander unterschied und zum anderen auf eine doppelte Dynamik sozialer M. hinwies: Nicht nur

Mobi Mobilität

Menschen verändern ständig ihre Positionen, auch Gruppen gewinnen bzw. verlieren an Gewicht und unterliegen damit unterschiedl. Positionswechseln; diese Differenzierung wurde in den 1960er-Jahren von dem jap. Soziologen SABURO YASUDA (* 1925) in die Begriffe ›Struktur-M.‹ (die durch den Strukturwandel erzeugte M.) und ›Zirkulations-M.‹ (M. Einzelner, die im Rahmen bestehender Strukturen besteht bzw. diesen entspricht) gefasst.

In einem ganz allgemeinen Sinn kann M. als ›Wechsel eines oder mehrerer Individuen zw. den festgelegten Einheiten eines Systems‹ (PETER FRANZ [* 1948]) bestimmt werden; damit ist sowohl auf die Systemabhängigkeit jeder Messung von M. hingewiesen als auch auf die Probleme, die es gibt, wenn Ergebnisse, die an unterschiedl. Maßleisten und Modellen gewonnen wurden, aufeinander bezogen werden sollen (etwa in histor. Längsschnitten, aber auch in Ländervergleichen und in der vergleichenden Sozialforschung).

Zu den zentralen Themen der M.-Forschung gehören nach wie vor räuml. Wanderungen (z. B. Binnenmigration, Landflucht, Verkehrsentwicklung), ebenso berufsbezogene und am Sozialprestige bestimmter gesellschaftl. Positionen orientierte soziale Aufstiegs- und Abstiegsbewegungen, die sich zunächst im Anschluss an M. WEBER nach intragenerationellen (im Lebenslauf einer Person [›Karriere-M.‹]) und intergenerationellen M.-Erfahrungen (Bewegungen über mehrere Generationen hinweg [›Generationen-M.‹]) unterscheiden lassen. Schließlich ist die gesellschaftl. Bedeutung einzelner sozialer Schichten und deren Veränderungen im Wechselbezug zu anderen Schichten (Schichtungsmodelle; →Schichtung) von Interesse. Diese wird in jüngster Zeit bes. in ihren Zusammenhängen mit den gesellschaftl. Umbrüchen in den Industriegesellschaften untersucht.

Zählte für Kritiker und Verteidiger der westdt. Nachkriegsgesellschaft (u. a. westl. Industriegesellschaften seit den 1960er-Jahren) die Erforschung sozialer M. zu den Kernthemen sozialwiss. Forschung, an denen sich Fragen der Chancengleichheit und der Innovationsfähigkeit der Gesellschaften gleichermaßen thematisieren (›offene Gesellschaft‹) ließen, so hat sich die M.-Forschung in den 1980er-Jahren auch histor. Längsschnitten, regionalgeschichtl. Studien und Ländervergleichen, bes. aber der Untersuchung der M.-Chancen und -Belastungen von Frauen zugewandt. In den 1990er-Jahren dominiert – sowohl unter ökolog. als auch unter technisch-innovator., ökonom. und psycholog. Fragestellungen – das Interesse an räuml. M., v. a. im Hinblick auf die Fragen zukünftiger Verkehrsentwicklungen und -politik; die Erforschung sozialer M. findet bes. unter den Problemstellungen der Ost-West-Angleichung und der Zukunft der Arbeitsgesellschaft statt.

Trends und Perspektiven

Der Begriff M. umfasst als räuml., berufl. und soziale M. so viele unterschiedl. Aspekte, dass sich ein allgemeines Bild nur oberflächlich entwerfen lässt, also etwa die Vorstellung einer ›**mobilen Gesellschaft**‹, welche zudem im Einzelnen von Widersprüchen bestimmt ist. Aktuelle Tendenzen lassen sich daher sowohl in einzelnen Bereichen: Lebenslauf und Partnerwahl, Arbeitsmarkt und Verkehrsentwicklung, objektive und subjektive Veränderungen in der Schichtenstruktur, sozialräuml. Veränderungen, Migration und Binnenwanderungen, als auch in längerfristigen Auf- und Abstiegsprozessen in nat. und internat. Zusammenhängen und aus dem Zusammenspiel der genannten Aspekte benennen.

Zentrale Rahmenbedingungen für das Bild von M. in den 1990er-Jahren stellen die Wiederherstellung der dt. Einheit (1990) und die europ. Integration, die neuen Ost-West-Beziehungen nach 1991 sowie die unter dem Stichwort →Globalisierung diskutierten weltweiten Vernetzungen und Umstrukturierungen von Arbeits-, Geld- und Gütermärkten dar. Diese treffen auf z. T. langfristige Entwicklungen, wie etwa der Übergang von der Industriezur Dienstleistungsgesellschaft oder die Auflösung bzw. Neustrukturierung traditioneller Formen des Zusammenlebens (z. B. Familie, Gemeinde) im die modernen Gesellschaften charakterisierenden →sozialen Wandel begründet sind.

Für die Geschichte der M. in der ›alten Bundesrepublik‹ lassen sich drei Tendenzen in der Entwicklung sozialer M. herausstellen (RAINER GEISSLER [* 1939]): 1) Insgesamt ist die Gesellschaft, besonders seit den 1960er-Jahren, mobiler geworden. 2) Vor allem in den 1960er- und 1970er-Jahren sind die Aufstiegschancen gestiegen, während die Gefahren sozialen Abstiegs geringer geworden sind. 3) Die Reichweite sozialen Aufstiegs hat im Laufe der 1970er- und 1980er-Jahre zugenommen, d. h., es gibt größere Chancen, nicht nur in die nächsthöher gelegene Schicht aufzusteigen, sondern sozialen Aufstieg über mehrere Schichten hinweg zu schaffen. Soziostrukturell ist diese Entwicklung an ganz bestimmten Bedingungen geknüpft, z. B. die zahlenmäßige Abnahme der Arbeiterschicht, den Ausbau gesamtgesellschaftl. Wohlfahrt und die stetig wachsende Nachfrage nach höheren Bildungsabschlüssen. Diese gelten als Belege für eine weite Verbreitung von Mittelschichtstandards hinsichtlich sozialer und berufl. M. Gleichzeitig ist jedoch auch mangelnde M.-Bereitschaft festzustellen, die oft in ganz bestimmten Problemlagen begründet ist. So können sich z. B. für Familien bzw. [allein erziehende] Frauen mit Kindern wachsende berufl. M.-Anforderungen auf der einen und in mangelnder sozialer Ausstattung begründete Grenzen der individuellen M. auf der anderen Seite (bes. fehlende Kindergartenplätze und finanziell und/oder zeitlich realisierbare Bildungsangebote) zu realen Ausschließungskriterien verdichten.

In der DDR, wo sich die Entwicklung teilweise anders darstellte, fand in den ersten Jahren nach ihrer Gründung (1949) zunächst eine weitgehende Neugruppierung der gesellschaftl. Elite statt. Diese verfestigte sich jedoch schon bald und ›reproduzierte‹ sich zunehmend selbst, sodass sich ungeachtet des gegenüber der BRD vertretenen grundsätzlich anderen (›sozialistischen‹) gesellschaftl. Anspruchs soziale Ausschließungsmechanismen entwickelten, in deren Folge es seit Ende der 1960er-Jahre Arbeiterkindern schwieriger möglich wurde sozial aufzusteigen, als in den ersten beiden Jahrzehnten des DDR-Staates (HEIKE SOLGA). Im wieder geeinten Dtl. treffen somit unterschiedl. M.-Muster und -Erfahrungen aufeinander, die sich aber – wie etwa die subjektive Schichtzuordnung zur Mittelschicht – bereits in den 1990er-Jahren aneinander anzugleichen scheinen.

Unter den Gesichtspunkten berufl. und räuml. M. waren allerdings die Bewohner Ost-Dtl.s in den 1990er-Jahren wesentlich höheren M.-Anforderungen ausgesetzt als die Menschen in der ›alten Bundesrepublik‹. Im Vergleich zur bereits hohen Dynamik mussten von Mitte 1990 bis Mitte 1991 zweieinhalbmal so viele ostdt. Erwerbstätige die Arbeitsstelle wechseln und dreimal so viele aus dem Erwerbsleben ausscheiden. Hinzu kommen eine anhaltende Ost-West-Wanderung vor allem jüngerer und gut qualifizierter Menschen sowie eine halbe

Mio. Westpendler, die deutlich machen, dass sich die ›neue große Unsicherheit‹ (GEISSLER) zwar zunächst v. a. auf die Bewohner Ost-Dtl.s beziehen lässt, dass sich darin zugleich aber die tief greifenden Wandlungen der Industriegesellschaften zum Ende des Jahrtausends wieder finden lassen. Auf den Ebenen der Kultur und des Alltags findet M. im Wechsel und Nebeneinander von intergenerationellen M.-Erfahrungen und personenbezogener M. ihren Ausdruck. Die Persönlichkeitsbilder der 1990er-Jahre sind dabei auf individuelle M. hin entworfen und schlagen sich in entsprechenden Konsum- und Sinnangeboten nieder: Individualtourismus, Fitnesstraining, Geländewagen im Berufsverkehr; Sinnangebote unterschiedl. Psychoszenen, religiöser und quasireligiöser Gruppen. Im Bereich der Medien und Kommunikation wachsen die Anteile mobiler Ausstattung und ein entsprechender Gebrauch dieser Angebote (Handys). Dabei wird zugleich eine Grenze heutiger gesellschaftl. M. deutlich, indem z. B. durch das Internet, durch Homebanking und Teleshopping Dinge von zu Hause aus erledigt werden können, die früher einmal M.-Anlässe waren. Sollte die volkswirtschaftl. Einsicht ›ab einer bestimmten Grenze ... verschlechtern sich die Nutzungsbedingungen eines Gutes, je verbreiteter dessen Gebrauch ist‹ (FRED HIRSCH) auf M. zutreffen, so wäre dies auch ein Beleg dafür, Begriff und Tendenzen der M. differenzierter aufzufassen. Denn die techn. Folgen und objektiven Grenzen wachsender M. (Verkehrsstaus, Umweltverschmutzung, Ressourcenverbrauch) leuchten ohne weiteres ein, während eine Beschränkung der auf die Lebenschancen von Individuen bezogenen sozialen M. in Widerspruch treten kann zu einer mit den Menschenrechten allen Menschen zugesicherten Chancengleichheit, in der sich eben auch die Hoffnungen und Ansprüche auf die Segnungen individueller und gesamtgesellschaftl. M. spiegeln.

⇨ Beruf · Chancengleichheit · Handel · Informationsgesellschaft · Landflucht · Leistungsgesellschaft · Marktwirtschaft · Migration · Standort · Tourismus · Verkehr · Wachstum · Zeit

P. A. SOROKIN: Social and cultural mobility (Neuausg. London 1964); E. R. WIEHN u. KARL U. MAYER: Soziale Schichtung u. M. (1975); Gesch. der sozialen M. seit der industriellen Revolution, hg. v. H. KAELBLE (1978); Soziale Strukturen u. individuelle M., hg. v. H. TEGTMEYER (1979); T. A. HERZ: Klassen, Schichten, M. (1983); P. FRANZ: Soziologie der räuml. M. (1984); Soziale Schichtung u. soziale M. in der Gesellschaft Alteuropas, hg. v. I. MIECK (1984); U. BECK: Risikogesellschaft. Auf dem Weg in eine andere Moderne (1986); M. HALLER: Klassenstruktur u. M. in fortgeschrittenen Gesellschaften (1989); H. DITTON: Ungleichheit u. M. durch Bildung (1992); Die M. von Morgen, hg. v. S. BEHRENDT u. R. KREIBICH (1994); M.-Verhalten, hg. v. A. FLADE (1994); H. SOLGA: Auf dem Weg zur klassenlosen Gesellschaft? Klassenlage u. M. zw. Generationen in der DDR (1995); P. VIRILIO: Der negative Horizont. Bewegung, Geschwindigkeit, Beschleunigung (a. d. Frz., Neuausg.1995); R. GEISSLER: Die Sozialstruktur Dtl.s. Zur gesellschaftl. Entwicklung mit einer Zwischenbilanz zur Wiedervereinigung (²1996); Zwischenbilanz der Wiedervereinigung. Strukturwandel u. M. im Transformationsprozeß, hg. v. M. DIEWALD u. KARL U. MAYER (1996).

Mobilmachung, Mobilisierung, i. e. S. die Überführung der Streitkräfte eines Landes in den Kriegszustand durch Einberufung der Reservisten, Aktivierung der mobilmachungsabhängigen Verbände, Bereitstellung von Munition, Verpflegung u. a.; i. w. S. die Umstellung der gesamten Staatsverwaltung und Volkswirtschaft auf die Erfordernisse des Krieges. Die dazugehörigen Maßnahmen (Zwangsbewirtschaftung der Lebensmittel und Rohstoffe, Ingangsetzung der Kriegsindustrie, planmäßige Verteilung der Arbeitskräfte, Steuerung der Verkehrsmittel) nennt man **wirtschaftliche Mobilmachung.**

Mobiltelefon, ortsungebundenes, netzunabhängiges Telefon, das wie das schnurlose Telefon (→Fernsprecher) mithilfe funktechn. Übertragung arbeitet, aber nicht am analogen Festnetz angeschlossen ist, sondern den →Mobilfunk nutzt (auch **Handy** gen.). Zum Schutz vor Missbrauch sind M. mit einer →persönlichen Identifikationsnummer (PIN), die für jedes Telefonat eingegeben werden muss, gesichert.

Möbius, 1) August Ferdinand, Mathematiker, *Schulpforta (heute zu Bad Kösen) 17. 11. 1790, †Leipzig 26. 9. 1868; Prof. in Leipzig und Direktor der Sternwarte auf der Pleißenburg. Sein wichtigstes Arbeitsgebiet war die Geometrie. Er führte in die projektive Geometrie die homogenen Koordinaten (baryzentr. Kalkül) und in die analyt. Geometrie das Dualitätsprinzip ein. Von M. stammt auch eine erste Klassifikation der Flächen. Bekannt geblieben ist M. insbesondere durch das **M.-Band.**

2) Karl August, Zoologe, *Eilenburg 7. 2. 1825, †Berlin 26. 4. 1908; 1869 Prof. in Kiel, 1887–1905 Direktor der Zoolog. Sammlung Berlin. Begründer der Meeresbiologie. M. prägte nach Untersuchungen an Austernbänken den Begriff ›Biozönose‹ (1877).

Werke: Fauna der Kieler Bucht, 2 Bde. (1865–72, mit H. A. MEYER); Die Fische der Ostsee (1883, mit F. HEINCKE).

3) Paul Julius, Neurologe, *Leipzig 24. 1. 1853, †ebd. 8. 1. 1907; war zuerst Militärarzt, ab 1883 Privatdozent in Leipzig, später Nervenarzt. Sein medizin. Interesse galt v. a. den funktionellen Nervenkrankheiten (Hysterie, Neurasthenie, Migräne). – M. erstellte so genannte Pathographien bedeutender Persönlichkeiten (u. a. ›J.-J. Rousseaus Krankengeschichte‹, 1889; ›Über das Pathologische bei Goethe‹, 1898). Großes Aufsehen erregte seine Schrift ›Über den physiolog. Schwachsinn des Weibes‹ (1900).

Möbius-Band, möbiussche Fläche, eine einseitige berandete Fläche, deren Modell man durch gegensinniges Zusammenkleben zweier Kanten eines Papierstreifens herstellen kann. Das M.-B. wurde unabhängig voneinander durch A. F. MÖBIUS und B. LISTING 1858 entdeckt und war das erste Beispiel einer einseitigen Fläche.

Mobutu Sese-Seko, eigtl. **Joseph Désiré Mobutu,** Politiker in Zaire, *Lisala (Prov. Equateur) 14. 10. 1930, †Rabat 7. 9. 1997; stieg in der belg. Kolonialtruppe zum Unteroffizier auf. Nach der Entlassung Belgisch-Kongos in die Unabhängigkeit (1960) ernannte ihn Min.-Präs. P. LUMUMBA zum Generalstabschef der Armee. Im September 1960 übernahm M. nach einem Putsch die Macht, ließ LUMUMBA verhaften und lieferte ihn 1961 nach Katanga aus. Nach Wiedereinsetzung J. KASAVUBUS als Staatspräs. (1961) behielt M. den Oberbefehl über die Armee. Nach einem erneuten Militärputsch im November 1965 ernannte er sich zum Staatspräs., entmachtete 1966 das Parlament, übertrug sich das Recht der Gesetzgebung und übernahm außerdem das Amt des Min.-Präs. (bis 1991). Gestützt auf den 1967 gegründeten und von ihm geführten ›Mouvement Populaire de la Révolution‹ (MPR) regierte er autoritär. Im Zuge einer Kampagne für ›afrikan. Authentizität‹ legte er 1972 seinen christl. Taufnamen ab. 1970, 1977, 1984 und 1988 als Staatspräs. gewählt, kündigte M. Anfang Mai 1997 nach dem Vordringen der Truppen unter L. KABILA seinen Rückzug aus der Politik an, gab am 16. 5. 1997 alle seine Machtbefugnisse ab und ging nach Marokko ins Exil.

Mobutu-Sese-Seko-See, 1972–97 Name des →Albertsees.

Moby Dick oder Der weiße Wal, engl. ›Moby-Dick or, The whale‹, Roman von H. MELVILLE; engl. 1851.

Möbius-Band

Mobutu Sese-Seko

Hinweise für den Benutzer

Ausführliche Hinweise für den Benutzer finden sich am Ende des ersten Bandes.

Reihenfolge der Stichwörter

Die Stichwörter sind in alphabetischer Reihenfolge angeordnet, sie stehen am Anfang eines Artikels. Alphabetisiert werden alle fett gedruckten Buchstaben des Hauptstichworts, auch wenn es aus mehreren Wörtern besteht. Umlaute (ä, ö, ü) werden wie einfache Vokale eingeordnet, z. B. folgen aufeinander: **Bruck, Brück, Bruck an der Leitha, Brücke;** ß steht vor ss, also **Reuß, Reuss.** Buchstaben mit diakritischen Zeichen (z. B. mit einem Akzent) werden behandelt wie die Buchstaben ohne dieses Zeichen, z. B. folgen aufeinander: **Acinetobacter, Ačinsk, Acinus.** Unterscheiden sich mehrere Stichwörter nur durch ein diakritisches Zeichen oder durch einen Umlaut, so wird das Stichwort mit Zusatzzeichen nachgestellt; so folgen z. B. aufeinander: **Abbe, Abbé.** Unterscheiden sich mehrere Stichwörter nur durch Groß- und Kleinschreibung, so steht das kleingeschriebene Stichwort voran.

Gleich lautende Hauptstichwörter werden in der Reihenfolge: Sachstichwörter, geographische Namen, Personennamen angeordnet.

Gleich lautende geographische Namen mit und ohne Namenszusatz werden zu einem Artikel ›Name von geographischen Objekten‹ zusammengefaßt.

Gleich lautende **Personennamen** erscheinen in dieser Reihenfolge: biblische Personen, Herrscher, Päpste, Vornamen (mit Zusatz), Nachnamen.

Herrschernamen werden alphabetisch nach Territorien angeordnet, das Heilige Römische Reich und das Deutsche Reich werden vorangestellt. Innerhalb der Territorien erscheinen die Herrscherbiographien in chronologischer Reihenfolge. Vornamen mit Zusatz (z. B. Adam von Bremen) werden unter dem Vornamen eingeordnet, der abgekürzte Vorname wird zusammen mit dem Zusatz nachgestellt, z. B.: **Adam, A. von Bremen.** Vornamen mit Zusatz werden nach den Zusätzen alphabetisch angeordnet, so folgen z. B. aufeinander: **Adam, A. de la Halle; Adam, A. von Bremen; Adam, A. von Fulda.**

Angaben zur Betonung und Aussprache

Fremdwörtliche und fremdsprachliche Stichwörter erhalten als Betonungshilfe einen Punkt (Kürze) oder einen Strich (Länge) unter dem betonten Laut. Weiterhin wird bei Personennamen sowie bei geographischen Namen die Betonung angegeben.

Die getrennte Aussprache von üblicherweise zusammen gesprochenen Lauten wird durch einen senkrechten Strich angezeigt, z. B. **Ais|chylos, Lili|e.**

Weicht die Aussprache eines Stichwortes von der deutschen ab, so wird in der dem Stichwort folgenden eckigen Klammer die korrekte Aussprache in phonetischer Umschrift angegeben. Diese folgt dem Internationalen Lautschriftsystem der Association Phonétique Internationale. Die verwendeten Zeichen bedeuten:

a = helles a,
  dt. Blatt, frz. patte
ɑ = dunkles a,
  dt. war, engl. rather
ã = nasales a,
  frz. grand
ʌ = dumpfes a,
  engl. but
β = halboffener
  Reibelaut b,
  span. Habanera
ç = Ich-Laut, dt. mich
ɕ = sj-Laut (stimmlos),
  poln. Sienkiewicz
ð = stimmhaftes engl. th,
  engl. the
æ = breites ä, dt. Äther
ɛ = offenes e, dt. fett
e = geschlossenes e,
  engl. egg, dt. Beet
ə = dumpfes e, dt. alle
ɛ̃ = nasales e, frz. fin
ɣ = geriebenes g,
  span. Tarragona,
  niederländ. Gogh
i = geschlossenes i,
  dt. Wiese
ɪ = offenes i, dt. bitte
ĩ = nasales i,
  port. Infante
ʎ = lj, span. Sevilla
ŋ = ng-Laut, dt. Hang
ɲ = nj-Laut,
  Champagner
ɔ = offenes o, dt. Kopf
o = geschlossenes o,
  dt. Tor
õ = nasales o, frz. bon
ø = geschlossenes ö,
  dt. Höhle
œ = offenes ö,
  dt. Hölle
œ̃ = nasales ö,
  frz. parfum
s = stimmloses s,
  dt. was
z = stimmhaftes s,
  dt. singen
ź = zj-Laut (stimmhaft),
  poln. Zielona Gora
ʃ = stimmloses sch,
  dt. Schuh
ʒ = stimmhaftes sch,
  Garage
θ = stimmloses th,
  engl. thing
u = geschlossenes u,
  dt. Kuh
ʊ = offenes u, dt. bunt
ũ = nasales u,
  port. Atum
v = stimmhaftes w,
  dt. Wald
w = halbvokalisches w,
  engl. well
x = Ach-Laut, dt. Krach
y = geschlossenes ü,
  dt. Mütze
ɥ = konsonantisches y,
  frz. Suisse
: = bezeichnet Länge
  des vorhergehenden
  Vokals
ˈ = bezeichnet Betonung
  und steht vor der
  betonten Silbe, z. B.
  ˈætlɪ = Attlee
˘ = unter Vokalen, gibt
  an, daß der Vokal
  unsilbisch ist

b d f g h j k l m n p r t geben in den meisten Sprachen etwa den Lautwert wieder, den sie im Deutschen haben. Im Englischen wird ›r‹ weder wie ein deutsches Zäpfchen-r noch wie ein gerolltes Zungenspitzen-r gesprochen, sondern mit der Zungenspitze an den oberen Vorderzähnen oder am Gaumen gebildet.

Abkürzungen

Außer den im Abkürzungsverzeichnis aufgeführten Abkürzungen werden die Adjektivendungen ...lich und ...isch abgekürzt sowie allgemein gebräuchliche Einheiten mit bekannten Einheitenzeichen (wie km für Kilometer, s für Sekunde).

Das Hauptstichwort wird im Text des jeweiligen Artikels mit seinem Anfangsbuchstaben wiedergegeben. Bei Stichwörtern, die aus mehreren Wörtern bestehen, wird jedes Wort mit dem jeweils ersten Buchstaben abgekürzt. Dies gilt auch für Stichwörter, die mit Bindestrich gekoppelt sind.

Alle Abkürzungen und Anfangsbuchstaben der Hauptstichwörter gelten auch für flektierte Formen (z. B. auch für Pluralformen) des abgekürzten Wortes. Bei abgekürzten Hauptstichwörtern, die aus Personennamen oder Namen von geographischen Objekten bestehen, wird die Genitivendung nach dem Abkürzungspunkt wiedergegeben.

Benennung und Abkürzung der biblischen Bücher können der Übersicht ›Bücher der Bibel‹ beim Stichwort ›Bibel‹ entnommen werden.

Abg.	Abgeordnete(r)
ABGB	Allgemeines Bürgerliches Gesetzbuch (Österreich)
Abh(h).	Abhandlung(en)
Abk.	Abkürzung
Abs.	Absatz
Abt(t).	Abteilung(en)
a. d.	aus dem
AG	Aktiengesellschaft
ags.	angelsächsisch
ahd.	althochdeutsch
Akad.	Akademie
Ala.	Alabama
Alas.	Alaska
allg.	allgemein
Anh.	Anhang
Anm(m).	Anmerkung(en)
Anth.	Anthologie
AO	Abgabenordnung
Ariz.	Arizona
Ark.	Arkansas
Art.	Artikel
ASSR	Autonome Sozialistische Sowjetrepublik
A. T.	Altes Testament
Aufl(l).	Auflage(n)
ausgew.	ausgewählt
Ausg(g).	Ausgabe(n)
Ausst.	Ausstellung
Ausw.	Auswahl
autobiogr.	autobiographisch
...b.	...buch
Bad.-Württ.	Baden-Württemberg
Bbg.	Brandenburg
Bd., Bde.	Band, Bände
bearb.	bearbeitet
begr.	begründet
Beitr(r).	Beitrag/Beiträge
ber.	berechnet
bes.	besonders
Bev.	Bevölkerung
Bcz.	Bezeichnung; Bezirk
BGB	Bürgerliches Gesetzbuch
BGH	Bundesgerichtshof
bibliogr.	bibliographisch
Bibliogr(r).	Bibliographie(n)
Biogr.	Biographie
BRD	Bundesrepublik Deutschland
Bull.	Bulletin
BWV	Bach-Werke-Verzeichnis
bzw.	beziehungsweise
Calif.	Kalifornien
chin.	chinesisch
Colo.	Colorado
Conn.	Connecticut
ČR	Tschechische Republik
ČSFR	Tschechoslowakei (1990–1992)
ČSSR	Tschechoslowakei (bis 1990)
Cty.	County
D	Deutsch-Verzeichnis
d. Ä.	der (die) Ältere
dargest.	dargestellt
Darst.	Darstellung
D. C.	District of Columbia
DDR	Deutsche Demokratische Republik
Del.	Delaware
Dep.	Departamento
Dép.	Département
ders.	derselbe
dgl.	dergleichen, desgleichen
d. Gr.	der (die) Große
d. h.	das heißt
d. i.	das ist
dies.	dieselbe(n)
Diss.	Dissertation
Distr.	Distrikt
d. J.	der (die) Jüngere
DM	Deutsche Mark
Dr(n).	Drama/Dramen
dt.	deutsch
Dtl.	Deutschland
EA	Erstausgabe
ebd.	ebenda
EG	Europäische Gemeinschaft
ehem.	ehemalig; ehemals
eigtl.	eigentlich
Einf.	Einführung
Einl.	Einleitung
entst.	entstanden
Enzykl.	Enzyklopädie
Erg(g).	Ergänzung(en)
Erl(l).	Erläuterung(en)
ersch.	erschienen
erw.	erweitert
Erz(n).	Erzählung(en)
Es(s).	Essay(s)
EStG	Einkommensteuergesetz
EU	Europäische Union
europ.	europäisch
ev.	evangelisch
e. V.	eingetragener Verein
Ew.	Einwohner
f., ff.	folgende..., folgende
Fasz.	Faszikel
Festschr.	Festschrift
FH	Fachhochschule
Fla.	Florida
fortgef.	fortgeführt
fortges.	fortgesetzt
Forts.	Fortsetzung
frz.	französisch
Ga.	Georgia
geb.	geborene(r)
Ged(e).	Gedicht(e)
gedr.	gedruckt
gegr.	gegründet
Gem.	Gemeinde
gen.	genannt
Gen.-Gouv.	Generalgouverneur; Generalgouvernement
Gen.-Sekr.	Generalsekretär
ges.	gesammelt
Ges.	Gesetz
...gesch.	...geschichte
Gesch.	Geschichte
Gew.-%	Gewichtsprozent
GG	Grundgesetz
ggf.	gegebenenfalls
Ggs.	Gegensatz
gleichbed.	gleichbedeutend
GmbH	Gesellschaft mit beschränkter Haftung
Gouv.	Gouverneur; Gouvernement
Gramm.	Grammatik
Grundl.	Grundlage
Grundr.	Grundriß (bei Buchtitel)
...h.	...heft
H.	Heft
Ha.	Hawaii
Habil.	Habilitationsschrift
Hb.	Handbuch
hebr.	hebräisch
Hg.	Herausgeber(in)
HGB	Handelsgesetzbuch
hg. v.	herausgegeben von
hl., Hl.	heilig; Heilige(r)
Hob.	Hoboken-Verzeichnis
Hörsp(e).	Hörspiel(e)
Hs(s).	Handschrift(en)
Hwb.	Handwörterbuch
Ia.	Iowa
i. Allg.	im Allgemeinen
Id.	Idaho
i. d. F. v.	in der Fassung von
idg.	indogermanisch
i. d. R.	in der Regel
i. e. S.	im engeren Sinn
Ill.	Illinois
Ind.	Indiana; Industrie
Inst.	Institut
internat.	international
ital.	italienisch
i. w. S.	im weiteren Sinn
jap.	japanisch
Jb.	Jahrbuch
Jg.	Jahrgang
Jh.	Jahrhundert
jr.	junior
Jt.	Jahrtausend
Kans.	Kansas
Kap.	Kapitel
Kat.	Katalog
kath.	katholisch
Kfz	Kraftfahrzeug
KG	Kommanditgesellschaft
Kl.	Klasse
Komm.	Kommentar
Kom(n).	Komödie(n)
Kr.	Kreis
Krst.	Kreisstadt
Kt.	Kanton
KV	Köchelverzeichnis
Kw.	Kunstwort; Kurzwort
Ky.	Kentucky
La.	Louisiana
lat.	lateinisch
Lb.	Lehrbuch
Leitf.	Leitfaden
Lex.	Lexikon
Lfg(g).	Lieferung(en)
LG	Landgericht
Lit.	Literatur
Losebl.	Loseblattausgabe, -sammlung
Lw.	Lehnwort
MA.	Mittelalter
magy.	magyarisch
Masch.	Maschinenschrift
Mass.	Massachusetts
max.	maximal
Md.	Maryland
MdB	Mitglied des Bundestags
MdEP	Mitglied des Europäischen Parlaments
MdL	Mitglied des Landtags
MdR	Mitglied des Reichstags
Me.	Maine
Meckl.-Vorp.	Mecklenburg-Vorpommern
Metrop. Area	Metropolitan Area
Metrop. Cty.	Metropolitan County
MGG	Die Musik in Geschichte und Gegenwart, hg. v. F. Blume
mhd.	mittelhochdeutsch
Mich.	Michigan
min.	minimal
Min.	Minister
Minn.	Minnesota
Min.-Präs.	Ministerpräsident
Mio.	Million(en)
Miss.	Mississippi
Mitarb.	Mitarbeit
Mitgl.	Mitglied
Mitt.	Mitteilung
mlat.	mittellateinisch
mnd.	mittelniederdeutsch
m. n. e.	mehr nicht erschienen
Mo.	Missouri
Mont.	Montana
Mrd.	Milliarde(n)
Mschr.	Monatsschrift
Ms(s).	Manuskript(e)
N	Nord(en)

Nachdr.	Nachdruck
Nachr(r).	Nachricht(en)
nat.	national
natsoz.	nationalsozialistisch
n. Br.	nördliche Breite
N. C.	North Carolina
n. Chr.	nach Christi Geburt
N. D.	North Dakota
NDB	Neue Deutsche Biographie, hg. v. der Histor. Kommission bei der Bayer. Akademie der Wissenschaften, Berlin
Ndsachs.	Niedersachsen
Nebr.	Nebraska
Neuaufl.	Neuauflage
Neuausg.	Neuausgabe
Nev.	Nevada
N. F.	Neue Folge
N. H.	New Hampshire
nhd.	neuhochdeutsch
niederdt.	niederdeutsch
N. J.	New Jersey
nlat.	neulateinisch
N. Mex.	New Mexico
NO	Nordost(en)
NÖ	Niederösterreich
Nov(n).	Novelle(n)
Nr.	Nummer
N. R.	Neue Reihe
NRW	Nordrhein-Westfalen
N. S.	Neue Serie
N. T.	Neues Testament
NW	Nordwest(en)
N. Y.	New York
O	Ost(en)
o. Ä.	oder Ähnliches
oberdt.	oberdeutsch
Oh.	Ohio
OHG	Offene Handelsgesellschaft
o. J.	ohne Jahr
Okla.	Oklahoma
ö. L.	östliche Länge
OLG	Oberlandesgericht
OÖ	Oberösterreich
o. O.	ohne Ort
op.	Opus
OR	Obligationenrecht (Schweiz)
Ordn.	Ordnung
Oreg.	Oregon
orth.	orthodox
österr.	österreichisch
Pa.	Pennsylvania
Pauly-Wissowa	Pauly Realencyclopädie der classischen Altertumswissenschaft, neu bearb. v. G. Wissowa u. a.
PH	Pädagogische Hochschule
Pl.	Plural
port.	portugiesisch
Präs.	Präsident
Prof.	Professor
prot.	protestantisch
Prov.	Provinz
Pseud.	Pseudonym
R.	Reihe
R(e).	Roman(e)
rd.	rund
ref.	reformiert
Reg.	Regierung
Reg.-Bez.	Regierungsbezirk
Reg.-Präs.	Regierungspräsident
Rep.	Republik
rev.	revidiert
Rheinl.-Pf.	Rheinland-Pfalz
R. I.	Rhode Island
RSFSR	Russische Sozialistische Föderative Sowjetrepublik
S	Süd(en)
S.	Seite; Spalte
Sa.	Sachsen
Sa.-Anh.	Sachsen-Anhalt
Sb.	Sitzungsberichte
s. Br.	südliche Breite
S. C.	South Carolina
Schlesw.-Holst.	Schleswig-Holstein
Schr.	Schrift
Schsp(e).	Schauspiel(e)
S. D.	South Dakota
Sekr.	Sekretär
Sg.	Singular
Slg(g).	Sammlung(en)
SO	Südost(en)
SSR	Sozialistische Sowjetrepublik
St.	Sankt
Staatspräs.	Staatspräsident
stellv.	stellvertretende(r)
Stellv.	Stellvertreter(in)
StGB	Strafgesetzbuch
StPO	Strafprozessordnung
Suppl.	Supplement
svw.	so viel wie
SW	Südwest(en)
Tab(b).	Tabelle(n)
Tb(b).	Taschenbuch/Taschenbücher
Tenn.	Tennessee
Tex.	Texas
TH	Technische Hochschule
Thür.	Thüringen
Tl., Tle.	Teil, Teile
tlw.	teilweise
Trag(n).	Tragödie(n)
TRE	Theologische Realenzyklopädie, hg. v. G. Krause u. a.
Tsd.	Tausend
TU	Technische Universität
UA	Uraufführung
u. a.	und andere; unter anderem
u. Ä.	und Ähnliches
u. a. T.	unter anderem Titel/unter anderen Titeln
übers.	übersetzt
Übers.	Übersetzung
UdSSR	Union der Sozialistischen Sowjetrepubliken (Sowjetunion)
u. d. T.	unter dem Titel
u. M.	unter dem Meeresspiegel
ü. M.	über dem Meeresspiegel
Univ.	Universität
Unters(s).	Untersuchung(en)
urspr.	ursprünglich
USA	United States of America (Vereinigte Staaten von Amerika)
usw.	und so weiter
Ut.	Utah
u. U.	unter Umständen
u. v. a.	und viele(s) andere
v.	von
Va.	Virginia
v. a.	vor allem
v. Chr.	vor Christi Geburt
verb.	verbessert
Verf.	Verfasser; Verfassung
verh.	verheiratete(r)
Verh(h).	Verhandlung(en)
Veröff.	Veröffentlichung
versch.	verschieden
Verw.	Verwaltung
Verz.	Verzeichnis
vgl.	vergleiche
Vjbll.	Vierteljahresblätter
Vjh.	Vierteljahresheft
Vjschr.	Vierteljahresschrift
VO	Verordnung
Vol.-%	Volumenprozent
Vors.	Vorsitzende(r)
VR	Volksrepublik
Vt.	Vermont
W	West(en)
Wash.	Washington
Wb.	Wörterbuch
Wis.	Wisconsin
wiss.	wissenschaftlich
...wiss.(en)	...wissenschaft(en)
Wiss.(en)	Wissenschaft(en)
w. L.	westliche Länge
W. Va.	West Virginia
Wwschaft	Woiwodschaft
Wyo.	Wyoming
zahlr.	zahlreich
z. B.	zum Beispiel
Zbl.	Zentralblatt
ZGB	Zivilgesetzbuch
ZK	Zentralkomitee
ZPO	Zivilprozessordnung
z. T.	zum Teil
Ztschr.	Zeitschrift
zus.	zusammen
zw.	zwischen
zz.	zurzeit
z. Z.	zur Zeit

* geboren
† gestorben
∞ verheiratet
→ siehe
⇨ siehe
® Warenzeichen (steht bei fett und halbfett gesetzten Wörtern. – Siehe auch Impressum)

Das Bildquellenverzeichnis für alle Bände befindet sich am Ende des letzten Bandes.